# THÉSAURUS
# LAROUSSE

SOUS LA DIRECTION DE DANIEL PÉCHOIN

# THÉSAURUS LAROUSSE

*des idées aux mots, des mots aux idées*

 Larousse

17, RUE DU MONTPARNASSE – 75298 PARIS CEDEX 06

**Directeur de l'ouvrage**

Daniel Péchoin

**Rédaction**

Anne-Marie Brun
Agnès Delahaye-Walter
Sylvie Duverger
Hélène Houssemaine-Florent
Christine Lavergne-Jost
Agnès Leblanc-Khairallah
Patricia Maire
Dorine Morel
Patrick Werly

**Secrétariat**

France Ertz, Nathalie Perrier

**Informatique éditoriale**

Gabino Alonso

**Composition**

Michel Vizet

**Correction-révision**

Pierre Aristide, Jacques Barbaut,
Dominique Dussidour, Luce Louvet

**Conception typographique**

Alain Joly

**Couverture**

Gérard Fritsch

**Suivi de la fabrication**

Martine Toudert

# PRÉFACE

## ■ À quoi sert le Thésaurus Larousse ?

C'est, fondamentalement, un outil à transformer les idées en mots et les mots en idées.
Il permet :
– d'explorer à partir d'une idée l'univers des mots qui s'y rattachent ;
– de trouver des idées à partir des mots liés à une notion.

Le *Thésaurus Larousse* est un auxiliaire de l'expression, en particulier de l'expression écrite. On y a recours notamment :
– lorsqu'on ne connaît pas, ou lorsqu'on a oublié, le mot ou l'expression qui conviendrait le mieux à l'idée que l'on veut exprimer ;
– lorsque le mot ou l'expression qui vient à l'esprit paraît inadéquat et que l'on souhaite en trouver un mieux adapté à la nuance de sens que l'on souhaite rendre. Le *Thésaurus* permet alors de choisir entre différentes possibilités celle qui convient le mieux.

Cette dimension pratique le destine au premier chef :
– aux professionnels de la communication : journalistes, publicitaires, rédacteurs, orateurs ;
– aux personnes dont l'activité implique une maîtrise approfondie du français : enseignants, étudiants, lycéens.

Mais le *Thésaurus* autorise également la libre exploration de l'univers des mots et des significations dans une perspective de création littéraire, poétique ou personnelle. Et les amoureux des richesses de notre langue trouveront sans doute plaisir à se livrer de temps à autre à une lecture-flânerie sans but précis au long de ses pages.

## ■ Histoire du Thésaurus

Le *Thésaurus Larousse* a ceci de paradoxal qu'il s'agit d'un ouvrage d'une conception à la fois entièrement nouvelle et relativement ancienne. Nouvelle, parce que la tradition lexicographique française n'en connaît pas de strict équivalent, même si le dictionnaire analogique, dont il se rapproche le plus, nous est familier depuis Jean-Baptiste Prudence Boissière (1862) et, plus près de nous, Albert Maquet (1936).

Relativement ancienne parce que le concept de thésaurus est bien connu des anglophones depuis près d'un siècle et demi.

### Le Thésaurus de Roget

C'est en 1852 que parut en Grande-Bretagne la première édition du *Thésaurus des mots et des locutions anglais, classés et mis en ordre pour faciliter l'expression des idées et aider à la composition littéraire.*

Son auteur, Peter Mark Roget, était un savant, mais non un lettré au sens traditionnel du terme. Né en 1779, il avait embrassé la carrière médicale à l'âge précoce de dix-neuf ans et s'était rapidement distingué par des recherches originales en pathologie pulmonaire.

Membre de plusieurs académies de médecine et de chirurgie, examinateur attitré de l'Université de Londres, auteur d'articles et d'ouvrages médicaux remarqués, conférencier brillant, Roget trouva également le temps de mettre au point un modèle de règle à calcul, de composer des problèmes d'échecs et de présider une commission chargée d'étudier l'approvisionnement en eau potable de la capitale britannique.

Il se retira de la carrière médicale en 1840 et s'attela à la réalisation de l'ouvrage dont il avait depuis longtemps commencé à réunir les matériaux et qui devait faire passer son nom à la postérité. Le *Thésaurus des mots et des locutions anglais* rencontra un immense succès. Il connut près d'une trentaine de réimpressions du vivant de Roget. Après sa mort, son fils, puis son petit-fils donnèrent plusieurs versions révisées et augmentées de l'ouvrage. Passé dans le domaine public, le *Roget* a fait l'objet d'innombrables adaptations. Il est aujourd'hui dans le monde anglo-saxon un outil de référence aussi indispensable et aussi courant que le *Petit Larousse* pour un francophone.

## Le Thésaurus Larousse

L'on sait qu'il n'existe pas de coïncidence parfaite entre les significations des mots de deux langues et qu'a fortiori les champs notionnels de l'une et de l'autre ne sont pas directement superposables. Même si de nombreux recouvrements partiels s'expliquent, dans le cas du français et de l'anglais, par une commune ascendance indo-européenne, par l'utilisation d'un même fonds grec et latin, et par les contacts ininterrompus de deux cultures au fil des siècles.

Il n'en reste pas moins qu'un *Thésaurus* français devait opérer un découpage notablement différent de celui que son devancier avait utilisé pour l'anglais dans l'univers des significations de notre langue.

## Pourquoi un Thésaurus français aujourd'hui seulement ?

L'on s'étonnera peut-être que le projet de Roget de prendre la langue dans un réseau conceptuel maillé couvrant méthodiquement l'ensemble des champs notionnels possibles n'ait pas trouvé jusqu'à aujourd'hui son équivalent en français.

Sans doute y aurait-il là, pour l'historien des mentalités, un motif d'interrogations. Pourquoi un tel projet a-t-il été conçu d'abord dans l'environnement anglo-saxon ? Pure contingence historique ? Effet d'on ne sait quel surmoi cartésien censurant d'emblée un projet de nature essentiellement pragmatique ? Prudence des éditeurs, des auteurs potentiels ? Peut-être un peu tout cela à la fois. Il nous semblait en tout cas en entreprenant cet ouvrage qu'il viendrait combler une réelle attente du public francophone. Aux utilisateurs du *Thésaurus Larousse* de juger si nous avions raison.

DANIEL PÉCHOIN

# Repères

# COMMENT EST CONÇU LE THÉSAURUS LAROUSSE ?

Le *Thésaurus Larousse* est ordonné selon un plan en trois parties – le monde, l'homme, la société – dont le détail est donné page XIII et suivantes. Chaque partie est elle-même divisée en sous-parties. Cette classification organise les 873 articles qui forment la substance de l'ouvrage.

Chacun des articles porte un titre indiquant la notion qu'il traite et se trouve lui-même divisé en paragraphes, numérotés de 1 à *n*. Ces paragraphes sont ordonnés selon les catégories grammaticales, qui se succèdent toujours dans le même ordre : noms, verbes, adjectifs, adverbes et, s'il y a lieu, prépositions, conjonctions, interjections et affixes (préfixes et suffixes).

Les paragraphes regroupent les mots par familles de sens. À l'intérieur de chaque paragraphe, des tirets ou des points-virgules signalent les regroupements de sens voisins, le tiret correspondant à une division forte et le point-virgule à une division faible.

À l'intérieur de chaque série, les mots sont classés par ordre alphabétique, sauf si une raison précise a dicté un choix différent : c'est le cas, par exemple, des noms des planètes du système solaire (232.7) pour lesquels un classement par ordre d'éloignement croissant du Soleil a paru plus pertinent que l'ordre alphabétique.

Dans chaque paragraphe, les caractères gras mettent en évidence les mots les plus usités, ou de sens très général, ou encore ceux qui se distinguent par une valeur stylistique particulière.

Par ailleurs, certains mots sont suivis de numéros qui renvoient à d'autres articles indiquant ainsi les cheminements que le lecteur est invité à emprunter pour enrichir sa recherche. Ces renvois permettent de passer d'une famille de notions à une autre, proche ou plus lointaine, et établissent entre les différentes parties de l'ouvrage des interconnexions et des passerelles facilitant l'association d'idées et la recherche de l'expression la plus juste.

Les articles se succèdent, selon les domaines auxquels appartiennent les notions traitées, par paires de notions proches, corrélatives ou opposées. Cette disposition permet d'embrasser d'un seul coup d'œil l'ensemble des synonymes, des contraires et des analogies d'un mot donné. Ainsi, **optimisme** et **pessimisme** se suivant, l'on trouvera, non loin de la série des synonymes d'*optimiste*, la série des mots de signification opposée. Naturellement, cela ne vaut pas pour les désignations terminologiques : *pétrole, textile, astronautique* n'ont pas de « contraire ».

### Comment consulter le Thésaurus ?

Dans la double page suivante, le lecteur trouvera des exemples-types d'articles illustrant le fonctionnement du *Thésaurus* et de son index. L'index est sans doute la voie d'accès qui paraîtra au premier abord la plus simple.

Cependant, lorsque l'on sera familiarisé avec le *Thésaurus,* la lecture directe du sommaire permettra de sélectionner rapidement le ou les grands domaines que l'on souhaite explorer.

# TRAITEMENT D'UN ARTICLE STANDARD

## 442 OPTIMISME

N. 1 **Optimisme** ; espoir **474** ; assurance, confiance, sûreté de soi. – Outrecuidance, présomption, **témérité 508**.

2 Euphorie, **joie 463**.

3 PHILOS. : leibnizianisme, méliorisme, **optimisme**, spinozisme ; idéalisme. – Utopie.

4 **Optimiste** *(un optimiste)*. – Bon vivant ; heureuse nature, heureux caractère.

V. 5 Avoir le moral (aussi : un bon moral). – **Voir la vie en rose**, voir tout en beau ; voir les choses du bon côté ; prendre la vie comme elle vient. – Croire en sa bonne étoile, **faire confiance à l'avenir** ; ne pas se faire de souci, ne pas s'en faire. – Se confier [vx], se fier à **606**, **se reposer sur**, s'en remettre à. – « Tout est pour le mieux dans le meilleur des mondes » (allus. à Voltaire, parodiant Leibniz dans *Candide*).

Adj. 6 **Optimiste** ; confiant, sûr de soi. – Outrecuidant, présomptueux, **téméraire**.

7 Euphorisant, réjouissant.

8 PHILOS. : leibnizien, mélioriste, **optimiste**, spinoziste ; idéaliste, utopiste.

## 443 PESSIMISME

N. 1 **Pessimisme** ; alarmisme, défaitisme ; fam. : à-quoi-bonisme, sinistrose ; catastrophisme. – Dépression **475**, hypocondrie, **mélancolie 464**, neurasthénie. – Angoisse, crainte **472**, inquiétude. – Cafard [fam.], ennui **458**, spleen, tristesse ; désespoir.

2 **Dramatisation** ; exagération **127**.

3 PHILOS. : pessimisme ; **nihilisme**, relativisme, scepticisme. – Cynisme, réalisme.

4 **Pessimiste** *(un pessimiste)* ; alarmiste *(un alarmiste)*, défaitiste *(un défaitiste)*. – Cassandre [litt.], oiseau de mauvais augure, prophète de malheur. – Râleur.

V. 5 **Craindre le pire**, prendre les choses au tragique. – Voir la vie en noir, voir le revers de la médaille, voir les choses du mauvais côté ; jouer les Cassandre [allus. myth.] ; noircir le tableau. – **Dramatiser** ; exagérer.

Adj. 6 **Pessimiste** ; alarmiste, catastrophiste, défaitiste. – Bilieux, cafardeux [fam.], hypocondriaque, mélancolique...

# TRAITEMENT D'UN ARTICLE ENCYCLOPÉDIQUE

## 289 FRUITS

*Le fruit caractérisé dans la langue.*

N. 1 **Fruit** ; fruit capsulaire, fruit déguisé, fruit déhiscent (opposé à indéhiscent). – Fruits primeurs ; fruits rouges, petits fruits [helvét.]. – Fruit sec ; fruit confit, pâte de fruits **858**.

*Le fruit décrit par la botanique.*

2 **Grain 154** ou caryopse, graine, granule, pépin, semence. – Acinus [BOT.], akène, **baie,** diakène, follicule, momie. – Cône, disamare, drupe, noix, nucule, pépon, pyxide, samare, silicule, silique, syncarpe, sycone.

*Tous les noms des différentes parties des fruits sont présentés en colonnes et par ordre alphabétique.*

3 PARTIES DES FRUITS

| | |
|---|---|
| aile | coquille |
| arille | corymbe |
| barbe | cupule |
| brou | diaphragme |
| carpelle | duvet |
| cerneau | écale |
| chair | élatérie |
| cloison | exine |
| cœur | hile ou ombilic |
| columelle | ... |
| coque | |

*Tous les fruits appartenant à une même famille sont donnés dans l'ordre alphabétique.*

9 **Agrume** ; bigarade, cédrat, **citron,** citron vert, clémentine, lime ou limette, mandarine, navel, **orange,** pamplemousse, pomelo (ou : grape-fruit, grapefruit), sanguine, tangelo, tangerine.

*Toutes les variétés d'une même espèce sont données dans l'ordre alphabétique.*

10 **Pomme** ; pomme d'api, calville, capendu, châtaignier, pomme à couteau, delicious, dixiered, pomme douce, pomme douceamère, fenouillet, golden, grany-smith ...

*Adjectifs pour décrire l'aspect et le goût des fruits.*

Adj. 24 **Vert 359** ; blet, **mûr** ; passerillé, sec. – Fruité, fruiteux [litt.] ; cotonneux, fondant, juteux, pulpeux.

*Les articles encyclopédiques épuisent la matière attachée à une classe d'êtres ou d'objets. Cette matière est organisée en sous-ensembles dont les éléments sont classés soit alphabétiquement, soit thématiquement.*

## L'INDEX

L'index, classé alphabétiquement présente la totalité des mots, expressions et locutions contenus dans le Thésaurus

*Classement par catégories grammaticales.*

**passé 177**
n.m.
pas de danse 786.16

*Classement par sens ou par domaines spécialisés.*

t. de grammaire 740.6
*passé antérieur* 59.5 ; 740.6
*passé historique* 740.6
*appartenir au passé* 195.8
adj.
accompli 58.22 ; 60.28 ; 538.20
historique 191.16
désuet 196.10
jauni 352.26 ; 358.9

*Les expressions sont en italique.*

*passé de mode* 196.8

*L'article 177 est consacré à la notion de « passé ».*

*Comme terme de grammaire, le mot « passé » est traité à l'article 740 paragraphe 6.*

*L'expression « passé de mode » se trouve à l'article 196 paragraphe 8.*

# ORGANISATION DES IDÉES

## SOMMAIRE

## LE MONDE

## L'HOMME

# LA SOCIÉTÉ

# ABRÉVIATIONS
# ET TERMES CONVENTIONNELS
## *employés dans cet ouvrage*

| | |
|---|---|
| abrév. | abréviation |
| absolt | absolument |
| abusivt | abusivement |
| adj. | adjectif |
| ADMIN. | administration ; terme du vocabulaire administratif |
| adv. | adverbe ; adverbial ; adverbialement |
| AÉRON. | aéronautique |
| aff. | affixe *(préfixes et suffixes)* |
| AGRIC. | agriculture |
| ALCH. | alchimie |
| all. | allemand |
| allus. | allusion |
| ALPIN. | alpinisme |
| amér. | américain ; américanisme |
| ANAT. | anatomie |
| anc. | ancien ; anciennement *(mot qui n'est ni vieux ni vieilli mais qui désigne une réalité aujourd'hui disparue ou devenue rare)* |
| angl. | anglais |
| anglic. | anglicisme |
| ANTHROP. | anthropologie |
| ANTIQ. | antiquité |
| appos. | apposition |
| ar. | arabe |
| ARCHÉOL. | archéologie |
| ARCHIT. | architecture |
| arg. | argot |
| ARITHM. | arithmétique |
| ARM. | armement |
| ARTS | terme particulier au vocabulaire des arts |
| ASTRON. | astronomie |

| | |
|---|---|
| ASTRONAUT. | astronautique |
| auj. | aujourd'hui |
| AVIAT. | aviation |
| BÂT. | bâtiment |
| belg. | belgicisme |
| BIJOUT. | bijouterie |
| BIOCHIM. | biochimie |
| BIOL. | biologie |
| BOT. | botanique |
| BOURSE | **Bourse** *(terme particulier au vocabulaire de la Bourse)* |
| BOXE | **boxe** *(terme particulier au vocabulaire de la boxe)* |
| BX-A. | beaux-arts |
| CATHOL. | catholique, catholicisme |
| canad. | mot du français du Canada |
| cf | confer ; voir aussi, se reporter à |
| CH. DE F. | chemin de fer |
| CHASSE | **chasse** *(terme particulier au vocabulaire de la chasse)* |
| CHIM. | chimie |
| chin. | chinois |
| CHIR. | chirurgie |
| CHORÉGR. | chorégraphie |
| CIN. | cinéma |
| COMM. | commerce |
| COMPTAB. | comptabilité |
| conj. | conjonction |
| cour. | courant |
| COUT. | couture |
| CUIS. | cuisine |
| CYBERN. | cybernétique |
| DÉMOGR. | démographie |

| | |
|---|---|
| dial. | dialecte ; dialectal |
| didact. | didactique *(mot employé le plus fréquemment dans des situations de communication impliquant la transmission d'un savoir)* |
| DR. | droit |
| ÉCOL. | écologie |
| ÉCON. | économie |
| ÉLECTR. | électricité |
| ÉLECTRON. | électronique |
| ellipt. | elliptique ; elliptiquement |
| EMBRYOL. | embryologie |
| empl. | emploi ; employé |
| enfant. | enfantin *(mot employé surtout par les enfants, ou par les adultes pour parler aux enfants)* |
| ÉQUIT. | équitation |
| ESCR. | escrime |
| esp. | espagnol |
| ÉTHOL. | éthologie |
| euph. | euphémisme *(mot employé pour en éviter un autre jugé trop direct ou malsonnant)* |
| f. | féminin *(voir aussi fém.)* |
| fam. | familier ; familièrement *(mot réservé à la communication entre proches et généralement évité dans les situations formelles, notamment celles qui mettent en jeu des relations hiérarchiques. Voir très fam.)* |
| FAUC. | fauconnerie |
| fém. | féminin *(voir aussi f.)* |
| FÉOD. | féodalité |
| fig. | figuré ; au figuré |
| FORTIF. | fortifications |
| GÉNÉT. | génétique |
| GÉOL. | géologie |
| GÉOM. | géométrie |
| gr. | grec, grecque |
| GRAMM. | grammaire |
| hébr. | hébreu |
| HÉRALD. | héraldique |

| | |
|---|---|
| HIST. | histoire |
| HORTIC. | horticulture |
| ICONOGR. | iconographie |
| impers. | impersonnel *(verbe)* |
| IMPRIM. | imprimerie |
| impropr. | impropre, improprement |
| ind. | indicatif *(mode)* |
| inf. | infinitif |
| INFORM. | informatique |
| intr. | intransitivement, intransitif *(voir aussi v.i.)* |
| inv. | invariable |
| iron. | ironique ; ironiquement |
| ital. | italien |
| jap. | japonais |
| JEUX | jeux *(terme particulier au vocabulaire des jeux)* |
| lang. | langue ; langage |
| lat. | latin |
| LING. | linguistique |
| litt. | littéraire *(mot employé surtout par les écrivains dans le registre élevé)* |
| LITTÉR. | littérature *(terme particulier au vocabulaire de la littérature, de la critique littéraire)* |
| littéralt | littéralement |
| LITURGIE | liturgie *(terme particulier à la liturgie, au vocabulaire liturgique)* |
| loc. | locution |
| LOG. | logique |
| MAR. | marine |
| m., masc. | masculin |
| MATH. | mathématiques |
| MÉCAN. | mécanique |
| MÉD. | médecine |
| MÉDIÉV. | médiéval |
| MÉTALL. | métallurgie |
| MÉTÉOR. | météorologie |
| méton. | métonymie |
| MÉTR. | métrique |
| MÉTROL. | métrologie |
| MIL. | militaire |

| | |
|---|---|
| MIN. | mines |
| MINÉR., MINÉRAL. | minéralogie |
| mod. | moderne |
| MONN. | monnaie |
| MUS. | musique |
| MYTH. | mythologie |
| n. | nom *(voir aussi n.f. et n.m.)* |
| NAVIG. | navigation |
| NEUROBIOL. | neurobiologie |
| n.f. | nom féminin |
| n.m. | nom masculin |
| notamm. | notamment |
| NUMISM. | numismatique |
| OCÉANOGR. | océanographie |
| OPT. | optique |
| ORFÈVR. | orfèvrerie |
| p. | participe ; page |
| par plais. | par plaisanterie, emploi plaisant *(voir aussi* plais.*)* |
| PATHOL. | pathologie |
| PÊCHE | pêche *(terme particulier au vocabulaire de la pêche)* |
| PÉDIATRIE | pédiatrie *(terme particulier au vocabulaire de la pédiatrie)* |
| PEINT. | peinture |
| péj. | péjoratif |
| PÉTR. | industrie du pétrole |
| PHARM. | pharmacie |
| PHILOS. | philosophie |
| PHON. | phonétique |
| PHOT. | photographie |
| PHYS. | physique |
| PHYSIOL. | physiologie |
| pl. | pluriel |
| plais. | emploi plaisant *(voir aussi* par plais.*)* |
| POÉT. | poétique |
| POLIT. | politique |
| pop. | populaire *(mot employé surtout par les locuteurs appartenant aux couches sociales les moins aisées et peu employé par la bourgeoisie cultivée, sauf effet de style)* |

| | |
|---|---|
| prép. | préposition |
| pron. | pronom, pronominal |
| prov. | proverbe |
| PSYCHAN. | psychanalyse |
| PSYCHIATRIE | psychiatrie *(terme particulier au vocabulaire de la psychiatrie)* |
| PSYCHOL. | psychologie |
| qqn | quelqu'un |
| qqs | quelques |
| recomm. | recommandation, recommandé |
| région. | régional, régionalisme |
| REL. | reliure |
| RELIG. | religion |
| REM. | remarque |
| RHÉT. | rhétorique |
| s. | siècle |
| sanskr. | sanskrit |
| SC. | sciences |
| SEXOL. | sexologie |
| sout. | soutenu *(mot appartenant au registre soutenu)* |
| souv. | souvent |
| spécialt | spécialement |
| SPORTS | sports *(terme particulier au vocabulaire des sports)* |
| STAT. | statistique |
| SYLVIC. | sylviculture |
| symb. | symbole |
| TECHN. | technique |
| TEXT. | textile |
| THÉÂTRE | théâtre *(terme particulier au vocabulaire du théâtre)* |
| THÉOL. | théologie |
| TR. PUBL. | travaux publics |
| trad. | traduction |
| très fam. | très familier, très familièrement *(mot en principe proscrit dans les situations formelles et généralement réservé à la communication entre intimes. Voir* fam.*)* |
| TURF | turf *(terme particulier au vocabulaire hippique)* |

| | | | |
|---|---|---|---|
| TYPOGR. | **typographie** | **vulg.** | **vulgaire ;** |
| **v.** | **verbe** | | **vulgairement** *(mot renvoyant à une réalité frappée de tabou, le plus souvent d'ordre sexuel ou excrémentiel, et qu'il est considéré comme malséant d'employer en public)* |
| VÉN. | **vénerie** | | |
| VERR. | **verrerie** | | |
| **v.i.** | **verbe intransitif** | | |
| vieilli | *(mot qui tend à sortir de l'usage mais qui reste compris de la plupart des locuteurs natifs)* | VX | **vieux** *(mot qui n'est plus compris ni employé, sauf dans une intention délibérée d'archaïsme)* |
| VITIC. | **viticulture** | ZOOL. | **zoologie** |
| **v.pr.** | **verbe pronominal** | ZOOTECHN. | **zootechnie** |
| **v.t.** | **verbe transitif** | + | **suivi de** |
| **v.t. ind.** | **verbe transitif indirect** | → | **voir, se reporter à** |

# THÉSAURUS

# THÉSAURUS

## *des idées aux mots*

## 1 EXISTENCE

N. 1 **Existence**, être *(l'être ; l'Être)* 540, présence, **réalité** ; essence, substance 5. – Coexistence ; préexistence.

2 **Métaphysique** 478.2, ontologie ; « il y a une science *(la métaphysique)* qui étudie l'Être en tant qu'être et les attributs qui lui appartiennent essentiellement » (Aristote). – *Cogito ergo sum* (lat., « je pense donc je suis », Descartes), cogito *(le cogito, le cogito cartésien)*. – Existence (opposé à essence), exister *(l'exister)* [rare] ; *Dasein* (Heidegger), étant *(les étants, un étant),* être-là, présence, présence au monde ; quiddité. – Existentialisme, ontologisme.

3 Actualité, **réalité** *(la réalité).* – Concret *(le concret),* réel *(le réel),* présent *(le présent)* 178. – **Acte**, action, affaire, évènement, **fait**, phénomène, réalité *(une réalité).* – Conjoncture ; conditions, circonstances 8. – Nature, Univers. – **Chose, objet.** – **Matière** 3, substance. – PHILOS. : entéléchie, monade. – Existant *(l'existant)* [COMM.].

4 **Individu, personne** 307, personnalité, sujet. – Âme, conscience, **esprit**, souffle, **vie** 310. – Condition, destin, destinée, état, étoile, fortune 44, sort, **vie** ; carrière [VX].

5 Abstraction, entité, noumène. – Concept, **idée**, imagination *(une imagination)* 404, **notion**, représentation, représentation mentale. – Entité rationnelle, être de raison, être mathématique.

6 **Création, réalisation** ; créature. – Origine, souche. – **Naissance** 313, génération ; reviviscence. – Élan vital, vie.

7 Jugement d'existence (opposé à jugement de valeur). – Verbe d'existence (opposé à copule) [GRAMM.]. – Existence juridique [DR.].

V. 8 **Exister, être** ; vivre. – « Être ou ne pas être, voilà la question » (trad. de *to be or not to be, that is the question,* Shakespeare, *Hamlet).* – Régner, se rencontrer, se trouver ; être en vigueur. – Il y a ; il est, il existe. – Coexister, préexister.

9 **Continuer**, demeurer, **durer** 172, persévérer, persister, résister, **rester**, subsister, survivre, tenir. – **Se conserver**, se garder, se maintenir, **se poursuivre**, se perpétuer, se soutenir. – Persévérer dans son être.

10 Apparaître, **commencer**, débuter, paraître. – Se former, se manifester, se montrer. – **Naître** ; arriver à l'existence, venir au monde, voir le jour. – **Recommencer** ; réapparaître, **reparaître, renaître**, revivre, ressusciter.

11 **Créer, exécuter**, générer, **réaliser** ; **commencer**. – Animer, vivifier. – Faire naître ; faire vivre. – Donner le jour ou la vie à ; enfanter, procréer. – Existentialiser [PHILOS.].

Adj. 12 Existential [rare], **existentiel**, ontique, **ontologique** ; essentiel. – Actuel, effectif, positif, présent, **réel** ; existant, vivant.

13 **Concret**, palpable, solide, tangible, visible. – Assuré, avéré, authentique, **certain**, constant, établi, évident, indubitable, patent, **sûr** ; historique.

Adv. 14 **Existentiellement**, ontologiquement ; essentiellement. – Actuellement, authentiquement, concrètement, effectivement, positivement, réellement.

## 2 INEXISTENCE

N. 1 **Inexistence**, non-existence ; non-être. – Néantise [litt., rare], nullité, vacuité ; négativité. – Irréalité ; irréalisation. – Possibilité 39, potentialité, **virtualité** 423.

2 **Absence** 10, défaut, **manque** 81 ; vacance. – Lacune, omission 401. 1 ; oblitération ; négation 418. – Apparence, illusion 404.

3 **Néant**, rien, vide ; **zéro** 101. – Ensemble vide [MATH.]. – PHYS. : vide absolu, zéro absolu.

4 **Aucun, pas un, rien** ; rien au monde ; **rien du tout**. – Pas un iota (ou : une ombre, une once, un soupçon, une trace) ; pas plus de + n. que de beurre en broche [fam.]. – Fam. : des clopes, des clopinettes, des clous, des nèfles. – Vulg. : peau de balle, peau de balle et balai de crin, peau de zébi. – Fig., fam. : silence radio ; plus de son plus d'image. – Personne ; fam. : pas un chat, pas un rat ; pas la queue d'un.

5 **Anéantissement**, annihilation, **destruction** 557, **disparition** 12 ; fin 58, mort 311. – Néantisation [PHILOS.]. – Nihilisme.

V. 6 **Cesser** ; cesser d'être ou d'exister ; **disparaître** ; expirer, **mourir**, passer 12, périr. – Vx : défaillir, faillir. – **Manquer** ; faire défaut, faire faute [litt.].

7 Mettre fin à ; anéantir, annihiler, réduire à néant ; **détruire**, éradiquer, exterminer, tuer. – Néantiser [PHILOS.].

Adj. 8 **Inexistant** ; immatériel, irréel ; impensé, incréé, irréalisé ; illusoire, imaginaire, inventé. – **Nul**, vide.

9 **Absent**, manquant, défaillant. – Oblitéré, omis.

10 Anéanti, annihilé, **détruit**, *kaputt* (all., « cassé ») [fam.] ; fini ; défunt, feu, **mort** ; **disparu**, disparu corps et biens, disparu sans laisser de trace.

Adv. 11 **Non ; non pas, non plus** ; non fait [belg.]. – **Ne... pas**, ne... rien ; litt. : ne... goutte, ne... mie, ne... point. – Fam. : bernique, *nada* (esp., « rien »), tintin ; arg. : balpeau, macache, nib.

12 Aucunement, nullement. – **Jamais**.

13 Irréellement.

Prép. 14 **Sans**. – À défaut de, faute de.

Aff. 15 **A-**, an- ; apo- ; **dé-**, des-, dés- ; in-, **im-** ; il-, ir- ; non- ; nulli- ; sans-.

## 3 MATÉRIALITÉ

N. 1 **Matérialité** ; réalité, tangibilité. – PHILOS. : actualité, phénoménalité ; corporéité.

2 **Matière**, substance 5 ; chair, corps. – Monde, nature, univers ; chose, objet. – Concret *(le concret)*, physique *(le physique,* opposé notamm. au moral), réel *(le réel),* solide *(le solide)* 246.

3 PHILOS. : **matérialisme**, objectivisme, phénoménalisme, **réalisme** ; chosisme 478.

4 **Matérialisme** [cour.] ; prosaïsme 758. – Esprit enfoncé dans la matière.

5 **Matérialisation**. – Actualisation, actuation ; concrétisation, **réalisation** 527. – Corporification ou corporisation ; **incarnation** 731 ; personnification. – Didact. : chosification, objectivation, réification, substantialisation.

V. 6 **Matérialiser**. – Actualiser, concréter [rare], concrétiser, objectiver, **réaliser** 527 ; donner corps à. – Corporifier, corporiser ; **incarner, personnifier** 307. – Chosifier, objectiver, réifier, substantifier.

7 **Se matérialiser**. – S'actualiser, se coactualiser, se concrétiser, s'objectiver, **se réaliser ; prendre corps**. – S'incarner.

Adj. 8 **Matériel ; concret**, objectif, **réel**, substantiel ; palpable, sensible, tangible, visible. – Charnel, corporel, incarné, **physique** (opposé notamm. à mental, moral, psychologique).

9 PHILOS. – Actuel. – Factuel, évènementiel ; phénoménal, phénoménique ; **physique**. – Intramondain, mondain. – Objectivant.

10 **Matérialiste** [PHILOS.], objectiviste, réaliste. – **Matérialiste** [cour.] ; prosaïque, terre à terre.

Adv. 11 **Matériellement**. – Concrètement, objectivement, **réellement**, sensiblement, substantiellement, tangiblement. – Actuellement [PHILOS.]. – Factuellement, phénoménalement [PHILOS.]. – Charnellement 705, corporellement, **physiquement**. – Matérialistement, prosaïquement, réalistement.

Aff. 12 Hylé-, hylo-.

## 4 IMMATÉRIALITÉ

N. 1 **Immatérialité**, impalpabilité, imperceptibilité, impondérabilité ; incorporalité ou incorporéité ; intangibilité, irréalité. – Évanescence, subtilité [SC., vx], volatilité. – PHILOS. : essentialité ; idéalité. – Abstraction 398 ; cérébralité. – Spiritualité [litt.] 479.

2 Immatériel *(l'immatériel),* inétendu *(l'inétendu)* [PHILOS.] ; spirituel *(le spirituel).* – Essence 5. – Éther [HIST. DES SC.]. – Astral *(l'astral).*

3 **Âme, conscience, esprit,** psyché, psychisme. – Corps astral ; double, double éthéré ; aura. – Principe vital, souffle vital 482.

4 **Surnaturel** *(le surnaturel)* 484 ; esprit 500 ; **fantôme,** revenant, spectre ; ectoplasme, émanation ; esprit frappeur (all. *Poltergeist).* – Mânes 311 ; ombres. – Ange 503.

5 Imaginaire *(l'imaginaire) ;* idéal *(l'idéal).* – Imagination 404, inspiration, souffle créateur. – Concept, **idée** 421, notion, pensée ; théorie ; spéculation 416.

6 Irréel *(l'irréel).* – Idéal *(un idéal),* utopie. – Fantasme 404, fiction ; chimère, vue de l'esprit. – **Rêve,** onirisme. – Illusion d'optique ; mirage.

7 Immatérialisme ; essentialisme, idéalisme, intellectualisme, spiritualisme. – Spiritisme.

8 Dématérialisation, désincarnation. – Sublimation [ALCH.]. – Conceptualisation, intellectualisation. – Essentialisation, idéalisation, spiritualisation.

V. 9 **Dématérialiser,** immatérialiser. – Abolir, **anéantir,** annihiler, faire disparaître, réduire à néant. – Sublimer, subtiliser [vx].

10 Immatérialiser ; **spiritualiser.** – Angéliser, désincarner.

11 **Dématérialiser** ; s'immatérialiser [rare]. – Se dissiper, se dissoudre, se volatiliser ; s'escamoter, s'évanouir. – Se désincarner.

12 **Abstraire,** conceptualiser, essentialiser [PHILOS.], idéer [didact.], intellectualiser, théoriser. – Fantasmer, **imaginer, rêver.**

Adj. 13 **Immatériel.** – Impalpable, imperceptible, impondérable, incorporel, inétendu [PHILOS.], intangible ; intemporel ; **inexistant,** irréel. – Évanescent, subtil, volatil ; ALCH. : sublimé, sublimatoire.

14 **Désincarné,** incorporel. – Aérien, céleste ; éthéré, astral. – Ectoplasmique, fantomatique, spectral. – Angélique, divin. – Spirituel ; surnaturel.

15 Abstractif, **abstrait,** spéculatif. – Cérébral, mental. – Conceptuel, intellectuel,

**théorique.** – **Idéal ** ; didact. : idéationnel, idéel. – Fictif, **imaginaire.** – Fantasmatique, illusionnel [didact.], onirique. – Chimérique, fantasmagorique, **illusoire,** mythique, **utopique** ; rêvé.

16 Immatérialiste ; spiritualiste. – Spirite, spiritiste, théosophique.

Adv. 17 Immatériellement. – **Idéalement** ; spirituellement. – **Abstraitement,** cérébralement, intellectuellement, **théoriquement.** – Irréellement, fantasmatiquement.

# 5 SUBSTANCE

N. 1 **Substance** ; consubstantialité 502, substantialité ; corporéité. – Substrat, substratum ; monade. – Entité ; matière, nature, principe, réalité. – Corps 3. – Substance (opposé à espèces) [THÉOL.].

2 **Essence,** essentialité ; quintessence. – Quiddité. – **Être** 1, chose en soi ; en-soi *(l'en-soi),* pour-soi *(le pour-soi).* – Fond, matière ; permanence.

3 Substantialisation, substantification. – Réification. – Transsubstantiation [THÉOL.] 16.4.

4 Réalisme, substantialisme.

V. 5 Substantialiser, substantifier ; matérialiser 3. – Essentialiser. – Réifier.

Adj. 6 **Substantiel,** substantialiste, substantif [PHILOS.], substantifique [litt.] ; consubstantiel. – **Essential** [PHILOS.], essentiel, nouménal ; infus, inné ; inhérent, intrinsèque ; permanent.

7 Corporel ; concret, matériel. – Naturel [cour.], réel.

Adv. 8 **Substantiellement** ; essentiellement, intrinsèquement. – **En substance.** – Corporellement. – Par soi.

# 6 ACCIDENT

N. 1 **Accident.** – Apparence [PHILOS.], attribut, prédicat [LOG.] 740. – Phénoménalité 3.1.

2 **Phénomène** ; épiphénomène ; circonstance 8, évènement 192, fait 1.3, occurrence.

3 Éventualité 42, **possibilité** 39. – Contingence, **hasard** 44.

V. 4 Advenir, survenir ; apparaître. – Se faire jour, se manifester, se produire.

Adj. 5 PHILOS. – **Accidentel** ; extrinsèque. – Attributif 740, prédicatif [LOG.] 478. – Phénoménal, phénoménique, phénoménologique ; épiphénoménal. – Évènementiel, factuel ; **contingent** ; **accessoire**, incident, **secondaire** ; circonstantiel, conditionnel, **relatif.** – Aléatoire ; casuel, éventuel.

Adv. 6 **Accidentellement** (opposé à substantiellement) ; extrinsèquement. – Factuellement, phénoménalement [PHILOS.]. – **Accessoirement,** incidemment, **secondairement** ; conditionnellement ; relativement. – Aléatoirement, casuellement, **éventuellement,** fortuitement.

## 7 ÉTAT

N. 1 **État** ; modalité, **mode,** *modi essendi* (lat., « modes de l'être »). – Forme **141,** genre ; situation. – Attitude, état [vx].

2 **État de choses, état de fait** ; conjoncture, situation. – Cours des choses ; **degré,** étape, point, stade ; état de + n. *(état de guerre ; état de veille).* – État de cause [DR.]. – État de la matière [PHYS.]. – Verbe d'état [GRAMM.].

3 État, fonction, métier **792,** profession, travail.

4 État. – Condition, être [vx], place, position, **situation ;** fortune. – Caste **647,** classe **646 ; rang,** HIST. : clergé, noblesse, tiers état. – Mode de vie **685 ;** conditions de vie.

5 État d'âme ; **disposition,** humeur, tempérament. – État d'esprit ; caractère, mentalité ; sensibilité **440.** – Complexion, conformation, habitude [vx] **568 ;** nature ; habitus [didact.]. – État ou condition physique, état général **382.**

6 État des choses ; bilan ; dénombrement, inventaire **118.** – Compte rendu **751,** état, mémoire, procès-verbal. – DR. : état civil, état des personnes.

V. 7 Mettre en état ; disposer **45,** préparer **536.** – Remettre en l'état.

8 **Faire état de** ; estimer, faire cas de ; compter sur. – Faire état que [vx] ; être assuré, penser.

9 Embrasser un état ; faire état de [vx]. – Tenir (tel) état *(tenir un grand état de maison)* [litt.].

10 Dresser un bilan ou un état de.

11 Modaliser [PHILOS.].

Adj. 12 **À l'état** + adj. ou **à l'état de** + n. ; dans un état + adj. ou dans un état de + n. – En l'état, tel quel.

13 En état de ; capable, en mesure de. – En état ; au point, prêt. – Hors d'état de, incapable. – En état de [vx] ; disposé à, en humeur de.

14 Modal [PHILOS.].

Adv. 15 **En tout état de cause** ; dans tous les cas, n'importe comment, quoi qu'il en soit. – Dans ces conditions.

Prép. 16 En état de, hors d'état de. – Apte à, capable de, en mesure de.

## 8 CIRCONSTANCE

N. 1 **Circonstance** *(une circonstance, les circonstances).* – **Conditions, contexte,** environnement **157,** milieu, situation ; conjoncture, époque, heure **186** *(les problèmes de l'heure).* – Ambiance, climat **273.**

2 Contingences *(les contingences).* – Élément, particularité **23 ;** point ; détail. – Accident **6,** fait, incidence *(une incidence)* [vx], incident. – Concours (ou, rare, carrefour) de circonstances, coïncidence.

3 **Le pourquoi et le comment ;** *quis, quid, ubi, quibus auxiliis, cur, quomodo, quando* (lat., « qui ? quoi ? où ? par quels moyens ? pourquoi ? comment ? quand ? ») [RHÉT.] **419.** – GRAMM. : complément circonstanciel ou de circonstance **740,** proposition circonstancielle ou de circonstance ; adverbe *(adverbe de lieu, de temps, etc.).*

4 DR. – Circonstances aggravantes, circonstances atténuantes **720 ;** circonstances exceptionnelles. – Circonstances et dépendances.

5 **Opportunisme ;** cour. : empirisme, pragmatisme.

V. 6 Circonstancier [litt.] ; détailler.

7 Placer, replacer dans le ou dans son contexte ; situer, resituer. – Adapter ; s'adapter ; obéir aux circonstances.

8 Il se fait que, il se trouve que.

Adj. 9 **De circonstance ;** adapté, *ad hoc,* adéquat, approprié, convenable, expédient [vx], idoine [vieilli ou plais.]. – Opportun.

10 Incident [DR.]. – PHILOS. : accidentel, extrinsèque. – Conjoncturel, circonstanciel ; anecdotique. – Contingent **41.**

11 Circonstancié ; détaillé, précis.

Adv. 12 **Dans ces circonstances,** dans les circonstances actuelles ou présentes, étant donné les circonstances, vu les circonstances ; **les choses étant ce qu'elles sont,** dans l'état actuel des choses.

13 En la circonstance, en l'espèce, en l'occurrence. – Pour la circonstance ; pour les besoins de la cause.

14 **En toutes circonstances.** – Au gré des circonstances, selon les circonstances ; le cas échéant.

Prép. 15 En cas de, face à, en présence de. – En fonction de, en tenant compte de ; eu égard à.

Conj. 16 **Comme,** étant donné, **puisque.** – Attendu que, en considérant que, étant donné que, du fait que, vu que.

17 Au cas où ; vieilli : au cas que, en cas que.

## 9 PRÉSENCE

N. 1 **Présence.** – Actualité 178, contemporanéité [didact.] 182 ; immédiateté.

2 PHILOS. : *Dasein,* être-là *(l'être-là),* présence au monde. – THÉOL. : présence de Dieu, présence réelle.

3 Présence à soi-même ; présence d'esprit.

4 Apparition 11, manifestation. – LING. : occurrence ; cooccurrence.

5 Assistance [vieilli], présence 402. – **Assiduité.** – Omniprésence, ubiquisme, ubiquité.

6 Assistance, auditoire, **public ;** galerie, parterre. – Assistant, auditeur, comparant [DR.], participant, présent *(les présents),* spectateur ; écoutant [vx]. – **Témoin 711.**

7 Appel, émargement, pointage ; inventaire **828.** – Feuille de présence, jeton de présence. – Temps de présence ; droit de présence.

V. 8 Être là ; paraître ; honorer de sa présence ; assister à. – **Faire acte de présence,** faire de la présence ; faire une apparition. – Se produire en personne (ou, vieilli : en corps, en pied). – DR. : comparaître, comparoir.

9 Arriver ; fam. : s'amener, se pointer ; montrer le bout de son nez 203.

10 Répondre à l'appel, répondre présent ; pointer. – Se compter.

11 Mettre en présence ; confronter.

Adj. 12 **Présent.** – Ici présent. – Le (ou la) présent(e) + n. *(le présent pli, la présente lettre).* – En présence. – *In praesentia* (métaphore *in praesentia*) [RHÉT., lat.].

13 Omniprésent ; rare : ubique, ubiquiste, ubiquitaire. – Assidu.

Adv. 14 **Ici,** céans [vx], **là ;** *hic et nunc* (lat., « ici et maintenant »). – Ci-après, ci-devant ; supra.

Prép. 15 **En présence de,** en la présence de [vx], par-devant *(par-devant notaire)* [DR.]. – Sous les yeux de, face à, à la vue de, au vu et au su de ; fam. : à la barbe de, au nez de, au nez et à la barbe de.

Int. 16 Présent ! – Oui !

## 10 ABSENCE

N. 1 **Absence.** – Carence, défaut, faute [vx], **manque 81,** pénurie ; vacance. – Disparition **12,** évanouissement.

2 **Absentéisme 797 ;** taux d'absentéisme.

3 DR. : défaillance, défaut de comparution, non-comparution **714 ;** présomption d'absence. – Absence illégale [MIL.].

4 **Congé ;** congé pour études, congé de maladie **383 ;** congés payés ; vacances. – Autorisation d'absence.

5 Absent *(un absent).* – Non comparant [DR.]. – *Deus absconditus* (lat., « dieu caché »).

6 Défaillance, distraction, **inattention 403.**

V. 7 Faire défaut ou faire faute, **manquer ;** briller par son absence. – Être porté absent ou manquant, manquer à l'appel. – **Faire l'école buissonnière ;** faire la bleue, sécher [arg. scol.]. – Jouer les filles de l'air [allus. litt.].

8 Avoir faute de [vx], **manquer de.**

9 Prov. et loc. prov. – Les absents ont toujours tort. – Quand le chat n'est pas là les souris dansent. – Qui va à la chasse perd sa place.

Adj. 10 **Absent,** parti, sorti 204. – Absentéiste. – Introuvable, invisible. – Disparu ; défunt **311,** feu *(feu Monsieur X.).* – Carentiel (ou carenciel) ; DR. : défaillant ; contumax. – *In absentia* (métaphore *in absentia*) [RHÉT., lat.].

Adv. 11 Par contumace, **par défaut,** par procuration.

Prép. 12 En l'absence de, à défaut de, faute de ; **sans.** – Faute de grives on mange des merles [prov.].

Conj. 13 Sans que ; faute de quoi, sans quoi **111.**

Aff. 14 A-, an- ; in-, im- ; il-, ir- ; sans-.

## 11 APPARITION

N. 1 **Apparition ;** avènement [vieilli], naissance **313,** survenance [litt.], venue.

2 **Manifestation** ; éclosion ; émergence 204, éruption [fig.], irruption, jaillissement, surgissement. – Point ou pointe du jour ; lever *(lever d'un astre)*. – Parution, matérialisation 3 ; réalisation 527. – Actualisation [PHILOS.].

3 Arrivée 201, **entrée,** venue ; passage. – Come-back.

4 THÉOL. : angélophanie 503, épiphanie 497, théophanie.

5 Mise au monde ; création ; publication.

6 Arrivant *(les arrivants et les partants),* arrivé *(un arrivé de fraîche date)* 201, venu *(un nouveau venu).* – Passant ; fig. : comète, courant d'air 636, flèche, météore, rapide *(c'est un rapide)* 576.

v. 7 **Apparaître, paraître** ; réapparaître, reparaître ; transparaître. – Avoir lieu, arriver, survenir. – Émerger, percer, poindre, pointer, sortir, venir à jour ; éclater, éclater au grand jour, fuser, jaillir, surgir. – Fig. : naître, prendre corps ; éclore, fleurir, germer, sourdre. – **Se déclarer, se déclencher,** se faire jour, se former, se lever, se manifester, **se montrer.** – S'actualiser [PHILOS.].

8 Se faire voir, s'offrir à la vue ; se dégager, se détacher, se distinguer ; se découper, se dessiner, se profiler.

9 **Faire une apparition,** passer en coup de vent ; ne faire que passer. – Faire son apparition ou son entrée.

10 **Apparoir** *(il appert que, faire apparoir de)* [didact.] ; s'avérer *(il s'avère que).* – Apparaître sous son vrai jour, se dévoiler, se révéler 411, se trahir. – Déchirer le voile, lever le secret ; lever le masque.

Adj. 11 Émergent, éruptif 208. – Actualisable [didact.].

Aff. 12 -phanie.

## 12 DISPARITION

N. 1 **Disparition** ; **dématérialisation** 4. – **Dissipation,** dissolution, volatilisation 253. – **Effacement,** évanouissement ; amuïssement. – Engloutissement.

2 **Extinction** 557, résorption ; éradication 206, **suppression.** – Effaçage, effacement, gommage ; radiation 640. – LING. : apocope 752 ; neutralisation.

3 **Occultation** 727. – Coucher 277, éclipse 232.

4 Évasion, fugue, **fuite** 204. – Volatilisation [fig.]. – Perte ; disparition ; décès 311.

5 Disparu *(un disparu).*

6 Évanescence.

v. 7 **Disparaître,** partir ; se résorber ; se réduire à rien ; vx : devenir à rien, venir à rien. – S'amuïr [PHON.]. – S'effacer, **s'estomper,** se voiler. – Se dissiper, se dissoudre, **s'évaporer, se volatiliser** ; partir en fumée. – Couler, sombrer ; s'abîmer, s'enfoncer, s'engloutir, **s'évanouir,** se fondre (dans). – S'envoler. – **Se coucher** [en parlant d'un astre].

8 Disparaître de la vue de ; se soustraire ou échapper aux regards de ou à la vue de. – Disparaître de la scène du monde, disparaître aux yeux du monde ; fam. : disparaître de la circulation, disparaître dans la nature, **se mettre au vert** 202 ; fig. : s'envoler, s'évanouir. – Se défiler, se dérober. – **Se cacher,** s'embusquer ; se planquer [fam.]. – **S'échapper, s'enfuir,** s'esquiver, se sauver ; fam. : se déguiser en courant d'air, jouer les filles de l'air [allus. litt.]. – Faire le mur [fam.].

9 **Faire disparaître** ; **volatiliser** 717. – **Escamoter,** subtiliser, voler ; emporter, enlever, kidnapper. – **Cacher,** dissimuler, gazer [vieilli], masquer ; biffer, caviarder, gommer ; passer au bleu. – Égarer.

10 **Anéantir,** canceller [vx ou anglic.], **éliminer,** néantiser [didact.], **supprimer** ; lever *(lever un doute, une hésitation)* ; réduire à néant. – Faire table rase (de).

11 Néantir [PHILOS.].

12 **Passer** 196 ; s'éteindre, se perdre ; rejoindre les vieilles lunes [fam.]. – S'épuiser, se tarir. – Mourir.

Adj. 13 **Disparu.** – Porté disparu ; disparu corps et biens. – Anéanti, **détruit,** éradiqué ; effacé, rayé de la surface de la terre. – Radié ; radié ou rayé des contrôles. – Caché, **dissimulé,** masqué.

14 Éphémère 174, **fugace, fugitif,** passager, provisoire ; évanescent ; effaçable. – ÉCOL. : en voie de disparition, menacé ; en péril.

Int. 15 Disparu ! Envolé ! – Pfft ! – Plus personne !

## 13 RELATION

N. 1 **Relation** ; connexion, connexité [litt.], corrélation, **rapport** ; interrelation. – **Correspondance,** liaison, lien 628. – LING. :

référent (ou : référé, référence) 732. – Analogie, identité, similitude ; affinité, filiation, parenté 678.

2 Association, **réunion** 90, union. – **Attachement,** rattachement ; apparentement. – Solidarité.

3 **Dépendance ;** interdépendance, réciprocité 20. – Consécution, enchaînement, suite. – MATH. : application 122, fonction ; covariance.

4 Conséquence, **corrélat,** corollaire. – Covariant [MATH.].

5 PHILOS. : causalisme, déterminisme.

v. 6 **Relier.** – Connecter, corréler, lier. – **Rapporter à,** rattacher à, référer à (qqch) ; LING. : référer à ou avoir pour référent. – Affilier, apparenter, **rapprocher.** – Joindre, réunir, unir ; enchaîner.

7 **Correspondre.** – Coexister. – Se ressembler ; ressembler à.

8 **Dépendre de ;** découler de, s'ensuivre. – Causer 34, déterminer, entraîner.

9 Interagir. – Covarier [MATH.].

Adj. 10 **Relatif,** relationnel ; corrélatif, corrélationnel ; consécutif, conséquent. – Affilié, apparenté ; **lié,** rattaché, relié ; connectif, connexe, solidaire. – Analogue, identique, similaire. – **Correspondant,** équivalent ; réciproque. – Associable, associatif ; applicable [GÉOM.].

11 Dépendant, **interdépendant** ; interactif. – Causal, déterminé.

Adv. 12 **Relativement ;** corrélativement. – Comparativement. – Identiquement, similairement.

13 **Relationnellement ;** corrélationnellement. – Solidairement. – Réciproquement.

Prép. 14 **En fonction de,** en proportion de ; **par rapport à.**

Aff. 15 Co- ; inter-.

## 14 INDÉPENDANCE

N. 1 **Indépendance.** – Contingence, hasard 44, indéterminisme.

2 **Indépendance ;** autonomie, franchise [vx] ; liberté 516. – Autarcie.

3 Libre-pensée ; **non-conformisme.** – Individualisme 582 ; anarchisme 671.

4 POLIT. : autonomisme, **indépendantisme,** sécessionisme, séparatisme ; particularisme.

5 Affranchissement. – POLIT. : autodétermination ; proclamation d'indépendance.

6 Autonomiste, **indépendantiste,** sécessionniste, séparatiste.

7 Travailleur indépendant ; free-lance [anglic.].

v. 8 Didact. – S'autonomiser ; s'indéterminer.

9 Disposer de soi, être à soi, **être son maître** ou **son propre maître** ; avoir les coudées franches, avoir le champ libre, **n'avoir de comptes à rendre à personne,** ne relever de personne ; être libre comme l'air. – Agir à sa guise, en faire à sa tête ou n'en faire qu'à sa tête.

10 S'émanciper. – Prendre son indépendance, **voler de ses propres ailes.** – Briser les chaînes ou les liens, secouer le joug.

11 Affranchir, émanciper.

Adj. 12 **Indépendant,** autonome, libre. – Distinct, séparé. – Fortuit.

Adv. 13 **Indépendamment,** librement. – Séparément.

14 Aléatoirement, casuellement, fortuitement.

## 15 IDENTITÉ

N. 1 **Identité ;** égalité 83, parité, unité 73. – Adéquation, conformité 28, homologie ; coïncidence, correspondance, équivalence. – Consubstantialité [THÉOL.] 477.

2 Accord, concorde, entente, harmonie ; communauté d'esprit ; communion d'idées ; identité de vues.

3 Constance, **permanence,** persistance, rémanence ; continuité 61, fixité, stabilité ; immutabilité, inaltérabilité, **invariabilité.** – Équanimité [litt.].

4 **Principe d'identité** [LOG., SC.]. – PHILOS. : identité des indiscernables (Leibniz), identité qualitative, identité spécifique ; philosophie de l'identité (Schelling). – MATH. : identité remarquable 122 ; identité d'un ensemble ou application identique ; équipollence, fonction d'identité.

5 **Identité,** individualité 307 ; PHILOS. : eccéité [vx], ipséité. – Créature, être, **individu,** mortel, personne. – Caractère, tempérament ; PSYCHOL. : identité personnelle, identité sociale. – Idiosyncrasie [MÉD.]. – Identité culturelle, identité nationale.

6 **Carte d'identité** (ADMIN. : carte nationale d'identité), **papiers d'identité** ; carte

d'identité professionnelle ; marque d'identification, plaque d'immatriculation.

7 Service de l'identité judiciaire [DR.]. ou, cour., l'identité judiciaire.

8 **Identification** ; égalisation, unification. – Individualisation, individuation, personnalisation. – Acculturation, assimilation.

9 **Identification** ; caractérisation, **définition**, délimitation, détermination.

V. 10 **Identifier** ; assimiler, confondre ; mettre dans le même sac ou dans le même panier [fam.], mettre sur le même plan. – **Unifier**, uniformiser ; coaliser, unir.

11 **Identifier** ; caractériser, définir, délimiter, déterminer ; discerner **411**, distinguer. – Individualiser, particulariser, singulariser, spécifier.

12 Égaler, **équivaloir**, équipoller [MATH.]. – Coïncider, correspondre ; ne faire qu'un. – Converger, fusionner ; se confondre, se fondre, s'identifier.

13 Se conserver, demeurer, **rester 171** ; permaner [rare], permanoir [vx].

Adj. 14 **Identique** ; analogue, homologue, semblable **21**, même, **pareil**, tel. – Constant, **continu 61**, régulier, uniforme ; invariable. – Équanime [litt.], égal à soi-même. – Permanent, persistant, rémanent.

15 **Identitaire**. – Indivis, **un**, *unus et idem* (lat., « identique à soi-même », littéralt, « un et le même »). Identifiable, reconnaissable. – Consubstantiel [THÉOL.]. – Individuel, personnel.

16 **Identificatoire**. – Particularisant, singularisant, spécifiant. – Spécificatif.

Adv. 17 Identiquement, **semblablement** ; pareillement ou, pop., pareil ; à l'avenant, à l'identique. – Ainsi, de la même manière, **de même**, *idem* ou *id.* (lat., « de même »). – Tout uniment, uniment ; de concert, de conserve, **ensemble 428**.

18 *Ibidem* ou *ibid.* (lat., « au même endroit »).

Aff. 19 Homo-, idio-, iso- ; co- ; uni-.

# 16 ALTÉRITÉ

N. 1 **Altérité** ; différence **23**, dissemblance **22**, inégalité **84** ; dualité, hétérogénéité. – **Discordance**, divergence, incohérence ; incompatibilité.

2 Désunion, disjonction, **division**, opposition **18** ; éloignement. – **Désaccord 429**, différend, rupture, schisme. – Autonomie ; hétérodoxie ; marginalité.

3 Démarcation, frontière, **séparation** ; fig. : cloison, fossé *(le fossé des générations),* mur *(le mur de la haine).* – Distinction, distinguo.

4 **Changement 193**, modification, révolution ; métamorphose, **transformation**. – Didact. : transfiguration, transmutation, transsubstantiation **477** ; travestissement.

5 Alternance. – Autres temps, autres mœurs [loc. prov.].

6 Altération, avarie, dégradation, **détérioration**. – Décomposition, désagrégation, dislocation **557**.

7 L'autre, un autre, **autrui**. – « L'Enfer c'est les autres » (Sartre). – L'Autre ; **étranger** ; adversaire, ennemi **649**. – *Alter ego* (lat., « un autre moi-même »). – « Je est un autre » (Rimbaud).

8 L'un... l'autre ; l'un et l'autre ; l'un ou l'autre ; ni l'un ni l'autre.

V. 9 Altérer, corrompre, dégrader, **détériorer,** flétrir, gâter. – Affaiblir, atténuer, diminuer **89**. – Agrandir **88**, renforcer.

10 **Changer 193**, modifier. – Convertir, métamorphoser, transfigurer, **transformer**, transmuer.

11 Départager, **différencier**, dissocier, **distinguer** ; isoler, séparer. – Classer, distribuer, trier.

12 Contraster, détonner, **différer** ; s'opposer ; ressortir, trancher. – Se particulariser, se singulariser. – Fam. : c'est une autre affaire, c'est une autre chanson, **c'est une autre histoire**, c'est une autre paire de manches.

Adj. 13 **Autre**, différent, distinct ; dissemblable. – Inégal ; inférieur, supérieur. – Contraire, inverse, **opposé** ; adverse, antagonique [didact.], antagoniste.

14 Caractéristique, **particulier**, typique ; distinctif. – Indépendant ; éloigné, tranché, séparé ; **à part**. – Discordant, disparate, divergent.

15 Altéré, **changé**, modifié, transformé. – Altérable, attaquable, corruptible, **fragile**, instable, variable.

Adv. 16 **Autrement,** tout autrement ; différemment, inégalement ; contrairement, inversement. – Autrement dit.

Conj. 17 D'un côté... d'un autre côté, **d'une part... d'autre part**.

Prép. 18 **Au contraire de**, à la différence de, à l'encontre de [litt.], à l'inverse de, à l'opposé de.

Aff. 19 Allo-, alter- ; di-, hétéro-.

## 17 AMBIVALENCE

N. 1 **Ambivalence** ; ambiguïté, amphibologie [didact.] ; dualisme, dualité ; contradiction. – Dialectique [PHILOS.].

2 Duplicité, **fausseté,** perfidie, traîtrise. – **Inconstance 33,** instabilité, variabilité, versatilité. – Schizophrénie 450.

3 Contrevérité, mensonge, mystification, **tromperie 728 ;** double jeu, faux-semblant, hypocrisie, imposture. – Palinodie [litt.], **retournement,** rétractation, revirement, volte-face.

4 **Ambiguïté** *(une ambiguïté).* – Double sens, équivoque *(une équivoque) ;* allusion. – Allégorie, figure, parabole, **symbole ;** sens figuré. – Palinodie.

5 Mélange **102.** – Ambigu comique [THÉÂTRE, anc.]. ambigu *(un ambigu)* [CUIS., vx] **855.**

6 Bisexualité ; hermaphrodisme.

7 Agent double, falsificateur, faussaire, imposteur, Judas *(un Judas),* **traître. – Hypocrite ;** double nature ; faux-cul [très fam.]. – Inconstant *(un inconstant),* opportuniste *(un opportuniste) ;* caméléon, girouette.

8 **Hybride ;** bâtard. – Androgyne, hermaphrodite **341 ;** bisexuel.

V. 9 Paraître, **sembler.** – En avoir l'air mais pas la chanson [fam., plais.].

10 Affecter, feindre ; prétendre. – Contrefaire, imiter. – Faire celui qui + v. *(faire celui qui ignore),* faire le + n. *(faire l'ignorant) ;* faire semblant ; faire comme si ; faire mine de. – Donner le change, mystifier, **tromper.**

11 **Se contredire ;** donner ou faire entendre deux sons de cloche, tenir un double langage ; souffler le chaud et le froid ; faire deux poids deux mesures.

12 **Changer d'avis,** se dédire, se raviser, se rétracter. – Aller du blanc au noir, chanter la palinodie ; **retourner sa veste,** tourner casaque.

13 **Jouer double jeu,** mener une double vie ; servir Dieu et Mammon [fam.].

14 **Jouer sur les deux tableaux ;** ne pas mettre tous ses œufs dans le même panier ; ménager la chèvre et le chou ; vouloir le beurre et l'argent du beurre (aussi : l'omelette et les œufs).

15 Ne pas savoir si c'est du lard ou du cochon [fam.]. – Être entre le zist et le zest [vx], **hésiter 511.**

Adj. 16 **Ambivalent ;** ambigu, amphibologique [didact.], double, **équivoque ;** contradictoire **18.** – Douteux, indécis **431 ;** énigmatique, mystérieux. – À double entente, à double face, à **double sens.** – À double tranchant.

17 Dissimulé, duplice [litt.], **hypocrite,** sournois. – Changeant, inconstant, infidèle, instable. – Mitigé ; ni chair ni poisson, **mi-figue, mi-raisin.**

18 Bisexuel ; bisexué. – Fam. : à voile et à vapeur ; bic et bouc ; jazz tango.

Adv. 19 À demi, **à moitié ;** entre les deux [fam.], ni l'un ni l'autre ;

20 Apparemment, peut-être. – Prétendument, soi-disant.

21 Mine de rien, sans en avoir l'air ; **hypocritement,** sournoisement. – Contradictoirement.

Aff. 22 Ambi-, amphi-, bi-, di-, dupli-.

## 18 OPPOSITION

N. 1 **Opposition ;** antagonisme, divergence **22 ;** contradiction, contraste. – Face-à-face, symétrie.

2 Agression, **attaque 655.** – Activisme, fronde, résistance, subversion ; résistance passive.

3 Dénégation, déni, désapprobation, désaveu, **objection,** refus **520,** veto. – Opposition systématique ; esprit de contradiction. – Crise d'opposition [PSYCHOL.].

4 Difficulté, empêchement, entrave, **obstacle 554,** traverse.

5 Envers **inverse** *(l'inverse),* opposé *(l'opposé) ;* contraire *(le contraire) ;* contre-pied. – Antipode, pendant ; symétrique, vis-à-vis. – Avers, revers ; **endroit, envers ;** pile, face ; recto, verso.

6 Adversité **549, opposition** *(l'opposition)* [POLIT.]. – DR. : partie opposante, tiers opposant. – **Adversaire 649,** antagoniste, contradicteur, objecteur, opposant ; dissident, hérétique. – Forte tête.

V. 7 **S'opposer ;** contraster, détonner, jurer, trancher ; faire pendant à, répondre à ; aller à l'encontre de. – Se contredire.

8 Objecter, **opposer,** répliquer, répondre, rétorquer. – **Contredire, contester,** démentir, désapprouve, réfuter ; s'élever contre, s'élever en faux contre [sout.]. – **Défendre, interdire,** condamner.

9 Agresser, attaquer, contrer ; **s'opposer à,** prendre le contre-pied de. – Fronder. –

Heurter de front ; prendre à contre-pied ; rompre en visière à ou avec [sout.].

10 **Affronter,** braver ; se dresser contre, réagir contre, tourner ses armes contre. – **Combattre,** faire face, faire front ; résister, riposter. – Désobéir 625.

11 Contrecarrer, **empêcher,** entraver, freiner ; barrer l'accès (ou : le chemin, la route) à, faire obstacle à, nuire à. – Mettre des bâtons dans les roues [fam.], susciter des difficultés, tailler des croupières à [sout.]. – Faire de l'obstruction ou de l'opposition.

12 Donner des armes à ou armer contre ; braquer contre, **dresser contre,** élever contre, exciter contre. – Provoquer une levée de boucliers ; semer la zizanie.

13 Désaccorder, diviser.

Adj. 14 **Opposé ;** inverse 220, symétrique. – Contradictoire, contraire, incompatible, **opposé ;** diamétralement opposé.

.15 Adverse, antagonique, antagoniste, **contraire,** contradictoire [vieilli], divergent ; antinomique. – Attentatoire, ennemi, **hostile.** – Défavorable, nuisible, préjudiciable.

16 Adversatif [GRAMM.]. – Opposable [sout.].

Adv. 17 **À l'opposé,** à l'opposite [litt.] ; **en face,** vis-à-vis ; face à face, nez à nez ; dos à dos ; tête-bêche ; en chiens de faïence [fig., fam.]. – **À l'envers,** à rebours ; à contre-courant, à contresens ; MAR. : bout au courant, bout à la lame, bout au vent, à contre-bord ; à contre-voie [CH. DE F.]. – À contre-jour.

18 À contre-pied, à contre-poil, **à rebrousse-poil,** à contre-biais [rare]. – À hue et à dia.

19 Contre vents et marées, envers et contre tout ; envers et contre tous.

20 Par contraste, en opposition, par opposition. – **Au contraire,** bien au contraire, tout au contraire ; **en revanche,** toutefois, par contre [critiqué]. – Néanmoins.

Prép. 21 À l'opposé de, à l'opposite de ; **en face de.**

22 **Contre.** – Au contraire de, **contrairement à,** à l'encontre de, à l'inverse de, en opposition à, par opposition à, versus ; au rebours de. – Contre le gré de.

Conj. 23 Mais, cependant.

Aff. 24 Anti-, contre-, rétro-.

## 19 SUBSTITUTION

N. 1 **Substitution ;** commutation [didact.], échange, interversion, intervertissement [rare], inversion 220, permutation, **remplacement ;** échange standard. – DR. : subrogation, subrogation personnelle, subrogation réelle. – Changement 193, transposition. – Tour de passe-passe. – Identification [PSYCHOL.] 15 ; transfert [PSYCHAN.].

2 Rotation 215, roulement, **tour ; tour de rôle ;** tour de + n. désignant une obligation à remplir *(tour de garde, tour de veille, etc.).* – Relais, relève. – **Intérim,** régence 670.

3 Substitutivité [CHIM.]. – Substituabilité [LING.].

4 **Compensation,** contrepartie ; un prêté pour un rendu. – Ersatz, substituant *(un substituant)* [CHIM.], **succédané.** – Dérivé de substitution, produit de remplacement, produit de substitution. – Postiche, prothèse. – Substitué *(un substitué),* substitut. – Objet transitionnel [PSYCHAN.].

5 DR. : substitution d'enfant ou de part, substitution de fidéicommis, substitution vulgaire. – DR. : peine de substitution ou substitut à l'emprisonnement 723. – Fiducie [FIN.]. – Substitution de numéro [HIST.].

6 Intérimaire, régent, **remplaçant,** substitut, suppléant, **successeur ;** dauphin. – Double *(un double),* doublure. – DR. : mandataire, **représentant,** subrogé ; subrogé tuteur. – Boîtier [HIST.], lieutenant [vx]. – **Bouc émissaire.**

V. 7 **Substituer ;** commuer [didact.], **échanger,** intervertir, inverser, permuter, **remplacer ;** changer, transposer. – Subroger [DR.].

8 Relayer, relever ; **remplacer,** représenter, suppléer [litt.] ; faire fonction de, **se substituer à,** tenir lieu de ; succéder à. – Prendre la place de. – Renverser. – Usurper.

9 Entrer ou se mettre dans la peau de qqn, se mettre à la place de qqn. – Camper un personnage. – Doubler (un acteur).

10 **Alterner ;** se relayer, se remplacer. – Céder la place, passer la main. – Un clou chasse l'autre [loc. prov.].

11 Gagner au change. – Changer son cheval borgne pour un aveugle, lâcher la proie pour l'ombre ; perdre au change.

Adj. 12 **Substitutif ;** commutatif ; alternatif ; subrogatoire [DR.]. – Substituant. – Assimilateur.

13 Commutable, échangeable, permutable, **remplaçable**, substituable. – Équivalent **83**. – Remplacé, substitué.

Adv. 14 Par voie de substitution ; par procuration.

15 Alternativement, **à tour de rôle**, tour à tour ; chacun à son tour, ou, plus fam., chacun son tour ; successivement.

Prép. 16 **Au lieu de,** à la place de, en lieu et place de ; en remplacement de. – Pour. – À défaut de **81**, au défaut de [vx].

Aff. 17 Pro-, vice-.

# 20 RÉCIPROCITÉ

N. 1 **Réciprocité.** – Interaction ; corrélation, correspondance, dépendance, interdépendance, liaison, rapport, **relation 13.** – Symbiose, synergie.

2 Réciprocité diplomatique ; réciprocité législative.

3 Entraide **563** ; fraternité, mutualité, **solidarité.** – Esprit de corps, esprit d'équipe ; mutualisme, solidarisme. – Un pour tous, tous pour un (loc. prov. prise pour devise par de nombreux corps et collectivités : scouts, francs-maçons, notamm.).

4 **Échange ;** un prêté pour un rendu. ANTHROP. : contredon, don, potlatch ; théorie de l'échange et de la réciprocité. – Accord bilatéral [DR.].

5 Réciproque *(la réciproque).* – Action en retour, **retour ;** fam. : retour de bâton, retour de chaise, retour de manivelle ; retour à l'envoyeur.

6 Loi du talion **722** ; « Œil pour œil, dent pour dent » (la Genèse).

7 L'un l'autre ; les uns les autres.

V. 8 Converger ; **correspondre 13.**

9 Fraterniser, se solidariser ; **partager 587,** se serrer les coudes.

10 S'entre-déchirer, s'entre-dévorer, s'entre-tuer. – S'entre-regarder.

11 **Se venger ;** payer quelqu'un de retour, rendre coup pour coup, rendre à qqn la monnaie de sa pièce, rendre la pareille, renvoyer la balle.

12 Renvoyer l'ascenseur ; réciproquer [région. ou vx]. – Passe moi la casse, je te passerai le séné [loc. prov.].

Adj. 13 **Réciproque ; mutuel,** partagé. – Respectif ; symétrique. – **Bilatéral** ou synallagmatique [DR.].

14 Solidaire **428,** uni.

Adv. 15 **Réciproquement ;** mutuellement, solidairement. – Respectivement.

16 **En échange ;** à charge de revanche, en retour. – **Donnant donnant.**

17 Et inversement, vice versa ; dans les deux sens.

Aff. 18 Co- ; entre-.

# 21 RESSEMBLANCE

N. 1 **Ressemblance ;** analogie, **similitude ;** air de famille, parenté ; proximité. – Équivalence **83,** parité. – Homogénéité, uniformité, unité **73.**

2 Liaison, lien, rapport, **relation.** – **Accord 428,** affinité, harmonie, sympathie, unisson.

3 Adéquation, conformité ; concordance, **correspondance ;** parallélisme. – Fidélité, vérité **409,** vraisemblance.

4 Naturel *(le naturel),* **vrai** *(le vrai)* **409,** vraisemblable *(le vraisemblable).*

5 Équivalent *(l'équivalent),* homologue *(l'homologue),* **même** *(le même),* pareil *(le pareil),* semblable *(le semblable) ;* pendant *(le pendant).*

6 Congénère, pair ; **parent** prochain *(le prochain).* – « Hypocrite lecteur, mon semblable, mon frère » (Baudelaire). – Alter ego [lat.] ; clone, double *(un double),* jumeau, ménechme [sout., rare], **sosie.**

7 Copie **31, image,** portrait, reflet, réplique ; masque. – Modèle **30.**

8 Apparence, faux-semblant, **illusion 410, imitation,** manière *(une manière de* + n.), simulacre ; trompe-l'œil.

V. 9 **Ressembler à.** – Se confondre, **se ressembler,** se ressembler comme deux gouttes d'eau. – Être du même moule, être de la même mouture, être du même tonneau, être le portrait craché ou tout craché de, être tout le portrait de. – Tenir de ; être du côté de *(être du côté de son père, être du côté de sa mère),* tenir de **678.** – Évoquer, **rappeler.** – On dirait (telle chose, telle personne).

10 **Équivaloir 83** ; fam. : c'est bonnet blanc et blanc bonnet, c'est du pareil au même, c'est tout comme ; très fam. : c'est kif-kif bourricot.

11 **S'accorder ;** cadrer, concorder, correspondre, coïncider. – Faire la paire avec. – Prov. : Qui se ressemble s'assemble ; Les grands esprits se rencontrent.

12 Accorder, conformer, harmoniser, **unir ;** assimiler.

13 Calquer, copier, imiter 31.

Adj. 14 **Ressemblant ; analogue,** apparenté, approchant, proche, similaire, voisin ; comparable, **semblable.** – Fidèle, juste, naturel, vrai 409, vraisemblable. – Homogène, un, uniforme.

15 Égal, équivalent, **identique 15,** même, pareil.

Adv. 16 Semblablement ; **de même ;** à l'avenant ; de la même façon, de la même manière.

Prép. 17 À l'exemple de, à la façon de, **à la manière de ;** à l'image de, à l'instar de, sur le modèle de.

Conj. 18 **Comme ;** de même que.

Aff. 19 Simil- ; équi-, iso- ; homo- ; quasi-.

## 22 DISSEMBLANCE

N. 1 **Dissemblance,** dissimilitude [rare] ; altérité 16, différence 23, disparité. – Distance, **écart,** éloignement. – Hétérogénéité ; irrégularité ; contraste. – Asymétrie, dissymétrie. – Hétéromorphisme [SC.].

2 Démesure ; **disproportion.**

3 **Désaccord 429,** discordance, divergence ; disparate *(une disparate ; la disparate)* [sout.].

V. 4 Dissembler [rare]. – Différer 23 ; **contraster,** détonner, discorder [sout.], diverger. – Apparaître, **ressortir,** trancher ; faire tache [fam.], jurer.

5 **Changer 193,** évoluer, fluctuer 33.9. – Les jours se suivent et ne se ressemblent pas [prov.].

6 Altérer 16, défigurer, déformer, dénaturer 557, fausser ; changer 193, **transformer.** – Dépareiller ; désaccorder ; creuser un écart.

Adj. 7 **Dissemblable,** dissemblant [plus rare] ; autre 16, différent 23, distinct. – Discordant, divergent.

8 **Infidèle ;** faux, inexact.

9 **Hétérogène,** hybride. – Bigarré, composite, disparate, hétéroclite ; dépareillé. – De bric et de broc [fam.].

10 Capricieux, changeant 193, fantasque, inégal, **instable,** mobile, mouvant, versatile ; didact. : diversiforme 141, hétéromorphe.

Adv. 11 Dissemblablement [rare] ; **autrement 16.** – Comme pas un.

Aff. 12 Allo- ; di- ; **hétéro-.**

## 23 DIFFÉRENCE

N. 1 **Différence,** dissemblance 22. – PHILOS. : différence essentielle ; différence spécifique. – Inégalité 84.

2 Distance, **écart,** intervalle. – Abîme, gouffre ; fossé ; contraste. – Différentiel *(un différentiel ; le différentiel)* [didact.], écart. – Excédent, **excès 80,** supplément ; défaut, **manque 81.**

3 Didact. : différenciation, discrimination ; analyse 416 ; comparaison 425. – Démarcation, **distinction,** partage, séparation 91. – Changement 193, modification, transformation. – Dissimilation [PHONÉT.]. – Spécialisation [BIOL.].

4 **Particularité,** trait distinctif ; nuance, variante, variation. – Anomalie 55, irrégularité.

5 **Étranger 677.** – PHILOS. : autre *(l'autre),* autrui. – Droit à la différence.

V. 6 **Différer ;** n'avoir rien à voir ou n'avoir rien à voir ensemble ; ça fait deux [fam.]. – Diverger ; s'écarter, s'éloigner. – Déparer, trancher ; **s'opposer 18.** – Évoluer, se transformer, varier 33 ; se différencier, se distinguer, se particulariser. – Se spécialiser.

7 Faire la différence entre... et...

8 Se démarquer ; creuser l'écart, **prendre ses distances.**

9 Différencier ; caractériser, individualiser, **particulariser,** spécifier. – Identifier 15. – **Distinguer ;** faire le départ [sout.], faire la différence ; faire une distinction, faire un distinguo ; ne pas mélanger les torchons et (ou : avec) les serviettes [fam.]. – Discriminer ; séparer le bon grain de l'ivraie [sout.]. – Comparer 425.

Adj. 10 Différentiel [didact.], distinctif.

11 **Différent,** dissemblable 22, distinct ; divergent ; inégal 84. – **Autre 16,** singulier ; allogène, hétérogène.

12 Différencié ; changé, modifié, transformé ; exceptionnel, extraordinaire. – Nouveau 110.

Adv. 14 **Différemment ;** autrement, diversement. – Plus, moins ; d'autant moins, d'autant plus. – Par défaut 81 ; par excès 80.

Prép. 15 À la différence de, par opposition à.

Conj. 16 **À la différence que,** à cette différence près que.

Aff. 17 **Allo-**, hétéro-.

## 24 UNIFORMITÉ

N. 1 **Uniformité** ; homogénéité, unité **73**. – Ressemblance **21**, similitude. – Unanimité ; accord.

2 Constance, **continuité 61**, fixité, permanence, persistance.

3 Harmonisation, régularisation, régulation, **uniformisation**.

4 **Monotonie** ; ennui **458**, grisaille ; ronron [fam.], **routine 54.4**, train-train, train-train quotidien. – « Métro, boulot, dodo » (Pierre Béarn ; repris comme slogan en mai 1968, puis passé en loc.) ; un jour pousse l'autre.

5 Uniforme *(un uniforme)* **811**.

6 Uniformitarisme ou actualisme [SC.].

V. 7 **Uniformiser** ; régulariser, réguler, standardiser. – Accorder **428**, **harmoniser** ; ajuster, assortir.

8 S'uniformiser. – **Se confondre avec**, ressembler à **21**. – Se rapprocher de. – La nuit, tous les chats sont gris [prov.].

Adj. 9 **Uniforme** ; homogène, régulier ; indifférencié. – Un **102**, unique. – Même, pareil, **semblable 21**, similaire. – Indistinct.

10 Constant, **continu 61**, fixe, permanent, stable. – Immuable, inaltérable, inébranlable, invariable.

11 **Monotone**, routinier.

12 Unanime **428**.

Adv. 13 **Uniformément**, uniment [litt.]. – Constamment **171**, régulièrement ; monotonement [rare].

Aff. 14 **Mono-** ; uni-.

## 25 DIVERSITÉ

N. 1 **Diversité**, variété. – Multiplicité **74**, pluralité ; foisonnement, richesse. – Différence **23** ; **disparité**, hétérogénéité ; bigarrure, chatoiement.

2 Discontinuité **62**, **irrégularité**. – Impermanence [didact.].

3 **Mélange 98** ; bric-à-brac ; fig. : mosaïque, tour de Babel. – Assortiment, choix.

4 **Diversification**, multiplication ; différenciation **23**, spécialisation. – Modification, transformation **190**, variation.

V. 5 **Diversifier**, varier ; multiplier. – Changer **193**, modifier, transformer.

6 Se diversifier. – **Se distinguer 29.8**, se particulariser, se singulariser.

Adj. 7 **Divers** ; composite, disparate, hétérogène, **hétéroclite**. – Diversifié, mélangé **98**, mêlé, **varié**. – Bigarré, chatoyant, diapré [litt.] ; multicolore, versicolore.

8 Différent **23**, dissemblable **22**, distinct.

9 Discontinu **62**, **irrégulier**.

10 **Variable 193** ; altérable, modifiable.

11 Différent, **divers** ; multiple. – Maints [litt.] ; plusieurs.

Adv. 12 **Diversement** ; de plusieurs façons, de plusieurs manières ; à de nombreux égards, à de nombreux titres. – À diverses reprises ; en divers endroits.

Aff. 13 **Poly-**.

## 26 CONCORDANCE

N. 1 **Concordance** ; coïncidence. – Accord **428**, adéquation, cohérence, congruence, convenance, convergence. – Compatibilité, **conformité 28**.

2 Identité **15**, ressemblance **21**. – Égalité **83**, parité ; proportionnalité.

3 MATH. : équipollence, équipotence, équivalence. – Homothétie ; homomorphisme, isomorphisme.

4 Concordance des temps [GRAMM.]. – PHON. : assonance, **rime 789**. – LING. : homonymie, homophonie. – Harmonie [MUS.].

5 Assortiment ; coordination, harmonisation.

V. 6 **Concorder** ; coïncider, converger, **correspondre**. – Appuyer, **confirmer 409**, corroborer, renforcer. – Convenir **26**. – Ressembler **21** ; égaler, équivaloir.

7 **Accorder 428**, conformer, harmoniser. – Assortir, coordonner, équilibrer ; pondérer, proportionner. – Synchroniser.

8 Comparer **425** ; mettre en parallèle.

Adj. 9 **Concordant** ; convergent, correspondant. – Concomitant, simultané **182** ; synchrone. – Adéquat, cohérent, compatible, **conforme 28**, congruent, convenable.

10 **Analogue**, comparable, ressemblant **21** ; apparenté, parent ; équivalent, identique **15**.

11 MATH. : équipollent, équipotent ; homomorphe, isomorphe ; **proportionnel 94** ; affin ; homothétique. – GÉOM. : coïncident, congruent, **parallèle**.

12 Consonant, harmonieux. – PHON. : assonancé, rimé. – LING. : homophone, homonyme.

13 Accordé, ajusté, assorti, coordonné, équilibré ; pondéré, proportionné.

Adv. 14 Adéquatement, conformément 28, convenablement, **justement**. – Congrûment, pertinemment. – Harmonieusement.

15 GÉOM. : proportionnellement, proportionnément [rare] ; homothétiquement ; parallèlement.

16 Comparablement 425, identiquement, **semblablement**.

17 Simultanément 182, synchroniquement ; concomitamment [rare].

Prép. 18 **D'après 31.13**, selon, suivant. – À proportion de, à raison de.

Aff. 19 Équi-, homo-, iso-, synchro-.

## 27 DISCORDANCE

N. 1 **Discordance**, disparité, hétérogénéité, incompatibilité ; incohérence. – Contraste, désaccord ; antagonisme, non-conformité 29, opposition 18. – Dissonance 365 ; disharmonie, inharmonie [rare].

2 Asymétrie, dissymétrie ; **déséquilibre**, disproportion ; distorsion. – Beaucoup de bruit pour rien [loc. cour. ; également par allusion au titre d'une pièce de Shakespeare].

3 Bric-à-brac, capharnaüm, chaos, **désordre 46** ; disparate *(le* ou *la disparate)* [litt.] ; cacophonie. – Couac [fam.], **fausse note**, hiatus [PHON.], rupture de ton. – Entorse ; pavé dans la mare. – Abîme, divorce, fossé, rupture.

4 Mouton noir 29.7.

V. 5 **Discorder** ; **détonner**, dissoner [litt.] ; différer 23, diverger. – Choquer, jurer ; fam. : gueuler, hurler. – Ne pas être dans la note. – Loc. prov. : Le jeu n'en vaut pas la chandelle ; C'est la montagne qui accouche d'une souris.

6 Fam. – Arriver comme un chien dans un jeu de quilles, tomber comme un cheveu sur la soupe ; entrer comme dans une écurie. – Mettre les pieds dans le plat ; être comme un éléphant dans un magasin de porcelaine.

7 Donner ou jeter des perles aux pourceaux ; fam. : donner ou jeter de la confiture aux cochons.

8 Désaccorder, désajuster 29 ; désynchroniser [didact.]. – **Déséquilibrer** ; disproportionner.

9 Écorcher les oreilles [fam.].

Adj. 10 **Discordant ;** détonnant, dissonant ; criard, gueulard [fam.]. – Disparate, divergent. – Déséquilibré ; asymétrique, dissymétrique ; disproportionné. – Bancal, boiteux.

11 Déplacé, discourtois 593, incongru, **inconvenant**, malséant.

12 MUS. : disharmonieux, disharmonique ; inharmonieux, inharmonique ; **cacophonique**, discord [sout.], faux.

Adv. 13 Faussement, **faux** *(sonner faux)*. – Discourtoisement 593, incongrûment.

## 28 CONFORMITÉ

N. 1 **Conformité ;** adéquation, convenance ; congruence [litt.], pertinence. – Compatibilité, concordance, **correspondance**. – Cohérence, homogénéité.

2 Identité 15 ; **ressemblance 21**, similitude ; uniformité.

3 Correction, **exactitude**, fidélité, justesse ; régularité [DR.]. – Orthodoxie.

4 Accord 428, affinité, harmonie.

5 Adaptation, ajustement. – **Harmonisation**, homogénéisation ; unification, uniformisation. – **Normalisation**, régularisation ; mise au pas 622.

6 Loi, **norme 53**.

7 **Conformisme**, traditionalisme.

8 **Conformiste** *(un conformiste),* traditionaliste *(un traditionaliste).*

V. 9 **Conformer ;** accorder, adapter, ajuster. – Cohérer [rare], **harmoniser**, homogénéiser ; assimiler 15, unifier. – Normaliser, régulariser. – TYPOGR. : collationner, **corriger**. – Vidimer [rare] 425. – Certifier conforme [ADMIN.].

10 **Se conformer à**, se plier à, se soumettre à 628 ; se modeler sur, se régler sur. – Se mettre au goût du jour ; se mettre dans le ton ou au ton. – Respecter les convenances.

11 Concorder, **correspondre** ; cadrer, coller [fam.], convenir. – Aller bien ; aller à qqn comme un gant.

Adj. 12 **Conforme ;** adéquat, **approprié**, congru, idoine [sout., souv. par plais.]. – Adapté, ajusté ; assorti. – Compatible, concordant, correspondant ; accordé, affin [didact.]. – Cohérent ; équilibré, **harmonieux**, homogène.

13 Bon, correct, **exact**, juste, régulier. – **Convenable**, correct, décent ; normal ; orthodoxe. – Normalisé, régularisé. – Fam. : comme il faut, très comme il faut.

14 Analogue, ressemblant, **semblable 21**, similaire ; identique 15, pareil.

Adv. 15 **Conformément** à ; adéquatement, congrûment, pertinemment ; correctement, **exactement**, justement. – Convenablement, décemment ; normalement, régulièrement ; comme il se doit.

16 Identiquement 15, pareillement ; **semblablement 21**, similairement. – Comme à l'accoutumée, **comme d'habitude 568**, comme à l'ordinaire.

Prép. 17 En conformité avec ; en conformité de. – **D'après**, selon, suivant.

Aff. 18 Homo-, ortho-.

## 29 NON-CONFORMITÉ

N. 1 **Non-conformité** ; disconvenance, inadéquation, incongruité ; incompatibilité. – Hétérogénéité, **incohérence** ; irrégularité.

2 Différence 23 ; disparité, dissemblance 22, dissimilitude [rare]. – **Inexactitude**, infidélité, invraisemblance 40.1.

3 **Désaccord 429**, discordance 27, disharmonie, divergence. – Dysfonctionnement.

4 Excentricité, marginalité, **originalité** ; atypie [didact.], étrangeté. – Hétérodoxie.

5 **Non-conformisme** ; individualisme, particularisme.

6 **Anomalie**, défaut, défectuosité, vice de forme [DR.]. – Exception. – LING. : idiolecte ; cuir 410, pataquès.

7 Non-conformiste *(un non-conformiste)*. – Brebis galeuse, canard boiteux, mouton noir ; vilain petit canard (allus. à un conte d'Andersen). – Contrevenant. – Dissident, **rebelle 651**.

V. 8 **Contrevenir**, déroger ; se distinguer, se faire remarquer. – Différer de 23 ; faire exception. – **Se rebeller 651** ; entrer en dissidence.

9 **Contraster**, discorder [litt.], diverger, s'opposer 18. – Dysfonctionner.

10 **Désaccorder** ; désadapter, désajuster. – Altérer 16, dénaturer. – Fausser, truquer [fam.] ; vicier [DR.].

Adj. 11 **Non-conforme** ; disconvenant, inadéquat, **inapproprié**, incongru ; incompatible. – Hétéroclite, hétérogène ; incohérent.

12 Différent 23, disparate, dissemblable 22, dissimilaire [rare]. – **Discordant**, divergent.

13 **Anormal**, atypique, hors norme ou hors normes ; anomal [didact.]. – **Spécial**, spécifique ; exceptionnel, inaccoutumé, inhabituel 184.

14 Fautif, incorrect, **inexact**, infidèle. – DR. : irrégulier, **nul**, vicié, vicieux ; nul et non avenu. – Défectueux. – Désaccordé.

15 Dissident, **rebelle 651**. – À part, étrange, excentrique, original, particulier, **singulier**. – Individualiste, non-conformiste. – Hétérodoxe.

Adv. 16 **Inadéquatement**, incongrûment. – Anormalement, irrégulièrement. – Incorrectement, inexactement. – Différemment 23, dissemblablement 22.

Aff. 17 Dé-, dis-, dys- ; hétéro-.

## 30 MODÈLE

N. 1 **Modèle** ; archétype, prototype [didact.] ; original *(un original ; l'original)*. – Étalon, forme, gabarit, maquette, **matrice**, moule, parangon, patron 801, type ; canevas [THÉÀTRE] ; paradigme [GRAMM.].

2 DR. – Modèle déposé ; modèle de fabrique.

3 Formulaire [DR.] ; protocole. – Canon [didact.], coutume 864, **norme 53**, règle, standard ; idéal. – Corrigé *(un corrigé)*.

4 **Héros 639**. – Initiateur, maître ; maître à penser.

5 **Plan**, projet 534, projet-pilote. – Carton, ébauche, épure, esquisse ; maquette.

6 Modelage ou modèlerie [TECHN.]. – Modélisation [didact.]. – Modélisme.

7 Modeleur [TECHN.]. – Modéliste.

V. 8 Modeler sur. – Normer 53, **régler**.

9 Édifier ; **donner l'exemple**, donner le ton, faire la leçon, montrer le chemin ou la voie, prêcher d'exemple ; faire école. – Donner pour modèle.

10 **Imiter 31**, reproduire ; prendre pour modèle.

11 Poser [BX-A.] 773.

Adj. 12 Modèle *(un enfant modèle)* ; idéal, irréprochable, **parfait** ; hors pair. – Édifiant, exemplaire.

13 Archétypique ; standard, **typique**. – Canonique, normatif. – Normé, standardisé. – Fait au moule.

Adv. 14 À titre d'exemple. – **Exemplairement.**

Prép. 15 À l'image de, à l'imitation de, sur le modèle de 31.

Aff. 16 -type ; -typique.

## 31 IMITATION

N. 1 **Imitation** ; figuration, **représentation, reproduction,** simulation ; émulation [INFORM.] ; affectation ; feinte, usurpation. – Contagion, entraînement, snobisme ; caméléonisme, panurgisme, psittacisme, singerie. – **Parodie,** pastiche ; copiage, décalquage, démarcage, emprunt, larcin, pillage, piratage, **plagiat ; contrefaçon,** contrefaction [DR.], falsification 728. – Mimésis.

2 **Mimétisme** ; mimétisme agressif (mimétisme peckhamien), mimétisme défensif (mimétisme mertensien ou batésien, mimétisme mullérien), mimétisme parasitaire ; coloration aposématique, coloration cryptique.

3 **Copie,** écho, image, **imitation,** reflet, réplique, variante. – Onomatopée 747 ; paraphrase. – Caricature, charge ; **parodie,** pastiche. – Ersatz, faux-semblant, postiche, simulacre, trompe-l'œil ; faux *(un faux),* simili *(du simili),* toc *(du toc)* [fam.]. – **Maquette,** modèle 30, modèle réduit.

4 **Copieur,** démarqueur, **imitateur,** suiveur ; copiste 762. – Simulateur, truqueur, usurpateur. – **Disciple, élève** 414, émule, épigone. – Mouton de Panurge ; snob. – **Caricaturiste** ; parodiste, pasticheur ; pillard, pilleur ; plagiaire. – Contrefacteur, contrefaiseur, **faussaire** 728, faux-monnayeur. – Caméléon, mouton, perroquet, singe.

V. 5 **Imiter** ; copier, recopier, reproduire ; calquer, démarquer, pomper [arg. scol.] ; emprunter à ; s'inspirer de. – Refléter, suivre ; se conformer à 25. – **Faire comme,** prendre modèle sur 30 ; se modeler. – Suivre l'exemple de ; en prendre de la graine (souv. à l'impér. : *prends-en, prenez-en de la graine* [fam.]. – Marcher sur les pas (ou : sur les brisées, dans le sillage, dans les traces, sur les traces) de ; chausser les bottes de ; prendre la succession ou la suite de ; chasser de race. – Être ou se mettre à l'école de. – Suivre la mode

813 ; suivre le mouvement ou le courant, prendre le train en marche ; suivre comme un mouton ; suivre l'ornière (aussi : rouler dans l'ornière, se traîner dans l'ornière).

6 Affecter, feindre, **simuler,** mimer, singer. – Faire le + n., se faire passer pour, jouer les + n., usurper l'identité de ; faire semblant.

7 **Redire, répéter** 76. – Se mettre à l'unisson ; faire chorus, reprendre en écho, hurler avec les loups. – Bruiter 365. – Paraphraser.

8 Attraper, rendre ; caricaturer, charger. – Parodier, pasticher ; piller, pirater, plagier. – Contrefaire, falsifier 728. – Émuler [INFORM.], modéliser.

Adj. 9 **Imité** ; imitable, copiable. – Affecté, feint, mimé, simulé, singé, usurpé. – Mimétique ; imitatif *(harmonie imitative).* – LING. : onomatopéique ; paraphrastique. – Caricatural ; parodié, parodique. – D'emprunt, emprunté, plagié.

10 Factice, postiche, en trompe-l'œil ; **artificiel,** de fantaisie, d'imitation, de synthèse. – Contrefait, falsifié, **faux, truqué** ; bidon [fam.].

11 Conformiste 25, grégaire, moutonnier ; snob.

Adv. 12 **Presque,** quasi, quasiment ; **à la** *(à la française, à l'italienne,, à la turque, etc.).*

Prép. 13 D'après ; à l'exemple de ; à l'image de, à la façon de, à l'imitation de 30, à l'instar de, à la manière de, sur le modèle de.

Aff. 14 Néo-, para-, pseudo-, quasi-, semi-, simili-.

15 -forme, -morphe, -oïde.

## 32 INNOVATION

N. 1 **Innovation** *(l'innovation)* ; création *(la création).* – Fondation, **invention** ; changement, transformation 193 ; renouvellement, rénovation 558. – Exploration, recherche 412.

2 Créativité, **inventivité** ; fantaisie, hardiesse, inspiration.

3 **Innovation** *(une innovation)* ; création *(une création),* mutation, nouveauté, novation, révolution ; **découverte** 411, trouvaille. – Prototype 30. – Néologisme 752.

4 Fraîcheur, **nouveauté,** originalité. – Recommencement, renaissance, renouveau. – Nouveau *(du nouveau).*

5 Innovateur, novateur, **pionnier,** précurseur. – Auteur 762, créateur 34, fonda-

teur, introducteur, **inventeur,** promoteur ; initiateur, inspirateur, instigateur ; père fondateur *(les Pères fondateurs de l'Église).* – Moderne *(un moderne, les modernes) ;* avant-garde *(l'avant-garde).* – Querelle des Anciens et des Modernes [allus. hist.].

6 Créatique [didact.].

v. 7 **Innover ;** découvrir 411, **inventer,** trouver ; concevoir, élaborer, imaginer. – Changer, renouveler, rénover 407 ; bouleverser, renverser ; réformer, **révolutionner.** – Créer, faire naître. – Jeter un jour nouveau sur.

8 Faire peau neuve.

Adj. 9 **Innovateur ;** inédit, inhabituel, original, révolutionnaire ; sans équivalent, sans exemple, sans pareil, sans précédent. – Actuel, contemporain ; *in* (angl., « d'actualité, à la mode »), à la dernière mode 813, **moderne,** dans le vent.

10 **Nouveau 194 ;** dernier, frais, récent ; de fraîche date. – C'est nouveau, ça vient de sortir [loc. plais.].

11 Avant-gardiste, moderne ; novateur. – Créatif, imaginatif, **inventif.**

Adv. 12 Nouvellement 194.

Aff. 13 Néo-.

## 33 VARIATION

N. 1 **Variation ;** impermanence [litt.], inconstance 62 ; instabilité, mobilité, variabilité, versatilité. – Alternance. – Variance [SC.] ; covariance [STAT.].

2 **Bigarrure,** chatoiement 350, diaprure [litt.].

3 Changement 193, transformation ; **fluctuation,** oscillation, vacillement [fig.] ; modulation. – Conversion, métamorphose, mue, mutation ; différenciation [didact.]. – **Devenir ;** développement, évolution, progression 65.

4 Aggravation 385, altération ; amélioration 384, rectification. – Augmentation 88 ; diminution 89.

5 Aléas, **vicissitudes ;** écart, saute de + n., dans qqs loc. *(saute d'humeur ; saute de vent).* – Retournement, **revirement,** volte-face ; bascule, jeu de bascule. – Jean qui pleure et Jean qui rit.

6 Variable *(une variable).*

7 **Variante,** variété ; avatar, nuance, variation ; variations pour + n. d'instrument de musique *(variations pour piano, pour guitare)* – Radiation adaptative ou évolutive [BIOL.]. – *Varia* (lat., « choses diverses »).

8 Variateur [MÉCAN.].

v. 9 **Varier ; changer 193,** fluctuer, muer ; tourner à, virer à. – Devenir.

10 Se corriger, se modifier, **se transformer.** – S'amender, s'améliorer 384 ; s'aggraver 385, se détériorer.

11 Se dédire, **se rétracter ;** faire marche arrière. – Osciller. – « Tel qui rit vendredi dimanche pleurera » (prov., versifié par Racine).

12 Changer **193,** modifier, moduler ; bigarrer, **diversifier,** nuancer, **varier.** – Alterner. – Agrandir, augmenter 88 ; diminuer **89,** réduire.

Adj. 13 **Variable ;** instable, mobile, versatile ; capricieux 522, fantaisiste, fantasque, **inconstant 193,** lunatique. – Changeant, chatoyant 352, fluctuant, mouvant, papillonnant, vacillant.

14 **Altérable,** changeable 193, métamorphosable, modifiable, transformable. – Modificatif [rare].

15 **Varié ;** divers, diversiforme, inégal ; bigarré, diapré ; versicolore.

16 Modificatif [rare]. – *Variorum (édition variorum)* [lat.] 765.

Adv. 17 **Variablement ;** inégalement.

Aff. 18 Apo-, multi-, poly-. – Pœcilo-, poïkilo-.

## 34 CAUSE

N. 1 **Cause.** – Cause première, cause seconde. – Cause formelle, cause matérielle, cause efficiente ou motrice, cause finale. – Cause adéquate, cause déterminante, cause immanente, cause immédiate, cause instrumentale, cause médiate, cause occasionnelle, cause occulte, cause préexistante, cause prochaine, cause suffisante, cause transitive. – *Causa sui* (lat., « cause de soi-même »).

2 **Causalité ;** causation [didact.] ; détermination ; surdétermination [didact.]. – Étiologie 391.3. – Effectualité [didact.], efficace *(l'efficace)* [vieilli], **efficacité 527, efficience.** – Relation de cause à effet ; loi de cause à effet 34.10.

3 Causalisme, **déterminisme.**

4 **Agent,** effecteur [didact.], facteur, moteur. – Auteur, **créateur,** fondateur, initiateur, inspirateur, instigateur, **inventeur,** novateur, promoteur.

5 Démiurge, **dieu**. – Dieu 487 ; Nature ; nature naturante (opposé à nature naturée) [PHILOS.].

6 Antécédent, **origine**, principe. – Germe, œuf, racine, semence, source. – **Impulsion**, stimulus. – Idée mère, idée première ; point de départ.

7 Fondement, motif, pourquoi *(le pourquoi)*, principe, **raison**, sujet, titre ; raison d'être ; fin mot. – **But**, fin mobile, objectif, objet. – Dessein, **intention**, projet, propos, visée. – Justification, motivation, **prétexte** ; exposé des motifs ; DR. : attendu, considérant.

8 GRAMM. Complément de cause. – Proposition de cause.

v. 9 **Causer** ; amener, apporter, attirer, déclencher, déterminer, engendrer, **entraîner**, motiver, occasionner, **produire**, provoquer, susciter ; être cause de, être cause que.

10 **Agir**, opérer ; « dans les mêmes conditions, les mêmes causes produisent les mêmes effets » (loi de cause à effet, fondement du déterminisme) 34.2. – Porter à conséquence ; être la faute de ou, pop., à. – Prov. : il n'y a pas d'effet sans cause ; il n'y a pas de fumée sans feu.

11 Aboutir à ; conduire à ; donner lieu ou matière à ; donner l'occasion de, être un sujet de. – Porter coup ou fruit, porter ses fruits ; avoir (telle) portée ; laisser des traces. – À petites causes, grands effets [prov.].

12 Impulser ; donner naissance à, faire naître. – Appeler, commander, comporter, impliquer, nécessiter. – Contribuer à, être pour quelque chose dans, n'être pas étranger à.

13 **Exciter**, inciter, inspirer, **pousser** ; inviter à. – Allumer, fomenter, déchaîner, semer.

Adj. 14 Causal. – Originel. – Étiologique.

15 Causant [vx], causateur [didact.], effecteur [PHILOS.], effectif, efficace, efficient ; générateur de. – Causatif, factitif [GRAMM.].

16 Responsable ; fautif.

Adv. 17 Causalement.

18 Pourquoi ? – *Propter hoc* (lat., « à cause de cela »), *ipso facto* (lat., « par le fait, de ce fait même »). – Et pour cause, non sans cause, non sans raison ; pour la bonne cause.

Prép. 19 **À cause de**, pour cause de, du fait de, **en raison de** ; de *(pleurer de joie)*. – Sous l'empire de, sous l'influence de.

20 Compte tenu de, considérant, en considération de, eu égard à. – Pour *(condamné pour vol)*.

Conj. 21 **Car, comme, puisque** ; du moment où, du moment que. – À cause que [vx], du fait que, parce que, pour ce que [vx] ; *because* (fam. ; angl., « parce que »). – Attendu que, **étant donné que**, pour la raison ou pour la bonne raison que, **vu que**.

## 35 EFFET

N. 1 **Effet**, résultat ; conséquence, impact, incidence, **suite**. – **Aboutissement**, évènement [vx], issue ; résultante. – Corollaire, retentissement ; souv. pl. : retombées, séquelles, suites. – Produit, production ; dérivation, émanation ; manifestation. – Fruit, ramification, rejet, rejeton ; descendance.

2 DR. : effet rétroactif ; effet suspensif.

3 Effet + n. du découvreur *(effet Doppler, effet Joule, effet Kelvin, effet Larsen, etc.)* [PHYS.]. – Effets spéciaux [CIN.].

v. 4 Mettre à effet ; effectuer. – Influencer 623, influer 621.

5 Être l'effet de ; découler de, dériver de, émaner de, dépendre de, être fonction de, procéder de, provenir de, **résulter de**, sortir de, **venir de** ; se ressentir de ; remonter à ; tenir à, ne tenir qu'à. – Réagir, rétroagir.

6 S'ensuivre ; **il s'ensuit** ; il suit de là. – Succéder à, **suivre** ; et tout ce qui s'ensuit [fam.].

7 Faire effet ; prendre effet. – Avoir ou faire de l'effet, avoir pour effet de, que. – Être de conséquence, ne pas être sans conséquence, tirer à conséquence. – Faire bon ou mauvais effet ; être du meilleur ou du plus mauvais effet ; faire ou produire son effet, faire son petit effet [fam.]. – Faire l'effet de + inf. ou + n., faire un effet + adj. ; fam. : faire un effet monstre, un effet bœuf. – Chercher l'effet, viser à l'effet.

8 **Consécutif**, corrélatif, dépendant, relatif, résultatif [rare]. – **Originaire de**, issu de.

Adj. 9 À double effet, à simple effet [TECHN.].

Adv. 10 Conséquemment ; en conséquence, **par conséquent** ; par là même. – Subséquemment. – D'où, de là. – Dès lors, lors, pour lors, par suite. – Ainsi, alors.

11 À cet effet, pour cet effet [rare]. – **En effet** ; effectivement.

Prép. 12 Sous l'effet de, à l'effet de [rare].

Conj. 13 Partant. – Aussi, donc ; adonc [vx] ; *ergo* (lat.,« donc »).

## 36 AGENT

N. 1 **Agent**. – **Facteur,** moteur, ressort. Cause efficiente.

2 Catalyseur, effecteur [didact.], réactif ; ferment, levain, principe actif, principe à l'œuvre. – Bras, levier **233,** nerf, puissance ; **force 221,** vertu. – Actionneur [TECHN.]. – Actant [GRAMM.].

3 Agent + n. de domaine d'activité ou agent + adj. – Agent chimique, agent mécanique, agent naturel. – Agent économique.

4 Auteur, opérateur [vx] ; bras [fig.], main [fig.], **instrument.** – Acteur, animateur ; artisan [fig.], ouvrier [fig.]. – Âme, cheville ouvrière, élément moteur, locomotive [fig., fam.], noyau actif. – Leader [anglic.], **meneur** ; fauteur de + n. (vx, sauf dans la loc. fauteur de troubles).

5 GRAMM. – Complément d'agent. – Ergatif.

V. 6 **Agir 527,** opérer. – Appliquer, mettre à exécution, **mettre en pratique** ; passer à l'acte, passer aux actes. – Agir sur ; activer, donner l'impulsion à, exciter, **provoquer, stimuler** ; mouvoir, faire aller ou marcher. – Inciter **564,** pousser à.

7 Entreprendre **535,** exécuter, **faire** ; effectuer. – Fomenter, forger, manigancer, ourdir. – Se battre pour, s'employer à, s'occuper à, œuvrer à, **travailler à** ; collaborer, coopérer, participer **562** ; mettre la main à la pâte, y mettre du sien, pousser à la roue. – Faire en sorte que. – Abattre de la besogne, ne pas chômer, **faire effort.** – S'agiter, se démener, se dépenser, se remuer ; fam. : se décarcasser, se défoncer, se donner à fond.

Adj. 8 **Actif, efficace,** énergique ; sur la brèche, à l'œuvre. – Causant [vx] ; opératif [THÉOL., vx]. – Exécutif.

Adv. 9 Activement, **efficacement,** énergiquement.

Prép. 10 De, **par.**

Aff. 11 -aire, -ant, -eur, -ier, -iste.

## 37 MOTIF

N. 1 **Motif** ; objet, mobile **34,** pourquoi *(le pourquoi),* principe, raison **416,** sujet [vx] ;

occasion. – Détermination **510,** impulsion **225.**

2 COMM. – Mobile d'achat ; argument de vente ; argumentaire.

3 But **38,** mobile, **motivation.** – Conviction ; échelle des valeurs ; fondement moral ; raison de vivre. – Bien-fondé ; raison d'être.

4 **Explication,** considération **416.** – Allégation ; alibi, **excuse,** justification, motivation ; justification a priori, justification a posteriori. – Couverture, **prétexte 521,** refuite [vx] ; échappatoire, faux-fuyant. – Raison d'État.

5 DR. – Motif, exposé des motifs ; raison de fait, raison de droit ; attendu *(un attendu),* considérant *(un considérant).*

V. 6 **Motiver** ; causer **34.** – Donner lieu à, donner matière à, prêter à ; donner sujet de, fournir l'occasion de, occasionner.

7 Avoir lieu de, avoir sujet de + inf., avoir matière à ; avoir de quoi + inf. – Avoir de sérieuses raisons (ou : de bonnes raisons, les meilleures raisons du monde) de ou pour ; avoir ses raisons, savoir ce que l'on fait. – Quelle mouche vous (ou le, etc.) pique ?

8 **Expliquer** ; faire raison de [vx], rendre compte ou raison de. – Demander raison de. – Arguer [litt.], **justifier,** motiver.

9 **Argumenter** ; avancer, invoquer, tirer argument de, exciper de [sout. ou DR.]. – Alléguer, arguer, fournir prétexte, **prétexter 521,** prendre prétexte de.

Adj. 10 Fondé, **motivé.** – Compréhensible **734,** explicable ; défendable, justifiable.

11 Motivant [didact., rare], justifiant, justificateur [rare], justificatif. – Motival [DR.]. – Motivationnel [PSYCHAN.].

Adv. 12 **Pourquoi 412.** – À ce titre, à plus d'un titre ; à juste titre, avec raison ou juste raison ; pour le bon motif, pour la bonne cause. – A fortiori, à plus forte raison ; raison de plus.

Prép. 13 **Par, pour.** – En raison de, par la raison de [vx], pour raison de *(pour raison de santé) ;* étant donné, vu ; en conséquence de. – Dans un esprit de, au nom de, au titre de, en vertu de ; pour l'amour de. – En considération de, par considération pour, eu égard à.

14 Sous prétexte de, sous couleur de, sous couvert de, sous le voile de [litt.] ; vx : sous le manteau de, sous ombre de.

Conj. 15 **Parce que, puisque.** – Pour (ou, vx, par) la raison que ; étant donné que, vu que. – D'autant que, d'autant plus que, dans la mesure où. – Sous prétexte que.

16 DR. : attendu que, considérant que.

## 38 BUT

N. 1 **But ;** fin, finalité. – Objectif, objet ; cible, destination, point de mire, visée ; fam. : but de la manœuvre, but de l'opération. – Dessein, **intention 532,** plan, projet **534,** propos ; motif 37. – Idéal **523,** rêve ; mission.

2 PHILOS. : cause finale ; fin relative, fin subjective (Kant), fin en soi (Kant) ; principe de finalité. – Les fins dernières [THÉOL.] ; les fins de l'homme. – But pulsionnel [PSYCHAN.].

3 Téléologie ; eschatologie [RELIG.]. – Finalisme, providentialisme. – Finaliste *(un finaliste),* providentialiste *(un providentialiste).*

4 GRAMM. – Conjonction de but, conjonction finale. – Complément de but. – Proposition de but **741,** proposition finale. – Infinitif final.

V. 5 Finaliser, fixer un objectif ; se donner pour objectif de, se donner pour tâche de. – Envisager de **532, projeter de ;** se proposer de. – Avoir une idée derrière la tête, savoir où l'on va ; avoir de la suite dans les idées.

6 Chercher à, **essayer de,** tâcher de ; s'efforcer de. – Tendre à ou vers, travailler à. – PROV. : la fin justifie les moyens ; qui veut la fin veut les moyens.

7 **Atteindre,** frapper, toucher. – **Aboutir, réussir 540 ;** arriver ou parvenir à ses fins, atteindre son objectif, **toucher au but.** – Arriver au port ou à bon port **201.** – Faire mouche ; mettre dans le mille ; coiffer l'objectif [arg. mil.] ; cartonner [fam.].

8 Ambitionner de, buter à [vx], prétendre à, **viser à 534,** avoir des visées sur, avoir en vue de ; se destiner à. – **Aller droit au but.**

Adj. 9 **Final ;** idéal. – DIDACT. : finalitaire ; eschatologique, téléologique.

10 Destiné à ; finalisé.

11 Obtenu, eu. – Touché.

Adv. 12 À cette fin, dans ce dessein ; dans ce but [critiqué] ; pour cela.

Prép. 13 **À, afin de, pour.** – À l'égard de, à l'endroit de, **envers ;** contre, à l'encontre de. – Pour le bien de, en faveur de, dans l'intérêt de, pour la sauvegarde de.

14 À l'effet de, à des fins de, à seule fin de, dans l'idée de, **dans l'intention de,** dans l'optique de, en vue de ; dans le but de [critiqué], ; fam. : histoire de. – De façon à, de manière à.

15 Pour ne pas, dans la crainte de, peur de [sout.], **de peur de,** par peur de.

Conj. 16 **Afin que, pour que ;** avec la pensée que, dans le but que. – De façon que ou, critiqué, à ce que ; de manière que ou, critiqué, à ce que ; de sorte que, en sorte que. – Pour que... ne... pas ; de crainte que, **de peur que ;** pour éviter que.

## 39 POSSIBILITÉ

N. 1 **Possibilité ;** opportunité [anglic.]. – Faisabilité [didact.] ; plausibilité, vraisemblance **409.**

2 Possibilité *(une possibilité)* **42 ;** alternative. – Possible *(un possible) ;* champ ou sphère du possible.

3 Aptitude **396, capacité,** faculté **699,** potentialité. – Art, chic, don ; fig. : moyen, outil.

4 **Choix 519,** latitude, liberté **516,** loisir. – Autorisation **632,** permission ; blancseing, carte blanche. – Droit ; autorité **621,** pouvoir, qualité ; pleins pouvoirs.

5 Prov. : quand on veut on peut ; qui peut le plus peut le moins.

V. 6 **Pouvoir ; pouvoir qqch à,** pouvoir qqch sur ; réaliser (ou : remplir, réunir) les conditions pour ; n'être pas en peine pour (ou de) + inf. – **Faire son possible.**

7 Se réserver la possibilité ou le droit de ; s'autoriser à, se réserver de.

8 **Cela se peut** (ou, fam. : ça se peut, litt. : il se peut), c'est du domaine ou dans l'ordre du possible ; cela (fam., ça) peut se faire ; cela (fam., ça) se pourrait bien ; il pourrait se faire que.

Adj. 9 **Possible ;** contingent, éventuel, potentiel, virtuel ; vraisemblable ; probable. – Aléatoire, facultatif.

10 Possible ; envisageable, exécutable, **faisable,** praticable, réalisable ; jouable [fam.]. – Autorisé **632,** licite, permis.

11 À même de **396,** capable de, susceptible de ; armé pour **536,** outillé.

Adv. 12 Possiblement [rare] ; en puissance (opposé à en acte) [PHILOS.]. – Probablement, selon toute vraisemblance, vraisemblablement ; sans doute ; **peut-être.**

13 **Dans la mesure du possible** ; autant que possible ou, litt., autant que faire se peut ; si possible ou, litt., si faire se peut ; du mieux possible. – Au possible.

Prép. 14 Dans le cas de, en état de, en mesure de, en passe de, en situation de [fig.]. – Au pouvoir de, du ressort de. – Dans les cordes de.

Aff. 15 -able, -ible, -uble.

# 40 IMPOSSIBILITÉ

N. 1 **Impossibilité.** – Contradiction [LOG.] **18.** – Improbabilité ; incrédibilité [litt.], invraisemblance. – Impuissance, impouvoir, incapacité.

2 Empêchement **18** ; défense, **interdit 633.** – Barrière, limite [fig.] **136.** – Écueil, obstacle ; fig. : butoir, pierre d'achoppement.

3 LOG. : **contradiction** ; antinomie, aporie, aporisme, paradoxe **733.** – Défi au bon sens ou à la raison. – Quadrature du cercle.

V. 4 C'est impossible, il n'y a pas moyen ou, fam., pas mèche. – Il est exclu que, il est hors de question que. – Fam. : c'est pas demain la veille. – À l'impossible nul n'est tenu [prov.].

5 Tenter l'impossible ; faire l'impossible. – Demander l'impossible ; demander la lune. – Vouloir prendre la lune avec ses dents ; vouloir faire passer un chameau par le chas d'une aiguille [allus. bibli.] ; vouloir passer par le trou de la serrure. – Chercher une aiguille dans une botte de foin.

6 Être hors d'état de + inf., n'en pouvoir mais [litt.] ; être pieds et poings liés [fig.]. – Avouer ou reconnaître son impuissance. – Buter sur ; s'achopper à.

7 À cœur vaillant rien d'impossible [prov.]. – « Impossible n'est pas français » (Napoléon 1er).

Adj. 8 **Impossible.** – Inexécutable, infaisable, irréalisable ; impraticable, inapplicable ; irrécupérable. – Impensable, inconcevable, inimaginable ; invraisemblable. – Contradictoire ; absurde, irréaliste **2.**

9 Impropre à, inapte à, incapable de **571** ; impuissant à.

Adv. 10 Loc. fam. – À la Saint-Glinglin, le trente-six du mois, pendant la semaine des quatre jeudis ; quand les poules auront des dents. – Du temps que les bêtes parlaient.

# 41 NÉCESSITÉ

N. 1 **Nécessité.** – Destin **44**, fatalité ; inéluctabilité. – PHILOS. : nécessité absolue, nécessité catégorique, nécessité hypothétique ; vérité nécessaire ; réquisit ; l'Être nécessaire. – Nécessitation [LOG.].

2 **Nécessaire** (*le nécessaire,* opposé au contingent). – Besogne [vx], **besoin 830,** *must (un must)* (angl., « ce qui doit être fait ; chose indispensable »), substance [vx]. – Condition nécessaire et suffisante, condition *sine qua non* (lat., « sans laquelle rien n'est possible ») ; passage obligé.

3 Devoir *(le devoir, un devoir),* exigence, **obligation** ; impératif, **ordre** ; impératif catégorique ; loi, règle. – Astreinte, contrainte **518** ; force, **cas de force majeure** ou acte de Dieu [DR.]. – État de nécessité [DR., SC. POLIT.].

4 Nécessitarisme ou doctrine de la nécessité [vx]. – Déterminisme, fatalisme **517** ; prédestinianisme [rare], prédéterminisme.

V. 5 **Nécessiter** ; appeler, impliquer **737**, supposer ; déterminer, motiver **37.** – Commander, **demander,** imposer, réclamer, requérir. – Force ou de + inf.

6 Prov. et loc. prov. – Nécessité fait loi ou nécessité n'a pas de loi. – Nécessité est mère d'industrie. – Faire de nécessité vertu.

7 Destiner [vx], **déterminer,** prédestiner **517**, prédéterminer.

8 Astreindre, **contraindre, forcer, obliger 518** ; mettre dans la nécessité de.

9 Avoir le couteau sous la gorge.

Adj. 10 **Nécessaire** ; immanquable, inéluctable, inévitable, obligatoire.

11 Destinal [PHILOS.], **fatidique** ; déterminé, prédestiné, prédéterminé.

12 Contraignant ; impératif, impérieux. – THÉOL. : nécessitant, prédéterminant.

13 Exigé **634**, **indispensable**, ordonné, requis **631**, de rigueur. – **Essentiel 438**, fondamental, primordial, vital ; de première nécessité.

Adv. 14 **Nécessairement ; par nécessité.** – Fatalement, forcément, immanquablement ; inéluctablement, infailliblement, inévitablement. – Par force ; par la force des choses.

## 42 ÉVENTUALITÉ

N. 1 **Éventualité**. – Contingence, facticité [PHILOS.] ; probabilité **43**. – PHILOS. : potentialité, puissance [vx], virtualité ; casualité [rare] **44**.

2 Contingent *(le contingent)*, éventuel *(l'éventuel)* ; peut-être *(un peut-être)*, possible *(le possible,* souv. pl. : *les possibles)* **39**, virtuel *(le virtuel)* ; hypothétique *(l'hypothétique)*. – Aléatoire *(l'aléatoire)*, fortuit *(le fortuit)*.

3 Aléa, chance, **hasard 44** ; danger **551**, péril, risque.

4 Conjecture, hypothèse, postulat ou, didact., postulatum, présomption, prévision, **supposition 423** ; assomption [anglic.]. – Proposition contingente [LOG.].

5 Didact. – Apriorisme [litt.] ; probabilisme. – Aprioriste, probabiliste.

6 GRAMM. – Futur probable. – Conditionnel *(le conditionnel)* ; éventuel *(l'éventuel)*, potentiel *(le potentiel)* ; optatif *(l'optatif)*. – Proposition conditionnelle, proposition hypothétique.

V. 7 **Il se peut, il se peut que 39**, il peut ou pourrait se faire que ; ça peut se faire [fam.]. – On ne sait jamais, on verra ; qui sait ? ; pourquoi pas ?

8 **Essayer**, hasarder, risquer **44**, tenter ; courir ou prendre le risque de ; se risquer à, se hasarder à. – Conjecturer, présumer, **supposer 423**, prévoir.

9 Virtualiser [didact.].

Adj. 10 **Éventuel** ; contingent, **possible 39** ; probable. – Futur ; latent, potentiel, en puissance, **virtuel**. – **Facultatif 519**, optionnel.

11 **Envisageable** ; plausible, vraisemblable. – Conditionnel ; douteux, incertain, problématique.

12 Conjectural, **hypothétique 431** ; présumé, supposé ; assomptif [LING.].

Adv. 13 **Éventuellement**, facultativement, possiblement [rare] ; potentiellement, virtuellement. – Plausiblement ; probablement, sans doute, vraisemblablement.

14 Accidentellement, fortuitement. – Aléatoirement **44**, casuellement [vx], **par hasard** ; d'aventure, des fois [pop.] ; à l'occasion.

15 Conditionnellement [didact.] ; le cas échéant, par impossible. – À toute(s) éventualité(s), à tout hasard ; à toutes fins utiles.

Prép. 16 **En cas de**, dans l'hypothèse de.

Conj. 17 **Si**. – **Au cas où**, au cas que [vx], en cas que ; des fois que [pop.]. – **Si jamais**, si par hasard. – À condition que, pour peu que ; pourvu que.

## 43 PROBABILITÉ

N. 1 **Probabilité**. – Chance **44**, éventualité **42** ; possibilité **39**. – Crédibilité, recevabilité, **plausibilité**, vraisemblance **409**. – Certitude **430**.

2 **Prévision**, pronostic ; présomption, spéculation, supposition **423**, supputation. – Prospective **179**.

3 MATH. – Calcul des probabilités **116**, théorie des probabilités (ou les probabilités) ; loi des grands nombres, loi des probables ; statistique *(la statistique)*. – Probabilité d'un évènement.

4 Probabilisme [PHILOS.].

5 Probabiliste [PHILOS.]. – Prospectiviste, statisticien ; actuaire.

V. 6 **Conjecturer** ; se perdre en conjectures. – Présumer, pronostiquer, supposer **423**, supputer. – Apprécier, calculer, estimer, évaluer, peser, soupeser ; peser les chances, peser le pour et le contre.

7 Faire ou émettre une hypothèse ; gager, parier. – S'attendre à, se douter de.

8 **Menacer** ; fam. : pendre au nez comme un sifflet de deux sous.

Adj. 9 **Probable**. – Plausible, vraisemblable ; acceptable, admissible, recevable, soutenable. – Présumable. – DR. : présomptif, putatif.

Adv. 10 **Probablement**, probable [fam.] ; selon toute probabilité ou selon toute vraisemblance, vraisemblablement ; sans doute ; peut-être.

11 Conjecturalement [litt.], par hypothèse.

## 44 HASARD

N. 1 **Hasard** ; aléatoire *(l'aléatoire)*, facteur chance *(le facteur chance)*, fortuit *(le fortuit)* ; fig. : coup de dé, loterie. – Fortuité [didact.], imprévisibilité. – PHILOS. : casualité ; casualisme ; indéterminisme.

2 Hasard *(un hasard, un pur hasard)*. – **Accident**, aléa (souv. pl.), vicissitude ; aventure *(une aventure)*, péripétie. – **Chance**, heur [vx] ; aubaine, fortune, occasion ; rencontre *(bonne rencontre, malencontre)* [vx]. – Coïncidence **26**. – Cas fortuit [DR.].

3 Hasardement *(un hasardement)* [rare]. –
**Jeux de hasard 860.** – Dé, loterie, roulette.

4 Hasardeur [rare]. – Casse-cou [fam.].

5 Stochastique *(la stochastique)* **116.**

6 Le hasard fait bien les choses [loc. prov.].
– « Un coup de dés jamais n'abolira le
hasard » (Mallarmé).

v. 7 S'en remettre au hasard ; tirer à la courte
paille ou au sort. – Agir à l'aventure, agir
à la grâce de Dieu, aller à la pêche [fam.].
– **Aventurer,** courir hasard ou le hasard,
courir ou prendre le risque de, essayer,
hasarder, risquer, tenter. – Mettre au
hasard ou, vx, en hasard ; agir à l'aveuglette. – Loc. prov. Qui ne hasarde (ou ne
tente) rien n'a rien.

8 Jouer (qqch) ; jouer (qqch) aux dés. –
Jouer sa dernière carte, jouer le tout pour
le tout, jouer son va-tout ; risquer le
paquet.

9 Sortir ou tirer un numéro ; tirer le bon,
le mauvais numéro. – Tomber bien, mal.
– Profiter de l'aubaine.

Adj. 10 Hasardeux ; **fortuit.** – De raccroc [vx dans
ce sens] ; de rencontre. – **Accidentel,**
contingent ; indéterminé. – Aléatoire **42,**
casuel [litt.]. – Occasionnel.

11 Aventuré, aventureux, hasardé.

Adv. 12 Accidentellement, casuellement, fortuitement, hasardement ou hasardeusement
[litt.]. – Aléatoirement, imprévisiblement
[rare], incidemment ; occasionnellement.

13 Par accident [vx], **par hasard,** par grand
hasard [vx], par le plus grand des hasards,
par occasion [litt.], par raccroc [vx dans ce
sens] ; d'aventure. – Par un heureux hasard, par bonheur, **par chance.** – Comme
par hasard.

14 À l'aventure, aventureusement [litt.]. – À
l'aveuglette, aveuglément ; n'importe
comment, n'importe où, n'importe
quand. – À tout évènement [vx], à tout
hasard. – Loc. : Jeter son cœur à la gri-
bouillette [vx].

15 Au gré des circonstances, au petit bonheur, **au petit bonheur la chance,** au
hasard ; fam. : au flan, au pif, au pifomètre ; – Au hasard de la fourchette [vx],
à la fortune du pot.

16 À **pile ou face,** à croix ou pile [vx].

Prép. 17 Au hasard de. – **Au risque de,** quitte à.

## 45 ORDRE

N. 1 **Ordre,** ordonnance, ordonnancement ;
configuration, **disposition,** organisation
**47** ; distribution, répartition. – **Architecture** [fig.], contexture, **forme,** plan,
schéma, **structure 147** ; schéma directeur.
– Armature [fig.], ossature, **squelette,** tissure [rare] ; infrastructure.

2 Balancement, composition, **économie,**
**équilibre 226,** eurythmie, **harmonie,**
pondération, proportion, **régularité** ; ensemble, unité **73.** – Architectonie, architectonique *(l'architectonique).*

3 **Agencement,** ajustement, aménagement,
arrangement, rangement ; installation,
mise en place ; combinaison, coordination. – **Classement,** classification **49,** tri.
– Hiérarchie, rang ; ordre alphabé-
tique, ordre lexicographique, ordre numérique.

4 Reclassement, redéploiement, remaniement, réorganisation, restructuration.

5 Alignement, file, **ligne,** rangée ; file indienne ; rang d'oignons. – Ordre de bataille ; ordre dispersé, ordre oblique, ordre profond, ordre serré [MIL.]. – Ordres
architecturaux.

6 Antécédence, subséquence ; antériorité
**59,** postériorité **60** ; **successivité** ; cyclicité, périodicité **183.** – Ordre chronologique, ordre du jour. – Boucle, **cycle,**
enchaînement, déroulement ; série **64,**
suite. – Alternance, roulement, tour de
rôle.

7 Graduation, **numérotation 117** ; nombre
ordinal. – MATH. : ordre (ou relation d'ordre) sur un ensemble (binaire, réflexive ;
antisymétrique, symétrique) ; ordre d'une
matrice carrée, ordre d'une surface (ou
d'une courbe) algébrique.

8 Catégorisation [didact.], **classification,**
hiérarchisation ; numération, ordination
[MATH.] ; sériation, sérialisation [didact.]. –
Taxinomie [SC.] **49.** – Structuration ;
**planification.** – Équilibration, harmonisation, symétrisation [didact.], unification.

9 Institution, **loi 713, règle.** – Code,
convention, norme **53.** – **Discipline,** subordination.

10 Numéro d'ordre ; combientième *(le
combientième)* [pop.], quantième *(le quantième)*[sout.]

11 Coordinateur, coordonnateur, **organisateur** ; ordonnateur.

V. 12 **Ordonner** ; ordonnancer [litt.], ranger ;
mettre en ordre ou en place, mettre de

l'ordre. – Débrouiller, démêler, **régler**. – Agencer, arranger, caser, disposer, distribuer, installer, mettre en place, répartir ; combiner, coordonner, organiser 47.

13 **Classer 49**, grouper, hiérarchiser, sérier, trier ; catégoriser [didact.], classifier, sérialiser. – Coter, indexer ; graduer, numéroter ; folioter, paginer [rare].

14 Codifier, normer 53, réglementer ; normaliser, **régulariser**. – Discipliner ; rappeler à l'ordre. – Mettre bon ordre dans.

15 Architecturer, structurer 147 ; **composer**, équilibrer, harmoniser, pondérer, proportionner ; unifier.

16 Aligner, mettre en rang.

17 Faire la chaîne ; marcher à la file, en file indienne, à la queue leu leu.

18 Devancer, précéder. – Faire suite à, succéder à ; suivre ; enchaîner. – Alterner, établir un roulement, rouler. – Échelonner, espacer.

Adj. 19 **Ordonné**, organisé, rangé. – **Méthodique**, méticuleux, soigné.

20 Agencé, aménagé, distribué, ordonnancé [litt.], réparti. – Architecturé, structuré ; architectonique, balancé, équilibré, eurythmique, harmonieux, régulier, symétrique.

21 Classé, hiérarchisé ; ordinal [MATH.], sériel. – Classificateur, classificatoire [didact.], combinatoire, numératif, organisant [rare], structurant. – Classable, combinable, ordonnable, organisable.

22 Codifié, conventionnel ; **normal 53**, normatif [didact.].

23 Périodique, successif.

Adv. 24 Harmonieusement, proportionnellement, proportionnément, symétriquement. – Distributivement ; alternativement ; successivement. – Chronologiquement.

25 Antérieurement, d'abord, devant 163, précédemment ; après, derrière 164, postérieurement, ultérieurement. – Ci-dessus, en tête, plus haut, supra ; ci-dessous, infra

26 Organiquement, structurellement.

27 Méthodiquement, **systématiquement** ; méticuleusement, soigneusement.

Aff. 28 Taxi-, taxo- ; -taxe, -taxie, -taxis.

# 46 DÉSORDRE

N. 1 **Désordre** ; inorganisation. – Dérangement, dérèglement, désorganisation 48 ; bouleversement, chamboulement. – Altération, dégradation, détérioration 557. – **Déséquilibre** ; entropie [PHYS.]. – Dysfonction, dysfonctionnement 383 ; trouble.

2 **Confusion**. – Délire 450, divagation, égarement.

3 Débauche, débordement 703, déportement, dévoiement.

4 Bousculade, débâcle 661, débandade, déroute, dispersion.

5 **Embrouillamini**, embrouillement 77, enchevêtrement, pagaye ; imbroglio. – Fam. : binz ou bin's, brouillamini [vx], micmac, pastis, sac de nœuds, salade ; merdier [vulg.].

6 Mélange 98, pêle-mêle *(un pêle-mêle)* [vieilli ou TECHN.], pot-pourri, salmigondis [fam.]. – Bataclan [fam.], bric-à-brac, capharnaüm, fatras, fouillis, fourbi, méli-mélo ; ramassis – Bazar, chantier, souk ; très fam. : bordel, foutoir. – Arche de Noé, cour du roi Pétaud, pétaudière ; fam. : chenil, cirque.

7 Branle-bas, **chahut**, charivari, remue-ménage, tapage 367, tintamarre, tumulte, vacarme ; fam. : boucan, chambard, pétard, ramdam, tintouin.

8 Chahuteur, dérangeur, désorganisateur, perturbateur, suscitateur [vx, litt.], trublion ; fauteur de troubles.

9 Agitateur 651, émeutier.

V. 10 Chambouler [fam.], déplacer, déranger, désorganiser, jeter en tas ou en vrac, **mettre sens dessus dessous** ou sens devant derrière.

11 Altérer, dégrader, dérégler, **déséquilibrer**, détériorer 557. – Démonter, désajuster, désassembler 93, disloquer.

12 Embrouiller 547, emmêler 77, empêtrer, enchevêtrer.

13 Se débander, se désordonner [vx].

Adj. 14 Anarchique, chaotique ; fam. : bordéleux [rare], bordélique ; merdique [très fam.]. – **Désordonné**, désorganisé ; brouillon.

15 Confus 735, **embrouillé 77**, emmêlé, enchevêtré ; sans queue ni tête. – Inextricable.

16 Chambardé, dérangé, déréglé. – Désordre *(être désordre, faire désordre)* [fam.] 575. – Épars.

Adv. 17 Anarchiquement [fig.], chaotiquement, désordonnément [fam.].

18 Pêle-mêle, **en vrac.** – **N'importe comment.** – À la débandade.

## 47 ORGANISATION

N. 1 **Organisation.** – Conformation 141, constitution, **structure** 147 ; fig. : armature, charpente, ossature, squelette. – Contexture, trame 810, texture. – Schème 421. – Régime 670, système ; fonctionnement.

2 Agencement, composition, **disposition,** économie, ordonnance ; équilibre, harmonie. – Ordre 45, place. – Combinaison.

3 **Dispositif,** mécanique *(une mécanique),* mécanisme. – Formation, structuration.

4 Ajustement, aménagement, arrangement, assemblage, assortiment [vx], installation, ordonnancement 45.

5 Changement **193,** modification, réaménagement, refonte, remaniement, remodelage, **réorganisation,** restructuration 147. – Équilibration, harmonisation, symétrisation [didact.].

6 Conceptualisation, formalisation ; schématisation.

7 Classification 49 ; ordination [MATH.]. – Classement, rangement.

8 Élaboration, préparation, planification, programmation ; coordination, orchestration. – Dispositions, préparatifs.

9 Conduite, direction 631, gouvernement ; gestion, management [anglic.].

10 Plan, stratégie, tactique. – Méthode 50, procédé, procédure. – Calendrier, planning, programme. – Organigramme.

11 Code, règle 52. – Discipline.

12 Rare : agenceur, aménageur, arrangeur. – Maître d'œuvre.

13 Coordinateur, coordonnateur, ordonnateur, organisateur. – Administrateur, gestionnaire **845,** manager [anglic.] 827.

14 Classificateur, systématiseur [rare] ; planificateur, programmateur, programmeur [INFORM.].

V. 15 **Organiser.** – Agencer, ajuster, arranger, assembler, combiner ; disposer. – Constituer, établir, **former** ; architecturer, charpenter. – Assortir ; composer, coordonner, équilibrer, harmoniser.

16 Refondre, remanier, remodeler ; réaménager, **réorganiser,** restructurer 147.

17 **Conceptualiser** 421, élaborer, formaliser. – Ébaucher, esquisser ; schématiser.

18 Calculer, étudier, préparer 536, prévoir, **programmer.** – Prendre ses dispositions ; ne rien laisser au hasard.

19 Caresser le projet de 534 ; former ou forger un projet ; monter une affaire. – Machiner, manigancer, ourdir.

20 **Administrer,** gérer 845, gouverner, manager [anglic.], régir ; orchestrer.

21 Codifier 52, légiférer, régler, réglementer ; normaliser. – Instituer ; statuer.

Adj. 22 **Organisé.** – Agencé 777, ajusté, aménagé, arrangé, disposé ; combiné, coordonné, composé. – Bâti, conformé, constitué. – Assorti, équilibré, unifié 73.

23 Conceptualisé, élaboré, formalisé.

24 Planifié, programmé. – Administré, géré.

25 Méthodique, systématique ; méthodologique. – Organisationnel, prévisionnel, programmatique. – Organique.

Adv. 26 Structurellement.

27 Réglementairement, statutairement.

Aff. 28 Taxi- ; -taxe, -taxie, -taxo.

## 48 DÉSORGANISATION

N. 1 **Désorganisation ;** déstructuration. – Désordre 46 ; déséquilibre. – Dérangement, dérèglement. – Déclassement, déplacement ; interversion.

2 **Bouleversement,** chambardement, chamboulement, ébranlement. – Éboulement, écroulement, effondrement ; craquement. – Dislocation 93, **morcellement** ; rupture, séparation 95. – Désagrégation, désintégration 557, pulvérisation ; délabrement. – Fin, ruine.

3 Agitation 217, **confusion,** remue-ménage ; perturbation, trouble. – Anarchie 651, chienlit.

V. 4 **Désorganiser.** – Défaire, déranger ; ébranler, faire craquer, mettre à mal. – Mettre en désordre ou sens dessus dessous. – Bouleverser, bousculer, chambarder, jeter à bas, **perturber,** révolutionner. – Dérégler, détraquer [fam.].

5 Déformer, déstructurer ; déséquilibrer. – Déconstruire, **démonter.** – Démanteler, démantibuler [fam.], désassembler, disloquer 93, fragmenter, morceler. – Démembrer, désarticuler, désosser, disséquer. – Atomiser, pulvériser 251, réduire en poussière ; dissoudre, résoudre.

6 Déclasser, intervertir. – Désassortir, disjoindre, dissocier.

7 Dysfonctionner.

8 Se débander, se désordonner. – Se décomposer, **se défaire**, se délabrer, se désagréger. – Se déstructurer.

Adj. 9 **Désorganisé 46** ; inorganisé. – Déplacé, dérangé, désordonné ; déclassé, interverti ; épars ; fam. : chamboulé, chambardé. – Changé.

10 Déséquilibré, perturbé.

11 Défait, démonté, désassemblé, désassorti, disjoint, dissocié ; fragmenté, morcelé ; fig. : démembré, dépecé, désarticulé, désossé. – Déconstruit [fig.], déstructuré ; déformé.

12 Divisé, séparé, scindé. – Désagrégé, déstructuré, **éclaté**. – Atomisé, pulvérisé.

13 Dégénérescent, délitescent [rare]. – Dissoluble [rare], soluble.

Adv. 14 Chaotiquement, désordonnément ; anarchiquement. – Confusément.

Aff. 15 Dis-, dys-.

## 49 CLASSIFICATION

N. 1 **Classification.** – Ordonnancement, ordre **45** ; collocation. – Arrangement, classement, distribution ; interclassement.

2 Systématique [BIOL.], **taxinomie** ou taxonomie. – Hiérarchie **792**. – Terminologie **743**. – Typologie. – Nosologie [MÉD.].

3 Classement, rang **63** ; grade. – Cote, indice, marque ; nombre d'étoiles. – Borne, limite **136**, terme.

4 Division, partie **72**, secteur, section ; souspartie, subdivision. – Catégorie, classe, groupe, espèce, famille, genre, groupe. – Ensemble.

5 BIOL. – Règne ; classe, embranchement ; clade. – Ordre, groupe, famille, sousclasse ; espèce, race ; variété, type ; genre, sous-famille, tribu ; taxon ou taxum. – Biotype.

6 Modèle, spécimen ; catégorème [PHILOS.]. – LING. : classificateur, indice de classe.

7 Catalogue, index, nomenclature **742**, numériclature, répertoire. – Classification décimale universelle (C. D. U.). – Classification linnéenne.

8 Catégorisation, sériation, spécification.

9 Cotation, graduation,' **hiérarchisation,** ordination ; indexation.

10 Rangement, **tri** ; mise en ordre. – Archivage, catalogage, étiquetage, indexage, listage ; groupage, triage. – Bornage, délimitation ; sectorisation [ÉCON., ADMIN.].

11 **Classeur,** parapheur ou parafeur. – Classificateur ; trieur.

12 Archiviste, catalogueur, classificateur ; indexeur, nomenclateur ; systématicien, taxinomiste. – Nosologiste [MÉD.].

v. 13 **Classer,** classifier. – Diviser, subdiviser ; sérier **64**. – Systématiser.

14 Caractériser, catégoriser [didact.], particulariser, **spécifier** ; individualiser, typer ; différencier **23**, distinguer. – Étiqueter, marquer.

15 **Classer,** grouper **66**, regrouper ; reclasser. – Arranger, ordonnancer, ordonner **45**, ranger ; interclasser. – Distribuer, répartir, trier.

16 Coter, graduer ; indicer [INFORM.]. – Hiérarchiser.

17 Archiver, **cataloguer.** – Indexer, inventorier, lister, répertorier.

Adj. 18 Arrangé, ordonnancé, ordonné, rangé ; distribué, regroupé, réparti, trié ; subdivisé. – **Classé** ; hiérarchisé. – Particularisé, spécifié.

19 Archivé, catalogué, étiqueté, inventorié, listé, répertorié. – Coté, **gradué,** indexé ; calibré.

20 Individualisé, marqué, typé. – Caractéristique, distinctif, pertinent, spécifique, **typique** ; catégoriel. – Classificateur, classificatoire.

21 Nosologique, taxinomique, terminologique, typologique. – Cladistique [BIOL.].

Adv. 22 Spécifiquement, typiquement. – Catégoriquement [PHILOS.].

Aff. 23 **Typo-,** taxe-, taxi- ; -taxie, -typie ; clade-, clado-.

## 50 MÉTHODE

N. 1 **Méthode.** – Méthode analytique, méthode synthétique ; méthode déductive et syllogistique ; méthode expérimentale, méthode rationnelle ; méthode logique. – Heuristique [SC.], méthodologie.

2 Organisation, **ordre 45,** méthode. – Calcul, raisonnement ; stratégie, tactique.

3 Moyen, procédé, **système 51** ; système D, truc ; dispositif, stratagème. – Formule.

4 Mode d'emploi ; instruction *(les instructions),* marche à suivre, procédure, **technique.** – Mode ; façon, facture, manière.

– Art, métier. – Secret de fabrication, tour de main. – L'art et la manière.

5 Catalogue systématique **49**, liste méthodique.

6 Dans un titre d'ouvrage. – Méthode de + n. de la matière faisant l'objet de l'ouvrage *(méthode de comptabilité, méthode de lecture, etc.).*

7 Loi, **principe**, règle. – Code **713**, discipline, règlement.

8 Dialecticien, logicien. – Fig. : professionnel, technicien.

v. 9 Agir ou **procéder avec méthode 527**. – S'y prendre bien, s'y prendre mal. – S'organiser.

10 Donner la marche à suivre, montrer la voie **30.9**.

11 Organiser **47**, planifier. – Calculer **116**, combiner, coordonner.

12 Ordonner. – Classer, classifier **49**. – Codifier, réglementer.

13 Dialectiser [didact.], raisonner ; analyser **416**, synthétiser ; déduire, induire, inférer **423**.

Adj. 13 **Méthodique** ; ordonné. – Méticuleux.

14 Calculé, combiné ; **raisonné**, réfléchi. – Technicisé [fig.].

15 Logique, rationnel, systématique. – Déductif, hypothético-déductif ; dialectique.

16 Heuristique **412**, méthodologique. – Technique.

Adv. 17 **Méthodiquement**, méthodologiquement ; logiquement, rationnellement ; systématiquement. – Méticuleusement.

Prép. 18 Au moyen de, par le moyen de.

19 Conformément à ; selon.

20 À la façon de, à la manière de **31**, à la mode de ; selon la méthode de.

Aff. 21 Méthodo- ; techno-.

22 -technie, -technique.

## 51 SYSTÈME

N. 1 **Système** ; organisation, structure. – Appareil, appareillage, dispositif. – Assemblage, **combinaison**, composition, montage ; plan.

2 **Théorie**, thèse **423**. – Doctrine, dogme ; corps de doctrine. – Idéologie, **philosophie** ; école. – Système philosophique **478** ; système scientifique.

3 Système formel ; système hypothético-déductif **416**.

4 Système de forces **233**. – Système d'équations **122** ; système clos [PHYS.]. – Système métrique **70**. – LING. : système de la langue ; système phonologique, système syntaxique. – INFORM. : système informatique ; système expert, système d'exploitation.

5 Système économique **837**, système dirigiste **838** ; système politique **671**, système social ; système électoral. – Système d'éducation **415**. – Système monétaire **839**.

6 Système galactique **232**, système solaire **277**. – Système atomique **231** ; système nerveux ou, fam., système *(le système, taper sur le système)* **327**, système ou appareil respiratoire **340**, etc.

7 Gouvernement **670**, institutions ; POLIT. : pouvoir, régime ; absolt, système *(se faire récupérer par le système).*

8 Astuce, **combinaison** ; combine [fam.]. – Procédé, recette ; fam. : technique, **truc**, système D, système débrouille.

9 Axiomatique, **systématique**, taxinomie **49**. – Logique.

10 Systémique.

11 Axiomatisation [didact.], formalisation, globalisation ; construction [fig.]. – Mathématisation. – Classification.

12 Systématisme ; logicisme [didact.]. – Doctrinarisme, dogmatisme ; esprit de système.

13 Doctrinaire, systématiseur [rare]. – Systématicien [SC.], systémicien [TECHN.].

v. 14 Systématiser ; **généraliser**. – Axiomatiser, formaliser, théoriser, rationaliser. – Postuler.

15 Doctriner [rare], dogmatiser [rare] ; ériger en système, faire un système de ; se faire un système de.

Adj. 16 **Systématique** ; méthodique. – Méthodologique, systématisé ; formel. – Cohérent, homogène.

17 Hypothétique ; didact. : théorématique, thétique. – Déductif, discursif ; logique.

18 Formalisant, formalisateur, globalisant [didact.].

19 Doctrinal, dogmatique. – Doctrinaire. – Idéologique.

20 Antisystématique, asystématique.

Adv. 21 **Systématiquement**. – Automatiquement ; par principe, par système. – Doctrinairement, doctrinalement.

Aff. 22 Taxi-, taxo-.

23 -isme.

## 52 RÈGLE

N. 1 **Règle**. – Maxime, précepte, principe. – Consigne, directive, instruction 50.4. – Commandement, règle.

2 Loi 713, **règlement** ; règle [RELIG.]. – Prescription, rescrit [HIST.] ; décret, édit, ordonnance.

3 Convention 592, principe. – Coutume 685, habitude 568, tradition, us [vx], **usage** ; droit coutumier, us et coutumes 686.

4 Canon, modèle 30 ; idéal 31. – **Code**, règles (*règles de l'art* ou *du métier, règles du genre, règles du jeu, etc.*). – Règle d'or, règle des règles ; règle des trois unités 753.

5 Formule, module ; modulor [BX-A.], nombre d'or. – Les quatre règles 116.

6 Il n'y a pas de règle sans exception [prov.] ; L'exception confirme la règle [loc. prov.].

7 Éthique, morale 690 ; **déontologie.**

8 **Discipline**, ligne de conduite, règle de vie. – RELIG. : discipline, observance 499.

9 **Codification**, réglementation ; édiction [ADMIN.]. – Normalisation, régulation. – Moralisation.

10 **Régularité** ; conformité, normativité ; canonicité [didact.] ; orthodoxie. – Conventionnalité [didact.]. – Moralité.

11 Conformisme, traditionalisme ; académisme. – Didact. : réglementarisme ; normativisme. – Conventionnalisme [PHILOS.].

12 Codificateur, réglementateur [vx]. – Réglementariste [didact.] ; normativiste. – Conformiste ; moraliste. – Conventionnaliste [PHILOS.].

V. 13 **Régler**, réguler ; régulariser. – Codifier, normer. – Conformer, normaliser. – Discipliner, moraliser.

14 Réglementer, statuer ; décréter, édicter. – Instituer, institutionnaliser. – Ordonner, prescrire.

15 Faire autorité, faire foi.

16 Observer une règle, vivre selon la règle [fig.]. – S'assujettir (ou : se conformer à, se soumettre) à une règle. – Se faire une règle (ou : un catéchisme, un évangile) de.

17 Prendre pour modèle 31, **se régler sur**, suivre l'exemple de.

18 Se mettre en règle avec. – Mettre les formes, y mettre les formes.

Adj. 19 **Réglé** [sout.] ; codifié ; **réglementé.** – Ordonné, organisé, régulier [vx]. – Réglé comme une horloge, réglé comme du papier à musique.

20 Décrété, édicté, ordonné, prescrit. – Canonial.

21 Déontologique, éthique. – Disciplinaire, **réglementaire ;** statutaire.

22 Normatif, prescriptif.

23 Conforme, **normal**, réglementaire, régulier ; canonique. – Académique ; péj. : conventionnel, convenu. – En règle. – **De règle,** de rigueur.

24 Bienséant, convenable, convenant 592. – Moral ; fam. : *recta* (lat., « tout droit »), régulier, réglo.

25 Conformiste, traditionaliste.

Adv. 26 Réglementairement ; conventionnellement, institutionnellement, légalement.

27 Réglément [vx], régulièrement ; comme il se doit, dans les formes, dans les règles ; pour la bonne règle.

28 Formellement, protocolairement 686. – Civilement 592.

30 Déontologiquement, éthiquement, moralement.

31 Coutumièrement, en règle générale, généralement, habituellement, traditionnellement.

Prép. 32 D'après, selon, suivant. – Conformément à, en conformité avec.

## 53 NORME

N. 1 **Norme ;** canon, standard. – Archétype, modèle, parangon 31. – Milieu, juste milieu, moyenne *(la moyenne),* normale *(la normale),* ordinaire *(l'ordinaire).*

2 Critère, référence, valeur ; idéal. – Beau *(le beau)* 436 ; bien *(le bien)* 690 ; bon *(le bon),* le bon usage. – Déontologie.

3 Calibre, **étalon.** – TECHN. : forme, gabarit, patron, *pattern* [anglic.], **type.** – Balance, régule [TECHN., anc.].

4 Norme de fabrication (norme AFNOR, norme française ou NF) ; norme de productivité.

5 Canonicité [didact.], **conformité,** normalité, normativité [didact.], régularité ; légalité 713. – Grammaticalité [LING.].

6 Validité.

7 Normalisation, régularisation, **standardisation ;** unification. – Systématisation [didact.]. – Régulation.

8 Codification, **réglementation** ; légalisation. – Modélisation.

9 Calibrage,      étalonnage,      formatage [INFORM.].

v. 10 Normer ; fixer une norme. – Codifier, **réglementer** ; légiférer. – Définir. – Breveter.

11 Mettre aux normes, normaliser, régulariser, standardiser ; réguler, unifier. – **Adapter,** ajuster, approprier, conformer ; harmoniser ; faire cadrer avec, régler sur.

12 Calibrer, étalonner ; formater [INFORM.], modéliser.

13 Se conformer à, se régler sur ; se plier à, se soumettre à. – Rentrer dans le rang, revenir à la norme. – Faire comme tout le monde.

Adj. 14 **Modèle,** standard, type. – Coutumier **685** ; usité, usuel ; d'usage, en usage.

15 Naturel, normal ; moyen, ordinaire.

16 Conforme, valide ; canonique, codique [didact.]. – Correct ; bon, exact, juste.

17 Normatif [didact.].

18 Normé **146.**

Adv. 19 Selon ou suivant la norme. – Légalement, légitimement.

Prép. 20 **D'après,** selon, suivant ; en conformité avec ; conformément à.

Aff. 21 Nomo-, **norm-,** normo-, orth-, **ortho-,** typo-.

22 -nome, **-type,** -typie.

## 54 NORMALITÉ

N. 1 **Normalité.** – Conformité, conventionnalité, normativité [didact.] ; correction, justesse **409.** – Légitimité, régularité, validité [DR.].

2 **Normale** *(la normale).* – État normal ; naturel. – Équilibre ; moyenne.

3 **Ordre 45** ; ordre des choses, ordre de la nature. – Courant *(le courant, le courant des affaires),* ordinaire *(l'ordinaire),* quotidien *(le quotidien).*

4 Habitude **568** ; routine **24.4.**

5 Normalisation ; rectification, régulation, stabilisation. – Légitimation, régularisation.

v. 6 Normaliser ; régulariser, stabiliser. – **Corriger,** rectifier ; assainir, équilibrer. – **Conformer à,** mettre en conformité avec.

7 Aller, **fonctionner,** marcher ; fam. : être sur des rails, rouler. – Fam. : ça baigne, ça marche, ça va, c'est bon, c'est O. K.

8 **Rentrer dans l'ordre,** revenir à la normale.

9 S'adapter, se conformer, se couler dans le moule.

Adj. 10 **Normal** ; naturel. – Conforme **28,** orthodoxe. – Légal, régulier, valide [DR.].

11 Bon, correct. – Moyen. – Équilibré.

12 Classique, coutumier, habituel, usuel ; commun.

Adv. 13 **Normalement,** vraisemblablement ; naturellement. – Comme de raison ; en toute logique.

14 Conformément, correctement. – Comme de juste.

15 Couramment, ordinairement.

## 55 ANORMALITÉ

N. 1 **Anormalité.** – Irrégularité, non-conformité **29.** – Particularité, singularité.

2 Étrangeté, singularité ; exception. – Aberration, aberrance ; absurdité **733.**

3 Anormal *(l'anormal) ;* paranormal *(le paranormal),* surnaturel *(le surnaturel).* – Bizarre *(le bizarre),* étrange *(l'étrange),* insolite *(l'insolite) ;* fantastique *(le fantastique),* merveilleux *(le merveilleux).*

4 **Anomalie,** défaut, défectuosité **435,** imperfection, vice ; aberrance [didact.], aberration. – DR. : anomie, vice de forme. – INFORM. : bug [anglic.], virus. – GRAMM. : anomalie ou anomalia (opposé à analogie), barbarisme, impropriété, incorrection, solécisme ; errata, erratum, faute. – MÉD. : difformité, monstruosité, malformation **386,** tare, vice de conformation. – TECHN. : défaut de fabrication, malfaçon, raté ; crapaud, loup, loupé.

5 Bizarrerie ; extravagance *(une extravagance)* [vieilli]. – Vieilli : merveille, phénomène, prodige.

6 Altération, **désordre 46,** dysfonctionnement, perturbation, trouble. – Déviation, **écart ;** errements.

7 Pathologie **383,** psychopathologie. – Tératologie.

8 Anormal *(un anormal) ;* monstre **386.** – Déséquilibré *(un déséquilibré)* **450.**

v. 9 Contrevenir à **625,** déroger à ; faire exception à la règle, sortir de la norme ; outrepasser ; dépasser ou passer la mesure (ou : les limites, les bornes). – **S'écarter de la norme,** s'écarter de la règle.

10 Dégénérer, muter. – Aberrer [rare], dévier, errer [litt., rare.]. – Dysfonctionner [SC., TECHN.].

11 Affolir [litt., rare], extravaguer.

12 Altérer 16, dénaturer, pervertir, vicier.

Adj. 13 Anormal ; aberrant, irrégulier, singulier. – Exceptionnel, extraordinaire, phénoménal ; hors du commun. – Inaccoutumé, inhabituel, inusité [rare].

14 Particulier, spécial. – Bizarre, bizarroïde [fam.], insolite. – Absurde ; invraisemblable. – Inexplicable.

15 Miraculeux, mystérieux, prodigieux. – Paranormal, surnaturel.

16 Fautif, incorrect, inexact 410 ; LING. : agrammatical, anomal.

17 Difforme, malformé. – Monstrueux ; tératologique.

Adv. 18 Anormalement. – Extraordinairement. – Irrégulièrement. – Illogiquement.

19 Bizarrement, étrangement, insolitement [rare], mystérieusement, surnaturellement.

20 Fautivement, improprement, incorrectement.

Prép. 21 Au-delà, hors ; au-delà de, hors de.

Aff. 22 Patho-, térato-.

# 56 COMMENCEMENT

N. 1 Commencement ; début, genèse. – Départ 202.

2 Fig., litt. – Aube, aurore, matin, printemps ; bourgeon 286, embryon 279, germe, graine ; berceau, enfance 314, langes. – Balbutiement, bégaiement, tâtonnement.

3 Origine, source ; fondement, principe 422. – RELIG. : Alpha ; « Je suis l'Alpha et l'Oméga, le Premier et le Dernier, le Principe et la Fin » (Apocalypse de saint Jean) ; « Au commencement était le Verbe » (Évangile selon saint Jean).

4 Fig. : entrée, seuil, tête ; endroit [vx], lisière, orée.

5 Manifestation, naissance. – Floraison.

6 Recommencement, renouveau, renouvellement.

7 Création, instauration ; mise en branle (ou : mise en marche, en route, en train) ; premier tour de manivelle [CIN.].

8 Initialisation [INFORM.].

9 Amorce, attaque. – Ouverture, prélude, prologue ; introït [LITURGIE]. – Exposition 787, incipit, préambule, prolégomènes.

10 Essai ; coup d'essai, premier jet ; ébauche, esquisse. – Première (une première). – Premières armes, premiers pas ; fig. : baptême, initiation.

11 Base de départ, point de départ ; dies ou terminus a quo (opposé à terminus ad quem) [lat.]. – Zéro (an zéro, temps zéro).

12 A.B.C., b.a.–ba ; éléments, premiers éléments ; linéaments, rudiments.

13 Prémices ; signe avant-coureur, prodrome.

14 Apprenti 413, commençant, débutant, néophyte, nouveau (un nouveau) 194, novice, poussin [arg. mil.]. – Fam. : bizut ou bizuth, bleu ; deb (une deb ; le bal des debs).

15 Initiateur, introducteur, pionnier ; novateur.

V. 16 Commencer 527, débuter, démarrer [fam.] ; commencer par le début [loc. cour., fam.]. – Donner le coup d'envoi ; ouvrir le ban ; ouvrir le feu 650 ; ouvrir le bal ; ouvrir le jeu 860 ; ouvrir la marque, ouvrir le score. – Prendre l'initiative, prendre les devants ; avoir l'initiative.

17 Amorcer, attaquer [fam.], entamer, entreprendre ; entrer en matière. – Mettre sur le métier ; poser la première pierre. – Entonner. – Étrenner, inaugurer ; avoir l'étrenne de [vieilli].

18 Se mettre à ; s'atteler à. – S'embarquer, s'engager, se lancer dans ; mettre le doigt dans l'engrenage.

19 Se faire la main 413 ; se faire les dents sur qqch.

20 Faire ses débuts. – Faire son entrée dans le monde. – Faire ses dents [fig., fam.].

21 Mettre à qqn le pied à l'étrier.

22 Recommencer, reprendre ; recommencer ou repartir de zéro, reprendre du début [fam.]. – Au temps pour moi [vieilli].

23 Loc. prov. – Il n'y a que le premier pas qui coûte. – Il faut un commencement à tout ; Il y a un début à toutes choses.

Adj. 24 Initial, originaire, original [vx], originel, premier, primitif ; crépusculaire, de la première heure. – Inchoatif [LING.].

25 Inaugural, liminaire ; préliminaire ; introductif [DR.].

26 Linéamentaire [litt.]. – Embryonnaire ; à l'état naissant, en herbe.

Adv. 27 **Initialement 56**, originairement, originellement, primitivement. – *Ab ovo* (lat., « depuis l'œuf »).

28 **D'abord,** pour commencer, au premier abord ; de prime abord. – **D'emblée,** d'entrée de jeu, de primesaut [vx] ; au premier coup d'œil, à première vue. – Au lever du rideau.

29 Au temps [MIL.]. – *Da capo (D. C.)* (MUS., ital., « depuis le début »).

Prép. 30 **Dès, depuis,** à partir de ; de... à... – À commencer par.

Conj. 31 Dès l'instant où, dès lors que, **à partir du moment où,** du moment où, du moment que.

Aff. 32 Acro-.

## 57 MILIEU

N. 1 **Milieu ;** centre **133,** midi [fig.], mitan [vx]. – Entre-deux.

2 Litt. – **Cœur,** foyer, noyau, sein ; nombril, ombilic.

3 **Juste milieu,** mesure *(bonne mesure, juste mesure)* **579 ;** *In medio stat virtus* (lat., « la justesse réside au milieu »).

4 Axe **215,** charnière, pivot.

5 MATH. : médiane, médiatrice. – Milieu de l'étendue [STAT.]. – LOG. : médium, moyen terme, principe de milieu ou de tiers exclu.

6 Centralité [didact.] ; intermédiarité [rare], mitoyenneté.

7 Médiocrité **435 ; moyenne.**

8 Centrage, centration [PHILOS.] ; encadrement. – Insertion **67.1.** – Médiation **653.**

V. 9 **Centrer.** – Équilibrer.

10 Intercaler, interposer **67.11.**

11 Être pris en sandwich.

Adj. 12 Médian, mitoyen. – Intercurrent [didact.], intermédiaire, intermédiat. – Moyen.

13 Axé, axial, axile [SC.]. – **Central,** focal.

Adv. 14 Centralement [rare] ; *in medias res* (lat., « dans ce qui se trouve au milieu »).

15 Au milieu, au beau milieu, en plein milieu ; entre les deux.

Prép. 16 **Au milieu de ;** au cœur de. – À la charnière de, à la jonction de ; **entre.**

17 Dans, **en plein dans** [fam.] ; parmi. – Au sein de ; dans le giron de.

Aff. 18 Centri-, centro- ; inter-, médio-, méso-, mi- ; omphalo-.

## 58 FIN

N. 1 **Fin.** – Issue, terme ; échéance. – *Terminus* ou *dies ad quem* (lat., « au terme ou au jour fixé »).

2 Consommation ; aboutissement, accomplissement **538,** couronnement.

3 **Arrêt,** cessation, cesse ; suspension. – Rupture, solution de continuité ; discontinuation [rare], **interruption.**

4 Chute [fig.], crépuscule, **déclin ;** fin des temps **557.**

5 Terminaison ; **bout,** extrémité, queue [rare].

6 Clôture, **conclusion,** dénouement, épilogue, *happy end* (angl., « fin heureuse »). – Clausule [RHÉT.], péroraison ; mot de la fin. – MUS. : coda, **finale** *(un finale).* – SPORTS : finale *(une finale),* finish [anglic.]. – Dernier quart d'heure ; apothéose, chant du cygne ; coup de grâce. – Point de non-retour.

7 PHILOS. : fini *(le fini) ;* finitude. – Caducité [litt.].

8 Dernier *(le dernier).* – Rira bien qui rira le dernier [prov.].

9 Oméga ; « Je suis l'Alpha et l'Oméga... » **56.3**

10 Achevage [TECHN.], **achèvement,** parachèvement, perfection [vx], terminaison [litt.]. – **Finition ;** finissage [TECHN.]. – Fam. : fignolage, fignolure [rare] ; coup de fion.

11 Finisseur.

V. 12 **Finir ;** cesser, prendre fin. – Discontinuer [litt.], disparaître, passer ; tarir [fig., litt.]. – Trouver sa fin **311.**

13 Décliner, tirer ou toucher à sa fin ; c'est le commencement de la fin [fam.]. – S'arrêter, se terminer ; s'évanouir [fig.].

14 **Aboutir ;** finir par + inf. **540.** – Se dénouer. – « En France tout finit par des chansons » (Beaumarchais). – Tout est bien qui finit bien [loc. prov.].

15 Achever, **terminer ;** mettre un terme ou terme à ; conduire ou mener à sa fin, mener à bonne fin, mettre à fin [vx]. – Mettre la dernière main ou la dernière touche à. – Mettre le sceau à [litt.], mettre un point final à. – Fam. : en finir avec ; tirer le rideau, tourner la page. – Classer, clore [litt.], clôturer, conclure, enterrer ; régler. – Sonner le glas de.

16 Accomplir, **achever,** aller au bout ou jusqu'au bout de, finaliser, parachever, par-

faire [rare]. – Couronner [litt.]. – Boire jusqu'à la lie, consommer [litt.] 557, épuiser.

17 Couper court à, **mettre fin à**, en demeurer là ; rompre, trancher là, briser là. [litt.] ; **interrompre**, suspendre. – Avoir le dernier mot ou le mot de la fin ; c'est mon (son, etc.) dernier mot.

18 N'avoir ni fin ni cesse.

Adj. 19 **Final**, terminal ; conclusif [MUS.]. – Dernier, extrême, ultime ; didact. : antépénultième, pénultième.

20 Définitif. – *Ne varietur* (lat., « qui ne doit pas être changé ») *(édition ne varietur)* [didact.].

21 Finalisé ; **léché**, limé [litt., vieilli], poli.

22 Passé 177, perdu, révolu. – À bout de course.

Adv. 23 À la fin, **finalement ; enfin**. – En fin de compte 416.

24 *In fine* (lat., « à la fin »), **pour finir** ; pour conclure, pour couronner le tout. – *Last but not least* (angl., « dernier point mais non le moindre »).

25 Dernièrement [vx], en dernier lieu, en dernière heure, *ultimo* [lat.]. – *In extremis* [lat.] ; à la dernière minute, au dernier moment.

Prép. 26 **À la fin de,** en fin de, à la sortie de, à l'issue de, au sortir de, au terme de.

Int. 27 Fin ! Rideau ! [fam.].

28 Halte-là ! Stop ! ; un point c'est tout ! ; à la fin !

## 59 ANTÉRIORITÉ

N. 1 **Antériorité** ; antécédence [rare], préexistence, primitivité, **priorité**. – Ancienneté 195, aînesse.

2 Précocité, prématurité [didact.].

3 **Avant** *(l'avant) ;* début *(le début)* 56.

4 Devant *(le devant)* 163 ; proue ; façade. – **Front**, tête ; tête de colonne, tête de ligne, tête de pont. – Entrée.

5 Antécédent [GRAMM.] 740 ; prédéterminant [LING.]. – Prolepse [LITTÉR.]. – Futur antérieur, passé antérieur. – Antécédents [PSYCHOL.]. – Prémisse [LOG.].

6 **Annonce,** avant-goût, préfiguration [litt.]. – Fig. : hors-d'œuvre [fig.], primeur *(la primeur de qqch, d'une nouvelle).*

7 Aîné, premier-né ; ancêtre, doyen, père 679. – Premier homme. – Antécesseur

[rare], **devancier,** précurseur, prédécesseur. – Éclaireur, fourrier ; messager. – Avant-garde *(une avant-garde ; les avant-gardes).*

8 **Anticipation 179.** – Antéposition [LING.] ; préfixation [GRAMM.].

9 Préemption [DR.].

V. 10 Préexister 1.

11 **Précéder,** préparer. – Éclairer [MIL.], frayer le chemin, ouvrir la marche ou la route ; ouvrir une voie [ALP.]. – Avoir la primeur de ; étrenner. – Ouvrir le bal. – Être aux premières loges.

12 **Dépasser,** devancer, distancer, semer [fam.] ; gagner de vitesse, prendre l'avantage, prendre le pas sur. – Prévenir [litt.].

13 Passer avant les autres ; préempter [DR.].

14 Anticiper, préfixer [vx]. – Antidater, **avancer.**

15 **Annoncer,** préfigurer, présager ; prédire, **prévoir.**

16 Préfixer [LING.].

Adj. 17 **Antérieur ;** antécédent [didact.], **précédent ;** préalable, préliminaire.

18 Préexistant ; préexistentiel [didact.].

19 Anticipatoire [didact.], hâtif, **précoce,** prématuré ; de primeur. – Avant-coureur, avant-courrier, préfigurateur [rare] ; de pointe ; préparatoire.

20 De la première heure ; *ex ante* [lat., ÉCON., « d'avant, du début ».] ; inné, **premier,** primaire, primitif ; *princeps* (lat., « premier ») *(édition princeps).*

21 Aîné.

22 Ancien ; d'antan, antenais [rare] ; archaïque ; antéhistorique [didact.], **préhistorique,** protohistorique.

23 Ci-devant ; précité, susdit, susnommé.

Adv. 24 Antécédemment [vieilli], antérieurement, au préalable, **avant,** préalablement, précédemment, préliminairement [rare]. – À l'avance, d'avance, en avance, par avance ; avant la lettre, avant l'heure.

25 **Tôt.** – Avant terme ; précocement, prématurément.

26 Auparavant 177 ; **dernièrement,** récemment. – Tout à l'heure ; hier, la veille, avant-hier, l'avant-veille.

27 Avant tout, avant toute chose, **d'abord,** en premier lieu, en premier, **premièrement,** *primo* (lat., « premièrement »), tout d'abord ; au premier chef, primordiale-

ment [rare], **surtout**. – En priorité, prioritairement.

28 A priori ; à première vue.

29 **Devant**, en avant ; ci-dessus 165, *supra* [didact., lat.].

Prép.30 **Avant**, avant de ; devant que ou devant que de + inf. [vx]. – En avant de, **devant**, à la pointe de, à la tête de 631, en tête de.

Conj.31 **Avant que**, devant que [vx].

Int.32 À vous (à toi, etc.) l'honneur ! – Après toi ! Après vous !

Aff.33 Avant-.

34 Anté-, antéro- [ANAT., MÉD.], **pré-**, pro-.

35 Premier-, primo- ; protéro-, proto-.

## 60 POSTÉRIORITÉ

N. 1 **Postériorité**. – Subséquence [DR.].

2 Conséquence 35, subséquence [litt. ou vx].

3 Développement, **suite** ; lendemain. – Héritage, succession ; reste, retombée(s), éclaboussures, séquelle(s).

4 **Avenir**, futur 179, lendemain, surlendemain.

5 Ajournement, **délai**, remise, renvoi, report, retard, retardement [vx], surséance [vx], sursis ; atermoiement, procrastination [didact.], temporisation.

6 Postdate ; parachronisme.

7 *Addenda* [lat.], **ajout**, post-scriptum, postface. – DR. : apostille, codicille.

8 GRAMM. – Apodose ; postposition ; suffixation, suffixe 740.

9 Arrière-goût, réminiscence, ressouvenir, **souvenir 400**.

10 Successivité [didact.] 45.

11 Dernier *(le dernier)*. – Benjamin, cadet, **dernier-né**, *junior* [lat.], petit dernier [fam.], puîné *(le puîné)* ; juveigneur [DR. FÉOD.].

12 Descendant 681. – Successeur ; épigone [litt.].

V.13 Succéder à, **suivre** ; s'ensuivre.

14 Passer après ; attendre.

15 Ajourner, différer, reculer, **remettre**, reporter, repousser, retarder, surseoir [litt.].

16 Atermoyer, **attendre 457**, temporiser ; attendre la suite des évènements.

17 Postdater. – Postposer [GRAMM.] ; suffixer [LING.].

Adj.18 **Postérieur** ; ultérieur. – Posthume.

19 Prochain, suivant ; à venir, futur **179**. – Consécutif, successif.

20 *A posteriori* [lat., didact.] ; *ex post* (opposé à *ex ante*) (lat., « d'après ») [ÉCON.].

21 Dilatoire.

Adv.22 **Après**, postérieurement, ultérieurement. – Posthumement [litt.]. – *A posteriori* [lat., didact.].

23 À la suite, par la suite, après coup, après quoi, **ensuite, puis** ; dans la foulée, là-dessus, sur ce, sur ces entrefaites.

24 Dès lors ; à partir de ce moment. – **Désormais**, dorénavant.

25 Consécutivement, conséquemment, subséquemment [vx]. – *Post hoc, ergo propter hoc* (lat., « après cela, donc à cause de cela ») 34. – Et tout ce qui s'ensuit ; ainsi de suite, *et cætera (etc.)* [lat.].

26 Demain, après-demain. – Plus tard ; avant longtemps, **un jour**. – Avant peu, dans peu, sous peu, prochainement, tantôt [vx], tout à l'heure, un de ces quatre matins, un de ces soirs. – Bientôt, dans un instant, incessamment. – À bref délai.

27 *Sine die* (lat., « sans qu'une date soit fixée »).

Prép.28 À la suite de, **après 164**, ensuite de [litt.], passé ; au bout de. – Après la pluie le beau temps [prov.].

29 De, **depuis** ; à compter de, à dater de, à partir de. – Au-delà de, delà [vx].

Conj.30 **Après que**, une fois que. – Aussitôt que, dès l'instant où, dès que ; **depuis que**.

Aff.31 Après-.

32 **Post-**, rétro- ; arrière-.

## 61 CONTINUITÉ

N. 1 **Continuité**. – Pérennité, permanence 171, subsistance [vx] ; persistance. – Identité, uniformité. – Invariance [SC.], monotonie [MATH.]. – Principe de continuité [PHILOS.].

2 **Éternité 173**, infinité [vx], perpétuité [litt.].

3 Fixité, régularité, **stabilité**. – Immutabilité [litt.] 229, invariabilité.

4 Durabilité, indéfectibilité, indissolubilité. – Imprescriptibilité [DR.], indéfectibilité [THÉOL.].

5 Chronicité, cyclicité [didact.], périodicité **185**.

6 Assiduité, **constance**, fidélité.

7 Continu *(le continu)*, étendue [PHILOS.], infini *(l'infini)*.

8 Continu *(un continu)*. – Continuum [MATH.]. – Continuo [MUS.]. – Série 64, **suite**. – Cycle. – Liaison.

9 Constante *(une constante)*, invariant [SC.].

10 **Continuation**, perpétuation, perpétuement [rare], poursuite ; ininterruption [sout.]. – Conservation, **maintien**, préservation, sauvegarde.

11 Éternisation, immortalisation [litt.], pérennisation [didact.].

12 Développement, enchaînement. – Prolongation ; reconduction, renouvellement **194**. – Persévération [PHYSIOL.].

13 PHILOS. – Perpétualisme ; fixisme.

14 Conformisme **28**, conservatisme.

15 Continuateur ; conservateur, préservateur.

v. 16 **Continuer**, poursuivre, prolonger, proroger ; donner suite à. – Développer, étendre, poursuivre **512**, pousser. – Continuer dans (telle) voie ; mener à bon port.

17 **Assurer une continuité**, la continuité de qqch ; assurer la continuité des institutions ; assurer l'intérim. – Faire la soudure ou la jointure. – Succéder à. – Passer le relais (aussi : le flambeau, le témoin) à. – Se relayer.

18 **Recommencer**, reconduire, **reprendre** ; remettre sur le tapis, renouer avec. – Ne pas arrêter, n'en pas finir de + inf. ; n'en plus finir **172**.

19 Éterniser, immortaliser, pérenniser, **perpétuer**. – Préserver, sauvegarder, sauver. – Entretenir, garder, laisser, **maintenir** ; stabiliser. – Suivre un produit [COMM.].

20 Fidéliser [COMM.], **habituer**.

Adj. 21 **Continu**, continué, continuel, incessant, ininterrompu, **permanent**, perpétuel, sempiternel ; pérenne [vx]. – Persistant.

22 Soutenu, suivi ; de tous les instants.

23 **Constant**, fixe, stable ; immuable, immutable [litt., rare], inaltérable, invariable. – Obstiné **514**, opiniâtre, **persévérant**.

24 Chronique, cyclique, périodique ; roulant *(feu roulant)* [MIL.]. – Coutumier, **habituel 568**, ordinaire ; quotidien.

25 Bicontinu [MATH.] ; linéaire. – Coulé, glissé.

26 Développable, poursuivable [rare], prolongeable.

Adv. 27 **Continuellement**, continûment ; constamment ; en permanence, journellement [vx] ; indéfiniment.

28 **Toujours 171**, à chaque instant, à longueur de journée ou, vx, à la journée longue, à tout bout de champ, à tout moment, à toute heure, du matin au soir, du matin au soir et du soir au matin, jour et nuit, sept jours sur sept, **tout le temps**, vingt-quatre heures sur vingt-quatre.

29 **Encore** ; pour pas changer [fam.]. – Chroniquement, fréquemment, journellement [vieilli], périodiquement, quotidiennement.

30 **Consécutivement**, incessamment [vieilli]. – À jet continu, d'affilée, en continu, *non-stop* [angl.]. – Sans arrêt, sans cesse, sans débrider, sans désemparer, sans discontinuer, sans intermission [rare], sans interruption, sans relâche, sans rémission, sans répit, sans souffler, sans trêve. – **D'un coup**, d'un seul jet, d'un trait, d'une traite, d'une seule traite, d'une haleine, d'une seule venue, tout d'une venue. – Au kilomètre [IMPRIM.].

31 **Perpétuellement**, sempiternellement. – Fixement, invariablement. – Interminablement.

32 Legato (MUS., ital., « lié »)

## 62 DISCONTINUITÉ

N. 1 **Discontinuité.** – Instabilité, intermittence, variabilité ; variance [SC.]. – Incohésion [litt.] ; incohérence.

2 Discontinu *(le discontinu)* [PHILOS.]. – Décousu *(le décousu)*.

3 **Accident**, catastrophe [MATH.] ; changement **193**, transformation, variation **33**. – **Épisode**. – Arrêt, époque [didact.] ; parenthèse. – Intermission. – MUS. : pause, silence.

4 Alternance, alternat [didact.], alternative [vx], rotation.

5 **Espace 158** ; monde *(un monde ; il y a un monde entre... et...)*. – Brisure, cassure, clivage, coupure, faille, fente **139**, fissure, fracture, lézarde ; trou ; *gap* (anglic., « trou, vide »).

6 **Fragment**, morceau **95**. – Quantité discrète, *quantum* [lat., vieilli].

7 **Saut**, saute. – À-coup ; coq-à-l'âne.

8 Discontinuation [vx], entrecoupement, **interruption**. – Suspension, suspens [poét.]. – Disjonction, **séparation 91**, décohérence [didact.].

v. 9 **Cesser**, discontinuer [litt.], finir **58**. – Marquer une pause.

10 **Changer 193.** – Alterner ; clignoter.

11 Interrompre ; briser là. – Glisser, passer.

12 Troubler. – **Briser,** fracturer, rompre ; craqueler, crevasser, fissurer, lézarder.

Adj. 13 Dénombrable, **discontinu,** discret [MATH.], nombrable. – Incohérent [vx].

14 Lacunaire [litt.].

15 **Coupé,** interrompu. – Haché, heurté, saccadé, sautillant ; en dents de scie. – Rémittent [MÉD.].

16 Changeant, fluctuant, variable, variant ; alternant, alternatif, clignotant, momentané 186. – À éclipse.

17 Coupant ; disjonctif ; suspensif.

Adv. 18 En discontinu [TECHN.] ; intermittemment [rare], par intermittence. – Épisodiquement 184 ; sporadiquement. – De temps à autre, de temps en temps, par instants.

19 Inconstamment [vx], variablement ; **irrégulièrement.** – Par bonds, par saccades, par sauts. – Alternativement, tour à tour.

20 À plusieurs reprises, à plusieurs fois.

## 63 RANG

N. 1 **Rang.** – Degré, échelon, gradation, grade, niveau ; plan *(plan inférieur, plan médian, plan supérieur, etc.).* – Tour ; phase, stade.

2 Cote, immatriculation, matricule, **numéro.** – **Note.**

3 **Catégorie,** classe 46 ; gamme ; bas de gamme, haut de gamme. – **Statut,** *status* [SOCIOL., lat.] ; dignité, grade, titre 648. – Fonction, classification.

4 Rang, **niveau social ;** degré de l'échelle sociale. – Condition, état [vx], être [vx], extraction, milieu ; standing [anglic.] 156 ; vx : lieu *(de bas lieu, de haut lieu),* lignage, parage.

5 **Hiérarchie ;** préséance. – Échelle de valeurs.

6 Barreau, degré, **échelon,** étage, gradin, marche, **palier ;** cran. – Couche, étage, tranche ; colonne, ligne, rangée. – Compartiment, rayon.

7 Prochain, suivant. – Premier, dernier ; Nième *(le Nième).* – Quantième *(le quantième) ;* combien *(le combien)* [fam.], combientième *(le combientième)* [pop.].

8 **Nombre ordinal 100 ;** adjectif numéral **740,** ordinal.

9 Arrangement, échelonnement, ordonnance 45, ordonnancement, placement, positionnement [anglic.] ; étagement. – Classement, **graduation ;** hiérarchisation. – Cotation, notation, numérotage, numérotation.

10 Avancement, promotion 643. – Dégradation, rétrogradation ; MIL. : cassation, casse [vx]. – Destitution 644, limogeage, révocation.

V. 11 **Ranger ;** distribuer, placer, répartir ; placer, positionner.

12 **Hiérarchiser ;** échelonner, étager, graduer. – Subordonner. – « Les premiers seront les derniers » (Bible).

13 **Classer,** ordonnancer, ordonner 45 ; sérier. – Coter, numéroter ; donner une note, noter. – Promouvoir ; élever ou hausser au rang de. – Dégrader, rétrograder.

14 Immatriculer, matriculer.

15 Avoir rang de ; se ranger ou prendre rang parmi. – Se positionner [anglic.]. – Devancer, précéder 59 ; succéder à, suivre.

16 Tenir son rang.

17 **Monter en grade.** – Rétrograder ; déchoir, déroger.

Adj. 18 **Rangé ; ordonné.** – Échelonné, hiérarchisé. – Étagé, en gradins, en paliers.

19 Hiérarchique. – Ordinal [GRAMM.].

20 Premier **102 ;** unième, deuxième, troisième, etc. – Dernier ; avant-dernier, pénultième ; antépénultième. – Nième (aussi : énième), quantième [litt., vieilli]. – Précédent, suivant ; subséquent [vx, litt.].

21 Déclassé, réformé. – Revalorisé.

Adv. 22 **Dans l'ordre ;** par ordre de préséance, par ordre de priorité. – Au fur et à mesure, successivement ; par degré, par étapes. – À tour de rôle ; chacun son tour, tour à tour, l'un après l'autre. – Hiérarchiquement.

23 En rang ; en rang d'oignons.

24 À l'arrière, **derrière 164,** en arrière, en arrière-garde. – À la queue, à la traîne, en retard ; dans les choux [fam.]. – En avant, en tête ; d'abord.

25 Ci-après, ci-dessous **166,** *infra* [lat., didact.], plus bas, plus loin. – *Supra,* plus haut.

## 64 SÉRIE

N. 1 **Série,** suite. – Chaîne, succession ; cycle. – Consécution [didact.], enchaînement. – Combinaison.

2 Alignement 142, **chaîne**, enfilade, **file**, haie, suite ; guirlande. – Rang, **rangée** ; queue.

3 Bande, caravane, **colonne**, convoi, cordon *(cordon de troupes, cordon sanitaire)*, cortège [litt.], défilé, escorte, litanie [vx], monôme [arg. scol.], **procession**, séquelle [vieilli], théorie ; chaîne humaine. – Dynastie 681, lignée.

4 Bordée, salve ; **train** [fig.], vague, volée ; cascade, carrousel, festival [fam.], récital [fig.]. – Kyrielle 75, ribambelle ; toute la lyre [fam.].

5 Assortiment, assortissement [vx], **collection**, jeu, lot, ribambelle [fam.]. – Fig. : arsenal, batterie, brochette, chapelet. – Gamme, nuancier ; échantillonnage.

6 **Liste**, listing [anglic.], nomenclature, répertoire ; énumération.

7 Assemblage, association, concaténation [didact.], **réunion 90**.

8 Filière. – Effet de domino, réaction en chaîne ; ricochet. – Carambolage [BILLARD]. – Série noire.

9 MATH. – Série ouverte, série fermée. – Série géométrique, suite géométrique.

10 JEUX. – Tierce, quarte ou quatrième, quine, quinte flush, séquence, série impériale, suite, suite royale, etc.

11 Album, recueil 765 ; série télévisée 767, serial [anglic.].

12 **Accumulation**, cumulation [litt.].

13 Répétition. – MUS. : sérialisation [rare], sériation [didact.].

14 MUS. : dodécaphonisme, sérialisme.

V. 15 Aligner, échelonner, ranger ; sérialiser [rare], sérier. – Accouer, assembler, associer, concaténer [didact.], **grouper**, réunir. – Collectionner 868.

16 Suivre l'alignement. – Faire la chaîne, prendre la file. – Processionner [rare].

17 Faire boule de neige [fam.]. – S'enchaîner, **se succéder** ; se suivre de près.

Adj. 18 Sériel [didact.] ; **de série.**

19 Caténaire [didact.], processionnel [litt.], séquentiel ; processionnaire [didact.].

20 Successif. – À répétition.

21 Énumérateur ; énumératif.

Adv. 22 En chaîne, en enfilade, **en file**, en file indienne, **en rang**, en rang d'oignons ; l'un après l'autre, les uns derrière les autres, à la suite l'un de l'autre, un par

un. – **À la file**, à la queue leu leu, à la queue. – Processionnellement [litt.].

23 À la chaîne ; en cascade, **en série.** – D'affilée, coup sur coup. – Cumulativement [rare].

24 Treize à la douzaine.

## 65 GRADATION

N. 1 **Gradation**, graduation. – Gradualité [didact.], progressivité. – Dégressivité [ADMIN.].

2 Développement, essor, évolution, expansion, procès [litt.], processus [didact.], **progrès**. – Avance, avancée, avancement, **cours**, marche, **progression** ; marche en avant.

3 **Accroissement 88**, agrandissement, allongement, amplification, augmentation, élargissement, extension [didact.], grossissement, renforcement ; vx : augment, grandissement. – Hausse, montée, poussée. – Aggravation, aggravement [rare]. – Accélération ; maturation, perfectionnement.

4 Baisse, baissement [rare]. – Amenuisement, dégression [DR.], **diminution 89** ; ralentissement. – Déclin, décroissance, décroissement [rare], décrue [fig.], dégradation, regrès, **régression**.

5 Dégradé *(un dégradé)* [CIN.].

6 Augmentateur [rare].

V. 7 Évoluer, **progresser**. – Approcher, avancer, venir ; gagner du terrain, grignoter, mordre sur.

8 **Augmenter**, croître, grandir, grossir, monter. – Faire tache d'huile. – Décroître, diminuer.

9 Échelonner, **graduer** ; nuancer.

Adj. 10 **Graduel** ; évolutif, processuel [rare] ; **progressif**. – Augmentatif [rare] ; dégressif, régressif.

11 Ascendant, croissant ; décroissant, descendant.

12 **Successif 64**.

Adv. 13 **Graduellement, progressivement** ; doucement, imperceptiblement, insensiblement.

14 À mesure, **au fur et à mesure** ; par degrés, par échelons, par étapes, par paliers, par phases ; de fil en aiguille, de proche en proche. – Petit à petit, peu à peu. – Sou par sou ; **pas à pas**, pied à pied. – D'année en année, de jour en jour, **jour après jour**, d'heure en heure, de minute en minute.

15 Régressivement [didact.]. – Progressivement.

16 **De plus en plus,** toujours davantage,
toujours plus. – De moins en moins,
toujours moins.

17 MUS., ital. : *crescendo, decrescendo, diminuendo ; rinforzando.*

Conj. 18 À mesure que, **au fur et à mesure que.**

## 66 GROUPEMENT

N. 1 **Groupement,** regroupement ; réunion
**90,** union. – Agglomération, agglutination, association, conglomération,
conglutination ; **accumulation,** concentration. – **Combinaison,** composition,
constitution. – Synthèse ; fusion.

2 **Rassemblement.** – Ralliement, rapprochement, rattachement ; mariage [fig.]. –
Fusion, intégration ; annexion.

3 Grégarisation [didact.].

4 **Groupe ;** collectif *(un collectif).* – Sous-
groupe.

5 **Assortiment,** collection **64,** ensemble **49 ;**
constellation **232.** – Arsenal, appareil, batterie, panoplie ; lot, série, stock ; chapelet, suite, train ; jeu, liasse, paquet, pile ;
bouquet, gerbe, grappe, régime ; faisceau.

6 Agrégat ; agglomérat, amalgame, combiné, **composé,** conglomérat. – Bloc,
complexe, pâté **849.**

7 Amas, amoncellement, entassement,
masse, monceau, **tas.**

8 Agroupement [litt., vx], attroupement,
concours *(un grand concours de peuple)* [litt.,
vx].

9 Collectivité, communauté **676.** – Clan,
ethnie, famille **678,** tribu ; nation, société.
– Bande, compagnie, foule, masse,
troupe, troupeau ; badaudaille [litt. ou vx].
– Fig. : bataillon, brigade, colonie, essaim,
grappe. – Aréopage.

10 Alliance, entente. – Amicale, **association.**
– Académie, **société 668.** – Orchestre ;
chœur **781.**

11 Collectage, collecte, groupage, ramassage.

12 Associationnisme, corporatisme ; fédéralisme. – Esprit grégaire, instinct grégaire ;
grégarisme.

13 Rassembleur ; assembleur [fig., litt.] ; meneur, meneur d'hommes. – Collecteur,
groupeur [COMM.]. – Collectionneur.

14 **Assembleuse,** brocheuse **763,** lieuse, synthétiseur [TECHN.].

V. 15 **Grouper.** – Agrouper [litt., vx], **assembler,**
joindre, relier, réunir **90,** unir. – **Assortir ;**
accouer, accoupler, appareiller, apparier,
marier. – Combiner, classer, composer.

16 Agglomérer, agglutiner, agréger, conglomérer, conglutiner ; brocher, cercler, chaîner, coller, souder ; pelotonner. – **Attacher,** lier.

17 Accumuler, amasser, amonceler, empiler,
**entasser,** masser ; collectionner, thésauriser **844.** – Collecter.

18 **Rassembler ;** drainer [fig.], liguer, rallier,
rapprocher, **regrouper ;** associer, concentrer, fusionner, intégrer, unifier. – Annexer.

19 **Se grouper 562.**

Adj. 20 **Collectif ;** commun. – Groupé. – Solidaire.

21 Combiné ; complexe, composé, synthétique.

22 Groupal [SOCIOL.], **social ;** de groupe. –
Associatif.

23 **Solidaire ;** associé, complémentaire.

Adv. 24 **Ensemble ;** conjointement, simultanément **182.** – À la fois, à l'unisson, de
concert, de conserve, en chœur, en
groupe.

Aff. 25 **Co-,** col-, com-, con-, corr- ; syl-, sym-,
syn-.

## 67 INCLUSION

N. 1 **Inclusion ;** enclavement, enchâssement,
insertion.

2 Assimilation, fusion [fig.], incorporation,
intégration **90.1.** – Infiltration, pénétration ; intrusion.

3 Introduction ; **injection,** inoculation. –
Sertissage.

4 Mise en abyme (ou : abisme, abîme)
[BX-A., LITTÉR.] **752.**

5 GRAMM. : hyperonymie ; hyponymie.

6 Inclusion réciproque ou identité. – Inhérence ; **appartenance.** – Dépendance.

7 Intérieur *(l'intérieur).* – Contenant **134.** –
Contenu **135.** – Enveloppe **137.** – Partie
(opposé à tout) **72.** – Espèce [LOG.].

8 LING. : générique, hyperonyme, incluant.
– Incidente *(une incidente)* [RHÉT.]. – Ou
inclusif. – Incise [MUS.] ; insert [CIN.].

9 Corps étranger, **inclusion**, incrustation, infiltration, insertion. – Crapaud [ORFÈVR.]. – MINÉR. : dislocation, filon **802**. – Enclos **138, enclave** ; enclavement.

V. 10 **Inclure ;** comporter, comprendre ; consister en, être composé de. – Contenir, **renfermer** ; englober, embrasser [fig.]. – Impliquer.

11 Assimiler, **absorber** ; fondre. – Incorporer, insérer, intégrer, **mêler**, mettre dans ; enchâsser, incruster, marqueter, sertir ; interposer. – Subsumer *(subsumer une espèce sous un genre)* [didact.].

12 Garnir, emplir, remplir ; fam. : farcir, truffer. – Adjoindre à, ajouter à, **joindre à.**

13 Enfermer, **entourer**, enserrer, **envelopper** ; cercler, encercler, enclaver, enclore.

14 Être dans ; appartenir à, faire partie de.

Adj. 15 Inclusif ; intégratif [didact.]. – Général, générique ; supérieur. – Total **71.**

16 **Inhérent**, intrinsèque ; spécifique. – Intégrant. – Implicite **732.**

17 **Inclus** ; compris, inscrit *(cercle inscrit dans un triangle)* [MATH.], **joint.**

18 Intérieur **131**, interne ; central **133**. – Intégré, intériorisé.

Adv. 19 Inclusivement [didact. ou litt.] ; y compris. – Tout compris **71.**

20 À l'intérieur, intérieurement. – *Intra ;* ci-inclus, ci-joint. – **Au-dedans**, dedans, **en dedans**, là-dedans.

Prép. 21 **Dans** ; dedans [litt. ou vx], en, *in* [spécialt]. – Au cœur ou au sein de **133**, à l'intérieur de, au milieu de **57.**

Aff. 22 En-, endo-, ento- ; intra-, intro-.

# 68 EXCLUSION

N. 1 **Exclusion**. – Exception, rejet ; élimination, suppression. – Expulsion **640** ; refoulement.

2 Différence ; exception. – Non-appartenance.

3 Éradication, extirpation, **extraction 206**. – Arrachage, **arrachement**, enlèvement ; spécialt : ablation, avulsion, énucléation, exérèse, extraction ou, vx, évulsion. – Arrachis, déracinement.

4 **Exclusivité**, monopole ; système de l'exclusif ou pacte colonial [HIST.]. – Incompatibilité. – Exclusivisme [litt.].

5 LOG. : disjonction exclusive, proposition exclusive, proposition limitative, proposition particulière ; principe du tiers exclu, principe de milieu exclu. – Ou exclusif [LING.].

6 Alternative **519**, dilemme ; l'un ou l'autre, de deux choses l'une.

7 Extracteur ; vx : arracheur, extracteur. – Épurateur. – Exclusiviste [litt.].

V. 8 **Exclure, excepter** ; faire abstraction de. – Négliger, ne pas tenir compte de ; éliminer [fig.], laisser de côté, mettre de côté ; mettre à part. – Chasser, écarter, rejeter, repousser [fig.].

9 Enlever, extirper, **ôter**, sortir ; dégager. – Détacher, prélever, prendre, tirer ; exprimer. – Isoler.

10 Arracher, retirer ; énucléer ; déraciner, déterrer **811.**

11 Refuser, **rejeter** ; éconduire, renvoyer. – Mettre à l'écart **644**, mettre de côté ou à part ; mettre au rencart ou en quarantaine. – Exiler **640**, expulser.

Adj. 12 **Exclu** ; non compris. – Extrinsèque.

13 Extérieur, externe ; étranger.

14 Exclusif, incompatible, inconciliable ; contradictoire.

Adv. 15 Exclusivement ; seulement, uniquement. – À l'écart, en dehors, à part. – **Non** *(non A).*

Prép. 16 **Excepté**, fors [litt., vx], hormis, hors [litt.], **sans**, sauf ; **à l'exception de**, à l'exclusion de, à l'exception de, à part, si ce n'est. – Abstraction faite de, compte non tenu de. – Nonobstant.

17 Hors de [suivi d'un inf., vx], à moins de, en dehors de.

18 À part, à l'extérieur **130.17.**

Conj. 19 Et non, ou, ou alors, ou bien, ou (...) ou (...) ; soit (...), soit (...).

20 Excepté que, hormis que, hors que [litt.], à part que [fam.], sauf que, excepté que, **si ce n'est que.**

21 À moins que, sinon que [vieilli]. – Excepté si, **sauf si.**

Aff. 22 Extra-, for-, hors-.

# 69 QUANTITÉ

N. 1 **Quantité** ; grandeur, nombre. – Degré, **proportion**, valeur.

2 **Longueur 124**, poids **239**, surface, temps, volume. – **Capacité**, charge, contenu **135**, débit.

3 **Mesure 70** ; étalon, unité. – Quantité *(une quantité)* ; longueur *(une longueur)*, mesure *(une mesure)*, volume *(un volume)* ; dose.

4 **Échantillon** ; fraction **95**, morceau, segment. – Quantum [PHILOS.] ; **quantum** (pl. : quanta ou quantums) [PHYS.] ; théorie des quanta ; quanton. – Quantum de temps [INFORM.]. – Quantième *(quantième du mois, quantième perpétuel).*

5 **Bouchée**, gorgée ; filet, goutte, larme, nuage, soupçon ; poignée. – Assiettée, bolée, cuillerée, platée, poêlée ; brouettée **135**.3, charretée, palanquée ; cuvée, fournée ; brassée, jonchée ; vx ou dial. : grangée, hottée, jattée, marmitée, panerée ; chiée [vulg.]. – **Collection** [fig.], ribambelle [fam.] **78**.

6 Portion, ration. – **Quota** ; contingent, pourcentage, quorum [DR.], taux. – Quotité [DR.] ; **quote-part** ; tantième.

7 **Quantification** [ÉCON.] ; échantillonnage. – Quantification [PHYS.] ; fragmentation.

8 LOG. : quantité *(quantité d'une proposition, d'un terme)* ; extension. – **Calcul des prédicats**, quantification. – Quanteur, quantificateur ; quantificateur existentiel (∃, il existe au moins un), quantificateur universel (∀, pour tout).

9 LING. : quantité *(quantité d'un son)* ; durée. – Quantité objective opposée à quantité subjective. – **Quantifieur**, quantificateur ; quantitatif.

10 Quantitativiste *(un quantitativiste)* [ÉCON.].

V. 11 **Quantifier** ; contingenter, échantillonner, étalonner. – Compter, **mesurer**, peser. – Fractionner, morceler, segmenter. – Multiplier ; élever au carré.

12 Faire nombre.

13 La quantité ne fait pas la qualité [loc. prov.].

Adj. 14 Quantitatif *(théorie quantitative ; analyse quantitative* [CHIM.].).

15 **Quantique** *(physique quantique ; nombres quantiques).*

16 Quantifieur [LING.].

17 Quantifié. – Quantifiable [didact.].

18 Certains, divers, **plusieurs**, quelques. – Quant ou quante *(quante fois, toutes et quantes fois)* [vx].

Adv. 19 **Combien**. – Assez, tant ; moins, plus ; beaucoup, peu ; en quantité négligeable. – Bien des, quantité de. – **En quantité**, en quantité industrielle [fam.] ; à poignées. – À quantité égale.

20 **Quantitativement.**

## 70 MESURE

N. 1 **Mesure**. – Échelle, ordre de grandeur, proportion, rapport. – **Unité 73**, référence. – Valeur.

2 **Mesurage** ; arpentage, aunage, cubage, jaugeage, métrage, stérage, voltage ; dosage. – Pesée.

3 **Calcul 116**, caractérisation, définition, délimitation, étalonnage ; approximation, estimation **427**, évaluation ; comparaison.

4 **Quantité 69**, taux ; teneur, titre. – Capacité, volume. – **Dimension, grandeur**. – **Poids 239** ; densité **238** ; masse ; masse atomique. – Vitesse **576** ; fréquence, temps **175**. – **Énergie**. – Puissance ; force **221**, pression, résistivité, tension, travail ; impédance, résistance. – Intensité **87**.

5 Calibre, **dose** ; étalon, gabarit. – Jalon, pige ; tare.

6 **Système métrique** ; SI (système international). – Système C. G. S. (centimètre, gramme, seconde), M. K. S. (mètre, kilogramme, seconde), M. K. S. A. (mètre, kilogramme, seconde, ampère), M. T. S. (mètre, tonne, seconde). – Système avoirdupois ou averdupois.

7 UNITÉS GÉOMÉTRIQUES

| | |
|---|---|
| *Angle plan* | kilomètre (km) |
| radian (rad) | mille |
| tour (tr) | *Aire ou superficie* |
| grade (gr) ou gon | mètre carré (m²) |
| (gon) | centimètre carré (cm²) |
| degré (°) | are (a) |
| minute (′) | centiare (ca) |
| seconde (″) | hectare (ha) |
| *Angle solide* | barn (b) |
| stéradian (sr) | *Volume* |
| *Longueur* | mètre cube (m³) |
| mètre (m) | centimètre cube (cm³) |
| décimètre (dm) | litre |
| centimètre (cm) | décilitre |
| millimètre (mm) | centilitre |
| micromètre ou, vx, | millilitre |
| micron | décalitre |
| décamètre | hectolitre |
| hectomètre | stère (st) |

8 UNITÉS DE MASSE

| | |
|---|---|
| *Masse* | quintal |
| kilogramme (kg) | tonne (t) |
| gramme (g) | carat métrique ou |
| décigramme | carat [JOAILL.] |
| centigramme | grain [JOAILL.] |
| milligramme | unité de masse |
| décagramme | atomique (u) |
| hectogramme | |

*Masse linéique*
kilogramme par mètre
(kg/m)
tex (tex)
*Masse surfacique*
kilogramme par mètre
carré (kg/m²)
*Masse volumique ou*

*concentration*
kilogramme par mètre
cube (kg/m³)
*Volume massique*
mètre cube par kilo-
gramme (m³/kg)
Tonne d'équivalent
pétrole (tep)

### 9 UNITÉS DE TEMPS

*Temps*
seconde (s)
minute (min)
heure (h)
jour (d ou j)

*Fréquence*
hertz (Hz)
kilohertz (kH)
*Durée musicale* **781**

### 10 UNITÉS MÉCANIQUES

*Vitesse*
mètre par seconde
(m/s)
nœud
kilomètre par heure
(km/h)
*Vitesse angulaire*
radian par seconde
(rad/s)
tour par minute
(tr/min)
tour par seconde
(tr/s)
*Accélération*
mètre par seconde
carrée (m/s²)
gal (Gal)
*Accélération angulaire*
radian par seconde
carrée (rad/s²)
*Force*
newton (N)
dyne (dyn)
*Moment d'une force*
newton-mètre (N-m)

*Tension capillaire*
newton par mètre
(N/m)
*Énergie ou travail*
joule (J)
kilojoule
erg (erg)
wattheure (Wh)
kilowattheure (kWh)
électronvolt (eV)
*Puissance*
watt (W)
kilotonne
*Pression ou contrainte*
pascal (Pa)
hectopascal
barye
bar (bar)
millibar
*Viscosité dynamique*
pascal-seconde (Pa . s)
poise (P)
*Viscosité cinématique*
mètre carré par se-
conde (m²/s)

### 11 UNITÉS ÉLECTRIQUES

*Intensité de courant
électrique*
ampère (A)
*Force électromotrice
différence de potentiel*
volt (V)
kilovolt (kV)
millivolt
microvolt
*Puissance*
watt (W)
*Puissance apparente*
watt ou voltampère
(W ou VA)
*Puissance réactive*
watt ou var (W ou
var)
*Résistance électrique*
ohm (Ω)
*Conductance électrique*
siemens (S)

*Intensité de champ
électrique*
volt par mètre (V/m)
*Quantité d'électricité ou
charge électrique*
coulomb (C)
ampère-heure (Ah)
*Capacité électrique*
farad (F)
*Inductance électrique*
henry (H)
*Flux d'induction
magnétique*
weber (Wb)
*Induction magnétique*
tesla (T)
gauss (G)
*Intensité de champ
magnétique*
ampère par mètre
(A/m)

*Force magnétomotrice*
ampère (A)

### 12 UNITÉS THERMIQUES

*Température*
Kelvin (K)
degré Celsius (°C)
*Flux thermique*
watt (W)
*Capacité thermique ou
entropie*
joule par kelvin (J/K)

*Capacité thermique
massique ou entropie
massique*
joule par kilogramme-
kelvin (J/(kg . K))
*Conductivité thermique*
watt par mètre-kelvin
[W/(m . K)].

### 13 UNITÉS OPTIQUES

*Intensité lumineuse*
candela (cd)
*Intensité énergétique*
watt par stéradian
(W/sr)
*Flux lumineux*
lumen (lm)
*Flux énergétique*
watt (W)
*Éclairement lumineux*
lux (lx)

*Éclairement énergétique*
watt par mètre carré
(W/m²)
*Luminance lumineuse*
candela par mètre
carré (cd/m²)
*Vergence des systèmes
optiques*
I par mètre ou diop-
trie (m⁻¹ ou δ).

### 14 UNITÉS DE LA RADIOACTIVITÉ

*Activité radionucléaire*
becquerel (Bq)
*Exposition de rayonne-
ments X ou gamma*
coulomb par kilo-
gramme (C/kg)

*Dose absorbée ou
kerma*
gray (Gy)
*Équivalent de dose*
sievert (Sv)

### 15 QUANTITÉ DE MATIÈRE

mole (mol)
atome-gramme

valence-gramme
jauge [TEXT.]

### 16 UNITÉ MONÉTAIRE

franc (F) **839**

centime

### 17 UNITÉS ANGLO-SAXONNES

Distances
*inch* ou pouce (in
ou ")
*foot* ou pied (ft ou ')
*yard* (yd)
*fathom* ou brasse (fm)
*mile*
*statute mile* ou mille
terrestre (m ou mile)
*nautical mile* ou mille
marin britannique
*international nautical
mile* ou mille marin
international
Masse
*ounce* ou once (oz)
*pound* ou livre (lb)
Capacité
*US liquid pint* ou pinte
américaine (liq pt)
*pint* ou pinte britanni-
que (UK pt)

*US gallon* ou gallon
américain (US gal)
*imperial gallon* ou
gallon britannique
(UK gal)
*US bushel* ou boisseau
américain (US bu)
*bushel* ou boisseau
britannique (bu)
*US barrel* ou baril
américain (US bbl)
Force
*poundal* (pdl)
Puissance
*horse power* ou cheval
vapeur britannique
(hp)
Température
*Fahrenheit degree* ou
degré Fahrenheit (°F)
Chaleur, énergie,
travail

*British thermal unit* (Btu)

18 UNITÉS SORTIES DU SYSTÈME

*Pression*
millimètre de mercure
stokes (St)                    *Radioactivité*
*Lumière*                      curie (Ci)
bougie décimale                röntgen (R)
                               rad (rd)
*Chaleur*                      rem (rem)
**calorie** (cal)
kilocalorie (kcal)             *Résistivité*
frigorie (fg)                  ohm-mètre.

19 Unités diverses. – Verrée [PHARM.]| – Bit
[INFORM.]. – TRANSP. : voyageur/kilomètre ;
tonne/kilomètre.

20 Anciennes unités de mesure de masse : denier
[TEXT.], **livre**, marc, once.

21 Anciennes unités de mesure de longueur. –
MAR. : brasse, encablure. – Aune, bème,
coudée, **lieue**, pied de roi, toise. – Ar-
chine (Russie et Asie occidentale), sajène ou
sagène, verste (Russie).

22 Anciennes unités de mesure de surface. –
**Acre, arpent,** bicherée, boisselée, charrue, journal, perche, verge. – Dessiatine
ou déciatine (Russie).

23 Anciennes unités de mesure de capacité. –
Liquides : baril, boujaron, chauveau, chopine, feuillette, pichet, **pinte.** – Matières
sèches : bichet, **boisseau,** minot, muid ou
modekin, quarte, rasière, setier ; rezal
(Lorraine), saumée (Midi). – (Mesures étrangères) Espagne : almude, ferrado, arobe ;
soma (Italie) ;

24 Unités de mesure antiques. – Masse : drachme, talent ; Longueur : dactyle, plèthre,
stade ; Capacité : amphore, culeus.

25 MÉTROLOGIE

*Espace*                       *Quantité*
anthropométrie                 dosimétrie
céphalométrie                  acidimétrie
stéréométrie                   alcalimétrie ou
granulométrie                  protométrie
micrométrie                    alcoométrie
volumétrie                     œnométrie
goniométrie                    titrimétrie
trigonométrie                  oxymétrie
altimétrie                     gazométrie
bathymétrie
télémétrie                     *Énergie*
astrométrie                    ergométrie
*Vitesse*                      *Chaleur*
anémométrie                    calorimétrie
hydrométrie                    cryométrie
vélocimétrie                   pyrométrie
                               thermométrie
*Densité*
aréométrie                     *Force*
densimétrie                    élasticimétrie
hygrométrie                    tribométrie
psychrométrie                  stalagmométrie

*Pression*                     néphélémétrie
manométrie                     opacimétrie
tonométrie                     polarimétrie
*Poids*                        interférométrie
barymétrie                     *Sensibilité*
gravimétrie                    esthésiométrie
*Lumière*                      *Temps*
actinométrie                   chronométrie
optométrie                     *Son*
photométrie                    acoumétrie ou
spectrométrie                  audiométrie.

26 INSTRUMENTS DE MESURE

Compteur                       éclimètre
mesureur                       goniomètre ou
*Longueur*                     radiogoniomètre
alidade                        graphomètre [anc.]
comparateur                    holomètre
lignomètre                     inclinomètre ou
**règle**                      tiltmètre
réglet                         pantomètre [anc.]
stadia                         théodolite
typomètre
vernier                        *Vitesse*
odontomètre                    accéléromètre
centimètre                     cinémomètre
chaîne d'arpenteur             machmètre
décamètre                      tachymètre
**mètre**                      variomètre
odographe ou
odomètre                       *Débit*
podomètre                      anémomètre
taximètre                      compte-gouttes
curvimètre                     débitmètre
ophtalmomètre                  stalagmomètre
micromètre                     tube de Venturi
palmer                         Volucompteur
focomètre (ou :
focimètre,                     *Temps*
phacomètre)                    chronomètre 175
curseur
distancemètre                  *Fréquence*
géodimètre                     acoumètre ou
interféromètre                 audiomètre
télémètre                      fréquencemètre
                               ondemètre
*Épaisseur*
bastringue ou compas           *Quantité*
forestier                      acétimètre ou
**compas**                     acétomètre
maître-à-danser                acidimètre
pied à coulisse                alcalimètre
planimètre                     alcoomètre (ou :
stéréomètre                    pèse-alcool,
                               pèse-esprit)
*Hauteur*                      butyromètre
cathétomètre                   grisoumètre
dendromètre                    pH-mètre
marégraphe                     évapotranspiromètre
**toise**                      humidimètre
altimètre                      **hygromètre**
bathymètre                     pluviomètre
**sonde**                      psychromètre
sextant                        compte-tours
                               **jauge**
*Angle*                        pneumodynamomètre
**équerre**                    ou spiromètre
**rapporteur**
clinomètre                     *Densité*
                               aréomètre
                               densimètre

**densitomètre**
glucomètre (ou :
œnomètre,
pèse-moût)
lactodensimètre ou
pèse-lait
oléomètre
polarimètre
saccharimètre
uromètre

*Viscosité*
viscosimètre

*Énergie*
radiomètre

*Chaleur*
calorimètre
pyromètre
**thermomètre**

*Électricité*
**ampèremètre**
bolomètre
capacimètre ou
faradmètre
électrodynamomètre
électromètre
multimètre
ohmmètre
phasemètre
potentiomètre
voltmètre
wattmètre

*Intensité lumineuse*
actinomètre

kelvinomètre (ou :
photocolorimètre,
thermocolorimètre)
lucimètre
photomètre
pyranomètre ou
solarimètre

*Intensité sonore*
sonomètre

*Force*
compressimètre
dilatomètre
dynamomètre

*Poids*
**balance**
bascule
pesette
peson
pont-bascule
trébuchet ou, vx,
ajustoir
gravimètre

*Pression*
**baromètre**
hypsomètre
manomètre
piézomètre
sphygmomanomètre
ou tensiomètre
hydromètre

*Sensibilité*
esthésiomètre

27 **Arpenteur,** évaluateur, géomètre, mensurateur [rare], métreur. – Métrologiste [didact.].

V. 28 **Mesurer,** prendre les mesures de. – Métrer ; arpenter, compasser, chaîner, cuber, rader, sonder, toiser. – **Peser,** tarer.

29 **Doser,** étalonner, jalonner. – Calculer **116, chiffrer** ; assigner [vx], coter, déterminer ; estimer **427, évaluer.** – Avoir le compas dans l'œil.

Adj. 30 **Mesuré** ; calculé, défini, déterminé, fixé, réglé. – Proportionné, régulier. – Millimétré.

31 **Mesurable** ; sout. : commensurable, mensurable ; calculable, chiffrable, nombrable. – Appréciable, évaluable.

32 Incommensurable, immensurable [rare], **immesurable** ; innombrable.

33 **Métrique** ; centimétrique ; kilométrique. – Dynamométrique. – Cégésimal, centésimal, décimal.

Adv. 34 **Sur mesure.**

Prép. 35 À la mesure de ; à l'échelle de. – À mesure de [vx], en proportion de, en raison de.

Aff. 36 Déca-, hecto-, kilo-, méga-, giga-, téra-, péta-, exa- ; sesqui-, déci-, centi-, milli-, micro-, nano-, pico-, femto-, atto-.

37 -graphe, -mètre, -scope ; -métrie, -scopie.

# 71 TOTALITÉ

N. 1 **Totalité** *(la totalité)* ; entièreté ; litt. : complétude, intégrité, plénitude ; **exhaustivité,** intégralité. – Globalité ; universalité.

2 Somme, total, tout *(le tout)* ; **ensemble,** intégrale *(l'intégrale des œuvres).* – Complexe 77.

3 Tout le monde ; chacun, tout un chacun ; *tutti quanti* (ital., « tous tant qu'ils sont »). – Le Tout- + n. *(le Tout-Paris, le tout-cinéma).* – POLIT. : plénum, réunion plénière.

4 **Tout,** toutes choses ; le toutim et la mèche [arg.]. – Macrocosme, monde, **univers** ; le Grand Tout.

5 Rassemblement, **réunion 90** ; synthèse.

6 **Universaux** [PHILOS.]. – PHILOS. : globalisme, universalisme ; loi de totalité.

7 Totalitarisme [POLIT.].

V. 8 **Totaliser,** faire le total. – Achever, compléter, complémenter, épuiser, parachever, parfaire. – Examiner sous ou sur toutes les coutures ; faire le tour de la question. – Globaliser, **synthétiser.**

9 C'est tout ou rien. – C'est tout l'un ou tout l'autre [fam.].

Adj. 10 **Tout** *(toute la journée, tous les jours).* – Tout ce qu'il y a de + n. pl. *(tout ce qu'il y a de gens)* ; chaque.

11 **Complet,** entier, intégral, plénier ; exhaustif ; synthétique. – Plein *(plein emploi, pleine peau).* – Plein *(plein comme un œuf).*

12 **Total** ; global, molaire [PHILOS.], universel. – Absolu, totalisant [LOG.].

13 Totalitaire. – Universaliste.

Adv. 14 **Complètement, entièrement,** intégralement, totalement ; exhaustivement. – Pleinement. – Universellement.

15 Tout *(un fauteuil tout neuf).* – Du tout au tout, en tout, en tout point, tout à fait. – En bloc, *in globo* (ital., « dans sa globalité ») ; à cent pour cent, de A à Z, de A jusqu'à Z, de bout en bout.

16 **En entier, en totalité,** *in extenso* (lat., « au complet, en entier », littéralt, « dans l'extension »).

17 De la cave au grenier, de fond en comble, d'outre en outre [litt.], **de part en part.** – De haut en bas, de pied en cap, des pieds à la tête.

18 **Au complet, au grand complet.**

19 Au total, en somme ; pop. : total, totalité.

20 Tout compris, T. T. C. (toutes taxes comprises).

21 Arg. : et le toutim, et tout le toutim **96.**

22 Indissolublement **73,** inséparablement.

Aff. 23 Olo-, holo-.

# 72 PARTIE

N. 1 **Partie.** – Élément, unité ; membre, pièce ; **fraction 95,** fragment. – Morceau, **part,** portion, quartier, section, tranche ; compartiment. – Lot, parcelle. – Atome, molécule, **particule.**

2 Accessoire, **composant,** organe, rouage. – Pièces détachées.

3 **Chapitre,** livre ; acte, scène ; chant. – **Mouvement,** passage. – MUS. : partie, contrepartie.

4 **Division,** subdivision ; dégroupement, démembrement ; atomisation, fractionnement, fragmentation, **morcellement ;** sectionnement, segmentation. – Déchirement.

5 **Séparation 91 ;** partition, scission. – Bipartition, tripartition. – POLIT. : bipartisme, tripartisme. – Répartition ; dispatching [angl.].

6 Combinaison des parties, **composition,** contexture ; coordination, conjonction.

7 Parties du discours. – **Parties du corps ;** parties sexuelles, ou, pop., les parties. – Parties du monde ; continents.

8 Partie ; branche, spécialité.

9 Atomisme [didact.].

V. 10 **Partager ; dégrouper** [didact.], diviser, subdiviser ; démembrer, partir [vx] ; isoler, scinder, séparer. – Fractionner, fragmenter, morceler ; sectionner, tronçonner. – Cliver, cloisonner, compartimenter. – Lotir, parceller. – Tomer.

11 Désassembler, **désunir,** détacher, disjoindre, dissocier **93.** – Décomposer, désagréger, disloquer. – Couper, débiter, découper ; trancher. – Découdre, dessouder ; démancher.

12 **Répartir ;** dégrouper, distribuer ; dispenser, disperser. – Départir [litt.], impartir à [rare].

13 **Appartenir,** faire partie de ; participer. – Être juge et partie.

14 Chanter ou exécuter sa partie, connaître ou savoir sa partie.

Adj. 15 **Divisible,** fissible, séparable.

16 Fractionné, fragmenté, morcelé, séparé ; isolé.

17 **Partiel ;** fragmentaire, incomplet.

18 **Séparatif.** – Analytique. – Partitif [LING.].

19 **Biparti** ou bipartite, triparti ou tripartite.

Adv. 20 **En partie,** partiellement, en tout ou en partie ; tout ou partie. – **À part,** en aparté. – **Séparément.**

21 Particulièrement, spécialement.

Prép. 22 Une partie de. – Au nombre de, parmi.

Aff. 23 Mér(o)-, méri(s) ; -mère, -mérie, -méris.

# 73 UNITÉ

N. 1 **Unité ;** cohérence, homogénéité ; harmonie. – Identité ; conformité, uniformité. – Unicité [didact.] ; consubstantialité [THÉOL.]. – Indivisibilité [didact.].

2 DR. : indivisibilité ; indivision.

3 **Unification.** – Accord, cohésion, consensus, **unanimité.** – Union. – Uniformisation.

4 **Unité** *(une unité) ;* élément. – Objet, pièce. – Corps simple, monade [PHILOS.] ; entité indivisible [PHILOS.], l'Un. – **Atome,** molécule. – Unité linguistique ; monème **742, morphème,** phonème, phrase **741.** – Singleton.

5 Individu **307.** – **Classe,** ensemble, société.

6 Unité de mesure **70 ;** étalon.

7 Règle des trois unités [LITTÉR.].

8 Unicisme [MÉD.]. – Unanimisme [LITTÉR.]. – PHILOS. : unitéisme ; monadisme ; **monisme.** – RELIG. : socinianisme, unitarisme.

9 **Unité naturelle ; unité administrative** (ou : nationale, politique, territoriale). – Grandes unités, petites unités [MIL.]. – Unité de contrôle [INFORM.]. – Unité de production. – U. E. R. (unité d'enseignement et de recherche), U. F. R. (unité de formation et de recherche). – U. V. (unité de valeur).

10 C'est un, ce n'est qu'un [vx], c'est tout un ; « un pour tous, tous pour un » **20.3.**

11 **Moniste,** socinien, unitaire, unitarien, unitariste. – Uniciste [MÉD.].

V. 12 **Unifier ;** homogénéiser, uniformiser. – Équilibrer, harmoniser, régulariser.

13 **Unir** ; faire l'unité, maintenir l'unité. – Fusionner, intégrer 92, mêler. – Confondre, joindre, rapprocher 161, réunir.

14 **S'unifier**, s'unir ; ne faire qu'un avec. – Être d'accord, être en accord ; s'accorder 428.

Adj. 15 **Unitaire** ; unifié. – Élémentaire, **simple** ; incomplexe, non composé ; indécomposable, indivisible, irréductible ; indissociable. – Indivis [DR.].

16 **Unique**, unaire [didact.] ; singulier. – Homogène ; uniforme.

17 Unitif [rare].

Adv. 18 **À l'unité**. – Une fois pour toutes.

19 Uniformément, uniment ou tout uniment, semblablement.

20 À l'unisson, comme un seul homme.

21 Indissolublement, inséparablement.

22 DR. : par indivis, indivisément.

Aff. 23 Mono-, mon-, monarch- ; uni-.

## 74 PLURALITÉ

N. 1 **Pluralité** ; diversité, variété ; complexité, multiplicité. – Majorité [vx]. – Dualité.

2 **Nombre** *(le nombre) ;* duel [LING.], **pluriel**, plurier [vx]. – Pluriel emphatique, pluriel poétique ; pluriel de majesté, pluriel de modestie.

3 D'aucuns ; **certains, divers, quelques-uns ; des dizaines**, des douzaines ; **des centaines, des milliers**, des millions ; des mille et des cents.

4 Dualisme, manichéisme, **pluralisme**. – Pluripartisme [POLIT.].

V. 5 **Mettre au pluriel**, pluraliser ; additionner, multiplier.

6 Se pluraliser ; se complexifier, se diviser, **se multiplier**. – Proliférer.

7 Répéter, renouveler, recommencer.

8 Avoir plusieurs cordes à son arc, **avoir plus d'un tour dans son sac ; y regarder à plusieurs fois**. – Ne pas mettre tous ses œufs dans le même panier 573.

9 Changer, **diversifier**, varier.

Adj. 10 Plural *(vote plural* [didact.], jugement plural [LOG.]). – Pluriel [didact.].

11 **Diversifié, varié** ; complexe, composé ; **multiple**. – **Multiforme**, polymorphe ; plurivalent, plurivoque, polysémique ; polytechnique, polyvalent ; pluridisciplinaire.

12 **Divers**, maint, **plusieurs ; nombreux.**

Adv. 13 **À de multiples reprises**, à maintes reprises. – Bien de ou bien des *(bien du bonheur ; bien des fois* 183, *bien des gens),* bon nombre de, **plein de.**

14 Double, doublement 103. – Beaucoup, davantage.

Aff. 15 Multi-, pluri-, poly-.

## 75 MULTITUDE

N. 1 **Multitude.** – Abondance 78, nombre, quantité 69. – Multiplicité ; myriade ; foultitude [fam.]. – Innombrable *(l'innombrable).*

2 Multitude [absolt]. – **Foule**, monde ; peuple ; *vox populi* (lat., « voix du peuple »). – Affluence, **cohue**, concours, masse, presse. – Attroupement, groupe 66, rassemblement, réunion 90. – **Assemblée**, société 668.

3 **Armée** 663, armada, bande, bataillon, **cohorte**, légion, régiment. – Harde, **horde**, meute, troupeau. – Essaim, fourmilière.

4 Prolifération, **pullulement.** – Foisonnement, fourmillement, grouillement. – Encombrement, entassement.

5 Multitude *(une multitude).* – Série 64. – Cortège, défilé, **kyrielle**, ribambelle ; litanie, théorie [litt.]. – Avalanche, bordée, chapelet, déferlement, déluge, flot, nuée, torrent, volée ; fam. : flopée, tapée.

6 Amas, fatras, monceau *(un monceau de),* tas *(un tas de) ;* fam. : cargaison, matelas.

7 Myriade [vx] ; mille 114, milliard, milliasse [vx], million ; des dizaines, des douzaines ; des centaines, des milliers, des millions. – Des mille et des cents.

8 **Majorité**, pluralité [vx] 74. – La plupart, le gros de.

V. 9 **Foisonner**, fourmiller, grouiller, pulluler.

10 Croître. – S'accroître, se développer, **se multiplier**. – Proliférer.

11 **Accumuler**, amasser 709 ; conglober [vx], entasser. – Cumuler.

12 Accourir, **se rassembler**. – Affluer, confluer.

Adj. 13 **Multiple** ; innombrable, nombreux. – Considérable, dense 238.

14 Force [vx], maint [litt. ou vieilli].

Adv. 15 **Énormément** ; à foison.

16 En foule, en masse ; en bande. – En masse, **en nombre**. – En quantité.

17 Beaucoup de, bon nombre de, nombre de, plein de. — Moult [vx ou par plais.].

Aff. 18 Multi-, pluri-, poly- ; pléisto-.

## 76 Répétition

N. 1 **Répétition** ; recommencement 56, renouvellement. — Itération [didact.], réitération [sout.]. — Répétitivité [didact.] ; récidivité. — **Périodicité** ; annualité. — Récurrence, récursivité [didact.]. — Itérabilité [PHILOS.]. — **Rechute**, récidive.

2 **Rabâchage**, radotage. — Psittacisme 31.1. — MÉD. : écholalie, palilalie.

3 Redite, **redondance** ; battologie 545, pléonasme, tautologie 752. — Périssologie. — Allitération, assonance ; anaphore ; anadiplose, épanalepse ; antanaclase. — *Bis repetita placent* (lat., « les choses répétées plaisent »). — Doublon 103.

4 **Éternel recommencement** ; allus. myth. : rocher de Sisyphe, toile de Pénélope, tonneau des Danaïdes. — Éternel retour 173 ; palingénésie [didact.].

5 Leitmotiv, refrain, rengaine, ritournelle ; scie [fam.]. — Cadence, **cycle**, période 185, variation ; phase. — Reprise ; écho.

6 **Répétition** ; répète [fam.] ; filage, répétition générale ; générale *(la générale)* [fam.].

7 Répétitorat.

8 **Répétiteur.** — Rabâcheur, radoteur. — Récidiviste.

V. 9 **Répéter** 183, répéter à satiété, répéter sur tous les modes, répéter sur tous les tons ; rebattre les oreilles (à qqn de qqch). — Se répéter ; rabâcher, **radoter**, ressasser ; seriner. — Bourdonner [vx], chanter toujours la même antienne [vx].

10 **Recommencer**, refaire, reprendre ; remettre sur le tapis. — Revenir à la charge, revenir sur. — Itérer [vx], réitérer [sout.] ; **récidiver.** — Tourner en rond. — Doublonner.

11 C'est son cheval de bataille, c'est son dada. — C'est toujours la même chanson (ou : la même histoire, la même rengaine, le même refrain). — Faire chorus.

Adj. 12 **Répétitif** ; fréquent, routinier. — Fréquentatif, itératif, réitératif [didact.].

13 Répété, **réitéré** ; doublé, redoublé. — Pléonastique, redondant, tautologique. — Palingénésique.

14 Réitérable [rare], répétable. — Renouvelable.

15 Périodique, **récurrent**, récursif [didact.]. — Obsessionnel.

16 Musique répétitive [MUS.] 744.

Adv. 17 **À nouveau**, de nouveau ; encore, encore et toujours, encore un coup, encore une fois ; de plus belle.

18 **Bis.** — À répétition. — De même, **idem.** — Des fois, parfois, souvent.

Int. 19 Bis !

Aff. 20 Bi-, re-.

## 77 Complexité

N. 1 **Complexité** ; complexe *(le complexe),* insolubilité. — Complication, difficulté 547. — **Ramification ;** embrouillement, emmêlement, enchevêtrement, entrelacement, intrication, involution [vx]. — Complexification ; sophistication.

2 **Dédale**, labyrinthe ; imbroglio. — **Problème ;** casse-tête chinois. — Nœud [vx], nœud gordien, nœud de vipères, sac de nœuds ; écheveau ; panier de crabes. — Dilemme cornélien, problème kafkaïen. — Quadrature du cercle.

3 Complexité, **multiplicité.** — **Combinaison,** composition, concaténation ; combinatoire [MATH.].

4 Complexe *(un complexe) ;* **complexus** [didact.] ; ensemble. — PSYCHAN. : complexe, complexe d'Œdipe, complexe de Jocaste. — Combinat [didact., ÉCON.] ; chaîne, dispositif, réseau, **structure** 147, **système 51.**

5 **Combiné** *(un combiné),* composé *(un composé),* complexe [didact.]. — Alliage ; agglomérat, conglomérat. — Corps composé [CHIM.] 230.

6 Complexisme [MÉD.].

7 Combinateur, compositeur. — Complexiste [MÉD.].

V. 8 **Complexifier ;** combiner, composer ; conjuguer, dériver [LING.]. — Imbriquer, intégrer, intriquer, mélanger 98.

9 **Compliquer ;** corser. — Alambiquer [vx], embrouiller, emmêler ; obscurcir. — Chercher midi à quatorze heures.

10 C'est de l'algèbre, c'est du chinois 735, c'est de l'hébreu, c'est du haut allemand [vx], c'est de l'iroquois. — C'est la bouteille à l'encre, c'est clair comme du bouillon d'andouille [fam.].

Adj. 11 **Complexe** *(nombre complexe, mot complexe) ;* combiné, composé, conjugué, dérivé. – Multiple, **composite**. – Combinatoire [didact.].

12 **Compliqué**, complexe ; élaboré, étudié ; byzantin, subtil. – Alambiqué, baroque [fig.]. – Confus, contourné, embarrassé, embrouillé, emmêlé, entortillé.

13 Inextricable **46**, insoluble, **irréductible ;** indéfinissable.

Adv. 14 **Difficilement**. – Avec tours et détours ; par des chemins détournés.

15 Inextricablement

Aff. 16 Pluri-, poly-.

# 78 ABONDANCE

N. 1 **Abondance ;** masse, quantité **69**, multiplicité **75** ; foisonnement, luxuriance, profusion ; réplétion [vx]. – **Aisance**, fortune, richesse **772**, opulence.

2 **Surabondance ;** excès **80**, exubérance, pléthore. – Luxe, superflu, surcharge. – Gaspillage, prodigalité [litt.].

3 Avalanche, débauche, déluge, flot, orgie, mer, mine, pluie, torrent ; arsenal.

4 **Âge d'or ;** eldorado, paradis, pays de cocagne, terre promise. – Corne d'abondance.

5 Grenier d'abondance [vx].

6 ÉCON. : théorie de l'abondance ; société d'abondance. – Abondance d'un isotope [PHYS.] ; abondance d'un élément (dans une étoile) [ASTRON.].

7 Abondanciste *(un abondanciste)* [ÉCON.].

V. 8 **Abonder**, foisonner ; fourmiller, grouiller, pulluler. – Abonder de [vx], abonder en, regorger ; être plein de. – Couler à flot, déborder, inonder [fig.], pleuvoir [fig.].

9 **Nager dans l'opulence**, ne manquer de rien.

10 **Combler de**, couvrir de ; prodiguer **710**. – Répandre, verser à torrents. – Remplir ; bonder [didact. ou rare], bourrer [fam.].

11 Abondance de biens ne nuit pas [loc. prov.].

Adj. 12 **Abondant**, profus [litt.] ; foisonnant, luxuriant ; opulent. – Exubérant, prolixe **760**.

13 Ample, charnu, étoffé ; dense **238**, dru, fourni, touffus. – Copieux, plantureux, **riche**.

14 **Fertile**. – Inépuisable, intarissable.

15 Excessif, **pléthorique**, surabondant.

16 **Comble**, plein ; archicomble, archiplein.

Adv. 17 **Abondamment**, en abondance. – **Beaucoup**, en quantité. – Copieusement, plantureusement, profusément. – Amplement, considérablement, grandement, largement.

18 À foison, à profusion, à revendre [fam.]. – À satiété.

19 À discrétion, **à plaisir**, à souhait, à volonté, *ad libitum* (lat., « à volonté ») ; à l'envi, à satiété ; fam. : à gogo, à la pelle, à tire-larigot ; en veux-tu, en voilà. – À torrents, à verse *(pleuvoir à torrents, à verse).*

20 **À pleines mains ;** à poignée.

21 Tout son soûl [fam.]. – D'abondance de cœur [allus. bibl.] **606**. – À bouche que veux-tu [vx].

22 D'abondance *(parler d'abondance).*

Aff. 23 Pléo-.

# 79 PAUCITÉ

N. 1 **Paucité**, peu *(le peu de..., le peu qui..., le peu que...).* – Parcimonie. – Petitesse **128**, insuffisance. – Portion congrue.

2 **Rien** *(un rien) ;* je-ne-sais-quoi *(un je-ne-sais-quoi) ;* petite chose. – Atome, grain, **grain de poussière**, grain de sable ; miette, parcelle. – Goutte d'eau dans l'océan.

3 **Peu** *(un peu de) ;* soupçon, tantinet ; tantet [vx]. – Lueur *(une lueur de).* – Brin, chouia [fam.] ; filet, goutte, gouttelette, **larme**, nuage **276**, soupçon, trait ; bouchée, doigt, pincée. – Touche. – Paille.

4 Moins *(le moins)* **86**. – **Moins que rien**, presque rien, pas grand-chose, peu de chose ; fam. : des clopes, des clopinettes, des clous. – Bagatelle *(une bagatelle),* misère *(une misère).* – Bricoles *(des bricoles),* broutilles ; **queues de cerises**.

V. 5 **Se contenter de peu**, vivre de peu. – N'avoir pas fait une panse d'A.

6 **Amoindrir**, diminuer **89**. – Détailler, lésiner **709**, ménager ; chipoter.

7 Loc. cour. : **c'est mieux que rien**. – Il suffit d'un rien. – Un rien l'habille. – Un tiens vaut mieux que deux tu l'auras. – Parlons peu mais parlons bien. – Il s'en faut (aussi : il s'en est fallu, etc.) de peu.

Adj. 8 Petit ; **minime**, minimal. – Insuffisant.

9 **Rare ;** clairsemé, inabondant, mince [fam.], maigre. – Modeste. – De peu *(un homme de peu ; ce sont gens de peu).*

Adv. 10 **Peu, prou** ; peu ou prou ; guère ; tant soit peu ou un tant soit peu. – Un petit peu de, un tant soit peu de, un tantinet de, un peu de. – Quelque peu.

11 **Guère de,** peu de, bien peu de. – Si peu que rien.

12 **À peine,** légèrement 240. – À petites doses, au compte-gouttes ; goutte à goutte. – **Au minimum,** chichement.

13 Brièvement, succinctement ; en moins de rien. – Faiblement. – Médiocrement, modérément 579, moyennement.

14 **Peu à peu ;** au fur et à mesure ; graduellement, insensiblement, progressivement.

15 Sous peu ; incessament, incessamment sous peu [fam.]. – Bientôt. – Il y a peu, récemment.

16 **À un cheveu près,** à un iota près, à un poil près.

Int. 17 Un peu ! [fam.] ; un peu, mon neveu ! [fam.].

Aff. 19 Pauci-.

## 80 EXCÈS

N. 1 **Excès** ; démesure, *hybris* (gr., « démesure »). – Comble, pléthore, **surnombre** ; saturation, sursaturation. – Surproduction.

2 **Exagération, outrance ;** extravagance, exubérance ; intempérance 703. – Folie des grandeurs ; mégalomanie 450. – Prolixité 760, prodigalité 710. – Surabondance 78 ; luxe, superflu *(le superflu),* superfluité [litt.].

3 **Excédent,** surplus, trop *(un trop),* trop-plein. – Débauche *(une débauche de),* **débordement** *(un débordement de),* étalage *(un étalage de) ;* délire *(un délire de),* orgie *(une orgie de),* luxe *(un luxe de).* – Hypertrophie

4 **Abus** 569. – Excès de pouvoir [DR.]. – Écart ou excès de langage ; grossièreté, impertinence ; injure 657, insulte. – Emphase, enflure, superfétation [litt.] ; incontinence verbale.

5 Extrémisme, **fanatisme,** jusqu'au-boutisme [fam.].

6 Prov. – Excès de biens ne nuit pas. – Trop ne vaut rien. – Qui trop embrasse mal étreint.

V. 7 **Excéder,** outrepasser, transgresser ; abuser. – Aller trop loin, dépasser les bornes,

**dépasser la mesure,** passer les limites ; y aller trop fort [fam.]. – Tomber d'un excès dans l'autre. – En faire trop, en faire des kilos ou des tonnes [fam.] ; forcer la dose ou la note.

8 **Exagérer.** – Fam. : attiger, charrier, pousser, pousser ou lancer trop loin le bouchon.

9 **Avoir la folie des grandeurs ;** avoir les yeux plus grands que le ventre. – Vouloir péter plus haut que son cul [très fam.] 613, ne plus se sentir [fam.].

10 Faire une montagne d'une taupinière. – Se faire une montagne de qqch.

11 Faire des excès ; faire bombance, **ripailler.** – **Faire des folies ;** brûler la chandelle par les deux bouts.

12 S'hypertrophier.

13 **C'est un peu fort,** c'est un peu fort de café, c'est trop fort. – C'est plus fort que de jouer au bouchon. – **C'est trop,** c'est *too much* (angl., « trop ») [fam.] ; c'en est trop ; trop, c'est trop ; c'est trop ou pas assez. – C'est un comble. – Il y a de l'abus [fam.].

Adj. 14 **Excessif,** abusif, exagéré ; hypertrophié. – Outré ; outrageux, outrancier. – Fam. : dément, démentiel, délirant, dingue, fou.

15 **Excédentaire,** surabondant ; superflu, superfétatoire [litt.].

16 Ampoulé, boursouflé, **emphatique,** hyperbolique.

17 Exubérant ; intempérant ; débauché 705, licencieux. – Extrémiste, **fanatique** (ou, fam., fana), jusqu'au-boutiste [fam.].

Adv. 18 **Excessivement ;** démesurément, surabondamment. – En surnombre.

19 **Trop,** par trop ; *too much* [fam.]. – Par excès [MATH.]. – L'extrême, à la fureur, à la folie 87, à mort [fam.] ; à outrance, sans mesure.

20 Affreusement, atrocement, **effroyablement, terriblement.**

Aff. 21 Archi-, hyper-, outre-, super-, sur-, ultra-.

## 81 MANQUE

N. 1 **Manque** *(le manque) ;* absence 10 ; insuffisance. – Incomplétude, vide. – Carence, **défaut,** privation. – Déficit ; pénurie. – Défaillance, déficience.

2 **Dénuement ;** misère, pauvreté 769 ; disette, famine. – Indigence ; paupérisme [litt.].

3 Manque *(un manque)* ; négligence. – **Lacune**, omission, oubli **401** ; absence *(une absence)*, blanc *(un blanc)*, trou de mémoire. – Bourdon [TYPOGR.]. – **Manquement**.

4 **État de manque** [absolt] **390**, besoin ; frustration. – **Manque à gagner.**

5 Manquement **694** ; **infraction 720**, transgression **625**. – Écart, **erreur**, faute.

6 Indigent *(un indigent)*, nécessiteux, **pauvre** *(un pauvre)*. – Affameur *(un affameur).*

V. 7 **Manquer ; faire défaut ;** se faire rare. – Ne pas faire partie. – Être absent ; faire l'école buissonnière ; arg. scol. : faire la bleue, sécher. – « Un seul être vous manque et tout est dépeuplé » (Lamartine).

8 **Manquer de ;** être dans le besoin ; être en manque. – Être à court de, être à sec. – Manquer d'à-propos, rester court, rester sec [fam.] ; être loin du compte [fam.]. – Il en manque.

9 Manquer à *(manquer à ses devoirs)* ; **déroger,** se dérober ; faire faux bond. – Négliger.

Adj. 10 **Manquant ;** absent, disparu ; déficient. – Privatif ; frustrant.

11 Manqué ; loupé [fam.], **raté.** – Défectueux. – Imparfait, incomplet. – À la manque.

12 Démuni, **dénué de,** dépourvu de. – Disetteux [vx], pauvre.

13 Manqué *(acte manqué ; garçon manqué).*

Adv. 14 **Imparfaitement,** insuffisamment.

15 En état de manque ; en manque.

16 Pas. – Moins. – Par défaut [INFORM., MATH.].

17 Faute de mieux.

18 Immanquablement ; sans manquer [vx].

Prép. 19 **Sans.** – À défaut de, au défaut de [vx] ; par défaut de ; par manque de. – **Faute de.**

Aff. 20 A-, dés-, in-, mal-, sous-.

## 82 SATIÉTÉ

N. 1 **Satiété.** – Comblement, réplétion. – Contentement **635,** satisfaction. – **Saturation 87** ; blasement.

2 Assouvissement ; assouvissance [litt.].

V. 3 **Assouvir,** contenter, repaître, satisfaire. – **Combler,** remplir ; gaver, gorger.

4 Se gaver [fam.], se gorger, **se repaître** ; se goberger [fam.].

5 **N'en plus pouvoir.** – Avoir la peau du ventre bien tendue [fam.], en avoir eu pour son argent. – Avoir son content de ; avoir sa dose [fam.].

6 **Saturer** ; arriver à saturation, avoir sa suffisance de qqch [vx]. – En avoir ras le bol (ou : ras la casquette, ras le pompon) [fam.] ; en avoir ras le cul [vulg.]. – Avoir fait le tour de. – **Être blasé,** être revenu de tout.

7 **La coupe est pleine ;** la mesure est comble. – C'est assez.

Adj. 8 Assouvi ; contenté, comblé, satisfait ; **rassasié,** repu.

9 Gavé, gavé comme une oie ; gorgé, plein **78** ; plein comme un œuf, plein comme une outre, rempli.

10 Blasé, **dégoûté,** écœuré ; froid, indifférent, revenu de tout.

Adv. 11 À satiété ; à ne plus savoir qu'en faire.

12 Abondamment. – Complètement, entièrement **71,** pleinement, **tout à fait.** – **Jusqu'au dégoût,** jusqu'à l'écœurement, jusqu'à plus faim, jusqu'à plus soif.

13 Assez, bien assez, **suffisamment,** en suffisance.

14 À fond, **tout son soûl.**

Prép. 15 Assez de, trève de.

Int. 16 Brisons là ! Ça suffit ! – N'en jetez plus ! N'en jetez plus, la cour est pleine ! [pop.].

Aff. 17 Sur-.

## 83 ÉGALITÉ

N. 1 **Égalité,** équivalence, parité ; identité **15.** – Constance, **régularité,** continuité **61** ; immuabilité, invariabilité, uniformité, stabilité ; invariance [SC.]. – Planéité. – adéquation [didact.], conformité **28.**

2 **Équilibre 226,** symétrie ; balance. – Harmonie, proportionnalité **94.** – Équipartition [didact.], péréquation [DR., ADMIN.].

3 Égalité d'âme (ou : de caractère, d'humeur), **équanimité** ; ataraxie [PHILOS.]. – **Équité,** impartialité. – **Réciprocité.**

4 DR. : égalité devant la loi, isonomie [vx] ; **égalité des droits** ; égalité dans le suffrage ; égalité souveraine ; égalité de traitement. – *Liberté, Égalité, Fraternité* (devise de la République française) **516.**

5 **Égalité géométrique** ; équidistance, isocélie ; isométrie [MATH.] **146.** – Isomérie [PHYS.].

6 Égalité (notée =, « égal »), **égalité algébrique** ; MATH. : équation, équipotence ; équipollence [ALGÈBR.] ; égalité de deux applications, égalité de deux ensembles, égalité de deux matrices ; cas d'égalité des triangles.

7 **Constante** *(une constante)*. – Courbe d'égale pression (isobare) [MÉTÉOR.], d'égale température (isochimène) [MÉTÉOR.] ; d'égale profondeur (isobathe) [GÉOGR.] ; d'égale inclinaison (isocline) [GÉOPHYS.] ; d'égale altitude (isobase) [GÉOL.] ; d'égale transformation (isochore, isochore de Van't Hoff [PHYS.]).

8 **Égal** *(un égal)*, pair *(un pair, ses paires)*, pareil *(son pareil, ne pas avoir son pareil, sa pareille)*, pendant *(être le pendant de)*.

9 **Égalisation** ; ajustement, compensation ; égalisage [TECHN.]. – Équilibration, harmonisation.

10 TECHN. : égalisatrice, **égalisoir** ; égaliseur.

11 Égalitarisme [didact.].

12 Égalitariste *(un égalitariste)* [POLIT.] ; égaliseur [vx].

V. 13 **Égaler** ; atteindre le niveau de ; valoir, bien valoir valoir autant que. – Équipoller à [litt.], équivaloir à ; n'avoir pas son égal pour. – Être sans égal **85**.

14 S'**égaler** [vx, litt.]. – Être égal à soi-même, être toujours égal à soi-même.

15 **Égaliser** ; égaler [vx] ; mettre de niveau, niveler ; polir **155**. – Aplanir, araser [didact.] ; TECHN. : épanner, planer ; dégauchir, égalir.

16 **Compenser 99**, équilibrer ; harmoniser, proportionner.

17 Fam. : **c'est égal** ; ça m'est égal ; c'est tout un ; c'est du pareil au même. – C'est égal comme deux œufs.

Adj. 18 **Égal**. – Équivalent, identique ; kif-kif [fam.], même, pareil. – Symétrique.

19 Constant, invariable, invariant [didact.], **stable**.

20 GÉOM. : **équidistant**, équipollent ; équilatéral, équilatère, isocèle ; équiangle [vx], isogone. – Équiprobable [MATH.].

21 SC. : **isobare**, isobathe, isochimène, isocline ou isoclinal, isochore, isogone.

22 Lisse, uni, **uniforme** ; plan, plat, ras ; plain [vx].

23 Égalisable.

24 Égal ; « les hommes naissent et demeurent libres et égaux en droits » (Décla-

ration des droits de l'homme et du citoyen). – Égalitaire ; paritaire. – Égalitariste.

25 Équanime [vieilli].

Adv. 26 **Également ; aussi**. – Équivalemment [litt.]. – *Ex aequo* (lat., également) ; *idem* (lat., la même chose).

27 À part égale ; fifty-fifty (angl., « cinquante-cinquante ») [fam.], moitié-moitié.

28 **D'égal à égal** ; de pair à égal *(parler de pair à égal)* ; **à égalité**. – Sur le même pied, sur un pied d'égalité ; de plain-pied. – À armes égales.

29 Égalitairement.

Prép. 30 **À l'égal de**.

Conj. 31 Autant que. – Ainsi que, **de même que**.

Aff. 32 Équi-, iso-, homal(o)-.

## 84 INÉGALITÉ

N. 1 **Inégalité**. – Différence **23**. – Dissemblance **16** ; disparité, **hétérogénéité**. – Infériorité **86**, supériorité **85**. – Asymétrie, dissymétrie ; déséquilibre, disproportion, **irrégularité**. – Instabilité, variabilité **193** ; arythmie. – Aspérité, rugosité.

2 Inégalité sociale ; dénivellation ou dénivellement. – **Discrimination 640**, ségrégation. – DR. : clause léonine ; suffrage inégalitaire. – Inégalitarisme ; **injustice 712**, partialité.

3 Inégalité mathématique ; inadéquation. – Signes d'inégalité : < (strictement inférieur), > (strictement supérieur), ⩽ (inférieur), ⩾ (supérieur), ≠ (différent de). – Triangle scalène [GÉOM. ou ANAT.]. – Variable *(une variable)* [SC.].

4 Accident de terrain ; décrochement, **dénivellation**, dénivelé ; discontinuité. – Anfractuosité ; creux, enfoncement, renfoncement. – **Bosse 152** ; balèvre, ressaut, saillant, saillie. – Montagnes russes.

5 Inégalité d'humeur ; **inconstance**, versatilité **522** ; cyclothymie [MÉD.].

V. 6 Inégaliser [rare]. – Rendre inégal. – Différencier, discriminer [litt.]. – Désavantager. – **Déséquilibrer**, disproportionner.

7 **Déniveler** ; bosser, cabosser. – Hachurer, strier ; bretteler ou bretter [ORFÈVR.], denteler ; rayer.

8 Dépasser, **saillir 204**.

9 Changer, fluctuer, varier. – Avoir des hauts et des bas [fam.].

Adj. 10 **Inégal** ; irrégulier. – Déséquilibré, disproportionné. – Disparate, hétérogène. – Accidenté, **chaotique** ; dénivelé.

11 Arythmique ; capricant [didact. et MÉD.] ; **saccadé**, syncopé.

12 **Asymétrique**, dissymétrique. – Inéquilatéral [ZOOL.].

13 **Instable** ; changeant, fluctuant, variable. – Erratique.

14 **Inégalitaire** ; discriminant, partial ; discriminatoire.

15 Capricieux, imprévisible ; lunatique, **versatile** ; cyclothymique [MÉD.].

16 Inégalable. – Inégalé.

Adv. 17 **Inégalement. – Irrégulièrement**, variablement.

18 En dents de scie ; plus ou moins bien ; tant bien que mal.

Aff. 19 Anis-, aniso-.

## 85 SUPÉRIORITÉ

N. 1 **Supériorité** ; excellence, éminence, précellence. – Primauté ; prédominance, prééminence, prépondérance, préséance ; primat [sout.]. – Perfection, transcendance. – Suprématie.

2 Distinction, **majesté**, superbe. – **Puissance** ; ascendant, empire, influence 623. – Autorité 621, commandement, pouvoir ; domination 622. – Prestige.

3 Atout ; plus (un plus) [fam.]. – **Prérogative**, priorité, primeur ; avantage, passedroit, privilège.

4 **Nec plus ultra** ; fin du fin. – Fam. : nec (le nec), top (le top). – Top niveau. – Summum 87, zénith.

5 **Élite** ; crème, fleur ou fine fleur, gotha ; fam. : dessus du panier, gratin. – **Aristocratie**, noblesse 646 ; haute société ou, pop., la haute ; jet-society ou jet-set [anglic.].

6 Les grands de ce monde, les grands de la Terre.

7 **Grand**, grand homme ; grand bonhomme [fam.]. – Oiseau rare ; perle, perle rare.

8 Champion ; fam. : as, bête (une bête), crack. – Caïd, chef ; reine, roi (la reine ou le roi des, de...). – Numéro un ; number one (anglic. fam., « numéro un ») ; le meilleur, le premier. – Fort en thème ; bête à concours, premier de la classe. – Arg. scol. : bottier, cacique. – Major.

9 Étoile, vedette. – Soliste ; prima donna (MUS., ital., « première dame »). – Danseur ou danseuse étoile ; prima ballerina assoluta [danse].

10 **Supérieur** (un supérieur) ; chef, gradé, maître, directeur, doyen, principal. – Commandant 631. – **Sommité** 438 ; magnat, ponte ; fam. : gros bonnet, huile, grosse légume.

11 GRAMM. : comparatif de supériorité ; majoratif, mélioratif, superlatif. – MATH. : majorant ; plus (noté +).

V. 12 **Primer** ; prédominer, prévaloir.

13 **Dominer** ; avoir la haute main sur, contrôler. – Être au-dessus de la mêlée ; être à cent pieds au-dessus ; dépasser qqn de cent coudées. – **Culminer** 165, tenir le haut du pavé, trôner. – Éclipser ; surplomber.

14 Avoir de la classe [fam.]. – Avoir de la branche [vieilli].

15 **Gagner**, triompher, vaincre ; battre, battre à plate couture. – Avoir l'avantage, avoir le dessus ; l'emporter. – Fam. : enfoncer ; en remontrer ; faire la pige à. – Devancer 163, distancer 162, doubler ; fam. : gratter, coiffer au poteau.

16 Briller, **exceller**. – Sublimer, transcender. – Surpasser ; battre des records. – **Se dépasser**, se surpasser ; s'élever.

17 Monter sur le podium ; monter sur le pavois. – Avoir les honneurs de la première page 639.

18 Estimer, surestimer. – **Élever**, élever au rang de. – Mettre sur un piédestal, porter aux nues, porter au pinacle.

Adj. 19 **Supérieur** ; éminent ; souverain, **suprême**, suréminent ; transcendant. – Trois-étoiles (restaurant trois-étoiles). – Prime, **premier**. – Fondamental, majeur, prépondérant ; prédominant.

20 Beau, **grand**, noble, fin ; distingué, prestigieux ; auguste. – Insigne, renommé ; émérite. – **Inégalé** ; exceptionnel, hors ligne, hors pair, sans pareil. – Inégalable.

21 Fort, fortiche [fam.] ; puissant.

22 **Parfait** ; absolu ; accompli, consommé. – Perfectif [LING.].

23 Supérieur ; **suffisant**. – Fier, hautain ; condescendant, dédaigneux.

Adv. 24 **Supérieurement**. – Éminemment. – Excellement.

25 Bien, mieux ; davantage, **plus**. – Dessus ; en sus de.

Prép. 26 **Au meilleur de.** – En haut de, au-dessus
de ; **sur.**

Aff. 27 Arch-, archi-, épi-, **extra-**, hyper-, super-,
supra-, sur-, sus-, ultra- ; primo- ou pri-
mi-.

28 -archie, -arque.

## 86 INFÉRIORITÉ

N. 1 **Infériorité** ; moins *(le moins)*. – Déficience, **faiblesse**, impuissance ; asthénie.
– **Diminution 89**, déclin. – Subordination, soumission **628**. – Bassesse, indigence, petitesse [fig.] **128**. – Médiocrité
**435**. – Minorité. – Infériorisation.

2 **Moindre** *(le moindre)*, **pire** *(le pire)*. –
Dessous *(le dessous, les dessous de)* **727**. –
**Bas** *(le bas)* ; bas de l'échelle, bas de
gamme. – Abîme **153**, abysse, bas-fond ;
fange, lie [litt.].

3 **Infériorité** *(une infériorité, des infériorités)* ;
désavantage ; handicap, infirmité. –
Complexe d'infériorité [PSYCHAN.].

4 GRAMM. : comparatif d'infériorité, superlatif d'infériorité ; dépréciatif, péjoratif. –
MATH. : minorant ; **moins** (noté –).

5 **Inférieur** *(un inférieur)*. – Fam. : *minus,
minus habens* (lat., littéralt, « ayant
moins »). – Dernier, le dernier des derniers ; cancre [fam.].

6 Minorat [RELIG.]. – Moins-value [ÉCON.].

V. 7 **Inférioriser** ; abaisser, minimiser, minorer, péjorer ; déprécier, sous-estimer. –
Désavantager, défavoriser. – **Rabaisser** ;
déclasser. – Handicaper.

8 Asservir, **subordonner**, soumettre.

9 Affaiblir, **diminuer**, rabattre, réduire, restreindre. – Raccourcir ; rapetisser.

10 **S'inférioriser** ; se mettre en situation
d'infériorité. – S'incliner. – S'abaisser **639**,
s'aplatir [fam.] **629**, s'avilir, s'humilier [vx]
**611** ; se faire tout petit.

11 Être inférieur à ; **ne pas arriver à la
cheville de ;** le céder à. – Tomber bas ou
tomber bien bas ; déchoir.

12 Décliner, décroître, défaillir, **faiblir**. –
Fléchir, mollir, ployer ; capituler.

Adj. 13 **Inférieur** ; moindre. – Minime, infime,
infinitésimal. – Minuscule, **petit**. – Modéré, modique. – Insignifiant.

14 Bas, **profond.**

15 **Imparfait**, incomplet, insuffisant **79**.

16 De second choix, de second ordre, de
second plan. – Mineur. – **Médiocre** ;

mauvais. – Commun, quelconque. – Bas,
indigne, vulgaire.

17 **Infériorisé.** – Déficient, faible. – Avili,
déconsidéré, diminué. – Défavorisé, déprécié, sous-estimé.

18 **Infériorisant ;** avilissant, humiliant. –
Handicapant. – Minoratif [litt.]. – Minorant [MATH.].

19 Minoré [RELIG.].

Adv. 20 **Inférieurement.**

21 **Moins** ; dessous ; mal, plus mal, pire. –
En bas.

Prép. 22 **Sous,** au-dessous de, en dessous de. – À
moins de.

Aff. 23 Asthén(o)- ; hypo-, infra- ; sous-, sub- ;
méio- ou mio-, mini- ; moins- ; -asthénie.

## 87 INTENSITÉ

N. 1 **Intensité.** – Amplitude, grandeur **126**,
vitesse **576**. – **Énergie,** force, puissance,
vigueur **375**.

2 Acuité. – Enthousiasme **451, excitation,**
surexcitation ; vivacité. – Frénésie, passion **602** ; fureur, rage. – Exaltation, véhémence, virulence ; **violence 580.**

3 Brillance, **éclat,** luminescence **350**. – Intensité sonore **365** ; sonorie.

4 Paroxysme ; **climax** [angl.], faîte, pic, pinacle, point culminant, sommet ; maximum, summum. – Apogée, comble ;
acmé, zénith.

5 **Intensification ;** accroissement, augmentation **80** ; accentuation, amplification,
exacerbation, exaspération [litt.] ; **saturation.** – Abus, excès **80** ; démesure, outrance.

6 Aggravation **385**. – **Recrudescence,** redoublement ; réveil.

7 Extrémisme, fanatisme, jusqu'au-boutisme [fam.].

8 LING. : accent d'intensité (ou : dynamique,
expiratoire). – Intensif *(un intensif)* **742.**

9 **Intensimètre ;** ampèremètre.

10 Extrémiste, fana [fam.], fanatique, jusqu'au-boutiste [fam.].

V. 11 **Intensifier ;** accentuer, accélérer, accroître, amplifier, augmenter ; aviver, vivifier.
– Réveiller, raviver, revivifier. – Ragaillardir, ranimer **384.**

12 **Exacerber,** exaspérer [litt.] ; exciter, galvaniser, stimuler. – Échauffer, électriser,

enflammer ; fam. : allumer, chauffer à blanc ; enthousiasmer, passionner. – **Suractiver**, surexciter.

13 Aggraver. – **Redoubler ;** doubler 103, tripler, etc. – Culminer ; maximiser ou maximaliser. – Saturer ; arriver à saturation.

Adj. 14 **Intense ;** dense 238. – Immense, profond ; incommensurable, insondable. – Exceptionnel, **remarquable ;** indescriptible, inénarrable, ineffable ; indicible [litt.].

15 **Aigu,** ardent, impérieux ; exacerbé, exaspéré [litt.]. – Suraigu, tonitruant. – Insupportable, intolérable. – Excessif, **extrême ;** radical.

16 Fulgurant, rapide comme l'éclair.

17 **Intensif ;** énergique, fort, puissant, vigoureux. – Dynamique, vif, vivace ; virulent ; fougueux, impétueux, véhément, **violent.** – Redoublé ; dans toute sa puissance, superpuissant. – Effréné, frénétique.

18 Bon, **grand ;** formidable, fou [fam.], géant [fam.], magnifique, superbe. – Fabuleux, fantastique, féerique, merveilleux. – Divin, sublime, suprême.

19 Excitant, exciting [angl.]. – Surexcitant. – **Bouleversant,** renversant [fam.].

20 **Extraordinaire.** – Fam. : extra, super ; génial.

21 **Terrible.** – Fam. : carabiné, fameux, gratiné, pas piqué des hannetons ou des vers, soigné ; de cheval, d'enfer, de tous les diables.

22 De dernière importance, de la plus haute importance.

23 Agressif, **forcé ;** criard, cru, outré, provocant, violent ; éblouissant, éclatant ; aveuglant.

Adv. 24 **Intensément,** intensivement.

25 Fougueusement, impétueusement, **violemment.** – Véhémentement [vx], vivement.

26 Énergiquement, fortement, puissamment, vigoureusement ; terriblement. – À tous crins ou à tout crin [fam.], à toute force ; de vive force.

27 Beaucoup, **énormément,** fort, tout, très ; considérablement. – Ardemment, furieusement, passionnément ; **extrêmement,** souverainement, suprêmement. – Absolument, carrément [fam.], complètement, entièrement, parfaitement, radicalement. – En diable. – Éperdument.

28 Pour comble, pour renfort de potage [fam.].

29 **Grandement,** immensément, infiniment, largement 125. – **Exceptionnellement,** extraordinairement, prodigieusement, remarquablement.

30 Magnifiquement, **merveilleusement,** superbement ; fabuleusement, fantastiquement, follement, formidablement, incroyablement. – Excessivement.

31 Abominablement, affreusement, atrocement, effroyablement, horriblement, mortellement, **terriblement.**

32 Fam. : fameusement, **rudement ;** bigrement, bougrement, diablement, drôlement, fichtrement, fichûment [vx], foutrement, joliment, méchamment, salement, vachement, vilainement.

33 Fam. : à fond, à mort, à mourir ou à en mourir ; à en crever. – À l'extrême, **à la folie,** à la fureur ; au possible.

34 À bouche que veux-tu, à cœur ou à corps perdu, **à gorge déployée,** à ventre déboutonné [fam.].

35 **Au dernier degré,** au plus haut degré, au suprême degré ; au dernier période [vx ou litt.] ; au dernier point, au plus haut point ; à un point inimaginable, à un point de non-retour ; **au summum.**

36 **Jusqu'à la garde,** jusqu'à la gauche [vx], jusqu'au bout des ongles, jusqu'aux dents ; plutôt deux fois qu'une.

37 Dans toute la force du terme ; au-delà de toute expression.

38 Tant, **tellement ;** si. – Combien, ô combien ; comme. – Fam. : comme c'est pas permis, comme c'est pas possible, comme jamais ; comme pas deux, comme tout, faut voir comme. – Comme une bête [fam.], comme un dieu.

39 MUS., ital. : **crescendo,** fortissimo.

Prép. 40 Au plus fort de ; au paroxysme de. – Au point de. – En plein dans.

Aff. 41 Archi-, sur- ; extra-, super-, supra- ; hyper-, hypra- ; ultra-.

# 88 AUGMENTATION

N. 1 **Augmentation.** – **Accroissement,** augment [vx ou didact.] ; agrandissement, grossissement 127. – **Intensification** 87 ; sursaut [ASTRON.]. – Amplification, ampliation [PHYSIOL.]. – Dilatation, expansion 209, extension ; arrondissement [fig.]. – Élévation, montée 211 ; crue. – Multiplication 120, prolifération ; décuplement. – Accrétion. – Croissant [vx] 278.

2 **Croissance, développement,** enrichissement 829. – Sursaut ; bond, boom [anglic.] ; explosion, poussée. – Poussée démographique ; explosion démographique ; baby-boom [anglic.]. – Croît [AGRIC.].

3 **Inflation ;** hausse ; hausse des prix ; majoration, relèvement ; plus-value ; valorisation [ÉCON.]. – Revalorisation ; enchérissement [vx], renchérissement, surenchérissement. – Crue [vx].

4 **Augmentation** *(une augmentation)*. – **Supplément,** surcroît ; addition, adjonction 97, ajout ; fam. : rab, rabiot, rallonge. – Addenda, annexe, appendice ; apostille [DR.].

5 Augmentateur de poussée [TECHN.].

6 Augmentateur *(un augmentateur)* [rare].

V. 7 **Augmenter.** – Accroître, agrandir ; arrondir, gonfler [fam.] ; étendre, grossir.

8 Élever, hausser, rehausser ; **majorer ;** renchérir, surenchérir.

9 **Allonger,** prolonger, rallonger. – Ajouter, compléter, supplémenter. – Annexer, apostiller [DR.].

10 **Intensifier ;** MAR. : forcir, fraîchir. – Amplifier, monter *(monter le son, le volume)*. – Porter à son comble. – Fam. : faire mousser ; en rajouter, forcer la note. – Dramatiser, exagérer ; faire monter la mayonnaise [fam.].

11 Accélérer ; aller crescendo, aller croissant.

12 S'augmenter ; s'augmenter de qqch.

Adj. 13 **Augmentant,** croissant.

14 Amplifiant [rare], grossissant.

15 **Additif ;** complémentaire, supplémentaire. – Augmentatif [rare ou LING.].

16 **Augmenté ;** accru, agrandi, grossi ; **majoré.** – Augmenté *(intervalle augmenté)* [MUS.].

17 Augmentable.

Adv. 18 Davantage, plus. – De plus, de surcroît, **par surcroît.** – En plus, en sus ; de plus en plus.

19 MUS., ital. : accelerando, crescendo, fortissimo, sforzando.

20 Supplémentairement [didact.].

## 89 DIMINUTION

N. 1 **Diminution ;** décroissement, déplétion [didact.] ; réduction. – Altération ; **déclin,** décroissance ; régression. – Raréfaction ; restriction. – Déperdition ; **affaiblissement ;** amenuisement, amoindrissement. – Compression, contraction 210, rétraction. – Décélération ; ralentissement 577. – Dépréciation, **dévalorisation,** dévaluation. – Diminution [vx], humiliation 611.

2 **Raccourcissement ;** abrègement, écourtement [rare] ; modération. – Raccours [TECHN.].

3 **Rapetissement.** – Affinement ; amaigrissement, amincissement ; émaciation ou émaciement ; atrophie [MÉD.]. – Dégonflement, désenflement, détumescence [MÉD.]. – **Désépaississement,** étirage ; TECHN. : dégrossage, démaigrissement. – Rétrécissement ; écimage, étêtement ou étêtage. – Écrêtement [vx ou fig.].

4 **Abaissement,** dégrèvement ; soustraction 119. – Abattement, **déduction,** défalcation.

5 **Baisse,** décrue. – Décours *(phase de décours)* [ASTRON., MÉD.] ; décroît [ASTRON.] ; couchant. – Modération de peine [DR.] 722.

6 Raccourci *(un raccourci)*. – **Abrégé,** condensé, **résumé** 756. – Abréviation, acronyme ; diminutif, petit nom [fam.]. – Aphérèse, apocope 752.

7 **Coupure** *(coupure de texte) ;* amputation [fig.], élagage [fam.]. – Écornage [fig.], ou écorne, rognage [fig.].

8 **Soldes.** – *Discount* [anglic.], escompte, rabais, réduction, remise, ristourne. – Freinte [TECHN.]. – Moins-value [ÉCON.].

V. 9 **Diminuer** 79. – Raccourcir, rapetisser 128 ; **rétrécir ;** rétrécir comme une peau de chagrin ; maigrir, mincir ; s'affiner. – Fondre ; fondre comme neige au soleil. – Désenfler.

10 **Décroître.** – **Décliner** 214, faiblir 376.

11 Abréger, écourter ; **réduire,** tronquer ; rogner [fam.]. – Écorner, entamer. – Amenuiser, amoindrir. – Minimiser. – Modérer 579.

12 **Désépaissir ;** amaigrir, amincir, dégrosser [TECHN.], élégir [MENUIS.] ; évider.

13 Écimer, écrêter ; élaguer, **tailler.**

14 Abréger, concentrer, condenser, **résumer.**

15 Baisser, baisser d'un cran, baisser d'un ton. – Bémoliser [MUS.].

16 **Déprécier, dévaloriser,** dévaluer ; réviser, revoir à la baisse. – Casser les prix, écraser les prix [fam.] ; discounter [anglic.] ; brader, **solder.**

Adj. 17 **Diminué,** réduit, restreint. – Atrophié. – Diminué *(intervalle diminué)* [MUS.].

18 Affaibli, appauvri 830.

19 **Diminuant ;** dévalorisant. – Réducteur.

20 Dégressif, régressif. – Restrictif.

21 Diminutif [LING.].

Adv. 22 À la baisse ; en baisse, en chute libre. – Au rabais ; à perte. – Au minimum.

23 **Pour abréger ;** en abrégé, en bref.

24 Moins ; tout au moins ; au bas mot.

25 MUS., ital. : decrescendo, **diminuendo.**

## 90 RÉUNION

N. 1 **Réunion.** – Adjonction 97, mélange 98 ; intégration. – **Association,** rassemblement 66 ; agroupement [vx]. – Liaison, relation ; concours [vx], rencontre 583, **union.** – Accumulation, entassement ; agglomération 849, agrégation. – Assemblage, **jonction ;** articulation, coordination, corrélation ; conjonction. – Fusionnement ; annexion, rattachement. – Absorption, **fusion ;** synthèse. – Colligation [LOG.] ; condensation [PHYS., PSYCHAN.].

2 **Groupement.** – **Collectivité** 581, communauté, ensemble ; groupe, équipe, famille ; nation, société 668. – Corporation, fédération, organisation ; commission, syndicat, parti ; groupuscule.

3 **Assemblée ;** aréopage [litt.]. – Concile, conclave, synode ; sanhédrin. – Colloque, congrès, symposium ; forum, meeting, table ronde ; jamboree ; jam-session. – **Réception ;** bal, banquet 855 ; partie de campagne, partie fine.

4 Union libre ; concubinage ; hymen [litt.], **mariage** 682. – Union sacrée [HIST.]. – L'union fait la force [loc. prov.].

5 **Trait d'union ;** copule [LING.]. – **Attache ;** amarre, cordage, liure ; ancre ; bride, chaîne ; joint, jointure, lien ; charnière, cheville ; ligament. – Soudure ; brasure.

6 Associabilité [rare]. – **Réunionnite** [fam.] ; convivialité. – Unionisme [POLIT., vx].

7 TECHN. : réunissage ; boulonnage, épissure ; soudage.

8 Réunisseur ou réunisseuse [TECHN.].

9 Congressiste.

V. 10 **Réunir,** associer ; coaliser, unir ; mêler, rassembler. – Annexer, rattacher 92.

11 **Joindre,** rejoindre. – Accoupler, coupler. – Agglutiner ; conglutiner [MÉD.]. – Concentrer. – Grouper, masser.

12 **Attacher, lier,** nouer ; raccorder, relier ; accouer, harder [VÉN.] ; agrafer, épingler ; boulonner, brêler, claveter, clouer, épisser, jointoyer, riveter, river, visser ; corder [litt.], encorder ; cramponner. – Assembler ; coller, souder ; boutonner, coudre. – Souder ; braser.

13 **Fusionner ;** confondre [litt.]. – Agglomérer, conglomérer ; agréger, amalgamer.

14 **S'attrouper, se grouper,** se rassembler, se réunir. – Se joindre à ; s'associer à, s'agréger à [litt.] ; s'unir. – Confluer.

15 Être liés comme les doigts de la main.

Adj. 16 **Réuni ;** assemblé, attaché, joint, lié. – Confondu.

17 **Groupé,** rassemblé ; relié. – Combiné. – Inséparable.

18 Réunissable [rare].

Adv. 19 **Conjointement, ensemble.** – À la fois.

20 D'une seule voix, d'un commun accord. – En chœur, **main dans la main.** – Aussi.

Prép. 21 Avec.

Conj. 22 Et, ou.

Aff. 23 Co-, col-, com-, con-, cor- ; syn- sym-, syl- ; -syndèse.

## 91 SÉPARATION

N. 1 **Séparation.** – Scission ; sécession. – Disjonction, division 121, partition 72 ; désunion. – **Clivage ;** délimitation, différenciation 23. – Discrimination 640. – Sélectivité.

2 **Démarcation ;** ligne de démarcation ; borne, frontière ; clôture, porte, sas. – Barrière, grille, cloison. – Rideau de fer [HIST.], mur, muraille. – Ais [IMPRIM.],

3 **Espacement,** interstice, intervalle 158.

4 **Rupture ;** arrachement [litt.] ; divorce 684.

5 Diérèse [MÉD. et litt.].

6 **Clarification, dépuration** [didact.], épuration ; décantage, décantation, distillation ; défécation [CHIM.]. – Battage [AGRIC.] ; débrasage, dessoudure ; décuvage ou décuvaison ; égrappage ou éraflage [ŒNOLOGIE]. – CHIM. : crémage, élution. – Extraction 206.

7 **Séparatisme.** – Découplage ; coupure [fig.]. – Séparation de l'Église et de l'État [HIST.].

8 **Séparabilité ;** ségrégabilité [TECHN.].

9 **Séparateur ;** centrifugeuse, décanteur, dépurateur. – **Filtre,** tamis ; crible, cribleur [AGRIC.]. – Affineur.

10 Séparatiste *(un séparatiste)* ; autonomiste, dissident **18**, sécessionniste.

v. 11 **Séparer** ; écarter, éloigner **200**, espacer. – Cliver, **cloisonner**, compartimenter. – Délimiter **136**, isoler **584**. – Couper de, mettre à part. – Cloîtrer ; mettre au secret **723**. – Exiler, expatrier.

12 **Dégrouper, désunir,** fractionner **95**, scinder, sectionner. – Cisailler, rompre, scier, trancher. – Disjoindre, dissocier **93** ; diviser.

13 **Découpler,** désaccoupler ; déparier ou désapparier, dépareiller ; démarier [vx].

14 Se diviser, se dédoubler.

15 **Se séparer** ; se quitter, faire ses adieux ; se démarier [vx] ; couper le cordon ombilical. – S'écarter, partir ; fam. : s'arracher, se tirer ; abandonner **515**. – Rompre les rangs, se débander [fam.].

16 **Se séparer de** ; se débarrasser de, se défaire de ; se démunir de, se dessaisir de [litt.]. – Se déprendre de [litt.].

17 Classer, classifier, **trier** ; départager. – Différencier, discerner **398**, **distinguer** ; faire le départ. – Discriminer.

18 **Extraire,** ôter, soustraire **119**.

19 Affiner, épurer ; éluer [CHIM.], filtrer, purger, raffiner.

20 Séparer le bon grain de l'ivraie [allus. bibl.].

Adj. 21 **Séparé (de)** ; coupé de ; éloigné ; isolé. – Cloisonné, compartimenté.

22 Discontinu **62**, discret [didact.] ; fractionné.

23 Divisible, **séparable** ; fissible [PHYS.] ou, didact., fissile.

24 Séparatif. – Discriminant.

25 Séparatiste, **sécessioniste**.

Adv. 26 **Séparément** ; **indépendamment.** – À part.

Aff. 27 De- (dé-) ; dia-, dialy-, dis-.

## 92 INTÉGRATION

N. 1 **Intégration** ; **assimilation.** – Absorption ; amalgame **98** ; fusionnement **90**. – Incorporation ; unification. – Acculturation [SOCIOL.] ; syncrétisme. – Adaptation.

2 **Intégrité** ; entièreté. – Intégralité **71**, plénitude.

3 Intégralisme ; intégrisme.

4 Politique d'intégration [HIST.].

5 Assimilabilité [didact.] ; **intégrabilité** [didact.].

6 Intégrateur [didact.]. – **Circuit intégré** ; RITA (réseau intégré de transmission automatique), RNIS (réseau numérique à intégration de services).

7 Intégrationniste *(un intégrationniste)* ; intégriste.

v. 8 **Intégrer.** – Assimiler, incorporer ; amalgamer, mêler. – Unifier ; confondre, fondre, fusionner ; rattacher. – Désenclaver.

9 Comprendre, inclure ; **absorber.**

10 S'intégrer, s'adapter ; s'assimiler. – S'incorporer ; se fondre, s'imprégner ; se confondre.

Adj. 11 **Intégré** ; assimilé. – Incorporé, confondu. – Compris, inclus.

12 **Assimilable** ; intégrable [didact.].

13 Intégratif ; assimilatif. – Assimilant [rare] ; assimilatoire [LING.].

14 **Intégral,** complet ; entier, intègre.

15 Intégraliste ; intégriste.

Adv. 16 **Intégralement.** – Intègrement.

17 Tout compris.

## 93 DISSOCIATION

N. 1 **Dissociation** ; dégroupage, désassemblage, désunion, disjonction, écartement ; séparation **91**. – **Désagrégation,** dislocation, dissolution ; dispersion. – **Analyse** ; désarticulation [litt.], décomposition. – PSYCHIATRIE : discordance, disharmonie ou dysharmonie ; disharmonie évolutive.

2 **Désintégration** ; radioactivité, transmutation [PHYS.] ; fission [PHYS.]. – Brisance [TECHN.]. – Big bang.

3 **Rupture** ; cassure, fracture ; brisure, fêlure, fissure ; coupure ; brèche, crevasse **153**, faille, fente, pli [GÉOL.].

4 Soluté, solution.

5 **Dissociabilité** [litt.] ; dissolubilité [sout. ou POLIT.] ; solubilité.

6 Dissociateur [litt.]. – Dissolvant, solvant. – Disjonctif [LING.].

v. 7 **Dissocier** ; disjoindre ; désassembler, désunir. – Disperser, écarter **162**, séparer. – **Dissoudre** ; désagréger, désintégrer **557**.

8 **Démonter,** désosser ; déboîter, dénouer ; dessouder, disloquer. – Décoller, détacher ; délacer. – Désarticuler, démancher, démanteler, démantibuler ; démettre.

9 Couper, fendre, **scinder** ; pourfendre [litt.] ; briser ; crevasser, fissurer.

10 Analyser, distinguer ; **décomposer**, disséquer. – Détailler.

11 **Se désagréger, se dissocier**, se dissoudre ; se séparer.

Adj. 12 **Dissocié**, distinct, séparé ; démantelé, démantibulé, disjoint, **disloqué**. – Dissous. – Épars.

13 Dissolutif [PHARM.] ; dissociatif [PHYSIOL. ou PSYCHIATRIE] ; **dissociateur**. – Brisant [TECHN.]. – Disjonctif [LING.].

14 **Dissolvant**, solvant.

15 **Dissociable**, dissoluble, soluble. – Démontable.

16 Indissoluble, insoluble.

Adv. 17 **Séparément**.

Aff. 18 Di-, dis-, dys-.

## 94 PROPORTION

N. 1 **Proportion** ; proportionnalité ; **rapport**. – Balance, équilibre 226, harmonie, mesure. – Régularité, symétrie.

2 **Proportions** ; dimensions. – Ampleur, étendue. – PHYS., CHIM. : loi des proportions définies ou loi de Proust, loi des proportions multiples ou loi de Dalton.

3 Proportion [vieilli], comparaison ; **analogie** 732. – Proportion [MATH.] ; égalité 83. – ARCHIT. : proportion, proportion divine ou proportion dorée, **nombre d'or**.

4 **Coefficient, pourcentage**, taux. – Titre *(titre d'une solution)* [CHIM.]. – Coefficient de proportionnalité de deux suites proportionnelles [MATH.]. – Proportionnalité de l'impôt [DR.].

5 DR. : représentation proportionnelle *(représentation proportionnelle approchée, représentation proportionnelle intégrale)* ou **proportionnelle** *(la proportionnelle)* – Proportionnalisme [POLIT.].

6 Compas de proportion [TECHN.]. – Triangle égyptien ou **triangle de Pythagore** [ARCHIT.].

7 Proportionnaliste *(un proportionnaliste)* [POLIT.].

V. 8 **Proportionner** ; équilibrer ; doser, mesurer. – Harmonier [vx], harmoniser ; accorder, assortir, coordonner.

9 Se proportionner à [vx].

Adj. 10 **Proportionné** ; équilibré, harmonieux, mesuré. – Assorti.

11 **Proportionnel** *(MATH. : moyenne proportionnelle ou géométrique ; nombres proportionnels ; quatrième proportionnelle) ;* relatif.

12 Proportionnable à [didact.]. – Proportionnaliste.

Adv. 13 **Proportionnellement ;** proportionnément [rare]. – Comparativement, relativement.

14 À proportion, en proportion. – D'autant. – Au pourcentage.

Prép. 15 À raison de ; au prorata de ; en comparaison de. – Selon, suivant.

Conj. 16 À proportion que.

## 95 FRACTION

N. 1 **Fraction**. – Division, partage, partition 72, séparation 91 ; éparpillement. – **Fractionnement**, segmentation ; brisement, cassage, fracturation. – Fragmentation, morcellement, parcellement, sectionnement ; éclatement [fig.]. – Fraction du pain [LITURGIE].

2 **Quotient, rapport**. – Quote-part, quotité 69 ; *prorata* (lat., *pro rata parte*, « selon la part déterminée »). – Dixième, centième, millième 114, millionième ; **moitié, quart, tiers**. – Fraction de seconde.

3 **Partie** 72 ; bribe, échantillon, **fragment, morceau**, parcelle, portion, quartier, section, segment, **tranche** ; lopin, lot, parcelle.

4 **Fraction algébrique** ; corps des fractions. – Fraction astronomique ou sexagésimale. – **Fractale** [GÉOM.] ; fractile [MATH.]. – MIL. : fraction constituée, fraction organique. – Fraction [POLIT.].

5 Fracture [vx], bris, **cassure**, coupure ; vx : rompement, ruption. – GÉOL. : clase, faille.

6 MÉTÉOR. : **fractus** ; fractonimbus, fractostratus.

7 Fractographie [TECHN.]. – Fractionnateur [PÉTR.].

8 Fractionnisme [POLIT.].

9 Fractionniste *(un fractionniste)* [POLIT.].

V. 10 **Fractionner** ; fragmenter, morceler, sectionner ; diviser, partager, partir [vx], séparer, subdiviser. – Lotir, parceller, parcelliser ou parcellariser.

11 Couper, **découper**, fendre, scinder, tronçonner.

12 Se fractionner ; se diviser, se séparer.

13 ARITHM. : réduire en fractions ; simplifier une fraction.

Adj. 14 **Fractionné** ; divisé, morcelé, partagé, séparé ; fracturé.

15 **Fragmentaire,** partiel ; parcellaire.

16 **Fractionnaire,** fractionnel [POLIT.]. – **Fractal** [PHYS.]. – Clastique [GÉOL.].

17 **Fractionnable.** – Cassable, clivable, divisible, fissible, fracturable, **partageable.**

Adv. 18 **Partiellement.** – À demi, à moitié ; en partie, en grande partie, en majeure partie.

19 En morceaux. – Morceau par morceau.

Aff. 20 Centi-, déci-, milli-, micro-.

21 -clasie, -clasique ; -claste ; -clastie, -clastique, -clase ; -ième.

## 96 RESTE

N. 1 **Reste** *(le reste, le reste de)* ; reliquat, **restant,** solde, soulte [DR.]. – Excédent, surcroît, surplus ; fam. : rab, rabiot.

2 **Différence** ; complément, excès.

3 **Reste** *(un reste, des restes).* – Relent, **séquelle,** trace. – Débris, déchet, **résidu.** – Reliefs ou, vx, relief, rogaton [fam.] ; miette, quignon. – **Chute** ; copeau, sciure ; barbes, morfil, limaille. – **Scorie** ; mâchefer. – Brin *(brin mal venu),* chaume, éteule [litt.] ; glane *(la glane).* – Chicot, moignon. – **Dépôt, sédiment** ; culot, marc. – Souche, talon.

4 **Décombres,** gravats, ruines, vestiges. – Dépouille, ossements ; cendres, reliques.

5 Restes diurnes [PSYCHAN.].

6 Et le reste. – Et ce qui s'ensuit, et cætera. – Et tout le bataclan, et tout le saint-frusquin, et tout le toutim, et tout le tremblement.

V. 7 **Rester** ; demeurer.

8 **Faire des restes** ; finir les restes ; jeter les restes. – Râcler les fonds de tiroirs.

9 Devoir du reste, **être en reste de.** – N'être jamais en reste. – Demander son reste. – **Ne pas attendre son reste,** partir ou filer sans demander son reste. – Jouir de son reste [vx]. – Se ficher du quart comme du reste [fam.].

10 Rester en travers de la gorge. – Rester sur le carreau, **y rester** 311.

11 **Il reste** [impers.] ; il reste que, reste que ; il demeure que ; toujours est-il que. – **Il en restera toujours quelque chose.** – Après vous, s'il en reste. – « Et s'il n'en reste qu'un... » 102.3.

Adj. 12 **Restant** ; demeurant, rémanent. – Laissé pour compte.

Adv. 13 **De reste, du reste, d'ailleurs** ; au reste [litt.], au surplus, au sus du reste.

14 **Au demeurant ;** tout bien considéré.

## 97 ADJONCTION

N. 1 **Adjonction** ; addition 118, admixtion [didact.]. – Accession [DR.]. – **Augmentation** 88, extension ; élargissement, grossissement. – Fusionnement 98.1, incorporation, intégration 92. – Rattachement, réunion 90 ; annexion.

2 **Jonction,** raccordement ; attachement. – Aboutement [rare] ; aboutage [MAR.]. – Affixation ; préfixation, suffixation.

3 **Ajout,** supplément ; ajouté *(un ajouté)* [vieilli], ajoutement [rare] ; région. : ajouture, ajoute. – Addenda ; annexe, appendice ; note ; prière d'insérer. – Codicille [DR.]. – **Complément** ; allonge [vx], rallonge.

4 **Adjonction** *(une adjonction, des adjonctions)* ; embellissement, fioriture ; ajoutage [litt.] ; péj. : glose, paraphrase.

5 Adjonction symbolique [ALGÉBR.]. – Adjonctions budgétaires ou cavaliers budgétaires [FIN.].

6 About [TECHN.] ; joint, raccord.

7 **Additif** ; adjuvant [didact.].

8 Valeur ajoutée [FIN.] ; taxe sur la valeur ajoutée ou T. V. A.

9 Adjuvat [MÉD.].

10 Additivité [didact.].

11 **Adjoint** *(un adjoint),* aide 563, adjuteur [rare] ; coadjuteur [RELIG.]. – Auxiliaire, collaborateur ; suppléant.

V. 12 **Adjoindre** ; additionner, ajouter ; accroître, augmenter ; compléter ; inclure, insérer, intercaler. – Renforcer ; agrémenter, enrichir, illustrer, ornementer, orner, sertir. – Greffer.

13 Adjoindre à ; apposer. – Accoler, apparier [litt.] ; associer. – **Annexer.**

14 Allonger, étayer, étoffer. – Étendre, grossir ; exagérer. – **Y ajouter du sien ;** en rajouter [fam.].

15 **Joindre** ; assembler ; abouter [rare]. – Joindre le geste à la parole ; joindre les mains. – Fusionner ; unir, réunir.

16 **S'adjoindre qqn, s'attacher qqn,** s'annexer qqn ou qqch ; s'attribuer qqch. – **Se joindre à** ; s'allier, s'associer ; accéder [vx] ; s'annexer à. – S'ajouter ; se greffer.

17 Être adjoint [ALG.].

Adj. 18 **Adjoint,** ajouté ; inséré, intercalé. – Accolé, attaché ; annexé. – Joint, lié.

19 **Additionnel,** complémentaire, supplémentaire ; codicillaire [DR.].

20 **Adjuvant ;** additif ; ampliatif [DR.]. – Adjonctif ou jonctif [GRAMM.]. – Adhésif. – Jointif.

Adv. 21 **Additivement** [didact.].

22 De plus, en plus ; en outre, et aussi ; bien plus. – Par-dessus le marché [fam.].

Aff. 23 Ad- ; syn-, sym-, syl- ; -syndèse.

## 98 MÉLANGE

N. 1 **Mélange ;** alliage, alliance, amalgame ; assemblage, combinaison 77, composition, fusionnement, mêlement [litt.]. – Fusion, osmose. – Mariage, union.

2 Miscibilité.

3 **Mixité ;** hybridation. – Brassage, **croisement,** métissage. – Creuset, melting-pot [anglic.].

4 **Coupage,** mixtion [didact.], panachage. – Bariolage, bigarrure.

5 Émulsion, solution. – Assortiment ; combiné, composé, panaché. – **Cocktail,** mixture ; mélange détonnant [fig.]. – Bouillabaisse, macédoine, salade. – Magma, salmigondis [fam.] ; **pot-pourri.**

6 **Confusion 46 ;** cacophonie. – Imbroglio, désordre ; marmite du diable [fam.].

7 Mélanges *(mélanges littéraires,* plus rare, *mélanges historiques, politiques, etc.),* mélanges offerts à (tel professeur, tel maître), mélanges X ; miscellanées, variétés. – **Pidgin 739 ;** bichlamar, sabir. – Bâtarde. – Mélange des genres ; comédie-ballet, tragi-comédie.

8 Éclectisme. – **Syncrétisme.**

9 **Métis ;** créole, mulâtre ; sang-mêlé.

10 Bâtard.

11 Mélangeur, mitigeur [spécialt], mixeur.

V. 12 **Mélanger,** mêler, unir. – **Emmêler,** enchevêtrer, entrelacer, entremêler ; intercaler. – Agglutiner, **amalgamer, incorporer,** insérer. – Amalgamer ; fondre, fusionner. – **Croiser,** mâtiner.

13 **Allier,** associer, joindre, marier [fig.], mixer ; combiner, composer.

14 **Allonger, couper,** délayer, étendre, panacher, recouper, tremper ; frelater.

15 Fatiguer, fouetter, malaxer, **touiller** [fam.]. – Agiter, **brasser ;** brouiller, farcir. – Mixtionner [didact.].

16 Mélanger les torchons et ou avec les serviettes. – S'emmêler les pinceaux ou les pédales.

Adj. 17 **Mélangé,** mêlé ; combiné, composé, panaché. – Pêle-mêle.

18 Composite, divers, hétéroclite, hétérogène. – Complexe 77.

19 **Hybride,** mixte. – Métis. – Bâtard, mâtiné. – Poivre et sel.

20 Miscible.

21 **Mi-figue, mi-raisin ;** mi-fil, mi-coton.

Prép. 22 Mêlé de.

Aff. 23 Ambi- ; mix-, mixo-.

24 -mixie.

## 99 COMPENSATION

N. 1 **Compensation ;** contrepartie. – Balance ; équilibrage, contrebalancement. – Neutralisation.

2 Compensation [PSYCHAN. ou PHYSIOL.], **surcompensation** [PSYCHAN.]. – PHILOS. : compensation ; théorie des compensations ; **loi de compensation** ou loi des grands nombres.

3 OCÉANOGR. : **courant de compensation,** profondeur de compensation. – Compensation d'un compas [MAR.]. – Circuit de compensation [ÉLECTRON.], enroulement de compensation [TECHN.]. – **Compensation démographique** [DR. SOC.]. – DR. CIV. : compensation légale, compensation conventionnelle 824. – Compensation matrimoniale [ANTHROP.].

4 Caisse de compensation [DR. ou ÉCON.]. – BOURSE : cours de compensation ; **chambre de compensation.**

5 Consolation, **réparation ;** correctif, rectification. – **Dédommagement,** indemnité. – Récompense.

6 Compensateur *(compensateur de dilatation, compensateur d'affaiblissement)* [didact.] ; égaliseur [TECHN.] 83.

V. 7 **Compenser ;** balancer, contrebalancer, équilibrer 226, neutraliser. – Corriger, rectifier.

8 Dédommager, **indemniser.** – Réparer, racheter, rattraper.

9 Compenser, surcompenser [PSYCHAN.].

10 **Se compenser,** s'équilibrer ; se compléter.

Adj. 11 **Compensé** *(semelles compensées ; valeurs compensées) ;* équilibré.

12 Compensatif [rare], **compensatoire** *(indemnité compensatoire, intérêts compensatoires)* [didact.].

13 Compensateur [PSYCHAN.]. − Correctif, réparateur ; équilibrant.

14 **Compensable.**

Adv. 15 En compensation, pour compensation, pour compenser ; à titre de compensation ; **pour la peine** ; en contrepartie, en échange, en retour, par compensation. − Complémentairement [didact.].

16 **En revanche,** par contre.

## 100 NOMBRE

N. 1 **Nombre,** quantité 69, grandeur [didact.] ; montant, **somme,** total. − **Unité 73.** − Nombre rond, chiffre rond. − Fréquence 183 ; fois *(une fois, deux fois, etc.).*

2 Chiffre 122. − Numéro. − Chiffre rond, nombre rond.

3 Nombre naturel ; **nombre cardinal, nombre ordinal.** − Nombre entier, nombre relatif, nombre décimal, nombre fractionnaire ; nombre carré, nombre cube ou cubique ; nombre divisible (opposé à nombre indivisible), nombre congru ; nombre premier, nombres premiers entre eux ; nombres proportionnels, nombres inversement proportionnels ; nombre aliquante, nombre aliquote [vx] ; nombre amiable, nombre multiple, nombres équimultiples ; nombre parfait (opposé à nombre imparfait), nombre pur ; **nombre pair** (opposé à nombre impair) ; nombre algébrique, nombre arithmétique ; nombre positif (opposé à nombre négatif) ; nombre homogène (opposé à nombre hétérogène) ; **nombre réel** ; nombre rationnel ou commensurable (opposé à nombre irrationnel ou incommensurable), nombre transcendant ; nombre infinitésimal ; nombre transfini ou cardinal infini ; nombre aléatoire. − Nombre abstrait (opposé à nombre concret) ; nombre figuré ; nombre imaginaire ; nombre complexe, nombre hypercomplexe ; nombre scalaire, quaternion. − Nombre pi ($\pi$) − Antilogarithme 122.

4 Valeur numérique ; **coefficient,** indice, taux 841.17. − Rapport 94, ratio.

5 Quorum, quota, quotité ; *numerus clausus* (lat., « nombre limité »). − Surnombre 80.

6 Contingent, effectif, **population.**

7 ÉCON. : clignotant, indicateur. − PHYS. : nombre caractéristique, nombre de Mach ; nombre d'Avogadro, nombre de masse, nombre ou numéro atomique. − Nombre d'or [ARCHIT.].

8 Dénombrement, **énumération,** numération [didact.] ; comptabilisation, **comptage, compte,** décompte ; inventoriage [didact.] ; évaluation, supputation. − **Inventaire,** recensement, recension.

9 Arithmétique, calcul numérique 116. − Comput [RELIG.], computation.

10 Arithmologie ; théorie des nombres. − Statistique ; loi des grands nombres.

11 Numérologie ; arithmomancie ou arithmancie, arithmosophie 485.2.

12 GRAMM. − Nombre ; **singulier ; pluriel** 74, plurier [vx] ; duel, triel.

V. 13 **Dénombrer,** nombrer [vx] ; chiffrer, comptabiliser, compter, évaluer ; supputer. − Faire le compte de, faire le décompte de, faire la somme de ; tenir une comptabilité de. − Annoter [DR., vx], inventorier, **recenser.**

14 **Calculer** 116, mesurer ; computer [vx].

15 **Coûter** 831.14 ; se chiffrer à, s'élever à, se monter à [fam.]. − Titrer.

Adj. 16 **Numérique ; numéral** ; numéraire, surnuméraire. − Nombrier [GRAMM., rare].

17 Chiffrable, comptable, **dénombrable,** inventoriable, nombrable ; computable.

Adv. 18 Numériquement. − En nombre ; en surnombre 80. − Combien.

Aff. 19 Arithmo- ; -arithme.

## 101 ZÉRO

N. 1 **Zéro** ; double zéro, triple zéro. − Point d'origine ou origine, point de départ ; zéro des cartes ou zéro hydrographique. − PHYS. : zéro mécanique ; point zéro, zéro absolu. − Aleph zéro ; zéro heure ou **minuit.** − Point zéro ou P. Z. [MIL.].

2 N. + zéro *(croissance zéro, degré zéro, désinence zéro, etc.).* − Aleph-zéro [MATH.]. − Bulle *(la bulle)* [fam.], zéro pointé. − Zéro *(un zéro),* zéro en chiffre [vx].

3 Ensemble vide [MATH.] ; nullité [didact.] ; inexistence 2. − Zéro acoustique ou antiformant [PHON.].

4 Zérotage [SC.].

5 Appareil de zéro [MÉTROL.].

V. 6 Partir de zéro ; **repartir de zéro** ; remettre les compteurs à zéro [fam.]. − Zéroter [SC., rare]. − Ajouter des queues aux zéros.

7 Compter pour zéro. – **Avoir le moral à zéro** ; avoir le trouillomètre à zéro [fam.], les avoir à zéro [très fam.].

Adj. 8 Zéro [fam.] ; **aucun, nul** ; pas le moindre, pas le plus petit, pas un.

9 **Inexistant 2** ; négatif. – CHIM. : nullivalent ou zérovalent, nullivariant. – Nullipare [MÉD.].

Adv. 10 Sans le moindre, sans le plus petit.

11 À zéro.

Aff. 12 Non-, nulli-.

## 102 UN

N. 1 **Un** *(un ; un un ; le un)* ; unité. – L'Un [PHILOS.].

2 **Un à un,** un par un. – L'un après l'autre. – L'un, l'une ; les uns, les unes ; l'un l'autre. – Comme pas un. – Tant l'un *(deux francs l'un),* tant l'unité, tant la pièce.

3 Un ; **un seul.** – Un pour tous, tous pour un 23.3 ; « Et s'il n'en reste qu'un, je serai celui-là » (V. Hugo).

4 JEUX. – **Un** *(le un)* ; **as.** – Manillon ; anc. : ambesas, baste, besas, bezet, spadille. – Parier à dix, cent, *n* contre un.

5 Singleton [MATH.].

6 Premier *(le premier).* – Primidi [HIST.] **176.**

7 SC. ÉDUC. – Primaire *(le primaire)* ; première *(la première),* première supérieure. – Première ou première classe [TRANSP.]. – Premier de l'an.

8 **Unicité.** – Unicisme ; uniciste *(un uniciste).* – Uniformité **24.**

V. 9 **Unifier ; unir.** – Uniformiser.

Adj. 10 **Un.** – Une fois ; pour une fois, pour un coup [fam.] ; une fois n'est pas coutume [prov.].

11 Un *(page un, chambre un).* – Unième **63.**

12 Un *(être un ; la République une et indivisible).* – Ne faire qu'un (avec) ; n'être qu'un ; c'est un [vx]. – Monoplace.

13 **Unique** ; inégal ; sans équivalent, sans pareil ; à nul autre pareil.

14 **Premier** ; prem's [enfant.].

Adv. 15 **Uniquement,** seulement.

16 Premièrement. – Primo [lat.]. – Unièmement *(en vingt, trente, etc., et unième position).*

17 D'abord ; en premier [fam.].

Int. 18 Et d'un !

Aff. 19 Uni- ; mono- ; primo-.

## 103 DEUX

N. 1 **Deux.** – Double *(un double),* pendant *(le pendant de qqch)* ; doublon **410** ; doublet [LING.]. – Jumeau ; alter ego **16.**

2 **Couple, paire** ; dyade [PHILOS.]. – Couplement [rare] ; **duo,** tête-à-tête. – SPORTS : doublette, tandem ; double dames, double messieurs. – Jamais deux sans trois [prov.].

3 Le double de. – **Doublement,** redoublement ; couplage. – Bis *(un bis)* [SPECT.]. – ZOOL. : accouplement **341,** appariement. – Bipartition, **dédoublement.** – Dichotomie [didact.]. – Bivalence.

4 **Le deuxième,** le second. – Duodi [HIST.] **176.** – Secondaire *(le secondaire),* seconde *(la seconde).* – La deuxième ou la seconde classe. – Duplicata.

5 **Dualité** ; gémellité.

V. 6 **Doubler,** redoubler ; dupliquer. – Biner [LITURGIE]. – Bisser [SPECT.]. – Doublonner **76.** – **Coupler,** jumeler. – Accoupler, apparier ; s'accoupler **341.**

7 **Dédoubler** ; couper en deux, **diviser.** – Dépareiller, déparier, désapparier.

8 Aller ou passer du simple au double.

Adj. 9 Deux. – Binaire, **double 17,** dual, géminé [didact.] ; dyadique [PHILOS.]. – Bifilaire ; biphasé [ÉLECTR.]. – Biplace. – Gémellaire.

10 **Deuxième,** second. – Secondaire ; de second choix, de second ordre, de second rang. – De second plan.

Adv. 11 **Deuxièmement,** secondement, secundo ; grand deux, petit deux ; en deuxième [enfant.], deuzio ou deusio [fam.]. – Secondairement.

12 À deux ; deux à deux. – **Tous deux,** tous les deux.

13 **Doublement** ; bis, deux fois. – Au double [vx], en double *(avoir qqch en double).* – (À) quitte ou double.

Int. 14 Deuz' [enfant.].

Aff. 15 **Bi-,** deutéro-, dupli-, re-. – Demi-, hémi- ; dia-, dicho-, dy-.

## 104 TROIS

N. 1 **Trois,** MATH. : cube, puissance trois ; racine cubique. – Triple *(le triple)* ; tiers *(un tiers).* – Règle de trois.

2 Triade, triplet [MATH.] ; **trilogie**, triptyque ; trivium [HIST.]. – Triduum [RELIG.].

3 JEUX : brelan, terne ; SPORTS : tiercé, triplé. – LITTÉR. : tercet, terza rima. – MUS. : tierce **158**, triton ; terzetto, triolet **744**. – Triangle [GÉOM.]. – ARCHIT. : trèfle, trilobe.

4 **Trio** ; trijumeau [rare], triplé *(des triplés)* ; triplette. – Triumvirat [ANTIQ.]. – Trinité [THÉOL.] **487**. – Trière [ANTIQ.].

5 Ménage à trois ; triolisme.

6 Troisième *(la troisième, le troisième).* – Tridi [HIST.] **176**. – Triplicata.

7 **Triplement.** – Tiercement [vx], tripartition [didact.].

8 Triplicité [didact.].

V. 9 **Tripler 120** ; cuber [MATH.]. – Tiercer [vx].

10 Frapper les trois coups [SPECT.].

Adj. 11 Trois. – **Ternaire** ; didact. : triadique, trilogique, triparti ou tripartite. – Cubique [MATH.] ; **triple** ; triangulaire **146** ; tridimensionnel.

12 THÉOL. : trin, **trinitaire**. – Triumviral [ANTIQ.].

13 Tertiaire, tiers *(tiers état, Tiers Livre, etc.)* [vx], **troisième**.

Adv. 14 **Troisièmement** ; tertio. – Ter [lat.] ; **triplement.**

Int. 15 Troiz' [enfant.].

Aff. 16 Tri-.

## 105 QUATRE

N. 1 **Quatre.** – Le quadruple ; quarantaine ; quarantenaire, quarante. – **Quart** ; quartier **95** ; quadrant [vx]. – Quarte [MUS.] **744**.

2 Quatre-de-chiffre [CHASSE].

3 **Quatuor** ; quadruplé *(des quadruplés).* – RELIG. : les quatre cavaliers de l'Apocalypse ; les quatre évangélistes. – **Tétralogie** ; quadrivium [HIST.]. – Les quatre éléments ; les quatre points cardinaux **198**. – La semaine des quatre jeudis.

4 Quatrain [LITTÉR.]. – JEUX : **carré**, quadrette, quarte quaterne [vx] ; quarté. – Quadrige [ANTIQ.], quadruplette [anc.]. – Quatre-épices, quatre-quarts **796**, quatre-mendiants ou mendiant.

5 Le quatrième. – Quartidi [HIST.] **176**.

6 **Quadruplement** ; inquartation ou inquart [ORFÈVR.]. – Quadripartition [didact.].

V. 7 Quadrupler **120**.

Adj. 8 Quatre ; quarante. – Quadrigémellaire [didact.], **quadruple**. – Quadripartite ou quadriparti, tétramère [ZOOL.].

9 **Quatrième** ; quart *(le quart monde, Quart Livre, etc.)* [vx].

Adv. 10 **Quatrièmement** ; quarto [rare]. – Quater [lat., rare]. – Quadruplement.

Aff. 11 Quadri-, tétra-.

## 106 CINQ

N. 1 **Cinq.** – Cinquième *(un cinquième).* – Le quintuple. – Cinquantaine.

2 Quintuplé *(des quintuplés).* – MUS. : quintet, **quintette.**

3 JEUX : flush, quinte flush ; quine ; quinté. – LITTÉR. : cinquain, **quintil** ; limerick ; pentamètre **789**. – Didact. : pentacle, pentagramme. – Quintefeuille [BX-A.]. – Lustre, **quinquennat**. – GÉOM. : pentaèdre, pentagone, quinquonce. – MUS. : quinte **158** ; dominante ; **quintolet 744** ; pentacorde. – Quintidi [HIST.] **176**.

4 Les cinq sens. – Les cinq continents. – RELIG. : les cinq piliers de l'islam **488** ; le Pentateuque.

5 Cinquième *(le cinquième).*

6 Quinquennalité [didact.].

V. 7 Quintupler **120**.

Adj. 8 **Cinq.** – Quinaire ; **quintuple**. – Lustral, **quinquennal**. – GÉOM. : pentagonal, quinquangulaire, quinquoncial [vx]. – CHIM. : pentatomique ; pentavalent ou quintivalent **230**. – MUS. ; pentatonique.

9 **Cinquième**, quint *(Charles Quint)* [vx].

Adv. 10 **Cinquièmement**, en cinquième lieu, quinto [rare].

Aff. 11 **Penta-**, quinqu-, quinte-.

## 107 SIX

N. 1 **Six** ; demi-douzaine, sixaine ou sizaine [vx]. – Sextuple *(le sextuple) ;* sixième *(un sixième).*

2 Sextuplé *(des sextuplés).* – MUS. : sextette ou, angl., sextet, **sextuor.**

3 GÉOM. : hexaèdre, rhomboèdre ; hexagone. – Hexagramme. – MUS. : sextolet **744** ; hexacorde ; **sixte**, sus-dominante. – LITTÉR. : hexamètre **789**, sénaire [ANTIQ.] ; sextine, sizain ou sixain. – Sextidi [HIST.] **176** ; semestre.

4 Sixième *(le sixième).* – Le sixième sens **424**.

5 Sexennalité [didact.].

V. 6 Sextupler **120**.

Adj. 7 **Six.** – Sexpartite. – Sextil *(année sextile, aspect sextil)* [didact.] ; bisextil (année bissextile) **176** ; **semestriel** ; sexennal [didact.]. – GÉOM. : hexaédrique, hexagonal, sexangulaire.

8 Sixième.

Adv. 9 **Sixièmement,** en sixième lieu, sexto [lat., rare].

Aff. 10 Hexa-, sex-, six-.

## 108 SEPT

N. 1 **Sept.** Vx ou région. : septante, septantaine. – Septième *(un septième)* ; septuple *(le septuple).*

2 Septuor [MUS.].

3 GÉOM. : heptaèdre, heptagone. – MUS. : note sensible ou sensible, septième de dominante **744**. – LITTÉR. : heptamètre ; septain **789**. – Septennat.

4 Les sept péchés capitaux **814**. – Les sept merveilles du monde.

5 Septième *(le septième).* – Le septième art **790**. – Septidi [HIST.] **176**.

6 Septennalité [didact.].

V. 7 Septupler **120**.

Adj. 8 **Sept.** – Septuple. – GÉOM. : heptaédrique, **heptagonal,** heptangulaire. – Septennal. – Heptacorde [MUS.]. – Septénaire [LITTÉR.].

9 **Septième.** – Septimain [RELIG.].

Adv. 10 **Septièmement,** septimo [lat., rare].

Aff. 11 **Hepta-,** sept(i)-.

## 109 HUIT

N. 1 **Huit.** – Vx ou région : huitante, octante. – Huitième *(un huitième) ;* octant [GÉOM.].

2 **Huitaine,** octave [LITURGIE]. – Octuor [MUS.]. – Octidi [HIST.] **176**.

3 GÉOM. : octaèdre, octogone **146**. – Octet [INFORM.]. – Octave [MUS.] **744**. – LITTÉR. : octonaire, ottava rima [ital.].

V. 4 Octupler **120**. – Octavier [MUS.].

Adj. 5 **Huitième.** – Octuple. – Octogénaire.

6 Octal. – Octosyllabique.

7 Octogonal ; octaédrique.

Adv. 8 **Huitièmement,** octavo [rare]. – À huitaine ; **en huit** *(jeudi en huit) ;* sous huitaine.

Aff. 9 Octi-, octo-.

## 110 NEUF

N. 1 **Neuf ;** région. : nonante ; nonantaine. – Neuvième *(un neuvième de qqch) ;* le nonuple [didact.]. – Nonagénaire *(un nonagénaire).* – Preuve par neuf.

2 Neuvain [LITTÉR.]. – Neuvaine [RELIG.]. – Ennéade [ANTIQ.]. – Ennéagone [GÉOM.].

3 Les neuf chœurs des anges [RELIG.] ; les neuf Muses [MYTH.].

4 **Le neuvième,** le nonantième [région.]. – Nonidi [HIST.] **176**.

V. 5 Nonupler [rare] **120**.

Adj. 6 **Neuf.** – Neuvième ; nonantième [région.]. – Ennéasyllabe [LITTÉR.].

Adv. 7 Neuvièmement.

Aff. 8 Ennéa-, nona-.

## 111 DIX

N. 1 **Dix ; dizaine.** – Dizième *(le dizième) ;* le décuple.

2 Décalitre, décamètre. – Dizeau [AGRIC.]. – GÉOM. : décaèdre, décagone. – RELIG. : **le Décalogue,** les dix commandements. – LITTÉR. : décasyllabe, dizain. – Dizaine ou décade ; décade ou, plus cour., **décennie.** – Décurie [ANTIQ. ROM.]. – Décadi [HIST.] **176**.

3 ANTIQ. ROM. : décemvir, décurion.

4 **Dixième** *(un dixième de qqch) ;* décimale *(une décimale).* – Décigramme, décilitre, décimètre **70** ; décile [STAT.] ; décime *(un décime)* [anc.].

5 Décilage [STAT.]. – Décimation [HIST.].

V. 6 Décupler **120**. – Décimer [HIST.].

Adj. 7 **Dix.** – Décimal ; décuple. – Décadaire [HIST.] ; décennal. – Décagonal [GÉOM.] ; décamétrique. – Dixième.

Adv. 8 **Dixièmement ;** décimo [rare].

Aff. 9 Déca-, décem-, déci-.

## 112 DOUZE

N. 1 **Douze.** – Douzième *(un douzième).* – **Douzaine ;** grosse *(une grosse).*

2 LITTÉR. : **alexandrin** *(un alexandrin)* **789**, dodécasyllabe ; douzain. – GÉOM. : dodécaèdre **146**, dodécagone. – Les douze coups de minuit, les douze mois de l'année, les douze signes du zodiaque.

3 Les douze Césars [HIST.] ; les douze travaux d'Hercule [MYTH.]. – RELIG. : les douze apôtres, les douze tribus d'Israël.

4 MUS. : dodécaphonisme 744 ; dodécaphoniste *(un dodécaphoniste).*

Adj. 5 **Douze.** – Douzième. – Dodécuple.

6 Duodécimal ; duodécimain [RELIG.]. – GÉOM. : dodécaédrique, dodécagonal. – Dodécaphonique [MUS.].

Adv. 7 Douzièmement.

Aff. 8 Dodéca-, duodéca-.

## 113 CENT

N. 1 **Cent.** – Cent *(un cent de qqch),* **centaine.** – Centième *(un centième) ;* le centuple ; pour-cent *(dix pour cent* ou *10 %).*

2 Hectare 70, hectogramme, hectolitre, hectomètre, hectowatt, quintal. – Centenaire *(un centenaire),* siècle. – La guerre de Cent Ans [HIST.].

3 **Centième** *(un centième) ;* degré centésimal ; centile [STAT.] ; **pourcentage 94.** – Centigrade, centigramme, centilitre, centimètre. – Cent [angl.], centavo [esp.], **centime.**

4 ANTIQ. – Centurie ; centumvir, **centurion.** – Hécatombe.

Adj. 5 **Cent.** – **Centième** ; centésimal. – Centenaire, séculaire.

Adv. 6 À la centaine ; au centuple.

Aff. 7 Centi-, hecto-.

## 114 MILLE

N. 1 **Mille,** millier *(un millier).* – **Million** ; billion, trillion, quatrillion, quintillion ; **milliard.** – Millième *(un millième) ;* millionième *(un millionième),* milliardième *(un milliardième).* – Pour mille *(dix pour mille).*

2 **Millième** *(un millième).* – Milligrade, milligramme, millilitre, millimètre 70. – Millime.

3 **Millier** *(un millier).* – Kilogramme, kilolitre, kilomètre. – Tonne. – *Les Mille et Une Nuits.*

4 Millénaire. – L'an mille [HIST.].

Adj. 5 **Mille.** – Millénaire, bimillénaire.

6 **Millième.** – Millimétré, millimétrique.

Aff. 7 Kilo-, milli-, myria-.

## 115 INFINI

N. 1 **Infini** *(l'infini) ;* infinité *(l'infinité),* infinitude. – **Immensité, vastitude** ; « Le

silence éternel de ces espaces infinis m'effraie » (Pascal) ; l'infiniment grand, l'infiniment petit. – **Infinitésimalité** [didact.]. – Éternité 173, immortalité.

2 Abondance 78, **multitude 75,** infinité *(une infinité de gens).*

3 PHILOS. – Infinitisme. – Infini actuel, infini catégorématique ; infini potentiel. – **L'Être infini** ; l'Infini 502.

4 Infini géométrique, **infini mathématique** ; infini continu, infini dénombrable. – **Axiome de l'infini.** – Branche infinie ; ensemble infini, quantité infinie, série infinie ; **nombre infini.**

5 Calcul de l'infini [vx] ; **calcul infinitésimal.** – Éternisation.

V. 6 Illimiter [rare]. – **Perpétuer,** prolonger indéfiniment.

7 Continuer **61, durer 172, perdurer** [sout.] ; s'éterniser.

8 Abonder.

Adj. 9 **Infini.** – **Illimité,** immense, infiniment grand ; démesuré. – Infime, infiniment petit, infinitésimal, microscopique.

10 Inappréciable, **incalculable,** incommensurable ; **innombrable.**

11 **Éternel 173,** interminable, perpétuel, sans fin. – **Absolu,** extrême.

Adv. 12 **Infiniment.** – **À l'infini** ; à perte de vue. – *Ad infinitum* (lat., « à l'infini »), *in infinitum* (lat., « dans l'infini »). – Infinitésimalement [didact.].

13 **Infiniment** ; sout. : incommensurablement, incomparablement. – Beaucoup 78.

14 **Indéfiniment** ; éternellement, **perpétuellement,** toujours ; *ad vitam aeternam* (lat., « pour la vie éternelle ») [souv. par plais.]. – De toute éternité ; depuis que le monde est monde.

## 116 CALCUL

N. 1 **Calcul.** – Algèbre, arithmétique, mathématique 122 ; axiomatique. – Compte, **dénombrement 100**

2 Opération de calcul ou **opération** ; addition 118, division 121, multiplication 120, soustraction 119. – Fonction ; **équation** *(équation rationnelle, équation irrationnelle).* – Mise en équation ; discussion, résolution. – Quadrature.

3 **Règles de calcul** ; règle de trois, les quatre règles. – Règle des signes. – Preuve, preuve par neuf **110**

4 Calcul mental. – Analyse, appréciation, estimation, **évaluation,** prévision, spéculation, supputation ; approximation.

5 ÉCON. : **comptabilité** ; calcul économique. – Comput, computation. – Stochastique.

6 Calcul algébrique, calcul arithmétique, calcul décimal ; calcul des dérivées, calcul différentiel, **calcul infinitésimal,** calcul intégral, calcul logarithmique, calcul matriciel, **calcul des probabilités,** calcul tensoriel, calcul des variations, calcul vectoriel. – **Calcul analogique,** calcul associatif, calcul automatique, calcul digital, calcul électronique, calcul informatique, calcul numérique. – Calcul booléen, calcul de classes, calcul fonctionnel, calcul modal, calcul des propositions ou calcul propositionnel, calcul des prédicats, calcul des relations.

7 **Problème ; donnée,** inconnue ; résultat. – Chiffre 117, nombre ; point, unité de calcul.

8 Algorithme ; mantisse. – INFORM. : arbre, **programme** ; matrice.

9 Abaque, **boulier** ; règle à calcul ; table de logarithmes, table numérique. – **Calculateur** ; calculateur analogique, calculateur digital, calcutateur électronique [vieilli] ; **calculatrice,** machine à calculer ; calculateur de poche, calculette ; **intégrateur,** intégrateur différentiel, **ordinateur** 737.

10 Acalculie, dyscalculie.

11 Comptable *(un comptable) ;* aide-comptable.

V. 12 **Calculer,** faire un calcul ; calculer de tête, compter sur ses doigts. – Additionner ; soustraire ; multiplier ; diviser, fractionner ; élever un nombre au carré, au cube, à la puissance *n* ; extraire la racine carrée, cubique, *nième* d'un nombre. – Abaisser une équation, carrer une équation, mettre en équation ; intégrer une fonction.

13 Chiffrer, compter, **dénombrer 100.** – Estimer, **évaluer,** peser ; supputer ; prévoir **179.**

Adj. 14 Calculable. – Incalculable.

Adv. 15 Algébriquement, arithmétiquement, **mathématiquement 122.**

## 117 CHIFFRE

N. 1 **Chiffre** ; caractère *(caractère alphanumérique, caractère numérique),* signe 730, symbole. – **Chiffres arabes** (0, 1, 2, 3, 4, 5, 6, 7, 8, 9 ; 10 ; 50 ; 100 ; 500 ; 1000) ; **chiffres romains** (I, II, III, IV, V, VI, VII, VIII, IX, X ; L ; C ; D ; M). – INFORM. : bit, digit. – Chiffre décimal. – Folio 765 [IMPRIM.] ; numéro. – Millésime.

2 Chiffrage, numérotage, **numérotation.** – IMPRIM. : foliotage ou foliotation, **pagination.**

3 Folioteuse [IMPR.] ; numéroteur ou numéroteuse [TECHN.].

4 Arithmétique, **calcul 116,** mathématiques.

V. 5 Chiffrer, marquer, **numéroter.** – Coter, folioter **765,** paginer. – Numériser [INFORM.].

Adj. 6 Alphanumérique, **numérique ;** digital [anglic. déconseillé]. – Numéroteur.

## 118 ADDITION

N. 1 **Addition** ; additionnement [rare], adjonction, **ajout.** – Majoration.

2 **Accumulation,** amoncellement, empilement, entassement ; accroissement, amplification. – Capitalisation [fig.], cumul.

3 **Additif,** adjuvant ; produit d'addition [CHIM.] ; composé d'addition [CHIM.]. – **Complément,** supplément 97 ; addenda, additif, annexe, appendice 765.

4 Compte, montant, **somme 825,** total. – Inventaire.

5 Additionneur [INFORM.] ; additionneuse [vieilli]. – Plus *(ajouter un plus devant un chiffre).*

6 Didact. – Additivité – Complémentarité, supplémentarité.

V. 7 **Additionner,** sommer [MATH.], totaliser ; faire la somme de, faire le total de ; faire l'addition. – Poser, retenir. – Adjoindre, **ajouter** ; mettre, verser au chapitre de. – Majorer.

8 Allonger, couper. – Amplifier, broder, renchérir ; **compléter.**

9 **S'élever à,** monter à, se monter à. – Faire *(deux et deux font quatre).*

Adj. 10 **Additionnel,** ajouté ; **complémentaire,** supplémentaire. – Additif. – Additionnable [sout.].

Adv. 11 Additivement [didact.].

12 **Plus. – Aussi,** également. – De même, en outre, bien plus, **de plus,** en plus, de surcroît ; qui plus est ; par-dessus le marché [fam.]. – Non seulement... mais encore ; encore.

Prép. 13 **Plus** *(deux plus deux).*

Conj. 14 **Et.** – D'autant plus que ; sans compter que.

## 119 SOUSTRACTION

N. 1 **Soustraction.** – Décompte, diminution **89** ; retrait, retranchement ; distraction [litt. ou DR.], prélèvement ; fig. : coupe claire, coupe sombre. – Compte à rebours. – **Déduction,** déduit [rare, litt.], défalcation, remise.

2 Différence ; **retenue.** – Exception. – Moins *(mettre un moins devant un chiffre),* signe moins.

3 **Prise,** vol **717.**

4 Déductibilité. – Réductibilité [didact.].

V. 5 **Soustraire** ; distraire [litt. ou DR.], enlever, ôter, prendre, **retirer, retrancher ; prélever.** – Poser une soustraction ; poser, retenir. – Excepter.

6 Rabattre, **réduire** ; diminuer **89.** – Décompter ; déduire de, **défalquer de.**

7 Dérober, **prendre,** voler **717.** – Confisquer, enlever.

8 S'échapper **204,** s'évader, **se soustraire à.**

Adj. 9 **Soustractif.**

10 **Déductible,** retirable [rare].

Adv. 11 **Moins.**

Prép. 12 **Moins** *(trois moins deux égale un) ;* **ôté de** *(deux ôté de trois).* – À l'exception de, sauf **68.**

Conj. 13 D'autant moins que.

## 120 MULTIPLICATION

N. 1 **Multiplication.** – Factorisation ; mise en facteur, mise en facteur commun. – Décomposition ou réduction.

2 Multiplicande ; **multiplicateur ; produit.** – Coefficient, facteur ; **exposant,** puissance ; carré, cube. – Multiple, sous-multiple. – Plus petit commun multiple ou P. P. C. M. – Table de multiplication ; table de Pythagore.

3 Accroissement, **augmentation 88** ; prolifération **279,** propagation, pullulement. – BIOL. : multiplication cellulaire. – La multiplication des pains [allus. bibl.].

V. 4 **Multiplier** ; doubler, tripler, quadrupler, quintupler, sextupler, septupler, octupler, nonupler [rare], décupler, centupler. – Carrer, cuber. – Accroître, **augmenter 88.**

5 Se multiplier ou multiplier [absolt], **proliférer,** se reproduire.

Adj. 6 Multiplicatif. – **Multiple.** – Double, triple, quadruple, quintuple, sextuple, septuple, octuple, nonuple, décuple, centuple ; carré, cubique.

Adv. 7 Multiplicativement [didact.]. – Au double, au triple, au quadruple, au quintuple, au centuple.

8 **Fois** *(deux fois trois) ;* multiplié par *(deux multiplié par trois).*

Aff. 9 Multi-.

## 121 DIVISION

N. 1 **Division ; fraction 95.** fraction irréductible, fraction périodique, fraction réductible. – Quotient. – **Dividende,** dividende partiel ; **diviseur,** plus grand commun diviseur ou P. G. C. D. ; **dénominateur,** plus petit dénominateur commun ; quartile ; numérateur. – Racine ; radical.

2 Partition, **subdivision ;** bipartition, tripartition. – Graduation **65.** – Division du travail.

3 Fractionnement, **fragmentation,** morcellement **72.** – BIOL. : division cellulaire, division homéotypique, méiose ; scissiparité.

4 Divisibilité [didact.].

V. 5 **Diviser.** – Réduire une fraction. – Extraire la racine d'un nombre.

6 Graduer ; subdiviser. – Fractionner, **fragmenter,** morceler.

Adj. 7 **Divisé,** partagé ; biparti, triparti. – Fractionnaire. – DR. : divis (opposé à indivis). – Divisible.

## 122 MATHÉMATIQUE

N. 1 **Mathématique** *(la mathématique) ;* **mathématiques** *(les mathématiques)* ou, fam., les maths ; mathématiques modernes [cour.].

2 **Axiome, fonction,** formule, lemme, postulat, proposition, propriété, relation, théorème. – Condition, **critère ;** argument, constante, donnée, élément *(élément générique, idempotent, maximal, minimal, neutre, symétrique),* grandeur *(grandeur scalaire, vectorielle, tensorielle),* indice, membre, module, nombre **100,** valeur *(valeur absolue, négative, positive) ;* incrément

[INFORM.]. – Terme ; extrême, moyen ; moyenne *(moyenne arithmétique, quadratique, géométrique).* – Différence **23**, raison, rapport, proportion **94**. – Facteur, factorielle, factorielle *n* (noté n !) ; décomposition, produit. – Inconnue, paramètre, variable. – Binôme, monôme, polynôme, trinôme. – Série **64**, suite ; base, classe.

3 **Algorithme,** démonstration, équation *(équation différentielle, à x inconnues, incompatible, indéterminée) ;* inéquation. – **Logarithme,** logarithme naturel ou népérien ; cologarithme ; antilogarithme. – Coefficient, degré, **exposant,** déterminant, matrice, produit *(produit cartésien, scalaire, tensoriel, vectoriel),* puissance. – Racine. – Système d'équation.

4 **Ensemble, sous-ensemble ;** ensemble ordonné ; quadruplet, singleton, triplet. – Borne, majorant, minorant. – **Application** *(application bijective, réciproque, inverse, involutive, linéaire, surjective, symétrique),* bijection, combinaison, commutation, composition, congruence, correspondance, équivalence, inclusion (loi de composition interne), induction, injection, intersection, permutation, récurrence, substitution, transformation, transposition ; récursivité. – **Automorphisme,** endomorphisme, homomorphisme, isomorphisme, morphisme ; exomorphisme. – **Fonction** *(fonction croissante, décroissante, exponentielle, récursive, réelle d'une variable réelle, scalaire, monotone, rationnelle),* relation *(relation d'équivalence, d'inclusion, d'appartenance).* – **Espace** *(espace vectoriel, de Riemann, physique, euclidien),* hyperespace ; vecteur *(vecteur glissant, indépendant),* tenseur ; forme *(forme linéaire, quadratique, multilinéaire),* graphe. – Affixe, coordonnée.

5 STAT. – **Probabilité, statistique ;** analyse *(analyse des données, factorielle, multidimensionnelle),* méthode des moindres carrés, théorie des preuves. – Distribution, extrapolation, interpolation, lissage, pondération **579**, randomisation, régression. – Correction, données corrigées.

6 STAT. – **Classe, effectif,** individu, population ; échantillon, test, tirage. – **Quota ;** centilage, décilage. – **Variance,** covariance, invariance ; dispersion, écart, étendue d'un échantillon, fourchette, type ; coefficient de corrélation, espérance, indice, médiane, mode, moyenne, moment d'une variable. – **Évènement** *(évènement certain, élémentaire, indépendant ; évènements compatibles, contraires,*

*équiprobables, incompatibles).* – **Valeur** *(valeur aléatoire, binomiale, chronique, médiale).* – Variables *(variables aléatoires, aléatoires dépendantes, corrélées).* – Quantile.

7 STAT. – **Carré magique, matrice ;** chronogramme, courbe en cloche, graphique, histogramme. – Échelle logarithmique, loi des grands nombres, loi de probabilité.

V. 8 **Mathématiser.** – Engendrer, indexer, majorer **88**, minorer **89**, ordonner, résoudre, transformer.

Adj. 9 **Mathématique.** – Bijectif, injectif, surjectif ; abélien, commutatif ; associatif, distributif, réflexif, symétrique, transitif. – Binaire, biunivoque, booléen ou boolien. – **Croissant,** décroissant ; majorant, minorant ; invariant ; acyclique. – Différenciable, réductible. – Logarithmique. – Bicarré.

## 123 DIMENSION

N. 1 **Dimension ;** format, **taille.** – Grandeur, **grosseur ;** ampleur **209**, calibre, emcombrement, gabarit, volume. – Proportion(s) **94**. – Dimensionnement [TECHN.].

2 **Longueur, largeur, hauteur ;** épaisseur. – Circonférence **145**, périmètre, tour. – Rayon, diamètre. – Section.

3 Étendue ; aire, superficie, **surface ;** amplitude [vx]. – Espace.

4 **Altitude,** profondeur ; niveau. – Amplitude. – **Distance.** – Portée.

5 **Taille ;** stature ; carrure, corpulence. – **Mensurations ;** tour de taille, tour de poitrine, tour de hanches, etc. ; pointure.

6 **Mesure 70 ;** dimensionnement, mensuration. – Approximation, évaluation. – Échelle de grandeur, ordre de grandeur.

7 MATH. : espace à trois dimensions de la géométrie euclidienne ; espace à quatre, cinq, *n* dimensions. – Quatrième dimension *(le temps)* dans l'espace-temps de la relativité [PHYS.].

8 Didact. : dimensionnalité [rare], proportionnalité, spatialité. – Fini *(le fini),* infini *(l'infini).*

V. 9 **Mesurer ;** prendre les dimensions, les mesures de.

Adj. 10 **Dimensionnel ;** bidimensionnel, tridimensionnel ; multidimensionnel. – Proportionnel, superficiel *(mètre superficiel* ou *mètre carré)* ; spatial. – Grand, haut, large, profond.

11 Dimensionné ; sous-dimensionné, surdimensionné. – Sur mesure(s).

Adv. 12 En longueur, en largeur, en hauteur, en long, en large. – En long, en large et en travers [fig., fam.]. – En tous sens 198.

Prép. 13 À la dimension de, à la mesure de.

## 124 LONGUEUR

N. 1 **Longueur**. – Distance, écart, éloignement ; taille.

2 **Longueur** (*la longueur,* opposée à la largeur, la hauteur, la profondeur) ; plus grande dimension. – Profondeur. – Profondeur de champ 234, perspective. – MAR. Longueur à la flottaison, longueur hors tout, longueur entre perpendiculaires.

3 Allongement, rallongement, prolongement. – Élongation, étirage, étirement. – Développement, extension.

4 Allonge, rallonge. – Prolonge [ARTILL.].

5 **Mesure 70** ; mesure de longueur. – Système métrique ; mètre ; millimètre, centimètre ; décamètre, hectomètre, kilomètre, myriamètre [rare]. – Mesures anciennes : pouce, pied, toise, perche, aune. – MAR. : brasse ; encablure, touée ; **lieue marine** [anc.]. – Lieue de poste, **lieue de terre** ou lieue commune [anc.].

6 Longimétrie ; métrologie. – Mètre étalon. – Mètre de couturière ; décimètre, double décimètre, décamètre ; chaîne d'arpenteur.

V. ∇ **Allonger**, élonger, étirer ; détirer [rare], distendre. – Tréfiler [TECHN.].

8 Allonger, prolonger, rallonger ; s'allonger, se prolonger, se rallonger.

9 Longer.

10 Chaîner, mesurer.

Adj. 11 **Long**, oblong ; barlong [didact.]. – Allongé. – Longitudinal.

12 Longiforme, longiligne. – SC. : longicorne, longiface, longipenne, longistyle.

Adv. 13 Longitudinalement.

14 Au long, au plus long (*prendre au plus long).* – De long en large, de long en long [vx]. – En long, en longueur, en long et en large. – Tout au long, tout du long.

Prép. 15 Le long de, tout le long de ou tout du long de. – À longueur de.

Aff. 16 **Longi-**.

## 125 LARGEUR

N. 1 **Largeur** ; ampleur, grosseur 127. – Vx : latitude, amplitude.

2 **Largeur** (*la largeur,* opposée notamm. à la longueur). – Côté 167, travers. – Carrure ; envergure 124 ; diamètre.

3 Élargissement, épatement, écrasement ; écartement 158.

V. 4 **Élargir** ; agrandir, dilater, évaser, étendre, ouvrir ; desserrer ; donner du large à. – S'élargir, s'évaser ; s'agrandir, se dilater, s'étendre, s'ouvrir.

5 Être au large ; avoir de la place, être à l'aise.

Adj. 6 **Large** ; carré, fort, grand. – Ample, étendu, spacieux, vaste.

7 Élargi, évasé, ouvert.

8 Latéral.

Adv. 9 **Largement** ; amplement. – De long en large ; en long, en large et en travers [souv. fig. et fam.] ; en long et en large, en travers, dans les grandes largeurs [fig., fam.].

10 **Latéralement.** – De part en part.

11 **Spacieusement,** vastement.

12 Dans le sens le plus large, *largo sensu* (lat., « au sens large »).

13 MUS., ital. : *largo, larghetto.*

## 126 HAUTEUR

N. 1 **Hauteur** ; taille ; amplitude, **grandeur 123.** – Altitude, profondeur ; cote, mesure 70, niveau. – ASTRON. : hauteur apparente, hauteur vraie ; cercle de hauteur.

2 Fig. – **Hauteur 610**, morgue, prétention **613.** – Hauteur de vue.

3 Fam. : asperge, cheval, **échalas,** échassier, escogriffe, flandrin, perche (*souvent avec grand* : grande asperge, grand échalas, etc.). – Armoire à glace, grenadier [fam.], malabar [pop.].

4 Échasses, grande échelle, pas de géant ; étoile géante.

5 Colosse, moaï [ARCHÉOL.].

V. 6 **Hausser** ; élever, grandir, monter 211, remonter ; exhausser, surélever, surhausser.

7 **Culminer**, dépasser 219. – Plafonner. – Prendre de la hauteur [fig.].

8 **Dominer 622**, surpasser, surplomber 165.

Adj. 9 **Haut** ; élevé, remonté, surélevé, surhaussé.

10 **Grand** ; fam. : grandelet, grandet ; élancé ; grandi ou poussé en graine. – **Géant**, gigantal [litt. et rare], **gigantesque.**

11 Profond. – Hadal.

Adv. 12 **Hautement** [fig.].

## 127 GROSSEUR

N. 1 **Grosseur** *(la grosseur)* ; ampleur, grandeur 126, importance 438. – Dimension 123.

2 **Grosseur** *(une grosseur)* ; excroissance, proéminence, protubérance ; boule ; bosse 152, gibbosité. – MÉD. : abcès, apostème ou apostume [vieilli], kyste, loupe, nodosité, tumeur ; tumeur bénigne, tumeur maligne.

3 **Grossissement** [fig.] ; **gonflement** ; bouffissure, boursouflure, **enflure**, tuméfaction [MÉD.] ; intumescence, tumescence, turgescence. – **Empâtement**, épaississement. – Bourrelet, capiton [PHYSIOL.]. – Dilatation.

4 **Grossissement** [fig.] ; amplification, **exagération 729.** – Caricature.

5 **Corpulence** ; embonpoint, rotondité [fam.], ventripotence. – Adiposité, obésité [MÉD.]. – Grossesse.

6 **Gros** *(un gros ; les gros)* ; fam. : Bibendum [n. déposé], boule de graisse ou boule de suif, gras-double, gros lard, gros plein de soupe, patapouf, poussah, tonneau ; éléphant, mastodonte, pachyderme. – **Grosse** *(une grosse)* ; fam. : dondon, grosse dondon ; baleine.

V. 7 **Grossir** ; accroître, augmenter, renforcer. – Étendre, dilater, gonfler ; distendre, souffler.

8 Ballonner, bouffir, boursoufler, enfler ; renfler [rare].

9 **Grossir**, engraisser, épaissir, faire du lard [fam.], forcir ; prendre de l'embonpoint, prendre du ventre. – **S'alourdir**, s'empâter, s'étoffer, s'arrondir [fam.].

10 Engrosser [fam.].

Adj. 11 **Gros** ; encombrant, épais, volumineux ; de taille, de bonne (ou de belle) taille. – **Colossal**, cyclopéen, énorme, gigantesque ; démesuré ; surdimensionné. – Fam. : comac, maous ou mahous ; méga ; **giga**.

12 **Important** ; considérable, imposant.

13 **Fort 375** ; corpulent, plantureux ; épais, massif, mastoc [fam., inv.] ; obèse. – **Gras,** grassouillet ; gras comme un chanoine, un moine ; gras comme une caille, un chapeau, un cochon ; gras à lard. – Dodu, rebondi, replet, rond, rondelet, rondouillard [fam.] ; charnu.

14 Bedonnant [fam.], pansu [fam.], ventripotent [fam.], ventru. – **Joufflu**, mafflu, plein *(visage plein)* ; adipeux.

15 Ballonné, **bouffi**, boursouflé, gonflé, soufflé. – Enflé, tuméfié.

16 **Grossi** ; exagéré, **outré**. – Gros ; gros comme une maison [fam.].

Adv. 17 **Gros** *(risquer gros)*. – D'importance.

18 Approximativement, **grossement** [litt.] ; en gros, *grosso modo* (lat. « d'une manière grosse »).

Aff. 19 Gigant(o-), **macro-**. – Adip(o-), lip(o-).

## 128 PETITESSE

N. 1 **Petitesse** ; étroitesse 129, exiguïté. – **Médiocrité 435.** – Modicité, simplicité 616 ; sordidité. – **Paucité 79.** – Humilité, **modestie**, obscurité [fig.].

2 **Réductibilité** [didact.]. – **Diminution 89,** réduction. – **Modèle réduit**, miniature.

3 **Petitesse d'âme**, petitesse de cœur, petitesse d'esprit, petitesse de sentiments, petitesse de vue ou étroitesse de vue.

4 Atome, bout, brin, fétu, fragment, morceau, paillette, parcelle, rien, soupçon. – Filet, goutte, larme, larmichette, trait. – Bout, brin.

5 Avorton, demi-portion, freluquet, gringalet, homuncule ou hanarcule gnôme, lilliputien, modèle réduit, nabot, nain, petit-format, pygmée [péj., fam.]. – Crapoussin, marmot, marmouset 314.

V. 6 **Rapetisser** ; amenuiser, apetisser, diminuer 89, miniaturiser, réduire, rétrécir, accourcir, raccourcir ; affiner ; désenfler. – Amputer, mutiler, tronquer. – **Abréger**, écourter ; condenser, contracter 210, résumer 756.

7 **Se faire tout petit.**

8 **Prendre les choses par leurs petits côtés** ou voir le petit côté des choses, voir ou regarder les choses par le petit bout de la lorgnette.

Adj. 9 **Petit** ; lilliputien, nain ; court sur jambes, court sur pattes [fam.], haut comme trois pommes. – Fam. : petiot, pitchoun [région.].

10 **Chétif**, malingre, rabougri, ratatiné.

11 **Étriqué**, étroit, exigu, grand comme un mouchoir de poche [fam.]. – Miniature, **minuscule**. – Rikiki ou riquiqui ; mini [inv.]. – **Infime** ; impalpable, **imperceptible**, infinitésimal, invisible, microscopique. – **Diminué**, raccourci, réduit ; bref – Court, courtaud [fam.]. – Bréviligne.

12 Dérisoire, **insignifiant**, insuffisant, **maigre**, maigrelet, négligeable, restreint. – **Mineur**, moindre, secondaire, de second ordre, de second plan ; au petit pied, au rabais.

13 **Bas**, indigne, médiocre, **mesquin**, petit, piètre, sordide, vil.

14 Léger ; **fin**, menu, mince, ténu.

Adv. 15 **Petitement**. – Chichement, étroitement, humblement, modestement, pauvrement ; à l'étroit. – **Bassement**, médiocrement, mesquinement, sordidement, vilement ; avaricieusement, ladrement. – À la petite semaine. – Petit *(chausser petit)*. – À petits pas, petit à petit.

16 **À dose homéopathique**, au compte-gouttes [fam.]. – En abrégé, en bref, en petit, en raccourci, pour faire court. – À ou sur une petite échelle, en miniature, en réduction.

Aff. 17 **Infra-, micro-, mini-**.

18 Suffixes diminutifs : -eau, -elet, -elette, -elle, -elot, -eron, -et, -ette, -iche, -ichon, -icule, -iculet, -ille, -illon, -in, -ine, -iole, -iquet, -oche, -on, -onnet, -ot, -otte, -ule.

# 129 ÉTROITESSE

N. 1 **Étroitesse ;** exiguïté, petitesse 128, ténuité. – **Étranglement** ; étrécissement, resserrement, serrement. – Aplatissement, aplatissage [TECHN.].

2 **Goulet**, goulet d'étranglement ; goulot. – **Encaissement** [GÉOL.], étroiture [SPÉLÉOL.], **gorge** ; gorge de raccordement. – Chatière.

3 GÉOGR. : pas, **passage**, passe. – Cañon, défilé. – **Col**, corridor, corniche, couloir. – **Ruelle**, sente, sentier, sentier muletier, venelle.

4 GÉOGR. : bouque [MAR.], **bras** 271, **détroit**, isthme, manche, pertuis.

5 **Bande** 150, langue, languette. – **Lanière**, ruban.

6 **Contraction** 210 ; astriction [MÉD.], **constriction** [didact.]. – Amincissement,

amenuisement ; sténose [MÉD.]. – Restriction 136.

V. 7 **Étrécir ;** étrangler, serrer ; contracter 210. – Ajuster, resserrer, **rétrécir**. – Brider, **diminuer**, étriquer, restreindre.

Adj. 8 **Étroit**, fin, menu, mince, petit 128 ; amenuisé, effilé, fuselé. – Exigu, confiné. – Juste ; collant, étriqué, serré. – Encaissé, **étranglé**, resserré. – Aplati.

9 Limité, réduit, **restreint**. – Limitatif, restrictif.

Adv. 10 **À l'étroit**. – Étroitement, intimement 131. – Au plus juste. – *Stricto sensu* (lat., « au sens strict », par opposition à *lato sensu*, « au sens large »).

# 130 EXTÉRIEUR

N. 1 **Extérieur** *(l'extérieur)* ; **dehors** *(le dehors)*.

2 Bord, bout, contour, enveloppe 137.1, extrémité ; appendice, débordement, prolongement. – Périphérie 132.3, pourtour ; faubourg 849, boulevard extérieur, porte extérieure, quartier extérieur. – **Monde extérieur**. – Ténèbres extérieures.

3 Apparence extérieure, **physique** *(le physique) ;* air, allure, **apparence** 141.4, façade [fig.], mine, semblance [vx]. – For extérieur ou externe [vx] 711.

4 Expression [vx], extirpation, extraction 206. – Extravasion ou, rare, extravasement, transvasement ; extroversion.

5 Exception, **exclusion** 68. – Exportation, extradition 677.

6 Émergement, émergence, émersion, éruption 208 ; écoulement, émission, excrétion ; exhalaison, expiration. – Extériorisation.

7 PSYCHOL. : extraversion, extrospection.

8 Étranger *(un étranger)* 677. – Externe *(un externe)*.

V. 9 Émettre, excréter 339 ; exhaler, expirer. – **Extérioriser**. – **Expulser** 640 ; excommunier, exiler, extrader.

10 Exprimer, extirper, extraire. – **Exclure** 68.

11 **Être hors de** ; sortir de. – Sortir du champ.

12 Aller dehors, sortir 204.

13 S'affirmer, s'extérioriser. – Se faire jour, se manifester 11.7, se montrer. – Prov. : L'habit ne fait pas le moine ; Il ne faut pas juger l'arbre par l'écorce.

Adj. 14 **Extérieur**, externe, extrinsèque ; adventice [PHILOS.] ; extériorisé. – Superficiel. – À l'écart, excentrique, périphérique. – Hors d'atteinte, hors de portée ; hors champ.

15 Exogène (opp. à endogène) [didact.].

Adv. 16 À l'air, à l'air libre, à la belle étoile, à l'extérieur, en plein air ; extérieurement, vu de l'extérieur. – En extérieur [CIN.]. – Au-dehors, dehors. – Superficiellement.

17 À l'écart, au large [fig.], au-delà, loin 162, par-dehors. – À côté.

Prép. 18 À l'extérieur de, au-dehors de ; au-delà de. – Extra-muros, hors les murs. – En dehors de, fors [vx], hormis, hors de ; hors de là. – Sorti de là [fam.].

Int. 19 Dehors ! Oust ! [fam.]. – *Raus !* (all., « dehors ! »).

Aff. 20 Ect-, ecto-, **ex-**, exo-, extéro-, **extra-**, **hors-** ; trans-, ultra-.

# 131 INTÉRIEUR

N. 1 **Intérieur ; dedans** *(le dedans).* – Centre 133, contenu 135, milieu 57.

2 Fig. : moelle, noyau, substratum, tréfonds ; entrailles, sein.

3 Intériorité, sens interne ou intime [PHILOS.] ; intériorisation [didact.], internalisation [didact.], introjection [PSYCHAN.], **introspection**, introversion, monologue intérieur, recueillement 494, repliement sur soi ; égocentrisme 588. – Intimité, intimisme.

4 Âme 4.3, cœur, conscience, esprit, fond, for intérieur.

5 **Arrière-pays**, hinterland 268, intérieur des terres ; mer intérieure. – **Chez-soi**, demeure, foyer, **intérieur**, logis 848. – Odeur d'enfermé ou de renfermé.

6 Enfermement 723, **internement**, séquestration.

7 Inclusion 67, infiltration, ingérence, **introduction**, intromission, pénétration 205 ; importation. – Entrelardage, farcissure, **fourrage**, lardage.

V. 8 Comporter, contenir, **inclure**. – Incorporer, internaliser [didact.], **introduire** ; enfoncer, injecter, insuffler, remplir. – Emboîter, encastrer, enchâsser, enchatonner, endenter. – Apporter, **importer**. – **Intérioriser** [PSYCHAN.] ; inculquer.

9 Emballer 134.11, engranger, parquer, serrer. – Chambrer, cloîtrer, consigner. – Enfermer, **interner** ; détenir 723, séquestrer.

10 Être dans le giron de 57 ; **être dans la place**, être dans les murs. – S'enfermer

dans son cocon, se retirer dans son cocon ; rentrer *(rentrer au logis) ;* rester dans *(rester dans son intérieur).*

11 Passer à travers, **pénétrer**, percer, transir, transpercer, traverser ; fendre la foule. – Imbiber, **imprégner**, tremper ; fig. : abreuver, baigner. – Infiltrer, miner, noyauter. – Carotter [TECHN.]. – Glisser, s'enfoncer, s'infiltrer, s'insinuer 203.

12 Se recueillir. – S'enfermer, s'isoler 584, se cantonner, se confiner. – Se cloîtrer, s'emprisonner, se barricader, se cadenasser, se claquemurer. – Anglic. : cocooner, faire du cocooning.

Adj. 13 **Intérieur**. – Enfoncé, profond ; fig. : captif, emprisonné, prisonnier ; renfermé, rentré ; introverti, secret. – Interne, interne l [vx], intrinsèque ; endogène [didact.]. – **Intestin** *(luttes intestines),* intime, privé ; psychique. – D'intérieur *(femme d'intérieur, vêtements d'intérieur).*

Adv. 14 À l'intérieur ; au fond de son cœur, **en soi-même**, intérieurement ; en secret 727, secrètement, tout bas ; **dans l'intimité**, intimement. – Jusqu'à la moelle, jusqu'aux os. – Dans le texte,. – À la corde ; par l'intérieur.

15 Céans ; intra-muros. – Dans le texte,. – À la corde ; par l'intérieur.

Prép. 16 **Chez, dans, dedans** [vx], **en, parmi**. – Au-dedans de, au sein de ; **au cœur de**, au milieu de ; au fond de. – En dedans de.

Aff. 17 Endo-, ento- ; **in-, inter-**, intra-, intro-.

# 132 BORD

N. 1 **Bord**, bordure 136 ; arête, frange, front, lèvre *(lèvres d'une plaie).* – Paroi, rebord, tranche. – **Circonférence**, tour. – **Contour**, délinéament [didact.], démarcation, **filet**, filière [HÉRALD.].

2 Ligne, ligne de démarcation, tracé ; cordon.

3 **Périphérie**, pourtour ; faubourg 849. – Tenants et aboutissants. – Ceinture verte, marge d'isolement [URBANISME]. – **Lisière**, orée, rain.

4 Talus ; accotement, bas-côté, fossé. – Dévers.

5 FORTIF. : berme, caponnière, contrescarpe, escarpe, glacis.

6 **Bord de mer**, grève 271 ; côte, cuesta, littoral, rivage, **berge**, rive.

7 ARCHIT. : carole, déambulatoire. – Chemin de halage, voie sur berge. – Route en corniche.

8 **Mur, muret** ; mur d'enceinte, mur de ceinture, fortification, rempart. – Bajoyer. – Bord, rebord, **margelle**. – **Enceinte** ; barrière, **clôture**, enclos.

9 Ceinture orogénique 270 [GÉOL.], ceinture de feu, cercle de feu ; bordure figée [GÉOL.]. – Bordure continentale [GÉOGR.], marge passive [GÉOL.].

10 **Cadre** ; chambranle, châssis, encadrement, quadrature. – Architrave, cordon, **corniche**, encorbellement 738, entablement, épistyle, forjet, saillie de rive ; orle. – Linteau, meneau, poitrail, sommier. – Dosseret, jambage, piédroit, montant. – Antibois ou antébois, astragale, cimaise, nez de marche, plate-bande, plinthe, socle de marche ; listel. – Jable.

11 MAR. – **Bordage**, bordé, plat-bord, préceinte, virure.

12 COUT. – Bordé, débord, dépassant, feston, galon, **liseré, ourlet**, passepoil ; lisière, liteau. – Chantournement, festonnage.

13 **Marge 765** ; apostille ; manchette. – Encadrement en filets [TYPOGR.], cartel, cartouche. – Talus d'une lettre. – Empâtement des contours, bavochure.

14 Marli, suage [TECHN.]. – NUMISM. : carnèle, cordon, listel. – HÉRALD. : cyclamor, engrêlure, essonnier, trescheur. – **Frange**, frangette [rare].

15 Bordier *(un bordier)* [helvét.], bordurier *(un bordurier)*, **frontalier** *(un frontalier)*. – Marginal *(un marginal)* 582.

V. 16 **Border**, borduer [rare], ceinturer, encadrer. – Délinéer [rare]. – **Tracer les contours de** ; épouser les contours de. – Chantourner, festonner, franger, guiper des franges, liserer [rare] ; ourler, passepoiler. – Ébarber, rogner.

17 Caresser [fig.], **être au bord de**, friser, frôler, longer, passer très près de, raser ; côtoyer, coudoyer. – Contourner, éviter, faire le tour de, passer autour de, tourner. – Aller sur, approcher de, confiner à 161.

18 TYPOGR. : justifier, marger. – Annoter, apostiller, marger [litt.], marginer. – Marginaliser.

Adj. 19 Borduré, contourné, marginé [didact.]. – Côtier, frangeant *(récifs frangeants)*.

Adv. 20 En marge, marginalement. – Bord à bord.

Prép.21 **À la lisière de,** au pied de, **en bordure de**. – Au bord de, à fleur de.

Aff. 22 Circa-, circon-, circum- ; thysan-, thysano-.

## 133 CENTRE

N. 1 **Centre** ; milieu 57. – Cœur, foyer, noyau, point central. – Fig. : cheville ouvrière ou, rare, maîtresse, clef de voûte, pivot ; nombril.

2 Centralité [didact.].

3 Centre, siège ; central *(central téléphonique)* ; centrale *(centrale syndicale ; centrale d'achats)*. – Centre d'attraction [fig.], centre d'intérêt ; centre urbain 849.

4 Barycentre, centre de gravité ou d'inertie, centre de masse ; centre de gravitation ; centre d'attraction 223. – Centre de l'univers.

5 BIOL. : centre nerveux, centre respiratoire, etc. ; centrum. – Duramen [BOT.] 286. – MÉTÉOR. : centre de dépression, centre de basses pressions, centre de hautes pressions.

6 Centration [vx], centrage. – Concentration.

7 Centrifugation.

8 ADMIN. : **centralisation**, centralisme 670.

9 Centrisme [POLIT.] 671. – Égocentrisme 588.

10 TECHN. – Centreur. – Centrifugeur, centrifugeuse.

11 Centralisateur *(un centralisateur)* [ADMIN.], centraliste *(un centraliste)*.

V. 12 **Centrer,** centraliser [didact.], recentrer ; focaliser.

13 Centrifuger, **concentrer**.

14 Se prendre pour le centre du monde ou de l'univers 588.

Adj. 15 **Central,** centré [cour.] ; centré *(intervalle centré, variable aléatoire centrée)* [MATH.].

16 Centrifuge, centripète.

17 Centralisateur.

Adv. 18 **Au centre**, centralement [rare], en plein [fam.], en plein centre, au cœur ; à cœur.

Aff. 19 Centr-, centre-, centri-, centro- ; -centre.

## 134 CONTENANT

N. 1 **Contenant**, récipient. – Emballage.

2 Ampoule, alvéole, **boîte, chambre 848**, cellule, compartiment, écrin, **enveloppe**, étui, fourreau, gaine, loge, **poche**, réceptacle, réservoir, sac ; canal, conduit, tube.

3 Bâti, cadre, cage, caisse, châssis ; habitacle. – Cage *(cage d'ascenseur, cage d'escalier)*. – Buffet d'orgue.

4 Bocal, boîte, boîtier, cadre, carton, case, casier, cartouche, coffre, coffret, conteneur ou, anglic., container, cornet, paquet, poche, pochette, pot, sachet, touque, trousse ; boîte à *(boîte à chaussures),* boîte de *(boîte d'allumettes).* – Bouteille ; jarre, pichet 851, pot *(pot à eau),* tourie [TECHN.] ; vase, vasque ; crachoir. – Ballon, bassin, bombonne ou bonbonne, citerne, cuve, piscine, réservoir, seau. – Cloche *(cloche à fromage, cloche à melon).*

5 **Corbeille, panier** ; cabas, cantine, cassette, ciste [ANTIQ. ROM.], cueilloir ou cueille-fruits ; couffin ou couffe, maniveau, manne, paneton, panière ; barquette, billot, cagette (ou : cageot, cagerotte, clayette, plateau), caissette, flein ; caget, faisselle ; baste, bouille [vx], comporte, hotte ; batardeau, cloyère. – TECHN. : caisson, casse, gabion, harasse, mannequin. – TECHN. ou région. : banne, banneau, banneton, bannette, bourriche.

6 Besace, bissac, cartable, havresac, rucksac, sabretache, sac de voyage, sacoche, serviette, trousse de voyage, **valise,** valoche [fam.] ; malle, mallette, **sac à main** 811 ; baise-en-ville [fam.] ; bagage *(un bagage)* 858. – Carnassière, carnier, cartouchière, fauconnière, gibecière, musette.

7 Capacité 69.2, **contenance,** mesure, teneur ; volume. – Tonnage.

8 **Emballage,** empaquetage ou, rare, paquetage, encaissage, ensachage, mise en boîte, mise en bouteilles. – TECHN. : boîtage, conditionnement ; conteneurisation.

V. 9 **Contenir** ; comporter, comprendre, compter ; receler, renfermer. – Embrasser, inclure 67. – Impliquer 737.

10 Recevoir. – Retenir.

11 Coffrer, **emballer,** empaqueter, ensacher, mettre en sac, paqueter [vx] ; conteneuriser [TECHN.]. – Emmagasiner, engranger, enserrer, ensiler [AGRIC.], entreposer ; empocher.

12 Emprisonner 723, enclaver, enfermer, parquer. – Ranger, serrer. – Borner, endiguer ; contenir.

Adj. 13 Coffré, empoté, encadré, enchâssé, empaqueté, ensaché, paqueté ; **mis en boîte,** mis en bouteilles. – Emmagasiné, engrangé, enserré, ensilé, entreposé ; réservé.

14 Conteneurisable [TECHN.].

Aff. 15 Coléo- ; cyt-, **cyto-,** -cyte ; cyrto- ; porte- ; théco-.

16 Lagéni-, lagéno- ; scyph-, scypho- ; vas-, vaso-.

17 **-eux** *(adipeux, argileux, farineux),* **-fère** *(anthacifère, aquifère).*

18 -thécie, -thèque.

# 135 CONTENU

N. 1 **Contenu** ; intérieur *(l'intérieur)* 131. – Charge.

2 Essence [PHILOS.], fond, matière, principe, sens 732. – LING. : **signifié** ; analyse du contenu, contenu sémantique. – PSYCHAN. : contenu latent opposé à contenu manifeste. – Substance, teneur ; substantifique moelle.

3 Cargaison, **charge,** chargement. – Ânée [vx], batelée [vx], brassée, brouettée 69.5, charretée, fourchée, jattée [vx], hottée [vx], palanquée [MAR.], pelée, pelletée, pochée [vx], pochetée ; assiettée, bolée, cuillerée, cuvée, fourchetée, fournée, gorgée, grangée [vx], jonchée, marmitée [vx], panerée [vx], pincée, platée, poêlée, **poignée,** potée, platrée. – Panier de la ménagère [fig.].

4 Bourre, capiton, matelassure, rembourrage, rembourrure [TECHN.] ; lest.

5 Contenance, cubage, tonnage ; volume 70.4.

6 Charge [rare], chargement, emplissage [vx], garnissage, **remplissage.**

V. 7 **Remplir** ; bourrer, emplir [vieilli ou litt.], garnir, lester ; farcir, truffer.

8 **Entrer dans la composition de** ; être un élément constitutif de. – Appartenir à 72.13, être dans le champ de.

Adj. 9 **Contenu,** compris, enclos, **inclus** 67.17, inscrit *(cercle inscrit dans un triangle).*

10 Essentiel, immanent, **intérieur** ; intrinsèque.

Adv. 11 Ci-inclus.

12 **En soi,** intrinsèquement.

Prép. 13 En, dans.

Aff. 14 **In-.**

# 136 LIMITE

N. 1 **Limite** ; contour, périmètre. – Bord, bordure 132. – **Borne,** confins, extrémité. – Frontière, seuil ; **cadre.**

2 **Frontière,** marche *(les marches d'un empire) ;* ligne de démarcation, ligne frontière. – **Confins** ; bout, **extrémité,** fin 58,

terme ; terminus ; piliers ou colonnes d'Hercule [MYTH.] ; ligne d'horizon. – Fig. : **cadre**, domaine, sphère ; rayon [fig.], ressort **527**.

3 **Seuil** ; limite, maximum, minimum ; plafond, plancher, point de rupture. – PSYCHOL. : conscience marginale, frange de conscience. – Frein ; **contingentement**.

4 **Limitation**, restriction **89.1** ; limitation de vitesse **816**. – **Délimitation**, démarcation ; encadrement. – **Caractérisation**, définition, détermination, fixation.

5 Abonnage [DR. ANC.], **bornage**.

6 **Barrière 138**, borne, marque. – Arrêtoir, **cran d'arrêt**. – Borne inférieure ou supérieure d'une fonction [MATH.].

v. 7 **Limiter ;** border, borner, bornoyer [TECHN.]. – **Circonscrire**, circonvenir [vx], confiner, délimiter, localiser. – Définir (ou : déterminer, fixer) des limites. – Assigner un terme à [vx], mettre un terme à **58.15** ; préciser, spécifier. – Faire des restrictions ou des réserves, modérer, **réduire**, restreindre, serrer d'un cran [fig.]. – Limiter les dégâts [fam.].

8 Atteindre les bornes, combler la mesure, **dépasser** (ou : franchir, passer) **les bornes**, transgresser ; excéder **80.7**, franchir les limites, outrepasser ; pousser, pousser bien loin, pousser un peu loin, pousser trop loin ; charrier [fam.]. – Acculer, pousser qqn à bout (ou : à la dernière extrémité, dans ses retranchements, dans ses derniers retranchements) ; exaspérer, mettre à bout.

9 Ne plus connaître de limites ou de bornes ; pousser à bout (ou : à la perfection, à l'extrême).

10 Être à bout, **être à bout de forces** (ou : de courage, de souffle, de nerfs, de course), être au bout du rouleau **376**. – Boire la coupe jusqu'à la lie.

11 **S'en tenir à ;** se borner à, se cantonner, se confiner, se contenter de, se limiter à.

Adj. 12 **Limité ;** arrêté, défini, fini, fixé, précisé, réglé.

13 **Contigu ; bordurier**, frontalier, limitrophe. – Juste *(c'est juste)*, limite *(c'est limite)* [fam.]. – Liminaire, liminal, subliminal ; **final**, terminal.

14 **Limitant** [didact.], limitatif. – Limitable [rare].

15 Absolu **71. 12** ; **extrême**. – Illimité, sans borne [vx], sans bornes, sans limites. – Illimitable, infini **115.9**.

Adv. 16 **Limitativement**. – Dans la mesure du possible.

17 À l'autre bout, à l'extrême pointe, **à la limite ;** sur les bords. – Jusqu'au bout, **jusqu'à la lie**, jusqu'à la corde, jusqu'à la dernière extrémité, **jusqu'à la dernière limite**, jusqu'à épuisement, jusqu'à plus soif [fam.]. – Au finish [anglic., fam.], en dernière extrémité.

18 À terme, à terme échu, échu ce terme, passé ce terme.

Prép. 19 **À la limite de**, aux confins de ; **jusque**. – Jusqu'à concurrence de, **dans la limite de** ; endéans [belg.]. – Du ressort de, du domaine de, de la portée de.

Aff. 20 **Acro-**.

## 137 REVÊTEMENT

N. 1 **Revêtement ;** garniture. – **Enveloppe**, membrane, pellicule, tégument ; couverture. – Face **163.1**, surface ; subjectile [TECHN.]. – **Coffrage**, protection, renfort ; conditionnement, emballage **134.1**, empaquetage. – Couche, manteau [fig.] ; patine.

2 **Peau 334** ; membranule [ANAT.], pelure. – Barde ; **carapace**, cocon, coque, **coquille**, cuirasse, derme, duvet, écaille, épiderme, **peau**, plume.

3 Croustade, croûte ; **dépôt**.

4 ANAT. – Aponévrose, diaphragme, endocarde, épendyme, épicarpe, méninges, pannicule, péricarde, périchondre, périoste, péritoine, plèvre ; muqueuse. – Cortex **326**, écorce cérébrale [vieilli].

5 BOT. – Bale ou balle, bogue, bourre, brou, cannelle, **capsule**, coiffe, cosse, cuticule, duvet, écale, écalure, **écorce 286**, épicarpe, glume, glumelle, gousse, grume, involucre **288**, liège, regros, spathe, teille, tunique, volve, zeste.

6 Apprêt, badigeon, **enduit**, fond, teinture ; glaçure, lut ; brou, cire, encaustique. – Cellophane. – Émail, laque, mosaïque, peinture **731**, staff, stuc, vernis. – Fard, pommade ; brillantine, gel, Gomina [non déposé]. – Colophane ou arcanson [MUS.]. – Asphalte **726**, blanc de chaux, calcin, ciment, coaltar, corroi, gobetis [TECHN.], mortier, **plâtre**, tarmacadam. – TECHN. : brasque, braye.

7 Carpette, chemin *(chemin d'escalier, chemin de table)*, descente de lit, linoléum, moquette, revêtement de sol, **tapis**. – MAR. : garniture, natte, paillet.

8 Parement, parquet **848**, radier [TECHN.]. – Lambris, **plafond 848** ; couvrement [ARCHIT.] ; toiture. – Boisage, bordage [MAR.], cailloutage, empierrage, pavage ; briquetage, crépi, empierrement, hourdage, hourdis, limousinage, mortier, pisé, rocaillage, rudération, torchis ; émaillage.

9 Ardoise, bardeau, chaume, glui [vx], paille, tôle ondulée, **tuile**, zinc. – Adobe, azulejo, **brique**, briquette, **carreau**, dalle, tomette ; boutisse. – TECHN. : bandage, couchis.

10 Maçonnerie, marqueterie, orfèvrerie.

11 Ravalement, **recouvrement, revêtement**. – Apprêtage, badigeonnage, enrobage ; asphaltage, boisage, bétonnage, bousillage, cailloutage, carrelage, chaulage, chemisage, cuvelage ou cuvellement, dallage, empierrage, empierrement, hourdage, lambrissage, lutage, pavage, placage, plâtrage, vernissage ; TECHN. : émaillure, enduction, enduisage, planchéiage, rusticage. – Argenture, dorage, dorure, platinage ; damasquinage, émaillage. – REL. : cartonnage, couvrure.

12 Asphalteur, badigeonneur, barbouilleur, bitumier, briquetier, calfat, carreleur, peintre **731**, paveur, piseur, tapissier, tuilier, stucateur.

v. 13 **Revêtir ; couvrir**, endosser. – Draper, habiller **811**, parementer, parer. – Bâcher, bander, banner, caparaçonner, cuirasser, enchemiser, emmailloter, emmitoufler, masquer, voiler.

14 Appliquer, **coucher sur**, étaler, **étendre**, garnir, répandre ; inonder, joncher, parsemer, submerger. – Broder. – Couvrir.

15 Ardoiser, carreler, chauler, cimenter, crépir, cuveler, galipoter, glaiser, lambrisser, piser, planchéier, plâtrer, stuquer, tapisser. – Emmieller, encrer, encroûter, ensoufrer, ensuifer, gazer, glacer, gluer, gommer, poisser, poudrer, saupoudrer, soufrer, terrer. – Beurrer, farder, farter, graisser, huiler, lubrifier, oindre, pommader ; empoisser, encoller ; mégir ou mégisser [TECHN.] ; brillanter, cirer, encaustiquer, laquer ; glycériner, paraffiner, stéariner. – Badigeonner, enduire, engluer, maquiller, tartiner. – Glacer, vernir, vernisser ; peindre, peinturer ; blanchir, noircir, vermillonner. – Asphalter ; caoutchouter ; caillouter, empierrer, graveler. – Métalliser, plaquer ; argenter **261**, chromer, cuivrer, dorer **260**, nickeler, zinguer. – Calfater, étouper, mastiquer ; calfeutrer, capitonner. – Maroufler, rentoiler.

Adj. 16 Amplectif [SC.]. – Membraneux, membraniforme [didact.].

17 Incrustant.

Adv. 18 Superficiellement.

Aff. 19 Couvre-, épi-.

## 138 BARRIÈRE

N. 1 **Barrière**, obstacle. – Barricade, **clôture**. – **Mur**, paroi ; porte, vitre. – Cloisonnement, écran, séparation ; fermeture **140**. – Blocage [PSYCHOL.], difficulté, empêchement **554** ; fig. : frein, cloison.

2 **Mur 140.4**, courtine [FORTIF.], mur de refend [ARCHIT.], muret, murette, parapet ; muraille, palanque, rempart **560**. – Bardis [MAR.], galandage, mur de cloison [ARCHIT.]. – Cloison, claustra ou claustre, shoji [jap.] ; paravent.

3 **Clos** *(un clos)*, enclos ; enceinte *(une enceinte)*. – Claie, claire-voie, clayonnage ; grillage, **grille**, treillage, treillis. – Échalier ; bouchure [région.]. – Lice, palis, palée, **palissade**, portereau [TECHN.], plessis, pourpris [vx] ; cancel [vx]. – Balustre, **barreau**.

4 **Barbelés**, barbelures, fils barbelés, réseaux de barbelés, ronces artificielles ; **cheval de frise**, épis, chardon, artichaut, hérisson, fer de lance. – Herse, orgue, sarrasine.

5 **Charmille**, clédar [région.] ; haie **287**, haie morte, haie vive. – **Bocage** ou boccage, breuil [région.], champ clos.

6 **Barrage 726**, barrage flottant, barrage hydraulique, batardeau, estacade, fermette. – Hausse, vanne. – Brise-lames, **chaussée**, digue, levée ; jetée, môle. – **Parapet**, plongée [FORTIF.], remblai, talanquère, terre-plein, turcie [vx].

7 **Balcon**, balustrade, cordage, garde-corps, garde-fou, lisse, main courante, rambarde, rampe ; rampe d'escalier ; MAR. : bastingage, herpe. – **Garde** ; garde-boue, garde-chaîne, garde-crotte, garde-feu, garde-main ; pare-brise, pare-feu.

8 **Fossé** ; contrevallation, douve, retranchement, tranchée.

9 **Jalousie**, moucharabieh ou, vieilli, moucharaby, **persienne**, volet à claire-voie. – Contrevent, rideau de fer, store, **volet**, volet brisé, volet de parement [TECHN.], volet roulant ; battant, vantail, vasistas. – Porte **140.4**. – **Rideau 848** ; brise-bise, bonne-grâce [vx], lambrequin, pente de lit ou de fenêtre, portière.

10 HIST. Ligne Maginot, ligne Siegfried, mur de l'Atlantique ; Grande Muraille de Chine ; limes, mur d'Hadrien. – Fig. : mur de l'argent ; rideau de fer, rideau de bambou.

11 **Barrière de corail,** récif. – La Grande Barrière d'Australie [GÉOL.].

12 Fig. – **Barrière douanière,** barrière fiscale ; barrière linguistique 734. – **Barrière de dégel,** barrière de pluie [fr. d'Afrique].

13 PSYCHOL. – **Défense,** résistance ; oblitération, souvenir écran 401. – Barrage, **obstruction.** – Cloisonnement [fig.].

14 **Enclôture,** endigage, endiguement. – Clayonnage, compartimentage, palissage [TECHN.]. – Bâclage. – Cloisonnisme [PEINT.]. – Enclosure [HIST.].

V. 15 Bâcler [vx], **balustrer** [vx], barrer [vx], cercler, clayonner [TECHN.], **clôturer,** corder, diguer [rare], endiguer, fortifier, **grillager,** griller, murer, palissader, remparer [vx], treillisser. – Rompre (ou : briser, crever) les digues ; boire l'obstacle [fig.].

16 **Barrer la route** [fig.] ; barrer les projets ou les souhaits de qqn, barrer qqn [fig.]. – Faire barrage, faire de l'obstruction.

17 Se barricader, se retrancher.

Adj. 18 **Barreaudé** [rare], grillé ; grillagé ; clos, **enclos.** – Obstructif [didact.], occlusif. – Palissadique [TECHN.]. – Obstruant [rare].

Aff. 19 Herco- ; hymén-, hyméno- ; phragmo-.

20 -phragme ; -phrène, -phrénie.

## 139 OUVERTURE

N. 1 **Ouverture,** orifice, trou. – Dégagement, fenêtre, **jour.** – Passage, pas, passe, porte 848 ; brèche, débouché, échappée, perspective, trouée. – Accès, entrée 203 ; issue, sortie 204 ; fig : bouche, gueule. – Commencement 56.1, entame ; inauguration.

2 **Bâillement,** béance [fig.], embrasure ; entrebâillement, entrebâillure [litt.], entrouverture [rare]. – Évasement, évasure [rare] ; étampure [TECHN.]. – BOT. : anthèse 288, aperture.

3 Fente ; crevasse 270, déchirure, fissure, interstice.

4 GÉOGR. – Embouchure, estuaire 271. – Col 270, couloir, goulet, gorge.

5 Arcade 777 ; baie. – Regard, soupirail, trapillon, trappe ; chatière.

6 **Fenêtre 848** ; lucarne, lunette, œil-de-bœuf, vasistas ; imposte. – Guichet, judas, œil *(œil de porte),* œilleton ; trou de serrure. – MAR. : écoutille, écoutillon, écubier, hublot, sabord [anc.]. – TECHN. : ajour, ajourage, fenestration. – FORTIF. : arbalétrière, archère, barbacane, canonnière, créneau, embrasure, mâchicoulis, meurtrière.

7 **Cheminée,** puits de jour, varaigne [région.]. – Barbacane, chantepleure, ventouse. – TECHN. : abée, aspirail, évent, ouvreau, pertuis, tubulure.

8 **Clef** ou clé **809.** – Ouvre-boîtes, ouvre-bouteilles.

9 Ouverture. – Évasement [rare], élargissement **125.3.**

V. 10 **Ouvrir** ; frayer un chemin, ménager (ou : pratiquer, percer) une ouverture. – Entrebâiller, entrouvrir. – Déployer, écarter, étendre ; écarquiller. – Déclore [vx], éclater, **éclore** [BOT.].

11 **Ouvrir** ; crocheter, déclouer, **déverrouiller,** ouvrir la porte ; vx : débâcler, débarrer, déclencher. – « Sésame, ouvre-toi » *(les Mille et Une Nuits),* « Tire la chevillette, la bobinette cherra » *(le Petit Chaperon rouge,* conte de Perrault).

12 Débonder, déboucher, décapsuler, décoiffer ; décapoter, décapuchonner. – Déballer, décacheter, défaire, dépaqueter. – Déboutonner, débrider.

13 **Donner sur,** ouvrir l'accès à. – **Béer,** être ouvert à tous vents.

14 Dessiller, ouvrir les yeux à qqn 414 ; ouvrir l'esprit, ouvrir des horizons.

15 Ouvrir l'œil 402. – Ouvrir la bouche 745.

16 **S'ouvrir** ; s'entrebâiller, s'entrouvrir, s'épanouir, s'évaser. – S'étendre, se déplier, se développer. – S'ouvrir sur. – S'épancher, s'ouvrir à qqn.

Adj. 17 **Ouvert,** grand ouvert ; apert [vx]. – Bâillant, **béant,** entrebâillé ; bée *(bouche bée).* – Ajouré, **échancré,** fenestré ; évasé.

18 **Découvert** ; déclaré, franc, manifeste 430.

19 À ciel ouvert, à découvert. – À cœur ouvert ; à livre ouvert.

## 140 FERMETURE

N. 1 **Fermeture.** – Étanchéité, herméticité [rare]. – Clôture, conclusion, fin 58.

2 Bonde, bouchoir [TECHN.], **bouchon,** diaphragme, obturateur, **soupape,** tampon,

valve. – MAR. : nable, tape. – Commutateur, interrupteur, manette ; clapet, robinet **808**. – Couvercle. – Sceau, scellé.

3 ANAT. : anneau, sphincter. – ZOOL. : couvercle, opercule.

4 Porte **848** ; huis [vx] ; lourde [arg.] ; contreporte [TECHN.]. – Porte à tambour ou porte-tambour ; moulinet, tourniquet. – Battant, contrevent, jalousie, mantelet [MAR.], persienne, rideau, rideau de fer, store, vantail, **volet** ; fenêtre aveugle. – Mur **138.2**.

5 Bâcle [vieilli ou TECHN.], barre. – Bobinette [vieilli], loquet. – Cadenas, **serrure 809**, targette, **verrou**. – Clef ; arg. : serrante, tournante.

6 Agrafe, agrape [vx], broche **866**, **fermoir**, fermail, fibule. – **Bouton**, bouton-pression, fermeture Éclair [nom déposé], glissière, zip [anglic.].

7 Bâillon, muselière, poire d'angoisse [vx] ; muselet [TECHN.]. – Barrage, barricade ; barrière **138**.

8 Fermeture annuelle, relâche. – Lock-out [anglic.].

9 Claustrophobie.

10 **Fermeture** ; bâclage [vieilli ou TECHN.], **verrouillage**. – Bouchage, obturation, **occlusion** [cour.], engorgement, obstruction, opilation [vx] ; bouchement [ARCHIT.]. – Cessation, suspension ; clôture.

V. 11 **Fermer** ; bâcler [vieilli ou TECHN.], barrer, barricader, bloquer, cadenasser, verrouiller. – **Donner un tour de clef**, fermer à clef. – Mettre les scellés.

12 Agrafer, boucler, **boutonner**. – Cacheter, sceller.

13 Bondonner, **boucher**, colmater, combler, tamponner [vx]. – Calfater, jointoyer, mastiquer, remblayer. – Aveugler, condamner, murer ; clore [litt. ou vx].

14 Bâillonner, museler. – Fam. : clouer le bec **366**, mettre un bouchon à qqn. – Fam. : fermer son caquet ou, vulg., sa gueule ; la boucler, la clouer, la fermer.

15 Condamner sa porte. – Défendre, interdire, refuser sa porte à qqn. – Fermer la porte au nez de qqn.

16 **Fermer** ; fermer boutique, baisser le rideau, faire relâche, lever la séance, mettre la clef sous la porte ; faire la fermeture.

17 Fermer un angle [OPT.], fermer une courbe [MATH.].

19 Cicatriser. – Engorger, **obstruer**. – MÉD. : oblitérer, occlure, opiler [vx] ; obturer [TECHN.].

20 Se fermer ; se renfermer, se renfrogner.

Adj. 21 **Fermé** ; abrité, aveugle. – SC. : occlusal, occlusif, occlus. – Étanche, hermétique.

# 141 FORME

N. 1 **Forme 3** ; conformation, morphologie, **structure 147**. – Contexture, constitution, état **7**, texture. – Plastique *(la plastique)*.

2 **Format** ; dimension **123**, proportion, rapport. – **Profil**, profilé [TECHN.], relief ; volume **135**. – **Contour**, délinéament, dessin, galbe **144**, ligne, linéament, **modelé**, modénature, tracé, trait ; empreinte.

3 **Forme** *(une forme de)* ; espèce, genre, manière *(une manière de)*. – Genre **49**, sorte, **type**, variété.

4 **Apparence** ; air, allure **614**, **appareil** [vx] ; aspect, aspect extérieur, aspect matériel ; caractère, dégaine [fam.], dehors *(les dehors)*, expression, présentation. – **Image**, silhouette, visage [fig.]. – **Coupe**, facture, manière, style.

5 **Mise en forme** ; agencement, composition, organisation **47** ; formatage [INFORM.]. – **Fabrication, façon**, façonnage, façonnement [rare] ; carénage, moulage, profilage.

6 **Déformation** ; anamorphose, avatar, métamorphose **193**, transformation.

7 **Forme** ; cadre, cerce, coupe, empreinte, forme de découpe, gabarit, matrice, **modèle 30**, module, moule, patron ; embauchoir à chaussures, champignon à chapeaux. – Formulaire, **formule**, libellé.

8 PHILOS. : **formes de la connaissance 407** ; formes pures *a priori* de la sensibilité **440**, forme du sens externe (l'espace) **123**, forme du sens interne (le temps) **170** ; forme de l'entendement ou catégorie, forme de la raison ou idée **421**, forme de la moralité **690**. – Formes accidentelles ou occasionnelles, formes substantielles. – Forme d'une opération de l'entendement, forme d'un jugement **427**, forme d'un raisonnement ; loi de la bonne forme ou loi de la forme la meilleure. – Forme d'un sacrement [THÉOL.]. – Formes grammaticales *(forme verbale, forme nominale, forme pronominale, forme progressive ; forme du singulier, forme du pluriel)* **740** [GRAMM.].

9 Forme (opposée à fond) ; le fond et la forme, la forme et la substance ; expression **698**, formulation.

10 PSYCHOL. – Gestalt, psychologie de la forme ou Gestaltpsychologie, théorie de la forme ou Gestalttheorie. – Constance de la forme.

V. 11 **Former,** engendrer ; informer [didact.]. – **Configurer,** donner forme à, figurer ; ébaucher, esquisser, silhouetter.

12 **Façonner,** former, modeler, mouler, parangonner, pétrir, profiler, usiner ; TECHN. : caréner, enformer, matricer. – Calligraphier.

13 **Formaliser 421,** formuler **701.**

14 **Agencer,** arranger, assembler, combiner, constituer, disposer, mettre en forme, ordonner, organiser. – **Composer,** confectionner, **constituer.**

15 **Conformer** ; adapter, ajuster, configurer, uniformiser.

16 Naître, **prendre corps, prendre forme** ; prendre la forme de. – Se développer, se former.

17 **Concevoir** [fig.], former dans son esprit. – Se former ou se forger une idée, une opinion.

18 **Déformer,** gauchir, transformer.

Adj. 19 **Formé** ; conformé, constitué.

20 **Formel,** structurel.

21 Didact. – **Multimorphe,** polymorphe ; diversiforme, hétéromorphe, protéiforme. – **Biforme,** dimorphe, trimorphe. – Zoomorphe ou zoomorphique. – **Amorphe,** anamorphe, informe ; uniforme. – Difforme.

Adv. 22 **Formellement** ; expressément, positivement.

23 En la forme, en l'espèce. – **Dans les formes,** en bonne et due forme, en forme, en règle. – **De pure forme,** pour la forme, par convention.

24 **Sans autre forme de procès** ; sans formalité. – Brutalement.

Prép. 25 Sous forme de ou sous la forme de. – **En forme de.**

Aff. 26 Morph-, **morpho-** ; **physio-.**

27 **-forme** ; -morpha, -morphe, -morphie, -morphique, -morphisme, -morphite, -morphose ; -oïde, -oïdal.

## 142 RECTITUDE

N. 1 **Rectitude.** – **Alignement,** enfilade ; réglure [TECHN.]. – **Raideur,** rigidité.

2 **Droite** *(une droite)* ; axe, diamètre **145,** flèche, ligne **148,** ligne directrice ; tiret, trait. – Rai, rayon ; **raie,** rayure **148.5.** – Corde [MATH.]. – GÉOM. : segment ; section droite d'un cylindre ou d'un prisme ; faisceau de droites.

3 **Cordeau,** fil à plomb. – **Niveau,** nivelle, simbleau [TECHN.]. – **Règle 52,** réglet.

4 **Rectification** ; correction, redressement. – **Dressage,** nivellement, planage. – **Érection,** redressement.

5 Droiture [litt.] **693.** – **Droit chemin 699,** droite voie **711.** – Droit-fil, ligne [fig.].

V. 6 **Aligner, tracer au cordeau,** tirer au cordeau, tringler [TECHN.] ; axer, mettre la barre droite [MAR.]. – Couper net, trancher net ; **équarrir.**

7 **Aplanir,** planer ; mettre de niveau, niveler [TECHN.].

8 **Rectifier, redresser** ; corriger. – Découder, défausser, dégauchir, détordre. – **Déplier,** déplisser, déployer, dérouler.

9 **Dresser** ; ériger, lever **211, mettre d'aplomb.** – Rigidifier, tendre. – Mettre sur pied, remettre sur pied.

10 **Aller de droit fil.** – Se dresser, se redresser, **se tenir droit,** se tenir raide ; se tenir debout.

Adj. 11 **Droit** ; droit comme un cierge (ou : comme un échalas, comme un i, comme un jonc, comme un peuplier, comme un piquet, comme une statue ; direct, rectiligne. – **Raide,** rigide, roide [vx] ; planté comme un piquet ; inflexible.

12 Axial, coaxial ; diamétral, horizontal, vertical ; **à angle droit,** d'équerre, orthogonal. – Plain [vx], **plan.** – **Aligné** ; tendu, tiré au cordeau.

Adv. 13 **Droit** ; **tout droit,** droit devant, sans détour ; en droite ligne, en droiture [vx], en ligne directe ; droit comme une flèche. – À vol d'oiseau. – **Directement,** droitement [vx], rectilignement ; rigidement. – À pic, à plomb ; à l'horizontale, à la verticale. – **D'aplomb,** debout.

Prép. 14 Dans le droit fil de.

Aff. 15 **Orth-,** ortho- ; rect-, recti-, recto-.

## 143 ANGULARITÉ

N. 1 **Angularité** ; inclinaison, obliquité **167.** – **Figure angulaire 146.**

2 GÉOM. : **angle aigu,** angle droit, angle obtus, angle plat, angle rectiligne. – Angle

rentrant, angle saillant. – Angle au centre, angle alterne, angle externe, angle interne. – **Angle complémentaire**, angle correspondant, angle supplémentaire, angle symétrique. – **Arête** ; intersection.

3 **Angle d'incidence**, angle de réflexion, angle de réfraction ; angle de projection. – OPT. : angle de champ **234**, **angle optique**. – Angle visuel [ANAT.]. – ASTRON. : angle horaire, **azimut**. – PHYS. : **distance angulaire**, écart angulaire, secteur angulaire, sinus ; cosécante, cotangente. – Cosinus, degré angulaire.

4 TECHN. : **angle de mire**, angle de tir, angle de transport. – Angle de chute, angle de hausse, angle de niveau. – **Angle de route**, angle de vol. – Angle d'attaque, angle de coupe, angle de dépouille. – Angle mort.

5 **Goniométrie**, trigonométrie.

6 MÉTROL. : **grade**, radian ; **minute d'angle**, seconde d'angle.

7 **Coin** ; carne [VX, TECHN.], corne, saillant, saillie ; pointe. – Coude, **encoignure**, rentrant ; anglet, brisis, brisure, noue [TECHN.]. – ARCHIT. : **pierre angulaire** ; pierre d'angle, écoinçon ; **besace d'angle**, retour, retour d'équerre ; angle de défense, angle de flanc ou flanquant [FORTIF.] ; pan coupé.

8 **Biais 167**, biseau, chanfrein [ARCHIT.]. – Hypoténuse [GÉOM.].

V. 9 **Angler** [TECHN.], tailler à angles vifs. – **Faire l'angle avec** ou faire l'angle de. – Adoucir ou arrondir les angles [fig.].

Adj. 10 **Angulaire**, grand-angulaire ; cornier. – Anglé [TECHN.]. – **Anguleux**.

Adv. 11 **Angulairement** [didact.]. – Anguleusement. – À angle droit, à angle vif, **en angle** ; en besace, en retour d'équerre [ARCHIT.].

12 **Sous un certain angle** ; d'un certain point de vue, sous un certain aspect.

Prép. 13 À **l'angle de**, **au coin de**. – Sous l'angle de.

Aff. 14 Goni-, **gonio-** ; sphén-, sphéno-.

15 **-gone**, -gonal, -gonite, -grade.

# 144 COURBURE

N. 1 **Courbure** ; arcure, cambrure, voussure **777**. – **Concavité 153**, convexité ; [didact.] : conicité, convexité, parabolicité. – Sinuosité, tortuosité [rare].

2 **Courbe** *(une courbe)* ; arrondi *(un arrondi)*, galbe, lobe. – Arc, **croissant**. – Ellipse, ovale, ove.

3 **Arabesque**, boucle ; ondulation, tortil [HÉRALD.]. – Détour, lacet, méandre, **tournant 215**, virage. – Coude, pliure. – **Colimaçon**, enroulement, **hélice**, pas, pas de vis, révolution. – Rouleau, serpentin, **spirale**, tors, torsade, volute, vrille ; ressort. – Spire [GÉOM.], **vis**.

4 Bombage [rare], bombement, bouge [TECHN.], renflement **152**, rondeur ; panse *(panse d'un a, panse d'une cruche, panse d'une commode)*, sein *(sein d'une voile)* [MAR., vx], ventre.

5 ARCHIT. : **arcade**, arcature, ogive. – Extrados, intrados ; formeret [TECHN.]. – Arc-boutant **738**, arc-doubleau, arceau, berceau, cintre. – **Voûte** ; arche, calotte, chapelle [TECHN.], **coupole**, cul-de-four, dôme ; voussoir ou vousseau.

6 **Courbe mathématique, courbe de fonction** ou fonction d'une courbe algébrique **177** ; diagramme, graphique. – **Courbe de niveau 126**. – **Arc de cercle**, arc en segment de cercle, demi-cercle, quart de cercle.

7 **Cintrage**, courbage [TECHN.], courbement [rare], **fléchissement**, flexion, galbage [TECHN.], gondolage ou gondolement, incurvation ; arrondissage. – **Torsadage**, tortillement, spiralisation [BIOL.] ; torsion. – Déroulement, enroulement.

V. 8 **Courber** ; arquer, couder, plier. – **Cambrer**, cintrer, incurver, **recourber**, voûter. – **Godailler**, goder, gondoler ; bouillonner, froncer, godronner, plisser. – **Serpenter**, spiraler, **torsader**, torser [TECHN.], tortiller, tortillonner. – **Arrondir**, boucler [TECHN.], friser.

9 **Bomber**, faire bosse, faire ventre, galber.

10 S'arquer, se cambrer, se casser, **se courber**, s'infléchir, se voûter. – S'enrouler, se lover.

Adj. 11 **Courbe** ; arciforme ; unciforme [didact.], arqué, bombé, cambré, cintré, coudé, courbé, crochu, hémisphérique, incurvé, recourbé, tordu, tortu [région. ou vx], voûté ; enroulé, infléchi, retors, voluté [didact.]. – Courbable [rare], curvatif [rare].

12 Bouclé, convoluté [BOT.], flexueux [didact.], gondolé, méandrique, plissé, ridé, serpentin, **sinueux**, spiralé, tortillé, tortueux ; rare : méandreux, tors, torsif. – Ondulant [litt.], ondulé, onduleux, ondulatoire [PHYS.].

13 **Arrondi,** ballonné, bossu, bulbeux, galbé, mamelonné, **rond 127.** – Sphéroïdal, sphéroïde.

14 Didact. : biconcave, biconvexe, circulaire, concave, conique, conoïde, convexe, curviligne, hélicoïdal, hélicoïde, parabolique, paraboloïdal, spiroïdal, spiral, strobiloforme, tronconique.

15 En colimaçon, en hélice, en spirale, en torsade ; à vis. – **En arc-de-cercle,** en arceau, en plein cintre.

Adv. 16 Paraboliquement. – Sinueusement.

Aff. 17 Curvi- ; hélic-, hélico-, hélici- ; onc-, onco-, onch-, oncho- ; spiro- ; strepto- ; strongyl-, strongylo-.

## 145 CERCLE

N. 1 **Cercle ;** boucle, circonférence, disque, rond *(un rond) ;* **cycle 185,** orbe [litt.]. – **Circularité,** rotondité, sphéricité [didact.].

2 Anneau, annelet, bague **866.** – Cerce [TECHN.], cerceau, couronne. – **Roue ;** rouelle, rondelle.

3 **Sphéroïde** *(un sphéroïde).*

4 ASTRON. : **orbite ;** colure, écliptique, épicycle [anc.]. – **Équateur,** tropique ; méridien, parallèle. – GÉOGR. : **cercle antarctique,** cercle arctique. – Cercle déférent ou déférent [anc.].

5 Disque ; aréole, **auréole,** cerne, nimbe. – Gloire, mandorle [BX-A.]. – Rosace, rose [BX-A.]. – ASTRON. : faux-soleil **277, halo,** parasélène, parhélie ; anneaux ou anses de Saturne [vx].

6 **Circuit 858,** circulation [vx], circumnavigation, **périple ;** tour, tournée. – Révolution, rotation **215 ; circumduction** [SC.].

7 Cercle infernal, **cercle vicieux.** – Cercle vertueux [ÉCON.].

8 **Cycle ;** cercle *(cercle des saisons)* **187 ;** éternel retour.

9 **Sphère ;** boule, globe. – Balle, bille, calot. – Ballonnet, baudruche. – **Cylindre,** rouleau, tambour.

10 Amphithéâtre. – Cirque **270.** – Rotonde **738 ;** coupole, tambour.

11 Baguage, **cerclage.** – Encerclement.

v. 12 **Cercler ;** baguer, cylindrer. – **Auréoler,** cerner, couronner, nimber ; ceindre, encercler, entourer.

13 **Circuler ;** boucler, faire le tour de, tourner, tourner en rond. – La boucle est bouclée [loc. cour.]. – Faire le cercle ; entrer dans la ronde.

Adj. 14 **Circulaire ;** rond, rotond [litt.] ; **sphérique ;** orbitaire, orbital. – **Circonférentiel ;** concentrique, excentrique. – Annulaire, **cylindrique,** tubulaire.

15 Annelé, aréolaire, circiné [MÉD.], couronné.

Adv. 16 **Circulairement.** – En cercle, en rond ; en circuit fermé, en circuit ouvert.

Aff. 17 Cyclo- ; ov-, ovo- ; circum- ; péri- ; gyro-.

18 -cycle.

## 146 GÉOMÉTRIE

N. 1 **Géométrie.** – Géométrie analytique, géométrie différentielle, géométrie euclidienne, géométrie projective ; géométrie de situation *(analysis situs),* topologie ; géométries à 4, 5, *n* dimensions ou géométries non-euclidiennes. – Trigonométrie **143.** – Métagéométrie.

2 Spatialité, spatialisation. – Assiette, emplacement, **position,** situation. – Limite **136,** périmètre.

3 Axiome, loi, postulat **423,** proposition, **théorème ;** scolie. – Théorème de Pythagore, théorème de Thalès ; les cinq postulats d'Euclide.

4 Forme **141.** – **Figure,** solide. – Espace **157,** lieu, plan, surface. – Angle **143,** cercle **145,** courbe **144,** droite **142, ligne, point ;** corde, segment, vecteur. – Axe (axe des abscisses, axe des ordonnées) ; coordonnées, coordonnées polaires, cote.

5 POLYGONES

| | |
|---|---|
| carré | parallélogramme |
| décagone | pentagone |
| dodécagone | pentédécagone |
| ennéagone | quadrangle |
| étoile | quadrilatère |
| hendécagone | rectangle |
| heptagone | rhombe, |
| hexagone | rhomboïde, |
| losange | trapèze |
| octogone | triangle |

6 POLYÈDRES

| | |
|---|---|
| cube | icosaèdre |
| cylindre | parallélépipède |
| décaèdre | pyramide |
| dièdre | octaèdre |
| dodécaèdre | tétraèdre |
| heptaèdre | trièdre |
| hexaèdre | |

7 DROITES

| | |
|---|---|
| apothème | asymptote |
| arête | bissectrice |

cosécante
cotangente
demi-droite
diagonale
directrice
horizontale
hypothénuse
médiatrice
normale

parallèle
perpendiculaire
polaire
rayon
sécante
tangente
transversale
verticale

8 COURBES

arc de cercle
arc de courbe
circonférence
conchoïde
conique
cycloïde
demi-cercle
ellipse
ellipsoïde
enveloppée

hélice
hyperbole
hyperboloïde
hypocycloïde
lemniscate
ovale
parabole
paraboloïde
spirale

9 SURFACES

bande
calotte
cône
couronne
fuseau
hémisphère

onglet
plan
quadrant
sphère
sphéroïde

10 POINTS

foyer
homocentre
milieu
ombilic
orthocentre
pied

point d'inflexion
point d'intersection
point origine
polaire
point de contact
pôle

11 TRACÉS

abaque
chronogramme
courbe de fonction
diagramme
épure

graphique
histogramme
nomogramme
plan
schéma

12 TRANSFORMATIONS

abaissement
antidéplacement
développement
homographie
homologie
homothétie
inversion 220,
involution
isométrie

projection
rabattement
réduction
retournement
révolution
rotation 215,
similitude
symétrie
translation

13 Construction, élévation, inscription, réduction, section.

v. 14 Géométriser [didact.]. – Abaisser, circonscrire, construire, développer, engendrer, inscrire, inverser, mesurer, projeter, rapporter, réduire, tracer.

Adj. 15 **Géométrique**, géométrisé ; géométral [didact.], géométrisant [didact.].

16 Coïncident, équidistant ; concourant, convergent, divergent ; antiparallèle, parallèle, symétrique. – Tangentiel – Homologue, proportionnel. – Curviligne, mixtiligne, rectiligne. – Acutangle, équiangle, obtusangle ; équilatéral, isocèle ; dodécagonal, isogonal, orthogonal, oxygonal, parallélépipédique, polygonal ; quadrangulaire, rectangulaire, triangulaire.

17 Orthonormé.

Adv. 18 Géométriquement. – À géométrie variable. – Diagonalement.

Aff. 19 -èdre ; -gone, -gonal.

## 147 STRUCTURE

N. 1 **Structure** ; configuration, conformation, figure, forme 141, morphologie. – Agencement, arrangement, combinaison, **composition**, disposition, édifice [litt.], organisation 47 ; fig. : contexture, texture, tissure [vx]. – Appareil, **dispositif**.

2 Armature, **charpente** ; fig. : carcasse, ossature, squelette. – Architecture [fig.] ; didact. : architectonie, architectonique (l'architectonique).

3 **Schéma** ; arbre [didact.], arborescence, canevas [fig.], paradigme, réseau, schème ; planning, organigramme. – Dessin, ébauche, esquisse ; plan. – Structure logique [INFORM.].

4 Complexion, **constitution**. – Nature, type ; idiosyncrasie, personnalité 307, thymie.

5 **Formation** ; étagement, chevauchement, enchaînement, enchevalement [TECHN.], enchevêtrement, engrenage, enlacement, entrecoupement, entrecroisement, entrelacement, entrelardement, entremêlement [vx], étagement, maillage ; enchevauchure, enchevêtrure, endenture. – Enfilade.

6 Entrelacs ; lacis, nœud ; filet, treillis. – Fig. : rhizome.

7 Loi, ordre. – Corps, ensemble, groupe, organisme, **système 51**.

8 Grammaire 740 ; syntaxe. – LING. : structure profonde, structure de surface.

9 **Infrastructure**. – Complexe, entreprise, établissement, institution. – Réseau (réseau ferroviaire, hydrographique) ; structure d'accueil, structure de production et d'échange.

10 PHILOS. : infrastructure ; superstructure.

11 Structuralisme [LING.]. – Structurologie [GÉOL.].

12 **Structuration ; construction,** échafaudage, **édification,** formation, montage ; planification.

v. 13 **Structurer ;** agencer, ajuster, aménager, architecturer, arranger **45,** articuler, classer, combiner, **composer,** construire, disposer, échafauder, édifier, élaborer, établir, ordonner, **organiser.**

14 Aligner, chaîner, enfiler. – Enchevaucher, entrecouper, entrecroiser, entrelacer, entremêler, entretoiser ; enclaver, larder, mailler, mélanger, mêler, natter.

15 S'agencer ; se chevaucher, se croiser, se recouvrir. – S'entremêler dans [fig.].

Adj. 16 Composé, **organisé,** structuré. – Fig. : charpenté ; ossaturé, vertébré.

17 Composant, structurant [didact.]. – **Constitutif.**

18 Structural, structurel. – Structuraliste [didact.]. – Infrastructurel.

19 Formalisable, structurable.

Adv. 20 Didact. : Structuralement, structurellement. – Architectoniquement, architecturalement.

## 148 LIGNE

N. 1 **Ligne.** – Délinéament [didact.], linéature [litt.].

2 **Linéarité** [litt.] ; horizontalité, obliquité **167,** verticalité.

3 Alignement, délinéation [didact.], tracement. – Alinéa. – **Guillochage,** racinage [TECHN.].

4 **Ligne ;** ligne droite, ligne brisée, ligne courbe. – Filet [TYPOGR.], ligature [TYPOGR.], liseré, tiret, **trait,** veine. – IMPRIM. : pontuseau, vergeure. – Guillochis, raie, rainure, sillon, **strie,** striole. – Sillage, **trace,** traînée.

5 **Biffure,** effaçure, rature ; griffure, guillochure, hachure, rayure, striure, **zébrure ; nervure,** veinure. – Jaspure, madrure, **marbrure,** moirure. – Quadrillage **149,** réglure [TECHN.].

6 Lignes de la main ; ligne de cœur, ligne de vie. – **Ride,** ridule, vergeture [didact.] ; corrugation [ANAT.].

7 Fig. **Direction,** voie. – **Ligne de conduite** [fig.], voie [fig.]. – Ligne budgétaire, ligne mélodique, ligne politique. – Ligne de foi [MÉTROL.], ligne de mire, ligne de visée. – **Ligne de force** [PHYS.]. – **Ligne aérienne 820,,** ligne maritime ; ligne de chemin de fer ; ligne de métro.

8 **Ligne de faîte,** ligne d'horizon. – Ligne de flottaison, **ligne de niveau.** – Ligne de front [MIL.].

9 Ligne directe, ligne collatérale ; lignage, lignée **681.**

v. 10 **Délinéamenter** [didact.], délinéer [didact.], dessiner, tracer. – **Ligner** [TECHN.], régler, **tracer,** tringler [TECHN.] ; tirer un trait, des traits. – Bretteler, bretter, cingler, **rayer,** sillonner, strier, zébrer ; biffer, raturer.

11 Aller (aussi : passer) à la ligne. – Suivre une ligne ; souligner, surligner.

Adj. 12 **Linéaire ;** linéal, linéamentaire [litt.].

13 **Filamenteux,** filandreux ; filamenté [rare].

Adv. 14 En ligne, linéairement.

## 149 CROIX

N. 1 **Croix,** croisette.

2 **Croisement ;** chevauchement, recoupement ; quadrillage. – **Croisée,** croisure [vx], enfourchement [TECHN.], **intersection ;** bifurcation, embranchement, enfourchure [vx], fourche, ramification. – Chassé-croisé.

3 Croix celte, croix copte, croix égyptienne, croix grecque, croix huguenote, croix latine, croix orthodoxe, croix papale, croix patriarcale, croix royale. – Croix de Bourgogne, croix de Jérusalem, croix de Lorraine, croix de Malte. – Croix de Saint-André, croix de Saint-Antoine, croix de Saint-Philippe, croix de Saint-Pierre. – Ankh, svastika ou swastika.

4 Branches ou bras d'une croix *(bras ancrés, bifurqués, croisés, doublés, en fleuron, en fleurs de lis),* croisillon, traverse ; quillon [TECHN.]. – Montant ; hampe, stipe. – Piétement.

5 Décorations. – Croix du Combattant, croix de guerre, croix de la Libération, croix du Mérite. – Croix de Malte, croix du Saint-Esprit, croix de Saint-Louis. – Croix de chevalier, Légion d'honneur **675.**

6 Croix-Rouge. – Croix des vaches [arg.].

7 Croisée du transept, croisée d'ogives **738,** croisillon [ARCHIT.].

8 RELIG. – Sainte Croix ; sacrifice de la Croix ; descente de Croix, portement de Croix. – **Signe de croix.** – Croix pectorale, jeannette. – Crucifix ; calvaire.

9 Privilège de la croix [HIST.].

10 Chiasma ou chiasme **752.** – Rimes croisées **789.**

11 Crucifiement, crucifixion. – Croisement ; croisure [litt.].

12 Croisade, croisé *(un croisé)*. – Rose-Croix *(un rose-croix, un rosicrucien)*. – Porte-croix [RELIG.].

13 Croisée des chemins, croiserie [région.], patte-d'oie, point d'intersection. – **Carrefour 764.**

V. 14 **Croiser** ; entrecroiser, entrelacer ; croiser les doigts, les bras, les jambes ; croiser le fer. – Chevaucher, couper, empiéter, mordre sur, traverser.

15 Croiser le chemin de qqn, croiser *(croiser qqn, croiser qqn du regard)*.

16 Faire la croix [vx], faire le signe de la croix ou un signe de croix. – Fig. : faire, tirer une croix sur, marquer d'une croix. – C'est la croix et la bannière [fam.]. – Rester les bras croisés **445.**

17 Se couper, **se croiser** ; se recouvrir. – Se croiser [HIST.]. – Se croiser les bras.

Adj. 18 **Croisé.** – En croix, en x. – Crucial, cruciforme. – Croisillé [rare ou région.], croisillonné. – Croiseté [HÉRALD.].

19 Crucifère, staurophore [didact.].

20 QUALIFIANT LES TYPES DE CROIX

| | |
|---|---|
| alésée | gammée |
| ancrée | lobée |
| ansée | pattée |
| bourdonnée | pommetée |
| bretessée | pennonée |
| cléchée | perlée |
| croissantée | perronnée |
| écotée | potencée |
| enhendée | recercelée ou recerclée |
| fleurdelisée | recroisetée |
| fleurdonnée | tréflée |
| florencée | vidée |
| fourchée | |

Aff. 21 Cruci-, stauro- ; -staurus.

## 150 BANDE

N. 1 **Bande** ; courroi, lanière, ruban **864.** – Lame, **lamelle**, langue, languette. – Fig. : **faisceau**, frange, pinceau ; piste.

2 **Courroie** ; bricole, licou, longe, mancelle, rêne ; sangle, sous-ventrière. – Enguichure, guiche, **jugulaire.** – Bandereau, **bandoulière**, baudrier ; bretelle.

3 **Bandeau**, bandelette, infule [ANTIQ.], turban. – **Ruban** ; bolduc, galon, bourdaloue, lézarde, martingale ; ruche *(ruche de tulle),* ruché, soutache. – Ceinture, ceinturon **811.** – Cravate, **écharpe**, étole.

4 **Banderole** ; bandière [vx], bannière, étendard, flamme, oriflamme.

5 **Bande d'arrêt d'urgence**, bande blanche, bande jaune.

6 **Bande dessinée.** – Bande-annonce [CIN.] ; bande-témoin [CIN.]. – **Bande magnétique,** bande-son.

7 **Bande de fréquence**, bande FM 747, largeur de bande. – Bande d'absorption d'un spectre, spectre de bande, **spectre optique** [OPT.].

8 Lamellation [TECHN.], **sédimentation**, stratification [GÉOL.]. – Bandage [rare]. – Fasciation [BOT.].

V. 9 **Bander**, panser.

Adj. 10 **Bandé.** – Fascé [HÉRALD.]. – Fascié [SC.], lamellé, lamineux [ANAT.]. – **Lamelliforme** [didact.], stratiforme [GÉOL.].

Adv. 11 En bandoulière.

Aff. 12 **Lamelli-**, strato-.

## 151 POINTE

N. 1 **Pointe** ; arête, corne ; **piquant.** – Aiguille, épingle, fuseau.

2 **Aiguille** ; flèche, pic ; clocher. – Cône, **corne**, cornet, pyramide. – Cime, sommité ; apex [SC.] ; cuspide [BOT.]. – **Avancée**, cap, éperon [GÉOGR.]. – Bec, rostre.

3 **Aiguillon** ; ardillon, dard. – Épine, **piquant**, mucron [BOT.]. – **Clou**, crampillon, piton, pointe, punaise, semence ; poinçon, pointeau ; rappointis. – Plume, **pointe sèche**, stylet. – **Fer** *(fer de lance),* fiche ; banderille. – Lance, pique, **poignard.** – Pal, pieu. – Fig. : aiguillon, **fer de lance.**

4 **Dent, griffe** ; artichaut **138**, barbelé, chardon, hérisson, herse. – Croc, **crochet**, fourche, grappin. – Carde, étrille, fourchette, peigne, râteau.

5 Point de côté, pointe au cœur ; élancement. – **Picotement** ; picotis, **piqûre.**

6 **Pique** ; **moquerie**, picoterie [litt., vx], pointe d'ironie [fig.] ; épigramme, **saillie**, trait **750.** – Mordant.

7 **Pointe** ; acmé, paroxysme ; pointe de vitesse ; heure de pointe.

8 Fig. : pointe *(pointe du progrès) ;* avancée, **avant-garde.**

9 TECHN. : **appointage** ; affilage, **affûtage**, aiguisage, émoulage.

10 Indentation.

11 Affileur, **affûteur**, aiguiseur, émouleur, **rémouleur**, repasseur. – Picador.

v. 12 Appointir, rappointir [TECHN.] ; **appointer** ; affiler, affûter, **aiguiser**, émoudre, empointer [TECHN.], épointer [rare], rémouler, repasser.

13 Percer, piquer, poinçonner ; buriner, ciseler, échopper, étamper, ficher, graver **866**. – Becqueter, picorer.

14 **Aiguillonner**, épingler [fam.], piquer, piquer au vif ; pointer.

Adj. 15 **Pointu** ; acéré, affilé, affûté, aigu, **aiguisé, effilé,** subulé [SC. DE LA V.] ; biacuminé [BOT.], bicuspide [ANAT.]. – Piquant ; blessant, **mordant 586.**

Aff. 16 Acut(i)- ; apic(o)- ; bélon(o)-, béloni- ; cérat(o)-, céro- ; dory- ; stylo- ; hélo- ; gomph(o)- ; plectr(o)- ; raphi-.

17 -centèse, -cère, -corne ; -raphe.

## 152 BOSSE

N. 1 **Bosse** ; bossette [rare ou vx]. – Excroissance, proéminence, protubérance, renflement ; aspérité, irrégularité, **relief,** rugosité. – Bosselure, boursouflage, boursouflement.

2 **Butte,** monticule, motte, tertre **270** ; colline, dôme, dos-d'âne, éminence, mamelon. – **Remblai** ; cairn, tumulus ; montjoie [didact. ou vx]. – Congère, gonfle [région.].

3 Gibbosité [didact.]. – MÉD. : cyphose, lordose, scoliose.

4 **Bosse** ; région. ou vx : beigne, bigne. – Apostème ou apostume [litt.], boursouflure, soufflure, soulèvement ; ballonnement, bouffissure, enflure.

5 **Bouton** ; bourgeon [vx], dôse [région.] ; bubon **383**, furoncle, orgelet, phlegmon, pustule, vésicule. – Ampoule, bulle, **cloque,** élevure [vieilli]. – Intumescence, nodule, nodosité, œdème, tumeur **388**, tuméfaction, stase. – ANAT. : apophyse, tubérosité ; granulation, tubercule.

6 Bosses du crâne, bosses phrénologiques. – Fam., fig. : bosse de + n. *(bosse des maths).*

7 BOT. : bourgeon, bouton, caïeu ou cayeu, œil ; bulbe.

8 ARCHIT. : bossage, bosselage ; bas-relief **735**, basse-taille [vx]. – Rebord, redan ou redent, ressaut, saillie. – Arrêtoir, arrêt, butée, taquet. – TECHN. : bosselure, bossette.

9 Bossellement [litt. ou TECHN.], boursouflage, cabossage, gonflement, tumescence [litt.] ; didact. : intumescence, protrusion.

10 Bossu *(un bossu)* **386**. – Fam. : bobosse *(un bobosse),* boscot *(un boscot)* [vieilli].

v. 11 **Bosseler,** bosser [TECHN.], bossuer [litt. ou TECHN.], **cabosser** ; gondoler. – Ballonner, bouffir, boursoufler, cloquer, enfler, gonfler ; coquiller [TECHN.].

12 Bosser [vx], faire bosse, faire ventre, proéminer [rare]. – Bosser du dos, faire le gros dos.

13 S'œdématier [rare], se bossuer, se cloquer ; se gondoler. – Se donner ou se payer une bosse [fam., vx].

14 Fig. : Tomber sur la bosse de qqn **658**. – Donner ou tomber dans la bosse [vx] **728**. – Rouler sa bosse.

Adj. 15 **Bosselé,** bossu *(terrain bossu)* [rare], bossué. – **Boursouflé, cabossé, cloqué** ; proéminent, protubérant.

16 Boudiné, bouffi, congestionné, enflé, gonflé, vultueux [litt.] ; intumescent [didact.].

17 Bossu, gibbeux ; contrefait, difforme. – Biscornu.

Adv. 18 ARTS. : en bosse ; en demi-bosse, en ronde bosse *(sculpture en ronde bosse).*

Aff. 19 Cordylo- ; -thélie, -thélium.

## 153 CREUX

N. 1 **Creux** ; creusure [rare], échancrure, effondrement, **encaissement, enfoncement,** enfonçure [vx], renfoncement, rentrée, retrait ; alvéole, anfractuosité, **cavité,** excavation, trou. – Concavité.

2 Creux, **dépression 270** ; affaissement, bas-fond, bassin, cuvette, cran [GÉOGR.], doline. – Cratère, entonnoir, poquet [HORTIC.] ; point d'impact, trou d'obus. – Baissière [AGRIC.] ; cuvette, flache.

3 Abîme, abysse, chasme [litt.], gouffre ; région. : aven, igue, tindoul. – Combe [région.], précipice, ravin ; cañon, gorge. – Cluse, crevasse, **excavation,** faille. – AVIAT. : Cheminée, trou d'air.

4 **Entaille** ; cannelure, coche, encoche, entaillure [vx], fente, hoche [région. ou vx], marque, raie, rainure, rayure, sillon, strie ; lézarde. – Balafre **387**, estafilade, taillade ; engelure, gerce.

5 Caniveau, fossé, ornière ; rigole.

6 Embut [vx], puisard, **puits ; fosse.** – GÉOL. : bétoire, chantoir.

7 **Caverne,** grotte, spélonque [vx]. – Bauge, chatière, gîte, guêpier, rabouillère [région.], tanière, **terrier,** trou *(trou de souris).*

8 TECHN. – Cannelure, forure, gorge, goujure. – Trou borgne ou trou foncé, trou débouchant. – Boulin, œillard, ope, potelle. – Bonde, dalot [MAR.] ; égout, trou de vidange.

9 Creux de l'oreille ; creux de la main ; main en conque.

10 Creusage, creusement, crevaison, entaillage, évidement, excavation, **incision**, oblitération, percement, perforation ; TECHN. : refouillement, sous-cavage, sous-cave.

V. 11 **Creuser** ; affouiller, bêcher, biner, caver [vx], excaver [litt.], défoncer, foncer, forer, fossoyer [rare], fouger [VÉN.], fouiller, fouir, labourer, piocher, sillonner ; sous-caver [TECHN.] ; miner, saper. – Emboutir, **enfoncer**.

12 Champlever, chever, cocher, encocher, ébrécher, échancrer, **évider**, fraiser, tarauder ; **percer**, perforer, poinçonner, transpercer, vriller. – Entamer, mettre en perce, ouvrir 172, ouvrir une brèche.

13 Attaquer, corroder, manger [fig.], mordre, ronger ; écharper, égratigner, **entailler**, inciser, taillader. – Craqueler, crevasser, fendiller, fendre, fissurer, gercer, lézarder.

14 Fig. : creuser son sillon, **faire son trou** ou sa trouée. – **Creuser sa fosse 311.** – Avoir un petit creux.

Adj. 15 **Creux** ; cave, encaissé, enfoncé, profond, rentrant. – Anfractueux, caverneux, creusé, crevassé. – Cavernicole [didact.].

16 Entaillé, **évidé**, fenestré, fissuré, lézardé, plissé, sillonné. – Fouillé, miné, sapé. – Térébrant (insecte térébrant, outil térébrant) [rare et sout.]

Adv. 17 En creux. – Profondément, en profondeur.

Aff. 18 Pyél-, pyélo- ; spéléo-.

## 154 GRAIN

N. 1 **Grain** (le grain du cuir, de l'étoffe, du papier, de la peau). – Grenure ; texture.

2 **Grain** (un grain), granule, granulé ; corpuscule, flocon, granule, grelot, grenaille, grumeau, pépite, perle, pilule, pois. – Caillou, pierre ; calcul, pierre (maladie de la pierre) [vx]. – Graine, gruau, pépin. – Caillot, grumeau. – Boulette ; croquette. – **Boule 145**, boulet, globe, pelote, sphère ; pomme, pommeau. – **Balle 873**, ballon, cochonnet ; agate, **bille**, calot.

3 Granité (un granité). – Granit, granulite, grès, émeri (poudre d'émeri). – Gravier, gravillon, pierraille. – Grêle, grésil ; grêlon. – Chevrotine, grenaille, mitraille. – Chagrin, peau de chagrin ; galuchat 864. – Gros-grain.

4 **Poudre 251, poussière.**

5 Grain de + n. (grain de café, grain de fumée [ASTRON.], grain de sable). – Fig. : grain de sable ; grain de folie. – Grain de beauté.

6 Grappe, grappillon. – Agrégat, agglomérat, granulat [TECHN.].

7 Chapelet, collier de perles, rosaire. – TECHN. : grènetis 839, grèneture.

8 TECHN. : granulage, granulation, grenage.

V. 9 **Granuler**, grenailler, greneler, grener ; égrainer ou égrener. – Boulocher, **grumeler**. – Chagriner [TECHN.] ; emperler.

10 Mettre son grain de sel [fig.].

Adj. 11 **Granuleux**, grenu, grumeleux ; aréneux [litt., rare], sableux, sablonneux. – Arénacé [didact.], granité, grené, grumelé, **perlé**. – Granulaire [SC.], graniforme [didact.]. – Sphérique ; globeux [vx], globulaire.

Adv. 12 **Cum grano salis** (lat., « avec ironie, avec malice », littéralt, « avec sel »).

13 En flocon, en grain (papier en grain).

Aff. 14 Grani-, granuli-, granulo-.

## 155 POLI

N. 1 **Poli** (le poli) ; bruni (le bruni d'une pièce d'orfèvrerie), brunissure [TECHN.], fourbissure [rare], lissé (le lissé), **patine**, polissure [vx]. – Taille adoucie, taille polie brillante ou mate, velouté (le velouté). – **Brillant**, éclat, **lustre** ; clarté 350, netteté.

2 **Polissage** ; TECHN. : adoucissage, brunissage, éclaircissage [vieilli], égrisage, **émerisage**, grattebossage, grésage, rodage, surfaçage ; calandrage, **glaçage**, lissage, lustrage ; limage, meulage, ponçage. – **Astiquage 854**, fourbissage, fourbissement [rare].

3 **Abrasion**, attrition [PHYS.], érosion, **usure 195** ; abrasement, frottement 228.

4 **Abrasif** ; bort, Carborundum [non déposé], colcotar ou rouge d'Angleterre, corindon granulaire, **émeri**, grès, kieselguhr ou kieselgur, ponce, tripoli ; égrisé ou égrisée, **papier-émeri, papier de verre**, pierre à polir, **pierre ponce**, poudre de diamant, poudre d'émeri, poudre de ponce, **toile émeri**. – Cire, silicone ; **polish**.

5 **Polissoir**, polissoire ; brunissoir, gratte-bosse ou gratte-boesse [MÉTALL.] ; lisse *(une lisse)*, lissoir, lustroir ; aléseuse, gréseuse, polisseuse, ponceuse, surfaceuse ; tour à polir, touret. – Affiloir, **fraise, lime, meule**, râpe, ripe. – TECHN. : demi-ronde, queue-de-rat, rifloir, tiers-point. – **Brosse** ; brosse à cirer, à frotter, à lustrer, à reluire ; chiffon, Nénette [non déposé], tampon ; peau de chamois ; brosseuse, cireuse, frotteuse, lustreuse.

6 Polisseur ; brunisseur, frotteur, fourbisseur.

v. 7 **Polir** ; adoucir, brillanter, brunir, doucir, égriser, gréser, **patiner**, satiner ; calandrer, lisser, lustrer, moirer ; donner du brillant. – **Abraser**, aiguiser, aléser, émorfiler, fraiser, limer, meuler, **poncer**, tripolir ou tripolisser ; passer à l'émeri. – Éroder, **user**.

8 **Astiquer**, briquer [fam.], fourbir, **frotter 228** ; faire briller, faire reluire ; faire + n. d'objet recevant le poli *(faire les cuivres)*. – Cirer.

9 **Polir** [fig.] ; affiner, fignoler, lécher [fig.], **peaufiner** ; donner le ou du poli ; « Vingt fois sur le métier remettez votre ouvrage, Polissez-le sans cesse et le repolissez » (Boileau).

Adj. 10 **Poli** ; adouci, brossé, bruni, **lustré**, poncé, satiné. – Brillant, lisse, uni. – Polissable.

11 **Abrasif**, récurant.

Aff. 12 Ambly-, amblyo- ; léio-, lio- ; plani- ; -plane.

## 156 SITUATION

N. 1 **Situation** ; assiette [vx], **emplacement**, implantation, localisation, **position** ; position relative ; éloignement 200, proximité 161. – Situation ; exposition, **orientation** ; configuration, disposition, site 268. – Placement, positionnement ; **localisation**. – MATH. : topologie (ou : géométrie de situation [vx], *analysis situs*) ; topographie.

2 **Situation** ; **état, position** ; condition, destinée, sort ; **place**, rang, standing ; classe sociale ; situation de famille. – Carrière, emploi 792.

3 **Situation** ; circonstances 8, **conjoncture**, état de choses, paysage ; statu quo. – Bilan.

4 Coin, endroit, **lieu, place**, siège, théâtre 787, zone. – **Ordre, place**, plan, rang ;

degré, échelon 63, niveau ; place d'honneur, premier plan, second plan ; arrière-plan. – Pole position ; position stratégique.

5 **Position** ; **attitude**, pose, posture, station, tenue ; aplomb, assiette, équilibre 266.

6 **Repère** ou point de repère ; amer, borne, jalon, point ; nord, points cardinaux, soleil 277 ; degré, méridien, parallèle ; antipode, apex, axe, centre, extrémité, foyer, milieu, pôle, sommet ; point d'intersection, point d'origine. – **Coordonnée**, mesure 70, paramètre ; abscisse, cote, ordonnée ; altitude, latitude, longitude ; angle. – Système de coordonnées.

7 Situationnisme [PHILOS., POLIT.].

8 Positionniste [BANQUE]. – Situationniste ou, fam., situ [PHILOS., POLIT.].

v. 9 **Situer** ; asseoir, camper [vieilli], disposer, établir, implanter, **installer, mettre, placer**, poster ; mettre en place ; exposer, **orienter** ; localiser, positionner, repérer. – Camper ou planter le décor.

10 **Se situer** ; camper, être, gîter, se placer, **se tenir**, se trouver ; être à proximité de 157 ; avoir vue sur, donner sur, être exposé à *(être exposé au nord)*, reposer sur. – **S'établir**, s'implanter, **s'installer**, prendre pied, prendre place ; camper, demeurer, rester ; se faire une place au soleil. – Se blottir, se pelotonner.

11 **Se situer** ; **s'orienter**, se repérer, se retrouver ; se perdre, perdre le nord ou la boussole.

12 Être assis (ou, vulg., avoir le cul) entre deux chaises, être en porte-à-faux ; être dans une bonne (une mauvaise) passe, être mal en point, être en mauvaise posture, être dans de sales draps ou, par antiphrase, dans de beaux draps. – Être en situation de, être bien (mal) placé pour ; être aux premières loges 163.

Adj. 13 **Situé** ; assis, campé, **établi**, fixé, **placé**, planté, posé, posté, sis ; exposé, **orienté** ; relatif à. – Local ; positionnel [PHILOS.]. – Localisable, situable.

14 Localisateur [didact.].

Adv. 15 Çà, là, çà et là, de-ci de-là, par-ci, par-là. – Céans, ici, à cet endroit. – Ailleurs, autre part, nulle part, quelque part ; au-delà, en deçà ; là-bas, loin, au bout du monde. – En haut, en bas. – Dedans, dehors ; au-dedans, au-dehors. – Devant, derrière, en queue, en tête. – Dessus, dessous. – Loin, près ; alentour, côte à côte. – En travers, tête-bêche. – Partout. – Sur cour, sur jardin, sur mer.

16 À califourchon, à croupetons, à cloche-pied, à genoux, à plat ventre, debout, en chien de fusil, sur le dos, sur son séant [vx], sur une jambe.

17 À disposition, à poste. – En place, en position, en porte-à-faux ; **en situation,** in situ ; en temps et en lieu. – Par endroits, localement.

Prép. 18 En situation de ; en mesure de, en passe de. – Par rapport à, relativement à ; au niveau de. – À côté de, en face de, vis-à-vis de. – Sous, sur.

Aff. 19 Entre-.

## 157 ENVIRONNEMENT

N. 1 **Environnement** ; abords, **alentours,** entours [litt.], **environs,** parages, **voisinage 161.** – Banlieue, faubourg, périphérie. – **Contexte 8.**

2 **Environnement, milieu 282** ; **cadre** ou cadre de vie, **décor,** paysage, toile de fond ; **ambiance,** atmosphère, **bain,** climat 273 ; contexte social, environnement culturel. – Monde, orbite, **sphère,** univers, zone ; orbe [ASTRON.] ; mouvance [fig.], sphère ou zone d'influence.

3 **Entourage,** entours [litt.], milieu social, **voisinage,** proches *(les proches de qqn).* – **Encadrement** ; cadre.

4 Ceinture, couronne, **enceinte,** zone 132. – Auréole, halo, nimbe.

V. 5 **Environner** ; **entourer** ; cerner, encadrer, encercler ; ceindre, ceinturer, circonscrire, enceindre, enserrer, renfermer ; auréoler, enrober, **envelopper,** nimber. – Graviter 215.

6 **Encadrer,** entourer ; fréquenter, voisiner ; coexister, cohabiter.

7 **Baigner,** nager, tremper ; être dans son milieu ou dans son élément, être comme un poisson dans l'eau ; faire partie du décor.

8 S'acclimater, s'adapter. – Changer (d'air, de décor, de milieu) ; se dépayser.

Adj. 9 **Environnant** ; avoisinant, circonvoisin, **voisin 760** ; **enveloppant** ; **ambiant** *(air, fluide, espace, milieu ambiant ; température ambiante),* ambiantal [didact.]. – Environnemental [didact.] 282.

10 **Environné** ; cerné, **entouré** ; baigné, **enveloppé,** nimbé ; circonscrit. – Envoisiné *(être bien, mal envoisiné)* [vx].

Adv. 11 **Autour ; aux alentours** ( ou, vieilli : alentour, à l'entour), d'alentour ; aux environs, dans les environs. – Auprès, près ; **à proximité,** dans le voisinage. – À la ronde.

Prép. 12 **Aux alentours de** ou, vieilli, à l'entour de, **aux environs de,** à proximité de, autour de, auprès de, dans le voisinage de ; du côté de, **vers.** – Dans l'entourage de. – **Dans le cadre de,** dans le domaine de. – Du domaine de, du ressort de.

Aff. 13 Circon-, péri-.

## 158 INTERVALLE

N. 1 **Intervalle** ; entre-deux *(un entre-deux),* **espace ; distance 162, écart,** écartement, espacement ; décalage. – Intervalle [MATH.] ; écart, fourchette [STAT.]. – MUS. : seconde, tierce, quarte, quinte, sixte, septième, octave 744 ; intervalle augmenté, diminué, majeur, mineur.

2 **Intervalle** ; blanc, **espace,** vide ; échappée, entrecolonne ou entrecolonnement [ARCHIT., IMPRIM.], entre-nerf [REL.], entrenœud [BOT.], entrevous [CONSTR.], **interligne** ou, rare, entre-ligne ; CH. DE F. : entrerail, entrevoie.

3 **Intervalle ; interstice 91** ; fente, méat [BOT.], vide ; hiatus, interruption 62, saut.

4 Intervalle [fig.] ; **différence 23,** écart, marge ; fossé.

5 IMPRIM. : interlignage ; espace *(une espace).* – Insertion, intercalation ; interlinéation [didact.].

6 Échelonnement, **espacement** ; distanciation [didact.] 162.

V. 7 **Espacer** ; détacher, isoler, séparer 91 ; **échelonner,** jalonner ; interligner [IMPRIM.] ; laisser un blanc, passer ou sauter une ligne.

8 Insérer, intercaler.

Adj. 9 **Espacé ; échelonné,** discontinu, séparé.

10 Intervallaire [didact.] ; intermédiaire ; **interstitiel** ; intercostal, interdental, interlinéaire. – Intercurrent [didact.].

Adv. 11 **À intervalles réguliers,** en quinconce ; de loin en loin, de place en place, par intervalles.

12 **Dans l'intervalle,** au milieu.

Prép. 13 **Entre** ; au milieu de.

Aff. 14 Entre-, inter-.

## 159 SOUTIEN

N. 1 **Soutien** ; appui ou, vx, appuiement, soutènement ; consolidation 246, renforcement ; TECHN. : renforçage, renfort ; TECHN. : **étayage** (ou : étaiement, étayement) ; enchevalement, étançonnement, étrésillonnement ; soutènement marchant ; tuteurage [HORTIC.] ; VITIC. : accolage, échalassage ou échalassement, paisselage ; MAR. : accorage, haubanage. – Adossement ; accoudement ; agrippement. – DR. : droit d'appui, servitude d'appui.

2 **Appui**, support ; point d'appui ; assise, **base**, fond *(fond de lit)* 166, fondation, fondement, siège, socle, soubassement ; TECHN. : embasement, empattement, platée, plate-forme ; assiette, embase [TECHN.] ; pied, trépied ; pied-chariot [CIN.] ; piédestal, piédouche, socle ; pivot, pivoterie ; monture ; châsse [TECHN.] ; soutien [HÉRALD.]. – Chevalet ; lutrin 850. – Portance [TECHN.].

3 TECHN. – **Étai** ; accotement, accotoir, étançon, étrésillon, épontille, étance, chèvre ; MAR. : accore, billot, épaulette, hauban, suspente, tin, trésillon.

4 ARCHIT. – Armature 147, bâti, carcasse, ossature ; **charpente 807**, châssis, comble, ferme ; boisage, coffrage ; butée ou buttée, contre-boutant, contrefiche, contrefort, culée, renfort ; contremur ou contremur, épaulement ; portant *(un portant)* ; **arc-boutant,** arc de décharge ; cintre, **clef de voûte** ; colonne 738 ; atlante, caryatide, télamon ; abloc, pile, pilotis ; jambage, jambe de force, jambe sous-poutre ; console, corbeau, modillon ; tasseau, taquet ; madrier, poutre, poutrelle ; chevalement ; potence ; linteau, poitrail.

5 **Tuteur** ; échalas, paisseau, treillage, treillis.

6 Accoudoir ; accotoir ; balustrade, rampe, parapet ; appui de fenêtre, banquette [ARCHIT.].

7 **Bâton**, canne 859 ; CHIR. : attelle 392, éclisse ; béquillon [TECHN., vx] ; appui crânien ; suspensoir.

8 Bretelles, corset 813, **gaine**, sangle *(sangle abdominale),* **soutien-gorge** ou, vx, maintien-gorge ; soutiens [vieilli].

9 Atlas [MYTH.].

V. 10 **Soutenir** ; porter, supporter ; maintenir, tenir, retenir ; charpenter. – Faire support à.

11 Consolider ; adosser, **appuyer** ; accoter, baser ; ARCHIT. : arc-bouter, bouter, buter, contre-bouter ou contrebuter ; TECHN. : chevaler, étançonner, empatter, épauler, étançonner, **étayer**, étrésillonner ; MAR. : accorer, béquiller, haubaner ; armaturer [rare].

12 VITIC. : échalasser, paisseler ; HORTIC. : ramer, tuteurer.

13 S'accouder à ; **prendre appui sur** ; porter sur, reposer sur.

Adj. 14 De soutien *(tissus de soutien)* ; d'appui *(mur d'appui)* ; portant *(mur portant)* ; butant ou buttant [ARCHIT.].

15 Suspenseur 328 [ANAT.].

Adv. 16 À hauteur d'appui.

Aff. 17 Soutien- *(soutien-pieds)* ; appui-, appuie- *(appui-bras, appui-tête),* porte- *(porte-bagages),* repose- *(repose-tête),* sous- *(sous-poutre).*

## 160 SUSPENSION

N. 1 **Suspension** ; accrochage, ; étendage (du linge). – Pendaison 725, suspension [vx].

2 CHIM. – Suspension ; émulsion, solution 230 ; colloïde ; coacervat. – Crémage.

3 MÉCAN. : suspension 817 ; suspension à la cardan ou cardanliaison au sol ; ressort à lames.

4 Suspenseur *(un suspenseur)* [BOT.].

5 Câble, corde, étendoir, fil, liure, pendis [TECHN.], siccateur [AGRIC.]. – **Attache** ; anneau de suspension, bélière ; accroche [vx] ; clou, cran, croc, crochet, dent [TECHN.], esse [spécialt] ; portant *(un portant)* [TECHN.] ; **crémaillère,** crémaillon [rare] ; accroche-plats ou accroche-plat ; bouquetier, porte-bouquet ; porte-serviettes. – **Penderie 850,** tringle ; cintre ; patère, porte-chapeau, portemanteau ; malle-penderie. – TECHN. : porte-bride, porte-étriers, porte-étrivière, porte-harnais ; porte-mousqueton [anc.]. – TECHN. : **allonge,** pendoir ; suspensoir [MAR.]. – Baudrier, ceinturon ; porte-clés, porte-manchon [vx]. – Point de suspension [MÉCAN.].

6 Accrocheuse *(une accrocheuse)* [rare]. – Harnais de sécurité. – Crampon [BOT.] ; byssus, sole pédieuse.

7 Stalactite (opposé à stalagmite).

8 Pendant *(un pendant)* **866, pendant d'oreille,** pendentif. – Pendouillis [fam.].

9 **Lustre 852,** suspension ; lustrerie [vx].

10 Balancelle, **balançoire**, brandilloire [vx].

11 Pendeur [TECHN.].

12 **Suspendre** ; pendre ; accrocher, attacher ; vx : appendre, crocher. – Étendre (du linge).

13 Pendiller, pendouiller [fam.] ; pendeloquer [rare]. – Se balancer **216**.

Adj. 14 **Suspendu** ; accroché, pendu.

15 **Suspenseur** *(muscle suspenseur)*, suspensif.

16 CHIM. : colloïdal, suspensoïde.

Adv. 17 En suspension ; en l'air ; en hauteur **165**.

Aff. 18 Porte-, sus-.

## 161 PROXIMITÉ

N. 1 **Proximité** ; contiguïté, mitoyenneté, voisinage ; promiscuité. – Tangence [GÉOM.], tangentialité [rare]. – Approche ; imminence **179**.

2 Coudoiement, frôlement ou frôlage **601** ; coude-à-coude *(un coude-à-coude)* **583**.

3 Juxtaposition, **rapprochement 199** ; accolement [litt.].

4 **Environnement 157** ; alentours, environs, parages ; banlieue, côte (opposé à arrière-pays) **268**. – Ceci (opposé à cela).

5 Proxémique *(la proxémique)* [didact.]. – Loi de proximité [PSYCHOL.].

6 **Prochain** *(le prochain)* **21.6**, proches *(les proches)*, proximité *(la proximité)* [vx]. – **Voisin** *(un voisin)* ; côtoyeur [rare].

V. 7 **Avoisiner**, jouxter ; circonvoisiner [litt.]. – Confiner à ou avec, voisiner avec.

8 Border, longer. – Friser, frôler, raser, serrer. – Côtoyer **167**, coudoyer. – Avoir le nez dessus [fam.].

9 Approcher, imminer [litt.].

10 Accoler, juxtaposer, **rapprocher 199**.

Adj. 11 **Proche** ; adjacent, attenant, avoisinant, contigu, voisin ; mitoyen ; limitrophe ; circonvoisin [litt.]. – Proximal (opposé à distal) [didact.] ; tangent [GÉOM.]. – Prochain ; imminent ; récent.

Adv. 12 **À proximité** ; à côté, près, tout près ; à **deux pas**, à la porte ; tout au proche [vx] ; porte à porte. – À un jet de pierre ; à portée de la main, sous la main. – Au premier plan. – Voici (opposé à voilà).

13 Tout contre, contre à contre, côte à côte, coude à coude, dos à dos, flanc à flanc, flanc contre flanc, nez à nez **163.24** ; de front ; à touche-touche [fam.] ; bord à bord, bout à bout. – Rasibus [fam.].

14 De proche en proche, peu à peu **79.14**.

15 Ci-après, ci-contre, ci-dessous, ci-dessus.

Prép. 16 **À proximité de** ; au côté de, aux côtés de, auprès de, **près de** ; à côté de, au bord de ou sur le bord de, le long de, aux portes de, contre, non loin de, au ras de ; vx : jouxte, lez (ou : lès, les) *(Villeneuve-lès-Avignon)*, proche. – À portée de.

Aff. 17 Juxta-.

## 162 DISTANCE

N. 1 **Distance** ; écart ou écartement, espace ou espacement, intervalle **158** ; empattement [AUTOM.] ; voie [CH. DE F.].

2 GÉOM. : amplitude, distance géométrique ; point de distance [OPT.] ; SC. : distance focale ou focale *(la focale)* ; ASTRON. : déclinaison, distance zénithale, opposition **232** ; distance de saut [TÉLÉCOMM.] ; distance individuelle [ÉTHOL.].

3 Chemin, course, parcours, **trajet**. – Année-lumière ou année de lumière ; abaissée d'aile [didact.], enjambée [vieilli]. – Portée ; amplitude [vx] ; allonge [SPORTS].

4 **Différence 23**, disparité ; marge ; abîme, gouffre.

5 Didact. : distancemètre, écartomètre, géodimètre, telluromètre ; compteur **70**.

6 **Éloignement 200**, recul ; distanciation [litt.].

7 Lointain *(le lointain)* ; fond **164**, le fin fond, profondeurs *(les profondeurs)*.

V. 8 **Distancer 85.15**, dépasser **219**, devancer ; laisser loin derrière soi. – Écarter, espacer, séparer **91**.

9 **Se distancier**, prendre ses distances **584** ; garder ses distances **607** ; tenir à distance. – Tenir la distance [fam.] **375**.

10 Il y a loin de + n. à + n.

Adj. 11 **Distant** ; écarté, éloigné, excentré, isolé, perdu, reculé ; lointain.

12 Didact. : distal, distanciable.

Adv. 13 **À distance** ; loin ; à des années-lumière, au bout du monde, aux antipodes ; fam. : au diable, au diable vauvert (ou : au diable vert, au diable au vert [vx]), à perpète ; à dache [arg.] ; loin de tout ; hors d'atteinte, hors de vue.

14 À l'horizon, **au loin**, dans le lointain ; à l'arrière-plan, au fond ; lointainement [rare].

15 De distance en distance, de loin en loin ou, vx, de loin à loin, de place en place.

16 À vol d'oiseau.

17 Là (opposé à ici) ; là-bas ; là-haut 165.

Prép. 18 Au fin fond de. – Au-delà de, à distance de [rare].

19 Hors de portée de + n.

## 163 DEVANT

N. 1 **Devant** *(le devant)* ; avant *(l'avant)* ; pointe ; avancée ou avancé, saillie 204 ; surplomb [ARCHIT.] 165 ; vx : avance, avancement. – **Endroit** ; avers [litt.] ; dessus, face, obvers, recto.

2 **Façade** 738. – ARCHIT. : front, fronteau, frontispice [vx], fronton ; avant-corps (opposé à arrière-corps), avant-cour ; bec, éperon. – **Devanture**, étalage 767, vitrine. – **Proue** (opposé à poupe) ; nez ; figure de proue 438, bestion [vx] ; étrave, gaillard d'avant.

3 Avant-toit [TECHN.], auvent ; MAR. : avant-bassin, avant-port (opposé à arrière-port) ; musoir. – THÉÂTRE : avant-scène (opposé à arrière-scène), proscenium.

4 Avant-pays (opposé à arrière-pays) ; front de mer ; cap, promontoire. – Avant-poste 666, front, tête de colonne, tête de pont.

5 Devant d'autel ou, vx, frontal *(un frontal)* ; *antependium* (lat., « ce qui pend devant »), devant-de-feu, écran, pare-feu 560 ; avant-foyer [TECHN.].

6 Devant *(un devant de chemise, un devant de veston)*, plastron ; tablier ; vx : devantier (ou : devanteau, devantot), serpillière ; devantière [vx].

7 Avant-pied ; avant-train (opposé à arrière-train), avant-main (opposé à arrière-main).

8 Préfixe 742, préposition. – Frontispice, page de titre 765. – Préface ; avant-propos 751, prologue 56.9.

9 Frontalité.

10 Préséance 85.1, priorité.

11 Avance, avancée, avancement, progression 190 ; forlonge [VÉN.].

12 Éclaireur 59.7, guide ; vx : avant-coureur *(un avant-coureur),* avant-courrier *(un avant-courrier) ;* fourrier [litt.]. – Tête de + n. *(tête de liste, tête de série)* 85.7.

V. 13 Avancer, saillir, surplomber.

14 **Occuper le devant de la scène** 639. – Être aux premières loges.

15 Éclairer [MIL.], guider ; frayer le chemin, marcher en éclaireur, ouvrir la marche ou la route, ouvrir une voie [ALP.]. – Dépasser 219, distancer ; forlonger [VÉN.].

16 **Devancer** 85.15, prendre les devants ; prendre le devant [VÉN.] ; aller au-devant de.

17 Antéposer [LING.], préfixer [vx].

Adj. 18 Avant ; antérieur, frontal. – De devant *(roues de devant, place de devant).*

19 Avancé *(poste avancé) ;* saillant.

20 Ancien.

Adv. 21 **Devant** ; en avant, en tête. – **Ci-devant** [vx].

22 Par-devant ; de front.

23 Sens devant derrière 220.

24 Face à face, nez à nez, tête à tête (ou : tête-à-tête, tête pour tête [vx]) ; vieilli : front à front, vis-à-vis ; cap à cap [vx].

Prép. 25 **Devant** ; en face de, vis-à-vis de ; face à.

26 Par-devant.

27 Au-devant de, à la rencontre de.

28 **Avant,** devant [vx] *(se lever devant l'aurore) ;* devant que ou devant que de + inf. [vx].

Aff. 29 Anté- *(antédéviation, antéposition, antéversion),* antéro- *(antéro-dorsal)* [ANAT., MÉD.] ; pré- *(précordial).*

30 Avant- *(avant-bras, avant-train).*

## 164 DERRIÈRE

N. 1 **Derrière** *(le derrière) ;* arrière *(l'arrière),* les arrières ou, vx, les derrières [MIL.]. – **Envers,** revers, verso ; **dos.**

2 **Poupe** (opposé à proue) ; cul [MAR.], étambot, gaillard d'arrière ; arrière-port. – Fond ; arrière-boutique, arrière-cour, arrière-cuisine, arrière-salle ; arrière-cabinet [vx] ; arrière-scène, coulisses. – **Arrière-pays** 268.

3 Arrière-fond, **arrière-plan ;** toile de fond.

4 Abside, arrière-chœur, chevet ou croupe d'église 493.

5 Quatrième de couverture 765 ; postface 751.

6 Arrière-train ; **derrière** 322, fessier *(le fessier),* **postérieur** *(le postérieur) ;* fondement, séant, siège ; fam. : croupe, cul.

7 Traces, sillage ; houache ou houaiche [MAR.]. – VÉN. : connaissances, erres, marche, passée.

8 Reflux ou refluement ; rétrogradation, rétrogression [didact.] ; rétropédalage ; retraite ; MIL. : recul, repli 661.

9 Arrière-garde ou serre-file [MIL.]. — Fam. : clampin, lanterne rouge, traînard 577.

v. 10 **Fermer la marche.** — Reculer, refluer, rétrograder ; aller à rebours ou à reculons, faire marche ou machine arrière, rebrousser chemin 220, revenir ou retourner sur ses pas ; rétropédaler ; battre arrière ou en arrière [MAR.] ; se replier [MIL.] ; battre en retraite, montrer le derrière [fam.] ; montrer ou tourner le dos [vx]. — Avoir l'ennemi à dos [vx].

11 Poursuivre, **suivre** ; filer ; marcher sur les pas (ou : dans le sillage, sur les traces, sur les talons) de qqn 31.5 ; faire suite [VÉN.].

12 Tourner le dos *(tourner le dos au public).*

13 Remorquer, tirer, traîner ; MAR. : haler, touer.

14 LING. : postposer, suffixer 742.

Adj. 15 Postérieur. — **De derrière.**

16 Dernier 58.19.

17 Postfixé [INFORM.]. — Postéro-latéral [ANAT.].

18 Rétropulsif.

Adv. 19 **Derrière,** par-derrière ; en arrière ; cul par-dessus tête [très fam.], à **la renverse.**

20 En dernier, en queue ; à la remorque ; à la traîne [fam.].

21 **À la queue leu leu,** en file indienne.

22 Dos à dos (opposé à face à face) 161.13.

Prép. 23 **Derrière** ; à la suite de, après 60.28, ensuite de [litt.] ; au derrière de [vx].

24 Au dos de ; au fond de.

Int. 25 Derrière ! [VÉN.].

Aff. 26 Arrière- ; opistho- ; post- ; rétro-.

# 165 DESSUS

N. 1 **Dessus, haut** *(le haut),* supérieur *(le supérieur) ;* amont *(l'amont) ;* endroit 167.1 ; fleur (opposé à croûte) [TECHN.].

2 Dessus *(les dessus)* [spécialt] ; cintres.

3 **Couvercle** ; chape ; capot 768, couvre-plat ou dessus-de-plat, dessus-de-table. — **Chapeau 811,** coiffure ; pardessus, surplis, survêtement ; armure 560, cuirasse ; caparaçon [litt.].

4 **Enveloppe** ; couverture ou, vx, couverte, couvre-lit, dessus-de-lit ; couvrante [fam.] ; couvre-pied. — Couvre-livre, liseuse 765 ; reliure. — Bâche, capote ; berlue [arg.]. — Revêtement 137 ; **enduit.**

5 Superstructure ou, vx, superstruction. — Combles, **grenier 848** ; **toit,** toiture, surtout ; voûte 738 ; hauts *(les hauts)* [MAR.]. — ARCHIT. : corniche, entablement ; cimaise ; **chapiteau** ; abaque ; dessus-de-porte.

6 **Cime 270,** faîte, haut *(le haut),* sommet ; culmination ou culmen [rare] ; surplomb ou surplombement.

7 Élévation *(une élévation),* **hauteur** *(une hauteur) ;* bas-fond ou haut-fond.

8 **Ciel 232,** firmament.

9 **Adresse,** suscription ; dessus [vx].

10 **Superposition** ; chevauchement, étagement. — Survol.

11 Le dessus du panier [fam.] 85.5.

v. 12 Couronner, culminer, **dominer,** surmonter, surplomber ; surpasser [vieilli] ; se dresser ou s'élever au-dessus de.

13 **Recouvrir** ; coiffer, couvrir ; envelopper ; bâcher ; cuirasser ; enduire.

14 Tenir le haut bout de la table 621.

15 Survoler ; surnager.

16 Mettre sur ou, vx, mettre dessus ; étager, **superposer** ; surcharger, surligner. — Surpiquer.

17 Chevaucher ou se chevaucher, empiéter, mordre sur.

Adj. 18 Culminant, dominant, **élevé,** haut.

19 Supérieur.

20 Susdit, susnommé 743.

21 Superpositif [BOT.]. — Apical [ANAT.].

Adv. 22 **Dessus** ; au-dessus, en dessus (opposé à en dessous) ; à l'étage, en haut, en hauteur 160 ; en amont ; **en surplomb.** — Par-dessus *(passer par-dessus).*

23 Ci-dessus 161.16, là-dessus ; là-haut.

24 Supra.

25 Sens dessus dessous 220.

Prép. 26 Par-dessus, sur, sur le dessus de ; dessus [vx]. — Au-dessus de ; en amont de ; au nord de.

Aff. 27 Super- 85.28, supra-, sur-, sus-.

28 Couvre-, protège-.

# 166 DESSOUS

N. 1 **Dessous** ; bas *(le bas),* envers *(l'envers) ;* croûte (opposé à fleur) [TECHN.].

2 Infrastructure, soubassement, support
**159.2** ; ARCHIT. : substruction, substructure ; base *(la base),* cul *(cul d'un tonneau),*
derrière **164.6**, fond *(fond de lit)* ; TECHN. :
culot, fonçaille. – Fonçage [TECHN.].

3 Sous-main ; dessous-de-bouteille, dessous-de-plat, sous-tasse ou soutasse ;
sous-nappe.

4 **Dessous** *(les dessous),* dessous-de-bras,
sous-bras [fam.] ; sous-jupe, sous-vête-
ments ou, litt., sous-vêture ; sous-bas
[rare] ; sous-manche [vx].

5 Sous-barbe [didact.] ; sous-menton [vx].

6 Sous-adresse [didact.]. – Sous-titre **765**.

7 **Sous-bois 287**, sous-étage, sous-végéta-
tion ; racine **288**.

8 **Excavation 153.1** ; TECHN. : sous-cave, sou-
rive ; basse-fosse **723** ; **souterrain,** tunnel.
– Terrier.

9 Fond *(fond marin),* bas-fond ; **profondeurs** *(les profondeurs)* ; abysse. – Pied
(opposé à sommet) **270**.

10 Cale **771**, soute ; cave **848**.

11 **Dessous** *(le dessous du jeu, les dessous d'une
affaire, les dessous de la politique)* **727** ;
sous-main [vx].

V. 12 Souligner, souscrire [vx] ; sous-titrer ;
sous-caver [TECHN.]. – Foncer [TECHN.]. –
Subsumer [didact.].

13 Être dans le ou au trente-sixième dessous
**464**.

Adj. 14 Sous-jacent ou, litt., subjacent ; souscrit
*(iota souscrit).*

15 Sous-marin ou, didact., subaquatique **271** ;
sous-marinier ; sublunaire *(le monde sublunaire)* [sout. et vieilli] ; souterrain.

16 Soussigné **743**.

17 **Inférieur** ; bas, profond.

18 En dessous *(un air en dessous) ;* dissimulé
**595**.

Adv. 19 **Dessous,** en dessous ; **en bas** ; par en
bas, par-dessous, par en dessous [fam.] ;
en sous-œuvre.

20 Au-dessous, **infra**, plus bas ; en contre-
bas ; ci-après, **ci-dessous 161.16** ; là-dessous.

21 D'en bas, d'en dessous.

22 Bas *(couler bas),* profondément, profond.
– Souterrainement ; sous terre.

Prép. 23 Par-dessous, **sous** *(pli sous enveloppe) ;*
dessous [vx] ; dans, derrière.

24 **Au-dessous de** ; au sud de ; en aval de ;
au bas de, en bas de, au pied de.

Int. 25 Dessous ! [MAR.].

Aff. 26 Hypo-, infra-, sous- **86**, sub-.

## 167 CÔTÉ

N. 1 **Côté,** partie **72** ; dessous **166**, dessus **165**,
endroit **163.1**, envers **164.1** ; face opposé à
pile ; côté cour **168.1** opposé à côté jardin
**169.1** ; côté de l'épître opposé à côté de
l'Évangile [LITURGIE].

2 **Côté,** flanc ; côtes ; aile. – Point de côté.
– Latérale *(une latérale)* [ANAT.].

3 **Aile,** aileron, ailette, face, **flanc,** pan ;
bord [MAR.] ; côteau, pente, **versant 270** ;
penchant [litt.] ; côte.

4 Accotement, bas-côté, talus ; bord *(bord
de mer)* **132**.

5 Angle, **aspect,** face. – Biais, éclairage,
optique, perspective, **point de vue**.

6 MAR. : bande, gîte *(la gîte).* – Flanquement
[MIL.].

7 Didact. – Latéralité, manualité, ocularité.
– Latéralisation. – Latéroflexion, latéro-
position, latéroversion ; latéropulsion. –
Bilatéralité. – Obliquité **143.1**.

8 Bord, **camp,** côté, parti **90.2** ; partie **711**.

9 MIL. : aile *(aile d'armée),* flanc-garde ; flan-
queur [vx] **560**.

10 Côtoyeur [litt.].

V. 11 **Côtoyer 161. 8** ; flanquer ; border, longer,
tangenter ; accoster [vx].

12 Accoter **159.11**. – Accoler, juxtaposer **199**.

13 MAR. : gîter ; donner de la bande ou de la
gîte.

14 Obliquer ; biaiser [vx].

15 Épargner **786**, **mettre de côté**.

16 **Passer à côté 575**. – Fam. : manquer son
coup **541**, mettre ou taper à côté (opposé
à taper dans le mille).

Adj. 17 **Latéral** ; unilatéral, bilatéral, trilatéral
[GÉOM., vx]. – Collatéral ; citérieur [anc.].

18 Oblique ; biais, biaisé ; de travers *(vent de
travers)* [MAR.] **218**.

19 Latéralisé [didact.].

Adv. 20 **Sur le côté,** sur la tranche ; latéralement,
obliquement ; en diagonale, en écharpe,
en oblique ; à la traverse [vx] ; de flanc ou,
vx, en flanc [MIL.] ; MAR. : en travers, par le
travers ; de biais, de côté, de profil ; de
travers, en biais, en coin. – Bilatérale-
ment, unilatéralement.

21 De côté et d'autre, **de part et d'autre** ;
à califourchon, à cheval. – **De tous côtés,**

de tout côté, de toute part, de toutes parts ; partout. – D'un côté... d'un autre côté..., **d'une part...**, **d'autre part...**, d'une part... de l'autre... – D'un autre côté, par ailleurs, parallèlement.

Prép. 22 Du côté de, dans la direction de, vers.

23 À côté de, au côté de, aux côtés de.

Aff. 24 Latér-, latéro- ; -latère.

## 168 DROITE

N. 1 **Droite** *(la droite),* dextre *(la dextre)* [vx ou par plais.] ; tribord [MAR.] ; côté cour [THÉÂTRE], côté de l'épître ou grand côté [LITURGIE], côté piste [AVIAT.]. – Dextérité 570.

2 Didact. – Dextralité, **droiterie** ; latéralité 167.7, manualité droite, ocularité droite ; latéralisation. – Ambidextrie (ou : ambidextérité [vx], ambidextralité). – Dextroposition [ANAT.] ; MÉD. : dextrocardie, dextrogastre.

3 Droite *(la droite).* – SPORTS : **droite** *(une droite)* ou **droit** *(un droit) ;* coup de poing 658, crochet. – Dextrochère [HÉRALD.].

4 POLIT. – **Droite** *(la droite),* eurodroite, extrême droite, nouvelle droite. – Droitisme ; conservatisme, **réaction** 671.

5 **Droite ; place d'honneur** 641.

6 **Droitier** *(un droitier) ;* ambidextre *(un ambidextre)* 320. – POLIT. : droitier, **droitiste** ; conservateur, réactionnaire ou, fam., réac, ultra. – **Bras droit.** – SPORTS : ailier droit, centre droit. – Tribordais [MAR.].

Adj. 7 **Droit,** dextre [HÉRALD.]. – Didact. : **dextrogyre** (opposé à lévogyre), dextrorsum ou dextrorse, rétrograde [ASTRON.] ; dextrovolubile [BOT.]. – Adextré [HÉRALD.].

8 **Droitier** ; droitiste, de droite. – Ambidextre 320.

Adv. 9 À **droite** ou, vx, à droit, **à main droite** ; à tribord ; côté cour. – De droite à gauche 169 ; dans le sens des aiguilles d'une montre, de gauche à droite, par la droite, vers la droite. – À droite et à gauche, de côté et d'autre 167.

10 À la place d'honneur.

Prép. 11 À **la droite de.**

Int. 12 Hue ! huhau !

Aff. 13 **Dextro-.**

## 169 GAUCHE

N. 1 **Gauche** *(la gauche) ;* bâbord [MAR.] ; côté du cœur ou, vx, côté de l'épée, côté jardin

[THÉÂTRE], côté avions [AVIAT.], côté de l'Évangile ou petit côté [LITURGIE.]. – Montoir ou côté du montoir [ÉQUIT.].

2 Didact. – **Gaucherie** *(gaucherie manuelle, gaucherie oculaire),* sinistralité ; latéralité 167.7. – Sinistrocardie.

3 BOXE : gauche *(un gauche) ;* crochet du gauche, tir du gauche. – ESCR. : senestre ou sénestre *(la senestre).* – Senestrochère [HÉRALD.].

4 POLIT. – Gauche *(la gauche) ;* extrême gauche, ultra-gauche 671 ; Cartel des gauches. – **Gauchisme.**

5 Gaucherie 571 ; gauchissement 218.

6 **Gaucher,** gaucher contrarié. – POLIT. : **gauchiste** ou, vx, gaucher, gaucho [fam.] ; gauchisant *(un gauchisant).* – SPORTS : ailier gauche, arrière gauche, demi gauche. – Babordais [MAR.].

V. 7 POLIT. : se gauchiser ; être de gauche, se situer à gauche, siéger à gauche.

8 Se lever du pied gauche ; se marier de la main gauche 682. – Mettre de l'argent à gauche 786 ; passer l'arme à gauche 311.

9 Gauchir 218.

Adj. 10 **Gauche,** senestre [vx ou didact.]. – Senestré [HÉRALD.]. – Lévogyre, sénestrogyre [CHIM., vx], senestrorsum (ou : sénestrorsum, sinistrorsum), sénestrovolubile [BOT.] ; rétrograde *(hélice rétrograde).*

11 Gauchiste ; gauchisant, gaucho [fam.] ; de gauche.

Adv. 12 À **gauche,** à main gauche, à dia, à sénestre [HÉRALD. ou vx] ; à bâbord [MAR.] ; côté jardin [THÉÂTRE]. – De droite à gauche ou vers la gauche, dans le sens inverse des aiguilles d'une montre, senestrorsum (ou : sénestrorsum, sinistrorsum) ; de gauche à droite 168.10 ; par la gauche. – Jusqu'à la gauche 87.37.

Prép. 13 À **gauche de.**

Aff. 14 Lévo-, sénestro-, sinistro-.

## 170 TEMPS

N. 1 **Temps ;** temporalité, durée. – Cours du temps 190, fil du temps, marche du temps ; course ou fuite du temps. – Chronologie 175 ; calendrier 176.

2 Gain de temps, perte de temps ; lutte contre le temps. – Temporisation. – Injures, ravages du temps ; outrages des ans ; « pour réparer des ans l'irréparable outrage » (Racine).

3 Emploi du temps ; anglic. : planning, timing ; menu [fam.]. – Budget-temps [STAT.]. – Mi-temps *(un mi-temps)*, tierstemps *(un tiers-temps)*, plein-temps *(un plein-temps)*, *full time job* (angl., « travail à temps complet »). – Passe-temps.

4 SC. Temps absolu, temps local, temps propre ; dilatation des temps ; espacetemps ; quatrième dimension **123.3**. – ASTRON. : équation du temps ; temps civil, temps des éphémérides, temps légal, temps sidéral, temps solaire moyen ou astronomique, temps solaire vrai ; temps atomique (TA), temps atomique international (TAI), temps universel (UT ou TU), temps universel coordonné (UTC).

5 GRAMM. – **Temps grammatical** ; temps composé **740**, temps simple, temps surcomposé ; conjugaison. – Temps primitif ; temps primaire ou principal, temps secondaire. – Attraction temporelle, concordance des temps, valeurs des temps. – Complément circonstanciel de temps, conjonction temporelle, proposition subordonnée temporelle ; adverbe temporel.

6 Temporisateur, temporiseur.

V. 7 **Passer** ; s'écouler, fuir ; se passer.

8 Exister ; avoir lieu, se dérouler, s'inscrire dans le temps.

9 Gagner du temps, perdre du temps, perdre son temps ; manger du temps ; perdre sa vie à la gagner. – Il n'y a pas de temps à perdre ; le temps presse, l'heure tourne. – Rattraper ou regagner le temps perdu. – Courir après le temps, lutter contre le temps.

10 **Avoir le temps ;** avoir tout son temps, avoir du temps devant soi, avoir du temps à perdre. – **Prendre son temps 577**, prendre le temps de, ne pas plaindre son temps [fig., vx]. – Prendre du bon temps, prendre le temps de vivre. – Vivre de l'air du temps.

11 Trouver le temps long ; pousser le temps avec l'épaule [vx], tromper le temps, tuer le temps. – Passer le temps ou son temps à, passer le plus clair de son temps à.

12 Le temps presse ; le temps nous est compté ; un jour pousse l'autre. – « Tous s'écoule », « on ne se baigne jamais deux fois dans le même fleuve » (Héraclite). – *Fugit irreparabile tempus* (lat., « le temps fuit irréparablement », Virgile) ; *omnia vulnerant, ultima necat* (lat., « toutes blessent, la dernière tue », inscription tradition-

nelle jadis sur les cadrans solaires, les horloges). – « Ô temps, suspends ton vol » (Lamartine). – Le temps, c'est de l'argent (trad. de l'angl. *time is money*). – « Patience et longueur de temps font plus que force ni que rage » (La Fontaine).

Adj. 13 **Temporel,** temporaire. – Séculier, terrestre.

Adv. 14 Temporellement ; **au fil du temps,** avec le temps ; jour après jour, de jour en jour. – En temps ordinaire ; de tout temps, en tout temps.

15 Temporairement. – À mi-temps, à plein temps ou à temps complet ; à temps perdu.

Prép. 16 En temps de, en période de ; au cours de, dans le cours de, durant, **pendant.** – Au temps de.

Conj. 17 Alors que, comme, lorsque, **quand.**

Aff. 18 Chrono- ; -chrone.

## 171 PERMANENCE

N. 1 **Permanence ;** durabilité, identité, immutabilité, invariabilité, persistance, rémanence. – Continuité, **durée,** perpétuité **173** ; permanent *(le permanent)* [sout.].

2 Fixité, **immobilité, 229.** – Fermeté, stabilité. – Statu quo (du lat. *in statu quo ante,* « dans l'état où les choses étaient auparavant »).

3 Habitude **568,** régularité. – Réitération, **répétition 76** ; répétitivité. – *Nil novi sub sole* (lat., « rien de nouveau sous le soleil »). – Monotonie.

4 Permanence *(être de permanence) ;* perme ou perm [arg. scol.]. – Salle de permanence [scol.]. – Permanente *(une permanente)* **867.**

5 Conservation, maintenance, perpétuation [litt.], préservation.

6 Immobilisme ; conservatisme, intégrisme, traditionalisme ; réaction, tradition **685.**

7 PHYS. : hystérésis, rémanence.

8 Conservateur *(un conservateur).* – Permanencier [ADMIN.]. – Réactionnaire *(un réactionnaire),* traditionaliste *(un traditionaliste).*

9 Fixateur *(un fixateur),* fixatif *(un fixatif).* – Conservateur *(un conservateur).*

V. 10 Continuer, durer, perdurer [litt. ou vx], permaner ou permanoir [litt., rare], **persister 512,** résister, subsister, tenir.

11 Ne pas bouger d'un poil, ne pas changer d'un iota, ne pas prendre une ride, rester en l'état, rester **15** ou être toujours le même, rester identique à soi-même, rester pareil à soi-même, rester tel quel.

12 Demeurer, demeurer en la place, **rester,** rester à son poste, rester en place ; « j'y suis j'y reste » (Mac Mahon, souvent cité par plais.). – **Répéter.** – Avoir l'habitude de.

13 Affermir, asseoir [fig.] ; conserver, maintenir, préserver ; entretenir. – Immobiliser. – Ancrer, river ; graver dans la pierre (aussi : dans le marbre, dans le bronze).

14 Se maintenir. – S'obstiner **514**, s'en tenir à.

Adj. 15 **Permanent ;** continu, durable, immuable, inaliénable [litt.], invariable, pérenne [litt. ou vx], persistant ; définitif ; de tous les instants ; inextinguible [litt.], rémanent, résistant, tenace, vivace.

16 Égal à soi-même, identique ; ferme, figé, fixe, **stable,** statique ; immobile, inébranlable, sédentaire, stationnaire.

17 Endémique, habituel, itératif, régulier, **répétitif,** stéréotypé, traditionnel, uniforme ; monotone, morne. – Machinal, obsessif, obsessionnel. – Conservateur, intégriste, réactionnaire (ou, fam., réac), traditionaliste.

Adv. 18 **En permanence ;** encore, toujours, encore et toujours. – Sans cesse, sans relâche.

19 **Durablement,** immuablement, invariablement. – Constamment, continûment. – Fermement, inébranlablement [litt.], obstinément. – Habituellement, machinalement, régulièrement ; endémiquement.

20 À demeure ; à perpétuelle demeure [DR.] ; à perpétuité (ou, fam., à perpette) ; **définitivement.**

## 172 DURÉE

N. 1 **Durée ;** durée vécue (aussi : pure, réelle, concrète) [PHILOS.]. – Grandeur [vx], longueur *(la longueur du jour)* ; durabilité, longévité.

2 Longueur *(des longueurs, il y a des longueurs).* – Heure d'horloge [fam.].

3 DR. : bail emphytéotique, emphytéose ; bail à perpétuité. – Condamnation à perpétuité. – Concession à perpétuité.

4 Allongement, **prolongation ;** retard **181.** – Lenteur **577.** – Pose (opposé à instantané) [PHOT.]. – Endurance, patience **446.**

v. 5 **Durer ;** avoir durée [vx]. – Fam. : n'en plus finir, traîner en longueur. – Fam : il coulera de l'eau sous les ponts ou il passera beaucoup d'eau sous les ponts avant que (aussi : il a coulé de l'eau sous les ponts ; il a passé beaucoup d'eau sous les ponts depuis que).

6 **Dater 195,** ne pas dater d'aujourd'hui, dater de Mathusalem [fam.] ; défier les années, défier le temps. – Faire durer ; faire durer le plaisir [fam.] – Prendre du temps ; prendre son temps. – Mettre du temps à. – En avoir pour un moment, pour longtemps.

7 Stagner, végéter ; tarder, traîner.

8 **Attendre 457,** poireauter [fam.] ; compter les clous de la porte. – **Languir ;** compter les jours, trouver le temps long. Ne pas décoller, prendre racine. – Ne pas voir la fin de.

9 Allonger, **prolonger,** échelonner, étaler dans le temps, laisser de la marge. – Délayer ; rallonger [fam.]. – Retarder. – Poser [PHOT.].

10 S'étendre, se chroniciser [MÉD.], se maintenir, se perpétuer, se poursuivre, **se prolonger ;** tirer en longueur.

11 S'attarder, **s'éterniser.** – Se donner le temps.

12 Il y a beau temps (que) ; il y a un bout de temps, un bon bout de temps ; il y a un bon moment ; vx : il y a beau jour, il y a bel âge ; il y a belle lurette ; il y a une éternité **173.** – Fam. : ça fait un bail, ça fait une paye.

Adj. 13 **Long ;** fig. : long comme un jour de jeûne **458,** long comme un jour sans pain, long comme un prêche ; longuet. – De longue haleine. – **Lent.**

14 Chronique [MÉD.], de durée [vx], invétéré, panchronique [didact.].

15 De vieille date, vieux comme le monde. – Macrobe ou macrobien, macrobite [didact., vx].

16 LING. : duratif, imperfectif.

Adv. 17 **Longtemps, longuement ;** des heures, des heures durant. – Durablement.

18 À loisir, à son aise, avec loisir [vx], **tout à loisir ;** lentement ; au long, tout au long.

19 De longtemps, de longue date, de longue main, depuis belle lurette, **depuis long-**

temps, dès longtemps [vx], de longue date, de toujours, piéça [vx].

20 À longs intervalles, **de loin en loin.** – À long terme, à longue date, d'ici longtemps ; à moyen terme.

21 Finalement ; à la fin, **à la longue,** à l'usure ; à force.

Prép.22 Pour la durée de ; tout au long de, tout le long de. – **À longueur de** (temps, journée, semaine, année). – Durant, pendant. – Dans l'espace de, en l'espace de. – Au bout de.

# 173 ÉTERNITÉ

N. 1 **Éternité ;** pérennité, **permanence 171,** perpétuité. – Atemporalité [PHILOS.], intemporalité [didact.]. – Intemporel *(l'intemporel).*

2 Immortalité, survivance 310, vie future, la vie éternelle. – RELIG. : bonheur éternel, salut éternel ; le Royaume éternel ; feu éternel, supplices éternels ; la maison éternelle [vx] ; la nuit éternelle (aussi : le repos éternel, le silence éternel, le sommeil éternel) 311.

3 PHILOS. – Éternel retour, palingénésie. – Éon.

4 **Mouvement perpétuel 197.**

5 BOT. : immortelle *(une immortelle) ; sempervivum* (lat., « toujours vivant »). – Neiges éternelles.

6 Litt. : éternisation, immortalisation. – Pérennisation [didact.].

7 Perpétualisme [PHILOS.]. – Perpétualiste *(un perpétualiste)* [PHILOS.].

8 Immortel *(un immortel).* – RELIG. : **l'Éternel 502 ;** l'Être éternel, le Père éternel, le Verbe éternel.

9 Éterniser [litt.], **immortaliser,** pérenniser, perpétuer, faire passer à la postérité.

V. 10 S'éterniser [litt.], avoir l'éternité devant soi. – **Passer à la postérité 639 ;** renaître de ses cendres ; survivre.

Adj. 11 **Éternel ;** éternitaire [LOG.], perpétuel ; coéternel [THÉOL.]. – Atemporel [PHILOS.], intemporel ; anhistorique [didact]. – Hors du temps. – Gnomique [LING.].

12 **Immortel ;** impérissable, inaltérable, indestructible. – *Semper virens* (lat., « toujours vert »), sempervirent [BOT.].

13 Incessant, indéfini, **infini,** interminable, sans fin.

Adv. 14 **Éternellement,** interminablement, invariablement, perpétuellement, sempiternellement [fam.]. – À longueur de temps, **en permanence,** sans arrêt **61,** sans cesse, sans discontinuer, sans fin, sans terme.

15 À chaque fois, à chaque instant, à tous coups, **à tous les coups,** à tout bout de champ [fam.], à toute heure, à tout moment, à tout propos, en tout temps, **toujours,** tous les jours, **tout le temps ;** à propos de rien, de tout et de rien.

16 Depuis la nuit des temps, depuis les temps les plus reculés, depuis le fond des âges, depuis que le monde est monde, **depuis toujours ;** de temps immémorial, de toujours, de toute antiquité, de toute éternité, **de tout temps ;** immémorialement [didact.]. Comme toujours.

17 Immortellement [litt.], indéfiniment. – Indéfectiblement [litt.].

18 *Ad infinitum* (lat., « à l'infini »), *ad vitam aeternam* (lat., « pour la vie éternelle ») [fam.] ; *in aeternum* [lat.]. – À jamais, à toujours [rare], **à tout jamais,** à vie, pour jamais, pour la vie, **pour toujours.** – Sans rémission, sans retour.

19 RELIG. – À jamais et pour toujours, dans les siècles des siècles, *in saecula saeculorum* (lat., « dans les siècles des siècles »).

# 174 INSTANT

N. 1 **Instant ; moment 186.** – Seconde, quart de seconde ; minute.

2 Éclair **350,,** étincelle, *flash* (anglic., « éclair ») ; fulgurance, illumination. – Comète, étoile filante, météore ; flèche, fusée. – Caprice, passade, toquade. – Déjeuner de soleil, feu de paille ; château de cartes.

3 Instantanéité ; **brièveté,** fugitivité. – Immédiateté, soudaineté ; simultanéité **182.** – Précarité ; éphémérité [sout. et rare]. – Imminence, urgence.

4 Abrègement, **raccourcissement ;** diminution **89,** réduction.

5 Instantané *(un instantané)* [PHOT.]. – Instantanéisme [didact.].

V. 6 Être l'affaire d'un instant, n'être que l'affaire d'un instant. – N'avoir (aussi : ne faire, ne durer) qu'un temps ; ne pas faire long feu. – Ne pas faire de vieux os **195.**

7 N'avoir pas un instant à perdre ; ne pas perdre un instant, un seul instant. – N'avoir pas un instant, pas un moment

à soi. – Avoir le couteau sur (ou sous) la gorge.

8 Passer, ne faire que passer ; ne faire qu'une apparition ; passer comme un bolide (aussi : comme une comète, comme une étoile filante, comme une fusée, comme un météore).

9 Imminer [litt.], être imminent [plus cour.] – Urger [fam.].

10 Instantanéiser [TECHN. et didact.].

Adj. 11 Instantané ; immédiat. – Soudain, subit ; abrupt, brusque, brutal. – Rapide 576 ; précipité. – Extemporané [MÉD.].

12 **Momentané** ; bref, court, fugace, fugitif, passager ; d'un instant, d'un moment, de courte durée, de peu de durée. – Éphémère, passager, précaire 247, temporaire, transitoire.

13 Imminent, instant [vx et sout.], **urgent**.

14 Instantané *(verbe instantané)* par opposition à duratif [GRAMM.]. – Instantanéiste [didact.].

Adv. 15 **Instantanément** ; instamment [sout.] ; **à l'instant**, dans l'instant [sout.], sur l'instant [sout.], tout à l'instant [vx] ; à la seconde, à la minute. – Extemporanément [MÉD.].

16 **Immédiatement** ; incontinent [sout.] ; fam. : illico, illico presto ; sur le champ, tout de suite ; sans attendre, sans délai, sans tarder, sans plus tarder. – D'urgence. – **Aussitôt**, sitôt. – Loc. cour. : sitôt dit, sitôt fait ; ausssitôt pris, aussitôt pendu [vieilli].

17 **Soudain**, soudainement [litt.], **subitement** ; fam. : subito, subito presto. – Tout à coup, **tout d'un coup**. – **Brusquement** ; abruptement, *ex abrupto* (lat., « abruptement ») ; à brûle-pourpoint, sans crier gare, tout à trac. – Précipitamment.

18 **Rapidement ; en un instant,** en un moment ; en cinq sec, en un clin d'œil, en un tournemain. – Au quart de tour ; du tac au tac ; de but en blanc.

19 Dans un instant, dans un moment ; **bientôt 179,** incessamment ; d'un instant à l'autre, d'un moment à l'autre, sous peu, d'ici peu.

20 **Momentanément,** passagèrement, provisoirement, temporairement. – Brièvement [rare], éphémèrement [rare], fugitivement. – À la passade ou en passade [vx].

Conj. 21 Dès l'instant que ; aussitôt que, dès que, sitôt que.

Aff. 22 Brachy-.

# 175 CHRONOLOGIE

N. 1 **Chronologie,** histoire 191. – Datation, périodisation. – Chronométrie 70, horométrie.

2 Chronométrage, minutage. – Datation au carbone 14.

3 Cadran lunaire, cadran sciathérique, **cadran solaire** ou gnomon. – Clepsydre, horloge à eau ; **sablier.**

4 Chronomètre (fam., chrono), chronographe ; bassinoire [vx] ; chronoscope, chronotachygraphe, chronotachymètre. – **Montre,** montre-bracelet, montre à clef [vx], montre de compensation, montre de gousset 866, montre à quartz, montre à remontoir, oignon, patraque [vx], tocante [fam.].

5 Chronoanalyseur, **compteur,** dateur (ou : datographe, fam. : dato), horodateur, pointeuse ou horloge pointeuse ; minuterie, minuteur.

6 **Horloge, pendule** ; cartel, comtoise, horloge à jacquemart, horloge de parquet, morbier, neuchâteloise. – Garde-temps, régulateur. – Horloge parlante. – Horloge atomique. – **Réveil,** réveille-matin [vieilli] ; pendulette ; radioréveil. – Carillon 781, sonnerie.

7 **Horlogerie**
PIÈCES D'HORLOGERIE

| | |
|---|---|
| Afficheur | ébauche |
| aiguille | échappement libre |
| ancre | échappement à ancre |
| balancier | engrenage |
| barillet | foliot |
| bouton | fusée |
| bracelet | gaine (ou : boîte ; |
| cadran | cabinet) |
| cadrature | guichet |
| caisse | habillage |
| calibre | limaçon |
| calotte | lunette |
| chablon | marteau |
| cheville ou goupille | mouvement |
| coffre | oscillateur |
| contre-pivot | pignon |
| coq | pilier |
| correcteur | pivot |
| coussinet | platine |
| cuvette | poids |
| cylindre | pont de balancier |
| dédoublante ou | poussoir |
| rattrapante | remontoir |
| détente | résonateur |
| diapason | ressort |
| disque | rosette |

rouage                          style
roue                            tambour
rubis ou pierre                 trimer
savonnette                      trotteuse.
spiral

8 Chronogramme [didact.]. – **Horaire**. – Fuseau horaire.

9 Chronométreur. – Horloger.

v. 10 Chronométrer, **mesurer 70**, minuter.

11 Avoir l'heure.

Adj. 12 Chronographique, **chronométrique** ; **horodateur, horométrique**.

13 Horloger.

14 Horodaté.

Int. 15 Tic-tac. – Dring.

Aff. 16 **Chrono-**.

## 176 CALENDRIER

N. 1 **Calendrier**. – Calendrier grégorien, calendrier julien, calendrier perpétuel, calendrier républicain, calendrier révolutionnaire. – RELIG. : **directoire**, ordinaire, ordo.

2 Année canonique musulmane, année grégorienne, année julienne, année républicaine, année russe. – Année académique, année civile, année judiciaire, année liturgique, année scolaire.

3 Datage, **datation**. – Comput [RELIG.], computation [didact.] ; cycle de Méton, épacte, lettre dominicale, nombre d'or – Ancien ou vieux style, nouveau style [Russie, anc.].

4 Agenda **764**, almanach, annales, annuaire, **calendrier**, éphéméride, fastes [ANTIQ. ROM.], livre d'heures ou Heures, semainier ; calendrier de l'Avent.

5 **Date** ; millésime, quantième. – DR. : date authentique, date certaine.

6 Année bissextile ; année climatérique, année sabbatique. – Année commune, année pleine. – Année attique, année embolismique, année intercalaire.

7 **Anniversaire 687** ; cinquantenaire, jubilé, année sainte ou année jubilaire ; **centenaire**, bicentenaire, tricentenaire. – Noces d'argent, d'or, de diamant, de platine.

8 **Mois**, mois intercalaire ou embolismique. – Janvier, février, mars, avril, mai, juin, juillet, août, septembre, octobre, novembre, décembre ; HIST. : vendémiaire, brumaire, frimaire, nivôse, pluviôse, ventôse, germinal, floréal, prairial, messidor, thermidor, fructidor.

9 **Zodiaque 232.** – Bélier, taureau, gémeaux, cancer, lion, vierge, balance, scorpion, sagittaire, capricorne, verseau, poissons.

10 **Jour**, jour calendaire ; bissexte ou jour intercalaire. – Lundi, mardi, mercredi, jeudi, vendredi, samedi, dimanche ; HIST. : primidi, duodi, tridi, quartidi, quintidi, sextidi, septidi, octidi, nonidi, décadi ; sans-culottides. – ANTIQ. ROM. : calendes, ides, nones, féries **497**.

11 Hémérologue *(un hémérologue)* ; computiste.

v. 12 Dater **192**, millésimer.

Adj. 13 Calendaire. – Didact. : épactal ; compensateur, épagomène.

Adv. 14 Après Jésus-Christ, avant Jésus-Christ.

## 177 PASSÉ

N. 1 **Passé** *(le passé)*. – L'antiquité, la nuit des temps, la profondeur des siècles, les temps immémoriaux. – L'ancien temps ; le bon temps, **le bon vieux temps** ; le temps jadis ; les vieilles lunes, les lunes d'autrefois. – Enfance **314**, jeunesse **315**.

2 **Passé** *(un passé)* ; antécédents, curriculum vitae. – Casier judiciaire, pedigree [arg.].

3 GRAMM. – Aoriste, imparfait **740**, passé antérieur, passé composé ou, vx, passé indéfini, passé simple (ou : passé historique, vx : passé défini), passé surcomposé, plus-que-parfait.

4 **Le déjà-vu** ; le déjà-vécu [PSYCHOL., rare]. – Précédent *(un précédent)* [DR.] ; les leçons du passé.

5 Antériorité **59**.

6 Souvenir **400** ; oubli **401**. – Nostalgie, regret **460**. – Conservatisme, passéisme. – Archéologie.

7 Aïeux, ancêtres **681**. – Has been (un has been) [anglic. fam.].

8 Archéologue. – Conservateur.

v. 9 **Passer** ; **disparaître 12**, filer, fuir ; s'écouler, s'effacer ; s'en aller, s'enfuir, s'envoler.

10 **Appartenir au passé**, remonter loin dans le passé ou dans le temps ; dater, être de l'histoire ancienne. – Avoir fait son temps, avoir vécu ; mourir **311**.

11 Avoir à peine + p. passé, ne faire que de + inf., **venir de** + inf.

12 Se souvenir ; oublier. – Creuser ou fouiller le passé, **regarder en arrière**, se retour-

ner sur son passé ; revenir sur ses pas. –
**Regretter** ; vivre dans le passé.

Adj. 13 **Passé** ; accompli, achevé, advenu, échu,
écoulé, révolu ; en loc. : sonné, bien sonné
*(la cinquantaine sonnée ; cinquante ans bien
sonnés).* – Évanoui, fini, mort ; d'antan. –
Antédiluvien, historique, **vieux 317** ; dépassé, désuet **196.**

14 Ancien, antérieur, **précédent** ; ci-devant.
– Dernier (dans : *l'an dernier, la semaine
dernière, etc.*).

15 Nostalgique ; passéiste.

16 Rétroactif. – Rétrospectif.

Adv. 17 Auparavant, **autrefois,** avant, jadis, naguère ; anciennement. – À l'époque [fam.],
au temps jadis [litt.], dans l'ancien temps,
dans le passé, **dans le temps** [fam.]. – Au
bon vieux temps, au temps que la reine
Berthe filait [vieilli] ; de mon temps. – À
l'aube des temps, dans des temps reculés
(ou : lointains, éloignés).

18 **Déjà.** – Antérieurement, précédemment.
– Jusqu'à présent, jusqu'ici.

19 **Récemment.** – Ces derniers temps, dans
un passé récent ; il n'y a pas si longtemps,
il y a peu de temps ; tantôt [vx ou région.],
tout à l'heure.

20 Avant-hier, hier ; l'avant-veille, la veille.

21 Une fois, un jour. – **Il était une fois.**

Prép. 22 **Avant 56.** – Avant de, avant que de [litt.].

Conj. 23 Avant que. – Au temps où (ou, vieilli, que),
du temps où.

Aff. 24 Ex- ; archéo-, rétro-.

## 178 Présent

N. 1 **Présent** *(le présent) ;* l'actualité, le temps
présent ; « le vierge, le vivace et le bel
aujourd'hui » (Mallarmé).

2 GRAMM. – Présent de l'indicatif, présent
historique ou présent de narration **740** ;
conditionnel présent, impératif présent,
infinitif présent, participe présent, subjonctif présent.

3 Actualisation **194, mise à jour** ; réactua-
lisation, remise à jour.

4 Contemporain *(un contemporain, les
contemporains).*

5 Contemporanéité [didact.] **182,** modernité ou modernisme.

V. 6 **Il est l'heure de,** il est temps de ; l'heure
est à, l'heure est venue de, le moment est
venu de.

7 Être en train de + inf.

8 **Vivre au jour le jour,** vivre dans l'instant ; ne pas se soucier du lendemain. –
*Carpe diem* (Horace, « cueille le jour
présent »), « Cueillez dès aujourd'hui les
roses de la vie » (Ronsard).

9 Actualiser, **mettre à jour** ; réactualiser,
remettre à jour. – Suivre l'actualité, se
tenir au courant. – Être à la page, **vivre
avec son temps** ; fam. : être dans le mouvement, être dans le vent **863.**

Adj. 10 **Présent ; actuel,** contemporain, en vigueur, vivant *(langue vivante) ;* courant *(les
affaires courantes),* en cours ; immédiat. –
D'actualité ; d'à présent, de l'heure, du
jour.

11 **Moderne,** nouveau **194** ; dernier cri, au
goût du jour, à la mode. – À jour.

Adv. 12 **Maintenant ;** *hic et nunc* (lat., « ici et
maintenant »), ici et maintenant, ores
[vx], présentement [sout.] ; à cette heure
[vx]. – **Aujourd'hui,** au jour d'aujour-
d'hui [pop.], la veille de demain [vx]. – Le
jour même ; il ne faut pas remettre au
lendemain ce qu'on peut faire le jour
même [prov.].

13 Au moment où je vous parle, au moment
présent ; à l'heure où nous sommes, **à
l'heure qu'il est ;** pour l'heure, **pour
l'instant,** pour le moment ; dans l'immédiat.

14 Ce coup-ci, **cette fois-ci.**

15 **Actuellement ;** à l'époque actuelle, à
l'heure actuelle, à présent ; de nos jours,
**en ce moment,** ces temps-ci. – Par les
temps qui courent ; dans la conjoncture
actuelle, dans l'état actuel des choses.

16 D'emblée, illico, **immédiatement ;** sur le
champ, à l'instant **174,** dans le moment
même, **tout de suite.**

17 Dès à présent, d'ores et déjà.

18 **Au jour le jour,** au jour la journée [vieilli].

Conj. 19 À présent que, **maintenant que.** – Voici
que.

## 179 Futur

N. 1 **Futur** *(le futur) ;* avenir, devenir *(le devenir) ;* le lendemain, les lendemains, le
surlendemain. – La postériorité **60.** – Destin **517,** destinée.

2 Imminence, menace **551.** – Attente **457,**
espoir **474.** – Procrastination [didact.].

3 GRAMM. – Futur antérieur du passé, futur
antérieur **740,** futur dans le passé ou futur

du passé, **futur simple** ; futur périphrastique, futur proche.

4 Anticipation, divination 485, **prévision**. – Futurologie, prospective ; déterminisme laplacien ou universel [SC.] ; problème des futurs contingents [PHILOS.]. – Anticipation, science-fiction.

5 **Descendants 681**, héritiers. – Graine de + n. – Futurologue ; devin.

6 Futurition [didact.].

V. 7 **Aller** + inf. *(je vais partir)*, être en passe de + inf., **être sur le point de** + inf., être pour + inf. *(je suis pour sortir)* [pop.] ; devoir + inf ; ne pas tarder à + inf. *(je ne tarderai pas à partir)*. – Avoir l'intention de 532, faire le projet de.

8 Approcher, **menacer** ; pendre sous le nez ou au nez de [fam. ; aussi : pendre au nez comme un sifflet de deux sous].

9 Attendre ; espérer. – Qui vivra verra [prov.].

10 **Prédire**, prévoir.

Adj. 11 **Futur** ; à venir, imminent, proche. – En huit *(dimanche en huit ; aussi, sout. : de dimanche en huit)*, **prochain** *(dimanche prochain)* ; postérieur 60, suivant, ultérieur.

12 En herbe. – En devenir.

13 D'avant-garde, d'avenir, **de pointe**.

14 Futurologique, prospectif.

Adv. 15 **Ensuite, puis**. – Par après [vx ou région.], par la suite, **plus tard** ; subséquemment [sout.], ultérieurement. – Après-demain, demain ; le lendemain, le surlendemain.

16 **Bientôt**, tantôt [région.], tout à l'heure ; avant peu, dans peu, **sous peu** ; incessamment, prochainement. – D'un moment à l'autre, sans tarder ; par plais. : incessamment si ce n'est avant, incessamment sous peu ; plus tôt que plus tard [vx].

17 Un de ces jours, **un jour**, un jour ou l'autre ; fam. : un de ces quatre matins, un de ces quatre. – Tôt ou tard.

18 À l'avenir ; **désormais**, dorénavant. – À bref délai, au plus tôt ; aussitôt que possible, dès que possible.

19 À l'horizon, en perspective.

Int. 20 À demain ! À la prochaine fois ! Fam. : à la prochaine ! À plus tard ! Fam. : à plus !

Prép. 21 **Après** ; à la suite de, ensuite de [vx]. – À la veille de, près de, sur le point de.

Conj. 22 **Après que**, le lendemain que [vx].

Aff. 23 Après-, post-.

## 180 AVANCE

N. 1 **Avance**, précocité, prématurité.

2 **Inopportunité 543**, intempestivité [rare]. – Asynchronisme, décalage horaire, désynchronisation ; **décalage 158**, écart.

3 Prochronisme [didact.] ; **anachronisme** – Prolepse ou anticipation [LING.]. – Antidate. – **Annonce**, prédiction 485 ; prescience, pressentiment. – Préjugé, prénotion [PHILOS.] ; conjecture, hypothèse.

4 Primeurs 289. – Hâtiveau [vx].

5 Avant-garde 59 ; devancier, **précurseur**. – MÉD. : prématuré *(un prématuré)*, grand prématuré ou prématurissime.

6 Anticipation, **devancement**. – Prématuration [MÉD.]. – **Hâte 576**, précipitation.

V. 7 **Avancer** ; anticiper ; antidater. – AGRIC. : brusquer, forcer. – **Hâter**, précipiter, presser.

8 **Annoncer**, prédire 485, pressentir ; préjuger. – **Prévenir** ; mieux vaut prévenir que guérir [prov.].

9 Devancer, **précéder** ; être en avance sur les prévisions, sur le planning ; devancer son temps, son siècle. – Devancer l'appel [MIL.] ; devancer la date. – Chanter le Magnificat à matines [vieilli] ; vendre la peau de l'ours avant de l'avoir tué [allus. aux vers de La Fontaine «... il ne faut jamais Vendre la peau de l'ours qu'on ne l'ait mis par terre »].

Adj. 10 **Avancé** ; anticipé, **précoce**, prématuré ; avant la lettre. – AGRIC. : de primeur, hâtif. – D'avant-garde, de pointe ; en avance.

11 Décalé ; importun, **inopportun**, intempestif.

12 Annonciateur, anticipatoire [didact.], **avant-coureur**, prémonitoire.

Adv. 13 À l'avance, **en avance**. – Précocement, prématurément ; avant-terme ; hâtivement. – Avant l'heure, plus tôt que prévu ; trop tôt.

14 **Tôt ; de bonne heure**, à la première heure ; aux aurores [fam.].

15 Litt. : inopportunément, intempestivement ; à contretemps, **hors de propos**, mal à propos, à propos de bottes [fam. et vieilli] ; hors de saison.

16 **D'avance**, par avance.

Prép. 17 **Avant**, avant de, avant même de.

Aff. 18 Anté-, anti- ; pré- ; pro-.

## 181 RETARD

N. 1 **Retard** ; arriéré *(un arriéré, de l'arriéré),* demeure [DR.], inexactitude [litt.], lenteurs. — Microretard [TECHN.] ; désheurement [CH. DE F.]. — Retard industriel, retard technologique ou *gap* [anglic., « trou »].

2 **Délai,** grâce, répit, **sursis** ; moratoire [DR.].— Quart d'heure académique, quart d'heure de politesse.

3 Décalage, **ralentissement** 577, retardation [didact.] ; action retardatrice [MIL.]. — **Ajournement,** remise, renvoi, surséance [didact.]. — Prolongation, prorogation.

4 Atermoiement, **hésitation** 511 ; temporisation. — Lambinage [fam.], lanternement [rare], traînassement, traînasserie.

5 **Retardataire** *(un retardataire) ;* clampin, dernier *(le dernier),* lanterne rouge, serre-file, traînard, traîneur ; tardillon [fam.].

6 Report d'incorporation [MIL.] ; exception dilatoire [DR.]. — Manœuvre ou réponse dilatoire. — Billet de retard [TRANSP.].

7 **Obstacle** 554. — Retardateur [CHIM.] ; ligne de retard [ÉLECTRON.].

8 Tardiveté [rare]. — L'esprit de l'escalier.

V. 9 **Retarder** ; attarder [sout.], freiner, ralentir. — Apporter du retard à qqch, faire durer, faire traîner, faire traîner en longueur, tirer en longueur. — **Prolonger,** proroger [didact.].

10 **Ajourner,** arriérer, décaler, **différer,** reculer, remettre, renvoyer, reporter, repousser, retarder, surseoir à. — Donner ou accorder un délai.

11 **Hésiter,** temporiser, tergiverser. — Faire attendre, faire patienter, faire poser [vieilli].

12 **S'attarder,** se désheurer [rare], se mettre en retard, prendre du retard. — Lambiner [fam.], lanterner, mettre du temps [fam.], musarder, traînailler, traînasser, **traîner.**

13 Accuser du retard, arriver ou **être en retard,** avoir du retard ; retarder de (tant de temps). — Avoir dépassé l'heure. — Fam. : arriver après la bataille : arriver comme les carabiniers, comme les carabiniers d'Offenbach [allus. à l'opéra bouffe *les Brigands*].

14 Manquer qqn ou qqch de peu. — Avoir un métro de retard, retarder [fam.].

15 Se faire attendre, **se faire désirer** 523 ; tenir qqn en suspens.

16 **Il n'est plus temps de** + inf. ; il est tard de + inf. [vx]. — Il se fait tard.

Adj. 17 **Retardataire** ; inexact, retardé, tard venu, **tardif** ; posthume. — Sursitaire. — À retardement *(bombe à retardement) ;* retard *(pénicilline retard)* [PHARM.].

18 Déphasé, désuet 196, rétrograde.

19 Retardant [PHARM.], retardateur. — **Dilatoire,** temporisateur, temporiseur [vx].

Adv. 20 **En retard** ; à la bourre [arg.]. — À la dernière minute, in extremis ; **enfin,** finalement.

21 À la queue, à la traîne ; **trop tard.**

22 En différé (opposé à en direct) [RADIO, TÉLÉVISION].

23 **Tard,** tardivement ; sur le tard [vieilli] ; mieux vaut tard que jamais [prov.]. — À une heure avancée, à une heure indue, à pas d'heure [fam.] ; avant dans la nuit [litt.].

Int. 24 **Enfin !** Ouf ! Tout de même ! Ce n'est pas trop tôt !

## 182 SIMULTANÉITÉ

N. 1 **Simultanéité** ; coexistence, contemporanéité, coprésence [didact.]. — Concomitance [didact.], synchronie. — RELIG. : multiprésence, ubiquisme ; **omniprésence,** ubiquité [litt.]. — Simultanéité réelle ou apparente [INFORM.].

2 **Coïncidence,** synchronisme ; concours de circonstances 8 ; conjonction, rencontre, télescopage.

3 MUS. : consonance, **harmonie,** 781, symphonie, unisson. — Simultanée *(une simultanée)* [JEUX].

4 CIN. : **synchronisation** ou, fam., synchro ; postsynchronisation. — Enseignement simultané (opposé à individuel) ; traduction simultanée.

5 LING. : état de langue, synchronie. — Synopse [RELIG.] ; **synopsis,** tableau synoptique ; isochrone ou courbe isochrone.

6 Simultanéisme [LITTÉR.].

V. 7 **Coexister** ; coïncider, se rencontrer, se télescoper. — Être en phase, être dans le rythme. — Loc. cour., fam. (par plais.) : les grands esprits se rencontrent

8 Faire concorder, faire correspondre ; **synchroniser.** — Joindre [DR.]. — Courir deux lièvres à la fois.

Adj. 9 **Simultané** ; **coexistant,** concomitant, contemporain. — Conjoint, synchrone, synchronique ; synoptique. — Compossible [PHILOS.]. — Ubique [rare] ; ubiquiste ou ubiquitaire.

10 Simultanéiste [LITTÉR.].

Adv. 11 **Simultanément** ; concomitamment [litt.], concurremment, parallèlement, synchroniquement. – En direct (opposé à en différé). – Conjointement, **ensemble 90** ; à l'unanimité, à l'unisson.

12 Au même instant, au même moment, dans le même temps, **en même temps** ; de front ; **à la fois,** tout à la fois [litt.]. – Du même coup, par la même occasion. – En parallèle, en simultané.

Prép. 13 **Avec,** en compagnie de.

Conj. 14 **En même temps que** ; dans la minute même où [sout.]. – Alors que [vieilli], **comme, quand** ; au moment où ; cependant que [litt.], **pendant que,** tandis que. – Bien que, quoique.

15 Aussi longtemps que, tant que.

Aff. 16 **Co-,** syn- ; iso-.

## 183 FRÉQUENCE

N. 1 **Fréquence.** – Réitération [sout.], **répétition 76, retour** ; itération [didact.].

2 Cycle, **période 185** ; intervalle **158.**

3 Cyclicité [didact.] **61, périodicité, régularité ; rythme.** – Biorythme, rythme circadien [BIOL.].

4 Fréquence d'une vibration, d'un son, d'une onde électromagnétique [SC.]. – PHYS. : **spectre de fréquence** ; spectromètre **350,** spectroscope. – TECHN. : **fréquencemètre** ; analyseur *(analyseur de spectre),* cycloconvertisseur, détecteur **555,** égaliseur, multiplicateur. – **Hertz** (symb. : Hz) **365.**

5 TECHN. – Audiofréquence ou A. F., fréquence d'images, fréquence d'un son, fréquence de lignes ou fréquence ligne, fréquence propre, hyperfréquence ; basse fréquence [abrév. : B. F. ], haute fréquence [abrév. : H. F.] ; gamme ou **bande de fréquence 767,** bande F. M. ; modulation de fréquence (M. F. ou FM) ; radiofréquence ou fréquence radioélectrique ; vidéofréquence.

6 Distribution, **répartition 45.** – Statistique ; sondage. – STAT. : **fréquence** ou **effectif,** fréquence cumulée, fréquence relative.

7 **Habitude 568** ; coutume **685** ; tradition, usage. – Banalisation

8 **Banalité.** – Cliché [RHÉT.], lieu commun, poncif **758.**

V. 9 **Répéter** ; réitérer [sout.], renouveler, **reproduire.**

10 **Se répéter,** se reproduire *(se reproduire tous les ans, chaque mois, etc.)* ; **revenir.** – Continuer. – Se multiplier, **se renouveller** ; se banaliser.

11 Loc. cour. : c'est monnaie courante, cela court les rues ; fam. : ça ne rate jamais, ça se voit tous les jours ou on rencontre ça tous les jours.

12 **Prendre l'habitude de** ; avoir coutume de, avoir l'habitude de, souloir [vx]. – Fig., fam. : avoir pris un abonnement à (aussi : avoir un abonnement, être abonné). – Être accoutumé à, être accro [arg., fig.].

Adj. 13 **Fréquent,** courant. – **Habituel** ; systématique. – **Répété** ; récurrent, réitéré ; renouvelé.

14 Cyclique, **périodique 185** ; régulier. – Fréquentiel [PHYS.].

15 Constant, continuel ; chronique, perpétuel.

16 Banal, répandu. – Rabâché, rebattu. – Rituel, traditionnel.

17 **Fréquentatif** ou itératif opposé à sémelfactif *(forme fréquentative, verbe fréquentatif)* [LING.].

Adv. 18 **Fréquemment** ; couramment. – Itérativement [didact.].

19 **Périodiquement,** régulièrement ; cycliquement. – Par intervalles, par moments, par périodes. – À intervalles rapprochés.

20 Souvent ; souventefois ou souventes fois [vx ou litt.] ; bien des fois. – Maintes et maintes fois, maintes fois, mille fois ; plus d'une fois, plusieurs fois. – À maintes reprises, à plusieurs reprises. – Communément, **généralement, habituellement.** – Usuellement.

Aff. 21 Suffixes fréquentatifs : -ailler, -iller, -ouiller, -oter ; -aillerie, -ouillerie.

22 R(e)-, ré-.

## 184 RARETÉ

N. 1 **Rareté** ; paucité **79.** – Originalité, singularité, unicité **73.** – anormalité **55,** étrangeté, monstruosité. – Inhabité [rare].

2 Accident **6,** anomalie, **exception.**

3 Bibelot, **curiosité,** objet de collection, pièce de musée, **pièce rare, rareté** *(une rareté),* spécimen, trouvaille. – Vintage [anglic.]. – Denrée rare, fruit rare ; oiseau rare, **perle rare** ; merle blanc, phénix ; mouton à cinq pattes.

4 **Raréfaction.** – SYLVIC. : coupe sombre ; éclaircissement.

V. 5 **Se raréfier,** se faire rare, ; se clairsemer. – Ne pas se rencontrer à tous les coins de rue, ne pas se trouver sous le pas d'un cheval. – Espacer ses visites, se faire (ou être) d'une grande rareté [fam. ou vx].

6 Ça arrive ; **il arrive que.**

7 **Raréfier** ; éclaircir [SYLVIC.].

Adj. 8 **Rare,** rarescent [litt.], rarissime ; épisodique, **occasionnel.** – Inaccoutumé, inhabituel, insolite, inusité. – Raréfiable ; en voie de disparition.

9 Isolé, particulier, singulier, **unique ;** anormal, bizarre, curieux ; fam. : pas (ou peu) banal, pas (ou peu) commun. – Ce qui est rare est cher [loc. cour, par allus. au sophisme classique : « ce qui est rare est cher ; or un cheval bon marché est rare ; donc un cheval bon marché est cher »].

10 Clairsemé, éclairci, espacé, **raréfié.**

Adv. 11 **Rarement,** rarissimement [litt.] ; épisodiquement, occasionnellement. – **Exceptionnellement** ; sout. : par exception, par extraordinaire.

12 **Parfois,** quelquefois ; de fois à autre [vieilli], des fois, par moments, de temps à autre, **de temps en temps.** – Une fois ; une fois n'est pas coutume [prov.]. – Peu, guère ; au compte-gouttes, avec des élastiques [fam.].

Conj. 13 Pour une fois que.

## 185 PÉRIODE

N. 1 **Période** ; durée 172. – Âge, cycle, division, **époque 175,** ère 237, génération. – Fig. : saison, temps 170. – Fraction de seconde, instant 174 ; battement, intervalle 158 ; laps de temps, **moment 186,** phase.

2 **Année 312** ; pige [arg.]. – Année d'âge ; printemps ; fam. ou arg. : balai, berge, pige. – Année anomalistique, année astronomique, année sidérale, année tropique ou solaire ; année lunaire, année luni-solaire ; année astrale, année planétaire, année synodique.

3 Grande année (ou : année parfaite, année du monde) ; période julienne ; millénaire, millénium [RELIG.] ; **siècle** ; décade, **décennie,** lustre, olympiade [ANTIQ. et mod.], saros, septennat ; quarantenaire.

4 Mois solaire ; lunaison, mois lunaire. – **Mois** ; bimestre, quadrimestre, semestre, trimestre. – **Semaine** ; quinzaine.

5 **Jour,** journée. – Nycthémère [BIOL.] 172. – Jour astronomique ou sidéral, jour solaire moyen, jour solaire vrai ; jour civil [ASTRON.].

6 **Heure,** plage horaire, plombe [arg.]. – Heure moyenne (ou : sidérale, solaire), heure solaire moyenne, heure solaire vraie ; heure planétaire [ASTROL.]. – Heure d'été, heure d'hiver ; heure légale ; heure locale.

7 **Minute** ; broquille [arg.]. – Seconde 174.

8 Intersession ; interrègne.

9 **Périodicité 183.** – Mensualité *(une mensualité).* – Annualité [didact.], annuité.

10 Mensualisation.

11 Annalité [DR.].

V. 12 Compter, **mesurer 175.**

13 Mensualiser ; annualiser.

Adj. 14 **Périodique** ; cyclique ; apériodique. – Millénaire. – Séculaire. – Annal, annuaire [rare], **annuel ;** biennal, bisannuel, triennal, trisannuel, quadriennal, quinquennal, lustral [litt.], septénaire, septennal, décadaire [HIST.], décennal, vicennal [didact.], jubilaire.

15 Saisonnier. – **Mensuel,** bimensuel, bimestriel, trimestriel, quadrimestriel, semestriel. – **Hebdomadaire,** bihebdomadaire, trihebdomadaire ; semi-hebdomadaire. – Journalier [rare], **quotidien.** – Horaire.

16 Computable, mesurable. – Chronologique 175.

Adv. 17 Annuellement ; mensuellement, semestriellement, trimestriellement ; journellement, quotidiennement ; hebdomadairement.

Prép. 18 À l'époque de, **dans la période de,** au temps de.

## 186 MOMENT

N. 1 **Moment,** point, temps, temps T [PHYS.] ; date 185. – Épisode, étape, phase, stade. – Circonstances 6, conjoncture, situation 156. – **Occasion,** opportunité 542.

2 **Moment crucial,** moment décisif, moment fatidique ; moment charnière ; moment psychologique. – Moment favorable, moment indiqué, moment propice. – L'heure du berger ; l'heure du crime. – L'heure H 174 ; le grand jour, le jour J.

3 Exactitude, ponctualité 578.

V. 4 C'est le moment, c'est le moment ou jamais, **il est temps** ; l'heure ou le moment est venu ; l'heure est à + n.

5 Arrêter une date, **fixer une date**, prendre date, prendre jour, prendre rendez-vous.

6 Profiter du moment, saisir le moment.

7 **Faire date**, faire époque.

Adj. 8 Momentané ; synchronique [didact.]. – **Ponctuel 578**, précis.

Adv. 9 **À un moment donné**, dans ce moment [litt.] ; sur le moment. – Adonc [vx], **alors.** – Un beau jour, un beau matin ; **une fois,** un jour.

10 À date fixe.

Prép. 11 **Lors de** ; à la date de, en date du. – À l'heure de, à l'instant de, **au moment de ;** sur le coup de ; à l'occasion de.

Conj. 12 Alors que, comme, **lorsque, quand.** – À l'heure où, à l'instant où, au moment où ; vx : au moment que, dans le moment que ; à la minute où, à la seconde où.

13 À partir du moment où ; dès l'instant où, dès la minute où, dès le moment où, **dès que.** – Du moment où [vx], une fois que. – Jusqu'à ce que, jusqu'au moment où.

## 187 SAISONS

N. 1 **Saison** ; trimestre. – Basse saison, haute saison ; intersaison, pleine saison ; saison des pluies 274, saison sèche ; **mousson,** mousson d'été, mousson d'hiver. – Le cycle des saisons, la ronde des saisons.

2 **Printemps** ; bourgeonnement 285, dégel, regain ; litt. : le mai, le renouveau ; la belle saison, demi-saison, la saison des amours, la saison nouvelle. – Point vernal ; équinoxe de printemps.

3 **Été** ; canicule 241 ; beaux jours, belle saison ; grandes vacances. – Alpage. – Solstice d'été.

4 **Automne** ; été indien, été de la Saint-Martin ; arrière-saison, demi-saison. – « Les sanglots longs Des violons De l'automne » (Verlaine). – Équinoxe d'automne.

5 **Hiver** ; hiver astronomique, hiver austral, hiver boréal, hiver météorologique ; la mauvaise saison, la saison froide, la saison morte ou la morte-saison ; hivernage. – Sports d'hiver 870. – Solstice d'hiver.

6 Estivation [ZOOL.] ; hibernation ou, vx, hivernation, hiémation [didact.].

7 Estivage 813. – Hivérisation [TECHN.].

8 Estivant *(un estivant) ;* hivernant *(un hivernant).*

V. 9 ZOOTECHN. – Estiver. – Dessaisonner (ou : désaisonner, dessoler).

10 **Hiberner 229**, hiverner ; prendre ses quartiers d'hiver.

Adj. 11 **Saisonnier ;** trimestriel. – Équinoxial. – Printanier, vernal. – Estival ; caniculaire. – Automnal. – Brumal [rare] ; hibernal [didact.], hiémal [litt.], hivernal.

12 De saison *(un temps de saison) ;* de fin de saison.

Adv. 13 En saison. – À contre-saison, hors saison.

## 188 MATINÉE

N. 1 **Matinée ; matin ;** mat' *(cinq heures du mat')* [fam.] ; avant-midi [belg., canad.]. – LITURGIE. : prime, tierce ; laudes, matines.

2 **Aube, aurore ;** « l'aurore aux doigts de rose » (Homère). – Lever du soleil ; lever du jour, naissance du jour, point ou pointe du jour ; demi-jour, **petit jour ;** le crépuscule du matin, petit matin ; les portes du matin, l'heure bleue. – Potron-jacquet [vx], potron-minet [vx ou plais.] ; déjuc [AGRIC.]. – L'heure du laitier. – Commencement 56, début.

3 L'étoile du matin ou l'étoile matinière, Lucifer [poét.], Vénus. – Rosée. – Aubade ; diane.

4 **Midi ;** midi moyen, midi vrai ; passage au zénith (du Soleil) ; méridienne. – Sexte [LITURGIE.]. – « Midi le juste » (Valéry).

5 **Matutinaire** *(un matutinaire)* [LITURGIE.]. – Réveille-matin ou **réveil ;** méridienne.

V. 6 **Se lever ;** déjucher [AGRIC.]. – Être du matin.

7 Chanter matines, sonner les matines ; aubader [rare].

Adj. 8 **Matinal,** matutinal [litt.], matinier [litt.] auroral [litt.], crépusculaire. – Matineux *(une personne matineuse)* [litt.]. – Méridien [litt.].

Adv. 9 Matin *(se lever matin) ;* **de bon matin,** de grand matin, au petit matin, dès matines [vieilli] ; **de bonne heure,** tôt 180 ; le monde appartient à ceux qui se lèvent tôt [prov.]. – À la première heure ; aux aurores, au chant du coq ; au saut du lit.

10 Matinalement [litt.] ; crépusculairement [rare].

11 **Dans la matinée** ; a. m. (anglic., du lat. *ante meridiem* « avant midi »).

12 Sur le midi ; en plein midi.

Prép. 14 À l'aube de ; au matin de. — Au midi de.

Int. 13 **Bonjour !** — **Cocorico !**

## 189 SOIRÉE

N. 1 **Soirée** ; après-dîner, **soir**, vêprée ou vesprée [vx]. — Passée *(la passée)* [CHASSE].

2 **Après-midi** ; l'aprème [arg. scol.] ; matinée (opposé à soirée) [SPECT.], relevée *(à deux heures de relevée)* [vx]. — LITURGIE : none ; complies, vêpres.

3 Goûter, quatre heures *(le quatre heures)* [enfant.]. — Cinq-à-sept *(un cinq-à-sept)* [fam.].

4 **Soir.** — Chute du jour, déclin du jour ; coucher du soleil, l'heure du berger ; brunante [canad.], la brune [vieilli], couchant, **crépuscule.**

5 **Nuit** ; arg. : borgnon, sorgue ; nuit d'encre, nuit noire ; nuit polaire. — **Obscurité** 351, pénombre, ténèbres. — Nuitée.

6 **Minuit ;** les douze coups de minuit ; l'heure du crime.

7 Serein [litt.] ; soleil de minuit. — Sérénade ; dîner, médianoche [vx], réveillon, **souper** ; sommeil 378.

8 **Noctambule,** nuiteux *(un nuiteux),* réveillonneur ; couche-tard [fam.]. — Nuitard [fam.] ; veilleur de nuit. — « Veilleur où en est la nuit ? » (Isaïe).

V. 9 Il fait noir, **il fait nuit,** il fait nuit noire ; il se fait nuit [fam.].

10 S'endormir ; dormir 378. — Passer une nuit blanche, veiller. — Dîner, souper ; réveillonner.

11 Être du soir ; faire de la nuit le jour et du jour la nuit.

Adj. 12 Crépusculaire, vespéral [litt.]. — **Nocturne** (opposé à diurne) ; rare : nocturnal, nuital.

Adv. 13 **L'après-midi** ; p. m. (anglic., du lat. *post meridiem,* « après midi »). — Cet après-midi, c't aprème [arg. scol.] ; tantôt [région.].

14 **Le soir,** en soirée. — À la brunante [région.], à la brune [vieilli] ; entre chien et loup, à la nuit tombante. — À l'heure où les lions vont boire [litt. ou par plais.] ; à la passée [CHASSE]. — **Tard** 181 ; à une heure tardive.

15 Au soir *(hier au soir),* soir *(hier soir, demain soir).*

16 De nuit, **la nuit,** en pleine nuit ; nocturnement [rare], nuitamment. — À la nuit close [litt.], à la nuit tombée. — De jour comme de nuit, nuit et jour.

Int. 17 **Bonsoir ! Bonnes vêpres !** [vx]. — **Bonne nuit !**

Aff. 19 Noct-, nyct-.

## 190 ÉVOLUTION

N. 1 **Évolution** ; avance, déroulement, **développement,** dynamique, enchaînement, processus, procès [didact.] ; continuité, gradation 65, infléchissement ; succession, suite. — Transformation ; métamorphose, mutation, transmutation.

2 Cours des évènements, tournure des évènements ; cheminement marche, parcours, travail. — Logique des choses, ordre des choses 45.

3 Augmentation 88, boom, essor ; avancement. — **Croissance,** crue, poussée, venue ; maturation, mûrissage, mûrissement ; vieillissement. — Amélioration, **progrès,** progression ; progressivité.

4 **Régression ;** détérioration 385, diminution, évolution régressive ; catagenèse [didact.].

5 **Carrière** 792. — Évolution de carrière, perspectives de carrière, plan de carrière.

6 BIOL. : aristogenèse, hologenèse, orthogenèse ; ontogenèse, phylogenèse.

7 Didact. : eugénie [vx], eugénisme. — SC. : **darwinisme,** évolutionnisme, lamarckisme, mutationnisme, transformisme.

8 **Réformiste** *(un réformiste).* — SC. : darwiniste *(un darwiniste),* évolutionnaire *(un évolutionnaire)* [anglic. ou vieilli], évolutionniste *(un évolutionniste),* lamarckien *(un lamarckien),* transformiste *(un transformiste).*

V. 9 **Évoluer ; changer,** muter ; devenir. — Cheminer vers, être en passe de, prendre telle tournure. — Aller son train, **suivre son cours.** — Suivre sa voie, son chemin, son petit bonhomme de chemin ; faire du chemin, faire son chemin ; aller de l'avant.

10 **Croître,** pousser ; mûrir ; vieillir. — Progresser, prospérer ; abonnir [rare], bonifier, améliorer.

11 Se développer, se métamorphoser, se transformer. — S'épanouir ; s'accomplir, se parachever. — Se détériorer. — Régresser.

Adj. 12 **Évolué ;** moderne ; organisé. — Développé ; d'une belle venue.

13 Évolutif, graduel, processuel [didact., rare], **progressif**. – Croissant ; en plein boom, en plein essor. – Régressif.

14 Didact. et SC. – Ontogénétique, phylogénétique. – Évolutionnaire [vieilli], évolutionniste, mutationniste, transformiste ; didact. : darwinien, lamarckien.

Adv. 15 Lentement 577, **progressivement**, régulièrement. – Avec le temps, petit à petit, peu à peu ; fig. : pièce à pièce, pierre à pierre. – À force, à la longue ; au fur et à mesure 579. – Au train (ou du train) où vont les choses.

Prép. 15 **En train de**, en voie de ; sur la route de, sur la voie de, sur le chemin de. – Au fur et à mesure de.

Conj. 16 À mesure que, au fur et à mesure que.

Aff. 17 -ant (participe présent).

## 191 HISTOIRE

N. 1 **Histoire** ; chronologie. – Archéologie. – Didact. et LING. : diachronie, opposé à synchronie. – Évolution 190

2 Histoire ancienne ; histoire contemporaine. – Histoire diplomatique, économique, militaire, politique, religieuse, sociale, universelle ; ethnohistoire, géohistoire, psychohistoire. – Histoire sacrée ; histoire ecclésiastique, histoire sainte. – Histoire de l'art, du droit, de la littérature, des religions, des sciences, des techniques. – Histoire anecdotique, petite histoire. – Assyriologie, égyptologie, byzantinologie ; médiévisme.

3 Temps historiques ; époque historique, période historique (opposé à préhistoire). – **Antiquité** ; antiquité grecque, romaine ; Antiquité classique ; Antiquité assyrienne, babylonienne, égyptienne, sumérienne. – **Moyen Âge** ; haut Moyen Âge, bas Moyen Âge. – **Temps modernes** ; Renaissance.

4 **Préhistoire**, temps préhistoriques ; **protohistoire** ; histoire crépusculaire [vx]. – Paléolithique *(le paléolithique)*, mésolithique *(le mésolithique)* [vx], néolithique *(le néolithique)*, chalcolithique *(le chalcolithique)* ; vieilli : âge de la pierre taillée, de la pierre polie, du bronze, du fer. – MYTH. : âge d'or, âge d'argent, âge d'airain, âge de fer.

5 **Sciences auxiliaires de l'histoire** ; codicologie, diplomatique *(la diplomatique)*, épigraphie, généalogie 681, numismatique, paléographie, philologie, sigillogra-

phie ou sphragistique. – **Chronologie**, chronographie [moins cour.] ; dendrochronologie.

6 Monuments écrits, monuments figurés. – **Archives** ; actes, annales ; chroniques, commentaires, compte-rendu, épitomé ou épitome (gr., « abrégé ») [didact.] ; fastes. – **Biographie** ; autobiographie 754, Mémoires, souvenirs. – Hagiographie, vie des saints ; martyrologe. – Épopée, mythe, légende ; récit de fondation ; cosmogonie.

7 Roman historique [LITTÉR.]. – BX-A. : peinture d'histoire ; grand genre, genre historique.

8 **Historien** ; antiquaire [vx]. ; **archéologue**, logographe [ANTIQ.]. – **Préhistorien**. – Médiéviste ; seiziémiste, dix-septiémiste, dix-huitiémiste, dix-neuviémiste, contemporaniste. – Bénédictin ; bollandiste.

9 Codicologue, chronologiste, épigraphiste, **généalogiste**, numismate, paléographe, **philologue**, sigillographe ; **archiviste-paléographe**, chartiste.

10 Anecdotier, annaliste, **biographe, chroniqueur**, hagiographe, historiographe, **mémorialiste**.

11 Didact. – Historisation, périodisation, historicisation. – Historicisme, historisme [PHILOS.] ; historicité. – Philosophie de l'histoire ; matérialisme historique, matérialisme dialectique.

12 Clio, muse de l'Histoire [MYTH.].

V. 13 Didact. : historialiser, historiciser ; périodiser.

14 Dépouiller ; archiver. – Ressusciter le passé.

Adj. 15 **Historique** ; préhistorique, protohistorique. – Chronologique, diachronique ; géochronologique. – Historico-critique ; historico-mythique ; sociohistorique. – Didact. : historisant, historicisant.

16 **Passé** 177, moderne, contemporain. – Antique ; médiéval ; renaissant.

17 Diplomatique, épigraphique, **généalogique 681**, hagiographique, historiographique, numismatique, paléographique, philologique.

Adv. 18 **Historiquement** ; chronologiquement, diachroniquement [LING.]. – Généalogiquement.

Aff. 19 Historico-.

## 192 ÉVÈNEMENT

N. 1 **Évènement** (ou événement) affaire, aventure, **fait**, phénomène. – Litt. ou vx : accident **6**, évent ; entrefaite. – Circonstance **8**, occasion ; hasard ; éventualité **42**. – Épisode, page [fig.], scène. – **Changement 193**, nouveauté ; bouleversement, révolution. – Anecdote [litt.], péripétie ; coup de théâtre.

2 Fait marquant, évènement du jour ; clou de la soirée [fig.]. – Grande date, **grand moment,** grand jour, moment inoubliable, temps fort ; première *(une première, une grande première).*

3 Chaîne des évènements, cours des évènements **190**.

4 Actualité ; journalisme **766** ; **information(s)**, nouvelle(s) *(les nouvelles du jour).* – Histoire évènementielle (opposé notamm. à histoire causale) **241**.

5 Accès, attaque, complication, **crise**. – Accident, calamité, cataclysme, **catastrophe,** drame, fléau, malheur. – Contretemps, incident. – Mauvaise nouvelle ; coup dur [fam.]. – Fig. : bombe, coup d'assommoir, coup de foudre [vx], coup de tonnerre.

6 Aubaine, bonheur, **chance** ; bonne nouvelle. – Heureux évènement. – Miracle, phénomène ; *deus ex machina* (lat., « dieu descendu au moyen d'une machine ») [fig.]. – Coup d'éclat, exploit **527**, haut fait ; performance [anglic.]. – Fête **687**. – Happening [anglic.].

7 Évènement [vx] ; effet, fin **58**, résultat ; dénouement.

V. 8 Advenir, apparaître, **arriver, avoir lieu,** échoir [litt., vx], **être, exister 1**, surgir, survenir, venir ; éclore, naître.

9 **Créer l'évènement ;** faire évènement, faire sensation. – Défrayer la chronique, faire la une des journaux. – Dater, **faire date,** marquer ; marquer son époque, marquer son temps.

10 Être dépassé ou débordé par les évènements. – Couvrir un évènement ; traquer l'évènement.

11 S'élever, se déclarer, se dérouler, **se passer,** se présenter, se produire, se réaliser.

Adj. 12 Actuel [PHILOS.], advenant [didact.], **évènementiel,** existentiel [PHILOS.], factuel, phénoménique [didact.], **réel.**

13 Célèbre, digne de mémoire, mémorable. – **Exceptionnel,** merveilleux, rare, remarquable, retentissant, sans précédent, sensationnel, unique ; à marquer d'une pierre (aussi : d'une croix) blanche [fig.].

Adv. 14 En fait, factuellement. – Accidentellement, incidemment.

## 193 CHANGEMENT

N. 1 **Changement ;** change [vx], variation **33** ; modulation. – Impermanence, mouvance ; balancement, branle [vx], oscillation. – PHYS. : changement d'état, transition de phase.

2 Devenir, **évolution 190**.

3 **Bouleversement 48 ;** convulsion [fig.].

4 Modification, transformation ; métamorphose. – Mutation ; mutagenèse [BIOL.]. – Mue ; muance [vx]. – Allométrie, allotropie.

5 Conversion. – Déplacement. – Anamorphose.

6 Caprice [fig.], retournement de situation, vicissitude. – Revirement **597**, saute d'humeur, **volte-face.**

7 Chatoiement, ondoiement.

8 Amovibilité, mutabilité, transmutabilité [rare], variabilité. – Inconstance, **instabilité ;** flexibilité, souplesse. – Protéisme [vieilli].

9 Mutationnisme [SC.], métamorphisme, transformisme [SC.].

10 Réformisme ; révolutionnarisme [didact.] **651**.

11 Kaïnophobie ; misonéisme [didact.].

12 **Caméléon** [fig.] **31.4,** girouette ; sauteur [vieilli]. – Protée.

13 Mutant *(un mutant).*

V. 14 **Changer.** – Modifier, transformer. – **Bouleverser,** chambarder, chambouler. – Renverser, révolutionner. – Réformer, remanier, remodeler, **renouveler 194,** rénover.

15 Infléchir ; moduler. – Commuer. – Convertir, traduire, transposer ; métamorphoser, transfigurer. – Anamorphoser.

16 Adapter ; **corriger,** rectifier, retoucher ; amender. – Altérer, **déformer ;** déguiser, travestir.

17 Alterner ; inverser, interchanger ; renverser la vapeur. – Relayer, tourner. – **Échanger,** troquer ; substituer.

18 Devenir. – **Changer ;** changer du tout au tout ; subir un changement ; évoluer. –

Bouger, flotter, fluctuer, muer, tourner à, **varier ;** basculer, prendre un tournant.

19 Chatoyer, ondoyer, osciller, vaciller.

20 Changer d'avis, être d'humeur changeante, girouetter, papillonner, pirouetter. – Changer de peau. – Changer de cap, virer de bord, passer du noir au blanc, tourner bride [litt.], tourner casaque ; changer ses batteries, changer son fusil d'épaule, **retourner sa veste,** virer sa cuti. – Se changer les idées.

21 Se changer. – Se désavouer, se raviser, se rétracter.

Adj. 22 **Changeant,** flottant, fluctuant, fluctueux [fig.], labile, mobile, **mouvant,** mutable, ondoyant, papillotant, variable ; protéiforme, protéique [vx] ; alternatif. – Mutationnel [BIOL.]. – Caméléonesque [litt.], capricieux, **inconstant, instable ;** fig. : flexible, souple.

23 Altérable, amovible, changeable, malléable, métamorphosable, modifiable, rectifiable, remplaçable, réversible, **transformable,** transmutable ou transmuable [rare] ; échangeable, interchangeable.

24 Nouveau, **révolutionnaire.**

25 Kaïnophobique, misonéiste.

Adv. 26 Tour à tour. – *Mutatis mutandis* (lat., « en changeant ce qui doit être changé »).

Prép. 27 **À la place de,** au lieu de, en lieu et place de ; en remplacement de.

Aff. 28 **Allo- ;** re-, trans-.

29 -ation, -ification, -isation, -issement, -ment ; -ir, -ifier, -iser ; -ifiant.

## 194 NOUVEAUTÉ

N. 1 **Nouveauté ;** fraîcheur, jeunesse 315, modernisme, modernité, nouvelleté [vx], primeur, récence [didact.], verdeur ; hardiesse, originalité ; jamais vu *(du jamais vu),* neuf *(du neuf),* nouveau *(du nouveau).*

2 Création, **innovation** 32, novation ; découverte 411 ; avant-garde, avant-gardisme 780. – Commencement 56.

3 Nouveauté *(une nouveauté),* primeur [fig.]. – Inédit *(un inédit, de l'inédit)* 765, **nouvelle** *(une nouvelle)* 766. – Article de nouveauté ou de haute nouveauté, **nouveauté** *(travailler dans la nouveauté)* 863.

4 Nouvel an ; printemps 187, **renaissance, renouveau.** – Art nouveau 780. – Pays neuf ; ville nouvelle. – Novale [AGRIC.], terre neuve. – Nova [ASTRON.].

5 Actualisation, aggiornamento ; **modernisation,** remise à neuf 558, rénovation ; œil ou regard neuf. – Rajeunissement, régénération. – **Remplacement ;** succession. – Reconduction, renouvellement 61.

6 Nouveau *(un nouveau)* 413 ; **néophyte,** novice ; fam. : bizut ou bizuth, bleu *(un bleu)* 56. – Dernier-né, nouveau-né 314, nouveau venu 201. – Homme nouveau [vx], nouveau riche. – Innovateur 32, **inventeur.**

V. 7 **Apporter du neuf ;** innover 32, moderniser, rafraîchir [fig.], **renouveler,** révolutionner. – Apporter du sang frais ; apporter un souffle nouveau, faire souffler un vent nouveau sur. – Avoir l'œil neuf [fam.], avoir un regard neuf sur, jeter un jour nouveau sur. – Actualiser, remettre à jour ; **rénover,** remettre à neuf.

8 Créer, inaugurer, instituer, **inventer ;** découvrir 411. – Réassortir [COMM.], remplacer. – Rajeunir, renaître ; muer. – Faire peau neuve.

9 Commencer 56, débuter. – Être tout frais de [vieilli], **venir de ;** être nouveau à qqn [vx]. – Tout nouveau tout beau [loc. prov.]. – Vient de paraître, de sortir.

10 Demander des nouvelles de qqn, donner de ses nouvelles. – Fam. : Quoi de neuf ?, rien de neuf.

11 Nover [DR.], **renouveler,** reconduire 61.

Adj. 12 **Nouveau, récent ;** jeune 315 ; nouveau-né ; frais émoulu ; vert. – Neuf, battant neuf [vieilli], **flambant neuf,** tout beau tout neuf [fam.]. – De la dernière cuvée ; dans le primeur [vieilli], de nouvelle date ou de fraîche date, de toute fraîcheur [vieilli], frais comme un gardon (aussi : une pâquerette, une rose).

13 **Moderne,** modernissime [fam.], moderniste, ultramoderne ; avant-gardiste ; new-look [anglic.]. – Inconnu, **inédit,** original ; jamais vu, sans précédent ; inattendu, **inhabituel ;** novateur. – Novatoire [DR.]. – Néologique [LING.].

14 Métamorphosé, remis à neuf, renouvelé. – Autre 16, second.

Adv. 15 **Nouvellement ;** fraîchement, jeunement [rare]. – De fraîche date, de frais, de neuf ; à neuf. – À peine, **juste,** tout juste ; dernièrement, naguère [litt.] ; récemment 177.

Aff. 16 Néo-.

# 195 ANCIENNETÉ

N. 1 **Ancienneté** ; antiquité, archaïsme, caducité, vétusté, **vieillesse 317.**

2 **Vieillissement** ; déclin, décrépitude, délabrement, désuétude **196**, usure. – Litt., fig. : couchant ; glaces de l'âge.

3 Maturation **316.** – Patine. – Expérience ; ancienneté dans la fonction, dans la maison.

4 **Ancien** *(un ancien)* ; aïeul, **ancêtre.** – les Anciens ; querelle des Anciens et des Modernes [allus. litt.]. – **Vieillard, vieux** *(un vieux, les vieux)* **317.** – Senior, vétéran. – Fam. : vieux briscard, vieux renard, vieux routier ou vieux routard ; vieux de la vieille ; vieille branche. – La vieille garde [allus. hist.]. – Le vieil homme (opposé à l'homme nouveau) [RELIG.].

5 **Ancien** *(de l'ancien)*, antique *(l'antique)*, déjà-vu *(du déjà-vu)*, réchauffé *(du réchauffé)*. – **Antiquité** *(une antiquité)* ; monument, relique, vestige du passé ; péj., fam. : antiquaille, antiquaillerie, **vieillerie.**

6 Antiquaire **850**, brocanteur. – Brocante. – Antiquomanie ou anticomanie.

V. 7 Vieillir **317** ; envieillir [vx] ; avancer en âge, prendre de l'âge. – Mûrir ; décliner.

8 Dater ; **ne pas dater d'hier** ; dater de Mathusalem. – Avoir fait son temps. – Appartenir au passé ; remonter au déluge ; se perdre dans la nuit des temps. – Cour., fam. : ça ne nous rajeunit pas.

9 Faire vieillir ou vieillir (un vin, un alcool) ; affiner.

Adj. 10 **Ancien**, caduc, vétuste, vieux **317** ; fam. : vieux comme le monde, vieux comme le port de Rouen, vieux comme les chemins (aussi : vieux comme les rues, vieux comme les maisons) ; d'un autre âge, hors d'âge. – Invétéré. – Haut [en loc. : *haut Moyen Âge, haute antiquité, etc.*].

11 Ancien, **antique**, archaïque ; historique ; primitif ; ancestral ; séculaire, millénaire. – Immémorial. – D'autrefois, **de tradition** ; de vieille race, de vieille roche, de vieille souche ; de la vieille école. – **Démodé 196**, désuet, vieillot. – **Obsolète**, obsolescent.

12 **Âgé** ; d'un certain âge ; d'un âge avancé, d'un âge vénérable ; chargé d'années, chargé d'ans. – En déclin ; sénescent.

13 Défraîchi, fané, flétri. – Patiné, lustré. – **Usé** ; usagé ; hors d'usage. – Élimé ; usé jusqu'à la corde ; mangé (ou, fam., bouffé)

aux mites. – Branlant ; délabré, en ruine, croulant. – Rouillé, vermoulu. – Bon pour la casse.

14 **Expérimenté** ; chevronné, confirmé.

15 Antiquisant, archaïsant.

16 Conservateur, traditionaliste **685.**

Adv. 17 Anciennement, antiquement [rare], **autrefois 177** ; dans des temps reculés.

18 Immémorialement [litt.] ; de mémoire d'homme, depuis la nuit des temps, **depuis longtemps**, de toute antiquité.

19 **À l'ancienne**, à l'ancienne mode ; à l'antique.

Aff. 20 Archéo- ; paléo- ; proto-.

# 196 DÉSUÉTUDE

N. 1 **Désuétude** ; caducité [litt.], obsolescence [didact.], vieillissement [fig.] ; abandon, désaccoutumance [litt.], **oubli 401.** – Ringardise [fam.], vieillerie [rare].

2 Désuétude calculée ou obsolescence planifiée [ÉCON.]. – DR. : caducité ; péremption.

3 Péj. : antiquaille, antiquaillerie, nanar ou nanard, rossignol, vieillerie ; défroque **862.** – Guimbarde **816** [fam.].

V. 4 **Avoir fait son temps**, avoir vécu ; dater *(ce chapeau date).* – Avoir le charme du passé ; sentir la naphtaline. – **Retarder** ; ne pas suivre, ne pas être à la page.

5 Tomber en désuétude ; **passer**, passer de mode **863**, vieillir.

6 **Abandonner 515**, délaisser. – Mettre au rebut ou, fam., au rencart.

7 Se périmer. – S'en aller rejoindre les vieilles lunes ou les lunes d'autrefois [vx].

Adj. 8 **Désuet** ; **démodé**, dépassé, obsolète, passé de mode, suranné, vieillot, vieux jeu ; caduc, non-valable, nul, obsolescent [litt. ou ÉCON.], **périmé** ; abandonné.

9 Arriéré, attardé, d'arrière-garde, **en retard**, figé, retardataire, rétrograde **221** ; kitsch, rétro, vieille France ; anachronique [cour.] ; fam. : de grand-papa, de papa, out (anglic, « hors du coup »), ringard. – Nostalgique **177.**

10 Vétuste, vieux **317** ; hors d'âge. – Défraîchi, fané, passé, usé. – Antique, archaïque, gothique [litt., vx], préhistorique ; fam., fig. : antédiluvien, fossile, fossilisé.

Adv. 13 Anachroniquement.

# 197 Mouvement

N. 1 **Mouvement**. – Bougement [rare]. – **Déplacement** ; course, trajectoire, trajet.

2 PHYS. – Mouvement accéléré, mouvement brownien, **mouvement perpétuel**, mouvement rectiligne, mouvement uniforme, mouvement varié ; mouvement absolu, mouvement relatif ; agitation thermique. – Mouvement alternatif 216.

3 **Agitation** 217, frémissement, frisson, grouillement, remous ; trépidation, turbulence. – Mouvement sismique 237.

4 **Changement** 193 ; transformation.

5 Activité motrice, **locomotion**. – ÉTHOL. : brachiation, cinèse (opposé à taxie), photocinèse ; akinésie ou acinésie [NEUROL.]. – **Geste** ; gesticulation, gigotement ou gigotage ; mouvement simple, mouvement complexe. – BIOL. : nastie (opposé à tropisme).

6 Branle-bas, **remuement** ; va-et-vient. – Migration 677. – Circulation, trafic 827.

7 Mouvement *(mouvement de colère, de surprise, etc.)* ; motion [vx ou didact.] ; impulsion, pulsion 523.

8 **Mise en mouvement** ; démarrage, mise en marche, mise en route. – Transport 815. – Incitation 565.

9 **Moteur** ; propulseur. – Mécanique *(une mécanique)*. – Autopropulseur ; véhicule 817.

10 Mouvant *(le mouvant)*. – Mobile *(un mobile)*.

11 **Mobilité**, motilité ; motricité.

12 **Rapidité** 576, vitesse. – MUS. : rythme ; mouvement 781.

13 Énergie ; action, **force** 221.

14 PHYS. – **Mécanique** *(la mécanique)* 233 ; dynamique *(la dynamique,* opposée à *la statique)*. – Cinématique ou phoronomie [anc.] ; mécanique des fluides, mécanique physique, mécanique quantique ; mécanique ondulatoire ; théorie cinétique des gaz ; aérodynamique, **thermodynamique** 241. – Principe de moindre action ; loi des aires.

15 Cinésiologie. – Kinésique *(la kinésique)*.

16 Art cinétique, cinétisme.

V. 17 **Se mouvoir** ; se déplacer, être en mouvement ; **bouger, remuer**.

18 **Aller**, circuler, migrer 677 ; se promener, voyager 869. – **Bouger**, se déplacer, se mouvoir, se remuer ; fam. : avoir la bougeotte, gigoter.

19 Accélérer 576 ; **se presser**.

20 **Actionner**, animer, mouvementer [didact.] ; faire fonctionner ou marcher, mettre en marche, mettre en mouvement. – Manœuvrer ; propulser. – Mobiliser, **mouvoir** ; ébranler, faire bouger.

21 **Déplacer** ; commuter, permuter.

22 Agiter 217, battre, **remuer**, secouer.

23 Inciter à 565, **pousser à** ; imprimer une impulsion ou un mouvement à, impulser.

Adj. 24 **Mobile** ; amovible, déplaçable ; meuble [DR.].

25 **Animé, mobile,** en mouvement, remuant, turbide [litt.] ; migrateur. – Mouvementé. – Prompt, rapide 576.

26 **Changeant** 193, mouvant.

27 TECHN. – **Moteur** ; locomoteur. – Automobile, automoteur, autopropulsé, autotracté, locomobile [vx]. – Propulseur, propulsif.

28 PHYS. – Cinématique, **cinétique** ; **mécanique** ; dynamique (opposé à statique) ; aérodynamique, thermodynamique.

29 **Gestuel**, kinésique ; cinesthésique ou kinesthésique [PSYCHOL.]. – Cinésiologique.

Adv. 30 **Dynamiquement, mécaniquement**. – De son propre mouvement ; motu proprio.

Aff. 31 Ciné-, cinéma(t)-, cinémo-, cinésio-, cinéto- ; kin-, kinési-.

32 -cinèse, -cinésie ; -kinèse, -kinésie ; -mobile.

# 198 Direction

N. 1 **Direction** ; exposition, inclinaison, orientation 156, **sens** ; fil de mine [MINÉR.], regard [GÉOL.]. – Attitude [ASTRONAUT.]. – MAR. : gisement ; angle de route, **cap** ; cap au compas, cap vrai.

2 Contrefil ou contre-fil, **sens inverse** 220.

3 Chemin, route, sentier, **voie** ; itinéraire, ligne, **trajectoire**, trajet. – Lit du vent.

4 **Axe** ; axe du monde ou ligne des pôles. – **Points cardinaux** ; **nord** ou septentrion, nord géographique, nord magnétique ; étoile Polaire ou Polaire, pôle Nord. – **Sud** ou midi, pôle Sud. – **Est**, levant, orient. – Couchant, occident, **ouest**, ponant [vx ou litt.]. – Nord-est, nord-ouest, sud-est, sud-ouest ; région. ou MAR. : nordet, noroît, suet, suroît. – MAR. : aire de

vent, quart, rhumb ou rumb ; rose des vents.

5 Droite **168**, gauche **169** ; haut **165** ; bas **166** ; avant **163**, arrière **164** ; centre **133** ; côté **167**.

6 GÉOM. : coordonnées ; angle. – Vecteur.

7 **Fil conducteur** ; fil d'Ariane [allus. myth.]. – Panneau indicateur ; borne **730**, **repère**.

8 Aimantation, polarisation ; **magnétisme 236**. – **Boussole**, boussole de déclinaison, boussole d'inclinaison ; aiguille aimantée, chercheur de nord, **compas**, compas gyroscopique, gyrocompas, gyromètre, gyropilote, gyroscope, gyrothéodolite, théodolite. – TECHN. : radiogoniomètre ou goniomètre, senseur ; direction assistée ou servodirection.

9 Ballon d'essai ; **girouette**, manche à air ou, arg., biroute ; penon ou pennon [MAR.].

10 **Gouvernail** ; manche à balai ; guidon, **volant** ; guides, rênes. – Aiguillage [CH. DE F.]. – Collimateur [OPT.].

11 Guide **869**. – Aiguilleur.

12 **Sens de l'orientation** ; réaction d'orientation [ÉTHOL.]. – **Mouvements orientés** ; tactisme, taxie, tropisme ; astrotaxie, barotaxie, chimiotactisme, chimiotropisme, cinétropisme, électrotaxie, galvanotaxie, galvanotropisme, géotropisme, hydrotactisme, hydrotaxie, hydrotropisme, hygrotropisme, ménotaxie, photonastie, phototropisme, plagiotropisme, thermotactisme ; écholocation ou écholocalisation ; phorésie.

13 PHYS. : directivité ; **polarité**. – SC. : anisotropie, isotropie.

14 But **38**, cible **667**, point de mire ; pôle.

15 Conduite, direction, gouverne, **pilotage 819**. – Détermination, **repérage**.

16 Braquage [ASTRONAUT.], pointage. – TECHN. : biorientation ou orientation biaxiale ; orientement. – Collimation [OPT.].

17 Désorientation ; **inversion 220**. – Épitaxie.

v. 18 **Diriger, orienter** ; imprimer une direction à. – TECHN. : braquer, pointer. – Axer. – Aiguiller ; brasser ou brasseyer [MAR.],

19 Gouverner ; **conduire 815**, guider, mener, piloter ; radioguider, téléguider. – Être à la barre, être aux commandes.

20 Se diriger, **s'orienter**, se repérer, se retrouver ; être sur la bonne voie. – Garder le cap, maintenir sa direction ; tenir sa droite

21 S'égarer, se fourvoyer, **se perdre 218** ; perdre le nord.

22 Mettre sur la voie ou sur la bonne voie. – **Réorienter** ; remettre sur la bonne voie, remettre sur les rails.

23 **Se diriger vers** ; prendre ou suivre une direction ; mettre le cap sur. – **Aller à**, cingler vers, faire route vers, faire voile vers, **partir pour**, se rendre à ; se tourner vers ; aller à la rencontre de ; conduire ou diriger ses pas, porter ses pas vers. – Changer de direction ; changer de cap ; changer (de ligne) ou, absolt, changer.

24 Prendre pour cible, tendre vers, **viser 532** ; cibler. – Aller droit au but **38**.

25 Poser des jalons ; **baliser**, flécher ; bornoyer, jalonner.

26 Aboutir à, **aller à**, conduire à, **mener à**. – Tous les chemins mènent à Rome [prov.].

27 **Donner sur**, être exposé à, être orienté, regarder ou regarder vers.

Adj. 28 **Directionnel** ou directif ; axial. – SC. : unidirectionnel ; multidirectionnel, omnidirectionnel ; équidirectif [RADIOTECHN.]. – SC. : anisotrope ou anisotropique, isotrope.

29 Arctique, boréal, septentrional ; antarctique, austral, oriental ; occidental.

30 Balisé, fléché *(itinéraire fléché)*.

31 Dirigeable, **orientable**. – Maniable, souple ; canalisable.

Adv. 32 **Ici, là, là-bas** ; de ce côté, de l'autre côté.

33 **À contre-courant**, à contresens, en sens inverse ; à l'opposé, en sens contraire ; à contre-poil, à rebours, à rebrousse-poil.

34 Dans tous les sens, en tous sens, **tous azimuts**.

Prép. 35 En direction de ; **à, dans, par, pour, sur, vers**. – Dans la direction de, dans le prolongement de, suivant ; dans l'axe de, dans la ligne de.

Int. 36 Cap sur, **en route pour** ou vers ; droit sur, pleins gaz sur.

Aff. 37 -tropique ; -tropisme.

# 199 RAPPROCHEMENT

N. 1 **Rapprochement** ; approche, confluence, convergence, regroupement. – Approchement [vx]. – Accostage [MAR.]. – Adduction [didact.].

2 Accouplement, assemblage, conjonction, jonction, **rassemblement,** réunion ; juxtaposition.

3 Conciliation, médiation **653** ; ralliement.

4 Rapprochement ; **comparaison 425,** confrontation ; mise en parallèle, mise en relation.

5 **Proximité 161** ; contact. – Point de confluence, point de convergence, point de jonction, point de rencontre.

6 Adducteur [ANAT.]. – Asymptote [MATH.].

V. 7 **Rapprocher** ; approcher, avancer. – Accoupler, assembler, conjoindre [litt.], coupler, joindre, juxtaposer, rassembler, **réunir ;** faire se rencontrer. – Confondre, fondre, fusionner, **mêler,** unir **90.** – Presser, serrer ; plier, replier.

8 Rapprocher. – Mettre en contact, mettre en rapport, mettre en relation. – Lier, réunir, unir ; **accorder,** concilier.

9 Rapprocher ; assimiler, **comparer** ; mettre en parallèle.

10 **Se rapprocher de** ; s'approcher de. – S'acheminer vers, s'avancer vers, **se diriger vers 198** ; aller vers, marcher vers, venir. – Aller sur *(aller sur la cinquantaine).*

11 Être sur les talons de, être aux trousses de ; **presser,** serrer ; gagner sur, rejoindre.

12 **Arriver à 201** ; atteindre, gagner, joindre, rallier [litt.] ; regagner. – Frôler, longer, raser, serrer. – Toucher au but **38** ; JEUX : chauffer, brûler. – MAR. : ranger ; attaquer ; **accoster.**

13 Confluer, **converger.** – Se rejoindre, se réunir. – Se serrer, s'unir. – Se confondre, se fondre, se mêler.

14 Se rapprocher ; se lier. – **S'allier à 654** ; se raccommoder, se réconcilier.

Adj. 15 Rapproché ; prochain, **proche 161.** – Approchant. – Adjacent, attenant, avoisinant, contigu, limitrophe, **voisin.**

16 Juxtaposant [LING.] **739.**

Adv. 17 Près, de près. – Bord à bord, bout à bout ; **côte à côte 167,** coude à coude.

Prép. 17 **Près de,** à proximité de **161.** – À, vers, sur ; dans la direction de, du côté de.

## 200 ÉLOIGNEMENT

N. 1 **Éloignement** ; écartement, espacement. – Disjonction, séparation **91** ; mise à distance, mise à l'écart. – Refoulement, repoussement [vx].

2 **Recul** ; pas en arrière ; MIL. : repli, retraite. – Régression ; régression marine [GÉOL.].

3 Distance **162,** écart, éloignement, intervalle **158.**

4 Distance ; distance respectueuse. – Antipathie, inimitié **605.** – Éloignement *(vivre dans l'éloignement des plaisirs),* renoncement **515.**

5 **Lointain** *(le lointain ; les lointains) ;* bout du monde ; antipodes. – Pays perdu ; fam. : **bled,** trou. – Fam. : Perpète-les-Oies, Trifouilly-les-Oies ; pétaouchnoc ; Tombouctou.

V. 6 **Éloigner** ; espacer **158.** – Séparer **91** ; détacher, disjoindre.

7 Écarter, éconduire, rejeter, refouler, **repousser** ; mettre à distance, mettre à l'écart ; tenir à distance. – Chasser, éliminer, évincer, **exclure 68** ; fam. : catapulter, expédier. – Bannir, envoyer au loin, **exiler,** reléguer ; déporter.

8 Conjurer ; **détourner,** dévier **218.**

9 S'écarter, **s'éloigner,** se retirer. – S'en aller **202** ; s'enfuir, fuir, **partir** ; prendre la fuite, prendre le large ; prendre du champ. – Abattre des kilomètres, faire du chemin. – Déborder [MAR.].

10 **Reculer** ; faire un pas en arrière. – MIL. : battre en retraite, se replier.

11 Distancer ; **dépasser 219,** devancer, doubler, semer [fam.].

12 S'écarter de, s'éloigner de ; **se détourner de** ; se séparer de ; rompre avec, rompre tous ses liens avec. – Prendre ses distances ; se distancier de [sout.]. – Prendre du recul.

Adj. 13 **Éloigné** ; **distant 162,** écarté, perdu, reculé ; **lointain.** – Hors d'atteinte, hors de portée, hors de vue ; loin de tout ; à l'écart.

Adv. 14 **Loin** ; au loin ; ailleurs, au-delà ; loin derrière, loin devant, plus avant [litt.] ; profondément. – Dans le lointain.

15 À distance, **de loin.**

Prép. 16 **Loin de** ; à mille lieues de ; au-delà de. – Aux confins de, au fin fond de ; à l'extrême limite de, aux limites de.

Int. 17 Arrière ! – Vade retro ! [souv. par plais.].

Aff. 18 Télé-.

## 201 ARRIVÉE

N. 1 **Arrivée, venue.** – **Entrée 203.** – Incursion, survenue. – Apparition **11.**

2 **Abord** [sout.] ; accès. – **Débarquement** ; atterrissage 820 ; alunissage 821 ; abordage 819.

3 Affluence, afflux ; immigration 677.

4 **Arrivage** ; importation 827. – **Réception** 207.

5 **Arrivée** ; ligne d'arrivée, point d'arrivée. – **Gare d'arrivée** 816, quai de débarquement. – **Accueil** 590.

6 **Arrivant** *(les arrivants et les partants).* – Arrivé *(un arrivé de fraîche date) ;* nouvel arrivé, nouveau venu 194. – Immigrant *(un immigrant),* immigré *(un immigré)* 677.

V. 7 **Arriver, venir** ; **parvenir** ; arriver à destination ; arriver au but, arriver au port ou à bon port 38. – Immigrer 677.

8 **Aborder,** accéder. – Approcher [vx] ; **atteindre, gagner,** toucher.

9 **S'avancer** ; s'approcher de 199. – Aller.

10 **Atterrir** 820 ; alunir ; accoster 819. – **Débarquer** ; mettre pied à terre, toucher terre ; arriver au port ou à bon port, toucher le port.

11 Être arrivé, être bien arrivé, **être rendu.**

12 Accueillir 590, **recevoir** 207. – Attendre 457, espérer.

13 **Réceptionner.**

14 Arriver, se produire 538.

Adj. 15 **Arrivant** ; arrivé. – Immigrant, immigré.

Prép. 17 À, chez, dans ; sur.

Int. 16 Bienvenue ! 590.

## 202 DÉPART

N. 1 **Départ** ; embarquement. – Partance [litt. ou vx]. – Sortie 204 ; émigration 677. – Voyage 869.

2 **Éloignement** 200 ; séparation. – Éclipse [fam.], fugue, fuite.

3 Lancement 208 ; expédition. – Démarrage.

4 **Point de départ.** – Quai de départ ; embarcadère 819, quai d'embarquement.

5 Voyageur 869 ; routard [fam.].

6 Partant *(les arrivants et les partants).* – Sortant *(les entrants et les sortants)* 204. – Émigrant *(un émigrant),* émigré *(un émigré).*

V. 7 **Partir** ; embarquer, s'embarquer ; prendre la route. – Démarrer.

8 **S'en aller,** s'éloigner 200, prendre le large. – S'absenter, se retirer ; s'éclipser, s'es-

quiver, **se sauver** ; brûler la politesse à qqn, fausser compagnie, lever le pied. – Sortir 204, mettre la clef sous la porte [fam.]. – Émigrer 677.

9 Faire ses adieux, **prendre congé,** saluer la compagnie, tirer sa révérence.

10 Fam. : décamper, décaniller, décarrer, **déguerpir,** détaler, ficher le camp, **filer** ; très fam. : **se barrer,** se carapater, se casser, se débiner, s'esbigner, foutre le camp, se tailler, se tirer ; arg. : s'arracher, calter ou caleter, décarrer, se murger, se trisser, se trotter.

11 Fam. : lever l'ancre, lever le camp ou le siège, mettre les bouts, mettre les bouts de bois, **mettre les voiles** ; se faire la malle ou la valise. – Filer à l'anglaise, jouer les filles de l'air [allus. litt.], prendre la clef des champs, **prendre la fuite,** prendre la poudre d'escampette, se tirer des flûtes, tracer la route.

12 Fam. : débarrasser le plancher, prendre ses cliques et ses claques, **prendre la porte,** vider les lieux.

13 Fuir, **laisser,** quitter. – Secouer la poussière de ses sandales, tourner les talons.

14 **Chasser** 644, congédier, expulser. – Se débarrasser de, faire partir, mettre à la porte.

15 Expédier 815 ; envoyer.

Adj. 16 Partant. – En partance ; sur le départ [fam.].

17 Parti. – Absent 10, disparu.

Int. 18 En avant ! **En route !** – Allons-y ! Allez ! – Attention au départ !

## 203 ENTRÉE

N. 1 **Entrée** ; apparition, arrivée 201, entrée en scène, venue. – Incursion, intrusion, irruption. – Immigration 677, invasion, pénétration 205. – Infiltration, noyautage. – Entrisme.

2 Admission ; **accès,** entrée ; entrée interdite, entrée libre. – Entrées *(les petites entrées, les grandes entrées)* [HIST.]. – Redeat *(un redeat)* [vx ; lat., « qu'il rentre »].

3 **Accueil** 590, bienvenue, entrée [vx], réception 207.

4 Importation. – **Introduction,** intromission.

5 Entrée-sortie [INFORM.].

6 **Entrée.** – Entrée principale ; entrée de service ; entrée des artistes ; hall d'entrée,

porte d'entrée. – Bureau d'accueil, l'accueil ; bureau de réception, la réception 207. – Accès ; boucau [région.], bouche ; brèche, orifice, ouverture 139, passage, percée, **trou**, trouée ; frontière 136.

7 Entrée d'air. – Entrée de clef, entrée de serrrure. – Signal d'entrée [CH. DE F.].

8 Entrant *(les entrants et les sortants) ;* arrivant 201. – COMM. : arrivage, rentrées.

9 Hôtesse, hôtesse d'accueil, huissier, ouvreuse, **portier**, suisse [vx] ; frère tourier ou tourier, sœur tourière ou tourière.

10 Billet d'entrée ; droit d'entrée ou entrée.

V. 11 **Entrer**, entrer dans, pénétrer dans ; **rentrer**, rentrer dans. – **S'introduire** ; s'enfoncer, s'engager, se faufiler, se glisser, s'insinuer. – **S'engouffrer**. – Envahir ; conquérir.

12 Apparaître, **arriver** 201, faire irruption ; entrer en scène. – Réussir son entrée. – Entrer par la grande porte ; avoir ses entrées quelque part ; avoir ses petites et ses grandes entrées chez qqn.

13 Faire son entrée ; faire son entrée dans le monde. – Entrer dans la compétition ou en compétition ; entrer dans la lice ou en lice.

14 Faire entrer, introduire ; **accueillir**, admettre, recevoir 207.

15 Faire rentrer ; encastrer, **enfoncer**, engager. – Faire entrer. – COMM. : importer, introduire, passer.

16 Faire entrer dans ; comprendre, **inclure** 67, intégrer ; insérer ; incorporer.

Adj. 17 Accessible ; **ouvert**.

18 Entrant. – Inclus ; intégré.

19 Importable 827.

Adv. 20 Dedans 131, en dedans.

Prép. 21 À l'intérieur de. – Chez, parmi. – Dans, en.

Aff. 22 Endo-, in-, intra-.

## 204 SORTIE

N. 1 **Sortie** ; émergence, émersion, éruption, explosion, jaillissement, jet, **surgissement**. – Échappement ; dégorgement, écoulement 252, effusion, épanchement, extravasation ou extravasion ; débordement, déversement, résurgence [HYDROL.]. – Émanation 253, **émission**, production ; effluence [rare], effluve, exhalaison 371.

2 **Départ** 202 ; échappade [litt.], escapade, évasion, fugue, fuite. – Exit *(l'exit d'un*

*comédien)* 204.17, sortie de scène ; fausse sortie. – Exil 640, exode ; expatriation.

3 Sortie ; parution, **publication** 765.

4 Éjection 208, projection. – Élimination, épuration, évacuation, expression [MÉD.], **extraction** 206. – Déjection, excrétion 339, purge, vidange.

5 Élargissement [litt.], **libération** 724, mise en liberté.

6 Exportation 827.

7 **Issue, sortie** ; issue de secours ; débouché, dégagement, ouverture, passage, porte 848, porte de dégagement, porte de sortie ; voie de dégagement.

8 Droit de sortie ; permission de sortie ou, fam., perm ; exeat *(un exeat)* [vx ; lat., « qu'il sorte »]. – Bon de sortie [COMM.].

9 Conduit d'écoulement, déchargeoir, dégorgeoir, déversoir, éjecteur, évacuateur, purgeur, trop-plein, tuyau de décharge. – Effluveur, émanateur.

10 Excroissance 152, saillie ; ARCHIT. : forjet ou forjeture, surplomb 165. – Output [anglic.], produit de sortie [INFORM.] ; **résultat**. – Sorties (opposé à rentrées) [COMM.].

11 Sortant *(les entrants et les sortants)*. – Émigré, exilé 677.

10 Exportateur 827. – Videur.

V. 13 **Sortir** ; déboucher, issir [vx ou litt.], ressortir.

14 Émaner, sourdre ; **se dégager**, s'exhaler. – S'écouler, se répandre, s'extravaser ; déborder, sortir de son lit.

15 Exploser, fuser, gicler, **jaillir**, rejaillir, ressurgir ou resurgir, saillir ; forjeter [ARCHIT.].

16 **Apparaître** ; affleurer, émerger. – Paraître, sortir 765.

17 **Sortir** ; s'absenter, quitter un lieu. – Exit + n. de personne *(exit la marquise)* [indiquant la sortie d'un personnage dans le texte d'une pièce de théâtre, ou par plais.]. – S'en aller, **partir** 202 ; déserter, s'échapper, s'évader ; émigrer, s'exiler, s'expatrier.

18 Être de sortie [fam.].

19 **Se sortir de** ; se libérer de, se tirer de [fam.]. – Se ménager ou se réserver une issue ; se ménager ou se réserver une porte de sortie.

20 Faire sortir ; débucher [VÉN.], débusquer, **déloger** ; forlancer [VÉN.] ; évacuer. – Chasser 644, expulser ; fam. : fiche (ou : ficher, flanquer) à la porte, sortir, vider.

21 **Débarrasser de**, purger de ; vidanger. – Éjecter, projeter.

22 Dégager, **émettre**, exhaler, exsuder, produire. – Déverser ; dégorger, rejeter, répandre, verser.

23 Exprimer [litt.], **extraire**, ôter de, retirer de. – Déterrer, exhumer ; mettre au jour. – Éditer, publier.

Adj. 24 **Sorti de** ; issu de. – Effluent, résurgent. – HÉRALD. : issant, contre-issant. – **Extérieur 130**, extérieur à.

25 Éruptif, explosif.

26 Exportable. – Éjectable.

27 Exportateur **827**. – Évacuateur, excréteur **339**.

Adv. 28 Au dehors ou au-dehors ; **dehors**, en dehors ; à l'extérieur.

Prép. 29 Au sortir de [litt.] ; à la sortie de. – **Au bout de**, à l'extrémité de.

30 Au-dehors de, en dehors de, **à l'extérieur de**, hors de.

Int. 31 Dehors ! Par ici la sortie ! [fam.].

Aff. 32 Ex-, exo-.

## 205 PÉNÉTRATION

N. 1 **Pénétration** ; intrusion ; incursion, invasion. – Violation [DR.], viol **580**, – Entrée **203**, rentrée. – Imbibition [didact.], imprégnation, **infiltration** ; endosmose [BIOL.].

2 Compénétration [litt.], **interpénétration** ; osmose.

3 **Enfoncement**, engagement ; transpercement [litt.], **traversée**. – Envahissement. – Intromission, **introduction 131** ; infusion [MIN.], injection, inoculation ; insertion. – Perfusion, transfusion.

4 **Insertion** *(une insertion)* ; encart [IMPRIM.], insert [CIN.] ; inclusion. – Infiltrat [PATHOL.]. – Pénétrante *(une pénétrante)* [rare].

5 Pénétrabilité [didact.] ; **perméabilité**, porosité. – Pénétrance [BIOL.].

V. 6 **Pénétrer dans qqch** ou pénétrer qqch ; entrer dans **203**, rentrer dans ; aller dans. – Accéder à, avoir accès à. – Passer à travers, **traverser**. – Violer *(violer le passage)*.

7 Se couler, se faufiler, se glisser, **s'enfoncer**, s'engager, s'engouffrer, s'infiltrer, s'insinuer.

8 Percer, perforer, **trouer 139**.

9 **Envahir**, inonder, remplir. – Imbiber, imprégner. – Compénétrer [sout.].

10 Faire pénétrer ; infiltrer, infuser [MIN.], **injecter**, inoculer ; insérer, **introduire** ; insinuer. – Enchâsser, sertir ; incruster ; encarter [IMPRIM.]. – **Inclure** ; faire rentrer, rentrer. – Mélanger **98**, mêler ; incorporer.

11 **Enfoncer**, engager, glisser. – Perfuser, transfuser. – Enter [AGRIC. ou, fig., sout.], greffer, implanter.

12 Se pénétrer ; se compénétrer [litt.], **s'interpénétrer** ; se combiner, se mélanger, se mêler.

13 Comprendre **398**, pénétrer.

Adj. 14 Pénétratif [didact.].

15 **Pénétrant** ; entrant, rentrant. – Perçant, transperçant, traversant.

16 Pénétrable ; traversable. – **Perméable**, poreux.

17 Pénétré ; imbibé, imprégné.

Adv. 18 Intérieurement.

Prép. 19 **Dans** ; vers. – **À travers** ; au travers de. – Au fond de ; à l'intérieur de.

Aff. 20 Trans- ; in-, intra-, intro- ; endo-, ento-.

## 206 EXTRACTION

N. 1 **Extraction** ; **arrachage**, arrachement, éradication, extirpation ; expression [sout. ou TECHN.], exprimage [TEXT.]. – Retrait ; tirage *(tirage au sort)* ; litt. : distraction, soustraction.

2 Carottage, **forage**, sondage. – Dénoyautage, énucléation [didact.]. – CHIR. : **ablation 392**, extraction.

3 **Dégagement**, désincarcération ; désincrustation. – Déterrage ou déterrement, exhumation ; fouille, mise au jour ; repêchage. – Dépotage ou dépotement ; déplantage, **déracinement**.

4 **Extrait** *(extrait de parfum)* ; essence **372**. – Carotte, échantillon **95**, fragment **72**, prélèvement. – Extrait, morceau choisi **756**.

5 TECHN. : extracteur ; arrache-clou, attrape, dérivoire ; désincrustant *(un désincrustant)*. – AGRIC. : arracheuse, extirpateur. – CHIR. : forceps ou, vx, fers, **pince**.

6 Presse-agrumes **851**, presse-citron, presse-fruits, presse-viande, pressoir. – Extractif *(un extractif)* [CHIM., anc.].

7 Tire- + n. désignant ce qui est tiré. – Tire-comédon, tire-lait, tire-nerf, tire-veine ou,

anglic., stripper. – Tire-botte ; tire-bouton [anc.] ; tire-bonde, tire-bouchon ; tire-cale ; tire-clou. – TECHN. : tire-crins, tire-dent, tire-fil, tire-point ; tire-braise. – Tire-cartouche, tire-douille ; anc. : tire-balle ou tire-balles, tire-bourre.

8 Arracheur. – Abstracteur de quintessence [ALCH.].

V. 9 **Extraire ;** épreindre [vx], exprimer, faire sortir 204, sortir qqch de, vider qqch de. – **Arracher,** éradiquer, extirper ; énucléer *(énucléer une tumeur)* [CHIR.]. – Dénoyauter, énucléer *(énucléer un fruit).*

10 **Enlever,** ôter, retirer, virer [fam.] ; détacher ; **prendre 717,** reprendre ; sout. : distraire, soustraire. – Carotter [TECHN.], prélever ; ponctionner. – Débourrer.

11 **Dégager,** désincarcérer ; dégainer. – Déterrer, exhumer ; mettre au jour ; repêcher. – Déplanter, déraciner ; dépoter.

12 S'extraire, **sortir 204.** – S'arracher de, se dégager de.

Adj. 13 **Extrait de,** tiré de ; extractif [PHARM.]. – Arraché, extirpé. – Déraciné.

14 **Extractif** *(industries extractives)* [didact.] ; évulsif [CHIR.].

15 Extractible, extirpable.

Adv. 16 Dehors, en dehors.

Prép. 17 Hors de.

Aff. 18 É-, ex-, extra- ; -ectomie, -érèse.

## 207 RÉCEPTION

N. 1 **Réception ;** acceptation, admission. – **Accueil 590 ;** intégration, intronisation.

2 Réception ; cérémonie d'accueil. – Jour de réception ou, absolt, jour *(le jour de Mme X)* [vx].

3 ADMIN. – Recouvrement ; encaissement ; perception 846.

4 PHYSIOL. – Chémoréception (ou : chémoception, chémosensibilité, chimiosensibilité).

5 **Récepteur 767 ;** récepteur téléphonique ou récepteur de téléphone 769 ; poste récepteur. – Réceptrice [MÉCAN.].

6 PHYSIOL. : centre récepteur, récepteur 327. – Accepteur [CHIM.].

7 **Accusé de réception,** avis de réception, récépissé, récépissé-warrant ; quittance, **reçu ;** acquit, décharge, reconnaissance.

8 Réception *(la réception) ;* accueil, bureau d'accueil, **entrée.** – ADMIN. : bureau de la recette, recette, recette buraliste. – Recettes publiques. – **Hospice ;** centre d'accueil, centre d'hébergement, foyer.

9 **Dépôt ;** consigne, entrepôt, magasin 828 ; décharge. – Recette [IMPRIM.]. – Réceptacle, récipient 134.

10 **Recevabilité ;** acceptabilité ; admissibilité. – Réceptibilité [didact.]. – Réceptivité [MÉD.].

11 **Réceptionniste** ou, plus rare, réceptionnaire ; hôtesse, hôtesse d'accueil. – Hôte.

12 **Bénéficiaire,** dépositaire, destinataire, donataire. – Réceptionnaire [DR.]. – ADMIN. : encaisseur, garçon de recette, percepteur, **receveur ;** caissier, trésorier. – LING. : récepteur 726.

13 Récipiendaire. – Admissible *(un admissible),* reçu.

V. 14 **Recevoir ;** réceptionner. – **Admettre ;** accepter, adopter, agréer, intégrer, prendre.

15 **Accueillir,** recueillir ; donner l'hospitalité à. – Introniser, recevoir ou admettre en son sein. – Donner audience à. – Inviter ; recevoir.

16 Encaisser ; **percevoir,** toucher. – Hériter qqch de qqn ; gagner, **obtenir.**

17 Essuyer, recevoir, **subir,** supporter. – Fam. : attraper, prendre, ramasser ; se payer, se prendre, se ramasser, se recevoir *(se recevoir des coups) ;* écoper 658, encaisser ; déguster, trinquer.

Adj. 18 **Reçu ;** accepté, admis, adopté, pris.

19 Recevable ; **acceptable,** admissible.

20 Réceptif ; sensible 440.

21 Récepteur [TECHN.]. – Chémorécepteur [PHYSIOL.].

Int. 22 Bienvenue !

## 208 ÉJECTION

N. 1 **Éjection,** projection ; catapultage, **lancement.** – Largage ; droppage [MIL.], parachutage.

2 **Propulsion ;** autopropulsion.

3 Élimination, **évacuation.** – Éjaculation, émission. – Défécation, excrétion 339 ; expectoration.

4 **Expulsion 640,** vidage [fam.]. – Éviction ou, rare, évincement 644 ; exclusion 68, rejet.

5 **Jaillissement,** rejaillissement. – Éjection solaire ; **éruption ;** explosion.

6 Catapulte **665** ; éjecteur, rampe d'éjection, **rampe de lancement** ; autopropulseur, propulseur. – Cabine éjectable, parachute éjecteur, siège éjectable. – Éjectocompresseur [TECHN.].

7 **Jet**, projection, rejet. – Éjectile [PHYS.], **projectile 667**.

V. 8 **Éjecter**, projeter, propulser. – Larguer ; droper ou dropper, lâcher, parachuter. – Catapulter, **lancer**.

9 Faire jaillir ; émettre, expulser, **jeter**, rejeter ; cracher *(cracher des flammes)*, crachoter, lancer, pisser *(réservoir troué qui pisse l'essence)* [très fam.], vomir. – Évacuer ; éjaculer ; expectorer.

10 Éliminer, évincer, **exclure** ; chasser.

Adj. 11 **Éjectable**, largable ; jetable. – Autopropulsé.

12 Éjecteur [rare]. – Propulseur ; autopropulseur.

13 Didact. : éjectif, **expulsif**, propulsif. – Éruptif [litt.]. – Éjaculatoire, excrétoire.

Adv. 14 Dehors **204** ; au-dehors, en dehors.

Prép. 15 Hors de, en dehors de.

Int. 16 **Dehors !**, hors d'ici !

Aff. 17 É-, ex-, extra-.

## 209 EXPANSION

N. 1 **Expansion** ; dilatation, distension ; élongation [MÉD.]. – Débordement, déversement, épanchement. – **Diffusion**, propagation. – Irradiation.

2 PHYSIOL. : décontraction, relâchement.

3 Développement, **extension** ; augmentation de volume, prise de volume. – **Agrandissement**, allongement, boursouflage, détente *(détente d'un gaz)* [PHYS.], élargissement, étirement, gonflement, grandissement [sout.], **grossissement 127**, prolongement.

4 **Augmentation 88**, croissance, **essor** ; éruption, explosion *(explosion démographique)* ; boom ; progression.

5 Empiétement ; annexion, envahissement, **invasion 655**. – Accrue [SYLV.].

6 **Ampleur**, envergure, **importance 438**.

7 Bouffissure, enflure ; **renflement**. – Œdème [PATHOL.] **383**.

8 **Élasticité 249**, expansibilité. – PHYS. : dilatabilité ; coefficient de dilatation ; dilatométrie ; loi de Boyle-Mariotte ; loi de Gay-Lussac.

9 Colonialisme **670**, expansionnisme.

10 Dilatateur [CHIR.]. – Dilatomètre.

V. 11 Décomprimer, décontracter ; déplier, **déployer**, détendre, **étendre**, étirer. – Boursoufler, **dilater**, distendre **124**, gonfler. – Accroître, agrandir, allonger, **élargir** ; augmenter, développer ; amplifier.

12 Augmenter ; **s'accroître**, s'épandre **88** ; croître ; enfler ou s'enfler, gonfler, **grandir**, grossir. – Prendre de l'envergure, prendre de l'expansion, prendre de l'extension ; **prendre de l'ampleur**, prendre du volume.

Adj. 13 Expansé [TECHN.] ; boursouflé, **enflé**, gonflé. – MÉD. : tumescent, turgescent.

14 Étirable ; dilatable, ductile, expansible ; **élastique** ; gonflable.

15 **En plein boom,** en pleine expansion, en pleine extension.

16 Extenseur ; dilatateur [ANAT.]. – Gonflant [CHIM.].

## 210 CONTRACTION

N. 1 **Contraction** ; crispation. – Raccourcissement **89**, rapetissement, rétraction, **rétrécissement**. – Diminution, réduction ; contracture [ARCHIT.].

2 Constriction [didact.], étranglement, resserrement, **serrement** ; repliement. – Compression ; contention ; implosion ; pression, tension. – Concentration, condensation.

3 MÉD. – **Contraction**, contracture, palpitation, spasme, striction, tétanie ; crampe, tiraillements ; rictus, trismus ou trisme. – Mouvement vermiculaire ; systole. – Clonie, clonus.

4 MÉD., SC. – Constricteur *(un constricteur).* – Astringent *(un astringent).*

5 Contraction de texte **756**. – LING. : coalescence, contraction, crase, synalèphe, synérèse **752**.

6 Contractilité ; rétractibilité **249** ; rétractilité. – Incompressibilité. – Astringence.

V. 7 **Contracter**. – Compresser, **comprimer**, ramasser, tasser. – Concentrer, condenser. – Resserrer, **serrer** ; étrangler.

8 MÉD. – **Contracter**, contracturer, courbaturer, crisper ; tétaniser. – Convulser, convulsionner [sout.].

9 Raccourcir, **réduire**, rétracter, rétrécir ; diminuer, rapetisser.

10 Se rétracter ; se ramasser ; se replier. – Se pelotonner, **se recroqueviller.**

11 Se contracter, se crisper ; **se raidir,** se tendre ; se convulser.

12 Se contracter, se serrer ; diminuer, raccourcir, **rapetisser,** rétrécir. – Imploser.

Adj. 13 **Contractile** ; rétractible, rétractile.

14 MÉD. : **convulsif,** spasmodique ; tétanique.

15 **Contracté,** contracturé, crispé ; courbatu [sout.] ou courbaturé ; convulsé. – Resserré, **serré,** tendu. – Contracte *(forme contracte)* [LING.].

16 **Astringent,** comprimant ; convulsivant. – Constricteur [SC.].

17 Incompressible.

Adv. 18 Convulsivement ; spasmodiquement.

Aff. 19 Piézo-.

## 211 MONTÉE

N. 1 **Montée** ; **ascension,** décollage 820, lévitation 240. – Ascendance [ASTRON.]. – FAUC. : montant, montée d'essor, montée de fuite ; levade [ÉQUIT.]. – Levage (ou : levée, pousse) [levage de la pâte] ; gonflement.

2 **Escalade,** grimpée ; montaison [ZOOL.]. – Montée, progrès, progression.

3 Élévation, **hausse 88.**

4 Dressage, **élévation,** hissage, levage 801, montage ; lève [TEXT.].

5 **Édification 556,** élévation, érection. – Exhaussement. – ARCHIT. : surélévation ou surélèvement, surhaussement ; agrandissement ; extension.

6 Altitude, élévation, **hauteur 126.**

7 Culmination, élévation *(une élévation),* hauteur, montée ; côte, grimpée, grimpette [fam.], **montagne 270.**

8 Échelle, **escalier 848** ; ascenseur. – Téléski ou remonte-pente ; monte-pente [rare] ; tire-fesses [fam.].

9 TECHN. – Cric, élingue ou brayer, **levier, treuil,** vérin, winch ; bigue, chèvre, **grue,** mât de levage, pied de chèvre ; moufle, palan. – Élévateur ou appareil élévateur ; monte-charge, monte-fûts, monte-matériaux, monte-sacs. – **Pompe,** pompe aspirante. – Colonne montante.

10 Astre ascendant ou un ascendant [ASTRON.] **232.**

11 Alpinisme **870,** escalade.

v. 12 **Monter** ; décoller, **s'élever,** léviter. – Escalader, gravir. – Remonter.

13 Grimper, varapper ; faire de l'escalade ; ascensionner, faire de l'ascension, faire de la montagne.

14 Se dresser, **s'élever, monter** ; se hausser. – Gonfler, grandir, grossir, monter en graine.

15 Élever ; arborer *(arborer un drapeau),* hausser, hisser, gruter [TECHN.], **lever,** monter, **soulever** ; dresser ; relever. – Aspirer, pomper. – Monter des blancs en neige [CUIS.]. – Faire la courte échelle à qqn. – Cabrer [ÉQUIT.].

16 Élever ; bâtir, **construire.** – ARCHIT. : exhausser, surélever, surhausser.

17 **Atteindre,** s'élever à, monter à ; culminer ; rejoindre. – Monter ; être en hausse.

18 Dominer, surmonter ; dépasser, **surplomber 165.**

Adj. 19 **Ascendant,** montant ; grimpant, grimpeur. – Ascensionnel.

20 Élévateur [TECHN.] ; élévatoire [didact.]. – Édificateur.

21 Culminant, élevé, **haut.**

Adv. 22 Au-dessus. – **En haut,** en hauteur.

23 De bas en haut. – Per ascensum [GÉOL.].

Prép. 24 Sur. – Au-dessus de.

Aff. 25 Sur- ; super-, supra-.

## 212 DESCENTE

N. 1 **Descente** ; abaissement, affalement [MAR.], décrochage, dépose, déposition [RELIG.].

2 PÊCHE : avalaison, dévalaison. – Descente ; **débarquement 201.**

3 MAR. : jusant ou èbe 271, **marée descendante,** perdant, reflux ; basses eaux, marée basse. – Déclin de la lune (ou : décours, lune descendante).

4 **Chute 214,** dégringolade, désescalade ; tombée [litt.]. – Abaissement, enfoncement ; **affaissement,** effondrement, glissement. – Accroupissement.

5 Abaissement, **baisse,** chute, dépréciation, diminution **89.** – Chute, décadence **642,** ruine ; culbute, plongeon.

6 Abaisse-langue [MÉD.] ; abaisseur ou muscle abaisseur [ANAT.]. – Descenseur, ascenseur-descenseur ; glissoir ou lançoir [SYLV.] ; **toboggan.**

7 Descente ; **pente, versant.** – Dépression ; creux 153, dénivellation.

8 Descendeur *(un descendeur)* [SPORTS]. – Spéléologue 870.

V. 9 **Descendre** ; cascader [litt.], dégringoler, dévaler ; débouler [fam.]. – Redescendre. – Descendre en chute libre ; perdre de la hauteur ou de l'altitude. – Décliner ; se coucher *(astre qui se couche).*

10 Débarquer ; descendre à terre. – Mettre pied à terre.

11 Choir, chuter [fam.], **tomber.** – Glisser, plonger ; couler.

12 S'accroupir ; se baisser ; s'incliner, **se pencher ;** pencher. – S'affaisser, s'avachir.

13 **Baisser,** décroître, descendre, diminuer, retomber, tomber ; se déprécier. – Déchoir.

14 Abaisser, affaler [MAR.], **baisser,** descendre. – Faire descendre ; affaler [MAR.]. – Affaisser, jeter à bas, mettre à bas 557. – Déposer ; décrocher.

15 Coucher, **incliner,** pencher.

Adj. 16 **Descendant,** dévalant ; tombant.

17 En pente, pentu ; incliné, **penché. – Bas ;** affaissé, avachi.

18 Abaissable. – En baisse, décroissant.

Adv. 19 À la descente, à la dévalée [vx]. – De haut en bas.

20 En aval. – **En bas,** en dessous. – Par-dessous ; là-dessous.

21 Ci-après, **ci-dessous,** infra, plus bas, plus loin.

22 Bas *(tomber bas).*

Prép. 23 En aval de. – **En bas de ;** au bas de. – À la descente de, au descendu de [vx].

24 En dessous de, **sous ;** par-dessous.

Aff. 25 Sous- ; infra-, sub-.

## 213 SAUT

N. 1 **Saut,** sautillement ; **bond,** bondissement ; haut-le-corps, soubresaut, **sursaut,** tressaillement, tressautement.

2 **Culbute ;** cabriole, gambade, galipette [fam.], pirouette. – Entrechat [CHORÉGR.] 786. – Saut à la corde. – Saut de la mort ou *salto mortale* 791. – Plongeon.

3 ÉQUIT. – Ballotade, cabriole, courbette, croupade, pesade, ruade. – **Saut d'obstacles ;** saut de mouton, saut de pie ;

caracole, demi-volte, volte ; cavalcade ; voltige. – Course de saut d'obstacles ; steeple-chase ou steeple.

4 Cahot, cahotement, heurt, **secousse.** – **Rebond,** rebondissement. – Saltation [didact.].

5 Saute de + n. *(saute de vent, saute d'humeur)* 193.

6 **Sauteur ;** acrobate, gymnaste 870. – Saltateur [ANTIQ.].

7 ZOOL. : salticidé *(les salticidés),* saltigrade *(les saltigrades),* sauteur *(les sauteurs).* – ÉQUIT. : sauteur ou jumpeur, sauteur en liberté, sauteur entre les piliers.

8 Scie sauteuse ou sauteuse [TECHN.].

V. 9 **Sauter ; bondir,** faire des bonds ; cabrioler [sout.], sauter comme un cabri. – Sauteler [litt.], sautiller. – Se trémousser.

10 Faire un bond. – Soubresauter [litt.], **sursauter,** tressaillir, tressauter [litt.].

11 S'élancer, **se jeter,** se précipiter ; plonger.

12 **Rebondir,** ressauter. – Cahoter, être secoué.

13 Faire sauter, faire sursauter. – Brimbaler (ou : bringuebaler, brinquebaler), **secouer.**

Adj. 14 Sautillant, tressautant. – Cabrioleur, **sauteur.** – ZOOL. : saltigrade, sauteur.

15 Animé, rythmé, saccadé, **sautillant.**

16 Saltatoire [didact.].

Adv. 17 Par sauts ; par sauts et par bonds. – À cloche-pied.

18 **D'un bond,** d'un saut ; de plain saut [vieilli] ; brusquement, rapidement 576.

Prép. 19 **Par-dessus ;** au-dessus de. – De, du haut de.

## 214 CHUTE

N. 1 **Chute,** descente 220, tombée ; retombée. – Chute libre, descente en chute libre.

2 Glissade, **glissement,** trébuchement ; plongeon. – Fam. : bûche, gadin, gamelle, pelle, valdingue, vol plané ; dégringolade. – SPORTS : chute, réception *(réception au sol).*

3 Croc-en-jambe, croche-pied ou, fam., croche-patte 549.

4 Chancellement, chavirement, **vacillement** 216, vacillation ; titubation. – Affalement ; affaissement, croulement [litt.], **écroulement,** effondrement ; fontis ou fondis [MIN., TR. PUBL.].

5 MÉD. : abaissement, chute, descente, prolapsus, ptôse 383.

6 PHON. : aphérèse, apocope ; syncope.

7 **Avalanche ;** boulance [GÉOL.], chute de
pierres, éboulement, éboulis. – Chute de
neige, chute de pluie, précipitations 274.

8 Chute d'eau ou chute ; **cascade,** cataracte,
rapide, saut. – ARCHIT. : chute de festons,
chute d'ornements. – Tombant [litt.].

9 RELIG. : chute, déchéance, **péché** 697. –
Décadence, déliquescence, dissolution,
ruine.

10 Baisse, chute, dégradation, **diminution**
89 ; dévaluation.

11 Angle de chute ou d'impact, **point de
chute** ou d'impact.

12 Chute, **reste** 96. – Ruines ; décombres.

13 Parachutiste. – Chuteur opérationnel
[MIL.].

V. 14 Choir [sout.], **tomber** ; retomber. – S'écraser.

15 Crouler ; s'affaisser, s'affaler, s'ébouler,
**s'écrouler** 557, s'effondrer. – S'effriter ;
tomber en ruine.

16 Chanceler, chavirer, tituber, **vaciller ;**
perdre l'équilibre, perdre pied, perdre son
assiette. – Déraper, **glisser,** trébucher ;
achopper [litt.], broncher [ÉQUIT.], buter,
chopper. – Basculer.

17 **Tomber.** – Tomber à la renverse, tomber
les quatre fers en l'air [fam.] ; tomber la
tête la première ; tomber face contre terre,
tomber de tout son long. – Vider les
arçons. – Se rompre le cou, se rompre les
os.

18 Fam. : chuter, **dégringoler ;** s'aplatir,
s'écraser, s'étaler, **s'étendre,** se ramasser.
– Très fam. : **se casser la figure** (ou : la
binette, la gueule, la margoulette, le nez),
se ficher ou se fiche par terre, se ficher ou
se fiche la gueule par terre ; prendre un
gadin (ou : une gamelle, une pelle). – Arg. :
mesurer la terre, mordre la poussière,
piquer une tête, prendre un billet de
parterre.

19 Fam. – Dinguer, valdinguer, **valser ;** aller
à valdingue [vx], faire un valdingue, faire
un vol plané ; faire un plongeon.

20 Tomber en syncope ; fam. : **tomber dans
les pommes,** tomber dans les vapes. –
S'évanouir.

21 **Se jeter de,** se précipiter de. – Se défenestrer.

22 Baisser, chuter, décliner, **diminuer ;** tomber.

23 Faire tomber ; culbuter, **renverser.** – Très
fam. : envoyer dinguer, envoyer valdinguer, envoyer valser, renverser cul par-
dessus tête.

24 Ébouler [rare], ébranler, faire tomber ; **démolir,** détruire.

Adj. 25 Croulant, **vacillant ; instable,** renversa-
ble ; didact. : boulant, ébouleux.

26 En baisse, **en chute,** en chute libre. – En
pleine décadence.

27 Vacillatoire.

Adv. 28 Cul par-dessus tête [fam.].

Int. 29 **Badaboum !** [enfant.]. – Boum ! Patatras !
Plouf !

## 215 ROTATION

N. 1 **Rotation ;** giration, **révolution** 751. –
Tourbillonnement, tournoiement. – Roulement. – Circonvolution, **enroulement.**

2 Retournement, tournement [rare] ;
contournement. – Tournage ; tournerie
[TECHN.]. – **Torsion** 218, tors [TEXT.].

3 Rotation ; **demi-tour, tour,** virevolte, vi-
revousse [vx], volte [ÉQUIT.], **volte-face.** –
CHORÉGR. : **pirouette, ronde** 786.

4 **Mouvement circulaire** [MÉCAN.]. – PHYS. :
force rotatrice, vitesse angulaire, vitesse
de rotation.

5 ANAT. – Pronation, supination.

6 **Axe, centre,** pivot. – **Cylindre, hélice,**
hélice circulaire, spirale. – Orbe, orbite.
– **Anneau,** boucle, **cercle** 145 ; spire, torsade, **vis,** vrille. – TECHN. : crapaudine,
gond.

7 Gyrostat [MÉCAN.]. – **Roue ; disque.** –
**Bille, boule.** – Poulie, roulement à billes,
tambour, volant. – Rotacteur [RADIO-
TECHN.]. – Porte à tambour 140.

8 Girouette ; roulette, **toupie.** – **Manège.** –
Meule, moulin, **rouet.** – Moulin à prières
[RELIG.]. – Tour, touret, tournassin, tourniquet, tournette. – Tournebroche ; tourne-disque. – Centrifugeuse. – Rotative ou,
fam., roto [IMPRIM.].

9 Gyroscope **198** ; gyrolaser. – Gyrophare.

10 GÉOGR. – **Tourbillon ;** gouffre [vx], maelström ou malstrom, remous, trombe, vor-
tex.

11 ANAT. : pronateur ou muscle pronateur,
rotateur ou muscle rotateur, supinateur ou

muscle supinateur. – Rotationnel *(le rotationnel d'un vecteur)* [MATH.].

12 Derviche tourneur **499**. – Valseur.

13 TECHN. – Rotativiste, tourneur.

V. 14 **Tourner** ; pirouetter, **virer**, virevolter, vi-
revousser [vx], vriller ; basculer, **pivoter**.
– Tournailler, tourniller ; fam. : tournico-
ter, tourniquer.

15 **Tourbillonner** ; **tournoyer**. – Valser.

16 **Contourner**, faire le tour de. – Donner
du tour à [MAR.].

17 **Tourner** ; **retourner**. – **Tordre**, retordre ; tortiller, tourniller ; boudiner
[TECHN.]. – Tournasser [TECHN.]. – **Rouler** ;
**enrouler**. – Centrifuger.

18 Entourer ; capeler [MAR.].

Adj. 19 Tournant ; **pivotant**. – Circulaire, **gira-
toire**. – Didact. : **rotatif**, rotationnel, ro-
tatoire, tourbillonnaire. – Rotary [TECHN.].
– CHIM. : Dextrogyre, lévogyre. – Tourneur.

20 ANAT. : pronateur **328**, rotateur, supinateur. – Rotacé [BOT.]. – Rotifère [ZOOL.].

Adv. 21 Rotativement [litt.]. – Circulairement.

Aff. 22 Gyr-, gyro- ; gir- ; hélic-, hélici-, hélico- ;
spir-, spiro-.

23 Gyre, -gyrie ; -gire ; -spire.

# 216 OSCILLATION

N. 1 **Oscillation** ; **balancement**, bercement,
brandillement [vx], branle, **branlement**,
brimbalement, dandinement, dodeline-
ment, **hochement**. – Ballant. – **Ondulation** ; frémissement, frissonnement,
**tremblement**, tremblote [fam.], tremblotement, **trépidation** ; secousse.

2 Ballottement, **battement**. – Chancellement, **vacillation**, vacillement. – Fluctuation. – ASTRON. : **libration** *(libration de
la Lune)*, nutation *(nutation de la Terre)* ;
seiche [HYDROL.]. – **Pulsation**. – Nystagmus [MÉD.].

3 Mouvement alterné, **mouvement alternatif 197**, mouvement pendulaire ; mouvement ondulatoire, ondulation ; ondoiement [litt.]. – PHYS. : onde périodique,
période **185** ; centre d'oscillation, harmonique *(un harmonique)*, oscillation de relaxation, oscillation forcée ; **vibration** ;
**son 365** ; infrason, ultrason.

4 **Va-et-vient** ; allées et venues, aller et
retour, flux et reflux, navette. – **Roulis**,
**tangage** ; houle. – Dandinette [PÊCHE]. –
Dodinage [MEUNERIE].

5 **Balance**, balancier, **bascule**, **pendule**.

6 Balancelle, **balançoire**, escarpolette ;
**berceau**, brandilloire [vx], branloire [vx],
hamac. – **Fauteuil à bascule** ; berceuse
ou, canad., berçante, rocking-chair **850**.

7 TECHN. – Maître oscillateur ou oscillateur
pilote, **oscillateur**, oscillatrice, trembleur,
vibrateur, vibreur ; oscillographe, oscillomètre ; oscilloperturbographe. – **Oscilloscope**. – Oscillogramme.

8 Oscillométrie [MÉD.].

V. 9 **Osciller** ; balancer ; baller, brandiller
[litt.], branler. – Fam. : **brimbaler** (ou brimballer, bringuebaler ou brinquebaler) ;
**dodeliner**. – Chanceler, tanguer, **vaciller** ; basculer, faire la bascule. – Frémir,
frissonner **242**, **trembler**, trembloter, trépider, **vibrer** ; ondoyer, onduler. – **Ballotter** ; être ballant.

10 **Balancer**, **ballotter**, bercer, branler, brandiller [litt.], dandiner [litt.], dodeliner, dodiner [vx ou litt.], **hocher**. – Donner le
branle à, mettre en branle, **secouer**.

11 **Se balancer**, se balancer d'un pied sur
l'autre, **se dandiner**, se dodeliner, se
dodiner [vx ou litt.], se déhancher, se trémousser.

12 **Aller et venir**, faire des va-et-vient, faire
la navette.

Adj. 13 **Oscillant** ; ondoyant ; **vacillant** ; branlant, brimbalant, bringuebalant ou brinquebalant, chancelant, claudicant ; fluctuant **511** ; frémissant, tremblant, vibrant.
– **Ballant**.

14 Didact. – **Oscillatoire** ; ondulatoire ; vi-
bratoire. – Vibratile, vibrationnel. – Alternatif ; **pendulaire**.

Adv. 15 **Alternativement**. – De part et d'autre ;
d'un côté de l'autre.

Aff. 16 Oscillo-.

# 217 AGITATION

N. 1 **Agitation** ; mouvement. – Animation, excitation ; trémulation [MÉD.]. – Oscillation
**216** ; frémissement, **tremblement**, trépidation, vibration.

2 PHYS. – Agitation brownienne (ou : agitation moléculaire, mouvement brownien) ; agitation magnétique ; agitation
thermique. – Énergie cinétique.

3 Trouble [vx ou litt.] ; bouleversement, dérangement, **déséquilibre**, désordre **46**. –
Bouillonnement, ébullition, efferves-

cence, **grouillement ;** remous, tourbillonnent, turbulence [SC.]. – Secousse **227.** – Activité [GÉOL.] ; suractivité [didact.].

4 Agitation psychomotrice [PSYCHIATRIE] ; excitation **449.**

5 Activation [didact.]. – **Secouage,** secouement [sout.]. – Excitation par choc ou par impulsion [ÉLECTRON.].

6 CHIM. : activateur, agitateur. – Secoueur [AGRIC.]. – Actionneur [TECHN.].

V. 7 **Agiter,** bouger, **remuer.** – Fam. : **brimbaler** ou : **brimballer, bringuebaler** ou **brinquebaler 216.** – Balancer, ballotter, brandir, brasser ; secouer. – Brasser de l'air [fam.].

8 Troubler ; bouleverser, déranger, **déséquilibrer.** – Exciter.

9 **Actionner ;** mettre en action, mettre en branle, mettre en mouvement **197.** – Activer ; suractiver [didact.].

10 **Bouger, remuer ;** osciller, trembler, trépider, vibrer.

11 S'agiter, se déchaîner, s'exciter ; **grouiller,** vibrionner [sout.]. – S'affairer.

Adj. 12 **Agité ;** frémissant, houleux ; **tremblant,** trépidant. – SC. : actif, suractif ; suractivé.

13 Bougé, tremblé.

14 Agitable [rare] ; excitable.

15 Agitant [rare ou MÉD.] ; excitant. – Dérangeant.

Adv. 16 *Agitato* (MUS., ital., « agité »). – Activement **527.**

## 218 DÉVIATION

N. 1 **Déviation ;** dérivation, déroutage ou déroutement, **détournement ;** coup de barre ; conversion [MIL.] ; contournement. – Inflexion. – Shuntage [ÉLECTR.].

2 **Déformation,** distorsion, torsion.

3 Déportement, déraillement, écartement, embardée ; **dérapage,** survirage ; MAR. : abattée, **dérive,** évitage. – Renverse ; saute de vent.

4 Déflexion, **diffraction,** diffusion [PHYS.] ; réflexion, réfraction, répercussion. – Ricochet.

5 **Gauchissement** ou voilement ; courbure ; inclinaison, obliquité. – Courbe, ligne brisée.

6 Décalage, **écart 162,** dévoiement [TECHN.], excentricité [ARM.] ; angle de transport [BALIST.].

7 MÉD. : strabisme ; scoliose **383.**

8 Coude, lacet, **tournant, virage,** zigzag. – Crochet, détour, itinéraire détourné. – Bifurcation, carrefour. – Canal de dérivation.

9 TECHN. : déflecteur, **réflecteur,** rétroréflecteur, réverbère [anc.]. – Dérailleur [CH. DE F.]. – ÉLECTR. : circuit dérivé, shunt *(shunt électrique, shunt magnétique).* – ÉLECTRON. : déviateur, plaque de déviation.

10 Écartomètre.

11 Réflexibilité. – Réfringence.

V. 12 **Dévier ;** décaler, déporter, dérouter, **détourner ;** dévoyer [CH. DE F.]. – Shunter [ÉLECTR.]. – Décentrer, désaxer.

13 **Incliner,** infléchir, pencher ; tourner **215.** – Étriver [MAR.].

14 Défléchir, **diffracter.** – **Réfléchir,** refléter, réfracter, renvoyer, répercuter.

15 **Déformer ;** bistourner [didact.], courber, distordre, fléchir, gauchir, tordre.

16 **Dévier,** diverger ; s'écarter de ; biaiser. – Ricocher.

17 Dérailler ; **déraper,** embarquer, glisser **214,** survirer. – MAR. : abattre, **dériver.** – S'écarter du droit chemin, se fourvoyer ; faire fausse route ; **errer 410,** faire des détours. – S'égarer, se perdre ; perdre le nord.

18 S'incliner, s'infléchir, se pencher ; **ployer.** – Se courber, se déformer, gauchir ou se gauchir, se tordre.

19 Changer de cap ou de direction, obliquer, **virer,** virer de bord. – Bifurquer ; braquer, contre-braquer, tourner. – Appuyer sur la gauche, sur la droite (ou à gauche, à droite). – Prendre les chemins de traverse. – Louvoyer, **zigzaguer.**

20 Fig. : basculer vers ; tourner à, virer à.

Adj. 21 **Déviant ;** survireur.

22 Dévié ; **de travers,** de traviole [fam.] ; **tordu,** tortueux, torve ; litt. : tors, tortu. – MÉD. : valgus, varus. – Coudé, sinueux.

23 **Oblique 218,** transversal, transverse [ANAT.] ; en travers.

24 Déviateur [TECHN.].

Adv. 25 **De travers ;** de guingois [fam.]. – De biais, en biais, en diagonale, **en travers ;** obliquement, transversalement. – Par le travers [MAR.].

26 Indirectement.

## 219 DÉPASSEMENT

N. 1 **Dépassement ; devancement,** distanciation ; débordement. – Doublement. – Éloignement **200.**

2 Avance, **avancée,** saillie **204 ;** empiétement. – Échappée.

3 **Limite 136 ;** borne.

4 **Dépassement de soi,** effort **530.**

V. 5 **Dépasser ;** déborder ; **doubler, passer devant ;** distancer **162,** laisser derrière soi, laisser loin derrière soi ; forlonger [VÉN.]. – **Outrepasser ; franchir.** – Dépasser (ou : doubler, franchir, passer) le cap de ; aller au-delà de.

6 **Devancer ;** décramponner [fam. ou SPORTS], gratter [SPORTS] ; fam. : lâcher, semer.

7 **S'échapper, se détacher ;** prendre la tête.

8 Dépasser, empiéter, saillir.

9 Dépasser la mesure, dépasser les limites ; aller trop loin, passer (ou : dépasser, franchir) les bornes **80,** sortir des limites.

Adj. 10 Hors-limite. – Débordant.

11 Dépassé ; démodé, désuet **196,** périmé.

Adv. 12 Devant ; en avant **163.**

Prép. 13 Au-delà de, en dehors de, hors de ; par-delà.

Conj. 14 Après que.

Aff. 15 **Ex-,** exo-, hors-.

## 220 INVERSION

N. 1 **Inversion ;** permutation **19.** – Interversion ; déplacement, transposition.

2 **Intervertissement** [vx ou litt.]. – Rebroussement, retournement ; bouleversement **193,** coup d'accordéon [fam.], **renversement.** – Régression.

3 **Inverse** *(l'inverse)* **18,** sens inverse. – Contraire, contre-pied, rebours, retour. – Culbute. – TECHN. : alternat, dévirage.

4 Didact. : rétrodéviation, rétroflexion, **rétroposition, rétroversion ;** invagination. – Commutation [TECHN.]. – Inversion de relief [GÉOGR.]. – Inversion thermique [CLIMATOL.].

5 Construction inversée, **inversion 740 ;** hyperbate [RHÉT.] ; métathèse [PHON.].

6 **Reflet ; image inversée ;** envers, revers. – PHOT. : inversible ou film inversible, négatif *(un négatif)* **775,** contre-épreuve

[GRAV.] ; contre-profil [MENUIS.] ; contre-courbe [ARCHIT.].

7 **Miroir.** – ÉLECTR. : **commutateur, permutatrice ;** commutatrice [SC.] ; TECHN. : **inverseur,** inverseur de poussée. – Rebroussoir [TEXT.].

8 **Permutabilité** [didact.]. – Réversibilité.

V. 9 **Inverser,** invertir [vx ou litt.] ; **intervertir ;** transposer. – Commuter, **permuter.** – Refléter.

10 **Renverser ; retourner.** – Basculer **216,** cabaner [MAR.]. – Subvertir **651 ;** bouleverser. – Rebrousser.

11 **Commuter, permuter ;** changer de sens – **Aller en sens inverse ;** faire marche arrière, rebrousser chemin. NAVIG. : nager à culer, scier. – Rétropédaler **164.** – Régresser. – Capoter **541,** chavirer ; se renverser, se retourner. – Culbuter.

Adj. 12 **Inverse ; contraire, opposé ;** rétrograde **196.** – Alternatif *(courant marin alternatif)* [HYDROL.]. – Permutant.

13 Didact. : **inversif** *(langues inversives),* **permutatif.** – Inversible [PHOT.] ; réversible. – **Inversable, permutable.**

14 **Inversé ;** renversé ; à l'envers, **en miroir ;** rétrofléchi, rétroversé. – Intervertir ; inverti. – Incus [NUMISM., rare] – CHIM. et didact. : chiral, énantiomorphe.

Adv. 15 **À rebours,** en sens contraire. – Sens dessus dessous, sens devant derrière ou, vx, devant derrière ; à l'envers ; tête-bêche.

16 **À l'inverse, inversement ;** au contraire, à l'opposé. – En retour ; réciproquement, vice versa.

Prép. 17 **Dans le sens contraire de,** dans le sens inverse de, dans le sens opposé de.

18 **À l'inverse de ;** à l'opposé de ; au contraire de, contrairement à ; à rebours de, au rebours de.

Aff. 19 Rétro- ; contre-.

## 221 FORCE

N. 1 **Force ;** action **527,** pesée **789,** poussée, pression **239,** impression [vx] **225. 1 ;** trait [TECHN.]. – Énergie **798,** travail **233.2.**

2 PHYS. – Forces de contact (opposé à forces de champs). – Force attractive, force répulsive **224. 17 ;** force centripète, force centrifuge. – Force motrice, force tractrice **222.** – **Force d'inertie ;** force résistante. – Force vive (opposé à force morte) [anc.].

– Parallélogramme des forces ; point d'application ; centre de poussée ; centre de forces parallèles. – Poussée d'Archimède. – Pression atmosphérique.

3 PHYS. – **Interaction ;** interaction fondamentale ; interaction faible ; interaction électrofaible ; interaction électromagnétique ; interaction forte. – Force électrique, force électromagnétique, force électromotrice ; pression électrostatique. – **Gravitation 223,** pesanteur.

4 SC. – Mécanique *(la mécanique) ;* dynamique *(la dynamique)* **197,** ; statique *(la statique)* **227.11.** – Loi de l'action et de la réaction, principe fondamental de la dynamique. – Dynamique *(la dynamique d'un système).* – HIST. DES SC. : dynamisme (opposé à mécanisme) ; énergétisme ; théorie énergétique.

5 SC. – Mesure des forces ; dynamométrie. – Dynamomètre **70.** – Baromètre, pressiomètre, crève-vessie [vieilli]. – Unités de mesure **70** des forces.

6 Force, **intensité 87,** puissance ; violence, **580,** virulence. – Force théorique d'une substance explosive [TECHN.].

7 **Force,** force physique ; résistance **246,** robustesse, **solidité,** poigne. – **Force** ou **forces** *(avoir, reprendre de la force* ou *des forces)* ; énergie, ressort, robustesse, robusticité [rare], vigueur **375.** – Solidité, résistance ; jambe de force ou force [TECHN.] **159.4.**

8 Force, **influence 623,** pouvoir. – Force de caractère ; **détermination,** volonté **507 ;** force d'âme ; constance, **courage 508,** vertu [vx]. – **Capacité,** compétence **570 ;** savoir **407.**

9 **Efficacité ;** efficace *(l'efficace de qqch)* [vieilli] ; rendement **796.**

10 Force ; concentration **238, teneur,** titre. – Force d'un acide, d'un électrolyte [CHIM.]. – Corps *(corps d'un vin) ;* arôme **373.**

V. 11 **Forcer ;** obliger, **contraindre 518 ; violenter 580,** faire violence à.

12 **Forcer ;** crocheter, fracturer **557.**

13 Concentrer ; **corser 373.**

14 Agir sur, s'exercer sur ; interagir avec. – Exercer une pression sur, peser sur **789 ;** forcer le fer [ESCR.]. – Comprimer **210.** – Pousser.

Adj. 15 **Fort,** résistant, robuste, solide.

16 SC. – Mécanique ; dynamique, statique. – Dynamométrique.

17 **Fort ;** concentré, corsé ; extra-fort.

Adv. 18 Dynamiquement, mécaniquement, statiquement. – À force [MÉCAN.].

19 **Fortement ;** énergiquement, vigoureusement **375.**

20 **Intensément 87.** – À toute force, à tous crins ou à tout crin [fam.].

21 **Fort** [sout.] ; beaucoup. – **Force** [sout., vieilli] *(vider force bouteilles, manger force victuailles) ;* beaucoup de.

Aff. 22 Dynam-, dynamo- ; -dynamie, -dynamique, -dyne.

## 222 TRACTION

N. 1 **Traction ;** tiraillement, trait [vx ou TECHN., dans qqs emplois : *animal de trait,* opposé à *animal de bât* et à *animal de selle* ]. – **Attraction 223 ;** extraction **206.** – Force de traction ou force tractrice **221.**

2 Traction animale, trait ; traction électrique, traction mécanique, traction à vapeur. – Traction avant [AUTOM.]. – **Remorquage** ou remorque, tirage [vx], traînage [rare] ; touage ou, vx, toue [MAR. ou TECHN.] ; MAR. : déhalage, **halage.**

3 TECHN. : traction ; étirage **810,** tirage ; tirerie ; filage, tréfilage ou tréfilerie. – Étirement **209.**

4 **Traction** *(une traction) ;* tirade ; tirée [région.] ; tirette [fam.]. – MÉD. : traction rythmée ou rythmique de la langue, tractions vertébrales.

5 **Tracteur 806.** – TECHN. : mototracteur ; locotracteur ; locomotive **818,** locomotrice. – **Remorqueur 819**

6 TECHN. : banc à étirer, banc d'étirage, banc fileur ; étire ; étireuse, tréfileuse, tréfiloir.

7 Tracteur [didact.] ; tireur. – TECHN. : étireur, tireur d'or ; fileur, tréfileur.

11 Haleur. – CH. DE F. : tractionnaire. – Tractoriste. – Traîneur.

8 Tirant, tirette ; tirasse. – Tiroir.

V. 9 **Tirer ;** tracter, traire [vx ou AGRIC.]

10 **Tirer ;** remorquer, **traîner.** – MAR. : **haler,** remorquer, touer ; déhaler. – Tractionner [CH. DE F.].

11 **Étirer ;** allonger, détirer [rare], élonger [TECHN.] ; étendre **209,** détendre. – TECHN. : filer, tréfiler.

Adj. 15 **Tracteur** *(véhicule tracteur).* – MÉCAN. : tractif, tractoire.

16 **Tractable.**

17 **Étirable** 249 ; élastique ; ductile [didact.].

18 **Tiré, étiré, tendu** ; TECHN. : filé, laminé, trait *(argent trait).*

Aff. 19 **Tracto-** ; **tire-**.

## 223 ATTRACTION

N. 1 **Attraction** ; attirance [rare] 455, attrait [vx]. – Magnétisme 236.

2 PHYS. : **attraction,** force attractive ou force d'attraction 221. – Attraction électrique, attraction magnétique ; attraction moléculaire. – **Attraction universelle** ; loi de l'attraction universelle ; loi de la chute des corps. – Interaction gravitationnelle ou interaction de gravitation ; **gravitation,** gravitation universelle ; gravité ou accélération gravitationnelle ; champ de gravitation ; gravisphère. – Centre de gravité. – Attraction terrestre, pesanteur 239.

3 Centre d'attraction 113, centre d'intérêt, point de mire, **pôle d'attraction** ; tire-l'œil [vx]. – **Attraction** *(une attraction),* numéro 791 ; parc d'attractions 873.

4 BIOL., ÉTHOL. : interattraction ; stimulus attractif 564 ; phéromone ou phérormone ; signal sonore ; attractant *(un attractant)* [anglic.]. – Sphère attractive ou centrosome [CYTOL.].

5 LING. : attraction, attraction des genres, attraction modale, concordance des modes ; attraction temporelle 170, concordance des temps 740 ; attraction paronymique 742.

6 **Aimant** ; pierre d'aimant ou magnétite.

V. 7 **Attirer,** attraire [vx] 455.

8 Amener à soi, ramener à soi, tirer à soi ou vers soi. – Aspirer, drainer 245, pomper. – Absorber ; adsorber [didact.].

9 Charrier, emmener, emporter, **entraîner** ; dévier 218. – Traîner 222.

10 S'approcher de, tendre vers ; graviter vers [vx] ; graviter autour de [mod.].

Adj. 11 **Attractif ; attirant** ; attractant [didact.], attracteur [rare]. – Centripète. – Aspirant, aspirateur ou aspiratoire [didact.]. – Magnétique ; aimanté.

12 Didact. – **Gravitationnel** (ou : gravitatoire, gravifique [vieilli], gravitique [rare]). – Gravitatif. – Gravimétrique.

13 **Attirant** 455, attrayant, plaisant.

14 **Attirable.** – Absorbable, adsorbable [didact.].

15 Gravitant [rare].

## 224 RÉPULSION

N. 1 **Répulsion ;** repoussement [sout. ou TECHN.] ; **rebut** [vx ou litt.], recul, rejet 68.1. – Éloignement 200.1 ; éjection 208.1.

2 Repoussement ; **refus** 520.1, rebuffade. – Répudiation ; **exclusion** ; renvoi. – Ostracisme 640.

3 Distance, éloignement. – PHILOS. : *Répulsion* ou *Abstossung* [all., « répulsion »] (Hegel). – Aversion 456.1, dégoût, répugnance. – **Exécration.**

4 **Rebut, rejet.** – Refusé *(un refusé).*

5 TECHN. : repousseur, **répulsif** *(un répulsif).*

6 Repousseur [TECHN.]. – **Repoussoir** [souv. fig.].

V. 7 **Repousser ; rebuter** [litt.]. – Chasser, détourner, **écarter, éloigner** 200, rechasser ; **refouler,** résister à 630.

8 Éconduire, évincer, **exclure** 68, récuser, **refuser** 520, rejeter, répudier ; éjecter 208.

9 **Jeter au rebut, mettre au rebut** ; mettre à l'écart. – Rendre ; évacuer, rejeter. – Se défaire de.

10 **Se rebuter de** ; être rebuté de [vieilli] ou, mod., par.

11 Décourager, rabrouer, rembarrer [vx].

12 Repousser, répulser [rare]. – **Rebuter,** répugner. – **Éloigner** ; arrêter. – Écœurer, dégoûter.

Adj. 13 **Répulsif** [litt.] ; **repoussant. – Rebutant ; rébarbatif** 458 ; répugnant.

14 **Répulsif** *(forces répulsives)* [PHYS.]. – Répugnatoire [ZOOL.].

15 Rejetable ; récusable. – Exécrable [litt.].

16 Repoussé ; rejeté ; exclu.

Adv. 17 **Répulsivement.** – Dégoûtamment [vx].

18 Au rebut ; à l'écart.

Prép. 19 Loin de ; hors de ; à l'opposé de.

Aff. 20 Anti- ; -phobie.

## 225 IMPULSION

N. 1 **Impulsion, motion** [vx ou didact.]. – **Force** 221.1, **poussée, pression** ; impression [vx]. – Animation, mise en mouvement. – Pulsation.

2 **Moteur** [fig.] ; impetus [HIST. DES SC.] ; agent 36.1, cause 34 ; ressort 249.

3 **Coup de pouce**, chiquenaude, pichenette ; **stimulation** 564.1, stimulus. – Excitation par impulsion ou par choc [ÉLECTRON.]. – Propulsion. – Pulse [ASTROPHYS.]. – Poussette [CYCLISME, fam.].

4 Impulsion *(l'impulsion de qqn),* **influence** 623.1, volonté 507.1.

5 **Incitation**, instigation, invitation, invite, sollicitation ; appel, conseil, encouragement 565.1, exhortation ; ordre 631. – **Provocation, suscitation.**

6 **Élan**, impulsion ; **mouvement** ; force, poussée, pression ; appel, voix. – Impulsion créatrice. – PSYCHAN. : **pulsion**, pulsions de mort ; instinct de mort ; pulsions de vie ; instinct de vie ; pulsions sexuelles ; théorie des pulsions *(première et seconde théorie des pulsions de Freud)* [PSYCHAN.].

7 Penchant, **tendance** ; besoin, instinct. – PSYCHAN. : désir 523.1, énergie psychique, énergie vitale, libido.

8 PSYCHIATRIE : impulsion, impulsion obsédante, impulsion-obsession ou obsession-impulsion ; compulsion. – Impulsivité [PSYCHOL.].

9 TECHN. – **Impulseur.** – Pulseur [TECHN.] ; pulsoréacteur [AÉRON.] ; pulsomètre. – Booster [ASTRON.] ou, recomm. off., pousseur auxiliaire ou pousseur. – Pousse-toc [TECHN.]. – Pousse-wagon ou locopulseur [CH. DE F.].

10 **Impulsivité, impétuosité** 537 ; fougue. – Émotivité, spontanéité. – Brusquerie. – Violence 580.

11 Animateur, créateur *(un créateur),* **instigateur**, promoteur ; moteur. – Provocateur.

V. 12 **Impulser** ; donner une impulsion ou l'impulsion à ; imprimer un mouvement à ; **mouvoir, pousser** ; activer 527, aiguillonner, animer, **exciter, inciter** *(inciter le désir),* provoquer, susciter ; stimuler 564. – Actionner ; manœuvrer. – Propulser, pulser.

13 **Pousser** (qqn) **à** ; inciter à, instiguer à [vx] ; conseiller de 566, déterminer à, encourager à 565, engager à, exhorter à, inviter à, ordonner de 631 ; solliciter [litt.].

14 Céder à une impulsion ; agir sous l'impulsion de ; agir sous l'empire de.

Adj. 15 **Pulsateur** [didact.]. – Pulsant, pulsé. – Pulsatile [MÉD.].

16 **Impulsif** ; impétueux ; fougueux. – Brusque, emporté, vif, violent ; émotif. – Irréfléchi, spontané.

17 **Impulsionnel** [didact.]. – Compulsionnel ou compulsif [PSYCHIATRIE]. – PSYCHAN. : pulsionnel ; instinctuel.

Adv. 18 **Impulsivement, impétueusement** ; fougueusement. – Brusquement.

19 **Compulsivement.**

Prép. 20 Sous l'impulsion de ; par l'impulsion de.

Aff. 21 Pulso-.

## 226 ÉQUILIBRE

N. 1 **Équilibre** *(l'équilibre).* – Stabilité ; assiette ; aplomb. – Sustentation.

2 Équilibrage, équilibration ; balance, balancement.

3 MÉCAN. : **équilibre stable** ; équilibre instable ; équilibre indifférent ; équilibre mécanique. – PHYSIOL. : équilibration, sens de l'équilibre. – Perte d'équilibre ; astasie [MÉD.]. – **Chute** 214 ; chancellement, vacillement.

4 SC. : équilibre électrique [ÉLECTR.]. – Équilibre radioactif [PHYS. NUCL.]. – CHIM. : équilibre chimique, équilibre dynamique ou équilibre mobile ; équilibre hétérogène, équilibre homogène.

5 **Équilibre naturel** ou équilibre biologique 226 [ÉCOL.]. – Équilibre économique, politique, social ; équilibre budgétaire [FIN.] ; équilibre des pouvoirs [DR. CONSTIT.] ; équilibre de la terreur [POLIT.].

6 **Équilibre** *(un équilibre, les équilibres).* – Équilibre sur un doigt, un bras, de tête à tête, de main à main ; équilibre à l'échelle libre, à la perche au sol, à la perche au porteur ; équilibre aux agrès ; équilibre sur boule, sur cheval, sur cycles, sur patins, sur rouleau [CIRQUE]. – **Poirier** ou arbre fourchu. – **Pyramide humaine.**

7 **Équilibre mental** [vieilli] ou, absolt, équilibre. – **Calme** 448.1, égalité d'humeur, équanimité, paix 652.1, sérénité, tranquillité. – **Mesure, modération** 579.1, sagesse ; solidité.

8 **Eurythmie** [didact.] ; accord 428, **harmonie, proportion** ; balancé *(un balancé),* balancement. – Symétrie. – Concordance 26.

9 **Égalité** 83.1. – Justice 711.

10 Balance. – **Contrepoids.** – TECHN. : équilibreur, stabilisateur.

11 **Statique** *(la statique)* 221.13 ; électrostatique *(l'électrostatique)* ou électricité statique ; hydrostatique *(l'hydrostatique).* –

Théorie de l'équilibre [ÉCON. et PSYCHO-SOCIOLOGIE].

12 **Équilibriste** ; acrobate 791, danseur de corde, fil de fériste, **funambule** ; jongleur.

v. 13 **Équilibrer** ; balancer [fig. et vx] 216, maintenir en équilibre ; faire équilibre à. – **Stabiliser** ; mettre en équilibre. – Compenser, contrebalancer, contrepeser ou contre-peser [vx]. – Harmoniser, **pondérer**, proportionner ; rééquilibrer.

14 **Garder l'équilibre**, rester stable ; se stabiliser. – Garder son assiette. – Faire le poirier.

15 **Déséquilibrer**, déstabiliser ; rompre l'équilibre de.

16 **Perdre l'équilibre**, perdre son équilibre ; perdre pied ; choir [litt.], chuter [fam.], tomber 214 ; chanceler, vaciller.

Adj. 17 **Équilibré** ; d'aplomb, en équilibre, stable ; stabilisé. – **Pondéré**.

18 **Harmonieux** ; en harmonie, **eurythmique** [didact.]. – Symétrique.

19 Astatique [MÉCAN.]. – Apériodique [TECHN.].

20 **Équilibrant**, équilibrateur [didact.], équilibreur.

21 Équilibrant ; rassurant, **tranquillisant**.

22 **Équilibré** ; mesuré, modéré, pondéré 579, raisonnable, sage ; sain, **solide**. – Calme 448, équanime, paisible, serein, tranquille ; d'humeur égale.

23 **Déséquilibré** 450.

Adv. 24 En équilibre. – En harmonie, **harmonieusement**.

# 227 CHOC

N. 1 **Choc**, collision, **heurt**, percussion ; coup, secousse, explosion. – **Commotion**, ébranlement, traumatisme.

2 **Battement**, cognement [rare] ; pulsation ; bat [vx], battue [ÉQUIT.], **martèlement** ; massé [BILLARD]. – Ressac, roulement ; cliquetis.

3 **Battage**. – Barattage. – Battaison [vx]. – Batture [rare].

4 **Tamponnement** ; carambolage, télescopage. – Emboutissage.

5 **Impulsion** 225.1 ; poussée 221.1, pulsion.

6 À-coup, **cahot**, cahotement ; saccade.

7 **Coup** 658, coups et blessures. – MÉD. : battade, **fustigation**.

8 Blessure 387.1, **trauma** [MÉD.]. – MÉD. : **état de choc** ; choc amphétaminique, choc anaphylactique, choc anesthésique, choc opératoire, choc traumatique ; choc apexien, choc cardiogénique ; choc infectieux.

9 PSYCHOL. OU PSYCHAN. : blessure, **choc**, commotion ; émotion 343, émotion choc ou **choc émotionnel** ; trauma, traumatisme.

10 **Bouleversement**, ébranlement, secousse.

11 **Choc en retour** ; effet boomerang, effet en retour, rebond, ricochet ; **contrecoup**, réaction 528.1.

12 **Affrontement**, antagonisme 18.1, choc, **conflit** 649, friction, froissement, heurt, **rencontre**. – Bataille, combat, lutte. – Agression.

13 MÉD., PSYCHIATRIE : **thérapeutique de choc** ; électrochoc, hydrochoc, pneumochoc ou pneumochoc ; **traitement de choc** [propre et fig.]. – MÉD. : auscultation, percussion *(percussion immédiate, percussion médiate)*.

14 MÉD. : marteau à percussion, plessimètre.

15 **Battant** *(le battant d'une cloche)*, batail [HÉRALD.] ; batte, battoir ; heurtoir. – Maillet, marteau, masse, massue, palette, tapette. – **Percuteur** [didact.]. – ANTHROP. : outil à percussion, à percussion lancée.

16 **Pare-chocs** ; amortisseur, **butée, butoir**, dispositif antichoc. – CH. DE F. : organe de choc, tampon ou tampon de choc, tamponnement. – Auto tamponneuse ou auto-tamponneuse (fam., auto-tampon).

17 **Instrument à percussion** ou instrument de percussion ; batterie, **percussion** *(la percussion)* 783.

18 Traumatologie ou traumato [fam.].

19 **Battant** *(un battant)*, combattant *(un combattant)*. – Boxeur, lutteur ; bâtonniste [vx]. – Flagellant *(un flagellant)* [RELIG.]. – Flagellateur, fustigateur [litt.]. – Bagarreur, batailleur, **cogneur**, tapeur [rare]. – **Unité de choc** [MIL.].

20 **Traumatologiste** ou traumatologue.

v. 21 **Choquer** ; battre, **cogner**, frapper, heurter, percuter, rencontrer *(rencontrer un obstacle)*, **tamponner** ; emboutir, **entrer dans**, rentrer dans ; fam. : caramboler, emplafonner ; emplâtrer [pop.]. – Enfoncer ; défoncer.

22 Flageller, fouailler [litt.], fouetter, fustiger. – Cingler. – Bastonner. – Bourrer de

coups, rouer de coups. – **Corriger** ; cogner, frapper, taper ; taper sur.

23 **Choquer,** commotionner, ébranler, heurter, secouer, traumatiser ; blesser. – **Impressionner ; frapper,** saisir. – Étonner, stupéfier.

24 **Être choqué, être sous le choc 459.**8, être sous le coup.

25 **Choquer,** déranger, heurter ; aller contre.

26 **Se cogner contre,** se cogner [absolt]. – Se briser contre (qqch), se fracasser contre (qqch).

27 **Se heurter ;** s'entrechoquer, se rencontrer, se tamponner, se télescoper ; trinquer [fam.] ; **entrer en collision** (avec) ; s'emplafonner [fam.], s'emplâtrer [pop.] ; se rentrer dedans [fam.].

28 Battre, cogner contre ou sur (qqch avec qqch), entrechoquer, frapper (sur qqch), taper (sur qqch). – Masser [BILLARD].

29 **Cahoter ;** secouer.

30 Amortir (un choc). – Fig. : amortir le choc, accuser le coup, encaisser ; tenir le choc **375,** tenir le coup ; résister **630.**

Adj. 31 **Choquant.** – Battant *(pluie battante).*

32 Tamponneur. – **Percutant** *(le corps percutant et le corps percuté* [MÉCAN.]).

33 **Antichoc ;** amortisseur. – Amortissant [rare].

34 **Choquant ;** inconvenant ; incorrect, indécent **620.** – **Percutant ;** frappant, **impressionnant,** saisissant.

35 **De choc** *(troupes de choc, militant de choc),* de combat ; d'attaque.

36 **Choqué, traumatisé ;** bouleversé, ému, remué, retourné, renversé, secoué. – K.-O. ou knock-out [anglic.].

37 **Choquable,** émotif, sensible.

38 Traumatologique [MÉD.]. – Émotionnel [didact.].

Adv. 39 **Brusquement ;** brutalement. – Violemment **580.**

Prép. 40 Sous le choc de ; sous le coup de.

# 228 FROTTEMENT

N. 1 **Frottement ; friction ;** glissement. – **Frottage,** frottis [rare]. – Trituration [TECHN.].

2 **Friction ;** bouchonnement ou bouchonnage **813.** – Brossage ; **grattage 854,** grattement, grattouillement ou gratouillement. – Gratouillis ou grattouillis [fam.], frotti-frotta.

3 TECHN. : frottage *(frottage des croûtes de fromage)* ou brossage. – MÉD. : friction, frotte [anc.] ; **massage, onction.**

4 TECHN. : grattage. – Abrasion ; abrasement, attrition [didact.].

5 MÉCAN. : frottement de glissement, frottement de pivotement, frottement de roulement. – Essai de frottement [MÉTALL.]. – Frottement interne ou intérieur [PHYS.]. – Coefficient de frottement. – Angle de frottement.

6 **Grippage ;** enrayage ; vx : enraiement ou enrayement. – **Freinage,** ralentissement. – Perte frictionnelle [MÉCAN. DES FLUIDES].

7 **Froissement.** – Crissement, grincement **367.** – Frou-frou ou froufrou, froufroutement ; frôlement.

8 **Frotte** [pop.], gratte [fam.], grattelle [vx].

9 Fig. : **frottements,** friction ; conflit **649,** désaccord **429.**

10 Fig. : **frottement** [vx ou litt.] ; contact.

11 Fam. : **frottée 658,** brossée.

12 BX-A. : **frottage ;** poncif ; frottis [TECHN.]. – Gratture. – Papier frictionné [PAPET.]. – Frottée *(une frottée, une frottée d'ail).*

13 **Frottoir,** grattoir. – Abrasif *(un abrasif)* **155.**

14 TECHN. : frotteur, frottoir ; frotteuse ; brosse à frotter. – Frotton [TECHN.]. – Frictionneur *(un frictionneur)* ou cylindre frictionneur [PAPET.].

15 Frottin [arg.].

16 Tribomètre [PHYS.].

17 LING. : **fricative 365** *(une fricative)* ou consonne fricative.

18 PHYS. : triboélectricité ; triboluminescence.

19 **Tribologie** [MÉCAN.] ; tribométrie [PHYS.].

20 Frotteurisme [SEXOL.].

21 TECHN. : **frotteur** *(un frotteur),* brosseur *(un brosseur),* gratteur *(un gratteur).*

22 Frotteur *(un frotteur)* [pop.] ; SEXOL. : frôleur *(un frôleur).*

V. 23 **Frotter.** – Frotailler [fam.] ; **frictionner.**

24 Brosser ; **bouchonner,** étriller.

25 **Se frotter ; se frictionner ;** se faire une friction. – Se gratter.

26 **Se frotter de ;** s'enduire de, se frictionner à ou avec ; s'oindre de [rare].

27 Frotter ; briquer, **brosser** ; abraser ; **gratter,** gratteler [TECHN.]. – Grattouiller ou gratouiller [fam.].

28 **Frotter** ; accrocher, **gratter, gripper.**

29 Crisser, grincer ; bruisser, froufrouter.

Adj. 30 **Frottant** ; à frottement [MÉCAN.]. – PHON. : **fricatif** ou spirant [vieilli]. – **Frictionnel** [didact.]. – Frictionneur [PAPET.].

31 Triboélectrique [PHYS.].

32 Rare ou didact. : **frottable** ; triturable.

33 Abrasif.

34 **Grippé** ; coincé, enrayé.

35 Crissant ; bruissant, froufroutant.

Aff. 36 Tribo- ; -tribe.

## 229 INERTIE

N. 1 **Inertie** ; immobilité, immuabilité [didact.], immutabilité [litt.]. – PHYS. : principe ou loi d'inertie. – **Force d'inertie,** force ou masse inerte ; axe d'inertie, moment d'inertie, référentiel d'inertie ou référentiel galiléen ; inertie électromagnétique. – Centre d'inertie ou de gravité [GÉOM.] 223.

2 **Continuité 61** ; constance [litt.], **permanence 171,** persistance ; durabilité [didact.], pérennité 173 [litt.], stabilité.

3 Inaction ; **stagnation.** – Inactivité 529 ; repos 531, sommeil [fig.] ; hibernation. – Apraxie [MÉD.], paralysie. – **Passivité** ; non-violence [HIST.], résistance passive ; force d'inertie [fig.].

4 **Indifférence 524** ; apathie 376, indolence, paresse 445. – Pesanteur [fig.].

5 **Incapacité** ; impuissance, inopérance [rare] ; inaptitude 797 [didact.].

6 **Inerte** (l'inerte, opposé à l'animé). – Matière.

7 **Immobilisation** ; maintenance [vx], perpétuation [litt.], perpétuement [rare], subsistance [vx].

V. 8 **Immobiliser,** paralyser ; figer. – Éterniser, pérenniser ; essentialiser [PHILOS.].

9 Demeurer, **rester.** – Durer, perdurer, permaner ou permanoir [rare] ; continuer, subsister. – Persister. – Se conserver, se maintenir ; se perpétuer, se poursuivre, se prolonger ; se figer.

10 Résister.

Adj. 11 **Inerte** ; immobile, inanimé ; inexpressif. – **Inactif** ; stagnant. – **Inertiel** [PHYS., TECHN.] ; inactif [PHYS. ANC.].

12 **Indifférent** ; apathique, indolent, irrésolu, passif ; paresseux. – Non-violent.

13 **Incapable,** inapte ; impuissant, inefficace, inopérant [litt.]. – Apraxique [MÉD.].

14 Durable, **permanent,** pérenne. – Constant, continu, persistant, subsistant [didact.] ; éternel, immuable, immutable [rare].

Adv. 15 **Inertement** [rare] ; immobilement.

16 **Durablement 172, continûment,** sans relâche ; persévéramment [rare].

## 230 CHIMIE

N. 1 **Chimie** ; chimie analytique, chimie descriptive, chimie générale, chimie physique, chimie pure ; chimie animale ou zoochimie **295,** chimie biologique, biochimie **283,** chimie médicale, chimie organique, cytochimie **336** ; carbochimie, chimie agricole ou agrochimie **811,** chimie minérale, gazochimie, géochimie, pétrolochimie ou pétrochimie **804** ; chimie nucléaire, chimie quantique **231,** électrochimie, magnétochimie **236,** photochimie, radiochimie, stéréochimie, thermochimie **241** ; astrochimie, cosmochimie ; cristallochimie. – **Alchimie 484.**

2 **Atome** ; **corps simple,** élément ; corps composé organique, corps composé inorganique. – Composé *(un composé),* dérivé *(un dérivé),* radical *(un radical).* – Ligand, molécule ; isotope, isomère ; copolymère, monomère, polymère. – Anion, cation, **ion.**

3 Absorbat, adsorbat, condensat, **distillat,** éluat, **esprit** [anc.], essence, **excipient,** extrait, filtrat, fluide [anc.], hydrolat, liqueur, mélange, précipité, soluté, solution *(solution molaire, solution normale, solution saturée, solution tampon),* sublimé *(un sublimé),* **substrat,** vapeur saturée (opposé à insaturée).

4 Accepteur d'hydrogène ou d'oxygène, activateur, donneur ; acide, ampholyte, base ; **agent,** catalyseur, coagulant, diluant, dispersant, **dissolvant,** éluant, oxydant, oxydo-réducteur, réducteur, siccatif, traceur radioactif ; indicateur coloré. – Échantillon ; **électrolyte.**

5 Symbole chimique ; formule chimique, formule moléculaire, structure moléculaire ; **classification périodique des éléments** ou classification de Mendeleïev, système chimique. – Valence ; covalence.

6 Densité, **masse atomique,** masse moléculaire ; poids atomique, poids molé-

culaire, poids spécifique. – Nombre atomique. – Orbitale atomique ou moléculaire.

7 Éléments chimiques. – Hydrogène (n. at. 1, symb. H), hélium (n. at. 2, symb. He). – Lithium (n. at. 3, symb. Li), bérylium (n. at. 4, symb. Be), bore (n. at. 5, symb. B), carbone (n. at. 6, symb. C), azote (n. at. 7, symb. N), oxygène (n. at. 8, symb. O), fluor (n. at. 9, symb. F), néon (n. at. 10, symb. Ne). – Sodium (n. at. 11, symb. Na), magnésium (n. at. 12, symb. Mg), aluminium (n. at. 13, symb. Al), silicium (n. at. 14, symb. Si), phosphore (n. at. 15, symb. P), soufre (n. at. 16, symb. S), chlore (n. at. 17, symb. Cl), argon (n. at. 18, symb. Ar). – Potassium (n. at. 19, symb. K), calcium (n. at. 20, symb. Ca), scandium (n. at. 21, symb. Sc), titane (n. at. 22, symb. Ti), vanadium (n. at. 23, symb. V), chrome (n. at. 24, symb. Cr), manganèse (n. at. 25, symb. Mn), fer (n. at. 26, symb. Fe), cobalt (n. at. 27, symb. Co), nickel (n. at. 28, symb. Ni), cuivre (n. at. 29, symb. Cu), zinc (n. at. 30, symb. Zn), gallium (n. at. 31, symb. Ga), germanium (n. at. 32, symb. Ge), arsenic (n. at. 33, symb. As), sélénium (n. at. 34, symb. Se), brome (n. at. 35, symb. Br), krypton (n. at. 36, symb. Kr). – Rubidium (n. at. 37, symb. Rb), strontium (n. at. 38, symb. Sr), yttrium (n. at. 39, symb. Y), zirconium (n. at. 40, symb. Zr), niobium (n. at. 41, symb. Nb), molybdène (n. at. 42, symb. Mo), technétium (n. at. 43, symb. Tc), ruthénium (n. at. 44, symb. Ru), rhodium (n. at. 45, symb. Rh), palladium (n. at. 46, symb. Pd), argent (n. at. 47, symb. Ag), cadmium (n. at. 48, symb. Cd), indium (n. at. 49, symb. In), étain (n. at. 50, symb. Sn), antimoine (n. at. 51, symb. Sb), tellure (n. at. 52, symb. Te), iode (n. at. 53, symb. I), xénon (n. at. 54, symb. Xe). – Césium (n. at. 55, symb. Cs), baryum (n. at. 56, symb. Ba), lanthane (n. at. 57, symb. La), hafnium (n. at. 72, symb. Hf), tantale (n. at. 73, symb. Ta), tungstène (n. at. 74, symb. W), rhénium (n. at. 75, symb. Re), osmium (n. at. 76, symb. Os), iridium (n. at. 77, symb. Ir), platine (n. at. 78, symb. Pt), or (n. at. 79, symb. Au), mercure (n. at. 80, symb. Hg), thallium (n. at. 81, symb. Tl), plomb (n. at. 82, symb. Pb), bismuth (n. at. 83, symb. Bi), polonium (n. at. 84, symb. Po), astate (n. at. 85, symb. At), radon (n. at. 86, symb. Rn). – Francium (n. at. 87, symb. Fr), radium (n. at. 88, symb. Ra), actinium (n. at. 89, symb. Ac), unnilquadium (n. at. 104, symb. Unq), unnilpentium (n. at. 105, symb. Unp), unnilhexium (n. at. 106, symb. Unh), unnilseptium (n. at. 107, symb. Uns), unniloctium (n. at. 108, symb. Uno), unnilennium (n. at. 109, symb. Une). – Lanthanides : cérium (n. at. 58, symb. Ce), praséodyme (n. at. 59, symb. Pr), néodyme (n. at. 60, symb. Nd), prométhium (n. at. 61, symb. Pm), samarium (n. at. 62, symb. Sm), europium (n. at. 63, symb. Eu), gadolinium (n. at. 64, symb. Gd), terbium (n. at. 65, symb. Tb), dysprosium (n. at. 66, symb. Dy), holmium (n. at. 67, symb. Ho), erbium (n. at. 68, symb. Er), thulium (n. at. 69, symb. Tm), ytterbium (n. at. 70, symb. Yb), lutetium (n. at. 71, symb. Lu). – Actinides : thorium (n. at. 90, symb. Th), protactinium (n. at. 91, symb. Pa), uranium (n. at. 92, symb. U), neptunium (n. at. 93, symb. Np), plutonium (n. at. 94, symb. Pu), américium (n. at. 95, symb. Am), curium (n. at. 96, symb. Cm), berkélium (n. at. 97, symb. Bk), californium (n. at. 98, symb. Cf), einsteinium (n. at. 99, symb. Es), fermium (n. at. 100, symb. Fm), mendélévium (n. at. 101, symb. Md), nobélium (n. at. 102, symb. No), lawrencium (n. at. 103, symb. Lr).

8 Isomère, monomère, polymère. – Amide, amine. – **Alcool.** – Acides : acétique ou éthanoïde, arsénique, borique, bromique, butyrique, caprique, caprilyque, carbonique, chlorique, citrique, cyanhydrique ou prussique, ferrique, fluorhydrique, formique, nitrique, permanganique, phosphorique, stéarique ; acide chlorhydrique ou, vx, esprit-de-sel, acide sulfurique (ou : huile de vitriol [vx], vitriol), glycine ou glycocolle, phénol ou, vx, acide phénique. – **Sel** ; acétate, aluminate, azoture, benzoate, borate, bromate, butyrate, carbonate, chlorate, chlorhydrate, citrate, cyanure, fluorure, formiate, fulminate, nitrate, permanganate, phosphate, stéarate, sulfate. – **Ester** ou, anc., éther-sel.

9 Radical univalent, radical plurivalent. – Radical : acétyle, acyle, alcoyle, allyle, aminogène, ammonium, amyle, aryle, azoïque, ozotyle ou nitryle, benzoyle, benzyle, butyle, carbonyle, carboxyle, éthyle, hydroxyle ou oxhydryle, méthyle, méthylène, nitrile, nitrosyle, phényle, stéaryle, sulfhydryle, uranyle, vinyle.

10 Coefficient d'activité ou d'absorption, constante radioactive ou de dissociation,

indice d'acidité ; **nombre d'Avogadro.** – Point de condensation **244**, point de congélation, point d'ébullition, point de fusion **243** ; point eutectique, point fixe, point isoélectrique. – Titre **238**.6 ; vitesse de réaction.

11 **Acidité,** alcalinité, basicité ; aromaticité, causticité, ph ; absorptivité, affinité, coagulabilité, miscibilité, saturabilité, solubilité ; fugacité, viscosité, volatilité. – **Combustibilité,** fusibilité, inflammabilité. – **Radioactivité 231.** – Passivité, **réactivité,** stabilité ; actinisme. – **Chimiluminescence,** fluorescence, luminescence, phosphorescence. – Coordinence, électronégativité ; équivalence chimique, équivalence électrochimique. – **Atomicité,** équimolécularité, molarité, molécularité.

12 Anisotropie, isotropie ; isomérie, mésomérie, polymérie, stéréo-isomérie ; isomorphisme.

13 Didact. – Chimisme ; analyse qualitative, analyse quantitative, chimiosynthèse, chimisorption, synthèse. – Adsorption, désorption ; activation, neutralisation ; catalyse. – Centrifugation, chimicage, concentration, cristallisation ; décantation, défécation ; conversion, **transmutation.**

14 OPÉRATIONS CHIMIQUES

| | |
|---|---|
| alcoolisation | éluation |
| alcoylation | énolisation |
| ou alkylation | estérification |
| aldolisation | éthérification |
| anydrisation | fluoration |
| bromuration | halogénation |
| carboxylation | hydrogénation |
| cétolisation | ioduration |
| chélation | ionisation |
| chloruration | méthylation |
| cyanuration | nitration |
| cyclisation | nitrification |
| décarboxylation | nitrosation |
| dénitrification | nitruration |
| désacidification | phosphorylation |
| désamination | saccharification |
| déshydrogénation | saponification |
| désoxydation | sulfonation |
| désulfuration | sulfuration |

15 Chimiotactisme, chimiotropisme, chimiotaxie.

16 MESURES CHIMIQUES

| | |
|---|---|
| absorptiométrie **70** | colorimétrie |
| acidimétrie | complexométrie |
| alcalimétrie | conductimétrie |
| ampérométrie | coulométrie |
| chlorométrie | cryoscopie |
| chromatographie | ébulliométrie |

| | |
|---|---|
| électrodialyse | hétérométrie |
| électrographie | néphélométrie |
| électrophorèse | polarographie |
| fluorimétrie | tonométrie |
| gazométrie | volumétrie |
| gravimétrie | |

17 INSTRUMENTS

| | |
|---|---|
| agitateur | dialyseur |
| **alambic** | digesteur |
| aludel | échangeur |
| autoclave | électrode |
| balance | électrolyseur |
| ballon | **éprouvette** |
| barboteur | épuiseur |
| bécher | étuve |
| bougie | évaporateur |
| burette | filtre |
| capsule | fiole |
| centrifugeuse | flacon |
| cloche | humecteur |
| colonne à plateau | matras |
| compte-gouttes | mélangeur |
| compteur de | moufle |
| radioactivité | paillasse |
| condenseur | pipette |
| cornue [vx] | pistolet de Volta |
| coupelle | pulvérisateur |
| **creuset** | retorte |
| cristallisoir | siphon |
| cuve à électrolyse | stérilisateur |
| défécateur | **tube à essai** |
| dessiccateur | |

18 Biochimiste, **chimiste.**

19 Alchimiste ; Hermès Trismégiste [MYTH.].

v. 20 **Analyser,** décomposer, dissocier, dissoudre, synthétiser ; recomposer. – **Activer,** catalyser, centrifuger, combiner, concentrer, condenser, décanter, doser, électrolyser, ioniser, isomériser, léviger, précipiter, saturer. – Acétifier, acidifier, alcooliser, chélater, décarboxyler, débenzoyler, dénitrer, désalkyler, déshalogéner, vitrioler, etc.

21 Réagir.

Adj. 22 **Chimique,** synthétique.

23 **Acide,** acido-alcalin, alcalin, amphotère, **basique.** – Monoacide, diacide ou bi-acide, polyacide ; bibasique.

24 Univalent ou monovalent. – Bifonctionnel, bimoléculaire, binaire, bivalent, divalent ; décinormal, multivalent, pentavalent ou quintivalent ; eutectique, ionique, homo-ionique, homolytique, molaire, radicalaire. – Atomique, diatomique.

25 Acidifiant, alcalifiant, désoxydant. – Actinique.

26 Énantiotrope ; nucléophile.

Adv. 27 **Chimiquement** ; synthétiquement.

Aff. 28 **Chimio-.**

29 Corps composés inorganiques : bromo-, chloro-, iodo-, nitro-. – Corps composés organiques : cyclo-, iso- ; méta-, ortho-, para- ; benzo-, phényl-, stér- ; hydroxy- ; amino-, imido- ; carbonyl- ; oxo- ; acéto-, carboxy-, cyano- ; mercapto-.

30 Corps composés inorganiques : -ique, -eux, -hydrique ; -ate, -ite, -ure. – Corps composés organiques : -ène, -ènyle ; -adiyne, -atriyne, -yne ; -thiol ; -one ; -oïque ; -side, -tide.

## 231 MICROPHYSIQUE

N. 1 **Microphysique,** physique des particules, physique quantique ; chromodynamique quantique, électrodynamique quantique, mécanique quantique ou ondulatoire ; théorie quantique des champs. – Atomistique *(l'atomistique),* nucléaire *(le nucléaire)* **798.** – Atomisme [PHILOS.].

2 Matière ; **atome, molécule,** noyau atomique, nucléide, **particule élémentaire,** quanton ; boson, fermion ; antiatome, anticorpuscule, antimatière, antiparticule ; particule virtuelle.

3 Boson (W $^+$, W $^-$, Z), **électron,** lepton, muon, neutron, neutrino *(neutrino d'électron, neutrino de muon, neutrino de tau),* **photon,** tau ; antiélectron ou positron, antimuon, antineutrino. – Baryon, quark *(quark beauté, quark charme, quark down, quark étrangeté, quark up, quark vérité ; quark bleu, quark jaune, quark rouge),* gluon, hadron, lambda, lambda charmés, méson *(méson charmé, méson k, méson pi),* nucléon, pion, **proton** ; antiproton, antiquark.

4 Charge, énergie **221.1,** masse **238.2** ; magnéton, moment angulaire, moment orbital, période **235.8,** pulsation **216,** spin *(spin entier, spin semi-entier) ;* nombre quantique ; distribution orbitale atomique ou moléculaire, spectre atomique ou moléculaire. – Constante de Planck, inégalités de Heisenberg ; mouvement brownien. – Interaction forte, interaction faible.

5 Radioactivité *(radioactivité artificielle, radioactivité naturelle ; radioactivité alpha, radioactivité bêta, radioactivité gamma) ;* éléments radioactifs ou radioéléments **230.7** ; isotope *(un isotope).*

6 Réaction nucléaire, transformation, transmutation ; excitation, désexcitation ; divergence. – Dématérialisation, matérialisation. – Annihilation, désintégration, ionisation, spallation, **fission** ; stripage. – Fusion ; enrichissement, radioactivation, surgénération ou surrégénération.

7 **Radiation ;** irradiation, rayonnement **350.** – Faisceau ou flux d'électrons **235,** rayon bêta, rayon X.

8 Gray, rad **70,** rem, röntgen.

9 **Accélérateur de particules,** bêtatron, bévatron, collisionneur, cyclotron, isotron, synchrotron. – Chambre ; chambre à bulles, chambre à dérive, chambre à étincelles, chambre à plasma. – Scintillateur ; bouteille à neutrons. – Canon à électrons, laser. – Pile atomique [vieilli] ; **réacteur nucléaire 798.**

10 Atomiste.

V. 11 Fissionner ; enrichir, radioactiver, surrégénérer. – Exciter, désexciter. – Annihiler, dématérialiser, **désintégrer** ; ioniser.

12 Irradier.

Adj. 13 **Atomique,** atomistique, **nucléaire.** – Quantique. – Fertile, fissile, fissile.

## 232 ASTRONOMIE

N. 1 **Astronomie** ; astrométrie ou astronomie de position, astrophysique, cosmologie ; cosmogonie. – Astrochimie ou cosmochimie ; exobiologie ou bioastronomie ; radioastronomie. – Cosmographie. – Mécanique céleste. – Planétologie ; aéronomie. – Uranographie [vx] ; uranométrie [vx]. Astronautique **821.**

2 Cosmos, **univers ; ciel** (pl. : cieux, ciels), firmament [litt.], zodiaque ; voûte céleste. – Empyrée [litt.].

3 HIST. DE L'ASTRONAUT – Cieux de cristal, huitième ciel ou ciel des étoiles, sphère des fixes ; éther, matière subtile ; premier mobile. – Cercle déférent ou déférent, épicycle. – Géocentrisme, héliocentrisme.

4 Astre, **étoile,** luminaire [vx]. – Étoile naine ; naine blanche, naine brune. – Nova, supernova. – Étoile à neutrons, pulsar. – Céphéide. – Étoile géante ; géante rouge ; supergéante. – Trou noir.

5 ÉTOILES

| | |
|---|---|
| Achernar | Alcor |
| Acrux | Aldébaran |
| Adhara | Aldéramin |
| Agena | Algénib |
| Alamar | Algieba |
| Albireo | Algol |

| | | | |
|---|---|---|---|
| Alkaïd | Merak | Dioné | Cordelia |
| Almal | Mesarthim | Encelade | Cressida |
| Alphard | Mimosa | Épiméthée | Desdémona |
| Al Suhaïl | Mira Ceti | Hélène | Juliet |
| Altaïr | Mirach | Hypérion | Miranda |
| Antarès | Mirfak | Janus | Obéron |
| Arcab | Mizar | Japet | Ophélia |
| Arcturus | Phakt | Mimas | Portia |
| Arneb | Phekda | Pandore | Puck |
| Baten Kaïtos | Pléiades | Phœbé | Rosalind |
| Bellatrix | Pollux | Prométhée | Titania |
| Bételgeuse | Praesepe | Rhéa | Umbriel |
| Canopus | Procyon | Telesto | |
| Capella | Proxima | Téthys | *Satellites de* |
| Castor | Ras Algethi | Titan | *Neptune :* |
| Deneb | Ras Alhague | | Néréide |
| Diadem | Régulus | *Satellites d'Uranus :* | Triton |
| Dubhé | Rigel | Ariel | |
| Éli | Rigel kentarus | Belinda | *Satellite de Pluton :* |
| Enif | Sadalmelek | Bianca | Charon |
| L'Épi | Saïph | | |
| Etamin | Scheat | | |
| Étoile de Barnard | Shaula | | |
| Fomalhaut | Sirius | | |
| Gemma | Sirrah | | |
| Hamal | Spica | | |
| Hyades | Toliman | | |
| Izar | Unuk | | |
| Kochab | Véga | | |
| Markab | Vindemiatrix | | |
| Megrez | | | |

6 **Planète** ; satellite ; lune ou lunule *(les lunes de Jupiter)* [vx]. – Planétésimale, planétoïde, protoplanète. – **Astéroïde**, EGA (sigle de l'angl. *earth-grazing* ou *earth-grazer asteroid,* « astéroïde frôlant la Terre »), planétoïde. – **Comète** ; chevelure, noyau, queue.

7 **Système solaire** ; Soleil 277 *(le Soleil) ;* Mercure, Vénus, Terre *(la Terre),* Mars, Jupiter, Saturne, Uranus, Neptune, Pluton.

8 **Soleil** 277. – Chromosphère 277.7, couronne, photosphère ; disque, limbe. – Héliographie 277.8.

9 **Lune** 278. – Phases de la Lune 278.3 ; lunaison 278.4. – Cirques, cratères 278.7, mers. – Sélénographie 278.8, sélénologie.

10 SATELLITES

| | |
|---|---|
| *Satellite de la Terre :* | Europe |
| Lune | Ganymède |
| | Himalia |
| *Satellites de Mars :* | Io |
| Deimos | Leda |
| Phobos | Lysithea |
| | Métis |
| *Satellites de Jupiter :* | Pasiphae |
| Adrastée | Sinope |
| Amalthée | Thébé |
| Ananke | |
| Callisto | *Satellites de Saturne :* |
| Carme | Atlas |
| Elara | Calypso |

11 **Météorite** ; aérolithe [vieilli] ; achondrite, chondrite, sidérite, sidérolithe ou lithosidérite. – Chondre. – **Météore** ; bolide, **étoile filante**, étoile tombante [vx].

12 ESSAIMS DE MÉTÉORITES

| | |
|---|---|
| Aquarides | Léonides |
| Ariétides | Lyrides |
| Capricornides | Orionides |
| Cygnides | Perséides |
| Draconides | Quadrantides |
| Géminides | Taurides |
| Giacobinides | Ursides |

13 Amas stellaire ; amas globulaire, amas ouvert. – **Nébuleuse** ; nébuleuse diffuse, nébuleuse obscure, nébuleuse planétaire ; nébuleuse primitive. – **Galaxie** *(une galaxie) ;* galaxie elliptique, galaxie à grumeaux, galaxie irrégulière, galaxie lenticulaire, galaxie spirale ; radiogalaxie ; **quasar** (acronyme de l'angl. *quasi stellar astronomical radiosource).* – Bras spiral, jet. – Amas de galaxies, superamas, supergalaxie ; métagalaxie. – **Galaxie** *(la Galaxie),* **Voie lactée** ; groupe local, amas local, superamas local.

14 Matière interstellaire ; gaz interstellaire, poussière interstellaire.

15 CONSTELLATIONS

*Hémisphère Nord*

| | |
|---|---|
| Andromède | Hercule |
| Cassiopée | Lézard |
| Céphée | Lynx |
| Chiens de Chasse | Lyre |
| Cocher | Orion |
| Couronne boréale | Persée |
| Cygne | Petite Ourse |
| Dragon | Petit Lion |
| Girafe | Triangle |
| Grande Ourse | |

*Équateur*

| | |
|---|---|
| Aigle | Hydre femelle |
| Balance | Licorne |
| Baleine | Lièvre |
| Bélier | Lion |
| Bouvier | Ophiucus |
| Cancer ou Écrevisse | Pégase |
| Capricorne | Petit Cheval |
| Chevelure de Bérénice | Petit Chien |
| Corbeau | Petit Renard |
| Coupe | Poissons |
| Croix du Sud | Sagittaire |
| Dauphin | Scorpion |
| Écu de Sobieski | Serpent |
| Éridan | Sextant |
| Flèche | Taureau |
| Gémeaux | Verseau |
| Grand Chien | Vierge |

*Hémisphère Sud*

| | |
|---|---|
| Atelier du Sculpteur | Machine pneumatique |
| Autel | Microscope |
| Boussole | Mouche |
| Burin | Octant |
| Caméléon | Orion |
| Carène | Paon |
| Centaure | Phénix |
| Chevalet du Peintre | Poisson austral |
| Colombe | Poisson volant |
| Compas | Poupe |
| Dorade | Règle |
| Fourneau | Réticule |
| Grue | Table |
| Horloge | Télescope |
| Hydre mâle | Toucan |
| Indien | Triangle austral |
| Loup | Voiles |

16 Globe céleste, uranorama [vx] ; sphère armillaire [vx]. – Mappemonde céleste, planisphère céleste. – Planétarium.

17 **Observatoire**. – **Lunette** ou réfracteur **234** ; lunette méridienne ou lunette des passages. – **Télescope** ou réflecteur ; cœlostat, héliostat, sidérostat. – Spectrographe, spectrohéliographe, spectroscope, spectrophotomètre ; polarimètre, photomètre ; coronographe. – Sonde spatiale.

18 Uranologie *(une uranologie)* [vx]. – Éphémérides, tables astronomiques. – Cadran solaire **175**, gnomon.

19 Cours (ou : course, marche) des astres, mouvement apparent, mouvement propre, mouvement réel ; vitesse radiale. – **Révolution 215** ; révolution sidérale, révolution synodique ; rétrogradation, station. – Précession des équinoxes. – Culmination, digression. – **Éclipse** ; émersion, immersion, occultation ; saros. – Conjonction ; conjonction inférieure, conjonction supérieure ; opposition ;

quadrature ; élongation, plus grande élongation.

20 **Orbite** ; orbe. – Écliptique ; nœud, ligne des nœuds ; apside, ligne des apsides. – Apoastre ; aphélie, apogée, apolune, aposélène. – Périastre ; périgée, périhélie, périlune, périsélène.

21 Almicantarat, cercle de hauteur, parallèle de hauteur ; axe horaire, cercle horaire, colure ; équateur céleste, horizon céleste, méridien céleste, pôle céleste ; axe du monde. – Couronne, sphère *(sphère céleste, sphère des fixes* ou *sphère locale)*. – Ascension droite, azimut, déclinaison, distance zénithale, hauteur. – Équinoxes, solstices ; points équinoxiaux ; point vernal ou point gamma. – Nadir, zénith. – Apex.

22 Atmosphère, ionosphère, mésosphère, stratosphère, thermosphère ; hétérosphère, homosphère ; exosphère. – Chromosphère, photosphère. – Champ gravitationnel, gravisphère ; champ magnétique, magnétosphère.

23 Éclat stellaire, luminosité, **magnitude** *(magnitude absolue, magnitude apparente, magnitude photoélectrique, magnitude photographique, magnitude photovisuelle, magnitude radiométrique, magnitude visuelle)* ; scintillation. – Spectre. – Parallaxe stellaire.

24 Théorie de l'expansion de l'univers ou **théorie du Big Bang** ; univers ouvert. – Univers fermé ; Big Crunch.

25 **Année de lumière** (ou, emploi critiqué et vieilli, année-lumière [al]) ; unité astronomique (ua) ; parsec (parallaxe-seconde, [pc]), kiloparsec, mégaparsec.

26 **Astronome**. – **Astrophysicien** ; cosmologiste ou cosmologue. – Astrobiologiste, bioastronome, exobiologiste ; astrochimiste. – Astrométriste, cosmographe. – Radioastronome. – Aéronome. – **Astronaute, cosmonaute**, spationaute.

27 Astrologue **485** ; mage.

28 Eudoxe, Aratos *(les Phénomènes)*, Hipparque, Ptolémée *(l'Almageste)*, Ulugh Beg, Tycho Brahe, Copernic, Bayer *(Uranometria)*, Kepler *(Astronomia nova, Harmonices mundi)*, Galilée *(Dialogo sopra i due massimi sistemi del mondo)*, Descartes *(le Monde ou Traité de la lumière)*, Huygens, Newton, Hevelius, Herschell, Laplace, Hubble, Einstein ; Flammarion *(Astronomie populaire, les Étoiles et les curiosités du ciel)*.

29 Uranie (muse de l'astronomie).

v. 30 **Se lever,** émerger ; culminer ; décliner ; se coucher.

31 Consteller. – **Briller, scintiller ;** pulser.

32 Éclipser, occulter ; voiler. – Défluer.

Adj. 33 **Astronomique.** – **Cosmique,** galactique. – Cosmogonique. – Astral, sidéral ; intersidéral ; zodiacal. – Cométaire. – Stellaire ; interstellaire. – Planétaire ; jovien, martien, saturnien, **terrestre,** vénusien ; **lunaire,** sélénien ou sélène. – **Solaire.**

34 Écliptique. – Héliaque. – Synodique.

35 Équatorial, équinoxial, polaire ; austral, boréal, tropical. – Circumpolaire. – Zénithal. – Parallactique.

36 **Étoilé ;** constellé.

Aff. 37 Astér-, astéro-, astr-, astro- ; sidér-, sidéro-. – Galact-, galacto-. – Cosm-, cosmo-.

38 -cosme, -cosmie, -cosmique.

39 Géo- ; hélio- ; sélén-, séléno-.

## 233 MÉCANIQUE

N. 1 **Mécanique ;** cinématique, dynamique mécanique ou dynamique des fluides, statique. – Mécanique céleste 232, mécanique statistique, mécanique quantique ou ondulatoire 312.1, mécanique relativiste 232. – PHILOS. : matérialisme, mécanicisme ou mécanisme.

2 **Énergie** *(énergie cinétique, énergie potentielle) ;* travail ; force *(force axifuge, force axipète, force centrifuge, force centripète, force motrice, etc.)* 221, force vive [vx], portance ; puissance. – Système de forces 51.4.

3 Contrainte, impetus [vx], impulsion 225, poussée 227, poussée d'Archimède, pression, traction 222, traînée ; premier mobile [vx].

4 Attraction ou gravitation universelle 223, pesanteur ; chute des corps. – Capillarité.

5 Inertie 229, résilience, **résistance,** rigidité, tension, viscosité ; élasticité 249. – Friction, frottement 228.

6 Apesanteur ; sustentation. – **Équilibre** 226, repos. – Stabilité.

7 Mouvement ; mouvement accéléré, mouvement constant, mouvement périodique, mouvement retardé, mouvement uniforme, mouvement uniformément accéléré, mouvement uniformément difforme [vx], mouvement absolu 197. – HIST. DES SC. : mouvement naturel, mouvement violent (Aristote).

8 **Vitesse ;** vitesse angulaire, vitesse angulaire de rotation, vitesse initiale, vitesse limite, vitesse moyenne ; moment cinétique ; quantité de mouvement. – Accélération 576 ; décélération 577, détente.

9 Machine 800 [fig.], **mécanique** *(une mécanique),* mécanisme *(un mécanisme) ;* mobile *(un mobile) ;* engin 799.

10 Levier d'Archimède. – Pomme de Newton. – Pendule de Foucault. – Paradoxes de Zénon d'Élée.

v. 11 Mécaniser. – Motoriser 800.

12 Frotter, graviter 233, peser, pousser 225, presser, tirer 222, traîner. – Attirer, accélérer ; pressuriser. – Résister 229.

Adj. 13 **Mécanique.** – PHILOS. : mécaniciste, mécaniste ou mécanistique. – Cinétique, dynamique ; gravifique, inertiel.

14 Moteur. – Tendeur, tenseur. – Didact. : conservatif, dissipatif.

15 Équilibré, stable ; hyperstatique. – Animé, mû ; astatique.

Aff. 16 -dynamique, -statique.

## 234 OPTIQUE

N. 1 **Optique ;** optique cristalline, optique électronique, optique géométrique, optique physique ; magnéto-optique, optométrie, optoélectronique ou optronique. – Catoptrique, dioptrique.

2 **Champ ;** angle de champ, profondeur de champ. – Axe focal, focale ou distance focale, plan focal. – Foyer ; centre optique. – Points nodaux.

3 **Lentille ;** lentille à échelons ou lentille de Fresnel ; multiplet, triplet ; ménisque. – **Oculaire ;** oculaire négatif (oculaire de Huygens), oculaire positif (oculaire de Galilée) ; oculaire orthoscopique. – Miroir ; miroir concave, miroir convexe, miroir parabolique, miroir plan, miroir sphérique ; catadioptre, réflecteur. – **Prisme ;** prisme à réflexion totale, prisme de Nicol ; biprisme. – Collimateur.

4 **Jumelle ;** lorgnette, longue-vue ; lunette, lunette d'approche. – **Lunette astronomique** ou réfracteur ; lunette équatoriale ; lunette de Galilée ; lunette terrestre. – Télescope ou réflecteur, radiotélescope.

5 **Microscope ;** microscope à contraste de phase, ultramicroscope. – Microscope électronique (ou : polarisant, protonique). – Compte-fils, **loupe.**

6 Périscope ; diascope, épiscope.

7 Objectif (opposé à oculaire) ; lentille additionnelle ou bonnette. – Œilleton, viseur ; mire. – Lucarne d'entrée, lucarne de sortie ; réticule. – Diaphragme, obturateur **775**.

8 **Verre optique,** verre correcteur **347** ; verre bifocal, verre de contact (aussi : lentille de contact ou lentille cornéenne) ; lentille intra-oculaire. – **Lunettes** ; anc. ou par plais. : bésicles ou besicles, binocle. – Binocle, face-à-main, lorgnon, monocle, pince-nez.

9 Diffraction ; réfraction **198**. – Réflexion.

10 **Effet d'optique** ; anamorphose. – Illusion d'optique **410**, mirage.

11 Aplanétisme, stigmatisme (opposé à astigmatisme).

12 Collimation. – Stéréoscopie.

13 Dioptrie **70**.

14 Opticien.

V. 15 Diffracter, **réfléchir**, réfracter.

16 Mettre au point. – Diaphragmer.

17 **Photographier 775** ; cinématographier **790**, holographier.

Adj. 18 **Optique** ; optoélectronique ou optronique.

19 **Lenticulaire ;** binoculaire, oculaire. – Télescopique.

20 Asphérique, concave, convexe ; équiconcave, équiconvexe, planconvexe. – Biaxe, biconcave, biconvexe ; bifocal ou à double foyer, homofocal ; antinodal, antiprincipal. – Afocal. – Aplanat, aplanétique.

21 **Anamorphotique,** anastigmatique (ou : anastigmat, anastigmate). – Racémique.

22 Réfléchissant, **spéculaire.** – **Déformant** *(miroir déformant),* grossissant, pancratique, rapetissant. – Antireflet.

23 Focométrique, goniométrique, optométrique. – Diaphragmatique. – Catadioptrique, catoptrique. – Prismatique.

24 Caléidoscopique ou kaléidoscopique ; holographique. – Stéréoscopique.

Adv. 25 **Optiquement.**

Aff. 26 **Opto-.**

27 -opsie, -optrie, -optrique.

## 235 ÉLECTRICITÉ

N. 1 **Électricité.** – Électricité dynamique, électricité statique ; galvanisme. – Électricité atmosphérique **273**. – Électrocinétique, électrostatique [vx]. – Mécanique ondulatoire [vx]. – Électrotechnique, électronique **767**.

2 **Électromagnétisme.** – Magnétisme **236**, magnétostatique [vx]. – Électrodynamique quantique **231.1** ; antiferromagnétisme, diamagnétisme, ferrimagnétisme, ferromagnétisme, paramagnétisme.

3 Électricité *(l'électricité)* **852** ; courant ; courant galvanique, courant induit, courant réactif ; courant alternatif, courant continu ; courant biphasé, courant monophasé, courant triphasé. – Vx : électricité négative ou résineuse, électricité positive ou vitrée.

4 **Électron,** ion. – Onde électromagnétique.

5 **Électrisation,** ionisation ; effet photoélectrique. – Électrification. – Électrocution.

6 Aimantation, **magnétisation.** – Polarisation ; magnétostriction.

7 Conductibilité. – Effet photoconducteur. – Conductivité, résistivité, susceptibilité *(susceptibilité réversible, susceptibilité irréversible).*

8 Capacité électrostatique, **potentiel ;** charge, différence de potentiel, **tension** *(basse tension, moyenne tension, haute tension),* voltage. – Fréquence ; période, phase. – Champ *(champ électrique, champ électromagnétique, champ magnétique),* densité de courant, densité volumique de charge ; **intensité.** – Auto-induction, induction *(induction électrique, induction magnétique)* ; conduction.

9 Inductance, résistance, conductance, impédance (opposé à admittance), perditance. – Reluctance.

10 Ampère **70.6**, farad, henry, mho, ohm, volt. – Gauss, maxwell, œrsted, weber.

11 Ampèremètre **70.25**, électromètre, fréquencemètre, galvanomètre, potentiomètre, rhéomètre, rhéostat, voltmètre ; magnétomètre, etc.

12 **Générateur,** génératrice ; inducteur. – **Aimant,** dipôle magnétique, électroaimant ; inducteur, solénoïde. – Dynamo ou machine dynamoélectrique ; magnéto ou machine magnétoélectrique. – **Pile** *(pile galvanique, pile sèche, pile volta, pile voltaïque).* – Armature, borne, pôle.

13 **Accumulateur** ou, fam., accu, condensateur ; vx : bouteille de Leyde, jarre électrique. – Batterie ; accus [fam.].

14 **Conducteur,** électrode, résistance *(une résistance),* shunt [anglic.] ; diode, semi-conducteur, transistor, triode. – Anode, cathode.

15 Isolant *(un isolant).* – Isolateur, séparateur ; terre, masse. – Guipage. – Chatterton.

16 Circuit (ou : installation, montage) électrique. – Connexion, dérivation, interconnexion. – Canalisation, maille. – Bobinage, enroulement ; maillage.

17 Alternateur, oscillateur, **réacteur.** – Convertisseur, élévateur de tension, mutateur, onduleur, redresseur, **transformateur,** survolteur, survolteur-dévolteur.

18 Commutateur, **interrupteur,** rupteur, va-et-vient ; conjoncteur, connecteur, disjoncteur, minuterie. – Fam. : olive, poire.

19 Câble, **fil électrique** ; prolongateur, rallonge. – Coupe-circuit, fusible, plomb. – Prise ; broche, fiche *(fiche banane, fiche femelle, fiche mâle),* jack, plot.

20 Branchement ; force *(la force).* – **Décharge électrique,** disruption. – Coupure, débranchement ; court-circuit ; court-jus [fam.].

21 Production d'électricité 798. – Barrage, hydrocentrale ou centrale hydraulique, centrale thermique, centrale d'éclusée ou de lac, usine marémotrice.

v. 22 **Électriser,** galvaniser. – Aimanter, magnétiser. – Électrolyser 230.16.

23 Électrifier. – **Brancher,** connecter, court-circuiter ; coupler, interconnecter. – **Débrancher,** déconnecter, disjoncter ; délester. – Charger, survolter ; décharger, dévolter. – Shunter [anglic.].

Adj. 24 **Électrique** ; magnétique ; électromagnétique ou magnétoélectrique. – Électrisé ; électrifié. – Monophasé, biphasé, triphasé, polyphasé. – Électronégatif, électropositif.

25 Électrisant ; électrocuteur [rare]. – Magnétisant. – Inducteur. – Polariseur.

26 Électrisable ; magnétisable.

Adv. 27 Électriquement ; magnétiquement. – En dérivation, en parallèle.

Aff. 28 Électro-, magnéto-.

## 236 MAGNÉTISME

N. 1 **Magnétisme.** – Aimantation ; magnétisation. – **Attraction** 223. – Excitation 217.

2 Magnétisme terrestre ou géomagnétisme ; électricité 235, électromagnétisme, magnétisme nucléaire ; diamagnétisme, ferromagnétisme, paramagnétisme ; archéomagnétisme, paléomagnétisme. – Magnétochimie.

3 Magnétisme animal ou biomagnétisme. – **Hypnose** ; somnambulisme magnétique.

4 **Aimant,** électroaimant. – MINÉR. : magnésioferrite, magnétite 259, magnétitite. – Magnéton [PHYS.].

5 Champ magnétisant, **champ magnétique** ; magnétosphère 232.22 [GÉOPHYS.]. – Nord magnétique. – Déclinaison magnétique.

6 PHYS. : hystérésis magnétique. – Magnétostriction.

7 MÉTROL. : **magnétomètre** ou magnétimètre. – Magnéto ou génératrice magnétoélectrique, machine magnétoélectrique, magnétron. – Magnétostricteur.

8 Magnétoaérodynamique *(la magnétoaérodynamique),* magnétodynamique *(la magnétodynamique),* magnétodynamique des fluides ou magnétohydrodynamique. – Magnéto-optique *(la magnéto-optique).* – Magnétostatique *(la magnétostatique).* – Magnétométrie. – Magnétostratigraphie ; magnétotellurique *(la magnétotellurique).* – Magnétoscopie.

9 Hypnotisme. – Mesmérisme [SC., anc.].

10 **Magnétiseur** *(un magnétiseur).* – Hypnotiseur *(un hypnotiseur).*

11 Magnétisé *(un magnétisé).* – Hypnotisé *(un hypnotisé).*

v. 12 **Aimanter** ; **magnétiser.** – Désaimanter, démagnétiser.

13 Hypnotiser ; magnétiser [fig.]. – Fasciner **623.**

Adj. 14 **Magnétique.** – Électromagnétique. – Diamagnétique, ferromagnétique, paramagnétique. – Magnétipolaire ; magnétoionique ; magnétosphérique, magnétothermique. – Magnétostatique ; magnétostrictif.

15 Aclinique.

16 Magnétométrique.

17 Magnétisable.

18 Magnétisant [rare] ; fascinant, hypnotisant.

Adv. 19 Magnétiquement.

Aff. 20 Magnéto-.

## 237 GÉOLOGIE

N. 1 **Géologie.** – Géognosie [didact.] ; géogénie, géomorphogénie, orogénie ; géologie

dynamique ou géodynamique, géotecto-
nique, tectonique. – Géodésie, géomor-
phologie ; géophysique. – Cristallographie, minéralogie, **pédologie** ou, rare,
édaphologie, pétrographie ou, vx, lithologie, pétrologie ; oryctogéologie, sédimen-
tologie, stratigraphie. – Hydrogéologie,
gîtologie, métallogénie, minéralurgie 259,
géologie des hydrocarbures. – Paléontologie. – **Géographie ;** orographie [vx] ;
altimétrie, hypsométrie.

2 Neptunisme (opposé à plutonisme) [di-
dact.].

3 Formation, néoformation. – Nitratation,
nitrification, nitrosation. – Pétrification,
silicification, vitrification ; allitisation, bisiallitisation, décalcification, latéritisa-
tion, lixiviation, monosiallitisation, siallitisation ; gélifraction, gélivation. –
Podzolisation ; rubéfaction. – Fossilisation.

4 **Érosion** *(érosion chimique, érosion différentielle, érosion éolienne, érosion fluviale,
érosion glaciaire, érosion mécanique, érosion
pluviale, érosion régressive)* 557 ; appauvrissement, régression. – Affouillement, ra-
vinement, ruissellement 274. – **Allu-
vionnement,** éluviation, illuviation. – Encroûtement, sédimentation, stratification.
– Métamorphisme.

5 Tectonique des plaques ; dérive des continents. – Surrection.

6 **Séisme, tremblement de terre.** – Dislocation, diaclase ; effondrement, subsi-
dence. – Plissement *(plissement alpin, plissement calédonien, plissement hercynien,
plissement huronien).* – Soulèvement.

7 Volcanisme 270. – **Éruption volcanique ;**
éjection, projection. – Gaz ; fumerolles,
mofette, solfatare ; salse, soufflard. – Déjection [GÉOL.] ; bloc, bombe, cendre, lapili, scorie. – Magma *(magma basaltique,
magma granitique).* – Lave ; champ de
lave ; coulée de lave.

8 Système orogénique ; cycle orogénique
*(cycle alpin, cycle calédonien, cycle hercynien,
cycle précambrien).* – Arc orogénique *(arc
alpin, arc carpatique, arc de Gibraltar),* ceinture orogénique.

9 Alternance, discordance, discontinuité,
discontinuité de Mohorovičić ou moho ;
toposéquence.

10 Asthénosphère, croûte ou écorce terrestre,
lithosphère, lithosphère crustale, manteau *(manteau externe, manteau interne),*
sial [vx], sima [vx]. – Noyau ou, vieilli, nife
232.6. – Rhizosphère, tjäle ou merzlota.

11 Marge *(marge active* ou *pacifique, marge
continentale),* plate-forme ; plaques lithos-
phériques, zone de subduction. – Plaque
africaine, plaque antarctique, plaque eu-
rasiatique, plaque indo-australienne, plaque nord-américaine, plaque pacifique,
plaque sud-américaine.

12 **Relief ;** relief jurassien, microrelief. –
Montagne 270, plaine 269 ; côte 271.

13 **Pli ;** anticlinal *(un anticlinal),* géosynclinal
*(un géosynclinal),* pli isoclinal, synclinal
*(un synclinal).* – Dorsale ou ride océanique ; dorsal.

14 **Sol** 268, sous-sol. – Terre ferme ; plancher des vaches [fam.].

15 Dépôt clastique ou détritique ; arénite,
lutite, rudite. – Éluvion. – Alluvion 257,
dépôt alluvial.

16 **Terrain** *(terrain glaciaire, terrain pélagique,
terrain plutonien, terrain volcanique) ;* terrain primitif, terrain de transport, terrain
de transition, terrain de sédiment ; alfisol,
cryosol, lithosol, mollisol, paléosol, permasol (ou : permagel, permafrost), pla-
nosol, podzol, régosol, vertisol, xérosol.
– Brunizem, gley, grèze, groie, lehm,
latérite, pseudogley, ranker, rendzine,
ried, sierozem, solonetz, solontchak,
tchernoziom ou terre noire. – Karst.

17 **Roches ;** roche mère 803, roche-magasin.
– Roches plutoniques ou intrusives ; roches effusives ou volcaniques ; andésite,
basalte, basanite, obsidienne, ryolithe. –
**Roches endogènes ;** roches cristallophyl-
liennes, roches magmatiques, roches mé-
tamorphiques. – **Roche exogène ;** roches
résiduelles (ou : détritiques, sédimentai-
res), roches clastiques ; brèche, grès ; pou-
dingue. – Roches siliceuses ; silex, silice,
radiolarite. – Roches calcaires ; coccoli-
the. – Roches salines ; sel gemme. –
Roches organiques ; houille.

18 Bloc *(bloc erratique, bloc perché).* – Nodule,
géode, rognon ; oolithe, pisolithe. – Neck,
orgues.

19 Marmite de géant ou marmite torren-
tielle. – Cheminée des fées ou demoiselle
coiffée.

20 Couche, horizon *(horizon B, horizon bêta,
horizon C, horizon cendreux, horizon G),*
strate. – Cheminée, filon, gisement, gîte,
illuvium, pipe ou cheminée diamantifère,
veine 259. – Lithomarge.

21 **Ère** 185.1, période ; étage. – Système. –
Ère primaire ou paléozoïque ; précambrien ou azoïque, paléozoïque, cambrien,

ordovicien, silurien, dévonien, carbonifère, permien. – Ère secondaire ou mésozoïque ; jurassique, crétacé. – Ère tertiaire ou cénozoïque ; paléocène, éocène, oligocène, miocène, pliocène. – Ère quaternaire ou néozoïque ; pléistocène, holocène.

22 Fossiles végétaux : calamite, dendrite, élatérite, lépidendron, sigillaire, sphénophyllum ; boghead, **houille**, **pétrole** ; ambre jaune, ozocérite. – Fossiles animaux : zoolithe : atlantosaure, archéoptérix, baculite, brontosaure, dinornis, dinosaurien, dinothérium, diplodocus, glyptodon, hipparion, hippurite, ichtyornis, ichtyosaure, iguanodon, labyrinthodon, mammouth, **mastodonte**, mégalosaure, mégathérium, oryctérope, paléothérium, plésiosaure, ptérodactyle, spirifère, téléosaure ; cératite, conchyte ; crapaudine. – Fossiles anthropoïdes : anthropopithèque, pithécanthrope 306.

23 Géologue, paléontologue, volcanologue ou, vieilli et critiqué, vulcanologue.

v. 24 **Cristalliser**, métamorphiser, volcaniser. – **Fossiliser**. – Se minéraliser.

25 **Éroder** ; affouiller, excaver, raviner. – Percoler.

26 Alluvionner, déposer. – Affleurer.

27 Être lessivé. – Être engorgé ou ennoyé.

28 Se désagréger ; s'ébouler.

Adj. 29 **Géologique**, minéralogique, orologique, pédogénétique, pédologique, tectonique. – Lithosphérique, orogénique, tectonique [didact.]. – Altimétrique, hypsométrique ; géodynamique, géologique, géomorphologique.

30 **Sédimentaire** ; alluvial, diluvial ; clastique, détritique. – Magmatique ; sursaturé.

31 **Sismique** ; volcanien, volcanique. – Glaciaire, pélagique.

32 Fossilifère, lithique ; carbonifère 259, houiller.

33 Métamorphique.

Adv. 34 Géologiquement.

Aff. 35 Géo-, séismo-, sismo-, volcano-.

36 -fère, -lithique ; -clasie.

## 238 DENSITÉ

N. 1 **Densité** ; compacité [didact.], consistance, **épaisseur** ; **poids** 239, solidité 246. – **Concentration**, condensation ; concision

759. – Abondance 78, fréquence 183, **nombre**, quantité 69 ; surdensité. – Richesse [fig.].

2 PHYS. – **Densité** ; **masse**, volume ; faible densité 240, forte densité 239 ; densité absolue ou masse volumique, densité relative ; densité des solides et des liquides (par rapport à l'eau), densité des gaz (par rapport à l'air). – Densité, **intensité**. – ÉLECTR. : densité de courant ; densité de choc ou densité neutronique, densité électronique. Densité optique [PHOT.]. – Densirésistivité [ÉLECTR.].

3 Densification ; compactage [TR. PUBL.], compaction [MÉTALL.] ; intensification 87 ; épaississement ; réduction.

4 MÉTROL. : **densimétrie** 70.24, densitométrie [PHOT.].

5 Aréomètre, densimètre, densitomètre [PHOT.] ; balance hydrostatique, baumé, flacon à densité ou pycnomètre ; acidimètre, alcoomètre (ou : pèse-alcool, pèse-esprit), hydromètre, lactodensimètre (ou : lactomètre, pèse-lait), oléomètre, pèse-acide, pèse-jus, pèse-liqueur, pèse-moût (ou : œnomètre, glucomètre), pèse-sel, pèse-sirop, uromètre.

6 Pourcentage, proportion, taux de densité ; coefficient d'abondance, nombre de + n. par unité de mesure ; degré de concentration, **teneur**, titre. – Degré Baumé, densité API (*American Petroleum Institute*), densité-régie.

v. 7 **Densifier** ; compacter, réduire le volume de. – Alourdir, épaissir ; donner du corps ou de la consistance ; enrichir, intensifier.

8 **Concentrer**, condenser, saturer ; masser, serrer, tasser ; compresser, comprimer.

9 **Augmenter**, se densifier, grossir ; s'intensifier. – S'alourdir.

Adj. 10 **Dense**. – Concentré, condensé ; saturé.

11 **Lourd** 239, massif, pesant ; chargé, gros de ou lourd de, prégnant. – Impénétrable, inextricable.

12 Consistant, solide 246. – Compact, ramassé, tassé, trapu. – Dru, **épais**, serré ; feuillu, touffu ; à couper au couteau [fam.]. – Intense, plein, riche ; nourri. – Luxuriant 78.12.

13 MÉTROL. : densimétrique, densitométrique.

Adv. 14 **Densément**, épaississement, fortement, intensément ; solidement.

Aff. 15 Densi-, hylé-, hylo-, pycn-, pycno-.

# 239 POIDS

N. 1 **Poids ; lourdeur,** pesanteur ; consistance, densité 238 ; pondérabilité. – Autorité, **influence 623.** – Pondération 448.

2 **Poids ; masse,** pesant *(valoir son pesant d'or),* valeur pondérale ; faible poids 240 ; poids brut ou poids total (opposé à poids net), poids légal, poids utile, poids vif. – COMM. : tare ; discale ; freinte. – Degré, **titre,** titre pondéral [MONN.].

3 PHYS. – **Poids ;** densité, force, **masse,** pesée, poussée, **pression ;** traction ; poids atomique, poids formulaire, poids moléculaire, poids spécifique ou poids volumique 223. – Pesanteur ; force d'inertie. – Attraction 223, attraction universelle, **gravitation.** – Accélération de la pesanteur ; chute libre. – Barycentre, centre de gravité. – **Gravimétrie** [SC.].

4 **Poids ;** corpulence, embonpoint, **grosseur 127,** lourdeur, rotondité [fig.], surcharge pondérale.

5 Pondéreux *(les pondéreux)* [TECHN., SC.]. – **Poids** *(un poids) ;* **contrepoids 226,** corps mort [MAR.], estive [MAR., vx], **lest,** poids mort. – Bloc, masse ; plomb.

6 **Poids** *(un poids) ;* **charge,** chargement, faix, fardeau ; boulet [fig.]. – Surcharge, surpoids ; handicap [TURF].

7 MÉTROL. : poids cylindrique, poids à godets, poids à lamelles ; faux poids, poids annexes, tare.

8 **Lestage ;** alourdissement [rare], appesantissement [litt.].

9 **Pesage, pesée 70.2** ; étalonnage, double pesée. – Didact. : barymétrie, **métrologie ;** Poids et Mesures [ADMIN.]. – La pesée ou le pèsement des âmes [MYTH. ÉGYPT.].

10 Appareil de pesage ou de pesée 70.25 ; **balance,** balance de précision, balance Roberval, balance romaine ; balance à bascule ou bascule, poids public [vx] ; pèse-bébé, pèse-personne ; pèse-grains ; pèse-lettres, peson. – MONN. : ajustoir [vx], microbalance, pesette, trébuchet. – SC. : baroscope, pycnomètre 238.5.

11 Rendement poids ou pondéral ; poids spécifique [AGRIC.].

12 Étalon 70.5 ; poids *(poids de marc, poids royal, poids de roy)* [anc.]. – Unité de masse, unité de poids. – PHYS. : dyne, newton, sthène ; gramme-force, gramme-poids. – **Gramme 70.8** ; décagramme, hectogramme ou hecto, **kilogramme** ou kilo, myriagramme [vx] ; décigramme, centigramme, milligramme, microgramme. – **Livre,** demi-livre, quarteron [vx]. – **Tonne,** tonne métrique ; quintal, quintal métrique. – ORFÈVR. : **carat,** carat métrique, grain [vx] ; denier [TEXT.]. – Vx : denier, marc, once, scrupule. – ANTIQ. : as, drachme 70.23, mine, sicle, statère, talent.

13 Peseur, peseur juré, vérificateur des poids et mesures.

V. 14 **Peser ;** faire tel poids, peser brut ou, vx, ort, peser net ; titrer, valoir, valoir son pesant d'or (ou, par plais. : son pesant de cacahuètes, de moutarde). – Peser lourd, peser le poids d'un âne mort [fam.] ; faire le poids (plus souv., ne pas faire le poids).

15 **Peser ;** farder [vx] ; faire masse, faire poids, peser de tout son poids. – **Appuyer,** peser contre, peser sur, pousser, presser ; exercer une force (ou : une poussée, une pression) ; faire peser. – Comprimer, écraser ; opprimer.

16 **Alourdir,** charger, **lester,** surcharger ; vx : aggraver, appesantir ; densifier 238.7 ; donner du poids à 438.

17 S'alourdir, **grossir 127.7,** prendre du poids ; prendre de l'embonpoint. – TURF : dépasser le poids, rendre du poids.

18 **Peser 70.27 ; évaluer 70.28,** soupeser, tarer, trébucher ; contrepeser, étalonner. – Fig. : mettre en balance 425, peser le pour et le contre.

19 Contrebalancer, équilibrer 226.

Adj. 20 **Pesant,** pondérable, **pondéral,** pondéreux ; équipondérant ; barosensible. – Gravimétrique, gravitationnel ou, vieilli, gravifique.

21 **Lourd,** lourd comme du plomb, **pesant,** gravatif [MÉD.], grave [vx] ; dense 238.10, massif ; accablant, **pénible.** – Alourdi, appesanti.

22 Corpulent, fort, **gros 127.11.**

Adv. 23 **Pesamment ; lourdement ;** de tout son (mon, ton) poids. – Lourd.

24 **Au poids ;** au kilo, à la tonne.

Aff. 25 **Bar-,** baro-, bary- ; **gravi-** ; pycno-.

26 -bare.

# 240 LÉGÈRETÉ

N. 1 **Légèreté ;** faible densité 238.2, faible poids. – **Impondérabilité ;** immatérialité, impalpabilité, inconsistance. – Fluidité ; volatilité. – Digestibilité 338. – **Mo-**

**bilité ;** maniabilité, manœuvrabilité ; flottabilité. – **Finesse,** minceur, ténuité ; délicatesse ; fragilité. – Agilité, lestesse, prestesse. – Délié *(le délié),* grâce.

2 **Apesanteur,** non-pesanteur ; agravitation [didact.], agravité [rare].

3 Lévitation ; flottaison [litt.].

4 **Allégement** ou allègement, **délestage ;** décharge, soulagement. – **Adoucissement,** atténuation ; soulagement.

5 CHIM., PHYS. : gaz léger, huile légère, métal léger. – AVIAT. : plus léger que l'air *(un plus léger que l'air)* [anc.] ; aérostat 820, U.L.M. *(ultra léger motorisé).*

6 Fétu ou fétu de paille, flocon, plume.

7 SPORTS. – Poids léger ; poids coq, poids mouche, poids plume **870.**

V. 8 **Ne pas peser,** ne pas peser lourd [fam.] ; flotter, voler, voleter, voltiger ; léviter.

9 **Alléger,** allégir [TECHN.] ; affiner, amincir. – Dégraisser, écrémer **395.** – Débarrasser, décharger, **délester ;** soulager.

Adj. 10 **Léger ;** peu dense ; léger comme une plume ou comme une bulle de savon ; léger à. – **Aérien,** ailé, **éthéré,** vaporeux ; immatériel, **impondérable ;** volatil.

11 **Léger ;** délicat, **fin,** mince. – Arachnéen, diaphane, transparent.

12 **Allégé,** délesté. – Écrémé.

13 **Léger ; maniable, mobile,** portable, portatif, transportable. – Agile, **alerte,** leste, preste, **rapide.** – Léger à la main [ÉQUIT.].

14 **Léger ; faible,** infime, maigre, mince, ténu ; imperceptible, inaudible, insensible, insignifiant **439.** – Inconsistant, insuffisant, pauvre, superficiel.

15 **Léger ; digeste 338,** digestible ; frugal, maigre ; diététique **395,** hypocalorique.

Adv. 16 **Légèrement ;** délicatement, doucement, en douceur, en souplesse ; par touches. – Impalpablement, imperceptiblement, insensiblement. – **À peine,** peu **79, un peu.**

Aff. 17 Aéri- ; lévi-.

# 241 CHALEUR

N. 1 **Chaleur ;** calorique *(le calorique)* [vx], **chaud** *(le chaud),* haute température ou température élevée. – **Moiteur 244,** touffeur ; douceur, tiédeur **242 ; ardeur** *(l'ardeur du soleil).* – Chaleur, cordialité **451.** – Couleur chaude **352.**

2 **Chaleur ;** énergie **798.** – **Feu 256,** soleil **277.** – SC. : capacité calorifique, chaleur

atomique, chaleur latente, chaleur spécifique ou chaleur massique. – Chaleur animale, **chaleur végétale.**

3 **Chaleur ; canicule,** grande chaleur, vague de chaleur ; les chaleurs *(les fortes chaleurs, les grosses chaleurs) ;* sécheresse **245.** – Été ; belle saison **187.**

4 Étuve, four, fournaise. – Bain de vapeur, serre, solarium ; hammam, sauna, thermes. – ANTIQ. : caldarium (opposé à frigidarium). – Pays chauds, tropiques.

5 **Coup de chaleur,** coup de soleil, insolation ; **échauffement,** inflammation, irritation ; **brûlure,** feu **256.** – Bouffée de chaleur, suée, vapeurs *(avoir des vapeurs) ;* **fièvre 383,** température *(faire de la température)* [fam.] ; transpiration.

6 PHYSIOL. – Calorification, thermogénèse ou thermogenèse, thermolyse, thermorégulation **242.5.**

7 Élévation ou montée de la température ; caléfaction [didact.], chauffage, échauffage, échauffement, réchauffement ; adoucissement, attiédissement, dégel, redoux. – TECHN. : thermisation, traitement U.H.T. (ultra-haute température). – Distillation.

8 Ébullition, évaporation **245,** fusion, liquéfaction, sublimation, vaporisation ; caléfaction [PHYS.], calcination, combustion [CHIM.] ; fermentation ; pyrolyse ou thermolyse.

9 **Conduction ;** convection. – Calorifugeage ; isolation.

10 Calorifère *(un calorifère),* chauffage **853 ;** thermopompe.

11 PHYS. – **Thermicité ;** conductibilité thermique. – Adiabatisme ; diathermanéité ou diathermansie. – Thermolabilité ; thermoluminescence. – Thermomagnétisme.

12 **Calorie** (symb. cal) opposé à frigorie **242,** kilocalorie (symb. kcal) ou grande calorie ; **joule** (symb. J), **thermie** (symb. th), thermie-gaz **243 ;** chaude [TECHN.]. – Degré Celsius ou degré centigrade (symb. °C) **70.12,** degré Fahrenheit (symb. °F) **70.17,** degré Kelvin (symb. K), degré Réaumur [vx]. – Degré de + n., point de + n., température de + n. *(point de fusion, température d'ébullition).*

13 **Calorimètre 70.25,** ébulliomètre ou ébullioscope, pyromètre, thermistor ou thermisteur, thermocouple, thermographe ou thermométrographe, **thermomètre,** thermoscope. – Thermorégulateur, **thermostat.**

14 Calorimétrie, microcalorimétrie, pyrométrie, thermométrie.

15 Thermique *(la thermique)*, thermodynamique *(la thermodynamique)*, thermogénie ; géothermie, thermochimie, thermoélectricité. – MÉD. : thermothérapie ; diathermie.

16 **Thermicien**, thermodynamicien.

V. 17 **Chauffer** ; cogner, darder, taper. – Irradier, **rayonner** ; réfléchir, réverbérer. – Insoler 277.16.

18 **Chauffer** ; faire chaud *(il fait chaud)* [impers.]. – Bouillir, **brûler** 256 ; fig. : cuire 856, griller, rôtir, roussir ; se consumer 243.

19 Tiédir 242.15. – Décongeler, dégeler, dégivrer, fondre ; se liquéfier, se vaporiser.

20 **Chauffer**, échauffer, réchauffer, surchauffer ; chauffer à blanc, chauffer au rouge, porter à incandescence, porter au rouge. – **Adoucir**, attiédir, chambrer, tiédir ; bassiner. – Cuire 856, ébouillanter, **échauder**, étuver ; brûler 256. – Calorifuger.

21 **Avoir chaud** ; étouffer, suffoquer ; bouillir, être en nage [fam.], suer, **transpirer**. – Avoir le feu aux joues ou les joues en feu. – Avoir de la fièvre ou de la température, brûler de fièvre.

Adj. 22 **Chaud** ; bouillant, brûlant.

23 Caniculaire, **torride** 245 ; accablant, étouffant, lourd 244, suffoquant. – Clément, doux, tempéré, **tiède**. – Équatorial, **méridional**, subtropical, **tropical**.

24 **Ardent** ; d'enfer, de feu, de plomb.

25 Chaleureux 451.

26 Fébrile, **fiévreux**. – **Enflammé**, inflammatoire 383.

27 **Calorifère** (opposé à calorifuge), calorifiant, **calorifique, calorique**, énergétique 798 ; didact. : calogène, caloporteur ou caloriporteur ; pyrogène [MÉD.]. – **Thermique** ; thermogène. – **Thermodynamique**, thermonucléaire ; géothermique. – Calorimétrique, thermométrique.

28 **Conducteur**, diatherme (ou : diathermane, diathermique), semi-conducteur, supraconducteur ; athermane, **isolant**. – Adiabatique ; endothermique, exothermique.

Adv. 29 **Chaud** *(manger chaud)* ; à chaud. – Chaudement ; **ardemment**, avec feu. – Chaleureusement 451 ; tièdement.

Aff. 30 Calo-, calor-, **calori-** ; **thermo-**. – Hélio- 277. – Pyro- 256.

31 **-therme, -thermie, -thermique.**

## 242 FROID

N. 1 **Froid** *(le froid)* ; frigidité [litt., rare], froideur [vx], **froidure** ; **frais** *(le frais)*, **fraîcheur** ; basse température ; froid de canard, de chien, de loup ; froid du diable, de tous les diables. – Âpreté, rigueur, rudesse. – Froid, froideur 524 ; sang-froid 448. – Couleur froide 352.

2 **Froid ; hiver**, hivernage [MAR., GÉOGR.], saison froide, vague de froid ; frimaire, nivôse ; saints de glace. – GÉOL. : ère glaciaire, **glaciation**.

3 **Froid artificiel** ou **froid industriel** ; congélation, **réfrigération**, surgélation ; cryoconservation ; **climatisation** 853 ; hibernation artificielle. – **Chaîne du froid**.

4 Abaissement de la température, **refroidissement**, rafraîchissement ; congélation, **gel**, glaciation ; figement, solidification ; cryoluminescence ou frigoluminescence [SC.], cryosynérèse [BIOL.], cryoturbation [GÉOL.]. – Cryotempérature.

5 Refroidissement ; **coup de froid**, chaud et froid ; crevasse, engelure, froidure [MÉD.] 383, gelure, gerçure ; gélivure [BOT.]. – Frisson, grelottement, tremblement ; chair de poule, onglée, sueur froide ; algidité [PATHOL.]. – Engourdissement, **hibernation** ; thermorégulation [PHYSIOL.] 241. – Frilosité 472.

6 GÉOGR. : hautes latitudes, régions boréales, Nord *(le Nord)*, Grand Nord, septentrion [litt.] ; Arctique, Antarctique ; pôle Nord, pôle Sud. – Banquise, calotte glaciaire, glacier, inlandsis, neiges éternelles (ou : permanentes, persistantes).

7 **Glace**, grêle, grésil, **neige** ; frimas, **gel, gelée**, gelée blanche, verglas ; flocon, grêlon, flocon ; **glaçon**. – Enneigement. – Congère, névé ; iceberg, pack [MAR.]. – Aquilon, bise, blizzard 275.

8 **Réfrigérateur** ; chambre frigorifique, chambre froide, **congélateur** ou, fam., congélo, freezer, Frigidaire [nom déposé], frigo [fam.], **glacière** ; **climatiseur** 853. – Frigidarium (opposé à caldarium) [ANTIQ.]. – Alcarazas, gargoulette.

9 Frigoporteur *(un frigoporteur)* [SC.], cryocâble [PHYS.], cryophore [TECHN.].

10 **Frigorie** (opposé à calorie) [symb. fg]. – Basse température, température au-dessous de zéro ; pôle du froid. – Zéro absolu. – **Frigorimètre ; cryostat.**

11 **Cryologie** [SC.]. – PHYS. : **cryogénie,** cryométrie, cryoscopie ; cryonique *(la cryonique)* [didact.]. – MÉD. : cryoanesthésie, cryochirurgie, **cryothérapie** ou **frigothérapie.** – Cryocautère. – TECHN. : cryodessiccation 245, cryopompage.

12 Cryogéniste [PHYS.]. – Frigoriste [TECHN.].

v. 13 Impers. – **Faire froid** (ou, fam. : frigo, frio, frisquet) ; faire frais, cailler *(ça caille)* [fam.], geler, pincer *(ça pince).* – Geler, geler blanc, givrer, neiger, verglacer.

14 **Fraîchir,** froidir [vx], se rafraîchir, **se refroidir** ; figer, **geler,** prendre, se solidifier ; descendre ou tomber au-dessous de zéro. – Mordre, pincer, piquer, saisir, transir ; marbrer la peau, rougir, violacer.

15 **Refroidir ; rafraîchir,** tiédir 241 ; **congeler,** frigorifier, geler, **réfrigérer, surgeler ;** frapper, glacer ; **climatiser 853.**

16 **Avoir froid ;** cailler ou se cailler [fam.], geler ou se geler ; avoir la chair de poule, avoir l'onglée ; **frissonner, grelotter,** trembler de froid ; fam. : claquer des dents, peler de froid. – Craindre le froid. – Attraper froid, prendre froid.

17 **Hiberner,** hiverner ; s'engourdir. – Prendre le frais.

Adj. 18 **Froid ;** algide [rare], frais, frigide [vx ou litt.] ; fam. : frio ou friot, frisquet, froidasse ; tiède 241 ; **gelé,** glacé, **glacial ;** frappé ; à la glace, de glace ; glaçant, réfrigérant ; rafraîchissant. – Bas, en dessous de zéro.

19 Boréal, **polaire,** septentrional, sibérien. – Hibernal, hiémal [didact., litt.], **hivernal,** nivéal [BOT.]. – Gélif, **glaciaire,** nival, nivo-glaciaire [GÉOL.]. – Enneigé, gelé, glacé, givré, verglacé. – Rigoureux, rude, vif.

20 **Frigorifique, réfrigérant.** – SC. : cryoconducteur, frigoporteur, frigorifère, frigorifuge, frigorigène. – PHYS. : cryogène, cryogénique. – Cryonique [didact.], cryoscopique [PHYS.], cryométrique.

21 Frigorifié [fam.], **gelé,** glacé, **transi ;** engourdi, gourd, morfondu [litt.], raidi. – **Frileux.**

Adv. 22 **Froidement ; fraîchement,** glacialement ; à la glace, à pierre fendre. – À froid ; en froid. – À la fraîche.

Int. 23 **Brr !** Glagla ! Aussi : aglagla ! [fam.].

Aff. 24 **Cryo-,** frigo-, frigori-, nivo-.

## 243 COMBUSTIBILITÉ

N. 1 **Combustibilité ;** inflammabilité.

2 **Combustion ;** calcination, carbonisation ; ignition [PHYS.] ; consomption [litt.]. – Cokéfaction [TECHN.]. – Allumage ou, litt., allumement, **inflammation 256.**

3 SC : combustion neutre ; combustion étagée ; combustion vive, combustion lente ou **oxydation ;** combustion instantanée ou **explosion,** déflagration, détonation ou onde explosive ; coup de grisou [MIN.]. – **Carburation ;** TECHN. : postcombustion, précombustion. – Distillation *(distillation des bois, distillation de la houille, distillation sèche).*

4 PHYS. – Combustion nucléaire ; explosion nucléaire, **fission,** fusion nucléaire ; réaction en chaîne. – Point de fusion 230. – Combustion massique ou taux de combustion ; taux de combustion de fission ou T. C. F.

5 Brûlage ou brûlement. – TECHN. : torchage, grillage. – Crémation, incinération 688.

6 Combustibles liquides. – Naphte, **pétrole 803.** – Alcool à brûler ; huile légère, huile lourde, huile minérale ; **mazout** (ou : fuel-oil, fuel, fioul), gas-oil ou gasoil ; carburant, essence minérale ou **essence,** supercarburant ou super ; kérosène. – TECHN. : carburéacteur, turbocombustible. – ASTRONAUT. : monergol, propergol liquide. – Indice d'octane.

7 Combustibles solides. – Cire fossile, résine fossile. – **Bois,** bois de chauffage 265, charbon de bois ; petit bois. – **Charbon 802,** charbon anthraciteux ou anthraciteux *(un anthraciteux),* houille ; anthracite, lignite ; tourbe ; argol. – Charbon actif, charbon pulvérisé, coke ; boulet, briquette ; métaldéhyde ou méta ; pyrophore [vx].

8 Combustibles gazeux. – **Gaz naturel 253,** gaz de pétrole, méthane ; grisou [MIN.] ; gaz de cokerie, gaz manufacturé, gaz de ville, gaz de synthèse ; gaz de houille ; butane, propane ; acétylène ; hydrocarbure ou carbure d'hydrogène. – Potentiel de combustion.

9 Combustibles nucléaires. – Eau lourde, hydrogène lourd ; deutérium, tritium ; **uranium ;** neptunium, plutonium ; thorium. – Élément combustible ; aiguille de combustible, barreau de combustible, crayon combustible ; assemblage combustible.

10 **Comburant** ; oxygène, peroxyde d'azote.
– Pouvoir comburivore.

11 **Explosif** *(un explosif)*, explosif intentionnel, poudre balistique, poudre propulsive, propergol solide ou poudre [ASTRONAUT.] ; explosif nucléaire. – Mélange détonant ; atmosphère explosive [MIN.].

12 Chaleur **241**, **énergie** ; phlogistique *(le phlogistique)* [HIST. DES SC.].

13 TECHN. : allumeur, brûleur, inflammateur ; détonateur.

14 **Moteur,** moteur thermique ; moteur à combustion interne ; **moteur à explosion** ou moteur à allumage commandé, moteur à injection ; moteur à huile lourde ou **moteur Diesel,** réacteur, turbine à gaz, turbopropulseur, turboréacteur, statoréacteur. – Moteur à combustion externe, machine à vapeur. – Réacteur nucléaire.

15 **Chaudière 853.** – Torchère. – TECHN. : carburateur, chambre de combustion ; **four** *(four à carboniser, four à cuve, four à gaz, four poussant, four à récupération, four à réverbère)* ; fourneau, bas-fourneau, haut-fourneau. – Four crématoire, incinérateur ; crématorium.

16 Explosimétrie. – Explosimètre [TECHN.].

17 Calorimétrie, thermochimie ; détonique ; physique nucléaire.

18 **Incombustibilité,** ininflammabilité. – Infusibilité [didact.].

19 Ignifugation ou ignifugeage [TECHN.].

V. 20 **Brûler,** consumer ; calciner, carboniser ; cokéfier [TECHN.] ; réduire en cendres. – Incinérer.

21 Allumer *(le feu, le gaz),* embraser, **enflammer,** incendier. – Mettre le feu à qqch.

22 **Alimenter** *(alimenter une chaudière en combustible),* suralimenter.

23 Faire le plein d'essence ou faire le plein, prendre de l'essence ; mazouter, souter.

24 Exploser, détoner ; déflagrer [TECHN.]. – Carburer [TECHN.]. – Arder ou ardre [litt.]. – Comburer [didact.].

25 Ignifuger.

Adj. 26 **Combustible,** inflammable ; fissible [PHYS.] ; pyrophorique [vx]. – Comburant [CHIM.] ; déflagrant [TECHN.].

27 Ardent, incandescent ; ignescent [rare] ; en feu, en ignition [PHYS.].

28 Chaud. – Calorifique.

29 **Incombustible,** imbrûlable, ininflammable ; ignifuge ou ignifugeant [TECHN.] ; apyre [didact.] ; aphlogistique [vx] ; réfractaire ; infusible [didact.]. – Imbrûlé [didact.].

## 244 HUMIDITÉ

N. 1 **Humidité** ; humide *(l'humide,* opposé au *sec) ;* eau **271**, **vapeur d'eau.** – **Moiteur** ; lourdeur [spécialt] ; chaleur d'étuve ; mouillure, serein *(le serein)* [litt.] ; pluviosité ; aquosité [vx]. – Humide radical *(l'humide radical)* [MÉD. ANC.].

2 MÉTÉOR. : humidité absolue, humidité relative, humidité spécifique, hygrométrie, rapport de mélange ou mixing-ratio [angl.]. – État hygrométrique ou hygrométricité, état de saturation. – Point de condensation.

3 Buée, **brouillard 276**, brouillasse, bruine, brumaille ou brumasse, crachin ; **pluie 274** ; rosée **273** ; perles ou pleurs de l'aurore *(les pleurs de l'aurore)* [poét.].

4 **Marais,** marécage, marigot, maremme ; bayou, palud (ou : palude, palus) ; région. : fagne, gâtine, palun ; grenouillère [rare] ; crapaudière [vieilli]. – Mouillère [AGRIC.]. – Champignonnière **291.**

5 Perméabilité ; déliquescence [didact.].

6 **Humidification,** humectage ou humectation [vx] ; hydratation ; mouillement (ou : mouillage, mouillure). – TECHN. : bruissage, mouille ou trempe ; madéfaction [vx] ; **arrosage** ou, vx, arrosement, irrigation. – HORTIC. : bassinage, seringage ; brumisation [TECHN.], irroration [didact.]. – **Imprégnation** ; imbibition [didact.] ; vaporisation **251.** – Infiltration **205.**

7 Suintement **252.** – TECHN. : ressuage, suage ; hydromorphie [AGRIC.]. – **Transpiration 339** ; sudation, sudorification [MÉD.] ; exsudation [vx] ; perspiration [PHYSIOL.] **245.**

8 Mouillure ; moisissure ; chancissure [vx]. – Mouille [MAR.]. – Salpêtre, rouille.

9 **Humidificateur** *(un humidificateur),* humecteur, saturateur. – **Arrosoir** ou arroseur ; brumisateur, vaporisateur. – TECHN. : mouilleur ou mouilloir, mouilleuse ; cuve mouilloire ou cuve à tremper. – **Pattemouille,** mouillon [région.] ; mouille-étiquettes.

10 Bain de vapeur ; **bain turc,** étuve humide **241,** hammam.

11 TECHN. – Humidimètre ; hygromètre *(hygromètre à bois, hygromètre à point de rosée)*, psychromètre ; humidostat ou hygrostat ; hygroscope.

12 Hygrométrie ou hygroscopie, psychrométrie.

v. 13 **Humidifier** ; humecter, **mouiller** ; madéfier [vx]. – TECHN. : bruir 250, combuger ; hydrater ; **arroser**, asperger ; irriguer. – HORTIC. : bassiner, seringuer ; détremper, inonder, tremper ; moitir [rare] ; gorger d'eau, mettre à l'humide [TECHN.]. – Imbiber, imprégner ; emboire ou imboire [TECHN.]. – S'infiltrer.

14 Embrumer, embuer ; buer [litt.].

15 **Suinter** ; dégorger, dégoutter, perler ; exsuder [didact.], ressuer [TECHN.] ; suer, **transpirer** ; fam. : être en nage ou en eau, n'avoir plus un poil ou un fil de sec, suer à grosses gouttes.

16 Rare, impers. : brouillarder, brouillasser, brumer, crachiner. – Pleuvoir.

Adj. 17 **Humide** ; suintant ; **moite**. – Aqueux, aquifère [didact.] ; uliginaire ou uligineux [didact.].

18 **Marécageux** ; aquatique [litt.] ; palustre ; didact. : paludéen, maremmatique ; hydromorphe [GÉOL.]. – **Lourd** *(terrain lourd)*.

19 Brumeux ; embruiné [litt.] ; bruineux ; rare : brouillardeux, brouillassé ; gras *(temps gras)* [vieilli].

20 **Perméable** ; hydrophile, poreux, spongieux.

21 Humidifuge [didact.].

Adv. 22 **Par voie humide** [SC.].

Aff. 23 **Hydro-, hygro-.**

## 245 SÉCHERESSE

N. 1 **Sécheresse** ; **aridité** ; pauvreté, stérilité 797 ; litt. : infécondité, infertilité ; aréisme [GÉOGR.]. – **Dessèchement** ou dessèchement, tarissement ; siccité [didact.] ; PATHOL. : anhidrose ou anidrose, xérodermie ; xérophtalmie. – **Étanchéité**, **imperméabilité.**

2 **Déshydratation** ; dépérissement, étiolement 385, flétrissure, rabougrissement, racornissement ; brouissure [région.], marcescence [BOT.].

3 **Séchage** ; étendage 160. – **Dessèchement** ; dessiccation [didact.], lyophilisation ou, didact., cryodessiccation 242 ; momification. – TECHN. : boucanage, saurissage ;sèche *(la sèche des viandes)*. – **Assèchement,** drainage, épuisement, tarissement ; assainissement [spécialt] ; exhaure [TECHN.] ; exhaustion [vx] ; wateringue [région.] ; pompage. – Désertification ou désertisation.

4 **Imperméabilisation** ; hydrofugation [TECHN.]. – Étanche *(une étanche)* [TECHN.] ou étanchement [vx] ; calfatage, carénage 558. – Cale sèche ou cale de radoub.

5 **Évaporation** 241 ; perspiration [PHYSIOL.] 244 ; exhalation [spécialt.] ; ressuiement [TECHN.]. – Évapotranspiration [didact.]. – Évaporométrie.

6 Déshydratant *(un déshydratant)* ; MÉD. : dessiccatif *(un dessiccatif)*, siccatif *(un siccatif)*. – TECHN. : dessiccant *(un dessiccant)*, siccativant. – Siccativité [TECHN.].

7 **Séchoir** ; sécheuse ; sèche-linge ; sèche-cheveux ou séchoir à cheveux, sèche-mains ; essuie-mains. – Égouttoir ; siccateur [AGRIC.].

8 Étuve, étuveuse ou étuveur. – TECHN. : déshumidificateur, évaporateur, sécheur de vapeur, séchoir à bois. – Drain [AGRIC.] ; TECHN. : pompe d'épuisement ou d'exhaure ; exhausteur. – Étanchoir [TECHN.].

9 Sécheur ou séchoir, hâloir. – Sécherie *(sécherie de poisson)* ; saurisserie. – Station de pompage.

10 **Désert** ; **brousse,** savane ; erg (opposé à hamada) ; sahel ; steppe ; pampa, veld ou velt [GÉOGR.] ; causse ; sécheron [région.] ; sécherie. – Lande ; garrigue, maquis ; brande. – Polder ; sèche *(une sèche).* – Aridoculture.

11 Fœhn, khamsin ou chamsin, séchard [région.], simoun, **sirocco** ou siroco 275.

v. 12 **Sécher** ; éponger, **essuyer.**

13 **Assécher,** drainer ; assainir ; déshumidifier [TECHN.], épuiser [vieilli] ; mettre à sec.

14 **Dessécher** ; déshydrater, étioler, faner, flétrir, rabougrir, racornir ; grésiller [vieilli]. – **Brûler** 256, calciner, griller ; région. : brouir, ébarouir.

15 **Lyophiliser** ; étuver ; boucaner, **fumer,** saurir ; havir [rare]. – Momifier.

16 **Imperméabiliser** ; hydrofuger [didact.] ; étancher [TECHN.], calfater ; caréner.

17 Se couronner [ARBOR.] ; sécher sur pied. – Rassir. – Tarir ou se tarir. – Se craqueler 153. – S'évaporer, s'exhaler.

Adj. 18 **Sec** ; **aride**, ingrat ; **inculte,** incultivable, stérile. – Litt. : infécond, infertile, pelé ;

désertique, steppique ; saharien, sahélien ; semi-aride ; aréique [GÉOGR.]. — **Chaud,** torride.

19 Sec ; **maigre 240,** sécot [fam.]. — Saur ou sauret.

20 Étanche, imperméable, waterproof [anglic.] ; hydrofuge [didact.].

21 Xérophile [didact.]. — Anhydre [CHIM.].

22 **Sécheur.** — Déshydratant, desséchant MÉD. : anhidrotique, dessiccatif, siccatif ; évaporatoire [TECHN.].

23 Sec ; demi-sec ; **brut.**

Adv. 24 À sec ; au sec ; à l'étanche [MAR.]. — Sèchement [vx]. — Par voie sèche [CHIM.].

Aff. 25 Xéro-.

26 Sèche- *(sèche-cheveux).*

## 246 SOLIDITÉ

N. 1 **Solidité** ; consistance 238, dureté, fermeté 249 ; didact. : cohérence, cohésion ; épaisseur (opposé à fluidité). — Équilibre, stabilité 171 ; aplomb ; assiette [litt.].

2 Force, **résistance 221** ; didact. : résistibilité, résistivité 235 ; robustesse. — PHYS. : coercitivité, rigidité 248 ; durabilité [didact.] 172. — Degré de dureté ; échelle de dureté de Mohs.

3 Didact. : inaltérabilité, **indestructibilité,** inébranlabilité, inusabilité.

4 **Solidification** ; durcissement ; **épaississement** ; caillage, caillement ; **coagulation** ; conglutination [didact.] ; congélation, cristallisation ; prise [TECHN.] ; figement [rare] ; didact. : figeage, gélatinisation, gélation, gélification. — Point de solidification. — Didact. : coagulabilité, hypercoagulabilité, hypocoagulabilité. — Eutexie [CHIM.].

5 **Gélifiant** *(un gélifiant) ;* fécule, pectine.

6 **Raffermissement,** affermissement ; **consolidation 159,** renforcement ; TECHN. : renforçage, renformis, renfort.

7 **Solide** *(un solide)* 146.

8 **Caillot** ; coagulum ; grumeau 154 ; caillebotte ; concrétion ; aggloméré, agrégat 66.

V. 9 **Solidifier** ; rigidifier ; congeler ; **épaissir,** lier ; engrumeler [rare] ; didact. : gélatiniser, gélifier ; conglutiner [MÉD.].

10 **Raffermir** ; affermir ; **consolider,** fortifier, renforcer ; renformir [TECHN.] ; armer, bétonner, cimenter, sceller ; jumeler [TECHN.] ; stabiliser 226.

11 **Durcir,** prendre, prendre corps ; se cristalliser, se figer, geler ; se caillebotter, se cailler, se grumeler ; **coaguler ;** indurer [MÉD.] ; se concréter [litt.] ; se concrétionner [rare].

12 **Résister 630,** tenir, tenir bon, tenir contre vents et marées.

Adj. 13 **Solide** ; solidien (opposé à gazeux et à liquidien) [didact.] ; ferme, stable ; **résistant ;** consistant, fort, robuste 375 ; costaud [fam.] ; bâti à chaux et à sable [vieilli] ; dur, dur comme du bois ; épais ; didact. : cohérent, cohésif.

14 Inaltérable, **indestructible,** inébranlable ; incassable, indéchirable, insécable, inusable ; litt. : inentamable, infrangible.

Adv. 15 **Solidement ;** fermement. — Indestructiblement, inébranlablement [litt.] ; stablement [rare] ; en dur *(bâtir en dur).*

Aff. 16 Stéréo-.

## 247 FRAGILITÉ

N. 1 **Fragilité, faiblesse ;** altérabilité [didact.] ; friabilité ; corruptibilité [litt.] ; putrescibilité [didact.] ; destructibilité [rare] ; instabilité, labilité. — Vulnérabilité ; délicatesse 376 ; chétivité ou chétiveté [litt.]. — Précarité 174 ; éphémérité [rare].

2 **Fragilisation** ; craquelage, craquèlement ou craquellement, fendillement ; fissuration [TECHN.]. — Affaiblissement 89, débilitation [didact.].

3 Cassure, crevasse, **faille,** fêlure, fissure, fracture 62, lézarde ; craquelure, fendille ; brisure [litt.] ; flache [TECHN.] ; clase [GÉOL.].

4 Château branlant, **château de cartes ;** craquelin [MAR., vx]. — Colosse aux pieds d'argile.

V. 5 **Fragiliser ;** altérer, détériorer 557, éroder, user ; affaiblir, débiliter.

6 Se crevasser, **se fendre,** se fêler, se fissurer ; se craqueler, se fendiller, se lézarder.

7 Branler 216, branler au manche ou dans le manche [fam.], chanceler, **menacer ruine,** vaciller.

8 Se briser (ou se casser) comme du verre.

Adj. 9 **Fragile,** cassant ; **cassable,** dégradable, friable, fracturable ; destructible [sout.] ; altérable [didact.], corruptible, décomposable, putréfiable ou, didact., putrescible (opposé à imputrescible) ; pourrissable [rare]. — TECHN. : casilleux, flache ou flacheux.

10 Branlant, **instable**, vacillant ; labile ; précaire. – Délicat, faible, **vulnérable**.

Adv. 11 **Fragilement**, instablement [rare] ; précairement.

## 248 RIGIDITÉ

N. 1 **Rigidité** ; raideur ou, vx, roideur ; dureté 599, inflexibilité [rare] ; inextensibilité [didact.]. – Résistance 630, solidité.

2 MÉD. : ankylose ; torticolis ; **paralysie 383**, tétanie ; rénitence [PATHOL.] ; rigidité cadavérique, rigidité pupillaire [MÉD.].

3 **Raidissement**, tension MÉD. : callosité, induration, ossification ; **tétanisation** ; engourdissement. – TECHN. : raidissage, trempe *(trempe de l'acier)*. – Amidonnage, **empesage**.

4 **Crampe**. – Didact. : contraction 210, convulsion, crispation, spasme *(spasme tonique)*, tonisme ; contracture, tétanos musculaire ou physiologique ; fibrillation ; érection 341 ; turgescence. – MÉD. : épreintes, ténesme.

5 PHYSIOL. : contractilité, érectilité. – Trempabilité [TECHN.].

6 Rigidité électrique ou diélectrique. – Module de rigidité ou module de Coulomb [PHYS.].

7 Empois. – **Tendeur** ou tenseur ; raidisseur [TECHN.].

8 Didact. : rigidimètre, tensiomètre.

9 Empeseur [TECHN.].

V. 10 **Rigidifier** ; **raidir** ou, vx, roidir ; bander, contracter, crisper ; figer, **paralyser** ; engourdir. – MÉD. : indurer ; tétaniser. **Durcir**, tremper [TECHN.] ; **tendre**. – TECHN. : donner du dur, tensionner ; étarquer [MAR.]. – **Amidonner**, empeser ; baleiner.

11 S'**ankyloser**, s'ossifier [MÉD.]. – Rassir ou se rassir.

12 Avoir avalé son parapluie ou sa canne [fam.].

Adj. 13 Rigide ; **raide** *(raide comme un mannequin, raide comme un passe-lacet, raide comme un pieu, comme un piquet)* ; roide [vx] ; **droit** *(droit comme un cierge, droit comme un I)*, souple commme un verre de lampe [fam.] ; impliable, indéformable, inflexible [rare]. – **Dur** ; dur comme du bois, dur comme du marbre ; duraille [fam.], duret [vx], semi-rigide ; calleux, gourd, pote *(main pote)* [rare]. – PATHOL. : rénitent, tonique.

Adv. 14 **Rigidement** ; raidement ; roidement [vx].

## 249 ÉLASTICITÉ

N. 1 **Élasticité** ; ressort ; souplesse ; **flexibilité** ; extensibilité [didact.] ; compressibilité [didact.] ; coercibilité [PHYS.] ; didact. : ductilité, malléabilité. – PHYS. : élastoplasticité, viscoélasticité ou visco-élasticité ; rétractibilité [TECHN.]. – **Fermeté 246**, tonicité [PHYSIOL.] **328** ; ton [vx].

2 **Élastique** *(l'élastique)*, élastomère ; élatérite (ou : caoutchouc fossile, caoutchouc minéral) ; **caoutchouc** *(le caoutchouc)* ou, vx et abusif, gomme élastique, caoutchouc Mousse [nom déposé] ; latex (ou gomme de l'hévéa). – TEXT. : élasthanne, Élastiss [nom déposé], élastodième, élastofibre. – Élasticine ou élastine [BIOL.].

3 **Élastique** *(un élastique)*, élastoche ou élastoc [fam.] ; caoutchouc *(un caoutchouc)* [fam.]. – Élastique *(une élastique)* ou courbe élastique [didact.].

4 **Ressort** ; ressort de compression, ressort de flexion, ressort de torsion, ressort de traction. – MÉCAN. : ressort-bague, ressort à boudin (ou : boudin, ressort hélicoïdal), ressort à lames, ressort spiral ; ressort de rappel ; ressort-friction ou ressort de friction ; ressort secret. – SPORTS : exerciseur, **extenseur** ; tendeur 248. – Amortisseur **817**, suspension.

5 **Assouplissement**, malléabilisation [TECHN.]. – Affermissement, raffermissement, **tonification**.

6 Didact. – Coefficient d'élasticité, élastance ; limite d'élasticité ou limite élastique ; module d'élasticité. – Élasticimétrie [didact.].

7 Didact. : élasticimètre ou extensomètre ; dilatomètre.

V. 8 **Assouplir** ; déraidir [litt.] ; malléabiliser [TECHN.]. – Affermir, raffermir, **tonifier**.

9 S'allonger, s'étirer 124. – Se détendre 209. – Se prêter à.

10 Bondir, rebondir.

Adj. 11 **Élastique**, souple ; extra-souple ; malléable ; étirable, **extensible**, flexible ; liant [vx] ; comprimable ou, didact., compressible ; coercible [PHYS.] ; ductile, malléable ; rétractible [TECHN.]. – **Ferme**, tonique [vx]. – PHYS. : élastoplastique, viscoélastique ou visco-élastique.

12 **Caoutchouteux**, caoutchoutique ; laticifère. – Élastoplastique [PHYS.].

Adv. 13 **Élastiquement** ; souplement.

Aff. 14 Élasto- *(élastorrexie)*.

## 250 MOLLESSE

N. 1 **Mollesse,** moelleux *(le moelleux)* ; flaccidité [litt.], mollasserie [rare]. – MÉD. : atonie, hypotonie **328.**

2 Tendresse (ou : tendreté, tendreur) [rare] ; spongiosité [didact.] ; viscosité. – Élasticité **249,** flexibilité, plasticité, viscoplasticité [PHYS.].

3 Amollissement **376 ; ramollissement ;** avachissement, relâchement ; détumescence [PHYSIOL.]. – Attendrissement ; blettissement ou blettissure ; bruissage [TECHN.] **244.**

4 Adoucissant *(un adoucissant),* **assouplissant** *(un assouplissant)* ; émollient *(un émollient)* [MÉD.]. – Adoucisseur.

5 Mollasse ou molasse *(la mollasse).* – Molleton ; molleterie ou mollèterie [TECHN.]. – Mollusque [ZOOL.] **303.**

V. 6 Mollir, **ramollir** ; cotonner ; blettir.

7 Amollir, assouplir, **attendrir ;** bruir [TECHN.] ; mollifier [vx] ; mollir *(mollir une amarre, mollir une ligne)* ; avachir, déformer **218** ; paumoyer [TECHN.]. – Désarticuler, désosser **93,** disloquer ; désarêter [rare].

8 Décontracter **209, détendre,** relâcher ; déraidir [litt.], **donner du mou** ; donner du jeu [TECHN.]. – Fluidifier.

Adj. 9 **Mou** ou, vx, mol, mou comme de la guimauve ; fam. : mollasse, ramollo ; distendu, **flasque,** flétri, lâche ; flaccide [litt.] ; atone ou atonique [MÉD.] ; détumescent [PHYSIOL.] ; **désarticulé,** désossé, disloqué ; invertébré. – Cotonneux, spongieux, visqueux ; viscostatique [PHYS.]. – Mollet *(crabe mollet, œuf mollet)* ; moelleux, **tendre.** – Doux ; douillet.

10 Flexible, souple ; **plastique ;** façonnable [TECHN.] ; viscoplastique [PHYS.].

Adv. 11 **Mollement ;** flasquement [rare] ; tendrement [rare] ; moelleusement.

Aff. 12 Malaco- *(malacoderme, malacologie).*

## 251 PULVÉRULENCE

N. 1 **Pulvérulence ; poudre ;** farine *(farine de froment, farine d'os)* ; fécule, fleur *(fleur de soufre)* [CHIM.]. – Poussier, **poussière** ; cendre, cendre d'orfèvre [ORFÈVR.] ; sable. –

Efflorescence [CHIM.], poudrée [rare]. – Poudroiement [litt.].

2 **Poudres** *(les poudres)* ; coton-poudre, poudre à canon, poudre noire ; pulvérin [TECHN.]. – Égrisée ou égrisé [TECHN.].

3 Pollen ; pruine ou fleur [didact.]. – Poudrette [AGRIC.].

4 **Poudre de riz ;** poudre de talc ou talc ; fard-poudre ; poudre à la maréchale [vx]. – MÉD. ANC. : poudre de capucin, poudre de sandaraque. – Poudre de perlimpinpin [fam.]. – Poudre à éternuer.

5 ASTRON. : poussière cosmique, poussière interstellaire **232.**

6 Héroïne **390,** poudre [fam.] ou, arg., blanche.

7 **Pulvérisation ;** désagrégation **557** ; broyage, broiement, pilonnage ; râpage. – TECHN. : bocardage, égrugeage, granulage ou granulation, grenage, mouture, trituration. – Effritement. – Broyabilité [TECHN.], friabilité.

8 Pulvérisation, **vaporisation ;** nébulisation. – Poudrage [AGRIC.], talquage [TECHN.] ; enfarinement [rare].

9 **Broyeur,** concasseur ; meule, **moulin,** moulinette, pilon ; râpe. – TECHN. : bocard, égrugeoir, meuleton, triturateur ; pulvériseur [AGRIC.]. – Mortier.

10 **Pulvérisateur ;** aérosol, atomiseur, nébuliseur, **vaporisateur** ou vaporiseur ; AGRIC. : soufreuse, poudreuse ; sableuse [TECHN.].

11 **Poudrier.** – Farinier. – Corne à pulvérin [vx], poire à poudre. – Cendrier ; garde-cendre **560.**

12 Nuage de poussière, tourbillon de poussière. – Cendrée, limaille, **mouture,** raclure, râpure, sciure **265** ; égrugeure [TECHN.].

13 PATHOL. : coniose, pneumoconiose **383** ; asbestose, byssinose, pollinose, silicose.

14 Didact. : aéroscope, coniomètre.

15 **Poudrière** ou poudrerie. – Meunerie, minoterie, **moulin.** – TECHN. : féculerie, râperie.

V. 16 **Pulvériser ;** atomiser, désagréger ; **broyer,** piler, pilonner ; **moudre,** mouliner. – TECHN. : bocarder, brésiller, écacher, égruger, granuler, grener ou grainer **154,** léviger, porphyriser, triturer ; effriter, **émietter,** râper ; **réduire en miettes** (ou en cendres, en poussière).

17 Poudrer, **saupoudrer.** – Talquer ; fariner ou, vieilli, enfariner ; sabler ; empoussiérer, poudroyer [litt.] ; polliniser [litt.].

18 **Pulvériser ;** vaporiser.

Adj. 19 Pulvérulent ; poudreux ; **en poudre.** – Efflorescent, pruiné ou pruineux [didact.].

20 Friable.

21 **Poussiéreux,** cendreux, sablé, sableux ; gris de poussière. – Vx : poudré à blanc, poudré à frimas ; poudrederizé ou poudrerizé.

22 **Farineux** ou, didact., farinacé ; **féculent** [vx] ou, didact., féculoïde. – Pollinique [BOT.]. – Pulvérateur [ZOOL.].

Aff. 23 Pulvi- *(pulvifère).*

## 252 LIQUIDE

N. 1 **Liquide** *(un liquide).* – **Fluide** *(un fluide).* – État liquide [SC.] ; fluidité.

2 **Liquéfaction ;** liquation [TECHN.]. – Fonte [TECHN.], fusion, surfusion. – Délayage, **dilution,** dissolution [PHYS.]. – **Bouillonnement 217,** ébullition, effervescence. – Déliquescence, fluidification [didact.]. – Condensation, gazéification, solidification.

3 Coulée, dégoulinade [fam.] ou dégoulinement [rare] ; filet, ruisseau, **torrent,** trombe. – Goutte, gouttelette, larme. – Flaque, mare, **mer ;** plaine liquide [litt.]. – Éclaboussement ; geyser, jaillissement, **jet.** – Clapotage ou clapotement, clapotis ; fam. : flic flac, glouglou *(des glouglous).* – Coulure.

4 Liquide organique 333, **sécrétion,** sérosité, sérum 332 ; vx : humeur, liqueur. – Théorie des quatre humeurs [vx] : atrabile, bile, flegme, sang [MÉD. ANC.]. – Liquide amniotique, liquide céphalo-rachidien.

5 Hydrate, lotion, soluté, **solution 230.** – Acide, boue, essence ; **alcool,** huile **267,** lait **860,** vin. – Infusion, macération, marinade. – **Bouillon,** brouet [vx]. – **Boisson 859.**

6 Ablution, affusion [MÉD., vieilli], **toilette 380.** – Arrosement, aspergée [rare], aspersion, nébulisation. – LITURGIE CATH. : aspergès, baptême **491,** lustration. – **Écoulement,** irrigation, ruissellement, suintement, transpiration ; effusion, épanchement, **flux,** fuite, inondation ; dégorgement, déversement, évacuation. – Immersion, trempage. – **Infiltration 205,** injection, instillation [didact.]. – Imbibition, imprégnation.

7 Hydraulique *(l'hydraulique),* hydrodynamique *(l'hydrodynamique),* hydrométrie **70,** hydrostatique *(l'hydrostatique).*

V. 8 **Liquéfier ;** condenser, détremper, fondre. – Humecter, **humidifier,** imbiber, imprégner, mouiller, tremper ; hydrater. – **Infiltrer,** injecter, instiller [didact.]. – Allonger *(allonger une sauce),* couper *(couper d'eau un liquide),* délayer, diluer.

9 **Arroser,** asperger, doucher, éclabousser, nébuliser ; rincer, saucer [fam.] ; irriguer. – Baigner, immerger, inonder, laver ; plonger, noyer, submerger. – Épancher [litt., vx], répandre, verser.

10 **Couler,** fluer [litt.] ; affluer, confluer, **déborder** [litt.]. – Gicler, jaillir. – Dégouliner, goutter, sourdre, suinter **244** ; rare : dégoutteler, dégoutter. – Débonder ; transfuser, transvaser.

11 **Canaliser,** capter, drainer, dériver. – Éponger, étancher **245.** – Exprimer, tordre, essorer, presser. – Décanter, dépurer, épurer, clarifier, filtrer, passer. – Infuser, macérer, mariner ; faire tremper, faire suer [CUIS.].

12 Exsuder ; être en sueur, transpirer **241,** suer ; fam. : **bouillir,** être en eau, être en nage.

13 **Boire 859 ;** absorber.

14 **Se liquéfier.** – Se déverser, s'écouler, s'épandre, se répandre, se renverser.

15 Se laver **380.** – S'abreuver, se désaltérer, se rafraîchir.

Adj. 16 **Liquide,** liquidien ; aqueux, **aquatique,** aquifère. – Hydrique, hydraulique, hydrométrique, hydrostatique. – Insubmersible (opposé à submersible).

17 **Fluide ;** fluidique [litt.], liquoreux, sirupeux. – Limpide, transparent. – Buvable, potable. – **Soluble,** solutif ; volatil. – Humoral, sécrétoire.

Adv. 18 Fluidement [rare]. – À flots, à torrent, à verse ; goutte à goutte.

Aff. 19 Aqua-, aqui- ; hyd-, hydri-, hydro- ; kym-, kyma-, kymo- ; lympho- ; pluvio-, poto-.

20 -hydre, -rragie, -rrhée, -potame, -pote.

## 253 GAZ

N. 1 **Gaz ;** corps gazeux, fluide gazeux, mélange gazeux. – **Vapeur.** – Émanation

371, exhalaison. – Miasme (souv. pl. : miasmes), mofette [vx] ; méphitisme.

2 CHIM. : **gaz parfait** (opposé à gaz réel) ; gaz permanent. – Air, atmosphère. – Azote, oxygène ; ozone. – Hydrogène ; chlore, fluor. – **Gaz rares** (hélium, néon, argon, krypton, xénon, radon). – Oxyde de carbone ; dioxyde de carbone ou gaz carbonique. – Hydrocarbure ; méthane, éthane, propane, butane. – Gaz sulfureux ou anhydride sulfureux. – Cyanogène. – Acétylène ; éthylène (ou, vx, gaz oléigène ou oléifiant)

3 SC. – Mécanique des gaz ; aérodynamique, aérostatique ; aéraulique. – PHYS. : loi de Charles, loi de Gay-Lussac, loi de Mariotte. – Baromètre ; manomètre 70 ; eudiomètre. – Gazochimie.

4 Gaz des forêts, gaz des marais ou formène [vx], gaz méphitique. – Gaz des houillères, gaz tonnant [vx], **grisou.** – Gaz ammoniac ou ammoniac.

5 Gaz combustible ; absolt : **gaz** *(le gaz).* – **Gaz de ville,** gaz d'éclairage [vieilli]. – Gaz de houille ; gaz de gazogène ; gaz à l'air, gaz à l'eau, gaz mixte ; gaz riche, gaz pauvre. – Gaz naturel, gaz de pétrole ; gaz de Lacq. – Chauffage au gaz ; cuisinière, four, réchaud à gaz ; allume-gaz ; compteur à gaz. – Bec de gaz [anc.]. – Usine à gaz ; gazogène ; gazomètre, gazoduc. – Employé du gaz ; **gazier.**

6 **Gaz de combat. – Gaz asphyxiant** ; gaz suffocant, gaz vésicant ; arsine, phosgène, ypérite ou gaz moutarde. – **Gaz incapacitant** ; gaz hilarant, gaz lacrymogène, gaz sternutatoire. – Gaz neurotoxique. – Masque à gaz. – Gazé *(un gazé ; les gazés de la Grande Guerre).* – Chambre à gaz.

7 MÉD. : **gaz anesthésiant** ; chlorure d'éthyle, cyclopropane, protoxyde d'azote.

8 Gaz intestinal, gaz stomacal. – Ballonnement 388, météorisme 339, météorisme des bestiaux ou empansement.

9 **Compression.** – Détente ; détente adiabatique, détente isotherme ; **dilatation,** expansion. – Cavitation.

10 **Gazéification** ; regazéification. – Vaporisation ; **sublimation** ; volatilisation. – Liquéfaction. – Dissolution, barbotage. – Inflammation, explosion.

11 Dégazage, dégazeur. – Gazéificateur ; regazéificateur. – Dégazolinage ou dégazolinage.

12 Didact. – Coercibilité, compressibilité, élasticité. – Solubilité.

V. 13 **Gazéifier** ; dégazéifier ; regazéifier. – **Sublimer,** vaporiser. – Condenser. – **Compresser, comprimer** ; liquéfier. – Décompresser, décomprimer, détendre.

14 TECHN. – Dégazer ; dégasoliner ou dégazoliner. – Barboter.

15 Émaner ; se dégager, s'exhaler, fuir. – Se condenser ; se dilater. – Se volatiliser, **se sublimer.** – Se raréfier. – Brûler, exploser.

16 Gazer (impers. : ça gaze) [fam.] ; mettre les gaz 576, couper les gaz.

17 Gazer *(gazer un animal, une personne)* ; **asphyxier,** étouffer, intoxiquer.

18 Avoir des gaz ; météoriser [MÉD.] (fam. : avoir des grenouilles dans l'estomac, dans le ventre).

19 Il y a de l'eau dans le gaz [loc. fam.].

Adj. 20 **Gazeux** ; fluide, vaporeux, volatil. – Aériforme ; impalpable, intactile, intangible. – Rarescent [sout. et rare] ; subtil.

21 **Gazeux** *(eau gazeuse, boisson gazeuse)* 859. – Gazéifié *(eau gazéifiée,* opposé à *eau gazeuse naturelle).* – Effervescent.

22 Compressible, élastique, expansible ; coercible [rare]. – Liquéfiable ; gazéifiable. – Explosif.

23 Délétère, méphitique, miasmatique 371 ; putride. – **Asphyxiant,** nocif, toxique.

24 Ballonné, flatulent, gonflé, météorisé [MÉD.].

Adv. 25 À pleins gaz 576 (ellipt., pleins gaz) [fam.].

Aff. 26 Gazo- ; aéro-.

## 254 BULLE

N. 1 **Bulle** ; bulle d'air, bulle de gaz 253, **bulle de savon** 380. – **Écume** ; bouillon. – Boule 145, sphère ; **globule** [vx].

2 Spumosité [didact., rare].

3 **Ampoule** 334, cloque, phlyctène, vésicule [MÉD.]. – Bulle d'emphysème, embolie gazeuse 383. – Dermatose bulleuse.

4 Verre bullé, verre soufflé. – Piège à bulle, niveau à bulle [TECHN.].

5 **Mousse** 292 ; caoutchouc Mousse, mousse de polystyrène. – Bain moussant, mousse à raser.

6 Mousse *(la mousse du champagne)* ; faux col (d'un verre de bière). – Bière 859, mousse *(une mousse, une petite mousse)*

[fam.] ; champagne, mousseux *(du mous-seux),* vin champagnisé ; eau pétillante.

7 Bouillon **856.** – Grand perlé ou soufflé, petit perlé [CUIS.]. – **Bubble-gum,** chewing-gum.

8 Bulle *(bébé bulle)* **314** ; bulle d'élevage.

9 Bulle, phylactère [didact.]. – Bulle [fam.] **101.2.**

10 TECHN. : agitateur ; moussoir.

11 Ébullioscope, ébulliomètre **70.**

12 Bouillon [TECHN. ou rare], **bouillonnement,** ébullition, **frémissement ;** fusion. – Agitation **217, émulsion.** – **Effervescence,** pétillement. – Champagnisation, distillation, fermentation.

13 Bullage [TECHN.], cloquage. – Vésication.

V. 14 **Faire des bulles,** souffler des bulles *(de chewing-gum, de savon) ;* fermenter, mousser. – Agiter, secouer ; battre, fouetter, émulsionner, monter des oeufs en neige. – Bouillonner, faire effervescence, **pétiller** ; éclater, crever.

15 **Bouillir,** bouillotter, chanter, frémir, friller [TECHN.], frissonner, mijoter.

Adj. 16 Bullé, bulleux [MÉD. ou rare], cloqué, globulaire, **globuleux,** sphérique ; vésicatoire, vésicant, vésiculaire [didact.]. – **Spongieux.**

17 Effervescent, **gazeux, pétillant** ; bouillonnant, en ébullition. – Baveux, **écumeux,** moussant, mousseux ; didact. : spumescent, spumeux.

## 255 AIR

N. 1 **Air** ; atmosphère, **espace,** espaces célestes, infini *(l'infini)* [litt.]. – Azur, ciel **232,** cieux, empyrée [litt.], **éther,** firmament [litt.]. – **Gaz 253** *(oxygène, azote, gaz rares).* – Brise, souffle, **vent 275.**

2 **Atmosphère 273,** atmosphère terrestre ; *(basse, haute, moyenne atmosphère),* troposphère, stratosphère, mésosphère, thermosphère ; homosphère, hétérosphère, tropopause ; ionosphère, magnétosphère [MÉTÉOR.]. – Circulation atmosphérique, courant atmosphérique ; couche atmosphérique, front, masse d'air, **pression atmosphérique** ; zone de hautes pressions, de basses pressions.

3 Appel d'air, colonne d'air, couche d'air, courant d'air, coussin d'air, trou d'air. – Air comprimé, air conditionné, air liquide.

4 **Air libre ;** dehors *(le dehors),* extérieur *(l'extérieur)* **130.** – Air de la campagne, bon air, grand air, plein air. – Bouffée *(bouffée d'air pur, de vent),* **souffle** ; exhalaison, haleine, soupir.

5 Air du temps ; ambiance, atmosphère, climat ; environnement.

6 Oxydation, oxygénation [CHIM., vx]. – **Respiration 340** ; aspiration, inspiration ; expiration, insufflation, gonflement. – Oxygénation. – Aération, ventilation.

7 Atmosphère **70,** bar *(centibar, millibar),* barye, pascal (symb. Pa), pièze.

8 Aérobiologie, aérologie, pneumatique *(la pneumatique).* – Aéronomie ; aérographie. – Aéraulique ; ventilation, conditionnement d'air, dépoussiérage, séchage, transport pneumatique. – Aérodynamique *(l'aérodynamique),* aérostatique *(l'aérostatique) ;* aéroélectronique *(l'aéroélectronique),* aéronautique *(l'aéronautique)* **820,** astronautique **821.** – Baptême de l'air.

9 **Météorologie.**

10 Aéromancie. – Pneumatologie [didact.].

11 Aéronaute **821.** – Aéromancien **485.**

V. 12 **Aérer,** donner de l'air, ventiler ; oxygéner [CHIM.]. – S'aérer, s'oxygéner [fam.], changer d'air.

13 Décoller, fendre l'air, prendre l'air, prendre son envol ; s'envoler. – **Planer,** survoler, **voler,** voleter, **voltiger.** – Jouer les filles de l'air [all. litt.].

14 **Respirer ;** aspirer, inhaler, inspirer ; expirer, gonfler, insuffler, **souffler,** soupirer.

15 Loc. cour. – Brasser de l'air (aussi : remuer) [fam.]. – Ne pas manquer d'air [fam.]. – Vivre de l'air du temps.

16 **Brûler ;** oxyder, peroxyder [CHIM.], suroxyder.

Adj. 17 **Aérien,** éthéré, **léger 240.** – Aériforme [CHIM. ANC.], aérosol (inv.), **fluide.** – Aérifère [PHYSIOL.], aérobie (opposé à anaérobie) [BIOL.] ; aéré, oxygéné.

18 **Aéraulique, aérodynamique,** aéromobile [MIL.], aérostatique, pneumatique [PHYS.]. – Aérologique, atmosphérique, **météorologique.**

19 Didact. – Aéromancien. – Pneumatologique [didact.].

Adv. 20 **Aériennement ;** par air, par voie aérienne, par la voie des airs. – À l'air, à l'air libre, au plein air, en plein air, **de**

**plein air,** à l'extérieur 130, dehors ; en l'air.

21 ARM. : Air-air, air-mer, air-sol, air-surface, sol-air 656.

Int. 22 De l'air ! 458.

Aff. 23 Aér-, aéro- ; atmo- ; pneumo-, pneumato- ; -pnée.

## 256 FEU

N. 1 **Feu** *(le feu);* combustion 242, ignition ; ignescence [litt.] ; incandescence ; chaleur 241. – Principe igné [ALCH.].

2 **Inflammation ;** embrasement, mise à feu. – Brûlage, brûlement [rare] ; flambage, grillage [TECHN.]. – Brûlure, calcination. – Crémation, incinération.

3 **Feu** *(un feu);* feu de cheminée, flambée ; régalade [région.]. – Feu de camp ; feu de joie ; feux de la Saint-Jean. – **Cheminée ;** âtre ; brasero. – Brasier, bûcher, fournaise.

4 **Flamme,** flammèche ; langue de feu ; étincelle. – Braise, brandon, tison. – Bûche ; bourrée [région.] ; petit bois, fagot.

5 **Feu ; incendie ;** conflagration [vx]. – Feu de + n. ; feu de broussailles, feu de landes ; feu de prairie ; feu de brousse ; feu de forêt. – Feu de cheminée. – Foyer d'incendie. – Contre-feu. – Brûlis ; écobuage. – Politique de la terre brûlée [HIST. et fig.]. – Brûlot ; feu grégeois.

6 **Feu ; lumière** 350. – Feux de la rampe [fig.] 788. – MAR. : feu, phare ; feu fixe, feu à éclats, feu à occultations ; feu d'atterrissage. – Feu d'artifice ; feu de Bengale ; feu japonais.

7 Pierre à feu ou silex ; amadou, pierre à briquet, pierre à fusil. – Allumette ; allume-feu. – Extincteur.

8 **Feu ; arme à feu** 664, coup de feu 667. – Feu roulant, feu de peloton. – Ligne de feu. – Baptême du feu.

9 **Feu du ciel** [litt.] ; éclair, foudre. – Feu Saint-Elme. – Feu follet, flammerole [litt.], furole [région.].

10 Feu éternel, flammes de l'enfer 506. – Empyrée [ANTIQ.]. – Buisson ardent [all. bibl.] ; langues de feu *(langues de feu de la Pentecôte).*

11 Feu central [GÉOPHYS., vieilli].

12 Épreuve du feu ; **ordalie,** jugement de Dieu ; fer-chaud ou fer ardent [HIST.] ; supplice du feu ; bûcher 725 ; autodafé. – Holocauste.

13 Arts du feu : céramique, faïence, poterie, porcelaine, verrerie 266. – Signes de feu *(Bélier, Lion, Sagittaire)* [ASTROL.].

14 RELIG. : Azer ou Atar ; **mazdéisme,** zoroastrisme ; mazdéiste *(un mazdéiste),* zoroastrien *(un zoroastrien).* – ANTIQ. : Pluton ou Hadès 500 ; Vulcain ou Héphaïstos ; Vesta ; **Prométhée.** – Forge de Vulcain. – Vestale ; feu sacré.

15 **Pyromancie** 485 ; empyromancie. – Pyromancien.

16 **Sapeur-pompier ;** soldat du feu. – Pyrotechnie ; pyrotechnicien, artificier.

17 **Pyromanie** ou monomanie incendiaire. – Pyromane ; incendiaire *(un incendiaire).*

18 SC. – Théorie du phlogistique [anc.]. – Plutonisme [GÉOL.]. – Pyrométrie.

19 MÉD. : cautère, moxa, **pointe de feu.**

20 **Cracheur de feu.**

V. 21 **Prendre feu ;** s'enflammer ; être la proie des flammes. – **Brûler,** flamber ; se consumer, se réduire en fumée. – Calciner, carboniser, cramer [fam.]. – Griller, rôtir.

22 **Incendier ;** allumer un feu, mettre le feu ; embraser ; enfumer.

23 Activer, **attiser,** tisonner.

24 **Crépiter,** grésiller ; couver. – Dévorer, lécher, ravager.

25 Condamner au bûcher, livrer aux flammes.

26 Être comme un feu follet, être tout feu tout flamme ; péter le feu [fam.]. – Faire feu de tout bois. – **Être dans le feu de l'action ;** faire le coup de feu. – Être sous le feu des projecteurs ; brûler les planches. – Se griller [fam.].

27 Essuyer un feu roulant (de questions, de lazzis, etc.). – Être entre deux feux. – Ouvrir le feu. – Jeter (ou verser) de l'huile sur le feu, mettre le feu aux poudres, mettre le feu aux étoupes. – Mettre à feu et à sang 580.

28 **Jouer avec le feu.** – Se brûler les ailes, se brûler les doigts. – Faire la part du feu. – Tirer les marrons du feu. – Prov. : il n'y a pas de fumée sans feu ; bois tortu fait le feu droit ; faute de bois le feu s'éteint.

Adj. 29 **Igné, de feu.** – Enflammé, ignescent, **incandescent.** – Ignifère. – Ignivome [rare].

30 **Inflammable.** – SC. : pyrophore, pyrophorique ; pyrophane. – Crématoire 688.

31 Ininflammable ; **ignifugé ;** apyre. – Ignifugeant [TECHN.]. – Pare-feu. – Pyrofuge [rare].

32 Brûlé, cramé [fam.], roussi. – Incendié.

33 Incendiaire. – Fumigène.

34 RELIG. – **Ignicole** ; pyrolâtre. – Zoroastrien.

Aff. 35 Igni-, pyro-.

## 257 TERRE

N. 1 **Terre 676** ; glèbe [litt.]. – Litt. : terre mère, terre nourricière.

2 Terre arable, terre meuble ; terre battue, terre franche. – Terre maigre, terre grasse ; terre légère, terre lourde.

3 **Motte** ; semelle. – Billon, butte, chaussée, levée. – Déblai, remblai ; jectisse. – Banquette, terrasse, terre-plein.

4 Alluvions [surtout pl.], boulbène, ergeron, limon, lœss (ou terre jaune), marne ; **poussière.** – Boue *(boue minérale, boues rouges)*, bourbe ; poto-poto [Afrique].

5 Humus ; **terreau**, terreau de couche, terreau de feuilles ; terre de bruyère. – Mor, mull.

6 Caillou, gravier, moellon, sable *(banc de sable)*.

7 Alios, grès **237** ; bétain.

8 Tuf, tuffeau (ou tufeau). – Minéral **258**, roche. – Terres rares.

9 Bourbier, fondrière, ornière.

10 **Argile** ; argile grasse, argile maigre. – Argile à blocaux, argile à silex. – Argile ocreuse, barbotine, bol *(bol d'Arménie, bol oriental, bol de Sinope)*, sil, smectite ; argile blanche, boucaro, glaise ou terre glaise, kaolin, terre anglaise, terre de Lorraine ; argile rouge (ou terre rouge), *terra rossa* [ital.] ; argile smectique, terre à foulon, terre pourrie. – Argile à faïence, argile figuline ou terre à potier, terre de barre [Afrique], terre à pipes. – Brique.

11 Modelage, sculpture **776**. – **Céramique.** – Terre cuite. – **Faïence**, grès, majolique ou maïolique ; émail. – Biscuit, **porcelaine** ; coquille d'œuf, japon ; saxe ou porcelaine de Saxe, porcelaine de Sèvres ; figuline [vx ou TECHN.]. – Craquelé, fritte **266**, imari [jap.].

12 Alluvionnage, limonage, marnage ; sablage. – Amendement **811**.

13 Enterrage, terrage. – Enterrement **688**. – Embourbement [rare], enlisement.

14 Terrassement. – Ameublissement, hersage, labourage.

15 Poterie ; faïencerie, grèserie. – Céramographie. – Briqueterie, tuilerie.

16 Pédologie ; agrologie.

17 Céramiste, potier.

V. 18 **Terrer** (ou terrailler) ; sabler, sablonner. – AGRIC. : chausser, rechausser.

19 Embourber, enliser.

20 **Débourber**, curer. – Déblayer.

21 Enfouir, **enterrer**, mettre en terre **688**.

22 **Déterrer**, excaver, exhumer.

23 Travailler la terre ; terrasser. – Ameublir, remuer, retourner. – Gratter, fouiller, fouir.

24 Céramiser.

25 S'embourber, s'enliser.

Adj. 26 **Terreux**. – Argileux, argilifère ; caillouteux, calcaire, crayeux, limoneux, sablonneux, schisteux, siliceux ; poussiéreux. – Tufacé. – Terraqué [litt.]. – Boueux, bourbeux, fangeux ; poussiéreux. – **Humique**, lœssique. – Eutrophe, fulvique. – Sableux ; argilacé, bolaire, tufier.

27 **Fécond, fertile** ; gras, riche ; aride, avare, ingrat, pauvre. Collant, compact, lourd ; sec. – Perméable ; imperméable.

28 Humicole, terricole ; terrier – Terrien.

Adv. 29 En pleine terre (opposé à sous abri, sous châssis, en serre).

30 À terre, par terre.

Aff. 31 Agri-, agro-, géo-, pédo- ; -gée.

## 258 MINÉRAUX

N. 1 **Minéraux**, règne minéral ; caillasse [GÉOL.], **concrétion** [GÉOL.], cristal [SC.], gemme, minéral *(un minéral)* ; **roc**, roche, rocher. – Métalloïde ; **métaux**. – Sel gemme, sels minéraux.

2 Pierre à + n. *(pierre à chaux, à craie ; pierre à feu, pierre à fusil)*. – Pierre de + n. *(pierre de Florence, du Labrador ; de liais, de foudre)*, pierre noire ou pierre d'Italie [BX-A.]. – Ardoise, amiante, asbeste, cliquart, coquillart, **granit**, grès, lambourde, marbre, meulière, porphyre, travertin, tuf, tuffeau. – Pierre d'appareil, pierre de taille ; pierre froide ou pierre marbrière. – **Fossile**, pierre nummulaire, zoolithe. – Pierre ollaire, gypse ou pierre à plâtre ; pierre ponce.

3 **Mégalithe**, monolithe *(un monolithe)*. – Aérolithe ou aérolite, météorite.

4 **Pierreries 866** ; pierre dure, pierre fine, pierre précieuse, pierre semi-précieuse ou semi-pierre. – **Pierre précieuse** ; diamant, émeraude, rubis, saphir. – **Pierre fine** ; aigue-marine, alabandine, alexandrite, alumine, amazonite, améthyste, béryl, calcédoine, chrysobéryl, chrysolithe, chrysoprase, citrine ou fausse topaze, corindon, escarboucle, girasol, grenat, hépatite, hyacinthe, jargon, lapis-lazuli ou lazulite, opale, outremer, péridot, quartz, sanguine, spinelle, topaze, tourmaline, turquoise, zircon. – Agate, améthyste, aragonite, calcite, cassitérite, célestine, cornaline, héliodore ou béryl jaune, hiddénite ou spodumène, dolomite, feldspath, feldspathoïdes ; fluorine, galène, goethite, halogénure, hématite, hydrargillite, jade, jaspe, magnétite, malachite, marcassite, obsidienne, œil-de-tigre, onyx, pierre de lune ou adulaire, pyrite, sardoine, serpentine, silex, silicate, silice, stéatite. – Cristal hyalin ou cristal de roche.

5 Dendrite, **rose des sables.** – Stalagmite, stalagtite.

6 Pierre artificielle, pierre manufacturée, pierre synthétique, simili, strass ; pierre factice, pierre fausse, pierre d'imitation, toc. – Aventurine, doublet, happelourde [vx] ; brillant, diamant de nature ou diamant industriel.

7 **Réseau cristallin** ; faciès cristallin, faciès pyramidal, hémiédrie, holoédrie, idiomorphie, isotypie, mériédrie, ogdoédrie, tétaroédrie. – Dodécaèdre, hexatétraèdre, holoèdre, mérièdre, rhomboèdre, scalénoèdre ; monocristal. – **Système cristallin** ; système cubique, système hexagonal, système monoclinique ou clinorhombique, système orthorhombique, système quadratique, système rhomboédrique, système triclinique.

8 Compacité, pureté, transparence **350.** – Dimorphisme, isomorphisme, homéomorphisme, mésomorphisme, polymorphisme, pseudomorphisme.

9 **Carat 70.8.** – **Échelle de dureté de Mohs** (sont rayés par l'ongle : 1. talc ; 2. gypse ; 3. calcite ; 4. fluorine ou spath fluor ; 5. apatite ; 6. orthose. – Rayent le verre : 7. quartz ; 8. topaze ; 9. corindon naturel ; 10. diamant).

10 **Axe de symétrie,** axe optique, axe quaternaire, axe ternaire, biaxe, uniaxe. – Troncature ; arête, bec d'étain, macle ; **gangue,** rognon [GÉOL.].

11 **Crapaud.** – TECHN. : étonnure, gendarme, givrure, glace, jardinage, loupe. – MINÉR. : dislocation ; **inclusion 67.**

12 Cristallochimie, cristallogénie, cristallographie, cristallométrie, radiocristallographie ; lithologie [SC., VX], **minéralogie,** pétrographie, pétrologie [rare].

13 Arborisation, cristallisation ; cristallogenèse [didact.]. – Lapidification, marmorisation, pétrification ; minéralisation.

14 Appareilleur, **tailleur de pierre,** carrier, marbrier. – Diamantaire, joaillier, **lapidaire.** – **Minéralogiste.** – Glyptique 776.

V. 15 **Tailler,** couper, scier ; bretteler, entailler, graver, strier, rayer ; bûcher, caver, chanfreiner, décaper, dégauchir, délarder, déliter, ébousiner, épanneler, équarrir ; appareiller, boucharder.

16 Caillouter, empierrer, **paver.**

17 Enchâsser, monter, sertir.

18 Avoir de l'éclat, briller **350,** jeter mille feux ; **brillanter.**

19 Lapider. – **Pétrifier.**

Adj. 20 **Minéral,** pétrifiant ; lithoïde, météoritique, pierreux, rocailleux, rocheux. – Arénacé, feldspathique, granitique, gréseux, gypseux, **marmoréen,** porphyroïde, schisteux, siliceux. – **Cristallin,** cristalloïde, cubique, maclé ; cristallisé, fossilisé, structuré. – **Adamantin,** diamantaire, diamantin, gemmé. – Pur, transparent ; d'une belle eau.

21 **Cristallographique** ; amorphe, dimorphe, homéomorphe, idiomorphe, isomorphe, mésomorphe. – Clinorhombique ou monoclinique, dichroïque, isoédrique, monocristallin, épitaxial ; diffractant. – Clivable, cristallisable.

Aff. 22 Glypto-, litho-, pétro- ; -glyphe, -glyphie, -lithe, -lithique.

## 259 MINERAIS

N. 1 **Minerais** ; métal ; métal alcalino-terreux ; vx : mine, minière.

2 Bassin minier, **mine 802,** minière *(une minière).* – Alunière, soufrière ; placer *(placer aurifère, argentifère).*

3 Affleurement, couche, faille, faisceau, **filon,** passée, **veine** ; chambre-magasin, **dépôt,** gîte, nid, piège stratigraphique. – Banc stérile, stérile *(un stérile) ;* minette, mort-terrain, nerf.

4 **Minerai** ; minerai brut ou tout-venant. – Minette. – **Bloc,** nodule, **pépite,** schlich ;

fines *(des fines),* havrit ; schlamm ou boue fine.

### 5 MINERAIS

*Aluminium* :
aluminate
bauxite
disthène
kaolinite
leucite
*Alun* :
alunite
*Antimoine :*
stibine
valentinite
*Argent* **261** :
argentite ou argyrose
argyrite
pyrargyrite
*Arsenic :*
mispickel
scorodite
*Bismuth :*
bismuthinite
eulytine
*Cadmium*
*Chrome :*
chromite
*Cobalt :*
cobaltine
érythrine
safre
smaltine
*Cuivre* :
atacamite
azurite
bournonite
chalcopyrite
chalcosine
chrysocolle
cuprite
germanite
malachite
ténorite
*Étain* :
cassitérite
stannine
*Fer* **262** :
cémentite
ferrite
hématite
ilménite
limonite
magnétite
marcassite
minette
mispickel
oligiste
pyrite
pyrrhotite
*Glucinium :*
béryl
*Lithium :*
lépidolite
lithine

*Magnésium* :
carnallite
écume de mer ou
  sépiolite
epsomite
magnésie
piésérite
serpentine
spinelle
talc
*Manganèse* :
alabandine
acerdèse
braunite
grenat
pyrolusite
rhodonite
*Mercure* :
calomel
cinabre ou vermillon
idrialite
*Molybdène :*
molybdénite
*Nickel :*
annabergite
garniérite
millerite
nickeline
pentlandite
speiss
*Nitrate de soude :*
caliche
*Niobium ou*
  *colombium :*
colombite
*Or* **260** :
*Platine*
*Plomb* **264** :
alquifoux
bournonite
cérusite
vanadinite
*Potasse* :
sylvine
*Strontium :*
strontiane
strontianite
*Sélénium*
*Soufre* :
pyrite
*Sulfates :*
barytine
célestine
epsomite
gypse
*Tantale*
*Thorium :*
monazite
*Titane*
*Tungstène :*
scheelite

wolfram
*Uranium :*
coffinite
euxénite
francevillite
gummite
ianthinite
penchblende ou
  uraninite
*Vanadium :*
vanadite

*Zinc :*
blende ou sphalérite
calamine
smithsonite
tuthie
willémite
*Zirconium* :
rutile
zircon
zircone

6 Minéralisation ; pétrification **258**, silicification.

7 Minéralurgie ; industrie minière, métallurgie **805**.

8 Minéralogie **258** ; géologie **237**. – Docimasie [vx], gravimétrie, minérographie.

v. 9 Minéraliser. – Se minéraliser.

Adj. 10 **Minéral** ; argentique, chromique, cuivrique, cuprique, ferrique, manganique, mercurique, potassique, sidérolithique, stannique, sulfurique, tungstique. – Arsénieux, chromeux, cuivreux, ferreux, ferrugineux, manganeux, mercureux, stanneux, sulfureux. – Arsenical, magnésien, mercuriel, saturnin. – Alcalin, alcalino-terreux.

11 **Métallifère** ; alunifère, argentifère, arsénifère, aurifère, carbonifère, cuprifère, lithinifère, platinifère, plombifère, stannifère, zincifère.

12 Minéralisant.

13 Minéralisateur.

14 Barré, brut, concentré, massif, natif, mixte. – Latéritique.

Adv. 15 **Minéralogiquement**.

Aff. 16 Sidéro-. – Alcali-, alcalino-, alcalo- ; argenti-, argento-, argyro- ; arséno-, arsénico-, arsénio- ; chalco- ; cupri-, cupro- ; ferri-, ferro- ; sidéro- ; silico-, silicico-.

17 -argyre, -argyrite ; -chalcite.

## 260 OR

N. 1 **Or** (symb. Au). – Or pur, or vierge. – Orpiment ; réalgar ; or d'essai. – Monnaie d'or. – Aurification [CHIR. DENT.] **330**. – **Orfèvrerie 866**. – ALCH. : chrysoppée, pierre philosophale.

2 BIJOUT. : or ducat, or fin, or rose ; or filé ; or mi-fin ; or faux. – Or massif ou de Judée, or mat, or moulu.

3 Alliage d'or, **aurure ;** or feuille morte (argent, or) ; or blanc [ou : or jaune, or anglais] (argent, cuivre, or) ; or rouge

(cuivre, or) ; or bleu (or, fer) ; or gris (nickel, or, zinc), or gris palladié.

4 MINÉR. : or affiné ou de coupelle ; or argental, électrum ; or de chat (mica lamelliforme). – MÉTALL. : or aigre, or d'apothicaire ; or battu ; or bruni, or poli ; or en chaux. – CHIM. : sels d'or ou hyposulfite d'or, or colloïdal. – Or fulminant [CHIM., MINÉR.]. – Or potable [ALCH.]. – Or radioactif.

5 Feuille d'or. – **Lingot d'or,** or en barre.

6 Mine d'or ; placer. – Paillette, **pépite,** poudre d'or. – Lavage à la batée ; orpaillage. – Batée.

7 Amalgamation ; chloruration, cyanuration ; **coupellation.** – Battage d'or, batte de l'or ; brunissage, polissage. – **Parfilage.**

8 Aurothérapie, **chrysothérapie.** – Teinture d'or d'Helvétius ; sirop d'or de Blégny ; gouttes d'or du g^al Lamothe.

9 ORFÈVR. : **poinçon ;** grain de remède. – Touchau ou touchaud ; carat. – Aloi [vieilli], concentration, titre.

10 BOURSE : barre d'or ; **étalon or 839,** étalon de change or, étalon dollar or ; franc-or ; encaisse or (opposé à encaisse argent) 261, valeur or ; **monométallisme ;** bimétallisme.

11 Aureus [ANTIQ.] ; doublon, ducat, lion d'or ou denier d'or fin au lion, souverain ; écu [anc.] ; louis d'or, napoléon ; jaunet [vx et fam.] ; créséide d'or [ANTIQ.]. – Clause-or [DR.].

12 Orfroi [ARCHÉOL., LITURGIE] ; brocart **810,** lamé or ; oripeau. – Cannetille, **fil d'or.** – Damasquinage. – Dorage.

13 **Dorure ;** faux or, simili or ; chrysocale. – Plaqué or, vermeil ; pinchbeck, similor. – Couleur or, vieil or.

14 Eldorado. – La Horde d'or [HIST.] ; **la ruée vers l'or** [HIST.]. – MYTH. : les pommes d'or du jardin des Hespérides ; la Toison d'or. – Veau d'or. – La poule aux œufs d'or.

15 Doreur *(un doreur) ;* **orfèvre.** – Batteur, orbatteur. – Fileur, parfileur, tireur d'or. – **Chercheur d'or,** prospecteur d'or, orpailleur.

16 Saint Jean Chrysostome (« Bouche d'or ») [HIST. RELIG.].

v. 17 Dorer ; **dorer à la feuille** (ou : au mercure, au trempé) ; surdorer ; catir. – Damasquiner. – Redorer. – Aurifier [CHIR. DENT.].

18 **Couvrir qqn d'or.** – Faire un pont d'or à qqn. – Payer à prix d'or ou au poids de l'or. – Promettre des monts d'or. – **Valoir son pesant d'or 832.** – Dormir sur un matelas ou un tas d'or. – Être cousu d'or, rouler sur l'or, nager dans l'or **829 ;** faire de l'or. – Redorer son blason [fam.]. – Parler d'or. – La parole est d'argent mais le silence est d'or [prov.].

19 Battre *(battre l'or) ;* coupeller. – Parfiler. – Amatir, dépolir ; donner le mat.

Adj. 20 **Doré ;** doré sur tranche. – Brillant, **clinquant,** rutilant. – Doublé or, **plaqué or.** – Or, **vermeil,** vieil or ; mordoré.

21 **En or,** précieux **434.** – **D'or** *(un cœur d'or) ;* franc comme l'or. – Chryséléphantin *(statue chryséléphantine).*

22 Aureux, aurique ; **aurifère.**

Adv. 23 Ni pour or ni pour argent [vieilli]. – Pour tout l'or du monde (plus fréquent en tournure négative : pas pour tout l'or du monde).

Aff. 24 Auri-, auro- ; chryso-.

# 261 ARGENT

N. 1 **Argent** (symb. Ag) ; argent natif, argent sec [vx], métal blanc ; argentopyrite [MINÉR.]. – Argent blanc ; monnaie d'argent [vx], **pièce d'argent ;** encaisse argent d'une banque (opposé à encaisse or) 260.

2 Argent allemand, argent anglais ; **argent fin,** argent fumé, vieil argent ; électrum [ANTIQ.] ; argent doré, vermeil. – Argentan ou argenton, étain, maillechort, ruolz.

3 Argenture. – Brocart ; fil d'argent ; papier d'aluminium ou, fam., papier alu, papier d'argent.

4 **Argent colloïdal,** collargol, électrargol, protargol ; sel d'argent ; azotate, bromure d'argent, chlorure d'argent, fulminate d'argent, halogénure, nitrate d'argent ; blanc d'argent ou céruse ; mercure, **vif-argent** [vieilli].

5 Argent *(l'argent d'une chevelure).* – L'astre au front d'argent (la Lune) [litt.].

6 **Argentage** ou argenture, argentation ; étamage, galvanoplastie, métallochromie, nickelage ; revêtement électrolytique [TECHN.].

v. 7 **Argenter,** chromer, étamer, nickeler. – Faire l'argenterie ; aviver, brunir, planer, polir.

Adj. 8 **Argenté ;** gris, gris argent, gris fer, gris métallisé, vieil argent. – Désargenté, oxydé, terne, terni.

9 **Argenteux, argentifère,** argentique, argentiste. – Argentin.

Aff. 10 **Argento-.**

## 262 FER

N. 1 **Fer** (symb. Fe) ; minerai de fer ; minette. – Ferrugineux *(les ferrugineux),* métal ferreux ; acier, fonte.

2 **Ferruginosité.** – Ferrimagnétisme, ferromagnétisme ; ferroélectricité. – **Aimant 236,** électro-aimant ; armure. – Ferrofluide [CHIM.].

3 MÉTALL. : fer aluminothermique, **fer Armco,** fer électrolytique, fer de Suède. – Fer coulé, fer fondu, **fer forgé** ; fer puddlé, fer rouverin ; fer-blanc.

4 MINÉR. – Fer arsenical ou mispickel. – Chromite ou fer chromé, ilménite ou fer titané, limonite ou fer limoneux, **sidérite** (ou : fer carbonaté, fer spathique, sidérose) ; fer des Marais, fer météorique. – Oxyde de fer (ou : fer spéculaire, fer micacé) ; oxyde hydraté naturel de fer ou lépidocrocite.

5 CHIM., MINÉR. – Fer a ou ferrite (céramique magnétique), fer d, fer g ; oxyde ferreux, oxyde ferrique ; oxyde ferrique hydraté, **rouille** ; oxyde magnétique ou oxyde salin, pierre naturelle d'aimant ; sulfate ferreux hydraté (couperose verte, vitriol vert) ; bisulfure de fer ou pyrite naturelle. – **Hématite,** magnétite ; gœthite.

6 PEINT. : oxyde de fer noir, hématite rouge ; rouge d'Espagne, rouge de Perse ; bol rouge, ocre rouge, **sanguine.**

7 CHIM. – Sel de fer ; **ferrate** ; ferricyanure ; ferrocyanure, ferroprussiate. – Ferrédoxine ; ferroprotéine. – Limaille de fer [PHARM.].

8 BIOCHIM. : ferritine, hémosidérine ; catalases, cytochromes, peroxydases ; ferriporphyrine, ferroporphyrine ; sidérophiline, transférine.

9 Alliage de fer, **ferro-alliage** ; ferro-aluminium, ferrocérium, ferrochrome, ferromanganèse, ferromolybdène, ferronickel, ferrosilicium.

10 Fer à cheval **813.** – **Fer** *(croiser le fer)* ; épée **665,** fleuret, sabre. – BÂT. : ferraillage, ferrement. – Barre de fer, barre à mine. – Fil de fer.

11 **Ferraille** ; paille de fer. – Ferraillerie [péj.].

12 Aciération ; étamage, étampage, **ferrage,** laminage, **puddlage.** – Forgeage, martelage, moirage. – Ferrage [MÉTALL.].

13 **Aciérie,** fonderie. – Armurerie, clouterie, **ferblanterie** ; quincaillerie.

14 Ferronnerie ou, vx, serrurerie **809,** métallerie ; métallurgie **805,** sidérurgie ; ferrotypie [PHOT.].

15 **Aciériste** *(un aciériste),* métallurgiste ; puddleur. – Forgeron ; maître de forges. – Ferreur, maréchal-ferrant. – Ferblantier, ferron, **ferronnier** ; quincaillier ; ferrailleur.

16 Âge du fer [PRÉHIST.].

V. 17 **Ferrer** ; sceller ; lester. – Armer [TECHN.], blinder, cuirasser.

18 **Aciérer,** étamer, galvaniser, métalliser. – Battre, cingler, corroyer, dégorger ; étamper, forger. – Braser, **souder.**

19 **Rouiller** ; se corroder, s'oxyder.

20 Il faut battre le fer pendant qu'il est chaud [prov.].

Adj. 21 **Ferré** ; ferreux, ferrugineux. – **Ferrifère.** – Ferromagnésien.

22 Ferrique. – Ferrimagnétique, ferromagnétique ; ferroélectrique. – GÉOL. : sidérolithique ou sidérolitique ; ferrallitique, latéritique. – MÉD. : ferriprive, hyposidérémique. – Ferrotypique [PHOT.].

23 TECHN. : étamé, laminé, moiré ; forgé. – Chromé, galvanisé. – Rouillé ; érugineux [vx].

24 **De fer** ; dur. – De fer, inébranlable **599,** inflexible ; résistant.

Adv. 25 Dur comme fer *(croire à qqch dur comme fer).*

26 Durement **599,** impitoyablement ; d'une main de fer, d'une poigne de fer. – Par le fer et par le feu **580.**

Aff. 27 Ferri-, ferro-.

## 263 BRONZE

N. 1 **Bronze** ; **airain** [vx, litt.], orichalque [ANTIQ.]. – Alliage cuivreux ; cupro-aluminium [MÉTALL.]. – Bronzerie [TECHN., ARTS] ; bronzage [TECHN.].

2 MÉTALL. : **bronze d'aluminium,** bronze à l'antimoine, bronze au manganèse, bronze au plomb, bronze au vanadium ; bronze phosphoreux, bronze poreux. – Bronze de frottement. – Bronze industriel ; **similibronze** ; chrysocale, laiton. – Bronze à canon. – Bronze fondu, bronze moulu.

3 PEINT. : **poudre de bronze,** purpurine. – Bronze patiné ; bronze noir, bronze vert

ou antique ; bronze doré. – Bronze, vert bronze ; verdet, **vert-de-gris.**

4 **Bronze** *(faire parler le bronze)* [vx, litt.], canons. – Bronze sonore, **cloches** ; MUS. : crotale, gong **783.**

5 BX-A. : **bronze** *(un bronze)* **776,** statue de bronze ; bronze antique ; **bronze d'art,** bronze chinois. – Bronze d'ameublement [ARTS DÉC.]. – NUMISM. : bronze *(grand bronze, moyen bronze, petit bronze),* **médaille ;** ANTIQ. ROM. : as, as libral, as oncial, contorniate ; sou [vx]. – Médaille de bronze **870.**

6 **Âge du bronze** [PALÉONT.] ; MYTH. : âge d'airain ; civilisation du bronze atlantique.

7 Bronzeur, **bronzier** ; fondeur d'art, mouleur. – Médailleur, médaillier, médailliste ; **numismate.**

V. 8 **Bronzer** ; patiner ; verdegriser. – Brunir, cuivrer.

9 **Couler du bronze,** fondre *(fondre une statue),* **mouler.** – Couler qqch dans le bronze [fig.].

Adj. 10 **Bronzé,** patiné, vert-de-grisé ; brun **356.**

11 De bronze ; **d'airain** ; dur, solide, résistant.

12 Cuprifère.

Aff. 13 **Chalco-,** cupro-.

## 264 PLOMB

N. 1 **Plomb** (symb. Pb) ; minerai de plomb.

2 **Oxyde de plomb,** oxyde salin ou **minium ;** hydroxyde de plomb, monoxyde de plomb ; plomb brûlé (ou : massicot, litharge) ; cendrée ; dioxyde de plomb ou oxyde puce. – Chlorure de plomb, iodure de plomb, sulfure de plomb ou **galène ;** anglésite ou sulfate de plomb, cérusite ou carbonate de plomb, pyromorphite ou phosphate de plomb. – Sels de plomb ; acétate, nitrate, nitre [vx]. – Plombate, plombite. – Plomb argentifère. – PÉTR. : P. T. M. (plomb tétraméthyle), P. T. E. (plomb-tétraéthyle). – PHARM. : soluté d'acétate basique de plomb ou eau blanche, **extrait de Saturne.** – Plomb d'œuvre ; **plomb doux** ; plomb métallique ; plomb durci.

3 Alliages. – **Alliage de Darcet** (bismuth, plomb, étain) ; alliage de Wood (bismuth, plomb, étain, cadmium) ; soudure pour plombiers (étain, plomb) ; **métal à la reine** (étain, antimoine, plomb, bismuth), métal anglais (étain, antimoine, plomb, cuivre) ; potin (cuivre, zinc, plomb, étain). – Alliages antifriction : **cupro-plomb** ou métal rose, métal blanc (plomb, étain, antimoine, cuivre).

4 Graphite, plombagine ; **mine de plomb.** – Cristal au plomb, verre au plomb **266.**

5 Fusible **235,** plomb fusible, ou, absolt, plomb *(un plomb, les plombs).* – Plomb scellé ou scellé [DR.]. – **Chevrotine,** plomb de chasse **664.** – Plombure [TECHN.]. – Saumon [MÉTALL.].

6 PATHOL. – Plombémie. – **Saturnisme.** – Plomb des vidangeurs. – Colique de plomb.

7 **Grillage** ; fusion réductrice en four à cuve ; zincage ; raffinage. – **Coupellation.** – Transmutation du plomb en or [ALCH.].

8 **Plomberie.** – Plombage *(plombage d'une dent)* **330** ; obturation. – Lestage.

9 Plombier *(un plombier).* – Plombeur.

V. 10 Plomber [litt.] ; assombrir, foncer. – Ferrer, **plomber** ; alourdir, **lester.** – Vernir [TECHN.] ; protéger [MÉTALL.]. – Obturer, plomber *(plomber une dent).*

11 **Plomber** ; cacheter, **sceller.**

Adj. 12 CHIM. : **plombique,** saturnin.

13 Plombier [vx]. – Plombifère.

14 **Plombé** ; gris **355,** sombre. – Plombé ; livide, pâle.

15 **Plombé** ; clos, scellé.

16 **De plomb** *(soleil de plomb, sommeil de plomb) ;* épais, lourd **239** ; accablant, écrasant.

Aff. 17 Plombo-, plumbo-, plombico-.

## 265 BOIS

N. 1 **Bois** ; xylème [BOT.] ; métaxylème, protoxylème. – Bois primaire, bois secondaire ; bois d'automne ou bois d'été, bois de printemps. – Arbre **286** ; forêt **812.** – **Lignification.** – Bois fossile.

2 **Tissu vasculaire** ; trachéides (gymnospermes), vaisseaux (dicotylédones) ; fibres, parenchyme. – **Sève, résine** ; liber ; faisceaux libéro-ligneux. – Assise génératrice ou cambium. – Aubier, bois dur, cœur ; **bois de cœur,** bois parfait, duramen. – Écorce ; **liège,** suber. – Cellulose, hémicellulose ; lignine.

3 Fil ; contre-fil. – Maillure. – **Madrure ; nœud,** malandre ; brogne, broussin,

loupe ; frotture, gélivure, gerce, lunure, roulure.

4 **Bûcheronnage** ; débitage, sciage, tronçonnage ; délignage, fendage, refente ou dédoublage ; décœurage. – Schlittage ; train de bois.

5 Charpentage, charronnage. – **Ébénisterie, menuiserie** 807 ; boissellerie, tonnellerie, tournerie, vannerie ; lutherie, marquetterie.

6 **Débit** ; avivé, plot ; tronçon. – Dos ; **dosse,** faux quartier, quartier ; bille, billon ; flache ; fût, surbille ; grumme ; demi-lune. – **Barrefort,** bastaing ou basting, cantibay, carrelet, chevron, frise, lambourde, madrier, merrain, planche, poutre, volige ; éclisse ; vx : battant, doublette, échantillon, entrevous.

7 Farine de bois, **sciure.**

8 **Stère** ; billette, billeau, rondin ; courson ; liteau. – Pile.

9 **Bois de fente, bois feuillard ;** bois en grume, bois rond. – Bois d'œuvre (opposé à bois d'industrie) ; bois de service. – Bois nerveux ; faux bois. – Bois tors [MAR.].

10 **Bois de chauffage** 853 ; bois à brûler ; bois gris, bois pélard ; bois de boulange ; bois blanc (bouleau, aulne). – Gros bois, menu bois ou petit bois ; bûche, bûchette. – Charbonnette.

11 Bois d'ébénisterie, bois de menuiserie : acacia, **chêne,** charme, érable, hêtre ; mélèze, peuplier, pin, sapin ; bouleau ; poirier, pommier. – Bois de carrosserie : **robinier ;** balata, kapur. – Bois de tonnellerie : **frêne,** kasaï, manil, pentacme. – Bois de tournerie : alisier, **buis,** citronnier, cornouiller, tilleul. – Bois de charronnage : cornouiller, **orme,** platane, robinier. – Bois de vannerie : châtaignier, osier, rotin. – Bois de lutherie : alerce, cochenille ou grenadille, érable, **merisier ;** amourette ou lettre rouge. – Bois de charpente : angélique, azobé, bagasse, bambou, bilinga, chêne.

12 Bois de teinture ou bois tinctoriaux : brésil ou brésillet, canwood, gaïac ; **bois de Campêche,** bois de Madagascar ; bois jaune, bois rouge ; quercitron. – Bois médicinaux : **genévrier,** oxycèdre ; méliacée. – Bois odorants : bois d'aigle (ou : d'aloès, d'agalloche), bois de rose ; cinnamome, litséa.

13 Bois exotiques (opposé à bois indigènes) : bois des îles ; abura ou bahia, aiélé, **balsa,** bois corail ou padouk, canalete, kapokier, koto. – Bois tropicaux : **acajou, amarante,**

ba, bété, ébène, okoumé, ossoko, **palissandre, teck.**

14 **Bois aggloméré** ou, fam., agglo, bois reconstitué ; contrecollé *(du contrecollé),* contreplaqué ; lamellé-collé. – Pâte à bois.

15 **Bois** *(les bois).* [MUS.] 783. – ZOOL. : bois ; bosse, broche, dague ; daguet, mulet, refait ; brocard.

16 Bois de mine [MIN.]. – Bois de montagne [MINÉR.].

17 Xylochimie ; **xylologie** ; paléoxylologie. – Dendrométrie.

18 Gâte-bois, perce-bois.

19 **Bûcheron,** scieur de long. – **Charpentier,** charron ; ébéniste, menuisier. – Boiseur.

V. 20 **Boiser,** charpenter, **étayer ;** lambrisser, planchéier.

21 Débiter, **scier ;** déligner. – Décœurer, désaubiérer, déséver. – Fendre, refendre.

22 **Flotter du bois,** schlitter.

23 Se lignifier.

24 Jouer, grincer, travailler.

25 Résiner ; galipoter, gemmer.

26 Toucher du bois. – Prov. et loc. prov. : faute de bois le feu s'éteint ; il n'est bois si vert qui ne s'allume ; il n'est feu que de bois vert ; entre le bois et l'écorce, il ne faut pas mettre le doigt.

Adj. 27 Ligneux. – Subéreux. – Xylin. – Dur comme du bois.

28 Lignicole. – Xylophage.

29 **Uni, veiné ;** flambé, moiré ; moucheté, tigré ; chenillé ; ondé, rubané, ronceux. – Luné, madré ; vermoulu.

30 Amélioré ; stratifié.

Aff. 31 Ligni- ; xylo-.

## 266 VERRE

N. 1 **Verre.** – Pâte de verre. – Verre d'Alsace ; **verre de Bohême, verre de Venise ;** cristal, cristal de Baccarat ; cristallin ou, vx, semi-cristal. – Porcelaine de Réaumur, verre blanc ; crown ; **verre d'albâtre** ou pâte de riz ; aventurine ; opaline, verre opale, verre opalin ; hyalite (verre noir), jais français ; aventurine. – Verre au plomb ; cristal au plomb. – Verre de fougère ; blanc de lait ; craquelé ; verre cathédrale.

2 **Verre plat ;** verre de vitrage ; glace flottée ou, angl., float-glass ; verre double ou pla-

que ; verre coulé ou laminé ; verre mousseline. – **Verre creux** ; verre d'emballage. – **Verre technique** ; verre de silice ; verre au fluor ; verre de fluophosphate ; verre laser. – **Verre optique** ; verre sodocalcique ; verre photochromique ; vitrocéramique ; fibres optiques ; verre semiconducteur ; verre de chalcogénure.

3 Verre neutre. – Verre filé ; **verre soufflé.** – **Verre armé** ; verre perforé ; verre dépoli, verre poli. – Verre athermane. – Verre soluble. – **Verre de sécurité** ; verre sandwich ou feuilleté. – Verre mousse ou multicellulaire. – Verre organique.

4 **Fibre de verre** ; verranne. – Fibre textile ; fibre isolation. – Laine de verre, ouate de verre, soie de verre.

5 GÉOL. : verre naturel ; **obsidienne** (verre volcanique), pechstein ou rétinite ; fulgurites, tectites ; cristal de roche, quartz hyalin. – MÉTALL. : verre métallique ou alliage amorphe. – Verre d'antimoine, verre d'arsenic, verre de cuivre, verre de plomb.

6 Fiel de verre ; groisil (ou : graisin, grésil).

7 **Papier de verre** ou papier verré. – Verrage.

8 **Vitre** ; **vitrail** ; glace, **miroir 234.** – Pan de verre ou rideau de verre. – Verrerie de table ; cristaux de Bohême. – Verre d'eau.

9 **Fusion** ou fonte ; affinage ; braise. – Étirage ; laminage. – Dégazage, frittage ; doucissage, polissage 155. – Brassage, guinandage, maclage. – Flottage. – Trempage ; titanisation. – Aluminisation (ou : aluminiage, aluminure). – Pressage, pressage par poinçon et matrice ; **soufflage,** soufflage en manchon, soufflage en plateau. – **Moulage** ; moulage à la cire perdue, moulage-modelage.

10 VERR. : **coupe-verre, diamant,** molette. – Canne ; mors. – Manchon. – Bouillonneur, cordeline ; guinand.

11 Vitrification ; vitrage. – Verrière. – Maison de verre.

12 Verre *(un verre).* – **Verre de lampe,** verre de montre ; verre de lunettes. – Verre à eau 851 ; verre à pied, verre à pattes [vieilli]. – Petit verre [fam.]. – Verrine ou verine. – Véraille ; verroterie.

13 Verrée [PHARM.] 70.

14 **Verrerie** ; cristallerie. – Bouteillerie, flaconnage, gobeleterie. – Vitrerie.

15 Verrier ; maître verrier. – **Souffleur de verre** ; fileur de verre. – Verreur. – Vitrier.

v. 16 **Verrer** [TECHN.]. – Être verré [ORFÈVR.].

17 **Mettre sous verre.** – Vitrer ; vitrifier.

18 Brasser, macler ; fritter, mouler, presser ; **souffler.** – Ouvrir la bosse. – **Céramiser 257.**

19 Se briser comme du verre 247. – Ne pas être en verre [fam.].

Adj. 20 **Verré** ; vitré. – Vitrifié.

21 Verrier.

22 **Cristallin** ; translucide, transparent. – Vitreux.

23 Vitrifiable. – Vitrificateur.

# 267 HUILE

N. 1 **Huile** ; huile animale, minérale, végétale ; huile synthétique ; huile alimentaire ou comestible ; **corps gras,** émulsif *(un émulsif),* graisse, **matière grasse,** oléagineux *(un oléagineux) ;* suint.

2 Hydrocarbures liquides. – **Huile brute, huile raffinée.** – Huile anthracénique, huile lourde, huile minérale liquide, huile de naphte, huile phénolique ; benzène, fuel, gas-oil, mazout, **pétrole 803.** – Huile d'absorption, huile de base, huile à broches ou spindle, huile compoundée ou composée, huile de coupe, huile de cylindre, huile d'engrenage ou huile E. P., huile de fluxage, huile de graissage ou huile lubrifiante, huile de moteur, huile de mouvement ou de transmission, huile noire, huile de schiste, huile soluble, huile soufflée, huile sulfureuse (ichtyol), huile de turbine ; huile pauvre, huile riche. – Huile de goudron de houille, huile de goudron de bois (créosote), huile grasse, huile lampante [PÉTR.]. – Huile de résine, huile siccative, huile sulfonée, **oléorésine.**

3 Calamine, **cambouis, goudron.** – Peinture à l'huile [PEINT.] 773.

4 Huiles animales industrielles : huile de baleine, huile de bœuf, huile de cachalot, **huile de foie de morue,** huile de mouton, huile de phoque, huile de poisson. – Huiles industrielles : cameline, colza, coton, lin, madi, palme. – Huiles médicinales : amande amère, **amande douce,** cade, croton, ricin, huile de coco ou de coprah ; huile essentielle ou volatile.

5 **Huile alimentaire,** huile de friture, huile vierge ; **huile d'arachide,** huile de colza, huile de maïs, huile de navette, huile de noix, **huile d'olive,** huile de palme, huile

de pépins de raisin, huile de sésame, huile de soja, **huile de tournesol.**

6 Cérat [vieilli], distillat, **émulsion,** fart, oléolat, raffinat. – PHARM. : embrocation, liniment, onguent. – Huiles cosmétiques : huile acide, huile de paraffine, huile de vaseline ; huile d'amande douce, huile d'avocat, huile d'œillette ; huile solaire.

7 **Les saintes huiles ;** chrême *(le saint chrême)* [LITURGIE] **496.**

8 Broyage, décorticage, dénoyautage ; extraction par dissolvant, extraction par pression et épuisement. – Centrifugation, décantation, décoloration, déparaffinage, distillation, filtration, lavage, pressage, raffinage, séchage. – Graissage ; ensimage, fartage.

9 Broyeur, maillotin [TECHN.], **pressoir à huile.**

10 Marc, résidu ; tourteau, trouille [région.].

11 Oléiculture **811.** – Moulin à huile, oliverie ; huilerie.

12 Indice de viscosité. – Oléomètre **70.25.**

v. 13 **Huiler ;** enduire, ensimer, farter, graisser, **lubrifier,** oindre ; imperméabiliser.

14 Extraire, presser ; claircir, **décanter, filtrer ;** défruiter, **raffiner.**

Adj. 15 **Huileux ;** gras, oléagineux, oléiforme ; oléique [CHIM.]. – **Onctueux,** visqueux. – CHIM. : **émulsif,** insoluble, saponifiable ; empyreumatique [didact.]. – Rance.

16 **Oléifère** [didact.] ; oléifiant ou oléifiant [CHIM.].

17 Huilé, graissé.

18 Oléicole.

Adv. 19 **Huileusement ;** grassement. – Onctueusement, visqueusement.

Aff. 20 Olé-, **oléi-.**

## 268 RÉGION

N. 1 **Région ;** province **676 ;** localité. – Contrée, partie du monde, région du monde. – Poét. : cieux, climats **273.**

2 **Territoire ;** pays **674.** – Domaine, royaume ; **aire.**

3 Sol **237,** terrain, **terre 257,** terroir.

4 Frontière ; lisière, marche. – Côtes, rivages ; bord de mer ; front de mer. – Arrière-pays, hinterland.

5 Environs **157 ;** voisinage. – Parages.

6 **Coin,** endroit, lieu. – Zone.

7 ADMIN. Département. – Canton, district ; préfecture **673,** sous-préfecture. – Circonscription, généralité [vx]. – **Région ;** capitale régionale, métropole. – **État,** État souverain ; pays.

8 **Régionalisme,** provincialisme ; chauvinisme, nationalisme **671.** – Esprit de clocher.

9 Géographie régionale. – Particularisme régional.

10 Didact. – Territorialité ; provincialité.

11 **Provincial** *(un provincial) ;* Armoricain [vx], Alsacien, Angoumoisin, Aquitain, Ardennais, Aunisien, Auvergnat, Basque, Béarnais, Beauceron, Berrichon, Bourguignon, Breton, Champenois, Charentais, Corse, Dauphinois, Franc-Comtois, Francilien, Gascon, Girondin, Languedocien, Limousin, Lorrain, Lyonnais, Morvandiau, Normand, Picard, Poitevin, Provençal, Roussillonnais, Saintongeais, Savoyard ou Savoisien, Vendéen, Vosgien.

12 **Régionaliste** *(un régionaliste ; les régionalistes)* **671.** – Autonomiste, séparatiste.

v. 13 **Régionaliser** (opposé à centraliser), décentraliser ; localiser. – Désenclaver. – Provincialiser [rare].

14 Avoisiner ; environner.

Adj. 15 Régional ; local ; provincial.

Adv. 16 **Régionalement.** – Localement, territorialement. – Provincialement.

## 269 PLAINE

N. 1 **Plaine.** – Plaine alluviale, plaine côtière, plaine d'effondrement, plaine d'érosion, plaine fluvio-glaciaire, plaine littorale, plaine proglaciaire ou sandr, plaine steppique. – Pénéplaine ; monadnock. – **Plateau ;** bowal.

2 Plaine basse. – Haute plaine ; plateau, haut plateau. – Mesa. – Dépression ; caldeira – Bassin, cuvette. – Marais, marécage **244.**

3 Plaine abyssale, plaine bathyale. – Plateau continental, plate-forme littorale, talus continental. – Plateau sous-marin ; **haut fond ;** platier.

4 Plaine découverte, planure [région.], plat pays ; campagne, champagne ; pleine campagne, rase campagne. – Plaine cultivée ; champ **811.** – Plaine à blé, grenier à blé [fig.]. – Prairie **290 ;** pâturage **813.**

5 Plaine steppique ; pampa, steppe. – **Désert 272.**

Adj. 6 Plain [vx], **plat ;** uni.

7 **Champêtre.** – Pampéen, steppique.

## 270 MONTAGNE

N. 1 **Montagne.** – Colline, élévation, éminence, hauteur, relief ; cime, sommet.

2 Hautes terres, pays de montagne ; altiplano, highlands, haut plateau, plateau, puna.

3 Chaîne de montagnes, chaîne de volcans. – Cordillère, sierra ; inselberg, massif. – Djebel.

4 **Mont,** monticule, morne [région.], tertre ; dune, nebka [GÉOMORPH.] ; inselberg. – Montagne à lait, montagne à vaches, petite montagne, montagnette.

5 Val, **vallée,** valleuse [région.], vallon. – Vallée jeune, vallée mûre ; vallée aveugle, vallée morte, vallée sèche ; reculée [région. ou GÉOGR.]. – Vallée glaciaire ; vallée principale, vallée suspendue, vallée tributaire. – Cañon ou canyon 270. – Fjord.

6 Volcan ; volcan hawaiien, volcan péléen, volcan strombolien, volcan vulcanien 237. – Cratère ; cratère en aiguille, cratère en coupole, cratère en dôme, cratère égueulé. – Cône de déjection.

7 Glacier, glacier continental ou islandsis, glacier de piémont, glacier rocheux, montagne de glace [vx] ; névé. – Iceberg.

8 Crêt, crête, ligne de crête, dent, dorsale, éperon, faîte, front, piton, planina, serre. – Aiguille, pic, pointe 151 ; point culminant. – Ballon, croupe, dôme, mamelon ; pain de sucre ; région. : plomb, puy. – Calotte glaciaire, calotte neigeuse.

9 Brèche, cluse, **col,** combe, défilé, **gorge,** porte, seuil, trouée. – Cañon, gorge. – Caverne, **cirque,** crevasse, dépression 153, faille ; abrupt *(un abrupt),* à-pic *(un à-pic).* – Aven, bétoire, doline, gouffre, igue [région.]. – Ravin, ravine, ravinée.

10 Assises [GÉOL.]. – Étage ; étage collinéen, étage montagnard ; étage alpin, étage subalpin. – Base, pied ; contrefort. – Arête, côte, escarpement, flanc, penchant [litt.], thalweg, **versant 167 ;** contre-pente, pente, verrou ; région. : adret, soulane, ubac.

11 Avalanche **214 ;** éboulement. – Éboulis, pierrier.

12 Orogenèse.

13 **Ascension 211,** course de montagne, escalade, grimpée, trekking, varappe 870.6.

– **Alpinisme,** andinisme, dolomitisme, himalayisme, pyrénéisme. – **Montagnard ;** ascensionniste *(un ascensionniste),* escaladeur, glaciériste, grimpeur, rochassier, varappeur. – Cordée.

V. 14 Couronner, dominer **622, surplomber 165 ;** tomber en à-pic. – Se dresser, s'élever, s'ériger. – Culminer ; plafonner.

15 Courir la montagne, faire de la montagne ; varapper. – Ascensionner, escalader, gravir, faire l'ascension de. – Dégringoler, dévaler. – ALP. : dérocher, dévisser.

Adj. 16 **Montagneux,** montueux [vx] – Alpestre, alpin ; andin, hymalayen.

17 Abrupt, accidenté, escarpé, pentu, raide ; hérissé. – Mamelonné, modelé ; en terrasse. – Érosif, gélif [GÉOL.]. – En auge, en U.

18 **Montagnard ;** alpicole, alpigène, monticole, orophile [BIOL.].

Aff. 19 Alti-(alto-), hypso-, oréo-(oro-).

## 271 FLOTS

N. 1 **Flots.** – Flot *(le flot),* onde *(l'onde)* [litt.]. – **Eau ;** eau courante, eau vive ; eau dormante, eau morte, eau stagnante ; eau douce, doucin ; eau salée, eau saumâtre. – Aigue [vx], flotte [fam.] ; baille [arg.].

2 **Lac ;** chott, lagon, loch. – Étang, mare, **pièce d'eau,** réservoir ; bourbier, gâtine, grenouillère, marécage, maremme. – Alevinier, vivier **813.**

3 **Fontaine,** source ; geyser. – Aven, bétoire, entonnoir, gouffre **153.** – Résurgence.

4 **Cours d'eau ;** arroyo, **fleuve, rivière,** ruisseau ; ru, ruisselet, rivelet [litt.], riviérette [rare] ; oued. – Torrent ; avalaison, gave [région.]. – **Cascade,** cascatelle, cataracte, chute **214,** saut **213.**

5 **Embouchure, estuaire ;** grau [région.]. – **Delta ;** cône alluvial, cône de déjection, piémont alluvial. – Banc ; banc de sable, banc de galets, banc de jard [région.].

6 Bassin, bassin fluvial ; bassin d'alimentation, bassin hydrographique, bassin-versant. – Branche mère ; axe collecteur, axe fluvial, axe hydrographique ; confluent ou confluence ; affluent. – Bras de rivière ; bras mort. – Canal, étier [région.].

7 **Mer ;** mer bordière, mer continentale, mer intérieure, mer fermée. – Océan ; litt. :

empire des ondes, plaine liquide. – Haute mer, large *(le large)*.

8 Côte, littoral, **rivage** ; *riviera* (ital., « rivage »). – Berge, rivage [vx], rive. – Estran, platin ; corniche ; falaise. – Grève, marine [vx], plage. – Cordon littoral ; lido. – Lagune, liman, noere. – Cap ; péninsule, presqu'île ; isthme. – **Golfe** ; baie, **rade** ; anse, calanque, crique, fjord, havre. – Atoll.

9 **Marée**, seiche ; marée basse ou basse mer, marée haute. – Marée descendante 212 ; contre-marée, jusant *(le jusant),* perdant *(le perdant),* reflux, retrait, retraite des eaux. – Marée montante. – Morte-eau. – **Grande marée**, marée d'équinoxe, marée des syzygies ; vive-eau. – Courant de marée.

10 **Vague** ; lame, déferlante, rouleau ; paquet de mer. – Barre, mascaret. – Houle, ressac. – Lame de fond, raz de marée, tsunami ;

11 Bouillon, écume, remous, tourbillon.

12 Coup de chien, coup de mer, coup de tabac, **tempête** 275.2. – **Déluge.**

13 Clapotis ou clapotement 367.6.

14 Divagation. – **Crue,** débordement, inondation. – Décroissement, décrue, retrait, retraite des eaux ; – Embâcle ; débâcle.

15 Régime ; écoulement (écoulement intermittent, écoulement occasionnel, écoulement permanent, écoulement saisonnier) ; fluence [litt.]. – Étiage, niveau ; maigre *(les maigres d'une rivière).*

16 Affouillement, érosion 237.

17 Allaise, alluvion 257, atterrissement, dépôt.

18 Océanographie, océanologie, potamologie.

19 MYTH. – Amphitrite, Neptune (Poséidon) **500**, Nérée, Protée, Thétis, Vénus Anadyomède (Aphrodite). – Naïades, Néréides, Océanides ; nixes, ondines, ondins ; sirènes, tritons.

V.20 **Couler,** couler à flots, filer, fluer [litt.], ruisseler. – Cascader, déferler. – Jaillir. – Bouillonner, écumer, moutonner ; clapoter.

21 Arroser, **baigner,** irriguer. – Inonder 252, noyer, submerger.

22 Affluer, confluer.

23 Marner, monter 211. – Baisser, déchaler, descendre ; se retirer.

24 Forcir, grossir. – Se briser, se démonter, se déchaîner.

25 Calmir. – S'apaiser.

26 **Flotter,** fluctuer [rare], naviguer **819.31**, voguer.

27 Se baigner, s'immerger, se jeter à l'eau. – Nager, nager entre deux eaux ; plonger.

28 Avoir le pied marin ; s'amariner.

Adj. 29 Aqueux [didact.], aquifère ; aquatile, **aquatique,** uliginaire. – Fluvial, fluviatile ; marin, maritime, pélagien, pélagique ; océanique. – Lacustre. – Sous-marin ou, didact., subaquatique. – Abyssal, benthique ou démersal.

30 **Littoral.** – Lagunaire ou, rare, laguneux, péninsulaire, rivulaire.

31 Immergé ; inondé. – Inondable.

Adv. 32 **À flots,** à grands flots, à longs flots, à flots pressés.

33 Au fil de l'eau, à fleur d'eau ; à la dérive, à **vau-l'eau.**

Aff. 34 **Aqua-,** aqui-, **hydro-,** pélago-, thalass-, **thalasso-,** thalassi-.

35 -pélagique, pélag-, **pélago-.**

# 272 DÉSERT

N. 1 **Désert** ; désert chaud, désert froid, désert tempéré. – Désert de pierre, hamada, reg ; désert de sable, erg. – Désert de glace ; steppe **269**, toundra. – Désert salé.

2 Dune de sable. – Bolson, sabkha. – **Oasis.** – Khamsin, simoun, sirocco **275**. – Mirage **346.13.**

3 **Sécheresse 245** ; aréisme, aridité. – **Désertification** ou, rare, désertisation. – Ennoyage ou ennoiement désertique. – Vernis ou patine désertique.

4 No man's land (angl., « terre d'aucun homme ») ; terre vierge.

5 Traversée du désert [allus. bibl.] **584.**

6 Habitants du désert ; **Bédouins,** hommes bleus ou Touaregs (aussi : Targui) ; Bochimans. – Anachorète ; Pères du désert **702.**

V. 7 **Désertifier.** – **Se désertifier** ; se dépeupler.

Adj. 8 **Désertique,** semi-désertique. – Aréique, aride, semi-aride. – Désolé ; lunaire.

9 Nu ; infertile, stérile.

10 **Désert** ; inhabité **847**, vide. – Déserté ; dépeuplé. – Abandonné. – Écarté, retiré.

11 Déserticole, érémicole.

## 273 CLIMATS

N. 1 **Climats.** – Climat local, climat régional, climat zonal ; mésoclimat, microclimat. – Climat chaud (climat équatorial, climat océanien, climat tropical) ; climat continental (climat chinois, climat sibérien, climat ukrainien) ; climat froid (climat groendlandais, climat islandais, climat polaire) ; climat sec (climat aride, climat semi-aride), climat tempéré (climat océanique, climat semi-océanique). – Climat d'altitude, climat de montagne ; climat maritime, climat de mousson.

2 Saison **187**, **temps** ; conditions météorologiques. – Température.

3 Ensoleillement **277** ; enneigement **242**. – Nébulosité **276**. – Pluviosité **274**. – Degré hygrométrique ou d'hygrométrie, **humidité 244**.

4 Aridité, sécheresse **245**.

5 **Intempérie**, météore [vx], perturbation, vimaire [région.]. – Pluie **274**, précipitation, météore aqueux [vx] ; météore aérien [vx], vent **275**. – Bruine, brouillard, frimas, rosée ; gelée **242**, gelée blanche, grésil, givre, grêle, **neige**, verglas. – Météore igné [vx] ; éclair, éclair de chaleur, électricité atmosphérique ; foudre, fulguration [rare et sout.], tonnerre.

6 Météore lumineux [vx] ; aurore polaire, aurore boréale, aurore australe. – Soleil de minuit. – Couronne, gloire, halo ; rayon vert. – Arc-en-ciel, écharpe d'Iris [poét.].

7 Refroidissement **242**. – Réchauffement, redoux **241**.

8 Amplitude ou écart thermique, contraste thermique, variations saisonnières. – Pression atmosphérique ; basses pressions, cyclone, **dépression**, doldrums ; **anticyclone**, hautes pressions. – Ascendance thermique, courant chaud, courant froid ; courant aérien, jet-stream ; courant marin. – Front (front chaud, front froid, front occlus) ; **masse d'air** ; advection (opposé à convection).

9 Aérologie, climatologie, climatologie biologique ou bioclimatologie, climatologie météorologique ou biométéorologie ; courantologie. – Météorologie (fam., météo).

10 Actinomètre **70**, baromètre ; **thermomètre** ; héliomètre, pyromètre ; **hygromètre, pluviomètre**, planche à neige. – Ballon-sonde, radiosonde, **satellite météorologique** ; climatron [SC.].

11 Bulletin météorologique ; carte de pression. – Ligne isobare, ligne isotherme.

12 Bar, millibar, pascal. – **Degré** ; degré Celsius, degré centigrade, degré Farenheit, degré Réaumur.

13 Loc. cour et fam. : il n'y a plus de saison ; il fait un temps à ne pas mettre un chien dehors ; le diable bat sa femme et marie sa fille. – Prov. : En avril ne te découvre pas d'un fil, en mai fais ce qu'il te plaît ; Noël au balcon, Pâques aux tisons ; À la Chandeleur, l'hiver se passe ou prend vigueur. – Ciel pommelé et femme fardée ne sont pas de longue durée [prov.]. – Les saints de glace.

V. 14 Impers. – Pleuvoir **274**. – Neiger, neigeoter. – Venter **275**, souffler. – Geler **242**. – Faire beau, bon, mauvais ; faire soleil *(il fait beau, bon, mauvais ; il fait soleil)*.

15 Tourner ; tourner à la pluie, à l'orage ; se mettre au beau, à la grêle, etc. – Taper [fam.] **241**.

16 Acclimater ; déclimater.

17 Climatiser **853**. – Adoucir, réchauffer ; rafraîchir, refroidir.

Adj. 18 **Climatique**, climatologique ; atmosphérique, météorique, météorologique.

19 Isobare, isotherme. – Anticyclonique, cyclonique, dépressionnaire.

20 Beau, **clair**, ensoleillé. – **Gris**, maussade, triste ; à ne pas mettre le nez dehors ; fam. : de canard, de chien. – Capricieux, changeant, contrasté, instable, **variable**. – De saison.

21 Remontant, revigorant, roboratif, salubre, sain, tonifiant, vivifiant. – Accablant, amollissant, débilitant, délétère, déprimant, insalubre, pernicieux. – Rude, sévère.

Adv. 22 Climatiquement, météorologiquement.

Aff. 23 **Aéro-**, atmo-, climato-.

## 274 PLUIE

N. 1 **Pluie** ; eau de pluie, eau du ciel ; flotte [fam.]. – **Humidité 244**, pluviosité. – Hygrométrie, régime des pluies.

2 **Saison des pluies 187** ; hivernage ; mousson. – Pluviôse [anc.].

3 Ciel bas, plafond bas. – Temps gris, temps nuageux **276**, temps plombé, temps humide, temps menaçant, temps pluvieux.

4 Précipitations ; **averse**, giboulée, grain, grêle, **orage** ; fam. : rincée, sauce, saucée ;

dégueuleux [très fam.]. – Petite pluie, pluie fine ; **bruine**, crachin, embruns, lavasse [vx], ondée. – Pluie battante, pluie d'abat, pluie d'orage ; cataracte, déluge. – Giboulée de mars, pluie de la Saint-Médard, pluie de mousson ; pluies cyclonales *(pluies cycloniques* ou *d'ascendance frontale),* pluies de convection, pluies d'instabilité ; pluies orographiques ou de relief.

5 Rideau de pluie, torrent de pluie, trombe d'eau **275.**

6 **Goutte de pluie,** gouttelette. – Grêle, grêlon. – Flocon de neige, neige.

7 Ruissellement. – Flaque, mare, ru [litt.], ruisseau.

8 Abat, **abri,** auvent, bâche, marquise, prélart [TECHN.]. – **Parapluie ;** fam. : pébroc, pébroque, pépin, riflard. – Capote, capuche, capuchon, chapeau. – Ciré **862,** gabardine, **imperméable** ou, fam., imper, manteau de pluie, trench-coat ; botte **865,** caoutchouc, snow-boot [vieilli].

9 **Bassin, citerne,** réservoir ; impluvium [ANTIQ.]. – Caniveau, dégorgeoir, gargouille, gouttière, rigole.

10 MYTH. – Grèce : Isis **500.** – Mésopotamie : Hadad, Techoub. – Inde : Indra. – Scandinavie : Thor ou Donan. – Japon : Susanoo. – Monde précolombien : Tlaloc (Aztèques) ; Chac (Mayas).

11 Baromètre **70,** hygromètre, pluviomètre, pluvioscope, udomètre.

V. 12 **Pleuvoir ;** flotter [fam.]. – Pleuvoir des cordes ou des hallebardes, pleuvoir comme vache qui pisse [fam.] ; tomber dru, tomber à seaux (ou : à torrents, à verse). – Bruiner, crachiner ; fam. : brouillasser, pleuvasser, pleuviner, pleuvoter. – Neiger, neigeoter ; grêler.

13 Dégringoler, ruisseler, **tomber ;** s'abattre. – Cingler, fouetter, frapper au carreau ; fam. : faire des claquettes, ouvrir ses cataractes.

14 Arroser ; fam. : doucher, rincer, saucer. – **Inonder.** – Transpercer, traverser.

15 Annoncer la pluie ; gronder, menacer. – Se charger, se couvrir, se plomber. – Loc. cour. : il y a de l'eau dans l'air ; la lune est dans l'eau.

16 Prov. : Petite pluie abat grand vent ; Pluie du matin n'arrête pas le pèlerin ; (aussi : Vent du soir et pluie du matin n'étonnent pas le pèlerin).

Adj. 17 **Pluvieux ;** gris, humide.

18 Torrentiel. – Diluvien.

19 Mouillé, rincé, trempé comme un barbet [vx] ; fam. : douché, saucé, **trempé comme une soupe.**

20 Hygrométrique, pluviométrique. – Pluvial, pluviatile, pluvio-nival.

Adv. 21 À flots, à seau, à torrents, à verse. – En pluie.

Aff. 22 Hydr(o)-, hygro-, pluvio-.

# 275 VENT

N. 1 **Vent.** – **Air,** brise, souffle ; aquilon, zéphir [litt.] ; zeph [fam.]. – Bise, courant d'air ; vent coulis. – **Bouffée,** bourrasque, pointe, rafale, risée, saute.

2 Météore aérien [vx] ; perturbation, turbulence ; coup de tabac, coup de torchon, grain **274,** tourmente. – Cyclone, ouragan, **tempête,** tornade, trombe, typhon. – Force de Coriolis.

3 Accalmie, bonace, **calme 448,** calme blanc, calme plat. – Œil du cyclone. – Pot-au-noir [MAR.].

4 Vent du nord, vent haut ; nordet (vent du N.-E.), noroît (vent du N.-O.). – Vent du sud, vent bas ; suet (vent du S.-E.), suroît (vent du S.-O.). – Vents planétaires ; easterlies, westerlies.

5 Vent d'amont ou de terre, vent d'aval ou de mer, vent du large. – MAR. : vent portant, vent en poupe [vieilli] ; vent debout, vent contraire ; près, près bon plein, petit largue, largue ou vent de travers, grand largue, vent arrière. – Bord du vent, au vent ; bord sous le vent ; lit du vent.

6 Alizé, contre-alizé, mousson, vents étésiens [didact.]. – Bora, bise, blizzard. – Harmattan, khamsin, simoun, sirocco ou siroco ; autan, cers, fœhn, galerne, labé, largade, levant, mistral, montagnère, pampero, ponant, poulain, tramontane, vaudaire [région.].

7 Rose des vents. – Aire de vent, rhumb ou rumb.

8 Échelle de Beaufort : 0 (calme ; mer lisse), 1 (très légère brise ; petites rides), 2 (légère brise ; friselis), 3 (petite brise ; petits moutons isolés), 4 (jolie brise ; moutons nombreux), 5 (bonne brise ; moutons serrés), 6 (vent frais ; traînées d'écume), 7 (grand frais ; traînées très nettes), 8 (coup de vent), 9 (fort coup de vent), 10 (tempête), 11 (violente tempête), 12 (ouragan).

9 MYTH. – Grèce : Zéphyr **500** ; Borée, Notos. – Rome : Éole. – Égypte : Amon,

Chou. – ICONOGR. : bouche de vent, tête de vent.

10 Éolienne 798, moulin à vent. – Bateau à voiles ; marine à voile.

11 **Girouette** 198 ; manche à vent ou à air.

12 Éventail 255, ventilateur. – Soufflet. – Tube porte-vent (d'un orgue).

13 Abat-vent, abrivent, contrevent, paravent 560.

14 Anémographe, anémomètre 70. – Anémoscope.

15 Éolisation [GÉOL.] ; ventilement [rare]. – Ventilation.

V. 16 Souffler, **venter**. – Loc. fam. Il fait un vent à décorner les bœufs ou, fam., les cocus (aussi : tous les cocus).

17 Bruire, bruisser, gémir ; bramer, hurler, mugir, rugir, siffler.

18 Cingler, couper, fouetter, glacer, mordre, pincer, piquer.

19 Se lever ; forcir, fraîchir. – Faire rage. – S'apaiser, se calmer ; avaler, **calmir**, mollir, tomber, se mourir ; s'apaiser, se calmer. – Descendre, redescendre ; sauter, tourner. – MAR. : anordir ; adonner, refuser. – Petite pluie abat grand vent [prov.].

20 MAR. – Lofer ; venir au vent, serrer ou pincer le vent ; remonter au vent, gagner au vent. – Laisser porter, abattre.

Adj. 21 **Venté, venteux**, éventé [litt.], ouvert aux quatre vents ou à tous les vents ; battu des vents. – Calme ; encalminé [MAR.].

22 Éolien.

23 Didact. – Anabatique, catabatique. – Laminaire ; géostrophique.

Adv. 24 En plein vent. – Au vent, sous le vent. – Contre vents et marées.

Int. 25 Bon vent ! – Du vent ! 458.

Aff. 26 Anémo-.

## 276 NUAGES

N. 1 **Nuages** ; nue, nuée [litt.]. – Brouillard 244, brume, fog, purée de pois [fam.], smog [anglic.]. – Condensation, **vapeur**.

2 Nébulosité, nuaison [MÉTÉOR., vx]. – **Ciel bas,** ciel couvert, plafond bas ; temps bas. – **Éclaircie**, embellie ; [fam.] culotte de gendarme.

3 Banc ou bande de nuages, écharpe de nuages, formation nuageuse. – Panne [rare], queue-de-chat ; **mouton**.

4 Cirrus, cumulus, nimbus, stratus ; altocumulus, altostratus, cirrocumulus, cirrostratus, cumulo-nimbus, nimbo-stratus, strato-cumulus. – Nuage d'orage, nuage de pluie, nuage de grêle.

5 Système nuageux. – Tête, corps, traîne.

6 ASTRON. – **Nébuleuse ;** nuage solaire, nuage stellaire 232.

7 Nuées ardentes [GÉOPHYS.].

8 Zeus ou Jupiter rassembleur de nuées [MYTH.].

9 BX-A. : gloire, nimbe.

V. 9 **Ennuager** [litt.]. – S'amasser, s'amonceler ; se dissiper.

10 Menacer. – Se couvrir, se gâter, se rembrunir. – Crever. – Se dégager. – Ciel pommelé et femme fardée ne sont pas de longue durée [prov.].

11 Moutonner, pommeler.

12 Encapuchonner, nimber. – Brouiller ; masquer, obnubiler, obscurcir 351.

Adj. 13 Nébuleux, **nuageux** ; nébulaire [ASTRON.].

14 Ballonné, cotonneux, floconneux, moutonneux ; brumeux, vaporeux. – **Couvert,** obscurci, opaque ; pesant, plombé.

15 Clair, **dégagé**, sans nuages.

16 HÉRALD. : nébulé, nuagé.

Aff. 17 Néphél-, néphélé-, néphélo-.

## 277 SOLEIL

N. 1 **Soleil** *(le Soleil).* – Poét. : l'astre du jour ; le char du Soleil. – Rien de nouveau sous le soleil [loc. prov.].

2 Lumière solaire ; spectre solaire. – **Rayonnement ;** rai [litt. et vx. ; parfois écrit *rais* au sing.], rayon. – Ardeur, chaleur 241 ; canicule. – Soleil ardent, radieux ; soleil de plomb. – Énergie solaire 798 ; four solaire ; héliotechnique *(l'héliotechnique).*

3 ASTRON. : anthélie, **halo**, lueur antisolaire ou gegenschein, parhélie, paranthélie. – Rayon vert.

4 **Ensoleillement** 273 ; insolation [BOT.]. – GÉOGR. ou région. : **adret**, endroit, soulane (opposés respectivement à : **ubac**, envers, ombrée) ; cagnard.

5 Course du soleil. – Levant 198, orient ; couchant, occident, ponant [vx ou litt.] ; midi *(le midi).* – **Coucher** 189, crépuscule, crépuscule du soir [vx] ; **aube** 188, crépuscule du matin [vx], **lever du jour,** point du jour, pointe du jour [litt.].

6 Jour solaire 185. – Année solaire, année luni-solaire ; année tropique, année sidérale ; temps solaire moyen. – Équinoxe, solstice. – **Éclipse** *(éclipse de soleil)*. – Système solaire 232. – Héliocentrisme.

7 Disque 232, limbe ; couronne ; chromosphère, photosphère. – **Activité solaire** ; éruption, éjection. – Facule, filament, grains de riz, granule, plume polaire, protubérance, spicule, tache. – Vent solaire ; héliosphère, héliopause. – Aurore polaire ; **aurore boréale**, aurore australe.

8 ASTRON. – Actinométrie 70, héliométrie ; héliographie. – Coronographe, héliographe, héliostat, héliomètre, hélioscope, spectrohéliographe.

9 MÉTÉOR. – Héliométéorologie. – Héliophotomètre, solarimètre ou pyranomètre ; solarigraphe ou pyranographe.

10 BOT. – Héliotropisme. – Héliotrope ; tournesol.

11 Héliothérapie 393 ; hélioprophylaxie. – Centre héliomarin ; cure héliomarine. – Solarium ; bain de soleil ; coup de soleil, insolation 241.

12 MYTH. – Grèce : Apollon 500, Hélios, Hélios Phoibos (« le Brillant »), Phaéton (« Celui qui brille »), Phoibos. – Rome : Phébus ou Phœbus. – Égypte : Rê ; Aton, Horus, Khepri ; Amon-Rê. – Mésopotamie : Shamash. – Perse : Mazda. – Inde : Surya. – Japon : Amaterasu. – Amérique du Nord : Wakan Tauka. – Mexique : Huitzilopochtli, Kinich Ahau. – Pérou : Inti. – Celtes : Cernunnos.

13 ANTIQ. GR. : héliée ; héliaste (aussi : juge héliaste). – Héliopolis (gr., « cité du soleil »). – HIST. : le Roi-Soleil (Louis XIV).

14 Hélium [CHIM.].

V. 15 **Briller**, étinceler, luire, rayonner ; resplendir. – Chauffer 241 ; fam. : cogner, taper ; litt. : darder ses rayons, jeter ses feux.

16 **Ensoleiller.** – Brunir, dorer, hâler, jaunir. – Mûrir ; brouir [région.], brûler, griller. – Insoler [TECHN.], solariser [PHOT.].

17 Poindre, se lever. – Se coucher.

Adj. 18 Solaire. – Ensoleillé ; clair, lumineux.

19 SC. NAT. : héliophile (opposé à héliophobe, photophobe, sciaphile) – ASTRON. : antisolaire ; héliaque *(lever, coucher héliaque d'un astre)* ; héliocentrique ; héliosynchrone. – TECHN. : antisolaire ; héliothermique, héliothermodynamique.

Aff. 20 Héli(o)- ; -hélie.

# 278 LUNE

N. 1 **Lune** *(la lune* ou *la Lune)* 232. – Litt. : l'astre des nuits, l'astre nocturne ; poét. : l'astre aux cornes d'argent, au front d'argent ; le flambeau de la nuit, la reine de la nuit. – **Croissant** ; corne(s) *(les cornes de la lune)* ; terminateur.

2 **Clair de lune** ; nuit de lune ou de clair de lune ; nuit sans lune. – Lumière cendrée.

3 **Phases de la Lune** ; pleine lune (PL) ; **nouvelle lune** (NL) [ou : néoménie, nouménie] ; premier quartier, dernier quartier ; lune gibbeuse. – Déclin, décours (aussi, plus rare : décroît) de la lune ; croissant [vx]. – ASTRON. : dichotomie, quadrature, syzygie.

4 ASTRON. – Révolution anomalistique, draconitique, périodique, sidérale, synodique, tropique. – **Lunaison**, lune [vx], mois lunaire ou synodique ; lune rousse ; lune intercalaire. – Année lunaire ; année cave (douze lunaisons) ; année luni-solaire ou embolismique. – Âge de la Lune ; épacte, nombre d'or ; cycle lunaire ou cycle de Méton (235 lunaisons) 176.3 ; saros 232.

5 Lune *(des lunes ; il y a des lunes que)* 185 ; les vieilles lunes, les lunes d'autrefois 177. – Lune de miel 682. – Lune *(une lune)* [vx], satellite.

6 ASTRON. – Orbite ; écliptique ; ligne des nœuds ; nœud ascendant, descendant. – **Éclipse** (éclipse de Lune) 232 ; éclipse partielle, totale. – Appulse. – Libration, nutation ; évection. – Apolune ou ap: osélène ; périlune ou périsélène.

7 **Mers** ; **cirques** ou **cratères** ; caps, golfs, lacs ou marais ; continents, monts. – Mer Australe, mer des Crises, mer de la Fécondité, mer du Froid, mer des Humeurs, mer de Humboldt, mer de Nectar, mer des Pluies, mer de la Sérénité, mer de Smith, mer de la Tranquillité. – Océan des Tempêtes. – Golfe du Centre, golfe des Iris, golfe des Nuées, golfe de la Rosée, golfe Torride. – Lac des Songes. – Cirques Clavius, Gauss, Humboldt, Hipparque, Schickard, Ptolémée ; cratères Copernic, Reinhold. – Monts d'Alembert, Dörfel, Hémus, hercyniens, Leibniz, Riphées, Rook. – Alpes, Altaï, Apennins, Caucase, Cordillères, Pyrénées.

8 Sélénologie, sélénographie ; sélénologue ; missions d'exploration, sondes lunaires 821.

9 Sélénomancie.

10 MYTH. – Grèce : Phœbé, Séléné 500. – Carthage : Tanit. – Rome : Diane.

11 Sélénien *(un Sélénien)* ou Sélénite *(un Sélénite).*

12 Pierre de lune ou adulaire [MINÉR.] ; sel de lune, sélénite [CHIM.].

13 Lune (aussi : poisson-lune, lune de mer) ou môle. – Lune d'eau ou nénuphar.

14 Lunule. – Lunure. – Lunel [HÉRALD.] ; croissant. – Lunette. – Lundi 176.

15 Face de lune, de pleine lune 318. – Pêcheur de lune [vieilli] 403.

v. 16 Alunir.

17 Être bien luné, être mal luné 469 ; avoir des ou ses lunes 522 [vieilli] ; avoir ses lunes 309.

18 Demander la lune 40, promettre la lune ; vouloir décrocher la lune, prendre la lune avec ses dents. – Montrer la lune en plein midi 728.

19 **Être dans la lune** 403 ; tomber de la lune 459.

20 Aller rejoindre les vieilles lunes 401.

21 Faire un trou à la lune 836.

Adj. 22 **Lunaire** ; sélène, sélénien, sélénique, sélénite. – Luni-solaire [didact.].

23 Luné *(bien, mal luné).* – Lunatique.

24 Luniforme ; lunulaire, lunulé.

Aff. 25 Sélén-, séléni-, séléno- ; -sélène.

## 279 REPRODUCTION

N. 1 **Reproduction ;** génération (génération asexuée, génération sexuée). – **Multiplication,** prolifération, proligération [BIOL.], propagation. – Conservation de l'espèce ; sélection naturelle. – Peuplement, repeuplement.

2 **Reproduction asexuée** ou agamie [BIOL.] ; bouturage [BOT.], gemmation ; bourgeonnement, gemmiparité ; méiose 283, mitose, scissiparité ou fissiparité. – **Reproduction sexuée** ; reproduction cytogamique ; isogamie ; hétérogamie (anisogamie et oogamie). – **Parthénogenèse,** parthénogenèse arrhénotoque ou arrhénotoquie. – Reproduction extraspécifique ; autoreproduction ; réplication, reproduction réplicative ; duplication chromosomique.

3 Génitalité ; **sexualité** 341 ; bisexualité [BOT., ZOOL.], gonochorisme ou gonochorie [opposé à hermaphrodisme].

4 Oviparité, ovoviviparité, paraviviparité, viviparité.

5 **Croisement,** mélange 98, métissage, télégonie [didact.] ; hybridisme, polyhybridisme. – Clonage [GÉNÉT.].

6 Hybride *(un hybride).* – Clone [GÉNÉT.].

7 Appareil génital 341, appareil reproducteur ; sexe, parties honteuses. – **Gonade,** ovaire, testicule. – Follicule primordial, granulosa. – **Follicule de De Graaf** ou follicule ovarien. – Germen (opposé à soma) ; **gamète** 283, ovule, spermatozoïde ; gamétocyte, oocyte ou ovocyte, spermocyte ; œuf fécondé ou zygote 281 ; premier globule polaire ; bande chromosomique, **chromosome** 280 ; agamète.

8 ZOOL. : **accouplement,** appariement, rapprochement sexuel, saillie ; **coït** 341, copulation, rapport sexuel. – Saison des amours ; œstrus ; rut.

9 Procréatique *(la procréatique).* – **Procréation,** procréation assistée ; I. A. D. (insémination artificielle avec donneur), **insémination,** insémination artificielle, insémination avec donneur anonyme ; fécondation in vitro, fivete (fécondation in vitro et transfert embryonnaire). – Congélation d'embryons. – Location d'utérus. – Banque du sperme.

10 Nidation, ovulation 309 ; **conception ; fécondation,** fécondation croisée, fécondation externe, fécondation interne. – Gestation, gravidité [didact.], **grossesse,** maternité, prégnation [ZOOL., vx] ; grossesse extra-utérine, grossesse multiple, grossesse nerveuse. – Embryogenèse 281, formation, genèse.

11 **Stérilité ;** infécondité ; agénie, aspermie 308. – Impuissance.

12 **Contraception ;** méthodes contraceptives. – Contraception orale ; minipilule, **pilule,** pilule du lendemain, pilule normodosée. – Diaphragme, pessaire, stérilet ; gel spermicide, ovule, pommade. – **Préservatif ;** condom (fam. : capote anglaise, capote. – *Coïtus interruptus* ou coït interrompu ; méthode d'Ogino-Knaus ; méthode du mucus ; méthode des températures. – CHIR. : ligature des trompes, ovariectomie ; vasectomie ou vasotomie.

13 **Avortement ;** interruption volontaire de grossesse (I.V.G.) ; aspiration ou méthode Karman. – Avortement thérapeutique ; fausse couche 313. – Avorteur, faiseuse d'anges [fam.].

14 Limitation des naissances, régulation des naissances ; planning familial.

15 **Fécondité,** prolificité [didact.], reproductibilité [didact.]. — **Démographie,** natalité (opposé à dénatalité). — DÉMOGR. : sex ratio ; taux de fécondité, **taux de natalité,** taux brut de reproduction, taux net de reproduction.

16 **Mère 680 ; père 679.** — Mère gigogne. — Mère porteuse, ventre à louer [fam.] ; donneur de sperme.

17 Déesse de la Fécondité ; Déesse mère **500.** — Cybèle ; Anaïtis (Iran), Ishtar (Babylone), Tanit (Carthage), Tiki (Océanie) ; Boukhis, Osiris, Sebek ou Sobek (Égypte).

18 Darwinisme, **évolutionnisme,** transformisme. — Malthusianisme.

v. 19 **Se reproduire ;** se multiplier, se perpétuer ; proliférer, se reproduire comme des lapins [fam.] ; « Croissez et multipliez-vous » (la Genèse). — Générer, **engendrer ;** procréer ; pondre [fam.]. — Faire des enfants ; faire souche, perpétuer la race.

20 **Ensemencer,** inséminer, planter la petite graine [par plais.] ; féconder ; engrosser [fam.]. — **Croiser,** hybrider, métisser. — Cloner [GÉNÉT.].

21 **Être enceinte,** porter un enfant ; attendre un heureux évènement, être dans un état intéressant [vieilli] ; être enceinte ou grosse des œuvres de qqn ; vulg. : être en cloque, avoir un polichinelle dans le tiroir.

Adj. 22 **Reproducteur ;** génésique [didact.] ; génital, sexuel **341.**

23 BIOL. — Sexué ; agame, asexué, parthénogénétique. — Bisexué, hermaphrodite. — Dizigote ou bivitellin, monozygote ou univitellin.

24 **Enceinte,** gravide, grosse ; ZOOL. : gestant, plein *(femelle gestante, femelle pleine).*

25 Nullipare, primipare, unipare [ZOOL.] ; primigeste ; multipare. — Fissipare, ovovivipare, ovipare, vivipare.

26 Prolifique. — Infécond, **stérile.** — Bréhaigne *(jument bréhaigne)* [ZOOL., vx]. — Impuissant **308 ;**

27 Eugénique, sélectif. — Malthusianiste. — Contraceptif.

Adv. 28 Génitalement, sexuellement **341.**

Aff. 29 Génito-, géno- ; -gène, -génique, -**pare ;** -gamie, -génie.

## 280 HÉRÉDITÉ

N. 1 **Hérédité ;** atavisme, héritage ; transmission. — GÉNÉT. : mosaïque ; polyallélie.

2 BIOL. : hérédité directe ou continue, hérédité discontinue (ou : hérédité ancestrale, hérédité en retour) ; hérédité extra-chromosomique ; hérédité holandrique ; hérédité intermédiaire ; **hérédité maternelle, hérédité paternelle ;** hérédité liée au sexe ; hérédité des caractères acquis ; **hérédité spécifique, hérédité raciale,** hérédité individuelle. — PSYCHOL. : hérédité des comportements, hérédité psychologique.

3 **Chromosome ;** chromosome X ou chromosome mâle, chromosome Y ou chromosome femelle ; allosome (ou : hétérosome, gonosome, hétérochromosome), autosome ; chromosome Philadelphie ; chromosome du criminel [abusif, vx]. — Allèle ou, vx, allélomorphe, chaîne d'A. D. N., **gène,** histone ; corpuscule de Barr (ou : chromatine sexuelle, corpuscule chromatinien).

4 Matériel héréditaire, **patrimoine génétique.** — Caractère héréditaire, caractères mosaïques. — Facteur de l'hérédité ; facteur conditionnant, facteur dominant, facteur sanguin. — **Caryotype,** génotype ; carte génique, **génome ;** biotype, phénotype.

5 Inné *(l'inné,* opposé à *l'acquis) ;* milieu, terrain. — **Sang** *(le sang) ;* les liens du sang, la voix du sang ; ressemblance **21.** — Descendance, filiation **681,** lignée, **parenté ;** — Généalogie **678.** — Pedigree [ZOOL.].

6 Diploïdie. — Codominance, dominance (opposé à récessivité), semi-dominance (ou : dominance incomplète, dominance partielle). — Hétérozygotie, homozygotie ; **dimorphisme sexuel,** polymorphisme sexuel (pœcilandrie, pœcilogynie). — Hybridisme, polygénie.

7 Sexe chromatinien, sexe génétique ou chromosomique.

8 Phénocopie, recombinaison génétique, remaniement chromosomique. — Disjonction chromosomique. — **Mutation,** spéciation.

9 Aberration chromosomique, **maladie héréditaire, tare ;** hyperdiploïdie, hypodiploïdie ; tétraploïdie, triploïdie. — Incompatibilité génétique ; consanguinité. — Hérédocontagion [vx]. — **Maladie chromosomique ;** achondroplase, albinisme, cholémie, maladie du cri du chat, mucoviscidose, syndrome de Klinefelter, trisomie 21 ou mongolisme **386.** — Délétion, fragmentation chromosomique ou pulvérisation chromosomique, fusion chromo-

somique. – Intersexualité ou état intersexué ; hermaphrodisme, pseudo-hermaphrodisme.

10 Intersex *(un intersex),* **mutant** ou exotype. – Hybride ; mosaïque chromosomique.

11 Croisement 279, hybridation. – **Manipulation génétique.** – Détermination du sexe 341 ; sexage [AGRIC.].

12 MÉTROL. : kilobase (abrév. : kb) ; centimorgan, morgan.

13 **Génétique** *(la génétique) ;* cytogénétique, génétique formelle, génétique mathématique. – Génie génétique, ingénierie génétique. – Eugénique *(l'eugénique)* ou eugénésie, **eugénisme** ; eugénisme négatif, eugénisme positif.

14 Mendélisme ; darwinisme, mutationnisme (opposé à créationnisme). – Lois de l'hérédité, lois de Mendel.

15 Cytogénéticien, **généticien.**

V. 16 **Hériter** ; recevoir en héritage, en partage ; être du sang de qqn, racer du côté de qqn [rare] ; ressembler à 21, tenir de.

17 Avoir une lourde hérédité ou une hérédité chargée ; **avoir de qui tenir** [fam.], être tout le portrait de son père (de sa mère, etc.). – Prov. : Bon chien chasse de race, Bon sang ne saurait mentir, Tel père, tel fils ; La caque sent toujours le hareng.

18 C'est le sang qui parle.

19 **Transmettre** ; donner, donner en héritage, faire passer, léguer ; fam. : filer, refiler, repasser.

Adj. 20 **Héréditaire** ; familial, de famille, hérédofamillial [vx], inné ; ataval [vx], atavique, **congénital,** consanguin.

21 **Génétique.** – Allélique, autosomique, caryotypique, chromosomique, génique, génotypique, phénotypique. – Dominant (opposé à récessif) ; mutagène.

22 Hétérozygote, homozygote ; intersexué. – Allopatrique (opposé à sympatrique).

Adv. 23 Génétiquement ; héréditairement. – Par le sang.

Aff. 24 Géno-, hérédo- ; -génésie ; -génétique.

25 -ploïdie.

# 281 EMBRYOLOGIE

N. 1 **Embryologie.** – **Formation, gestation** 279, grossesse, nidation ; période embryonnaire, période embryotrophique, période hémotrophique ; **stade embryonnaire,** vie embryonnaire.

2 **Embryogenèse,** embryogénie [vx], embryomorphose ; blastogenèse, épigenèse [vx], histogenèse, morphogenèse, odontogenèse, organogenèse, ostéogénie, ovogenèse 309 ; ontogenèse ou ontogénie (opposé à phylogenèse). – Échange fœtomaternel.

3 **Division cellulaire** ; amitose 283, induction cellulaire, métamérie, scissiparité, segmentation.

4 **Œuf** ; œuf clair ; œuf fécondé ou zygote 279. – Enveloppe vitelline, sac embryonnaire. – Aire ou bandelette générative, vésicule germinative, vésicule de Purkinje. – Chorion ovulaire.

5 **Germe** ; blastocyste, bouton embryonnaire, embryon, fœtus, *infans* [lat.] ; animalcule spermatique [vx]. – Cellule embryonnaire ; blastomère (micromère, macromère), métamère ou somite, quadrant, quartette ; morula, blastula, gastrula.

6 **Feuillets embryonnaires** : ectoderme ou ectoblaste, endoblaste (ou : entoblaste, endoderme), mésoblaste ou mésoderme ; arcs branchiaux ; épiblaste, mésenchyme. – Disque embryonnaire didermique, disque embryonnaire tridermique.

7 Crête neurale, lame alaire, lame fondamentale, plaque neurale, tube neural 327 ; tube cardiaque 331 ; chorde dorsale, cordon médullaire, cordon néphrogène ; crête génitale, gouttière métrale, membrane anale, membrane cloacale. – Duvet.

8 **Annexes embryonnaires** ; allantoïde, **amnios,** cavité amniotique, sac vitellin ; blastocèle ou cavité de segmentation, cœlome externe, cœlome interne, somatopleure, splanchnopleure. – Cordon ombilical. – Barrière placentaire. – Liquide amniotique, **placenta,** vitellus ; amnioblaste, cytotrophoblaste, syncytotrophoblaste, trophoblaste ; [vx] : arrière-faix ou délivre 371. – Méconium.

9 Cavité utérine, endomètre, **utérus** 309. – Membrane caduque ou déciduale (ou : la caduque, la déciduale).

10 **Amniocentèse,** ponction amniotique ; biopsie du trophoblaste. – Amnioscopie, amniographie, **échographie,** embryoscopie.

11 **Embryopathie,** fœtopathie ; anonychie, aplasie ; dysembryoplasie, dysgenèse ou dysplasie ; embryome.

12 Biologie, **embryologie** (embryologie causale, embryologie chimique, embryologie

comparée, embryologie descriptive), fœtologie ; gynécologie 309. – Tératologie 386. – Embryotomie [CHIR.].

13 Biologiste, **embryologiste** ou embryologue. – Vx : animalculiste, épigéniste, oviste, préformiste, spermatiste.

V. 14 Se développer, **se former ;** se différencier, se spécialiser.

Adj. 15 Embryologique. – **Embryonnaire,** fœtal, fœto-maternel, fœto-placentaire, gestationnel ; amniotique. – Blastogénétique, embryogénétique, morphogénétique ; embryogénique. – Chorionique, épiblastique, placentaire, trophoblastique, vitellin.

16 Embryonné, fécondé.

17 Dysgénique (ou : dysgénésique, dysplasique), tératoïde ; **tératologique.**

Adv. 18 Embryologiquement. – *In utero* [lat.].

Aff. 19 **Embryo-,** fœto-.

## 282 ÉCOLOGIE

N. 1 **Écologie ;** écologie animale ou zooécologie, écologie humaine ; écologie forestière, écologie marine, écologie végétale ou phytoécologie. – Écologie éthologique ou éco-éthologie ; écologie culturelle. – Bionomie, synécologie (opposé à autoécologie).

2 Chorologie. – Biocénotique, écophysiologie, phénogénétique, photobiologie. – Mésologie.

3 **Équilibre écologique ;** climax, paraclimax. – Autoécologie, autoépuration, autorégulation, biodégradation ; homéostasie. – Eurythermie. – Chaîne écologique, cycle *(cycle biosphérique) ;* chaîne alimentaire, pyramide alimentaire.

4 Autotrophie (chimiotrophie, phototrophie). – Symbiose, synusie ; osmose. – **Parasitisme. – Prédation ;** antibiose.

5 Acclimatement (ou : morphose, somation), accommodation, **adaptation,** séclusion ; acclimatation. – Concurrence vitale, lutte pour la vie (traduction de l'angl. *struggle for life*), **sélection naturelle.**

6 Bioclimat, climat 273. – **Milieu,** milieu naturel ; micromilieu ; biome. – Cadre de vie, environnement 157.

7 Biotope. – Biosphère, écosphère ; écotone. – **Écosystème ;** habitat, isolat, niche écologique. – Désertus.

8 **Organisme vivant ;** biotype, espèce. – Biocénose, biote ; benthos ou faune et

flore démersales (opposé à plancton et necton), halobios ; faune *(faune endogée* opposé à *faune épigée)* 295, microfaune ; flore 288, microflore. – Biomasse.

9 Appauvrissement des sols, dénitrification ; déboisement, désertification. – Eutrophication, eutrophysation. – Effet de serre, réchauffement de l'atmosphère. – Pollution.

10 Écologisme. – Défense de la nature ; protection des espèces, protection des ressources naturelles. – Agriculture biologique, agrobiologie 811, culture biologique.

11 Parc national, réserve naturelle ; écomusée.

12 **Écologiste,** écologue, environnementaliste, éthologue. – Écolo [fam.], vert *(les Verts).*

V. 13 **S'acclimater,** s'adapter.

Adj. 14 Biotique ou biogène (opposé à abiotique). – Azoïque.

15 Aphotique (opposé à euphotique). – Aérobie (opposé à anaérobie). – Eutrophe ou digotrophe, trophe (opposé à distrophe).

16 Autochtone (opposé à allochtone) 676. – Amnicole 847, arvicole, cavernicole, coprophile ou scatophile, détricole, dulcicole ou dulçaquicole, floricole, guanobie, herbicole, humicole, lignicole, limicole ou vasicole, limnicole, madicole, paludicole, palustre, rhéophile, ripicole, sylvicole, terricole, torrenticole, troglobie. – Amphibie, épiphyte.

17 Inquilin, parasite ; symbiotique.

18 Sténobiote (opposé à eurybiote), sténoèce (opposé à euryèce), sténohalin (opposé à euryhalin), sténotherme (opposé à eurytherme) ; homéotherme. – Anthropophile, héliophile (opposé à héliofuge, héliophobe, photophobe, sciaphile), thermophile.

19 Cosmopolite ou ubiquiste.

20 Comportemental [didact.], éthologique.

21 **Écologique.** – Biologique, bioclimatologique, biorythmique.

Adv. 22 Écologiquement, éthologiquement.

Aff. 23 **Bio-,** choro-, **éco-,** étho- ; -bie, -bionte, -biose.

## 283 CELLULE

N. 1 **Cellule.** – Cellule compagne, cellule génératrice, cellule haploïde 281, cellule migratrice. Cellule reproductrice sexuée ou

**gamète ;** cellule reproductrice asexuée ou **agamète ;** cénocyte ou cœnocyte, chromatophore, syncitium ou plasmode ; soma (opposé à germen).

2 Cytoplasme **281,** membrane plasmique, noyau ; membranelle, membranule, nucléole. – **Organite** ou organelle.

CONSTITUANTS DE LA CELLULE

| | |
|---|---|
| appareil de Golgi | monaster |
| centriole | nucléole |
| centromère | paraplasme |
| centrosome | peroxysome ou |
| chondriome | *microbody* [anglic.], |
| chondriosome | plaque équatoriale |
| chromatide | plasmodesme |
| chromosome **280,** | polysome ou |
| diaster | polyribosome |
| ergastoplasme | protoplasme |
| fuseau achromatique | réticulumendo- |
| hyaloplasme | plasmique |
| liposome | ribosome |
| lysosome | site récepteur |
| membrane vacuolai- | ultrastructure |
| re ou tonoplaste | vacuole |
| mitochondrie | vacuome |

3 **Métabolites.** – Anion, cation. – Accepteur d'hydrogène, activateur, transporteur d'hydrogène ; glucoformateur. – Éléments plastiques, oligo-éléments ; métaux, non-métaux, semi-métaux.

4 Composé phosphorylé. – Adénosine, adénosine monophosphate (A. M. P.), diphosphate (A. D. P.), triphosphate (A. T. P.) ; purine.

5 **Glucide** ou hydrate de carbone ou sucre. – **Ose** (ou : monosaccharide, sucre simple) : triose, tétrose, pentose, hexose, heptose, octose, **aldose** (glycéraldéhyde, thréose, érythrose, lyxose, xylose, arabinose, ribose, talose, galactose, idose, gulose, mannose, glucose, altrose, allose), **cétose** (dihydroxyacétone, xylulose, ribulose, fructose). – **Holoside** ou oligosaccharide ; diholoside ou disaccharide (saccharose, maltose, lactose, cellobiose) ; triholoside, polyholoside ou polysaccharide (amidon, glycogène, amylose, amylopectine, dextrane, cellulose, inuline, levane).

6 **Lipide ;** lipoïde. – Lipide simple ou homolipide (glycéride, céride, étholide, stéride), lipide complexe (sphingolipide, phospholipide : acide phosphatidique, lécithine, céphaline), **glycéride** (monoglycéride, diglycéride, triglycéride). – Cholestérol, glycérol ou glycérine, glycérophospholipide, phosphatide. – Acide gras, ester.

7 ACIDES GRAS

| | |
|---|---|
| acides arachidique | lignocérique |
| arachidonique | linoléique |
| béhénique | myristique |
| butyrique | nervonique |
| caprique | oléique |
| caproïque | palmitique |
| caprylique | palmitoléique |
| cérébronique | pélargonique |
| hydroxybutyrique | prostaglandine |
| hydroxynervo- | ricinoléique |
| nique | stéarique |
| laurique | |

8 **Protide.** – **Peptide** (dipeptide, tripeptide, etc. ; vasopressine, ocytocine, M. S. H., glucagon, carnosine, ansérine, glutathion), **polypeptide** (A. C. T. H., insuline, albumose, substance P). – **Protéine** ou protéide, substance albuminoïde ; **holoprotéine** (holoprotéine globulaire, holoprotéine fibrillaire ; albumine, lactalbumine, myalbumine, ovalbumine, sérumalbumine, globuline, euglobuline, lactoglobuline, ovoglobuline, pseudoglobuline, thyréoglobuline, anticorps **342,** histone, fibrinogène **332,** myosine **328,** collagène, kératine) ; **hétéroprotéine** (nucléoprotéine, chromoprotéine, phosphoroprotéine, glycoprotéine, lipoprotéine ; hémoglobine, F. S. H., caséine). – Chaîne peptidique, groupements prosthétiques, liaison peptidique.

9 CHROMOPROTÉINES

| | |
|---|---|
| chromoprotéine du | cytochrome |
| pourpre rétinien | ferritine |
| chromoprotéine non | flavoprotéine |
| porphyrinique | hémérythrine |
| chromoprotéine | hémocyanine |
| porphyrinique | hémoglobine |
| apoferritine | phycocyanine |
| chromoplastine | phycoérythrine |
| cruorine | zincoprotéine |
| cuproprotéine | |

10 ACIDES AMINÉS OU AMINOACIDES

| | |
|---|---|
| acide aminolévulique | cystéine |
| acide aminopénicilla- | cystine |
| nique | delta-hydroxylysine |
| acide aspartique | desmosine |
| acide glutamique | dihydroxyphénylala- |
| acide N-acétylneura- | nine ou DOPA |
| minique | diphénylamine |
| acide neuraminique | ergothyonéine |
| acide sialique | galactosamine |
| alanine | glucosamine |
| arginine | glutamine |
| asparagine | glycine ou glycocolle |
| bétaïne | histamine |
| cadavérine | histidine ou |
| carnitine | iminazol alanine |
| citrulline | hydroxylysine |
| cynurénine | hydroxyproline |

indolamine ou
 tryptophane
isoleucine
leucine
lysine
méthionine
méthylamine
monoiodotyrosine
ornithine
phénylalanine
proline
ptomaïne ou

ptomatine
sérine
sérotonine ou
 entéramine
taurine
thréonine
tyrosine
valine
monoacide mono-
 aminé
polyacide polyaminé

11 **Nucléotide ;** dinucléotide, mononucléotide, polynucléotide. – Acide adénilique, acide adénosine monophosphorique (A. M. P.), acide adénosine triphosphorique (A. T. P.), acide cytidylique (C. M. P.), acide guanylique (G. M. P.), uridine diphosphate (U. D. P.), uridine triphosphate (U. T. P.).

12 **Acide nucléique.** – Acide apurinique, acide désoxyribonucléique (A. D. N.), acide ribonucléique (A. R. N.).

13 AUTRES ACIDES

acide aldonique
acide alpha-
 cétoglutarique
acide arginine-
 phosphorique
acide L-ascorbique
acide chénodésoxy-
 cholique
acide cholique ou
 cholalique
acide désoxycholique
acide cis-aconitique
acide citrique
acide diphospho-
 glycérique
acide folique
acide fumarique
acide glycéro-
 phosphorique

acide glycocholique
acide glycuronique
acide hippurique
acide homogentisique
acide hyaluronique
acide imino-
 glutarique
acide lactique
acide nicotinique ou
 nicotique
acide oxalo-acétique
acide para-amino-
 benzoïque ou
 P. A. B.
acide prostanoïque
acide pyruvique
acide succinique
acide urique
acide uronique

14 **Hormones 333.** – Androstène, androsténedione, cétostéroïde, corticostimuline ou corticotrophine ou A. C. T. H., diiodotyrosine, I. C. F. H., L. H., L. T. H. ou prolactine, ocytocine ou oxytocine, prégnagne, prégnandiol, triiodothyronine, trophine.

15 **Base ;** base azotée. – Base pyrimidique ou pyrimidine ; cytosine, thymine, uracile. – Base purique ; adénine, guanine, hypoxanthine, xanthine. – Acétylcholine, flavine.

16 **Nucléoside.** – Désoxyadénosine, désoxycytidine, désoxyguanosine, désoxythymidine, guanosine, inosine, thymidine, uridine.

17 **Stérol.** – Androstane, coprostérol, ergostérol, lanostérol, tachystérol, toxistérol, zymostérol.

18 **Alcool.** – Choline, éthanolamine ou colamine, glycérol, inositol, mannitol, sorbitol, sphingosine.

19 **Ester.** – Aspartate, gluconate, stéarate, urate.

20 **Terpène.** – Astaxanthine, carotène, caroténoïde, isoprène, squalène, xanthophylle.

21 **Vitamine 395 ;** bios I ou méso-inositol ; corrine, dibencozide ou cobamide. – Antivitamine ; dicoumarol.

22 **Pigments.** – Bilirubine, érythromélanine, eumélanine, mélanine, pourpre rétinien ou rhodopsine, rétinal ou rétinène, urobiline, urochrome, verdoglobine. – Étioporphyrine, hématoporphyrine, porphine, porphyrine ; carbohémoglobine, carboxyhémoglobine, hématine, hémoglobine.

23 Biocatalyseur, **catalyseur,** enzyme (aussi, vx : diastase, ferment, zymase). – Enzyme hydrolytique, protéolytique ; antienzyme, desmoenzyme, holoenzyme, isoenzyme ou isozyme, lisozyme, lyoenzyme.

24 ENZYMES

A. R. N.-polymérase
 ou transcriptase
acétylcholinestérase
acétyl coenzyme A
acide amino-polymé-
 rase
acide ascorbique-oxy-
 dase
acide homogentisi-
 que-oxydase
acide phosphoglycéri-
 que kinase
acide phosphoglycéri-
 que mutase
acide phosphoglycéri-
 que phosphokinase
adénosine-triphospha-
 tase ou A. T. pase
adénylcyclase
alcool-déshydrogé-
 nase
aldolase
aminoacide déshydro-
 génase
amylase
amylo-1-6-glucosidase
anhydrase
anhydrase carbonique
anticholinestérase
arginase
carboxylase

carboxypeptidase
caroténase
catalase
cholestérol-estérase
cholinestérase
chymotrypsine
chymotrypsinogène
coacétylase ou
 coenzyme A
coagulase
cocarboxylase ou
 pyrophosphate de
 thiamine
crotonase
cynéninase
cynénine-
 transaminase
cystéine-
 désulfhydrase
D-acidamino-
 déhydrase
désaminase
désaturase
désoxyribonucléase
endoamylase
endonucléase
endopeptidase
énohydrastase
énolase
entérokinase
exoamylase

exopeptidase
ferment rouge de Warburg ou cyto-chrome-oxydase
flavine adénine dinu-cléotide (F. A. D.)
flavine mononucléo-tide (F. M. N.)
formylase
fumarase
galactokinase
galactosidase ou lactase
gamma-glutamyl-transférase ou gamma G. T.
glucokinase
glucosidase
hexokinase
histaminase
hyaluronidase
hydrolase
insulinase
invertase
isomérase
kinase
L-acidamino-déhydrase
lactico-déshydrogé-nase
ligase ou synthétase
lyase
maltase
monoamine-oxydase (M. A. O.)

nicotinamide adénine dinucléotide (N. A. D.)
nucléase
nucléotidase
oxydase-cétogluta-rique
oxydoréductase
papaïne
pénicillinase
pepsidase ou peptidase
pepsine
peroxydase
phosphatase
phosphophérase
phosphorylase
protéase
ptyaline
pyrrolase
racémase
ribonucléase
saccharase
takadiastase
thiokinase
transaminase
transférase
trypsine
trypsinogène
tyrosinase
ubiquinone ou coenzyme Q
uréase
urokinase

25 **Métabolisme** ; anabolisme, catabolisme ; biosynthèse. – **Réaction chimique** ; réaction endothermique, réaction exothermique ; oxydation **338**, oxydoréduction, réduction ; assimilation, lyse ; réplication. – Cycle de Krebs ; cycle furane, cycle pyrane.

26 Cétogenèse, lipogenèse, liponéogenèse ou néolipogenèse, néoglucogenèse ou néoglycogenèse, urogenèse ; estérification, phosphorylation, **protéosynthèse**, transamination ; glycuro-conjugaison. – Décarboxylation, désamination, déshydrogénation ; amylolyse, lipolyse, **protéolyse**. – Métabolisme phosphocalcique.

27 Amitose, clasmatose, endomitose, méiose, **mitose** ou caryocinèse, mitose équationnelle, mitose réductionnelle, pinocytose. – Anaphase, interphase, métaphase, prophase, télophase. – Cytodiérèse ou plasmodiérèse. – Autoassemblage, bipartition, dédifférenciation, division ou **multiplication cellulaire**, hybridation cellulaire, mouvement cytoplasmique ou protoplasmique, prolifération, spiralisation.

28 **Biochimie**, biologie moléculaire, cytobiologie, enzymologie ; biotechnologie. – Chromatographie, électrophorèse, spectrométrie.

29 Biochimiste, cytologiste.

v. 30 Assimiler **338**, métaboliser. – Lyser. – Répliquer. – Saccharifier. – Déshydrogéner.

Adj. 31 **Cellulaire** ; somatique. – Cytoplasmique, **nucléaire**, plasmatique, protoplasmique, vacuolaire ; intracellulaire, intranucléaire. – Nucléé, plurinucléé ou polynucléé ; multicellulaire ou pluricellulaire.

32 **Méiotique** ; mitotique ; amitotique. – **Métabolique** ; anabolique, catabolique.

33 Enzymatique, **glucidique, lipidique**, lipoïdique, lipoprotéique, nucléotidique, osidique, peptidique, polypeptidique, **protéique**. – Acétylcholinomimétique ou cholinomimétique, cellulosique, stérolique. – Lytique, protéolytique. – Acidophile, éosinophile, lipophile (opposé à lipophobe) ; hydrosoluble, liposoluble.

34 Biochimique, cytologique, enzymologique.

Aff. 35 Bio- ; cyto- ; **gluco-** ou glyco-, **lipo-, protéo-**.

36 -ane, -ase, -ate, -ide, -ine, -ol, -ose ; -cyte ; -lyse.

# 284 MICRO-ORGANISMES

N. 1 **Micro-organisme** ; amibe, animalcule [vx], paramécie ; germe, **microbe**. – Protophytes, protozoaires, **bactéries, virus 383** ; provirus.

2 Colonie microbienne, **flore microbienne**, souche microbienne, spectre microbien. – **Bouillon de culture**, milieu de culture. – Réservoir de virus. – Nid à microbes [fam.].

3 VIRUS

| | |
|---|---|
| adénovirus | papovavirus |
| arbovirus | paramyxovirus |
| arénavirus | parvovirus |
| bactériophage ou phage | virus du polyome |
| coxsackie | poxvirus |
| cytomégalovirus | prophage |
| échovirus | rétrovirus |
| entérovirus | rhinovirus |
| LAV ou HIV | ultravirus [vx] |
| lentivirus | virus de la mosaïque du tabac |
| myxovirus | virion ou particule |

    virale
    viroïde
    virus aphteux
    virus Ebola
    virus Epstein-Barr
    virus filtrant [vx]

    virus grippal ou
      myxovirus in-
      fluenza
    virus de l'herpès
    V-onc *(virus onco-*
      *gène)*

4 Bactéries ; algobactéries, eubactéries, mycobactéries, protozoobactéries.

5 PROTISTES OU UNICELLULAIRES

    acanthaire
    acinétien
    acrasié
    actinopode
    choanoflagellé
    cilié ou, vx, infusoire
    cnidosporidie
    colpode
    costia
    cryptophycée
    cytosporidie
    diatomée
    dinobryon
    dinoflagellé ou périni-
      dien

    dinophysis
    diplomonadales ou
      diplozoaires
    dunaliella
    endamœbidé
    eudorinidé
    euplotes
    flagellé
    gonyaulax
    gymnodinium
    hémosporidie
    métamonadine
    navicule
    phytoflagellé
    sarcosporidie

6 Capside, capsule ; endotoxine (composant de la paroi des bactéries). – Axopode, cil, microfibrille, pseudopode ; ciliature. – Micronucleus, noyau 283. – Auxospore, zygote 279.

7 Aérobiose, anaérobiose. – Pleuromitose ; scissiparité. – Acido-résistance, pénicillinorésistance, sulfamidorésistance. – Antagonisme microbien, association microbienne ; pléomorphisme ou polymorphisme, transformation bactérienne.

8 **Maladie 383,** virose.

9 Axénie, **stérilité.** – Lysogénie.

10 Aseptisation, axénisation, bactériolyse, bactériostase, **désinfection,** inactivation, pasteurisation, stérilisation ; isolement. – Anatoxine (bactérie modifiée, détoxisée) ; **antibiotique** *(un antibiotique)* 394. – Antibiogramme.

11 **Bactériologie,** épidémiologie, immunologie, inframicrobiologie, microbiologie, mycologie, parasitologie, protistologie, protozoologie, virologie. – Bacilloscopie. – Hémoculture.

12 Bactériologiste, microbiologiste, virologiste.

v. 13 **Cultiver,** ensemencer. – Aseptiser, **désinfecter,** inactiver, pasteuriser, stériliser.

14 Faire souche, proliférer.

Adj. 15 Amibien, bacillaire, bactéridien, **bactérien, microbien ;** staphylococcique, streptococcique, **viral ;** amiboïde, unicellulaire. – Bacilliforme.

16 Amicrobien, avirulent, axénique, **stérile.** – Antibactérien, **antimicrobien,** antiviral, bactéricide, microbicide, stérilisant, virulicide.

17 Acido-résistant, alcoolo-résistant, pénicillinorésistant, réfractaire.

18 Aérobie, anaérobie. – Amphotriche ; cilié, flagellé. – Sporulé. – Chimiotrophe ; pyocyanique. – Lysogène.

19 **Bactériologique,** microbiologique, virologique.

Aff. 20 Bactério- ; -bacter, -coque.

## 285 BOTANIQUE

N. 1 **Botanique.** – Paléobotanique ; phytobiologie, phytoécologie, phytogéographie ou géographie végétale, phytographie, phytosociologie. – Cryptogamie, phanérogamie ; algologie, mycologie. – Phytotechnie ; **agronomie 811,** sylviculture 286. – Herborisation 290.

2 Flore, **végétation ;** végétal *(le végétal).* – Règne végétal [vieilli] ; Empire de Flore [poét., vieilli].

3 **Classification 49.** – Diagnose.

4 Procaryotes, eucaryotes. – Cryptogames cellulaires : bryophytes ou muscinés (mousses, anthocérotées, hépatiques). – Cryptogames thallophytes : protophytes (bactériacées, cyanophycées ou myxophycées). – Cryptogames vasculaires ; équisétinées (équisétales), filicinées eusporangiées (ophioglossales, marattiales), filicinées leptosporangiées (filicales, osmondales, hydroptéridales), lycopodinées (lycopodiales, sélaginellales, lépidodendrales, isoétales). – Préphanérogames : cycadales, ginkyoles, ptéridospermées. – Phanérogames : angiospermes dicotylédones (santalales, olécales, protéales ; amentiflores, urticales, polygonales, centrospermales, plumbaginales, primulales ; thérébinthales, ombelliflores, malvales, rubiales, ébénales, célastrales, rhamnales, ligustrales, contortales, géraniales, tubiflores, euphorbiales ; ranales, aristolochiales, pipérales, rosales, hamamélidales, myrtales, thymélaéales, pariétales, rhaeadales, éricales, cucurbitales, synanthérales) ; angiospermes monocotylédones (alismatales, potamognétales ; commélinales, graminales, cypérales, broméliales, liliales, dioscoréales, scitaminales, orchidales ; arales, pandanales, palmales, juncales), chlamydospermes, gymnospermes (pina-

les, araucariales, podocarpales, taxales, cupréssales, gnétales). – **Thallophytes vrais** : algues (rhodophycées, phéophycées, chlorophycées, xanthophycées), champignons (myxomycètes, phycomycètes, zygomycètes, ascomycètes, basidiomycètes) **291**, lichens (pyrénolichens, discolichens, basidiolichens) **294**.

5 **Vie végétative.** – Physiologie végétale ou phytobiologie, phytochimie.

6 **Période végétative.** – Feuillaison, foliation ; **floraison,** fructification. – Bourgeonnement, élongation, **germination,** montaison, pousse, venue ; poussée radiculaire, rhizogenèse. – Multiplication végétative, sporulation ; régénération, reviviscence. – Hiémation.

7 Dormance.

8 Fanaison ; défeuillaison, défloraison, **défoliation,** exfoliation ; marcescence. – Abscission, déhiscence ; anatonose. – Étiolement.

9 Assimilation chlorophylienne ou **photosynthèse,** nutrition carbonée ; autotrophie, phototrophie ; photorespiration. – Endosmose, exosmose, osmose ; exsudation, extravasion de la sève, guttation ou sudation, plasmolyse, transpiration.

10 **Cérification,** gélification. – Lignification, subérification, tubérisation.

11 Nastie (autonastie, nyctinastie, photonastie, thermonastie, thigmonastie ou séismonastie) ; **tropisme** (chimiotropisme, géotropisme, haptotropisme ou thigmotropisme, héliotropisme, orthotropisme, phototropisme, plagiotropisme ; tactisme, hydrotactisme) ; circumnutation. – Thermopériodisme.

12 **Stomate,** stomates aquifères ; ostiole. – Endoderme (ou : endoblaste, entoblaste), paroi. – Utricule ; vrille. – Gibbérelline, **phythormone** ou phytohormone.

13 Estivation ou **préfloraison 288,** vernation (ou préfoliation, préfoliaison).

14 **Sève,** sève ascendante, sève descendante, sève élaborée ; chlorophylle ; exsudat, mucilage.

15 Phytopathologie (ou phytiatrie, pathologie végétale) ; diagnostic foliaire.

16 MALADIES

| | |
|---|---|
| albinisme | black-rot |
| alternariose | brun |
| anthracnose | *bushy stunt* [anglic.] |
| asphyxie | **carence** |
| bayoud | carie |
| bigarrure | cercosporiose |
| chancre | gigantisme |
| charbon | gléosporiose |
| chlorose | gommose |
| cladosporiose | graphiose |
| cloque | grisette |
| coître | helminthosporiose |
| coulure | hernie |
| criblure | hypersensibilité |
| *crinkle* [anglic.] | ictère |
| dartrose | javart |
| échaudage | madrure |
| encre | meunier |
| enroulement | mildiou |
| entomosporiose | mycoplasmose |
| ergot | nanisme |
| érinose | nécrose |
| esca | oïdium ou blanc |
| excoriose | panachure |
| fasciation | piétin |
| feu | pourridié |
| flétrissement | rosette |
| folletage | rouille |
| fonte des semis | roulure |
| frisolée | septoriose |
| fumagine | tavelure |
| fusariose | trachéomycose |
| gale | verticilliose |
| gangrène | virescence |

17 Herbier. – Herboristerie.

18 **Botaniste,** botanophile, herborisateur ; **herboriste.**

v. 19 **Botaniser, herboriser.** – Dépoter, rempoter ; repiquer. – Bouturer.

20 Défolier.

21 Croître ; bourgeonner, germer, **pousser.** – Défleurir, **dépérir, s'étioler,** sécher, sécher sur pied, végéter ; s'étioler. – Brouir, brûler, jaunir. – Geler.

Adj. 22 **Végétal.** – Endodermique ; stomatique. – Germinatif ; dormant. – Marcescent ; pérennant. – Foliacé.

23 Autotrophe, phototrophe ; géotropique, orthotrope ; héméropériodique, photopériodique ; photosynthétique.

24 Phytopathogène, phytotoxique ; phytopathologique. – Phytosanitaire.

Adv. 25 Végétativement. – Botaniquement.

Aff. 26 Botano-, **phyto-,** végéto- ; -phyte.

# 286 ARBRES

N. 1 **Arbre.** – **Arbre à feuilles caduques, arbre à feuilles persistantes** ou pérennes, arbre feuillu ou feuillu *(un feuillu).* – Arbre fruitier, conifère, résineux *(un résineux) ;* arbre exotique, arbre indigène ; arbre forestier, arbre de lisière ou tronc.

– Arbre d'assiette ; essence d'ombre (opposé à essence de lumière) ; plein-vent ou arbre de plein-vent. – Bonsaï. – **Arborescence ;** arborisation ; forme arborescente.

2 Arbre de haut jet, arbre de haute futaie, coupellier ; arbre de basse futaie. – Arbre parasol. – Brin, **pousse.**

3 Arbre couronné ; bois charmé ; bois vif.

4 Arbre ou sapin de Noël ; arbre de la Liberté 516 ; arbre de mai ou mai ; arbre à palabres. – RELIG. : arbre de Jessé, arbre de la science du bien et du mal, hôm ou arbre de vie. – Divinités sylvicoles ou némorales 500.

5 Apex 151, **cime,** cimier ou houppier, couronne, faîte, sommité. – Contrefort, empattement. – Racine. – Accru, **bouture,** cépée ou trochée, plançon ou plantard, recrû, rejet, repousse, scion, surgeon. – Chandelier, fût, grume, stipe, **tronc,** tronçon. – Bouchot, chicot, culée, **souche.**

6 **Bois 265,** xylème [didact.] ; aubier, cambium, cerne, cœur, duramen ou bois parfait, moelle, surbille. – Broussin ou **loupe ;** madrure, ronce ; cul-de-singe, nœud, œil-de-perdrix, rosette. – Cascarille, **écorce,** écusson, liber, œil latent, liège. – Pleurs, sève.

7 **Copeau,** ételle ; pelan ou plan. – Brisées, émondes, feuillard.

8 Bouquet de mai, brachyblaste (opposé à auxiblaste), brindille, dard, écot, gourmand, **rameau.** – **Branchage,** charpente, ramure, ramée [litt.]. – Billonnette, **branche,** branche charpentière, branchette, broutille [vx], chiffonne, coursonne, greffon, lambourde, mère branche ; moignon. – Embranchement, **fourche,** fourchet, ramification 149. – Bourse, forcine ; pneumatophore.

9 Chevelure, couvert, **feuillage,** feuillée, frondaison. – Aiguille, **feuille,** palme. – Bourgeon, chaton ; pérule.

10 **Fruit 289 ;** cône, pigne ou pignon, pomme de pin.

11 Familles. – Abiétacée ou pinacée, acéracée, aurantiacée ou rutacée, bétulacée, bombacacée, burséracée, célastracée, cupressacée, cupulifère ou fagacée, diptérocarpacée, ébénacée, juglandacée, lépidodendracée, méliacée, oléacée, palmacée, rhizophoracée, salicacée, santalacée, sterculiacée, taxacée, tiliacée, ulmacée, winteranacée. – Cycadale, fagale, santa-lale. – Agrume, aspidosperma, citrus, dalbergia, gommier, phœnix ou phénix.

12 **Essence** ou espèce.

13 EUROPE

ARBRES FRUITIERS

| | |
|---|---|
| abricotier | mahaleb |
| albergier | merisier |
| avelinier | noisetier |
| brugnonier | noyer |
| **cerisier** | paradis |
| cognassier | pêcher |
| cormier ou sorbier | **poirier** |
| domestique | **pommier** |
| coudrier | prunus ou prunier |
| doucin | putiet ou |
| griottier | merisier à grappes |
| guignier | |

14 ARBRES D'ORNEMENT

| | |
|---|---|
| davidia ou arbre aux | myrobolan |
| mouchoirs | paulownia |
| flamboyant | **sumac** |
| gymnocladus | zelkowa |
| kœlreutérie | |

15 FEUILLUS

| | |
|---|---|
| **acacia** ou arbre à la | **hêtre** (région. : fau, |
| gomme | fayard, foyard) |
| acacia franc | hièble ou yèble |
| amarinier | **marronnier** |
| aune ou aulne | marronnier d'Inde |
| aulne glutineux ou | marsault |
| vergne | négondo ou negundo |
| **bouleau** | **orme** |
| cercis ou arbre de | ormeau |
| Judée | orne |
| charme | **peuplier** |
| **châtaignier** | peuplier blanc ou, |
| **chêne** | région., ypréau |
| chêne kermès | **platane** ou arbre du |
| chêne-liège | soleil |
| chêne pédonculé | quercitron ou chêne |
| chêne vert ou yeuse | tinctorial |
| chêne zéen | robinier ou |
| **érable** | faux acacia |
| érable plane ou plane | **saule** |
| érable sycomore ou | séquoia ou |
| faux platane | wellingtonia |
| **eucalyptus** | sureau |
| frêne ou arbre à la | tauzin |
| manne | tilleul |
| grisard ou | tremble |
| peuplier gris | vélani |

16 CONIFÈRES

| | |
|---|---|
| alvier (ou : auvier, | fitzroya |
| arol, cembro) | keteleeria |
| callitris | laricio ou |
| cryptomeria | pin noir d'Autriche |
| **cyprès** | mélèze |
| cyprès chauve ou | **pin** |
| taxodium | pin colonaire ou |
| cyprès de Lawson | arancaria |
| **épicéa** | pin pignon |

sapin
sapinette
spruce

thuya (ou
arbre de vie,
arbre de paradis)

hyphaene
latanier
lodoicea

raphia
rônier

### 17 MÉDITERRANNÉE

albizzia
amandier
avocatier
azédarach ou
  arbre à chapelet
caprifiguier
caroubier
**cèdre**
dattier ou
  **palmier-dattier**
dioon

AGRUMES

bergamotier
bigaradier
cédratier
citronnier
clémentinier

diospyros
dragonnier
**figuier**
fustet ou
  arbre à perruque
grenadier
jujubier
kentia
mollé ou faux poivrier
**olivier**
**palmier**

mandarinier
**oranger**
pamplemoussier
pomelo

### 18 AFRIQUE

abura ou bahia
**acajou**
alone ou kondroti
antiaris
arganier
avodiré
azobé
balsamier ou baumier
**bananier**
**baobab** ou
  arbre de mille ans
baphia
bété
bilinga
bossé
boswellia
bubinga
butyrospermum ou
  arbre à beurre
cailcedrat ou acajou
  du Sénégal
carapa
cèdre
**cocotier**
colatier ou kolatier
copalier
dabéma
dibétou
dourian ou durian
ebiara
erythrophleum
framiré
funtumia
**hévéa**
ilomba
iroko
kapokier
karité
koto

limba
lophira
makoré ou douka
manglier
manguier
manilkara
neem
niangon
niaouli
obéché
ocotea
okoumé
ongokea
ozigo
**palétuvier**
panga-panga ou
  wengé
papayer ou
  arbre à melons
pentaclethra
pentadesma
protea ou
  arbre d'argent
ravenala ou arbre du
  voyageur
ravensara
ricinodendron
sapelli
sipo
**sycomore** ou figuier
  des pharaons
tamarinier
tarrietia
tchitola
treculia
xylopia
yohimbehe
zebrano ou zingana

PALMIERS

borassus

doum

### 19 AMÉRIQUE

alerce
andira
**araucaria**
assacu ou sablier
baboen (ou
  virola yayamadou)
bacovier
balata
bertholletia
brosimum (ou
  arbre à lait,
  arbre à la vache)
bursera
calebassier
canalete
canella
carya
caryocar
caryodendron
castanheiro
**catalpa**
chicot du Canada
cocobolo
coumarouna
courbaril
douglas ou pin d'Oré-
  gon
espenille
frangipanier
fromager
gaïac ou gayac
galipéa
greenheart
haematoxylon
hancornia
**hickory**
jacapucayo
jacaranda
lagetta
lecythis
libocèdre

PALMIERS

acrocomia
bactris
brahea
céroxylon ou
  arbre à cire

linaloé
liquidambar
maclura
mahogani ou
  acajou de Cuba
mammea
mancenillier (ou
  arbre-poison,
  arbre de mort)
marupa ou simarouba
mimusops
pacanier (ou pécan,
  noyer d'Amérique)
palissandre
pau marfim
pavier
pernambouc
peroba
persea
persimmon
phytéléphas ou
  arbre à ivoire
pimenta
prosopis
quapalier
quebracho
quillaja
**quinquina**
sapotier ou sapotillier
sapucaia
**sassafras**
satiné
savonnier
sebestier
sidéroxylon
strychnos
theobroma ou
  cacaoyer
thevetia
zamia
zapatero

copernicia
éléis ou elæis
euterpe
jubea
washingtonia

### 20 ASIE

afzelia
ailante
alstonia
amboine ou padouk
**amherstia**
anacardier
bancoulier
banian
bassia ou arbre à
  beurre
bibacier ou bibassier
bruguiera
camphrier

canarium
cannellier
**cèdre**
cycas
deodar
dillénia
dryobalanops
ébénier
févier
**ginkgo** (ou arbre
  aux quarante écus,
  arbre du ciel)
gmelina

hévéa
hydnocarpus
illipé
irvingia
jacquier ou jaquier
jambosier
katsura
kauri ou kaori
keruing
letchi (ou litchi, lychee)
maïdou
mangoustanier
mengkulang
meranti
merbau
mersawa
mésua ou arbre de fer
métaséquoia
moringa
ostrya
palaquium

PALMIERS

aréquier ou arec
caryota
metroxylon
rhapis

**palétuvier**
pasania
pentacme
phellodendron
pipal
**pistachier**
pseudolarix
pterocarya
sagoutier
sal
**santal**
sciadopitys
shikimi
shorea
sophora
strophantus
teck ou tek
tsuga
tulipier
tupelo ou nyssa
vomiquier

rotang
sabal
trachycarpus

21 PACIFIQUE

agathis ou dammara
aglaia
badamier
casuarina
**cocotier**
litsea
longanier

PALMIERS

abaca
arenga

maba
macadamia
pituri
ramin
schleichera
silky-oak ou gravillea
terminalia

livistona

22 Bocage, **bois** *(un bois),* boisement **812,** **forêt,** forêt-cathédrale, forêt vierge, jungle, mangrove, savane, savane arborée, savane boisée, savane-parc, sylve [litt.], taïga. – Bordure **132,** clairière, lisière, orée, pré-bois, sous-bois. – Boqueteau, bosquet.

23 Débourrement ; **feuillaison,** foliation ; nouaison ou nouure. – Duraminisation. – **Chute des feuilles,** défeuillaison, défoliation.

V. 24 **S'arboriser,** se ramifier. – Se couvrir de feuilles ; porter des fruits **289** ; prendre racine. – Rejeter, reprendre, surgeonner. – Se duraminiser. – Jaunir, sécher ; s'effeuiller, se défeuiller, se dépouiller.

Adj. 25 **Arborescent,** dendroïde. – Fastigié, fourchu, tortillard, d'une seule venue ; pleureur. – Foliacé. – Chevelu, **feuillu,** frondescent, frondifère, touffu ; caducifolié ; branchu, rameux ; ligneux, noueux. –

Chenu ; flacheux ; fougueux. – Encroué ; excru. – Franc de pied.

26 Arboré, boisé ; **forestier.**

27 (Qualifiant les feuilles selon leur type.)
acéreuse
aciculaire
acinaciforme
acuminée
aérienne
ailée
alterne
amphigastre
amplexicaule
articulée
auriculée
axillaire
bifide
bifoliolée
bullée
bulleuse
caulinaire
charnue
ciliée
circinée
composée
connée
convolutée
cordiforme
coupée
crénelée
crépue
cunéiforme
cuspidée
décurrente
décussée
dentée
dentelée
digitée
distique
embrassante
énervée
engainante
ensiforme ou gladiée
entière
éparse
épineuse
étalée
falciforme
fendue
fistuleuse
flabelliforme
foliolée
gibbeuse
hastée
imbriquée

imparipennée
incisée
involutée
laciniée
lancéolée
ligulée
linéaire
linguiforme
lobée
lyrée
multifide
oblongue
obovale
ovale
palmatinervée
palmilobée
palmiséquée
palmée
palmifide
panachée
parallélinervée
partagée
pectinée
pédalée
pennatilobée
pennatiséquée
peltée
pennée ou pinnée
penninervée
pétiolée
quinquéfide
radicale
raméale
réfléchie
réniforme
roncinée
sagittée
sessile
simple
sinuée
squamiforme
stimuleuse
stipulée
submergée
tridentée
trifide
tristique
uninervée
vaginante
verticillée
vrillée

28 Arboricole, lignicole ; sylvicole ; dendrophile.

Aff. 29 Arbor-, dendro-, sylv-, xylo-.

# 287 ARBUSTES

N. 1 **Arbuste** ; arbrisseau, **buisson,** sousarbrisseau. – Épine **151.**

2 Épinaie, **fourré,** futaie, **haie 779** ou haie vive, hallier ; roncier. – Brande, mort-

bois, **sous-bois**, sous-étage. – **Brous-saille, brousse**, bush [angl.], chaparral, fruticée, garrigue 245, maquis, matorral [esp.], scrub [angl.].

3 FAMILLES

| | |
|---|---|
| ampélidacée | loganiacée |
| anacardiacée ou | magnoliacée |
| thérébinthacée | ménispermacée |
| anonacée | monimiacée |
| aquifoliacée ou | moracée |
| ilicacée | pipéracée |
| araliacée ou hédéracée | protéacée |
| berbéridacée | rhamnacée |
| bignoniacée | ribésiacée |
| buxacée | sapotacée |
| capparidacée | tamaricacée |
| caprifoliacée | ternstrœmiacée |
| coriariacée | vitacée ou |
| cornacée | ampélidacée |
| éricacée | zygophyllacée |
| hippocastanacée | magnoliale |
| lauracée | calophyllum |

4 EUROPE

| | |
|---|---|
| actinidia | fortunella ou |
| ajonc ou | kumquat |
| genêt épineux | fragon ou petit houx |
| alaterne ou nerprun | framboisier |
| amélanchier | fusain ou |
| ampélopsis | bonnet de prêtre |
| arbousier ou | garcinia |
| arbre aux fraises | gaultheria ou |
| argousier ou | palommier |
| hippophaé | **genêt** |
| **aubépine** | **genévrier** |
| aubour ou cytise | groseillier |
| aucuba | houx |
| azalée | **laurier** |
| azérolier | laurier du Portugal |
| baguenaudier | myrica ou cirier |
| bétel | néflier |
| bourdaine | obier |
| **bruyère** | paliure |
| camérisier | panax |
| canéficier | parkinsonia |
| canneberge | périploca |
| cassier ou casse | redoul ou coriaria |
| **clématite** | **ronce** |
| cornouiller | spirée |
| églantier | **vigne** |
| éphédra | viorne |
| épine-vinette ou | vitex ou gatillier |
| berbéris | |

5 ARBUSTES ORNEMENTAUX

| | |
|---|---|
| andromède | coronille |
| broussonetia ou | cotoneaster ou |
| arbre à papier | arbre de Moïse |
| **buis** | forsythia |
| buisson-ardent | fuchsia |
| buplèvre | **glycine** |
| camarine | hamamélis |
| **camélia** ou camellia | if |
| **chèvrefeuille** | isoplexis |
| chimonanthe | **jasmin** |
| chionanthus | kerria |

| | |
|---|---|
| laurier-rose | rhododendron |
| leucothoé | **rosier** |
| **lilas** ou syringa | seringa |
| **magnolia** | skimmia |
| mahonia | staphylier |
| micocoulier ou | tamaris |
| fabrecoulier | troène |
| philodendron | vigne vierge |
| pittosporum | **yucca** |
| poncirus | |

6 MÉDITERRANNÉE

| | |
|---|---|
| abélie | hysope |
| adénocarpe | lentisque |
| anagyre ou bois puant | lippia |
| **câprier** | **myrte** |
| chinois | réglisse |
| ciste | sabine |
| cneorum | turbith blanc ou |
| fatsia | séné de Provence |
| grevillea | |

7 AMÉRIQUE

| | |
|---|---|
| actinidia | **hortensia** |
| asiminier | icaquier |
| bignonia ou bignone | jaborandi |
| **bougainvillée** ou | jojoba |
| bougainvillier | kalmia |
| calycanthe (ou | lucuma |
| beurreria, arbre | malpighia |
| aux anémones) | maqui |
| ceanothus | maté |
| cestreau | mombin |
| coca ou cocaier | **murier** |
| coccoloba ou raisinier | myroxylon |
| collétie | paullinia |
| cyphomandra | piscidia |
| diervilla | rocouyer |
| eugénia | symphorine |
| gonolobus | vigne |
| goyavier | viorne |
| guayule | |

8 ASIE

| | |
|---|---|
| abrus | ketmie |
| alhagi | mesua |
| badiane | murier |
| butéa ou arbre à | paliure |
| laque | sophora |
| deutzia | sorbaria |
| diervilla | thé ou **théier** |
| halimodendron | vigne |
| hortensia | viorne |
| hoya | |

9 TROPIQUES

| | |
|---|---|
| albizzia | clérodendron |
| aliboufier ou styrax | **cotonnier** |
| anone | drimys |
| artabotrys | érythrine |
| avicennia | erythroxylon |
| barringtonia | flacourtia |
| bauhinia ou arbre de | gardénia |
| Saint-Thomas | gastrolobium |
| buddleia | gnetum |
| **caféier** | gomphia |
| callistémon | herminiera |
| cinnamome | hibiscus |

inga
ixora
julibrissin ou
   arbre de soie
justicia
kawa
lagerstrœmia
landolphia
lyciet
macaranga
melaleuca
mélastoma
melia ou arbre saint
métrosidéros
micocoulier ou
   fabrecoulier
miconia

murraya
muscadier
myrte
nauclea
népenthès
nothofagus
osteomeles
pandanus ou
   arbre impudique
pavetta
phytolacca
qat ou khat
quisqualis
rauwolfia
strychnos
uréna

v. 10 **Buissonner.**

Adj. 11 **Buissonneux** ; arbustif, suffrutescent. – Épineux.

## 288 FLEURS

N. 1 **Fleur** ; fleurette [vieilli]. – Pied, plant, plante ; plantule ou germe. – Plante améliorante, plante ou herbe médicinale **394**, plante ornementale, porte-graine ; plante carnivore, plante grasse.

2 **Bouquet**, corbeille **779**, gerbe, guirlande ; anthologie [vx] ; jonchée ; pot-pourri. – Pot de fleurs. – Floralies, marché aux fleurs.

3 **Bulbe**, caïeu, oignon, pseudobulbe ; cormus, curcuma, poil collecteur, **racine**, radicelle, radicule, rhizome ; collet. – Drageon, hampe florale, rejeton, stolon, **tige** ; axe épicotylé, cambium, épine, fibre, queue ; vrille ou, vx, cirre, griffe ; cuticule, tissu de protection ; bouton, bulbille. – Ascidie, aisselle, carde ou côte, cuticule, digitation, duvet, **feuille**, fimbrille, foliole, gaine, ligule, limbe ou lame, lobe, mérithalle, mucron, parenchyme, pétiole ou queue, pétiolule, rachis, sinus, stipule, stomate, vaginelle, vaginule, veine, veinule, verticille.

4 **Périanthe** ; calice, calicule ; casque, **corolle**, coronule, gorge, labelle ou sabot, lèvre, limbe, tube ; carène, **pétale**, sépale. – **Fleur**, fleuron, florescence [litt.], florule, inflorescence, glomérule ; aigrette, capitule, carpelle, clochette, corymbe, cyathe, cyme, éperon, ombelle, ombellule, spadice, strobile, thyrse, trochet. – Réceptacle.

5 **Androcée, gynécée** ; anthère, archégone, col, cône, **étamine**, filet, funicule, gynostème, nucelle, ovaire, ovule, papilles, **pistil** ou gynécée, primine, stigmate, style.

– Corinde ou pois de cœur, **graine**, opercule, pollen, pollinie, sac embryonnaire, urne ; bractée, bractéole, cupule, involucelle, involucre, spathelle, utricule ; **épi**, épillet, grappe, panicule. – Cotylédon, écusson, rétinacle, suçoir. – Médiastin ; stomate.

6 BORRAGINACÉES

alkanna ou orcanette
anchusa ou buglosse
bourrache
consoude
cordia
cynoglosse ou
   langue-de-chien

grémil ou
   herbe aux perles
héliotrope
**myosotis** ou
   ne-m'oubliez-pas
orcanette
vipérine

7 CACTACÉES OU CACTÉES

**cactus**
cierge
cochenillier (ou :
   nopal, opuntia,
   figuier de Barbarie)
échinocactus
échinocéreus

épiphyllum (ou :
   phyllocactus,
   zygocactus)
maranta
mélocactus
peyotl

8 CARYOPHYLLACÉES

agrostemma ou nielle
   des blés
alsine ou stellaire
arenaria
céraiste
compagnon blanc
compagnon rouge
gypsophile
lychnis ou

œillet des prés
mignardise
morgeline ou
   mouron des oiseaux
**œillet**
saponaire ou
   herbe à foulon
silène

9 CHÉNOPODIALES

AMARANTACÉES

**amarante** ou
   queue-de-renard

célosie

CHÉNOPODIACÉES

arroche
bon-henri ou épinard
   sauvage
**chénopode**
salicorne
salsola

soude
suæda
toute-bonne ou
   épinard sauvage
ulluque
vulvaire

10 COMPOSÉES

absinthe ou armoise
acanthe sauvage ou
   onopordon
**achillée millefeuille**
acisperme ou
   coréopsis
ageratum
antennaire
arnica ou
   herbe aux chutes
aster
**bleuet** (ou :
   bluet, barbeau,
   casse-lunettes)
bardane ou teigne

bidens
**camomille** ou
   anthémis
cardon
carthame
catananche ou
   cupidone
centaurée ou
   herbe à la fièvre
chardon
chrysanthème
cinéraire
cosmos
crépis
**dahlia**

doronic
échinops
edelweiss
épervière
érigéron
eupatoire
gaillarde
gazania
gerbera
grageline (ou :
  graveline,
  lampsane)
helenium
hélianthe
humea
immortelle
jacobée ou
  herbe de Saint-
  Jacques
laiteron
lampourde ou
  herbe aux
  écrouelles
layia
léontodon ou liondent
leptosyne
leucanthemum ou
  grande marguerite
liatris
**marguerite**

matricaire
mikania
œillet d'Inde ( u
  tagète
oreille-de-souris ou
  piloselle
**pâquerette**
parthénium
pas-d'âne ou tussilage
**persil**
pissenlit ou
  dent-de-lion
pulicaire
pyrèthre
reine-marguerite ou
  aster de Chine
rudbeckia
santoline
sarrète ou serratule
scorsonère
séneçon ou seneçon
silybe
soleil ou tournesol
solidago ou verge d'or
**souci**
spilanthes
tagetes
tanaisie
zinnia

11 EUPHORBIACÉES

aleurite
chrozophora
épurge
**euphorbe** ou
  herbe aux verrues
foirolle ou mercuriale
  annuelle

jatropha ou
  médicinier
omphalea
phyllanthus
poinsettia
ricin
tithymale

12 FLUVIALES OU HÉLOBIALES

HYDROCHARIDACÉES

élodée ou hélodée
hydrocharis ou
  morène

macre
stratiote
vallisnérie

POTAMOGÉTONACÉE

cymodocée
posidonie

potamot
zostère

BUTOMACÉES

butôme ou jonc fleuri

13 GENTIANALES

GENTIANACÉES

érythrea ou
  petite centaurée
**gentiane**

ményanthes ou
  trèfle d'eau

APOCYNACÉES

pervenche

14 GÉRANIALES

GÉRANIACÉES

érodium
géranium ou

herbe à Robert
pélargonium

LINACÉES

**lin**

BALSAMINACÉES

balsamine ou
  impatiente

15 GUTTIFÉRALES

HYPERICACÉES

millepertuis

BALANOPHORACÉES

balanophora

16 LABIACÉES OU LABIÉES

ballote ou marrube
  noir
**basilic**
bétoine
brunelle
bugle ou herbe de
  Saint-Laurent
calamintha ou
  calament
coleus
épiaire
galéopsis
germandrée
gléchome
ive ou ivette
lamier
**lavande**
lavandin
lycope (ou : chanvre
  d'eau, patte-de-
  loup)

marjolaine ou origan
mélisse ou citronnelle
mélitte
**menthe** ou pouliot
monarde
népète (ou : chataire,
  herbe-aux-chats)
ocimum
ortie blanche ou
  lamier blanc
patchouli
phlomis
plectranthus
**romarin**
**sauge**
scutellaire
serpolet ou **thym**
spic ou lavande aspic
verveine ou
  herbe sacrée

17 LILIALES OU LILIIFLORES

IRIDACÉES

acidanthera
crocosmia
**crocus** ou safran
freesia
glaïeul

**iris**
ixia
tigridia
watsonia

LILIACÉES

agapanthe
aloès
anthericum
asphodèle
aspidistra
brodiea
cordyline
endymion ou
  jacinthe des bois
eremurus
fritillaire ou
  couronne impériale
gagea
gloriosa
hémérocalle
**jacinthe**
lachenalia

lapageria
**lis** ou lys
lis d'eau ou
  nymphéa blanc
lunaire ou
  monnaie-du-pape
ornithogale ou
  dame-d'onze-
  heures
parisette
phormium
salsepareille ou smilax
sceau-de-Salomon
scille
tubéreuse
**tulipe**
vératre

AMARYLLIDACÉES

agave
alstrœmeria ou

lis des Incas
**amaryllis**

clivia
fourcroya ou furcræa
haemanthus
**jonquille** ou coucou
**narcisse**
nérine
nivéole

DIOSCORÉACÉES

igname
rajania

18 MALVACÉES

abutilon
althæa ou guimauve
gombo ou okra
lavatère
malope

19 MYRTALES

MYRTACÉES

cajeput

ŒNOTHÉRACÉES

clarkia
épilobe ou
    herbe Saint-Antoine
godetia

LYTHRACÉES

salicaire

20 OMBELLIFÈRES

ache des montagnes
    ou livèche
ægopodium
æthus ou éthuse
aneth
angélique
astrantia
berce
boucage
**cerfeuil**
chervis
ciguë
cistre (ou : méum,
    fenouil des Alpes)
coriandre ou
    persil chinois

21 ORCHIDACÉES OU ORCHIDALES

acéros ou
    homme pendu
angræcum ou faam
bletia
calanthe
cattleya
cephalanthera
coralliorhiza
dendrobium
epidendrum
épipactis
habenaria
lælia
læliocattleya
limodorum

perce-neige ou
    galanthus
sansevière
sisal ou henequen
sprekelia
sternbergie ou
    vendangeuse

tamier ou herbe aux
    femmes battues

**mauve**
passerose ou
    **rose trémière**
sida
tiaré

jussieua
lopezia
ludwigia

criste-marine
cumin
éryngium ou panicaut
**fenouil**
férule
hydrocotyle
khella
laserpitium
maceron ou
    smyrnium
molospermum
œnanthe
panais
sanicle
scandix ou herbe
    aux aiguillettes

listère
miltonia
néottie
nid-d'oiseau
odontoglossum
oncidium
ophrys
**orchidée**
**orchis**
peristeria
phajus
sabot-de-Vénus ou
    cypripedium
vanda
zygopetalum

22 PERSONALES OU SCROFULARIALES

SCROFULARIACÉES

calcéolaire
cymbalaire ou ruine-
    de-Rome
**digitale** ou doigtier
euphraise ou
    casse-lunettes
gratiole ou herbe au
    pauvre homme
limoselle
linaire
maurandia
mélampyre ou

OROBANCHACÉES

clandestine
orobanche

ACANTHACÉES

aphélandra

23 POLYGONACÉES

bistorte
oseille
renouée ou

24 PRIMULALES

PRIMULACÉES

**anagallis**
androsace
**cyclamen**
dodecatheon ou
    gyroselle
lysimaque ou

PLOMBAGINACÉES

armeria
dentelaire ou
    plumbago
plombagine ou

herbe de vache
molène ou
    bouillon-blanc
**muflier** ou
    gueule-de-loup
pentstemon
rhinanthe
scrofulaire ou
    herbe carrée
véronique ou herbe
    de Sainte-Thérèse

phélipée

thunbergia

poivre d'eau
**rhubarbe**
sarrasin

nummulaire
glaux
**primevère**
samolus
soldanelle

herbe au cancer
statice ou
    œillet marin

25 RANALES OU DIALYCARPIQUES

RENONCULACÉES

aconit
actée ou herbe de
    Saint-Christophe
adonis
ancolie ou
    fleur d'amour
**anémone**
anémone pulsatile
    ou herbe du vent
**bouton-d'or**
clématite ou
    herbe aux gueux
dauphinelle ou
    pied-d'alouette
**ellébore** ou hellébore

MONIMIACÉES

boldo

NYMPHÉACÉES

nélombo ou nelumbo
**nénuphar**

ficaire
grenouillette
hydrastis
nielle bâtarde ou
    nigelle des champs
nigelle ou
    barbe-de-capucin
pigamon
**pivoine**
populage
pulsatille
**renoncule**
staphisaigre ou
    herbe aux poux
trolle

nymphéa
victoria

BERBÉRIDACÉES

podophyllum

26 RHŒADALES

PAPAVÉRACÉES

| | |
|---|---|
| argémone | glaucium |
| chélidoine ou | œillette ou |
| herbe à verrues, | pavot à œillette |
| grande éclaire | **pavot** |
| **coquelicot** | platystemon |
| dicentra ou | sanguinaire |
| cœur-de-Jeannette | fumeterre ou |
| eschscholtzia | herbe aux dindons |

CRUCIFÈRES

| | |
|---|---|
| alliaire | giroflée ou bâton-d'or |
| alyssum | heliophila |
| arabette ou | iberis |
| corbeille-d'argent | isatis (ou : |
| barbarée | guède, pastel) |
| caméline | julienne |
| capselle ou | lépidium ou passerage |
| bourse-à-pasteur | malcolmia |
| cardamine ou | matthiole ou |
| cressonnette | giroflée annuelle |
| chou-fleur | moutarde ou sénevé |
| chou cabus | roquette |
| **cresson** | sisymbre ou vélaret |
| diplotaxis | thlaspi |
| drave | vélar ou sisymbre |
| érophila | officinal |

RÉSÉDACÉES

| | |
|---|---|
| gaude ou | **réséda** |
| herbe aux Juifs | |

CISTACÉES

**hélianthème**

27 ROSALES

LÉGUMINEUSES

anthyllis ou
    vulnéraire

MIMOSACÉES

| | |
|---|---|
| **mimosa** | sensitive |

PAPILIONACÉES

| | |
|---|---|
| arrête-bœuf ou bu- | lotier ou lotus |
| grane | lupin |
| caragan | **luzerne** (ou : |
| coronille | lupuline, minette) |
| dalbergia | mélilot |
| dolic ou dolique | pois de senteur ou |
| farouch ou | gesse odorante |
| trèfle incarnat | psoralea |
| fénugrec ou trigonelle | pueraria |
| galega ou | sesbanie |
| herbe aux chèvres | **trèfle** |
| gesse | trèfle cornu ou |
| hippocrepis | lotier corniculé |
| indigotier | |

ROSACÉES

| | |
|---|---|
| aigremoine | rose de Jéricho |
| alchémille | benoîte ou |
| anastatique ou | herbe bénie |

| | |
|---|---|
| comaret | quintefeuille |
| dryas ou thé suisse | **reine-des-prés** |
| filipendule | **rose** |
| fraisier | spirée ou |
| gillenia | barbe-de-bouc, |
| pimprenelle | barbe-de-chèvre |
| potentille ou | ulmaire |

28 RUBIALES

CAPRIFOLIACÉES

| | |
|---|---|
| adoxa | linnæa |

RUBIACÉES

| | |
|---|---|
| aspérule ou herbe à | croisette |
| l'esquinancie | garance |
| caille-lait ou gaillet | hydnophytum |

29 SAXIFRAGACÉES

| | |
|---|---|
| astilbe | heuchera |
| **désespoir-des-** | saxifrage ou |
| **peintres** | perce-pierre |

30 SOLANALES

GESNÉRIACÉES

| | |
|---|---|
| achimène | isoloma |
| gesneria | saintpaulia |
| gloxinia | |

SOLANACÉES

| | |
|---|---|
| alkékenge ou physalis | **muguet** |
| **belladone** | nicotiana |
| datura (ou : | pétunia |
| stramoine, | solanum ou |
| herbe au diable) | herbe à la gale |
| douce-amère | **tabac** ou herbe aux |
| jusquiame | grands prieurs |
| mandragore | |

31 URTICACÉES

| | |
|---|---|
| chanvre | pariétaire ou |
| **ortie** | passe-muraille |

32 MONOCOTYLÉDONES

ARACÉES OU ARALES

| | |
|---|---|
| acore | caladium |
| alocasia | dieffenbachia |
| amorphophallus | monstera |
| anthurium | xanthosoma |
| arum ou gouet | |

BROMÉLIACÉES

| | |
|---|---|
| æchmea | nidularium |
| billbergia | tillandsia |

ZINGIBÉRACÉES

| | |
|---|---|
| alpinia | **gingembre** |
| elettaria | hedychium |

PONTÉDÉRIACÉES

| | |
|---|---|
| eichhornia | pontederia. |

33 DICOTYLÉDONES

ARISTOLOCHIACÉES

aristoloche

BÉGONIACÉES

**bégonia**

AIZOACÉES

carpobrotus — conophyton

CRASSULACÉES

echeveria — nombril-de-Vénus ou
gobelet — ombilic
joubarbe — orpin
kalanchoe

VIOLACÉES

pensée ou herbe — violette
de la Trinité

NYCTAGINACÉES

belle-de-nuit ou
mirabilis

34 DICOTYLÉDONES GAMOPÉTALES

AMBROSIACÉES

ambroisie

CONVOLVULACÉES

belle-de-jour ou — jalap
**liseron** — turbith végétal

DIPSACACÉES

cabaret des oiseaux — scabieuse ou
ou cardère sauvage — herbe de Saint-
cardère — Joseph
knautia
morina

CAMPANULACÉES

**campanule** — miroir-de-Vénus
carline ou herbe de — raiponce
Charlemagne — trachelium
jasione

VALÉRIANACÉES

centranthe ou — **valériane** ou herbe à
valériane rouge — la meurtrie
nard

POLÉMONIACÉES

cobée — phlox
gilia

ASCLÉPIADACÉES

dompte-venin — stapelia

LOGANIACÉES

gelsemium

GLOBULARIACÉES

globulaire

LOBÉLIACÉES

lobélie

35 DICOTYLÉDONES DIALYPÉTALES

DROSÉRACÉES

aldrovandia — rosée du soleil,
dionée — rossolis
**drosera** ou

36 DIVERS

aponogéton — balisier

canna — loasa
barbadine — monotrope ou
calathea — sucepin
**capucine** — pirole
cardiosperme — naias
**colchique** — nemophila
comméline — phacelia
cytinet — rafflesia ou rafflésie
dictame ou fraxinelle — rubanier ou
dorstenia — sparganium
frankenia — rue
gaura — strelitzia
goodenia — tacca
grassette — thesium
herbe au lait ou — utriculaire
polygala — welwitschia
incarvillea — wolffia
limnocharis

37 Anthèse, **floraison** ou, vx, fleuraison, fleurissement ; fructification **289**. – Apoplexie, effeuillaison. – Dissémination, pollinisation.

38 Floribondité [rare]. – Allogamie, apogamie, **phanérogamie** (opposé à cryptogamie), dichogamie, digamie, polygamie, siphonogamie ; monandrie, polyandrie ; autofécondation, autofertilité, hermaphrodisme, monœcie ; anémophilie. – Adelphophagie ; amensalisme ; autocompatibilité, auto-incompatibilité, incompatibilité ; cauliflorie, hétérophyllie ; hétérostylie ; zygomorphie.

39 Floristique. – Bulbiculture, floriculture, **horticulture**.

40 Floristicien. – Floriculteur, **horticulteur**. – Bouquetière, **fleuriste**. – Anthophile.

v. 41 **Fleurir**, florir [litt.] ; boutonner, éclore ; passer fleur, refleurir ; **s'épanouir 190**, s'ouvrir, se couvrir de fleurs. – Fructifier.

42 **Fleurir**, joncher.

43 Enraciner, planter **812** ; défleurir.

Adj. 44 **Floral**. – Fleuri ; en fleurs ou en fleur, fleuré, florescent [litt.], floribond, florifère, florissant.

45 Alterniflore, biflore, caliciflore, corolliflore, gémelliflore, labiatiflore, liguliflore, multiflore, noctiflore, passiflore, pauciflore, spiciflore, thalamiflore, triflore, tubuliflore, uniflore. – Accrescent, apérianthé, cactiforme, campanuliforme, carpellaire, dicline, ligulé, pentamère, pommé, radié, scorpioïde ; acropète, centripète ; actinomorphe ou régulière, zygomorphe ou irrégulière. – Bilabié.

46 Agame, autogame, cléistogame, hétérogame, homogame, monogame, **phanérogame** (opposé à cryptogame), poly-

game, zoïdogame. – **Staminé,** épis-taminé, instaminé, péristaminé ; dasys-témone, diplostémone, isostémone ; extrorse, introrse ; brévistylé, longistylé ; diadelphe, didyname, hydrochore, infère, vivipare. – Autofertile, autostérile ; an-drogyne, hermaphrodite, protérandre, protérogyne, stamino-pistillé ; éleuthé-rogyne ; hybride ; monoïque.

47 Amentifère, baccifère, balsamique, céri-fère, gemmifère, laccifère, lactescent, mel-lifère. – Acaule, caulescent, caulinaire, coureur, stolonifère, volubile. – **Radical** ; radicant, rhizomateux. – Pétalée, pétali-pare ; amopétale, anisopétale, apétale ou monochlamydé, dialypétale, infundibu-liforme, monopétale, polypétale, sympé-talique ; dialysépale, monosépale, poly-sépale. – Bulbeux. – Inerme.

48 Alternatif, décident, décidu, **vivace** ; dialycarpique, monocarpien, polycarpi-que ; amensal, basitone. – Flosculeux, glutineux, succulent, mucilagineux. – Mé-sotherme ; versicolore ; sclérophylle, xé-rophytique.

Aff. 49 Anth-, **flor-** ; -anthe, -anthème, -phyte ; -flore, -game.

50 -acée, -ale.

# 289 FRUITS

N. 1 **Fruit** ; fruit capsulaire, fruit déguisé, fruit déhiscent (opposé à indéhiscent). – Fruits primeurs ; fruits rouges, petits fruits [helvét.]. – Fruit sec ; fruit confit, pâte de fruits 858.

2 **Grain** 154 ou caryopse, graine, granule, pépin, semence. – Acinus [BOT.], akène, **baie,** diakène, follicule, momie. – Cône, disamare, drupe, noix, nucule, pépon, pyxide, samare, silicule, silique, syn-carpe, sycone.

3 PARTIES DES FRUITS

| | |
|---|---|
| aile | élatérie |
| arille | exine |
| barbe | hile ou ombilic |
| brou | induvie |
| carpelle | intine |
| cerneau | kapok |
| chair | locule |
| cloison | loge |
| cœur | noyau |
| columelle | parche |
| coque | peau |
| coquille | pellicule |
| corymbe | périsperme |
| cupule | pierre |
| diaphragme | poil à gratter |
| duvet | pomme |
| écale | pruine |
| pyxide | trognon |
| quartier | valve |
| queue | zeste |
| strobile | |

4 Endocarpe, épicarpe ou **peau** 334, méso-carpe, péricarpe, sarcocarpe. – **Jus,** pul-pe ; fructose, peptine, suc, vitamine ; al-bumen, corozo, fécule, rob [vx].

5 **Grappe,** régime. – Corne d'abondance.

6 Noix, amandes. – **Amande,** amandon, ana-carde ou noix de cajou, arachide (ou : cacahouète, cacahuète), aveline, châtai-gne d'eau, **noisette, noix,** noix d'arec, noix d'argan, noix de bancoul, noix du Brésil, noix de palmier, noix de corozo, noix de pécan ou noix de pacane, noix de Queensland, pistache. – **Châtaigne,** faine, gland, marron. – Amande de terre, cabosse, œillette.

7 Graines. – **Blé** 290, chènevis, épeautre, froment, **maïs,** mil, millet, orge mondé, orge perlé, **riz,** sarrasin, seigle, sésame ; oton. – Farineux, **féculent** ; ers, fève, fèverole, flageolet, **haricot,** haricot sec, lentille, petit pois, pois chiche, pois four-rager, pois potager ; ambrevade ou pois d'Angola, jarosse, kerstingiella, mungo, pois indien ou lablab, voandzeia. – Cacao, café. – Anis, carvi, coriandre, cumin, ma-niguette, muscade, muscadille, **poivre,** poivre blanc, poivre gris, poivre noir, poivre vert ; câpre. – Ambrette ; fève de calabar, ispaghul, psyllium ou graine de puce. – Brisures, farinettes.

8 **Abricot,** alberge. – **Pêche** ; brugnon, nec-tarine ; pêche de vigne ; springtime. – **Prune** ; mirabelle, quetsche, reine-clau-de ; pruneau, pruneau d'Agen ; icaque ; mombrin. – **Melon** ; cavaillon, charen-tais ; melon d'Espagne ; melon d'eau ; pastèque. – **Tomate,** ou, région., pomme d'amour ; olivette.

9 **Agrume** ; bigarade, cédrat, **citron,** citron vert, clémentine, lime ou limette, man-darine, navel, **orange,** pamplemousse, pomelo (ou : grape-fruit, grapefruit), san-guine, tangelo, tangerine.

10 **Pomme** ; pomme d'api, calville, capendu, châtaignier, pomme à couteau, delicious, dixiered, pomme douce, pomme douce-amère, fenouillet, golden, grany-smith, reinette Boskop, reinette du Canada, reinette grise, reinette du Mans, reine des reinettes, pomme rouleau rouge, starking.

11 **Poire** ; poire d'ambrette, besi, beurré-hardy, blanquette, catillac, comice, confé-

rence, crassane, cuisse-madame, curé, doyenné, duchesse, guyot, hâtiveau, liard, louise-bonne, madeleine, marquise, mignonne, mouille-bouche, muscadelle, passe-crassane, rousselet, saint-germain, toute-bonne, williams ou bon-chrétien.

12 **Cerise** ; bergamote, bigareau, cerisette, gorge-de-pigeon, griotte, guigne, marasque, marmotte, merise. – Corme. – Cornouille. – Sorbe.

13 **Fruits rouges** ; airelle, alise, allouche, arbouse, cassis, corme ou sorbe, **fraise,** fraise des bois, framboise, groseille, groseille à maquereaux, mûre, myrtille ou brimbelle.

14 **Raisin** ; alphonse lavallée, malaga, meunier, muscat, pinot, raisin de Corinthe, raisin de Smyrne ; raisin de table.

15 **Algarobille** (ou : caroube, carouge), amélanche, azerole, coing, corossol, cynorhodon ou gratte-cul, **olive,** sapote, sapotille.

16 Fruits exotiques. – **Ananas,** avocat, **banane,** cachiman, chérimole, datte, durian, feijoa, **figue,** figue-banane, figue de Barbarie, figue des Hottentots, fruit de la Passion, gombo, goyave, grenade, kaki, kiwi, kumquat ou chinois, litchi ou lychee, mangoustan, mangue, mombin (ou pomme-cythère, pomme de Cythère), nèfle, nèfle du Japon (ou bibace, bibasse), **noix de coco** ou coco, papaye, pomme-cannelle.

17 Baguenaude, balise, caprifigue, cenelle, frangipane, jambose ou jamerose, jaque, mancenille, mangle, micocoule, myrtidane, sébeste, vallonée ou vélanède ; cola ou kola, jujube.

18 **Maturation,** aoûtement, blettissement, pomaison, véraison ; caprification, fructification ; grenaison ; parthénocarpie.

19 **Fruiticulture,** pomiculture. – Fruitier, verger 811. – Fruiterie, mûrisserie ; herbagère. – Graineterie.

20 Fruiticulteur, fruitier. – Grainetier. – Marchand de quatre-saisons [anc.].

21 Carpologie. – Fruitarisme, végétarisme **395.**

V. 22 Affruiter, **fructifier,** se mettre à fruit [rare] ; grainer ou grener, monter en graine ; aoûter, **mûrir,** saisonner ; se corder.

Adj. 23 **Fruitier,** légumier, séminal ; fructifère. – Uval. – Bacciforme, granulaire ; en branches. – Monogerme, monosperme. – Cortiqueux, lapilleux ou pierreux.

24 Vert **359** ; blet, **mûr** ; passerillé, sec. – Fruité, fruiteux [litt.] ; cotonneux, fondant, juteux, pulpeux.

25 Carpophage, frugivore, granivore. – Fruitarien ; végétalien, végétarien.

Aff. 26 Carpo-, fructi-, frugi- ; -carpe.

## 290 HERBES ET FOUGÈRES

N. 1 **Herbe** ; plante herbacée ; herbe annuelle, herbe vivace ; herbe grasse, herbe sèche, herbette [litt.] ; herbes folles, mauvaises herbes ou herbes adventices ; herbes de fourvoiement [vx].

2 Simples. – Bouquet garni, fines herbes, herbes de Provence **288.**

3 Foin, **paille** ; fourrage 813. – Botte, bottillon, fourchée, meule ; bouchon, brin, touffe. – Balle, bractée, glume, glumelle, glumellule, hypoblaste ou scutellum, son, spathe ; fane, tuyau ; coléorhize. – Chalumeau.

4 Prothalle ; fronde, pinnule, rachis ; penghawar, rhizoïde, stipe ; propagule. – Microsporange, sore, sporange ; élastère ; indusie.

5 Alpage, andain, embouche, **herbage,** paccage, pâtis, pâturage, **prairie 269,** prairie de fauche ou pré-pâturage, prairie permanente ou naturelle, prairie temporaire, **pré,** pré salé ; pampa, veld ; campo, fourré, lande, savane, steppe, toundra.

6 **Gazon 779,** pelouse. – Aspergeraie, bambusaie, beine, cannaie, fougeraie, jonchère, phragmitaie ou roselière. – Herbier.

7 GRAMINÉES

| | |
|---|---|
| Agrostis ou traînasse | erianthus |
| alfa | fétuque |
| alpiste ou phalaris | fléole ou phléole |
| ammophila ou | flouve odorante |
| roseau des sables | fonio |
| andropogon | glycérie |
| aristide | gynerium |
| arrhénathérum (ou | houlque ou houque |
| fenasse fromental) | ivraie |
| **bambou** | manne de Pologne |
| brize ou | miscanthus |
| langue-de-femme | molinie |
| brome | nard |
| calamagrostis | oryza |
| canche | panic (ou |
| **canne à sucre** | millet des oiseaux, |
| carex (ou laîche, | sétaire) |
| herbe aux | pâturin |
| couteaux) | paumelle |
| coïx ou larme-de-Job | pennisetum |
| cramcram | ray-grass |
| crételle | **roseau** ou |
| **dactyle** | canne de Provence |
| deschampsia | scénanthe |

| | |
|---|---|
| spart | trisetum |
| spartina | vétiver |
| stipa | vulpin |
| téosinte | zizania |

CÉRÉALES

| | |
|---|---|
| avénette ou | maïs |
| avoine jaunâtre | orge |
| avoine | **riz** |
| **blé** | sarrasin ou blé noir |
| blé méteil | sorgho ou |
| herbe de bison | blé de Guinée |

8 AUTRES PLANTES HERBACÉES

| | |
|---|---|
| agropyrum | **liane** |
| alisma ou flûteau | **lierre** |
| alleluia ou oxalis | linaigrette |
| amourette | luzule |
| anamirte | massette ou |
| asaret | roseau-massue |
| baselle | misère ou tradescantia |
| bryophyllum | oseille |
| camphrée | papyrus |
| **chanvre** ou cannabis | **patience** |
| corchorus | persicaire |
| **chélidoine** | pesse |
| **chiendent** | pourpier |
| choin | rhubarbe |
| cissus | sagine |
| cuscute | sagittaire ou |
| cypérus | flèche d'eau |
| datisque ou | sansevière |
| chanvre de Crète | sarracenia |
| escourgeon | scirpe ou |
| grewia | jonc des chaisiers |
| **gui** | scléranthe |
| **jonc** | spargoute |
| jonc marin | spergule |
| lemna ou | tribulus |
| lentille d'eau | |

9 **Fougère** ; filicinée, ptérydophytes ; équisétale, filicale, hydrofilicale ou hydroptéridale, lycopodiale, psilophytale ou rhyniale ; cyathéacée, équisétinée, leptosporangiée, eusporangiée, isoète, lépidodendracée, lycopodinée, polypodiacée, salviniacée.

ESPÈCES DE FOUGÈRES

| | |
|---|---|
| acrostichum | marsilia |
| adiantum (ou | miadesmia |
| capillaire de | nephrolepis |
| Montpellier, | nid-d'oiseau |
| cheveu-de-Vénus) | onoclée |
| asplenium | ophioglosse (ou |
| athyrium | langue-de-serpent, |
| azolla | herbe sans couture) |
| barometz | osmonde |
| calamite | pécoptéris |
| capillaire | pilulaire |
| cétérach | polypode |
| fougère grand-aigle | **prêle** |
| gleichenia | psilotum |
| lépidodendron | ptéridium |
| **lycopode** ou | salvinia |
| herbe aux massues | scolopendre |
| lygodium | sélaginelle |
| marattia | sigillaire |

10 Hétéroprothallie, homophytisme, isosporie, polystélie.

11 Malherbologie.

12 Désherbant, herbicide.

V. 13 **Enherber ;** engazonner, gazonner. – Désherber **811.** – Herbager, mettre au vert.

14 **Brouter,** herbeiller, paître.

Adj. 15 **Herbacé ; fourrager.** – Acotylédone, homoprothallé, homosporé ou isosporé. – Amplexicaule.

16 Herbageux [litt.], **herbeux,** herbifère ; dru, herbu, pâturable, **verdoyant 359.**

17 **Herbivore,** phytophage ; herbicole.

# 291 CHAMPIGNONS

N. 1 **Champignon.** – Fongosité.

2 Blanc de champignon, **mycélium** ou thalle, sclérote, stroma ; carpophore. – Anneau, bague, collerette, collet ; **chapeau,** lamelle ou feuillet ; pédicelle, pédoncule, pied, stipe, voile, volve ou bulbe ; cortine, hyphe, plectenchyme ; conidiophore. – Mycorhize.

3 Anse d'anastomose, conidie, dicaryon, gamétange. – Arthrospore, ascospore, basidiospore, écidiospore, paraphyse, spermatie, **spore,** téleutospore, urédospore, zoospore, zygospore ; **baside,** probaside ; apothécie, asque, conceptacle, cystide, écidie, hyménium, **sporange,** thèque.

4 Cytogamie, fusion dangeardienne ; gamétangie, oïdie ; périthèce. – Amphithallisme ; hétérothallie ; dicaryotisme.

5 **Champignons inférieurs ;** siphomycètes ou phycomycètes ; blastocladiales, chytridiales, monoblépharidales, oomycètes ; péronosporales, saprolégniales. – Myxomycètes. – **Zygomycètes :** endogonales, mucorales. – **Champignons supérieurs : ascomycètes** (aspergillales, discomycétales ou discales, érysipales, érysiphacées, exoascales, hypocréales, périsporiales, plectascales, pléosporales, pyrénomycétales, tubéracées ; endomycétales, levures ou saccharomycétales, taphrinales ; blastomycète), **protobasiomycètes** (trémellales, urédinales, ustilaginales), **basidiomycètes** (agaricacées, agaricales, aphyllophorales, auriculariales, castromycètes, gastéromycétales, hyménomycètes).

6 BASIDIOMYCÈTES

amanite
amanite panthère
amanite phalloïde
amanite tue-mouches
    ou fausse oronge
bolet ou cèpe
candida
clavaire ou
    barbe-de-bouc
barigoule ou
    lactaire délicieux
boviste
champignon de Paris
    ou agaric cultivé
chanterelle ou girolle
clitocybe
collybie ou souchette
coprin
corticium
cortinaire
coucoumelle ou
    amanite vaginée
coulemelle ou
    lépiote élevée
craterelle ou
    trompette de la
    mort
entolome
entyloma
exobasidium
géaster
golmote ou
    amanite rougeâtre
gomphide
grisette ou
    clitocybe nébuleux
gymnosporangium
hébélome
hydne ou
    pied-de-mouton
hygrophore
hypholome
indigotier ou
    bolet bleuissant

inocybe de Patouillard
lactaire
lactaire poivré
laqué
lépiote
levure
lycoperdon ou
    vesse-de-loup
marasme
matsu take
mérule
mycène
mycoderme
nonette
oronge ou
    amanite des Césars
paxille
phallus impudique ou
    satyre puant
pholiote
pied-bleu ou
    tricholome nu
pleurote
polypore
pratelle ou psalliote
psilocybe
puccinia
rosé des prés ou
    psalliote des
    jachères
russule
saccharomyces ou
    levure de bière
scléroderme
shiitake
stereum
strophiaire
tête de nègre ou
    bolet bronzé
tilletia
tricholome ou
    mousseron
urocystis
volvaire

7 ASCOMYCÈTES

aspergillus
bouton-de-guêtre
cordyceps
élaphomyces
endothia
épichloë
gibberella
glomerella
gnomonia
guignardia
gyromitre
helvelle
microsphæra

mitrophore ou
    morillon
monilia
morille
nectria
pezize ou
    oreille-de-lièvre
rosellinia
taphrina
terfès
truffe
uncinula
venturia

8 CHAMPIGNONS IMPARFAITS (ou FUNGI IMPER-
FECTI, DEUTÉROMYCÈTES)

adélomycète ou den-
téromycète
alternaria
ascophyta

botrytis
cercosporella
cicinnobolus
cladosporium

colletrotrichum
fusarium
graphium
helminthosporium
marssonina
mélanconiale
moisissure

mycogone
pénicillium
ramularia
septoria
thielaviopsis
verticillum

9 CHAMPIGNONS PARASITES

amadouvier
armillaire
blépharospora
empuse
fistuline ou
    foie-de-bœuf ou
    langue-de-bœuf
lenzite
oreille-de-judas

phoma
phytophthora
pythium
saprolegnia
synchytrium
tramète
trémelle
trichophyton

10 CHAMPIGNONS PATHOGÈNES

ceratocystis
coryneum
cronartium
dothichiza
elampsorella
hemileia
melampsora

peronospora
phragmidium
rhizoctone
sclérotinia
sphærotheca
spongospora
uromyces

11 Myticulture, trufficulture. – Fumage, go-
betage, lardage. – Carrière champignonnière, maison à champignon, truffière.

12 Mycologue. – Myticulteur ou champi-
gnonniste.

13 Mycologie.

v. 14 Champignonner [rare].

Adj. 15 Fongique ; mycologique. – Fongiforme,
fongoïde ; fongueux. – Comestible 337,
nuisible, vénéneux 389. – Phalloïdien ;
tubériforme. – Truffier (chêne truffier).

16 Angiocarpe, gymnocarpe, hémiangiocarpe. – Adné, émarginé, hyménial, leucosporé, mycélien, pédicellé, pédonculé.
– Dicaryotique. – Endotrophe.

17 Mycétophage ; mycétophile ou fongicole.

18 Cryptogamique ;          anticryptogamique,
fongicide. – Antifongique, antimycosique.

Aff. 19 Asco-, basidio-, myco- ; -carpe, -mycète,
-spore.

## 292 MOUSSES ET HÉPATIQUES

N. 1 Mousse ; hépatique, sphaigne. – Tapis de
mousse ; sagne, tourbe.

2 Anthéridie, archégone, coiffe, sporogo-
ne ; anthérozoïde, oosphère ; anneau,
capsule, opercule, péristome, sporange,
urne. – Propagule, protonéma ; rhizoïdes
ou poils absorbants. – Amphigastre ; pédicelle, pédoncule.

3 **Bryophytes** ; sciaphytes ou plantes d'ombre ; archégoniates ; andréales, bryales, psilophytales ou rhyniales, sphagnales ; andréacées, bryacées, phascacées. – Jungermanniales, marchantiales.

4 Espèces de mousses. – Aulacomnion, barbula, bryum ou bryon, buxbaumie, dicranum, funaire, hypnum, leucobryum, mousse, polytric.

5 Espèces d'hépatiques. – Anthocéros, marchantia, riccie, sphaigne.

6 Bryologie, muscologie.

7 Bryologue.

Adj. 8 **Moussu,** mousseux [vx] ; muscoïde. – Acrocarpe, pleurocarpe. – Bryologique.

9 Muscicole. – Antimousse.

Aff. 10 Bry-, bryo-, musci-, musco-.

## 293 ALGUES

N. 1 **Algue** ; algue d'eau douce, algue marine ; herbe marine, phytoplancton **282.** – Goémon ; varech.

2 **Aérocyste** ou sac aérifère, crampon, flotteur ; **thalle** ; filament, ruban. – Conceptacle, microsporange ; archégone. – Cénocyte ou cœnocyte, gamétange. – Fucoxanthine ou phycophéine, phycoérythrine, phycocyanine ; alginate, algine, leucosine ; salin.

3 **Chlorophycées** (ou algues vertes) : desmidiales, zygnémales ; cladophorées, confervacées, conjuguées ou zygophycées, protococcacées, siphonées, siphonocladées, volvocacées. – **Phéophycées** (ou phycoïdées, algues brunes) : fucales, laminariales ; cryptomonadées, cryptophycées, diatomées, dictyotées, eugléniens, fucacées, péridiniées, phéosporées. – **Floridées** (ou rhodophycées, algues rouges) : céramiales ; bangiacées, cryptonémiacées, gigartinacées, némaliacées, rhodyméniacées. – **Xantophycées** (ou algues jaunes) ; chrysophycées ou chrysomonadales. – **Cyanophycées** (ou schizophycées, algues bleues) [anc.].

4 ESPÈCES D'ALGUES

| | |
|---|---|
| acetabularia | chondrus |
| alaria | cladophora |
| anabæna | coccolithophore |
| asparagopsis | codium |
| bryopsis | coralline |
| carragheen | cystoseire |
| caulerpe | diatomite |
| chlamydomonas | dictyota |
| chlorelle | diplopore |

| | |
|---|---|
| fucus | porphyra |
| gelidium | prochloron |
| girvanelle | protococcus |
| goémon | rivularia |
| haematococcus | sargasse |
| himanthalia | spirogyre |
| kelp | spiruline |
| laminaire | stromatolite |
| lithothamnium | tripoli |
| macrocystis | ulothrix |
| mougeotia | ulve |
| nemalion | varech |
| nitella | vauchérie |
| nostoc ou | volvox |
| crachat-de-lune | xanthelle |
| œdogonium | zoochlorelle |
| oscillaire | zooxanthelle |
| pediastrum | zygnéma |
| pleurococcus | |

5 Nori [jap.].

6 Algologie [vieilli]. – **Algoculture ;** sudate. – Thalassothérapie.

7 Algologue [vieilli]. – Goémonier.

Adj. 8 Algacé, **algal** ; algueux ; alginique. – Algologique [vieilli], **phycologique.**

Aff. 9 Algo-, phyco- ; -phycée ; -coccus.

## 294 LICHENS

N. 1 **Lichen.** – Thallophyte ; angiocarpe. – Ascolichen, basidiolichen, discolichen, lichen foliacé, lichen fruticuleux, lichen gélatineux, lichen migrateur. – Cyclocarpale.

2 Asque, hyphe, hypothécie, rhizine, scutelle, scyphule, sorédie. – Érythrine, érythritol, lichénine, orcinol.

3 Espèces de lichens. – Cetraria, cladonie, collema, evernia, graphis, lecanora, lecidea, lichen ou mousse d'Islande, parmélie, peltigera, pertusaria, physcia, ricasolia, solorina, sticta, **usnée** ou barbe-de-capucin, xanthoria.

4 Lichénisation. – **Symbiose ;** parasymbiose.

5 Lichénologie.

Adj. 6 **Lichénique.** – Angiocarpe, ascogène, épiphléode, gymnocarpe, homéomère, homothalame. – Crustacé, encroûtant.

## 295 ZOOLOGIE

N. 1 **Zoologie** ; zoographie [vx] (ou morphologie, zoologie descriptive, zoomorphie [vx]) ; zoochimie. – Phylogénie, zoobiologie, zoogénie [vx]. – **Écologie, éthologie ;** zoogéographie. – Zootechnie.

2 Cétologie, conchyliologie, **entomologie,** faunistique, helminthologie, **herpétologie** ou erpétologie, hippologie, ichnologie,

ichtyologie, malacologie, mammalogie, myrmécologie, ophiologie, **ornithologie**, paléontologie ou **paléozoologie**, primatologie, prostitologie, etc.

3 Zoopsychiatrie, zoopsychologie. – Zoosémiotique.

4 **Règne animal** ; milieu animal ; **faune, faunule**, microfaune ; population, race ou forme géographique ; édaphon. – **Écosystème** ; **biotope 282**, isolat, **niche écologique**, zoocénose ou biocénose animale.

5 **Empire** ou région ; empire africo-malgache ou éthiopien, empire antarctique, empire australo-papou, empire boréal ou holarctique, empire indo-malais ou oriental, empire néotropical, empire polynésien.

6 **Animal** *(animal à sang chaud, à sang froid),* animalcule, bestiole, **bête, créature** ; aumaille, bestiaux, **bétail 813**, gibier, pécore [vx], volaille. – Amphibien, crustacé **302**, insecte **301**, **mammifère 296**, mollusque **303**, oiseau **297**, **poisson 298**, reptile **299**, ver **304**. – Zooplancton **293**. – Amniote ou allantoïdien.

7 Agrégation, **commensalisme**, esclavagisme, **grégarisme**, mutualisme, symbiose, trophallaxie ; confinement, effet de groupe ; dispersion. – Communauté ou société animale ; colonie, **essaim**. – Insectes sociaux ; caste.

8 **Animalité**, bestialité ; instinct. – Concurrence vitale, lutte pour la vie, **sélection naturelle**. – **Acclimatation**, séclusion ; naturalisation. – **Acclimatement**, accommodat, morphose, somation ; régression, substitution. – Néoformation, novation, **raciation, spéciation**. – Hypertélie. – Bioélectricité.

9 **Jardin d'acclimatation**, jardin zoologique (ou : parc zoologique, zoo), **ménagerie**, parc animalier, réserve. – **Vivarium** ; aquarium, insectarium, paludarium, terrarium. – **Muséum ; zoothèque**. – Société protectrice des animaux.

10 **Classification**, nomenclature, systématique, taxinomie, **zootaxie**. – Classe, **embranchement, espèce**, famille, genre, groupe, ordre, tribu, variété.

11 Analyse génétique. – **Affinité ; amixie** ; syngaméon ou espèce syngamique. – Clé dichotomique, critère mixiologique. – Degré, grade d'évolution ; taxon, jordanon ; linnéon [vx], phylum. – Archétype ; types panchroniques ; formes affines.

12 Créationnisme, **darwinisme, évolutionnisme** ou transformisme (opposé à fixisme), **finalisme**, holisme, **lamarckisme**, mutationnisme, néodarwinisme, néolamarckisme, providentialisme. – Abiogenèse, aristogenèse, **biogenèse**, hologenèse, orthogenèse.

13 **Lois de la biologie animale** ou, vieilli, zoonomie ; loi des radiations évolutives, loi d'irréversibilité, loi d'augmentation de la taille, loi de diminution du nombre des organes, loi des changements de milieu, loi des connexions, loi de récapitulation.

14 Zooanthropologie. – Zoonomie [mod.], zoophilie.

15 **Naturaliste, zoologiste** ou, rare, zoologue ; **zootechnicien**. – Empailleur, taxidermiste ou naturaliste.

v. 16 Accoupler, croiser, métisser, reproduire, sélectionner. – Castrer, châtrer, hongrer.

17 Affaîter, apprivoiser, domestiquer, dompter, dresser.

18 Nourrir, paître [vx] ; abecquer, agrainer, allaiter, embecquer, gaver, mettre au vert.

Adj. 19 Zoologique ; zootechnique.

20 Ovipare, ovovivipare, vivipare. – Mammifère.

21 Chasseur, fouisseur, grimpeur, **migrateur**, rongeur. – **Carnassier**, herbivore, frugivore, ichtyophage, insectivore, **omnivore**, rhyzophage.

22 Dangereux, **fauve**, féroce, **nuisible**, parasite, **prédateur**, venimeux ; inoffensif, utile ; apprivoisé, **domestique**, sauvage.

23 **Aquatique**, ammodyte, amphibie, **marin**, terrestre. – Anthropophile, **arboricole**, cavernicole, coprophile, détriticole, **dulcicole**, épiphylle, fongicole, héliophile, humicole, inquilin, lignicole, liminicole, lucifuge, myrmécophile, paludicole, palustre, rhéophile. – Eurybiote, euryèce ; sténobiote, sténoèce. – Inféodé ; naturalisé, subspontané. – **Grégaire**, solitaire.

24 Artiodactyle, **didactyle**, isodactyle, tétradactyle, pentadactyle. – **Digitigrade, plantigrade**, tardigrade. – Anoure, dasyure, macroure. – **Bipède**, cornupède, fissipède, lagopède, palmipède, pinnipède, quadrupède, solipède ; bimane, quadrumane, pédimane.

25 Annelé, articulé, **invertébré, vertébré**. – Gyrencéphale, lissencéphale. – Échinoderme, **pachyderme**. – Chiroptère, hyménoptère, lépidoptère, névroptère.

26 Aberrant *(genre, ordre aberrant)* ; syngamique. – Vicariant *(espèce vicariante).* –
Cladistique *(classification cladistique).*

Aff. 27 **Zo(o)-**.

28 -céphale, -cole, -dactyle, -derme, -oure,
-pare, -pède, -penne, -phage, -pode,
-ptère, -vore.

# 296 MAMMIFÈRES

N. 1 **Mammifère**. – Mammalogie. – Plantigrade ; fauve.

2 Métathérien ou marsupial ; cénolestoïde
(cenolestidé, polydolopidé), dasyuroïde
(dasyuridé, myrmécobiidé, notoryctidé),
didelphoïde (borhyénidé, didelphidé),
péraméloïde (péramélidé), phalangéroïde
(diprotodontidé, macropodidé, phalan-
géridé, phascolomidé). – Monotrème ou
ornithodelphe, protothérien (ornitho-
rhynchidé, tachylossidé).

3 Euthérien (ou monodelphe, placentaire).
– Artiodactyle 330 ; élaphoïde (antilocapridé, cervidé, moschidé, tragulidé), porcin (hippopotamidé, suidé, tayassuidé),
tauroïde (bovidé, giraffidé), typolope (ca-
mélidé). – **Carnivore** ; canoïde (canidé,
mustélidé, procyonidé, ursidé), féloïde
(félidé ou félin, hyénidé, viverridé), fissipède, pinnipède (odobénidé, otariidé,
phocidé). – Cétacé, sirénien ; mysticète
(balénidé, balénoptéridé, eschérichtidé),
odontocète (delphinidé, monodontidé,
phocénidé, physétéridé, platanistidé, sté-
nidé, ziphiidé), sirénien (dugongidé, rhytinidé, trichéchidé). – Chiroptère ; mé-
gachiroptère (macroglossidé, ptéropidé),
microchiroptère (emballonuridé, molos-
sidé, phyllostomatidé, rhinolophidé,
vespertilionidé). – Dermoptère (cynocé-
phalidé). – Glire ; cavioïde (caviidé, chin-
chillidé, dasyproctidé), hystricoïde (éré-
thizontidé, hystricidé), lagomorphe
(léporidé, ochotonidé), myomorphe (cri-
cétidé, dipopidé, gliridé, microtidé,
muridé), sciuromorphe (castoridé, cténodactylidé, haplodontidé, pédétidé, sciu-
ridé). – Hyracoïde (procaviidé). – **Insectivore** ; lipotyphle (chrysochloridé,
érinacéidé, solénodontidé, soricidé, ten-
récidé), ménotyphle (macroscélidé). – Pé-
rissodactyle (rhinocéridé, tapiridé) ;
équidé. – Pholidote (manidé). – Pinnipède. – **Primate**. – Proboscidien ; éléphant (éléphantidé, stégodontidé). – Protongulé ; tubulidenté (oryctéropidé). –
Xénarthre (bradypodidé, dasypodidé,
myrmécophagidé).

4 Ordres fossiles. – Carpolestoïde (carpoles-
tidé), docodonte (docodontidé), embri-
thode, multituberculé (plagiaulacidé, pti-
londontidé, téniolabidé), paléanodonte
(époicothériidé, métachéiromyidé), té-
niodonte (stylinodontidé), tillodonte (es-
thonychidé), triconodonte (triconontidé).
– Pantothérien ; eupantothérien (amphi-
thériidé, dryolestidé, paurodontidé),
symmétrodonte (amphidontidé, spalaco-
thériidé). – Proboscidien ; dinothérien,
mastodonte (dinothérien, pentalopho-
donte, tétralophodonte, trilophodonte). –
Protongulé ; astrapothérien (astrapothériidé, trigonostylopidé), condylarthre (di-
dolodontidé, hypsodontidé, méniscothé-
riidé, périptychidé, phénacodontidé),
dinocérate (gobiathériidé, prodinocérate,
uintathériidé), litopterne (macrauchénidé, protérothéridé), notongulé (archéohy-
racidé, arctostylopidé, hégétothériidé,
henricosbornidé, homalodothériidé, in-
terathériidé, isotemnidé, léontiniidé, mé-
sothériidé, notohippidé, notostylopidé,
oldfieldthomasiidé, toxodontidé), panto-
donte (archéolambdidé, barylambdidé,
coryphodontidé, pyrothérien (pyrothé-
ridé), xénongulé (carodniidé).

5 RONGEURS

| | |
|---|---|
| acouchi | graphiure |
| agouti | hamster |
| anomaluridé | hutia |
| athérure | lapin |
| bathyergidé ou | lemming |
|     rat-taupe | lérot |
| bouquet ou bouquin | lièvre |
| cabiai ou | loir |
|     cochon d'eau | mara |
| campagnol | marmotte |
| castor | mérione |
| chien de prairie | mulot |
| chinchilla | muscardin |
| chipmunk | ondatra |
| cobaye ou | oreillard |
|     cochon d'Inde | ourson coqueau |
| coendou | paca |
| coquau | pika |
| dégou | porc-épic |
| écureuil | ragondin (ou coypou, |
| gaufre |     myocastor, myopo- |
| gerbille |     tame) |
| gerboise | rex |
| graphiure | souris |
| goliath ou | spalax |
|     rat de Gambie | surmulot |
| goundi | viscache |

6 HERBIVORES

| | |
|---|---|
| addax | antilope |
| algazelle | argali |
| alpaga | aurochs |
| anoa | axis |

| | |
|---|---|
| beira | gnou |
| beisa | goral |
| bighorn | guanaco |
| bison | guib |
| blesbok | hippotrague |
| bontebok | hydropote |
| bœuf | impala |
| bouquetin | izard |
| bubale | lama |
| buffalo | mone |
| buffle | mouflon |
| caribou | mouton |
| céphalophe | muntjac |
| cerf | nilgaut |
| chameau | okapi |
| chamois | oréotrague |
| chèvre | orignal |
| chevreuil | ovibos ou |
| chirou | bœuf musqué |
| couagga | oryx |
| coudou | paco |
| daim | porte-musc |
| daman | pronghorn |
| damalisque | raphicère |
| dibatag | renne |
| duiker | rhinocéros |
| dromadaire | saïga |
| éla | sambar |
| élan | sika |
| élaphe | springbok |
| éléphant | steinbock |
| gaur | tapir |
| gayal | tétracère |
| gazelle | vigogne |
| gemsbok | wapiti |
| gérénuk | yack |
| girafe | zébu |
| glouton | |

## 7 CARNIVORES

| | |
|---|---|
| belette | lion |
| binturong | loup |
| blanchon | loutre |
| blaireau | lycaon |
| caracal | lynx ou loup-cervier |
| carcajou | mangouste |
| chabraque | martre |
| chacal ou loup doré | mégaderme |
| coati | mink |
| corsac | moufette ou sconse, |
| coyote | skunks |
| cystophore | ocelot |
| fennec ou | once |
| renard des sables | ours |
| fouine | panthère |
| fossa ou cryptoprocte | pékan |
| furet | phoque |
| genette | protèle |
| grison | puma ou couguar |
| guanaco | putois |
| guépard | ratel |
| hermine | raton laveur |
| hyène | renard |
| ichneumon | renard gris |
| isatis ou renard bleu | suricate |
| jaguar | vison |
| léopard | zibeline |
| linsang | zorille |

8 **Chat** ; fam. : matou, minet, minou, mistigri. – Abyssin, birman, chartreux, chat de gouttière, chat-tigre, jaguarondi, man, margay, oncoïde, persan, serval, siamois.

9 **Chien** ; chiot ; mâtin ; molosse ; roquet ; fam. : chienchien, toutou ; très fam. : clébard, clebs ; fam. et péj. : cabot, corniaud. – Chien d'arrêt, chien de berger, chien de chasse, chien de compagnie, chien couchant, chien courant, chien de garde, chien guide.

| | |
|---|---|
| basset | dogue |
| beagle | épagneul |
| berger | fox-terrier |
| bichon | gordon |
| bleu d'Auvergne | griffon |
| bobtail | grœnendael |
| colley | king-charles |
| bouledogue | labrador |
| boxer | lévrier |
| braque | loulou |
| briquet | otycion |
| bull-terrier | pékinois |
| caniche | pit-bull |
| chihuahua | ratier |
| chow-chow | retriever |
| cocker | saint-bernard |
| colley | setter |
| dalmatien | sloughi |
| danois | teckel |
| dhole ou cuon | terre-neuve |
| dingo | terrier |
| doberman | |

10 INSECTIVORES ET OMNIVORES

| | |
|---|---|
| barbastelle | musaraigne |
| blarine | noctule |
| chauve-souris | oreillard |
| chirogale | ornithorynque |
| chlamydophore | oryctérope |
| coendou | pachyure |
| crocidure | pangolin |
| cynogale | paresseux |
| dégou | philander |
| desman | pipistrelle |
| écureuil | rhinopome |
| fer-à-cheval | roussette |
| fourmilier | sérotine |
| galéopithèque | solénodon |
| géogale | tamandua |
| hérisson | tamanoir |
| kinkajou | tatou |
| macroglosse | taupe |
| mégaderme | tenrec |
| ménotyphle | vespertilion |
| murine | |

11 **Équidés.** – Âne, ânesse, bourricot, dauw ou zèbre de Burchell, hémione ou okapi, zèbre. – **Cheval** : anglo-arabe, arabe, breton, bronco, cob, camarguais, flamand, genet, mustang, normand, percheron, poney, prjevalski, pur-sang, roussin, stayer, tarpan, trotteur américain, picard. – Cheval de bât, cheval de selle, cheval de somme, cheval de trait ; cheval de la-

bour ; limonier ; cheval de course, galopeur, trotteur ; cheval de lance [anc.]. – Étalon, hongre, poulinière ; poulain, yearling ; litt. : cavale, coursier, destrier, haquenée, palefroi, rossinante ; fam. : canasson, dada ; fam. et péj. : bidet, bique, bourrin, bourrique, carne, criquet, mazette, rossard, rosse, tocard ; vx : carcan, haridelle. – Bardot ou bardeau, mulet.

12 Porcins. – **Porc ; cochon ;** verrat ; laie, truie ; cochonnet [fam.], goret, marcassin, porcelet. – Pourceau [litt.]. – Babiroussa, baconer, chueta, hylochère, pécari, phacochère, potamochère, sanglier ; hippopotame.

13 MARSUPIAUX

| | |
|---|---|
| acrobate | opossum |
| bandicoot | oyapok |
| bettongie ou | pétaure |
| rat-kangourou | phalanger |
| dasyure | polydolops |
| dendrolague | potorou |
| diable de Tasmanie | rat marsupial |
| diprotodon | sarcophile |
| fourmilier marsupial | sarigue |
| ou myrmécobie, | thylacine |
| numbat | wallaby |
| kangourou | wonbat |
| koala | |

14 Primates. – Hominoïde ; anthropomorphe (hylobatidé, pongidé), hominien (hominidé). – Prosimien ; lémuriforme (daubentoniidé, indridé, lémuridé), lorisiforme (galagidé, lorisidé), tarsiiforme (tarsiidé), tupaiiforme (tupaiidé). – Simien ; cynomorphe (cercopithécidé, colobidé), platyrhinien (callitrichidé ou hapalidé, cébidé).

| | |
|---|---|
| alouate | lépilémur |
| atèle ou | loris |
| singe araignée | macaque |
| aye-aye | magot |
| babouin | maki |
| callicèbe | mandrill |
| capucin ou saï | mangabey |
| cébidé | mococo |
| chimpanzé | moustac |
| colobe | nasique |
| cynomorphe | nycticèbe |
| diane | orang-outan |
| drill | ouakari |
| entelle | ouistiti |
| érythrocèbe | panda ou ailurope |
| galago | papion |
| gélada | platyrinien |
| gibbon | pongidé |
| gorille | potto |
| grivet ou singe vert | rhésus |
| guenon | sagouin |
| hamadryas | saïmiri ou sapajou |
| indri | sajou |
| lagotriche | saki |

| | |
|---|---|
| satan | tarsien |
| semnopithèque | tarsier |
| siamang | toupaye |
| tamarin | vari |
| FOSSILES | |
| cercopithèque | proconsul |
| dryopithèque | ramapithèque |
| giganthopithèque | sivapithèque |

15 CÉTACÉS

| | |
|---|---|
| baleine à bec | dauphin |
| baleine bleue ou | dugong |
| rorqual | épaulard |
| baleine à bosse ou | grinde ou |
| jubarte ou méga- | globicéphale |
| ptère ou rorqual | lamantin |
| longiforme | marsouin |
| baleine grise | narval |
| baleine blanche ou | rhytine |
| belouga | sousouc ou |
| boutou | plataniste des Indes |
| cachalot | sténodelphe |

16 Bande, bercail [vx], chiennaille, harde, horde, houraillis, manade, **meute,** troupe, **troupeau.**

17 Agnelée, chatée, chiennée, cochonnée, laitée, litée, nichée, **portée,** ventrée.

18 Antre, bauge, chenil, forme, gîte, liteau [vx], loge, niche, rabouillère, renardière, repaire, souille, **tanière,** taupinière, terrier, viscachère. – Bouverie, box, écurie, étable, fosse *(fosse aux lions),* litière, parc, porcherie, soue, vacherie. – Delphinarium. – Haras. – Jardin zoologique, zoo.

19 Alpage, glandée, herbage, panage, paquis, pâturage **813,** pâture, prairie, pré, remue.

20 Coussinet, écaille, griffe, ongle, pelote plantaire, sabot ; seime. – Andouiller, bois, corne, cornillon, dague, défense, ramure ; ivoire, rohart. – Fourrure, vair [vx] ; livrée, peau, **pelage,** poil, robe ; balzane, bringeure ; bourre, crin, duvet, fanon, jarre, soie ; crin, crinière, mèche, toupet.

21 Groin, gueule, hure, larmier, mufle, museau, naseau, rhinarium, truffe ; évent. – Babine, bajoue ; canine, croc, crochet, dent carnassière, diastème.

22 **Cris d'animaux 305.**

23 Bonnet, feuillet, panse, poche, réseau, rumen.

24 Bouse, crottin, laissées, lisier, pissat. – Abattures, fumées, revoir, vermillis.

25 Bouquinage, chaleur **341,** chasse, rut.

v. 26 Faire le gros dos, flairer, frétiller, quêter, mordre, muloter, nasiller ou fouir, remuer la queue, se lécher. – Laper, ronger les os.

27 Bouquiner, couvrir, hurtebiller [vx], ligner, mâtiner, monter, sauter.

28 Agneler, ânonner [vx], biqueter, chatonner, chevroter, chienner, cochonner, faonner, lapiner, levretter, louveter, mettre bas, pouliner, vêler.

29 Bretauder, castrer, châtrer, hongrer.

Adj. 30 Aboyeur, bêlant, hennissant, hurleur *(singe hurleur)*, jappeur, miauleur.

31 Mammalien. – Pithécoïde, préhensile, prenant *(singe à queue prenante)*, simien, simiesque. – Léonin, léontocéphale. – Chevalin, équestre, équin ; hippophagique. – Porcin, suiforme. – Asinien. – Canin. – Caprin. – Chamelier. – Cataire.

32 Fourrure : fauve, marbré, moucheté, ocellé, tigré ; balzan, bringé.

Aff. 33 Zo-, **zoo-** ; théri-, thério-, théro-.

34 Aeg-, aego- ; arct-, arcto- ; capri-, capro- ; céb-, cébo- ; crio- ; cyn-, cyno- ; élaph-, élapho- ; galéo- ; hipp-, hippo- ; lago- ; lyc-, lyco- ; ovi- ; pithéc-, pithéco- ; sciur-, sciuro- ; trag-, trago-.

35 -zoaire, -zoïde, -zoon ; -thère, -théridé ; -thérien, -thérium.

36 -cèbe ; -chère ; -cynacée, -cyon ; -gale ; -hippus ; -lague ; -pithèque.

# 297 OISEAUX

N. 1 **Oiseau** ; oiselet, oisillon ; volatile. – Gent ailée [sout., vieilli], avifaune [SC.]. – Volaille.

2 Oiselet [litt.], oisillon.

3 Ornithologie 295.

4 Colombiformes, échassiers (ardéiformes ou ciconiiformes, charadriiformes, gruiformes ou ralliformes), gallinacés galliformes (cracidés, mégapodidés, phasianidés, tétraonidés), gallinacés tinamiformes, grimpeurs (coliiformes, cuculiformes, piciformes, psittaciformes, trogoniformes), impennes, passereaux (apodiformes, caprimulgiformes, eurylaimiformes, ménuriformes, oscines, tyranniformes), palmipèdes (alciformes, ansériformes, gaviiformes, lariformes, pélécaniformes, podicipitiformes, phœnicoptériformes, procellariiformes), rapaces (accipitriformes ou falconiformes, strigiformes), ratites (aptérygiformes, casuariformes, rhéiformes, struthioniformes). – Oiseaux à bréchet ou carinates, oiseaux sans dents ou néognathes, oiseaux néornites.

5 Oiseaux arpenteurs, oiseaux coureurs ou ratites, oiseaux grimpants, oiseaux nicheurs. – Oiseaux diurnes, oiseaux nocturnes. – Oiseaux chanteurs, oiseaux parleurs.

6 FAUC. – Oiseau de bonne compagnie, oiseau de bon guet, oiseau dépiteux ; oiseau d'escape. – Oiseau ignoble, oiseau noble, oiseau niais, oiseau pillard. – Oiseau de leurre, oiseau de poing, oiseau de travail, oiseau de grand travail. – Oiseaux de haut vol (faucons : gerfaut, hobereau, pèlerin, sacre), de bas vol (autour, épervier).

7 Oiseaux de basse-cour, oiseaux domestiques, oiseaux d'élevage ; **volaille**. – Canard, coq, dindon ou, vx, coq d'Inde, jars ; dinde, oie, pintade, poule ; chapon ou coq vierge, coquart, pouillard. – Dindonneau, oison, poussin.

8 PASSEREAUX

| | |
|---|---|
| accenteur | crave |
| agrobate | dominicain |
| alouette | érémophile ou |
| alpin | hausse-col |
| ammomane | étourneau ou |
| ani | sansonnet |
| astrild | durbec |
| babillarde | fauvette |
| bec-de-corail | fourmilier |
| bec-croisé | franciscain |
| bengali | freux |
| bergeronnette ou ho- | friquet |
| che-queue (bergeron- | geai |
| nette cendrée, | geai de montagne ou |
| bergeronnette prin- | casse-noix |
| tanière ou flavéole, | geai terrestre ou |
| bergeronnette grise | coureur |
| ou lavandière) | gobe-mouches |
| bouscarle | gorgebleue |
| bouvreuil | grimpereau |
| bruant (bruant jaune, | grisette |
| bruant des roseaux, | grive (draine, |
| proyer, zizi) | grive musicienne, |
| bulbul | litorne, mauvis) |
| calandre | gros-bec |
| calandrelle | hypolaïs |
| calfat | jaseur |
| canari | linotte |
| cardinal | locustelle |
| charbonnier | loriot |
| chardonneret | lulu |
| carouge | lusciniole |
| choucas | mainate |
| cincle | martinet |
| cini | mauviette |
| cisticole | merle |
| cochevis | merleau |
| corbeau | merlette |
| corneille | mésange |
| coucal | mime ou moqueur |
| coucou | moineau ou pierrot |

monticole
motteux
moucherolle
mouchet
nectariniidé
niverolle ou
  pinson des neiges
orthotome ou
  fauvette couturière
ortolan, ou, région,
  becfigue
passerinette
penduline ou rémiz
pie
pie-grièche (ou :
  écorcheur,
  oiseau-boucher)
pinson
pipit des près ou
  farlouse
pouillot
républicain
roitelet
roselin

rossignol
rouge-gorge
rouge-queue ou rossi-
  gnol des murailles
rousserolle (ou
  fauvette des roseaux
  effarvatte, turdoïde,
  verderolle)
serin
sirli
sitelle ou torche-pot
sizerain
tangara
tarier
tarin
tichodrome (ou
  échelette, grimpe-
  reau des murailles)
tourde ou tourdelle
traquet
troglodyte
venturon
verdier

AFRIQUE

amadine ou
  cou-coupé
coliou
dominicaine
eurylaime

pique-bœuf ou
  buphage
quélea
suimanga
tisserin ou euplecte
veuve

AUSTRALIE

oiseau à berceau
drongo

ménure ou
  oiseau-lyre

AMÉRIQUE

cotinga
fournier (ou
  dendrocolapte,
  picucule)
goglu

ministre (ou pape,
  passerine)
quiscale
troupiale
tyran

ASIE

martin
mésangeai

## 9 GALLIFORMES

argus
bartavelle
caille
cupidon
dindon
faisan
francolin
faisandeau
gélinotte
paon

pintade
perdrix
roquette
roulroul
tétraogalle (ou grouse,
  lagopède,
  poule des neiges)
tétras ou
  coq de bruyère

## 10 PSITTACIFORMES

amazone
ara
cacatoès
coryllé
inséparable
jaco

jacquot
kakapo
kéa
lori
loricule
loriquet

micropsittiné
papegai
perroquet

perruche
rosalbin

## 11 COLOMBIFORMES

biset
colombe
colombin
ectopiste
ganga
géopélie

goura
palombe
pigeon
ramier
tourterelle

## 12 RAPACES

aigle
aiglon
autour
balbuzard
bondrée
brachyote
busard
buse
butor
charognard
chevêche
chevêchette
chouette
circaète ou
  jean-le-blanc
condor
crécerelle
crécerellette
duc
effraie
émerillon
émeu
émouchet
épervier
faucon

fauconneau
gerfaut
grand-duc
gypaète
harpaye
harpie
hulotte ou chat-huant
hibou
hobereau
lanier
milan
milaneau
moine
pèlerin
percnoptère
phororhachos
pygargue
sacre
sacret
secrétaire ou
  serpentaire
uraète
urubu
vautour

13 **Pic** ; barbican, dryocope ou pic noir, épei-che, épeichette, jacamar, pic cendré, pic mar, pivert, torcol.

## 14 OISEAUX DES FORÊTS TROPICALES

araponga ou
  oiseau-cloche
barbu
brève
cacique ou cassique
calao
céphaloptère
cotinga
courlan
couroucou
diphyllode
drépanornis
épimaque
halcyon
hocco
jacamar
jacana

léipoa
mégapode
paradisier ou
  oiseau de paradis
quetzal
sifilet
talégalle
toucan
touraco
guêpier
améthyste
colibri ou
  oiseau-mouche
loddigésie
rubis
topaze

OISEAUX DES STEPPES

cariama
glaréole

grue
syrrhapte

## 15 OISEAUX AQUATIQUES

albatros

brante ou cravant

cat marin
corfou
cormoran
damier ou
   pigeon des mers
drome ou
   pluvier crabier
fou
foulque (ou judelle,
   macroule)
frégate
fulmar
goéland
guillemot
imbrin
labbe ou stercoraire
macareux ou moine
manchot
mergule
mouette

océanodrome
pagodrome
pagophile
pélican
pétrel (pétrel
   cul-blanc ou
   océanodrome,
pétrel géant ou
   ossifrage,
pétrel des neiges ou
   pagodrome,
pétrel-tempête ou
   oiseau-tempête)
phaéton
pingouin
plongeon
prion
puffin
skua ou grand labbe
torda

OISEAUX DES COURS D'EAU

anhinga
bergeronnette
cygne
guignette

martin-pêcheur ou
   meunier
ombrette
pluvian

16 ANATIDÉS

bièvre
canard
canard musqué ou
   canard de Barbarie
canard percheur ou
   carolin
canard plongeur ou
   fuligule
canard siffleur ou
   dendrocygne
canard des torrents
   ou merganette
cane
canepetière
canet
canette
chipeau
colvert
dendrocygne
eider

fuligule
halbran
harle
imbrin
macreuse
mandarin
marèque
milouin
milouinan
morillon
nette
nyroca ou fuligule
   milouin
oie d'Égypte
piette
pilet
sarcelle
souchet
tadorne

17 **Oiseau migrateur** ou voyageur ; voilier, grand voilier.

18 ÉCHASSIERS

aigrette
anastome ou
   bec-ouvert
avocette
balænicips ou
   bec-en-sabot
bihoreau ou
   héron de nuit
blongios
butor
cigogne
combattant
corlieu
courlis
courvite
falcinelle

flamant
garde-bœuf
garzette
héron
héron crabier
ibis
jabirus
jacana
marabout
phalarope
ragami ou
   oiseau-trompette
savacou
spatule
tantale

19 Oiseaux coureurs. – Outarde ; tinamou autruche, cagou, casoar, émeu, nandou.

20 Oiseaux disparus. – Æpyornis, archéoptéryx, dinornis ou moa, dodo ou dronte, gastornis, hesperornis, ichtyornis.

21 **Aile**, aileron ; envergure. – Barbe, vexille ; duvet, pennage, **plumage** ; camail. – Aigrette, panache, plumeau, plumet, plumette [rare] ; caroncule, crête. – Cerceau, penne, plume, plumule, rectrice, rémige, tectrice ; phanère. – Rachis, tuyau ; ptéryle. – Fourchette, os pneumatique.

22 Avillon, ergot, griffe, serre ; palmure.

23 **Bec**, gésier, cloaque ; bréchet, jabot ; croupion. – Ingluvie, pelote de régurgitation ; fiente.

24 Paupière nictitante.

25 Aire, **nid** ; nidification [didact.]. – Cage, juchoir, nichoir, perchoir, **volière** ; colombier. – Vol *(vol d'oies, de grues)* ; volée *(volée d'étourneaux, de moineaux)*.

26 **Couvée**, nichée ; couvaison, ponte. – Béjaune, oisillon.

27 Becquée.

28 Envol, **vol** *(vol faible, puissant ; plané, ramé)* ; volée *(volée de moineaux)*. – Migration, vol migratoire.

29 Appeau, appelant, chanterelle, pipeau. – Épouvantail à moineaux, miroir aux alouettes.

30 Ornithologiste ou ornithologue.

V. 31 **Voler**, voler à tire-d'aile ; planer, voltiger. – Prendre son essor ou son vol. – Baisser son vol.

32 Faire la poudrette, secouer les plumes. – Muer, se déplumer, perdre ses plumes ; se remplumer.

33 Nicher. – Brancher, jucher, percher ; déjucher. – Nidifier.

34 Pondre.

35 Becqueter, picorer. – Donner la becquée.

36 Plumer.

Adj. 37 Ornithologique. – Aviaire, avien. – À plumes *(bête à plumes, gibier à plumes)*.

38 Alaire ; aliforme, penniforme ; penné.

39 Didact. : nidicole, nidifiant, nidifuge, nidulant.

Aff. 40 Avi-, ornith-, ornitho-.

41 Aéto- ; ansér-, anséri- ; chéno- ; corac-, coraco- ; falcon-, falconi- ; galli- ; psittac-, psittaco- ; struthion-.

42 -ornis, -ornithe.

43 -aète.

44 Ptil-, ptilo-.

45 -ptile ; -rostre.

## 298 POISSONS

N. 1 **Poisson.** − Ichtyologie.

2 **Chondrichthyens ;** raie ou hypotrème (dasyatidé, mobulidé, myliobatidé, pristidé, rajidé, rhinobatidé), requin ou pleurotrème (carcharhinidé, cétorhinidé, hétérodonte, hexanchiforme, isuridé, odontaspidé, orectolobidé, pristiophoridé, rhincodontidé, scyliorhinidé, scymnorhinidé, sphyrinidé, squalidé, squatinidé).

3 **Ostéichtyens ;** chondrostéen (acipenséridé, polyodontidé), crossoptérygien (actinistien, rhipidistien), dipneuste, holostéen (amiidé, lépisostéidé, polytéridé), téléostéen (acanthuridé, ammodytidé, anabantidé, anguillidé, athérinidé, bélonidé, blennidé, bothidé, carangidé, centrarchidé, cépolidé, cératiidé, characidé, chétodontidé, cichlidé, clupéidé, cobitidé, cottidé, cyprinidé, cyprinodontidé, dactyloptéridé, échénéidé, élopidé, engraulidé, ésocidé, exocétidé, gadidé, gastérostéidé, gobiésocidé, gobiidé, gymnotidé, istiophoridé, labridé, lophiidé, molidé, mormyridé, mugilidé ou mullidé, murénidé, ophidiidé, ostéoglossidé, ostracionidé, pégasidé, percidé, pleuronectidé, polynémidé, pomacentridé, salmonidé, sciénidé, scombrésocidé, scombridé, scorpénidé, serranidé, siluridé, soléidé, sparidé, sphyrénidé, stomiatidé, syngnathidé, tétraodontidé, trachinidé, triglidé, zéidé).

4 Ordres fossiles. − Ostracodermes. − Placodermes (antiarches, arthrodires, holocéphales, ichtyotomes, protosélaciens).

5 POISSONS D'EAU DOUCE

| | |
|---|---|
| able | carassin |
| ablette | carpe |
| apron | chaboisseau |
| aspe | corégone |
| barbeau | épinoche ou |
| blageon (ou | cordonnier |
| soffie, soufie) | épinochette |
| bondelle | gardon |
| bouvière | glane |
| brème | goujon |
| brochet | grémille ou |
| cagnotte | perche goujonnière |
| calamoichthys | hémichromis |

| | |
|---|---|
| hotu ou nase | poisson-chat ou silure |
| ide ou mélanote | poisson rouge (ou |
| lavaret | carassin, cyprin) |
| loche ou barbote | queue-de-voile |
| omble | rotangle |
| ombre | sandre ou |
| orfe | perche-brochet |
| palée | tanche |
| perche | toxotes |
| perche arc-en-ciel | scalaire |
| perche black-bass | truite |
| (ou perche noire, | uegitglanis |
| perche truitée) | vairon |
| périophthalme | vandoise |

INDE

| | |
|---|---|
| amphipnous | colise |

INDO-MALAISIE

| | |
|---|---|
| gourami | macropode |

ASIE

| | |
|---|---|
| anabas ou | notoptère |
| perche grimpeuse | *Chine* : catostome |
| combattant | macropode |

AMÉRIQUE DU SUD

| | |
|---|---|
| anableps | lépidosirène |
| anchovette | lépisostée ou |
| arapaïma ou pirarucu | lépdostée |
| candiru | léporin |
| feux-de-position | |

AUSTRALIE

| | |
|---|---|
| barramunda | |

AMÉRIQUE DU NORD

| | |
|---|---|
| amie | maskinonge |
| dallia | œil de paon |
| doré | platy |
| érythrinus | pœciliidé |
| maskinongé ou | |

TROPIQUES

| | |
|---|---|
| cichlidé | mormyre |
| coffre | nannostome |
| danio | oscar |
| gambusie | piranha ou piraya |
| géophage | porte-épée (ou xipho, |
| guppy | xiphophore) |
| gymnote ou | prêtre ou trogne |
| anguille électrique | tilapie |
| molly | |

AFRIQUE

| | |
|---|---|
| alestes | malaptérure |
| clarias | pantodon |
| gymnarche | perche du Nil |
| hétérobranche | polyptère |
| hydrocyon | protoptère |
| latès | |

EUROPE CENTRALE

| | |
|---|---|
| coméphore | |

6 POISSONS DE MER

| | |
|---|---|
| aiglefin (ou aigrefin, | ânon |
| cabillaud, églefin) | albacore (ou germon, |

thon blanc)
alose
allache
amphisile
anchois
antennaire
athérine
badèche
balaou
banane de mer
bar ou loup
barbue
barracuda ou bécune
baudroie
bécasse de mer ou
trompette de mer
bigoula
blennie ou baveuse
bogue
bonite ou thon
bonite à dos rayé ou
pélamide
bourgette ou buhotte
cabot
callorhynque
capelan
capitaine
carangue
cardine (ou
fausse limande,
limande salope,
limandelle)
castagnole
cavillone
céteau
chabot ou
chaboisseau
chauliodus
chauve-souris de mer
chimère
chinchard ou sévereau
cépole (ou
demoiselle
jarretière)
cératias
cernier ou
mérou des Basques
céteau
chauliodus
chromis ou
petite castagnole
chrysostome ou opah
cicerelle
cœlacanthe ou
latimeria
congre
coquette
coracin ou corb
coffre
congre
coquette
corydoras
coryphène
cotte
crapaud de mer
crénilabre ou
paon de mer

cycloptère (ou : lump,
mollet, poule de
mer)
cynoglosse
dactyloptère
daurade ou dorade
daurade grise (ou :
canthare, cantre,
griset)
daurade rose ou
rousseau
demi-bec
denté
donzelle
entélure ou
vipère de mer
équille
espadon ou
poisson-épée
exocet ou
poisson volant
fierasfer ou aurin
flet
flétan ou elbot
gadicule
girelle
globe
gobie
grinde
grondin ou trigle
hareng
hippocampe ou
cheval des mers
hirondelle de mer ou
grande castagnole
gonelle ou
papillon de mer
labre
lançon
lieu
liche
limande
lingue ou julienne
loche de mer ou
motelle
lote
lotte
louvaréou
lune (ou môle,
poisson-lune)
macaire ou makaire
maigre (ou courbine,
haut-bar, sciène)
malthe
maquereau
merlan
merle
merlu ou colin
merluche
mérou
monacanthidé
mordocet
morue ou cabillaud
motelle
mulet rouge ou
rouget
murène
myctophidé

nason
némichthys
oblade
ogac ou
morue du
Groënland
ombrine
opisthoprocte
orphie
pageot
pagre
palomète
pégase
perdrix de mer ou
marbré
perroquet de mer
phylloptéryx
picarel ou jarret
pilchard
plie ou carrelet
poisson-clown ou
amphiprion
poisson pilote ou
fanfre
porte-écuelle ou
barbier
poutassou
ptéroïs
rascasse (ou
crapaud de mer,
scorpion de mer)
régalec ou
roi des harengs
rémora ou sucet

rochier (ou
roucaque,
rouquier)
rouget de sable (ou
barbet, barbier)
sabre
saint-pierre (ou
dorée, zée
sanglier
sar
sardine
saumon
saurel
scare ou
poisson perroquet
sébaste
serran
souris de mer
sprat
surmulot
targeur ou
sole de roche
tarpon
tétrodon
thazard
thonine
turbot
uranoscope
vipère de mer ou
entélure
vive
voilier
zancle

### 7 POISSONS MARINS CARTILAGINEUX

aiguillat
ange
bélouga ou béluga
bleu (ou peau bleue,
requin bleu)
céphaloptère (ou
mante, raie cornue)
cétorhinidé
chien bleu (ou chien
espagnol, chien de
mer)
diable de mer
dormeur
émissole
griset ou requin à
maquereaux
humantin (ou
centrine, cochon de
mer)
laimargue
liche
marteau ou
requin marteau
milandre ou hâ
mourine ou
aigle de mer
oxyrhine ou

requin-taupe bleu
pastenague
pèlerin ou
requin pèlerin
perlon
poisson-scie
raie
raie électrique ou
torpille
renard marin
requin ou, didact.,
pleurotrème
requin baleine
requin blanc
requin-citron
requin-lézard ou
requin à collerettes
requin-scie
requin taureau
roussette ou
saumonette
touille (ou
requin-taupe,
lamie)
sagre
squale ou
requin bouclé

8 Poissons migrateurs. — Alose, anguille ou,
région., pimperneau, civelle ou pibale,

éperlan, muge ou mulet gris, saumon. – Bélouga ou béluga, esturgeon, huso huso, spatule, sterlet.

9 **Arête**, épine dorsale ; actinotriche, lépidotriche, rayon de soutien ; arc branchial. – Boucle, denticule, **écaille** *(écailles cosmoïdes, écailles ganoïdes, écailles élasmoïdes, écailles placoïdes)* ; carapace osseuse.

10 **Branchie**, fente branchiale, lamelle branchiale, opercule, ouïe ; orifice hyoïdien, spiracle ou évent.

11 **Barbe**, barbillon, bourgeon du goût, moustache, palpe labial. – Muscle électrogène.

12 Aileron, **nageoire** *(nageoire abdominale, anale, caudale, dorsale, pectorale, pelvienne ; nageoire hétérocerque, homocerque).* – Sac aérien, vessie natatoire. – Neuromaste.

13 **Fraie** [TECHN.], montaison, remonte ; frayère. – Frai ; ponte. – Alevin, frai *(le frai, du frai),* nourrain. – Laitance, laité.

14 **Fretin**, menuaille, menuise, poiscaille [fam.], poissonnaille [fam.] ; blanchaille. – Poisson de fourrage. – Banc de poissons.

15 **Pêche 814.** – Poissonnerie.

16 **Aquarium 813**, alevinier [TECHN.], bassin, vivier. – Alevinage, pisciculture ; pisciculteur.

17 Côtelette, darne **856**, **filet**, hure, parure ; museau, queue.

18 Chagrine, galuchat.

19 Ichthys [ICON.].

v. 20 Frayer. – Aleviner, **empoissonner** ; rempoissonner.

Adj. 21 **Poissonneux.**

22 Écailleux, écaillé [vx], macropode, squamifère, squameux, squamiforme.

23 Didact. : amphibiotique ou amphidrome, amphihalin ; anadrome ou potamotoque (opposé à catadrome).

24 **Ichtyologique** [didact.].

Aff. 25 Pisci-.

26 Carchar- ; cyprin-, cyprini-.

27 Pinni-, pinno- ; ptérygo-. – Squam-, squami-.

28 -lophus ; -ptéryge, -ptérygie, -ptérygien, -ptéryx.

# 299 REPTILES

N. 1 **Reptile.** – Lépidosauriens, squamates ou saurophidiens. – Anapsides, diapsides. –

Fossiles : archosauriens, euryapsides, ichtyosaures, synapsides.

2 **Serpent**, serpenteau. – Serpents ou ophidiens ; boïdés, colubridés, cænophidiens, élapidés, hénophidiens, scolécophidiens, typhlopidés, vipéridés.

3 SERPENTS

| | |
|---|---|
| ammodyte | crotale ou |
| anaconda ou eunecte |   serpent à sonnette |
| ancistrodon ou | diamantin |
|   mocassin | esculape |
| aspic ou serpent | hamadryade ou |
|   de Cléopâtre |   cobra royal d'Asie |
| bitis | hétérodon |
| **boa** | lachesis |
| boa constrictor | mamba |
| bongare ou krait | molure |
| boomslang | pélamide |
| bothrops (ou | péliade ou bérus |
|   fer-de-lance, | python |
|   trigonocéphale) | serpent corail |
| cobra (ou | **vipère** |
|   naja cracheur) | vipère à cornes ou |
| coronelle |   céraste |
| couleuvre | vipereau |
| couleuvreau | zamenis |

4 **Lézard.** – Agamidés, caméléontidés ou chamæléonidés, cordylidés, geckonidés, iguanidés, iguaniens ou iguanoïdes, lacertidés, lacertiliens ou sauriens, scincidés, scincomorphes, téjidés ou téiidés, varanidés. – Anguidés, anguimorphes, gerrhonotidés.

5 LÉZARDS

| | |
|---|---|
| acanthodactyle | iguane |
| agame | lézard |
| algiroïde | liolème |
| ameive | margouillat |
| amphibolure | moloch |
| amphisbène | ophisaure |
| anolis | orvet ou |
| calote |   serpent de verre |
| caméléon | psammodrome |
| cyclure | scinque |
| dragon de Komodo | seps |
| dragon volant | stellion |
| fouette-queue | téju ou tupinambis |
| gecko | tokay |
| gymnodactyle | varan |
| hattéria | zonure |
| héloderme | |

6 **Crocodile.** – Crocodiliens, crocodilidés, eusuchiens, gavialidés.

7 Alligator, caïman, **crocodile**, gavial, jacaré.

8 **Tortue.** – Athèques, chéloniens, cryptodires, émydidés, pleurodires.

9 Espèces de tortues. – Caouane, caret, chélydre, cistude, malaclemys ou tortue dia-

mantée, matamata, podocnemis, tortue, tortue-luth.

10 ORDRES FOSSILES

| | |
|---|---|
| anomodontes | placodontes |
| bauriamorphes | plésiosauridés |
| cératopsiens | prosauropodes |
| cœlurosaures | protosuchiens |
| cotylosauriens | pseudosuchiens |
| cynodontes | ptérosauriens |
| diadectomorphes | sauripelviens ou |
| dinocéphales ou | saurischiens |
| tapinocéphales | sauropodes |
| dinosaures ou | sphénacodontes |
| dinosauriens | stégosaures |
| eosuchiens | thériodontes |
| mésosuchiens | thérocéphales |
| ornithischiens ou | théromorphes ou |
| avipelviens | pélycosauriens |
| ornithopodes | théropodes |
| phytosauriens | tritylodontes |

11 REPTILES FOSSILES

| | |
|---|---|
| Brachiosaure | mésosaurien |
| brontosaure | nodosaure |
| camarasaure | nothosaurien |
| camptosaure | paréiasaure |
| cœlurosaure | plésiosaure |
| cynodonte | pliosaure |
| dicynodonte | ptéranodon |
| dimétrodon | ptérodactyle |
| diplodocus | rhamphorhynque |
| docodonte | stégosaure |
| hadrosaure | titanosuchiens |
| hypsilophodon | tricératops |
| ichtyosaure | typhlopidé |
| iguanodon | tyrannosaure |

12 Anneau, enroulement, nœud, repli ; dépouille, écaille, mue. – Cou, capuchon ; **crochet, dard,** dent, langue bifide ; cascabelle.

13 **Carapace,** dossière, plastron ; bec corné.

14 Morsure, piqûre ; sifflement. – Reptation. – Autotomie.

15 **Erpétologie** ou herpétologie, ophiologie ou ophiographie.

16 Ophiolâtrie [didact.].

17 **Charmeur de serpents,** psylle [ANTIQ.]. – Ophite [RELIG.].

V. 18 Se lover ; **ramper,** serpenter ; se tordre, se tortiller. – Faire peau neuve, muer.

19 Darder, mordre, piquer ; enlacer, étouffer. – Fasciner, hypnotiser.

Adj. 20 **Reptilien ;** crocodilien, ophidien. – Testacé.

21 Ophiophage.

Aff. 22 **Ophio-** ; -saure, -saurien.

## 300 BATRACIENS

N. 1 **Batracien** ou amphibien ; apsidospondyles (labyrinthodontes, phyllospondyles, anoures), urodélomorphes ; stégocéphales.

2 Amblystomes, procœles, salamandridés, sirénidés, urodèles. – Batraciens fossiles : aïstopodes, anthracosauriens, cécilies ou gymnophiones, embolomères, ichtyostégaliens, lépospondyles, microsauriens, nectridiens, pérennibranches, rachitomes, seymouriamorphes, stéréospondyles, temnospondyles.

3 **Crapaud, grenouille.** – Alyte ou crapaud accoucheur, amphiume, axolotl, bombina (ou bombinator, crapaud sonneur), calamite, crapaud-buffle, dactylèthre, dendrobate, discoglossidé, euprocte, graisset ou rainette verte, leptodactyle ou crapaud-bœuf, nototrème, ouaouaron, pélobate ou crapaud à couteaux, phyllo-méduse, pipa ou crapaud de Surinam, protée ou anguillard, **rainette,** rhinoderme, **salamandre,** sirène, spélerpes, **triton.** – Fossiles : actinodon, éryops.

4 Œuf ; têtard **298.**

5 **Coassement.**

6 Crapaudière, grenouillère.

7 Bufothérapie.

## 301 INSECTES ET ARACHNIDES

N. 1 **Insecte.** – Aptérygotes, ptérygotes. – Aptères, néoptères, oligonéoptères, paléoptères, paranéoptères, polynéoptères. – Amétaboles, hémimétaboles, holométaboles, paurométaboles. – Blattoptéroïdes ; dictyoptères, isoptères, zoraptères. – Acridiens. – Coléoptéroïdes ; coléoptères. – Dermaptères. – Ectotrophes ; thysanoures. – Entotrophes ; collemboles, diploures, protoures. – Hémiptéroïdes. – Hyménoptéroïdes. – Mécoptéroïdes ; diptères, lépidoptères, mécoptères, trichoptères. – Névroptéroïdes ; mécoptères, mégaloptères, planipennes, raphidioptères. – Odonates ou libellules (anisoptères, zygoptères). – Orthoptéroïdes ; chéleutoptères, isoptères, notoptères, plécoptères, zoraptères. – Psocoptéroïdes ; anoploures, mallophages, psocoptères. – Thysanoptères **304.**

2 FAMILLES DE COLÉOPTÈRES

| | |
|---|---|
| alléculidés ou | anobiidés |
| cistélidés | anthicidés |

anthribidés
bostrychidés
brenthidés
bruchidés
buprestidés
carabidés
caraboïdes
cérambycidés ou
  longicornes
chrysomélidés
cicindélidés
cléroidés
coccinéllidés
cucujoïdes
curculionidés ou
  charançons
dascilloïdes
dryopidés

dytiscidés
élatéridés ou taupins
gyrinidés
hétéromères
hydrophilidés
ipidés
lébiidés
malacodermes
paussidés
psélaphidés
ptérostichidés
rynchophores
scarabéidés
scaritidés
staphylinidés
staphylinoïdes
ténébrionidés
tréchidés

### 3 COLÉOPTÈRES

acanthocine
acrocine ou
  arlequin de Cayenne
adoxus ou bromius
ægosome
agapanthie
agrile
agriote
aiguillonnier
alaüs
aléochare
allecula
altise
amorphocéphale
amphimalle ou
  rhizotrogue
anaspis
anisoplie
anobie
anomala
anthaxie
anthonome
anthrène
aphodius
atéleste
ateuchus
atheta
athous
atomaria
attagène
attélabe ou
  cigarier du chêne
balanin
bélionote
biche
blaps
bledius
bolitophage
bombardier
bostryche
bothynodère
bousier
brachycerus
brachyne
bromius ou écrivain
bruche
bupreste ou richard
byctiscus

byrrhe
calamodius
calandre
callidie
calliste
calosome
cantharide
capnode
capricorne ou
  longicorne
carabe
carabe doré ou
  vinaigrier
carpophile
casside
catops
catoxanthe
cébrion
cérambyx
cerf-volant
cétoine
ceuthorynque
chalcophore
charançon
chlorophane
chrysomèle
chrysophore
cicindèle
cigarier ou urbec
clairon
clavigère
cléonine
clyte
clytre
coccinelle ou
  bête à bon Dieu
colaspidème
colymbète
copris
corymbite
corynète
cosson
crache-sang
criocéphale
criocère
cryptocéphale
cryptorhynchus
cucujo

cybister
cybocéphale
cylade
dascille
dendroctone
dermeste
dicerque
diglosse
ditomus
donacie
dorcadion
dorcus
doryphore
dorytome
drile
dryocœtes
dynaste
dytique
élater
entime
épicaute
ergate
escarbot ou hister
euchroma
eumolpe (ou
  écrivain, gribouri)
eurythyrea
féronie
foulon
galérite
galéruque
gastroidea
géotrupe
gibbium
gracilie
gyrin
hanneton
hélops
hespérophane
hippodamie
hoplie
hydrophile
hydropore
hylaste
hylastine
hylésine
hylobius
hylotrupe
hypera
hypobore
ips
julodis
labidostome
lacon
lampyre ou
  ver luisant
languria
lathrobium
lebia
léma
leptidea
lepture
leptusa
lethrus
liode
liparus ou molyte
lissorhoptrus
lixus

loméchuse
longitarse
luciole
lupère
lycte
lymexylon
macrotome
malacoderme
man ou ver blanc
mécasome
melasoma
méligèthe
méloé
micromalthus
moine
mormolyce
mycétopore
mylabre ou zonabris
nebria
nécrobie
nécrophore
neliocopris
novius
œdemère
orycte
otiorhynque
oxythyrea
palmiste
passale
pentodon
peritelus
philonte
phléotribe
photure
phyllobie
pimélie
pissode
pjaussus
polyphylle
prione
psylliode
pterostichus
pyrophore (ou
  mouche à feu,
  cucuyo)
quedius
rhagie
rhamnusium
rhynchite
rutèle
saperde
scarabée
scarite
scolyte
silphe
silvain
sitone
staphylin
stenus
taupin
ténébrion ou
  ver de farine
timarche
tiquet
titan
trechius
tribolium
trichius

trichoptéryx
trogosite ou cadelle
vrillette ou
  horloge de la mort

xestobium
zabre
zantolinys

4 Hémiptéroïdes. – **Hétéroptères** ; cryptocérates ou hydrocorises (bélostomatidés, népidés), gymnocérates ou géocorises (cimicidés, lygéidés, miridés ou capsidés, pentatomidés, réduviidés, tingidés). – Homoptères ; auchénorhynques (cercopidés, cicadidés, delphacidés, fulgoridés, jassidés, membracidés), sternorhynques (cochenilles ou coccidés ; aleurodidés, aphididés ou aphidiens, chermésidés, psyllidés).

5 HÉMIPTÉROÏDES

| | |
|---|---|
| ælie | leptocorise |
| aleurode | lygus |
| aphanus | macrosiphum |
| aphrophore | matsucoccus |
| aspidiotus ou | mytilaspis |
|   pou de San José | myzus |
| bélostome | naucore |
| blissus ou chinch bug | nèpe |
| calocoris | notonecte |
| cercope | pentatome ou |
| céroplaste |   punaise des bois |
| chaitophorinus | pericerya |
| chermes | philène |
| cicadelle | phorodon |
| cicadette | phricte |
| cigale | piqueur |
| cochenille | platymerus |
| cryptocérate ou | ploïère |
|   punaise d'eau | porphyrophore ou |
| dialeurope |   graine de Pologne |
| diaspes | pseudococcus |
| dreyfusia | psylle |
| dysdercus | puceron |
| fiorina | pulvinaire |
| gascardia | punaise ou corise |
| géocorise ou | punaise de feu (ou |
|   gymnocérate |   gendarme, suisse, |
| gerris |   pyrocoris) |
| gossyparie | ranatre |
| halobate | réduve |
| harpactor | rhodnius |
| hélopeltis | schizoneure ou |
| hotinus |   puceron lanigère |
| howardie | stephanitis ou |
| hyalopterus |   tigre du poirier |
| hydrocorise | sternorhynque |
| hydromètre | tettigie |
| icérye | trama |
| idiocerus | triatome |
| kermès | umbonie |
| lachnus | vélie |
| lecanium | zicrone |
| lepidosaphes | |

6 Hyménoptéroïdes. – **Hyménoptères** ; symphytes (tenthrèdes, sirex) ; apocrites : aculéates ou porte-aiguillon (apidés, chrysididés, dolichodéridés, dorylidés, formicidés, myrmicidés), térébrants ou porte-

tarière (braconidés, chalcidiens ou chalcididés, cynipidés, ichneumonidés). – **Strepsiptères** : mengéidés, stylopidés, halictophagidés, sichotrématidés.

7 HYMÉNOPTÉROÏDES

| | |
|---|---|
| abeille | janus |
| ageniaspis | larra |
| andrène | lasius |
| anergate | leucospis |
| anomma | litomastix |
| anthidie | lophyre |
| anthophore | lyde |
| apanteles | magnan |
| aphéline | marabunta |
| apocrite | mégachile |
| athalie | mélipone |
| atta ou | messor |
|   fourmi parasol | monomorion ou |
| aulax |   fourmi de pharaon |
| bédégar | mutille |
| bélonogaster | mymar |
| bembex | myrmécocyste |
| béthyle | némate |
| biorhiza | odynère |
| blastophaga | œcophylle |
| bourdon | ooencyrtus |
| camponote | opius |
| cartonnier | osmie |
| célonite | pélopée |
| cèphe | pheidole |
| cercéris | philanthe |
| chalicodome | physergate |
| charpentier | pleurotropis |
| chartergue | poliste |
| clepte | polyergue ou |
| collète |   amazone |
| crabro | polynème |
| crémastogaster | pompile |
| cynips | prosopis |
| ergate | ptéromale |
| eucère | rhodite |
| eumène | rhysse |
| faux-bourdon | scolie |
| fourmi | scutelliste |
| frelon | sirex ou bouvillon |
| glyphe | sphex |
| guêpe | tapinome |
| habrobracon | tapissier |
| halicte | tremex |
| hoplocampe | trichogramme |
| iridomyrnex | urocère |
| isosoma | xylocope |

8 **Diptères.** – Nématocères, brachycères ; cycloraphes, orthoraphes. – Acalyptères ; chloropidés, drosophilidés, trypétidés. – Calyptères ; calliphoridés, cutérébridés, muscidés, œstridés, tachinidés. – **Mouches orthoraphes** ; asilidés, bombylidés, dolichopodidés, empididés, rhagionidés, tabanidés ; phoridés, syrphidés. – Moustiques ; bibionidés, cératopogonidés, chironomidés, cécidomyidés, culicidés, psychodidés, sciaridés. – Hippoboscidés.

9 DIPTÈRES

| | |
|---|---|
| agromyze | mouche vibrante |
| ampoule ou | idie |
| ampullaire | lampromyie |
| anophèle | lauxanie |
| anthrax | leptoconops |
| asile | leucopis |
| athérix | lipoptène |
| braule ou | lixophaga |
| pou des abeilles | lonchæa |
| cécidomyie ou | lucilie ou |
| mouche de Hesse | mouche verte |
| chlorops | lydella |
| chrysomyia | maringouin |
| chrysomyza | mélophage |
| chrysops | meromyza |
| conops | miastor |
| contarinia | mouche |
| cordylobie | moucheron |
| cousin | moustique |
| cutérèbre | mydas |
| dacus | myzomyie |
| dermatobie | nyssorhynque |
| dexie | œstre |
| dicranomyia | oscinelle |
| diopsis | panorpe ou |
| drosophile ou | mouche scorpion |
| mouche du vinaigre | pégomyie |
| échinomyie | phlébotome |
| éphémère | piophile |
| éristale | psile |
| fannia | psilopa |
| fucellia | sapromyze |
| gastrophile | sarcophage ou |
| glossine ou | mouche grise |
| mouche tsé-tsé | simulie |
| hélomyze | stégomyie |
| hématobie | stomoxe |
| hilara | syrphe |
| hippelates ou | taon |
| mouche des yeux | teichomyza |
| hippobosque | tipule |
| hydrellia | varron |
| hydrotée | ver |
| hylémyie | volucelle |
| hypoderme | wohlfahrtia |
| ichneumon ou | |

10 **Papillons ; lépidoptères.** – Homoneures : microptérygidés, hépialidés ; hétéroneures : microlépidoptères (nepticulidés, incurvéridés), hétérocères (cossidés, tinéidés, tortricidés, pyralidés, géométridés, liparidés ou lymantriidés, noctuidés ou noctuelles, notodontidés, ophidéridés, bombycidés, sphingidés, lasiocampidés, uraniidés, pyralidés ou pyrales, ornéodidés, limacodidés), rhopalocères (piéridés, papilionidés, nymphalidés, lycénidés, satyridés).

11 LÉPIDOPTÈRES

| | |
|---|---|
| abraxas ou | sphinx tête-de-mort) |
| phalène du groseillier | acidalie |
| acherontia (ou | acronycte |
| atropos, | actias |

| | |
|---|---|
| adèle | dicranure |
| adonis ou belargus | diloba |
| aglaope | dyspessa |
| aglie | earias |
| agrotis | écaille martre |
| alsophila | ephestia |
| alucite | érébia |
| amaryllis | eriocrania |
| apatura | eriogaster ou bombyx |
| apollon | laineux |
| aporia | étoilé |
| araschnia | eublemma |
| arctia ou chelonia | eudémis |
| argynne ou | evetria |
| tabac d'Espagne | fardée |
| argyresthia | feuille-morte |
| argyroplocé ou | fiancée |
| olethreutes | fidonie |
| arrangée | flambé |
| asopia | gallérie |
| attacus ou samia | gastropacha |
| aurore | gâte-bois |
| belle-dame ou | gazé |
| vanesse du charbon | géléchie |
| biston | gortyne |
| boarmie ou grisaille | gracilaire |
| bois-veiné | grællsia ou isabelle |
| bombyx | grapholite |
| brassicaire ou | hadène |
| piéride du chou | héliothis |
| brassolis | hépiale |
| cabère | hérissonne |
| cacœcia | herse |
| caligo | hespérie |
| callimorphe ou écaille | hibernie |
| carpocapse ou | himera |
| laspeyresia | hypène |
| castnie | hyponomeute |
| cataclyste | kallima |
| catocale ou lichénée | lætilia |
| cecropia | lambda |
| cérostome | larentie |
| cérure | lasiocampe |
| chameau | leucanie |
| cheimatobie | lithocolletis |
| chloridea | lithosie |
| citron | lophoptéryx |
| cochlidion | lycène |
| cochylis | lymantria |
| cœnonympha | machaon ou |
| coliade | porte-queue |
| cosmotriche ou | macroglosse ou |
| buveur | morosphinx |
| cossidé | macrothylacea ou |
| cossus ou gâte-bois | bombyx de la ronce |
| crambe | malacosoma |
| crépusculaire | mamestre |
| cucullie | mars |
| cul-brun ou euproctis | maure |
| cul-doré | mélanitis |
| cymatophore | micropterygyx |
| danaïde | miroir |
| dasychira | moine |
| deilephila | morio |
| demi-deuil | morpho |
| dendrolimus | nacré |
| depressaria | néméobie |
| dianthœcia | nepticula |

nonne
notodonte
odonestis
œneis
ophidera
orgye
ornéode
pamphile
paon
paraponyx
parnassius
patte étendue
péronée
phalène
phalère
plusie ou phytomètre
plutelle
porthésie
prays
priam
procris ou ino
psyché
pygære
samia
saturnie ou
   grand paon de nuit

satyre
sésamie
sésie ou ægeria
silène
smérinthe
soufré
sphinx
spilonote ou penthine
staurope ou
   harpye du hêtre
sylvain
teigne
thaïs ou zerynthia
thecla
tordeuse
tortrix
trichiure
trochilium
uranie
uraptéryx ou
   phalène du sureau
vanesse
vulcain
zigzag ou
   bombyx disparate
zygène

dermanyssus
désis
dinopis
dolomedes
épeire
érèse
érigone
ériophyes
faucheux
filistate
galéode
glycyphage
gnaphose
halacarus
haplogyne
harpacte
hydrachne
hydrachnelle
hyptiote
latrodecte
latrodecte de Corse

ou malmignatte
lycose
meta
misumène
mygale
néphile
nops
pholque
pisaure
psoroptes
saltique
sarcopte
scorpion
tarentule
tégénaire
théraphose
théridion
thomise
tique (ou ixode,
   ricin)
veuve

12 **Arachnide** ; araignée, scorpion. – **Acariens** ; actinotriches ; actinédides (érythréidés, hydrachnellidés, thrombiculidés, thrombidídés), oribates, sarcoptiformes (acaridés, analgidés, sarcoptidés) ; anactinotriches (métastigmates, mésostigmates). – Notostigmates. – **Amblypyges** (charontidés). – **Aranéides, araignées** ; labidognathes ou **aranéomorphes** : cribellates, écribellates (aranéidés, drassidés, dysdéridés, lycosidés, mimétidés, salticidés, sicariidés, thomisidés) ; orthognathes ; liphistiomorphes ou mésotèles, mygalomorphes ou théraphosomorphes (cténizidés). – **Opilions** (ou faucheurs, faucheux) ; cyphophthalmes. – Palpigrades. – **Pseudoscorpions** ou chernèles ; hétérosphyronides (chthoniidés, tridenchthoniidés), monosphyronides (chéiridiidés, chéliféridés, chernétidés). – Ricinuléides. – Schizomides. – **Scorpions** (bothriuridés, buthidés, chactidés, chærilidés, diplocentridés, scorpionidés, véjovidés). – **Solifuges** (ammotréchidés, galéodidés). – Uropyges (thélyphonidés).

13 ARACHNIDES

agélène
amaurobius
androctonus
aoûtat (ou rouget,
   vendangeon)
archée
argas
argiope
argyronète
atrax

atypus
bathyphante
centrure
chiracanthium
ciron (ou tyroglyphe,
   mite du fromage)
clubione
cténize
cyclocosmie
demodex

14 ODONATES

aeschne
agrion
anax
caloptéryx
cordulie

gomphus
ischnura
lestes
libellule ou demoiselle
meganeura

15 ORTHOPTÈRES

barbitiste
chorthippus
chrysochraon
cœlifère
conocéphale
courtilière ou
   taupe-grillon
criquet
dectique
dociostaurus

éphippigère
gomphocère
grillon
locuste
magicienne
œdipode
sauterelle
schistocerque
tettigonie

CHÉLEUTOPTÈRES

bâton-du-diable ou
phasme de France
eurycanthe

phasme
phyllie

16 AUTRES ARTHROPODES

acerentomon
bacille
bittacus
blabère
blatte (ou cafard,
   cancrelat, meunier)
borée
calliptamus
campode
ceratophyllus
cloé ou cloéon
collembole
cténocéphale
cæcilius
embie
empuse
forficule (ou
   perce-oreille,
   pince-oreille)
fourmi-lion
goniocote

hematopinus
hémérobe
hodoterme
hoplopsyllus
japyx
labidure
lachésille ou
   pou de bois
lépisme ou
   petit poisson
   d'argent
leptopsylla
liotheum
lipeure
lithomantis
mante
mante religieuse ou
   mante prie-Dieu
mantispe
morpion [fam.] ou
   phtirius

panorpe
phrygane
phyllodromie
podure
pou
psoque

puce
raphidie
sialis
termite
thrips

17 Bec, chélicère, glosse, hypopharynx, hypostome, labelle, labium, labre, lèvre, ligule, **masque, mandibule,** mâchoire, maxille ou maxillule, maxillaire, spiritrompe, **suçoir, trompe.** – **Corselet,** prothorax, métathorax, mésothorax, thorax ; céphalothorax, deutocérébron. – Abdomen, postabdomen, préabdomen ; anneau, métamère, segment ; apodème, lame chitineuse, sternite, sternum, tergite ; **cuilleron,** cuticule, épicuticule, exocuticule ; cerque, queue. – **Aile,** androconie, balancier, bord distal, **élytre,** frein, hamule, hémélytre, nervation, nervure cubitale, squamule, tegmen. – Stigmate, trachée. – Cornéule, facette, ocelle, ommatidie, stemmate, yeux. – **Antenne,** massue, palpe, paraglosse, peigne, poils tactiles, ptilinum, sensille. – **Aiguillon, dard,** filière, gorgeret, pince, stylet ; oviscapte, ovopositeur, tarière.

18 Corps allate, corps cardiaque, ecdysone ; disque imaginal. – Bourse, cocon, coque, induse ou indusie, nid, oothèque, puparium.

19 **Chenille ;** chenille fileuse ou hyponomeute, limaçonne, oursonne ; chenille arpenteuse ou géomètre, chenille processionnaire ; chrysalide, **larve, nymphe,** pupe, ver.

20 Arpenteuse, **asticot 304,** lente, magnan ou ver à soie, man ou ver blanc, **mite,** portebois, pyrale, thaumétopée, torcel, turc, zeuzère.

21 Miellification. – Bourdonnement **305.**

22 État nymphal, subimago, état adulte ; intermue. – Exuviation, **métamorphose, mue,** mue imaginale, mue nymphale, nymphose, pupation ; pédogenèse, thélytoquie. – Diapause, quiescence. – Essaimage, migration.

23 Dimorphisme saisonnier, dimorphisme sexuel ; pœcilandrie, pœcilogynie, polymorphisme.

24 Bourse, **fourmilière, guêpier,** nid, termitière. – Colonie, **essaim.** – Insectarium, nopalerie, **ruche.**

25 Cheveu d'ange, fil, **toile d'araignée.**

26 **Insecticide,** pesticide [anglic.]. – Insectifuge ; insectillice [didact.]. – Moustiquaire, tapette, tue-mouches.

27 **Insectologie ;** apidiologie, entomologie, myrmécologie.

28 Apiculture.

29 **Entomologiste** *(un entomologiste).*

v. 30 **Butiner,** papillonner. – Broyer, darder, piquer, ronger, térébrer. – Fourmiller, grouiller, pulluler. – Se chrysalider.

Adj. 31 Ampélophage, anthophage, bibliophage, adéphage ou carnivore, coprophage, entomophage, mélophage, mycophage, néophage, phytophage, polyphage, pupivore, rhizophage, scatophage, xylophage. – Radicicole.

32 Apneumone, dipneumone, tétrapneumone ; hémipneustique. – Alifère ; aptère, diptère, tétraptère ; néoptère, paléoptère. – Hémimétabole, holométabole. – Mellifère, mellifique. – Sérigène. – Formicant, formique.

Aff. 33 -ptère, -ptéroïde ; -idé, -oïde.

# 302 CRUSTACÉS

N. 1 **Crustacé** *(un crustacé).* – Crustacés, fruits de mer **303** ; crabe, homard, langouste.

2 **Branchiopodes ;** anostracés, diplostracés (cladocères, conchostracés), notostracés. – Branchioures ou poux de poissons. – **Cirripèdes** (lépadomorphes, balanomorphes, rhizocéphales) ; acrothoraciques, ascothoraciques. – **Copépodes** (cyclopoïdes, harpacticoïdes). – Eumalacostracés, **malacostracés ; eucarides :** décapodes (anomoures, astacidés, éryonides, palinuridés), euphausiacés ; **péracarides :** amphipodes (hypériens), cumacés, isopodes (anthuridés, épicarides, onisciens ou cloportes), mysidacés (mysidés, lophogastridés) ; **phyllocarides ; syncarides** (anaspidacés, bathynellacés). – Ostracodes.

3 CRUSTACÉS

| | |
|---|---|
| alpheus | bernard-l'hermite ou |
| anatife | pagure |
| anchorelle ou clavelle | birgue |
| anilocre | bopyre |
| apus | calanus |
| argule | calappe ou |
| armadillo | crabe honteux |
| artémia | callianasse |
| aselle | caprelle ou chevrette |
| balane | caramote |
| bathynome | caridine |

cénobite
cloporte
coronule
corophium
corystes
crangon
crevette grise ou
　boucaud
crevette rose (ou
　bouquet, salicoque)
crevettine ou
　gammare
cyclope
cypris
diogène
dromie
écrevisse
estheria
étrille ou crabe
　nageur galathée
gamba
gébie
glyphéide
hippolyte
homard
langouste

langoustine
lepidurus
lernée
ligie
limnoria
macrobrachium
macrocheire
maja ou
　araignée de mer
nika
niphargus
orchestie
palémon
pénæus
pinnothère
pouce-pied ou
　pollicipes
sacculine
scyllare ou
　cigale de mer
squille
talitre ou puce de mer
**tourteau** (ou dormeur,
　cancer)
uca ou
　crabe violoniste

4 **Carapace ;** apodème, branchiostégite, cuticule. – **Appendice ;** antenne, antennule, mandibule, maxillipède ou patte-mâchoire, pléopode, queue, uropode ou patte-nageoire ; coxopodite, dactylopodite, épipodite, exopodite, protopodite. – Cornéule, facette. – **Branchie ;** arthrobranchie, pleurobranchie, podobranchie.

5 **Larve ;** cypris, nauplius, zoé.

6 **Carcinologie** ou crustacéologie.

Adj. 7 **Ovigère** ou grainé.

# 303 MOLLUSQUES ET PETITS ANIMAUX MARINS

N. 1 **Mollusque 295.** – **Amphineures** (aplacophores, monoplacophores, polyplacophores ou chitons), **bivalves** [ou : lamellibranches, pélécypodes] (anisomyaires, cténodontes ou paléotaxodontes, rudistes, taxodontes), **céphalopodes** (ammonoïdes, coléoïdes ou dibranches, bélemnoïdes, sépioïdes, teuthoïdes, nautiloïdes ou tetrabranches ; ammonites, cératites, goniatites ; clyménidés), **gastéropodes** ou, vieilli, gastropodes (opisthobranches, prosobranches, pulmonés), scaphopodes. – Octopodes.

2 BIVALVES

abra ou syndesmie
adacna
anomie
anthracosia

arche
arrosoir
astarté
avicula ou pteria

**belon**
**bénitier**
cardite
cerastoderma
chame
chione
**clam**
congérie
**coque**
**coquille Saint-Jacques** (ou pecten, peigne)
**couteau** ou solen
cyclade
diceras
donax ou flion
dosinia
dreissénie
exogyre
galatée
gryphée
hanon
hippurite
**huître**
huître perlière (ou méléagrine, pintadine)
isocarde
lavignon

lime
lucine
marennes
margaritifera
marteau
modiole
**moule**
mye ou bec-de-jar
nucule
**palourde** (ou clovisse, mactre, tapes)
penicillus
**pétoncle**
pholade
pied-de-cheval
pinne ou jambonneau
**praire** ou vénus
radiolites
requinia
spondyle
taret
telline
tridacne
trigonie
unio ou mulette
vénéricarde
xylophage
yoldia

3 GASTÉROPODES

actéon
ampoule
ancyle
aplysie ou
　lièvre de mer
atlante
bellérophon
bernicle (ou bernique, patelle)
**bigorneau**
bulinus
bulle
**bulot**
calliostoma
calyptrée
cancellaire
carinaire
casque
cassidaire ou morio
cauri
cavoline
cérithe
chapeau chinois
clausilie
clio
cône
**conque**
crépidule
cymbium ou yet
cyprée ou **porcelaine**
doris

éolide
firole
fissurelle
fuseau
gibbule
haliotide (ou oreille-de-mer, ormeau)
harpe
janthine
lambis ou strombe
limnée
littorine
murex
nasse
natice
nérite
océnèbre ou tritonalia
olive
ovule
paludine
physe
planorbe
pourpre
scala ou scalaria
succine
triton
troque
turbo
turritelle
vermet
volute

4 CÉPHALOPODES

amaltheus
architeuthis

argonaute
bélemnite

**calamar** (ou calmar, encornet)
chiroteuthis
clymenia
cranchia
élédone
histioteuthis
**nautile**

ommatostrèphe
onychoteuthis
**pieuvre** ou poulpe
**seiche**
sépiole (ou casseron, souchot)
spirule

5 AMMONITES

**ammonite**
cardioceras
hildoceras
hoplites
lytoceras
macrocéphalites
medlicottia
oppelia

orthoceras
pachydiscus
parkinsonia
perisphinctes
phylloceras
pinacoceras
scaphites
tissotia

6 AMPHINEURES

chiton ou oscabrion
neomenia

néopilina

7 MOLLUSQUES TERRESTRES

arion ou loche
**escargot** (ou
colimaçon,
limaçon)
escargot vigneron
hélix ou

escargot commun
**limace**
parmacelle
petit-gris
testacelle
zonites

8 Autres animaux marins. – Échinodermes ou kinorhynques : **pelmatozoaires** (hétérostelés, cystidés, blastoïdes, crinoïdes), **édriastéroïdes** (holothurides, échinides, astérides, ophiurides, ophiocistoïdes).

9 ÉCHINODERMES

acanthaster
astérie ou
**étoile de mer**
cidaris
clypeaster
comatule ou antédon
encrine ou lis de mer
henricia
luidia

micraster
**oursin** ou
châtaigne de mer
solaster
spatangue
trépang (ou :
bêche-de-mer,
biche-de-mer)

10 Spongiaires. – Démosponges, éponges calcaires ou calciponges, hexactinellides. – Chaline, clione, **éponge**, euplectelle, geodia, hyalonème, spongille.

11 Cnidaires ou cœlentérés. – **Hydrozoaires** (hydraires, hydrocoralliaires, siphonophores, automéduses), **anthozoaires** (octocoralliaires ou alcyonaires, hexacoralliaires).

12 CNIDAIRES

acropore
actinie ou
anémone de mer
adamsia
anthoméduse
aurélie

calcéole
**corail**
cyanée
dactylozoïde ou
machozoïde
dendrophyllie

favosite
fongie ou fungia
gastrozoïde
géryonia
gorgone
hydre
hydroméduse
leptoméduse
lucernaire
madréporaire
méandrine
**méduse**
millépore
obélie
ortie de mer
pélagie

pennatule ou
plume de mer
physalie
**polype**
porpite
rhizostome ou
poumon de mer
sagartia
trachyméduse
tubipore ou
orgue de mer
vélelle
vérétille
virgulaire ou
funiculine

13 Cténaires ou cténophores. – Béroé, ceste ou ceinture de Vénus, cydippe, eucharis.

14 **Coquillage ; coquille ;** frustule, septe. – Apex, columelle, cuticule ou periostracum, écaille, épiphragme, labre, nacre, opercule, protoconque, rostre, spire, valve, valvule. – Byssus ; pédoncule, pied. – Bec-de-perroquet, radula.

15 Ambulacre ; **pore,** test ; oscule ou pore exhalant, ostium ou pore inhalant. – Piquant, radiole, spicule. – Lanterne d'Aristote.

16 Héliciculture, mytiliculture, ostréiculture, spongiculture.

17 **Malacologie ;** conchyliologie.

Adj. 18 **Malacologique ;** conchyliologique. – Malacophile.

19 Qualifiant les coquilles.

FORME

acarde
ampullacée
bitestacée
bombée
bullée
canaliculée
cataphractée
chambrée
cloisonnée
columellée
conique
conoïde
cucullée
cylindracée
dentelée
déprimée
discoïde
enroulée
entomostracée
épineuse
fasciée
flambée
fruste
fusiforme
globuleuse

lamelleuse
lenticulaire
monothalame
multiloculaire
mutique
nacrée
naviculaire
ombiliquée
operculée
orbiculaire
ostracée
ovale
ovoïde
papyracée
piriforme
polythalame
puppiforme
rostrale
scabre
spirale
striée
tricotée
tubuleuse
tuilée
tuniquée

| | |
|---|---|
| turbinée | variqueuse |
| turriculée | ventrue |
| TYPE | |
| bivalve | multivalve |
| conivalve | quadrivalve |
| équivalve | trivalve |
| inéquivalve | univalve |

Aff. 20 Malaco-.

21 -ceras ; -branche, -pode, -valve.

## 304 VERS

N. 1 **Ver 295.** – **Annélides** ou vers annelés (polychètes, oligochètes, ochètes ou hirudinées), **némathelminthes, plathelminthes** ou platodes ; archiannélides. – **Vermidiens** : brachiopodes, bryozoaires, chétognathes, échiuriens, priapuliens, rotifères, siponculiens. – Helminthe [MÉD. ou litt.].

2

| | |
|---|---|
| acanthocéphale ou échinorhynque | ver de terre |
| | métacercaire |
| amphistome | naïs |
| anguillule | nématode |
| ankylostome | némerte |
| aphrodite | nephthys |
| arénicole | néréide ou néréis |
| ascaris ou ascaride | onchocerca |
| bilharzie ou schistosome | oxyure |
| | palolo |
| bonellie | périnéréis |
| bothriocéphale | placobdelle |
| branchiomma | planaire (ou ver plat, plathelminthe) |
| cestode | |
| convolute | platynéréis |
| crania | pseudophyllide |
| cristatelle | rhynchobdelle |
| digène | rhynchonelle |
| distome | sabelle |
| douve | **sangsue** |
| dracunculus | serpule |
| échinocoque | sipunculide |
| enchythrée | spirographe |
| eunice | spirorbe |
| filaire | strongle |
| flustre | syngame |
| gastrotriche | térébelle |
| géphyrien | trichine |
| gnathobdelle | trichocéphale |
| gordiacé | tubifex |
| hermelle | turbellarié |
| hermione | tylenchidé |
| hétérakis | tylenchus |
| hétérodère | ver de fumier |
| ligule | ver à queue |
| lineus | ver à tête noire |
| lingule | ver de vase ou |
| **lombric** ou | vaseux. |

3 Cysticerque, entoprocte, hydatide, microfilaire, miracidium, rédie ; cucurbitain. – Helminthiase.

4 Atrium, cestode, lophophore, néphridie, proglottis, scolex.

5 **Helminthologie.** – Hirudiniculture.

Adj. 6 **Vermiforme ;** helminthoïde. – Helminthique.

Aff. 7 Helminth-, -helmintho- ; hirudini-.

8 -helminthe, -helminthique.

## 305 CRIS ET BRUITS D'ANIMAUX

N. 1 **Animaux domestiques.** – Âne : braiment. – Bélier : blatèrement. – Bœuf, vache : beuglement, meuglement, mugissement. – Brebis, mouton **296** : bêlement. – Chat : miaulement, ronronnement. – Cheval : ébrouement, hennissement. – Chèvre : béguètement, bêlement. – Chien : aboi, aboiement, clabaudage, hurlement 747, jappement. – Chien de chasse : clatissement. – Lapin : clapissement, couinement. – Porc : grognement.

2 **Animaux sauvages.** – Buffle : beuglement, soufflement. – Cerf, daim : brame, bramement, bramée. – Chacal : jappement. – Chameau : blatèrement. – Crocodile : vagissement. – Éléphant, rhinocéros : barrissement, barrit. – Grenouille, crapaud : coassement. – Lièvre : vagissement. – Lion : rugissement. – Loup : hurlement. – Ours : grognement. – Renard : glapissement. – Sanglier : grommellement. – Serpent : sifflement 368. – Souris : chicotement, couinement. – Tigre : feulement, râlement, rauquement.

3 **Oiseaux 297.** – Chant 784, gazouillement, gazouillis, ramage. – Alouette : tirelire. – Bécasse : croule. – Caille : courcaillet. – Canard : coin-coin, nasillement. – Chouette : chuintement, hululement ou ululement. – Cigogne : craquettement. – Coq : cocorico. – Corbeau : croassement. – Corneille : babil, babillage, craillement. – Coucou : coucou. – Dindon : glouglou, glougloutement. – Faisan, pintade : criaillement. – Geai : jasement. – Grue : craquètement, glapissement. – Hibou : hululation ou ululation, hululement ou ululement. – Hirondelle : trissement. – Hulotte : hôlement. – Huppe : pupulement. – Merle : babil, babillage, sifflement. – Moineau : chuchotement, pépiement. – Oie : cacardement, criaillement. – Paon : braillement, criaillement. – Pie : babil, babillage, jacassement, jasement. – Pigeon : roucoulement. – Poule : caquet, caquetage, gloussement. – Poulet : piaillement, piaulement, piaulis. – Rossignol : chant, gringottement. – Tour-

terelle : gémissement, roucoulement, roucoulis.

4 **Insectes 301.** – Abeille, mouche : bourdonnement. – Cigale : craquètement, stridulation. – Grillon : grésillement.

v. 5 **Animaux domestiques.** – Âne : braire. – Bélier : blatérer. – Bœuf, vache : beugler, meugler, mugir. – Brebis, mouton : bêler. – Chat : miauler, ronronner. – Cheval : s'ébrouer, hennir. – Chèvre : béqueter, bêler. – Chien : aboyer, clabauder, hurler, japper. – Chien de chasse : clatir, donner de la voix. – Lapin : clapir, couiner. – Porc : grogner, grognonner, grouiner.

6 **Animaux sauvages.** – Buffle : beugler, souffler. – Cerf, daim : bramer, raire, réer. – Chacal : japper. – Chameau : blatérer. – Crocodile : lamenter, vagir. – Éléphant, rhinocéros : baréter, barrir. – Grenouille, crapaud : coasser. – Lièvre : vagir. – Lion : rugir. – Loup : hurler. – Ours : grogner. – Renard : glapir. – Sanglier : grommeler. – Serpent : siffler. – Souris : chicoter, couiner. – Tigre : feuler, râler, rauquer.

7 **Oiseaux.** – Chanter, gazouiller, ramager. – Aigle : glatir, trompeter. – Alouette : grisoller, tirelirer. – Bécasse : crouler. – Butor : butir. – Caille : carcailler, courailler, courcailler, margauder, margotter. – Canard : cancaner, nasiller. – Chouette : chuinter, huer, hululer ou ululer. – Cigogne : craquer, craqueter, glottorer. – Coq : chanter, coqueriquer. – Corbeau : croasser. – Corneille : babiller, crailler ou grailler. – Coucou : coucouler. – Cygne : trompeter, siffler. – Dindon : glouglouter. – Faisan, pintade : criailler. – Fauvette, mésange : zinzinuler. – Geai : cajoler, jaser. – Grue : craquer, craqueter, glapir, trompeter. – Hibou : boubouler, huer, hululer ou ululer. – Hirondelle : trisser. – Hulotte : hôler. – Huppe : pupuler. – Jars : jargonner. – Merle : babiller, flûter, siffler. – Milan : huir. – Moineau : chuchoter, pépier. – Oie : cacarder, criailler. – Paon : brailler, criailler. – Perdrix : cacaber. – Perroquet : parler. – Pie : babiller, cajoler, jacasser, jaser. – Pigeon : frigotter, roucouler. – Poule : caqueter, glousser, crételer. – Poulet : piailler, piauler. – Ramier : caracouler. – Rossignol : chant ; chanter, gringotter, rossignoler. – Tourterelle : caracouler, gémir, roucouler.

8 **Insectes.** – Abeille, mouche : bourdonner. – Cigale : craquer, craqueter, striduler. – Grillon : grésiller, grésillonner.

## 306 HUMAINS

N. 1 **Humain ;** être humain, personne **307.** – Créature humaine. – Humanité (opposé notamm. à divinité et à animalité).

2 **Humanité.** – Espèce humaine, genre humain, race humaine.

3 Groupe humain ; **race,** grand-race ; race blanche (ou leucoderme, ou caucasoïde), race jaune (ou xanthoderme), race noire (ou mélanoderme, ou négroïde). – **Ethnie,** ethnos [didact.]. – Lignée, sang ; peuple **674,** tribu.

4 Groupement humain, peuplement. – Société humaine **668.**

5 Africain, Amérindien ou Indien, Asiatique (ou, péj. et vieilli, Asiate), Australien, Européen, Indien, Indonésien (ou, vieilli, Malais), Polynésien ; Deutéro-Malais ou Néo-Indonésien, Proto-Malais ou Paléo-Indonésien. – **Indo-Européen ;** Indo-Aryen. – Finno-Ougrien, Mongol, Paléo-Asiatique, Prototurc, Sibérien, Turco-Mongol. – Mélano-Africain, Mélano-Indien. – Alpin, Méditerranéen, Nordique.

6 Blanc. – Jaune. – Noir ; Nègre [souv., mais non nécessairement, péj. et raciste] ; Black [fam.] ; péj. et raciste : négro ; bamboula [vieilli].– Peau-Rouge [vieilli].

7 AMÉRIQUE DU NORD

| | |
|---|---|
| Abénakis | Fox |
| Acomas | Gros-Ventres |
| Algonquins | Haïdas |
| Amuzgos | Hidatsas |
| **Apaches** | **Hopis** |
| Arapahos | Hurons |
| Assiniboins | **Iroquois** |
| Athasbacans | Jicarillas |
| Attikameks | Kansas |
| Bella bellas | Karoks |
| Blackfoot | Kiowas |
|   ou Pieds-Noirs | Kootnays |
| Black Hawk | Kwakiutls |
| Cherokees | Lacnadons |
| **Cheyennes** | Lipans |
| Chilcotins | Mandans |
| Chinooks | Menominis |
| Chiricahuas | Mescaleros |
| Chols | Micmacs |
| Chontales | Mohaves |
| Chortis | Mohawks |
| Cœurs d'alène | **Mohicans** |
| **Comanches** | Montagnais |
| Creeks | Mosquitos |
| Cris | Nahuas |
| Crows | Naskapis |
| Dakotas | Natchez |
| Delawares | Navahos |
| **Esquimaux** ou Inuits | Nez-Percés |
| Flatheads | Nootkas |

Ojibwas
Omahas
Osages
Otomis
Paiutes
Papagos
Pawnees
Pimas
Potawatomis
Powhatans
Pueblos
Quapaws
Quinaults
San Carlos
Santees

Séminoles
Shawnees
Shoshones
**Sioux**
Slaves
Taos
Tetons
Tlingits
Utes
Winnebagos
Yakimas
Yanktons
Yaquis
Zunis

## 8 AMÉRIQUE DU SUD

Alakalufs
Araucans
Aymaras
**Bororos**
Botocudos
Caingangs
Calchaquis
Campas
Carajas
Carriers
Cayapas
Chatinos
Chinantèques
Chiquitos
Chiriguanos
Chocos
Chols
Chontales
Chorotis
Chortis
Chulupis
Diaguites
Galibis
Gès
Goajiros
Gauranis
Guayakis
Huichols
Jeberos
**Jivaros**
Lacandons
Lencas
Machigangas
Makusis
Mapuches
Matacos
Mawés

Mazatèques
Miskitos
Mixtèques
Mocovis
Mojos
Mundurucus
Nahuas
Nambicuaras
Otomis
Panos
Papagos
Pemons
Piros
Potiguaras
**Quechuas**
Tacanas
Tarahumaras
Tarasques
Tehuelches
Terenas
Tobas
Tojolabals
Totonacs
Tucanos
Tucunas
Tupinambas
Tupis
**Tupis-Guaranis**
Tzeltales
Tzotziles
Wapishanas
Warraus
Xingu
Yamanas
Yanomanos
Yaquis
**Zapotèques**

## 9 ÎLES D'AMÉRIQUE CENTRALE

Arawaks
Caribs
Cunas
Galibis
Huaxtèques

Potosis
Sierra otontepecs
Tantoyucas
Wapishanas

## 10 AFRIQUE DU NORD ET MOYEN-ORIENT

**Arabes**
**Bédouins**
Hazaras

Kurdes
Peuls

### BERBÈRES

Chaouïas
Chleuhs
**Kabyles**
Mozabites

ou Mzabites
Sanhadjas
**Touaregs**
Zénètes

## 11 AFRIQUE NOIRE

Achantis ou Ashantis
Adioukrous
Adjas
**Afars** ou Danakils
Agnis
Aizos
Alurs
Ambos ou Ovambos
Amharas
Anuaks
Azandés ou Zandés
Babingas ou Bingas
Bagas
Baguirmis
Balantes
Balovales ou Lovales
**Bambaras**
Bamilékés
Bamongos ou Mongos
Bamoums ou Moums
Bangalas ou Ngalas
**Bantous**
Banyankorés ou
  Nkolés
Baoulés
Bapedis ou Pedis
Baris
Barmas ou Baguirmis
Basogas ou Sogas
Basoukous
ou Soukous
Bassoutos ou Sothos
Batékés ou Tékés
Batesos ou Tesos
Batetelas ou Tetelas
Bavendas ou Vendas
Bayas ou Gbayas
Bembas
Bétés
Bijagos
Bingas
Bobos
**Bochimans** ou
  Bushmen
Chewas
Chillouks ou Shilluks
Dans ou Yacoubas
Dasas
Digos ou Nyikas
Dinkas
Diolas
Dioulas
Djermas
**Dogons**
Doualas
Échiras
Edos
Egbas
Éoués ou Éwés
Fangs ou Pahouins

Fantis
Floupes
Fons
Gallas ou Oromos
Gandas ou Bagandas
Gbayas
Gios
Giryamas
Gogos
Gouragués
Gourmantchés
Gouros
Gourounsis
Guerzés
Gusiis
**Haoussas**
Hereros
**Hottentots**
Hutus
Ibibios
**Ibos**
Idomas
Igaras
Ijos
**Issas** ou Somalis
Kabrés
Kaffas
Kambas
Kanouris
Karamojongs
Kavirondos
Kikuyus
Kirdis
Kissis
Kokos ou Bakokos
Kongos ou Bakongos
Konsos
Kotas ou Bakotas
Kotokos
Koubas ou Bakoubas
Kpellés
Krus
Limbas
Lobis
Lomas
Loubas ou Baloubas
Loundas
Lovales
Lozis ou Rotsés
Lugbaras
Lugurus
Luhyas
Lundas
Luos
Mabas
Madis
Makondés
**Malinkés**
Mandés
**Mandingues**

Mangbétous
Masais
Massaïs
Matabélés
Mbundus
Mendés
Merus
Mitsogos
Mongos
Mossis
Moums
Mousgoums
Mundangs
Murles
Nalous
Namas
Nandis
Ndébélés
Ngalas
Ngbakas
Ngonis
Nkolés
Noubas
Noupés
Nubas
**Nubiens**
Nuers
Nupes
Nyakyusas
Nyamwezis
Nyanjas
**Ouolofs** ou Wolofs
Pendés
Pepels
**Pygmée** ou, vx,
Négrilles
Ruandas
Rundis

12 OCÉANIE

Acehs
Aëtas
Amboinais
Amis
Antaisakas
Asmats
Atonis
Balinais
Banjarais
Bataks
Belunais
Betsiléos
Betsimisarakas
Bimas
Bugis
Chimbus
Dayaks
Dusans
Gayos
Ibans
Ifugaos
Igorots
Ilocanos
Kalingas
**Kanaks**
Lampungs
Macassars

Sandawes
Saos
Sarakollés
Saras
Sénoufos
Sérères
Sherbros
Shilluks
Shonas
Sogas
Sombas
**Songhaïs**
Sothos
Soukous
Swahilis
Swazis
Tchokwés
Tedas ou Toubous
Tékés
Temnés
Tesos
Tetelas
Thongas
**Tigréens**
Tivs
Timas
**Toucouleurs**
Tsongas
Tswanas
Turkanas
Tutsis
Twas
Vendas
**Xhosas**
Yaos
Yorubas
Zandés
**Zoulous**

Madurais
Magindanaos
**Malais**
Manadais
**Maoris**
Merinas
Minahasans
Minangkabaus
Moros
Muruts
**Papous**
Paumotus
Pitjandjaras
Punans
Rejangs
Sakalavas
Samas
Sasaks
Semangs
Sumbawais
Tagalogs
Tausugs ou Suluks
Tenggerais
Tongans
Torajas
Tsimihetys
Visayas ou Bisayans

13 ASIE

Achangs
Aïnous
Akhas
Arakanais
Ataouats
Bahnars
Bais ou Minjias
Banjaras ou Sugalis
Baros
Bataks
Baxtyaris
Bhils
Bhotias
Bhumijs
Biharis
Binjwars
**Birmans**
Bodos
Brahouis
Braos
Buyi
Che-wong
Chins
Chongs
**Cinghalais**
Daflas
Dagurs
Darigangas
Dolpos
Dombas
Doms
Dongs
Dongxiang
Dravidas
Dzahchins
Gadabas
Gonds
Gujars
Gurungs
Hakkas
**Han**
Hazara
Hos
Houei
Hui
Jah-hut
Jarais
Jats
Kachins
Karens ou Kayahs
Kharias
**Khmers**
Khmus
Khonds
Kurukhs
Lahu
Lambadas
Laos
Lepchas
Li

14 C.E.I.

Adjars
Altaïens
**Azéris**
Bachkirs

Limbus
Lisu
Lushais
Magars
**Mandchous**
Marathes
Meitheis
Méos ou Miaos
Mewatis
Mikirs
Minjia
Mishmis
Moïs
Mokens
**Mongols**
Môns
Mordves
Moundas
Mulaos
Muongs
Nagas
Naxi
Négritos
Newars
Oraons
**Pachtous**
Paharis
Palaungs ou Rumais
Pathans
Pêârs ou Porrs
Phuans
Porojas
Pumi
Qiang
Rabhas
Rajbansis
Rajputs
Reddis
Rhadés
Santals
Saoras
Sédangs
Semangs
Semais
Senois
Sherpas
Shuis
Tamangs
**Tamouls**
Temian
Thaïs
Tharus
Tong
Uraons
Veddas
Was
Yaos
Yi
Zhuang

Balkars
Baloutches
Bouriates
Caréliens

Chors
Cosaques
Darguines
Doungans
Evenkis
Guiliaks
**Iakoutes**
Ingouches
Kabardes
Kalmouks
Kamtchadales
Karakalpaks
Karatchaïs
**Kazakhs**
**Kirghiz**
Komis ou Zyrianes
Koriaks
Koumyks
Laks
Lamoutes
Lezguiens
Lives
Neguidales
Nénets

Nivkhs
Nogays
**Ossètes**
Ostyaks
Oudegueïs
Oudmourtes
Ouïgours
Oultches
**Ouzbeks**
Permiaks
Ruthènes
Samoyèdes
**Tadjiks**
**Tatars**
Tcherkesses
Tchétchènes
Tchouktches
Tchouvaches
Toungouses
Touraniens
**Turcs**
**Turkmènes** ou, vx,
Turcomans
Vogouls

15 EUROPE

Abkhazes
Baltes
Basques
  ou Euskaldunaks
Bretons
Catalans
Corses
Estes
Finnois
Gagauz ou Gagaouzes
Ingriens

Lapons ou Samits
Lettons
Lituaniens
Lives
Prussiens
Romanches
Tsiganes (Roms, Ka-
lés, Manouches,
ou Sinté)
Slaves
Sorabes

16 HIST. – **Celtes,** Galates. – Allobroges, Arvernes, Cadurques, Édurons, Helvètes,
Ligures, Vénètes. – Celtibères, Édoniens,
**Ibères,** Thraces, Vascons. – Angles, Burgondes, Chérusques, Cimbres, Gépides,
Germains, **Goths,** Lombards, Mar-
comans, Ostrogoths, Sicambres, Teu-
tons, **Vandales,** Wisigoths ; Obodrites,
Sorabes ou Wendes. – Achéens, Antes,
Béotiens, Doriens, Éoliens, Ioniens, Thes-
saliens. – Herniques, Marses, Osques,
Rutules, Sabelliens, Sicanes. – Amaléci-
tes, Ammonites, Araméens, Édomites, Israélites, Moabites, **Phéniciens,** Philistins.
– Alains, Tatars ; **Aryens,** Sarmates, **Scy-
thes. – Hittites ;** Garamantes, Gétules,
Numides, Psylles. – **Aztèques, Incas,
Mayas,** Olmèques, Toltèques, Zapotèques.

17 **Homme préhistorique ; homme des cavernes** [fam. et vieilli]. – Anthropoïde, anthropopithèque ; anthropien. – Austra-
lopithèque ; *Homo abilis, Homo erectus,
Homo erectus erectus* (pithécanthrope),
*Homo erectus pekinensis* (sinanthrope),
*Homo sapiens, Homo sapiens neanderta-*

*lensis* (néandertalien, homme de Nean-
dertal), *Homo sapiens sapiens.*

18 **Culture. – Coutume 685,** folklore.

19 Hominisation. – Humanisation. – Anthropomorphisme.

20 Acculturation, transculturation ; décultu-
ration ; syncrétisme. – Arabisation, eu-
ropéanisation, hindouanisation ; améri-
canisation, russification.

21 Racisme. – Philanthropie ; misanthropie
**582.**

22 **Anthropologie ;** anthropobiologie, anthropologie culturelle, anthropologie
économique, anthropologie physique,
anthropologie politique, anthropologie
religieuse. – Culturologie, ethnographie,
**ethnologie** ou, fam., ethno ; ethnobiolo-
gie, ethnobotanique, ethnohistoire, eth-
nolinguistique, ethnoscience. – Anthropogenèse ou anthropogénie.

23 Culturalisme, fonctionnalisme.

24 Anthropologiste, anthropologue ; ethno-
logue ou ethnologiste ; ethnobiologiste,
ethnobotaniste, ethnographe, ethnolin-
guiste.

v. 25 Humaniser ; hominiser [litt.].

Adj. 26 **Humain ;** surhumain. – Inhumain **586.**

27 Humanisable. – Humanisé. – Anthropoïde ; androïde.

28 **Ethnique,** racial. – Culturel.

29 Aborigène, autochtone, **indigène.**

30 **Anthropologique,** ethnographique, eth-
nologique.

Adv. 31 Humainement. – Ethniquement [didact.] ;
culturellement.

32 Anthropologiquement, ethnologique-
ment.

Aff. 33 Anthropo- ; ethno-.

## 307 PERSONNE

N. 1 **Personne ;** PHILOS. : individu *(l'iité)* [opposé
notamm. à divinité et à animalité].

2 **Individu ;** ipse *(l'ipse)* [rare], soi *(le soi),*
**sujet.**

3 Âme, **créature,** esprit, **être 1,** être humain, **homme 308,** individu, **mortel,** personnage. – Prochain *(le prochain, notre
prochain),* semblable *(notre semblable ; nos
semblables).* – Fam. : **bonhomme,** bougre,

client, gaillard, indien, pékin, zigue, zigoto ; chrétien, **citoyen**, paroissien ; bipède, particulier, quidam, tête.

4 **Caractère**, **identité** 15, individualité, ipséité [PHILOS.] ; **personnalité**, personnalité de base, tempérament ; subjectivité. – PHILOS. : conscience, **ego** *(l'ego)*, ego transcendantal, je *(le je)*, **moi** *(le moi)* ; moi absolu, moi profond, moi superficiel, moi transcendantal.

5 Habitus [SOCIOL.], persona [PSYCHAN.], **rôle** ; comportement, conduite, manières, **style** 753. – Idiosyncrasie [MÉD. ou PHILOS.] ; signalement.

6 THÉOL. : hypostase, personne *(les trois personnes de la Trinité)* ; **incarnation**.

7 GRAMM. : **personne** (première, deuxième, troisième personne ; personnes du singulier, du pluriel). – Interlocuteur, **locuteur** 745 ; délocuté [LING.], tierce personne.

8 **Pronoms personnels.** – Je, tu, il, elle, nous, on, vous, ils, elles. – Me, te, se, nous, vous, se. – Moi, toi, soi, lui, elle, nous, vous, eux, elles ; moi je [par plais.]. – Moi-même, toi-même, soi-même, lui-même, elle-même, nous-mêmes, vous-mêmes, eux-mêmes, elles-mêmes. – Fam. : bibi ; ma petite personne, ta petite personne, etc. ; **ma pomme, ta pomme,** etc. – Arg. : mézigue, tézigue, sézigue, etc.

9 Untel. – Monsieur, Madame X. – Fam. : Monsieur Tout-le-monde ; Monsieur Tartempion, Tartempion ; l'individu lambda.

10 *Persona grata* (lat., « personne bienvenue ») opposé à *persona non grata.*

11 Individualisation [PHILOS.], **personnalisation**, singularisation ; identification. – PSYCHIATRIE : dédoublement, **dépersonnalisation**, désagrégation, dissociation, dissolution ; troubles de l'identité (aussi : de la continuité, de la perception, de l'unité) ; schizophrénie **450**.

12 Égocentrisme, **égoïsme 588**, narcissisme, nombrilisme [fam.].

13 Examen de conscience [RELIG.] ; introspection.

14 **Psychologie ; caractérologie.** – PHILOS. : idiologie, personnologie. – **Personnalisme.**

V. 15 **Personnaliser ;** individualiser. – Personnifier. – Dépersonnaliser.

Adj. 16 **Personnel ; individuel,** particulier, propre. – Individualisé, personnalisé ; indi-

vidué [didact.]. – Original, particulier, spécial, **unique 73.**

17 Égocentrique, **égoïste,** égotique [litt.], individualiste. – Imbu de soi, plein de soi.

18 Caractérologique, psychologique.

19 Personnaliste [PHILOS.]. – Subjectiviste.

Adv. 20 **Personnellement ; en personne ;** en chair et en os, en chair et en âme [vx]. – Pour soi, pour son propre compte. – Par soi-même ; en soi-même ; malgré soi. – **Individuellement.**

Aff. 21 Auto-, idio- ; psycho- ; égo-.

## 308 HOMME

N. 1 **Homme.** – Le sexe fort, le sexe masculin. – **Monsieur** (abrév. : M.) ; *mister* [fam., anglic.], sieur [vx ou péj.].

2 **Garçon,** garçonnet **314, jeune homme 315** ; damoiseau [vieilli]. – Arg. : gosselin, grelu ; giron ou girond, miché, minet.

3 Adulte, **homme fait 316,** mâle ; arg. : gonze, jules, **mec,** mecton. – Individu ; arg. : **frangin,** frère, **gars,** gazier, gnafron, gugus, **gus,** pèlerin, **pingouin,** rom, rombier, **type.** – Fam., par plais. : **loustic,** olibrius, ostrogoth, ouistiti ; péj. : coco, **drôle,** loquedu, mannequin, pistolet *(un drôle de pistolet),* zèbre, zigomar, **zigoto** ou zigoteau.

4 **Machiste** *(un machiste)* ou, fam., macho [esp.], phallocrate ou, fam., phallo.

5 Adonis *(un adonis),* apollon *(un apollon).*

6 Masculinité, **virilité.** – Eunuchisme [MÉD.].

7 **Phallocentrisme,** phallocratie, sexisme. – Misandrie (opposé à misogynie).

V. 8 **Masculiniser,** viriliser. – Efféminer **309.**

Adj. 9 Mâle, **masculin, viril ;** viriloïde. – Virilisant. – Efféminé.

10 Misandre.

Adv. 11 Virilement.

Aff. 12 **Andro-,** vir- ; -andre, -andrie.

## 309 FEMME

N. 1 **Femme.** – Les femmes ; les filles d'Ève, la gent féminine [vieilli], le deuxième sexe [allus. litt.], le sexe féminin ; le beau sexe [vieilli, fam.], le sexe faible [vieilli, fam.], le sexe [vx]. – **L'éternel féminin.**

2 **Madame** (abrév. : Mme) ; dame [vieilli] ; *doña* [esp.], *donna* [ital.], *lady* [angl.]. − **Mademoiselle** (abrév. : Mlle), mam'zelle [pop.], *miss* [anglic., fam.].

3 Fille, fillette 314, **jeune fille** 315 ; bachelette [vx], donzelle [fam.], jouvencelle [vx ou par plais.], tendron [vieilli ou par plais.]. − Arg. : cajole, gavalie, girèle, loute, pépée, vergne [vx] ; gosseline, louloute, **nana**, **nénette** ; gerce, gigolette [par plais.] ; péj. : greluche ; sexiste : marie-pisse-trois-gouttes, pisseuse ou pissouse.

4 **Femme** ; dame. − Fam. ou par plais. : **blonde**, blondinette, **brune**, brunette, rouquine, rousse. − **Beauté**, belle, mignonne ; *houri* [persan, litt.]. − Nymphette ; femme fatale, pin-up [amér.], sirène, vamp. − Femme-objet. − Arg. : bergère, môme, marquise [vx], meuf, miquette, mousmé, sœur ; caille, guêpe, poulette, souris.

5 Maîtresse femme. − **Commère, mégère**, virago ; maritorne, matrone, rombière. − Arg., péj. et souv. sexiste : bobonne, **bonne femme**, fatma [raciste], femelle (ou, par plais., fumelle), **gonzesse**, grognasse, laitue, ménesse, moukère, nénesse, polka, poule, poupée, sauterelle, typesse [vieilli], volaille. − Femme à barbe, hommasse.

6 Féministe *(une féministe)*. − M. L. F. (Mouvement de libération des femmes). − Pétroleuse [HIST. et fam.] ; suffragette [HIST.].

7 **Virginité** ; pucelage [fam.] ; innocence. − Arg. : fleur de Marie, petit capital.

8 **Féminité** ; rare : féminilité ou fémilité. − Féminitude.

9 **Féminisme.**

10 **Féminisation.** − Masculinisation, virilisation.

11 Gynécologie.

12 Gynécologue ou, fam., gynéco.

13 Excision, infibulation.

v. 14 Efféminer, **féminiser**. − Masculiniser, viriliser.

15 **Avoir ses règles** ; être indisposée. − Loc. fam. : avoir ses affaires ou ses histoires ; avoir ses anglais (aussi : ses coquelicots, ses isabelles, sa lettre mensuelle, **ses lunes**, ses parents de Montrouge, ses périodes) ; les Anglais débarquent. − Ovuler.

Adj. 16 **Féminin** ; féminiforme, féminoïde. − Féminisant.

17 Nubile **682** ; pubère. − Ménopausée. − Pucelle [fam.], **vierge**.

18 Féministe. − Antiféministe ; misogyne.

Adv. 19 Femininement [rare].

Aff. 20 Gyné- ; colpo-, hystéro-, salpingo- ; -gyne.

## 310 VIE

N. 1 Vie. − Génération, reproduction 279 ; **naissance 313** ; viabilité. − Croissance.

2 Élan vital, force vitale ; esprits vitaux [vx]. − Activité vitale, fonction vitale, mécanisme vital ; constitution, organisation **47**. − Battements de cœur, pouls **331**, respiration **340**.

3 **Vie** ; énergie, force, santé **382**, tonus, **vigueur 375**, vitalité, vivacité. − Tant qu'il y a de la vie, il y a de l'espoir [prov.].

4 Principe de vie, souffle de vie, souffle vital ; **âme, esprit** 1.4 ; archée [ALCH.].

5 Droit de vie ou de mort. − Question ou affaire de vie ou de mort. − Tête *(répondre de qqch sur sa tête)*.

6 Survie ; survivance. − Résurrection ; reviviscence [litt., rare].

7 **Vie** ; carrière [vx], **existence**. − Cours de la vie ; fil des jours, fil du temps **170**, trame des jours. − Choses de la vie ; aléas de la vie. − Destin **517**, destinée, état, sort ; c'est la vie [loc. cour.]. − Ligne de vie.

8 **Durée moyenne de vie** ; espérance de vie, longévité **172**. − Demi-vie *(demi-vie d'une espèce animale)* [SC.] − Élixir de longue vie ; essence de vie [PHARM., anc.].

9 Assurance sur la vie ou, cour., assurance-vie. − Certificat de vie [DR.].

10 **Vie** ; **biographie 754**, vie de + n. *(Vies des hommes illustres)*. − **Autobiographie**, confession, journal, journal intime, mémoires. − Curriculum vitae. − État civil.

11 **Vie courante, vie quotidienne.** − Vie civile (opposé à vie militaire) ; vie active, vie professionnelle ; **vie publique** ; vie sociale.

12 **Vie privée.** − Vie conjugale **682**, vie domestique, vie de famille. − Vie affective, intérieure, morale, spirituelle ; vie intellectuelle, vie de l'esprit. − Vie religieuse ; vie régulière (opposé à vie séculière) ; vie contemplative **499**.

13 **Vie de** + n. ; vie d'artiste, vie de bohème ; vie de château, vie de cocagne ; vie de bâton de chaise, vie de débauche, vie de

patachon ; vie de chien. – Double vie *(mener une double vie).*

14 **Mode de vie ; conditions de vie ;** mœurs. – **Savoir-vivre 592.** – Bien-vivre, art de vivre ; dolce vita (ital., « vie douce », « douceur de vivre »).

15 **Niveau de vie,** standard de vie (calque de l'angl. *standard of living*), **train de vie.** – Coût de la vie ; vie chère. – Cadre de vie.

16 Le vivre (dans le vivre et le couvert) ; vivres *(des vivres)* **855.**

17 **Vie ;** activité **527, animation,** mouvement **197.**

18 RELIG. – **Vie éternelle ;** « Je suis la Résurrection et la Vie » (Évangile selon saint Jean). – Arbre de vie (Genèse). – Parole de vie.

19 Vie *(vie des étoiles, vie des atomes),* demi-vie ou période d'un élément radioactif (calque de l'angl. *half-life).*

20 Être **1.1,** être vivant, vivant *(le vivant).* – Âme *(un bourg de deux mille âmes)* [litt.] **676 ;** vivant *(un vivant, les vivants) ;* survivant *(un survivant).* – Vif *(donation entre vifs ; le mort saisit le vif)* [DR.].

21 Biologie, immunologie **342,** physiologie. – Écologie **282.**

v. 22 **Vivre ; être, exister ;** être encore de ce monde (région. : être encore du monde, être du monde). – Fournir sa carrière [vx]. – Durer, s'entretenir, subsister. – Avoir la vie dure, avoir la vie chevillée au corps.

23 **Donner la vie à,** faire naître ; accoucher de **313,** enfanter, engendrer ; nourrir. – **Animer, créer,** faire vivre.

24 Rappeler à la vie, rendre à la vie ; redonner ou rendre vie à ; **ranimer,** réconforter ; sauver **560.** – Vivifier ; revivifier. – Laisser la vie ou la vie sauve à ; épargner.

25 **Naître,** venir au monde, voir le jour. – Renaître, ressusciter, revivre. – Donner signe de vie. – Prendre vie, **s'animer.**

26 **Vivre + adv.** *(vivre maritalement),* vivre en + n. *(vivre en ermite, en bon père de famille) ;* passer sa vie à + inf., en + n. *(passer sa vie à démarcher vainement, en démarches vaines ; y passer sa vie).*

27 Prendre la vie comme elle vient. – Jouir de la vie. – Couler d'heureux jours, filer des jours heureux **463.** – Voir la vie en rose ou, plus rare, en bleu ; voir la vie en noir. – **Vivre sa vie.** – Faire la vie ; mener grande vie (aussi : grand train, joyeuse vie,

la belle vie, la vie de château). – Brûler sa vie ; brûler ses bottes [fam., vx]. – Se laisser vivre, vivoter ; croupir, végéter.

28 **Gagner sa vie** (aussi, fam. : son bifteck, son bœuf, sa croûte), subvenir à ses besoins. – **Vivre de** + n. *(vivre de ses rentes ; vivre de l'air du temps).*

Adj. 29 **Vivant ;** vif (vx, sauf en loc. : mort ou vif, plus mort que vif) ; au monde, en vie. – Reviviscent.

30 Vital ; biotique **282.** – Physiologique. – Viable. – Viager *(rente viagère).*

Adv. 31 La (sa, ta, etc.) vie durant. – À perpétuité ; à vie *(condamnation à vie).*

Aff. 32 Bio- ; -bie, -biose, -biotique, -bium.

# 311 MORT

N. 1 **Mort,** mourir *(le mourir)* [litt. et vx]. – **Décès,** trépas ; anéantissement, destruction **557, disparition 12,** fin **58 ;** grand saut, grand voyage. – **Repos éternel,** repos des justes ; dernier sommeil, sommeil éternel ; nuit du tombeau.

2 **Agonie ; dernière heure, heure suprême.** – **Dernier souffle, dernier soupir ;** dernière goutte d'huile [fig.]. – Chant du cygne.

3 **Pulsion de mort.** – Thanatos (opposé à Éros) [PSYCHAN.].

4 Mortalité, mortinaissance, mortinatalité [SOCIOL.]. – Létalité.

5 **Résurrection,** survie, vie dans l'au-delà ; métempsychose, réincarnation.

6 **La Mort ;** l'Ankou [région.], la Camarde, **la Faucheuse,** la Fossoyeuse, la Nettoyeuse, la Parque. – Ange de la mort, ange exterminateur.

7 Faux, larme d'argent, sablier, squelette, tête de mort ; colonne tronquée, urne cinéraire.

8 MYTH. : **séjour des morts ;** les Enfers, les limbes, le royaume de Pluton, le Tartare ; Achéron, Léthé, Styx. – Val-hall ou Walhalla. – RELIG. : Enfer **506,** Paradis **505,** Purgatoire.

9 **Esprit** *(un esprit) ;* revenant ; fantôme, spectre. – MYTH. : lares, lémures, mânes, ombres. – Mort-vivant, vampire, zombie.

10 Psychagogie [ANTIQ.]. – **Spiritisme.**

11 **Coma,** coma profond, mort cérébrale. – Léthargie, mort apparente, sidération. – Rigidité cadavérique ; mortification, nécrose, **putréfaction.**

12 **Accident,** noyade, submersion. – Assassinat, **meurtre** 720, mise à mort. – Exécution ; suppression ; extermination. – Immolation, sacrifice. – **Suicide.** – Harakiri (ou, plus correct, seppuku).

13 Apoplexie, arrêt cardiaque, asphyxie, embolie, hydrocution ; inanition, inhibition.

14 MÉD. – Euthanasie (opposé à dysthanasie).

15 **Autopsie ;** docimasie [MÉD.].

16 **Agonisant** *(un agonisant),* **mourant,** moribond ; prémourant [DR.]. – **Mort** *(un mort, les morts)* ; noyé, suicidé, trépassé. – **Cadavre, corps.** – Arg. : macchabée, viande froide *(de la viande froide).*

17 **Assassin** 720, tueur ; bourreau.

18 Échafaud. – Champ de bataille ; coupegorge. – Mouroir. – Abattoir.

19 Nécrologie ; notice nécrologique (fam., nécro). – Thanatologie.

v.20 **Mourir ;** décéder, disparaître, expirer, finir, partir, périr, **succomber,** trépasser. – Faire le grand voyage, passer de vie à trépas, quitter la vie ; y rester. – Exhaler le dernier soupir, fermer les paupières ou les yeux ; perdre la lumière, perdre la vie, **rendre l'âme** (aussi : l'esprit, son dernier souffle). – Trouver la mort ou sa fin ; rester sur le carreau. – Mourir de sa belle mort.

21 S'échapper, **s'en aller,** s'effacer ; s'endormir, s'éteindre.

22 Arg. – Calancher, caner, claboter, clamser, **claquer, crever.** – Avaler son bulletin de naissance, avaler sa chique, **casser sa pipe,** dévisser son billard, endosser la redingote en sapin (aussi : se faire tailler un costume en sapin), gagner la croix de bois, lâcher la rampe, laisser ses os (aussi : ses grègues, ses guêtres, ses housseaux), **passer l'arme à gauche,** sortir les pieds devant, souffler sa camoufle.

23 **Avoir un pied dans la fosse** ou dans la tombe ; sentir le sapin [arg.]. – Sentir la mort prochaine, sentir venir la fin.

24 **Agoniser ;** hoqueter, râler, suffoquer. – Avoir l'âme sur les lèvres ; avoir la mort entre les dents, sur les lèvres. – Être à l'agonie, être aux portes de l'éternité (aussi : de la mort, du trépas, du tombeau), être à la dernière extrémité, **être à l'article de la mort ;** lutter contre la mort, mener le dernier combat ; voir la mort en face. – Il n'y a plus d'huile dans la lampe [loc. prov.]. – *Acta est fabula* (lat., « la pièce est jouée », Auguste).

25 **Monter au ciel ;** être rappelé à Dieu, paraître devant Dieu ; s'endormir dans les bras de Dieu, s'endormir dans la paix du Seigneur. – RELIG. : Dieu a rappelé son serviteur, Dieu l'a rappelé à lui.

26 N'être plus de ce monde ; être dans les bras de la mort. – Ne pas avoir fait de vieux os [fam.]. – Gésir [vx, sauf dans l'inscription tumulaire traditionnelle : ci-gît] ; reposer. – Arg. : être guéri de tous les maux (aussi : du mal de dents), habiter boulevard des allongés, **manger les pissenlits par la racine.**

27 Faucher, foudroyer, frapper ; trancher le fil des jours de. – « *Omnia vulnerant, ultima necat* » 170.12.

28 **Tuer ;** assassiner ; abattre. – Fam. : dépêcher, éliminer, expédier, occire, supprimer, trucider ; envoyer *ad patres,* laisser sur le carreau, rayer de la surface de la terre. – Arg. : bousiller, buter, escoffier [vx], ratatiner, rectifier, refroidir, zigouiller ; faire la peau à, régler son affaire à, ôter le goût du pain à. – Laisser pour mort ; achever.

29 Asphyxier, assommer, défenestrer, étouffer, noyer, revolvériser [fam.] ; couper la gorge à. – Abattre ; fam. : **descendre,** flinguer. – Fusiller, faire fusiller ; coller au mur [fam.]. – Étrangler ; fam. : tordre le cou à, serrer le kiki à ; dévisser le coco ou la poire à [arg.]. – Poignarder (arg. : suriner, crever la panse à, faire une boutonnière à ; saigner, trouer).

30 **Mettre fin à ses jours ;** se donner la mort, se suicider. – Fam. : **se brûler la cervelle,** se faire sauter le caisson. – Se jeter par la fenêtre, s'ouvrir les veines, se pendre. – Faire hara-kiri (ou, plus correct, faire seppuku).

31 **Mourir de** + n. *(mourir de douleur, de faim, de peur) ;* être emporté par ; partir de *(partir de la tête, du ventre),* s'en aller de, se mourir de [vx].

Adj. 32 **Mort ;** décédé, trépassé ; sans vie. – Sout. : **défunt ;** feu *(feu ma tante ; ma feue tante).* – Cané [arg.].

33 **Mourant ;** condamné ; très fam. : fichu, flambé, foutu. – Entre la vie et la mort ; plus mort que vif. – Blanc ou pâle comme la mort. – Cadavéreux ; cadavérique.

34 **Funéraire,** mortuaire ; nécrologique. – Posthume. – Funèbre, lugubre, **macabre.** – D'outre-tombe.

35 Fatal, létal, meurtrier, **mortel ;** mortifère [litt.].

Adv. 36 **Mortellement.** — *Post mortem* (lat., « après la mort »).

Int. 37 À mort ! Au poteau ! Tue ! [vx].

Aff. 38 **Nécro-, thanato-,** tapho- ; -thanasie, -taphe.

## 312 ÂGE

N. 1 **Âge ;** temps 170. – Âge biologique, âge légal, âge mental. – **Âge chronologique** 172 ; GÉOL. : âge absolu, âge relatif.

2 **Classe** ou **groupe d'âge.** – Génération ; pyramide des âges.

3 **Âges de la vie ;** fig. : aube, matin, crépuscule, soir ; printemps, automne, hiver 187. – Cours de la vie 190.2.

4 An, année ; litt. : printemps ; très fam. : balai, berge.

5 **Aîné** 678, cadet, dernier-né, **premier-né,** puîné. – Doyen d'âge, président d'âge.

6 Bénéfice de l'âge. – Défaut d'âge ; dispense d'âge.

7 **Époque,** ère 237.21, période ; âge d'or. – **Âge du monde ;** les quatre âges (âge d'or, âge d'argent, âge d'airain, âge de fer) [MYTH.] 191.6.

V. 8 Avoir tel âge *(avoir vingt ans, la trentaine, la soixantaine) ;* aller sur *(aller sur dix-sept ans),* friser *(friser la cinquantaine).* – Paraître son âge, faire son âge (aussi : plus ou moins que son âge) ; accuser, porter son âge. – N'avoir pas d'âge – Avancer en âge, prendre de l'âge. – Avoir passé l'âge, devancer l'âge [vx], être mûr avant l'âge. – Se rajeunir, se vieillir.

Adj. 9 Accompli *(vingt ans accomplis),* révolu, sonné ; bien compté, bien sonné *(la soixantaine bien comptée, bien sonnée).*

Adv. 10 D'un autre âge, entre deux âges 316. – Dans la fleur de l'âge 315, dans la force de l'âge.

Prép. 11 À l'âge de ; d'âge à, en âge de.

## 313 NAISSANCE

N. 1 **Naissance,** venue au monde. – **Heureux évènement.** – Nativité [BX-A.].

2 **Enfantement,** engendrement ; mise au monde. – Litt. : génération, procréation.

3 **Gestation, grossesse,** prégnation [vx]. – **Maternité** 680.

4 **Accouchement,** couches, part [vx], parturition [didact.] ; mise bas [ZOOL.] ; délivrance, expulsion. – Accouchement à terme (opposé à post-terme ou à prématuré). – Accouchement sans douleur ; accouchement psycho-prophylactique, eutocie (opposé à dystocie) ; accouchement par les reins [fam.]. – **Fausse couche** ou avortement involontaire (opposé à **interruption volontaire de grossesse** ou I. V. G.) ; accouchement fœtal. – Césarienne *(une césarienne).*

5 **Douleurs,** mal joli [vx] ; travail [MÉD.]. – Contraction utérine ou **contraction ;** tranchées utérines. – Anesthésie péridurale ou péridurale *(une péridurale).*

6 **Présentation céphalique,** présentation de l'épaule, présentation par la face, présentation par l'occiput, présentation pelvienne, présentation du siège, présentation du sommet, présentation par le tronc.

7 **Cri** 747, cri primal, vagissement.

8 Score (ou indice) d'Apgar.

9 **Liquide amniotique ;** eaux ; poche des eaux. – **Placenta ;** arrière-faix ou délivre *(le délivre).* – Méconium.

10 **Forceps** ou, vx, fers, lacs, ventouse.

11 **Périnatalité** ou période périnatale ; période post-natale ; post-partum [lat.].

12 Fête de la Nativité [RELIG.], **Noël.**

13 Parturiente. – Accouchée *(une accouchée).* – Génitrice, **mère** 680 ; maman ; mère porteuse. – Primigeste *(une primigeste),* primipare *(une primipare) ;* multipare.

14 Accoucheur ou médecin-accoucheur, maïeuticien [didact.], **obstétricien ;** matrone [vx], **sage-femme.** – Junon Lucina [MYTH. ROM.].

15 **Bébé, nourrisson** 314, **nouveau-né,** part [DR., vx]. – **Prématuré** *(un prématuré) ;* grand prématuré ou prématurissime. – Avorton [vx], enfant mort-né.

16 **Natalité,** puerpéralité [didact.]. – Néomortalité ou mortalité néonatale ; prématurité. – Multiparité, primiparité.

17 **Obstétrique.** – Néonatalogie, périnatalogie, tocologie.

V. 18 **Naître,** recevoir l'existence (ou : la vie, le jour), **venir au monde,** voir la lumière ou le jour.

19 **Devoir la vie à,** tenir la vie de.

20 **Enfanter, engendrer,** procréer [litt.] ; donner le jour à, **donner naissance à,** mettre au monde. – **Accoucher ;** être dans les douleurs, être en mal d'enfant, être en travail, faire ses couches [vx]. –

Relever de couches. – Arg. et vulg. : lapiner, mettre bas, pisser sa côtelette. – « Tu enfanteras dans la douleur » (la Genèse).

21 MÉD. : accoucher *(accoucher une femme)*, délivrer. – Césariser.

Adj. 22 **Natal** ; généthliaque [vx]. – Génératif.

23 **Natal, puerpéral** ; néonatal, périnatal, postnatal, prénatal. – **Obstétrical,** tocologique. – Expulsif ; abortif.

24 **En gésine** [litt.], en travail ; dystocique, eutocique, ocytocique – Génésique, parturient.

25 Gémillipare, multipare, nullipare, unipare ; primipare, primogeste. – Prématuré ; mort-né, non-viable.

26 **Matriciel, utérin** 325 ; utéro-placentaire.

Adv. 27 À terme. – *Postpartum* [lat.].

Aff. 28 Toco- ; -tocique ; -pare.

## 314 ENFANCE

N. 1 **Enfance ; petite enfance.** – Âge tendre, jeunesse 315 ; premières années, tendres années, première jeunesse, prime jeunesse, tendre jeunesse. – Fig. : balbutiement, commencement 56, début.

2 **Premier âge,** deuxième âge, troisième âge ; PSYCHOL. : **stade** *(stade conceptuel, stade égocentrique, stade émotif, stade impulsif, stade objectivement moteur, stade personnaliste, stade sensori-moteur) ;* PSYCHAN. : stade oral, stade anal, stade phallique ; conflit œdipien. – Âge bête, âge ingrat, âge de raison. – Puérilité ; préadolescence, prépuberté. – Minorité [DR.].

3 **Nourrisson** 313, nouveau-né ; bébé, enfançon, enfantelet, enfant à la mamelle, tout-petit *(un tout-petit).* – Fam. : ange, baby [anglic.], baigneur, crapaud, loupiot, lutin, **moutard,** moutchachou, petit salé, poulpiquet, poupard, poupon, têtard ; fam., souv. péj. : braillard, chiard, lardon ; litt. : **amour,** angelot, **chérubin.** – BX-A. : cupidon, putto. – MÉD. : bébé-bulle, bébé-éprouvette.

4 Enfant, **jeune enfant ; garçon,** garçonnet, petit garçon ; rejeton 681. – Fam. : **bambin,** blondinet, bout-de-chou, bout-de-zan, diablotin, gaillard, **gamin,** gavroche, gosse, gros père, kid [anglic.], loupiot, marmaille, **marmot,** marmouset, mioche, môme, mômichon, momignard, momillon, morpion, moucheron, mouflet, moujingue, mousse, moustique, **moutard,** petit, poulbot, poulet, **poulot,**

**poussin ;** région. : gone, minot, miston, niston, pitchoun, pitchounet. – Péj. ou par plais. : affreux jojo, brigand, coquin, diable, drôle, filou, galopin, garnement, lascar, poison, polisson, vaurien ; péj. : babouin [vx], brigand, lascar, mauvaise graine, merdeux, morveux, petite peste, sale gosse. – HIST. : dauphin, infant, ménine ; l'Aiglon. – RELIG. : l'Enfant Jésus, l'Enfant Roi.

5 **Fillette,** petite fille ; fam. : loupiotte, môminette, mouflette, pisseuse [vulg. et sexiste], puce ; quille [enfant.].

6 **Croissance** 190.3, développement ; développement affectif, développement mental, développement psychomoteur. – Infantilisme.

7 **Maternage, pouponnage ;** soins maternels. – Allaitement, nourrissage [rare], nourrissement [vx] ; tétée. – Ablactation, sevrage.

8 **Éducation** 415, élevage, institution [vx], instruction 414 ; conditionnement, dressage. – Paidologie ou pédologie [didact.], **pédagogie.** – Pédiatrie [didact.], puériculture. – Protection maternelle et infantile (P.M.I.).

9 Assistante maternelle, mère nourricière **680,** nounou, **nourrice,** nourrice sèche [vieilli], nurse, puéricultrice ; jardinière d'enfants ; berceuse, remueuse [vx]. – **Baby-sitter** [anglic.], bonne d'enfants, garde d'enfants, garde maternelle, gouvernante. – Éducateur, instituteur, pédagogue, précepteur. – Pédiatre [MÉD.].

10 Lactarium, téterelle, tire-lait. – **Biberon,** chauffe-biberon, sucette, têtière, tétine.

11 **Crèche,** garderie, halte-garderie, nourricerie [vx], nursery [anglic.], pouponnière ; classe d'éveil, jardin d'enfants. – Maternité ; hôtel maternel, maison maternelle.

12 **Jeu** 872 ; **jeu éducatif,** jeu d'enfant ; jouet **873,** joujou [lang. enfantin]. – Berceuse, comptine, nursery rhyme ou nursery song [anglic.]. – Enfantillage ; gaminerie.

V. 13 **Infantiliser,** puériliser.

14 Baver le lait [vx], être encore à la bavette.

15 **Allaiter,** donner le sein à, élever au sein (au biberon, à la cuiller, etc.), nourrir de son lait ; mettre un enfant en nourrice. – Sevrer.

16 Changer, langer ; démailloter, emmailloter ; talquer. – Bercer. – Bichonner 601, câliner, materner, mignoter, poulotter, pouponner.

17 Apprendre [vx], dresser, **éduquer, élever** ; élever à la dure, élever dans du coton. – Instruire ; scolariser.

Adj. 18 Pouponner [rare]. Bellot, joufflu, mafflu, potelé, rose. – Innocent comme l'enfant qui vient de naître.

19 **Enfantin** ; infantile, puéril ; impubère. – Jeunet.

20 En bas âge, au berceau, au biberon, à la mamelle, en nourrice ; tout jeune.

Adv. 21 **Enfantinement** [litt.], puérilement.

Aff. 22 Péd-, pédo- ; -pédie, -pédique.

## 315 JEUNESSE

N. 1 **Jeunesse** ; bel âge, **fleur de l'âge,** jeunes années, jeunes saisons, jouvence [vx] ; première saison, printemps, verte jeunesse ; litt. : mai, matin 56.2. Rajeunissement ; seconde jeunesse.

2 **Adolescence.** – Nubilité ; **puberté.** – Juvénilisme [MÉD.]. – Fig. : bourgeonnement, montée ou poussée de sève, verdeur.

3 **Jeune** *(un jeune),* jeune gars. – Adolescent, ado [fam.] ; teenager [anglic.] ; jeune homme, jeunes gens. – Fam. : béjaune, boutonneux, coquebin, freluquet, godelureau, gommeux, minet, mirliflore [vieilli]. – Puceau. – Péj. : béjaune, blanc-bec, bleu, dadais, niais, nigaud. – Sout. : damoiseau, éphèbe, jouvenceau ; page, puceau.

4 Beatnik, blouson doré, blouson noir, punk. – HIST. : Incroyable, muscadin [vx].

5 Cadet 678, junior. – Jeune premier. – **Apprenti** 413, novice ; bachelier, étudiant.

6 **Jeune femme** 309, jeune fille ; adolescente ; couventine, **débutante** 56.14, ingénue ; fam. : jeunesse *(une jeunesse),* tendron. – Vierge [sout.] ; pucelle. – **Demoiselle** ; mademoiselle, miss.

7 **Jeune génération,** génération montante, nouvelle génération ; bleusaille [fam.]. – Jeunesse dorée.

V. 8 **Rajeunir.**

9 Quitter le giron maternel, couper le cordon [fam.] ; entrer dans la vie. – Faire ses classes, faire ses premières armes. – Jeter sa gourme. – **S'émanciper.** – Prov. : Il faut que jeunesse se passe ; Les voyages forment la jeunesse.

10 **Avoir la vie** ou **l'avenir devant soi.**

Adj. 11 **Jeune,** juvénile ; vert. – Nubile, pubère ; pubescent. – Pubertaire.

12 Inexpérimenté, novice ; bleu [fam.].

Adv. 13 **Juvénilement** [litt.] ; jeunement [vx]. – Jeune *(s'habiller jeune).*

## 316 MATURITÉ

N. 1 **Maturité** ; âge adulte, âge mûr, âge viril 308 ; **force de l'âge.** – Été, **automne** 187. – Adultat [rare], adultisme [didact.].

2 **Âge canonique** ; âge climatérique, âge critique ; retour d'âge. – **Démon de midi** 705. – **Quarantaine** *(la quarantaine),* cinquantaine *(la cinquantaine).*

3 **Adulte, grande personne** ; homme accompli, homme fait. – Dame, monsieur. – Quadragénaire *(un quadragénaire),* **quinquagénaire** *(un quinquagénaire).* – Vieux beau ; bellâtre. – Rombière.

V. 4 **Mûrir** ; être dans la force de l'âge ; fam. : avoir de la bouteille (ou : du métier, de l'expérience) 570.

5 Être sur le retour.

Adj. 6 Mature, **mûr.** – De sens rassis. – Majeur, majeur et vacciné [fam.].

7 Assis, arrivé, installé.

8 D'un certain âge, sur l'âge. – Entre deux âges.

Adv. 9 **À maturité** ; à mi-vie.

## 317 VIEILLESSE

N. 1 **Vieillesse** ; âge avancé, âge certain, grand âge ; absolt : âge *(l'âge, les atteintes de l'âge 317.4).* – **Troisième âge,** quatrième âge. – Arrière-saison, hiver [fig.] 187, penchant de l'âge, soir ou crépuscule de la vie [litt.], **vieux jours.** – **Ancienneté** 195, caducité.

2 **Vieillissement** ; affaiblissement 376, déclin, **décrépitude.** – Involution ou régression sénile ; **sénescence.** – Si jeunesse savait, si vieillesse pouvait [prov.].

3 Présénilité, **sénilité** ; gérontisme, sénilisme [MÉD.]. – Retour d'âge.

4 Litt. : fardeau des ans, froid ou glaces de l'âge, injures (ou : outrages, ravages) du temps.

5 **Vieillard,** vieux *(un vieux)* ; vieux de la vieille ; personne âgée, vieille personne ; vieilles gens. – Géronte [vx], homme d'âge ; tête chenue ; barbon, grison. – Sexagénaire, septuagénaire, octogénaire, nonagénaire, centenaire. – Fam. : grand-mère, grand-père, mémé, papet [région.], pépé. – Péj. : antiquité, croulant, ruine, vieillerie,

vioque [pop.]. – Péj. : vieux barbon, vieux beau, vieux birbe, vieux coquard, vieux croûton, vieux débris, vieux gaga, vieux gâteux, vieux grison, vieux pépère, vieux radoteur, vieux roquentin [vx], vieux schnock, vieux singe, vieux tableau ; vieille baderne, vieille barbe, vieille ganache. – Péj. : vieille bique, vieille chouette, vieille mémère, vieille peau, vieille sorcière, vieille taupe, vieille toupie.

6 Aïeul, ancêtre **681, ancien** ; aîné. – Doyen, doyen d'âge ; vétéran ; patriarche. – Mathusalem, Nestor [vx]. – Les vingt-quatre vieillards de l'Apocalypse.

7 Retraité *(un retraité)* **792.**

8 Gérontocratie [POLIT.].

9 **Gériatrie,** gérontologie [MÉD.].

V. 10 **Vieillir ;** enveillir [vx]. – Avancer en âge, **prendre de l'âge,** prendre un coup de vieux [fam.]. – Baisser, décliner. – S'affaiblir **376,** se décatir ; se rouiller ; se casser, se voûter. – Trembler, sucrer les fraises [fam.]. – Blanchir sous le harnais ; grisonner.

11 **Être âgé,** être dans l'âge ou sur l'âge, être sur le retour, **se faire vieux.** – Ne plus être de première fraîcheur [fam.].

12 Être encore vert ; n'avoir pas d'âge.

Adj. 13 **Vieux ;** âgé, sur le retour ; vieilli. – Centenaire, macrobite [vx]. – Hors d'âge, sans âge ; vieux comme Adam, comme Hérode, comme Mathusalem ; antique [fam. et péj. s'agissant d'une personne]. – Chenu ; à la barbe fleurie. – Prov. : On n'apprend pas à un vieux singe à faire la grimace ; « Onques vieil singe ne fit belle moue » (Rabelais).

14 Vénérable.

15 **Sénile ; gâteux,** gaga [fam.]. – Croulant [fam.], décati, décrépit. – Impotent ; goutteux, podagre [vx].

Adv. 16 Sénilement.

Aff. 17 Géronto-.

# 318 TÊTE

N. 1 **Tête ;** vx : cap, chef. – Fam. : boule, caboche, **caillou ;** très fam. : bouillotte, cabèche, ciboulot, citrouille, cafetière, calebasse, carafe, carafon, cassis, citron, coloquinte, fiole, pomme, terrine, tirelire. – Port de tête ; signe de tête. – Vertèbres cervicales **329.10** ; atlas, axis ; nuque.

2 **Tête, crâne ;** boîte crânienne ; voûte crânienne ; épicrâne, péricrâne. – Cerveau

**326,** cervelle, méninges. – Os du crâne ; os frontal, malaire, pariétal, occipital, temporal ; os wormiens ; occiput, sinciput. – Mal de tête, migraine ; prise de tête [fam.] ; MÉD. : céphalée, encéphalalgie.

3 **Tête, visage ;** faciès, **figure ;** mine, physionomie ; frimousse, minois, museau ; mufle, trogne. – Fam. : bille, binette, bobine, bouille, portrait, trombine, trombinette, trompette ; très fam. : bougie, fraise, gueule, poire, tronche ; très fam. et péj. : groin, hure. – Fam. et péj. : face de crabe, face d'œuf, face de rat ; gueule d'empeigne ; tête à gifles, à claques. – Bonne mine, teint fleuri. – Sale tête ; masque ; mauvaise mine, mine de papier mâché.

4 **Portrait,** profil ; galerie de portraits ; trombinoscope [fam.]. – **Masque.** – Bal de têtes **687,** dîner de têtes. – Mascaron [ARCHIT.]. – Marotte ; tête à perruque. – Tête de Turc.

5 **Tête, face.** – Os de la face ; os ethmoïde, frontal, malaire, temporal ; os du nez et des cornets inférieurs ; unguis, vomer ; os palatin. – **Front,** arcade sourcilière, glabelle, tempes. – **Nez ;** appendice nasal ; arg. fam. : blair, patate, pif, quart-de-brie, tarin, truffe ; nez aquilin, nez bourbonien, nez grec. – Narines ; fam. : trous de nez ; arg. fam. naseaux. – **Oreilles ;** portugaises [arg. fam.]. – **Yeux ;** arg. fam. : calots, mirettes, quinquets. – **Joues ; pommettes ;** bajoues, fossette. – **Bouche ;** fam. : bec, margoulette ; gueule [très fam.]. – **Lèvres,** lippe [litt. ou vieilli] ; fam. : babines, badigoinces [vx]. – **Dents 330.** – **Menton,** double menton. – Mâchoire, maxillaire. – **Cou ;** col [litt. ou vx], collet ; colback [pop.]. – **Gorge,** gosier ; fam. : dalle, gargamelle, gargoulette, goulot, kiki, sifflet ; gavion ou gaviot [pop., vx]. – Pomme d'Adam.

6 **Céphalométrie 70,** craniométrie. – Métoposcopie ; morphopsychologie. – Physiognomonie [anc.].

7 (Tête de + n., ou tête + adj., dans des loc. fam. dénotant différents défauts ou traits de caractère) – Tête brûlée (bravade, mépris du danger). – Tête de bois, tête de fer, tête de pioche ; tête de mule (entêtement). – Tête de cochon, tête de lard (mauvais caractère). – Tête de linotte, tête de moineau, tête de piaf ; tête en l'air (étourderie, distraction). – Tête molle (sottise ; manque de rigueur intellectuelle).

V. 8 **S'entêter ;** avoir la tête dure, n'avoir qu'une idée en tête, n'en faire qu'à sa tête ; agir sur un coup de sa tête. – Avoir la tête fêlée, être tombé sur la tête. – Monter la tête à qqn. – Avoir la tête près du bonnet.

9 Avoir de la tête ; avoir la tête sur les épaules ; avoir la tête froide. – Ne rien avoir dans la tête, avoir la tête vide ; n'avoir pas de plomb dans la tête, n'avoir pas de tête. – Avoir la tête à l'envers, perdre la tête. – Avoir une idée derrière la tête ; tourner (qqch, une idée, etc.) dans sa tête ; se creuser la tête ; se mettre martel en tête. – Passer par la tête, sortir de la tête.

10 Casser la tête (ou, fam., la gueule) à qqn ; fam. : faire une grosse tête à qqn, lui fendre la tête, lui mettre la tête au carré.

11 Faire un signe de tête, secouer la tête ; dire oui (ou non) de la tête ; branler le chef, opiner du bonnet. – Se jeter tête baissée 537, tête la première. – Se taper la tête contre les murs.

12 **Tenir tête** ; faire front.

13 Faire la tête (fam. : faire la gueule). – Se payer la tête de qqn.

14 Se cacher ou se voiler la face.

15 Changer de visage. – Défigurer, transfigurer ; maquiller. – Dévisager, envisager [vx].

Adj. 16 Céphalique. – Acrocéphale, brachycéphale, dolichocéphale. – Facial ; auriculaire, buccal, nasal, oculaire. – Cervical ; guttural ; jugulaire.

17 Entêté, têtu 514.

18 Têtard (saule têtard). – Étêté (arbre étêté).

Aff. 19 Per os (lat., « par la bouche »).

Aff. 20 Céphal-, cranio- ; méning-, méningo- ; -céphale, -céphalie.

## 319 MEMBRES

N. 1 **Membres** ; membre inférieur, supérieur. – Membre fantôme (d'un amputé). – Membrure [litt.], conformation. – Articulation. – Membre viril 325.2, cinquième membre [absolt, membre].

2 **Bras** ; arrière-bras [rare], avant-bras, épaule, **main** 320, saignée du coude. – Arg. : aileron, brandillon.

3 **Jambe** ; cheville, cou de pied, cuisse, entrecuisse, entrejambe, genou, jarret, mollet, **pied** 321, rotule, talon. – Fam. : béquille, canne, crayon, échasse, flûte, fumeron, **gambette**, gigot, gigue, gui-

bole, jambon, **patte**, pilier, pilon, pinceau, pincette [vx], poteau, quille. – Loc. fam. : jambes en cerceau, en manche de veste, en serpette ; jambes Louis XV ; patte folle.

4 Pilon, moignon. – Jambe artificielle, jambe de bois.

5 Boitement, boiterie, claudication, contorsion, déhanchement. – Génuflexion.

6 Amputation, démembrement, mutilation. – Torsion ; dislocation ; luxation.

7 Cul-de-jatte 386. – Femme tronc, homme tronc. – Manchot ; unijambiste.

8 Croc-en-jambe [sout.] ; croche-pied, jambette ; croche-patte [fam.].

V. 9 **Avoir les jambes lourdes** (aussi : enflées, raides) ; fig. : avoir des fourmis dans les jambes, n'avoir plus de jambes. – Chanceler, flageoler 376, fléchir, vaciller ; fig. : avoir les jambes coupées. – **Avoir les jambes molles**, ne pas tenir sur ses jambes ; fig. : avoir les jambes comme du coton (aussi : en compote, en pâté de foie). – Boiter, claudiquer, **traîner la jambe** ; fam. : avoir tant de kilomètres dans les jambes, en avoir plein les jambes (ou : les guibolles, les pattes).

10 Courir à toutes jambes, galoper, **gambader**, marcher, trotter ; fam. : jouer des jambes ; pop. : gambiller, gigoter, guiboler. – **Détaler** 202, prendre ses jambes à son cou [fig.] ; mettre les cannes [pop.].

11 Croiser les jambes ; lever la jambe. – Enfourcher, **enjamber**. – Faire le grand écart.

12 **S'accouder.** – Brasser. – Donner (aussi : offrir, ouvrir, prendre, tendre) le bras. – **Embrasser** 601, enlacer, étreindre. – Porter dans les bras (aussi : entre ses bras, sur ses bras ; à bout de bras, à bras tendu). – Coudoyer ; jouer des coudes, pousser du coude. – (Se) **croiser les bras.** – S'étirer.

13 Amputer 392. – Démembrer, écarteler.

14 Se dégourdir (aussi : se dérouiller) les jambes. – S'accroupir, s'agenouiller.

Adj. 15 Membré [rare], membru. – Ingambe [litt. ou sout.].

16 Brachial, jambier.

17 Arqué, bancal, bancroche, bien (ou mal) jambé [vx], boiteux, cagneux, court de jambes, court sur pattes [fam.].

Adv. 18 À bout de bras. – À bras-le-corps. – À tour de bras ; à bras raccourcis. – Bras dessus, bras dessous. – À bras ouverts.

19 À califourchon, à cheval. – À grandes enjambées, à toutes jambes.

Aff. 20 Brachio- ; -mèle, -mélie ; -pode, -podie, -podiste.

## 320 MAIN

N. 1 **Main** ; poigne, poing. – Fam. : battoir, cuiller, louche, menotte, mimine, paluche, patoche, patte, pince ; pogne [pop.].

2 Creux, dos, paume, plat, revers ; poignet. – ANAT. : hypothénar, thénar. – **Doigt ;** annulaire, auriculaire, index, majeur ou médius, pouce. – Ongle. – Lignes de la main.

3 Adresse, dextérité, doigté, griffe, manière, patte, touche, **tour de main.** – Mains de beurre [fam.], maladresse 571. – Tact, toucher *(le toucher)* 374.

4 Homme à toutes mains. – Petite main 864. – Secrétaire de la main [vx].

5 Prov. : Jeux de mains, jeux de vilains ; Mains froides, cœur chaud.

6 Baisemain, **poignée de main 689,** serrement de main. – Claque, coup de poing, gifle. – Applaudissement.

7 Attouchement, **toucher** *(un toucher) ;* palmée [rare], palpation, préhension [didact.]. – **Pronation,** supination.

8 Chirognomonie [vx], chirologie, chiromancie ou, vx, chirographie 485, chironomie [didact.], chiropraxie [MÉD.]. – Langage des mains.

9 Manucure.

V. 10 **Manier, manipuler ; maintenir.** – Agripper, **empoigner,** palper, pétrir, saisir, serrer, tenir. – Applaudir, **battre des mains,** claquer dans les mains. – Imposer les mains. – Joindre les mains, lever les mains au ciel. – Offrir la main, tendre la main ; serrer la main ; toper. – Se frotter les mains. – Se tourner les pouces 445.

11 Mettre la main sur ; porter la main à (ou sur). – Fam. : avoir la main baladeuse.

12 Avoir la haute main sur, tenir la main haute à [vx]. – Donner d'une main et reprendre de l'autre.

13 Donner un coup de main 563 ; mettre la main à l'ouvrage, mettre la main à la pâte, **prêter main forte,** prêter la main à. – Faire des pieds et des mains. – Prendre son courage à deux mains. – Se prendre par la main.

14 Avoir des mains en or (aussi : du doigté, des doigts de fée, la main heureuse, la

main verte), n'être pas manchot. – S'assurer la main, **se faire la main** ; perdre la main. – Avoir la main légère ; avoir la main lourde, ne pas y aller de mainmorte.

15 **En venir aux mains.** – Lever la main sur qqn.

16 Manucurer.

Adj. 17 **Manuel.** – Digital ; interdigital. – Palmaire [ANAT.]. – Unguéal.

18 Bimane, quadrumane. – Préhenseur ou préhensif, préhensile. – Opposable *(pouce opposable).*

19 Ambidextre, droitier, gaucher. – Habile de ses mains ; manuel.

20 Manufacturé, manuscrit.

Adv. 21 **Manuellement.** – À main levée. – À main armée. – **À pleines mains,** à belles mains [vx] ; à poignées. – Main dans la main.

22 De la main à la main, en main(s) propre(s) ; en sous-main. – De première main, de seconde main ; de longue main ; de main en main. – La main dans le sac.

23 Haut la main. – De main de maître.

Int. 24 Haut les mains ! Mains en l'air ! – Bas les pattes !

Aff. 25 Chéir-, chir-, chiro- ; dactylo-.

26 -chira, -chirie, -chirote, -chirius, -chirus ; -mane ; -dactyle.

## 321 PIED

N. 1 **Pied ;** cou-de-pied, plante, pointe, talon, voûte plantaire ; **doigt de pied,** orteil, voûte plantaire ; cheville, malléole. – Fam. : panard, patte, paturon, peton ; arg. : arpion, nougat.

2 **Battement de pied,** course, danse, galop, locomotion, **marche** *(marche à pied, marche forcée),* **pas,** piétinement, saut 213, trépignement, trot. – Boiterie, claudication.

3 Bain de pieds 380, lavement des pieds [LITURGIE]. – Pédiluve [MÉD., SPORTS]. – Pédicurie [TECHN.], podologie [MÉD.].

4 Marcheur, **piéton.** – Fantassin ; gens de pied (opposé à gens de cheval), piétaille [vx] ; pédestrian [anglic., vx].

V. 5 **Marcher ;** aller à pied, mettre un pied devant l'autre ; partir d'un bon pied (aussi : du pied droit, du pied gauche). – Mettre le pied dehors. – Ne pas mettre les pieds quelque part.

6 **Pédaler, piétiner.** – Battre des pieds, danser. – Piaffer, taper des pieds, traîner des pieds, trépigner. – Boiter, clopiner. Fouler aux pieds. – Achopper [litt. ou vx], buter, glisser. – Dépêtrer (opposé à empêtrer).

7 **Avoir pied, lâcher pied,** lever le pied 202, mettre (aussi : poser) le pied dans (aussi : sur), mettre pied à terre, perdre pied, prendre pied.

8 Chausser telle pointure *(chausser du 40)* 865. – Pédicurer.

Adj. 9 Didact. : pédal, pédieux. – **Bipède, quadrupède,** solipède. – Macropode, tétrapode ; apode. – Plantigrade.

Adv. 10 **À pied ;** pédestrement [rare] ; fam. : à pattes, à pinces, pedibus, pedibus cum jambis. – À cloche-pied ; sur un pied. – À pieds joints. – Sur pied. – Sur la pointe des pieds.

11 De la tête aux pieds, de pied en cap, depuis les pieds jusqu'à la tête, des pieds à la tête. – À pieds de bas, en pieds de chaussettes [vieilli].

Int. 12 Au pied !

Aff. 13 Pédi- ; -pède, -pédie, -pode.

## 322 DOS

N. 1 **Dos ;** échine, omoplate, rein ; râble [fam.]. – Bas du dos, fesse, fessier ; derrière 164, fondement, postérieur, séant, siège ; fam. : croupe, croupion, lune, popotin ; cul [très fam.] ; derche (ou : dargeot, derche, derge) [arg.].

2 **Colonne vertébrale** 329, corps vertébral, **échine,** épine du dos [vx], épine dorsale, rachis ; spondyle [vx], vertèbre ; vertèbres cervicales, dorsales, lombaires, sacrées. – Lombes, région lombaire, reins ; coccyx, région sacrée, sacrum. – Moelle épinière, neurépine ou neurapophyse ; disque intervertébral, canal ou trou vertébral ; bulbe rachidien, canal rachidien, moelle allongée [vx] ; arc vertébral.

3 Cyphose 383, lordose, scoliose ; gibbosité, nouure. – Lumbago, tour de reins [fam.]. – PATHOL. : dorsalgie, spinalgie.

4 Sac à dos. – Dossard, dossière [vx]. – Dossier. – Corset, lombostat [MÉD.].

V. 5 (S')adosser. – **Tourner le dos ;** avoir le dos tourné, avoir le dos à qqch ; avoir le dos au feu, le ventre à table [loc. prov.].

6 Courber (ou plier) le dos, courber l'échine. – Creuser le dos, faire le dos rond, faire le gros dos.

7 Échiner 658, éreinter.

8 Loc. fig. – Avoir bon dos. – Se laisser manger ou tondre la laine sur le dos. – Rejeter qqch sur le dos de qqn ; retomber sur le dos de qqn. – Se mettre qqn à dos. – Fam. : en avoir plein le dos ; **être sur le dos de qqn,** scier le dos à qqn.

9 S'arrondir, se cambrer, **se courber,** se déjeter, s'incliner, se voûter.

Adj. 10 **Dorsal,** tergal [rare]. – Intervertébral, vertébral. – Vertébré ; lombaire, spinal ; rachidien. – Péridural.

Adv. 11 **Dorsalement** [SC.]. – À plat dos, sur le dos ; au dos, dans le dos. – Dos à dos. – De dos.

Prép. 12 À dos de *(à dos d'âne, à dos d'homme).*

Aff. 13 Dors-, dorsi-, dorso-.

## 323 POITRINE

N. 1 **Poitrine ;** thorax ; buste, torse. – Vx : corsage, pis, sein *(le sein).* – Poumons 340. – Poitrail (d'un animal).

2 **Poitrine, seins ;** gorge [litt. ou vieilli] ; vx : mamelle [MÉD.], tétin [vx]. – Fam. : doudounes, nénés, oranges, tétines [péj.], tétons ; œufs au plat, planche à pain. – Arg. : flotteurs, lolos, **nichons ;** boîte à lait ou à lolo.

3 **Mamelle** [vx] ; glande galactophore ou mammaire ; aréole [ANAT.], bouton de sein, mamelon, tétin [vx] ; canal excréteur ou galactophore, pore galactophore.

4 Stéthomètre [vx] 70.

5 Mastopathie.

6 MÉD. : mastologie, sénologie. – Mamilloplastie, mammoplastie 392.

7 Mastologue, sénologue.

V. 8 **Plastronner ;** poitriner [fam., vieilli] ; bomber la poitrine 610, bomber le torse ; dresser, redresser le buste.

9 Tétonner [fam.] ; prendre de la poitrine.

10 Allaiter, donner le sein ; sucer le sein, téter.

Adj. 11 Poitrinaire 383.

12 Mammaire ; mamillaire ; mamellaire [vx]. – Mamelliforme [rare].

13 Mamelu, tétonneuse [vx], tétonnière [fam.],

Aff. 14 Stétho- ; mamm-, mammo- ; mast-, masto-.

# 324 VENTRE

N. 1 **Ventre** ; litt. ou vieilli : entrailles, flanc, giron, sein 323. – Fam. : buffet, burlingue, caisse, paillasse ; pop. : baquet, bocal.

2 Ventre. – Fam. : **bedaine** ; ballon [vieilli], bedon, bedondaine [vieilli], bide, bidon, brioche, panse ; berdouille [arg., vx].

3 **Estomac 338.** – Abdomen, épigastre, hypogastre ; hypocondre. – flanc 167. – Bas-ventre, petit ventre [vx] ; nombril, ombilic [didact.] ; aine. – **Viscères** ; entrailles, intestins, tripes [fam.] ; **gros intestin** ; cæcum, côlon, rectum ; **intestin grêle** ; duodénum, iléon, jéjunum. – Péritoine ; épiploon, mésentère.

4 **Obésité 127**, ventrosité [vx]. – Bedonnement [rare], **embonpoint.**

5 Ventriloquie [didact.].

6 Éventration ; étripage [fam.], éviscération.

7 Fam. : Bibendum, poussah, sac à tripes.

8 Ventriloque *(un ventriloque).*

V. 9 Bedonner ; avoir du ventre, prendre de l'embonpoint ou du ventre. – Faire ventre ; tout fait ventre [loc. prov., fam.].

10 **Ramper,** ventrouiller [fam., rare]. – Courir ventre à terre [fig.].

11 Étriper 720, éventrer, éviscérer. – Fam. : crever la paillasse, étripailler.

12 Se coucher sur le ventre, se flâtrer [CHASSE]. – Se mettre à plat ventre devant qqn [fig.].

Adj. 13 Ventral ; **abdominal,** alvin, cœliaque, estomacal, intestinal.

14 Pansu, **ventru** ; entripaillé [litt.]. – Fam. : bedonnant, ventripotent ; berdouillard [arg., vx].

Adv. 15 Ventralement [didact.]. – À plat ventre.

Int. 16 Ventrebleu !

# 325 SEXE

N. 1 **Sexe** ; appareil génital, tractus génital ; parties honteuses [vieilli], parties sexuelles (absolt, les parties). – Périnée.

2 Sexe 341 ; cinquième membre, membre, membre viril ; vit [litt.] ; ithyphalle [didact.], **phallus.** – Vulg. : **bite** ou bitte, queue, zob ; enfant. : quéquette, zézette, **zizi.**

3 **Pénis,** verge. – Couronne, frein, **gland,** prépuce ; méat urinaire ; sillon balano-préputial ; corps de la verge, ligament suspenseur de la verge, racine de la

verge ; albuginée, corps caverneux, corps spongieux, gouttière dorsale, gouttière urétrale. – **Tuniques** ; peau, dartos pénien, couche celluleuse, enveloppe fibro-élastique.

4 Étui pénien [ETHNOL.].

5 **Testicules** ; vulg. : **couilles,** roubignolles, roupettes, valseuses. – Albuginée **336,** corps de Highmore ; peau ou **scrotum,** dartos, tunique celluleuse sous-cutanée, tunique fibreuse superficielle, crémaster, tunique fibreuse profonde, tunique vaginale ; ligament scrotal ; **bourse.** – Cellules de Leidig, cul-de-sac de la tunique vaginale, réseau testiculaire ou, lat., *rete testis,* tissu interstitiel ; canalicule séminipare, tube droit, tube séminifère.

6 **Voie séminale,** conduit séminifère, voie spermatique ; canal déférent (portions épididymo-testiculaire, funiculaire, inguinale, iliaque, pelvienne), canal ou cône efférent, canal éjaculateur, épididyme, vésicule séminale. – **Urètre** ; canal inguinal, utricule prostatique, veru-montanum.

7 Bulbe de l'urètre ; glande de Cowper ou glande bulbo-urétrale ; concrétions prostatiques ou sympexions, **prostate.**

8 **Sperme** ; liquide spermatique, semence ; vx : humeur prolifique, liqueur séminale ; **foutre** [vulg.]. – Spermine [BIOL.]. – Éjaculat. – **Spermatozoïde** ou, vx, spermie ; spermatide, spermatocyte du premier ordre, spermatocyte du deuxième ordre, spermatogonie ; acrosome, flagelle.

9 Androgène **333** ou hormone mâle, androstènedione, déhydroépiandrostérone (DHA), épiandrostérone, **testostérone.**

10 **Sexe** ; **vulve** ; vulg. : con, cramouille. – Grandes lèvres, petites lèvres, nymphes ; méat urinaire, vestibule ; bulbe vestibulaire, fossette naviculaire, fourchette vulvaire.

11 **Mont de Vénus** ou pénil. – Vulg. : **chatte,** foufounette, minette. – Pilosité **335,** poils pubiens, toison ; touffe [fam.].

12 **Clitoris** ou, vulg., clito ; capuchon, corps caverneux, gland.

13 **Vagin** ; cloison recto-vaginale, cloison urétro-vaginale, glandes de Bartholin ou vulvo-vaginales, **hymen.**

14 **Utérus** ; **matrice** [vieilli ou MÉD.] ; litt., vieilli : entrailles, ventre, sein. – Utérus bicorne, utérus biloculaire. – Cavité utérine, corps de l'utérus, isthme, membrane caduque ou déciduale, muqueuse utérine ou en-

domètre, museau de tanche ; **col de l'utérus,** endocol, exocol ; cul-de-sac antérieur, cul-de-sac de Douglas, cul-de-sac latéral, cul-de-sac postérieur. – Glande utérine ; glandes de Skène.

15 Trompes utérines ou **trompes de Fallope ;** ampoule, isthme, mésosalpinx, partie interstitielle, pavillon.

16 Estradiol ou œstradiol **333** ; progestérone ou, vieilli, lutéine.

17 Glande sexuelle ou gonade **279** ; ovaire, testicule. – Gamète ou cellule sexuelle ; hormone sexuelle.

18 Caractère sexuel (primaire, secondaire). – Spermatogenèse, spermiogenèse ; ovogenèse. – Puberté **315.** – Andropause ; ménopause.

19 Ambiguïté sexuelle, androgynie, gynadrie, hermaphrodisme ou bisexualité.

20 Spermogramme ou spermocytogramme.

21 Sexualisation [didact.].

22 **Érection,** tumescence ; détumescence. – **Éjaculation ;** éjaculation *ante portas* (lat., « devant les portes »), éjaculation précoce, éjaculation retardée. **Pollution** [vx] ; perte séminale ou spermatorrhée.

23 Fécondation **279** ; œstrus, ovulation ; cycle œstral.

24 Détermination du sexe ; sexage [AGRIC.].

25 Aspermatisme **383** ou aspermie, asthénospermie, azoospermie, oligospermie, polyspermie ou superfécondation ; hémospermie. – Anéjaculation ; anérection, **impuissance.** – Priapisme ; satyriasis. – Stérilité.

26 **Castration,** émasculation. – Circoncision. – Féminisation. – Masculinisation, virilisation.

27 Sexualisme [didact.].

28 Androgyne *(un androgyne),* bisexuel *(un bisexuel, une bisexuelle),* hermaphrodite *(un hermaphrodite) ;* transsexuel *(un transsexuel).*

V. 29 Sexualiser [didact.].

30 Être en érection. – Arg. : **bander ;** débander.

31 **Éjaculer.** – Vulg. : **décharger,** foutre.

32 Décalotter. – **Castrer,** châtrer, émasculer. – Circoncire.

Adj. 33 **Sexuel** [BIOL.]. – Gynécologique.

34 Balanique, funiculaire, pénien, testiculaire. – Éjaculatoire ; **séminal,** spermatique ; séminifère, séminipare. – Phallique. – Ithyphallique.

35 Clitoridien, vaginal, vulvaire, vulvo-vaginal. – Endocervical, intracervical ; extra-utérin, intra-utérin, **utérin ;** hyménéal, périovulaire, salpingien.

36 Anovulatoire ; œstrogénique, œstroprogestatif. – Cataméniel, intermenstruel, **menstruel ;** emménagogue ; leucorrhéique. – Dysménorrhéique, ménorragique, métrorragique. – Ménopausique.

37 Sexué.

38 Impuissant. – Stérile.

Adv. 39 Sexuellement **341.**

## 326 CERVEAU

N. 1 **Cerveau ;** cervelle ; matière grise – Encéphale, sensorium [didact., vx] ; névraxe **327.**

2 **Rhombencéphale** ou cerveau postérieur : bulbe rachidien, protubérance annulaire ou pont de Varole, cervelet ; quatrième ventricule. – **Mésencéphale** ou cerveau moyen : corps genouillés, pédoncules cérébraux, tubercules quadrijumeaux ou *loculi.* – **Prosencéphale** ou cerveau antérieur : **diencéphale** ou cerveau intermédiaire (thalamus ou couches optiques, région sous-thalamique, troisième ventricule, chiasma des nerfs optiques), **télencéphale** ou cerveau hémisphérique (corps striés, corps calleux, trigone, circonvolution limbique, hémisphères cérébraux) ; paléencéphale (thalamus, région sous-thalamique, troisième ventricule, chiasma des nerfs optiques, corps striés), néencéphale ou manteau ou pallium (corps calleux, trigone, circonvolution limbique ou cingulaire ou gyrus cingulaire, hémisphères cérébraux).

3 **Ventricule ;** aqueduc de Sylvius, trou de Magendie, trou de Monro ; plancher [ANAT.], toit ou *membrana tectoria.* – Liquide céphalo-rachidien (LCR). – Barrière hémato-méningée ou hémato-encéphalique.

4 **Nerfs crâniens.** – Noyaux cardio-pneumo-entérique, cochléaire, gustatif ou solitaire, lacrymo-muco-nasal, masticateur, pupillaire, salivaire, vestibulaire.

5 **Rhombencéphale ;** myélencéphale ; tronc cérébral. – **Bulbe rachidien.** – Substance blanche, substance grise, substance réticulaire grise. – Aire vestibulaire, clava, cordons postérieurs, corps restiforme, espace perforé antérieur, obex, olives bulbaires, pédoncule cérébral, pédoncules cérébelleux inférieurs, pyramides anté-

rieures, quatrième ventricule, sillon bulbo-protubérentiel, tubercules quadrijumeaux. – **Faisceaux moteurs** (faisceaux pyramidaux, faisceau tecto-spinal, faisceau rubro-spinal) ; faisceaux sensitifs (faisceau spino-thalamique, ruban de Reil) ; faisceaux d'association (bandelette longitudinale postérieure, faisceau central de la calotte).

6 **Protubérance annulaire.** – Métencéphale, pédoncule cérébelleux moyen, sillon basilaire ; noyau accessoire, noyau de Betchterew latéral, noyau de Deiters, noyau dorsal interne, noyaux du pont. – Ruban de Reil ; lemniscus latéral, lemniscus médian.

7 **Cervelet.** – Archéocérébellum ; paléocérébellum (lingula, lobus central, culmen, pyramide, lobe antérieur, lobe central, amygdale cérébelleuse, uvule) ; néocérébellum (lobe moyen). – Arbre de vie, cellule de Purkinje, déclive, flocculus, **hémisphères**, lobe flocculo-lobulaire, lobe postérieur, lobule, lobule semi-lunaire inférieur et supérieur, nodule, parafloccus, pyramis, simplex, tonsila, tuber, vermis. – Écorce grise ; embolus, globosus, noyau dentelé, noyaux du toit, petits noyaux globosus. – **Voies afférentes** : afférences médullaires, afférences bulbaires (faisceau sensitivo-cérébelleux, olivo-cérébelleux, vestibulo-cérébelleux), afférences cortico-pontiques (faisceau de Turck-Meynert) ; **voies efférentes** : faisceaux extra-pyramidaux (rubro-spinal, vestibulo-spinal, olivo-spinal, réticulo-spinal), voie cérébello-thalamo-corticale.

8 **Quatrième ventricule.** – **Plancher** [ANAT.] ; aile blanche externe, aile blanche interne, aile grise, *eminentia teres, fovea superior,* stries acoustiques, tige du *calamus scriptorius.* – **Toit** [ANAT.] : *membrana tectoria,* valvule de Vieussens.

9 **Mésencéphale.** – Calotte pédonculaire, noyau rouge, noyaux de la calotte, noyaux réticulés, pédoncules cérébraux, substance réticulée, tubercules quadrijumeaux.

10 DIENCÉPHALE

| | |
|---|---|
| troisième ventricule | commissure blanche |
| bourrelet du | postérieure |
| corps calleux | commissure grise |
| capsule interne | corps calleux |
| capsule sous- | corps de Luys |
| lenticulaire | corps mamillaires |
| chiasma des nerfs | genou du corps |
| optiques | calleux |
| *claustrum* | glande pinéale ou |
| épiphyse | putamen |
| habénula | région hypothalami- |
| hypophyse | que ou sous-opti- |
| *infudibulum* ou | que |
| tige pituitaire | *septum lucidum* |
| lame perforée | sillon de Monro |
| postérieure | thalamus ou |
| *locus niger* | couche optique |
| *membrana tectoria* | toile choroïdienne |
| noyau caudé | supérieure |
| noyau lenticulaire | trigone |
| noyau rouge | trou de Monro |
| noyaux gris | *tuber cinereum* |
| de la base | tubercule mamillaire |
| plexus choroïdes | *zona incerta* |
| latéraux | |

11 **Thalamus.** – Lame médullaire, lame médullaire externe, métathalamus, pulvinar. – Noyaux antérieur, arqué, dorso-latéral, dorso-médian, postéro-latéral, supra-géniculé, ventral antérieur, ventro-latéral, ventro-médian, ventro-postéro-latéral, ventro-postéro-médian ; noyau du corps mamillaire ; micro-noyaux ; corps genouillé latéral et médian. – Faisceau cérébro-rubro-thalamique, faisceau mamillo-thalamique, faisceau thalamique, fornix. – Formation réticulaire, système réticulaire ascendant et descendant, système réticulaire intra-laminaire.

12 **Hypothalamus.** – **Noyaux hypothalamiques** : hypothalamus antérieur (noyau paraventriculaire, supra-optique, chiasmatique), hypothalamus latéral (noyaux latéraux du *tuber cinereum,* aire hypothalamique latérale), hypothalamus moyen (noyaux propres du tuber, noyaux ventro-médians et dorso-médians), hypothalamus postérieur (noyaux du corps mamillaire, substance réticulaire).

13 Noyaux gris de la base. – Corps striés : pallidum ou paléo-pallidum ou paléostriatum, striatum ou néo-striatum.

14 **Télencéphale.** – Base du cerveau, circonvolutions cérébrales, écorce cérébrale ou **cortex,** hémisphères, scissure interhémisphérique. – Commissure blanche antérieure, commissure blanche postérieure, corps calleux, piliers du trigone, trigone ; **circonvolutions** (de l'hippocampe, du corps calleux, frontale ascendante, frontale interne, pariétale ascendante, temporale transverse ou de Heschl), corps strié (*claustrum,* noyau caudé, noyau lenticulaire), lobes (de l'insula, du corps calleux, frontal, occipital, pariétal, temporal) ; chiasma, cunéus, lobule paracentral, lobule quadrilatère, opercule rolandique, scissure calcarine, scissure de Sylvius, scissure perpendi-

culaire, segment orbitaire, sillon de Rolando.

15 **Écorce cérébrale** (aussi : **cortex,** manteau [ANAT.], pallium). – **Pallium** : archépallium ou cerveau olfactif ou rhinencéphale (archécortex : corne d'Ammon ou hippocampe [ANAT.], formations olfactives ; paléocortex : *gyrus cinguli,* lobe de l'hippocampe), allocortex (archicortex et paléocortex) ; néopallium ou néocortex, isocortex.

16 **Néocortex.** – Aires réceptrices, effectrices ou motrices, associatives.

| | |
|---|---|
| aire auditive | aire de la surdité |
| aire d'association vi- | verbale |
| suo-psychique ou | aire visuelle |
| aire | aire visuelle préstriée |
| visuelle parastriée | aire visuelle striée |
| aire de la gnosie | centre de l'agraphie |
| olfactive | centre de la cécité |
| aire gustative | verbale |
| aire motrice | centre cortico-oculo- |
| aire motrice | céphalogyre |
| parapyramidale | centre de la gnosie |
| aire motrice | tactile ou tacto- |
| volontaire | gnosique |
| aire olfactive | centre oculo- |
| aire sensitive | céphalogyre |
| post-centrale | zone d'association |
| aire somato-motrice | visuo-psychique |
| extrapyramidale | zone des mouvements |
| aire somato- | associés |
| psychique | zone électromotrice |
| aire somato-sensitive | zone visuelle |
| aire somesthésique | |

17 RHINENCÉPHALE

| | |
|---|---|
| amygdale | corps godronné ou |
| anneau ou limbe | *gyrus dentatus* |
| bandelette de | hippocampe |
| Giacomini | formations hippocam- |
| bandelette diagonale | piques |
| de Broca | lobe du corps calleux |
| bulbe olfactif | mésocortex |
| circonvolution de | pédicule olfactif |
| l'hippocampe | région rétrospléniale |
| ou *gyrus hippocampi* | ruban cendré ou |
| circonvolution du | *fasciola cinerea* |
| corps calleux | *septum lucidum* |
| ou *gyrus cinguli* | sillon hippocampique |
| circonvolution intra- | sillon olfactif |
| limbique | stries de Lancisi |
| circonvolution limbi- | système limbique |
| que de Broca | uncus |
| ou *gyrus fornicatus* | |

18 **Méninges** ; leptoméninge, pachyméninge. – Arachnoïde, dure-mère, piemère. – Espace sus-arachnoïdien, faux du cerveau, faux du cervelet, tente du bulbe olfactif, tente du cervelet, tente de l'hypophyse. – Granulations arachnoïdiennes ou de Pacchioni ; sinus veineux.

19 Enképhaline.

20 Encéphalisation. – Décussation.

21 Encéphalite **383.**

22 Cérébroscopie ; échoencéphalographie, électrocorticographie, **électroencéphalographie,** encéphalographie gazeuse, gamma encéphalographie ou scintigraphie cérébrale, ventriculographie. – Échoencéphalogramme, électrocorticogramme **9, électroencéphalogramme** ou encéphalogramme (EEG). – Rythme alpha ou rythme de repos, rythme bêta, rythme thêta.

23 Hodologie. – Phrénologie [anc.].

24 Décérébration, décortication ; leucotomie **392,** lobectomie, **lobotomie ; trépanation.**

v. 25 **Décérébrer ;** lobotomiser.

Adj. 26 **Cérébral ;** bulbaire, cérébelleux, cortical, diencéphalique, encéphalique, hypothalamique, hypothalamo-hypophysaire, hippocampique, mésencéphalique, néocortical, septal, sous-cortical, sylvien, télencéphalique, thalamique ; arachnoïdien, dural, épidural, **méningé,** tentoriel. – Céphalo-rachidien, cérébro-spinal, spino-cérébelleux, spino-thalamique. – Interhémisphérique, interlobaire ; intracérébral.

27 Électroencéphalographique. – Encéphalitique, encéphalopathique, méningitique. – Phrénologique.

28 Anencéphale, encéphalopathe. – Encéphalisé.

Aff. 29 Cérébro- ; cérebell-, cérebello- ; thalamo-.

## 327 NERFS

N. 1 **Nerfs ;** neurone ; terminaison nerveuse. – Extérocepteurs, intérocepteurs ou viscérorécepteurs, propriocepteurs. – Nerfs rachidiens ; nerfs crâniens ; nerfs locaux.

2 **Nerfs rachidiens 322 :** cervicaux, dorsaux, lombaires, sacrés, coccygiens.

3 **Nerfs crâniens 326 :** nerf olfactif, optique ; nerfs oculomoteurs, moteur oculaire commun, moteur oculaire externe, pathétique ; nerf auditif, cochléaire, vestibulaire ; nerf facial, intermédiaire de Wrisberg ; nerf glossopharyngien, grand hypoglosse, pneumogastrique ou nerf vague, spinal ; nerf trijumeau (nerf maxillaire inférieur, nerf maxillaire supérieur, nerf ophtalmique).

4 **Nerfs locaux :** buccal, ciliaire, dental, maxillaire, ptérygoïdien, récurrent, sous-

occipital, temporal ; axillaire, brachial, circonflexe, cubital, radial, scapulo-huméral ; intercostal, lombaire, médian, queue de cheval, sacré, sciatique, thoracique ; crural, fémuro-cutané, fessier, génito-crural, honteux, jumeaux, péronier, tibial. – **Plexus** : plexus brachial, cœliaque, crural, diaphragmatique, rénal.

5 **Nerfs sympathiques** : abdominal, cervical, sacré, thoracique ; grand et petit nerf splanchnique ; plexus cardiaque, hypogastrique, mésentérique, solaire. – **Nerfs parasympathiques.** – Ganglions nerveux (ganglion parasympathique, ganglion sympathique) 327 ; ganglion spinal ou rachidien 322 ; ganglion ophtalmique, ganglion optique, ganglion shéno-palatin.

6 Corpuscule de Meisner, corpuscule de Pacini, terminaison de Krause, terminaison de Rufini, terminaison libre. – Dermatome.

7 Appareil sous-neural ou plaque motrice ; faisceau neuromusculaire, fibre motrice.

8 **Neurones** : neurones sensitifs (aussi : afférents, centripètes) ; neurones moteurs (aussi : centrifuges, effecteurs, efférents), motoneurones, motoneurones gamma ou fusimotoneurones ; neurones mixtes ou sensitivo-moteurs ; neurones d'association ou interneurones ; neurosécréteurs. – Protoneurone sensitif ; deutéroneurone moteur ; neurone connecteur. – Neurones unipolaires ou en T, bipolaires, multipolaires. – Système cholinergique, dopaminergique, indolaminergique ou sérotoninergique, monoaminergique, noradrénergique, etc.

9 **Synapse** ou relais (axo-somatique ou axo-dendritique ; excitatrice ou inhibitrice). – **Neurone** : arborisation terminale ou synaptique, axone ou fibre nerveuse ou cylindraxe, corps cellulaire ou péricaryon, dendrites, névrilème ou membrane, vésicule synaptique ; substance blanche, substance grise, myéline. – **Fibre nerveuse** : endonèvre, épinèvre, périnèvre ; axolemme ou membrane de Mauthner, étranglement de Ranvier, gaine de Schwann ou neurilemme, incisure de Schmidt-Lantermann, neurite, neurofilament. – Fibre de Remak ou fibre amyélinique. – **Corps cellulaire** : corps de Nissl, neurofibrille, neuroplasme, neurotubule. – Névroglie ou glie 336, astroglie ou macroglie, oligodendroglie ; astrocyte, oligodendrocyte.

10 **Moelle épinière.** – Cavité neurale ou canal neural ; canal rachidien. – Renflement cervical, renflement lombaire ; cône terminal, filum terminal ; méninges. – Colonne de Clarke, commissure blanche, cordon antérieur (aussi : latéral et postérieur), épendyme, hémimoelle, segment, septum médian, sillon médian antérieur et postérieur ; **nerf rachidien,** racine postérieure (sensitive) et antérieure (motrice) du nerf rachidien (aussi : racine médullaire dorsale et ventrale). – Cellule coordonale, neurone hétéromère, neurone tautomère ; faisceau fondamental, zone cornue commissurale de Pierre Marie.

11 Centre extéroceptif, intéroceptif, proprioceptif ; centre somatomoteur, centre viscéromoteur. – **Centres végétatifs médullaires** : centres broncho-pulmonaires 340, cilio-spinal, pelvi-périnéaux, splanchniques abdominaux, splanchniques pelviens. – Chaîne sympathique latéro-vertébrale.

12 **Voie ascendante** : faisceau cérébelleux croisé (ou faisceau de Gowers), faisceau cérébelleux postérieur direct (ou faisceau de Flechsig), faisceau de Burdach (ou faisceau cunéiforme), faisceau de Goll (ou faisceau gracile), faisceau spino-thalamique antérieur (ou de Déjerine antérieur), faisceau spino-thalamique latéral ou système extralemniscal, faisceau triangulaire de Gombault et Philippe, ruban de Reil médian ; faisceaux olivo-spinal, rubrospinal, spino-cérébelleux, tecto-spinal, vestibulo-spinal. – **Voie descendante** : faisceaux pyramidaux (croisés ou directs), faisceaux extra-pyramidaux, voie motrice secondaire.

13 Plaque neurale ou médullaire ; crête neurale, gouttière neurale ; neuropore, tube neural [EMBRYOL.]. – Neuroblaste ; sympathogonie.

14 Neurocrinie, neuroglobuline. – **Médiateurs chimiques** ou neuromédiateurs ou neurotransmetteurs : adrénaline ou épinéphrine 333, acétylcholine, amine cérébrale ou catécholamine, dopamine, etc. – Neurohormone.

15 **Système nerveux** ou, fam., système. – **Système nerveux central** (aussi : axe cérébro-spinal ou névraxe), **système nerveux périphérique.** – Système nerveux de la vie de relation, système nerveux végétatif ou neurovégétatif (aussi : système organo-végétatif ou autonome, système nerveux sympathique ou orthosympathi-

que, système parasympathique). – Circuit ; **voie nerveuse**.

16 Cellule cible, organe cible, **récepteur ;** alpharécepteur ou récepteur adrénergique, barocepteur ou barorécepteur, bêtarécepteur, chémocepteur ou chémorécepteur, mécanorécepteur, nocicepteur, phonorécepteur, thermorécepteur, volorécepteur.

17 **Réflexe 420** ; action réflexe ; arc réflexe. – Réflexe bulbaire, médullaire, mésencéphalique, supramédullaire, etc. ; réflexe cutané, musculeux, tendineux, etc. ; réflexe de flexion, d'extension ; réflexe proprioceptif d'étirement. – Réflexe achiléen ; réflexe d'agrippement. – Réflexe monosynaptique ; réflexe myotatique.

18 **Influx nerveux** ou potentiel d'action ; courant d'action, courant de repos, courant local. – Dépolarisation, polarisation **235** ; dénervation, **innervation.** – Convergence ou sommation spatiale, convergence ou sommation temporelle. – Myélinisation ; neurosécrétion. – Médiation chimique ou neuromédiation, neurotransmission.

19 Proprioception, sensibilité proprioceptive. – **Irritabilité ;** nervimotilité.

20 **Névralgie**, névrite ; névrome ; ganglite. – **Nervosité 449 ; neuropathie ;** neurasthénie **450**, névropathie [vx], névrose, névrosthénie ; asthénie, atonie, vapeurs ; hémiplégie, myélite, paralysie, poliomyélite, polynévrite. – Éréthisme **383**, hyperesthésie, hystérie ; chorée ou danse de Saint-Guy, épilepsie ; maladie de Parkinson.

21 **Neurosciences :** neuroanatomie, neurobiochimie ; neuroendocrinologie, neurohistologie, **neurologie,** neuropathologie, neurophysiologie, neuropsychiatrie, réflexologie ; neuropsychologie ; névrologie. – Neurolinguistique. – Neuropharmacologie. – **Neurochirurgie 392 ;** neurotomie, névrectomie, névrotomie, radicotomie. – Somatotopie.

22 Nervisme [SC.].

23 Neurobiochimiste, neurochirurgien, **neurologue,** neuropsychiatre ; neurolinguiste, neuropsychologue.

V. 24 Innerver.

Adj. 25 **Nerveux ;** nerval [vx], neural, neuronal, **neuronique.** – Axonal, dendritique, tronculaire ; myélinisé ou myélinique ; glial, névroglique ; intersynaptique, monosynaptique, polysynaptique, postsyna-

ptique, présynaptique, **synaptique.** – Médullaire, rachidien, spinal, spino-thalamique ; épendymaire ; ganglionnaire ; méningé.

26 Neuroendocrinien, neurohormonal ; vagal. – Antidromique. – Parasympatholytique ; parasympathomimétique ; nervin [PHARM.]. – Réflectif, **réflexe.**

27 **Névralgique**, névritique. – Hystérique ; **nerveux 449**, neurasthénique, névrosé, névrotique ; hémiplégique, paralytique.

28 **Neurologique ;** neuroanatomique, neurobiochimique, neuroendocrinologique, neurohistologique ; **neuropathologique,** neurophysiologique, neuropsychiatrique ; neuropharmacologique ; neurochirurgical. – Neurolinguistique ; neuropsychologique.

Aff. 29 **Neuro-,** névro- ; spino- ; -nèvre.

# 328 MUSCLES

N. 1 **Muscle ;** musculature, système musculaire. – Muscle lisse ou blanc, muscle viscéral ; muscle strié ou rouge, muscle volontaire. – Muscle composé (opposé à simple). – Muscle agoniste ou congénère (opposé à muscle antagoniste).

2 Muscle abaisseur, abducteur, adducteur, constricteur, corrugateur, extenseur, fléchisseur, rotateur, suspenseur, tenseur.

3 Contractilité, élasticité **249**, excitabilité. – Tonicité ou **tonus musculaire ;** adynamie, myotonie ; amyotrophie, amyotrophie distale progressive (amyotrophie de Charcot-Marie), myopathie **383**. – Myogénie ; sens musculaire.

4 Contracture **210**, crampe ; hoquet, spasme ; **claquage. – Syncinésie ;** MÉD. : clonie, clonus. – Réflexe myotatique **327**.

5 TÊTE

| | |
|---|---|
| frontal | ptérygoïdien externe |
| orbiculaire des pau- | et interne |
| pières ou palpébral | masséter |
| élévateur de la pau- | sphincter labial |
| pière supérieure | orbiculaire des lèvres |
| sphincter de l'œil | abaisseur labial |
| moteurs de l'œil | muscle compresseur |
| obliques de l'œil | des lèvres |
| releveur superficiel de | buccinateur |
| l'aile du nez | canin |
| et de la lèvre | risorius |
| releveur profond | triangulaires des |
| transverse du nez | lèvres |
| dilatateur des narines | carré du menton |
| myrtiforme | muscles de la houppe |
| petit zygomatique | du menton |
| grand zygomatique | groupe des scalènes |
| temporal | peaucier du cou |

6 COU

| | |
|---|---|
| myloglosse | sterno-thyroïdien |
| mylo-hyoïdien | thyro-hyoïdien |
| digastrique | petit droit postérieur |
| sterno-cléido-hyoïdien | petit oblique |
| omo-hyoïdien | grand droit |
| fronde | interépineux |
| grand droit antérieur | transversaire épineux |
| scalène moyen | grand complexus |
| scalène antérieur | petit complexus |
| angulaire de | transversaire du cou |
| l'omoplate | sacro-lombaire |
| sterno-cléido- | splenius capitis |
| mastoïdien | splenius colli |

7 TORSE

ANTÉRIEURS

| | |
|---|---|
| sterno-claviculaire | du grand oblique |
| coraco-claviculaire | ligne blanche |
| grand pectoral | abdominaux |
| petit pectoral | grand droit |
| surcostal | de l'abdomen |
| sous-costal | pyramidal |
| polygastrique | arcade fémorale |
| aponévrose | grand dentelé |

POSTÉRIEURS

| | |
|---|---|
| coracoïdien | grand dorsal |
| trapèze | aponévrose lombaire |
| angulaire | épi-épineux |
| de l'omoplate | petit dentelé |
| scapulaire | grand oblique |
| petit rond | grand dorsal |
| grand rond | transverse |
| grand rhomboïde | de l'abdomen |
| petit rhomboïde | crémaster |
| sous-clavier | |

8 BRAS

ANTÉRIEURS

| | |
|---|---|
| sous-scapulaire | long supinateur |
| coraco-brachial | premier radial |
| coraco-radial | grand palmaire |
| deltoïde | petit palmaire |
| biceps brachial | cubital antérieur |
| brachial antérieur | premier radial |
| rond pronateur | aponévrose palmaire |
| brachio-radial | fléchisseur commun |
| cubito-radial | superficiel |
| lombricaux | long fléchisseur |
| de la main | propre du pouce |
| cubito-métacarpien | |

POSTÉRIEURS

| | |
|---|---|
| sous-épineux | cubital postérieur |
| triceps brachial | cubital antérieur |
| tendon du triceps | long abducteur |
| long supinateur | du pouce |
| anconé | court extenseur |
| premier radial | du pouce |
| extenseur commun | long extenseur |
| des doigts | du pouce |

9 FESSES

| | |
|---|---|
| grand fessier | pyramidal |
| moyen fessier | jumeau supérieur |

| | |
|---|---|
| jumeau inférieur | carré crural |
| obturateur interne | demi-tendineux |
| grand adducteur | |

10 JAMBES

ANTÉRIEURS

| | |
|---|---|
| psoas | jambier antérieur |
| iliaque | tendon rotulien |
| ischio-caverneux | long péronier latéral |
| ilio-costal | plantaire |
| carré lombaire | lombricaux du pied |
| ischio-coccygien | extenseur propre |
| sacro-coccygien | du gros orteil |
| tenseur du fascia lata | extenseur commun |
| couturier | des orteils |
| pectiné | pédieux |
| adducteur de la cuisse | chair carrée de Syl- |
| droit antérieur | vius. |
| quadriceps crural | |

POSTÉRIEURS

| | |
|---|---|
| courte portion | jarretier |
| du biceps | poplité |
| longue portion | jumeau externe |
| du biceps | jumeau interne |
| demi-membraneux | tendon d'Achille |
| plantaire grêle | triceps sural |

11 BOUCHE

| | |
|---|---|
| cérato-staphylin | grand hypoglosse |
| péristaphylin | hyo-glosse |
| pharyngo-staphylin | hypsiloglosse |
| adénopharyngien | stylo-glosse |
| céphalo-pharyngien | génio-hyoïdien |
| génio-pharyngien | stylo-hyoïdien |
| hyo-pharyngien | sterno-hyoïdien |
| pétro-salpingo- | ary-aryténoïdien |
| pharyngien | crico-aryténoïdien |
| stylo-pharyngien | hyo-thyréoïdien |
| cérato-glosse | releveur de la luette |
| chondro-glosse | génio-palatin |
| génio-glosse | |

12 Muscle cardiaque, myocarde **331.**

13 Glossien, hyoïdien, mastoïdien, palatin, pharyngien, staphylin, thyroïdien, – Intercostal, lombaire, pelvien ; sphincter. – Diaphragme.

14 **Tendon, ventre** ; vaste externe, vaste interne ; aponévrose d'enveloppe, attache, ligament ; gaine, gaine synoviale, membrane ; aponévrose de revêtement ou fascias, aponévrose d'insertion. – Fibre musculaire : champ de Cornheim, sarcolemme, sarcoplasme ; actine, actomyosine, myoglobine, myosine. – **Myofibrille** ; filament primaire, filament secondaire ; sarcomère, énergide ; myoblaste, myosome.

15 **Myologie,** sarcologie [vx].

16 Électromyographie, myographie. – Ergométrie **70,** myodynamie.

17 Ergomètre, myographe, myotonomètre.
   – Électromyogramme, myogramme.

18 **Musculation** (ou, fam., muscu) ; culturisme ; body-building [anglic.]. – **Contraction,** décontraction, dilatation 209, distension, extension, fasciculation, tension.

19 Myologiste *(un myologiste).*

v. 20 **Muscler.**

21 Bander ses muscles ; contracter, crisper, **tendre** ; décontracter, décrisper.

22 Fam. : avoir des abdos, avoir des biceps ou des biscoteaux 375, avoir du muscle, être tout en muscle.

23 Se claquer un muscle, se froisser un muscle.

Adj. 24 **Musculaire,** musculeux, myoïde ; musculo-cutané, musculo-membraneux, neuromusculaire ; intermusculaire, intramusculaire. – Fusiforme. – Aponévrotique, ligamenteux, tendineux. – Myographique, **myologique.** – Myogène ; myorésolutif ou décontracturant, myotonique.

25 Abdominal ; bicipital.

26 Contractile. – Clonique.

27 **Musclé** 375 ; baraqué [fam.], fort.

Adv. 28 Musculairement [rare].

29 Musculeusement [litt.] ; fortement, **puissamment.**

Aff. 30 My-, myo-.

## 329 OS ET ARTICULATIONS

N. 1 **Os** ; os court, os long, os plat ; osselet.
   – Ossature, **squelette,** système osseux.

2 Os, ossements ; **carcasse** 311.

3 **Tête** ; col, épiphyse, métaphyse ; diaphyse. – Apophyse, arcade, arête, bourrelet 127, **crête, épine,** sourcil, tubérosité. – Échancrure ; cavité glénoïde, cotyle, glène ; **cavité,** fosse, fente, trou vasculaire.

4 **Osséine, périoste,** tissus spongieux ; tissu cartilagineux [EMBRYOL.] ; ostéoblaste. – Moelle osseuse – Système de Havers ou ostéole ; canal médullaire, lame osseuse, ostéocyte, ostéoplastes. – Ivoire 330.

5 **Crâne** 318. – Voûte du crâne, endocrâne ou face endocrânienne, diploé, face exocrânienne, épicrâne, frontal (crête frontale interne, épine nasale du frontal, glabelle), occipital, pariétal, temporal (rocher, écaille, tympanal, mastoïde, zygoma ou apophyse zygomatique, conduit

auditif externe), sphénoïde (cube, ailes, apophyses ptérygoïdes), orbite (unguis ou os lacrymal, apophyses orbitaires, arcade orbitaire, arcade sourcilière), cornets inférieurs, ethmoïde (apophyse crista-galli, lame criblée), os planum, os propres du nez, agger nasi, vomer, palatins, arcade jugale, malaire, maxillaire supérieur, maxillaire inférieur, os dentaire. – Os wormiens. – Atlas, axis, colonne cervicale.

6 CAVITÉS DU CRÂNE

| | |
|---|---|
| trou carotidien | gouttière lacrymale |
| trou déchiré antérieur | gouttière olfactive |
| trou déchiré | cavité buccale |
|   postérieur | fosses nasales |
| trou occipital | fosses orbiculaires ou |
| trou ovale |   orbites |
| trou sphéno-palatin | fosses ptérygo- |
| trou grand rond |   maxillaires |
| trou petit rond | fosse cérébelleuse |
| sinus osseux | fosse condylienne |
| sinus ethmoïdal |   postérieure |
| sinus frontal | fosse jugulaire |
| sinus maxillaire supé- | fosse pituitaire |
|   rieur ou antre de | fosse temporale |
|   Highmore | fossettes de Pacchioni |
| sinus pleural | fente sphénoïdale |
| sinus sphénoïdal | fente sphéno- |
| gouttière basilaire |   maxillaire |
| gouttière du sinus | impressions digitales |
|   longitudinal supé- | selle turcique |
|   rieur | alvéole dentaire |

7 OREILLE

| | |
|---|---|
| attique | limaçon osseux ou |
| caisse du tympan |   cochlée |
| canaux demi- | marteau |
|   circulaires | os lenticulaire 363 |
| étrier | vestibule |

8 **Gorge.** – Hyoïde, sous-hyoïdien. – Canal carotidien.

9 **Tronc.** – **Ceinture scapulaire** (clavicule, acromion, omoplate : échancrure coracoïdienne, apophyse coracoïde, pilier de l'omoplate, épine de l'omoplate, fosse sous-scapulaire, fosse sus-épineuse, fosse sous-épineuse), **sternum** (fourchette, corps, échancrure claviculaire, poignée du manubrium sternal, échancrures costales, appendice xiphoïde) ; colonne dorsale, **côtes** (vraies côtes, fausses côtes, côtes flottantes, cartilages costaux), thorax ou cage thoracique.

10 **Colonne vertébrale** 322 ou rachis : colonne cervicale, dorsale, lombaire. – **Vertèbres** : cervicales (atlas, axis), dorsales, lombaires ; vertèbres sacrées ou sacrum ; vertèbres coccygiennes ou coccyx. – **Moelle épinière** 327.

**11** VERTÈBRES

corps vertébral
arc hæmal
arc neural
arc pleural
neurépine
trou transversaire
trou vertébral ou
   rachidien
apophyse articulaire
apophyse épineuse
apophyse semi-

lunaire
apophyses transverses
diapophyse
épapophyse
parapophyse
lame vertébrale
pédicule
ligament interépineux
ligament surépineux
ligament intertrans-
   versaire

**12 Bassin.** – Grand bassin, petit bassin ou pelvis ou excavation pelvienne ; détroit supérieur ; ceinture pelvienne. – **Os iliaque** ou coxal ; ilion ou aile iliaque, pubis, ischion.

**13** OS ILIAQUE

SAILLIES

bandelette ilio-
   pectinée
crête iliaque
épine iliaque
épine sciatique
facette articulaire
lama quadrilatère
ligne innominée

promontoire
sourcil cotyloïdien
symphyse pubienne
tubérosité iliaque
tubérosité ischiaque
tubérosité ischio-
   pubienne antérieure

CAVITÉS

cavité cotyloïde ou
   acétabule
échancrure ilio-
   sciatique

échancrure sciatique
gouttière sus-
   cotyloïdienne
trou ischio-pubien

**14 Bras 319.** – **Humérus** (trochiter, trochin, col anatomique, gouttière bicipitale, crête sous-trochinienne, fossette coronoïde, fossette radiale) ; **cubitus** (olécrane, bec de l'olécrane, grande cavité sigmoïde, apophyse styloïde), **radius.**

**15 Carpe** (scaphoïde, semi-lunaire, pyramidal, pisiforme, trapèze, trapézoïde, grand os, os crochu) ; canal carpien, condyle carpien. – **Métacarpe** ; métacarpiens. – **Phalanges** ; phalangette, phalangine. – Sésamoïde.

**16 Jambe 319.** – **Fémur** ; grand trochanter, petit trochanter, col du fémur, ligne âpre, espace poplité, échancrure intercondylienne ; rotule. – **Péroné** ; malléole externe, col, apophyse styloïde, crête interosseuse. – **Tibia** ; plateau tibial, surface préspinale, surface rétrospinale, espace interglénoïdien, tubercule de Gerdy, malléole interne, épine.

**17 Tarse** ; astragale, calcanéum, cuboïde, scaphoïde, cunéiformes. – **Métatarse** ; métatarsiens ; voûte plantaire. – **Orteils 321.** – Sésamoïde.

**18 Articulations.** – **Synarthrose** ou articulation immobile (synchondrose, synfibrose ou suture) ; articulation semi-mobile (**amphiarthrose**, symphyse) ; **diarthrose** ou articulation mobile (trochléenne, trochoïde, condylienne ; emboîtement réciproque, énarthrose, arthrodie).

**19** ARTICULATIONS

capsule articulaire
cartilage
cartilage de
   conjugaison
condyle
disque (disques
   intervertébraux)
épicondyle
épitrochlée
fibrocartilage

ligament articulaire
ligament de Chopart
   ou en Y
ligaments croisés
ménisque
pli articulaire
surface articulaire
synoviale
synovie
trochlée

**20 Sutures** coronale, fronto-pariétale, inter-maxillaire, lambdoïde, métopique, osseuse, pariéto-occipitale, sagittale ; synostose. – **Astérion, bregma, lambda, ptérion ; fontanelles** (astérique, bregmatique, lambdatique, ptérique).

**21** Articulations atloïdo-odontoïdienne, temporo-maxillaire ; charnière cranio-vertébrale ou occipito-rachidienne.

**22 Articulations du thorax.** – Articulations chondro-sternale, costo-chondrale, costo-vertébrale, sterno-costo-claviculaire.

**23 Articulations du bras.** – **Poignet ;** articulations acromio-claviculaire, carpo-métacarpienne, inter-métacarpienne, médio-carpienne, radio-carpienne, radio-cubitale inférieure, radio-cubitale supérieure. – **Épaule ;** articulations scapulo-humérale, sterno-claviculaire. – **Coude ;** articulations huméro-cubitale, huméro-radiale, radio-cubitale postérieure.

**24 Articulations de la jambe.** – Articulation sacro-iliaque, charnière lombo-sacrée. – **Hanche ;** articulations astragalo-calcanéenne postérieure et antérieure, coxo-fémorale, cunéo-cuboïdienne, inter-cunéenne, médio-tarsienne ou de Chopart, péronéo-tibiale, scapho-cuboïdienne, scapho-cunéenne, tarso-métatarsienne ou de Lisfranc, tibio-tarsienne (cou de pied) ; **genou.**

**25** Calcification, **ossification.**

**26** Ostéalgie **383,** ostéite ; myélosarcome **388,** ostéosarcome ; **fracture ;** déboîtement, luxation. – **Arthrite,** entorse, goutte, **rhumatisme.**

**27** Ostéologie ; arthrologie [vieilli], desmologie ou syndesmologie ; rhumatologie. –

arthroplastie, ostéoplastie ; ostéotomie **392.**

28 Ostéologue ; rhumatologiste ou rhumatologue. – Ostéopathe [anglic.], ostéopraticien.

v. 29 **Ossifier.**

Adj. 30 **Osseux ;** ossiforme ; interosseux. – Intramédullaire, médullaire **327.** – Bitemporal, maxillo-facial, pétreux, ulnaire ou ulnarien ; clinoïde, styloïde, zygomatique ; innominé *(ligne innominée).* – Ossifluent. – Ostéologique [sc.].

31 Ossu.

32 **Articulaire,** intervertébral ; périarticulaire. – Trochléen.

Aff. 33 Ostéo- ; arthr(o)-.

# 330 DENTS

N. 1 **Dent ;** fam. : croc ou crochet, quenotte ; arg. : chaille, chocotte [vx], domino, ratiche ; tabouret. – Arcade dentaire ; **dentition,** denture [vx ou didact.] ; denture lactéale.

2 Articulé dentaire, engrènement dentaire.

3 **Incisive ; canine,** dent de l'œil ou œillère ; **prémolaire ;** machelière [litt. ou vx], **molaire.** – Dent de lait, dent de six ans ; dent de sagesse. – Canine dépassante, dent barrée, dent incluse, surdent ; dent creuse. – Chicot [fam.]. – Dents perlées [poét.].

4 ZOOL. – Carnassière, coin, **croc,** défense ; broche, lime. – **Crochet.** – Fanon ; lanterne d'Aristote ; glossepètre [vx]. – Dent rasée.

5 **Gencive ;** feston gingival ; parodonte, périodonte ; alvéole dentaire ; desmodonte ou ligament alvéolo-dentaire. – Cément, dentine, **émail, ivoire.** – Adamantoblaste, organe adamantin ; odontoblaste ; follicule ou sac dentaire. – Apex, **racine ; collet ; couronne,** cuspide ; face triturante. – Chambre pulpaire ; pulpe ou nerf [cour.]. – Cornet dentaire [ZOOT.].

6 Odontogenèse ; dentition ou **éruption dentaire.** – Calcification.

7 **Morsure 387.** – Décousure, dentée.

8 **Carie 383,** dentome ; plaque dentaire, tartre. – Édentement [litt.].

9 Mal de dents, **rage de dents ;** odontalgie [MÉD.].

10 Amalgame, ciment dentaire, **plombage ;** pansement. – **Dentifrice** ou pâte dentifrice, opiat ; fluor.

11 **Brosse à dents,** hydropropulseur ; bâtonnet interdentaire, cure-dents, fil dentaire ; stimulateur gingival ; verre à dents.

12 Davier, pélican [vx], **pince ;** tire-nerf **206 ;** déchaussoir, élévateur, pied-de-biche. – Excavateur, **fraise** ou fam. : roulette ; sonde. – **Bistouri 392,** lancette. – Écarteur. – Brunissoir, meule ; fouloir. – Ciseaux à émail, grattoir. – Clef de Garengeot ou clef de dentiste. – Dentimètre. – Porte-empreinte. – Mortier à amalgame ; pilon. – Brucelles ou précelles.

13 Dentisterie ; art dentaire, **chirurgie dentaire** ou odontostomatologie, **odontologie,** stomatologie. – Implantologie ; parodontologie ; pédodontie. – Orthodontie, orthopédie dento-faciale.

14 Empreinte, moulage.

15 **Couronne,** couronne-jacket ou jaquette, dent à pivot ou dent à tenon, onlay ; bloc d'or ou d'or platiné, céramique. – Prothèse dentaire ; **bridge, dentier** ou fam. : ratelier ; dent osanore [vx], fausse dent ; implant dentaire, inlay ou incrustation. – Appareil dentaire ou **appareil.**

16 Formule dentaire ; coefficient masticatoire.

17 Broiement, **mastication,** rumination.

18 Arrachage, avulsion, **extraction 206 ;** dévitalisation. – Aurification ; implantation, réimplantation, transplantation ; coiffage, **plombage ;** obturation. – Bain de bouche, brossage ; détartrage, sablage.

19 Chirurgien-dentiste, **dentiste,** odontalgiste, odontologiste, stomatologiste ; arracheur de dents [vx ou plais.] ; barbier-chirurgien [vx] ; dentiste-conseil. – Orthodontiste. – Prothésiste dentaire ou, vieilli, mécanicien-dentiste.

20 Édenté *(un édenté).*

21 Dent ; cran, pointe **151.**

v. 22 Faire ou **percer ses dents.** – Avoir une bouche bien meublée [fam.], avoir toutes ses dents.

23 Croquer, **mordre,** mordre à belles dents ; grignoter, mordiller, ronger. – Broyer, déchiqueter ; chiquer, **mâcher,** mâchonner, mâchouiller, mâchurer, mastiquer ; remâcher, ruminer. – **Manger 337 ;** jouer des mâchoires ou, fam., des mandibules ; ne pas perdre un coup de dents ; manger du bout des dents.

24 Arracher, **extraire 206 ;** dépulper, dévitaliser. – Aurifier, couronner, réimplan-

ter, transplanter ; obturer, **plomber**. – Détartrer, sabler. – Déplomber [fam.].

25 Fig. – Grincer des dents ; claquer des dents **242** ; serrer les dents.

26 Se brosser ou se laver les dents **380**. – Fam. : se mettre qqch sous la dent ; se faire les dents.

27 Édenter **557**.

Adj. 28 **Dentaire**, dental [vx] ; dentifère, dentiforme ; molariforme. – Lactéal. – Alvéolo-dentaire, bucco-dentaire, **gingival**, interdentaire, maxillo-dentaire, parodontal ; pulpaire, radiculaire, radiculo-dentaire ; dentinaire. – Dentifrice.

29 **Odontologique**, stomatologique ; orthodontique. – Détartreur. – Aurocéramique, céramométallique.

30 Denté, dentu [vx]. – Édenté ; brèche-dent [vx].

31 ZOOL. : anodonte. – Brachyodonte ; hypsodonte. – Diphyodonte ; monophyodonte. – Homodonte ; hétérodonte. – Lophodonte ; sélénodonte ; sécodonte. – Aglyphe.

Adv. 32 À belles dents, à pleines dents.

Aff. 33 **Odont-** ; -donte, -dontie.

## 331 CŒUR ET VAISSEAUX

N. 1 **Cœur** ; arg. : battant *(le battant),* palpitant *(le palpitant)*. – Appareil circulatoire, système sanguin **332**. – **Vaisseau** ; artère ; veine ; vaisseau capillaire ; vasa-vasorum.

2 **Artère**, artériole. – **Veine**, veinosité, veinule. – **Tuniques** [ANAT.] ; adventice [ANAT.], intima ou endartère, média [HISTOL.]. – Atmosphère péricapillaire, cellule endothéliale, membrane basale, péricyte ; lumière [ANAT.]. – Angiome ou tache de vin **383**.

3 Contractilité artérielle, élasticité artérielle, **pression artérielle,** pression diastolique, pression systolique, **tension artérielle**. – Tonus vasculaire ou tonus vasomoteur, vasomotricité. – Débit cardiaque.

4 Cœur ; cœur droit, cœur gauche. – Anti-cœur, avant-cœur. – Apex, base ; auricule, **oreillette, ventricule**. – Sillon auriculo-ventriculaire, sillon inter-auriculaire, sillon inter-ventriculaire.

5 Cloison inter-auriculaire, cloison inter-ventriculaire. – Fosse ovale, orifice aortique, orifice auriculo-ventriculaire. – Val-

vule d'Eustachi, valvule mitrale, valvule semi-lunaire ou sigmoïde, valvule tricuspide. – Colonnes charnues (muscles papillaires, piliers du cœur) [ANAT.] ; faisceau de His ; tubercule d'Aranzi. – Nœud sinusal, plexus cardiaque, réseau de Purkinje, système cardio-necteur, tissu nodal.

6 Endocarde, **myocarde, péricarde** ; cavité péricardique, péricarde fibreux ou sac fibreux péricardique, péricarde séreux.

7 Tube cardiaque primitif [EMBRYOL.] **281**.

8 ARTÈRES

| | |
|---|---|
| artère angulaire | maxillaire interne |
| aorte | mésentérique |
| carotide droite | inférieure |
| carotide gauche | mésentérique |
| cérébrale | supérieure |
| coronaire | nasale |
| stomachique | nourricière |
| cubitale | occipitale |
| épigastrique | ophtalmique |
| faciale | pédieuse |
| fémorale | péronière |
| gastrique | pharyngienne |
| gastro-duodénale | ascendante |
| hémorroïdale | pulmonaire |
| hépatique | radiale |
| honteuse | radio-palmaire |
| humérale | ranine |
| hypogastrique | rénale |
| iléo-colique | sous-clavière droite |
| iliaque externe | sous-clavière gauche |
| iliaque interne | spermatique |
| intercostale | splénique |
| ischiatique | sublinguale |
| linguale | tibiale |
| mammaire | vertébrale |

9 VEINES

| | |
|---|---|
| veine angulaire | péronière |
| azygos | porte hépatique |
| basilique | pulmonaire |
| cave inférieure | radiale |
| cave supérieure | ranine |
| céphalique | rénale |
| coronaire | saphène |
| cubitale | saphène interne ou |
| de Marshall | grande saphène |
| de Thébésius | sous-clavière |
| fémorale | splénique |
| hémorroïdale | sus-hépatique |
| humérale | tibiale |
| iliaque | grande veine |
| intercostale | lymphatique |
| interventriculaire | petite veine |
| inférieure | cardiaque |
| jugulaire | |

10 Centre cardiaque ; nerf pneumo-gastrique **327** ou vague, plexus cardiaque ; **nerf accélérateur,** nerf dépresseur ; nerf adrénergique, nerf cholinergique ; fibre car-

dio-inhibitrice. – Substance vagale ; acétylcholine, noradrénaline.

11 **Circulation ;** grande circulation, petite circulation ou circulation pulmonaire ; circulation porte hépatique, circulation porte rénale. – Automatisme cardiaque ; **cycle cardiaque ;** battement, pulsation ; **pouls,** pouls veineux. – **Diastole,** diastole générale ; **systole,** systole auriculaire, systole ventriculaire ; extrasystole, intersystole, périsystole ; vide postsystolique. – Contraction 210 ; palpitation.

12 **Bruits du cœur ;** bruit du galop [PATHOL.], clangor, frottement péricardique, grand silence, petit silence, roulement diastolique, **souffle 340,** souffle apexien. – Choc apexien. – EMBRYOL. : embryocardie, rythme fœtal.

13 Cardiopathie ou, cour., maladie de cœur. – Bradycardie, tachycardie ; arythmie, asphygmie. – Dextrocardie, sinistrocardie. – Hypertension, hypotension. – Crise cardiaque [cour.] ; infarctus du myocarde **383.**

14 **Constriction,** vasoconstriction. – **Dilatation 209,** vasodilatation, vasodilatation humorale, vasodilatation passive.

15 Angiologie ou angéiologie, artériologie, **cardiologie,** phlébologie.

16 Cardioscopie ; angiocardiographie, artériographie, cardiographie, coronarographie, échocardiographie, **électrocardiographie,** phlébographie, vectocardiographie, ventriculographie. – Cathétérisme cardiaque ; méthode auscultatoire ; oscillométrie.

17 Cardiogramme manométrique, **électrocardiogramme** (ECG).

18 Artériotomie 392, cardiotomie, commissurotomie mitrale, phlébotomie, sternotomie, valvulotomie ; artériectomie, embolectomie, péricardectomie, phlébectomie. – Opération à cœur ouvert. – Dénudation [MÉD.] ; éveinage ou, anglic., stripping. – Injection intraveineuse ou intraveineuse.

19 Cathéter, ophtalmodynamomètre 70, oscillomètre, pachon, sphygmomanomètre ou **tensiomètre, stéthoscope.** – Tireveine ou, anglic., stripper 206.

20 Cœur-poumon ; pacemaker [angl.], stimulateur cardiaque externe. – Cardiographe.

21 **Cardiologue,** phlébologue.

22 Cardiaque *(un cardiaque).* – Hypertendu *(un hypertendu) ;* hypotendu *(un hypotendu).*

V. 23 **Battre,** palpiter, pulser.

Adj. 24 **Cardiaque,** endocardiaque, intracardiaque ; précordial ; apexien. – Cardio-pulmonaire, cardio-rénal, cardio-respiratoire, **cardio-vasculaire.** – Auriculaire, auriculo-ventriculaire, ventriculaire ; interauriculaire, interventriculaire ; intra-auriculaire, intraventriculaire ; valvulaire ; mitral. – Artériel, capillaire, **vasculaire,** veineux ; coronarien, portal, porto-cave ; intra-artériel, intravasculaire, intraveineux. – Systaltique ; prédiastolique.

25 Cardiforme, cardioïde.

26 Hypertendu, hypotendu.

Aff. 27 **Cardio-** ; angi-, angio- ; artéri-, artério- ; phléb-, phlébo- ; vas-, vaso- ; -carde.

## 332 SANG

N. 1 **Sang ;** hémoglobine [fam.], raisin ou raisiné [arg.]. – **Sang artériel,** sang hématosé, sang rouge ; sang noir, sang réduit, **sang veineux.**

2 **Cellule sanguine 283,** élément figuré du sang ; hématocytoblaste. – **Globules blancs** ou leucocytes ; **globules rouges** ou hématies ; **plaquettes sanguines,** thrombocytes, globulins [rare] ; **hémoglobine.** – Système tampon ; réserve alcaline.

3 **Hématies** ou érythrocytes ; érythroblaste ou normoblaste, mégaloblaste. – **Hémoglobine.** – Acanthocyte, dacryocyte, drépanocyte, elliptocyte ou ovalocyte, gigantocyte, leptocyte ou platocyte, macrocyte, microcyte, microsphérocyte, normocyte, réticulocyte, sidérocyte, sphérocyte.

4 **Leucocytes 342 ;** mononucléaires (lymphocytes, monocytes), polynucléaires (neutrophiles, éosinophiles ou acidophiles, basophiles) ; lymphoblaste. – Basocyte, éosinocyte ; métamyélocyte, myélocyte, promyélocyte ; corps de Döhle.

5 **Plaquettes ;** mégacaryoblaste, mégacaryocyte.

6 **Plasma ;** albumines, globulines ; cryofibrinogène, fibrinogène ; cryoprécipité lyophilisé.

7 **Caillot sanguin** ou coagulum, cruor [vx], réticulum fibrineux ; croûte [MÉD.]. – Liquor [PHYSIOL.]. – **Sérum,** sérum sanguin ; sérum antilymphocytaire (S. A. L.), sé-

rum artificiel, sérum thérapeutique. – Fibrine, prothrombine, thrombine, thromboplastine ou thrombokinase ; accélérine, proaccélérine, proconvertine ; facteur antihémophilique A et B, facteur Hageman, facteur Stuart, facteur stabilisant de la fibrine (FSF), Plasma-Thromboplastine-Antécédent (PTA). – Agglutinine, agglutinogène ou facteur de groupe.

8 **Lymphe** 333 ; lymphe interstitielle ; lymphocyte. – Système lacunaire ; capillaire lymphatique, vaisseau lymphatique ; vaisseau chylifère ; grande veine lymphatique. – Troncs collecteurs ; citerne de Pecquet, canal thoracique ; troncs jugulaire, cervical transverse, sous-clavier, récurrentiel, mammaire interne, latéro-trachéal, médiastinal antérieur, intercostal. – Ganglions lymphatiques.

9 Artères, **vaisseaux**, veines. – Cœur 331.

10 **Circulation**, circulation lymphatique. – Battement, pulsation ; **pouls**. – Autohémolyse, hémolyse ; thrombolyse. – Basophilie ; hémocompatibilité, **incompatibilité sanguine** ; réponse immunitaire. – Diapédèse, hématose 340, osmose ; irrigation ; démargination, ischémie. – Érythropoïèse, granulopoïèse, hématopoïèse ou hémopoïèse, leucopoïèse, lymphogenèse, lymphopoïèse.

11 Fibrino-formation, thrombino-formation, thromboplastino-formation ; agglutination 66 ; **coagulation** ; hémostase spontanée. – Hémodilution.

12 Ecchymose, hématome. – Hémorragie, **saignement** ; menstrues [vieilli], règles **309**. – Agrégation plaquettaire ; maladie hémolytique du nouveau-né ; acidose métabolique, alcalose métabolique.

13 Ponction veineuse, **prise de sang,** saignée [anc.] ; autotransfusion, exsanguination, exsanguino-transfusion, polytransfusion, **transfusion sanguine** ; don du sang ; sérothérapie, sérovaccination ; perfusion. – Cytaphérèse, leucophérèse ; échange plasmatique, plasmaphérèse ; fractionnement 95. – Hémodialyse.

14 Groupage sanguin, hémoculture, numération globulaire ; forcipressure. – **Hémogramme**, ionogramme, myélogramme, splénogramme, thromboélastogramme (TEG).

15 **Groupe sanguin** (groupes A, B, AB, O). – Système ABO, système Rhésus ; système Diego, système Dombrok, système Duffy, système Duzo, système Hh, système HLA ou groupe tissulaire, système Kell, système Kidd. – Rhésus négatif, rhésus positif ; facteur A, facteur B, **facteur Rhésus.**

16 Formule leucocytaire, formule sanguine. – Concentration corpusculaire moyenne en hémoglobine (CCMH), teneur globulaire moyenne en hémoglobine (TGMH), **volémie**, volume globulaire (VG), volume globulaire moyen (VGM). – Pression hydrostatique, pression oncotique, **tension osmotique**. – Équilibre acidobasique, pH sanguin ; hématocrite. – Coagulabilité, hypercoagulabilité. – Temps de Howell, temps de Quick, temps de saignement ; vitesse de sédimentation globulaire ; **débit cardiaque**. – Pouvoir oxyphorique ; potentiel zêta ; delta cyoscopique corrigé.

17 CONSTANTES SANGUINES

| | |
|---|---|
| adrénalinémie | glycémie |
| amylasémie | insulinémie |
| barbitémie ou | iodémie |
| barbiturithémie | kaliémie |
| calcémie | lipidémie |
| carotinémie | natrémie |
| chlorémie ou | oligosidérémie |
| chlorurémie | oxalémie |
| cholalémie | oxycarbonémie |
| cholestérolémie | pénicillinémie |
| chromie | phosphorémie |
| citrémie | plombémie |
| créatininémie | protidémie |
| cuprémie | pyruvicémie |
| fibrinogénémie | urémie |
| ou fibrinémie | uricémie |

18 **Anticoagulant** *(un anticoagulant)*, anticoagulant circulant, décalcifiant ; antifibrinolytique, antiprothrombinase ou antithromboplastine. – Hypoprothrombinémiant ; agrégant, antiagrégant plaquettaire.

19 Antiglobuline, antiplasmine, antirhésus ou anti-Rh, antithrombine, autoagglutinine, gammaglobuline antirhésus, haptoglobine, héparine, héparinoïde, immunoglobuline, plasmocyte.

20 Hématimètre, osmomètre ; cellule de Malassez. – **Garrot.**

21 **Hématologie**, hémobiologie, hémodynamique, hémotypologie, immunohématologie ; sérologie. – Artériographie, thromboélastographie ; gazométrie sanguine. – Autohémothérapie 574.

22 Hématologue ou hématologiste, hémobiologiste.

23 **Donneur,** donneur universel, donneur universel dangereux ; **receveur,** receveur universel.

24 Animal à sang froid ou poïkilotherme, animal à sang chaud ou homéotherme.

v. 25 **Saigner 387** fam. : pisser le sang, saigner comme un bœuf. – Cailler, **coaguler,** figer.

26 Transfuser. – Défibriner [MÉD].

27 Ensanglanter.

28 Se cailler, **se coaguler,** se figer.

Adj. 29 **Sanguin ;** hématique, hématologique. – Artériel, capillaire, veineux. – Circulatoire. – Fibrineux ; drépanocytaire, érythroblastique, érythrocytaire, globulaire, granuleux ou granulocytaire, leucocytaire, lymphocytaire, normocytaire, plaquettaire, plasmocytaire.

30 Transfusionnel.

31 Érythropoïétique, hématogène, **hématopoïétique** ou hémopoïétique, leucopoïétique, lymphogène ; fibrinolytique. – Hémocompatible, incoagulable, polyagglutinable ; cruenté, polytransfusé ; isogroupe. – Aleucémique ; déplaquetté. – Défibriné [MÉD.].

32 Sanguinaire **580.** – Didact. : hématophage ou sanguinivore ; sanguicole.

33 En sang, **ensanglanté,** saignant, sanglant, sanguinolent.

Aff. 34 Héma-, hémato-, **hémo-** ; érythro-, leuco-, lympho-, séro-.

35 -émie ; -poïèse, -poïétique.

# 333 GLANDES

N. 1 **Glande ;** glande à sécrétion interne ou glande endocrine ; glande exocrine.

2 **Glande ;** adénohypophyse, antéhypophyse, corps thyroïde, cortex surrénal, épiphyse ou glande pinéale, foie, gonade, hypophyse ou glande pituitaire, hypothalamus, ovaire, ovotestis, pancréas, parotide, pituite, prostate, rein, sein, testicule, thymus. – Glande fundique, glande galactophore, glande mammaire, glande médullosurrénale, glande salivaire, glande sébacée, glande sublinguale, glande sudoripare, glande surrénale ; glande excrémentielle, glande récrémentielle.

3 **Hormone ;** ACTH ou corticotrope, **adrénaline** ou épinéphrine, aldostérone, androstérone, angiotensine, auxine, calcitonine, cholécystokinine, corine, corticostérone, cortisol, **cortisone,** cyprotérone, désoxycorticostérone, désoxycortone, folliculo-stimuline, galactine, gamone ou fertilisine, gastrine, gibbérelline, glucagon, gonadostimuline, insuline, interleukine, intermédine, kalléone, mélanostimuline, mélatonine, ocytonine, œstradiol ou estradiol, œstrine, œstriol, œstrogène, œstrone ou, vx, folliculine, pancréozymine, paraméthasone, parathormone, progestagène, **progestérone** ou, vieilli, lutéine, pituitrine, prolactine, prolan [vx], prostaglandine, relaxine, sécrétine, somathormone, somommatrophine, somatomédine, stéroïde, stimuline, testostérone, thyréostimuline, thyréotrope, tyroxine, vasopressine. – Hormone androgène, hormone cétogène, hormone chorionique, hormone corticosurrénale, hormone diagétogène, hormone galactogène, hormone génitale, hormone gonadotrope, hormone lactogène placentaire, hormone lutéinisante, hormone médullo-surrénale, hormone mélanotrope, hormone ovarienne, hormone pancréatique, hormone pancréatotrope, hormone parathyroïdienne, hormone sexuelle, hormone somatotrope, hormone thyréotrope.

4 **Sécrétion.** – Vx : humeurs cardinales ou fondamentales. – Bave, **bile,** chassie, chyle, colostrum, crachat, cyprine [didact.], glaire, glaire cervicale, **lait, larme 464,** leucorrhée (ou : pertes blanches, vx : fleurs blanches), lymphe, morve, mucosité, mucus, pituite, **salive,** sébum, sperme (aussi, vx : liqueur séminale, humeur prolifique), suc *(suc gastrique, suc intestinal),* **sueur,** synovie ; vx : atrabile, fiel, flegme, ichor, mélancolie, roupie. – Crachat, écume, postillon. – Suée, suerie [vx].

5 **Flux menstruel ;** menstruation ou, vx, menstrues, périodes, **règles 309.** – Cycle **menstruel ;** phase prémenstruelle, phase menstruelle.

6 **Ovulation** ou ponte ovulaire **279 ; cycle ovarien,** oogenèse, ovogenèse, vitellogenèse ; phase folliculinique, phase lutéinique. – **Cycle œstrien,** œstrus ; **cycle utérin,** phase progestative ou sécrétoire, phase proliférative, pic lutéinique, prolifération glandulaire. – Nidation.

7 Hormogenèse, hormonopoïèse.

8 Endocrinologie, enzymologie, hormonologie. – Vx : humorisme, théorie des

quatre humeurs. – Hormonothérapie, opothérapie.

9 Écoulement, épanchement, **excrétion 339**, exsudation, extravasation, flux, fluxion d'humeurs [vx], **sécrétion**, suintement, suppuration ; hypersécrétion, hyposécrétion. – Chylification, diurèse, lactation, montée de lait, neurosécrétion, perspiration, salivation, suée, sudation, sudorification, transpiration ; tarissement.

10 Endocrinologue ou endocrinologiste.

V. 11 Dégoutter, excréter **339**, exsuder, **sécréter**, suinter ; éliminer, expulser, évacuer. – Allaiter **314.16**, baver, larmer [fam.], larmoyer, pleurer, saliver, suer, transpirer.

Adj. 12 **Glandulaire**, glanduleux ; enzymatique, hormonal ; endocrinien. – Sécrétoire. – Pituitaire.

13 Sécréteur. – Lacrymogène ; salivant, sialalogue ; sudorifère, sudoripare. – MÉD. : masticatoire ; apéritif [vx], dépuratif, diaphorétique, hidrotique, sudorifique.

14 Biliaire, lacrymal, sudoral, salivaire.

15 Baveux, muqueux, saliveux [rare]. – Bilieux, chyleux. – Chassieux, glaireux, ichoreux. – Lacté, lactescent, laiteux. – Halitueux, moite. – Sudatoire [didact.].

16 (Qualifiant les glandes.) Apocrine, eccrine, endocrine ou, vx, close, exocrine. – Acineuse, tubuleuse ; en grappe.

17 (Qualifiant les humeurs.) – Âcre, aigrie, corrompue, maligne, mauvaise, mordicante, peccante, viciée. – Albuginée, blanchâtre. – Séreuse, subtile.

Adv. 18 En eau **244.17**, en nage, en sueur.

Aff. 19 Adéno- ; lymph-, lympho- ; pyo- ; zym-.

# 334 PEAU

N. 1 **Peau ; chair**, derme, **épiderme 336.4**, hypoderme, tégument ; pannicule, tissu sous-cutané. – Cuticule ; envie [fam.] ; peau morte. – Arg. : couenne, cuir.

2 **Carnation 352**, coloration, pigmentation, teint ; dépigmentation, dyschromie. – Achromie ou leucodermie, albinisme, argyrie, bronzage, carotinémie, hyperchromie, rubéfaction, vibice [MÉD.], vitiligo.

3 Perspiration, **respiration cutanée** ; moiteur, sueur **333.5**, **transpiration**. – Démangeaison, inflammation, picotement, prurit ; dermatite ; actinite [MÉD.], coup de soleil. – Chair de poule.

4 Dermogramme, **empreinte digitale** ; crête de la peau [ANTHROP.], dermatoglyphes, patte d'oie, sillon ; bourrelet, pli, ride, vergéture ; pore. – Condylome **383**, verrue, papillome [PATHOL.], papule [MÉD.]. Bigarrure, marbrure, tavelure. – Cellulite.

5 Dermatologie, dermatographie.

6 Dermatoplastie. – Soins de beauté. – Gommage ; anglic. : lifting, peeling. – Desquamation, exfoliation.

7 **Cosmétique**. – **Crème** ; crème désincrustante, crème exfoliante, crème hydratante, crème nourrissante ; masque ; pommade ; poudre. – Maquillage.

V. 8 Chatouiller, démanger, gratouiller [fam.], gratter.

9 Dépiauter, dépouiller, écorcher ; **peler**.

10 Bronzer, brunir, **prendre des couleurs**. – Changer de peau, faire peau neuve. – Se maquiller.

11 Fig. – Avoir la peau dure, craindre pour sa peau, vendre cher sa peau. – Attraper qqn par la peau du cou (aussi : du dos, des fesses) ; coller à la peau. – Avoir qqn dans la peau **600**. – Être bien dans sa peau. – Se mettre dans la peau de (qqn, un personnage).

12 Décolleter, dénuder **379**, montrer sa peau.

Adj. 13 **Cutané** ; percutané, sous-cutané. – Dermique ; épidermique, hypodermique. – Dermatotrope ou dermotrope. – Peaucier *(muscle peaucier)* **328**.

14 (Qualifiant la couleur de la peau.) – [Peau] ambrée, basanée, boucanée, bronzée, brunie, burinée, cuite, cuivrée, dorée, hâlée, mate, nacrée, tannée. – [Peau] blanche, claire, ivoirine, neigeuse, olivâtre, opaline, pâle, rose, terne.

15 (Qualifiant la texture de la peau.) – [Peau] diaphane, douce, douillette [vx], éclatante, élastique, ferme, fine, fraîche, laiteuse, lisse, nette, de pêche, pommelée, tendre, tendue, veloutée. – [Peau] bouffie, flasque, gonflée, grumeleuse, parcheminée, plissée, ridée. – [Peau] calleuse, rêche, rude, rugueuse. – [Peau] marbrée, tachée, tavelée, veinée, vergetée. – [Peau] grasse, halitueuse [vx], huileuse, moite ; sèche.

Adv. 16 À fleur de peau. – Entre cuir et chair. – En peau [fam., vx].

Aff. 17 Cuti- ; derm-, dermo-, dermat-, dermato-.

18 -derme, -dermie.

## 335 PILOSITÉ

N. 1 **Pilosité** ; villosité (opposé à glabréité). – Phanères [didact.].

2 **Poil** ; cil, vibrisse ; lanugo [BIOL.]. – Sourcil ; taroupe [rare, vx]. – ZOOL. : **pelage 296** ; barbiche, vibrisse ; jarre, soie.

3 **Cheveu** 867 ; poil [litt. ou vx] ; fam. : baguette de tambour, crin, plume, tif ; arg. : crayon, cresson, douille, persil. – Épi, houppe, mèche, touffe.

4 **Chevelure** ; casque, flot [fig.], toison ; fam. : crinière, forêt, tignasse. – Couronne de cheveux, tonsure [fam.].

5 **Barbe** ; barbiche, bouc, collier, impériale *(une impériale)*, royale *(une royale)* [anc.] ; fam. : barbichette, barbichon, barbouze. – **Favoris** *(des favoris)* ; fam. : côtelette [vieilli], patte de lapin, rouflaquette. – **Moustache** ; croc [vx] ; fam. : bacchante. – Duvet.

6 Bulbe, follicule pileux ou follicule pilo-sébacé, racine ; **cuir chevelu**, implantation, système pileux ; kératine, mélanine, pigment. – Pellicule, séborrhée ; pointe. – MÉD. : plique, trichome.

7 Hérissement, horripilation, rebroussement.

8 **Pousse**, repousse. – **Chute des cheveux** ; **calvitie.**

9 Épilation. – Rasage.

10 MÉD. – Alopécie, atrichie, dépilation, ophiase, pelade, teigne. – Hirsutisme, hyperpilosité, hypertrichose, virilisme pilaire. – Albinisme, canitie, leucotrichie.

11 Tricologie [didact., rare].

12 Barbu *(un barbu)*, chevelu *(un chevelu)*, moustachu *(un moustachu)*, poilu *(un poilu)*.

13 Blond *(un blond)* ; blondin *(un blondin)* [vx], blondinet ; blondasse *(un blondasse)* [péj.]. – Roux *(un roux)* ; rouquin [fam.], rousseau *(un rousseau)* [vx]. – Brun *(un brun)* ; brunet *(un brunet)*.

V. 14 Pousser ; **repousser.** – Fourcher. – Blanchir. – Tomber. – Se hérisser, se rebrousser.

15 Avoir de la barbe au menton, porter la barbe. – Avoir tous ses cheveux.

16 Devenir chauve, **perdre ses cheveux.** – S'éclaircir ; se clairsemer, se dégarnir, se dénuder, se déplumer [fam.]. – Être chauve ; fam. : avoir la boule à zéro, ne pas avoir un poil sur le caillou.

17 Sortir en cheveux [vx] **867.**

18 Se laisser pousser les cheveux. – Épiler ; raser. – Dépiler [MÉD.].

Adj. 19 **Pileux.** – Capillaire, cilié, pilaire, pilo-sébacé. – Piliforme.

20 Pubescent, tomenteux, villeux ; pilifère [didact.].

21 **Poilu** ; barbichu, chevelu, moustachu, poileux [vx], **poilu,** pubescent, velu. – Ulotriche ou ulotrique [ANTHROP.]. – Glabre, **imberbe.** – **Chauve,** dégarni ; pelé.

22 (Qualifiant les cheveux.) – Bouclés, cotonnés, crêpelés, crépus, frisés, ondés, ondulés. – Gonflants, souples ; raides (fam. : raides comme des cordes, raides comme des baguettes de tambour). – Bien plantés, fournis ; drus, touffus ; clairsemés, rares. – Fins ; épais. – Brillants, soyeux ; ternes. – Gras ; secs. – Fourchus, hérissés. – Tombants.

23 (Qualifiant la couleur des cheveux et des poils.) – Acajou **352,** aile de corbeau, argent, auburn, **blanc, blond** *(blond naturel, vénitien),* blondasse, **brun, châtain,** cendré, cuivré, doré, ébène, gris, grisonnant, de jais, mordoré, de neige, **noir,** d'or, platine, poil-de-carotte [fam.], poivre et sel, queue de vache, rouge, **roux** ; péj. : blondasse, filasse.

24 De tout poil [fig.].

Aff. 25 Pil-, pili-, pilo- ; capill- ; cirr-, cirri-, cirro- ; loph-, lopho- ; lasi-, lasio- ; trichi-, tricho-.

26 -lophe, -lophidé ; -triche, -trichie, -trichite, -thrix.

## 336 TISSUS VIVANTS

N. 1 **Tissus vivants.** – Cytologie, **histologie** ou histiologie. – Histopathologie.

2 Bioélément. – **Fibre** ; fibre conjonctive, fibre musculaire (ou : cellule musculaire, myone) **328,** fibre nerveuse ou axone, fibrille conjonctive. – **Cellule 283,** cellule nerveuse ou neurone **328,** cellule osseuse ou ostéoblaste **329,** cellule sanguine **332,** histiocyte. – Appareil de Golgi, centrosome ou sphère attractive, chondriome (chondrioconte, chondriomite, mitochondrie), lysosome, noyau, nucléole, réticulum ; tonofibrille.

3 Texture, trame ; assise, **couche,** stratification ; gaine. – Feuillet, follicule, lacis, papille, réseau. – Substance intercellulaire, système lacunaire, système lymphoïde ; structure interstitielle.

4 **Épiderme** ; chorion, couche basale, couche cornée, couche épineuse (aussi : corps

muqueux, réseau de Malpighi), couche kératogène, stratum *(stratum granulosum, stratum lucidum)*. — Épithélium, fausse membrane, membrane cellulaire ou plasmaderme, **membrane,** membrane vacuolaire ou tonoplaste, membranule, **muqueuse,** musculeuse, **peau 334,** pellicule, plaque muqueuse, réticulum, tunique. — Albuginée, aponévrose, arachnoïde, cartilage, couche de capsule de Bowman ou de Müller, cuticule, diaphragme, duremère, endartère ou intima, endocarde, endomètre, endothélium, épendyme, fascia, glie ou névroglie, média, méninges 326 ; mésentère, mésothélium, péricarde, périchondre, périnèvre, périoste, péritoine, pie-mère, sclérotique.

5 EMBRYOL. 281. — Ectoderme, endoderme, mésoblaste ou mésoderme, mésenchyme.

6 **Histogenèse,** histogénie ; **culture cellulaire,** culture de tissus, culture in vivo ; clone, explant. — Acinèse ou amitose, caryocinèse ou mitose, méiose ; cytodiérèse, cytopoïèse [vieilli], histopoïèse, organogenèse.

7 Épithélialisation [PATHOL.], régénération.

8 Histolyse. — Autolyse, blettissement [BOT.] 289, carnification, cytolyse, dégénérescence, destruction, lyse 557.

Adj. 9 Histiocytaire, histochimique, histogène, **histologique,** histométrique, tissulaire.

10 Organique ; cellulaire. — Cartilagineux, osseux ; glandulaire, lymphoïde ; musculaire ; nerveux.

11 Conjonctif ou connectif. — Fibreux, fibrohyalin, muqueux, musculeux, séreux, séro-fibreux, tendineux. — Fibrillaire, lamellaire ou lamelleux, membrané, membraneux, pavimenteux, réticulaire ou réticulé, scléreux, stratifié, trabéculaire. — Aponévrotique, endothélial, épithélial, malpighien, mésothélial, parenchymateux.

12 Contractile, élastique, érectile.

Adv. 13 Cellulairement 283, histologiquement.

Aff. 14 Celluli-, cellulo- ; hist-, histio-, histo-.

## 337 NUTRITION

N. 1 **Nutrition ;** alimentation, consommation. — Absorption, ingestion, ingurgitation, manducation [PHYSIOL.], sustentation 855. — Assimilation, **digestion 338** ; intussusception [CYTOL.]. — Circulation 332, respiration 340.

2 **Alimentation ;** alimentation artificielle [MÉD.]. — **Repas 885 ;** régime alimentaire 395.

3 **Chaîne alimentaire 282** [ÉCOL.]. — Autotrophie, hétérotrophie [BIOL.].

4 Milieu nutritif. — **Nourriture,** réserves nutritives. — Nutriment **338.4.**

5 **Nutritivité** [didact.].

6 **Faim ;** appétit 373 ; L'appétit vient en mangeant [prov.].

7 **Gloutonnerie 707,** gourmandise, tachyphagie, **voracité ;** polyphagie (opposé à oligophagie) [MÉD.] ; suralimentation.

8 **Malnutrition,** misère physiologique, sous-alimentation ; carence alimentaire, dénutrition. — MÉD. : anorexie, athrepsie, atrophie, cachexie, dystrophie ; dysphagie. — Malacie, opsomanie, pica [MÉD., lat.].

9 **Alimentation,** nourrissage, nourrissement [vx] ; gavage. — Eutrophisation [SC.].

10 **Diététique** *(la diététique).*

11 **Nutritionniste** *(un nutritionniste) ;* diététicien *(un diététicien).* — Diététiste *(un diététiste)* [MÉD.].

V. 12 **Nourrir ;** alimenter, allaiter, sustenter ; donner à manger ; entretenir, soutenir. — Emboquer [région.], engaver, **engraisser,** gaver, gorger ; vx : abecquer, embecquer.

13 Absorber, consommer, ingérer, ingurgiter, **manger ;** avaler, gruger [vx].

14 **Se nourrir,** se sustenter, s'alimenter. — Se mettre qqch sous la dent [fam.].

15 **Avoir faim ;** avoir de l'appétit ; fam. : avoir les crocs, avoir la dalle, avoir l'estomac dans les talons.

16 Affamer.

Adj. 17 **Nutritionnel ;** alimentaire, diététique 395. — Alimentateur [vx], **nourrissant,** nutricier [vx], nutritif ; nourricier, nutricial [ZOOL.]. — Sous-nutritif.

18 **Comestible,** mangeable ; potable 252.17. — Apéritif, appétissant.

19 Didact. : autotrophe, hétérotrophe. — Eutrophe, oligotrophe.

20 Anorexique, cachectique ; dysphagique.

Aff. 21 **-phage,** -phagie ; **-trophe,** -trophie ; -vore.

## 338 DIGESTION

N. 1 **Digestion ;** absorption digestive, assimilation, prédigestion ; autodigestion. —

Oxydation, oxydoréduction, réduction ; lipolyse. – **Transit** ; transit œsophagien, transit gastrique, transit intestinal ; défécation 339.

2 Digérabilité, digestibilité ; **légèreté.**

3 **Indigestion** 383, malabsorption, maldigestion ; apepsie, bradypepsie, **dyspepsie** (opposé à eupepsie). – Flatulence 253.

4 **Aliment** 855 ; métabolite [PHYSIOL.], **nutriment** 337.4. – **Bol alimentaire** ; chyme ; ballast ; **fèces** ou matières fécales 339.2.

5 **Appareil digestif,** tractus gastro-intestinal. – **Tube digestif,** œsophage, estomac (ou, fam. : estom, estome) 324, intestin grêle, gros intestin, rectum, anus.

6 **Bouche.** – Vestibule de la bouche (muqueuse buccale, frein de la lèvre). – **Cavité buccale** ; voile du palais, voûte du palais ; **langue,** plancher de la bouche ; isthme du gosier. – Glotte.

7 **Estomac.** – Pylore ; antre pylorique, sphincter pylorique, épigastre. – **Paroi gastrique** ; tunique séreuse péritonéale, tunique musculaire, muqueuse gastrique.

8 **Intestin grêle** ; duodénum, jéjuno-iléon. – Canal cholédoque, canal de Santorini, canal de Wirsung ; ampoule de Vater ; grande caroncule, petite caroncule. – Mésentère.

9 **Gros intestin.** – Cæcum, appendice vermiculaire, **côlon,** côlon ascendant, côlon transverse, côlon descendant, côlon pelvien ou sigmoïde ; mésocôlon ; mésocôlon ascendant, mésocôlon transverse, mésocôlon descendant. – **Rectum** ; ampoule rectale.

10 **Foie.** – Lobe gauche, lobe droit, lobe carré, lobe de Sprigel. – Empreinte colique, empreinte duodénale, empreinte rénale ; fossette cystique, gouttière œsophagienne, hile du foie, **petit épiploon.** – Ligament coronaire, ligament suspenseur du foie ou ligament falciforme, ligaments triangulaires. – **Canal cholédoque,** canal cystique, canal hépatocholédoque, canaux hépatiques, voies biliaires intra-hépatiques et extra-hépatiques. – **Vésicule biliaire.** – Pancréas 333.2.

11 **Péritoine** 336.4 ; péritoine digestif, péritoine génito-urinaire. – Feuillet pariétal, feuillet viscéral ; épiploon.

12 Broyage, **mastication** 330, rumination, trituration. – **Déglutition** ; mouvement antipéristaltique, péristaltisme, onde pé-

ristaltique. – Insalivation, **salivation.** – Chylification.

13 **Sucs digestifs** ; **salive,** suc gastrique, suc pancréatique ; suc de l'intestin grêle, suc du gros intestin ; **bile** ou fiel. – Apoenzyme, coenzyme ; enzyme digestive, diastase [vieilli] ; amylase, lipase, protéase ; ptyaline, pepsine, etc.

14 **Faune intestinale, flore intestinale.**

15 **Biliogenèse** (ou : biligénie, cholépoïèse), cholérèse.

16 **Gastro-entérologie** 391, gastrologie, hépatologie, proctologie.

17 Gastrologue, hépatologue, proctologue.

V. 18 **Mâcher,** malaxer, mastiquer, ruminer ; insaliver, peptonifier. – Déglutir.

19 **Digérer** ; assimiler. – Déféquer 339.

20 Éructer, roter. – Vomir. – Avoir l'estomac barbouillé, avoir mal au cœur.

21 Constiper.

Adj. 22 **Digestif** ; assimilable, digérable, digeste, digestible, léger. – Indigeste, lourd.

23 Prédigéré.

24 MÉD. : aérodigestif. – Alvin, duodéno-jujénal, entéro-rénal, fundique, **gastrique,** gastro-duodénal, gastro-intestinal, **hépatique,** hépato-biliaire, **intestinal,** œsophagien, pancréatique, périœsophagien, rectal, **stomacal,** stomachique ; biliaire, salivaire. – Cholérétique ; eupeptique.

25 **Bilié** ; chyleux, chyliforme.

Aff. 26 **-pepsie.**

## 339 EXCRÉTION

N. 1 **Excrétions.** – **Excréments,** *excreta* ou *ejecta* [lat.]. – **Déchets,** ordure, saletés [fam.] 381.

2 Fèces (ou : matières fécales, matières) 338.4, selles ; fam. : caca, **merde** [très fam.]. – Colombin [très fam.], crotte [fam.], **étron,** sentinelle [arg.]. – Bol fécal ; matières moulées. – Méconium. – Coprolithe.

3 **Argol** [didact.], **bouse,** chiure, colombine, cordylée, **crotte, crottin,** fiente, guano ; CHASSE : fumées 871, laissées, troches. – Ambre gris 372. – **Fumier,** lisier, purin.

4 **Urine** ; pipi [fam.], pisse, pissée [très fam.] ; pissat [ZOOL.].

5 **Sueur** 334.3, transpiration ; suée 472.

6 **Vomissure** ; dégueulis [fam.], régurgitation, renvoi, vomi [fam.] ; bile 333.5. – **Crachat,** glaires. – **Pus** ; chassie, sanie.

7 **Météorisme** 253. 6 ; flatulence, flatuosité, ventosité [vx].

8 **Vent ;** fam. : pet, pet de maçon. – Rot.

9 **Excrétion ;** déjection, éjection, évacuation ; vomissement. – **Défécation,** évacuation alvine, excrémentation. – **Miction,** pissement [MÉD., rare], urinement [didact.] ; diurèse. – Exsudation, hidrorrhée, perspiration, sudation, **transpiration.** – Purulence, suppuration. – Éructation.

10 MÉD. : acétonurie, albuminurie, albumosurie, alcaptonurie, aminoacidurie, ammoniurie, anurie, azoturie, bactériurie, bilirubinurie, calciurie, cétonurie, chlorurie, cholaturie, cholurie, chylurie, colibacillurie, créatininurie, créatinurie, cystinurie, dysurie, galactosurie, glycosurie ou glucosurie, hématurie, hémoglobinurie, hippurie ou hippuricurie, hypercalciurie, hyperchlorurie, ischurie, lipurie, myoglobinurie, oligourie, oxalurie, pentosurie, pneumaturie, pollakiurie, polyurie, porphyrinurie, protéinurie, pyurie, strangurie, urobilinurie. – Natrurie, phosphaturie.

11 Colique, **diarrhée ;** chiasse [très fam.]. – Encoprésie. – **Incontinence** ou énurésie ; rétention d'urines. – Insuffisance rénale aiguë.

12 **Anus,** rectum 338.5, sphincter anal.

13 **Voies urinaires.** – Méat urinaire ; verge 325.3 ; uretère, urètre ; prostate. – **Rein, vessie.**

14 Urographie, **urologie ;** coproscopie, coprologie, stercologie.

15 Uréomètre, uromètre ou pèse-urine.

16 **Lieux d'aisances ;** cabinets, commodités, garde-robe [anc.], lavabos, latrines, *lavatory* [angl.], sanitaires, **toilettes** 848 ; water-closets [anglic.], waters, **W.–C.,** W.–C. à la turque ; vx : chalet de nécessité, édicule, retrait. – Pissoir [fam.], pissotière [pop.], urinoir, vespasienne [vx]. – Fam. : petit coin, pipi-room [anglic.], vécés [fam.] ; chiottes [très fam.] ; arg. : feuillées, gogues, tinette. – Fosse septique.

17 **Pot** *(pot de chambre),* seau hygiénique, vase de nuit ; **chaise percée** [vx]. – Bassin, pistolet [fam.], urinal.

v. 18 **Excréter ;** éliminer. – **Exsuder,** suer, suer à en tremper sa chemise [fam.], suer à grosses gouttes ; transpirer. – Être en eau, être en nage ; prendre ou attraper une suée.

19 **Uriner ;** faire pipi [enfant.]. – Fam. : **pisser,** pissoter ; lansquiner [arg.]. – Compisser [litt.]. – Lever la patte.

20 Aller à la selle, aller aux toilettes, **déféquer,** évacuer ; faire ses besoins ; se soulager. – Fam. : crotter, faire caca, poser culotte, **chier** [très fam.]. – Conchier [litt.]. – Fienter.

21 Régurgiter, rendre, **vomir ;** vomir tripes et boyaux [fam.] ; très fam. : dégobiller, **dégueuler.** – Vieilli : dégorger, regorger.

22 Suppurer.

23 **Cracher,** éructer, roter. – Péter.

24 Se souiller ; s'oublier.

Adj. 25 **Excréteur** ou excrétoire ; éliminateur [rare].

26 Chassieux, purulent. – Pyogène.

27 **Excrémentiel,** stercoraire, stercoral ; fécal, pyostercoral, urinaire ; urologique. – Urineux [MÉD.] ; urinifère [ANAT.] ; urique. – Diurétique, uricoéliminateur ; sudorifique.

28 **Excrémenteux ;** scatologique ou, fam., scato. – Fam. : merdeux, pisseux, urineux ; fam. et vx : breneux, embrené, empoicré, enfoiré.

29 Défécateur. – Incontinent.

Aff. 30 Copro-, scato- ; pyo- ; **uro-** ; -urie.

# 340 RESPIRATION

N. 1 **Respiration ;** haleine, souffle, souffle vital 310.4 ; bouffée 255.4. – Respir ou respire [vx].

2 MÉD. : **respiration** 331 ; respiration externe ou pulmonaire, respiration interne (ou : cellulaire, tissulaire) ; respiration aérienne, respiration aquatique [ZOOL.]. – Respiration courante, respiration forcée. – Respiration costale, respiration diaphragmatique abdominale ; respiration glosso-pharyngée ou frog.

3 **Aspiration,** inhalation, **inspiration.** – Exhalation, **expiration.** – Éternuement, sternutation [MÉD.]. – MÉD. : réflexe de Breuer, réflexe de Hering ; gasp [anglic.].

4 **Essoufflement ;** anhélation [rare], haleine courte, **halètement.** – **Étouffement,** suffocation ; oppression 622. – Hoquet.

5 **Échanges respiratoires ;** hématose 332.10, ventilation alvéolaire ; artérialisation. – **Bronchodilatation ;** ampliation, bronchectasie [MÉD.].

6 ZOOL. : **branchies,** ouïes ; lamelle branchiale ; sac aérien.

7 **Appareil respiratoire ;** sphère O. R. L. – **Nez 318.6** ; fosses nasales, pharynx, larynx, trachée ou trachée-artère. – **Arbre bronchique ;** bronches, bronchioles ; rameaux, ramuscules. – **Poumons ;** coffre [fam.]. – Plèvre ; diaphragme.

8 Nerf pneumogastrique ou nerf vague **327.** – Centres respiratoires [NEUROL.].

9 **Asphyxie ;** anoxie ou hypoxie, hypercapnie, hypoventilation ; acidose gazeuse. – **Hyperventilation ;** hypocapnie (opposé à hypercapnie) ; alcalose gazeuse.

10 **Air 255 ;** air alvéolaire ; gaz carbonique **253,** oxygène.

11 Respirabilité.

12 **Quotient respiratoire.** – Capacité inspiratoire (CI), capacité pulmonaire totale (CT), capacité résiduelle fonctionnelle (CRF), capacité vitale (CV), volume courant (VC ou VT), volume de réserve expiratoire (VRE), volume expiratoire maximal par seconde (VEMS), volume de réserve inspiratoire (VRI), volume résiduel (VR) ; coefficient de ventilation pulmonaire de Grehant, rapport de Tiffeneau. – Spirométrie.

13 MÉD. : **bruits respiratoires ;** bruit laryngo-trachéal, murmure vésiculaire [vieilli, rare], reniflement. – **Râle 747,** râle ou souffle caverneux, râle sibilant, ronchus ou râle ronflant, **ronflement,** sifflement **368,** stertor ; cornage.

14 **Apnée,** apnée adrénalinique, apneusis, brachypnée, bradypnée, dyspnée, hyperpnée, orthopnée, polypnée ou tachypnée. – Hypoventilation ; respiration de Cheyne-Stokes. – **Eupnée.**

15 Asthme **383, bronchite,** broncho-pneumonie, pleurésie, pneumonie. – Pharyngite, rhino-pharyngite.

16 **Auscultation.** – Bronchoscopie, pleuroscopie, trachéoscopie. – Pneumographie.

17 CHIR. – Pneumotomie **392,** trachéotomie. – Pneumothorax artificiel ou, fam., pneumo.

18 **Respiration artificielle ;** assistance respiratoire ou ventilation assistée, **réanimation ;** oxygénothérapie ; **bouche-à-bouche.**

19 Oto-rhino-laryngologie ; phtisiologie [vx], **pneumologie.**

20 Oto-rhino-laryngologiste ou O. R. L *(un O. R. L.) ;* phtisiologue, **pneumologue 391.**

21 **Respirateur ;** poumon artificiel ou **poumon d'acier.** – Inhalateur.

22 Bronchoscope, pleuroscope, **stéthoscope.** – Pneumographe. – Spiromètre.

V. 23 **Respirer ;** aspirer, inhaler, **inspirer ;** exhaler, **expirer 311.24,** insuffler, souffler. – S'oxygéner.

24 Prendre un bol d'air, prendre le frais ; s'oxygéner [fig.]. – Reprendre haleine.

25 Soupirer ; renifler ; corner, râler, ronfler, siffler ; avoir le nez bouché. – Éternuer.

26 Anhéler [rare], haleter, panteler [litt.] ; avoir le souffle court, souffler comme un bœuf ou comme un phoque [fam.]. – **Étouffer,** perdre haleine ou son souffle, suffoquer ; s'essouffler. – **S'asphyxier ;** s'époumoner.

27 Cracher ses poumons [fam.], tousser.

28 Flairer **371,** humer.

Adj. 29 **Respiratoire ;** aspiratoire, expiratoire. – Aspirateur, expirateur. – MÉD. : **pneumologique ;** bronchial, cardio-pulmonaire, médiastinal, pleural, pulmonaire, trachéal ; branchial [ZOOL.].

30 ZOOL. : apneustique ; dipneumone, tétrapneumone ; apneustique, hémipneustique, holopneustique.

31 BIOL. : **aérobie** (opposé à anaérobie), oxybiotique (opposé à anoxybiotique).

32 **Essouflé,** haletant, pantelant [litt.], poussif. – MÉD. : bronchique, pulmonique ; dyspnéique. – MÉD. : sibilant, stertoreux, striduleux.

33 Asphyxiant, **étouffant,** oppressant, suffocant ; aérocontaminant ; sternutatoire. – Irrespirable (opposé à respirable).

Adv. 34 À perdre haleine ; à pleins poumons.

Aff. 35 Broncho-, pneumo- ; -pnée.

## 341 SEXUALITÉ

N. 1 **Sexualité,** vie sexuelle ; bisexualité, hétérosexualité, homosexualité. – Stade oral **314.2,** stade anal, stade génital [PSYCHAN.]. – BIOL. : intersexualité, parasexualité. – Éros (opposé à Thanatos) [PSYCHAN.].

2 Sexualisme [litt.].

3 **Sexisme ;** antisexisme. – Féminisme **309.6,** antiféminisme.

4 **Sexe** *(le sexe)* **325 ;** fam. : la bagatelle, la gaudriole ; très fam. : la chose, le cul, la fesse. – Érotisme, pornographie.

5 **Désir** 523, libido [PSYCHAN.] ; appétit sexuel, instinct sexuel, nature ; démon de midi. – Chaleurs, **excitation,** œstrus, rut.

6 **Plaisir** 467, volupté ; orgasme ; petite mort.

7 Débauche, dépravation, incontinence, **intempérance,** libertinage, luxure 705 ; obscénité. – Priapisme ; nymphomanie. – Abstinence, **chasteté 704,** continence. – Morale sexuelle ; diaconales [RELIG.].

8 **Coït** ; accouplement, conjonction [vieilli], copulation, union génitale ; **acte sexuel** (absolt, l'acte), rapports, rapports sexuels, relations intimes, relations sexuelles ; **amour,** amour physique (opposé à amour platonique). – Fam. : coucherie, fornication ; **baise** [vulg.]. – **Possession** ; intromission, pénétration.

9 **Défloration,** déniaisement, dépucelage [fam.] ; nuit de noce. – Droit de cuissage [allus. hist.].

10 **Viol** ; séduction dolosive [DR.]. – Harcèlement sexuel. – Attentat aux mœurs ; attentat à la pudeur. – Inceste.

11 Attouchement **601.**

12 **Fellation.** – Anilinctus ; cunnilingus ou cunnilinctus.

13 Partie carrée, partie fine ; vulg. : **partouze.** – Ballets bleus, ballets roses. – **Orgie** ; ANTIQ. : bacchanales, priapées.

14 **Homosexualité** ; inversion. – **Pédérastie,** uranisme [litt.]. – **Lesbianisme,** saphisme [litt.], tribadisme [vx].

15 **Perversion** ; déviation, tendance, **vice,** vice contre nature. – Érotomanie **600.** – Algolagnie, **masochisme, sadisme,** sadomasochisme. – Urolagnie ou ondinisme. – Coprolalie, **scatologie.** – Pédophilie ; transsexualisme, travestisme (ou : transvestisme, éonisme). – **Sodomie** ou sodomisation. – Échangisme, triolisme ; exhibitionnisme, fétichisme, voyeurisme ; gérontophilie, nécrophilie, zoophilie ou bestialité.

16 **Masturbation,** onanisme, plaisir solitaire ; autoérotisme.

17 Aphrodisiaque *(un aphrodisiaque).*

18 **Hétérosexuel** *(un hétérosexuel)* ou, fam., hétéro. – **Homosexuel** *(un homosexuel)* (ou, fam., homo) ; homophile, inverti *(un inverti),* **pédéraste** (ou, fam. et péj., pédé), uraniste. – Fam. : gay [amér.], pédale ; folle, tante ; lopette. – **Lesbienne,** tribade [vx] ; gouine, gousse [arg.].

19 Castrat, eunuque.

20 Vierge. – Fam. : puceau, pucelle. – demi-vierge [vx].

21 Partenaire sexuel. – **Amant 600,** maîtresse.

22 **Masochiste** *(un masochiste)* ou, fam., maso, **sadique** *(un sadique),* sado-masochiste *(un sado-masochiste)* (ou, fam., sado-maso). – Masturbateur, **onaniste.** – Érotomane ; exhibitionniste, voyeur ; fétichiste ; échangiste. – Sodomite ; travesti ou, fam., travelo. – Zoophile.

23 Obsédé sexuel ou **obsédé.** – Coq, **satyre** ; fam. : chaud lapin. – Débauché. – **Nymphomane** ou, fam., nympho. – Débauchée ; bacchante ou ménade, messaline ; péj. : gourgandine, Marie-couche-toi-là. – RELIG. : incube, succube.

24 Sexualisation. – Érotisation.

25 Érotologie, **sexologie,** sexonomie.

26 Anaphrodisie, anorgasmie. – Frigidité.

27 Sexothérapie.

28 **Sexologue** ; sexothérapeute. – Sexeur [AGRIC.].

29 Scène primitive ou originaire [PSYCHAN.].

v. 30 **Désirer 523** ; avoir qqn dans la peau [fam.].

31 Attoucher **601.**

32 Coïter, **faire l'amour** ; ; connaître [litt.] ; vulg. : **baiser,** faire la bête à deux dos. – Péj. : copuler ; s'accoupler. – **Coucher avec qqn** ; couchailler [fam.]. – Forniquer [RELIG., souv. par plais.] ; fauter.

33 Pénétrer ; **posséder,** prendre. – Honorer (une femme) [fam.].

34 Sodomiser ; enculer [vulg.].

35 Se masturber ; se branler [vulg.].

36 Forcer, violer.

37 **Déflorer,** déniaiser [fam.], dépuceler [fam.].

38 **Jouir 467** ; fam. : prendre son pied.

39 Céder, succomber ; **accorder ses faveurs** ; avoir une faiblesse pour ; se donner, se livrer.

40 Perdre sa virginité **309. 7** ; perdre sa fleur d'oranger [arg.].

41 Être de la jaquette flottante. – Arg. : être jazz tango, marcher à voile et à vapeur.

42 Érotiser, sexualiser. – Désexualiser.

Adj. 43 Sexué ; asexué.

44 **Sexuel** ; psychosexuel, sexologique ; charnel, **physique,** vénérien [vx]. – Libidinal ; bucco-génital, coïtal, **génital,** masturbatoire. – Érogène. – Sexualiste [litt.].

45 **Érotique,** pornographique ou, fam., porno ; classé X [CIN.], *hard* [anglic.]. – Égrillard, gaulois, graveleux, salace ; **obscène.** – [litt.], Sensuel. – Aphrodisiaque.

46 Dévergondé, incontinent, libidineux, lubrique, **pervers,** viceland [fam.], vicieux ; bestial. – Sexophobe. – **Sexy** [anglic.].

47 **Hétérosexuel ; homosexuel ;** bisexuel. – Lesbien, saphique.

48 Frigide ; impuissant 325.

Adv. 49 Sexuellement ; physiquement. – Bestialement.

Aff. 50 Sex-, sexo-

## 342 IMMUNITÉ

N. 1 **Immunité ;** immunité cellulaire, immunité humorale ; état de prémunition, immunition. – **Agglutination,** autoagglutination, coagglutination ; effet *helper* [anglic.], opsonisation. – Immuno-adsorption, immunosélection. – Lyse 557, **phagocytose,** pinocytose. – **Réponse immunitaire ;** choc anaphylactique.

2 **Immunologie ;** allergologie, immuno-allergologie, immunogénétique, immunohématologie, immuno-pathologie, radio-immunologie, **sérologie.** – Théorie instructive ou de l'information directe, théorie sélective. – Immunochimie, immunotechnologie.

3 **Immunotolérance,** tolérance. – Cuti-réaction ou, fam. : cuti ; intradermo-réaction ou, fam. : intradermo ; **réaction croisée,** réaction de Bordet-Gengou (ou : réaction de fixation, réaction de déviation du complément), réaction de greffon contre hôte ou GVH.

4 **Immunogénicité** ou antigénicité ; biocompatibilité, histocompatibilité ou compatibilité tissulaire (opposé à histo-incompatibilité). – **Séronégativité** (opposé à séropositivité). – Allotypie.

5 **Auto-immunité** 382 ; auto-immunisation. – **Hypersensibilité,** hypersensibilité demi-retardée de type Artus, hypersensibilité retardée, hypersensibilité spécifique, hypersensibilité tuberculinique ; hypersensibilité non-spécifique.

6 **Immunodépression** 383 ; agammaglobulinémie, dysglobulinémie, hypergammaglobulinémie, macroglobulinémie. – **Allergie,** allergide, anergie, atopie, hyperergie. – **Anaphylaxie** ou idiosyncrasie [MÉD.]. – **Déficit immunitaire,** sida (syndrome immunodéficitaire acquis).

7 **Immunothérapie,** sérothérapie 394, **vaccinothérapie.** – **Désensibilisation,** immunostimulation ; mithridatisme [vx] ; **vaccination,** variolisation [anc.] ; immunotransfusion. – Immunoélectrophorèse, réaction d'immunofluorescence, **sérodiagnostic.**

8 **Système immunitaire.** – **Anticorps, antigène,** complexe immun ou immun-complexe ; gène de reconnaissance, haptène.

9 **Antigène.** – Autoantigène, hétéroantigène, isoantigène. – Antigènes bactériens, **bactéries** 284.1 ; antigène C, antigène H, antigène somatique ou antigène O, antigène de virulence ou antigène Vi, endotoxine, exotoxine, protéine M ; antigènes viraux.

10 Antigène Australia ou HBs, carcino-embryonnaire, D, Gerbich ou Ge, Gregory ou Gya, d'histocompatibilité, I, JKa, JKb, K, Kell, Lan, Lea, Leb, LW, M, Miltenberger ou Mia, privé, public, tumoral, U ; agglutinogène 332.7, **allergène,** pneumallergène, phytotoxine ; **système HLA.** – Déterminant ou site antigénique.

11 **Anticorps ;** cellule effectrice, médiateur. – Cellules immuno-compétentes ; alloanticorps, autoanticorps ; anticorps antirhésus ; anticorps cellulaire ; anticorps monoclonal.

12 Anticorps anti-JKa, anti-JKb, anti-K, anti-Lea, anti-Leb, anti-Lebh, anti-Lebt, anti-Lex, anti-M. – Agglutinine, autoagglutinine ; antitoxine, immunotoxine ; anti-globuline, **gamma-globuline,** immunoglobuline ou Ig (IgG, IgA, IgM, IgD, IgE), macroglobuline ou immunoglobuline M ; hémolysine, lysine ; antistreptolysine, facteur rhumatoïde, immunisine, opsonine, protéine ou albumose de Bence-Jones, réagine.

13 **Leucocytes,** lymphocytes B, lymphocytes T, lymphocytes non B, lymphocytes non T, lymphocytes thymodépendants, **macrophages, microphage,** phagocyte, plasmocytes, thymocytes. – Ganglions lymphatiques.

14 Interféron, interleukine II, lymphokine.

15 Antisérum ou **immunsérum.**

16 **Immunisation.** – Sensibilisation.

17 Allergologue, **immunologiste,** sérologiste.

v. 18 **Immuniser ;** mithridatiser, vacciner ; sensibiliser. – Phagocyter.

Adj. 19 **Immunologique.** – Immunitaire ; auto-immunitaire. – Antigénique, macrophagique ; sérologique. – Biocompatible, histocompatible. – Histo-incompatible.

20 Immun, **immunisé** ; auto-immun. – **Allergique** ; anaphylactique, anergique, atopique. – Immuno-déficitaire, immunodéprimé ; séropositif. – Séronégatif. – Immunodépressif ou immunosuppressif.

21 **Immunisant** ; immunigène, **immunogène**, immunostimulant. – Allergisant, anergisant, immunisateur, immunodépresseur ou immunosuppresseur, immunomodulateur.

Aff. 22 Immuno-.

## 343 SENSATION

N. 1 **Sensation** ; affect, percept. – Sensation externe (sensation visuelle, auditive, olfactive, gustative, tactile) ; sensation interne. – Didact. : cénesthésie ou, vx, cœnesthésie, kinesthésie, synesthésie ; MÉD., PSYCHOL. : allesthésie, esthésie, somatognosie, somesthésie, stéréognosie.

2 **Sens** ; les cinq sens distingués par Aristote (vue 346, ouïe 363, tact ou toucher 374, odorat 371, goût 373) ; sixième sens. – **Organes des sens** ; œil, oreille, peau (papille de la peau ; corpuscules de Meissner, corpuscules de Krause) 334, nez, langue (papilles filiformes, papilles fongiformes). – Nerf 327 ; nerf sensitif ; fibre sensitive, fibre nerveuse ; récepteur sensoriel ; terminaison nerveuse.

3 **Impression** ; aperception [PHILOS.], **perception** ; gnosie [didact.]. – Proprioception. – Excitabilité, réceptivité ; didact. : aperceptivité, sensorialité, sensoricité.

4 État de conscience, **conscience** ; attention 402, hypervigilance. – **État second,** hallucination. – Image éidétique, persistance rétinienne ; rémanence.

5 **Sensation**, impression, instinct, intuition, feeling [anglic.] ; sixième sens. – Pressentiment, prescience [sout.].

6 Sensation(s) forte(s) ; **émotion,** impression ; admiration, intérêt. – **Choc,** commotion, traumatisme.

7 **Stimulation** 564, stimulus. – Excitant *(un excitant),* stimulant *(un stimulant).*

8 Neurophysiologie, psychophysiologie, psychologie, psychologie différentielle. – Esthésiologie, sensorimétrie.

9 Intuitionnisme, **perceptionnisme,** sensationnalisme, sensationnisme [HIST. DE LA PHILOS.], sensibilisme [didact.].

10 Échelle d'intervalle, échelle de Fechner [PSYCHOL.].

V. 11 **Sentir,** ressentir ; éprouver, percevoir, saisir.

12 **Affecter,** exciter, frapper, impressionner, stimuler ; **troubler les sens.**

13 Émouvoir ou, fam., émotionner.

14 **Faire sensation ;** faire de l'effet 35, faire impression, faire scandale.

Adj. 15 **Sensible ;** attentif, conscient.

16 Sensible ; concret, palpable, **perceptible,** tangible ; corporel, matériel 3.8.

17 Sensitif ; **émotif,** intuitif, intuitionnel [didact.] ; nerveux 449, viscéral.

18 Perceptif ; aperceptif [PHILOS.], psychoaffectif ; didact. : cinesthésique, **kinesthésique,** neuropsychologique, somesthésique ; sensitométrique, sensorimétrique.

19 Sensationniste, sensualiste [didact.].

Adv. 20 **Sensiblement** [vx] ; perceptiblement.

21 **D'instinct,** intuitivement ; au feeling [anglic.].

Aff. 22 Esthési-, esthésio-.

23 -esthésie.

## 344 INCONSCIENCE

N. 1 **Inconscience ;** inémotivité, **insensibilité 441.**

2 Inconscience ; **perte de connaissance,** perte de conscience ; évanouissement, pâmoison [vieilli], syncope ; trou noir ; défaillance, éblouissement, vertige. – **Coma,** état comateux.

3 **Sommeil** 378 ; sommeil cataleptique ; somnambulisme. – Demi-sommeil, engourdissement, **léthargie,** somnolence. – Hébétude, **stupéfaction** 459, torpeur.

4 **Anesthésie,** narcose ; narcolepsie. – **Hypnose** ; hypnotisme.

5 Agnosie, **amnésie,** anosognosie, aphasie, asymbolie, désorientation spatiale. – **Déprivation sensorielle,** désafférentation sociale [PSYCHIATRIE].

6 **Distraction,** hypovigilance, inattention 403 ; apathie [vx, PHILOS.], **indifférence.** – Inconscience ; irresponsabilité ; imprudence 573.

7 **Extase** 467, ravissement, transe ; vision béatifique. – Anéantissement.

8 PSYCHAN. : **inconscient** *(l'inconscient)* ou Ics, préconscient ou Pcs ; ça *(le ça),* surmoi ;

moi *(mécanismes de défense du moi)* ; inconscient collectif. – Subconscient [cour.].

9 Analgésique *(un analgésique)*, **hypnotique** *(un hypnotique)*, narcotique *(un narcotique)*, **somnifère** *(un somnifère)*.

v. 10 **Endormir**, engourdir, **insensibiliser.** – Anesthésier ; chloroformer, éthériser.

11 Stupéfaire, stupéfier.

12 **S'évanouir,** se pâmer [vieilli], se trouver mal ; défaillir **678** ; tomber en pâmoison [vieilli], tourner de l'œil [fam.], tomber dans les vapes ou dans les pommes [fam.].

13 Glisser ou sombrer dans l'inconscience ; **sommeiller,** somnoler.

Adj. 14 **Inconscient ;** évanoui, **pâmé** ; défaillant **376.** – **Comateux ;** cataleptique. – Anesthésié, narcosé ; hypnotisé.

15 **Somnolent ;** assoupi, endormi, léthargique, torpide ; somnambulique. – Hébété, stupéfait, **stupéfié.**

16 Didact. : agnosique, **amnésique,** aphasique.

17 **Distrait,** inattentif, indifférent ; apathique. – Inconscient **573,** irresponsable.

18 **Extatique 451,** pâmé, ravi, en transe.

19 Inconscient, insensible ; indolore.

20 **Analgésique,** anesthésique, hypnotique, narcoleptique, narcotique ; anesthésiant, stupéfiant.

21 PSYCHAN. : inconscient, préconscient ; **subconscient** [cour.].

Adv. 22 **Inconsciemment.**

Aff. 23 Hypno-, narco-.

## 345 DOULEUR

N. 1 **Douleur ;** mal, souffrance ; bobo [enfant.]. – Douleur physique, douleur morale.

2 **Douleur externe ;** brûlure, cuisson, inflammation **241,** irritation, morsure, piqûre, prurit ; agacerie, chatouillement, chatouillis [fam.], démangeaison, gratouillement ou grattouillement, gratouillis ou grattouillis [fam.], picotement, pincement. – Endolorissement.

3 **Algésie,** algie [MÉD.]. – Céphalée, céphalalgie, encéphalalgie, maux de tête, **migraine ;** otalgie, rhinalgie ; névralgie, odontalgie, rage de dents ; arthrite **383,** arthrose, rhumatisme ; coxalgie, ostéalgie, tarsalgie ; entéralgie, épigastralgie, gastralgie, hépatalgie ; urétéralgie ; cardialgie.

4 **Analgésie,** antalgie ; analgie [didact.].

5 **Affres** *(les affres de la douleur)* [litt.], calvaire, enfer [fig.], géhenne [fig., vx], **supplice 725.1,** tourment, torture. – Accès, crise, moment critique, paroxysme de la douleur. – Lit de douleur, souffroir [vx, litt.].

6 **Cri 757.1,** hurlement ; gémissement, plainte ; convulsion, crispation, grimace, rictus, spasme. – **Larme,** pleur [litt. ; souv. pl.] ; larmes de sang.

7 Analgésique *(un analgésique)*, antalgique *(un antalgique)*, anti-inflammatoire *(un anti-inflammatoire)*, calmant *(un calmant)* **448,** narcotique *(un narcotique)*.

8 Dolorisme, stoïcisme [PHILOS.].

v. 9 **Avoir mal, souffrir** ; se douloir [vx]. – Fam. : avoir ses douleurs, ses vieilles douleurs. – Être en proie à la douleur [litt.] ; souffrir le martyre, souffrir mille morts, souffrir comme un damné ; litt. : être dans les affres.

10 **Avoir mal à** *(avoir mal à la gorge, aux dents, etc.)*, **souffrir de** *(souffrir de ses rhumatismes, etc.)*. – **Endurer,** éprouver, subir, supporter.

11 **Grimacer de douleur ;** grincer des dents ; se convulsionner, se tordre de douleur. – **Geindre,** gémir, hurler de douleur ; se plaindre de douleurs.

12 **Endolorir ;** brûler **241,** cuire, élancer ; lanciner, piquer, pincer ; démanger, gratter ; affliger, écarteler, miner, ravager, ronger, tarauder, tenailler, tirailler, travailler. – Martyriser, tourmenter, torturer **725.**

Adj. 13 **Douloureux** (opposé à indolore), endolori, enflammé, sensible **343.** – Algésiogène, **algique** (opposé à antalgique).

14 (Qualifiant la douleur.) – [Douleur] diffuse, latente, sourde ; continue, **intermittente,** pulsative, tensive ; **aiguë,** brusque, intense, pongitive, vive ; cinglante, cuisante, déchirante, fulgurante, irradiante, **lancinante,** pénétrante, perçante, poignante, térébrante, profuse. – [Douleur] exquise (opposé à erratique).

Adv. 15 **Douloureusement.** – Atrocement, cruellement ; difficilement **547, durement.**

Aff. 16 **Algo-** ; -algésie, **-algie.**

## 346 VISION

N. 1 **Vision ;** œil, regard, vue. – **Perception 343.3.** – Visualisation.

2 **Vision ;** vision binoculaire, vision chromatique, vision périphérique, vision stéréoscopique ; vision diurne ou, didact., photoscopique, vision nocturne ou, didact., scotopique, vision vespérale ou mésopique. – Vision lointaine (opposé à vision rapprochée).

3 Disparation rétinienne, convergence rétinienne, **persistance rétinienne.** – Photoréception. – Phosphène. – Accommodation, réflexe photomoteur. – Oculogyrie, oculomotricité.

4 **Champ visuel ;** angle optique, axe optique, axe visuel, cône optique, rayon visuel. – Ligne de visée, plan de visée ; **cible,** point de mire 223.14.

5 **Œil, yeux ;** pop. : calots, coquillards [vieilli], **mirettes,** quinquets ; châsses [arg.],.

6 Iris, prunelle, pupille, rétine ; ANAT. : macula ou tache jaune, point aveugle. – Membrane choroïde ou choroïde *(la choroïde),* membrane conjonctive ou conjonctive *(la conjonctive),* épisclère *(l'épisclère),* sclérotique *(la sclérotique) ;* uvée ; blanc de l'œil, cornée ; procès ciliaire. – Chambre de l'œil ; corps hyaloïde ; **cristallin** *(un cristallin),* humeur aqueuse, humeur vitrée ou corps vitré. – Fond de l'œil ; nerf optique ; bâtonnet rétinien, cône ; pourpre rétinien. – Coque oculaire, globe oculaire ; nerf oculomoteur. – Canal lacrymal, caroncule lacrymale, glande lacrymale ; larmier. – Cil ; corps ciliaire, muscle ciliaire ; sourcils ; glabelle, taroupe. – Arcade sourcilière, **orbite.** – Paupière.

7 Battement, **clignement,** clignotement, papillotement ou papillotage ; cillement [sout.] ; blépharotic 347.5. – Clin d'œil, œillade. – Coup d'œil.

8 Allure, **aspect 141.4.**

9 **Panorama,** paysage 268, **vue ;** point de vue. – Scène, **spectacle,** tableau. – Servitude de vue [DR.].

10 **Image 774,** tableau synoptique. – **Plan 790,** prise de vues. – Vue photographique ; panoramique *(un panoramique)* 775.

11 **Vision ;** illusion d'optique, mirage. – **Hallucination 450,** zoopsie.

12 Visiophone. – Visionneuse.

13 Ophtalmologie ; oculistique *(l'oculistique)* [rare]. – Optométrie, ophtalométrie. – Dioptrique *(la dioptrique)* [OPT.] **350.18.**

14 **Oculiste,** ophtalmologiste ou ophtalmologue, optométriste.

15 Visuel *(un visuel).*

16 Voyeur *(un voyeur) ;* mateur [fam.]. – Observateur *(un observateur) ;* regardeur [vx, litt.], spectateur ; badaud ; témoin oculaire. – Mireur [TECHN.].

v. 17 **Voir ;** apercevoir, entrevoir, entrapercevoir ; voir de ses propres yeux. – Discerner, distinguer ; remarquer ; aviser [vx]. – Visionner ; visualiser [PSYCHOL.].

18 **Regarder ;** braquer les yeux sur, diriger ses regards vers, jeter un œil ou un regard sur, suivre des yeux ; embrasser du regard ; examiner, **observer** ; contempler, mirer [vx]. – Guigner, lorgner ; fam. : **mater,** reluquer, viser, zieuter ; se rincer l'œil [fam.]. – Viser.

19 Faire de l'œil ; œillader [vx].

20 Écarquiller les yeux, **ouvrir de grands yeux** ou des yeux ronds 459.8 ; rouler ou, fam., vieilli, ribouler des yeux ; érailler [vx]. – **Faire les gros yeux 637** ou, vx, faire des yeux de basilic, froncer les sourcils. – **Cligner des yeux,** clignoter ; ciller [sout.] ; papilloter.

21 Avoir une bonne vue. – Avoir le compas dans l'œil ; avoir le coup d'œil, avoir l'œil américain. – Ne pas avoir les yeux dans sa poche ; avoir l'œil à tout **402.**

22 **Attirer l'attention,** attirer l'œil. – Crever les yeux [fam.], sauter aux yeux. – Taper dans l'œil [fam.] **467** ; donner dans la vue [vieilli] ; plaire, séduire ; éblouir.

23 **Montrer 348.5,** mettre sous les yeux ; étaler, exhiber, exposer. – Visualiser.

24 **Se donner en spectacle,** se faire remarquer ; se faire voir, se montrer. – En mettre plein la vue [fam.] **617.**

Adj. 25 **Visible,** visible à l'œil nu ; apparent, discernable, évident, manifeste. – Ostensible ; voyant ; spectaculaire.

26 Montrable, **présentable,** regardable.

27 **Optique 234 ;** panoramique ; didact. : panoptique, synoptique.

28 **Visuel ; oculaire,** binoculaire, monoculaire ; intraoculaire, irien ; palpébral. – Emmétrope [PHYSIOL.]. – Oculistique, ophtalmique, ophtalmologique.

Adv. 29 **Visuellement ;** oculairement. – De vue ; de visu (lat., « par la vue »).

30 À vue d'œil, à vue de nez [fam.], à vue de pays [vx]. – À première vue ; tout d'une vue. – À l'œil nu ; à vue.

Prép. 31 Aux yeux de, sous l'œil de. – Au spectacle de, à la vue de. – Au vu de, au vu et au su de.

Aff. 32 **Oculi-**, oculo-, ophtalmo-, opto-.

33 -ope, -opie, -opsie, -optre, -optrie, -optrique, -scope, -scopie.

## 347 TROUBLES DE LA VISION

N. 1 **Troubles de la vision ;** ophtalmie, panophtalmie ; lagophtalmie.

2 **Troubles fonctionnels des yeux ;** amétropie ; astigmatisme, hypermétropie, macropsie, myopie, presbytie. – **Amblyopie** ou malvoyance **383.16**, héméralopie ; hémianopsie. – Exophorie, hétérophorie. – **Daltonisme,** dichromatisme ; achromatopsie, acyanopsie, deutéranopie, dyschromatopsie, érythropsie, photopsie, xanthopsie. – Nyctalopie. – Vision dédoublée ; **dipoplie,** polyopie. – **Strabisme ;** strabisme convergent, strabisme divergent ; loucherie ou louchement ; coquetterie dans l'œil [fam.]. – Agnosie visuelle, amaurose, cécité corticale [MÉD.] ; **cécité 399.1.**

3 Buphtalmie, enophtalmie, exophtalmie. – Kératocône. – Mydriase (opposé à myosis). – Cycloplégie, ophtalmoplégie. – Allophtalmie, hétérochromie. – Synchisis. – Œil aphake.

4 **Maladies des yeux.** – Cataracte, choroïdose, granulations trachomateuses. – Glaucome, staphylome, trachome. – Taie ; albugo, leucoma ou leucome. – Conjonctivite, conjonctivite granuleuse, kérato-conjonctivite ; ophtalmoconiose, ophtalmie des neiges ; épisclérite, kératite ; fovéite, rétinite ; larmoiement. – Cécité des rivières, onchocercose.

5 **Blépharite,** blépharo-conjonctivite, blépharophtalmie, lagophtalmie. – Chassie, pyophtalmie, pyose. – Chalazion, compère-loriot ou orgelet, grain d'orge. – Blépharospasme, blépharotic **346.7.** – Ectropion [MÉD.]. – Trichiasis [MÉD.].

6 Énucléation. – Œdipisme [didact.].

7 Lentilles ou verres de contact **783, lunettes,** verres correcteurs. – Œil de verre, prothèse oculaire. – Anomaloscope [OPT.].

8 Ophtalmologie, cryo-ophtalmologie.

9 Cryochirurgie, microcoagulation au laser, photocoagulation. – Ophtalmoplastie. – Angiograghie oculaire, rétinographie. – Ophtalmoscopie, orthoscopie, skiascopie. – Gymnastique oculaire ; orthoptie. – Contactologie.

10 Ophtalmomètre, ophtalmoscope.

11 Oculiste **346.16.** – Oculariste.

12 **Braille** *(le braille)* **762,** alphabet braille, écriture braille, impression ou écriture anaglyptique. – Cécographie [didact.].

13 Loucheur ; louchon.

V. 14 **Avoir une mauvaise vue ;** avoir la vue basse ou courte, voir trouble ; avoir un voile devant les yeux ; avoir des mouches ou des mouches volantes devant les yeux. – N'y voir goutte.

15 **Loucher ;** converger, diverger ; bigler [fam.]. – Avoir une coquetterie dans l'œil ; fam. : avoir un œil qui dit zut ou merde à l'autre, avoir les yeux qui se croisent les bras, avoir un œil à Paris et l'autre à Pontoise, avoir un œil qui joue au billard et l'autre qui compte les points.

16 Éborgner ; crever l'œil de. – Énucléer. – **Aveugler 399.**

Adj. 17 **Amétrope** (opposé à emmétrope), astigmate, hypermétrope, myope, myope comme une taupe, presbyte ; daltonien ; nyctalope.

18 Strabique ; bigle, louche [vx] ; fam. : louchard. – Fam. : **bigleux,** binoclard, miro. – Borgne, monophtalme [didact.]. – **Aveugle,** malvoyant, non-voyant.

19 Éraillé ; injecté de sang. – Chassieux, larmoyant. – Glaucomateux.

20 Ophtalmologique **346.29 ;** oculistique, ophtalmique.

Adv. 21 **Aveuglément** [vx]. – À l'aveugle [vx], à l'aveuglette **399,** à tâtons.

Aff. 22 Bléphar-, bléphari-, blépharo- ; kérat-, kérato- ou cérato- ; ophtalm-, ophtalmo- ; -ophtalmie.

## 348 VISIBILITÉ

N. 1 **Visibilité.** – Didact. : observabilité, perceptibilité.

2 Visibilité atmosphérique. – Limite de visibilité. – **Échelle de visibilité :** 0 (objets visibles jusqu'à 50 m), 1 (jusqu'à 200 m), 2 (jusqu'à 500 m), 3 (jusqu'à 1 km), 4 (jusqu'à 2 km), 5 (jusqu'à 4 km), 6 (jusqu'à 10 km), 7 (jusqu'à 20 km), 8 (jusqu'à 50 km), 9 (au-delà de 50 km) [MÉTÉOR.]. – Distance de visibilité. – Pilotage sans visibilité ou P. S. V. [AVIAT.].

3 **Visible** *(le visible* opposé à *l'invisible).* – Apparence ; aspect, forme **141,** œil [fig.]. – Panorama, vue **346.11.** – Champ visuel.

4 **Visualisation.** – Apparition **11.1.** – Matérialisation **3.5.**

v. 5 **Faire voir** ; faire apparaître. – Exhiber 617, exposer, **montrer** ; découvrir ; mettre au jour ou au grand jour. – Visualiser 346.

6 **Apparaître** ; se montrer. – Se découvrir, se dévoiler. – Frapper l'œil, frapper les regards, **sauter aux yeux** ; fam. : crever les yeux, se voir comme le nez au milieu de la figure.

Adj. 7 **Visible** ; sensible 3.8. – Apparent, évident, **manifeste** ; ostensible, voyant.

8 Discernable, distinguable, **observable** ; apercevable [rare].

Adv. 9 **Visiblement** ; manifestement ; ostensiblement. – Visuellement ; de visu (lat., « par la vue »).

10 En évidence, en vue.

11 Dans le champ (opposé à hors champ) [PHOT.].

# 349 INVISIBILITÉ

N. 1 **Invisibilité**. – Imperceptibilité, indiscernabilité [didact.]. – Immatérialité 4.1.

2 **Invisible** *(l'invisible* opposé à *le visible)* ; l'infiniment petit (opposé à l'infiniment grand), l'inobservable.

v. 3 **Cacher,** dissimuler 727, dérober aux regards, soustraire à la vue ; fam. : camoufler, planquer ; mucher [dial.] ; dérober sa marche [MIL.]. – **Faire disparaître** ; escamoter, subtiliser 717.

4 **Masquer** ; gazer [vieilli], voiler ; éclipser, offusquer [vx] ; boucher la vue.

5 **Disparaître** 12.7, échapper à la vue ; passer inaperçu. – S'évanouir 376, s'évaporer ; s'envoler.

Adj. 6 **Invisible** ; infiniment petit, microscopique. – Indécelable, indiscernable, inobservable ; inapparent [litt.] ; inaperçu. – Immatériel 4.13, incorporel. – Sympathique *(encre sympathique)* ; **aveugle** *(encre aveugle).*

7 **Caché,** planqué [fam.]. – Disparu ; introuvable.

Adv. 8 **Invisiblement** [litt.]. – Hors champ (opposé à dans le champ) [PHOT.].

# 350 LUMIÈRE

N. 1 **Lumière**. – Clarté, lueur ; feu 256 ; lumière directe (opposée à lumière indirecte) ; lumière frisante, lumière rasante ; jour zénithal. – Éclat lumineux, coruscation [litt.], nitescence [didact., litt.].

2 **Lumière ; lumière du jour,** lumière naturelle (opposé à lumière artificielle), lumière électrique ; **électricité** 235. – **Jour,** grand ou plein jour. – Aube, aurore, petit jour, point du jour. – Éclaircie. – Clair de lune.

3 Lumière diffuse, **lumière tamisée,** lumière zodiacale [ASTRON.]. – **Clair-obscur** *(un clair-obscur),* **contre-jour,** demi-jour, faux-jour, pénombre 351.1.

4 **Éclat de lumière** ; éclair, étincelle ; **faisceau,** jet, rai ou rais [litt.], rayon, traînée ; pinceau.

5 Irisation 362.4, **reflet** ; jeu de lumière ; tache de lumière ; auréole, **halo,** nimbe ; gloire [PEINT.].

6 Brasillement, diaprement, chatoiement, miroitement, papillotement ou papillotage, poudroiement, **scintillement** ; flamboiement.

7 PEINT. – Éclairage. – Effet de contraste, effet lumière ; écart de valeur ; **clair-obscur** *(un clair-obscur)* 351.5, demi-teinte ; clair *(un clair* opposé à *un sombre).* – Luminisme. – Luminariste, luministe.

8 **Luminosité** ; brillance ; luminance [PHYS.].

9 **Transparence** ; demi-transparence, diaphanéité, translucidité. – Cristallinité [didact.], limpidité.

10 **Éclairage** 852, éclairage artificiel ; illumination ; éclairement [didact.] ; lumination [PHOT.].

11 **Source lumineuse** ; foyer lumineux, point lumineux. – Luminogène *(un luminogène)* [CHIM.].

12 **Appareil d'éclairage** ; lampe, lumignon, luminaire. – **Lampe** ; lampe électrique 235 ; lampe à arc, lampe à gaz, lampe à pétrole ; lampadaire ; photophore. – Lampe-torche ; torche électrique. – **Lustre,** plafonnier, suspension 160. – MAR. : lamparo, lampe tempête ; feu, **phare.** – ANC. : bec de gaz, réverbère. – Projecteur ou, fam., projo, spot. – Rampe ; rampe de balisage [AVIAT.] ; les feux de la rampe [THÉÂTRE]. – Lanterne ; voyant lumineux ; lumineux *(un lumineux) ;* **veilleuse.**

13 Feu, brandon, flambeau, torche, torchère. – **Bougie,** chandelle, cierge.

14 OPT. : lumière cohérente, lumière simple (opposé à lumière complexe), lumière monochromatique, lumière noire ou lumière de Wood ; rayonnement ultraviolet ou ultra-violet ; lumière froide.

15 Didact. – **Luminescence** ; fluorescence, phosphorescence ; bioluminescence, chi-

mioluminescence, électroluminescence, photoluminescence, triboluminescence, thermoluminescence (opposé à cryoluminescence). – **Photogénie.**

16 SC. – Réflexion, **réverbération** ou réfléchissement [rare]. – Décomposition de la lumière, déflexion, dispersion, diffusion, diffraction 234, réfraction, réfringence, biréfringence ; réflectance [BIOL.] ; polarisation. – Réfrangibilité ; réflexibilité. – Convergence, divergence, interférence ; émergence.

17 PHYS. : spectre lumineux, spectre solaire. – Arc-en-ciel, écharpe d'Iris [poét.].

18 SC. – Flux lumineux ; onde lumineuse ; radiation 231, rayonnement lumineux ; rayon laser ou laser (*Light Amplification by Stimulated Emission of Radiation,* angl., « amplification de la lumière par émission stimulée de radiations »), maser (*Molecular Amplification by Stimulated Emission of Radiation,* angl., « amplification moléculaire par émission de radiation »). – Photon ou quantum de lumière (pl. quanta) [vieilli] 235, quanton.

19 **Miroir** 266. – SC. : réflecteur, rétroréflecteur ; dioptre ; catadioptre, Cataphote ; polariseur, polariscope. – **Prisme.** – Filtre. – SC. : caustique *(une caustique).*

20 SC. – **Phototropisme** ; actinotropisme, héliotropisme ; phototactisme ou phototaxie. – Photophobie [didact.]. – **Photosynthèse.**

21 **Optique** *(l'optique)* 234. – Dioptrique *(la dioptrique)* 346.15, photologie. – Photobiologie, photochimie. – Actinoscopie, spectroscopie.

22 SC. – Candela (symb. cd), lumen (symb. lm), lux (symb. lx), phot (symb. ph) ; anc. : bougie, carcel. – Indice de réfraction. – Température de couleur.

23 Vitesse de la lumière (300 000 km/s). – Fréquence, longueur d'onde d'une lumière. – Chemin ou longueur optique [OPT.].

24 Théorie corpusculaire de la lumière, théorie électromagnétique, théorie ondulatoire.

25 Interféromètre, luxmètre, photomètre ; héliomètre, lucimètre, pyrhéliomètre. – Actinomètre, ellipsomètre, polarimètre, réfractomètre, spectromètre.

26 Actinométrie, ellipsométrie, radiométrie. – Photométrie, polarimétrie, réfractométrie, spectrométrie.

V. 27 **Éclairer,** illuminer ; enluminer [vx] ; brillanter [litt.]. – Ensoleiller.

28 **Briller,** étinceler, flamboyer, luire, resplendir, rutiler ; jeter mille feux. – Brasiller, iriser, miroiter, scintiller. – Irradier, rayonner.

29 **Allumer** ; ouvrir la lumière, donner ou faire de la lumière.

30 **Diffracter,** polariser ; réfracter, réfléchir, réverbérer. – Se refléter.

31 Transparaître ; apparaître 11.7.

32 « Que la lumière soit, et la lumière fut » (la Genèse) ; *fiat lux* (lat., « que la lumière soit »).

Adj. 33 **Lumineux** ; brillant, luisant ; brasillant [litt.] ; ardent, éclatant, **étincelant,** flamboyant, nitescent [litt.] ; clair, éclairé, illuminé ; ensoleillé. – **Aveuglant,** éblouisssant.

34 **Luminescent** ou, vx, photogène, fluorescent ou, fam., fluo, phosphorescent. – Didact. : luminifère, luminophore.

35 Cristallin, limpide. – **Transparent** ; diaphane, hyalin [MINÉR.], pellucide [didact.], translucide ; lucide [vx].

36 Didact. – Luminique ; photonique.

37 SC. – **Réfléchi** ; réflexe. – Réfrangible, réfringent ; diffractant, diffringent. – Diacaustique, catacaustique ; dioptrique, catadioptrique.

Adv. 38 **Au jour,** à la lumière, en pleine lumière. – À giorno ou a giorno [litt.].

39 Clairement, lumineusement.

40 En transparence, par transparence. – À travers.

Aff. 41 Lumino-, **photo-** ; hélio- ; -phote ; -hélie.

## 351 OBSCURITÉ

N. 1 **Obscurité** ; noir *(le noir)* 354.1, ténèbres *(les ténèbres,* vx : *la ténèbre).* – Litt. : la noirceur, la nuit, l'obscur. – **Pénombre** ; ombre, opacité. – Clair-obscur *(un clair-obscur)* 350.3, demi-obscurité.

2 **Obscurité.** – Nuit ; nuit close, nuit tombée ; nuit noire, nuit d'encre ; arg., vx : borgnon, sorgue. – Combat de nègres dans un tunnel [pop.].

3 **Pénombre.** – **Demi-jour,** jour douteux ; contre-jour. – **Soir** 189 ; crépuscule, nuit tombante, tombée de la nuit ; brune *(la brune).* – « Cette obscure clarté qui tombe des étoiles » (Corneille).

4 **Assombrissement,** obscurcissement. –
ASTRON. : éclipse, obscuration, offuscation.
– Nébulosité [MÉTÉOR.] **276.** – Black-out
[HIST., anglic.].

5 **Noirceur, obscurité** (d'une couleur). –
Noir *(le noir).* – Obscur *(un obscur),* sombre
*(un sombre)* [PEINT.]. – Clair-obscur *(un clair-
obscur)* **350.7.** – **Ombre ;** hachure [DESSIN].

6 Nyctitropisme [SC.]. – Nyctalopie [PATHOL.]
**347.2.**

v. 7 **Obscurcir ;** assombrir, enténébrer [litt.],
obombrer [vx, litt.] ; opacifier. – **Foncer ;**
brunir, noircir **354 ;** hachurer, ombrager
[BX-A.], ombrer (un dessin).

8 **S'obscurcir ;** s'assombrir, s'anuiter [litt.],
se brouiller, se voiler. – Faire noir [im-
pers.] ; il fait noir, noir comme dans un
four, noir comme dans un tunnel.

9 N'y voir goutte **347.14.**

Adj. 10 **Obscur ;** opaque ; sombre. – Litt. : nuiteux
[vx], ombreux, ténébreux ; crépusculaire.
– Noir **354 ;** noirâtre. – **Foncé,** sombre. –
Aveugle [ARCHIT.].

11 **Obscurcissant ;** assombrissant, obscurant [litt.].

12 **Assombri ;** brouillé, chargé, couvert, em-
brumé ; nébuleux, nuageux.

13 **Nocturne ;** crépusculaire [SC.]. – Nyctalope [didact.].

Adv. 14 **Obscurément** [vx, litt.]. – À la brune, à la
nuit tombante, entre chien et loup ; de
nuit, nuitamment [litt.]. – À contre-jour.

Aff. 15 Nyct-, nycti-, nycto-.

## 352 COULEUR

N. 1 **Couleur ;** coloris, nuance, teinte, ton. –
Émail [HÉRALD.].

2 Absolt : **couleur** (opposé à noir, à gris et à
blanc). – Couleur [opposé à noir et blanc]
*(photographie en couleurs)* [CIN., PHOT.] **775.**

3 Couleur de muraille ; couleur d'encre,
couleur de nuit ; couleur de rose ; **couleur du temps,** etc.

4 HÉRALD. : azur, gueules, orangé, pourpre,
sable, sinople. – Argent, or.

5 SC. : **couleurs principales** ou spectrales. –
Couleurs primaires ou fondamentales. –
Couleurs complémentaires d'une couleur
primaire (ou : couleur secondaire, couleur
binaire). – Couleurs simples (opposé à
couleurs composées).

6 Couleurs primaires et leurs complémentaires. –
Bleu (orangé), jaune (violet), rouge (vert).

7 **Colorant ;** pigment coloré. – **Peinture
773.** – **Teinture ;** coloration ; didact. :
couleur *(une couleur),* shampooing colorant – Couleurs animales, minérales, vé-
gétales ; couleurs naturelles, artificielles ;
couleurs à l'huile, à l'eau ; couleurs à la
colle, couleurs à la gomme ; couleurs à la
cire, couleurs au miel [CHIM.].

8 PRINCIPAUX PIGMENTS UTILISÉS EN PEINTURE

| | |
|---|---|
| *blanc* **353** | terre de Cassel |
| blanc fixe | sépia |
| blanc d'argent | bitume |
| céruse | *rouge* **357,** minium |
| blanc de zinc | vermillon |
| lithopone | *bleu* **360** |
| blanc de titane | bleu minéral |
| *jaune* **358** | bleu d'outre-mer |
| jaune de chrome | bleu de Prusse |
| jaune de cadmium | bleu de cobalt |
| jaune indien | *vert* **359** |
| jaune de Naples | vert émeraude |
| jaune de strontium | verre anglais |
| *brun* **356** | terres vertes |
| ocre | *noir* **354** |
| terre de Sienne | noirs minéraux |
| terre d'ombre | noir de fumée |

9 PRINCIPAUX COLORANTS

| | |
|---|---|
| alizarine | indline |
| aniline | mauvéine |
| carthamine | bleu de méthylène |
| cobalt | naphtalène |
| cochenille | nerprun |
| coralline | purpurine |
| curcuma | quercitrine |
| éosine | rocou |
| érythrosine | rosaniline |
| fluorescéine | safran |
| fuchsine | sépia |
| garancine | stil-de-grain |
| hématoxyline | thionine |
| indigo | tournesol |
| indophénol | xylidine |

10 **Teint 334.2 ;** carnation, mine *(bonne mine).*
– **Pigmentation** (de la peau) [BIOL.]. –
Mélanine [BIOCHIM.].

11 **Palette.** – **Gamme** *(gamme de couleurs, de
nuances) ;* nuancier. – Boîte de couleurs.

12 Coloris, palette [fig] ; **ton.** – Chromatisme
**781.** – Chromaticité, tonalité [didact.]. –
Couleur locale, couleur tonale ; ton local.
– Couleur chaude, couleur froide. – Co-
lorisme [BX-A.].

13 **Monochromie** (opposé à polychromie) ;
camaïeu *(un camaïeu)* [PEINT.]. – PEINT. :
camée *(un camée),* grisaille *(une grisaille)*
**355.2.** – Dégradé *(un dégradé).*

14 **Arts de la couleur.** – Peinture, émail,
fresque, mosaïque, tapisserie, vitrail.

15 **Coloration ;** colorage [TECHN.], coloriage.
– Colorisation, colorisation électromagnétique [TECHN.].

16 Théorie trichromatique de Young-Helmoltz ; théorie des couleurs de Chevreul. – Disque de Newton, toupie de Maxwell [PHYS.].

17 Chromatique *(la chromatique)* [OPT.], coloristique *(la coloristique)* [SC.]. – Colorimétrie.

18 Colorimètre. – Prisme [OPT.] **350.19**.

19 Chromatopsie (opposé à achromatopsie) [PHYSIOL.]. – Daltonisme ; dichromatisme [MÉD.] **347.2**.

V. 20 **Colorer** **362.8** ; colorier, enluminer **357.10** ; peindre **773**, peinturer ; barbouiller, peinturlurer [fam.] ; **teindre**. – Nuancer, teinter ; pigmenter [SC.] ; chromatiser [didact.]. – Assortir ; **nuer** [litt., rare]. – Prendre couleur ; faire prendre couleur.

21 Se colorer, se nuancer.

22 **Prendre des couleurs 356.8**. – Piquer un fard [fam.], rougir **618.8**. – Perdre ses couleurs. – Changer de couleur, passer par toutes les couleurs [fam.].

23 Prov. et loc. prov. – Parler ou juger de qqch comme un aveugle des couleurs **399**. – Des goûts et des couleurs on ne dispute ou discute pas.

Adj. 24 **Coloré** ; nuancé, pigmenté, teinté. – Colorié. – Teint. – Haut en couleur.

25 **Colorant** ; pigmentaire, teintant, tinctorial.

26 Monocolore ou monochrome (opposé à polychrome) **362**. – **Chromatique**, coloristique. – Colorimétrique [didact.].

27 Qualifiant les couleurs. – [Couleur] foncée, obscure, sombre. – [Couleur] cassée, rompue. – [Couleur] ardente, chaude, éclatante. – [Couleur] claire, fraîche, gaie, vive. – [Couleur] chargée, choquante, criarde, crue, gueularde. – [Couleur] poussée, tranchée, voyante ; franche, nette. – [Couleur] fausse, imprécise, indéfinissable, pisseuse, sale, triste, terne. – [Couleur] délavée, élavée, éteinte, neutre, rabattue. – [Couleur] fanée, passée. – [Couleur] tendre, pâle, pastel. – [Couleur] changeante, chatoyante. – [Couleur] unie, dégradée. – [Couleur] mate (opposé à couleur brillante).

28 NUANCES DE COULEUR

| | |
|---|---|
| *Orangé* | tango |
| abricot | *Brun* |
| capucine | acajou |
| carotte | basané |
| feu | beige |
| orange | bis |
| orangé | bistre |

| | |
|---|---|
| blet | écrevisse |
| bronzé | fraise |
| brou de noix | garance |
| caca d'oie | géranium |
| cachou | grenat |
| café au lait | groseille |
| caramel | incarnadin |
| carmélite | incarnat |
| chocolat | nacarat |
| fauve | pelure d'oignon |
| feuille-morte | ponceau |
| isabelle | pourpre |
| kaki | rubis |
| lavallière (cuir) | sang |
| marron | sang-de-bœuf |
| mordoré | sanglant |
| noisette | tomate |
| pain brûlé | vermeil |
| puce | vermillon |
| queue-de-vache | vineux |
| rouille | *Violet* **361** |
| roux | aubergine |
| rubigineux | lie-de-vin |
| tabac | lilas |
| terreux | mauve |
| tête-de-Maure | parme |
| tête-de-nègre | prune |
| *Blanc* | violet |
| albâtre | violine |
| albugineux | zinzolin |
| argent | *Jaune* |
| argenté | ambré |
| blafard | avoine |
| blanchâtre | banane |
| blême | beurre frais |
| éburnéen | blond |
| ivoire | canari |
| lacté | chamois |
| laiteux | champagne |
| livide | cireux |
| nacré | citron |
| neigeux | doré |
| niveen | maïs |
| opalin | miel |
| platiné | moutarde |
| ventre-de-biche | or |
| *Rouge* | paille |
| amarante | poussin |
| andrinople | safran |
| balais | serin |
| bordeaux | thé |
| brique | *Gris* **355** |
| coq de roche | anthracite |
| carmin | ardoise |
| cerise | argilacé |
| cinabre | cendré |
| coquelicot | cendreux |
| corail | grivelé |
| corallin | mastic |
| cramoisi | plombé |
| cuivré | souris |
| écarlate | tourterelle |

Adv. 29 Chromatiquement.

Aff. 30 Chromat-, chromato-, chrom-, chromo-.

31 -chrome, -chromie.

32 -colore.

## 353 BLANC

N. 1 **Blanc** *(le blanc)* 352, blancheur, blanchoie-
ment [litt., rare].

2 TECHN., TEXT. : blanc d'argent, d'azur ; blanc
de Chine, des Indes ; blanc de pâte. –
Blanc d'impression ; blanc grand teint,
blanc petit teint.

3 Colorants et pigments blancs. – **Céruse**, cérusite ; blanc de plomb ; blanc d'argent,
blanc de titane, blanc de zinc 352.8 ;
lithopone [CHIM.] ; blanc fixe. – **Azurant
optique**, blanc optique [TECHN.]. – **Blanc
de craie**, de lait, de perle.

4 **Blanchiment, blanchissement** [vx] ;
déalbation [didact.]. – **Décoloration.** –
Azurage, **blanchissage** [TECHN.]. – Chau-
dage, **chaulage**. – Albification, déalbation
[ALCH.].

5 Blancheur ; **candeur**, innocence ; **pureté
693.**

6 **Pâleur 383** ; mine de papier mâché.

7 IMPRIM. – Blanc *(un blanc)* 158.2, espace *(une
espace)* ; quadrat, quadratin. – Lacune,
omission 401.

8 Blanc *(un Blanc)* **334.**

V. 9 **Blanchir** ; blanchoyer [vx]. – **Passer au
blanc** ; échauder, chauler. – Azurer
[TECHN.].

10 Blanchir, blanchir sous le harnais ou, vx,
le harnois 355.6. – **Blêmir 472**, pâlir,
perdre ses couleurs. – Avoir mauvaise
mine.

Adj. 11 **Blanc** ; blanc comme neige, comme l'albâtre, blanc comme le lait, blanc comme
la craie, blanc comme le lis. – Albe [litt.,
vx] ; fleuri [vx ou litt.] (cf. *la barbe fleurie* de
Charlemagne dans les chansons de geste). –
De lin, platiné *(cheveux platinés)*. – Incolore.

12 **Blanchâtre**, blanchet [vx] ; albescent [litt.],
albuginé, albugineux [MÉD.] ; nivéen [litt.,
rare] ; lacté, lactescent, laiteux, opalescent,
opalin. – Nacré. – Crème ; ivoirin ; ven-
tre-de-biche [litt.].

13 **Blanc** (opposé à basané), clair 350.34 ;
blanc comme un cachet d'aspirine, blanc
comme un lavabo ou comme un pied de
lavabo [fam.]. – **Blafard**, blême, hâve 383,
livide ; blanc comme un linge. – Blanc de
colère 471.12 ; blanc de peur 472.

14 **Blanchissant**, blanchoyant [litt.]. – Blan-
chi sous le harnais ou le harnois, chenu
[litt.].

15 Qualifiant le blanc. – [blanc] argenté, candide, immaculé, lilial, virginal ; [blanc]
cru, éblouissant, éclatant ; [blanc] douteux, sale ; [blanc] nacré, laiteux ; [blanc]
cassé ; [blanc] mat.

Adv. 16 **Blanchement** [rare]. – À blanc *(chauffer à
blanc).*

Aff. 17 Albi- ; leuc-, leuco- [didact.].

## 354 NOIR

N. 1 **Noir** *(le noir)* ; **noirceur.** – Noireté ou
noirté [vx, région.] ; nuit, **obscurité 351**,
ténèbres ; ténèbre [litt.].

2 **Noir** ; sable [HÉRALD.].

3 Colorants et pigments noirs. – Noir d'animal ; noir de fumée, noir de carbone, noir
de gaz ou carbon black, noir de houille ;
noir de manganèse, noir minéral, noir de
platine, noir d'ivoire, noir de velours,
noir de pêche ; noir de vigne, noir de lie ;
noir d'acétylène, noir d'alizarine ; noir
d'aniline ou noir inverdissable [TEXT.]. –
BX-A. : bistre *(le bistre),* ombre (ou : terre
d'ombre, terre à ombrer), noir de liège ou
noir d'Espagne, noir de terre.

4 Noir (le noir, opposé au rouge) [JEUX].

5 Noir *(le noir)* ; mélancolie, pessimisme
**443.** – Cafard [fam.], spleen.

6 **Noir** *(un Noir)* ; vx ou péj. : nègre *(un nègre,*
fém. *négresse),* négrillon *(un négrillon,* fém.
*négrillonne).* – Métis *(un métis),* mulâtre
*(un mulâtre,* fém. *mulâtresse) ;* moricaud
*(un moricaud,* fém. *moricaude)* [péj. et ra-
ciste]. – **Négritude** [LITTÉR.].

7 **Noircissure**, salissure 381. – Bringeure.

8 **Noircissage**, noircissement ; salissement
[rare]. – Calcination 256.

9 MÉD. : mélanisme, mélanodermie 383, mélanose.

V. 10 **Noircir.** – Assombrir, bistrer, foncer 351,
ombrer. – Charbonner, mâchurer, ma-
culer, **salir 381.** – Pousser au noir, tirer
au noir [PEINT.].

11 Noircir ; **bronzer**, hâler, brunir ; tanner.

12 Porter du noir ; être en deuil 688.

13 Broyer du noir 464 ; avoir un coup de noir
ou avoir le noir [fam., vieilli]. – Voir tout
en noir.

14 Impers. : faire noir *(il fait noir, noir comme
dans un four).*

Adj. 15 **Noir** ; noirâtre, noiraud [vx] ; charbon-neux, fuligineux ; bistre, brun **356** ; tête-de-nègre.

16 **Noir comme jais** (ou : comme du jais, comme de l'encre, comme du cirage, comme du charbon, comme un corbeau, comme de l'ébène, comme de la poix). – Bringé **357.15**.

17 Noir, **noir de crasse**, noir de suie ; **sale 381** ; en deuil [fam.]. – Noirci, **sali**, terni.

18 **Noir** ; **basané**, bistré ; bronzé, hâlé ; mo-ricaud, noiraud [fam.]. – Mélanoderme. – Nigritique [didact.].

19 **Noir, obscur 351**, sombre, ténébreux. – Couvert, chargé, lourd.

20 Qualifiant le noir. – [Noir] intense, intégral, soutenu, profond, tranché **352.27**.

Adv. 21 **Noirement** [litt.], sombrement.

22 IMPRIM. : en noir au blanc *(un titre en noir au blanc)* ; en réserve.

Aff. 23 Nigri-, nigro- ; **mélan-**, mélano-.

## 355 GRIS

N. 1 **Gris** *(le gris)*. – Grisette [vx].

2 PEINT. – **grisaille** *(une grisaille)* ; camaïeu gris *(un camaïeu gris)* ; camée *(un camée)* **352.13**. – Grisé *(un grisé)*. – Grisailleur [vx].

3 **Grisaille** ; **monotonie 458**, tristesse **464**.

4 Grisage [TECHN.]. – **Grisonnement** [litt.].

V. 5 PEINT. : **grisailler**, griser ; peindre en gri-saille. – Grisonner.

6 **Grisonner** ; blanchir, blanchir sous le harnais ou, vx, le harnois **317**.

7 Impers. : faire gris, faire mauvais temps.

7 La nuit, tous les chats sont gris [prov.].

Adj. 8 **Gris, grisâtre**. – Couleur de muraille.

9 **Grisonnant** ; grison, poivre et sel.

10 **Maussade**, morne, terne, triste **464**.

11 Gris de poussière, sale **381** ; gris sale.

12 **Gris clair**, gris très clair, gris porcelaine, gris perle ou gris de perle, **gris souris** ou souris, gris tourterelle **352.28**. – Gris ordinaire, gris foncé ; **gris anthracite** ou anthracite, gris argenté ou gris argent, gris-fer, gris fer ou gris de fer, gris de lin ou gris-de-lin. – Gris-blanc mat, gris pom-melé ou gris-pommelé ; gris rosé ; gris-brun ; gris-vert ; gris-bleu, gris ardoise ou gris ardoisé.

13 ZOOL. : gris tourdille ; gris isabelle **358.14**. – Pinchard.

## 356 BRUN

N. 1 **Brun** *(le brun)* ; marron *(le marron)*, noir *(le noir)* **354** ; rousseur. – Brunette [anc.] ; roussi *(un roussi)* [vx].

2 Colorants et pigments bruns. – Origine miné-rale : terres, ombre (ou terre d'ombre, terre à ombrer), terre de Sienne **358.2** ; ocres, ocre brune, ocre violette ou brun Van Dick. – Origine végétale : bois de Campê-che, brou de noix, brun de cachou, brun de garance. – Origine animale : sépia. – Origine organique : brun Lutétia, brun Sou-dan, organol ; laques brunes ; brun de résorcine RN, brun diazol M.

3 Brunissement ; **bronzage**, hâle. – Bron-zette [fam.]. – Brunisseur. – Bronzomanie.

4 TECHN. – Brunissure, roussissement ou, vx, roussissage ; brunissement. – Boucanage, tannage.

5 Rousseur *(une rousseur)*, roussissure. – **Tache de rousseur**, tache de son, rousse *(une rousse)* [région.] ; éphélide ; grain de beauté, lentigo.

6 **Brun** *(un brun* opposé à *un blond)* ; brunet *(un brunet)* [vx] ; brune piquante, brunette *(une brunette)*. – **Châtain** *(un châtain)* **335**. – Roux *(un roux)* ; rouquemoute [arg.].

V. 7 **Brunir** ; assombrir, foncer ; bistrer, noir-cir **354.10**. – Roussir ; roussiller [rare ou région.] ; brûler **243**.

8 **Brunir** ; basaner, **bronzer**, dorer **358**, hâ-ler ; boucaner, tanner. – Prendre des cou-leurs **352.22** ; se dorer au soleil.

Adj. 9 **Brun** ; foncé, sombre, terreux. – Brunâ-tre, rousseâtre ; ocre ou, litt., ocreux, ocré.

10 Brun (opposé à blond) ; brunet [vx] ; **châ-tain 335**, châtain cendré, châtain clair, châtain foncé. – Brun roux ; auburn, roux ; rouquin [péj.], rousseau ou roussot [vx] ; rouge.

11 Brun ; **basané**, bistré, cuivré ; brique [app.], briqueté. – Bruni ; **bronzé**, hâlé ; boucané, tanné, tanné par le soleil. – Rousselé [vx].

12 Marron, bronze ; caramel, carmélite, sa-ble ; acajou, chocolat, havane, tabac ; brun-jaune, kaki ; brun-rouge, fauve, roux ; ocre brune, bronze noir.

13 ZOOL. : alezan, bai, baillet [vx], louvet, saure ou, rare, sauré.

## 357 ROUGE

N. 1 **Rouge** *(le rouge)* **352.6**, rougeur *(la rou-geur)* [litt.] ; pourpre *(la pourpre)*, pourprin *(le pourprin)* ; rose *(le rose)*, roseur [rare]. – Gueules [HÉRALD.].

2 Pigments et colorants rouges. – Origine minérale : cinabre, hématite, sanguine, scarlet ; rouge de cadmium, rouge de chrome, rouge de cobalt, rouge de mercure, rouge de molybdène ; oxydes de fer rouges, minium, vermillon d'antimoine, mine orange ; pourpre de Cassius ou pourpre minéral *(le pourpre de Cassius)*, rouge d'Andrinople ; ocres 356.2 sandix [ARCHÉOL.]. – Origine végétale : carthamine, garance, orcanette, orseille, rocou, santal rouge, tournesol rouge, sang-dragon ou sang-de-dragon ; bois de campêche (ou bois bleu, bois d'Inde, bois noir), campêche, bois de Pernambouc. – Origine animale : carmin, kermès, pourpre *(la pourpre)*. – Origine organique : rouge para, rouge de toluidine, rouge Lithol, rouge C, rouge Fanal ; quinacridone, tétrachloro-iso-indolinone, pérylène [CHIM.]. – Origine synthétique : alizarine, azoïque rouge, érythrosine ou fluorescéine, éosine, fuchsine, magenta, phtaléine, rosaniline, roséine, safranine, ponceau ; pyoctanine [PHARM.].

3 TECHN. : **rouge à polir** ; colcotar ; rouge d'Angleterre, rouge de Prusse.

4 Rougissement ; didact. : érubescence, rubescence ; rosissement. – Éreutophobie ou érythrophobie.

5 **Rougeur**, rubéfaction [MÉD.], inflammation 383, feu [vx] ; enluminure [litt.] ; **couperose**, purpura [MÉD.] ; rougeole. – Rougeoiement.

V. 6 **Rougir** ; rougir comme une écrevisse (ou : comme un coq, une tomate, un homard, un coquelicot, une pivoine) ; rougir jusqu'aux yeux, rougir jusqu'au blanc des yeux, rougir jusqu'aux oreilles ; avoir le feu au joues ; piquer un fard [fam.] ; s'empourprer [sout.]. – Rougir de honte 611 ; rougir de timidité 618 ; rougir de plaisir 467. – Voir rouge [fam.] 471.

7 Rougir, **rougeoyer**.

8 **Rougir** ; empourprer, enluminer 352, pourprer [vx] ; embraser, enflammer 256, ensanglanter, incendier. – Couperoser, rubéfier [didact.] ; congestionner.

9 Chauffer au rouge ; chauffer à blanc, porter au rouge [MÉTALL.].

Adj. 10 **Rouge**, rougeâtre ; pourpre, litt. : pourpré, purpurin ; vx : purpreuse [fém.], pourprin ; purpuracé [didact.] ; vineux ; carminé, corallin [litt.], sanglant [litt.], **vermeil** ; rose, rosé ; incarnadin, incarnat. – Roux, rubigineux.

11 **Rougeaud** ou, région., rougeot, rouget [fam.], rubicond ; sanguin. – Empourpré, **cramoisi**, écarlate ; cuivré ; didact. : érubescent, rubescent ; enluminé. – Couperosé ; congestionné ; enflammé, irrité. – **Roux 356.10**, rouquin [péj.].

12 **Bordeaux** *(veste bordeaux)*, grenat, lie-de-vin, rubis ; magenta ; amarante, andrinople carmin, cinabre, corail, nacarat, sang, **vermillon** ; capucine, cerise, coquelicot, fraise, garance, géranium, groseille, ponceau ; **tomate** ; écrevisse ; brique ; rouille.

13 Rouge andrinople (ou : andrinople, rouge d'andrinople), rouge feu, rouge pompéien, rouge turc. – Rouge-orange, orangé, safrané ; rouge abricot, carotte, tango.

14 Rougissant. – Rubéfiant [MÉD.].

15 ZOOL. : aubère, rouan. – Bringé 354.

Adv. 16 Au rouge *(chauffer au rouge)*.

Aff. 17 Érythr-, érythro-.

## 358 JAUNE

N. 1 **Jaune** *(le jaune)* 352.6. – **Blondeur** *(la blondeur)*, blond *(le blond)*, flavisme [didact.] ; blondasserie [rare]. – Blondoiement [litt.].

2 Colorants et pigments jaunes. – Origine végétale : curcumine, fustet, genestrolle, quercitrine, cachou, safran, stil-de-grain ; bois de châtaignier, bois de thuya. – Origine minérale : chromates de plomb, de zinc, oxydes de fer jaunes ; protoxyde de plomb ou massicot, iodure de plomb, or massif ou bisulfure d'étain ; ocres jaunes ; terre de Sienne naturelle 356.2 ; jaune d'antimoine, jaune de cadmium, jaune de chrome, jaune de zinc ; jaune d'outremer, jaune de Mars, jaune d'urane ; jaune indien ; jaune de Cassel ou de Paris, jaune de Naples, jaune de Vérone, jaune de Turner. – Origine organique : jaune Lutécia, jaune Hansa, jaune diazol, jaune mikado.

3 **Jaunissement** ; flavescence [litt.]. – Jaunissage [TECHN.]. – Jaunissure ; salissure 381.

4 **Jaunisse** ou, MÉD., ictère 383. – MÉD. : flavedo, xanthochromie ; xanthélasma, xanthome. – Xanthopsie [MÉD.] 347.5.

5 Jaune *(un jaune)* 334. – **Blond** *(un blond)* 335, blondinet ; blondasse *(un blondasse)* [péj.].

V. 6 **Jaunir** ; ambrer [litt.], ocrer, safraner. – **Blondir**, dorer 356.8, surdorer 260 ; décolorer ; dorer à l'œuf [CUIS.].

Adj. 7 **Jaune,** jaune comme cire [vieilli], **jaune comme un citron,** jaune comme un coing ; jaune comme l'or, **jaune comme la paille.** – Jaunasse, jaunâtre. – Cireux, jaunet [vx], ictérique [MÉD.] ; citrin [litt.]. – Fauve, feuille-morte ou feuille morte.

8 **Blond, blond comme les blés ;** vx : blondelet, blondin ; flavescent ou flave [litt.] ; décoloré.

9 Jauni, passé ; sale **381.**

10 Blondissant ; jaunissant. – Blondoyant [litt.].

11 Jaune clair, pâle ; foncé ; ambré, doré, ocré, safrané, soufré ; éclatant, sale, pisseux. – Jaune d'œuf, jaune d'or.

12 Blond clair, foncé ; cendré, platiné ; filasse ; vénitien.

13 **Canari** *(veste canari, jaune canari),* serin ; **citron ;** chamois ; paille ; soufre.

14 ZOOL. – Isabelle, saure ou, rare, sauré **356.13.**

Aff. 15 Xanth-, xantho- ; ictéro-.

## 359 VERT

N. 1 **Vert** *(le vert) ;* rare : verdeur, verdure, viridité ; didact. : glaucescence, glaucité. – Sinople [HÉRALD.] **352.4.**

2 Colorants et pigments verts. – Terres vertes, terre de Cassel ; vert aquatique, vert végétal ; vert malachite, de montagne ; vert de chrome, de cobalt ; vert de vessie ; vert anglais, vert Brunswich, vert Véronèse ; vert molequin ou vert de mauve ; verdet ; vert de méthyle ; pyoctanine [PHARM.].

3 **Verdure 290,** végétation ; chlorophylle. – Plante verte.

4 Verdissage [rare]. – Verdissement ; **verdoiement.**

5 Deutéranopie [PATHOL.] **347.2.** – Deutéranope.

6 Vert *(un Vert, les Verts) ;* écologiste **282.**

V. 7 **Verdir,** reverdir, verdoyer. – Se vert-degriser.

8 Verdir ; blêmir **472, pâlir 353.10.**

Adj. 9 **Vert** ou, vx, verd ; rare : verdoré, viride ; vx : verdelet, verdet. – Verdasse, **verdâtre ;** glauque, glaucescent [didact.], olivâtre ; smaragdin [didact.]. – Verdi, vert-de-gris, vert-de-grisé. – Verdissant, verdoyant, viridant [rare].

10 Vert doré, vert-jaune ; vert pâle, vert tendre ; vert foncé, vert sombre ; vert acide, vert brillant, vert cru, vert vif.

11 Vert absinthe ; vert bouteille ; vert tilleul ; vert céladon ; vert Nil ; vert amande, vert artichaud, vert asperge, vert épinard, vert olive, vert pistache ; vert bronze ; vert émeraude, vert jade ; aigue-marine. – Vert mousse ; vert pomme ; vert prairie, vert printemps.

Adv. 12 Vertement [litt.]. – Au vert *(se mettre au vert).*

13 En vert ; en herbe.

Aff. 14 Chlor-, chloro-, glauc-, glauco-.

## 360 BLEU

N. 1 **Bleu** *(le bleu)* **352.8,** bleuité [litt. rare] ; bleuté *(le bleuté).* – Azur [HÉRALD.].

2 Pigments bleus. – Origine minérale : **bleus de cobalt** (oxyde bleu de cobalt) ; bleu de Prusse (ou : bleu de Berlin, bleu de Paris, bleu Milori) (ferrocyanure potassoferrique) ; **bleu d'outremer** (silicate complexe de sodium et d'aluminium) ; bleus cuivreux (ou : bleus de cuivre, azurs de cuivre) (carbonates naturels de cuivre) : azur ou bleu d'azur, azurite, bleu de Brême, bleu égyptien, bleu de Hambourg, bleu de montagne. – Origine organique : bleus de phtalocyanine.

3 Colorants bleus. – Origine végétale : bois bleu, **indigo,** isatis (ou : **guède, pastel),** tournesol. – Origine minérale : safre ou smalt (oxyde bleu de cobalt) ; bleus de houille. – CHIM. : azurine, bleu de méthylène, induline ou bleu coupier, bleu de Lyon ; Indophénol, bleu de résorcine ; pyoctanine [PHARM.].

4 Bleuissage ou **bleuissement ;** azurage ou, rare, azurement [TECHN.]. – Azurant ou blanc optique [TECHN.], bleu.

5 Bleu *(un bleu)* ou, rare, bleuissure **387,** ecchymose, noir *(un noir) ;* cassin [région.].

V. 6 **Bleuir ;** TECHN. : azurer, bleuter.

Adj. 7 **Bleu ;** litt. : azuré, azuréen, azurin [vx] ; turquin [litt.] ; bleuâtre, céruléen ou cérulé [litt.] ; bleuté, pers *(des yeux pers)* [litt.] ; ultra-marin ou ultramarin [litt.]. – Bleuissant.

8 [Bleu] clair, céleste, pâle ; électrique, vif ; foncé, gris, noir ; bleu-vert. – [Bleu] d'azur, de jade ; de lin ; de paon ; de faïence, de porcelaine ; de Prusse, de Saxe, de Sèvres. – [Bleu] ciel ou de ciel, horizon, marine, nuit, outremer ; acier, ardoise, pétrole ; turquoise ; hussard, roi ; nattier ; canard, paon ; barbeau, bleu lavande ou lavande, pastel, pervenche.

Aff. 9 **Cyan-, cyano-**.

## 361 VIOLET

N. 1 **Violet** *(le violet)* 352 ; améthyste *(l'améthyste d'une étoffe)*, lilas, pourpre *(le pourpre)*, zinzolin.

2 Colorants et pigments violets. – Origine minérale : violet cristallisé ou cristal violet, violet de cobalt, violet d'outremer. – Origine organique : violet de méthylène, violet d'anthraquinone. – Origine animale : pourpre *(la pourpre)* 357. – Origine végétale : violet de gentiane. – Pyoctanine [PHARM.].

3 Violette *(une violette)* 288. – Violet *(du violet)* ou bois violet 265.

V. 4 **Violeter** [rare] ; violacer. – Se violacer.

Adj. 5 **Violet** ; violacé, violâtre [rare]. – Violine ; **mauve**, mauvâtre [rare] ; pourpre 357.12.

6 Améthyste ; aubergine, cassis, prune, pruneau [vx] ; zinzolin ; lilas, pensée ; **lie-de-vin** ; parme.

Adv. 7 **Violâtrement** [rare].

## 362 POLYCHROMIE

N. 1 **Polychromie** 352.13. – Bichromie, trichromie, quadrichromie. – Iridescence [litt.].

2 **Bariolure** ; bigarrure, chamarrure ; chinure, jaspure, marbrure ; panachure [didact.]. – **Moucheture** ; rare : tacheture, grivelure, maille, ocellure. – **Rayure**, tigrure, zébrure. – Diaprure, moirure.

3 **Bariolage** ; bariolis, chamarrage, chinage ; panachage. – **Chatoiement** 350.6 ; moirage.

4 **Tache** ; miroir, ocelle. – **Bande**, raie ; zébrure. – **Reflet** ; irisation 350.5, irisement [litt.].

5 Patchwork [anglic.]. – **Habit d'arlequin** [litt.]. – Habit de lumière [TAUROMACHIE].

6 **Arc-en-ciel** ; écharpe d'Iris [litt.]. – **Spectre solaire** [PHYS.] 350.17.

7 Kaléidoscope.

V. 8 **Colorer** 352.20 ; barioler, bigarrer, billebarrer [vx], chamarrer, marqueter ; diaprer. – **Chiner**, jasper, marbrer ; panacher. – **Moucheter**, oceller, tacheter ; rare : mailler, tiqueter, truiter. – **Rayer**, tigrer, zébrer.

9 Iriser, moirer. – Brillanter [litt.].

10 **Chatoyer** ; miroiter.

Adj. 11 **Polychrome**, polychromé ; multicolore, polycolore ; de toutes les couleurs. – Ba-

riolé, billebarré [litt.], chamarré. – Diapré, jaspé, marbré, marqueté, moucheté. – **Bicolore**, tricolore. – Tacheté ; grivelé, tigré, ocellé ; rare : maillé, tiqueté, truité. – Rayé ; tigré, zébré. – Bayadère (en appos. : *étoffe bayadère*). – Gorge-de-pigeon.

12 **Versicolore** ; chatoyant, irisé, moiré. – Litt. : iridescent, opalescent. – Kaléidoscopique.

Aff. 13 Chromat-, chromato-, chrom-, chromo-.

14 -chrome, -chromie ; -colore.

## 363 AUDITION

N. 1 **Audition** ; ouïe *(l'ouïe)*.

2 **Audition passive** ou audition. – **Audition active** ou auscultation ; auscultation immédiate, auscultation médiate [MÉD.]. – Audition colorée, audition gustative.

3 **Oreille externe** ; pavillon ; anthélix, hélix, ourlet ; conque ; lobe ou lobule ; antitragus, tragus. – Conduit auditif, point auriculaire ; creux de l'oreille, tuyau de l'oreille [fam.]. – **Oreille moyenne** ; caisse du tympan ; membrane du tympan ou tympan ; os lenticulaire, osselets (enclume, étrier, marteau) ; trompe d'Eustache ; fenêtre ovale, fenêtre ronde. – **Oreille interne** ; labyrinthe, canal semi-circulaire ; limaçon ou cochlée, rocher, vestibule ; aqueduc, saccule, utricule. – Nerf auditif.

4 **Oreille** ; esgourde [arg.], feuille [pop.], portugaise [pop.].

5 **Audibilité** 365 ; audible *(l'audible)*. – Limite d'audibilité, seuil d'audibilité.

6 **Bourdonnement d'oreille** 367, sifflement 368, tintement d'oreille, tintouin [vx]. – Acouphène [MÉD.]. – Hyperacousie [PATHOL.].

7 **Cérumen**, cire. – Bouchon de cérumen.

8 **Audiomètre, acoumètre** ; audimètre [TECHN.].

9 **Otoscope** ; stéthoscope. – **Appareil acoustique** ; tube acoustique, tuyau acoustique ; audiophone. – Vase acoustique [ANTIQ. GR.].

10 **Audiométrie** ; audiométrie tonale, audiométrie vocale, audiométrie objective ; acoumétrie.

11 **Audiologie** ; otologie ; audiophonologie. – **Acoustique** *(l'acoustique)* 365 ; bioacoustique *(la bioacoustique)*, catacoustique *(la catacoustique)*, électroacoustique *(l'électroacoustique)* 781.

12 **Audiogramme** [SC.].

13 **Décibel,** décibel pondéré (symb. dB A, B, C...) ; phone *(un phone)* [PHYS.].

14 **Audiofréquence** ; fréquence acoustique ou fréquence musicale [SC.].

15 **Auditeur,** écoutant *(un écoutant)* [vx], écouteur [vx]. – Témoin auriculaire (opposé à témoin oculaire). – Auditif *(un auditif,* opposé à *un visuel). – Audiophile (un audiophile).*

16 **Audiométriste,** audiovisualiste [rare, didact.]. – Auriste [didact., vx], oto-rhino-laryngologiste ou oto-rhino. – Acousticien.

V. 17 **Entendre,** ouïr [vx]. – **Avoir de l'oreille,** avoir l'oreille fine ; avoir l'oreille juste, avoir l'oreille musicale, **entendre juste.** – Entendre des voix [iron.].

18 **Écouter** ; dresser, prêter, tendre l'oreille ; écouter de toutes ses oreilles, être tout oreilles, être tout ouïe, ouvrir grand ses oreilles [fam.], prêter une oreille attentive. – **Ausculter** [MÉD.]. – Audiovisualiser [didact.].

Adj. 19 **Auditif** ; acoustique, sonore.

20 SC. – **Audiologique,** audiométrique. – Audio-oral [didact.], audiovisuel. – Acousto-optique. – **Auriculaire,** otique [ANAT.] ; biaural ou binaural, biauriculaire ou binauriculaire.

21 Sourd 364 ; malentendant ; dur d'oreille [fam.].

Adv. 22 **Auditivement,** acoustiquement. – Auriculairement.

Aff. 23 **Acou-,** acous-, **audi-, audio-,** auri-, auro- ; **oto-.**

24 -acousie, -acoustique.

## 364 SURDITÉ

N. 1 **Surdité** 383 ; agnosie auditive [didact.], dureté d'oreille ; cophose [didact.].

2 **Surdité partielle** ; hypoacousie, subsurdité ; surdité progressive. – **Surdité congénitale** ou de naissance ; surdité complète ; surdi-mutité **366.** – **Surdité corticale** ou psychique ; surdité mélodique et tonale ou surdité musicale ; amusie, anesthésie auditive ; surdité verbale. – **Surdité traumatique** ou accidentelle ; surdité professionnelle. – **Surdité fonctionnelle** ; surdité centrale. – Surdité de transmission, surdité de perception ; **surdité mixte.** – **Surdité sénile** ; presbyacousie. – Surdité psychogénique ; fausse surdité.

3 **Prothèse auditive** ; audiophone, Sonotone [nom déposé] ; cornet acoustique [anc.], trompe [vx].

4 **Cophochirurgie** ; myringoplastie, tympanoplastie.

5 **Alphabet des sourds-muets.** – Langage des sourds-muets, langue des signes. – Chirologie.

6 **Otalgie** ; otite aiguë, otite chronique ; otorrhée. – Otospongiose, tympanosclérose [PATHOL.].

7 **Malentendant** *(un malentendant) ;* sourd *(un sourd)* 363, sourd-muet *(un sourd-muet) ;* sourdingue *(un sourdingue)* [fam.].

8 Degrés de surdité. – Sourd total ou profond ; demi-sourd grave, demi-sourd léger, malentendant.

9 **Dialogue de sourds** [fig.]. – Il n'est pire sourd que celui qui ne veut pas entendre [prov.]. – Ce n'est pas tombé dans l'oreille d'un sourd [loc. fam.].

V. 10 **Avoir l'oreille dure** (ou : insensible, paresseuse) ; avoir les oreilles bouchées, avoir les portugaises ensablées [fam.]. – Perdre l'ouïe. – **Faire la sourde oreille** 520, faire le sourd [fig.]. – Se boucher les oreilles [fig.].

11 **Assourdir.** – Abasourdir.

Adj. 12 **Sourd** ; dur d'oreille, mal-entendant, sourdaud [vx, région.] ; dur de la feuille, sourd comme un pot [fam.], sourdingue [fam.]. – Sourd-muet ou sourd et muet.

13 **Assourdissant** ; abasourdissant.

Adv. 14 **Sourdement.** – En sourdine.

Aff. 15 Surdi- ; copho-.

## 365 SON

N. 1 **Son** ; bruit 367. – Sonorité, timbre. – Cri 747. – **Musique 781.**

2 SC. – **Onde sonore** ; fréquence sonore, vibration sonore [PHYS.]. – Son complexe, son fondamental ; son pur, son simple [PHYS.]. – **Son subjectif** ; son, aural, son intra-aural. – Sons aigus, sons graves, sons du médium. – **Harmonique** *(un* ou *une harmonique)* [MUS.] ; son entretenu ou musical, son hululé. – **Infrason,** ultrason.

3 **Dissonance** ; discordance 27 ; cacophonie. – Canard, couac *(un couac) ;* fausse note. – **Sifflement 368.** – Effet Larsen ou larsen.

4 **Résonance,** réverbération sonore. – **Écho.**

5 **Euphonie**. – **Consonance**, consonance parfaite (opposé à consonance imparfaite) ; consonance mixte ; accord [MUS.].

6 **Voix** ; tessiture 784, timbre, ton. – Diapason, registre *(registre aigu, haut, moyen, grave)*. – Son de la voix ; son articulé. – **Chant**. – **Cri**, son inarticulé.

7 Voix de basse, de stentor ; voix de rogomme ; voix de crécelle, voix de fausset ; voix de gorge, voix de nez, voix de tête, etc.

8 LING. – **Phonème 742**. – **Consonne 744** ; dentale *(une dentale)*, palatale *(une palatale)*, vélaire *(une vélaire)* ; liquide *(une liquide)* ; consonne mouillée ; alvéolaire *(une alvéolaire)*, postalvéolaire *(une postalvéolaire)* ; bilabiale *(une bilabiale)*, labiale *(une labiale)*, labiodentale *(une labiodentale)* ; occlusive *(une occlusive)*, constrictive *(une constrictive)*, composée *(une composée)* ; nasale *(une nasale)*, latérale *(une latérale)*, médiane *(une médiane)* ; chuintante *(une chuintante)*, explosive *(une explosive)*, fricative *(une fricative)*, sifflante *(une sifflante)*, spirante *(une spirante)*, vibrante *(une vibrante)* ; click [PHON.]. – **Voyelle** ; voyelle antérieure ou palatale, postérieure *(une postérieure)* ou vélaire, labiale *(une labiale)* ou arrondie *(une arrondie)*. – Voyelle ouverte (opposé à voyelle fermée). – Voyelle accentuée, voyelle non-accentuée ou atone. – Voyelle brève, voyelle longue. – **Diphtongue**, triphtongue. – Semi-consonne, yod *(un yod)*. – Semi-voyelle. – Phonogramme [PHON.].

9 **Intensité sonore** ; audibilité 363 ; sonie [SC.]. – Amplitude sonore ; niveau, **volume sonore**. – Relief sonore ; quadriphonie, stéréophonie (opposé à monophonie) [TECHN.]. – Modulation. – Crescendo *(un crescendo,* opposé à *decrescendo)*.

10 **Source sonore**. – Signal sonore ; bouée sonore [TECHN.]. – **Bip** *(un bip)*, bip-bip *(un bip-bip)*.

11 **Mur du son** ; barrière sonique, mur sonique. – **Bang** *(un bang)*.

12 PHYS. – **Bel**, **décibel** (symb. dB) ; phone *(un phone)*, sone *(un sone, une sone)* ; **hertz** (symb. Hz).

13 **Magnétophone** ; baladeur, lecteur de cassettes, magnétocassette ; Walkman [nom déposé, anglic.]. – **Sonagraphe** ou sonographe [didact.].

14 **Amplificateur**, ampli [fam.] ; booster [anglic.] ; **sonorisation**, sono *(la sono)* [fam.].

– **Enceinte acoustique**, balance ; baffle, **haut-parleur**. – Haut-parleur de graves ; boomer, woofer [anglic.]. – Haut-parleur d'aigus ; tweeter [anglic.]. – Mégaphone, porte-voix. – **Microphone** ; micro, micro canon, micro directionnel [TECHN.] ; microcravate.

15 **Hifi** *(la hifi)*. – Chaîne haute-fidélité, chaîne, disque compact ou compact *(un compact)*, mini-chaîne ; électrophone, mange-disque, pick-up, tourne-disque ; phonographe [vx]. – **Radio**, tuner [anglic.] ; radiophonie [vx] 767. – Diapason. – Sonar, radar [TECHN.].

16 Échomètre, sonomètre [PHYS.]. – Sirène [PHYS.].

17 Sonométrie ; phonométrie.

18 **Acoustique** *(l'acoustique)* ; électroacoustique *(l'électroacoustique)*. – Phonétique *(la phonétique)* ; orthoépie [didact.]. – Orthophonie.

19 **Archives sonores** ; phonothèque, sonothèque ; cassettothèque, discothèque.

20 **Enregistrement** 771 ; phonocontrôle [TECHN.], reproduction sonore. – Prise de son. – Phonogénie.

21 **Bande sonore**, piste sonore. – **Bande magnétique** [TECHN.], cassette. – **Disque** ; audiodisque, disque noir, disque compact ; microsillon [vx].

22 Sonagramme ou sonogramme [didact.].

23 **Ingénieur du son**, preneur de son ; sonoriste *(un sonoriste)* [TECHN.]. – Phonéticien [LING.]. – **Orthophoniste**, phoniatre ; phonologue. – Audiophile.

V. 24 **Sonner** ; sonnailler [rare] ; tinter. – Bruisser [rare], bruire. – Retentir, résonner.

25 **Émettre**, produire, rendre un son ; nasaliser [PHON.]. – Enrouer. – **Sonoriser** ; bruiter [TECHN.] 367.

26 **Parler 745** ; articuler, prononcer. – **Moduler**. – Phonétiser [LING.].

Adj. 27 **Acoustique 363**, sonore. – Audible, perceptible.

28 **Phonique** [didact.] ; monophonique ; monaural. – Quadriphonique, stéréophonique. – **Sonique** ; supersonique, subsonique ; infrasonique. – **Phonométrique**, sonométrique [TECHN.].

29 **Phonétique** ; phonématique, phonémique [LING.]. – Phonologique. – **Euphonique** (opposé à cacophonique) ; harmonique [MUS.].

30 Qualifiant le son. – Eurythmique, mélodieux. – Argentin, clair, cristallin. –
Cuivré, délié, flûté. – Perçant, sifflant,
strident. – Mat, plein, sourd ; assourdi,
dévoisé. – Caverneux, creux. – Tonitruant. – Inaudible, mourant. – Détonant, discordant, etc.

31 Qualifiant la voix. – Grave, profonde 784. –
Aiguë, criarde, perçante, pointue, stri-
dente ; nasillarde. – Cassée, éraillée, rau-
que, sourde, voilée ; rémisse [vx]. –
Blanche.

Adv. 32 **Sonorement** [rare]. – À mi-voix, en sourdine. – Phonétiquement. – Euphonique-
ment.

Aff. 33 **Audio-** ; son-, sono- ; **phon-,** phono-.

34 -phone, -phonie.

## 366 SILENCE

N. 1 **Silence** ; mutisme. – **Calme 448,** paix,
tranquillité.

2 **Silence** ; silence religieux ; **règle du silence.** – Silence pythagorique [didact.]. –
La parole est d'argent, le silence est d'or
[prov.].

3 **Silence radio** [MIL.]. – Cône de silence
[AÉRON.]. – Zone de silence [PHYS.,
RADIOTECHN.].

4 **Silence** *(un silence, des silences)* ; interruption, temps d'arrêt. – **Pause** ; aposiopèse
[RHÉT.], réticence. – Minute de silence.

5 MUS. – **Silence** *(un silence)* ; **pause,** demi-
pause. – **Soupir** ; demi-soupir, quart de
soupir, huitième de soupir, seizième de
soupir.

6 **Mutisme** ; mutacisme [didact.]. – Aphasie
746 [MÉD.]. – Mutité 364 ; audimutité [MÉD.].
– Aphonie [MÉD.].

7 **Insonorisation,** isolation phonique
[TECHN.]. – Dôme de silence [TECHN.].

8 Bâillonnement.

9 **Silencieux** *(un silencieux ;* surtout pl. *les
silencieux),* taiseux [région.] ; silenciaire
[rare, litt.].

V. 10 **Garder** ou observer le silence ; avoir un
bœuf sur la langue, avaler sa langue,
mettre sa langue dans sa poche ; avoir
perdu sa langue ; demeurer bouche close,
ne pas desserrer les dents ou les lèvres. –
Ne dire mot, ne pas piper mot, ne pas
souffler mot. – **Rester coi,** rester court,
rester sans voix. – Être à quia. – **Faire
silence** ; déparler [vx, rare]. – Se taire, se
tenir coi.

11 Entendre une mouche voler ; entendre
trotter une souris. – Un ange passe [loc.
fam.].

12 **Imposer le silence,** réduire qqn au silence ; clouer le bec, couper la chique
[fam.]. – Clore la bouche, fermer la bouche ; bâillonner, museler [fig.] ; couper
court, rabattre le caquet [fam.]. – Silencer
[rare, litt.].

13 **Insonoriser,** isoler.

14 S'amuïr [PHON.].

Adj. 15 **Silencieux** ; discret, réservé, réticent ;
fermé, muré, taciturne. – **Muet** ; muet
d'admiration (ou : de peur, de stupeur,
etc.) ; muet comme une carpe, muet
comme la tombe.

16 **Muet** ; **mutique** ; aphasique [MÉD.]. –
**Aphone** [MÉD.].

17 **Calme,** paisible, tranquille.

18 **Insonore.** – Feutré, ouaté.

Adv. 19 **Silencieusement.** – À bas bruit, à petit
bruit ; **sans bruit.** – En sourdine. – En
silence, **sans mot dire.**

20 **Intérieurement** ; en soi-même, in petto ;
**dans son for intérieur.**

Int. 21 **Silence !** Chut ! – **Motus,** motus et bouche cousue ! 727.

## 367 BRUIT

N. 1 **Bruit** ; son 365. – Bruyance [litt., rare].

2 TECHN. – **Bruit impulsif** ; bouffée de bruit,
pulsion de bruit. – Bruit blanc ou bruit
d'agitation thermique ; bruit rose.

3 **Bruit de fond** ; bourdonnement, souffle,
bruit de ronfle, bruit de surface [TECHN.].
– **Brouillage** ; bruits parasites ou parasites 735 ; crachement, crachotement, crépitement ; friture [fam.]. – **Pollution sonore.**

4 **Bruit de fond** ; bruit ambiant, bruit d'ambiance. – **Ambiance sonore** ; bruitage
[TECHN.] **790.**

5 **Bruits confus.** – **Brouhaha** ; clameur,
rumeur. – **Grondement** ; ronflement,
roulement.

6 **Bruits légers.** – **Bruissement** ; frémissement, froissement, frôlement, froufrou. –
**Murmure** ; souffle ; plainte, soupir. –
Chuintement 305, sifflement. – **Clapotage** ; clapotement, clapotis. – **Gargouillement,** gargouillis. – **Cliquètement,**
cliquetis, tintement. – **Crissement** ; craquètement [MÉD.], grincement. – **Cré-**

**pitation** ; crépitement, décrépitation [SC. NAT.] ; grésillement, pétillement. – Ronron, **ronronnement**.

7 **Chuchotement** 745, chuchotis, murmure. – Soupir. – **Plainte** ; geignement, gémissement. – **Râle**, râlement [litt.]. – **Gazouillement** ; babil, lallation. – Clappement.

8 **Pétarade** ; brondissement [rare], vrombissement. – **Éclatement** ; coup de tonnerre, déflagration, détonation, explosion. – **Battement** ; frappement, martèlement. – Clappement, **claquement**. – **Craquement** ; fracas, tapement.

9 **Vacarme** ; charivari, tapage, tintamarre, tohu-bohu, tumulte 46.7. – Fam. : barnum [vieilli], bastringue, boucan, bousin, chabanais [arg.], foin, foire, potin, raffut, ramdam, sabbat, tintouin [vx]. – Bacchanales [vx]. – **Cacophonie**.

10 **Bagarre** ; chahut, esclandre ; fam. : barouf, boulevari [vx], chamaille [vx], chambard, grabuge, hourvari, pétard.

11 **Cri** 747 ; criaillerie. – Éclat de voix, éclat de rire. – **Applaudissement** ; battement de mains.

12 **Râle**, ronflement ; bruit de galop, bruit de souffle [MÉD.]. – **Éternuement**, sternutation [MÉD.]. – Toussotement, **toux**. – **Rot** ; éructation, hoquet. – **Borborygme** ; gargouillement, gargouillis. – **Flatuosité** ; pet, vent [fam.] 339.8, vesse [vulg.].

13 **Bruiteur** *(un bruiteur)*. – Tapageur *(un tapageur)*.

V. 14 **Bruire**, bruisser, bruiter [litt., rare]. – **Faire du bruit** (ou, fam. : du boucan, du potin, du raffut, etc.). – Casser les oreilles, crever le tympan [fam., fig.]. – Faire plus de bruit que de besogne [loc. prov.], faire beaucoup de bruit pour rien.

15 **Gronder**, rouler. – **Pétarader**, ronfler 378.11 ; brondir [rare], vrombir. – Détoner, **éclater**, exploser. – Bourdonner, ronronner. – Chuinter, siffler ; murmurer 745. – Résonner, tinter. – Cliqueter ; crisser, craquer, grincer. – Froufrouter. – Battre 781, clapper, claquer 788, frapper, marteler, taper. – Craquer, craqueter, crépiter, crisser, grincer ; grésiller, pétiller. – Clapoter, gargouiller.

16 **Éructer**, roter. – Péter, vesser [vulg.].

17 **Vociférer** ; crier 747, hurler ; parler fort ; brailler, gueuler [fam.].

18 **Murmurer** ; chuchoter, susurrer 745. – Babiller, gazouiller.

Adj. 19 **Bruyant** ; assourdissant, tonitruant. – Fracassant, retentissant ; tumultueux. – **Bruissant** ; bourdonnant, frémissant, palpitant. – Détonant.

20 Tapageur, tumultueux. – Braillard, criard 747 ; beuglard [fam.].

21 **Bruital** [rare, didact.].

Adv. 22 **Bruyamment**, tapageusement, tumultueusement [litt.]. – À grand bruit (opposé à à petit bruit).

Int. 23 Onomatopées reproduisant ou évoquant des bruits. – Chute : **badaboum**, boum, patapouf, patatras, pouf. – Coup : **bang**, bing ; paf, pan, vlan. – Moteur : **broum**, brrr, vavavoum, vroum ; teuf teuf. – Ronflement : **bzitt**, bzz, zzz. – Cliquètement, craquement : clic, clac, **clic clac** ; crac, criccrac. – Cloches : **dig**, ding, ding dong, drelin drelin ; avertisseur : **pin pon**, pouèt pouèt, tut tut. – Eau : flac floc, **flic flac** ; ploc, plof, plouf ; glou glou. – Fanfare : tsoin, tatsoin, **tsoin-tsouin** ; zim boum boum. – Horloge, montre : **tic tac** ; frappement : toc toc. – Applaudissement : **clap clap.**

# 368 SIFFLEMENT

N. 1 **Sifflement** ; sibilation [didact.], sifflet. – Chant 305, stridulation 369.

2 **Bruissement**, chuintement. – **Sifflotement**, sifflotis [rare]. – **Frouée**, frouement, pipée [CHASSE] 871.

3 MÉD. – **Sifflement** ; sibilance, sibilation. – **Bruit sibilant**, râle sifflant. – **Cornage**, sifflage. – Sifflement d'oreilles 363.

4 LING. – **Sifflante** *(une sifflante)* ou consonne sifflante ; sifflante sonore *(une sifflante sonore)* [z], sifflante sourde *(une sifflante sourde)* [s] ; chuintante *(une chuintante)* [*]. – Assibilation. – Chuintement.

5 **Coup de sifflet** ; appel, appel de sifflet, huchement [vx]. – **Signal** ; coup de sifflet final [SPORTS]. – **Sifflets** 788.

6 **Sifflet** ; sifflet à bec, siflet cylindrique, sifflet à roulette. – **Sifflet à air comprimé**, sifflet à vapeur. – **Sifflet d'alarme**, sifflet avertisseur, sirène ; sifflet de manœuvre. – Pipeau, sifflet de chevrier. – **Appeau** ; appeau à sifflet, appeau à languette.

7 **Siffleur** *(un siffleur)*. – Sifflet *(un bon, un mauvais sifflet)* [SPORTS].

V. 8 **Siffler** ; siffler en paume, siffler entre ses dents, siffler dans ses doigts. – Siffler « Sur le bord » [MAR.]. – **Appeler** ; hucher

[CHASSE ou vx]. – Siffloter. – Frouer, piper [CHASSE].

9 **Siffler** ; LING. : assibiler, **chuinter.**

10 **Siffler** ; conspuer 657, chahuter.

Adj. 11 **Siffleur.** – Chuintant, sibilant, sifflant. – **Aigu, strident.**

## 369 STRIDENCE

N. 1 **Stridence** 365 ; acuité [didact., vx], strideur [litt., vx], stridulation [didact.] 297. – **Grincement.** – Sifflement 368.

2 MÉD. – **Stridulation** ; sifflement, stridor congénital ou stridor des nouveau-nés. – Respiration striduleuse. – Laryngite striduleuse.

3 **Hauteur d'un son** 781. – Oxyphonie [MUS.]. – **Voie de fausset.**

V. 4 **Strider** [litt., rare], striduler [rare]. – **Siffler.** – Arracher, casser, percer les oreilles ; crever le tympan [fam., fig.] 367.

Adj. 5 **Strident** ; stridulant, stridulatoire [didact.] ; striduleux [MÉD.]. – **Grinçant** ; sifflant. – **Haut** ; aigre, **aigu,** suraigu. – Déchirant, **perçant.**

Adv. 6 **Haut** ; aigu *(parler aigu),* pointu *(parler pointu).*

Aff. 7 **Oxy-.**

## 370 SON GRAVE

N. 1 **Son grave** ; note grave, ton grave [MUS.]. – **Registre grave.**

2 **Voix grave** 784 ; voix de basse, basse *(une basse) ;* basse noble *(une basse noble* ou *basse profonde) ;* basse-taille *(une basse-taille)* [vx] ; basse chantante *(une basse chantante).* – Baryton, baryton-basse, baryton martin.

3 MUS. – **Grave** *(le grave,* opposé à *l'aigu).* – Gravité *(gravité de la voix)* [vx]. – **Basse** *(une basse)* 783 ; basse fondamentale ; basse continue *(une basse continue)* ou continuo *(un continuo).*

V. 4 **Barytonner** 784. – Descendre.

Adj. 5 **Grave** ; barytonnant [rare], bas ; dévoisé. – **Caverneux,** profond ; sourd.

Adv. 6 Gravement [rare]. – **Bas.**

7 En sourdine ; à mi-voix.

Aff. 8 Bary-.

## 371 ODEUR

N. 1 **Odeur** ; odorité [didact.]. – Effluence [rare], effluve, **exhalaison** ; émanation, vapeur. – Odeur sui generis.

2 Arôme, fragrance, **parfum** 372, senteur. – **Bouquet** 288, fumet 856.

3 **Odeurs primaires** ; camphre, musc, odeur florale ou mentholée, éther, odeur âcre ou putride.

4 **Puanteur** ; infection, pestilence ; punaisie [vx]. – Relent ; miasme, remugle. – Empyreume [CHIM., vx]. – Ozène [PATHOL.].

5 **Odorat,** sens olfactif. – Olfaction [didact.] ; odoration [vx]. – **Osmesthésie** [didact.].

6 **Nez** 318. – **Appareil olfactif.** – Fosses nasales. – Muqueuse olfactive ; membrane ou muqueuse pituitaire. – Nerf olfactif 327. – Bulbe olfactif, pédoncule olfactif.

7 **Odorisation** (opposé à désodorisation).

8 PATHOL. – **Dysosmie** ; cacosmie, parosmie [MÉD.]. – **Anosmie.**

9 **Osmologie.** – Rhinologie. – Parfumerie 372.8.

10 **Odorimétrie** ; olfactométrie [SC.].

11 SC. – **Odorimètre,** osmomètre. – Boîte olfactométrique, osmiesthésimètre [PHYSIOL., PSYCHOL.].

12 Olfactène [PHYSIOL.].

13 TECHN. – **Odoriseur** ; assainisseur.

14 **Odorisant** ; assainisseur. – **Désodorisant** ; déodorant [anglic.] ; désodoriseur.

15 **Olfactif** *(un olfactif).*

V. 16 **Exhaler** ; dégager, répandre. – **Parfumer.** – Embaumer, fleurer.

17 **Empester** ; cocoter, puer [fam.]. – Monter au nez, prendre à la gorge.

18 **Empuantir** ; empoisonner ou infecter l'atmosphère.

19 **Respirer** 340 ; flairer, humer, renifler, sentir ; inhaler. – **Aspirer par le nez,** inspirer.

20 Avoir du nez, avoir bon nez.

21 Se parfumer ; se mettre de l'odeur [pop.].

22 Désodoriser.

Adj. 23 **Odorant** (opposé à inodore) ; odorifère, odorigène [didact.]. – **Odoriférant.** – **Aromatique** ; odorifique. – Odorisant (opposé à désodorisant) [TECHN.].

24 **Odoratif, olfactif** [didact.]. – BIOL. : osmatique ; macrosmatique (opposé à microsmatique).

25 Parfumé 372.11. – Litt. : fragrant, fleurant [vx] ; bénéolent [litt., rare].

26 **Malodorant** ; fétide, nauséabond ; puant [fam.], punais [vx]. – **Miasmatique** [litt.] ; ozéneux [MÉD.].

27 Qualifiant les odeurs. – [Odeur] aromatique, balsamique. – [Odeur] capiteuse, entêtante, poivrée. – [Odeur] terreuse, vineuse. – [Odeur] âcre, empyreumatique. – [Odeur] pestilentielle, fétide, nauséabonde, nidoreuse. – [Odeur] méphitique, vireuse.

Adv. 28 **Olfactivement.**

Aff. 29 Osm-, osmo- ; osma-, osmi- ; ozo-.

30 -osmatique, -osmia, -osmie.

## 372 PARFUM

N. 1 **Parfum** ; fragrance, senteur 371.2 [litt.]. – **Arôme** ; goût 373, saveur ; flaveur. – Aromate, baume, onguent [vx].

2 **Essence** ; essence de lavande, de violette, de térébenthine, etc. – Huile essentielle ou volatile, oléolat [vx]. – Absolu *(un absolu)*, concentré *(un concentré)*, extrait *(un extrait)*.

3 **Eau** ; eau de lavande, de rose, de santal, etc. – **Eau de toilette** ; eau de Cologne, eau de parfum, eau de senteur ; vinaigre de toilette [vx]. – Lotion après-rasage ; after-shave [anglic.]. – Pop. : odeur, sent-bon.

4 Amande amère, anis, benjoin, bergamote, cachou, camphre, cardamome, cinamome, citron, citronnelle, coriandre 856, encens, frangipane, marjolaine, mélisse, menthe, myrrhe, opopanax, origan, romarin, santal, sauge, tabac, vanille, verveine, vétiver ou vétyver. – Ilang-ilang ou ylang-ylang, iris, jasmin, lavande, millefleurs, muguet, nard, néroli ou fleur d'oranger, œillet, patchouli, rose, tubéreuse, violette. – Chypre.

5 **Ambre,** castoréum, civette, musc.

6 Acétate de benzyle (jasmin), aldéhyde benzoïque, citral, coumarine, héliotropine, ionone (violette), musc cétone (fleur d'oranger), musc nitré, salicylate de méthyle, essence de mirbane, terpinol, vanilline.

7 **Brûle-parfum,** cassolette. – **Pot-pourri** ; alabastre ou alabastron [ANTIQ.].

8 **Parfumerie.** – Cosmétologie.

9 Parfumeur. – Parfumeur créateur ; nez [TECHN.].

V. 10 **Parfumer** 371.19 ; embaumer. – **Aromatiser** 373.15. – Ambrer, musquer.

Adj. 11 **Parfumé** ; fleurant [vx], fragrant [rare].

Aff. 12 Osmo-, osma-.

## 373 GOÛT

N. 1 **Goût** ; sapidité [rare], saveur. – **Gustation** [didact.].

2 **Goût** (opposé à insipidité). – **Flaveur** [didact., litt.] 372.1. – **Arôme,** bouquet, fumet. – Montant, piquant, pointe.

3 **Acide** *(l'acide).* – **Salé** *(le salé) ;* saumure *(la saumure).* – **Amer** *(l'amer).* – **Sucré** *(le sucré)* 858.

4 **Aromates** ; **condiments** 856, épices.

5 **Insipidité** ; fadeur, platitude. – Âcreté, aigreur, amertume, salure [didact.]. – Douceur ; succulence.

6 **Acescence** ou piqûre acétique [didact.]. – Affadissement.

7 **Gustation.** – **Langue** ; papilles gustatives ou linguales, récepteur gustatif. – Nerf gustatif. – **Bouche** 318.6, palais.

8 **Agueusie** [PATHOL.].

9 **Gastronomie** 856. – Art culinaire ; cuisine.

10 **Dégustation.**

11 Gustométrie [MÉD.].

12 **Goûteur** ; dégustateur, gustateur *(un gustateur)* [rare]. – **Gastronome,** gourmet ; fine bouche, fine gueule [fam.].

V. 13 **Goûter, savourer** ; avoir du palais. – Avoir l'eau à la bouche. – Se délecter, se régaler.

14 **Allécher,** flatter le goût ; mettre en goût [vx] ; faire saliver [fam.].

15 **Goûter à,** toucher à. – Goûter de ; **déguster.**

16 **Assaisonner** ; donner du goût, donner du corps, donner du montant ; corser, **relever. – Condimenter,** épicer ; pimenter, poivrer ; saler ; sucrer. – **Aromatiser,** parfumer 372.10.

17 **Avoir le goût de** ; goûter *(goûter le brûlé)* [région.]. – Avoir un goût. – Avoir bon ou mauvais goût.

Adj. 18 **Gustatif,** gustométrique [MÉD.].

19 Sapide.

20 **Insipide** ; **fade,** insapide [rare], plat ; fadasse [fam.].

21 **Goûteux** [région.], de haut goût ; délicieux, succulent. – Goûtable [rare].

22 Doux (opposé à : amer, acide, fort, piquant, salé). – Douceâtre.

23 **Acide** ; aigre, sûr, vert. – Acidulé ; aigrelet, suret, verdelet. – Piquant ; âcre.

24 **Amer** ; amarescent, amérin [litt.].

25 **Salé** ; salin, saumâtre.

26 **Sucré** ; miellé [litt.] ; sirupeux ; doux (opposé à sec).

27 **Gourmet** ; fine bouche, fine gueule [fam.] ; porté sur la gueule 707.

Aff. 28 Glycér-, glycéro- ; sacchar-, saccharo- ; sal-, sali-.

29 Taste-.

## 374 TOUCHER

N. 1 **Toucher** *(le toucher)*, sensibilité tactile 440 ; attouchement [rare], tact [vx]. – **Contact.**

2 **Tactilité,** tangibilité [didact.].

3 **Toucher** *(un toucher)* ; attouchement ; maniement [vx]. – **Effleurement,** frôlement ; **caresse 601.**

4 MÉD. – **Palpation** ; doigté *(un doigté),* palper *(un palper),* toucher ; toucher rectal, toucher vaginal.

5 NEUROBIOL. – **Corpuscule du tact** ; corpuscules de Pacini, corpuscules de Meissner, corpuscules de Golgi-Muzzoni, corpuscules de Krause, corpuscules de Ruffini, corpuscules ou disques de Merkel. – **Main 320.** – **Peau 334.**

6 Attoucheur *(un attoucheur)* [rare].

V. 7 **Toucher** ; attoucher [litt. ou vx]. – **Effleurer,** frôler ; caresser ; peloter [pop.]. – **Passer la main sur,** porter la main. – **Palper** [MÉD.], tâter ; manier [vx], tripoter [fam.], tripatouiller [très fam.].

Adj. 8 **Tactile.** – Palpable, sensible, **tangible.**

Adv. 9 **Tactilement** ; tangiblement [didact. ou litt.]. – **À touche-touche,** à la touchette [fam.] ; au coude à coude. – À pleine(s) main(s).

10 À tâtons.

## 375 VIGUEUR

N. 1 **Vigueur** ; force, puissance, puissance musculaire ; force herculéenne ou titanesque, toute-puissance. – Condition physique, forme ; constitution de fer. – Allant, ardeur, dynamisme, **énergie,** mordant, muscle [fig.], nerf, punch, ressort, tonus, verdeur, vivacité ; trop-plein d'énergie [fam.]. – Tonicité.

2 Endurance, résistance ; fermeté. – Énergie du désespoir. – Second souffle, regain d'énergie.

3 Carrure, corpulence, **robustesse.** – Virilité.

4 Lutte pour la vie (trad. de l'angl. *struggle for life*). – Épreuve de force, **exploit,** manœuvre ou tour de force, travail de Romain ou de Titan.

5 Colosse, force de la nature, fort-à-bras *(un fort-à-bras)* [vx], géant, hercule, homme à poigne, lion, taureau ; fam. : armoire à glace, costaud *(un costaud),* fort des Halles, gros bras, hercule de foire, malabar ; mastard [pop.] ; vx : bouleux *(un bouleux).* – Fig. : débardeur, déménageur.

6 Fort *(le fort* opposé à *le faible) ;* sexe fort (opposé à sexe faible). – Loi de la jungle, **loi du plus fort.** – Prov. : Au plus fort la poche, La raison du plus fort est toujours la meilleure (emprunté à La Fontaine) ; L'union fait la force [prov.] **66.1.**

7 Body-building [angl.], musculation.

8 Anabolisant [MÉD.]. – Fortifiant *(un fortifiant).*

V. 9 Avoir du sang ou, litt., du vif-argent dans les veines. – Fam. : soulever qqch avec le petit doigt ; avoir des biceps ou des biscoteaux, avoir du biceps.

10 Décupler ses forces, enforcir, forcir, renforcir.

11 Forcer **221.17** ; s'efforcer. – Fam. : mettre la gomme ou le paquet ; se défoncer, se donner à fond. – Faire force de rames (ou : de vapeur, de voiles), forcer de rames **576.**

12 **Résister,** tenir, tenir la distance ou la route [fam.], tenir le choc ou le coup.

13 Cuirasser, endurcir, **fortifier,** muscler, renforcer, revigorer, tonifier ; doper [fam.] ; recharger les accus [fam.]. – **Encourager,** fouetter, fouetter le sang, galvaniser, stimuler.

Adj. 14 **Fort,** fort comme un bœuf (ou : un bûcheron, un cheval, un roc, un taureau, un Titan, un Turc), puissant, **vigoureux** ; dur comme un chêne, plein de sève. – Dans la fleur de l'âge, dans la force de l'âge. – Dans toute sa puissance ; omnipotent.

15 Mâle [fig.], vaillant ; courageux **508.** – **Énergique,** fringant, gaillard, gonflé à bloc [fam.], plein d'énergie, tonique, vert, vif, vif comme la poudre. – Athlétique, sportif.

16 Aguerri ; endurant, infatigable, inusable.
– Imbattable, invincible, invulnérable. –
Irrésistible ; imparable.

17 Corpulent, membru ; bâti ou taillé en
force, de forte constitution, robuste, solide, solide comme un roc ou un chêne,
trapu, vigoureux ; bien bâti, bien campé,
bien charpenté, bien découplé, bien membré, bien taillé, de belle venue ; carré des
épaules. – Fam. : baraqué, costaud ou
costeau, solide comme le Pont-Neuf ;
pop. : balèze (ou : balès, balaise), maous.
– Râblé, râblu, reinté. – Musclé, musculeux, ; fortiche [fam.].

18 Colossal, herculéen.

19 Dur, **fort, intense,** marqué, net.

Adv. 20 À bout de bras, à la force des bras, à la
seule force du poignet ; à l'arraché. – **De
vive force.**

21 **Vigoureusement ;** énergiquement, fermement, fort, **fortement, puissamment,**
robustement, solidement, vivement. –
**Brutalement,** durement, en force, rudement, violemment.

## 376 FAIBLESSE

N. 1 **Faiblesse** *(la faiblesse) ;* délicatesse, fragilité, gracilité ; débilité, imbécillité [vx]. –
**Impuissance,** vulnérabilité.

2 Épuisement, **fatigue,** langueur, lassitude.
– Abattement, **accablement,** découragement ; dépression, flanchage [fam.]. –
Alanguissement, amollissement, mollesse. – Apathie, inertie, prostration ; atonie. – MÉD. : aboulie, adynamie. – MÉD. :
anémie **383,** asthénie ; consomption, marasme ; vx : chlorose, étisie.

3 Défaillance, déficience ; étourdissement,
**évanouissement,** pâmoison, syncope.

4 **Affaiblissement,** débilitation, fragilisation.

5 Constitution délicate, faiblesse de constitution.

6 **Faible** *(le faible, un faible).* – Avorton,
criquet [vx], freluquet, **gringalet,** mau-
viette, mazette, petite nature ; flanchard
[fam.], flancheur [rare]. – La veuve et l'orphelin, le sexe faible ; colosse aux pieds
d'argile ; faible mortel.

7 **Faiblesse** *(une faiblesse) ;* côté ou point
faible, talon d'Achille.

v. 8 **Faiblir ;** diminuer. – S'affaiblir ; s'alanguir.

9 Avoir du sang de navet [fam.], avoir le
sang pauvre ; **ne pas avoir de sang dans
les veines** [fam.]. – N'avoir que le souffle.
– Ne tenir qu'à un fil.

10 Avoir du plomb dans l'aile, en avoir dans
l'aile, battre de l'aile. – Être tombé bien
bas, n'être plus que l'ombre de soi-
même, n'être plus que le fantôme de
soi-même ; avoir épuisé ses munitions ou
ses réserves. – Ne pas pouvoir lever le
petit doigt, ne pas tenir debout ou sur ses
jambes. – **Se traîner ;** ne pas avoir de
force, la force de.

11 Avoir les jambes qui se dérobent, flageoler, **tituber,** vaciller ; fam. : avoir les
jambes en coton, avoir les jambes pâles ;
n'avoir plus de jambes. – Se sentir comme
du beurre, se sentir tout chose.

12 Défaillir ; avoir ses vapeurs [par plais.],
avoir une faiblesse, être pris de faiblesse,
tomber dans les pommes [fam.], tomber
en faiblesse, tomber en syncope. – S'évanouir ; s'affaisser.

13 Craquer, flancher [fam.] ; déprimer. – Être
au trente-sixième dessous, toucher le
fond. – N'en pouvoir plus ; n'en pouvoir
mais.

14 Avoir le dessous **661.**

15 Ne pas donner cher de qqn. – Il ne
passera pas l'hiver ou l'année [fam.].

16 Débiliter, fragiliser ; épuiser, essouffler,
exténuer, **fatiguer ;** pomper l'énergie (ou :
la moelle, le sang), vampiriser [fam.]. –
Étourdir. – Amollir, aveulir. – Abattre,
anéantir.

Adj. 17 **Faible ;** fam. : faiblard, faiblet, faiblot. –
Délicat, fragile ; maladif, souffreteux. –
Sénile **317.15.** – Débile, déficient, imbécile
[vx].

18 **Chétif,** frêle, grêle, malingre, menu, minable ; litt. : fluet, gracile. – **Maigre,** maigrelet, maigrichon, maigriot. – Décharné,
efflanqué.

19 Blèche [vx], défait, mal-en-point, patraque. – Défaillant, faiblissant. – Branlant,
chancelant, croulant, flageolant, impotent, **titubant,** vacillant. – À bout ; à bout
de forces, **au bout du rouleau,** en bout
de course.

20 Alangui, avachi, **bas,** flasque, inerte, languissant, mollasson, **mou,** ramolli [fam.].
– MÉD. : aboulique, **apathique.**

21 Brisé, courbatu, courbaturé, échiné,
épuisé, éreinté, **fatigué,** fourbu, halbrené
[vx], harassé, las, mort [fig.], moulu, recru

de fatigue, rendu, rompu, roué, surmené.
– Fam. : claqué, **crevé**, esquinté, flagada, flapi, H. S. (hors service), pompé, raplapla, vanné, vaseux, vidé ; sur les genoux. – Fortrait [vx].

22 Attaquable, désarmé, hors d'état de nuire, **impuissant**, sans défense, vulnérable.

23 Affaiblissant, fatigant. – Amaigrissant, anémiant.

Adv. 24 Faiblement ; doucement, mollement. – Débilement.

25 À peine, légèrement, **peu**, vaguement.

## 377 VEILLE

N. 1 **Veille** ; état de veille, vigilance 402.

2 **Insomnie**, nuit blanche ; agrypnie [vx]. – Sommeil agité ou inquiet ou troublé. – Noctambulisme.

3 **Éveil**, veiller *(le veiller)* [anc.]. – **Réveil**. – Fig. : résurrection, retour à la vie.

4 **Bâillement**, étirement ; pandiculation.

5 **Veille**, veillée ; soirée 583. – Nocturne *(une nocturne)* 788 ; nocturnal [RELIG.], nuitée [Suisse], quart [MAR.], service de nuit. – **Réveillon** ; vx : médianoche 855, minuit.

6 **Veilleur** ; veilleur de nuit. – Couche-tard [fam.], noctambule ; fam. : fêtard, noceur ; réveillonneur. – **Insomniaque**, insomnieux [rare]. – Lève-tôt [fam.].

7 **Réveil**, réveille-matin ; chant du coq, réveil en fanfare. – MIL. : clairon, diane [anc.]. – Rare : éveilleur, réveilleur.

V. 8 **Veiller** ; ne pas dormir, ne pas fermer l'œil de la nuit, passer la nuit, passer une nuit blanche. – Ne dormir que d'un œil ; dormir en gendarme ou les yeux ouverts, être sur le qui-vive, ouvrir l'œil 402.

9 Noctambuler [litt.] ; faire la fête, réveillonner, veiller [vx].

10 **Chercher le sommeil**, compter les moutons [fam.], se tourner et se retourner dans son lit, ne pas trouver le sommeil. – Ne plus en dormir ; perdre le sommeil.

11 **Réveiller** ; éveiller, secouer [fam.], tirer du sommeil. – MIL. : sonner la diane [anc.], sonner le réveil. – Faire lever, lever, tirer du lit. – Ne réveillez pas le chat qui dort [loc. prov.].

12 Empêcher de dormir ; agiter, exciter, troubler.

13 **Se réveiller** ; s'éveiller ; s'arracher du sommeil, se secouer. – Ouvrir un œil ou les yeux, reprendre conscience ; bâiller ; s'ébrouer, s'étirer, se frotter les yeux. – **Se lever**, sauter du lit, sortir du lit.

14 Fig. : ressusciter, revivre ; se ranimer.

Adj. 15 **Réveillé** ; éveillé, vigile [PHYSIOL.]. – **Insomniaque**, insomnieux ; agité, excité 449.

16 **Matinal**, matineux [vx] ; lève-tôt [fam.]. – Couche-tard [fam.] ; usé par les veilles.

17 **Nocturne**, de nuit.

## 378 SOMMEIL

N. 1 **Sommeil** ; repos 531, nuit, somme *(un somme)* ; dodo [enfant.]. – Sommeillement [litt.], somnescence [rare].

2 **Sommeil** ; sommeil léger, sommeil lourd ou de plomb, sommeil réparateur. – Demi-sommeil, premier sommeil ; sommeil lent ; sommeil rapide ou paradoxal.

3 **Hibernation**, sommeil hiémal ; dormance.

4 Sommeil artificiel ; anesthésie 392 ; hypnose 344, hypnotisme, magnétisme [anc.], mesmérisme, narcose, sommeil hypnotique. – Sommeil pathologique ; hypersomnie, léthargie, narcolepsie ; maladie du sommeil 383. – **Torpeur**.

5 **Assoupissement**, endormement [vx], endormissement, ensommeillement, somnolence ; perte de conscience. – Hypnagogisme.

6 Méridienne [litt.], sieste ; dormette [fam.] ; très fam. : ronflette, roupillon ; schlof ou schloff [arg.].

7 **Rêve** 403, songe ; cauchemar. – Onirisme.

8 Somnambulisme ; somniloquie.

9 **Somnifère** ; anesthésiant, anesthésique, barbiturique, calmant, dormitif [vx], hypnotique, narcotique, somnigène, soporatif [vx], soporifique, tranquillisant.

10 Berceuse.

11 **Lit 850** ; dormeuse [vx], hamac, litière, natte, paillasse ; berceau, dodo [enfant.]. – **Chambre** ou **chambre à coucher** ; dortoir ; dormoir [anc.].

12 **Dormeur** ; ronfleur, roupilleur [pop.] ; fam. : couche-tôt, lève-tard ; fig. : loir, marmotte.

13 Somnambule ; noctambule [anc.].

14 **Endormeur** ; anesthésiste 392. – Hypnotiseur, magnétiseur.

V. 15 **Avoir sommeil** ; dormir debout, être envahi ou gagné par le sommeil, piquer du nez [fam.] ; tomber de sommeil, ne pas tenir debout. – Bâiller ; avoir les yeux qui se ferment, papilloter. – Le marchand de sable est passé [fam.].

16 **S'endormir** ; s'assoupir, s'ensommeiller ; s'abandonner au sommeil, glisser dans le sommeil, tomber dans les bras de l'orfèvre [arg.] ; s'écrouler [fam.].

17 **Dormir** ; reposer [litt.] ; faire dodo [enfant.]. – Être dans les bras de Morphée [litt., souv. par plais.] ; pop. : en écraser, pioncer, roupiller ; très fam. : faire schlof, ou schloff, schloffer [rare]. – Dormir comme un loir (ou : une marmotte, une souche), dormir à poings fermés, dormir du sommeil du juste, dormir tout son soûl. – Dormir d'un trait, ne faire qu'un somme. – Faire le tour du cadran [fam.].

18 **Somnoler** ; sommeiller. – Faire la sieste, faire un (petit) somme. – Pop. : faire ou piquer une ronflette, piquer un roupillon. – Faire la grasse matinée.

19 Ronfler ; ronfler comme une toupie, comme une toupie d'Allemagne [vx].

20 Rêver ; cauchemarder [fam.].

21 Se coucher ; aller se coucher, aller au dodo [enfant.], aller au lit ; nuiter [litt.]. – Se glisser dans les draps ; fam. : se pieuter, se plumarder ; très fam. : mettre la viande dans les bâches (ou : les bannes, les toiles, le ou les torchon(s), etc.), se bâcher, se mettre au paddock (ou : au page, au pageot, au pieu, au plumard, au plume), se pageoter, se pager, se pagnoter, se plumer.

22 S'aliter **383**.

23 **Endormir** ; bercer ; apaiser, assoupir, calmer, ensommeiller. – **Anesthésier 392** ; chloroformer, éthériser [anc.] ; hypnotiser, magnétiser.

Adj. 24 **Endormi** ; assoupi, dormant, engourdi de sommeil, plongé dans le sommeil ; ensommeillé, sommeilleux, somnolent.

25 **Endormant** ; apaisant, assoupissant, berçant, calmant, dormitif. – **Somnifère** ; barbiturique, hypnotique, narcotique, sédatif, soporifique, soporatif [vx] ; torpide [litt.]. – Hypnique, morphéique ; hypnagogique, hypnoïde, hypnopompique.

26 Onirique ; cauchemardesque.

27 Somnambule ; somnambulesque, somnambulique.

Adv. 28 Profondément endormi ; en plein sommeil.

29 En dormant. – En rêve ou songe.

Aff. 30 Hypn-, hypno-, somn-, somni- ; narco-.

31 -somnie.

# 379 NUDITÉ

N. 1 **Nudité.** – Dénudation, dénudement [litt.] ; dégagement. – Déshabillage.

2 Adamisme, **naturisme, nudisme,** nu-vitisme [Québec.]. – Streaking [anglic.].

3 Inconvenance, indécence **694.**

4 Académie d'homme, académie de femme, **nu** *(un nu).* – BX-A. : kouros *(un kouros),* putto *(un putto).*

5 Décolleté *(un décolleté)* **862**, **déshabillé** *(un déshabillé),* dos-nu *(un dos-nu).* – Bikini, monokini, string ; cache-sexe, feuille de vigne.

6 Strip-tease. – Peep-show [anglic.].

7 Adamite, gymnosophiste [HIST.], naturiste, nudiste ; va-nu-pieds **830.** – Camp de nudistes.

8 Effeuilleuse, strip-teaseuse.

V. 9 Être nu comme un petit Jean-Baptiste (ou : comme l'enfant qui vient de naître, comme en sortant du ventre de sa mère, comme la main, comme un ver). – Avoir les bras ou les coudes retroussés, être en bras de chemise.

10 **Se déshabiller** ; vx : se dénuder, se mettre à nu.

11 Découvrir, dénuder, dépouiller, **déshabiller 862**, dévêtir, **mettre à nu**, montrer ; litt. : dévoiler, révéler.

12 Effeuiller la marguerite [fam.] ; déshabiller qqn du regard.

Adj. 13 Nu, tout nu ; fam. : en costume d'Adam, en costume d'Ève, dans l'état de nature, dans le plus simple appareil, *in naturalibus,* à poil. – À demi-nu, à moitié nu ; nu-jambes, nu-pieds, nu-tête.

14 Gymnique [ANTIQ.]. – Adamique.

15 Dépouillé.

Adv. 16 À cru, à nu.

Aff. 17 Gymno-, nudi-.

# 380 PROPRETÉ

N. 1 **Propreté** ; asepsie, hygiène, salubrité. – Blancheur **353**, netteté, **pureté.** – Propre *(le propre* opposé *au sale).*

2 Hygiène publique, salubrité publique, mesure de salubrité publique. – Prophylaxie ; hygiénisme.

3 Ablution, bain, douche, lavement, savonnage, soin du corps, **toilette** ; heure du bain, bain du dimanche [vieilli]. – Lavement des pieds [allus. bibl.].

4 Désinfectant, nettoyant ; solvant 233.1. – Dentifrice, **savon**, savonnette, sels de bain, shampooing ; produits de beauté.

5 Éponge, **gant**, lave-dos, pierre-ponce ; brosse (brosse à dents, brosse à cheveux), cure-dents ; décrassoir [vx], peigne. – Papier hygiénique.

6 Lessiveuse ; aquamanile, **baignoire**, bidet, évier, lavabo, lave-mains [vieilli], pédiluve, rince-doigts, sabot, tub ; piscine. – Piscine probatique.

7 Cabinet de toilette 850, **salle de bains** ; bains-douches, bains publics, bain turc, hammam, thermes ; lavatory [vieilli].

8 Hygiéniste.

v. 9 **Laver, nettoyer**, tenir propre ; décrotter [fam.]. – Assainir, décontaminer, pasteuriser, purifier, stériliser.

10 Abluer, ablutionner, lotionner, **savonner**, toiletter ; changer, torcher [très fam.] ; bouchonner, étriller, frictionner. – Hygiéniser [rare].

11 Faire ses ablutions, faire sa toilette ; se laver ; fam. : se bichonner, se débarbouiller, se pomponner. – Passer à la douche, prendre un bain ou une douche ; se baigner, se doucher ; se brosser les dents, se faire un shampooing, se nettoyer les oreilles, etc. – Sentir bon le propre [fam.].

Adj. 12 Aseptisé, hygiénique. – Net, **propre**, propre comme un sou neuf ; blanc, impeccable, immaculé, **pur**, sans tache. – *Clean* (anglic., « propre »), présentable, propret, soigné.

13 Antiseptique, germicide, lustral, prophylactique ; hygiéno-diététique [didact.], sanitaire.

14 Lavable, nettoyable.

Adv. 15 Hygiéniquement [didact.], **proprement**, sainement ; purement.

16 Soigneusement.

# 381 SALETÉ

N. 1 **Saleté** ; crasse [fam.], malpropreté ; pouillerie [fam., vx]. – Impureté, insalubrité, sordidité [didact.]. – Encrassement, salissement [rare] ; **pollution**. – Infection, puanteur.

2 Éclaboussure, jaunissure, maculature, moucheture, mouillure, noircissure, salissure, saloperie [très fam.], **souillure**, tavelure, ternissure ; **tache**. – Patrouillage [vx].

3 **Crasse** ; fam. : caca, crotte ; merde [très fam.]. – Poussière. – Boue, bourbe, fange, gadoue, margouillis [fam.]. – Cambouis.

4 Détritus, immondice, **ordure** ; eaux sales, eaux troubles.

5 Vermine. – Plique, trichoma ou trichome.

6 Bauge, chenil [litt.], crapaudière, écurie, **porcherie** [fam.] ; écuries d'Augias. – Galetas, gourbi [très fam.], taudis ; cloaque, souille ; nid à microbes, nid à vermine. – Sentine [litt.].

7 Décharge, dépotoir, tas d'ordures ; poubelle ; caniveau, fosse à purin.

8 Salisseur [rare]. – Fam. et péj. : **cochon**, paquet de linge sale, pourceau, sac-à-puces, sagoin, salisson [région.] ; péj. et très fam. : dégueulasse, porc, saligaud, salopiaud. – Gaupe [vx], guenillon, guenipe, maritorne, salope [très fam., vx], **souillon** ; cendrillon.

v. 9 **Salir** ; souiller. – Crasser [rare], crotter [fam.], dégueulasser [très fam.], éclabousser, embarbouiller, embouer [vx], **encrasser**, entartrer, gâter, mâchurer, maculer, poisser, **tacher**, troubler ; noircir, ternir. – Cochonner ; faire des pâtés 762. – **Contaminer**, empoisonner, polluer ; dégrader.

10 Se négliger. – Chlinguer [très fam.], puer [fam.], sentir le fauve, ne pas sentir la rose [fam.] ; n'être pas à prendre avec des pincettes. – Avoir les ongles en deuil.

Adj. 11 **Sale**, sordide ; fam. : caca [enfant.], cacaboudin [enfant.], cracra, crade, cradingue, **crado**, craspect, pouacre [vx, fam.], salingue [fam.]. – **Boueux**, fangeux, poussiéreux, terreux ; **crasseux**, douteux, graisseux, poisseux. – Croupi, encrassé, **pollué, souillé, taché**, terni, troublé.

12 Ignoble, immonde. – **Dégoûtant**, dégueulasse [fam.], dégueu [fam.] ; ord [vx], repoussant, répugnant.

13 Impur, insalubre ; infect.

14 Négligé ; **malpropre**, mal tenu, sale comme un cochon (ou : un goret, vx : une huppe). – Barbouillé, crotté [fam.] ; breneux [vx], chassieux, morveux ; très fam. : merdeux, pisseux. – Croûteux, galeux, pouilleux, vermineux. – Indécrottable.

15 Salissant.

Adv. 16 Salement ; comme un cochon [fam.], malproprement. – Crasseusement [rare] ; sordidement.

# 382 SANTÉ

N. 1 **Santé** ; forme **375.1**, équilibre, tonus, vitalité. – **État** ; état général, état de santé, forces. – Complexion [vx], constitution, diathèse [MÉD.], idiosyncrasie, nature, naturel *(le naturel)*, tempérament. – Biorythme.

2 Santé mentale ; une âme saine dans un corps sain (Juvénal, en lat., *mens sana in corpore sano*).

3 **Belle mine,** belle venue, embonpoint [vx], **forme,** longévité, **prospérité,** salubrité, santé d'athlète (ou : de cheval, de fer), santé florissante, teint frais. – Verdeur, vigueur. – Fam. : forme olympique, grande forme ; frite, pêche, pep's.

4 Bilan de santé ou *check-up* [angl.] ; bulletin de santé, carte sanitaire, patente de santé. – Maison de santé **450**.

5 Immunité ; immunisation.

V. 6 **Aller bien.** – Absolt et fam. : aller, baigner, boumer, gazer. – Absolt : aller et venir, se maintenir.

7 Avoir une santé robuste, jouir d'une bonne ou d'une belle santé ; avoir bon pied bon œil [fam.] ; avoir le coffre solide [fam.]. – Avoir la santé, crever ou péter de santé [fam.], regorger de santé, respirer la santé ; prospérer ; avoir des couleurs (ou : le teint frais, les joues roses, les ongles roses) ; fam. : avoir la truffe humide, avoir le poil brillant, avoir une bonne balle. – Être dans son assiette, être d'attaque. – Tenir la forme ; se porter à ravir, **se porter bien,** se porter comme un charme.

8 Garder la forme, ménager sa santé ; se conserver, se maintenir en forme. – Recouvrer la santé.

9 Quand la santé va tout va [prov.] ; Quand l'appétit va tout va [prov.].

10 **Boire à la santé de qqn,** boire une santé [litt.], porter la santé de qqn, porter une santé, trinquer **859**.

Adj. 11 **Sain,** sain et sauf, **valide. – Bien portant,** en bonne santé, **en forme.** – Alerte, allègre, dispos [rare], florissant, frais, frais comme une pâquerette ou comme un gardon, frais et dispos, léger, pétulant, poupin, prospère ; ingambe, sémillant. – Dru [litt.], **fort,** fringant, gaillard, généreux [fig.], plein de sève, solide, tonique, vaillant [fam.], vert, vif, **vigoureux ;** fait à chaux et à sable ; solide comme le Pont-Neuf. – Increvable [fam.].

12 Idiosyncrasique, tempéramental.

13 Sanitaire. – Salubre, salutaire.

Adv. 14 **Sainement ;** gaillardement, prospèrement [rare]. – Infatiguablement.

Int. 15 À votre bonne santé ! À votre santé ! **859.** À la vôtre ! Santé !

# 383 MALADIE

N. 1 **Maladie ;** affection, mal ; douleur, misère, souffrance. – Embarras, **indisposition,** malaise, trouble. – Défaillance, dysfonctionnement, trouble fonctionnel ; **insuffisance.** – Handicap, infirmité. – Accident.

2 Maladie idiopathique ou maladie essentielle, maladie légalement réputée contagieuse ou M. L. R. C., maladie périodique, maladie quarantenaire. – Maladie psychosomatique ; maladie diplomatique [fam.]. – Diathèse [vx].

3 Nosologie, pathologie ; **médecine 393,** thérapeutique.

4 Incubation, pathogenèse, pathogénie. – Contage ou contagion, contagion immédiate, contamination, inoculation. – Infection.

5 Accès, **crise,** poussée. – Complication ; surinfection.

6 Endémie, **épidémie,** pandémie. – ZOOL. : enzootie, épizootie.

7 Prodrome, **symptôme** ou signe fonctionnel, syndrome, syndrome malin. – État fébrile, **fièvre** ou hyperthermie, pyrexie ; fièvre éruptive, fièvre intermittente, fièvre récurrente ; fièvre de cheval [fam.]. – Hypothermie. – Langueur **376.2**, morbidesse [litt.], pesanteur, prostration. – Pâleur ; figure ou mine de papier mâché.

8 Alitement, grabatisation.

9 **Gravité,** malignité, morbidité ; bénignité. – Chronicité, endémicité, épidémicité, évolutivité. – Auto-immunité, infectivité, réceptivité ; fébrilité, laxité, vasomotricité.

10 **Malade** *(un malade),* patient. – **Handicapé,** infirme, invalide.

11 Affections des os et des articulations. – Arthropathie, discopathie, ostéopathie. – Affections inflammatoires : arthrite, ostéite, rhumatisme ou, vx, arthritisme, épicondylite, épiphysite, ostéochondrose, ostéomyélite, périarthrite, périostite, polyarthrite, spondylarthrite, spondylite, syno-

vite, tendinite. – Affections non-inflammatoires : ankylose, arthrose, chondrocalcinose, chondromatose, collagénose ou connectivite, coxarthrose, discarthrose. – Épanchements : hémarthrose, hygroma. – Affections de la colonne vertébrale : cyphoscoliose, cyphose, scoliose, lordose ou ensellure. – Douleurs : arthralgie, dorsalgie, lombago (ou lumbago, fam. : tour de reins), lombalgie ou, fam., mal de reins, ostéalgie, rachialgie ; torticolis. – Ostéolyse, – Ostéoporose. – Ostéomalacie. – Goutte. – Ostéophyte ou, cour., bec-de-perroquet.

12 Affections musculaires : courbature ; **myalgie**, pubalgie ; sciatique.

13 Affections cardio-vasculaires. – Artériopathie, cardiomyopathie, cardiopathie, coronaropathie ; maladie bleue. – Troubles du rythme cardiaque : arythmie, bradycardie, flutter, tachycardie, tachyarythmie ; fibrillation, palpitations ; extrasystole. – Hypertension, hypotension. – Artériosclérose, athérome, athérosclérose. – Dilatations : angiectasie, hémorroïde, varice ; anévrysme ; cardiomégalie. – Coarctation. – Dextrocardie. – Affections inflammatoires : angéite, aortite, artérite, capillarite, cardite (péricardite, myocardite, endocardite), coronarite, périphlébite, phlébite, thrombophlébite. – Embolie, thrombose ; infarctus du myocarde. – Ischémie. – Phléborragie. – Syndrômes : acrocyanose, cyanose ; angine de poitrine ou angor ; cardialgie.

14 Encéphalopathie. – Anencéphalie. – Affections inflammatoires : encéphalite, encéphalomyélite, kuru, leuco-encéphalite, méningite, méningo-encéphalite. – Congestion cérébrale. – Hémorragie cérébrale. – Hydrocéphalie.

15 Dermatologie. – Dépigmentation. – Desquamation, exfoliation. – Escarrification. – Exulcération, ulcération ; phagédénisme. – Urtication. – Démangeaison, prurit.

16 Envie, grain de beauté (ou : lentigo, nævus), tache de rousseur ou éphélide. – **Croûte**, escarre ; bourgeon charnu. – **Cal**, callosité, cor, corne, durillon, oignon. – Végétation. – Ampoule, bulle, cloque, phlyctène ; bouton, bubon, papule, pustule ; anthrax, furoncle ou, fam., clou, orgelet ou compère-loriot. – Aphte. – Comédon ou point noir, tanne. – Crevasse, engelure, fissure, gerçure ou rhagade, perlèche. – Vergeture ; ride.

17 Dermatoses ; dyskératose, érythrose, furonculose, ichtyose, kératose ; intertrigo, prurigo. – Leucoplasie ; pityriasis. – Pachydermie ; sclérodermie. – Altération des couleurs de la peau : achromie, vitiligo ; albinisme 334.2, dyschromie, ictère ou jaunisse, mélanodermie, mélanose ; couperose ; canitie. – Éruption de taches : chloasma, érythrasma, érythrodermie, psoriasis, purpura, roséole, rubéfaction, xanthélasma ; énanthème, exanthème ; livedo, macule, pétéchie, plaque, tache de vin, vibice. – Éruption de boutons ou de vésicules : acné, bourbouille, craw-craw ou crow-crow, herpès, muguet, pemphigus, urticaire ; dartre. – Affections inflammatoires : actinite, chéilite, dermatite ou dermite, folliculite, glossite, radiodermite. – Infections : impétigo, lèpre, lupus, onyxis, pyodermite, sycosis, zona. – Ulcérations : ecthyma, ulcère. – Eczémas : dysidrose, eczéma. – Gale ; pédiculose, phtiriase. – Lichen plan.

18 Maladie sexuellement transmissible ou M. S. T., **maladie vénérienne** ou, vx, maladie honteuse ; blennorragie (ou : gonorrhée, fam. : chaude-pisse), chancrelle ou chancre mou, chlamydiose, crête-de-coq, syphilis (ou, pop. : vérole ; vx : mal napolitain ou mal français). – Hépatite B. – Sida (syndrome immunodéficitaire acquis).

19 Maladies du sang ; hémopathie. – Maladies héréditaires : drépanocytose, hémoglobinopathie, hémophilie, thalassémie. – Maladies par défaut d'un élément : afibrinogénémie, agammaglobulinémie, anémie, anoxémie, hypoxémie ; agranulocytose, leucopénie, lymphopénie. – Maladies par excès d'un élément : alcalose, érythroblastose, leucocytose, leucose, lymphocytose, mononucléose ; leucémie ; macroglobulinémie, méthémoglobinémie. – Benzolisme. – Hémolyse.

20 Infections ; toxi-infection ; auto-infection. – Arbovirose, bacillose, colibacillose, rickettsiose, salmonellose, spirillose ; septicémie ; staphylococcie, streptococcie. – Maladies infantiles : coqueluche, mégalérythème ou cinquième maladie, oreillons, rougeole, scarlatine, varicelle. – Maladies contagieuses : choléra, **grippe** ou influenza, peste, rubéole ; croup, diphtérie ; alastrim, variole ou, vx, petite vérole ; coxalgie, mal de Pott, scrofule ou écrouelles, tuberculose ; fièvre paratyphoïde, typhoïde ou fièvre typhoïde. – Poliomyélite ou, fam., polio ; rage ; tétanos. – Angine. – Botulisme ; brucellose ou fièvre de Malte. –

Charbon, septicopyohémie. – Érysipèle.
– Dengue. – Dysenterie ; toxoplasmose.
– Panaris ou mal blanc, tourniole.

21 Troubles de l'appareil digestif. – Dyspepsie,
dysphagie. – Aérocolie, aérogastrie ; ballonnement, météorisme ; flatulence ou flatuosité. – Pneumopéritoine.

22 Entéralgie, gastralgie, hépatalgie, proctalgie ; **mal de ventre** ; embarras gastrique,
nausée. – **Indigestion** ; malabsorption. –
Constipation ; fécalome ; diarrhée ou colique ; très fam. : chiasse, courante ; colique de plomb. – Épreintes. – Ténesme.

23 Colopathie. – Affections inflammatoires : an-
giocholite, **appendicite,** cholécystite, co-
lite, duodénite, entérite, entérocolite, gas-
trite, gastro-entérite, hépatite, hépatite
virale, hépatonéphrite, iléite, œsophagite,
pancréatite, péritonite, pérityphlite, proctite ou rectite, recto-colite, sigmoïdite. –
Achalasie. – Acholie, achylie. – Cholurie.
– Cirrhose. – Hépatomégalie. – Lithiase
ou, vx, maladie de la pierre ; calcul ou, vx,
pierre.

24 Néphrologie. – Néphrite, néphropathie ;
pyélonéphrite. – Anurie, oligurie, polyurie. – Urémie. – Hydronéphrose. – Néphrose lipoïdique.

25 Nutrition. – Acétonémie, acétonurie, acidocétose, cétonémie, porphyrinurie ;
hypercholestérolémie ou, cour. et abusif,
cholestérol. – Carence ; hypovitaminose
(opposé à hypervitaminose), hypoglycé-
mie (opposé à hyperglycémie), hypolipi-
démie (opposé à hyperlipidémie). –
Cachexie, dénutrition, syndrome de Kwa-
shiorkor. – Adipose, obésité ou pléthore.
– Maladies : diabète ; hémochromatose ;
**béribéri** ou avitaminose B1, scorbut ou
avitominose C.

26 Odontologie. – **Carie dentaire** ou maladie
carieuse ; parodontolyse, parodontose ;
granulome dentaire, parulie ou abcès
pyorrhéique. – Inflammations : alvéolite,
fluxion dentaire, gingivite, parodontite,
pulpite, stomatite. – Odontalgie, rage de
dents ; glossalgie ou glossodynie. – Déchaussement, décrochement de la mâchoire ; prognathisme.

27 Troubles de la vision 347. – Malvoyance ;
amaurose, cécité ; hémianopsie, scotome.
– Astigmatisme, amblyopie ou amétropie,
hypermétropie, **myopie, presbytie** ; di-
plopie, polyopie ; micropsie. – Achromatopsie, dyschromatopsie ; acyanopsie,
daltonisme, deutéranopie, dichromatisme, érythropsie. – Héméralopie ou hes-
péranopie ; nyctalopie. – Hétérophorie ;
louchement (ou : loucherie, strabisme). –
Allophtalmie, buphtalmie, enophtalmie,
microphtalmie, monophtalmie ; cyclopie.

28 Ophtalmologie. – Inflammations : ophtalmie,
panophtalmie ; blépharite, blépharo-
conjonctivite, choriorétinite, choroïdite,
conjonctivite, dacryoadénite, dacryocys-
tite, épisclérite, iridocyclite, iritis, kératite, kérato-conjonctivite, papillite, rétinite, sclérite, scléro-choroïdite, uvéite. –
Trachome ; glaucome. – Chalazion ; staphylome. – Albugo, leucome, taie. – Cataracte ; xérophtalmie. – Décollement de
la rétine ; mydriase (opposé à myosis). –
Entropion ; exophtalmie. – Nystagmus.

29 Troubles de l'audition et de la parole. – Di-
placousie, dysacousie, hyperacousie, hypoacousie, paracousie, **surdité** ; aphonie,
hémiphonie ; audimutité, **mutité,** surdi-
mutité ; anosmie, cacosmie, cacostomie,
parosmie ; ageusie.

30 Oto-rhino-laryngologie. – Mal de gorge, otalgie. – Épistaxis ; ottoragie, otorrhée. –
Otospongiose. – Inflammations : amygdalite
ou tonsilite, antrite, ethmoïdite, labyrin-
thite, laryngite, laryngo-trachéite, laryn-
go-trachéo-bronchite, mastoïdite, paroti-
dite, tympanite, **otite,** pharyngite,
pharyngo-laryngite, rhinite (ou : coryza,
rhume de cerveau), rhino-bronchite, rhino-laryngite, **rhino-pharyngite, sinu-
site,** trachéite ; ozène. – **Rhume** ou
catarrhe rhino-trachéo-bronchique ; catarrhe des bronches, rhume ou fièvre des
foins.

31 Pneumologie. – Coniose, pneumoconiose ;
anthracose, byssinose, cannabiose,
fluorose, silicose. – Inflammations : bron-
chiolo-alvéolite, **bronchite,** bronchop-
neumonie ou bronchopneumopathie, lé-
gionellose ou maladie du légionnaire,
trachéo-bronchite, pleurite, pneumonie,
scissurite ; pleurésie. – Bronchectasie ou
bronchiectasie ; emphysème pulmonaire,
congestion pulmonaire ou, vx, fluxion de
poitrine ; granulie ou tuberculose miliaire,
tuberculose pulmonaire ou, vx, phtisie. –
Adénopathie, bronchopathie, pneumopa-
thie.

32 Pneumologie. – Apnée, brachypnée,
bradypnée, dyspnée, hyperpnée, orthopnée, polypnée, tachypnée ; suffocation.
– Quinte, **toux.** – Bronchorrhée, hémoptysie ; crachat, expectoration, vomi-
que. – Cornage, tirage. – Pleurodynie. –
Voile au poumon.

33 Urologie. – Système génital. – Aspermatisme ou aspermie, azoospermie ; impuissance ; satyriasis. – Pertes séminales ou spermatorrhée. – Inflammations : balanite, épididymite, orchi-épididymite, orchite, posthite, prostatite ; pachyvaginalite, salpingite, vaginalite, vulvite. – Malformations : phimosis ; épispadias, hypospadias. – Hydrocèle ; varicocèle.

34 Urologie. – Système rénal. – Pollakiurie ; dysurie, rétention d'urines ; incontinence. – Hématurie ; pyurie. – Inflammations : cystite, périnéphrétite, pyélite, urétrite. – Malformations : épispadias, hypospadias.

35 Parasitoses. – Dues à des acariens : acariose, trombidiose. – Dues à des actinomycètes : actinomycose. – Dues à des bactéries : borréliose, leptospirose, sodoku, spirillirose, spirochétose. – Dues à des protozoaires : kala-azar, leishmaniose, maladie du sommeil, paludisme ou, vx, malaria, trypanosomiase. – Dues à des amibes : amibiase. – Dues à des tiques : piroplasmose. – Dues à des poux : pédiculose ; phtiriase. – Dues à des vers : anguillulose, helminthiase ; dues à des filaires : onchocercose, filariose. – Parasitoses intestinales dues à des vers : ankylostomiase ou ankylostomose, ascaridiase ou ascaridiose, bilharziose ou schistosomiase, bothriocéphalose, cestodose, distomatose, échinococcose, lambliase ou giardiase, nématodose, oxyurose, trichocéphalose, trichonose ; cysticercose, hydatidose.

36 Mycoses. – Aspergillose, blastomycose, candidose, phycomycose, sporotrichose ; intertrigo, teigne. – Dermatomycose, épidermomycose, onychomycose, otomycose.

37 **Paralysie** ; hémiplégie, paralysie agitante ou maladie de Parkinson. – **Crampe** ; point de côté.

38 Céphalée, mal de tête, **migraine**. – Mal de l'air, mal des aviateurs, mal de mer ou naupathie, mal des montagnes, mal des transports ; ivresse des profondeurs. – Coup de soleil ; insolation.

39 Hyperthyroïdie ;      hyposécrétion.      – Anoxie, hypoxie. – Hypertonie ; hypotonie.

40 Pédiatrie. – Acrodynie ; athrepsie ; craniosténose ; toxicose.

41 Anatomie pathologique. – Gangrène, mortification, **nécrose**. – Tuméfaction ; myxœdème, œdème. – Tumeur **388 ; cancer** ; carcinome ; épithélioma ; néoforma-

tion. – Suppuration. – Induration, sclérose. – Atrésie ; sténose. – Caséification. – Hépatisation.

42 Dysgénésie ou dysplasie, hyperplasie, hypoplasie, métaplasie. – Atrophie, hypotrophie ; **hypertrophie** ; dystrophie, lésion. – Fibrose. – Synéchie.

43 Prolapsus, ptôse ; hernie ; ectopie. – Invagination ; volvulus. – Occlusion. – Élongation. – Escarrification. – Adhérence. – Symphise.

44 Caverne, géode. – Concrétion, granulation. – Séquestre. – Infiltrat.

45 Empyème, pus, sanie. – **Abcès** ; bourbillon, furoncle.

46 Hémorragie ; saignement. – Congestion, fluxion.

47 Étourdissement, évanouissement ; ictus apoplectique ou **apoplexie ; coma**. – **Épilepsie** (ou grand mal, haut mal, mal caduc, mal comitial, mal sacré). – Convulsion. – **Hoquet**.

48 Maladies des animaux. – Bœuf : actinobacillose, coryza gangréneux, fièvre aphteuse, peste bovine, trichonomase bovine ; kératite contagieuse. – Mouton : blue tongue [anglic., « langue bleue »], clavelée, mélophagose, moniéziose ou téniasis, tétanie d'herbage, tremblante. – Oiseau : bursite, ornithose, psittacose. – Poule : choléra aviaire, diphtérie aviaire, peste aviaire, pullorose ou diarrhée blanche des poussins, typhose aviaire. – Lapin : myxomatose, spirochétose ou syphilis du lapin. – Chien : maladie de Carré, spirocercose ; démodécie (ou : démodexose, gale folliculaire). – Chat : leucopénie infectieuse. – Cheval : dourine ou maladie du coït, horsepox, farcin, gourme ; fourbure. – Vache : cow-pox ou vaccine. – Vers à soie : flacherie, grasserie ou jaunisse, pébrine. – Abeilles : nosémose. – Parasitoses du bétail : brucellose (ou : fièvre ondulante, mélitococcie), coccidiose, strongylose ; parasitoses des volailles : coccidiose. – Zoonose.

49 Vx. – Mal Saint-Éloi ou mal Notre-Dame (scorbut), mal Saint-Firmin ou mal Saint-Vérain (érysipèle), mal Saint-Maixent (mal de dents), mal Saint-Ladre ou Saint-Lazare (lèpre), mal Saint-Jean (chorée), mal Saint-Main (gale), mal Saint-Marthelin ou mal Saint-Nazaire (folie), mal Saint-Quentin (hydropisie), mal Saint-Avertin (vertige), mal Saint-Leu (épilepsie).

v. 50 Être mal, être au plus mal, **mal aller**, n'être pas dans son assiette, se sentir mal, se trouver mal ; fam. : avoir du plomb dans l'aile ; fam. : filer un mauvais coton, sentir le sapin. – **Avoir mal,** éprouver une souffrance ou une douleur, souffrir.

51 Être cloué au lit, être prostré, **garder le lit** ou la chambre ; s'aliter. – Se faire porter malade, se faire porter pâle [arg.].

52 Dépérir, faiblir.

53 Incuber. – Attraper (une maladie) ; attraper du mal, **prendre mal ;** s'enrhumer, s'enrouer. – Contracter une maladie, tomber malade ; couver une maladie, développer une maladie. – Se détraquer [fam.].

54 Avoir de la fièvre, avoir ou faire de la température. – Avoir mal à la tête (ou, fam. : au crâne, aux cheveux), avoir la langue pâteuse. – Expectorer. – Rendre, vomir ; vulg. : dégobiller, dégueuler. – S'enrhumer.

55 Avoir l'estomac embarrassé, météoriser, régurgiter ; éructer, **roter.**

56 Lyser ; métastaser ; **gangrener, nécroser ;** tétaniser. – Atrophier ; **scléroser.** – Emboliser, ischémier. – Œdématier, tuméfier. – Ulcérer. – Ankyloser.

57 Cloquer ; s'eczématiser ; s'escarrifier. – S'enkyster. – S'indurer ; s'invaginer. – Suppurer ; s'épancher.

58 Communiquer, inoculer, transmettre. – **Contaminer,** infecter. – Fam., vieilli : assaisonner, poivrer [se dit seult des infections vénériennes]. – Impaluder, infester.

Adj. 59 **Malade ;** atteint de + n. – Dolent, hâve, incommodé, indisposé, perclus ; souffrant, souffreteux, mal : H. S. (hors-service), patraque ; très fam. : nase. – Mal en point ; fam. : mal fichu, malade à crever, malade comme un chien ; crevard. – Condamné, dans un état désespéré.

60 Égrotant [litt.], **maladif ;** cacochyme [litt., souv. par plais.], malingre ; exsangue. – Gâteux ; grabataire. – Alité.

61 Fébrile (opposé à apyrétique), fiévreux, subfébrile ; hyperthermique, hypothermique. – Migraineux. – Comateux.

62 Enrhumé, grippé.

63 Morbide ; pathogène, pathogénique ; pathognomonique, **pathologique.** – **Contagieux,** endémique, épidémique, pandémique ; chronique, cyclique, erratique, périodique 185.14, rémittent, sporadique. – **Bénin,** fruste ; ambulatoire

[DR.] ; grave, insidieux, **malin,** pernicieux ; galopant ; subintrant. – Terminal.

64 Cryptogénétique. – Iatrogène ; carentiel. – **Infectueux,** toxi-infectueux.

65 Rhumatologie. – Arthralgique, **arthritique,** arthrosique, chondroïde, gonalgique, ostéalgique. – Dorsalgique ; cyphotique, lordosique, scoliotique.

66 Maladies cardio-vasculaires. – Anévrysmal ou anévrismal, artérioscléreux, artéritique, athérogène, athéromateux, bathmotrope, embolique, ischémique, syncopal, thromboembolique, variqueux, vasculaire. – Arythmique, asystolique, cardialgique, dicrote ; tachycardique. – Cardio-rénal, cardio-vasculaire ; aortique. – **Hypertendu,** hypertensif, **hypotendu,** hypotensif ; lipothymique.

67 Dermatologie. – Aphteux, boutonneux, dartreux, eczémateux, érythémateux, furonculeux, gommeux, lentigineux, lépreux, lymphogranulomateux, maculeux, papuleux, pélagreux, prurigineux, pustuleux, scabieux ou sporique, squameux. – Galeux, impétigineux, teigneux ; lépreux. – Couperosé, grêlé. – Circiné, serpigineux ; induré, kératinisé. – Achrome ou achromique, acnéique, bulleux ou phlycténoïde, décalvant, desquamatif, érythrodermique, furfuracé, herpétique, ichtyosique, kératolytique, lupique, mélanique, microsporique, mycosique, nævocellulaire, ortié, peladique, **pelliculaire,** pétéchial, phagédénique, phlycténulaire, phtiriasique, pityriasique, psoriasiforme, psoriasique, purpurique, séborrhéique, tondant, trichophytique, urticarien.

68 Maladies du sang. – Anémique, anoxémique, azotémique, chlorotique [vx], hémophile, leucémique. – Arégénératif, auto-immunitaire, cyanotique, drépanocytaire, dyscrasique, dysérythropoïétique, ferriprive, hémolytique, hémophilique, hémorragipare, hyperchrome, hypochrome, leucopénique. – Séropositif.

69 Infections. – Coquelucheux, grippal, pestique, rougeoleux, scarlatineux, scrofuleux, variolique. – Botulique, brucellique, cholérique, **diphtérique,** dysentérique, érysipélateux, exanthématique, **grippal,** mononucléosique, morbilleux, murin, obstructif, ombiliqué, ourlien, poliomyélitique, pyohémique, pyrétique, **rabique,** rubéoleux ou rubéolique, septicémique, **septique,** sidéen, tétanique, tuberculeux, typhique, typhoïdique, varioliforme, va-

riolique, zostérien. – Cholériforme, dysentériforme, morbilliforme, rubéoliforme, tétaniforme, varioliforme.

70 Appareil digestif. – Constipé, diarrhéique, dyspeptique ; nauséeux. – Anictérique, **cirrhotique**, colitique, dyskinétique, entéritique, hémorroïdaire, ictérique, porracé.

71 Néphrologie. – Albuminurique, hydronéphrotique, néphrotoxique, périnéphrétique, polyurique.

72 Nutrition. – Dénutri, dévitaminé, malnutri ; cachectique. – Obèse, pléthorique. – Calculeux, **diabétique**, glycosurique, hyperglycémiant.

73 Odonto-stomatologie. – Odontalgique. – **Carié**. – Prognathe.

74 Ophtalmologie. – Ophtalmique. – Amblyope ou **malvoyant**, amétrope. – Astigmate, hypermétrope, myope, presbyte ; achromatopsique, dyschromatopsique ; daltonien, dichromate. – Héméralope, nyctalope. – Nystagmique, strabique. – Monophtalme. – Glaucomateux, trachomateux. – Amaurotique, dichromatique, exophtalmique, héméralopique, monoculaire, myopique. – Aphake ou aphaque.

75 Oto-rhino-laryngologie. – Malentendant, sourd-muet. – Anosmique, anote, auriculaire, nasonné, otalgique.

76 Pneumologie. – **Asthmatique,** bronchiteux, emphysémateux, hémopthysique, phtisique, pleurétique, poitrinaire. – Bronchitique, dyspnéique, emphysémateux, hémoptoïque, pneumonique, silicotique. – Asthmatiforme.

77 Urologie. – Anurique, dysurique, hématurique, **incontinent,** périnéphrétique.

78 Parasitoses et mycoses. – Amibien, éléphantiasique, impaludé, malarien (ou : paludéen, palustre), pédiculaire, phtiriasique, sporotrichosique.

79 Pédiatrie. – Athrepsique, **rachitique.**

80 Anatomie pathologique. – Dysplasique (ou : dysgénésique, dysgénique), hyperplasique ; dystrophique, hypertrophique, hypotrophique. – Dyskinésique ; atonique, hypertonique. – Atrophique ; atrésié. – Aplasique, ectopique, prolabé. – Cancéreux ; sarcomateux, carcinomateux, épthéliomateux, tumoral.

81 Atrophiant, dystrophiant ; décalcifiant ; convulsivant, urticant ; déclenchant.

82 Caséeux, crétacé, mucopurulent, pultacé, puriforme, purulent, pyostercoral, sa-

nieux, scléreux, suppurant, suppuratif. – Athéromateux, lipomateux ; dégénératif, lésionnel, métastatique, nécrotique. – Gangréneux, phlegmoneux, **ulcéreux ;** anthracoïde. – Scrofuleux, tuberculeux ; coxalgique. – **Herniaire**, hernié, hernieux. – Kystique, polykystique ; œdémateux. – **Hémorragique ;** ulcératif ; inflammatoire. – Ascitique ; exsudatif. – Congestif, fluxionnaire ; anasarque ou, vx, hydropique. – Convulsif.

Adv. 83 **Maladivement ;** pathologiquement.

Aff. 84 A-, dys- ; noso-, **patho-.**

85 -algie, -dynie, -émie, -iase, -iasis, -ide, -ie, **-ite, -ose,** -pathe, **-pathie.**

86 -algique, -otique, **-pathique.**

## 384 GUÉRISON

N. 1 **Guérison**. – Recouvrance [vx], recouvrement, relèvement. – Délivrance ; **salut ;** fig. : renaissance, résurrection, retour à la vie.

2 **Amélioration,** améliorissement [rare], mieux *(un mieux) ;* abonnissement [rare], embellissement. – Délitescence [MÉD.].

3 Apaisement, adoucissement ; analgésie, soulagement. – Mieux-être, mieux-vivre.

4 **Rémission,** rémittence, répit, sursis ; accalmie [fig.].

5 **Convalescence,** convalo [fam.], récupération, rétablissement ; analepsie [MÉD.]. – Réadaptation, rééducation.

6 Cautérisation, cicatrisation.

7 Éradication 557.

8 **Thérapeutique 393.3** ; palliation [MÉD., vx], revigoration ; réanimation. – Curabilité, perfectibilité.

9 **Médicament,** palliatif [MÉD., vx], remède **394** ; cordial *(un cordial),* remontant *(un remontant).* – **Cure,** cure de jouvence.

10 Maison de repos, sanatorium ou sana.

11 Convalescent *(un convalescent) ;* miraculé *(un miraculé).*

V. 12 **Guérir.** – Cicatriser.

13 **Aller mieux,** se porter mieux, se trouver mieux ; être hors de danger, être en voie de guérison, prendre le dessus, voir le bout du tunnel. – **Recouvrer la santé.** – S'en sortir ; s'en tirer bien [fam.] ; en réchapper, en revenir, sortir d'affaire. – Avoir l'âme chevillée au corps.

14 Entrer en convalescence, forcir. – **Récupérer,** reprendre des forces, reprendre

goût à la vie, reprendre de la mine ou des couleurs, retrouver la forme ; retrouver de l'appétit ; reprendre du poil de la bête [fam.]. – Fig. : renaître, ressusciter, **revivre**. – Se refaire, se remettre, se rétablir ; fam. : se remplumer, se requinquer, se refaire une santé, se retaper.

15 Relever de *(relever de maladie, de couches, etc.)*, sortir de. – Quitter la chambre ou le lit, se lever, se remettre debout, se remettre en selle.

16 Porter remède, soigner, traiter ; pallier [MÉD., vx], remédier. – Assainir ; couper ou faire tomber la fièvre.

17 Ranimer, réanimer, sauver ; arracher à la mort ou aux griffes de la mort, rappeler à la vie, remettre sur pied. – Délivrer, guérir, soulager ; apaiser, calmer. – Affermir, **fortifier**, ragaillardir, ravigoter, remonter, restaurer, revigorer.

Adj. 18 Guéri, sur pied ; sain et sauf. – Convalescent.

19 Améliorant *(plante améliorante)*, améliorateur, guérissant [rare], guérisseur ; fortifiant, revigorant, roboratif.

## 385 AGGRAVATION

N. 1 **Aggravation**, aggravement [rare], dégénération [vx], dégradation, empirement [rare] ; fig. : dégénérescence, pourrissement. – Exacerbation.

2 Abaissement [vx], **affaiblissement**, déclin, dépérissement ; consomption, étiolement. – Fig. : déliquescence, détérioration, le début de la fin [fam.]. – Déconfiture, décrépitude, délabrement, ruine.

3 **Complication** ; rechute, récidive. – État stationnaire.

4 Incurabilité.

V. 5 **S'aggraver**, se compliquer, s'empirer [rare], s'envenimer. – Dégénérer, prendre une mauvaise tournure ; fam. : devenir vilain, ne pas s'arranger *(ça ne s'arrange pas)*. – Empirer, redoubler ; s'exacerber.

6 **Aller mal** ; aller de plus en plus mal, aller de mal en pis, aller en empirant. – Être sur la mauvaise pente. – **Rechuter**, replonger [fam.].

7 Être à ramasser à la petite cuillère [fam.], être au trente-sixième dessous, être dans un état désespéré, n'être plus que l'ombre de soi-même, se traîner.

8 Baisser, décliner, **dépérir, faiblir**, péricliter ; perdre des forces, perdre la santé. – S'affaiblir, **s'étioler**, se consumer, se décomposer 557.

Adj. 9 **Pire**, pis [vieilli].

10 Déclinant, pourrissant ; dégénérescent, **déliquescent**. – Sur la mauvaise pente ; fam. : en déroute, mal barré. – Incurable.

11 Récidivant, récurrent ; dégénératif [didact.]. – Aggravant.

Adv. 12 De mal en pis, de pire en pire, de pis en pis, **de plus en plus mal**.

## 386 MALFORMATION

N. 1 **Malformation** ; anomalie, défaut *(défaut de croissance)*, imperfection, tare, vice de conformation ; infirmité. – Difformité ; monstruosité. – Invalidité.

2 Tératogenèse, tératogénie ; **tératologie**.

3 Embryopathie, fœtopathie.

4

| | |
|---|---|
| acéphalie | exstrophie ou |
| achélie | extroversion |
| achrocéphalie | **gigantisme** |
| acromégalie | gynandrie |
| agénésie | **hermaphrodisme** |
| aglossie | isodactylie |
| agnathie | macrocéphalie |
| amélie | macromélie |
| anencéphalie | mélomélie |
| anonychie | microcéphalie |
| anophtalmie | microdactylie |
| anorchidie | **mongolisme** |
| apareunie | monorchidie |
| aplasie | **nanisme** |
| apodie | phocomélie |
| astomie | polydactylie |
| atrichie | polymérisme |
| brachydactylie | polyorchidie |
| brachymélie ou | pseudohermaphro- |
| micromélie | disme |
| cryptorchidie | syndactylie |
| cyclopie | syndrome |
| dicéphalie | de Klinefelter |
| dysembryoplasie | syndrome de Turner |
| dysgenèse ou | syringomyélie |
| dysplasie | trisomie |
| ectromélie | trisomie 21 |
| exencéphalie | |

5 **Bec-de-lièvre, bosse,** brachyœsophage, cutis-laxa, division palatine, dysembryome, épispadias, goitre, hallux flexus, hallux valgus, hallux varus, hypospadias, lame dentaire, nodosité d'Heberden, pied bot congénital, rachitisme, spina-bifida.

6 **Avorton,** nabot, nain ; fam. et vx : godenot, ragotin. – Géant. – Boiteux ; cul-de-jatte, monopode ; ectromèle, mémo-

mèle, phocomèle. – Bossu. – Androgyne, hermaphrodite. – Augnathe, monosome, tricéphale. – Tératopage, siamois ; monomphale. – Mongolien ; trisomique. – Cœlosomien [ZOOL.].

Adj. 7 Tératoïde, tératogène, **monstrueux** ; tératologique. – **Difforme** ; cagneux, contrefait, déjeté, disgracié, mal bâti, mal fait, marqué au B [fam.], tordu ; pas aidé, pas aidé par la nature [fam.]. – Handicapé, plurihandicapé ou polyhandicapé ; infirme.

8 Dysgénique (ou : dysgénésique, dysplasique). – Mongolien, trisomique.

9 Acéphale, anencéphale, bicéphale, dicéphale, exencéphale, macrocéphale, microcéphale, monocéphale, tricéphale. – Microdactyle, polydactyle, syndactyle. – Aglosse, anote, monophtalme, monorchide ; cryptorchide 325. – Autositaire, xiphodyme ; siamois, xiphophage. – Micromélien.

10 Malformatif.

Aff. 11 Térato-.

## 387 BLESSURE

N. 1 **Blessure** ; lésion. – Blessure profonde, blessure superficielle, blessure en séton. – **Plaie**, plaie contuse ; lèvres de la plaie.

2 Embarrure [vx], enfoncement, engrènement, fêlure, fissure, **fracture**, impaction, rupture ; fracture comminutive, fracture ouverte, fracture spiroïde. – **Coupure**, entaille, estafilade, estocade ; cornade ou cornada. – **Égratignure**, éraflure, éraillure, érosion, excoriation ; griffure, morsure, pinçon, suçon. – Piqûre. – Brûlure ; brûlure au premier (aussi : au deuxième, au troisième) degré, gelure.

3 Attrition [MÉD.], broiement, écrasement ; contusion, meurtrissure. – Déchirement, **déchirure**, déchirure musculaire, décollement épiphysaire, dilacération ; éventration. – Perforation.

4 Claquage, élongation, **entorse**, foulure, froissement, luxation, subluxation ; membre démis. – **Déboîtement**, déhanchement, désarticulation, diastasis, disjonction. – Extravasion, hémorragie 383.12. – Traumatopnée.

5 Mutilation ; automutilation, autotomie.

6 Choc, commotion ; trauma, **traumatisme**, microtraumatisme.

7 Accident. – Collision 227.1, heurt, percussion, tamponnement, télescopage. –

Chute. – Coup 658. – Coups et blessures [DR.].

8 ZOOL. – Atteinte, décousure ; enclouure ou enclouage ; mal de garrot.

9 **Bleu** *(un bleu)* ; fam. : bobo, coquart ou coquard ; ecchymose, hématome, noir *(un noir),* pochon, tuméfaction ; bosse ; troubles de compression.

10 Chéloïde, cicatrice ; balafre, boutonnière [très fam.]. – Croûte, escarre ; moignon.

11 **Blessé** *(un blessé),* blessé grave ou grand blessé, blessé léger ; évacué *(un évacué).* – Blessé ou mutilé de guerre, gueule cassée [emploi traditionnel, non-vulgaire s'agissant des blessés de guerre mutilés de la face] ; stropiat [vx].

12 **Chirurgie**, polytraumatologie, traumatologie ; urgences. – Centre de traumatologie ou de traumato [fam.].

13 Traumatologiste. – Chirurgien 393.

V. 14 **Blesser** ; commotionner, traumatiser ; accidenter. – Contusionner, mâchurer, meurtrir, navrer [vx] ; broyer, écraser. – **Fracturer**, léser ; écloper, éreinter, estropier, **mutiler** ; amputer. – Balafrer, **couper**, écorcher, égratigner, entailler, entamer, érafler, excorier, griffer, irriter, labourer, larder, taillader ; déchiqueter, **déchirer**, dilacérer, écharper, lacérer. – Darder, piquer ; éborgner, encorner, éventrer. – Fêler, **fouler**, froisser, luxer.

15 **Se blesser** ; se faire mal ou, fam., enfant., se faire bobo. – Se faire mal à + n. de partie du corps. – Se casser ou se rompre + n. de partie du corps ; se démettre un membre ; perdre un membre. – S'entailler, s'ouvrir, se fendre. – Se cogner, se couronner.

16 Perdre son sang, **saigner** 332.

17 Se faire taper dessus ; fam. : se faire casser la gueule, se faire démolir le portrait, se faire écharper, se faire rosser, se faire tabasser. – Prendre une dérouillée [fam.]. – Rester sur le carreau.

18 Choquer 658, **heurter**, percuter, tamponner, télescoper ; entrer en collision avec qqn ou qqch.

19 Battre, rouer de coups, **frapper** ; fam. : arranger, étriper, rosser, tabasser ; rompre les os à, saigner (qqn). – Fam. : faire un coquard ou un œil au beurre noir à ; pocher l'œil ou un œil à. – Cribler, larder de coups (de couteau, de poignard, etc.) ; poignarder.

Adj. 20 Commotionnel, **traumatique** ; traumatologique. – Ecchymotique, fissuraire. –

Aigu, à **vif** ; ballant ; bimalléolaire ; esquilleux.

21 **Blessé** ; accidenté, contus, contusionné, meurtri, mutilé, tuméfié ; fam. : en compote ou en marmelade. – Criblé de coups ou de blessures, écharpé ; fam. : amoché, arrangé. – Balafré, couturé ; boiteux, cul-de-jatte, éclopé, **estropié**, manchot, unijambiste. – Polytraumatisé, traumatisé.

22 Blessant [rare], contondant, contusif, meurtrissant [litt.], pénétrant, **tranchant,** traumatisant, vulnérant ; mutilant, mutilateur [litt.].

23 Blessable [rare], **vulnérable.**

Aff. 24 Traumato-.

## 388 TUMEUR

N. 1 **Tumeur** (ou : néoplasie, néoplasme) ; lésion tumorale. – Tumeur bénigne (opposé à tumeur maligne ou **cancer**) ; tumeur érectile, tumeur mixte ; tumeur encéphaloïde, tumeur fasciculée, tumeur sessile. – Bubon, enflure, **excroissance,** flegmon, grosseur, nodosité, nodule, tubercule, tubérosité ; induration, intumescence, néoformation.

2 Apudome, cholangiome, corticosurrénalome, dysembryome, ecchondrome, enchondrome, énostose, exostose, gliome, hépatome, **kyste,** myome, névrome, tératome, verrucosité, **verrue ;** éphélide, **polype.**

3 TUMEURS BÉNIGNES

| | |
|---|---|
| acanthome | hémangiome |
| adénofibrome ou | histiocytome |
| fibroadénome | kérato-acanthome |
| adénome | léiomyome |
| angiome | léprome |
| arrhénoblastome | lipome |
| astrocytome | lymphangiome |
| botryomycome | marisque |
| chondroblastome | médullosurrénalome |
| chondrome | mélanome de Spitz |
| chordome | ou mélanome juvénile |
| condylome acuminé | méningiome |
| ou crête-de-coq | molluscum |
| craniopharyngiome | myxome |
| cylindrome | neurinome ou |
| cystadénofibrome ou | schwannome |
| fibroadénome géant | odontome |
| cystadénome | œil-de-perdrix |
| déciduome | ostéome |
| endométriome | papillome |
| épendydome | rhabdomyome |
| épulis | tumeur de Brenner |
| fibrome | verrue séborrhéique |
| fibromyome | xanthome |

4 TUMEURS MALIGNES

| | |
|---|---|
| adénocarcinome | de Burkitt |
| angiosarcome | lymphosarcome |
| branchiome | mélanome malin ou |
| cancroïde | nævo-carcinome |
| **carcinome** ou | myélome |
| épithélioma | myélosarcome |
| chondrosarcome | myosarcome |
| choriocarcinome | myxosarcome |
| cystadénosarcome | ostéosarcome |
| endothéliome ou | phyllode |
| mésothéliome | réticulosarcome |
| fibrosarcome | rétinoblastome |
| hémangio-endothé- | rhinocarcinome |
| liome malin | **sarcome** |
| hépatocarcinome | sarcome d'Ewing |
| hidradénome | séminome |
| léimyosarcome | squirre |
| liposarcome | tumeur d'Abrikossov |
| lymphome | tumeur de Bowen |
| lymphome ou tumeur | |

5 VÉTÉR. – Capelet, éparvin, éponge, grenouillette, jarde, molette, suros, tare, trichobézoard ou ægagropile, vessigon.

6 Cancérogenèse ou carcinogenèse, oncogenèse ; **cancérisation** ou dégénérescence, carcinomatose ou carcinose, enkystement, gonflement, hypertrophie, **métastase,** prolifération ; involution tumorale.

7 **Biopsie** ; carcinolyse, énucléation, résection.

8 Cancérologie ou, vx, carcinologie, oncologie.

9 Cancérologue, oncologiste.

10 Cancéreux *(un cancéreux).* – Cancérophobie.

V. 11 Se cancériser ; dégénérer.

Adj. 12 **Tumoral ; néoplasique. – Cancéreux,** cancériforme, carcinoïde, carcinomateux, précancéreux. – Adénoïde, adénomateux, épithéliomateux, exostosant, lépromateux, papillomateux, polypeux, **sarcomateux,** squirreux, verruqueux. – Acuminé, anaplasique ou indifférencié, enclavé, enkysté, invasif, pulsatile, térébrant, villeux.

13 **Cancérogène,** carcinogène, oncogène.

14 Cancérologique, oncologique. – Antinéoplasique ou anticancéreux ; biopsique.

Aff. 15 Cancéro-, carcino- [vx], onco- ; **-ome.**

## 389 EMPOISONNEMENT

N. 1 **Empoisonnement,** envenimation, **intoxication,** toxi-infection ; auto-intoxication, intoxication alimentaire.

2 Anilisme, aranéisme, argyrie, argyrisme ou argyrose, arsenicisme, benzénisme ou benzolisme, bismuthisme, bromisme, darmous, **ergotisme** ou, vx, mal des ardents, favisme, fluorose, hydrargyrisme, iodisme, manganisme, oxycarbonisme, phosphorisme, **saturnisme,** sulfhydrisme, sulfocarbonisme. – Entérotoxémie, toxémie ; oxycarbonémie, plombémie.

3 **Poison,** venin. – Poison lent, poison subtil [vx], poison violent ; poison minéral, poison végétal ; poison nucléaire.

4 SUBSTANCES TOXIQUES

| | |
|---|---|
| aconitine | daturine |
| amanitine | digitaline |
| amygdaloside | hydrazine |
| aniline | muscarine |
| antiarine | nicotine |
| **arsenic** | phalline |
| atropine | phalloïdine |
| batrachotoxine | psilocybine |
| benzopyrène | ptomaïne ou |
| cicutine | ptomanine |
| **ciguë** | sels de thallium |
| colchicine | **strychnine** |
| curare | thébaïne |
| **cyanure** | trichloréthylène |

5 TOXINES

| | |
|---|---|
| aflatoxine | mytilotoxine |
| anatoxine | neurotoxine |
| endotoxine | picrotoxine |
| exotoxine | tétanotoxine |
| immunotoxine | |

6 Bouillon d'onze heures [fam.] ; acqua-toffana. – Boulette empoisonnée, gobbe [vx] ; **insecticide,** pesticide ; D. D. T., mort-aux-rats.

7 **Serpent** 299, scorpion ; abeille 301, guêpe, frelon, taon ; cantharide ; araignée, tarentule ; méduse 303, oursin.

8 Chélation, **désintoxication,** détoxification, inactivation ; irrigation intestinale, lavage d'estomac. – Immunisation, mithridatisme ou mithridatisation. – Immunité, innocuité. – Antidotisme.

9 **Antidote** ou contrepoison ; alexipharmaque [vx], alexitère, antitoxine, mithridate, sérum antivenimeux, thériaque.

10 **Toxicité ;** chronotoxicité, radiotoxicité.

11 **Toxicologie ;** chronotoxicologie, pharmacotoxicologie. – Toxicovigilance.

12 Toxicologue.

13 Empoisonneur.

V. 14 **Empoisonner, intoxiquer,** polluer. – Envenimer. – **Désintoxiquer,** détoxifier. – Mithridatiser.

Adj. 15 **Empoisonné ;** toxi-infectieux, **véné-neux,** venimeux, vésicant, vireux ; vicié. – Héroïque, leucotoxique, neurotoxique, phytotoxique.

16 **Empoisonné,** intoxiqué.

17 Antiphallinique, **antipoison,** antitoxique, antivénéneux, thériacal. – Atoxique.

18 Pharmacotoxicologique, toxicologique.

Aff. 19 -toxique ; -toxine.

## 390 TOXICOMANIE

N. 1 **Toxicomanie,** toxicophilie ; polytoxicomanie. – Alcoolisme, alcoomanie ou alcoolomanie ; tabagisme, nicotinisme. – Barbiturisme, cannabisme, cocaïnisme, cocaïnomanie, éthéromanie, héroïnomanie, morphinomanie, opiomanie, opiophagie. – Paradis artificiels [litt.].

2 Dopage ou doping.

3 **Accoutumance** 568, addiction [anglic.], dépendance, toxicodépendance ; état de manque. – Cure de désintoxication, décrochage [fam.].

4 **Drogue ;** arg. : **came,** camelote, dope, schnouff. – Narcotique, stupéfiant ; drogue douce, drogue dure ; analgésique, euphorisant, hallucinogène.

5 Cannabis, chanvre indien ; **haschisch** (ou, fam. : hasch, shit) ; **marijuana** (ou : marihuana, marie-jeanne, herbe) ; kif. – Tabac ; cigarette.

6 Mescaline, peyotl, psilocybine ; champignon hallucinogène.

7 **Cocaïne** (ou, arg. : blanche, neige, coco, coke) ; crack [amér.], diamorphine, **héroïne,** morphine, **opium,** procaïne. – Alcaloïde.

8 **Amphétamines** (ou, fam. : amphés, speed), barbituriques, dextromoramide, ecstasy, laudanum, L. S. D. ou lysergamide, méthadone, péthidine, phénadone.

9 Caféine, théine ; nicotine.

10 Arg. – Prise (ou : reniflette, sniff) ; shoot ou fix. – Défonce, flash ; trip (angl., « voyage ») ; descente, flip.

11 Dose létale, **overdose** [anglic.].

12 Fumerie d'opium. – De l'amér. : **joint,** stick. – Shilom. – Seringue ou, arg., shooteuse.

13 Trafic de drogue.

14 **Toxicomane** ou, fam., toxico, toxicophage. – **Drogué** *(un drogué) ;* arg. : camé, junkie ou junky [amér.]. – Barbituromane,

cocaïnomane, éthéromane, héroïnomane, morphinomane, opiomane, opiophage. – Alcoolique ; fumeur.

15 **Revendeur ;** passeur, pourvoyeur, **trafiquant ;** arg. : contact, dealer [anglic.], fourmi. – Narco-trafiquant ; gros bonnet de la drogue.

v. 16 **Se droguer ;** arg. : se camer, se défoncer, s'envoyer en l'air, se flasher. – Arg. : se piquer, se shooter ; fumer, priser, sniffer.

17 Arg. – Partir, **planer ;** flipper ; redescendre. – S'accrocher ; décrocher.

18 Dealer [arg., anglic.].

Adj. 19 Toxicomaniaque ; accro [fam.], **dépendant.**

20 Hallucinogène, psychédélique. – Toxicomanogène. – Antidrogue.

Aff. 21 -mane, **-manie.**

# 391 MÉDECINE

N. 1 **Médecine,** médecine générale. – Médecine physique, médecine préventive, médecine psychosomatique ; médecine ayurvédique, médecine expectante ; **médecines parallèles.**

2 Médecine légale, médecine sociale, médecine du travail. – Médecine de l'air ou médecine aéronautique, médecine exotique, médecine tropicale. – **Médecine vétérinaire** ou art vétérinaire. – Médecine infantile. – Médecine interne ; médecine de groupe.

3 **Biosciences ;** biochimie médicale, biologie médicale, cytologie, microbiologie ; génétique, immunologie 342 ; bactériologie 284, virologie ; génie biomédical. – Bioéthique.

4 Clinique ; **séméiologie** ou sémiologie ; symptomatologie. – Nosographie, **nosologie.** – Paléopathologie, **pathologie,** radiopathologie. – Physiologie.

5 Embryologie, **pédiatrie,** périnatalogie. – Gynécologie, obstétrique. – Gériatrie, gérontologie. – Défectologie.

6 Anesthésiologie, anesthésie-réanimation ; antisepsie, asepsie ; allergologie, angiologie, cancérologie 388.8, épidémiologie, infectiologie, mycologie, parasitologie, pathologie industrielle, phoniatrie, rhumatologie, spasmologie, tératologie 386, thanatologie. – Diététique 395. – Préventologie ; prophylaxie. – Rééducation et réadaptation fonctionnelles.

7 **Anatomie,** anatomie pathologique, anatomopathologie ; **cardiologie,** chondrologie, dermato-vénérologie, **dermatologie,** endocrinologie, gastro-entérologie, hématologie, hémobiologie, hépatologie, histologie, néphrologie, **neurologie,** ophtalmologie, ostéologie, **oto-rhino-laryngologie,** pneumo-phtisiologie, stomatologie, urologie, vénérologie. – **Chirurgie 392** ; orthodontie, orthopédie, orthopédie dento-faciale. – Psychiatrie.

8 Allopathie, **homéopathie ;** étiopathie. – HIST. : empirisme, galénisme, hippocratisme, humorisme, naturalisme, organicisme.

9 **Consultation,** visite médicale ; contre-visite ; bilan de santé ou check-up [anglic.]. – Acte médical ; anamnèse **400.6 ; analyse,** dépistage ; vaccination. – Antécédents, commémoratifs.

10 Étiologie ; expertise. – Autodiagnostic, **diagnostic,** électrodiagnostic, pronostic, radiodiagnostic, télédiagnostic. – **Cas.** – Dossier médical, observation ; ordonnance, prescription.

11 **Examen 412.** – **Auscultation,** palpation, percussion, test, toucher. – Autopsie ou, vx, nécropsie, docimasie ; déclaration des causes de décès. – Dissection.

12 **Endoscopie ;** colposcopie, fibroscopie, laparoscopie, péritonéoscopie. – Cathétérisme, cathétérisme cardiaque.

13 **Biopsie, ponction,** ponction-biopsie, sondage ; prélèvement, prise de sang.

14 Imagerie ; cartographie (ou : scintigraphie, gammagraphie), cartographie automatique, **échographie,** échotomographie, électroradiologie, radiocinématographie, **radiographie** ou, fam., radio, radiographie numérisée, radiomanométrie, radioscopie ou, fam., scopie, radiostéréoscopie, remnographie ou résonance magnétique nucléaire (R. M. N.), scanographie (ou : tomodensitométrie, tomographie informatisée), scintigraphie, téléradiographie, thermographie, tomographie. – Radiologie.

15 Électrocardiogramme, électromyogramme, **électroencéphalogramme** ou encéphalogramme, remnogramme, scintigramme, thermogramme. – Marqueur biologique.

16 Angioscintigraphie, aortographie, artériographie, arthrographie, cholangiographie, cholécystographie orale, cholédographie, cystographie, discographie,

**électrocardiographie,** électromyographie, encéphalographie gazeuse, hépatographie, lymphographie, mammographie, méniscographie, myélographie, neuroradiologie, pelvigraphie, phlébographie, pyélographie, radiopelvimétrie, urétéropyélographie rétrograde, urétrographie, urographie, ventriculographie, vésiculographie.

17 Abaisse-langue, marteau à réflexes, miroir laryngien, spéculum, **stéthoscope.** – Hystéromètre, tensiomètre (ou : sphygmomanomètre, sphygmotensiomètre).

18 **Endoscope ;** anuscope, colonoscope ou coloscope, cystoscope, électrocardioscope, fibroscope, néphroscope, œsophagoscope, pharyngoscope, pleuroscope, rectoscope.

19 Bougie, **canule,** cathéter, cryosonde, **sonde ;** sonde d'Einhorn, sonde ou bougie filiforme, sonde de Béniqué ; trocart.

20 Échographe, électrocardiographe, remnographe, **scanner** (ou : scanographe, scanner X, tomodensitomètre). – Moniteur ou monitor.

21 Signe **730,** signe fonctionnel ou **symptôme,** signes cliniques. – Bruit, crase, habitus ; terrain.

22 Clinicat, externat, internat ; **doctorat.** – Professions médicales. – Corps médical ; corps de santé militaire, Faculté *(la Faculté,* par plais.) ; ordre des médecins ; Croix-Rouge.

23 **Docteur, médecin,** officier de santé [anc.], praticien, thérapeute [litt.] ; fam. : doc, **toubib ;** vx : mire, physicien. – Disciple d'Esculape [litt. ou par plais.], homme de l'art.

24 Généraliste ou omnipraticien (opposé à spécialiste) ; médecin consultant, médecin traitant. – Médecin de campagne ; **médecin de famille ;** médecin de garde. – Clinicien, médecin des hôpitaux ; médecin-conseil ; médecin d'état civil, médecin légiste, médecin des morts [fam.] ; médecin des armées ; médecin du travail.

25 Carabin [fam.] ; externe, interne des hôpitaux ; assistant, médecin aide-major, médecin aspirant, médecin attaché ou attaché. – Archiatre, chef de clinique, médecin-chef, patron [fam.].

26 **Charlatan,** drogueur ; vieilli : empirique, marchand de mort subite, médicastre, morticole.

27 Cardiologue, dermato-vénérologue, dermatologue, hémobiologiste, hépatologue,

odontologiste, ophtalmologiste, oto-rhino-laryngologiste, otologiste, phtisiologue, pneumologue, sexologue, stomatologiste, urologue.

28 Accoucheur, **gynécologue,** obstétricien. – Gériatre, **gérontologue.**

29 Cancérologue, diabétologue, épidémiologiste, oncologiste, sidologue, syphiligraphe [vieilli], traumatologiste. – Aliéniste [vieilli].

30 Vétérinaire.

31 Allopathe, homéopathe. – **Acupuncteur** ou acuponcteur. – Dissecteur, prosecteur [anc.]. – Échographiste, électroradiologiste, **radiologue.**

32 Centre hospitalo-universitaire (C. H. U.), clinique, **hôpital ;** dispensaire, laboratoire d'analyses médicales. – Académie de médecine, faculté de médecine. – Institut médico-légal.

33 Sous-médicalisation.

34 Caducée. – Serment d'Hippocrate.

V. 35 **Examiner ;** ausculter, percuter, toucher ; prendre le pouls, prendre la tension. – Autopsier. – Cathétériser, **sonder.** – Échographier, radiographier. – **Diagnostiquer,** ordonner. – Médicaliser ; démédicaliser.

Adj. 36 **Médical ;** biomédical ; paramédical. – Médico-chirurgical, médico-éducatif, médico-légal, médico-social, médico-sportif. – **Étiologique ;** diagnostique, pronostique ; séméiologique ou sémiologique ; clinique. – Bioéthique ; déontologique.

37 Auscultatoire, biopsique, endoscopique. – Électrocardiographique, radiographique, **radiologique,** radioscopique, scanographique, tomographique. – Asymptomatique, atypique. – Sous-médicalisé.

38 Compétent. – Empirique ; hippocratique. – Allopathique, **homéopathique ;** épidémiologique, thanatologique ; gériatrique, gérontologique ; anatomique ; pathologique **383.**

Adv. 39 **Médicalement.** – Cliniquement. – Anatomiquement. – Radiologiquement.

Aff. 40 Iatro- ; -iatre, -iatrie, -iatrique.

## 392 CHIRURGIE

N. 1 **Chirurgie.** – Chirurgie correctrice, chirurgie expérimentale, chirurgie opératoire, cryochirurgie, médecine opératoire, microchirurgie, petite chirurgie.

2 Chirurgie ou art dentaire, chirurgie orthopédique, neurochirurgie, psychochi-

rurgie. – **Chirurgie esthétique,** chirurgie des formes, chirurgie plastique (ou : réparatrice, restauratrice).

3 Pathologie chirurgicale ou pathologie externe ; **traumatologie 387.**

4 **Hospitalisation,** hospitalisation à domicile (H. A. D.) ; brancardage. – Acte opératoire ou intervention chirurgicale, intervention, **opération ;** traitement sanglant ; opération de convenance ; opération à cœur ouvert. – Indication opératoire, protocole opératoire ; monitorage ou, angl., monitoring. – **Dissection,** vivisection.

5 Rapprochement ; affrontement, **couture,** enfouissement, engrènement, occlusion, synthèse.

6 **Contention ;** arthrodèse, brochage, cerclage, coaptation, consolidation, contre-extension, embrochage, enclouage, immobilisation, ostéosynthèse, **réduction,** taxis. – Hystéropexie, orchidopexie, rectopexie. – Clampage, forcipressure, garrottage. – Péritonisation. – Remodelage.

7 Nettoyage ; aspiration, avivement, cautérisation, curage, curetage, dénudation, **désinfection,** détersion, drainage, épluchage, **éradication,** évidement, grattage, méchage, parage, synoviorthèse. – **Ponction ;** arthrocentèse, paracentèse, thoracentèse.

8 **Coupure ;** césarienne, débridement, désunion, diérèse, discission, perforation, **section,** trépanation. – Ostéoclasie.

9 **Libération ;** décapsulation ou décortication, désinvagination, désoblitération ou désobstruction, forage, mobilisation.

10 Dérivation, fenestration, pontage, tunnellisation.

11 Insertion ; **implantation,** inclusion, réimplantation, revascularisation. – **Injection,** transfusion.

12 **Ablation ; amputation,** désarticulation, divulsion, énucléation, exentération, exérèse, **extirpation ;** avulsion ou, vieilli, évulsion ; extraction. – Circoncision ou posthectomie ; excision. – Énervation, éveinage ou, angl., stripping. – Résection. – Prothèse.

13 ABLATION

| | |
|---|---|
| adénomectomie | arthrectomie |
| amygdalectomie | capsulectomie |
| antrectomie | carpectomie |
| appendicectomie | cholécystectomie |
| artériectomie | clitoridectomie |
| colectomie | pallidectomie |
| colpohystérectomie | pancréatectomie |
| diverticulectomie | parathyroïdectomie |
| duodénectomie | pariétectomie |
| duodéno-gastrectomie | parotidectomie |
| embolectomie | patellectomie |
| embryectomie | pelvectomie |
| endartériectomie | péricardectomie |
| endectomie | pharyngectomie |
| entérectomie | phlébectomie |
| gangliectomie | platinectomie |
| gastrectomie | pleurectomie |
| gingivectomie | pneumectomie ou |
| hémisphérectomie | pneumonectomie |
| hémorroïdectomie | polypectomie |
| hépatectomie | prostatectomie |
| hypophysectomie | ridectomie (ou : |
| hystérectomie | lifting, lissage) |
| iliectomie | sclérectomie |
| kératectomie | séquestrectomie |
| laminectomie | splanchnicectomie |
| lipectomie | splénectomie |
| lithectomie | surrénalectomie |
| lobectomie | sympathectomie |
| lymphadénectomie | synovectomie |
| mammectomie | tarsectomie |
| mastoïdectomie | thrombectomie |
| médullectomie | thymectomie |
| méniscectomie | thyroïdectomie |
| myomectomie | topectomie |
| névrectomie | turbinectomie |
| œsophagectomie | vasectomie ou |
| orchidectomie | vasotomie |
| otectomie | vitrectomie |
| ovariectomie | |

14 INCISION

| | |
|---|---|
| angiotomie | néphrotomie |
| aponévrotomie | neurotomie ou |
| artériotomie | névrotomie |
| arthrotomie | œsophagotomie |
| bronchotomie | oncotomie |
| cardiotomie | ophtalmotomie |
| céphalotomie | orbitotomie |
| cholécystotomie | ostéotomie |
| chondrotomie | ovariotomie |
| cœliotomie | phlébotomie |
| commisurotomie | pleurotomie |
| duodénotomie | pneumotomie |
| embryotomie | pyélotomie |
| entérotomie | radicotomie |
| épisiotomie | rectotomie |
| gastrotomie | ruménotomie |
| glossotomie | scalénotomie |
| hépatotomie | spéléotomie |
| hystérotomie | sternotomie |
| kératotomie | syringotomie |
| laparotomie | ténotomie |
| laryngotomie | thoracolaparotomie |
| laryngotrachéotomie | thoracotomie |
| leucotomie | thyrotomie |
| lithotomie | trachéotomie |
| lobotomie | urétérolithotomie |
| lombotomie | vagotomie |
| mérotomie | varicotomie |
| myotomie | vasotomie |
| néphrolithotomie | |

**15** ABOUCHEMENT

| | |
|---|---|
| anastomose | entérostomie |
| anastomose | gastro-duodénostomie |
| porto-cave | gastro-entérostomie |
| arthrostomie | gastrostomie |
| colostomie | méatostomie |
| cholécystostomie | œsophagostomie |
| duodéno-jéjunostomie | trachéostomie |
| duédunostomie | urétérostomie |
| entéroanastomose | |

**16 Greffe,** transplantation ; anaplastie (homogreffe, allogreffe), autogreffe, hétérogreffe ou hétéroplastie, isogreffe.

**17** PLASTIE OU INTERVENTION PLASTIQUE

| | |
|---|---|
| acétabuloplastie | œsophagoplastie |
| arthroplastie | ophtalmoplastie |
| autoplastie | organoplastie |
| capsuloplastie | ostéoplastie |
| chéiloplastie | otoplastie |
| cholédochoplastie | périnéoplastie |
| cinématisation ou | pharyngoplastie |
| cinéplastie | plastie tubaire |
| dermatoplastie | rhinoplastie |
| digitoplastie | salpingoplastie |
| duodénoplastie | sphinctéroplastie |
| entéro-cystoplastie | staphyloplastie |
| entéroplastie | stomatoplastie |
| hernioplastie | thoracoplastie |
| kératoplastie | tympanoplastie |
| ligamentoplastie | uranoplastie |
| mammoplastie | urétroplastie |
| méloplastie | valvuloplastie |
| myoplastie | |

**18** Angiorraphie, blépharorraphie, hépatorraphie, myorraphie, neurorraphie, périnéorraphie.

**19 Anesthésie,** anesthésie générale, anesthésie locale ou insensibilisation, anesthésie régionale ; anesthésie épidurale ou péridurale, anesthésie tronculaire, électroanesthésie, rachianesthésie. – Alcoolisation des nerfs, baronarcose, cocaïnisation, curarisation ; hibernation artificielle, **hypnose** ; induction, intubation.

**20 Anesthésique** *(un anesthésique)* ; chloroforme, cocaïne, cocktail lytique, cryofluorane, curare, éther. – Capnographe.

**21** Appareil, **prothèse** ou appareillage, prothèse interne ; anus artificiel, cœur-poumon artificiel ; jambe artificielle articulée, jambe de bois [anc.].

**22** Boutonnière ; butée ; **cicatrice,** points de suture, suture. – Boyau de chat ou catgut. – Biomatériau, greffon, transplant.

**23 Bandage,** écharpe, fronde, pelote ; coquille, **plâtre.** – Agrafe de Michel, attelle ou éclisse, broche, épaulière, gouttière ; clou, vis. – Mèche.

**24** Lit mécanique, lit orthopédique. – Bock ; canard ; pistolet [fam.]. – **Brancard,** civière. – **Canne,** canne anglaise ou cannebéquille ; fauteuil roulant.

**25 Table d'opération** ; billard [fam.]. – Miroir de Clar ; éclairage sans ombre ou, n. déposé, Scialytique ; masque respiratoire ou masque à oxygène. – Doigtier.

**26** INSTRUMENTS

| | |
|---|---|
| aiguille | fraise |
| **bistouri** | garrot |
| Cavitron [n. déposé] | lame |
| ciseaux | lancette |
| clamp | lithotripteur |
| coapteur | rugine |
| crampon | **scalpel** |
| curette | scarificateur |
| davier | scie |
| dilatateur | seringue |
| drain | stylet |
| écarteur | tire-veine ou stripper |
| embout | tourniquet |
| érigne | trépan |
| extracteur | trocart |
| forceps | |

**27 Chirurgien** ; aide-major, major, opérateur [vx] ; fam. et péj. : boucher, charcutier. – Chirurgien-accoucheur, chirurgien-dentiste ou dentiste, plasticien ; rebouteux.

**28** Ambulancier, brancardier ; instrumentiste ; appareilleur, prothésiste ; orthopédiste ; **anesthésiste,** réanimateur ; anesthésiste-réanimateur ou anesthésiologiste.

**29** Opéré *(un opéré)* ; **hospitalisé,** amputé, colostromisé, gastrectomisé, transplanté, trépané.

**30** Clinique, **hôpital,** hosto [fam.] ; hôpital maritime, hôpital militaire ; Centre hospitalier spécialisé ou C. H. S., centre hospitalo-universitaire ou C. H. U.

**31 Ambulance,** autochir, S. A. M. U. (Service d'aide médicale urgente) ; antenne chirurgicale, poste de secours. – Bloc opératoire, poste opératoire, salle d'opération ; box, chambre ; salle de garde.

v. **32 Opérer** ; intervenir. – Charcuter [fam.]. – **Anesthésier,** chloroformer, curariser, insensibiliser 344 ; intuber.

**33** Stériliser ou, rare, aseptiser ; déterger. – Cautériser ; cureter, drainer, mécher. – Affronter, anastomoser, clamper, débrider, désarticuler, désinvaginer, éclisser, enclouer, fermer, **greffer,** implanter, **inciser,** ligaturer, lobotomiser, mobiliser, obturer, occlure, péritoniser, ponctionner, réduire, réimplanter, réséquer, ruginer, suturer, tamponner, transplanter, trépaner. – **Amputer,** énerver, énucléer, exciser, extirper, extraire. – Appareiller, bander, border, déplâtrer, panser, **plâtrer.** – **Disséquer ;** viviséquer.

34 Brancarder. – **Hospitaliser.**

Adj. 35 **Chirurgical,** chirurgique, médico-chirurgical ; **opératoire,** peropératoire, postopératoire, préopératoire ; **hospitalier.** – Anesthésiant ou anesthésique, curarisant. – Compressif, dilatateur, hémostatique, sutural ; orthopédique, prothétique. – Appareillable, implantable, résécable.

Adv. 36 Chirurgicalement. – Ex vivo [lat.].

Aff. 37 **-ectomie,** -plastie, -rraphie, -stomie, -tome, **-tomie,** -tripsie, -tritie.

# 393 SOINS DU CORPS

N. 1 **Soins ;** médication, **traitement ;** automédication ou autoprescription. – **Cure,** postcure. – Acharnement thérapeutique ; expectation ou expectative.

2 **Indication ;** contre-indication absolue, contre-indication relative ; posologie.

3 **Thérapeutique** ou thérapie ; thérapeutique étiologique, thérapeutique symptomatique ; physiothérapie, thérapeutique physiopathologique ; thérapeutique mécanique adjuvante, thérapeutique substitutive. – Pharmacologie. – Chronothérapie.

4 Aérothérapie, barothérapie, climatothérapie, héliothérapie. – **Balnéothérapie,** crénothérapie, fangothérapie, hydrothérapie, thalassothérapie, thermalisme. – Apithérapie, aromathérapie, bufothérapie, phytothérapie, thermothérapie. – Bioénergie, étiopathie, **naturopathie.**

5 Chimiatrie, **chimiothérapie.** – Antibiothérapie, bactériothérapie, biothérapie, calcithérapie, chrysothérapie, corticothérapie, cytothérapie, hormonothérapie, immunothérapie, insulinothérapie, malariathérapie ou impaludation thérapeutique, mésothérapie, métallothérapie, œstrogénothérapie, opothérapie, oxygénothérapie ou oxygénation, pyrétothérapie, séro-anatoxithérapie, **sérothérapie,** sulfamidothérapie, **vaccinothérapie,** vitaminothérapie. – Autohémothérapie. – Isothérapie ou isopathie.

6 Médecine nucléaire. – Actinothérapie, bêtathérapie, buckythérapie, chromothérapie, **cobaltothérapie,** curiethérapie ou gammathérapie, endocuriethérapie, en-

doradiothérapie, neutronothérapie, photothérapie, plésiocuriethérapie, **radiothérapie,** radiothérapie de contact ou contacthérapie, radiothérapie de convergence ou cyclothérapie, téléradiothérapie. – Ultrasonothérapie.

7 Diathermie, électrothérapie.

8 Auriculothérapie, chiropraxie, **kinésithérapie,** mécanothérapie, ostéopathie, réflexothérapie, shiatsu.

9 Mise en observation ; nursing ou nursage [anglic.]. – **Réanimation ;** assistance circulatoire, assistance respiratoire ou ventilation assistée, déchocage, insufflation, respiration artificielle. – Bouche-à-bouche. – Premiers secours, **secours.** – Secourisme.

10 Gymnastique corrective, réadaptation fonctionnelle, **rééducation motrice.**

11 Chimioprévention, séroprévention ; **vaccination.** – Atropinisation, recalcification, reminéralisation, vitaminisation. – Décontamination. – **Désensibilisation ;** immunostimulation 342.

12 Diathermocoagulation, **électrochoc,** vieilli : faradisation, fulguration, galvanisation. – Liposuccion.

13 **Acupuncture,** curiepuncture, digitopuncture, puncture. – Moxabustion. – Pédicurie.

14 Balnéation. – Affusion ; illutation. – **Bain,** bain de boue, bain de vapeur, douche ; boues activées.

15 Bain de bouche, gargarisme ; **lavement,** purgation ou purge. – Fumigation.

16 Élongation, manipulation vertébrale, **massage,** traction vertébrale. – Compression, **friction,** révulsion, tamponnage ; onction.

17 **Injection,** piqûre ; injection intramusculaire ou intramusculaire *(une intramusculaire),* injection intraveineuse ou intraveineuse *(une intraveineuse)* ; infiltration, instillation, **perfusion.** – Saignée [anc.]. – Scarification.

18 Coton hydrophile, gaze, mèche, **pansement,** sparadrap, spica, tulle gras ; plâtre. – Poire à injections, poire à lavements ; bock à injections ; clystère [anc.]. – Fumigateur, insufflateur, irrigateur, nébuliseur, pulvérisateur, **seringue,** siphon. – Cure-oreille ; cure-ongles.

19 **Appareil orthopédique ;** bas à varices, ceinture de grossesse, ceinture orthopédique, corset orthopédique, genouillère,

gouttière, lombostat, mentonnière, minerve, suspensoir. – Alaise ou alèse.

20 Appareil de Bird, poumon d'acier, respirateur ; tente à oxygène. – Bombe au cobalt.

21 Aérium, préventorium, **sanatorium** ou, fam., sana, solarium. – Établissement thermal, **station thermale.** – Centre de dépistage ; **clinique 391**.32, **hôpital,** hôtel-Dieu, infirmerie, maternité, policlinique, polyclinique. – Maison de santé ; anc. : asile (de vieillards ; d'aliénés ou, fam., de fous). – Anc. : lazaret, léproserie, maladrerie.

22 **Thérapeute.** – Guérisseur, rebouteux. – Bandagiste, panseur. – Aide-soignant, garde-malade, **infirmier, infirmière ;** sœur hospitalière.

23 Curiste *(un curiste)*.

v. 24 **Soigner,** traiter ; assister.

25 Mettre en observation. – Mettre à la diète, soumettre à un régime.

26 **Injecter,** instiller, pulvériser ; purger, résorber ; oxygéner, ventiler ; scarifier. – Désensibiliser, impaluder, **immuniser ;** décontaminer. – Bander, panser ; appareiller. – Frotter, masser. – Rééduquer.

27 Guérir 384, sauver, secourir.

Adj. 28 Curatif, **médicinal, thérapeutique,** thérapique. – Biothérapique, chimiothérapique, électrothérapique, héliothérapique, hydrothérapique, photothérapique, physiothérapique, radiothérapique, sérothérapique ; **thermal,** thermoclimatique. – Posologique.

29 Immunisant, immunostimulant ; préservatif [litt., vieilli]. – Compressif, contentif. – Amaigrissant, amincissant. – Antirides.

Aff. 30 -thérapie, -thérapique, -thérapeute.

## 394 MÉDICAMENTS

N. 1 **Médicament ;** agent, antidote, contrepoison, potion magique [fam.], préparation *(une préparation),* **remède ;** vx : drogue, médecine. – Polychreste ou remède de fond.

2 Bioprécurseur ou promédicament ; médicament de confort, médicament galénique ; médicament à usage externe, médicament à usage interne. – Association médicamenteuse, synergie médicamenteuse. – Générique *(un générique),* **panacée,** spécialité, topique ; broyat. – Dose, formule ; excipient, véhicule.

3 Remède de cheval [fam.], remède souverain. – Fam. : élixir de longue vie, onguent miton mitaine, poudre de perlimpinpin, **remède de bonne femme ;** cautère sur une jambe de bois. – Placebo.

4 **Remontant** *(un remontant),* stimulant, tonique ; défatigant, fortifiant. – Calmant 448, sédatif ; émollient. – Tranquillisant ; anxiolytique, neuroleptique. – Narcotique 378.9. – Émétique (opposé à anti-émétique), vomitif. – Modérateur de l'appétit ou coupe-faim.

5 **Analgésique ;** acétaminophène ou paracétamol, antipyrine, carbamazépine, dextropropoxyphène, morphine, thridace. – **Anesthésique ;** lidocaïne, tétracaïne. – **Antiacide ;** aluminium hydroxyde. – **Antiacnéique ;** isotrétinoïne, peroxyde de benzoyle, trétinoïde. – **Antiagrégant plaquettaire ;** acide acétylsalicylique, dipyridamole. – **Antiangoreux ;** isosorbide dinitrate, trinitrine. – **Antiarythmique ;** amiodarone, disopyramide, quinidine. – **Antiasthmatique ;** acide cromoglicique. – **Antibactérien ;** nitrofurantoïne, sulfacétamide, sulfadiazine argentique, sulfaméthoxazole, sulfasalazine, triméthoprine. – **Antibiotique ;** amoxicilline, ampicilline, bacitracine, céfaclor, céfalexine, céfazoline, chloramphénicol, cloxacilline, colistine, doxycycline, érythromycine, gentamicine, lincomycine, néomycine, nétilmicine, oxytétracycline, pénicilline C, phénoxyméthylpénicilline (ou pénicilline V), pristinamycine, tétracycline, tobramycine. – **Anticoagulant ;** héparine, warfarine. – **Anticonvulsivant ;** acide valproïque, carbamazépine, clonazépam, phénobarbital, phénytoïne, primidone. – **Antidépresseur ;** amitriptyline, imipramine, maprotiline, trazodone. – **Antidiabétique ;** chlorpropamide, glibenclamide, glipizide, metformine, tolbutamide ; insuline. – **Antidiarrhéique ;** diphénoxylate, lopéramide. – **Antidote morphinique ;** naloxone. – **Antiémétique ;** dimenhydrinate, métoclopramide. – **Antiépileptique ;** éthosuximide. – **Antifongique ;** amphotéricine B, éconazole, griséofulvine, kétoconazole, miconazole, nystatine, tolnaftate. – **Antifongique antibactérien ;** clotrimazole. – **Antigoutteux ;** allopurinol, colchicine. – **Antihistaminique ;** acide cromoglicique, azatadine, bromphéniramine, dexchlorphéniramine, dimenhydrinate, diphenhydramine, éphédrine, hydroxyzine, méclo-

zine, prométhazine, terfénadine, triprolidine. – **Antihypertenseur** ; captopril, clonidine, dihydralazine, énalapril, prazosine. – **Anti-infectieux** ; acide nalidixique, métronidazole. – **Anti-inflammatoire stéroïdien** ; acide acétylsalicylique. – Anti-inflammatoire non stéroïdien : acide méfénamique, diflunisal, fénoprofène, ibuprofène, indométacine, kétoprofène, naproxène, phénylbutazone, piroxicam, sulindac. – **Antilépreux** ; dapsone. – **Antimigraineux** ; caféine, ergotamine. – **Antimyasthénique** ; néostigmine, pyridostigmine. – **Antipaludéen** ; chloroquine, méfloquine, quinine. – **Antiparasitaire** ; lindane, pyrantel, pyriméthamine. – **Antiparkinsonien** ; amantadine, bromocriptine, lévodopa, trihexyphénidyle. – **Antipyrétique** ; acétaminophène ou paracétamol, acide acétylsalicylique, antipyrine. – **Antirhumatismal** ; auranofine, pénicillamine. – **Antispasmodique** ou spasmolytique ; atropine. – **Antituberculeux** ; éthambutol, éthionamide, isoniazide, pyrazinamide, rifampicine. – **Antitussif** ; codéine, dextrométhorphane. – **Antiulcéreux** ; cimétidine, ranitidine, sucralfate. – **Antiviral** ; aciclovir, amantadine, zidovudine ou azidothymidine (AZT). – **Anxyolytique** ; méprobamate. – **Benzodiazépine** ; alprazolam, chlordiazépoxide, clonazépam, clorazépate, diazépam, lorazépam, oxazépam, prazépam, témazépam ; triazolam. – **Bêtabloquant** ; acébutolol, aténolol, labétalol, métoprolol, nadolol, propranolol, timolol. – **Bronchodilatateur** ; aminophylline, éphédrine, salbutamol, terbutaline, théophylline. – Cathartique, **laxatif, purgatif.** – **Corticoïde** ; béclométasone, bétaméthasone, cortisone, dexaméthasone, fluocinolone, hydrocortisone, méthylprednisolone, prednisolone, prednisone, triamcinolone. – **Désintoxication alcoolique** ; disulfirame. – **Diurétique** ; acétazolamide, amiloride, bumétanide, chlortalidone, furosémide, hydrochlorothiazide, spironolactone, triamtérène. – **Glucoside cardiotonique** ; digitoxine, digoxine. – **Gonadotrophine. – Hormone thyroïdienne** ; extrait thyroïdien, lévothyroxine sodique, liothyronine. – Hormone sexuelle mâle ; testostérone. – **Hormone de synthèse** ; calcitonine (hypocalcémiante), danazol (antigonadotrope), lypressine (antidiurétique). – **Hypertenseur** ; méthyldopa. – **Hypolipidémiant** ; clofibrate, colestyramine,

gemfibrozil. – **Immunodépresseur** ; ciclosporine. – **Inhibiteur calcique** ; diltiazem, nifédipine, vérapamil. – **Kératolytique** ; étrétinate. – **Laxatif** ; bisacodyl, lactulose. – **Mucolytique** ; acétylcystéine. – **Mydriatique** ; phényléphrine. – **Myorelaxant** ; baclofène, dantrolène. – **Myotique** ; carbachol, pilocarpine. – **Neuroleptique** ; chlorpromazine, fluphénazine, halopéridol, prochlorpérazine, thioridazine. – **Normothymique** ; lithium. – **Œstrogène** ; diéthylstilbestrol, estradiol, éthinylestradiol. – **Photosensibilisant** ; méthoxypsoralène. – **Progestatif** ; médroxyprogestérone. – **Sympatholytique** ; bêtabloquant. – **Sympathomimétique** ; épinéphrine, phényléphrine. – **Utérorelaxant** ; ritodrine, salbutamol, terbutaline. – **Utérotonique** ; méthylergométrine. – **Vasoconstricteur** ; décongestionnant ; éphédrine, naphazoline, phényléphine. – **Vasodilatateur** ; minoxidil, pentoxifylline.

6 En traitement des carences alimentaires : acide folique (aussi : facteur antipernicieux, acide ptéroylmonoglutamique), acide nicotinique (aussi : nicotinate de calcium, nicotinate de benzyle, nicotinate d'éthyle, nicotinate de gaïacyle, nicotinate de guétol, nicotinate d'hexyle, nicotinate de méthyle), acide pantothénique (aussi : pantothénate de calcium, panthénol, vitamine B5), biotine (aussi : coenzyme R, vitamine H, vitamine B8), bromure de calcium (aussi : calcium EDTA, carbonate de calcium, chlorure de calcium, citrate de calcium, glucoheptonate de calcium, gluconate de calcium, glubionate de calcium, lactate de calcium, phosphate de calcium, pidolate de calcium), chrome, cuivre (aussi : gluconate de cuivre, sulfate de cuivre), fer (aussi : ascorbate ferreux, hydroxyde ferrique, sulfate ferreux, heptogluconate ferreux, fer ferrique, succinate ferreux, bétaïnate ferreux, chlorure ferreux), fluor (aussi : fluorure de calcium, fluorure de sodium, fluorure stanneux), iode (aussi : iodure de magnésium, iodure de potassium, iodure de sodium), magnésium (aussi : carbonate de magnésium, chlorure de magnésium, gluconate de magnésium, hydroxyde de magnésium, lactate de magnésium, pidolate de magnésium, sulfate de magnésium), potassium (aussi : chlorure de potassium, glucoheptonate de potassium, glycérophosphate de potassium, sulfate de potassium),

pyridoxine (aussi : aspartame de pyridoxine, chlorhydrate de pyridoxine, camphosulfonate de pyridoxine, phosphate de pyridoxine, vitamine B6), riboflavine (aussi : phosphate de riboflavine, vitamine B2), sélénium (aussi : bisulfate de sélénium, sélénium sulfuré, sélénite de sodium), sodium (aussi : acétate de sodium, bicarbonate de sodium, chlorure de sodium, phosphate de sodium), thiamine (aussi : chlorhydrate de thiamine, dicamphosulfonate de thiamine, mononitrate de thiamine, vitamine B1), vitamine A (aussi : acide rétinoïque, bêta-carotène, rétinol, acétate de rétinol, palmitate de rétinol, isotrétinoïne, trétinoïne), vitamine B12 (aussi : cobalamine, cyanocobalamine, hydroxocobalamine, acétate d'hydroxocobalamine), vitamine C (aussi : acide ascorbique, ascorbate de bétaïne, ascorbate de calcium, ascorbate ferreux, ascorbate de sarcosine, ascorbate de sodium), vitamine D (aussi : alfacalcidol, calcifédiol, calciférol, calcitriol, colécalciférol, ergocalciférol, vitamine D2, vitamine D3), vitamine E (aussi : acétate d'alpha-tocophérol, tocophérol), vitamine K (aussi : ménadiome, phytoménadiome, vitamine K1, vitamine K2, vitamine K3), zinc (aussi : chlorure de zinc, sulfate de zinc, glucomate de zinc).

7 Médicaments à base d'huile : huile de foie de morue ; huile de ricin.

8 Médicaments à base de miel : électuaire [anc.], mellite ou miel médical ; à base de cire : cérat.

9 Médicaments d'origine végétale. – Résines : **baume, onguent ;** ase fétida ou, lat., asafœtida, onguent populéum. – Plantes : fleurs pectorales, plantes ou **herbes médicinales,** simples ; camomille, citronnelle ou mélisse, verveine officinale ; semen-contra. – Fruits : casse, kamala, séné. – Racines : ginseng, ipéca ou ipécacuana. – Mucilage : gélulose ou agar-agar.

10 Sérum thérapeutique 332 ; sérum antidiphthérique, sérum antitétanique, sérum antirabique, sérum antivenimeux.

11 **Vaccin ;** autovaccin, entérovaccin, vaccin polyvalent ; B. C. G., T. A. B.

12 **Administration,** chronule ; fomentation, sinapisation. – Inhalation ; prise.

13 **Vaccination ;** autovaccination, primovaccination, rappel, sérovaccination, variolisation ; axénisation. – Pharmacodynamique, vaccine ; aggravation médicamenteuse.

14 Bol, **cachet, comprimé,** comprimé dragéifié, gélule, globule ou perle, glossette, granule homéopathique, granule médicamenteux, granulé ou saccharure, implant, **pastille,** pellet, **pilule,** pilule kératinisée, tablette. – Farine, lyophilisat, **poudre,** sel ; sachet.

15 Crème, embrocation, émulsion, glycère, onguent, pâte, **pommade ;** lait. – Eau, élixir, extrait, gouttes, huile, liniment, liqueur, lotion, mixture, **potion, sirop,** soluté ou, vx, solution ; ampoule. – Collutoire, nébulisat, pulvérisation ; collyre, gouttes auriculaires. – Crayon médicamenteux ; ovule, **suppositoire.** – Cataplasme, **compresse,** emplâtre, ventouse ; sinapisme. – Charpie, gaze médicamenteuse.

16 Grog, **infusion** ou infusé 859, **tisane,** tisane miellée ou hydromel simple.

17 **Préparation ;** décoction, infusion ; dynamisation, succussion ; dilution, lixiviation, macération ; tyndallisation.

18 Indication ; contre-indication. – Surdosage.

19 Bague tuberculinique, **seringue,** vaccinostyle. – Nébuliseur, **pulvérisateur ;** compte-gouttes, pilulier.

20 **Pharmacie,** pharmacie allopathique, pharmacie homéopathique ; parapharmacie. – Droguier ; codex, **pharmacopée.** – Classe I (anc., tableau A) ; classe II (anc., tableau C) ; liste des stupéfiants (anc., tableau B). – **Pharmacologie ;** chronopharmacologie, neuropharmacologie, pharmacotoxicologie, psychopharmacologie ; phytopharmacie. – Pharmacocinétique, pharmacodynamie ; pharmacovigilance.

21 Docteur en pharmacie, **pharmacien,** propharmacien ; apothicaire [vx] ; herboriste. – Laborantin, potard [vx, fam.], préparateur en pharmacie. – Visiteur médical. – Pharmacologue.

22 **Pharmacie ;** apothicairerie [vx], herboristerie, officine. – Laboratoire pharmaceutique.

23 Pharmacodépendance, pharmacomanie.

v. 24 Médicamenter [rare]. – Combattre, **porter remède à qqch,** remédier à qqch 384.16. – Aux grands maux les grands remèdes [prov.].

25 **Prendre ;** ne pas dépasser la dose prescrite.

26 Indiquer, ordonner ; contre-indiquer. – **Administrer ;** alcaliniser, chloroformer,

sinapiser, revacciner, vacciner. – Diluer, dynamiser, **préparer** ; doser.

Adj. 27 **Médicamenteux**, médicinal. – Parapharmaceutique, **pharmaceutique** ; galénique ; magistral, officinal. – Pharmacologique, pharmacotoxicologique ; pharmacodynamique. – Iatrogène ou iatrogénique.

28 **Efficace** (opposé à palliatif). – Extemporané. – Contre-indiqué ; indiqué. – Adjuvant. – Antiviral, virulicide (ou : virocide, virucide). – Jennérien, **vaccinal** ; vaccinateur. – Injectable, parentéral, percutané, perlingual. – Pilulaire ; fumigatoire. – Vitaminique. – Rosat ; stibié, vitaminé.

29 Remédiable ; vaccinable.

30 Stimulant un processus. – Anabolisant. – Cardiotonique ou tonicardiaque, **tonique** ; reconstituant. – Cholagogue, cholérétique. – Eupeptique. – Myorelaxant ; narcotique.

31 Émétique ou **vomitif** ; expectorant ; laxatif, purgatif ; **diurétique**, salidiurétique ; sudorifique. – Sialagogue. – Emménagogue.

32 Combattant une maladie : antiasthmatique, anticancéreux ou antinéoplasique, antidiphtérique, antifongique ou antimycosique, antipoliomyélitique, antirabique, antirachitique, antiscorbutique, antitétanique, antivariolique.

33 Combattant un processus. – Adoucissant, antiprurigineux. – Antalgique, antinévralgique, **sédatif**. – Antipyrétique ou **fébrifuge**, antithermique. – Anorexigène, antiallergique, anticoagulant, antiémétique, antilithique, antiputride, antispasmodique ou spasmolytique, antisudoral, antitussif, émollient, fluidifiant, hypoglycémiant, hypotenseur, immunisant ; résolutif, révulsif ; bactériostatique, cytostatique, hémostatique.

34 Antihistaminique. – **Antivénéneux**, antivenimeux.

35 Ténicide, ténifuge ; vermicide, vermifuge.

36 Bêtabloquant. – Caryolytique.

Adv. 37 Extemporanément. – Per os (lat., « par voie buccale »).

Aff. 38 **Anti-**, dé-.

39 -at, -ine, -ol ; -mycine ; -lytique.

# 395 Diététique

N. 1 Diététique *(la diététique).*

2 Cure, diète, **régime**. – Cure uvale, diète hydrique (aussi : lactée, végétale), régime désodé ou déchloruré ; régime amaigrissant (aussi : hypocalorique, sec, dissocié). – Macrobiotique, végétalisme, **végétarisme**.

3 Hyperphagie, **suralimentation 337.** – Cynophagie [rare], hippophagie, ichtyophagie, xérophagie [vx, RELIG.].

4 Aliment complet, aliment diététique ; aliment d'épargne. – **Édulcorant ;** aspartame, saccharine. – Aliment concentré [ZOOT.].

5 **Glucide** (ou : sucre, vieilli : hydrate de carbone) 283. – **Protéine** (ou : protéide, substance protéique) 283 ; soléroprotéine ; acides aminés. – **Lipide** ou graisse 283 ; phospholipide ; acide gras, lipide complexe ou lipoïde.

6 **Éléments minéraux :** calcium, cobalt, cuivre, fer, iode, magnésium, manganèse, phosphore, potassium, vanadium, zinc. – Oligoéléments.

7 **Vitamines :** provitamine A (carotène), vitamine A ou axérophtol, vitamine B (B1 ou antinévrétique, B2 ou lactoflavine, B5 ou acide pantoténique, B6 ou pyridoxine, B7 ou méso-inositol, B12 ou cyanocobalamine, B12b ou hydroxocobalamine), **vitamine C** ou acide ascorbique, vitamine D (D2 ou ergocalciférol, D3 ou cholécalciférol), vitamine E (alpha tocophérol), vitamine F, vitamine H ou biotine, vitamine K ou antihémorragique (K1 ou phylloquinone, K2 ou ménaquinone, K3 ou ménadione), vitamine P ou épicatéchol, vitamine PP ou nicotinamide. – Vitaminisation.

8 Ration calorique. – Valeur calorifique ; **calorie**, kilocalorie ; kilojoule. – Isodynamie.

9 **Diététicien**, diététiste. – Végétalien ou végétaliste, végétarien.

V. 10 Se mettre au régime ou à la diète. – Édulcorer. – Protéiner.

Adj. 11 **Diététique.** – Glucidique, glucido-lipidique, lipidique, protéinique ; vitaminique. – **Calorique**, isocalorique, isodyname ; calorifique. – Désodé, *light* (angl., « léger »), hypocholestérolémiant, hyposodé ; hypercalorique.

12 Macrobiotique, végétalien ou végétaliste, **végétarien**. – Créophage, hippophage, ichtyophage ; euryphage, polyphage.

13 Hyperphagique. – Hippophagique.

Aff. 14 -phage, -phagique ; -phagie ; -ide, -ose.

## 396 INTELLIGENCE

N. 1 **Intelligence.** – Génie, ingéniosité, virtuosité. – Acuité, **finesse 406**, subtilité. – Brio ; souplesse d'esprit ; promptitude, **vivacité 546.** – Génialité [rare].

2 Aptitude, **capacité,** compétence, faculté, pouvoir, qualité ; moyens, possibilités. – Bosse [fam.], disposition, **don,** facilité, talent.

3 Esprit d'à-propos, **présence d'esprit ;** humour **750,** malice. – Boutade, bon mot, mot d'esprit, pointe, repartie, saillie, trait.

4 Intelligence artificielle [INFORM.].

5 Académie, cénacle, cercle, chapelle, club, faculté ; intelligentsia. – Bureau d'esprit [vx], salon.

6 **Génie,** grand esprit, **intelligence** *(une intelligence) ;* bel esprit, homme d'esprit. – Cérébral *(un cérébral),* cérébraliste [rare], cerveau *(un cerveau ; fuite des cerveaux),* **intellectuel,** intello [fam. et souv. péj.], pur esprit ; intellocrate [fam.]. – **Prodige,** surdoué, virtuose ; phénix [litt.].

7 Fam. – Aigle, as, cervelle, **crack,** grosse tête ; lumière. – Arg. scol. : bête à concours **85.8** ; bottier ; major. – Fort en thème.

V. 8 **Avoir l'esprit bien fait,** la tête bien faite ; avoir du jugement ; fam. : n'être pas le dernier des imbéciles.

9 Faire assaut d'esprit, briller, étinceler, pétiller. – **Faire de l'esprit ;** piquer [litt.]. – Fam. : avoir de l'esprit comme quatre, avoir de l'esprit jusqu'au bout des doigts ou des ongles.

10 Cultiver ou exercer son intelligence, ouvrir son esprit.

Adj. 11 **Intelligent,** spirituel ; esprité [région.]. – Brillant, **doué,** génial ; ingénieux, talentueux. – Dégourdi, délié **570,** éveillé, prompt, vif. – Astucieux, avisé, **futé** [fam.], rusé ; finaud, finet [vx] ; malin comme un singe, rusé comme un renard.

12 Cérébraliste [rare] ; intellectuel, intello [fam. et souv. péj.]. – Intelligentiel [vx].

Adv. 13 **Intelligemment ;** génialement, magistralement, talentueusement. – Lucidement.

## 397 SOTTISE

N. 1 **Sottise.** – Crétinisme, débilité, déficience, idiotisme, oligophrénie [didact.] ; arriération ou insuffisance mentale, déficit intellectuel, retard **181,** simplesse [litt.].

2 **Bêtise,** faiblesse ou lenteur d'esprit, **idiotie,** imbécillité, inintelligence, stupidité. – Balourdise, gaucherie **571** ; niaiserie, nigauderie, simplicité ; jobarderie, jobardise ; légèreté **403.** – Abêtissement ; abrutissement, hébétude, stupeur.

3 **Absurdité** *(une absurdité),* ânerie, crétinerie, fadaise, ineptie ; très fam. : connerie, couillonnade, couillonnerie. – **Bévue,** impair, maladresse ; fam. : bourde **410,** brioche, gaffe. – Bêtisier, sottisier.

4 Baliverne, billevesée [litt.], chanson [vx], faribole, propos en l'air ; calembredaine, **sornette,** platitude. – Balançoire [fam.], blague **729,** craque [fam.], fagot [vx].

5 Abruti, arriéré, attardé, débile mental, demeuré, **idiot,** simple ou pauvre d'esprit, taré ; fig. : primate, sous-développé ; oligophrène. – Bon ou propre à rien, incapable, minus, nullité ; fam. : emplâtre, ganache.

6 **Sot,** triple sot ; benêt, bêta, crétin, dadais, **imbécile,** nigaud ; péronnelle [fam.]. – Vx : dandin, niquedouille, nicaise. – Très fam. : con, conard ou connard, couillon.

7 Injures. – Animal, pécore ; **âne,** bourrique, bourriquet ; veau ; autruche, bécasse, buse, **corniaud,** dinde, dindon, grue, oie, serin ; huître [vx], moule. – Banane, citrouille, **cornichon,** gland, navet, noix, **patate,** poire, truffe ; croûte, croûton ; nouille, œuf ; **andouille,** saucisse. – Pantoufle, savate ; cloche, cruche, **gourde ;** bûche, manche.

V. 8 Abêtir, abrutir, **hébéter,** idiotifier, idiotiser [fam.]. – Aveugler **399,** brouiller l'esprit ; émousser, engourdir, ramollir **250.**

9 **Faire sotte figure ;** rester les bras ballants. – N'y comprendre goutte (ou, fam. : que couic, que dalle) ; ne rien bitter [arg.], nager [fam.].

10 Fam. – Avoir du fromage blanc à la place du cerveau ou sous la casquette, **en tenir une couche,** n'avoir pas de plomb dans la cervelle ; n'avoir pas inventé la poudre (aussi : l'eau tiède, le fil à couper le beurre), **n'être pas aidé.** – Être bouché, **être dur à la détente,** n'être pas une flèche ; raisonner comme un coffre (ou comme un tambour, comme une pantoufle).

11 En faire de belles, faire des siennes ; **faire l'idiot** (ou : le Jacques, le mariolle, le sot). – Bêtifier [fam.], gâtifier [vx]. – Bêtiser [rare] ; vx : conter des fagots, débagouler ; déconner [très fam.].

Adj. 12 **Bête ;** bête à manger du foin, bête comme ses pieds ; **idiot, imbécile,** inintelligent, sot, stupide ; nice [vx] ; très fam. : con, con comme un balai. – Fam. : abruti, ballot, bêta, bêtassou.

13 Borné, bouché. – Bonasse, crédule, jobelin [vx], **naïf**, niais, niaiseux [canad.], nunuche [fam.], **simple**, simplet. – Balourd, gauche, lourd, maladroit 571, pesant.

14 Fumeux, vaseux, vasouillard [fam.]. – **Abêtissant**, bêtifiant.

Adv. 15 Sottement ; **bêtement**, inintelligemment.

## 398 ENTENDEMENT

N. 1 Entendement, intellect, **intelligence**. – Faculté de connaître ; lumière naturelle [THÉOL.]. – **Esprit** ; esprit d'analyse, d'observation, de synthèse.

2 Flair, **intuition** 424, sens intime ; esprit de finesse (opposé par Pascal à esprit de géométrie). – Prescience 180, pressentiment. – **Bon sens**, jugement 427, jugeotte [fam.]. – Clairvoyance, discernement, lucidité, pénétration, perspicacité. – Ouverture d'esprit.

3 Appréhension, perception 343 ; **compréhension, conscience**.

4 PSYCHOL. : cérébration, cognition, intellection, intussusception [sout. et rare]. – Conception, **conceptualisation**, idéation 421 ; intellectualisation. – Association, généralisation, systématisation ; rationalisation 416 ; abstraction, représentation. – Réflexion ; **gymnastique de l'esprit**.

5 Fam. : comprenette, comprenoire [région.] ; cervelle, **matière grise.** – Fam. : caboche, ciboulot ; cerveau, **tête** 318.

6 Cérébralisme, intellectualisme.

7 Compréhensibilité, **intelligibilité** 734.

8 **Esprit, intelligence** *(une intelligence)* ; vx : concepteur, entendeur.

V. 9 **Comprendre**, concevoir ; appréhender, entendre, saisir ; avoir l'intelligence de ; vx : connaître, reconnaître ; fam. : bitter, entraver, **piger**. – **Prendre conscience de**, se rendre compte de ; réaliser, se représenter.

10 Apercevoir, discerner, **percevoir**. – Pressentir, sentir. – Deviner, pénétrer ; intuitionner [didact.] ; entendre ou saisir à demi-mot. – Y voir clair.

11 Éclaircir, **élucider** 411 ; débrouiller, déchiffrer, décoder, démêler ; organiser, systématiser. – Expliquer, interpréter 738, traduire.

Adj. 12 Mental ; intellectif [vx].

13 **Compréhensible**, intelligible ; concevable, discernable ; abordable, accessible. – Clair, évident, lumineux ; clair comme de l'eau de roche, limpide.

14 Entendu ; assimilé, **compris**, enregistré, interprété, pigé [fam.], saisi.

15 **Clairvoyant,** judicieux, lucide.

Adv. 16 Cérébralement [litt.], consciemment, intellectuellement ; intuitivement. – Lucidement.

17 Clairement ; **intelligiblement**.

Int. 18 À bon entendeur, salut ! [loc. prov., fam.].

## 399 AVEUGLEMENT

N. 1 **Aveuglement** ; cécité [litt.] ; obnubilation [litt.] ; obscurcissement, occultation. – Fig. : brouillard, brume, noir 354, nuit ; obscurité [vx].

2 Étroitesse d'esprit ; **crédulité** 606, naïveté. – Irréalisme.

3 **Bandeau**, écaille, œillères, **voile.** – Chimère 404, fantasme ; vue de l'esprit.

4 Brillant, vernis ; faux vernis. – Leurre, mirage, miroir aux alouettes, **poudre aux yeux**, trompe-l'œil.

5 **Candide** *(un candide),* naïf ; fam. : bonhomme [vx], dindon de la farce, gobe-mouches, gobeur, gogo, jobard ou, vx, jobelin, pigeon, pigeonneau, poire.

V. 6 **Aveugler.** – Éblouir, obscurcir ; obnubiler, obséder. – Brouiller, embrumer. – Illusionner [litt.], leurrer, tromper 728.

7 **Cacher**, éclipser, offusquer [litt.], voiler.

8 **S'aveugler**, s'étourdir ; fermer les yeux. – Se borner à, se cantonner à, se confiner à, se limiter à, s'en tenir à. – Avoir des écailles ou un bandeau sur les yeux, **avoir des œillères** ; fam. : avoir la vue courte, ne pas voir plus loin que le bout de son nez. – Juger ou parler de qqch comme un aveugle des couleurs.

9 Se méprendre 410, **se tromper ;** fam. : prendre des vessies pour des lanternes, se mettre dedans, se mettre le doigt dans l'œil. – Croire au Père Noël ; se faire des illusions.

10 Être dupe, **se faire avoir** (ou : attraper, posséder) ; fam. : avaler des couleuvres, donner ou tomber dans le panneau, **marcher**, mordre à l'hameçon ; ne se douter de rien, n'y voir que du feu. – Prendre pour argent comptant ; gober [fam.].

Adj. 11 **Aveugle** [fig.] **347.** – Bouché, obtus ; borné, buté ; obnubilé, obsédé. – Irréfléchi ; irraisonné ; irrationnel.

12 Litt. : illusionnant, illusionnel.

Adv. 13 **Aveuglément ;** crédulement [rare], étourdiment, follement **450.**

## 400 MÉMOIRE

N. 1 **Mémoire,** mnème [PSYCHOL.] ; vx : souvenance, souvenir. – Mémoire active ou volontaire (opposé à mémoire passive ou involontaire). – Mémoire différée (opposé à immédiate). – Mémoire affective ; mémoire sensorielle. – Mémoire associative, évocative, réflexive. – Cour. : mémoire des noms, des visages. – Mémoire d'éléphant [fam.]. – Mémoire informatique, mémoire magnétique **772.**

2 Mémoire collective, mémoire de l'espèce. – PSYCHAN. : inconscient collectif ; archétype.

3 **Souvenir 177.** – Empreinte, image, trace ; engramme [PSYCHOL.].

4 **Mémorisation.** – PSYCHOL. : conservation, engrammation, fixation, rétention ; hypermnésie. – SC. : persistance, rémanence. – **Acquisition,** appropriation, assimilation, emmagasinement.

5 **Évocation,** mémoration [rare], **rappel,** remembrance [vx], remémoration, souvenance [litt.] ; anamnèse [MÉD., PSYCHOL.]. – **Réminiscence,** ressouvenance [vx, litt.]. – Récognition [PHILOS.], reconnaissance. – Commémoration, commémoraison [LITURGIE].

6 **Mnémonique** [vx], **mnémotechnie.** – Procédé mnémotechnique ou mnémonique. – **Aide-mémoire,** pense-bête ; mémento, mémorandum.

7 Mémorabilité [didact.].

8 Mnémosyne [MYTH.].

V. 9 **Mémoriser ;** engranger, enregistrer, **retenir ;** confier à la mémoire. – Graver, inscrire ; prendre note de. – Bachoter [fam.], repasser, répéter **76,** revoir.

10 **Chercher dans ses souvenirs,** fouiller dans sa mémoire, interroger sa mémoire ; déterrer (ou : exhumer, raviver, ressusciter) des souvenirs ou de vieux souvenirs.

11 **Se rappeler,** se remémorer, se ressouvenir, **se souvenir ;** se ramentevoir [vx]. – Reconnaître, remettre [fam.].

12 **Évoquer,** faire penser à, **rappeler.** – Il m'en souvient [vx] ; cela me revient.

13 Rappeler, retracer. – Souffler. – Rafraîchir les idées ou la mémoire. – Se rappeler au souvenir ou au bon souvenir de qqn.

14 Chérir la mémoire de, conserver ou perpétuer le souvenir de.

Adj. 15 **Mémorable ;** marquant ; historique **191.** – Inoubliable ; indélébile, ineffaçable. – Écrit en lettres de feu ou d'or [litt.] ; marqué d'une pierre blanche. – De bonne (aussi : fâcheuse, glorieuse, triste) mémoire.

16 Mnémique, mnésique. – Mémorisateur [didact.], mnémonique, mnémotechnique.

17 Commémoratif, mémoratif, remémoratif ; **anniversaire.**

Adv. 18 De mémoire, de souvenir [rare], **par cœur.**

19 Pour mémoire.

Prép. 20 **De mémoire de** + n. – **À la mémoire de,** en mémoire de ; *in memoriam.*

Aff. 21 -mnèse, -mnésie, -mnésique. – Mnémo-.

## 401 OUBLI

N. 1 **Oubli** *(l'oubli) ;* oubliance [vx]. – Défaillance, distraction, étourderie. – Mauvaise mémoire ; mémoire de lièvre ; mémoire déficiente, incertaine, infidèle, labile ; mémoire lacunaire. – **Amnésie,** dysmnésie [MÉD.] ; oubli à mesure ou amnésie de fixation, paramnésie ou confabulation, perte de mémoire.

2 Lacune, trou de mémoire ; omission, **oubli** *(un oubli).*

3 Oubli des offenses ; amnistie, clémence, **pardon 638.**

4 Oubli de soi ; abnégation, désintéressement **587.**

5 Cervelle d'oiseau, écervelé *(un écervelé),* étourdi, **étourneau 403,** évaporé, éventé, passoire [fam.], tête à l'évent [vieilli], **tête de linotte.**

6 Ténèbres de l'oubli. – Léthé [MYTH.].

7 Oubliettes.

V. 8 **Oublier.** – Litt. : boire l'eau du Léthé, désapprendre. – Chasser de son esprit, effacer, ensevelir.

9 Passer l'éponge, **tourner la page.**

10 **Avoir la mémoire qui flanche,** perdre la mémoire. – Avoir la mémoire courte ; payer d'ingratitude. – Avec le temps vient l'oubli.

11 Loc. prov., fam. – **Cela rentre d'une oreille et sort de l'autre ;** il apprend vite et

oublie de même. – Il oublierait son nez s'il ne tenait pas à son visage.

12 Négliger 575 ; **omettre.** – Manger la consigne ou la commission [fam.].

13 **Sortir de la mémoire.** – Tomber ou sombrer dans l'oubli. – Fam. : aller rejoindre les vieilles lunes ; passer à la trappe, tomber dans les oubliettes.

14 Se faire oublier. – Fam. : faire le mort, se mettre au vert.

Adj. 15 Oubliable [rare] ; oublié ; estompé *(souvenir estompé)*.

16 **Oublieux** ; ingrat.

Adv. 17 Oublieusement [rare].

Int. 18 Fam. : on oublie tout et on recommence ! N'en parlons plus ! Sans rancune !

# 402 ATTENTION

N. 1 **Attention.** – **Conscience,** vigilance ; fig. : écoute, présence, veille 377. – Application, **concentration,** tension ; contention d'esprit [didact.]. – Contemplation, observation 346 ; méditation 416, recueillement, récollection [RELIG.]. – **Soin** 574, sollicitude.

2 PSYCHOL. – Attention constituante, attention constituée. – **Attention flottante.** – Attensité [rare]. – Intentionnalité [PHILOS.].

3 **Gardien** 716, guetteur, sentinelle, vigie. – Cerbère, dragon.

V. 4 **Prêter attention à** ; être à l'écoute de, prêter une oreille attentive à. – Vx : avoir attention pour, donner attention à ; avoir attention que.

5 Arrêter son esprit sur qqch, **s'arrêter à qqch.** – Attacher ou fixer son regard sur, tourner (ou : diriger, porter) son regard vers. – Considérer, contempler, **observer** ; examiner. – Reconsidérer.

6 **Se concentrer sur** ; s'appliquer à, s'attacher à, s'atteler à. – Se consacrer ou se livrer tout entier à, tendre ou bander son esprit vers, tourner toutes ses pensées vers ; se plonger dans. – Coller son nez sur [fam.].

7 **Faire attention,** prendre garde 572, veiller ; veiller au grain. – Faire le guet, **guetter** ; avoir à l'œil [fam.], surveiller du coin de l'œil ; épier.

8 **Être à l'affût** (aussi : aux aguets, en éveil) ; avoir l'œil à tout, être tout yeux tout oreilles, être tout ouïe. – Dresser l'oreille ; **ouvrir l'œil,** ouvrir l'œil et le bon [fam.].

9 **Attirer l'attention,** forcer l'attention, retenir l'attention ; accrocher les regards.

10 Demander l'attention. – Signaler qqch à l'attention de qqn. – Pointer, souligner. – Nota bene (lat., « notez bien »).

Adj. 11 **Attentif,** vigilant. – Appliqué. – Maniaque, méticuleux, minutieux.

12 Attentionné, prévenant.

Adv. 13 Attentivement, vigilamment [rare].

Prép. 14 À l'attention de.

Int. 15 **Attention !** – Fam. : Gaffe ! Gare !

# 403 INATTENTION

N. 1 **Inattention.** – Distraction, **étourderie,** inadvertance ; inapplication [didact.] ; déconcentration. – Fig. : dissémination, dissipation, émiettement, éparpillement ; détachement, évagation [didact.]. – Assoupissement, engourdissement, relâchement. – Insouciance, légèreté, **négligence** 575.

2 Absence *(une absence)* 10, **faute d'inattention** ou d'étourderie ; lapsus, *lapsus calami, lapsus linguae ;* quiproquo.

3 Cerveau creux, **écervelé** *(un écervelé),* étourneau 401.8, pêcheur de lune [vieilli], tête à l'évent [vx] ; tête de linotte. – **Rêveur** ; fam. : rêvasseur, rêvassier.

V. 4 Avoir des absences ; être absent, **être ailleurs,** être dans la lune. – **Avoir la tête dans les nuages,** n'avoir pas les pieds sur terre. – Rêvasser, rêver ; laisser errer sa pensée. – N'écouter que d'une oreille ; penser à autre chose.

5 Se disperser, s'égailler, s'éparpiller ; papillonner.

6 Se déprendre, se désintéresser, se détacher, se détourner ; s'évaguer [vx].

7 **Négliger** 575. – Ne faire aucun cas de. – Faire litière de, fouler aux pieds.

8 Détourner l'attention, endormir l'attention ; déconcentrer, dissiper.

Adj. 9 **Inattentif** ; absent, **distrait,** étourdi ; évaltonné [rare]. – Dégagé, détaché, désinvolte ; indifférent 524. – Inappliqué. – Insouciant, insoucieux, négligent ; foufou [fam.].

Adv. 10 Inattentivement [litt.] ; à l'étourdie [litt.], étourdiment ; distraitement. – **Négligemment** ; nonchalamment ; machinalement. – Par mégarde.

# 404 IMAGINATION

N. 1 **Imagination** ; faculté imaginante [vx], imaginaire *(l'imaginaire)*. – *Daîmon* (gr., « génie »).

2 Imagination fertile ; imagination débridée ou sans frein ; la folle du logis. – **Créativité**, inventivité 32. 2 ; **originalité** ; fécondité, fertilité. – Veine créatrice ; veine poétique, littéraire, etc. – **Fantaisie,** hardiesse, liberté d'esprit. – Mendacité [PSYCHOL.].

3 **Création, invention** ; affabulation, fabulation ; confabulation [PSYCHOL.].

4 **Fiction.** – **Divagation, rêverie,** songe. – Chimère, **illusion,** mirage, rêve, **utopie.** – Fruit de l'imagination. – Fumées de l'imagination, idées fumeuses ; idées creuses, viandes creuses.

5 Enthousiasme 451, feu, fureur [vx], **illumination,** transe, transport. – **Délire** ; **fantasme,** hallucination, vision.

6 **Imaginaire** *(l'imaginaire),* merveilleux *(le merveilleux).*

7 **Rêveur** *(un rêveur),* songeard [vx], songe-creux [litt.]. – Halluciné, **illuminé,** inspiré, possédé, visionnaire. – Affabulateur, fabulateur, **mythomane** 729.

V. 8 **Imaginer** ; **concevoir, créer** 32.7, élaborer, fabriquer, forger, **inventer** ; aller chercher *(où va-t-il chercher ça, tout ça ?)* [fam.]. – Combiner, construire, échafauder, ourdir.

9 Agrémenter, parer ; **embellir** 436, idéaliser ; broder, romancer. – Développer ; amplifier. – Déformer, exagérer 761.

10 **Affabuler,** fabuler, fantasier [vx], **fantasmer, rêver.** – **Délirer, divaguer,** extravaguer, planer [fam.] ; s'y croire [fam.].

11 Bâtir des châteaux en Espagne ; **caresser une chimère** ; poursuivre des ombres. – Fam. : se bourrer le mou, se monter la tête ou le bourrichon.

12 Frapper les imaginations ou les esprits ; soulever, transporter 451.

Adj. 13 **Imaginaire,** fictif, irréel, **légendaire,** mythique, romanesque 754. – Chimérique, fabuleux, fantasmagorique, fantastique, féerique. – Extravagant ; absurde 733.

14 **Imaginé** ; fabulé, inventé. – Fictionnel [didact.].

15 Imaginable ; concevable.

16 **Imaginatif** ; créatif, ingénieux, **inventif.** – Fabulant [didact.], fabulateur, imaginateur [rare].

17 Inspirant [litt.], suggestif.

Adv. 18 Imaginairement [didact.]. – **En imagination,** dans l'imagination ; par l'imagination. – Fictivement.

19 Imaginativement [didact.]. – D'imagination ; **d'inspiration** ; de chic [vieilli].

# 405 CURIOSITÉ

N. 1 **Curiosité** *(la curiosité)*. – Attention 402 ; intérêt. – Inquiétude, soin, souci 462. – Indiscrétion. – Badauderie.

2 Appétit de connaissances, désir ou soif de savoir ; *libido sciendi* (lat., « désir de savoir »). – **Démon de la curiosité.** – Boîte de Pandore [allus. myth.].

3 **Centre d'intérêt.** – Objet de curiosité, sujet d'étonnement ; curiosité *(une curiosité)*. – **Bête curieuse,** phénomène 386, phénomène de foire.

4 Esprit curieux ; chercheur 412. – Fouilleur, fouineur, fourrageur [litt.], fureteur ; touche-à-tout. – Badaud ; **curieux** *(un curieux).* – **Indiscret** ; fouille-au-pot [vx] ; fam. : fouinard, fouine ; mêle-tout [belg.].

V. 5 **S'intéresser à,** se pencher sur, se préoccuper de, se soucier de. – **Brûler de curiosité.**

6 Examiner ; enquêter sur, interroger qqn sur. – **Chercher,** fouiller ; fam. : farfouiller, fouiner, fourgonner, fureter, trifouiller. – Jeter un coup d'œil. – Écouter aux portes ; espionner ; badauder.

7 Être curieux de tout, n'avoir jamais l'esprit en repos. – Demander le pourquoi du comment ; poser trop de questions ; se mêler de ce qui ne vous regarde pas. – Fam. : n'avoir pas les yeux dans sa poche ; fourrer son nez partout. – La curiosité est un vilain défaut [loc. prov.].

8 Éveiller la curiosité, **intriguer.** – Chatouiller ou titiller la curiosité ; aiguiser (aussi : exciter, piquer) la curiosité.

Adj. 9 **Curieux** ; ouvert, ouvert à tout. – **Indiscret** ; inquisiteur. – Aux aguets, à l'affût.

10 Captivant, intéressant, palpitant, **passionnant.**

Adv. 11 Curieusement.

# 406 FINESSE

N. 1 **Finesse** *(la finesse) ;* clairvoyance, pénétration, perspicacité, sagacité.

2 Acuité, **précision** ; justesse.

3 Souplesse, vivacité ; **intelligence 396**, intuition 424, sensibilité **440**.

4 Délicatesse 598, élégance ; raffinement, **subtilité** [sout.]. – Esprit de finesse (opposé par Pascal à esprit de géométrie).

5 Diplomatie, doigté, tact.

6 Adresse 570, **habileté**, ingéniosité ; débrouillardise [fam.] ; entregent [litt.].

7 Espièglerie, finauderie [fam.], **malice**, malignité ; matoiserie [fam.], roublardise [fam.], rouerie ; cautèle [vx]. – Machiavélisme, perfidie.

8 Finesse *(une finesse)* ; ratiocination [litt.] 416 ; arguties ; subtilités.

9 Finasserie [fam.] ; subterfuge. – Feinte, **ruse 728**, ruse de Sioux [fam.]. – Biais, détour, faux-fuyant ; pirouette. – Vx : avocasserie, escobarderie.

10 Vx : **adresses**, dextérités, finesses, habiletés, industries. – Acrobatie ; procédé, stratagème ; manège, manœuvre. – **Artifice**, escamotage, supercherie ; fam. : astuce, ficelle, truc.

11 **Fine mouche**, fin renard ; vx : fin matois, finasseur ou finassier.

V. 12 **Finasser** ; louvoyer, tergiverser. – Finauder [vieilli], finer [vx, rare], tromper ; **feinter**, ruser. – La jouer fine [fam.]. – Roublarder [rare].

13 Entendre ou chercher finesse à qqch [vx]. – Jouer au plus fin.

14 **Avoir un œil** ou un coup d'œil d'aigle ; avoir le nez fin.

Adj. 15 **Fin**, fin comme l'ambre ; clairvoyant 424, pénétrant, perçant, perspicace ; sagace, subtil ; aigu, aiguisé, **délié**, pointu.

16 Délicat, **sensible 440**. – Distingué, raffiné, sophistiqué.

17 Piquant, **spirituel 757**.

18 Adroit 570, avisé, diplomate, entendu, **habile**. – Politique, insinuant. – Casuiste.

19 Averti, entendu. – Artificieux [vx], industrieux, **ingénieux** ; astucieux, futé, malicieux, **malin**, malin comme un singe ; vieilli : finaud, finet, grec, madré ; fin comme moutarde [vx], matois [litt.], **rusé**.

20 Finassier [fam.] ; cauteleux [vx] ; machiavélique, perfide 595 ; ficelle [fam.], **retors**, roublard, tortueux.

Adv. 21 **Finement**, habilement, subtilement ; intelligemment, spirituellement.

22 **Délicatement**, légèrement.

23 Astucieusement, **ingénieusement**. – Malicieusement. – Artificieusement [vieilli], machiavéliquement, matoisement [rare].

# 407 SAVOIR

N. 1 **Savoir ; connaissance, science** ; vx : clergie, sapience. – Didact. : épistémê, mathésis. – Omniscience ; science infuse [THÉOL.].

2 **Érudition** ; culture générale. – Clartés, connaissances, lueurs, **lumières**, notions. – Acquis, bagage, fonds. – Aperçu, **éléments**, rudiments 56.12 ; teinture, vernis.

3 Art, capacité, technique ; **savoir-faire** ou, angl., know-how.

4 Branche, champ, **discipline**, domaine, secteur de la connaissance.

5 **Sciences** ; sciences abstraites, appliquées, exactes, expérimentales ; sciences mathématiques, naturelles, physiques, techniques.

6 Humanités 414, lettres ; **sciences humaines**. – Sciences historiques, morales, politiques, sociales. – PHILOS. : épistémologie, esthétique, phénoménologie, **philosophie 478**, théorétique.

7 **Encyclopédie**, somme, thésaurus, traité, trésor ; bible [fig.]. – Abrégé, **résumé 756**, vade-mecum.

8 Académie, **société savante**.

9 **Savant**. – Connaisseur, expert, homme de l'art, spécialiste. – Autorité 621, sommité ; puits de science. – **Érudit** ; bénédictin, **clerc**. – Autodidacte. – Docteur, licencié, maître, **professeur** ; académicien. – Mandarin.

10 Péj. – Bas-bleu, **pédant 615**. – Fagotin, singe savant. – Savantasse, savant en us [vx].

V. 11 **Savoir ; connaître**. – **Savoir par cœur**, savoir sur le bout des doigts ou des ongles.

12 Savoir ; être au courant de, **être instruit de**. – En savoir qqch, être bien placé pour le savoir.

13 Avoir une teinture de ; être frotté de [vx].

14 **Faire autorité**. – Dominer ou posséder un sujet ; s'y connaître, s'y entendre ; fam. : en connaître un bout (ou : un morceau, un rayon).

15 Faire étalage de ses connaissances ; pontifier.

Adj. 16 **Savant** ; docte, omniscient ; vx : connaissant, scient. – **Érudit**, lettré, humaniste. – **Érudisant** [didact.].

17 **Cultivé**, formé, instruit. – Compétent, expert ; qualifié ; expérimenté. – Familier de, ferré sur, versé dans.

18 Averti, informé ; **au courant de**, au fait de.

19 **Cognitif.** – Épistémique, **épistémologique.** – Épistémophilique *(pulsion épistémophilique)* [PSYCHAN.]. – Interdisciplinaire.

Adv. 20 **Savamment** ; doctement.

21 Sciemment ; en connaissance de cause, de science certaine. – À bon escient.

22 Notoirement. – Jusqu'à plus ample informé [DR.].

Aff. 23 Épistémo-, logo- ; **-logie**, -logique, -logue ; -gnosie.

## 408 IGNORANCE

N. 1 **Ignorance** ; analphabétisme, illettrisme. – Rare : amathie [PHILOS.], inculture, inscience ; méconnaissance [vx]. – Sout. : inconnaissance de + n., inconscience de ; innocence **699**, pureté. – Demi-science, demi-talent, fausse science. – Litt. : ténèbres (aussi : nuit, obscurité) de l'ignorance.

2 Lacune, trou ; manque **81** ; insuffisance.

3 Barbarie, béotisme, ilotie [vx], ilotisme. – Ignorantisme [litt.], **obscurantisme.**

4 Ignare *(un ignare)*, **ignorant.** – Litt. : barbare, béotien, ilote, **inculte**, philistin. – Analphabète, illettré. – Aliboron [fig.], **âne**, âne bâté, baudet, peccata [vx]. – Innocent, oie blanche [fam.] ; profane. – Ignorantin [RELIG.].

5 Ignorantiste *(un ignorantiste)* [didact.], obscurantiste.

V. 6 **Ignorer** ; méconnaître. – **Ne savoir rien de rien**, ne savoir ni lire ni écrire ou ni a ni b.

7 Ne pas connaître le premier mot de qqch ; **n'y rien entendre**, s'y entendre comme à ramer des choux [vx] ; être nul en.

8 Avoir la tête dans un sac [vx], sortir de son village ou de son trou.

9 Fam. : caler, rester sec, **sécher.** – Déclarer forfait ; donner sa langue au chat [fam.].

Adj. 10 **Ignorant**, ignorantissime ; analphabète, illettré. – Aveugle **399**, candide, inconscient, ingénu, novice ; inexpérimenté, inhabile ; incapable, incompétent.

11 **Ignoré**, insu [rare]. – Caché, tu. – Étranger.

Adv. 12 Ignoramment [vx], insciemment.

Prép. 13 À l'insu de.

## 409 VÉRITÉ

N. 1 **Vérité** *(la vérité)* ; didact. : authenticité, objectivité, positivité, validité, véracité, véridicité, vérifiabilité. – Crédibilité, **possibilité 39**, vraisemblance.

2 Existence, **réalité.** – **Exactitude**, justesse ; *adæquatio rei et intellectus* (lat., « adéquation de la chose et de l'idée »).

3 Vérité pragmatique, vérité révélée ; vérité formelle, vérité matérielle, vérité ontologique ; vérité historique. – La stricte vérité, **la vérité toute nue**, la vérité vraie [fam.].

4 Vérité *(une vérité)*. – Proposition vraie ; **dogme**, loi, principe **422**. – Demi-vérité ; vérité cachée. – Vérité première ; tautologie, truisme ; **lapalissade**, vérité de La Palice. – Vérité d'Évangile.

5 Prov. ou loc. prov. : la vérité sort de la bouche des enfants ; *in vino veritas* (lat., « la vérité est dans le vin »). – Toute vérité n'est pas bonne à dire [prov.]. – « Vérité en deçà des Pyrénées, erreur au-delà » (Pascal).

6 Le réel, **le vrai** ; le fait (opposé au droit).

7 Franchise, **sincérité 594**, véridiction [didact.] ; parler vrai, transparence.

8 Sérum de vérité ; penthotal.

9 Caméra-vérité, cinéma-vérité, roman-vérité. – Tranche de vie [LITTÉR.].

10 LOG. – **Critère de vérité**, foncteur de vérité, table de vérité, valeur de vérité ; modalité aléthique.

11 LITTÉR. : naturalisme, **réalisme**, vérisme. – PHILOS. : objectivisme, positivisme, vérificationnisme.

V. 12 S'avérer. – **Être**, exister **1.8** ; avoir lieu. – Faire vrai, sonner juste.

13 **Vérifier** ; contrôler.

14 Dire la vérité, dire le vrai ; dévoiler, **révéler.** – Avouer, convenir, lâcher le morceau [fam.], se confesser. – Se montrer sous son vrai jour.

15 **Avoir raison**, être dans le vrai. – Contrôler, vérifier.

16 Démêler le vrai du faux, **faire éclater la vérité**, rétablir la vérité ou les faits. –

Mettre au jour, mettre à nu ; **démasquer.**
– Prêcher le faux pour savoir le vrai.

17 Dire à qqn ses vérités ou ses quatre
vérités. – Il n'y a que la vérité qui blesse
[prov.].

18 Désabuser, **désillusionner,** détromper.

Adj. 19 **Vrai ;** avéré, véridique, **véritable ;** incroyable mais vrai. – **Exact,** juste ; démontré, établi. – Incontestable, indéniable, indubitable, irrécusable, irréfutable
**430.**

20 Concret, existant, matériel **3.8, réel ;**
effectif, objectif, positif.

21 **Vraisemblable ;** admissible, crédible,
croyable, recevable, vérifiable. – Approché.

22 Authentique, franc, **sincère ;** lucide. –
LITTÉR. : naturaliste, **réaliste,** vériste.

23 LOG. : aléthique, vériconditionnel ; valide.
– Vérificatif.

Adv. 24 **Vraiment ;** véridiquement, véritablement. – Vraisemblablement.

25 Effectivement, objectivement, positivement, **réellement.**

26 Authentiquement, franchement, **sincèrement,** vrai *(dire vrai).*

27 **Exactement,** justement. – Certainement
**430,** indubitablement.

28 À la vérité, **à vrai dire,** au vrai. – **En
vérité ;** en fait, en réalité.

## 410 ERREUR

N. 1 **Erreur ;** confusion, errement [rare], **faute,**
fourvoiement, méprise.

2 DR. – **Erreur judiciaire ;** erreur commune ; erreur de droit, erreur de fait, erreur
matérielle.

3 Erreur des sens, hallucination, illusion
d'optique, **mirage.**

4 MÉTROL. : erreur absolue, erreur relative ;
erreur de calcul, erreur d'observation,
erreur de parallaxe, erreur systématique ;
erreur de première ou de seconde espèce
[STAT.]. – Pourcentage d'erreur, taux d'erreur.

5 Écart, **inexactitude,** irrégularité. – **Malentendu,** quiproquo ; mécompte ; erreur sur la personne, maldonne [fam.]. –
Fausse note. – Anachronisme **180.** – Aberration, paralogisme, vice de raisonnement.

6 Cacographie **762 ;** faute d'orthographe,
faute de français, impropriété, **incorrec-**

**tion ;** barbarisme, contresens, faux-sens,
non-sens **733,** solécisme ; fam. : cuir, pataquès, velours.

7 TYPOGR. – Bourdon ; doublon, mastic ; **coquille** [fam.], faute de frappe. – Errata.

8 **Défaut,** défaut de fabrication, loupage,
loupé *(un loupé)* [fam.].

9 Ânerie, bavure, bévue, boulette, bourde,
inadvertance, inattention, **maladresse
571.** – Très fam. : connerie, couillonnade.

10 Apprentissage par essais et erreurs
[PSYCHOL.].

11 Absurdité, **fausseté ;** pétition de principe ; sophisme.

12 Aveuglement **399, illusion.** – Faillibilité.

V. 13 **Faire erreur ;** errer [litt.], être dans l'erreur ; commettre une erreur, laisser
échapper une erreur. – *Errare humanum
est* (lat., « faire erreur est humain, l'erreur
est humaine »).

14 Confondre ; litt. : méjuger, mésestimer. –
S'égarer, se fourvoyer, se méprendre, **se
tromper ; faire fausse route.** – Très fam. :
se gourer, se planter ; très fam. : se fourrer
le doigt dans l'œil jusqu'au coude, se
mettre dedans.

15 S'abuser, s'aveugler, **s'illusionner,** se
leurrer. – S'en faire ou s'en laisser accroire.

16 **Tromper 728 ;** induire en erreur ; fam. :
monter le coup à qqn, promener qqn.

Adj. 17 **Erroné ;** aberrant, fautif, **faux,** impropre,
incorrect, inexact.

18 Faillible.

Adv. 19 Erronément [rare] ; absurdement, **faussement.** – **À tort,** par erreur.

## 411 DÉCOUVERTE

N. 1 **Découverte,** dépistage, détection, exhumation, exploration, localisation, repérage.

2 Déchiffrage, élucidation, **identification,**
reconnaissance. – **Invention 32.1 ;**
conception, intuition **424,** vision ; créativité, ingéniosité, inventivité ; imagination **404,** inspiration.

3 Coup de génie, idée lumineuse, **illumination,** trait de génie, trait de lumière ;
innovation, nouveauté **194, trouvaille**
[fam.]. – Astuce [fam.] ; œuf de Colomb.

4 Découvreur, dénicheur [fam.], trouveur ;
auteur, créateur, innovateur, **inventeur,**
novateur. – Brevet.

v. 5 **Découvrir** ; déceler, dénicher [fam.], dépister, détecter, inventer, localiser, repérer, **tomber sur, trouver** ; fam. : se buter à, se cogner à. – Mettre le doigt (ou : la main, la patte) sur. – Inventer *(inventer un trésor)* [DR.].

6 Concevoir, créer, forger, imaginer, **inventer.** – Breveter.

7 **Apercevoir,** constater, voir 346 ; s'apercevoir que, se rendre compte que ; s'aviser de.

8 Déchiffrer, démasquer, **deviner,** élucider, pénétrer, percer, percer à jour ; découvrir le fin mot de l'histoire, trouver le mot de l'énigme. – Identifier, reconnaître. – Déterrer [fam.], exhumer, mettre au jour ; révéler.

9 **Prendre,** surprendre ; attraper ; prendre en flagrant délit, prendre la main dans le sac, prendre sur le fait ; trouver le pot aux roses, trouver le lièvre au gîte [fam.].

10 Redécouvrir, réinventer, **retrouver.**

Adj. 11 Découvrable, trouvable. – Inexploré.

12 Créatif, imaginatif, intuitif, **inventif** ; perspicace.

Int. 13 Eurêka ! (gr., « j'ai trouvé », attribué à Archimède).

## 412 RECHERCHE

N. 1 **Recherche** *(la recherche).* – Investigation ; étude, examen ; méditation, réflexion 416, spéculation ; analyse, dissection [fig.]. – Affectation 615.

2 **Heuristique** *(l'heuristique).* – Recherche scientifique ; recherche pure ou fondamentale ; recherche appliquée ; recherche-développement. – Recherche-action ou action research [anglic.] ou intervention psychosociologique [PSYCHOSOCIOL.]. – Recherche opérationnelle [ÉCON.]. – Recherche minière.

3 **Recherche** *(une recherche);* **enquête,** contre-enquête ; investigation, instruction [DR.].

4 **Prospection** ; fouille, perquisition ; fam. : chasse, pêche ; fouine, furetage. – Poursuite, traque ; battue, chasse à l'homme ; course-poursuite. – Recherche en paternité [DR.]. – **Avis de recherche.**

5 Consultation, sondage. – Consultation de fichier [INFORM.]. – Dépistage ; auscultation, observation ; docimasie [MÉD.].

6 Expérience, expérimentation, test ; **essai,** tentative 533. – Contrôle, vérification 426.

– Méthode à double insu ou à double anonymat [MÉD.] ; méthode aveugle [PSYCHOL.].

7 Centre de recherche ; **laboratoire de recherche.**

8 **Centre national de la recherche scientifique** (C. N. R. S.) ; Institut national de la recherche agronomique (I. N. R. A.) ; Agence nationale de valorisation de la recherche (A. N. V. A. R.) ; Institut national de recherche en éducation et formation (I. N. R. E. F.) ; Office national d'études et de recherches aérospatiales (O. N. E. R. A.) ; Direction des recherches, études et techniques d'armement (D. R. E. T.) ; Bureau de recherches géologiques et minières (B. R. G. M.) ; Direction des recherches et moyens d'essai (D. R. M. E.).

9 **Chercheur** *(un chercheur);* fondamentaliste *(un fondamentaliste).* – Attaché de recherche ; chargé d'études.

10 Dépisteur, investigateur ; explorateur.

11 Enquêteur ; sondeur ; perquisiteur [rare], perquisitionneur. – Fam. : fouilleur, fouineur ; rat de bibliothèque. – Chasseur de têtes ; agent de recherches ou détective privé.

v. 12 **Rechercher** ; faire de la recherche ; chercher [absolt]. – Explorer ; prospecter ; faire des recherches. – Compulser, consulter, éplucher [fam.]. – Se documenter, s'enquérir, s'informer.

13 **Expérimenter,** mettre à l'épreuve, tester. – Contrôler 426, **vérifier.**

14 **Enquêter,** investiguer, sonder ; mener une enquête ; aller sur le terrain ; chercher une piste.

15 **Fouiller** ; fam. : farfouiller, fouiner, fourgonner, fourrager, fureter, ratisser ; passer au peigne fin. – Perquisitionner.

16 Chercher (qqn, qqch), rechercher (qqn, qqch) ; quérir [litt.]. – **Aller** ou **partir à la recherche de** ; partir en quête de, se mettre en quête de.

17 Pister, pourchasser, **poursuivre,** traquer. – Battre la campagne, battre les buissons [VÉN.] ; faire une battue. – Remuer ciel et terre. – Chercher une aiguille dans une botte de foin [fam.].

18 **Chercher à,** essayer de, s'efforcer de, s'évertuer à, s'ingénier à, tendre à, viser à.

Adj. 19 Recherché.

20 Exploratoire.

# 413 APPRENTISSAGE

N. 1 **Apprentissage.** – Acquisition [PSYCHOL.], assimilation ; autonomisation [SC. ÉDUC.] ; initiation. – Instruction ; étude, **exercice** ; formation 414, préparation ; propédeutique. – Épreuve, essai, expérience [litt.] ; expérimentation 533.

2 **Commencement** ; balbutiement, débuts, entrée dans le monde ; introduction, présentation. – Bizutage [arg. scol.]. – Apprentissage, stage. – RELIG. : catéchèse ; juvénat, noviciat, probation.

3 **Apprenti** *(un apprenti)* ; apprenant [didact.], élève 416 ; stagiaire ; arpète [arg.], cousette [fam.], marmiton, mitron [vx], mousse, rapin [fam. et vx]. – **Débutant,** écolier [fam.], néophyte, nouveau, novice ; fam. : béjaune, bizut, bleu. – Débutante, deb *(une deb ; le Bal des debs).* – RELIG. : catéchumène ; prosélyte.

V. 4 **Apprendre** ; apprendre l'abc (ou le b.a.-ba). – Faire ses classes ; s'initier, s'instruire. – Mémoriser, retenir ; assimiler, digérer [fam.] 400. – Fam. : absorber, avaler, ingurgiter ; farcir sa tête de ; se fourrer dans la tête [fam.]. – Répéter 76 ; rabâcher ; repasser, réviser.

5 **S'entraîner,** s'exercer, se faire la main. – S'assouplir, se dégourdir, se dégrossir ; se faire les dents. – S'accoutumer, se faire à, se familiariser. – Prendre du métier ; prendre le coup de main.

6 **Découvrir** 411, faire l'expérience de. – Commencer, **débuter.** – Mettre le pied à l'étrier ; se mettre à + n.

# 414 ENSEIGNEMENT

N. 1 **Enseignement.** – Éducation 415, **formation** *(formation continue, permanente, professionnelle),* instruction.

2 Enseignement maternel, élémentaire, primaire, secondaire, supérieur, universitaire ; enseignement professionnel.

3 Enseignement confessionnel ; enseignement libre, privé ; enseignement laïc. – École laïque, gratuite et obligatoire ; la laïque [vx].

4 Enseignement assisté par ordinateur [INFORM.]. – Cours de perfectionnement, cours du soir ; enseignement par correspondance.

5 **École,** école communale, collège, lycée ; gymnase [helvét.]. – Cours, pension ; fam. : bahut, boîte ; boîte à bac. – Université ;

faculté (faculté de droit, des lettres et sciences humaines, de pharmacie, des sciences ; faculté de théologie catholique, protestante) ; grande école ; campus. – Académie, conservatoire, institut. – Prytanée militaire. – Séminaire ; petit séminaire, grand séminaire ; anc. : école cathédrale, scola cantorum. – Medersa [Islam]. – Externat, internat. – RELIG. : alumnat, juvénat, scolasticat.

6 **Scolarisation** ; suivi scolaire. – Cursus, écolage [région.], **scolarité** ; programme ; cycle d'études. – HIST. : trivium (dialectique, grammaire, rhétorique), quadrivium (arithmétique, astronomie, géométrie, musique) ; humanités 407 [vx]. – Cours préparatoire (classe de onzième), cours élémentaire (classes de dixième et neuvième), cours moyen (classes de huitième et septième), sixième, cinquième, quatrième, troisième, seconde, première, terminale ; classe préparatoire aux grandes écoles (aussi, fam. : classe prépa, prépa ; hypotaupe, taupe, hypokhâgne, khâgne), propédeutique [vx].

7 Attestation, brevet, certificat, **diplôme.** – Certificat d'études [anc.], brevet des collèges, brevet d'études professionnelles (B. E. P.), certificat d'aptitude professionnelle (C. A. P.), baccalauréat. – Diplôme d'études universitaires générales (D. E. U. G.), brevet technique supérieur (B. T. S.), diplôme universitaire de technologie (D. U. T.), **licence,** magistère, **maîtrise,** maîtrise de sciences et techniques (M. S. T.). – Diplôme d'études approfondies (D. E. A.), diplôme d'études supérieures spécialisées (D. E. S. S.), **doctorat.** – Certificat d'aptitude professionnelle à l'enseignement secondaire (C. A. P. E. S.), agrégation.

8 Amphithéâtre, amphi [fam.], **salle de classe** ; salle de conférence, salle de cours, salle d'études. – Chaire, estrade, **pupitre,** tableau noir. – Dortoir, parloir, réfectoire. – Cour de récréation, gymnase, préau, terrain de jeux. – Cloche, sonnerie. – Rentrée des classes ; grandes vacances.

9 Livre de cours 765, manuel, polycopié, poly [fam.].

10 Atelier, conférence, **cours,** cours magistral, explication, exposé, **leçon,** lecture, travaux dirigés (T. D.), travaux pratiques (T. P.).

11 Composition, **devoir** (devoir sur table, devoir surveillé) 691, dictée, dissertation, exercice ; colle, concours, **examen,**

interrogation, oral, session (session d'examen ; session de rattrapage, de repêchage) ; contrôle des connaissances. − Convocation à un examen ; collante [arg. scol.].

12 Bulletin de notes, carnet scolaire, livret scolaire. − Classement, place ; échec 541, succès 540. − Bon point, prix *(premier prix, prix d'encouragements, prix d'excellence, etc.),* récompense ; accessit, encouragements, félicitations, tableau d'honneur ; distribution ou remise des prix.

13 Discipline scolaire. − Coin, colle [arg.], consigne, ligne, pensum, piquet, punition, **retenue** ; zéro de conduite.

14 **Corps enseignant** ; professorat ; rectorat. − Assistant, chargé de cours, écolâtre [vx], éducateur, **enseignant,** enseigneur [rare], **instituteur,** instructeur, magister [vx], maître, maître-assistant, maître d'école, maître de conférences, moniteur, pédagogue, pédant [litt.], précepteur, **professeur,** prof [fam.], régent [vx], répétiteur. − Censeur, conseiller principal d'éducation, délégué pédagogique, directeur d'école, inspecteur, pion [fam.], principal, proviseur, surveillant ; appariteur. − Conseil de classe, conseil de discipline.

15 Auditeur *(un auditeur) ;* collégien, **écolier, élève, étudiant, lycéen,** potache [fam.] ; tapir [fam.] demi-pensionnaire, externe, interne, pensionnaire ; boursier. − Arg. scol. : archicube, carré, cube, trois-demi, cinq-demi, sept-demi ; corniche, khâgneux, taupe, taupin. − Chartiste (élève de l'École des chartes), centralien ou piston (élève de l'École centrale des arts et manufactures), énarque (élève de l'École nationale d'administration), gadzarts (élève de l'École des arts et métiers), grignon (élève de l'Institut national agronomique), normalien (élève de l'École normale), quatz'arts (élève de l'École des beaux-arts), saint-cyrien (élève de Saint-Cyr), X ou pipo (élève de l'École polytechnique), sévrienne (élève de l'École normale supérieure féminine). − Agrégatif ; capésien, certifié. − Classe, promotion.

16 Camarade, condisciple ; chef de classe. − Bizut, nouveau ; ancien, vétéran. − Cancre, fruit sec ; **redoublant.** − Botte [arg.], cacique [fam.], lauréat, **premier de la classe 85,** tête de classe.

v. 17 Enseigner, professer ; inculquer (qqch à qqn) ; apprendre *(apprendre qqn)* [vx]. − Former, initier, instruire. − **Faire cours,** faire la classe ; donner des leçons. − Ouvrir les yeux à.

18 Mettre à l'école, scolariser. − Diplômer.

19 Faire ses classes, faire ses études, suivre des cours. − Apprendre des leçons, faire des devoirs ; écouter, prendre des notes ; pâlir sur ses livres, user ses fonds de culotte sur les bancs de l'école [fam.]. − Bachoter [fam.], potasser [fam.], repasser, répéter 76, réviser ; composer, disserter ; passer un examen, plancher [fam.].

20 Chahuter, faire l'école buissonnière.

Adj. 21 **Scolarisé ;** scolarisable. − **Scolaire,** scolastique [vx] ; parascolaire. − Doctoral, dogmatique.

22 Alphabétisé, instruit.

Adv. 23 **Scolairement,** scolastiquement [didact.]. − Doctoralement, magistralement ; ex cathedra [lat.].

# 415 ÉDUCATION

N. 1 **Éducation ;** formation **414,** édification **690,** institution [vx], instruction, nourriture [fig., vx]. − Péj. : dressage, endoctrinement.

2 **Discipline ;** autodiscipline. − Courtoisie **592,** politesse, savoir-vivre.

3 **Didactique,** sciences de l'éducation ; andragogie, pédagogie, psychopédagogie ; didactisme. − Éducation institutionnelle, éducation spécialisée ; éducabilité [didact.].

4 Éducation conformiste, conventionnelle, libérale, nouvelle, puritaine, traditionnelle. − **Directivité ;** autoritarisme **622.** − Non-directivisme, non-directivité ; laisser-aller, laisser-faire, laxisme, permissivité, tolérance, tolérantisme.

5 **Établissement** (ou : institution, maison) **d'éducation ;** école sans école, jardin laboratoire, libre communauté scolaire. − Matériel pédagogique, jeu éducatif. − Traité d'éducation.

6 **Didacticien** *(un didacticien),* **éducateur,** éducateur spécialisé, maître **414,** pédagogue, tuteur. − Gouvernante, précepteur.

v. 7 **Éduquer ;** élever, **former,** nourrir [vx]. − Donner de bonnes façons, de bonnes habitudes, de bonnes manières, de bons principes ; façonner, styler. − Conduire, éclairer, guider ; aiguiller [fam.], **orienter 198.** − Dégourdir, dégrossir.

8 **Discipliner ;** dompter, dresser, mater. − Amender, corriger, réformer, reprendre.

9 **Moraliser 690**, morigéner, prêcher, sermonner. – Qui aime bien châtie bien [prov.].

Adj. 10 **Éducatif**, éducationnel [didact.] ; didactique, pédagogique.

11 Éduqué ; civilisé, **poli**, policé. – Élevé ; bien élevé, mal élevé ; vx : bien appris, mal appris. – Gâté, pourri.

12 Éducable ; humanisable.

# 416 RAISONNEMENT

N. 1 **Raisonnement** *(le raisonnement)* ; analyse, argumentation, dialectique ; enchaînement des idées. – Conceptualisation, formalisation ; généralisation ; synthèse. – **Rationalisation.**

2 **Raisonnement** *(un raisonnement)* ; raisonnement analytique, raisonnement synthétique ; raisonnement a priori ou apriorisme, raisonnement a posteriori ou apostériorisme, raisonnement a contrario, raisonnement ad hoc ; raisonnement par analogie ou analogisme, raisonnement apagogique ou apagogie, raisonnement circulaire, raisonnement expérimental, raisonnement par récurrence ; **raisonnement par l'absurde.** – Démarche logique, **déduction, démonstration ;** abduction (Peirce), induction, induction amplifiante ou induction baconienne, inférence ; exemplification.

3 **Logique** *(la logique)* ; logique appliquée, logique formelle ou symbolique, logique générale, logique mathématique.

4 **Compréhension** ; connaissance, intellection. – Pensée, méditation, raisonnement, réflexion ; calcul, spéculation ; considération, délibération ; cogitation. – **Ratiocination** [litt.] ; argutie(s), ergotage, logomachie ; élucubration ; **sophisme.** – Casuistique 595, pilpoul [hébr., RELIG.], scolastique, sophistique.

5 **Construction de l'esprit ;** abstraction, **idée 421**, principe. – Enthymème, sorite, syllogisme.

6 **Raison** *(la raison)* ; pensée, pensement [vx], penser [vx] *(le penser)*. – Entendement, intellect, intelligence 396, logos [gr.]. – Bon sens, sens commun ou sens [vx] ; voix de la raison. – Jugement, judiciaire [vx]. – La déesse Raison [HIST.], culte de la déesse Raison [HIST.].

7 **Raison ; faculté discursive.** – Pensée formelle [PSYCHOL.], pensée rationnelle, pensée scientifique.

8 Argumentateur, dialecticien, logicien. – Raisonneur ; chicaneur, discutailleur, ergoteur, palabreur, ratiocineur [litt.] ; casuiste, **sophiste ;** abstracteur de quintessence ; esprit faux.

V. 9 **Raisonner ;** argumenter, philosopher **487.** – **Analyser,** conceptualiser, formaliser, généraliser. – **Démontrer,** établir, prouver **430** ; conclure, déduire, induire ; tirer des conséquences. – Construire, échafauder un raisonnement. – Rationaliser. – Avoir de la suite dans les idées.

10 Ratiociner [litt.] ; disputer, palabrer **749.** – Fam., péj. : pinailler ; chercher la petite bête, couper les cheveux en quatre **406.**

11 **Réfléchir ;** spéculer ; fam. : cogiter, gamberger, ruminer. – Considérer, consulter [vx] , peser ; délibérer.

Adj. 12 **Raisonné ;** pensé, réfléchi ; sage, sensé.

13 **Rationnel ;** logique. – Cartésien, rationaliste.

14 **Analytique,** synthétique ; logique, méthodique ; déductif, inductif ; apriorique ou aprioritique ; dialectique, spéculatif ; discursif. – Apostérioriste, aprioriste.

15 Pensant, raisonnant [litt.] ; doué de raison, **intelligent.** – Raisonneur, ratiocineur.

16 **Raisonnable ;** judicieux, légitime ; pertinent.

17 Démontrable, **rationalisable.**

Adv. 18 **Raisonnablement,** intelligemment, sagement.

19 **Rationnellement ;** logiquement, méthodiquement ; analytiquement, synthétiquement ; dialectiquement ; discursivement. – Empiriquement, expérimentalement ; formellement, conceptuellement.

# 417 AFFIRMATION

N. 1 **Affirmation ;** allégation, assertion, déclaration ; proposition affirmative. – Affirmative *(une affirmative)* ; oui *(un oui)*. – **Accord 428**, approbation.

2 Assurance, attestation, confirmation. – Insistance, protestation. – Jugement **427** ; principe, proposition, théorème, thèse ; dogme ; profession de foi. – GRAMM. : forme affirmative ; verbe d'affirmation.

3 Annonce, **proclamation,** publication ; manifeste *(un manifeste)* ; décret. – Dires *(les dires de qqn)* ; aveu, déposition ; confession [litt.], profession *(profession de foi)* ; **serment.**

4 PSYCHOL. : affirmation de soi ou assertivité.

5 **Affirmateur** *(un affirmateur)* [litt.] ; **affirmant** [DR.].

V. 6 **Affirmer** ; alléguer, avancer, **déclarer, dire 745,** prétendre **613** ; se prononcer ; asserter [sout. ou LOG.] ; réaffirmer. − Soutenir, soutenir mordicus [fam.] ; réaffirmer ; décréter, dogmatiser. − **Annoncer,** proclamer, proclamer haut et fort, professer. − Avouer, déposer [DR.].

7 **Acquiescer** ; approuver. − Répondre par l'affirmative.

8 **Confirmer** ; assurer, attester, corroborer ; certifier **430,** garantir ; **jurer,** jurer ses grands dieux que. − Maintenir, persister et signer.

9 **S'affirmer.**

Adj. 10 **Affirmatif,** positif ; approbatif. − Assertif, **déclaratif,** énonciatif ; thétique [didact.] ; catégorique, dogmatique, péremptoire, tranchant. − Rare : affirmant ; affirmable.

Adv. 11 **Affirmativement,** positivement. − Catégoriquement ; dogmatiquement, ex cathedra [lat.], *ex professo* [lat.].

12 **Oui** ; ouais [fam.] ; région. : oui bien, ouida, voui, ouiche ; affirmatif [TECHN. ou fam.] ; *yes* [angl.]. − **Bien sûr,** certes, évidemment.

13 Indéniablement ; **absolument,** précisément.

## 418 NÉGATION

N. 1 **Négation** ; contestation, dénégation ; opposition **18,** réfutation **520** ; condamnation. − Négative *(la négative) ;* négativité [didact.]. − Non *(un non).*

2 **Contradiction** ; antithèse, contrepartie, contre-pied ; contraire *(le contraire).*

3 Désapprobation ; récusation, **refus** ; fin de non-recevoir. − **Démenti,** déni.

4 Annulation **561** ; dédit, désaveu ; contremandement [vx]. − Reni [vx], **reniement.** − Contre-lettre [DR.].

5 PHILOS. : négation de la négation ; **négativisme,** nihilisme. − LOG. : négation d'une proposition, principe de la double négation. − Négativation [MÉD.]. − PSYCHIATRIE : délire des négations ou syndrome de Cotard ; négativisme ; négativiste *(un négativiste).* − Apophatisme (ou : théologie apophatique, théologie négative).

6 LING. : négation, double négation ; négation totale, négation partielle. − GRAMM. :

**forme négative,** forme interro-négative ; négation simple, négation composée, double négation ; adverbe de négation.

7 DR. − Action négatoire ; peines négatives [vx] ; voix négative.

8 **Négateur** *(un négateur),* négativiste ; contradicteur *(un contradicteur).* − **Renégat,** renieur [vx], traître. − Nihiliste.

V. 9 **Nier** ; **contester,** contrarier, contrecarrer, disconvenir, s'inscrire en faux ; aller à l'encontre de, s'opposer à **18** ; détruire, ruiner *(ruiner une thèse).* − **Démentir,** opposer un démenti formel, réfuter.

10 **Dire non,** faire signe que non ; répondre par la négative.

11 **Dénier,** récuser, **refuser 520,** rejeter une demande.

12 **Renier** ; abjurer, trahir **597** ; se dédire, se rétracter. − Annuler **567,** contremander [vx] ; renoncer ; revenir sur sa décision.

13 MÉD. − Négativer ; se négativer.

Adj. 14 **Négatif,** négatoire [didact.]. − Antithétique, privatif [GRAMM.] ; apophatique [THÉOL.].

15 Contestable, niable, réfutable **520.14,** reniable.

16 Critique, dénégateur, détracteur, négateur. − Négativiste [didact.] ; nihiliste [PHILOS.].

Adv. 17 **Négativement** ; dans la négative. − Aucunement, **nullement.**

18 **Non ;** *niet* (russe, « non ») [fam.], **non merci,** non tout court. − Vieilli : nenni, que nenni ; n'on pas. − Négatif [MIL. ou fam.].

19 **Pas question** ; jamais de la vie, rien à faire ; merci bien. − Du tout, **pas du tout** ; pas le moins du monde, pas pour un sou, pas pour tout l'or du monde, pour rien au monde. − En aucun cas, en aucune façon, en rien. − Fam. : des clous, des nèfles, macache, tintin. − Absolument pas, certainement pas. − **Non plus ;** même pas, pas même.

20 **Ne, ni.** − Ne... goutte [litt.], ne... guère ; vx : ne... mais, ne... mie. − **Ne... pas,** ne... point [litt. ou région.] ; **ne... que.** − Jamais, nulle part, personne, rien **2.**

Prép. 21 **Sans.**

Conj. 22 Non que, non pas que. − Sans que.

Aff. 23 **Non-** ; dé- ; il-, im-, **in-,** ir-, mal- ; a-, anti-.

## 419 QUESTION

N. 1 **Question** ; interrogation ; demande. − Problème. − **Curiosité 405.**

2 Question ouverte, question fermée, question rhétorique. – Question-réponse. – Question éliminatoire, question piège ; question subsidiaire. – Question indiscrète. – Question, question préalable ; question de principe. – Question métaphysique.

3 **Questionnaire ;** formulaire ; test ; Q. C. M. (Questionnaire ou Questions à choix multiple), quiz. – Concours, contrôle 426, épreuve, **examen,** oral *(un oral).*

4 GRAMM. – Interrogation directe, interrogation indirecte ; interrogation partielle, interrogation totale ; forme interrogative, forme interro-négative, interrogative *(une interrogative).* – **Point d'interrogation** 730. 11 ; adjectif interrogatif, adverbe interrogatif, pronom interrogatif. – Intonation ascendante [PHON.].

5 Charade, colle [fam.], devinette, **énigme,** logogriphe, rébus ; mystère 727.

6 Séance de questions ; conférence de presse. – Entretien, entrevue 749, **interview** [anglic.].

7 **Enquête,** étude de marché, sondage, sondage d'opinion ou gallup [vieilli].

8 **Interrogatoire,** interrogat [DR., vx], contre-interrogatoire ; inquisition. – DR., HIST. : question *(la question) ;* question ordinaire, question extraordinaire ; question de l'eau.

9 **Questionnement ;** ironie socratique, maïeutique. – Mise en question, problématisation ; remise en cause, remise en question.

10 **Questionneur** *(un questionneur) ;* interviewer ou intervieweur. – **Interrogateur ;** examinateur.

V. 11 **Interroger,** questionner ; **poser une question ;** soulever une question, soulever un problème. – Assaillir de questions, bombarder de questions [fam.], mitrailler de questions, **presser de questions.** – Poser une colle, poser une devinette ; jouer aux devinettes.

12 Procéder à un interrogatoire, soumettre à un interrogatoire, soumettre à la question 725.

13 **Interviewer** [anglic.]. – **Sonder ;** faire un sondage.

14 Mettre en question, problématiser ; remettre en cause, remettre en question. – Faire question, **poser problème.**

15 Consulter, demander conseil. – **Se renseigner ;** prendre des renseignements ; s'enquérir, s'informer.

Adj. 16 Interrogant [vx ou litt.], interrogatif ; interrogateur, questionneur. – Demandable [rare] ; discutable. – **Curieux.**

Adv. 17 **Interrogativement.**

## 420 RÉPONSE

N. 1 **Réponse ;** solution ; explication, résultat, C. Q. F. D. (ce qu'il fallait démontrer) ; fin mot *(le fin mot de l'histoire).*

2 Repartie, **réplique 749,** rétorsion, riposte 659 ; écho, retour [litt.] ; retour de bâton, retour de manivelle. – Réponse du berger à la bergère [fam.] ; réponse de Normand. – Droit de réponse [DR. et PRESSE].

3 **Réaction,** réflexe ; réponse réflexe. – CYBERN. : réponse harmonique ou fréquentielle ; réponse indicielle, réponse impulsionnelle ; courbe de réponse. – Temps de réponse [didact.].

4 **Réponse** (à une lettre). – Bulletin-réponse, coupon-réponse ; carte-réponse, enveloppe-réponse. – **Rescrit** [DR. CAN.].

5 Réponse [MUS.] ; **répons** [LITURGIE et MUS.] 784.3.

6 **Répondeur,** répondeur automatique, répondeur-enregistreur, transpondeur [TECHN.].

7 Répondant [DR.]. – Interlocuteur.

V. 8 **Répondre 627.6,** repartir, répliquer, rétorquer, riposter ; récrire [vx].

9 Objecter, protester, récriminer 637, **réfuter.**

10 Expliquer ; donner ou fournir une réponse ; donner la solution, trouver la solution ; solutionner [emploi critiqué].

11 Répondre ; obéir, réagir 528.

12 Avoir du répondant, avoir la réplique facile, **répondre du tac au tac.** – Avoir réponse à tout. – Faire les demandes et les réponses.

13 Donner la réplique. – Répondre du bout des lèvres. – Avoir le dernier mot. – Répondre la messe [LITURGIE].

14 Accuser réception ; R. S. V. P. (Répondez s'il vous plaît).

15 **Répondre de ;** être responsable de.

16 **Se répondre ;** se correspondre.

Adj. 17 Rare et litt. – Répondeur ; répliqueur.

18 Répondant [PSYCHOL., rare].

## 421 IDÉE

N. 1 **Idée ;** concept, notion ; **pensée ;** image. – Conception, représentation ; représentation intellectuelle **731** ; abstraction *(une abstraction)*.

2 **Idée générale** ou principale, idée directrice, idée-force, **idée maîtresse** ; idée mère ; idéal [vx].

3 PHILOS. : Idée (Platon) ; forme (Aristote), idée-image, simulacre (les Épicuriens) ; noumène ou chose en soi (Kant) ; concept, essence **5.2** ; schème (Kant). – Idée adventice (opposé à idée factice et idée innée [Descartes]) ; idées transcendantales ou idées de la raison pure (idée de l'âme, de la liberté, de Dieu, du monde) [Kant]. – PSYCHAN. : représentation consciente, représentation de mot ; représentation de chose.

4 Découverte, trouvaille [fam.] ; illumination, inspiration. – Idée de génie, trait de génie ou d'esprit.

5 Impression, sentiment ; conjecture, hypothèse, présomption, supposition **423**. – Vague idée. – Aperçu, vue succincte ; didact. : préconcept, prénotion ; préconception [didact.].

6 Intention **532**, dessein, projet. – Arrière-pensée, idée de derrière la tête [fam.] ; visées.

7 **Préjugé 427**. – Idée préconçue, **idée reçue**. – Idée toute faite ; lieu commun **758**, truisme.

8 **Vue de l'esprit 738** ; abstraction ; affabulation, **élucubration,** fiction, imagination **404**, invention ; chimère. – Idéal, utopie **442**.

9 **Idée fixe**, hantise, **obsession** ; manie **450**.

10 **Opinion,** conviction **430**, vue ; *doxa* (gr., « opinion ») ; croyance. – Idéal. – Idéologie, idéologie dominante, *Weltanschauung* (all., « conception du monde ») [PHILOS.].

11 PHILOS. – **Idéalisme 4.1**, idéalisme platonicien, réalisme (opposé à conceptualisme, nominalisme) ; idéalisme spiritualiste (Leibniz), idéalisme transcendantal ou criticisme (Kant) ; idéalisme dogmatique, idéalisme empirique, idéalisme problématique ; idéalisme subjectif ou spiritualisme absolu (Fichte), idéalisme objectif (Schelling), idéalisme absolu ou dialectique (Hegel) ; immatérialisme (Berkeley) **478**.

12 Didact. – Idéalité, immatérialité **4.1** ; conceptualité.

13 Entendement **398**, esprit, intellect ; intuition. – Conceptualisation, idéation.

14 Idéologisation. – Association des idées ; **règle de libre association** [PSYCHAN.]. – Associationnisme ou atomisme mental [PHILOS.].

15 Idéologie [PHILOS., anc.] ; histoire des idées. – Idéologue [PHILOS., anc.].

16 Allégorie **731**. – Idéat [PHILOS.].

v. 17 Penser, pressentir, **soupçonner,** subodorer, supposer **423**. – Avoir idée que, **avoir dans l'idée que**.

18 Envisager de, penser à, songer à. – Avoir dans l'idée de, **avoir l'intention de 532**.

19 Se faire une idée ou une opinion. – Se figurer, s'imaginer. – **Se faire des idées,** se mettre ou, fam., se fourrer une idée dans la tête. – Fabuler **783** ; **divaguer 450**, extravaguer.

20 Concevoir l'idée de, former, se représenter. – Idéer [rare]. – Conceptualiser, intellectualiser **398**. – Idéologiser.

21 Fixer ses idées, rassembler ses idées ; suivre ou perdre le fil de ses idées ; passer du coq à l'âne. – Avoir de la suite dans les idées **512**.

Adj. 22 **Conceptuel,** notionnel ; idéel [didact.] ; **abstrait, spéculatif,** théorique ; théorétique.

23 **Idéal** ; immatériel, incorporel ; nouménal [PHILOS.]. – Didact. : Idéationnel ; abstractif.

24 Idéologique.

25 Concevable, pensable.

26 PHILOS. – Conceptualiste, idéaliste.

27 Idéomoteur ou idéo-moteur (opposé à sensorimoteur) [PSYCHOL.].

Adv. 28 Idéalement. – En idée (opposé à en réalité), **en pensée,** en rêve.

29 Abstraitement, spéculativement, **théoriquement.**

30 Idéologiquement.

Aff. 31 Idéo-.

## 422 PRINCIPE

N. 1 **Principe.** – Base, fondement ; cause première **34**, origine, point de départ ; **centre 133**, clé de voûte, pierre d'angle ou pierre angulaire.

2 Loi ; règle **52**, règle de jeu, règle de vie ; système **51**, théorie. – Définition, proposition. – Convention. – Axiome, postulat. – Dogme, vérité de foi ; vérité première. – Morale **690**.

3 LOG. : assomption ; **principe logique** ou **premier** ; principe d'identité ou de non-contradiction, principe de contradiction ou de contrariété, principe du milieu exclu ou du tiers exclu ; axiomatique, axiomatique formelle.

4 PHILOS. : Leibniz : principe de continuité, principe des indiscernables, principe de raison ; Kant : principe pratique, principe de substance.

5 PSYCHAN. : principe de constance ou de nirvana, **principe de plaisir,** principe de réalité. – Principe de Peter [SOCIOL.].

6 PHYS. : principe d'Archimède, principe de la conservation de la masse, principe d'inertie ; principe d'incertitude, principe de relativité.

7 Conventionnalité ; conventionalisme ou conventionnalisme.

8 Axiomatisation.

V. 9 **Axiomatiser** [didact.] ; admettre, convenir, **postuler** ; partir du principe ou de l'idée que, prendre pour hypothèse que 423. – Partir d'un principe, poser en fait.

Adj. 10 **Principiel** [didact.], premier ; définitoire. – Conventionnel, définitionnel. – Axiomatique, hypothétique. – Axiomatisable.

11 **Principal** ; basal, basique [anglic. critiqué], essentiel, fondamental, primordial ; de principe.

Adv. 12 En principe, en théorie, théoriquement. – En droit (opposé à en fait).

13 Axiomatiquement [didact.].

14 **Principalement** ; essentiellement. – Capitalement [vx], fondamentalement.

# 423 SUPPOSITION

N. 1 **Supposition** ; conjecture, hypothèse. – Croyance, **opinion,** position. – Préjugé, présomption. – Anticipation, **prédiction,** préfiguration, pressentiment 424, prévision ; annonce, prophétie. – Supputation ; pari.

2 **Présupposition** ; prémisse, présupposé *(un présupposé),* supposé [rare]. – LOG. : assomption, définition. – Axiome, postulat 422.

3 Didact. : **hypothèse de travail,** hypothèse directrice, hypothèse heuristique. – DR. : présomption absolue ou irréfragable, présomption simple, présomption de fait ou de l'homme ; présomption d'origine [MIL.].

4 Abstraction, spéculation, **théorie.** – Éventualité, **possibilité** 39, probabilité, virtualité.

V. 5 **Supposer** ; présumer, présupposer ; conjecturer, inférer, supputer ; poser ; préfigurer. – Admettre ; partir du principe que.

6 Échafauder, imaginer 404 ; préjuger de, spéculer sur. – Bâtir ou échafauder des hypothèses, émettre une hypothèse. – En être réduit aux hypothèses ; se perdre en conjectures.

7 **Supposer** ; deviner, pressentir prévoir ; annoncer, prédire 485. – Gager que, parier sur ; s'avancer, se hasarder ; oser croire. – Essayer, tenter 535. – Douter, mettre en doute.

8 Loc. prov. Avec des si, on mettrait Paris dans une bouteille.

Adj. 9 **Supposé** ; **censé,** présumé, prétendu ; soi-disant.

10 Conjectural, **hypothétique** ; putatif [litt.], théorique. – Casuel, douteux, **incertain.**

11 Suppositif [GRAMM.] ; hypothético-déductif.

12 **Supposable** ; présumable, probable ; admissible, vraisemblable.

Adv. 13 Censément, conjecturalement, hypothétiquement, **théoriquement** ; par supposition. – Probablement, virtuellement.

# 424 INTUITION

N. 1 **Intuition** *(l'intuition).* – Instinct ; feeling [anglic.], flair [fam.], nez [fam.]. – Esprit de finesse (opposé par Pascal à esprit de géométrie) 406, l'intelligence du cœur ; psychologie. – Clairvoyance, **compréhension** 734, lucidité ; perspicacité.

2 Connaissance immédiate, **connaissance intuitive** ; intussusception [didact., vieilli]. – PHILOS. : intuition psychologique, intuition sensible ; intuition d'évidence ou intuition rationnelle, intuition d'invention ou intuition divinatrice ; intuition intellectuelle ou métaphysique ; intuition cartésienne, intuition bergsonienne. – Vision intuitive [THÉOL.].

3 Divination 485 ; empathie [didact.] ; double vue, seconde vue ; **sixième sens.**

4 PHILOS. : aperception (Leibniz), intuitionisme ou intuitionnisme, logique intuitionniste ; intuitivisme [didact.].

5 Intuition *(une intuition) ;* impression, sensation 343, **sentiment** ; appréhension. –

Prémonition, prescience, **pressentiment.**
– Illumination, inspiration ; coup de génie, trait de génie ; idée 421, lueur, prénotion, soupçon ; insight (angl., « intuition »).

V. 6 **Comprendre 396,** saisir, toucher du doigt. – **Sentir ;** détecter 555, deviner, flairer, ressentir ; avoir le sens de qqch. – Avoir des antennes, avoir le nez creux, sentir les choses, avoir le compas dans l'œil. – Intuitionner [PHILOS.]. – Intuiter [fam.].

7 **Pressentir,** soupçonner, subodorer ; appréhender que, craindre que. – Présager, prévoir. – Mon petit doigt me dit que [fam.], quelque chose me dit que.

Adj. 8 **Intuitif,** intuitionnel [didact.] ; **instinctif,** spontané ; direct, immédiat ; automatique.

9 Pénétrant, **perspicace ;** clairvoyant, lucide, prescient ; inspiré ; bien inspiré. – Intuitiviste [didact.] ; intuitionniste [PHILOS.].

Adv. 10 **Intuitivement ;** instinctivement, spontanément.

11 D'instinct. – Fam. : au feeling, au pif, au pifomètre. – À l'estime, au juger ou au jugé ; **à vue de nez 346 ;** à vue de pays [fam.].

## 425 COMPARAISON

N. 1 **Comparaison,** confrontation, parallèle, rapprochement 199 ; mise en parallèle, mise en regard, mise en relation ; collation, collationnement, contrôle, recension, récolement. – Assimilation, identification 15. – Prov. : toutes comparaisons sont odieuses ; comparaison n'est pas raison.

2 **Comparatisme** [LITTÉR. et GRAMM.] ; grammaire comparée ; linguistique comparée, linguistique contrastive ; littérature comparée. – Anatomie comparée, pathologie comparée. – Droit comparé.

3 GRAMM. : adverbes de comparaison ; proposition subordonnée de comparaison ou comparative, comparative *(une comparative) ;* degré de comparaison ou de signification ; **comparatif** *(le comparatif),* comparatif d'égalité, comparatif d'infériorité 86, comparatif de supériorité, superlatif 85.

4 Point ou terme de comparaison ; **étalon,** parangon. – RHÉT. : comparaison, **image,** métaphore ; comparant, comparé. – Analogie, **rapport,** relation.

5 **Comparabilité,** égalité 83, parité ; proportionnalité, relativité.

6 **Comparatiste** *(un comparatiste)* [LITTÉR.].

V. 7 **Comparer,** comparer à, comparer avec ; confronter, rapprocher, examiner côte à côte ; collationner, conférer [didact.] ; étalonner, mesurer à 70, mesurer à l'aune de.

8 **Faire un parallèle,** mettre en parallèle ; mettre en balance, mettre en regard ; cf. ou confer (lat., « comparer avec »).

9 Peser le pour et le contre. – Aligner, **assimiler,** identifier ; mettre au même niveau, **mettre sur le même plan,** mettre sur le même rang.

10 Entrer en comparaison avec ; soutenir ou supporter la comparaison avec.

Adj. 11 **Comparable ;** approchant ; analogue 21, **même,** semblable. – Assimilable, commensurable.

12 Comparatif ; proportionnel, relatif. – Théorie des avantages comparatifs [ÉCON.]. – Publicité comparative.

Adv. 13 **Comparativement,** par comparaison, **en comparaison.**

Prép. 14 **Comparé à ;** à comparaison de [vx], **en comparaison de.**

15 À côté de, à l'instar de, auprès de, au prix de, en proportion de 94, en regard de, **par rapport à,** relativement à, vis-à-vis de.

## 426 CONTRÔLE

N. 1 **Contrôle ; vérification ;** mise à l'épreuve. – Épreuve, **essai,** expérimentation. – Examen, expertise, inspection. – Contre-enquête, contre-épreuve, contre-essai, contre-expertise, contre-visite. – **Inventaire,** pointage, recensement ; sondage ; appel 9.7.

2 Contrôle judiciaire, vérification d'écritures [DR.], vérification des pouvoirs.

3 Contrôle fiscal ou vérification de comptabilité 846.21, vérification des créances. – Apurement, audit [anglic.]. – Récolement. – Contrôle statistique.

4 Collationnement 425.1, **correction,** relecture, révision [IMPRIM.], tierce [IMPRIM.].

5 Mirage [TECHN.] ; trébuchage.

6 **Vérification ;** corroboration, **confirmation.** – Principe de vérification.

7 Contrôlabilité [didact.], vérifiabilité [didact.].

8 **Critère**, critérium ; pierre de touche. – Argument, exemple, preuve **430**. – **Preuve par neuf 116.3.**

9 **Contrôleur** *(un contrôleur)*, inspecteur. – Pointeur, réviseur, tierceur [IMPRIM.] ; **vérificateur**, vérifieur.

10 Programme de contrôle [INFORM.] ; groupe de contrôle [PSYCHAN.]. – Liste de contrôle ou check-list [angl.].

11 Docimologie. – Vérificationnisme [PHILOS.].

v. 12 **Contrôler** ; **vérifier** ; éprouver. – **Essayer**, expérimenter, tester ; faire un essai, mettre à l'épreuve, mettre au banc d'essai. – Confirmer, corroborer.

13 **Examiner 402.5**, inspecter. – Passer au crible, procéder à des recoupements. – Collationner, **confronter** ; corriger, relire, réviser, revoir ; repasser derrière.

14 **Vérifier**. – Authentifier, **certifier 430.5** ; estampiller.

15 Pointer, récoler [DR.] ; recenser, vidimer ; auditer. – Apurer [DR.] ; faire la caisse [COMPTAB.]. – Étalonner ; plomber [TECHN.].

16 **Se vérifier** ; s'avérer, s'avérer tel.

Adj. 17 **Contrôlable, vérifiable** ; testable. – Vérificatif [litt.] ; probatoire.

18 Docimologique. – Vérificationniste [PHILOS.].

## 427 JUGEMENT

N. 1 **Jugement** ; discernement, entendement **398** ; judiciaire [vx], jugeote [fam.] ; raison **416**, esprit de finesse ; bon sens, sens commun ; sens critique ; faculté de juger.

2 Appréciation ; **estimation, évaluation** ; sous-estimation **433**, surestimation **432**. – Qualification, détermination. – Procès d'intention ; jugerie [vieilli]. – Critique **637**.

3 **Jugement** *(un jugement)* ; avis, opinion, parti pris ; point de vue, regard. – Décision ; sentence, **verdict 711.12**. – RELIG. : Jugement dernier ou jugement universel ; jugement particulier.

4 PHILOS. : jugement de réalité ou d'existence ; jugement d'appréciation, **jugement de valeur** ; jugement analytique, jugement synthétique ; jugement a priori, jugement a posteriori. – LOG. : jugement de prédication ou prédication ; jugement assertorique ; jugement de relation ; jugement d'inclusion, jugement d'inhérence ; critique.

5 **Préjugé 421** ; idée préconçue ; a priori.

6 **Juge** *(un juge)* ; juge-arbitre [SPORTS] ; évaluateur agréé [canad.], expert. – Juré, jury. – Appréciateur, estimateur [litt.]. ; jugeur.

v. 7 **Juger** ; apprécier ; jauger, évaluer. – **Qualifier** ; porter un jugement. – « Ne jugez pas, pour n'être pas jugés » (Évangile selon saint Marc).

8 **Juger** ; considérer, estimer, penser, trouver ; être d'avis que. – Commenter, **critiquer 637**, faire la critique de. – Émettre un jugement ; oser ou risquer un jugement, **donner son avis**, donner son opinion ; avoir un avis sur tout. – Oser ou risquer un jugement. – Juger de qqch. – Loc. prov., fam. : juger de qqch comme un aveugle des couleurs.

9 Juger ; juger en équité ; juger *ex aequo et bono* (lat., « bien et selon l'équité ») ; traduire en justice **711**.

10 **Préjuger**, présumer **423.3**. – Juger sur l'apparence.

11 **Avoir du jugement** ; voir juste.

12 **Se juger** ; se considérer tel, s'estimer tel.

Adj. 13 **Jugé** ; apprécié, estimé.

14 Qualificatif ; **appréciatif**, estimatif, évaluatif ; estimatoire. – Judiciaire [vx].

15 **Jugeable**.

Adv. 16 **Au jugé ou au juger 424.9.**

## 428 ACCORD

N. 1 **Accord**, concordance, **harmonie 26** ; accordance [litt.]. – Accointances, affinité, points communs ; cousinage [rare], **entente**, intelligence. – Amitié, **amour 600** ; compassion **609** ; symbiose [fig.], sympathie ; synergie. – Communion, concorde, fraternité, paix **652**, solidarité ; unisson.

2 Accommodement, arrangement, arrangement à l'amiable. – Rapprochement. – Raccommodement, **réconciliation** ; compromis **653**, conciliation. – Accordailles ou accords [vx], fiançailles, mariage **682**.

3 **Accord** ; **acceptation**, acquiescement, approbation ; adhésion, assentiment. – **Consensus**, *consensus omnium* (lat., « l'accord de tous »), unanimité ; front commun. – Collusion, complicité, connivence.

4 Autorisation, autorité [vx], consentement, **permission 632**.

5 Accord commercial, agréation ou agréage [COMM.], marché. – Accord d'agrément, *gentleman's agreement* [angl.] ; accord-cadre ; accord de principe. – Alliance, concordat, **contrat,** convention, louage [DR.], pacte, traité.

6 Bon à tirer ou B. À. T. [IMPRIM.] ; imprimatur [RELIG.] ; visa.

7 Conformité **28,** correspondance. – Concordisme [THÉOL.]. – Harmonisation.

v. 8 **Accorder ;** mettre d'accord. – **Se mettre d'accord,** tomber d'accord ; accorder ses violons ou ses flûtes [fam.] ; traiter de gré à gré. – Arriver à une entente, **s'entendre sur qqch.**

9 S'accommoder, **s'accorder,** s'arranger. – S'allier, se lier, se rapprocher, s'unir **90 ;** faire la paix, fraterniser, pactiser. – Se raccommoder, se raccorder, **se réconcilier.** – Faire cause commune ; ne faire entendre qu'une seule voix.

10 Partager une opinion ou un avis ; être du même avis que qqn, **être sur la même longueur d'onde** [fam.] ; abonder dans le sens de qqn, aller dans le même sens que qqn ou dans le sens de qqn.

11 **S'aimer 600,** sympathiser ; communier, compatir **609.6,** être de tout cœur avec qqn. – Faire bon ménage, vivre en bonne intelligence ; se sentir en harmonie avec qqn. – Cousiner ; marcher la main dans la main, se donner la main, s'entendre comme larrons en foire [fam.], être comme cul et chemise [très fam.].

12 **Accorder** (qqch) ; donner son accord, donner le feu vert. – **Accepter,** acquiescer, agréer, approuver ; bien vouloir, consentir ; convenir, demeurer d'accord. – Taper dans la main, toper.

13 Concorder, correspondre **20** ; s'adapter, s'ajuster.

Adj. 14 Conciliatoire [didact.], consensuel, **harmonieux,** idyllique **600** ; en accord, fraternel, solidaire, unanime. – Complice, de connivence, de mèche [fam.] ; du même bord.

15 Conventionné.

Adv. 16 D'accord (fam., d'acc.) ; oui ; fam. : ça marche, ça roule ; anglic., fam. : no problem, O. K. ; all right.

17 Unanimement. – À l'unanimité, à l'unisson, en chœur, **ensemble.** – **Harmonieusement.** – De gré à gré.

# 429 DÉSACCORD

N. 1 **Désaccord,** différend, **discorde,** dissension, divergence, **division 91,** mésen-

tente, mésintelligence [litt.], zizanie **18.11** ; sout. : désunion, discord [vx], dissentiment, mésaccord ; divergence de vues. – Incompréhension, malentendu. – Fig. : divorce, fêlure [litt.], nuages. – Friction(s), tension(s), tiraillement(s) **649.** – **Antipathie,** inimitié ; incompatibilité d'humeur ; **haine 605.**

2 Bisbille [fam.], **brouille,** brouillerie [litt.], chicane [litt.], **fâcherie.** – Controverse, polémique ; litige.

3 **Dispute, querelle,** scène ; scène de ménage [fam.] ; clash [anglic., fam.]. – **Conflit, guerre 650.**

4 **Critique, objection,** réticence **452 ;** plainte, **protestation.** – **Contestation, contradiction,** fronde **625,** rébellion. – Désolidarisation ; opposition. – Dissidence, rupture **93,** schisme, scission.

5 Contre-culture, non-conformisme. – Droit à la différence.

6 **Contestataire** *(un contestataire),* dissident *(un dissident) ;* réformateur *(un réformateur).* – Objecteur de conscience. – Esprit frondeur. – Polémiqueur, polémiste. – Chicaneur, discutailleur [péj.].

v. 7 **Discorder** [litt.], diverger ; **différer** [litt.] ; jurer ensemble ; **s'opposer.**

8 **Être en désaccord, ne pas être d'accord ;** avoir (ou : être d') un avis opposé, ne pas l'entendre de cette oreille. – Avoir une autre explication, se séparer sur un (quelques, plusieurs) point(s) de qqn.

9 Être en froid, être en mauvais termes. – Faire mauvais ménage, s'accorder comme chien et chat.

10 **Se disputer, se quereller ;** se bagarrer [fig., fam.], se chamailler [fam.]. – Avoir des démêlés avec (qqn). – Avoir des mots avec ; faire une scène à [fam.]. – Se brouiller, **rompre 684.11** ; couper les ponts ; tout est fini entre eux (entre nous, etc.).

11 Objecter, **protester ;** faire ou émettre une objection, trouver à redire ; émettre une protestation. – Tiquer [fam.]. – Chicaner ; fam. : discutailler, disputailler.

12 Contester, **critiquer 637.13,** dénoncer, fustiger [litt.]. – Fig. : faire le procès de qqch, de qqn (aussi : faire un procès à qqn) ; taper sur [fig., fam.]. – Blâmer, condamner **722,** réprouver ; anathématiser [litt., rare] ; lancer l'anathème contre.

13 Faire sécession, se désolidariser. – POLIT. : entrer dans l'opposition ; entrer en dissidence. – Ne vouloir rien avoir à faire

avec. – Se rebeller, se rebiffer [fam.] ; ruer dans les brancards [fam.].

Adj. 14 **Discordant**, divergent, **opposé**. – Désuni, brouillé, **fâché ; ennemi ;** en désaccord ; en bisbille [fam.].

15 Dissident, hérétique, hétérodoxe, non-conformiste, séparé, schismatique.

16 **Contesté**, condamné, contredit, **critiqué**, décrié. – Conflictuel, litigieux ; en litige.

Adv. 17 **Non ;** négatif [MIL., TÉLÉCOMM.] ; pas d'accord [fam.].

Aff. 18 **Anti-**, contra-, **contre-**, dé- (des-, dés-), dis-, mé- (mes-, més-), mis(o)-.

# 430 CERTITUDE

N. 1 **Certitude ;** certitude absolue, certitude mathématique ; PHILOS. : certitude immédiate ou intuitive, certitude médiate ou discursive, certitude morale. – Assurance, **conviction ;** ferme conviction, conviction délirante [PSYCHOL.]. – Persuasion **525.** – Confiance **606**, croyance, **foi 479**.

2 Dogmatisme, intolérance, sectarisme.

3 Certain *(le certain) ;* axiome, vérité apodictique ; **affirmation 417**, attestation, confirmation. – Démonstration ; certificat, justificatif *(un justificatif),* pièce justificative, **preuve**.

V. 4 **Certifier ;** acertener ou acertainer [vx], affirmer **417**, assurer, attester, confirmer ; donner comme certain. – Démontrer, **prouver**.

5 **Croire ;** croire dur comme fer que ; regarder comme certain, tenir pour certain ; être sûr de son fait ou de son coup. – Donner sa main à couper, **mettre sa main au feu,** en mettre sa tête sur le billot [fam.]. – Compter sur, être sûr de partie [JEUX, vx]. – Être fondé à dire ou à croire, parler en connaissance de cause, tenir de bonne source.

6 **Ne faire aucun doute,** ne pas faire l'ombre d'un doute, **aller de soi,** aller sans dire, s'imposer ; couler de source. – Être cousu de fil blanc, tomber sous le sens ; crever les yeux, **sauter aux yeux**.

Adj. 7 **Certain, évident,** hors de doute, **sûr**, sûr et certain [fam.] ; constant, manifeste, solide, **notoire**, patent. – Clair, visible ; flagrant. – Inattaquable, **incontestable**, indéniable, indiscutable, indubitable, irrécusable, irréfragable [litt.], irréfutable. – Concluant.

8 Assuré, avéré, confirmé, établi ; attesté, authentifié, **certifié**, validé ; démontré, **prouvé**, vérifié ; obvie [THÉOL. ou PHILOS.].. – Acquis, **connu**, bien connu, reconnu ; incontesté.

9 **Convaincu,** persuadé ; certain, sûr, sûr de soi ; confiant. – Décidé, déterminé. – **Dogmatique**, fanatique, intolérant, intransigeant, partisan, sectaire ; intégriste.

Adv. 10 **Certes** ou certe [poét.], de certitude [vx] ; assurément, **certainement**, parfaitement, **sûrement ; évidemment**, manifestement. – Incontestablement, indiscutablement, indubitablement.

11 **Bien sûr,** à coup sûr ; fam. : *of course* (anglic., « bien sûr »), sûr, pour sûr. – À l'évidence, de toute évidence. – **Bien entendu,** comme de bien entendu [fam.]. – Sans doute, **sans aucun doute**. – Sans conteste, sans contredit.

# 431 INCERTITUDE

N. 1 **Incertitude ;** doute, ignorance **408**, perplexité. – Hésitation ; indécision, indétermination, irrésolution **511**, tergiversation ; dans le doute abstiens-toi [prov.].

2 Embarras, flottement, fluctuation. – Anxiété **462**, inquiétude. – Défiance, méfiance **607**. – **Mise en doute**, mise en question. – PHILOS. : doute méthodique.

3 **Incertain** *(l'incertain) ;* **flou** *(le flou),* flou artistique [fig.], vague *(le vague) ;* obscurité.

4 Alternative, **dilemme ;** réponse de Normand ; conjecture, hypothèse **423**.

5 Possibilité **39**, probabilité.

6 **Scepticisme ;** pyrrhonisme [PHILOS.] ; époché [PHILOS.]. – Agnosticisme [RELIG.].

7 Principe d'incertitude ou d'indétermination d'Heisenberg [PHYS.]. – Raisonnement sous incertitude [INFORM.].

V. 8 **Douter ;** être dans le doute, être dans l'expectative, être entre le zist et le zest [fam.]. – En être réduit aux hypothèses, se perdre en conjectures.

9 **Hésiter 511. 5 ;** tergiverser ; ne savoir de quel côté se tourner, tourner en rond. – Dire tantôt noir, tantôt blanc, ne pas se prononcer, ne savoir que dire (que faire, que penser, etc.).

10 **Soupçonner**, subodorer. – Craindre, redouter.

11 Manquer d'assurance ; être peu sûr de soi, douter de soi.

12 Élever un doute, **émettre un doute,** laisser planer un doute ; **mettre en doute,** révoquer en doute. – Suspendre son jugement.

Adj. 13 **Incertain ;** contestable, douteux ; attaquable, controversable, discutable, réfutable ; contentieux, controversé, en litige, **sujet à caution,** sujet à examen.

14 Possible **39,** probable ; aléatoire, contingent, éventuel. – Conjectural, hypothétique.

15 **Dubitatif ;** embarrassé **547,** perplexe ; flottant, fluctuant, **hésitant,** incertain, **indécis,** irrésolu **511.9,** mal assuré.

16 Agnostique [RELIG.] ; pyrrhonien [PHILOS.] ; **sceptique.**

17 Ambigu **736,** énigmatique, équivoque **17.16.** – Confus, flou, fuyant, imprécis, indéfini, **indéterminé, vague ;** approché. – Changeant **193.22,** variable.

18 Hasardé, hasardeux, risqué **551.14.**

Adv. 19 Incertainement [litt.]. – Éventuellement, peut-être. – Au bénéfice du doute.

20 Approximativement, vaguement ; à peu près, **environ.**

21 Dubitativement, irrésolument **511.**

## 432 SURESTIMATION

N. 1 **Surestimation ;** majoration, surévaluation. – Idéalisation, mythification, valorisation.

2 Emphase, hyperbole [RHÉT.] ; apologie, dithyrambe, panégyrique. – **Exagération, excès 80 ;** abus **569,** démesure, outrance. – Mégalomanie, présomption **613.**

3 Exagérateur *(un exagérateur),* hâbleur.

V. 4 **Surestimer ;** majorer **88.8,** surévaluer, surfaire [litt.] ; idéaliser, magnifier, mythifier. – Agrandir, **amplifier ;** enfler, gonfler, grossir **127.** – Se faire des illusions, se monter la tête, se monter le bourrichon [fam.] ; avoir les yeux plus gros que le ventre [fam.].

5 Monter en épingle ; fam. : faire tout un cinéma, tout un fromage, toute une histoire, tout un plat de qqch ; faire d'une mouche un éléphant. – Se faire un monde, se faire une montagne de qqch.

6 Noircir le tableau **443,** pousser au noir.

7 **Exagérer 80,** forcer, outrer ; forcer le trait, forcer la dose [fam.], forcer la note [fam.].

Adj. 8 **Surestimé,** surévalué, surfait [litt.]. – Abusif, **démesuré,** disproportionné, immo-

déré, outré. – Énorme, exorbitant, extravagant ; **exagéré, excessif 80.** – Emphatique, hyperbolique [RHÉT.]. – Exagératif [vx].

9 Élogieux, laudateur ; exagérateur [vx], hâbleur.

10 Mégalomane, présomptueux.

Adv. 11 Exagérément, **trop ;** abusivement, outre mesure. – Emphatiquement.

## 433 SOUS-ESTIMATION

N. 1 **Sous-estimation ;** erreur d'appréciation, rabaissement [litt.], sous-évaluation. – **Diminution 89,** réduction ; affaiblissement, atténuation ; insuffisance, lacune, manque **81.**

2 Dénigrement, dépréciation, **dévalorisation ;** décri, discrédit.

3 **Contempteur** *(un contempteur),* dénigreur, détracteur.

V. 4 **Sous-estimer,** sous-évaluer ; dépriser, méjuger [rare], mésestimer [rare], rabaisser [litt.] ; sous-noter [scol.] ; **diminuer 102,** réduire ; minimiser, ramener à ; affaiblir, atténuer. – Ne pas estimer à sa juste valeur, ne pas faire justice à. – Attacher peu d'importance à, ne pas faire grand cas de, tenir en piètre estime, tenir pour moins que rien ; ravaler au rang ou au niveau de.

5 Déprécier, **dévaloriser.** – Déconsidérer, décrier, dénigrer, discréditer **642.**

Adj. 6 **Sous-estimé ;** mésestimé, minimisé, sous-évalué. – Dénigré, déprécié, discrédité, méprisé **627.**

7 Dépréciatif.

## 434 QUALITÉ

N. 1 **Qualité,** valeur, prix **831 ;** mérite.

2 **Correction.** – Excellence, précellence ; beauté **436,** optimum, perfection, pureté, succulence **373 ;** irréprochabilité.

3 Cercle de qualité.

4 Appellation d'origine, **label,** marque ; millésime. – Appellation contrôlée ou appellation d'origine contrôlée (A. O. C.). – Cachet, contrôle, estampille. – Le fin du fin **85,** la fleur ; une merveille. – À bon vin point d'enseigne [prov.].

5 **Bon faiseur** *(un bon faiseur),* fée *(une fée, des doigts de fée),* maître.

6 Griffe, patte, savoir-faire, touche, tour de main **570.5.**

7 Agréeur *(un agréeur)* ; contrôleur.

v. 8 Améliorer ; optimiser, optimaliser. – Abonnir, bonifier ; **s'améliorer.**

9 N'avoir pas son pareil. – Fam. : le moule en est cassé, on n'en fait plus.

10 Apprécier, estimer **604.** – Faire cas de.

11 Millésimer. – Contrôler ; estampiller.

Adj. 12 De choix, **de qualité** ; de haute tenue ; de haute futaie. – De prix, de valeur ; précieux. – De classe, de haut vol, de haute volée.

13 Hors classe, hors ligne, hors pair. – De premier ordre. – De la plus belle eau. – **Supérieur 85.**19 ; extra-fin, super-fin, surfin ; surchoix. – Haut de gamme.

14 Appréciable, estimable ; **remarquable,** exceptionnel. – Inappréciable, inestimable ; incomparable. – Admirable. – À se mettre à genoux devant [fam.].– Au-dessus de tout éloge.

15 Beau **436.**14, **bon.** – Excellent, parfait ; sans bavure [fam.]. – Merveilleux, miraculeux ; divin. – Délicieux, exquis. – Fam. : chouette, épatant. – Ravissant. – Délicat **598.**10. – Choisi ; réussi. – Fini.

16 **Convenable** ; correct, honnête. – Acceptable, admissible, passable, présentable, recevable, sortable ; supportable, tolérable.

17 **Conforme 28.**12, dans les règles, régulier. – Correct, comme il faut [fam.]. – Impeccable, irrépréhensible, irréprochable. – Exemplaire.

Adv. 18 **Bien** ; assez bien, pas mal ; joliment. – Artistement, divinement, merveilleusement, **parfaitement.** – À merveille, à ravir ; comme un ange.

19 **Mieux.** – Le mieux du monde. – Pour le mieux.

20 De main de maître. – Correctement.

## 435 MÉDIOCRITÉ

N. 1 **Médiocrité** ; imperfection **696.** – Petitesse ; modestie **612,** obscurité. – Faiblesse **376** ; platitude **758.** – Affadissement [litt.].

2 **Insuffisance.** – Défectuosité ; impureté. – Nullité.

3 **Mauvaise qualité.**

4 **Malfaçon,** tare.

5 **Camelote,** drogue [vx], pacotille, toc ; tout-venant. – Roupie de sansonnet [fam.]. – Fam. : croûte, déchet, rebut ; cochonnerie. – Très fam. : crotte de bique, pipi de chat.

6 Incapable *(un incapable),* **médiocre** *(un médiocre).* – Fam. : daube *(une daube),* pas-grand-chose *(un pas-grand-chose),* nanar *(un nanar),* nullard *(un nullard),* tocard *(un tocard).* – Maladroit *(un maladroit)* **571.**

7 Pacotilleur. – Cameloteur, camelotier.

v. 8 Laisser à désirer ; ne valoir pas grand-chose, ne valoir rien (ou, fam. : pas un clou, pas tripette) ; arg. : être de la briquette, ne pas casser des briques, ne pas casser trois pattes à un canard, ne pas valoir un clou (ou : une cacahuète, un coup de cidre, un pet de lapin, un zeste), ne pas valoir tripette, ne pas voler très haut.

9 Végéter, vivoter. – Aller couci-couci (ou couci-couça, comme ci comme ça, cahin-caha). – Aller son petit bonhomme de chemin.

10 **Bâcler,** faire à la diable, gâcher. – Altérer, fausser, saboter.

Adj. 11 **Médiocre.** – Grossier. – Mal fait, manqué, raté. – Fam. : fait à la diable, à la six-quatre-deux, à la va comme je te pousse.

12 Modeste, modique, petit ; cheap [anglic., fam.]. – Malheureux, mauvais *(un mauvais habit)* [vieilli ou sout.], méchant *(un méchant habit),* misérable, pauvre, **piètre,** piteux. – Minable ; miteux.

13 Commun, **quelconque** ; banal, ordinaire. – Insignifiant, plat ; négligeable. – Pâle, sans éclat, terne. – Fade, insipide ; incolore, inodore et sans saveur [fam.]. – Affadi [litt.].

14 De deuxième classe, de deuxième (ou troisième, quatrième) qualité ; péj. : de bas étage, de deuxième ou de seconde zone. – **Bas de gamme.** – De quatre sous [fam.].

15 **Imparfait** ; insuffisant.

16 **Mauvais** ; passable.

17 **Navrant** ; déplorable, lamentable, pitoyable. – Imbuvable.

Adv. 18 **Médiocrement** ; déplorablement. – Passablement ; moyennement, ordinairement.

19 Vaille que vaille.

## 436 BEAUTÉ

N. 1 **Beauté** ; somptuosité, sublimité [sout.] ; le beau, le beau idéal.

2 **Beauté, charme,** éclat, glamour [anglic.], grâce **1607,** joliesse, vénusté [litt.] ; plastique *(la plastique).* – Délicatesse, sveltesse ; finesse des traits. – La beauté du diable.

3 **Beauté** *(une beauté)*, belle *(une belle)*. – Beau brin de fille [fam.], reine de beauté ; cover-girl, **pin-up 309**. – Déesse, vénus *(une vénus)* ; ange de beauté.

4 Adonis *(un adonis)*, apollon ; fam. : **beau gosse**, gueule d'amour ; chérubin, cupidon ; éphèbe. – Bellâtre ; péj. : vieux beau.

5 Beauté, harmonie, magnificence, splendeur. – Distinction, grâce.

6 Beauté, élévation, grandeur, **noblesse 646**.

7 Chef-d'œuvre, **merveille**, modèle, trésor. – Idéalisation.

8 **Embellissement**, enjolivement, ornementation. – Nettoyage ; restauration. – Enjolivure, **ornement 778**.

9 Appas, attraits, avantages.

10 Esthétique *(l'esthétique)*. – Esthétisme ; philocalie [RELIG.].

11 Artiste ; esthète.

v. 12 **Embellir**, enjoliver ; orner, parer. – Esthétiser.

13 Embellir ; ne faire que croître et embellir [fam., souv. iron.].

14 **Se faire beau**, se faire une beauté, se mettre sur son trente-et-un **863** ; montrer beau.

Adj. 15 **Beau** ; admirable, enchanteur, **magnifique**, **merveilleux**, somptueux, splendide, **superbe**. – Éblouissant, féerique, merveilleux. – Céleste, divin, **sublime** ; grandiose, majestueux. – Irréprochable, **parfait** ; nonpareil [sout.], sans égal, sans pareil.

16 **Beau**, beau comme le jour (ou comme un astre, comme un dieu, comme l'amour), joli comme un cœur, joliet [litt.] ; en beauté ; bellissime [par plais.], bellot [vx]. – Bien bâti, bien fait ; fam. : bien balancé, bien foutu, bien roulé ; canon. – Plastique, sculptural.

17 Adorable, beau, élégant, exquis, fait à peindre, gracieux ; croquignolet [fam.], **joli**, **mignon** ; séduisant.

18 **Agréable**, délicieux, exquis, **charmant**, ravissant.

19 Attrayant, **plaisant**, riant ; coquet.

20 **Esthétique**, plastique.

Adv. 21 Artistement, bellement [vx], plastique-. ment [litt.].

22 Beau *(montrer beau, porter beau)*.

Aff. 23 **Calli-** ; eu-.

## 437 LAIDEUR

N. 1 **Laideur** ; hideur, horreur ; disharmonie ; saleté **381**. – Laid (le laid, opposé au beau).

2 Abjection, **bassesse**, ignominie, infamie, laideur. – **Laideurs**, turpitudes, vilenies ; **vice 700**.

3 **Défaut**, difformité, disgrâce, imperfection. – Abomination *(une abomination)*, **horreur**.

4 **Laideron**, maritorne [vx], mocheté [très fam.]. – Erreur de la nature, monstre. – Très fam. : boudin, cageot, guenon, pochetée, repoussoir. – Fam. : macaque, magot [vx], sapajou [vx], vilain merle ; iron. : beau merle, joli merle. – Fam. : **épouvantail**, épouvantail à moineaux, remède à l'amour. – Fée Carabosse, Quasimodo.

5 Enlaidissement.

V. 6 **Enlaidir**, laidir [vx]. – Abîmer, défigurer. – Fam. : amocher, amochir.

7 Offenser la vue, faire tache. – Grimacer.

Adj. 8 **Laid** ; moche [fam.]. – Affreux, **hideux**, horrible, monstrueux ; repoussant.

9 Inélégant, inesthétique. – Ingrat *(un physique ingrat)*, vilain. – Contrefait, difforme, disgracié, **disgracieux**, malbâti, mal tourné. – Fam. : laid comme un pou (ou : comme un crapaud, comme les sept péchés capitaux) ; vx : marqué au B, marqué des trois B (borgne, bègue et boiteux ou bossu). – Arg. : blèche ou bléchard, craignos, mochard, nanar, tartignole, toc, tocard. – Caricatural.

10 Dépenaillé, **grimaçant**, hirsute ; tordu. – Disproportionné, irrégulier.

11 **Laid** ; abject, bas, **honteux**, ignoble, infâme, révoltant, vil.

Adv. 12 **Laidement** ; affreusement, **hideusement**, horriblement, monstrueusement.

13 Bassement, **honteusement**, ignoblement, mal, vilainement.

## 438 IMPORTANCE

N. 1 **Importance** ; éminence, prééminence. – Étendue, portée ; valeur. – **Gravité 453**, grièveté [vx ou litt., rare], sérieux *(le sérieux de qqch)*. – **Nécessité 41**, urgence.

2 Calibre, dimension, **grandeur**, poids ; quantité **69**. – Crédit, intérêt, prix ; surestimation **432**.

3 **Autorité 621**, influence ; notabilité.

4 **Important** *(l'important)*, nécessaire *(le nécessaire)*. – Cheville ouvrière, clef de voûte,

pierre angulaire, pièce maîtresse – Maître mot.

5 **Notable** *(un notable)*, notabilité *(une notabilité)*, V. I. P. (angl., fam., *Very Important Person*, « personne très importante ») ; **grand** *(un grand, les grands de ce monde)*, puissant *(un puissant)* ; autorité *(une autorité, les autorités)*, sommité 621. – Figure de proue [fig.].

v. 6 **Importer** ; compter, jouer ; peser, peser d'un grand poids, peser lourd, peser lourd dans la balance ; tirer à conséquence. – Avoir la priorité, passer avant toute chose. – Mériter considération, valoir la peine (qu'on en parle, qu'on s'y arrête). – Fam. : n'être pas rien ; se poser là.

7 L'essentiel est de ou que, l'importance est de [vx], **l'important est de** ou **que**, le tout est de ou que. – Tout est là.

8 **Marquer** ; faire du bruit [fam.], laisser des traces, ne pas passer inaperçu. – Faire autorité. – Dater [vx], faire date.

9 Accorder ou attacher de l'importance à, faire grand bruit (aussi : grand cas) de qqch, prendre au sérieux. – Surestimer 432. – Se donner de l'importance, se surestimer ; s'enorgueillir.

10 Faire valoir, valoriser ; donner du poids à. – Accentuer, faire porter ou mettre l'accent sur ; souligner, **souligner l'importance de** ; mettre en avant.

Adj. 11 **Important**, insigne, marquant, mémorable, notable, remarquable, sensible. – Conséquent, **grave**, gravissime, sérieux ; gros ou lourd de conséquences.

12 Considérable, énorme, **grand** 126, lourd, significatif, substantiel ; foutu [très fam.], **sacré** [fam.]. – De conséquence, de poids, de taille, d'importance.

13 Central, **crucial**, décisif ; capital, cardinal [didact.], **essentiel**, fondamental, majeur, vital. – À marquer d'une pierre blanche. – De première importance ; de première grandeur, **de premier plan.** – Impérieux, nécessaire 41.13, primordial ; prioritaire.

14 Élevé, éminent, haut, supérieur ; influent. – Et non des moindres ; *last but not least* (angl., « le dernier mais non le moindre »).

Adv. 15 **Considérablement**, notablement, significativement. – Gravement, grièvement, sérieusement. – Beaucoup, **d'importance** *(se faire tancer d'importance).* – Éminemment.

16 **Essentiellement**, principalement ; au premier chef, **surtout.** – Impérieusement, nécessairement.

# 439 INSIGNIFIANCE

N. 1 **Insignifiance ;** fadeur, inanité, inconsistance, inintérêt [didact.], vanité. – **Banalité**, futilité, légèreté, superficialité. – Faiblesse, **médiocrité** 435, modicité, nullité, petitesse 128 ; bénignité. – Humilité.

2 **Détail**, misère *(une misère)*, rien *(un rien)* ; queue de cerise [fam.] ; **bagatelle** 79.4, bêtise, bricole, broutille, peccadille, plaisanterie, vétille. – Goutte d'eau dans la mer, quantité négligeable. – À-côté *(un à-côté)*, incident ; amuse-gueule [fam., fig.].

3 Fam. : crotte de bique, roupie de sansonnet ; bibine, petite bière ; gnognot(t)e.

4 Menu fretin [fam.]. – Cinquième roue du carrosse.

5 **Babiole**, bibelot, bimbeloterie, brimborion [litt.], colifichet, fanfreluche(s), gadget.

6 Badinage, **bavardage**, caquetage, verbiage. – Souv. pl. : **baliverne**, billevesée, calembredaine, fadaise, faribole, niaiserie ; querelle byzantine. – Banalité, cliché, lieu commun [RHÉT.] 758.

v. 7 **Ne pas peser lourd**, ne pas tirer (ou porter) à conséquence ; ne rien changer à qqch. – **Ne rien faire** *(cela ne fait rien)*, n'être rien *(ce n'est rien)*, ne pas être méchant [fam.]. – Compter pour rien, compter pour du beurre [fam.] ; avoir un rôle décoratif. – Être égal *(ça m'est égal)*, indifférer *(ça m'indiffère)*, ne faire ni chaud ni froid. – **N'avoir** ou **ne présenter aucun intérêt.**

8 Chipoter [fam.], ergoter, **pinailler** [fam.] ; couper les cheveux en quatre. – Badiner, **bavarder**, caqueter ; parler de choses et d'autres, parler de la pluie et du beau temps, parler pour ne rien dire.

9 Compter pour rien ; **faire peu de cas de**, faire fi de ; **ne pas se soucier de**, prendre à la légère, prendre à la rigolade [fam.]. – Sous-estimer 433. – Rire de, **se moquer de** 524 ; se fiche ou se ficher de [fam.], se foutre de [très fam.].

10 Ce n'est pas la peine d'en parler, il n'y a pas de quoi fouetter un chat [fam.].

11 **Minimiser.** – Secondariser [didact.].

Adj. 12 **Insignifiant ;** anodin, contingent, inconsistant, véniel ; de peu de poids, de peu de portée, sans conséquence, sans importance. – Accessoire, annexe, mineur, négligeable, **secondaire.** – Bénin, **superficiel.**

13 Frivole, futile, **léger,** vain ; nul, vide. – Banal, commun, médiocre, **ordinaire,** quelconque. – Fade, insipide ; falot, modeste, terne. – Inintéressant, **sans intérêt ;** sans valeur ; de quatre sous, de rien du tout [fam.].

14 Mince, minime, minuscule, modique, **petit ;** imperceptible [fig.], impondérable, infime. – Dérisoire, ridicule [fig.] ; malheureux, **misérable.**

## 440 SENSIBILITÉ

N. 1 **Sensibilité ;** affectivité, sensibilisme [didact., vx], sensitivité [rare], sentiment *(le sentiment).* – Vie affective, vie sentimentale. – Feeling [anglic., fam.], **intuition 424 ;** corde sensible, fibre + adj. *(fibre paternelle, fibre patriotique, etc.).* – **Âme,** âme sensitive (Aristote) [PHILOS.], désir, instinct ; conscience, esprit, tréfonds de l'âme. – **Cœur,** courage [vx], entrailles, poitrine, sein, tripes, viscères.

2 **Émotivité,** hyperémotivité, hypersensibilité, impressionnabilité [litt.], sensibilité à fleur de peau ; susceptibilité, vulnérabilité. – Romantisme, **sentimentalisme,** sentimentalité ; sensiblerie [péj.]. – Sentiments *(prendre qqn par les sentiments),* grands sentiments.

3 Altruisme, **humanité ;** pitié 609, sympathie ; délicatesse, douceur, tendresse.

4 Affect, affection, **émotion, sentiment ;** impression, sensation 343 ; intuition, pressentiment. – Disposition, élan, **inclination,** passion 602 ; accès, bouffée [fig.], pulsion. – Attendrissement, émoi, saisissement, trouble.

5 **Sensibilité ;** excitabilité, réceptivité. – Didact. : sensibilité différentielle, sensibilité discriminative ou épicritique, sensibilité extéroceptive, sensibilité intéroceptive, sensibilité proprioceptive. – Didact. : cénesthésie, esthésie 343, hyperesthésie, kinesthésie.

6 Acuité des sens, délicatesse, finesse.

7 MÉD. – Sensibilisation ; allergie, anaphylaxie.

8 Sensibilité politique, tendance.

9 Sensible *(un sensible) ;* sentimental *(un sentimental).* – Écorché vif, sensitive *(une sensitive) ;* personnalité sensitive

[PSYCHIATRIE]. – **Romantique** *(un romantique),* sentimentaliste. – Douillet *(un douillet),* petite nature [fam.].

v. 10 **Sentir ;** éprouver, faire l'expérience de, **ressentir.** – Compatir, palpiter, s'émouvoir, se troubler ; blêmir, pâlir, rougir. – Avoir l'épiderme sensible [fam.]. – Sentir, percevoir.

11 Affecter, **émouvoir,** pénétrer, remuer, **toucher ;** aller (droit) au cœur, attendrir ; frapper, impressionner, troubler. – Attacher, captiver, empoigner ; enflammer, exciter.

12 Affectiviser [litt.], sentimentaliser [litt.] ; sensibiliser. – Faire du sentiment [fam.], faire jouer ou faire vibrer la corde sensible.

13 Sensibiliser [MÉD.].

Adj. 14 Sensitif ; **affectif,** émotionnel, viscéral.

15 **Sensible ;** émotif, émotionnable [fam.], impressionnable ; hypersensible, ultrasensible. – Fleur bleue, romanesque, **romantique,** sentimental, sentimentaliste.

16 Altruiste 587, compatissant, généreux, **humain.**

17 Accessible, **ouvert,** réceptif. – Chatouilleux, délicat, **susceptible,** vulnérable.

18 Ému, impressionné, remué, **touché,** troublé ; dans tous ses (mes, tes, etc.) états.

19 Sensible ; **émouvant,** touchant, troublant. – Fam., péj. : à l'eau de rose, à la guimauve ou guimauve.

20 Délicat, **fin,** sensitif [vx]. – Douillet, fragile, vulnérable.

21 MÉD. : anaphylactique, sensibilisé ; esthésiogène [PHYSIOL.].

22 Sensibilisable. – Sensibilisateur.

Adv. 23 **Sentimentalement ;** émotivement, sensiblement [vx]. – Généreusement, humainement ; délicatement, doucement, tendrement. – De tout cœur, du fond du cœur ; avec âme.

## 441 INSENSIBILITÉ

N. 1 **Insensibilité ;** impassibilité, imperturbabilité, **indifférence 524.** – Apathie, détachement ; ataraxie [PHILOS.], nirvana. – Stoïcisme. – Équanimité [litt.], flegme, impavidité [litt.], indolence, nonchalance. – Sang-froid, self-control (angl., « contrôle de soi »). – **Désinvolture,** inertie, langueur.

2 Cruauté, **dureté 599,** froideur, inhumanité, monstruosité, rudesse ; aridité, sé-

cheresse. – Blasement [rare] ; dessèchement, endurcissement. – **Égoïsme 588**, indifférentisme [sout.].

3 Autisme [PSYCHIATRIE].

4 Imperméabilité, incompréhension ; désaffection, **désintérêt**. – Grossièreté, vulgarité ; philistinisme [sout.].

5 **Insensibilité** ; frigidité. – Aveuglement, cécité, surdité. – État second, fakirisme, hypnose ; **inconscience 344** ; léthargie. – Défaillance, évanouissement, syncope ; catatonie, coma, engourdissement. – Insensibilisation ; anesthésie, hémianesthésie ; analgésie.

6 Zone morte [CYBERN.].

7 Insensible *(un insensible)*. – Fig. : cœur d'airain [litt.], cœur de bronze, cœur de granit, **cœur de pierre** ; animal à sang froid, monstre ; dur *(un dur)*, dur à cuire [fam.], glaçon [fam.] ; mur *(parler à un mur)*.

8 Béotien, philistin ; fam. : bovin, bouseux, plouc.

v. 9 Ne pas sourciller, voir qqch d'un œil sec ; être de bois, rester de glace, **rester de marbre**. – Vivre dans sa coquille, vivre dans sa tour d'ivoire. – Se blaser, se dessécher, s'endurcir.

10 Se désintéresser de.

11 Défaillir, **perdre connaissance**, tomber dans les pommes [fam.] ; se pâmer [sout.].

12 **Insensibiliser** ; aguerrir, blaser, endurcir, vacciner [fig.] ; blinder [fam.], cuirasser. – **Dessécher**, ossifier, racornir ; abrutir. – Désensibiliser, déshumaniser.

13 **Insensibiliser** ; anesthésier, chloroformer, droguer, engourdir. – Mithridatiser **389**.

Adj. 14 **Insensible** ; impassible, imperturbable, **indifférent 524**. – Apathique, ataraxique [didact.] ; stoïque ; **calme,** placide, serein. – Équanime [vx], flegmatique, impavide [litt.], indolent, nonchalant ; **désinvolte,** languide.

15 **Froid,** glacial ; desséché, sec ; adamantin [poét., rare], de bronze, bronzé [vx] ; sans âme, sans cœur ; **égoïste.**

16 Autiste [PSYCHIATRIE].

17 Impitoyable, implacable, inexorable ; cruel [vx], **inhumain.**

18 **Insensible** ; étranger, fermé, imperméable, inaccessible, sourd ; rebelle, **réfractaire.** – Grossier, vulgaire.

19 Insensibilisé ; accoutumé, **aguerri,** endurci, habitué ; à toute épreuve, coriace [fam.], dur.

20 Catatonique, engourdi. – Frigide. – Mithridatisé. – Anesthésique ; analgésique.

21 Minéral, **mort.** – Aveugle, sourd ; inconscient.

Adv. 22 **Imperturbablement.** – Stoïquement ; **calmement,** placidement, sereinement. – Nonchalamment. – **Durement,** froidement ; implacablement, inexorablement.

## 442 OPTIMISME

N. 1 **Optimisme** ; espoir **474** ; assurance, confiance, sûreté de soi. – Outrecuidance, présomption, **témérité 508.**

2 Euphorie, **joie 463.**

3 PHILOS. : leibnizianisme, méliorisme, **optimisme,** spinozisme ; idéalisme. – Utopie.

4 **Optimiste** *(un optimiste)*. – Bon vivant ; heureuse nature, heureux caractère.

v. 5 Avoir le moral (aussi : un bon moral). – **Voir la vie en rose,** voir tout en beau ; voir les choses du bon côté ; prendre la vie comme elle vient. – Croire en sa bonne étoile, **faire confiance à l'avenir** ; ne pas se faire de souci, ne pas s'en faire. – Se confier [vx], se fier à **606, se reposer sur,** s'en remettre à. – « Tout est pour le mieux dans le meilleur des mondes » (allus. à Voltaire, parodiant Leibniz dans *Candide*).

Adj. 6 **Optimiste** ; confiant, sûr de soi. – Outrecuidant, présomptueux, **téméraire.**

7 Euphorisant, réjouissant.

8 PHILOS. : leibnizien, mélioriste, **optimiste,** spinoziste ; idéaliste, utopiste.

## 443 PESSIMISME

N. 1 **Pessimisme** ; alarmisme, défaitisme ; fam. : à-quoi-bonisme, sinistrose ; catastrophisme. – Dépression **475**, hypocondrie, **mélancolie 464**, neurasthénie. – Angoisse, crainte **472**, inquiétude. – Cafard [fam.], ennui **458**, spleen, tristesse ; désespoir.

2 **Dramatisation** ; exagération **127**.

3 PHILOS. : pessimisme ; **nihilisme,** relativisme, scepticisme. – Cynisme, réalisme.

4 **Pessimiste** *(un pessimiste) ;* alarmiste *(un alarmiste),* défaitiste *(un défaitiste)*. – Cassandre [litt.], oiseau de mauvais augure, prophète de malheur. – Râleur.

v. 5 **Craindre le pire,** prendre les choses au tragique. – Voir la vie en noir, voir le revers de la médaille, voir les choses du mauvais côté ; jouer les Cassandre [allus. myth.] ; noircir le tableau. – **Dramatiser ;** exagérer.

Adj. 6 **Pessimiste ;** alarmiste, catastrophiste, défaitiste. – Bilieux, cafardeux [fam.], hypocondriaque, mélancolique. – Maussade, **noir,** sombre.

7 PHILOS. : pessimiste, schopenauerien ; **nihiliste,** relativiste, sceptique. – Cynique, réaliste.

## 444 ENTRAIN

N. 1 **Entrain ;** allant, élan, fougue, pétulance. – Forme ; fam. : frite, pêche (plus rare et pop. : jus, moelle). – Alacrité [litt.], bonne humeur, enjouement, gaieté, **joie 463.** – **Dynamisme,** énergie 221 ; santé 382, vitalité, vivacité ; force, vigueur 375.

2 Animation, **brio,** mouvement 197, vie.

3 Encouragement 565, **stimulation 516.**

V. 4 **Entraîner ;** encourager 565, exciter, stimuler. – Ragaillardir, revigorer. – Amuser, réjouir.

5 **Être en forme,** être en train ; fam. : avoir la forme (aussi, pop. : la frite, la pêche ; plus rare : la moelle) ; fam. : avoir de l'abattage, du pep (pop. : du jus) ; avoir le cœur à l'ouvrage ; péter de santé [fam.], péter le feu [fam.]. – **Rire 465,** sourire ; folâtrer, s'amuser.

Adj. 6 **Alerte,** allant [litt.], frétillant, gaillard [vieilli ou litt.], pétillant. – **Dynamique,** énergique, pétulant, primesautier [litt.], **vif ;** vif comme une anguille. – **Animé,** endiablé ; gonflé ou remonté à bloc [fam.]. – Riant, souriant ; alacre [litt. et rare], allègre, enjoué, gai, guilleret, jovial, **joyeux ;** émoustillé ; folâtre.

7 Entraînant ; convaincant, **éloquent 757,** parlant. – Irrésistible.

8 Encourageant, **stimulant 516.**

Adv. 9 Allègrement, énergiquement 221, gaillardement, rondement, **vivement ;** le cœur léger.

10 MUS. (ital.) : *allegro ; con brio, spiritoso.*

## 445 PARESSE

N. 1 **Paresse ;** fainéantise, inaction 529, néantise [rare]. – Fam. : cagnardise [vx], cagne [région.], cosse, **flemme,** flemmingite, rame. – La paresse est la mère de tous les vices [prov.].

2 Apathie, avachissement, lâcheté [vx], mollasserie, **mollesse,** veulerie ; encroûtement ; **laisser-aller,** négligence, relâchement. – Abandon, démission ; **faiblesse,** indifférence 524. – Facilité ; solution de facilité.

3 Paresse d'esprit, paresse intellectuelle ; indolence, langueur, **nonchalance,** nonchaloir [vx], tiédeur. – Engourdissement, **torpeur ;** lourdeur.

4 MÉD. : atonie, inertie ; paresse intestinale.

5 **Paresseux** *(un paresseux) ;* fam. : fainéant, feignant, feignasse, **flemmard.** – Fam. : clampin, cossard, lambin, lendore [vx], ramier [arg.] ; cancre ; **tire-au-flanc** ou, très fam., tire-au-cul ; cul de plomb, poids mort ; inspecteur des travaux finis [fam.], partisan du moindre effort ; fam. : branleur, **glandeur,** glandouilleur, loupeur ; cagne [vx].

6 Chiffe ou chique molle, **larve,** loque, pâte molle ; fam. : molasse, **mollasson,** mollusque, moule, nouille ; pantin, poupée de chiffon. – Roi fainéant [allus. hist.].

V. 7 **Paresser ;** fainéanter ; fam. : buller, flemmarder, **glander** [fam.], glandouiller [fam.], lambiner, lézarder, traînasser, traîner ; cagnarder [vx], câliner [vieilli], louper [arg., vx]. – S'abandonner, **s'avachir,** se relâcher ; s'acagnarder [fam., vx], se prélasser ; **se laisser aller,** se laisser vivre.

8 Fam. – **Tirer au flanc,** tirer ou battre sa flemme ; coincer ou écraser la bulle, faire du lard, se la couler douce ; avoir la cosse, bayer aux corneilles, traîner la savate ; plaindre ses pas ou sa peine. – Tirer au cul [très fam.]. – Craindre sa peine, plaindre sa peine. – Fam. : ne pas en fiche(r) un coup, **ne pas en fiche(r) une rame,** ne pas en fiche(r) une secousse ; ne pas se casser. – Faire la grasse matinée.

9 Fam. : avoir les côtes en long, avoir les pieds nickelés, **avoir un poil dans la main.** – Se croiser les bras, se les rouler [fam.], se rouler ou se tourner les pouces. – Ne pas faire œuvre de ses dix doigts ; fam. : ne pas se faire d'ampoules, ne pas se fouler la rate.

Adj. 10 **Paresseux ;** paresseux comme un loir (aussi : comme une couleuvre, comme un lézard). – **Apathique,** veule ; cagnard [vx], câlin [vieilli], flemmard [fam.], lambin [fam.], rossard [vieilli]. – Désœuvré, **inactif,** inerte 229, oisif ; indolent, négligent. – Litt. : sybarite ; pourceau d'Épicure.

11 Endormi, **engourdi,** languide, languissant ; **lent.** – Lourd, lourdaud ; lympha-

tique, mollasson [fam.], **mou 250**. – Amorphe, atone, avachi.

12 Nonchalant, tiède.

13 MÉD. : atone, inerte, paresseux.

14 HORTIC. : paresseux, tardif.

Adv. 15 **Paresseusement ;** languissamment, mollement ; indolemment, nonchalamment.

# 446 PATIENCE

N. 1 **Patience ;** patience d'Allemand [vieilli], patience d'ange. – **Calme 448**, placidité, quiétude [litt.], sérénité, tranquillité ; flegme, impassibilité, imperturbabilité. – Indulgence, mansuétude, **tolérance 692**. – Prov. et loc. prov. : la patience est la vertu des ânes ; « Patience et longueur de temps / Font plus que force ni que rage » (La Fontaine).

2 Constance [litt.], esprit de suite, **persévérance 751**. – Entêtement, **obstination 514**, opiniâtreté, ténacité.

3 Patience ; **constance,** endurance [litt.], longanimité [litt.] ; philosophie [cour.], stoïcisme. – **Courage 508**, force d'âme ; maîtrise de soi, sang-froid, self-control (angl., « contrôle de soi »).

4 Renoncement, **résignation ;** passivité **529**.

5 Ouvrage de patience ; travail de bénédictin.

6 JEUX : patience, réussite. – Crapette. – **Jeu de patience 872** ; casse-tête chinois, puzzle.

7 Souffre-douleur ; bardot [vx], martyr, plastron [vx], tête de Turc [fam.].

V. 8 **Patienter ;** faire patience [vieilli], **prendre patience,** s'armer de patience, se donner patience [vx], se munir de patience ; n'être pas pressé. – Savoir attendre. – Prendre qqch en patience. – Prov. et loc. prov. : il n'est bois si vert qui ne s'allume ; tout vient à point à qui sait attendre ; petit à petit l'oiseau fait son nid.

9 Souffrir [litt.], **supporter,** tolérer ; encaisser [fam.]. – **Prendre son mal en patience ;** prendre son parti de, s'accoutumer à **724**, se faire à ; se faire une raison, **se résigner,** se résoudre à ; faire contre mauvaise fortune bon cœur, faire de nécessité vertu. – Prendre du bon côté **442**. – Tendre l'autre joue [allus. bibl.] **680**.

10 Se contenir, se dominer ; faire bonne contenance, **garder son sang-froid,** garder son self-control.

11 **Persévérer 751** ; s'entêter, s'obstiner **514**.

Adj. 12 **Patient.** – **Calme 448**, placide, quiet [vieilli], serein. – Flegmatique, **impassible,** imperturbable. – Indulgent, **tolérant 692** ; accommodant, doux ; de bonne composition.

13 Assidu, constant ; **infatigable,** inlassable. – Acharné, persévérant **751**, **tenace** ; entêté, obstiné **514**, opiniâtre. – **Attentif,** méticuleux, minutieux.

14 Constant, **endurant,** longanime [litt.], patient [vx ou litt.], souffrant [vx] ; philosophe [cour.], **stoïque**. – Passif **529**, patient [PHILOS.]. – Résigné.

Adv. 15 **Patiemment**. – Calmement **448**, placidement, tranquillement. – Philosophiquement, stoïquement.

16 **Obstinément 514**, opiniâtrement, tenacement [litt.] ; perséveramment [rare]. – Pas à pas, petit à petit.

Int. 17 **Patience !** Doucement ! – Il n'y a pas le feu ! [fam.], il n'y a pas le feu au lac ! [fam.] ; chaque chose en son temps ! Il y a un temps pour tout ! – *Wait and see* (angl., « attendre et voir »).

# 447 IMPATIENCE

N. 1 **Impatience ;** fièvre, hâte ; empressement, précipitation. – Avidité, **désir 523,** envie. – Lassitude **458**.

2 Fougue, **impétuosité,** pétulance, vivacité **444**.

3 Impatience ; agacement, énervement **449**, **exaspération,** irritation. – Irascibilité, irritabilité.

4 Agacement, excitation, fébrilité, **nervosité,** surexcitation. – Démangeaison(s), **fourmis,** impatiences.

V. 5 Impatienter ; agacer, crisper, énerver, **exaspérer,** excéder, horripiler ; ennuyer, lasser.

6 Se faire désirer ; **tenir dans l'attente** ou dans l'expectative, tenir en suspens. – Mettre au supplice (aussi : à la torture). – Exacerber.

7 **Avoir hâte de,** n'avoir qu'une hâte ; être pressé de ; brûler ou mourir d'envie de ; avoir impatience de [vx]. – **Tarder ;** démanger.

8 Griller d'impatience ; **être à bout,** être sous pression [fam.] ; être sur de la braise, être sur des charbons ardents, être sur le gril. – Ronger son frein. – Ne pas tenir

en place. – Bouillir, **piaffer** ou piaffer d'impatience ; avoir des fourmis ou, moins cour., des impatiences (dans les jambes, etc.).

9 **Perdre patience** ; ne plus y tenir. – **S'énerver** ; fam. : devenir chèvre ; avoir la moutarde qui monte au nez.

Adj. 10 **Impatient ;** empressé, pressé. – **Avide de,** désireux de.

11 Impatient ; ardent, bouillant, emporté **471,** fougueux, **impétueux,** indocile ; brusque, vif. – Irascible, irritable **471.**

12 Agacé, énervé, excité, fébrile, fiévreux [fig.], **nerveux,** surexcité.

13 Agaçant, **énervant,** impatientant [litt.], mourant [fam.].

14 Attendu comme le Messie, désiré. – Loc. fam. : tu (il, etc.) t'appelles (s'appelle) Désiré.

Adv. 15 **Impatiemment ;** avidement. – Fougueusement, impétueusement. – Coléreusement, fébrilement, **nerveusement.**

## 448 CALME

N. 1 **Calme,** placidité, tranquillité ; assurance, maîtrise de soi, sang-froid ; calme olympien. – Flegme, impassibilité, imperturbabilité ; égalité d'âme ; apathie, insensibilité **441,** indifférence **524.** – Inertie **229, repos,** stabilité. – Détachement, paix, sagesse, **sérénité** ; béatitude, bien-être ; ataraxie [PHILOS.], nirvana. – Modération, pondération, tempérance ; patience ; prudence **572.**

2 Calme, paix, quiétude, silence **366, tranquillité** ; confort, douceur ; confiance, sécurité, sûreté ; « Là, tout n'est qu'ordre et beauté, / Luxe, calme et volupté » (Baudelaire). – Halte, pause, rémission, **répit** ; ralentissement.

3 **Calme plat,** calmes équatoriaux (aussi : tropicaux) ; accalmie, bonace, mer d'huile ; calme avant la tempête [aussi fig.]. – Éclaircie, embellie. – Anticyclone.

4 Décontraction, détente, relaxation, **repos.** – Allègement, atténuation ; **apaisement,** assouvissement. – Consolation, tranquillisation.

5 Tranquille *(un tranquille) ;* fam. : pépère *(un pépère),* père tranquille.

V. 6 **Calmer,** désénerver, détendre, pacifier. – Rasséréner, rassurer, redonner confiance, **tranquilliser** ; assurer [vx] ; consoler, réconforter.

7 Calmer ; adoucir, amadouer, **apaiser,** dulcifier [vx], lénifier [litt.], refroidir. – Assagir, modérer, réfréner, tempérer.

8 Dédramatiser ; désamorcer (un conflit) ; calmer le jeu [fam.].

9 Désarmer, dompter, étouffer, **maîtriser,** mater, rasseoir (les esprits) ; imposer silence à [fig.].

10 Affaiblir, alléger, atténuer, **modérer ;** mettre une sourdine à. – Assoupir, assourdir, endormir, **éteindre** ; assouvir, soulager.

11 Se contenir, se contrôler, se modérer ; se posséder. – Garder la tête froide, garder son sang-froid ; n'avoir pas un mot plus haut que l'autre ; ne pas se départir de son calme, prendre patience **446.** – Se relaxer, **se reposer.**

12 **Se calmer** ; calmir [MAR.].

Adj. 13 **Calme,** décontracté, placide, **tranquille** ; tranquille comme Baptiste ; benoît [litt.], quiet [litt.]. – Gentil, **sage** ; sage comme une image ; doux, pacifique **652.** – Flegmatique, impassible, imperturbable ; apathique, coi [litt.], immobile. – Fam. : cool [anglic.], décontract, **peinard** ou pénard, pépère, relax [anglic.]. – Grave, **posé,** prudent **572,** réfléchi ; modéré, pondéré ; philosophe, sage ; détaché, stoïque ; maître de soi. – Assuré, confiant.

14 Calme, olympien [litt.], paisible, serein, **tranquille.** – Étale [litt.]. – Encalminé [MAR.].

15 Apaisant, lénifiant, lénitif [litt.] ; rassérénant, **rassurant,** réconfortant.

16 **Calmant** ; adoucissant, tranquillisant.

17 MÉD. : anxiolytique ; analgésique, antalgique, sédatif ; antispasmodique ; béchique, antitussif.

Adv. 18 **Calmement,** paisiblement, sereinement, **tranquillement.** – Fam. : peinardement, tranquille, tranquillos. – Flegmatiquement, impassiblement, imperturbablement. – Gentiment, **sagement** ; doucement, pacifiquement. – Patiemment, posément, prudemment. – Au calme, en paix, en toute tranquillité.

Int. 19 Du calme ! Patience ! ; fam. : calmos ! *Keep cool !* (angl., « restez calme »), on se calme ! [fam.]. – Là ! Tout beau !

## 449 NERVOSITÉ

N. 1 **Nervosité** ; excitation, fébrilité, hystérie [cour.], surexcitation. – Agacement, **éner-**

vement, exacerbation, exaspération, hérissement [litt.], impatience 447. – Trouble.

2 **Agitation,** animation, effervescence, fièvre [fig.], frénésie ; émoi 440.

3 Contraction, convulsion, tic ; crise de nerfs.

4 **Excitabilité,** hyperexcitabilité ; réactivité, sensibilité. – Hyperesthésie ; éréthisme cardio-vasculaire [MÉD.],, tension ou tension nerveuse.

5 Irritabilité, susceptibilité ; alarmisme, nervosisme ou névrosisme [vieilli], pessimisme 443. – Névrose ; névropathie.

6 Agacerie, asticotage [fam.], **excitation,** taquinerie, titillation [fig.]. – Guerre des nerfs.

7 **Nerveux** *(un nerveux) ;* fam. : boule de nerfs, paquet de nerfs.

v. 8 **S'énerver ;** fam. : craquer, se mettre en boule ; perdre son self-control.

9 **Avoir les nerfs à vif,** avoir les nerfs à fleur de peau, avoir les nerfs en boule ou en pelote [fam.], avoir les nerfs tendus, avoir ses nerfs. – **Être à bout de nerfs.**

10 Fam. : être sous pression, être sur des charbons ardents, être sur les dents ; devenir ou tourner chèvre. – Vivre sur les nerfs. – Ne pas tenir en place. – Ronger son frein.

11 Il y a de l'orage dans l'air ; il y a de l'eau dans le gaz.

12 Passer ses nerfs sur qqn.

13 **Énerver ;** agacer, crisper, **exaspérer,** excéder, horripiler, impatienter, **irriter** 471, ulcérer ; gonfler [fam.] ; insupporter à [tour critiqué]. – Pousser à bout [fam.].

14 Fam. – **Taper sur les nerfs** (aussi : donner, porter) ; taper ou courir sur le système, courir sur le ciboulot, courir sur le haricot. – **Casser les pieds,** échauffer la bile, échauffer les oreilles, scier le dos ; prendre la tête.

15 Agacer, asticoter, taquiner, titiller, **tourmenter.** – Fam. : bassiner, canuler, cramponner, embêter, seriner. – Très fam. : emmerder, faire braire, faire chier, **faire suer,** faire tartir.

16 **Exciter,** surexciter. – Échauffer, électriser, **émouvoir,** enfiévrer, exalter, griser, transporter.

Adj. 17 **Nerveux ;** émotif, excitable ; hyperémotif, hypernerveux ; caractériel, hystéri-

que, névrosé. – **Coléreux,** irritable, susceptible.

18 Agité, crispé, **énervé,** excité, irrité, stressé, tendu. – Brusque, convulsif, fébrile, fou [fig.] **450,** impatient 447. – Sur les dents.

19 **Énervant ;** agaçant, crispant, exaspérant, horripilant, insupportable, irritant ; stressant.

20 Fam. : bassinant, collant, **embêtant,** enquiquinant, empoisonnant ; très fam. : chiant, chiatique, emmerdant, tuant ; ennuyant [vx]. – Fam. : **casse-pieds,** crampon, enquiquineur ; casse-cul [très fam.].

Adv. 21 **Nerveusement ;** fébrilement, fiévreusement, impatiemment.

## 450 FOLIE

N. 1 **Folie ;** aliénation, démence, insanité, névropathie [vieilli], vésanie [vx] ; confusion mentale, maladie mentale 383, trouble mental. – Dérangement, égarement, fêlure [fam.]. – Déraison ; dérèglement, déséquilibre 46.

2 Folie douce. – **Bizarrerie,** fantaisie, loufoquerie [fam.] ; étrangeté, singularité. – Caprice 522, coup de tête, fantaisie, foucade, lubie, marotte [fig.], **toquade.**

3 Accès (ou : coup, crise) de folie ; raptus. – **Délire,** delirium tremens, divagation, folie furieuse, **frénésie** ; calenture [vx]. – ANTHROP. : amok, piblokto. – État crépusculaire, obnubilation ; hallucination.

4 Pathomimie, simulation, sursimulation, théâtralisme. – Pithiatisme.

5 Folie partielle ; manie, monomanie [vx], quérulence ; phobie.

6 Névrose ; **hystérie** *(hystérie d'angoisse, hystérie de conversion),* névrose obsessionnelle, obsession ; mégalomanie ou folie des grandeurs, mythomanie. – **Psychose ;** paraphrénie ou délire fantastique, paranoïa ou folie systématique [vx], psychopathie, schizophrénie, schizose ; dépersonnalisation, déréalisation ; hébéphrénie. – Cyclothymie, psychose maniaco-dépressive (aussi : folie à double forme, alterne, intermittente, maniaque dépressive, périodique, et, vx, folie circulaire). – Dédoublement, **dissociation,** folie discordante. – Asthénie, neurasthénie, psychasthénie ; dépression, mélancolie 464.

7 Troubles de l'action et de la volonté. – Autisme, mutisme ; désinvestissement 524.

– Aboulie, dysboulie, négativisme, passivité. – Adhésivité, obtusion, viscosité mentale ; confusionnisme ; catalepsie, catatonie, hébétude, inhibition, léthargie ; sidération, stupeur.

8 **Troubles du langage.** – Logorrhée. – Glossolalie, glossomanie, jargonaphasie, verbigération 746. – Écholalie ; itération, palilalie.

9 **Troubles de la sexualité.** – Perversion ; perversion sexuelle 341 ; inversion sexuelle. – Érotomanie, folie érotique [vx] ; nymphomanie, satyriasis. – Exhibitionnisme, voyeurisme. – Masochisme, sadisme, sadomasochisme. – Fétichisme ; éonisme, travestisme, transvestisme. – Ondinisme, urolagnie ; coprolalie.

10 **Troubles de l'appétit.** – Anorexie, boulimie, sitiomanie.

11 Centre hospitalier spécialisé 391, établissement psychiatrique, hôpital psychiatrique, maison de santé ; fam. et vieilli : asile de fous, maison de fous. – Anc. : cabanon, cellule capitonnée. – Camisole de force [anc.]. – Internement, isolement. – Cure de sommeil, douche froide [anc.], électrochoc ; lobotomie.

12 Psychanalyse, psychothérapie ; analyse, cure analytique. – Ergothérapie, gestaltthérapie, onirothérapie.

13 Malade mental, malade [par euphém.] ; aliéné *(un aliéné),* dément, **déséquilibré** *(un déséquilibré),* fou, maniaque ; forcené [vx]. – Fam. : cinglé *(un cinglé),* détraqué, dingue, fada.

14 Hystérique *(un hystérique),* névropathe [vieilli], névrosé, paranoïaque, psychopathe, psychotique ; mégalomane. – Schizoïde *(un schizoïde),* schizophrène ; autiste. – Mélancolique *(un mélancolique),* neurasthénique ; aboulique. – Obsédé *(un obsédé) ;* pervers ; masochiste, sadique.

15 Processif, quérulent.

16 Fête des fous. – Nef des fous [HIST. DE L'ART, HIST. LITTÉR.] ; fatrasie, sotie [HIST. LITTÉR.]. – Prince ou pape des fous. – Bouffon, fou du roi ; grelot, marotte. – À chaque fou sa marotte [prov.].

17 Psychiatre.

V. 18 **Délirer, déraisonner,** déréaliser [PSYCHAN.], divaguer, extravaguer ; **perdre l'esprit** (ou, fam. : la boule, la boussole, le nord, la raison, la tramontane) ; **battre la campagne** [fam.].

19 Fam. – Débloquer, déménager, dérailler. – Onduler de la toiture, travailler du chapeau, yoyoter de la touffe. – Être bon pour la camisole.

20 N'avoir pas sa tête à soi [fam.], ne pas avoir toute sa tête ou sa raison, ne pas jouir de toutes ses facultés, ne pas se posséder ; avoir l'esprit dérangé. – Fam. : avoir une case en moins, **avoir un grain ;** avoir une araignée dans le plafond (aussi : un cafard dans la tirelire, une chauvesouris dans le beffroi) ; avoir le crâne (ou : la tête, le timbre) fêlé, avoir la serrure brouillée [vieilli], avoir un plomb de sauté dans le bureau du directeur, avoir reçu un coup de bambou.

21 **Affoler.** – Désaxer, déséquilibrer, traumatiser. – Fam. : faire devenir ou tourner chèvre, faire tourner en bourrique.

22 C'est de la folie, c'est folie de [sout.] ; il y a ou il y aurait folie à.

Adj. 23 **Fou,** fou à lier ; archifou ; désaxé, égaré, insane ; vx : forcené, insensé. – Fam. : atteint, dérangé, fêlé, frappé, tapé, **timbré,** toc-toc, toqué ; pop. : allumé, azimuté, barjo, branque, braque, brindezingue, cinoque, cintré, dingo, folingue, foutraque [région.], fondu, givré, jeté, louf, loufoque, louftingue, maboul, **marteau,** ravagé, sinoque, siphonné, tordu, zinzin. – Vx : échappé des petites maisons, échappé de Bicêtre (aussi : de Charenton).

24 Fou qui ; fol qui s'y fie [vx], fol qui s'y repose [vx].

25 Paranoïaque ; schizophrène. – Autistique ; cataleptique, catatonique ; confusionnel, délirant, démentiel ; logorrhéique ; mégalomaniaque ; névrotique, obsessionnel, phobique ; psychotique.

26 Psychiatrique.

Adv. 27 **Follement.** – À la folie.

Int. 28 Par plais., fam. : au fou ! lâchez les chiens !

Aff. 29 -mane, -manie ; -phobie.

## 451 ENTHOUSIASME

N. 1 **Enthousiasme,** exaltation, ferveur, passion, zèle. – **Ardeur,** chaleur, feu, fièvre ; fougue, furia [litt.]. – Animation, émotion 440, éréthisme [litt.]. – Extase, enivrement, griserie, **ivresse,** vertige.

2 **Admiration,** fascination ; emballement [fam.], engouement.

3 **Excitation,** frénésie. – **Délire,** transport ; emportement, **exubérance,** impétuosité 444.

4 **Délire,** enthousiasme, **extase ;** fureur, transes ; embrasement, **ravissement.** − Inspiration, possession, révélation ; illuminations, visions. − Illuminisme, mysticisme 477.

5 Feu sacré, flamme [fig., litt.] ; fureur poétique [vx], **inspiration,** veine poétique, verve ; génie. − Emphase, hyperbole ; LITTÉR. : **lyrisme** 757, pindarisme, romantisme. − Dithyrambe, panégyrique.

6 Enthousiaste *(un enthousiaste) ;* fam. : fan [anglic.], fana ; **zélateur.** − Bacchante. − Prophète. − Pythie [ANTIQ. GR.].

v. 7 **Enthousiasmer, exalter.** − Échauffer, embraser, enfiévrer, **enflammer ;** chauffer à blanc [fam.]. − Attiser, aviver, raviver. − Électriser, **galvaniser,** survolter ; déchaîner, exciter ; fanatiser. − Emballer [fam.], enchanter ; **passionner** 602, ravir, transporter ; donner des ailes. − Enlever *(enlever un public),* retourner ; prendre aux tripes [fam.]. − **Enivrer,** griser.

8 S'engouer, **s'enthousiasmer,** s'exalter, s'extasier ; chauffer [fam.], s'enflammer ; s'émouvoir, se pâmer. − **Délirer,** être hors de soi. − **Admirer ;** s'enticher, se toquer de [fam.] ; avoir le coup de foudre pour.

Adj. 9 **Enthousiaste,** exalté, exubérant, fougueux, impétueux ; fervent, **passionné,** zélé. − **Ardent,** chaleureux, chaud, enflammé ; tout feu tout flamme. − Emporté, enragé, **frénétique ;** excité [fam.], surexcité, survolté. − En transes, **extatique,** ivre, transporté ; ensorcelé, possédé ; illuminé, mystique. − En verve, **inspiré ;** lyrique, romantique.

10 Admiratif, conquis, emballé [fam.], **fanatique** ou, fam., fana.

11 Litt. − Dionysien ou dionysiaque. − Dithyrambique.

12 Enthousiasmant, exaltant, **passionnant.** − Excitant, stimulant.

13 Exaltable [rare].

Adv. 14 Enthousiastement [rare] ; ardemment, **passionnément ;** frénétiquement.

Int. 15 **Hourra !** − Évohé ! [MYTH. GR.].

## 452 RÉSERVE

N. 1 **Réserve ;** décence, dignité 646, **retenue ;** maintien, **tenue ;** pudeur 619 ; componction 478, **timidité** 618 ; discrétion, savoir-vivre, tact, vérécondie [vx]. − Modération

579, pondération ; sout. : mesure, sobriété. − Obligation de réserve.

2 Réserve ; **circonspection,** défiance 607.1, prudence 572.

3 Flegme, impassibilité 448, sang-froid ; froideur ; introversion [PSYCHOL.].

4 **Réserve** *(une réserve, des réserves),* réticence 429, restriction ; critique 637, remarque.

5 DR. − **Réserve ;** clause restrictive ; réserve du droit des tiers ; DR. INTERN. : réserve à la signature, réserve de ratification.

6 DR. − Biens réservés 822, réserve héréditaire ou réserve ; réserve coutumière [anc.].

v. 7 Être (ou : demeurer, se tenir) sur la réserve, **rester sur son quant-à-soi** 607 ; garder ou conserver ses distances. − Se méfier.

8 Se contenir, se dominer 622, se maîtriser, se posséder, se retenir ; s'observer, se surveiller. − Se modérer 579.

9 Réserver ou différer sa réponse (aussi : son avis, son jugement), s'abstenir de tout commentaire.

10 **Faire des réserves ;** émettre des doutes 431 ; trouver à redire à 429. − Mettre de la mauvaise grâce ou de la mauvaise volonté à 630, se faire prier.

11 S'entourer de précautions ; assurer ses arrières [fam.] 572, **mettre des conditions,** se réserver un droit de regard sur.

12 DR. − Faire ses réserves. − Réserver un droit.

Adj. 13 **Réservé,** mesuré, modéré, pondéré 579 ; continent [vieilli], sobre [sout.]. − Circonspect, **prudent** 572 ; méfiant 607.

14 Distant, froid, introverti ou, didact., introvertif, renfermé, secret 727. − Impassible ; de glace, de marbre.

15 Discret ; bien élevé 592 ; décent, pudique.

16 **Réservé,** mitigé ; dubitatif 431, sceptique.

Adv. 17 **Sous toutes réserves** ou sous toute réserve ; sous condition, sous réserve ; sous bénéfice d'inventaire. − **Conditionnellement.**

18 Discrètement ; décemment, pudiquement.

## 453 SÉRIEUX

N. 1 **Sérieux** *(le sérieux) ;* dignité, gravité, sériosité [vx] ; austérité, componction [litt.], sévérité. − Grandeur, majesté, **noblesse**

**646** ; solennité ; hiératisme. – Réserve, **sobriété 706** ; flegme, impassibilité.

2 Maintien, rigueur, **tenue** ; raideur, rigidité. – Froideur, sécheresse. – Emphase **761**, gourme [vx], **pédantisme**. – Genre sérieux [LITTÉR.].

3 **Application,** conscience, scrupule ; ardeur, diligence, zèle. – Attention, circonspection, soin. – Pondération, **sagesse.** – Esprit de sérieux [souv. péj.].

4 Poids, portée ; **importance 438.**

V. 5 Garder ou tenir son sérieux ; **ne pas badiner** ou ne pas plaisanter (ou, fam. : blaguer, plaisanter, rigoler, etc.), ne pas plaisanter sur tel chapitre ; être à cheval sur les principes ou sur le règlement. – Avoir de la tenue ; fam. : avoir avalé un parapluie (aussi : un manche à balai).

6 **Prendre au sérieux** ; solenniser [litt.]. – Se prendre au sérieux.

7 **S'aggraver,** s'intensifier, se compliquer, se détériorer ; empirer **385**, redoubler ; prendre un mauvais tour, prendre mauvaise tournure.

Adj. 8 **Sérieux** ; digne, grave ; auguste [litt.], austère, sévère. – Imposant, majestueux, **noble,** solennel ; hiératique. – Réservé, **sobre** ; flegmatique, impassible ; de marbre. – Droit, rigoureux.

9 Collet-monté, empesé, **figé,** guindé, raide, rigide ; coincé [fam.]. – Sérieux comme un pape [fam.]. – Affecté, compassé. – De glace, froid, glacial, **sec** ; rabat-joie **464** ; pète-sec [fam.].

10 Doctoral, gourmé, **pédant,** pédantesque, prudhommesque [litt.], sentencieux ; emphatique **761**, pompeux, ronflant.

11 Appliqué, **consciencieux,** sérieux, scrupuleux ; circonspect, minutieux. – Diligent, zélé. – Pondéré, posé, **prudent 572,** réfléchi, sage ; pensif. – Préoccupé, soucieux.

12 Crédible, digne de foi, **solide, sûr.** – Ponctuel, régulier.

13 Honnête, rangé [fam.], vertueux ; raisonnable, **sage.**

Adv. 14 **Sérieusement** ; consciencieusement, scrupuleusement, soigneusement ; posément, sagement. – Dignement, **gravement,** sévèrement ; sobrement. – Pensivement.

15 Majestueusement, **noblement,** solennellement. – Pompeusement, sentencieusement **761**.

16 Froidement, sèchement.

## 454 MOQUERIE

N. 1 **Moquerie ;** persiflage, plaisanterie, raillerie, risée, satire. – Dérision.

2 Ironie ; causticité, espièglerie, malice. – Dédain **627**, nargue [litt., vx].

3 Gouaille, gouaillerie, goguenardise, goguenarderie [vx] ; gaudissement [litt., vx].

4 Charge, **raillerie,** sarcasme **586** ; **pique,** pointe, saillie, trait ; litt. : brocard, lazzi, quolibet ; vx : gaudisserie, gausserie, lardon [fig.], nasarde. – Flèche du Parthe [litt.]. – Ricanement, ricanerie [rare], **rigolade,** rire **465.**

5 **Plaisanterie ;** attrape, blague **465**, camouflet [vx], canular, facétie, **farce,** humbug [rare, vx], malice, tour ; bobard [fam.], galéjade [région.], gausse [vx], mystification **728**. – Mise en boîte [fam.]. – Niche, taquinerie ; pied de nez [fig.].

6 Caricature, farce, satire, sotie ou sottie ; portrait charge. – Épigramme.

7 **Blagueur** [fam.], farceur, galéjeur [région.], plaisantin **465** ; pince-sans-rire. – Moqueur, persifleur. – Vx : brocardeur, gabeur.

8 Dindon de la farce [fam.] ; vx : chouette *(chouette d'une société),* faquin, marotte, plastron. – Tête de Turc.

V. 9 **Moquer** [litt. ou vx], plaisanter, railler, **taquiner ;** fam. : charrier, chambrer, vanner ; vx : chiner, gaber, gausser, goguenarder, nasarder, turlupiner. – Sout. : brocarder, jouer. – Fam. : emboîter [rare], **faire marcher,** mener en bateau, mettre en boîte, promener. – Berner, leurrer **728.**

10 Rire de, rire aux dépens de. – Se rire de [litt.] ; se foutre de [très fam.], se gaudir de [vx], se gausser de [litt.], **se moquer de ;** s'amuser de, se divertir de, se jouer de ; s'offrir ou se payer la tête de [fam.]. – Faire des gorges chaudes de.

11 Persifler, **railler ;** se persifler [vx]. – Charger ; chansonner, caricaturer, satiriser. – Ironiser.

12 Braver [vx], faire la figue à [vieilli], faire nargue [vx], narguer **627**, rire au nez de. – Dauber (qqn) ou dauber sur (qqch ou qqn) [litt.].

13 **Plaisanter ;** galéjer ou galéger [région.], goguenarder [vieilli] ; fam. : blaguer, charrier, rigoler ; vx : chiner, se moquer.

14 Être la fable de ; être la risée de.

Adj. 15 **Moqueur** ; facétieux, farceur, goguenard, malicieux, plaisantin, taquin ; blagueur [fam.], chineur [vx].

16 Persifleur, railleur, sarcastique ; sardonique. – Ironique, **narquois**. – Caustique, mordant **599**, piquant.

Adv. 17 Moqueusement [rare] ; facétieusement, **malicieusement** ; rare : plaisamment, taquinement. – À la blague [fam.].

18 Sarcastiquement ; sardoniquement. – Ironiquement, narquoisement. – Caustiquement, satiriquement.

## 455 ATTIRANCE

N. 1 **Attirance** ; amour **600**, goût **373**, intérêt, passion. – Penchant, propension, tendance ; faible **455.8**, prédilection, **préférence**. – Attraction, fascination.

2 **Affection**, amitié **604**, amour, inclination, sentiment, sympathie. – Affinité, affinités électives [litt.].

3 **Attirance**, enchantement, séduction ; aimantation [fig., litt.], allèchement [litt.], attirement [vx].

4 **Attrait**, charme ; appas [litt.], attraits [litt.], charmes. – Accroche [PUBLICITÉ] **768**.

V. 5 **Attirer** ; amadouer, charmer, enjôler, **séduire**. – Attraire [vx], intéresser, plaire à, tenter. – Affrioler, aguicher, allécher. – Convier, **inviter** ; accrocher, engager ; attirer l'attention ou le regard. – Racoler [péj.].

6 **Captiver**, passionner, ravir ; faire courir. – Enchanter, ensorceler, **fasciner**, hypnotiser [fig.] ; attirer, prendre dans ses filets.

7 Agrainer [CHASSE], amorcer, **appâter 871**, appeler, leurrer.

8 **Préférer** ; prédilectionner [litt.] ; avoir un faible pour. – Être sous le charme de ; en tenir pour [fam., vieilli] ; craquer pour [fam.]. – Céder, céder à la tentation.

Adj. 9 **Attirant** ; attachant, attrayant, engageant, plaisant, séduisant, tentant ; **charmant**, piquant, ravissant ; affriolant [fam.], aguichant, alléchant. – **Captivant**, ensorcelant, fascinant, prenant. – Agréable, attractif.

10 Accrocheur [fam.], aguicheur, raccrocheur ; charmeur, enchanteur, enjôleur.

11 Captivé, fasciné, ravi, **séduit** ; mordu [fam.].

## 456 AVERSION

N. 1 **Aversion** ; allergie [fig.], **dégoût**, dégoûtation [fam.], éloignement, répugnance,

répulsion. – Abomination, détestation [litt.] ; **horreur**, révulsion. – Écœurement, haut-le-cœur, nausée [fig.].

2 Désenchantement, ennui **458**, lassitude, spleen [anglic.] : ; *tædium vitæ* (lat., « dégoût de la vie »).

3 PSYCHOL. – Appétition-aversion (trad. de l'angl. *like-dislike*). – Thérapie d'aversion.

4 Aversion ; animadversion [litt.], animosité, antipathie, exécration, **haine 603**, hostilité, inimitié ; **ressentiment** ; mépris.

V. 5 Abhorrer, abominer, **détester**, exécrer, vomir ; avoir aversion à [vx], avoir en horreur, avoir horreur de ; prendre en dégoût, prendre en grippe [fam.].

6 Hésiter à, **répugner à** ; faire des difficultés, faire le difficile ou le dégoûté ; se faire prier, se faire tirer l'oreille. – Rechigner. – Mal voir, voir d'un mauvais œil ; se buter contre. – **Refuser**, rejeter, repousser.

7 **Haïr** ; en vouloir à, prendre en haine. – Ne pas pouvoir souffrir ; fam. : **ne pas pouvoir sentir**, ne pas pouvoir voir en peinture ; très fam. : ne pas pouvoir blairer, ne pas pouvoir encaisser, ne pas pouvoir piffer ou pifer, ne pas pouvoir saquer. – Avoir dans le nez [fam.], avoir une dent contre qqn. – Être à couteaux tirés, être comme chien et chat.

8 **En avoir assez** ; fam. : en avoir jusque-là, **en avoir marre**, en avoir par-dessus la tête, en avoir par-dessus les épaules, en avoir ras-le-bol, en avoir soupé.

9 **Condamner 722**, détester [vx], honnir, maudire, réprouver ; envoyer au diable, vouer aux gémonies. – **Fuir** [fig.], fuir comme la peste.

10 **Dégoûter**, déplaire **468**, écœurer, répugner, révulser ; débecter [très fam.] ; affadir [vx]. – Faire horreur ; faire mal au cœur, soulever le cœur ; donner envie de vomir, être à vomir ; sortir par les trous de nez [fam.]. – Agacer, envenimer, porter sur les nerfs, **révolter**.

Adj. 11 Abominable, **détestable, épouvantable**, exécrable. – Insupportable, intolérable. – Odieux **599** ; honni. – Débectant [très fam.], écœurant, repoussant, **répugnant**. – Innommable.

12 Aigri, blasé, **dégoûté**, fatigué, lassé ; déçu, désenchanté.

Adv. 13 **Haineusement** ; à contrecœur, de mauvaise grâce.

Aff. 14 -phobie ; -phobe, -phobique.

## 457 ATTENTE

N. 1 **Attente,** escompte [litt.], espérance, **es-poir 474,** expectation, expectative. – Présomption, prévision **560.** – Calcul, **projet 595.** – Crainte **472 ;** souhait.

2 Attente, faction, quart, **veille.** – Affût, espère [vx], **guet,** veille. – **Salle d'attente,** salle des pas perdus ; antichambre, parloir ; file, queue.

3 Attentisme, immobilisme.

4 Sentinelle. – Planton.

V. 5 **Attendre,** compter sur, escompter [litt.], tabler sur ; avoir la perspective de, avoir en vue. – Calculer, **projeter ;** se promettre de. – Présager, pressentir, présumer, **prévoir.** – Craindre ; **espérer,** souhaiter, vouloir **507.**

6 Attendre, **guetter,** veiller ; être de quart, faire faction ou être de faction, faire sentinelle, monter la garde.

7 Faire antichambre, faire la queue ; **patienter 446 ;** être sur des charbons ardents, s'impatienter **447.** – Compter les clous de la porte, croquer le marmot [vx]. – Fam. : droguer [vx], lanterner, poser, **poireauter ;** faire le pied de grue (aussi : le planton, le poireau) ; prendre racine ; croupir, languir, mariner, mijoter, moisir. – Demeurer, **rester ;** rester en carafe [fam.], rester en souffrance.

8 Attendre, observer un délai ; faire une pause ou une halte, **s'arrêter.**

9 Différer, remettre, **retarder 181.** – Amuser, promener ; tenir le bec dans l'eau. – Faire attendre sous l'orme, faire lanterner [fam.] ; se faire désirer.

Adj. 10 **Attendu,** escompté, espéré ; pressenti, prévu. – En hibernation, **en suspens,** sous le coude ; au Frigidaire, au placard, au réfrigérateur.

11 Attendant [rare], expectant ; expectatif. – À l'affût, aux aguets, de planton.

Prép. 12 Dans l'attente de.

## 458 ENNUI

N. 1 **Ennui ;** blasement, *blues* (amér., « cafard »), cafard [fam.], dégoût, langueur, mal du siècle [litt.], morosité, spleen, **tristesse 464,** vide ; nostalgie, regret **460 ;** idées noires, papillons noirs. – Hypo-

condrie [vx], **mélancolie,** neurasthénie. – **Monotonie,** répétition **76.**

2 Bâillement, oscitation [didact., rare].

3 Angoisse, **désespoir,** ennui [vx, litt.], torture [fig.], tourment. – Accablement, affliction, désolation, **douleur 345,** peine.

4 **Fatigue 376,** lassitude ; abattement, assommement [rare] ; découragement.

5 Ennui ; désagrément, mécontentement ; **inquiétude,** préoccupation, souci **462,** tracas, tracasserie ; cassement de tête [fam.]. – Complication, **difficulté,** enquiquinement [fam.], obstacle **554,** problème.

6 Fam. : casse-pieds, empoisonneur, enquiquineur ; emmerdeur [très fam.].

V. 7 **S'ennuyer ;** s'ennuyer à mourir ou à périr, s'ennuyer à cent sous de l'heure [fam.] ; s'ennuyer comme une carpe ou comme un rat mort. – **S'embêter,** se morfondre ; fam. : s'empoisonner, se barber, se barbifier, se casser les pieds, se faire suer ; très fam. : s'emmerder, se faire chier, se faire tartir.

8 **Être comme un ours en cage,** tourner comme un lion dans sa cage. – Avoir le blues [fam.], n'avoir goût à rien ; cafarder [fam.], errer comme une âme en peine, **languir,** sécher sur pied [fam.]. – Avoir les oreilles rebattues, **en avoir assez 456,** en avoir ras-le-bol [fam.].

9 **Ennuyer,** fatiguer **376, lasser,** peser, rebuter, tanner. – **Ennuyer ;** fam. : assommer, barber, barbifier, bassiner, **raser ;** assassiner [vx], assourdir [vx], endormir, tuer.

10 Chagriner, ennuyer ; fam. : chicaner, chiffonner **462.** – Assombrir.

11 Ennuyer ; agacer, énerver **449,** taquiner ; déranger, importuner **462,** incommoder. – Fam. : embêter, empoisonner, enquiquiner ; casser les pieds à ; très fam. : cavaler, emmerder, faire suer ; courir sur le haricot, pomper l'air.

Adj. 12 **Ennuyeux,** ennuyeux comme la pluie, ennuyeux comme la mort. – Fam. : raseur, **rasoir ;** très fam. : emmerdant, emmerdeur. – Fade, **fastidieux,** inintéressant, insignifiant **439,** insipide, rébarbatif ; long **172,** long comme un jour de jeûne ou comme un jour sans pain, longuet [fam.] ; dormitif [fam.], endormant, **somnifère,** soporifique. – Mortel ; à périr. – **Monotone,** répétitif **76 ;** lancinant, obsédant.

13 Fatigant, **lassant ;** fam. : assommant, **barbant,** bassinant, mourant, rasant, sciant

[vx], soûlant, tuant ; très fam. : canulant, chiant, suant.

14 **Ennuyeux,** fâcheux, préoccupant ; déplaisant **468,** désagréable, pénible. – Importun, inopportun.

15 Fam. : **embêtant 449,** empoisonnant, enquiquinant ; emmerdant [très fam.]. – Casse-pieds.

16 Blasé, dégoûté, fatigué **376, las** ; mélancolique ; nostalgique **460.** – Inquiet, soucieux **462** ; dépressif, hypocondre [vieilli et rare], hypocondriaque, neurasthénique.

Adv. 17 Ennuyeusement [rare] ; nostalgiquement. – De guerre lasse.

Int. 18 Fam. – La barbe ! – De l'air ! **255.**

## 459 SURPRISE

N. 1 **Surprise ; étonnement ;** abasourdissement, ahurissement, ébahissement, effarement, hébètement, saisissement, stupéfaction, stupeur ; confusion, consternation ; émerveillement, épatement [fam., rare], fascination ; perplexité **511.**

2 Bonne surprise, mauvaise surprise ; bombe [fig.], coup de théâtre, **évènement 192. 1** ; jamais-vu *(du jamais-vu).* – Boîte à surprise ; pochette-surprise.

3 Surprise stratégique [MIL.], surprise tactique [MIL.] ; razzia.

V. 4 **Surprendre ; étonner,** frapper, saisir ; déconcerter, décontenancer, dérouter. – Intriguer, piquer la curiosité de. – Éblouir, émerveiller, fasciner ; épater [fam.].

5 Abasourdir, ahurir, ébahir, éberluer, hébéter, interloquer, méduser, souffler, **stupéfier,** suffoquer ; confondre, consterner ; paralyser **229,** statufier [fig.]. – Fam. : asseoir, ébouriffer, époustoufler, estomaquer, renverser, **sidérer,** tournebouler. – **Couper le souffle** ; fam. : couper la chique ou le sifflet, en boucher un coin ; en mettre plein la vue [fam.] **617.**

6 S'étonner ; s'ébaubir [litt.], s'émerveiller.

7 **Rester cloué sur place,** rester en arrêt (aussi : être, tomber), rester sur le cul [très fam.]. ; en rester ou en être comme deux ronds de flan [fam.], en rester bête ou tout bête ; se trouver bête. – Arrondir les yeux, écarquiller les yeux, ouvrir des yeux ronds **346.** – Perdre ses moyens ; avoir les bras qui en tombent. – Être sous le choc **227.25, ne pas en revenir** ; ne pas en croire ses oreilles ou ses yeux. – Tomber à la renverse [fig.], tomber sur le derrière [fam.] ; tomber de la lune, tomber des nues, tomber de (son) haut.

8 **Sursauter,** tressaillir ; sauter au plafond ou en l'air [fam.].

9 Faire le surpris [vieilli].

10 Surprendre ; **prendre au dépourvu** ou à l'improviste, prendre par surprise. – Faire une surprise à qqn. – Faire l'effet d'une bombe, **faire sensation,** faire un boum [fam.]. – Jaillir de sa boîte comme un diable, jaillir comme un diable.

11 Être pris de court, ne pas s'attendre à.

Adj. 12 **Surpris ; étonné,** frappé ; déconcerté, décontenancé, dérouté. – Abasourdi, ahuri, ébahi, éberlué, hébété, **stupéfait** ; coi [litt.] **366,** interdit, pantois, stupide [vx] ; consterné, effaré. – Fam. : baba, épaté, époustouflé, estomaqué, médusé, scié, **sidéré,** soufflé, suffoqué.

13 **Surprenant ; étonnant,** frappant ; confondant, déconcertant, déroutant ; ahurissant, effarant, époustouflant, renversant, sciant [fam.], **stupéfiant.** – **Imprévu,** inattendu, inopiné.

Adv. 14 **Par surprise ; à l'improviste,** impromptu ; sans crier gare, sans prévenir. – À brûle-pourpoint.

## 460 REGRET

N. 1 **Regret ;** deuil, nostalgie. – Regrets éternels **688.**

2 **Remords,** repentance [litt.], repentir ; attrition [RELIG.], contrition [litt.], syndérèse [vx, THÉOL.] ; componction [RELIG.]. – Confusion, **honte,** humiliation. – Examen de conscience, retour sur soi-même ; aveu, **confession** ; condamnation, critique, reproche ; mortification.

3 Déception **461,** déplaisir **468, peine.**

4 **Pénitent,** repentant *(un repentant).*

V. 5 **Regretter** ; avoir le regret de, être au regret de. – Avoir regret à qqn ou à qqch [vx] ; avoir regret que, **déplorer que.** – Pleurer sur, se lamenter, se plaindre ; porter le deuil de. – Être au désespoir de.

6 **Regretter,** se repentir ; venir à résipiscence [litt.] ; s'en vouloir de ; fam. : se mordre la langue ou les lèvres, se mordre les doigts ou les pouces. – **Avoir mauvaise conscience,** avoir un poids sur la conscience, ne pas avoir la conscience tranquille.

7 Battre sa coulpe, dire son peccavi, faire son mea culpa ; se couvrir la tête de cendres, se frapper la poitrine. – Demander grâce, demander merci [vieilli], demander pardon. – Faire pénitence, se mortifier.

8 **Déplorer**, reprocher 637 ; condamner, critiquer, désapprouver 429.

Adj. 9 **Regrettable** ; déplorable, détestable ; fâcheux, malencontreux, malheureux. – Funeste, **honteux** ; désolant, navrant. – Désagréable, ennuyeux 458.

10 Contrit [litt.], regretteur [rare], **repentant** ; bourrelé de remords. – Confus, désolé, **honteux** ; contrarié, fâché 471, marri [vx], navré. – Inconsolable, nostalgique 458.

11 **Regretté**.

Adv. 12 Regrettablement [litt.] ; **fâcheusement, malheureusement**. – À regret ; à contrecœur 456, de mauvaise grâce, de mauvais gré.

13 Nostalgiquement.

## 461 DÉCEPTION

N. 1 **Déception** ; déconvenue, désappointement. – Décompte [litt.], désenchantement, **désillusion**, mécompte [litt.]. – Douche [fam.], douche froide ; surprise 459, mauvaise surprise.

2 **Déboire**, déconfiture, défaite, **échec** 541, fiasco, revers.

3 Trahison, tromperie 728.

V. 4 **Décevoir**, dépiter, désappointer, frustrer ; désenchanter, **désillusionner**, détromper ; briser l'espoir de, tromper l'attente de. – Doucher [fam.], échauder, **surprendre** 459.

5 Abuser, décevoir, trahir, **tromper** 728 ; fam. : attraper, refaire. – Montrer son vrai visage ; baisser le masque.

6 **Déchanter** ; tomber de haut ; perdre espoir, perdre ses illusions. – **Regretter** 460.

Adj. 7 **Déçu**, dépité, désappointé ; insatisfait 470. – Aigri ; blasé, désenchanté, désillusionné, revenu de tout.

8 **Décevant** ; décepteur [vx], déceptif, frustrant ; surprenant 459. – **Illusoire**, mensonger, trompeur 728.

9 **Déçu**, frustré, trahi, trompé.

## 462 SOUCI

N. 1 **Souci** ; alarme [litt.], anxiété, tracas ; fam. : bile, cassement de tête ; agitation, nervosité 449, tracassin [fam., vx]. – Malaise, tension, tourment. – Appréhension 472, crainte, hésitation 511, **incertitude**, perplexité.

2 Problème ; aria [litt.], bâton dans les roues, **difficulté** 547, ennui 458, obstacle 554, ombre au tableau, tintouin [fam.] ; contrariété, embarras. – **Désagrément**, insatisfaction 470, – Idée fixe, obsession. – Soucis matériels.

3 Cure [vx], soin, **sollicitude**. – Hantise, obsession, préoccupation.

V. 4 **S'inquiéter**, se miner, se morfondre, **se tracasser** ; se faire du souci ou des soucis. – Fam. : **se faire du mauvais sang**, se faire un sang d'encre, se manger ou se ronger les sangs ; se biler, se faire de la bile, se faire de la mousse, se faire des cheveux, se faire des cheveux blancs, se faire du mouron, se frapper ; se mettre martel en tête. – **Être dans l'embarras** ; être rongé de souci.

5 Appréhender, craindre 472. – Envisager le pire. – Fam. : être aux cent coups, être dans les transes.

6 **Se soucier de, s'inquiéter de**, s'en faire pour [fam.]. – Avoir cure de [vx] ; veiller à ; se mettre en peine de ou pour.

7 Alarmer, assombrir, **inquiéter, préoccuper**, soucier [vieilli], tarabuster [fam.], tourmenter, **tracasser**, travailler, troubler ; insécuriser ; donner à penser, tenir en souci [vx] ; mettre en peine. – Compliquer la vie ou l'existence, donner de la tablature [litt.], donner du fil à retordre, mettre des bâtons dans les roues.

8 Contrarier, **ennuyer** 458, importuner ; fam. : chiffonner, embêter.

Adj. 9 **Soucieux ; anxieux**, bileux [fam.], curieux [vx], **inquiet**, obsédé, ombrageux ; alarmiste, défaitiste.

10 Chiffonné [fam.], embarrassé, ennuyé 458, tourmenté, **tracassé** ; angoissé, nerveux 449, tendu. – Impatient 447 ; insatisfait 470. – Hésitant 511, incertain, **indécis**, perplexe.

11 Assombri, chagrin, **sombre** ; mal à l'aise ou mal à son aise. – Pensif, rêveur, songeur.

12 Soucieux ; attentif ; obsédé par, **préoccupé par**.

13 **Inquiétant**, préoccupant, troublant. – Affolant, alarmant ; angoissant, **grave**, menaçant ; sinistre, sombre. – Contrariant, souciant [fam.] ; fâcheux, malencontreux. – Anxiogène [PSYCHIATRIE].

14 Dérangeant, **importun**, incommodant, inopportun, intempestif, tracassier.

Adv. 15 **Soucieusement** [rare] ; anxieusement, inquiètement [rare].

## 463 JOIE

N. 1 **Joie** ; bonne humeur, enjouement, **entrain 444** ; joie de vivre. – Alacrité [litt.], **gaieté**, joyeuserie [litt., rare], joyeuseté [litt.], liesse ; hilarité, jovialité. – Badinage, batifolage, folâtrerie.

2 Allégresse, félicité [litt.] ; **bonheur**, heur [vieilli], heureuseté [rare, vx] ; contentement ; contentement passe richesse [prov.]. – Béatitude, exultation, plaisir 467.

3 Agrément, aise [litt.], **bien-être**, euphorie.

4 Joie [vx], **plaisir**, volupté.

5 RELIG. : béatitude, extase.

6 **Enthousiasme 451**, jubilation. – Désopilation [rare], rigolade [fam.], **rire 465** ; sourire. – Réjouissances ; liesse, triomphe **540** ; fête **687** ; acclamation. – Feu de joie.

7 Exaltation ; euphorie, griserie, ivresse, **ravissement** ; euphorisation. – Plaisir, satisfaction **469**. – Prospérité **548**. – Fausse joie.

8 **Gaieté**, réjouissance ; rayon de soleil [fig.], rayonnement. – Gaillardise [litt.], gaudriole.

9 **Bon vivant**, gai luron, joyeux compère, joyeux drille, joyeux luron, Roger bon temps [fam., vieilli] ; boute-en-train, farceur, **humoriste 465**, plaisantin **728**, rigolo.

V. 10 **Réjouir** ; faire la joie, mettre en joie ; combler de joie, transporter de joie. – Faire le bonheur de, faire plaisir à **467**, faire des heureux. – Charmer, délecter [litt.], **enchanter, ravir** ; enivrer, épanouir, euphoriser ; contenter, satisfaire **469**. – **Amuser**, égayer, émoustiller [fam., vieilli] ; dérider, désattrister [litt.], désennuyer, **distraire** ; désopiler **465**.

11 **Se réjouir** ; avoir joie [vx], être à la joie de son cœur [vx], ne pas ou ne plus se sentir de joie ; **s'en donner à cœur joie** ; être tout à la joie de, se faire une joie de. – Jouir, s'ébaudir [vieilli ou sout.] ; prendre du bon temps **467.10**, s'en donner, se faire du bon sang ; filer des jours heureux. – Prendre la vie du bon côté, voir la vie en rose ; être bien dans sa peau.

12 **Rire 465** ; fam. : rigoler, se tordre de rire ; sourire ; folichonner [vieilli], plaisanter **750**.

13 **Exulter**, jubiler [fam.] ; pavoiser [fam.], triompher **540**. – **Être au septième ciel** ou, vx, troisième ciel, être aux anges, nager dans le bonheur ou dans la joie, n'avoir jamais été à pareille fête ; boire du petit lait.

Adj. 14 **Joyeux** ; allègre, bienheureux, **gai, heureux** ; jovial, radieux, rayonnant, réjoui ; gai comme un pinson, heureux comme un roi (ou, fam. : comme un pape, comme un poisson dans l'eau) ; bien aise, fort aise [litt.] ; arg. : jouasse (ou : joice, joyce). – **Content 469**, enchanté, ravi. – Insouciant **403**, sans souci ; optimiste **442**. – Extatique, ivre de joie.

15 Enjoué, **euphorique**, guilleret ; émoustillé [fam., vieilli] ; badin, batifoleur, folâtre ; en fête. – **Hilare**, rieur, rigolard [fam.] ; souriant. – Facétieux **750**, malicieux.

16 Grisant, paradisiaque. – Radieux, triomphal **616**.

17 **Amusant**, divertissant, réjouissant ; jubilatoire [fam.]. – **Comique**, désopilant, drolatique [fam., vieilli], **drôle 465**, exhilarant, hilarant, humoristique, plaisant.

Adv. 18 **Joyeusement ; gaiement**, heureusement, jovialement ; béatement ; à cœur joie. – Allègrement, gaillardement. – Drôlement **465**, facétieusement, **plaisamment**.

Int. 19 Hip hip hip hourrah ! **Hourrah !** Youpi ! – RELIG. : Alleluia !, Hosannah !

## 464 TRISTESSE

N. 1 **Tristesse** ; abattement, affliction, mélancolie, morosité ; neurasthénie ; désespoir, pessimisme **443**. – Alanguissement, langueur, mal-être, spleen, **vague à l'âme**. – Humeur noire, lypémanie [rare] ; amertume, anxiété **462**, maussaderie, taciturnité.

2 Chagrin, ennui **458**, **malheur**, misère ; désolation, douleur **345**, **peine**, souffrance. – Déception **461**, désappointement ; découragement, démoralisation ; nostalgie, regret **460** ; **deuil 688**, solitude.

3 **Larmes**, pleurs [litt.], sanglots ; cris. – Jérémiade, lamentation, **plainte 747.3**, pleurnicherie [fam.]. – Élégie [LITTÉR.].

4 **Austérité**, gravité **453**, sérieux *(le sérieux de)*, sévérité, tristesse.

5 Banalité, grisaille, tristesse ; fadeur, **monotonie 458**, platitude.

6 Figure de carême, **triste sire**. – Père la joie [vx], **rabat-joie**. – Fam. : bonnet de nuit, éteignoir, pisse-froid, pisse-vinaigre. – Le chevalier de la Triste-Figure (Don Quichotte). – Empêcheur de tourner en rond, **trouble-fête**.

v. 7 **Attrister**, contrister [litt.] ; affliger, chagriner, consterner, désoler, éprouver, navrer, **peiner** ; briser le cœur, fendre le cœur. – Assombrir, **ennuyer 458**. – Abattre, accabler, anéantir, décourager, démonter, **démoraliser**.

8 Languir, peiner, **souffrir 345** ; désespérer. – **Broyer du noir**, voir la vie en noir ; fam. : cafarder, déprimer ; être dans ses idées [vx]. – Être dans un triste état ; être au plus bas ; fam. : être au trente-sixième (ou dans le troisième) dessous, toucher le fond. – Avoir triste allure, faire triste figure, **faire triste mine** ; fam. : faire une figure d'enterrement, faire une figure de croque-mort. – **Avoir le moral à zéro**, ne pas avoir le moral ; avoir la mort dans l'âme, avoir le cœur gros, avoir le cœur lourd, en avoir gros sur le cœur ou, fam., sur la patate ; avoir l'âme en deuil. – Avoir le vin triste [fam.] **708**. – Se faire du souci **462**, se sentir tout chose.

9 **Pleurer** ; chialer [fam.], chigner [vx] ; larmoyer, **pleurnicher** [fam.], sangloter. – Pleurer à chaudes larmes, pleurer comme une madeleine [fam.], pleurer toutes les larmes de son corps ; fondre en larmes ou en pleurs ; avoir les larmes aux yeux. – **Gémir**, se lamenter.

Adj. 10 **Triste** ; triste à pleurer, triste comme la mort, triste comme la pluie ; tristâtre [rare], tristouillet (ou tristouillard, tristouille) [fam.], tristounet [fam.]. – Chagrin, dolent, **malheureux** ; attristé, contristé [litt.] ; affecté, consterné, désolé, navré, **peiné**. – Abattu, défait, prostré ; **désespéré**, inconsolable ; pessimiste **443**. – Aigri, amer, marri [vx], renfrogné, soucieux **462**. – Triste comme un bonnet de nuit, triste comme un éteignoir, triste comme une porte de prison. – Déçu **461**, désabusé ; découragé. – Nostalgique **460**.

11 **En larmes**, éploré, larmoyant, pleurnicheur ; geignard [fam.], grognon, **plaintif**.

12 **Triste** ; noir, ombrageux, rembruni, sombre ; dépressif, mélancolique ; cafardeux [fam.], morose ; alangui, languissant. – Renfermé, **taciturne 366.15**.

13 Austère, grave, **sérieux 453.7**, sévère. – Funèbre, lugubre, maussade, **sinistre**.

14 **Attristant** ; affligeant, consternant, désolant, navrant ; chagrinant, déchirant, **douloureux 345**, poignant ; déprimant, éprouvant. – Décourageant, démoralisant, démoralisateur. – Calamiteux, cruel **586**, **funeste**, grave.

15 **Angoissant**, lugubre, sinistre. – Dramatique, mélodramatique (fam. : mélo), pathétique, **tragique 466**. – Élégiaque [LITTÉR.].

16 **Banal**, ennuyeux **458** ; ennuyeux comme la pluie ; fade, grisâtre, plat, terne. – Maussade, morne.

17 Triste ; lamentable, méprisable, pitoyable. – **Déplorable**, regrettable **460**.

Adv. 18 **Tristement** ; cruellement, douloureusement **345**, péniblement ; misérablement ; lugubrement. – Malheureusement. – Plaintivement ; inconsolablement ; amèrement.

## 465 COMIQUE

N. 1 **Comique** *(le comique)* ; burlesque *(le burlesque)* ; ridicule *(le ridicule)* **645** ; cocasserie, drôlerie. – Comique de caractère, comique de gestes, comique de mots, comique de situation ; comique de répétition.

2 **Humour**, humour noir.

3 Boutade, drôlerie, jeu de mots, **plaisanterie 750** ; divertissement. – Comédie **787**.

4 **Rire**, rire homérique, ris [vx] ; fou rire, hilarité, joie **463**, rigolade [fam.]. – Risette [fam.], **sourire** ; rictus.

5 **Humoriste**. – **Farceur**, plaisantin **750**. – Clown, pitre ; comique *(un comique)*, comique troupier ou tourlourou [anc.]. – Rieur *(les rieurs)* **465**.

v. 6 **Rire** ; rire à gorge déployée, rire à ventre déboutonné ; rire à perdre haleine, rire à se décrocher la mâchoire ; rire aux anges ; **rire aux éclats**, rire aux larmes. – Rire comme une baleine (aussi : comme un bossu, comme un dératé, comme un fou) [fam.] ; **mourir de rire**, se tordre de rire. – « Rire est le propre de l'homme » (Rabelais) ; rira bien qui rira le dernier [loc. prov.]. – S'esclaffer, glousser, pouffer, ricaner.

7 Fam. – **Rigoler** ; **se marrer** ; se bidonner, se boyauter, se gondoler, se poiler, se tordre ; s'éclater. – Se dilater la rate, se fendre la pipe (ou, très fam. : la gueule, la pêche, la poire), se payer une pinte de

bon sang, s'en payer une tranche 467, se taper sur les cuisses, se tenir les côtes.

8 Rire dans sa barbe, **rire sous cape** ; rioter [vx]. – Rire jaune ; rire du bout des dents.

9 **Sourire** ; fam. : faire des risettes, faire risette.

10 **Amuser,** dérider, désopiler, égayer ; faire rire, faire rire la galerie, mettre les rieurs de son côté 454.

Adj. 11 **Comique** ; amusant, plaisant 467 ; bouffe [MUS.], bouffon, cocasse, drolatique [litt.], **drôle,** drôlet [litt.], drôlichon [fam.], farce [vx] ; **désopilant,** hilarant 463, à mourir de rire. – Fam. : bidonnant, crevant, ébouriffant, éclatant, fendant, fendard, gondolant, **marrant,** pliant, roulant, **tordant** ; très fam. : pissant, poilant. – Facétieux, impayable. – Dérisoire, **ridicule,** risible ; grotesque, loufoque.

12 **Comique** 787, héroï-comique, tragicomique. – Moliéresque ; courtelinesque, vaudevillesque.

13 Burlesque, divertissant, **humoristique.**

Adv. 14 **Comiquement,** drôlement [rare] ; drolatiquement, plaisamment 454.17. – **Ridiculement** 645 ; risiblement.

Aff. 15 Comico-.

# 466 TRAGIQUE

N. 1 **Tragique** *(le tragique d'une situation, de qqch) ;* pathétique *(le pathétique).*

2 Litt. : pathétisme, pathos.

3 LITTÉR. – Tragique *(le tragique)* ou genre tragique (opposé à le comique). – Drame, mélodrame ou, fam., mélo, tragédie 787, tragi-comédie ; tragédie lyrique. – Drame bourgeois, drame romantique.

4 **Drame** *(un drame),* **tragédie** *(une tragédie).* – Calamité, cataclysme, catastrophe, désastre, sinistre. – **Accident,** naufrage ; avarie, dommage, perte, ravage(s). – Infortune, **malheur** ; épreuve, revers, vicissitude ; coup du sort, injure(s) du sort.

5 Adversité 549, fatalité ; malédiction, mauvais œil, mauvais sort. – **Malchance ;** cerise [vieilli], guigne, guignon ; manque de chance ou, fam., de pot ; fam. : déveine, poisse ; scoumoune ou schkoumoune [arg.].

6 Affliction 464, désolation, **détresse,** misère. – Épouvante, **peur** 472, terreur.

7 Tragédien ; tragique *(un tragique ; les tragiques grecs).*

V. 8 **Tourner au tragique** ; tourner à la tragédie, tourner au drame.

9 Atteindre, **frapper,** frapper de plein fouet, tomber sur, toucher. – **Affliger,** éprouver ; **abattre,** déconfire, **dévaster,** ensanglanter, **ruiner.** – Bouleverser, désemparer, désespérer. – Nuire à ; porter malheur (à).

10 Dramatiser, prendre au tragique.

Adj. 11 **Tragique** ; **catastrophique,** désastreux, **dramatique** ; ruineux. – Fatal, fatidique, funeste ; maléfique, néfaste, pernicieux. – Impitoyable, implacable, inexorable. – Irrémédiable, irréparable.

12 Dangereux, **grave** 453, sérieux ; critique.

13 Affreux, atroce, épouvantable, **terrible.** – Déplorable, lamentable. – **Affolant,** alarmant, angoissant 472, **inquiétant, terrifiant.** – Accablant, décourageant, désespérant. – Cruel, déchirant, pathétique ; bouleversant.

14 LITTÉR. : **tragique** 787 ; tragi-comique. – Dramatique, mélodramatique ou, fam., mélo *(une histoire mélo, un film mélo).*

15 **Malheureux** 464, misérable. – Affligé, désolé. – Affolé, angoissé, apeuré 472, éperdu, épouvanté, **terrifié,** terrorisé.

Adv. 16 **Tragiquement** ; dramatiquement, épouvantablement, pathétiquement. – **Malheureusement.**

# 467 PLAISIR

N. 1 **Plaisir** ; délectation, délice, enivrement, pied *(le pied)* [très fam.], plaisance [vx]. – Contentement, **satisfaction** 469. – Bonheur, euphorie, félicité, gaieté, **joie** 463, jubilation, liesse [litt.] ; enchantement, extase. – Aise, bien-être, confort.

2 PHILOS. : épicurisme 478, eudémonisme, hédonisme. – PSYCHAN. : principe de nirvana, principe de plaisir ; expérience de satisfaction.

3 **Plaisir** *(le plaisir) ;* jouissance, orgasme 341, volupté. – Débauche, dévergondage, libertinage, luxure 341. – Concupiscence [litt.], lubricité, sybaritisme [litt.] ; égrillardise [rare], paillardise [fam., vx]. – Érotisme, lascivité ou lasciveté [litt.], **sensualité.**

4 Bon plaisir, bon vouloir ; **arbitraire,** caprice 584.1, fantaisie. – Car tel est notre plaisir ou notre bon plaisir [anc. ; formule traditionnelle jadis dans les actes royaux] ; si tel est votre plaisir ou votre bon plaisir.

5 Bonheur *(un bonheur)*, **plaisir** *(un plaisir)*, plaisir des dieux ; menus plaisirs [vx]. – **Amusement**, badinage, batifolage, ébattement, ébats ; délassement, distraction, divertissement ; jeu 872, passe-temps, récréation, ris [litt.]. – **Délices**, jouissances, plaisirs, réjouissances ; régal. – Bombe [fam.], **fête** 687.1, orgie, ribouldingue [fam.] ; partie de plaisir, partie fine. – Tourbillon des plaisirs.

6 Plaisant *(le plaisant de la chose)*. – Agréabilité [rare], **agrément**, raffinement.

7 Débauché *(un débauché)*, **libertin**, homme de plaisir ; jouisseur, noceur, sybarite [litt.], viveur ; coureur, tombeur [fam.]. – Fam. : bon vivant, boute-en-train 463, joyeux drille, joyeux luron. – Amateur 868, dilettante.

v. 8 **Prendre plaisir à**, se faire un plaisir de, se plaire à ; **aimer**, avoir pour agréable [vx] ; trouver bon. – Avoir ou prendre un malin plaisir à ; **se complaire** à ou dans.

9 **Jouer** 872 ; **s'amuser**, s'ébattre, s'ébaudir ou s'esbaudir [litt.], s'égayer ; se désennuyer, **se distraire**, se divertir, se récréer ; prendre du bon temps, prendre ses ébats ; ne pas s'en faire, se faire du bon sang. – **Rire** 465, sourire ; jubiler, se réjouir. – Rougir de plaisir. – Badiner, batifoler, folâtrer. – S'enivrer, s'étourdir ; s'éclater [très fam.]. – **Jouir** ; mourir de plaisir ; vulg. : prendre son pied, s'envoyer en l'air.

10 Bien vivre, **faire la fête** 687, faire la vie ; festoyer ; très fam. : faire la bringue (aussi : la bamboche, la bamboula, la fiesta, la foire, la noce, la nouba) ; mener joyeuse vie, mener une vie de bâton de chaise ; **s'en donner à cœur joie** ; fam. : s'en donner à gogo, s'en payer une tranche 465. – Faire bombance [fam.], faire carousse [vx ou litt.], faire chère lie [vx].

11 **Plaire** ; faire la joie de, faire plaisir à. – Complaire, contenter, **satisfaire** 469. – Dérider, désopiler 465.

12 **Plaire** ; charmer, **séduire** ; attirer, fasciner ; émouvoir, troubler.

13 **Enchanter**, enivrer, enthousiasmer, exalter, ravir ; faire chaud au cœur.

Adj. 14 **Plaisant** ; attachant, attirant, attractif, attrayant, séduisant.

15 **Agréable, bon**, délectable, délicieux, exquis. – **Beau** 436 ; **sublime**. – Satisfaisant 469.

16 **Amusant**, divertissant ; drôle 465, facétieux, spirituel. – De plaisance *(navigation de plaisance, maison de plaisance)*.

17 Content, gai, heureux ; heureux comme un poisson dans l'eau [fam.] ; **joyeux** 463, radieux, sémillant [litt.], souriant ; à l'aise. – Enchanté, extatique, **ravi**, transporté ; au septième ciel.

18 Jouisseur, **libertin**, luxurieux 341, sensuel, voluptueux ; concupiscent [litt.], dévergondé, libidineux ; égrillard, paillard [fam., vx]. – Érotique, lascif [litt.], **sensuel**.

19 PHILOS. : cyrénaïque, **épicurien**, eudémoniste, hédoniste.

Adv. 20 **Plaisamment** ; **agréablement**, délicieusement.

21 **Par plaisir**, pour le plaisir. – À plaisir.

22 **Avec plaisir**, de bon cœur, de bonne grâce ; bien volontiers, **volontiers**.

23 **Plaisamment** ; gaillardement [vx]. – Gaiement, heureusement, **joyeusement** 463.

## 468 DÉPLAISIR

N. 1 Déplaisir [litt.] ; amertume, déplaisance [vx], **mécontentement** ; insatisfaction 470. – **Dépit**, désenchantement, désillusion 461. – Gêne.

2 Colère 471, irritation ; acrimonie, hargne, mauvaise humeur ; fam. : humeur de chien, humeur massacrante. – Agacement, froissement.

3 Chagrin, déplaisir [vx], désespoir, malheur, **tristesse** 464 ; crève-cœur [litt.], **douleur** 345, **peine, souffrance**. – **Blessure**, humiliation. – Principe de déplaisir [PSYCHAN.].

4 **Plainte** 747 ; bougonnement, murmure ; grincement de dents, grogne, râlage [fam.], rouspétance [fam.] ; giries [fam., vx].

5 **Ennui** 458, problème, souci 462. – Contrariété, déboire, **désagrément**, importunité, malheur ; fam. : mauvais moment, sale quart d'heure. – Laideur 854.

6 Grognon *(un grognon)*, **râleur** [fam.], râleux [vx], rouspéteur [fam.].

V. 7 **Déplaire** ; dégoûter, rebuter, répugner ; choquer, scandaliser ; blesser, désobliger, froisser, humilier, offenser, offusquer, **vexer**. – Être la bête noire ; n'être pas en odeur de sainteté.

8 **Déplaire, ennuyer** 458 ; contrarier, désenchanter, désillusionner, mécontenter ; porter ombrage. – **Déranger**, indisposer, importuner ; gêner, troubler. – Attrister 464, chagriner, **peiner**. – Exaspérer, **fâcher**, irriter ; rebrousser le poil.

9 Être de mauvaise humeur ; être de mauvais poil [fam.], se lever du pied gauche. – L'avoir ou la trouver mauvaise [fam.] **470**, enrager, rager **471**.

10 **Bouder, se renfrogner ; faire la tête** (ou, très fam. : la gueule, la tronche), faire la grimace, faire la moue, faire le nez (ou : un long nez, un drôle de nez) ; froncer les sourcils, pincer les lèvres ; rechigner, renâcler ; sourciller.

11 **Se plaindre ;** geindre, gémir, pleurnicher ; bougonner, grogner, grommeler, maugréer, murmurer, pester, **râler ;** fam. : maronner, renauder [vieilli], ronchonner, rouscailler, rouspéter. – Crier **747** ; élever la voix, pousser des hauts cris.

Adj. 12 **Déplaisant ;** agaçant, contrariant, enrageant, rageant [fam.]. – **Désagréable,** ennuyant [vx], ennuyeux **458**, fâcheux ; difficile **547**, **pénible.** – Déplorable, pitoyable, regrettable, **triste.** – **Choquant,** gênant, provoquant, scandaleux. – Blessant, désobligeant, offusquant, **vexant.**

13 Dégoûtant **381**, incommodant, rebutant, repoussant, **répugnant.** – Fastidieux ; insupportable, intolérable.

14 **Antipathique,** indésirable, malvenu, mésavenant [litt.]. – Arrogant, impoli **593**, insolent.

15 Dépité, insatisfait **470**, **mécontent,** mi-figue, mi-raisin ; chagrin, chagriné, peiné, **triste 464.** – Acariâtre, bougon, geignard, grincheux, hargneux, **plaintif,** pleurnichard ; fam. : râleur, ronchon ; de mauvaise humeur, de mauvais poil [fam.].

Adv. 16 Déplaisamment [rare], **désagréablement,** fâcheusement, tristement. – À regret **460** ; du bout des lèvres.

Prép. 17 Au grand dam de.

## 469 SATISFACTION

N. 1 **Satisfaction ;** contentement, soulagement. – Béatitude, **bonheur,** euphorie, **joie 463**, jouissance, **plaisir 467** ; aise [litt.], bien-être, confort. – Satiété **82**, saturation [fig.].

2 Apaisement, assouvissement, **contentement,** étanchement ; défoulement. – Compensation, **consolation ;** gratification [de l'angl.]. – Exaucement.

3 Autosatisfaction ; estime de soi, **fierté ;** suffisance, **vanité 613.**

4 Satisfaction [litt.] ; **réparation.** – Satisfaction ou satisfaction sacramentelle ; pénitence.

5 Satisfecit [litt., vx], témoignage de satisfaction [MIL.]. – Congratulations, **félicitations 636.**

6 Acceptabilité, admissibilité, satisfiabilité [LOG.].

v. 7 **Satisfaire ;** combler, contenter, gratifier [de l'angl.]. – Couronner les vœux de, dépasser l'espérance de. – Faire plaisir à, faire la joie ou le bonheur de ; dilater le cœur.

8 Accorder ou donner satisfaction à, **satisfaire ;** arranger, contenter. – Faire droit à ; faire face à, répondre à **420.** – Réparer, satisfaire [litt.].

9 **Exaucer,** satisfaire ; passer une envie à, répondre au désir de. – **Assouvir ;** désaltérer, étancher, rassasier, soûler. – Se soulager ; se défouler [fam.].

10 Agréer, **convenir, plaire 467,** suffire **82.** – Aller à *(ça me [te, lui, etc.] va),* aller ou être au gré de [litt.] ; faire l'affaire.

11 **Accomplir,** s'acquitter de ; fournir, pourvoir.

12 Avoir ou obtenir satisfaction, obtenir gain de cause. – **Avoir assez de,** avoir son content, en avoir pour son argent [fam.] ; avoir le bonheur de (+ inf.), jouir de ; être bien aise de ou que, se trouver bien de ; boire du petit lait. – **Se féliciter de,** se louer de (aussi : n'avoir qu'à se louer de), se réjouir de. – Se frotter les mains ; avoir le sourire ; témoigner sa satisfaction ou de sa satisfaction.

13 S'accommoder de, **se contenter de, se satisfaire de.**

Adj. 14 **Satisfaisant ;** gratifiant. – Acceptable, **convenable,** honorable, passable, suffisant ; satisfiable [LOG.]. – Satisfactoire [RELIG.].

15 **Satisfait,** comblé, **content ;** litt. : bien aise, fort aise. – Béat, **heureux, joyeux 463,** jubilant, radieux, ravi, réjoui. – Assouvi, exaucé.

Adv. 16 À satiété ; **assez.** – Suffisamment **82.**

Prép. 17 Au gré de, à la convenance de.

## 470 INSATISFACTION

N. 1 **Insatisfaction ; déception 461,** désappointement, **frustration ;** désabusement, désenchantement, désillusion ; dépit ; dépit amoureux ; bovarysme [litt.]. – État de manque ; sentiment d'incomplétude [litt.]. – Déplaisir **468**, ennui **458, mécontentement ;** chagrin ; amertume, ressentiment. – Colère 471 ; grogne [fam.], mauvaise humeur ; des pleurs et des grincements de dents [allus. bibl.] ; «... la hargne... la grogne et... la rogne » (Charles de Gaulle). – Agitation, impatience 447.

2 Contrariété ; déboire, **déconvenue.**

3 Inassouvissement, insatisfaction.

4 Insatisfait *(un insatisfait),* mécontent *(un mécontent).*

V. 5 **Décevoir 461,** échauder [fig.] ; surprendre 459, trahir, tromper 728 ; désabuser, désenchanter, désillusionner ; **frustrer ;** tuer un espoir. – Attrister, chagriner, défriser [fig., fam.], **mécontenter ; déplaire à 468,** ennuyer 458, **fâcher.**

6 Déchanter, se dépiter ; l'avoir ou la trouver mauvaise [fam.] ; **rester sur sa faim.** – Bisquer [fam.]. – Bouder 468, bougonner, grogner [fam.], pester, rager, râler, **se plaindre. – Se fâcher,** s'impatienter 447. – Se renfrogner ; faire grise mine, faire mauvais visage ; faire le nez [fam.], faire la gueule [très fam.].

Adj. 7 **Insatisfait ;** dépiteux [vx]. – Acariâtre, aigri, amer [fig.], chagrin, maussade, **mécontent 468 ;** ennuyé 458 ; impatient 447 ; grincheux, grognon [fam.]. – De mauvaise humeur ; fam. : de mauvais poil, mal luné.

8 **Insatisfait ;** inapaisé, inassouvi. – **Déçu** 461, dépité, désabusé, désappointé, désillusionné, échaudé, **frustré.**

9 Insatisfaisant [litt.], **insuffisant ;** faible, incorrect, mauvais, médiocre ; à revoir. – Inadéquat. – Inacceptable, **inadmissible,** insupportable, intolérable. – **Décevant,** trompeur 728 ; vx : décepteur, déceptif.

Adv. 10 **Insuffisamment.** – Impatiemment 447.

Int. 11 Remboursez !

# 471 COLÈRE

N. 1 **Colère,** courroux [litt.], emportement, ire [vx] ; déchaînement, **fureur** ou, litt., fureurs, furie, **rage** ; révolte. – Agacement, énervement 449, excitation ; exaspération, hérissement [litt.], **irritation,** rogne [fam.].

2 Colère blanche, colère froide ; colère rentrée ; colère bleue, **colère noire ;** colère jaune. – La colère d'Achille [MYTH., Homère]. – **Accès,** bouffée, crise, éruption, quinte [vx] ; transports.

3 Irascibilité [litt.], irritabilité, **susceptibilité.** – Bile [vx].

4 THÉOL. – Colère de Dieu ; dies irae (lat., « jour de colère ») ; enfants de colère.

5 Fig. – Colère, fureur ; bourrasque, **orage** 274, tempête 275 ; foudres.

V. 6 Se mettre ou, très fam., se foutre en colère, prendre une colère ; fam. : se mettre en rogne (ou : en boule, en pétard), piquer une colère ou une crise ; faire des colères [fam.]. – **Se fâcher,** se fâcher tout rouge ; se déchaîner, s'emporter, s'impatienter 470, **s'irriter ;** se froisser, se vexer. – Colérer ou se colérer [vx] ; endiabler [litt.], **enrager 468,** rager ; éclater, exploser [fam.].

7 **Ne pas décolérer,** ne pas dérager ; donner libre cours à sa colère ; décharger ou déverser sa bile. – Ne plus se connaître, ne plus se posséder. – Avoir le sang qui monte à la tête, **voir rouge** [fam.] ; monter sur ses ergots, monter sur ses grands chevaux ; **sortir de ses gonds.** – Prendre la mouche, prendre le mors aux dents ; monter ou grimper à l'arbre (ou : au cocotier, à l'échelle, au mur) [fam.]. – Je l'aurais (il l'aurait, etc.) bouffé [très fam.]. – Qui se fâche a tort [prov.].

8 **Bouillir,** bouillonner, écumer, fumer [fam.] ; jeter feu et flamme, lancer des éclairs ; grincer des dents, montrer les dents. – **Fulminer** [litt.], pester, tempêter [litt.] ; pousser une gueulante [très fam.].

9 Avoir la tête chaude, avoir la tête près du bonnet.

10 **Fâcher ;** courroucer [litt.], déchaîner, révolter, ulcérer ; mettre hors de soi, **pousser à bout ;** piquer au vif ; faire bondir, faire endêver [région.], faire mousser [fam.] ; faire monter la moutarde au nez. – Agacer, énerver 449, exaspérer, exciter, indigner, **irriter ;** échauffer la bile, échauffer les oreilles [fam.], porter ou taper sur les nerfs.

Adj. 11 **Coléreux,** colérique ; colère [litt. ou vx], emporté, tempétueux, vif, violent 580 ; **agressif,** querelleur ; acerbe, hargneux. – Vieilli : atrabilaire, bilieux, quinteux ; sanguin ; soupe au lait [fam.]. – Chatouilleux, excitable, irascible, **irritable,** susceptible.

12 **En colère,** en pétard [fam.] ; blanc de colère, rouge de colère. – Courroucé [litt.], énervé 449, excité, fâché, fumasse [très fam.], **irrité ;** indigné, outré ; déchaîné, enragé, fou furieux, furax [fam.], furibard [fam.], furibond, **furieux,** rageur ; fulminant [litt.].

13 Énervant 449, enrageant, exaspérant, fâcheux, **irritant,** rageant, révoltant.

Adv. 14 Coléreusement [rare], **furieusement**, rageusement.

15 *Furioso* [ital., MUS.].

## 472 PEUR

N. 1 **Peur** ; alarme, frayeur ; fam. : frousse, **trouille** ; très fam. : jetons, pétoche, suée ; venette [vx]. – Affolement, effarouchement. – Effroi, **épouvante**, horreur, terreur ; peur bleue. – **Panique**, peur panique.

2 **Angoisse,** anxiété, appréhension, **crainte,** inquiétude, trac [fam.] ; affres, hantise, transes ; transissement [rare]. – Crainte servile [vx], défiance 607. – Peur du gendarme ; la peur du gendarme est le commencement de la sagesse [prov.]. – Crainte de Dieu [RELIG.].

3 PSYCHAN. : hystérie d'angoisse ; angoisse automatique, angoisse somatique. – Raptus anxieux [PSYCHIATRIE].

4 **Phobie.** – Acrophobie, claustrophobie, écophobie, topophobie. – Basophobie, bathophobie. – Agoraphobie, androphobie, gynécophobie, prêtrophobie, sociophobie, xénophobie. – Cynophobie, zoophobie. – Algophobie, cancérophobie, éreuthophobie ou érythrophobie, nécrophobie ou thanatophobie, nosophobie, syphilophobie, taphophobie. – Kaïnophobie ou néophobie. – Pantophobie ; phobophobie. – Aérophobie, anémophobie, bélonéphobie, dipsophobie, sitiophobie, hématophobie ou hémophobie, hydrophobie, lyophobie, thermophobie, toxicophobie.

5 Couardise, frilosité, **lâcheté 509,** pleutrerie, poltronnerie, pusillanimité [litt.]. – Alarmisme, défaitisme, pessimisme 443.

6 Crainte, nervosité 449, **timidité.**

7 **Peureux** *(un peureux),* trembleur [litt.] ; fam. : froussard, paniquard, péteux, pétochard, trouillard ; capon [vx]. – **Lâche** *(un lâche)* **509,** pleutre, poltron ; fam. : dégonflard, dégonflé *(un dégonflé),* poule mouillée. – Sauvageon.

8 Croquemitaine, fantôme, loup-garou, ogre, père fouettard ; épouvantail.

9 Terrorisme 580. – Terroriste *(un terroriste).*

V. 10 **Apeurer** ; affoler, alarmer, effaroucher, **effrayer,** épeurer [litt.], paniquer [fam.] ; bouleverser, tournebouler. – **Épouvanter,** terrifier, terroriser ; paralyser, pétrifier ; clouer sur place. – Intimider. – Effarer, interdire, sidérer, stupéfier 459.

11 **Faire peur** ; faire frayeur [vx], frapper de crainte. – Donner le frisson, faire froid dans le dos, glacer le sang ; ficher ou foutre les jetons [fam.]. – **Menacer** ; faire chanter ; racketter. – Tenir en respect.

12 **Angoisser, inquiéter,** oppresser, transir.

13 **Avoir peur** ; avoir grand-peur [litt.], prendre peur ou, vx, prendre crainte ; s'alarmer, **s'effrayer,** s'inquiéter 462, **paniquer** ou, fam., se paniquer ; fam. : angoisser, baliser, fouetter. – Appréhender, **craindre,** redouter. – Frissonner, trembler ; blêmir 353, pâlir, verdir. – Sauter, sursauter, tressaillir 459.

14 **Mourir de peur** ; être plus mort que vif ; fam. : avoir les chocottes, **avoir les jetons,** avoir la pétoche ou les pétoches, avoir le trouillomètre à zéro ; arg. : avoir les copeaux, avoir les foies ou les foies blancs, avoir les grelots, les avoir à zéro.

15 Claquer des dents, **trembler comme une feuille** ; avoir la tremblote [fam.]. – Fam. : **avoir des sueurs froides,** suer à grosses gouttes, suer d'angoisse ; ne plus avoir un poil de sec [fam.]. – **Avoir la chair de poule,** avoir les cheveux qui se dressent sur la tête, être glacé d'horreur ; avoir la gorge sèche.

16 **Avoir la peur au ventre,** avoir l'estomac noué. – Très fam. : avoir la chiasse, avoir la colique, faire dans son froc ou dans sa culotte, serrer les fesses.

17 Avoir peur de son ombre. – Mollir, **reculer** ; fam. : caler, caner ou canner [très fam.], se dégonfler 509.

18 Avoir plus de peur que de mal, en être quitte pour la peur.

Adj. 19 **Peureux** ; appréhensif, **craintif,** défiant 607, timoré ; fam. : foireux, froussard, trouillard ; **farouche,** sauvage ; rougissant, **timide.** – Capon [vx], couard, frileux [fig.], lâche 509, pleutre, poltron ; pusillanime [sout.]. – Alarmiste, défaitiste, pessimiste 443.

20 Anxieux, **angoissé, inquiet,** intimidé, ombrageux, oppressé. – Mal à l'aise, nerveux 449, **timide** ; dans ses (mes, tes, etc.) petits souliers [fam.]. – Affolé, **apeuré, effrayé,** épeuré [litt.]. – Horrifié, paniqué, **terrorisé** ; mort de peur (ou, fam. : de trouille, etc.), transi ; tremblant ; livide, pâle ; blanc comme un linge (ou : comme un mort, comme la mort).

21 **Phobique.** – Claustrophobe. – Androphobe, prêtrophobe, agoraphobe, sociophobique ; xénophobe. – Éreuthophobe

ou érythrophobe, nécrophobique, nosophobe, nosophobique, sexophobe, syphilophobe. – Hydrophobe, hydrophobique, hygrophobe, lyophobe ; iconophobe, photophobique. – Néophobe.

22 Alarmant, **effrayant**, horrifiant, horrifique [litt., vx], terrifiant ; apocalyptique, horrible, **terrible**, tragique **466** ; effroyable, **épouvantable**, redoutable. – Angoissant, angoisseux [vx], **inquiétant** ; anxiogène [PSYCHIATRIE]. – Intimidant.

Adv. 23 **Peureusement** ; anxieusement, craintivement, timidement ; **lâchement 509**, poltronnement. – Sur la défensive, sur ses gardes.

Prép. 24 **De peur de**, peur de [sout.] ; dans la crainte de, de crainte de.

Conj. 25 **De peur que** ; de crainte que, par crainte que.

Aff. 26 **-phobie** ; **-phobe**, -phobique.

## 473 SOULAGEMENT

N. 1 **Soulagement** ; apaisement, calme **448**, détente, réconfort, soulas [vx] ; euphorie. – Délivrance, **libération 724** ; catharsis [didact.], purgation. – Répit.

2 **Consolation**, rassérénement [rare], soulagement. – **Aide 563**, assistance, secours, soutien ; adoucissement, allégeance [litt. ou vx], **allègement 240**, atténuation. – Décharge [litt.] ; pardon **638**. – Aumône, charité. – Bons offices, **service** ; coup de main [fam.].

3 Antidote, palliatif, **remède 394** ; baume. – Dédommagement ; fiche de consolation [vx], lot de consolation.

V. 4 **Soulager** ; apaiser, **calmer 448**, détendre, rasséréner [litt.] ; rassurer, tranquilliser. – **Consoler** ; sécher les larmes, soulager le coeur. – Réconforter, redonner confiance, remonter [fam.] ; mettre du baume au coeur. – **Guérir 384**, panser [fig., litt.], remédier à, verser de l'huile sur les plaies, verser du baume ; faire du bien.

5 **Adoucir 448**, assoupir, calmer, endormir, modérer. – Atténuer, diminuer.

6 **Aider 563**, assister, soutenir ; donner un coup de main [fam.], prêter main forte, prêter secours, rendre service.

7 **Alléger 240**, soulager. – Débarrasser, décharger, **délivrer**, libérer de **724**.

8 Pousser un soupir de soulagement ; respirer [fam.].

9 Se soulager, soulager son cœur ; épancher son cœur **606**.

Adj. 10 **Soulagé** ; consolé, rassuré, réconforté, tranquillisé. – Consolable.

11 **Consolant**, consolateur, consolatif [litt., rare], consolatoire [litt.]. – **Rassurant**, tranquillisant. – Apaisant, calmant **448**, lénifiant, lénitif [litt.]. – Réconfortant, revigorant **384**.

Int. 12 **Ouf !**

## 474 ESPOIR

N. 1 **Espoir** ; espérance, perspective ; aspiration, attente **457**, **désir 523**, rêve. – Prov. et loc. prov. : l'espoir fait vivre [souv. par plais.] ; araignée du matin, chagrin, araignée du soir, espoir.

2 **Confiance 606**, foi **479**. – Assurance, certitude **430**, conviction ; optimisme **442**.

3 Espoir *(un espoir)* ; rayon d'espoir. – Messie ; Terre promise.

4 Faux espoir ; chimère, **illusion**, rêve **404**, utopie ; leurre.

V. 5 **Espérer** ; garder espoir. – Aspirer à, désirer **523**, rêver de, souhaiter. – **Attendre 457** ; compter sur, escompter, tabler sur ; pressentir, prévoir, supputer ; s'attendre à.

6 Croiser les doigts, toucher du bois.

7 **Espérer** ; avoir espoir, avoir bon espoir ; nourrir de folles espérances. – Fonder ses espoirs sur. – Avoir confiance **606**, **croire**, croire dur comme fer ; aimer à croire, oser croire [litt.] ; accepter l'augure de. – **Penser**, se persuader que, s'imaginer que.

8 Se bercer de, se flatter de ; se promettre. – **Se faire des illusions**, se repaître de chimères ; courir après son ombre.

9 Faire l'espoir de qqch [vx]. – Promettre *(ça promet !)* [souv. iron.].

Adj. 10 **Confiant**, optimiste **442**. – Certain **430**, sûr ; sûr de soi.

11 Prometteur. – Espérable [rare].

## 475 DÉSESPOIR

N. 1 **Désespoir** ; déconfort [vx ou litt.], découragement, désespérance [litt.] ; pessimisme **443**. – Abattement, accablement, dépression, déprime [fam.] ; **détresse** ; angoisse **472** ; déréliction [RELIG.]. – « Ô rage ! ô désespoir ! » (Corneille). – Énergie du désespoir.

2 Affliction 464, désarroi, **désolation**, tourment.

3 Contrariété ; **consternation.** – Déception 461, désenchantement, désillusion.

4 Désespéré *(un désespéré).* – Desperado [esp.].

v. 5 **Désespérer,** faire le désespoir de ; abattre, **accabler,** affliger, consterner. – Déconforter [litt. ou vx], décourager, démonter, démoraliser, démotiver.

6 Attrister **464, désoler,** navrer, peiner ; abattre, accabler, catastropher [fam.], consterner. – Contrarier, **décevoir** 461, désenchanter, désillusionner.

7 **Désespérer,** être au désespoir ; se désespérer, se tourmenter, s'affliger ; toucher le fond. – S'arracher les cheveux ; se tordre les mains ou les bras.

8 Perdre courage, **perdre espoir** ; déprimer. – Capituler, flancher ; se laisser aller. – Se suicider 311.

Adj. 9 **Désespérant** ; décourageant, démoralisant. – Consternant 464, **désolant,** navrant.

10 **Désespéré** ; déconforté [vx], découragé, démoralisé ; déçu 461. – Abattu, **accablé,** affligé, atterré, consterné 464.

11 **Désespéré** *(un état désespéré) ;* incurable, irrémédiable, irréparable, irréversible ; irrévocable. – Extrême, ultime.

Adv. 12 Désespérément [litt.] ; désespéramment [rare].

13 En désespoir de cause.

Int. 14 Malheur ! Misère !

# 476 RELIGION

N. 1 **Religion.** – Religion dogmatique, **religion révélée** ; religion messianique ; religions du Livre. – Religion ésotérique, religion initiatique, religion à mystères, religion occulte. – Religion naturelle ou loi naturelle, religion positive.

2 Conviction, croyance, **foi** 479, religion. – Pensée.

3 **Confession** ; culte 491, **église,** religion ; école. – **Secte.**

4 Dogme, vérité de foi ; mystère. – Article de foi ; confession de foi. – Credo.

5 Schisme ; hérésie.

6 Théisme ; dualisme ou manichéisme, **monothéisme, polythéisme,** panthéisme. – Animisme, fétichisme, magisme

[vx] **484,** totémisme ; chamanisme ou shamanisme. – Astrolâtrie, idolâtrie.

7 Agnosticisme ; **athéisme** 480. – Paganisme.

8 Judaïsme **486,** christianisme **487** ; mormonisme ; islam **488.** – Bouddhisme **489,** hindouisme **490,** jaïnisme, mazdéisme, parsisme, sikhisme, tantrisme ; védisme. – Confucianisme. – Taoïsme. – Shintô, shintoïsme. – Zoroastrisme. – Druidisme.

9 Orphisme [ANTIQ. GR.]. – Mithriacisme ou mithraïsme [ANTIQ. PERSE].

Adj. 10 **Religieux.** – Confessionnel (opposé à laïque).

11 Théiste ; dualiste, manichéiste ; monothéiste, panthéiste, polythéiste. – Animiste, fétichiste.

12 Déiste. – Athée ; agnostique. – Païen.

# 477 THÉOLOGIE

N. 1 **Théologie.** – Théologie apophatique ou négative, dogmatique (ou : théologie sacrée, théologie révélée), théologie morale, théologie naturelle ou théodicée, théologie de la parole, théologie spéculative ou théologie scolastique, théologie positive, théologie physique. – Théologie de la mort de Dieu. – Théologie de la libération. – Théomythologie.

2 Dogmatique, théologie canonique. – Théologie conciliaire, patristique ; théologie scripturaire. – Apologétique ; casuistique, catéchétique, christologie, ecclésiologie, mariologie, pastorale, patrologie, sotériologie. – Symbolique.

3 Mystique ; philocalie.

4 État théologique (A. Comte) [PHILOS.].

5 Dépôt de la Foi ou de la Révélation ; **Révélation** *(révélation primitive, révélation mosaïque, révélation chrétienne) ;* les trois Révélations. – Définition, dogme, vérité de foi ; foi.

6 Catéchisme, **credo** 547, profession de foi ; **confession.** – Canon ; droit canon.

7 Définition ; dogmatisation.

8 **Théologien** ; docteur, Père de l'Église. – Apologiste, casuiste, scolastique. – Canoniste ; liturgiste. – Controversiste ; dogmatiste, dogmatiseur [vx]. – Théologal.

9 Somme théologique, dogmatique ; **symbole** *(symbole des Apôtres, symbole de Nicée, symbole de Saint-Athanase).* – Canon des

Écritures ; livres carolins [HIST.]. – Lettre pastorale ou mandement. – Controverse.

10 Canonicité. – **Orthodoxie, hétérodoxie.** – Hérésie.

11 Théologie catholique. – Notes de l'Église. – Apostolicité, catholicité, unité, sainteté.

12 **Mystères ;** émanation, Incarnation, Rédemption, Résurrection, résurrection générale ou résurrection de la chair, Trinité ; mystère de l'eucharistie ; mystère pascal. – Saints mystères, mystères sacrés ; culte **491,** liturgie, messe **496.**

13 Transsubstantiation ; consubstantiation ou impanation (Luther) ; présence réelle mais spirituelle (Calvin). – Coexistence, consubstantialité.

14 **Vertu 699.** – Vertu théologale ; foi, espérance, charité.

15 Faute, **péché 697,** péché actuel, péché capital, péché habituel, péché véniel. – Péché capital ; orgueil, avarice, luxure, envie, gourmandise, colère **471,** paresse **445.** – Chute, péché originel. – Damnation, enfer **506.**

16 **Rédemption,** rémission des péchés. – Justification par la foi seule, salut par la foi. – Grâce irrésistible. – Prédestination ; serf arbitre (Luther).

17 Opération du Saint-Esprit. – **Grâce ;** grâce actuelle, grâce congrue, grâce d'état, grâce efficiente, grâce habituelle ou sanctifiante, grâce suffisante ; grâce inamissible, grâce nécessitante ; état de grâce. – Effusion, illumination, inspiration ; charisme ; don des langues ou glossolalie, miracle, prophétie, vision. – **Dons du Saint-Esprit ;** sagesse, intelligence, science, conseil, force, piété, crainte de Dieu.

18 Sacramentalité. – **Sacrement 491,** sacramental *(un sacramental) ;* caractère, signe sensible.

19 Gloire de Dieu.

20 **Exégèse,** herméneutique. – Anagogie, figurisme, gématrie ; origénisme ; fondamentalisme.

21 Controverse, disputation [vx]. – Libre examen. – Islam : idjam (consensus), qiyas (raisonnement par analogie).

22 **Preuves de l'existence de Dieu ;** preuve a priori, preuve a posteriori, preuve ontologique ; preuve par la cause efficiente, preuve par la contingence du monde, preuve cosmologique, preuve par le mouvement ; preuve par la diversité des degrés de perfection, preuve par la finalité,

preuve téléologique. – Preuve physico-théologique.

23 Théories chrétiennes sur la liberté : augustinisme, congruisme, jansénisme ; pélagianisme ; molinisme. – Calvinisme, cryptocalvinisme, gomarisme ; arminianisme, grundtvigianisme, luthéranisme, zwinglianisme. – Sur la nature de Dieu : monarchianisme ou sabellianisme, monophysisme, monothélisme ; arianisme, subordinatianisme. – Sur la foi : quiétisme ou molinosisme ; illuminisme ; fidéisme. – Sur l'eucharistie : consubstantialisme.

24 **Ésotérisme, gnose ;** kabbale. – Théosophie.

25 Irénisme ; interconfessionnalisme, œcuménisme.

v. 26 Théologiser [vx] ; spiritualiser. – Dogmatiser.

27 Approcher les sacrements. – Être muni de tous les sacrements [fam., le plus souv. par plais.].

Adj. 28 **Théologique.** – Apologétique, christologique ; patristique. – Exégétique, herméneutique ; kérygmatique.

29 Théologal.

30 Dogmatique ; canonial, **canonique.** – Confessionnel.

31 Pneumatique ; mystique. – **Sacramentel.** – Baptismal, eucharistique.

Adv. 32 Théologiquement. – Dogmatiquement.

# 478 PHILOSOPHIE

N. 1 **Philosophie,** science humaine. – Pensée, philosophie *(une philosophie),* système, théorie ; conception du monde, vision du monde, *Weltanschauung* (all., même sens) ; thèse philosophique ou, didact., philosophème. – **Sagesse,** sapience [vx] ; art de vivre. – **Doctrine,** idéologie ; école, mouvement.

2 Philosophie spéculative ou théorique ; philosophie générale. – Philosophie de l'histoire. – Sophistique. – Histoire de la philosophie ; idéologie [anc.].

3 **Métaphysique,** philosophie première (Aristote, Descartes), **ontologie,** ontologisme ; pancalisme [adoption d'un point de vue esthétique sur le monde].

4 **Éthique 690, morale,** philosophie pratique. – Sagesse. – Tutiorisme [il faut déterminer sa conduite d'après l'opinion la plus probable]. – Confucianisme ; bouddhisme **489.**

5 **Esthétique**, esthétique théorique ou générale, esthétique pratique ou particulière ; philosophie des beaux-arts. – Jugement esthétique.

6 Philosophie du droit. – Philosophie politique ; communisme, socialisme **671** ; libéralisme **837**.

7 **Logique 416** ; philosophie analytique. – **Épistémologie** ; philosophie des sciences ; gnoséologie ou gnosiologie [didact.], méthodologie. – Physicalisme (Carnap).

8 Philosophie du langage ; linguistique, sémiotique ; grammatologie **740** ; structuralisme, structure.

9 Psychologie, psychologie structurale (opposé à psychologie fonctionnelle) ; gestaltisme, gestalt [didact.], psychologie de la forme. – Béhaviorisme (ou : behaviorisme, behaviourisme), psychologie du comportement. – Psychanalyse. – Anthropologie, anthropologie structuraliste. – Ethnologie, ethnologie structuraliste.

10 Philosophie de la nature ou, vx, philosophie naturelle, sciences de la nature ; sciences expérimentales. – Méthode expérimentale ; expérience cruciale.

11 Théories de la connaissance. – Associationnisme, **empirisme** ; sensationnisme ou sensualisme [toute connaissance procède des sens] ; illationnisme [la connaissance du monde extérieur n'est pas immédiate et se fait par inférence] ; intuitionnisme. – Agnosticisme, **positivisme** ; empirisme logique, logico-positivisme, néopositivisme, positivisme logique ; **rationalisme** ; panlogisme [tout ce qui est réel est intégralement intelligible et peut être reconstruit par l'esprit selon ses propres lois] ; empiriocriticisme [critique de la valeur objective de la science]. – Apriorisme, **criticisme** ou kantisme, formalisme [l'expérience est régie par des formes et des concepts a priori], idéalisme transcendantal, néocriticisme, transcendantalisme. – Innéisme [innéité des idées ou des aptitudes].

12 Vérité. – Dogmatisme. – Conventionnalisme, probabilisme [l'esprit humain ne peut parvenir à la certitude absolue] ; phénoménisme, phénoménalisme, pyrrhonisme [il n'y a que des apparences], relativisme, **scepticisme** ; épochè **431**, suspension du jugement. – Subjectivisme (opposé à objectivisme). – Activisme, pragmaticisme, **pragmatisme, utilitarisme** [l'utile est le vrai et le bien] ; instrumentalisme. – Fidéisme [la foi permet d'accéder à la vérité].

13 Réalité. – Acosmisme [négation de la réalité du monde sensible], essentialisme [l'essence précède l'existence], néoplatonisme, **platonisme**, réalisme [doctrine platonicienne de la réalité des idées] ; **idéalisme** [l'être ramené à la pensée, les choses à l'esprit], immatérialisme. – Matérialisme, naturalisme [rien n'existe en dehors du monde sensible]. – Réalisme spéculatif (opposé à réalisme naïf ou chosisme), substantialisme ; aristotélisme ou péripatétisme ; scolastique. – Conceptualisme, nominalisme. – Solipsisme. – Spiritualisme [l'esprit constitue une réalité substantielle indépendante et supérieure]. – Volontarisme [tout est volonté].

14 Univers. – Monisme ou, rare, unicisme (opposé à dualisme), pluralisme ; holisme. – Atomisme ; monadisme. – Vitalisme. – Mécanisme ; dynamisme, mobilisme ; énergétisme.

15 Condition humaine. – Fatalisme, méliorisme, optimisme, pessimisme ; nihilisme. – Phénoménologie ; existentialisme ; humanisme, humanitarisme, personnalisme [la personne considérée comme valeur suprême]. – Cynisme [mépris des convenances sociales], individualisme ; épicurisme ; eudémonisme [le but de la vie est le bonheur], hédonisme [le but de la vie est le plaisir] ; stoïcisme. – Naturalisme. – Épiphénoménisme [la conscience conçue comme épiphénomène].

16 **Valeur** ; beau **436**, beauté, bien, bon, vérité, vrai. – Archétype **53.1**, concept, **essence**, forme (Aristote), intelligible *(l'intelligible)*, Idée (Platon) **421**, type ; abstraction, noème, **universaux** *(les universaux du langage)*, universel ; attribut, prédicat ; catégorie, modalité, mode, qualité.

17 **Absolu**, idéal, perfection ; entéléchie. – Cause finale (Aristote), fin, **finalité, sens** ; téléologie ; finalisme ; providence, providentialisme. – **Causalité**, cause **34**, cause première ; principe. – Nécessaire *(le nécessaire)*, nécessité. – Contingent *(le contingent)*, contingence ; accident **6**, hasard. – Déterminisme ; indéterminisme.

18 **Liberté 516**, libre arbitre ou libre-arbitre ; autonomie. – Loi morale **690**, maxime ; impératif catégorique (Kant), obligation morale.

19 Actualisation ; actualité, **existence** ; actuel *(l'actuel)* ; étant, **être 1**, existant, **objet** ; hypostase, substance **5** ; entité ; immanence. – Transcendance ; chose en soi ou noumène. – Acte, action **527**, pratique,

*praxis* (didact., gr., « action »). – Puissance *(en puissance* opposé à *en acte*), virtuel *(le virtuel),* virtualité.

20 Matière ; empirique *(l'empirique),* nature, **sensible** *(le sensible) ;* cosmos, monde, univers. – Réalité, réel *(le réel) ;* évènement, fait ; apparence, phénomène ; phénoménalité ; épiphénomène. – **Expérience** ; empirie [didact.], observation. – Infini, totalité ; néant. – Espace, temps 170 ; **devenir,** mouvement 197.

21 Altérité, identité. – **Autrui,** non-moi. – Personne 307, **sujet** ; individu, individualité, monade. – Conscience ; je, moi ; *dasein* (all., souv. traduit par « être-là »), pour soi. – Âme, psyché ou psychè ; cogito ; cogito cartésien. – Entendement 398, esprit *(esprit analytique, esprit spéculatif),* **raison.** – Objectivité, subjectivité.

22 Contemplation, méditation, réflexion, spéculation ; cogitation [vieilli] ; intellection, noèse [didact.] ; analyse, critique, doute. – Cognition [didact.], **connaissance** *(connaissance a priori, a posteriori),* gnosie [didact.]. – Axiome, hypothèse, lemme [didact.], postulat, principe ; thèse ; argument, argumentation, preuve ; certitude, croyance, *doxa* (gr., « opinion »). – Méthode *(méthode déductive, inductive, etc.) ;* ironie socratique, **maïeutique ; dialectique.** – Éclectisme ; heuristique. – Péj. : philosophaillerie, philosopherie [vx] ; philosophisme.

23 **Sagesse.** – Calme 448, impassibilité, imperturbabilité, quiétude, **sérénité ;** égalité d'âme, équanimité ; apathie, **ataraxie ;** constance. – Détachement, indifférence, renoncement 515, résignation. – Circonspection, **mesure,** modération 579, pondération, **prudence** 572, réserve 452. – Étonnement.

24 **Philosophe ; penseur.** – Métaphysicien, ontologiste. – Épistémologue ou épistémologiste. – Esthéticien. – Moraliste. – Phénoménologue. – Historien de la philosophie.

25 Philosophe, **sage ;** les Sept Sages de la Grèce [Thalès, Pittacus, Bias, Solon, Cléobule, Myson, Chilon]. – Junzi [confucianisme]. – **Libre-penseur ;** Encyclopédiste [HIST.], esprit éclairé. – Péj. : philosophard, philosophe du dimanche, philosophe à la petite semaine, philosophe de quartier ou de comptoir, etc.

26 Académie, Jardin, Lycée, Portique.

V. 27 **Philosopher ;** méditer, penser, réfléchir, spéculer ; cogiter ; philosophailler [péj.]. – Conceptualiser 421.

28 Se connaître, se pénétrer [vieilli], se saisir. – *Gnôthi seauton* (gr., « connais-toi toimême », maxime qui figurait sur le fronton du temple d'Apollon à Delphes, reprise par Socrate).

29 Dompter, étouffer, maîtriser 622 ; calmer, modérer 579, tempérer. – Atteindre à la sagesse ; s'assagir.

30 **Être philosophe,** prendre les choses comme elles viennent. – Se résigner, renoncer 515.

Adj. 31 **Philosophique ;** philosophe [vieilli en emploi adj.]. – Abstrait, conceptuel, spéculatif, **théorique ;** rationaliste, **rationnel.**

32 Sophistique. – **Métaphysique,** ontologique. – Dualiste, moniste ou, rare, uniciste, pluraliste. – **Matérialiste, idéaliste,** spiritualiste ; atomiste. – Épistémologique, gnoséologique [didact.], méthodologique ; logique ; empirique, empiriste ; positiviste. – Esthétique. – Éthique, **moral.** – Pragmatiste, utilitariste. – Behavioriste ou comportementaliste. – Structuraliste.

33 Cynique ; épicurien, eudémoniste, hédoniste ; stoïcien ; agnostique, probabiliste, pyrrhonien, relativiste, **sceptique** ; didact. : aporétique, éphectique, zététique. – Scolastique. – Phénoménologique ; existentialiste. – **Humaniste,** humanitaire, humanitariste, personnaliste. – Optimiste, nihiliste, pessimiste. – Bouddhique ou bouddhiste ; confucianiste.

34 Averti, avisé, judicieux ; circonspect, posé, prudent 572, réfléchi, réservé ; mesuré, modéré 579 ; serein. – **Raisonnable, sage.**

Adv. 35 **Philosophiquement,** sereinement. – Prudemment, **raisonnablement, sagement.**

36 Logiquement, rationnellement ; empiriquement. – Dogmatiquement, sceptiquement [rare]. – Dialectiquement.

Aff. 37 Philosophico-.

## 479 Foi

N. 1 **Foi.** – Conviction, **croyance** ; confession, religion 476. – Piété ; dévotion, ferveur, zèle ; pitié [vx]. – Crédulité.

2 Islam : chahada 488. – Hindouisme : bhakti (sanskr., « amour dévotionnel ») 490. – Confiance 606.

3 Religiosité. – Mysticité. – **Spiritualité.**

4 Acte de foi, profession de foi ; credo. – Article de foi.

5 Adoration, culte 491, prière 494 ; vie unitive. – Exercice de piété ; **exercice spirituel.** – Pèlerinage ; croisade 650, guerre sainte.

6 Péj. – **Bigoterie** ou, vieilli, bigotisme, pharisaïsme ; cafardise, cagoterie, cagotisme, tartuferie 595 ; bondieuserie [péj.]. – Capucinade [vieilli ou litt.].

7 Livres pieux (ou : de piété, de spiritualité), images pieuses ; articles de piété ; fam. et péj. : bondieusarderie, bondieuserie, saintsulpicerie.

8 **Croyant** ; wali (ar., « ami de Dieu »). – Fidèle ; adepte, adorateur, disciple. – Intégriste ; intégriste catholique, musulman, sikh. – Coreligionnaire, frère en religion. – ANTIQ. GR. : myste, orgiaste. – Sectateur.

9 Mystique *(un mystique),* saint *(un saint) ;* religieux *(un religieux)* 492.

10 **Dévot** ; fam. et péj. : bigot, grenouille de bénitier, mangeur de crucifix ; bondieusard, calotin, rat d'église ; tala [arg. scol.] ; cafard, cagot, faux dévot, momier [vx], tartufe 595. – Capucinière [fig. et péj.].

11 HIST. – La cabale des dévots. – Piétisme.

V. 12 **Croire** ; avoir la foi, croire en Dieu ; professer (telle foi). – Voir avec les yeux de la foi. – Rendre grâces à Dieu.

13 Pratiquer 491 ; aller à l'église, aller au temple, aller à l'office. – **Prier** 494 ; se signer.

14 Prendre la croix, se croiser [HIST.] **149.**

Adj. 15 **Croyant.** – Dévot, dévotieux, fervent, pieux, religieux ; confit en dévotion [péj.].

16 Pie *(œuvre pie)* [litt.].

Adv. 17 Dévotement, dévotieusement, **pieusement.** – Bigotement. – Mystiquement.

## 480 INCROYANCE

N. 1 **Incroyance.** – Incrédulité, scepticisme ; doute. – Indifférence 524, irréligion, irréligiosité [rare]. – **Agnosticisme.** – **Athéisme** ; libre-pensée.

2 Gentilité, paganisme 476. – Léviathan *(le Léviathan)* [allus. bibl.].

3 Impiété.

4 Abjuration 515, apostasie, reniement, renoncement.

5 Blasphème, jurement [vx]. – Offense.

6 **Incroyant** ; douteur [litt.], incrédule, noncroyant, **sceptique** ; indifférent. – Agnostique ; areligieux. – **Impie,** mécréant [vx] ; irréligieux. – Iconoclaste. – Blasphémateur, sacrilège 483.

7 Gentil, **païen.** – Nation *(les nations).*

8 Apostat, renégat. – **Hérétique** ; laps, relaps.

9 Antireligieux, **athée** ; esprit fort, libertin, **libre-penseur.**

10 Anticlérical, prêtrophobe [rare] ; mangeur ou bouffeur de curé [fam.]. – Papefigue [allus. litt.].

11 **Anticléricalisme** ; prêtrophobie [rare].

V. 12 Ne croire ni à Dieu ni à diable ; **n'avoir ni foi ni loi.**

13 Chanceler dans sa foi. – Décroire [vx]. – **Abjurer,** apostasier [litt.], renoncer ; renier ou nier sa foi. – Cracher sur le crucifix [fig.].

14 Blasphémer, sacrer. – Profaner 483.

15 Manger du prêtre ; bouffer du curé [fam.].

Adj. 16 Athéistique.

17 Abjuratoire. – Blasphématoire.

Adv. 18 Irréligieusement.

## 481 SACRÉ

N. 1 **Sacré** *(le sacré) ;* divin *(le divin),* religieux *(le religieux)* 476. – Fig. : intangible *(l'intangible) ;* surnaturel *(le surnaturel)* 484.

2 **Divinité** 500, sacralité [didact.] ; sacramentalité. – Ihram (ar., « le fait de déclarer sacré ») 488.

3 Théophanie 500.

4 Surnature. – Amérique du Nord : manitou ; Chine : tao ; Empire inca : huaca ; Inde : atman ; Polynésie : mana.

5 **Sacralisation,** tabouisation 633 ; sanctification. – Bénédiction 498, consécration, dédicace. – Onction, sacre.

6 **Sanctuaire** ; saint, saint des saints.

7 ANTIQ. ROM. : putéal *(un putéal) ;* pomœrium ou pomerium ; bâton augural ou *lituus ;* fanum. – ANTIQ. GR. : temenos. – Voie sacrée.

8 Villes sacrées : Ayodhya, Délos, Delphes, Jérusalem, La Mecque, Médine, Pachacamac. – Montagnes sacrées : Ayers Rock ; Chomo lhari, Emei shan, Hua shan, Tai shan, Wutai shan ; Meru. – Fleuves sacrés : Gange, Yamuna (ou : Jumna, Jamna), Sarasvatis.

9 Arbres sacrés : pipal, shikimi. – Pierres sacrées : bétyle, cromlech, dolmen, menhir, pierre levée ; omphalos [ANTIQ. GR.] ; Pierre noire.

10 Arts sacrés ; iconographie 774. – Musique sacrée (opposé à musique profane) 781. – Danse sacrée 786.

11 Judéo-christianisme : Écritures. – Hindouisme : smriti, sruti.

12 Langues sacrées : avestique, pali, sanskrit védique ; bohairique, copte, grec byzantin, guèze, hébreu ancien ou biblique ; arabe littéral (ou : classique, coranique, littéraire).

V. 13 **Sacraliser ;** tabouer [rare], tabouiser [litt.]. – Consacrer, diviniser. – Bénir ; oindre. – Inaugurer [vx], introniser ; sacrer.

Adj. 14 **Sacré ; consacré ;** bénit. – Intangible, interdit, inviolable, tabou ; inaccessible, invisible, occulte **484**.

15 **Saint** *(guerre sainte* ou *sacrée, ville sainte),* sacro-saint [fam.].

16 Sacral, sacramentel [litt.] ou sacramental [vx].

Aff. 17 Sacro-.

## 482 PROFANE

N. 1 **Profane** *(le profane) ;* incroyance **480**. – Monde *(le monde),* siècle *(le siècle).* – HIST. RELIG. : nation *(les nations),* païen *(les païens) ;* gentilité, paganisme **476**. – Gentil *(un gentil),* païen *(un païen) ;* laïc *(un laïc).*

2 Mondanité, sécularité ; **laïcité.**

3 **Sécularisation.** – Laïcisation. – THÉOL. : profanation ; exécration.

4 Sacrilège, violation **580**. – Profanation.

5 **Arts profanes.** – Musique profane (opposé à musique sacrée) **781**. – Théâtre profane (opposé à théâtre sacré) **788**.

V. 6 Désacraliser. – Séculariser ; laïciser. – LITURGIE : exécrer, **profaner.**

Adj. 7 **Profane.** – Mondain, séculier. – Lai [vx], laïc.

8 Gentil (fém. gentile), païen.

9 Exécratoire.

Adv. 10 Séculièrement. – Ici-bas (opposé à là-haut).

## 483 SACRILÈGE

N. 1 **Sacrilège ; profanation.** – Atteinte, attentat, offense, outrage.

2 **Blasphème 657,** jurement ; simonie. – Iconoclase [HIST.].

3 Hérésie. – Sabbat. – Crime de lèse-majesté.

4 Exécration [LITURGIE].

5 Bûcher ; excommunication.

6 **Sacrilège** *(un sacrilège) ;* **profanateur.** – Blasphémateur ; iconoclaste ; idolâtre ; pécheur.

V. 7 **Profaner,** transgresser, violer. – Pécher. – Attenter à, outrager. – Contaminer, polluer, salir, **souiller,** ternir, vicier. – Blasphémer, jurer.

8 Sentir le fagot [fam.].

9 Excommunier.

Adj. 10 **Sacrilège ; hérétique,** profanateur, simoniaque.

11 Blasphématoire, profanatoire. – Exécratoire [LITURGIE].

## 484 MAGIE

N. 1 **Magie ;** magisme. – **Alchimie,** archimagie, grand art. – Kabbale ou, vx, Cabale **486** ; hermétisme. – Mantique **485.** – Occultisme ; ésotérisme, sciences occultes.

2 Goétie (opposé à théurgie), magie de la main gauche, magie noire ou goétique, **sorcellerie.** – Magie blanche ou magie naturelle ; théurgie.

3 Occulte *(l'occulte* ou *l'Occulte) ;* merveilleux *(le merveilleux),* surnaturel *(le surnaturel).*

4 **Diablerie 504,** magie *(une magie)* [vx], féerie [vx], sorcellerie *(une sorcellerie).*

5 **Charme,** contre-charme, **maléfice,** mauvais œil, **sort, sortilège.** – Enchantement [litt.], ensorcellement, envoûtement ; nouure d'aiguillettes. – Chevillement ; vénéfice [DR. ANC.].

6 Incantation ; invocation. – Conjuration ; exorcisme. – Mancie.

7 Métamorphose ; lycanthropie.

8 **Apparition,** fantasmagorie. – Matérialisation.

9 Émanation, ectoplasme ; effluve **204.** – Aura. – **Éther, fluide.** – Lévitation.

10 **Talisman ;** fétiche, porte-bonheur ; amulette, gri-gri, main de Fatma, patte de lapin, scarabée. – Baguette magique ; lampe merveilleuse, miroir magique, tapis volant.

11 Cercle magique, cerne. – Formule magique ; philtre. – Poudre de perlimpinpin.

12 Messe noire, sabbat. – *Walpurgisnacht* (all., « nuit de Walpurgis »).

13 ALCH. – **Grand Œuvre** ; élixir de longue vie, panacée, pierre philosophale ou pierre des sages ; transmutation *(transmutation des métaux)*. – Homuncule ou homoncule.

14 Athanor, œuf. – **Occultum.**

15 ALCH. – Grimoire ; *le Grand Albert, le Petit Albert*. – Abrasax ou abraxas ; pantacle ou pentacle.

16 **Parapsychologie** ou, vieilli, métapsychique *(le métapsychique)*. – **Spiritisme** ; typtologie. – Psychokinésie ou télékinésie. – Télépathie ou transmission de pensée 726.

17 Génie. – **Esprit** ; esprit frappeur, Poltergeist. – Fantôme, revenant. – Loup-garou ou, didact., lycanthrope.

18 Mage, **magicien**, thaumaturge [litt.]. – Charmeur [vx], ensorceleur, envoûteur ; invocateur [vx]. – **Sorcier** ; apprenti sorcier 573 ; jeteur de sorts, noueur ou noueuse d'aiguillettes, camboiseur [Antilles]. – Conjurateur, désenvoûteur, **exorciste** 724 ; chaman ou shaman. – Guérisseur, rebouteur ou rebouteux. – Sourcier, baguettisant.

19 **Alchimiste**, occultiste *(un occultiste)* ; vx, archimage. – Astrologue 485.

V. 20 Commercer avec le diable. – Sentir le fagot ou le soufre [fig.].

21 Envoûter ; charmer [litt.], enchanter, ensorceler, jeter un charme ou un sort à qqn. – Nouer l'aiguillette.

22 Désenvoûter. – Exorciser.

23 Conjurer les esprits ou le sort. – Croiser les doigts, toucher du bois.

Adj. 24 **Magique.** – Occulte. – Alchimique. – Kabbalistique ou cabalistique, ésotérique, **occultiste.** – Prélogique [ANTHROP., vieilli].

25 Merveilleux ; surnaturel ; féerique.

26 Enchanteur, envoûtant ; fascinant.

27 Évocatoire. – Apotropaïque, conjuratoire, **propitiatoire.**

28 Enchanté, **envoûté** ; fasciné.

29 Médianimique ou médiumnique. – Métapsychique, paranormal, parapsychique, parapsychologique. – Ectoplasmique ; fluidique. – Fantomal [litt.].

Adv. 30 Magiquement. – Occultement.

Int. 31 Abracadabra !

# 485 DIVINATION

N. 1 **Divination** 424 ; divination artificielle, divination spontanée. – **Prédiction** 179, prophétie, vaticination [litt.] ; mancie, prophétisme [sout.].

2 Aéromancie, **astromancie**, bibliomancie, capnomancie, **cartomancie, chiromancie**, cristallomancie, dactylomancie, géomancie, gonomancie, gyromancie, hydromancie, météoromancie, nécromancie, œnomancie, oniromancie, ornithomancie, rhabdomancie ou radiesthésie, sidéromancie ; arithmancie ou arithmomancie, arithmosophie ou numérologie. – ANTIQ. : hiéromancie, hépatoscopie.

3 **Astrologie** ; astrologie judiciaire, généthliaque, naturelle ; horoscopie [rare]. – Zodiaque ; signes du zodiaque 176.9.

4 Oracle, **prédiction**, prémonition. – Horoscope.

5 Augure, **présage**, signe avant-coureur ; alcyon [MYTH. GR.] ; oies du Capitole [ANTIQ. ROM.]. – Fam. : oiseau de malheur, oiseau de mauvais augure.

6 Mantique [ANTIQ. GR. ou didact.]. – ANTIQ. ROM. : auspices, bâton augural ou *lituus, templum.* – Boule de cristal, cartes, tarot ; marc de café ; pendule.

7 ANTIQ. : *Livres sibyllins, Oracles sibyllins.* – Chine : hexagramme, tri-gramme, Yijing ou Yi-king *(Livre des mutations)* 489.

8 Télépathie 726. – Clairvoyance (ou : cryptesthésie, voyance), lucidité (ou : extralucidité, perception extrasensorielle), médiumnité [didact.] ; précognition ou prémonition.

9 Prophétologie [didact.].

10 Oracle 554 ; oracles d'Apollon à Delphes et Didymes, oracle de Zeus à Dodone.

11 ANTIQ. – **Augure**, extispice, haruspice, hiérophante, quindecemvir ; **pythie, sibylle.**

12 Augure [fam.], nabi [vx], **prophète**, prophétesse ; chaman ou shaman ; rishi ; saltigué. – **Devin**, divinateur [vx], pythonisse [litt. ou par plais.], voyant ; vaticinateur. – Astrologue ou, vx, astronome, astrologien [vx], diseur (ou : faiseur, tireur) d'horoscope, horoscopiste [didact., rare].

13 Médium, spirite ; **voyant** ou clairvoyant, voyant extralucide ; diseuse de bonne aventure, voyante.

14 Aéromancien, astromancien, cartomancien, chiromancien, dactylomancien, né-

cromancien ou nécromant, oniromancien.

v. 15 Lire ou **prédire l'avenir** ; prophétiser, vaticiner [litt.].

16 Dire la bonne aventure. – Jouer les Cassandre [allus. myth.].

17 Consulter (ou : interroger, prendre les auspices). – Interpréter les prophètes.

Adj. 18 Divinatoire, prophétique. – Sibyllin. – Augural, oraculaire, oraculeux [litt.]. – Astrologique ; zodiacal ; généthliaque, horoscopique [didact.].

Adv. 19 Prophétiquement. – Sous les meilleurs ou sous d'heureux auspices ; sous de fâcheux auspices.

Prép. 20 Sous les auspices de.

Aff. 21 -mancie ; -mancien.

# 486 JUDAÏSME

N. 1 **Judaïsme**. – Monothéisme ; doctrine de l'Alliance. – Élohim, Yahvé. – Emouna (hébr., « foi juive ») [PHILOS.]. – Rabbinisme.

2 Judaïsme réformé. – **Hassidisme,** hassidisme médiéval, hassidisme moderne ; lurianisme. – HIST. : essénisme, karaïsme. – **Sionisme.**

3 Loi écrite : Bible **501** ; Ancien Testament ; **Torah** *(la Torah) ;* les Prophètes (Nebiim), les Hagiographes (Ketoubim) ; Décalogue, loi de Moïse ou loi mosaïque, Tables de la Loi.

4 Mosaïsme. – Mosaïcité.

5 Loi orale : **Talmud ;** Mishna ; Gemara ou Guemarah. – Kabbale ou Cabale **484** ; Zohar ; séfirot.

6 Halaka ou Halacha (hébr., « manière de marcher »). – Mishne Tora (Maimonide) ; Choulkhane Aroukh (Joseph Ben Ethraïm Caro). – Prescriptions : casherout ; alimentation casher, viande casher. – Circoncision **686**. – Chmita (année sabbatique).

7 Massorah ou Massore. – Massorète *(un massorète),* talmudiste. – Araméen : amoraïm *(les amoraïm),* tannaïm. – Kabbaliste ou, vx, cabaliste.

8 Patriarches. – HIST. : exilarque, gaon ; lévite. – **Rabbin,** rabbi ; Grand Rabbin. – Rabbinat ; exilarchat. – Sanhédrin, tribunal rabbinique. – Consistoires israélites.

9 Fêtes et jeûnes. – Sabbat. – Pessah (Pâque), Shabouot (Pentecôte), Soukkot (Tabernacles) ; Rosh ha-Shana (jour de l'an) ; Yom Kippour (jour de l'Expiation ou Grand Pardon) **497**. – Pourim (fête des Sorts), Hanouka (fête de l'Inauguration ou fête des Lumières). – Bar-mitsva ou Bat-mitsva (communion).

10 Culte du Temple [HIST.] ; culte synagogal. – Temple [HIST.] ; **synagogue.** – Mur des Lamentations.

11 Offices. – Shabarith, minha, arbith ; moussaf, neïla. – Prières : alenou, **kaddish.**

12 Éphod, pectoral, taleth ou talith ; rational [ANTIQ.].

13 Phylactère ou tefillin (ou : tephillim, téphillim, tephillin).

14 Chant synagogal, **psalmodie** [MUS.].

15 École talmudique ou yeshiva **495**.

16 Abraham ; Isaac, Jacob ; **Moïse.** – Prophètes : Élie, Élisée, Isaïe, Jérémie, Ézéchiel. – Rois : Saül, David, Salomon.

17 Terre promise, Terre sainte ; pays de Canaan ; royaume de Juda ; Judée. – Palestine. – État d'Israël ; Jérusalem.

18 Judaïté ou judéité. – **Judaïcité.** – POLIT. : judaïsation.

19 LING. – Sémitisme ; hébraïsme. – **Hébreu ;** lashon haqodesh, lashon ashkenaz, **yiddish** ou judéo-allemand ; judéo-araméen occidental ou palestinien, judéo-araméen oriental ou babylonien, judéo-espagnol ou ladino.

20 HIST. : ghetto, juiverie. – Mellah [Maroc, anc.]. – Kibboutz religieux.

21 Pogrom ou pogrome **677**. – Holocauste ; Shoah. – Antisémitisme.

22 Littérature d'holocauste, Yizkor (hébr., « à la mémoire »).

23 Peuple hébreu, peuple de Sion ; enfants d'Israël. – **Diaspora.**

24 **Juif** *(un Juif) ;* Hébreu *(les Hébreux).* – Sémite *(les Sémites).* – Marrane ; séfarade, ashkénaze ; Falachas ou Falashas. – Hassidim ou hasidim. – Karaïtes (ou : caraïtes, qaraïtes). – Sioniste *(un sioniste) ;* h'aredim.

25 Anc. – Assidéens, esséniens, pharisiens, zélotes. – Saducéen ou sadducéen, thérapeute.

26 **Israélite** *(un israélite).*

v. 27 **Judaïser ;** hébraïser. – Déjudaïser.

Adj. 28 **Juif ;** hébreu. – Judéen.

29 Marrane ; ashkénaze, séfarade. – Essénien, zélote ; pharisien. – Judaïsant.

30 Sioniste.

31 Rabbinique. – **Hassidique.** – Massorétique ; talmudique. – Mosaïque.

32 Kabbalistique ou, vx, cabalistique. – Kabbaliste.

33 Hébraïque. – Yiddish ; judéo-allemand. – Sémite, sémitique.

34 Hébraïsant ou hébraïste. – Hébréophone.

35 **Kasher** (ou : cacher, cachère, casher).

Adv. 36 Rare : judaïquement ; hébraïquement.

Aff. 37 Judéo-.

## 487 CHRISTIANISME

N. 1 **Christianisme 476.** – **Chrétienté** *(la chrétienté).* – Chrétienté *(une chrétienté ; la chrétienté d'Occident, la chrétienté d'Orient)* [vx].

2 Judéo-christianisme 501 ; gnosticisme ; évangélisme ; paulinisme. – Adoptianisme, arianisme, docétisme, donatisme, monophysisme, monothélisme, nestorianisme, pélagianisme. – Bogomilisme ; catharisme.

3 **Catholicisme** ; catholicité [didact.]. – Papisme 498 ; épiscopalisme. – Contre-Réforme [HIST.].

4 **Orthodoxie.**

5 **Protestantisme.** – Vx : Religion *(la Religion)* 476 ; vx et péj. : religion prétendue réformée ou, abrév., R. P. R. – Luthéranisme. – Calvinisme ; zwinglianisme. – Piétisme ; méthodisme. – **Anglicanisme ;** Basse Église, Haute Église ; Large Église. – Ritualisme.

6 **Église ;** Église primitive. – Église schismatique ; [HIST.] schisme d'Orient et d'Occident. – Patriarcat ; pentarchie. – Église autocéphale. – Église métropolitaine. – Église de professants ; Église multitudiniste. – Église militante. – Ecclésiologie **477.**

7 Église catholique, apostolique et romaine ; Église latine. – Église gallicane. – Notre mère l'Église, le giron de l'Église.

8 Église protestante ; Église évangélique, luthérienne ; Église réformée ; Église anglicane. – Communautés congrégationalistes ou puritaines : communautés des adventistes, des adventistes du septième jour, des amish, des anabaptistes, des baptistes, des darbystes, des disciples du Christ, des mennonites, des méthodistes, des mormons (ou Église de Jésus-Christ

des saints des derniers jours), des pentecôtistes, piétistes, des quakers ou Société religieuse des amis, des témoins de Jéhovah. – Armée du Salut, Église de la science chrétienne. – Frères moraves ou frères bohêmes.

9 Église orthodoxe ; Église grecque ou d'Orient. – Église nestorienne ou non-chalcédonienne ; Églises monophysites ou chalcédoniennes. – Églises autocéphales ou métropolitaines : patriarcat de Moscou ; patriarcat de Bucarest ; Église autocéphale de Bulgarie, de Grèce, serbe ; Église de Chypre, de Géorgie, du mont Sinaï. – Églises préchalcédoniennes : Église syrienne orientale ou nestorienne, arménienne, syrienne occidentale ou jacobite, syro-orthodoxe de l'Inde, copte ou Église d'Égypte, d'Éthiopie. – Églises unies ou uniates : Église maronite, syrienne malabare, d'Ukraine ; patriarcat d'Alexandrie, d'Antioche, de Jérusalem ; patriarcat œcuménique de Constantinople.

10 **Œcuménisme ;** œcuménicité.

11 **Chrétien ;** gnostique. – **Catholique,** catho [fam.] ; azimite. – Monophysite ; copte, jacobite ; malabare. – **Orthodoxe.** – HIST. : arien, anoméen, ébionite, donatiste, homéen, pneumatomaque ; raskolnik ou vieux-croyant. – Hérésiarque.

12 Bogomile ; cathare ; vaudois.

13 **Protestant ;** calviniste, cryptocalviniste adventiste, remontrant ; luthérien, méthodiste, piétiste ; presbytérien, puritain ; latudinaire. – HIST. : réformateur, religionnaire ; arminien, gomariste ; fam. : barbet, camisard, **huguenot,** parpaillot, réformé. – HIST. : hussite ; calixtin ou utraquiste, taborite ; frère morave ou bohême.

14 **Anglican.**

15 Roumi.

16 **Christ 502,** Christ-Roi ; Jésus, Jésus-Christ ; le Messie ; Saint-Esprit ou Esprit-Saint. – Dieu. – **Trinité ;** le Père, le Fils et le Saint-Esprit. – Résurrection ; parousie ; millénium. – Messianisme.

17 Sainte Famille. – Joseph. – Marie Mère de Dieu, Notre-Dame (N.-D.) ; reine des Anges, reine du Ciel ; Madone. – Stella Maris (lat., « étoile de la mer »).

18 Disciples ; les douze Apôtres ou les Douze ; Jean fils de Zébédée, Philippe, Barthélemy, Matthieu, Jacques fils d'Alphée, Thaddée.

19 Évangéliste **495.** – Marc (lion), Matthieu (homme), Luc (bœuf), Jean (aigle). –

Bonne Nouvelle, kérygme (gr., « proclamation »).

20 Pape **498**. – Curé, prêtre **492**. – Pasteur **492**. – Clergyman **492**. – Pope **492**.

21 Iconographie : Annonce à Marie ou Annonciation, Nativité, Adoration des bergers, Adoration des Rois mages, Fuite en Égypte, Présentation au Temple, Circoncision, Jésus au milieu des docteurs, Jésus chassant les marchands du Temple, Samaritaine, Multiplication des pains, Pêche miraculeuse, Tentation du Christ, Reniement de saint Pierre, Jardin des Oliviers, Baiser de Judas, Chemin de croix, Portement de croix, Calvaire, Crucifiement ou Crucifixion, Passion de Jésus, Christ souffrant, Descente de croix, Mise au tombeau, Résurrection, Cène. – Apocalypse, scènes du Jugement dernier. – Christ pantocrator, Christ triomphant ou en gloire ou en majesté ; amande, mandorle ; parousie [THÉOL.].

v. 22 Christianiser ; évangéliser. – Déchristianiser.

Adj. 23 Christique ; christophore. – Œcuménique, œcuméniste.

24 **Chrétien.** – Catholique, catho [fam.] ; catholicisant. – Orthodoxe. – Protestant, réformé ; calviniste, luthérien ; évangélique.

Adv. 25 Chrétiennement ; catholiquement.

## 488 ISLAM

N. 1 **Islam ;** vx : islamisme, mahométisme. – Islamologie.

2 **Chiisme ;** chiisme duodécimain (ou : chiisme imamite, imamisme) ; chiisme septimanien ou septimain, chiisme ismaélien ou ismaïlien, ismaélisme ou ismaïlisme ; chiisme zaydite. – HIST. : nizarite, secte des assassins, qarmate. – **Kharidjisme.** – **Sunnisme ;** chafiisme, hanafisme, hanbalisme, malékisme ; wahhabisme. – Acharisme, murdjisme, mutazilisme [HIST.], néomutazilisme. – Hanifisme [HIST.]. – Mahdisme. – Babisme ; bahaïsme.

3 POLIT. : islamisme, panislamisme.

4 Umma ; hannif *(les hannifs)* [HIST.]

5 **Soufisme ;** maraboutisme. – Tariqa ; bektachiyya, confrérie des Darqawa, Idrisiyya, Khalwatiyya, Kubrawiyya, Mawlawiyya, Naqchbandiyya, Qadiriyya, Qalandariyya, Sanusiyya, Suhrawardiyya, Tidjaniyya, Tchichtiyya. – Sénousisme.

6 Croyant **479, musulman ;** vx : islamite, mahométan. – HIST. : sarrasin ; mudéjar, morisque.

7 **Chiite ;** imamiste ; alawite, duodécimain, ismaélien ou ismaïlien ; **Druze** *(les Druzes) ;* zaydite. – **Sunnite ;** chafiite, hanafite, hanbalite, malékite, wahhabite. – Kharidjiste. – Achariste, mutazilite [HIST.], néomutazilite. – Mahdiste. – Babiste ; bahaï.

8 Soufi ; derviche **499**, marabout. – Naqchbandi ; qadarite.

9 Hafiz ; hadj ou hadji ; chahid. – Wali **479**.

10 Giaour, kafir. – Roumi ; dhimmi.

11 **Imam 492**, aga khan, bab [vx]. – **Mollah ou mulla,** ouléma. – **Ayatollah ;** marabout. – Cheikh, murchid. – Hodjatoleslam, mufti ; hodja.

12 Dignitaires : effendi, **émir** ou commandeur des croyants ; chérif, khalife ou calife **631**, sayyid. – Cadi.

13 Disciplines religieuses : qira'at [lecture du Coran], tafsir [commentaire] ; fiqh [ar., « savoir »] ; kalam [ar., « parole sur Dieu »] **501**. – Ilm al-tasawwuf [mystique]. – Sira [hagiographie].

14 École coranique ; madrasa ou medersa.

15 Prescriptions : charia [loi coranique] ; amr [commandement divin]. – Ada [accomplissement d'un devoir religieux], din [soumission à Dieu].

16 **Les cinq piliers de l'Islam** [arkan]. – Chahada [profession de foi], hadj [pèlerinage à La Mecque], salat [prière rituelle] **494**. – Saum [jeûne du mois de ramadan]. – Zakat [aumône légale].

17 Djihad [guerre sainte] **650**. – Muujahid [combattant de la guerre sainte].

18 Achoura ou Achura [jeûne expiatoire], sadaq [aumône bénévole], umra [pèlerinage mineur]. – Kharadj [tribut payé par les infidèles]. – Waqf ou hubus [legs pieux] **829** ; bien waqf ou, Afrique de Nord, bien habou. – Achur [dîme]. – Viande hallal.

19 Ihram **481**.

20 **Allah 502**, Malik ; le clément, le miséricordieux ; souverain du jour du Jugement.

21 **Mahomet,** le Prophète. – Fatima ; Khadidja. – **Hégire ;** isra [voyage nocturne du Prophète], miradj [ascension du Prophète].

22 Djabrail [archange Gabriel] ; Ibrahim [Abraham] ; Ishaq [Isaac] ; Moïse, Jésus ; Izrail [Azraël]. – Mahdi [imam caché].

23 Musique sacrée. – Adhan [appel à la prière], tadjwid [récitation psalmodiée du Coran] ; sama [concert spirituel des confréries], madih [chant de louange]. – Djadb ou khammari [danse extatique].

24 Dogmes : mithaq [pacte prééternel]. – Ère de la grande occultation. – Jugement dernier, résurrection ; adjal. – Paradis **505**, enfer **506**.

v. 25 Islamiser **495**.

Adj. 26 **Musulman.** – Islamiste. – Chiite ; druze, duodécimain, ismaélien ou ismaïlien, ismaélite ou ismaïlite [HIST.], septimain. – Sunnite.

27 Islamique.

# 489 BOUDDHISME

N. 1 **Bouddhisme 476.** – Lamaïsme, tantrisme. – Taoïsme, tonghak ; amidisme. – Bouddhologie [didact.].

2 Écoles : avatamsaka (en Chine : huayan ; au Japon : kegon), dhyana (en Chine : chan ; au Japon : **zen**), hinayana, madhyamika ou sunyavada (en Chine : sanlun ; au Japon : sanron), mahayana, saddharmapundarika (en Chine : tiantai ; au Japon : tendai), sarvastivada, sautrantika, sthaviravada, theravada, viyana (en Chine : lüzong ; au Japon : ritsu), yogacara ou vijnanavada (en Chine : faxiang ; au Japon : hosso). – Écoles Sukhavati (en Chine : jingtu, au Japon : ji, jodo, shin).

3 Bouddhisme tibétain : hisnayana (**petit véhicule**), mahayana (**grand véhicule**), vajrayana (sanskr., « voie du diamant »), mantrayana (sanskr., « voie des formules sacrées »).

4 Branches japonaises : Zen ; école Rinzai ; école Soto. – Branches tibétaines : Bka-brgyud-pa, Dge-lugs-pa ou Bonnets jaunes, Gcod-pa, Ka-gdams-pa, Rnying-ma-pa, Sa-skya-pa. – Branches vietnamiennes : Binh Xuyen, Cao Dai, Hoa Hao.

5 **Bouddhiste.** – Lamaïste.

6 Brahman (sanskr., « cause absolue »). – **Yang** (opposé à **yin**). – Tao (chin., « la voie »).

7 Dhyana (sanskr., « méditation »). – Les cinq bouddhas de contemplation : vairocana, aksobhya, ratnasambhava, amitabha, amoghasiddhi.

8 Bodhi (sanskr., « éveil »), samadhi ; **satori** (jap., « éveil »). – **Nirvana 448**, parinirvana. – Asamskrita.

9 Adibuddha ; **bouddha.** – Arhat ; bodhisattva.

10 Dogme : **quatre Nobles Vérités** ; Voie aux Huit Étapes : vue juste ; juste résolution ; parole juste, vraie et bonne ; comportement correct ; travail correct ; effort correct ; mémoire ou attention correcte ; contemplation **494**, zazen [méditation assise]. – Paticca-samuppada ou loi de la production conditionnée. – Samsara.

11 **Karma** ou karman **490**.

12 Triratna (sanskr., « les trois joyaux ») ; Bouddha, dharma (sanskr., « loi »), sangha (sanskr., « communauté »).

13 **Mudra** ; anjali-mudra, varada-mudra, abhaya-mudra, dhyana-mudra. – **Yoga.**

14 Yantra (sanskr., « instrument »), mantra (sanskr., « instrument de pensée ») ; mandala (sanskr., « cercle »). – Tanka.

Adj. 15 Bouddhique, lamaïque, tantrique, taoïque. – Bouddhiste, lamaïste.

# 490 HINDOUISME

N. 1 **Hindouisme 476** ; sanatana-dharma (sanskr., « loi cosmique et universelle sans origine »). – Védisme, brahmanisme ; jaïnisme. – Sikhisme. – Fakirisme. – Branches : sivaïsme, visnuisme ; saktisme ; hare Krishna. – Réformes : brahmo samaj, arya samaj, ramakrishna mission.

2 **Hindou** ou hindouiste. – Jaïn ; sikh. – Sivaïte, visnuite ; thug. – Fakir **702**.

3 **Brahman** (sanskr., « formule chiffrée »), deva (sanskr., « être divin »). – Trimurti ; Brahma, Siva, Visnu. – Sakti. – Avatara (sanskr., « descente sur terre d'une divinité ») ; avatara de Visnu : Krisna, Rama ; avatara de Siva : Durga, Kali, Parvati, Prithivi, Uma, Satis.

4 **Dharma** (sanskr., « loi », opposé à adharma) **489**. – Avidya (sanskr., « ignorance ») opposé à satya, maya (sanskr., « apparence illusoire »).

5 **Samsara** (sanskr., « cycle des naissances ») ; transmigration, réincarnation **311**. – Atman (sanskr., « étincelle du brahmane », le soi).

6 **Karma** (sanskr., « acte »). – Yama (sanskr., « préceptes moraux ») ; ahimsa (non-violence), aparigraha (non-possession), asteya (rejet du vol), brahmacarya (conti-

nence), satya (sanskr., « vérité »). –
Niyama (sanskr., « principes de discipline »).

7 Samskara (sanskr., « sacrement »). – Puja
(sanskr., « culte »), satsanga (sanskr., « réu-
nions pieuses »). – Bhakti (sanskr.,
« amour dévotionnel »). – Bhakti marga,
jnana marga, karma marga ; nyaya, vaisesika, samkhya, **yoga**, purva-mimamsa,
vedanta.

8 **Mantra** (sanskr., « instrument de pensée ») ; om. – **Yantra** (sanskr., « instrument »).

9 Moksa ou mukti (sanskr., « délivrance »).

10 Brahma-loka (sanskr., « monde de
Brahma »), satyaloka (sanskr., « monde de
la vérité »).

11 Upanayana (sanskr., « initiation »). – Ashram (sanskr., « exercice ») ; étudiant ou
brahmacarya, maître de maison ou grhas-
tha, anachorète ou vanaprastha, renonçant (ou : sadhu, sannyasin). – Tirthan-
kara (sanskr., « qui a traversé l'océan des
renaissances »).

12 **Gourou** ou **guru** 492, swami (sanskr.,
« maître »). – Cela (hindi, « disciple »). –
Devadasi (sanskr., « servante du Dieu »).

13 Varna. – Jati ; brahmane, grih ksatriya,
vaisya, sudra ou çoudra. – Paria (du tamoul,
« joueur de tambour »), intouchable **640** ;
harijan (sanskr., « créature de Dieu »). –
Intouchabilité.

14 **Vache sacrée.**

15 Symboles : linga ou lingam [phallus], yoni
[vulve] ; cakra [disque solaire]. – Iconographie : Visnu narayana (sanskr., « Visnu
reposant sur les eaux »), Siva nataraja
(sanskr., « Siva dansant ») ; Krisna au
milieu des vachères, les Amours de Krisna
et Radha. – Tandava (sanskr., « danse de
Siva »).

16 MYTH. – Dieux du cosmos : Indra 500, Mitra ;
Aditi, jumeaux Asvin. – Dieux du culte :
Agni, Soma.

Adj. 17 **Hindou** ou hindouiste. – Visnuite. – Jaïna.

18 Yogique.

# 491 CULTE

N. 1 **Culte.** – Célébration, concélébration. –
Pratique, **rite** ; cérémonie, fête. – Cérémonial ; **liturgie.** – Liberté du culte [HIST.]
**516.**

2 Théologie catholique : culte absolu, culte
relatif ; culte de dulie **503.9**, culte d'hy-

perdulie ; culte de latrie **502.17**. – Idolâtrie. – Zoolâtrie.

3 **Adoration,** vénération.

4 Conjuration, propitiation ; **prière 494.**

5 Oblation, **offrande 826,** sacrifice.

6 Expiation **698** ; **purification.**

7 Ablution **380** ; hagiasme, lustration. – Affusion, aspersion, immersion.

8 **Circoncision.** – Baptême. – Initiation,
mystagogie [ANTIQ. GR.]. – Cryptie [ANTIQ.
GR.].

9 Jeûne. – **Carême,** xérophagie [vx] ; qua-
tre-temps, vigile ; jeûne eucharistique. –
**Ramadan.**

10 **Pèlerinage.** – Procession. – Jubilé.

11 Bouddhisme : pradaksina (circumambula-
tion). – ANTIQ. : fêtes amburbiales, amburbiales.

12 Holocauste, **immolation, libation.** – Sati
[Inde]. – ANTIQ. : apotropée, criobole, hécatombe, suovétauriliies, taurobole.

13 Idole. – Victime. – Holocauste, hostie
[vx].

14 **Sacrement.** – Sacrement du baptême,
sacrement de confirmation, sacrement de
l'eucharistie ; sacrement des malades ou
extrême-onction ; sacrement du mariage ; sacrement de l'ordre ou ordination ;
sacrement de pénitence. – **Sacramental ;**
bénédiction, consécration, dédicace, funérailles.

15 Pratiquant ; calotin [fam., péj.]. – Commu-
niant. – Célébrant, officiant **492.** – Ritualiste.

16 Idolâtre. – Zoolâtre.

V. 17 **Célébrer** *(célébrer un office liturgique),*
concélébrer.

18 Adorer ; honorer.

19 **Sacrifier,** sacrifier à un dieu ; immoler,
offrir des libations. – S'immoler, s'offrir
en holocauste [souv. fig.].

20 Purifier.

21 **Baptiser,** confirmer, **oindre,** marier, ordonner. – **Bénir,** consacrer, dédicacer. –
Circoncire.

Adj. 22 **Cultuel, rituel.** – Liturgique. – Sacramentel.

23 **Sacrificiel,** sacrificatoire [vx] ; tauroboli-
que. – Purificatoire ; lustral. – Expiatoire,
piaculaire, propitiatoire. – Initiatique.

24 Baptisé, confirmé, **oint. – Circoncis. –**
**Béni,** consacré, dédicacé.

Adv. 25 **Cultuellement** [didact.]. – Liturgiquement.

Aff. 26 **-lâtre, -lâtrie.**

## 492 RELIGIEUX ET MINISTRES DES CULTES

N. 1 **Religieux ; ministre du culte.** – Clerc, ecclésiastique ; homme de Dieu ou homme d'Église, religieux *(un religieux)*, gens d'Église [vx]. – **Prêtre.**

2 **Clergé** *(le clergé)* 499, clergé séculier (opposé à clergé régulier) ; péj. : calotte *(la calotte)*, prêtraille *(la prêtraille)*. – Épiscopat *(l'épiscopat)*. – HIST. : bas clergé, haut clergé.

3 Cléricature, prêtrise. – Ministère sacré, sacerdoce. – Apostolat. – Profession religieuse ou vœux de religion.

4 Consécration ; ordination, sacrement de l'ordre. – DR. CAN. : admittatur ou celebret 632, exeat, suspense, suspense *a divinis.*

5 Ordres de l'Église catholique. – Ordres mineurs ou ministères institués ; lectorat, acolytat, ostiariat [vx], exorcistat [vx]. – Ordres majeurs ; **épiscopat, presbytérat,** diaconat, sous-diaconat [vx]. – Aumônerie, chapellenie, vicariat.

6 Anc. : acolyte, exorciste ou exorciseur, lecteur, portier. – Pape (évêque de Rome) 498 ; **évêque, prêtre** ; diaconesse, diacre, sous-diacre [anc.]. – Aumônier, chapelain, **curé** ; desservant, marguillier [anc.], vicaire, prieur 494. – Archevêque, coadjuteur, métropolitain. – Péj. : curaillon, cureton ; arg., vieilli : corbeau, ratichon. – Suspense *(un suspense)* [DR. CAN.].

7 Archiprêtre ; archevêque, patriarche, primat.

8 Appellatifs. – Monsieur l'Abbé, **Père,** mon père, Révérend, mon révérend ; Mère, ma mère, Sœur, ma sœur. – Abba (araméen, « père »).

9 Prédicateur 495. – Confesseur, directeur de conscience ; médecin des âmes, médecin spirituel, pasteur des âmes. – Presbytre [rare].

10 HIST. – Abbé crossé et mitré. – Prêtre assermenté, prêtre constitutionnel, prêtre jureur ; prêtre insermenté, prêtre réfractaire ; prêtre abdicataire. – Patarin.

11 Églises d'Orient. – Papas, pope ; hiérodiacre, hiéromoine. – **Métropolite.**

12 Églises protestantes. – **Pasteur** ; doyen, inspecteur ecclésiastique ou surintendant. – Ministre de l'Évangile.

13 Église anglicane. – Clergyman.

14 Judaïsme 486. – Rabbi [docteur de la loi], nassi [patriarche] ; **rabbin,** Grand Rabbin ; lévite [HIST.]. – Cohen [sacrificateur] [vx] ; mohen [circonciseur]. – Rabbinat.

15 Islam 488. – **Imam** ; aga khan, bab [vx]. – **Mollah** ou mulla, ouléma. – **Ayatollah** ; marabout. – Hodjatoleslam, mufti [jurisconsulte] ; hodja. – Khatib [prédicateur].

16 Bouddhisme 489. – Lama ; **dalaï-lama.**

17 Hindouisme 490. – Adhavaryu [officiant du yajurveda]. – **Gourou** ou **guru,** swami.

18 Chaman ou shaman.

19 Circonscription ecclésiastique ; cure, **diocèse,** évêché, archevêché. – Inspection.

20 Bénéfice ecclésiastique 822 ; aumônerie, cure, maison curiale, maison presbytérale, **presbytère.** – Évêché.

21 Bénéfice, prébende, temporel ; dîme [HIST.]. – Bénéficier, prébendé, prébendier.

22 Institutions. – Conseil œcuménique des Églises. – Église catholique : conseil épiscopal, conseil presbytéral. – HIST. : conseil de fabrique, fabrique, marguillier ou bureau des marguilliers. – Église protestante : conseil presbytéral, consistoire, synode. – Judaïsme : sanhédrin, synhédrion [anc.] ; consistoire israélite.

23 Congrégationalisme ; presbytérianisme. – Cléricalisation.

24 Barrette, mitre. – Croix pectorale, encolpion. – Judaïsme : éphod, taleth.

25 ANTIQ. ROM. – Prêtres de la cité : **pontife,** grand pontife ; augustale, flamine ; fétial, épulon, luperque, prêtresse, vestale ; sacrificateur, victimaire. – Dionysos : bacchante, thyiade. – Cybèle : corybante. – Attis : galle, archigalle. – Mars : salien. – Cérès : arvale.

26 ANTIQ. GR. – Mystère d'Éleusis : hiérophante, mystagogue ; kéryke, hiérokêrux. – Hiérodoule, hiéromnémon ; hiérogrammate.

27 Celtes. – **Druide,** druidesse ; barde.

28 **Culte 491. – Direction spirituelle, prédication** 495. – Administration des sacrements ; absolution, baptême, mariage, onction ; bénédiction, consécration. – Circoncision. – Sacrifice. – Divination 485 ; prédiction. – Exorcisme.

v. 29 Ordonner prêtre. – Cléricaliser.

30 Coiffer la mitre, entrer dans les ordres. – Porter soutane.

31 Célébrer les mystères, officier. – Prêcher. – Baptiser, circoncire. – Bénir, consacrer ; oindre. – Absoudre.

Adj. 32 **Clérical.** – Cathédral **493**, presbytéral ; archiépiscopal, épiscopal, vicarial. – Métropolitain *(évêque métropolitain)* [DR. CAN.], patriarcal. – Ministériel.

33 Paroissial ou parochial.

34 Suspens [DR. CAN.].

## 493 LIEUX DE CULTE

N. 1 **Lieux de culte,** lieux saints. – Maison de Dieu ou du Seigneur.

2 Christianisme : abbatiale, abbaye **499**, basilique, cathédrale, chapelle, collégiale ou église collégiale, **église,** église-halle, oratoire **494**, **sanctuaire** ; *duomo* [ital.]. – Baptistère, crypte ; martyrium ou confession.

3 Judaïsme **486** : **temple** ; **synagogue.** – Islam **488** : **mosquée** ; djami opposé à masdjib ; koubba ; zawiya ou zaouïa. – Bouddhisme **489** : **stupa** ou, au Tibet, **chörten** ; Extrême-Orient : candi, **pagode,** prang, prasat. – Hindouisme **490** : sikhara, vimana.

4 ANTIQ. – Grèce : héraïon, iseion, métroon, sérapeum ; temple. – Empire romain : dolichenum, fanum, laraire, mithraeum, **temple** ; sacrarium. – Phénicie : **tophet.** – Égypte : spéos ; mammisi ; mastaba. – Mésopotamie : ziggourat. – Empire aztèque : teocalli.

5 Parties de l'église. – **Parvis,** porche, tympan ; cryptoportique, galilée, **narthex** ; **nef** ou vaisseau ; bas-côté ou collatéral, travées ; transept, bras du transept ou croisillon, croisée ou carrée du transept ; chœur ; chevet ou croupe d'église ; chapelle axiale, chapelle rayonnante ou absidiole ; déambulatoire. – Tribunes ; triforium. – Arc, arcs-boutants, ogive **777**. – Jubé ; iconostase. – Chancel.

6 Parties de la mosquée : haram. – **Mihrab.**

7 Gopura [partie du temple hindou]. – Kondo [partie du temple japonais].

8 Parties du temple grec : cella ou **naos,** opisthodome, **pronaos** ; propylée. – Temple égyptien : pylône. – Temple de Jérusalem : saint des saints.

9 **Clocher,** campanile, flèche ; pinacle. – Minaret.

10 Bourdon, **cloche.**

11 **Autel,** maître-autel ; ciborium. – **Tabernacle.** – **Bénitier.** – Fonts baptismaux.

12 Ambon [vx], tribune. – **Chaire à prêcher** ; Islam : minbar. – Confessionnal **850.**

13 Banc-d'œuvre, stalle ; miséricorde. – Agenouilloir, prie-Dieu. – Cathèdre ou chaire, trône épiscopal.

14 Lutrin.

15 **Croix,** crucifix. – Chemin de croix. – Ex-voto.

16 Icône ; iconostase. – Retable. – **Vitrail.**

17 **Reliques.** – Châsse, reliquaire ; fierte.

## 494 PRIÈRE

N. 1 **Prière.** – **Oraison,** orémus [fam., vieilli] ; éjaculation [vx], oraison jaculatoire. – Contemplation, méditation, recueillement. – Extase, ravissement ; illumination, vision béatifique. – Darsana (sanskr., « vision mystique »).

2 **Prière** ; **chapelet.** – Prière d'adoration, prière de louange ; prière d'intercession ; prière d'action de grâces. – Ex-voto. – Déprécation, obsécration ; **invocation,** supplication.

3 **Oratoire,** sacrarium [ANTIQ. ROM.]. – Chapelle, église **554.**

4 Orant [litt.], priant [vx].

5 Neuvaine, triduum. – Chemin de croix.

6 Messe **496.** – Recollection, retraite spirituelle. – Prédication **495.**

7 Litanies. – **Chapelet,** rosaire ; dizaine ; moulin à prières.

8 **Cantique 784,** psaume ; hymne. – Cantique des cantiques, De profundis.

9 Ave ou **Ave Maria** (lat., « Je vous salue Marie »), Salutation angélique, Magnificat ; Pater Noster (lat., « Notre Père »), Oraison dominicale ; **Credo** (lat., « Je crois ») ou symbole de la foi ; doxologie ; angélus, laudes. – Patenôtre [vieilli].

10 Bénédicité ; grâces.

11 Prières de la messe. – Confiteor ; anamnèse, préface, prière eucharistique ; offertoire, secrète [vx]. – Alleluia, gloria, Kyrie ou Kyrie eleison ; benedictus, sanctus. – Capitule. – Absoute ; mémento.

12 Heures canoniales. – Prime, tierce, laudes, matines ou office de lectures ; sexte, none, complies, vêpres. – Prier-Dieu [HIST.].

13 Bréviaire ou livre d'heures ; horloge. – Antiphonaire, diurnal ; temporal, vespéral. – Sacramentaire [vx]. – Hymnaire, psautier.

14 Cantillation, **psalmodie.** – Tadjwid.

15 Judaïsme **486.** – Alenou, Kaddish.

16 Islam **488.** – Salat ; subh, zuhr, asr, marhrib, icha. – Dhikr, hadhra ; madih. – Khutba ; adhan.

17 Bouddhisme **489,** hindouisme **490** ; dhyana (méditation), samadhi (concentration), stuti (louange).

18 Prieur, prieure.

v. 19 **Prier** ; être en prière, faire oraison [vx]. – Élever son âme, se recueillir ; se prosterner. – Adorer ; bénir Dieu, rendre grâces à Dieu.

20 Faire ses dévotions ou ses prières. – Défiler son chapelet, dire son bréviaire ; fam., vieilli : dire des orémus. – Psalmodier.

Adj. 21 Contemplatif, méditatif. – En prière.

22 Invocatoire.

## 495 PRÉDICATION

N. 1 **Prédication** ; kérygme [didact.] ; mission. – **Catéchèse.**

2 **Apostolat** ; missionnariat ; ministère de la parole. – Mission.

3 **Bonne Nouvelle,** bonne parole. – Parole **705,** parole divine, manne céleste.

4 Homilétique [didact.]. – **Éloquence de la chaire.**

5 Prédication ; homélie, **prêche,** prône, **sermon** ; station. – Oraison funèbre, panégyrique. – Conférence, entretien spirituel. – Péj. : capucinade ; prêchi-prêcha.

6 Prosélytisme. – Croisade ; dragonnade [HIST.].

7 Christianisation. – Islamisation. – Judaïsation.

8 Édification, moralisation **690.** – Catéchisation. – **Catéchisme** ou, fam. et enfant., caté, instruction religieuse [anc.] ; instruction familière [vx].

9 Catéchuménat.

10 Séminaire ; écoles du dimanche. – École talmudique (yeshiva). – École coranique (medersa ou madrasa).

11 Homiliaire, sermologue, sermonnaire.

12 **Prédicateur,** prédicant [vx] ; ministre de la parole, sermonnaire ; conférencier, prêcheur de morale. – Frère prêcheur ; dominicain, oratorien **499.** – Missionnaire ; missionnaire botté [HIST.].

13 Apôtre ; les douze apôtres, les princes des apôtres (saint Pierre et saint Paul). – **Catéchiste** ; catéchète, évangéliste.

14 Catéchumène. – **Converti** ; judaïsant, néophyte ; prosélyte. – Marrane.

v. 15 **Prêcher** ; prêcher dans le désert ; prêcher ou porter la bonne parole. – Exhorter, **sermonner** ; monter en chaire ; tonner du haut de la chaire.

16 Convertir ; dragonner [HIST.]. – Catéchiser, évangéliser. – Christianiser **487** ; catholiciser. – Islamiser **488.** – Judaïser **486.**

Adj. 17 Apostolique, charismatique. – Catéchétique.

18 Catéchistique. – Sermonnaire.

19 Chrysologue.

Adv. 20 Apostoliquement.

## 496 MESSE

N. 1 **Messe.** – Sacrifice de l'autel, saint sacrifice, saint mystère. – Messe basse, messe dialoguée ; messe lue, messe chantée ou haute ; messe solennelle ou pontificale ; messe ardente. – Grand-messe, messe carillonnée ; messe du jour. – Messe du soir ; vêpres. – Messe de minuit. – Messe nuptiale. – Messe du Saint-Esprit, messe votive ; messe d'actions de grâce ; messe fondée. – Obit ; office des morts ou des trépassés, office de requiem.

2 Desserte, **office,** service.

3 Rite alexandrin, rite arménien, rite byzantin, rite chaldéen, rite copte, rite éthiopien, rite syrien ou antiochien ; HIST. : rite de Césarée, rite d'Édesse. – Rite byzantin : liturgie de saint Jean Chrysostome, liturgie de saint Basile le Grand, liturgie des présanctifiés. – Liturgie ambrosienne, liturgie lyonnaise [HIST.], liturgie mozarabe. – Liturgie romaine. – Liturgie protestante. – Liturgie orthodoxe **487.**

4 Acclamation, bénédiction. – **Liturgie de la parole** ; Épître, Évangile. – Exhortation, oraison **494, prêche 495,** prône. – **Communion,** sacrifice eucharistique (ou : de l'Eucharistie, de la Cène). – **Offertoire** ; consécration, élévation, oblation. – Imposition des mains ; baiser de la paix.

5 Oblats *(les oblats) ;* espèces eucharistiques, saintes espèces. – **Hostie,** pain ; vin ; cendre, cire, feu, rameaux ; lait, miel. – Chrême ou Saint-Chrême ; huile *(les saintes huiles),* onction, onguent. – Encens.

6 Génuflexion, prostration ; **signe de croix.**

7 Agnus Dei, alléluia, Ave Maria, confiteor, **credo,** gloria, Kyrie, mémento, **pater,** sanctus ; collecte. – Préface, prière eucharistique ; secrète [vx].

8 Introït ; gaudeamus, graduel, **hymne, psaume 784** ; antienne, antiphone, répons. – **Gospel** ou **gospel song** (angl., « chant d'évangile »).

9 **Prêtre 492,** diacre. – Acolyte, bedeau [vx], enfant de chœur, servant ; vx : bedeau, suisse, thuriféraire. – **Sacristain.** – Cantor, chantre, maître de chapelle.

10 **Soutane** ; amict, aube, chape, **chasuble,** dalmatique, étole, manipule, rochet, surplis ; orfroi. – Blanc (temps des grandes fêtes), vert (temps ordinaire), violet (temps de la pénitence), rouge (fêtes des apôtres, des martyrs et du Saint-Esprit) ; pourpre cardinalice.

11 Antimense, nappe purificatoire ; corporal ; pale. – Manuterge. – Tavaïolle.

12 Aspersoir, **encensoir,** goupillon, ostensoir ; navette. – Calice, ciboire, custode, lunule, patène ; burette. – Clochette. – **Cierge.**

13 Livre paroissial ou paroissien, **missel ;** évangéliaire, lectionnaire ; antiphonaire, graduel. – Propre des offices et des messes. – Liturgie anglicane : *Book of common prayer* (angl., « livre de la prière ordinaire »). – Liturgie orthodoxe : liturgicon. – Calendaire [vx], obituaire.

14 Langue liturgique : arabe (Église maronite) **739,** bohairique (Église copte), grec byzantin (Église grecque orthodoxe), guèze (Église éthiopienne), latin (Église latine), slavon (Église slave orthodoxe), syriaque (Église syrienne, rite chaldéen).

15 Pratiquant ; fidèle, paroissien. – Brebis, ouaille. – Communauté des fidèles ou croyants, Église militante, giron de l'Église ; corps mystique, Église.

16 Assemblée, synaxe.

v. 17 Célébrer (*célébrer la messe),* concélébrer **491** ; sonner la messe.

18 Aller à la messe ; entendre ou suivre la messe.

19 **Communier,** s'approcher de l'autel. – Pratiquer.

20 Fonder des messes, faire dire des messes.

Adj. 21 **Liturgique.**

Int. 22 *Ite missa est* (lat., « allez, c'est le renvoi », formule de renvoi de l'assemblée par le diacre à la fin de la messe) ; allez en la paix du Christ.

## 497 FÊTES RELIGIEUSES

N. 1 **Fêtes religieuses.** – Fêtes calendaires, fêtes mobiles ; fêtes occurrentes. – Cycle liturgique.

2 Jours fastes (opposés à jours néfastes). – Jour férié ; férie [ANTIQ. ROM.]

3 Fêtes chrétiennes **487.** – Avent, Noël ou Nativité, Épiphanie. – Cendres ; mardi gras, jeudi gras, dimanche gras ; carême, mi-carême. – **Semaine sainte ;** fête des Rameaux, triduum pascal (jeudi saint, vendredi saint, samedi saint), Pâques ; Ascension, Pentecôte ; Quinquagésime ; fête de la Sainte-Trinité, fête du Saint-Sacrement (en France : Fête-Dieu), Sacré-Cœur. – Toussaint ; fête des Morts (ou : commémoraison des défunts, fête des Trépassés, jour des Morts). – Jour du Seigneur (dimanche).

4 Fêtes catholiques. – Présentation, Purification ; Annonciation, Visitation ; Immaculée Conception, Assomption de Notre-Dame, Dormition [vx]. – Fêtes des saints.

5 Fêtes juives **486.** – Pourim (fête d'Esther), Pessah (la Pâque), Shabouot (Pentecôte ou fête des Semaines), Rosh ha-Shana (Nouvel An), Yom Kippour (Grand Pardon), Soukkot (fête des Cabanes ou des Tabernacles), Hanoukka (Dédicace ou fête des Lumières). – Parascève, **Sabbat** ou Shabbat.

6 Fêtes islamiques **488.** – Aïd-el-Fitr ou Aïd-el-Séghir (fin du jeûne [Petite Fête]), Aïd-el-Kébir ou Aïd-el-Adha (sacrifice du mouton [Grande Fête]), Achoura ou Achura (jeûne expiatoire), Mouloud ou Laylat al-Mawlid al-Nabi (naissance du Prophète), Laylat al-miradj (ascension du Prophète) ; Laylat al-qadr (nuit du Destin), Ras al-Am (Nouvel An).

7 Fêtes hindoues **490.** – Dasahara (fête de la mousson), Divali, Holi (pleine lune de février), Kumbha Mela.

8 Fêtes de l'Antiquité romaine et grecque. – Ludi augustales, upercalia, saturnalia ; féralies, parentales ou parentalies ; lémuries ; lectisternes. – Adonis **500** : adonies. – Aphrodite : aphrodisies. – Apollon : délies, gymnopédies, jeux pythiques (ou : pythiens, panhelléniques). – Artémis : artémésies, éphésies, élaphébolies. – Athéna : panathénées. – Bacchus : bacchanales. – Cy-

bèle : mégalésies. – Déméter : éleusinies, thesmophories ; orgies. – Dionysos : anthestéries, dionysies, mystères dionysiaques ; cômos. – Faunus : lupercales. – Flore : floralies. – Jupiter : ludi capitoli, ludi magni, ludi romani. – Priape : priapées. – Saturne : saturnales. – Vesta : vestalies. – **Mystères** (mystères de Cybèle, d'Éleusis, d'Isis, de Mithra).

9 Ménologe ; hagiographie. – Calendrier liturgique ; oro, temporal.

## 498 PAPE

N. 1 **Pape** ; chef de l'Église **554**, souverain pontife ; évêque de Rome **492**, successeur de saint Pierre, vicaire du Christ. – Antipape ; papes d'Avignon [HIST.].

2 Saint-Père, Sa Sainteté (S. S.) **648**, Notre Saint-Père (N. S.-P.), Très Saint-Père.

3 **Papauté, pontificat.**

4 Infaillibilité pontificale.

5 Bénédiction papale, bénédiction urbi et orbi. – Béatification, canonisation. – Décision ex cathedra. – Excommunication **640**. – Réserve (ou : réservat, réservation).

6 Indult. – Motu proprio.

7 Bref, bulle, **encyclique**, lettre apostolique. – Décrétale [vx], rescrit ; clémentine [HIST.].

8 Index. – Syllabus.

9 Clefs de saint Pierre, pallium, tiare. – Mule.

10 Rose d'or.

11 Conclave, Sacré Collège.

12 Consistoire. – Concile œcuménique, synode **90.3**.

13 **Cardinal.** – Conciliaire, conclaviste.

14 Prélat de Sa Sainteté ; protonotaire. – **Nonce, légat,** légat a latere.

15 Camérier, camerlingue, caudataire ; dataire [HIST.]. – Papalin.

16 Camerlinguat, nonciature. – Cardinalat. – Prélature.

17 Cité vaticane, **Vatican ;** États pontificaux ; Saint-Siège. – Curie ; Chambre apostolique, Congrégation de l'index [vx], Congrégation des rites, Congrégation du Saint-Office, tribunal de la Rote ; daterie [HIST.].

18 Denier de saint Pierre. – **Annate** [HIST.].

19 Concordat [HIST.].

20 Papisme **487**, ultramontanisme. – Gallicanisme.

21 Papiste, ultramontain ; uniate. – Gallican.

v. 22 Être élevé au pontificat. – Tenir chapelle.

Adj. 23 **Papal, pontifical.** – Papable (ou, ital., *papabile*).

24 Cardinalice.

25 Concordataire.

## 499 MOINES

N. 1 **Moine.** – Monachisme [didact.], monacat. – Anachorétisme, **érémitisme ;** cénobitisme. – Vie claustrale ; vie monastique, vie monacale ; vie conventuelle. – Vie cénobitique, vie érémitique. – Vie contemplative (opposé à vie active).

2 Conventualité.

3 Clergé régulier (opposé à clergé séculier). – Béat *(les béats)* [vx]. – Moinaille, moinerie *(la moinerie)* [péj.].

4 Monial [litt.] ; moinillon [par plais.] ; régulier *(un régulier) ;* frocard [péj.]. – Moine mendiant, moine prêcheur, moine hospitalier. – Anachorète **584**, **ermite,** solitaire ; cénobite, gyrovague [HIST.]. – Père du désert [HIST.].

5 **Moniale,** nonne [vieilli] ; par plais. : nonnain [vx], nonnette ; moinesse [vx et péj.]. – Couventine ; épouse du Christ [fig.]. – Bouddhisme japonais : ama.

6 Islam **488** : **derviche** (derviche errant, derviche mendiant ; derviche hurleur ; derviche tourneur) ; calender ou qalandari [HIST.] ; fakir. – Hindouisme **490** : **fakir.**

7 Bouddhisme **489** : **bonze ; lama,** dalaï-lama, panchen-lama. – Chaman. – Bhikkhu **702**, bhiksu. – Talapoin [vx].

8 Communauté, confrérie, congrégation ; **ordre.** – Chapitre, discrétoire ; prieuré. – Islam : tariqa.

9 Catégories déterminées par le Saint-Siège : ordres monastiques, clercs et chanoines réguliers, ordres mendiants, congrégations sacerdotales ou sociétés de prêtres, instituts religieux ou congrégations laïques, instituts séculiers.

10 ORDRES DE RELIGIEUX

| | |
|---|---|
| Annonciade | Bernardins |
| Assomptionnistes | Camaldules |
| Augustins | Capucins |
| Barnabites | Carmes |
| Bénédictins | Chartreux |

Cisterciens
Cordeliers
Dominicains ou
   Frères prêcheurs
Ermites de
   Saint-Jérôme
Eudistes
Franciscains ou
   Frères mineurs
Frères de la
   doctrine chrétienne
Hiéronymites
Jésuites
Lazaristes
Maristes
Minimes

Oblats de
   Marie-Immaculée
Olivétains
Oratoriens
Passionistes
Pères blancs
Pères du Saint-Esprit
Prémontrés
Récollets
Rédemptoristes
Salésiens
Servites
Sulpiciens
Théatins
Trappistes
Trinitaires

11 ORDRES DE RELIGIEUSES

Augustines
Bernardines
Calvairiennes
Capucines
Carmélites
Clarisses
Dames
   de l'Assomption
Dames de Saint-
   Joseph-de-Cluny
Dames

de Saint-Thomas
Dominicaines
Franciscaines
Madelonnettes
Petites Sœurs
   des pauvres
Sœurs de Saint-
   Vincent-de-Paul
Ursulines
Trinitaires
Visitandines

12 Fonctions : **abbé,** archimandrite ; **supérieur** *(le supérieur) ;* archimandrite [Églises orientales]. – Chanoine ; capitulant ; grand chantre, doyen, primicier ou princier, théologal. – Cellérier, frère convers, pitancier [vx], portier, procureur, tourier [vx], trésorier ; hebdomadier.

13 Titres : **Dom,** Révérend, Révérend Père. – **Abbé 648,** abbesse ; Père, Mère. – Frère, Sœur.

14 Statut : chanoinesse, oblat ; frère lai.

15 Postulant ; novice.

16 Probation. – Postulat ; alumnat, juvénat, **noviciat.**

17 **Prise d'habit.** – Vœu d'obéissance ; vœu de chasteté, de pauvreté, de silence.

18 Observance **52.8.**

19 Provincialat. – Commanderie, prieuré ; canonicat, chanoinie ; chantrerie.

20 Charte, chartre [vx], règle *(règle de saint Basile, de saint Benoît, etc.).*

21 Heures canoniales (dites : petites heures du bréviaire) ; matines, laudes, primes, tierce, sexte, none, vêpres **496,** complies.

22 **Monastère ;** moinerie, moutier [vx] ; **couvent** ou, vx, convent. – Hindouisme : ashram. – Ermitage. – Bonzerie [vieilli], lamaserie ; dervicherie ; capucinière [vx et péj.], chartreuse ; béguinage.

23 **Abbaye,** archimonastère, collégiale ou église collégiale **493,** commanderie, maison mère, **prieuré.** – Islam : ribat. – Bouddhisme : gompa, vihara.

24 Cellule, chapitre ou salle capitulaire, cloître, scriptorium ; tour. – In pace [vx].

25 Aumusse [vx], cagoule, chape **862,** coule ; camail, mosette. – Cilice [vx], robe de bure ; froc. – Capuce, cuculle, scapulaire ; barbette [vx], béguin, cornette [anc.], guimpe [vx], voile.

26 Tonsure.

V. 27 **Prendre l'habit** ou le voile, prononcer des vœux ; commuer les vœux. – Relever d'un vœu.

28 Se moinifier [par plais. et vx]. – Encapuchonner. – Défroquer, jeter le froc aux orties **515.**

29 Mener une vie de chanoine. – Vivre comme un moine.

Adj. 30 Abbatial. – **Monastique, monacal ;** congréganiste. – Canonial, canonical.

31 Conventuel, communautaire. – Capitulaire, chapitral.

32 Érémitique ; cénobitique. – Ascétique.

33 Cloîtré.

Adv. 34 Conventuellement, monastiquement [rare]. – Capitulairement.

# 500 DIVINITÉS

N. 1 **Divinité ;** déité. – **Déesse, dieu,** être divin. – Démon **504,** esprit, génie ; force, puissance. – **Demi-dieu,** héros **508 ;** faune, nymphe, satyre ou silène ; muse. – Panthéon.

2 Dieu supérieur, dieu inférieur. – Dieu conseiller, dieu domestique ou familier, dieu lare, dieu tutélaire. – Déesse mère. – Divinité poliade ; dieu indigète.

3 Dieu parèdre ou parèdre. – Ennéade, triade ; les douze grands dieux de Rome ou dieux olympiens. – **Trinité,** trimurti.

4 **Brahman** (sanskr., « formule chiffrée ») ; deva (sanskr., « être divin ») **492.** – Japon : kami. – Polynésie : **mana.** – Rome : numen. – Égypte : Ka. – Iran : Yazata.

5 Dieu **502 ;** Yahvé ou Javhé **486.** – Allah **488.** – Bouddha **489.**

6 Baal ; **faux dieu.**

7 Fétiche **484,** idole, **totem.**

8 **Théogonie ; mythologie.** – Grèce : Iliade, Odyssée. – Mayas : Chilam-Balam, Popol-

Vuh. – Saxe : Nibelung, Edda, Beowulf. – Inde : Ramayana, Mahabharata.

9 Homme primordial. – Israël : Adam ; Scandinavie : Ask ; Iran : Yama ; Inde : Manu, Prajapati.

10 DIEUX SOUVERAINS. – Grèce : Zeus. – Anatolie : Dolichenos. – Rome : Jupiter ; Jupiter Capitolin, Jupiter Maximus, Jupiter Optimus ; Jupiter Fulgur, Jupiter Stator. – Égypte : Amon, Rê ; Isis, Osiris. – Perse : Mithra. – Mésopotamie : Anou, Mardouk. – Assyrie : Assour. – Inde : Mitra. – Celtes : Taranis. – Scandinaves : Odin ou Wotan. – Aztèques : Ometeotl, Tonacatecuhtli et Tonacacihuatl. – Monde précolombien ; Incas : Viracocha ; Mayas : Hunabku.

11 ANTIQ. GR. – **Les Muses** ; Clio (histoire), Euterpe (musique), Thalie (comédie), Melpomène (tragédie), Terpsichore (danse), Érato (élégie), Polymnie (poésie lyrique), Uranie (astronomie), Calliope (éloquence).

12 ABONDANCE. – Grèce : Ploutos 78. – Rome : Ops. – Égypte : Hâpî.

13 AMOUR ET BEAUTÉ. – Grèce : Aphrodite ou Anadyomène 436, Psyché ; Éros 600. – Rome : Vénus. – Égypte : Maât. – Scandinaves : Baldr. – Monde précolombien ; Aztèques : Tlazolteotl.

14 CHASSE. – Grèce : Artémis. – Rome : Diane. – Égypte : Onouris. – Assyrie : Ninourta.

15 CIEL. – Grèce : Ouranos. – Égypte : Nout ; Hathor ; Sha. – Mésopotamie : Anou, El. – Perse : Ahura-Mazda. – Monde précolombien ; Mayas : Itzamma.

16 COMMERCE ET ÉLOQUENCE. – Grèce : Hermès. – Rome : Mercure ou le messager des dieux ; Hercule.

17 CULTURE. – Grèce : Cérès, Déméter. – Rome : Acca larentia, Quirinus. – Phrygie, Thrace : Sabazios. – Étrurie : Vertumne. – Monde précolombien ; Aztèques : Chicomecoatl ; Mayas : Yumkaax.

18 DESTIN. – Grèce : Tyché ; Némésis ; Moira. – Rome : Fortune. – Mésopotamie : Enlil.

19 DROIT. – Grèce : Dikê, Thémis ; Astrée. – Égypte : Maât.

20 EAUX. – Grèce : Ino, Neptune, Nérée, Poséidon, Protée ; Néréides. – Égypte : Noun. – Mésopotamie : Ea. – Perse : Anahita.

21 FÉCONDITÉ, VIE. – Grèce : Héra. – Phrygie : Cybèle (dite grande mère, mère des dieux). – Rome : Junon. – Égypte : Khnoum, Ptah ; Min ; Sebek. – Mésopotamie : Ashtart (ou : Ishtar, Istar), Dagan, Inanna, Tanit. – Inde : Visnu ; Aditi. – Scandinavie : les Vanes ; Freyja, Freyr, Njörd. – Monde précolombien ; Aztèques : Tonantzin ; Mayas : Ixchel.

22 FEU. – Grèce : Héphaïstos. – Rome : Cacus, Vulcain. – Inde : Agni.

23 FOYER. – Grèce : Hestia. – Rome : Vesta ; Lares, Pénates.

24 GUERRE. – Grèce : Arès ; Érinyes, Euménides, Furies, Harpies. – Rome : Bellone, Discorde, Mars. – Égypte : Seth ; Pakhet, Sekhmet ; Montou. – Celtes : Ogne ou Ogmios, Teutatès ou Toutatis. – Scandinavie : les Ases, Tyr ; walkyrie. – Monde précolombien ; Aztèques : Huitzilopochtli.

25 JEUNESSE. – Grèce : Hébé. – Rome : Juventus.

26 LUNE. – Grèce : Hécate. – Carthage : Tanit. – Mésopotamie : Sin ou Souen. – Inde : Candra.

27 MAL. – Égypte : Bès. – Scandinavie : Sigyn. – Celtes : Loki.

28 MORT. – Grèce : Hadès, Perséphone ; Hermès psychopompe ou psychagogue. – Rome : Pluton, Proserpine. – Égypte : Anubis, Sokar. – Mésopotamie : Enki, Nergal. – Monde précolombien ; Mayas : Ah Puch ; Aztèques : Tezcatlipoca.

29 MORT ET RÉSURRECTION. – Égypte : Apis, Osiris ; Nephthys. – Inde : Siva.

30 PLAISIRS. – Grèce et Rome : Faune, Faunus, Fauna ou Bona Dea, Pan, Priape ; Palès.

31 PLUIE. – Grèce : Isis. – Mésopotamie : Hadad, Techoub. – Inde : Indra. – Celtes : Thor ou Donan. – Japon : Susanoo. – Monde précolombien ; Aztèques : Tlaloc ; Mayas : Chac.

32 SAGESSE. – Grèce : Athéna ; les trois Grâces ou les Charites (Aglaé, Euphrosyne, Thalie). – Rome : Minerve. – Égypte : Thot, Hermès Trismégiste. – Inde : Brahma, Ganesa ou Ganapati. – Celtes : Épona. – Germains : Brigitte.

33 SANTÉ. – Grèce : Asclépios, Léto. – Rome : Esculape, Latone. – Égypte : Bastet, Sérapis. – Inde : Asvin. – Celtes : Borvo, Grannus.

34 SOLEIL. – Grèce : Apollon, Hélios, Hélios phoibos (gr., « le brillant »), Phaéton, Phoibos ; Éos. – Rome : Apollon Phœbus, Phébus ou Phœbus. – Égypte : Aton, Horus, Khepri, Rê ; Nefertum. – Mésopotamie : Shamash. – Perse : Ahura-Mazda. – Inde : Surya. – Japon : Amaretsu. – Amérique du Nord : Wakan Tauka. – Celtes :

Cernunnos. – Monde précolombien ; Aztèques : Quetzalcoatl ou serpent à plumes ; Incas : Inti ; Mayas : Kinich Ahau.

35 SOMMEIL. – Grèce : Morphée.

36 TERRE. – Grèce : Gaia. – Égypte : Geb. – Scandinavie : Iord ou Jard.

37 VÉGÉTATION. – Rome : Flore, Sylvain. – Phénicie : Adonis. – Phrygie : Atys. – Aztèques : Quetzalcoatl, Xipetotec.

38 VENT. – Grèce : Zéphyr 275. – Rome : Éole. – Égypte : Amon, Chou.

39 VIN. – Grèce : Dionysos. – Rome : Bacchus, Liber pater ; Saturne.

40 **Titans ;** Hypérion, Prométhée ; Mnémosyne, Téthys, Thémis. – **Géants ;** Antée, Atlas, Briarée, Cyclope. – Ouranos et Gaia ; Cronos et Rhéa.

41 Héros : Achille, Ajax, Castor, Dédale, Diomède, Étéocle, Hector, Héraclès, Ion, Jason, Mélampous, Méléagre, Minos, Œdipe, Orion, Palamède, Patrocle, Pélée, Persée, Phrixos, Pirithoos, Pollux, Pylade, Rhadamanthe, Stentor, Thersite, Thésée, Thyeste, Ulysse ; Dardanos, Égyptos, Hellên, Italos, Pélops ; Bellérophon, Cécrops.

42 Nymphes : dryade, hamadryade, naïade, néréide, océanide, oréade. – Aréthuse, Callisto, Calypso, Daphné, Écho, Égérie, Eurydice, Juturne, Maia, Pomone, Syrinx ; Hespérides.

43 Attributs divins : caducée (Hermès), conque (Triton), égide (Zeus et Athéna), foudre *(le foudre)* (Jupiter ; Indra), talonnière (Hermès), thyrse (Dionysos), trident (Neptune), uraeus (Rê) ; thiase (Dionysos). – Corne d'abondance (Lares). – Linga, yoni (Siva) ; éléphant (Indra). – Oiseau de Junon (paon), oiseau de Jupiter (aigle), oiseau de Minerve (chouette), oiseau de Vénus (colombe).

44 Royaume céleste **505**, séjour des dieux. – Ciel, cieux ; Olympe [MYTH. GR.], Walhalla ou Val-Hal [MYTH. GERM.].

45 **Théophanie.** – Hiérogamie. – Apothéose.

V. 46 **Diviniser ;** déifier. – Héroïser.

Adj. 47 Théogonique. – Mythologique.

48 Bachique, dionysiaque ou dionysien, isiaque, mithriaque, priapique ; apollinien. – Musagète *(Apollon Musagète).*

49 Titanesque ou titanide. – Héroïque. – Herculéen. – Œdipéen.

## 501 TEXTES SACRÉS

N. 1 **Textes sacrés ;** textes religieux. – Canon *(canon des Écritures).*

2 Judéo-christianisme. – **Bible** ou livres hébraïques ; Bible des Septante. – Ancien Testament ou Ancienne Alliance. – **Pentateuque ;** Genèse, Exode, Lévitique, Nombres, Deutéronome. – Prophètes ; Josué, les Juges, Samuel I, Samuel II, les Rois I, les Rois II. – Écrits ou Hagiographes ; Psaumes, livre de Job, Proverbes, Cantique des cantiques, Ecclésiaste, Ecclésiastique ou Siracide ; Chroniques, Esdras-Néhémie ; livre de Ruth, livre des Lamentations, livre d'Esther, livre de Daniel. – Livre de Baruch.

3 Judaïsme **486**. – **Torah** ou Pentateuque. – **Talmud** (hébr., « étude ») ; Talmud babylonien, Talmud palestinien ; Gemara, mishna. – Massore ; tossafot. – Haggada, Halaka.

4 Christianisme **487**. – **Écriture** (les Écritures, les Saintes Écritures). – **Bible** *(la Bible, la Sainte Bible),* Livre *(le Livre, le Saint Livre) ;* Ancien Testament, Nouveau Testament ou Nouvelle Alliance. – **Les quatre Évangiles ;** Évangile selon saint Marc, Évangile selon saint Matthieu, Évangile selon saint Luc, Évangile selon saint Jean. – Évangiles apocryphes ; Protévangile de Jacques. – Actes des Apôtres.

5 Islam **488**. – **Coran ;** sourate ; aya (verset) ; al-fatiha (première sourate). – **Sunna** (ar., « précepte ») ; hadith (tradition) ; qudsi (récit sacré), nabawi (récit prophétique). – Kalam (ar., « parole sur Dieu ») ; mère du livre ou livre exemplaire.

6 Écrits mystiques. – Judaïsme : Sefer yetsira (Livre de la création), **Zohar** (Livre de la splendeur). – Christianisme orthodoxe : philocalie. – Islam : Andarz.

7 Hindouisme **490**. – Sruti (littérature révélée). – **Veda ;** Atharvaveda (Veda des formules et incantations), Rigveda (Veda des hymnes), Samaveda (Veda des mélodies), Yajurveda (Veda des formules sacrificielles). – Brahmana (commentaires). – Upanisad.

8 Hindouisme. – Smriti (tradition). – **Sutra** (préceptes). – Grihya-sutra (traité des rites domestiques), Dharma-sutra (règles du droit), Kama-sutra (règles de l'amour), Yoga-sutra. – Bhasya (commentaires sur les sutra). – Dharmasarstra (jurisprudence).

9 Hindouisme. – Purana *(Grand Purana, Purana secondaire* ou *Upa-Purana)* ; Bhagavata-Purana, Visnu-Purana. – **Mahabharata ; ramayana ;** Pancatantra.

10 Parsisme : Bundahishn ou Bundehish.

11 Sikhisme : Adi Granth ou Granth Sahib.

12 Jaïnisme : Agama.

13 Bouddhisme **489.** – Tipitaka ; Vinaya-pitaka (règles de vie monastique), Suttapitaka (discours du Bouddha), Abhidhamma-pitaka. – Commentaires theravada : Visuddhi-magga ; Abhidhamma-avatara ; Milindapanha ; Sri Lanka : dipavamsa, Mahavamsa. – Commentaires mahayana : Prajnaparamita ; Avatamsaka-sutra, Saddharma-pundarika-sutra, Sukhavati-vyuhasutra. – Commentaires madhyamika : Mulamadhya-maka-karika, Sunyata-saptati.

14 Bouddhisme. – Jataka (récit des vies du Bouddha). – Vie du boudhha Gautama : Vinaya, Sutta-pitaka, Buddhacarita. – Chine : sutra du Lotus.

15 Tantrisme : **Tantra ;** Guhya-samaja-tantra ; Bka-gyur ; Bstan-gyur.

16 Taoïsme. – Liezi (Livre du maître Lie), Tao-tö-king ou Daodejing (Livre du Tao et du Tö, de l'Être et de l'Existence, de l'Absolu et de la Manifestation), Zhuangzi (Livre du maître Zhuang). – Shujing (Livre des documents) ; yijing (Livre des mutations) **485.**

17 Shinto. – Kojiki (Recueil des choses anciennes), Nihongi (Chroniques du Japon). – Engishiki (Règlements de l'ère Engi).

18 Mazdéisme : Avesta.

19 Rome : Livres sibyllins.

20 Égypte : Livre des morts, Textes des sarcophages, Textes des pyramides.

21 Scandinavie : Edda ; saga.

22 Empire maya : Chilam Balam, Popol Vuh.

23 Java : Jago, Panataram.

Adj. 24 Scripturaire **762.** – Biblique ; deutérocanonique. – Évangélique. – Talmudique. – Coranique. – Védique.

## 502 DIEU

N. 1 **Dieu, l'Éternel.** – Être puprême [anc.]. – Grand Architecte de l'Univers ; Souverain Juge. – Incréé *(l'Incréé),* Infini *(l'Infini),* Un *(l'Un).*

2 Auteur de la nature, créateur. – Cause première **34.1,** principe de toute chose. – Providence.

3 **Logos, Verbe.**

4 Le Roi du Ciel et de la Terre, le Roi des rois, le Saint des Saints, le Tout-Puissant, **le Très-Haut, le Seigneur, Seigneur Dieu ;** Notre Seigneur ; Dieu de vérité, Dieu juste, Dieu de justice, Dieu de miséricorde. – Dieu jaloux. – **Dieu vivant.**

5 Dieu des armées. – Dieu des Hébreux, Dieu d'Israël. – Dieu d'Abraham ; Dieu d'Isaac, Dieu de Jacob, Dieu de David. – Arbre de Jessé.

6 **Père,** Père éternel ; bon Dieu [fam.]. – Arg. : le barbu, le Grand Dab, le mec des mecs.

7 Élohim ou Éloïm. – Adonaï, Jéhovah, Yahveh. – Allah.

8 Dieu-homme, Dieu fait homme, homme-Dieu ; **Fils de Dieu,** Fils unique de Dieu, Dieu le Fils, Fils de l'homme ; Fils de David ; Fils de Marie. – **Christ,** Christ-Roi ; **Jésus 487,** Jésus-Christ (J.-C.), Seigneur Jésus, Notre Seigneur Jésus-Christ (N. S. J.-C.) ; Jésus de Galilée, le Galiléen, le Nazaréen. – Oint du Seigneur. – Emmanuel ; **Messie, Rédempteur, Sauveur,** Sauveur du monde ; Notre Sauveur. – Pain céleste, pain de vie. – Crucifié.

9 **Agneau de Dieu,** Agneau pascal, Agnus Dei.

10 Père, Fils et Saint-Esprit. – Paraclet, Sanctificateur.

11 Sigles : chrisme (XP), JHS ou IHS *(Iesus, Hominum Salvator :* « Jésus, sauveur des hommes »), **INRI** (lat., *Iesus Nazarenus Rex Iudæorum :* « Jésus de Nazareth, roi des Juifs »), ICHTHUS (gr., *Iêsous Christos Theou Uios Sôter :* « Jésus-Christ, fils de Dieu, sauveur »), YHWH ou YHVH (Yahvé). – *Ecce homo* (lat., « voici l'homme »).

12 Delta mystique. – Mandorle ou amande mystique.

13 Attributs de Dieu : aséité, consubstantialité ; pureté, unité. – Transcendance. – Beauté **436,** sublimité. – Éternité **173,** immensité, immortalité, immutabilité, omniprésence ; impeccabilité. – Bonté **585,** miséricorde ; omniscience, prescience, sagesse ; toute-puissance.

14 Voies de Dieu, doigt (ou : main, bras) de Dieu, œil de Dieu ; voies du Seigneur. – Voix de Dieu ; les dix commandements.

15 Épiphanie, Théophanie. – Révélation **477.**

16 Dimanche ou jour du Seigneur.

17 Culte de latrie (opposé à culte de dulie) 503.9.

18 Théologie.

v. 19 Déifier ; diviniser 500.

20 Prov. et loc. prov. – L'homme propose, Dieu dispose. – Dieu sait, Dieu seul sait. – Si Dieu veut.

Adj. 21 Divin, dive. – Sophianique.

Aff. 22 Déi-, théo- ; -théique.

## 503 ANGE

N. 1 **Ange.** – Esprit aérien, esprit céleste ; intelligence. – Messager de Dieu, ministre du ciel ; armée, légions, milices célestes.

2 Angélité [rare]. – Angélologie [didact.].

3 Angélophanie.

4 Chute des anges ; chute de l'Ange.

5 **Hiérarchie des anges ;** chœur. – Séraphin, chérubin, trône ; domination, vertu, puissance ; principauté, archange, ange.

6 Ange blanc, ange du ciel, ange de lumière, **bon ange.** – **Ange gardien** ou ange protecteur, ange tutélaire. – Démon [vx] **504.**

7 Michel, Raphaël, Uriel. – Ange de l'Annonciation ; Gabriel.

8 Salutation angélique **494.**

9 Culte de dulie (opposé à culte de latrie) **502.17.**

10 Angélologie [didact.].

v. 11 Angéliser [rare] **4.10.**

Adj. 12 **Angélique ;** archangélique, séraphique.

13 Angélisé.

Adv. 14 Angéliquement.

## 504 DÉMON

N. 1 **Démons.** – Démonographie, démonologie.

2 **Diable ;** démone, diablesse. – **Esprit malin,** esprit ou génie du mal, esprit immonde, esprit impur ; malin *(le malin),* mauvais *(le mauvais).* – **Prince des ténèbres,** puissance des enfers, roi des enfers ; prince de ce monde. – Adversaire *(l'Adversaire) ;* séducteur *(le Séducteur),* tentateur *(le Tentateur).*

3 **Ange déchu,** ange noir, ange rebelle ou révolté, ange de ténèbre, mauvais ange. – Antéchrist.

4 Démons. – Asmodée, Baphomet, Bélial, Belzébuth, Gog et Magog, **Lucifer,** Mammon, Méphistophélès ou Méphisto. – Chaytan, Iblis ; Lilith. – Ravana.

5 Incube, succube. – Larve [ANTIQ. ROM.], strige. – Lutin. – Goule. – Djinn.

6 **Diablerie,** démonerie [vx] ; diabolisme. – Démonialité [THÉOL.].

7 Démonisme, satanisme ; démonolâtrie [vieilli]. – Démonomanie [didact., vieilli], démonopathie.

8 Didact. : démonicole, démonolâtre ; démonomane. – Démoniste. – Démonographe. – Démonologue.

9 **Magie noire 484 ;** messe noire, sabbat. – Conjuration, **exorcisme 492.**

10 Ailes, cornes, oreilles pointues, pieds fourchus, longue queue. – Bouc, chauve-souris ; basilic.

11 Abîme ou séjour des démons.

v. 12 Être ensorcelé ; avoir le diable au corps **600,** être possédé du diable. – Faire un pacte avec le diable, vendre son âme au diable.

Adj. 13 Démonial, **démoniaque,** démonique [PHILOS.] ; diabolique **551,** méphistophélique, satanique. – Démonologique.

Adv. 14 Démoniaquement.

## 505 PARADIS

N. 1 **Paradis ;** ciel 255. – Cour céleste, céleste demeure, séjour céleste ; royaume des cieux, royaume de Dieu, royaume éternel. – Cité céleste, cité de Dieu, cité sainte ; Nouvelle Jérusalem, Jérusalem céleste. – Pourpris sacrés, parvis sacrés ; célestes lambris.

2 Saint Pierre ; anges, saints ; bienheureux *(les bienheureux),* élus *(les élus),* justes *(les justes).* – Corps glorieux. – Chemin du Paradis ; **clés du Paradis.** – Pont de Mahomet. – Houri.

3 **Ascension 211,** assomption.

4 Béatitude du ciel, bonheur éternel, félicité éternelle, éternité bienheureuse 173.

5 Paradis terrestre ; jardin d'Éden, jardin des délices (opposé à vallée de larmes ou de misère).

6 Hindouisme : Brahma-loka ou monde de Brahma **490,** satya-loka ou monde de la vérité.

7 MYTH. – Séjour des dieux ; empyrée. – Séjour ou empire ou rivage ou royaume

des morts ; **Enfers 506** ; Champs Élysées ou Champs élyséens ; Walhalla.

v. 8 Aller au Paradis, **monter aux cieux** ; être assis à la droite du Père. – Se recommander à tous les saints du Paradis.

Adj. 9 Paradisiaque.

Adv. 10 **Là-haut.**

## 506 ENFER

N. 1 **Enfer** ; géhenne, schéol. – Barathre [sout.]. – Le chemin de l'enfer est pavé de bonnes intentions [prov.].

2 Dam, **damnation.** – Peine du dam 722, peine du sens, supplices ou tourments ou tortures de l'enfer. – Flammes éternelles, flammes ou feux de l'enfer 256.

3 **Purgatoire.** – Âmes du purgatoire, Église souffrante. – Limbes.

4 **Jugement dernier.**

5 Damné, **maudit,** réprouvé 640. – Ombres myrteuses.

6 Bouches ou gouffre de l'Enfer, vestibule ou porte de l'Enfer. – Pandémonium. – Les cercles de l'Enfer ; *l'Enfer* (Dante).

7 MYTH. – Monde inférieur ou chtonien ; abîme (ou : demeure, empire) myrteux, séjour des ombres, sombre rivage. – Tartare (opposé à champs Élysées). – Kigallou [Mésopotamie], mitclan [Aztèques].

8 MYTH. – Fleuves des Enfers : **Achéron,** Pyriphlégéthon ou Phlégéthon, Styx, Léthé ; lac Averne. – **Cerbère,** Charon ; nocher des Enfers. – Euménides ou furies : Alecto, Mégère, Tisiphone. – Juges des Enfers : Éaque, Minos, Rhadamante. – Parques : Atropos, Clotho, Lathésis. – Damnés et suppliciés : Danaïdes, Sisyphe, Prométhée, Tantale.

9 Divinités chtoniennes 482.

v. 10 Condamner à la damnation, **damner.** – Perdre son âme. – Se damner, se perdre.

11 Aller (ou : descendre, tomber) en enfer.

12 Expier. – Souffrir comme un damné 345.

Adj. 13 **Infernal.** – Chtonien.

14 Damnable.

Adv. 15 Damnablement. – À se damner.

## 507 VOLONTÉ

N. 1 **Volonté** *(la volonté)* ; volition, vouloir *(le vouloir)* [didact.] ; libre arbitre. – PHILOS. : nolonté ; nolition.

2 **Volonté** ; détermination, résolution 510. – **Fermeté,** opiniâtreté, **persévérance** 512, ténacité ; obstination ; entêtement. – **Caractère** ; énergie morale, force d'âme. – Volontarisme.

3 **Volonté** *(une, des volontés)* ; résolution ; dessein, **intention 532,** projet, propos. – Velléité. – Vouloir- [+ inf.] *(vouloir-apprendre, vouloir-paraître, vouloir-vivre, etc.).* – **Désir 523, souhait,** vœu ; dernières volontés.

4 **Choix 519** ; rare ou vx en emploi autonome : discrétion, gré, guise. – Arbitraire ; bon plaisir, bon vouloir. – **Caprice 522,** coup de tête, fantaisie, lubie.

5 **Volontariat.** – **Bonne volonté,** mauvaise volonté. – Intentionnalité, **préméditation.**

6 **Volontaire** *(un volontaire).* – Velléitaire *(un velléitaire).*

v. 7 **Vouloir ; désirer 523,** souhaiter. – Ambitionner 534, briguer, convoiter, viser ; aspirer à, prétendre à ; avoir des prétentions, des visées sur. – Avoir l'intention de, faire exprès de ; préméditer.

8 **Décider,** se déterminer, prendre une résolution, la résolution de. – Insister, s'entêter, s'obstiner 514, tenir bon, ne pas démordre. – Quand on veut, on peut [loc. prov.].

9 **Bien vouloir 428.** – Faire les quatre ou les trente-six volontés de qqn, passer à qqn ses quatre (ou ses trente-six) volontés.

10 Imposer, ordonner, prescrire ; imposer sa volonté. – Forcer, influencer 623, obliger. – Défendre, interdire 633. – **Refuser 520** ; résister 630, s'opposer 18.7.

Adj. 11 **Voulu, volontaire** ; délibéré, intentionnel, prémédité. – Arbitraire.

12 PSYCHOL. : volitif, volontaire.

13 **Décidé, déterminé, résolu.** – Volontaire ; opiniâtre, tenace ; entêté, obstiné, têtu ; buté. – Velléitaire ; capricieux.

Adv. 14 **Volontairement** ; délibérément, intentionnellement, **exprès,** sciemment ; à dessein. – Librement, de plein gré. – Arbitrairement.

15 **Volontiers 467** ; *sponte sua* (lat., « de sa propre volonté »). – Bon gré, mal gré ; *nolens, volens* (lat., « bon gré, mal gré »).

16 À volonté ; ad libitum ou, abrév., ad lib (lat., « à volonté »). – Au choix. – À ma (ta, sa, etc.) guise.

Prép. 17 Au gré de (qqn), à la discrétion de (qqn).

Int. 18 **Fam.** : je veux ! (aussi, par plais. : je veux, mon neveu !).

## 508 COURAGE

N. 1 **Courage** ; cœur [vx], valeur. – **Bravoure, vaillance,** héroïsme. – **Cran** [fam.], fermeté, force d'âme, résolution 510, **sang-froid,** stoïcisme.

2 **Audace, hardiesse,** impétuosité, intrépidité, témérité ; crânerie [vieilli]. – Fam. : aplomb, culot, estomac, toupet.

3 **Courage ; ardeur,** ardeur au travail, énergie, enthousiasme, fougue, zèle. – Constance, **patience 446,** persévérance **512.**

4 **Exploit, prouesse** ; action d'éclat, acte ou action héroïque, haut fait.

5 **Brave** *(un brave),* **héros 639,** preux **710.** – Fam. : casse-cou, risque-tout.

V. 6 **Enhardir** ; donner, redonner du courage **565.**

7 **Oser** ; ne pas craindre de, aller de l'avant, prendre des risques, s'exposer ; braver, défier le danger, la mort.

8 Avoir, **montrer du courage,** avoir du cœur au ventre. – N'avoir pas peur, n'avoir pas froid aux yeux [fam.], ne pas trembler. – Reprendre courage, s'armer de courage, prendre son courage à deux mains ; n'écouter que son courage ; s'enhardir.

Adj. 9 **Courageux ; brave,** crâne [vieilli], hardi, héroïque, preux, vaillant, valeureux. – **Audacieux,** fougueux, hardi, intrépide, téméraire ; fam. : casse-cou, kamikaze. – **Ferme,** fort, impavide, résolu 510, stoïque.

10 **Courageux ;** énergique, entreprenant, **travailleur 792,** zélé.

11 **Courageux** ; chevaleresque, **généreux,** noble, viril.

Adv. 12 **Courageusement** ; bravement, hardiment, héroïquement, **vaillamment** ; intrépidement, témérairement ; crânement [vieilli]. – Résolument ; avec ardeur, avec courage.

Int. 13 **Courage** !

## 509 LÂCHETÉ

N. 1 **Lâcheté ; faiblesse,** mollesse, pusillanimité [litt.], veulerie. – **Couardise** [litt.], dégonfle [fam.], pleutrerie, poltronnerie – **Peur 472.**

2 **Abandon,** abdication **515,** capitulation, défection **513,** démission, désertion, lâchage, non-assistance. – Cacade [fig., vx], dérobade, fuite, reculade ; fuite honteuse. – Reniement, **trahison 597** ; coup en dessous.

3 **Lâcheté** *(une, des lâchetés) ;* bassesse, ignominie, indignité, vilenie [litt.].

4 **Lâche ;** capon [fam., vx], couard [litt.], couille molle [vulg.], dégonflard [fam.], **dégonflé** [fam.], capitulard [péj.], femmelette, pleutre, poltron, poule mouillée, pied plat [vx] ; fam. : foireux, froussard, péteux, pétochard, trouillard **472.** – Déserteur, fuyard, lâcheur – Traître ; foie blanc [arg.].

V. 5 Se déballonner [fam.], **se dégonfler,** caner ou canner [fam.], caponner [fam., vx], céder, faillir, flancher [fam.], mollir ; avoir les foies blancs [fam.], les couilles molles [vulg.], ne pas avoir de sang dans les veines, manquer de courage, de tripes. – Avoir peur ; fam. : avoir les foies, les jetons, la pétoche.

6 **Abandonner,** capituler, céder, lâcher, laisser tomber [fam.] ; se décourager ; perdre courage. – Crier merci, demander grâce. – **Fuir 202** ; filer, reculer, se dérober ; fam. : se débiner, se défiler, s'esbigner. – **Trahir** ; blanchir du foie [fam.].

Adj. 7 **Lâche** ; bas, **honteux 611,** ignoble, **indigne,** méprisable, vil.

8 **Lâche ; faible 376,** mou, pusillanime [litt.], veule. – Capon [fam., vx], **couard** [litt.], **peureux,** pleutre, **poltron** ; fam. : foireux, **dégonflé,** péteux. – Sournois, hypocrite **595.**

Adv. 9 **Lâchement** ; bassement, honteusement, indignement.

## 510 RÉSOLUTION

N. 1 **Résolution** *(la résolution) ;* constance, **détermination, fermeté,** opiniâtreté, ténacité, **volonté 507** ; caractère, force de caractère, esprit de décision.

2 **Résolution** *(une, des résolutions) ;* **décision,** dessein, **intention 532, projet,** propos ; conseil [vx] **566,** programme, vœu.

3 Jusqu'au-boutiste [fam.].

V. 4 **Résoudre de** + inf. ; arrêter, **décider,** déterminer ; prendre un parti, une décision, faire un choix **519.** – Délibérer, statuer. – **Avoir l'intention de** ; prendre, former la résolution de, projeter **534,** se promettre de. – Résoudre (qqn) à ; persuader 525.

5 Être prêt à tout ; **vouloir** ; savoir ce que l'on veut, avoir des idées arrêtées, camper ou rester sur ses positions.

6 Se décider à ; **se résoudre à** ; se résigner à 635, finir par, en venir à.

Adj. 7 **Résolu** ; **décidé, déterminé,** prêt à tout ; **énergique, ferme,** hardi, inébranlable, opiniâtre, persévérant 751, tenace ; **de caractère** *(homme, femme de caractère).* – **Résolu `à** ; prêt à, résigné à.

8 **Résolu** ; assuré, **convaincu,** pénétré.

9 Résoluble ; décidable.

Adv. 10 **Résolument** ; décidément, énergiquement, fermement, hardiment ; carrément [fam.], farouchement, rondement ; sans hésitation, **sans hésiter,** sans barguigner. – **Coûte que coûte 514.**

## 511 IRRÉSOLUTION

N. 1 **Irrésolution** ; doute, embarras, flottement, **hésitation,** incertitude 431, indécision, indétermination, perplexité, trouble. – Flou *(le flou),* vague *(le vague).* – Désarroi.

2 **Irrésolution** ; **inconstance,** instabilité, versatilité 33.1.

3 Atermoiement, errement, **hésitation,** tâtonnement, tergiversation ; velléité 507. – Abstention, **faux-fuyant,** réponse de Normand. – Débat intérieur, **réticence 607,** scrupule.

4 Irrésolu *(un irrésolu),* **indécis** *(un indécis).* – *Velléitaire (un velléitaire).* – **Girouette** [fam.]. – Jean qui rit et Jean qui pleure.

V. 5 **Hésiter** ; balancer, douter [vx], osciller, ne savoir que choisir ou que décider, ne savoir sur quel pied danser. – Atermoyer, **tergiverser, se tâter,** peser le pour et le contre, y regarder à deux fois ; tourner autour du pot [fam.]. – Entre les deux mon (ton, son, etc.) cœur balance [loc. fam.].

6 Être sans opinion ; **s'abstenir,** ne pas s'avancer, ne pas se décider, ne pas se prononcer, rester en balance ou en suspens. – Ajourner, **différer 577,** lanterner, temporiser ; s'en remettre au hasard 44.7.

7 **Douter 431** ; se demander, ne pas savoir ; se poser des questions.

8 Fluctuer, **varier 33.9** ; **changer d'avis,** retourner sa veste. – Se laisser influencer.

Adj. 9 **Irrésolu** ; incertain, **indécis,** indéterminé, **hésitant,** perplexe ; ni chair ni poisson. – **Déconcerté,** désorienté, embarrassé ; dubitatif, **sceptique.**

10 **Irrésolu** ; **faible, mou,** timoré ; sans caractère ; velléitaire. – **Changeant 193,** inconstant 522, instable, ondoyant, vacillant, versatile ; influençable 623. – **Flou,** fluctuant, **vague** ; entre le zist et le zest [vieilli] ; mi-figue, mi-raisin.

11 **Irrésolu** ; **indéfini,** indéterminé, suspendu ; en attente, **en suspens.**

Adv. 12 **Irrésolument** ; avec hésitation, en hésitant ; **timidement 618.**

## 512 PERSÉVÉRANCE

N. 1 **Persévérance** ; constance, insistance, obstination, opiniâtreté, patience 446, **résolution, ténacité.** – Courage 508, fermeté, **volonté 507.** – **Combativité,** pugnacité. – **Application 530,** assiduité.

2 **Continuité 61.1,** continuation, persistance, suite ; esprit de suite, suite dans les idées.

V. 3 **Persévérer** ; continuer, **poursuivre,** soutenir son effort ; faire, tracer son sillon [loc. fig.] ; avoir de la suite dans les idées. – Prov. et loc. prov. : petit à petit l'oiseau fait son nid ; il n'est pas besoin d'espérer pour entreprendre, ni de réussir pour persévérer. – **Insister,** s'obstiner 514, s'opiniâtrer, persister ; s'acharner.

Adj. 4 **Persévérant** ; courageux, **résolu 510** ; constant, fidèle, patient ; **obstiné,** opiniâtre, **tenace.** – **Appliqué,** assidu ; **continu,** soutenu, suivi.

Adv. 5 Persévéramment [rare] ; avec persévérance, sans trêve, sans désemparer. – **Patiemment** ; à la longue.

## 513 DÉFECTION

N. 1 **Défection** ; **absence 10.1,** disparition, éclipse. – DR. : contumace, **défaut,** défaillance, non-comparution.

2 **Défection** ; abandon, **désertion,** trahison ; fam. : lâchage, plaquage. – Déloyauté 694, **infidélité,** traîtrise. – Débâcle, débandade, déroute, exode, **fuite.**

3 Apostasie, **démission,** désaveu, parjure, **reniement,** rétractation, revirement, volte-face 17.3 ; **renonciation 515.**

4 Défectionnaire [vx ou HIST.] ; **déserteur,** lâcheur [fam.], **traître 597.** – Apostat, par-

jure, renégat, transfuge. – **Démission-naire.**

v. 5 **Faire défection** ; ne pas être là, **manquer,** manquer à l'appel ; sécher [fam.].

6 **Partir 202,** s'absenter, s'éclipser, s'en aller, **fuir,** se retirer, se sauver ; fausser compagnie, se soustraire (à une obligation, à un devoir).

7 **Abandonner,** délaisser, déserter, laisser, **quitter** ; fam. : lâcher, laisser tomber, larguer, planter là, plaquer.

8 Défaillir [litt.] ; apostasier, se dédire, se déjuger, se désavouer, se parjurer ; **renier, trahir** ; manquer à sa parole, revenir sur sa parole ; changer d'avis, changer de camp, passer à l'ennemi. – **Renoncer,** reculer, **se dérober** ; faire faux bond ; se récuser.

Adj. 9 Défectionnaire [vx ou HIST.] ; **absent,** contumace ou contumax [DR.], **manquant,** défaillant [DR. ou vx], **disparu, parti** ; mort **311.** – Inconstant, **infidèle,** parjure.

Adv. 10 Infidèlement, traîtreusement.

11 **Ailleurs.** – Par contumace.

## 514 OBSTINATION

N. 1 **Obstination** ; **entêtement, insistance,** opiniâtreté, persévérance **512,** persistance, **ténacité** ; acharnement. – **Résolution 510,** volonté **507.**

2 Idée fixe – Caprice **522.**

3 **Entêté** *(un entêté)* ; fam. : cabochard, tête de bois (aussi : de cochon, de mule, de pioche) ; mauvaise tête **630.** – Fig. : bloc, mur.

v. 4 **S'obstiner** ; continuer, **s'entêter, insister,** s'opiniâtrer [sout.], persévérer, persister, résister ; **s'acharner** ; passer outre.

5 **Tenir bon** ; demeurer ou rester sur ses positions ; **ne pas céder 520,** ne pas démordre, ne pas lâcher le morceau [fam.]. – Se braquer, **se buter** ; ne vouloir rien entendre.

6 Fam. : **avoir la tête dure,** avoir une tête de cochon ; avoir une rude ou une sacrée caboche.

Adj. 7 **Obstiné** ; persévérant, **opiniâtre,** résolu, **tenace,** volontaire **507.** – **Buté,** cabochard, **entêté, têtu,** têtu comme un âne (aussi : comme une mule, comme un mulet) ; braqué. – Intransigeant **599.**

8 **Obstiné** ; **acharné,** assidu, opiniâtre.

Adv. 9 **Obstinément** ; mordicus [fam.], farouchement, opiniâtrement, résolument.

10 **À tout prix,** à toute force, **coûte que coûte,** de gré ou de force, envers et contre tout, contre vents et marées, **malgré tout.**

## 515 RENONCIATION

N. 1 **Renonciation** ; **abandon** ou abandonnement, délaissement ; cession, résiliation. – Abdication, **démission,** désengagement, désistement, retrait ; abstention. – Abjuration, apostasie, désaveu, rejet, **reniement 597,** répudiation.

2 **Renoncement** ; **abandon,** abdication, capitulation, reddition, **résignation,** soumission **628** ; défaitisme, fatalisme. – **Découragement,** faiblesse **509** ; apathie, relâchement.

3 **Renoncement, renonciation** ; abandon de soi, **abnégation,** abstinence, ascèse **702,** dépouillement, désintéressement, **détachement,** indifférence **524,** oubli de soi. – Compromission, concession, privation, sacrifice ; retraite.

4 DR. : renonçant, renonciateur ; renonciataire. – **Défaitiste.**

v. 5 **Renoncer** ; **abandonner,** délaisser, lâcher, **laisser,** quitter, résilier ; se défaire, se départir, se dépouiller, se dessaisir, **se détacher** ; dire adieu à ; se désaccoutumer, se déshabituer.

6 **Arrêter,** cesser, dételer [fam.]. – **Abdiquer,** se démettre, démissionner, **se désister,** se récuser, résigner, se retirer.

7 Abjurer, apostasier **480, rejeter, renier.**

8 **Renoncer à** ; s'abstenir de, se passer de, **se priver de** ; fam. : se brosser, faire ceinture, faire (ou : mettre, tirer) une croix sur. – Renoncer à soi-même, renoncer au monde ; se dévouer, s'immoler, **se sacrifier** ; faire don de sa personne. – Se retirer du monde, vivre en ermite ; mourir au monde.

9 **Renoncer** ; **abandonner 513,** abdiquer, **capituler 661,** désespérer, reculer ; s'avouer vaincu, baisser les bras, déclarer forfait, déposer les armes, jeter le manche après la cognée ; se décourager, se relâcher. – **Se résigner,** se résoudre à **510** ; se faire une raison.

Adj. 10 Renonciatif. – **Démissionnaire.** – Battu ; défaitiste, fataliste.

11 Dissuasif **526.**

## 516 LIBERTÉ

N. 1 **Liberté** ; libre arbitre ; franc arbitre [vieilli] ; liberté morale. – **Autonomie.** – PHILOS. :

liberté d'indifférence (Descartes) ; liberté intelligible (ou : nouménale, transcendantale) [Kant] ; liberté naturelle ou, lat., *arbitrium brutum*.

2 Autonomie, **indépendance 14.2**, souveraineté ; self-government (angl., « gouvernement par soi-même »). – Affranchissement, **autodétermination**, franchise [vx].

3 DR. : liberté politique 713, liberté publique ; liberté civile ; **Droits de l'homme et du citoyen** (ou : de l'individu, de la personne humaine). – Libertés concrètes ou formelles. – *Liberté, Égalité, Fraternité* [devise de la République française].

4 DR. – **Liberté individuelle** ; liberté de la vie privée, du domicile ; liberté corporelle ou physique ; habeas corpus (lat., « que tu aies ton corps »). – Liberté provisoire ou surveillée 724 ; liberté sur parole. – **Liberté de conscience**. – Liberté religieuse, liberté du culte ; liberté d'enseignement. – **Liberté de pensée**, d'expression, d'opinion, liberté de la presse. – **Liberté d'association** ; liberté de réunion ; liberté syndicale, liberté du travail. – Liberté économique 837 ; liberté des conventions.

5 DR. INTERN. – Liberté de l'air, droit de survol ; libertés commerciales ou techniques. – Libertés de la mer ou des mers.

6 **Liberté** ; droit, latitude, licence, **pouvoir** ; faculté, moyen, possibilité ; facilités.

7 **Autorisation 621**, loisir, permission. – Dispense, immunité.

8 **Disponibilité 531**, loisir, vacance [litt.].

9 Liberté d'esprit ou de jugement ; indépendance d'esprit. – Libertinage [HIST.], libre pensée, scepticisme ; **anticonformisme**, non-conformisme.

10 Libertinage [vx], licence [vieilli] 705 ; **laisser-aller**, laxisme, relâchement.

11 **Libertés** ; familiarités, hardiesses [sout.], licences [vieilli], privautés. – **Franc-parler**. – Licence *(licence poétique)*.

12 PHILOS. : **indéterminisme** ; existentialisme, libertisme. – Libéralisme [PHILOS., POLIT.] ; **démocratie 671**. – RELIG. : latitudinarisme [vx], modernisme. – POLIT. : anarchisme ; **autonomisme**, indépendantisme, nationalisme, sécessionnisme, séparatisme.

13 Indépendant *(un indépendant)*. – Citoyen. – Alleutier [FÉOD.], antrustion [HIST.].

14 **Libre penseur** ou libre-penseur ; esprit fort, esprit libre, **libertin** *(un libertin)* [litt.],

sceptique *(un sceptique)*. – **Anticonformiste**, non-conformiste *(un non-conformiste)* ; esprit critique ; individualiste *(un individualiste)*. – RELIG. : latitudinariste *(un latitudinariste)* [vx], moderniste *(un moderniste)*.

15 **Autonomiste** *(un autonomiste)*, indépendantiste *(un indépendantiste)*, nationaliste *(un nationaliste)*, sécessionniste *(un sécessionniste)*, séparatiste *(un séparatiste)*.

16 POLIT. – **Démocrate** *(un démocrate)*, républicain *(un républicain)* ; **libéral** *(un libéral)*. – Libérâtre *(un libérâtre)* [péj., vx]. – Liberticide *(un liberticide)* [vieilli].

17 **Libertaire** *(un libertaire)* ; anarchiste *(un anarchiste)*.

18 HIST. : commune libre, ville libre, ville franche ; zone libre. – Arbre de la Liberté [HIST.] **286**.

v. 19 **Libérer, mettre en liberté** ; affranchir, émanciper. – Élargir, relâcher, relaxer. – Délivrer ; dégager, délier, détacher ; déchaîner [rare].

20 **Exempter** ; dispenser ; tenir quitte de. – Fig. : décharger, dégager, délier.

21 Prendre la liberté de ; **s'autoriser à 632**, se permettre de. – Prendre ou se permettre des libertés avec ; **en prendre à son aise**, ne pas se gêner. – Faire à sa guise ou à son idée ; **n'en faire qu'à sa tête 522**.

22 S'autodéterminer, s'autonomiser, choisir **519**.

23 Vivre sa vie, **voler de ses propres ailes 14.10**. – Être son propre maître ; n'avoir de compte à rendre à personne ; s'appartenir, s'assumer [fam.]. – Avoir ou garder les mains libres, avoir la bride sur le cou. – Avoir quartier libre. – Avoir le champ libre ou, vx, la scène, avoir du jeu ou de la marge.

24 Avoir toute liberté pour, avoir pleine ou toute licence de [litt.]. – Avoir blanc-seing (ou : carte blanche, le feu vert) ; avoir les coudées franches, avoir les pleins pouvoirs.

25 Avoir l'esprit ou la tête libre, **disposer de soi**, être à soi. – Vx : n'être pas sujet à un coup de cloche ou de marteau, vivre en gentilhomme.

Adj. 26 **Libre** ; autonome, **indépendant**. Rare : inasservi, insubordonné.

27 Souverain.

28 **Libéral** *(profession libérale)* ; indépendant.

29 **Libre** ; libre comme l'air ; dégagé de toute obligation. – Disponible ; de loisir [vx].

30 Libertin [vieilli], **libre penseur** ou libre-penseur, licencieux. – **Anticonformiste,** non-conformiste. – RELIG. : latitudinariste [vx], moderniste.

31 **Autonomiste,** indépendantiste, nationaliste, sécessionniste, séparatiste.

32 **Libéral ;** démocrate, républicain. – Libérâtre [péj., vx].

33 **Libéral ;** permissif, tolérant. – Coulant [fam.], **laxiste ;** latitudinaire [RELIG.].

34 **Libre ;** effronté, hardi.

35 **Liberticide** [POLIT., vieilli].

36 PHILOS. – **Libre ;** absolu, **autonome,** délibéré, franc [vx], réfléchi, volontaire 507.

37 **Facultatif** 519 ; ad libitum ou ad lib (lat., « au choix »).

Adv. 38 **Librement ;** indépendamment [vieilli]. – De son chef ou de son propre chef, de sa propre initiative, de soi-même ; de son propre mouvement ou, lat., motu proprio, *sponte sua* (lat., « de sa propre volonté ») [didact.].

39 **À sa guise, à son idée ;** vieilli : à sa mode, à sa tête. – À son aise, loisiblement [litt.], à loisir, **tout à loisir.**

40 **Libéralement** [rare ou vx].

Int. 41 Vive la liberté ! – Ni Dieu ni maître !

## 517 FATALITÉ

N. 1 **Fatalité ;** destin. – Destinée, lot [litt.], sort. – Détermination ; prédestination, prédétermination.

2 **Destination ;** mission 691, vocation ; appel du ciel, appel du destin.

3 Anankê [MYTH. GR.], fatum [MYTH. LAT.]. – Providence [RELIG.] ; étoile, fortune. – **Arrêt du destin,** décret de la Providence, ordre du ciel ; caprices de la fortune. – Le grand livre du destin ; la roue de la Fortune ; la loterie du sort. – Le doigt de Dieu, la main du destin, la main de la Providence.

4 MYTH. GR. : Némésis, Tyché ; Fortune [MYTH. ROM.] 500 ; Enlil [Mésopotamie] – Les Moires, les Parques. – Dame Fortune.

5 Oiseau de bon ou de mauvais augure. – Intersigne, présage 485, signe avant-coureur.

6 Déterminisme, fatalisme. – Providentialisme [didact.].

V. 7 **Destiner ;** prédestiner [cour., RELIG.], **prédéterminer.** – Appeler, élire, vouer.

8 Être gouverné par son destin, suivre son destin. – Faire contre mauvaise fortune bon cœur. – Forcer le destin. – Jouer à pile ou face, tirer au sort.

9 **Être né sous une bonne étoile ;** fam. : avoir la baraka, être né coiffé. – Avoir de la chance (ou, fam. : du pot, de la veine) 548. – Être promis aux plus hautes destinées.

10 Être né sous une mauvaise étoile 549 ; **jouer de malchance.** – Fam. : avoir la cerise (ou : la guigne, le mauvais œil, la poisse, la scoumoune).

11 C'est écrit ; c'était écrit ; *mektoub* [ar., même sens] ; on n'échappe pas à son destin. – Les chemins de la Providence sont impénétrables, les voies du Seigneur sont impénétrables.

Adj. 12 **Fatal,** fatidique ; destinal [didact.], providentiel. – Immanquable, inéluctable, inévitable.

Adv. 13 **Fatalement,** inéluctablement, inexorablement. – Providentiellement.

Int. 14 À Dieu vat, **à la grâce de Dieu,** *inch Allah* ! [ar.]. – *Alea jacta est* (lat., « le sort en est jeté »).

## 518 OBLIGATION

N. 1 **Obligation ;** coercition, **contrainte.** – **Force,** pression 525, violence. – DR. : Astreinte, contrainte par corps.

2 **Obligation** *(une obligation, des obligations) ;* **astreinte,** charge, **contrainte, devoir** 691, responsabilité. – Corvée, tâche, pensum. – Servitude, sujétion 622.

3 **Obligation ; besoin, nécessité.** – Exigence, impératif *(un impératif) ;* force majeure, raison d'État. – Commandement 631, prescription, loi, règle ; discipline.

4 **Obligation ; engagement,** lien ; promesse 596, serment. – **Dette,** dû *(un dû) ;* gratitude 589, reconnaissance.

5 Contrat, convention ; reconnaissance de dette. – Acte, **titre** 843.

6 Obligé *(un obligé)* [sout.], débiteur. – **Obligataire** ou obligationnaire [vx].

V. 7 **Obliger ;** astreindre, contraindre, **forcer ;** mettre dans l'obligation de. – Condamner, réduire ; acculer, sommer ; mettre en demeure, mettre au pied du mur. – **Imposer** 507, **nécessiter** 41. 5 ; commander, exiger, ordonner, prescrire.

8 **Obliger ; engager, lier ;** assujettir, enchaîner, soumettre ; mettre à la merci de.

9 **Obliger** [sout.] ; **aider 563**, rendre service.

10 **Devoir**, être tenu à + n., être tenu de + inf. ; n'avoir d'autre possibilité ou d'autre ressource que.

11 **Falloir** [impers.] ; il faut, on doit.

Adj. 12 **Obligatoire, obligé** [fam.] ; exigé, **imposé ;** d'obligation, de rigueur. – Exigible. – Contraint, forcé ; de commande. – Incontournable, **indispensable, nécessaire,** vital.

13 Certain, **fatal 517,** forcé, immanquable, inéluctable, **inévitable,** infaillible, sûr.

14 **Astreignant 530, contraignant ;** asservissant, assujettissant. – Coercitif.

15 **Obligé** [sout.] ; dépendant, engagé, lié, tenu. – Redevable ; reconnaissant.

16 Obligeant 585.

17 Obligataire.

18 MUS. : obligé ou obbligato.

Adv. 19 **Obligatoirement ;** indispensablement, nécessairement. – **Fatalement,** forcément, immanquablement, inéluctablement, **inévitablement,** infailliblement, sûrement ; à coup sûr, à tous les coups [fam.].

20 Obligeamment.

21 De gré ou de force ; par force.

## 519 CHOIX

N. 1 **Choix, option.** – Adoption, **décision,** détermination, résolution **510 ;** acceptation.

2 Cooptation, **désignation, élection 672, nomination,** plébiscite, suffrage, vote. – Promotion ; promotion au choix.

3 **Choix,** option ; **sélection, tri,** triage ; exclusion **68.1 ;** latitude, possibilité. – Alternative, dilemme ; embarras du choix. – Questionnaire à choix multiple.

4 **Critère** ou critérium [vx] ; **goût 373,** prédilection, **préférence.** – Fantaisie, gré, guise, bon plaisir. – **Liberté 516,** libre arbitre ou libre-arbitre, **volonté 507 ;** arbitraire *(l'arbitraire) ;* impartialité, objectivité, partialité, subjectivité. – Crible, éliminatoire.

5 **Assortiment,** collection, **recueil, sélection.** – Ana [vx], analectes, anthologie, chrestomathie, florilège.

6 Choisisseur [rare] ; sélecteur, sélectionneur, sélectionniste. – Électeur. – Décideur.

7 Sélectionnisme, sélectivité. – Éclectisme.

V. 8 **Choisir ; adopter,** opter pour ; faire, fixer, arrêter un choix, son choix ; embrasser un parti, une résolution. – Décider, arrêter, s'arrêter à, se décider pour, se fixer sur, jeter son dévolu sur.

9 **Désigner,** distinguer, élire, nommer ; coopter, plébisciter ; donner sa voix, son suffrage à, voter pour.

10 **Préférer, retenir,** sélecter, sélectionner, trier ; trier sur le volet ; cribler, filtrer. – Arbitrer, prendre parti pour, se prononcer sur, trancher. – Se résigner à, se résoudre à, s'en tenir à.

11 Avoir le choix, l'embarras du choix ; atermoyer, balancer, délibérer, **hésiter,** se tâter [fam.].

Adj. 12 **Choisi, favori, préféré ;** appelé, distingué, **élu,** prédestiné. – Recueilli, sélectionné, trié. – **De choix 434,** d'élection.

13 Optionnel, **facultatif ;** à option, en option. – Inexigible.

14 Électif. – Sélectif ; sélecteur.

Adv. 15 **Facultativement,** optionnellement ; **au choix.**

16 Électivement. – Sélectivement.

## 520 REFUS

N. 1 **Refus ;** fin de non-recevoir, inacceptation, négative *(la négative),* **non** *(un non),* réponse négative ; **rebuffade.** – Exclusion, mise à l'écart, **rejet ;** récusation [DR.].

2 **Refus ;** nolition **507 ; interdiction,** veto. – **Refus de** [+ n. ou inf.] *(refus d'obéissance, refus d'obtempérer, refus de comparaître) ;* réticence **511.**

3 **Refus ;** contestation, condamnation, désapprobation, **inacceptation,** protestation **429.**

4 Dénégation, déni, **négation.** – Refus psychologique ; refus de + n. *(refus du réel, refus du temps),* conduites de refus ; fuite, négativisme, refoulement.

5 Contestataire, protestataire ; contradicteur. – Négateur. – Négativiste.

6 Refus ; **rebut ;** laissé pour compte. – Refus *(enfoncer un pieu jusqu'à refus)* [TR. PUBL.].

V. 7 **Refuser ; décliner,** opposer un refus, répondre par la négative ou négativement **418 ;** persister dans un refus, se tenir dans la négative [rare].

8 **Refuser ; écarter 68.8, rejeter,** renvoyer, **repousser ;** dédaigner ; mépriser ; laisser pour compte.

9 **Éconduire,** rabrouer, rembarrer ; fam. : envoyer paître ou promener, envoyer au diable. – Blackbouler, récuser [DR.]. – Ajourner ; fam. : coller, recaler.

10 Essuyer un refus, se heurter à un refus.

11 Refuser qqch à qqn ; défendre, **interdire** 633 ; empêcher, priver.

12 **Refuser de** + inf. *(refuser d'obéir, de se soumettre),* se refuser à ; **s'opposer,** se rebeller, se rebiffer, regimber, **résister,** se révolter ; ruer dans les brancards [fam.] ; ne pas céder 514.

13 **Refuser** ; combattre, **contester,** dénier, **nier,** protester, récuser, réfuter ; mettre en doute ; démentir, s'inscrire en faux contre. – Dénier, **nier ; ignorer ;** vouloir ignorer, être sourd à, faire la sourde oreille.

14 TECHN. – Refuser ou refuser l'obstacle (en parlant d'un cheval) [ÉQUIT.]. – Refuser (en parlant du vent) [MAR.]. – Refuser (en parlant d'un pieu) [TR. PUBL.].

Adj. 15 **Refusé,** ajourné ; fam. : blackboulé, collé, recalé. – Laissé pour compte.

16 Refusable [plus souv. en tournure négative] ; **inacceptable,** inadmissible, irrecevable. – **Contestable,** récusable, réfutable.

17 **Négatif,** négatoire. – Rédhibitoire.

18 **Désobéissant ; insoumis,** rebelle, récalcitrant, réfractaire.

Adv. 19 **Négativement,** nenni [vx], **non ;** ne pas, ne point.

## 521 PRÉTEXTE

N. 1 **Prétexte ;** (bonne) excuse ; cause, **motif** 37, raison. – Argument, **explication,** justification ; **alibi.**

2 **Prétexte,** faux prétexte ; allégation, échappatoire, (mauvaise) excuse, faux-fuyant 406, faux motif, faux-semblant, mauvaise raison, refuite [litt. ou vx], stratagème, subterfuge ; biais, moyen, porte de sortie 204. – **Fausseté ;** mensonge 729, ruse, tromperie. – **Dissimulation,** couvert, couverture ; apparence.

3 **Prétexte ;** lieu, matière, **sujet, occasion ;** point de départ. – BX-A. : Prétexte, sujet.

V. 4 **Prétexter** ou prétexter de, prétexter que + ind. 595 ; **alléguer,** arguer de, **invoquer,** faire valoir, mettre en avant ; se retrancher derrière ; excuser, justifier. – Prendre, tirer prétexte de ; s'autoriser de, exciper de [litt.], profiter de, se servir de, tirer argument de.

5 **Prétendre,** feindre, simuler ; **faire semblant.** – Dissimuler 727.

6 **Prétexter ;** causer, motiver, **occasionner ;** donner lieu, donner matière, fournir prétexte à.

Adj. 7 **Prétexté ;** prétendu, soi-disant ; feint, simulé. – Fallacieux, **faux,** mensonger.

Adv. 8 Prétendument, **soi-disant.**

Prép. 9 Sous (le) prétexte de ; sous couleur de, sous (le) couvert de, sous le manteau de [vx] ; sous ombre de [vx], sous le voile de [litt.].

## 522 CAPRICE

N. 1 **Caprice** *(le caprice)* ; arbitraire *(l'arbitraire)* 507, bon plaisir 467, fantaisie, gré [vx en emploi autonome], humeur.

2 **Caprice** *(un, des caprices) ;* boutade [vx], coup de tête, fantaisie, foucade, passade, toquade, **lubie ; envie,** impulsion 225. – Amourette, béguin, flirt. – Exigence, obstination 514 ; **enfantillage** 314. – Frivolité, futilité, légèreté.

3 **Bizarrerie,** extravagance, **fantaisie, folie** 450. – Inconstance, instabilité, **versatilité ;** saute d'humeur. – **Changement** 193, fluctuation, modification, ondoiement, **variation** 33. – Le caprice ou, plus souv., les caprices de [qqch] *(les caprices de la mode, les caprices de la météo),* les caprices de la Fortune.

4 MUS. – Capriccio, caprice.

5 **Capricieux** *(un capricieux, une capricieuse),* enfant gâté.

V. 6 **Changer,** fluctuer, se modifier, varier. – Changer d'avis comme de chemise [fam.] – Avoir ses lunes [vx] 309.

7 **Agir par caprice,** selon ses caprices, agir sur un coup (ou des coups) de tête ; n'en faire qu'à sa tête. – **Faire un caprice,** des caprices.

8 **Satisfaire un caprice,** une envie (de qqn) ; contenter 469, **gâter ;** céder, plier ; accéder (ou : céder, se plier) à un caprice, faire les quatre volontés de qqn, passer un caprice ou tous ses caprices à qqn ; accéder au moindre désir de qqn. – Satisfaire un caprice ; ne rien se refuser.

Adj. 9 **Capricieux ;** fantasque, lunatique, versatile ; capricant [litt.], **changeant,** inconstant, inégal. – **Arbitraire.** – Irréfléchi.

10 **Capricieux, fantaisiste,** irrégulier ; **bizarre,** déconcertant, extravagant, singu-

lier ; léger, ondoyant, volage ; **imprévisible**, instable, mobile [vx], **variable**.

Adv. 11 Capricieusement ; **arbitrairement**.

## 523 DÉSIR

N. 1 **Désir ; aspiration, envie, souhait**. – Désir de + inf. *(désir de vivre, désir de plaire) ;* **intention** 594, **volonté** 507, bonne volonté, résolution 510.

2 **Désir** *(un, des désirs) ;* **souhait, vœu ;** aspiration, but, dessein, objectif, visée **38.1** ; espoir 474, rêve. – Exigence, **volonté ;** desideratum ou desiderata, prétention 613, revendication ; **caprice 522,** velléité. – **Demande,** prière, requête, **vœu.**

3 **Désir ;** appétence, **attirance** 455, attrait, élan, **envie,** goût, tendance ; **appétit,** avidité ; fig. : **faim, soif,** voracité ; fureur, manie, passion, rage ; velléité. – **Besoin 41.2,** instinct. – Tentation ; démangeaison [fam.], supplice de Tantale. – Séduction.

4 **Convoitise ;** avidité, cupidité, **envie,** jalousie ; concupiscence.

5 **Désir ;** ardeur, **excitation,** émoi ; vieilli : aiguillon de la chair, **appétit** sensuel ; amour **600, libido,** sensualité, sexualité **341 ; concupiscence ;** didact. : aphrodisie ou, vx, érotisme, nymphomanie, satyriasis. – Sex-appeal [anglic.].

6 Désirabilité ou désidérabilité [ÉCON.].

7 Désirant *(un désirant)* [litt.] ; soupirant. – **Ambitieux** *(un ambitieux)*. – Demandeur ; requérant.

8 Aguicheuse *(une aguicheuse),* allumeuse *(une allumeuse)* [fam.]. – Nymphomane *(une nymphomane),* satyriasique *(un satyriasique)* [rare].

V. 9 **Désirer ;** aspirer à, **avoir envie de, souhaiter, vouloir ;** avoir à cœur de, tenir à ; brûler de, brûler du désir de, griller de **447 ;** mourir ou, fam., crever d'envie de [+ inf.] ; démanger *(ça me démange de)* [fam.]. – **Espérer,** rêver de ; attendre après, languir après, soupirer après ; cœur qui soupire n'a pas ce qu'il désire [prov.] ; se faire désirer. – Demander, exiger, revendiquer ; appeler de tous ses vœux.

10 **Désirer ;** convoiter, envier, vouloir ; dévorer des yeux. – **Ambitionner,** briguer, **prétendre à,** viser ; fam. : guigner, lorgner, reluquer ; avoir des visées ou des vues sur ; courir après, poursuivre, rechercher. – **Aimer,** avoir du goût pour.

11 **Intéresser,** séduire, **tenter ;** affriander [litt.], affrioler, **allécher,** appéter [vx.] ; faire envie, mettre en appétit. – Affoler, aguicher, allumer [fam.], émoustiller, exciter, provoquer.

12 Laisser à désirer **111.**

Adj. 13 **Avide,** gourmand, curieux ; affamé, altéré, brûlant, dévoré de désir ; insatiable. – Ambitieux. – Convoiteux [litt.], **envieux,** jaloux **608 ; cupide ; concupiscent.**

14 **Désireux de.** – Anxieux, empressé, impatient, soucieux.

15 **Désireux** [rare en emploi absolu]. – **Désirable ;** convoitable ; enviable, souhaitable ; intéressant. – Appétissant, affriolant, alléchant, **attirant, attrayant,** engageant ; aguichant, **excitant,** émoustillant, provoquant, **sensuel,** sexy [anglic.] ; **aphrodisiaque,** érotique **341.**

16 **Désiré ;** attendu, **souhaité, voulu ;** appelé, demandé.

17 Désirant, **exigeant.**

18 Désidératif [LING.].

Adv. 19 Ardemment **37 ;** ambitieusement ; avidement.

## 524 INDIFFÉRENCE

N. 1 **Indifférence ; détachement ;** litt. : inattention 403, incuriosité, inintérêt, insouci [rare et sout.]. – **Insouciance ;** fam. : je-m'en-fichisme, je-m'en-foutisme ; désinvolture, négligence 575.

2 **Indifférence ;** égoïsme **588,** insensibilité **441,** sécheresse de cœur ; **froideur.** – Cruauté, rigueur.

3 **Inappétence ;** anorexie ; anaphrodisie [didact.], frigidité. – **Désaffection,** désintéressement, **détachement ;** abandon, oubli 401. – **Dédain,** mépris.

4 **Apathie,** assoupissement, engourdissement ; anesthésie ; inertie, **passivité 529.** – Indolence, nonchalance, nonchaloir [litt.]. – Incuriosité [PSYCHOL.] ; anosodiaphorie [MÉD.].

5 Indifférence ; détachement ; PHILOS. : adiaphorie, apathie, **ataraxie,** indolence [vx], insensibilité ; stoïcisme. – **Flegme, impassibilité,** impavidité [litt.], placidité ; équanimité. – Sang-froid **508.**

6 Indifférence, liberté d'indifférence ; indétermination. – Abstention, **neutralité,** non-engagement.

7 PHILOS. : indifférentisme.

8 SC. : indifférence, neutralité, équilibre. – Inertie.

9 Indifférenciation ; égalité 83.

10 **Indifférent** *(un indifférent)*, cœur sec, insensible *(un insensible)* ; **égoïste** *(un égoïste)*. – Indifférentiste [PHILOS.].·

v. 11 **Indifférer** [fam.] ; **être égal à qqn** *(ça m'est égal)*, glisser sur [fam.], laisser indifférent ; n'éveiller aucun écho ; fam. : ne faire ni chaud ni froid. – **Ne pas importer**, n'avoir pas d'importance ; ne faire aucune différence.

12 **Se moquer de**, se moquer de qqch comme de Colin-Tampon [vieilli] ; se ficher de [fam.], se foutre de [pop.] ; se soucier de qqch comme d'une guigne (ou, fam. : comme de l'an quarante, comme de sa première chaussette, comme de sa première chemise). – N'avoir rien à faire (très fam. : à battre, à cirer, à fiche, à foutre) de qqch. – Fam. : se battre l'œil, se tamponner le coquillard de qqch ; s'en battre les flancs, s'en taper.

13 **Dédaigner**, ignorer, mépriser, négliger ; se désintéresser de, ne pas s'occuper de ; laisser de côté, ne prendre ou n'accorder aucun intérêt à. – Se laver les mains de [allus. bibl.].

14 **Rester indifférent** (ou : froid, de glace, de marbre) ; ne pas sourciller, ne pas broncher. – Laisser glisser, laisser tomber, ne pas relever. – Faire la sourde oreille, faire comme si de rien n'était.

Adj. 15 **Indifférent** ; désintéressé, **détaché, inattentif,** incurieux [litt.], non-concerné ; étranger à. – **Insouciant** ; fam. : je-m'en-fichiste, je-m'en-foutiste. – **Apathique,** passif.

16 **Indifférent** ; froid, **insensible** ; blasé, endurci. – **Égoïste.** – Cruel 599, désenamouré [litt.].

17 **Flegmatique,** froid, **impassible,** impavide, **imperturbable,** placide ; de glace, de marbre. – **Stoïque.**

18 **Indifférent** ; égal, neutre, pareil ; adiaphore [didact.]. – Sans importance, sans intérêt.

Adv. 19 **Indifféremment, également,** pareillement.

## 525 PERSUASION

N. 1 **Persuasion** ; assurance, certitude **430,** conviction, croyance ; confiance **606,** foi. – **Adhésion.**

2 **Certitude** *(une certitude),* conviction, opinion ; **préjugé.**

3 **Persuasion.** – Insinuation. – Suggestion. Endoctrinement ; bourrage de crâne [fam.], propagande. – **Dissuasion** 526.

4 **Force de persuasion** ; **éloquence,** emphase, flamme, verve ; argumentation, dialectique, rhétorique ; bagout ou bagou [fam.]. – **Ascendant, influence** 623, pression, séduction. – Ténacité 512.

5 **Argument,** évidence, **preuve** 711, témoignage ; **pièce à conviction.** – Accent de sincérité, belles paroles, grands mots. – Insinuation, suggestion. – Propagande.

6 Argumentateur, **orateur,** rhéteur, **rhétoricien** ou, rare, rhétoriqueur ; beau parleur ; baratineur [fam.]. – Propagandiste.

v. 7 **Persuader** ; assurer, **convaincre** ; amener à croire, conduire à penser, forcer à croire, gagner à l'idée que. – Péj. : catéchiser, endoctriner ; monter la tête à, nourrir d'illusions ; fam. : bourrer le crâne à, monter le coup à. – Induire en erreur 410.

8 Convertir, **rallier,** retourner ; gagner à sa cause ; fam. : mettre de son côté, mettre dans sa poche. – Enlever *(enlever un auditoire),* **séduire,** subjuguer.

9 Persuader qqn de + inf. ; convaincre, **décider, déterminer** 510 ; faire franchir le pas ; dissuader. – Conseiller 566, **encourager** 565, entraîner, exciter, inciter, pousser. – Forcer, forcer la main.

10 **Influencer** ; agir sur, faire pression sur. – **Conseiller,** haranguer, sermonner. – **Amadouer,** cajoler, **endormir,** enjôler, **séduire** ; fam. : baratiner, embobeliner ; promettre monts et merveilles ; **émouvoir,** remuer, toucher.

11 Inculquer 414, insinuer, inspirer, **suggérer** ; faire admettre, faire entrer dans la tête ou dans le crâne ; faire accroire, faire croire. – Démontrer, **prouver.**

12 **Être persuadé de qqch** ; adhérer, croire ; être gagné à ; croire dur comme fer que, mettre sa main au feu que, mettre sa main ou sa tête à couper que.

13 Se persuader ; espérer 474, penser ; s'imaginer.

Adj. 14 **Persuasif** ; **convaincant,** éloquent. – Irréfutable, **probant** ; irrésistible. – **Dissuasif.**

15 **Persuadé** ; certain, **convaincu,** sûr ; sûr et certain. – **Assuré.**

Adv. 16 **Assurément,** certainement, sûrement ; sans aucun doute.

# 526 DISSUASION

N. 1 **Dissuasion ; découragement.** – Prévention. – Abandon, **renoncement** 515.

2 **Avertissement, conseil,** mise en garde ; intimidation, **menace ;** mauvais augure, mauvais présage. – **Châtiment** 722, punition, représailles. – Difficulté, embarras, **empêchement,** obstacle 544.

3 **Force de dissuasion** 526 ; ultimatum 552.

4 **Empêcheur** (vieilli en emploi absolu ; plus cour. : empêcheur de tourner ou danser en rond) ; oiseau de mauvais augure. – Conseil, **conseiller,** conseilleur.

V. 5 **Dissuader ; décourager,** détourner ; dégoûter, rebuter. – **Empêcher,** retenir.

6 **Empêcher,** entraver ; faire obstacle à.

7 **Conseiller** 566, raisonner ; avertir, mettre en garde, prévenir ; avertir contre, monter contre, prévenir contre. – Intimider, **menacer ;** faire peur. – **Influencer** 623, persuader.

8 Critiquer, **déconseiller ;** donner à craindre.

9 **Abandonner,** se détourner de, lâcher, **renoncer à ;** s'abstenir.

Adj. 10 **Dissuasif ; décourageant,** rebutant. – **Prohibitif,** inaccessible. – Défensif ; préventif.

# 527 ACTION

N. 1 **Action,** activité. – Dynamisme, énergie ; ardeur 451, enthousiasme, vivacité. – Initiative ; entregent, ressort ; affairement, allant, animation, diligence. – Efficacité ; doigté, habileté 570. – Pragmatisme.

2 **Champ d'action,** sphère d'activité ; domaine, rayon.

3 **Agent** 36.1, cause 34 ; force agissante ; fig. : bras, cheville ouvrière, ferment. – Ascendant *(avoir de l'ascendant sur qqn),* influence 623. – Entremise, intercession, intervention, rôle. – **Activation ;** réactivation.

4 **Action,** activité ; praxis. – Mise en route ou en train ; création, exécution, fabrication, réalisation ; achèvement, accomplissement.

5 **Réaction** 528 ; effet ; portée, produit, rendement. – Métamorphose 193 ; conver-sion, mue, transformation. – Correction ; amélioration, amendement ; progression.

6 **Acte,** entreprise, fait, œuvre, opération. – Passage à l'acte [PSYCHOL.]. – PHILOS. : actualisation ou actuation.

7 **Activité,** besogne, labeur, tâche ; devoir, fonction, métier 792, occupation, ouvrage, pratique, profession. – Démarche, entreprise, geste, intervention, mouvement. – Association 66.1, collaboration. – Interventionnisme.

8 **Faits et gestes ;** comportement, conduite. – **Bonne action** 585 ; B. A. [fam., d'abord argot des scouts] ; action d'éclat, exploit, prouesse. – **Agissements** 406, combine, intrigue, machination, manœuvre, menée.

9 **Agent,** auteur, créateur ; acteur, intervenant ; inventeur, promoteur [fig.] ; actant [LITTÉR.] ; opérateur. – **Femme d'action, homme d'action.** – Agent, employé, exécutant, factotum. – Associé, collaborateur, participant. – Agitateur. – Interventionniste. – Pratiquant.

V. 10 **Agir,** intervenir ; avoir de l'initiative, faire acte de. – Opérer, procéder. – S'activer, s'affairer, s'occuper, travailler ; se démener 530, se dépenser ; mettre de l'huile de coude (ou : de bras, de poignet) [fam.] ; abattre de la besogne ; mener à bien ou à bonne fin 538. – Procéder avec méthode 50.9.

11 **Accomplir,** effectuer, exécuter, faire, réaliser. – **Entreprendre** 535, se lancer dans, mettre en branle ou en mouvement ; mettre en action ou en œuvre ; se mettre à l'œuvre. – **Accomplir ;** commettre.

12 **Agir sur,** soumettre à l'action de ; s'employer à, faire subir. – **Façonner,** manier, travailler ; changer 193, métamorphoser, modifier, transformer ; améliorer, amender, corriger. – **Influer sur** 623 ; déterminer, engendrer. – Faire de l'effet, faire sensation, frapper [fig.]. – **Activer ;** réactiver.

Adj. 13 **Actif,** débrouillard [fam.], entreprenant ; ardent, empressé, énergique, enthousiaste ; impulsif. – Dégourdi [fam.], déluré [fam.] ; fringant, infatigable, pétulant, remuant, sémillant, vif, zélé.

14 **Agissant ;** actif ; capable, compétent, efficace, énergique, puissant, sûr. – Efficient, opérant, souverain *(un remède souverain).* – Influent ; modificateur, transformateur ; déclencheur. – Intervenant ; interventionniste. – Empirique, expérimental ; pragmatique.

15 **Affairé,** occupé, employé à ; embesogné [vx], pris.

16 **Actif,** en activité ; pratiquant.

Adv. 17 **Activement,** diligemment ; efficacement.

Aff. 18 -ation, -ement.

## 528 RÉACTION

N. 1 **Réaction** ; choc en retour, conséquence, contrecoup, effet **35.1,** fruit [fig.], résultat, retentissement, séquelle, suite ; résultante. – **Contrepoids** ; compensation, contrepartie ; équilibre, neutralisation.

2 **Rétroaction** ; effet rétroactif. – Renvoi ; rebond, rebondissement, rejaillissement, retour, ricochet ; ressac, ressaut. – Réfraction ; réflexion, répercussion, réverbération ; écho. – Réaction en chaîne.

3 **Réaction** ; échange **20.4,** réciprocité. – Force contraire, opposition, résistance **630** ; rénitence [vx ou MÉD.].

4 **Réflexe 420** ; réaction, automatisme. – Réplique, réponse, riposte ; repartie.

5 **Stimulation 564** ; impulsion **225.**

6 POLIT. – **Réaction** ; conservatisme, droite. – Réactionnaire *(un réactionnaire).*

V. 7 **Déclencher** ; amener, appeler, déterminer, engendrer, impliquer, occasionner, provoquer, susciter. – Éveiller, faire naître.

8 **Réagir à ;** s'opposer à, répliquer à, répondre à, riposter à. – Répondre aux aides [ÉQUIT.].

9 **Réagir sur,** se répercuter sur, rétroagir sur ; influer sur, peser sur ; faire effet sur.

10 **Réagir contre** ; s'opposer à, résister à. – Changer d'attitude, se cabrer, se défendre, se dresser, s'insurger, se rebeller, se rebiffer [fam.], se redresser, regimber **630,** se révolter.

11 **Contrebalancer** ; balancer, contre-peser, équilibrer **226,** neutraliser ; refouler, repousser.

12 **Réfléchir,** refléter, renvoyer, retourner, répercuter, réverbérer.

13 **Stimuler** ; encourager, exciter.

14 **Se modifier** ; changer ; s'altérer, muer, se transformer.

15 **Répondre** ; réfuter, repartir [litt.], rétorquer.

16 **Réagir** ; ne pas se laisser abattre, se secouer [fam.] ; remonter le courant ou la pente, reprendre le dessus.

Adj. 17 **Réactif ;** réactionnel [didact.] ; réactionnaire [POLIT.].

18 **Réflexe** *(un mouvement réflexe) ;* contraire, inverse, opposé. – Réflexogène, répercussif [vx]. – Rétroactif.

19 **Consécutif à,** résultant de.

20 **Réciproque** ; mutuel. – Réversible.

Adv. 21 **Réactivement** [didact.] ; rétroactivement.

22 **Réciproquement** ; mutuellement.

Aff. 23 Contre-, rétro- ; réflexo-.

## 529 INACTION

N. 1 **Inaction ;** désœuvrement, inactivité, inoccupation ; désoccupation [litt.]. – Sinécure. – Sédentarité.

2 **Inaction,** inertie **229** ; désaffection, désintérêt, indifférence **524** ; apathie, atonie, avachissement, engourdissement, indolence, léthargie, nonchalance, nonchaloir [litt.], torpeur ; tiédeur, veulerie. – **Immobilisme** ; neutralité, passivité.

3 **Cessation d'activité ou de travail, chômage,** chômedu [fam.]. – Arrêt de travail, **grève.** – ADMIN., MIL. : disponibilité, non-activité.

4 **Oisiveté,** paresse **445** ; fainéantise, farniente ; fam. : cosse, flemmardise, flemme ; vx : cagnardise, lâcheté, néantise [didact., vx].

5 **Inaction,** inefficacité ; fig. : impuissance, infécondité, stérilité, vanité. – Incapacité ; improductivité [rare] **797.** – Inactivation.

6 **Marasme,** stagnation. – Morte-saison.

7 **Paresseux ;** fainéant ; fam. : cossard, flemmard, traîne-savates ou traîne-semelles ; pop. : faignant ou feignant, glandeur. – Partisan du moindre effort.

8 **Inactif** *(un inactif, les inactifs),* oisif ; homme de loisir [vx]. – **Chômeur,** sans-travail.

V. 9 **Paresser** ; fainéanter, se tourner les pouces ; fam. : avoir la rame ou la cosse, flemmarder, lézarder, tirer sa flemme. – Traîner **577** ; fam. : lambiner, lanterner, traînasser. – Ne pas remuer le petit doigt, ne rien faire de ses dix doigts. – Badauder, flâner, musarder ; bayer aux corneilles ; litt. : flânocher ou flânoter ; fam. : faire du lard, ne pas en fiche une rame ou une ramée ; pop. : glander, glandouiller.

10 **Se croiser les bras** ; n'avoir rien à faire, vivre de ses rentes ; être de loisir [vx]. – S'encroûter, s'engourdir, se laisser aller. – Faire le mort [JEUX].

11 **Inactiver** ; désactiver. – Mettre en disponibilité [ADMIN., MIL.]

12 **Végéter** ; languir, moisir [fam.], stagner.

13 **Chômer** ; être en disponibilité.

Adj. 14 **Inactif** ; désœuvré, inoccupé, oisif. – **Immobile** ; éteint, figé, inanimé, inerte.

15 **Apathique** ; amorphe, atone, faible 376, flegmatique, mou, passif ; hésitant, tiède, velléitaire 511 ; fam. : mollasse, mollasson. – Alangui, languissant, traînant. – Sédentaire.

16 **Inactif** ; improductif, stérile, vain.

17 **Paresseux** ; fainéant ; fam. : cossard, flemmard, lambin, tire-au-flanc, tire-au-cul ; pop. : faignant ou feignant.

Adv. 18 **Nonchalamment** ; indolemment, langoureusement, languissamment, mollement.

19 **Paresseusement** ; oisivement.

## 530 EFFORT

N. 1 **Effort** ; application, attention, concentration, contention [litt.]. – **Tension**, volonté 507 ; constance, entêtement, obstination 514, opiniâtreté 510, persévérance 512, ténacité.

2 **Effort** ; pesée, poussée ; épaulée [vx].

3 **Combativité** ; acharnement, effort, mal. – **Lutte** ; labeur, peine, travail ; combat, mobilisation. – Forcing [fam.].

4 **Battant** ; fam. : accrocheur, bagarreur, fonceur. – Entêté, obstiné.

V. 5 **S'efforcer de** ; s'acharner, batailler, s'escrimer, s'évertuer. – **Se démener** ; se dépenser, se multiplier, se remuer ; fam. : s'accrocher, s'arracher, se battre les flancs, se décarcasser, se démancher, s'échiner, s'esquinter.

6 **Travailler à** ; s'appliquer à, se concentrer sur, se consacrer à, s'employer à, s'ingénier à, se mobiliser pour, prendre à tâche de. – Se vouer à. – Tâcher de, tenter de 533. – Se creuser la tête ou la cervelle.

7 **Se donner du mal** ou **de la peine** ; ne pas ménager sa peine, ne pas plaindre sa peine ; faire un effort, faire des efforts ; donner un coup de collier, faire des pieds et des mains, en mettre un coup, se mettre en quatre, remuer ciel et terre, soulever des montagnes, suer sang et eau ; se casser la nénette [fam.], se casser le cul [très fam.], mettre le paquet [fam.]. – Fam. : se démener ; très fam. : se décar-

casser, se démancher. – « Travaillez, prenez de la peine » (La Fontaine).

8 **Épuiser** ; anéantir, exténuer, fatiguer 376, harasser, tuer ; fam. : claquer, crever, éreinter, esquinter, vanner, vider.

Adj. 9 **Combatif** ; déterminé, endurant, persévérant, pugnace [litt.], tenace. – **Acharné**, courageux 508, dur à la tâche.

10 **Laborieux** ; difficile 547, dur, épineux ; astreignant 518, pénible.

11 **Fatigant**. – Usant ; fam. : éreintant, esquintant.

Adv. 12 **D'arrache-pied**. – Obstinément, patiemment 446, sans relâche.

13 **Laborieusement**, avec peine, péniblement.

## 531 REPOS

N. 1 **Repos** ; arrêt, halte, immobilité, inaction 529.

2 **Césure**, pause ; battement, coupure, entracte, intermède, interruption 62.8, pause, relâche, répit, trêve.

3 **Repos** ; délassement, détente, farniente [fam.], relâchement, relaxation. – Récréation, mi-temps. – Kief [rare et litt.]. – **Tranquillité** ; accalmie, calme 448, décontraction, paix, quiétude [litt.], sérénité.

4 **Repos** ; congé ; jour chômé, jour férié 497, jour de liberté, jour de sortie ; jour de fermeture, jour de relâche ; pont ; congé ou repos hebdomadaire, week-end ; dimanche, repos dominical ; sabbat ou shabbat. – Vacances ; congés payés. – Fam., vx : campo ou campos. – MIL. : permission ; fam. : perm ou perme. – Disponibilité [ADMIN., MIL.].

5 **Repos**. – Hibernation. – Friche, jachère.

6 **Loisir** ; liberté, oisiveté ; heures ou moments de liberté, temps disponible ou libre. – **Distraction** ; passe-temps 868 ; délassement, détente, récréation.

7 **Maison de repos** 384 ; station climatique, station thermale ; villégiature. – Reposoir [vx] ; étape, halte, relais ; reposée [CHASSE]. – Oasis de paix.

8 **Salle de repos**. – Divan, lit de repos. – Fauteuil 850 ; chaise longue ; méridienne.

9 **Oisif** ; inactif. – **Permissionnaire** [MIL.].

V. 10 **Reposer** ; défatiguer, délasser, détendre, récréer ; remettre en forme.

11 **Donner congé à** ; donner campo à [fam., vx]. – Mettre en disponibilité [ADMIN., MIL.].

12 **Se reposer ;** reposer. – Se défatiguer, se délasser, se détendre, se relaxer ; se prélasser. – **Récupérer,** se refaire, se remettre, se restaurer ; reconstituer ou réparer ses forces. – S'arrêter, reprendre haleine 340, respirer un moment, souffler un peu.

13 Prendre sa retraite ; se donner campos [fam., vx], se mettre au vert [fam.]. – Faire relâche ; faire le pont.

Adj. 14 **Reposant ;** délassant. – Apaisant, calmant, lénifiant, tranquillisant. – **De tout repos.**

15 **Au repos,** en repos. – **En congé ;** en disponibilité [ADMIN., MIL.].

16 **Tranquille ;** quiet [litt.] ; peinard [pop.], pépère [fam.].

17 **Reposé ;** apaisé, calme, délassé, détendu, dispos, frais, gaillard, ragaillardi [fam.], revigoré.

Adv. 18 **À tête reposée.** – Calmement, tranquillement.

Int. 19 Du calme ! La paix ! – Basta !

# 532 INTENTION

N. 1 **Intention ; dessein, idée,** plan, **projet,** propos. – Aspiration, **désir,** détermination, **résolution** 510, volonté 507 ; velléité ; le chemin de l'enfer est pavé de bonnes intentions [prov.] 506. – Déclaration d'intention. – Procès d'intention 427.

2 **Intention ; but** 38.1, fin, objectif, visée, vue ; **finalité.** – Cause, **mobile,** motif 37.1.

3 **Intention ; arrière-pensée,** calcul ; préméditation.

4 **Intentions ; dispositions ;** bonne foi, mauvaise foi ; dispositions d'esprit, esprit.

5 Intention ; **pensée.** – **Direction ;** adresse, destination.

6 RELIG. : **direction d'intention ;** casuistique, justification, purification ; jésuitisme 595.

7 Intentionnalité [PSYCHOL.], préméditation.

V. 8 **Avoir l'intention de** + inf. ; **envisager** 179, penser à, **projeter** 534, se proposer de, songer à ; avoir en tête de. – **Arrêter, décider ;** se mettre en tête de. – **Désirer** 523, **vouloir ;** entendre, exiger, prétendre.

9 Calculer, **préméditer ;** avoir une idée derrière la tête. – Faire exprès de. – Prêter des intentions à.

10 PHILOS. : intentionnaliser ; intentionner.

11 **Viser ;** exprimer, signifier 732, vouloir dire.

Adj. 12 **Intentionnel ;** conscient, délibéré, **prémédité,** volontaire, **voulu ;** dirigé.

13 **Intentionné ;** bien intentionné, bienveillant ; malintentionné, malveillant.

Adv. 14 **Intentionnellement ;** délibérément, **exprès,** sciemment, **volontairement ; à dessein,** de propos délibéré. – Avec intention, **avec préméditation.** – Sans intention.

15 Intentionnellement ; **en intention,** par la pensée.

16 Dans l'intention de ; pour ; afin de, dans le dessein (ou, critiqué, dans le but) de, en vue de 38.14.

Conj. 17 Afin que, pour que.

# 533 TENTATIVE

N. 1 **Tentative ;** approche, avances [litt.], démarche, ouverture, prise de contact ; travaux d'approche. – Requête 634, sollicitation.

2 **Essai ;** entreprise ; dessein, plan, projet ; poursuite, recherche, velléité ; manœuvre, tentative. – Essai [SPORTS].

3 **Commencement** 56.1, début ; ébauche, esquisse, tâtonnement ; fig. : balbutiement, bégaiement, premiers pas.

4 **Épreuve,** expérience ; apprentissage 413, expérimentation 412, mesure, test, vérification ; ballon d'essai, coup d'essai, lancement ; dernière carte [fig.].

5 **Initiative ;** innovation, originalité. – **Audace** 508 ; décision, énergie 527, résolution, esprit d'initiative. – **Curiosité ;** fig. : appétit, avidité, soif.

6 **Pionnier ;** découvreur, défricheur, explorateur. – **Audacieux,** intrépide.

V. 7 **Tenter ;** entreprendre, faire des démarches ; aborder, attaquer, commencer, débuter, ébaucher, esquisser ; oser. – **Essayer ;** faire l'essai de, s'essayer à, expérimenter, hasarder 44.7, se hasarder, tâter de. – S'embarquer ou s'engager dans, faire un essai ou une tentative, se jeter ou se lancer dans, se mettre à ; tâtonner. – Sonder, tâter le terrain, tenter l'aventure, tenter le coup [fam.]. – Qui ne risque (ou : ne hasarde, ne tente) rien n'a rien [prov.].

8 **Tenter de ;** s'appliquer à, chercher à, tâcher de, travailler à, viser à, vouloir faire. – S'aviser de, se mêler de, s'occuper de ;

goûter de, tâter de. – **S'aventurer** ; se hasarder à, se risquer à 573 ; ouvrir la voie.

Adj. 9 **Audacieux,** décidé, déterminé, énergique, entreprenant 535, résolu.

10 **Nouveau 32.10** ; neuf, novateur.

Adv. 11 **Audacieusement.**

12 **En tâtonnant,** à tâtons.

## 534 PROJET

N. 1 **Projet** ; conseil [vx] 566, **dessein** 507, idée, **intention,** propos, résolution 510 ; **plan,** programme. – **But,** objectif, visée, vue ; aspiration, idéal. – **Désir** 523, velléité.

2 **Projet** ; avant-projet, contre-projet, devis, **étude, programme, proposition** ; projet de loi. – **Brouillon, ébauche,** esquisse, essai 533, linéaments ; premier crayon [litt.], premier jet. – Cadre, **canevas, schéma,** trame ; grandes lignes, idée générale ; résumé, synopsis [CIN.], topo. – **Concept.**

3 **Projet** ; dessin, image, **projection,** représentation ; croquis, épure, **maquette 30.1, plan,** tracé. – Devis.

4 Projet ; **calcul 457, préméditation.** – Combinaison, combine [fam.], **complot,** conspiration 669, machination, manigance.

5 Projet ; **chimère,** fantasme ou, litt., phantasme, rêve, **utopie** ; château en Espagne, songe creux.

6 Abstraction, **conception** ; spéculation. – Organisation **47.8,** planification. – Imagination. – Ambition.

7 Avenir, futur 179. – Prévision, prospective.

8 Chef de projet ; **concepteur,** designer [anglic.] ; projeteur ; planificateur, planiste. – Rapporteur.

9 **Rêveur,** utopiste ; songe-creux, visionnaire.

10 Instigateur, promoteur. – Comploteur, conspirateur.

V. 11 **Projeter ; envisager,** méditer de, penser à, se proposer de, songer à ; **avoir l'intention de 532,** avoir en vue de, compter faire, faire le projet de ; caresser un projet, se promettre de 596. – **Décider.** – Prévoir, **programmer** ; construire l'avenir.

12 Calculer, **préméditer** ; spéculer, supputer.

13 **Concevoir,** former, **imaginer,** réaliser ; conceptualiser, formaliser. – Arranger, combiner **147.13,** échafauder, **élaborer,** forger, goupiller [fam.], machiner, manigancer, monter, ourdir, préparer, tramer ; dresser un plan, dresser ses batteries, poser des jalons. – **Comploter,** concerter, se concerter, conspirer. – Organiser **47.15,** planifier.

14 **Ébaucher,** esquisser ; schématiser. – Développer, étudier, remanier, travailler.

15 **Ambitionner,** aspirer à, **désirer,** prétendre à, viser à ; avoir des vues ou des visées sur. – Attendre **457,** escompter, **espérer 474.**

16 **Imaginer 404,** s'imaginer, **rêver** ; bâtir des châteaux en Espagne, tirer des plans sur la comète ; bâtir sur le sable ; vendre la peau de l'ours avant de l'avoir tué.

17 Projeter, rapporter, tracer.

Adj. 18 **Projeté** ; prévu, **programmé** ; caressé, **envisagé,** imaginé. – **En projet** ; à l'étude ; **ébauché,** esquissé. – Conçu, pensé.

19 Concevable, **envisageable,** possible **39.10,** prévisible. – **En vue.**

20 Programmatique.

Adv. 21 À court terme, à long terme.

## 535 ENTREPRISE

N. 1 **Entreprise** ; dessein, plan, projet 534. – Action 527, affaire, exécution, œuvre, opération, ouvrage, **travail.**

2 DR. – **Entreprise** ; adjudication, contrat, engagement, **soumission.**

3 **Entreprise** ; aventure, essai, tentative 533. – Attaque **655,** atteinte, attentat, coup, empiètement, manœuvre ; échauffourée, équipée.

4 **Entreprises** [litt.] ; avances.

5 **Entreprise 794,** firme.

6 **Entrepreneur** ; brasseur d'affaires, chef d'entreprise 792, constructeur 556. – Soumissionnaire [DR.].

7 Audace, dynamisme, esprit de décision, hardiesse, initiative. – Innovation 32, originalité.

V. 8 **Entreprendre** ; commencer, déclencher, enclencher, engager, engrener, entamer ; fam. : démarrer, emmancher. – **Créer,** fonder, lancer, monter. – Mettre en branle ou en chantier, mettre en route ou en train, mettre sur le métier ; mettre les fers au feu [sout.]. – Hasarder, oser, risquer.

9 DR. – Intenter ; soumissionner. – Démarcher.

10 **Entreprendre** ; s'atteler à, se charger de, s'embarquer ou s'engager dans, entrer dans, se jeter ou se lancer dans, se mettre à. – Se hasarder ou se risquer à.

11 **Entreprendre de** ; s'appliquer à, chercher à, s'efforcer de 530, essayer ou tenter de. – Procéder à, **travailler à.**

12 **Entreprendre** ; aborder, conquérir, harceler, importuner ; faire des avances, faire du plat à [fam.]. – Appâter, convaincre, enjôler, séduire.

Adj. 13 **Entreprenant** ; actif, audacieux, aventureux, déterminé, dynamique, fonceur [fam.], hardi, intrépide 508, remuant.

14 **Entreprenant**, empressé, galant, hardi.

15 **Entrepris** ; commencé, mis en chantier, mis en route.

Adv. 16 Audacieusement, énergiquement 798, fermement, hardiment.

## 536 PRÉPARATION

N. 1 **Préparation** ; analyse, étude, examen ; conception, ébauche, élaboration, mise en route ou en train. – **Maturation** ; méditation, réflexion ; incubation, mûrissage, mûrissement ; préméditation.

2 **Organisation 47**, agencement, aménagement, arrangement, canevas, combinaison ; plan, planning ; organisation du travail, plan de travail ; programme ; fig. : branle-bas, plan de bataille, stratégie, tactique. – Confection, mise au point ; préparage [TECHN.].

3 **Préparatifs** ; préliminaires, prémices ; manœuvres ou travaux d'approche. – Aménagements, apprêts, arrangements, dispositions ; appareil [vx ou litt.].

4 **Préparation** ; apprentissage 413, conditionnement, entraînement 870, initiation. – SPORTS : entraînement ; training [anglic.]. – **Formation**, instruction, stage ; exercice, expérience, manœuvre ; acheminement [vx]. – RELIG. : alumnat, juvénat.

5 **Introduction** ; avant-propos, commencement 56, début, discours préliminaire, préambule, préface ; préalable, prélude.

6 Préparateur ; préparateur en pharmacie.

7 **Instructeur** ; éducateur, entraîneur, formateur, moniteur ; enseignant 414, professeur.

8 **Organisateur 47** ; agent, fomentateur, fomenteur, instigateur, machinateur.

9 **Stagiaire** ; apprenti 792, élève ; débutant, novice.

v. 10 **Préparer** ; apprêter, arranger, calculer, combiner, concerter, concevoir, disposer, mettre au point, orchestrer, **organiser.** – AGRIC. : défoncer, défricher. – **Étudier**, examiner, mettre à l'étude ; amorcer, débrouiller, dégrossir, ébaucher, engager, entamer. – Fam. : concocter, goupiller, mijoter, mitonner ; machiner. – Monter, mûrir, ourdir, préméditer, régler, tramer ; travailler à ; mettre au point, mettre sur pied.

11 **Instruire 415** ; accoutumer, éduquer, entraîner, exercer, façonner, former, faire la leçon à, inculquer ; catéchiser [fig.], chauffer [fam.]. – **Dresser** ; assouplir, familiariser, habituer, mettre en état, prédisposer, rompre à ; déniaiser, dégourdir, dégrossir.

12 **Aplanir** ; déblayer, faciliter, frayer le chemin, préparer la voie ; amener à, destiner à, mener à.

13 **Se préparer** ; s'apprêter, se disposer à ; méditer, réfléchir. – **S'entraîner**, s'exercer, se mettre en état ou en mesure de ; se faire la main, faire ses premières armes.

14 **Apprendre.** – **Éprouver**, essayer, tâter de, tâter le terrain. – **Être prêt à**, être en état de.

Adj. 15 **Préparatoire** ; éducatif 415, formateur, formatif [rare], initiatique, instructif. – Préalable, préliminaire.

16 **Préparé** ; averti, capable, compétent, entendu, formé, informé, initié, instruit ; expérimenté, expert, habile ; profès [RELIG.]. – **Prêt** ; à point, chauffé à blanc, mûr.

## 537 IMPRÉPARATION

N. 1 **Impréparation** ; imprévision, imprévoyance ; désinvolture, insouciance, laisser-aller, légèreté, négligence, inconscience, inconséquence, irréflexion, précipitation ; impréméditation [rare].

2 **Spontanéité** ; impétuosité, **improvisation**, impulsion, impulsivité, instinct, pulsion. – Brusquerie, emballement, empressement, exaltation, fougue, frénésie, hâte. – Coup de tête, foucade, incartade, toquade. – **Inspiration** ; premier jet ; flair, intuition 424.

3 **Aventure**, coup de dés, coup de poker 44.1, folie 450.

4 **Imprévu** *(l'imprévu, un imprévu)*, impromptu, improvisade [vx]. − Coup de théâtre, péripétie. − **Surprise 459** ; saisissement, stupéfaction. − **Imprévisibilité.**

5 **Imprévoyant** *(un imprévoyant)*, écervelé *(un écervelé)*, étourdi. − Improvisateur.

v. 6 **Improviser** ; imaginer, inventer ; agir à l'aveuglette ou sans réfléchir, se jeter à l'eau, se jeter tête baissée dans. − **S'improviser** *(s'improviser médecin)*.

7 **Se hâter,** se précipiter ; brusquer, expédier, trousser ; fam. : bâcler, torcher, torchonner.

8 Surgir, tomber du ciel. − Fondre sur.

Adj. 9 Impréparé, **imprévu,** impromptu, **improvisé,** troussé ; accidentel, fortuit, imprémédité [rare] ; fam. : bâclé, chiqué [vieilli], torché, torchonné.

10 **Spontané** ; sans apprêt, sans recherche.

11 Expéditif, hâtif, inconsidéré, précoce, prématuré. − Hors de propos. − Dangereux, hasardeux, osé, périlleux.

12 **Instinctif,** involontaire, machinal, mécanique.

13 **Imprévoyant** ; étourdi, impétueux, insouciant, irréfléchi, léger, négligent ; insoucieux [litt.].

14 **Imprévisible** ; brusque, déconcertant, déroutant, fortuit, inattendu, inopiné, intempestif, précipité, rapide, soudain, subit.

15 **Audacieux,** aventureux, écervelé, emporté, fougueux, impulsif, inconscient, inconséquent, irréfléchi.

Adv. 16 À l'improviste, de but en blanc, à brûle-pourpoint, au débotté, inopinément, sans crier gare, sur-le-champ, tout de go ; impromptu [sout.]. − **Au pied levé** ; de chic [vieilli]. − Brusquement, ex abrupto, spontanément, subitement, subito [fam.], tout à coup, tout à trac.

17 **Hâtivement,** rapidement ; à la hâte, à la légère. − Étourdiment, follement, fougueusement, impétueusement, impulsivement, inconsidérément, insouciamment [rare], insoucieusement [litt.], précipitamment, à la va-vite **575.** − **Instinctivement,** involontairement, machinalement.

18 **Imprévisiblement** ; de façon imprévue (aussi : inattendue, inopinée).

# 538 ACCOMPLISSEMENT

N. 1 **Accomplissement,** action **527,** exécution, opération, réalisation ; effectuation [rare]. − Mise à exécution, mise en œuvre.

2 **Accomplissement,** perpétration [DR. ou litt.]. − Procédé, procédure, processus. − Les tenants et les aboutissants.

3 **Accomplissement,** consommation ; célébration, exercice *(dans l'exercice de ses fonctions)*. − Obéissance **624,** observance, observation, pratique. − Actes, actions, pratiques.

4 **Accomplissement,** contentement, exaucement, satisfaction **469.** − Concrétisation, matérialisation ; concrétion [fig., litt.]. − Effectif *(l'effectif)* ; concret, matériel. − Produit, réalisation, terminaison, travail. − Résultat, résultats ; performance, succès **540.**

5 **Accomplissement,** confection, création, établissement, fabrication, fondation, instauration, institution. − Mise en ondes, mise en scène ; enregistrement. − Complétion [PÉTR.].

6 **Aboutissement,** accomplissement, achèvement, conclusion, dénouement, épilogue, **fin 58.** − Fait accompli ; mission accomplie. − Accompli [LING.]. − Complétion [PHILOS.].

7 Achèvement, apogée, couronnement, faîte, fin, **perfection,** sommet.

8 Exécution, facture, faire *(le faire)* [litt.] ; genre, manière, marque, style, touche ; fig. : griffe, main, patte, sceau.

9 Aptitude **39.3,** capacité, compétence, **efficacité** ; effectualité [rare] ; efficience [anglic.]. − PHILOS. : cause efficiente ou, vx, effectrice, efficience.

10 Acteur, agent **36,** exécutant, exécuteur [vx], praticien, producteur ; technicien. − Fabricant. − Interprète. − Réalisateur.

v. 11 **Accomplir,** effectuer, faire, opérer, pratiquer. − Commettre, perpétrer. − Mettre à exécution ; passer à l'exécution.

12 **Accomplir,** confectionner, créer, exécuter, fabriquer, façonner, produire, réaliser.

13 **Accomplir,** exécuter, exercer, faire, pratiquer, réaliser. − Remplir une fonction, tenir un rôle.

14 **Accomplir,** célébrer, exécuter, procéder à. − Observer ; obéir à, satisfaire à. − S'acquitter de, se conformer à, se plier à.

15 **Accomplir,** assouvir, combler, contenter, exaucer, satisfaire. – Concrétiser, matérialiser, réaliser ; donner corps à. – Tenir une promesse.

16 **Accomplir,** achever, clore, clôturer, compléter, conclure, consommer, finir **58.12.** – Conduire à son terme, mener à terme ; mener à bien, mener à bonne fin ; venir à bout de.

17 Accomplir, parachever, **parfaire.** – Donner la touche finale à, mettre la dernière main à.

18 **S'accomplir,** se concrétiser, s'effectuer, se matérialiser, se réaliser. – Arriver, avoir lieu, se passer, se produire. – Aboutir, prendre forme, se terminer.

19 **S'accomplir,** s'épanouir.

Adj. 20 **Accompli,** achevé, clos, complet, conclu, consommé, fini, passé, révolu, terminé. – **Effectif,** effectué, exécuté, réalisé ; concret, matériel, palpable, positif.

21 **Exécutable,** faisable, possible, réalisable.

22 **Accompli,** développé, épanoui, fait, mûr **316.** – Achevé, consommé, irrévocable, irréversible.

23 **Accompli,** complet, fieffé, fini, invétéré, parfait [iron.].

Adv. 24 À fond, à plein. – Entièrement, totalement ; de A à Z, de bout en bout, de fond en comble ; in extenso.

25 **Effectivement ;** en effet, en réalité. – **Concrètement,** matériellement, positivement, pratiquement.

Aff. 26 Téléo-, télo- ; -télie.

## 539 INACCOMPLISSEMENT

N. 1 **Inaccomplissement 541,** inapplication, inexécution, inobservance, inobservation, manquement ; non-exécution.

2 **Abandon,** arrêt. – Suspension ; suspension de séance.

3 Défection **513,** désertion, lâchage [fam.], trahison.

4 Abstention, manquement à **81.3,** non-participation.

5 **Inaccomplissement,** inapaisement, inassouvissement, incomplétude [litt.], insatisfaction **470 ;** non-satisfaction ; bovarysme.

6 **Inaccomplissement,** inachèvement ; imperfection **696.** – Défectuosité, échec **541,** infructuosité [rare] ; lacune, omission **81.3.** – Demi-mesure.

7 Sous-développement ; sous-exploitation.

8 Allus. myth. : ouvrage ou toile de Pénélope ; rocher de Sisyphe, travail de Sisyphe ; tonneau des Danaïdes.

9 **Inaccomplissement,** inachevé *(l'inachevé).* – Litispendance [DR., vx]. – LING. : inaccompli, non-accompli ; imperfectif **740 ;** inchoatif, ingressif.

10 Inapplicabilité.

11 Inassouvissement.

V. 12 Abandonner, arrêter, **inachever** [litt.], laisser, renoncer à **515 ;** laisser en attente ou en souffrance ; laisser de côté ; laisser en plan [fam.]. – Délaisser, déserter, fuir, laisser, quitter ; fam. : lâcher, laisser tomber, larguer, plaquer.

13 Ébaucher, esquisser ; effleurer.

14 Abandonner [absolt], dételer [fam.] ; baisser les bras, jeter l'éponge ; s'arrêter en cours de route ou à mi-chemin.

15 Boiter [fig.], clocher [fam.] ; laisser à désirer. – Avorter, échouer **541, s'inachever** [litt.] ; fam. : être mis au placard ou au réfrigérateur, rester en plan.

Adj. 16 **Inachevable,** inexécutable, infaisable, injouable. – **Inapplicable,** inobservable ; impossible **40.8,** impraticable. – Inaccessible ; hors de portée. – Pendant *(question pendante) ;* DR. : conservatoire, inexécutoire ; suspensif. – À suivre.

17 **Inaccompli,** ineffectué, inexécuté, inexercé, inexpérimenté *(procédé inexpérimenté),* inobservé *(règlement inobservé)* [litt.]. – **Inachevé.** – LING. : inaccompli, nonaccompli ; imperfectif ; inchoatif, ingressif.

18 **Inabouti,** lacunaire, partiel ; élémentaire, fruste, intermédiaire, rudimentaire **696.** – Imprécis, vague. – Abandonné, délaissé, laissé à l'abandon.

Adv. 19 Imparfaitement **696, incomplètement.** – Rudimentairement, sommairement, vaguement. – À demi, à moitié ; à mi-chemin.

Prép. 20 En instance de ; en voie de.

## 540 SUCCÈS

N. 1 **Succès ;** réussite, victoire **660.** – Bonne ou heureuse tournure ; dénouement heureux, issue favorable ou heureuse. – Exploit, performance, prouesse, tour de force. – JEUX, SPORTS : chelem (ou : schelem, schlem), grand chelem ; triplé.

2 Bonheur, **fortune**, prospérité **548.**

3 **Succès** ; adhésion du public, emballement, engouement **451.** – Admiration, adoration, **adulation**, culte, idolâtrie. – Audience, **consécration**, cote, crédit, faveur.

4 **Succès** ; célébrité, gloire **639**, notoriété, **popularité**, prestige, renom, renommée, réputation, retentissement. – Apothéose, triomphe ; apogée de la gloire, top niveau (semi-anglic., pour rendre l'anglais *top level,* « plus haut niveau »).

5 **Acclamation** [souv. pl.], applaudissements, ban, bravo, félicitations, hourra, ovation, triomphe, vivat. – Honneur **641**, lauriers, trophée. – **Récompense** ; couronnement, décoration, prix. – CIN. : oscar ; césar, palme d'or.

6 **Succès** ; best-seller, gros tirage. – Fam. : hit, tube. – Box-office ; hit-parade, palmarès [recomm. off.].

7 **Succès amoureux** (ou : féminins, galants) ; conquête amoureuse ; bonne fortune [vieilli].

8 Triomphalisme.

9 Célébrité *(une célébrité),* gloire *(une gloire)* **639** ; grand homme, personnalité ; **révélation**. – Numéro un *(le numéro un de la pop music).* – **Étoile**, star, starlette, vedette.

10 Triomphaliste.

v. 11 **Réussir** ; accomplir **538**, réaliser ; mener à bien ou à bonne fin ; bien mener sa barque, réussir son coup. – Remporter un succès ; se qualifier. – Avoir du succès, obtenir un immense succès, remporter un vif succès, rencontrer le succès, se tailler un beau succès. – Devancer, primer, surpasser ; l'emporter sur **660.**

12 **Réussir** ; aboutir, marcher [fam.], se réaliser, succéder [vx], tourner bien ; faire florès [litt., vieilli]. – Prospérer **548.** – Fam. : aller ou marcher comme sur des roulettes, casser la baraque, faire un malheur ou un massacre, faire un tabac, partir (ou se vendre) comme des petits pains. – **Tenir l'affiche** [SPECT.]. – L'affaire est faite ; fam. : l'affaire est dans le sac, c'est du tout cuit, c'est dans la poche.

13 **Réussir à** ; être bénéfique à, succéder à [vx].

14 **Réussir** ; arriver, parvenir, triompher ; atteindre son but ou son objectif.

15 Avoir le vent en poupe, aller loin ; **aller** ou **voler de succès en succès**, se couvrir de gloire ou de lauriers ; **percer.**

16 Faire mouche, mettre dans le mille ; gagner le jackpot ou le gros lot, faire sauter la banque **872.**

17 Se faire un nom, se faire une place au soleil ; emporter ou gagner son bâton de maréchal ; arriver en haut de l'échelle, atteindre le top niveau [fam.] ; fam. : avoir ou tenir le pompon, décrocher la timbale.

18 **Plaire** ; avoir la cote [fam.]. – Être la coqueluche de, faire fureur ; avoir le monde à ses pieds, briller au firmament, être à son apogée ou à son zénith, être au sommet de la vague.

19 Applaudir, applaudir à tout rompre, **ovationner** ; porter aux nues, porter au pinacle ; porter en triomphe. – Starifier, stariser. – **Primer**, récompenser.

20 **Séduire** ; plaire ; briser les cœurs, faire tourner les têtes.

21 Exulter, **triompher** ; chanter victoire **660.**

22 Avoir la tête qui tourne, ne plus se sentir [fam.]. – S'enorgueillir de, se faire gloire de, se glorifier de.

Adj. 23 **Célèbre 639**, célébré, fêté, glorifié, lancé, loué, populaire, prééminent, reconnu, triomphant, triomphateur. – **À succès** *(auteur à succès),* en vogue ; couru.

24 **À succès** *(film à succès) ;* **culte** ou **-culte** [app.] *(film-culte, roman-culte).* – À la mode, en vogue.

Adv. 25 Victorieusement **660** ; **triomphalement.**

Int. 26 Un **ban** pour X !

## 541 ÉCHEC

N. 1 **Échec** ; contre-performance, faillite, fiasco [fam.], insuccès, non-réussite ; buse [belg., fam.]. – Fig. : cul-de-sac, impasse. – **Infortune** ; banqueroute, catastrophe, chute, déconfiture, dégringolade, déroute, désastre, effondrement, fin, malheur, naufrage, perte, plouf [fam.], revers, ruine. – Cacade [vieilli ou litt.] ; inaccomplissement **539** ; fam. : loupage, ratage.

2 **Échec** ; fam. : bide, bouillon, claque, fiasco, loupé, pelle, pile **661**, piquette, veste ; gamelle [pop.] ; arg. : blanc [vx], fiasc ou fiasque, foirade, plantage, tape, tasse. – THÉÂTRE, fam. : flop, four, loup.

3 Coup d'épée dans l'eau ; feu de paille ; **pétard mouillé.**

4 Aléa, aria [vieilli], **déboires**, dommage, ennui **458**, épreuve ; accident de parcours, demi-échec.

5 Bévue, erreur **410, faute,** faux pas, pas de clerc.

6 PSYCHOL. : conduite d'échec, névrose d'échec.

7 **Constat d'échec ;** déception **461,** déconvenue, découragement, écœurement, lassitude ; aigreur, aigrissement, amertume, rancœur, ressentiment. – **Dégrisement,** désillusion, retour à la réalité ; fam. : douche, douche froide.

8 **Perdant** *(un perdant),* vaincu **661 ;** fam. : loser, minable, raté ; recalé [scol.]. – Impuissant, incapable **545,** nullité, zéro ; fruit sec ; fam. : bon à rien.

V. 9 **Faire échouer ;** faire échec à, faire obstacle à **554,** faire pièce à ; coller [fam.], mettre ou tenir en échec. – Bousiller [fam.], couler, démolir **557,** saboter, **torpiller.** – Compromettre, discréditer **642, perdre,** scier [fam.], tuer [fig.].

10 **Achopper sur ;** s'acchopper à [vx, litt.], buter sur, trébucher sur. – Aller (ou : courir, marcher) à sa perte, courir à l'échec ; jouer de malheur ; fam. : miser sur le mauvais cheval ; taper à côté. – Avoir du plomb dans l'aile, battre de l'aile ou ne plus battre que d'une aile.

11 **Échouer,** faillir, gâcher, louper [fam.], manquer, perdre, rater ; verser en chemin [fig.]. – Avoir le dessous, être capot, perdre la partie ; manquer ou rater son coup.

12 **Essuyer** ou **subir un échec ;** en être pour ses frais, en être pour sa peine ; être (ou : rentrer, revenir) bredouille ; sout. : faire buisson creux, mordre la poussière. – Fam. : aller au tapis, boire ou prendre un bouillon, boire la tasse, se casser la gueule, faire ou prendre un bide, se faire blackbouler, se faire étendre, faire chou blanc, faire fiasco, faire un four, faire le plongeon, louper ou rater le coche, se planter, se ramasser ; prendre ou recevoir une claque (aussi : une **gamelle,** une pelle, une piquette, une veste) [fam.] ; pop. : se faire jeter, prendre une pilule. – Se casser les dents ; fam. : se casser le nez, tomber sur un bec ou un bec de gaz, tomber sur un os.

13 S'avouer vaincu **661 ;** s'enfuir la queue basse ou la queue entre les jambes. – Sombrer, succomber, toucher le fond ou le fond de l'abîme.

14 **Échouer ;** avorter, capoter, craquer, crouler, s'écrouler, s'effondrer, rater ; arg. : caguer, claquer, foirer, merder. – Aller à la dérive, aller à vau-l'eau, mal tourner, se perdre dans les sables, tomber de Charybde en Scylla ; fam. : cafouiller, coincer, vasouiller ; très fam. : merdouiller ou merdoyer. – Faire long feu, faire naufrage, se terminer en queue de poisson, tomber à l'eau ou dans le lac, tomber à plat ; fam. : s'en aller (ou : finir, tourner) en eau de boudin, rester en plan, rester en rade ; fam. : être dans les choux, être cuit, être dans le lac. – Vieilli : amener une blanque, faire blanque. – THÉÂTRE : jouer pour les banquettes ; ne pas passer la rampe.

15 Être coiffé au poteau. – Être Gros-Jean comme devant. – Être ou rester le bec dans l'eau [fam.].

Adj. 16 Pop. : foirard, **foireux.**

17 **Perdant,** vaincu **661 ;** bredouille. – Collé, recalé, refusé. – Nul, raté [fam.].

18 Déconfit, quinaud [vx ou litt.] ; fam. : défrisé, douché.

19 Avorté, mort-né ; fichu [fam.], foutu [pop.]. – **Infructueux,** stérile, vain **545.**

Adv. 20 En pure perte, en vain ; infructueusement [litt., rare], inutilement **545.**

## 542 OPPORTUNITÉ

N. 1 **Opportunité ;** bien-fondé, nécessité **41 ;** commodité, utilité **544 ;** expédience [vx]. – **À-propos ;** adéquation **21.3,** conformité **28.1,** convenance [litt.], intelligence **396,** justesse, pertinence.

2 **Opportunité ;** bienséance, congruence [vx ou litt.] ; correction, décence **619,** savoir-vivre.

3 **Opportunité ;** aubaine, chance **548,** occasion. – Avantage, bénéfice, intérêt, profit, utilité **544.**

4 **Opportunité ;** facilité **546,** possibilité **39.** – Circonstances ou conditions favorables, heureux concours de circonstances ; conjoncture favorable. – Heure ou moment propice ; moment ad hoc ; moment psychologique.

5 **Opportunisme ;** attentisme. – Arrivisme **540.**

6 **Opportuniste** *(un opportuniste),* attentiste *(un attentiste).* – Arriviste *(un arriviste)* **540.**

V. 7 Ne pas laisser passer l'occasion, saisir l'occasion aux cheveux, sauter sur l'occasion [fam.] ; **ne pas rater le coche,** prendre ou saisir la balle au bond (aussi : au vol, à la volée). – Bien choisir son heure (ou : son jour, son moment), s'y prendre au bon moment. – Il faut battre le fer tant qu'il est chaud [prov.].

8 Arriver comme mars ou marée en carême, tomber bien, arriver ou tomber au bon moment ou à point nommé, tomber à pic [fam.] ; tomber juste, tomber pile [fam.], venir à propos. – Être accueilli comme le Messie.

9 **Convenir à** 28.11, aller à, arranger, faire l'affaire de ; agréer à, plaire à. – **Cadrer avec** 21.11, correspondre à, être approprié à ; s'ajuster à, se prêter à. – Être de mise.

Adj. 10 **Opportun** ; commode, utile 544 ; adapté, adéquat, ad hoc, approprié 28.12, conforme, idoine [sout. ou par plais.]. – De circonstance, de saison.

11 Bienséant, décent, **convenable**, séant [litt.] ; indiqué, recommandé. – De bon ton, de mise.

12 **Opportun** ; congruent ou, vx, congru, judicieux, **pertinent**, topique [didact.].

13 **Opportun** ; bienvenu, bon, favorable, propice.

Adv. 14 **Au bon moment**, à point, à point nommé, à propos ; pile ; à pic [fam.] ; en temps opportun, en temps utile ; au moment voulu 578.

15 Convenablement, correctement, congrûment, justement, pertinemment. – Décemment 619.

16 **À propos**, bien à propos [vieilli]. – À bon escient.

# 543 INOPPORTUNITÉ

N. 1 **Inopportunité** ; importunité, intempestivité [rare]. – Immixtion, **indiscrétion**, ingérence, intrusion.

2 Balourdise, brusquerie, gaucherie, maladresse 571, messéance [vx] ; bévue, **impair**, sottise ; **gaffe** [fam.]. – Discordance, **fausse note, faux pas.**

3 **Désinvolture**, effronterie 593, goujaterie, impudence, incongruité, indécence 620. – **Sans-gêne.**

4 **Gêne** ; confusion, désarroi, embarras, incommodité, trouble.

5 **Importun** ; fâcheux, gêneur, indiscret, intrus ; questionneur. – Empêcheur de danser ou de tourner en rond, **trouble-fête** ; touche-à-tout ; enfant terrible. – Fam. : **casse-pieds**, crampon, enquiquineur, raseur ; pot de colle, colle de pâte.

6 Balourd, lourdaud, maladroit 571. – Goujat.

V. 7 **Importuner** ; ennuyer 458, lasser ; excéder, horripiler [fam.], indisposer, irriter, molester [vx] ; fam. : empoisonner, tanner. – Harceler, **incommoder**, persécuter, poursuivre, presser, talonner, tarabuster, tourmenter [vx] ; chicaner [fam.].

8 Déconcerter, démonter, **déranger, embarrasser**, gêner ; s'incruster [fam.]. – Se mêler de ce qui ne vous regarde pas ; **s'immiscer dans**, s'ingérer dans. – Fam. : mêlez-vous de ce qui vous regarde ! (aussi : mêlez-vous de vos affaires, de vos oignons).

9 Mal tomber ou tomber mal ; faire mauvais effet. – Mal choisir son heure (ou : son jour, son moment) ; fam. : arriver comme un cheveu sur la soupe, arriver comme un chien dans un jeu de quilles. – Manquer de délicatesse, manquer de tact ; **gaffer** [fam.]. – Laisser échapper *(laisser échapper une parole, un secret, etc. )* ; parler à tort et à travers ; mot qui en entraîne un autre.

10 Messeoir [vx ou litt.]. – Mal lui a pris de + inf., mal lui en a pris.

11 Loc. prov. : avant l'heure, c'est pas l'heure, après l'heure, c'est plus l'heure [fig., fam.].

Adj. 12 **Inopportun** ; déplacé, déraisonnable, fâcheux, **importun**, incongru, indu, **intempestif**, maladroit, malencontreux 460, **malvenu**, prématuré, saugrenu. – Hors de saison ; hors de propos ; mal choisi ; à côté de la plaque [fam.].

13 **Inopportun** ; abrupt, brusque, ennuyeux 458, envahissant, gênant, incommodant, **inconsidéré**, indiscret, pesant, sans-gêne. – **Insolite, saugrenu** 645. – Abusif 569, excessif, immodéré ; **de trop**. – Agaçant, crispant, énervant 449, horripilant [fam.].

14 **Inopportun** ; cavalier, incongru, **inconvenant**, incorrect, indécent 620, malséant, malsonnant 593, messéant [vx]. – De mauvais goût ; discordant [fig.].

15 **Importun** ; embarrassant, encombrant, envahissant, fâcheux [vx], fatigant 458, gênant, indésirable, insupportable. – **Sans-gêne** ; désinvolte, sans vergogne. – Fam. : barbant, bassinant, casse-pieds, collant, crampon, embêtant, enquiquinant, gluant, rasant, tannant.

16 Effronté. – Cynique, dévergondé, **impudent** 620, malappris, malpoli.

Adv. 17 **Inopportunément** [litt.] ; importunément [litt., rare], inconsidérément, intempestivement, mal à propos ; à côté de la plaque [fam.]. – À contretemps, au mauvais moment. – **Inopinément** ; abruptement, brusquement ; à l'improviste **459**.

18 **Inopportunément** [litt.] ; incongrûment, indiscrètement. – Cavalièrement, incorrectement, **indécemment 620**.

# 544 UTILITÉ

N. 1 **Utilité** ; efficacité **527**, fonction, mérite **695**, nécessité **41**, valeur.

2 **Utilisation 567** ; commodité, convenance, usage ; vx : secours *(être de secours à qqn)*, service.

3 **Utilité** ; avantage, bénéfice, bienfait, intérêt, profit. – Utilité publique.

4 **Aide 563**, appui, assistance, bienfait, faveur, soutien.

5 **Utilité** *(une utilité, des utilités)* [vx ou litt.] ; utile *(l'utile)* ; joindre l'utile à l'agréable [loc. cour.]. – Service.

6 **Aide-mémoire**, vade-mecum. – Nécessaire. – Utilitaire *(un utilitaire)* ou véhicule utilitaire.

7 ÉCON. – Désidérabilité ou utilité ; utilité directe, utilité indirecte ; utilité individuelle, utilité sociale ; utilité cardinale, utilité ordinale.

8 **Utilitarisme** ; matérialisme, positivisme. – **Utilitariste** *(un utilitariste)*.

V. 9 **Servir à** ; convenir à, faire l'affaire de, satisfaire ; avoir (ou : offrir, présenter) des avantages pour ; être de secours à [vx]. – **Servir** ; resservir.

10 **Servir de** ; faire fonction ou office de, tenir lieu de.

11 **Utiliser 567** ; employer.

Adj. 12 **Utile** ; avantageux, commode, convenable, efficace, expédient [sout.], favorable, fructueux, profitable, salutaire.

13 **Utile** ; capital, essentiel **41.13**, indispensable, irremplaçable, nécessaire, précieux. – Utile (opposé à nuisible). – D'utilité publique.

14 **Serviable 563** ; dévoué, obligeant, secourable, utile.

15 **Utilitaire** *(véhicule utilitaire, programme utilitaire)* ; fonctionnel, pratique.

16 **Utilitaire** ; positif, pragmatique, pratique. – **Utilitariste** ; intéressé, matérialiste, prosaïque, terre à terre.

Adv. 17 **Utilement** ; avantageusement, efficacement, avec profit, profitablement ; fonctionnellement. – **Utilitairement**. – Utile *(voter utile)*. – En temps utile **542**.

# 545 INUTILITÉ

N. 1 **Inutilité** ; inanité, inefficacité **529**, stérilité, vanité. – Superfétation, surcharge.

2 **Futilité** ; faiblesse, frivolité, superfétation, superfluité **80.2**. – **Insignifiance 439**, néant, superficialité, vacuité **2.1**, vide.

3 Inutile *(l'inutile)*, superflu *(le superflu)*.

4 Babiole, bagatelle, bibus [vx], bricole [fam.], broutille, colifichet, frivolité ; faribole, **vétille**, rien *(un rien, des riens)*. – Gadget, hochet [fig.]. – Cautère sur une jambe de bois, coup d'épée dans l'eau, onguent miton mitaine [fam.], poudre de perlimpinpin. – Chiffon de papier.

5 **Balivernes** ; balançoires [vx], banalités **758**, billevesées, calembredaines, fadaises, fariboles, futilités, sornettes ; propos en l'air.

6 **Redondance** ; pléonasme, redite, remplissage, verbiage **745** ; bouche-trou ; fatras, longueurs. – Battologie, logomachie, tautologie, verbalisme.

7 **Inutile** *(un inutile)* ; bon à rien, bouche inutile, incapable **541**, nullité, soliveau [allus. à la fable de La Fontaine imitée d'Ésope *Les grenouilles qui demandent un roi*], zéro ; fam. : fumiste, rigolo. – Cinquième roue du carrosse, ardélion [vx], mouche du coche ; bouche-trou.

8 Improductif, **oisif 529**, songe-creux.

V. 9 Lanterner, musarder **529** ; vx : baguenauder, niaiser, vétiller. – Battre l'eau avec un bâton, enfiler des perles, peigner la girafe [fam.], semer sur le sable, tirer sa poudre aux moineaux.

10 Baliverner, caqueter, jacasser **760** ; aboyer à la lune ; parler en l'air ou parler pour ne rien dire ; **parler à un mur** (ou : aux rochers, à un sourd), parler dans le vide, prêcher dans le désert **541**. – Vulg. : c'est comme si on pissait dans un violon, dans une clarinette [fam.].

11 Faire double emploi. – Rester lettre morte.

Adj. 12 **Inutile** ; superfétatoire, superflu **80.15**, vain. – Anodin, creux, dérisoire, insignifiant **439**, **oiseux**, stérile, vide ; logomachique [péj.], redondant, tautologique. – **Futile**, frivole, superficiel.

13 **Inefficace**, infructueux, nul, vain. – Sans effet, sans portée, sans résultat ; sans importance.

14 **Inutilisable ;** caduc, périmé, suranné ; hors d'usage. – Inexploitable ; improductif.

15 **Inutilisé ;** inexploité ; en friche.

Adv. 16 **Inutilement,** vainement ; en pure perte, en vain ; pour néant [vx], pour rien.

17 **Inefficacement,** stérilement ; pour la forme ; à vide.

# 546 FACILITÉ

N. 1 **Facilité,** simplicité 616.

2 **Clarté,** évidence 430, intelligibilité 734.

3 **Agrément,** avantage 544, commodité, confort, maniabilité. – Convivialité [INFORM.].

4 **Aisance,** grâce, naturel, spontanéité ; décontraction, désinvolture ; agilité, fluidité, souplesse ; adresse 570, habileté ; **intelligence 396,** vivacité ; brio, maestria.

5 **Affabilité,** amabilité 592, aménité. – Indulgence, souplesse, tolérance. – Complaisance, condescendance. – Légèreté.

6 **Faiblesse ;** crédulité, naïveté.

7 Facilité [absolt] ; **don,** prédisposition, talent 570. – Facilité à (ou : de, pour) ; aptitude, faculté. – **Inclination,** penchant, propension, tendance. – Capacités, dispositions, moyens ; étoffe.

8 Facilité à + inf., facilité de + n. *(facilité à parler ; facilité de parole) ;* éloquence 757, faconde.

9 Facilité ou **facilités.** – Aide 563, appui, secours ; pont aux ânes [fam.]. – Moyen, occasion 542, **possibilité ;** latitude, liberté ; marge. – Avoir toutes facilités pour.

10 **Commodités,** facilités ; arrangement, concession. – Facilités de paiement, facilités de caisse ; crédit, délai.

11 Facilité [litt.], paresse. – Solution de facilité. – Loi du moindre effort.

12 Facilitation.

V. 13 **Faciliter ;** aider 563, appuyer, pistonner [fam.], recommander. – Mâcher, mâcher le travail ; frayer le chemin, guider ; favoriser ; concourir à, contribuer à, permettre de. – Mettre à l'aise.

14 Aplanir, arranger, préparer 536.

15 Clarifier, débrouiller, éclairer ; **simplifier 616,** vulgariser.

16 Se laisser aller à la facilité ; suivre sa pente.

17 **Ce n'est pas une affaire,** ce n'est rien ; c'est l'affaire d'un instant ; ce n'est pas la mer à boire [fam.]. – C'est un jeu, c'est un jeu d'enfant. – Fam. : ça se fait tout seul, ça va tout seul, c'est du billard, c'est du gâteau, c'est du nanan [vieilli], c'est du nougat, c'est du tout cuit. – Fam. : ce n'est pas la mort d'un homme ou ce n'est pas la mort.

Adj. 18 **Facile ;** aisé, élémentaire, enfantin, simple 616 ; fastoche [fam.]. – Facile comme bonjour [fam.], facile comme tout.

19 Clair, clair comme de l'eau de roche, évident 430.8, limpide. – **À la portée de tous** (ou, fam. : du premier venu, du premier imbécile venu), compréhensible, intelligible 734.14.

20 **Commode,** confortable, pratique, maniable.

21 Litt. : coulant, fluide.

22 Péj. – Facile, léger ; banal 758, courant, vulgaire.

23 **Facile à vivre ;** affable 592, serviable 563, sociable 581 ; docile, doux 585, tendre. – Abordable, accessible, accueillant.

24 Accommodant, arrangeant, conciliant, souple, traitable. – Indulgent, tolérant ; complaisant, laxiste. – Fam. : coulant, cool [anglic.]. – Péj. : facile [vx], faible ; débonnaire ; malléable. – Facile *(une femme, une fille facile).*

25 Facile *(un esprit facile)* [vieilli], habile, **intelligent 396,** vif 576 ; facile à la détente [fam.].

Adv. 26 **Facilement ;** aisément, commodément ; sans effort, sans peine ; en douceur, en souplesse ; comme qui s'amuse [fam.], **en se jouant ;** comme par enchantement, comme par magie. – Fam. : les doigts dans le nez, dans un fauteuil ; comme dans du beurre, comme sur des roulettes.

27 Sans faire de difficultés, sans se faire prier, volontiers.

28 En un tour de main 576, en deux coups de cuillère à pot [fam.].

29 Haut la main, largement.

30 Fam. – Comme du petit lait, comme des petits pains.

Prép. 31 À portée de ; à la portée de.

Int. 32 Facile ! Fam. : **fastoche !** À l'aise ! À l'aise, Blaise ! – Élémentaire, mon cher Watson ! [allus. litt., par plais.].

# 547 DIFFICULTÉ

N. 1 **Difficulté** ; complexité 77.1, insolubilité, obscurité.

2 Difficile *(le difficile ; le difficile de la chose, de l'affaire)*, **problème,** question ; hic [fam.], *tu autem* ( vx ; lat., « mais toi », sous-entendu : « Seigneur, prends-moi en pitié »). – Nœud gordien, quadrature du cercle.

3 **Complication,** confusion. – Subtilité ; ratiocination [péj.]. – Aporie [PHILOS.], aporisme [LOG.].

4 Contrariété, **souci** 462. – Empêchement, ennui, entrave, traverse.

5 Désaccord 429 ; conflit.

6 **Obstacle** 554, rémora ou rémore [vx] ; fam. : bec, cheveu, chiendent, épine, pépin. – Barrière, écueil. – Mauvais coucheur.

7 Gêne, **mal,** peine 530 ; inconfort.

8 Danger 551, péril.

9 **Mauvais pas ;** fam. : pastis, sac d'embrouilles, sac de nœuds ; dédale, labyrinthe. – Crise ; guet-apens, piège.

10 Temps difficiles, siècle d'airain [litt.] ; débuts difficiles, vache enragée [fam.].

V. 11 **Avoir des difficultés,** avoir du mal, souffrir. – Fam. : **en baver,** en baver des ronds de chapeau, en danser [vx] ; galérer, ramer ; **s'arracher les cheveux,** se casser la tête, se torturer les méninges.

12 Être embarrassé ; cafouiller [fam.], hésiter 511 ; s'essouffler. – Fam : être coincé, être bloqué ; **être dans de beaux draps** (ou : dans les choux, dans une mauvaise passe, dans le pétrin) ; ne pas être sorti de l'auberge. – Être dans la misère 830, être dans la purée ou dans la panade [fam.], manger ou bouffer de la vache enragée. – Fam. : être dans la même galère, être logé à la même enseigne (que qqn).

13 Chercher ou rechercher la difficulté, **compliquer** 77.9 ; alambiquer [vx], complexifier, corser ; brouiller, obscurcir, rendre confus ; embrouiller, emmêler, entremêler ; emberlificoter, entortiller. – **Faire des difficultés,** soulever des difficultés ; contester 429. – Chinoiser [fam.], ergoter, pinailler [fam.], ratiociner [litt.] ; **chercher midi à quatorze heures,** couper les cheveux en quatre [fam.]. – C'est la croix et la bannière pour [fam.].

14 Mettre en difficulté ou en échec 541 ; accrocher *(accrocher un concurrent)* ; compromettre, discréditer 642, embêter

[fam.], ennuyer 458, emmerder [très fam.], gêner.

15 **Créér des difficultés à,** donner du fil à retordre (ou : du mal, de la tablature [litt. et rare], du tintouin [fam.]) ; mettre des bâtons dans les roues 554, tailler des croupières [vx] ; **mener la vie dure.**

16 Avoir des difficultés avec, avoir maille à partir avec, être en désaccord avec 429.

17 Faire le difficile 456, faire des difficultés de [vx et litt.] ; faire le dégoûté ou, vx, le renchéri.

Adj. 18 **Difficile,** difficultueux ; ardu, compliqué 77.12, délicat, dur, épineux, malaisé, pénible, rude, scabreux. – Fam : **coton, duraille,** vache.

19 **Complexe,** confus, embrouillé, enchevêtré, entortillé, inextricable ; litt. : abstrus, abscons, sibyllin ; mystérieux, obscur, subtil ; énigmatique, ésotérique, hermétique 735 ; fam. : calé, costaud, coton, trapu ; pas évident. – Insoluble ; aporétique [PHILOS.].

20 Abrupt, escarpé, incommode, malcommode, raboteux, raide ; **dangereux** 551.

21 Embarrassant, pénible, triste 464 ; **douloureux** 345. – Inquiétant, préoccupant.

22 **Exigeant.** – Délicat 598, difficile, difficultueux [vx et litt.], raffiné, sévère. – Chicaneur, ergoteur, pointilleux, ratiocineur [péj.].

23 **Acariâtre** 470, insupportable, revêche. – Contrariant ; chatouilleux, irascible 471, irritable, ombrageux, sourcilleux, susceptible ; turbulent. – **Dur** 599. – Insociable ; fam. : impossible, **invivable.**

Adv. 24 **Difficilement,** laborieusement, malaisément, péniblement ; difficultueusement [rare] ; **à grand-peine.**

25 Tant bien que mal ; fam. : cahin-caha, clopin-clopant.

Int. 26 Fam. – C'est pas de la tarte ! C'est pas du miel ! Ce n'est pas une sinécure ! Voilà le hic !

# 548 PROSPÉRITÉ

N. 1 **Prospérité** ; abondance 78, aisance, réussite 540, richesse 829, sécurité.

2 **Épanouissement,** floraison, luxuriance, splendeur [fig.] ; efflorescence [fig., litt.].

3 Béatitude, bonheur 463, contentement, délices, douceurs, enchantement, eupho-

rie, félicité, félicités, jouissances, **prospérités** [vx], ravissement, sérénité. – Belle vie ; jours heureux, jours sereins ; lit de roses.

4 **Aise**, aises, bien-être, confort ; bonne condition, bonne forme, bonne santé.

5 **Agrément**, agréments, avantage, plaisance [vx ou poét.], plaisir **467**. – Éden, paradis ; Eldorado, pays de cocagne.

6 Chance ; bonne étoile, bonne fortune, providence ; fam. : baraka ; bol, pot, veine. – Aubaine, bénédiction (*une bénédiction,* fig.), miracle ; opportunité ; coup de chance, heureux hasard **44** ; jour de chance.

v. 7 **Prospérer** ; avoir le vent en poupe, s'épanouir, progresser.

8 Avoir une mine florissante, être en forme **382**. – Couler des jours heureux, se la couler douce [fam.], se donner du bon temps, être comme un coq en pâte, être heureux comme un roi, jouir ou profiter de la vie, ne pas être à plaindre, savourer l'existence, vivre des jours filés d'or et de soie [vx].

9 **Prospérer** ; prendre bonne tournure, bien tourner.

10 **Avoir de la chance** ; avoir du bonheur [vx], avoir de la corde de pendu, avoir la main heureuse, être aimé des dieux, être né coiffé, être né sous un astre favorable ou sous une bonne étoile, jouer de bonheur. – La chance lui sourit, tout lui sourit. – Croire en son étoile.

Adj. 11 **Prospère** [vieilli, litt.] ; bénéfique, faste, favorable, heureux, propice, providentiel.

12 Heureux, heureux comme un poisson dans l'eau ; bienheureux, comblé, épanoui, heureux, radieux, ravi, resplendissant.

13 À l'aise, aux anges, comblé, radieux ou rayonnant.

14 **Florissant** ; beau, robuste.

15 **Fortuné**, heureux, nanti.

16 **Chanceux**, heureux ; favorisé par le sort ; favori ou protégé des dieux ; miraculé [fig.] ; fam. : chançard, veinard, verni. – Arg. : doré, vergeot.

17 **Prospère** ; à l'abri du besoin, à l'aise, arrivé, fortuné, nanti, pourvu, riche **829**.

Adv. 18 **Prospèrement** [rare] ; avec succès **540**.

19 En abondance, à foison, à profusion.

20 **Avec bonheur**, heureusement, sous d'heureux auspices ; par bonheur, **par chance** ; par bonne encontre [vx].

## 549 ADVERSITÉ

N. 1 **Adversité** ; complication, complications ; contrariété ; **déboires** ; désagrément **462** ; épreuves ; inconvénients ; **problèmes** ; rigueurs du sort [vx ou litt.] ; tribulation [vx], tribulations [mod., litt.] ; vicissitudes. – Océan de misères, vie de chien ; mélasse [fam.] ; mouscaille [arg.].

2 Accident, avatar [abusif], contretemps, écueil, empêchement **18.4**, heurt, incident, **mésaventure**, revers, revers de fortune ; vx : disgrâce, malencontre, méchef. – **Coup dur**, coup de massue ; fam. : pépin **458**, tuile ; avaro [pop.]. – Fâcheuses ou tristes circonstances ; mauvaise passe ; temps difficiles. – Fortune de mer [DR. MAR.].

3 Fatalité, infortune, **malchance**, malédiction ; coup du sort, destin ou fortune contraire, mauvaise fortune, sort contraire ou défavorable ; cruauté du sort ; guignon [litt.] ; mauvaise étoile. – Fam. : déveine, guigne, manque de bol (ou : de pot, de veine), poisse. – Arg. : cerise, pommade, purée, scoumoune.

4 Calamité **466**, fléau, plaie [fig.].

5 Chute, déchéance, déclin, naufrage.

6 Abattement, anéantissement, chagrin **464**, désolation, détresse, douleur **345**, effondrement, **malheur**, peine, prostration. – **Deuil 311**.

7 Misère, pauvreté **830**.

8 Défaveur, hostilité, inimitié **605**. – **Préjudice**, tort ; désavantage, détriment, dommage. – **Conflit** ; opposition.

9 Malédiction, maléfice ; ensorcellement, **mauvais œil**, mauvais sort.

10 Marasme, stagnation. – Débâcle, **dépression** [ÉCON.].

11 **Adversaire**, ennemi **649**. – Compétiteur, concurrent, opposant, rival.

12 **Oiseau de malheur** ; oiseau de mauvais augure. – Porte-malheur.

13 **Infortuné**, malchanceux, malheureux. – Épave, pauvre diable, pauvre hère ; fam. : déveinard [vx], guignard.

14 **Déshérité**, miséreux.

v. 15 **Contrarier**, déranger, entraver ; aller à l'encontre de, entrer en conflit avec, faire barrage à, se jeter à la traverse de [vx], se mettre en travers du chemin de.

16 **Nuire à** ; faire du tort à, porter préjudice à, préjudicier à [vx ou litt.] ; causer des

ennuis à **458** ; vouloir du mal à ; fam. : faire un croc-en-jambe (ou : un croche-patte, un croche-pied) à. – Mettre dans de beaux draps, mettre dans le pétrin. – **Faire le malheur de.** – Ne pas faire de cadeau à. – S'acharner sur ; fam. : faire passer un mauvais quart d'heure, mener la vie dure, en faire voir des vertes et des pas mûres.

17 **Chagriner 464**, désespérer ; atterrer, bouleverser, frapper [fig.], terrasser.

18 **Défavoriser**, désavantager ; **porter malheur** ; fam. : porter la guigne, porter la poisse. – Ensorceler, jeter un mauvais sort à, jeter le mauvais œil à.

19 **Avoir tout le monde contre soi** ; être en conflit avec, se heurter à. – Essuyer un revers, essuyer des revers.

20 **Pâtir** ; être en butte à l'adversité ; traverser une mauvaise période ou des moments difficiles ; avoir connu des jours meilleurs ; être dans une mauvaise passe, être en posture difficile. – Fam. : être dans de beaux draps, dans la mélasse, dans le pétrin ; passer un mauvais quart d'heure, en voir de dures, en voir de toutes les couleurs, en voir des vertes et des pas mûres. – Être aux abois, être à bout, être au bout du rouleau. – **Être frappé de plein fouet** [fig.]. – Avoir tout perdu, être au fond de l'abîme.

21 **Être né sous une mauvaise étoile** ; être abandonné du ciel ; arg. : être en plein travers, porter le noir [JEUX]. – Tirer le mauvais numéro ; jouer de malheur, porter sa croix. – Un malheur ne vient jamais seul [prov.].

22 **Se décourager**, se laisser aller, baisser les bras. – **Broyer du noir.**

23 **Décliner**, se dégrader, se détériorer **383**. – Descendre la pente, sombrer, tomber dans la misère.

Adj. 24 **Adverse**, ennemi, opposant. – **Inimical 605**, malveillant.

25 **Fatal**, fatidique, funeste. – Dommageable, **malfaisant**, nocif, nuisible, préjudiciable ; désavantageux ; fam. : damné, fichu, maudit, sacré, sale, satané.

26 **Atterrant**, attristant, dur, pénible, rude, tragique **466**. – Détestable, exécrable, fâcheux, haïssable, **malencontreux**, regrettable, sinistre.

27 **Infortuné** ; défavorisé, **malchanceux**, né sous une mauvaise étoile ; mal loti, mal partagé, poursuivi par le sort ; fam. :

déveinard [vx], guignard. – **Malheureux** ; affligé, assommé, attristé, chagriné, démoli, déprimé, éprouvé, pitoyable, terrassé ; malheureux comme les pierres. – Contrarié, ennuyé, fâché, **mécontent 468**.

28 Indigent, **misérable**, miséreux.

Adv. 29 **Malheureusement** ; désavantageusement, fâcheusement, funestement, malencontreusement, tragiquement ; par malencontre [vx], par malheur ; pour comble de malheur.

30 Catastrophiquement, désastreusement.

31 **Hostilement** ; défavorablement, inamicalement. – Nuisiblement [rare].

32 Lamentablement, **misérablement**.

Int. 33 *Vae victis !* (lat., « malheur aux vaincus »).

## 550 SÉCURITÉ

N. 1 **Sécurité** ; paix **652**, sûreté, tranquillité. – **Salut.** – Ordre public **45**, sécurité publique.

2 **Sécurité** ; abandon, assurance, ataraxie, calme, confiance **606**, quiétude, sérénité, tranquillité.

3 **Sécurité**, sûreté ; marge ou volant de sécurité. – Planche de salut.

4 **Fiabilité** ; efficacité, habileté, infaillibilité, précision, solidité, **sûreté.**

5 **Garantie** ; caution, gage, garant, protection **560**.

6 **Sécurisation** ; apaisement, sauvegarde **560**, sauvetage, soulagement. – Mise à l'abri, mise en sécurité.

7 **Abri**, asile, havre [fig., litt.], refuge **559**.

8 Sécuritarisme.

V. 9 **Sécuriser** ; apaiser, calmer, rasséréner, rassurer, réconforter, soulager, tranquilliser. – Le plus sûr serait de + inf.

10 **Ramener le calme**, rétablir l'ordre, rétablir la paix ; calmer ou rasseoir les esprits ; pacifier.

11 **Assurer la sécurité de** ; mettre à l'abri du danger, mettre en lieu sûr ; protéger.

12 **L'échapper belle**, réchapper de, retomber sur ses pieds, se tirer d'affaire ; sauver sa peau [fam.]. – **Être hors d'affaire**, être hors de danger ; être arrivé à bon port. – **Se rasséréner**, se rassurer, se remettre. – Dormir sur ses deux oreilles.

Adj. 13 **De sécurité** *(dispositif de sécurité)* ; sécuritaire. – **Sûr** ; à toute épreuve.

14 **Fiable** ; assuré, confirmé, éprouvé, infaillible ; digne de confiance. – **Sans danger** ; de père de famille *(placements de père de famille)* ; de tout repos.

15 **Imprenable,** inattaquable, inviolable ; invulnérable. – **Solide** ; bâti sur du roc (ou sur le roc).

16 **Sécurisant** ; apaisant, calmant, rassurant, tranquillisant.

17 **Rassurant.** – Prudent, **pondéré,** raisonnable, réfléchi. – Calme 448, coi, confiant, paisible, quiet, rasséréné, rassuré, serein, tranquille.

18 **En sûreté** ; à l'abri, à couvert, en lieu sûr ; gardé, protégé ; sous clef. – Hors d'affaire, hors d'atteinte, **hors de danger** ; sain et sauf, sauf, sauvé.

Adv. 19 Calmement, paisiblement, **sereinement,** tranquillement ; en toute quiétude. – **En toute sécurité.** – En confiance 606.

20 **Sûrement** ; infailliblement ; à coup sûr.

21 Pour plus de sûreté ; **par mesure de sécurité** ; par précaution 572.

22 **En lieu sûr** ; à bon port ; à pied sec.

Prép. 23 **À l'abri de** ; hors d'atteinte de ; hors de portée de.

## 551 DANGER

N. 1 **Danger** *(le danger)* ; nocuité [vx], péril. – Aléa 42, hasard 44 ; traîtrise, traîtrises. – Prov. : qui craint le danger ne doit pas aller en mer ; qui craint les feuilles ou qui a peur des feuilles ne doit pas aller au bois [vx].

2 **Danger** *(un danger)* ; menace, risque 573. – MAR. : **danger** ; banc, écueil, récif, roche ; périls de mer [vx]. – Fig. : coupegorge, traquenard 597 ; serpent caché sous les fleurs [vx] ; terrain glissant.

3 Insécurité, détresse, **perdition.** – Non-assistance à personne en danger [DR.]. – Prov. : Au danger on connaît les braves ; Il y a péril en la demeure.

4 Dangerosité *(la dangerosité d'une personne)* [didact.].

5 **Danger** ; inconvénient, risque ; arg. : dèche *(y a de la dèche),* pet ou pétard *(y a du pet).* – Fig. : guêpier ; baril de poudre, poudrière, volcan.

6 Alarme, alerte, **avertissement,** S. O. S. ; sauve-qui-peut.

7 **Danger public** *(un danger public)* [fam.]. – Casse-cou [fam.] ; audacieux *(un audacieux),* **risque-tout.**

V. 8 **Mettre en danger** ; compromettre, **exposer,** hasarder 44, menacer.

9 **Être en danger** ; courir un danger, risquer gros. – Danser ou dormir sur un volcan, être au bord de l'abîme ou du gouffre ; être ou marcher sur la corde raide ; être dans la gueule du loup, être dans la nasse.

10 **Se mettre en danger** ; s'aventurer, s'exposer, se hasarder 44, se risquer. – S'engager sur un terrain glissant ou mouvant, jouer avec le feu, jouer avec sa vie ; travailler sans filet.

Adj. 11 **Dangereux** ; brûlant, critique, délicat, désespéré, dramatique, fâcheux, précaire, périlleux, redoutable. – **Explosif,** lourd de menaces, menaçant.

12 Aléatoire, fou, hasardé, hasardeux, imprudent 573, inconsidéré 537, insensé, osé, risqué, scabreux, **téméraire** ; cassecou [fam.], casse-gueule [pop.].

13 **Dangereux,** inhospitalier *(côte inhospitalière),* traître *(virage traître).*

14 Délétère, destructeur, fatal, virulent ; grief *(maladie griève)* [vx].

15 Destructeur, démoniaque, diabolique, malsain, mauvais, pernicieux, subversif ; fig. : délétère, empoisonné, méphitique, morbide, pestilentiel, satanique, venimeux.

16 Méchant 586. – **Agressif,** violent 580.

17 Compromettant, **dommageable.** – Corrompu, pervers. – **Dangereux** *(un dangereux séducteur)* ; corrompu, pervers, pervertisseur [rare].

18 **En danger,** exposé, menacé ; **sans défense,** sans protection, vulnérable. – Dans une situation alarmante (ou : critique, désespérée).

Adv. 19 **Dangereusement,** périlleusement [litt.], redoutablement.

20 **Dangereusement,** gravement, grièvement, sérieusement.

21 À ses (mes, tes, etc.) **risques et périls.**

Prép. 22 **En danger de** *(en danger de mort).* – **Au péril de,** au risque de.

Int. 23 Sauve qui peut !

## 552 AVERTISSEMENT

N. 1 **Avertissement** ; alerte, alarme. – **Menace** 551.

2 **Signe, signe avant-coureur** ; augure 485, présage. – Prémonition, pressentiment.

3 **Indication,** information. – **Annonce,** communication. – Notification, préavis. – Appel ; **signal.** – Signalisation 730 ; présignalisation.

4 Avis, conseil 566, **mise en garde,** recommandation ; instruction, suggestion.

5 **Admonestation,** admonition [litt.], **observation,** rappel, **rappel à l'ordre,** remontrance, réprimande, reproche ; coup de semonce, semonce ; blâme, répréhension [vx ou sout.]. – RELIG. : aggravation (ou : aggrave, fulmination), monition [DR. CAN.].

6 **Menace, intimidation.** – Défi ; bravade, provocation ; insulte.

7 **Manœuvre d'intimidation ;** geste de menace, démonstration [MIL.]. – Représailles 659. – Ultimatum. – **Pression ;** chantage, racket.

8 Menace ; danger 551, **péril,** risque.

9 Avertisseur *(un avertisseur)* [vx]. – Un homme averti en vaut deux [prov.] 572.

v. 10 **Avertir** (qqn) de (qqch), avertir (qqn) que ; alarmer, alerter, aviser, informer, instruire, **prévenir.**

11 **Annoncer,** apprendre, faire savoir ; **rappeler.** – **Signifier** (qqch) à (qqn) ; faire observer que. – Signaler.

12 **Conseiller,** recommander.

13 **Mettre en garde.** – **Admonester,** donner un coup de cloche à (qqn) [vx], rappeler à l'ordre, réprimander, semoncer [sout.] ; blâmer, reprendre.

14 **Crier gare ;** crier casse-cou. – Crier à *(crier à l'assassin, au feu).*

15 **Menacer.** – **Intimider ;** effrayer, faire peur à (qqn) 472, inquiéter, terroriser. – Faire pression sur, impressionner ; le ou la faire (à qqn) à l'estomac, à l'influence [fam.]. – Faire chanter.

16 **Être menacé de ;** craindre redouter. – Encourir, risquer ; s'exposer à.

17 **Prendre garde à ;** se méfier de.

Adj. 18 Avertisseur.

19 **Averti ;** informé, instruit ; au courant de.

20 **Menaçant ; comminatoire.** – Intimidant, **intimidateur.**

21 Effrayant, **inquiétant ;** dangereux, périlleux.

Int. 22 Alerte ! **Attention !** gare ! – Fam. : fais gaffe !, gaffe ! – Avis aux amateurs ! – *Cave canem !* (lat., « prends garde au chien ! ») [souv. par plais.].

## 553 ALARME

N. 1 **Alarme, alerte ; avertissement** 552, menace 551. – **Signal,** signe 730 ; symptôme.

2 **Alarmes** [vx] ; souv. au pl. : angoisse, anxiété 462, crainte, effroi, frayeur, **inquiétude, peur** 472, souci. – **Danger.**

3 Attention 402, éveil, **vigilance.** – Réaction d'alarme [ÉTHOL.].

4 MIL. : alarme générale ou générale *(la générale).* – Alerte à *(alerte à la bombe, alerte au feu).* – Fausse alarme, fausse alerte. – Cote d'alerte.

5 Cri d'alarme. – **Signal d'alarme,** sonnette d'alarme, système d'alarme ; sirène, tocsin ; réveil-matin. – TECHN. : avertisseur, autoalarme ou auto-alarme, autoprotection, borne d'alarme, détecteur d'incendie, téléalarme.

6 **Alarmisme ;** pessimisme 443.

7 **Alarmiste** *(un alarmiste) ;* pessimiste *(un pessimiste).*

8 Guetteur ; garde, gardien, sentinelle, vigie, vigile. – Contrôleur [AÉRON. MIL.].

v. 9 **Alarmer, donner l'alarme,** donner l'alerte, sonner l'alarme. – **Alerter,** avertir, prévenir. – Tirer le signal ou la sonnette d'alarme [fig.] ; attirer l'attention sur, signaler à l'attention ; appeler à la prudence. – Crier gare, crier sauve qui peut ; battre la générale.

10 Guetter, surveiller 402. – Ouvrir l'œil [fam.], **prendre garde.**

11 **Inquiéter ;** affoler, angoisser, apeurer, effrayer, paniquer ; **démoraliser.** – Jouer les Cassandre [allus. litt.]. – Préoccuper, **soucier** 462, tourmenter, tracasser. – **Menacer.**

12 **Alarmer** [litt.] ; **émouvoir,** éveiller, mettre en émoi.

13 S'alarmer [sout.], s'inquiéter ; s'affoler. – Fam. : s'en faire ; se faire de la bile, des cheveux, du mouron ; être aux cents coups. – Prendre au tragique.

Adj. 14 **Alarmant ;** affolant, angoissant, **inquiétant, menaçant ;** dangereux.

15 **Alarmiste,** pessimiste ; démoralisant.

16 D'alarme *(pistolet d'alarme, sifflet d'alarme) ;* d'alerte *(cri d'alerte, signal d'alerte).* – En état d'alerte.

Int. 17 Aux armes ! – **Alerte ! Attention !** – À l'aide ! Au secours ! Au feu ! Sauve qui peut !

# 554 OBSTACLE

N. 1 **Obstacle** ; barrage, blocage, bouclage, obstruction, verrouillage **140**. – **Séparation** ; fig. : cloisonnement, compartimentage ou compartimentation.

2 Barrage, barrière **138**, fossé, mur, saut-de-loup ou, vx, haha ; mur d'airain [fig.].

3 Barre, grillage, grille **91**, herse. – **Barricade**, ligne fortifiée, muraille, rempart ; clôture, fermeture. – **Borne**, butoir, limite **136**. – **Cloison**, écran, paravent, rideau, vitrage.

4 Digue, écluse, goulet. – **Écueil**, récif, rocher.

5 **Course d'obstacles** ; haie **870**. – ÉQUIT. : obstacle ; brook, bull-finch, fossé, haie, mur, **rivière**.

6 **Obstacle** ; bouchon, embouteillage, encombrement, engorgement ; embarras [vx]. – Barrage de police, cordon de troupes.

7 **Obstacle** ; adversité **549**, contretemps, difficulté **547**, écueil, embûche, empêchement, **entrave**, frein, gêne, grain de sable, impedimenta [pl., litt.], pierre d'achoppement, problème ; vx : encombre, rémora ou rémore. – **Embarras** ; accroc, aria [vieilli]. – Fam. : anicroche, bec ou bec de gaz, cactus, cheveu, hic, os ; vx ou litt. : achoppement, enclouure, traverse.

8 **Obstruction** ; chicane, complication, goulet ou goulot d'étranglement [fig.] ; dédale, détours, labyrinthe ; impasse. – **Contrainte** ; embargo, interdiction **633** ; fig. : bâillon, carcan, chaîne, corset, lien ; corset de fer ; enlisement.

9 Fin de non-recevoir, non, opposition **18**, refus, résistance, restriction.

10 **Empêcheur** [vx], gêneur, importun.

V. 11 **Faire obstacle à** ; accrocher, aheurter [vx], brider, contenir, endiguer, freiner, retenir ; arrêter, stopper. – **Bloquer**, congestionner, embouteiller, encombrer, engorger, **obstruer**, paralyser. – **Condamner**, murer, offusquer [vx]. – Enclouer [ARM.]. – Barrer ou boucher le passage, couper le chemin ou la route à, empêcher (ou : fermer, interdire) l'accès à.

12 **Former obstacle entre** ; diviser, s'interposer, séparer.

13 Contrarier, contrecarrer, contrer, embarrasser, enliser, gêner ; donner du fil à retordre à, mettre des bâtons dans les roues à ; donner de la tablature à [litt., rare]. – Modérer, refréner ou réfréner, restreindre, retenir ; fig. : brider, endiguer, entraver, étouffer, freiner, museler, paralyser. – **Empêcher de,** mettre son veto à, s'opposer à, traverser [vx].

14 Couper ou rogner les ailes à, lier les mains à [fig.]. – Couper la parole à, faire taire, interrompre, lier la langue à.

15 S'embourber, s'enliser, s'ensabler. – Accrocher sur, **achopper** ou **s'achopper à**, s'aheurter à [vx ou litt.], broncher, buter sur, chopper à, cogner ou se cogner contre, donner dans, heurter, se heurter à, trébucher. – Trouver sur son chemin ou en travers de son chemin ; se casser le nez contre ou sur, trouver porte close.

16 Surmonter un obstacle ; débarrasser, **dégager**, désencombrer, désobstruer ; forcer un barrage, forcer le passage. – **Aplanir**, balayer, franchir, lever, pallier, sauter, surmonter, vaincre ; trouver un biais ; trouver une échappatoire ; trouver un subterfuge ; venir à bout de.

Adj. 17 **Obstrué** ; bloqué, congestionné, encombré, engorgé. – Indisponible.

18 **Infranchissable**, insoluble, insurmontable. – **Sans issue**.

Adv. 19 **Contre vents et marées**.

Prép. 20 **À l'encontre de**, en travers de ; contre ; devant.

# 555 DÉTECTION

N. 1 **Détection** ; **dépistage**, forage, repérage, sondage ; **localisation** ; détermination, **diagnostic**, identification **411** ; jaugeage, mesure **70**. – Recherche **412** ; exploration, interception, investigation, prospection.

2 **Écoute**, guet ; attente ; patrouille, **reconnaissance**, **surveillance**, veille ; renseignement.

3 **Défiance 607**. – Attention **402**, curiosité.

4 **Radiodétection, radiorepérage**, radiopistage, radiosondage, radiotélémétrie ; **télédétection** ; télésurveillance ; radiolocalisation ou, anglic., radiolocation. – Radiogoniométrie ; radionavigation. – Radarastronomie, radioastronomie. – Radioautographie, radiophotographie. – Radiesthésie, sourcellerie.

5 **Détecteur**, poêle à frire [fam.] ; déceleur, alarme, autoalarme, avertisseur. – Baguette, pendule. – Boîte noire ou **mouchard**. – **Judas** (ou : judas optique, mi-

croviseur, mouchard, œil, œilleton) ; gendarme [fam.].

6 **Lidar** (angl., *LIght Detection And Ranging*, « détection et réglage par la lumière »), radiodétecteur ou **radar** (angl., *RAdio Detection And Ranging*, « détection et télémétrie par radio »), slar (angl., *Side Looking radAR,* « radar à vision latérale »), sodar, **sonar** (angl., *SOund NAvigation and Ranging,* « navigation et télémétrie par le son ») ; asdic (angl., *Allied Submarine Detection Investigation Committee,* « comité allié de détection et d'investigation sous-marines) ; sonar d'attaque, sonar de veille ; hydrophone. – Périscope, schnorchel.

7 **Capteur** (ou : détecteur, senseur) ; transducteur ; antenne 769, **chercheur,** tête chercheuse ; cherche-fuites. – Chambre [PHYS.].

8 Radioaltimètre, radiomètre, **radiosonde,** radiotélescope ; altimètre. – Ballon, ballon captif, **ballon-sonde.** – MAR. : bouée *(bouée acoustique) ;* radiobalise, radiogoniomètre, radiophare. – OCÉANOGR. : **drague,** sonobouée.

9 Mesures antiradar ; brouillage, **guerre électronique 650.** – Brouilleur ; leurre ; chaffs, paillettes ou windows. – Missile, **satellite.**

10 INFORM. : code autovérificateur ou code détecteur d'erreurs, écho. – Détecteur d'écart (ou : comparateur, discriminateur) [CYBERN.]. – Cohéreur [RADIOTECHN.].

11 **Indicateur** *(indicateur biologique, indicateur coloré, etc.),* marqueur, radiotraceur, traceur ; odorisant 371. – **Test.**

12 ZOOL. – **Vibrisse** ; moustache, soie.

13 Son ; infrason, **ultrason.** – **Onde ;** oscillation, vibration ; effet Doppler ; **résonance.** – Laser ; infrarouge, rayon gamma ; rayon X. – Radiographie, radioscopie, spectroscopie ; gammagraphie.

14 **Détectivité** ; sensibilité.

15 **Détectabilité.**

16 Guetteur, patrouilleur, sentinelle, veilleur. – Garde-côtes ou garde-côte. – Chercheur. – Foreur. – Radariste. – Radiesthésiste, rhabdomancien, sourcier ou baguettisant.

V. 17 **Détecter ; déceler,** découvrir ; dépister. – **Diagnostiquer,** identifier. – Localiser, **repérer ;** déterminer.

18 Explorer, **prospecter,** sonder ; jauger. – Rechercher 412.

19 **Surveiller ;** guetter ; aposter. – Écouter, être aux écoutes. – Fig. : flairer, **renifler.**

20 **Radariser** [rare].

Adj. 21 **Détecteur ;** chercheur.

22 **Détectable** (opposé à indétectable) ; décelable, localisable, **repérable ;** identifiable.

23 Antiradar, anti-sous-marin.

24 Radiogoniométrique, radiométrique ; radiophotographique.

Aff. 25 **Radar- ; radio-,** radi- ; **-scope, -scopie,** -scopique.

## 556 CONSTRUCTION

N. 1 **Construction ;** vx : bâtissage, bâtisse ; échafaudage [fig.], échafaudement [litt.], édification. – Dressage, élévation, érection, montage ; mise en œuvre, mise en place, mise sur pied. – Jeu de construction.

2 Architecture ; **agencement 45.3,** appareillage, composition, disposition, organisation 47, structuration [didact.] ; **assemblage,** association, rassemblement, réunion, synthèse. – Constructibilité [didact.].

3 **Fabrication ;** confection [vieilli], création, élaboration, élucubration [vx], facture [MUS.], formation, production ; mise au net, mise au point. – Constitution, établissement [vieilli], **fondation,** instauration, invention 411.

4 Construction grammaticale, locution, tour. – Définition constructive [LOG.], **système.**

5 Constructivisme [BX-A.].

6 Architecte, bâtisseur, **constructeur ;** rare : échafaudeur, édificateur ; maître d'œuvre, ordonnateur. – Confectionneur [vieilli], élaborateur, élucubrateur [rare], facteur [MUS.].

V. 7 **Construire ;** bâtir, échafauder, édifier **30.9 ;** concevoir, élucubrer, forger [fig.], imaginer, machiner, nouer, ourdir, tramer ; mettre en œuvre, mettre en place, mettre sur pied. – Bâtir à chaux et à ciment (ou : à chaux et à sable), bâtir sur le roc, construire en dur ; bâtir sur le sable. – Dresser, élever, **ériger,** monter ; accastiller [MAR.] ; jeter, tracer.

8 **Agencer,** architecturer [didact.], arranger, articuler, combiner, composer, **organi-**

ser, structurer [didact.]. – **Assembler,** associer, rassembler, réunir, synthétiser.

9 Confectionner, créer, élaborer, fabriquer, façonner, **faire,** former, modeler, ouvrer [TECHN.], produire. – Asseoir, constituer, établir, **fonder,** instaurer, inventer.

Adj. 10 **Construit ;** en construction, en cours de construction. – Complexe, élaboré ; composé.

11 **Constructeur,** créateur ; **constructif,** positif. – Constructiviste [BX-A.].

12 Constructible, bâtissable [rare].

## 557 DESTRUCTION

N. 1 **Destruction ;** anéantissement, annihilation, consomption [litt.], déconstruction [didact.], démantèlement, dissolution, foudroiement, lyse [SC.], néantisation [didact.].

2 Chute, délabrement, éboulement, écroulement, **effondrement.**

3 Atomisation, décomposition, désagrégation, **désintégration,** désorganisation **48,** dislocation, fragmentation.

4 Brisement [litt.], brisure [rare], bris [litt.], cassage, cassement [rare], **casse,** concassage. – Cisaillement, déchirement. – Détérioration ; effraction [DR.], fracture. – Endommagement, érosion, usure. – Bousillage [fam.], déglinguage, détraquement [fam.]. – Résolution [DR.], **rupture ;** interruption.

5 Abattage, abattement [vx], abattis [rare], abat [vx], démolissage, **démolition, ruine.** – Sabotage, sape, sapement, travail de sape. – Bombardement **650,** pilonnage.

6 Dégradation, déprédation, dévastation, mise à sac, ravage, sac, saccage. – Extermination, massacre, meurtre **720.** – Houliganisme ou hooliganisme [anglic.], vandalisme.

7 Brûlage [rare], brûlement **256,** écobuage. – Autodafé. – Crémation ; **incinération.** – Asphyxie [fig.], étouffement. – Corrosion, rongeage [TECHN.], rouille.

8 Pourriture, **putréfaction ;** gangrène.

9 Ablation, arrachage, extirpation. – **Annulation,** suppression ; élimination, éradication, liquidation. – Écrasement, renversement.

10 Destructivité, **nocivité ;** force de destruction, pouvoir destructeur ou pouvoir de destruction.

11 Biodégradabilité, destructibilité [rare].

12 Destructivisme [BX-A.]. – Autodestruction ; pulsion de destruction [PSYCHAN.].

13 Bousilleur [fam.], casseur, démolisseur.

V. 14 **Détruire ;** anéantir, annihiler, brûler *(brûler ses chances),* consumer, démanteler, dissoudre, mettre fin à, néantiser [didact.], pulvériser ; faire disparaître de la surface de la terre, faire table rase de, **réduire à néant.** – Atomiser, déchiqueter, décomposer, démantibuler [fam.], désagréger, désintégrer, désorganiser, **disloquer,** fragmenter. – Déconstruire [didact.], **défaire,** désarticuler, destructurer.

15 **Abîmer,** altérer, chancir [rare ou litt.], dégrader, délabrer, dénaturer, détériorer, détraquer, écrabouiller, endommager ; taler.

16 Fam. : **amocher,** aplatir, arranger, bigorner, bousiller, déglinguer, esquinter, péter.

17 **Briser,** broyer, **casser,** concasser, crocheter, déchirer, dépecer, ébrécher, édenter, éroder, fracasser, fracturer, saboter, user. – Défoncer, enfoncer, éventrer.

18 **Faire de la casse** [fam.], faire des ravages ou des dégâts ; mettre en morceaux ou en miettes, mettre ou tailler en pièces, réduire en bouillie ou en charpie [fam.], réduire en cendres, réduire en poussière.

19 **Rompre.** – Abattre, culbuter, démolir, déraciner, jeter à bas, mettre à bas, raser, **ruiner,** saborder ; ne pas laisser pierre sur pierre de. – Bombarder, pilonner ; battre en brèche, battre en ruine [vx].

20 Agresser, **attaquer,** attenter à. – Désoler [vx], dévaster, ravager, saccager, sinistrer ; livrer aux flammes, mettre à feu et à sang, mettre à sac ; pratiquer la politique de la terre brûlée. – Écraser, éliminer, éreinter, **exterminer,** massacrer, mettre à mal, mettre à mort, tuer.

21 **Brûler,** incendier, incinérer. – Asphyxier [fig.], étouffer. – Corroder, oxyder, ronger, rouiller ; gangrener, gâter, putréfier.

22 Claquer, **craquer,** exploser, lâcher. – Menacer ruine, tomber en ruine ; crouler, péricliter ; s'ébouler, s'écrouler, **s'effondrer.**

23 Arracher, extirper. – **Annuler, supprimer ;** éliminer, éradiquer, liquider.

24 S'abîmer, **s'altérer,** se corrompre, se dégrader, **se détériorer,** s'esquinter [fam.], se déformer, se déglinguer [fam.], se dé-

régler, se désagréger, se délabrer, se désorganiser, se détraquer.

Adj. 25 **Destructeur**, destructif ; annihilant [litt.], annihilateur [litt.], cassant, casseur, corrosif, déprédateur, dévastateur, néfaste, **nocif**, nuisible, ravageur, ruineux [vx] ; lysogène [SC.], lytique [SC.] ; nihiliste, subversif ; agressif, offensif, terroriste.

26 **Brisé, cassé**, déchiqueté, délabré, rompu ; ruiniforme ; bousillé [fam.], déglingué [fam.], **foutu** [pop.], kapout ou capout [fam.], nase ou naze [pop.]. – Bon pour la casse, en ruine, **hors d'usage**, hors service ou H. S.

27 Annihilable [rare], **cassable**, consomptible [sout.], destructible [litt.] ; biodégradable, oxydable (opposé à inoxydable).

Aff. 28 Brise- ; -cide, -claste, -lyse, -phage.

## 558 RÉPARATION

N. 1 **Réparation** ; arrangement 45, colmatage, rafistolage [fam.], rajustement [rare], recollage, reconstitution. – Reconstruction, réédification, réfection, remontage, replâtrage [fig.], **restauration 824**, retapage [fam.] ; remise à neuf, remise en état ; anastylose [BX-A.]. – Restitution, rétablissement.

2 **Raccommodage**, raccoutrage [TECHN.], rapetassage [fam.], rapiéçage ou rapiècement, rapiécetage [rare], ravaudage, remmaillage ou remaillage, rentrayage, stoppage ; rempaillage. – Rhabillage [HORLOG.].

3 Réhabilitation, **rénovation** ; ragrément ou ragréage [TECHN.] ; **ravalement, restauration**.

4 Restauration artistique. – Atelier de restauration [BX-A.] ; désentoilage, dévernissage, réintégration, rentoilage.

5 Carénage [MAR.], raccastillage [MAR., vx], radoub [MAR.] ; renflouement.

6 Chirurgie restauratrice ou réparatrice 392 ; lifting [anglic.].

V. 7 **Réparer** ; arranger, colmater, rafistoler [fam.], rajuster, rebâtir, recoller, reconstituer, reconstruire, réédifier, **refaire**, remonter, **restaurer**, retaper [fam.]. – Rabibocher [fam.], raccommoder. – Remettre à neuf ; remettre debout, remettre en état. – Replâtrer [fig.], faire du replâtrage [fam.].

8 Apiécer [vx], **raccommoder**, raccoutrer [TECHN.], rapetasser [fam.], rapiécer, rapiéceter [rare], ravauder, recoudre, remmail-

ler, rentraire ou rentrayer, **repriser**, stopper ; rempailler. – Rhabiller [HORLOG.].

9 Reconvertir, réhabiliter ; ragréer [TECHN.], ravaler, renformir [TECHN.], **rénover**.

10 **Restaurer** [BX-A.], rentoiler, dérestaurer [TECHN.].

11 Caréner [MAR.], raccastiller [MAR., vx], radouber [MAR.] ; renflouer.

Adj. 12 **Réparateur. – Réparable.**

## 559 PRÉSERVATION

N. 1 **Préservation** ; défense, protection 560, sauvegarde, sauvetage. – **Économie**, épargne 844.

2 **Préservation** ; conservation, entretien, garde, maintenance. – Garantie, protection. – Aide, secours, soutien. – Garantique [INFORM.].

3 **Préservation** ; continuation 61.10, immortalisation, maintenance [vx], perpétuation.

4 **Préservation** ; immunisation 342, vaccination 391 ; prévention. – Hygiène ; hygiénisme. – Isolement, quarantaine ; cordon sanitaire.

5 **Mise à l'abri** ; emmagasinage, ensilage, entreposage, stockage 801.

6 **Préservation** ; dessiccation, embaumement, momification. – Empaillage ou empaillement, naturalisation, taxidermie.

7 Défenseur, gardien, **protecteur** ; sauveteur, sauveur. – Conservateur, surveillant. – Garant ; caution.

8 **Préventeur** ; préventologue. – Hygiéniste.

9 Embaumeur. – Empailleur, naturaliste, taxidermiste.

10 **Préservateur** ; conservateur. – Préservatif *(le vaccin est un préservatif)* [vx], vaccin ; antidote, panacée, remède. – Préservatif.

11 **Abri**, protection, refuge. – Réserve ; parc naturel.

V. 12 **Préserver**, protéger ; abriter, couvrir, défendre 725, garer, mettre à l'abri, sauvegarder.

13 **Préserver** ; conserver, entretenir, garder, maintenir ; continuer, immortaliser [rare], perpétuer. – Assurer, garantir.

14 **Préserver** ; économiser, épargner, ménager, mesurer.

15 **Préserver** ; immuniser, vacciner.

16 Écarter, enrayer, neutraliser, prévenir.

17 Embaumer, momifier. – Empailler, naturaliser.

18 **Préserver de ;** garantir de, garder de, mettre en garde contre, précautionner contre [vx], prémunir contre, soustraire à. – Épargner à, éviter à, exempter de, sauver à [vx].

19 **Se préserver ;** s'abriter, se défendre, se garantir, se garder, se mettre à l'abri, se protéger.

20 **Se préserver de ;** se garder de, se pourvoir contre, se prémunir contre ; obvier à.

21 Demeurer, durer ; se perpétuer, persister, subsister.

Adj. 22 **Préservé ;** mis à l'abri, protégé, sauvegardé, sauvé. – Conservé, intact.

23 Embaumé, momifié. – Empaillé, naturalisé.

24 **Conservateur ;** conservatoire. – Préventif ; vx : préservateur *(mesures préservatrices),* préservatif *(remède préservatif).* – Protecteur ; salvateur.

25 Économe, ménager [vx].

Adv. 26 Préventivement. – Précautionneusement.

Aff. 27 Garde- ; pare- ; -fuge.

## 560 PROTECTION

N. 1 **Protection ;** appui, assistance, assurance, défense, garantie, garde, prévention, sauvegarde, secours, surveillance, vigilance. – **Surprotection ;** maternage.

2 **Protection ;** conservation, préservation 559, sécurité 550, tutelle. – Immunité.

3 **Protection ;** aide 563, appui, bienveillance, soutien, support. – **Mécénat.**

4 **Protection ;** asile, chape, couverture, refuge. – **Armure,** bouclier, carapace, cuirasse. – Abri, bastion, blindage, fortifications, rempart. – Écran, **paravent,** rideau. – **Garantie,** sauvegarde, soutien ; palladium [ANTIQ.].

5 Balustrade, garde-corps, parapet, rambarde. – Casque, gant, manicle ou manique, lunettes, **masque ;** protège-cheville ; casquette, chapeau 862, visière ; plastron ; scaphandre. – **Ceinture de sécurité.**

6 MIL. : défense antiatomique, parapluie nucléaire ; protection aérienne ou antiaérienne. – Contre-mesure.

7 Coupe-feu, pare-feu, pare-étincelles ; garde-cendre. – Pare-boue.

8 **Protection ;** mécénat. – Népotisme ; favoritisme.

9 **Protection ;** gardiennage. – Protectionnisme. – Protectorat. – HIST., RELIG. : gardiennat ; protectorerie.

10 **Protection ;** contraception ; prophylaxie ; vaccination.

11 **Protections** *(une protection, des protections) ;* appui. – **Bouclier,** défenseur, garant, mainteneur [litt., rare], pilier, **protecteur,** sauveur, sauveteur.

12 **Gardien ;** surveillant, vigile ; convoyeur de fonds. – **Concierge,** huissier, portier ; cerbère [litt.]. – Agent, **gardien de la paix,** gendarme, policier ; garde républicain. – **Garde du corps,** gorille [fam.] ; ange gardien [par plais.], chien de garde [fig.].

13 Licteur [ANTIQ. ROM.], prétorien [ANTIQ. ROM. ou péj.] ; escorte, garde prétorienne [ANTIQ. ROM. ou péj.]. – HIST. : janissaire, mamelouk (ou : mameluck, mameluk).

14 Éclaireur, guetteur, patrouille, patrouilleur 555 ; guet [anc.], piquet *(piquet de soldats, piquet d'incendie) ;* garnison ; ronde, **sentinelle.**

15 **Protecteur ;** bienfaiteur 585, providence. – POLIT. : protecteur ; médiateur, ombudsman.

16 Protectionniste.

17 **Protégé ;** favori, poulain. – Client [ANTIQ.].

V. 18 **Protéger ;** abriter, assurer, bastionner [fig., litt.], couvrir, défendre, garantir, garder, garer, parer contre, prémunir contre, préserver 559, sauvegarder, sauver, secourir, soutenir, surveiller.

19 Materner ; **surprotéger.** – Prendre sous son aile ou sous sa protection.

20 **Immuniser,** vacciner.

21 **Protéger ;** appuyer, encourager, pousser, recommander.

22 **Blinder,** cuirasser 441, fortifier, renforcer. – Caparaçonner.

23 **Veiller sur ;** faire le guet ; monter la garde. – Prendre soin de ; servir de paravent à ; faire un bouclier de son corps à.

24 **Se protéger ;** s'assurer, se garantir, se garder, se garer, se prémunir, se préserver. – Éviter, détourner, **parer.**

25 Se barder, se blinder, se couvrir, **se cuirasser,** se défendre.

26 Prendre ses précautions 572 ; ouvrir le parapluie [fam.].

Adj. 27 **Protégé** ; assuré, garanti, préservé ; mis à l'abri. – Surprotégé.

28 **Gardé** ; abrité, couvert, défendu.

29 **Protecteur,** tutélaire ; vigilant.

30 **Protectif** [litt.] ; défensif, préventif. – Immunisant ; prophylactique.

31 Antiatomique ; antiradiation. – Parasismique. – Pare-flamme.

32 Protectionniste. – Protectoral [HIST.].

33 Assurable.

Adv. 34 **Préventivement.** – Précautionneusement. – Vigilamment [rare].

Prép. 35 **Sous la protection de** ; sous les auspices de ; sous l'égide de. – Fig. : à l'ombre de ; sous l'ombre de.

Aff. 36 **Protège-** *(protège-dents)* ; anti- *(antidérapant, antirouille, antivol)* ; brise- *(brise-soleil)* ; contre- *(contre-feu)* ; coupe- *(coupe-feu)* ; garde- *(garde-fou)* ; para- *(paratonnerre)* ; pare- *(pare-balles).*

## 561 ANNULATION

N. 1 **Annulation** ; abolition, **destruction** 557, invalidation, oblitération [cour.], résiliation, **suppression,** suspension.

2 DR. : abrogation, cassation, dissolution, infirmation, rédhibition, rescision, résolution, révocation. – Déchéance ; forclusion [DR.], péremption d'instance [DR.].

3 Annulement [MAR.]. – Biffure, deleatur (IMPRIM., lat., « qu'il soit effacé »), **effacement,** rature ; élision [PHON.]. – Élagage, éradication, **exclusion 68,** radiation, retranchement [litt.].

4 Annulabilité, dissolubilité [POLIT., DR.]. – DR. : clause rédhibitoire, clause résolutoire, empêchement dirimant, vice de forme ; clause commissoire ; mainlevée. – Contre-lettre [DR.], contre-passation [COMM.] ; **contrordre,** révocation.

5 Abolisseur *(un abolisseur)* [didact.] ; abolitionniste. – Abolitionnisme.

V. 6 **Annuler ;** abolir, abroger, **annuler,** infirmer, oblitérer [cour.], reporter, résilier, révoquer, **supprimer,** suspendre ; lever une consigne (aussi : une défense, une interdiction, etc.). – DR. : canceller [vx], casser, dénoncer, dissoudre, forclore, invalider, périmer, rescinder, résoudre. – Déclarer nul et non avenu, **frapper de nullité,** prononcer la nullité de, rendre caduc, rendre nul.

7 Reprendre sa parole, retirer sa promesse, rompre un engagement ; se dédire, se déjuger, se désavouer, **se rétracter.** – Dénoncer un traité (ou un accord, une convention, etc.).

8 Démentir [DR.], désavouer.

9 Contremander [litt.], **décommander,** déprogrammer, désinviter.

10 Liquider, **régler ;** éteindre. – Décharger, **dispenser,** épargner, éviter, exempter, exonérer. – Éradiquer, radier, rayer de la liste.

11 Barrer, biffer, caviarder, couper, déléaturer [IMPRIM.], **effacer,** expurger, gommer, passer un trait sur, raturer, sabrer [fig.].

Adj. 12 **Annulé** ; caduc, forclos [DR.], invalide [didact.]. – **Nul, nul et non avenu** [DR.], sans effet, sans valeur ; entaché de nullité.

13 **Annulable,** abrogeable [DR.], **annulable,** attaquable, dissoluble, rescindable [DR.], rescisible [DR., rare], résiliable [DR.].

14 Résoluble, **supprimable ;** amortissable. – Délébile [rare].

15 **Annulateur,** annulatif [DR.], infirmatif, rédhibitoire [DR.], rescindant [DR.], rescisoire [DR.].

## 562 PARTICIPATION

N. 1 **Participation,** part. – Collaboration, concours 563, coopération ; contribution 846.

2 Adhésion ; affiliation.

3 **Intervention.** – Entremise, intercession. – Médiation, ministère.

4 Appui, **soutien ;** assistance, secours. – Renfort ; coup de main [fam.]. – Complément, supplément ; appoint.

5 Apport, mise de fonds ; souscription 825.

6 Parrainage, patronage ; partenariat. – Mécénat 768, sponsoring ou sponsorat.

7 Accointance, **complicité,** connivence ; solidarité. – Entente, intelligence. – Alliance, association ; coalition 670.

8 Collaborationnisme [HIST.].

9 **Participant.** – Adhérent, membre, sociétaire ; mutualiste. – Adepte, partisan.

10 Concurrent.

11 Coopérateur, **partenaire.** – Actionnaire, adhérent, commanditaire, membre, sociétaire. – **Associé,** coassocié, gérant. – Coopérant.

12 Adjoint, auxiliaire, **second ;** vacataire [ADMIN.]. − Aide 563 ; adjudant [litt.], adjuteur [litt., rare] ; adjuvant [litt.], stimulant 564.

13 **Collaborateur ;** camarade, collègue, compagnon, compère, confrère, consœur.

14 Cinquième roue du carrosse ; mouche du coche [allus. litt.].

15 Entremetteur, médiateur ; boîte aux lettres [fig.]. − Fantoche.

16 Acolyte, affidé, **compère ;** complice.

17 HIST. : collaborationniste ou, fam., collabo.

V. 18 Avoir part à, intervenir dans, **participer à**, prendre part à ; être de la partie, figurer au nombre des. − Assister à qqch.

19 Apporter sa contribution, apporter sa pierre à l'édifice, concourir. − **Aider ;** adjuver [litt., rare]. − Donner un coup de main [fam.].

20 Servir. − Collaborer, coopérer. − Adhérer.

21 Entrer en action (ou : en jeu, en lice, en scène), entrer dans la danse ou le jeu. − Mettre son grain de sel [fam.], placer son mot 749 ; interférer [fig.]. − **Se joindre,** se mêler. − Se mettre à qqch.

22 Contribuer, fournir ; apporter son écot. − Mécéner, sponsoriser.

23 Prendre part à ; fig. : **partager,** s'associer à. − Compatir, entrer dans les peines ou les joies de.

24 Être de connivence, être dans le secret 727. − Être complice, être de mèche, **prêter la main à,** tremper dans ; conniver [litt., vx]. − Agir de complicité. − Fermer les yeux à ; conniver à [litt.].

25 **Assister qqn ;** appuyer qqn. − Épauler, seconder, soutenir. − Conseiller, donner conseil. − Patronner.

26 Intercéder, prendre fait et cause pour ; faire cause commune. − Faire la courte échelle [fam.] ; se renvoyer l'ascenseur [fam.] 20.12, se renvoyer la politesse.

27 Associer. − Avoir recours à, mettre à contribution. − Intéresser [ÉCON.].

28 S'associer qqn, s'adjoindre qqn.

29 S'allier, se joindre, **s'unir** 90.14, se lier ; s'accorder, s'entendre. − Se fédérer, se grouper. − S'apparenter.

30 Se mêler. − Se solidariser.

31 S'entremettre, s'immiscer, s'ingérer.

32 **Concerner,** regarder, toucher ; avoir rapport à, avoir trait à. − Participer de [litt.]. − Tendre à.

Adj. 33 Coopératif, coopérateur [rare]. − Connivent [litt., rare].

34 Associatif. − ÉCON. : coopératif, **participatif.**

35 Associé. − Confraternel. − Coalisé.

36 Associable.

37 Annexe, d'appoint, auxiliaire, complémentaire ; adjoint. − Second ; accessoire.

Adv. 38 Concurremment, conjointement, ensemble ; de concert.

39 Au nom de. − De la main de.

40 Auxiliairement, accessoirement.

Aff. 41 Aide- ; co-.

# 563 AIDE

N. 1 **Aide,** appui, assistance, renfort, secours, soutien ; épaulement [rare]. − Confort [vx]. − Service ; bons offices 675.

2 **Concours,** contribution ; coopération, participation 562. − Intervention, recommandation.

3 Protection 560, soin ; **secours.** − Assistance à personne en danger.

4 Entraide ; copinage [fam. et péj.]. − Coup d'épaule, **coup de main,** coup de pouce ; coup de piston ou piston [fam.]. − Poussette [CYCLISME].

5 Guide ; moyen. − Fil d'Ariane [allus. myth.]. − Fam. : filon, tuyau 726.

6 Aide publique (opposé à aide privée). − Aide ou assistance judiciaire [DR.]. − Aide sociale, assistance sociale ; aide médicale, assistance psychiatrique ou mentale. − Assistance technique *(assistance culturelle, économique et technique internationnale) ;* aide militaire. − Société d'encouragement.

7 **Aides,** subsides ; allocation, bourse, prêt, subvention 826.

8 Aides [HIST.] ; contributions, impôts.

9 Bienfaisance 587. − Aumône, charité ; œuvres *(bonnes œuvres).*

10 Conception assistée par ordinateur (C. A. O.). − Publication assistée par ordinateur (P. A. O.).

11 Assistanat. − Bénévolat.

12 Fam. : saint-bernard, terre-neuve. − **Protecteur ;** mécène ; secoureur [vx]. − Sauveteur ; secouriste.

13 **Aide.** − Aide de camp. − Aide ou travailleuse familiale.

14 **Assistant ;** assistante sociale, assistante médico-sociale, assistante visiteuse. – Assistant à la réalisation, assistant à la mise en scène. – Assistant de laboratoire, assistant de recherche.

15 Acolyte, **complice ;** allié. – Adjoint 562, **auxiliaire,** bras droit, second ; sous-aide [vx]. – Bénévole *(un bénévole)*.

16 Aides [ÉQUIT.].

17 Assisté *(un assisté)*.

v. 18 **Aider,** aider à qqn [vieilli] ; adjuver [litt. et rare] ; assister. – Épauler, seconder, soutenir ; donner un coup de main 320, prêter la main, prêter main-forte. – Suppléer.

19 Concourir, prêter son concours ; **contribuer,** participer. – Faciliter, favoriser, servir ; pousser à la roue [vx]. – Encourager 565, pousser ; faire planche [vx]. – **Avantager ;** appuyer, intervenir en faveur de, parrainer, recommander ; pistonner [fam.]. – Rendre service, obliger [sout.].

20 **Prendre soin de ;** consoler, soulager 473 ; protéger. – Réconforter, donner ou tendre la main, prêter l'épaule ; tenir la tête.

21 **Guider ;** conduire la main ou les pas de qqn. – Éclairer la lanterne de qqn ; mettre sur la voie ; mettre sur les rails. – Donner un tuyau [fam.].

22 Venir en aide à ; **venir à la rescousse** [fam.] ; dépanner [fam.] ; faire qqch pour qqn, tendre la perche à qqn. – **Secourir ;** porter secours, prêter ou tendre une main secourable ; tirer une épine du pied [fam.] ; tirer d'affaire ou d'embarras ; remettre à flot, remettre en selle ; renflouer. – Mettre à qqn le pied à l'étrier. – Délivrer, libérer, sauver.

23 **Prêter assistance ;** assister qqn de qqch [litt.]. – Favoriser qqn de [vieilli ou litt.], gratifier de ; donner 826. – Entretenir ; pourvoir à l'entretien de qqn ; subvenir aux besoins de qqn ; se charger de qqn, assumer la charge de qqn.

24 Appeler à l'aide ou au secours. – Se faire aider, mettre qqn à contribution.

25 S'aider, **s'entraider ;** faire cause commune ; se serrer les coudes. – Naviguer de conserve.

Adj. 26 **Secourable ;** complaisant [sout.], obligeant ; empressé, serviable.

27 Bénévole. – Caritatif.

28 **De grand secours ;** avantageux, bénéfique, favorable, opportun, propice, prospère [vx].

29 Aidé, favorisé.

Adv. 30 Bénéfiquement, favorablement.

31 Avec l'aide de Dieu, Dieu aidant.

Prép. 32 À l'aide de, à la faveur de, au moyen de ; avec le concours de. – Grâce à.

Int. 33 À l'aide ! Au secours ! – Dieu vous soit en aide ! Que Dieu vous aide ! Dieu vous assiste ! [vx].

Aff. 34 Aide- + n. *(aide-mémoire, aide-ouïe) ;* aide- + n. *(aide-maçon, aide-cuisinier, aide-comptable, aide-major, etc.)*.

# 564 STIMULATION

N. 1 **Stimulation ; encouragement** 565, **excitation,** exhortation, **incitation,** invitation ; émulation.

2 **Stimulation ; activation,** intensification. – Dopage ou doping [anglic.].

3 **Stimulation ; excitation,** impulsion 225. – Neurostimulation [MÉD.].

4 Excitabilité [PHYSIOL.].

5 **Stimulant** *(un stimulant) ;* **aiguillon,** éperon ; coup de fouet ; aides [ÉQUIT.]. – **Stimulus** *(des stimuli* ou *des stimulus),* stimulus signal.

6 **Stimulant** *(un stimulant) ;* cordial [vieilli], dopant, euphorisant, excitant, excitatif, **fortifiant** 394, réconfortant, reconstituant, remontant [fam.], **tonique ;** MÉD. : analeptique, psychoanaleptique, psychotonique, tonicardiaque ou cardiotonique. – Dope [arg.], drogue 390.

7 **Stimulateur** *(un stimulateur),* stimulateur cardiaque ou pacemaker [anglic.].

8 PHYSIOL. : stimuline 333 ; biostimuline, gonadostimuline, mélanostimuline.

9 BOT. : stimule.

v. 10 **Stimuler ;** aiguillonner, **encourager,** éperonner, **exciter,** fouetter, réveiller ; émoustiller 523. – Animer, échauffer, électriser, enflammer, enivrer, **exalter** 451, exciter, griser, galvaniser, surexciter, survolter [fam.].

11 **Stimuler ; fortifier, tonifier,** vivifier ; ragaillardir, **revigorer** 384 ; fam. : ravigoter, regonfler, remonter, requinquer, retaper ; donner un coup de fouet, redonner des forces, remettre en forme. – **Doper.**

12 **Stimuler ; activer,** aviver, **exciter, intensifier ;** accélérer, **accroître, augmenter** 88.7, relever. – Affiler, affûter, aiguiser, attiser. – Faciliter.

13 **Stimuler ; exciter,** piquer, faire réagir. – Déclencher, éveiller, **provoquer 34.9 ;** faire naître.

14 Mettre en appétit ; faire venir l'eau à la bouche.

Adj. 15 **Stimulant ; encourageant,** entraînant, **exaltant,** excitant ; piquant, excitateur.

16 **Stimulant,** stimulateur [litt.] ; excitatif [MÉD.], **excitant ;** dopant. – **Fortifiant,** tonifiant, vivifiant. – Stimugène [PHARM.].

17 BOT. : stimuleux.

Aff. 18 Excito-.

## 565 ENCOURAGEMENT

N. 1 **Encouragement ;** réconfort, soutien, **stimulation 564.**

2 **Encouragement ; excitation, exhortation, incitation,** invitation ; conseil **566.** – Instigation. – **Appel,** invite, sollicitation **634.**

3 **Encouragement ; aide 563, appui, soutien ;** défense. – Mécénat, parrainage, patronnage, sponsoring [anglic.] ou sponsorat.

4 Applaudissement, bravo *(un bravo) ;* compliment ; congratulations, félicitations **636.**

5 Aiguillon, **stimulant 564.**

6 **Conseilleur.** – Excitateur [litt.], **incitateur,** instigateur ; provocateur.

7 **Défenseur, protecteur 560,** bienfaiteur, mécène ; commanditaire, sponsor [anglic.]. – Société d'encouragement.

8 **Admirateur ;** anglic. : fan, groupie, supporter.

V. 9 **Encourager ;** affermir, animer, conforter, fortifier, raffermir, **rassurer,** réconforter, soutenir, **stimuler ;** accompagner de ses vœux ; donner ou inspirer du courage, donner du cœur au ventre, redonner du courage, rendre courage ; fam. : regonfler, remonter, remonter le moral ; doper. – Électriser, **exalter, exciter,** galvaniser.

10 **Encourager qqn à +** inf. ; engager, **exhorter, exciter, inciter,** inviter, **pousser ;** amener, disposer, **entraîner,** incliner, porter ; **conseiller,** déterminer, persuader **525, presser.**

11 **Encourager ; aider,** approuver, appuyer, **défendre,** patronner, **protéger, soutenir,** supporter [anglic.] ; apporter son suffrage à. – **Subventionner,** sponsoriser ; financer. – Entretenir, **favoriser,** flatter.

12 Encourager ; **applaudir,** récompenser.

Adj. 13 **Encourageant ;** réconfortant, **stimulant ;** exaltant, excitant. – Incitatif.

14 **Encouragé ;** favorisé, **soutenu ; entretenu.** – Applaudi.

## 566 CONSEIL

N. 1 **Conseil ; avis,** opinion ; inspiration, proposition, **recommandation, suggestion ;** admonition [litt.], **avertissement 522,** mise en garde. – Sermon.

2 **Conseil ; indication,** renseignement, tuyau [fam.] **726.** – Consigne, directive, **instruction,** précepte, prescription **631.** – Enseignement, leçon.

3 **Encouragement 565,** exhortation, **incitation,** instigation, invitation, **recommandation.** – Impulsion ; voix *(la voix de la sagesse, de la raison).* – Dissuasion **526,** persuasion **525.** – Influence **623.**

4 **Aide 563,** assistance.

5 Conseil [vx] ; dessein, parti, projet **534,** résolution **510.** – Conseils, principes ; décret, loi.

6 **Conseil** *(conseil général, conseil d'administration, conseil de prud'hommes, conseil de guerre) ;* aréopage, **assemblée,** organisme, **réunion ;** chambre, juridiction, **tribunal 714 ;** cabinet, gouvernement **673,** ministère. – **Séance,** session.

7 **Conseil** *(conseil fiscal, conseil judiciaire),* –**conseil** [en app.] *(avocat-conseil, ingénieur-conseil),* **conseiller,** conseilleur [vx] ; agent, **consultant** *(un consultant),* directeur, manager, ministre. – Directeur de conscience, éminence grise. – Gourou ou guru **492, guide,** mentor [litt.] ; sage *(un sage).* – Égérie, **inspirateur ;** bon génie. – **Conseiller,** incitateur, instigateur ; la colère est mauvaise conseillère [prov.]. – **Tentateur ;** âme damnée, démon tentateur, mauvais génie.

8 **Conseilleur** [péj.], donneur de conseils, donneur de leçons ; les conseilleurs ne sont pas les payeurs [prov.]. – Préconiseur ou préconisateur [rare].

V. 9 **Conseiller ; indiquer,** préconiser, prôner, **recommander ;** prescrire, ordonner **631.** – Proposer, **suggérer ;** donner son avis ; insinuer, inspirer, souffler, dicter ; inculquer. – **Déconseiller.**

10 **Conseiller ;** aider, **assister,** s'occuper de ; donner un conseil à, donner ou prodiguer des conseils à, éclairer de ses conseils. –

**Avertir, aviser,** prévenir ; mettre en garde. – Informer, renseigner, tuyauter [fam.]. – Induire en erreur 410.

11 **Conseiller ;** conduire, **diriger,** gouverner, **guider,** mener ; inspirer ; dicter sa conduite à qqn. – Former, enseigner 414 ; catéchiser, endoctriner. – Sermonner ; donner des leçons à, faire la leçon à, faire la morale à ; moraliser.

12 **Conseiller ;** convier, **encourager 565, engager,** exhorter, **inciter,** induire [sout.], pousser, presser ; décider, déterminer, **persuader.** – Enjoindre [litt.], **prier,** sommer. – Détourner, **dissuader.** – Influencer.

13 Se conseiller à ou avec qqn [vx] ; **consulter,** s'informer ; demander conseil, prendre conseil, prendre un avis. – Écouter, **obéir 624** ; adopter un avis, suivre un conseil ; se référer à, s'en remettre à. – Se laisser mener **628.**

14 Tenir conseil ; s'assembler, se réunir ; se concerter.

Adj. 15 **Conseillé,** préconisé, prôné, **recommandé,** suggéré.

16 Conseillable.

17 Consultatif.

18 **De bon conseil ; avisé,** prudent, sagace, sage.

Adv. 19 De préférence, **plutôt.**

Prép. 20 À l'instigation de, sur le conseil ou les conseils de.

## 567 USAGE

N. 1 **Utilisation ;** emploi ; maniement, manipulation, manœuvre ; usage, user *(l'user)* [litt. ou vx].

2 Action **527,** application, expérimentation, mise en pratique.

3 **Consommation ;** dépense **835.** – Absorption **337.**

4 Affectation, destination ; fonction, rôle, **usage,** utilisation. – Utilité **544.** – Intervention.

5 Usage ; **disposition** *(avoir la disposition de).*

6 DR. – Consomptibilité ou consumptibilité. – Jouissance **822,** usufruit.

7 **Utilisation ;** exploitation, mise en exploitation, mise en jeu, mise en œuvre, mise à profit, mise en valeur.

8 Sous-exploitation, sous-utilisation. – Surexploitation. – Faire-valoir [AGRIC.]. –

ÉCON. : emploi **792,** plein-emploi ; sous-emploi. – ÉLECTR. : coefficient d'utilisation, facteur d'utilisation.

9 Notice d'utilisation ; instructions, mode d'emploi.

10 **Utilisateur ;** usager. – Consommateur [ÉCON.]. – Usufruitier [DR.].

11 Exploitant, exploiteur [vx]. – Manipulateur, opérateur.

V. 12 **Utiliser ;** consommer, dépenser ; absorber. – Emprunter, prendre ; faire emploi ou usage de. – **Employer ;** manier, manipuler, manœuvrer. – Réemployer, remployer, réutiliser. – Sous-employer, sous-exploiter, sous-utiliser. – Surexploiter.

13 Disposer de, jouir de, user de. – Avoir l'emploi de.

14 **Utiliser ;** exploiter, faire valoir, mettre à profit. – Profiter de, se servir de, tirer avantage (ou : parti, profit) de.

15 **Recourir à ;** avoir recours à, se servir de. – Mettre à contribution, mettre en œuvre, mettre en pratique.

Adj. 16 **Utilisé ;** courant, fréquent **568,** pratiqué, d'usage courant, en usage, **usité,** usuel.

17 **Utilisable ;** disponible, employable, exploitable, praticable, usager [vx], valable, valide. – Précieux, **utile.**

18 DR. – Consomptible ou consumptible. – Usufructuaire ; usufruitier.

19 **Utilisateur ;** consommateur.

Adv. 20 Valablement, validement ; efficacement, utilement.

## 568 HABITUDE

N. 1 **Habitude ;** coutume **685.** – L'habitude est une seconde nature [prov.]. – Pli [fig.].

2 **Routine 24.4,** traintrain ou train-train *(traintrain quotidien),* trantran [vx]. – Errements [litt. ou vx, souv. péj.] ; fig. : chemin battu, ornière.

3 Manie, **petites habitudes ;** maniaquerie [fam.]. – Fam. : dada, marotte ; péché mignon. – Déformation professionnelle ; tic. – Hobby [anglic.], violon d'Ingres.

4 Façons, habitudes, **manières.**

5 Goût, inclination, penchant, tendance.

6 Défaut ou vice d'habitude. – Délit d'habitude [DR.].

7 Apprentissage **413, entraînement.**

8 Acclimatation, acclimatement [fig., vieilli], accoutumance, **adaptation ;** didact. ou techn. : habituation, imprégnation.

9 Aguerrissement, endurcissement ; fig. : immunisation, insensibilisation **441**.

10 Embourgeoisement ; fig., péj. : encrassement, **encroûtement.**

11 **Habitué** *(un habitué) ;* assidu *(un assidu),* familier *(un familier) ;* pilier [fig.].

12 **Maniaque** *(un maniaque).*

13 Habitudinaire [THÉOL.].

V. 14 **Avoir l'habitude de.** – Sout. : avoir coutume de [litt. ou vieilli], être accoutumé à. – Être coutumier de [litt. ou vx] ; être coutumier du fait [péj.].

15 Avoir ses habitudes qqpart. – Avoir habitude auprès de qqn ou avec qqn [vx].

16 Fam. : être réglé comme une horloge, être réglé comme du papier à musique **52.19** ou, vieilli, un papier de musique.

17 Acquérir ou contracter une habitude. – Prendre coutume de, **prendre l'habitude de.** – Prendre le pli.

18 **S'habituer** ; s'acclimater, s'accoutumer, s'adapter ; se faire à qqch. – S'aguerrir [fig.]. – S'accoutumer avec [vieilli], se familiariser avec ; s'initier à. – À Rome, il faut vivre comme à Rome [prov.].

19 S'encroûter [fam.].

20 **Habituer,** accoutumer ; familiariser. – Dresser, entraîner, exercer ; aguerrir [fig.]. – Plier, rompre à [litt.].

21 Péj. – Embourgeoiser ; encroûter. – Acoquiner [vx].

22 Raccoutumer, réadapter, réhabituer.

23 Désaccoutumer, déshabituer. – Dépayser.

24 Former **414**, initier.

Adj. 25 **Habituel** ; coutumier, ordinaire. – Courant, fréquent. – Banal, classique. – Normal **53.15.**

26 Attitré.

27 Automatique, machinal, mécanique.

28 Monotone, **routinier** ; quotidien.

29 **Accoutumé,** adapté, habitué ; familiarisé. – Dressé ; rompu à. – Aguerri.

30 Encroûté ; maniaque.

Adv. 31 **Habituellement ;** coutumièrement [litt.], généralement ; normalement ; ordinairement, traditionnellement [fam.]. – **D'habitude ;** de coutume [sout.], d'ordinaire. – Classiquement.

32 À l'accoutumée.

33 Communément, couramment, usuellement.

34 Constamment [vieilli], régulièrement. – Fréquemment, régulièrement, souvent **183.20.**

35 **Par habitude ;** automatiquement, machinalement, mécaniquement.

## 569 ABUS

N. 1 **Abus,** exagération, excès **80,** immodération, mésusage [litt.], outrance ; *abusus non tollit usum* (lat., « l'abus n'exclut pas l'usage »).

2 DR. – **Abus d'autorité** ou **de pouvoir.** – Concussion, déprédation, dol, exaction, forfaiture **694,** malversation, passe-droit, péculat, prévarication, usurpation, trafic d'influence. – **Abus de confiance 718,** captation. – Illégalité ; infraction, injustice **712,** violation.

3 Prépotence [vx ou litt.], tyrannie, violence **580.**

4 **Abus de langage ;** impropriété, incorrection ; hypercorrection [LING.].

5 **Abuseur** [rare], captateur, fourbe **728,** malversateur, prévaricateur, suborneur. – Exploiteur ; exacteur [vx], profiteur, spoliateur.

6 Dupe **399,** jocrisse [sout.].

V. 7 **Abuser de,** mésuser de [litt.]. – Abuser [absolt], *uti, non abuti* (lat., « user, ne pas abuser » ou « usez, n'abusez pas »), exagérer **80.8.**

8 **Abuser de,** corrompre, suborner.

9 **Abuser de,** se jouer de, profiter de ; empiéter sur, usurper sur [litt.]. – Exploiter, tromper.

10 Excéder [litt.] ; outrepasser, transgresser, usurper. – Aller trop loin, pousser le bouchon un peu loin ou trop loin [loc. fam.] ; fam. : c'est un peu fort ou fort de café, il y a de l'abus.

11 **Abuser de ;** séduire, suborner, violer **341.**

Adj. 12 **Abusif,** démesuré, excessif, immodéré, injustifié.

13 DR. – **Abusif,** captatif, captatoire ; dolosif. – Illégal **713,** inique **712,** léonin, usurpatoire.

14 **Mensonger** ; fallacieux, trompeur **728.**

15 **Abusif,** impropre, incorrect, vicieux ; hypercorrect [LING.].

16 **Abusif ;** accapareur, captatif, possessif.

Adv. 17 **Abusivement,** exagérément, outrageusement, à outrance.

18 DR. – Captieusement [rare], dolosivement, illégalement.

19 Fallacieusement, trompeusement 728.

20 **Abusivement,** improprement, incorrectement.

## 570 ADRESSE

N. 1 **Adresse,** artifice [vx], dextérité, entregent, habileté.

2 **Agilité,** aisance, facilité 546. – Prestesse, rapidité 576. – Souplesse.

3 Aptitude, capacité, compétence, habilité [vx], industrie [litt.]. – Art, **métier,** savoir faire, technique ; maestria, maîtrise, talent. – Brio, virtuosité.

4 Délicatesse, finesse 406, subtilité. – Légèreté, **précision** ; justesse.

5 **Doigté** 320, sûreté de main ; coup de main, tour de main, coup de patte. – Finesse de touche.

6 Finesses (ou, fam. : ficelles, trucs) du métier.

7 Jeu d'adresse. – Tour d'adresse. – Escamotage, manipulation, tour de passepasse [fam.] ; jonglerie 791. – **Prestidigitation.**

8 Aigle, phénix. – Expert, spécialiste ; maestro, **virtuose** 842.

9 **Illusionniste,** magicien 484, prestidigitateur.

V. 10 **Avoir de l'adresse** ; avoir de la technique ; n'être pas manchot [fam.] ; avoir le pouce rond [fam.]. – Il est à tout faire [vx].

11 **Avoir du métier** ; savoir s'y prendre ; fam. : s'y connaître, s'y entendre ; toucher sa bille [fam.].

12 Fam. : savoir y faire ; avoir le chic ou le truc pour. – Avoir l'art et la manière.

13 Être de première force, être expert ; **exceller** 85.16. – Tirer l'échelle après soi [vx].

14 **Avoir la main,** avoir la main légère, avoir la main sûre.

15 **Avoir des doigts de fée,** avoir de l'esprit au bout des doigts, avoir des mains en or ; être orfèvre.

16 **Savoir se tirer d'affaire,** avoir du vice dans la toupie [vx] ; savoir bien mener sa barque ; savoir se retourner, savoir retomber sur ses pieds [fam.] ; savoir saisir la balle au bond ou au vol.

Adj. 17 **Adroit,** adroit de ses mains ; adextre [vx]. – Habile, industrieux [litt.].

18 Adroit comme un singe, agile ; **alerte,** leste, preste, prompt. – Délié, souple.

19 Habile à [vx], propre à ; apte, capable.

20 **Entraîné,** éprouvé, exercé, expérimenté 536, rompu à ; chevronné, ferré sur, fort en. – Émérite, expert, passé maître dans l'art de.

21 **Magistral.**

Adv. 22 **Adroitement,** dextrement [litt. et vx], habilement ; en deux coups six trous [fam.]. – **De main de maître** ; magistralement.

23 Agilement ; en souplesse.

## 571 MALADRESSE

N. 1 **Maladresse** ; gaucherie, inhabileté, malhabileté [vx].

2 **Inaptitude,** incapacité, inhabilité [vx] ; incompétence, inexpérience, impéritie [litt.].

3 **Erreur** 410, faute. – Fausse manœuvre, faux pas. – Méprise. – Bavure.

4 **Balourdise,** lourderie [vx], lourdise [vx] ; pavé de l'ours ; fam. : blague, boulette, gaffe ; impair.

5 **Bévue,** bourdante [litt.], bourde [fam.] ; pas de clerc.

6 **Bêtise,** perle [fam.], sottise 397 ; brioche [fam., vx] ; très fam. : connerie, couillonnade. – Ineptie.

7 Maladresse enfantine ; maladresse de style ; défaut *(défaut d'élocution).*

8 **Maladroit** *(un maladroit),* mazette [vx], sabot [vx] ; empaillé [fam.], empoté ; ballot, gourde, lourdaud, provincial ; gnaf [vx], savate [fam.].

9 Fam. : brise-tout, casse-tout. – Fam. : bousilleur 557, casseur, massacreur, saboteur, sabreur, savetier [vx]. – Bon à rien, propre-à-rien.

10 Fig. : charcutier ; boucher.

11 Gaffeur.

V. 12 **Commettre** une maladresse. – Faire un faux pas, faire un pas de clerc [sout.] ; fam. : gaffer, mettre les pieds dans le plat. – Faire une omelette [fam.]. – Fam. : ne pas en manquer (ou : en louper, en rater) une.

13 **S'embrouiller,** s'empêtrer, se prendre les pieds dans le tapis ; se noyer dans un verre d'eau. – Fam. : patauger, patouiller. – Être comme un éléphant dans un magasin de porcelaine.

14 **Se tromper** 728 ; se blouser [vx] ; se planter [fam.] ; se ficher ou se foutre dedans [fam.].

15 **S'y prendre mal ;** ne pas savoir s'y prendre. – N'y rien connaître, n'y rien entendre **408.** – Ne pas être fichu ou foutu de [fam.].

16 **Avoir la main malheureuse,** avoir des mains de beurre [vieilli] ; avoir la main lourde. – Perdre la main, se rouiller.

17 **Gâcher ;** cochonner [fam.]. – Fam. : bousiller, massacrer, saboter, saveter [vx]. – Charcuter.

Adj. 18 **Maladroit ;** gauche, inhabile, malagauche [vx et fam.], malhabile ; manchot.

19 Inexpérimenté, **novice ;** incompétent, inexpert. – Inhabile à [vx], incapable, inapte, inepte [vx].

20 **Lourd,** lourdingue [fam.], pataud ; fam. : godiche, godichon, gourde.

21 **Malavisé** [litt.], sot ; étourdi, imprudent **573,** indiscret ; inconséquent, irréfléchi.

22 **Grossier ;** cousu de fil blanc.

Adv. 23 **Maladroitement ;** gauchement, inhabilement [rare], malhabilement, lourdement.

## 572 PRUDENCE

N. 1 **Prudence ;** attention, circonspection, précaution, prévoyance, réflexion, vigilance. – Cautèle [vx]. – Prudence est mère de sûreté [prov.].

2 **Défiance 607,** méfiance. – Pusillanimité **509.**

3 **Attention 402,** diplomatie, ménagement. – **Modération 579,** réserve **452,** retenue. – **Pondération,** sagesse.

4 Disposition, garantie, mesure ; mesures préventives, **prévention.** – DR. : mesure éducative, mesure de sûreté. – Prophylaxie [MÉD.].

5 Précaution oratoire **753 ;** circonlocutions, détours.

V. 6 **Faire attention,** faire gaffe [fam.]. – Se défier **607,** se méfier ; se garder, être sur ses gardes, se garder ou se tenir à carreau [fam.]. – **Veiller 402,** veiller au grain. – Avoir la prudence du serpent. – Avoir l'œil au bois [vx]. – Chat échaudé craint l'eau froide [prov.].

7 **Prendre garde ;** se mettre en garde. – Dresser ses batteries. – S'armer, s'assurer, se défendre, se garantir, se précautionner [vx ou litt.], se prémunir ; se mettre à couvert ; s'entourer de précautions, prendre ses précautions, prendre ses sûretés [vx] ; **assurer ses arrières ;** ne pas mettre tous ses œufs dans le même panier ; avoir ou tenir deux fers au feu. – Préparer ou tâter le terrain.

8 Prendre des gants, y mettre des formes. – **Tourner sa langue sept fois dans sa bouche.** – Répondre en normand. – Prov. : deux précautions valent mieux qu'une ; trop de précautions nuit.

9 Avancer à pas comptés, **marcher sur des œufs ;** vieilli : agir avec poids et mesure, n'agir ou ne marcher qu'avec règle et compas, tout faire par compas et par mesure ; aller à tâtons **431,** tâtonner ; jouer serré.

10 Mettre en garde **552,** précautionner [vx].

Adj. 11 **Prudent ;** provident [vieilli] ; méfiant **607.** – Attentif **402, circonspect,** précautionneux ou, vieilli, précautionné, vigilant.

12 Modéré **579,** réservé **452 ; pondéré 448,** raisonnable, réfléchi, sage. – Compétent **407,** expérimenté **536 ;** entendu [vieilli].

13 Averti, avisé, mis en garde.

14 **Calculateur ;** cauteleux [vx]. – Réticent ; temporisateur.

15 **Pusillanime** [litt.] **509,** timoré.

Adv. 16 **Prudemment,** prudentement [vx] ; précautionneusement, sagement. – Par mesure de précaution. – Diplomatiquement.

Int. 17 Prudence ! – Méfiance ! – Attention ! **402**

## 573 IMPRUDENCE

N. 1 **Imprudence.** – Audace, hardiesse **508,** intrépidité, **témérité.** – Aveuglement **399,** inconscience. – Aplomb, culot [fam.].

2 **Désinvolture,** imprévoyance, insouciance ; inattention **403,** irréflexion, **légèreté.** – Égarement, folie **450,** inconséquence.

3 Distraction, étourderie ; maladresse **571.** – Écart **625,** erreur de conduite ; faute, faux pas.

4 DR. : délit d'imprudence. – Homicide par imprudence ; blessure par imprudence. – Quasi-délit.

5 Chauffard ; danger public.

6 **Imprudent** *(un imprudent).* – Bravache, casse-cou *(un casse-cou)* [fam.], risque-tout. – Fam. : cerveau brûlé, tête brûlée. – Apprenti sorcier.

V. 7 **Commettre une imprudence,** faire une imprudence. – Hasarder, oser, risquer, tenter ; prendre des risques **508,** risquer le tout pour le tout. – Donner la brebis à garder au loup [vx] ; fam. : enfermer le loup dans la bergerie, se jeter dans la gueule du loup.

8 **S'aventurer,** s'exposer, se risquer ; se mettre en danger. – S'engager sur un terrain glissant ou mouvant ; **travailler sans filet.**

9 **Avoir de l'audace,** avoir du culot [fam.], être gonflé [fam.]. – Crâner **617.**

10 Avoir l'audace de, avoir le front de ; avoir le culot de [fam.]. – Braver ; passer outre à **625.**

11 **Jouer avec le feu,** jouer avec sa santé ou sa vie ; jouer à quitte ou double, jouer son va-tout.

Adj. 12 **Imprudent.** – Audacieux **508,** aventureux. – **Casse-cou,** intrépide ; téméraire. – Imprévoyant, inconscient, **inconséquent,** insouciant, irréfléchi.

13 **Incompétent 571.** – Maladroit, malavisé.

14 **Écervelé,** frivole, léger. – Étourdi, lunaire [litt.] ; dans la lune ; tête en l'air. – Aveugle **399,** candide. – Impétueux ; fou **450** ; braque [fam.].

15 **Dangereux 551,** périlleux ; hasardeux. – Hasardé, inconsidéré, **risqué.** – **Osé** ; culotté [fam.] ; téméraire.

Adv. 16 **Imprudemment** ; inconsidérément, témérairement. – Audacieusement, dangereusement. – Inconsciemment ; inconséquemment [litt.]. – Légèrement ; follement ; aveuglément.

17 **À la légère.** – À l'aveuglette **399** ; à l'aventure.

## 574 SOIN

N. 1 **Soin.** – Attention **402** ; **application** ; zèle. – Concentration, conscience, **sérieux,** vigilance **572** ; diligence **576.** – Intérêt, **scrupule.**

2 **Méticulosité,** minutie **598.** – Exactitude, précision, rigueur. – **Conscience professionnelle.**

3 Soin [vx], **souci 462.**

4 Inquiétude, **sollicitude** ; délicatesse, ménagement, précaution **572** ; obligeance **592,** prévenance.

5 Distinction **646,** élégance, style. – Affectation, préciosité.

6 **Soins** [vx] ; civilités, hommages, respects.

7 **Petits soins** ; cajolerie, douceur, gâterie. – Attentions, égards, **empressement,** prévenance, sollicitude.

8 Effort **530,** peine, soin [litt.].

9 **Devoir 691,** responsabilité ; tâche, travail.

v. 10 **Soigner** ; cajoler, **choyer,** couver, dorloter, **gâter** ; fam. : bichonner, chouchouter ; ménager, mignoter [vx]. – Combler d'attentions, soigner aux petits oignons [fam.] ; **être aux petits soins,** s'affairer auprès de qqn.

11 **Avoir soin de** + n. – Prendre soin de ; prendre grand soin de.

12 **Se soucier de 462** ; s'occuper de, se préoccuper de ; faire attention à **402,** prendre garde à **572** ; s'attacher à, s'intéresser à.

13 Avoir le soin de ; avoir la responsabilité de. – Veiller sur ; conserver, **entretenir.**

14 Soigner ; cultiver, **travailler** ; affiner, **châtier,** ciseler, peaufiner, peigner, perler, polir. – Raffiner **598** ; détailler, finir ; fam. : chiader, **fignoler,** lécher. – Faire un travail de fourmi.

15 Mijoter **856,** mitonner. – Concocter.

16 Avoir soin de + inf., **prendre soin de** + inf., veiller à. – Prendre le soin de ; **prendre la peine de.** – Mettre du soin à, s'appliquer à. – Tâcher de ; s'ingénier à ; se vouer à **530.**

17 Soigner que [vx] ; avoir soin que, prendre soin que ; **faire en sorte que.**

18 Soigner de [vx] ; être en soin de [vx], être préoccupé de.

19 Iron. : soigner ; arranger **557.**

Adj. 20 **Soigneux** ; appliqué, attentif **402,** consciencieux, sérieux, vigilant **572.** – **Méticuleux,** minutieux **598,** rigoureux. – Précautionneux, scrupuleux, zélé. – **Maniaque,** pointilleux, sourcilleux, tatillon, vétilleux.

21 **Attentionné,** prévenant ; diligent **576,** empressé.

22 Étudié, **fini,** fouillé, poussé, recherché ; chiadé [fam.]. – **Exact,** précis.

23 Concocté ; mitonné.

24 **Soigné.** – Distingué, élégant, stylé, tiré à quatre épingles. – Péj. : affecté, apprêté **598.**

Adv. 25 **Soigneusement** ; attentivement, consciencieusement, scrupuleusement, sérieusement ; diligemment. – Méticuleusement, minutieusement. – Exactement, fidèlement, précisément, rigoureusement. – **Délicatement 598,** précautionneusement. – **Amoureusement 600,** jalousement, précieusement.

26 Avec soin, **avec grand soin.**

Prép. 27 **Aux bons soins de.**

## 575 NÉGLIGENCE

N. 1 **Négligence ;** inattention 403, insouciance, légèreté.

2 Désaffection, désintérêt. – **Détachement,** incurie, indifférence 524.

3 Abandon, **indolence,** mollesse, nonchalance, paresse 445 ; laisser-aller, relâchement.

4 Débraillement ou, rare, débraillage, débraillé *(le débraillé),* dépenaillement [fam., vieilli], négligé *(le négligé) ;* ébouriffage ou ébouriffement, ébouriffure [litt.], échevellement. – Bohème *(la bohème).*

5 Fam. : bâclage, bousillage 557, gâchage ; sabotage.

6 **Omission,** oubli 401. – Ajournement 181. 3 ; procrastination [litt.].

7 **Négligent** *(un négligent) ;* jean-foutre [très fam.].

V. 8 **Négliger ;** bâcler, expédier 576 ; fam. : bousiller 557, massacrer, torcher, **traiter par-dessus la jambe,** saboter. – Vieilli : donner du samedi, fagoter, traiter pardessus l'épaule.

9 Laisser dormir, laisser courir l'eau [vx], laisser en souffrance, laisser à la traîne ou laisser traîner ; ajourner 181.11, **remettre au lendemain.** – Laisser passer une occasion ou une opportunité, passer à côté de qqch.

10 Se désintéresser de 403, se détourner de. – Manquer à + inf. [vx].

11 Abandonner 515, **délaisser ;** fam. : laisser choir, laisser tomber, plaquer.

12 **Traiter comme quantité négligeable.** – Dédaigner, mépriser 627. – Ne pas avoir cure de [sout.], ne pas tenir compte de, ne pas faire cas de, passer outre 625 ; faire litière de [vx], passer par-dessus, s'asseoir sur.

13 Laisser de côté ; écarter, excepter.

14 **Négliger de** + inf., manquer à [litt.], omettre de, oublier de 401.

15 **Se laisser aller,** se négliger 381, se relâcher ; s'endormir sur le rôti [vx].

Adj. 16 **Négligent ;** je-m'en-foutiste [fam.] ; dédaigneux, désinvolte 403, écervelé, inattentif, indifférent 524, **insouciant,** insoucieux, imprévoyant, oublieux 401 ; indolent, mou, nonchalant, paresseux 451.

17 **Négligé ;** débraillé, dépenaillé, dépoitraillé [fam.] ; fagoté [fam.] ; ébouriffé, échevelé, hirsute. – Malpropre, sale 381.

18 Négligé ; abandonné, mis à l'écart. – À l'abandon, en friche.

19 Bâclé 576 ; fam. : torché, torchonné.

Adv. 20 **Négligemment,** négligement [vx] ; mollement, nonchalamment, paresseusement 451, sans soin.

21 Par manière d'acquit [vieilli]. – À la diable [vx], à la va-comme-je-te-pousse [fam.] ; à la hâte, à la va-vite, à la six-quatre-deux [fam.]. – **À la petite semaine** [fam.].

22 Étourdiment, **inconsidérément,** légèrement ; négligemment [vieilli].

23 À la négligence [vx].

## 576 RAPIDITÉ

N. 1 **Rapidité,** vélocité, vitesse.

2 **Célérité ;** agilité 570, prestesse [litt.], promptitude.

3 Activité ; **hâte,** précipitation, presse ; impatience 447.

4 Diligence 574, empressement.

5 **Vivacité ;** volubilité 745 ; didact. : tachyphémie (ou : tachylalie, tachylogie, tachyphasie, tachyphrasie). – Impétuosité, violence 580.

6 Intelligence 396, **rapidité d'esprit.** – Fuite des idées (PSYCHIATRIE : tachypsychie).

7 Fugitivité 174 [sout.] ; éphémérité [rare]. – Concision 759.

8 Allure, régime, **train.** – Petite vitesse, grande vitesse, vitesse de croisière. – Excès de vitesse.

9 Accélération. – MÉD. : hypercinésie ou hyperkinésie.

10 TECHN. : cinémomètre ; accélérographe, cinémographe.

11 Coureur de vitesse, sprinter 870.

12 Rapide *(un rapide) ;* bolide, fend-la-bise.

V. 13 Être rapide à ; avoir vite fait de + inf., **avoir tôt fait de** + inf. – Aller vite en besogne, **ne pas perdre de temps,** ne pas traîner. – **Faire vite,** faire satin [litt.] ; fam. : faire fissa, faire vinaigre.

14 **Aller plus vite que la musique** (ou : que les violons) [fam.] ; **brûler les étapes.**

15 **Abattre du travail** ou de la besogne, cravacher [fam.]. – Mettre les bouchées doubles.

16 Enlever, **expédier**, trousser [vieilli]. – **Bâcler** 576, brocher [vieilli], torcher [fam.]. – Lire en diagonale. – Fam. : manger au lance-pierres 855, manger sur le pouce.

17 **Aller bon train,** aller grand train [vx], aller vite, aller plus vite que le vent. – Allonger le pas, forcer le pas.

18 **Courir**, filer ; courir de toute sa vitesse ou de toute la vitesse de ses jambes, courir comme un chat maigre, fendre l'air ou la bise, filer comme un zèbre ou comme un bolide ; fam. : courir comme un dératé, galoper ; brûler le pavé [vx].

19 **Bondir**, sauter, voler. – Fam. : s'engouffrer, débouler.

20 **Faire de la vitesse ;** fam. : mettre le pied au plancher, appuyer sur le champignon, écraser le champignon. – Fam. : démarrer sec ; **mettre les gaz,** mettre la gomme, mettre toute la gomme. – MAR. : forcer ou faire force de rames, forcer de vapeur, forcer de voiles ; enlever la nage [SPORTS].

21 **Accélérer ;** fam. : bomber, bourrer, foncer, gazer, speeder ; passer la vitesse supérieure, passer la surmultipliée. – Franchir le mur du son.

22 Se dépêcher, **se hâter,** se presser ; faire hâte de [vieilli] ; fam. : s'activer, **se grouiller,** se manier ou se magner, se manier ou se magner le train (ou, vulg. : le cul, le popotin). – Lutter de vitesse [vx]. – Ne faire qu'aller et venir [fam.].

23 S'éclipser 202.8. – Fam. – Caleter ou calter, détaler, **filer,** filocher ; se casser, se tailler, se tirer, trisser ou se trisser ; s'envoler. – Avoir un train à prendre [fig., fam.].

24 **Activer,** précipiter ; **brusquer,** forcer. – Hâter qqn de + inf. [vx], presser qqn de + inf.

25 **Devancer,** gagner de vitesse [vieilli], prendre de vitesse.

26 Ne pas faire long feu. – S'enlever ou s'arracher comme des petits pains [fam.].

27 Il ne faut pas confondre vitesse et précipitation [prov.].

Adj. 28 **Rapide,** véloce, vite [vx ou SPORTS] ; ailé [litt.], léger.

29 Diligent 402, empressé, prompt.

30 Agile 570, alerte, dynamique, preste, **vif** 451. – Actif, dégourdi, éveillé, intelligent 396. – Volubile 745.

31 Impatient 447, **pressé,** speed ou speedé [fam.] ; impétueux, fougueux.

32 Brusque, **hâtif** [litt.], prompt, soudain ; fulgurant, foudroyant.

33 **Bref, éphémère,** furtif, fugitif 174.10.

34 **Concis** 759, précis ; expéditif, télégraphique. – Compendieux [vx], court, succinct, sommaire. – Cursif [didact.].

35 Accéléré, enlevé, **soutenu ;** effréné 87.17.

36 Fam. : envoyé, expédié. – **Bâclé** 575 ; torché [fam.], troussé [vieilli].

37 N. + éclair ou -éclair *(visite éclair, guerre-éclair, voyage éclair).*

Adv. 38 **Rapidement ;** promptement, vite, vitement [vx] ; rondement, vivement. – Diligemment, prestement. – MUS. : allegro, presto, prestissimo.

39 Sur-le-champ, toutes affaires cessantes ; tambour battant. – Fam. : rapido presto, rapidos, subito, subito presto.

40 En un instant 174, en un moment ; **en un rien de temps,** en moins de deux, en moins de temps qu'il n'en faut pour le dire, en moins de temps qu'il n'en faut pour cuire des asperges [vx] ; en cinq sec ; **en un clin d'œil,** en un cil d'œil [vx]. – Du soir au matin [fig.].

41 **En un tournemain ;** en deux temps trois mouvements ; en deux coups de cuillère à pot [fam.].

42 Expéditivement [litt.], **hâtivement,** précipitamment.

43 **À la hâte, en hâte,** en toute hâte, en vitesse, de vitesse [vx], en quatrième vitesse [fam.]. – En catastrophe, **en coup de vent.**

44 Fam. : à la six-quatre-deux, **à la va-vite ;** fam. : vite fait, vite fait sur le gaz ; vite fait, bien fait [fam.].

45 À pas de géant, à toutes jambes ; grand'erre [vx]. – Au pas de charge, au pas de course, au pas de gymnastique.

46 Au trot, au galop. – **À bride abattue ;** vx : à franc étrier, à étripe-cheval ; ventre à terre [fam.]. – À tire-d'aile ou à tire-d'ailes.

47 À grande vitesse, à la vitesse grand V [fam.]. – À tombeau ouvert. – Sur les chapeaux de roue [fam.].

48 **À toute allure,** à toute vitesse ; fam. : à toute barde, à toute berzingue, à toute bise, à toute biture, à toute blinde, à toute pompe, à toute vapeur.

49 À plein régime, à pleine vitesse ; à pleins gaz, à pleines voiles. – Plein pot [fam.].

50 Fam. : **à fond,** à fond la caisse ou à fond de caisse, à fond les manettes, à fond les

manivelles, à **fond de train.** – À un train
d'enfer [fam.].

51 Avec la rapidité de ou rapide comme
l'éclair (ou : la foudre, une flèche).

52 Comme une bombe [fam.], comme une
fusée ; comme une traînée de poudre.

53 En grande hâte ou grand'hâte [vx] ; au plus
vite, dare-dare [fam.]. – D'urgence.

54 Brièvement **759,** compendieusement [vx],
sommairement. – Cursivement [didact.] ;
au courant de la plume, **au fil de la
plume,** à trait de plume [vx].

Int. 55 Et plus vite que ça ! **Et que ça saute !**
[fam.].

Aff. 56 Tachy-.

## 577 LENTEUR

N. 1 **Lenteur ;** indolence, nonchalance, mollesse ; mollasserie [fam.] ; flegme **448,** paresse **445.**

2 **Apathie 529,** inactivité, inertie. – MÉD. :
bradycinésie ou bradykinésie ; glischroïdie ; myotonie.

3 **Lenteur d'esprit ;** épaisseur, lourdeur,
pesanteur ; bêtise, sottise **397.** – MÉD. :
bradypsychie, viscosité mentale ; bradylalie **746.**

4 Lenteurs, **longueurs ;** hésitation **511,** tergiversation ; vx : barguignage, lanternerie,
lanternement [rare] ; délai, retard **181.**

5 Petite vitesse ; train de sénateur ; traînerie
[rare].

6 MUS. : **adage,** adagietto, adagio **781.** – Valse
lente.

7 Décélération **89.1,** freinage, **ralentissement 579.** – Récession.

8 **Alanguissement,** langueur ; endormissement **378,** engourdissement, somnolence,
torpeur. – Lassitude **458.**

9 Lanterne rouge, serre-file ; fam. : escargot,
**lambin** *(un lambin),* traînard ; clampin
[région.], culot [vieilli]. – Fam. : traîne-
savates ou traîne-semelles **529.**

V. 10 **Ralentir 579 ;** décélérer, freiner, rétrograder. – Marquer le pas [fig.].

11 Différer, retarder **181. 10 ;** hésiter **431,**
tergiverser.

12 Faire du surplace [fam.], piétiner ; vx : aller
le pas, aller à pas de poule ; aller plan ou
plan-plan [fam.] ; marcher à pas comptés,
traîner le pas (ou : les pieds **630,** la savate
[vx]), traîner de l'aile ; **se traîner** [fam.]. –
Aller son petit bonhomme de chemin.

13 **Prendre son temps,** ne pas se presser ;
se hâter avec lenteur [fam.] ; aller petit
train [rare] ; laisser venir. – Faire durer le
plaisir, faire traîner en longueur, la faire
longue [vx]. – Gagner du temps, pousser
le temps à l'épaule [vx]. – Tarder.

14 Baguenauder, **flâner,** musarder, muser,
rêvasser ; **lambiner,** lanterner, traîner ;
fam. : traînasser, traînailler ; lézarder, paresser **445.** – S'alanguir, s'assoupir.

15 S'appesantir sur, **s'attarder sur,** s'endormir sur **378,** s'éterniser sur ; n'en pas finir.

16 Prov. : qui va lentement va sûrement ; qui
va piano va sano [ital.] ; qui veut voyager
loin ménage sa monture. – Petit à petit
l'oiseau fait son nid.

Adj. 17 **Lent ;** indolent, mou **529,** nonchalant ;
fam. : gnangnan ou gnian-gnian [fam.], mollasse, mollasson ; lambin [fam.] ; bon à
aller quérir la mort [vx].

18 Alangui, endormi **378,** engourdi, **apathique,** flegmatique, paresseux **445.** – Fam. :
lourd, lourdaud **397,** pachydermique [litt.],
patapouf [fam.]. – Las **458.**

19 Calme **448,** posé, **tranquille ;** fam. : cool
[anglic., « frais »], peinard.

20 Flâneur, musard [vieilli].

21 **Interminable,** long, long comme un jour
sans pain [fam.] long comme une vielle
[vx] ; poussif, tardif [vx], traînant.

22 Graduel, progressif.

Adv. 23 **Lentement,** posément **579 ;** nonchalamment, tranquillement **448 ;** mollement ;
fam. : calmos, peinardement, peinardos
[par plais.] ; fam. : pianissimo, **piano.** – MUS. :
larghetto, largo, lento **781.**

24 **Doucement,** à la douce [vx et fam.]. – À
petite vitesse ; **à pas comptés,** d'un pas
mesuré, d'un pas de tortue ; comme un
escargot, comme une tortue.

25 Graduellement, progressivement ; **peu à
peu,** petit à petit ; goutte à goutte ; à
petites gorgées. – **Pas à pas,** pied à pied ;
chiquet à chiquet [vx].

26 Interminablement, **longuement ;** à n'en
plus finir. – À petit feu.

27 Tant bien que mal ; clopin-clopant [fam.]
**547.**

Aff. 28 Brady-.

## 578 PONCTUALITÉ

N. 1 **Ponctualité ;** **exactitude,** précision ;
constance **61.6,** régularité ; **assiduité,** rigueur, sérieux **453 ;** exactitude (ou : ponc-

tualité, précision) d'horloge, exactitude militaire ; régularité de métronome.

2 Opportunité 542 ; expédience [vx].

v. 3 Avoir une ponctualité ou une exactitude d'horloge, respecter les horaires ; avoir avalé une pendule [fam.] ; **être réglé comme du papier à musique** (ou : comme une horloge, comme un métronome). – Être ou rester dans les temps. – **Être à l'heure,** ne pas arriver en retard ; arriver à point nommé 542, arriver à temps. – « L'exactitude est la politesse des rois » (phrase de Louis XVIII passée en proverbe).

Adj. 4 Ponctuel ; **exact,** réglé, régulier ; assidu, constant 61.23, zélé. – Sérieux 453 ; fiable 606.

5 Opportun 542, adéquat, convenable, expédient [litt.].

Adv. 6 **Ponctuellement** ; **exactement** ; assidûment, constamment 61.27, régulièrement, toujours, tout le temps ; recta [fam.].

7 **À l'heure,** à l'heure convenue (ou : dite, fixée, prévue), à l'heure militaire ; à l'heure H, au jour J, au moment souhaité, au moment voulu, à temps, dans les temps, en temps et lieu, en temps et (en) heure ; **en temps voulu** ; à l'heure exacte (ou : juste, précise, sonnante, tapante), à l'heure pétante [fam.].

8 Opportunément, à point, **à point nommé, à temps,** au bon moment, au moment opportun, en temps opportun, **en temps utile** ; pile ; à pic [fam.].

9 Juste à temps ; à la dernière heure, au dernier moment, in extremis. – Au moment critique, au moment crucial, au moment décisif.

## 579 MODÉRATION

N. 1 **Modération** ; calme 448, lenteur 577.

2 Mesure, **pondération** ; réserve 452, retenue ; tempérance 701 ; économie, épargne 844. – Sens de la mesure ; équilibre.

3 **Patience 446.** – Attention [vieilli], **ménagement,** prévenance 598 ; attentions 402, égards, **ménagements 598.** – Édulcoration [vieilli].

4 Diminution 89. – Freinage, **ralentissement.** – Coup de frein ; ralenti *(le ralenti).*

5 Adoucissement, **atténuation,** mitigation [didact.] ; apaisement, assagissement. – Refrènement ou réfrènement, répression [PSYCHOL.] ; refoulement 630.

6 **Modérabilité,** pondérabilité [didact.].

7 Milieu ; **juste milieu.** – POLIT. : centrisme ; modérantisme [HIST.].

8 Borne, **limite 136,** contrepoids.

9 POLIT. : **modéré** *(un modéré) ;* centriste 673, modérantiste [HIST.].

10 Modérateur, pondérateur.

v. 11 **Modérer** ; baisser, diminuer 89.9 ; rabattre, réduire, resserrer, **restreindre** ; freiner, **ralentir 636** ; économiser, épargner 717. – Adoucir, atténuer, mitiger, radoucir [vieilli] ; édulcorer, envelopper. – **Affaiblir** ; attiédir, amortir, assourdir, bémoliser [fig., fam.] 781, étouffer, tamiser.

12 Mesurer [sout.] ; **pondérer,** tempérer 701. – Borner, enrayer, limiter 136.7 ; brider 622, refréner ou réfréner, resserrer [fig.], retenir ; refouler, réprimer ; tenir en bride ; mettre un frein. – **Mettre le holà.**

13 Se modérer, **se tempérer 701** ; se contenir, se freiner [fam.], se maîtriser ; garder son sang-froid ; se contraindre, se faire violence ; s'assagir. – Fam. : arrondir les angles, baisser d'un ton, mettre de l'eau dans son vin 628, mettre un bémol.

14 Rester dans les limites de ; **ne pas dépasser les bornes.**

15 Apaiser, **calmer 448** ; arraisonner [vieilli], assagir. – Raisonner. – Reprendre [ÉQUIT.].

Adj. 16 **Modéré** ; lent 577, mesuré, tempéré 701. – Ralenti.

17 Pondéré, réservé 452, **retenu** ; calme 448, doux, patient 446. – Économe 844.

18 **Mitigé** ; édulcoré, enveloppé.

19 **Modéré,** modeste, modique, **raisonnable** ; moyen.

20 Modérable, pondérable.

21 Modérateur ; inhibiteur. – Pondérateur [didact.] ; équilibrant.

Adv. 22 **Modérément** ; posément, raisonnablement 701. – Mollo [fam.].

23 MUS., ital. : **moderato** ; andante.

## 580 VIOLENCE

N. 1 **Violence** ; impétuosité, intensité 87, véhémence ; virulence ; force, vigueur 375 ; énergie du désespoir. – **Abus 569,** excès 71 ; exacerbation.

2 Brutalité, férocité, force brutale ; brusquerie. – Cruauté 586 ; barbarie.

3 **Colère 471,** emportement, fureur, furie, rage.

4 **Frénésie,** furia [litt.] 451, passion 602 ; **déchaînement,** immodération [vieilli] 703 ; déraison, folie furieuse 450.

5 Violence verbale 657 ; **agressivité,** animosité, âpreté, dureté 599, méchanceté 586, venimosité.

6 Viol, **violation,** transgression 625.

7 **Acte de violence,** exaction, mauvais traitements, sévices ; voie de fait. – Bagarre, coup 658. – **Agression,** attaque 655 ; **viol ;** attentat à la pudeur avec violence ; derniers outrages [sout.] ; vx : forcement, violement ; crime 720, meurtre. – **Attentat ;** terrorisme. – Persécution, répression, torture 725. – Dragonnade [HIST.].

8 Intimidation, manœuvre ou tentative d'intimidation. – Incitation à la violence ; provocation. – Escalade de la violence.

9 Masochisme, sadisme 341.

10 **Contrainte ;** coercition. – Oppression. – Politique d'agression ou de violence (opposé à politique défensive). – Despotisme, dictature, tyrannie 670.

11 Criminologie ; victimologie. – Éthologie.

12 **Violent** *(un violent) ;* brute ; exalté *(un exalté),* forcené *(un forcené),* fou furieux *(un fou furieux).*

13 Agresseur ; violenteur [fam.]. – Bourreau, tortionnaire *(un tortionnaire)* ou, rare, tortureur. – HIST. : dragons, missionnaires bottés. – Despote, dictateur, tyran ; terroriste *(un terroriste).* – Provocateur *(un provocateur).*

14 Victime ; martyr *(un martyr).*

V. 15 **Violenter ;** brutaliser, malmener, maltraiter, molester ; bousculer ; attaquer 655, **agresser,** frapper ; battre 658, fouailler [vieilli], fustiger [vx]. – Martyriser, persécuter, opprimer, tyranniser 622 ; supplicier, torturer 725.

16 Faire violence à qqn. – Contraindre, **forcer,** obliger 518 ; outrager, violer ; tuer 720.

17 **Recourir à la violence,** user de violence ; redoubler de violence, répondre à la violence par la violence. – En venir aux extrémités ; **employer la manière forte ;** mater une révolte dans le sang.

18 **Éclater,** se déchaîner, s'emporter ; fam. : avoir la rage, avoir la haine ; ne plus se connaître. – Se révolter 630.

19 **Déclamer contre ;** aboyer contre, déblatérer contre, fulminer contre, vitupérer contre ; injurier 657, invectiver.

20 Faire rage.

21 Se faire violence 639 ; se dominer, se maîtriser. – Refréner ou réfréner 579, réprimer.

22 À battre faut l'amour [prov.].

Adj. 23 **Violent ;** brutal ; barbare, cruel, sanguinaire ; belliqueux.

24 **Intense** 87, véhément ; immodéré 703 ; ardent, éperdu, frénétique, passionné, passionnel 602.

25 **Agressif,** brusque ; acerbe, corrosif, cuisant, venimeux, virulent. – Fam. : sanglant, de tous les diables.

26 **Coléreux** 471, emporté, volcanique ; impétueux. – Enragé, exalté, fanatique ; forcené, furieux ; fou 450.

27 Tourmentant, torturant ; crucifiant, martyrisant.

28 Coercitif, contraignant ; oppressif ou opprimant, répressif. – Attentatoire à.

29 **Bousculé,** brusqué, contraint, forcé ; malmené, maltraité, molesté. – Outragé ; **violé,** violenté. – Martyrisé, persécuté ; torturé.

Adv. 30 **Violemment,** de vive force ; à force [vx] ; fort ; brutalement.

31 **Manu militari ;** par le fer et par le feu. – À la cravache. – À la hussarde. – À la dragonne [vx].

32 **Agressivement,** âprement, véhémentement [litt.], vivement 87 ; abruptement, cavalièrement. – Crûment, outrageusement.

# 581 SOCIABILITÉ

N. 1 **Sociabilité.** – **Civilité** 592, savoir-vivre, urbanité ; entregent [vx] ; affabilité, **amabilité,** aménité 592. – Philanthropie ; mondanité.

2 **Sociabilité,** socialité ; adaptabilité, souplesse 624 ; associabilité [rare]. – Didact. : grégarisme, grégarité ; **instinct grégaire.**

3 **Convivialité,** entente 604 ; communion, échange, partage ; mise en commun.

4 **Socialisation ;** adaptation, **éducation** 415.

5 **Socialisation ;** grégarisation [didact.]. – **Rassemblement,** réunion 90, union. – Alliance, **association.** – Contrat social ou pacte social (Rousseau).

6 Cohabitation. – Cellule familiale, **famille,** fratrie, ménage ; clan, **communauté,** phratrie, tribu. – Corps social,

**société 668**, société civile ; collectivité **66.9**. – État, nation ; patrie. – Lien social.

7 Coopération **563**. – **Fédération**, mutuelle *(une mutuelle),* syndicat ; gilde ou guilde ; hanse [HIST.] **827**. – Mutualité [rare].

8 Commerce, compagnie **583, fréquentation ;** relation. – Ami *(un ami)* **604 ;** connaissance *(une connaissance) ;* relations mondaines ; bureau d'esprit [vx], salon *(salon littéraire).* – Vie sociale.

9 Entrevue, rencontre, **visite**. – **Rendez-vous** ou, abrév., R. V. ; fam. : rancart (ou : rancard, rencart, rencard), rendève [arg.].

10 Mondanités, **réception ;** bal, soirée ; cocktail, goûter **855**. – **Invitation**.

v. 11 **S'associer**, se lier, se marier, se rapprocher. – Lier amitié **604**. – Se coaliser, se grouper **66.19**, se liguer, s'unir, se regrouper ; se réunir ; faire salon. – Vivre en société ; cohabiter.

12 Aller voir, faire une visite, **rendre visite** à, visiter, passer, venir ; voisiner [litt.]. – Fréquenter ; avoir commerce avec **583**. – Aller dans le monde, fréquenter les salons, se plaire en compagnie ; rare : mondaniser, salonner. – Avoir du liant.

13 Convier, **inviter** ou prier [vieilli] ; garder, retenir *(retenir qqn à dîner).* – Recevoir, régaler, traiter [litt.] ; festoyer [vx]. – Donner ou faire une fête. – Avoir son jour, tenir salon.

Adj. 14 **Sociable ;** accort, affable, aimable, amène **592**, avenant ; engageant, liant ; accostant [vx], d'un abord facile ; accessible. – Convivial.

15 **Mondain**, salonard ou salonnard [fam. et péj.] ; salonnier.

16 Civil, social.

Adv. 17 Civilement **592**, sociablement ; affablement, aimablement.

18 En compagnie, en société.

19 Socialement.

# 582 INSOCIABILITÉ

N. 1 **Insociabilité ;** asociabilité, asocialité ; **individualisme ;** incivisme. – Agoraphobie, solitarisme [PSYCHIATRIE] **584**. – Marginalité ; inadaptation [PSYCHOL.] ; inadaptabilité [rare] ; insoumission **625**.

2 **Misanthropie ;** litt. : ourserie, renfrognement. – Atrabile [vx].

3 **Asocial** *(un asocial).* – Inadapté *(un inadapté),* **marginal** *(un marginal).* – Révolté *(un révolté)* **651**.

4 **Misanthrope** *(un misanthrope) ;* ennemi du genre humain ; **ours ;** vieilli : hibou, loup-garou ; bâton épineux ; pisse-froid ou pisse-vinaigre [fam.].

5 Refuge, retraite, tour d'ivoire ; tanière.

v. 6 Se cloîtrer, se confiner, **s'isoler 584**, se retirer ; s'enfermer dans sa tour d'ivoire, rentrer dans sa coquille ou, vx, dans sa coque, rester à l'écart, rester dans son coin, se tenir à l'écart ; vivre dans sa bulle [fam.] ; se suffire à soi-même. – Bouder, fuir le monde, renoncer au monde **515**.

7 Faire le vide autour de soi. – Éconduire, éloigner **200.7**, tenir à distance.

8 Il n'est pas à prendre avec des pincettes, on ne sait par quel bout le prendre.

Adj. 9 **Asocial**, insociable, insocial [vx] ; farouche, **sauvage, solitaire ;** agoraphobe ; inaccessible, introverti ou, didact., introvertif **452**. – Antisocial ou anti-social, marginal ; incivique ; individualiste.

10 **Misanthrope ;** acariâtre, haineux, hargneux, rogue, revêche ; vieilli : atrabilaire, bilieux, quinteux **471**. – Chagrin, grognon ou, rare, grogneur, **maussade, morose**, renfrogné, taciturne ; boudeur, bougon. – **Bourru**, incivil **593**, mal dégrossi, mal léché. – Impossible **624**, impraticable, **invivable ;** de mauvaise compagnie.

11 Misanthropique [litt.] ; acerbe **599**, acrimonieux.

Adv. 12 Solitairement ; à l'écart.

# 583 COMPAGNIE

N. 1 **Compagnie** *(la compagnie),* commerce, **fréquentation**, société **668 ;** la bonne compagnie ou, vx, la haute compagnie. – Contact, rapport, **relation**, coude à coude *(un coude à coude),* coudoiement.

2 Accompagnement, escorte ; chaperonnage [rare]. – Dame de compagnie, demoiselle de compagnie ; animal de compagnie.

3 **Compagnie** *(une compagnie),* **présence** *(une présence).*

4 **Entourage**, milieu, voisinage ; accointances, **fréquentations, relations ;** ami, camarade, collègue. – Compagnonnage ; **amitié 604**, camaraderie. – **Compagnon**, (fém. : compagne ou, vx, compagnonne), concubin.

5 Compagnie *(une compagnie) ;* assemblée, cercle, groupe ; assistance, auditoire, parterre, public. – Équipe ; **troupe** *(troupe de danse, troupe de théâtre).* – Bataillon **663,**

escouade ; les grandes compagnies [HIST.].
– Bande, clan, communauté 66. 9 ; clique
[péj.]. – Harde, harpail ou harpaille ; troupeau.

6 **Compagnie** *(une compagnie)*, **société,** société philanthropique ; **association,**
confédération, fédération. – Collectif *(un
collectif)*, club. – Aréopage, cercle, cénacle,
**société savante** 407, collège ; académie,
corps.

7 HIST. : compagnonnage, corporation, chapelle ; atelier, loge. – Association secrète,
coterie, groupuscule, ligue ; gang ; camorra [ital.], mafia ou maffia ; camarilla.

8 **Rencontre.** – Audience, entretien, **entrevue ;** tête-à-tête *(un tête-à-tête) ;* entrée
[HIST.] ; interview ; visite 581. – Confrontation, confrontement [rare] ; face à face
ou face-à-face. – Revoir *(le revoir)* [litt.] ;
retrouvailles. – Malencontre [vx].

9 **Rendez-vous** ou, abrév., R. V. ; fam. : rancart (ou : rancard, rencart, rencard) ; rambour [arg.]. – Convocation.

10 Assemblée **90.3**, forum, **meeting, réunion,** salon *(salon littéraire) ;* convent, jamboree ; carrefour, colloque, conférence,
**congrès,** séminaire, symposium, table
ronde ; pétaudière [fam.]. – Conciliabule,
conventicule [vx]. – Réunionnite [fam.].

11 **Réception ;** vx : appartement, compagnie ; cocktail, pince-fesse(s) [fam.]. –
Raout, **soirée ;** redoute [vx] ; fam. : **boum,**
sauterie ; fam. , vieilli : surboum ; surprise-
party ou surprise-partie ; party [anglic.]. –
Partie de campagne ou garden-party. –
Fam. : fiesta 687, foire, java, noce, nouba,
vie.

V. 12 **Accompagner,** raccompagner ; guider
563 ; escorter, chaperonner 560, suivre ;
être toujours pendu aux basques de
[fam.] ; aller avec, venir avec ; se joindre à.
– **Tenir compagnie ;** être de bonne ou de
mauvaise compagnie. – Prendre avec soi,
s'adjoindre ; se faire accompagner par,
s'accompagner de qqn [vx].

13 **Fréquenter ;** côtoyer, coudoyer, pratiquer [litt.] ; hanter qqn [vieilli] ; frayer
avec ; avoir commerce avec, être en rapport ou en relation avec ; être en bons
termes ou en mauvais termes avec. –
Avoir de bonnes ou de mauvaises fréquentations, être en bonne ou en mauvaise compagnie. – Se lier avec, s'accointer [fam., péj.] 604. – Compagnonner [vx].

14 Aller dans le monde 581, faire sa cour,
fréquenter ou hanter les salons ; **voir du**
**monde.** – Avoir ses grandes ou ses petites
entrées.

15 **Rencontrer,** croiser, voir ; **tomber sur ;**
se trouver devant (ou : face à face, nez à
nez) ; faire une mauvaise rencontre ; avoir
rencontre [vx], se rencontrer. – Il n'y a
que les montagnes qui ne se rencontrent
pas [prov.].

16 **Aborder,** accoster, approcher ; faire la
connaissance de. – Rejoindre, retrouver ;
revoir ; trouver l'oiseau ou la pie au nid.

17 Assigner [vx], **donner rendez-vous,** rencarder ou rancarder [fam.]. – **Prendre rendez-vous.**

18 Mettre en rapport qqn avec qqn ; aboucher, abouter [vx], réunir 90. – Se mettre
en rapport avec, prendre langue avec
[sout.].

Adj. 19 Accompagné. – Hardé [VÉN.].

20 Fréquentable ; sociable ; sympathique.

21 **Fréquenté,** peuplé ; fréquent [vx] ; couru
540.

22 Compagnonnique [rare].

Adv. 23 De compagnie, de conserve ; conjointement, **ensemble.**

24 Et compagnie [fam., péj.], et cætera ou et
cetera, etc. [abrév.].

Int. 25 Salut la compagnie ! [vieilli ou par plais.].

# 584 SOLITUDE

N. 1 **Solitude ;** isolement, isolation [vx] ; retraite 515 ; réclusion ; claustration [litt.].

2 Abandon, délaissement, déréliction [litt.] ;
isolisme [didact. et vx].

3 Célibat 683. – Exil ; quarantaine. – Traversée du désert [fam.] 272.

4 Solitarisme [PSYCHIATRIE]. – **Insociabilité**
582.

5 Solitude [vieilli] ; ermitage, recès ou recez
[vx ou litt.] ; thébaïde ; désert. – Retranchement, tanière, tour d'ivoire ; fig. :
bulle, cocon. – Isoloir.

6 **Isolationnisme** [POLIT.]. – Splendide isolement [allus. hist.].

7 Solipsisme [PHILOS.] ; solipsiste *(un solipsiste).*

8 **Solitaire** *(un solitaire) ;* reclus. – Anachorète, ermite 499.

9 Isolationniste.

10 Isolat.

11 **Soliste.**

V. 12 **Isoler**, reclure ; cloîtrer.

13 **Abandonner**, esseuler [rare].

14 **S'isoler** ; se retirer. – S'enfermer ; se cantonner, se claquemurer, se claustrer, se cloîtrer, se confiner ; s'enterrer [fam.]. – Prendre ses distances ; rester à l'écart, rester dans l'ombre. – Faire le vide autour de soi. – **Faire une retraite**. – Renoncer au monde.

15 Rentrer dans sa coquille. – Rester dans son coin (ou : sa tanière, sa tour d'ivoire), vivre dans sa bulle 524. – Faire cavalier seul ; faire solo.

Adj. 16 **Seul** ; esseulé. – Abandonné, délaissé ; abandonnique [PSYCHOL.].

17 **Solitaire**. – Isolé, cloîtré, reclus [litt.].

18 Écarté, perdu, reculé ; retiré. – Désert 272, infréquenté.

Adv. 19 En solitaire, **seul**. – Solitairement. – Isolément.

20 Hors du monde.

# 585 BONTÉ

N. 1 **Bonté** ; bonté d'âme, bonté de cœur, bon cœur, douceur, **gentillesse**. – Bénignité [litt.], bienveillance, bonhomie ; fam., rare : bonenfantisme, bongarçonnisme, garçonnisme ; bonasserie [litt. ou vx]. – Débonnaireté [rare] ; naïveté 606. – Altruisme 587 ; philanthropie. – Tolérance.

2 **Bienfaisance** ; bien-faire *(le bien-faire)* ; bénéficence [vx]. – Amabilité, aménité, obligeance ; complaisance. – Charité [vx] ; indulgence. – Tendresse 600 ; attendrissement.

3 Bonté, **qualité 434**, valeur ; excellence 85, perfection.

4 Bontés ; amabilités, caresses [litt.] 601, faveurs. – Bonne action ou B. A. [souv. par plais.] ; œuvre morte [THÉOL.] ; bonnes œuvres, œuvres de miséricorde. – Bienfait 826.

5 Bon garçon (ou : bon bougre, bon diable, bon gars), bon homme [vx] ; homme ou femme de cœur ; la crème des hommes. – Bienfaiteur.

V. 6 **Avoir le cœur sur la main**. – Être bon comme le pain ou le bon pain.

7 Avoir de la bonté de reste ; être bien ou trop bon.

8 Bonifier. – Fondre ; s'attendrir. – Avoir la bonté de.

Adj. 9 **Bon**, brave, gentil ; doucereux, **doux** ; humain, sensible. – Bonasse, débonnaire ; litt. : melliflu, paterne ; vx : bénin, benoît, boniface. – Bonard [arg.] ; fam. : bonne poire, bonne pomme.

10 Bienveillant, paternel. – **Bienfaisant**, charitable, généreux 587 ; obligeant. – Moral, vertueux 699.

Adv. 11 **Gentiment**, gentillement [vx] ; débonnairement. – Adorablement ; bénignement [vx], bonassement [rare]. – Paternement [iron., rare]. – Par bonté d'âme.

# 586 MÉCHANCETÉ

N. 1 **Méchanceté** ; malice 406, malignité, mauvaiseté [vx] ; noirceur, scélératesse 597. – Cruauté, dureté 599, férocité, sadisme [cour.], vacherie [fam.] ; inclémence. – Inhumanité.

2 Malice [vx], **malveillance**, perversité [cour.] ; fiel. – Agressivité, animosité, brutalité, hostilité, violence 580. – Maltalent ou mautalent [vx].

3 **Misère**, tracasserie ; brimade, mauvais traitement, vexation. – Mauvais (ou : sale, vilain) tour, vilenie [litt.] ; fam. : entourloupe ou entourloupette, tour de cochon ; très fam. : crasse, mistoufle, rosserie, saleté, saloperie, **vacherie**. – Coup de corne ou de boutoir, coup d'épingle, pique ; médisance, sarcasme, vanne [fam.].

4 Médiocrité 435 ; mesquinerie.

5 **Méchant** *(un méchant)* ; coquin ; sans cœur, scélérat ; galvaudeur [vx] ; fam. : salaud, saligaud, salopard. – Bourreau 725, brute ; persécuteur, tortionnaire. – Fam. : chipie, mégère ; très fam. : garce, salope.

6 Fig. – Fam. et péj. : carne, charogne ; **chameau**, peau de vache, rosse, serpent, vache ; punaise, **teigne** ; choléra, gale, **peste** ; poison. – Litt. : démon, génie du mal, méphistophélès, suppôt de Satan. – Vipère ; furie, gorgone, harpie ; diablesse, ogresse, sorcière ; tigresse. – Langue de vipère ou vipérine, mauvaise ou méchante langue.

V. 7 Faire le mal pour le mal. – Brimer, galvauder [vx], **maltraiter** ; en faire voir de cruelles (ou : de dures, de sévères) à qqn, en faire voir de toutes les couleurs. – Chagriner, contrarier, navrer.

8 Avoir bec et ongles ; **jouer un tour pendable**, nuire, porter tort. – Dire du mal de ; casser du sucre sur le dos de [fam.],

donner un coup de bec ; égratigner, piquer.

Adj. 9 **Méchant, mauvais.** – Méchant comme un âne rouge (ou : comme un diable, comme la gale, comme la grêle, comme un pou, comme une teigne) ; **bête et méchant** ; plus bête que méchant. – Antipathique ; détestable, pendable, odieux.

10 Brutal, **cruel,** dur 599, féroce, sans-cœur ; inhumain ; barbare [litt.], sauvage. – Malfaisant ; malintentionné, malveillant ; malin ; vx : malévole, malicieux, maupiteux ; mauvais. – Litt. : démoniaque, diabolique, satanique ; noir. – Assoiffé de sang, sanguinaire ; ivre de sang.

11 **Haineux,** hargneux, teigneux ; acerbe, agressif, caustique, mordant ; acrimonieux, aigre, aigre-doux, âpre, corrosif, enfiellé, fielleux, mordant, vénéneux [litt.], venimeux ; fam. : rosse, vachard, vache. – Calomnieux, désobligeant, médisant.

Adv. 12 **Méchamment** ; malveillamment [litt.]. – Cruellement ; hargneusement. – Amèrement.

## 587 GÉNÉROSITÉ

N. 1 **Générosité,** prodigalité 710. – Abnégation, altruisme, dévouement, don (ou : abandon, oubli) de soi, oblativité [rare] ; altérocentrisme [didact.]. – Désintéressement ; détachement, renoncement 515. – Cœur, grandeur ou élévation d'âme, noblesse de cœur ou de sentiments. – Humanitarisme.

2 **Charité** [vieilli] ; bonté 585, bienveillance. – Bienfaisance ; obligeance. – Clémence, indulgence, longanimité [litt.], mansuétude ; magnanimité [litt.]. – Humanité ; humanitairerie [péj., vx].

3 **Bienfait** ; bontés 446, dons 826, générosités, libéralités 710. – Aumône, charité, obole, secours 986.

4 **Bienfaiteur,** père [fig.] ; homme ou femme de cœur 446, providence de + n. *(providence des malheureux) ;* Petite Sœur des pauvres ; Fille (ou : Sœur, Frère) de la charité. – Aumônier [vx], élémosinaire *(un élémosinaire)* [HIST.].

V. 5 **Se dévouer** 515, se donner ; se dévouer corps et âme 687. – Se donner du mal ou de la peine, se mettre en quatre ; fam. : se démener ; très fam. : se décarcasser, se démancher. – Se saigner aux quatre veines.

6 **Donner** *(donner sa vie aux autres)* 826, consacrer, dédier, prodiguer 710, sacrifier,

vouer. – S'immoler, s'oublier. – Se déposséder, se dépouiller ; donner jusqu'à sa dernière chemise [fam.].

7 **Avoir du cœur** (ou : bon cœur, un cœur d'or, le cœur sur la main). – Avoir un bon mouvement ; être bon prince.

8 Combler de bienfaits, couvrir de cadeaux. – Jouer les pères Noël [fam.].

9 Subvenir aux besoins de qqn ; pourvoir à l'entretien de qqn 986.

Adj. 10 **Généreux** ; noble [vx] ; prodigue 710. – Charitable, secourable, **serviable** ; bienfaisant 585. – Philanthrope ; altruiste, **dévoué,** oblatif. – Obligeant. – Fam. : chic, chouette ; fair-play.

11 **Bienveillant,** bon, paterne [iron.] ; clément, exorable [litt. ou vx], indulgent, longanime, magnanime, miséricordieux, tendre de [vx] ; pitoyable [litt.]. – Humain ; chrétien. – Humanitaire.

12 Désintéressé ; philanthropique. – Bénévole.

Adv. 13 **Généreusement** ; charitablement ; libéralement 710 ; de bon cœur, de bonne grâce. – Obligeamment. – Chiquement [vieilli].

## 588 ÉGOÏSME

N. 1 **Égoïsme** ; égocentrisme ; égotisme ; **narcissisme,** nombrilisme [fam.]. – Individualisme, quant-à-soi. – Amour-propre, infatuation ; vanité 613.

2 Didact. – **Ego,** moi ; ego transcendantal 307.3. – Égo-altruisme, égomorphisme. – PHILOS. : égoïsme métaphysique ou égoïsme [vx], solipsisme. – Égoïsme sacré [HIST.].

3 **Égoïste** *(un égoïste),* monstre d'égoïsme. – Égotiste ; égocentriste ou égocentrique. – Altruicide *(un altruicide)* ou autruicide [fig.].

V. 4 **Ne penser qu'à soi** (ou : à sa personne, à sa petite personne), rapporter tout à soi. – Tirer la couverture à soi [fam.]. – Avoir les poignets coupés [arg.].

5 PROV. – Charité bien ordonnée commence par soi-même. – On n'est jamais si bien servi que par soi-même. – Chacun pour soi ; chacun pour soi et Dieu pour tous [fam.]. – À qui a la panse pleine, il semble que les autres sont soûls [vx].

6 Se prendre pour le centre du monde.

Adj. 7 **Égoïste,** personnel ; individualiste. – Indifférent, insensible, **sans-cœur** 586, sans

entrailles ; ingrat **664**. – Intéressé. – Égoïs-
tique [rare] ; égocentrique ou égocentriste ;
plein de soi.

8 Égotique [litt.] ; égotiste.

Adv. 9 Égoïstement. – Égocentriquement.

Aff. 10 **Auto-**.

## 589 GRATITUDE

N. 1 **Gratitude, reconnaissance.** – Dette de
reconnaissance, **obligation** [litt.] **691** ; mémoire de cœur.

2 Gratulation [rare], merci, **remerciement**
ou, vx, remercîment ; action de grâces (ou
de grâce), Te Deum ; ex-voto. – Récompense.

3 Débiteur, **obligé** *(un obligé)*. – Remer-
cieur.

V. 4 Reconnaître un bienfait ou un service,
**savoir gré** (ou : bon gré, un gré infini) de
qqch à qqn ; avoir la reconnaissance du
ventre. – Témoigner sa reconnaissance ;
dire merci, **remercier**, rendre grâce ou
mille grâces ; se confondre en remercie-
ments. – Bénir, **louer 636**. – Remercier de
ou par *(remercier d'un sourire)* ; payer de
retour, redevoir, revaloir ; dédommager
**824**, gratifier **826**.

5 Être obligé, être l'obligé de qqn ; avoir
une dette envers qqn, avoir de l'obligation [vx], devoir beaucoup ou tout à qqn,
être redevable. – Devoir une fière chandelle à qqn [fam.].

6 Bien mériter de [litt.].

Adj. 7 **Reconnaissant,** pénétré de reconnaissance. – Obligé, redevable. – Sensible à.

## 590 HOSPITALITÉ

N. 1 **Hospitalité ;** accueil, traitement. – Charité **587**.

2 **Accueil,** réception ; diffa [Maghreb]. – Cérémonie (ou : discours, paroles) d'accueil,
salutations **689**, salamalecs [fam.] ; baiser
de bienvenue.

3 Amphitryon, **hôte,** maître de maison. –
Hôte, visiteur ; invité. – Bienvenu *(le bienvenu)*. – Commensal [litt.], convive ; couvert du pauvre. – Parasite, pique-assiette
[fam.].

4 Abri, **asile,** centre ou structure d'accueil,
**refuge ;** hospice, hôpital [vx], pension. –
Auberge, chauderie [vx] ; table d'hôte. –
Cabaret, hôtel, restaurant. – Hôtellerie ;
caravansérail [vx].

5 Hôte [vx] ; aubergiste, cabaretier, hôtelier,
restaurateur ; logeur.

V. 6 Exercer ou offrir l'hospitalité ; accueillir,
admettre, **recevoir,** traiter ; abriter, coucher, héberger, loger. – Tenir ses grands
jours, tenir table ouverte.

7 Faire bon accueil, faire bonne mine ou
bon visage, fêter, ouvrir ou tendre les
bras, recevoir à bras ouverts, souhaiter ou
donner la bienvenue, tuer le veau gras ;
vx : bienvenir, faire accueil. – Faire les
honneurs ; dérouler le tapis rouge, mettre
les petits plats dans les grands.

8 Loc. cour. – Soyez le bienvenu ; vous êtes
toujours le bienvenu ; quel bon vent vous
amène ?

9 Trouver le gîte et le couvert, trouver la
nappe ou la table mise.

Adj. 10 **Hospitalier ;** accueillant, ami [litt.] **604** ;
accessible, accostable. – Accort, affable,
avenant, gracieux ; chaleureux.

Adv. 11 Hospitalièrement [litt.] ; à bras ouverts. –
En bienvenue, en signe de bienvenue.

## 591 INHOSPITALITÉ

N. 1 **Inhospitalité.** – Acrimonie **468** ; froideur,
indifférence **524**. – Rejet ; expulsion **644**.

2 Mauvais accueil, soupe à la grimace [fam.].

3 Indésirable *(un indésirable)*. – **Persona non
grata ;** paria.

V. 4 **Battre froid ;** faire mauvais accueil ou
mauvais visage, faire le nez ou la mine,
recevoir comme un chien dans un jeu de
quilles ; traiter maigrement ; traiter à la
fourche. – Refuser ou fermer sa porte ;
fermer la porte au nez de qqn. – Fam. :
envoyer au loin (ou : au bain, au diable,
aux fraises, à la gare, ad patres, aux
pelotes, sur les roses, vx : à la balançoire,
à l'ours), envoyer balader (ou : bouler,
dinguer, paître, pondre, promener), rembarrer ou remballer. – Vulg. : envoyer chier,
envoyer pisser, envoyer tartir.

5 Écarter **200.7**, mettre ou tenir à l'écart,
rejeter, repousser ; bouder qqn, ignorer
qqn. – Chasser, **congédier,** reconduire,
refouler, renvoyer ; éconduire, rabrouer.

6 Loc. cour., fam : allez voir ailleurs si j'y
suis ; on ne vous a pas sonné ; vulg. : va
te faire voir, va te faire foutre.

7 Exclure **68.8**, exiler ; déloger, déposter.

8 Compter les chevilles ou les clous de la
porte, trouver visage de bois. – Arg. : aller
aux ours, recevoir la pelle.

Adj. 9 **Inhospitalier ;** ennemi [litt.]. – Inabordable, inaccostable ; invivable. – Farouche, sauvage.

10 Rébarbatif, rebutant, réfrigérant [fam.], **revêche.** – Froid, glacial ; acrimonieux, désagréable. – Maussade, refrogné, renfrogné.

Adv. 11 Inhospitalièrement [rare].

## 592 COURTOISIE

N. 1 **Courtoisie ;** galanterie. – **Politesse ;** attention 402, délicatesse 598, obligeance, prévenance ; déférence. – Civilité, correction, honnêteté [vx], urbanité ; bonne éducation, éducation, **savoir-vivre ;** distinction 614, élégance. – Accortise [vx], affabilité, amabilité 658, aménité ; bonne grâce, gracieuseté [litt.] ; complaisance, obligeance. – Considération, sollicitude ; tact.

2 Bonnes façons, belles ou **bonnes manières,** bons procédés ; gracieusetés. – Bienséance ; convenances, usages. – Cérémonial, étiquette, protocole. – La vieille galanterie française.

3 Civilités, soins 574 ; **égards,** respects. – Hommages. – Amour courtois 600.

4 Compliment 629, congratulation, félicitation. – Condoléances. – Remerciement. – Protestations d'amitié, de fidélité ; avances. – Flatterie, galanterie.

5 Visite de courtoisie ou de politesse ; visite de digestion [fam., vx].

6 Galant homme, gentilhomme, gentleman, **homme du monde.** – Complimenteur, galant.

V. 7 **Complimenter,** dire bien des choses ou mille choses aimables, faire mille amabilités ; faire assaut d'amabilités. – Présenter ses hommages, présenter ses respects ; présenter ses civilités empressées (ou : sa considération distinguée, ses sentiments respectueux et dévoués). – Offrir ses vœux.

8 Rendre ses devoirs ; **dire merci, remercier ;** se confondre en excuses, demander pardon ; dire bonjour, **saluer 689,** souhaiter la bienvenue. – Avoir l'amabilité de.

9 Lever son chapeau, s'incliner ; se découvrir, rester tête nue. – Baiser la main, serrer la main ; présenter la main. – Offrir le bras ; aller au-devant de, s'effacer ; reconduire.

Adj. 10 **Courtois ;** civil, poli. – Accorte [vx au masc., accort], affable, amène, avenant, exquis, gracieux ; engageant. – Empressé, dévoué.

11 Bien appris [vx], bien élevé, éduqué 415 ; comme il faut. – Distingué 614 ; stylé, vieille France. – Cérémonieux, façonnier, maniéré 615.

12 Bienséant 619, convenable, séant ; de bon ton.

Adv. 13 **Courtoisement ;** civilement, honnêtement [vx], **poliment.** – Galamment, gracieusement 598 ; complaisamment, obligeamment.

## 593 DISCOURTOISIE

N. 1 **Discourtoisie. – Impolitesse,** incivilité, incorrection, malhonnêteté [vx]. – Indélicatesse 620, indiscrétion ; goujaterie, muflerie, rusticité. – Effronterie, impudence ; grossièreté, trivialité 758, vulgarité. – Brusquerie, gaucherie, maladresse 571 ; lourdeur [fam.]. – Désinvolture.

2 Messéance. – Importunité [litt.], incongruité.

3 Incorrection *(une incorrection),* **indélicatesse** *(une indélicatesse) ;* grossièreté *(une grossièreté),* malhonnêteté *(une malhonnêteté)* [vx], muflerie *(une muflerie).* – Impertinence *(une impertinence),* incongruité *(une incongruité),* inconvenance *(une inconvenance).* – Mauvaise conduite ou tenue, méconduite [sout., vieilli]. – Fausse note, faux pli.

4 Impoli *(un impoli),* malappris, **malpoli** [fam.] ; malhonnête [vieilli], malotru ; **rustre,** rustaud [fam.] ; ours mal léché, paysan du Danube [allus. litt.]. – Butor, cuistre, goujat, mufle. – Litt. : portefaix, soudard ; pop. : pignouf ; fam. et vx : maroufle, paltoquet ; pop. et vx : harengère, poissarde.

V. 5 Se méconduire [vx ou sout.], mal se tenir, s'oublier. – Blesser la pudeur, violer la modestie (ou : la bienséance, les convenances).

6 Désobliger. – Gêner ; se faire de fête [vx]. – Battre froid 591.

7 Messeoir [sout., vieilli].

Adj. 8 **Discourtois ;** désobligeant, disgracieux, malgracieux ou, vx, maugracieux ; déshonnête [vx], **impoli,** incivil, incorrect, malhonnête [vieilli] ; mal appris [vieilli ou région.], mal dégrossi, mal élevé, malpoli [fam.], sans éducation ; sans façons, sans usages. – Impudent, impertinent ; indélicat, sans gêne ; cavalier, garçonnier.

9 **Grossier**, ordurier, vulgaire. – Fruste, rustre ; commun 758, populacier.

10 Déplacé, incongru, inconvenant, malséant ou, vx, messéant, malsonnant ; offensant.

Adv. 11 **Discourtoisement** [rare]. – Impoliment, incivilement ; effrontément. – Cavalièrement ; grossièrement.

## 594 LOYAUTÉ

N. 1 **Loyauté ;** fidélité 682, foi [vx]. – Féauté [vx], obéissance ; dévouement. – Attachement.

2 Conscience, honneur 641, justice 711.

3 Incorruptibilité, intégrité ; **droiture 707,** honnêteté 693, probité ; franchise, sincérité. – Loyalisme.

4 **Fidélité ;** correction, exactitude, justesse, vérité. – Authenticité, véracité.

5 Engagement, foi [litt.], foi jurée, parole, parole donnée, **promesse 596,** serment ; signature. – Commendatio [vx] ; hommage, serment de fidélité. – Bons et loyaux services.

6 Cas de conscience. – Dictamen [didact.], obligation de conscience ; for [vx], for intérieur, voix de la conscience ; sens moral 690.

7 **Homme d'honneur** ou : de parole, homme de bien ou de conscience ; loyaliste. – Affidé, féal (un féal) [vx] ; personne de confiance ou de toute confiance, **homme de confiance 606.** – Âme damnée ; créature de qqn, esclave de qqn. – Dévot, **fidèle.** – Apologiste, apôtre, défenseur, inconditionnel (un inconditionnel), partisan, tenant ; godillot [POLIT., péj.].

8 Fidélisation [COMM.].

V. 9 Jurer, promettre 596 ; donner (ou : engager, jurer) sa foi de + inf., **engager sa parole,** prêter serment. – Jurer foi et hommage [vx] ; s'engager à qqn [vieilli].

10 Faire face à ses engagements, garder ou **tenir sa parole,** remplir ses engagements ou ses devoirs, respecter la parole donnée ; s'acquitter. – Se faire honneur, s'honorer [litt.].

11 Se faire conscience ou scrupule de.

12 Contraindre, lier, obliger 691, tenir. – Fidéliser [COMM.].

Adj. 13 **Loyal ;** attaché, dévoué, **fidèle ;** indéfectible, solide, sûr. – Sincère.

14 Loyal. – **Droit,** franc ; fam. : carré, rond. – Honnête 693, incorruptible, intègre, probe ; consciencieux, scrupuleux. – Fam. : fair-play, sport.

15 Ferme. – Inébranlable ; opiniâtre, persévérant.

Adv. 16 **Loyalement ;** à la loyale [pop.] ; cartes sur table, à armes courtoises. – Bonnement, sincèrement ; en toute bonne foi ou, vieilli, en bonne foi, en toute conscience, en toute franchise, en vérité.

17 Par la foi de qqn ; sous la foi du serment.

18 Fidèlement ; incorruptiblement. – Exactement, **scrupuleusement.** – Sans se démentir.

## 595 HYPOCRISIE

N. 1 **Hypocrisie ; dissimulation, duplicité 729,** escobarderie [vx], **fausseté, fourberie,** matoiserie, sournoiserie ; trahison 597, traîtrise. – Déguisement, fard, masque.

2 **Hypocrisie ; affectation 615,** semblant, **simulation ;** imposture, mensonge, tromperie 728, double jeu 17.3. – Pharisaïsme [litt.], **tartuferie** ou **tartufferie ;** vx : cagoterie, papelardise ; cafardise [rare]. – Bégueulerie, cant [vieilli], **formalisme,** pruderie 619, pudibonderie.

3 Courtisanerie, flagornerie, **flatterie 636,** lèche [fam.] ; patelinage ou patelinerie [vx].

4 **Déloyauté,** félonie, traîtrise ; perfidie, **trahison.**

5 **Ostentation 617,** paraître (le paraître). – **Apparence,** extérieur 130, façade, galerie.

6 Jésuitisme ; casuistique [péj.].

7 **Hypocrisie** (une hypocrisie) ; fourberie, **sournoiserie ;** coup de Jarnac, coup en dessous (ou : en douce, par-derrière). – **Comédie,** mascarade, momerie [litt.], pantalonnade, parodie ; fam. : cinéma, cirque. – Grimace, **simagrée,** singerie ; larmes de crocodile.

8 Artifice, **faux-semblant,** feinte 406, **mensonge, prétexte 521,** ruse, subterfuge. – Insinuation, sous-entendu ; restriction mentale. – DR. CAN. : obreption, subreption.

9 **Hypocrite** (un hypocrite) ; **fourbe** (un fourbe), **imposteur,** pharisien [litt.] ; chattemite [fam.], comédien, grimacier [vieilli], patte-pelu [vx] ; bon apôtre, petit saint, **sainte-nitouche ;** fam. : faux-cul, fauxjeton. – Béat [vieilli], cafard, cagot, pape-

lard [vx], **tartufe** ou **tartuffe** ; attrape-minon [vx], **faux dévot**.

10 **Courtisan**, flagorneur, **flatteur**, menteur ; lèche-bottes [fam.], lèche-cul [vulg.]. – Félon, judas, sycophante [litt.], traître.

11 Casuiste *(un casuiste)*, escobar [vx], jésuite [péj.].

v. 12 Agir de biais, **faire ses coups en dessous** (ou : en douce, par-derrière, sous le masque). – Être à double face, **jouer double jeu** ; avoir l'air d'en avoir deux [fam.], être de deux paroisses, couper ou trancher des deux côtés, donner une chandelle à Dieu et une au diable, souffler le froid et le chaud ; manger à tous les râteliers, ménager la chèvre et le chou ; hurler avec les loups.

13 Cacher, camoufler, déguiser, **dissimuler 727** ; cacher ou farder son jeu. – **Mentir**, trahir **597** ; prétexter **521**.

14 **Affecter 615**, feindre, prétendre **613**, simuler ; **faire semblant** ; faire le *(faire le modeste)*, jouer les *(jouer les naïfs)*, jouer ou poser à *(jouer à l'homme vertueux, poser au redresseur de torts)*. – Grimacer ; faire des simagrées (ou : des chichis, des manières, des mines) ; se contorsionner ; faire bonne mine, faire patte de velours ; **jouer**, jouer un rôle, jouer la comédie. – **Tromper 728**.

15 Flagorner, **flatter 636** ; pateliner [vx] ; faire le chien couchant [vx] ; fam. : lécher les bottes ou le cul, passer la pommade. – **Cajoler**, enjôler, tartufier [litt.].

Adj. 16 **Hypocrite** ; artificieux [litt.], **dissimulé**, **double 17.16**, faux, faux comme un jeton, **fourbe**, grimacier [vieilli], **menteur, sournois** ; à double face. – **Déloyal**, matois, perfide, traître, **trompeur 728** ; fallacieux. – Prétendu, soi-disant. – Chafouin.

17 **Hypocrite** ; litt. : pharisaïque, pharisien ; cagot, confit en dévotion, **faussement dévot** ; bégueule, **prude**.

18 Benoît, cauteleux, **doucereux, mielleux**, obséquieux **629**, papelard, patelin, paterne ; tout sucre et tout miel, trop poli pour être honnête. – Complimenteur, flagorneur, **flatteur**.

19 **Affecté 615**, feint, **forcé**, simulé ; **prétendu** ; inavoué, non avoué. – Fallacieux, insidieux, mensonger, **sournois** ; **détourné**. – Jésuitique, tortueux.

Adv. 20 **Hypocritement** ; **faussement**, insidieusement, **sournoisement**, subrepticement ; à la dérobée, à l'hypocrite [fam.],

en dessous ou par en dessous, en douce, sans avoir l'air d'y toucher, sans prévenir. – Prétendument, **soi-disant**. – **Déloyalement**, fallacieusement [rare], perfidement, traîtreusement, trompeusement **728**.

21 **Douceureusement**, mielleusement, obséquieusement.

## 596 PROMESSE

N. 1 **Promesse ; engagement** ; serment, vœu [sout.]. – **Parole**, parole donnée **594**, parole d'honneur. – Litt. : **foi 479**, foi jurée.

2 **Assurance** ; affirmation.

3 **Contrat moral, lien** ; **confiance 606**, fidélité, **loyauté**. – FÉOD. : foi et hommage, fraternité d'armes. – Fiançailles. – Contrainte, **obligation 518** ; dû.

4 RELIG. – **Profession** *(profession de foi, profession religieuse)*, promesse ou vœu d'obéissance **499** ; **vœux** *(vœux de baptême, vœux perpétuels)* ; renouvellement.

5 DR. – **Acceptation, compromis 653**, promesse de vente ; option, promesse d'achat, promesse d'action. – **Contrat**, convention ; contrat de garantie ; assurance, gage **550**, **garantie**, porte-fort. – Stipulation [DR. ROM.].

6 Décision, **résolution 510**.

7 **Accomplissement 538**, réalisation. – Chose promise, chose due [prov.].

8 Dédit, défaillance [DR.], **dégagement**, rupture **597**.

9 Promesse de ; annonce, **espérance**, espoir **474**.

10 **Prometteur** *(un prometteur)* [rare]. – Femme de parole, homme de parole.

11 Vieilli : **promis** *(le promis)*, promise *(la promise)* ; **fiancé** *(les fiancés)*. – Profès *(un profès)* [RELIG.]. – Stipulant [DR.].

v. 12 **Promettre** ; affirmer, **assurer, jurer que**.

13 Respecter sa promesse (ou : ses engagements, sa parole), **tenir parole** (ou : sa parole, ses engagements, ses promesses) ; **être esclave de sa parole** ; n'avoir qu'une parole.

14 **Accomplir 614** ; honorer (ou : réaliser, remplir) son contrat.

15 **Donner sa parole**, engager sa parole ou son honneur ; **s'engager** ; prononcer ses vœux [RELIG.]. – Donner des apaisements, donner des gages.

16 **Se promettre de** + inf. ; décider, prendre la résolution de 510 ; **faire** ou **former le vœu de** ; faire ou former le projet de 534.

17 **Promettre de** + inf., **s'engager à** + inf. – Prendre un engagement ; prendre une option sur [DR.].

18 **Promettre la lune** 278, promettre monts et merveilles, promettre des monts d'or ; promettre plus de beurre que de pain 613. – Il ne faut pas lui en promettre [loc. fam.].

19 Promettre qqn à qqn ; **destiner, vouer ;** fiancer. – Se promettre l'un à l'autre.

20 Se promettre + n. *(se promettre fidélité) ;* **se jurer.**

21 **Manquer à sa promesse** (ou : à ses engagements, à sa parole) 597. – Se dégager de 724, **retirer sa promesse** 561.

22 **Annoncer,** indiquer, **présager.** – Ça promet ! [loc. fam., souv. iron.].

Adj. 23 **Promis ; engagé ; fiancé ;** profès [RELIG.].

24 **Ferme ;** dû. – Sûr.

25 **Prometteur ;** plein d'avenir.

26 **Votif ;** propitiatoire 484.

Adv. 27 **Sur parole ;** sur l'honneur 641.

Prép. 28 **En foi de.** – **Sous promesse de.**

Int. 29 Foi de + n.

## 597 TRAHISON

N. 1 **Trahison ;** félonie, forfaiture, infidélité [litt.], **traîtrise.** – **Déloyauté,** fourberie, mauvaise foi, perfidie. – Dissimulation 595, duplicité, fausseté.

2 Abandon, défection, démission, **désertion ;** atteinte à la défense nationale, atteinte à la sûreté de l'État, **haute trahison.**

3 Infidélité ; adultère 682, cocuage.

4 Apostasie, dédit, pirouette [fam.], reniement, retournement, **rétractation,** revirement, révocation ; palinodie [litt.]. – **Parjure.**

5 **Délation,** dénonciation, mouchardage [fam.] ; arg. : balançage, casserole [vx] ; arg. [surtout scol.] : cafardage, caftage ou cafetage, rapportage.

6 **Tromperie** 728, perfidie, scélératesse ; doublage [arg.]. – Imposture, mystification. – Fam. : **coup de Jarnac,** coup de poignard dans le dos ; arg. : coup de chien, coup de pied en vache, crasse ou, vx, crasserie, flanche à la mie de pain. –

Baiser de Judas. – Embuscade, guet-apens, piège 551, souricière, traquenard.

7 Félon, infidèle, **traître ;** faux frère, faux ami, fourbe. – Intrigant. – Infidèle [litt.], parjure ; apostat, renégat.

8 Délateur, dénonciateur, **donneur** [fam.], sycophante [litt.] ; arg. : balanceur, bourrique, casserole, cuisinier [vx], macaron [vx], matuche, musique. – Indicateur ou, fam, indic, informateur ; fam. : **mouchard,** mouche, mouton ; arg. : friquet ; arg. [surtout scol.] : cafard ou cafardeur, cafteur ou cafeteur, capon, rapporteur. – Collabo [HIST., péj.].

9 Déserteur, transfuge ; **vendu** [fam.]. – Agent double, agent secret, espion ; sous-marin ou taupe.

V. 10 **Trahir ;** dénoncer, signaler ; **livrer,** remettre ; fam. : donner, moucharder, vendre. – Arg. [surtout scol.] : cafarder, cafter ou cafeter. – Arg. : balancer, balanstiquer, manger sur l'orgue de qqn. – Arg. : aller à la marmite, faire le pain avec la police. – Divulguer ; fam. : bouffer (ou : casser, cracher, lâcher, manger) le morceau, déballer (ou : lâcher, sortir) le paquet, vendre la mèche (ou : la calebasse, le fourbi, le truc) ; passer à table [fam.].

11 **Passer à l'ennemi,** retourner sa veste, tourner casaque, virer de bord ; changer son fusil d'épaule.

12 Faillir, forfaire à, manquer à *(manquer à sa parole, à son devoir, aux obligations de sa charge),* rompre (ou : trahir, violer) un engagement ; déchoir, forligner [vx] 646. – **Renier,** reprendre sa parole ; se dédire, se parjurer, se rétracter ; se délier.

13 Donner un coup de canif ou d'épingle dans le contrat [fam.]. – Charrier [arg.], cocufier, tromper 682.

14 Abandonner, **déserter,** lâcher, laisser tomber ; arg. : chier du poivre. – Se défiler, s'esquiver.

15 Servir qqn à plats couverts. – Faire un enfant dans le dos à qqn [fam.], frapper par-derrière. – Doubler [fam.]. – Tricher.

16 Mentir. – Trahir *(trahir l'esprit) ;* **dénaturer,** fausser. – *Traduttore traditore* (ital., « traducteur, traître »).

Adj. 17 **Traître ;** déloyal, félon, infidèle, **perfide ;** sans foi. – Adultère.

18 **Trompeur** 728 ; artificieux, fourbe, hypocrite 595, mensonger. – Captieux, fallacieux, illusoire, insidieux.

Adv. 19 **Traîtreusement ;** trompeusement.

# 598 DÉLICATESSE

N. 1 **Délicatesse** ; finesse. – Diplomatie [fig.], doigté, **tact** ; élégance. – **Distinction 614** ; atticisme [rare] ; affinement [sout.], raffinement, préciosité [rare], subtilité, recherche. – Mesure, modération 579 ; scrupule, scrupulosité. – Discrétion, pudeur, réserve ; correction, savoir-vivre ; amabilité, attention, galanterie 592, gentillesse, prévenance.

2 Douceur, suavité. – **Charme**, grâce, mignardise.

3 **Affectation**, afféterie, préciosité [cour.], maniérisme, snobisme ; péj. : mièvrerie, mignardise.

4 Mesure, minutie, précaution, **scrupule,** soin. – Conscience, honnêteté 693, probité.

5 Amabilité *(une amabilité),* attention *(une attention),* **délicatesse** *(une délicatesse),* prévenance *(une prévenance).* – Atticisme *(un atticisme)* [litt.] ; chinoiserie, finesse *(une finesse).*

6 Galant homme, gentilhomme, gentleman, **homme du monde.** – Raffiné *(un raffiné).*

V. 7 Ménager ; combler d'attentions, mignoter [fam.] ; soigner aux petits oignons [fam.]. – Avoir scrupule à, se faire scrupule ou un scrupule de.

8 Alambiquer, raffiner, subtiliser. – Fignoler [fam.], policer.

9 Faire le dégoûté ou le renchéri, faire la fine ou la petite bouche.

Adj. 10 **Délicat** ; attachant, charmant, délectable, **délicieux,** gracieux ; exquis ; doux, suave. – Délié ; fin, pénétrant, raffiné, sensible, subtil. – Affable, amène, attentif, avenant, engageant, prévenant ; galant. – Distingué.

11 Recherché. – Péj. : affecté, affété, apprêté, maniéré, mignard, précieux ; façonnier.

Adv. 12 **Délicatement,** élégamment, finement, gracieusement, joliment ; discrètement. – Délicieusement, exquisement.

13 Précautionneusement, prudemment, soigneusement ; adroitement, habilement.

# 599 DURETÉ

N. 1 **Dureté** ; brusquerie, brutalité ; inhumanité. – Aridité, **sécheresse 245,** froideur ; raideur, rigueur, rigidité 248, sévérité. – Indifférence 524 ; insensibilité 441 ; imperméabilité [fig.], implacabilité, inflexibilité, intransigeance. – Arrogance, morgue ; acrimonie, méchanceté 586 ; cruauté, férocité.

2 Fermeté ; force d'âme.

3 Durcissement. – **Endurcissement,** insensibilisation.

4 Fam. : dur, dur à cuire *(un dur à cuire).* – Cœur sec *(un cœur sec).* – **Cœur de pierre** (ou : d'airain, de bronze, de granit). – Mur, roc, statue ; glaçon.

V. 5 **Se durcir ;** se cuirasser, **s'endurcir ;** se dessécher, se racornir.

6 Brusquer 627, maltraiter, malmener, **rudoyer,** secouer ; éreinter, esquinter ; brimer.

7 **Être de glace** ou de marbre, ne pas sourciller. – Montrer les dents.

Adj. 8 **Dur** ; brusque, brutal, rude ; cassant, coupant ; âpre, **sec ;** raide, rigide, sévère, strict. – **Froid 242,** glacé, glacial.

9 Inhumain ; sans âme (ou : sans cœur, sans entrailles), indifférent, insensible. – Cruel, féroce 586. – Dénaturé ; desséché, **endurci.**

10 Inébranlable, inflexible, implacable, intraitable, intransigeant ; impitoyable. – **Ferme,** inexorable ; fermé, sourd aux prières. – Entier ; entêté. – Péremptoire.

11 Acerbe, acéré, acrimonieux ; acariâtre, pas commode [fam.] ; terrible, vache. – Colère [litt. et vx] 471. – Blessant, désagréable.

Adv. 12 **Durement ;** brutalement, rudement, sèchement ; d'un œil sec.

13 Violemment 580 ; désagréablement, vertement. – Impitoyablement ; inhumainement.

# 600 AMOUR

N. 1 **Amour ;** affection, amitié [vx] 604, tendresse, sentiment [absolt] ; adoration, dévotion, passion ; sout. : déliction, inclination, penchant, préférence ; fam. : béguin, pépin. – **Attachement,** lien ; liaison, union. – Ardeur, feu, fièvre, **flamme.** – Amativité [vx] ; inflammabilité [litt.]. – Passionisme [litt., rare].

2 Amour-propre, amour de soi. – Altruisme 587, amour du prochain. – Amour mystique ou spirituel ; adoration, piété 479.

3 Amour courtois 592, fine amor [vx ou LITTÉR.]. – Amour platonique. – Amour de

concupiscence (opposé à amour de bien-veillance) [THÉOL.].

4 Adultère, inceste. – Amour grec, homo-sexualité **341**.

5 Histoire d'amour, roman d'amour ; coup de foudre, engouement. – Cour d'amour ; conquête, séduction. – Déclaration d'amour, serment d'amour. – Lettre d'amour, poulet [vx]. – Chagrin ou peine d'amour.

6 Acte sexuel ou, vieilli, acte d'amour **341**, caresse **601**, étreinte, étreinte amoureuse. – Ébats ; déduit [vx ou poét.]. – Saison des amours.

7 Possessivité ; captativité [didact.]. – Jalou-sie **608**.

8 Adorateur, **amoureux, amant** [vx], che-valier servant, galant, galantin, godelu-reau [fam.], sigisbée [litt.], soupirant. – Coureur [fam.], don Juan [allus. litt.], dra-gueur, suborneur. – Époseur [litt.], **pré-tendant.**

9 Ami ; bon ami [vieilli], petit ami, copain [fam.] ; amiète ou amiette [HIST.]. – Fiancé, promis **596** ; mari **682**, femme. – Amant [cour.], maîtresse ; tourtereau.

10 La Carte du Tendre [LITTÉR.].

11 **Aventure,** liaison ; amourette, **flirt,** in-trigue, passade, toquade ; fam. : béguin, passionnette. – Galanterie [litt.].

12 Plaisirs des sens, **sensualité, volupté ;** érotisme. – Vieilli : appétit charnel, concupiscence. – Débauche, lascivité, luxure ; aiguillon de la chair [vieilli] **523**, démon de la chair ; démon de midi. – Mal d'aimer.

13 Aimé, **amour,** adoré, bien-aimé, cher, chéri. – Précédé du possessif, en appellatif : amour *(mon amour* ou, vx, *m'amour), ange (mon ange),* beau (ou bel), belle, bellot, joli, mignon, poupée, etc. ; bijou, chou [fam.] ; âme, cœur ; fam. : lapin *(mon lapin,* ou : agneau, biche, caille, chat, moineau, oiseau, poule, poulet, poulot, rat, raton, etc.) ; prince, roi, trésor.

14 Un amour, un amour de + n.

15 MYTH. et litt. – Astarté, Aphrodite, Vénus. – Cupidon, Éros ; Amour, l'Amour. – Les flèches de l'Amour. – Putto [ital., BX-A.]. – Embarquement pour Cythère.

V. 16 **Aimer,** aimer d'amour, amourer [rare], chérir ; **adorer,** aimer éperdument ou à la folie, idolâtrer. – Avoir un faible ou du goût pour qqn ; avoir (ou : éprouver, res-sentir) de l'amour pour qqn ; porter dans

son cœur. – Brûler (ou : frémir, languir, mourir, soupirer) d'amour. – **Filer le parfait amour ;** roucouler [fam.] ; vivre d'amour et d'eau fraîche. – Être transi ; languir, mourir d'amour.

17 Concevoir de l'amour pour qqn [vieilli], tomber amoureux. – S'amourer [rare], s'énamourer ou s'enamourer, s'engouer, **s'éprendre ;** s'embraser, s'enflammer. – Fam. : s'amouracher, s'attacher à, se coiffer, s'embéguiner, s'enticher, se toquer de.

18 Boire (ou : dévorer, manger) des yeux, caresser ou couver des yeux, n'avoir d'yeux que pour. – Avoir qqn dans le sang ou dans la peau ; fam. : en tenir pour, en pincer pour.

19 Amouracher, enflammer, ensorceler, en-voûter, inspirer de l'amour, **séduire,** tourner la tête [fam.] ; fam. : embéguiner, enjuponner ; faire battre les cœurs, faire des ravages dans les cœurs.

20 Conter fleurette [vieilli], être en coquet-terie avec [vx], **faire la cour** ou, vx, l'amour, faire le joli cœur, faire les yeux doux, faire du rambin [arg.], flirter, marivauder [litt.], mugueter [vx] ; déclarer sa flamme, faire sa déclaration, offrir son cœur.

21 Effeuiller la marguerite (en énonçant : *je t'aime un peu, beaucoup, passionnément, à la folie, pas du tout).*

22 Courailler, courir [fam.], courir le guille-doux ou, spécialt, la prétentaine. – Faire ses farces [vx] ; jeter sa gamme. – Avoir le diable au corps.

23 Accorder ses faveurs, céder.

24 **Faire l'amour 341.** – Connaître [vx].

25 Prov. : **l'amour est aveugle ;** froides mains, chaudes amours ; heureux au jeu, malheureux en amour ; la jalousie est la sœur de l'amour ; l'amour fait passer le temps, et le temps fait passer l'amour.

Adj. 26 **Amoureux, épris ;** affolé, enivré, entiché, féru [vx], fou, ivre, transporté ; fam. : chipé, mordu, pincé ; vx : assoti, sot de ; arg. : grinche, mordu, morgané, pépin, toqué.

27 **Aimant. – Ardent,** chaud, passionné ; idyllique. – Didact. : possessif ; captatif. – Lascif, luxurieux, sensuel, voluptueux. – Fam. : amoureuse comme une chatte, amoureux des onze mille vierges, amou-reux d'une chèvre ou d'une chienne coif-fée. – Porté sur la chose.

28 Abandonné, langoureux. – Languissant. – Attendrissant.

29 Aimé, cher, chéri.

30 Érotique ; sexuel.

Adv. 31 **Amoureusement** ; tendrement ; passionnément. – Admirativement. – Amoroso (ital., « amoureusement ») [MUS.].

Prép. 32 **Pour l'amour de.**

Aff. 33 **Phil-,** philo- ; -phile ; -philie.

## 601 CARESSE

N. 1 **Caresse.** – Cajolerie, câlinerie, mignardise, mignotise [rare] ; flatteries ; patelinage ou patelineries [litt.].

2 **Attouchement,** effleurage, effleurement, frôlage, frôlement ; accolade, embrassement, enlacement, **étreinte.** – Œillade ; yeux doux. – Câlin, tendresses ; fam. : câlinette, câlinou, mamours ; chatouille. – Chatterie, papouille [fam.]. – **Familiarités,** privautés.

3 **Baiser,** bise, osculation [litt., rare] ; fam. : baise [région.], bécot, **bisou, mimi,** poutou [région.], suçon, smack ; arg. : baveux, fricassée de museau, galoche, patin, pelle, roulée. – Baiser de la paix ; baiser de Judas 597.

4 Baisement, bécotage, **embrassade ;** pelotage [très fam.]. – Chatouillement, titillation. – Charmes, délices, épanchements. – Affection, marques d'affection.

5 Amant 600, baiseur [vx], cajoleur, caresseur, chat [fig.], embrasseur.

V. 6 **Caresser ;** cajoler, **câliner,** flatter ; caresser de l'œil ou du regard ; fig. : enjôler, pateliner. – Amignarder (ou : amignonner, amignoter) [vx], choyer, **dorloter.** – Fam. : bichonner, mignarder, mignoter, titiller. – Effleurer, frôler ; lutiner, chatouiller ; palper, tapoter, toucher. – Très fam. : papouiller, peloter, tripoter. – Arg. : palucher, patiner.

7 Accoler, **enlacer, étreindre,** presser sur son cœur, serrer dans ou entre ses bras ; sauter au cou de qqn. – **Baiser** 341, biser, déposer (ou : donner, planter, poser) un baiser, embrasser ; couvrir de baisers, dévorer de baisers ; fam. : baisoter, becqueter, bécoter, bisouter ; arg. : galocher, rouler une galoche (ou : un palot, un patin, une pelle), sucer la pomme ou le museau. – Cueillir (ou : dérober, prendre, ravir, voler) un baiser ; bouquer [vx].

8 Se caresser. – **S'embrasser,** s'entrebaiser [litt.] ; s'embrasser à pleine bouche ou à bouche que veux-tu ; arg. : se coller, se fricasser le museau, se sucer la couenne.

Adj. 9 **Affectueux,** aimant ; amoureux, chaleureux, chaud ; doux, tendre ; cajoleur, câlin, **caressant,** caresseur ; enjôleur, patelin, patelineur ; fam. : papouillard. – Démonstratif, expansif ; empressé 592.

10 Osculaire [litt., rare].

Adv. 11 Affectueusement, tendrement ; câlinement.

## 602 PASSION

N. 1 **Passion** (une passion, les passions) ; passion (opposé à action) [PHILOS.]. – Émotion, sentiment ; désir 523, inclination, penchant.

2 Émotivité, sensibilité ; sentimentalité. – Sentimentalisme ; sensiblerie.

3 Délire, **enthousiasme,** exaltation 564, frénésie. – Ardeur, feu, feu sacré, fièvre ; euphorie, **griserie,** ivresse. – Émoi 449, excitation 516, fureur, rage, transes, transport ; **élan,** emportement, fougue, véhémence. – Folie ; trouble. – Fig. : brasier ; orage, ouragan.

4 Agitation ; bouillonnement, ébullition, effervescence, frémissement ; fermentation. – Débridement, déchaînement, **embrasement,** emportement, enivrement.

5 Emballement [fam.], engouement, goût, rage. – Adoration 658, idolâtrie. – Chaleur ; lyrisme.

6 Folie 450, **manie,** tic, vice ; fam. : maladie, marotte, péché mignon, toquade.

7 **Passionné** (un passionné) ; énergumène, excité (un excité), forcené (un forcené). – Fam. : aficionado, fan, groupie.

V. 8 **Passionner.** – Échauffer, électriser, embraser, enfiévrer, enflammer, **enthousiasmer,** exalter, exciter 523, galvaniser, incendier les esprits ; allumer le regard de. – Attiser (ou : déchaîner, exciter) les passions ; jeter de l'huile sur le feu ; fanatiser. – Captiver, fasciner, frapper, prendre aux tripes [très fam.]. – Brûler ; empoigner, tenailler.

9 Affecter, troubler, émouvoir 658, frapper, impressionner, pénétrer, **remuer** [fam.], toucher ; faire tourner la tête à, retourner. – Impressionner.

10 Avoir le démon de, être adonné à ; avoir dans le sang ou, fam., dans la peau. – Prendre fait et cause ou feu et flamme pour. – S'intéresser, **se passionner** ; s'engouer, s'enthousiasmer, s'infatuer [vx], se jeter à corps perdu dans ; fam. : s'emballer, se toquer.

11 Être hors de soi ; se déchaîner. – N'être pas maître de soi.

Adj. 12 **Passionnant.** – Attachant, attirant, captivant, empoignant, enivrant, **enthousiasmant,** fascinant ; **exaltant,** excitant, piquant, stimulant ; fam. : emballant, palpitant.

13 Furieux [litt.], **impétueux,** véhément ; **débordant,** débridé, délirant, effréné 87.17, exalté, illuminé. – Ardent, bouillant, brûlant, chaud ; fam. : tout feu tout flamme, volcanique. – Fébrile, fiévreux ; fumant [litt.].

14 Conquis, emballé, électrisé, emporté, ensorcellé ; embrasé, enflammé ; enivré, grisé ; aveuglé.

15 **Amateur,** amoureux, avide, entiché, fanatique, féru, fou ; forcené, frénétique ; fam. : accro, enragé, fan, fana, ivre, mordu, toqué.

16 **Passionnel** ; obsessionnel 450 ; dévorant. – Fanatique. – Maniaque, monomane.

Adv. 17 **Passionnément** ; passionnellement. – Excessivement 80 ; éperdument ; à la folie, à la fureur. – Ardemment, chaudement, follement, fougueusement, frénétiquement, impétueusement, véhémentement [litt.] ; fanatiquement. – Amoureusement.

18 Appassionato (MUS., ital., « avec passion »).

## 603 RESSENTIMENT

N. 1 **Ressentiment** ; acrimonie, aigreur, amertume, rancœur, **rancune** ; dépit. – Exaspération, indignation, ulcération. – Adversité 549 ; animosité, hostilité 649. – Irrémission [litt.].

2 **Reproche** ; colère 471, foudres ; défaveur, disgrâce.

3 Revanche. – Peine du talion (« œil pour œil, dent pour dent »). – **Règlement de comptes.** – Vendetta. – Revanchisme.

4 Revanchard *(un revanchard)* 662, revanchiste, vengeur ; haineux *(un haineux)* [vx], haïsseur [litt.]. – MYTH. : Érinye ; Alecto, Mégère, Tisiphone. – Némésis [MYTH.].

V. 5 Avoir une dent contre ; garder rancune, **tenir rigueur,** en vouloir à ; se ressentir [absolt]. – Faire à qqn un crime de, faire (ou : imputer, tenir) grief de, **reprocher** ; fam. : dire à qqn ses quatre vérités, en dire de dures ; incendier qqn.

6 **Garder sur le cœur** ; fam. : ne pas avaler, en avoir gros sur la patate, trouver sau-

mâtre ; rager, râler. – Fam. : remâcher, ressasser, ruminer. – Prendre la mouche ; se formaliser. – Se bloquer.

7 **Rester sur le cœur** (ou : sur l'estomac, en travers de la gorge). – Exaspérer, indisposer, irriter, ulcérer.

8 Nourrir une haine éternelle pour, vouer une haine farouche (ou : féroce, mortelle, etc.) à. – Détester [vx], envoyer au diable, maudire, vouer aux gémonies.

9 **Crier vengeance,** demander raison (ou : réparation, satisfaction). – Fam. : attendre (ou : rattraper, retrouver) au tournant, garder un chien de sa chienne à qqn.

10 Revancher 662, venger ; laver un outrage. – Prendre sa revanche, tirer vengeance, **se venger.** – Faire payer cher, ne pas manquer qqn. – Revaloir, rendre la pareille (ou : coup pour coup, le mal pour le mal, la monnaie de sa pièce). – La vengeance est un plat qui se mange froid [loc. prov.].

11 Ne pas l'emporter au paradis *(il ne l'emportera pas au paradis !).* – Ne rien perdre pour attendre.

12 Fam. – Cracher, vider son sac.

Adj. 13 Rancuneux [litt.], **rancunier** ; haineux, vindicatif ; revanchard. – **Amer.**

14 **Susceptible** ; fam. : chatouilleux, ombrageux.

15 Irréconciliable.

Adv. 16 Irréconciliablement.

17 Aigrement ; méchamment.

## 604 AMITIÉ

N. 1 **Amitié,** camaraderie, compagnonnage [cour.] 583, confraternité, fraternité. – Affection 658, attachement, estime, sentiment, **sympathie** [cour.], tendresse. – Goût, inclination ; affinité, affinités électives [allus. litt., Goethe] 455.

2 Accord, concorde 428, entente, harmonie, **bonne intelligence.** – Alliance, association, intimité, union ; accointance, liaison.

3 Amicale *(l'amicale des anciens élèves).*

4 Didact. – *Philia* (gr., « amitié ») opposé à *erôs* (gr., « amour ») [ANTIQ. GR.]. – Amicalité [rare].

5 Amitié particulière ; homosexualité 341.

6 Ami de + n. *(un ami du peuple, les amis de la nature).* – **Ami** ; ami d'enfance, ami intime, ami de la maison, camarade, **compagnon** 583, condisciple, copain ;

couple ou paire d'amis ; très fam. : poteau ou pote, vieille branche ; arg. : aminche, camaro ; arg. scol. : binôme, coturne ou cothurne. – **Familier**, frère [fig.], intime, proche ; confident. – **Alter ego**. – Ami de tout le monde, ami du genre humain (lat. : *amicus humani generis*) ; ami de cour [vieilli]. – Allié, amé [vx], partisan.

v. 7 Faire amitié avec qqn [vx], contracter (ou : lier, nouer) amitié, fraterniser, jurer amitié ; fam. : copiner, faire ami ou copain copain. – Prendre amitié pour qqn [sout.], prendre qqn en amitié ; avoir à la bonne [fam.], **se prendre d'amitié**. – Gagner l'amitié de qqn ; se concilier l'amitié de qqn. – Fam. et péj. : s'aboucher avec qqn, s'accointer ou être accointé avec qqn 583, s'acoquiner avec qqn. – S'enticher 600. – Conserver (ou : cultiver, entretenir) l'amitié de qqn, conserver son amitié ou son affection à qqn.

8 Amicoter [fam.], être bien avec (ou : en bonne intelligence, en bons termes) ; cousiner. – Être dans les bonnes grâces de, être dans les papiers ou dans les petits papiers de. – Être au diapason ou à l'unisson. – Les amis de mes amis sont mes amis [prov. et loc., cour.]. – C'est saint Roch et son chien [prov.].

9 **Affectionner**, éprouver de l'affection pour ; avoir une préférence ou un faible pour, préférer ; chouchouter [fam.]. – Estimer.

10 Prov. : Les petits cadeaux entretiennent l'amitié. – Au besoin, on connaît l'ami ou c'est dans le besoin qu'on reconnaît ses amis 830 ; Ami jusqu'à la bourse ; Ami au prêter, ennemi au rendu ; Mieux vaut donner à un ennemi qu'emprunter à un ami ; Les bons comptes font les bons amis.

Adj. 11 **Amical**, amiteux [vx] ; affectueux, chaleureux, cordial ; sympathique. – Affectionné [surtout dans les formules épistolaires : « votre affectionné X »].

12 Fam. : **à tu et à toi**, copains comme cochons, comme cul et chemise. – Comme l'ombre et le corps.

Adv. 13 **Amicalement**, amiteusement [vx], chaleureusement, cordialement. – **En toute amitié** ; à la vie à la mort.

Aff. 14 Phil-, philo- ; -phile ; -philie.

# 605 INIMITIÉ

N. 1 **Inimitié** ; animosité, hostilité. – **Antipathie**, prévention ; aversion, détestation

[litt.], **haine**. – Dégoût, répugnance, répulsion, révulsion [fam.] ; **horreur**. – Antipathie [vx], aversion 456, incompatibilité d'humeur.

2 Antagonisme, rivalité. – Désaccord 429, discorde, **mésintelligence** ; dissension.

3 Désamour. – Désaffection ; défaveur, disgrâce, **impopularité**. – Animadversion ; exécration [vx], imprécation, malédiction.

4 Bouderie, **brouille**, dispute, fâcherie, **froid**, refroidissement d'amitié ; conflit 649, querelle. – Désunion, divorce, division, rupture, scission.

5 Ennemi 650 ; antagoniste, rival 649 ; bête noire.

v. 6 **Détester, haïr**. – Abhorrer [litt.], abominer, avoir horreur ou une sainte horreur de, avoir en horreur, exécrer. – Ne pas souffrir ou ne pas pouvoir souffrir ; ne pas pouvoir sentir (ou : voir, voir en peinture) [fam.] ; très fam. : avoir dans le nez, ne pas pouvoir blairer ou pifer, ne pas pouvoir encaisser.

7 Être comme chien et chat, être à couteaux tirés (ou : en dispute, en guerre ouverte), être en délicatesse ou en coquetterie, **être en froid**, être au plus mal, faire mauvais ménage, ne pas s'accorder. – S'entre-haïr ; s'arracher les yeux [fam.], s'entre-déchirer.

8 Être prévenu contre. – Avoir une dent contre 603, regarder de travers.

9 **Se brouiller**, se fâcher, rompre ; prendre en grippe ou en haine.

10 Détester [vx], maudire 603. – Anathématiser, jeter ou lancer l'anathème sur 640.

11 Désénamourer [vx].

Adj. 12 **Détesté**, haï, honni, mal aimé.

13 **Détestable**, exécrable, haïssable.

14 Irréconciliable.

15 Haineux, mal disposé ; haïsseur [litt.]. – Fielleux, venimeux. – Vindicatif 659.

Adv. 16 **Inamicalement** ; antipathiquement [vx], haineusement, hostilement.

Prép. 17 Antipathique à [vx], incompatible avec.

18 En détestation de, en horreur de ; en haine de [vieilli], par haine de.

Aff. 19 -phobe, -phobie ; -phobique.

# 606 CONFIANCE

N. 1 **Confiance**, foi ; confidence [vx] ; espérances 474.

2 Sentiment de sécurité ; sérénité ; quiétude 448. – Espérance ; assurance [vieilli].

3 Abandon ou, litt., abandonnement. –
**Épanchement,** expansion ; effusion
[sout.] 760. – **Confidence ;** vx : confiance,
secret ; confession 409.

4 **Naïveté ;** innocence, simplicité ; sout. :
candeur, ingénuité ; crédulité 399.

5 **Confiance en soi,** sûreté de soi-même
[vieilli] ; **assurance** 442, hardiesse ;
aplomb, audace 508. – Présomption 613.

6 Fiabilité ; crédibilité.

7 **Crédit** 841, créance [vieilli] ; crédit public
[FIN.].

8 Accréditation ; accréditement [COMM.] 841.
– DR. : délégation, délégation de compétence, délégation de signature ; **mandat.**
– Lettres de créance. – Pouvoir, procuration.

9 Homme ou femme de confiance ; personne de confiance 594. – **Confident ;**
confesseur, homme de secret [vx]. – DR. :
fiduciaire *(un fiduciaire)* 824, confidentiaire [vx], mandataire.

10 DR. : délégant ou délégateur, mandant.

11 DR. : délégataire, mandataire, mandataire
social ; délégué, représentant.

V. 12 **Avoir confiance en qqn,** avoir foi en
qqn ; se fier ou, vx, se confier à. – Donner
sa confiance à, faire confiance ou, sout.,
crédit à, mettre ou placer sa confiance en ;
donner mandat à ; donner carte blanche
à, donner un chèque en blanc à. – Cautionner 841.

13 S'abandonner à qqn, s'en rapporter à
qqn, **s'en remettre à qqn ;** se reposer sur
ou, vx, dans ; vx : se rapporter à qqn, se
remettre à ou sur. – S'appuyer sur, s'assurer sur ou, vx, dans, **faire fond sur ;**
compter sur, tabler sur. – Ne (rien) voir
que par les yeux de qqn.

14 Croire, **croire sur parole.** – Accréditer
632 ; investir qqn de sa confiance. – Déléguer, mandater.

15 Être ou se sentir en confiance, sentir en
sécurité. – Dormir sur ses deux oreilles,
dormir tranquille ; dormir en repos [vx].
– Croire en son étoile 442.

16 **Confier ;** donner au soin de qqn 574,
remettre à la garde de, remettre entre les
mains de ; commettre au soin ou à la
garde de [vieilli].

17 N'avoir pas de secret pour qqn. – **Se
confier à qqn,** se livrer à, s'ouvrir à ; se

communiquer à [vx] ; se confesser à, se
découvrir à ; découvrir son cœur à, ouvrir
son cœur à ; faire confidence de qqch à
qqn [vieilli].

18 S'épancher 760 ; se déboutonner [fam.] ;
parler à bouche que veux-tu. – Épancher
son cœur ou son âme.

19 Accorder du crédit à, **ajouter foi à.** –
Prendre pour argent comptant ; fam. :
donner dans le panneau 728, se faire avoir
399.

20 Inspirer confiance à qqn ; **avoir la
confiance de,** être dans les petits papiers
de ; avoir l'oreille du maître, avoir l'oreille
du prince [litt.]. – Jouir d'une bonne réputation 639.

Adj. 21 **Confiant,** tranquille. – Expansif, ouvert.

22 **Naïf** 399, innocent, simple ; sout. : candide, ingénu 408 ; crédule.

23 Hardi, résolu ; assuré [litt.] ; **sûr de soi ;**
présomptueux 613.

24 **De confiance,** de toute confiance, sûr ;
fidèle, loyal ; affidé [vx].

25 Fiable ; digne de foi ; crédible.

26 Créancé [VÉN.].

27 Confidentiel.

Adv. 28 **En confiance,** en toute confiance ou, vieilli,
en toute assurance ; à crédit [vx].

29 De confiance, les yeux fermés ; chat en
poche.

30 Candidement, naïvement.

31 À cœur ouvert, avec effusion, sans réserve ; d'abondance de cœur [allus. bibl.].

32 Confidentiellement 727 ; confidemment
[vx].

Prép. 33 Sur la foi de.

# 607 DÉFIANCE

N. 1 **Défiance,** méfiance ; inconfiance [litt.] ;
demi-confiance. – Sentiment d'insécurité.
– Crainte 472, ombrage [vieilli].

2 Défiance *(une défiance),* **suspicion,** suspicion légitime [DR.]. – Doute 431, **soupçon ;** soin [vx]. – **Incrédulité,** incroyance
480.

3 Prudence 572 ; **réserve,** retenue ; réticence.

4 **Désapprobation,** désaccord 429 ; vote de
défiance.

5 Vigilance 402. – Contrôle, **surveillance**
555.

6 Lettres de récréance ou de rappel.

v. 7 **Se défier de,** se méfier de. – Se tenir en garde contre.

8 Garder ou conserver ses distances, rester sur son quant-à-soi.

9 **Soupçonner,** suspecter ; tenir en suspicion [litt.] ; filer.

10 Contrôler, surveiller **560** ; épier, espionner ; avoir ou tenir à l'œil [fam.] **402**. – Pister [fam.] ; filocher [arg.] ; garder à vue. – Avoir l'œil sur ; veiller sur.

11 Faire attention, faire gaffe [fam.] **572** ; être ou se tenir sur sa défensive, être ou se **tenir sur ses gardes** ; se tenir ou se garder à carreau ; être aux aguets, être ou se tenir sur le qui-vive ; dormir les yeux ouverts, ne dormir que d'un œil ; avoir la puce à l'oreille.

12 Douter de **431**. – Demander à voir, vouloir voir de ses propres yeux. – Y regarder à deux fois, y regarder de près.

13 **Perdre la confiance de qqn ;** perdre de son crédit ; perdre toute créance [vieilli] ; tomber en soupçon [vx].

14 Sentir le fagot ; sentir le roussi [vx].

15 Prov. : défiance ou méfiance est mère de sûreté ; il n'y a pire eau que l'eau qui dort ; chat échaudé craint l'eau froide ; trop de précautions nuit.

Adj. 16 **Défiant,** méfiant, soupçonneux, suspicieux. – Prudent ; vigilant.

17 Incrédule ; douteur [litt.].

18 Craintif, ombrageux. – Dissimulé, fermé, renfermé, secret.

19 Douteux, équivoque, interlope, louche, **suspect ;** sujet à caution ; pas très catholique [fam.] ; trop poli pour être honnête **694**. – Rare : soupçonnable, suspectable.

Adv. 20 Craintivement, ombrageusement [rare]. – Litt. : soupçonneusement, suspicieusement. – Incrédulement [rare].

## 608 JALOUSIE

N. 1 **Jalousie ;** crise de jalousie, délire de jalousie [PSYCHAN.].

2 **Envie ;** dépit. – Inquiétude, ombrage. – Rivalité **649**.

3 Jaloux *(un jaloux) ;* tigresse [litt.]. – Rival. – Chandelier [fam., vx].

4 Domaine réservé, plates-bandes [fam.], **pré carré.**

v. 5 **Envier, jalouser,** porter envie ; jaunir ou sécher de jalousie [fam.], mourir ou, fam., crever de jalousie ; en faire une jaunisse [fam.]. – Prendre ombrage.

6 Caresser des yeux, **convoiter 523,** couver du regard ; fam. : guigner, lorgner, reluquer. – Baver d'envie [fam.].

7 Dépiter ; **faire des envieux,** faire pâlir d'envie ou de jalousie.

8 Être jaloux de, tenir à. – Douter de **607,** soupçonner.

Adj. 9 **Jaloux,** jaloux comme un tigre ; dévoré ou rongé de jalousie. – Exclusif, ombrageux, possessif. – Défiant, soupçonneux.

10 Envieux. – Soucieux **462.**

Adv. 11 **Jalousement ;** envieusement.

## 609 PITIÉ

N. 1 **Pitié.** – Apitoiement, commisération, compassion, sympathie [vx] ; attendrissement. – Bonté **585,** charité **587,** humanité.

2 Clémence, **indulgence,** mansuétude, miséricorde. – **Grâce,** merci [vx], miséricorde, quartier ; ménagement.

3 Condescendance, dédain, mépris **627.**

4 Affliction, détresse, misère **830,** pitié. – Crève-cœur *(un crève-cœur).*

5 Pauvre *(un pauvre),* malheureux *(un malheureux).*

6 Jérémiade, lamentation, plainte.

7 Pietà [ital.] ou Vierge de piété.

v. 8 **Avoir bon cœur ;** s'attendrir. – Compatir, être affecté, prendre part au malheur de, se laisser toucher ; plaindre. – Déplorer, pleurer.

9 Avoir pitié ou, vieilli, grand pitié, **prendre en pitié.** – Faire grâce, gracier ; épargner, ménager. – **Secourir,** venir en aide **986** ; apaiser, consoler.

10 **Faire pitié,** faire peine à voir. – Apitoyer, **attendrir,** émouvoir, fléchir, toucher ; crever ou arracher le cœur, faire mal au cœur, faire monter ou venir les larmes aux yeux, fendre l'âme ou le cœur, prendre aux entrailles, tirer ou arracher des larmes.

11 **S'écouter parler,** se prendre en pitié ; pleurer misère. – Se plaindre.

12 Crier grâce ou merci, demander ou implorer miséricorde ; faire vibrer la corde [fam.]. – Implorer, mendier. – *Miserere nobis* (lat., « ayez pitié de nous »).

Adj. 13 **Compatissant.** – Pitoyable [vx] ; charitable, généreux ; pieux *(pieux mensonge, œuvre pieuse)* ; pie [vx, sauf dans la loc. « œuvre pie »]. – Clément, exorable [rare], miséricordieux ; humain, sensible. – Humanitaire.

14 **Pitoyable** ; maupiteux [vx], piteux ; déplorable, lamentable, malheureux ; déchirant, émouvant, **navrant.** – Misérable **696.**

Adv. 15 Par pitié. – Pitoyablement. – Bonnement, charitablement.

Prép. 16 À la merci de.

Int. 17 Pitié ! Par pitié ! ; De grâce ! Grâce ! – *Kyrie eleison* [LITURGIE]. – C'est pitié ou une pitié, quelle pitié !

## 610 FIERTÉ

N. 1 **Fierté.** – Contentement ou estime de soi, satisfaction ; amour-propre, autosatisfaction. – Orgueil, vanité ; immodestie, mégalomanie **450.** – Orgueillite [litt., rare].

2 Suffisance ; arrogance, **hauteur,** morgue, superbe. – Froideur, raideur **599** ; réserve. – Mépris **655.**

3 Gloriole, vaine gloire. – Folie des grandeurs.

4 **Titre de gloire 639.** – Fleuron [fig.], gloire de, honneur de, ornement.

5 Sout., vieilli : glorieux *(un glorieux),* superbe *(un superbe).* – Orgueilleux *(un orgueilleux).* – Fier-à-bras *(un fier-à-bras).*

V. 6 Tirer gloire de ; s'enorgueillir, se glorifier de. – **Être la fierté** ou **l'honneur de,** faire la fierté ou la gloire de ; enorgueillir. – Se faire gloire de ; se flatter de, se prévaloir de, se targuer de.

7 Lever la crête, **porter haut le front,** relever la tête ; regarder de haut. – Se dresser sur ses ergots, monter sur ses grands chevaux ; se draper dans sa dignité. – Loc. prov. : Le roi n'est pas son cousin [fam.] ; Avoir le cœur haut et la fortune basse.

8 Faire le fier ; faire le coq [fam.]. – Bomber la poitrine ou le torse ; se gonfler, se rengorger. – Ceindre son front de laurier. – Boire du petit lait ; rougir d'aise.

9 Monter ou tourner à la tête.

Adj. 10 **Fier,** fier comme Artaban (ou, fam. : un coq, un Écossais, un paon, un pou). – **Digne,** glorieux [litt.], noble ; litt. : altier, léonin ; accrêté [vx], hautain, majestueux, superbe. – Conquérant ; triomphant, triomphateur, victorieux. – **Entier.**

11 Bouffi ou enflé d'orgueil, **orgueilleux** ; immodeste. – Fiérot, glorieux ; vaniteux. – Arrogant, suffisant ; dédaigneux, distant. – Insolent.

12 Fier de. – Comblé, content, satisfait.

Adv. 13 **Fièrement** ; crânement [fam.], orgueilleusement. – Dignement.

## 611 HONTE

N. 1 **Honte** ; déshonneur, ignominie, infamie ; tache [fig.] **697.**

2 **Abjection,** bassesse, vilenie [litt.], vileté [vx] ; indignité. – Fig. et litt. : boue **700,** fange, ordure, tourbe. – Balayure [litt.], excrément, lie [litt.], ramas, ramassis, rebut.

3 Abjection, bassesse, ignominie, indignité [litt.], turpitude, vilenie [litt.]. – **Scandale.**

4 Abaissement [vx], avilissement, diminution [vx], dégradation [rare], **humiliation** ; chute, déchéance.

5 Blâme, opprobre. – Bannissement ; dégradation, destitution ; flétrissure, stigmatisation [litt.].

6 Honte [vieilli] ; confusion, embarras, gaucherie, gêne ; **pudeur,** vergogne [vx, litt.]. – Humilité, modestie ; timidité.

V. 7 Avoir l'oreille basse [fam.], mourir de honte [fig.], rougir de honte ; baisser le front ou les yeux, courber la tête. – **Ne plus savoir où se mettre** ou, fam., se fourrer, rentrer sous terre ; souhaiter être à cent pieds sous terre, vouloir rentrer dans un trou de souris.

8 **Humilier** ; faire affront ; déshonorer [vx], mortifier, souffleter [fig.]. – Abaisser, avilir, traîner dans la boue. – Ternir la réputation de qqn.

9 **Couvrir de honte,** confondre, ahonter [vx]. – **Blâmer,** conspuer, huer, montrer au ou du doigt ; litt. : anathémiser, honnir, vilipender.

10 Dégrader. – Fleurdeliser, marquer, stigmatiser ; flétrir [vx] ; noter d'infamie. – Mettre au pilori.

11 Ne pas se faire honneur ; se faire honte. – Déchoir ; déroger, forfaire [vx ou litt.], forligner [fig.] ; **s'avilir.** – Tomber plus bas que terre ; avoir toute honte bue.

12 En être pour sa courte honte.

Adj. 13 **Honteux** ; abject, bas, ignoble, infâme, vil ; éhonté, ignominieux, scandaleux. – Coupable, inavouable. – Lâche **509.**

14 Abaissant, avilissant, dégradant, **déshonorant,** infamant.

15 Honteux [litt.] ; vergogneux [vx]. – **Confus,** honteux, rouge de honte ; penaud, piteux, quinaud [vx].

16 Avili, décrié, flétri, perdu de réputation.

Adv. 17 **Honteusement,** ignominieusement [litt.]. – Bassement, indignement, lâchement, vilement. – Scandaleusement ; abjectement.

Int. 18 Honte à + n. ou pron. *(honte à moi, à toi).*

## 612 MODESTIE

N. 1 **Modestie** ; honte [vx], humilité. – Discrétion, effacement, retrait. – **Modération** 579, réserve, retenue ; douceur. – Simplesse [vx], **simplicité,** simplicité antique ou spartiate ; naturel. – Abandon ; résignation, soumission 628.

2 Mortification ; componction. – Déférence, respect 626. – Vieilli : décence, honnêteté, pudeur.

3 **Médiocrité,** obscurité. – Faiblesse.

4 Pluriel de modestie [GRAMM.].

5 Humble *(un humble),* obscur *(un obscur),* **petit** *(un petit),* sans-grade *(un sans-grade),* simple *(un simple) ;* gagne-petit. – Petites gens ; piétaille.

V. 6 Rester ou se tenir à sa place. – **Rester dans l'ombre ;** se faire petit [fig.]. – **S'effacer ;** se faire humble, s'humilier [THÉOL. ou vx]. – Faire le modeste.

7 **Baisser les yeux,** courber le front. – S'agenouiller, se courber, se prosterner.

8 Borner ses désirs ; se borner, se contenir, **se modérer.** – *In medio stat virtus* (lat. : « C'est au milieu que se trouve le mérite » [ou : la valeur, la justesse]).

Adj. 9 **Modeste ; humble,** petit, obscur, simple. – Effacé, réservé.

10 **Décent,** honnête [vx] ; digne.

11 **Discret,** sobre ; dépouillé, fruste, sans prétention ; informel. – Frugal, maigre ; méchant, médiocre, pauvre.

Adv. 12 **Modestement ;** humblement ; en toute humilité. – Timidement.

13 Sans affectation, sans apprêt, sans cérémonie, sans façons, sans prétention ; sans chichis [fam.]. – À la bonne franquette, à la simplette [région.] ; à la fortune du pot.

14 Médiocrement, pauvrement, petitement.

## 613 PRÉTENTION

N. 1 **Prétention** ; immodestie, présomption, vanité ; mégalomanie. – Fatuité, importance, infatuation, **suffisance ;** bouffissure, boursouflure, enflure 617. – Narcissisme.

2 Arrogance, outrecuidance, superbe ; air d'importance.

3 Petit maître ; vx : aliboron, maître Aliboron. – Geai paré des plumes du paon [allus. litt.], paon qui se mire dans sa queue ; narcisse *(un narcisse).* – Punais *(un punais)* [vx].

V. 4 Prétendre ; compter, espérer, penser. – Se flatter de, se prévaloir de, se targuer de ; se faire fort de.

5 **Se vanter ;** fam. : se donner du jabot, se faire mousser. – Faire l'avantageux, faire son quelqu'un, trancher du personnage. – Faire des bulles [fam.], sonner ce que l'on dit, ramener sa science [fam.]. – Promettre plus de beurre que de pain [fam.].

6 Se parer des plumes du paon, se pousser du col ; s'envoyer des fleurs [fam.]. – S'enivrer de son vin, s'en faire croire ; s'écouter pisser [très fam.]. – Fam. : avoir la grosse tête, **s'y croire ;** ne plus se sentir ; ne plus se sentir pisser [très fam.]. – Ne pas se moucher du pied ou du coude [fam.], ne pas se prendre pour de la crotte de bique [fam.] ; se croire sorti de la cuisse de Jupiter. – Se mirer, se mirer dans ses plumes, se regarder le nombril [fam.].

7 **Se surestimer, se vanter ;** ne douter de rien [fam.], vouloir péter plus haut que son cul [très fam.]. – Qui lui piquerait la peau il n'en sortirait que du vent [vieilli].

8 Prendre de haut, regarder par-dessus l'épaule.

9 Infatuer [sout.].

Adj. 10 **Prétentieux,** présomptueux. – Vain [vieilli], **vaniteux ;** fat, infatué, infatué de sa personne, plein de soi-même. – Avantageux, suffisant ; arrogant, outrecuidant, puant [fam.].

Adv. 11 **Prétentieusement ;** péremptoirement, présomptueusement. – Vaniteusement.

## 614 DISTINCTION

N. 1 **Distinction** 646 ; élégance, goût, propreté [spécialt, vx], ; raffinement, recherche. – Fashion [anglic., vx]. – Maintien, prestance, tenue ; bel air ; fière allure. – Bon genre, bon goût, bon ton ; bon chic, bon genre (abrév. B. C. B. G.) [fam.]. – Caractère, **chic**, classe ; chien [fam.]. – Cachet.

2 Litt. ou vieilli : éclat, grandeur, noblesse.

3 **Élégance** ; style. – Aisance.

4 **Courtoisie** 592, galanterie. – Délicatesse 598 ; savoir-vivre. – Civilité, honnêteté [vx], urbanité. – Belles façons, belles manières.

5 Dandysme [angl.]. – Gandinerie ou gandinisme [vx].

6 **Élégant** *(un élégant)*. – Fashionable [anglic., vx] *(un fashionable)*. – Arbitre de l'élégance.

7 Dessus du panier [fam.], fine fleur ; élite. – Fam. : beau linge, beau monde **668**, joli monde ; fig. : crème, gratin.

8 **Homme du monde.**

v. 9 Avoir de la distinction, faire distingué [pop.] ; **avoir de l'allure** (ou : du cachet, du chic, du genre), avoir de la tournure [vx]. – Fam : avoir de la branche [vx], avoir du chien, avoir la classe ou avoir de la classe *(c'est la classe)*. – Arg. : avoir de la gueule, avoir du jus.

10 Avoir fière allure, avoir bon air [vx], avoir grand air, avoir bon genre. – Porter beau.

11 Élégantifier ou élégantiser [litt., rare]. – Dandyfier [rare]. – Farauder [rare].

Adj. 12 **Distingué** ; alluré, chic, élégant. – Fam : class ou classe, genreux [vx] ; classieux.

13 Courtois, distingué, élégant, racé, raffiné ; pop. : bien *(un monsieur très bien)*.

14 Choisi, sélect. – Fam : B. C. B. G. *(bon chic, bon genre)*, gratin [vieilli].

15 Rare, vx : dandyesque, dandyque, dandystique.

Adv. 16 **Élégamment** ; adroitement, habilement. – Dignement.

17 Coquettement, **élégamment.**

# 615 AFFECTATION

N. 1 **Affectation** ; afféterie ou affèterie. – Apprêt, **pose** ; recherche, sophistication. – Mignardise, mièvrerie. – Pédanterie, pédantisme **761**, snobisme ; bégueulerie. – Gongorisme [LITTÉR.], préciosité.

2 Comédie, simulation **595** ; exagération, ostentation **617**. – Momerie [litt. et vx], pharisaïsme, tartuferie.

3 Cérémonies **686**, embarras, façons, **manières 592** ; chichi. – Airs, airs de du-

chesse, grands airs ; contorsion, grimaces, minauderie, mines, simagrées ; bouche en cul-de-poule.

4 Façonnier *(un façonnier)* [vx], gnangnan *(un gnangnan)* [fam.], grimacier *(un grimacier),* minaudier *(un minaudier),* poseur *(un poseur).* – Pédant ; dandy, **snob.** – Cabotin, cabot, histrion ; fat. – Mijaurée, nitouche, pecque [vx] **645**, pimbêche.

5 Jeune beau ; **minet** [péj.]. – Anglic. : play-girl [rare], play-boy ; milord [fam., vx]. – HIST. : dameret, damoiseau, **galant**, mignon, muguet. – Péj. : freluquet, godelureau. – Gandin [litt.], incroyable [HIST.] **315**, merveilleux [anc.] ; mirliflore, muscadin, petit-maître ; péj. : cocodès [vx], gommeux ; petit crevé.

6 Coq ; **vieux beau**, roquentin [vieilli].

7 **Élégante** *(une élégante).* – HIST. : biche, lionne ; lorette.

v. 8 **Poser** ; affecter de grands airs, faire l'important. – Se pavaner, plastronner, prendre de grands airs ; se piquer de. – Viser à l'effet, chercher l'effet.

9 Afficher, faire montre ou parade de ; étaler, exhiber. – Affecter de, se donner pour.

10 Faire la fine bouche ou la petite bouche, **faire des embarras** ou **des façons,** faire le renchéri [vieilli], faire la sucrée ou la sainte sucrée [vieilli], faire la chattemite [vieilli] ; façonner [vx], grimacer, minauder ; se gourmer [sout.]. – Faire des grâces.

11 Se composer, s'étudier ; se donner des airs.

Adj. 12 **Affecté**, simulé ; de commande. – Contraint, forcé, outré ; artificiel, factice, faux, feint, surfait.

13 Affété [vx], apprêté, arrangé, composé, étudié, **recherché** ; alambiqué, contourné, entortillé, sophistiqué. – Doucereux, emmiellé [vx], mielleux, mignard. – Cérémonieux **686**, collet monté, maniéré, précieux ; **poseur**, prétentieux ; pédantesque.

14 Compassé, empesé, **guindé**, pincé. – Emprunté, gêné.

Adv. 15 Ostentatoirement [rare].

# 616 SIMPLICITÉ

N. 1 **Simplicité** ; simplicité antique ou spartiate ; naturel. – Austérité, sévérité, sobriété **706** ; rusticité [litt.]. – Dépouillement [cour.].

2 Simplicité ; humilité, modestie **612**. – Bonhomie.

3 Droiture, sincérité **409**.

4 **Simplicité** ; idiotie, imbécillité, niaiserie, simplesse [litt., vx], sottise **397**.

v. 5 **Simplifier.** – Couper, retrancher de, sabrer dans [fam.] ; élaguer, émonder.

6 Faire simple ; vivre simplement.

Adj. 7 **Simple** ; humble, modeste. – Médiocre, pauvre **830** ; frugal, maigre. – Austère.

8 Banal, brut, fruste. – Plat, prosaïque, terre à terre, vulgaire. – Grossier, négligé.

9 Agreste, champêtre, rustique.

10 Naturel, simple. – Droit, franc, sincère. – Bon, bonasse, bonhomme, brave. – Candide, enfantin **314**, ingénu, innocent, naïf ; **simple**, simplet.

11 Simplifiant [litt.], simplificateur. – Simplifiable.

Adv. 12 **Simplement** ; modestement. – Tout bonnement, en toute simplicité.

13 Médiocrement, pauvrement, petitement **128**.

14 **Simplement** ; franchement. – Vx : bonnement, naïvement. – Sans détour.

15 Sans affectation, sans apprêt, sans cérémonie (ou : chichis, façons, luxe, prétention).

16 Fam : à la bonne franquette, à la fortune du pot. – À la simplette [région.].

# 617 OSTENTATION

N. 1 **Ostentation.** – Éclat, faste, grandeur **646**, magnificence, munificence **710** ; apparat, cérémonie **686**, pompe. – Parade, représentation ; étalage, exhibition, mise en scène, montre ; fam. : épate, esbroufe, flafla, frime, tralala. – Emphase **761**, enflure, exagération.

2 Manifestation. – **Extériorisation** ; exhibitionnisme ; cabotinage. – Réclame [fig.].

3 Braverie, crânerie, fanfaronnerie [vx], forfanterie ; **vantardise**. – Cuistrerie [péj.]. – **Bravade**, fanfaronnade, rodomontade ; vieilli : craquerie, jactance, gasconnade.

4 Fanfaron, hâbleur, poseur, **vantard** ; fam. : crâneur, craqueur, épateur [rare], esbroufeur, **frimeur**, gascon, m'as-tu-vu. – Fam. et vieilli : avaleur de gens, bravache, capitan, fendant, fendeur, fier-à-bras, fracasse, matamore, pourfendeur, rodomont, traîneur de sabre, tranche-montagne ; dépuceleur de nourrice.

5 Air avantageux, grands airs.

v. 6 Afficher, arborer, exhiber **348** ; étaler ; étaler au grand jour. – Extérioriser ; déballer, déployer, exposer. – **S'afficher**, s'exposer aux regards, se faire voir, se prodiguer, se produire ; se carrer.

7 Trôner ; faire parade, **parader**, pavoiser ; se panader [vx]. – Piaffer, plastronner ; faire la roue, se pavaner, **se rengorger**. – Fam. : frimer ; marcher des épaules, rouler des mécaniques.

8 Faire l'important ou l'homme d'importance, **faire le grand seigneur** ou la grande dame ; se donner de l'importance. – Crâner, fanfaronner, gasconner, hâbler ; frimer [fam.] ; la ramener [fam.]. – Fam. : étaler sa marchandise, faire valoir ses choux, faire l'article ; se faire valoir, se mettre en avant.

9 Éblouir ; épater, esbroufer, **en mettre plein la vue.** – Faire du froufrou, faire des effets de manche, jeter de la poudre aux yeux ; faire le joli cœur. – Fam. : faire du chiqué (ou : du cinéma, du cirque). – Fam. : le faire à l'épate, le faire à l'estomac ; épater le bourgeois.

Adj. 10 **Ostentatoire** ; ostentateur [vx].

11 De prestige, somptuaire. – Cérémonieux.

12 Crâne, crâneur ; faraud. – Fanfaron, hâbleur, poseur ; extraverti. – Gascon.

Adv. 13 **Ostensiblement**, au vu ou au vu et au su de tout le monde ; démonstrativement ; manifestement.

# 618 TIMIDITÉ

N. 1 **Timidité** ; discrétion. – Réserve, retenue ; **effacement 612**, inhibition. – Circonspection, prudence **572**, pusillanimité. – Appréhension, crainte **472**, malaise, timidité [vx]. – Pudeur ; vergogne.

2 Timidité *(une timidité)* ; gaucherie **571**.

3 Bluff, **intimidation.** – Procédé d'intimidation.

v. 4 **Se faire tout petit** [fam.]. – S'écarter, s'effacer, se retirer, se tenir à l'écart. – Se tenir ou rester sur son quant-à-soi. – Vivre dans l'effacement.

5 Perdre contenance ; se troubler. – **Être dans ses petits souliers,** ne pas savoir où se mettre ou sur quel pied danser, rentrer dans un trou de souris. – On le ferait passer par le trou d'une aiguille [loc. fam.]. – Rougir, rougir de timidité ; devenir cramoisi ou écarlate, piquer un fard

[fam.] ; trembler, sursauter, tressaillir. –
Bafouiller ; avoir perdu la parole ou sa
langue, ne pas desserrer les dents ; parler
entre ses dents, manger ses mots.

6 **Intimider** ; bluffer [fam.], impressionner.
– Tenir en respect.

Adj. 7 **Timide** ; discret, réservé, retenu, vergogneux [vx] ; complexé, inhibé. – Circonspect, hésitant, prudent ; pusillanime,
timoré. – Craintif.

8 Intimidé ; effarouché. – Embarrassé, emprunté, **gauche** ; gêné, mal à l'aise. –
Confondu, confus, déconcerté, interdit,
transi. – **Effacé**, falot, insignifiant, terne.

9 Intimidant. – Intimidateur [rare].

10 Intimidable [rare].

Adv. 11 **Timidement**. – Discrètement ; sur la
pointe des pieds, sans tambours ni trompettes. – Furtivement ; en catimini [fam.],
à la dérobée 727.

## 619 DÉCENCE

N. 1 **Décence** ; bienséance, correction, dignité ; honnêteté 693, moralité 690. – Modération 579 ; bon goût, goût. – Chasteté ;
**pudeur**, pudicité [sout.] ; bégueulerie,
pruderie, pudibonderie. – Conformisme
24.

2 Convenance, correction, décence, **modestie** ; bonne tenue, tenue ; courtoisie
592, politesse.

3 Bonnes manières, **convenances**, règles. –
Bon sens, norme 53, tradition.

4 Décence, éducation, **savoir-vivre**. – Sensibilité 440, tact. – Discrétion, réserve.

V. 5 **Devoir** ; il convient de, **il faut**, il sied de
[litt.]. – Aller bien, convenir, seoir [litt.] ;
cadrer avec, coller.

6 Bien se conduire, bien se tenir ; se respecter.

Adj. 7 **Décent** ; bienséant, convenable, digne,
modeste ; honnête. – Discret, réservé ;
courtois, **poli**. – De bonne compagnie,
comme il faut ; présentable, sortable. –
De bon goût, de bon ton ; **de mise**, séant.

8 Chaste, innocent, pur ; pudibond, **pudique** ; de bonnes mœurs, sage, vertueux ;
bégueule, prude.

9 **Correct**, décent, honnête ; acceptable, admissible, passable, recevable.

Adv. 10 **Décemment** ; convenablement, correctement, dignement, honnêtement.

11 **Pudiquement** ; chastement, innocemment.

12 Courtoisement, poliment ; modérément,
modestement. – Dans les formes ; en
bonne et due forme, dûment.

13 Décemment, honnêtement, logiquement,
**raisonnablement**.

## 620 INDÉCENCE

N. 1 **Indécence** ; inconvenance, incorrection ;
incongruité, messéance [litt.]. – Discourtoisie 593, **impolitesse** ; indélicatesse, indiscrétion, sans-gêne. – Bassesse ; **grossièreté**, trivialité, vulgarité ; inélégance,
mauvais goût.

2 **Impudeur**, impudicité ; hardiesse, immodestie ; effronterie, impudence, insolence. – Grivoiserie, polissonnerie ; pornographie 341.

3 Honte 611, scandale.

4 Indécence *(une indécence)* ; écart de langage, excès de langage. – **Gros mot**,
juron ; impertinence. – Grossièreté, malpropreté, **obscénité**, saleté ; cochonceté
[fam., par plais.], cochonnerie [fam.] ; gaillardise, gauloiserie, gravelure [vx], grivoiserie. – **Incongruité**.

V. 5 Blesser la pudeur de qqn, choquer. –
Messeoir [litt.]. – Tomber mal à propos ;
mettre les pieds dans le plat.

6 Se débrailler, s'oublier. – **Jurer** 657, jurer
comme un charretier.

Adj. 7 **Indécent** ; déshonnête [litt.] ; choquant,
**déplacé**, discordant 27, incongru, **inconvenant**, incorrect, malséant, malsonnant. – Indiscret ; immodeste.

8 Inélégant ; bas, trivial, **vulgaire**. – Discourtois [rare], grossier, **impoli** 593 ;
effronté, impudent, insolent, mal embouché ; dévergondé ; indélicat, sans
gêne, sans vergogne. – Cavalier, désobligeant.

9 **Impudique**, licencieux, obscène. – **Indécent** ; cru, égrillard, **équivoque**, gaulois, graveleux, grivois, olé-olé [fam.], osé,
salace, **scabreux**, trivial ; croustillant,
épicé, **salé**. – Cochon [fam.], pornographique ou, fam., porno 341, scatologique
ou, fam., scato ; canaille [fam.], faubourien.
– Injurieux, **ordurier**. – Bestial.

10 Défendu, interdit 633, prohibé.

Adv. 10 Indécemment ; **impudiquement**, licen-
cieusement. – Impudemment, insolemment. – Crûment, **grossièrement, vul-**

**gairement,** trivialement ; bestialement, cavalièrement, gaillardement.

# 621 AUTORITÉ

N. 1 **Autorité,** puissance. – **Pouvoir ;** suprématie. – PHILOS. : autorité politique, souveraineté. – DR. : pouvoir discrétionnaire, puissance paternelle ou parentale.

2 Omnipotence, **toute-puissance ;** prééminence, prépotence [vx].

3 Commandement **631, direction,** domination **622 ;** tutelle. – Hégémonie.

4 **Autorité ;** aplomb, **assurance,** audace, décision, détermination ; volonté **507.** – **Caractère,** trempe **508.** – **Fermeté 510,** poigne, ténacité. – **Ascendant,** charisme, empire [litt.], influence **623,** poids. – Prestige **639.**

5 **Autoritarisme,** exigence.

6 Abus de pouvoir **569,** fait du prince [vieilli] ; acte ou coup d'autorité [vx].

7 Administration ; État, gouvernement **670 ;** le pouvoir, les pouvoirs, **les pouvoirs publics.** – Le sabre et le goupillon [HIST.].

8 **Autorité** *(une autorité, les autorités).* – Dignitaire, notable, officiel *(les officiels).* – Notabilité, personnalité, sommité ; élite. – Mandarinat [péj.].

9 Puissant *(un puissant) ;* grand seigneur [litt. ou péj.] ; vx : grand collier, milord, puissance. – Ponte, magnat ; fam. : baron, caïd, champion **85.8,** gros bonnet, grosse légume, huile, manitou ou grand manitou ; **mandarin** [péj.]. – Les grands [vx], **les grands de ce monde,** la nomenklatura [russe], les puissants ; la haute [pop.], les hautes sphères.

10 **Autorité** [rare], maître, **référence ;** arbitre ; directeur de conscience **492.** – **Figure,** lumière **350 ;** grand esprit, grand homme ; nom ou grand nom.

11 Autoritariste *(un autoritariste)* **622,** garde-chiourme [péj.] ; tyran, tyranneau [péj., souv. fam.] ; paterfamilias [par plais.]. – Une main de fer dans un gant de velours.

12 Paterfamilias ou *pater familias* (lat., « père de famille ») [ANTIQ. ROM.]. – DR. : curateur, subrogé tuteur, **tuteur,** tuteur datif, tuteur ad hoc, tuteur légal, tuteur testamentaire.

13 **Sceptre 730 ;** main de justice.

V. 14 **Dominer** [sout.] ; régner sur. – Assumer un rôle, occuper un rang ; occuper le devant de la scène, **tenir le haut du pavé 639,** tenir la tête **631. 20 ;** vx : tenir le dé, tenir le haut bout ou le haut bout de la table. – Faire la loi, **faire la pluie et le beau temps,** tirer les ficelles ; **donner le ton** ou le *la.* – Avoir le bras long. – Avoir voix au chapitre **713.**

15 En imposer à ; décontenancer, effaroucher, **impressionner 440,** intimider, terroriser **472.** – **Fasciner 455,** subjuguer.

16 **Commander 631.22,** exiger, imposer sa volonté ; ordonner, intimer un ordre. – Diriger, **régner ;** gouverner. – Parler en maître, vouloir tout à son mot [vieilli].

17 Discipliner, **dresser,** éduquer **415 ;** avoir en main ou bien en main, **mener à la baguette 622,** mettre au pas **631.**

18 **Faire autorité,** s'imposer. – Faire jurisprudence, faire loi.

Adj. 19 **Autoritaire,** impérieux. – Cassant, coupant, impératif, **péremptoire,** tranchant ; fam. : pète-sec ou pètesec. – Inflexible, intransigeant ; assuré, ferme **510,** sévère ; fig. : dur **599,** raide, rigide, rude, sec. – À **poigne,** de tête *(une femme de tête).*

20 **Autoritariste,** dominateur, exigeant, despotique, **tyrannique.**

21 Au pouvoir, haut placé. – **Puissant ;** de haute volée. – Omnipotent, prépotent [vx], **tout-puissant.** – Éminent, illustre ; considérable [litt.].

22 **Autorisé,** accrédité. – En autorité [vx], en considération, en crédit, en faveur.

23 **Consacré,** reconnu, renommé **639.** – Canonique, dominant, **majeur 85.19.** – Incontournable ; de référence.

Adv. 24 **Autoritairement,** d'autorité ou, fam., d'autor ; bécif [arg.]. – Impérativement, impérieusement. – Haut la main [vx], de sa propre autorité ou de son propre chef ; de pleine autorité.

25 **En maître.**

Aff. 26 Arch-, archi-.

27 **-archie,** -archique, -arque ; -crate, -cratie, -cratique.

# 622 DOMINATION

N. 1 **Domination ;** contrôle, gouvernement, maîtrise. – Oppression ; coercition, contrainte. – Dictature **671,** tyrannie [litt.].

2 Ascendant, influence **525 ;** dominance [didact.]. – Gouvernement de soi-même [litt.] ; self-control [anglic.].

3 Précellence ou préexcellence [sout.], **prédominance 85.1**, primat [sout.].

4 Autoritarisme, caporalisme, despotisme **671**, directivisme [didact.] ; machisme, phallocratisme. – Esclavagisme ; féodalisme. – Hégémonisme.

5 **Asservissement** [sout.], domestication [fig.], féodalisation, sujétion ; subjugation. – Assujettissement [sout.], conquête **660**, mainmise, mise sous tutelle, occupation, prise de possession ; envahissement ; enrôlement. – **Mise au pas.**

6 Dominant *(un dominant)* ; **chef 318, maître**, supérieur *(un supérieur)* **85.10**. – Féodal *(un féodal)*, suzerain ; souverain. – Autocrate ; césar, despote **671**, dictateur, oppresseur *(un oppresseur)*, potentat, tyran ; satrape [litt.] **829**. – Machiste *(un machiste)* ou, fam., macho, phallocrate *(un phallocrate)*.

7 **Conquérant** ou, litt., conquéreur, envahisseur, occupant ; vainqueur **660** ; asservisseur [rare] ; dominateur. – Annexionniste, colonisateur, expansionniste. – Dompteur [vx], subjugueur [vx].

8 **Esclavagiste**, négrier.

V. 9 **Dominer. – Avoir la prépondérance**, mener la danse (ou : le jeu, la partie). – Avoir l'avantage (ou : le dessus, le pas) sur **85**, passer devant ; tenir le haut du pavé. – Éclipser, écraser ; triompher de **660**.

10 **Gouverner**, régenter ; contrôler, maîtriser. – Contenir, **discipliner**, dompter, enrégimenter, mater ; brider **579**, juguler, museler. – Surmonter, vaincre **660**.

11 Contraindre, **obliger 518**. – Domestiquer, caporaliser [rare] ; faire rentrer dans le rang, mettre au pas, rappeler à l'ordre ou à la raison.

12 Asservir, assujettir, **soumettre, subjuguer** [vx], subordonner ; enrôler. – Esclavager [litt.], féodaliser [didact.], inféoder [HIST.] ; aliéner [PHILOS.] ; coloniser. – Se rendre maître de ; déresponsabiliser.

13 Attacher (ou : atteler, enchaîner) au char, mettre sous le joug, mettre ou réduire en esclavage (ou : en servitude, en sujétion). – Mettre la bride au cou à qqn, river les chaînes ou les fers de qqn, serrer la vis ou, vx, le bouton à qqn, tenir la bride haute à qqn. – Tenir le pied sur la gorge de qqn [vx].

14 Maintenir dans les chaînes, mener par la lisière, tenir en tutelle ou en bride. – Tenir à sa merci ; avoir à sa pogne [arg.]. – Avoir droit de vie et de mort sur.

15 Opprimer, **malmener**, maltraiter, rudoyer **599**, tyranniser. – Être ou vivre comme en pays de conquête. – Faire main basse sur ; s'emparer de.

16 Courber (ou : plier, ranger, tenir) sous sa loi, faire plier ; venir à bout de la résistance de ; vx : faire passer carrière à qqn, faire sauter le bâton, faire venir qqn à jubé ; faire baiser le babouin.

17 **Se dominer** ; s'appartenir, se commander [sout.], se posséder ; disposer de soi, être maître de soi. – Prendre sur soi, se reprendre, se ressaisir.

Adj. 18 **Dominant** ; conquérant **660**. – Hégémonique.

19 **Dominateur** ; autoritaire **621**, autoritariste, caporal [rare], décisionnaire [rare], despotique **671**, dictatorial, tyrannique ; satrapique [litt.].

20 **Coercitif** ; oppressif ou, vieilli, oppressant, oppresseur, opprimant [litt.].

21 **Dominant** ; déterminant, maître, prédominant **85**.

22 **Dominable**, domptable [rare], maîtrisable.

23 **Dominé** ; soumis **628**.

Adv. 24 **En maître.** – Despotiquement, tyranniquement.

Prép. 25 **Sous la coupe de 622**, sous la férule de, sous la puissance de.

## 623 INFLUENCE

N. 1 **Influence ; ascendant**, emprise, force, pouvoir ; empire [litt.].

2 Intoxication, **manipulation**, propagande **768** ; agit-prop ; fam. : bourrage de crâne, intoxe ou intox. – Lobbying ou lobbysme [anglic.]. – Propagandisme.

3 **Domination 622** ; attraction [fig.], fascination, **séduction 455** ; ensorcellement **484**, possession. – Hypnotisation, **suggestion** ; autosuggestion ou auto-suggestion, hétérosuggestion. – Fig. : contagion **31.1**, contagionnement [rare] ; osmose.

4 **Charisme**, magnétisme. – Éclat, rayonnement.

5 Hypnotisme ; mesmérisme.

6 Didact. – **Influençabilité** ; suggestibilité, suggestivité ; hypnotisabilité [rare].

7 Meneur, locomotive [fam.]. – Propagandiste *(un propagandiste)* ; lobbyiste [anglic.]. – Groupe de pression, lobby [anglic.].

8 Suggestionneur. – Magnétiseur, **hypno-tiseur**, hypnotiste ; ensorceleur 484. – Hypnotique *(un hypnotique)*.

9 Péj. : cire molle, girouette, mouton de Panurge 31.4.

V. 10 **Influencer ;** marquer de son influence (ou : de son empreinte, de sa griffe). – Guider ; façonner [litt.]. – **Endoctriner**, intoxiquer ; bourrer le crâne (à, de) [fam.] 768.

11 Dissuader 526, persuader 525 ; imprégner ou **pénétrer de ses vues.** – Encourager 565 ; animer 564, soulever ; électriser 451. – **Manipuler**, suggestionner. – Fig. : contaminer ; contagionner [rare].

12 **Dominer** 622.9, posséder ; assujettir [litt.]. – Ensorceler 484, fasciner, hypnotiser, **séduire** 600, subjuguer ; litt. : charmer, magnétiser.

13 **Impressionner** 440, intimider 618 ; le faire à qqn à l'influence (aussi : à l'estomac) [fam.].

14 **Influer sur ;** agir sur, faire pression sur, peser sur. – Déteindre sur [fig.].

15 Avoir ou exercer de l'ascendant sur, **avoir de l'emprise**, exercer son emprise. – Avoir prise sur ; avoir ou tenir dans sa manche ; faire ce que l'on veut de, mener par le bout du nez ou par le nez, tenir sous sa loi 622.16.

16 **Avoir le bras long** 621.14 ; avoir l'oreille du maître ou du prince [litt.] 606 ; faire et défaire les réputations, faire la pluie et le beau temps.

17 Être sous le charme de, subir le magnétisme de, ne (rien) voir que par les yeux de ; **suivre l'exemple de** 31.5. – Fam. : se laisser retourner comme une crêpe ou comme un gant.

18 Fam. : tourner à tout vent ou au moindre vent. – Être agi [PHILOS.].

19 S'autosuggestionner.

Adj. 20 **Influent ;** puissant 621.21, de poids ; prépondérant [vieilli]. – Renommé, prestigieux ; en crédit 639.

21 **Fascinant** 455, hypnotisant [litt.] ; dominant [vx]. – Charismatique, contagieux [rare].

22 **Manipulateur ;** de propagande.

23 **Influencé**, sous influence ; soumis. – Hypnotisé, magnétisé.

24 **Influençable**, malléable ; **manipulable**, suggestible ou suggestionnable ; hypno-

tisable. – Impressionnable 440 ; impressible [litt.], impressif [vx].

# 624 OBÉISSANCE

N. 1 **Obéissance ;** discipline, docilité. – Observance, observation [fig.]. – Obédience [vx]. – Vœu d'obéissance [CATH.].

2 **Soumission** 628, subordination, sujétion ; allégeance [sout.]. – Déférence 626, dévotion [litt.], **dévouement**.

3 Dépendance, passivité ; fig. : malléabilité, souplesse. – État agentique [PSYCHOL.]. – Puissance obédientielle [THÉOL., vx].

4 **Servilité** 647. – Fayotage [arg.], fayoterie [vx].

5 Adepte, **disciple** 414. – Obédiencier [RELIG.].

6 Subalterne *(un subalterne)*, **subordonné** *(un subordonné)* ; domestique *(un domestique)*, domesticité [litt.], serviteur ; azor [arg., vx]. – Esclave, serf. – Bonne bouche [ÉQUIT.].

7 Sous-ordre *(un sous-ordre)*, **exécutant** *(un exécutant)*. – Esclave [fig.].

V. 8 **Obéir ;** exécuter un ordre. – Déférer à ; sacrifier à ; se conformer à. – Écouter, **observer**, respecter 626.

9 **Céder**, obtempérer, plier ; s'incliner, se plier, se soumettre. – Courber l'échine ou la tête 628, **filer doux**, marcher au pas ; s'écraser [fam.]. – Ne pas se le faire dire deux fois, se le tenir pour dit.

10 Agir au gré de, céder à, **consentir à** 635. – S'abandonner à, se laisser aller à. – Succomber à.

Adj. 11 **Obéissant ;** discipliné, **docile**, souple ; bête et discipliné ; fayot [arg.]. – Déférent, dévoué, zélé ; soumis 628. – Fidèle, loyal 594.

12 De bonne composition, facile ; doux comme un agneau, sage comme une image. – Domestique [ZOOT.].

13 Disciplinable, malléable 623, maniable. – Gouvernable *(une nation gouvernable)* [vx]. – Domesticable [ZOOT.].

14 Obédientiel [RELIG.].

Adv. 15 Docilement ; aveuglément. – **À la baguette**, au doigt et à l'œil.

16 Sur ordre. – Bon gré, mal gré ; de gré ou de force ; *volens nolens* (lat., « qu'on le veuille ou non »). – Sur ordre.

Prép. 17 **Aux ordres de**, sous les ordres de.

18 Sous la coupe de. – **À la disposition de.**
Int. 19 À vos ordres !

Adv. 12 Indomptablement [rare]. – **Irrespectueusement 627.**

## 625 DÉSOBÉISSANCE

N. 1 **Désobéissance. – Indiscipline,** indocilité ; libertinage [vx], licence [litt.] 632. – Fronde [litt.], **insoumission,** insubordination ; résistance 630.

2 Mutinerie, **rébellion,** refus d'obéissance, révolte, sédition 651. – MIL. : acte d'insubordination, désertion. – Désobéissance civile [HIST.] 630. – Forfaiture 797.

3 Non-observation, non-respect ; dérogation, dérogeance [vx]. – Contravention, entorse *(entorse à un règlement),* **infraction,** manquement *(manquement à la loi),* transgression, violation. – Écart 573, **faute,** péché 697.

4 **Frondeur** *(un frondeur)* [cour.] ; libertin [vx] ; désobéisseur [rare], insurgé *(un insurgé),* **rebelle** *(un rebelle)* 651, réfractaire *(un réfractaire)* 630, séditieux *(un séditieux),* violateur *(un violateur) ;* MIL. : **déserteur,** insoumis *(un insoumis),* mutin *(un mutin).* – Fig. : chenapan 314, fripon 720, galopin, **garnement,** gredin, mauvais sujet ; **forte** ou **mauvaise tête** ; fouetteur de lièvres [vx]. – Fam. : tête de cochon, tête de lard 630.

V. 5 **Désobéir ;** braver ou forcer la consigne, passer outre ; n'en faire qu'à sa tête. – Fam. : s'asseoir sur *(s'asseoir sur les ordres ; les ordres, on s'assoit dessus),* se foutre de 524.

6 S'opposer à, résister à, **tenir tête à** 630 ; faire du mauvais esprit. – Se cabrer, se dresser, se rebeller, se rebiffer, **se révolter.** – Rompre son ban [DR.].

7 **Contrevenir à,** déroger à, forfaire à [litt.], manquer à. – Enfreindre, transgresser, violer. – Faire des écarts ; s'écarter de.

Adj. 8 **Désobéissant ;** frondeur, **indiscipliné,** indocile, insoumis, insubordonné, mutin [litt.] ; impatient du joug (aussi : de toute espèce de joug) [vx ou litt.] ; vx : licencieux, libertin. – Rebelle, **révolté,** séditieux [litt.].

9 Entêté, **récalcitrant,** réfractaire 630. – **Difficile** *(un enfant difficile),* dur, endiablé. – Indompté.

10 **Indisciplinable,** indomptable, ingouvernable. – Impossible, insupportable, inviable.

11 **Contraire à,** opposé à **18.14.** – Dérogatoire à [DR.].

## 626 RESPECT

N. 1 **Respect ;** considération, **estime.** – Déférence, révérence, vénération ; culte, piété.

2 Respect humain ; respect de la dignité de la personne (Kant). – Respect des lois.

3 Respectabilité ; dignité, honorabilité 641. – Inviolabilité.

4 Égard, empressement 592 ; obséquiosité.

5 **Salut ;** baisement ; agenouillement, génuflexion, inclination ; litt. : prosternation ou prosternement ; coup de chapeau. – Dans les formules de politesse : mes respects 689 ; considération distinguée, respectueuse (ou : haute, parfaite) considération, sentiments fidèles et respectueux ; soumissions.

6 Personnage *(un personnage),* figure *(une figure),* grand seigneur *(un grand seigneur),* sommité *(une sommité).*

7 Porte-respect. – Chaperon, duègne 560.

V. 8 **Respecter ;** honorer, révérer, vénérer. – **Considérer,** faire état de, tenir compte ; déférer à. – Se conformer à **689.4.**

9 Apprécier, attacher du prix ou de l'importance à, considérer, **estimer ;** avoir une haute idée de, faire grand cas de. – **Distinguer ;** mettre sur un piédestal, porter aux nues ou au pinacle 639.

10 Adresser ses hommages, rendre hommage 636, rendre les honneurs ; montrer des égards, s'empresser ; **saluer.** – Fléchir ou plier les genoux ; s'agenouiller, s'incliner, se prosterner. – Rester nu-tête ; mettre chapeau bas, tirer son chapeau ; se découvrir. – Baiser les mains (ou : les pieds, le sol), embrasser les genoux.

11 Commander (ou : attirer, forcer, imposer) le respect, **en imposer** [fam.]. – Intimider ; tenir en respect 472. – Avoir du crédit, inspirer la confiance ; avoir la cote, être en considération ou en cour.

Adj. 12 **Respectable ;** estimable, recommandable, honorable, vénérable ; auguste, majestueux. – Sacré, saint, sacro-saint [fam.] ; inviolable. – Méritant.

13 Respecté.

14 **Respectueux ;** déférent, plein d'égards, révérencieux ; obséquieux. – Humble ; docile, soumis.

15 Révérenciel. – Honorifique.

Adv. 16 **Respectueusement, révéremment** [rare], révérencieusement ; humblement.

17 Sauf votre respect [fam.], avec ou **sauf le respect que je vous dois ;** vx ou litt. : respect de vous, révérence parler, sauf révérence, sous votre respect.

18 Respectablement.

Conj. 19 Au respect de ; en considération de, par considération pour.

Int. 20 Chapeau bas !

## 627 IRRESPECT

N. 1 **Irrespect ;** impertinence, irrévérence ; impolitesse, incorrection ; effronterie, insolence 593. – Dédain, **mépris,** mésestime [litt.] ; déconsidération [litt.], discrédit.

2 Profanation, violation. – Manquement ; **offense,** outrage ; péché 697. – Libertinage ; licence.

3 Dérision, **moquerie** 454. – Calomnie, diffamation ; persiflage. – Procédé vexatoire.

4 **Grossièreté** *(une grossièreté),* personnalité [vieilli] ; effronterie *(une effronterie),* impertinence *(une impertinence),* insolence *(une insolence),* irrévérence *(une irrévérence)* [sout.]*;* incongruité, sottise. – Coup de bec ou de langue, mauvais compliment, moquerie, raillerie, sarcasme ; fam. : brocard, nasarde, pied de nez. – Huées, risée.

5 **Affront,** avanie [litt.], blessure, camouflet, gifle [fig.], mortification, rebuffade, soufflet [vieilli], **vexation.** – Blessure ou piqûre d'amour-propre ; mortification.

V. 6 **Mépriser.** – Dédaigner, faire peu de cas ou fi de 524, mettre plus bas que terre ; mésestimer. – Affecter ou afficher du mépris. – Regarder de haut, toiser, traiter de haut en bas [vieilli] ; morguer [vx].

7 **Manquer de respect à qqn ;** oublier à qui l'on s'adresse ; manquer à qqn. – Répondre. – Lancer des piques ; se moquer.

8 Désobliger ; brimer. – Bafouer, faire affront ou injure, humilier, offenser, outrager ; fouler aux pieds, montrer du doigt, traîner dans la boue.

9 Moquer, taquiner, railler, tourner en ridicule ; vieilli et fam. : dauber, larder. – Conspuer, huer.

10 Faire la figue ou la nique à [fam.], tirer la langue à ; cracher sur.

11 **Blesser,** brusquer 599, froisser, heurter, offusquer ; atteindre qqn dans sa dignité, mortifier, **piquer au vif,** vexer.

12 Démériter, encourir le mépris, perdre l'estime ou l'honneur.

13 Être en butte à ; donner prise à, prêter le flanc à. – Être la tête de Turc de.

Adj. 14 **Irrespectueux,** irrévérencieux, irrévérent. – Malhonnête, incivil, **insolent,** impoli 593 ; effronté. – Moqueur, railleur. – Dédaigneux, contempteur, méprisant.

15 Cavalier, culotté [fam.], déplacé, grossier.

16 Outrageant, outrageux ; vexant.

Adv. 17 Sout. – **Irrespectueusement,** irrévéremment [rare], irrévérencieusement ; impertinemment, insolemment.

## 628 SOUMISSION

N. 1 **Soumission ;** asservissement, assujettissement, subordination, sujétion ; domesticité [litt.]. – Captivité [litt.] 723, chaîne [fig.], enchaînement, lien ; submission [vx]. – Aliénation [PHILOS.] ; assuétude [litt.], dépendance.

2 **Esclavage** 647, hilotisme ou ilotisme [ANTIQ. GR.], servage, **servitude.** – HIST. : féodalité, **vassalité.** – FÉOD. : tenure 822, mouvance.

3 Docilité, servilité 629 ; submissivité [didact.]. – Obéissance 624.

4 Acceptation, admission, **consentement** 635 ; résignation. – Abandon.

5 Soumissions [litt., vx] ; **respects** *(mes respects)* 626.

6 Asservi *(un asservi)* [litt.], captif *(un captif),* **esclave.** – ANTIQ. GR. : hiérodule, hilote ou ilote.

7 **Négrerie** ou nègrerie [vx].

8 **Sujet ;** tributaires *(les tributaires)* [vx] ; gouvernés *(les gouvernés)* 670. – FÉOD. : corvéable *(un corvéable),* feudataire, hommager *(un hommager),* homme lige ou homme-lige, homme de mainmorte (ou mainmortable, mainmortaillable), **serf,** tenancier, **vassal.** – Gens de mainmorte [FÉOD.].

9 Domestique *(un domestique),* **serviteur** 848 ; gens de maison ; fam. et péj. : laquais, larbin. – Subalterne *(un subalterne),* subordonné *(un subordonné),* péj. : sous-fifre, sous-ordre. – Employé 792..

10 Âme damnée de qqn, homme fait à la main de [vx] ; suivant *(un suivant)* [litt.] ;

suiveur. – Péj. : chose ou créature de qqn, fantoche, jouet, mannequin, marionnette, pantin. – Péj. : béni-oui-oui [fam.], cire molle, girouette.

11 Capitulard *(un capitulard)* 661.

V. 12 **Se soumettre** ; s'incliner ; s'écraser [fam.]. – **Courber la tête** ou l'échine 624, fléchir ou ployer les genoux. – Baisser l'oreille, porter bas l'oreille ; adopter un profil bas.

13 Consentir 428, obéir 624. – Capituler, céder, céder de guerre lasse ; mettre les pouces. – Baisser pavillon, mettre pavillon bas. – Fam. : baisser son pantalon (ou : sa culotte, son froc), baisser la lance [vx].

14 Changer de chanson ou de note [vieilli] ; mettre un bémol, mettre une sourdine. – **Mettre de l'eau dans son vin** 579, en rabattre [fam.]. – Rentrer dans le rang. – Se départir de ses prétentions ; rendre des points. – Faiblir 376, mollir.

15 **Passer sous le joug** [litt.], passer sous les fourches Caudines [allus. hist.] ; trouver son maître. – Tomber en esclavage.

16 Être comme un chien à l'attache, être sous le collier ou le joug, **vivre dans les chaînes**. – Subir le joug, traîner sa chaîne ou son lien. – Faire corvée [vx].

17 S'aliéner à, **s'asservir à**, s'assujettir à, s'inféoder à ; s'attacher au char de. – Baiser les pieds de qqn 629 ; se dévouer corps et âme à qqn [vx] 587, accoler la botte ou la cuisse à qqn. – Se mettre la corde au cou 682.

18 **Dépendre de**, relever de. – Être à la solde de qqn. – Être toujours pendu aux basques ou aux oreilles de qqn, ne rien voir que par les yeux de qqn.

19 **Se laisser faire**, se laisser manger ou tondre la laine sur le dos, se laisser mener par le bout du nez, se laisser mener par le nez comme un buffle [vx], se mettre à tout [vx].

Adj. 20 **Soumis** ; **docile** 624, souple, souple comme un gant ou plus souple qu'un gant. – Du bois dont on fait les flûtes ou, vx, les vielles ; de cire. – Servile 681. – Inconditionnel.

21 **Asservi**, assujetti, esclavagé [litt.], inféodé ; sous tutelle 621. – Domestiqué, **dominé**, dompté, maîtrisé, vaincu 661 ; conditionné.

22 Aliéné à, esclave de, prisonnier de, serf de, sujet à [vx]. – **Dépendant de**, tributaire de. – Subordonné ; second.

23 Aliénant ou aliénateur ; litt. : asservissant ou asservisseur, assujettissant, astreignant, **contraignant,** oppressant [vieilli].

24 Taillable et corvéable à merci [HIST. ou fig.] ; FÉOD. : mainmortable, mortaillable.

Adv. 25 En esclave. – Dépendamment [rare].

Prép. 26 **Sous la coupe de** (ou : la férule, la griffe, la houlette, le joug, la main, la puissance) de ; vx : sous la couleuvrine de ; sous le contrôle de, **sous l'emprise de**.

# 629 SERVILITÉ

N. 1 **Servilité** ; bassesse, petitesse, platitude [vieilli], vilenie ; humilité. – Complaisance, obséquiosité.

2 Adulation, cajolerie, courtisanerie, flagornerie, **flatterie**.

3 Servilités. – Amadouement [vx], cajolerie, câlinerie ; **compliment** 592, douceurs, flatterie, parole confite ou emmiellée ; fam. : coup d'encensoir, pommade. – Cabriole, courbette, génuflexion, prosternation.

4 Eau bénite ou, vieilli, eau bénite de cour, langue dorée. – Blandices [litt.] ; encens, miel, sucre.

5 Abaissement, aplatissement, avilissement ; mortification.

6 **Courtisan** ; béni-oui-oui [fam.], bouche de miel, donneur de bonjours. – Cajoleur *(un cajoleur)*, enjôleur *(un enjôleur)* ; complimenteur, encenseur *(un encenseur)*, louangeur *(un louangeur)*. – Litt. : adulateur, flagorneur. – Génuflecteur [rare] ; fam. : lécheur, lèche-bottes ; très fam. : lèche-cul, lèchefrite.

7 Homme-lige ou homme lige [litt.] ; péj. : laquais, larbin, **valet**, porte-coton [vx] ; valetaille. – Fig. : caudataire, thuriféraire. – Fam. : carpette, pied-plat.

8 Lettre servile [LING. SÉMITIQUE] 744.

V. 9 **Courtiser**, faire la cour ou sa cour, faire du plat [litt.] ; flagorner, savoir sa cour [litt.]. – Faire des ronds de jambe. – Fam. : lécher, faire de la lèche, lécher les bottes de, vaseliner ; cirer les chaussures ou, arg., les pompes à. – Vulg. : lécher le cul à. – Fam. : caresser dans le sens du poil ; hurler avec les loups.

10 Aduler, complimenter, donner du plat de la langue, **encenser, flatter,** louanger ; fayoter [arg.]. – Fig. : caresser, cajoler, câliner, flatter, peloter [fam.], passer la main dans le dos de ; fam. : chatouiller

l'épiderme, gratter la couenne, passer la brosse à reluire ou de la pommade. – Monseigneuriser [vieilli], donner du Monsieur gros comme le bras.

11 Dire amen, **filer doux 624** ; se faire petit. – Faire le chien couchant, faire le valet, ramper, valeter [vx] ; s'aplatir, se mettre à plat ventre. – Courber le front (ou : le dos, l'échine, la tête), fléchir les genoux ; se courber, se ployer, se prosterner. – **Avoir l'échine souple**, avoir les reins souples.

12 Être aux genoux ou aux pieds de ; être à la dévotion de qqn ; fam. : être à la botte de. – Vx : baiser le babouin, passer sous la fourche.

13 Prov. – Caresse de chien donne des puces ; Tel rit qui mord. – « Apprenez que tout flatteur / Vit aux dépens de celui qui l'écoute » (La Fontaine).

Adj. 14 **Servile**. – Bas, vil ; plat, **rampant** ; souple. – Soumis.

15 Encenseur, enjôleur, louangeur ; doucereux, mielleux, patelin. – Flagorneur, obséquieux ; lèche-bottes [fam.], lèche-cul [vulg.] ; hypocrite **595**.

Adv. 16 **Servilement ; bassement**, platement, vilement. – En esclave.

17 Obséquieusement ; flatteusement.

# 630 RÉSISTANCE

N. 1 **Résistance 246. 2 ; opposition**. – Non-acceptation, non-exécution, refus **520** ; désobéissance **625**. – Rare : rechignement, regimbement ; réserve **607**, **réticence**.

2 Résistance passive ; désobéissance civile, **non-violence**. – Droit de résistance à l'oppression [DR.].

3 Résistance active ; **défense 656**, défensive [MIL.] ; lutte armée, résistance **650**. – Insurrection, mutinerie, **rébellion**, sédition **651**.

4 Levée de boucliers, réaction ; veto **520**. – Accroc, difficulté, **obstacle 554**.

5 PSYCHAN. – **Résistance** ; conduite de refus, contrôle, mécanisme de défense, réticence ; censure. – Cour. : barrage, **blocage**, refoulement **656**.

6 Force d'inertie, **immobilisme**.

7 Résistance [litt.] ; **fermeté**, ressort. – **Courage**, cran [fam.] **508**. – Acharnement, **entêtement**, opiniâtreté, ténacité ; **combativité**, pugnacité [litt.] **650**. – Rare : rétivité ou rétiveté.

8 **Résistance** ; endurance **375**. – Résistance physiologique [PHYSIOL.].

9 Réfractaire *(un réfractaire)*, regimbeur [rare]. – **Bourrique**, crapaud [vx] ; mauvaise tête **625**, tête dure ; tête de bique (ou : de cochon, de lard, de mule, de mulet) ; tête de bois (ou : de fer, de pioche).

10 Résistant *(un résistant)*. – HIST. : franc-tireur, maquisard, partisan *(un partisan)*, patriote ; le Maquis, **la Résistance** ; Forces françaises de l'intérieur ou F. F. I. (fam. : fifis), Forces françaises libres ou F. F. L., Mouvements unis de la Résistance ou M. U. R. – Fedayin ou feddayin [mot arabe, HIST.]. – Antigone *(une Antigone)* [allus. litt.].

11 **Immobiliste** *(un immobiliste)*, réactionnaire *(un réactionnaire)*, réac *(un réac)* [fam.].

V. 12 **Résister** ; lutter, ne pas se laisser faire, tenir tête ; se battre. – Ruer dans les brancards. – Montrer les dents, regimber ; se cabrer, se rebiffer, **se regimber**. – Se raidir.

13 Rechigner, **renâcler** ; faire des difficultés ou des embarras ; faire des emballes [fam., vx] ; faire la sourde oreille, se faire tirer l'oreille ; mettre de la mauvaise grâce ou de la mauvaise volonté à ; se faire tenir à quatre [vx]. – **Traîner les pieds 577**, freiner des quatre fers ; fam. : n'y aller que d'une fesse, y aller avec des pieds de plomb.

14 Attendre de pied ferme, **faire face**, faire front ou tête ; tourner visage à l'ennemi [vx]. – Soutenir le choc, **tenir bon** ou ferme, tenir le coup [fam.] ; ne pas céder, ne pas céder d'une semelle ou d'un pouce. – Avoir la peau ou le cuir dur.

15 Se défendre contre **656** ; rendre le combat [vx]. – Prendre le maquis [HIST.]. – **S'insurger**, se mutiner, se révolter **651**.

16 **Faire barrage**, faire barre à [vieilli], faire obstacle, faire obstruction ; mettre des bâtons dans les roues ; opposer un tir de barrage à [fig.]. – **Refuser 607**, repousser. – Mettre son veto à ; s'opposer à **18.8**.

17 **Résister** ; endurer, souffrir [sout.], soutenir, **supporter**. – Fam. : tenir *(tenir le vin)*, tenir la distance.

Adj. 18 **Résistant** ; récalcitrant, réfractaire, réticent, rétif ; vx : difficile à ferrer, dur à l'éperon. – Coriace, **entêté**, obstiné, tenace, têtu **514** ; inébranlable, inflexible ; intraitable, intransigeant.

19 **Résistant** ; rebelle, révolté **651**. – HIST. RELIG. : insermenté, réfractaire *(prêtre réfractaire)* **492**.

20 Immobiliste ; réactionnaire, réac [fam.].

21 **Résistant** ; endurant ; invincible **375**. – Inexpugnable ; **imprenable.**

22 **Défensif 725** ; PSYCHAN. : réactionnel, résistanciel.

23 Résistible [litt. ou vx].

Adv. 24 Pied à pied [MIL.]. – À pied ferme [vx], de pied ferme.

25 À contrecœur **468**, à son corps défendant ; la mort dans l'âme.

# 631 COMMANDEMENT

N. 1 Commandement, conduite, **direction,** directorat [didact.], **gouvernement** ; autorité **621** ; leadership [anglic.]. – Management [ÉCON., anglic.].

2 **Autoritarisme,** despotisme **670**.

3 **Commandement** ; consigne, directive, instruction. – Injonction, **ordre,** prescription ; défense, interdiction **633**. – Mise en demeure, **sommation** ; interpellation [DR.] ; ultimatum, oukase. – Exigence, volonté ; diktat. – Commande.

4 Commandement ; **impératif,** injonction, loi, précepte, prescription **692, règle** ; **les dix commandements,** le Décalogue (Deutéronome). – Devoir **691** ; PHILOS. : impératif catégorique, loi morale.

5 DR. : commandement, exploit, **mise en demeure,** sommation ; **mandat d'arrêt 714** ; **décret,** ordonnance. – HIST. : capitulaire, édit, jussion, mandement, rescrit, ukase ou oukase. – RELIG. : canon [DR. CAN.], décrétale ; bref *(un bref),* **bulle 498** ; ordre divin, mission. – Commandement [MIL.]. – Commandement à la barre [MAR.].

6 Commandant ; **chef 622,** maître **621** ; tête ; huile [fam.]. – **Dominateur 622.** – Maîtresse femme **309**.

7 MIL. : **commandant 663,** commandant d'armes, commandant supérieur, gouverneur ; commandement *(le haut commandement),* **état-major.** – HIST. : commandeur ; condottiere [ital.]. – Commandant militaire [DR. CONSTIT.]. – AÉRON., ASTRONAUT. : **commandant de bord,** pilote.

8 Roi, souverain ; **chef d'État 670.**

9 RELIG. – Grand rabbin **486**. – Patriarche **492**. – **Pape,** souverain pontife **498**. – Commandeur des croyants ou **émir** ; calife ou khalife **488**.

10 ÉCON. – Chef d'entreprise **535, patron** ; boss [fam.]. – **Direction** *(la direction).*

11 HIST. : commanderie ; chefferie. – Quartier général ou Q. G.

12 Bâton de commandement [MIL.] ; couronne, sceptre ; verge [allus. bibl.].

13 **Commande,** télécommande.

14 **Commande,** manette **800**.

V. 15 **Commander, ordonner.** – **Demander 634, exiger,** imposer, requérir **41.5,** vouloir **507**.

16 Décréter [cour.]. – Prescrire, notifier *(notifier un ordre) ;* **défendre.**

17 Adjurer, enjoindre, sommer. – Intimer l'ordre de.

18 Contraindre, **forcer,** obliger. – Mettre en demeure.

19 Conduire, **diriger,** driver [anglic. fam.], manager [ÉCON., anglic.], mener, régenter ; cornaquer. – Commander (ou faire marcher, mener) à la baguette, gouverner avec un sceptre ou, vx, une verge de fer, faire observer les longues et les brèves [vieilli], mettre au pas.

20 Tenir la barre (ou : le gouvernail, les commandes, le timon), tenir la tête **621,** tenir les brides du pouvoir ou les leviers de commande ; conduire ou mener la barque. – Tenir la queue de la poêle. – Porter la culotte ou les culottes [fam.] ; vx : porter le haut-de-chausses ou haut-de-chausse.

21 Avoir barre ou barres sur, avoir la haute main sur. – Commander sur [vx], régner sur.

22 Commander [sout.], **dominer 85.13.**

23 Commander, passer une commande **827.**

Adj. 24 Commandant [litt.], dominateur **622** ; **autoritaire 621.** – Impérieux, péremptoire, tranchant **510**. – De fer *(discipline de fer, joug de fer).*

25 De commande [litt.], **imposé,** obligatoire **518,** nécessaire **41.10,** prescrit, requis.

Adv. 26 **Impérativement,** impérieusement **621.** – Instamment.

27 Au commandement. – Jusqu'à nouvel ordre.

Int. 28 Envoyez ! [MAR.]. – MIL. : Aux armes ! À vos rangs, fixe ! Fixe ! Garde à vous !

Aff. 29 Arch-, archi-.

30 **-archie,** -archique, -arque ; -crate, **-cratie,** -cratique.

## 632 AUTORISATION

N. 1 **Autorisation, permission, permis** [litt.] ; accord **428**, **consentement 635** ; DR. : autorisation judiciaire, autorisation parentale, autorisation gouvernementale. – Accréditation **606** ; habilitation [DR.].

2 **Dispense,** exemption **724.**

3 Droit, **liberté 516.**

4 Prérogative **85.3**, privilège ; indult [RELIG.] ; privilège du roi [HIST.]. – Immunité, inviolabilité.

5 Imprimatur [didact.] **428** ; approbatur [HIST.]. – Exequatur [DR. INTERN.]. – RELIG. : approbation, pouvoirs.

6 **Permis, pouvoir 39. 4** ; mandat ; licence [DR.]. – Laisser-passer ou **laissez-passer** ; coupe-file, sauf-conduit ; *ausweis* (all., « laissez-passer ») [HIST.] ; passe ou lettre de passe [vx]. – Navicert [MAR.]. – Exeat [vx] **204.8.** – Carte de commerce. – RELIG. : admittatur ou celebret **492.** – HIST. : charte, diplôme, patente ou lettres patentes. – Lettres de créance.

7 Tolérance **585** ; complaisance, **permissivité 415.**

8 Licéité [DR. CAN.] **713.**

9 Permissionnaire [DR.]. – Licencié *(un licencié).* – Fondé de pouvoir ; mandataire **19.6.**

10 Dispensé *(un dispensé)* **724.**

V. 11 **Autoriser,** permettre ; **accorder 428** ; accepter. – Supporter, tolérer **638** ; laisser passer.

12 Approuver **635**, homologuer [DR.], ratifier, sanctionner, valider. – **Accréditer,** avaliser, confirmer, fortifier, justifier, renforcer ; autoriser [litt.].

13 **Consentir 635,** donner son accord.

14 **Donner carte blanche** (ou : son blancseing, les pleins pouvoirs) **606**, laisser carte blanche, laisser les mains libres ; donner mandat. – Habiliter [DR.].

15 **Dispenser,** exempter **724.**

16 **Laisser faire,** laisser dire ; fermer les yeux ; passer bien des choses, tout passer.

17 **S'autoriser** à **39. 7** ; s'enhardir à. – **Se croire tout permis.** – Oser faire qqch.

18 S'autoriser de ; alléguer **37.9**, prendre droit sur [vx].

19 Avoir l'autorisation de, **pouvoir 516** ; avoir quartier libre.

Adj. 20 **Autorisé** ; accrédité **621.** – Qualifié ; compétent **407.**

21 **Autorisé** ; permis ; légal, licite ; légitime. – Admis, toléré.

22 Accommodant **581**, conciliant ; **permissif 516.**

23 Autorisable, permissible. – Dispensable [DR.]. – Loisible.

Adv. 24 Licitement [rare] **713.**

## 633 INTERDICTION

N. 1 **Interdiction ; défense,** prohibition ; empêchement [rare] ; vx : défens ou défends, inhibition. – **Défense de** ou interdiction de + v., prohibition de + v. [vx].

2 DR. – Interdiction légale ; interdiction correctionnelle. – Interdiction civile ou judiciaire, mise en tutelle. – Interdiction de séjour ; ban [vx], bannissement.

3 **Condamnation 722, mise à l'index 640,** refus **520** ; bâillonnement, censure, boycottage ou boycott. – **Dégradation 642,** destitution **644**, suspension.

4 Incapacité [DR.].

5 Interdiction *(une interdiction),* **interdit,** tabou *(un tabou) ;* barrage **554**, barrière.

6 RELIG. : Index ou Indice [vx].

7 PSYCHAN. : **surmoi** ou sur-moi ; instance interdictrice ; superego [rare]. – Censure ; refoulement **630.**

8 Prohibitionnisme [HIST.].

9 Censeur. – Interdicteur *(un interdicteur) ;* empêcheur [vx].

10 Interdit *(tuteur d'un interdit)* [DR.].

V. 11 **Interdire ;** défendre ; faire défense [vieilli]. – Fermer *(fermer la voie, fermer les frontières).* – **Refuser 520.** – « Il est interdit d'interdire » [slogan de mai 68].

12 **Empêcher ;** dispenser qqn de [par euph.] ; inhiber [vx]. – Tenir qqn en bride **622.**

13 **Exclure 68.8.** – Prononcer l'interdit contre qqn ; jeter l'interdit ou l'exclusive sur qqn **640.** – Frapper d'interdiction, **mettre à l'index,** mettre en quarantaine.

14 **Condamner 722,** proscrire **640.** – Repousser. – Censurer. – DR. : **prohiber ;** inhiber [vx]. – Tabouer [rare], tabouiser [litt.] **481.** – Mettre à ban [région.].

15 **S'opposer à 18** ; faire obstacle à, mettre son veto à **630.**

16 **S'interdire qqch ;** se défendre de, se garder de, **se refuser à 520.**

Adj. 17 **Interdit ;** défendu, illégal, illicite – Tabou, taboué [rare].

18 DR. : dirimant, prohibitif ; inhibitoire [vx].
— Prohibitoire [HIST.]. — Censorial.

19 Surmoïque [PSYCHAN.].

20 Censurable.

21 Prohibiteur *(un père prohibiteur)* [sout.].

## 634 DEMANDE

N. 1 **Demande ; réclamation,** revendication
**824.** — Adjuration [sout.], imploration
[litt.] ; conjuration [vx] ; quémandage. —
Prière **494** ; invitation **565** ; appel du pied
[fam.]. — Pétitionnement. — **Interrogation
419.** — Demande en mariage.

2 **Requête,** sollicitation ; **instances** [sout.] ;
supplication ; postulation [litt.] ; appel au
peuple [HIST.]. — Quête ; appel de fonds ;
appel au peuple [fam.]. — DR. : appel, appellation [vx] **711.**

3 DR. — Recours en grâce. — Interpellation
**631** ; réquisition ; réclamation d'état ; appel d'offres.

4 **Supplique.** — **Pétition,** placet [vx]. — Mandement **631.** — DR. : **requête 711.** — Appel
au peuple [HIST.].

5 Exigence, prétention ; **désir 523,** volontés ; **exigences.**

6 **Solliciteur,** quémandeur [litt.] ; revendicateur *(un revendicateur),* revendiqueur
[rare] **824** ; pilier d'antichambre. — Revendicant *(un revendicant)* [PSYCHIATRIE]. — Suppliant *(un suppliant).* — Quêteur.

7 **Mendiant,** mendieur *(un mendieur)* [litt.],
mendigot [fam.].

8 **Demandeur ;** postulant ; prétendant. —
Interpellateur [POLIT.]. — DR. : codemandeur,
requérant **711,** revendiquant ; pétition-
naire. — Questionneur *(un questionneur)*
**419.**

9 Chambre des requêtes **711.** — Service des
réclamations (cour. : les réclamations).

V. 10 **Demander ; exiger,** ordonner **631** ; redemander.

11 **Adresser une demande à qqn ;** adresser
une requête, exposer ou présenter une
demande (ou : une requête, une supplique) ; **faire une demande** ou une requête, présenter un placet [vx]. — Demander la main d'une jeune fille [vieilli] ;
demander en mariage **682.**

12 **Prier** qqn **494** ; solliciter ; implorer, **supplier ;** sout. : adjurer, conjurer ; requérir
[vx]. — Convier, **inviter 565.** — Enjoindre,
**sommer 631** ; interpeller [vx]. — Prière de
+ inf.

13 Se jeter ou **tomber aux pieds de ;** embrasser les genoux de, tendre les bras
vers ; se traîner aux pieds de.

14 **Quémander.** — **Mendier 830,** mendigoter
[fam.] ; truander [vx]. — Quêter.

15 **Désirer 523,** souhaiter, appeler [litt.]. —
**Réclamer,** revendiquer ; redemander, répéter [vx]. — Fam. : faire un appel du pied,
lancer ou envoyer un ballon. — DR. : requérir.

16 Demander à cor et à cri **747** ; demander
à genoux ; s'humilier **86.10.** — Courir les
antichambres. — Faire la quête ; demander l'aumône (ou : la charité, du pain),
faire l'aumône, tendre la main ; faire la
manche [fam.] ; aller de porte en porte,
faire du porte à porte ou du porte-à-porte.

17 Prétendre à **523.** — **Postuler ;** poser sa
candidature. — Pétitionner [rare].

18 **Demander qqn** ou demander après qqn
[pop.] ; appeler, convoquer, faire venir ;
mander [litt.].

19 Demander à + inf. ; ne demander qu'à. —
**Vouloir 507.**

20 **Interroger,** questionner **419** ; demander
une question [vx].

Adj. 21 **Demandant,** implorateur [rare].

22 **Suppliant ;** implorant [litt.].

23 Pressant, instant [litt.] ; impérieux **41.12.**

24 **Demandé,** recherché, prisé ; couru [fam.]
**540,** à la mode, en vogue.

25 **Demandé,** exigé **518,** requis, revendiqué.

26 **Exigible ;** demandable [rare]. — Appelable. — Implorable [rare].

27 **Revendicatif.** — Réquisitorial [vx].

Adv. 28 **Instamment.** — Avec insistance ou instance [vx].

## 635 CONSENTEMENT

N. 1 **Consentement ;** acquiescement, assentiment ; acceptation, adhésion, agrément,
**approbation ;** acception [vx], aveu [litt.]. —
Autorisation **632.**

2 Admission, **adoption 519,** homologation,
ratification, sanction ; entérinement
[rare] ; agréation [belg.]. — Imprimatur
[RELIG. CATH.].

3 **Accord 428,** agrément. — Consensus.

4 Consentement *(échange des consentements),*
oui sacramentel **682.**

5 Acceptabilité [SOCIOL.]. — Approbativité
[PSYCHOL.]. — Conduites d'acceptation
[PSYCHOL.].

6 **Approbateur** *(un approbateur)* [litt.] ;
affirmateur *(un affirmateur)* [rare] 417 ; péj. :
béni-oui-oui [fam.] 628, yes-man [anglic.].
– DR. : acceptant *(un acceptant)* ; accepteur
*(un accepteur)*.

v. 7 **Consentir ; accepter**, admettre, approuver ; autoriser 632 ; agréer, prendre en gré
[vx] ; **bien vouloir,** trouver bon [sout.],
trouver à son gré ou à sa convenance, voir
d'un bon œil. – Ne pas demander mieux
que de + inf. – Qui ne dit mot consent
[prov.].

8 **Adopter** 519, entériner, ratifier.

9 Accorder ou donner son suffrage 519 ;
**donner son approbation** ou son accord
428, donner son aval ; répondre par l'affirmative 417.

10 **Consentir à ;** accéder à, **acquiescer à,**
applaudir à ; adhérer à, se prêter à, souscrire à ; faire droit à ; donner son aveu à
[litt.] ; assentir à [vx]. – **Condescendre à ;**
se résigner à 515. – Daigner faire.

11 Avouer que, confesser que ; **convenir
que,** reconnaître que ; concéder que ; accorder que [sout.], donner que [vx].

12 **Céder ;** venir à composition, se soumettre 628 ; **obéir** 624.

13 S'accepter tel que l'on est ; s'assumer.

Adj. 14 **Consentant ;** d'accord 428 ; acceptant
[litt.].

15 *Nihil obstat* (lat., « rien ne s'oppose » [à
la publication], formule traditionnelle sur
les livres approuvés par l'autorité ecclésiastique).

16 **Accommodant ;** commode, facile 546 ;
bien disposé.

17 **Approbatif** 417 ; acquiesçant [litt.].

18 **Acceptable,** admissible, recevable.

19 Admis, **agréé,** approuvé. – Lu (ou vu) et
approuvé ; bon pour accord.

Adv. 20 Oui, d'accord. – Approbativement [rare].

## 636 LOUANGE

N. 1 **Louange ; glorification** 639 ; flatterie
629 ; litt. : acclamation, exaltation ; rare :
bénissage, bénissement ; vx : congratulation, félicitation. – **Encensement.**

2 **Éloges,** louanges ; encens [litt.] ; los [vx]. –
**Félicitations ;** compliments ; encouragements.

3 Acclamations, **applaudissements,** ovation ; ban [fam.]. – **Bravo,** hourra, houzza
ou huzza [MAR., vx], vivat. – Coup de
chapeau.

4 **Éloge** 751, éloge académique, éloge funèbre, ode, oraison funèbre ; apologie,
dithyrambe, panégyrique 451 ; blason
[litt.]. – Hagiographie. – Compliment.

5 Louange ou los [vx], titre de gloire 639.

6 Félicitations [MIL. ou SC. ÉDUC.] ; accessit.

7 Applaudimètre [par plais.].

8 Litt. : apologiste, laudateur *(un laudateur)* ;
louangeur [vieilli] 629 ; souv. péj. : panégyriste, prôneur ; vx : élogiste, loueur ; hymnode [ANTIQ.]. – Hagiographe, hymnographe. – Rare : acclamateur, féliciteur. –
Applaudisseur ; vx : chevalier du lustre,
claqueur ; fan [fam.] 451. – Claque *(la
claque).*

v. 9 **Louer ;** louanger [litt.] ; sout. : célébrer,
chanter ; encenser 639, exalter [litt.] ; blasonner [vx] ; piédestaliser [par plais.] ; ca-
noniser [vieilli]. – Flatter 629.

10 Accabler ou couvrir de louanges ; **couvrir
de fleurs ;** mettre sur un piédestal, mettre
sur le pinacle ; élever ou porter au pinacle
639. – **Faire valoir ;** faire mousser [fam.] ;
prôner, vanter, vanter les mérites de 695.

11 **Dire du bien de qqn ;** bien parler ou
parler en bien de ; chanter les louanges
de, **ne pas tarir d'éloges sur,** vanter les
mérites de. – **Décerner des éloges à,**
lancer ou jeter des fleurs à ; donner de
l'encens à [litt.] ; semer des fleurs sur la
tombe de. – **Donner un coup de chapeau à,** tirer son chapeau à.

12 **Féliciter ;** complimenter, congratuler
[sout.] ; encourager 565.

13 **Acclamer** 747, bisser, ovationner ; claquer [vx] ; applaudir à tout rompre ou des
deux mains.

14 Battre ou claquer des mains. – Manier ou
prendre l'encensoir ; manier la brosse à
reluire [fam.].

15 **Louer qqn de ;** approuver qqn de, bénir
qqn de, remercier qqn de ; rendre grâce
à qqn de. – Bien lui en a pris de.

16 Soulever un concert (ou : une tempête, un
tonnerre) d'applaudissements. – Avoir
bonne presse 639.

17 S'entre-louer.

18 Se féliciter de, se louer de, se réjouir de
+ inf. 469.

Adj. 19 **Laudatif ;** encenseur 629, **flatteur.** –
Complimenteur. – Applaudissant.

20 **Élogieux,** laudateur [litt.] ; rare : adulatif,
apologique. – Rare : congratulateur ou
congratulatoire, félicitant.

21 Apologétique, dithyrambique, panégyrique ; encomiastique [RHÉT.].

22 **Louable** ; honorable 641, méritoire. – Applaudissable [rare].

Adv. 23 **Louablement** [sout.] ; honorablement 641. – Élogieusement.

Prép. 24 **À la louange de,** en l'honneur de 639.

Int. 25 Félicitations ! Toutes mes félicitations ! Mes compliments ! Tous mes compliments ! – **Bravo** ! Bravissimo ! Chapeau ! Chapeau bas !

## 637 REPROCHE

N. 1 **Reproche** ; **blâme,** remontrance, **réprimande** ; avertissement 552, mise en garde ; litt. : admonestation, objurgation ; admonition [DR., RELIG.] ; vx : répréhension, représentation.

2 Sout. ou litt. : **gronderie** ou, vx, gronde, mercuriale, **semonce** ; fam. : attrapade ou attrapage, douche, **engueulade** [très fam.] 747, lavage de tête, savon ; vieilli : abattage, galop, gourmande ; fam., vieilli : engueulage ou engueulement, enguirlandage ou enguirlandement.

3 Reproche ; doléance, **plainte** 429, récrimination, vitupération. – **Grief** ; chef ou grief d'accusation, sujet de mécontentement. – Animadversion [litt.].

4 **Reproche** ; critique *(une critique),* objection, observation, remarque, réserve.

5 **Critique** ; désapprobation 18, **réprobation** ; condamnation 722 ; autocritique ; fustigation [litt.]. – Accusation, imputation ; autoaccusation. – Foudres [sout.] ; vx : pouilles, vitupère.

6 Murmure de désapprobation. – Huées 747, sifflets. – Tollé.

7 **Diatribe** 751, factum.

8 **Sermonneur** ; moralisateur *(un moralisateur),* prêcheur [fam.] ; vitupérateur [litt.] ; vx : admoniteur, moraliseur, remontrant.

V. 9 **Reprocher** ; faire des reproches ; faire des observations ; accabler (ou : agonir, assassiner) de reproches ; jeter (tel reproche, telle accusation) au nez (ou : à la face, à la figure, à la tête, dans les jambes) de qqn [fam.] ; remontrer qqch à qqn [litt.].

10 **Blâmer** 611 ; gronder, **réprimander** ; sout. : admonester, gourmander, morigéner ; litt. : fustiger, houspiller, objurguer, tancer, vitupérer ; fam. : attraper, **disputer, enlever** [vx] ; très fam. : engueuler,

enguirlander, ramoner ; vieilli : quereller, semoncer ; vx : relever, sabouler.

11 Avertir 552 ; corriger, reprendre ; mettre en garde, rappeler à l'ordre ou au devoir ; catéchiser, chapitrer, moraliser [vieilli], raisonner, **sermonner** ; faire la leçon ou la morale.

12 Jeter la pierre. – Dire ou **chanter pouilles** [litt.] ; débiter (ou : défiler, dévider) son chapelet de reproches [fam.] ; vx : chanter sa gamme à qqn, chanter goguettes à qqn, chanter Ramona [arg.].

13 **Critiquer** 642 ; attaquer ; litt. : fouetter, fustiger, pourfendre ; censurer [rare], sabrer [vieilli], tympaniser [vx] ; fam. : abîmer, assaisonner, criticailler ou critiquailler ; fusiller de critiques, lapider. – **Désapprouver** 18.8, condamner, réprouver ; improuver [vx] ; huer 611. – Accuser, incriminer.

14 **Récriminer** ; **se plaindre,** râler [fam.] ; pester 470, tonner ; fulminer [litt.] 471. – Élever la voix 747.

15 **Faire** ou **tenir grief de qqch à qqn** 603 ; faire un crime de qqch à qqn, savoir mauvais gré de qqch à qqn ; faire honte de qqch à qqn. – Imputer à grief qqch à qqn [litt.] ; imputer à crime ou à faute qqch à qqn [vieilli].

16 **Faire les gros yeux** 346. – Tirer (ou : chauffer [vx], frotter) les oreilles ; fam. : laver la tête, **passer un savon,** sonner la cloche ou les cloches ; vieilli : donner sur les doigts ou sur les ongles, savonner la tête [fam.] ; pop. : remonter les bretelles à, souffler dans les bronches de.

17 **Faire le procès de** ; avoir ou trouver à redire ou à reprendre à 429 ; chercher des noises à.

18 **Se critiquer** ; s'autocritiquer [abusif] ; culpabiliser.

19 Encourir les foudres de qqn. – Fam. : en prendre ou en avoir pour son grade, en prendre pour son rhume, recevoir son paquet ; se faire appeler Arthur ou Jules, se faire appeler de noms d'oiseaux ; se faire doucher [vieilli].

Adj. 20 Récriminateur ou récriminatoire [rare] ; houspilleur [litt.] ; rare : blâmant, gourmandeur, morigénateur, remontreur, répréhensif, vitupérant ; enguirlandeur [fam., rare].

21 **Critique,** criticailleur, critiqueur [rare], malveillant 586 ; improbateur [vieilli].

22 **Désapprobateur,** réprobateur ; rare : improbatif, objurgateur.

23 **Blâmable,** répréhensible ; critiquable ; de vitupère [vx], reprochable ; imputable. – Rare : grondable, réprimandable.

Adv. 24 **Critiquement** [sout.], sévèrement ; vertement.

25 Répréhensiblement [rare].

# 638 PARDON

N. 1 **Pardon** ; amnistie, grâce, merci [vx] ; oubli des fautes. – Acquittement, disculpation.

2 THÉOL. – **Absolution,** rémission, rémission des péchés ; sacrement de pénitence ; indulgence partielle opposé à plénière ; justification, rachat, rédemption, salut.

3 **Clémence,** indulgence, mansuétude [litt.], miséricorde, pitié **609** ; générosité **587,** longanimité [litt.], magnanimité [litt.].

4 DR. : adoucissement, libération ; commutation de peine, remise de peine **722.**

5 Réhabilitation. – Rentrée en grâce.

6 **Pardon** [région.], **pèlerinage,** procession ; Grand Pardon **497.** – Pardon d'armes [HIST.], tournoi.

7 HIST. : lettre d'abolition, lettre de grâce, **lettre de pardon,** lettre de rémission.

8 Rémissibilité [didact.].

9 THÉOL. : rédempteur **502,** sauveur.

V. 10 **Pardonner** ; amnistier, gracier. – Accorder l'aman, **faire grâce,** faire quartier [vx], tenir quitte ; libérer. – Blanchir, disculper, innocenter ; réhabiliter. – DR. : commuer une peine, remettre une peine ; adoucir.

11 THÉOL. – **Pardonner ; absoudre,** délier ; donner l'absolution ; rédimer, sauver. – Remettre ses péchés à qqn. – « Pardonnez-nous nos offenses / Comme nous pardonnons aussi / À ceux qui nous ont offensés » (Notre Père) **494.**

12 Pardonner ; accorder merci à [vx], **avoir pitié de 609.** – **Excuser** ; accorder les circonstances atténuantes à. – Ne pas vouloir la mort du pécheur [allus. bibl.].

13 Effacer, **oublier** ; passer l'éponge [fam.]. – Admettre, souffrir, supporter, tolérer ; fermer les yeux sur, passer sur ; aplatir le coup [arg.].

Adj. 14 **Pardonné** ; Faute avouée est à demi pardonnée [prov.].

15 Pardonnable ; **excusable ** ; amnistiable, graciable ; rémissible [litt.].

16 **Clément,** généreux **587,** indulgent, miséricordieux, pitoyable [vx ou litt.] ; compréhensif, humain, longanime [litt.], magnanime. – Accommodant, complaisant, coulant, laxiste, permissif **632, tolérant.**

17 Absolutoire [DR.].

Adv. 18 **Généreusement 587,** magnanimement. – Sans rancune.

Int. 19 **Pardon !** Mille pardons ! Dieu me pardonne ! ; **Excusez-moi !** Je vous prie de m'excuser ! Pardonnez-moi ! ; Faites excuse [pop.].

20 Pardon ? **419.** – Je vous demande pardon ?

# 639 GLOIRE

N. 1 **Gloire ; célébrité,** notoriété, popularité ; illustration [vx].

2 **Renom,** renommée, réputation. – Bonne renommée vaut mieux que ceinture dorée [prov.]. – MYTH. et litt. : la Gloire, la Renommée aux cent bouches ou aux cent voix ; les trompettes ou les cent voix de la renommée [litt.].

3 Considération, cote **540, crédit,** estime, faveur. – Audience.

4 **Éclat 707,** prestige, rayonnement, resplendissement [litt.] ; splendeur ; litt. : lustre, magnificence **617.**

5 **Dignité,** majesté, solennité ; autorité **621.**

6 **Glorification ;** litt. : exaltation, immortalisation ; déification, **divinisation ;** héroïsation [litt.]. – Béatification.

7 Consécrations, **honneurs ;** apothéose.

8 **Éloge 636,** dithyrambe, panégyrique.

9 Couronne ; palme de la victoire. – **Lauriers,** myrtes.

10 **Titre de gloire** ; gloire, mérite ; louange [vx]. – Fleuron, honneur **641,** ornement [litt.]. – Haut fait **646.**

11 **Gloire** *(une gloire) ;* célébrité, glorieux *(un glorieux)* [litt.] ; vx : astre, illustration, soleil. – Étoile **540,** lumière **621,** phare ; monstre sacré. – Favori ; coqueluche, idole. – Héros **500.**

V. 12 **Glorifier** ; honorer **641.** – Louer **636 ;** encenser ; célébrer [sout.], exalter, magnifier [litt.], renommer [vx]. – Déifier, **diviniser 481 ;** saluer comme un héros ; héroïser [litt.] ; béatifier ; apothéoser [vx]. – Décorer, **couronner.** – Acclamer, ovationner.

13 Rendre gloire (ou : hommage, honneur, l'honneur [vx]) à qqn. – Dresser ou, vx, élever des autels à qqn ; **tresser des couronnes à qqn.**

14 **Porter au pinacle ;** élever jusqu'aux nues, porter aux nues ; mettre ou hisser sur le pavois. – Combler d'honneurs 641, porter en triomphe. – Enterrer au Panthéon.

15 **Jouir d'une bonne réputation 606** (ou : d'une bonne image de marque, d'une grande considération, d'un grand prestige) ; être bien en cour, être en considération, **être en odeur de sainteté.**

16 **Avoir pignon sur rue ;** avoir telle surface sociale ; être sur un grand pied dans le monde [vieilli]. – **Avoir la cote** [fam.] 540 ; être en vogue, être à la cote [vieilli] ; avoir bonne presse ; faire de l'audience.

17 Être au sommet (ou : au comble, au faîte) de la gloire. – Être chargé ou comblé d'honneurs, être chargé ou couvert de lauriers. – **Cueillir les lauriers,** recevoir ses lettres de noblesse ; sortir par la grande porte ou, vieilli, par la belle porte. – Arriver en haut de l'échelle, atteindre le top niveau (anglic., fam., pour « le plus haut niveau ») ; avoir le vent en poupe 643.

18 **Occuper la place d'honneur** (ou : la droite, le haut bout de la table [vx]) ; avoir ou **tenir la vedette ;** occuper le devant de la scène ; être le point de mire, être en vedette ; avoir son nom en haut de l'affiche, être en tête d'affiche ; avoir les honneurs de la première page. – **Tenir le haut du pavé 641.** – Connaître son heure de gloire.

19 **Briller 85.16** ; être au-dessus du lot ; avoir le monde à ses pieds. – **Marquer son temps ;** faire florès [vieilli].

20 **Se distinguer,** s'illustrer [litt.] ; se signaler, se faire remarquer ; mériter une mention spéciale ; **s'immortaliser.**

21 **Se couvrir de gloire** ou de lauriers 540 ; faire moisson de gloire ou de lauriers ; gagner ses éperons [vieilli]. – **Marcher à la gloire ;** monter au capitole [vx]. – **Se faire un nom ;** s'auréoler de prestige ; être une étoile montante ; être au firmament. – Voir monter son astre au zénith ou au firmament [litt.].

22 Se faire gloire ou honneur de qqch ; se glorifier de 610, se targuer de ; se donner les gants de [litt.].

23 Faire époque ou faire date. – **Passer à la postérité.**

Adj. 24 **Glorieux,** prestigieux ; grand, éminent, **hors pair** (ou : hors de pair [litt.], hors du pair [vx]), de haute volée ; incomparable.

25 **Célèbre,** illustre ; populaire 540 ; notoire ; célébrissime [fam.] ; illustrissime [vieilli].

26 **Considéré,** honoré 641, renommé (ou : de renom, en renom), **réputé ;** accrédité, connu ; **fameux,** bien famé [litt.] ; en crédit, **en faveur,** en grâce ; en réputation [vx]. – Auréolé de gloire ; lauré [litt.].

27 Glorieux [vx] ; **fier 610,** superbe.

28 **Éclatant ;** éblouissant ; **marquant,** retentissant ; insigne, magnifique ; **mémorable,** remarquable ; héroïque 500, légendaire.

29 Glorifiant 641 ; glorificateur [litt.].

30 Glorifiable [rare] ; louable 636.

Adv. 31 **Glorieusement ;** illustrement [rare]. – Pour la gloire ou pour l'honneur. – En pleine gloire ou à son apogée ou à son zénith.

## 640 OSTRACISME

N. 1 **Ostracisme** [didact.], proscription ; bannissement, déracinement, **exil 584,** expatriation ou, litt., expatriement ; ban [DR. FÉOD.]. – Pétalisme [ANTIQ. GR.]. – Peine infamante, peine politique.

2 **Mise au ban,** mise à l'index, mise en quarantaine ; disgrâce, éloignement ; radiation, relégation, renvoi. – Élimination, éviction ou évincement [rare] 644, **exclusion 68,** expulsion, marginalisation, rejet ; blackboulage [rare], épuration [didact.], purge ; forclusion [didact.]. – Discrimination *(discrimination raciale),* **ségrégation ;** apartheid [spécialt].

3 Déportation [DR. ANC.] 723, déportation simple, relégation [DR. ROM.] ; transportation.

4 **Excommunication ;** anathématisation ou anathémisation ; fulmination 552. – Exclusive, suspense.

5 RELIG. – Anathème, censure, interdit 633.

6 DR. : ban, interdiction de séjour 722. – Anathématisme [RELIG.]. – Lettre de cachet [HIST.].

7 Foudres de l'Église ou du Vatican. – Glaive spirituel.

8 **Intolérance 430,** sectarisme ; exclusivisme [rare].

9 **Racisme,** ségrégationnisme, **sexisme.**

10 Épurateur *(un épurateur)* ; excommunicateur *(un excommunicateur)* ; proscripteur.

11 **Banni** *(un banni)*, exilé *(un exilé)*, proscrit *(un proscrit)*. – RELIG. : **anathème** *(un anathème)*, excommunié *(un excommunié)*, excommunié *toleratus* (lat., « toléré »), excommunié *vitandus* (lat., « qu'on doit éviter »). – Damné, maudit [vx]. – **Paria**, réprouvé *(un réprouvé)* ; intouchable *(un intouchable)*, hors-caste. – **Indésirable** *(un indésirable)*, **exclu** *(un exclu)*, marginal *(un marginal)* 582.

V. 12 Frapper d'ostracisme, **mettre au ban**, mettre ou tenir à l'écart ; montrer du doigt 611. – Chasser, déraciner, expulser 208 ; bannir, **exiler**, expatrier, proscrire [HIST.] ; ostraciser [litt.] ; DR. : déporter, reléguer 723, transporter ; forbannir [vx].

13 RELIG. : **excommunier** ; anathématiser ; censurer ; frapper d'anathème, retrancher de la communion. – Damner, maudire, **réprouver**. – Boycotter, interdire 633. – **Mettre à l'index**, mettre en quarantaine.

14 Jeter l'interdit sur 693, prononcer l'exclusive contre ou pour [litt.]. – RELIG. : fulminer (ou : lancer, prononcer) l'anathème ou l'excommunication. – Jeter l'anathème.

15 **Exclure** 68 ; écarter, éliminer, évincer ; disgracier [sout.] 642 ; fam : blackbouler, épurer. – Excepter, isoler 584, marginaliser, ségréger ou ségréguer ; forclore [litt.].

Adj. 16 **Ostracisé** [litt.] ; déraciné, expatrié, expulsé ; litt. : fugitif, forclos. – Suspens [RELIG.].

17 **Exclusif**, intolérant, intransigeant ; exclusiviste [rare]. – **Raciste**, ségrégationniste ; **sexiste**.

18 RELIG. : anathématique, excommunicatoire ; fulminatoire. – Exilien [HIST.]. – Discriminatoire.

19 Bannissable [DR.].

# 641 HONNEUR

N. 1 **Honneur** ; **dignité**, gravité ; fierté 610, respect de soi 626. – Grandeur, noblesse 646.

2 **Honorabilité** ; droiture, **honnêteté** 693, intégrité, probité. – **Pudeur**, réserve, retenue ; pudicité [litt.] ; pureté, vertu 699 ; chasteté 704.

3 Sens de l'honneur, sens du devoir 691. – Code de l'honneur ou code d'honneur.

4 Éclat, gloire 639, panache ; grade [vx]. – L'honneur fleurit sur la fosse [prov., vx]. – « Tout est perdu, fors l'honneur » (François I$^{er}$).

5 Prérogative, **privilège** 85.3.

6 Honneur [vx], respect 626 ; **considération**, révérence, vénération ; admiration 451, **adoration**.

7 **Culte**, hommage [sout.] ; tribut [litt.] ; adorations [vx]. – À tout seigneur, tout honneur [prov.].

8 **Honneurs** ; honneurs funèbres ou suprêmes ; honneurs militaires ; grandeurs [litt.]. – Honorariat ; éméritat [belg.].

9 **Décoration**, distinction *(une distinction)*, honneurs ; lauriers ; batterie de cuisine [fig., fam.]. – Légion d'honneur ; prix d'honneur ; tableau d'honneur.

10 Champ d'honneur 650 ou lit d'honneur [vx].

11 Dignitaire 621, grand monsieur ; honorabilité *(une honorabilité)* [vx]. – L'honneur de *(l'honneur de sa famille)*. – Décoré *(un décoré)*, médaillé *(un médaillé)*. – Votre Honneur [appellatif] 648.13.

V. 12 **Honorer** ; **considérer**, estimer, priser [litt.] ; respecter 626 ; tenir en grande considération ou en haute estime.

13 **Honorer** ; **adorer**, idolâtrer ; aduler [litt.] ; révérer, **vénérer**, célébrer, glorifier 639, magnifier [litt.].

14 **Féliciter** ; applaudir, ovationner ; couvrir d'éloges ; accabler d'éloges. – **Récompenser** ; **décorer**, médailler.

15 Faire grand cas de 626. – Rendre un culte à qqn, **vouer un culte à qqn**. – Conférer ou **dispenser des honneurs** ; combler d'honneurs ; élever à la dignité de. – **Décerner des éloges** ; ne pas tarir d'éloges sur qqn. – Dire qqch à l'honneur de qqn. – C'est tout à son honneur (ou : à son éloge, mérite).

16 MIL. : **rendre les honneurs** ; présenter les armes.

17 **Faire à qqn l'honneur** (ou : la grâce, la faveur) **de** + inf.

18 Faire à qqn honneur de qqch ; **attribuer**, imputer. – **Gratifier** ; créditer.

19 **Mettre son point d'honneur à** ; se faire un point d'honneur de ; mettre son honneur à [vieilli]. – Se piquer d'honneur de. – Se faire un honneur de, tenir à honneur de [sout.]. – Faire honneur à *(faire honneur à sa naissance, à sa famille, à son rang, etc.)*.

20 Défendre son honneur, venger son honneur ; sauver son honneur ou sa dignité ; sauvegarder son prestige, **sauver la face** (ou : les apparences, les dehors [vx]).

21 **Avoir le sentiment de l'honneur**, ne consulter que l'honneur, n'écouter que la voix de l'honneur ; se respecter. – Prendre tout au point d'honneur, prendre facilement la mouche 471 ; se draper dans sa dignité 678.

22 **S'honorer de** ; se faire honneur de, se glorifier de 639, se prévaloir de ; se faire un mérite de ; se donner les gants de [litt.].

Adj. 23 **Honorable** ; estimable, respectable 626. – **D'honneur** ; fiable 606, honnête 693, **intègre** ; probe [litt.] ; digne [sout.].

24 **Honoré** ; respecté, **considéré 639**. – À l'honneur, en vedette.

25 D'honneur ; **honoraire**, émérite [vieilli] ; *honoris causa* (lat., « pour marquer sa considération à » ; *un docteur* honoris causa).

26 Considérable [sout.] ; décorable.

27 **Acceptable,** correct 693, satisfaisant ; prisable [vx].

28 **En honneur** ; apprécié, estimé, prisé [litt.] ; *persona grata* (lat., « personne bienvenue ») ; **à la mode**, en faveur, en vogue.

29 Glorifiant 639 ; dignifiant [rare].

Adv. 30 **Honorablement** ; respectueusement 626 ; convenablement 693 ; fièrement 610, noblement ; sout. : dignement, louablement ; décorativement [par plais.]. – **Avec honneur** ; avantageusement, magnifiquement ; avec brio, avec succès 540 ; avec les honneurs de la guerre [MIL. ou fig.].

31 **Sur l'honneur** ; vx : d'honneur, en honneur. – En tout bien tout honneur ou en tout bien et tout honneur. – À titre honorifique, de nom ; honorifiquement [rare].

Int. 32 **Parole d'honneur !** D'honneur ! [vx]. – À vous l'honneur ! – Honneur à + n. !

33 En quel honneur ?

## 642 DISCRÉDIT

N. 1 **Discrédit** ; défaveur, **disgrâce** ; déconsidération [litt.], décri [vieilli]. – **Impopularité.**

2 Déclin **385**, décadence, ruine 557. – **Chute,** dégringolade [fam.].

3 Éclipse. – **Traversée du désert** ; mauvaise passe **549**.

4 **Scandale ; humiliation 611** ; déchéance.

5 Hostilité **456** ; mépris **627**.

6 **Dépréciation** ; dévalorisation, dévaluation [fig.] ; rabaissement [rare] ; ravalement [vieilli] ; décréditement [vx] ; désaveu. – **Diffamation** ; dénigrement, médisance ; détraction [litt.] ; rare : cancanage, cancannerie ou cancanerie ; vieilli : débinage [fam.], potinage. – **Critique,** démolissage, éreintage ou **éreintement** ; rare : déblatération, démolissement ; croassement [litt.] ; coup de griffe. – Éclaboussement.

7 **Dégradation 644** ; cassation [MIL.] ; atimie [ANTIQ.]. – DR. : peine militaire, peine politique **722**.

8 **Rétrogradation** ; casse *(une casse)* [vx].

9 Calomnie **745**, diffamation, insinuation, **médisance** ; clabaudage ou clabauderie [litt.], dénigrement [rare] ; débinages [fam., vieilli], racontage [vx] ; coup de langue.

10 **Pamphlet 751** ; libelle [litt.].

11 **Détracteur** ; dépréciateur *(un dépréciateur) ;* contempteur [litt.] ; zoïle [litt.]. – **Calomniateur,** diffamateur *(un diffamateur),* médisant *(un médisant) ;* rare : dénigreur *(un dénigreur),* éreinteur, rabaisseur ; débineur [fam.]. – Mauvaise ou méchante langue, **langue de vipère** (ou : d'aspic, de serpent).

V. 12 **Discréditer 722** ; décréditer [vx] ; déprécier, **dévaloriser**, dévaluer, péjorer ; déconsidérer, **dénigrer** ; décrier [sout.] ; litt. : dauber, dépriser, détracter, vilipender **769**.

13 **Critiquer** ; échiner ; fam. : débiner, couler, écorcher, éreinter ; vx : bêcher, échigner, piller ; exécuter ; descendre en flammes [fam.].

14 **Calomnier,** diffamer ; démolir, détruire, taxer [vx] ; **déchirer à belles dents** ; assassiner à coups de langue [vieilli]. – Perdre de réputation ; perdre dans l'opinion. – Couvrir de boue, **traîner dans la boue 627** ; traîner sur la claie [vieilli].

15 **Médire de qqn** ; dire pis que pendre de ; litt. : baver sur, clabauder contre ou sur, cracher sur. – Fam. : casser du sucre ou, rare, piler du poivre sur le dos de qqn, en dire de belles sur qqn, taper sur le dos de qqn, tomber sur le casaquin de qqn [fig., vieilli], **tailler un costume à qqn** [fam.], mettre un chapeau sur la tête de qqn [arg.], rhabiller pour l'hiver [fam.]. – Tirer à boulets rouges sur.

16 **Dire du mal de** ; déblatérer contre, jaser sur.

17 **Cancaner ;** vieilli : commérer, potiner, ragoter ; croasser [litt.].

18 **Déshonorer,** diminuer, humilier 611, rabaisser, ravaler, ridiculiser 645 ; pilorier [vx].

19 Flétrir (ou : éclabousser, entacher, noircir, salir, ternir) la réputation ou l'honneur de qqn ; porter atteinte à la réputation ou à l'honneur de qqn ; ruiner la réputation ou l'honneur de qqn ; jeter une pierre ou des pierres dans le jardin de qqn ; flétrir les lauriers de qqn [vieilli]. – Casser les reins à qqn, crier haro sur qqn, **jeter le discrédit sur qqn.** – Attaquer la mémoire de qqn.

20 **Dégrader,** destituer ; casser 644 ; rétrograder [MIL.]. – Disgracier [sout.]. – **Désavouer,** répudier 515.

21 **Compromettre 551,** éclabousser ; desservir. – Détrôner ; éclipser.

22 **Perdre de son crédit,** perdre son crédit ; essuyer un revers 549. – **Tomber dans le discrédit** ou dans la déconsidération [litt.] ; tomber en disgrâce ou en défaveur. – **Perdre la face,** tomber de son piédestal ; se faire étriller [fig.]. – Voir pâlir son étoile. – Tomber dans l'oubli.

23 **Se discréditer ;** se brûler les ailes. – Défrayer la chronique ou les conversations ; prêter le flanc à la critique. – Avoir mauvaise presse.

24 Démériter auprès ou aux yeux de qqn 627 ; démériter de qqn [vx] ; **perdre l'estime de qqn ;** dégringoler dans l'estime de qqn [fam.].

Adj. 25 **Discrédité ;** déconsidéré, décrié, **malfamé,** perdu de réputation ou d'honneur. – Compromis, déshonoré.

26 **Calomnié,** diffamé ; critiqué.

27 **Dégradé,** destitué, disgracié.

28 Dépréciatif, **péjoratif.**

29 **Diffamatoire ;** calomnieux [sout.] ; rare : diffamant, rabaissant. – Compromettant. – Dégradant 611, ravalant.

Adv. 30 Calomnieusement.

31 **Péjorativement ;** par dénigrement.

# 643 PROMOTION

N. 1 **Promotion ; avancement ;** ascension, élévation. – RELIG. : collation, ordination. – Accréditation 632. – Élection 519.

2 Accession à un poste, admission. – Nomination, titularisation.

3 Avènement. – Couronnement, **intronisation,** sacre ; investiture.

4 **Ambition 523 ; arrivisme,** carriérisme.

5 MIL. – Galon ; fam. : ficelle, sardine. – Barrette [RELIG.].

6 **Arriviste,** carriériste ; jeune loup. – Panier de crabes.

7 **Promotion** ou promo [fam.] 414. – Récipiendaire [litt.] ; homme de fortune [vx].

V. 8 **Promouvoir ;** élever, **nommer ;** avancer [vx] ; appeler à une fonction ; titulariser ; élire 519 ; couronner, **introniser,** sacrer ; investir ; RELIG. : consacrer, ordonner ; cardinaliser [didact.] ; conférer l'ordre.

9 **Avancer ;** progresser. – **Arriver,** réussir 540 ; gravir les degrés de l'échelle sociale, progresser dans l'échelle sociale. – Avancer (ou : s'élever, monter) en grade, passer à l'échelon supérieur ; fam. : avancer ou monter d'un cran, prendre du galon. – **Avoir le vent en poupe 540** ou dans le dos, avoir de l'avenir ; faire une belle carrière, faire son chemin ; faire son trou [fam.], se faire une place au soleil ; emporter ou gagner son bâton de maréchal.

10 Accéder ou parvenir à la dignité (ou : au rang, au titre) de.

11 **Ambitionner 523.** – Jouer des coudes ; fam. : avoir les dents longues (aussi : les dents qui rayent le parquet, les dents qui raclent le plancher, les dents qui traînent par terre).

Adj. 12 **Promotionnel.**

13 **Promu ;** titularisé 648.

14 Promouvable. – **En crédit,** en faveur 641.

# 644 ÉVICTION

N. 1 **Éviction 640 ;** expulsion ; dégradation **702, destitution,** suspension ; évincement [rare], démission d'office ; déchéance 611, déposition, disqualification ; radiation ; **licenciement ;** congédiement, révocation ; fam. : débauchage, déboulonnage, limogeage ; bourlingage [fam., vx], dégommage [fam., vieilli], lourdage [arg.].

2 Congé, **renvoi.** – Mise à pied ; mise à la retraite, mise en disponibilité. – Fam. : dégraissage, coup de balai, nettoyage ; charrette. – Restructuration ; plan social.

3 **Démission 515 ;** abdication, désistement ; abandonnement [vieilli].

4 Licencieur.

5 **Licencié ;** chômeur 792, demi-solde *(un demi-solde)* [anc.]. – Retraité *(un retraité) ;*

préretraité [rare] ; démissionnaire *(un dé-missionnaire).*

V.  6 **Évincer** ; chasser, démettre, relever ; casser, dégrader 642, déposer, **destituer**, détrôner, expulser, limoger, radier, révoquer ; retraiter [vx]. — **Licencier** ; congédier, remercier, renvoyer ; fam. : balancer, balayer, dégommer, débarquer, **vider**, virer, sacquer **ou** saquer ; blackbouler, déboulonner ; bourlinguer [vx] ; arg. : balanstiquer ou balancetiquer, lourder.

7 Mettre au chômage, **mettre à la porte**, mettre dehors, mettre à pied. — Mettre en disponibilité. — Fam. : ficher, flanquer (ou, très fam., foutre) à la porte ; envoyer planter ses choux, envoyer valser ; casser aux gages [vx].

8 **Faire une coupe claire** (aussi : une coupe sombre), faire maison nette [vieilli] ; fam. : dégraisser ; secouer le cocotier.

9 Proclamer ou prononcer la déchéance de. — **Se défaire de** ; donner son compte, donner ses huit jours ; vieilli : donner ou signifier son congé à, fendre l'oreille à ; vx : donner de la casse, donner son sac ou son paquet à.

10 Prendre la porte ; fam. : sauter, se faire virer comme un malpropre. — Être sur le sable [fam.].

11 **Démissionner** ; abdiquer, se désister ; quitter sa place, remettre ses pouvoirs, résigner ses fonctions ; claquer la porte, rendre ou, vieilli, quitter son tablier ; briser son épée [MIL.]. — Se retirer 584 ; prendre sa retraite ; prendre ses invalides [fam., vieilli].

Adj. 12 **Évincé** ; congédié, limogé, **renvoyé** ; lourdé [arg.] ; radié.

13 Démissionnaire ; abdicataire [litt.].

14 Congédiable, destituable, révocable ; congéable [vx].

Int. 15 Démission ! Untel, démission !

## 645 RIDICULE

N.  1 **Ridicule** *(le ridicule),* ridiculité [litt., vx] ; risibilité [rare]. — Moquerie, ridicule [vx]. — Le ridicule ne tue pas ou ne tue plus [loc. prov.].

2 Ridicule *(un ridicule),* ridiculité *(une ridiculité)* [vx]. — **Défaut**, manie, travers ; tic. — Bizarrerie 450, étrangeté, excentricité 29.4. — Bouffonnerie, clownerie, pitrerie.

3 Charge. — **Caricature**, portrait charge ; parodie, satire 454.

4 Ridicule *(un ridicule)* [vieilli] ; **bouffon** [fam.], Chinois de paravent [fam., vieilli], grotesque [BX-A.], personnage de comédie. — Jocrisse ; histrion ; mijaurée, pecque [vx].

V.  5 **Ridiculiser**, tourner en ridicule ou en dérision, traduire en ridicule [vx] ; charger ou couvrir de ridicule, jeter ou répandre le ridicule sur ; rire aux dépens de 454. — Bafouer, outrager ; dégrader 642.

6 **Pousser le ridicule jusqu'à** ; se donner le ridicule de [litt.]. — Donner la comédie à ses dépens, **prêter à rire** ; défrayer la chronique ou les conversations 192.9, être la fable ou la risée de. — Perdre la face ; être à encadrer [fam.]. — Fam. et iron. : avoir l'air fin, avoir bonne mine.

7 Moquer [vieilli], nasarder [fig.], persifler, railler 627, rire aux dépens de ; goguenarder, gouailler. — Faire des gorges chaudes de ; se gausser de, se moquer de. — Caricaturer, draper ; chansonner [vieilli]. — Berner, mystifier 728.

Adj. 8 **Ridicule**. — Absurde, saugrenu ; fam. : impayable, inénarrable. — Dérisoire 128.12, moquable [litt.], risible ; burlesque, grotesque 750 ; fam. : tarte, tartignole ; très fam. : cucul, cucul la praline ou la noisette.

Adv. 9 **Ridiculement** ; burlesquement, grotesquement. — Risiblement.

## 646 NOBLESSE

N.  1 **Noblesse** ; grandesse [litt.] ; vx : gentilhommerie, gentillesse, naissance, nom, qualité. — Baronnage [FÉOD.], principat ou principauté [vx] ; princerie [fam., vx] ; patriciat [ANTIQ. ROM.]. — **Noblesse oblige** [prov.].

2 Noblesse paternelle, noblesse utérine, noblesse de ventre ; noblesse héréditaire au premier degré ou transmissible ; noblesse graduelle (ou : personnelle, au second degré). — Noblesse chevaleresque, noblesse d'extraction, noblesse de race (ou : de parage, de sang) ; noblesse ancienne ou immémoriale, noblesse d'épée. — Noblesse moderne, nouvelle noblesse, noblesse de robe ou d'offices ; noblesse d'Empire ; noblesse d'agrégation. — Noblesse de cloches ou de la cloche, noblesse militaire, noblesse verrière ; noblesse de finance, noblesse de lettres. — Quartier ou degré de noblesse.

3 **Noblesse** ; dignité, élévation, **grandeur** [sout.] ; vx : magnanimité, sublimité ; **générosité** 587, grandeur d'âme, magnificence [sout.], prodigalité 710.

4 **Distinction** 574, majesté, prestance. – Allure, classe [fam.] ; gueule [très fam.].

5 Litt. : noblesses, sublimité *(une sublimité)* ; **haut fait** 508 ; beau fait [vieilli].

6 Prérogative ; distinction, **privilèges** ou libertés ; privilèges honorifiques, privilèges utiles. – Privilégiature [litt.].

7 Mésalliance ; dérogeance [HIST.] ; déchéance 611, encanaillement [fam.].

8 **Anoblissement.** – HIST. : **adoubement ;** accolade, colée ou paumée. – Agrandissement [litt.] ; rare : dignification, ennoblissement ; édification 690.

9 **Lettres de noblesse** ou d'anoblissement ; brevet de noblesse, lettres patentes, lettres royaux [HIST.] ; privilège royal. – Savonnettes à vilain [HIST.].

10 **Seigneurie** ; comté, vicomté ; baronnie, châtellenie ; archiduché, duché, duché-pairie, grand-duché ; principauté [vx] ; FÉOD. : apanage, fief 822 ; pairie. – Biens ou fonds nobles ; HIST. : biens nationaux, majorat. – Nobilité [DR. ANC.].

11 **Nobiliaire** *(un nobiliaire)* ; armorial *(un armorial)* ou livre armorial ; livre d'or [vx].

12 Nom à particule ; fam. : nom à charnière, nom à courants d'air, nom qui se dévisse, nom à rallonges.

13 Armes ou armoiries, armes assomptives, armes parlantes, **blason**, écu, écusson, panonceau [FÉOD.], pennon, pennon généalogique ou héraldique ; bannière [FÉOD.] ; noblesses [HIST.]. – Couronne 866, diadème [ANTIQ.], tortil ; bandeau royal [HIST.]. – Titre de noblesse ; brevet de noblesse, parchemins.

14 Esprit de caste. – Traditionalisme ; royalisme 671.

15 **Aristocratie**, noblesse *(la noblesse)* ; privilégiés *(les privilégiés)*. – **Chevalerie**, chevalerie errante ; ancienne noblesse ou **noblesse d'épée ;** haute noblesse ou noblesse d'ancienne roche [vieilli]. – **Grands** *(les grands),* noblesse couronnée, noblesse titrée ; noblesse de cour ou noblesse présentée. – Petite noblesse ; **noblesse de robe** ou d'offices ; noblesse de province, noblesse de service. – Gentry [anglic.] ; antiq. rom. : nobilitas (lat. « noblesse ») ; ordre équestre. – Hautes classes [vx].

16 Fam : dessus du panier *(le dessus du panier)* 85.5, gratin *(le gratin)*, haute *(la haute)* [pop.], **beau linge** *(le beau linge),* beau ou grand monde *(le beau monde).* – High

society [anglic., vieilli] ; bonne ou, vx, haute compagnie.

17 **Noble** *(un noble)* ; aristocrate *(un aristocrate),* gentilhomme, seigneur ; aristo [pop.] ; dame [HIST.] ou grande dame ; oblate [HIST.] ; banneret *(un banneret)* [FÉOD.], comte, duc 708, prince ; grand nom. – Prov. : à tout seigneur, tout honneur ; tant vaut le seigneur, tant vaut la terre.

18 **Chevalier** ; HIST. : écuyer, paladin. – HIST. : bachelier, menin, page, varlet. – **Hidalgo,** menin ; lord. – HIST. : boyard, burgrave, hospodar, junker, magnat, margrave, patrice, patricien *(un patricien).* – Blasonné *(un blasonné)* [fam., vieilli]. – Péj. : gentillâtre, noblaillon, nobliau ; hobereau. – Ci-devant *(un ci-devant)* [HIST.]. – **Gentleman** 592, grand seigneur ; gant-jaune [fam., vx], talon rouge *(un talon rouge)* [HIST.].

19 Adoubeur [HIST.].

v. 20 **Anoblir** ; ennoblir [vx]. – HIST. : **adouber ;** accolader [rare] ; donner l'accolade. – Le ventre anoblit [HIST.]. – Titrer ; baronifier ou baroniser [péj.].

21 **Ennoblir** ; agrandir, **élever,** exalter, grandir, magnifier [sout.] ; sublimiser [litt.] ; dignifier [rare] ; édifier ; **idéaliser,** rehausser, relever, sublimer.

22 Recevoir ses lettres de noblesse [sout.] 611 ; s'aristocratiser [vx]. – **Avoir du sang bleu,** avoir de l'état [vx]. – Vivre en gentilhomme [vx]. – Faire le paladin [vieilli], palatiner [rare].

23 **Déroger à noblesse** ou déroger ; déchoir, se déclasser ; forligner [litt.] ; ternir son blason [litt.]. – Redorer son blason. – Se mésallier ; s'encanailler.

Adj. 24 **Noble** ; aristocrate ; **bien né,** titré ; de haut rang, de qualité, de vieille souche [fig.], de haute volée ; de haute ou grande extraction [litt.] ; vieilli : de bonne maison, de condition élevée, de distinction, des plus huppé ou haut huppé ; vx : né *(un homme né),* gentil ; de condition, de haut lignage, de haut parage, de haut lieu, d'illustre descendance ; de maison, de race, de sang.

25 **Aristocratique**, patricien [litt.], princier, racé ; vx : du bel ou grand air *(les gens du bel air)* ; fin de race [péj.].

26 **Noble** ; chevaleresque, grand seigneur ; bon prince ; vx : gentil, magnanime, preux ; gentilhommier [rare] ; gentilhommesque [péj., vx].

27 **Honorable** 641, respectable 626, vénérable ; sout. : auguste, **digne.**

28 **Anobli** ; adoubé. – De parchemin ou de nouvelle impression *(gentilhomme de parchemin)* [vx].

29 **Nobiliaire** ; baronnial, comtal [rare], ducal, grand-ducal, seigneurial [FÉOD.] ; patricial [ANTIQ. ROM.]. – Royal ; aulique.

30 **Anoblissant.** – Rare : dignifiant, ennoblissant.

Adv. 31 **Noblement** ; aristocratiquement, majestueusement, princièrement, royalement. – **Avec noblesse ;** en grand seigneur.

32 Dignement [sout.] ; litt. : chevaleresquement, grandement, magnanimement.

## 647 ROTURE

N. 1 **Roture ;** artisanat ou, rare, artisanerie, bourgeoisie [HIST.], paysannat ou paysannerie [vx] ; prolétariat [vx] 793 ; servilité. – Caste.

2 Roture [péj.] ; banalité, trivialité, vulgarité 593 ; prosaïsme. – Litt. : bourgeoisisme, plébéianisme ; béotisme, philistinisme.

3 HIST. : capitation, fouage, **taille ;** FÉOD. : **cens,** fournage, minage, vingtain ; banalité. – **Corvée** [HIST.], prestation [FÉOD.]. – Droit de cuissage (ou : de culage, de jambage) [FÉOD. ; abusif].

4 **Roture** *(la roture) ;* tiers état [HIST.] ; prolétariat [ANTIQ. ROM.]. – Masse, multitude, petits *(les petits),* **peuple,** populaire *(le populaire) ;* commun *(le commun)* [vx] ; gens du commun, gens de peu ou de rien, petites gens ; tout-venant.

5 Bas-fonds, lie *(la lie),* **populace,** racaille, ramas, ramassis, rebut, tourbe, vulgaire *(le vulgaire) ;* vulgum pecus ; populo *(le populo)* [fam.] ; vieilli : canaille, écume, plèbe.

6 **Roturier** *(un roturier) ;* plébéien [litt.] ; bonhomme [vx]. – Bourgeois *(un bourgeois) ;* vilain [HIST.] ; « Oignez vilain, il vous poindra, poignez vilain, il vous oindra » [prov., et chez Rabelais] ; FÉOD. : censitaire *(un censitaire),* fouagiste, tenancier. – Prolétaire *(un prolétaire)* [ANTIQ. ROM.]. – Croquant, **rustre** *(un rustre) ;* manant [litt.], pétrousquin [arg., vx].

Adj. 7 **Roturier ;** mal né ; de bas étage, de basse ou de médiocre condition, de condition modeste, de peu de condition ; de basse extraction [litt.] ; vx : abject, crasseux. – Taillable et corvéable à merci [HIST.] 687.

8 **Populaire ;** plébéien [litt.]. – Commun, trivial ; bourgeois [péj., vieilli]. – Bas, grossier, peuple *(des façons peuple),* rustaud [fam.], vulgaire ; sout. : béotien, philistin. – Poissard [LITTÉR.], populacier [litt.].

9 Ancillaire [sout.].

Adv. 10 Roturièrement [rare] ; **populairement.** – Péj. : bourgeoisement, trivialement, vulgairement 758 ou *vulgo* [lat., même sens] ; plébéiennement [rare].

## 648 TITRES

N. 1 **Titre ;** appellation 743, dénomination, désignation, **qualification.** – Épithète, dénominatif *(un dénominatif),* qualificatif *(un qualificatif) ;* nom. – Titulature [didact.].

2 **Dignité,** qualité 710, rang ; grade. – Fonction, charge 792. – Titulariat [DR.].

3 **Dignitaire** 707 ; autorité 621.

4 Titres nobiliaires. – **Prince,** prince consort, princesse ; dauphin ; diadoque ; archiduc, archiduchesse ; grand-duc, grande-duchesse ; kronprinz ; tsarévitch ; hospodar ; voïvode [HIST.], infant ; chérif *),* maharadjah (ou : maharajah, maharadja), maharané (ou : maharanie, maharani). – **Duc ;** marquis ; comte, comtesse ; vicomte ; baron ; châtelain, chevalier ; damoiseau, damoiselle ou demoiselle [HIST.] ; vidame [HIST.] ; connétable, pair ; seigneur. – **Lord ;** baronnet [anglic.], milord [vx], milady ; burgrave, landgrave ; magnat [HIST.].

5 Titres des gouvernants. – **Président,** présidente ; empereur, **roi ;** régent ; grand-duc ; dame [FÉOD.] ; margrave, rhingrave ; tsar ; stathouder ou stadhouder ; radjah (ou : radja, rajah), rani ; khan ou kan ; khalife (aussi : calife) ou commandeur des croyants, émir ; khédive ; bey ; schah (ou : chah, shah) ; mikado ; négus. – HIST. : pharaon ; archonte ; consul, patrice ; nobilissime. – **Gouverneur** [HIST.] ; nabab, pacha, vali ; efendi ou effendi.

6 Titres ecclésiastiques. – **Pape ;** patriarche ; exarque ; aga khan ; imam ; pandit. – Monsignor ou monsignore ; cardinal ; archevêque, archevêque-évêque, évêque ; archidiacre ; chanoine, prélat ; abbé, frère, père ; moine 499. – HIST : grand aumônier de France, gonfalonier de l'Église.

7 Titres universitaires. – Recteur ; chancelier d'université ; doyen ; professeur 414.

8 **Docteur ;** docteur d'université ; docteur d'État, docteur de troisième cycle. –

Agrégé *(un agrégé),* capésien ou certifié *(certifié).*

9 Chef de clinique **391** ; archiatre [vx].

10 Dignités militaires. – Maréchal de France ; Amiral de France **719**.

11 Titres honorifiques. – **Grand Maître.** – **Grand-Croix** (ou : Grand Cordon, G. C.) ; Grand Commandeur ou G. C. ; Commandeur ou C. ; Grand Officier ou G. O. ; Officier ou O. ; Chevalier.

12 Décorations. – Décoration, **médaille** ; rosette. – Couronne civique [ANTIQ. ROM.] ; carte civique [HIST.]. – Ordre de chevalerie, ordre de mérite. – Ordre national du Mérite, ordre des Palmes académiques, ordre du Mérite agricole ou, fam., poireau, ordre du Mérite maritime ; Légion d'honneur, médaille militaire. – Chevalier **648**, officier, commandant, grand officier, grand-croix.

13 Appellations. – **Son Altesse** ou S. A., Sa Majesté ou S. M., Sa Très Gracieuse Majesté ou S. T. G. M., Sire ; Sa Hautesse ou S. H. ; Madame, Mademoiselle, Monsieur ; Sa Grâce ou S. Gr., Sa Seigneurie. – Votre Honneur. – Maître. – Vénérable Maître ou Vénérable.

14 Appellations. – **Sa Sainteté** ou S. S. **498**, Notre Saint-Père ou N. S.-P., Très Saint-Père ; Sa Béatitude. – Son Éminence (ou : S. Ém., S. É.) ; Son Excellence (ou : S. Exc.), Sa Grandeur [vieilli] ; Monseigneur ou Mgr, Nosseigneurs [rare] ou NN. SS. ; Sa Révérence [vx]. – Révérend Père ou R. P., Très Chers Frères ou TT. CC. FF.

15 Appellations. – **Monsieur** ou M. ; messire [vieilli] ; vx : messer, sieur ; vx : honorable homme ou bourgeois, noble homme. – Don ou dom [litt.] + n. – Esquire (abrév. : esq.).

16 Titre de noblesse ou titre nobiliaire ; lettres de noblesse ; HIST. : commission, patente ; acte, brevet, **écrit** ; attestation **430**. – **Diplôme.**

V. 17 **Titrer** [vx] ; nommer, titulariser **643**. – Appeler ; monseigneuriser [par plais., vx]. – Donner de ou du + n. à *(donner de l'Excellence)* [fam.].

Adj. 18 **Titulaire** ; en titre, en pied ; titularisé. – Attitré, patenté. – Honoraire **707**, *honoris causa* (lat., « pour marquer sa considération à »).

19 Titré.

20 Sérénissime. – Éminentissime, révérendissime ; souv. par plais. : excellentissime, illustrissime.

Adv. 21 Titulairement.

Prép. 22 **À titre de** ; en qualité de, en tant que ; comme ; ès qualité de [didact.].

Aff. 23 Suffixes servant à composer des noms, soit de dignités, soit de terres associées à un titre. -at *(califat ; marquisat ; décanat ; gouvernorat) ;* -é *(papauté ; comté) ;* -ie *(baronnie ; nabadie) ;* -ure *(prélature ; propréture).*

24 Arch-, **archi-**, archie- ; -archique, -arque ; **vice-**.

## 649 CONFLIT

N. 1 **Conflit.** – **Désaccord 429**, discorde ; différend, dissension, **tiraillement**, tiraillements ; crise. – Contestation. – Contradiction.

2 **Altercation**, démêlé, litige ; discussion, **dispute**, empoignade ; fam. : engueulade ou, vx, engueulement ; algarade, foire d'empoigne, prise de bec, **querelle** ; arg. : rif ou rifle. – Bagarre, bisbille, **brouille**, brouillerie, chamaillerie, chicane, disputaillerie ; mésentente ; clash [fam.].

3 Attaque, **prise à partie.**

4 **Conflit social** ; **agitation**, agitation sociale, troubles ; grogne, mécontentement **468**. – Conflit collectif du travail [DR.] ou, cour., conflit collectif. – Conflit interne. – **Contentieux.**

5 Friction, **frottements 228**. – Hostilité, **opposition 18**. – Choc **227**, **heurt**. – Affrontement, antagonisme, concurrence, rivalité. – Tension.

6 DR. INTERN. : conflit de lois, conflit de lois dans l'espace, conflit de lois personnelles. – Conflit de lois dans le temps [DR.]. – DR. ADM. : conflit négatif, conflit positif ; conflit d'attribution, conflit de juridiction. – Conflit de devoirs [PHILOS.].

7 Conflit [vx] ou **combat, conflit armé, lutte**, lutte armée. – Conflit limité [HIST. MIL.]. – **Guerre 650.** – Agression. – **Hostilités**, affrontements.

8 Bataille, duel. – Pugilat, rixe ; arg. : baston, castagne.

9 Conflit intérieur, dualité **103.5**. – PSYCHAN. : conflit œdipien **314** ; conflit de tendances.

10 **Conflictualité** [didact.].

11 Tribunal des conflits [DR. ADM.] **714**. – Contentieux [DR.]. – Cour. : contentieux, service du contentieux.

12 **Adversaire**, **ennemi** *(un ennemi)* ; antagoniste *(un antagoniste),* chicaneur,

contradicteur. – Rival ˙ *(un rival),* concurrent *(un concurrent),* partie adverse.

13 Combattant *(un combattant).* – **Opposant** *(un opposant).* – Contestataire *(un contestataire).*

v. 14 **Être en conflit avec** ; entrer en conflit avec. – Discorder avec [vx] ; **être en désaccord avec** ; ne pas être d'accord avec ; être ennemi de, être hostile à ; avoir qqch contre. – **Être en lutte contre** ; être ou se trouver aux prises avec. – Se dresser contre, s'élever contre ; contester.

15 **S'opposer à** ; être en opposition avec. – **Combattre,** lutter contre. – Chicaner (qqn) ; **chercher querelle à,** quereller [vieilli] ; avoir des démêlés avec, être en bisbille avec. – Attaquer 655 ; **agresser, prendre à partie.**

16 Engager (ou : commencer, déclencher) les hostilités, ouvrir le feu [fig.]. – Courir sus à l'ennemi [vx ou par plais.].

17 S'empoigner ; se colleter ; **se bagarrer** ou, fam., bagarrer, se battre ; lutter. – **Se disputer** ; se chamailler, se chicaner [fam.] ; se brouiller, se fâcher (avec). – Se battre ou se disputer comme des chiffonniers ; s'attraper, **se quereller.** – S'opposer. – Se casser la figure [fam.] ou la gueule [pop.].

18 Être (une) source de conflit, être à l'origine d'un conflit. – **Diviser, séparer ; brouiller,** désaccorder. – **Opposer ; mettre aux prises.** – Mettre ou semer la discorde ; mettre ou semer la bagarre ou la zizanie ou, très fam., la merde.

19 Élever le conflit [DR. ADM.].

Adj. 20 **Conflictuel, litigieux ; contentieux.**

21 **Opposé ;** antagoniste, contradictoire, **contraire.** – Discordant.

22 Adverse 549, ennemi, **hostile.** – Opposé. – Adversaire [rare].

Adv. 23 **Hostilement ;** en ennemi. – Agressivement.

## 650 GUERRE

N. 1 **Guerre,** conflagration [litt.], **conflit 649 ;** conflit armé, lutte armée. – Fig., péj. : abattoir, boucherie, carnage, massacre, saignée, tuerie ; casse-pipe ou casse-pipes [fam.].

2 **Guerre de position ; guerre de siège 666,** guerre de forteresse [vx] ; guerre de tranchées. – **Guerre de mouvement ;** guerre-éclair (all., *Blitzkrieg*). – Guerre de partisans ; guerre de coups de main, guerre d'escarmouches, guerre de harcèlement ; **guérilla ;** résistance 630. – Guerre locale, guerre régionale ; guerre mondiale, guerre planétaire. – Guerre totale ; guerre nucléaire ou, vieilli, atomique ; guerre N. B. C. (nucléaire, bactériologique, chimique). – Guerre en dentelles [HIST.].

3 **Guerre civile,** guerre intestine. – Jacquerie [HIST.], révolte, révolution 651. – Guerre privée (opposé à guerre publique) [FÉOD.]. – Guerre de libération, de libération nationale ; guerre coloniale ; guerre subversive. – Guerre de religions ; **guerre sainte ;** croisade [CATH.], djihad [ISLAM]. – Guerre d'extermination ; génocide.

4 Guerre ; bataille, combat, **lutte, rivalité ;** fam. : guéguerre, petite guerre. – Guerre psychologique ; guerre des nerfs ; guerre d'usure. – Guerre diplomatique ; **guerre froide.** – Guerre économique ; guerre du pétrole, guerre des ondes, etc.

5 **Agression,** acte de belligérance, acte de guerre, fait de guerre ; recours à la force ou à la force armée. – **Casus belli** (lat., « cas de guerre »). – Ultimatum. – Déclaration de guerre ; entrée en guerre. – État de guerre ; guerre ouverte, guerre larvée ; hostilités.

6 Préparatifs de guerre ; bruit (ou bruits) de bottes. – Veillée d'armes. – Enrôlement, mobilisation ; mobilisation générale ; désertion, insoumission. – Réquisition.

7 Bataille, combat, engagement ; feu ; arg. mil. : baroud, rif. – Attaque 655, assaut, charge, incursion, raid, sortie. – Patrouille. – Accrochage ; embuscade. – Action ou opération de commando, coup de main ; ruse de guerre ; tour de vieille guerre [vx]. – Campagne, expédition.

8 Sort des armes [litt.] ; **défaite 661,** victoire 660, capitulation ; honneurs de la guerre. – Armistice, cessez-le-feu, trêve ; **paix 652.** – Libération.

9 **Droit de la guerre ;** DR. INTERN., anc. : *jus belli* (lat., « droit de la guerre »), *jus ad bellum* (lat., « droit en considération de la guerre »). – Lois de la guerre. – Crime de guerre.

10 **Avant, front ;** front des troupes, ligne de feu, zone des combats ; **champ de bataille.** – **Arrière** *(l'arrière) ;* arrières *(les arrières),* zone des arrières ou, anc., zone des étapes. – Champ d'honneur [sout.] ; champ de Mars [vx].

11 Prisonnier de guerre ; camp de prisonniers ; HIST. : stalag, oflag. – Captivité.

12 **Guerre** *(la guerre, les années de guerre).* –
Avant-guerre *(l'avant-guerre) ;* après-
guerre *(l'après-guerre) ;* entre-deux-guerres *(l'entre-deux-guerres).*

13 Art de la guerre ; art militaire ; métier des
armes. – Polémologie ; poliorcétique. –
**Stratégie, tactique** ; logistique. – École
de guerre, **école militaire.** – Exercices,
manœuvres. – *Kriegspiel* (germanisme, littéralement, « jeu de guerre »), *wargame*
(anglic., même sens).

14 **Bellicisme.** – Combativité, pugnacité
[litt.]. – Bellicosité [didact.].

15 Belligérant, combattant, neutre **720** ; non-
belligérant. – Adversaire, ennemi *(un ennemi, les ennemis ;* collect. : *l'ennemi) ;* allié,
ami. – Vainqueur *(le vainqueur)* [collect.] ;
vainqueur *(un vainqueur, les vainqueurs).* –
Vaincu *(le vaincu)* [collect.] ; vaincu *(un
vaincu, les vaincus).*

16 **Militaire,** soldat ; guerrier ; guerroyeur
[vieilli]. – Homme de guerre ; chef de
guerre, foudre de guerre [souv. iron.]. –
Chair à canon [fam.]. – Franc-tireur, maquisard, partisan, résistant, guérillero ;
combattant de l'ombre [litt.]. – Milicien.
– HIST. : grognard, poilu. – Ancien combattant ; vétéran. – Déserteur, insoumis. –
Fam. et péj. : embusqué *(un embusqué),*
planqué *(un planqué).*

17 **Armée 663,** armée régulière. – Comman-
dos ; corps francs, groupes francs. – Unité
engagée. – Commando. – Résistance **630** ;
la Résistance [HIST.].

18 Mutilé de guerre **387** ; grand invalide de
guerre (abrév., G. I. G.). – Mutilé de la face
ou gueule cassée [non vulg.] *(les gueules
cassées).* – Pensionné de guerre. – Veuve
de guerre ; orphelin de guerre.

19 **Belliciste** *(un belliciste) ;* fam. : baroudeur,
va-t-en-guerre ; boutefeu ou boute-feu
[vx]. – Criminel de guerre.

20 **Stratège** ; tacticien ; logisticien. – Polé-
mographe, polémologue. – ANTIQ. GR. : archonte polémarque, polémarque.

21 Dieux de la Guerre : Arès [MYTH. GR.], Mars
[MYTH. ROM.], Wotan ou Odin [MYTH.
GERMANIQUE].

V. 22 **Faire la guerre à** ; être en guerre avec ou
contre, guerroyer avec ou contre ; lutter
contre, mener la ou une guerre contre. –
Se battre contre ; combattre contre ; livrer
bataille à. – Déclarer la guerre à.

23 **Combattre, faire le coup de feu** ; batailler [vx], livrer bataille. – Engager les
hostilités. – Ouvrir le feu, tirer ; charger.

– **Faire la guerre** ; faire campagne. – **Être
en guerre** ; être en état de guerre. – Être
sur le pied de guerre ; être sur le sentier
de la guerre ; déterrer la hache de guerre.
– Battre les tambours de guerre ou de la
guerre ; appeler à la guerre. – Allumer la
guerre ; entrer en guerre. – Attaquer. –
**Partir à** ou **pour la guerre** ; aller ou s'en
aller à la guerre ; aller ou partir en guerre ;
partir (en guerre) la fleur au fusil. – Aller
ou monter au casse-pipe [fam.] ; aller au
feu ; monter en ligne.

24 **Combattre** (qqch, qqn), guerroyer (qqn)
[vx].

25 S'aguerrir. – Mourir **311** ou tomber au
champ d'honneur. – Déserter.

26 **Armer.** – **S'armer.** – *Si vis pacem, para
bellum* (lat., « Si tu veux la paix, prépare
la guerre »). – Enrôler. – Mobiliser ; démobiliser. – Réquisitionner. – Aguerrir. –
Capturer, faire prisonnier.

Adj. 27 **Guerrier, militaire.** – Mobilisable. – Mobilisé ; démobilisé.

28 **Belliqueux** ; batailleur, belliciste, guerrier, guerroyant [sout.], guerroyeur [rare] ;
agressif **580.**

29 **Combattant** ; belligérant ; engagé ; en
guerre. – Sur le pied de guerre (opposé à
sur le pied de paix, rare et vieilli). – Adverse ; ennemi.

30 Aguerri.

31 Belligène [didact.].

32 Polémologique [didact.].

Adv. 33 Belliqueusement [rare].

Int. 34 Feu ! – Guerre à + n. – Aux armes ! **631.**

35 Fig. – À la guerre comme à la guerre !
[souv. par plais.].

Aff. 36 Belli-, polém-, polémo-.

## 651 RÉVOLUTION

N. 1 **Révolution** ; insurrection, rébellion **625,**
**révolte,** subversion [litt.] **18.2,** coup d'État
[vx]. – **Révolte** ; mutinerie, sédition, soulèvement [fig.]. – **Guerre civile 650,** guerre
intestine ; guerre révolutionnaire.

2 **Coup d'État 669,** pronunciamiento,
putsch.

3 HIST. – La révolution française ou, absolt, **la
Révolution** ; la révolution russe ou révolution d'Octobre. – La révolution des
œillets (Portugal, 1974) ; la révolution de
velours (Europe orientale, notamment
Tchécoslovaquie, à partir de 1989).

4 **Révolutionnaire** *(un révolutionnaire)* ; agitateur *(un agitateur)*, gauchiste *(un gauchiste)*, gaucho *(un gaucho)* [fam.]. – Mutiné *(un mutiné)*, révolté *(un révolté)* ; factieux *(un factieux)* [péj.], insurgé *(un insurgé)*, mutin *(un mutin)*, rebelle *(un rebelle)*, séditieux *(un séditieux)* ; putschiste *(un putschiste)*. – Jacobin *(un jacobin)* [HIST.].

5 POLIT. – **Révolutionnarisme** ou révolutionarisme, gauchisme [péj.]. – Jacobinisme [HIST.].

6 **Révolutionnarisation** [didact., POLIT.].

V. 7 **Subvertir** [didact.], révolutionner [vx].

8 **Se révolter** ; se mutiner, se soulever, se rebeller.

Adj. 9 **Révolutionnaire**, subversif. – Insurrectionnel ; factieux, séditieux. – Révolutionnariste [POLIT.].

Adv. 10 **Révolutionnairement.**

## 652 PAIX

N. 1 **Paix ; concorde**, entente 428. – Détente ; neutralité, **non-belligérance.**

2 Cessation des hostilités, suspension d'hostilité. – **Cessez-le-feu**, trêve, trêve de Dieu [HIST.]. – **Armistice.**

3 Mission de bons offices, **négociation** (souv. au pl.), offensive de paix, ouvertures de paix, pourparlers de paix. – Conférence de la paix. – Ballet diplomatique [fam.].

4 **Pacte** 735 ; [DR. INTERN.] pacte de non-agression, traité de paix ; paix séparée. – Édits de pacification [HIST.], paix de Dieu [FÉOD.]. – Paix fourrée, paix plâtrée [fig. et vx]. – Paix des braves.

5 Paix romaine (lat., *pax romana*). – Paix des dieux (lat., *pax deorum*).

6 **Coexistence pacifique** ; guerre froide 650, paix armée. – Si tu veux la paix, prépare la guerre (trad. du prov. lat. *Si vis pacem, para bellum*).

7 **Pacifisme** ; neutralisme [POLIT.]. – Mouvement pour la paix.

8 **Pacification.** – Pactisation [rare].

9 **Pacifiste** *(un pacifiste)* ; neutraliste *(un neutraliste)* [POLIT.], non-belligérant *(un non-belligérant)*, non-violent *(un non-violent)*. – Pacificateur *(un pacificateur)*, pactiseur *(un pactiseur)* [rare].

10 Symboles de la paix. – Colombe. – Rameau d'olivier. – Drapeau blanc [signe de reddition ou de demande de trêve].

V. 11 **Pacifier**, rétablir l'ordre. – **Conclure, signer la paix** ; faire la paix, s'asseoir à la table des négociations [fig.] ; **pactiser.** – Désarmer, mettre sur pied de paix [MIL.], poser les armes ; démilitariser, dénucléariser.

12 S'apaiser, se pacifier.

Adj. 13 **Pacifique** ; calme 448, paisible. – Apaisé, pacifié.

14 **Pacifiste** ; neutraliste, non-violent. – Sur le pied de paix *(armée sur le pied de paix)* [MIL.].

Adv. 15 **Pacifiquement.** – En paix *(vivre en paix)*.

## 653 COMPROMIS

N. 1 **Compromis** ; accord 428, convention. – **Composition, négociation,** transaction. – Pis-aller.

2 DR. : **accord amiable,** clause compromissoire, solution de compromis. – **Conclusion,** résultat, solution. – Accommodement, **arrangement,** modus vivendi ; concession. – Consensus, consentement 635, consentement mutuel.

3 **Conciliation** 199.3, réconciliation 638 ; tentative de conciliation [DR.] ; **renégociation ; raccommodement, rapprochement.**

4 **Arbitrage,** interposition de personnes [DR.] ; courtage, **entremise, intermédiaire,** interposition, **médiation ; intervention** ; truchement. – Intermédiation [BANQUE]. – Formation de compromis [PSYCHAN.].

5 **Modération** 579. – Compréhension, indulgence ; **tolérance, transigeance** [rare]. – Équilibre ; équité, justice 711.

6 **Terrain d'entente.** – **Juste milieu,** moyenne 57.7. – **Compromission** 702.

7 **Pacte** 654, traité. – Compromis, procès-verbal de conciliation, **instrument** [DR.].

8 HIST. : compromis historique, paix clémentine.

9 **Austrégale** [DR., anc.], cour d'arbitrage, Cour internationale de justice ; plaids de la porte [HIST.] ; bureau de conciliation [DR. DU TRAVAIL].

10 **Arbitre,** conciliateur, intermédiaire, médiateur, négociateur.

11 DR. – Amiable compositeur, austrègue [DR., anc.] ; juge conciliateur, **juge.**

V. 12 **Pactiser** 654.9 ; faire la paix 736. – **Traiter avec.** – **Compromettre,** faire un compromis, **transiger.** – S'en remettre à l'arbitrage.

13 **Touver un terrain d'entente** ; couper la poire en deux [fam.] ; accepter le compromis, **céder, composer.**

14 **Arbitrer, négocier.** – Régler *(régler un litige, un différend) ;* arranger.

15 **Amener à composition,** mettre d'accord ; **concilier** ; accorder. – Raccorder, **réconcilier** ; allier.

16 Se mettre d'accord, **se réconcilier.** – S'accommoder, **s'accorder,** s'arranger. – Se rapprocher ; s'allier, se lier ; s'unir.

17 Compromettre, discréditer, impliquer. – Se compromettre.

Adj. 18 DR. – **Arbitral, compromissoire,** conciliatoire ; contractuel, **conventionnel,** consensuel.

19 DR. : **arbitrable,** transigible. – **Conciliable** ; compatible. – Accommodable, arrangeable, traitable.

20 **Intermédiaire,** intermédiat. – Médiat ; moyen.

21 **Conciliateur,** médiateur. – Diplomate.

22 **Conciliant** ; accommodant, apaisant, arrangeant, bienveillant, compréhensif, indulgent ; flexible, **souple.** – Modéré.

Adv. 23 À l'amiable, de gré à gré, d'un commun accord **428.** – Amiablement [sout.].

24 DR. – Contractuellement ou par contrat, conventionnellement ou par convention ; par accord des parties.

25 Médiatement [rare]. – Par personne interposée.

## 654 PACTE

N. 1 **Pacte,** pactisation [rare] ; **accord 428,** accord amiable, **alliance,** concordat, entente, gentleman's agreement ou gentlemen's agreement [anglic.], traité ; charte.

2 **Engagement,** promesse **596.** – DR. : **convention,** convention collective, protocole, protocole d'accord ; résolution.

3 DR. – **Contrat** ; compromis de vente ou, absolt, compromis, promesse de vente ou, didact., promesse synallagmatique de vente ; pacte commissoire. – Instrument.

4 **Arrangement 728** ; deal [anglic.], marché.

5 Consentement **635** ; approbation ; signature.

6 Diplomatie ; relations internationales ; politique étrangère **669.**

7 Pactiseur [rare]. – **Négociateur** ; intermédiaire.

8 DR. – **Partie** *(les parties) ;* contractant *(les contractants),* cocontractant *(les cocontractants),* **cosignataire** *(les cosignataires).*

V. 9 **Pactiser** ; conclure, faire un accord. – **Ratifier** ; accepter, acquiescer, **agréer,** approuver, entériner, homologuer, **signer.** – Faire la paix **652.**

10 **Convenir** ; demeurer d'accord de. – **Donner son accord,** donner le feu vert ; donner sa signature, signer des deux mains [fam.], taper dans la main, toper ; bien vouloir, consentir.

11 **Rapprocher.** – **Allier,** lier, marier [fig.].

12 S'allier à, se rallier à, se rapprocher de ; se raccommoder, se raccorder, **se réconcilier.**

Adj. 13 DR. : contractant, cocontractant, **cosignataire.** – Signataire *(les partiess signataires).*

Adv. 14 DR. : **conventionnellement** ou par convention. – D'un commun accord.

## 655 ATTAQUE

N. 1 **Attaque** ; **agression.** – Attentat. – **Assaut, charge, offensive,** sortie. – Contre-attaque, contre-offensive **656.** – Riposte.

2 **Hostilités 650** ; bagarre **649.** – **Provocation** ; menace.

3 Conquête ; reconquête ; **prise** ; siège ; mise à sac, pillage **557.** – Blocus. – Incursion **666, invasion** ; coup de maître.

4 **Engagement,** entreprise **535.** – Initiative. – Attaque, **commencement 56.9.**

5 MIL. – Alliance offensive et défensive ; retour offensif.

6 Fig. – **Attaque** *(attaque verbale) ;* accusation, agression, calomnie **627, charge, critique,** diatribe, sortie ; **affront,** bravade, défi ; **fronde.**

7 **Agressivité,** hostilité, violence **580** ; combativité.

8 Arme offensive **664.** – Machine de guerre [fig.].

9 SPORTS. – Ligne d'attaque ou, absolt, attaque ; avant.

10 **Attaquant** ; **assaillant** ; assiégeant ; **agresseur.** – Conquérant **660.**

11 **Frondeur** [litt., vx].

12 Assiégé *(l'assiégé).*

V. 13 **Attaquer** ; **agresser.** – Assaillir, **donner l'assaut à.** – Absolt : attaquer, donner l'assaut ; passer à l'attaque ou à l'offensive ; prendre l'offensive.

14 **Conquérir,** faire la conquête de ; reconquérir. – **Envahir, prendre,** prendre d'assaut.

15 **S'attaquer à ; s'en prendre à.** – Prendre à partie ; **affronter,** défier.

16 Fig. – Attaquer ; **agresser 18. 9** ; calomnier, critiquer, dénigrer, fronder [litt.]. – **Braver** ; entreprendre [vx].

17 Commencer, **engager,** entreprendre.

Adj. 18 **Attaquant ; agresseur** [sout.]. – Assaillant ; assiégeant.

19 Agressif **586** ; combatif, **offensif.** – Provocant ; **provocateur** ; querelleur **471.**

20 Offensif. – **D'attaque,** de choc **227,** de combat ; d'assaut.

21 **Attaquable, vulnérable.**

Adv. 22 **Offensivement.** – Agressivement.

Int. 23 **À l'attaque !** – Feu !

## 656 DÉFENSE

N. 1 **Défense ; défensive** ; vx : défens ou défends. – Sécurité 550, sûreté. – **Protection 560** ; autoprotection ; autodéfense, légitime défense ; résistance **630.** – Garantie, préservation **559,** sauvegarde. – Alliance ; entraide.

2 Actions défensives. – **Arrêt, chasse,** contre-attaque, contre-offensive, flanquement, frappe, poursuite, **riposte.** – Embargo ; blocus. – Tir **667** ; contrebatterie ; contre-guérilla. – **Contre-mesure,** contre-contre-mesure ; contre-espionnage ; black-out [anglic.] ; occultation.

3 Défense civile, défense passive [anc.], protection civile ou sécurité civile. – Défense militaire ; **dissuasion 526.** – Défense nationale, ministère de la Défense ; centre de résistance ; anc. : D. C. A. (Défense contre les aéronefs ou, cour., Défense contre avions) ; **chasse** ; Défense sol-air, Forces de défense aérienne ; Force d'action rapide (F. A. R.), Force océanique stratégique (F. O. S. T.).

4 **Sûreté** ; sûreté éloignée, sûreté immédiate, sûreté rapprochée. – **Renseignement** *(le renseignement)* ; observation ; détection, **surveillance 716.**

5 **Zone de défense** ; région ; département. – Secteur.

6 **Camouflage.** – Colmatage. – **Blindage, cuirassement,** gabionnage ; épaulement.

7 Ligne de défense ; angle de défense ; défense en hérisson, nid de résistance ; circonvallation, contre-mine, contrevallation, front fortifié ou ligne fortifiée, point d'appui, poste. – **Position défensive,** position de repli ; quadrilatère.

8 **Défenses** ou fortifications. – **Fortification** ; bordj, camp retranché, place, **place forte** ou **fortifiée,** ouvrage, retranchement ; esplanade. – **Enceinte, enveloppe,** moineau, mur, muraille, palissade, **rempart** ; pluteus [anc.]. – **Fossé** ; avant-fossé ou contre-fossé, **contrescarpe,** coupure, douve, **escarpe.** – Barbacane, tambour.

9 **Bastide, bastille,** bastillon, **bastion,** blocus [vx], **château** ou **château fort,** châtelet, **citadelle,** couronne, dame-ronde ou dame en tour ronde, décagone, demi-bastion, donjon, **fort,** fort d'arrêt, **forteresse,** fortin, redoute, torrion. – Cassine.

10 **Dehors** *(les dehors)* ; braie, fausse braie ; contre-garde ou couvre-face, courtine ; demi-lune, lunette, tenaille ; avancée, bonnette, redan ou redent.

11 **Abri,** gabionnade [vx] ; tourelle ; trou individuel. – Pare-éclats. – Bloc, **blockhaus, bunker,** casemate.

12 **Tranchée** ; boyau, bretelle, cheminements ou approches, caponnière, **chicane,** gaine, galerie, sape. – Nid de mitrailleuses ; masque, silo.

13 **Guérite** ou, arg., guitoune ; **bretèche** ou **bretesse,** échauguette, poivrière. – Batterie, barbette ; archière, canonnière, mâchicoulis, meurtrière.

14 Chemin, **chemin de ronde,** coursière. – Guette [anc.] ; mirador, poste d'observation ou de guet.

15 Barbelé [surtout au pl.], cheval de frise. – Pare-balles.

16 **Mine 664.** – Missile antimissile, missile antibalistique ou ABM (angl., *antiballistic missile*), satellite-espion ou satellite espion. – **Brouilleur,** radar, sonar. – **Leurre 728,** paillettes.

17 **Cuirasse** ; armure, casque ; **bouclier,** gilet pare-balles, masque à gaz. – Cloche.

18 **Fortificateur** ; gabionneur.

19 **Défenseur** ; pilier, **protecteur,** soutien.

20 SPORTS. – Arrière *(un arrière),* la défense **870.**

V. 21 **Défendre,** parer [vx], **protéger** ; garantir, sauvegarder. – Prendre la défense de, aller à la rescousse de ; **aider, secourir.**

22 **Appuyer, couvrir,** flanquer, **soutenir.** – Intercepter. – Contre-attaquer ; contrebattre ; contre-miner.

23 **Fortifier ; bastionner ; retrancher.** – Blinder, consolider, **cuirasser,** gabionner, palissader. – Miner.

24 **Camoufler.** – Colmater.

25 **S'abriter ;** se préserver, se protéger ; se garantir. – Se défendre de ou contre, **se protéger de** ou **contre.** – Se cuirasser contre.

26 **Être sur la défensive ;** se défendre. – Se mettre en garde. – Parer à. – Faire front ou faire face. – Se camoufler, s'embusquer, **se retrancher.**

27 SPORTS. – Jouer la défense, se couvrir ; fam. : bétonner, jouer le béton ou la couverture.

Adj. 28 **Défensif ; stratégique.**

29 Antiengin ; antiaérien, antiatomique, antichar, anticité, antiforces, antiguérilla, antimissile, antisatellite.

30 Protecteur ; de soutien. – Préservateur [vx], protectif [litt.].

31 Défendable [empl. souv. négatif]. – TECHN. : défensable ou en défense.

Adv. 32 **Défensivement.** – À son corps défendant [vx].

Int. 33 En garde !

## 657 INJURE

N. 1 **Injure ; affront,** avanie, **insulte, offense, outrage ;** camouflet, **humiliation,** mortification, nasarde, **vexation ;** coup de patte, gifle, soufflet. – Contumélie [vx, litt.].

2 **Injure ; atteinte,** blessure, coup 658, ravage ; dommage, préjudice, **tort ;** injustice 712. – DR. : délit, faute.

3 **Injure ; insulte,** invective, sottise [sout.], vilenie ; épithète malsonnante, nom d'oiseau ; bordée (ou : chapelet, flot, torrent) d'injures, sortie. – **Gros mot,** grossièreté, obscénité. – **Bras d'honneur,** pied de nez.

4 Apostrophe, **attaque** 655, coup de langue, critique, moquerie 454, pique, sarcasme, vanne [fam.].

5 Agressivité ou **violence verbale ;** calomnie, dénigrement, diffamation. – **Grossièreté,** obscénité, trivialité. – Impertinence, **impolitesse,** impudence, insolence, irrespect 627, irrévérence. – Colère 471 ; mépris.

6 Diatribe 751.

7 Insulteur *(un insulteur)* [rare], offenseur ; vexateur *(un vexateur)* [litt.] ; malotru, malpoli *(un malpoli)* [fam.]. – Insulté, offensé.

V. 8 **Injurier ;** bafouer, **insulter,** offenser, outrager ; blesser, froisser, humilier 611, mortifier, **vexer ;** faire affront, faire injure ; souffleter [fig.]. – Flétrir, salir ; nuire à.

9 **Injurier ; insulter ;** abreuver (ou : accabler, agonir, couvrir) d'injures, chanter pouilles à [vx], traiter de tous les noms. – Apostropher, engueuler [très fam.], **invectiver,** maltraiter. – **Conspuer,** honnir [vx], vilipender [litt.] ; traîner dans la boue.

10 Dire (ou : crier, lancer, proférer) des injures, donner des noms d'oiseaux ; fam. : baver, cracher, débagouler, déblatérer, dégoiser, dégueuler, éructer, glapir, vomir. – Blasphémer 483, maudire.

11 Subir (ou : avaler, essuyer) un outrage ; avaler des couleuvres, en entendre des vertes et des pas mûres [fam.]. – Laver (ou : réparer, venger) un outrage.

Adj. 12 **Injurieux ; insultant,** offensant, outrageant, outrageux [vx, litt.] ; blessant, humiliant, **vexant,** vexatoire. – Diffamatoire.

13 **Injurieux ; grossier,** obscène, ordurier, trivial, vulgaire.

14 Injurié ; humilié, insulté, offensé, outragé.

15 **Discourtois** 593, grossier, impertinent, **impoli,** impudent, insolent, **insultant ;** irrespectueux 627, irrévérencieux. – Mal embouché.

16 Injurieux [vx]. – Injuste 712.

Adv. 17 **Injurieusement** [litt.] ; grossièrement, impoliment, impudemment, **irrespectueusement, irrévéremment ;** trivialement, vulgairement. – Contumélieusement [rare].

## 658 COUP

N. 1 **Coup ;** coups et blessures ; choc 227, heurt, renfoncement [vx].

2 Fessée ; correction 722, trempe [fam.].

3 Claque, **gifle ;** fam. : baffe, beigne, beignet, calotte, giroflée à cinq feuilles, tarte ; fam., vx : bigne, cataplasme de Venise ; soufflet [vx ou litt.]. – **Emplâtre** [vieilli] ; fam. : mornifle, torgnole.

4 **Chiquenaude,** frôlement, pichenette, tape. – Fam. : atout, châtaigne, coquard,

**gnon,** jeton, mandale, marron, pain, pêche, ramponneau, tampon, taquet ; anguillade [vx], horion [litt.]. – Vx : estocade, souvenance.

5 **Volée de coups** ; volée de bois vert [fam.]. – Fam. : bastonnade, brossée, brûlée, dégelée, dérouillée, frottée, giboulée, pâtée, peignée, pile, raclée, ratatouille, rincée, rossée, roulée, rouste, tabassée, tannée, tatouille, tournée, trempage, tripotée, volée. – Vx : avoine, contredanse, danse, décharge, escourgée, étrillage, sanglade ; jus de bâton. – Passage à tabac.

6 **Coup de boule** [fam.], coup de poing ou, vieilli, balle de coton, coup de genou, coup de pied ou de botte. – Coup de bâton, coup de trique. – Coup de manchette ou manchette. – SPORTS : droite 870, gauche.

7 **Bagarre,** combat, combat de rue, rixe ; castagne [fam.]. – Fam. : baston, bastonnade, cognage [rare], cogne. – Cognement [rare], tamponnement [vx].

8 Flagellation, **lapidation** ; fustigation.

9 Fouet ; chat à neuf queues [fam.], knout ; martinet. – Cravache, étrivières [vx], schlague [fam.], trique. – Verges.

10 Pop. : cogneur *(un cogneur).* – BOXE : puncher *(un puncher* ; opposé à *styliste).*

V. 11 **Cogner,** frapper, taper ; donner des coups. – Appliquer (fam. : coller, ficher, flanquer, foutre) un coup. – Administrer, allonger, assener un coup.

12 **Battre,** échiner, éreinter [vx] ; fam. : arranger, étriper, moucher, rosser ; passer à tabac, **tabasser.** – Assommer, estourbir [fam.] ; marteler, meurtrir. – S'acharner sur ; fam. : casser, défoncer, fracasser, massacrer.

13 Calotter, claquer, **gifler** ; vx : couvrir la joue, donner de la main, donner l'aller et venir (mod., l'aller et retour).

14 Corriger, fesser ; faire zizi-panpan [enfant.]. – Taper sur les doigts. – Donner une leçon.

15 Bourrer (ou : cribler, rouer) qqn de coups ; bourrer le pourpoint [vx]. – Fam. : casser la gueule à qqn, faire une grosse tête, **faire une tête au carré** ; rompre les os de qqn ; vx : donner un boucan, tanner la basane ; faire voir les étoiles de jour. – Faire un mauvais parti à [sout.]. — Faire ou régler son compte à qqn, apprendre à vivre à qqn [fam.] ; vx : faire chanter une gamme à qqn.

16 **Agresser** 580 ; fondre sur qqn, se ruer sur qqn ; fam. : rentrer dedans, rentrer dans

le mou (ou : dans le lard, dans le chou). – Tomber sur, tomber à bras raccourcis sur, tomber sur la bosse de qqn, tomber sur le casaquin ou sur le paletot de qqn. – Vieilli : faire avaler à qqn des poires d'angoisse, tremper une soupe à qqn.

17 Très fam. – **Mettre dans les dents** ou dans les gencives. – En faire manger à qqn, en faire bouffer ; faire dinguer ou valdinguer, faire valser ; envoyer à dame [vx].

18 Fam. : faire un cocard, faire un œil au beurre noir, pocher un œil. – Faire une fourchette. – Poignarder 311.33 ; larder de coups de couteau, saigner qqn [fam.] ; pourfendre [litt.].

19 **Se faire taper dessus** ; fam. : se faire écharper, se faire rosser, se faire tabasser ; vx : se faire écharpiller, se faire piger. – Fam. : se faire casser la gueule, se faire démolir le portrait. – Attraper une dérouillée, manger des beignets après la Pentecôte [vx]. – Voir des anges violets [vx].

20 Fam. – **Prendre** *(prendre des coups),* ramasser. – Écoper, empocher, encaisser. – Déguster, morfler.

21 **Se battre** ; fam. : se bastonner, se chiquer, se fritter ; se gourmer [vx]. – Rendre coup pour coup.

22 Flageller, lapider. – Bastonner, bâtonner, cingler, cravacher, fouailler [litt.], **fouetter,** fustiger, knouter ; sangler [vx]. – Donner les verges.

23 **Blesser** 387, choquer, commotionner, traumatiser.

24 **Heurter,** percuter, télescoper ; fam. : bugner, tamponner ; entrer en collision avec ; fam. : s'emplâtrer, s'emplafonner.

Adj. 25 Agressif, violent 580.

Adv. 26 **Agressivement,** violemment.

27 À coups redoublés. – À fer émoulu [vx].

## 659 REPRÉSAILLES

N. 1 **Représailles** ; rétorsion, revanche 662. – **Réparation,** vengeance ; vindicte [vx]. – Vindicte publique [DR.].

2 **Vengeance,** vendetta. – Loi du talion : « œil pour œil, dent pour dent » (Lévitique). – **Contre-attaque** 655, réplique, riposte ; défense 656. – DR. ANC. : droit de représailles ou droit de marque.

3 **Représaille** [rare]. – **Ressentiment** ; rancune. – Inimitié 605 ; aversion 456, hostilité.

4 Revanchisme ; feud [ANTHROP.].

5 Rare : **vengeur** *(un vengeur),* vengeresse *(une vengeresse).* – Revanchiste *(un revanchiste).*

6 Voceratrice [région.].

7 Litt. : le feu du ciel ou la vengeance céleste. – MYTH. : les Érinyes ou Érinnyes (Alecto, Mégère, Tisiphoné) ou, par antiphrase, les Euménides (les « Bienveillantes ») ; les Furies.

V. 8 **Venger qqn 662.** – Revancher [pop., vx]. – Sout. : punir, réparer, venger ; laver une injure, un outrage. – Tirer vengeance de.

9 **Se venger** ; se revancher [litt., vx] ; prendre sa revanche. – Faire payer, régler son compte à qqn, rendre la pareille à qqn ; rendre à qqn la monnaie de sa pièce ; **répliquer 420,** riposter. – Revaloir qqch à qqn.

10 **Exercer des représailles contre,** user de représailles à l'égard de ; régler ses comptes [fam.] ; rétorquer [vx ou litt.]. – **Crier** (ou : demander, réclamer) **vengeance** ; demander ou exiger réparation.

11 Subir des représailles ; **expier 698** ; **compenser 99,** dédommager, payer, **réparer.**

Adj. 12 Vengeur ; vengeresse ; **vindicatif.** – Revanchard [péj.].

Adv. 13 Vindicativement [sout.].

14 **En revanche.** – En représailles, par droit de représailles, par représailles.

Int. 15 Vengeance !

## 660 VICTOIRE

N. 1 **Victoire** ; réussite, **succès 540,** triomphe.

2 Victoire ; conquête. – Victoire à la Pyrrhus [allus. hist.].

3 **Butin,** dépouilles opimes [ANTIQ. ROM.], prise de guerre. – **Trophée** ; trophée d'armes ; faisceau de drapeaux, trophée de drapeaux.

4 Palmes ; lauriers de la victoire. – V de la victoire. – Arc de triomphe.

5 Triomphalisme. – Invincibilité.

6 **Vainqueur** *(un vainqueur) ;* gagnant ; triomphateur. – Conquérant, conquistador [HIST.]. – Tombeur [fam.].

V. 7 **Gagner** ; l'emporter, réussir, **triompher, vaincre.** – Gagner la bataille, gagner la partie, remporter une victoire. – « *Veni, vidi, vici* » (lat.,« je suis venu, j'ai vu, j'ai vaincu », Jules César).

8 **Dominer,** dominer la situation ; avoir l'avantage, avoir le dessus.

9 **Battre,** vaincre. – Triompher de, venir à bout de. – Assujettir, dominer **622,** soumettre, soumettre par les armes. – Mettre hors de combat, mettre hors d'état de nuire ; mettre à bas.

10 Se rendre maître de.

11 Chanter ou crier victoire ; ne pas avoir le triomphe modeste.

12 Porter en triomphe.

Adj. 13 **Victorieux** ; vainqueur ; couronné, couvert de lauriers. – Conquérant, triomphant ; triomphateur.

14 **Triomphal.**

Adv. 15 Victorieusement ; triomphalement.

Int. 16 Victoire !

## 661 DÉFAITE

N. 1 **Défaite** ; écrasement, perte *(perte d'une bataille),* revers **541.** – Fam. : brossée **658.5,** déculottée, dérouillée, pile, raclée.

2 **Retraite** ; débâcle, débandade, déroute, fuite. – MIL. : recul, repli ; décrochage.

3 MIL. – **Capitulation,** capitulation en rase campagne, capitulation sans condition ; **reddition,** reddition sans condition.

4 Défaitisme.

5 Vaincu *(un vaincu) ;* perdant. – **Défaitiste 443 ;** capitulard [péj.].

V. 6 **Perdre** ; avoir le dessous, essuyer une défaite ou un revers, perdre une bataille.

7 MIL. ou fig. : **battre en retraite,** décrocher, reculer **164. 10 ;** lâcher pied, perdre du terrain.

8 **Se rendre** ; s'avouer vaincu. – Hisser le drapeau blanc, sonner la chamade [anc.] ; mettre bas les armes ou, vx, les lances. – Se replier [MIL.].

9 **Capituler,** signer une capitulation ; déposer les armes, rendre les armes ; ouvrir les portes à l'ennemi, livrer les clefs d'une ville. – Baisser pavillon, mettre pavillon bas.

Adj. 10 Battu, **vaincu** ; défait [vx].

Int. 11 *Vae victis !* (lat., « malheur aux vaincus ! »).

## 662 REVANCHE

N. 1 **Revanche** ; compensation **99,** contrepartie ; paiement de retour ou en retour ;

réponse 420. – **Échange,** équivalence, réciprocité 20, **retour** ; égalité 83.

2 **Représailles 659,** vengeance. – Prov. : la vengeance est un plat qui se mange froid ; vx : à beau jeu, beau retour ; le retour vaudra pis que matines.

3 **Partie** ; manche *(deuxième manche)* 872. – **Belle** *(la belle)* ; SPORTS : match retour, revanche.

4 **Revanchisme.** – Rancune 603.

5 **Revanchiste** *(un revanchiste)* ; **revanchard** *(un revanchard)* [péj.]. – Rare : **vengeur** *(un vengeur).*

V. 6 **Prendre sa revanche.** – Pop., vx : revancher, se revancher ; répondre 420. – **Venger 659.**

7 Jouer la belle (ou : la dernière manche, la troisième manche). – Damer le pion à qqn. – **Reprendre l'avantage.**

8 Fam. – Attendre là *(je t'attends là),* attendre à la sortie, attendre au passage (ou : au tournant, au virage), rattraper ou retrouver au tournant, **retrouver** *(on se retrouvera !, je vous retrouverai !).* – **Ne rien perdre pour attendre** *(tu ne perds rien pour attendre).* – Rira bien qui rira le dernier [loc. prov.].

9 **Se venger** ; se revancher [litt., vx]. – Se dédommager *(se dédommager d'un affront).*

Adj. 10 **Revanchiste** ; revanchard [péj.]. – Vengeur, **vindicatif** ; rancunier 603.

Adv. 11 **En revanche** 20.16 ; en contrepartie, en échange, **en retour.** – À charge de revanche, à titre de réciprocité.

12 Vindicativement [sout.].

## 663 ARMÉE

N. 1 **Armée.** – Souv. au pl. : arme, force, force armée. – Troupe *(la troupe, les troupes)* ; le rang ; les hommes. – Armée permanente ; armée de métier ; active *(officier d'active).* – La grande muette ; la soldatesque [péj.].

2 Armes. – Armée de terre ; armée de l'air ; marine ; aéronavale *(l'aéronavale) ;* gendarmerie 716 ; forces nucléaires ; forces d'O. – Génie ; transports ; soutiens. – Renseignement ; litt. : armée des ombres, armée secrète.

3 Armée de terre. – Anc. : armes à pied, armes montées. – Auj. : forces terrestres ; **infanterie, cavalerie, artillerie** ; train, circulation ; blindés, transmissions, matériel. – Infanterie coloniale (fam. : les marsouins ; arg. : la Marsouille). – Légion étrangère.

4 Marine. – Armée de mer. – **Flotte** ; forces maritimes, forces navales ; marine de guerre.

5 Armée de l'air. – Aviation 820, aviation militaire ; **forces aériennes.**

6 Services. – Approvisionnements, intendance [anc.], ravitaillement. – Service de santé. – Génie, transmissions.

7 Commissariat de l'air, Commissariat de l'armée de terre, Commissariat de la marine. – Amirauté *(l'Amirauté)* [Royaume-Uni]. – **Commission** ; commision locale d'aptitude, commission de réforme, commission consultative des unités.

8 Contingent *(le contingent) ;* réserve active. – **Formation,** unité de combat ; bataillon, compagnie, corps d'armée, division, escadre, escadron, escouade [anc.], peloton, régiment. – ANTIQ. : hipparchie, légion.

9 **Garde.** – Milice. – Relève de la garde. – Garde descendante, garde montante.

10 **Appelé** *(un appelé),* engagé, mobilisé. – Cadre de réserve, réserviste, réserviste volontaire. – Anc. : légionnaire ; mercenaire ; milicien. – **Garde** *(un garde)* 716. – Planton. – Gendarme ; sapeur-pompier (ou : pompier, soldat du feu). – Recruteur [anc.].

11 **Combattant** (opposé à non-combattant), **soldat.** – Homme de troupe ; fam. : bidasse, troufion ; vieilli : poilu, troubade, troupier. – **Conscrit, recrue** ou, fam., bleu ; arg. : bleubite, bleusaille.

12 **Fantassin** ; arg. : biffin, bigorneau, grifton, griffe ; tirailleur ; zouave ; chasseur alpin ; porte-drapeau, porte-enseigne ou enseigne, porte-étendard, porte-fanion. – **Artilleur.** – Soldat, officier du train ; arg. : trainglot ou tringlot. – **Éclaireur,** guetteur 555, tirailleur. – Embusqué *(un embusqué).* – Soldat de l'infanterie de marine ; marsouin. – Marin ; mataf ou matav [arg.]. – Aviateur ; parachutiste ou, fam., para. – HIST. : **cavalier,** chevau-léger, dragon, grenadier à cheval, **hussard,** lancier, spahi.

13 **Espion** ; agent de liaison, agent de renseignements, **agent secret,** agent spécial ; barbouze [arg.], sous-marin [fam.] ; contre-espion. – Agent double, taupe. – Contact, traitant. – La cinquième colonne [fam.].

14 **Gradé** *(un gradé).* – Officier ; arg. : bœuf, officemar ou off ; sous-officier ; arg. : sous-bite, sous-off. – Aide de camp. – Commissaire. – Commodore.

15 **Général,** général d'armée, général de corps d'armée, général de division, gé-

néral de brigade. – **Colonel** ; lieutenant-colonel ; commandant ; chef de bataillon ou d'escadron. – **Capitaine** (arg. : capiston ou capistron, piston, pitaine). – **Lieutenant,** sous-lieutenant, enseigne de vaisseau [MAR.], aspirant, major. – Adjudant-chef, **adjudant** (arg. : adjupète, juteux). – Sergent-chef, maréchal des logis-chef. – Sergent ou, arg., serre-patte ; maréchal des logis ou, arg., margis. – Caporal-chef ; brigadier-chef ; **caporal** (arg. : cabot, caperlot, nabo) ; brigadier ; quartier-maître [MAR.].

16 **Commandement** *(le commandement)* 631. – Chef des armées ; commandant, commandant en chef, commandant en second ; chef d'état major.

17 Amiral de France ; Maréchal de France ; Maréchal d'Empire [HIST.].

18 Conscription. – **Service militaire** ou, fam., le service ; service national ; obligations militaires. – **Enrôlement,** mobilisation, rappel. – Incorporation ; préparation militaire ; **libération** 724, quille [arg. mil.].

19 Stationnement ; base, bivouac, **camp,** campement, cantonnement, **caserne,** tente. – Corps de garde. – Prison militaire ; lazaro [arg.].

20 **Grade ;** honneurs ; décoration, médaille militaire ; (arg. : médoche, méduche) ; galon ; bâton de maréchal ; maréchalat. – Drapeau, enseigne, fanion. – Livret militaire, papiers militaires ; feuille de route.

v. 21 **Armer ;** lever des troupes ; battre le rappel. – Appeler, mobiliser. – Embrigader, engager, **enrôler ;** enrégimenter. – Caserner, encaserner [péj.]. – Décorer, médailler. – Démobiliser, libérer.

22 **S'engager,** s'enrôler ; rempiler [fam.]. – Être sous les drapeaux.

23 Bivouaquer, camper.

24 Militariser. – Démilitariser.

Adj. 25 **Militaire ;** paramilitaire. – Aéroterrestre ; interarmes. – Soldatesque [litt., péj.]. – Appelé, mobilisé, réserviste.

Adv. 26 Militairement. – *Manu militari* (lat., « à main armée, par la force armée »).

# 664 ARMES

N. 1 **Armes. – Armement ;** arsenal, artillerie. – **Arme ;** arg. : article, outil. – Arme offensive ; arme défensive. – Armure 656. – **Arme blanche ; arme à feu.** – Arme de jet ou de trait. – Arme d'hast [anc.]. –

Arme de main ; arme de poing. – Arme légère, arme lourde ; arme collective. – **Arme automatique,** arme semi-automatique. – Arme de destruction massive. – Arme absolue. – Armement conventionnel ou classique. – Système d'arme.

2 DR. – **Arme par nature,** arme par l'usage ; arme par destination ; arme prohibée. – Port d'armes ; permis de port d'armes.

3 Armes blanches. – **Couteau,** couteau à cran d'arrêt ; **poignard,** stylet ; vendetta ; kriss ; rasoir ; canne-épée ; sabre. – Arg. : achille, aiguille à tricoter, brutal *(un brutal),* cran d'arrêt ou cran, **lame,** lardoire, lingue, pointe, **schlass, surin.** – Vx : eustache, rallonge.

4 **Matraque ;** gourdin, masse, **massue.** – Anguille ; nerf de bœuf. – **Coup-de-poing,** coup-de-poing américain. – Lance-pierres. – Nunchaku.

5 Armes à feu. – **Pistolet, revolver.** – Arg. : arbalète, arquebuse, calibre, **feu,** flingot, **flingue, pétard.**

6 **Carabine,** rifle ; **fusil,** fusil-mitrailleur ou F. M. ; arg. : clairon, pétoire, tube [vx].

7 **Mitraillette** (ou : pistolet-mitrailleur, pistolet mitrailleur, P. M.) ; sulfateuse [arg.]. – Pistolet automatique ; beretta, browning, colt, mauser.

8 **Bouche à feu ;** bazooka ou lance-roquettes. – **Canon ;** bitube ; crapouillot [vx], mortier, obusier, orgues de Staline, pièce d'artillerie ; mitrailleuse ou canon automatique. – La grosse Bertha [HIST.]. – Puissance de feu.

9 **Artillerie ;** batterie, faisceau.

10 Barillet, chambre, **chargeur,** logement, magasin. – Âme *(âme du canon),* tonnerre ; **bouche, tube ; canon.** – Chien, culasse, **détente,** extracteur, **gâchette,** glissière, percuteur. – Crosse. – Affût ; fût ; berceau. – Lame ; gouttière ; garde. – Calibre *(petit calibre, gros calibre).*

11 **Blindé** *(les blindés) ;* véhicule blindé ; autochenille, automitrailleuse, automoteur, **char,** char d'assaut, char de combat, chenillette, half-track, panzer, tank.

12 **Aéronavale** *(l'aéronavale).* – Aviation ; avion 820 ; **avion de chasse,** avion de combat ; **chasseur ; bombardier,** chasseur-bombardier ; intercepteur. – Escadrille ; formation aérienne.

13 Bâtiment 819, **bâtiment de guerre ;** bâtiment ou vaisseau de ligne. – **Chasseur,** chasseur de mines, dragueur ; chasseur

de sous-marins ; cuirassé, contre-torpilleur ou destroyer. – Croiseur, escorteur ; aviso. – Canonnière. – Porte-aéronefs ; **porte-avions,** porte-hélicoptères. – **Sous-marin ;** submersible *(un submersible),* sous-marin nucléaire lanceur d'engins (S. N. L. E.).

14 **Explosif** *(un explosif) ;* cocktail Molotov ; **dynamite,** nitroglycérine, plastic ou explosif plastique ; T. N. T. (trinitrotoluène). – Explosif de sécurité. – **Poudre.** – Amorce, amorce détonante ou détonateur.

15 **Projectile ; munition ;** douille, étui, gargousse. – Cartouche, cartouche à blanc ; **balle ;** balle dum-dum, balle explosive. – Charge. – Chevrotine, mitraille, plomb ; plomb de chasse. – Mine. – **Obus,** obus à balles (ou : shrapnell, shrapnel) ; **boulet** [anc.]. – Grenade. – Roquette. – Tête chercheuse.

16 **Armes spéciales** ou armes N. B. C. (Nucléaire, Biologique, Chimique) ; arme atomique (ou : arme nucléaire, force de frappe), arme bactériologique, arme chimique. – **Bombe ;** bombe atomique ou bombe A, bombe à hydrogène ou bombe H, bombe à neutrons ; bombe cluster, bombe à fragmentation ; bombe au napalm, bombe au phosphore ; fusée ou, vx, bombe volante ; torpille. – **Missile** ou, vieilli, engin, missile stratégique, missile tactique ; missile air-air, missile mer-sol, missile sol-sol, missile antichar ; missile de croisière.

17 **Gaz de combat** ou agent chimique ; gaz *(les gaz)* [cour.]. – Gaz asphyxiants, gaz incapacitants, gaz suffocants, gaz vésicants ; **gaz moutarde** ou ypérite, sulvinite, surpalite, tabun, vincennite. – Gaz lacrymogène. – Gaz défoliants ; défoliant *(un défoliant).* – Napalm.

18 **Armurerie ;** arsenal, manufacture d'armes. – Forerie.

19 **Armurier.** – Fabricant d'armes ; marchand de canons [péj.].

20 Buffleterie ; cartouchière.

v. 21 **Armer,** équiper. – Appeler aux armes.

22 Armer *(armer un pistolet)* **667.**

23 Tirer **667.** – **Tuer 311.32** ; abattre. – Passer par les armes ; fusiller. – Poignarder. – Gazer.

24 **S'armer.** – Prendre les armes.

Int. 25 Aux armes ! **666.**

Aff. 26 Hoplo-.

## 665 ARMEMENT ANCIEN

N. 1 Armes de choc. – Marteau d'armes, masse d'armes, **massue ;** fléau d'armes, plombée ou plommée. – Coup-de-poing [ARCHÉOL.]. – Bélier.

2 Armes blanches. – Dard, épieu, hallebarde, javelot, **lance,** pique, sagaie ; baïonnette. – Cimeterre, claymore [angl.], **épée,** estramaçon, flamberge, fleuret, **glaive, sabre.** – Couteau, coutelas, dague, **poignard 665.** – Framée, francisque, hache d'armes, hache de guerre ; tomawak ou tomahwak.

3 Arbalète, **arc** ; carquois ; **flèche,** trait [litt.]. – Fronde, lance-pierres.

4 Baliste, **catapulte,** dondaine, propulseur.

5 Armes à feu. – **Arquebuse,** aspic, basilic, **bombarde,** cardinale, caronade, couleuvrine, crapaud, émerillon, escopette, espingole, faucon, mortier, mousquet, serpentin. – Boutefeu ou boute-feu.

6 Huile bouillante, poix ; feu grégeois.

7 **Armure,** cuirasse ; caparaçon. – Armet, **casque,** heaume. – Cotte de maille, haubert. – Bouclier, écu.

8 **Chevalier,** lancier ; arbalétrier, archer. – Artilleur.

v. 9 Croiser le fer, ferrailler.

10 **Décocher,** décocher un trait ; catapulter, jeter **208.9,** lancer, projeter, tirer **667.**

## 666 MANŒUVRES

N. 1 **Manœuvres ;** évolutions, exercices, **mouvements 197,** mouvements d'ensemble. – Manœuvre, **tactique ;** dispositif ; disposition, **formation, ordre 45** ; évolution. – Opération. – Hostilités, opérations de guerre.

2 Garde-à-vous ; repos. – **Marche,** marche forcée ; **pas,** pas accéléré, pas cadencé, pas redoublé ; pas de route, pas sans cadence ; pas gymnastique ou de gymnastique. – Défilé, parade [anc.], revue ; prise d'armes. – **Grandes manœuvres** [anc.].

3 **Commandements 631,** directives. – Exercice, **instruction,** théorie ; école à feu ; école de pièce, école de groupe ; formation commune de base ou, vx, école du soldat. – **Entraînement.** – Maniement des armes ; escrime *(escrime à la baïonnette, au sabre, etc.).*

4 Exercices. – Tir **667** ; armement ; conduite de véhicules. – Exercice à double action,

exercice à simple action ; exercice de combat. – **Tir à blanc** ; **tir réel.** – Figuration de l'ennemi ; figuration des feux ; kriegspiel. – Exercice d'alerte.

5 Formations. – Aile ; centre ; échelon, échelon aérien, échelon d'assaut. – **Ligne** ; **rang** ; **file,** file creuse. – Colonne ou formation en colonnes, colonne par un, colonne par deux, etc. ; anc. : colonne d'attaque, colonne de bataillon, colonne de compagnie. – Carré ou formation en carrés. – Anc. : damier, échiquier. – Convoi.

6 **Ordre tactique.** – Ordre de bataille ; ordre binaire, ordre ternaire, ordre quaternaire ; anc. : ordre mince, ordre profond, ordre dispersé. – Ordre serré ou rang serré. – Alignement ; flottement. – Échelonnement. – Quadrillage. – Concentration [anc.]. – Disposition de combat.

7 Ligne (ou : front de combat, retranchement). – MAR. MIL. : ligne de bataille, ligne de file, ligne de front ; échiquier ou ligne édentée ; ordre. – Ligne de sentinelles [anc.].

8 **Mouvement des troupes.** – **Évolutions** ; conversion, conversion à pivot fixe [anc.] ; **déploiement** ; redéploiement. – **Ralliement** ; rassemblement. – Dislocation ; repli. – Stationnement ; avant-garde, avant-poste ; arrière-garde. – Couverture. – **Soutien 563** ; **appui,** appui direct, appui indirect ; accompagnement. – Circulation.

9 Diversion, feinte, ruse de guerre, **stratagème 728.** – Contre-marche. – **Contre-manœuvre** ; contre-attaque. – Manœuvre d'évitement [AVIAT.] ; **défense 656,** parade, riposte. – Régulation. – Sûreté, sûreté rapprochée. – Branle-bas de combat [MAR.].

10 Flanquement. – Marche de flanc ou marche par le flanc [anc.]. – Commandement de front, commandement d'enfilade, commandement de revers.

11 Tir d'appui direct. – Tir d'appui indirect.

12 **Mission.** – Faction, garde, surveillance **716.** – Éclairage. – Reconnaissance. – Découverte ou, vx, exploration ; écoute. – Prise de contact. – Nomadisation.

13 **Avance,** avancée ; approche **199.1.** – Recul **200.2** ; **retraite** ou manœuvre en retraite ; défensive. – Décrochage ; repli ; combat d'arrière-garde.

14 **Contact.** – Combat ; accrochage, affaire, escarmouche ; **engagement.** – Assaut, at-

taque **655,** charge, incursion, offensive, patrouille, sortie **204.** – **Surprise 459** ; surprise tactique ; surprise stratégique. – Embuscade. – Harcèlement. – Infiltration ; pénétration **205** ; escalade. – **Débordement** ; **encerclement** ; **enveloppement.** – Enlèvement ; investissement ; prise. – Siège. – Évacuation.

15 Débarquement. – Campagne, expédition. – **Guerre 650,** petite guerre ; guerre en rase campagne ou guerre de mouvement (opposé à guerre de position ou guerre de siège). – Contre-guérilla. – Bataille rangée.

16 Théâtre des opérations. – **Zone d'action** ; zone de combat terrestre ; zone de déploiement. – Position. – Rase campagne. – Front fortifié ou ligne. – **Place d'armes.** – Ville ouverte. – Découvert ; boyau, défilé.

17 **Champ de manœuvre** ou de manœuvres ; **terrain,** terrain militaire, terrain d'exercice ou de manœuvre ; Champ de Mars [vx]. – Champ de tir, polygone ; butte ou butte de tir ; pas de tir. – Dépôt. – Rase campagne.

18 **Tactique** ; tactique terrestre ; tactique navale ; tactique aérienne. – **Logistique.** – **Stratégie** ; eurostratégie, géostratégie. – Économie des forces. – Organisation du terrain ; défilement, utilisation du terrain. – Mobilité stratégique ; mobilité tactique.

19 Axe d'effort. – **Plan de manœuvre** ; ordre d'opération. – Plan de bataille.

20 **Poliorcétique** ou art poliorcétique [didact., rare].

21 Manœuvrier. – Tacticien. – **Stratège.** – Régulateur. – Polémologue **650.**

22 **Instructeur** ; peloton d'instruction.

23 **Détachement** ; détachement de liaison et d'observation (D. L. O.) ; campement ou détachement précurseur. – Détachement de sûreté ; avant-garde ; arrière-garde. – Flanc-garde ; patrouille. – Garnison. – Dépôt.

24 Ennemi figuré ; plastron. – Carton.

v. 25 **Manœuvrer** ; être en manœuvre ou en manœuvres, **évoluer,** parader.

26 **Manier les armes** ; porter l'arme ; se mettre au port d'armes ; reposer l'arme ; présenter les armes.

27 Monter la garde ; être de faction ; faire le guet, faire sentinelle [vx] ; guetter, surveiller. – Battre l'estrade [vx]. – Patrouiller. – Défiler. – Être en garnison.

28 Passer les troupes en revue. – Sonner la retraite. – Sonner le ralliement, sonner le rassemblement.

29 Anc. : dédoubler les files, doubler les files, ouvrir les files, serrer les files. – **Former les rangs**, serrer les rangs ; garder les rangs ; rompre les rangs. – Former les faisceaux ; rompre les faisceaux. – **Échelonner.**

30 Éclairer. – **Couvrir.** – Accompagner, **appuyer** ; défendre ; flanquer. – Embusquer.

31 **Assiéger**, faire le siège de, mettre le siège devant ; investir ; enlever, prendre. – **Occuper** ; tenir ; couronner une position. – **Attaquer, assaillir**, donner l'assaut à ; prendre d'assaut. – Boucler. – Cerner, encercler, entourer ; **envelopper ; déborder** ; prendre à revers ou, litt., de revers. – Quadriller. – **Aborder.** – Fixer. – Déloger.

32 **Attaquer.** – Aller à la charge, charger. – Faire feu de tous bords.

33 Avancer. – **Se déployer.** – Monter en ligne. – Débarquer. – Contre-attaquer, riposter. – Contrebattre. – Décrocher ou rompre le contact.

34 Reculer. – **Battre en retraite** ou retraiter. – **Se replier.**

35 Se retrancher dans ou derrière qqch ; être retranché dans ou derrière qqch ; s'embusquer. – Désinvestir ; **évacuer.**

36 Se découvrir, s'exposer ; prêter le flanc. – Couvrir une retraite. – Opérer une diversion.

37 **Déployer** (*déployer des troupes*). – Débarquer (*débarquer des troupes*). – **Rallier**, rassembler 90.10, regrouper. – Mobiliser. – Se rallier, se rassembler, se regrouper.

Adj. 38 **Manœuvrier.** – **Tactique** ; stratégique. – Opérationnel. – Poliorcétique [rare].

39 Débordant (*manœuvre débordante*).

40 En campagne ; en manœuvre ou en manœuvres. – En première ligne. – En rang serré ; en ordre dispersé, en tirailleurs.

41 Assiégeant ; assaillant.

42 Obsidional [ANTIQ. ROM.].

Adv. 43 **Tactiquement** ; stratégiquement. – Logistiquement. – Opérationnellement.

Int. 44 Garde à vous ! Repos ! Fixe ! À vos rangs, fixe ! – Au temps ! – **Aux armes !** Portez armes ! Reposez armes ! Formez les faisceaux ! Rompez les faisceaux ! Rassemblement !

45 **Feu !** Halte au feu ! Feu à volonté ! Cessez le feu !

## 667 TIR

N. 1 **Tir** ; tiraillage. – Tir à + n. d'arme (*tir à l'arc, au fusil, au pistolet, etc.*). – Catapultage, jet 208.7, **lancement**, projection. – **Pointage** ; mire [vx], visée.

2 **Coup, coup de feu** ; décharge, détonation, explosion, **feu**, mitraillade ; **rafale**, salve.

3 Mitraillage ; **bombardement**, canonnade, canonnage ; pilonnage ; fauchage. – Fusillade ; feu nourri, tir nourri.

4 Exercice de tir. – **Tir réel ; tir à blanc 666.** – Conduite de tir ; cinétir.

5 **Feu croisé**, feu de salve, feu de peloton ; anc. : feu de file, feu de rang.

6 **Tir direct**, tir de plein fouet. – Tir fichant, tir fusant, tir percutant, tir plongeant ; tir masqué. – Tir en mitrailleuse ou par rafales. – Tir à mitraille.

7 Tir de flanquement ou de face ; tir d'écharpe, tir de flanc ou de revers, tir de front. – Tir au jeter.

8 Tir d'appui direct. – Tir d'appui indirect ; contrebatterie ou tir de contrebatterie, tir de harcèlement, tir d'interdiction. – Tir de cloisonnement ; tir de contre-préparation, tir de neutralisation. – **Concentration de feux** ; conduite de feu ; discipline du feu. – Tir d'opportunité. – Tir de ratissage.

9 **Artillerie** ; batterie. – Arme 664, arme de jet, arme à feu. – **Lanceur**, lanceur d'engins ; lance-bombe, lance-flammes, lance-grenades, lance-missiles, lance-roquettes. – Rampe, rampe de lancement. – Projectile 664.

10 Banc d'épreuve ; cinémitrailleuse. – Goniomètre.

11 Approvisionnement, **armement**, chargement ; alimentation. – Mise à feu. – Mise en batterie.

12 **Ligne de mire, ligne de tir.** – Angle de tir ou angle au niveau. – Angle de chute ; angle de transport ; **trajectoire 198. 3** ; dérivation, déviation, écart, élévation.

13 **Champ de tir** ; butte de tir. – Stand de tir ou stand ; pas de tir. – Angle mort ; espace mort.

14 **Cible** ; mouche, noir (*un noir*), visuel (*un visuel*) ; **impact** ou point d'impact. – Car-

ton ; objectif, point de mire. – Avion-but, avion-cible.

15 **Poudrerie** ; cartoucherie.

16 Balistique.

17 **Tireur** ; fusil *(un bon fusil)*.

18 **Tirailleur** ; mitrailleur. – **Artilleur** 665 ; artificier, canonnier, chargeur, pourvoyeur.

19 Balisticien.

v. 20 **Tirer**, tirailler ; battre, contrebattre. – Tirer à boulets rouges [anc., auj. fig.]. – Catapulter, jeter, **lancer**, projeter.

21 Partir ; **faire feu**, faire long feu. – Détoner, éclater, exploser.

22 **Armer** *(armer un pistolet)* ; approvisionner, **charger**. – Alimenter *(alimenter un tir)*.

23 **Pointer**, viser 198.24 ; mirer [vx]. – Ajuster son coup ou son tir ; faire mouche.

24 **Bombarder**, canonner, pilonner. – Mitrailler ; arg. : arroser, sulfater. – Atteindre, coiffer *(coiffer un objectif)*.

25 Tirer sur ; faire feu sur. – Fusiller. – Arg. : arquebuser, brûler, flinguer 311.33, revolvériser [fam.], rifler.

Adj. 26 Balistique.

Adv. 27 Balistiquement [didact.].

Int. 28 **Feu !**

# 668 SOCIÉTÉ

N. 1 **Société** ; communauté. – État, État-nation, nation, nationalité, pays 674. – Collectivité, **corps social**, société civile. – Opinion publique.

2 Civilisation *(une civilisation)*, culture *(une culture)*.

3 ZOOL. : colonie, société.

4 Société primitive, société féodale, société moderne ; société d'abondance ou de consommation, **société industrielle**, société postindustrielle ; société d'assistance. – Société de masse. – Société multiconfessionnelle, société pluriculturelle ou multiculturelle.

5 Cellule familiale, **famille 678** ; clan, phratrie, tribu.

6 Caste, **classe** ou classe sociale, couche de population ; condition, état social, milieu social ou **milieu**, rang. – Microcosme ou microsociété.

7 **Peuple** ; bas peuple, menu peuple ; populace [péj.], populo [pop.] ; la masse, les masses ; les basses classes ; **prolétariat**, lumpen-prolétariat, sous-prolétariat ; paysannerie. – **Classe moyenne ; bourgeoisie** ; bourgeois, petit-bourgeois ; cadres, cadres supérieurs, fonctionnaires 716, professions libérales. – Grande bourgeoisie ou haute bourgeoisie. – Technostructure ; hauts fonctionnaires ; **élite** *(l'élite, les élites)*. – Intelligentsia. – **Le pouvoir**, les pouvoirs publics ; les hautes sphères [fam.]. – Contre-société. – Lutte des classes.

8 Collectif *(un collectif)*, **groupe**, groupement, groupuscule, secte. – Corporation, gilde, syndicat. – Confédération 670, fédération.

9 Socialisation.

10 Socialité [vx], **sociabilité** 581. – Contrat social.

11 **Sociologie** ; sciences sociales. – Socioanalyse, sociométrie ; sociolinguistique.

12 Socio-centrisme, sociolâtrie ; sociologisme. – Culturalisme [ANTHROP.].

13 Sociologue. – Sociométriste.

V. 14 Socialiser.

Adj. 15 **Social**, sociétal [didact.] ; civil, public ; **collectif**, communautaire. – Castique, clanique. – Culturel, biculturel, interculturel ; **socio-culturel**, socio-démographique, socio-économique, socio-géographique, socio-historique.

16 Sociologique ; sociologisant. – Sociométrique.

Adv. 17 Socialement. – Sociologiquement.

18 Culturellement.

Aff. 19 Socio-.

# 669 POLITIQUE

N. 1 **Politique** *(la politique)* ; affaires publiques ; police [vx] ; politicaillerie [péj., fam.]. – **Pouvoir** *(le pouvoir)* ; les allées du pouvoir.

2 **Parlement** ; élection 672, législature. – Assises, **session**, session parlementaire ; ordre du jour. – **Procédures législatives** ; première lecture, seconde lecture ; concertation, débat 749, **délibération**. – Décret, loi 713, ordonnance, résolution, traité ; projet de loi. – Amendement, motion, motion de censure, motion d'ordre, question de confiance, veto ; rappel à l'ordre ; compte rendu des débats parlementaires. – Consensus ; obstruction,

obstructionnisme. – Trêve des confiseurs [fam.].

3 Cuisine électorale ; **manœuvre politique.** – Lobbying. – Noyautage. – **Clientélisme,** patronage. – Népotisme ; corruption. – Personnalisation du pouvoir.

4 **Investiture,** passation des pouvoirs ; couronnement, sacre ; destitution. – Changement de régime, **crise,** démission du gouvernement, dissolution de l'Assemblée, remaniement ministériel, renversement du ministère ; vacance du pouvoir. – Pouvoirs exceptionnels, pleins pouvoirs. – Continuité de l'État.

5 **Parti** ; syndicat ; comité directeur, comité central ; cellule. – **Militant,** militant de base. – Réunion ; meeting ; congrès.

6 Politique *(une politique) ;* doctrine ; plateforme électorale, **programme.** – Ligne politique, ligne ; stratégie, tactique. – Attentisme, immobilisme ; opportunisme ; aventurisme.

7 Nationalisation (opposé à privatisation) ; **libéralisation.** – **Décentralisation,** régionalisation.

8 **Conflit social,** mouvement social ; contestation, mécontentement, revendication. – **Manifestation** ou, fam., manif, troubles ; **grève,** grève générale, grève tournante, grève du zèle. – Action, action psychologique ; militance [fam.].

9 Politique extérieure ou étrangère ; **affaires étrangères,** relations internationales ; diplomatie ; Realpolitik. – Annexionnisme, **expansionnisme,** politique d'expansion ; immixtion, ingérence ; guerre froide. – Neutralité, non-ingérence. – Coexistence pacifique, détente. – Autodétermination ; balkanisation. – Alignement ; non-alignement. – Théorie des dominos. – **Traité ; accord ;** accords bilatéraux, bilatéralisme ; collaboration, coopération ; reconnaissance diplomatique.

10 **Corps diplomatique ; diplomate,** émissaire, envoyé, plénipotentiaire ; **ambassadeur, consul,** vice-consul ; attaché culturel, attaché militaire, chargé d'affaires. – Ambassade, consulat. – Légation, **mission,** mission diplomatique.

11 Agitation, déstabilisation, **subversion ;** agitation et propagande ou agit-prop. – Action directe, insurrection, **révolution 651,** révolte ; contre-révolution ; guerre civile. – Complot, conjuration, conspiration ; **coup d'État,** pronunciamiento, putsch. – Épuration ; purge.

12 **Engagement,** politisation, prise de conscience. – Civisme **675.** – Dépolitisation ; indifférentisme.

13 Politologie ou politicologie, **science politique,** systémique *(la systémique).* – Anthropologie politique, économie politique, géopolitique, philosophie politique, sociologie politique ; kremlinologie, soviétologie ; pékinologie.

14 Contestataire, **manifestant ; gréviste,** piquet de grève. – **Agitateur,** fomentateur, trublion **46.8** ; casseur. – Insurgé, révolté, **révolutionnaire ;** conjuré *(un conjuré),* conspirateur, putschiste.

15 Politicien **673, politique** *(un politique).* –

16 Géopoliticien, **politologue** ; kremlinologue, soviétologue.

v. 17 **Politiser.** – Dépolitiser.

18 **Légiférer 53.10** ; mettre aux voix, se prononcer ; amender ; censurer, repousser un projet de loi. – **Siéger ;** ouvrir la séance ; monter à la tribune.

19 Donner les pleins pouvoirs à, **instituer ;** couronner, mettre sur le trône, sacrer. – **Destituer ;** mettre en minorité.

20 **Administrer,** gérer ; décider **510,** gouverner, présider à ; représenter.

21 Nationaliser ; **libéraliser,** privatiser ; décentraliser. – Déstaliniser.

22 Annexer, envahir. – Balkaniser. – Normaliser ses relations avec.

23 Contester, **manifester,** revendiquer. – Agiter, déstabiliser. – S'insurger, se rebeller, **se révolter.** – Prendre le pouvoir.

24 Noyauter. – Récupérer.

Adj. 25 **Politique** ; géopolitique, sociopolitique.

Adv. 26 **Politiquement.** – Administrativement.

# 670 RÉGIME

N. 1 **Régime ;** système de gouvernement.

2 Constitutionnalisme [vx], régime constitutionnel. – État de droit.

3 **République.** – Présidentialisme, régime présidentiel. – Collégialité, gouvernement collégial, présidence collégiale. – Bicéphalisme.

4 **Démocratie,** démocratie directe, démocratie semi-directe ; démocratie représentative ; **parlementarisme,** régime parlementaire, régime semi-parlementaire ou semi-présidentiel. – Monocaméralisme, bicaméralisme.

5 Bipartisme, tripartisme ; multipartisme, **pluralisme,** pluripartisme. – Confessionalisme ; laïcité. – **Théocratie.**

6 **Fédéralisme ;** municipalisme ; polycentrisme.

7 **Monarchie ;** royauté ; absolutisme, monarchie absolue, monarchie constitutionnelle, monarchie tempérée, régime de droit divin. – Bonapartisme.

8 **Aristocratie 646 ;** féodalité.

9 Consulat, principiat. – Ministériat, polysynodie. – **Oligarchie.** – Dyarchie, tétrarchie, pentarchie, polyarchie. – Duumvirat, triumvirat.

10 **Capitalisme 671.** – Ploutocratie ou, vx, timocratie.

11 **Socialisme 671 ;** collectivisme, **communisme ;** autogestion. – Démocratie populaire. – **Centralisme,** centralisme bureaucratique, jacobinisme ; étatisme, statocratie [didact., rare].

12 Anarchisme 46.

13 Conservatisme (opposé à modernisme et à réformisme).

14 **Autoritarisme 631.** – Autocratie, monocratie ; despotisme, dictature, **tyrannie ;** despotisme éclairé ; bonapartisme, césarisme ; caporalisme, militarisme. – Fascisme [cour.] ; totalitarisme. – Régime musclé, régime policier.

15 **Colonialisme, impérialisme,** néocolonialisme. – Paternalisme. – Esclavagisme.

16 **Démocratisation.** – Présidentialisation. – Bureaucratisation, technocratisation ; centralisation. – Bipolarisation. – Fascisation.

17 Chef d'État. – Président de la République ; Premier ministre 673, président du Conseil [anc.].

18 Empereur ; monarque, **roi ;** prince ; régent. – Consul [ANTIQ.]. – ANTIQ. : dyarque, oligarque. – Souverains étrangers. – Raïs [ar.] ; chah ou shah [persan]. – Éthiopie : négus, ras. – Japon : mikado [vieilli] ou empereur. – Pharaon [ANTIQ.]. – Monde arabo-musulman : émir. – Bachagha, agha, caïd ; cheikh. – **Calife, sultan ;** bey, khédive, vizir.

19 Autocrate, despote, dictateur, **tyran.** – Démagogue. – Junte.

20 **Gouverneur 631 ;** préfet, sous-préfet, superpréfet. – Préfecture, sous-préfecture. – ANTIQ. : préteur, satrape, stratège ; archonte, éphore. – HIST. : doge [Venise] ; stathouder [Pays-Bas] ; voïvode [Balkans].

21 **Technocrate.** – Énarque.

22 **Démocrate** *(un démocrate) ;* républicain.

23 **Parti,** parti politique ; majorité, majorité présidentielle, majorité gouvernementale ; opposition. – Cartel, formation, front, **mouvement,** rassemblement, union. – Association, ligue, organisation.

V. 24 Démocratiser.

Adj. 25 **Démocratique,** parlementaire ; républicain. – Monocaméral, bicaméral.

26 Conservateur ; moderniste, réformiste.

27 Autogestionnaire ; **socialiste.** – Collectiviste, **communiste.**

28 Impérial, **monarchique,** royal. – Oligarchique. – **Aristocratique.** – Féodal.

29 Antidémocratique. – Inconstitutionnel. – Autocratique, despotique, dictatorial, **tyrannique ;** bonapartiste. – Cour. : fasciste ou, fam., facho ; totalitariste.

30 **Colonialiste,** impérialiste, néocolonialiste.

Adv. 31 Démocratiquement.

32 Autocratiquement, **despotiquement,** tyranniquement.

Aff. 33 -isme ; -archie, -cratie, -virat.

34 -iste ; -arque, -crate, -cratique.

# 671 SYSTÈMES POLITIQUES

N. 1 **Système politique ; doctrine,** dogme, idéologie, théorie, thèse.

2 **Opinion politique ;** bord, couleur, tendance ; allégeance, appartenance. – Orthodoxie.

3 Apolitisme. – Non-alignement ou non-engagement.

4 Progressisme ; **gauche.** – Collectivisme **991, communisme,** égalitarisme ou socialisme égalitaire ; **socialisme,** socialisme scientifique, socialisme utopique. – **Anarchisme** ou anarchie, anarcho-syndicalisme. – Anticapitalisme. – Internationalisme.

5 Associationnisme, blanquisme, fouriérisme, guesdisme, radicalisme, **radical-socialisme,** saint-simonisme ; fabianisme, municipalisme, trade-unionisme, **travaillisme ;** austro-marxisme, spartakisme, spontanéisme. – Bolchevisme, léninisme, **marxisme-léninisme,** stalinisme ; castrisme, jdanovisme, sandinisme, titisme. – Eurocommunisme.

6 **Syndicalisme.** – Mutuellisme [HIST.].

7 Anticléricalisme, laïcisme ; républicanisme.

8 **Extrême-gauche**, gauchisme, ultra-gauche ; conseillisme, révolutionnarisme ; babouvisme, maoïsme, trotskysme ou trotskisme.

9 Dérive ; dérive droitière ; déviationnisme, **dissidence**, révisionnisme ; fractionnisme, scission. – Courant *(un courant)*.

10 **Centre ;** centre-droit, centre-gauche ; centrisme. – Démocratie sociale, social-démocratie.

11 Conservatisme ; **droite**. – Droitisme ; réaction *(la réaction)*. – **Libéralisme 837,** ultra-libéralisme ; élitisme ; anticommunisme, maccartisme ou maccarthysme. – Gaullisme ; démocratie-chrétienne.

12 **Extrême-droite,** nouvelle droite.

13 **Fascisme,** franquisme, hitlérisme, **nazisme** ou national-socialisme, néofascisme, néonazisme, pétainisme. – Antiparlementarisme.

14 Corporatisme. – **Populisme**. – Boulangisme ; poujadisme. – Justicialisme, péronisme ; agrarisme, ruralisme ; ouvriérisme.

15 **Nationalisme ;** campanilisme, régionalisme ; chauvinisme, **patriotisme**. – Eurocentrisme ou européocentrisme.

16 Autonomisme, **indépendantisme,** séparatisme ; irrédentisme ; anticolonialisme, anti-impérialisme.

17 Sionisme **486.**

18 Pangermanisme ; austroslavisme, panslavisme ; panarabisme, panislamisme **488,** pantouranisme ; panafricanisme ; panaméricanisme.

19 **Cosmopolitisme,** mondialisme ; supranationalisme.

20 **Interventionnisme ;** tiers-mondisme. – Atlantisme.

21 **Isolationnisme,** neutralisme ; cartiérisme.

22 Aristocratisme, **monarchisme,** royalisme, ultraroyalisme.

23 **Extrémisme,** fanatisme, intégrisme, maximalisme. – Doctrinalisme, doctrinarisme, **dogmatisme,** sectarisme ; fondamentalisme. – Modérantisme.

24 Activisme ; **militantisme**.

25 Activiste *(un activiste)*, **militant ;** adhérent, membre, partisan, sympathisant. – Déviationniste, dissident. – Opposant.

26 **Communiste** ou, fam. et péj., coco ; bolchevik [HIST.], eurocommuniste, gauchiste, rouge *(un rouge)* [fam.]. – **Socialiste ;** égalitariste. – **Anarchiste** ou, fam., anar, anarcho-syndicaliste, libertaire ; situationniste ; révolutionnaire. – Écologiste ou, fam., écolo **282.**

27 Autonomiste, **indépendantiste,** séparatiste. – Nationaliste.

28 **Fasciste. – Nazi** ou national-socialiste, néonazi. – Franquiste.

29 **Monarchiste,** royaliste ; absolutiste ; ultra *(un ultra)*.

v. 30 Politiser.

31 Militer ; avoir sa carte (d'un parti).

32 Généraliser, mondialiser, régionaliser.

Adj. 33 Militant. – Apolitique.

34 Progressiste. – Radical, radical-socialiste ou, fam., rad-soc ; **socialiste ;** blanquiste, fouriériste, guesdiste, saint-simonien. – Trade-unioniste, travailliste.

35 Marxien ; marxiste. – Bolchevique, **communiste,** léniniste, marxiste-léniniste, stalinien ; austro-marxiste, castriste, sandiniste, titiste ; prosoviétique ; spontanéiste ; anarchiste. – Anticapitaliste, mutuelliste ; internationaliste.

36 **Gauchiste ;** maoïste ou, fam., mao, prochinois ; trotskyste ou trotskiste. – Babouviste.

37 **Centriste ;** social-démocrate.

38 **Droitier** ou droitiste, réactionnaire ou, fam. et péj., réac ; démocrate-chrétien ; gaulliste. – Anticommuniste.

39 **Fasciste. –** Hitlérien, **nazi** ou national-socialiste. – Franquiste.

40 **Populiste ;** corporatiste. – Antiparlementariste. – Justicialiste, péroniste ; agrarien, ruraliste ; ouvriériste.

41 **Nationaliste ;** régionaliste.

42 Autonomiste, **indépendantiste,** séparatiste ; irrédentiste ; anticolonialiste, anti-impérialiste ; indigéniste.

43 Sioniste.

44 Pangermaniste ; panarabiste, panislamiste, pantouraniste ; panafricaniste.

45 Mondialiste ; supranationaliste.

46 **Interventionniste ;** tiers-mondiste. – Atlantiste.

47 **Isolationniste,** neutraliste.

48 Doctrinal ; systématique.

49 Doctrinaire, **dogmatique**, sectaire. – Extrémiste, fanatique, intégriste, maximaliste, **radical.** – Modéré.

50 Local, mondial, régional.

Adv. 51 Politiquement.

52 Doctrinairement, doctrinalement. – Dogmatiquement ; radicalement.

53 Mondialement, régionalement **268**.

# 672 ÉLECTION

N. 1 **Élection ;** consultation électorale, **scrutin,** votation [didact.] ; comices [HIST.]. – Plébiscite, référendum. – Cooptation.

2 **Consultation nationale,** scrutin d'arrondissement, scrutin départemental. – Élections municipales ou municipales *(les municipales),* élections cantonales ou cantonales *(les cantonales),* élections législatives ou législatives *(les législatives),* élections sénatoriales, élections présidentielles ou présidentielles *(les présidentielles) ;* élections européennes ; élections prudhomales.

3 Renouvellement partiel, renouvellement total.

4 Primaire *(une primaire).* – Élection triangulaire ou triangulaire *(une triangulaire).* – Premier tour, second tour.

5 Suffrage censitaire, suffrage restreint, **suffrage universel ;** suffrage capacitaire. – Scrutin par division. – Suffrage direct, suffrage indirect.

6 Scrutin de liste, scrutin plurinominal, scrutin uninominal. – Liste bloquée, panachage, vote préférentiel. – Apparentement.

7 **Système majoritaire,** système majoritaire à un tour, système majoritaire à deux tours ; majorité absolue, majorité relative. – **Représentation proportionnelle,** représentation proportionnelle approchée (opposé à intégrale). – Quotient électoral ; répartition des restes selon le procédé des plus forts restes, répartition des restes selon le procédé de la plus forte moyenne ; système d'Hondt ; système avec vote unique transférable. – Représentation des minorités.

8 **Vote.** – Droit de vote. – Vote à main levée ; vote secret. – Vote par correspondance, vote personnel ; délégation de vote, vote par procuration.

9 Voix consultative, voix délibérative ; voix prépondérante. – Droit de veto.

10 **Suffrage, voix ;** bulletin de vote ; bulletin blanc, bulletin nul ; boule. – Abstention. – Abstentionnisme.

11 Assiette politique ; collège électoral, corps électoral, **électorat.** – Citoyen ; citoyen actif (opposé à citoyen passif) [HIST.]. – **Électeur,** inscrit *(un inscrit),* votant ; mandant [DR.]. – Abstentionniste.

12 Caucus [amér.], **comité électoral ;** convention électorale.

13 Siège à pourvoir, siège vacant.

14 **Liste électorale ;** queue de liste, tête de liste. – **Candidat,** candidat officiel ; candidat sortant. – Élu *(un élu)* **673,** représentant.

15 **Candidature,** candidature multiple.

16 Éligibilité ; inéligibilité. – Électivité.

17 **Campagne,** campagne électorale, tournée électorale ; débat contradictoire, débat télévisé, meeting. – Agent électoral [anc.].

18 **Bureau de vote ;** isoloir, machine à voter, urne.

19 Ouverture des urnes ; dépouillement du scrutin ; proclamation des résultats.

20 **Score ;** différentiel de voix ; suffrages exprimés. – **Défaite 661.** – **Victoire 660 ;** élection de maréchal [vieilli] ; réélection. – Ballottage. – Désistement.

21 **Découpage électoral ;** gerrymander [amér.]. – Circonscription électorale, fief électoral ; bourg pourri [HIST.].

22 Contentieux électoral ; **fraude électorale.** – Bourrage des urnes.

23 Électoralisme.

24 Sociologie électorale.

V. 25 **Élire ; choisir 519,** voter + n. ; apporter son suffrage à, se décider pour. – Plébisciter. – Adopter, ratifier, **voter pour ;** voter blanc ; blackbouler [fam.], voter contre.

26 Aller aux urnes, **voter ;** s'abstenir. – Panacher. – Revoter.

27 Faire acte de candidature, **poser sa candidature ;** briguer un mandat, se présenter. – Faire campagne.

28 Se désister, se retirer. – Se prendre une veste [fam.].

Adj. 29 **Électoral ;** préélectoral. – Plébiscitaire, référendaire.

30 Éligible, inéligible ; électif ; **élu.**

31 Voteur [rare] ; abstentionniste ; sans opinion ou, fam., sans op.

Adv. 32 **Électoralement** ; électivement.

## 673 REPRÉSENTANTS

N. 1 **Représentant,** représentant de la nation
ou du peuple ; élu *(un élu),* élu du peuple,
magistrat, mandataire. − Candidat.

2 Homme politique, **politicien** ; dirigeant,
homme d'État. − Fam. et péj. : politicail-
leur, politicaillon, politicard.

3 **Député,** parlementaire ; **sénateur.** − Boîtier [anc.] ; parlementaire en mission. −
Interpellateur, rapporteur.

4 Pouvoir exécutif, pouvoir judiciaire, pouvoir législatif. − Séparation des pouvoirs.

5 **Parlement ; chambre,** chambre basse
(opposé à chambre haute), chambre des
représentants, corps législatif. − En
France : Chambre des députés ou Assemblée nationale ; Sénat. − Assemblée
constituante, assemblée législative. −
Chambre d'enregistrement. − Hémicycle,
tribune.

6 Délégation parlementaire, **groupe parlementaire,** intergroupe ; **commission,**
sous-commission, commission d'enquête ; députation.

7 **Chef d'État,** chef de l'État, président de
la République. − Présidence de la République. − Vice-président.

8 **Gouvernement,** pouvoir politique **621** ;
cabinet, cabinet ministériel, département
ministériel ; **ministère,** superministère ;
chancellerie ; secrétariat général du gouvernement, secrétariat général de la présidence de la République. − Conseil de
cabinet, **Conseil des ministres** ; comité
interministériel.

9 **Premier ministre,** président du Conseil
[anc.] ; **ministre,** ministre délégué, ministre d'État, secrétaire d'État, sous-secré-
taire d'État.

10 Garde des Sceaux **711,** ministre de la
Justice ; ministre des Affaires étrangères ;
ministre de l'Éducation nationale ; ministre des Finances (aussi, fam. : le grand
argentier) ; ministre de l'Intérieur.

11 Hôtel de ville, **mairie** ; municipalité. −
Conseil municipal.

12 Conseil général, Conseil régional ; comité
économique et social.

13 Conseiller municipal, édile [sout.] ; **maire,**
maire-adjoint. − Conseiller général ;
conseiller régional.

14 **Syndicat** ; intersyndicale *(une intersyndicale)* ; coordination. − Syndiqué *(un syndiqué).*

15 Délégation, députation, **législature,** magistrature, mandature ; **mandat,** mandat
impératif, mandat représentatif. − Portefeuille ministériel ou portefeuille ; maro-
quin [fam.].

16 Représentativité.

V. 17 **Faire de la politique,** se mêler de politique ; se lancer dans la politique ; ceindre l'écharpe tricolore.

18 Se syndiquer.

19 Déléguer, **élire 669,** mandater.

Adj. 20 **Parlementaire,** sénatorial.

21 Gouvernemental ; interministériel, ministériel ; présidentiel. − Fam. : ministrable,
premier-ministrable, présidentiable.

22 Officiel, semi-officiel.

Adv. 23 Ministériellement.

## 674 CITOYEN

N. 1 **Citoyen,** ressortissant ; national. − Sujet.

2 Compatriote, **concitoyen** ; pays [fam.]
**677.**

3 Naturalisé *(un naturalisé).*

4 Apatride, *heimatlos* (all., « sans-patrie »),
sans-patrie ; cosmopolite.

5 **Citoyenneté.** − Indigénat ; colonat [HIST.].

6 **Nationalité.**

7 Naturalisaton.

8 Gent [vx], **peuple, nation.** − Peuplade.

9 **Population** ; peuple [vx]. − Collectivité,
communauté, société ; confédération, fédération **671.**

10 Cité ; **pays,** patrie. − Pays natal, sol natal.
− Mère patrie ; seconde patrie.

11 Civisme ; patriotisme. − Nationalisme
**675** ; chauvinisme. − Régionalisme.

V. 12 Émigrer, immigrer. − **S'expatrier.**

13 **Naturaliser.** − Rapatrier.

14 Peupler ; repeupler. − Dépeupler.

Adj. 15 **National,** binational. − International.

16 Patriote ; nationaliste ; chauvin.

## 675 CIVISME

N. 1 **Civisme** (opposé à ancivisme ou incivisme), sens civique.

2 Patriotisme (opposé à antipatriotisme) ; nationalisme (parfois opposé à internationalisme). – Chauvinisme ; esprit de clocher.

3 Amour de la patrie ; sentiment national.

4 Sens du devoir ou du bien public 691. – Devoirs civiques, vertus civiques ; éducation (ou instruction) civique. – Service de l'État ; charge, fonction, office 792.

5 Loyalisme. – Résistance [HIST.] ; mouvements de libération ou de résistance.

6 Fête nationale, hymne national.

7 Nationaliste, patriotard, **patriote** (opposé à antipatriote). – Loyaliste [rare].

V. 8 Servir l'État. – Bien mériter de la patrie.

Adj. 9 **Civique** (opposé à incivique), civil. – Patriotique.

10 Chauvin, cocardier [fam.], patriotard [péj.], patriote ; nationaliste.

Adv. 11 **Civiquement,** patriotiquement. – Pour la patrie.

## 676 HABITANT

N. 1 **Habitant** ; âme. – Famille 678, feu, foyer. – Collectivité, communauté 66.9.

2 **Occupant,** résident. – Hôte ; interne, pensionnaire. – Locataire ; propriétaire 822.11

3 Bourgeois, campagnard, citadin, rural, villageois ; frontalier. – Homme des cavernes, troglodyte ; arboricole.

4 **Habitant** ; natif. – Aborigène, autochtone, naturel, indigène. – Îlien, insulaire.

5 HABITANTS DES DIFFÉRENTS PAYS ET RÉGIONS HISTORIQUES DU MONDE

EUROPE

| | |
|---|---|
| Albanais | Luxembourgeois |
| Allemand | Monténégrin |
| Anglais | Néerlandais |
| Autrichien | Norvégien |
| Belge | Polonais |
| Bosniaque ou Bosnien | Portugais |
| Bulgare | Roumain |
| Chypriote | Serbe |
| Croate | Slovaque |
| Danois | Slovène |
| Espagnol | Suédois |
| Français | Suisse |
| Grec | Tchèque |
| Finlandais | Yougoslave |
| Hongrois | HIST. |
| Irlandais | Batave |
| Islandais | Morave |
| Italien | Poméranien |

6 C.E.I.

| | |
|---|---|
| Arménien | Lituanien ou |
| Azerbaïdjanais | Lithuanien |
| Biélorusse | Moldave |
| Estonien | Ouzbek ou Uzbek |
| Géorgien | Russe |
| Kazakh | Tadjik |
| Kirghiz | Turkmène |
| Letton | Ukrainien |

7 AFRIQUE

| | |
|---|---|
| Algérien | Malien |
| Angolais | Marocain |
| Béninois | Mauritanien |
| Botswanais | Mozambicain |
| Burkinabé | Namibien |
| Burundais | Nigérian |
| Camerounais | Nigérien |
| Centrafricain | Ougandais |
| Congolais | Ruandais |
| Djiboutien | Sénégalais |
| Égyptien | Somalien |
| Éthiopien | Soudanais ou |
| Gabonais | Soudanien |
| Gambien | Sud-Africain |
| Ghanéen | Tanzanien |
| Guinéen | Tchadien |
| Ivoirien | Togolais |
| Kenyen | Tunisien |
| Libérien | Zaïrois |
| Libyen | Zambien |
| Malawite | Zimbabwéen |

ÎLES

| | |
|---|---|
| Capverdien | Seychellois |
| Comorien | HIST. |
| Malgache | Numide |
| Mauricien | Voltaïque |

8 PROCHE-ORIENT ET ASIE OCCIDENTALE

| | |
|---|---|
| Afghan | Araméen |
| Irakien | Assyrien |
| Iranien | Babylonien |
| Israélien | Cananéen |
| Jordanien | Chaldéen |
| Koweïti | Élamite ou Khouzi |
| Libanais | Judéen |
| Omanais | Mède |
| Palestin [vx] | Mésopotamien |
| Palestinien | Nabatéen |
| Qatari | Nubien |
| Saoudien | Ottoman |
| Syrien | Persan ou Perse |
| Turc | Phénicien |
| Yéménite | Philistin |
| HIST. | Phrygien |
| Akkadien | Sumérien |
| Anatolien | |

9 ASIE ORIENTALE

| | |
|---|---|
| Bangladais ou | Indien |
| Bangladeshi | Indonésien |
| Birman | Japonais |
| Bhoutanais | Laotien |
| Cambodgien | Malais |
| Chinois | Mongol |
| Coréen | Népalais |

Pakistanais
Philippin
Sri Lankais ou
  Ceylanais
Taiwanais
Thaïlandais
Tibétain
Vietnamien

10 AMÉRIQUE

Américain
Argentin
Bolivien
Brésilien
Canadien
Chilien
Colombien
Costaricien
Équatorien
États-Unien

ÎLES

Cubain
Dominicain
Haïtien

11 OCÉANIE

Australien
Fidjien
Néo-Zélandais

HIST.
Bengalais ou Bengali
Cochinchinois
Indochinois
Khmers
Mandchou
Siamois

Guatémaltèque
Hondurien
Mexicain
Nicaraguayen
Panaméen
Paraguayen
Péruvien
Salvadorien
Uruguayen
Vénézuélien

Jamaïcain ou
  Jamaïquain
Portoricain

Nauruan
Samoan
Tuvaluan

12 Colon, pionnier. – Colonie de peuplement.

13 Nomade. – Sédentaire. – Chevalier errant [HIST.].

14 GÉOGR. ANC. – Périœciens. – Asciens, périsciens. – Antisciens ou hétérosciens.

15 Peuplement, population [vx]. – **Colonisation.**

16 Émigration 677, immigration. – Diaspora.

17 Établissement. – Campement.

18 **Résidence 847**, séjour, villégiature.

19 Dénombrement, recensement.

20 Terre, terre natale, terroir ; pays *(quitter le pays, revenir au pays)*, province *(ma province)* [fam.]. – Coin, région 268. – Bled, patelin, trou ; clocher [fig.].

21 **Démographie.** – Population relative (opposé à population absolue) ; densité de population. – Sous-peuplement, surpeuplement.

22 Populationnisme (opposé à malthusianisme).

V. 23 **Habiter ;** cohabiter. – Occuper, peupler ; hanter [fig.].

24 Demeurer, loger, **résider,** rester, séjourner.

25 S'établir, **se fixer.** – Élire domicile.

26 Estiver, hiverner, passer l'hiver.

27 Descendre, passer ; **faire étape 869,** faire halte, héberger [vx] ; s'arrêter. – Camper, être en camp volant ; cantonner.

28 S'abriter, se réfugier.

29 Dénombrer, recenser.

Adj. 30 Fréquent [vx], habité, **peuplé.** – Populeux, surpeuplé ; sous-peuplé.

31 Sociable.

32 Casanier ; reclus. – Solitaire.

33 Sédentaire. – Nomade.

34 Domicilié. – Sans domicile fixe ; sans feu ni lieu.

## 677 ÉTRANGER

N. 1 **Étranger ;** horsain [vx]. – HIST. : barbare, pérégrin. – Péj. et xénophobe ou raciste : métèque, rastaquouère [vx], *velche* [all.].

2 Inconnu, tiers. – Autre *(l'autre).*

3 **Résident** *(résident ordinaire, résident temporaire) ;* aubain [vx] ; ANTIQ. GR. : isotèle (opposé à métèque) ; proxène. – **Émigré,** exilé, importé [fam.] ; émigrant, migrant ; immigrant 201 ; colon, non-résident. – Réfugié, réfugié politique.

4 Banni. – Déplacé. – Proscrit 640.

5 **Touriste 869,** visiteur, voyageur ; pèlerin.

6 Apatride, sans-patrie 674.

7 Colonie ; clérouquie *(une clérouquie)* [ANTIQ. GR.].

8 Extranéité [DR.], pérégrinité.

9 Droit international. – Exterritorialité ; immunité diplomatique. – Droit d'aubaine [vx] ; isotélie [ANTIQ. GR.].

10 **Émigration,** exil ; exode, migration ; immigration. – Voyage.

11 Expulsion, **extradition ;** proscription. – Expatriation. – **Déportation ;** transplantation. – Ségrégation raciale ; apartheid.

12 Assignation à résidence ; rétention administrative.

13 Asile, hospitalité. – **Terre d'accueil** ou d'asile, terre d'élection. – Seconde patrie.

14 **Passeport,** visa. – Permis de séjour, carte de séjour. – Déclaration de naturalité.

15 Liste de proscription.

16 Cosmopolitisme, internationalisme. – Xénophilie.

17 Xénophobie. – Ségrégationnisme ; racisme.

18 Xénophobe, xénophile. – Raciste ; antisémite. – Ségrégationniste ; pogromiste.

19 Persécutions. – Ratonnade ; HIST. : pogrom ou pogrome.

v. 20 **Émigrer.** – S'exiler, s'expatrier, se transplanter ; immigrer, se réfugier.

21 Bannir, mettre au ban ; **exiler, expulser,** extrader. – Éloigner, étranger [vx]. – Déporter.

22 Exclure, ségréger ou ségréguer ; proscrire. – Refouler. – Acculturer.

23 Ratonner.

24 Internationaliser.

Adj. 25 **Étranger** (opposé à domestique), extérieur ; allogène. – Exotique.

26 Cosmopolite. – International.

27 Cosmopolite [vx], xénophile [rare] ; xénophobe.

## 678 FAMILLE

N. 1 **Famille ;** cellule familliale, famille nucléaire [SOCIOL.]. – **Foyer ;** feu [vx], domestique *(le domestique)* [vx], maisonnée. – Belle-famille ; famille naturelle **681.**

2 Famille monogamique, polygamique, polyandrique **682.** – Famille royale, grande famille. – Famille tuyau de poêle [vulg.].

3 **Parents** *(les parents)*,, tuteurs légaux **621 ;** vieux *(les vieux)* [fam.].– Parents adoptifs, parents spirituels ; marraine, parrain. – Tuteur datif, tuteur de fait, tuteur testamentaire ; tuteur ad hoc, subrogé tuteur [DR.]. – Chef de famille, chef de clan, soutien de famille ; **mère de famille 680,** mère au foyer ; **père de famille 679. Proches** *(les proches),* siens *(les siens).*

4 **Enfant 314 ;** enfant légitime, enfant naturel ; enfant adoptif, pupille. – Enfant unique, enfant gâté. – **Jumeaux ;** besson ; triplés, quadruplés, quintuplés ; siamois *(frère siamois, sœur siamoise).* – Premier-né, aîné ; cadet, puîné ; dernier-né, benjamin, tardillon [fam.]. – Fils ; fils de famille, fils à papa ; fils prodigue [allus. biblique]. – Fille ; fille de famille, fille à papa.

5 **Frère ;** demi-frère, frère consanguin (opposé à frère utérin), frère de lait ; fam. : frangin, frérot. – **Sœur ;** demi-sœur, sœur utérine (opposé à sœur consanguine), sœur de lait ; fam. : frangine, sœurette.

6 **Esprit de famille.** – Népotisme. – Amour filial **600 ;** filialité [didact.].

7 **Famille nombreuse ;** couvée, nichée ; marmaille. – Fam. : séquelle, smala, tribu [fig. et péj.] ; clan.

8 **Foyer 848 ;** bercail, chez-soi *(un chez-soi),* home [anglic.], *home, sweet home !*

9 **Air de famille,** ressemblance **21.** – Atavisme, hérédité **280 ;** parenté. – Bon chien chasse de race [prov.].

10 ANTIQ. ROM. : **dieux domestiques ;** dieux lares **500,** pénates – Esprit ou génie familier.

11 **Familialisme** [didact.]. – Cocooning [anglic., néol.].

v. 12 **Fonder une famille,** fonder un foyer. – Élever (un enfant) ; former, éduquer **415.** – Mener une vie de famille ; vivre en famille.

Adj. 13 **Familial,** familier [vx ou litt.], des familles, patriarcal ; **parental,** tutoral. – Pupillaire. – Clanique, tribal. – Chargé de famille, chargé d'âmes.

14 **Atavique,** hérité ; de famille.

15 Familialiste [didact.]. – Népotique.

Adv. 16 **Familialement,** familièrement [litt.], patriarcalement [litt.].

## 679 PÈRE

N. 1 **Père ;** géniteur **681** [vx ou par plais.], procréateur ; auteur des jours [litt.].

2 **Père ; chef de famille 678,** pater familias [litt. ou HIST.], père de famille.

3 **Paternité ;** autorité parentale, autorité paternelle, puissance paternelle [DR.]. – Agnation [ANTHROP.], paternage [rare], patriarcat [SOCIOL.].

4 DR. – **Paternité ;** paternité légitime, paternité naturelle (opposé à paternité civile). – Confusion de paternité ; désaveu de paternité. – Recherche en paternité, reconnaissance de paternité.

5 **Père naturel,** père putatif [DR.]. – Père adoptif, **père nourricier** (opposé à père biologique), père d'adoption. – Beaupère, parâtre [vx]. – Prov. : Tel père tel fils ; À père avare, fils prodigue.

6 **Père ; papa,** papa gâteau. – Fam. : pater, **paternel** *(le paternel),* vieux *(le vieux) ;* arg. : dab, daron, patouse.

7 **Ancêtre,** ascendant ; aïeul (pl., aïeux), bisaïeul (pl., bisaïeux), trisaïeul (pl., trisaïeux). – Arrière-grand-père, **grand-père ;** fam. : bon-papa, grand-papa, papé, papi ou papy, pépé. – **Patriarche.**

v. 8 **Engendrer** 313, procréer. – Adopter, reconnaître (un enfant).

9 Paternaliser [rare] **678.**

Adj. 10 **Paternel,** paterne [vx]. – Paternaliste. – **Patriarcal.**

11 **Ascendant,** ancestral.

Adv. 12 **Paternellement ;** en bon père de famille [DR.]. – **De père en fils.**

Aff. 13 **Patri-.**

## 680 MÈRE

N. 1 **Mère ; mère de famille 678,** mère gigogne ; *mater familias* (lat., « mère de famille »).

2 **Mère** 309 ; maman, mamma ; mère cigogne, **mère poule.** – Fam. : mater, maternelle *(la maternelle) ;* arg. : matouse, vieille *(la vieille).* – Fille mère [péj., vieilli], **mère célibataire 683.**

3 **Génitrice** 313, procréatrice. – Mère biologique, mère porteuse. – Fécondité 279, **maternité.**

4 **Maternage,** maternité. – Amour maternel, **instinct maternel.**

5 **Belle-mère ;** marâtre [péj.]. – Mère adoptive, **mère nourricière.** – Mère nourrice, nourrice, **nounou** [fam.].

6 **Aïeule,** bisaïeule, trisaïeule. – Arrière-grand-mère, **grand-mère,** mère-grand [vx] ; bonne-maman, grand-maman ; fam. : mamé, mamie ou mammy, **mémé.**

7 **Matriarcat** [didact.] ; cognation [ANTHROP.] **681.** – Maternalisme [litt., péj.].

v. 8 **Devenir mère ;** concevoir ; donner le jour à, mettre au monde. – Enfanter.

9 **Couver, materner.**

Adj. 10 **Maternel.** – Maternant, sécurisant 550.

Adv. 11 **Maternellement.**

Aff. 12 **Matri-.**

## 681 FILIATION

N. 1 **Filiation ; ascendance,** généalogie, lignée ; **lien de parenté ;** parenté, parentèle [litt. ou vx] ; lignage, parentage [vx]. – **Descendance,** génération, postérité. – Famille **678.**

2 **Degré de parenté.** – Parent proche, parent éloigné. – **Ligne ;** ligne ascendante (opposé à ligne descendante), ligne directe (opposé à ligne collatérale). – **Cousinage,** fraternité [rare].

3 **Parenté 678 ;** parenté naturelle, parenté légale. – **Race, sang ;** liens du sang, voix du sang 280 ; Bon sang ne saurait mentir [prov.]. – **Bâtardise,** filiation adultérine, **filiation naturelle** (opposé à filiation légitime). – Filiation incestueuse ; inceste. – Filiation adoptive ; adoption. – **Structure de la parenté ;** agnation [DR. ROM. et anc.], **consanguinité,** filiation paternelle, filiation patrilinéaire. – Cognation [DR. ROM. et anc.], filiation maternelle, filiation matrilinéaire. – Filiation bilinéaire ou double filiation. – **Côté** *(côté maternel, côté paternel).*

4 **Origine ; ascendance,** berceau, extraction, naissance. – **Arbre généalogique ;** branche *(branche aînée, branche cadette),* rameau, **souche.**

5 **Ascendant ;** aïeul (pl., aïeux), **ancêtre,** parent [litt.], pères [litt.]. – Grands-parents ; grand-père, grand-mère. – Grand-oncle, grand-tante. – **Parents ;** père 679, mère **680.**

6 **Descendant, héritier 823.** – Géniture [vx ou par plais.], **progéniture,** rejeton [fig., vx]. – Primogéniture [DR.]. – **Enfant 314 ;** enfant adultérin, bâtard, enfant de l'amour, enfant illégitime, enfant naturel. – Enfant légitime. – Fils, fille. – **Petits-enfants ;** petite-fille, petit-fils.

7 **Collatéral** *(un collatéral),* parent *(un parent).* – Agnat (opposé à cognat) [DR. ROM. et anc.]. – Oncle, tante. – **Cousin,** cousin issu de germain ou cousin germain, petit-cousin, arrière-cousin. – Demi-frère, demi-sœur. – Filleul, neveu, nièce ; petit-neveu, petite-nièce ; arrière-neveu, arrière-nièce.

8 **Beaux-parents ;** beau-père, belle-mère. – **Beau-fils,** gendre ; **belle-fille,** bru. – Beau-frère, belle-sœur.

9 **Légitimation.** – DR. CIV. – **Reconnaissance d'enfant,** reconnaissance judiciaire, reconnaissance volontaire.

10 **Famille ;** grande famille, dynastie, maison **646.**

v. 11 Descendre de.

12 Apparenter, affilier, unir ; toucher de près.

13 Légitimer 713, reconnaître. – Adopter. – Déshériter.

Adj. 14 **Issu de,** né de, originaire de.

15 **Affilié,** allié, **apparenté,** consanguin. – Lignager, parent. – Matrilinéaire, patrilinéaire [ANTHROP.]. – Collatéral ; agnatique, cognatique ; filial, **familial ;** avunculaire, parental.

16 Adultérin, bâtard, **illégitime**, incestueux, naturel, putatif [DR.], utérin [DR.]. – Champi [vx], trouvé. – **Légitime,** reconnu ; porphyrogénète [HIST.]. – Adoptif *(enfant adoptif)* ; présomptif *(héritier présomptif)*. – Bien né ; mal né.

17 Dynastique, généalogique, nobiliaire.

Adv. 18 **De génération en génération,** en ligne directe. – De la main gauche *(cousin de la main gauche)* [fam.], à la mode de Bretagne *(tante à la mode de Bretagne).* – **Par alliance,** par le sang.

Aff. 19 Géno-.

# 682 MARIAGE

N. 1 **Mariage ;** épousailles [vx], hymen, hyménée [litt., vx], **noces** [vx], **union** *(union légitime) ;* amadouage [arg. anc. et région.], conjungo [fam.].

2 Nubilité **315.** – Nuptialité.

3 **Conjugalité** [rare], vie conjugale, vie de couple. – Lien conjugal, liens (sacrés) du mariage. – Fidélité **704 ;** fam. et péj. : collier de misère, corde au cou, fil à la patte.

4 **Mariage civil.** – Publication des bans, publication de mariage.

5 **Mariage religieux.** – Sacrement du mariage ; échange des consentements **635,** oui sacramentel. – Bénédiction nuptiale, messe de mariage ; célébration du mariage, cérémonie de mariage.

6 **Mariage d'amour 658,** mariage d'inclination. – **Mariage d'argent,** mariage d'intérêt **643 ;** mariage arrangé, mariage de convenance, **mariage de raison.** – **Mésalliance,** mariage de la carpe et du lapin ; mariage à la détrempe [fam., vx], mariage morganatique. – **Remariage,** secondes noces.

7 DR. – **Contrat de mariage ;** régime matrimonial, régime matrimonial primaire. – Régime de la communauté légale, régime de la communauté réduite aux acquêts, régime de la communauté universelle, régime de la participation aux acquêts ; ameublissement. – Régime de la séparation de biens. – Régime dotal.

8 **Acquêts,** biens communs, biens propres, biens réservés ; douaire [DR. ANC.]. – **Dot 826,** biens dotaux (opposé à biens paraphernaux).

9 Alliance **866,** anneau nuptial. – Bague de fiançailles.

10 **Corbeille de mariage,** cadeau de mariage ou de noces. – Liste de mariage. – Trousseau de mariage. – Jarretière de la mariée.

11 **Noces d'argent** (vingt-cinq ans de mariage) ; noces d'or (cinquante ans), noces de diamant (soixante ans), noces de platine (soixante-cinq ans).

12 **Concubinage ;** faux ménage, mariage de garnison [fam. et vx] ; mariage de la main gauche, **union libre ;** mariage à l'essai.

13 Accordailles [vx], **fiançailles,** promesse de mariage. – Demande en mariage. – Fiançailles vont en selle et repentailles en croupe [prov.].

14 Dissolution de mariage ; orbité [vx], veuvage, viduité [DR.]. – **Divorce 684,** séparation. – **Nullité de mariage ;** nullité absolue, nullité relative. – Mariage blanc, mariage nul, mariage putatif. – **Empêchement de mariage ;** empêchement dirimant, empêchement prohibitif [DR.].

15 **Adultère ;** infidélité, trahison **597, tromperie 728 ;** cocuage [vulg.].

16 **Fiancé 596,** futur *(le futur),* parti *(un beau parti),* prétendant *(un prétendant),* promis *(un promis),* épouseur *(un épouseur).* – **Petit ami,** coquin, [fam., vx]. – Pop. : homme *(mon homme),* jules *(mon jules),* mec *(mon mec).* – **Célibataire 683,** garçon.

17 **Fiancée,** future *(la future),* prétendante, promise ; fam. : copine, nana **309.** – **Célibataire** *(une célibataire).*

18 **Marié** *(le marié),* jeune marié. – Conjoint, époux, **mari ;** fam. : moitié, seigneur et maître [par plais.]. – **Concubin** *(un concubin),* concubinaire *(un concubinaire)* [vx]. – Ex-mari ; veuf *(un veuf).* – Mari trompé ; **cocu,** cornard [vulg.]. – Les maris sont comme les melons, il faut en essayer plusieurs pour en trouver un bon [prov.].

19 **Mariée** *(la mariée),* jeune mariée. – Conjointe, **épouse,** femme ; fam. : bourgeoise, moitié ; dame [pop.]. – Douairière, **veuve.** – Amie, compagne, **concubine.**

20 **Entremetteur (-euse),** marieur (-ieuse).

21 **Endogamie** (opposé à exogamie) [ANTHROP.]. – Polyandrie, polygamie ; **bigamie.** – Androgamie, **monogamie.** – Concubinat [DR. et HIST. ROM.], lévirat [HIST. RELIG.].

V. 22 **Contracter (un) mariage,** convoler en justes noces, entrer dans une famille, prendre femme, prendre mari ; fam. : mettre la bague au doigt, trouver chaussure à son pied, trouver couvercle à sa marmite ; faire une fin, dire adieu à sa vie de garçon. – **Régulariser**. – S'allier, s'épouser, **se marier** ; se mettre la corde au cou. – **Se mésallier**. – **Se remarier**, refaire sa vie. – Qui se marie par amour a bonnes nuits et mauvais jours [loc. prov.].

23 **Concubiner** [par plais., rare], être ou vivre à la colle. – Se mettre en ménage. – Se fiancer.

24 Demander en mariage, demander la main de, faire sa demande en mariage ; offrir le sacrement [fam. et vx].

25 Accorder la main de sa fille, conclure un mariage, donner son consentement. – **Doter**, établir (un jeune homme, une jeune fille), pourvoir une fille. – Conduire à l'autel.

26 Tromper (son mari, sa femme) ; arg. : doubler, charrier, cocufier ; aller en cornouailles [arg.], donner des coups de canif dans le contrat, faire coucou à un homme, faire porter des cornes, peindre en jaune [vx] ; sout. et vieilli : souiller la couche nuptiale.

Adj. 27 **Mariable, nubile** ; bon, bonne à marier.

28 Monogame, bigame.

29 **Conjugal**, marital, **nuptial** ; prénuptial. – Dotal, matrimonial.

30 ANTHROP. – Avunculocal, matrilocal, néolocal, patrilocal, uxorilocal, virilocal.

Adv. 31 **Conjugalement**, maritalement, matrimonialement [didact.].

Int. 32 Vive la mariée !

Aff. 33 **-game**, **-gamie**.

## 683 CÉLIBAT

N. 1 **Célibat** 584. – Célibat ecclésiastique. – Chasteté 704, continence.

2 **Célibataire** ; jeune homme, jouvenceau 315. – Célibataire endurci, **garçon** [vx ou région.], vieux garçon. – Par méton. : cœur libre, cœur à prendre.

3 **Célibataire** ; fille, fille à marier, jeune fille, jouvencelle. – **Demoiselle**, vieille fille [péj.] ; catherinette.

4 Appartement de garçon, garçonnière.

V. 5 Garder, **observer le célibat** [RELIG. CATH.], vivre dans le célibat.

6 **Mener la vie de garçon**, enterrer sa vie de garçon.

7 Rester demoiselle, rester fille ou vieille fille ; rester garçon ou vieux garçon. –

Coiffer sainte Catherine, monter en graine [fam.].

8 **Être à marier** 682, avoir le bouquet sur l'oreille [vx].

Adj. 9 **Célibataire** ; libre 516, seul 584.

10 Chaste, continent.

Adv. 11 Chastement.

12 En garçon ; en fille.

## 684 DIVORCE

N. 1 **Divorce** ; dissolution de mariage. – Désunion, **rupture**, séparation. – **Désaccord** 429.

2 DR. **Séparation** ; séparation de fait ; séparation amiable. – **Séparation de corps**. – Répudiation 515.

3 DR. Séparation de biens, séparation de biens conventionnelle, séparation de biens judiciaire. – Séparation de dettes.

4 Cas de divorce ; divorce par consentement mutuel ; divorce aux torts partagés, divorce aux torts exclusifs de l'un des époux, divorce pour rupture de la vie commune, divorce pour altération des facultés mentales, divorce pour faute. – **Incompatibilité d'humeur** 656, infidélité 597, injures graves, mésentente, sévices 580. – Stérilité.

5 Taux démographique de divorces. – Divortialité [didact.].

6 Arrêt de divorce, **jugement de divorce**. – **Non-conciliation** (opposé à conciliation).

7 Tribunal de grande instance 714. – Tribunal ecclésiastique, **tribunal de la rote**.

8 **Droit de garde**, droit de visite. – Garde conjointe.

9 **Pension alimentaire,** prestation compensatoire. – Dommages et intérêts.

10 **Divorcé** *(un, une divorcée)*. – **Ex-conjoint** ; ex-femme, ex-mari ; fam., ex *(mon ex)*.

V. 11 **Divorcer d'avec, de** ; demander le divorce, faire divorce [vx], répudier, rompre. – Obtenir le divorce. – **Démarier** [vx], dissoudre (un mariage), prononcer le divorce. – Redivorcer.

12 Abandonner ou quitter le domicile conjugal. – Vivre à part, vivre séparé.

13 **Abandonner**, laisser tomber, plaquer. – Partir 202.

14 Se démarier [litt.], se désunir ; **se quitter**, se séparer.

15 **Se brouiller,** se disputer ; se mésentendre [sout.].

16 **Tromper** ; vieilli : déshonorer **611**, trahir.

Adj. 17 **Divorcé,** séparé.

18 Annulé, **dissous.** – Cassé, rompu.

Adv. 19 **Séparément.** – À l'amiable, **par consentement mutuel.**

## 685 COUTUME

N. 1 **Coutume,** tradition ; folklore. – **Mœurs,** pratique, usage, us [litt. ou vx], us et coutumes ; règle **52.3.**

2 Coutume [DR. ANC.], droit coutumier ; la coutume et l'usage.

3 Accoutumance [absolt], coutume [litt. ou vx], **habitude 568.**

4 Rite **686.**

5 **Mode 863.**

6 Observance **624.**

7 Traditionalisme ; conformisme **28.7.**

8 Adage, règle de conduite.

9 Coutumier, Grand Coutumier **713.**

10 Scène de mœurs ou peinture de genre **774.** – Comédie de mœurs **787.** – Éthopée [RHÉT., vx].

11 Anthropologie culturelle, éthologie [didact., vx], folklore [didact., vx].

12 **Traditionaliste** *(un traditionaliste).* – Conformiste *(un conformiste).*

V. 13 Accoutumer, **habituer.**

14 **Se conformer à l'usage.** – Suivre les chemins battus [vieilli].

15 **Respecter la tradition** ; enfreindre la tradition.

16 Coutume fait loi [adage juridique] ; Une fois n'est pas coutume [prov.]. – Autant de pays, autant de guises [prov.].

Adj. 17 Coutumier *(pays coutumier)* [DR. ANC.].

18 **Consacré,** usuel. – D'usage.

19 Classique, **traditionnel** ; rituel. – En usage *(passé en usage)* ; **à la mode.**

20 Admis, reçu, sanctionné.

21 Usité **567.**

22 Éthologique [didact.]. – Folklorique [didact.] ou folkloriste [péj., rare].

Adv. 23 **Coutumièrement** [didact.].

24 D'habitude, **de coutume** ; habituellement, ordinairement, selon l'ordinaire [vieilli], usuellement. – **Traditionnellement** ; classiquement.

## 686 CÉRÉMONIES

N. 1 **Cérémonie** ; solennité. – Rite, sacrement. – Fête **687.**

2 **Cérémonial** *(un cérémonial),* cérémonie [vx], décorum, étiquette, **protocole,** rite, rituel. – Coutume **685.**

3 Appareil ; **apparat,** éclat, faste, grandeur, magnificence, majesté, pompe [litt. ou vieilli], solennité, splendeur, tralala [fam.].

4 RELIG. **497.** – Messe **496.** – **Cérémonie sacramentelle,** sacrement **491** ; cérémonie du baptême, cérémonie de la confirmation, cérémonie de l'eucharistie ou communion *(communion privée, communion solennelle),* cérémonie du mariage **682.** – Sacrement de l'ordre, sacrement de la pénitence, sacrement de l'extrême-onction. – Ordination.

5 Rite d'honneur, rite de prière ; baiser, génuflexion, prosternation. – Rite de bénédiction, rite de consécration ; imposition des mains, onction. – Rite de purification ; ablution, aspersion. – Rite de passage [SOCIOL.] ; **initiation.**

6 Installation, intronisation, investiture. – **Couronnement,** sacre. – Dédicace.

7 **Circoncision 486** ; excision, infibulation ; incision, scarification.

8 Cérémonie de conjuration, cérémonie d'exorcisme. – Cérémonie d'excommunication. – Cérémonie d'expiation [HIST., SOCIOL.]. – Cérémonie d'exécration.

9 **Offrande** ; libation [ANTIQ.], oblation, sacrifice [ANTIQ.].

10 **Cortège 687,** pèlerinage, procession ; pardon.

11 Accordailles [vx], **fiançailles** ; épousailles [vx] **682.1.** – Relevailles. – **Funérailles 688.**

12 Cérémonialisme [didact. ou litt.]. – Ritualisme.

13 Ritualisation [didact.].

14 **Affectation 615,** cérémonies ; péj. : bigoterie, momerie, simagrée, singerie. – Cant [anglic., vieilli], formalisme.

15 Habit de cérémonie **862,** tenue d'apparat.

16 Cérémonial [spécialt], livre des cérémonies ; rituel [LITURGIE].

17 **Maître de cérémonie** ; chambellan, chef du protocole, officier de la couronne [HIST.]. – Cérémoniaire [RELIG.].

v. 18 **Célébrer**, solenniser. – Officier [fam.].

19 Bénir, imposer, joindre les mains ; dire la messe, officier. – Baptiser, confirmer, marier ou unir par les liens du mariage, extrémiser [rare] ; conférer l'ordre, ordonner prêtre. – Sacrer un roi ; oindre de la sainte-ampoule.

20 Rendre les honneurs.

21 Ritualiser [didact.]. – Régler les cérémonies. – Fixer les honneurs et préséances.

22 Observer le cérémonial ; ignorer le cérémonial.

23 Faire des cérémonies (ou : des chinoiseries, des façons, des grimaces, des manières, des ronds de jambe).

Adj. 24 **Cérémoniel** [litt.] ; cérémonial [rare]. – Ritualiste. – Sacramentel.

25 **Cérémonial** [rare], cérémonieux ; solennel.

26 Pompeux, solennel, somptueux.

27 **Cérémonieux** ; poli, révérencieux ; affecté, façonnier, formaliste, gourmé, grimacier, guindé, obséquieux, protocolaire.

Adv. 28 **Cérémonieusement.**

29 Cérémoniellement [didact.]. – **Rituellement.** – Sacramentellement [THÉOL. ou litt.].

30 En grand apparat, **en grande pompe.**

## 687 FÊTE

N. 1 **Fête** ; cérémonie. – Souv. pl. : festivité, réjouissance ; cocagne [litt., vx]. – Fam. : bamboula [vieilli], bringue, fiesta, foire, java, noce, nouba, vie. – Arg. : bombe, foiridon, foiridondaine, ribouldingue, riboule.

2 **Fêtes** *(les fêtes).* – Fête religieuse 497 ; fête patronale. – Fête d'obligation. – Fête laïque ; fête nationale, fête officielle ; fête du pays, fête de village.

3 **Commémoration,** fête commémorative. – Jour de l'an (ou : premier de l'an, 1ᵉʳ Janvier) ; 1ᵉʳ-Mai (fête du Travail). – Bicentenaire, centenaire, cinquantenaire, jubilé.

4 **Anniversaire** ; anniversaire de mariage, anniversaire de naissance. – Fête.

5 Fête foraine, foire, kermesse. – Région. : ducasse, fest-noz, festo majou, frairie, vogue. – Bal musette, bal populaire.

6 **Fête sportive.** – Carrousel [SPORTS], course, fantasia, fête aérienne, joute, match, régate [souv. pl.], tournoi.

7 **Cortège,** défilé ; corso fleuri, défilé de chars. – Revue, revue militaire. – RELIG : pèlerinage, **procession** ; région. : grand pardon, pardon. – Retraite aux flambeaux.

8 Réception 590, réunion. – Matinée ; soirée, raout [vieilli].

9 Banquet, **festin** 855 ; réveillon. – Orgie, ripaille 707. – Fig. : bacchanale, saturnale. – Crémaillère *(pendaison de crémaillère).*

10 **Garden-party** [anglic.]. – Partie de campagne, pique-nique. – Fête galante [HIST.].

11 **Bal,** soirée dansante ; redoute [vx], sauterie [vieilli], surprise-partie ou surprise-party [anglic.]. – Fam. : boum, surboum, surpatte [vieilli] ; arg. : pince-fesses. – Bal costumé (ou : déguisé, masqué, paré, travesti), bal de têtes ; carnaval, mascarade, veglione [ital., vx]. – Bal blanc [vx].

12 **Feu d'artifice,** feu de joie ; feu de la Saint-Jean. – Confetti, guirlande, lampion, serpentin. – Mât de cocagne.

13 **Salle des fêtes.** – Salle de bal ; redoute [vx].

14 Comité des fêtes. – Ordonnateur, organisateur.

15 Fêteur *(un fêteur)* [rare] ; fam. : bambochard *(un bambochard)* ou bambocheur *(un bambocheur),* bringueur *(un bringueur),* cascadeur *(un cascadeur)* [vieilli], **fêtard** *(un fêtard),* fêteux *(un fêteux),* jouisseur *(un jouisseur),* noceur *(un noceur),* viveur *(un viveur).*

16 **Trouble-fête** *(un trouble-fête)* 464. – Fam. : éteignoir *(un éteignoir),* rabat-joie *(un rabat-joie).*

v. 17 **Fêter** ; célébrer, commémorer, solenniser. – Arroser un évènement [fam.].

18 **Faire la fête** ; fam. : faire la foire (ou : la java, la noce). – Faire carnaval ou le carnaval [vx].

19 Courir les bals ; courir la prétentaine. – Fam. : bringuer, **faire la bringue.**

20 Convier, **inviter,** recevoir. – Festoyer [vx], régaler, traiter [litt.]. – Pendre la crémaillère 848.

21 Fêter qqn ; faire fête à qqn.

22 Être de fête, **être de la fête.** – Être en fête [fig.]. – Ne pas être à la fête.

23 Se faire de fête [vx] 593.

24 Se faire une fête, se réjouir 463.

Adj. 25 Festif [didact.] ; festival [vx].

26 Fêtable.

27 De fête *(air de fête, jour de fête).*

Int. 28 **Bonne fête !** Joyeuse fête !

## 688 FUNÉRAILLES

N. 1 **Funérailles ;** cérémonie funèbre, enter-rement *(enterrement civil, enterrement reli-gieux),* obsèques. – Derniers devoirs.

2 Ensevelissement, inhumation (opposé à exhumation), mise en terre, mise au tom-beau. – Crémation [didact.], incinération.

3 **Honneurs funèbres ;** éloge funèbre, orai-son funèbre, panégyrique. – Consolation, discours consolatoire [litt.]. – Minute de silence. – Conclamation [ANTIQ. ROM.] ; dé-ploration [didact. ou litt.], pleurs [litt.] 464.

4 **Chant funèbre ;** thrène [ANTIQ. GR. ou litt.], vocero. – Marche funèbre [MUS.]. – Son-nerie aux morts ; glas.

5 Service funèbre, messe des morts, messe de requiem, office des morts 496. – **Prière des morts ;** absoute, de profundis, libera, obit. – Cantique funèbre ; dies irae, re-quiem 784.

6 Veillée mortuaire ; exposition du corps. – Levée du corps, mise en bière. – Toilette du mort. – Thanatopraxie ; embaume-ment, momification [HIST.].

7 Convoi funèbre, cortège funèbre, deuil [vieilli] ; char funèbre, corbillard, fourgon funéraire.

8 **Cérémonie de commémoration,** service du bout de l'an. – Novemdial [ANTIQ. ROM.], période de deuil. – Jour des Morts, pa-rentales ou parentalies [ANTIQ. ROM.], Tous-saint 497.

9 **Deuil ;** demi-deuil, grand deuil, petit deuil.

10 Fossoyage ou fossoiement.

11 Bûcher, crématoire *(un crématoire)* 256, crématorium, funérarium.

12 Chambre funéraire. – Chambre froide, morgue. – Chapelle ardente, **funéra-rium,** salon funéraire. – Catafalque, es-trade funèbre. – Lit de mort, lit de parade.

13 **Cercueil ;** arche sépulcrale [ARCHÉOL.], bière [litt. ou vieilli], ciste [ARCHÉOL.], sarco-phage [ANTIQ.]. – Châsse, fierte [vx]. – Canope [ANTIQ.], amphore (ou : jarre, urne, vase) funéraire.

14 **Cimetière,** nécropole [didact. ou sout.] ; litt : champ du repos, dernier asile, dernière demeure, enclos funèbre ; arg. : boulevard ou jardin des allongés, champ de navets,

champ d'oignons. – Concession [cour.] ; concession à perpétuité, concession tem-poraire. – Charnier, **fosse commune,** gémonies [ANTIQ.], voierie. – Catacombes, ossuaire. – Colombaire ou columbaire, columbarium [ANTIQ.].

15 Fosse, sépulture, **tombe ;** caveau, confes-sion [ARCHÉOL.], sépulcre [didact. ou litt.], **tombeau.** – ANTIQ. : tholoi, timbe. – Enfeu, niche funéraire. – **Mausolée,** monument funéraire. – Crypte, hypogée [ANTIQ.]. – Chapelle funéraire, magasin funéraire [ANTIQ.]. – ANTIQ. : mastaba, pyramide ; dol-men [ARCHÉOL.]. – Chullpa [ARCHÉOL.], tour funéraire.

16 **Tertre funéraire.** – ARCHÉOL. : cairn, gal-gal, mound, tombelle, tumulus.

17 Dalle funéraire, pierre tombale ou, TECHN., tombale, plaque tombale ; cippe [ARCHÉOL.], colonne funéraire, obélisque, stèle. – Croix ; BX-A. : gisant, orant, priant, transi. – **Épithaphe ;** ci-gît, ici repose ; qu'il repose en paix, repos éternel, *re-quiescat in pace* (RIP). – *Sit tibi terra levis* (lat., « que la terre te soit légère »).

18 Lanterne des morts, mémorial, **monu-ment aux morts ;** cénotaphe [didact. ou sout.]. – Plaque commémorative. – Flamme du souvenir. – Masque funéraire, masque mortuaire.

19 Couronne mortuaire, fleurs, gerbe ; ni fleurs ni couronnes. – If, cyprès ; chry-santhèmes.

20 Drap mortuaire, poêle ; cordons du poêle, glands du poêle. – Litre, tenture funèbre ; larmes d'argent. – **Linceul,** suaire [litt.] ; mentonnière. – Saint suaire, sindon [vx].

21 **Vêtements de deuil** 862 ; vêtement noir. – Brassard de deuil, crêpe, voile. – Cou-leurs de deuil : blanc, gris, mauve, noir, violet. – Signes de deuil : drapeau en berne, fusil renversé, pique traînante, vergues en pantenne.

22 Acte de décès, extrait mortuaire, permis d'inhumer. – Nécrologe [RELIG.], registre obituaire. – **Faire-part de décès.** – Ru-brique nécrologique. – Nécrologie.

23 PSYCHAN. – Taphophilie, taphophobie. – Travail du deuil.

24 Entrepreneur ou ordonnateur de pompes funèbres, libitinaire [litt., vx]. – Fam. : cor-beau [vx], **croque-mort.** – Embaumeur. – Fossoyeur.

25 Libitina [MYTH. ROM.].

26 **Deuilleur ;** pleureuse, voceratrice ou vo-cératrice.

27 **Mort 311** ; sout. : défunt, trépassé. – Cadavre, corps, dépouille, dépouille mortelle ; arg. : macchabée. – Carcasse, squelette ; cendres, ossements, restes. – Momie [HIST.].

28 **Deuillant.** – Orphelin, veuf.

29 Crémateur [rare], crématiste [didact.].

v. 30 Rendre les derniers devoirs ou les honneurs funèbres à. – Fermer les yeux à un mort ; veiller un mort. – Porter le poêle [vx], tenir les cordons du poêle.

31 Mettre en bière ; clouer dans le cercueil. – Embaumer, momifier [HIST.]. – **Creuser une tombe,** fossoyer [TECHN. ou rare]. – **Enterrer ;** enfouir, ensevelir, inhumer, mettre ou porter en terre. – Incinérer.

32 **Être en deuil** ; prendre le deuil (opposé à quitter le deuil). – Vieilli : conduire ou mener le deuil.

33 Avoir déjà un pied dans la tombe, être au bord de la tombe. – Descendre dans la tombe ; suivre qqn dans la tombe.

34 Endeuiller.

Adj. 35 **Funéraire** ; funèbre. – Tombal *(pierre tombale),* tumulaire [didact.], sépulcral [vx]. – Cinéraire *(urne cinéraire).*

36 Mortuaire, obituaire.

37 Litt. : funèbre, funeste, lugubre, macabre, noir, sépulcral, tombal.

38 En deuil ; endeuillé.

Adv. 39 Funérairement [rare]. – Funèbrement [litt., rare].

## 689 SALUTATIONS

N. 1 **Salutations ;** civilité [litt. ou sout.] 592, compliment, devoir, hommage.

2 **Salutation** [vx] ; salut.

3 Accolade, baisement [vx], bigeade [région.], embrassade [fam.], embrasse [vx], embrassement [litt.]. – Inclination de tête, inflexion de tête.

4 Agenouillement, génuflexion, prosternation.

5 **Poignée de main,** shakehand ou shakehand [vx ou par plais.]. – Coup de chapeau ; signe de la main, signe de la tête. – **Baiser 601 ;** fam : bécot, bise, bisou, poutou. – Courbette, révérence, saluade [vx] ; salamalecs *(faire des salamalecs)* [fam., péj.]. – Rond de bras [rare], rond de jambe. – Baisemain.

6 Salut à la chinoise, salut à l'indienne, salut à la japonaise, salut oriental. – Baiser de paix. – Salut scout. – Salut olympique. – Salut fasciste.

7 MIL. – Salut militaire ; salut au drapeau. – Batterie, salve, feu de salve 667, sonnerie.

8 RELIG. – Baisement, baise-pied [vx].

9 Formules de salut. – **Salut** [fam.]. – **Bonjour,** bonsoir ; hello [anglic.]. – Adieu, à bientôt, **au revoir ;** fam. : bye ou bye-bye, ciao. – Bon + n. *(bonne nuit).*

10 Anc., sout. : Dieu vous garde ; salut ; salut et bénédiction ; salut et fraternité. – Ave *(Ave Maria)* [RELIG.] 494. – *Ave Caesar, morituri te salutant* [HIST.].

11 Salutations épistolaires. – Au plaisir de vous lire, au plaisir de vous revoir. – Mes meilleures salutations, mes salutations distinguées, mes sincères salutations. – Ma considération distinguée, ma considération la plus distinguée. – Mes sentiments affectueux, mes sentiments sympathiques (ou : mes sentiments de cordiale sympathie, mes sentiments très cordiaux). – Mes sentiments dévoués, mes sentiments tout dévoués. – Mes sentiments distingués (ou : très distingués, les plus distingués, les meilleurs). – Mes sentiments respectueux. – Ma sympathie très respectueuse, ma plus respectueuse sympathie, toute ma sympathie. – Mon respect ou mon profond respect ; mes hommages ou mes plus respectueux hommages. – Mon meilleur souvenir. – Civilités empressées [vieilli]. – Tout dévoué, tout à vous. – Baisers, gros baisers, mille baisers, tendres baisers.

12 Congratulations ; compliments. – Félicitations 636 ; condoléances.

13 **Salueur** *(un salueur).* – Baiseur *(un baiseur)* [vx], embrasseur *(un embrasseur).*

14 Génuflecteur [didact.].

v. 15 **Saluer ;** saluer bien bas, saluer jusqu'à terre. – Échanger des saluts, répondre à un salut ; dire bonjour. – S'entre-saluer.

16 Offrir ou présenter ses civilités [litt. ou sout.] ; présenter ses respects (ou : ses compliments, ses hommages). – Faire ses baisemains [fig., vx].

17 MIL. : saluer du drapeau, saluer de l'épée ; présenter les armes.

18 Lever ou ôter son chapeau. – Baisser ou incliner la tête.

19 Dire bonsoir, dire bonne nuit. – Dire au revoir ; dire adieu, faire ses adieux. – Prendre congé. – Tirer sa révérence [par plais.].

20 Faire une révérence, fléchir le genou.

21 Se courber, s'incliner. – S'agenouiller, se prosterner 494. – Se découvrir.

22 Accoler, baiser [vx], biger [région.], **embrasser,** enlacer, étreindre, serrer dans ses bras. – Fam. : baisoter [vieilli], bécoter, biser, bisouter. – Donner l'accolade ; sauter dans les bras de. – Baiser la main, faire un baisemain à qqn. – Présenter la main, serrer la main (ou, arg. : la cuiller, la pince.).

23 Accepter (ou : agréer, recevoir) des salutations, daigner accepter des salutations.

Adj. 24 **Salueur.** – Embrassant [vieilli] ; embrasseur. – Affectionné [vx].

Adv. 25 (Dans une formule épistolaire.) **Amicalement** (ou : cordialement, sympathiquement) vôtre ; sincèrement vôtre.

Int. 26 Chapeau bas ! – Messieurs, saluez !

# 690 MORALE

N. 1 **Morale** ; PHILOS. : axiologie, **éthique** *(l'éthique),* morale pratique (opposé à morale théorique), morale provisoire (Descartes) ; RELIG. : casuistique *(la casuistique),* théologie morale ; bioéthique ou éthique médicale ; éthologie 295. – Moralisme [PHILOS.]. – Morale *(une morale),* traité de morale.

2 **Devoir** 691, norme 53 ; **vertu** 699, vertu morale ou naturelle (opposé à vertu surnaturelle). – Loi 713, loi morale (Kant), mœurs, **principe,** règle de vie, valeur morale ; dictamen [rare]. – Code d'honneur ; déontologie.

3 PHILOS. : épicurisme, eudémonisme, hédonisme, stoïcisme, utilitarisme ; progressisme ; solidarisme. – RELIG. : hanafisme, hanbalisme, malékisme ; *halaka* ou *halacha* [hébr.]. – Jansénisme [fig., litt.], **puritanisme,** rigorisme ; **ascétisme ;** dolorisme. – Jésuitisme [souv. péj.]. – Formalisme. – Ouvriérisme.

4 Certificat de moralité. – Bonne conduite, **bonnes mœurs.** – Moralité.

5 **Honnêteté** 693, probité ; droiture, intégrité, intégrité morale, **pureté,** sainteté. – Bienséance, **honneur** 641, honorabilité ; mérite 695. – Austérité, rigueur, rigueur morale ; justice 711, loyauté ; **sagesse.**

6 **Moralité** ; licéité [rare].

7 Maxime, **précepte,** proverbe, sentence. – Commandement *(les dix commandements)* (Deutéronome), Décalogue ; prescription

692 ; axiome, impératif catégorique (Kant). – Catéchisme ; morale [vx], parabole, parénèse [vx], prêche [vx], **sermon ;** admonestation. – Cas de conscience.

8 **Moralité ;** enseignement, instruction ; morale de l'histoire [fam.]. – Apologue, **fable.**

9 Édification, **éducation** 415, instruction. – Moralisation ; sublimation [litt.].

10 **Conscience,** raison pratique, sens moral ; **for intérieur,** lumière intérieure, voix intérieure. – PSYCHAN. : idéal du moi, surmoi. – Voix de la conscience ; cri de la conscience. – Bons sentiments. – Âge de raison.

11 Ascète 702, guide, **sage** *(un sage),* saint. – Moraliseur [péj., vx] ou moralisateur *(un moralisateur),* prêcheur [fam.], sermonneur [fam.] ; prédicant *(un prédicant) ;* **moraliste.** – Casuiste ; puritain.

V. 12 Moraliser [vieilli], **prêcher** 495. – Catéchiser, édifier, sermonner ; **faire la morale** ou la leçon à qqn ; admonester, gronder. – Civiliser, **éduquer,** instruire, policer ; guider.

13 Moraliser.

Adj. 14 **Moral ; éthique,** philosophique.

15 **Juste,** licite 632, moral ; bienséant, de bon goût, de bon ton. – Édifiant, exemplaire. – Moralisé [litt.].

16 Convenable, **honnête,** honorable, méritoire, **vertueux.** – Élevé, saint. – **Austère,** rigoriste, rigoureux. – Moralisant, moralisateur, prêcheur [fam.], sermonneur [fam.].

Adv. 17 **Moralement ;** éthiquement.

18 **Moralement ;** correctement, dignement, honnêtement, honorablement, vertueusement.

# 691 DEVOIR

N. 1 **Devoir** *(le devoir),* loi morale [PHILOS.] 690. – Sens du devoir ; conscience.

2 Devoir, mission, responsabilité, tâche ; **charge,** fardeau [fig.]. – Code ; impératif [PHILOS.], obligation 518, **prescription** 692. – Devoir militaire, obligation ou devoir de réserve [DR.] ; devoir conjugal, devoir de secours ; devoir d'éducation.

3 Devoirs [vx], **hommages** 689 ; derniers devoirs.

4 Dette 836, dû.

5 **Accomplissement** 538, exécution ; *ada* [ar.].

v. 6 **Devoir** ; avoir à, être dans l'obligation de ; se devoir à + n., se devoir de + inf. — Il est de mon devoir de + inf.

7 Lier, obliger 518 ; responsabiliser. — **Incomber à.**

8 Se mettre en devoir de ; **faire son devoir,** remplir son devoir ; accomplir son devoir, s'acquitter de son devoir ; aller par delà le Paradis [vx]. — Se dévouer. — Retourner à son devoir [vx].

Adj. 9 Chargé de, en charge de, **responsable de.**

10 Nécessaire 41.10, **obligatoire.**

## 692 PRESCRIPTION

N. 1 **Prescription** ; disposition, injonction, instruction, recommandation ; assignation. — **Consigne,** mot d'ordre. — RELIG. : indiction, indict [vx].

2 Commandement 631, gouverne [litt.], loi, maxime, précepte, **règle** 52 ; devoir 691, norme 53. — Code, **règlement,** statut. — Instructions, marche à suivre ; formalité [DR.] ; étiquette, protocole.

3 Ordonnance [MÉD.], prescription.

4 Prescripteur *(un prescripteur)* [ÉCON.].

v. 5 **Prescrire,** recommander ; **commander** 631, enjoindre, exiger, fixer, imposer, **ordonner,** sommer, vouloir 507 ; astreindre, **contraindre,** obliger 518. — Assermenter.

6 **Décréter,** disposer, édicter, établir, proclamer, promulguer, prononcer, régler ; assigner ; réglementer, statuer.

7 **Demander,** exiger 41, imposer, réclamer.

Adj. 8 Prescriptible [litt.] ; exigible.

9 Prescrit. — Canonique, **réglementaire.**

10 Impératif, impérieux.

## 693 HONNÊTETÉ

N. 1 **Honnêteté** ; conscience, intégrité, loyauté 594, moralité 690, probité ; droiture, rigueur. — Bonne foi, franchise, **sincérité** ; bonté 585, bienfaisance, désintéressement ; impeccabilité, incorruptibilité. — Dignité, honorabilité, respectabilité.

2 **Chasteté** 704, fidélité, honnêteté [vx], pureté, sagesse, vertu 699.

3 Bienséance, **décence** 619, modestie, morale, pudeur ; correction, courtoisie 592, **politesse.**

4 Politesse *(une politesse) ;* bons procédés, honnêtetés.

5 **Bien** *(le bien),* bien suprême, souverain bien ; le droit chemin. — Valeur morale.

6 Brave homme, homme de bien 594 ; **juste** *(un juste),* sage *(un sage) ;* honnêtes gens. — Honnête homme.

v. 7 Avoir sa conscience pour soi, **avoir les mains nettes** ; jouer franc jeu. — Mériter 695.

8 Faire confiance à 606, pouvoir compter sur qqn.

Adj. 9 **Honnête** ; éprouvé, intègre, loyal 594, probe, vertueux 699 ; consciencieux, scrupuleux ; droit, rigoureux ; insoupçonnable. — Net, propre. — Exemplaire, impeccable, **parfait** 85 ; inattaquable, irrépréhensible ; incorruptible. — Bienfaisant, bon 585, brave, désintéressé, généreux 587. — De bonne foi, franc, **sincère.**

10 **Chaste** 704, digne, honnête [vx], irréprochable, pur, sage, vertueux.

11 Civil, courtois 592, honnête, **poli.**

12 Estimable, **honorable,** louable 636, recommandable, respectable.

13 Avouable, bon, correct, louable, moral 690, **sérieux.** — Bienséant, convenable, **décent,** naturel, normal, raisonnable.

14 Acceptable, convenable, correct, moyen 435, passable, satisfaisant 469.

Adv. 15 **Honnêtement** ; intègrement, loyalement 594, proprement, scrupuleusement, vertueusement 699 ; droitement, rigoureusement ; équitablement.

16 Franchement, **sincèrement** ; en bonne foi [vieilli], en toute bonne foi. — Correctement, louablement, purement ; irréprochablement.

17 En conscience, **en toute honnêteté.**

18 Civilement [litt.], courtoisement, **poliment** 592.

## 694 MALHONNÊTETÉ

N. 1 **Malhonnêteté** ; immoralité, improbité [litt.], indignité ; déloyauté, **infidélité,** méchanceté 536. — Insincérité [litt.] ; foi carthaginoise [sout.], mauvaise foi ; malhonnêteté intellectuelle ; partialité. — Illégalité, injustice 712. — Corruption, fourberie, rouerie ; duplicité, perfidie.

2 Impudence, inconvenance, **indécence** **620.**

3 Discourtoisie **593**, impertinence, **impolitesse,** incivilité [litt.], incorrection.

4 **Faute,** forfaiture, indélicatesse, malpropreté [fam.], manquement, prévarication [DR.] ; péché **697, tort** *(avoir des torts).* – Concussion, malversation ; mensonge **729** ; brigandage ; fam. : fricotage, grenouillage, magouille, tripotage.

5 **Escroquerie,** tromperie **728,** tricherie ; arcanderie [arg.] ; fam. : canaillerie, coquinerie, crapulerie, friponnerie. – **Falsification** ; adultération [vieilli].

6 **Corruption,** dépravation, perversion ; corruption de fonctionnaire [DR.].

7 **Escroc,** fraudeur, malversateur, prévaricateur, trafiquant, tricheur, voleur. – Aventurier, bandit [fig.], **brigand,** crapule, filou, forban ; faisan [fam.], mercanti. – Fam. : canaille, coquin [vx], fripon, fripouille ; pourri *(un pourri)* [fam.], ripoux *(un ripoux)* [arg.]. – Corrupteur *(un corrupteur).* – Malhonnête homme.

V. 8 **N'avoir ni foi ni loi,** ne pas être un petit saint [fam.]. – Braver l'honnêteté ; se salir, se salir les mains. – Manquer à son devoir, manquer à tous ses devoirs, manquer à l'honneur, manquer à sa parole ; prévariquer.

9 Forfaire, **tricher** ; fam. : grenouiller, magouiller ; faire la réserve.

10 **Falsifier** ; adultérer [sout. ou DR.].

11 Acheter, circonvenir, **soudoyer,** stipendier, suborner. – **Corrompre,** dépraver, pervertir, souiller.

Adj. 12 **Malhonnête** ; immoral, improbe [litt.], indélicat, indigne ; déloyal, **infidèle.** – Corrompu, marron, véreux ; pourri [fam.], ripoux [arg.]. – Inique, injuste **712.** – Malfaisant, méchant **586** ; trompeur **728.** – **De mauvaise foi,** fourbe, insincère [litt.] ; partial. – Trop poli pour être honnête.

13 Déshonnête [litt.], impudent, inconvenant, **indécent 620,** malpropre.

14 **Impoli** ; discourtois **593,** grossier, impertinent, incivil [litt.], incorrect, malappris, mal élevé.

15 **Illégal** ; immérité, indu. – Crapuleux, vilain.

Adv. 16 **Malhonnêtement** ; crapuleusement. – Indélicatement, infidèlement.

## 695 MÉRITE

N. 1 **Mérite ;** vertu **699.** – Grandeur, perfection, **valeur ;** classe, **qualité.**

2 Compétence, habileté **570, talent.** – Prouesses ; bonnes œuvres ; titres de gloire.

3 Avantage, **utilité 544,** valeur.

4 **Compliment,** éloge **636,** félicitations, honneurs, remerciement ou remercîment **589.**

5 **Récompense,** récompense honorifique. – **Décoration,** distinction **614.** – Accessit, bon point, diplôme, mention, **prix,** tableau d'honneur. – Coupe, médaille, palmarès. – Tableau d'avancement ; couronne, croix, laurier ; rosette.

6 Considération, **dignité,** gloire **639,** lustre. – Estime, faveur.

7 Avancement au mérite. – Méritocratie. – Méritocrate.

V. 8 **Mériter ;** gagner. – Avoir droit à, avoir qualité pour, avoir des titres à.

9 **Se distinguer 614,** gagner ses galons ; bien mériter de la patrie.

10 Être tout à l'éloge ou à l'honneur de qqn.

11 **Rendre hommage à ;** tirer son chapeau à **636.** – Porter qqch au crédit de qqn. – Vanter les mérites de.

12 Appeler, **mériter ;** demander **634,** réclamer. – Toute peine mérite salaire [prov.].

13 Mériter de ou que, valoir ; fam. : valoir le coup, valoir le détour ; **valoir la peine.**

Adj. 14 **Méritant ;** accompli, digne, estimable, vertueux **699.** – Émérite, éminent, **supérieur 85.** – Courageux ; talentueux.

15 Méritoire, **louable,** ; incomparable, insurpassable, irréprochable. – Appréciable, remarquable.

16 **Mérité ;** bien gagné, bien payé, pas volé [fam.] ; convenable, séant.

Adv. 17 Méritoirement [rare] ; **dignement,** louablement, moralement **690,** vertueusement. – **À bon droit,** à juste titre.

## 696 IMPERFECTION

N. 1 **Imperfection ;** faiblesse, infirmité [litt.] ; impureté. – **Médiocrité 435,** mesquinerie ; bassesse, petitesse. – Infériorité **86,** nullité. – Immaturité, inexpérience, jeunesse [fig.]. – Défectuosité ; insuffisance, manque **81.**

2 Affaissement, amollissement, **appauvrissement**, fléchissement.

3 Imperfection [vx], inaccomplissement 539, **inachèvement**.

4 Défaut, faute, **imperfection** *(une imperfection)*, malfaçon, tare ; talon d'Achille.

5 Imperfectibilité [litt.]. – Exécrabilité.

6 Médiocratie.

v. 7 Avoir la faiblesse de ; pécher 697. – **Laisser à désirer**, ne pas être brillant. – Stagner, **végéter** ; avoir encore du chemin à parcourir ou à faire. – S'affaisser, s'amollir, s'appauvrir ; baisser, fléchir ; céder au découragement, désespérer 475. – Nul n'est parfait [prov.].

Adj. 8 **Imparfait** ; faible, fautif [vx], infirme [litt.] ; impur, mauvais. – **Médiocre 435**, mesquin ; bas, petit. – Immature, inexpérimenté, jeune [fig.].

9 **Insignifiant 439**, quelconque ; inférieur 86, nul. – Lamentable, minable ; **mauvais**, piètre, pitoyable ; fam. : peu reluisant, de deuxième ou de troisième zone.

10 Imparfait [vx] ; approximatif, **incomplet**, insuffisant 81 ; ébauché, inachevé ; élémentaire, fruste, rudimentaire.

11 **Imparfait**, manqué ; raté [fam.] ; à la gomme [fam.].

12 Imperfectible.

Adv. 13 **Imparfaitement**, médiocrement, mesquinement, pitoyablement.

14 Approximativement, incomplètement 539, insuffisamment 81 ; à demi, à moitié, à peu près.

## 697 PÉCHÉ

N. 1 **Péché** ; coulpe [vx ou litt.]. – Immoralité, impiété 480 ; **mal** *(le mal)* [PHILOS., THÉOL.] ; profanation, sacrilège 483. – Chute ou chute de l'homme [THÉOL.].

2 THÉOL. – **Les sept péchés capitaux** ; orgueil, avarice, luxure, envie, gourmandise, colère 471, paresse 445. – Péché de la chair ; fornication. – Péché mortel (opposé à péché véniel) ; cas réservé [DR. CAN.] ; **péché originel** (opposé à péché actuel) ; péché habituel ; péché par omission (opposé à péché par commission). – « Que celui de vous qui est sans péché lui jette la première pierre » (Évangile selon saint Jean).

3 THÉOL. : formel du péché, matériel du péché.

4 Rechute, récidive 76.

5 Péché ou erreur de jeunesse ; égarement, faiblesse, folie 450, fredaine, **peccadille**. – Péché mignon.

6 Souillure, **tache**, vice 745 ; boue, fange. – Impénitence [litt.]. – Déshonneur, **honte** 611, infamie ; blâme. – Damnation ; Enfer.

7 Peccabilité [THÉOL.] ; **culpabilité**.

8 **Pécheur** ; pécheresse ; pécheur endurci (opposé à pécheur repenti) ; brebis égarée. – **Criminel 720**, méchant 586 ; THÉOL. : fornicateur ; relaps. – THÉOL. : Adam, le vieil homme.

v. 9 **Pécher** ; forfaire, méfaire ; désobéir 625, se révolter ; offenser Dieu, se souiller ; **faillir**, succomber à la tentation. – Fauter [fam.], forniquer. – Scandaliser. – Avoir la conscience chargée, en avoir lourd sur la conscience.

10 Pécher par, pécher par trop de ou par excès de. – Attenter à, contrevenir à, **manquer à** ; enfreindre, **transgresser**, violer ; profaner 483. – Encourir un blâme.

11 Pécher ; clocher [fam.].

12 Charger qqn de tous les péchés ; imputer ; **accuser**.

Adj. 13 **Pécheur** ; fautif, peccamineux [rare], vicieux 700 ; impur, sacrilège. – Impénitent. – Impie 480, infidèle ; damné.

14 Déshonorant, **honteux 611**, ignoble, infâme, scandaleux. – Blâmable, répréhensible.

15 Attentatoire, **immoral** ; peccamineux [litt.].

16 Peccable (opposé à impeccable) [THÉOL.] ; **faillible**.

## 698 EXPIATION

N. 1 **Expiation**, réparation. – Attrition, contrition ; **regret 460**, remords, repentance [litt.], **repentir** ; honte 611. – Autocritique, examen de conscience ; confesse [vieilli], **confession**, *confiteor* (lat., « je confesse »). – Macérations [litt.], mortifications ; abstinence 701, jeûne ; cilice [vx].

2 **Pénitence** ou satisfaction [THÉOL.] ; châtiment 722, correction, punition, sanction.

3 RELIG. : fête de l'Expiation ou des Expiations ; Yom Kippour (hébr., « le jour du Grand Pardon ») ; Carême. – Sacrifice de la Croix [THÉOL.].

4 Autel expiatoire. – Purgatoire [RELIG.].

5 **Pénitent** *(un pénitent)*; bouc émissaire, victime expiatoire. – Confesseur.

v. 6 **Expier**, payer, racheter. – **Demander pardon**; faire amende honorable.

7 **Confesser**; battre sa coulpe [litt.], dire son peccavi [vieilli], venir ou amener à résipiscence [litt.]; regretter **460**, **se repentir**; avoir honte. – Faire abstinence, jeûner; aller à Canossa [allus. hist.]. – Se racheter, se rattraper; se laver de; se convertir. – Se mortifier; porter sa croix.

Adj. 8 **Expiatoire**; expiateur [vx], piaculaire [didact.], satisfactoire [THÉOL.]; **compensatoire**, réparatoire.

9 Contrit, honteux **611**, **repentant**.

10 Excusable, rémissible; expiable. – Inexcusable, irrémissible; inexpiable [litt.].

Prép. 11 En expiation de.

## 699 VERTU

N. 1 **Vertu**; moralité **690**, sagesse; angélisme, perfection. – Austérité, **sévérité**. – Degrés de la vertu.

2 Vertus intellectuelles; vertus morales (ou : naturelles, cardinales), vertus surnaturelles ou infuses. – THÉOL. : **vertus théologales** (foi, espérance, charité ou amour); **vertus cardinales** (justice, prudence ou sagesse, tempérance **701**, force ou courage).

3 Aptitude, capacité, possibilité **39**, potentialité, **qualité 434**, vertu.

4 **Courage 508**, fermeté, force d'âme; cœur [vx], vertu [vx].

5 **Chasteté 704**, fidélité, honneur [litt.], innocence, pudeur, **vertu**.

6 **Hypocrisie 595**, pharisaïsme [litt.], tartufferie ou tartuferie **728**.

7 **Vertu** *(une vertu)* [fam.]; dragon de vertu ou d'honneur, prix de vertu. – Fleur de lis, Lucrèce [allus. myth.], rosière [vx]; **ange**, colombe; sainte-nitouche [fam., péj.]. – Hypocrite, petit saint, pharisien [litt.], tartuffe ou tartufe. – Philanthrope; **saint homme**.

8 THÉOL. : Dominations, Vertus **503**, Puissances.

v. 9 Faire de nécessité vertu.

Adj. 10 **Vertueux**; méritant, sage; angélique, parfait, saint. – Austère, sévère.

11 **Chaste 704**, immaculé, innocent, pudique, pur, **vertueux**, vierge.

12 Édifiant, **exemplaire**, moral **690**.

Adv. 13 Vertueusement [litt.]; honnêtement **693**, moralement **690**. – **Chastement 704**, innocemment, purement.

## 700 VICE

N. 1 Vice [litt.]; amoralité, **immoralité**. – **Mal**, malice [vx], malignité [PHILOS.]; méchanceté **586**; mauvais penchant. – Perversion, perversité; bassesse, rouerie. – Boue, fange; lèpre [litt.].

2 Dépravation, dévergondage, **inconduite**, libertinage, licence; lubricité. – **Débauche**, luxure **705**, stupre [litt.]; impureté, turpitude [litt.].

3 Vice contre-nature [vx]; **péché 697**, tache, tare. – L'oisiveté est la mère de tous les vices [prov.].

4 Faible, faiblesse, **manie**, travers, vice.

5 **Défaut 55.4**, défectuosité, imperfection, malfaçon, vice. – Vice apparent, vice caché; vice de construction, vice de raisonnement; vice de forme [DR.], vice rédhibitoire.

6 **Vicieux** *(un vicieux)*; pourceau, pourceau d'Épicure [litt.].

v. 7 Vicier [litt.]; **corrompre**, perdre, pervertir; débaucher, dénaturer, dépraver, **dévergonder**, dévoyer. – Séduire, suborner [sout.]. – Gangrener, gâter, pourrir.

8 Se rouler (aussi : se vautrer) dans la fange. – **S'égarer**, être sur la mauvaise voie ou sur la mauvaise pente. – Démériter.

Adj. 9 **Vicieux** [litt.]; amoral, **immoral**, pervers, sadique. – Criminel, mauvais, méchant **586**; diabolique, satanique.

10 Débauché, dénaturé, dépravé, déréglé, **dévergondé**, dévoyé; **corrompu**, perdu, perverti, vicié [rare]; gâté, pourri. – Immonde, impur.

11 **Libertin**, libidineux, lubrique, luxurieux **705**; cochon [fam.]. – Incorrigible. – **Impudique**, lascif; libidineux, licencieux, lubrique, salace, vicieux; vicelard [fam.]; fangeux [litt.]. – Dissolu *(une vie dissolue)*.

12 ÉQUIT. : vicieux; ombrageux, rétif,

13 Viciable [rare].

14 Corrupteur, viciateur [rare].

Adv. 15 **Vicieusement**; **mal**; méchamment **586**. – Lubriquement, luxurieusement **705**.

## 701 TEMPÉRANCE

N. 1 **Tempérance**; mesure, **modération 579**, pondération; philosophie [cour.], sagesse, tempérament [vx]. – Modestie 612, simplicité 616 ; discrétion, réserve 452, retenue ; circonspection, prudence 572 ; patience 446. – Économie 844.

2 Équilibre, **le juste milieu**. – Médiocrité [vx] ; *aurea mediocritas* (lat., Horace, « la juste mesure qui vaut de l'or »).

3 **Assagissement**. – Autodiscipline ; maîtrise de soi, **self-control** (angl., « contrôle de soi »).

4 Renoncement 515. – Frugalité, **sobriété** 706 ; ascétisme 702 ; chasteté 704. – Diète, **régime**. – Abstinence, continence.

5 Modérateur *(un modérateur)* 579 ; philosophe [cour.], **sage** *(un sage) ;* ascète. – Société de tempérance [vieilli].

V. 6 **Tempérer ; adoucir**, attiédir, calmer 448, corriger, modérer 136.8.

7 **Se tempérer ;** se modérer 579 ; **garder la mesure**. – Tenir le juste milieu ; mesurer ses expressions ou son langage ; savoir raison garder [vx].

8 **S'abstenir**, se restreindre, se priver [fam.] ; se borner, se limiter. – Faire maigre chère, vivre de peu. – **Se mettre au régime ;** se serrer la ceinture [fam.]. – Économiser 844.

9 S'assagir, se dompter ; **se calmer**, se contenir, se retenir ; **se contrôler**, se posséder.

Adj. 10 **Tempéré ;** mesuré, **modéré**. – Philosophe [cour.], réfléchi, **sage** ; maître de soi ; pondéré, posé, **raisonnable ;** circonspect, prudent 572 ; patient 446. – Modeste 612, simple ; discret, retenu. – Équilibré, médiocre [vx].

11 Ascétique 702, **tempérant ;** frugal, **sobre** 706. – Abstinent 515, austère. – Économe **844**.

12 Modérateur, pondérateur [litt.].

Adv. 13 Mesurément, **modérément ;** philosophiquement [cour.], sagement ; posément, **raisonnablement**. – Modestement 612, simplement ; discrètement ; prudemment 572 ; patiemment 446.

14 Frugalement, **sobrement**.

## 702 ASCÈSE

N. 1 **Ascèse**, ascétisme. – Vie spirituelle. – Continence, tempérance 701 ; privation, **renoncement**. – Abstinence, jeûne ; chasteté 704. – Austérité ; dépouillement. – Pénitence *(la pénitence) ;* mortification, flagellation. – Stigmatisation. – Ahimsa 490.

2 **Ascétisme**, stoïcisme. – Puritanisme, rigorisme. – HIST. : gymnosophie, gymnosophisme.

3 Anachorétisme, cénobitisme, érémitisme 499.

4 Ascétère [rare], ermitage ; désert, thébaïde [HIST.]. – Vihara [bouddhisme]. – Ashram [hindouisme].

5 Cilice, haire.

6 Stigmate *(les stigmates).*

7 **Ascète**, ascétère [rare]. – Pénitent ; flagellant [HIST.]. – Anachorète, cénobite, **ermite**, solitaire, stylite ; vx : exercitant. – Père du désert [HIST.] ; Thérapeute [HIST. RELIG.]. – Islam : fakir, **soufi 488**. – Bouddhisme 489 : bhikkhu, bhiksu. – Hindouisme : renonçant, sannyasin, shadu, yogi ; HIST. : gymnosophiste, gyrovague.

V. 8 Ascétiser [litt.]. – Jeûner. – Mortifier ; affliger ou macérer la chair, châtier la chair, mater la chair. – **Faire pénitence ;** faire pénitence avec le sac et la cendre [vx].

9 Stigmatiser.

Adj. 10 **Ascétique**. – Cénobitique, érémitique, monacal.

11 Puritain, rigoriste ; abstinent, chaste, continent.

12 Ascétique ; macéré.

Adv. 13 **Ascétiquement**.

## 703 INTEMPÉRANCE

N. 1 Intempérance [litt.] ; **démesure**, *hubris* (gr., « démesure »), immodération [vieilli] ; abus 569, exagérationn, **excès 80**. – Extravagance, exubérance, frénésie ; orgueil 610. – **Débauche**, incontinence, luxure 705.

2 **Intempérance ;** gloutonnerie 707, goinfrerie, gourmandise ; ivrognerie 708.

3 Débordements, déportements, **dérèglements**, désordres, frasques, fredaines, intempérances. – Vie de bâton de chaise (ou : de patachon, de polichinelle).

4 Intempérance [litt.] ou intempérance de langage, licence, outrance. – Prolixité 760.

5 Intempérant *(un intempérant) ;* bambochard [fam., vx], noceur. – Sardanapale *(un sardanapale)* [litt.].

V. 6 **Abuser de** 569, faire une orgie de [fam.] ; passer les bornes, passer la mesure ; ne pas savoir s'arrêter.

7 Passer d'un extrême à l'autre ; c'est tout l'un ou tout l'autre [loc. cour., fam.].

8 **Faire la fête** ; bambocher [fam., vieilli] ; fam. : faire la bombe, **faire la noce** 467, faire la vie ; mener la vie à grands guides [sout.] ; brûler la chandelle par les deux bouts, creuser sa fosse [fam.]. – **Faire des excès** ; se gaver, se goinfrer, manger comme quatre 707 ; boire comme un trou 708. – Dilapider 835.

9 Débaucher, pervertir.

10 Se débaucher ; s'abandonner, se laisser aller ; se débrailler [sout.].

Adj. 11 Intempérant [litt.], intempéré [vx] ; **excessif, immodéré**. – Extravagant, exubérant, frénétique ; orgueilleux 678. – **Débauché**, incontinent, luxurieux 759 ; sardanapalesque [vx, litt.].

12 **Intempérant** ; glouton 707, goinfre, gourmand ; ivrogne 708.

13 Abusif 569, **excessif**, extrême, immodéré, outrancier, outré ; débridé, effréné.

Adv. 14 Démesurément, **immodérément** ; abusivement, exagérément, **excessivement**, outrageusement.

15 Outre mesure ; plus que de raison. – **Trop** 71 ; à l'excès, jusqu'à l'excès ; à l'extrême, à la folie, à la fureur.

## 704 CHASTETÉ

N. 1 **Chasteté** ; honnêteté [vx], sagesse, vertu 699 ; bonnes mœurs, moralité 690. – Blancheur, candeur, innocence, **pureté** ; fidélité conjugale 594, honneur. – Austérité, sévérité ; intégrisme, puritanisme. – Péj. : bégueulerie, pruderie, pudibonderie.

2 Abstinence, **continence** ; ascétisme. – Virginité. – Ceinture de chasteté.

3 Chasteté, **décence** 755, pudeur, pudicité. – Discrétion, modestie 680, réserve, retenue, **sobriété** ; timidité.

4 **Ascète**, ermite, moine, nonne. – Puceau ; pucelle, rosière [vieilli], **vierge** ; enfant de Marie [fig.], vertu *(une vertu)*, vestale [litt.] ; allus. myth. : Lucrèce, Pénélope. – Péj. : bégueule, oie blanche, sainte-nitouche.

5 Fleur de lis, fleur d'oranger.

V. 6 Faire vœu de chasteté [RELIG.].

Adj. 7 **Chaste** ; honnête [vx], pur, sage, vertueux 699 ; angélique, platonique. – Abstinent, **continent** ; fidèle 594, honorable. – **Austère**, sévère ; intégriste, puritain. – Péj. : bégueule, prude, pudibond.

8 Ingénu, **innocent**, virginal ; blanc, blanc comme neige, candide, immaculé.

9 Chaste, **décent** 755, pudique. – Discret, modeste 680, réservé, **sobre**.

Adv. 10 **Chastement** ; sagement, **vertueusement** 699 ; ingénument, innocemment, **purement**. – Décemment 755, discrètement, modérément, modestement 680, pudiquement.

## 705 LUXURE

N. 1 **Luxure** ; débauche, libertinage. – Dépravation, dévergondage, perdition, **perversion** ; dissolution, licence [litt.], relâchement. – Impudicité, impureté, incontinence, **intempérance** 703. – Stupre [litt.], turpitude. – **Sensualité** ; ardeur, lascivité ; sensualisme [litt.]. – Concupiscence [litt.], libidinosité [didact.], **lubricité**, salacité, vice 700 ; paillardise [fam.], polissonnerie, ribauderie [vx].

2 **Raffinement**, sybaritisme [litt.].

3 Amour 600, jouissance, **plaisir** 467, volupté. – Plaisirs, sensualités [vx]. – Érotisme 341.

4 Désordre, haute vie [vx] ; mœurs relâchées ou dissolues. – **Orgie** ; litt. : bacchanale, priapée, saturnale ; fam., vx : bambochade, bamboche.

5 **Sens** *(les sens)*, sensualité. – Appétit, **désir** 523, désir charnel, libido ; chair. – Démon de midi.

6 Sensuel *(un sensuel)*, sybarite [litt.]. – Amoureux *(un grand amoureux)*. – **Jouisseur**, libertin [litt.], pourceau d'Épicure, satyre ; coureur, ribaud [vx], viveur ; allus. litt. : Casanova, Don Juan, Lovelace.

V. 7 **Se débaucher**, s'encanailler. – Fam. : faire ses farces, jeter son bonnet par-dessus les moulins, jeter sa gourme, rôtir le balai, tirer une bordée. – Avoir du tempérament [fam.] ; s'adonner aux plaisirs ou à la débauche.

8 **Débaucher**. – Aguicher [fam.], allumer [pop.], exciter 523, troubler.

Adj. 9 **Luxurieux** [sout.] ; libertin, licencieux. – **Sensuel** ; concupiscent [litt.], lascif, libidineux, **lubrique**, salace, vicieux 700 ; fam. : chaud, paillard. – Impudique, impur, incontinent, **intempérant** 703. – Dépravé, dévergondé ; **débauché**.

10 Lascif ; amoureux, ardent, **sensuel**, voluptueux ; dissolu, perverti, relâché.

11 **Charnel**, érotique 341, sensuel. – Animal, grossier, matériel. – Orgiaque [litt.].

12 **Sensuel,** voluptueux. – Aguichant [fam.], excitant 523, incendiaire.

Adv. 13 Luxurieusement [rare]. – Sensuellement ; charnellement ; lascivement. – Amoureusement.

## 706 SOBRIÉTÉ

N. 1 **Sobriété ;** frugalité, tempérance 701 ; économie, modération 579.

2 Diététique 395. – Diète, **régime ;** privation, sevrage ; RELIG. : abstinence, carême, jeûne, jours maigres, maigre *(le maigre),* pénitence, ramadan. – HIST. : carême civique, Pâque républicaine.

3 Circonspection, **délicatesse** 598, discrétion, ménagement, mesure, retenue, sobriété, tact.

4 Classicisme, concision 759, dépouillement, sévérité, **simplicité** 616, sobriété.

V. 5 **Se passer de,** se priver de, résister à, se sevrer ; faire (ou : mettre, tirer) une croix sur [fam.] 515. – **Jeûner ;** faire maigre ou maigre chère, manger maigre. – Se serrer la ceinture [fam.] ; surveiller sa ligne ; bouder contre son ventre [vx].

6 Vivre de pain et d'eau ; faire pénitence ; manger son pain à la fumée ou à l'odeur du rôt [vx]. – Vivre ou se contenter de peu ; éviter les excès. – Être à la diète, **être au régime ;** être à jeun.

Adj. 7 **Sobre,** sobre comme un chameau [fam.]. – Frugal, tempérant 701 ; économe, **modéré,** abstème [sout.], abstinent, continent ; antialcoolique.

8 **Diététique** 395, équilibré, frugal, hygiénique, sobre ; acalorique, maigre.

9 Délicat 598, discret, modeste, réservé. – Avare, circonspect, **mesuré.**

10 Classique, concis 759, dépouillé, sévère, **simple,** sobre.

Adv. 11 **Sobrement ;** frugalement, maigre *(manger maigre) ;* modérément. – Discrètement, sagement ; simplement.

## 707 GLOUTONNERIE

N. 1 **Gloutonnerie ;** bâfrerie [fam.], goinfrerie [fam.], gourmandise [vx] ; avidité, insatiabilité, **voracité.** – Boulimie [MÉD.].

2 Excès de bouche, excès de table. – Agapes [sout.], **festin,** gueuleton [fam.], repas de noce ; très fam. : bringue, foire, noce. – **Orgie** [sout.] ; très fam. : crevaille, godaille

[vx], goinfrade, ribote [vx], ribouldingue [vieilli], ripaille [vx].

3 **Glouton** *(un glouton),* goinfre *(un goinfre),* gouffre [fam.], goulu *(un goulu),* gourmand *(un gourmand)* [vx], ogre [fig.] ; gamache [litt., rare] ; bonne ou belle fourchette 855, grand gosier, gros mangeur, viveur. – Arg. : chancre, crevard, **morfal,** morfalou ; arg. : béquillard ou béquilleur [vx], brifaud (ou : briffaud, briffeur), piffre, pilleur, saute-au-rab, va-de-la-gueule [vx].

4 Très fam. – Avale-tout, avaleur [vx], avaleur de pois gris [vx], bouffe-tout, bouffeur, mâche-dru, mange-tout. – Fricoteur, noceur, ripailleur ; gobichonneur [vx], godailleur.

5 Allus. litt. : Gargantua *(un festin de Gargantua)* ou gargantua *(un gargantua),* Pantagruel ou pantagruel. – Lucullus ou lucullus [HIST.].

V. 6 Fam. : bâfrer ou se bâfrer, **dévorer,** gloutonner, **s'empiffrer** ou se piffrer ; morfaler [arg.]. – Se rassasier, se repaître. – Fam. : se bourrer, se **gaver,** se goberger, se **goinfrer,** se lester ; se gorger. – Avaler tout rond ; fam. : enfourner, engloutir, engouffrer, friper [vx].

7 **Manger** 855 ; très fam. : béquiller [vx], bouffer, boustiffailler, briffer. – Manger à satiété ; pop., vieilli : manger à ventre déboutonné, manger à s'en faire péter la sous-ventrière ; bouffer comme un chancre [très fam.], **manger comme quatre ;** manger comme un ogre ; manger tout son (ou : mon, ton, leur, etc.) soûl.

8 Faire des agapes [sout.], festiner [vx], festoyer, fricoter [rare, vieilli] ; fam. : gueuletonner, gobichonner [vx], godailler [vieilli], ripailler ou faire ripaille.

9 Faire bonne chère ; fam. : faire bombance, faire la noce ; être en gogaille [fam.]. – Très fam. : s'en donner jusqu'à la garde ; s'en mettre plein la gueule, s'en mettre jusque-là, s'en mettre plein la lampe ou le lampion, s'en mettre plein la panse. – Affûter ses meules [fam.], se caler les joues [fam.]. – Fam. : **se taper la cloche,** vivre à gogo. – Creuser sa tombe avec ses dents [vieilli].

10 Fam. – Avoir un bon coup de fourchette, avoir les dents longues, avoir un estomac d'autruche ; n'être qu'un ventre ; faire un dieu de son ventre. – Avoir les yeux plus gros que la bouche ou le ventre.

11 Faire honneur à, faire un sort à ; ne pas se laisser abattre [fam.].

Adj. 12 **Glouton ;** bâfreur [très fam.] ; fam. : **goinfre,** goulu. – Gourmand [vx] ; très fam. :

gourmand comme une lèchefrite, gueulard, porté sur la gueule, safre [vx]. – Avide, **vorace.**

13 Effréné, insatiable. – Gargantuesque. – Boulimique [MÉD.]. – Dévorant *(faim dévorante)* [sout.].

Adv. 14 Gloutonnement, **goulûment ;** avidement, insatiablement, **voracement.** – À belles dents, à gogo ; à bouche que veux-tu *(manger à bouche que veux-tu, traiter qqn à bouche que veux-tu)* [vx].

## 708 IVROGNERIE

N. 1 **Ivrognerie ; alcoolisme,** intempérance **703,** pochardise [fam., vx]. – MÉD. : dipsomanie, éthylisme, intoxication éthylique.

2 Fam. : **beuverie,** soûlerie, soûlographie ; muffée ou muflée [pop.], soulée [fam., vx].

3 Ébriété [ADMIN. ou sout.], enivrement, griserie, **ivresse ;** picole [pop]. – Litt. : fumées de l'ivresse, vapeurs du vin. – Arg. : barbe, beurrée, bitture ou biture, brindezingue [vx], caisse, **cuite,** culotte, nasque, pétée, pionnardise, poivrade, prune, ribote, torchée ; arg. : bout de bois, fièvre de Bercy, palu breton.

4 Boisson *(la boisson)* **859 ;** alcool, vin.

5 Alcoolisme. – PSYCHIATRIE : alcoolomanie ou alcoomanie **390,** dipsomanie ; delirium tremens ; gueule de bois [fam.].

6 Alcoologie. – Alcoolémie.

7 **Ivrogne ; buveur ;** boit-sans-soif [fam.]. – Litt. : bacchante, suppôt de Bacchus. – Très fam. : alcoolo, **picoleur,** pochard, **poivrot,** sac à vin, soiffard, **soûlard,** soûlographe, soûlot ou soûlaud ; pilier de bar (ou : de bistrot, de cabaret) [fam.]. – Arg. : biberonneur, **éponge,** gouape, pictonneur, pochetron, pochetronné.

8 Alcoolique *(un alcoolique).* – PSYCHIATRIE : alcoolomane ou alcoomane, dipsomane, éthylique *(un éthylique).*

9 Alcoologue.

V. 10 **Boire ;** fam. : biberonner, chopiner, ivrogner [vx], **picoler ;** très fam. : licher, lichetrogner. – Arg. : se cingler le blair, se piquer le nez (ou : la ruche, le tasseau, la meule, le tarin).

11 Boire comme un trou [fam.]. – S'adonner à la boisson, aimer ou cultiver la bouteille ; avoir la dalle en pente [arg.], **lever le coude** [fam.].

12 **S'enivrer, se soûler** ou se saouler, se beurrer [très fam.], se cuiter [fam.], se griser, s'ivrogner [vx], se soûlotter [fam., vx]. – Se bourrer (ou : se péter, se soûler, se saouler) la gueule [très fam.] ; faire carrousse [vx], **prendre une cuite** ou une bitture [très fam.]. – Arg. : s'arsouiller, **se biturer,** se camphrer, se charger, se chiquer, se culotter, se gorgeonner, se noircir, **se pinter,** se poisser, se poivrer. – Arg. : prendre sa barbe, prendre un bain (ou : une brosse, une caisse, une casquette), prendre ou ramasser une pistache.

13 Fam. : **boire un coup,** trinquer.

14 **Être pris de boisson ;** être dans les vignes du Seigneur [litt.] ; être dans les brindes [vx], être en brosse [arg.], être dans le cirage [fam.]. – Fam. : avoir le nez sale ; avoir sa cocarde, **avoir son compte,** avoir sa dose, avoir son plein ; arg. : avoir sa charge (ou : son casque, sa musette, son plumeau, son plumet, son pompon), avoir une paille, avoir une pistache. – **Avoir un coup dans l'aile** ou dans le nez [très fam.], avoir du vent dans les voiles [fam.] ; rouler sous la table.

15 Cuver son vin ; dessoûler. – Être entre deux vins. – Avoir le vin gai (opposé à avoir le vin triste). – Noyer son chagrin (ou ses chagrins) dans le vin ou dans l'alcool.

Adj. 16 **Ivrogne ; alcoolique,** intempérant **703.**

17 **Ivre,** ivre mort, ivre comme une soupe [fam., vx], **soûl** ou, vieilli, saoul ; fam. : soûl comme une grive, soûl comme un Polonais. – Éméché [fam.], émoustillé, ému [vx] ; par euph. : joyeux, un peu gai ; en goguette [fam.].

18 Aviné ; gris, **noir** [fam.], noircicaud [arg.]. – Brindezingue [vx] ; très fam. : défoncé, mûr, **paf, plein,** plein comme une barrique (ou : un boudin, une bourrique, un œuf, une vache), **pompette,** raide, raide déf (raide et défoncé), **rond,** rond comme une queue de pelle, schlass ou châlasse. – Très fam. : beurré, blindé, **bourré,** bourré comme une cantine ou un coing, cassé, cuit, fait, imbibé, parti, pété, rétamé. – Arg. : bu, carroussel, déchiré, défoncé, fadé, gelé, **givré,** mort, naze ou nase, poivre, poivré, secoué, verni. – **Pas net,** saoul perdu.

19 Bachique [litt.].

## 709 AVARICE

N. 1 **Avarice,** parcimonie **844,** pingrerie ; fam. : radinerie, rapiaterie ; lésine [litt.] ou, vieilli, lésinerie ; rare : grigouterie, harpagonnerie ; vx : chicheté, crasserie ou crasse **830**, ladrerie ; **mesquinerie,** sordidité [litt.]. – Fam. : mégotage, rognage *(rognage des dépenses).*

2 **Cupidité 523** ; âpreté au gain, rapacité, voracité ; mercantilisme **827**, vampirisme ; requinisme [rare].

3 **Avare** *(un avare),* thésauriseur ou thésaurisateur **844** ; amasseur [rare], regrattier [vx] ; grigou [fam.] ; harpagon [litt.] ; grippesou ; vx : cancre, ladre *(un ladre),* pouacre *(un pouacre) ;* fesse-mathieu ou fessemaille, pince-maille, pisse-vinaigre, pleure-misère, racle-denier.

4 **Usurier** [fig] **827** ; rapace *(un rapace),* vautour ; **requin ** ; vieilli : harpie, vampire.

v. 5 **Lésiner ** ; fam. : mégoter, rapiater ; rogner *(rogner sur les dépenses) ;* liarder [vieilli]. – Adorer le veau d'or **829**.

6 **Thésauriser 844.** – Accumuler, **amasser,** amonceler, entasser **66** ; mettre écu sur écu [vx]. – Avoir des écus moisis [vx] ; crier famine sur un tas de blé [prov.].

7 Fam. : avoir les mains (ou : les doigts, les ongles) crochues ou, vx, croches, **être près de ses sous ** ; avoir des oursins dans les poches ou dans le porte-monnaie, être dur à la détente ou, vieilli, dur à la desserre, les lâcher avec un élastique. – **Regarder à la dépense,** plaindre la dépense.

8 Couper un sou ou, vieilli, un liard en quatre ; fam. : avoir mal à la main qui donne, ne pas attacher ses chiens avec des saucisses, ne pas oser cracher de peur d'avoir soif, pleurer le pain qu'on mange ; vx : regratter sur tout, vouloir faire servir une allumette par les deux bouts. – Faire des économies de bouts de chandelle **844**. – Loc. prov., fam. : il tondrait un œuf.

Adj. 9 **Avare,** parcimonieux **844**, regardant ; fam. : pingre, **radin,** rapiat, serré ; fam. : chien, rat ; litt. : chiche, ladre ; vieilli : avaricieux, lésineur ou lésineux ; vx : crasseux **830**, liardeur, pignouf. – Mesquin, **sordide** ; cupide **523**, âpre à la curée, âpre au gain. – À père avare, fils prodigue [prov.].

Adv. 10 **Parcimonieusement 844** ; avec parcimonie ; chichement [litt.] ; rare : avarement, avaricieusement ; ladrement [vx] ; cupidement, mesquinement, sordidement.

# 710 PRODIGALITÉ

N. 1 **Prodigalité ** ; largesse, magnificence, munificence [litt.]. – Générosité **587**. – Abondance **78**.

2 **Dilapidation,** dissipation ; gabegie, gaspillage ou, fam., gaspi ; coulage ou, vx, coule [fam.]. – Vie large.

3 Prodigalités ; dons **826**, largesses, libéralités ; **dépenses effrénées 835**, dépenses inconsidérées, dépenses somptuaires [emploi critiqué] ; folles dépenses ; dépense de nabab ; vx : magnificence, somptuosité. – Écu changé, écu mangé [prov., vx].

4 Oniomanie [didact.].

5 **Bourreau d'argent,** panier ou sac percé *(un panier percé) ;* mange-tout [vx] ; fouille percée [arg.] ; décheur [arg.] ; flambeur [arg.] ; cigale [allus. litt.].

v. 6 **Prodiguer 835** ; dilapider, dissiper ; claquer [fam.], flamber [vieilli] ; engouffrer, engloutir, dévorer ; fam. : croquer, manger ; **entamer ** ; ébrécher, écorner. – Gaspiller.

7 Distribuer ou répandre à tort et à travers, jeter au vent. – **Donner sans compter,** ne pas regarder à la dépense, verser l'or à pleines mains. – Litt. : épancher *(épancher ses bienfaits),* épandre, faire largesse.

8 Faire des extra ; **faire des folies.** – Se fendre [fam.].

9 Faire de la dépense [vieilli] **835** ; dépenser sans compter ; **brûler la chandelle par les deux bouts 80,** manger son bien par les deux bouts ; jeter l'argent par les fenêtres ; avoir les poches percées ; manger son blé en herbe ou en vert ; vx : manger le vert et le sec, prendre le chemin de l'hôpital. – Fam. : l'argent lui brûle les mains, lui coule des doigts, lui fond dans les mains.

10 Avoir des goûts de luxe [fam.]. – **Mener grand train,** ne pas lésiner, vivre sur un grand pied ; mener la vie à grandes guides [sout.] **829**, vivre au-dessus de ses moyens ; faire le grand seigneur, vivre comme un prince. – S'endetter **836**. – Loc. prov., vieilli : boire sa fortune, faire bonne chère et petit testament.

Adj. 11 **Prodigue ** ; dépensier, dilapidateur, dissipateur. – **Généreux 587,** large, libéral ; munificent [litt.] ; gaspilleur. – À père avare, fils prodigue ou fils dissipateur [prov.].

12 Somptuaire *(édit, loi somptuaire)* [didact.].

Adv. 13 **Prodigalement** [sout.], à pleines ou, vx, à belles mains, à profusion 78, sans compter ; effrénément [vx]. – Magnifiquement, somptueusement, royalement 829 ; avec faste ou munificence [litt.].

Int. 14 Au diable l'avarice ! [souv. par plais.].

# 711 JUSTICE

N. 1 **Justice** ; bien-jugé *(le bien-jugé),* équité, impartialité, moralité 690 ; non-discrimination ; **droit naturel.** – **Légalité,** légitimité 713. – Droit positif, jurisprudence.

2 **Autorité judiciaire** ou autorité de justice, pouvoir judiciaire ; bras séculier, for extérieur [HIST.].

3 **Justice immanente** [PHILOS.]. – Justice commutative (ou : rectificative, mutuelle) [opposé à justice distributive].

4 DR. ANC. – Basse justice, haute justice. – Justice déléguée, justice retenue. – Justice seigneuriale. – Baillage, châtellenie, gouvernance, gruerie, **maréchaussée,** présidialité, **prévôté, sénéchaussée.**

5 Affaire ; **crime 720,** délit. – Contravention, infraction 625.3, **litige.** – Cas royaux [HIST.].

6 **Procédure** ; action en justice ou action judiciaire ; **procès.** – Information judiciaire, instruction préparatoire ; garde à vue. – Acte judiciaire ou juridique, demande en justice, instance, **requête** ; clain ou clam [HIST.]. – **Demande 419** ; demande principale, accessoire, subsidiaire, additionnelle, alternative, connexe, nouvelle, préjudicielle, reconventionnelle. – **Exploit d'huissier** ; assignation, citation à comparaître ; comparution, défaut de comparution, non-comparution ; notification, signification, sommation ; commandement.

7 **Accusation** ; chef, grief, sujet d'accusation. – **Plainte** ; plainte contre X, plainte en faux ; **poursuites judiciaires.**

8 **Procès,** procillon [vx] ; débats, séance ; vx : plaid, plaiderie. – **Affaire,** dossier, **litige** ; cause ; cause civile, cause criminelle.

9 **Audience** ; audience à huis clos ou **huis-clos,** audience publique.

10 **Minutes** *(minutes d'un procès) ;* expédition, grosse *(grosse d'un jugement),* placet.

11 **Prestation de serment.** – Caution juratoire, serment juratoire, **serment judiciaire** ; serment décisoire, serment promissoire, serment supplétoire.

12 Accusation, contre-accusation ; *impeachment* (États-Unis) [anglic.]. – Action publique, **réquisitoire.**

13 **Preuve** ; charge, pièces d'un procès. – **Adminicule,** élément de preuve, **indice** ; corps du délit, pièce à conviction. – Preuve par aveu de la partie, **preuve par la commune renommée,** preuve par présomption, preuve par serment, preuve par témoins, preuve testimoniale ; preuve littérale. – **Flagrant délit.** – Déposition, faux témoignage, **témoignage.** – HIST. : preuve par le jugement de Dieu, preuve par le combat.

14 **Jugement 427** ; arrêt, décision, délibérations, **sentence 722,** verdict de culpabilité ou positif, verdict d'acquittement ou négatif. – Jugement contradictoire, jugement rendu par défaut, jugement rendu en premier et dernier ressort, jugement avant dire droit. – DR. ANC. : jugement de Dieu ; épreuves judiciaires, **ordalie** ; combat judiciaire, duel judiciaire.

15 **Attendu** *(un attendu),* considérant *(un considérant),* motif 37.

16 **Pourvoi** ; pourvoi en cassation, pourvoi en grâce. – Recours, recours en grâce ou recours gracieux ; action en recours, voie de recours, **renvoi.** – **Appel,** appel principal, appel incident, appel interjeté.

17 **Irrecevabilité,** nullité ; opposabilité. – Déclinatoire *(un déclinatoire),* rescindant *(un rescindant),* rescisoire *(le rescisoire).* – **Moyens d'opposition,** tierce opposition. – **Exception** ; exception d'incompétence, de litispendance, de connexité, de nullité ; **fin de non-recevoir.** – Débouté *(un débouté),* rejet.

18 **Justicier** ; justiciard [péj.]. – Défenseur de la veuve et de l'orphelin, redresseur de torts.

19 HIST. : bailli, connétable, prévôt, sénéchal. – Homme de loi ; arrêtiste, juriste 713 ; jurisconsulte, jurisprudent [vx], légiste.

20 Avocat d'affaires, avocat-conseil, avocat consultant.

21 Ministre de la Justice, garde des Sceaux, Chancelier. – **Administrateur judiciaire.** – **Officier ministériel** ; avoué, notaire, tabellion [sout., vieilli] ; clerc de notaire, premier clerc. – **Auxiliaire de justice** ; commis greffier, greffier. – Clerc d'huissier ; huissier.

22 Cabinet, **étude** ; charge d'avocat, office. – **Ministère de la Justice** ; Chancellerie.

23 **Juridisme,** formalisme. – Légalisme.

24 **Balance de la justice.** – Épée, glaive. – Main de justice [HIST.].

v. 25 **Juger** 427, statuer ; **rendre la justice** ; exercer une juridiction.

26 **Poursuivre en justice** ; faire un procès, traîner devant les tribunaux. – **Actionner en justice,** ester en justice, requérir en justice ; demander. – Entamer une procédure contre, intenter un procès ou une action juridique, introduire une instance, saisir, soutenir une action en justice ; clamer [HIST.]. – Assigner, attraire, citer en justice, déférer, traduire. – **Se constituer partie civile,** se porter partie civile.

27 **Comparaître,** comparoir [vx] ; témoigner. – Prêter serment. – Plaider 715.

28 **Ouvrir l'audience,** tenir audience ; lever, suspendre l'audience. – Siéger, tenir séance.

29 **Défendre,** plaider une cause ; avoir cause gagnée ; gagner une cause, obtenir gain de cause ; impétrer [rare].

30 **Accuser,** déposer une plainte, porter plainte, engager des poursuites.

31 **Débouter,** élever un déclinatoire, infirmer. – **Faire appel,** interjeter appel. – **Se pourvoir en cassation.**

Adj. 32 **Juste** ; équitable, impartial ; droit, moral 690. – Légal 713, légitime.

33 **Judiciaire, juridique,** juridictionnel, jurisprudentiel, prétorien. – Judicatif, judicatoire [rare]. – Procédural. – Jugeable, **justiciable.** – Actionnable.

34 Frappé de nullité ; **nul,** nul et non avenu, nul et de nul effet ; rescindant, rescisoire.

35 Ad litem *(procuration ad litem).*

Adv. 36 **Judiciairement, juridiquement,** légalement. – Par autorité de justice.

37 Impartialement.

Aff. 38 Juridico-.

## 712 INJUSTICE

N. 1 **Injustice** ; iniquité, **partialité** ; **inégalité** 84. – **Illégalité,** illégitimité.

2 **Arbitraire** *(l'arbitraire),* injuste *(l'injuste).* – Fait, **fait du prince,** plaisir, bon plaisir. – Justice expéditive, justice sommaire.

3 **Irrégularité** ; indélicatesse, malhonnêteté 694, **passe-droit.** – Contravention [DR.], infraction, outrage, violation.

4 **Partialité** ; mauvaise foi, **parti pris,** préjugé 427 ; procès d'intention.

5 Faveur, **piston,** privilège. – Favoritisme, népotisme. – Impunité.

6 **Injustice** *(une injustice)* ; **abus** 569, attentat [fig.], excès, empiétement. – DR. : abus d'autorité ou de pouvoir, abus de droit, déni de justice, excès de pouvoir. – Erreur judiciaire, mal-jugé *(un mal-jugé)* [DR.]. – **Contrat léonin,** marché léonin, partage léonin.

7 **Illégitimité.** – Dictature, **oppression** 580, tyrannie 622, usurpation de pouvoir. – Absolutisme, autocratie, autoritarisme, **despotisme** 670, totalitarisme. – Société léonine.

8 Prov. et loc. prov. : À chevaux maigres vont les mouches ; Le pot de terre contre le pot de fer ; Les gros larrons font pendre les petits ; Le gibet n'est fait que pour les malheureux.

9 **Autocrate,** despote, dictateur, tyran, **oppresseur,** persécuteur, **usurpateur.**

v. 10 **Faire injustice à qqn** [vx]. – Attenter à, commettre une indélicatesse, dénier qqch à qqn, donner une entorse au droit [litt.], outrepasser, usurper, violer. – **Opprimer,** persécuter, tyranniser, violenter. – N'avoir ni foi ni loi.

11 **Abuser,** empiéter. – S'arroger, s'attribuer. – Se tailler la part du lion.

12 **Avantager,** favoriser, privilégier. – Pistonner. – Avoir deux poids deux mesures.

Adj. 13 **Injuste,** inéquitable, inique, léonin *(contrat léonin)* ; inégalitaire, malhonnête 694. – **Immérité,** indu, infondé, injustifié.

14 **Partial,** de parti pris, tendancieux ; partisan. – **Déloyal,** immoral.

15 **Illégal,** irrégulier ; indélicat. – **Abusif,** arbitraire, usurpé. – Attentatoire, usurpatoire [DR.].

16 **Autoritaire** 621, despotique, dictatorial, oppressif, tyrannique.

17 Impuni.

Adv. 18 **Injustement** ; abusivement, inégalement, **iniquement** ; **arbitrairement,** partialement, tendancieusement ; autoritairement, tyranniquement. – Illégalement, illégitimement, indûment, irrégulièrement, **malhonnêtement.**

19 Avec partialité, à tort ; contre le droit. – Impunément.

## 713 DROIT

N. 1 **Droit** *(le Droit)* ; sciences juridiques, science législative (ou : législation, légistique) ; nomologie. – Jurisprudence [vx] ; droit comparé ou législation comparée ; législation financière ou, fam., légi fi ; sciences auxiliaires du Droit.

2 **Droit positif** ; législation, loi *(la loi)* ; code [cour.] ; *jus* (lat., « droit ») ; *jus est art boni et aequi* (lat., « le droit est l'art du bien et du juste ») (Digeste).

3 **Droit objectif** ; **Droit naturel** (ou : idéal, rationnel). – **Droit divin** (opposé à Droit humain).

4 **Droit romain.** – Droit des gens ou, lat., *jus gentium* (opposé à Droit du peuple romain ou, lat., *jus civile*) ; Droit honoraire ou, lat., *jus honorarium ;* Droit prétorien ; raison écrite [vx]. – **Droit féodal.** – Ancien Droit ou Droit ancien. – Droit intermédiaire, Droit révolutionnaire.

5 **Droit moderne ;** Droit coutumier **685,** Droit écrit ; **Droit commun** (opposé à Droit spécial), Droit transitoire ; Droit interne ou national (opposé à Droit international) ; Droit uniforme.

6 **Droit public interne ;** Droit constitutionnel ; Droit public général. – **Droit administratif ;** Droit rural ; Droit forestier ; Droit des mines ; Droit agricole. – **Droit financier** ou législation financière ; Droit fiscal. – **Droit civil ecclésiastique** ; articles organiques. – **Droit colonial** ou Droit d'outre-mer (opposé à Droit métropolitain).

7 **Droit social** ou législation sociale ; Droit ou législation du travail ; Droit professionnel.

8 **Droit économique** ou **Droit des affaires ;** Droit des assurances. – Droit médical. – Droit processuel.

9 **Droit privé interne ; Droit civil ;** Droit familial ; Droit extrapatrimonial, Droit patrimonial, Droit successoral.

10 **Droit pénal** ou criminel. – **Droit commercial ;** Droit maritime ; Droit aérien ; Droit des transports ; Droit bancaire ; Droit de la consommation.

11 **Droit international ;** Droit international public ou, anc., Droit des gens, Droit communautaire ou Droit européen ; Droit humanitaire ou Droit de la guerre **650,** *jus ad bellum* (lat., vieilli, « droit en considération de la guerre »), *jus pacis* (lat., vieilli, « droit de la paix »), *jus cogens* (lat., « droit contraignant »). – Droit international privé.

12 **Droit canon** ou Droit canonique.

13 Le non-droit.

14 **Droit** *(un droit) ;* bénéfice, liberté **516 ;** possibilité **39,** pouvoir ; **droit subjectif.** – **Autorisation,** habilitation, permission ; prérogative, privilège.

15 Aptitude, capacité, compétence, qualité ; titres.

16 Droit, bon droit ; équité, **justice 711.** – Droit strict ou droit étroit.

17 Droit absolu ou droit *erga omnes* (lat., « à l'égard de tous ») ; droit relatif ; **droit acquis ;** droit litigieux ; droit éventuel.

18 Droits absolus ; droits imprescriptibles, droits inaliénables, droits sacrés ; **droits de l'homme** (ou : de la personne, de la personnalité) ; droit de propriété, droit de résistance à l'oppression.

19 **Droits civils,** droits politiques ; liberté politique **516 ;** liberté individuelle ; droit de vote. – Droit de veto. – Droit d'amendement.

20 Droit de tester ; bénéfice d'inventaire.

21 Droit des peuples à disposer d'eux-mêmes. – Droit de légation. – Droit d'asile.

22 Droits collectifs. – Droit syndical ou liberté syndicale ; droit de grève. – Droit de présentation.

23 HIST. : droits de la couronne ou **droits régaliens,** régale monétaire ; droits seigneuriaux, seigneuriage, seigneurie.

24 Droit de communication. – Droit d'afforestage, droit d'affouage ; **droit de chasse, droit de pêche.** – Droit immobilier, droit mobilier.

25 Droit de créance, droit de rétention. – **Droit de préemption,** droit de préférence, droit de substitution.

26 Droit de correction [anc.]. – Droit de garde ; droit de surveillance ; **droit de visite ;** droit du conjoint survivant.

27 Droit d'accroissement ; droit de superficie. – Droits réels ; droits réels accessoires, droit de suite ; droit d'attache, servitude d'appui. – **Droits d'auteur ;** droits de l'inventeur, droit de divulgation, droit de repentir, droit au respect du nom de l'auteur, droit au respect des œuvres de l'esprit ; droit de représentation, droit de reproduction ; droit de retour.

28 Droit d'évocation ; **droits de la défense.**

29 **Projet de loi** (opposé à proposition de loi) ; amendement **669,** sous-amendement.

30 **Loi 669**, loi positive ; loi organique ; loi impérative, loi prohibitrice ; loi abrogative ; loi d'application immédiate ; lois civiles ; lois politiques ; loi de police et de sûreté ; loi d'exception, loi martiale ; lois criminelles, lois pénales ; loi-cadre, loi de programme ou loi-programme ; loi d'orientation ; loi de l'année, loi budgétaire, loi des comptes, loi de finances, loi rectificative ; **décret-loi**, traité-loi. – **Constitution** ou loi constitutionnelle ; bill, charte. – Acte législatif ; acte constitutionnel ; disposition légale, prescription légale, règle statutaire ; acte réglementaire, arrêté, **décret**, règlement ; circulaire réglementaire ; contrat type, convention collective.

31 Maxime, précepte **690**, principe ; **adage**. – **Coutume 685**, coutume supplétive.

32 HIST. : capitulaire **631**, édit, ordonnance, sénatus-consulte. – Bulle **498**.

33 **Article**, dispositions préliminaires, préambule, dispositif ; annexe.

34 HIST. : coutumier, grand coutumier. – ANTIQ. ROM. : Code Justinien, Digeste, Pandectes.

35 **Code**, corps de règles, corpus ; **Code civil** ou Code Napoléon ; Code de procédure civile ; Code rural ; Code forestier ; Code minier ; Code du travail, **Code pénal** ; Code de procédure pénale ou, anc., Code d'instruction criminelle ; Code de justice militaire ; Code de commerce.

36 Code de Droit canonique ; bullaire. – Canon.

37 **Déclaration des droits de l'homme et du citoyen** ; Déclaration universelle des droits de l'homme ; Convention européenne de sauvegarde des droits de l'homme et des libertés fondamentales, Convention interaméricaine de San José.

38 Doctrine. – Nomographie.

39 Édiction, **promulgation** ; publication ; sanction [anc.] ; abrogation **561** ; abrogation expresse, abrogation tacite ou implicite. – Entrée en vigueur. – Codification.

40 **Légalisation** ; institutionnalisation ; régularisation, validation.

41 Principe de la territorialité ; principe de la non-rétroactivité.

42 Juridicité. – **Légalité** ; constitutionnalité ; canonicité ; licéité, régularité, validité ; légitimité ; recevabilité.

43 Juridisme, **légalisme**, réglementarisme.

44 HIST. : pays de coutume ou pays coutumier, pays de droit écrit. – **État de droit**.

45 **Pouvoir législatif** ; assemblée, chambre, chambre basse, chambre haute ou seconde chambre, parlement **673**, sénat ; HIST. : conseil du roi, cour. – **Pouvoir exécutif**.

46 Conseil constitutionnel, Conseil d'État.

47 **Législateur** ; parlementaire ; rapporteur, rapporteur général ; promulgateur ; codificateur ; ANTIQ. GR. : nomothète, thesmothète. – **Juriste**, jurisconsulte ; légiste [abusif] ; jurisprudent [vx] ; homme de loi ; arrêtiste ou, vx, arrestographe ; privatiste, publiciste ; civiliste, commercialiste, pénaliste ou criminaliste, processualiste. – RELIG. : canoniste ; docteur de la Loi ; ouléma **488** ; nomographe [didact.].

48 **Sujet de droit** ; sujet actif, sujet passif ; chef, tête ; ayant droit ou ayant cause.

V. 49 Légiférer **53.10**.

50 **Légaliser** ; institutionnaliser ; régulariser ; constitutionnaliser. – Légitimer.

51 Édicter, **promulguer** ; sanctionner. – Abroger ; amender. – Codifier.

52 **Avoir force de loi** ; faire jurisprudence, faire loi.

53 Être dans son droit ; avoir le droit pour soi, avoir la justice de son côté.

54 **Pouvoir** ; avoir le droit de, être en droit de + inf. ; avoir qualité pour. – Avoir voix au chapitre.

55 Prov. : force passe droit ; « la force prime le droit » (Bismarck). – Coutume fait loi. – « Nul n'est censé ignorer la loi » (Code civil). – *Dura lex, sed lex* (lat., « la loi est dure, mais c'est la loi »).

Adj. 56 **Légal** ; constitutionnel ; canonique ou canonial ; réglementaire ; légitime ; **autorisé**.

57 **Juridique**, législatif ; nomographique, nomothétique.

58 Légiférable [rare]. – Abrogeable ; amendable, **modifiable**. – Inopposable.

Adv. 59 **En droit** (opposé à en fait) ; *de jure* (opposé à *de facto*). – **Juridiquement**. – Législativement.

60 **Légalement** ; constitutionnellement ; canoniquement ; licitement [rare].

61 Légitimement ; **à bon droit** ; en toute justice ou, vx, de toute justice ; **de plein droit** ; *ipso jure* (lat., « de plein droit »).

Prép. 62 En vertu du droit de ou, vx, à droit de.

Aff. 63 Juridico- ; nomo-.

# 714 TRIBUNAL

N. 1 **Tribunal**.

2 **Juridiction inférieure**. – Tribunal administratif, tribunal judiciaire. – Tribunal de droit commun, tribunal d'exception. – Tribunal civil. – Tribunal correctionnel, tribunal des conflits, tribunal pour enfants, tribunal de police. – Tribunal maritime, tribunal militaire.

3 **Juridiction supérieure**. – Chambre, cour ; cour d'appel, cour d'assises, Cour de cassation ; Cour de sûreté de l'État. – Cour internationale de justice. – **Chambre** ; première chambre, deuxième chambre, etc. ; chambre d'accusation ; chambre civile, chambre criminelle, chambre des requêtes.

4 **Tribunal de droit commun** (opposé à tribunal d'exception) ; juridiction du premier degré ; **tribunal de grande instance** (ou, anc., de première instance, d'arrondissement) ; justice de paix [anc.]. – **Tribunal de deuxième instance** ou du deuxième degré ; cour d'appel, Cour de cassation.

5 **Tribunal d'exception** ; conseil des Prud'hommes, tribunal de commerce, tribunal paritaire des baux ruraux, commission de la Sécurité sociale, juridiction des loyers, juridiction des enfants, juridiction des tutelles.

6 HIST. – L'Aréopage ; tribunal aulique ; tribunal de Sainte-Vehme. – RELIG. : **tribunal de l'Inquisition** ou Saint-Office, pénitencerie ; tribunal ecclésiastique.

7 **Partie** (opposé à tiers) ; partie adverse, partie civile, partie plaignante. – Loc. prov. : on ne peut être juge et partie. – **Ministère public**, partie publique ; parquet, parquet général, petit parquet.

8 Vieilli : basoche [fam.], **gens de robe**. – Homme de loi. – Attorney.

9 **Magistrat**, robin [vx]. – Alderman ; corregidor [HIST.]. – **Magistrat assis**, magistrat du siège ; **juge** ; chat fourré [arg.] ; juge de paix, juge d'application des peines. – Président, vice-président. – HIST. : alcade, viguier.

10 **Magistrat debout**, magistrat du parquet ; plaidant ; plaideur. – Avocat demandeur (opposé à avocat défenseur). – Avocat général, **procureur général**, substitut ; **accusateur public** [HIST.].

11 **Codemandeur**, demandeur, demanderesse ; contestant, **plaignant**, requérant.

12 **Défendeur** (opposé à demandeur), défenderesse, intimé ; accusé, inculpé, prévenu. – Coupable 722.

13 **Avocat de la défense**, défenseur. – Avocat commis d'office, avocat plaidant, avoué plaidant. – Avocaillon ; arg. et péj. : babillard, **bavard**, baveux, bêcheur, blanchisseur. – Avocat à la Cour, avocat au Conseil d'État, avocat à la Cour de cassation. – Maître ou, abrév., M^e (Maître Untel, avocat à la Cour).

14 **Barreau** ; bâtonnier. – Ordre des avocats ; conseil de l'ordre. – Assistance judiciaire.

15 **Témoin**, témoin à charge, témoin à décharge ; déposant, intervenant.

16 Jury de jugement ; jury d'assises. – **Juré** ; juré titulaire, juré suppléant.

17 **Magistrature** ; magistrature assise, magistrature debout ; judicature ; avocasserie [vx]. – Bâtonnat.

18 **Robe** ; épitoge, **toge**. – Rabat. – Mortier, toque. – Hermine.

19 **Palais de justice** ; tribunal ; greffe du tribunal. – **Salle d'audience**, prétoire. – **Barre** ; banc des accusés, banc des avocats, barreau ; parlote [fam.]. – Lit de justice [HIST.].

V. 20 **Être de la juridiction de** ; être de la compétence de, être du ressort de.

Adj. 21 **Judiciaire**. – Inquisitorial.

22 Accusatoire ; décisoire ; exécutoire.

23 Curule [ANTIQ. ROM.].

# 715 PLAIDOIRIE

N. 1 **Plaidoirie** ; plaidoyer (opposé à réquisitoire).

2 **Plaidoyer** ; apologie, **défense** 656 ; autodéfense. – Discours 751 ; exorde, péroraison. – DR. ANC. : réplique, duplique, triplique ; **joute oratoire**. – Requête [vx], réquisition. – Mercuriale.

3 Art oratoire, **rhétorique** 753. – **Éloquence** 757, éloquence judiciaire. – Genre judiciaire, ton oratoire. – Effet de manches.

4 **Système de défense** ; argumentation, **moyens de défense**, raison de droit, raison de fait. – Défenses ; conclusions en défenses, actes en défenses.

5 **Avocat de la défense**, défenseur ; défense (la défense ; la parole est à la défense). – Argumentant [DR., vx] ; **orateur**, rhéteur, tribun ; foudre d'éloquence.

v. 6 **Plaider ;** avocasser [vx]. – **Défendre,** prendre fait et cause pour, prendre parti pour.

7 **Convaincre,** persuader 525. – **Émouvoir** 440 ; enlever, entraîner l'adhésion ; captiver son auditoire. – **Gagner une cause,** avoir gain de cause.

Adj. 8 **Plaidant** (opposé à consultant).

9 **Oratoire,** tribunitien [didact.].

10 **Éloquent,** persuasif.

Adv. 11 **Pro domo** *(plaider pro domo)* [lat., « pour sa propre maison »].

12 Brillamment, éloquemment.

## 716 POLICE

N. 1 **Police ;** arg. : flicaille, rousse. – Force publique, **forces de l'ordre.** – Gendarmerie 663.2, maréchaussée [vx ou par plais.].

2 **Police administrative ;** police municipale, police nationale ; police rurale ; police sanitaire. – **Police judiciaire** ou **P. J. ;** identité judiciaire. – Police internationale ; Interpol.

3 **Compagnie républicaine de sécurité** ou **C. R. S.** *(une C. R. S.) ;* police militaire ou **P. M.** – Brigade des mœurs, brigade des stupéfiants ou, fam., brigade des stups, police des jeux, police mondaine ; brigade de répression du banditisme ou brigade antigang. – Police de l'air et des frontières ou **P. A. F. ;** police des aérodromes, police des ports ; **police de la route.** – Police secours.

4 Direction générale de la sécurité extérieure ou **D. G. S. E.,** Direction générale de la Sûreté nationale ; **contre-espionnage,** direction de la surveillance du territoire ou **D. S. T. ; police politique ;** Renseignements généraux. – Police secrète ou, fam., la secrète. – Groupe de sécurité de la présidence de la République. – Direction de la réglementation.

5 **Escorte,** garde d'honneur, garde prétorienne, garde républicaine. – Brigade, **patrouille ;** corps. – Service d'ordre ou **S. O.** – Milice.

6 Agent de police ou **agent,** gardien de la paix, **policier ;** agent de la circulation, îlotier, motard, policier en civil ; brigadier, brigadier-chef, officier de police judiciaire, sergent de ville [vx] ; angl. : constable, coroner ; assistante de police ; contractuel. – **C. R. S.** *(un C. R. S.)*

[abusif], garde républicain, gendarme 663 ; garde mobile, mobile ou, fam., moblot. – Alguazil, bobby, carabinier, shérif. – Milicien ; prétorien [ANTIQ. ROM.].

7 Fam. : **flic,** flicaillon, pandore, perdreau, **poulet,** vache ; hirondelle. – Arg. : bourre, cogne, keuf, poulaga, poulard, poulardin, poulmann, saute-dessus. – Fam. : aubergine, primevère.

8 **Indicateur** ou, fam., indic, informateur ; fam. : mouchard, mouton.

9 **Commissaire de police ;** arg. : condé, lardu ; arg. : cardeuil, quart, quart d'œil. – Inspecteur divisionnaire, inspecteur de police, inspecteur principal. – Préfet de police ; ministre de l'Intérieur.

10 **Détective,** détective privé ou privé *(un privé) ;* limier, fin limier.

11 **Douanier,** garde-frontière ; garde maritime, garde de navigation ou garde-canal. – **Garde ;** garde champêtre, garde forestier, garde-rivière ; garde-chasse, garde-pêche ; anc. : messier, verdier ; garde particulier.

12 **Gardien ;** surveillant, vigile ; litt. : argus, cerbère. – Fig. : ange gardien, chien de garde. – **Garde du corps ;** gorille [fam.]. – Gardien de nuit, veilleur de nuit ; convoyeur de fonds.

13 Gardien de prison 726. – Eunuque, muet du sérail.

14 Espion 663.

15 Garde *(la garde d'un immeuble),* gardiennage, **surveillance.** – Espionnage ; filature.

16 Policologie.

v. 17 Garder, **surveiller** 555 ; fliquer [fam.]. – Épier, guetter ; **espionner,** filer, pister ; filocher [arg.].

Adj. 18 Policier *(un régime policier).*

## 717 VOL

N. 1 **Vol ;** appropriation, dessaisissement, subtilisation, volerie [litt.] ; emparement [rare] ; soustraction [DR.]. – **Escroquerie** 718 ; vieilli : filouterie, flibusterie ou flibuste. – Piratage, plagiat 31.1.

2 Détroussement ou, rare, détroussage, larronnerie [vx] ; fam. : barbotage ou barbottage, carottage, **chapardage,** escamotage, fauche ou fauchage ; arg. : chourave, entaulage ou entôlage, grinche.

3 Vol qualifié, vol simple ; vol domestique, vol à l'étalage ou, arg., achat à la course,

vol au rendez-moi ; vol à l'américaine, vol à l'escalade, vol à la tire [fam.] ou, arg., tire ; arg. : coup d'arraché, coup de vague, vol à l'esbroufe ou à la bousculade [vieilli]. — Banditisme 720.

4 **Cambriolage,** vol avec effraction ; crochetage ; fric-frac [fam.] ; arg. : casse ou cassement ; attaque ou vol à main armée, **hold-up ;** braquage [fam.]. — Rançonnement ; **racket.**

5 Maraudage ; brigandage ou briganderie, déprédation, **pillage** ou, vx, pillerie, saccage ou, vx, saccagement ; mise à sac ou sac, rafle, razzia ; butinage [vx] ; piraterie. — **Braconnage ;** rare : filetage, panneautage. — Grapillage. — Gratte [fam.].

6 **Enlèvement,** rapt ; kidnapping, kidnappage [rare] ; ravissement [vx].

7 **Vol ;** maraude, picorée [vx] ; fier coup ou, arg., beau *(un beau) ;* butin, larcin, prise, rapine ou, vx, rapinerie ; magot [fam.]. — Arg. : affure ou afure, nougat ; fade, pied.

8 Cleptomanie ou kleptomanie.

9 **Voleur ;** bandit, gangster 720, malfaiteur, truand ; malandrin [litt.] ; larron [vieilli] ; vx : détrousseur, escamoteur, subtiliseur. — Fam : barboteur ou barbotteur, chapardeur, **faucheur ;** malfrat. — Arg. : batteur, poisse. — Vx : brigandeau, friponneau, larronneau, volereau.

10 **Pickpocket ;** coupeur de bourses, tire-laine [litt.] ; vide-gousset ; arg., vx : piquouse (ou : picouse, piquouze). — Rat ou souris d'hôtel ; voleur de grand chemin. — **Cambrioleur,** crocheteur, dévaliseur [vx] ; casseur [fam.] ; arg. : fricfraqueur, monte-en-l'air [vieilli]. — **Racketteur,** rançonneur [rare]. — Miquelet [vx] ; clephte ou klephte [HIST.].

11 **Braconnier ;** panneauteur [rare] ; grapilleur. — Maraudeur, picoreur [vx] ; brigand, pillard, pilleur ; vx : fourrageur, pandour, rapineur, routier ; **pirate ;** flibustier [HIST.] ; boucanier, écumeur de mer, forban.

12 **Ravisseur ;** kidnappeur.

13 **Escroc** 718 ; aigrefin, chevalier d'industrie, filou ; accapareur, trusteur [fam.] ; fam. : combinard, écornifleur, estampeur.

14 **Contrebandier ;** bandolier ou bandoulier [vx]. — HIST. : barbet, bootlegger, faux saunier ou faux-saunier. — Receleur. — **Compilateur,** plagiaire 31.4.

15 Cleptomane ou kleptomane.

16 Milieu *(le milieu),* la pègre *(la pègre).*

v. 17 **Voler ;** dérober, prendre, subtiliser ; extorquer, soustraire ; confisquer ; DR. : détourner, distraire, divertir, receler ; filouter [vieilli] ; brigander [vx] ; grapiller.

18 Fam. — Barboter ou barbotter, calotter ou carotter, **chaparder,** chiper, choper, escamoter, faire ou refaire, faucher, flibuster, piquer, soulever, volatiliser ; écornifler, gratter. — Raffler, souffler.

19 Arg. — Asphyxier, chouraver ou **chourer,** cravater, grinchir ; taxer ; vx : agripper, poisser.

20 **S'emparer de,** se saisir de ; faire main basse sur, mettre la main sur.

21 **Cambrioler,** fricfraquer [arg.] ; mettre à sac, **piller,** pilloter [vx], razzier, saccager ; butiner [vx].

22 **Braconner ;** marauder, pirater ; resquiller ; vx : larronner, picorer, rapiner. — Faire danser l'anse du panier. — Fam. : manger la grenouille, **partir avec la caisse ;** faire la souris [vx].

23 Dépouiller, **dévaliser ;** détrousser ; par euph. : délester, dessaisir, soulager ; tirer [arg.]. — Écorcher *(écorcher le client),* **escroquer** 728, frauder ; friponner [vx]. — Fam. : truander ; estamper, plumer ou déplumer, ratiboiser, ratisser ; voracer. — Entauler ou entôler [arg.]. — Rançonner, racketter.

24 Faire ou vider les poches de qqn [fam.] ; tondre la laine sur le dos de qqn.

25 **Enlever,** kidnapper, ravir [litt.].

26 Prov. — L'occasion fait le larron. — Bien mal acquis ne profite jamais ; ce qui vient du diable retourne au diable. — Les receleurs font les voleurs. — Qui vole un œuf vole un bœuf. — Quand un voleur vole l'autre, le diable s'en rit.

Adj. 27 **Volé ;** approprié [DR.], dérobé, pris.

28 **Volable ;** appropriable [DR.].

29 **Illégal.** — Interlope.

30 **Malhonnête** 694, scélérat, véreux ; déprédateur, effractionnaire [DR.].

Int. 31 La bourse ou la vie ! [souv. cité par plais.]. — Au voleur !

## 718 ESCROQUERIE

N. 1 **Escroquerie.** — Tromperie 728. — Baratterie [vx], canaillerie, crapulerie, estampage [fam.], friponnerie, fripouillerie [rare] ; arg. : carabistouille, marloupinerie. — **Fraude,** trafic.

2 **Faillite frauduleuse** ; banqueroute, détournement d'actif [DR.]. – DR. : abus de biens sociaux, détournement *(détournement de fonds, de valeurs, de titres).* – Cavalerie. – Contrebande.

3 Carambouillage, **carambouille.** – Maquignonnage [fig.], simonie [litt.] ; stellionat [DR.].

4 **Grivèlerie.**

5 **Contrefaçon** ou contrefaction 31.1 ; altération, frelatage, **truquage.** – **Falsification** ; faux *(un faux)* ; DR. : faux intellectuel, faux matériel. – DR. : faux criminel, **faux en écriture,** faux en écriture authentique et publique, faux en écriture de commerce et de banque, faux correctionnel ou correctionnalisé, usage de faux.

6 **Tromperie** 728, usurpation ; charlatanerie [rare], manœuvre captatoire, manœuvre frauduleuse, supercherie. – DR. : **abus de confiance** 569, captation, **dol.**

7 **Escroc** ; aigrefin, canaille, coquin [vx], faisan [arg.], filou, fripouille, margoulin, requin, voleur. – **Charlatan,** imposteur, marchand ou vendeur d'orviétan, simoniaque. – Captateur [DR.], extorqueur [litt.]. – Arnaqueur, carambouilleur, **fraudeur,** resquilleur ; DR. : griveleur, stellionataire. – Contrefacteur 31.4, falsificateur, **faussaire.**

V. 8 **Escroquer,** frauder. – Fam. : ferrer le goujon, ferrer la mule ; monter un coup, payer en gambades, payer en monnaie de singe, plumer le pigeon, truander.

9 Spolier, voler 717. – **Capter,** divertir [DR.], extorquer, soustraire, soutirer. – Fam. : carambouiller, carotter, en faire passer quinze pour douze, estamper, maquignonner.

10 **Tromper** 728 ; abuser, enfiler [vieilli], filouter, flouer, gruger, piéger, **posséder** ; fam. : attraper, **avoir,** berner, blouser, **bluffer,** caver, empiler, empaumer, entourlouper, estamper, étriller ; fam. : jouer un tour de son métier, refaire, refaire le poil à [vx], rouler ; fam. : donner du cambouis, piper les dés, tromper la calebasse. – Très fam. : dindonner, faisander, pigeonner.

11 **Tricher** ; truquer. – **Griveler,** resquiller.

12 **Contrefaire,** falsifier ; faire un faux.

Adj. 13 **Délictueux** ; **illégal,** illicite, répréhensible ; délictuel [didact.]. – DR. : captatif, dolosif. – DR. : abusif, captatoire, usurpatoire. – Charlatanesque, marron [fam.], simoniaque [litt.].

14 **Trompé** ; arnaqué, **escroqué,** filouté, floué, grugé ; fam : roulé, refait.

15 **Faux.** – Falsifié, frauduleux ; de contrebande.

Adv. 16 Frauduleusement. – En fraude.

# 719 PROXÉNÉTISME

N. 1 **Proxénétisme** ; traite des Blanches, traite des femmes.

2 **Prostitution.** – Arg. : abattage, bisness (ou : biseness, bizness, business), tapin. – Racolage ; racolage passif. – Arg. : passe *(une passe)* ; comptée. – ANTIQ., ETHNOL. : prostitution rituelle, prostitution sacrée.

3 Anc. : maison close, maison de prostitution, maison de tolérance ou, absolt, maison ; gros numéro, lanterne rouge. – **Lupanar** ; vulg. : bordel, boxon ; clandé ; bobinard ; chabanais, taule ou tôle. – Hôtel de passe ; maison d'abattage. – Maison à parties. – Eros-center.

4 **Proxénète** (arg. : proxo), souteneur ; homme *(l'homme d'une fille, son homme)* ; protecteur. – Fam. : maquereau ou mac ; arg. : dos d'azur, dos vert ; varveau, barbillon ou barbiquet ; brochet, goujon, hareng ; poiscaille, poisson, sauré ; marlou ; alphonse, jules, prosper ; Monsieur, papa, proxémaq.

5 **Entremetteuse** ; fam. : maquerelle, mère maquerelle. – Sous-maîtresse. – Arg. : Madame, maman, maca.

6 **Prostituée** ; fille ; sout., souv. par plais. : courtisane, péripatéticienne ; respectueuse [allus. litt.]. – Litt. : catin, hétaïre, odalisque. – Belle-de-nuit ; belle-de-jour [rare]. – Call-girl ; escort girl. – **Demimondaine** [vieilli] ; poule de luxe.

7 Vieilli. – Femme de trottoir ; femme de plaisir, femme publique ; femme de mauvaise vie, femme de petite vertu ; anc. : femme en carte, fille en carte. – **Fille de joie** ; marchande d'amour. – Vénus de barrière [vieilli ou litt.]. ; mademoiselle du Pont-Neuf ; petit métier.

8 Pop. – **Putain,** pute ; frangine. – Arg. : gagneuse, gagne-pain ; bifteck, casse-croûte. – Abatteuse, allumeuse, michetonneuse, persilleuse, tapineuse ; chandelle, grue. – Horizontale, paillasson, poule, sauterelle d'édredon. – Péj., vulg. : grognasse, pétasse, pouffiasse, putasse.

9 **Arpenteuse,** galérienne, marcheuse, piétonnière, trottin ; bucolique. – **Voiturière ;** amazone, roulante, rouleuse.

10 **Occasionnelle** *(une occasionnelle) ;* fin de mois, ménagère, tricoteuse. – Grisette, lorette.

11 **Entraîneuse ;** échassière [arg.].

12 **Prostitué ;** travesti 341 ou, fam., travelo. – Arg. : tapineur, travailleur, truqueur ; michetonneur. – Castor, nourrice, reine, rivette.

13 Michette.

14 Gigolo.

15 **Client.** – Arg. : branque, cave, **miché,** micheton.

16 Anc. : brigade mondaine ou, fam., la mondaine.

v. 17 **Prostituer ;** arg. : maquer, maquereauter.

18 **Se prostituer.** – Arg. : arpenter, putasser, turbiner ; faire la fenêtre (ou : l'asphalte, le ruban, le tapin, le trottoir, la verdure) ; vieilli : battre l'antif, être sur le sable, piler le bitume.

19 **Racoler.** – Arg. : raccrocher, **tapiner,** trottiner ; michetonner.

Adj. 20 Raccoleur ; putassier [pop.].

# 720 CRIME

N. 1 **Crime** *(le crime) ;* criminalité, **délinquance.** – Contravention, délit, infraction ; forfait.

2 Crime *(un crime)* (opposé à contravention et à délit). – Crime de droit commun ; crime politique.

3 Crime. – **Homicide ;** homicide involontaire, homicide volontaire ; tentative d'homicide. – Meurtre avec préméditation ; assassinat. – Crime crapuleux, crime passionnel, crime sexuel ; crime gratuit ; crime parfait.

4 **Crime contre nature ;** fratricide, infanticide, matricide, parricide. – Magnicide [rare], régicide.

5 **Crime contre l'État** ou crime d'État [vx] ; atteinte à la sûreté de l'État, crime contre la sûreté de l'État ; attentat contre l'autorité de l'État. – **Crime politique ;** crime de lèse-majesté. – **Complot ;** espionnage, **trahison** 728, haute trahison.

6 **Crime international,** crime contre la paix. – **Crime contre l'humanité,** crime de lèse-humanité ; déportation, extermi-nation, génocide. – HIST. : Holocauste, Shoa, solution finale. – MIL. : **crime de guerre ;** désertion, exécution d'otage, insoumission, pillage.

7 **Attentat à la liberté individuelle ;** arrestation illégale 721, détention arbitraire, séquestration. – **Enlèvement,** kidnappage ou kidnapping, rapt.

8 **Crime contre la paix publique.** – Faux en écriture publique. – Fausse monnaie. – **Forfaiture ;** abus d'autorité, abus de confiance, concussion, corruption, malversation, péculat, prévarication. – **Association de malfaiteurs.** – Incendie volontaire ou crime d'incendie.

9 **Viol** 341 ; attentat à la pudeur avec violence, outrage public à la pudeur ; attentat aux mœurs. – **Coups et blessures,** mutilation du corps humain, voies de fait 580.

10 **Vol qualifié ;** hold up, vol à main armée. – Escroquerie 718, fraude. – **Chantage,** extorsion de fonds sous la menace, racket. – **Attaque à main armée,** guetapens, **piraterie.** – Recel.

11 Non-dénonciation de crime.

12 **Complicité,** collusion, intelligence *(intelligence avec l'ennemi).*

13 **Inculpation.** – Condamnation 722. – Aveux, confession. – Rétractation.

14 **Criminologie.** – Criminalistique *(la criminalistique).* – Anthropométrie judiciaire, bertillonnage, dactyloscopie.

15 **Banditisme,** grand banditisme, gangstérisme.

16 **Syndicat du crime ;** la Camorra, la Mafia. – Milieu *(le milieu),* pègre *(la pègre).*

17 **Criminel** *(un criminel) ;* **délinquant** *(un délinquant),* délinquant primaire (opposé à récidiviste) ; repris de justice. – **Hors-la-loi,** outlaw [anglic.]. – Bandit, gangster ; ennemi public numéro un, homme à abattre ; **malfaiteur.** – Fam. : gibier de potence, pendard, pilier de cour d'assises, saint de grève.

18 **Assassin,** meurtrier, tueur. – Homicide *(un homicide),* infanticide, matricide, parricide, régicide, tyrannicide.

19 Homme de main, nervi, **tueur à gages ;** litt. : sicaire, spadassin. – Fam. : coupejarret, exécuteur des basses œuvres. – Égorgeur, empoisonneur, étrangleur, éventreur.

20 **Criminel de guerre ;** criminel d'État [vx].

21 Criminologiste ou **criminologue**. – Criminaliste, juriste 713.

v. 22 Commettre un crime, perpétrer un crime. – **Tuer 311** ; abattre, assassiner, exécuter, massacrer, trucider [fam.] ; expédier, meurtrir, occire [vx]. – **Asphyxier**, étrangler, étouffer. – **Égorger**, étriper, éventrer, poignarder, suriner [fam.]. – **Lapider**, lyncher.

23 Violer, violenter ; faire violence [vx]. – **Supplicier 725**, torturer. – Enlever, **kidnapper**, ravir ; claustrer, emprisonner, séquestrer.

24 **Escroquer 718**, frauder. – Extorquer, racketter, voler, receler. – Contrefaire, **falsifier**, faire un faux ; usurper.

25 **Être complice**, être d'intelligence, être de mèche [fam.].

26 **Enfreindre, transgresser 625**, violer. – Attenter à, contrevenir à. – Agir au mépris des droits de qqn, aller contre les droits de qqn.

Adj. 27 **Criminel** ; délictueux ou, rare, délictuel. – Délinquant. – **Illégal**, illicite ; arbitraire.

28 Criminogène [didact.].

29 **Criminalistique**, criminologique.

Adv. 30 **Criminellement**. – Crapuleusement.

## 721 ARRESTATION

N. 1 **Arrestation**. – DR. : appréhension, contrainte par corps, prise de corps ; arrêt [vx]. – Arg. : alpague, emballage, scalp.

2 DR. – Arrestation administrative ; arrestation légitime ; arrestation arbitraire, arrestation illégale.

3 DR. – Mandat d'amener, **mandat d'arrêt** ou de dépôt, ordonnance de prise de corps. – Clameur de haro [DR. ANC.]. – Arrêté d'expulsion.

4 Capture, prise ; **coup de filet**. – Descente de police ou, fam., **descente**. – **Rafle** ; arg. : coup de raclette, coup de serviette, coup de torchon. – Ratissage ; campagne de pêche [arg.].

5 **Menottes** ; anc. : cabriolet, poucettes. – Arg. : bracelets, manchettes, pinces.

6 Car de police, fourgon cellulaire ; **panier à salade** [fam.] ; arg. : ballon, raclette.

7 Commissariat de police. – Arg. : lardu, quart ; collège [vx]. – Poste de police ou poste ; dépôt.

8 Cellule 723, chambre d'arrêt ou de sûreté ; violon [arg.].

9 Police 716 ; policier ; la Maison J't'arquepince [arg.].

10 **Inculpé**, prévenu. – Détenu *(un détenu)* 723.

v. 11 **Arrêter** ; attraper, prendre, saisir ; sout. : appréhender, capturer. – Vx : captiver, empoigner, gripper. – Fam. : choper, cueillir, **embarquer**, ramasser ; coincer, épingler, pincer, piquer. – Arg. : agrafer, **alpaguer**, arquepincer, coiffer, emballer, poisser, poivrer, scalper ; faire un crâne.

12 S'emparer de ; faire arrêt sur la personne de [vieilli]. – Fam. : mettre la main ou tomber sur le paletot de. – Arg. : faire à la brouille, faire aux pattes, faire marron, faire au fil. – **Prendre** ou **saisir au collet** ; mettre la main au collet de. – Menotter [rare] ; emmenotter [vieilli] ; mettre ou **passer les menottes à**.

13 **Prendre en flagrant délit** ; arg. de police : prendre en flag ; faire un flag. – Prendre ou saisir sur le fait ; prendre la main dans le sac, prendre sur le tas [fam., vieilli].

14 **Se jeter** ou **tomber dans une souricière**. – Arg. : passer à la fabrication, se faire faire, se faire gauler (ou : servietter, tâter) ; avoir la patte cassée, être dans le sac.

Adj. 15 **Arrêté** ; appréhendé. – En état d'arrestation. – Fam. : fait, fait comme un rat.

16 Arg. – Alpagué ou alpaga, marron ; fabriqué, flambé, rousti ; pris de mal, fait marron, fait aux pattes.

Int. 17 Haro ! [DR. ANC.].

## 722 CONDAMNATION

N. 1 **Condamnation** ; condamnation contradictoire (opposé à condamnation par défaut), condamnation par contumace ; condamnation pour + n. *(condamnation pour meurtre)* ; condamnation à + n. *(condamnation à mort)* ; condamnation *in solidum* (lat., « au tout ») ; gerbe [arg.]. – Sentence 711.

2 Châtiment, **punition**, sanction ; correction [vieilli] ; discipline [vx] ; talion 659 ; châtiment exemplaire.

3 Condamnation, **peine** ; pénalité.

4 Iron. : prix, **récompense**, salaire 795 ; loyer [vieilli].

5 DR. – Sanction civile, sanction pénale ; sanction administrative ; pénalité civile ; peine de droit commun ; peine contraventionnelle ou peine de police, peine correctionnelle, peine criminelle ; peine

principale (opposé à peine accessoire), peine complémentaire ; peine de substitution ; **mesure de sûreté.**

6 **Peine infamante ;** réparation publique ; amende honorable [anc.] ; bannissement, **peine politique.**

7 **Peine militaire ;** mesure ou sanction disciplinaire.

8 **Peine pécuniaire ; amende,** amende proportionnelle ; amende fiscale, amende forfaitaire ; amende correctionnelle, amende criminelle, amende pénale ; amende de simple police, **contravention,** procès-verbal ou, fam., P.-V. – Dommages et intérêts ou dommages-intérêts 824, indemnité ; astreinte, dépens ; confiscation, saisie. – Peine privée. – Clause pénale.

9 **Peine afflictive et infamante,** peine privative de liberté ; **détention 723,** emprisonnement ; mort civile [anc.]. – Anc. : relégation, tutelle pénale ; déportation ; travaux forcés. – Interdiction de séjour. – **Peine privative de droits ;** indignité nationale, dégradation nationale ; indignité successorale.

10 **Peine canonique ;** excommunication **640.**

11 Peine corporelle ; **supplice 725 ; peine de mort** ou peine capitale ; dernier ou suprême supplice ; exécution capitale ou exécution. – Sentence capitale. – Toilette, verre de rhum, cigarette du condamné.

12 RELIG. : **peines éternelles,** peines de l'enfer ; peine du dam 506. – Mort éternelle ou seconde mort.

13 **Accusation,** inculpation ; charge, charges nouvelles, charges suffisantes.

14 **Répression ;** DR. : action d'office, action publique ou criminelle, vindicte, vindicte publique.

15 **Application de la peine ;** exécution, exécution parée ; exécution forcée, exécution volontaire ; exécution provisoire. – Force exécutoire ; formule exécutoire, titre exécutoire.

16 Atténuation ou mitigation de peine, commutation de peine, **réduction de peine ;** modération de peine 89.5 ; remise de peine ; correctionnalisation ou décriminalisation ; confusion de peines. – Dispense de peine, **grâce 638,** grâce amnistiante, grâce intégrale. – Appel a maxima.

17 **Aggravation de peine,** *reformatio in pejus* (lat., « réformation en pire ») ; criminalisation. – Appel a minima.

18 Litt. : condamnateur, punisseur ; châtieur. – Commission de l'application des peines ; juge de l'application des peines. – **Bourreau,** exécuteur des hautes œuvres.

19 Accusé *(un accusé),* coaccusé ; inculpé, prévenu. – Repris de justice ; gibier de potence 720. – Coupable *(un coupable) ;* indigne *(un indigne)* [DR.].

20 **Condamné** *(un condamné) ;* condamné à mort ; patient **725.** – Charrette des condamnés.

21 **Unité disciplinaire ;** bataillon de discipline, compagnie de discipline, peloton de punition ou, arg. mil., pelote, unité spéciale ; Biribi [arg. mil.] ; unité de répression. – Disciplinaire *(un disciplinaire),* répressionnaire *(un répressionnaire).*

22 Imputabilité ; **responsabilité,** responsabilité pénale. – Culpabilité.

23 **Casier judiciaire,** pedigree [arg.] ; casier fiscal.

24 Droit pénal ou criminel **713.** – Code pénal. – Code d'exécution des peines. – Voies d'exécution.

25 Tribunal correctionnel ou la correctionnelle **714.**

v. 26 **Condamner ;** accabler, charger, discréditer, perdre. – Accuser **711,** confondre, démasquer ; témoigner contre.

27 Convaincre de culpabilité, déclarer coupable, reconnaître coupable ; établir la culpabilité de. – Désigner à la vindicte publique [sout.]. – **Frapper d'une peine,** pénaliser ; corriger [vieilli] ; mettre à l'amende. – **Damner 506 ;** excommunier, vouer aux gémonies.

28 **Condamner,** exclure, interdire **633 ;** mettre au ban de la société ; **réprimer ;** venger **662 ;** sévir contre ; faire payer [fam.] ; **punir,** sanctionner ; châtier [sout.]. – Faire un exemple ; faire justice [vx].

29 Donner une punition. – Appliquer ou infliger une peine, **prononcer une peine ;** appliquer la loi, avoir la main lourde. – Commuer ou mitiger une peine, remettre une peine ; correctionnaliser. – Aggraver une peine, alourdir. – Criminaliser. – Dépénaliser.

30 **Emprisonner,** incarcérer. – Voter la mort ; exécuter, mettre à mort, supplicier.

31 Passer condamnation ; accepter ou subir condamnation.

32 Encourir une peine ; en prendre pour + durée *(en prendre pour vingt ans)* [fam.]. – Purger sa peine.

Adj. 33 **Condamnatoire. – Pénal,** punitif, répressif ou répresseur.

34 Condamné, **puni,** sanctionné.

35 **Condamnable,** punissable, répréhensible ; coupable, délictueux, illégal **720.**

36 Justiciable de + n. – **Passible de** + n.

Adv. 37 **Pénalement ;** correctionnellement ; disciplinairement ; canoniquement.

38 Pour l'exemple.

## 723 DÉTENTION

N. 1 **Détention ;** emprisonnement, enfermement, **incarcération,** internement ; peine de substitution ou substitut à l'emprisonnement ; embastillement [HIST. ou par plais.] ; encellulement [rare] ; collocation [belg.]. – **Captivité,** réclusion. – Claustration [litt.].

2 **Séquestration. –** DR. : arrestation arbitraire **721,** atteinte illégale à la liberté individuelle, attentat à la liberté.

3 DR. – Détention provisoire ou, anc., préventive (arg. : prévence) ; emprisonnement de simple police ; emprisonnement correctionnel ; détention criminelle. – Anc. : déportation **640,** relégation collective ; transportation. – Assignation à résidence. – Peine privative de liberté, peine restrictive de liberté.

4 MIL. : **arrêts forcés** ou de rigueur, arrêts de forteresse, arrêts simples. – Peine ou sanction disciplinaire [DR.].

5 **Mandat d'arrêt ;** ordre d'écrou [rare].

6 **Prison ;** centre de détention, dépôt, **maison d'arrêt** ou de dépôt, maison de force ou de justice ; maison centrale ou maison centrale de force, maison départementale ; maison de sûreté [vx]. – Bagne, pénitencier. – Administration pénitentiaire ; arg : la tentiaire.

7 Fam. – Ballon, **cabane,** placard, taule ou tôle, trou. – La paille humide des cachots.

8 **Maison de correction** ou de redressement, maison correctionnelle ; centre d'éducation surveillée, colonie pénitentiaire.

9 **Camp disciplinaire ;** camp d'internement, camp de redressement, camp de représailles, camp de travail ; latomies [ANTIQ. ROM.]. – Camp de concentration. – Goulag. – Bastille *(une bastille)* [litt.].

10 **Cellule,** cellote [arg.] ; geôle [litt.] ; cage ou cage à poules [fam.] ; séquestre *(une séquestre)* [vx]. – **Cachot,** mitard **721** ou mite [arg.], cabanon [anc.]. – HIST. : basse-fosse, cul-de-basse-fosse, oubliette ou oubliettes ; *in pace* ou *in-pace* (lat., « en paix ») ; ergastule [ANTIQ. ROM.]. – Ponton [MAR. ANC.].

11 Violon, bloc. – MIL. : salle d'arrêt ou de police. – Arg. mil. : cabane bambou, caisse, gnouf ou gniouf, lazaro.

12 Voiture cellulaire ; fam. : cage à poulets, panier à salade ; ballon [arg.].

13 **Chaînes,** fers ; alganon [vx]. – Cadène ou cadenne [vx].

14 Geôlage [FÉOD.]. – Pistole [HIST.].

15 **Détenu** *(un détenu) ;* prisonnier de droit commun ; **taulard** [arg.] ; captif *(un captif)* [litt.], détentionnaire [rare] ; convict [vx]. – **Bagnard,** forçat, galérien. – Codétenu. – Réclusionnaire [DR.] ; transporté *(un transporté)* [DR.]. – Chiourme [anc.].

16 **Otage,** séquestré *(un séquestré).* – Reclus *(un reclus)* **584.**

17 **Gardien,** surveillant ; geôlier [litt.] ; vx : guichetier, porte-clefs. – Arg. : gaffe, **maton. –** HIST. : argousin, garde-chiourme. – Ergastulaire [ANTIQ. ROM.].

18 Incarcérateur [rare] ; bastilleur [HIST.].

V. 19 **Détenir ;** écrouer, **emprisonner,** incarcérer, interner ; enchaîner ; ligoter. – DR. : reléguer [anc.] ; assigner à résidence. – Embastiller [anc. ou par plais.] ; encelluler [rare] ; colloquer [belg.]. – Mettre au secret.

20 **Jeter en prison,** mettre sous les grilles ou sous les verrous ; litt. : emmener ou réduire en captivité ; charger de fers, jeter aux fers, mettre aux fers, jeter aux oubliettes. – Mettre à la cadène [anc.].

21 Fam. – Boucler, **coffrer,** emballer. – **Coller au trou ;** mettre en cabane, mettre à l'ombre (ou : au frais, à l'abri [vx]).

22 MIL. – **Consigner ;** mettre aux arrêts.

23 **Enfermer ;** confiner ; claquemurer, **cloîtrer ;** cadenasser, verrouiller ; claustrer [litt.] ; vieilli : chambrer, encloîtrer – Séquestrer **721.**

24 Purger sa peine, traîner le boulet ; manger du pain du roi [vx]. – MIL. : être aux arrêts, garder les arrêts.

25 Arg. – Plonger, tomber ; replonger. – Aller manger des haricots. – Bouffer de la case ; être à la campagne ou en voyage.

Adj. 26 **Détenu ;** enfermé, emprisonné, **incarcéré ;** embastillé [anc. ou par plais.] ; vx : bastillé, resserré.

27 DR. : contraignable par corps, **incarcérable** ; relégable.

28 **Carcéral** ; pénitentiaire ; concentrationnaire ; cellulaire.

Adv. 29 Pénalement [DR. PÉN.]. – Cellulairement [rare].

30 **À perpétuité**, à vie ; à perpète ou à perpette [arg.]. – À temps [DR.].

## 724 LIBÉRATION

N. 1 **Libération** ; élargissement, **mise en liberté** ; relâchement [vx] ; relaxe [DR.] ; levée d'écrou. – Libération conditionnelle. – Déliement, désenchaînement [rare]. – Grâce, rémission 638.

2 **Évasion** ; arg. : la belle, décarrade, décarrement.

3 **Libération** ; délivrance.

4 Libération ; affranchissement, désaliénation, **émancipation** [cour.], mainmise [DR. FÉOD.], manumission [DR. ROM. ou FÉOD.]. – DR. : émancipation expresse (ou : légale, tacite, volontaire).

5 MIL. – **Démobilisation**, libération *(libération du contingent)* ; arg. : fuite, quille.

6 DR. : **décharge**, mainlevée, prescription, prescription extinctive ou libératoire. – Cour. : annulation 561, cessation, **extinction**. – Affranchissement [vx], décharge définitive [DR.], dispense, exemption, **exonération**, franchise [DR. FISC.], purge [DR.], remise *(remise de dette)*.

7 Dérogation, **dispense**, exemption [vx], quittance [DR.], quitus [DR.].

8 **Délivrance** ; allégement ou allégement [sout.], débondage ou débondement [rare], **soulagement** 473.

9 **Libérateur** *(un libérateur)* ; litt. : affranchisseur, émancipateur ; abolitionniste *(un abolitionniste)*, antiesclavagiste *(un antiesclavagiste)*. – **Décolonisateur**.

10 **Démobilisé** *(un démobilisé)* [MIL.]. – Quillard [arg. mil.]. – **Dispensé** (ou : un exempt [didact.], un exempté).

11 **Affranchi** *(un affranchi)*, libertin *(un libertin)* [HIST., vx]. – **Décolonisé** *(un décolonisé)*. – Libérable *(un libérable)*.

V. 12 **Libérer, relâcher**, remettre en liberté, faire sortir ou tirer de prison ; DR. : élargir, relaxer. – Décloîtrer [RELIG.]. – MIL. : lever les arrêts ; démobiliser. – **Amnistier**, gracier 502.

13 **Délivrer** ; désenchaîner ou déchaîner [rare], **détacher** ; désenlacer [vx] ; déboucler [fam.]. – Litt. : briser les chaînes (ou : les fers, les liens) de qqn, rompre les chaînes ou les liens de qqn. – Donner la clef des champs, lâcher ou, vx, rendre la bride à quelqu'un. – Dégager, extraire 206.

14 **Libérer** ; affranchir, désaliéner, **émanciper**, franchir [vx], mainmettre [DR. FÉOD.].

15 **Délivrer de** ; acquitter de, débarrasser de, **décharger de**, dégager de, **délier de** *(délier d'une promesse)*, désengager de, libérer de, quitter de [vx], tenir quitte de. – Épargner à qqn de, faire grâce à qqn de qqch. – Dispenser de, exempter de ; exonérer [DR. FISC.] ; éviter à qqn, sauver à qqn [vx]. – Donner quittance de [vieilli] (ou : quittancer, donner quitus). – Amortir ou remettre l'hommage [FÉOD.].

16 Libérer, relâcher, soulager. – Se débonder [litt.], se décharger, se déverser, s'épancher 606, se libérer ; se débrider, **se défouler**, se licencier [vx].

17 Donner carrière (ou : libre carrière, libre cours) à, laisser le champ libre ou libre cours à ; lâcher la bonde à [vx], lâcher la bride à ; laisser vaguer.

18 **Se libérer** ; prendre la ou sa volée, voler de ses propres ailes. – Briser (ou : rejeter, rompre, secouer) le joug ; rompre ses lisières [vx]. – S'échapper, s'élargir [vx], **s'évader**.

19 Arg. mil. : avoir la quille ou être de la classe. – Arg. : **décarrer** ou décarrer de la geôle, être guéri. – Chanter un libera [vx] 473.

20 S'en sortir, se tirer d'affaire.

Adj. 21 **Libéré** ; **délivré**. – Décolonisé, indépendant.

22 **Libéré** ; affranchi, désaliéné, **émancipé**, franc [vx], libre 683. – Hors ou sorti de page [vx]. – **Quillard** [arg. mil.].

23 Libéré de ; **dégagé de**, dispensé de, exempt de, exonéré de, quitte de. – Franc et quitte [DR.].

24 Libérateur ; émancipateur [litt.], **salvateur** [litt.], sauveur (fém. : salvatrice). – Démobilisateur [MIL.].

25 **Libérateur** ; affranchissant [litt.]. – Cathartique, purificateur ou purificatoire. – Libératoire.

26 Libérable ; décolonisable [rare]. – Démobilisable [MIL.].

## 725 SUPPLICE

N. 1 **Supplice** ; torture, tourment ; calvaire 345, chemin de croix, crucifiement,

martyre ; enfer ; vx : géhenne, gêne. –
Supplice chinois.

2 Anc. – Écartèlement, écorchement, em-
palement, énervation, essorillement, te-
naillement ; flagellation, fustigation
; question ; estrapade de mer, estrapade de
terre ; supplice de la cale ; supplice de
l'eau ; supplice de la cangue ou cangue.
– Crucifixion ; lapidation. – Autodafé,
supplice du feu. – Supplices éternels
[RELIG.]. – Coup de grâce [vx].

3 **Électrocution**, gégène [arg. mil.] ; fusillade ; gazage ; empoisonnement ; **décapitation**, décollation, guillotinage (ou : guillotinade, guillotinement [rare]) ; **pendaison** (ou, vx : branchage, penderie, suspension) ; lynchage ; étranglement ou
strangulation ; décimation [ANTIQ. ROM.].

4 Chaise électrique ; échafaud, gibet, piquet ou poteau d'exécution, potence ;
croix ; vx : bois de justice ou justice, fourches patibulaires ; pilori ; guillotine (ou,
vx : louisette, louison), rasoir national [par
plais.] ; arg. : abbaye de monte-à-regret,
béquille (ou : béquillarde, béquilleuse) ;
bûcher ; anc. : chevalet, pal, roue.

5 Corde ; hart [vx] ; anc. : cravate de chanvre.
– Brodequins, carcan, collier, frontal *(un
frontal)*. – Cordon coulant ou, vx, cordon ;
garrot ou garrotte, lacet. – Tenailles ; fouet
**658**.

6 Billot, hache ; lunette, couperet. – Bâillon, poire d'angoisse.

7 Fer ardent ou fer chaud [DR. ANC.]. – Fer
rouge ; ferrade. – Plomb fondu.

8 Massacre **311**, septembrisades [HIST.] ; déportation, **extermination** ; ethnocide, génocide **720**.

9 **Immolation** ; sacrifice ; égorgement **720**.
– Martyre ; baptême du sang ; jeux du
cirque.

10 **Cruauté 586**, sadisme ; inhumanité, sau-
vagerie ; barbarie **580** ; primitivisme ou
primitivité [didact.].

11 RELIG. – Martyrologue, passionnaire. –
Martyrologie.

12 Place de Grève ou Grève [HIST.]. – Gémonies [ANTIQ. ROM.].

13 Camp de concentration, camp d'extermination, camp de la mort.

14 **Bourreau 586** ; exécuteur ou maître des
hautes œuvres ; exécuteur de la haute
justice [vx] ; tortionnaire *(un tortionnaire)*
ou, rare, tortureur **580** ; bourreleur [rare] ;
boucher, massacreur, septembriseur ou

septembriste [HIST.] ; vx : charlot-casse-
bras, questionnaire, tourmenteur.

15 Fusilleur ; guillotineur, décolleur [vx] ;
pendeur [vx] ; lyncheur ; étrangleur **720**,
flagellateur, fustigateur [litt.] ; lapidateur
ou, rare, lapideur ; martyriseur [litt.] ;
sacrificateur ; immolateur [vx]. – Peloton
d'exécution.

16 **Supplicié** *(un supplicié) ;* patient *(un patient) ;* martyr ; victime ; hostie [vx] ; bestiaire [ANTIQ. ROM.]. – **Déporté** *(un déporté) ;*
concentrationnaire *(un concentrationnaire).*
– Martyrologiste [RELIG.].

17 MYTH. : Danaïdes, Sisyphe, Prométhée,
Tantale **507**.

v. 18 Supplicier ; **torturer,** tourmenter ; mettre
au supplice ; rare : bourreler, tortionner ;
gêner [vx]. – Martyriser, persécuter, vic-
timiser [anglic.] ; victimer [vx]. – Vx : gé-
henner, justicier.

19 Exposer *(exposer en place publique),* marquer au fer rouge, mettre au pilori ou, vx,
pilorier, traîner sur la claie ; mettre au
piquet [MIL., vx] ; mettre à la question ou,
vx, questionner.

20 Flageller, fouetter **658** ; vx : fouailler, fustiger ; démembrer, écarteler, rouer [anc.] ;
écorcher vif, empaler ; vx : essoriller, es-
trapader, tenailler.

21 Mettre à mort ; exterminer, massacrer,
septembriser [HIST.] ; faire voler les têtes ;
mettre à mort. – Sacrifier ; égorger **720**,
immoler.

22 Électrocuter, gégèner [arg. mil.] ; gazer ; fusiller ; décapiter, guillotiner ; décoller
[vx] ; raccourcir [fam.] ; béquiller [arg.] ;
pendre ; brancher [vx] ; étrangler ou, sout.,
strangler ; emmurer vivant ; empoisonner ; crucifier, lapider ; décimer [ANTIQ.
ROM.].

23 Passer par les armes ; pendre haut et
court ; faire danser la carmagnole [vx] ;
disloquer les membres ; couper ou trancher la tête ; mettre la corde au cou,
mettre la hart au col [vx] ; brûler vif ; livrer
aux bêtes.

24 Éternuer dans le sac (ou : le son, la sciure,
le panier) [arg., vx].

25 Être au supplice, porter sa croix **698** ;
souffrir le martyre ; souffrir comme un
martyr.

Adj. 26 Suppliciant ou, rare, suppliciateur, torturant ; martyrisant ; crucifiant.

27 Cruel, sadique ; inhumain ; barbare.

28 Martyrologique [RELIG.].

Adv. 29 Tortionnairement [rare].

# 726 COMMUNICATION

N. 1 **Communication.** – Transmission ; fig. : diffusion, dissémination, propagation. – Divulgation, proclamation, publication. – **Expression,** manifestation.

2 **Contact,** liaison, rapport, relation 581 ; litt. : commerce, correspondance ; conversation [vx]. – Communion [fig.] ; télépathie.

3 **Conversation** 749, dialogue, échange [fig.] ; entretien. – Entrevue, tête-à-tête ; interview. – Didact. : intercommunication ; interlocution. – Interactivité [INFORM.].

4 Adresse, allocution ; **discours** 751. – Communication, **déclaration,** message, proclamation. – Exposé, leçon, lecture ; lecture publique.

5 **Annonce,** avis, bulletin, communiqué, dépêche, note, notification [ADMIN.] ; adresse [vx]. – Message ; correspondance 770, lettre, missive, pli.

6 **Information** *(l'information) ;* désinformation, mésinformation [rare]. – Information *(une information),* nouvelle *(une nouvelle) ;* renseignement, tuyau [fam.]. – Informations, actualités, nouvelles ; flash d'information [anglic.]. – Journal 766. – Journal télévisé.

7 LING : communication, allocution. – Théories de l'information et de la communication [SC.]. – Cybernétique.

8 Émissaire, **messager ;** communicateur [LING.]. – Informateur ; journaliste. – Homme de communication.

9 Communicant [didact.], locuteur ; correspondant, **interlocuteur.** – Émetteur, propagateur ; transmetteur [vx ou litt.] ; vulgarisateur [vieilli]. – **Auditeur,** écouteur [vieilli]. – LING. : allocutaire, destinataire, récepteur.

10 **Médias** ou media, mass-media ou mass media [anglic.] ; presse, radio, télévision 767. – Communication de masse.

11 Transport de l'information ; communications, télécommunications 769 ; postes et télécommunications, poste aérienne.

12 Didact. : communicabilité ; transmissibilité.

V. 13 **Communiquer ;** annoncer, faire part, notifier ; donner connaissance de, porter à la connaissance de. – Indiquer, signaler ; enseigner [vieilli]. – Faire passer, transmettre. – Publiciser [POLIT.].

14 **Informer ;** aviser, instruire, **mettre au courant** ou au fait ; avertir, prévenir. – Renseigner ; tuyauter [fam.] ; fig. : éclaircir [vx], éclairer. – Affranchir [très fam.].

15 **Déclarer,** proclamer ; donner communication, publier [vieilli]. – Diffuser, disséminer [fig.], propager, répandre ; carillonner, colporter [péj.].

16 Dévoiler, lever ou soulever le voile, divulguer, livrer, **révéler.** – Exposer, étaler au grand jour ou, vx, dans le grand jour. – Crier sur les toits. – Ébruiter, éventer ; corner, tambouriner, trompeter [sout.], sonner le tocsin.

17 Marquer, **montrer ;** litt. : exprimer, manifester, signifier.

18 Communiquer, converser, **parler** 745 ; correspondre, être en contact (ou : en liaison, en relation) avec 583. – Se communiquer [vx], se confier.

19 S'informer, se mettre au courant. – Enquêter 412 ; informer qqn de qqch [vx], interroger sur, questionner sur. – S'enquérir, se renseigner.

Adj. 20 Communicant ; informant [rare].

21 Communicateur. – **Émetteur,** transmetteur [vx ou litt.] ; **récepteur.** – Informateur ; vulgarisateur.

22 Informateur, informatif. – Communicationnel [didact., rare], médiatique. – Informationnel [didact.].

23 Communicable, diffusible [fig.], transmissible. – **Communicatif.**

24 Communicatif ; expansif.

# 727 SECRET

N. 1 **Secret ;** mystère. – **Dissimulation,** occultation ; non-communication, réticence [litt.]. – Discrétion [vieilli], silence. – Isolement, retraite ; mise au secret 723.

2 Secret des âmes, secret des cœurs ; intimité. – Fig. : profondeur, tréfonds [litt.] ; dédale ; pli, recoin, repli ; cachette.

3 **Mystère** 419, secret ; arcane [litt.]. – **Coulisses** *(les coulisses de la politique),* dessous *(les dessous d'une affaire).*

4 Secret défense [ADMIN.], secret d'État [DR.], **secret professionnel ;** secret des dieux [fam.]. – Sceau ou secret de la confession [RELIG.].

5 Dissimulation 728 ; mystère *(faire des mystères),* secret *(avoir des secrets) ;* **cachotterie** [fam.].

6 Aparté, conciliabule ; fam. : chuchoterie [vieilli], messe basse.

7 **Anonymat ;** clandestinité.

8 Secret de la comédie [vx], secret de Polichinelle.

9 Chiffre, clef, **code,** combinaison, grille ; cryptogramme.

10 Secret de fabrication ou, vx, de fabrique. – Sceau du secret ou secret [anc.].

11 Impénétrabilité ; fig. : herméticité [rare], obscurité. – Confidentialité.

12 Ésotérisme, hermétisme, occultisme.

13 Homme de confiance ou, vx, de secret. – **Dissimulateur ; cachottier** [fam.], mystérieux *(un mystérieux)* [rare]. – Hermétiste ; occultiste.

v. 14 **Garder un secret ;** garder pour soi. – Emporter son secret dans la tombe.

15 **Cacher,** dissimuler, occulter ; taire, tenir secret. – Vx ou litt. : celer, receler. – Dérober ou soustraire à la vue.

16 Refouler, renfermer, rentrer. – Fig : enfouir. – Contenir ; concentrer [vx ou litt.].

17 **Camoufler,** masquer, voiler ; déguiser. – Fig. : couvrir, envelopper, obscurcir. – Étouffer ; faire le silence sur.

18 Faire des mystères ou, fam., des cachotteries. – Cachotter [vx, rare]. – Il y a anguille sous roche.

19 Cloîtrer, isoler. – Mettre au secret 723 ; mettre au trou [fam.].

20 Cryptographier [didact.].

21 Être dans la confidence ou le secret, être dans la bouteille [fam.] ; être dans le secret des dieux.

Adj. 22 **Confidentiel,** secret ; top secret [anglic.], ultra-confidentiel.

23 Caché, **clandestin,** furtif, secret, subreptice [sout.].

24 Souterrain, ténébreux ; underground [anglic.]. – Sourd [litt.].

25 Ignoré, inconnu ; **anonyme.**

26 Énigmatique, **mystérieux ;** cryptique. – Impénétrable, inviolé ; fig. : ésotérique, hermétique, occulte. – Chiffré, codé ; cryptique.

27 Mystérieux. – Cachottier [fam.], dissimulé.

28 Discret, secret [vx] ; **réservé.** – Dissimulé ; introverti [didact.], renfermé, rentré ; fam. : boutonné jusqu'au menton. – Impéné-

trable, indéchiffrable. – Fuyant, **insaisissable.**

Adv. 29 **Secrètement ;** furtivement, subrepticement [sout.]. – En secret ; **en cachette,** en catimini, à la dérobée, en fraude [fig.]. – Fam. : en douce, en tapinois.

30 Sous la courtine [vieilli], sous le manteau. – Dans la coulisse, dans l'ombre.

31 Anonymement, **clandestinement ;** incognito.

32 Obscurément ; **mystérieusement.** – Ésotériquement, hermétiquement, occultement [litt.].

33 Silencieusement, sourdement. – En sourdine ; à la sourdine [vx]. – Sans bruit, sans tambour ni trompette ; à la cloche de bois [fam.].

34 En dessous, par en dessous. – Dans sa barbe, sous cape.

35 **Intérieurement** [fig.] ; en son for intérieur, in petto. – Au fond de son cœur, au plus profond de son être, dans le secret de son cœur. – En soi-même, par-devers soi ; à part soi ; entre Dieu et soi. – *Inter nos* [lat.], entre nous.

36 **Confidentiellement.** – Fam. : entre quatre-z-yeux ; de bouche à oreille, dans le tuyau de l'oreille.

37 Sous le sceau du secret, sous la foi du secret.

Int. 38 Fam. : motus ! Motus et bouche cousue !

# 728 TROMPERIE

N. 1 **Tromperie ;** mystification. – Dissimulation, duplicité 17, feinte ; hypocrisie **595,** tartuferie ou tartufferie ; matoiserie [vx]. – Déloyauté, fourberie, perfidie ; félonie, traîtrise. – Fam. : bidonnage, bluff, triche.

2 **Trahison 597.** – Litt. : forfaiture **720,** prévarication.

3 Comédie, invention, **mensonge 729 ;** altération ; altération des faits, altération de la vérité. – Duperie, supercherie, tricherie, tromperie ; fraude [vieilli], piperie [vx]. – Imposture, charlatanisme. – Double-rambot [arg.].

4 Artifice, finasserie, finesse [vieilli], **ruse,** stratagème ; coup fourré, mauvais tour.

5 Dol ou manœuvre dolosive [DR.], manœuvre frauduleuse, maquignonnage [fig.]. – **Arnaque 694,** escroquerie **718,** filouterie [vieilli], filoutage [rare].

6 **Blague** 465, canular, farce. – Attrape, facétie, malice, niche, tour ; fumisterie [fig., fam.], mystification. – Poisson d'avril.

7 **Illusion** ; leurre, tromperie [vx]. – Faux-semblant, trompe-l'œil 31. – Poudre aux yeux, poudre de perlimpinpin, tour de passe-passe.

8 Adultère, inconstance 33, infidélité.

9 Dupeur, imposteur, mystificateur ; **tricheur**, bluffeur [fam.]. – Finaud 406, finasseur ou finassier [vieilli], rusé ; fam. : rusé compère, vieux renard. – À trompeur, trompeur et demi [prov.].

10 Farceur, **blagueur**, plaisantin ; fumiste, plaisant *(mauvais plaisant).*

11 Dupe ; victime. – Fam. : gobeur, gogo, jobard, niais, nigaud 718.

v. 12 Abuser, duper, **feinter**, interpoler, mystifier, séduire [vx], tromper ; litt. : amuser, jouer ; faire voir (ou montrer) la lune en plein midi. – En faire accroire [litt.].

13 Circonvenir [litt.], envelopper ; bercer, endormir. – Enjôler, **flatter**, musiquer [vieilli] ; enganter [vieilli]. – Fam. : emberlificoter, embobeliner, embobiner, emmitonner [vx], entortiller ; dorer la pilule à. – Désinformer ; bourrer le crâne (ou, très fam., la caisse, le mou). – Aveugler 399, leurrer, tromper ; illusionner [rare]. – Jeter de la poudre aux yeux [fam.].

14 **Arnaquer**, escroquer.

15 **Attraper qqn**, blaguer qqn. – Faire une niche, jouer un tour, monter un bateau à. – Emmener à la campagne (ou : à cheval, à pied), **faire marcher**, mener en barque ou en bateau. – Se jouer de, se moquer de. – Canuler [arg. scol.].

16 Tromper *(tromper la faim, tromper l'attente, tromper le temps)* [sout.] ; divertir [vx], faire diversion.

17 Fam. : **donner dans le panneau**, mordre à l'appât ou mordre à l'hameçon ; tomber dans la nasse ; avaler des couleuvres, avaler le goujon ; très fam. : se faire avoir dans les grandes largeurs, se faire avoir jusqu'au trognon ; vulg. : l'avoir dedans (ou : dans le baba, dans le baigneur, dans le bazar, dans l'os, etc.). – Servir d'appeau ; se laisser prendre à l'appeau. – Vx, fam. : tomber dans le godan, donner dans la bosse.

Adj. 18 Double, duplice [didact. ou litt.] ; **hypocrite**. – Déloyal, fourbe, perfide ; traître.

19 Finaud, **rusé**, trompeur ; artificieux.

20 Faux, frelaté.

21 Faux, **mensonger**. – Captieux, spécieux, tendancieux ; fallacieux. – Insidieux. – Charlatanesque.

22 Faux, **illusoire** 410, trompeur ; mystifiant. – Sophistiqué. – Clinquant.

23 Berné, **feinté**, dupé, trompé ; arg. : bonnard, fait bonnard, marron, fait marron. – Cocu [fam.], cornard [très fam.].

Adv. 24 Faussement, menteusement [rare], trompeusement [litt. ou sout.] ; fallacieusement.

# 729 MENSONGE

N. 1 **Mensonge**. – Duplicité, fausseté, **hypocrisie** 595, mauvaise foi 694 ; imposture. – Charlatanisme 718.

2 **Invention** ; fabulation. – Dissimulation, entorse à la vérité, restriction mentale, réticence [vieilli], rétention d'information ; mensonge par omission.

3 Altération de la vérité ; amplification, exagération, hyperbole ; minimisation. – **Désinformation** 726, mésinformation ; bourrage de crâne [fam.].

4 **Mensonge**, menterie [vx] ; **contrevérité**. – Mensonge officieux, mensonge pieux ; THÉOL. : mensonge captieux, mensonge joyeux, mensonge pernicieux. – Escobarderie [vx].

5 Échappatoire, détour, **faux-fuyant**. – Obreption [didact.] ; subreption [didact.].

6 Faux bruit, faux rapport ; canard [fam.]. – Fam. : cancan, racontar. – **Calomnie**, diffamation.

7 Fiction, **invention** 404, mystification ; conte, fable, roman. – Comédie, **histoire**, galéjade [région.] ; baliverne, salade [fam., souv. pl.], sornette ; vx : fagot, gausse. – Fam. : baratin, boniment. – Bateau [fam.], blague 465, canular, colle [fam.], farce, plaisanterie.

8 Fam. : bluff, chiqué, frime, pipeau ; bide ou bidon *(du bidon).*

9 Fanfaronnade, gasconnade [vieilli], vantardise. – Fam. : craques, craquettes ; vieilli : craquerie, hâblerie, vanterie.

10 **Menteur** ; assuré menteur [vx], menteur effronté ; fam. : menteur comme un arracheur de dents. – **Comédien** 787, simulateur ; mystificateur. – Hypocrite ; escobar [vx].

11 Plaisantin ; fam. : **blagueur**, craqueur ; vx : amuseur, bailleur de coquilles. – Fabulateur, mythomane 450.

12 **Imposteur ;** bonimenteur [rare], charlatan. – Enjôleur. – Fanfaron 672, gascon [fig.], vantard ; vx : brodeur, hâbleur.

v. 13 **Mentir ;** mentir comme on respire. – Se parjurer. – Dissimuler 727. – Biaiser ; chercher des détours ou des faux-fuyants. – A beau mentir qui vient de loin [prov.].

14 Taire, omettre.

15 Altérer, dénaturer, **falsifier ;** litt. : apprêter, arranger, composer. – Fig. : colorer, déguiser, farder, gazer [vieilli], maquiller, présenter sous de fausses couleurs.

16 Controuver [litt. et vieilli], fabriquer, forger, forger de toutes pièces.

17 Feindre, simuler. – **Faire du chiqué** (ou : du cinéma, du cirque), jouer la comédie.

18 Abuser, tromper 728 ; induire en erreur. – **Faire croire ;** faire ou laisser accroire [vx ou litt.].

19 **Fabuler,** galéger ou galéjer [région.], inventer ; mystifier. – Broder [fig.] ; en conter, en couler. – **Exagérer ;** fanfaronner, hâbler.

20 Fam. : conter des salades (ou : des balançoires, des bourdes, des fagots [vx]), débiter des fadaises ou des sornettes, faire une colle [vx], monter un bateau, raconter des bobards.

21 Amplifier, exagérer ; renchérir sur. – Broder, enjoliver ; allonger ou étendre la courroie [vx].

Adj. 22 **Menteur,** mensonger [vx] ; inauthentique. – Fallacieux ; captieux, spécieux.

23 **Faux,** inexact, infondé ou mal fondé.

24 Fabriqué, forgé, **inventé ;** controuvé [vieilli et litt.].

25 Fictif, **imaginaire ;** à dormir debout. – **Factice ;** illusoire, trompeur.

Adv. 26 Litt. ou sout. : **mensongèrement,** trompeusement ; menteusement [rare]. – À tort, faussement.

# 730 SIGNE

N. 1 **Signe ; signal, marque ;** indication, indice. – Signe distinctif, signe particulier ; signe diacritique [LING.]. – Signe de reconnaissance. – Signe indicatif. – Signalement.

2 Annonce, promesse [fig.], signe précurseur ; présage. – Prodrome ; symptôme 383.7. – Signe sensible [THÉOL.]. – Empreinte, enseigne [vx], preuve.

3 Écriture 744, **code ;** langue, langage *(langage des sourds-muets) ;* nom 743.

4 Attribut, badge, emblème. – Chiffre 117, sigle.

5 Icône, pictogramme, **symbole ;** sigle. – Cryptogramme.

6 Signal sensoriel ; signal lumineux, signal optique.

7 Appel, cri.

8 Geste, mimique. – Clin d'œil, coup de coude, signe de la main. – Hochement de tête, signe de tête. – Bras d'honneur. – Poing levé 732. – Inclinaison 689, inclination ; salut militaire.

9 RELIG. : baiser ou geste de paix, élévation des mains, imposition des mains ; signe de la croix.

10 **Signe de ponctuation.** – Astérisque, barre de fraction, barre oblique, comma, crochet, esperluette ; guillemet, parenthèse ; point, deux-points, point d'exclamation, point d'interrogation, points de suspension ou, vx, points suspensifs, point-virgule ; tiret, virgule ; égal, moins, plus. – Accent *(accent aigu, accent grave, accent circonflexe),* cédille, tilde, tréma.

11 Paraphe, **signature 743 ;** cachet, sceau, signet. – Griffe, marque 126. – Initiale, monogramme.

12 Plan 731 ; diagramme 146, schéma ; légende. – Signage [BÂT.].

13 **Enseigne,** pancarte, panonceau ; anc. : bouchon (de paille) [débit de boissons], carotte [bureau de tabac]. – Affiche, panneau. – Bannière, drapeau, étendard, fanion, flamme, pavillon, pavois ; sceptre. – Armoirie, blason.

14 Disque, fanal, **feu,** fusée, lanterne 852, projecteur, sémaphore, voyant ; clignotant, feu de position, flèche, phare. – Amer, balise, bouée.

15 Avertisseur, cloche, gong, Klaxon, sifflet, sirène, sonnerie.

16 Signifère [ANTIQ. ROM.].

17 Démonstration ; étalage, expression, **manifestation,** protestation, témoignage.

18 Notation, transcription ; **représentation** 77. – Signalisation ; ponctuation. – Balisage ; marquage. – Compostage.

19 Sémiologie ou sémiotique, signalétique ; sémiographie. – Iconologie [PALÉONT.]. – Vexillologie. – MÉD. : séméiologie, symptomatologie.

v. 20 Faire un signe. – Faire signe. – Joindre le geste à la parole. – Donner le signal ; n'avoir qu'un geste à faire.

21 **Désigner, indiquer**. – Mentionner, mettre en lumière, signaler. – Appeler ou attirer l'attention ; avertir.

22 Baliser, signaliser ; ponctuer. – Composter.

23 Signer ; laisser son empreinte, marquer, poinçonner ; émarger, parapher.

24 Opiner ; cligner de l'œil. – Mettre un genou à terre. – Se frapper la poitrine. – Sauter en l'air, se frotter les mains. – Mettre le doigt sur la bouche. – Croiser les doigts, toucher du bois. – Hausser les épaules, se laver les mains ; hausser les sourcils. – Lever les yeux ou les bras au ciel ; se tordre les mains ou les bras. – Faire les cornes, faire la figue [litt.], faire la nique [fam.], faire un pied-de-nez, tirer la langue. – Fam. : faire de l'œil à qqn, faire du pied ou du genou.

25 Déceler, dénoter, manifester, marquer, révéler, signaler ; témoigner. – Annoncer, présager 179.

26 **Figurer**, représenter 731. – Coder.

Adj. 27 **Signalétique** ; codé. – Signalisateur.

28 Indécodable.

29 Symptomatique. – Prodromique.

30 Gestuel. – Iconique, symbolique ; héraldique. – Emblématique, siglique. – Indiciaire, indiciel [didact.].

Prép. 31 Sous le signe de.

## 731 REPRÉSENTATION

N. 1 **Représentation** ; description 755, évocation, expression. – **Figuration**, imitation 31 ; préfiguration ; mimêsis [didact.], théâtre 787. – **Incarnation**, personnification. – Expression, **image**, reflet.

2 **Représentation** ; écriture 762, notation, signalisation, **symbolisme** ; idéographie, pictographie ; transcription, translitération ou translittération. – Art, **art figuratif**, iconographie 774, iconologie, illustration, imagerie, peinture, sculpture. – Mythologie.

3 **Figure, signe** 730, **symbole** ; attribut, emblème, insigne ; armoiries, blason, enseigne. – **Allégorie**, image, métaphore 752 ; fable, mythe, parabole. – Courbe, diagramme, **figure, graphique**, schéma, tableau, tracé ; carte, plan ; maquette. – Idéogramme, pictogramme.

4 **Reproduction** ; chromo, dessin, **image**, effigie, photographie 775, portrait, tableau 773 ; caricature. – **Figure**, figurine, mannequin, poupée, sculpture 776, statue, statuette. – Icône, idole, simulacre.

5 **Représentant** ; exemple, spécimen, **type** ; étalon, **modèle** 30, parangon [sout.]. – Caractère, caractéristique, indice, marque, **signe**, symptôme.

6 GRAMM. : antécédent, pronom 740.

v. 7 **Représenter ; figurer**, matérialiser, **symboliser** ; préfigurer. – **Incarner**, personnifier ; concrétiser. – **Désigner**, signifier 732.

8 **Représenter ; décrire**, dépeindre, **exprimer**, peindre, rendre ; montrer sous les traits de. – **Évoquer**, suggérer. – Écrire, **noter**, traduire, transcrire.

9 **Représenter** ; imiter, refléter, **reproduire** ; dessiner, peindre, tracer, sculpter ; photographier. – Interpréter.

10 Remplacer 19.

Adj. 11 **Représentatif** ; caractéristique, topique [didact.], typique.

12 **Figuratif** ; allégorique, emblématique, **symbolique** ; métaphorique. – Imagé. – **Conventionnel**.

13 **Descriptif**, évocateur, expressif.

Adv. 14 **Figurativement** ; allégoriquement, métaphoriquement, **symboliquement** ; conventionnellement.

## 732 SENS

N. 1 **Sens ; contenu** 135, signification, valeur. – Force, impact, portée ; conséquence, implication. – Clef, **explication** 738, solution. – Caractère, esprit, idée 421 ; implicite *(l'implicite)*.

2 **Sens ; acception**, définition, dénotation [LING.], **signification**. – Sens abstrait (opposé à sens concret) ; sens large (opposé à sens strict) ; sens littéral (opposé à sens dérivé), sens propre (opposé à sens figuré) 752. – Équivalence, équivalent *(un équivalent)*, **synonyme** *(un synonyme)* 742 ; traduction. – Antonyme, contraire *(un contraire)*. – Contresens 410, faux-sens ; non-sens 733.

3 LING. – **Sémantisme** ; compréhension, contenu explicite, contenu implicite, contenu sémantique ; monosémie, polysémie ; connotation ; double sens 736. – Champ, champ sémantique ou notionnel, réseau ; analogie, antonymie, synonymie ; extension. – Signification ; réfé-

rence. – Signifiant *(un signifiant),* signifié *(un signifié)* 421 ; référent *(un référent)* ou référé. – Sémantème, sème, sémème.

4 **Sens** ; sémantisme [LING.], **signification**, signifiance ; **pertinence**, raison d'être.

5 **Explication** ; explicitation ; **définition**, exégèse 738, glose, périphrase ; **légende**. – **Dictionnaire**, glossaire, lexique.

6 Didact. – **Sémantique** *(la sémantique) ;* onomasiologie, sémasiologie. – Sémiologie, sémiotique 731 ; lexicologie.

7 Sémanticien, sémiologue, sémioticien ; lexicographe, lexicologue.

V. 8 **Signifier** ; avoir le sens de, **vouloir dire** ; **désigner**, correspondre à, équivaloir à, traduire, se traduire par.

9 **Signifier** ; dénoter, connoter, **exprimer**, **indiquer**, **marquer**, révéler, témoigner, traduire. – **Évoquer**, **suggérer**, laisser deviner, laisser entendre, laisser supposer ; insinuer ; faire allusion à. – **Annoncer**, augurer ; entraîner, **impliquer**.

10 **Signifier** [svt négativement] ; **avoir un sens**, rimer à, vouloir dire.

11 **Définir**, **expliquer**, expliciter, préciser ; gloser sur, interpréter 738 ; démêler, éclaircir, élucider, **résoudre** ; donner la signification de.

12 Comprendre par, entendre par ; **interpréter**, prendre dans le sens de.

Adj. 13 **Significatif** ; éloquent, **expressif**, parlant ; lourd de sens ; **révélateur** ; **pertinent**. – Évocateur, suggestif.

14 **Défini**, déterminé ; explicite, manifeste, patent. – Implicite, sous-entendu, suggéré.

15 Signifiant ; porteur de sens, prégnant ; sémantique. – Asémantique 733.

16 Sémantique, sémique ; bisémique, monosémique, polysémique ; **équivoque**, univoque 734 ; à double sens 17. – Sémiologique, sémiotique.

17 Analogique, **synonyme**, synonymique. – **Antonyme**, contraire.

18 Définitionnel, **explicatif**.

Adv. 19 Significativement ; pertinemment ; clairement, expressément, **formellement** ; implicitement. – Sémantiquement.

20 Exactement, **littéralement** 744, précisément, proprement ; à la lettre, à proprement parler ; dans toute l'acception ou la force du terme. – Au sens large ou, lat., *lato sensu,* au sens strict ou, lat., *stricto sensu ;* dans un certain sens.

## 733 NON-SENS

N. 1 **Non-sens** ; asémanticité [LING.] ; didact. : insignifiance 439, **non-signifiance** ; rare : abracadabrance. – Inanité [rare], néant, vacuité, viduité [abusif]. – LOG., LING. : non-pertinence.

2 **Non-sens** ; **absurde** *(l'absurde),* absurdité, inutilité 545, **vanité**.

3 **Aberration**, absurde *(l'absurde),* absurdité, illogisme, **incohérence**, irrationalité ; apagogie [LOG.], contradiction, paradoxe ; acte gratuit. – **Déraison** 450, insanité.

4 **Absurdité**, bêtise, idiotie, **ineptie**, sornette, sottise 397 ; **délire**, divagation, élucubration, extravagance ; conte ou histoire à dormir debout, histoire de fous, propos sans suite ; verbalisme [péj.], verbiage 760. – **Non-sens** ; **erreur** ; barbarisme 740, contresens, faux-sens 410.

5 LITTÉR. : absurde *(théâtre de l'absurde)* 787, nonsense [anglic.].

V. 6 **N'avoir aucun sens**, n'avoir ni queue ni tête, n'avoir ni rime ni raison, ne rimer à rien, ne pas tenir debout. – Ne servir à rien ; ne pas porter ou tirer à conséquence.

7 **Dire n'importe quoi** ; débloquer [fam.], délirer, dérailler [fam.], déraisonner, extravaguer ; parler à tort et à travers, raisonner comme un coffre ou comme un tambour [fam.].

Adj. 8 **Asémantique**, dénué (ou : vide, exempt) de sens, insignifiant [rare] ou in-signifiant. – Non-pertinent, non-significatif.

9 **Insensé** ; aberrant, absurde, abracadabrant, alogique, délirant, extravagant, **fou**, ubuesque ; illogique, incohérent ; inepte, saugrenu ; faux ; sans queue ni tête.

10 **Absurde**, gratuit, injustifié. – Inexplicable.

11 **Insignifiant**, négligeable ; creux, **vide** 545.

Adv. 12 **Absurdement** ; bêtement, follement. – Gratuitement, sans raison ; inexplicablement, **sans rime ni raison**. – Inutilement.

## 734 INTELLIGIBILITÉ

N. 1 **Intelligibilité** ; compréhensibilité, **lisibilité**.

2 **Intelligibilité** ; **clarté**, compréhensibilité, limpidité, **netteté**, perspicuité [vx] ; co-

hérence, justesse, précision, rationalité ; concision. – Facilité, **simplicité 616** ; trivialité [sc.] ; évidence.

3 Articulation, débit, bonne diction, bonne élocution **740, bonne prononciation.**

4 Intelligibilité [didact.]. – Intelligible *(l'intelligible)* (opposé à sensible) *(le sensible) ;* métaphysique *(la métaphysique)* **478.**

5 Compréhension **398,** intelligence ; appréhension [PHILOS.], perception **395.**

6 Déchiffrage, **décodage,** décryptage ou décryptement, traduction ; **vulgarisation.** – Cryptanalyse.

7 Éclaircissement. – **Langage clair,** traduction ; message clair, version simplifiée. – Évidence, truisme ; lapalissade.

8 Clef, code **735,** décrypteur ; cryptographe.

v. 9 **Articuler,** épeler, bien prononcer ; détacher ou marteler les mots ou les syllabes, énoncer clairement, parler distinctement, parler à haute et intelligible voix ; passer la rampe [fam.].

10 Aller droit au but, appeler un chat un chat ou les choses par leur nom, parler sans détour, ne pas s'embarrasser de mots ou de phrases, ne pas mâcher ses mots ; « Ce que l'on conçoit bien s'énonce clairement, / Et les mots pour le dire arrivent aisément » (Boileau). – **Signifier,** préciser ; se faire bien comprendre, mettre les points sur les i. – Désambiguïser **736 ;** lever une ambiguïté.

11 Aller ou parler de soi, couler de source, tomber sous le sens.

12 Déchiffrer, **décoder,** décrypter, **traduire.** – Éclairer, éclaircir, expliciter, expliquer. – Populariser [vieilli], **vulgariser ; simplifier ;** mettre à la portée du public. – Se mettre à la portée de.

13 Appréhender, **comprendre,** concevoir, pénétrer, saisir. – Entendre, percevoir.

Adj. 14 **Intelligible ; clair, compréhensible ;** accessible, facile, **simple ;** articulé, audible, distinct, **net,** perceptible **395 ;** déchiffrable, **lisible ;** décodé.

15 **Clair,** limpide, net ; évident, **explicite,** implicite, lumineux, transparent ; clair comme de l'eau de roche, clair et net. – Défini, déterminé, **précis,** univoque ; exprès, formel. – Cohérent, sensé.

16 PHILOS. : intelligible (opposé à sensible) ; a priori. – Concevable, pensable ; possible.

Adv. 17 **Intelligiblement ;** clairement, **distinctement,** nettement ; à haute voix, à haute et intelligible voix.

18 **Clairement,** explicitement, expressément, formellement ; lisiblement ; **en clair,** en termes clairs, en toutes lettres ; sans ambiguïté, sans équivoque. – Sans ambages.

## 735 ININTELLIGIBILITÉ

N. 1 **Inintelligibilité ; incompréhensibilité,** illisibilité, impénétrabilité, imperceptibilité. – **Incompréhension.**

2 **Inintelligibilité ; confusion, obscurité,** nébulosité, imprécision ; ésotérisme, hermétisme **727 ;** abstraction, complexité **77,** difficulté. – Absurdité, **incohérence,** non-sens **733 ;** ambiguïté **736.**

3 **Bafouillage,** balbutiement, bougonnement, **bredouillement,** grommellement, marmonnement, murmure, patenôtre [vx] ; bourdonnement, brouhaha, cacophonie ; babélisme, tour de Babel ; paroles confuses, sons inarticulés **747.** – Amphigouri [litt.], fatras, galimatias, logogriphe [litt.] ; bouillie pour les chats. – Baragouin, **charabia,** jargon **739.1 ;** péj. : bas breton, chinois, hébreu. – Verlan, javanais, loucherbem. – Style apocalyptique ou oraculaire.

4 Gribouillage, **gribouillis,** griffonnage, patarafe [rare] ; hiéroglyphes, pattes de mouche [fam.], signes cabalistiques. – Grimoire ; cryptogramme, message codé. – Casse-tête, casse-tête chinois, charade, devinette, **énigme,** logogriphe, rébus.

5 Articulation relâchée, débit rapide ou haché, élocution difficile ; défaut d'élocution ou de prononciation **746.**

6 Chiffrement, **codage,** cryptage [INFORM.], encodage ; **brouillage,** parasitage ; bruits parasites ou parasites **367.3.** – Cryptologie ; cryptographie, cryptophonie.

7 Bafouilleur *(un bafouilleur).* – Baragouineur.

v. 8 N'avoir ni queue ni tête **733. 6 ;** c'est du chinois (ou : de l'algèbre, de l'hébreu, du bas breton).

9 Ne rien comprendre ; y perdre son latin. – Donner sa langue au chat ou jeter sa langue aux chiens [vieilli].

10 **Bafouiller,** balbutier, **bredouiller ;** bougonner, grommeler, marmonner, marmotter ; avaler les mots ou des syllabes, parler dans sa barbe ou dans sa moustache, parler entre ses dents ; avoir la bouche ou la langue pâteuse, avoir de la bouillie dans la bouche. – **Chuchoter,**

murmurer ; parler bas ou tout bas. – Fam. : **baragouiner**, jargonner. – Parler par énigmes, parler à mots couverts ; se perdre dans les détails, tourner autour du pot [fam.].

11 **Gribouiller**, griffonner 742.13 ; écrire comme un chat ou comme un cochon.

12 **Compliquer**, obscurcir 547.13 ; embrouiller. – **Coder**, encoder ; **brouiller**, parasiter ; noyer le poisson.

Adj. 13 **Inintelligible** ; imperceptible, inaudible, **incompréhensible**, indistinct ; brouillé, **confus**, diffus, flou, imprécis, vague ; **inarticulé**, pâteux, sourd. – **Illisible**, indéchiffrable ; codé 730. 28 ; hiéroglyphique.

14 **Inintelligible** ; **impénétrable**, inaccessible, **incompréhensible**, inpigeable [fam.], insaisissable ; didact. : abscons, abstrus ; abstrait, ardu, difficile 547. 18 ; cabalistique, ésotérique 484.27, **hermétique**, sibyllin ; énigmatique 727.26, mystérieux, **obscur**.

15 **Inintelligible** ; amphigourique [litt.], **compliqué** 77.12, confus, embrouillé, nébuleux, obscur ; flou, vague ; alambiqué, filandreux. – Absurde, **incohérent** 733. 9 ; ambigu 736, indéfini.

16 **Inintelligible** ; incompréhensible, inconcevable, **inexplicable**. – Incommunicable.

Adv. 17 **Inintelligiblement** ; confusément, **incompréhensiblement, indistinctement**. – Illisiblement. – Hermétiquement 727.32, obscurément.

## 736 AMBIGUÏTÉ

N. 1 **Ambiguïté** ; amphibologie, double entente, **double sens**, équivoque *(une équivoque)*. – **Ambivalence** 17, duplicité [vx], indétermination 431, obscurité.

2 Malentendu, **quiproquo** 410 ; fausse situation. – Confusion 738, doute, incertitude.

3 **Calembour**, équivoque *(une équivoque)* [vieilli], **jeu de mots** ; à-peu-près ; rime équivoque ou équivoquée, vers holorime ; charade, rébus. – LING. : faux ami, mot-valise 742.

4 Amphigouri 735 ; ambages [vx], circonlocution(s) ; entortillage, subtilité 406. – Allusion ; paradoxe [LOG.]. – Réponse de Normand.

5 **Homonymie**, homophonie, polysémie 732. – Ironie.

6 Ambigu *(un ambigu)* [litt.] ; mélange. – Ambigu ou ambigu comique [LITTÉR.].

7 MÉD. : ambigu *(un ambigu)* [vieilli], hermaphrodite 17.8, transsexuel.

V. 8 Manquer de clarté ; avoir l'air mais pas la chanson [fam.] 17.9 ; faire des allusions, parler à mots couverts ou à demi-mot, parler par allusions, parler par énigmes. – **Entretenir l'ambiguïté**, laisser planer le doute ou un doute, rester dans le vague ou le flou ; ne pas s'engager, ne pas se prononcer ; brouiller, embrouiller 547, entortiller ; brouiller les cartes.

9 Jouer double jeu, jouer sur tous les tableaux. – Biaiser [fam.] 406, louvoyer ; tergiverser 431 ; tourner autour du pot [fam.] 511.

10 **Équivoquer** ; faire des calembours, jouer sur les mots.

11 Être dans une situation fausse, être assis entre deux chaises ou, fam., avoir le cul entre deux chaises.

12 Désambiguïser, lever une ambiguïté 734.

Adj. 13 **Ambigu**, amphibolique, amphibologique, **équivoque** ; à double entente, à **double sens**. – Amphigourique 735, **confus**, énigmatique 727, fumeux [fam.], **obscur**.

14 **Ambigu, ambivalent** 17, double, duplice [litt.], **équivoque**, hybride, pluriel. – Imprécis, incertain 431, **indéfini**, indéterminé, mal défini, mal déterminé, vague ; entre le zist et le zest 511, mi-figue mi-raisin, ni chair ni poisson ; nègre blanc. – Contradictoire, paradoxal. – Subtil 406.

15 **Ambigu, douteux, équivoque**, faux, inquiétant, interlope, louche, oblique [vx], **suspect** 617.

16 MÉTR. : équivoque ou équivoqué, holorime, homophone.

Adv. 17 Ambigument ; **confusément**, obscurément ; rare : énigmatiquement, équivoquement ; à demi-mot 742, à mots couverts, par allusions, par énigmes. – De diverses façons, de plusieurs façons.

18 Fam. – Comme ci comme ça, couci-couça, oui et non, peut-être bien que oui peut-être bien que non 511.

## 737 SOUS-ENTENDU

N. 1 **Sous-entendu**, sous-entente [vx] ; **allusion**, insinuation ; restriction mentale, réticence [litt.]. – Implicite *(un implicite, l'im-*

*plicite)* ; latence ; contenu latent **135.**2 ; présupposé. – Non-dit.

2 Possibilité **39**, potentialité, **virtualité.** – Compréhension **398**, contenu, substance, teneur ; immanence. – Structure profonde (opposé à structure de surface) [LING.]. – Effacement [LING.], ellipse.

3 LING. : **connotation** ; rhétorique connotative. – Sursignification, valeur additionnelle. – Trait connotatif ; niveaux de langue, affixes. – RHÉT. : litote, prétérition **752.**

4 **Implication 732.** – Déduction, induction ; syllogisme **753.** – Relation de présupposition [LING.].

5 **Présupposition 423** ; antériorité logique, prémisse ; hypothèse, supposition ; prénotion [PHILOS.].

6 MATH. : fonction implicite ; équation implicite. – RELIG. : foi implicite, foi populaire.

7 **Sens caché** ; allégorie, symbolisme. – Ésotérisme **727.**

8 Silence **366.**

9 Évocation, suggestion. – Indication, **indice,** signe. – Geste **730**, signal ; clin d'œil, regard de connivence ; **sourire entendu.** – Intonation, ton, voix ; c'est le ton qui fait la chanson [prov.].

v. 10 **Sous-entendre.** – Laisser deviner, laisser entendre, laisser supposer ; faire entendre, **insinuer** ; suggérer, souffler. – Faire allusion à.

11 **Présupposer,** supposer **423.**

12 **Impliquer ;** comporter, comprendre, contenir, enfermer, inclure, renfermer ; entraîner, nécessiter, signifier **732** ; informer.

13 Découler, résulter ; se déduire.

Adj. 14 **Sous-entendu.** – Non-dit, insinué, signifié.

15 Implicite ; contenu, potentiel, virtuel ; caché, enfoui, **latent,** sous-jacent **166**, subjacent [litt.] ; en sommeil. – Effacé, éludé.

16 Inexprimé, informulé, non-dit, non-exprimé, non-formulé, **tacite 366** ; évasif. – Allusif.

17 **Présupposé,** supposé ; déduit. – Impliqué.

18 Perlocutoire [LING.].

19 Inévitable, nécessaire.

Adv. 20 **Implicitement,** tacitement [sout.].

21 Allusivement, évasivement.

# 738 INTERPRÉTATION

N. 1 **Interprétation ; explication,** sens **732,** signification ; anagogie [didact.] ; définition. – Analyse ; diagnostic **393.**

2 **Interprétation ;** éclaircissement **734, explication,** simplification ; décodage, lecture, **traduction ;** littéralisme **744.** – Commentaire, exégèse, glose, métaphrase [didact.], paraphrase ; annotation, scolie ou scholie [didact.] ; notule.

3 **Interprétation ;** leçon [didact.], **lecture,** variante, **version.** – **Traduction, transcription,** translitération ou translittération ; adaptation, **transposition.** – Calque, métonomasie [rare].

4 **Interprétation ;** incarnation, **représentation 731.** – Exécution, **jeu.**

5 **Interprétation ;** compréhension **398, perception,** vision ; *weltanschauung* [PHILOS.] **421** ; **point de vue 307** ; façon de voir ou de comprendre. – Présentation, **version.**

6 **Interprétation ; extrapolation,** fabulation **404**, roman [fig.], vue de l'esprit ; conclusion hâtive, induction **416.** – Procès d'intention **532.** – Délire d'interprétation [PSYCHIATRIE].

7 Mésinterprétation [didact.] ; interprétation abusive, **interprétation erronée** ; confusion, contresens **732**, faux-sens ; **erreur d'interprétation.** – Malentendu, méprise **410.**

8 Interprétation ; **interprétariat,** traduction **739.**

9 Didact. – Herméneutique *(l'herméneutique) ;* divination **485.** – Séméiologie ou sémiologie **730** ; étiologie **393.**

10 **Interprète ; commentateur,** critique *(un critique),* exégète, glossateur, interprétateur [vx] ; didact. : hiérogrammate ou hiérogrammatiste, métaphraste, scoliaste ou scholiaste ; **traducteur** ; vx : drogman, truchement. – Intermédiaire, médiateur, **porte-parole.** – **Artiste 831.**

11 Interprétant *(un interprétant)* [PSYCHOL.].

12 INFORM. : interpréteur ; compilateur, traducteur **772.**

v. 13 **Interpréter ;** éclaircir, éclairer, **expliquer 732** ; donner un sens à, mettre en lumière ; commenter, gloser. – Décoder, **lire** ; deviner **424** ; **traduire.**

14 **Interpréter ; adapter,** traduire, traiter, transposer ; romancer.

15 **Interpréter** ; incarner, représenter **731**. – Exécuter, **jouer.**

16 **Interpréter** ; **comprendre,** considérer, entendre **398**, percevoir, **prendre** ; donner tel sens à ; prendre dans le sens de. – Prendre au pied de la lettre, prendre au sérieux (opposé à prendre à la légère), prendre en riant ou, fam., à la blague ; prendre bien (opposé à prendre mal), prendre du bon côté (opposé à prendre du mauvais côté), prendre en bonne part (opposé à prendre en mauvaise part) ; voir tout en rose (opposé à voir tout en noir).

17 **Interpréter** ; **extrapoler 416** ; tirer des conclusions ou des conclusions hâtives de ou d'après. – Fabuler ; imaginer des choses **404**, se faire des idées ; fam. : bâtir un roman, faire du roman, se faire du cinéma. – Prêter des intentions à **532.**

18 **Mésinterpréter** [litt.] ; s'abuser, **se méprendre 410**, mésentendre [vx ou litt.] ; comprendre ou entendre de travers, faire une erreur d'interprétation. – **Confondre.** – Interpréter abusivement ; **déformer,** dénaturer, dévoyer, travestir ; détourner le sens de, torturer ou forcer le sens de, tourner les choses à sa manière, tourner ou tirer à son avantage.

Adj. 19 **Interprétatif** ; **explicatif,** interprétateur [vx] ; interprétant [PSYCHOL.].

20 Interprétable ; **compréhensible 734**, déchiffrable ; signifiant **732** ; ambigu **736**, équivoque ; univoque. – Jouable.

Adv. 21 Interprétativement [rare] ; explicativement.

22 Abusivement **569**, fallacieusement **410.**

## 739 LANGUE

N. 1 **Langue** *(une langue)* ; **idiome, langage,** parlure [litt.] ; langue nationale, langue officielle, langue véhiculaire ; langue ancienne ou classique, langue morte, langue vivante ; langue maternelle, langue seconde ; langue étrangère. – **Dialecte, parler, patois** ; langue vernaculaire. – Koinè [didact.]. – LING. : adstrat, substrat, superstrat. – Péj. : baragouin, **charabia 735, jargon,** petit-nègre, sabir.

2 Langues mixtes ou hybrides : **créole, pidgin** (bichelamar ou : bichlamar, bêche-de-mer), **sabir** *(lingua franca).* – Langue artificielle ou langue auxiliaire internationale (espéranto, interlingua, volapük).

3 **Langue** ; code **730**, glossaire, jargon, **langage** ; phraséologie, **terminologie** ; argot *(argot militaire, argot sportif)* ; idiolecte, métalangue ou métalangage ; compétence [LING.]. – **Argot,** argomuche [arg.], bigorne [vx], langue verte, largonji, slang [anglic.] ; javanais, jobelin, loucherbem ou louchébem, verlan ; calo [Espagne].

4 **Langue, lexique, vocabulaire** ; expression, figure, **idiotisme,** locution, **mot 742**, tour, tournure. – Africanisme, américanisme, anglicisme, belgicisme, canadianisme, gallicisme, germanisme, hellénisme, helvétisme, latinisme ; argotisme, régionalisme ; archaïsme, néologisme ; emprunt, pérégrinisme. – Isoglosse ; aires d'isoglosse. – Lexicalisation, néologie.

5 **Langue** *(la langue)* ; diction, écriture, expression, **langage, style** ; niveaux de langue. – **Bon usage 740** ; atticisme [litt.], **purisme.** – **Abus de langage 569** ; barbarisme, contresens, cuir, **faute,** impropriété **410.8**, incorrection, solécisme ; *lapsus calami* **762**, *lapsus linguae.*

6 **Lexique,** morphologie, phonologie, sémantique **732, syntaxe** ; **mot 742, phrase 741**, syntagme ; lexème, morphème, phonème, sémantème. – **Alphabet,** code, **écriture** ; caractère, lettre **744**, signe **730.**

7 Grammaire **740** ; **linguistique** *(la linguistique).* – Argotologie, dialectologie, étymologie, lexicologie, morphologie, philologie, phonétique *(la phonétique)* **365**, phonologie, sémantique, sémiologie ou séméiologie, sémiotique **730**, stylistique **753**. – Lexicographie.

8 Bilinguisme, plurilinguisme ; unilinguisme. – Tour de Babel.

9 **Traduction** ; adaptation, transcription. – Thème, version.

10 **Dictionnaire,** glossaire, lexique, nomenclature, répertoire, thésaurus ; **grammaire.**

11 **Locuteur,** locuteur natif, sujet parlant [LING.]. – Anglophone, francophone, germanophone, hispanophone. – Argotisant *(un argotisant),* patoisant. – Polyglotte.

12 **Linguiste** ; argotiste, dialectologue, étymologiste, grammairien, lexicologue, paléologue, philologue, phonéticien, sémanticien, sémioticien, syntacticien ; lexicographe. – Africaniste, angliciste, franciste, germaniste, helléniste, hispanisant ou hispaniste, italianisant, latiniste, russisant, slavisant ou slaviste. – Interprète, **traducteur.**

13 Puriste. – Baragouineur.

14 Classification des langues. Principales familles de langues. – **Langues indo-européennes.** Groupe aryen ou indo-iranien (sanskrit, prakrit) : branche indienne (hindi, pendjabi, bengali, tsigane, etc.), branche iranienne (persan, kurde, afghan, baloutchi) ; arménien ; groupes tokharien, thraco-phrygien, illyrien, etc. ; groupe hittite ; groupe hellénique ou grec ; albanais ; groupe italique : latin, langues romanes (catalan, espagnol, français, italien, portugais, provençal ou occitan, rhéto-roman, roumain, sarde) ; groupe celtique : gaulois, gaélique, brittonique (gallois, cornique, breton) ; groupe germanique : gotique, nordique (norvégien, danois, suédois), germanique (afrikaans, allemand, anglais, hollandais, flamand, frison) ; groupe balte : lette, lituanien ; groupe slave : méridional (slovène, serbo-croate, bulgare), occidental (tchécoslovaque, polonais), oriental (russe, biélorusse, ukrainien). – **Langues ouralo-altaïques ; langues ouraliennes :** finno-ougriennes (lapon, finnois, hongrois, etc.), samoyèdes (yourak) ; **langues altaïques :** groupes turc, mongol, toungouze ; coréen. – **Langues dravidiennes :** tamoul, malayalam, telougou, cahara. – **Langues sino-tibétaines :** tibétain, birman ; branche chinoise (mandarin, wou, cantonais, etc.). – **Langues austro-asiatiques :** vietnamien, khmer. – **Langues kam-thaï :** chan, thaï, lao. – **Langues caucasiques.** – **Basque.** – **Langues asianiques :** sumérien, élamite, hatti, halde, hurri, carien. – **Langues méditerranéennes :** crétois, cypriote, étrusque. – **Langues chamito-sémitiques** ou **afro-asiatiques :** sémitique (araméen, hébreu, arabe, éthiopien), chamitique (égyptien, berbère). – **Langues nilo-chariennes.** – **Langues sahariennes.** – **Langues nigéro-congolaises :** kwa, gur, langues bantoues. – **Langues malayo-polynésiennes :** malais, indonésien, malgache, hawaiien, etc. – **Langues australiennes.** – **Langues papoues.** – **Langues amérindiennes :** guarani, quechua, aymara, algonquin, etc. – **Parlers créoles.** – Classement typologique des langues : langues agglutinantes, langues amalgamantes (ou : flexionnelles, fusionnelles), langues incorporantes ou polysynthétiques, langues isolantes ou analytiques, langues juxtaposantes.

v. 15 **Communiquer, s'exprimer, parler ;** pop. : jacter, jaspiner. – Baragouiner, jargonner 735. – Argotiser, patoiser.

16 Articuler, prononcer. – Écrire 762.

17 Traduire ; transcrire, transposer.

Adj. 18 **Linguistique ;** langagier. – Étymologique, grammatical, lexical, lexicologique, métalinguistique, morphologique, philologique, phonétique, sémantique, stylistique.

19 Argotique, familier, littéraire, populaire, soutenu. – Dialectal, régional. – Idiomatique ; lexicalisé. – Écrit, oral, parlé, verbal.

20 Véhiculaire, vernaculaire.

21 Bilingue, monolingue, multilingue ou plurilingue, trilingue ; **polyglotte.**

Adv. 22 **Linguistiquement ;** étymologiquement, grammaticalement, morphologiquement, philologiquement, phonétiquement, sémantiquement, syntactiquement, stylistiquement.

23 Oralement, verbalement ; par écrit.

Aff. 24 -glotte *(polyglotte),* -phone *(arabophone, hispanophone) ;* -isant *(anglicisant, germanisant),* -iste *(helléniste, latiniste).*

## 740 GRAMMAIRE

N. 1 **Grammaire ;** description de la langue, organisation de la langue. – **Diachronie** ou grammaire historique 191, **synchronie** ou grammaire descriptive, grammaire normative ou, vx, dogmatique ; grammaire comparée, grammaire générale ; grammaire générative, grammaire structurale, grammaire traditionnelle, grammaire transformationnelle. – **Linguistique** 739.

2 **Grammaire ;** compétence idéale, purisme ; **bon usage.** – **Règle** 52 ; exception.

3 **Grammaire ; morphologie,** morphosyntaxe, **syntaxe ;** analyse grammaticale, analyse logique, analyse en constituants immédiats ; structure profonde, structure de surface ; lettre 744, mot 742, phrase 741. – **Phonétique ;** contraction, élision, hiatus, liaison ; euphonie. – Orthographe, **ponctuation** 730.

4 **Catégories grammaticales ;** classes de mots ; genre, nombre ; conjugaison, déclinaison ; aspect, mode, personne, temps, voix. – **Formes grammaticales ;** forme libre, forme fléchie ; paradigme. – Désinence, terminaison ; forme liée ; af-

fixe, préfixe, suffixe ; grammème, morphème. – Composante.

5 **Morphologie,** morphosyntaxe ; accord, collocation, **conjugaison** ou flexion verbale, **déclinaison** ou flexion nominale, orthographe. – **Cas** ; nominatif, vocatif, accusatif, génitif, datif, ablatif, locatif, instrumental ; cas sujet, cas régime. – **Genre** ; masculin, féminin, neutre. – **Nombre** ; singulier, pluriel 74, duel.

6 **Mode** ; mode personnel, mode impersonnel ; indicatif, subjonctif, conditionnel, impératif ; infinitif, participe, gérondif. – **Temps** 170.5 ; temps simple, temps composé, temps surcomposé ; présent, présent historique ou présent de narration, passé, passé historique, prétérit, imparfait, futur ; passé, plus-que-parfait, passé antérieur, futur antérieur. – **Personne** ; locutif, allocutif, délocutif ; ontif, antiontif, anontif ; personne d'univers. – **Voix** ; actif, passif, pronominal ; déponent. – **Aspect** ; perfectif (ou : accompli, parfait), imperfectif ou inaccompli ; causatif, factitif, inchoatif, progressif, résultatif.

7 **Syntaxe** ; construction, **structure** 147 ; discours direct, discours indirect, ellipse, inversion ; coordination, juxtaposition, subordination ; transitivité, intransitivité ; hypotaxe, parataxe ; asyndète. – Concordance des temps.

8 **Fonction,** régime ; sujet, prédicat 741 ; agent, objet ; antécédent ; attribut, attribut du sujet, attribut de l'objet, épithète ; complément, complément d'objet direct, complément d'objet indirect, complément d'objet second (ou secondaire) ou, vx, complément d'attribution, complément circonstanciel (accompagnement, but, cause, conséquence, destination, instrument, lieu, manière, matière, mesure, origine, partie, prix, temps) ; complément de nom, complément de nom objectif, complément de nom subjectif. – Apostrophe, apposition.

9 **Nom** 743, **pronom, substantif** ; nom substantif, nom adjectif, nom verbal, nom de nombre ; nom personnel, pronom personnel ; pronom démonstratif, possessif, interrogatif, indéfini, relatif. – Groupe nominal, syntagme nominal ; classe nominale.

10 **Article** ; défini, indéfini, partitif ; article contracté. – Postarticle ; **déterminant** 742.

11 **Adjectif** ; adjectif qualificatif (opposé à déterminatif), adjectif relationnel ; démonstratif, possessif, exclamatif, interrogatif, indéfini, numéral, relatif ; cardinal, ordinal, distributif ; fraction. – Degrés de signification ; positif, comparatif, superlatif. – **Adverbe,** locution adverbiale ; didact. : discordantiel, forclusif.

12 **Verbe** ; transitif *(un transitif),* intransitif, transitif indirect, pronominal ; verbe d'action, verbe d'état ; auxiliaire, semi-auxiliaire (ou : auxiliaire de mode, auxiliaire aspectuel), copule ; défectif, déponent, verbe impersonnel. – Groupe verbal, syntagme verbal ; prédicat.

13 Mot grammatical ; mot-outil ou mot fonctionnel, mot de liaison, particule ; coordonnant, subordonnant ; relatif *(un relatif),* corrélatif ; cheville, explétif. – **Conjonction,** locution conjonctive. – **Préposition,** locution prépositive ; conjonction de coordination, conjonction de subordination. – **Interjection.**

14 Grammaticalité ; acceptabilité. – Agrammaticalité.

15 Solécisme ; barbarisme, incorrection.

16 Grammairien *(un grammairien),* linguiste, syntacticien. – Puriste.

V. 17 **Accorder,** conjuguer, décliner ; orthographier 742. – Coordonner, juxtaposer, subordonner 741.

18 Adjectiver, adverbialiser, grammaticaliser, pronominaliser, substantiver.

Adj. 19 **Grammatical,** syntaxique ou syntactique ; orthographique.

20 Adjectival, adverbial, affixal, conjonctif, nominal, participial, prépositif, prépositionnel, pronominal, verbal ; adjectivé, adverbialisé, pronominalisé, substantivé. – Coordonnant, subordonnant. – Grammaticalisé. – Conjonctif, relatif.

21 Déclinable, variable ; indéclinable, invariable. – Transitif, intransitif ; direct, indirect.

22 Attribut, attributif, épithète, prédicatif ; copulatif.

23 Agrammatical, incorrect.

Adv. 24 **Grammaticalement.**

25 Adjectivement, adverbialement, nominalement, pronominalement, verbalement. – Transitivement, intransitivement.

# 741 PHRASE

N. 1 **Phrase** ; énoncé, période, **proposition** ; unité syntagmatique, unité de discours. –

LING. : prédicat, thème ; dictum, modus ou modalité.

2 Phrase ; **phrase simple** (opposé à **phrase complexe**) ; phrase nominale, phrase verbale ; phrase elliptique ; mot-phrase ou phrasillon 742 ; phrase-noyau ou phrase nucléaire [LING.]. – Transformée *(une transformée)* [LING.].

3 Phrase assertive (ou : déclarative, énonciative), exclamative, impérative, interrogative ; phrase affirmative, phrase négative. – Phrase active, phrase passive.

4 Membre, mot 742, proposition ; syntagme nominal, syntagme verbal ; LING. : constituant immédiat, noyau. – Attribut, complément, sujet, verbe ; complément circonstanciel, complément d'attribution, complément d'objet direct, complément d'objet indirect, complément d'objet second.

5 **Proposition** ; proposition indépendante ; proposition coordonnée, proposition juxtaposée, proposition incidente (ou : incise, intercalée) ; proposition principale ou **principale** *(une principale)* (opposé à **subordonnée**) *(une subordonnée) ;* conjonctive, relative, interrogative indirecte ; proposition infinitive ou infinitive *(une infinitive),* proposition participe ou participiale. – Proposition complément, circonstancielle, complétive ; causale, comparative, concessive, conditionnelle, consécutive, finale, temporelle.

6 **Syntaxe** 740 ; construction, structure 147 ; analyse logique ; construction directe, construction indirecte, inversion ; coordination, juxtaposition, subordination ; hypotaxe, parataxe ; asyndète. – Concordance des temps.

7 **Modalité,** mode, statut ; assertion, exclamation, interrogation, impératif ou ordre ; affirmation, négation. – Voix active ou actif *(l'actif),* voix passive ou passif *(le passif).*

8 Accent, chute, coupe, **intonation,** ponctuation 730, rythme ; courbe d'intonation, ton ascendant, ton descendant. – LING. : intonème, prosodème.

9 LING. – Structure profonde, structure de surface. – Actualisation, modalité, prédication.

10 **Phrase** [vx] ; construction, diction [vx], expression, **locution,** tour, tournure. – **Cliché,** formule, sentence ; formule figée, phrase toute faite, tour de phrase ; petite phrase. – Phrase [souv. pl.] *(faire des phrases) ;* circonlocution, détour, périphrase.

11 Phraséologie 742 ; style 753, terminologie ; verbalisme [péj.].

12 Phrasé 781 ; mélodie 784.

13 Phraseur ; bavard *(un bavard),* parleur *(un parleur).*

V. 14 **Construire** ; coordonner, juxtaposer, subordonner.

15 **Phraser** ; articuler, déclamer.

Adj. 16 **Phrastique,** propositionnel.

## 742 MOT

N. 1 **Mot ; terme, vocable** ; LING. : lexie, synapsie, unité lexicale, unité de signification. – **Parole** 745, verbe ; langue 739. – Appellation, **nom** 743. – Groupe de mots ; expression, item, locution, syntagme, tour, tournure ; phrase 741, proposition ; contexte ; paradigme [LING.].

2 **Mot** ; catégorie lexicale, classe de mots, **partie du discours** ; adjectif, adverbe, article, conjonction, interjection, nom ou substantif, préposition, pronom, verbe ; participe passé, participe présent, adjectif verbal ; onomatopée. – Appellatif, déictique, démonstratif, distributif, qualificatif, possessif, présentatif ; exclamatif, interrogatif ; augmentatif, diminutif, intensif. – Mot lexical (opposé à mot grammatical) 740 ; mot ou terme, terme technique, terme consacré ; gros mot 657, mot tabou 633. – Autonyme *(un autonyme)* ou autoréférent [LING.]. – Nature ; fonction.

3 **Mot** ; monosyllabe, dissyllabe, trisyllabe, quadrisyllabe, polysyllabe ; tétragramme, trigramme, trilitère ou trilittère 744 ; acrostiche, anagramme ; anacyclique, palindrome. – LING. : morphème-mot, mot-phrase ou phrasillon 741 ; enclitique, proclitique. – Mot variable, mot invariable, épicène.

4 **Mot ; composé** *(un composé),* **dérivé** *(un dérivé) ;* mot hybride ; dénominatif, déverbal, déverbatif, synthème [LING.]. – **Abréviation,** contraction ; acronyme, sigle 730 ; mot-valise.

5 **Mot ;** allophone, homographe, **homonyme,** homophone, paronyme ; **antonyme** ou contraire, **synonyme.** – Calque, équivalent *(un équivalent).* – Doublet. – Variante graphique.

6 **Mot** ; archaïsme, dialectalisme, **emprunt** 739, néologisme, régionalisme ; mot forgé, nom déposé 743. – Hapax.

7 Base, **racine, radical,** souche, thème ; **étymon ; désinence,** particule, **terminaison ;** affixe, infixe, **préfixe, suffixe ;** forme, forme libre, forme liée ; LING. : lexème, monème, morphème ; composant. – Syllabe.

8 Représentation graphique 731 ; écriture 762, **graphie,** orthographe ; alphabet, lettre 744 ; hiéroglyphe, idéogramme, pictogramme, sténogramme. – LING. : signifiant ; image acoustique. – **Prononciation ;** phonème ; enclise, proclise ; élision, hiatus, liaison.

9 **Morphologie** 740, morphosyntaxe ; flexion ; accord, conjugaison, déclinaison ; alternance vocalique. – **Formation,** lexicalisation ; **composition, dérivation ;** affixation, infixation, préfixation, suffixation ; abrègement, métaplasme 752, télescopage, troncation ; élision. – Adjectivation, grammaticalisation, pronominalisation, substantivation.

10 **Sémantisme** 732 ; connotation, dénotation, extension ; monosémie, polysémie ; ambiguïté 736 ; analogie, antonymie, synonymie. – Homonymie, homophonie, paronymie. – Autonymie.

11 **Étymologie,** origine ; attestation, datation. – Évolution, filiation ; attraction paronymique, glissement de sens. – Famille de mots.

12 Figure de discours, trope 752. – **Rhétorique** 753.

13 **Jeu de mots ;** calembour, contrepet, contrepèterie, **équivoque ;** charade, logogriphe, **mots croisés** 872, jeu du pendu ou pendu, rébus.

14 Usage. – **Niveau de langue,** registre verbal. – Hypercorrection. – **Abus de langage** 569 ; barbarisme 410.

15 **Lexique, vocabulaire ;** champ lexical ou champ sémantique 732. – Terminologie.

16 **Dictionnaire** 739, glossaire, gradus, lexicon [vx], lexique, nomenclature, onomasticon [didact.], répertoire, thésaurus ; apparat [vx], index.

17 **Lexicologie.** – Onomasiologie ; sémasiologie. – **Lexicographie.**

18 Verbalisme [péj.] ; litt. : logomachie, phraséologie. – Nominalisme [PHILOS.]. – Onomatomanie [PATHOL.].

19 Lexicologue ; étymologiste *(un étymologiste).* – **Lexicographe.**

20 Cruciverbiste, mots-croisiste.

v. 21 **Lexicaliser ;** créer, forger ; **dériver ;** adjectiver, adverbialiser, grammaticaliser, pronominaliser, substantiver ; préfixer, suffixer. – Intégrer, introduire, naturaliser ; franciser.

22 Dire ou prononcer un mot ; **articuler** 745 ; écorcher, estropier. – Écrire, orthographier.

23 Définir 732 ; comprendre, interpréter 738.

24 S'employer, **être en usage ;** se perdre, tomber en désuétude, vieillir. – Dériver, provenir.

Adj. 25 **Lexical** (opposé à grammatical 740), lexicalisé.

26 Dissyllabique, monosyllabique, polysyllabique, quadrisyllabique, trisyllabique. – Anagrammatique ; anacyclique. – **Composé** (opposé à simple), **dérivé,** préfixé, suffixé ; abrégé, contracté ; acronymique. – Déclinable, **variable ;** indéclinable, invariable ; épicène. – Homographique, homonymique, paronymique ; analogique, synonymique.

27 Autonymique, autoréférentiel.

28 Augmentatif, diminutif, intensif, mélioratif, péjoratif, privatif ; connotatif, dénotatif. – **Courant,** usité, usuel ; rare ; didactique, spécialisé, technique, scientifique ; littéraire, poétique ; soutenu ; familier, populaire, vulgaire ; argotique ; ancien, archaïque, inusité, obsolète, vieilli, vieux ; moderne, néologique ; dialectal, régional. – Abusif.

29 Hapaxique ; attesté.

30 **Verbal ;** formel ; textuel. – Lexicaliste ; nominaliste [LING.].

31 Lexicographique, **lexicologique, linguistique ;** étymologique, grammatical, sémantique.

Adv. 32 **Lexicalement,** verbalement 745. – Littéralement 744, textuellement ; mot à mot, mot pour mot.

33 Étymologiquement, grammaticalement 740, graphiquement 762, morphologiquement, phonétiquement, sémantiquement 732.

Aff. 34 Lexico-, logo-.

35 -gramme, -lexie, -nyme, -nymie.

## 743 NOM

N. 1 **Nom ; appellation, dénomination,** désignation, qualification, titre 648 ; appellatif, **mot** 742, terme, vocable ; dénominatif, **épithète,** qualificatif.

2 **Nom** ou **substantif** 740, ; nom commun, nom propre ; nom concret (opposé à nom abstrait) ; nom collectif (opposé à nom individuel) ; nom comptable ou dénombrable (opposé à nom incomptable ou indénombrable) ; hyperonyme ou générique *(un générique)* opposé à hyponyme ou nom spécifique. – LING. : nominalisation ; nominatif *(le nominatif)*.

3 **Nom propre** ; anthroponyme, ethnonyme ou ethnique *(un ethnique)*, toponyme.

4 **Nom** ; nom de famille, **patronyme**, surnom [vx] ; blase [arg.] ; nom à particule 646, nom à coucher dehors [fam.]. – **Prénom** ; nom de baptême, nom individuel, petit nom. – **Surnom** ; diminutif, hypocoristique *(un hypocoristique)*, sobriquet ; **pseudonyme** ; faux nom, nom d'emprunt, nom de guerre, nom de religion, nom de théâtre. – État civil, **identité** 307 ; identification.

5 **Nom** ; intitulé *(un intitulé)*, **titre** ; nom commercial, raison sociale ; appellation d'origine ou contrôlée, nom déposé. – Carte de visite.

6 **Nom** ; griffe, paraphe, seing, contreseing, **signature** ; initiale 744. – Émargement, endos, souscription [rare].

7 Citation, **mention** 745. – **Nomination** 792, titularisation 708.

8 Adresse, **apostrophe** ; vocatif [GRAMM.].

9 Homonymie 742.

10 **Anonymat** ; vx : anonyme *(l'anonyme)*, anonymie, anonymité ; incognito *(l'incognito)*. – Anonymographie [PSYCHIATRIE].

11 **Nomenclature** ; catalogue, énumération, inventaire 49.7, **liste**, palmarès, répertoire, rôle [ADMIN.] ; générique *(un générique)* [CIN.] ; terminologie.

12 Anonyme *(un anonyme)* [LITTÉR., PEINT.].

13 **Onomastique** ; anthroponymie, toponymie. – Généalogie 681.

14 Dénommé *(le dénommé Untel)*, susdit *(le susdit)*, susnommé *(le susnommé)*.

15 **Homonyme** *(un homonyme)*. – Éponyme ; prête-nom 529.9. – Patron, saint patron.

16 **Signataire** ; cosignataire, soussigné *(le soussigné)*.

17 Anonyme *(un anonyme)*.

v. 18 **Nommer**, prénommer, surnommer ; **appeler**, baptiser, dénommer ; débaptiser, rebaptiser ; **qualifier**, traiter de. – Intituler. – **Identifier**, reconnaître ; mettre un nom sur.

19 **Nommer** ; citer, désigner, **mentionner**, signaler ; **énumérer**, inventorier, répertorier ; dresser la liste de ; faire l'appel. – **Dire** 745 ; appeler les choses par leur nom ou appeler un chat un chat 734.

20 **Nommer** 643, **titulariser** 648.

21 Nominaliser [LING.].

22 S'appliquer à, **désigner**, représenter, **qualifier**.

23 **S'appeler**, se nommer, se prénommer ; répondre au nom de ; décliner son identité ou décliner ses nom, prénoms et qualités. – Usurper une identité. – Garder l'anonymat ou, vx, l'anonyme, rester dans l'anonymat ou dans l'ombre.

24 **Signer** ; contresigner, cosigner, émarger, parapher ; apposer sa signature ou sa griffe.

Adj. 25 **Nommé**, prénommé, surnommé ; appelé, baptisé, dénommé, dit ; connu sous le nom de. – Appelé, qualifié, traité de.

26 **Nommé, mentionné**, susdit, susnommé ; nominé [anglic.].

27 **Nominal**, nominatif ; conventionnel, extrinsèque.

28 Anthroponymique, ethnique, patronymique, toponymique. – Homonymique. – Théophore. – Éponyme.

29 **Connu**, reconnu ; signé.

30 Innomé ou innommé. – **Anonyme**, inconnu.

31 Innommable, inqualifiable.

Adv. 32 Nominalement, nominativement ; **nommément**. – En nom propre ; en mon (ton, son...) nom. – De nom (opposé à de fait), en titre.

33 Alias ; autrement appelé, autrement dit.

34 Anonymement, **incognito**.

Aff. 35 Onoma- ; **-nyme**, -nymie, -nymique.

# 744 LETTRE

N. 1 **Lettre** ; **caractère**, signe 730, symbole. – Idéogramme, pictogramme ; lettres algébriques [MATH.], lettres numérales. – Hiéroglyphe, kana, kandji, rune. – **Alphabet**, écriture 762, orthographe 740 ; alphabétisme.

2 **Lettre** ; **consonne**, semi-consonne ou semi-voyelle, **voyelle** ; lettre double, lettre

redoublée ; graphème [LING.], lettre servile [LING. SÉMITIQUE]. – **Syllabe ;** antépénultième, pénultième. – Phonème, son **365.** – Accentuation. – Amuissement ; lettre muette.

3 **Lettre ;** allographe [LING.], caractère ; **majuscule** *(une majuscule)* ou capitale *(grande capitale, petite capitale),* **minuscule** *(une minuscule)* ou bas-de-casse ; cursive **762,** script ; italique, romain. – **Délié, plein ;** hampe, jambage, queue ; empattement, obit. – IMPRIM. : corps, épaisseur ou chasse, graisse. – Demi-gras, gras, maigre ; étroit, large.

4 **Lettre ; initiale** *(une initiale),* lettrine **778,** miniature ; chiffre, monogramme ; lettre grise, lettre historiée, lettre montante, lettre ornée, syllabe d'amorce. – **Abréviation,** acronyme, sigle ; logotype ou logo [ARTS GRAPH.]. – IMPRIM. : esperluette (ou : éperluette, perluette, perluète), ligature, logotype.

5 **Mot 742 ;** tétragramme, trilitère ou trilittère ; acronyme, acrostiche, **anagramme,** chronogramme, métagramme, tautogramme ; allitération **752,** contrepèterie ; lipogramme. – Jeux de lettres **872.** – Lettrisme [LITTÉR.] **789.**

6 Coquille **410,** paragramme.

7 IMPRIM. – **Caractère,** plomb, type ; chiffre, lettre, lettre inférieure, lettre supérieure, ponctuation **730.** – Blanc *(un blanc),* blanc de justification, cadrat, cadratin, demicadratin, espace *(une espace).* – Œil, talus ; approche. – Casse, cassetin, haut de casse, bas de casse.

8 **Familles de caractères ;** aldin, antique, didot, égyptienne, elzévir ; didone, garalde, humane, incise, linéale, manuaire, mécane, réale, scripte ; bodoni, garamond, gothique, romain. – Caractères d'affiche, caractères de fantaisie, caractères de labeur. – Jeu de lettres, police.

9 Imprimerie **763, typographie ; calligraphie 762.** – Lettrage.

10 Lettre *(la lettre,* opposé à *l'esprit),* littéralité. – Littéralisme **738.**

11 Épellation [rare] ; déchiffrement, lecture.

12 Alphabétisation. – Analphabétisme **408,** illettrisme. – MÉD. : agraphie **746,** assyllabie.

13 Abc, **abécédaire,** syllabaire [vieilli].

14 Typographe **763.** – Peintre en lettres.

15 Analphabète *(un analphabète),* illettré *(un illettré).*

v. 16 **Épeler ;** déchiffrer, lire. – Calligraphier, écrire **762,** orthographier.

17 Composer, **imprimer 763 ;** IMPRIM. : bloquer, créner, lever la lettre.

18 S'amuïr [PHON.]. – Accentuer.

Adj. 19 **Littéral ;** alphanumérique **772 ;** écrit, **littéraire** (opposé à parlé **745**) ; exact, strict **732, textuel.**

20 Consonantique, vocalique ; syllabique.

21 Accentué, tonique. – Inaccentué, atone. – PHON. : caduc, instable, muet. – Accentuel [PHON.].

Adv. 22 **Littéralement ;** à la lettre, au pied de la lettre ; au sens strict ou *stricto sensu* [lat.] **732 ;** textuellement, véritablement **409.**

23 En toutes lettres. – Avant la lettre, après la lettre.

24 Alphabétiquement.

Aff. 25 Graph-, graphi-, grapho- ; -graphie **762,** -graphique.

26 -syllabe, -syllabie, -syllabique.

## 745 PAROLE

N. 1 **Parole ; verbe,** voix ; expression orale ou verbale, **langage parlé ;** chaîne parlée, **discours.** – **Oral** *(l'oral) ;* oralité ; verbalisation. – **Communication 726,** interlocution [didact.]. – LING. : performance (opposé à compétence).

2 Articulation **734,** phonation, **prononciation ;** débit, **diction, élocution,** fluidité ; dysphonie **746.** – Accent, intonation, ton ; **voix 784.**

3 **Parole ;** expression, **mot 742, phrase 741,** syllabe ; bredouillement **735, cri 747,** exclamation, interjection **748,** onomatopée ; apostrophe, interpellation ; blasphème, insulte **657,** juron ; compliment **636,** conseil **566.** – Gaffe **571,** lapsus, **sortie ;** parole malheureuse (ou : déplacée, incongrue). – Ambages, circonlocution, phrase, précaution oratoire.

4 **Parole ; discours,** énoncé, **propos ;** affirmation **417,** allégation, assertion, déclaration, **dire** *(un dire),* énonciation ; dénégation **418.** – Fam. : baratin, bla-bla ou bla-bla-bla, boniment ; baliverne, billevesée, calembredaine, fadaise, sornette ; cancan, commérage, médisance, potin, racontar, ragot **706.**

5 Adresse, allocution, **discours 751,** exposé, laïus [fam.], speech [anglic.], topo [fam.]. – Monologue, tirade ; monologue intérieur, soliloque ; aparté.

6 Causerie, **conversation,** dialogue, entretien ; fam. : bavette, causette, parlotte. – Débat, **discussion,** colloque, conférence ; échange de vues ; palabre [surtout pl.], pourparlers. – Badinerie 750, duel verbal, joute d'esprit ou joute oratoire.

7 Algarade, attaque verbale, invective, sortie. – Altercation, dispute 747, prise de bec.

8 **Éloquence 757,** verve ; bagou ou bagout [fam.], faconde [litt.], parole facile ou facilité de parole, repartie, tchatche [fam.] ; **loquacité,** prolixité 760, volubilité. – Emphase, grandiloquence 761.

9 Logorrhée ; incontinence verbale, verbomanie, **verbosité ;** flux de paroles. – **Bavardage,** délayage, logomachie, phraséologie, verbalisme, verbiage. – Babil, babillage, bavardage, caquet, caquetage. – Byzantinisme.

10 Déclamation, récitation ; rhétorique 753.

11 **Parole ;** apophtegme, devise, formule, maxime, pensée, proverbe, **sentence ;** mot d'auteur, mot d'enfant, phrase mémorable ou historique.

12 Parole ; promesse 596.

13 Parole, bonne parole ; Évangile 501.

14 **Parleur** *(un parleur)* [rare] ; conférencier, debater [anglic.], débatteur ; prédicateur ; speaker (fém. : speakerine) ; **orateur,** tribun ; rhéteur, rhétoricien 753.

15 **Discoureur,** laïusseur [fam.], palabreur, parleur, péroreur, phraseur ; faiseur de phrases ; péj. : baratineur, bonimenteur, beau parleur. – Babillard, **bavard** *(un bavard),* jaseur ; crécelle, moulin à paroles [fam.] ; commère [fig.], jacasse, pie, pie jacasse.

16 Parolier ; chansonnier, dialoguiste, librettiste.

17 LING. : **locuteur,** sujet parlant ; interlocuteur.

v. 18 **Parler ; s'exprimer ;** ouvrir la bouche, prendre la parole, rompre le silence ; pop. : en placer une, l'ouvrir, ouvrir le bec. – Babiller, gazouiller ; baragouiner, jargonner 739 ; arg. : jacter, jaquetancer, jaspiner.

19 Articuler, **dire,** énoncer, proférer, **prononcer.** – Ânonner, débiter, déclamer, psalmodier, réciter ; claironner, clamer, crier 747 ; avoir le verbe haut. – Chuchoter, murmurer, susurrer ; glisser à l'oreille ; parler à mi-voix, parler à voix basse ; parler entre ses dents (ou : dans sa

barbe, dans sa moustache) ; être enroué. – Balbutier, bafouiller, bégayer, bredouiller 746 ; chercher ses mots, rester court, rester sec 366.

20 **Dire, exprimer,** traduire ; défiler son chapelet, dire ce qu'on a sur le cœur, vider son sac.

21 **Causer, communiquer, converser,** deviser, dialoguer, s'entretenir ; échanger des paroles, parler à bâtons rompus ; fam. : faire la causette, faire un brin de causette.

22 Babiller, **bavarder,** cailleter [vx], caqueter, jaboter, jacasser, jaser, papoter ; fam. : bavasser, bavocher, blablater, mouliner, tchatcher ; parler pour ne rien dire. – Cancanner, commérer [rare], jaser, médire ; bonimenter.

23 **Discourir 751,** disserter, laïusser, lantiponner [fam., vx], pérorer, pontifier ; baratiner [fam.]. – Monologuer, soliloquer. – Rabâcher, **radoter,** se répéter ; déparler [région.] ; parler à bon escient, parler d'or.

24 **S'adresser à,** adresser la parole à ; apostropher, appeler, interpeller, haranguer 751 invectiver 657 ; briefer [fam.]. – Donner la parole ou, vx, donner langue ; couper la parole 62 ; fam. : clouer le bec à, river son clou à.

25 Parler pour ou en faveur de ; intercéder, **plaider 715,** se faire l'interprète de.

26 Démutiser.

Adj. 27 **Parleur ;** parlant.

28 **Bavard, causant,** communicatif, expansif ; babillard, disert, **loquace,** volubile ; éloquent 757, verveux [litt.] ; logorrhéique, prolixe 760, verbeux ; emphatique 761.

29 **Oral, verbal ;** parlé. – **Discursif 751,** monologique. – Oratoire, rhétorique 753.

30 Articulé ; énoncé, prononcé. – Prononçable ; imprononçable. – Articulatoire [LING.].

31 **Dit,** exprimé, traduit. – Dicible [litt.], exprimable, **traduisible ; indicible, ineffable,** inexprimable, intraduisible.

32 Phonateur, phonatoire.

Adv. 33 **Oralement, verbalement.**

34 Proverbialement.

Int. 35 Et patati, et patata ! [fam.].

Aff. 36 Loqu- ; loqui- ; -loque, -loquie.

## 746 TROUBLES DE LA PAROLE

N. 1 **Mutisme, mutité ;** mussitation, mutacisme ; audi-mutité, surdi-mutité 364 ; **aphasie, aphonie.**

2 **Logorrhée,** verbigération [PSYCHIATRIE] ; délire verbal, incontinence verbale.

3 **Blésité** ou **blèsement,** zézaiement, zozotement [fam.] ; chuintement, clichement, deltacisme, gammacisme, iotacisme, lambdacisme ou labdacisme, mutacisme ou mytacisme, rhotacisme ou rotacisme ; grasseyement. – Bafouillage, **bégaiement** 745 ; bradylalie ou bradyphémie, tachylalie (ou : tachylogie, tachyphasie, tachyphrasie). – **Nasillement,** rhinolalie. – Hémiphonie.

4 MÉD. – **Logopathie ;** dyslogie, dysphasie ; dysgraphie, **dyslexie,** dysorthographie, paralexie ; agraphie ou surdité verbale, alexie ou cécité verbale, amusie ou surdité musicale, aphasie ou, vx, aphémie. – **Dysphonie ;** dysarthrie, dyslalie, dystomie ; dysphémie, ululation ; anarthrie.

5 Agrammatisme ou dysgrammatisme, paragrammatisme, paraphasie, paraphrasie ; schizoparaphrasie, schizophrasie ; détresse verbale. – Psittacisme.

6 Écholalie 76, hapaxépie (ou : haplolalie, haplologie), logoclonie, palilalie. – Lapsus.

7 Orthoépie, **orthophonie ;** logopédie.

8 **Aphasique** *(un aphasique),* **muet** *(un muet),* sourd-muet *(un sourd-muet).* – **Bègue** *(un bègue),* blèse [rare] ; bafouilleur, bégayeur [rare]. – **Dyslexique** *(un dyslexique).*

9 Orthophoniste.

V. 10 **Bégayer ;** bléser, zézayer, zozoter [fam.] ; chuinter, clicher, grasseyer ; nasiller, nasonner.

11 Délirer 450, radoter. – Bafouiller, bredouiller.

Adj. 12 **Muet,** sourd-muet ; aphone ; aphasique. – Logorrhéique.

13 **Bègue ;** blèse [rare], zozoteur [fam.]. – **Dyslexique.**

Aff. 14 Logo- ; -lalie, -phonie.

## 747 CRI

N. 1 **Cri ; exclamation,** interjection 748, onomatopée, son 365, voix ; langage inarticulé. – Activité préverbale.

2 Babillage, balbutiement, gazouillis, piaillement ; **babil ;** lallation.

3 Cri ; **gémissement** 345, glapissement, grognement, plainte 468 ; geignement [rare], jérémiade, lamentation, pleurnicherie. – Pleur, râle, sanglot, vagissement 314. – Rire ; éclat de rire, gloussement, ricanement 454.

4 **Cri,** éclat de voix ; fam. : braillement, gueulement ; **hurlement,** vocifération ; fam. : coup de gueule 471, gueulante ; mugissement, rugissement ; criaillerie, piaillerie. – Cri ; plainte, **protestation, récrimination,** vitupération [litt.].

5 **Clameur,** gueulante [fam.] ; clabauderie, **huée** 627, tollé ; à bas !, haro ! [vx], hou ! – **Acclamation** 428, ovation. – Bruit 367, charivari, hourvari [litt.], tapage.

6 Attrapade [fam.], **engueulade** [très fam.] 649, gronderie, réprimande 637 ; altercation, discussion, **dispute,** prise de bec, querelle, scène, scène de ménage ; apostrophe, **invective.**

7 Cri ; **appel** 748, alerte, **avertissement,** signal, signe 730 ; sauve qui peut 551, S. O. S. – Cri *(cri de ralliement) ;* chant, devise, **slogan ;** hallali, hourvari, huée, taïaut.

8 Cri ; **annonce,** criage, criée, crierie [rare], proclamation.

9 Gueuloir. – Beuglant [pop.].

10 **Crieur ;** aboyeur, annonceur.

11 Criailleur [vieilli] ; vitupérateur [litt.]. – Braillard [fam.], gueulard. – Voix de stentor ; voix de crécelle.

12 Râleur, rouspéteur [fam.], querelleur.

V. 13 Babiller, balbutier, **gazouiller.**

14 **Crier ;** s'exclamer, s'écrier ; lâcher (ou : lancer, pousser) un cri, pousser des cris. – Beugler, mugir, piailler, **rugir ;** fam. : braire, brâmer, piauler ; crier comme un putois ou comme un veau, pousser des cris d'orfraie ou des cris de paon. – Geindre, **gémir** 345, pleurer, râler, vagir.

15 **Crier ;** beugler, **brailler,** gueuler [pop.], **hurler** 367, tonitruer, **vociférer ;** s'égosiller, s'époumoner. – Avoir le verbe haut ; élever la voix, parler fort. – Corner aux oreilles, crier à tue-tête, crier comme un sourd, percer les oreilles de.

16 **Crier ;** dire, exprimer, manifester ; **annoncer,** claironner, **clamer,** proclamer, trompeter 726 ; chanter sur tous les tons, crier sur les toits, dire haut et fort. – Crier + n. *(crier vengeance, crier grâce ; crier gare) ;* **exiger** 631, réclamer ; demander à cor et à cri ; **avertir ;** crier à + n. d'un danger, d'une menace *(crier à l'assassin, crier au loup).*

17 **Crier** ; éclater, **se fâcher** ; élever la voix, hausser le ton, pousser une gueulante ou un coup de gueule [fam.] ; fulminer, pester, tempêter, tonner, **vociférer**. – **Protester**, râler [fam.], se récrier, **récriminer**, rouspéter [fam.] ; criailler, piailler, se plaindre ; pousser les hauts cris.

18 **Crier** *(crier contre* ou, pop., *après qqn);* aboyer, clabauder ; disputer [fam.], engueuler [pop.], **invectiver**, vitupérer [litt.]. – Conspuer, **huer** ; crier haro sur. – **Acclamer 639**, ovationner 540.

19 Crier ; contraster **18.**7, gueuler [pop.] **27.**5, hurler, jurer.

Adj. 20 **Criard** ; **braillard** ou brailleur, criailleur, glapissant, gueulard [pop.], piailleur, pleurnicheur ; **bruyant 367**. – Aigu, perçant, strident ; **discordant 27. 10** ; choquant, hurlant.

21 **Criant** ; évident, manifeste ; tapageur.

22 Râleur [fam.] ; querelleur.

Adv. 23 À cor et à cri.

Int. 24 Bis ! Bravo **788** ! Hourra ! Vivat ! ; Ah ! Oh ! ; Hip hip hip hourra ! Vive... !

# 748 INTERJECTIONS

REM. Selon l'usage orthographique français, les interjections sont systématiquement suivies de points d'exclamation. Ceux-ci ont été supprimés dans le présent article pour une meilleure lisibilité.

N. 1 **Interjection** ; **exclamation** ; cri 747, onomatopée, parole 745 ; juron. – Appel, exhortation 565, injonction 631.

2 Expression d'un sentiment. – Admiration, étonnement : ah, oh ; bigre (ou : boufre, bougre), bonté divine, boudi [région.], ça, ça alors, ciel *(juste ciel),* diable, diantre, fichtre ou foutre [pop.], ma doué [région.], mâtin, mazette, mince, mince alors, peste, putain [pop.], Seigneur – Approbation : certes, oui, si, si fait [vx]. – Commisération : pécaïre, peuchère [région.]. – Conviction : là, na, et tac, et toc. – Dédain : fi, foin ; pfft, pouah ; beuh, beurk. – Douleur : aïe, ouille ; hélas, las [vieilli], malheur, misère, pauvre de + pron. *(pauvre de moi, de nous),* zut [fam.]. – Doute, incertitude, incrédulité : euh, hum ; mon œil, ouais, ouiche, tarata. – Évidence : dame *(dame oui, dame non),* parbleu, pardi, pardienne [vx], pardieu ; et comment. – Frustration : bernique ; fam. : ceinture, tintin. – Indifférence : bah, bast ou baste ; bof ; n'importe, peu importe. – Intérêt : haha, héhé. – Ironie : eh,

hé hé – Provocation : chiche. – Refus : nenni [vx], non, que nenni – Résignation : bon, tant pis. – Satisfaction : eurêka, hourra, youpi ; chic !, chouette, tant mieux. – Soulagement : ouf.

3 Apostrophe, appel ; prière. Ô ; hé, hello, hé oh, hep, ohé, holà, psitt, psst ; allô, oui ; hum ; dis donc, dites donc, tiens, tenez. – À l'aide, au secours, sauve qui peut, S. O. S. ; grâce, de grâce, pitié, par pitié. – Avertissement : alerte, attention, gare, vingt-deux [arg.].

4 Injonction, ordre. Chut, motus, basta, silence, stop ; arrière, haut les mains, feu, hop, hue, oust ou ouste, sus, zou ; minute ; là, tout beau, tout doux, patience, voyons.

5 Encouragement. Allez, allons, courage, haut les cœurs, va ; olé ou ollé ; bravo, bravissimo ; bis. – Improbation : à bas, hou.

6 Jurons. Acré [vieilli], bon sang, bordel [pop.], caramba, crédié [vx], crénom, crénom de nom, crotte [fam.], flûte, fouchtra [région.], merde [très fam.], mince, nom de Dieu [blasphème], nom d'un chien, tonnerre, tonnerre de Brest, morbleu, sacristi, saperlipopette, saperlotte, saprelotte, sapristi, scrogneugneu, zut ; région. : cap de diou, cadédis ; vx : corbleu, jarnicoton, mordieu, palsambleu, sacredieu, tudieu, ventrebleu, vertubleu, vertuchou.

7 Onomatopées. Badaboum, bing, boum, patapouf, patatras, pif, pif paf, ploc, plouf, pouf, poum ; clac, clic, couac, crac, cric ; ding, drelin ; flac, flic-flac, floc ; paf, pan ; slam, splash ; tac, toc, vlan ; vroum ; coin-coin, tsoin-tsoin. – Miam-miam, sniff ; brrr.

8 Formules de politesse. Bonjour, coucou ; adieu, au revoir, ciao, salut [fam.] **689** ; s'il-te-plaît, s'il-vous-plaît ; merci – Tchin, tchin tchin.

9 Interjections interrogatives. Comment ? hein ? plaît-il ? qui est là ? qui va là ? qui vive ?

V. 10 Interjeter ; **s'exclamer 747**.

11 Appeler, héler. – Enjoindre **631**. – Avertir, prévenir. – Acclamer, huer. – Jurer, sacrer [fam.] ; blasphémer **483** ; jurer comme un païen ou comme un charretier.

Adj. 12 Interjectif ; exclamatif.

# 749 CONVERSATION

N. 1 **Conversation,** converse [fam.] ; conciliabule, **discussion**, entretien ; causerie, pa-

labre, parlote [fam.]. – Conversation téléphonique **769**, coup de fil [fam.].

2 BX-A. : conversation sacrée ; *conversation
piece* (angl., « brin de conversation »).

3 Babillage, **bavardage 760**, jactance [arg.],
papotage [fam.]. – Oaristys [litt.].

4 **Dispute 429**, passe d'armes. – Fam. :
discutaillerie, disputaillerie ; dialogue de
sourds, logomachie [litt.].

5 Conversation ; conversation particulière,
entretien particulier ; **dialogue,** échange
de vues, entretien, entrevue, interview ;
tête-à-tête. – Négociation, pourparlers,
tractation. – Audience, consultation ; rendez-vous. – Abouchement [litt.], rencontre
**583.**

6 **Débat,** table ronde, *talk-show* (angl., littéralement « débat-spectacle » [télévisé]) ;
concertation, **délibération** ; disputation
[HIST.]. – Colloque, conférence, congrès,
**réunion.**

7 **Dialogue,** forme dialoguée ; théâtre **787.**
– Repartie, réplique **420,** saillie ; pointe,
trait, trait d'esprit.

8 Sujet de conversation ; le tapis de la
conversation. – Le feu de la conversation.

9 Dialogisme [LITTÉR.].

10 **Fréquentation** ; vx : commerce, conversation.

11 **Causeur,** dialogueur. – Fam. : discutailleur, pipelette **760.** – Intervenant *(un intervenant) ;* consultant *(un consultant).* –
Interlocuteur.

12 **Assemblée,** compagnie **583,** conversation
[vx].

V. 13 **Converser ;** causer, conversationner
[fam.], deviser [litt.], **discuter,** parler **745** ;
échanger des propos. – **Bavarder 760,**
blaguer [fam.], palabrer ; bourdonner,
chuchoter. – Téléphoner **769.** – Avoir de
la conversation. – Être à la conversation ;
placer son mot ; placer son grain de sel
[fam.].

14 Fam. – **Discuter le coup,** faire la causette ; tailler une bavette, tailler le bout
de gras ; tenir le crachoir à qqn, tenir la
jambe à qqn.

15 **Adresser la parole à qqn,** apostropher.
– Entrer en dame avec qqn [arg., vx], lier
conversation avec qqn, prendre langue
avec qqn ; s'aboucher [litt.]. – Nouer une
conversation.

16 S'abandonner, se confier, se déboutonner
[fam.], **s'épancher.**

17 Conférer avec, **dialoguer ;** se concerter,
s'entretenir. – Colloquer [fam.], **débattre,**
délibérer, disputer [litt.] ; mettre qqch sur
le tapis ; se réunir, tenir conseil **566.**

18 **Interroger,** interviewer, questionner **419.**
– Entrer en pourparlers, négocier, parle-
menter, **traiter avec.**

19 Se chicaner, **se disputer 429,** se quereller.
– Fam. : discutailler, disputailler.

Adj. 20 Conversationnel [didact.], discussif [rare].
– **Dialogué** ; amébée ou amœbée [LITTÉR.].

# 750 PLAISANTERIE

N. 1 **Plaisanterie** ; frivolité, futilité.

2 Amateurisme, fumisterie [fam.].

3 **Humour** ; goguenardise. – Espièglerie,
**malice.** – Gauloiserie, grivoiserie, paillardise. – Contrepet.

4 **Plaisanterie,** vanne [fam.] ; *private joke*
(angl., « plaisanterie d'initiés »). – **Blague**
[fam.], calembredaine, histoire drôle, la
dernière *(tu connais la dernière ?)* [fam.]. –
Astuce [fam.], boutade, calembour, contrepèterie, **jeu de mots,** mot pour rire, trait
d'humour ; baliverne(s), billevesée(s) ;
billet, bouffonnade, comédie **465.** – Parodie ; zwanze [belg.]. – Bon mot, trait
d'esprit **790.** – **Cochonnerie** [fam.], histoire salace, plaisanterie de corps de garde ; gaudriole, gauloiserie, grivoiserie,
paillardise. – Attrape **728, canular,** galéjade [fam.], mystification ; poisson d'avril.
– Fadaises, fadeurs. – Ana [litt.], **bêtisier,**
sottisier. – Les plaisanteries les plus courtes sont toujours les meilleures [prov.].

5 Diablerie, espièglerie, facétie, **farce,** gag,
malice, misères, tour ou mauvais tour. –
Arlequinade, bobècherie [vx, rare], bouffonnerie, charlotade [fam.], **clownerie,**
pasquinade [vx], **pitrerie,** singerie, trive-
linade [vx], turlupinade [vx] ; tabarinade
[vx]. – **Bêtise,** bourde. – Amusette, amusoire [fam., vx], drôlerie, joyeuseté [fam.] ;
badinerie.

6 Lazzi [ital.], mauvaise plaisanterie, quolibet ; **caricature,** portrait-charge **454.**
Moquerie, raillerie **627.**

7 **Clown** ; bouffon, comique *(un comique)*
**465, pitre** ; comédien, histrion [vx ou
sout.] ; imitateur. – Arlequin ; vx : baladin,
bobèche, fagotin, gracieux, gracioso [esp.],
matassin, pasquin, queue-rouge, trivelin,
zani ou zanni [ital.]. – **Auguste,** auguste
de soirée, clown blanc, excentrique *(un*

*excentrique)* ; achille, gille. – Bateleur, paillasse [vx] ; saltimbanque. – Fou du roi.

8 Diablotin ; fam. : charlot, diablotin, gugusse, hurluberlu, loustic, **rigolo** *(un rigolo)* ; guignol, pantin, **polichinelle** ; titi parisien. – Amuseur, amuseur public, blagueur [fam.], **farceur** ; boute-en-train, gagman [amér.] ; pince-sans-rire. – Berneur, daubeur. – Caricaturiste, ironiste, satiriste.

9 Fumiste [fam.], plaisant *(un plaisant, un mauvais plaisant),* **plaisantin.**

v. 10 **Plaisanter** ; prendre qqch à la légère, tourner qqch en plaisanterie, traiter ou prendre qqch à la blague. – Badiner, bouffonner [litt.], rire 465. – Faire l'imbécile (ou : le malin, le pitre, le zigoto, le zouave, etc.) ; zwanzer [belg.]. – Avoir le mot pour rire, en raconter (ou : en dire, en avoir) de bien bonnes [fam.] ; jouer sur les mots. – Galéjer [fam.], mystifier 728.

11 **Badiner**, batifoler, blaguer [fam.]. – Se moquer ; berner, dauber.

12 Plaisanter, **taquiner** ; fam. : charrier, chiner ; faire marcher [fam.]. – S'amuser de, se divertir aux dépens de, **se moquer de,** se payer la fiole de [fam.]. – Monter un bateau à [fam.]. – Tirer la langue 627.

Adj. 13 Comique 465, **drôle**, plaisant 467, spirituel ; carnavalesque, clownesque ; satirique. – Falot [vx], grotesque, **ridicule** 645 ; scurrile [vx ou litt.].

14 Bouffonnant [litt.], **facétieux**, malicieux, plaisantin. – Badin, évaporé, folâtre, inconséquent.

Adv. 15 **Plaisamment** [litt.]. – Bouffonnement [rare], burlesquement, **légèrement,** malicieusement ; grotesquement, ridiculement. – Par plaisanterie, pour rire ; histoire de rire.

## 751 DISCOURS

N. 1 **Discours**, harangue ; fam. : laïus 760, speech, topo. – Conférence de presse, **déclaration**; message, proclamation.

2 Discours d'accueil, discours d'ouverture ; discours de clôture ; discours de réception. – Discours d'apparat. – Morceau d'architecture ou planche [FRANC-MAÇONNERIE].

3 Adresse, **allocution**. – HIST. : discours de la couronne, discours du trône. – DR. : défense, **plaidoirie.**

4 Homélie, oraison, prêche [vx], prône, **sermon** ; conférence, instruction ; oraison funèbre. – Exhortation, parénèse [vx].

5 Compliment, **louange** 636, panégyrique, plaidoyer. – Apologie, **éloge**, éloge paradoxal [LITTÉR.]. – Toast.

6 Invective, **réquisitoire** ; litt. : catilinaire, mercuriale, philippique. – Diatribe, libelle [litt.], mazarinade [HIST.], **pamphlet,** satire.

7 **Cours** 414, cours magistral, séminaire. – Exposé, oral *(un oral),* récitation. – Communication *(une communication),* **conférence,** leçon, leçon inaugurale ; lecture, lecture publique.

8 **Préface** ; avant-dire, avant-propos, avertissement, avis, introduction, notice, préambule, prologue, prolégomènes. – Conclusion, **postface.**

9 Discours *(Discours de la méthode* [Descartes], *Discours sur l'universalité de la langue française* [Rivarol], etc.), discussion, essai, **étude**, examen, exposé, monographie, **traité** ; dissertation, mémoire, thèse. – **Commentaire**, explication, glose. – **Article** 766, compte-rendu, papier [fam.] ; recension.

10 **Prose** ; prose nombrée, prose poétique, prose rythmique.

11 LITTÉR. – Cadence, cadence majeure, cadence mineure ; balancement, harmonie, nombre, rondeur, **rythme.** – Période ; protase, acmé, apodose, péroraison, chute.

12 Discoureur, harangueur [vx], **orateur** 753. – Procureur ; **tribun** ; pamphlétaire. – Apologiste, panégyriste ; **avocat**, défenseur. – Prêcheur, prédicant, **prédicateur**, sermonnaire. – Conférencier, professeur 414. – Prosateur.

13 Place publique. – HIST. : agora, forum, rostres. – Balcon, pupitre, **tribune.** – Chaire ; barreau ; tréteaux ; **amphithéâtre**, salle de cours.

v. 14 Discourir 745.

Adj. 15 **Discursif** [LING.] 745.

16 Harmonieux, nombreux, **rythmé.**

## 752 FIGURES DE DISCOURS

N. 1 **Figures de discours** ou figures, **procédés littéraires** ; figures de construction, figures de diction, figures d'élocution (ou : figures de mots, **tropes**) ; figures de pensée ou de style. – Langage figuré, langage imagé, symbolisme ; analogie ; sens figuré. – Figuratique *(la figuratique),* rhétorique littéraire 753.

2 **Figures de diction.** – Altération, métaplasme ; par adjonction : épenthèse, paragoge, prosthèse ou, vx, prothèse ; par retranchement : aphérèse, apocope, haplologie, syncope ou contraction ; par interversion : contrepèterie, métathèse. – Allitération, assonnance, répétition ou réduplication, paronomase ; diérèse (opposé à synérèse) ; crase. – Invention ou forgerie **32.** – Calembour **736.**

3 **Figures de construction.** – Anacoluthe, anaphore, anastrophe, apposition, asyndète (ou : abruption, disjonction, parataxe), chiasme (ou : réversion, opposition), conjonction ou polysyndète, ellipse, explétion, énallage, hendiadys (ou : hendiadis, hendiadyin), hyperbate ou inversion, incidence, pléonasme, réduplication, syllepse ou synthèse, tautologie, tmèse, zeugma. – Attraction, imitation ou idiotisme ; anglicisme, archaïsme, néologisme, etc. – Antanaclase, paronymie, synonymie.

4 **Tropes,** figures de mots ; figures d'usage, figures d'invention. – Allégorie (ou : allégorisme, mythologisme), allusion ou citation, antiphrase ou ironie, antonomase ou synecdoque d'individu, catachrèse, euphémisme, extension, hypallage, métaphore, métonymie, synecdoque.

5 **Figures de pensée** ou **de style ;** figures de rhétorique. – Anadiplose, anaphore, anticipation ou prolepse, antithèse, apostrophe, communication, comparaison ou similitude, concession ou épitrope, correction ou épanorthose, dialogisme, dubitation, emphase ou signification, énumération (ou : accumulation, conglobation), épiphonème, exclamation, gradation, hyperbole ou exagération, hypotypose, interrogation, interruption, litote (ou : atténuation, exténuation), oxymoron ou alliance de mots, paradoxe ou paradoxisme, périphrase, prétérition ou paralipse, prosopopée, réfutation ou récrimination, réticence ou aposiopèse, subjection, suspension. – Obsécration ou déprécation ; optation (opposé à imprécation). – Ironie, sarcasme.

## 753 RHÉTORIQUE

N. 1 **Rhétorique ;** éloquence ; vx : art de bien dire, art de persuader ; *ars dicendi* (lat., « art de dire »), *ars loquendi* (lat., « art de parler »). – Sophistique.

2 Gr., vx : éthos, ithos, pathos.

3 Vx. – Genre judiciaire, genre délibératif, genre démonstratif ou épidictique. – Éloquence du barreau ou éloquence judiciaire, éloquence de la tribune ou éloquence politique, éloquence de la chaire ou éloquence religieuse, éloquence académique, éloquence militaire.

4 Rhétorique, **stylistique ;** poétique, sémanalyse, sémiologie, sémiotique. – Stylistique génétique ; stylistique expressive : stylistique comparée, phonostylistique ; stylistique de l'écart : stylistique des intentions, stylistique des effets.

5 **Invention.** – **Lieux** ou topoï : définition, description ; division ; genre, espèce ; antécédents, conséquents ; cause, effet ; comparaison, exemple ; contraires, circonstances. – **États de question :** état conjectural, état de qualité, état définitif. – **Formes de raisonnement :** syllogisme (prémisses : majeure, mineure ; conclusion), sorite, épichérème, dilemme, enthymème, enthymème apparent, maxime.

6 **Disposition.** – Exorde ; *captatio benevolentiæ* [lat.], insinuation, proposition, division ou partition. – Narration, confirmation, réfutation. – Récapitulation ; péroraison, digression. – Dialogisme [rare].

7 **Élocution ;** figures de rhétorique **752,** fleurs de rhétorique, tropes. – **Action ;** effet de manche, geste, mouvement oratoire. – **Mémoire.**

8 **Argumentation ;** amplification, développement ; composition, rédaction. – Conviction, **persuasion 525 ;** séduction.

9 Lieu (ou : **lieu commun,** topique, topos) ; cliché. – **Argument,** argument personnel ou ad hominem, preuve ; parallèle, portrait, tableau ; précaution oratoire.

10 **Style ;** caractère, caractéristique, façon, forme **126, manière,** modalité, mode ; espèce, genre, sorte. – Crayon, **écriture,** plume ; encre *(de la même encre, de sa plus belle encre),* palette [fig.] ; patte ; langage, parler ; accent, **ton.** – **Facture,** faire, technique ; moyen, méthode **50,** procédé.

11 Vx : style simple, style tempéré, style sublime ; style élevé.

12 **Orateur,** rhéteur [litt.] ; avocat **714,** parlementaire, tribun ; prédicateur. – Speaker (fém. : speakerine). – Écrivain **762,** poète ; rhétoriqueur [vx] ; félibre [région.]. – Chambre de rhétorique [HIST.].

13 Logographe [vx], rhétoricien, sophiste. – Sémiologue, sémioticien ; stylisticien.

v. 14 **Discourir,** haranguer, plaider ; parler 745.
– Convaincre, persuader 525 ; plaire 467,
séduire.

Adj. 15 **Rhétorique** ; oratoire ; topique ; scripturaire [didact.]. – Poétique, sémiologique,
sémiotique, stylistique.

16 Filé *(métaphore filée).*

## 754 RÉCIT

N. 1 **Récit** ; exposition, narration ; rapport, relation ; compte-rendu, exposé, rappel des
faits. – Diégèse ou diegesis [LITTÉR.].

2 Légende, **mythe,** récit de fondation. –
**Histoire 191** ; historiographie.

3 **Mensonge 729,** racontage [vx], racontar
[fam.] ; conte bleu, histoire à dormir debout [fam., péj.]. – Bruit public, on-dit *(un
on-dit),* **rumeur.**

4 Récit, **roman,** roman épistolaire, roman
fleuve ; *monogatari* [jap., LITTÉR.] ; cycle,
saga ; chanson de geste, **épopée.** – Bande
dessinée ; cinéroman, photoroman ou
photorécit, roman-photo.

5 **Conte,** conte de fées ; apologue, fable,
parabole ; exemple, fabliau, lai. – Historiette, **nouvelle** ; anecdote, histoire ; ana
[vx].

6 Belles-lettres, **littérature.** – Littérature de
colportage, paralittérature. – Roman
d'aventures, roman de cape et d'épée,
roman de chevalerie, roman-feuilleton,
roman historique, roman de mœurs, roman noir, roman pastoral, roman picaresque, roman policier ou, fam., polar,
roman de science-fiction ; politique-fic-
tion ; roman d'éducation, roman personnel, roman psychologique. – Roman à
l'eau de rose ; roman de gare. – Roman
à clef ; roman à thèse. – Roman didactique.

7 **Biographie,** notice nécrologique ; *jataka*
[sanskr.], récit hagiographique, vie *(vie de
saints).* – Annales, chronique. – **Autobiographie,** confessions, Mémoires, souvenirs ; récit ou relation de voyage ; car-
nets, journal ou journal intime.

8 MUS. – Récitatif ; récit [vx].

9 Action, fable [didact.] ; canevas, fil du récit, **intrigue, trame** ; argument, histoire,
scénario, scénar [fam.] ; lignes de force. –
Sujet ; matière. – Plan ; contexture, **structure 147.** – Chapitre, épisode, scène ;
péricope [didact.] ; coup de théâtre ; description 755, portrait ; thème.

10 Romançage [rare].

11 **Conteur, narrateur,** raconteur, récitant,
récitateur [vx]. – Auteur, fabuliste, nouvelliste, **romancier** ; biographe, diariste,
mémorialiste ; anecdotier, chroniqueur,
journaliste 766 ; historien 191.8, historiographe ; rapporteur.

v. 12 Conter, **dire,** narrer, **raconter,** rapporter,
relater, révéler ; faire l'historique de qqch,
retracer ; exposer, rendre compte. – Romancer.

13 **Décrire 755,** dépeindre, raconter qqn ou
qqch.

14 **Mentir 729** ; fam. : en raconter, raconter
des craques, raconter des histoires.

Adj. 15 Littéraire ; **narratif.** – Épique [didact.] ;
picaresque. – Autobiographique, biographique, hagiographique, historique
191.15. – Romancé, **romanesque.**

16 Racontable, romançable. – Ineffable, in-
racontable.

17 Décadent, populiste, **romantique, réaliste,** surréaliste.

Adv. 18 Narrativement.

## 755 DESCRIPTION

N. 1 **Description,** crayon [litt.], croquis, fresque, image, peinture, **tableau** ; instantané, photographie ; énumération, hypotypose [RHÉT.] ; tranche de vie. – État
des lieux, inventaire 827, procès-verbal. –
Aperçu, **évocation.** – Imitation 31, représentation.

2 Analyse de contenu ; exposé. – Blason
[HÉRALD.].

3 **Portrait,** portrait-robot, portraiture [vx] ;
miroir [litt.], présentation, signalement. –
Curriculum vitæ.

4 **Descriptif** *(un descriptif),* livret-guide,
mode d'emploi ; fiche signalétique. –
Antiquaire [vx].

5 Analyse, **description** ; catalogage.

6 Pittoresque *(le pittoresque),* rendu *(le rendu
de la réalité).*

7 Descripteur, **peintre** [fig.], portraitiste. –
Naturaliste, réaliste.

8 Naturalisme **753.12,** néoréalisme, **réalisme,** réalisme socialiste.

v. 9 **Décrire** ; brosser, croquer [litt.], **dépeindre,** esquisser, peindre, photographier ;
planter ou jeter le décor. – Brosser le
tableau.

10 Portraiturer ; portraire [vx] ; camper,
**figurer,** planter qqn, présenter.

11 **Imiter** 31.5, rendre, représenter. – Faire voir, mettre sous les yeux, montrer.

12 Donner un aperçu de, **évoquer**. – Détailler, énumérer, exposer ; analyser ; blasonner [HÉRALD.].

Adj. 13 **Descriptif** ; constatif [LING.]. – Bien campé, évocateur. – Descriptible.

Aff. 14 -graphie, -logie ; -graphe, -logue.

# 756 RÉSUMÉ

N. 1 **Résumé** ; analyse, synthèse ; argument, réduction de texte, synopsis. – Récapitulatif *(un récapitulatif)*, récap [fam.] ; **bilan**, total ; bulletin d'informations 766. – Plan, projet ; briefing [anglic.]. – Aphorisme, formule, épigraphe.

2 Abréviation ; diminutif. – Condensé *(le condensé)*. – Citation, **extrait**, passage.

3 Abrégé *(un abrégé)*, **aide-mémoire**, compendium [vx], digest [angl.], enchiridion [didact., rare], épitomé [didact.], **manuel**, mémento, précis *(un précis) ;* éléments, rudiments. – **Bréviaire**, catéchisme, vademecum.

4 Abstract [angl.], **compte-rendu**, recension. – **Sommaire**, table des matières ; sous-titre ; quatrième de couverture. – **Anthologie**, chrestomathie [didact.], morceaux choisis.

5 Condensation, simplification. – Récapitulation.

V. 6 **Résumer** ; récapituler. – **Condenser**, ramasser, resserrer ; analyser, synthétiser ; simplifier. – **Abréger**, diminuer 89.9, écourter, raccourcir.

Adj. 7 **Résumé** ; analysé, synthétisé ; **abrégé**, condensé, diminué, raccourci, réduit. – Bref, compendieux [didact.], court, succinct.

8 Abréviatif, récapitulatif.

Adv. 9 **Brièvement** 759, compendieusement [vx], rapidement, succinctement.

10 **En résumé** ; en abrégé, en raccourci, **en somme**, en substance ; en un mot, en un mot comme en cent ou en mille [fam.] ; au résumé [vx]. – **Bref**, pour tout dire.

# 757 ÉLOQUENCE

N. 1 **Éloquence**, persuasion 525. – Chaleur, **conviction**, ferveur, feu, flamme, fougue, verve, vivacité ; enthousiasme 451, passion, pathétique *(le pathétique) ;* fureur

poétique, inspiration. – *Copia* (lat., « abondance ») [RHÉT.], **débit**, faconde [litt.] ; loquacité, prolixité 760, volubilité. – Adresse, **aisance**, facilité, habileté ; improvisation. – Couleur, élégance, grâce.

2 **Morceau de bravoure**, morceau d'éloquence ; bonheur d'expression, coup de génie, trouvaille 411.

3 Expression, **expressivité**, puissance d'évocation. – Force, puissance, véhémence, vigueur 375 ; nervosité, vivacité.

4 Éloquence, **rhétorique** 753. – Homilétique *(l'homilétique)* [RELIG.].

5 **Charmeur**, poète 789 ; beau diseur [vieilli], beau parleur [souv. péj.], gouailleur [fam.] ; langue dorée, saint Jean Chrysostome ou Bouche d'or ; magicien du verbe. – Déclamateur, foudre d'éloquence [litt.], **orateur** 753 ; improvisateur. – Hermès ou le dieu de l'Éloquence [MYTH.].

V. 6 Avoir la langue bien pendue [fam.], **avoir la parole facile** ; avoir du bagou ou du bagout [fam.]. – Faire des effets de manche. – Improviser.

7 Charmer, **convaincre**, persuader 525 ; faire de l'effet, faire impression, impressionner.

Adj. 8 **Éloquent** ; disert [litt.] ; THÉOL. : chrysologue, chrysostome. – **Adroit**, habile ; à l'aise. – Loquace, prolixe 760, volubile. – Convaincu, **fervent** ; enflammé, enthousiaste 451, inspiré, passionné.

9 Éloquent, persuasif 525 ; **convaincant**, entraînant, percutant. – Expressif, **parlant**, probant, révélateur.

10 Ardent, emporté, enflammé, fervent, **fougueux**, véhément. – Incisif 759, nerveux, **vif**, vigoureux. – Élégant, gracieux ; émouvant 440, passionnant, pathétique, poignant.

11 Rhétorique ; homilétique [RELIG.].

Adv. 12 Éloquemment [litt.].

# 758 PLATITUDE

N. 1 **Platitude** ; **banalité**, médiocrité ; prosaïsme. – Monotonie 24.4. – Impersonnalité.

2 **Vulgarité** ; trivialité [litt.]. – Facilité [fam.].

3 Inconsistance, insignifiance 439, **pauvreté**. – Ânerie, bêtise, connerie [très fam.], niaiserie, **sottise** 397 ; prudhommerie [litt.].

4 Fadeur, insipidité.

5 **Banalité** *(une banalité),* évidence, pauvreté, platitude. – Bateau [fam.], **cliché, lieu commun,** poncif, stéréotype, truisme ; idée toute faite, phrase toute faite. – Sentiers battus. – Fadaises.

6 Banalisation, vulgarisation.

v. 7 **Banaliser,** prosaïser [litt.], trivialiser [rare], vulgariser.

8 **Courir les rues,** être sur toutes les bouches. – Tomber à plat ; faire un bide [fam.].

Adj. 9 **Plat ; banal,** médiocre, pauvre ; commun, trivial [litt.], vulgaire. – Habituel **685, ordinaire,** usuel ; vieux, vieux comme le monde. – Courant, fréquent, notoire ; bateau [fam.], **stéréotypé.** – Connu, déjà-vu, éculé [fam.], rebattu, **ressassé,** usé. – Lourd, maladroit. – Impersonnel.

10 Falot, insignifiant **439,** nul, **quelconque.** – Prosaïque ; superficiel. – Facile **546.**

11 Morne, pâle, **terne** ; triste **464,** tristounet [fam.] ; **monotone,** uniforme. – Incolore, inconsistant. – Fadasse [fam.], fade, **insipide,** plat.

Adv. 12 **Platement ; banalement,** communément, prosaïquement, trivialement, vulgairement. – Médiocrement, **pauvrement.**

## 759 CONCISION

N. 1 **Concision ;** brièveté, densité, laconisme, sobriété ; RHÉT. : brachylogie, ellipse **752.** – Style lapidaire, style télégraphique.

2 Dépouillement, **simplicité 616** ; austérité, sévérité. – Nervosité ; rapidité, rythme. – Puissance [fig.].

3 **Aphorisme,** apophtegme, épigramme ; adage, formule, oracle, proverbe, sentence, slogan ; anecdote, nouvelle *(une nouvelle) ;* résumé **756.**

4 Briefing [anglic.], bulletin, instantané. – Fam. : concentré, **condensé.**

v. 5 **Abréger,** accourcir [vx], raccourcir, résumer ; diminuer. – **Couper,** couper court ; faire des coupes claires ou des coupes sombres.

6 **Aller droit au but,** appeler un chat un chat ; ne pas y aller par quatre chemins [fam.].

Adj. 7 **Concis ;** bref **576,** condensé, court, succinct ; lapidaire. – RHÉT. : brachylogique, elliptique. – Dépouillé, **simple** ; austère, sévère.

8 Nourri, **ramassé,** serré ; bien frappé. – Direct, incisif, **nerveux,** tendu ; dynamique, rapide. – Aphoristique, épigrammatique ; gnomique [didact.], proverbial. – Compendieux [vieilli ou sout., ou par plais.], **sommaire.**

9 Concis, dense, elliptique, **laconique,** précis, sobre. – Brusque, coupant, **tranchant** ; direct, franc.

Adv. 10 **Brièvement,** elliptiquement, laconiquement, sobrement ; rapidement, **succinctement** ; compendieusement [vx], sommairement. – Directement, franchement. – Purement ; simplement **616.**

11 **Bref,** en somme ; pour faire court ou pour le faire court ; en un mot comme en cent ou comme en mille [fam.].

## 760 PROLIXITÉ

N. 1 **Prolixité ;** diffusion [péj., vx], longueur, verbosité, volubilité **757.** – **Abondance 78,** surabondance ; exubérance.

2 **Loquacité ;** garrulité [rare], logorrhée ; fam. : bagout, caquet ; tchatche [arg.] ; bavarderie ou bavardise [vx].

3 **Délayage,** remplissage ; rabâchage, radotage. – Amplification [RHÉT.], développement.

4 **Bavardage ;** babillage [litt.], cailletage [litt.], caquetage [fam.] ; arg. : bagoulage, clapet, jactance, jaspin, pia-pia. – Clabauderie [litt.], **commérage 642.**

5 Effusion ; bavardages, **longueurs,** phraséologie. – Laïus [fam.], tartine [fam.], **tirade ;** roman-fleuve [fig.]. – Pléonasme, répétition ; digression. – Circonlocution, périphrase.

6 Flux de paroles ; babil [litt.], jacassement, jacasserie [fam., vx], ravauderie ou ravaudage [litt., vx]. – **Baratin** [fam.], bla-bla [fam.] ; discutaillerie [péj.], **verbiage.** – Cancan.

7 **Bavard** ; babillard [litt.] ; crécelle [fam.] ; fam. : moulin à paroles, robinet d'eau tiède. – **Discoureur,** jaseur, palabreur, phraseur ; fam. : baratineur, laïusseur. – Arg. : bavocheur, jaspineur, rouleur. – Péj. : baveuse [arg.], caillette [litt.], concierge, pie borgne, **pipelette** [fam.]. – Commère.

v. 8 S'épancher, **s'étendre.** – Amplifier [RHÉT.], **développer** ; paraphraser. – Broder ; digresser [didact.] ; se perdre dans les détails, sortir du sujet. – Rabâcher, radoter, **se répéter 76.9** ; faire des redites. – Parler pour ne rien dire.

9 Fam. : avoir la langue bien pendue (ou : bien affilée, bien déliée), **n'avoir pas la langue dans sa poche** ; fam. et vieilli : avoir bon bec, avoir une bonne ou une fameuse platine, avoir une fière tapette ; être vacciné avec une aiguille de phonographe.

10 **Bavarder ;** babiller [litt.], cailleter [litt.], jaser ; fam. : caqueter, **jacasser,** papoter ; laïusser [fam.], lantiponner [fam., vx], **pérorer.** – Noyer sous un flot de paroles. – Arg. : bagouler, bavasser, bavocher, blablater, jaquetancer, jaspiner, mouliner. – Cancaner, commérer [fam., vx].

Adj. 11 **Prolixe ; bavard,** diffus [litt.], verbeux ; fam. : délayé, filandreux. – De longue haleine [sout. et vieilli] 172, **long ;** longuet [fam.], sans fin. – Redondant ; périphrastique [LING.] ; hors sujet.

12 **Bavard,** babillard [litt.], intarissable, loquace, volubile ; baveux [fam.] ; bavard comme une pie ou comme un perroquet. – Communicatif 726, **expansif ;** causant [pop.]. – Cancanier.

Adv. 13 Prolixement [litt.] ; bavardement [rare]. – En détail, *in extenso* (abrév. : i. e.) – Etc.

# 761 GRANDILOQUENCE

N. 1 **Grandiloquence ;** boursouflure, emphase, enflure, pathos, pompe, rhétorique [fam.] ; pompiérisme, style oratoire. – LITTÉR. : euphuisme, gongorisme (ou : cultéranisme, cultisme), marinisme ; **baroque,** rococo ; maniérisme, préciosité.

2 **Pédantisme,** pose. – Affectation 615, apprêt ; prétention 613.

3 Énormité, monstruosité, pléthore ; **démesure,** disproportion, extravagance, outrance.

4 Grandeur, majesté, **noblesse,** prestance, solennité. – Apparat, éclat, faste, gloire 639, luxe, **magnificence,** pompe [litt.], splendeur, somptuosité.

5 Abus, **exagération,** excès 80 ; dramatisation. – Déclamation.

6 Amphigouri, jargon. – Grands airs, **grands mots ;** concetti [RHÉT.] ; hyperbole, superlatif *(un superlatif) ;* répétition 76, superfétation [litt.].

7 **Déclamateur,** phraseur, rhéteur [litt.].

V. 8 **Déclamer,** emphatiser [rare] ; **pérorer,** pontifier [fam.], poser. – **Faire de grands discours,** faire de grandes phrases ; fam. : emboucher la trompette, faire donner les grandes orgues ; forcer la note ou la dose. – Se prendre au sérieux 453.

9 **Boursoufler,** enfler [litt.], guinder ; orner 778. – Charger, **surcharger ;** faire mousser [fam.].

10 **Exagérer,** outrer [sout.] ; en faire trop. – Dramatiser 466.

Adj. 11 **Grandiloquent ;** grandiloque [vx] ; emphatique, pompeux, ronflant. – Ampoulé, **boursouflé,** empesé, enflé ; orné ; chargé, surchargé ; appuyé, insistant. – **Alambiqué,** contourné, maniéré, tarabiscoté.

12 Hyperbolique [RHÉT.], superlatif ; dithyrambique. – Déclamatoire, **théâtral ;** amphigourique ; mélodramatique ou, fam., mélo. – Académique, doctoral, **sentencieux.**

13 Pédantesque, prudhommesque [litt.]. – **Affecté,** apprêté, compassé, gourmé ; prétentieux.

14 **Exagéré,** excessif, extravagant.

15 Grandiloquent, **pédant,** pompier, pontifiant ; exagérateur [rare]. – LITTÉR. : euphuiste, gongoriste ; **baroque,** rococo ; maniériste, précieux.

Adv. 16 Déclamatoirement, emphatiquement, **pompeusement,** sentencieusement. – Prétentieusement.

# 762 ÉCRITURE

N. 1 **Écriture ; notation,** représentation 731 ; **code,** système ; didact. : cécographie, cryptographie, pasigraphie ; braille 347, sténographie, sténotypie.

2 **Écriture, graphie ;** alphabétisme 744, hiéroglyphisme [didact., vx], idéographie, pictographie, picto-idéographie, syllabisme. – Boustrophédon.

3 Chiffre 117, idéogramme, **lettre** 744, **mot** 742, pictogramme 730, picto-idéogramme, **symbole ;** LING. : allophone, homographe, variante graphique. – **Alphabet.**

4 **Écriture ;** calligraphie, **graphisme ;** anglaise, bâtarde, cursive, gothique, moulée, ronde, script ; onciale. – Belle main, écriture de chat ; gribouillage, gribouillis, pattes de mouche 735. – Dactylographie.

5 Écriture ; **écrit,** graffiti ou, arg., graf, **inscription,** note, note marginal, scribouillage [fam.], script, tag [arg.]. – Autographe *(un autographe),* copie, dactylographie, épigraphe, imprimé *(un imprimé)* 764, manuscrit, tapuscrit ; palimpseste [didact.]. – Texte, **transcription ;** retranscription. –

Les paroles s'envolent, les écrits restent ou, lat., *verba volant, scripta manent.*

6 Écrit (l'écrit opposé à l'oral 745).

7 **Crayon**, mine, plume, style [anc.], **stylo**, stylo ou crayon à bille, stylo-feutre ou feutre, stylo-plume ; porte-mine, porte-plume ; craie, encre, graphite. – Taille-crayon. – Trousse d'écolier. – **Papier** 763 ; agenda, bloc, bloc-notes, **cahier**, calepin, carnet, matricule, registre, répertoire ; ardoise, tableau noir ; anc. : codex, diptyque, ostracon, tablette. – Buvard, calmar [vx], écritoire, plumier, sous-main ; encrier, grattoir ; guide-âne, transparent. – Machine à écrire ; stencil. – Scriban 850. – Scriptorium.

8 **Écriture**, graphie, **orthographe** 740, ponctuation 730. – Déchiffrement, décryptage 734, lecture 738. – MÉD. : agraphie, paragraphie.

9 Cacographie 410, dittographie [didact.], doublon, haplographie, *lapsus calami.* – Pâté.

10 **Graphologie.** – Didact. : épigraphie, paléographie ; sémiologie ou séméiologie, sémiotique 732.

11 Écrivant [didact.], écriveur [fam.], scripteur (opposé à locuteur 726) ; polygraphe. – Bullaire [RELIG.], copiste, **écrivain**, écrivain public, greffier, scribe ; employé ou commis aux écritures ; péj. : écrivailleur, écrivassier, gratteur de papier, plumitif, scribouillard, scribouilleur ; arg. : pisse-copie, pisseur de copie. – Calligraphe. – Graffiteur, tagueur ou tagger [arg.]. – Cacographe [litt.].

12 **Graphologue** ; paléographe. – Didact. : hiéroglyphite, hiérogrammate ou hiérogrammatiste.

v. 13 **Écrire, tracer** ; calligraphier, mouler ses lettres. – Gribouiller, griffonner ; faire des pâtés. – **Dactylographier.**

14 **Écrire** ; **inscrire**, marquer, noter, relever ; **copier**, recopier, récrire, réécrire, reporter, retranscrire, **transcrire.**

15 **Rédiger.** – Fam. et péj. : écrivailler, écrivasser, scribouiller, tartiner ; noircir du papier, pisser de la copie, pondre du texte, remplir des pages.

Adj. 16 **Écrit** (opposé à : oral, parlé), littéraire ; rédigé.

17 Écrit ; couvert de signes, noirci ; opisthographe.

18 Scriptible [litt.]. – Scripturaire, scriptural ; **graphique.**

19 **Alphabétique**, idéographique, hiéroglyphique, pictographique, phonétique, syllabique ; cunéiforme. – Cryptographique. – Didact. : cursif, démotique ; hiératique, hiérographique, hiérogrammatique.

20 Cursif, manuscrit, imprimé ; autographe.

Adv. 21 Graphiquement, graphologiquement.

Aff. 22 Graph-, graphi-, grapho- ; -gramme, -graphie.

# 763 IMPRIMERIE

N. 1 Imprimerie *(l'imprimerie)* ; **industrie graphique**, le livre 765. – **Imprimerie** ; scriptorium [lat.].

2 Duplication, **impression**, reproduction ; réimpression. – Retiration.

3 **Composition** ou photocomposition ; justification ; foliotage, pagination. – Imposition. – Brochage, **reliure** ; agrafage, collage, couture, piqûre, piqûre à cheval, piqûre à plat ; encartage, pliage ; refente, rognage ; pelliculage, vernissage ; **dorure,** dorure à chaud, dorure à froid, dorure sur tranche.

4 Quadrichromie, trichromie.

5 TECHNIQUES D'IMPRESSION

| | |
|---|---|
| autographie | linogravure |
| blanchet-blanchet | lithochromie |
| chalcographie | lithographie |
| chromolithographie | métallographie |
| gravure sur bois | offset |
| gravure sur cuivre | photogravure |
| gravure à l'eau forte | phototypie |
| gravure en taille-douce | sérigraphie |
| héliogravure | typographie |
| hyalographie | xérographie |
| letterset | xylographie |

6 **Décalque** ; diagraphie.

7 Autocopie, multigraphie, **photocopie**, polycopie, reprographie, scannographie, télécopie.

8 **Copie 31.3**, réplique, reproduction *(une reproduction).* – Photocopie *(une photocopie) ;* télécopie ; Téléfax ou, abrév., Fax [nom déposé].

9 **Double** *(un double),* duplicata, fac-similé. – DR. : ampliation, expédition, grosse. – Calque, décalcomanie, décalque. – BX-A. : copie multiple, multiple.

10 IMPRIM. : cliché, film ; bromure, **épreuve** (épreuve en page, placard), morasse ; épreuve de contrôle, Ozalid [nom déposé]. – Contre-épreuve [GRAV.].

11 Bon à graver, bon à tirer ou B. À T.

12 **Papier ;** main, rame ; épair [PAPET.]. – Papyrus, parchemin. – Papier autocopiant, carbone.

PAPIERS ET CARTONS

| | |
|---|---|
| bristol | papier à la cuve |
| carton | papier d'emballage |
| carton-paille | papier gaufré |
| chiné | papier glacé |
| crépon | papier japon |
| extra-strong | papier journal |
| papier à la forme | papier kraft |
| papier bible | papier millimétré |
| papier bouffant | papier ministre |
| papier bulle | papier recyclé |
| papier buvard | papier-reliure |
| papier calandré | papier sans bois |
| papier-calque | papier satiné |
| papier cannelé | papier de soie |
| papier chiffon | papier surglacé |
| papier couché | pelure d'oignon |
| papier crêpé | vélin |
| papier cristal | vergé |

13 Cachet, sceau, **tampon ;** tampon encreur.

14 **Imprimerie** *(une imprimerie).* – Photocomposeuse. – **Presse,** presse à bras, presse à pédale ; presse à épreuves ; Linotype, minerve, Monotype, Ronéo, rotative. – Encarteuse-piqueuse, plieuse ; massicot.

15 INFORM. : **imprimante,** imprimante à aiguilles, imprimante à bulles ou à jet d'encre, imprimante-laser. – Copieur, électrocopieur, photocopieur ou **photocopieuse,** reprographieur ; scanner.

16 **Imprimeur. – Ouvrier du livre ;** claviste, photocompositeur ; clicheur, conducteur, linotypiste, minerviste, monotypiste, prote, typographe ou, fam., typo ; assembleur, brocheur, relieur.

17 Travaux de labeur ; travaux de ville ou bilboquet.

V. 18 **Imprimer** **764,** tirer ; réimprimer. – IMPRIM. : imposer ; clicher, flasher, insoler ; encrer ; graver. – Faire gémir la presse [vx], mettre sous presse.

19 Copier, dupliquer, **reproduire.** – Autocopier, **photocopier,** reprographier, scanneriser [anglic.].

20 **Composer,** photocomposer, typographier ; interligner, justifier.

21 Brocher, **relier ;** agrafer, piquer ; interfolier ; encarter, plier ; ébarber, massicoter, rogner ; grecquer [REL.].

22 Mettre au pilon.

Adj. 23 Imprimable. – Papetier.

Adv. 24 Au fer à droite, au fer à gauche.

# 764 IMPRIMÉ

N. 1 **Imprimé.** – Dépliant, encart publicitaire, **prospectus,** tract. – Facture, formulaire ; billet, coupon, **étiquette,** fiche, ticket. – Carte de visite **743,** faire-part **770 ;** carte à jouer. – Carte géographique, carte géologique, carte marine, carte routière. – Affiche, placard [vx]. – Estampe, gravure ; vignette. – Paperasserie ; paperasse.

2 Errata, ex-libris, prière d'insérer.

3 Grand-livre ; éphéméride [ANTIQ.], livre de commerce, **livre de comptes 845,** livre-journal, livre en partie double ; livre de raison [anc.] ; ordonnancier. – Journal de bord, livre de bord. – Agenda. – Livre d'or.

4 **Papeterie.** – Bloc-notes, **cahier,** calepin, **carnet,** livre, matricule, registre, répertoire. – Biblorhapte, classeur, reliure à feuillets mobiles ; chemise ; protège-cahier.

5 Papetier. – Papeterie *(une papeterie).*

V. 6 Imprimer **763.**

# 765 LIVRE

N. 1 **Livre,** parution, publication, titre *(un titre) ;* bouquin [fam.], grimoire ; exemplaire. – Livre de poche [nom **déposé**], poche *(un poche) ;* pavé [fam.]. – Brochure, livret [vx], livret d'accompagnement, opuscule, plaquette, tiré à part *(un tiré à part),* **volume.** – Incunable, volumen [lat.]. – Manuscrit **762 ;** tapuscrit ; maquette.

2 IMPRIM. – Livre broché ; bradel, livre relié ; livre cartonné (opposé à livre souple) ; livre en feuilles. – In-plano, in-folio, in-quarto, in-octavo, in-seize, in-trente-deux ; in-six, in-douze, in-dix-huit, in-vingt-quatre ; format à la française, format à l'italienne.

3 **Tirage.** – Édition de luxe, tirage limité, tirage de luxe, tirage de tête ; édition hors-commerce. – Exemplaire numéroté. – Hommage de l'éditeur, service de presse ou S. P., spécimen.

4 Édition. – Édition à compte d'auteur. – Autoédition. – Coédition. – Édition clandestine, **édition pirate.** – Samizdat.

5 Édition originale, édition princeps ; inédit *(un inédit).* – Édition revue et corrigée, nouvelle édition, **réédition ;** édition en fac-similé ou fac-similé, reprint.

6 Texte intégral ; édition abrégée. – Édition annotée, **édition critique.** – Édition ne

varietur. – Édition populaire. – Œuvres complètes. – Supplément.

7 Écrit, œuvre, ouvrage ; œuvrette [fam.]. – Livre de classe ; livre de bibliothèque [vieilli]. – Livre de chevet ; classique *(un classique)*.

8 Encyclopédie 407 ; **dictionnaire,** glossaire, lexique 742, thésaurus. – Album ; atlas, guide, portulan. – Almanach. – Annuaire, **catalogue,** indicateur *(indicateur des chemins de fer)* ; press-book ou dossier de presse.

9 **Recueil ;** anthologie, florilège, œuvres ; mélanges, miscellanées, variorum. – RELIG. : **missel,** paroissien, psautier 494 ; codex. – Abécédaire ; livre pour enfants. – Beau livre, livre d'art. – Livre d'érudition. – Méthode ; livre pratique.

10 Non-livre ; livre-cassette, livre parlé ; livre-jeu, livre-objet.

11 Livres d'assortiment [vx] ; livres de fonds. – **Best-seller** [anglic.] ; rossignol.

12 **Corps de l'ouvrage ;** cahier, couverture, couvre-livre, dorure, feuillet, gouttière, jaquette, liseuse, onglet, pied, pli, rabat, tête, tranche ; bande publicitaire, quatrième de couverture. – **Reliure** 763, reliure pleine ; charnière, coiffe, coins, dos, mors, nerfs, pièce de titre, plat, signet, tranchefile ; coffret, emboîtage.

13 Caractère, **lettre** 744, signe ; folio, signature ; achevé d'imprimer, colophon, ISBN *(International Standard Book Number)* ; faux titre, intertitre, sous-titre, surtitre, **titre,** titre courant. – Sommaire, table des matières ; index. – Interlettrage, interlignage, **marge** ; grand fond, petit fond. – **Page ;** belle page, double page, fausse double, fausse page, page de garde, pages liminaires, pages en regard, page de titre ; frontispice. – Ligne ; alinéa, paragraphe ; colonne ; chapitre, partie, tomaison, tome, volume.

14 Code typographique.

15 **Mise en page(s),** préparation de copie ; C. A. O. (Conception assistée par ordinateur), P. A. O. (Publication assistée par ordinateur) ; traitement de texte.

16 **Éditeur ;** auteur, coauteur ; correcteur 426 ; graphiste, maquettiste, metteur en page(s).

17 **Bibliothécaire,** conservateur, sous-bibliothécaire. – Bouquiniste, **libraire,** libraire d'ancien.

18 Bibliolâtre, bibliomane, bibliophage, **bibliophile,** bouquineur [vx] ; lecteur ; bibliographe [didact.], érudit, rat de bibliothèque.

19 **Éditeur ;** maison d'édition. – Club du livre. – **Bibliothèque,** bibliothèque d'entreprise, bibliothèque municipale, bibliothèque de prêt, bibliothèque publique, bibliothèque universitaire ; cabinet de lecture ; bibiobus. – **Librairie,** pochothèque ; bouquinerie ; bibliothèque de gare.

20 Copyright ; dépot légal ; **droits d'auteur** 713, royalties.

21 Bibliographie.

22 Coupe-papier ; marque-pages.

23 Bibliologie [rare] ; bibliomanie, **bibliophilie.**

V. 24 **Éditer,** faire paraître, publier, sortir ; rééditer. – Mettre en page(s) ; préparer la copie.

25 Bouquiner [fam.], feuilleter, **lire.**

Adj. 26 À paraître, vient de paraître ; épuisé.

Aff. 27 Biblio-.

# 766 PRESSE

N. 1 **Presse** *(la presse).* – Presse écrite ; presse audiovisuelle, presse parlée. – Liberté de la presse ; délit de presse.

2 Presse locale, presse régionale, presse nationale, presse internationale. – **Presse quotidienne,** presse mensuelle ; presse gratuite. – Presse d'information, presse d'opinion ; presse du cœur, presse féminine, presse masculine, presse spécialisée, presse technique.

3 **Journal ;** fam. : **canard,** feuille. – Péj. : feuille de chou, torchon ; péj. et vulg. : torche-cul. – Arg. : baveux, cancan, papier. – Quotidien *(un quotidien) ;* journal du soir ; journal à gros tirage ; tabloïd.

4 Bulletin, illustré *(un illustré),* magazine, publication, **revue.** – Organe ; journal d'entreprise, journal interne ; journal officiel. – Gazette [vieilli] ; dazibao [Chine]. – Journal lumineux ; transparent. – Journal télévisé 767 ; journal parlé.

5 **Périodique** *(un périodique)* 766. 23 ; hebdo *(un hebdo)* [fam.], newsmagazine [anglic.], quinzomadaire [fam.], mensuel *(un mensuel).*

6 **Édition ;** fascicule, livraison.

7 **Information** 726, nouvelle. – Scoop ou exclusivité ; fait divers ou fait-divers.

8 **Article,** papier [fam.]. – Analytique *(un analytique),* article de fond ; enquête, re-

**portage** ; interview ; articulet, brève, entrefilet ; communiqué, dépêche ; échos ; marronnier. – Commentaire, **éditorial** ou édito, leader. – Billet, bloc-notes, chronique ; lettre ouverte, tribune libre. – Feuilleton ; horoscope ; mots croisés. – Titre, intertitre ; pavé ; encadré. – Tourne *(la tourne ; suite d'un article à la tourne).*

9 **Rubrique** ; courrier des lecteurs, locale *(la locale)* [fam.], rubrique des chiens écrasés.

10 **Publicité 768** ; encart ; insertion, placard publicitaire, pleine page. – Carnet mondain ; **petites annonces.**

11 Revue de presse. – Campagne de presse.

12 Titre ; bandeau, gros titre, **manchette, une** *(la une)* ; cinq colonnes à la une ; article de tête, ouverture. – Colonne, corps du journal ; chapeau. – Appel ; ours ; N. D. L. R. (note de la rédaction). – Coupure de journal ou de presse.

13 Bouillon.

14 **Journalisme** ; enquête, reportage ; couverture *(couverture d'un évènement).*

15 Le journalisme, **la presse.** – Service de presse ; société de rédacteurs. – Agence de presse. – Secrétariat de rédaction ; desk [anglic.].

16 **Journaliste** ; vx : nouvelliste, publiciste ; agencier. – **Correspondant** *(un correspondant),* correspondant de guerre, envoyé permanent, envoyé spécial, reporter ; fait-diversier, localier [fam.]. – Commentateur, éditorialiste ; billetiste ou billettiste, chroniqueur, échotier, soiriste [vx] ; **critique**, salonnier [vx]. – Courriériste ; feuilletoniste.

17 Péj. – Articlier, journaleux, pisseur de copie ou pisse-copie [très fam.], **plumitif 762** ; vx : feuilliste, folliculaire, gazetier ; arg. : canard, chieur d'encre, griffonneur de babillard.

18 **Rédaction** *(la rédaction) ;* pigiste [fam.], rédacteur, rédacteur en chef, secrétaire de rédaction ; correcteur. – Gérant.

19 Caméraman, radioreporter. – Présentateur, speaker.

20 Annoncier, typographe **763.**

21 Crieur, porteur ; **marchand de journaux.** – Abonné *(un abonné).*

22 **Kiosque,** maison de la presse. – Hémérothèque.

v. 23 Annoncer, **informer** ; chroniquer [fam.]. – Couvrir *(couvrir un évènement),* enquêter ;

interviewer. – **Commenter,** éditorialiser. – Pisser de la copie [très fam.] ; journaliser [fam., vx]. – Boucler.

24 Bouillonner.

25 Abonner.

26 Avoir une bonne ou une mauvaise presse **642.**

Adj. 27 **Journalistique.**

28 **Périodique ; quotidien** ; hebdomadaire ; bimensuel ; mensuel ; bimestriel, trimestriel. – Apériodique.

Adv. 29 À la pige [fam.].

## 767 RADIOTÉLÉVISION

N. 1 **Radiotélévision.** – **Radio** ou radiodiffusion, radiophonie [rare] ; T. S. F. ; les ondes.

2 **Télévision** *(la télévisison),* T. V. [anglic.], tévé [fam.] ; petit écran. – Télévision en couleurs, télévision en noir et blanc ; télévision haute-définition (T. V. H. D.). – **Télédiffusion,** télédistribution (ou : télévision par câble, le câble) ; eurovision, mondovision. – Péritélévision.

3 Poste récepteur ou **récepteur,** radiorécepteur ; poste à galènes, poste à lampes, poste à transistors ; poste *(un poste)* [fam.], **radio** *(une radio)* [fam.], transistor [vieilli], tuner ou syntoniseur. – Autoradio, radio portative, radioréveil, radiosecteur.

4 **Téléviseur** ; télérécepteur ; fam. : **télé,** télévision *(une télévision),* téloche. – Télécommande, télécran, tube cathodique ; décodeur. – **Antenne,** antenne collective, antenne parabolique, trombone.

5 Relais de télévision, satellite ; **émetteur,** réémetteur ; câblodistributeur. – Voiture d'enregistrement, voiture-radio ; régie, **studio** ; auditorium.

6 **Station** ; radio libre, radio locale, radio-pirate, station périphérique. – Canal, **chaîne** ; chaîne à péage, chaîne privée (opposé à chaîne publique).

7 **Fréquence 235,** radiofréquence. – Grandes ondes, petites ondes ou ondes moyennes, ondes courtes, micro-ondes ; modulation de fréquence (ou : bande FM, FM).

8 Friture, **grésillement,** parasite. – Antibrouillage, antiparasite.

9 **Programmation** ;                contre-programmation.

10 Direct *(un direct),* opposé à différé *(un différé).* – Rediffusion, retransmission.

11 **Programme ;** programme minimum. – Case horaire, tranche ; temps d'antenne.

12 **Bulletin d'informations,** flash d'information 726, insert, journal parlé, radiojournal [vieilli] ; message radiodiffusé ; radioreportage. – **Émission.** – Dramatique *(une dramatique),* radiothéâtre. – Palmarès ; hit-parade, top 50. – Jeu radiophonique.

13 Journal télévisé, téléreportage ; documentaire, **magazine.** – **Téléfilm ;** feuilleton, série télévisée, sitcom [anglic.], soap opera [anglic.] – Émission de variétés, show [anglic.] ; jeu télévisé. – Spot publicitaire 768.

14 Disc-jockey ou D. J. [anglic.], metteur en ondes, radioreporter, radioteur [fam.]. – Radio-amateur ; **auditeur.**

15 Téléaste, téléreporter ; producteur, **réalisateur.** – Programmateur. – Animateur ; annonceur, **présentateur,** speaker (fém. : speakerine). – Technicien ; ingénieur du son, opérateur, perchman. – Antenniste. – Téléspectateur.

16 **Audience.** – Audimétrie ; audimètre 363 ; Audimat.

17 Droit à l'antenne ; droit de réponse.

V. 18 **Radiodiffuser ;** diffuser, émettre. – Passer à la radio ; causer dans le poste [fam., par plais.]. – Capter.

19 Téléviser ; **programmer ;** rediffuser, reprogrammer, retransmettre. – Câbler. – Crypter. – Passer à la télé. – Zapper.

Adj. 20 Radiotélévisé. – **Radiophonique.** – Télédiffusé, télévisé ; cathodique [fam.], **télévisuel.** – Duplex, multiplex. – Télégénique.

Adv. 21 Radiophoniquement. – En différé (opposé à en direct).

# 768 PUBLICITÉ

N. 1 **Publicité ;** pub [fam.] ; autopublicité, contre-publicité ; PLV (Publicité sur le lieu de vente). – **Marketing ;** relations publiques.

2 Publicité collective ou publicité compensée, publicité comparative. – Publicité abusive, publicité mensongère ; publicité clandestine, publicité subliminale. – **Mécénat,** sponsoring [anglic.].

3 **Campagne de publicité,** lancement publicitaire, promotion des ventes. – Enquête, étude de marché, étude de motivation, **sondage.** – Achat d'espace,

affermage ; médiaplanning. – Panel. – Campagne de presse 766.

4 **Publicité** *(une publicité) ;* pub *(une pub)* [fam.] ; page de publicité, réclame, spot publicitaire ; message publicitaire, **slogan ;** jingle [anglic.]. – Jeu-concours.

5 Espace publicitaire. – Dépliant, encart publicitaire, **prospectus,** tract ; autocollant, sticker ; packaging (angl., « emballage ») ; échantillon gratuit. – **Annonce,** insertion, publicité rédactionnelle ou rédactionnel *(un rédactionnel) ;* publi-information, publireportage ; logo ; accroche. – Mailing ou, recomm. off., publipostage. – **Affiche** 764, affichette, barre-la-route ; enseigne, enseigne lumineuse ; afficheur [TECHN.].

6 Journée promotionnelle ; exposition-vente, foire-exposition, **salon ;** stand ; présentoir, surmontoire.

7 Image de marque, notoriété 639, **réputation ;** diffusion, rayonnement, retentissement ; part de marché.

8 Agent de publicité, publiciste [abusif], **publicitaire** *(un publicitaire).* – Attaché de presse ; affichiste, concepteur-rédacteur, créatif *(un créatif) ;* démonstrateur, homme-sandwich. – Agence-conseil en publicité, **agence de publicité ;** régie, régie de presse. – **Annonceur ;** mécène, sponsor. – Afficheur.

V. 9 Publier ; diffuser, disséminer, **propager,** répandre. – Généraliser, **vulgariser.**

10 **Annoncer,** lancer, promouvoir ; sponsoriser (ou : commanditer, parrainer). – Afficher, placarder. – Matraquer.

Adj. 11 Publicitaire.

12 Publiphile, publiphobe. – Intoxiqué.

Adv. 13 **Publicitairement.**

# 769 TÉLÉCOMMUNICATIONS

N. 1 **Télécommunications ; téléphone** (ou : phonie, téléphonie), téléphonie sans fil ou radiotéléphonie ; péritéléphonie ; audiovidéographie. – **Télégraphie,** télégraphie à bras, télégraphie Morse, télégraphie optique [anc.], télégraphie pneumatique [anc.] ; radiotélégraphie ; télétypie. – Citizen band (ou : C. B., bande de fréquences publiques, bande publique). – Radioguidage. – Radioélectricité.

2 **Téléphone ;** fam. : bigophone, grelot, tube. – Téléphone cellulaire, téléphone sans fil, téléphone de voiture ; talkie-

walkie ou, vx, walkie-talkie ; téléphone à pièces, téléphone à carte ; radiotéléphone. – Interphone.

3 **Minitel.** – Messagerie électronique ; courrier électronique, télémessagerie. – Annuaire électronique.

4 **Cabine téléphonique,** Publiphone [nom déposé], téléphone public ; Taxiphone [nom déposé].

5 **Télégraphe ;** émetteur télégraphique ou, rare, transmetteur. – Appareil de Chappe, héliographe ; téléscripteur ou Télétype ; bélinographe, phototélégraphe.

6 **Poste téléphonique ;** cadran, combiné, commutateur, crochet commutateur ou support commutateur, écouteur ou récepteur, modulateur, radiorécepteur ; conjoncteur, prise murale. – Composeur de numéros, détourneur d'appels, **répondeur automatique,** téléphonomètre, transpondeur ; table d'écoutes.

7 Standard. – Central téléphonique ; bureau télégraphique. – **Relais,** satellite de télécommunications, tour hertzienne.

8 Onde directe, onde radioélectrique. – **Sonnerie,** tonalité ; signal d'occupation. – Bruit 367, parasite.

9 **Ligne** *(ligne télégraphique, ligne téléphonique).* – Ligne en dérangement, ligne occupée. – Circuit aérien ou ligne aérienne ; groupe de voies, lignes groupées ; ligne directe, téléphone rouge.

10 Réseau international (ou l'international), réseau régional, réseau interurbain, réseau urbain.

11 Câblage, **émission ;** numérotation. – Modulation.

12 **Liaison téléphonique ;** intercommunication ; radiocommunication.

13 **Appel,** communication 726, téléphonage [vx] ; fam. : coup de fil, coup de téléphone. – Audioconférence ; message téléphoné.

14 **Télégramme ;** câblogramme ou câble, dépêche télégraphique, mandat télégraphique ; petit bleu [vieilli, fam.] 770 ; bélinogramme, phototélégramme ; radiogramme ou radiotélégramme.

15 Horloge parlante, réclamations, renseignements, réveil téléphonique.

16 Indicatif d'appel, **numéro de téléphone ;** annuaire, liste téléphonique. – Carte de téléphone ou Télécarte, jeton de téléphone.

17 Radio (ou : radiotélégraphiste, opérateur radioélectricien), télégraphiste, **télépho-**

niste ; standardiste. – Radionavigant, radionavigateur. – Cibiste ; sans-filiste [fam.].

18 **Correspondant,** téléphoneur [rare].

v. 19 **Téléphoner ; appeler,** rappeler ; donner ou passer un coup de fil [fam.] ; arg. : bigophoner, filer du grelot, tuber. – Être en ligne. – Composer le numéro de téléphone ; décrocher, raccrocher. – Établir la communication. – Installer une ligne. – Mettre qqn sur écoutes.

20 Câbler, **télégraphier.**

Adj. 21 **Téléphonique ;** radioélectrique, radiotéléphonique ; télégraphique.

Adv. 22 Téléphoniquement ; télégraphiquement. – Au bout du fil [fam.].

Int. 23 Allô ! Allô ?

# 770 CORRESPONDANCE

N. 1 **Correspondance ; courrier.** – Billet [vx], dépêche, **lettre,** mot, pli ; réponse 420 ; vieilli ou par plais. : épître, missive. – Fam. : babillarde, **bafouille.** – Billet doux, poulet [vx]. – Bouteille à la mer. – Cryptogramme.

2 Entier-postal, lettre chargée, lettre-missive, lettre recommandée ou recommandé *(un recommandé).* – Bleu ou petit bleu [fam., vieilli], **télégramme ;** pneumatique. – Télécopie ; Fax [nom déposé] ; télex. – Aérogramme.

3 Carte, carte-lettre, **carte postale ;** coupon-réponse ; faire-part. – Paquet.

4 COMM. : **lettre de change,** lettre-chèque, lettre de commerce, lettre de créance, lettre de crédit 841 ; lettre d'avis, lettre de rappel. – HIST. : lettre de cachet, lettre de grâce.

5 ADMIN. : circulaire, **note,** note de service.

6 Bureau de poste ; **boîte aux lettres,** boîte postale ; sac postal ; voiture postale, wagon postal. – **Enveloppe,** papier à lettre ; **timbre** ou timbre-poste ; port, surtaxe, taxe ; franchise postale.

7 Date, en-tête, formule de politesse, **signature,** suscription. – **Adresse,** destination ; cedex, cidex, code postal, secteur postal. – Cachet de la poste ; flamme d'oblitération.

8 Commerce épistolaire, **correspondance,** échange de lettres ; correspondance commerciale.

9 Affranchissement, timbrage ; **envoi,** postage ; envoi en port dû, envoi en re-

commandé, envoi contre remboursement ; routage. – Mailing 768 ; vente par correspondance ou V. P. C. – Factage ; levée, oblitération, **distribution.**

10 **Poste** *(la poste),* P. T. T. [vieilli], service postal ; vx : grande poste, petite poste ; messagerie [vx]. – Poste aérienne, service de la poste aux armées ; poste restante. – Boulisterie, tri postal. – Valise diplomatique.

11 **Facteur** ou préposé, postier ; maître de poste [vx]. – Vaguemestre [MIL.]. – Correspondancier *(un correspondancier)* [COMM.]. – **Messager** ; coureur [vx], courrier, estafette [vx], porteur. – Agent de liaison. – Pigeon voyageur. – **Correspondant** *(un correspondant),* destinataire ; épistolier, expéditeur – Télexiste.

12 Philatélie 868 ; aérophilatélie.

v. 13 **Correspondre ;** donner de ses nouvelles, **écrire à qqn.** – Accuser réception, répondre. – Avoir un courrier de ministre. – Décacheter, dépouiller son courrier.

14 R. S. V. P. (répondez s'il vous plaît).

15 Adresser, **envoyer,** expédier, faire parvenir, poster ; router [IMPRIM.] ; faxer, télexer ; affranchir, timbrer. – Cacheter, indexer, oblitérer ; surtaxer, taxer. – **Distribuer,** transmettre.

Adj. 16 Épistolaire. – Aéropostal, **postal.**

Adv. 17 En exprès, en recommandé ; par retour de courrier.

## 771 ENREGISTREMENT

N. 1 **Enregistrement ;** enregistrement magnétique, enregistrement mécanique, enregistrement numérique ou audionumérique, enregistrement optique. – Phonographie [vieilli] ; monophonie, quadriphonie ou tétraphonie, **stéréophonie ;** système Dolby.

2 **Gravure,** gravure directe ; numérisation. – Duplication, repiquage [fam.]. – Lecture.

3 **Audiovisuel** ou audio-visuel *(l'audiovisuel) ;* cinématographe 790, photographie *(la photographie)* 775, vidéo. – CIN. : prise de son, prise de vue ; prise [PHOT.].

4 Enregistreur [TECHN.]. – **Magnétophone** ou, fam., magnéto ; cassettophone, magnétocassette, minicassette [vieilli], radiocassette ; lecteur de cassettes, Walkman ou, recomm. off., baladeur ; Dictaphone ; **micro** ou microphone. – Table d'écoutes.

5 **Chaîne haute-fidélité** (ou : chaîne, chaîne hi-fi) ; **électrophone,** lecteur, lecteur laser, pick-up, platine, tourne-disques ; tête de lecture ; diamant, saphir ; tuner ou, recomm. off., syntoniseur 767 ; amplificateur ou, fam., ampli, equalizer ; enceinte (ou : baffle, haut-parleur). – Jukebox. – Anc. : Gramophone, phonographe ; aiguille, pavillon. – Orgue de Barbarie, piano mécanique.

6 Appareil-photo, caméra ; Caméscope [nom déposé]. – Magnétoscope ; kinescope ou vidigraphe.

7 Appareil Flaman, mouchard.

8 **Disque** ; audiodisque [rare]. – Microsillon ; plage, sillon ; **33 tours** (ou : album, LP, disque noir, vinyle) ; **45 tours** ou, angl., single, maxi 45 tours ; 78 tours. – **Disque compact** (ou : compact, Compact Disc [nom déposé], CD, disque laser) ; cd-rom 819, disque numérique ou audionumérique [TECHN.].

9 Bande magnétique ; audiocassette [rare], **cassette ;** cassette enregistrée ou, marque déposée, Musicassette, cassette vierge. – Bande-son ou bande sonore [CIN.]. – Bande mère, disque original.

10 **Film,** photographie ; microfiche, microfilm. – Pellicule ou, fam., pelloche ; bande-vidéo, cassette-vidéo, **vidéocassette,** vidéodisque.

11 INFORM. : support d'information ; disque dur, **disquette ;** cd-rom ; bande perforée, carte perforée [vx] ; disque optique ; mémoire.

12 **Enregistrement** *(un enregistrement) ;* audiogramme, magnétogramme, vidéogramme. – Enregistrement pirate.

13 Cassettothèque, **discothèque,** magnétothèque ; phonothèque, sonothèque. – Discographie.

14 Audiophile, **discophile** ; disquaire.

v. 15 **Enregistrer ;** éterniser, fixer. – Dupliquer, réenregistrer, repiquer [fam.]. – Pirater.

16 Filmer 790, magnétoscoper ; photographier 775.

17 Lire, reproduire.

18 **Enregistrer ;** archiver, consigner, coucher (sur le papier, par écrit), **inscrire,** mentionner, noter, relever, répertorier, transcrire.

19 Enregistrer [fam.], retenir 400.

Adj. 20 Enregistreur. – Monophonique ou, fam., mono, stéréophonique ou, fam., **stéréo.** – Préenregistré. – Enregistrable.

# 772 INFORMATIQUE

N. 1 **Informatique** (*l'informatique*), micro-informatique, mini-informatique ; péri-informatique ; téléinformatique. – Intelligence artificielle ou I. A. – Automation ou automatisation.

2 Automatique, **bureautique**, domotique, novotique, productique, télématique.

3 **Matériel** (*le matériel* ; opposé au *logiciel* 772.11) ; hardware [anglic.]. – **Ordinateur** (ou : calculateur numérique, computer) ; micro-ordinateur ou, fam., micro, PC *(Personal Computer)* ; mini-ordinateur ou, fam., mini ; clone ; machine [fam.], bécane [arg.].

4 **Réseau** ; système informatique. – Ordinateur hôte ou serveur ; ordinateurs esclaves ou servis.

5 Centre de calcul. – Serveur.

6 Calculateur, calculateur analogique, calculateur stochastique, **calculatrice**, calculette. – Minitel. – Digitaliseur ou numériseur ; émulateur ; encodeur ; interclasseuse ; vérificatrice. – Table traçante.

7 Unité d'entrée, unité de sortie. – **Périphérique** *(un périphérique)* ; clavier, console, terminal *(un terminal)* ; écran, moniteur ; crayon lecteur, souris ; imprimante 763 ; lecteur de cartouches numériques ou streamer. – Unité centrale.

8 **Mémoire** ; antémémoire (ou : mémoire cache, cache), mémoire centrale ou principale, mémoire à lecture seule (ou : mémoire morte, ROM), mémoire de masse, mémoire vive ou RAM. – Banc mémoire ; cellule de mémoire.

9 Circuit intégré, microprocesseur, **processeur** ; modem ; interface.

10 Disque dur, **disquette** ; carte perforée.

11 **Logiciel** (ou : software, soft) (opposé au matériel 772.3), **programme** ; application, microprogramme, programme enregistré, programme croisé, sous-programme (ou : procédure, routine). – Progiciel (ou : package, produit-programme) ; **système d'exploitation** ou OS *(Operating System)*, système-expert. – Menu.

12 PROGRAMMES

| | |
|---|---|
| assembleur | messagerie **770** |
| compilateur | moniteur |
| didacticiel | programme de |
| gestionnaire de fichier | contrôle |
| grapheur | programme de |
| interpréteur | diagnostic ou de |
| ludiciel | test |

| | |
|---|---|
| programme objet ou | tableur |
| résultant | traducteur |
| programme résident | tutorial |
| superviseur | |

13 Didacthèque, logithèque, programmathèque.

14 Capacité ; **compatibilité**, connectabilité ou modularité ; convivialité ; portabilité. – Récursivité.

15 **Bit** (ou : logon, shannon), byte ou octet.

16 **Langage machine**, microlangage ; ADA, ALGOL, APL, BASIC, COBOL, FORTRAN, LISP, LOGO, PASCAL, PL/1, PROLOG.

17 Algorithme, algorigramme. – Argument de recherche. – **Banque de données**, base de données. – Code à barres ou code-barres.

18 Boucle de programme ; **chaîne**, séquence. – Fenêtre, page-écran ; **fichier**, répertoire. – Clef d'accès, mot de code ou combinaison de code, mot de passe ; **commande** ou contrôle, fonction ; protocole.

19 Bogue ou bug. – Virus.

20 **Informatisation** ou computérisation ; télématisation.

21 OPÉRATIONS INFORMATIQUES

| | |
|---|---|
| adressage | numérisation) |
| affectation ou | éclatement |
| assignation | formatage |
| affichage | incrémentation |
| analyse | initialisation |
| analyse numérique | interclassement |
| appel | interfaçage |
| branchement | partage de temps ou |
| calcul analogique **116** | time-sharing |
| chaînage | restauration |
| compilation | saisie ou acquisition |
| configuration | visualisation |
| consultation de fichier | microprogrammation |
| dactylocodage | monoprogrammation |
| déverminage | programmation |
| digitalisation (ou : | reprogrammation |
| discrétisation, | |

22 **Traitement de texte** 763 ; C. A. O. (conception assistée par ordinateur), C. F. A. O. (conception et fabrication assistées par ordinateur), D. A. O. (dessin assisté par ordinateur), P. A. O. (publication assistée par ordinateur) ; F. A. O. (fabrication assistée par ordinateur), G. P. A. O. (gestion de production assistée par ordinateur). – E. A. O. (enseignement assisté par ordinateur) ; I. A. O. (ingénierie assistée par ordinateur). – Reconnaissance de la parole, synthèse de la parole ; synthèse vocale.

23 **Informaticien,** ingénieur système ; analyste, analyste-programmeur, programmeur. – Dactylocodeur, **opératrice de saisie** ; perforateur-vérificateur ou perfo-vérif [anc.]. – Pupitreur. – Bureauticien ; cogniticien.

v. 24 **Informatiser** ou computériser ; télématiser.

25 Cliquer, pianoter. – Microprogrammer, programmer, reprogrammer. – Coder, compiler, digitaliser (ou : discrétiser, numériser), éditer, entrer, formater, incrémenter, initialiser, interclasser, visualiser ; mémoriser, sauvegarder ; restaurer.

Adj. 26 **Informatique ;** automatique ; téléinformatique ; bureautique, domotique.

27 Algorithmique, **binaire,** digital ou numérique ; alphanumérique. – Conversationnel ou interactif ; incrémentiel. – Logiciel (opposé à matériel), mémoriel.

28 Informatisable ; microprogrammable, **programmable,** reprogrammable. – **Compatible,** connectable.

Adv. 29 Informatiquement ; automatiquement.

## 773 PEINTURE ET DESSIN

N. 1 **Peinture** *(la peinture) ;* **dessin** *(le dessin),* gravure **763.** – Art, **art pictural,** arts plastiques, beaux-arts. – Crayonnage.

2 Peinture figurative (opposé à peinture non-figurative), peinture abstraite ; **tendance artistique 780.** – Peinture murale, peinture pariétale, peinture rupestre ; fresque ; camaïeu, grisaille, sgraffito ou sgraffite. – Peinture de chevalet. – Peinture décorative. – Peinture sur verre ; vitrail. – Enluminure, miniature.

3 **Peinture** *(une peinture) ;* huile *(une huile)* ; fam. et péj. : croûte, peinturage, peinturlure. – Aquarelle *(une aquarelle),* gouache *(une gouache),* ; pastel *(un pastel),* sanguine *(une sanguine)* ; pochade. – **Dessin,** dessin à l'encre ; lavis. – **Gravure** ; aquatinte, eau-forte. – Technique mixte. – Frottage, poncif ; pointillage ; collage, papiers collés ; marouflage. – Dripping [amér.].

4 **Dessin,** dessin linéaire, dessin à main levée, dessin linéaire, dessin ombré, dessin au trait ; dessin aux trois crayons. – Dessin graphique, géométrique, dessin d'architecture. – Dessin d'ornement. – Dessin d'imitation, dessin d'après la bosse ; dessin d'après nature. – Académie **774,** nu ; caricature, charge, silhouette. – Dessin au pochoir. – Perspective, scéno-

graphie [vx]. – Trompe-l'œil ; anamorphose. – Calligraphie.

5 **Peinture à l'eau** ; peinture acrylique ; peinture à la colle ou détrempe, tempera, peinture à fresque ; aquarelle, gouache. – **Peinture à l'huile** (de lin, de noix, d'œillette) ; peinture à la cire, peinture à l'encaustique ; peinture à l'œuf ; laque, peinture-émail, peinture-émulsion.

6 Carton, croquis ou, fam., crobar ; bozzetto [ital.], ; ébauche, **esquisse,** étude ; épure, schéma ; crayonnage.

7 **Tableau,** tableautin. – Diptyque, triptyque ; polyptyque ; prédelle ; panneau (jap. : *kakemono, makimono).* – Plafond.

8 **Formats** ; figure, paysage, marine. – Aigle (grand aigle 70 × 94 cm ; petit aigle 45 × 106 cm), carré (56 × 45 cm), cavalier (46 × 62 cm), coquille, couronne (46 × 36 cm), écu (40 × 52 cm), jésus (56 × 76 cm), raisin (50 × 65 cm), soleil (60 × 80 cm), tellière (34 × 44 cm).

9 **Copie 31.3,** faux *(un faux),* réplique, reproduction ; pastiche. – Original *(un original).*

10 **Coup de pinceau,** ; aplat, glacis ; frottis. – Empâtement ; pâte ; demi-pâte, haute-pâte. – Rehaut, repeint ou surpeint ; repentir, **retouche.** – Cerne, contour, délinéation, ligne, méplat, tracé, **trait** ; hachures, pointillés. – Modelé, relief ; morbidesse, vaguesse.

11 **Clair-obscur ;** sfumato [ital.] ; dégradé *(un dégradé)* ; contraste, ombre, ombre portée **351** ; valeur. – **Couleur 352,** coloris, nuance. – Tonalité ; teinte (teinte fondue, plate, vive) ; ton (ton franc, pur ; blafard, clair, dégradé, estompé) ; embu.

12 **Style 753** ; métier. – Facture, **manière,** patte [fam.], touche ; palette *(palette froide, palette chaude ; palette d'un peintre).*

13 **Proportion 141** ; nombre d'or. – **Perspective** ; perspective aérienne, perspective cavalière.

14 **Couleur,** pigment. – Essence minérale, essence de térébenthine. – **Médium** ou liant, véhicule ; colle de peau, enduit. – Fixatif, siccatif ; vernis.

15 **Crayon,** crayon de couleur ; bistre, fusain ou, vieilli, charbon, mine de plomb, pointe grasse ; ponce ou pierre. – Craie, pastel, sanguine. – **Encre de Chine,** sépia. – Plume, **pointe-sèche,** tire-ligne. – Compas. – **Gomme** ; estompe, tortillon.

16 **Pinceau ;** blaireau, brosse ; rouleau ; amassette, **couteau,** couteau à palette ou spatule. – **Aérographe,** pistolet. – Pochoir. – Pantographe. – Chambre noire.

17 **Palette ;** boîte de couleurs ; pincelier. – Pot, tube ; godet. – Appui-main.

18 **Support** ou subjectile. – Bois ; carton, papier ; céramique, porcelaine, verre ; toile, soie ; ciment, pierre ; métal. – Cadre, **châssis ;** encadrement, marie-louise. – Chevalet.

19 **Peintre ;** artiste peintre [vieilli], plasticien ; rapin [fam., vieilli], ; fam. et péj. : barbouilleur, gribouilleur, peintraillon, peintureur, peinturleur ou peinturlureur ; peintre du dimanche. – Peintre militaire, religieux ; peintre d'histoire, de marine ou mariniste, de genre, de fleurs, de nature morte ; animalier, paysagiste ; portraitiste, portraitiste mondain. – Graveur ; aquafortiste, aquatintiste, peintre-graveur. – Peintre verrier. – Aquarelliste, pastelliste. – Fresquiste, muraliste. – Enlumineur, **illustrateur,** miniaturiste, ornemaniste. – Coloriste.

20 **Maître,** petit-maître. – Prix de Rome. – Logiste.

21 Monogrammiste.

22 **Dessinateur ;** crayonneur, fusainiste ou fusiniste. – Caricaturiste ; vignettiste.

23 Encadreur. – Restaurateur. – Galeriste ; conservateur. – Amateur d'art.

24 **Musée 774,** artothèque, pinacothèque. – **Exposition ;** biennale, rétrospective, Salon ; galerie de peinture. – Atelier. – Cimaise. – Accrochage ; vernissage.

V. 25 **Peindre ;** représenter, rendre, reproduire ; figurer, portraiturer. – Croquer, ébaucher, **esquisser,** profiler, relever ; Pocher, strapasser. – Réduire, mettre au carreau. – Aller sur le motif, travailler d'après nature.

26 Peindre ; colorier, colorer 352 ; gouacher. – Laver, peindre à fresque. – Fam. : **barbouiller,** gribouiller, peinturer. – Enluminer, historier, orner 778.

27 **Dessiner ;** charbonner, crayonner, hachurer, pointiller ; délinéer, tracer. – Cerner, ombrer ; nourrir sa couleur, nourrir son trait. – Fouiller, lécher ; accuser les traits. – Empâter, étaler, glacer ; poncer ; dégrader ; réchampir, rehausser, **retoucher.** – Blaireauter, brosser ; pignocher.

28 Fixer ; vernir. – **Gommer ;** estomper.

29 Encadrer 132. 16 ; maroufler. – Ravaler, **restaurer.** – Rentoiler.

Adj. 30 **Pictural ;** peinturier [rare]. – Pittoresque. – Perspectif.

31 **Peint ;** aquarellé, gouaché. – Peinturé, peinturluré [fam.].

Aff. 32 -graphie ; -graphique.

## 774 ICONOGRAPHIE

N. 1 **Iconographie,** imagerie. – **Image,** représentation 731, scène ; sujet, thème. – Titre.

2 Ancien Testament. – La Création, le péché originel, la tour de Babel, le sacrifice d'Isaac, le songe de Jacob ; Moïse sauvé des eaux, le buissson ardent, le serpent d'airain, le passage de la mer Rouge.

3 Nouveau Testament. – Présentation au Temple, Annonciation, Visitation, Nativité, Adoration des bergers et des mages, Circoncision, Fuite en Égypte, danse de Salomé, dérision du Christ (flagellation, couronnement d'épines, Ecce Homo), chemin de croix, portement de Croix, élévation de la Croix, Crucifixion ou calvaire, Déploration, Descente de Croix, Déposition, Mise au tombeau, Saintes Femmes au tombeau, Ascension, Dormition ; Naissance de la Vierge, Assomption, Mort de la Vierge. – Apocalypse, Jugement dernier ; psychomachie ; danse macabre.

4 Arbre de Jessé ; David et Goliath, Samson et Dalila, Judith et Holopherne. – Les Vertus et les Vices ; la Sainte Famille, la Sainte Parenté ; Madone ou Vierge à l'Enfant, maestà [ital.], Pietà ou Vierge de pitié, Vierge de miséricorde, Vierge aux sept douleurs ; Christ Pantocrator, Sacré-Cœur.

5 Crucifixion de saint Pierre, décollation de saint Denis, décollation de saint Jean-Baptiste, écorchement de saint Barthélemy, gril de saint Laurent, lapidation de saint Étienne ; martyre de saint Sébastien. – Conversion de saint Paul, vision de saint Augustin. – Tentation de saint Antoine.

6 Naissance de Vénus, Toilette de Vénus, Vénus et Adonis, Vénus et l'Amour ; Bain de Diane. – Arcadie, Jardin des Hespérides. – Chute d'Icare, Combat des Centaures et des Lapithes, Enlèvement d'Europe, Hercule et Antée, Jugement de Pâris, Léda et le cygne, Mort de Didon, Persée délivrant Andromède.

7 Académie *(une académie),* discobole, **nu** *(un nu) ;* autoportrait, effigie [vx], **por-**

trait, portrait de corporation [Pays-Bas] ; *Conversation piece* (« scène de conversation ») [Grande-Bretagne], *sacra conversazione.* (« sainte conversation ») [Italie]. – Caricature, charge. – Bambochade, bergerie, fête galante, kermesse. – Bataille ; **peinture d'histoire** ; turquerie. – Intérieur ; scène de mœurs ou peinture de genre ; costumbrismo [Espagne].

8 Marine ; nuit [vx], panorama, **paysage,** sous-bois ; védutisme ; mois, saisons 187, travaux ; zodiaque. – **Nature morte,** vanité ; nature morte à la + n. *(nature morte au verre);* fleurs. – Roue de fortune ; grotesque, singerie. – Allégorie ; caprice ; illustration. – Trompe-l'œil. – Ex-voto.

9 Tableau ; prédelle, **retable ;** diptyque, triptyque, polyptyque. – Icône ; iconostase 493.15. – Fresque.

10 Iconographie ; iconologie.

11 Iconographe ; iconologiste.

12 Iconothèque, **musée ;** cabinet *(cabinet des Estampes, cabinet des Dessins).*

v. 13 Peindre **773.**

Adj. 14 Iconographique ; iconologique.

# 775 PHOTOGRAPHIE

N. 1 **Photographie** *(la photographie);* héliochromie [vx], photographie en couleurs, trichromie ; photographie en noir et blanc. – Holographie. – Daguerréotypie ; stéréoscopie. – Radiographie.

2 Photographie abstraite, photographie artistique, photographie de mode. – Astrophotographie ; chronophotographie.

3 **Appareil,** appareil-photo ou appareil de photo ; détective ou box, Polaroïd [nom déposé], reflex ; Photomaton ; photorama ; caméra 790. – Cinéthéodolite ; fusil photographique.

4 Bague-allonge, bague de mise au point, **boîtier, chambre noire,** chargeur ou magasin, compte-pose, déclencheur, **diaphragme,** obturateur, posemètre ou cellule, prisme de renvoi, soufflet, télémètre, viseur ; sténopé. – Objectif à immersion, **objectif multiple ;** objectif simple, objectif composé, objectif rectilinéaire ; objectif à courte distance focale 234, objectif à longue distance focale, objectif à focale variable ; aplanat ou objectif aplanétique ; grand angulaire, téléobjectif ou, fam., télé. – Fish-eye [angl.], grand-angle, **objectif,** téléobjectif ou zoom ; lentille ; filtre, parasoleil. – Flash ; pied ou trépied.

5 Film, **pellicule** ou, fam., pelloche, planfilm ; bobine, rouleau. – Plaque. – **Surface sensible ;** émulsion ou gélatino-bromure, papier au charbon, papier sensible ; papier mat (opposé à brillant).

6 **Projecteur,** visionneuse ; carrousel ; écran.

7 **Photo** *(une photo),* photographie [sout.] ; cliché [vx], **image,** instantané ; contretype, phototype ; photogramme [CIN.]. – Épreuve, épreuve contact, **négatif 220,** positif, tirage.

8 **Diapositive** (ou, fam. : dia, diapo) ; daguerréotype. – Anaglyphe, hologramme, image plastique, stéréophotographie ; orthophotographie.

9 Montage photographique, photographie retouchée. – Macrophotographie, micrographie, microphotographie ; téléphotographie. – Photographie en pose ; photographie en demi-teinte. – Agrandissement.

10 Chromo, panoramique, photographie ou vue aérienne ; prise de vue. – Photomaton, photo-souvenir, **portrait.** – Photofinish [anglic.]. – Carte postale, poster.

11 Vx : bitume de Judée, collodion, plaque autochrome.

12 Bougé *(un bougé),* flou, halo ; grain ; **effets spéciaux.**

13 **Temps d'exposition,** temps de pose ; sous-exposition, surexposition.

14 Armement, chargement, réarmement ; cadrage, **mise au point,** réglage ; pose **771.** – Développement ; affaiblissement, solarisation ; tirage.

15 Laboratoire ; **studio.** – **Bain ;** affaiblisseur, développateur, fixateur, révélateur ; déclencheur. – Nitrate d'argent.

16 Pictorialisme, précisionnisme.

17 Photologie.

18 **Photographe ;** chasseur d'images, reporter-photographe 766 ; opérateur, paparazzi [péj.], photographe amateur, photofilmeur, photostoppeur ; pictorialiste. – Directeur de la photographie [CIN.]. – Retoucheur ; tireur.

19 **Album de famille ;** portfolio ; sousverre. – Photothèque.

v. 20 **Photographier, prendre en photo** ou prendre, prendre sur le vif ; immortaliser ; mitrailler [fam.].

21 Armer, charger, réarmer ; cadrer, diaphragmer, mettre au point, **régler ;** po-

ser. – Zoomer. – Développer, fixer, insoler, inverser, révéler, tirer ; agrandir, solariser.

22 Se faire tirer le portrait [fam.].

Adj. 23 Photographique. – Photogénique ; photographiable.

24 Anastigmat ou anastigmatique ; antihalo, antivoile. – Sous-exposé, surexposé.

Adv. 25 Photographiquement.

## 776 SCULPTURE

N. 1 **Sculpture** *(la sculpture)* ; plastique *(la plastique)*. – Sculpture sur bois, sculpture sur pierre ; céroplastique, glyptique, toreutique. – Arts plastiques, beaux-arts.

2 Plasticité.

3 Sculptage [rare] ; **modelage,** pétrissage. – Mise en chantier ; épannelage, estampage, refouillement, **taille,** taille en réserve (ou : en sculpture, d'épargne) ; mise aux points ; patinage, polissage ; ripage.

4 Fonte, **moulage.** – Moulage à bon creux, moulage à creux perdu ; fonte à cire perdue, fonte à sable. – Contre-moulage ; surmoulage ; démoulage.

5 **Sculpture** *(une sculpture).* – Bosse, demi-bosse, **ronde-bosse ; bas-relief,** bas-relief méplat, demi-relief, haut-relief, relief. – Camée, intaille ; repoussé *(un repoussé).* – Bronze *(un bronze),* marbre *(un marbre),* plâtre *(un plâtre) ;* bois gravé *(un bois gravé)* **763.** – **Monument,** sculpture monumentale ; petite sculpture ; figure grandeur nature, figure petite nature, figure demi-nature. – Mobile *(un mobile).*

6 **Figurine ;** figuline, **statue,** statuette, tanagra [ARCHÉOL.] ; groupe. – Colonne statuaire, statue-colonne ; atlante ou télamon, caryatide ou cariatide. – Canéphore, **idole,** magot ; acrostole, figure de proue. – Chapiteau historié ou narratif ; signal ; fontaine ubérale ; urne.

7 Calvaire ; **stèle.** – Gisant, orant, pleurant, priant **494,** suppliant, transi.

8 Statue équestre, statue pédestre. – **Buste,** hermès ou terme, masque, tête, torse ; écorché *(un écorché).* – Draperie, draperie mouillée.

9 Statuaire *(la statuaire romane).*

10 Contrapposto, hanchement.

11 Piédestal, piédouche, scabellon, **socle,** terrasse.

12 Couture ; épaufrure ; **éclat.**

13 Albâtre, **marbre,** marbre statuaire ; ivoire ; plâtre à modeler ou plâtre de Paris, plâtre à mouler, stuc ; **argile,** terre cuite, terre glaise. – Bois **265.** – Cire, cire à modeler ; pâte à modeler ; papier mâché.

14 **Ciseau 799,** ciselet, ébauchoir, fermoir, gouge, gradine, ognette, poinçon ou pointe, rabotin, rondelle ; boësse, gratte-fond, ripe, spatule. – Mirette. – Boucharde, laie, maillet, mailloche, marteline, **masse,** massette.

15 Armature. – Maquette. – **Moule ;** contre-moule.

16 **Sculpteur ;** HIST. : imagier, entailleur ou tailleur d'images ; sculptier [vx, péj.]. – Bustier, figuriste, **statuaire** *(un statuaire) ;* bronzier, céroplaste ; ciseleur, metteur aux points, modeleur, praticien ; fondeur, mouleur.

17 Cabinet de cire, musée de cire ; **glyptothèque ;** musée lapidaire.

V. 18 **Sculpter ;** ciseler, graver, tailler. – **Modeler,** pétrir. – Dégrossir, épanneler, fouiller, gruger, mannequiner, refouiller, riper. – Hancher.

19 **Mouler ;** couler, jeter une statue. – Contre-mouler ; surmouler.

20 S'épaufrer.

21 Éroder ; ciseler, creuser, **découper,** modeler, sculpter.

Adj. 22 Sculptural ; **plastique ;** statuaire. – Acrolithe, chryséléphantin.

Aff. 23 Glypto-.

## 777 ARCHITECTURE

N. 1 **Architecture ;** architectonique, architectonographie [vx] ; scénographie ; urbanisme **849.** – Travaux publics **806.**

2 Architectonie, architecture *(une architecture),* ordonnance.

3 Fig. : architecture, **charpente,** ossature, squelette.

4 Coupe, dessin, élévation, épure, lavis, **plan,** plan de situation, projet, sciographie. – Axonométrie.

5 **Construction 556,** édification. – Appareillage ; **appareil** ou opus, appareil cyclopéen ou pélasgique, appareil polygonal, appareil réglé ou isodome, opus incertum, opus reticulatum. – Modénature. – Modulor, nombre d'or. – Ordres architecturaux ; ordre ionique, ordre dorique, ordre corinthien ; ordre composite.

6 **Bâtiment,** bâtisse, construction *(une construction),* édifice, immeuble. – Bâtiment à hauteur, immeuble de grande hauteur ou I. G. H., immeuble miroir.

7 **Temple** ; mosquée, synagogue. – Cathédrale, chapelle, église 493 ; reposoir.

8 **Maison 848,** résidence.

9 Îlot de maisons, **pâté de maisons 849.** – Complexe ; cité, **grand ensemble,** zone ; lotissement.

10 **Hangar,** jasse. – Édicule, kiosque ; halle. – Nymphée [ANTIQ.]. – Aiguille ; obélisque.

11 Campanile ; **clocher,** clocheton, flèche, lanterne, lanternon, minaret ; cimborio, **coupole,** dôme. – Beffroi, donjon, **tour,** tour-lanterne, tourelle.

12 **Façade,** frontispice [vx]. – Entrée ; narthex, **porche,** portail, porte, portique, propylée, pylône [ANTIQ.]. – Parvis, perron ; colonnade, péristyle. – **Fenêtre,** orbevoie (opposé à claire-voie) ; meneau, trumeau ou entrefenêtre. – Architrave, entablement ; console, corniche, frise, triglyphe. – Fronteau, **fronton,** tympan ; enfeu, niche ; rosace.

13 **Balcon,** encorbellement, oriel ; avant-solier ; tribune ; balustrade, balustre. – Auvent, marquise, préau ; pignon, pinacle ; belvédère, mirador [esp.] ; **terrasse,** terrasson, toiture-terrasse ; véranda.

14 **Colonne** ; colonne égyptienne, colonne perse ; colonne corinthienne, colonne dorique, colonne ionique ; colonne toscane ; colonne composite ; colonne engagée ; colonne historique. – Ante, pédicule, **pilastre, pilier,** pilier fasciculé, pilier à ondulation ; colonnette, culée d'arc-boutant, dosseret.

15 Colonne. – Stylobate ; **base,** bosel ou tore, plinthe, scotie, socle. – **Fût,** cannelure, entasis, méplat, tambour, tronçon ; contracture. – **Chapiteau,** astragale, volute, abaque ou tailloir, dé, escape ou scape ; feuille d'acanthe. – Entrecolonnement.

16 Mégastructure, **structure,** substructure ; pierre angulaire ; membre ; module. – Fondations, fondement, **gros œuvre,** mur, muraille ; aile, arrière-corps, avant-corps, **corps,** corps central ou principal, corps de logis ; rotonde.

17 **Cour,** courette, coursive, patio ; dalle ; pavement. – Déambulatoire, **galerie,** promenoir. – Douve, saut-de-loup.

18 **Arc,** arcade, arcature, arceau, arche, **ogive** ou arc ogif. – Arcade à ordonnance ; arc-boutant, arc-doubleau ; **contrefort** ; formeret. – Arc triangulaire, **arc en plein cintre,** arc surhaussé, arc surbaissé, arc bombé, arc déprimé, arc outrepassé, arc elliptique, arc brisé, arc angulaire tronqué, arc lancéolé, arc en fronton, arc en mitre, arc en ogive, arc flamboyant, arc Tudor, arc trilobé, arc en doucine, arc infléchi, arc en accolade, arc rampant, arc zigzagué.

19 **Voûte,** voûte en arc-de-cloître, **voûte d'arête,** voûte en canon ou canonnière, voûte en chaînette, voûte domicale ou bombée, voûte en éventail ; cul-de-four ou, vx, conque ; croisée d'ogives.

20 Calotte, **cintre,** claveau ou voussoir, clef pendante, **clef de voûte,** contre-clef, corde, extrados, imposte, intrados, ouverture, pendentif (ou : canton, voûtain), piédroit ou pied-droit, socle, sommet, sommier, voussure. – Créneau ; merlon.

21 ORNEMENTS ARCHITECTURAUX

| | |
|---|---|
| accolade | enroulement |
| acrotère | frette |
| agrafe | gargouille |
| amortissement | gorge |
| anglet | gousse |
| antéfixe | goutte ou larme |
| apophyge (ou : | gradilles |
| apophyse congé) | mascaron |
| archivolte | mauresque |
| bague | métope |
| bandes lombardes ou | modillon |
| lésènes | nervure |
| bandelette | orle ou filet |
| bec-de-corbin | patère |
| bossage | renard |
| boule | rostres |
| d'amortissement | rudenture ou roseau |
| bucrâne | trèfle |
| congélation | trompe |
| corbeau | trompillon |
| culot | trophée |
| échine | |
| écille | |

22 Architecture organique, fonctionnalisme, historicisme, palladianisme, style international ou mouvement moderne, style jésuite, style perpendiculaire.

23 **Architecte,** architectonographe, scénographe ; **maître d'œuvre** ou de l'œuvre ; géomètre, ingénieur ; architecte urbaniste, architecte voyer. – Bâtisseur, **constructeur 556,** édificateur, entrepreneur.

v. 24 Architecturer [litt.] ; appareiller, disposer, **ordonner.** – Bâtir, **construire 556,** édifier.

25 Arc-bouter **157.11**, contrebuter, voûter. – Parqueter, planchéier ; plafonner. – Moulurer.

Adj. 26 **Architectural** ; architectonique, architectonographique [vx]. – Axonométrique. – Colonnaire, ogival ; palatial, pavillonnaire. – Monumental.

27 Prostyle ; monostyle [vx], distyle, tétrastyle, hexastyle, octostyle, décastyle, dodécastyle. – Nervé ou nervuré ; rustique ; turriforme.

28 Fonctionnaliste, high-tech, historiciste ; churrigueresque, palladien ; gothique, néogothique ; néoroman, préroman, roman.

Adv. 29 Architecturalement [rare] ; architectoniquement.

# 778 ORNEMENTS

N. 1 **Ornements** ; accessoires. – Enjolivement, enjolivure, fioriture ; fantaisie **864**, garniture. – **Décor**, décoration, ornementation.

2 Fresque ; mosaïque, marquetterie ; tapisserie.

3 ORNEMENTS

| | |
|---|---|
| acanthe | festons |
| ache | feuillages |
| arabesque | feuilles d'eau |
| baguette | fleur de lis |
| bande | flots |
| bandeau | fuseaux |
| bâtons rompus | godrons |
| besants | gouttes |
| billettes | grecque |
| boucles | guillochis ou guilloché |
| boudin ou tore | guirlande |
| boutons | imbrications |
| bulle | listel ou listeau |
| câble | losanges |
| canaux | méandres |
| cannelure | moulure |
| cavet | natte |
| chapelet | nébulés |
| chevrons | nervure |
| coquilles | nielles |
| corne d'abondance | olivier |
| culots | ondes |
| damier | oves |
| dards | palmettes |
| denticules | pampre |
| dents de scie | perles |
| doucine | piécettes |
| écailles | plate-bande |
| enroulements | postes |
| entrelacs | quart-de-rond |
| épi | quintefeuille |
| esse | rai-de-cœur |
| étoiles | rayures |

| | |
|---|---|
| réglet | têtes de clous |
| rinceaux | têtes plates |
| rosaces | tore de laurier |
| ruban | torsade |
| semis | trèfles |
| spires | tresse |
| stalactites | vermiculures |
| talon | volutes |

4 **Bouquet,** corbeille, guirlande, panache. – Amande ou mandorle, auréole, nimbe crucifère, putto [ital.].

5 Ajour, crénelure, **découpure,** dentelure. – Cartel, **cartouche,** compartiment, médaille, médaillon. – Bordure, encadrement, filet. – Ornement courant.

6 ARCHIT. : corniche, frise, fronton **777.**

7 IMPRIM. : cul-de-lampe, fleuron, **vignette ;** lettre ornée, lettrine **744.** – Emblème ; **motif ;** armoiries.

8 Fig. : ornement, **parure ;** gloire, lumière, splendeur. – Clinquant *(le clinquant),* kitsch. – Style orné [LITTÉR.].

9 Décoration, ornement [vx], **ornementation ;** embellissement, enjolivement, enrichissement [vieilli].

10 **Design** ou stylique.

11 **Décorateur ;** ornemaniste. – Designer ou stylicien. – Marqueteur ; tapissier.

V. 12 BX-A. – **Orner ;** adorner [vx], **décorer,** ornementer ; ouvrager, ouvrer. – Apprêter, atourner. – Ajourer, damasquiner, damasser, enguirlander, festonner, guillocher, moulurer, quarderonner, rudenter ; clouter. – Historier.

13 Illuminer, pavoiser.

14 Colorer **352,** farder, orner, **parer,** rehausser, revêtir. – Élever, enrichir, relever ; illustrer.

15 Agrémenter, égayer, **embellir 436 ;** diaprer, fleurir. – Chamarrer, émailler, empanacher, **enjoliver,** enluminer.

Adj. 16 **Ornemental ;** décoratif.

17 Ornementé ; **décoré,** ouvragé, ouvré. – Surchargé.

18 BX-A. – Enluminé, historié. – Cannelé, chevronné, damassé, denticulé, enguirlandé, festonné, filigrané, fleuronné, godronné, guilloché, palmé, rudenté.

# 779 ART DES JARDINS

N. 1 Art des jardins. – Paysage.

2 Jardin paysager ou paysagiste, parc paysager. – **Jardin à la française ; jardin à**

l'anglaise, jardin baroque, parc anglo-chinois ; jardin exotique, jardin japonais ; jardins suspendus. – Espace vert, **parc,** parc public, square ; mail, promenade ; cité-jardin. – Alpinum, arboretum.

3 **Jardin 811** ; jardin d'agrément, jardin d'hiver.

4 Percée, perspective. – **Allée,** contre-allée. – Étoile, patte-d'oie, rond-point ; labyrinthe.

5 Théâtre d'eau. – Allée d'eau, **canal ; bassin,** demi-lune d'eau, **fontaine,** miroir d'eau, pièce d'eau, vasque ; sources. – **Jet d'eau ;** artichaut, bouillon, chandelier d'eau, cierge d'eau, colonne hydraulique, lance d'eau ; cascade ; grandes eaux. – Lance, souche.

6 **Gravier,** gravetage, sable. – Rocaille ou rocaillage, rocher artificiel.

7 **Parterre,** plate-bande ; compartiment, dos-de-bahut ou dos-de-carpe, terrasse. – Broderie, corbeille, quinconce. – Boulingrin, gazon, **pelouse,** tapis vert.

8 Charmille, espalier, palissade, **haie.** – Berceau, pergola, **tonnelle,** treille. – Gloriette, salon de treillage, salon de verdure. – Bosquet, **massif ;** orangerie, roseraie. – Buis, charme, if, fusain, troène.

9 Cabinet, fabrique, **kiosque,** kiosque à musique, laiterie, pyramide, ruine, salon de jardin ; serre. – Fontaine, nymphée, rocher d'eau ; **grotte.** – Pont.

10 Balustrade, pilastre ; statue. – Banc, chaise.

11 **Architecte paysagiste** ou paysagiste, jardiniste [rare] ; rocailleur, topiairiste. – Jardinier **811.**

v. 12 Jardiner **811** ; tailler.

Adj. 13 Topiaire. – Pittoresque.

# 780 TENDANCES ARTISTIQUES

N. 1 **Tendances artistiques ;** courants picturaux ; **écoles, mouvements.**

2 Art figuratif, art non-figuratif. – Peinture naïve ; art nègre. – **Art profane, art sacré.**

3 XIᵉ-XIIᵉ s. – **Art roman.** – Art hispano-mauresque [930-1492].

4 XIIIᵉ s. – Style east-anglian [angl.].

5 XIVᵉ s. – École de Bourgogne.

6 XVᵉ. s. – École d'Avignon, école de Bourgogne [fin du XIVᵉ-début du XVᵉ s.], école de

Cologne. – **Gothique ;** gothique international [1380-1450.] – **Renaissance italienne** (Quattrocento).

7 XVIᵉ s.– **Renaissance européenne ;** école du Danube [1500-1530] ; école de Fontainebleau. – Contre-Réforme ; maniérisme. – Baroque italien. – École de Frankenthal [Pays-Bas ; 1587].

8 XVIIᵉ s. – **Classicisme.** – Caravagisme.

9 XVIIᵉ-XVIIIᵉ s.– **Baroque espagnol ; baroque d'Europe centrale** [fin du XVIIᵉ – début du XVIIIᵉ s.]. – Sporting painting [XVIIIᵉ-XIXᵉ s. ; Grande-Bretagne].

10 XVIIIᵉ s. – **Classicisme.** – Védutisme ; **néo-classicisme** [seconde moitié du XVIIIᵉ – début du XIXᵉ s.] ; style troubadour.

11 XIXᵉ s. – **Romantisme** [1824-1840] ; orientalisme. – **Académisme ;** art pompier [seconde moitié du XIXᵉ s.] ; éclectisme [1850-1900]. – Les Nazaréens [All.] ; école de Norwich [Grande-Bretagne ; 1805]. – **Réalisme, naturalisme ;** école de Barbizon [milieu du XIXᵉ s.] ; école de Honfleur ; **pleinairisme** [seconde moitié du XIXᵉ s.]. – Symbolisme [1855] ; préraphaélisme. – Style Biedermeier [BIEDERman, BumelMEIER ; 1850]. – **Impressionnisme** [1869-1875]. – Nabis [1888] ; cloisonnisme ou synthétisme [1888] ; école de Pont-Aven. – **Post-impressionnisme** [fin du XIXᵉ-début du XXᵉ s.]. – Les Vingt [Belgique ; 1884]. – Néo-impressionnisme [1885-1890] ; divisionnisme, pointillisme ; japonisme [dernier quart du XIXᵉ s.]. – Bande noire [fin du XIXᵉ s.]. – Hudson River School [États-Unis ; deuxième quart du XIXᵉ s.]. – **Art nouveau** [1890-1905], Jugendstil [Allemagne ; fin du XIXᵉ s.]. – **Expressionnisme** [fin du XIXᵉ s.].

12 XXᵉ s.– Fauvisme [1899-1905] ; école de Paris [début du XXᵉ s.]. – **Cubisme** [1907]. – The Eight [États-Unis ; 1908]. – **Futurisme** [1909] ; art abstrait [1910]. – Blau Reiter [1911]. – Simultanisme [1912] ; orphisme [1913] ; abstraction géométrique [1914] ; vorticisme [Grande Bretagne ; 1914]. – West Coast Style [États-Unis ; 1914]. – Suprématisme [1915]. – Peinture métaphysique [Italie]. – Néo-plasticisme [1917] ; De Stijl [Pays-Bas ; 1917]. – Réalisme socialiste [1918] ; *Die Neue Sachlichkeit* (« la Nouvelle Objectivité ») [Allemagne ; 1918] ; Bauhaus [Allemagne] ; *Vkhoutemas* [U. R. S. S. ; 1920-1926]. – Muralisme [Mexique]. – Novecento [1920], constructivisme. – Kapisme ouluminisme polonais [1923]. – Surréalisme [1924] ; Art déco [1925] ; ex-

pressionnisme abstrait [États-Unis]. – Abstraction-création [1931].

13 Après-guerre. – Misérabilisme [1945] ; **abstraction lyrique** (action-painting, dripping [États-Unis ; 1947]) ; art brut [1948] ; Cobra [COpenhague BRuxelles Amsterdam ; 1948]. – Groupe Zéro [Allemagne ; 1957]. – **Art minimal** [1965] ; art pauvre ; art conceptuel [1967]. – Art corporel. – Cinétisme [fin des années 50] ; tachisme [années 50] ; op'art [1960] ; happening ; **pop art ;** [1960] ; **nouveau réalisme** [1960]. – Hyperréalisme [fin des années 60] ; land art ; Support-surface [1970]. – Bad painting [États-Unis, 1978]. – Trans-avant-garde [Italie ; 1979].

Adj. 14 **Artistique, pictural.**

15 **Gothique,** roman ; giottesque. – **Baroque,** classique, maniériste, rococo ; caravagesque ou caravagiste, michélangelesque, raphaélesque, rembranesque, rubénien.

16 Divisionniste, éclectique, **impressionniste,** misérabiliste, naturaliste, néo-classique, néo-impressionniste, orientaliste, pointilliste, pompier, post-impressionniste, préraphaélite, **réaliste, romantique,** symboliste.

17 **Abstrait,** constructiviste, **cubiste,** cybernétique, dadaïste, expressionniste, fauve, futuriste, hyperréaliste, luministe, minimaliste, muraliste, naïf, néodadaïste, néoréaliste, nuagiste, précisionniste, primitiviste, suprématiste, **surréaliste,** tachiste, vorticiste.

# 781 MUSIQUE

N. 1 **Musique.** – Art musical, **langage musical.** – Musique sacrée (opposé à musique profane). – Musique folklorique ; musique populaire ; musique traditionnelle ; musique de cour ; musique savante. – Musicalité.

2 Musique vocale, **musique instrumentale.** – **Musique de chambre** (du lat. *musica da camera* opposé à *musica da chiesa) ;* musique d'orchestre. – Musique à programme (opposée à musique pure), musique descriptive ; musique de ballet.

3 Musique baroque, **musique classique,** musique romantique. – **Musique contemporaine ;** musique aléatoire ; musique algorithmique ; musique stochastique ; musique spectrale. – Musique répétitive, musique minimaliste ; musique

dodécaphonique, musique sérielle. – Musique concrète ; musique électroacoustique, musique électronique. – *Live electronique music* [angl.]. – Théâtre musical. – Opéra 784 ; jingxi [Japon].

4 Dodécaphonisme, **sérialisme.**

5 Flamenco, musique andalouse ; musique afro-cubaine, salsa ; musique tsigane. – Gagaku [Japon].

6 **Jazz ;** style Nouvelle-Orléans ou traditionnel ; dixieland ; Chicago ; swing ; mainstream ou middle jazz ou jazz classique ; be-bop ou bop ; funk, hot ; free jazz ; jazz-rock. – Style jungle. – Boogie-woogie ; ragtime ; stride. – **Blues,** rythm and blues.

7 **Country,** country and western ; bluegrass, folk. – Pop ou pop-music. – **Rock and roll ;** hillbilly, rockabilly ; acid-rock, hard-rock, rock industriel ; punk ; ska ; new wave.

8 Disco, funk, soul music. – House-music. – Raï ; rap ; reggae. – Variétés. – Muzak.

9 Musique militaire.

10 **Échelle ;** échelle diatonique, échelle chromatique, échelle préheptatonique (ditonique, tritonique, tétratonique, pentatonique, hexatonique), échelle heptatonique. – **Gamme ;** gamme naturelle, gamme tempérée ; gamme majeure, gamme mineure ; gamme chromatique, gamme diatonique. – Pentacorde, hexacorde, tétracorde. – Conjonction mélodique, conjonction d'arpège, conjonction harmonique. – Enharmonie.

11 **Degré.** – Tonique ou première, sus-tonique ou deuxième, médiante ou troisième, sous-dominante ou quatrième, dominante ou cinquième, sus-dominante ou sixième, sensible ou septième.

12 Son 365, son naturel. – Fondamentale ; harmoniques. – **Note ;** do ou ut, ré, mi, fa, sol, la, si (dans les pays de langues et de traditions latines). – A, B, C, D, E, F, G (dans les pays de langues et d'expressions germaniques). – Note réelle, note altérée. – Solmisation [vx].

13 **Altération.** – Bécarre ; bémol, double bémol ; dièse ou dièze, double dièse. – Armature ou armure.

14 Durée, hauteur, intensité, timbre ; accent, valeur. – Consonance, euphonie ; dissonance, frottement. – Fausse note ; canard, couac [fam.].

15 **Tempérament.** – Ton, mode ; tonalité, modalité. – Mode majeur ou majeur,

mode mineur ou mineur ; mode dorien, mode lydien, mode mixolydien, mode phrygien ; modes authentes, modes plagaux. – Accident, emprunt ; modulation.

16 Modes et formules modales. – Diêu [Vietnam] ; dastgah [Iran] ; patet [Java] ; raga [Inde] ; Islam : avinaz, maqam.

17 **Intervalle ;** intervalle harmonique, intervalle mélodique. – Intervalle chromatique, micro-intervalle ; intervalle simple, intervalle redoublé. – Intervalle diminué, intervalle mineur, intervalle juste, intervalle majeur, intervalle augmenté. – Comma ; quart de ton, tiers de ton, demiton, **ton ;** seconde, tierce, quarte, quinte, sixte, octave, neuvième, dixième, onzième ; **triton** ou quarte augmentée. – Degrés conjoints, degrés disjoints.

18 **Accord ;** accord parfait, accord parfait majeur, accord parfait mineur ; accord renversé. – Accord brisé.

19 Cluster ; agrégat. – Nuage de sons.

20 **Cadence parfaite,** cadence plagale, cadence complète ; demi-cadence. – Cadence modale ; cadence imparfaite, cadence ouverte ; cadence rompue ou évitée. – Cadence italienne.

21 **Rythme,** tempo ; cadence, mouvement. – **Temps ;** temps faible, temps fort ; contretemps ; syncope. – Battement. – **Mesure ;** mesure binaire, mesure ternaire ; mesure simple, mesure composée ; deux-quatre, trois-quatre, quatre-quatre ; trois-huit, six-huit, douze-huit, etc. – Anacrouse.

22 **Harmonie ;** harmonie consonante, harmonie dissonante. – Chiffrage.

23 Contrepoint ; note contre note, deux notes contre une, quatre notes contre une, syncope, contrepoint à double chœur.

24 **Modalité,** polymodalité. – Tonalité ; bitonalité, polytonalité. – Bithématisme ou dithématisme. – Monodie, polyphonie ; hétérophonie, homophonie. – Polyrythmie. – Athématisme, atonalité.

25 Période, phrase, série. – **Mélodie,** polymélodie ; motif, thème ; sujet, contresujet, réponse ; leitmotiv, ritournelle, ostinato. – Basse contrainte ou obstinée. – Variation.

26 **Ornementation ;** fioriture, ornement ; arpège décoratif, appogiature, gruppetto, mordant, trille ; coloratura.

27 **Notation.** – Portée. – Clés de fa, **clé de sol,** clés d'ut. – Liaison, ligature, point.

– Barre de mesure, double barre. – Tablature. – Partition.

28 Figure de note ou, plus cour., note. – Ronde, blanche, **noire, croche,** double croche, triple croche, quadruple croche ; note pointée. – Duolet, triolet, quintolet, sextolet. – **Silence ;** pause, demi-pause, soupir, demi-soupir, quart de soupir, huitième de soupir, seizième de soupir ; tacet. – Anc. : notation neumatique, **neume.**

29 Œuvre, opus ou op. – Ouverture, sinfonia ; exposition, réexposition ; développement ; final ; coda. – Prélude, postlude.

30 Concertino, **concerto,** concerto grosso, concertstück. – Suite ; **sonate ;** divertimento, sonatine, rondo ; **symphonie,** symphonie concertante ; poème symphonique. – Toccata, **fugue** ; partita.

31 **Menuet ;** bourrée, courante, écossaise, loure, passacaille, polonaise, sarabande, sicilienne, villanelle **786.**

32 Caprice, cassation [vx], concert. – Fantaisie, ricercare ; transcription, paraphrase ; variations. – Étude, impromptu, nocturne, prélude ; humoresque. – Marche, marche militaire.

33 Déploration, tombeau.

34 Duetto, duo, quatuor, quatuor à cordes, quintette.

35 Adagietto *(un adagietto),* adagio, allégretto, allégro, andante, andantino, largo, lento, presto, scherzo.

36 **Composition.** – Harmonisation, instrumentation, musicalisation ; **orchestration,** réorchestration.

37 Salle de concert **788.** – Conservatoire.

38 **Harmonie, solfège ;** dictée musicale ; analyse musicale. – Composition. – Orchestration. – Histoire de la musique.

39 Harmoniste *(un harmoniste),* mélodiste. – Arrangeur, orchestrateur.

40 **Compositeur 782 ;** contrapuntiste ou contrepointiste, polyphoniste. – Symphoniste. – Dodécaphoniste, sérialiste.

41 **Musicologie,** musicologue ; éthnomusicologie ; organologie, organologue.

42 MÉD. : musicothérapie, musicothérapeute *(un musicothérapeute).*

43 MYTH. : Erato, Orphée.

v. 44 Faire de la musique. – Jouer ; interpréter.

45 **Composer ;** écrire. – Harmoniser ; instrumenter, **orchestrer,** réorchestrer. –

Contrepointer ; arpéger, fuguer, préluder ; syncoper. – Transposer.

46 **Altérer** ; bémoliser, diéser ; augmenter, diminuer. – Moduler. – Rythmer.

47 Chiffrer *(chiffrer les accords, chiffrer la basse)*. – Noter.

48 La musique adoucit les mœurs [prov.].

Adj. 49 **Musical.** – Instrumental, vocal. – Compositionnel [didact.].

50 **Monodique,** polyphonique. – Harmonique ; contrapuntique ou contrapointique. – Mélodique. – Dodécaphonique, sériel.

51 **Concertant,** fugué, symphonique.

52 Tonal ; bitonal, polytonal ; atonal. – Modal. – Naturel ; **tempéré.**

53 Chromatique, diatonique, enharmonique. – Conjoint, disjoint.

54 Euphonique, harmonieux, **mélodieux.** – Consonant, dissonant.

55 **Rythmé,** syncopé ; cadencé. – Métronomique.

56 Musicologique ; éthnomusicologique ; organologique.

Adv. 57 **Musicalement.** – Mélodiquement ; harmoniquement ; rythmiquement.

58 **Harmonieusement,** mélodieusement.

59 A battuta, al tempo. – Da capo. – All'ottava ; loco. – Crescendo, decrescendo ou diminuendo. – Tenuto ; pizzicato.

## 782 MUSICIENS

N. 1 **Musicien,** musico [fam.] ; instrumentiste ; exécutant, interprète. – Péj. : croque-notes [vx], **massacreur,** musicastre [rare].

2 Concertiste, symphoniste. – Accompagnateur ; soliste ; virtuose. – **Chef d'orchestre 783** ; maestro.

3 **Orchestre** ; orchestre instrumental, orchestre de chambre ; orchestre philharmonique ou philharmonie, orchestre symphonique. – **Trio, quatuor,** quintette, sextuor, septuor, octuor. – Concertino, ripieno.

4 Clique, **fanfare,** harmonie.

5 Bagad. – Cobla ; gamelan, gong, piphat.

6 **Orchestre.** – Cordes : premier violon, deuxième violon ; altiste ; violoncelliste ; contrebassiste ; harpiste. – Vents, bois : flûtiste, hautboïste ou hautbois, clarinettiste, bassoniste. – Vents, cuivres : corniste, trompette ou trompettiste, trombone ou

tromboniste, tuba. – Percussions : **percussionniste** ; cymbalier, timbaliste ; vibraphoniste, xylophoniste.

7 **Guitariste,** mandoliniste ; bassiste, contrebassiste ; anc. : cithariste, luthiste. – Sitariste. – **Violoniste** ; violoneux [péj.] ; anc. : vielleur, violiste.

8 Cornettiste, **saxophoniste** ; clairon, sonneur.

9 Harmoniciste.

10 Tambour *(un tambour),* tambour-major ; tambourinaire [anc.] ; batteur ou, anglic., drummer.

11 **Pianiste** ; claveciniste, organiste. – Virginaliste [anc.].

12 Accordéoniste.

13 Cornemuseur ; cabretaïre.

14 **Compositeur** ; arrangeur, orchestrateur.

15 Déchiffrage, **lecture,** lecture à vue. – Improvisation.

16 Exécution, interprétation, **jeu** ; phrasé ; manière, style. – Doigté, virtuosité.

17 Oreille musicale ; oreille absolue.

18 Barré *(un barré);* double-corde. – Démanché. – Détaché ; glissando, vibrato.

V. 19 **Jouer** ; exécuter, interpréter, musiquer [vx]. – Improviser. – Faire des gammes. – Canarder [fam.].

20 Déchiffrer, **lire.** – Attaquer. – Donner le *la,* donner le ton ; battre la mesure.

21 Battre, frapper, marteler. – Frotter ; pincer.

22 Corner, sonner. – Vieller. – Pianoter. – Tambouriner.

23 Lier ; détacher. – Lourer ; piquer ; prolonger, tenir une note. – Plaquer un accord.

Adj. 24 **Orchestral** ; philharmonique.

Adv. 25 Allegretto, allegro, andante, andantino, animato, prestissimo, presto ; larghetto, largo, lento ; largando. – Agitato, con brio, con moto, moderato, sforzando, vivace ; rubato. – Accelerando, rallentendo.

26 EXÉCUTION
INTENSITÉ

| | |
|---|---|
| forte | pianissimo |
| fortissimo | piano |
| mezzo forte | rinforzando |
| EXPRESSION | |
| affettuoso | amoroso |
| amabile | appassionato |

cantabile
dolce
dolcissimo
con espressione
espressivo
con fuoco
furioso
gracioso ou grazioso
PHRASÉ

gravement
maestoso
ritardando
ritenuto
scherzo ou
    scherzando
sostenuto
spiritoso

legato
portando

staccato

27 Molto, piu, ma non troppo.

# 783 INSTRUMENTS DE MUSIQUE

N. 1 **Instrument de musique.** – Instruments à vent (bois, cuivres), instruments à cordes (cordes frottées, pincées, frappées), percussions. – Aérophone, cordophone, idiophone, lithophone, membraphone, métallophone.

2 Composition de l'orchestre. – Chef d'orchestre, chef. – Premiers violons, seconds violons ; altos ; violoncelles, contrebasses ; harpe. – Flûtes, hautbois, clarinettes, bassons, contrebassons ; cors, trompettes, trombones, tubas. – Instruments à percussion ; cymbales, timbales, triangle.

3 **Instruments à cordes** ou cordes. – Instruments de l'orchestre : alto, contrebasse, **violon,** violoncelle ; harpe. – Instruments à cordes pincées : banjo, **guitare** (ou, fam., gratte), mandoline. – Instruments anciens à cordes pincées : cistre, cithare, dulcimer, **luth,** théorbe ou téorbe. – ANTIQ. : lyre, psaltérion.

4 Instruments exotiques à cordes pincées. – Vihuela [Espagne]. – Bouzouki ou buzuki [Grèce]. – Balalaïka [Russie]. – Afrique : harpe-cithare, kora. – Monde arabe : oud, qanun. – Iran : kamantche, setar. – Chine : pipa, qin, zheng. – Japon : biwa, koto, samisen ou shamisen. – Inde : rabab ou rebab, sarod, sitar, vina.

5 Instruments à cordes frottées : **violon ;** pochette, trois-quarts ; sarangi [Inde]. – Instruments anciens à cordes frottées : gigue, rebec, vièle, vielle, **viole ;** viole de bras, viole de gambe.

6 **Instruments à vent** (ou : vents, instruments à air). – **Cuivres.** – Instruments de l'orchestre : cor, trombone, trompette, tuba. – Instruments à pistons : bugle, hélicon, saxhorn ; bombardon, cornet à pistons, **trombone à pistons.** – Instruments à clés : ophicléide, **saxophone** ou, fam., saxo. – Clairon ; cor de chasse ; lituus.

7 **Bois.** – Instruments de l'orchestre : basson, contrebasson, clarinette, **flûte** (flûte traversière), hautbois. – Flûtes : fifre, flabiol ou flaviol, flageolet, flûte à bec, flûte de Pan ou syrinx, galoubet, larigot [anc.], ocarina, piccolo, pipeau ; nay ou ney ; quena ; ANTIQ. : aulos, diaule. – Alboka. – Hautbois : rhaïta ou ghaïta ; shanai ; zurla. – Alphorn ou cor des Alpes. – Harmonica.

8 **Instruments à percussion** ou percussions. – Instruments de l'orchestre : timbale, cymbales, glockenspiel ou carillon, triangle, vibraphone, xylophone. – Grosse caisse, **tambour,** tambourin, timbale. – Cymbale ; gong. – **Cloche** ; triangle.

9 **Batterie.** – Caisse claire ou tom aigu ; tom médium ; tom basse ; grosse caisse. – Cymbale, cymbale charleston. – Woodblock, cow bell. – Baguettes, balais, mailloches.

10 Instruments secoués : chapeau chinois, cliquette, crécelle, grelot, hochet, maracas, sistre, tambour de basque. – Instruments frottés ou racleurs : washboard. – Castagnettes.

11 Instruments exotiques. – Afrique : balafon, marimba ; **tam-tam,** tumba. – Bongo [Amérique latine] ; conga [Cuba]. – Monde arabe : daff ou duff, darbouka ou derbouka, nacaire, tabl. – Tabla [Inde].

12 **Piano** ou, vx, pianoforte ; piano droit, piano à queue ; crapaud, demi-queue. – Anc. : **clavecin,** clavicorde, épinette, virginal. – Cymbalum ou tympanon.

13 **Orgue ;** orgue portatif, positif ; grand-orgue ; harmonium ; hydraule ou orgue hydraulique [ANTIQ.] ; sheng ou cheng [Chine]. – **Orgue mécanique :** limonaire, orgue de Barbarie, serinette [anc.].

14 **Trompe ;** buccin, conque. – Instruments à air ambiant : rhombe ; harpe éolienne.

15 Cornemuses : bagpipe, biniou, cabrette, **cornemuse,** loure [anc.], pibcorn.

16 **Accordéon** ou, pop., piano à bretelles ; bandonéon, concertina.

17 Ondes Martenot. – Instruments électroniques : boîte à rythme, **synthétiseur** ou, fam., synthé.

18 Guimbarde.

19 Parties du piano. – **Clavier ;** touche. – Pédale. – Marteau ; échappement, étouffoir.

20 Parties de l'orgue. – **Buffet.** – Pédalier ; pédale ; tirasse. – Soufflerie, soufflet ; sommier. – Soupape ; registre ; touche ; abrégé. – Jeu ou **jeu d'orgue.**

21 Parties des cuivres. – Bec ; embouchure. – **Anche.** – Clef ; piston. – Pavillon.

22 Parties des instruments à corde. – **Caisse de résonance** ou corps ; table d'harmonie ; cordier ; ouïe, rosace ou rose ; âme ; chevalet. – **Manche ;** sillet.

23 Parties des tambours : **caisse,** fût ; tirants, timbres ; peau. – Parties de la cloche : battant, cerveau ou calotte, panse.

24 **Corde** ou corde vibrante ; bourdon, chanterelle.

25 **Archet ;** baguette, mèche. – Plectre ou médiator.

26 Accordoir ; retendoir. – **Diapason ;** monocorde. – Métronome.

27 **Facture ;** archèterie, lutherie.

28 Accordeur. – **Facteur ;** archetier, luthier ; organier ou facteur d'orgues.

29 Organologie. – Organologue.

V. 30 **Accorder ;** désaccorder. – Jouer **782.**

31 **Résonner 365 ;** vibrer.

Adj. 32 **Instrumental.** – Pianistique.

33 Organologique.

# 784 CHANT

N. 1 **Chant ;** chanson ; chantonnement ; mélopée ; voix ; musique vocale.

2 **Psalmodie ;** cantillation. – **Monodie,** monodie accompagnée ; hétérophonie ; diaphonie, **polyphonie ;** MÉDIÉV. : organum, organum primitif ou parallèle, organum à vocalises.

3 **Chœur,** chœur à voix égale, chœur mixte, double chœur ; **canon,** canon en augmentation (opposé à canon en diminution), canon fermé, canon perpétuel ou ouvert, canon multiple, canon rétrograde ou canon à l'écrevisse ; antécédent, conséquents. – Chant principal, contre-chant, contrepoint **781 ;** MÉDIÉV. : *cantus* (lat., « chant ») ou voix principale, *vox principalis* [lat.] opposé à *discantus* (lat., « déchant ») ou voix ornementale, cantus firmus. – Accompagnement, harmonisation ; bourdon, faux-bourdon.

4 **Chant liturgique,** chant sacré ; chant ambrosien ou milanais, **chant grégorien** (ou : chant ecclésiastique, plain-chant), chant orthodoxe.

5 LITURGIE. – **Cantique,** choral *(un choral, des chorals),* graduel *(le graduel),* hymne, motet, prose, **psaume,** répons, séquence,

trait ; laudes, vêpres solennelles ou en musique, leçon, leçon de ténèbres, litanie ; **antienne,** antiphone ou antiphonie, réclame ; agnus Dei *(un agnus Dei),* alléluia [spécialt], benedictus, dies irae, gaudeamus ou, abrév., gaudé, glorirae, hosanna, introït, kyrie ou kyrie eleison, magnificat, miserere ou miséréré, requiem, sanctus, stabat mater, Te Deum. – Trope.

6 Antiphonaire, hymnaire, kyriale, **psautier,** responsorial.

7 Art lyrique, **opéra** *(l'opéra) ;* bel canto. – **Ornement,** ornementation, trait ; colorature ou coloratura, fioriture, mélisme, roulade, **trille, vocalise ;** vocalisation ; mordant [vieilli] ; vx : diminution, passage ; trémolo ou tremolo.

8 Opéra bouffe (ou, ital., *opera buffa),* opera ou *dramma semiseria* (ital., « opéra tragicomique »), opéra sérieux (ou : *opera seria* [ital.], grand opéra) ; drame lyrique, tragédie lyrique ; opéra rock. – Opéra-oratorio, **oratorio 787,** passion ; **cantate,** cantatille [vx].

9 Opéra-ballade ou, anglic., ballad opera, **opéra-comique, opérette.** – Chantefable [MÉDIÉV.], singspiel [all.]. – Opéra-ballet ; divertissement [anc.].

10 Espagne : cante jondo ou cante hondo ; chant flamenco. – Portugal : fado, saudade.

11 **Air,** mélodie ; aria, ariette, cabaletta, cavatine ; arioso ; **récitatif,** récitatif accompagné, récitatif mesuré, récitatif obligé ou, ital., *obbligato,* récitatif pur (ou, libre, *secco* [ital.] simple) ; récit [vx], sprechgesang (all., « chant parlé »).

12 **Chanson 785 ;** chant patriotique, **hymne,** hymne national. – Chant nuptial ; litt. : épithalame, hyménée [vieilli]. – Noël.

13 Cantabile, cantilène, lamento, **mélopée.** – Chant funèbre ; ANTIQ. : nénies, thrène ; vocero ou vocéro. – Lied (pl., lieder). – Anc. : *cancionero* [esp.], *frottola* [ital.], madrigal, villanelle ou, ital., *villanella.*

14 ANTIQ. GR. : dithyrambe **787,** ode, péan ou pæan.

15 Intensité, puissance. – Ambitus, étendue, **registre ;** tessiture. – Coloration, couleur, **timbre,** son, sonorité. – Ton ; accent, inflexion, intonation. – Modulation, port de voix ; phrasé.

16 Voix de fausset ; voix de gorge, voix de tête ; falsetto, falsettone ou falsetto renforcé, voix de poitrine ; voix de masque. – Voix blanche ; voix flûtée.

17 Artiste lyrique, **chanteur,** interprète ; soliste ; **cantatrice,** diva, prima donna ;
prima uomo [rare]. – Divette.

18 **Soprano,** soprano dramatique, soprano
léger (ou, impropr., colorature) lyrique ;
**mezzo-soprano ; contralto** ou contraltiste. – **Falsettiste,** falsettiste contraltiste,
sopraniste ; castrat, falsettiste naturel (opposé à falsettiste artificiel) ; **haute-contre**
ou contre-ténor ; **ténor,** ténor dramatique, ténor léger, lyrique, ténorino ; **baryton,** baryton élevé ou basse-taille ; basse,
basse chantante, basse bouffe, noble, profonde ; contre-teneur ou, lat., contratenor
[vx].

19 **Chantre,** grand chantre, maître de chapelle, maître de chœur ; psalmiste ; **Choriste ;** enfant de chœur ; cantor [anc.]. –
**Chœur,** orphéon ; chorale.

20 ANTIQ. GR. : **aède,** citharède ; choreute ;
coryphée. – Hist. : ménestrandise ou ménestrandie ; ménestrel.

21 Maîtrise, manécanterie, psallette, schola
cantorum ; chantrerie ou chanterie [rare].

22 Chant d'oiseau, **gazouillis 305,** pépiement, ramage ; cri, stridulation ; bruissement, murmure.

V. 23 **Chanter,** chantonner, fredonner, moduler **781 ;** siffler, siffloter. – Gazouiller **305.**

24 Solfier. – **Vocaliser ;** jodler ou iodler ;
faire des vocalises, travailler sa voix ; poser sa voix.

25 Psalmodier. – Ténoriser ; barytonner
[rare].

26 Attaquer, **entonner.** – Rechanter, reprendre.

27 **Chanter faux,** détonner ; faire des canards, des couacs. – Avoir un chat dans
la gorge ; chevroter, miauler. – **Crier 747,**
hurler ; s'égosiller, s'époumoner ; fam. :
beugler, brailler, braire, bramer.

Adj. 28 Chantant, mélodieux.

29 **Lyrique, vocal.** – Psalmodique. – Monodique, polyphonique. – Choral ; canonique ; mélique ; mélismatique (opposé à
syllabique) ; psalmique.

30 Ténorisant ; barytonnant [rare].

31 Chantable.

Adv. 32 Vocalement. – A cappella ou a capella. –
À pleine gorge, **à pleine voix,** à tue-tête ;
mezza voce. – À l'unisson, en chœur.

## 785 CHANSON

N. 1 **Chanson,** chansonnette. – Chanson à
boire.

2 **Berceuse,** comptine. – Aubade, sérénade.

3 Ranz ou ranz des vaches, tyrolienne.

4 Vx – Bergerette, brunette, chanson de
toile ; complainte.

5 Gospel, negro-spiritual ; **blues 781,**
rythm and blues. – Scat. – **Rock 781 ;**
rock and roll ; hard-rock. – Reggae, dub ;
raï ; rap.

6 **Variétés.** – Chanson populaire ; chanson
folklorique ; chanson réaliste ; style rive
gauche.

7 **Succès** *(un succès),* tube [fam.] ; standard.
– Rengaine, ritournelle, scie. – Arg. : beu-
glante, goualante. – Refrain ; flonflon.

8 **Chanteur 784,** interprète ; goualeur [arg.].
– Vx ou par plais. : barde, ménestrel, troubadour, trouvère. – Chanteur de charme,
crooner. – Chanteuse réaliste. – Tourlourou ou comique troupier.

9 **Chansonnier ;** auteur-compositeur, parolier.

10 Disc-jockey.

11 Comédie musicale ; burlesque *(un burlesque).* – Music-hall.

12 Audition. – Crochet, radio-crochet.

13 Boîte de nuit ou **boîte,** discothèque. –
Cabaret, caveau.

V. 14 **Chanter ;** pousser la chansonnette [fam.] ;
pousser la goualante [arg.]. – Yodler.

15 Auditionner.

16 Chansonner [vx]. – Composer **781.**

# 786 DANSE

N. 1 **Danse ;** arg. : gambille, guinche. – Dansement [rare] ; danserie [vx]. – Dansotement ou dansottement [péj.].

2 Danse pure. – Danse noble ; danse de
demi-caractère, danse de caractère. –
Danse baroque. – **Danse classique,**
danse académique ou d'école ; danse libre ; danse expressionniste ; danse moderne ou *modern dance ;* **danse contemporaine ;** danse jazz, danse modern-
jazz ; danse à claquettes ou claquettes ;
danse-théâtre. – Danse rythmique. –
Danse de salon, danse de société.

3 Danse rituelle, danse sacrée.

4 Mouvement ; geste. – Gestualité ; gestuelle *(une gestuelle).* – Gestique ; ges-
tuaire.

5 **Chorégraphie** *(une chorégraphie) ;* saltation [ANTIQ.]. – Divertissement, entre-

mets ; féerie ; intermède, momerie, pantomime. – Concert de danse ; **revue**. – **Ballet** ; ballet d'action (opposé à ballet abstrait). – Ballet de cour, ballet à entrées ; ballet blanc ou romantique. – Ballet sériel, ballet solfégé, ballet symphonique. – Ballet-pantomime, choréogramme ; **ballet-théâtre**, chorédrame, comédie-ballet, tragédie-ballet ; opéra-ballet, oratorio-ballet. – Ballet équestre ; ballet nautique.

6 DANSES ÉTRANGÈRES

| | |
|---|---|
| allemande | jota |
| aragonaise | mauresque |
| cachuca | polonaise |
| chica | russe |
| cracovienne | saltarelle |
| czardas | sardane |
| danse du ventre | séguedille |
| écossaise | sicilienne |
| fandango | tarentelle |
| flamenco | tyrolienne |
| forlane | varsovienne |
| fricassée | zapatéado |
| hussarde | zorongo |
| jabadao | |

7 Danses villageoises ou paysannes. – Olivettes, sabotière ; villanelle.

8 ANTIQ. : bibasis, emmélie ; **gymnopédies** ; cariatide ; pyrrhique ; cordace, sicinnis. – Bugaku [jap.]. – Inde : bharat natyam, kathakali ; manipuri. – Brésil : candomblé, macumba. – Danse du ventre. – Danse des derviches tourneurs. – Danse de la pluie, danse du soleil.

9 DANSES ANCIENNES

| | |
|---|---|
| anglaise | gavotte |
| basse-danse | gigue |
| bergamasque | loure |
| boiteuse | matelote |
| bourrée | mazurka |
| branle | menuet |
| cancan | passacaille |
| carmagnole | passepied |
| carole | pastourelle |
| chacone | pavane |
| chahut | polka |
| chaîne | redowa |
| contredanse | rigaudon |
| cotillon | sarabande |
| courante | tambourin |
| ductia | tourdion |
| estampie | tricotets |
| gaillarde | valse viennoise |
| galop | volte |

10 DANSES MODERNES

| | |
|---|---|
| be-bop | boston |
| biguine | cake-walk |
| black-bottom | calypso |
| boléro | cancan |
| bossa-nova | french cancan |
| cha-cha-cha | pogo |
| chaloupée | rock and roll |
| charleston | rumba |
| fox-trot | salsa |
| habanera | samba |
| hip-hop | scottish |
| java | shimmy |
| jerk | ska |
| marche | slow |
| madison | smurf |
| mambo | swing |
| matchiche | tango |
| one-step | twist |
| paso-doble | valse |

11 Chaîne, farandole, **ronde**.

12 MUS. : cadence ; partita ; suite **781**.

13 Dansomanie [vx] ; balletomanie.

14 Entrée, adage, allégro, coda, final. – Ballabile ; défilé. – Pas d'action, grand pas de deux ; **variation**.

15 Enchaînement. – **En-dehors**. – Figure, mimique, pas, pose, **position** *(les six positions)*, mouvement, série.

16 FIGURES ET PAS

| | |
|---|---|
| adage | équilibre |
| arabesque | fouetté |
| assemblé | frappé |
| attitude | gargouillade |
| balancé | glissade |
| ballonné | jeté |
| battement | petit jeté |
| batterie | grand jeté |
| battu | pas de basque |
| bond | pas de bourrée |
| brisé | pas de valse |
| cabriole | passé |
| changement de pied | piqué |
| chassé | pirouette |
| chassé-croisé | plié |
| contredanse | pointe |
| contretemps | préparation |
| coulé | relevé |
| coupé | révérence |
| couronne | rond de jambe |
| déboulé | saut |
| dégagé | saut de chat |
| détourné | saut de biche |
| développé | sissone |
| écart | soubresaut |
| grand écart | temps de flèche |
| échappé | temps de demi-pointe |
| effacé | temps de pointe |
| emboîté | temps levé |
| entrechat | tombé |
| enveloppé | tour |
| épaulé | |

17 Ballon *(avoir du ballon)*, élévation.

18 Barre ; barre à terre, exercices à la barre. – Diagonale, manège ; **milieu**.

19 Chaussons, chaussons de pointe, guêtres, justaucorps, maillot académique, **tutu**. – Collophane.

20 **Opéra** ; théâtre **788.** – Music-hall. – Foyer de la danse.

21 Bal, boîte de nuit, dancing, **discothèque** ; bastringue [vieilli, fam.], cabaret, guinguette.

22 **Danseur** ; danseur noble. – Danseur mondain ; valseur. – ANTIQ. : caryatide, ménade ; almée, **bayadère** ; saltateur. – Amér. : geisha girl, taxi-girl [vieilli]. – Cavalier, partenaire ; amér. : *boy, girl.*

23 Corps de ballet, coryphée ; quadrille, premier quadrille ; sujet, premier sujet, premier danseur, **danseur étoile** ; ballerine, *prima ballerina assoluta.* – Rat, **petit rat.** – Compagnie de danse.

24 Maître de ballet, maître de danse [vieilli]. – Choréauteur, **chorégraphe.** – Notateur.

25 Danseur de corde, **funambule.** – Baladin [vx].

26 Ballettomane.

27 Chorégraphie, **labanotation,** orchésographie [rare], sténochorégraphie.

V. 28 **Danser** ; baller [vx] ; lever la jambe [fam.] ; arg. : gambiller, gigoter, **guincher.** – Dansotter ou dansoter [péj.]. – Galoper, pogoter ; jerker, valser, twister. – Entrer dans la danse.

29 Effacer, épauler, fondre, tomber ; battre, croiser, lever, piquer la pointe, relever. – Détailler, enchaîner ; forcer, marquer ; placer.

30 Danser, tanguer, **trembler.**

Adj. 31 **Dansant** ; danseur. – Dansable ; indansable. – Dansé. – Chorégraphique.

32 Gestuel.

Adv. 33 En dedans (opposé à en dehors). – En danseuse.

34 Chorégraphiquement.

## 787 THÉÂTRE

N. 1 **Théâtre** *(le théâtre)* ; art dramatique.

2 HIST. : drame liturgique ; jeu, miracle, mystère.

3 **Tragédie 466** ; ANTIQ. : dithyrambe, prétexte. – Tragi-comédie.

4 **Drame,** drame bourgeois, drame sérieux ; mélodrame. – Drame burlesque. – Moralité [HIST.]. – *Sewamono* [jap.].

5 **Comédie 465.** – Comédie de caractères, comédie de mœurs ; comédie d'intrigue, comédie romanesque, comédie à tiroirs, imbroglio ; comédie larmoyante, comédie sérieuse ; comédie héroïque ; comédie-ballet. – Commedia dell'arte ; arlequinade, bouffonnerie, caleçonnade, **farce,** pantalonnade. – ANTIQ. : drame satyrique, exode. – HIST. : monologue comique ; pastorale, sotie. – Proverbe. – **Théâtre de boulevard** ; vaudeville.

6 Féerie.

7 Jap. : kabuki, nô.

8 **Mime,** pantomime.

9 **Théâtre de marionnettes** ; guignol *(le guignol),* karagöz, polichinelle. – Castelet. – **Marionnette,** pantin ; marionnettes à gaine, marionnettes à tige.

10 Psychodrame. – Happening.

11 **Pièce** ou pièce de théâtre ; acte, scène **788.** – Entrée, sortie ; fausse sortie. – Didascalie, indication scénique.

12 Saynète, **sketch.** – Dialogue ; stichomythie. – Monologue.

13 **Action dramatique.** – Exposition ; nœud ; crise ; dénouement ; épisode, péripétie. – HIST. : antistrophe, strophe ; parabase ; catastrophe.

14 Règle des trois unités (unité de lieu, de temps et d'action) ; bienséances.

15 Théâtralisation. – Théâtralité.

16 Filage, **répétition** ou, fam., répète, répétition générale ou générale ; couturière [anc.].

17 **Représentation,** spectacle. – Création.

18 **Séance** ; matinée, nocturne, soirée. – Avant-première, première ; dernière ; relâche ; reprise. – **Saison.** – Tournée. – Soirée d'adieu.

19 Les trois coups ; brigadier. – Lever de rideau, baisser de rideau. – **Changement de décor,** changement à vue. – **Entracte,** intermède.

20 Directeur artistique. – **Metteur en scène,** régisseur. – Marionnettiste.

21 **Acteur** ; figurant. – Souffleur.

22 Emploi, **rôle** ; rôle-titre ou rôle titulaire, second rôle ; personnage **307.** – Contre-emploi. – Figuration.

23 Spectateur ; auditoire, **public** ; claque *(la claque).*

24 **Applaudissements,** applaudissements nourris, bravos ; bis *(un bis),* rappel ; tabac [fam.] **540.** – **Huées,** sifflets ; four [fam.] **541.**

V. 25 Théâtraliser.

26 **Mettre en scène** ; monter une pièce ; donner, représenter.

27 Faire, interpréter, **jouer,** tenir un rôle.

28 Filer une scène, **répéter.**

29 Fam. : faire un four, jouer devant les banquettes. – Passer la rampe ; faire un tabac [fam.].

30 **Applaudir,** bisser, claquer ou frapper dans les mains, rappeler, trisser. – **Huer,** siffler. – Chuter.

Adj. 31 **Théâtral** ; comique [vx], dramatique [didact.], scénique.

32 Comique **465.** – Dramatique, mélodramatique ; tragi-comique. – Tragique **466.**

Adv. 33 **Théâtralement ;** dramatiquement [didact.], scéniquement **788.**

Int. 34 **Bravo !** – Hou ! Rideau !

## 788 SCÈNE

N. 1 **Scène** *(la scène) ;* planches *(les planches),* tréteaux *(les tréteaux)* [anc.].

2 **Plateau.** – Scène tournante, tournette. – Cage de scène.

3 Arrière-scène, lointain (opposé à face) ; avant-scène ou proscenium, rampe [vx] ; **plan,** rue, fausse rue. – Côté cour (opposé à côté jardin). – Trou du souffleur.

4 **Rideau** ou rideau d'avant-scène ; rideau de fer ; manteau d'Arlequin. – Rideau à la française, rideau à la grecque ou à l'allemande, rideau à la guillotine, rideau à l'italienne, rideau à la polichinelle. – Fond ; taps. – Œil.

5 **Théâtre.** – Opéra. – Auditorium, **salle de concert.** – Centre dramatique.

6 Coulisse(s). – **Entrée des artistes,** foyer des artistes. – Promenoir, vomitoire [ANTIQ.] ; vestiaire.

7 **Salle.** – Orchestre, parterre [vx] ; balcon, corbeille, premier balcon ou mezzanine ; galerie, fam. : poulailler ou paradis. – Baignoire ; loge. – **Fauteuil,** fauteuil d'orchestre, strapontin ; gradin, marche.

8 **Décor,** toile de fond ; mansion [HIST.]. – Châssis. – **Accessoire** ; décoration. – Pantalon ; frise, pendillon. – Découverte. – Costières ; trappillon. – Cintres ; patience, rail. – Guinde, portant ; vol. – Gril ; pont.

9 Boîte à lumière, **luminaire,** projecteur ou, fam., projo, spot ; fam. : casserole, gamelle ; herse. – Les feux de la rampe [fig.].

10 Scénographe ; **décorateur ;** éclairagiste. – Accessoiriste, costumier, habilleur. – Cintrier, **machiniste** ou machino. – Ouvreuse, placeuse [rare].

11 **Mise en scène** ou, rare, régie ; conduite.

12 Scénographie. – Scénologie.

V. 13 **Monter sur les planches,** monter sur les tréteaux [vx].

Adj. 14 **Scénique,** théâtral **787.** – Scénographique.

Adv. 15 Scéniquement.

## 789 POÉSIE

N. 1 **Poésie** ; vers *(les vers) ;* gaie science ou gai savoir [vx]. – Métrique *(la métrique),* prosodie, **versification.**

2 Poésie épique, poésie lyrique, poésie dramatique. – Poésie didactique ; **haute poésie** ou grande poésie ; poésie pure. – Poésie champêtre ; poésie érotique, poésie ionique ou sotadique, poésie légère ; poésie satirique. – Poésie macaronique. – Lettrisme.

3 Rimaillerie [péj.].

4 Poétisation [litt.].

5 **Poème,** poésie ; pièce de vers. – Poème à forme fixe ; poème en prose. – Calligramme.

6 Poésie champêtre : églogue, idylle. – Poésie courtoise et galante : minnesang [all.] ; bergerie, madrigal. – Poésie lyrique : épinicies ; **hymne ;** épithalame ; copla [esp.]. – Ode héroïque. – Poésie satirique : priapée, vers ou poèmes fescennins ; blason, épigramme, épître, sirventès (ou : sirvente, serventois) [Provence]. – Poésie sur des sujets familiers : ode anacréontique ; congé, dit ; impromptu.

7 Poésie de forme fixe. – **Élégie.** – Cantilène, épopée, rhapsodie ; héroïde, ode héroïque. – Palinodie. – Centon.

8 Poésie de forme fixe. – Lai ; triolet ; rondeau, rondel ; virelai. – Ode, odelette ; rotrouenge ou rotruenge. – Ballade, chantefable. – Acrostiche.

9 Poésie de forme fixe. – Canzone [ital.], monostiche, sextine, **sonnet,** terza rima ou tierce rime. – Pantum [emprunté par les romantiques à la poésie malaise]. – Jap. : haiku, **haïkaï.**

10 Poésie chantée. – Villanelle. – Comptine, *lied* [all.], romance. – **Cantique 784.**

11 Poésie dialoguée, théâtre en vers. – Jeu ; jeu parti ou partimen ; tenson. – Poème dra-

matique. – Renga [jap.]. – Hain-teny [malgache].

12 **Strophe ;** couplet, laisse. – Distique, tercet, quatrain, quintain ou quintil, sizain ou sixain, septain, huitain, neuvain, dizain, onzain, douzain ; triade (strophe, antistrophe, épode). – Strophe carrée, strophe horizontale, strophe verticale. – Envoi ; **refrain.**

13 Mètre, **vers ;** trimètre, tétramètre, pentamètre, **hexamètre ;** sénaire, septénaire, octonaire. – Monosyllabe, dissyllabe, trisyllabe, tétrasyllabe, pentasyllabe, hexasyllabe, heptasyllabe, octosyllabe, ennéasyllabe, décasyllabe, hendécasyllabe, dodécasyllabe ou **alexandrin.** – Anapeste, dactyle, ïambe, spondée, trochée ; hexamètre dactylique. – Vers blancs ; vers libres ; **verset.** – Vers intercalaire.

14 Pied, **syllabe ; dodécasyllabe.** – Quantité ; syllabe courte, syllabe longue.

15 Assonance, **rime ;** allitération. – Rime pauvre, rime riche ; rime féminine, rime masculine ; rime redoublée, rime dominante ; rimes croisées, rimes embrassées, rimes plates, rimes mêlées ; rime consonante, rime léonine ou double, rime équivoquée, rime milliardaire, vers holorimes ; rime complexe, rime brisée, rime batelée, rime annexée, rime fratrisée, rime enchaînée ; rime couronnée, rime à double couronne, rime emperière, rime couronnée-annexée, rime senée, rime en écho, rime rétrograde.

16 Figures, tropes 752. – **Césure,** coupe ; hémistiche ; enjambement, rejet. – Diérèse, synérèse ; **hiatus.** – Cadence, rythme. – Cheville ; licence poétique.

17 **Anthologie,** florilège, silves, spicilège. – Chansonnier, romancero ; recueil. – Divan.

18 **Art poétique,** rhétorique *(une rhétorique)* 753 ; poétique *(la poétique).*

19 Hermétisme, imagisme, ossianisme, pétrarquisme, préciosité, école romane française, symbolisme.

20 **Poète ;** artisan du verbe [litt.], nourrisson des Muses, nourrisson du Parnasse [vx et litt.]. – Aède, rhapsode ; barde, chantre, **troubadour,** trouvère ; fabuliste ; bucoliaste. – Amoriste, félibre, **parnassien,** poète crépusculaire, vers-libriste. – Poète maudit.

21 Rimeur, versificateur ; métromane [vx]. – Fam. : faiseur de vers, métromane, po-

étéreau ou poétriau ; rimailleur [péj.]. – Vx : mâche-laurier, poétastre.

22 Apollon ; les Muses, Polymnie. – **Parnasse ;** Hélicon.

23 HIST. : cours d'amour, jeux floraux, puy.

V. 24 Poétiser [litt.] ; courtiser les Muses ; par plais. : taquiner la muse. – Accorder sa lyre, prendre son luth.

25 Prosodier, rimer, **versifier ;** rimailler [péj.]. – Pétrarquiser, pindariser.

26 Célébrer, chanter.

Adj. 27 **Poétique ;** lyrique. – Métrique, prosodique ; strophique. – Alcaïque, dactylique, ïambique, spondaïque, trochaïque. – Poétisable.

28 Anacréontique, ossianique, parnassien.

Adv. 29 **Poétiquement ;** en prose, en vers.

# 790 CINÉMA

N. 1 **Cinéma,** cinématographe [vieilli], septième art [sout.] ; fam. : ciné, cinoche. – Animation ; vidéo. – Cinématographie.

2 Cinéma muet, cinéma parlant.

3 Cinéma d'art et d'essai, cinéma d'auteur. – Cinéma-œil, cinéma-vérité ; néoréalisme ; nouvelle vague.

4 Cinéma en noir et blanc ; cinéma en couleurs. – Noms déposés : Eastmancolor, Kinemacolor, Technicolor.

5 **Film ;** court métrage ou court-métrage, moyen métrage, long métrage ou long-métrage. – Superproduction ; film à grand spectacle, péplum. – Série B ; téléfilm 767. – Film musical ; film noir ou, anglic., thriller ; western, western spaghetti ; **documentaire,** docudrame ; cinéroman, dramatique. – **Dessin animé ;** cartoon [amér.]. – Film érotique, film pornographique ; film classé X. – Clip, spot publicitaire 768.

6 Bande annonce. – Générique. – Intertitre, sous-titre.

7 Version originale ou v. o., version originale sous-titrée ou v. o. s. t. ; version française ou v. f.

8 **Scénario** ou script, scénarimage ou storyboard [anglic.] ; synopsis. – Adaptation.

9 Repérage. – Casting. – Bout d'essai ; répétition.

10 Filmage, **tournage ;** production 796.1. – Prise de vues ; Vistavision [nom déposé].

11 Plan, séquence. – **Gros plan** ou close up [anglic.], plan américain, plan général ou

plan d'ensemble, plan moyen, plan rapproché ou plan cravate, plan-séquence. – Plongée, contre-plongée ; contrechamp, champ-contrechamp ; panoramique ou, fam., pano, travelling ; travelling optique ou zoom (zoom avant, zoom arrière). – Extérieur, intérieur ; nuit américaine. – **Effet spécial** (ou : trucage, truquage) ; accéléré, ralenti ; retour arrière ; fondu, fondu enchaîné ou enchaîné, fondu au noir ; cache et contre-cache, transparence. – Flash-back, flash-forward [rare].

12 **Caméra,** caméra muette, caméra sonore ; caméra vidéo, paluche [fam.] ; Caméscope [nom déposé]. – **Lanterne magique,** phénakistiscope, praxinoscope, stroboscope, zootrope ; Kinétoscope [nom déposé].

13 Clap ou claquette. – Girafe, perche ; micro. – Chariot, grue ; passerelle, praticable. – **Projecteur** ou, fam., projo, sunlight. – Colleuse, pisteur, synchroniseur.

14 Décor, plateau ; **studio.** – Banc-titre.

15 Épreuves de tournage ou rushes. – Copie. – Image d'archives, plan d'archives ; stock shot [anglic.].

16 Bande sonore ou bande-son. – Voix off.

17 Collage, **montage ;** mixage, postsonorisation, postsynchronisation, synchronisation ; colorisation, sonorisation ; soustitrage. – Présonorisation ou play-back.

18 Distribution ; programmation. – Box-office.

19 Projection ; avant-première. – Polyvision ; noms déposés : **Cinémascope** ou Scope, Cinérama, Kinopanorama, Omnimax.

20 Salle de cinéma, salle obscure ; **cinéma** *(un cinéma),* complexe multisalles ; drive-in ou, canad., ciné-parc ; ciné-club. – **Cinémathèque,** filmothèque, vidéothèque.

21 **Écran,** écran panoramique, écran perlé, grand écran.

22 Filmographie.

23 Filmologie.

24 Cinéphilie.

25 **Acteur 787,** comédien, figurant ; doubleur, doublure ; cascadeur. – Diva, monstre sacré, **star,** starlette.

26 **Cinéaste,** vidéaste ; cartooniste, documentariste. – Adaptateur, dialoguiste, **scénariste.** – Producteur. – Metteur en scène, **réalisateur ;** assistant-réalisateur, régisseur. – Cadreur, directeur de la photographie ou, vx, chef-opérateur. – Monteur.

27 Accessoiriste, chef-décorateur, décorateur, ensemblier ; éclairagiste, ingénieur du son ; **cameraman,** perchiste ou perchman ; chef-électricien, **machiniste ;** script (ou : script-girl, secrétaire de plateau) ; clapman. – Habilleuse, maquilleur.

28 Distributeur ; **producteur.** – Exploitant, programmateur ; ouvreuse, projectionniste. – Cinémathécaire.

29 Cinéphile ; spectateur.

V. 30 Cinématographier [vx], filmer, tourner. – Adapter ; mettre ou porter à l'écran.

31 Mixer, **monter,** postsonoriser, postsynchroniser, synchroniser ; coloriser, sonoriser ; sous-titrer. – Présonoriser. – Visionner.

32 Coproduire, **produire ;** distribuer.

33 **Censurer ;** classer X, ixer [fam.].

Adj. 34 **Cinématographique,** filmique [didact.] ; filmographique ; filmologique. – Hollywoodien.

35 Cinéphilique. – Hors champ ou off. –

Adv. 36 Cinématographiquement.

Int. 37 Action ! Moteur !

## 791 CIRQUE

N. 1 **Cirque ;** chapiteau *(le chapiteau).* – ANTIQ. : jeux du cirque ; *panem et circences* (lat., « du pain et des jeux »).

2 **Chapiteau,** manège, tente ; roulotte. – Caravane.

3 Manège, piste ; gradins. – Pulvinar [ANTIQ.].

4 Parade ; la grande parade du cirque. – Boniment, postiche. – Entrée clownesque ou comique ; compliment.

5 Attraction, **numéro,** tour.

6 **Acrobatie ;** saut de pied ferme ; saut à la batoude. – Dislocation. – Figures : drapeau, équilibre **226,** flip-flap, poirier ; lance-porter, main-à-main ; pirouette, saut périlleux ou salto.

7 Jeux icariens ; haute voltige, voltige ; saut de voltige. – Trapèze volant. – Figures : croisé, saut de la mort ou salto mortale.

8 **Jonglage,** jonglerie. – Antipodisme.

9 Clownerie **465,** pitrerie. – Ventriloquie.

10 Domptage, dressage. – Numéro : jockey.

11 Illusionnisme, manipulation, prestidigitation ; **magie.** – Tour de passe-passe ;

change, empalmage, enlevage, **escamo-tage,** filage, passe.

12 Tremplin ; batoude. – Filet. – Corde, barre, perche.

13 Bateleur, **forain,** saltimbanque ; banquiste. – Bonimenteur ; posticheur. – Garçon de piste. – Régisseur ; Monsieur Loyal. – Duettiste.

14 **Acrobate ;** voltigeur. – Barriste, perchiste, trapéziste. – Contorsionniste, disloqué ; danseur de corde, équilibriste, fildefériste ; funambule. – Cascadeur ; homme obus. – Écuyer.

15 Antipodiste, jongleur.

16 **Dompteur,** dresseur, montreur *(montreur d'ours).*

17 Escamoteur, illusionniste, **magicien,** manipulateur, prestidigitateur.

18 Auguste, **clown,** pitre.

19 Avaleur de sabres, cracheur de feu, fakir. – Hercule de foire. – Femme à barbe, femme-tronc. – Ventriloque.

20 ANTIQ. – Aurige. – Gladiateur ; arénaire, mirmillon, rétiaire, secutore. – Belluaire ou bestiaire.

v. 21 Jongler. – **Dompter,** dresser. – Empalmer, **escamoter ;** forcer la carte.

Adj. 22 **Acrobatique,** funambulesque. – Clownesque.

## 792 EMPLOI

N. 1 **Emploi ;** activité 527, occupation, tâche, **travail.** – **Services** (opposé à biens) [ÉCON.]. – **Métier,** profession ; vx : art, état, industrie. – **Place, poste ;** charge, ministère [vx ou litt.], fonction, office.

2 **Métier ;** carrière, situation ; professionnalisme. – **Profession,** profession salariée (opposé à profession libérale) ; interprofession. – Petit métier (souv. au pl.) ; artisanat. – Il n'est point de sot métier [prov.].

3 **Métier ;** branche, domaine, rayon [fam.] ; métier *(être du métier),* partie *(être de la partie).* – Art, **spécialité.**

4 **Travail ;** travail à mi-temps ou mi-temps *(un mi-temps),* travail à plein temps ou plein-temps *(un plein-temps),* travail à temps partiel ou temps partiel *(un temps partiel).* – Travail intérimaire, travail temporaire. – Travail au noir. – Fam. : boulot, gagne-pain, turbin ; anglic. fam. : business (ou : bisness, bizness), job. – **Sinécure ;** fam. : filon, fromage, planque.

5 **Corps de métier ; corporation.** – Chambre, syndicat 673 ; chambre de commerce et d'industrie, chambre de métiers, chambre syndicale. – Confrérie [vx], **ordre.**

6 **Emploi ;** plein-emploi (opposé à sous-emploi), suremploi. – Création d'emploi (opposé à suppression d'emploi), embauche, engagement – Contrat de travail ; clause de non-concurrence [DR.]. – Remploi ou réemploi. – Marché du travail.

7 **Chômage ;** chômage saisonnier, chômage structurel, chômage sectoriel, chômage technique ; inemploi [par euphém.]. – **Demande d'emploi** (opposé à offre d'emploi). – **Démission ;** débauchage. – **Renvoi ;** licenciement 644. – **Retraite ;** départ en retraite ; mise à la retraite.

8 ÉCON. : **salariat** (opposé à patronat). – Secteur primaire, secteur secondaire, secteur tertiaire. – Secteur privé (opposé à secteur public). – **Administration** *(l'Administration),* fonction publique.

9 ADMIN. – **Hiérarchie,** ordre hiérarchique. – Classe, catégorie, échelon ; indice. – Échelle indiciaire, grille des salaires. – Voie hiérarchique.

10 ADMIN. – Embauchage, nomination, **recrutement,** titularisation. – Mutation, promotion ; avancement à l'ancienneté, avancement au choix, au grand choix ; détachement, mise en disponibilité. – Dégradation ; limogeage, mise à pied, **révocation.** – Concours ; diplôme, titres.

11 **Rémunération,** rétribution ; appointements, émoluments, traitement, **salaire,** honoraires ; gages, solde.

12 **Chômeur ;** demandeur d'emploi, sans-emploi *(un sans-emploi),* sans-travail *(un sans-travail).* – Sans-profession *(un sans-profession)* [SOCIOL.].

13 **Travailleur** *(un travailleur).* – **Actif** *(un actif),* intérimaire *(un intérimaire),* salarié *(un salarié).* – Travailleur indépendant, free lance [anglic.].

14 **Employé ;** employé de bureau. – **Ouvrier** 793, agent de maîtrise. – **Cadre ;** cadre supérieur, cadre moyen, cadre d'exécution ; cadre d'encadrement. – Brain-trust [anglic.].

15 Apprenti *(un apprenti),* aide *(un aide).*

16 ADMIN. – **Fonctionnaire ;** agent public, serviteur de l'État ; fam. et péj. : budgétivore, **bureaucrate,** rond-de-cuir. – Auxiliaire, commis, **employé.** – Remplaçant, suppléant ; stagiaire ; **intérimaire ;** contractuel, vacataire.

17 **Employeur** ; patron, singe [arg.]. – Directeur ; chef, chef de service ; boss [fam.].

18 **Professionnel** *(un professionnel)*, pro *(un pro)* [fam.] ; spécialiste *(un spécialiste)*. – Homme de l'art, homme de métier.

19 Carriériste *(un carriériste)* [péj.].

20 Chasseur de têtes ; recruteur.

v. 21 **Employer**, faire travailler. – Embaucher, engager, recruter ; pourvoir d'un emploi. – Professionnaliser, spécialiser.

22 ADMIN. – **Nommer**, titulariser. – Promouvoir ; muter. – Dégrader ; limoger, mettre à pied, relever de ses fonctions, **révoquer**, suspendre. – Mettre en disponibilité.

23 **Travailler 793** ; ouvrer [vx], fam. : travailler comme un nègre, travailler d'arrache-pied ; besogner, bosser, boulonner, marner, trimer, turbiner ; gagner sa croûte, gagner sa vie.

24 **Exercer un métier**, exercer une fonction. – Embrasser *(embrasser une carrière)* ; faire carrière dans, faire le métier de, faire profession de, occuper la charge de. – **Remplacer**, suppléer.

25 Briguer, chercher, postuler, solliciter un emploi.

26 Entrer en fonction(s). – Avancer, **monter en grade**, prendre du galon.

27 S'employer ; s'établir, s'installer.

28 **Démissionner** ; rendre son tablier, résigner (une charge, ses fonctions). – Débaucher. – Licencier **644**.

Adj. 29 **Employé à**, commis à, occupé à, préposé à ; chargé de.

30 Professionnel ; interprofessionnel.

31 **Travailleur** ; actif, industrieux [litt.], laborieux [litt.]. – Mercenaire [litt.].

Adv. 32 Professionnellement.

# 793 MAIN-D'ŒUVRE

N. 1 **Main-d'œuvre** ; personnel. – Travailleur manuel ; artisan ; travailleur indépendant.

2 ÉCON. : **prolétariat, salariat 795**. – Classe laborieuse, classe ouvrière ; masses laborieuses. – Artisanat, paysannat.

3 **Ouvrier, prolétaire** ; ouvrier qualifié, ouvrier professionnel *(O. P.)*, ouvrier hautement qualifié *(O. H. Q.)*, ouvrier spécialisé *(O. S.)* ; usineur. – Ouvrier non-qualifié ; manœuvre, manœuvre spécia-

lisé, manœuvre-balai [fam.], manouvrier [région.]. – Ouvrier à façon, façonnier *(un façonnier)* ; ouvrier ambulant, ouvrier journalier [vx]. – Horaire *(un horaire)*, mensuel *(un mensuel)*. – Ouvrier à la tâche, tâcheron ; ouvrier en chambre, ouvrier à domicile [vx]. – Ouvrier d'État.

4 **Main-d'œuvre étrangère**. – Travailleur immigré. – Travailleur clandestin, travailleur au noir.

5 Brigade, **équipe** ; équipe de jour, équipe de nuit ; équipe volante. – Trois-huit *(faire les trois-huit)*.

6 **Poste de travail** ; travail posté. – Chaîne de fabrication, chaîne de montage. – **Travail à la chaîne**, travail à la chaîne commandée, travail à la chaîne libre.

7 **Chef d'équipe**, chef de groupe ; chef d'atelier, chef de chantier. – **Agent de maîtrise**, contremaître. – Agent technique, technicien. – Cadre technique ; ingénieur en chef, ingénieur. – Porion [MIN.], prote [IMPRIM.] **763**.

8 ÉCON. : taylorisme ou système Taylor, stakhanovisme. – **Sweating-system** [anglic.].

9 **Automatisation** ou automation [anglic.], mécanisation, robotisation. – Division du travail, parcellisation du travail, taylorisation [ÉCON.]. – **Standardisation 24**.

10 **Grève 797** ; grève sauvage, grève surprise ; grève perlée grève tournante ; grève des bras croisés, grève du zèle ; grève à la japonaise, grève sur le tas. – Débrayage. – Lock out [anglic.].

11 Analyse des tâches ou du travail [ÉCON.]. – Ergonomie [didact., SOCIOL.].

12 Ouvriérisme. – **Syndicalisme**.

v. 13 **Travailler à la pièce** ou aux pièces ; abattre de la besogne, tailler de la besogne.

14 Débaucher, débrayer, dételer [fam.]. – Faire la grève, faire grève.

15 Robotiser, tayloriser. – Normaliser, standardiser.

Adj. 16 **Ouvrier** *(mouvement ouvrier)* ; prolétaire, prolétarien.

Aff. 17 **Erg(-o)**.

# 794 LIEU DE TRAVAIL

N. 1 **Lieu de travail**. – **Entreprise**, établissement, société ; boîte [fam.].

2 **Administration**. – Bureau de poste ou, cour., poste *(une poste)*. – Centre des impôts. – Bureau de douane. – Ministère. –

Chambre *(chambre de commerce, chambre d'industrie).* – Office *(office de tourisme).*

3 **Bureau** ; burlingue [arg.]. – Salle ; salle de rédaction, salle de tri. – Guichet. – Accueil *(l'accueil).*

4 **École 414.5.** – Maternelle, école primaire, collège, lycée ; faculté ou, fam., fac, université. – Campus. – Bibliothèque, salle de travail ; salle de permanence.

5 **Usine** ; fabrique, manufacture. – **Aciérie 805,** mini-aciérie ; aluminerie, cockerie, fonderie, forge [anc.].

6 **Atelier** ; atelier de fabrication, atelier de montage, atelier de polissage, atelier d'usinage, atelier de peinture. – **Chaîne,** chaîne de montage.

7 Atelier de menuiserie. – Miroiterie, verrerie. – Cordonnerie. – **Garage** ; atelier de réparation.

8 Chantier.

9 **Carrière,** exploitation à ciel ouvert. – Exploitation minière **802, mine.** – Chantier d'abattage, chantier d'exploitation.

10 **Agence, bureau,** bureau d'études ; office. – Cabinet d'affaires.

11 Étude *(étude d'avoué, d'huissier, de notaire).* – **Cabinet,** cabinet médical. – Salle d'attente.

12 **Officine** ; pharmacie ; laboratoire d'analyses. – Centre de recherches ; laboratoire ou, fam., labo.

13 **Boutique, magasin** ; échoppe. – **Marché.** – Hypermarché ou, fam., hyper, supermarché.

14 Bureau, service.

## 795 SALAIRE

N. 1 **Salaire** ; rémunération, rétribution. – **Gain(s),** revenu(s) **829.**

2 ÉCON. – Salaire direct, salaire indirect ou social ; salaire de base, salaire fixe. – Salaire brut (opposé à salaire net) ; salaire imposable, salaire réel. – **Minimum vital** ; S. M. I. G. *(salaire minimum garanti)* [anc.], S. M. I. C. *(salaire minimum interprofessionnel de croissance).* – **Pouvoir d'achat 835.** – Salariat.

3 ÉCON. – Fourchette des salaires, éventail des salaires ; salaires différentiels. – Échelle mobile des salaires.

4 **Salaire** ; salaire de ministre ; salaire de famine ou de misère ; paye ou paie. – Appointements, émoluments ; traite-

ment. – Honoraires. – Cachet, cacheton [fam.]. – Vacation. – Gages. – Solde ; demi-solde.

5 Allocation ; allocation de chômage. – Pension ; pension de retraite. – Indemnité journalière (d'un demandeur d'emploi) ; indemnité parlementaire. – Jeton de présence (ou, absolt, jeton).

6 **Droits** ; droits d'auteur, droits d'exploitation. – **Royalty** ou royalties [anglic.], royautés.

7 Prestation ; prestations sociales.

8 Fixe *(un fixe).* – Gratification, **prime,** sursalaire. – COMM. : courtage, **pourcentage** ; commission, ducroire, guelte, pourboire, service ; sou du franc. – Avantages en nature.

9 **Bulletin de paie,** feuille d'émargement, fiche de salaire, note d'honoraires. – Facture **825.**

10 **Salarié** *(un salarié).* – Allocataire *(un allocataire),* indemnitaire *(un indemnitaire),* pensionné *(un pensionné),* prestataire *(un prestataire).*

V. 11 **Payer 825** ; sous-payer, surpayer ; faire un pont d'or. – Appointer, **honorer, salarier,** solder [vx, ou fr. d'Afrique], rémunérer, rétribuer. – Allouer, doter, pensionner, **indemniser** ; gratifier, primer. – Faire la paie.

12 **Recevoir des appointements** ; émarger ; palper [pop.]. – Toucher son salaire ou sa solde ; toucher sa journée, son mois, sa semaine. – Cachetonner.

13 **Gagner sa vie** ; fam. : gagner son bifteck, gagner son pain, gagner son bœuf [pop.] ; gagner son pain à la sueur de son front ; perdre sa vie à la gagner. – **Arrondir ses fins de mois** ; mettre du beurre dans les épinards [fam.] **829** ; faire bouillir la marmite.

Adj. 14 **Salarial.** – Allocataire, émolumentaire [DR.], indemnitaire.

15 Salarié ; **payé,** rémunéré (opposé à bénévole) ; gagé [sout.]. – **Forfaitaire** ; au pair.

16 **Lucratif,** rémunérateur, rentable. – Payant.

Adv. 17 **Forfaitairement, salarialement.** – À forfait, à gages, aux pièces, au rendement *(salaire au rendement),* à la tâche, au temps *(salaire au temps) ;* à la journée, au mois, à la semaine. – Au cachet, à la pige.

18 En espèces, en liquide, en nature.

# 796 PRODUCTION

N. 1 **Production ;** coproduction. – Confection, fabrication, concrétisation, réalisation ; actualisation [PHILOS.] **11.2.** – Accomplissement, édification, effectuation. – Émission.

2 **Création ;** conception, élucubration [vx], procréation [litt.] ; fig. : accouchement, enfantement, engendrement. – THÉOL. : génération, procession. – **Élaboration,** formation, genèse. – Recréation ; reproduction.

3 Invention **32.**1 ; établissement, fondation, **instauration,** institution.

4 Reproduction. – Accroissement, **augmentation 88,** fructification, multiplication ; industrialisation.

5 Créé *(le créé).* – Ouvrage, production, **produit ;** artefact. – Travail. – Artisanat, industrie ; culture **811,** élevage **813.**

6 Rendement [ÉCON.] ; sous-production [ÉCON.], surproduction [ÉCON.]. – Production intérieure brute (P. I. B.), production nationale brute (P. N. B.) ; *output* (anglic., « résultat d'une production »).

7 PHILOS., ÉCON. – Forces productives ; mode de production, rapports de production ; fonction de production ; moyens de production.

8 PÉTR. : horizon productif ou producteur ; essai de production.

9 **Productivité,** rendement ; efficace [didact.]. – Fécondité **279.**15, fertilité. – Créativité, inventivité. – Compétitivité.

10 Productibilité ; fabricabilité [TECHN.].

11 **Génie** *(génie chimique, génie civil, génie génétique, etc.).* – Didact. : créatique, productique ; ergonomie ; chrématistique [vx]. – Productivisme [didact., péj.].

12 **Créateur, producteur ;** coproducteur [CIN.]. – Auteur, concepteur, ingénieur, inventeur ; innovateur, novateur ; fondateur ; promoteur. – Fabricant, fabricateur [vx], facteur *(facteur d'orgues) ;* ouvrier, prolétaire, travailleur ; industriel *(un industriel) ;* élucubrateur [rare]. – Démiurge [litt.], dieu **500,** Dieu **502** ; père.

13 Créaticien [didact.].

V. 14 **Produire ;** émettre. – Établir, fonder, instaurer, instituer ; causer **34.**9. – PHILOS. : actualiser, amener à l'être, faire venir à l'être. – Recréer, reproduire.

15 Accomplir, effectuer, **faire,** réaliser ; concrétiser. – Fam. : accoucher, pondre.

16 **Créer,** élaborer, former **141. 11** ; engendrer, générer. – Confectionner, **fabriquer,** forger [fig.] ; édifier. – Manufacturer, usiner. – Fam. et péj. : bidouiller, bricoler.

17 Débiter, sortir ; mettre sur le marché. – Industrialiser. – COMM. : produire, coproduire, financer.

18 **Fructifier,** proliférer ; donner, fournir, porter, rapporter, rendre, travailler ; avoir tel rendement.

Adj. 19 **Productif ;** sous-productif, surproductif ; productiviste. – Efficace ; fig. : fécond, fertile, fructueux, généreux, prodigue, fructifiant, prolifératif. – Créatif, inventif. – Démiurgique [didact.].

20 Créateur, recréateur [rare]. – Fécondateur [fig.]. – Engendreur [rare], générateur [LING. ou vx], procréateur, reproducteur.

21 Compétitif.

22 Artisanal, industriel.

23 **Créé,** engendré, généré [anglic.]. – Artificiel.

24 Productible ; fabricable [TECHN.].

Adv. 25 **Productivement.** – Fertilement [rare]. – Inventivement.

26 Artificiellement ; artisanalement, industriellement.

# 797 IMPRODUCTION

N. 1 **Improduction,** improductivité, **inefficacité 561** ; inefficience [didact.] ; impuissance. – Inaction **529** ; inexploitation.

2 **Stérilité ;** infécondité, infertilité. – **Aridité,** ingratitude [vx] ; pauvreté [fig.] **830.** – **Épuisement,** tarissement.

3 Immobilité, **inactivité 529,** inertie ; fig. : hibernation, sommeil. – **Stagnation ;** décroissance **89,** récession, régression. – Ruine ; faillite. – Inemploi, non-activité ; chômage **792.** – Absentéisme.

4 **Arrêt ;** arrêt de travail, arrêt de la production, cessation, interruption ; grève. – Fermeture, lock-out. – **Friche,** jachère. – Friche industrielle.

5 Temps mort ; **désœuvrement.** – Repos **531,** jour chômable, jour chômé, jour férié, pont ; décadi [HIST.] ; férie [ANTIQ. ROM.].

6 **Improductibilité** [didact.]

7 **Improductif** *(un improductif) ;* chômeur ou, ADMIN., demandeur d'emploi, **désœu-**

vré *(un désœuvré),* **inactif** *(un inactif),* oisif *(un oisif)* **445.**

v. 8 Rester improductif ; **chômer.** – Croupir, **dormir,** moisir, pourrir, végéter ; **hiberner** ou hiverner, rester en sommeil, **sommeiller 378** ; être ou rester en jachère ; être en friche.

9 **S'interrompre 58** ; cesser. – Fermer [absolt].

10 **Stériliser** *(stériliser un sol).* – Mettre en jachère.

11 **Lock-outer** [anglic.].

Adj. 12 **Improductif** ; aride, ingrat ; infécond, infertile, infructueux ; maigre, **pauvre 830.** – Inexploitable ; inutilisable.

13 **Inexploité, inutilisé 545** ; **inculte,** en friche, en jachère.

14 **Ineffectif** [sout.], inefficace, inefficient [sout.], inopérant ; impuissant. – Non rentable.

15 **Inactif** ; désœuvré, oisif. – Immobile, inerte ; en sommeil.

16 Inapte, **incapable,** incompétent.

17 **Inutile, stérile,** vain. – **Nul,** sans effet, sans résultat **545.**

18 **Ineffectué** [rare], non-fait ; non-avenu.

19 **Improductible** [rare] ; impossible **40.8,** infaisable.

Adv. 20 **Improductivement,** inefficacement, infructueusement. – **Inutilement 545** ; **stérilement,** vainement.

# 798 ÉNERGIE

N. 1 **Énergie** ; **production d'énergie** ; source d'énergie. – Combustion **243.2,** fermentation, frottement **228** ; photosynthèse, photochimie. – Radiation, rayonnement, fission nucléaire, fusion nucléaire. – Choc **227.** – Explosion.

2 Énergie chimique **230** ; énergie électrique **235** ; énergie magnétique **235** ; énergie mécanique (énergie cinétique, énergie potentielle) **233,** travail [MÉCAN.] ; énergie thermique **241.15** ; énergie totale ; énergie interne, énergie libre. – Énergie hydraulique **271,** houille blanche, houille bleue, houille verte ; énergie éolienne, houille incolore ; énergie géothermique, houille rouge ; énergie lumineuse ou rayonnante, énergie solaire, houille d'or ; bilan d'énergie ; énergie verte ou de substitution. – Énergie atomique (énergie nucléaire ou, absolt, le nucléaire, thermonucléaire) **231.1.**

3 Énergétique *(l'énergétique).* – Énergétisme, matérialisme énergétique [PHILOS.].

4 Énergies douces, énergies nouvelles, énergies renouvelables ; biomasse (opposé à thanatomasse), bois. – Énergies fossiles, énergies non renouvelables.

5 **Combustibles solides 243. 7** ; anthracite, **charbon,** charbon brut, charbon minéral, charbon de terre, lignite ; charbon actif ou activé, charbon de cornue, charbon moulé ou aggloméré ; charbon de bois, charbon à poudre, charbon roux ; boghead, **houille,** houilles flambantes grasses, houilles flambantes sèches, houilles grasses, houilles maigres, houilles demi-grasses, houilles quart-grasses, maréchale ou houille maréchale ; tourbe ; **coke,** coke métallurgique, coke moulé. – **Combustibles fissiles** ou fissibles ; deutérium, tritium, **uranium,** neptunium, plutonium, thorium ; hydrogène lourd.

6 **Combustibles liquides 243.6** ; benzène ou phène, pétrole, pétrole brut (ou : huile de naphte, naphte) **803,** naphtène. – Carbures d'hydrogène ou hydrocarbures. – **combustibles gazeux 243.8** gaz riche, gaz pauvre ou gaz de gazogène ; biogaz de fermentation, gaz de fumier ou de gadoue, gaz de Lacq, gaz naturel **253.2,** gaz de ville ; gaz à l'air, gaz à l'eau ; gaz de cokerie, gaz de pétrole, gaz de raffinerie, grisou ; gaz manufacturé, gaz naturel de substitution ou de synthèse ; carbures acycliques, butane ou gaz butane, éthane, méthane ou gaz des marais, propane ; acétylène ou éthyne, éthylène ; carbures cycliques.

7 **Centrale** *(centrale éolienne, géothermique, hydraulique, marémotrice, nucléaire, solaire, thermique).* – Alternateur, brûleur, condenseur, chaudière, échangeur ou générateur de vapeur, pompe à chaleur, pressuriseur, turbine ; ballon, cheminée. – Pile atomique [vx], réacteur *(réacteur à eau bouillante, à eau lourde, à eau pressurisée ; à graphite-eau, à graphite-gaz),* surgénérateur [TECHN.], surrégénérateur ; eau de refroidissement, eau lourde, enceinte ou barrière de confinement.

8 Aérogénérateur, éolienne, moulin à vent. – Moulin à eau, roue à eau, usine marémotrice. – Four solaire **280.2,** héliostat ; capteur solaire, cellule photovoltaïque ou convertisseur photovoltaïque, cellule solaire ou photopile, miroir concentrateur parabolique ou cylindroparabolique.

9 Erg (symb. erg), joule 70.10 ; cheval-vapeur [anc.].

10 Énergéticien ; énergétiste [PHILOS.].

v. 11 Cokéfier, gazéifier, hydrogéner.

Adj. 12 **Énergétique.** – Atomique, éolien, hydraulique, marémoteur, solaire ; gazier, pétrolier.

Adv. 13 **Énergétiquement.**

## 799 OUTILS

N. 1 **Outil ;** instrument, ustensile 856. – **Machine 800, machine-outil 802.**

2 **Équipement,** matériel, outillage ; fam. : **attirail,** fourbi, quincaillerie ; arsenal [fig.] **664.** – Boîte ou caisse à outils, armoire à outils, trousse à outils ; râtelier. – Porte-outils.

3 **Hache ;** cognée, merlin ; doloire ou épaule-de-mouton. – **Hachette** (ou hachereau, hacheron). – **Herminette.** – Coupe-coupe, machette.

4 **Ciseau ; burin,** bédane ; gouge ; bec-de-corbin, bédane, ciselet, cisoir, dégorgeoir, ébauchoir, échoppe, fermoir, gougette, matoir, ognette, plane, repoussoir.

5 **Pointe ;** coupe-verre, diamant. – **Poinçon ;** masque, tracelet ou traceret, traçoir ; jablière ou jabloir ; trusquin, rainette ; rouanne.

6 **Ciseaux ;** cisaille(s) ; cueille-fleurs, cueille-fruits, cueilloir ; élagueur ; sécateur.

7 **Pince,** tenaille. – Davier. – Pince coupante ; bistoquet.

8 **Couteau ;** canif ; cutter. – Couperet. – Écussonoir, entoir, greffoir. – Désoperculateur. – Coupe-papier, grattoir, plioir. – Demi-rond, drayoir ; butoir. – Tournassin. – Amassette. – Paroir.

9 **Lame ;** tranchet. – Alumelle ou allumelle, plane. – Racloir.

10 **Scie à main.** – **Égoïne,** scie à guichet ; scie à chevilles, scie à moulure, scie à placage ; grecque ou scie à grecquer ; **Scie d'encadreur.** – Passe-partout. – **Scie à monture ;** scie à bûches, scie à refendre, scie universelle ; scie à métaux.

11 **Scie mécanique.** – Scie à ruban. – Scie circulaire. – Scie à chaîne. – Scie sauteuse.

12 Affiloir, aiguisoir ou aiguiseur ; fusil, pierre à aiguiser.

13 **Clé ;** clé anglaise, clé à béquille, clé à bougie, clé à chaîne, clé à crémaillère, clé crocodile, clé double, clé à douille, clé dynamométrique, clé à ergot, clé à molette, clé à pipe, clé plate, clé polygonale, clé en tube coudé, clé universelle, serre-tube.

14 **Lime ;** carreau, carrelet ou carrelette, ciroir, demi-ronde, queue-de-rat, râpe, rifloir ou riffloir, tiers-point.

15 **Grattoir ;** boësse, ébarboir. – Brunissoir, polissoir. – Astic, machinoir. – Égrésoir, grésoir.

16 **Rabot ;** bouvet, colombe, doucine, feuilleret, gorget, guillaume, guimbarde, mouchette, rabotin, riflard ou demi-varlope, tarabiscot, varlope, wastringue.

17 **Marteau ;** asseau, boucharde, brochoir, châsse, ferratier ou ferretier, frappe-devant, laie, mail, martelet, martelette, marteline, matoir, picot, rivoir, rustique, smille, têtu, tille. – Masse, massette ; casse-pierre.

18 **Maillet ;** mailloche. – Dame (ou : demoiselle, hie). – Batte, boursault ou bourseau ; pison ou pisoir. – Fouloir ; repoussoir.

19 **Spatule ;** gâche, truelle, truelle brettée ; demi-lune. – Râcle ; curette. – Ripe ; riflard.

20 **Râteau ;** fourgon, râble, ringard ; rouable. – Cornard.

21 Drille, foreuse, trépan, vilebrequin. – Chignole, perceuse ; aiguille, mèche. – Compas-griffe. – **Foret ;** fraise, percerette. – **Vrille ;** laceret, tarière, taraud. – Alésoir, barre d'alésage. – Bouterolle ; peigne.

22 Tire-clou. – Tournevis.

23 **Chalumeau ;** chalumeau chauffeur, chalumeau soudeur. – **Fer à souder 799,** lampe à souder.

24 **Enclume ;** enclumeau ou enclumot, enclumette ou tas ; bigorne. – Étau, mandrin. – Levier ; résingle.

25 **Pelle ;** pelle à four ; pelle à souffler ; pelle de traction.

26 Pic, pioche ; picot. – **Bêche ;** bêchette, bêcheton. – **Houe ;** binette, sarcloir ; ratissoire. – Déplantoir. – **Râteau.**

27 Estampe ; filière. – Artelle ; damet.

28 Outils préhistoriques : bec, biface ou coup-de-poing, durin, grattoir ; pic. – Percuteur.

29 Travail à chaud, travail à froid. – Ciselage, découpage, dégrossissage, filetage,

tournage. – Emboutissage, estampage, forgeage, laminage **805**. – Matriçage, pressage. – Alésage, mortaisage, perçage, poinçonnage. – Taraudage, tranchage, tronçonnage. – Affilage, abrasion, affûtage, repassage. – Ébarbage, burinage, limage **809**, meulage, polissage, ponçage, riflage **807**. – Dressage, rabotage ; contournage. – Avoyage, tensionnage.

30 **Quincaillerie d'outillage**, taillanderie. – Forge.

31 **Outilleur** ; outilleur sur machine, outilleur à la main ; outilleur-ajusteur ou outilleur de précision, fraiseur-outilleur, tourneur-outilleur. – Affûteur, aléseur, fraiseur, forgeur, tourneur.

32 Forgeron, taillandier. – Quincaillier.

33 Homo faber [lat.].

v. 34 **Outiller** ; équiper. – Prov. : Les mauvais ouvriers ont toujours de mauvais outils, Les mauvais ouvriers accusent leurs outils.

35 Fabriquer, façonner, usiner.

36 Avoyer, tensionner.

37 TECHN. – Dégrossir, fileter, tourner. – Emboutir, estamper, forger, laminer, matricer, presser. – Aléser, mortaiser, percer, poinçonner. – Tarauder, trancher, tronçonner. – Affiler, affûter. – Abraser, ébarber, buriner, limer, polir, poncer, raboter, rifler, ruginer.

Adj. 38 **Outillé**, fourni, **monté**.

Aff. 39 Arrache-, coupe-, monte-, serre-, tire-.

# 800 MACHINES

N. 1 **Machine ; appareil.** – Dispositif, **engin, instrument.** – Mécanique, mécanisme. – Moteur. – **Machinerie ;** chambre, salle des machines.

2 Machiniste, conducteur ; chauffeur, mécanicien. – **Ingénieur.** – Monteur ; affûteur, outilleur.

3 Automation, **automatisation**, industrialisation, mécanisation, motorisation. – Automatisme, machinisme.

4 **Machines simples** (levier, poulie, treuil, plan incliné, coin, vis) ; **machines composées.** – **Machine à vapeur ;** locomobile, **locomotive.** – Machine hydraulique, machine pneumatique. – Automate, robot.

5 **Machines électriques ;** machine dynamo-électrique, électro-magnétique, électromotrice, électrostatique, d'induction.

6 MACHINES AGRICOLES

| | |
|---|---|
| batteuse | faucheuse |
| bineuse | gerbeuse |
| broyeuse | lieuse |
| démarieuse | moissonneuse |
| égreneuse | picker |
| émotteur | repiqueuse |
|   ou émotteuse | soufreuse |
| engrangeur | stripper |
| ensacheur | tarare |
| essanveuse | tondeuse |

7 MACHINES DE BUREAU ET MACHINES INFORMATIQUES

| | |
|---|---|
| assortisseuse | ordinateur |
| calculateur | photocopieur |
|   ou calculatrice |   ou photocopieuse |
| calculette | positionneuse |
| imprimante | reporteuse |
| interclasseuse | reproductrice |
| machine à calculer | trieuse |
| machine à dicter | vérificatrice |
| machine à écrire | |

8 MACHINES DOMESTIQUES

| | |
|---|---|
| cireuse | lave-linge |
| essoreuse | lave-vaisselle |
| machine à coudre | machine à repasser ou |
| machine à éplucher |   repasseuse |
|   les légumes | machine à tricoter ou |
| machines à laver |   tricoteuse |

9 MACHINES INDUSTRIELLES

AGROALIMENTAIRE

| | |
|---|---|
| cribleur ou cribleuse | pétrisseuse |
| délaiteuse | pressoir |
| écrémeuse | remplisseur |
| pétrin | rinceuse |

BOIS ET PAPIER

| | |
|---|---|
| calandre | fenderie |
| défibreur | jableuse |
| défileuse | raffineur |

CHIMIE ET MÉTALLURGIE

| | |
|---|---|
| argue | masticateur |
| armeuse | noyauteuse |
| bobineuse | tordeuse |
| boudineuse | |

INDUSTRIES GRAPHIQUES

| | |
|---|---|
| agrafeuse | photocomposeuse |
| encarteuse-piqueuse | plieuse |
| Linotype [anc.] | ronéo |
| Monotype [anc.] | rotative |
| Lumitype [anc.] | |

MINES ET CARRIÈRES

| | |
|---|---|
| bocard | ensacheuse |
| broyeur | haveuse |
| chargeuse | moulurière |
| concasseur | jumbo |
| crible | |

TEXTILE

| | |
|---|---|
| apprêteuse | cardeuse |
| canettière | colleuse |

défeutreur ou
  défeutreuse
dessuinteuse
détireuse
doubleuse
échardonneuse
effilocheuse
égreneuse
encarteuse
encolleuse
ensimeuse
feutreuse
filoir
finisseuse
foulerie

fouleuse
gill
intersecting
jenny
laineuse
lisseuse
loup
métier
moulin
œilleteuse
ouvreuse
peigneuse
tordeur
toronneuse
trameuse

10 MACHINES-OUTILS

affûteuse
aléseuse
assembleuse
bouveteuse
brocheuse
cintreuse
cisaille
décolleteuse
découpeuse
dégauchisseuse
ébarbeuse
emboutisseuse
étau-limeur
étireuse
fileteuse
filière
fraiseuse
laminoir
limeuse
marteau-pilon
massicot
martinet
mortaiseuse
moulurière
parqueteuse

perceuse
perforatrice
plieuse
poinçonneuse
ponceuse
presse
presse à découper
raboteuse
racleuse
rainureuse
rectifieuse
riveteuse ou rivoir
rogneuse
rouleuse
scie alternative
scie circulaire
scie à rubans
taraudeuse
tenonneuse
toupie
tour
trancheuse
tréfileuse
tronçonneuse

11 MACHINES DE GUERRE [anc.]

baliste
bélier
bombarde
catapulte
hélépole
machine infernale
mangonneau

mantelet
onagre
perrière
pierrier
scorpion
tortue
tour

12 PIÈCES ET ORGANES DE MACHINES

accumulateur
arbre
axe
bague
balancier
barre
barreau
bâti
bielle
bobine
boulon
bras
came
cardan

carter
chaîne
chaise
chapiteau
chariot
charpente
châssis
chaudière
chemise
clapet
clavette
cliquet
collet
collier

compteur
condensateur
corde
cordage
courroie
coussinets
crapaudine
crémaillère
culasse
culbuteur
cylindre
déclic
dent
détente
douille
écharpe
écrou
électroaimant
embrayage
empattement
engrenage
essieu
étoquiau
étrier
excentrique
fil
flèche
foyer
frein
fuseau
fusible
galet
générateur
glissière
glissoire
goujon
goupille
interrupteur
joint

languette
magnéto
manette
manivelle
noix
organe
paillet
palier
patin
pignon
pile
piston
pivot
plateau
presse-étoupe
propulseur
régulateur
ressort
rivet
robinet
rouage
roue
rouleau
semelle
soupape
tambour
tenon
tige
tiroir
touret
tourillon
traverse
tringle
tube
turbine
tuyère
va-et-vient
valve
vis

13 Machine à sous.

14 Machine de Turing.

V. 15 **Fonctionner, marcher** ; avancer, carburer, tourner, rouler. – **Se dérégler, se détraquer**.

16 Monter, démonter ; dépanner, réparer – Dégripper.

17 Mécaniser ; automatiser, industrialiser, motoriser, robotiser.

18 **Usiner** ; fraiser, laminer, massicoter, toupiller, tourner.

Adj. 19 **Mécanique** ; machinique ; **automatique**, automatisé, mécanisé, motorisé, robotisé.

20 Mécanique ; automatique, machinal, réflexe.

21 Compound.

Adv. 22 Mécaniquement ; automatiquement, informatiquement. – Machinalement.

# 801 Manutention

N. 1 **Manutention** ; transport **896**, transport de distribution **827**. – Chargement, levage. – Magasinage, stockage.

2 **Conditionnement** ; emballage, empaquetage, encaissement [rare], ensachage. – **Conteneurisation 134.8.**

3 **Chargement 222** ; bardage, levage **211.9**, **treuillage.** – **Arrimage** ; accorage, élingage, guindage.

4 **Déchargement 815**, débardage. – Désarrimage.

5 **Emmagasinage 828** ; allotissement, entreposage. – **Empilage**, gerbage, palettisation.

6 **Transport 815**, manutention par roulage ou, anglic., **roll on-roll off**, camionnage **816**, ferroutage. – Bardage, traînage.

7 **Appareil de transport** ; brouette, Caddie [nom déposé], **chariot**, chariot transbordeur **818**, diable. – Chariot élévateur ; chariot élévateur à fourche. – **Fardier**, tombereau ou dumper, triqueballe, wagon. – Convoyeur, convoyeur à bande ; carrousel. – **Transporteur** ; transporteur à bande, transporteur à billes, transporteur à courroie, transporteur à raclette ou entraîneur ; transporteur-élévateur ou sauterelle, pied-de-chèvre. – **Chemin de roulement.** – Tapis roulant, tapis transporteur ; bande transporteuse ; noria. – Monocâble *(un monocâble)*, monorail *(un monorail)* ; téléphérique.

8 Cadre *(cadre de déménagement),* **caisse**, caisse-palette, carton **134.4**, conteneur ou, anglic., containeur. – Bard, **palette.**

9 **Appareils de levage** ; agrès, bras de manutention, chevalet de levage. – Mât de charge, mât de manutention. – Cabestan, **treuil** ; moufle *(un moufle)*, **poulie**. – Bigue, chèvre, derrick, potence. – **Grue 806** ; guinde, grue marteau ou titan, grue portique, grue vélocipède, sapine. – Cric, **levier 800.4**, palan, pied-de-biche ; vérin.

10 **Élévateur** ; chargeur, chouleur, gerbeur, palettiseur, skip, truc ou truck [anglic.]. – **Plateau de chargement** ; plate-forme élévatrice ; estacade, hayon élévateur. – **Pont élévateur**, pont-portique ou portique, pont roulant, semi-portique ; transstockeur. – **Ascenseur** ; monte-charge, monte-sac(s), pater-noster. – **Descenseur.** – Encamionneuse, enwagonneuse.

11 **Appareil de déchargement.** – Plan incliné, toboggan. – Poulain de charge ou poulain mécanique. – Temperley.

12 TECHN. – **Crochet**, émerillon, grappin. – Écrevisse, pince. – Levier, louve. – Balancelle.

13 Empaqueteuse, ensacheuse. – Étiqueteuse.

14 Avion-cargo **820**, blondin. – Cargo, tanker **819**. – Camion citerne ; wagon-citerne **818**.

15 Dock, entrepôt, hangar. – **Silo** ; silo boudin, silo couloir, silo tour.

16 **Manutentionnaire** ; magasinier. – Bagagiste, porteur ; chargeur, **débardeur**, déchargeur, docker ; fort des Halles [fam.] ; crocheteur [vx], portefaix [vx ou sout.]. – **Cariste**, convoyeur, dépalettiseur, pontier. – Conditionneur, emballeur, ensacheur. – Aconier ; stevedore.

V. 17 **Manutentionner**, manipuler ; guinder, haler, lever, louver, treuiller ; coltiner [fam]. – **Arrimer**, charger, élinguer. – **Débarder**, décharger, désarrimer. – **Convoyer** ; brouetter, transporter ; transborder.

18 Allotir, emmagasiner, **entreposer**, stocker ; empiler, ensiler, ensiloter. – Accorer, gerber, palettiser. – Dépalettiser.

19 **Conditionner** ; emballer, empaqueter, encaisser [rare], ensacher ; anglic. : conteneuriser, packer.

Adj. 20 Conteneurisable. – **Transportable.**

# 802 Exploitation minière

N. 1 **Exploitation minière** ; amodiation. – Carrière, claim, concession ; tréfonds [vieilli].

2 Mine **259**. – Dépôt, **gisement**, gîte *(gîte d'inclusion),* nid, terrain *(terrain carbonifère)* ; affleurement, couche, filon, passée, veine. – **Bassin minier.** – Alunière, ardoisière, glaisière, houillère, marbrière, meulière, minier, plâtrière, sablière, soufrière, tourbière. – Minière [vx]. – Charbonnages. – Placer **260.6.**

3 Fouilles ; **prospection** ; prospection gravimétrique, prospection magnétique, prospection sismique **412**, sondage. – Carottage, fonçage, raval. – Décapage, découverture. – Aérage.

4 Exploitation ; borinage. – Battage, cadrage, dépilage, extraction, havage. – Bloiement, scheidage ; débourbage, lavage, orpaillage ; coupellation, flottation. – Bouletage, pelletisation.

5 Minerai **259**. – Nodule, **pépite 260**. – Fines, havit, poussier, schlamm, schlich. – Aggloméré, boulet, briquette, escarbille, gaillette, gailletin, grésillon, noisette, noix. – Poussières. – Tout-venant. – Minette.

6 Carreau de mine, chambre d'exploitation, découverte, fosse, taille. – Rouillure, travers-banc ou bowette ; dressant, plateure ; éponte, mur, salbande, sole. – **Galerie, puits**, tranchées ; descenderie. – Boisage, cuvelage. – Buse, canar d'aérage. – Albraque, carnet. – Crassier, terril.

7 Minéralier. – Benne, berline, bourriquet, herche, traîneau, wagonnet. – Rasse, seau. – Soute *(soute à charbon)*.

8 Aléseur, aspic, barre à mine, carotte, carottier ou carotteur, drille, explosif, foret, foreuse, fraise, marteau perforateur, marteau piqueur, molette, perceuse, pic, trépan, tricône, trousse.

9 Coron **848**.

10 Chercheur *(chercheur d'or)*, prospecteur ; orpailleur, pailleteur. – Carrier ; **mineur, mineur de fond**. – Région. : borain, galibot, haveur, herscheur ou hercheur, raucheur ; porion.

v. 11 Prospecter, sonder. – Carotter, foncer, forer, percer. – Exploiter, extraire, haver, tourber ; débourber. – Déhouiller.

Adj. 12 **Minier** ; filonien.

## 803 PÉTROLE

N. 1 **Pétrole 798**. – Champ de pétrole, champ pétrolifère ; **nappe**, poche **134**. – Roche-magasin ou roche-réservoir, roche mère **237.17** ; piège ; source. – Dôme de sel.

2 **Exploitation pétrolière**. – Réserve *(réserves pétrolières)* ; horizon productif ou producteur. – Habitat.

3 **Prospection** ; prospection géochimique, prospection géophysique. – Exploration ; **forage** ; forage de reconnaissance, foration, sondage ; sondage éruptif. – Forage à percussion, forage électrique, forage rotary ; flexoforage, turboforage.

4 Train de sonde, train de forage ; foret, foreuse, fraise, perforatrice, sonde, sondeuse ; tige de forage, tige carrée ; trépan, tricône. – Pompe à boue ; boues barytées ; cake ; col-de-cygne. – **Derrick**, plate-forme ou tour de forage ; offshore ou off shore *(un offshore)*.

5 Arbre de Noël ; bloc obturateur de puits (B. O. P.) ou obturateur. – Manchon, ma-

nifold. – Flexible *(un flexible)* ; masse-tige. – Sabot. – Duse ; terminal, tête d'injection ; balancier. – Torche ou torchère.

6 Complétion. – Fracturation, torpillage, waterflooding. – Acidification.

7 Drainage, **pompage**. – Éruption.

8 Distillation, raffinage **804**.

9 Artère, feeder. – Ligne, **oléoduc, pipeline**, sea-line ; gazoduc, méthanoduc, riser. – Navire-citerne **819** ; asphaltier ou bitumier, avitailleur ou mazouteur, **pétrolier**, super-pétrolier, supertanker, tanker, tender ; butanier, éthylénier, méthanier. – Camion-citerne, wagon-citerne. – Bidon, citerne, container, fût, jerrican.

10 Pompe à essence, pompe à fioul ; absolt : pompe *(les prix à la pompe)*. – Station-service.

11 Baril (de l'amér. *barrel* ; symb. : bbl). – Tonne équivalent pétrole (TEP).

12 **Pétrodollar**.

v. 13 Exploiter, forer ; fracturer. – Drainer, pomper. – Torcher.

14 Pétroler.

Adj. 15 Pétrolier ; gazier. – Pétrolifère.

Aff. 16 **Pétro-**.

## 804 PÉTROCHIMIE

N. 1 **Pétrochimie 230**, pétroléochimie ; gazochimie.

2 Base aromatique, base asphaltique, base paraffinique, base naphténique.

3 **Raffinage** ; épuration **91.6**, lavage ; débenzolinage, dégazolinage, dégoudronnage, déparaffinage, dépropanisation, déthanisation, désulfuration.

4 Barbotage, craquage (craquage thermique, vapocraquage) ; reformage ; reformage catalytique, reformage à la vapeur.

5 Raffinat. – Gaz de pétrole ; gaz naturel, gaz de Lacq ; G. P. L. (gaz de pétrole liquéfié). – Essence raffinée, essence sans plomb, **supercarburant** ou super. – Fioul, gazole, kérosène, mazout ; brai, coaltar. – Asphalte, bitume, naphte ; benzine, benzol. – Petrolatum. – Pétrole **803**.

6 PRINCIPAUX DÉRIVÉS DU PÉTROLE

| | |
|---|---|
| acétaldéhyde | acide téréphtalique |
| acétone | acrylonitrile |
| acétylène | alcool butylique |
| acide acétique | alcool éthylique |
| acide adipique | alcool isopropylique |

alcool méthylique
ammoniac
anhydride phtalique
butadiène
chlorure de vinyle
cyclododécatriène
cyclohexane
cyclooctadiène
dichloréthane
dodécylbenzène
éthylbenzène
éthylène
éthylèneglycol
formaldéhyde
gatsch
glycérol
isobutylène
isoprène
méta-xylène

méthyl-butanone
n-butylène
noir de carbone
oléfines supérieures
ortho-xylène
oxyde d'éthylène
oxyde de propylène
paraffine ou alcane
para-xylène
phénol
propylène-glycol
résine de pétrole
styrène
sulfonique
tétrapropylène
T. N. T. ou
trinitotoluène
toluène-dilsocyanate
tripropylène

7 **Produits dérivés du pétrole ;** additif, antigel, bitumes, caoutchoucs, colorants, détergents, engrais azotés, explosifs. – Fibres artificielles (rayonne), fibres synthétiques (polyamide, polyester). – Fongicides, insecticides. – Matières plastiques (acétate de cellulose, polyéthylène, polyesters, polystyrène, résine, etc.), plastifiants, résines. – Solvants.

8 Cokerie, distillerie, **raffinerie,** station de traitement.

9 Pétrochimiste, raffineur.

v. 10 Distiller, épurer, **raffiner.** – Catalyser, craquer, pyroliser, reformer.

Adj. 11 Pétrolochimique ou pétrochimique.

## 805 MÉTALLURGIE, SIDÉRURGIE

N. 1 **Métallurgie** 259.8 ; métallurgie fine, métallurgie lourde, métallurgie des poudres ou céramique métallique, **métallurgie de transformation ;** électrométallurgie, métallothermie. – **Sidérurgie,** sidérotechnie [vx].

2 **Acier ;** acier allié, acier doux, acier dur, acier natif, acier naturel ; acier spéciaux (chromé, au cobalt, au manganèse, au tungstène), acier martensitique, acier ferritique, acier austénitique. – **Fer 262 ;** fer Armco, fer carbonyle, fer doux, fer électrolytique, fer fondu, fer de Suède. – **Fonte ;** fonte de moulage, fonte grise ; fonte d'affinage, fonte blanche ; fonte spéciale. – **Alliages ferreux 262.**

3 **Concassage ;** bocardage, broyage ; triage magnétique. – **Séparation.**

4 **Affinage,** raffinage, **frittage,** mazéage, puddlage. – Distillation, sublimation. – **Traitement thermique ;** bleuissage, recuit *(le recuit),* revenu *(le revenu),* trempe

*(la trempe).* – **Traitement thermochimique ;** carburation, cémentation ; nitruration, carbonitruration, calorisation, chromatation, chromisation, phosphatation, sherardisation.

5 Calcination, calcination simple, calcination avec modifications chimiques ou **grillage,** étonnement. – Fusion, fusion carburante, fusion oxydante, fusion réductrice, fusion sulfurante, fusion scoriante, liquation. – Amalgamation, dissolution, précipitation, volatilisation.

6 **Coulage,** coulage par centrifugation. – Coulée, coulée directe, coulée en chute, coulée en source. – **Moulage,** moulage en carapace, **moulage à cire perdue 776,** moulage en masques, carcasse ; remmoulage. – Démoulage, décochage. – Soudure.

7 **Coulée ;** saumon de fonte. – Gueuse, **lingot 260.** – **Semi-produit ;** barre, barreau, billette, bloom, fil, larget, tige, poutre. – Feuillard, feuille, plaque, **tôle ;** laminé, profilé. – Brasure.

8 **Métallisation,** galvanisation. – Aciérage ou aciération, chromage, cuivrage, étamage, nickelage, zingage.

9 **Déformation ;** emboutissage, estampage, étirage, extrusion, filage, forgeage, laminage, matriçage, profilage, tréfilage.

10 **Moule ;** coquille, contre-moule, surmoule. – Broyeur ; bocard, marteau, marteau-pilon. – Bessemer ; cowper.

11 Brocaille, **ferraille,** grenaille, limaille, mitraille, riblon. – **Scorie ;** crasse, chiasse de fer [arg., vx], écume, laitier, mâchefer. – Gangue 259.

12 Gale, gerce, **gerçure,** paille, refus, repluire, retassure, retirure, **soufflure,** vérot.

13 **Fonderie,** moulerie [anc.] ; forge ; tréfilerie ; chaudronnerie ; maréchalerie. – Hautfourneau 794.2.

14 **Aciériste,** étainier, fondeur, métallurgiste ou, fam., métallo, sidérurgiste ; chargeur, décocheur, lamineur, métalliseur, mouleur, mouliste, puddleur, remmouleur, sableur, tréfileur.

v. 15 **Métalliser** [didact.] ; aciérer, galvaniser. – Chromater, chromer, **cuivrer,** étamer, nickeler, phosphater, shérardiser, zinguer.

16 Amalgamer, centrifuger, **fondre ;** affiner, mazer, puddler. – Attremper, détremper, retremper, tremper ; bleuir, calciner, cé-

menter, fritter, recuire ; écrouir. – **Battre** *(battre le fer)*, cingler, corroyer, **forger.** – Contre-mouler, couler, lingoter, **mouler,** remmouler.

17 **Emboutir,** estamper, étirer, extruder, fileter, laminer, matricer, profiler, tréfiler.

Adj. 18 **Métallurgique,** sidérurgique.

19 **Métallique ;** aciéré, aciéreux, ferreux. – Martial [SC.], métallifère. – **Métallisé ;** coalescent, sidéré [didact.].

Adv. 20 **Métallurgiquement, sidérurgiquement.** – Métalliquement.

Aff. 21 Métallo-, sidér-, sidéro-.

# 806 TRAVAUX PUBLICS

N. 1 **Travaux publics,** bâtiment et travaux publics (B. T. P.). – Ponts et Chaussées. – Ingénierie. – Génie civil. – Voierie, réseaux divers ; V. R. D. (voierie et réseaux divers).

2 Géomécanique ; mécanique des roches, mécanique des sols. – Œdométrie.

3 Ouvrage d'art ; construction 777.

4 **Route 849 ;** autoroute ; antenne, bretelle ou bretelle de raccordement. – Chaussée ; voix de circulation ; accotement, bande, bas-côté, bord 132. – Banquette *(banquette de sûreté) ;* garde-corps ou garde-fou, lisse, parapet. – Pavage, revêtement 137, rudération. – **Tranchée ;** zone de déblai. – **Tunnel,** tunnel immergé.

5 **Pont ;** passerelle, pont autoroutier, pont-aqueduc ou aqueduc, pont ferroviaire, viaduc. – Arrière-bec, avant-bec, brise-glace, défense, éperon, patte-d'oie.

6 **Barrage ;** digue, vergne. – Coupure étanche, membrane d'étanchéité ; avant-radier, arrière-radier, parafouille. – Contrepente. – Bâtardeau ou batardeau, hausse ou haussoir ; enrochement. – Gabion.

7 **Canal ;** adducteur, émissaire ; watergang. – Duit. – **Puits ;** puits d'amarrage, puits d'ancrage, puits drainant, puits de décompression, puits filtrant, puits de reconnaissance. – Réservoir de chasse. – Épanchoir, trop-plein. – Drain ; siphon.

8 Assainissement. – **Caniveau,** égout ; cunette. – **Fossé ;** nause, revers d'eau. – Guideau ou guide-eau. – Rigole ; dalot, goulette ou goulotte. – Saignée. – Barbacane ou chantepleure. – Chéneau ; gargouille.

9 **Écluse** ou sas à air. – Ascenseur à poissons.

10 **Vanne ;** vanne de chasse, vanne de compensation ou déchargeur, vanne de prise d'eau. – Vannette.

11 **Fondation,** infrastructure. – Assiette, emprise. – **Palier ;** berme, plate-forme, tablier. – Superstructure ; membrure.

12 **Appui,** soutènement, travure ; abloc, butée, contrefort, culée. – **Pilier ;** piédroit, pile, pile-culée, pylône.

13 **Paroi ;** mur de soutènement, perré ; mur ou paroi moulée.

14 **Talus ;** retroussis, rideau. – Terre-plein ; terrasse, remblai, zone de remblai ; taquet, témoin.

15 **Ouverture.** – Barbacane, chartière.

16 Trou ; cavage, excavation. – Souchet, sous-cave.

17 Déblais ; cavalier.

18 **Charpente ;** caisson, coffrage. – Rouet, sonnette. – Treillis ; lattis.

19 Arcade, arche 777.18, arche de décharge, **voûte ;** travée. – Calotte, cintre.

20 **Dragage,** papillonnage ou papillonnement ; dérochement, dévasement. – Calibrage ; dérivation. – Drainage ; wateringue. – Rabattement de nappe.

21 Dérochage ou déroctage. – Abattage mécanique. – Préconcassage. – Épinçage.

22 **Terrassement ;** mouvement des terres. – Travail en butte (opposé à travail en fouille). – Excavation, fouille ; décaissement ou encaissement. – Forage ; vibroflottation. – Havage. – Purge. – Déblai. – Bardage.

23 **Remblai** ou remblayage. – Consolidation ; compactage, corroyage, régalage.

24 Blindage, coffrage ; décintrage, décoffrage. – Clayonnage. – **Étayage,** étaiement ou étayement, étrésillonnement ; amarrage, ancrage ; ferraillage, haubanage. – Recepage. – Lançage ; mise en fiche ; battage de pieux, pilotage, piquetage. – Fascinage. – Muraillement.

25 **Asphaltage, bétonnage,** gravillonnage, gunitage. – Cure du béton ; essorage par le vide ; mise en tension préalable. – Enrobage, fillerisation ; fluatation. – Injection, répandage ; imprégnation, pénétration, semi-pénétration.

26 Chantier. – Carrière 802.1, chambre d'emprunt. – Décharge.

27 Bouteur ou **bulldozer,** décapeuse ou scraper, excavateur, excavatrice, traxcavator

ou trax, trommel débourbeur. – Dérocheuse ou dérocteuse, dragline, drague ; désintégrateur. – Défonceuse portée ou ripper, défonceuse tractée ou rooter. – Tunnelier. – Haveuse, haveuse intégrale, haveuse universelle ; trancheuse. – Piocheuse, scarificateur. – Triltureuse. – Pelle mécanique, **pelleteuse.** – Grue automotrice, grue autoroutière ; bardeur. – Chargeuse, chargeuse-pelleteuse ou tractopelle, retrochargeuse ; chouleur, loader. – Chargeur-transporteur ou tractochargeur ; dumper ou tombereau. – Chaland ; chaland basculeur ou à basculement. – **Bétonneuse** ou bétonnière portée ; camion malaxeur. – Épandeuse ; projeteuse. – Remblayeuse ; compacteur, grader ou niveleuse, grenouille, **rouleau compresseur,** rouleau tandem, tracteur poussant ou pousseur ; tractochargeur, tractogrue, tractopelle. – Point à temps.

28 Brise-béton, marteau perforateur, **marteau piqueur,** marteau pneumatique ; pistolet. – Lance. – Chasse-vase ; écope. – Prédoseur. – Répandeuse. – Profileur ; calibre, cerce. – Demoiselle ou dame, hie ; pilette, pilon. – Avant-pieu, casque ou chapeau de battage ; mouton. – Bouclier d'avancement. – Coulotte.

29 Compressimètre **70.25,** dynamomètre à corde vibrante ou témoin sonore, lysimètre, œdomètre, pénétromètre, porosimètre. – Sonnette.

30 Fraise. – Aiguille, fleuret ; pince à purger. – Fiche à dents. – Molette.

31 Fer *(un fer) ;* cerce, rond à béton. – Cône d'ancrage. – Acier de couture ; acier crénelé.

32 Buton ou button, étai, étrésillon, étrier ; racinal, sabot. – Pieu, pilot ; palplanche ; bouquet de pieux, palée **138. 3 ;** pilotis. – Balise, piquet, perche. – Fascine.

33 **Poutre ;** cantilever, poutre-caisson, poutrelle, solive ; poutre armée, poutre composée, poutre en treillis ; bow string [anglic.]. – **Traverse ;** chapeau, chevêtre, ventrière ; longeron.

34 Câble, hauban, tirant ; chaîne.

35 Cadette. – Radier. – Claveau ou voussoir ; dalle orthotrope. – Tétrapode.

36 **Béton ;** béton armé ou armé, béton précontraint ; béton asphaltique, béton bitumineux, béton cyclopéen, béton goudronneux, béton de terre. – **Asphalte, bitume** ou chape souple, bitume goudron ; émulsion routière, enrobé. – Liant ;

liant hydrocarburé. – Clinker asphalt. – Granulat ; gravier, gravillon, sable. – **Ciment ;** farine ou filler. – Gunite, mortier. – Concassé, criblures de pierres, macadam, mignonette. – Parpaing. – Sol-ciment.

37 **Ingénieur,** ingénieur des ponts et chaussées. – Conducteur de travaux ; conducteur d'engin, grutier ; pontier. – Terrassier. – Ouvrier ; bardeur, cylindreur, piqueur ; asphaltier, bitumier, cimentier ; ferrailleur.

v. 38 Mettre en chantier. – **Terrasser ;** dégravoyer. – Déchausser. – Claquer un terrain. – Excaver. – Haver, saigner. – Affouiller. – Dérocter. – Épincer ou épinceter.

39 **Draguer ;** dérocher, dévaser. – Drainer ; étancher un canal.

40 Chabler, guinder. – Barder.

41 Blinder ; cintrer, **coffrer.** – Décintrer, décoffrer.

42 Clayonner. – Fasciner. – Butonner, **étayer,** étrésillonner, saboter. – Ferrailler. – Haubaner. – Receper ; piloter. – Murailler.

43 Encaisser ; **endiguer,** vergner. – Vantiler ou vantiller.

44 Couler du béton ; ficher. – Asphalter, **bétonner,** bitumer, **goudronner** ; fluater, gravillonner, guniter. – Remblayer ; compacter, corroyer, damer, pilonner, régaler ; se consolider.

45 Ausculter ; instrumenter. – Calibrer. – **Baliser,** piqueter. – Jalonner.

Adj. 46 Armé, blindé ; précontraint. – Enrobé.

## 807 MENUISERIE

N. 1 **Menuiserie ;** menuiserie en bâtiment, menuiserie en meubles, menuiserie en voiture [anc.]. – Charpenterie. – Parqueterie. – Ébénisterie, marqueterie, tabletterie. – Tournerie. – Layeterie ou layetterie.

2 Menuiserie métallique.

3 Ébauche. – Planche **265.** – Baguette. – Copeau, frison ; croûtes, délignures.

4 **Boiserie** *(une boiserie),* **menuiserie** *(une menuiserie).* – Frise, lame, latte ; bardeau, volige. – Contreplacage, contreplaqué. – Caillebotis, treillis. – Lambris, moulure, panneau. – **Parquet ;** parquet à l'anglaise, parquet à assemblage, parquet à bâtons

rompus, parquet à compartiments, parquet à mosaïque, parquet d'onglet, parquet à points de Hongrie. – **Croisée,** châssis de fenêtre ; bloc-fenêtre. – Fermeture ; **volet,** persienne. – **Porte 848** ; bloc-porte, porte à deux vantaux.

5 **Bâti,** bâti fixe (opposé à bâti ouvrant) ; cadre, caisse, charpente, châssis, encadrement. – Traverse ; arasement, architrave, barre ; décharge, écharpe. – Corniche. – Écoinçon ; chambranle, montant. – Cimaise, frise, platebande. – Plinthe. – Trumeau ; tympan.

6 Mouluration ; **moulure.** – Baguette, bandeau, bec-de-corbin, boudin, grain-d'orge, mouchette, quart-de-rond, tarabiscot. – Gorge ; gueule-de-loup. – Carré, filet. – Contre-profil.

7 Chant ; chanfrein. – Arrière-corps. – Cadre ; champ. – Âme. – Parement ; contreparement. – Voussure. – **Bordure** ; joint, joint vif, plat-joint.

8 Épingle, flipot, tringle. – Alaise, alèse, bouchon ; embase, gousset, tasseau, liteau. – Trompillon.

9 **Cheville,** coulisseau, languette ; about, adent, clavette, clef, clou, goujon, queue, queue-d'aronde, taquet, tenon, tenon à peigne, tourillon ; onglet. – Couvre-joint.

10 **Coulisse,** emboîture, entaille, goujure, fistule, lioube, mortaise, refuite ; noix, rainure. – Goutte-d'eau, larmier. – Élégi ; feuillure.

11 Amenage. – Guidage. – Affranchissement, chantournement, coupe, **sciage,** toupillage. – Affleurement. – Dégauchissage ou dégauchissement ; corroyage, dégraissage, dressage. – Amaigrissement, dérasement. – Bouvetage, **rabotage.** – Replanissage. – Calibrage. – Chanfreinage. – Égrenage, **ponçage.** – Équerrage. – Perçage. – Rainurage. – Bouchonnage. – Pressage. – bouche-porage.

12 **Assemblage** ; emboîtement, embrèvement ou embreuvement ; assemblage à queue-d'aronde, à queue noyée, en about, en fougère, en paume. – Aboutage, aboutement, enfourchement, raboutage ; enture. – Chevillage, goujonnage. – Mortaisage ; tennonage.

13 Lambrissage, moulurage, panneautage. – Parquetage.

14 Malfaçon ; coupe biaise ou fausse coupe. – Devers, gauchissement.

15 Affleureuse, calibreuse ; grignoteuse. – Dégauchisseuse. – **Raboteuse,** bouve-

teuse. – Égreneuse, ponceuse. – Quatre-faces. – Bouchonneuse. – Perceuse électrique. – Toupie, toupilleuse. – Mortaiseuse ; défonceuse. – Tenonneuse, tourillonneuse. – Lambrisseuse, parqueteuse ; moulurière. – Cloueuse. – Encolleuse. – Jointeuse.

16 **Ciseau** ; bec, bec-de-corbin, bédane, bésaiguë, bisaiguë, biseau, corbin, dégorgeoir, ébaumoir, gouge, gougette, plane, poinçon. – **Lame** ; alumelle ou allumelle, contre-fer, fer, racloir, tarabiscot. – **Scie** ; scie à bois, scie à métaux. – Égoïne, scie à châssis, scie circulaire, scie à guichet, scie à ruban, scie sauteuse ; scie à araser, scie à chantourner, scie à découper, scie à refendre. – **Lime** ; grain-d'orge, râpe. – **Rabot** ; bouvet, colombe, doucine, feuilleret, gorget, guillaume, guimbarde, mouchette, riflard, tarabiscot, varlope, wastringue ; coin. – Crochet de menuisier. – Cale à poncer ; cale chauffante, mèche, percette, pointe à ferrer, poinçon 151.3 ; chasse-clou, chasse-pointe. – **Vrille** ; queue-de-cochon, tarière. – **Vilebrequin** ; fraisoir. – Cherche-fiche, cherche-pointe ; pousse-fiche. – Tournevis. – Onglet, repoussoir. – Davier ; étreignoir. – Spatule.

17 Équerre. – Règle ; fausse équerre, limande, réglet, sauterelle ; trusquin. – Compas. – Ligne ; pointe à tracer, traceret, traçoir. – Niveau.

18 **Établi** ; bidet, servante. – Ratelier. – Étau ; presse, sergent ou serre-joint, valet d'établi ou valet. – Pied-de-biche. – Pare-éclats. – Tourne-à-gauche.

19 **Menuiserie.**

20 **Menuisier** ; charpentier. – Menuisier d'assemblage ; menuisier de placage. – Toupilleur. – Mortaiseur. – Planchéieur ; parqueteur. – Escaliéteur. – Moulurier. – Ébéniste ; marqueteur, tabletier. – Bahutier ; coffretier. – Emballeur ; layetier. – Gâte-bois [péj.].

v.21 **Menuiser** ; charpenter, étayer. – Lambrisser, panneauter, plaquer ; boiser. – Moulurer ; profiler, tarabiscoter. – Parqueter, planchéir.

22 **Affranchir,** couper, découper, grignoter, scier ; chantourner, gouger, toupiller. – Piquer. – Casser *(casser une arête)* ; chanfreiner.

23 Allégir, amaigrir, amincir, dégraisser, dégrossir, démaigrir, élégir. – Amenuiser, menuiser [vx]. – Aplanir, blanchir, dé-

dossir, dégauchir, refendre. – Décourber, redresser. – Chanlatter. – Bouveter, **raboter**, varloper ; corroyer, équarrir. – Recaler. – Replanir. – Polir 155.7, racler ; égrener, poncer. – Dénoder ; bouchonner.

24 Équerrer ; trusquiner. – Contre-jauger.

25 **Entailler** 153.13, mortaiser ; profiler, contre-profiler. – Rainer, rainurer. – Feuillurer. – Langueter. – Bretteler, denteler ; rayer, strier. – Coulisser.

26 **Abouter**, embrever, enter, rabouter. – **Cheviller**, goujonner, encharner, tenonner. – Araser. – Ajuster, entabler. – Canter ; dédosser. – Noyer *(noyer un clou)*.

27 Bourrer. – S'engorger. – Dégorger *(dégorger une mortaise)*.

Adj. 28 Lambrissé, laminé, latté, plaqué, stratifié. – Boisé [vx].

29 Bretellé, dentelé. – Brisé *(persienne brisée)*.

30 Méplat.

# 808 PLOMBERIE

N. 1 **Plomberie**. – Robinetterie ; tuyauterie [vx]. – Sanitaire.

2 Équipement sanitaire ; **sanitaire** (souv. au pl.). – Bloc *(bloc-bain, bloc-évier, etc.)* ; composant sanitaire. – **Lavabo** ; auge, lave-mains. – **Baignoire** 380, baignoire fauteuil, baignoire sabot ou sabot, baignoire à siège ; baignoire piscine. – **Douche,** douche fixe, douche mobile, douche téléphone. – Collier ou pomme de douche ; douchette. – **Bidet**. – W.-C. ; W.-C. à l'anglaise, W.-C. à la turque. – **Chasse d'eau** ; chasse à réservoir, chasse à air comprimé. – **Évier** 850 ; timbre d'office.

3 **Robinet** ; robinet à tournant ou à boisseau [vx] ; robinet à col-de-cygne, cygne ou col-de-cygne ; robinet de puisage, robinet de purge. – Mélangeur, mitigeur, mitigeur thermostatique. – Bec ; brise-jet. – Division ; cannelle, canillon.

4 **Obturateur** ; clapet *(clapet antiretour* ou *clapet de retenue, clapet de réversibilité)*, membrane, papillon, piston, soupape. – Crépine ; crépine à clapet. – Bonde, bonde siphoïde. – Crapaudine.

5 Barrage ; barrage de prise. – Garde d'eau ; fermeture hydraulique.

6 **Valve**. – Diviseur de débit, répartiteur. – Compensateur de dilatation. – Réducteur de pression. – Compresseur, surpresseur.

7 Tuyautage ; tuyauterie. – **Canalisation** 815. – Canal, **colonne**, conduite, gouttière, tube, **tuyau** ; branchement. – Conduite de distribution ; conduite ou ceinture d'appartement, conduite d'étage ; conduite principale. – Colonne descendante (opposé à colonne montante). – Tuyau de chute, tuyau de descente ou descente, tuyau d'évacuation. – **Siphon** *(siphon-cloche* ou *siphon de cour, siphon panier)*. – **Collecteur** ; collecteur d'appareils, collecteur principal. – **Couronne** ; couronne basse, couronne haute. – Piquage.

8 Boisseau. – Cannelle. – Col-de-cygne, lyre de dilatation. – Collet. – **Coude** ; singularité. – Culotte.

9 **Joint** ; Durit, nœud. – Manchon, **raccord** ; raccord réducteur ou réduction, réduction concentrique (opposé à réduction excentrique), raccord en T, raccord « Union ». – Tubulure, piétement. – Ajutage, jet d'eau.

10 Collier, collier de serrage ; bague de collier. – Bride ou collerette. – Gâche.

11 Réservoir. – Nourrice. – Ballon d'eau chaude.

12 Cintrage. – Bridage. – **Assemblage**, joint, posage ; brasage, soudage. – Déboîtement.

13 **Raccordement** 97.2 ; piquage. – Bouclage. – Branchement, embranchement.

14 Distribution d'eau ; distribution en chandelle, distribution en parapluie.

15 **Circulation** ; circulation forcée, circulation naturelle.

16 **Purge** ; purge continue. – Vidange 854.

17 Sac de plombier.

18 Étau-pionnier ou pionnier.

19 Artelle. – Batte ; boursault ou bourseau. – Damet ; mandrin. – **Chalumeau** ; chalumeau chauffeur, chalumeau soudeur. – **Fer à souder** 799, lampe à souder ; appuyoir, attelle ou attelloire, étamoir. – Maillet. – Matoir. – Toupie. – Compasgriffe.

20 Cherche-fuites ; détecteur de fuites de gaz. – **Déboucheur** ; furet, jonc. – Purgeur ; pompe de purge. – Coupe-tube ; fixe-tube ; serre-tube. – Broche. – Chasse. – Éolipile.

21 **Joint** ; joint tournant. – Platine.

22 **Plombier** ; plombier-chauffagiste, plombier-couvreur, plombier-zingueur. – Installateur. – Robinetier. – Tuyauteur.

v. 23 Aboucher, ajointer. – Serrer, mater ; brider. – **Souder.**

24 Brancher, connecter, embrancher ; piquer sur (une conduite) [fam.]. – Raccorder. – Boucler un circuit.

25 **Purger** ; vidanger. – Curer ; déboucher un lavabo.

26 Changer un raccord. – Platiner ; déplatiner.

Adj. 27 Siphonal.

28 Entartré, incrusté ; bouché.

## 809 SERRURERIE

N. 1 **Serrurerie.** – Grosse serrurerie ; serrurerie du bâtiment.

2 Serrurerie de charronnage [anc.], serrurerie de voiture ; lormerie ; serrurerie d'art ou décorative. – Quincaillerie, ferronnerie, **métallerie.**

3 Charpentes de fer ; châssis ; balcon, grille, porte, rampe ; espagnolette. – Ferrure de voiture. – Ancre ; bride, valet. – **Fer forgé 262,** ferrure ; **applique.** – Bosse, écusson, embase, ferrage à fleur, ferrage à retrait, patère ; couronnement, enroulement.

4 Bloc de sûreté. – **Serrure 140.5.** – Serrure de verrouillage, **verrou.** – Bouton ; vertevelle ou vervelle. – **Crémone** ; garnitures ; boîte de crémone, chapiteau, conduit, gâche de crémone ; tringle. – **Loquet.** – Targette. – Chaîne.

5 **Cadenas.** – Cadenas à goupille ; cadenas à chiffre, cadenas à viroles chiffrées ; cadenas à combinaison, cadenas à secret. – Anneau, anse, arceau ; crochet.

6 **Coffre,** coffre-fort, coffre de sûreté.

7 **Serrure.** – **Boîte,** coffre ; faux-fond, fond, palâtre ou palastre. – Platine, rebord, têtière ; têtière affleurante, têtière à la suisse. – Couverture, foncet, tôle de protection. – Pilier, pilier percé. – Loquet, clenche. – **Pêne** ; pêne battant, pêne en bord ou en dedans du bord, demi-tour (ou : loquet, pêne à demi-tour), dormant ou pêne dormant, gros pêne, pêne à nervure, pêne à pignon, pêne à ressort ; queue d'un pêne, talon d'un pêne, tête d'un pêne. – Ève, ève de pêne. – Cramponnet, picolet. – Équerre, fourchette. – **Gâche** ; arrêt de pêne, gâche à mentonnet, mentonnet ; auberon, empênage, mortaise. – **Gorge** ; délateur, pilier de gorge, prisonnier de passage des gorges. – Butée, butée de demi-tour. – **Barillet,** canon, cylindre,

rotor, stator ; broche. – **Tac.** – **Fouillot.** – **Ressort ;** ressort du fouillot, ressort de gorge, ressort du pêne, ressort de tac.

8 **Défenses,** gardes ; cames, ergots, râteau. – Couvre-barbe, planche. – **Cache-entrée ;** faux-fond, fond de cuve, rouet, secret.

9 Serrure à un pêne ; bec-de-cane, bénarde, camarde ; serrure demi-tour, serrure à pêne dormant, serrure tour et demi. – Serrure à pênes multiples ou multipoint.

10 Serrure à broche, à clenche, à moraillon, à pompe ; serrure à housset ou à houssette. – Serrure tubulaire.

11 Serrure alphabétique, serrure à combinaisons. – Serrure à secret. – Chogramme.

12 Bouton de coulisse ou coulisse, bouton de serrure, **bouton de verrou ;** clenche. – Bouton de condamnation, bouton-poussoir. – Faux bouton, bouton fixe. – Béquille. – **Poignée ;** bec-de-cane, olive. – Loquet, loqueteau ; poucier. – Tirage. – **Heurtoir ;** racle, racloire.

13 **Entrée de clef,** entrée de serrure. – Plaque d'entrée, plaque de propreté.

14 **Clé** ou **clef** ; caroube ou caroublé [arg.]. – Anneau, boucle, embase. – Balustre. – branche ou tige, canon, forure. – Panneton ; hayve ou have, museau, silhouette, variure. – Dent, encoche ; bouterolle. – Bouton.

15 Clef individuelle, passe général, passe partiel. – Bénarde ; bénarde à gorges, bénarde taillée chiffrée. – Clef de sûreté ; clef à béquille, clef cannelée, clef à diamant, clef à double panneton, clef à pompe. – Clef paracentrique, clef paracentrique de sûreté. – Ferme-porte ; gâche automatique.

16 Fausse clé ou fausse clef ; carreau, crochet, **passe-partout,** rossignol ; pince-monseigneur. – Fam. : parapluie, passe.

17 **Porte-clé** ou porte-clés, porte-clef ; clavier [vx].

18 Ferrière, sac de serrurier.

19 **Enclume de serrurier,** tour. – Étau ; perçoir. – Marteau **799** ; martoire. – Chassecarrée. – Archet, chignole ; foret. – Scie à métaux. – Lime ; lime bâtarde ou bâtarde. – Oreille d'âne. – Pinces, tenailles ; goulues. – Tranchet d'enclume. – Burin ; langue-de-carpe, contre-poinçon. – Racle, racloire. – Ciseau. – Visserie ; boulon, broche, contre-écrou, écrou, goupille, piton, rivet, vis, virole ; lacet.

20 **Charnière,** genouillère, **gond,** paumelle, penture ; charnon, nœud. – Étoquiau ou estoquiau, étrier. – Bourdonnière, crapaudine.

21 Blindage. – **Fermeture ;** verrouillage. – Condamnation.

22 **Ouverture 139 ;** crochetage **717.**

23 Débillardement.

24 **Serrurier.** – Ferronnier ; ferronnier d'art, ferronnier de bâtiment. – **Métallier.**

25 Ajusteur. – Lormier. – Quincailler. – Taillandier.

v. 26 Façonner, **forger.** – Percer ; contre-percer. – Boulonner, river. – Ajuster ; empêner.

27 Encastrer, larder, mortaiser. – Débillarder *(débillarder un fer plat).*

28 **Blinder.** – Gonder.

29 **Fermer,** fermer à double tour. – Cadenasser. – **Verrouiller ;** pousser le verrou. – Donner un tour de clef, fermer à clef. – Condamner. – Brouiller, fausser, mêler.

30 **Ouvrir.** – Décadenasser. – Déclencher. – Décondamner. – Déverrouiller ; tirer le verrou. – Faire sauter (ou forcer) une serrure ; crocheter.

Adj. 31 Cadenassé ; verrouillé. – Condamné. – Blindé.

32 Ciselé, découpé, foré, forgé, repoussé.

33 Crochetable. – Incrochetable.

## 810 TEXTILE

N. 1 **Textile.** – Drap, étoffe, **tissu ;** tiretaine [anc.]. – Chiffon. – Fil **864.**

2 Fibres textiles ; aloès, chanvre, **coton,** jute, kapok, lin ; crin, raphia ; **laine,** ploc, poil, **soie.** – Textiles artificiels ; Fibranne, rayonne, viscose. – Textiles synthétiques ; Dacron, Dralon, Nylon, polyamide, polyester, Rhodia, Tergal.

3 **Cotonnade,** draperie, **lainage, soierie.** – Agnella, barège [vx], blanchet, bouracan, burat [anc.], bure, cachemire, camelot, cheviotte, cobourg, droguet [vx], **laine,** lambswool, mérinos, mohair, moire [vx], shetland, vigogne. – Laine cardée ; cadis, coating, flanelle, ratine. – Laine foulée ; loden, molleton. – Angoratine, castorine, crin, crinoline [vx], chameau, chèvre, lama. – Bombasin, chantoung, levantine [anc.], **soie.** – Barège ; cellular, **coton,** cottonne ou cotonnette [vx], filoselle, grisette, guingan [vx], indienne, percale, suédine, veloutine ; linon.

4 **Brocart ;** brocatelle, samit [anc.]. – Côtelé, côteline, gros-grain ; crêpe, crêpeline, crépon ; cloqué, gaufré. – Croisé ; coutte, finette, futaine [anc.], lustrine. – **Damas ;** basin. – **Satin ;** andrinople, satinette. – **Serge,** sergé ; denim ou jean, drill, gabardine, twill ; anc. : anacoste, lingette, saye, sayette. – **Taffetas ;** armoise ou, vx, armoisin. – Bâche, **toile ;** alpaga, batiste, boucassin [anc.], buratin, calicot, coutil, crétone, faille, grain de poudre, madapolam, moleskine ou molesquine, natté, percaline, popeline, reps, treillis. – Foulard, tussor. – **Velours ;** milleraies. – **Chiné,** fileté, lamé ; alépine, bayadère, batik, fil-à-fil, gloria, grisaille, pékin ; écossais, jacquard, lampas, lampas à parterre ou à jardin, vichy ; marengo, pied-de-poule, prince-de-galles, tweed ; façonné. – Chintz, fantaisie, **imprimé,** liberty, pékin [anc.], perse Déjeuner de soleil [fig.].

5 Filasse, étoupe ; bourre, **peluche,** ouate, ouatine ; thibaude. – Charpie.

6 Étamine, tamise [anc.] ; mousseline, organdi, tulle, gaze, **voile.** – Guipure, **dentelle.** – Ruban, tresse ; galon, passement.

7 Câble, cordage, **corde,** cordon, ficelle, toron.

8 Armure, croisure, texture [vx], tissage, tissure [vieilli] ; écheveau ; **chaîne, trame** ou duite. – Côte.

9 Apprêt, corps, tombant.

10 Texturisation ou texturation. – Contexture, duitage. – Clairière ou clairure, décochement.

11 **Filature ;** acidage, brisage, battage, cardage, épaillage, peignage ; étirage, doublage. – Effilement. – Bobinage, boudinage, cannetage, envidage, filage, guipage, moulinage ; dévidage, éboulage ou éboulure. – Flambage (ou : grillage, gazage). – Mercerisage. – Cordage, commettage.

12 **Tissage ;** brochage, ourdissage, tramage. – Feutrage, foulonnage. – Aiguilletage. – Écatissage, moirage, ratinage, veloutage.

13 Blanchiment, teinture **352.**

14 Aiguilletage.

15 Industrie textile. – Corderie, passementerie, rubannerie, tissanderie [vx]. – Tissuterie.

16 Filature ou, vx, filerie, filière, filterie ou fileterie, tréfilerie, tirerie. – Ouaterie. – Sayetterie [anc.].

17 Filoir, **métier à tisser ;** bobinoir, guipoir, ouvreuse, réunisseuse, renvideur ; banc

d'étirage. – Fuseau, quenouille, rouet ; doitée, mouilloir. – Peigne ; ros [vx]. – Laineuse, ratineuse.

18 Empeignage. – Ensouple. – Chef de pièce, chemin. – Laize ou lé. – Métrage 70.2.

19 Coupe, coupon ; tirelle. – Lambeau, pan ; recoupe, retaille.

20 Brocheur, **tisserand**, tisseur ; canut. – Fileur (ou : filandier, filateur), filassier, lissier. – Coutier, passementier, rubanier, tissutier [techn.], veloutier ; vx : droguetier, futainier, tiretainier.

21 Biffin [fam.], chiffonnier, chineur.

V. 22 Texturer ou texturiser. – Merceriser.

23 Ourdir (un fil) ; écacher (un fil). – Érailler, parfiler ; guiper.

24 Éfaufiler, **effiler ;** effranger.

25 Empeigner. – Étoffer [vx], **tisser ;** entre-tisser, enverser. – Catir. – Tresser, tortiller ; commettre. – Aiguilleter. – Bobiner ; dévider.

26 Filocher, guiper, foularder. – Apprêter ; floquer, fouler, moirer, ouater, ouatiner, ratiner, tamiser, velouter. – Gaufrer, imprimer. – Lamer, pailleter.

27 Amidonner, **empeser,** engommer. – Aiguiller la soie, dégraisser, détacher, terrer ; désamidonner.

28 **Chiffonner,** friper, froisser, plisser ; mettre en tapon.

29 Décharger, dégorger, déteindre. – Se délaver.

30 Faner. – Décatir. – **Effilocher.** – Démailler.

Adj. 31 **Textile.**

32 Écru.

33 Câblé, cardé, mouliné, peigné, retors, tors. – **Filé, tissé.**

34 Mercerisé ; aiguilleté, boutonné, broché, brodé, cannelé, chevronné, chiné, cloqué, côtelé, coutissé, damassé, façonné, fileté, gaufré, granité, gratté, lampassé, matelassé, moucheté, pékiné, piqué, satiné, sergé, suédé. – Moiré. – Ouaté.

35 Creux 153. 15 ; tombant. – Ample, **étoffé ;** gonflant ; frisé. – Cuit.

36 Ouateux, laineux, velouteux ; carteux.

37 Chiffonné, fripé, froissé.

38 Filamenté, filasseux [rare] ; filamenteux.

39 Froissable ; infroissable.

Aff. 40 **Fili-.**

## 811 AGRICULTURE

N. 1 **Agriculture,** exploitation. – **Culture ;** monoculture, polyculture ; arboriculture 812, horticulture, culture maraîchère, oléiculture, sylviculture, viticulture ; agro-industrie. – Agrologie ; agronomie. – Agrochimie. – Agroalimentaire. – Agrobiologie **282.10.**

2 Culture alterne ou rotation de culture. – Assolement, sole. – Jachère.

3 Parcellement, remembrement.

4 Façon culturale, **travaux des champs,** travaux ou opérations agricoles ; jardinage. – Ameublissement, assainissement, assèchement, dessèchement ; buttage, colmatage. – **Défrichage** ou défrichement ; débroussaillage, essartement ou essartage ; épierrement ou épierrage ; décuscutage, désherbage, échardonnage. – Ensemencement, **plantation ;** emblavage, semailles, semis ; marcottage, repiquage. – Hivernage, labour, **labourage,** parage, sous-solage ; bêchage, binage, décavaillonnage, défoncement, émottage ou émottement. – Hersage, raclage, râtelage, ratissage ; émondage, sarclage, serfouissage ou serfouage ; écimage, éclaircissage, essimplage ; effanage. – Mise en jachère. – **Fertilisation ;** compostage, déchaumage, écobuage, épandage, marnage, plâtrage, soufrage, sulfatage ; fumage ou fumaison, fumigation ; irrigation. – Arrachage, cueillette, coupe, fauchage (ou : fauchaison, fauche), fenaison, levée, métivage [vx], **moisson,** ramassage, récolte ; glandée, olivaison, vendange. – Fanage ou fenaison, rouissage. – Bottelage ; engrangement, ensilage. – Battage, dépiquage ou dépicage, égrenage, vannage.

5 Billon, corade, dérayure, enrayure, enrue, labour ou raie de labour ; labour en billons, labour en planches, labour à plat ; rayon, **sillon.**

6 Grain 154, **graine,** plant, semence.

7 Chaulage, compost, **engrais,** fumure, terrade [vx]. – Fumier, lisier, purin ; limon, tangue, terreau. – Goémon, varech ; maërl. – Pesticide.

8 Barge, botte, gerbier, glane, javelle, meule, pailler. – Grangée. – **Récolte ;** andain, fauchée.

9 Fenil, gerbier, **grange,** grenier *(grenier à blé),* hangar à récolte, herbier, magasin, pailler, silo.

10 **Champ**, plaine à blé, plantation ; ouche [région.], potager, verger **289**. – Aspergerie, chènevière ou cannebière, garancière [vx], houblonnière, luzernière, rizière, tréflière ; cotonnerie, linière. – **Vigne**, vignoble. – **Verger** ; amandaie, cerisaie, figuerie, fraisière, melonnière, mûreraie, noiseraie, oliveraie ou olivaie, pignade, pinède, pommeraie, prunelaie ; bananeraie, orangerie. – Caféière, cannaie, câprière, poivrière, safranière, vanillerie.

11 Guéret ; emblave, emblavure. – Brûlis, **chaume**. – Jachère. – Mouillère, mouillerie, noue. – Essart ; novale. – Mouillère ; ségala. – Oche.

12 Exploitation agricole, **ferme 848**, hacienda, mas, métairie, ranch ; chais, château. – Brasserie, cidrerie, distillerie ; confiturerie, féculerie, huilerie, meunerie, sucrerie, vinaigrerie.

13 Affermage, amodiation, faire-valoir, fermage, métayage, propriété. – HIST. : tenure ; accensement, bordage ; alleu ou franc-alleu.

14 HIST. : agrier, champart.

15 Appareils et outils agricoles. – Araire [anc.], charrue, défonceuse, herse, sous-soleuse, tombereau, tourne-oreille, trisoc, versoir. – Bêche, binette, écovue, étrèpe [région.], houe, hoyau, serfouette ; sarclette, sarcloir. – Faucard, fauchard, fauchet, faucille, **faux**, faucheuse, fléau, serpe. – Cisailles, sécateur, serpe, serpette ; échenilloir. – Asse ou aissette, cognée, hache, hachette, hachoir, herminette, merlin. – Fourche, rateau, ratissoire. – **Tracteur** ; botteleuse, déchaumeuse, décolleteuse, défonceuse, démarieuse, écrémeuse, écroûteuse, effaneuse, égréneuse, faneuse, faucheuse, laboureuse, lieuse, **moissonneuse**, moissonneuse-batteuse, moissonneuse-lieuse, presse à fourrage, semeuse, trieuse. – Égrappoir, égrenoir, fouloir. – Engrangeur, ensileuse. – Épandeur ; fumigateur.

16 **Agriculteur**, cultivateur, exploitant agricole ; planteur, laboureur, récolteur, saigneur. – Amodiataire, **fermier**, granger [vx], métayer, ouvrier agricole ; aoûteron, brassier, journalier **793** ; colon. – Faucheur, faneur, moissonneur, sarcleur, vanneur ; vendangeur. – Arboriculteur, jardinier, horticulteur, maraîcher, sylviculteur, vigneron, viticulteur ; bouilleur, distillateur. – Agronome ; agromane [vx].

17 Campagnard, contadin [rare], homme des champs, **paysan** ; vx : Jacques, manant,

vilain. – Fellah, moujik. – Péj. : bouseux, cambrousier, cambroussard, croquant, cul-terreux, glaiseux, pedzouille, péquenot ou péquenaud, pétrousquin.

18 Paysannat, paysannerie.

19 Vx : paysannerie, vilénie.

v. 20 **Cultiver** ; jardiner. – Ameublir, mouver, retourner ; bêcher, biner, binoter, herser, houer, piocher, serfouir ; râteler, ratisser. – Jachérer, **labourer**, **sous-soler** ; quatarger, retercer. – Billonner, biloquer, décavaillonner, défoncer, effondrer, enrayer, rayonner, sombrer. – Assoler, dessoler.

21 **Défricher**, sarcler ; émotter, épierrer, essoucher. – Décuscuter, débroussailler, **désherber**, échardonner, sarcler ; écimer, éclaircir, émonder ; essimpler. – Étaupiner. – Amender, chauler, écobuer, engraisser, **fertiliser** ; fumer, glaiser, marner, nourrir, plâtrer. – Terreauter, terrer.

22 Ensemencer, emblaver, planter, **semer**. – Marcotter, repiquer.

23 **Moissonner, récolter** ; faucarder, faucher ; cueillir, ramasser ; gauler, grapiller, vendanger. – Effaner, égrener. – Déchaumer, faner, javeler, rouir.

24 Botteler. – Engranger, ensiler.

Adj. 25 **Agricole** ; arboricole, horticole, sylvicole, viticole. – Agrologique ; agronomique. – **Agraire**. – Aratoire.

26 **Agreste**, champêtre, rural ; bucolique, pastoral ; rustique. – Paysan.

27 Arable, cultivable, labourable. – Récoltable.

28 Agrarien. – Allodial [FÉOD.].

Aff. 29 Agri-, agro- ; -culteur, -culture.

## 812 ARBORICULTURE

N. 1 **Arboriculture** ; foresterie, sylviculture ; ligniculture.

2 Afforestation [rare], boisement **286**, reboisement.

3 Déboisement, déforestation, essartage ou essartement ; coupe ; coupe d'abri, coupe d'ensemencement ; coupe à blanc ou blanc étoc, coupe claire, coupe sombre ; expurgation. – Éclaircie, éclaircissage, rajeunissement ; éborgnage ou ébourgeonnage. – Recepage ou recépage. – Essouchage (ou : dessouchage, essouchement).

4 Ente [vx], greffe. – **Bouturage**, marcottage, provignage. – Placage.

5 **Taille,** taillis ; taille en buisson, taille à deux ou à trois yeux, taille en gobelet. – Élagage, émondage, rognage. – Ébranchage ou ébranchement, écimage ou éhoupage, étêtage ou étêtement ; rapprochement.

6 Balivage. – Ceinturage, souchetage.

7 Décortication. – Écorçage ou décorticage ; démasclage. – Cernage ou cernement.

8 **Bûcheronnage** ; abattage. – Débitage, déroulage, écorçage, équarrissage, sciage **807,** tronçonnage ; dédoublage, délignage, fendage, refente. – Écorçage. – Lamellation ; planchéiage.

9 Schlittage.

10 Saignée, scarification. – Blanchis (ou : flache, flachis, miroir).

11 Arbre d'émonde, arbre de repeuplée, **baliveau,** étalon, réserve, semencier, sujet ou porte-greffe ; dard, élève ; sauvageon. – Basse tige, demi-tige, haute tige ou filardeau, marmenteau [DR.] ; arbre cormier ; bonsaï. – Buissonnier, cordon, fuseau, gobelet ; tige. – Arbre franc.

12 Hautin, tuteur.

13 Bois debout, bois sur pied.

14 Abattis, arrachis ; rompis, ventis. – Bris, chablis, rompis ; volis.

15 Encrouage, gélivure ; gerce, roulure. – Exfoliation.

16 **Plantation.** – Bétulaie, boulaie ou bouleraie, buissaie ou buissière [région.], charmille [rare], charmeraie ou, vx, charmoie, châtaigneraie, chênaie, coudraie ou coudrette, frênaie, hêtraie, ormaie, oseraie, palmeraie, peupleraie, pinède, platanaie, ronceraie, roseraie, sapinaie, saulaie, tremblaie ; pré-verger, **verger 289.** – Arboretum, pépinière.

17 Gaulis, peuplement. – Bas-perchis, fûtaie, perchis. – Boqueteau, bouquet, **haie 779,** massif, **taillis** ; contre-espalier, espalier, quinconce.

18 Cognée, coin, ébuard, fendeuse, hache, scie.

19 **Sylviculteur** ; arboriculteur, osiériste, pépiniériste. – Garde forestier ; **bûcheron** ; élagueur, émondeur.

v. 20 **Boiser,** complanter ; planter. – Plomber un arbre. – Praliner.

21 Affranchir, bouturer, coucher des branches ou marcotter, enter, greffer, provigner. – Receper.

22 **Tailler 89.13,** égauler, élaguer, émonder, monder (ou : décortiquer, écorcer) ; ébrancher, écimer ou éhouper, étêter. – Former, mouler, rabattre ; palissader. – Palisser ; dépalisser. – Nanifier ou naniser.

23 Soucheter ; ceinturer, cerner, flacher.

24 Dessoucher ou essoucher.

25 Asseoir ou régler une coupe. – Affouager [DR.].

26 Bûcheronner. – Dégauchir, dégraisser, égobler. – Billonner, **débiter,** dérouler, désaubiérer, papilloter, tronçonner ; blanchir. – Corroyer, équarrir, raboter, racler. – Débillarder. – Tirer d'épaisseur, tirer de largeur.

Adj. 27 Équienne, inéquienne.

28 Estant.

29 Topiaire.

# 813 ÉLEVAGE

N. 1 **Élevage.** – Élevage extensif ; pastoralisme. – Élevage intensif ; élevage en batterie, élevage hors-sol, naissage. – Zootechnie ; hippotechnie.

2 Aviculture ; colombiculture, coturniculture. – Cuniculiculture. – Apiculture. – Lombriculture ; sériciculture ; hirudiniculture. – Colombophilie, cynophilie.

3 **Aquaculture** ou aquiculture, mariculture. – Pisciculture, rizipisciculture ; carpiculture, cypriniculture, ésociculture, salmoniculture, trutticulture. – Conchyliculture ; mytiliculture, ostréiculture. – Astaciculture. – Aquariophilie.

4 Animal d'élevage, élève [vx] ; **tête de bétail.** – Gros bétail, petit ou, vx, menu bétail. – Bestiau *(du bestiau)* [région.], bétail ; bergerie *(la bergerie)* [litt., rare], bête *(les bêtes),* bestiaux *(les bestiaux),* cheptel, **troupeau.** – Broutard ou broutart. – Cagée, chambrée.

5 **Élevage** *(un élevage) ;* ferme d'élevage, ferme marine. – Estancia, ranch. – Oisellerie, poussinière ; faisanderie ; autrucherie. – Haras, jumenterie, mulasserie. – Chenil. – Renardière [canad.] ; visonnière. – Escargotière, limaçonnière, magnanerie. – Arche ou berceau d'élevage [ZOOTECHN.].

6 Ménagerie, réserve, zoo. – Didact. : terrarium, vivarium. – Box, corral, enclos ; basse-cour ; **cage,** épinette ; case, casier, claie, mue, niche, nichoir ; parcage.

7 Aquarium **298.16**, bassin, vivier. – Paludarium. – Nasse ; bouchot.

8 Cabane à lapins, clapier, lapinière. – Poulailler ; chaponnière, poussinière. – Oisellerie, volière **297**. **26** ; colombier, pigeonnier. – Bergerie, bercail. – Étable ; bouverie, vacherie ; porcherie, soue. – Écurie.

9 Anguillère ; alevinier. – Clayère, huîtrière, moulière.

10 Couvoir, écloserie ; alevinier. – Couveuse, incubateur.

11 Abattoir.

12 **Reproduction 279** ; sélection ; croisement. – Castration. – **Reproducteur** ; bélier ; bouc ; étalon ; taureau ; verrat ; coq. – Couveuse, pondeuse.

13 Nourrissage **337.9**, nourrissement ; affenage, affourage, affouragement ; pâture, pouture ; embouche, engraissement, **gavage**. – Abreuvement. – Bouchonnage ou bouchonnement, brossage, étrillage, **pansage**.

14 Herbagement, paisson, pâturage **269.3**. – Estivage, hivernage ; stabulation. – Transhumance.

15 Traite.

16 Broutage [rare] ; pacage.

17 Alpage, embouche, gagnage [vx ou région.], herbage, pacage, pâquis, pâtis, pâturage, prairie, **pré** ; parcours, parquet. – Parc d'élevage [ZOOTECHN.]. – Viandis.

18 Auge, crèche, mangeoire, musette, **râtelier**, trémie ; abreuvoir.

19 Avoine, foin, **fourrage**, graine, orge, paille, provende, tourteau ; farine ; racine, tubercule. – Barbotage, buvée. – Hivernage, watterie [région.].

20 Fer à cheval, fer de bœuf ; fer à pantoufle, fer à planche ; fer à l'anglaise, fer à la florentine, fer à la turque, fer couvert ; fer à clous ; fer à glace ; hipposandale [ANTIQ. ROM.].

21 **Éleveur** ; animalier. – Sélectionneur. – Emboucheur ou herbager.

22 Apiculteur. – Cuniculiculteur. – Cynophile. – Laitier. – Coqueleux. – Magnanier (fém. : magnanarelle), sériciculteur ; héliciculteur ; hirudiniculteur ; lombriculteur

23 Aquaculteur ou aquiculteur, pisciculteur. – Conchyliculteur ; boucholeur, mytiliculteur, ostréiculteur. – Astaciculteur. – Carpiculteur, salmoniculteur.

24 **Berger**, bergerot [région.], gardien, pasteur, pastour, pâtre, pastoureau ; bergerette ou, vx, bergeronnette. – Ânier, bouvier, chevrier, muletier, porcher, vacher, vacheron [région.]. – Cow-boy, gaucho, guardian, vaquero.

25 BX-A. – Bergerette **785**, pastourelle ; bergerie **789**, berquinade. – Bergerade [rare].

v. 26 **Élever** ; prendre soin de, soigner **393**. – ZOOTECHN. : aiguayer, bouchonner, brosser, épousseter, étriller, panser. – Bretauder, castrer ou châtrer, chaponner, couper, hongrer ; anglaiser, courtauder. – Anneler ; brocher, cramponner, **ferrer**.

27 Affener, affourager. – Herbager, mettre au vert, pacager, **paître**, vacher ; estiver, transhumer. – Appâter ; abecquer, bourrer, embéquer, emboquer, emboucher, engaver, engraisser, engrener, empâter, **gaver**, gorger.

28 Établer [vx ou région.]. – Fourrager [vx].

29 Traire.

30 **Brouter**, paître, pâturer, tondre, viander ; ruminer. – Herbeiller [VÉN.], vermiller.

Adj. 31 Agropastoral, pastoral. – Aquicole. – Bucolique [sout.].

32 Bovin, taurin ; moutonnier ; équin ; chamelier. – Avicole ; péristéronique. – Apicole. – Lombricole, séricicole. – Piscicole ; astacicole ; huîtrier, mytilicole, ostéicole.

33 **Boucher** *(race bouchère),* d'engrais *(bœuf d'engrais) ;* fermier *(poulet fermier).* – **Laitier** *(vache laitière).*

34 Pâturable.

Adv. 35 Pastoralement.

Aff. 36 -cole, -culteur ; -culture.

# 814 PÊCHE

N. 1 **Pêche.** – Pêche statique ou sédentaire (opposé à pêche sportive). – Pêche en eau douce (opposé à pêche en mer). – Pêche côtière ou littorale (opposé à pêche hauturière). – Pêche artisanale ; pêche industrielle. – Pêche de surface ou pélagique ; pêche de fond. – Pêche ou chasse sous-marine. – Chasse maritime. – Halieutique *(l'halieutique).* – Surpêche.

2 **Pêche à la ligne** ; pêche à la ligne flottante ; pêche au coup ; pêche à la pelote ou à la vermée ; pêche à la dandinette ; pêche à la fouette ou à la volante ; pêche au lancer ou casting ; pêche à la mouche ; pêche au trimmer ; pêche à la fouenne.

– Pêche au harpon. – Pêche au doigt, pêche au fagot ; pêche au biberon. – Pêche à la botte, wading. – Pêche à la main.

3 **Canne à pêche**, gaule ; moulinet. – **Ligne** ; ligne flottante, ligne de fond ; boulantin, libouret ; bocain ou bauquet ; affale, avançon, bas de ligne ou empile, monture ; hameçon ; palangre, palangrotte. – Bouille, rabouilloir. – Gaffe.

4 Pêche à l'électricité.

5 Pêche au filet. – Pêche à la traîne.

6 Filet ; nasse, gabare ou gabarre, guideau, seine ou senne, traîne (ou traîneau) ; loup ou louve, ravoir. – Balance ou pêchette, bastude ou battude, carrelet (ou : carré, carreau, échiquier, étiquet), caudrette, rissole, truble (ou : bignon, trouble, trubleau, troubleau) ; rafle, verveux. – Épervier, épuisette.

7 Pêche en mer. – Pêche à pied, pêche aux étalières, surf-casting.

8 Pêche en mer artisanale : pêche côtière ; pêche à feu ou pêche au lamparo. – Chalutage. – Pêche hauturière ; grande pêche.

9 **Filet** ; bourse, rets [litt.]. – Araignée, bolier ou boulier ; drège ou dreige ; folle ou mangue ; thonaire. – Tramail, chalut (ou : traille, trale) ; drague. – Aplet, crevettier (ou : bourraque, crevettière, haveneau, havenet, pousseux) ; chalut (ou : traille, trale), combrière. – Filet cernant ou tournant, filet maillant ou droit. – Casier.

10 Pêcherie ; gord, poêle. – Conserverie.

11 Barque ; ligneur. – Barque perlière ; corailleur. – Chaloupe 819 ; plate. – Caïque, carèbe, coble, flambard ; lamparo ; chalut. – **Chalutier**, chalutier-usine ; chalutier-senneur ; glacier. – Crevettier, homardier, langoustier, langoustinier, polletais, sardinier, thonier, tuna clipper. – **Navire-usine**, bateau-chasseur. – Garde-pêche.

12 Flotteur ou bouchon, postillon.

13 Foène ou fouine, harpon. – **Hameçon** ; bricole, croc, grappin, pater-noster ; ardillon, ralette. – Armement ; plomb.

14 **Appât**, esche (ou : aiche, èche) ; boette, fleurette ou gueulin, graissin, vermée ou moque. – Amorce, **leurre** ; cigare, cuiller, mouche 301 ; plug, tue-diable.

15 Nasse ; bergat (ou : berga, bergot), bosselle. – Claie ; bourriche ou filoche. – Sentine, **vivier**. – Goujonnière.

16 Aguichage, amorçage ; ferrage.

17 Tenue. – Attaque, touche. – Départ.

18 Réserve de pêche ; parc de mer. – Droit de pêche ; licence de pêche. – Europe bleue.

19 **Pêcheur**, patron-pêcheur ; marin-pêcheur ; **marin** 819 ; chaloupier, chalutier, matelot. – Morutier, notier, sardinier ; terre-neuvas. – Asticoteur. – Bassier.

20 Marchand de poisson, **mareyeur** 827.

v. 21 **Pêcher** ; taquiner le goujon [fam.]. – Aller à la pêche.

22 Battre, bouler *(bouler l'eau)*, rabouiller [région.].

23 Filer ou mouiller une ligne. – Mollir, relâcher la ligne ; filer la ligne à un poisson ; étaler.

24 Aguicher, aicher (ou : écher, escher), **amorcer**, appâter 455. – **Ferrer**, gaffer. – Foéner, harponner. – Vaironner.

25 Fatiguer ou travailler un poisson ; échouer un poisson, manœuvrer un poisson.

26 Gober, engamer ; moucheronner ; piquer, toucher. – Blanchir. – Bûcher, fouiller.

27 Assabler. – Virer un filet. – Asséner les filets. – Brider.

28 Caquer *(caquer des harengs)*, encaquer.

29 Bourraquer, chaluter. – Épuiseter ou épuiser.

Adj. 30 Halieutique.

31 Chalutable.

# 815 TRANSPORTS

N. 1 **Transport** ; **port**, portage [vx] ; voiturage [vx] **816**. – **Acheminement**, transfert ; traite [vx]. – Circulation, mouvement 197, **trafic**. – **Messageries**.

2 **Déplacement** ; déménagement. – Fam. : **transbahutement, trimbalage** (ou : trimballage, trimbalement, trimballement).

3 **Chargement** ; **embarquement** ; débarquement ; déchargement. – **Transbordement**.

4 **Fret 827**. – Destination, **expédition, réception**. – Import ; export.

5 **Transports**, transports aériens 820, transports maritimes et fluviaux 819, transports terrestres 816 ; transports combinés [DR. INTERN.] ; téléphérage ou téléférage ; câblage [spécialt]. – Souv. au pl. : **communi-**

cation 726, liaison. – **Desserte,** voie *(voie de communication)* ; ligne, réseau.

6 **Traversée** ; circuit, itinéraire, parcours.

7 **Arrêt,** escale, station. – **Arrivée 201,** départ 202, terminus. – Changement, **correspondance.**

8 Horaire, horaire d'arrivée, horaire de départ, horaire de passage ; tableau horaire. – Vitesse de croisière.

9 Souv. au pl. : **moyen de communication,** moyen de transport, **transport en commun.** – **Véhicule** ; **courrier.** – Machine. – Navette. – Convoi, attelage, train *(un train de véhicules).*

10 Mal des transports.

11 TECHN. – **Transporteur** ; convoyeur 801. – Chargeur ; transbordeur.

12 **Coffre.** – Barrique, benne, cadre [TECHN.], conteneur ou **container 134.4.** – Caisse, caisson.

13 Câble **235,** canalisation, **conducteur, conduite** ; **ligne,** vecteur. – Pipeline ou pipe-line 803 ; carboduc, gazoduc, oléoduc.

14 **Bagage,** bagage accompagné, bagage à main, **colis,** courrier 770, **envoi,** malle, **paquet,** sac de voyage, valise. – Charge, **fardeau** ; cargaison, **marchandises 828.**

15 **Titre de transport** ; billet, billet open, contremarque ; aller *(un aller),* retour ; aller et retour ou, fam., aller retour ; carte de transport), coupon annuel, coupon mensuel. – Compostage.

16 COMPTAB. : **transport, coût de transport,** frais de transport. – COMM. : **bon de transport,** droit de circulation. – Contrat de transport [DR.] ; avarie. – Tarif ; voyageur-kilomètre [ADMIN.].

17 **Compagnie,** compagnie ou entreprise de transport ; coursier international.

18 **Transporteur** ; chargeur ; convoyeur. – **Fréteur, loueur,** voiturier. – **Affréteur.** – Commissionnaire de transport ; courtier de fret. – Expéditeur ; destinataire. – Contrôleur.

19 **Passager,** usager, voyageur.

v. 20 **Transporter** ; **porter.** – Emmener, **emporter** ; fam. : balader, bringuebaler ou brinquebaler, promener, traîner, **transbahuter,** trimbaler ou trimballer.

21 **Acheminer,** diriger vers, envoyer, expédier. – **Apporter, porter** à. – Convoyer.

22 **Déplacer,** déménager ; **transborder,** transférer ; bouger [fam.]. – Embarquer ; débarquer.

23 **Conduire, mener,** porter [litt.].

24 **Se transporter** ; se diriger 198.20. – Avancer vers ; **aller** à.

25 **Affréter** ou prendre à fret ; **fréter** ou donner à fret.

26 Être transporté, **voyager** *(denrées voyageant par avion).*

Adj. 27 **Transporteur,** transbordeur

28 **Transportable** ; **déplaçable,** portable.

29 **Transporté** ; déplacé.

30 Express.

# 816 TRANSPORTS PAR ROUTE

N. 1 **Transport 815** ; transport par route ou **transport routier** ; absolt : la route (opposé notamm. à rail -*[le rail]*). – Vx : carrossage, roulage, **voiturage.** – **Camionnage** ; remorquage. – Brouettage, charriage, charroi. – Ferroutage 818.

2 Véhicules. – Automobile 817 ou, fam., auto, **voiture.** – Fam. : bagnole, bahut, caisse, chignole, tire ; fam., péj. : charrette, clou, guimbarde, sabot, tacot ; tape-cul, veau ; épave, tas de tôle ou tas de ferraille, poubelle ; très fam. : chiotte, tinette. – Bolide [fam.], teuf-teuf [enfant.] ; mécanique *(une belle mécanique)* [fam.].

3 **Voiturette** ; trivoiturette ; fam. : pot de yaourt, trottinette. – Vx, rare : cycle-car, quadricycle, quadrillette.

4 Fam. : autoroutière *(une autoroutière),* commerciale *(une commerciale),* **familiale** ou voiture familiale, **routière** *(une routière),* sportive *(une petite sportive),* vireuse *(une bonne vireuse) ;* voiture de tourisme ; grand tourisme ou, abrév., GT. – Compact ou compacte *(une compacte).*

5 **Cylindrée** *(grosse, petite cylindrée) ;* diesel *(une diesel),* traction avant 222. 2 ; turbo *(une turbo).* – Tout-terrain *(un tout-terrain),* buggy, Jeep [nom déposé], land, **quatre-quatre** ou 4 × 4 ; autoneige [canad.]. – Custom ; kart ou karting, stock-car.

6 **Utilitaire** ou véhicule utilitaire ; camionnette, fourgonnette, pick-up ou camionnette de ramassage, plateau. – Messager [vx].

7 Véhicules industriels. – **Remorque, semi-remorque** ; diplory ou diplorry. – Bétaillère, **fourgon,** van. – Camion, poids lourd ou, arg., gros-cul ; citerne ou camion-citerne ; grumier. – Tracteur, tractochargeur [TR. PUBL.] ; mototracteur ; train routier.

8 **Autocar** ou, car ; pullman ou autocar pullman. – **Autobus, bus.** – Microbus, **minibus**, minicar, van. – **Camping-car**,
mobile home [anglic.] ; caravane, roulotte,
verdine.

9 **Taxi** ou, vx : auto-taxi, taximètre. – Voiture de grande remise, voiture de place.

10 Ambulance ; corbillard. – Voiture ou fourgon cellulaire, voiture-pie ; car de police.
– Dépanneuse ; voiture-école.

11 **Chariot** 801 ; benne, binard, **tombereau.**
– Cabrouet, **charrette**, haquet ; téléga ou
télègue. – Diable, fardier, trinqueballe ou
triqueballe.

12 **Porte-bagages.** – Plate-forme, impériale.

13 Cycles et motocycles. – Anc. : bicycle, célérifère ; **bicyclette, vélo** [fam.], vélocipède [anc. ou par plais.] ; tandem, triplette
[anc.] ; **tricycle, triporteur** ou, fam., tri. –
Bicross, mountain bike [anglic.], vélocross.
– Anc. : cyclo-pousse, rickshaw [Orient,
Extrême-Orient], vélopousse, **vélotaxi** ou
vélo-taxi. – **Deux-roues** ; autocycle [vx],
**cyclomoteur** ou, fam., cyclo, Mobylette
[nom déposé], moto, motocyclette [ADMIN.],
motoneige (ou : motoski, skidoo) [canad.],
scooter, side-car (ou : sidecar, side), **vé-
lomoteur.** – Fam. : **bécane** ; pétrolette.

14 Voitures hippomobiles. – Américaine, **berline**, berlingot, boghei (ou : boghey, bo-
guet, buggy), **break**, brougham, derby,
dog-cart, limonière, mail-coach ou mail,
tapecul [fam.], **tilbury, victoria** ; carriole,
maringote ou maringotte, patache. – Cab,
**cabriolet, calèche, carrosse**, coupé, dor-
say, duc, landau, milord, petit duc, phaéton 817, tandem. – Chaise de poste, **coche**, dame-blanche, **diligence** ; **malle** ou
**malle-poste.** – Fiacre, omnibus, véloci-
fère.

15 Anc. – Voiture à bras ; **chaise à porteurs**,
filanzane, palanquin ; pousse ou **pousse-
pousse** ; vinaigrette.

16 Routes. – Infrastructure, **réseau routier** ;
pont routier ou pont-route, tunnel, viaduc. – Gare routière. – Nœud de communication ; carrefour 149.13, croisement ;
saut-de-mouton. – Antenne, bifurcation,
bretelle, embranchement, patte-d'oie.

17 **Voie rapide**, voie express ou route express. – Voie principale, voie secondaire.
– **Autoroute**, autostrade.

18 Périphérique ou boulevard périphérique ;
anneau, rocade ; radiale (opposé à pénétrante 205.4.) – Transversale *(une transversale).*

19 **Route** ; **chemin** passage, piste, ruelle
129.3, sentier, traverse (ou chemin de
traverse, route de traverse), voie, voie de
terre. – **Départementale** *(une départementale)* ou route départementale ; **nationale**
(ou : route nationale, R. N.) ; chemin
vicinal.

20 Route. – Accotement, chaussée 806. – Billard ; cahot, cassis, dos-d'âne ; fondrière,
nid-de-poule, ornière.

21 **Circulation** ; bouchon, embarras de la
circulation [sout.] ; **embouteillage.** –
**Trafic** ; capacité *(capacité d'une route)*
[TR. PUBL.], débit.

22 Déviation 218 ; itinéraire ou voie de dégagement, route barrée. – Barrière de
dégel 138.12.

23 Garage, autoport ; station-service. – Res-
toroute ; motel.

24 DR. – Congé, licence ; coordination. –
Bureau de fret.

25 Carte routière 764.

26 Éducation routière. – Automobilisme ;
cyclisme, motocyclisme ; motoneigisme
[canad.].

27 **Conducteur** ; usager de la route. –
**Chauffeur** ; chauffard [péj., fam.]. – **Automobiliste.** – Deux-roues *(un deux-
roues)* ; **cycliste** (ou, vieilli : bicyclettiste,
bicycliste), cyclotouriste 908 ; cyclomoto-
riste ; **motard**, motocycliste, motoneigiste [canad.], scootériste, side-cariste ou
sidecariste, vélomotoriste ; vélocipédiste
[vieilli ou par plais.].

28 **Routier** ou chauffeur routier ; **camion-
neur** ; citernier. – Chauffeur de taxi ou,
fam., taxi. – Anc. : messager, roulier, voiturier, voiturin. – Roulottier.

29 **Charretier, cocher**, cornac, muletier,
postillon. – Caravanier, chamelier. –
ANTIQ. : aurige, automédon.

30 Chauffard.

31 **Piéton.** – Colporteur ; chemineau 830 ;
pèlerin [vx] ou voyageur 869 ; trimardeur.
– Routard.

32 Porteur ; anc. : portefaix.

33 Carrossier. – Motociste, vélociste.

V. 34 **Transporter** ; **acheminer, camionner**,
carrosser [vx], **véhiculer, voiturer** ;
brouetter, **charrier, rouler.** – Rouler carrosse [fig., vieilli].

35 Charger ou prendre en charge *(taxi qui
charge un client).* – **Conduire** (qqn) ; accompagner, reconduire.

36 Rouler ; **circuler ;** conduire. – Aller à bicyclette ou à vélo, cycler [vx], pédaler. – Cartayer.

37 Prendre la route. – Se mettre en route ou en chemin.

Adj. 38 **Routier ; terrestre.** – Autoroutier. – Railroute **818.**

39 **Automobile,** voiturier.

40 Tous terrains ou tout terrain ; quatre-quatre.

41 Automobilisable. – **Carrossable,** cyclable, motocyclable, praticable, viable.

42 **Cycliste.** – Tricycle [TECHN.]. – Vélocipédique [vieilli ou par plais.].

Aff. 43 Auto- **817 ; cyclo-,** cycl-.

44 -cycle.

# 817 AUTOMOBILE

N. 1 **Automobile ;** automobilisme ; circulation ; **route** *(la route) ;* conduite ; comportement au volant, voiture. – Parc automobile.

2 Automobile ou, fam., auto **816.** – Véhicule utilitaire, voiture de tourisme, voiture de course, voiture de sport. – Voiture électrique.

3 **Moteur,** moteur à explosion, moteur Diesel, moteur à injection, turbo ; flat-twin [anglic.]. – Motorisation **800.** – Accélérateur, allumage, **arbre,** arbre à cames, batterie, bicarburation, bloc-cylindres, bloc-moteur, boîte de vitesses ou changement de vitesse, bougie d'allumage ou, cour., bougie, buse, **carburateur,** carburation **243.3,** carter, chemise, culasse, Delco [nom déposé], démarreur, différentiel, distributeur, dynamo, **échappement,** embiellage, embrayage, embrayage automatique, joint de culasse, pot catalytique, pot d'échappement, radiateur, soupape, **transmission,** vilebrequin.

4 Première vitesse ou, cour., première ; seconde, troisième, quatrième, cinquième, surmultipliée *(passer la surmultipliée) ;* over-drive. – Régime. – Cliquetis (ou : cliquètement, cliquettement). – Cognement. – Enrayage **228.6,** patinage.

5 **Carrosserie ;** caisse, plancher ; carénage, profilage ; **châssis, coque,** monocoque, spider ; **custode ;** banjo, bavette, becquet ou béquet, **capot, calandre ;** panneau. – **Enjoliveur ;** chromes *(les chromes) ;* jupe *(jupe d'aile),* pare-boue, pare-chocs, spoiler [anglic.] ; pare-pierres. – Portière, glace,

vitre ; déflecteur, jet d'eau ; lunette arrière ou lunette de custode, pare-brise. – Pavillon ou, cour., toit, toit ouvrant ; capote, hard-top, tendelet ; galerie. – **Phare,** phare antibrouillard ; catadioptre, Cataphote [nom déposé] ; clignotant ; gyrophare.

6 Berline, cabriolet, conduite intérieure, coupé, limousine ; **break,** coach ; **décapotable** ou voiture décapotable. – Anc. : landaulet, phaéton, roadster, torpédo. – Fam. : citron, deuche [en parlant de voitures Citroën].

7 Feux **852.** – Feux de croisement ou, cour., **codes.** – Feux de position ; lanternes, stop, **veilleuses ;** feux de route ou, cour., phares ; feux de stationnement ; feux de détresse ou, anglic., warning ; feux de gabarit ; indicateur de direction ou, cour., clignotant ; phare de recul.

8 **Pneu ;** enveloppe ou pneumatique [TECHN. ou vx], toboggan, toile ; chambre à air, chape, **chapeau de roue** [anc.], jante, pare-clous ; moyeu. – Équipements spéciaux : chaînes, pneu clouté ou pneu à clous, pneu cramponné ou pneu à crampons, pneu-neige. – Pneu radial, pneu tubeless. – Roue de secours.

9 **Direction 198,** direction assistée ou servodirection ; colonne de direction, timonerie, volant ; entretoise, essieu, fusée. – **Frein,** frein moteur ; frein à disque, frein à tambour ou frein à mâchoires, ralentisseur, servofrein ; ABS [sigle, de l'all. *Antiblockiersystem*] ou, par redondance, **système ABS ;** mâchoire, patin, plaquette, sabot.

10 Frein à main ; pédale d'accélérateur (ou, fam. : **champignon,** pédale). – Clef de contact ; essuie-glace ; rétroviseur ou, fam., rétro. – Planche de bord, **tableau de bord ;** avertisseur **553,** Klaxon [nom déposé], trompe [anc.]. – Compteur, compte-tours ; jauge ou jauge de niveau : démarreur, starter. – Combinateur ; **électronique embarquée.** – Nourrice ; réservoir. – Manivelle.

11 **Habitacle.** – **Banquette,** baquet, siège inclinable, siège rabattable ; siège avant, siège arrière ; place du mort [fam.] ; ceinture de sécurité ou, cour., ceinture. – Hayon ; coffre, malle ; plage arrière ou planche à paquets. – Boîte à gants, miroir de courtoisie, pare-soleil, vide-poches ; allume-cigare ou allume-cigares, lave-glace, lève-glace ou lève-vitre ; **plafonnier.** – **Autoradio.**

12 **Tenue de route ; chasse,** sous-virage, survirage. – Suspension ; dandinement ou

shimmy ; **amortisseur ;** étoquiau ou étrier. – Braquage, contre-braquage. – **Embrayage ;** débrayage ; accélération, reprise. – Freinage. – C$_X$, traînée. – Rodage.

13 Accident **466,** capotage, carambolage, collision **227**.1, dérapage, embardée, emboutissage, tête-à-queue, tonneau. – Aquaplanage (ou : aquaplaning, aquaplanning, hydroplanage). – Queue de poisson. – Crevaison.

14 **Stationnement ;** garage [rare], parcage, parking. – Parcmètre.

15 **Parc** (ou : parc-autos, parc de stationnement, parking), parcotrain ; aire de stationnement ; **box, garage ;** emplacement, **place.** – Zone bleue ; bateau ; fourrière. – Voiture-ventouse. – Sabot de Denver.

16 **Station-service ;** cric rouleur, fosse, piste, pont élévateur ; pompe, poste d'essence ; lave-auto [canad.].

17 Carburant, **essence 804,** huile. – Réparation ; vidange ; graissage. – Carrossage.

18 Immatriculation, plaque d'immatriculation **15**.6 (ou : numéro minéralogique, plaque minéralogique). – Carte grise, carte verte, vignette automobile ou, cour., **vignette ;** cheval fiscal (abrév. : CV) ou, cour., cheval. – Assurance au tiers, assurance tous risques. – Contravention ou, fam., contredanse, procès-verbal ou, fam., P.-V.

19 Auto-école. – Éducation routière, **sécurité routière ;** la Prévention routière ; Code de la route. – Permis de conduire ; épreuve de code ou, fam., code *(avoir le code) ;* épreuve de conduite ou, fam., conduite *(passer la conduite).* – Limitation de vitesse **136**.4 ; signalisation **552.**

20 Course automobile, rallye **908 ;** croisière ; HIST. : la Croisière jaune, la Croisière noire.

21 Constructeur automobile ou, constructeur ; **carrossier,** équipementier, **motoriste ;** sellier-garnisseur. – Dépanneur, épaviste, **garagiste.**

22 **Automobiliste 816,** usager de la route. – Chauffeur, conducteur, pilote ; copilote ; équipier. – Fam. : as du volant, **chauffard,** chauffeur du dimanche, danger public.

23 Police de la route ; motard [fam.]. – Contractuel, contractuelle (ou, fam. : aubergine [anc.], pervenche).

v. 24 **Rouler,** prendre la route, prendre le volant ; **conduire,** manœuvrer. – Démarrer ; **débrayer, embrayer ;** caler ; changer de vitesse, rétrograder. – **Se garer,** stationner.

25 Accélérer, **appuyer sur le champignon** ou sur la pédale [fam.]. – Freiner, piler ; ralentir. – Braquer, contre-braquer. – Doubler ; faire une queue de poisson [fam.]. – Couler une bielle, crever, tomber en panne. – Klaxonner.

26 Mettre ou boucler sa ceinture, ou, fam., se ceinturer.

27 Garer, parquer, remiser.

28 Équiper ; chaîner ; chausser.

29 Faire le plein.

30 **Tenir la route,** virer ; **chasser,** se déporter, sous-virer, survirer. – Patiner.

Adj. 31 **Automobile ;** n. + -auto *(assurance-auto),* voiturier. – Moteur.

32 (Surtout au fém., pour qualifier une automobile et son type d'utilisation) : autoroutière, commerciale, familiale, **routière,** utilitaire. – Porte-autos **818.**

33 (Pour qualifier le comportement routier.) – Nerveuse, rapide ; dure, souple. – Sous-vireuse, survireuse.

Aff. 34 **Auto-.**

# 818 TRANSPORTS PAR RAIL

N. 1 **Transport par rail** ou transport ferroviaire. – Absolt : **le chemin de fer,** le fer, **le rail, le train.**

2 Transport rail-route. – **Ferroutage,** railroute ou rail-route. – DR. INTERN. : transports combinés **815 ;** T. I. R. (Transit international par la route) ; autoroute roulante, système kangourou, système piggy-back.

3 **Réseau ferré ;** chemin de fer, **voie ferrée ;** anglic., vx : railroad, railway. – **Voie ;** longrine, **rail, traverse,** voie courante. – Voie déviée, voie directe, voie libre ; évitement de circulation ou, anc., garage actif, voie d'évitement, **voie de garage.** – Contre-rail, **contre-voie,** ligne à double voie, monorail ; ornière.

4 **Départ 202 ;** arrivée **201 ; passage ;** desserte cadencée. – **Aiguillage** ou aiguille ; cabine ou poste d'aiguillage, P. A. R. (Poste d'aiguillage et de régulation), P. R. S. (Poste tout relais à transit souple) ; bouton d'itinéraire, combinateur, levier de manœuvre, **sauterelle,** verrou ; **enclenchement, verrouillage.** – **Signalisation 552 ;** portique *(portique à signaux).* – Anc. : cloche d'annonce ou d'avertissement ; préannonce ; signal de clôture, signal fermé, signal ouvert ; **fanal.**

5 **Triage.** – Alternat, **branchement,** californien, **chevauchement** ou pose à joints alternés, débranchement ; faisceau ; faisceau de débranchement, faisceau de réception, voie ou faisceau de formation, voie ou faisceau de triage ; évite-bosse ou évite-butte. – Bosse de débranchement ou butte de gravité.

6 Déraillement **218.3** ; catastrophe ferroviaire. – **Détournement ; rebroussement.** – Désheurement.

7 **Dédoublement** *(dédoublement d'un train)* ; forcement. – Quadruplement.

8 Ligne de chemin de fer, **ligne ; grande ligne** [souv. au pl.], ligne de banlieue. – Tête de ligne ; terminus ; direction **198.**

9 **Train ; convoi, rame. – Matériel roulant.** – Coupe ; tranche. – Train pair ; train impair. – Train de secours. – Train supplémentaire. – Dur *(un dur)* [arg.].

10 **Traction 222. – Attelage,** attelage automatique. – **Locomotive** ou **machine,** locomotive Diesel, locomotive électrique, locomotive à vapeur [arg.] ; locomoteur ; **automotrice,** motrice ; machine haut-le-pied ; trolley. – Barre, chaîne, coupleur, crochet, tendeur ; tampon. – Bogie ou boogie, brancard, caisse, châssis, longeron.

11 **Chemin de fer.** – Métro (ou, vx : métropolitain, chemin de fer métropolitain), métro aérien, métro souterrain. – **Tramway** ou, fam., tram ; trolleybus ou, fam., trolley. – Chemin de fer à crémaillère, **funiculaire** ou chemin de fer funiculaire, **téléphérique.** – **Train ferry** (ou : ferry, transbordeur) **819.**

12 **Direct** ou train direct, **omnibus** ou train omnibus ; **express, rapide** ou train rapide, **T. G. V.** (Train à grande vitesse) ; **autorail** ou micheline ; **correspondance ; tortillard.** – Interurbain ou chemin de fer interurbain. – Train sur coussin d'air ; aéroglisseur, Aérotrain [nom déposé]. – Chemin de fer hydraulique, **turbotrain.** – Chemin de fer à voie étroite ; chemin de fer Decauville, chemin de fer portatif. – Train automoteur.

13 **Train de voyageurs, train de marchandises,** train de messagerie, train mixte ; train auto-couchettes ou **train-auto ;** train-poste. – Train-parc.

14 **Voiture, wagon.** – Voiture-bar ou, anc., wagon-bar, **voiture-lit** ou, anc., wagon-lit, voiture-restaurant ou, anc., wagon-restaurant ; grill-express. – Anc. : pullman ou voiture pullman. – Voiture-salon.

15 Tête de train, tête ; queue de train, queue. – **Compartiment,** single. – Couloir, bagagerie ; plate-forme ; impériale. – Banquette, **couchette,** place assise, place debout ; coin couloir, coin fenêtre.

16 Allège postale, **voiture-poste** ou, anc., wagon-poste ; fourgon, plat *(un plat),* remorque, wagon couvert. – **Citerne** (ou **wagon-citerne,** ou, anc., wagon-réservoir), **wagon-foudre** ; tombereau ou **wagon-tombereau, wagon-trémie** ; wagon-écurie.

17 Transbordeur ou chariot transbordeur. – **Draisine** ; chasse-pierres. – MIN. : berline, coke-car. – **Lorry** ; truck, **wagonnet.** – Monorail *(un monorail).* – Chariot.

18 Benne, cabine.

19 **Gare,** gare d'arrivée, de départ, gare terminus ; **terminus, tête de ligne ;** gare frontière. – Gare de marchandises, gare de voyageurs. – Gare de bifurcation, gare commune, gare de jonction, gare de passage ; gare de triage. – Bouche de métro, station ; interstation.

20 **Passage à niveau.** – Pont **806, pont-rail** (ou pont ferroviaire, ou, anc., passage inférieur), viaduc ; saut-de-mouton. – Pont roulant, pont tournant. – Passage à cabrouets.

21 **Indicateur des chemins de fer ;** indicateur Chaix, le Chaix ; horaire. – Avistrain.

22 **Billet 815,** coupon [belg.] ; billet ou ticket de quai. – Pemière classe, seconde classe ; supplément, surclassement.

23 **Compagnie des chemins de fer ;** les chemins de fer *(employé des chemins de fer) ;* Société nationale des chemins de fer français (S. N. C. F.).

24 **Cheminot,** traminot ou, vx, wattman ; agent de conduite, **conducteur,** conducteur de maœuvres, conducteur de route ; chauffeur, **mécanicien** ou, fam., mécano. – **Aiguilleur,** caleur ou enrayeur, **coupeur** ou dételeur, freineur ; anc. : garde-frein ou serre-frein. – Ambulant *(un ambulant).* – Chef de train ; **chef de gare.** – **Garde-barrière.**

v. 25 Transporter. – Ferrouter [TECHN.].

26 **Circuler, rouler.** – Entrer en gare ; être en gare ou à quai. – Partir. – Dérailler.

27 **Desservir.**

28 Conduire ; manœuvrer. – Garer, diriger sur une voie de garage. – Former ; dédoubler un train.

29 Dévoyer. – Différer *(différer un wagon)*.

30 Éclisser, verrouiller.

Adj. 31 Ferré ; **ferroviaire**. – Ferroutier [TECHN.] ou rail-route 816.

32 Funiculaire ; à crémaillère.

33 **Direct, omnibus** ; intervilles. – Auto-couchettes (ou : autocouchettes, autos-couchettes) ; porte-autos.

34 Permanent *(train permanent)*, régulier. – En partance. – À supplément.

35 Bondé, à vide.

36 Bivoie ; monorail *(train monorail)*.

Adv. 37 En tête ; en queue.

Int. 38 **En voiture !** – Attention au départ ! – Fermez les portières, s'il vous plaît !

# 819 TRANSPORTS MARITIMES ET FLUVIAUX

N. 1 Transports par eau ou par l'eau, **transports maritimes** ou par mer, **transports fluviaux**. – Marine 719, **marine marchande** ou marine de commerce. – **Flotte ; batellerie,** cale. – **Navigation ;** radionavigation 555. – Transport 815 ; croisière.

2 **Bateau, bâtiment** ; **navire** ; vaisseau ; péj. : baille, rafiot. – Navire-jumeau ou, anglic., sister-ship.

3 **Paquebot,** transatlantique *(un transatlantique)* ; transport de troupes [MIL.] ; négrier [anc.]. – **Aéroglisseur,** hovercraft, hydroglisseur ; aquaplane, Naviplane [nom déposé].

4 **Cargo** ou navire de charge ; bateau-citerne, navire-citerne ; **roulier**. – **Liner** (ou : cargo de ligne, navire de ligne) ; **tramp**. – Cargo polyvalent ; motorship (abrév. : M/S). – Anc. : steamer, vapeur *(un vapeur)*.

5 Cargos. – **Asphaltier** ou bitumier, **charbonnier, minéralier,** minéralier-vraquier ou, anglic., obo ; **vraquier** (ou self-trimmer, [anglic.], transporteur en vrac). – Transporteurs de gaz : butanier, éthylier, méthanier, propanier. – **Pétrolier, tanker** ; superpétrolier ou supertanker ; avitailleur ou mazouteur ; ravitailleur ; porte-conteneurs, roll on-roll off ou, fam., roro. – **Bananier, céréalier** ; navire-base ; grumier.

6 **Transbordeur** (ou : car-ferry, **ferry, ferry-boat,** train-ferry). – **Accon** ou acon ; allège, chatte. – **Bac,** traille ; bachot, va-et-vient ; traversier [canad.]. – Porte-barges.

7 **Péniche** (ou : bateau de canal, péniche flamande) ; coche d'eau [anc.]. – **Chaland,** chaland-citerne, chaland-coffre ; sapine (ou : sapinette, sapinière). – **Barge ;** remorqueur. – **Radeau**.

8 **Embarcation**. – Barque, canot, chaloupe ; vedette ; Zodiac [nom déposé]. – Fam. : **coque** (ou : coque de noix, coquille de noix). – Litt. : esquif, **nacelle**.

9 Bateau-mouche ou, anc., mouche, houseboat.

10 **Armement ;** équipement. – Apparaux ; gréement.

11 Bord ; bâbord, tribord. – Dunette. – Timonerie. – Compartiment ; logement ; **cabine**. – **Cale ;** citerne, cuve ; feeder.

12 **Acconage** ou aconage, roulage ou roll on-roll off 801. – Flottage. – **Bornage** [anc.] ou navigation côtière, cabotage ; batelage. – Commerce triangulaire [HIST.].

13 Navigation, **pilotage 198.15.** – Routage. – **Abordage,** accostage, appontage. – Éclusée.

14 **Ligne,** lignes « navette », lignes « tour du monde ». – Route, **traversée 869.** – Escale.

15 **Port ;** port fluvial, port maritime ; hoverport. – Bassin, darse ou darce ; rade. – **Quai,** appontement. – **Embarcadère ; débarcadère.** – Gare maritime ; voie de quai ou voie de port. – Garage à bateaux ; pont-garage. – **Écluse ;** bief ; vantellerie ou vannellerie.

16 **Canal ;** chenal, passe. – **Voie navigable ;** cours d'eau, fleuve, rivière. – Lac. – Mer 271 ; eaux territoriales [DR. MAR.].

17 **Navigabilité**. – Innavigabilité.

18 **Cargaison ; fret 827** ; aliment [DR. MAR.] ; **batelée,** pontée. – **Jauge ; charge,** plein *(le plein),* tonneau. – **Jaugeage, tonnage**. – Port en lourd. – Lourd *(du lourd)*. – **Vrac** *(vrac liquide, vrac sec)*.

19 DR. MAR. – **Documents de bord ; connaissement,** manifeste. – Délivraison. – **Ancrage, batelage,** droit de port ; billet de bord, billet lombard [HIST.]. – **Affrètement, nolisement,** sous-affrètement ; charte-partie. – Conférence. – Vente fas (angl. : *free alongside,* « franco le long du navire »), vente fob (angl. : *free on board,* « franco à bord »). – Quaran-

taine. – Baraterie. – Pavillon, pavillon de complaisance ; port d'attache.

20 Avarie. – Épave.

21 **Gens de mer** (ou : marins du commerce, marins marchands) ; **marin**, navigateur. – **Équipage**, monde. – **Patron** ; **capitaine**, patron au bornage ou capitaine côtier (opposé à capitaine au long cours) ; second capitaine ou second ; bosco ou maître de manœuvre. – **Matelot** ; manœuvrier ; chef mécanicien ; calier, cambusier.

22 **Batelier, marinier** ; naute [HIST.] ; passeur ; gondolier. – **Pilote,** pilotin ; litt. : nautonnier, nocher. – **Timonier** ou homme de barre. – Acconier (ou : aconier, stevedore [anglic.]).

23 Garçon, stewart. – **Coq,** maître-coq (ou : chef, maître coq) 855.

24 DR. MAR. – **Chargeur,** commissionnaire-chargeur. – Réceptionnaire, subrécargue [anc.] ; sapiteur. – **Armateur, fréteur** ; affréteur.

25 Compagnie de navigation. – Chantier naval.

26 Voyageur 869 ; **passager.**

v. 27 **Naviguer ; voguer** [litt.]. – Cingler, courir, marcher ; croiser ; culer. – **Caboter.** – Battre pavillon.

28 **Aborder,** accoster, débarquer ; être à quai. – Affourcher, ancrer, mouiller ; jeter l'ancre. – **Appareiller** ; déborder ; embarquer.

29 Charger ; **barroter.** – Décharger. – Avarier.

30 DR. MAR. – **Fréter** ; affréter, **noliser.**

31 Écluser. – Router.

32 Accastiller.

Adj. 33 **Marin,** marinier [vx], **maritime,** nautique, **naval.** – **Fluvial,** fluviomaritime.

34 **Navigable.** – Abordable [rare] ; accostable. – Innavigable.

35 Transatlantique, transmanche. – Traversier.

36 **Marchand** ; transporteur. – Polytherme. – Sous-palan [DR. MAR.].

Aff. 37 **Naut-,** nauto- ; -naute, -nautique, -nautisme. – Fluvio-.

## 820 TRANSPORTS PAR AIR

N. 1 Transports par air ; **transport aérien.** – **Aviation ;** aviation civile, aviation commerciale ; poste aérienne 726. – Astronautique 821 ; aérostation. – Aéronautique ; avionique [TECHN.].

2 **Avion ;** appareil, zinc [fam.] ; didact. : aérodyne, **aéronef ;** vx : aéroplane, machine volante ; coucou [fam. et péj.]. – Avionnette ; monoplace, biplace ; U. L. M. – Avion à hélice(s) ; monomoteur, bimoteur, trimoteur, quadrimoteur. – Monoplan, biplan, triplan. – Bipoutre *(un bipoutre).* – Deux-ponts. – Avion à réaction ; monoréacteur ; biréacteur, triréacteur, quadriréacteur, hexaréacteur. – Hydravion ; planeur. – Giravion ; autogire, hélicoptère, girodyne ; combiné *(un combiné),* convertible *(un convertible).* – Aérostat ; **ballon ;** ballon dirigeable ou dirigeable ; anc. : montgolfière, saucisse [fam.], zeppelin.

3 Avion de ligne ou avion commercial ; avion d'affaires ; avion-taxi. – **Charter** ou, DR., avion nolisé. – **Gros-porteur** ou jumbo-jet, moyen-porteur ; court-courrier, court-moyen-courrier, **long-courrier,** moyen-courrier ; Airbus [nom déposé]. – **Avion-cargo,** avion-citerne ou avion-ravitailleur. – Bombardier à eau, Canadair [nom déposé]. – MIL. : bombardier ; ailier, chasseur, intercepteur.

4 Fuselage ; **carlingue ; cockpit,** poste de pilotage ; cabine, habitacle ; passerelle ; **soute.** – Bec, queue. – Aile ; aérofrein ou, anglic., spoiler, aileron, bec d'attaque, volet hypersustentateur ; dérive, gouverne de direction, gouverne de profondeur ; empennage. – Train d'atterrissage. – Réacteur ; turbopropulseur, turboréacteur ; statoréacteur.

5 **Emport** *(capacité d'emport) ;* charge marchande.

6 **Navigation aérienne.** – **Vol** ; approche ; atterrissage ; amerrissage ; décollage ; prise de piste. – Capotage ; déportement. – Déroutement ou déroutage ; détournement. – Crash. – Figures aériennes : carrousel, chandelle, looping, tonneau, vrille.

7 Espace aérien ; ligne aérienne. – DR. AÉRIEN : Manifeste ; **plan de vol.**

8 **Aérodrome.** – Champ d'aviation ; champ d'atterrissage, **piste** *(piste d'atterrissage, piste de décollage).* – Tour de contrôle ; radar 555.

9 **Aéroport ;** aérogare, jetée, **satellite,** tarmac, terminal ; salle d'embarquement. – Navette. – **Escale, transit** ; consigne. – Douane, zone franche ; duty free [anglic.].

10 Billet apex, billet ipex ; billet open, billet stand-by. – Classe affaires **869**, classe touriste.

11 Construction aëronautique, **avionique** ou aéroélectronique.

12 Compagnie aérienne ; avionnerie [canad.]. – Flotte, flottille ; escadrille.

13 Aéro-club. – Baptême de l'air.

14 **Aviateur** ; vieilli : aéronaute, aérostier ; pilote d'essai, pilote de ligne. – **Commandant de bord, pilote** ; copilote ; navigateur, radionavigant ou radionavigateur. – **Équipage** ; hôtesse de l'air, steward. – Personnel rampant ou personnel au sol (opposé à personnel navigant ou volant) ; navigant *(un navigant),* rampant *(un rampant).*

15 **Avionneur** ; constructeur d'avions. – Aérianiste [DR.].

v. 16 Affréter. – DR. – Charteriser ou noliser.

17 **Embarquer** ; débarquer. – Faire escale ; transiter.

18 Voler ; **naviguer.** – **Décoller, prendre l'air,** s'envoler. – Planer, plafonner ; piquer. – Amerrir, **atterrir.** – S'écraser ; fam. : casser du bois, se crasher.

19 Dérouter. – Détourner.

Adj. 20 **Aérien** ; aéronautique ; de l'air *(médecine de l'air).* – Aéroportuaire.

21 Navigant ou volant (opposé à rampant). – Aéroporté, aérotransporté, héliporté, hélitransporté.

22 Aéropostal. – TECHN. : commuter ou troisième niveau.

23 Aérianiste [DR.].

24 Aérostatique. – Supersonique.

Aff. 25 **Aéro-.**

## 821 ASTRONAUTIQUE

N. 1 **Astronautique** *(l'astronautique),* navigation interplanétaire. – Air **255** ; **espace** *(l'espace).*

2 Vaisseau *(vaisseau lunaire, vaisseau spatial) ;* engin, **fusée,** lanceur spatial, navette spatiale ; astronef [vieilli]. – Orbiteur ; **satellite,** station orbitale. – Parties d'une fusée : coiffe ; **capsule** ; cabine ; **étages** ; moteurs ; réservoirs ; propulseurs, propulseurs d'appoint.

3 Fusée-sonde ; **sonde spatiale** ; sonde lunaire.

4 Combinaison de vol, combinaison spatiale ; combinaison anti-G.

5 **Vol** ; vol habité. – **Lancement** ; injection, mise en ou sur orbite. – Mission d'exploration ; sortie dans l'espace. – **Rencontre spatiale** ; accostage, amarrage. – **Alunissage** ou, recomm. Acad., **atterrissage.** – Amerrissage. – Désatellisation ou décrochage.

6 Aire de lancement, **base de lancement** ou champ de tir. – Cosmodrome [ex-U. R. S. S.]. – Pas de tir ; banc d'essai ; carneau.

7 **Apesanteur** ou impesanteur, microgravité.

8 Astronomie nautique ; **fuséologie.**

9 Aérospatiale *(l'aérospatiale),* industrie aérospatiale.

10 **Astronaute,** cosmonaute, **spationaute.** – Aéronaute **820.**

11 Astronauticien ; fuséologue.

v. 12 **Lancer.** – Mettre en ou sur orbite.

13 Voler. – **Atterrir** [recomm. Acad.] ou alunir. – Amerrir **902.**

Adj. 14 **Astronautique** ; aérospatial. – **Orbital,** suborbital. – Géostationnaire.

15 **Interplanétaire,** planétaire, **spatial** ; cosmique, intersidéral.

16 Circumlunaire, lunaire ; circumterrestre.

Aff. 17 **Astro-, spatio-** ; cosmo- ; -naute, -nautique.

## 822 POSSESSION

N. 1 **Possession** *(la possession) ;* détention. – Occupation. – Disposition, jouissance, jouissance légale, usage. – Usufruit ; nue-propriété ou nue propriété [DR.]. – **Propriété ; appartenance 67.6.** – Appropriation **717** ; usucapion [DR.].

2 DR. – Possession utile ; possession de bonne foi. – Animus (opposé à corpus), *animus possissendi* (lat., « intention de posséder »).

3 Possession *(une possession) ;* avoir, **bien** ; mien *(le mien ; le mien et le tien).* – Propriété ; capital, patrimoine. – Actif (opposé à passif). – Biens, chevance [région., vx]. – Biens propres ou propres *(les propres) ;* acquêts. – Biens patrimoniaux ; biens réservés.

4 Bien-fonds, **bien immeuble,** immeuble ; **bien meuble** ; fonds. – Tréfonds. – Bien corporel, bien incorporel.

5 Copropriété, multipropriété ; copropriété divise ou indivision forcée. – Indivision.

6 DR. : propriété artistique et littéraire, propriété commerciale, propriété industrielle.

7 Acquisition 835 ; entrée en possession, prise de possession. – DR. – Acquisition à titre particulier, acquisition à titre universel. – Mise en possession ; cession 823, donation 826 ; ensaisinement [FÉOD.]. – Maintenue (la maintenue). – Envoi en possession ou saisine héréditaire.

8 Titre de propriété ; certificat de propriété.

9 DR. : inaliénabilité, insaisissabilité. – Homestead [DR., anglic.].

10 Possessivité 600 ; captativité. – Acquisivité [vx].

11 Possédant (un possédant) ; propriétaire ; multipropriétaire. – Propriétaire foncier ; tréfoncier. – Capitaliste (un capitaliste).

12 Détenteur, possesseur, propriétaire ; copropriétaire, indivisaire [DR.] ; nu-propriétaire [DR.].

13 Dépositaire ; usager. – Usufruitier. – Fermier, locataire ; emphytéote [DR.].

V. 14 Posséder ; avoir, détenir ; tenir. – Prov. : un tiens vaut mieux que deux tu l'auras ; mieux vaut tenir que courir ; qui terre a guerre a.

15 Bénéficier de, disposer de ; jouir de, user de. – Être à la tête de. – Avoir pignon sur rue [vieilli] 829. – Avoir du bien.

16 Acheter, acquérir 835. – Prescrire [DR.]. – Prendre possession de ; s'emparer de 717. – Investir.

17 Obtenir ; recevoir, recueillir. – Entrer en jouissance de, entrer en possession de ; hériter de 823. – Recouvrer 824, récupérer, ressaisir.

18 Mettre en possession ; nantir.

19 DR. : saisir 836.

20 Échoir à, revenir à. – Appartenir à ; être à ; DR. : compéter à [vieilli], obvenir à.

Adj. 21 Pourvu ; nanti 829 ; possessionné [vx].

22 DR : possessionnel ; possessoire. – Usufructuaire. – Patrimonial.

23 DR. – Appartenant ; afférent.

24 Possédable ; appropriable [DR.] 717.

25 DR. : acquérant, acquisitif.

Adv. 26 DR. – Possessoirement. – Patrimonialement.

27 En commun, en propre. – DR. : indivisément ou par indivis [DR.], en copropriété, en toute propriété, par divis. – À titre précaire.

## 823 CESSION

N. 1 Cession, concession. – Aliénation ; mutation ; dévolution ; transfert, translation, transmission, transport. – Vente 827. – Donation 826 ; dation.

2 DR. – Abandon 515, délaissement, désaisissement. – Cession de territoire [DR. INTERN.].

3 DR. – Cession-bail 841 ; fidéicommis, fiducie 824.

4 Succession ou mutation par décès, succession légale ou succession ab intestat (lat., « venant de qqn qui n'a pas testé »), succession testamentaire.

5 Héritage, succession. – Lot, part 72.1, portion, quote-part, réserve.

6 Testament ; testament mystique ou secret, testament public ou authentique ; testament olographe.

7 DR. : aliénabilité, cessibilité, disponibilité, successibilité. – Transmissibilité [didact.].

8 DR. – Abandonnateur, aliénateur, souche ; disposant. – Testateur ; intestat (un intestat) (lat., « qui n'a pas testé »).

9 Acheteur, acquéreur. – Concessionnaire. – Héritier, légataire, successeur. – DR. : abandonnataire, aliénataire, ayant cause ou ayant droit 713, cessionnaire.

V. 10 Céder ; concéder, donner 826, vendre 827 ; abandonner 515, laisser, remettre ; didact. : recéder, rétrocéder 824 ; fam. : filer, passer, refiler ; abouler [arg.].

11 DR. : aliéner, amodier ; transférer, transmettre, transporter.

12 Se débarrasser de, se défaire de, se déposséder de, se démunir de ; rare : se désapproprier de, se dépourvoir de ; renoncer à.

13 Tester ou, vx, testamenter.

14 Hériter 822. – Nul n'est héritier qui ne veut [DR.].

15 Changer de mains ; se transmettre de père en fils ou de génération en génération.

Adj. 16 Cédé, donné.

17 DR. : cessible, transférable, transmissible. – Rare : donnable, concessible.

18 DR. – Testamentaire. – Translatif. – Successoral.

## 824 RESTITUTION

N. 1 Restitution, rétrocession ; remboursement 825.

2 Compensation, **dédommagement** ; réparation ; indemnisation ; désintéressement. – Rendu [rare ; surtout dans les loc. prov. : un prêté pour un rendu et ami au prêter, ennemi au rendu]. – DR. : compensation légale, compensation conventionnelle, compensation judiciaire. – **Dommages-intérêts** ou dommages et intérêts **722, indemnité**, intérêts compensatoires ; prestation compensatoire. – Soulte ; HIST. : composition, wergeld. – Fiducie.

3 DR. : **revendication 634.1.** – Recours ; action possessoire **822.5**, complainte, dénonciation de nouvel œuvre, réintégrande.

4 **Récupération**, recouvrement (ou : recouvrage, recouvrance) ; reprise. – DR. : droit de reprise ou de répétition, droit de retour ; réméré [DR.].

5 Rare : rendeur, restituteur. – Héritier fiduciaire ou fiduciaire *(un fiduciaire),* héritier grevé **823.10**.

6 Revendiquant [DR.], revendiqueur [rare]. – Héritier fidéicommissaire ou, vieilli, fidéicommissaire *(un fidéicommissaire).*

V. 7 **Restituer** ; rendre, rétrocéder ; recéder, redonner ; remettre, rembourser **825**. – Rendez à César ce qui appartient à César et à Dieu ce qui appartient à Dieu (Évangile selon saint Matthieu, passé en proverbe).

8 Faire restitution de qqch à qqn [vx].

9 Acquitter, payer une dette. – Compenser, **réparer** ; payer les pots cassés.

10 **Dédommager**, indemniser ; désintéresser. – Réintégrer dans ses biens.

11 Recouvrer, **récupérer**, ravoir [rare] ; reprendre ; rempocher ; rémérer [DR.]. – Rentrer en possession de ; se ressaisir de [DR.].

12 Retourner ; faire retour *(bien qui fait retour à son possesseur).*

Adj. 13 DR. : **restitutoire** ; compensateur (ou : compensatif, compensatoire).

14 DR. : **restituable** ; compensable. – Recouvrable, récupérable.

15 Indemnisable ou indemnitaire [DR.].

16 Rétrocédant [DR.].

Adv. 17 En compensation ou à titre de compensation, en contrepartie, **en dédommagement,** en échange, en remplacement **825** ; **en retour** ou, vx, de retour.

## 825 PAIEMENT

N. 1 **Paiement** ou payement ; acquittement, **règlement. – Remboursement** ; libération. – Dédouanement ou dédouanage. – Montant, somme.

2 Débours, déboursement, **dépense.** – **Versement,** versement libératoire ; virement.

3 Rente, pension ; paie ou paye **795**. – Dommages et intérêts, indemnité, réparation. – Amende, impôt **846**. – Cotisation, écot, quote-part. – Dépens [DR.], frais. – Soulte [DR.]. – Tribut ; rançon. – Tontine.

4 BOURSE. – Premium. – Prime ; prime d'émission, prime de remboursement. – Déport, report. – Courtage **827** ; remise.

5 Arrhes, denier [vx]. – Acompte, avance, provision. – Caution, gage, **garantie** ; dédit. – Rappel ; solde. – Souscription. – Dépôt ; consigne, consignation.

6 Arrérages, coupon *(coupon de rente).*

7 Délai de paiement ; franchise ou différé d'amortissement ou de remboursement, remise. – Échéance, **terme.** – Facilités de paiement ; crédit **841**, épargne-crédit. – **Traite** ; annuité, mensualité.

8 Addition, facture **831**, note ; douloureuse [fam.]. – Quart d'heure de Rabelais [fam.]. – État de frais ou des dépens [DR.].

9 Acquit, décharge, émargement, quittance, récépissé, reconnaissance de paiement, **reçu,** reçu pour solde de tout compte.

10 Billet, effet de commerce, lettre de change, traite ; reconnaissance de dette.

11 Caisse, caisse enregistreuse, tiroir-caisse.

12 Fam. : cochon de payant ; vache à lait.

V. 13 **Payer** ; fam. : banquer, casquer, cracher, **raquer** ; aligner, allonger, lâcher. – Régler (une dépense) ; faire face à (une dépense). – **Débourser,** décaisser, dépocher [vieilli] ; payer de ses deniers, passer à la caisse ; délier les cordons de sa bourse ; fam. : cracher au bassinet ou, vx, à l'esquipot, mettre la main à la poche. – Fam. : être de la revue, en être pour ses frais, en être de sa poche ; payer les violons.

14 **Payer comptant** ou, anglic., cash ; vx : payer comme un change, payer en saunier. – Payer argent sous corde [vx], payer argent comptant [vieilli]. – Payer en monnaie de singe. – Être dur à la détente ou à la desserre **709**.

15 Payer qqn de paroles ou de promesses ; payer qqn en coups de gaules ou en soufflets.

16 Appointer, rémunérer, **rétribuer,** salarier ; éclairer [arg.]. – Dédommager, désintéresser, indemniser.

17 Défrayer, faire les frais de [vieilli] ; entretenir, soutenir. – Allouer 929, servir, verser *(allouer, servir* ou *verser une pension, une rente à qqn)*.

18 Subvenir à ; fournir à l'appointement de qqch [vx] ; financer, subventionner. – Tenir la bourse ou les cordons de la bourse ; faire bouillir la marmite 795.

19 Dédouaner. – Acquitter, amortir, éteindre ou, fam., étrangler, honorer, **rembourser**, solder son compte. – S'acquitter, se décharger, se libérer ; rendre. – Être quitte.

20 Payer sa quote-part ; cotiser ; contribuer, participer. – Se cotiser.

21 Arrêter un article ; donner ou verser des arrhes. – Souscrire.

22 **Débiter** *(débiter un compte)*, tirer sur. – Escompter *(escompter une traite)*, tirer.

23 Se payer ; se rembourser ou, vx, se payer par ses mains.

24 Prov. – Les bons comptes font les bons amis ; vieux amis et comptes nouveaux. – Qui paie ses dettes s'enrichit. – Payez et vous serez considéré.

Adj. 25 **Payé** ; acquitté, réglé ; remboursé. – Escompté.

26 Payant. – Cher 832, bon marché 833.

27 Payable. – Solvable. – En votre aimable règlement *(valeur en votre aimable règlement,* formule de courtoisie figurant sur une note, une facture, ou l'accompagnant).

Adv. 28 **Comptant** ou au comptant, en nature ; fam. : cash, recta, rubis sur l'ongle. – Pour solde de tout compte.

29 Au porteur, à vue. – D'avance ; à crédit.

# 826 DON

N. 1 **Don** ; cadeau, présent ; **offrande 491** ; gracieuseté, largesse, libéralité **710** ; générosité [rare] **587**, hommage [vieilli] ; vx : gratuité *(une gratuité)*, honnêteté. – **Étrennes**.

2 **Gratification**, récompense ; boni ou bonification, bonus, commission, **prime 795** ; surpaye [vx]. – MAR. : chapeau de mérite ou du capitaine [vx], primage. – ANTIQ. ROM. : donativum, sportule. – **Pourboire** ou, fam., pourliche. – Denier à Dieu [vx].

3 **Aumône 587** ; vx : denier de la veuve, donnée. – Islam : biens habous, sadaq, waqf ou hubus **488**. – **Denier du culte,**

denier de Saint-Pierre ; vx : denier de confession, legs pieux [DR.]. – Don gratuit [RELIG., anc.].

4 Arrosage, dessous-de-table, **pot-de-vin** ; bakchich, matabich ou matabiche. – Épices (des juges) [anc.].

5 **Allocation 795**. – Subvention **563** ; subside ; octroi [vx]. – Rente de situation.

6 **Faveur**, grâce ; bienfait **585**, biens ; manne. – Dons ou largesses de la nature ou de la terre [litt.].

7 DR. CIV. – **Donation** ; aliénation (ou : cession **823**, disposition, mutation) à titre gratuit, **legs**. – Donation notariée ou donation par acte notarié ; donation déguisée, don manuel. – Donation irrévocable, donation révocable. – Donation entre époux ; donation entre vifs ; donation-partage ; donation au dernier vivant, donation ou don mutuel. – Legs particulier, prélegs ; legs universel. – Dot **682**. – *Animus donandi* (lat., « intention de donner »).

8 Attribution, assignation, octroi ; dotation ; fondation [DR.]. – Délivrance, distribution, remise.

9 Mécénat, sponsoring [anglic.] **565**.

10 Donateur, offrant [litt.] ; octroyeur [litt.] ; DR. : aliénateur, disposant, testateur **823** ; DR. : *de cujus* (lat., abrév. de *de cujus successione agitur*, « de la succession de qui il est question »). – Mécène, sponsor [anglic.] ; bienfaiteur **587**.

11 DR. CIV. – Donataire. – Aliénataire **823**, **héritier**, légataire, légataire particulier, légataire universel.

12 Pot-de-vinier [vieilli].

V. 13 **Donner** ; offrir, prodiguer **710** ; abandonner à titre gracieux, céder. – Léguer ; laisser (un bien) à (un héritier). – Payer qqch à qqn [fam.]. – Distribuer *(distribuer des cadeaux)*, **remettre**.

14 Adjuger, **attribuer**, assigner, impartir, octroyer ; allouer ; **accorder**, consentir ; décerner ; procurer, servir ; fam. : fourguer, refiler.

15 DR. – Aliéner à titre gratuit **823**, bailler [vx]. – Déférer *(déférer une succession)* [DR.].

16 Faire don (ou : cadeau, présent) de qqch ; se fendre de [fam.].

17 Ouvrir sa bourse ; **faire l'aumône** ou la charité ; aumôner de [rare] ; donner la pièce [fam.].

18 Donner un pourboire ou donner pourboire [vx] ; pourlicher [arg.]. – Récompenser.

19 Surpayer ; arroser [fam.]. – Graisser la patte à ou de qqn ; graisser le marteau [vx].

20 Mettre en possession de 822 ; doter de, **gratifier de,** lotir de, munir de, nantir de, **pourvoir de ;** cadeauter de [rare] ; allotir de [DR.]. – Étrenner de ; renter de ; bonifier [DR. COMM.]. – Le mort saisit le vif (de son héritage) [dicton juridique].

21 Mécéner 562, subventionner.

22 Prov. – Donner c'est donner, reprendre c'est voler ; donner et retenir ne vaut. – Qui tôt donne, donne deux fois. – Donner à Dieu n'appauvrit jamais ; qui donne aux pauvres, donne à Dieu. – « La façon de donner vaut mieux que ce qu'on donne » (Corneille, passé en proverbe).

Adj. 23 **Donneur ;** donnant [vieilli], généreux 587, prodigue 710 ; aumônieux [rare] ou, vx, aumônier.

24 Bénéficiaire.

25 **Donné,** offert. – À cheval donné, il ne faut point regarder (à) la bouche ou on ne regarde pas (à) la bride [prov., vx].

26 **Gratuit 834,** gratis, libre *(entrée libre).*

27 Donnable [rare].

Adv. 28 **Libéralement 587 ;** gracieusement ; en pur don ; à titre gracieux ; à titre gratuit [DR.] 823.

29 **Gratuitement 834,** gratis, *gratis pro deo* (lat., « gratuitement pour l'amour de Dieu »).

## 827 COMMERCE

N. 1 **Commerce.** – Négoce, trafic [vieilli] ; traite *(traite des Blanches).* – Affaires, business [anglic.] ; import-export. – Commerce extérieur, commerce intérieur, commerce international.

2 **Commercialisation 828 ;** didact. : marchandisage ou, anglic., merchandising, marchéage, **marketing** [anglic.], mercatique. – Étude de marché, étude de motivation. – Étude de marché, étude de motivation. – Réclame [vieilli], promotion des ventes, publicité 768.

3 Commercialité [DR.]. – Cessibilité, négociabilité ; vénalité [HIST.].

4 **Négociation,** tractation, transaction ; marchandage. – Affaire, opération ; contrat, convention, marché. – Bourse de commerce ou bourse des marchandises.

5 **Échange,** troc. – **Location.** – Cession 823, **vente,** revente ; vente au comptant

(opposé à vente à crédit ou à tempérament) ; vente à l'encan, vente à la criée, vente aux enchères, vendue [vx] ; DR. : adjudication, licitation ; adjudicateur. – Vente par correspondance (opposé à vente directe). – Colportage, courtage, démarchage. – Exportation, importation.

6 Péj. – Affairisme ; mercantilisme [litt.]. – Simonie [litt.] 718 ; vénalité. – Spéculation 842 ; agiotage [vx]. – Maquignonnage 831, trafic.

7 **Monopolisation.** – Concentration verticale ou intégration, concentration horizontale ou cartellisation ; concentration hétérogène, concentration homogène ; concentration absolue, concentration relative. – Monopolisme.

8 ÉCON. – **Marché ;** loi de l'offre et de la demande. – Monopole, monopole d'achat, monopsone ; monopole bilatéral ou duopole, monopole contrarié, monopole discriminant, monopole simple ; oligopole, oligopole frangé, oligopole partiellement coordonné, oligopole sans coordination. – Marché noir.

9 Compagnie 583, **firme,** filiale, maison. – Association ou, DR., société en participation, centrale, coopérative, groupement 66. – Corporation, guilde ou gilde, hanse. – Comptoir de vente en commun ; cartel, conglomérat, combinat, consortium, **groupe,** holding, konzern, trust ; multinationale. – **Comptoir,** emporium [ANTIQ.], factorerie.

10 **Commerce de détail** ou, fam., détail, commerce de demi-gros ou, fam., demi-gros, **commerce de gros** ou, fam., gros. – Le commerce, le petit commerce ; le haut commerce [vieilli].

11 **Fonds de commerce,** commerce *(un commerce) ;* affaire, maison. – Cabinet d'affaires ; agence, bureau. – **Boutique, magasin ;** échoppe ; bazar. – Hypermarché, libre-service, supermarché, supérette ou superette ; **centre commercial.** – Chaîne commerciale, grand magasin ; succursale.

12 **Foire ;** foiral ou foirail ; Lendit [HIST.] ; foire à la brocante ou, fam., brocante, foire aux puces ou, fam., puces ; décrochez-moi-ça [fam.]. – **Marché,** souk ; halle(s) ; apport [vx].

13 Déballage [spécialt] ; étal, étalage, éventaire 828 ; devanture, vitrine ; montre, stand ; baladeuse. – Rayon ; linéaire *(un linéaire).* – Dépôt, entrepôt, réserve.

14 Bail commercial, loyer commercial, pas-de-porte. − Licence, patente.

15 Code de commerce 713. − Tribunal de commerce. − Chambre de commerce et d'industrie.

16 **Commerçant ; marchand ; détaillant** ou, vx, débitant ; grossiste, négociant ; fournisseur ; revendeur. − Camelot, colporteur, déballeur, étaleur [vx], porte-balle [vieilli], marchand à la sauvette. − **Marchand ambulant,** marchand ou commerçant forain. − Brocanteur, fripier. − Hallier [vx], mandataire aux Halles. − Étalier [vieilli]. − Péj. : boutiquier, maquignon, mercanti, profiteur.

17 Correspondant ; agent, courtier, intermédiaire, placier, transitaire *(un transitaire).* − Commis voyageur [vieilli], commissionnaire, **représentant, voyageur de commerce,** V. R. P. (voyageur représentant placier). − Emballeur ; expéditeur, transporteur ; livreur. − **Coursier,** saute-ruisseau [fam.] ; arg. : arpète, trottin. − Caissier, calicot [vx], commis. − **Vendeur.**

18 Brasseur d'affaires, **homme d'affaires ;** businessman [anglic.]. − Exportateur, importateur. − Monopoleur, monopoliste. − Trusteur ; trustee [anglic.].

19 Péj. − Affairiste ; agioteur [vx], spéculateur ; trafiquant.

20 **Clientèle,** pratique [vx] ; acheteur, chaland [vx], client. − Zone d'attraction commerciale ou zone de chalandise.

21 Économétrie. − Économiste.

v. 22 **Commercer,** négocier [vx]. − Être dans les affaires, faire du négoce, **tenir boutique,** tenir un commerce ; avoir pignon sur rue 829. − Ouvrir boutique, fermer boutique. − Avoir la bosse du commerce ; passer sa vie derrière un comptoir.

23 **Faire commerce** ou, vx, trafic de ; débiter, écouler. − Commercialiser, exploiter ; tirer profit de.

24 **Acheter 835,** vendre, revendre ; échanger, troquer ; aliéner, céder 823 ; brader, solder. − Mettre ou vendre à l'encan, mettre ou vendre aux enchères, mettre à prix 831 ; vendre au plus offrant, vendre au dernier enchérisseur. − **Vendre au comptant, vendre à crédit,** vendre à terme. − Vendre à la baisse (opposé à vendre à la hausse). − DR. : vendre franc ou quitte, vendre à faculté de rachat, vendre à réméré. − Liciter [DR.].

25 Exporter, importer.

26 Être en affaires ou, vx, en commerce avec, négocier, traiter. − Conclure ou régler une affaire, **faire affaire avec qqn.** − Les affaires sont les affaires [loc. prov., fam.].

27 Faire l'article ; placer la marchandise. − Faire de la prospection (ou : du démarchage, du porte-à-porte).

28 Maquignonner ; farder la marchandise, tromper sur la marchandise. − **Trafiquer ;** faire de la contrebande. − Spéculer.

29 **Monopoliser ;** monopoler [vx] ; truster. − Concurrencer ; cannibaliser.

30 Mercantiliser.

31 Se vendre ; s'écouler, s'enlever, s'enlever comme des petits pains. − S'épuiser.

Adj. 32 **Commercial,** commerçant. − Mercantile.

33 Vendable ; commerçable [vx], négociable ; cessible 823, transférable, vénal [HIST.]. − Invendable.

34 **Commercialisable ;** exportable, importable.

35 Négocié, vendu. − Invendu.

36 ÉCON. − Monopolistique ; monopolaire. − Concurrentiel. − Économétrique.

37 Affairé ou, vx, affaireux.

Adv. 38 Commercialement.

39 Aux enchères ; à l'encan.

# 828 MARCHANDISE

N. 1 **Marchandise** *(une marchandise) ;* article, denrée, produit. − Marchandise *(de la marchandise) ;* fam. : came, camelote 435.5.

2 Assortiment, assortissage [didact.], assortissement [vx], choix, collection ; fonds de marchandises. − **Échantillon,** nonpareille [vx] ; **lot.** − Allotissement.

3 Munition [vx], provision, **réserve,** stock ; surplus. − Pénurie 81.1, rupture de stock.

4 Péj., fam. − Nanar, rossignol ; garde-boutique [vx], laissé-pour-compte.

5 Enseigne, label, griffe, **marque,** sous-marque. − Cachet, contremarque, étiquette, tampon.

6 Fabrication, production 796 ; surproduction, sous-production 797. − Conditionnement.

7 Commercialisation 827, diffusion, distribution ; exclusivité, monopole ; accaparement, monopolisation. − Promotion, publicité 768.

8 Commerce **827**, échange, marché **842** ; demande, offre ; débit, écoulement ; débouché.

9 **Approvisionnement** ; fourniture, livraison. – Réapprovisionnement, réassortiment.

10 Cargaison, fret, transport **815**, transit.

11 Conservation, entreposage, entrepôt [rare ou vx], magasinage, stockage. – Consignation.

12 Dock, **entrepôt**, étape [vx], hangar, magasin ; entrepôt fictif. – Cellier, **magasin** ; dépense [vx], office, **réserve**.

13 Comptoir, devanture, vitrine. – Banc, étal [vx], éventaire **827**. – Rayon ; linéaire *(un linéaire)* ou linéaire développé [COMM.] ; gondole, présentoir.

14 **Inventaire** ; bordereau, catalogue, liste, nomenclature, récapitulatif, relevé, répertoire, table, tableau. – Connaissance, manifeste.

15 Approvisionneur, **fournisseur**, pourvoyeur, ravitailleur ; distributeur ; détaillant, grossiste ; stockeur, stockiste. – Entreposeur, entrepositaire.

16 Déballeur, magasinier, manutentionnaire. – Assortisseur. – Étalagiste **827**.

17 Monopoliste [ÉCON.]. – Péj. : accapareur, monopolisateur, stockeur.

V. 18 Achalander [emploi critiqué], **approvisionner**, assortir, **fournir**, pourvoir ; doter, munir. – Réapprovisionner, réassortir ou, vieilli, rassortir. – S'assortir [vieilli].

19 Emmagasiner, **entreposer**, stocker. – Serrer.

20 Accaparer, accumuler, amasser ; monopoliser, truster.

21 Distribuer, vendre **827** ; détailler ; débiter sa marchandise. – Promouvoir ; lancer *(lancer un produit)*. – Acheter ; marchander **831**.

22 Étalager. – Déballer, étaler ; déployer sa marchandise. – Détaler [vx], remballer.

23 Faire l'inventaire, inventorier.

Adj. 24 **Marchand** *(denrée marchande)* ; commercial **827**.

25 Brut, demi-fini, fini. – Fabriqué, industriel, manufacturé, usiné. – Agricole, naturel ; de base.

26 De bon aloi ; **de choix 434.16**, de premier choix, de second choix. – Bas de gamme **435.15**, de pacotille

27 Achalandé [emploi critiqué], **approvisionné**, assorti, fourni.

## 829 RICHESSE

N. 1 **Richesse** ; fortune, prospérité **548** ; opulence [sout.] **78.1**. – Âge d'or **191.4** ; siècle d'or ; années de vaches grasses [allus. bibl.].

2 **Aisance**, bien-être **469**, confort. – Les vaches grasses [allus. bibl.].

3 Faste, **luxe**, somptuosité ; magnificence [sout.] **710**. – Vie de château, vie de cocagne.

4 **Enrichissement** ; capitalisation **844**. – Développement, expansion **209**. – Chrématistique *(la chrématistique)* [ÉCON.].

5 Didact. : **ploutocratie** ou, vx, timocratie. – Mur de l'argent **138.10**.

6 MYTH. : Ploutos ou Plutus **500** ; Mammon.

7 **Richesses** ; biens **822**, ressources ; trésors ; **fortune** ; fam. : galette, magot, sac ; vx : pécune, pérou ; pactole ; argent **839**, **or** ; capital.

8 **Eldorado** ; californie [vx] ; pays de cocagne. – Pays riche ; pays développé.

9 **Possédant** *(un possédant)*, rentier ; notable *(un notable)* **621**. – Fam. : nabab **648**, richard ; **crésus**, satrape ; ploutocrate ; milord ; oncle d'Amérique ; marquis de Carabas [allus. litt.]. – Péj. : parvenu *(un parvenu)* ; nouveau riche ; B. O. F. (pour *beurre, œufs, fromage,* allus. aux trafiquants de denrées alimentaires au marché noir, pendant la Seconde Guerre mondiale) [fam.]. – Fils de famille, gosse de riches [fam.].

10 **Les classes aisées** ; le grand monde. – Les puissances d'argent ; les deux cents familles, les plus grandes fortunes de France. – Grande famille *(une grande famille)*. – La jeunesse dorée.

V. 11 **S'enrichir** ; prospérer **548** ; s'engraisser [fam.] ; capitaliser **844** ; remplir son escarcelle ; gagner des fortunes, gagner des mille et des cents. – **Faire fortune** ou, fam., de l'or ; hériter **826**. – Adorer le veau d'or [allus. bibl.].

12 Fam. – **Faire son beurre** (ou : son blé, son oseille) ; s'en mettre plein les poches, se remplir les poches ; faire son sac [arg.]. – Arrondir sa pelote, faire venir l'eau au moulin, mettre du beurre dans les épinards **795**. – Épouser le sac, redorer son blason **641**.

13 Avoir de quoi vivre, n'être pas à plaindre ; **être à l'abri du besoin**, être à son aise ; être au-dessus du vent [fam., vieilli] ; avoir du pain cuit sur la planche [vx] ; vivre de ses rentes.

14 Avoir de l'argent devant soi, **être en fonds,** avoir le portefeuille (ou, vieilli, la bourse, le gousset) bien garni ; avoir des rentes ; **avoir de la fortune** ou, fam., de la galette ; regorger de biens ou de richesses ; brasser des millions, nager dans l'opulence ou dans l'or ; avoir la ceinture dorée [vieilli] ; avoir des écus [vx], remuer l'argent ou, vx, les écus à la pelle.

15 Fam. : avoir du foin dans ses bottes, avoir le sac, crever d'argent, être au pèze [arg.].

16 Mener la vie à grandes guides [sout.] 710, mener grand train ou grande vie, **rouler carrosse,** vivre sur un grand pied, vivre comme un seigneur (ou : un prince, un roi).

17 Fam. – **Mener une vie de château,** mener la vie de palace ; mener une vie dorée sur tranche ou dorée sur toutes les coutures ; vivre des jours filés d'or et de soie [vx] ; **rouler sur l'or.**

18 Prov. et loc. prov. : l'argent ne fait pas le bonheur ; contentement passe richesse ; bonne renommée vaut mieux que ceinture dorée 639. – Le bien ou la fortune vient en dormant ; qui paie ses dettes s'enrichit. – On ne prête qu'aux riches. – « Il est plus aisé pour un chameau d'entrer par le trou d'une aiguille que pour un riche d'entrer dans le royaume de Dieu » (Évangile selon saint Matthieu).

Adj. 19 **Riche ;** aisé, fortuné, opulent [sout.], renté [vieilli]. – Huppé ; privilégié ; prospère 548 ; fam. : argenté ou, vieilli, argenteux, cossu, **friqué,** galetteux, nanti, rupin ; vx : calé, pécunieux. – **Milliardaire,** millionnaire, multimillionnaire ; souv. par plais. : archimillionnaire, richissime ; riche à milliards, riche à millions, **riche comme Crésus** ou, vx, comme un crésus. – Cousu d'or ; plein aux as ; doré sur tranche.

20 Fastueux, **luxueux,** somptueux ; de luxe ; princier ; onéreux.

21 Confortable *(revenu confortable),* substantiel.

22 Didact. : ploutocratique ou, vx, timocratique.

Adv. 23 **Richement ;** fastueusement, luxueusement, royalement, somptueusement ; opulemment [rare] ; coûteusement.

24 Abondamment 78, amplement, largement. – Confortablement, grassement.

Aff. 25 Plouto- ; timo-.

# 830 PAUVRETÉ

N. 1 **Pauvreté ;** indigence, impécuniosité [litt.] ; sécheresse [vx] ; pauvreté évangélique [RELIG.]. – **Misère,** pouillerie ou, fam., pouille ; gueuserie [vx]. – Pauvreté n'est pas vice [prov.].

2 **Besoin** *(le besoin)* 81, dénuement ou, vx, dénûment, détresse 549 ; embarras, **gêne.** – Fam. : débine, **dèche,** poisse [vieilli], purée. – Très fam. : mistoufle, mouise, mouscaille, panade, panne. – Boue [litt.], fange [vx].

3 Disette d'argent ; embarras financiers, **ennuis** ou problèmes d'argent ; soucis d'argent. – Désargentement [fam., vieilli]. Dette 836. – Années de vaches maigres [allus. bibl.].

4 ÉCON. : sous-développement, sous-industrialisation ; sous-équipement, sous-investissement. – Paupérisme [ÉCON.].

5 **Appauvrissement ;** ÉCON. : paupérisation. – Clochardisation. – Bidonvillisation [rare].

6 **Pauvre** *(un pauvre)* 609 ; malheureux *(un malheureux),* pouilleux *(un pouilleux),* sans-le-sou [fam.] ; traîne-misère ou, vx, traîne-malheur, **va-nu-pieds ;** meurt-de-faim ; crève-la-faim (ou : crève-de-faim, crève-faim) [fam.] ; fam. et vx : claquedent, claque-faim. – Enfant de la rue ou, vx, de la borne. – **Clochard ;** fam. : cloche, clodo ou clodot ; mendiant 634 ; pauvresse [vieilli]. – **Vagabond ;** chemineau. – **Sans-abri** ou sans-logis *(les sans-abri).*

7 **Mendicité ;** cloche [fam.]. – Vagabondage ; trimard ou trimar [arg.].

8 Asile de nuit, œuvre de bienfaisance 585. – Soupe populaire ; vx : soupe économique, soupe à la Rumford.

9 Prolétariat ; sous-prolétariat, **quart Monde** (ou : quart monde, quart-monde). – Économiquement faibles *(les économiquement faibles).*

10 **Tiers Monde** (ou : tiers monde, tiers-monde), pays en voie de développement ou P. V. D. ; pays les moins avancés ou P. M. A.

V. 11 Végéter, vivoter [fam.] ; avoir du mal à joindre les deux bouts.

12 N'être pas en fonds ; être à bout de ressources, être à fond de cale [fam.] ; **être à court d'argent** ou, fam., à court ; être léger d'argent [vieilli]. – **N'avoir pas un sou** ou pas un sou vaillant ; fam. : n'avoir

pas un centime (ou : pas un kopeck, pas un radis, pas un rond, pas un rotin), n'avoir pas le sou, être sans le sou, être sans un ; être à la côte, être à sec ; fam : être fauché comme les blés, être raide comme un passe-lacet. – Vieilli : avoir la bourse légère, avoir la bourse plate, avoir le gousset vide, n'avoir ni sou ni maille ; n'avoir ni croix ni pile [vx].

13 **Être dans le besoin 81.** – Fam. : battre la dèche, tirer le diable par la queue ; loger le diable dans sa bourse [vieilli]. – **Manger de la vache enragée** ; crier famine 855 ; fam. : n'avoir rien à se mettre sous la dent, tirer la langue ; rôtir le balai [vx]. – Faute d'argent, c'est douleur non pareille [prov., vx].

14 Être sur la paille ou sur le sable. – Être aux abois 549. – Qui n'a point d'argent en bourse, ait miel en bouche [prov., vx]. – Quand il n'y a plus d'avoine ou de foin dans le râtelier, les chevaux se battent [prov.].

15 **S'appauvrir,** s'endetter 836. – Avoir connu des jours meilleurs, **tomber dans la misère** ou, fam. et vx, dans la crotte.

16 **N'avoir ni feu ni lieu ;** fam. : être sur le pavé, être à la rue ; traîner la savate [fam.] ; vx : filer la comète ou la cloche.

17 Crier ou pleurer misère. – **Mendier 634. 15** ; tendre la main ou le bras. – Être réduit à la besace [vieilli] ou, vx, au bissac.

18 **Appauvrir,** paupériser [ÉCON.] ; ; sous-prolétariser ; clochardiser.

19 Dépouiller 717.24, sucer jusqu'au dernier sou [fam.]. – Sucer le sang. – Désargenter [fam.].

Adj. 20 **Pauvre ;** démuni 81, **indigent,** misérable, miséreux, nécessiteux ; litt. : besogneux, dénué, marmiteux ; fam. : mouisard [rare], purotin [vieilli] ; vx : disetteux, gueusard ; sous-prolétaire ; pauvre comme Job [allus. bibl.]. – Déshérité, infortuné 549.13.

21 **Gêné ;** juste, serré ; désargenté, impécunieux [litt.]. – Gêné aux ou dans les entournures [fam.].

22 Fam. – **Raide,** raide comme un passe-lacet ; **fauché 836** ; déplumé, ratissé ; panné ou pané [vieilli].

23 **Déguenillé,** dépenaillé, râpé [fam.] ; loqueteux ; litt. : guenilleux, haillonneux ; en haillons, en guenilles, en loques.

24 ÉCON. : **sous-développé,** sous-industrialisé ; en voie de développement ; sous-équipé.

Adv. 25 **Pauvrement ;** misérablement ; litt. : besogneusement, indigemment ; rare : gueusement. – À l'étroit, dans la gêne ; serré *(vivre serré)* [vieilli].

# 831 PRIX

N. 1 **Prix.** – Coût, montant, **valeur.** – **Tarif,** taux. – **Cours 842,** cote ; change, cours de change.

2 Prix brut, prix net, **prix de revient.** – **Prix coûtant,** prix de fabrique ou d'usine 833 ; **prix de détail, prix de gros.** – Prix hors taxe ou, abrév., H. T., prix toutes taxes comprises ou, abrév., T. T. C. – Prix affiché ; prix fixe. – Prix imposé, prix libre ; prix plafond, prix plancher ; prix garanti. – Prix d'ami ; dernier prix.

3 Blocage, fixation, indexation des prix ; tarification, taxation 838. – Fluctuation des prix ; augmentation 88, élévation ou **hausse des prix,** valse des étiquettes [fam.] ; litt. : enchérissement, renchérissement ; inflation ; **baisse des prix ;** déflation ou, terme critiqué, désinflation.

4 Décote, moins-value, réfaction.

5 Majoration, plus-value.

6 Indice des prix. – Coût de la vie.

7 Appréciation, cotation, **estimation,** évaluation, prisée [vx]. – **Mise à prix.** – Enchère, folle enchère ; surachat, surenchère.

8 Marchandage 827, barguignage [vx], maquignonnage.

9 Devis. – **Facture 825,** note ; total. – Bordereau, étiquette.

10 Cote, mercuriale ; prix-courant.

V. 11 **Coûter, valoir.** – Revenir à. – Monter à ; s'élever à, faire *(faire tel prix).*

12 Baisser, diminuer 89. – Augmenter 88, enchérir, renchérir, surenchérir.

13 Apprécier, coter, estimer, évaluer, faire l'estimation de, priser [vx]. – **Dire un prix,** donner un prix, faire son prix ; mettre à prix ; facturer, tarifer ou tarifier, taxer. – Indexer.

14 Convenir d'un prix, débattre d'un prix. – Négocier 827, traiter. – **Marchander ;** fam. : bibeloter, chipoter ; vx : barguigner, marchandailler. – Enchérir sur qqn, surenchérir. – Majorer ; revaloriser, valoriser.

15 Y mettre le prix.

16 Être dans les prix de.

17 Ne pas avoir de prix.

Adj. 18 **Vénal** [ÉCON.].

19 Tarifaire. – Tarifé ; taxé.

20 À prix d'argent [vieilli], moyennant finance, à titre onéreux.

## 832 CHERTÉ

N. 1 **Cherté.** – Vie chère.

2 Gros prix. – Haut prix. – Fam. : coup de barre, **coup de fusil.**

3 Fig. : caverne de brigands, coupe-gorge.

4 Taxateur ; **brigand,** rançonneur.

V. 5 **Coûter cher,** coûter gros, coûter un prix fou (ou, fam. : les yeux de la tête, la peau du dos, très fam. : la peau des fesses). – **Ne pas être donné.** – Valoir son pesant d'or.

6 **Faire payer cher,** vendre au-dessus des cours. – Voler ou rançonner le client ; fam. : échauder, écorcher, escroquer, estamper, étriller, exploiter, soigner, tondre ; fam. : saigner à blanc, **saler le client,** saler la note.

7 Charger ; surestimer 432, **surévaluer,** surfaire ; cherrer ou chérer [arg.]. – Surtaxer.

8 **Augmenter 88. 7 ;** doubler les prix. – Faire la culbute [fam.].

9 Augmenter, enchérir, **renchérir.**

Adj. 10 **Cher ;** fam. : épicé, salé. – Hors de prix, **inabordable,** prohibitif. – Coûteux, onéreux ; dispendieux, ruineux ; somptueux [vx].

11 Élevé, fort. – Exagéré, **excessif 80.14,** exorbitant, surfait. – Faramineux ou pharamineux, **fou.**

12 De prix 434.

Adv. 13 **Cher ;** à haut prix, à prix d'or, **au prix fort.** – Au poids de l'or.

14 **Chèrement,** coûteusement, dispendieusement [litt.]. – À grands frais.

## 833 MODICITÉ

N. 1 **Modicité.** – **Bas prix.** – Prix d'ami, prix de faveur. – Prix de fabrique ou d'usine **831.3.**

2 Avilissement (ou : baisse, chute) des prix.

3 Abattement, rabais, **réduction, remise,** ristourne, surremise. – Dégrèvement [DR.]. – Bonification, prime ; déduction **119.1,** escompte. – Réfaction.

4 Braderie, liquidation, **soldes.** – Discount. – **Promotion.**

5 **Affaire** *(une affaire),* occasion ou, fam., occase.

6 COMM. : carnet d'achat, chèque-ristourne.

7 Solderie. – Rabaisseur [rare], **soldeur.** – Gâte-métier.

V. 8 Faire des conditions, **faire un prix.** – Baisser le prix, **diminuer 89.9,** rabattre. – Ristourner.

9 **Casser les prix,** gâter le métier. – Discounter [anglic.]. – Déprécier.

10 **Solder ;** brader, liquider ; bazarder [fam.] ; mévendre [vx]. – Donner, laisser, **sacrifier ;** laisser pour tant *(je vous le laisse pour dix francs).*

11 Défalquer, dégrever.

12 Tomber à rien.

13 **Être donné,** être à la portée de toutes les bourses. – Défier toute concurrence.

14 Avoir à bon compte.

Adj. 15 **Modique ;** modéré, réduit.

16 Avantageux, **bon marché ;** compétitif. – Économique ; **en promotion,** en solde. – Abordable.

Adv. 17 Modiquement.

18 **À bas prix,** à vil prix ; à bon compte, à bon marché, au meilleur prix ; pour rien, **pour une bouchée de pain.**

19 **Au rabais ;** à moitié prix.

## 834 GRATUITÉ

N. 1 **Gratuité.** – Don **826.** – Cadeau, offre.

2 Donateur, donneur.

V. 3 Donner, offrir, proposer.

4 Aliéner à titre gratuit.

Adj. 5 **Gratuit ;** gratis. – Donné, offert.

6 Exempt, **exonéré,** franc, libre de droits.

Adv. 7 **Gratuitement ;** gratis ; gracieusement, à titre gracieux. – Pour le roi de Prusse.

8 **À l'œil, pour rien,** pour pas un rond [fam.], sans bourse délier.

9 Aux frais de la princesse ; sur les coffres du roi [vx].

10 Franco de port, en franchise.

## 835 DÉPENSE

N. 1 **Dépense ;** charge, dépens [vx], frais ; extra, faux frais ; menus plaisirs [HIST. ou par plais.] – COMPTAB. : débours **845**, décaissement.

2 Commissions, **courses**, dépense de bouche [vieilli], emplettes ; fig. : marché, panier de la ménagère.

3 **Achat** ; acquisition ; DR. : acquêt, conquêt ; prise de participation financière. – Commande, ordre ; ordre d'achat ; option ; option d'achat.

4 Achat au comptant ; achat à crédit, achat à tempérament, achat à terme. – Achat ferme (opposé à achat à primes). – **Abonnement**, souscription. – Contre-achat ; échange, **troc**.

5 Rachat. – Réméré [DR.]. – Rédhibition [DR.].

6 Dilapidation, dissipation, **gaspillage**. – Prodigalité **587**. – **Société de consommation**. – Association de consommateurs ; défense du consommateur. – Consommarisation. – Consommatique [recomm. off.] ; consommateurisme [fam.], consumérisme [anglic.].

7 Pouvoir d'achat **795** ; **budget**.

8 Attestation d'achat ; billet, bulletin, coupon, **ticket**, titre.

9 **Acheteur**, acquéreur, command [DR.], preneur ; adjudicataire [DR.], cessionnaire ; commissionnaire. – Chaland, **client**, pratique. – Consommateur.

10 **Dépensier** *(un dépensier)*, prodigue ; fam. : bourreau d'argent, panier ou sac percé.

11 **Clientèle**, pratique. – Achalandage.

12 Consommaticien. – Consumériste.

V. 13 **Dépenser** ; vieilli : faire de la dépense, se mettre en dépense, se mettre en frais. – Écorner son avoir.

14 Mettre tout sur soi ; boire ou manger son argent.

15 Dépenser sans compter, **prodiguer** ; mener grand train ou grande vie. – Dilapider, **gaspiller**, jeter l'argent par les fenêtres. – Se ruiner.

16 Acheter chat en poche.

17 **Faire des sacrifices** ; se saigner [fam.], se saigner aux quatre veines.

18 Regarder à la dépense **709**.

19 **Acheter**, acquérir, faire la dépense de [vieilli] ; trouver marchand. – Se procurer ; s'acheter, s'offrir, se payer.

20 **Commander**, passer commande de ; ordonner, passer un ordre d'achat.

21 **Faire des achats** (ou : des courses, des commissions). – Brocanter, chiner. – Fam. : **faire du lèche-vitrines**, lécher les vitrines.

22 **Faire les courses** ; faire son marché.

23 Consommer.

24 Racheter ; rémérer [DR.].

25 Préempter.

Adj. 26 **Dépensé**. – Investi. – Gaspillé.

27 **Acheté**, acquis.

28 DR. – Acquisitif ; préemptif.

29 Dépensier, gourmand [fam.].

30 Consommatif ou consommatoire [rare], consumériste.

31 Consommable ; achetable [rare]. – Rachetable ; bancable ou banquable, escomptable.

## 836 DETTE

N. 1 **Dette** ; créance, endettement, engagement, obligation **518**. – **Découvert** *(un découvert)*, passif.

2 DR. : dette criarde, dette certaine ; dette réelle. – Dette liquide. – Dette exigible. – Dette hypothécaire ; dette privilégiée. – Dette personnelle ou propre (opposé à dette de communauté). – Dette d'honneur, dette de jeu

3 FIN. – **Dette publique** ou dette de l'État, dette *(la dette)* [ellipt.]. – Dette extérieure ; dette commerciale, dette politique. – Dette perpétuelle ; dette fondée. – Dette remboursable ; dette à court terme ou dette flottante, dette à long terme, dette viagère. – Dette consolidée.

4 **Capital**, principal ; **intérêts**.

5 Échéance, **terme 825**.

6 Gage **550**, **garantie** ; nantissement. – Antichrèse, hypothèque. – Assurance-crédit.

7 Arrérages, arriéré ; **impayé**, moins-perçu.

8 **Dû** ; débet, solde débiteur. – Arriéré, reliquat.

9 **Non-paiement** ; carence, cessation de paiement, faillite de fait ou virtuelle. – Banqueroute **718**, déconfiture [DR.], **faillite** ; fam. : culbute, débâcle, dégringolade, déroute, effondrement, krach **842**, naufrage ; arg. : baccara. – **Ruine**.

10 Insolvabilité.

11 Déclaration de faillite ; **dépôt de bilan ;** cessation d'activité. – Liquidation judiciaire.

12 DR. – Commandement, mise en demeure, sommation. – **Saisie ;** confiscation, embargo, mainmise, séquestre. – Saisie conservatoire ; expropriation, saisie immobilière ; saisie-exécution ou saisie mobilière ; saisie foraine ; saisie-arrêt, saisie-gagerie ; saisie-brandon ; saisie-revendication.

13 Atermoiement, **délai 181.2.** – Renouvellement d'effet. – Désendettement.

14 Concordat, union. – Mainlevée.

15 Amortissement, extinction.

16 Compensation.

17 Grand Livre de la dette publique ou Grand Livre.

18 **Débiteur,** detteur [vx], emprunteur ; mauvais payeur. – Failli *(un failli).*

19 **Créancier,** hypothécaire ; prêteur, usurier.

V. 20 **Devoir ;** être en dette ou en reste avec qqn.

21 Contracter ou faire des dettes ; **s'endetter.** – Arrérager [vx] ; grever d'hypothèques. – Prov. : cent ans de chagrin ne payent pas un sou de dettes ; qui épouse la veuve épouse les dettes.

22 **Vivre d'emprunts.** – Taper qqn [fam.] ; aller à la Cour des aides [fam.]. – Reboucher un trou pour en creuser un autre.

23 **Avoir des dettes par-dessus la tête,** devoir à Dieu et à diable (ou : à Dieu et au monde, au tiers et au quart, de tous côtés). – Il doit plus d'argent qu'il n'est gros [vieilli].

24 Fam. – Payer en chats et rats [vx], **payer en monnaie de singe ;** faire un loup. – Payer en gambades ; payer en bonnes paroles, payer en chansons, payer à l'espagnole.

25 Arg. – Emporter le chat, payer d'une paire de souliers, planter un drapeau ; déménager à la cloche (ou à la sonnette) de bois. – Faire un trou à la Lune.

26 Mettre sous presse ou en gage ; **mettre au clou** ou chez ma tante [anc. ou par plais.].

27 Confisquer, **saisir ;** DR. : saisir-arrêter, saisir-brandonner, saisir-exécuter, saisir-gager, saisir-revendiquer. – Colloquer.

Adj. 28 **Endetté,** obéré [DR.] ; cousu (ou : criblé, couvert, noyé, perdu) de dettes [fam.].

29 **Insolvable ;** failli. – Ruiné ; fam. : décavé, fauché, nettoyé, ratissé.

30 Redevable ; écrit sur le livre. – **Dû.**

31 Saisissable.

32 Garanti, **hypothéqué.** – Chirographaire [DR.].

# 837 LIBÉRALISME

N. 1 **Libéralisme 516 ;** libéralisme économique ; libéralisme classique, libéralisme optimiste, libéralisme pessimiste. – **Économie de marché ;** capitalisme libéral ou de libre-échange ; **libre-échangisme.** – Néo-capitalisme, néo-libéralisme. – HIST. : physiocratie, whiggisme.

2 Liberté économique ; liberté du commerce, liberté d'entreprise, liberté de l'industrie, liberté du travail ; liberté des échanges ou **libre-échange.**

3 **Laissez-faire, laissez-passer** ou laisser-faire, laisser-passer *(le laisser-faire, laisser-passer des libéraux).*

4 Libéralisation ; libération des échanges. – Dénationalisation, désétatisation, **privatisation ;** déplanification. – Dérégulation ; déréglementation. – Décartellisation ; législation antitrust.

5 **Monopole** ou monopsone [rare], monopole simple **827.**

6 Libéral *(un libéral).* – HIST. : physiocrate ou économiste, whig *(un whig).*

V. 7 **Libéraliser,** libérer ; dénationaliser, désétatiser, **privatiser.** – Décommuniser.

8 Déréguler ; déréglementer.

Adj. 9 **Libéral 516 ;** libre-échangiste ; néo-libéral.

10 **Capitaliste.** – Néoclassique. – Physiocratique [HIST.].

Adv. 11 Libéralement [rare].

# 838 DIRIGISME

N. 1 **Dirigisme** ou économie dirigée, **étatisme,** interventionnisme ; planisme. – Malthusianisme économique. – Keynésianisme ou, rare, keynésisme. – Centralisme **670.** – Protectionnisme ; HIST. : colbertisme, mercantilisme.

2 **Dirigisme** ou **étatisme socialiste.** – Capitalisme d'État ; **communisme 671,** socialisme autoritaire ou étatique ; euro-communisme ; économisme [HIST.]. – Marxisme ou socialisme scientifique.

3 **Collectivisme** ou socialisme collectiviste ; associationnisme, coopératisme, mutualisme, socialisme associatif ; HIST. : babouvisme, saint-simonisme ; fouriérisme ; mutuellisme.

4 Étatisation, **nationalisation ;** planification. – Réglementation, régulation. – Communisation, socialisation. – **Collectivisation.** – Domanialité [DR.]. – Politique des revenus. – Blocage des prix, taxation **831** ; taxe.

5 Directivisme [didact.] **622.**

6 Monopole d'État. – Monopolisme **827.**

7 Domaine de l'État ou le Domaine ; domaine public ; régie.

8 Kolkhoze (ou : kolkhoz, kolkhose) ; artel ; sovkhoze (ou : sovkhoz, sovkhose).

9 **Dirigiste** *(un dirigiste),* étatiste, planificateur ou planiste. – **Communiste ;** partageux *(un partageux)* [vx ou HIST., ou par plais.].

10 Marxologue [didact.].

V. 11 Diriger. – Étatiser ou, vx, étatifier, **nationaliser ;** domanialiser [DR.]. – **Planifier.**

12 **Communiser ;** socialiser. – Collectiviser.

13 Réglementer **52.14,** réguler. – Bloquer les prix, taxer **831.**

Adj. 14 **Dirigiste ;** interventionniste. – Malthusien ; keynésien. – Centraliste. – Protectionniste. – **Communiste ;** eurocommuniste ; anticapitaliste. – Associationniste, **collectiviste,** mutualiste.

15 HIST. – Mercantiliste. – Babouviste ; saint-simonien ; fouriériste, mutuelliste, proudhonien ou proudhoniste.

16 **Communisant,** socialisant. – Marxien [didact.].

17 Planifiant.

18 **Dirigé ;** centralisé, planifié. – Étatique – Kolkhozien.

19 **Étatisé,** nationalisé, public, semi-public ; domanial [DR.].

20 Planifiable.

## 839 MONNAIE

N. 1 **Monnaie.** – Argent comptant, argent liquide, **espèces,** liquidité *(des liquidités),* numéraire *(le numéraire).* – Monnaie fiduciaire, monnaie de papier ou papiermonnaie ; monnaie de convention, monnaie fictive [vx]. – Monnaie bancaire ou monnaie de banque, monnaie scripturale ; jeu d'écriture. – Monnaie électronique ; monétique.

2 Argent blanc, espèces sonnantes et trébuchantes, monnaie métallique ; espèce [vx]. – Pièce de monnaie ; arg., vx : croix, jaunet, rondin, roue de carrosse.

3 **Menue monnaie,** monnaie d'appoint, piécettes. – Fam. : ferraille, mitraille ; vx : clinquaille ou quincaille, vaisselle de poche ; bigaille [arg.].

4 **Billet de banque ;** fam. : biffeton ou bifton ; arg. : faf (ou : faffe, fafiot). – Anc. : assignat ; bank-note ou banque-note.

5 **Argent 261.** – Fam. : **fric,** monnaie, pognon ; ronds, sous. – Fam., vx : denier, patard, pécune. – Arg. : auber ou aubert [vieilli], **blé,** braise, flouse ou flouze, fraîche, galette, grisbi, oseille, osier, pèse ou pèze, pépètes ou pépettes, picailles ou picaillons, thune ; vx : cigue ou sigue, quibus ; frusquin ou saint-frusquin.

6 **Pièce de monnaie.** – Avers, droit, **face,** obvers, tête ; croix [vx]. – Envers, **pile,** revers. – Tranche ; carnèle ou carnelle, cordon, grènetis ou grèneture. – Champ ; effigie, exergue, légende, millésime.

7 Monnaie droite. – **Fausse monnaie ;** monnaie chargée, monnaie fourrée.

8 PRINCIPALES UNITÉS MONÉTAIRES

| | |
|---|---|
| Afghanistan : afghani | Bhoutan : ngultrum |
| Afrique du Sud : rand | Birmanie : kyat |
| Albanie : lek | Bolivie : boliviano |
| Algérie : | Botswana : pula |
|   dinar algérien | Brésil : cruzeiro |
| Allemagne : Mark | Brunei : |
| Andorre : |   dollar de Brunei |
|   franc peseta | Bulgarie : lev |
| Angola : kwanza | Burkina : |
| Antigua : dollar des |   franc C. F. A. |
|   Caraïbes de l'Est | Burundi : |
| Antilles néerlandai- |   franc du Burundi |
|   ses : | Cambodge : riel |
|   florin des Antilles | Cameroun : |
| Arabie Saoudite : |   franc C. F. A. |
|   riyal | Canada : |
| Argentine : peso |   dollar canadien |
| Australie : | Cap-Vert : |
|   dollar australien |   escudo du Cap- |
| Autriche : Schilling |   Vert |
| Archipel des Baha- | Carolines : |
|   mas : |   dollar U. S. A. |
|   dollar de Bahamas | Cayman : |
| Bahreïn : |   dollar du Cayman |
|   dinar de Bahreïn | C.E.E. : écu |
| Bangladesh : taka | C.E.I. : rouble |
| Barbade : | Chili : peso |
|   dollar de la Barbade | Chine : yuan |
| Belgique : franc belge | Chypre : |
| Belize : |   livre cypriote |
|   dollar de Belize | Colombie : |
| Bénin : franc C. F. A. |   peso colombien |
| Bermudes : | Comores : |
|   dollar des Bermudes |   franc C. F. A. |

Congo :
franc C. F. A.
Cook :
dollar néozélandais
Corée du Nord : won
Corée du Sud : won
Costa Rica : colón
Côte-d'Ivoire :
franc C. F. A.
Cuba : peso cubain
Danemark : krone
Djibouti :
franc de Djibouti
Dominique : dollar
des Caraïbes de
l'Est
Égypte :
livre égyptienne
Émirats arabes unis :
dirham
Équateur : sucre
Espagne : peseta
États-Unis :
dollar U. S. A.
Éthiopie : birr
Falkland :
livre des Falkland
Fidji : dollar des Fidji
Finlande : markka
France : franc
Gabon :
franc C. F. A.
Gambie : dalasi
Ghana : cédi
Gibraltar :
livre de Gibraltar
Grande-Bretagne :
livre sterling
Grèce : drachme
Grenade : dollar des
Caraïbes de l'Est
Guadeloupe : franc
Guam :
dollar U. S. A.
Guatemala : quetzal
Guinée :
franc guinéen
Guinée-Bissau : peso
Guinée-Équatoriale :
franc C. F. A.
Guyana :
dollar de Guyana
Guyane française :
franc
Haïti : gourde
Honduras : lempira
Hongkong :
dollar de Hong-
kong
Hongrie : forint
Îles Vierges :
dollar U. S. A.
Inde : roupie
Indonésie : rupiah
Iran : rial
Irak : dinar irakien
Irlande (République
d') : livre irlandaise

Islande : króna
Israël : shekel
Italie : lire
Jamaïque :
dollar jamaïcain
Japon : yen
Jordanie :
dinar jordanien
Kenya :
shilling du Kenya
Kiribati :
dollar australien
Koweït :
dinar koweïtien
Laos : kip
Lesotho : loti
Liban : livre libanaise
Liberia :
dollar libérien
Libye : dinar libyen
Liechtenstein :
franc suisse
Luxembourg :
franc luxembourgeois
Macao : pataca
Madagascar :
franc malgache
Malawi : kwacha
Malaysia : dollar de
Malaysia ou ringgit
Maldives :
roupie maldivienne
Mali : franc C.F.A.
Malte : livre maltaise
Maroc : dirham
Marshall : dollar
U. S. A.
Martinique : franc
Maurice :
roupie mauricienne
Mauritanie : ouguiya
Mexique :
peso mexicain
Monaco : franc
Mongolie : tugrik
Mozambique :
metical
Namibie : rand
Nauru :
dollar australien
Népal :
roupie népalaise
Nicaragua : córdoba
Niger : franc C. F. A.
Nigeria : naira
Norvège : krone
Nouvelle-Calédonie :
franc C. F. A.
Nouvelle-Zélande :
dollar-néo-
zélandais
Oman : rial oman
Ouganda :
shilling ougandais
Pakistan :
roupie pakistanaise
Panamá : balboa
Papouasie-Nouvelle-

Guinée : kina
Paraguay : guarani
Pays-Bas : florin
Pérou : sol
Philippines :
peso philippin
Pologne : zloti
Polynésie française :
franc C. F. P.
Porto Rico :
dollar U. S. A.
Portugal : escudo
Qatar : riyal
Rép. Centrafricaine :
franc C. F. A.
Rép. Dominicaine :
peso dominicain
Réunion : franc
Roumanie : leu
Ruanda :
franc ruandais
Sainte-Lucie : dollar
des Caraïbes de
l'Est
Saint-Martin : lire
Saint-Pierre-et-
Miquelon : franc
Saint-Vincent : dollar
des Caraïbes de
l'Est
Salomon :
dollar des Salomon
Salvador : colón
Samoa : tala
Samoa américaines :
dollar U. S. A.
Sao Tomé e Príncipe :
dobra
Sénégal :
franc C. F. A.
Seychelles : roupie
des Seychelles
Sierra Leone : leone
Singapour :
dollar de Singapour

Somalie :
shilling somal
Soudan :
livre soudanaise
Sri Lanka :
roupie cingalaise
Suède : krona
Suisse : franc suisse
Surinam :
florin de Surinam
Swaziland : lilangen
Syrie : livre syrienne
Taïwan :
dollar de Taiwan
Tanzanie :
shilling tanzanien
Tchad : franc C. F. A.
Tchécoslovaquie :
koruna
Thaïlande : baht
Togo : franc C. F. A.
Tonga : pa'anga
Trinité et Tobago :
dollar de Trinité et
Tobago
Tunisie :
dinar tunisien
Turquie : livre turque
Tuvalu :
dollar australien
Uruguay : peso
Vanuatu : vatu
Vatican :
lire vaticane
Venezuela : bolívar
Viêt-nam : dông
Wallis-et-Futuna :
franc C. F. P.
Yémen : rial et dinar
Yougoslavie : dinar
Zaïre : zaïre
Zambie : kwacha
Zimbabwe :
dollar de Zim-
babwe

9 Franc, centime ou, vx, sou. – Arg. : balle,
bâton, brique.

10 Principales divisions. – Agorot, cent, centavo, centésimo, centime, céntimo, chon,
eyrir, fil, fíller, groschen, groszy, jiao,
khoum, kopeck, makuta, öre, penny, pe-
sewa, pfennige, piastre, pool, qintar, sen.

11 ANTIQ. – Darique ; sicle. – Drachme ; té-
tradrachme. – Mine, obole, statère, talent. – Potin. – Aes, as, denier, quinaire,
scrupule. – Didrachme. – Aureus ; du-
pondius, sesterce. – Miliarensis, solidus ;
semissis, tremissis ; nummus. – Follis. –
Dinar, dirhem.

12 HIST. – Agnel, angelot, angelin, blanc, ca-
rolus, denier, douzain, écu, esterlin, franc,
liard, livre parisis, livre tournois, louis,
maille, marc, moneron, napoléon, obole,

pistole, pite, quadruple, seizain, six-blancs, sou, teston.

13 HIST. – Aspre, augustale, belga, besant, carlin, doublon, douro, ducat ou gros, ducaton, escalin, florin, gulden, jacobus, kreutzer, maravédis, monaco, noble, pagode, para, pata ou patard, picaillon, plaquette, quadruple, réal, réis, rixdale, sapèque, sequin, tael, thaler, toman.

14 **Étalon** ; étalon-argent, étalon-or. – Métal étalon ; argentisme, bimétallisme, monométallisme. – Système monétaire.

15 **Plafond** ; plafond d'émission. – **Plancher** ; liquidité, trésorerie. – Réserves. – Masse de la monnaie, volume de la monnaie.

16 TECHN. : ajustage, monnayage ; **faux-monnayage.**

17 **Monétisation.** – Émission, mise en circulation ; surémission.

18 Convertibilité (opposé à inconvertibilité ou non-convertibilité). – **Cours** ; cours forcé (opposé à cours légal) ; cours libre.

19 Monétarisme [ÉCON.].

20 Institut d'émission ; Banque de France. – L'hôtel de la Monnaie (à Paris) ou la Monnaie.

21 **Porte-monnaie** ; aumônière, bourse, escarcelle, gibecière. – Porte-billets, **portefeuille.** – Sébile, soucoupe ; bassinet [vx], tirelire, tronc. – Tiroir-caisse.

22 Monnayeur [rare].

23 Faussaire, **faux-monnayeur 31.4.**

24 Numismate.

25 Monétariste [FIN.]. – Argentiste. – Bimétalliste, monométalliste.

V. 26 Monnayer, monétiser ; battre ou frapper monnaie. – **Émettre** *(émettre une nouvelle monnaie).* – Démonétiser, retirer *(retirer une monnaie de la circulation).*

27 **Changer,** convertir, échanger.

28 Circuler, passer. – Avoir cours.

Adj. 29 **Monétaire.** – Bimétallique, monométallique.

30 Démonétisé.

31 Bimétalliste, monométalliste. – Inflationniste.

Adv. 32 Pécuniairement. – En espèces ; cash [fam.].

# 840 BANQUE

N. 1 **Banque** *(la banque) ;* commerce de l'argent. – Finance *(la finance).*

2 **Marché financier ;** marché monétaire. – Marché interbancaire. – Marché hors banque.

3 Bancarisation ; taux de bancarisation.

4 **Banque** *(une banque) ;* établissement financier. – Banque centrale ; institut d'émission **839.** – Haute banque. – Banque de groupe. – Agence, comptoir, sous-comptoir, succursale. – Bureau de change.

5 Caisse d'épargne.

6 Service financier. – Service des titres. – Service des coffres. – Salle des marchés. – Comité de crédit ; service des risques.

7 **Opération de banque.** – Paiement **825,** versement. – Crédit ; débit. – Encaissement, recouvrement ; décaissement. – Endos ou endossement. – Barrement.

8 Transfert de fonds ; **virement** ; prélèvement automatique. – Compensation, virement réciproque. – Remise en compte courant ; remise à l'escompte.

9 Transfert de créances ; affacturage ou, anglic., factoring.

10 Levée, appel de fonds.

11 **Financement** ; financement de projet. – Clef de financement. – Cofinancement. – Surfinancement. – Réescompte, refinancement ; tournage. – Montage de crédit.

12 Consortialisation. – Syndication. – Intermédiation.

13 **Capitalisation** ; anatocisme. – Transformation monétaire.

14 Mobilisation.

15 Économie, **épargne 844.** – Épargne-construction, épargne-logement, épargne-prévoyance ou épargne-réserve, épargne-retraite. – Plans d'épargne d'entreprise.

16 Dépôt, provision ; **placement.**

17 **Intérêt 841.** – **Frais** ; droits de garde, change de place.

18 **Ouverture de compte.** – Blocage d'un compte. – Arrêté de compte. – Clôture de compte courant.

19 **Compte 845** ; compte de dépôt, compte de chèques ou compte-chèques. – Compte joint, compte collectif. – Compte courant ou compte-courant. – Compte-courant postal ou, abrév., C. C. P. – Comptes loro (opposé à comptes nostro). – Compte sur livret.

20 Livret de caisse d'épargne ; livret d'épargne populaire. – Livret-portefeuille.

21 Extrait ou relevé de compte ; solde. − Note de crédit, note de débit. − Relevé d'identité bancaire ou R. I. B. − Accréditif *(un accréditif).*

22 **Chèque** ; chèque bancaire. − Chèque postal ; chèque d'assignation, chèque de virement. − Chèque à ordre ou à personne dénommée ; chèque au porteur. − Chèque barré ; chèque prébarré. − Chèque circulaire ; chèque de voyage, traveller's check [amér.], traveller's cheque [angl.] ; postchèque. − Chèque documentaire. − Chèque hors place (opposé à chèque sur place) ; chèque en transit. − Chèque sans provision ; chèque en bois [fam.]. − Impayé *(un impayé).*

23 Carnet de chèques, **chéquier.** − Souche ; volant. − Allonge.

24 **Carte de crédit,** carte de paiement.

25 **Mandat** ; mandat-carte, mandat-lettre. − Titre universel de paiement ou T. U. P. [ADMIN.].

26 **Bordereau** ; bordereau d'achat, bordereau de caisse, bordereau de compte, bordereau d'encaissement, bordereau d'escompte.

27 Acceptation ; acceptation en blanc. − Interdiction bancaire, interdiction ; opposition.

28 **Recours** ; recours du porteur. − Protêt [DR.]. − Rechange.

29 Guichet. − Caisse. − Chambre forte. − Coffre-fort **809.**

30 Distributeur automatique de billets ou, abrév., D. A. B., billetterie.

31 **Banquier** ; cofinancier, donneur de valeurs, financier. − Directeur ; fondé de pouvoir. − Gouverneur, sous-gouverneur ; régent ; trésorier. − Agent de change.

32 Courtier de banque ; courtier en devises.

33 **Employé de banque.** − Caissier ; encaisseur ou garçon de recettes.

34 Mandataire, trustee [anglic.].

35 Émetteur, tireur. − Endosseur. − Souscripteur. − Déposant.

36 Tiré *(le tiré).* − Codébiteur. − Accepteur. − Récepteur.

37 Domiciliataire.

38 **Bénéficiaire,** cessionnaire, endossataire, porteur, tiers porteur [DR.] ; recouvreur. − Remettant. − Présentateur.

V. 39 Économiser, **épargner.** − Capitaliser.

40 Déposer de l'argent, des fonds ; **placer.** − Virer.

41 **Lever des capitaux.** − Emprunter.

42 Commanditer, **financer.** − Refinancer.

43 Créditer, **provisionner.**

44 Bloquer, geler. − Débloquer, dégeler ; mouvementer un compte. − Nourrir des effets. − Mobiliser ; immobiliser.

45 **Émettre** ou **tirer un chèque** ; souscrire. − Libeller un chèque. − Barrer un chèque.

46 **Encaisser,** recouvrer, toucher ; endosser.

47 Fournir sur, tirer une traite sur.

48 Bancariser.

Adj. 49 **Bancaire.** − Interbancaire. − Parabancaire. − Actuariel.

50 Bancable ou banquable. − **Compensable.** − Escomptable ; inescomptable. − Perceptible, recouvrable. − Protestable. − Au porteur, à vue.

51 Chéquable. − Mobilisable.

52 Domicilié *(effet domicilié)* ; déplacé ou détourné.

53 Créditeur ; débiteur.

54 Bloqué *(compte bloqué),* gelé *(crédit gelé).*

Prép. 55 À l'ordre de.

# 841 CRÉDIT

N. 1 **Crédit** ; avance, escompte, **prêt.** − Préfinancement, prépaiement. − Arg. : crayon, crédo, croume.

2 **Crédit public** ; crédit ordinaire (opposé à crédit extraordinaire) ; crédit additionnel ou supplémentaire ; crédit complémentaire. − Crédit annuel, crédit pluriannuel.

3 Crédit à l'économie ; concours à l'économie. − **Crédit à la consommation.** − Crédit de campagne, crédit de courrier, crédit documentaire, crédit d'embouche. − Crédit de trésorerie. − Crédit fournisseur ou interentreprises ; crédit acheteur. − Obligation cautionnée. − Crédit-bail ou, amér., leasing.

4 Crédit consortial, prêt syndiqué. − Prêt participatif. − Crédit croisé ou, anglic., swap. − Crédit roll-over [anglic.].

5 Crédit à court terme ; crédit par acceptation, crédit d'accompagnement, crédit relais. − Crédit à moyen terme. − Crédit à long terme ; crédit à terme différé. − Crédit renouvelable ou, anglic., revolving.

6 Avance en compte, avance sur encaissement ; avance sur titre.

7 **Emprunt.** – Valeur fournie ; somme prê-
tée.

8 **Découvert** *(un découvert)*, facilités de crédit.

9 Clause ou pacte de voie parée. – Clause
de retour sans frais. – Crédit en blanc ;
prêt sans recours.

10 Multiplicateur de crédit.

11 Avoir *(un avoir)*, crédit 845.

12 Accréditation ; accréditement ; **ouverture de crédit.** – Ligne de crédit ou de
découvert, plafond *(plafond de crédit)*. –
Plafond de réescompte.

13 **Débit** ; date de valeur.

14 Caution, consignation, gage, **garantie**
**550.** – Couverture ou déposit [anglic.].

15 Aval, **cautionnement.** – Certification ;
ducroire.

16 **Solvabilité.** – Risque ; risque client, risque pays.

17 **Intérêt** ; agio, conditions d'escompte,
commission ; usure [vx]. – Intérêt simple
(opposé à intérêt composé), intérêt différé. – Pourcentage, loyer ou prix de
l'argent, pour-cent, **taux d'intérêt** ; taux
d'intérêt légal, taux d'intérêt réel. – Taux
monétaire ; taux d'escompte, taux d'intervention. – Taux bancaire moyen ou,
abrév., T. B. M. ; taux de base bancaire ou,
abrév., T. B. B. – Taux lombard. – Anc. :
enfer, superenfer. – Marge ; spread [an-
glic.]. – Usure [DR.] ; taux usuraire, **taux de**
**l'usure.**

18 **Prime,** remise. – Escompte ; escompte en
dedans (opposé à escompte en dehors).

19 **Remboursement** ; annuité, mensualité.

20 **Lettre de crédit** ou de créance [vx], lettre
accréditive ; lettre de crédit circulaire. –
Effet ou effet de commerce ; billet à ordre,
lettre de change ou traite, warrant ; retraite. – Papier de crédit ou papier financier ; papier de consignation, papier de
famille, papier fournisseur. – Bon de
caisse.

21 Effet de cavalerie ou de complaisance.

22 **Établissement de crédit.** – Crédit municipal, mont-de-piété. – Arg. : le clou ; ma
tante.

23 Créancier, **créditeur** ; consignateur, escompteur, prêteur. – Usurier.

24 **Débiteur** ; consignataire, dépositaire,
emprunteur, reliquataire [DR.].

25 Accréditeur, avaliseur ou avaliste [DR.]. –
Accrédité *(un accrédité).*

26 Besoin ou recommandataire [DR.]. – Intervenant, payeur par intervention.

v. 27 Avaliser ; accréditer. – **Faire crédit** ;
avancer, prêter. – Escompter. – Réescompter.

28 Ouvrir un crédit. – Ouvrir l'œil à qqn
(opposé à fermer l'œil à qqn) [arg.].

29 Couvrir *(couvrir un emprunt).* – Cautionner
**606.** – Hypothéquer.

Adj. 30 Hypothécaire.

Adv. 31 **À crédit,** à tempérament, à terme ; à
carnet [région.]. – Arg. : à croume, à l'œil
[vx].

32 Avec usure.

33 À découvert.

## 842 BOURSE

N. 1 **Bourse** ; bourse des valeurs, stock-ex-
change [angl.] ; bourse du commerce,
bourse de marchandises ; bourse du travail. – Bourse *(la Bourse),* marché des
valeurs.

2 **Marché** ; marché officiel ; marché hors-
cote, second marché. – Marché primaire
(opposé à marché secondaire). – Marché
au comptant. – Marché à livrer, marché
à règlement mensuel (R. M.), marché à
terme ; marché conditionnel (opposé à
marché à terme ferme). – Marché à terme
international de France (M. A. T. I. F.).

3 Marché des changes.

4 **Boursicotage.** – Agiotage [vx]. – Spéculation.

5 **Introduction en Bourse.** – Admission à
la cote, inscription ; radiation.

6 Capitalisation boursière. – Surcapitalisa-
tion. – Augmentation de capital.

7 **Participation** ; apport, mise de fonds 845,
placement, souscription 843. – Prise de
contrôle, prise de participation. –
Contrôle 426 ; autocontrôle.

8 **Cours** ; cours d'ouverture ou premier
cours ; cours moyen ; cours de clôture ou
dernier cours. – Cours limite ; cours maximal, cours minimal. – Cours de compensation. – Cours nominal, pair ; pair réciproque, pair réel. – **Cote,** cote officielle ;
cote des changes, cote des valeurs en
banque.

9 **Indice** ; CAC 40, dax [angl.], dow Jones
[amér.], nikei [jap.].

10 Indicateur de tendance. – Échelle de
prime.

11 **Cotation** ; cotation à la criée ; cotation par casiers, cotation par oppositions. – Cotation au pied de coupon. – Cotation assistée par ordinateur en continu ou, abrév., CAC. – Fixing [anglic.]. – Cotation réservée.

12 Tendance boursière. – Fermeté, **stabilité** 171.2, tenue ; réaction. – Hausse **88**.3 ; boom ou boum [anglic.]. – Baisse **89**.5 ; chute, **krach**.

13 **Opération de bourse**, opération au comptant, opération à terme ; transaction ; opération de change. – Opération d'émission. – Opérations spéciales et combinées ; contrepartie, option du double ou, angl., call of more, stellage.

14 **Offre** ; offre publique d'achat (OPA), offre publique d'échange (OPE), offre publique de vente (OPV).

15 **Achat** ; passage, raid [anglic.] ou ramassage de titres. – Rachat. – **Vente** ; vente au comptant, vente en disponible ; vente à livrer, vente à terme. – Vente à couvert (opposé à vente à découvert). – Transfert ; panachage. – Échange ; regroupement de titres.

16 **Change** ; change flexible ou flottant ; change manuel, change tiré. – Cambisme.

17 Exécution. – **Liquidation.** – Position de place ; report.

18 **Ordre de bourse**, ordre de change ; ordre fixe, ordre lié, ordre au mieux, ordre au premier cours, ordre à révocation, ordre soignant ou à soigner ; ordre stop, ordre tout ou rien.

19 Réponse des primes ; abandon (opposé à confirmation). – Éviction.

20 Bulletin des oppositions. – Bulletin des annonces légales obligatoires (BALO). – Notice d'émission, prospectus d'émission.

21 Avis d'opéré, fiche. – Compte de liquidation. – Certificat d'investissement privilégié (CIP). – Promesse d'action. – Script. – Affidavit. – **Contrat** ; clause d'agrément, clause de préemption, pari passu.

22 Corner. – **Délit d'initié.**

23 **Parquet** ; corbeille, hémicycle. – Coulisse.

24 Fonds de placement. – Maison de titres. – Société d'investissement à capital variable (SICAV). – Syndicat de placement, syndicat de garantie. – Commission des opérations de Bourse (COB).

25 **Boursier.** – Agent de change ; cambiste ; courtier en devises. – Broker ; remisier. – Arbitragiste. – Chartiste. – Opérateur. – Contrepartiste ; jobber [angl.]. – Banquier en valeurs ou, vx, coulissier ; démarcheur. – Coteur. – Teneur de carnet. – Grouillot.

26 **Spéculateur** ; agioteur, boursicoteur ou boursicotier [péj.], tripoteur [fam.]. – Investisseur ; investisseurs institutionnels ou, fam., zinzins.

27 Donneur d'option ou optionnaire ; preneur d'option. – Optant.

28 Échellier. – Accompagnateur ; baissier (opposé à haussier). – Escompteur. – Raider [anglic.]. – Reporteur.

V. 29 **Jouer à la bourse,** spéculer ; agioter, boursicoter. – Jouer à la baisse (opposé à jouer à la hausse). – Se racheter.

30 Ouvrir son capital. – Servir le marché.

31 **Coter,** surcoter.

32 Tenir un marché.

33 Lever (opposé à livrer). – Reporter.

34 Exécuter un vendeur.

Adj. 35 **Boursier.** – Spéculatif.

36 Cambiste.

37 Cotable. – Hors cote.

38 Opéable [fam.].

39 **Coté,** surcoté. – Au pair *(titre au pair),* al pari [ital.].

Adv. 40 Franco, sans courtage.

# 843 VALEURS MOBILIÈRES

N. 1 **Valeurs mobilières** ; valeur. – Valeur de Bourse. – Produit boursier.

2 **Titre** ; coupon [anc.]. – Titre de participation, titre de placement. – Titre nominatif ; titre au porteur. – Titre orphelin ; titre syndiqué.

3 **Action** ; action d'apport, action de capital, action industrielle ou part de fondateur. – Action gratuite, action de jouissance [anc.], action préférentielle ; action à dividende prioritaire ou, abrév., A. D. P., action de priorité.

4 **Obligation** ; obligation convertible ou échangeable [anc.], obligation à coupon zéro, obligation indexée, obligation à lot, obligation participante [vx], obligation à taux flottant ou variable ; obligation indemnitaire.

5 **Bon** *(un bon) ;* bon du Trésor. – **Rente** ; rente perpétuelle.

6 Papier financier ; **portefeuille**. – Fonds commun de gestion de trésorerie ; fonds commun de placement ou, abrév., F. C. P.

7 Capitaux à risque. – Capital mobilier.

8 **Valeur ;** valeur faciale ou nominale (opposé à valeur du cours). – Valeur ferme, valeur stable ; valeur volatile. – Coupure ; rompu *(un rompu)*.

9 **Dividende,** quote-part des bénéfices ; intérêt ; dividende fictif (opposé à dividende réel). – Arrérages ou, canad., arriérages. – Boni, revenant-bon [vieilli]. – Annuité fixe (opposé à annuité variable). – Coupon.

10 **Taux ;** taux apparent ou facial. – Taux nominal annuel brut (T. N. A. B.) ; taux de rendement actuariel annuel brut (T. R. A. A. B.) ; taux de rendement actuariel annuel net (T. R. A. A. N.).

11 **Actionnariat.** – Portage.

12 Scripophilie.

13 Attribution gratuite. – Tirage.

14 **Émission.** – **Souscription 842 ;** souscription à titre irréductible (opposé à souscription à titre réductible).

15 Dématérialisation des titres. – Mise au nominatif (opposé à mise au porteur).

16 Émetteur [FIN.] ; souscripteur.

17 **Actionnaire ;** obligataire, porteur ; nominee [anglic.]. – Rentier. – Tour de table.

18 Scripophile.

19 Gérant de portefeuilles.

v. 20 Souscrire.

21 Porter un titre.

22 Passer le dividende.

Adj. 23 Obligataire *(emprunt obligataire).*

24 Majoritaire *(actionnaire majoritaire).*

25 Scripophilique.

## 844 ÉPARGNE

N. 1 **Épargne ;** économie, ménage [vx] ; parcimonie. – **Avarice 709.**

2 Capitalisation **840,** thésaurisation ; boursicotage [vx]. – Compression ou réduction des dépenses, restriction **89.**

3 ÉCON. : épargne collective, épargne individuelle, épargne nationale ; épargne forcée, épargne libre ou volontaire ; épargne-économie, épargne investie ou placée ; épargne à long terme ou E. L. T. ; épargne-réserve ou épargne-prévoyance. – Vx : épargne de bouche, épargnes.

4 Épargne-construction ou épargne construction ; épargne-logement ou épargne-crédit. – Plan d'épargne-logement ou P. E. L., plan d'épargne d'entreprise, plan d'épargne populaire.

5 **Livret de caisse d'épargne ;** carnet d'épargne [helvét.] ; livret d'épargne-logement, livret-portefeuille ; livret d'épargne populaire. – Livret d'épargne du travailleur manuel ou L. E. T. M.

6 Caisse d'épargne. – Tirelire.

7 Économie ; **économies,** réserve(s) **452 ;** magot, pécule, trésor ; éconocroques [arg.] ; boursicaut ou boursicot [litt.] ; bas de laine, pelote ; matelas [arg.]. – FIN. : réserve apparente, réserve occulte ; réserve légale ; réserve de garantie, réserve mathématique ou individuelle ; réserves de change ou réserves monétaires ; fonds de réserve, volant de sécurité.

8 **Épargnant** *(un épargnant) ;* thésauriseur ou thésaurisateur **709 ;** fourmi [allus. litt.]. – Petit épargnant ; les petits épargnants, la petite épargne.

9 Souscripteur **840.**

v. 10 **Épargner 840 ;** économiser, thésauriser **709 ;** capitaliser **829 ;** boursicoter [vx].

11 **Faire des économies,** mettre de l'argent de côté ; faire sa pelote ; fam. : mettre de côté, mettre à gauche. – Faire des économies de bouts de chandelle. – Prov. : il n'y a pas de petites économies ; les petits ruisseaux font les grandes rivières ; un sou est un sou ; le temps c'est de l'argent (trad. de l'angl. *time is money*) **170.**

12 Conserver, garder, réserver de l'argent ; carrer [arg.] ; **garder une poire pour la soif.** – Accumuler **709.6.**

13 **Ménager sa dépense,** régler ses dépenses. – Se restreindre dans ses dépenses ou se restreindre ; alléger **240,** réduire ses dépenses, se resserrer [vieilli] ; opérer des restrictions budgétaires. – Compter, regarder à la dépense.

14 Fam. : joindre les deux bouts ; faire la soudure.

Adj. 15 Épargneur [rare] ; **économe ;** parcimonieux **709.10,** regardant. – Ménager *(être ménager de son bien)* [vx].

16 **Économique 833.** – Économiseur.

17 De réserve.

Adv. 18 **Économiquement ;** avec économie ; parcimonieusement ; avec modération, avec parcimonie. – Sou à sou (ou : sou par sou, sou sur sou).

# 845 GESTION

N. 1 **Gestion** ; conduite, direction, gouvernement [vx] ; vx : économie, ménage. – Management [anglic., didact.] ; manutention [DR., vx]. – Maniement *(maniement des affaires ; maniement de l'argent)*.

2 Administration, gestion, **gérance**. – Autogestion. – Gestion d'affaires [DR. CIV.] ; mandat. – Gestion budgétaire [ÉCON.].

3 Économat, intendance.

4 Budgétisation [FIN.].

5 **Budget,** loi de finances. – Budget ordinaire, budget extraordinaire ; budget annexe. – Budget économique ; article, chapitre, poste. – Budget ou douzième provisoire ; budget rectificatif. – Budget de report.

6 Budget de l'État ; budget de la commune, budget du département.

7 Compte. – Compte de gestion (opposé à compte d'exercice) [FIN.].

8 **Recette,** produit ; rentrée d'argent. – **Gain** ; bénéfice, boni, excédent, profit. – Rente ; fruits [DR.], rapport [fig.], revenu **795.** – Usufruit [DR.].

9 **Dépense 835,** charge, frais ; sortie d'argent. – COMPTAB. : débours **825,** décaissement.

10 Dépense courante, dépense de fonctionnement, dépense ponctuelle, dépense reconductible ; dépense publique, dépense sociale. – DR. : dépense nécessaire, dépense utile, dépense somptuaire. – DR. : impenses ; impenses nécessaires, impenses utiles, impenses voluptuaires.

11 Contribution, cotisation, écot, intéressement, **participation 562,** quote-part.

12 Dépense d'investissement. – **Investissement,** mise de fonds, placement **842.**

13 Consolidation [COMPTAB.]. – Rentabilisation.

14 Équilibre du budget, équilibre financier.

15 **Comptabilité** ; écritures. – Balance, bilan, tableau de comptabilité. – Unigraphie ; digraphie. – Actif, avoir, crédit **840.7** ; débit **836,** doit, passif, perte. – Décompte, précompte. – Montant, total. – Passation d'écriture.

16 COMPTAB. – Bordereau de compte ; **livre de comptes,** livre des recettes et des dépenses ; sommier. – Brouillard (ou : brouillon [anc.], main, main courante, mémorial), journal (ou : livre, livre-journal), livre de commerce, registre comptable. – Livre des copies de lettres et d'inventaires. – Pièce de dépense.

17 **Gestionnaire** *(un gestionnaire) ;* administrateur, économe [vx], fondé de pouvoir ; receveur [vx]. – Gérant. – Agent. – Syndic.

18 **Comptable** ; expert comptable. – Économe, intendant, ordonnateur ; dépensier [vx]. – Actuaire. – Maincourantier.

19 Investisseur.

20 Rentier. – Usufruitier.

v. 21 **Gérer** ; conduire, diriger **838,** mener. – Gouverner **631,** régir.

22 Administrer. – Présider.

23 **Établir son budget.** – FIN. : budgétiser ou, vx, budgéter. – Voter le budget. – Exécuter le budget.

24 Imputer ou inscrire une dépense au budget.

25 Balancer, équilibrer.

26 **Compter** ; calculer sa dépense.

27 Boucler son budget. – Faire face à ses dépenses ; faire la soudure, **joindre les deux bouts** [fam.] **844.**

28 Cotiser, contribuer, **participer 562.** – Boursiller [vx].

29 Engager *(engager des capitaux),* **investir,** placer.

30 Consolider [COMPTAB.]. – Rentabiliser.

Adj. 31 **Gestionnaire.** – Autogestionnaire.

32 Budgétaire *(année budgétaire).* – Budgétivore [par plais.].

33 Investi.

34 Consolidé *(résultats consolidés).*

35 Lucratif, rémunérateur ; intéressant, **rentable.** – Fam. : juteux, payant.

36 Ingérable.

Adv. 37 Budgétairement.

# 846 FISCALITÉ

N. 1 **Fiscalité,** système fiscal. – Parafiscalité. – Droit fiscal.

2 **Impôt** ; charge fiscale, contribution, imposition [cour.], prélèvement ; droit, redevance, taxe, tribut.

3 Impôt sur le capital, impôt sur la fortune, impôt sur les grandes fortunes, impôt sur les plus-values ou sur les gains de fortune, impôt sur le revenu. – Impôt foncier. –

Impôt sur les transactions ; impôt sur le chiffre d'affaires. – Impôt cédulaire [anc.].

4 Impôt d'État, impôt local.

5 **Assiette de l'impôt.** – Impôt direct (opposé à impôt indirect) ; accises [Belgique]. – Impôt sur les personnes physiques ou impôt personnel (opposé à impôt réel). – Impôt multiple. – Impôt spécifique, impôt *ad valorem.* – Impôt de quotité, impôt de répartition ; impôt fixe ; impôt dégressif ou régressif ; impôt progressif, impôt proportionnel.

6 Prélèvement exceptionnel. – Prélèvement libératoire et forfaitaire [BOURSE].

7 **Taxe** ; taxe à la valeur ajoutée (T. V. A.) ; taxe à la production [anc.]. – Taxe foncière ; taxe personnelle [anc.]. – Taxe locale, taxe municipale. – Excise.

8 **Droit** ; droit de douane ; droit d'entrée, droit de statistique, droit de sortie, droit de transit. – Droit d'octroi [anc.]. – Droit de passage, péage.

9 Droit au comptant ; droit constaté. – Demi-droit ; double droit.

10 HIST. – **Impôts généraux.** – Aide, capitation, cens, censive, champart ou terrage, cinquantième, corvée, dîme, dixième, gabelle, lods et ventes, taille, taillon, tonlieu, vingtième. – Maltôte.

11 HIST. – Abeillage, affeurage ou afforage, affouage, annate, annone [HIST. ROM.], aubaine, battage, charnage, chevage, étalage, fouage, fournage, geôlage, gréage, hallage, métivage, minage, novale, panage, paulette, quillage, régale, ségrage, traite foraine, vertemoute, vientrage, vinage.

12 HIST. – Contribution foncière, contribution personnelle mobilière, contribution des patentes, impôt sur les portes et fenêtres. – Quatre vieilles [fam.].

13 HIST. – Droits domaniaux ou régaliens, droits seigneuriaux. – Droits réunis.

14 Fiscalisation. – **Imposition.** – Taxation ; taxation d'office.

15 Répartition de l'impôt ; coéquation [vx], contingent, péréquation, répartement. – Redistribution. – Liquidation de l'impôt [DR. FISC.].

16 **Cote** ; anc. : cote foncière, cote mobilière ; quote-part.

17 Prélèvement fiscal, retenue à la source [DR. FISC.].

18 **Perception,** recouvrement ; collecte, levée, rentrée. – Maltôte [péj., vx].

19 **Exonération** ; décote [FISC.], exemption, immunité. – Abattement, abattement à la base, déduction. – Décharge, réduction, remise ; détaxe. – **Redressement fiscal** [DR. FISC.] ; dégrèvement ; majoration 88.3, rehaussement. – Trop-perçu ; rappel.

20 Évasion fiscale, fraude fiscale ou fraude à l'impôt. – Concussion, exaction ; vx : maltôte, péculat.

21 **Contrôle fiscal.** – Vérification de comptabilité. – Visite domiciliaire [DR.].

22 **Amende 722** ; amende de composition, amende forfaitaire, droit en sus.

23 Cadastre, rôle d'impôt ; extrait du rôle. – Censier ou registre censier [HIST.]. – Déclaration ou feuille d'impôt ; cédule [anc.].

24 Acquit-à-caution, congé, laissez-passer, passavant. – Papier timbré, timbre, timbre fiscal, timbre-quittance ; vignette-auto ou vignette automobile.

25 **Fisc,** Trésor public. – Paierie ; HIST. : Ferme des impôts ; Régie.

26 Direction générale des impôts ; Direction générale des douanes et des droits indirects. – Cour des aides [HIST.].

27 **Percepteur.** – Receveur des contributions ; receveur buraliste, receveur municipal, receveur-percepteur. – Trésorier-payeur général. – Accisien [Belgique]. – Taxateur.

28 HIST. – Fermier, **fermier général,** financier, partisan, publicain, traitant ; maltôtier [péj.]. – Régisseur. – Collecteur, exacteur, receveur général, receveur particulier. – Gabeleur, gabelou.

29 Contrôleur des contributions, contrôleur ou **inspecteur des Finances** ; commissaire répartiteur ou répartiteur. – Brigade de surveillance, brigade de vérification.

30 Conseiller fiscal. – Fiscaliste [DR.].

31 Douanier. – Gabelou [péj.].

32 **Contribuable** ; assujetti *(un assujetti),* imposé *(un imposé).* – HIST. : censitaire *(un censitaire).*

V.33 **Fiscaliser.** – Imposer qqn ; assujettir à l'impôt, charger, frapper d'un impôt, grever. – Imposer qqch, taxer. – Surcharger, surimposer ; pressurer. – Fam. : épuiser, saigner, sucer, tondre le contribuable.

34 Créer un impôt nouveau. – Établir un impôt. – Asseoir un impôt, fixer l'assiette d'un impôt ; taxer l'impôt [vx]. – Répartir un impôt.

35 Défiscaliser. – Décharger, dégrever, détaxer. – Exempter, **exonérer**.

36 Lever ou, rare, prélever l'impôt. – Percevoir, recouvrer [spécialt].

37 Acquitter un droit, régler une taxe.

38 Frauder le fisc.

Adj. 39 Fiscal. – Parafiscal.

40 **Imposable** *(matière imposable)*; contribuable, passible, patentable, redevable. – Patenté [anc.]. – Taxable, taxatif [DR.].

41 HIST. – Taillable; corvéable; taillable et corvéable à merci [souv. cité par plais.].

42 Dégressif *(impôt dégressif)*.

43 Hors taxes (H. T.); toutes taxes comprises (T. T. C.).

Adv. 44 Fiscalement.

## 847 HABITAT

N. 1 **Habitat.** – Habitation, logement.

2 Demeure, **domicile**, maison 848, résidence, séjour; habitacle [litt., vx]. – Bercail, **foyer**; pénates; **gîte**, nid; retraite, thébaïde [sout., vieilli]. – Abri, asile, refuge, toit.

3 Fig. : bauge, tanière, terrier. – Taudis; cage 813, cage à lapins [fam.].

4 Habitation à loyer modéré (H. L. M.), immeuble à loyer modéré (I. L. M.).

5 Camp, campement, douar [Maghreb]; quartier [vx]. – Gîte d'étape, halte.

6 Gîte; le gîte et le couvert, le clos et le couvert [litt.].

7 **Habitation.** – Cohabitation 581. – **Hébergement**.

8 Sédentarisation (opposé à nomadisation); grégarisation (opposé à dispersion, à dissémination). – Sédentarisme (opposé à nomadisme); grégarisme.

9 Habitabilité.

10 **Habitant** *(un habitant)*. – Campagnard, citadin 849. – Campeur. – Homme des cavernes; troglodyte.

V. 11 **Habiter**, vivre; demeurer 848, gîter [vx]. – Nicher.

12 Abriter 590, accueillir, **héberger**, recevoir.

13 Se sédentariser. – S'implanter. – Trouver un point de chute.

Adj. 14 **Habité.** – Inhabité, vacant. – Habitable. – Inhabitable.

15 Citadin; rural.

16 SC. – Arvicole **282.16**, floricole, herbicole, lignicole; aquacole ou aquicole, arénicole, terricole; orbicole, sylvicole; cavernicole, rupicole.

Adv. 17 Sédentairement.

Aff. 18 -cole.

## 848 MAISON

N. 1 **Maison**; demeure, domicile, gîte [vx], logement, logis, résidence; domaine, immeuble, propriété. – Adresse, domiciliation.

2 Maison; nid [fam.]. – Arg. : baraque, bicoque, cahute, casbah, case, cassine [vx], taule, turne. – Péj. : cagna, gourbi, nid à rats, réduit; bouge, galetas, retraite de hiboux, taudis; fig. : chenil, écurie.

3 Clos, closeau, closerie. – Chaumière, chaumine, masure; maisonnette. – Cabane, cabanon, cahute. – Carbet, hutte, paillote; case; ajoupa. – Wigwam. – Igloo.

4 **Ferme 811**, fermette; métairie; région. : bastide, borde [vx], borderie, borie, mas. – Cottage [anglic.]. – Datcha, isba [Russie].

5 Pavillon, **villa**; cabanon [région.]. – Chalet; buron [région.]; bungalow [anglic.]. – Maison de campagne, résidence secondaire, **pied-à-terre**; vx : folie, laiterie; vide-bouteilles [fam., vx]; ermitage.

6 **Château**; castel, châtelet, gentilhommière, manoir; alcazar, palace, palais; hôtel particulier. – Château-fort, citadelle, forteresse; acropole [ANTIQ.].

7 Chartreuse 499, ermitage 702.

8 Building, **immeuble 77**; gratte-ciel. – Barre ou immeuble en bande, tour. – Ensemble, grand ensemble 849. – Coron.

9 **Tente**; tepee ou tipi, yourte; guitoune [fam.]. – Caravane, roulotte.

10 Abri, cassine [vx], guérite.

11 Bâtiment, bâtisse; avant-corps, corps principal; corps de logis ou, ellipt., logis aile, bas-côté. – Rez-de-chaussée; rez-de-jardin; rez-de-dalle. – Sous-sol, entresol, étage; premier étage, bel étage [vx].

12 **Communs**, dépendances. – Appentis, écurie, garage, hangar, remise, resserre.

13 Arrière-cour, avant-cour, cour, cour d'entrée, patio; ANTIQ. ROM. : atrium, aula. – Auvent, marquise, perron, véranda. – Seuil.

14 Galerie ; loge, logette [litt.], loggia. – Balcon, encorbellement. – Kiosque.

15 Attique, mezzanine, mansarde, grenier, combles, soupente.

16 Terrasse. – Belvédère ; gloriette.

17 Couverture, faîte, toit, toiture. – Pignon, tour, tourelle. – Voûte 777.

18 **Appartement.** – Studio, duplex, loft ; deux-pièces, trois-pièces, etc. – Pied-à-terre, résidence secondaire. – Garçonnière. – Meublé.

19 Intérieur 131 ; bonbonnière.

20 **Pièce,** salle. – Hall, living-room. – Petit salon, salle à manger, salon. – **Chambre,** chambre à coucher. – Bureau, cabinet. – Salle de billard, salle de jeux.

21 Alcôve, boudoir, cabinet noir. – Cabanon, cellule, loge.

22 Dortoir ; fam. : carrée, piaule, turne ; spécialt : carré, poste. – Fumoir. – Réfectoire.

23 Cuisine, cuisinette ou, anglic., kitchenette ; office.

24 Antichambre, dégagement, entrée, vestibule, salle d'attente ; corridor, couloir. – Cagibi, dépense, penderie, placard. – Garde-robe, lingerie, vestiaire ; buanderie. – Cave, cellier, sous-sol ; chai.

25 Cabinet de toilette, lavabo, salle de bains ; douche. – Toilettes, W.-C., water-closet ; latrines, lieux d'aisances.

26 ANTIQ. : atrium, impluvium, tablinum ; portique. – Gynécée ; triclinium.

27 Porte ; huis [vx] ; lourde [arg.]. – Grille, portail, portillon. – Contre-porte ; porte-tambour, porte tournante.

28 Guichet, poterne ; propylée. – Porche. – Porte d'entrée, porte d'honneur, porte palière, porte de service. – Porte cochère, porte piétonne. – Porte bâtarde. – Porte cavalière ou chevalière, porte charretière.

29 **Escalier ;** escalier commun, escalier d'honneur, escalier de service ; escalier dérobé ; escalier évidé, escalier en hélice, escalier en limaçon, escalier à vis ; échelle de meunier. – Cage, loge ; échappée ou échappement. – Degré, contremarche, gradin, marche, marche palière ; palier, repos ; volée. – Balustre, main courante, rampe. – Ligne d'emmarchement ou de foulée ; about, collet, giron *(giron droit, giron triangulaire)*. – Noyau ; limon, limon en crémaillère, limon plein. – **Ascenseur 211.**

30 **Mur.** – Lambris, parquet ; parquet d'onglet, parquet à l'anglaise, parquet à points de Hongrie, parquet à bâtons rompus, parquet en mosaïque. – **Plafond ;** faux plafond, plafond à caissons ou soffite, plafond flottant ou suspendu, plafond à solives apparentes.

31 Baie, **fenêtre ;** ouverture, jour. – Bow-window ; double-fenêtre ; lucarne, lunette, œil-de-bœuf, tabatière, vasistas ; hublot ; meurtrière, soupirail. – Chatière, guichet, judas, trappe. – Carreau, vitre ; fenêtrage, verrière. – Chambranle 807, croisée, imposte, jambage ou piédroit, montant.

32 **Rideau ;** contrevent, jalousie, persienne, store, volet. – Brise-bise, cantonnière, courtine, pente, portière, rideau de lit. – Draperie, tenture, voilage, voile 810. – Moustiquaire.

33 Mobilier **850.**

34 Foyer, âtre, cheminée, feu 256 ; foyère, tapis de foyer. – Contrecœur (ou : contrefeu, taque).

35 Ameublement ; déménagement, emménagement.

36 Bourgage [vx], location. – Bail ; état des lieux.

37 Maître de maison ; maître de logis [vieilli]. – Locataire ; propriétaire 822.11. – Châtelain ; fermier.

38 Homme de cabinet ou de foyer [vx], pantouflard ; casanier, sédentaire. – Cul-de-plomb.

39 Domesticité ; gens de maison [vieilli]. – Domestique, employé de maison. – Huissier, portier ; suisse [vx]. – Maître d'hôtel, majordome. – Valet de chambre ; cuisinier ; chauffeur. – Femme de charge ; bonne, soubrette ; femme de chambre, camériste, chambrière [litt.], femme de ménage, lingère. – **Concierge** (ou, fam., bignole, pipelette) ; gardien.

V. 40 Arrêter ou retenir un logement, louer. – Élire domicile, s'établir, se fixer, s'installer. – Cabaner [vx], **demeurer,** résider, être domicilié ; fam. : crécher, percher. – Descendre à l'hôtel. – « Ici, on loge à pied et à cheval » [anc.].

41 Emménager ; se mettre dans ses meubles. – Pendre la crémaillère. – Essuyer les plâtres [fam.]. – Déménager ; déménager à la cloche ou à la sonnette de bois, déménager à la ficelle, mettre la clef sous la porte.

Adj. 42 Se rapportant à *maison*. – Bourgeois, de maître ; fermier. – Champêtre, forestière, rustique.

43 Logeable, habitable.

44 Locatif. – Immobilier.

45 Domiciliaire.

46 De plain-pied, en rez-de-chaussée ; à flanc de côteau. – Sur pilotis.

# 849 URBANISME

N. 1 Urbanisme. – Architecture 777.

2 **Urbanisation ;** sururbanisation. – Urbanisation sauvage.

3 **Urbanification.** – Zonage ou zoning ; agencement 47, aménagement, arrangement, distribution. – Lotissage [TECHN.], lotissement.

4 Rénovation, sauvegarde.

5 Aménagement du territoire. – Remembrement.

6 **Agglomération 849.** – Bourg, bourgade, hameau, localité, **village.**

7 Agglomération urbaine, **ville 847 ;** conurbation, mégalopole ou mégapole, ville tentaculaire. – Ville-champignon. – Ville-dortoir, ville satellite ; ville résidentielle. – **Bidonville,** favela [Brésil]. – Tissu urbain.

8 Ville fortifiée. – Casernement ; ville de garnison.

9 **Commune ;** communauté urbaine ; lieu-dit. – Diocèse, **paroisse.** – HIST. : ville franche, ville libre, ville ouverte. – **Capitale ;** chef-lieu ; préfecture, sous-préfecture. – Métropole ; métropole d'équilibre, métropole régionale.

10 **Subdivision ;** circonscription, district. – Arrondissement ; canton ; département ; région.

11 Hôtel de ville, **mairie 673.**

12 **Quartier 849,** secteur. – **Centre-ville ;** ville basse (opposé à ville haute) ; vieille ville ; casbah [Maghreb]. – Lotissement. – Îlot, **pâté de maisons.** – **Banlieue,** ceinture, couronne, faubourg [vieilli], périphérie. – Cité *(une cité ; les cités, les cités de banlieue).*

13 **Place.** – Parc 779.2, square ; espace vert.

14 **Artère ;** allée, avenue, boulevard, cours, mail, **rue ;** passage, ruelle, venelle, voie. – Cul-de-sac, **impasse ;** villa. – Voie piétonnière ou piétonne. – Chaussée, trottoir ; caniveau.

15 **Enceinte,** murs, remparts ; porte.

16 Axe routier, **route.** – **Autoroute ;** bretelle ; rocade ; boulevard circulaire, boulevard périphérique. – **Chemin,** sente [région.], sentier, voie.

17 Bifurcation, **carrefour,** embranchement, patte-d'oie ; rond-point. – Tournant, **virage ;** lacet. – Dos-d'âne.

18 Cadre de vie, environnement. – Écologie 282.

19 **Urbaniste ;** aménageur *(un aménageur),* aménagiste [TECHN.] ; paysagiste.

20 **Citadin ; banlieusard,** faubourien [vieilli] 676 ; bourgeois [HIST.] ; bourgadier [région.].

v. 21 **Urbaniser.** – Aménager, arranger, distribuer. – Lotir.

22 Exproprier. – Frapper d'alignement. – Remembrer.

Adj. 23 **Urbanistique** [didact.]. – Environnemental [didact.]. – Écologique.

24 **Urbain ;** interurbain, suburbain. – Villageois. – Troglodytique.

25 Piétonnier. – Routier.

26 Extra-muros (opposé à intra-muros).

27 Aménageable. – Carrossable, cyclable.

# 850 MOBILIER

N. 1 **Mobilier ;** ameublement, ménage [vx], meuble *(le meuble)* [vieilli]. – Bagage [vx], meuble *(un meuble, les meubles).*

2 **Meuble de rangement ; armoire ;** penderie, placard. – Bonnetière, garde-robe, vestiaire.

3 **Commode ;** cabinet, chiffonnier, semainier. – Cassier [IMPRIM.] ; médaillier.

4 **Bahut, buffet ;** argentier, vaisselier ; crédence, dressoir ; vitrine.

5 **Coffre ;** caisse, layette, maie ou mée, malle. – Coffret ; baguier. – Cave à liqueurs, cave à vin ; cabaret. – Garde-manger.

6 **Coiffeuse,** toilette ; barbière. – Table à ouvrage, travailleuse, tricoteuse ; chiffonnière.

7 **Table ;** table en demi-lune, table haricot ou table en rognon ; guéridon. – Desserte, roulante, servante.

8 **Console.** – Guéridon, trépied ; athénienne. – Encoignure, entre-deux.

9 **Classeur ;** cartonnier, fichier ; casier. – **Tiroir ;** abattant, tirette.

10 **Bibliothèque,** rayonnage. – **Étagère,** planche ; gradin. – Sellette ; tablette.

11 **Bureau ;** bureau à cylindre, bureau à dos d'âne, bureau ministre. – **Secrétaire ;** bonheur-du-jour, scriban. – **Pupitre ;** aigle, lectrin, lutrin, tronchin.

12 **Lit** 378, couche [litt.] ; châlit. – Fam. : paddock, page, pageot, pagne, pagnot, pieu, plumard, plume, pucier.

13 **Lit de jour** ou de repos ; méridienne, paphose, turquoise ; lit de table ou triclinium [ANTIQ. ROM.]. – Lit clos ou lit breton, lit-cage, lit en armoire. – **Lit à baldaquin,** lit à colonnes, lit à la duchesse, lit à quenouilles ; lit à l'ange, lit en housse. – Lit de bout ou à la française ; lit à la turque, lit de travers ou à la polonaise. – **Lit bateau,** lit (en) gondole. – Lit gigogne, lits jumeaux. – **Berceau,** bercelonnette. – Couchette, lit de camp. – Grabat, paillasse, natte. – Hamac.

14 **Canapé ;** canapé corbeille, ottomane ; causeuse, tête-à-tête. – Cosy, divan, sofa. – Canapé-lit, convertible.

15 **Tête de lit ;** chevet, dosseret ; colonne, quenouille. – Baldaquin, ciel de chambre, **ciel de lit,** dais, impériale. – Cantonnière, courtine, lambrequin, pavillon, pente ; tour de lit.

16 **Literie ;** couchage. – **Matelas,** sommier.

17 **Siège ; chaise,** chaise longue (ou transatlantique, fam. : transat), duchesse ; caquetoire ou chaise à femme, chauffeuse, coin-de-feu. – **Trône ;** cathèdre 493. – Chaise percée.

18 **Fauteuil,** fauteuil club ; **bergère,** cabriolet, crapaud, marquise, voltaire. – Confessionnal, confident, indiscret ; boudeuse. – Guérite ; relax. – Fauteuil-lit.

19 **Balancelle,** berceuse ou, canad., berçante. – **Rocking-chair.**

20 **Banc,** bancelle ; banquette. – Miséricorde, stalle. – Borne. – **Tabouret ;** bout-de-pied, pouf ; escabeau, escabelle [vx]. – **Pliant,** ployant [anc.] ; strapontin.

21 **Accotoir,** accoudoir, bras ; joue. – **Appui-tête** ou appuie-tête ; balustre, dossier. – **Piétement ;** pied-de-biche, pied en carquois, pied droit, pied en gaine.

22 **Glace,** miroir, psyché.

23 **Paravent,** pare-étincelles.

24 **Porte-chapeau,** portemanteau ; patère. – Cintre, valet de nuit.

25 **Bac,** baquet, bassine, bassinet ; brassin [TECHN.], cuveau, cuvette, cuvier, vasque ;

région. : seille, seillon. – Bac à plantes, jardinière ; pot, potiche ; cache-pot. – **Vase ;** soliflore. – Pot de chambre, urinal, vase de nuit ; bourdaloue. – Fam. : jules, thomas.

26 **Évier,** lavabo, lave-mains ou fontaine. – **Baignoire,** tub ; bidet.

27 **Meuble de style.** – Style haute époque [Xe-XVIe s.] ; gothique ; Renaissance ; style Henri II, **style Louis XIII.** – Louis XIV ; style Boulle. – **Style Régence** [1715-1723]. – **Style Louis XV** [1723-1750], style Pompadour [1750-1774]. – **Style Louis XVI ;** style Transition, style Marie-Antoinette. – **Style Directoire** [1795-1799]. – Style Empire [1804-1815] ; style Regency [Angleterre ; 1811-1830]. – **Style Restauration ;** style Charles X ; style Louis-Philippe. – **Style second Empire** ou Napoléon III ; style boudoir. – **Art nouveau** ou modern style [1890-1914] ; Art déco [1920-1930]. – **Modernisme fonctionnel ;** style high-tech. – Style rustique ; style bistrot.

28 **Capitonnage ;** matelassage. – **Cannage,** paillage ; fonçage ; rempaillage. – Contreplacage, placage. – Reparure.

29 Architecture d'intérieur, **décoration intérieure.** – Design [anglic.] ou stylique [recomm. off.].

30 **Ébénisterie,** marqueterie, menuiserie 807, tabletterie. – Dorure sur bois.

31 Architecte d'intérieur, **décorateur,** ensemblier. – **Designer** [anglic.] ou stylicien [recomm. off.]. – **Ébéniste,** huchier, menuisier, rotinier ; marqueteur. – Chaisier, matelassier, passementier, tabletier, tapissier.

32 Antiquaire, brocanteur.

33 Garde-meubles ou garde-meuble.

v. 34 **Meubler.** – Emménager ; déménager, démeubler. – Se meubler.

35 **Décorer.** – Galonner, ganser, juponner, passementer, passepoiler ; tapisser. – Canner, capitonner, foncer [vx], sangler ; joncer ; empailler, pailler, rempailler. – Contreplaquer, plaquer ; **marqueter.**

Adj. 36 **Meublé.**

37 Meublant.

38 Décoré ; **chantourné,** violoné ; marqueté. – Capitonné, matelassé ; paillé, rembourré, rempaillé. – Gigogne ; convertible.

39 **En bateau,** en gondole ; en demi-lune, en rognon ou en haricot, en tombeau. – À

**la duchesse**, à l'impériale, à la reine, à la turque ; à la capucine, à colonnes.

## 851 VAISSELLE

N. 1 **Vaisselle**, vaissellerie ; vaisselle de table ; batterie de cuisine ; platerie. – Vaisselle de toilette. – Service de table ; service à + n. *(service à café, service à dessert)*. – **Couvert** *(dresser le couvert)* ; table.

2 **Assiette ;** assiette creuse ou assiette à soupe, assiette plate ; assiette à dessert, assiette à fromage. – Assiette à alvéoles ; assiette à escargots, assiette à huîtres. – Anc. : **écuelle**, gamelle. – Auge [par plais. ou péj.].

3 Soucoupe ou sous-tasse ; dessous-de-verre.

4 **Tasse ;** mazagran. – Déjeuner ou tasse à déjeuner, tête-à-tête. – **Bol.** – Biberon **314.10.**

5 Verre ; gobelet, godet, pot, **timbale ;** quart. – Verre à bière, **chope**, pot à bière ; verre à grog. – Verre à orangeade, verre à whisky. – **Verre à pied** ; verre à eau. – Verre à vin ; verre à bordeaux, verre à bourgogne, verre à chambertin, verre à vin d'Alsace ; verre à porto ; coupe à champagne ou, absolt, coupe, flûte à champagne ou, absolt, **flûte.** – Verre à dégustation, verre à liqueur, verre à vodka ; dé à coudre [fam.].

6 HIST. et BX-A. – **Vase à boire** ; hanap ; tasse. – Verre d'eau (carafe à eau, carafe à fleur ou fleurs d'oranger, plateau, sucrier, verre).

7 ANTIQ. et ARCHÉOL. – **Calice** ; canthare, coupe à lèvres, patère, phiale, rhyton.

8 Coupe, pied, piédouche [didact.].

9 Anc. : **aiguière** ; bassin ; fontaine de table ou fontaine. – Jardinière. – Cratère [ANTIQ.].

10 TECHN. – Bombe (ou : bombonne, bonbonne) ; chevrette [anc.].

11 **Bouteille 859.** – Cannette ou canette, chopine [fam.], fiasque, fiole ; topette [anc.]. – Gourde, **flacon**, flasque.

12 **Carafe,** carafon ; quart ; cruche, cruchette, cruchon, **pichet ;** broc à eau ou broc, buire [anc.]. – Alcarazas (ou, rare, alcaraza, alcarraza), gargoulette [région.].

13 Bec, goulot. – Anse.

14 **Couvert** *(des couverts en argent)* ; couvert à + n. de mets *(couvert à poisson)* ; **couteau, cuiller** ou cuillère, **fourchette.** – Couteau

à fromage, couteau à poisson. – Cuiller de table ; cuiller à soupe ou à bouche, cuiller à dessert. – Petite cuiller ; cuiller à moka, cuiller à café. – Cuiller à sirop ou diablotin. – Fourchette à dessert, fourchette à escargots.

15 Cuilleron, manche ; dent *(dents d'une fourchette) ;* lame, tranchant.

16 **Pince ;** pince à cornichons, pince à sucre ; pince à glace. – Pince à homard. – Casse-noisettes, casse-noix. – Pique, pique-olive.

17 Louche. – **Pelle ;** pelle à gâteau, pelle à tarte. – Pelle à poisson.

18 Plats de service. – **Plat ;** plat creux, plat plat. – Ravier. – **Jatte ;** légumier, saladier ; **soupière.** – Compotier.

19 **Plateau ;** plateau à + n. d'un mets.

20 Couvre-plat ; **cloche ;** cloche à fromage.

21 **Coupe,** coupelle ; ramequin. – **Coquetier** ou, archaïsmes, coquetière, ovier ; œufrier.

22 Beurrier, saucière. – Moutardier, **poivrier** (ou : moulin à poivre, poivrière), salière. – Burette, guédoufle [vx ou région.] ; huilier, vinaigrier. – Sucrier. – Drageoir ; bonbonnière.

23 Plat de cuisson ; plat à feu ; plat à gratin, terrine. – **Moule ;** moule à + n. *(moule à cake, à manqué, à tarte, etc.).* – Tourtière. – **Plaque ;** plaque à pâtisserie, plaque à rôtir.

24 **Casserole.** – **Marmite,** cocotte, faitout ou fait-tout. – Braisière, daubière ; tajine ou tagine [Afrique du Nord] ; mijoteuse.

25 **Poêle ;** sauteuse ou sautoir ; crêpière. – **Poêlon ;** caquelon, cassolette. – Friteuse.

26 Autocuiseur, Cocotte-Minute [nom déposé]. – Couscoussier. – Poissonnière, turbotière.

27 **Bouilloire,** coquemar [anc.], marabout ; samovar. – Cafetière, chocolatière, **théière**, tisanière.

28 Anc. : chaudron ; crémaillère. – Barbecue, gril, rôtissoire. – **Four 853** ; tandoor [Inde].

29 Couteaux d'office. – **Couteau de cuisine ;** couteau à beurre, couteau à huîtres ou ouvre-huîtres ; couteau à tartiner, couteau à zester ; couteau à trancher, tranchelard ; parepain.

30 **Fouet ;** batteur. – Presse-agrumes **206.** – Spatule. – Aiguille à brider, lardoire. – Éminceur, râpe.

31 Égouttoir ; couloire, **passoire** ; passette, passe-thé ; panier à salade. – Chinois, tamis. – Écumoire.

32 Décapsuleur ou ouvre-bouteilles ; tire-bouchon. – Ouvre-boîtes.

33 **Vaisselier.** – Crédence ; dressoir. – Accroche-plats. – Argentier.

34 TECHN. – Grosserie [ORFÈVR.] ; vaisselle plate ; vaisselle montée. – **Orfèvrerie ; argenterie**, dinanderie ; hanaperie [anc.]. – **Coutellerie.** – Cristallerie, gobeleterie, verrerie. – Arts de la table.

35 **Orfèvre.** – Dinandier. – Anc. : hanapier ou hennepier. – Coutelier. – Cristallier, gobeletier, verrier **266.15.** – Porcelainier.

36 Argentier [HÔTELLERIE]. – Garde-vaisselle [HIST.].

Adj. 37 ORFÈVR. – En bosse ou en relief. – Plaqué ; ciselé, décoré, godronné.

## 852 ÉCLAIRAGE

N. 1 **Éclairage.** – Éclairement, illumination. – Lumière **350.1,** luminosité ; feux. – Électricité *(l'électricité),* la Fée électricité [vieilli].

2 Clarté, éclat, lustre. – Luminescence **350.15.** – Éclairement [PHYS.].

3 **Faisceau,** jet, pinceau, rai ou rais [litt.], **rayon,** trait ; traînée.

4 Extinction des feux ; couvre-feu.

5 **Luminaire,** lustrerie [vx]. – Appareil d'éclairage.

6 **Bougie,** chandelle, cierge, luminaire [RELIG.] ; arg., vieilli : calbombe ou calebombe, camoufle ; oribus [région., vx]. – Flambeau, torche ; brandon.

7 **Bougeoir ; chandelier ;** candélabre, girandole, torchère ; martinet [vieilli]. – LITURGIE : herse, if ; chandelier à sept branches ou menora [judaïsme]. – Branche, fût, pied ; suage, terrasse.

8 **Mèche,** lumignon [vieilli] ; champignon. – Lamperon [TECHN.], lampion [vieilli]. – Binet ; anc. : brûle-bout, brûle-tout ; **bobèche.** – **Éteignoir,** mouchettes [anc.].

9 **Lampe ;** lampe à huile ; carcel ou lampe carcel, lampe à modérateur ou modérateur, quinquet ; calen (ou : caleil, chaleil) [région.] ; lampion [vieilli]. – Lampe à pétrole. – Lampe à gaz, lampe au néon, tube au néon ou, impropr., néon. – Lampe à halogène (ou, ellipt., lampe halogène, halogène). – Lampe électrique.

10 Baladeuse *(une baladeuse),* **lampe de poche,** torche électrique ; lampe de chevet ;

lampe tempête. – Lampe à arc, lampe à incandescence, lampe à manchon.

11 **Lampadaire.** – **Applique ;** lanterne-applique. – **Suspension ;** lampe astrale, **lustre,** plafonnier ; couronne de lumière.

12 Diffuseur, lumignon, **veilleuse ;** boule de veillée ; lanterne sourde. – **Lampion,** lanterne chinoise, lanterne vénitienne. – Campanile, lanternon ou, vieilli, lanterneau. – Lanterne des morts.

13 Bec de gaz, lampadaire, **réverbère.** – **Phare ;** lamparo **814 ;** falot, fanal, **feu ;** feux de route **817.7,** lanterne ; gyrophare.

14 **Spot ; projecteur** ou, fam., projo, gamelle [fam.], sunlight [anglic.]. – Feux de la rampe **788,** rampe.

15 **Ampoule,** tube ; filament. – Culot, douille, douille à baïonnette, douille à pas de vis.

16 Abat-jour ; globe, verrine. – Tulipe de verre.

17 Réflecteur.

18 Lampisterie.

19 Éclairagisme. – Éclairagiste.

20 Allumeur de réverbères, lanternier [anc.]. – Chevecier [LITURGIE, anc.]. – Luminariste [vx].

21 Lampadophore *(un lampadophore)* [litt.].

V. 22 **Éclairer ;** illuminer.

23 Allumer *(allumer la lumière).*

24 Éteindre ; moucher ou souffler une chandelle.

Adj. 25 **Éclairant.**

26 **Éclairé ;** clair, bien éclairé, lumineux ; mal éclairé, sombre **351.**

27 (Qualifiant l'éclairage.) – Naturel ; artificiel. – Direct, indirect ; astral, latéral, frisant, rasant, vertical, zénithal.

28 Fort, intense **871,** violent. – Faible ; atténué, filtré, tamisé ; diffus ; doux ; d'ambiance.

29 Lampant *(huile lampante, pétrole lampant)* [rare].

Adv. 30 À giorno ou, vieilli, a giorno.

## 853 CHAUFFAGE

N. 1 **Chauffage.** – Chauffe, chaufferie [rare]. – Réchauffage, **réchauffement ;** échauffement ; attiédissement.

2 Chaude [région.], flambée.

3 **Climatisation** ; conditionnement d'air. – Humidification **244** ; déshumidification. – Aération, ventilation **275**.

4 Calorifugeage **241**.

5 Chauffage central, chauffage collectif ; chauffage individuel. – Chauffage urbain.

6 Chauffage par conduction, chauffage par contact ; chauffage par convection ; chauffage à air pulsé. – Chauffage par accumulation. – Chauffage par induction, chauffage par résistance ; chauffage par rayonnement.

7 Chauffage au bois, chauffage au charbon ; chauffage au gaz ; chauffage à l'essence, chauffage au mazout, chauffage au pétrole. – Chauffage par catalyse.

8 **Chaudière** ; chaudière tubulaire ; chaudière aquatubulaire, chaudière ignitubulaire, chaudière multitubulaire. – Pompe à chaleur ou thermopompe. – Convecteur, **corps de chauffe, radiateur** ; panneau chauffant ou rayonnant, plinthe chauffante. – Calorifère [vieilli] ; aérotherme. – Hypocauste [ANTIQ.].

9 Fourneau **853**. – **Réchaud** ; chauffe-biberon, réchauffeur. – Étuve.

10 Brasero, **poêle,** Salamandre [nom déposé]. – Bassinoire, moine ; chauffe-pieds, chaufferette. – Bouillotte.

11 **Chauffe-eau,** chauffe-bain ; cumulus.

12 Échangeur ou échangeur de chaleur.

13 **Cheminée 256** ; âtre, foyer.

14 Climatiseur, conditionneur. – **Ventilateur** ; panka ou panca ; éventail.

15 **Thermostat** ; aquastat. – Saturateur.

16 Parties d'une chaudière : échangeur ; chambre de combustion ; **brûleur** ; départ d'eau chaude ; retour d'eau froide ; régulateur d'allure ; départ des fumées ou du gaz de combustion ; bloc d'allumage ; injecteur ; cendrier. – Parties d'un poêle : admission d'air ou aspirail ; ailette ; **cendrier** ; **foyer** ; grille ; tampon de chargement ; buse ; tuyau de poêle ; clef de tuyau de poêle. – Parties d'une cheminée : manteau, tablette ; chambranle, linteau, jambage ou piédroit ; avant-foyer ; **âtre** ; ébrasement ; **contrecœur,** contre-feu ; hotte ; **conduit** ; abat-vent ; capuchon ; mitre.

17 **Chenet,** landier, marmouset. – Pincettes, pique-feu, **tisonnier.** – Soufflet. – Pareétincelles. – Chauffeuse **853**.

18 Chambre chaude, poêle [vx] ; fig. : four, serre.

19 Thermes ; caldarium [ANTIQ. ROM.]. – **Étuves** [anc.]. – Bain de vapeur, hammam ; sauna.

20 Chaufferie.

21 Fumisterie.

22 Chauffagiste *(un chauffagiste) ;* chaudiériste, fumiste. – **Ramoneur.** – Chauffeur.

V. 23 **Chauffer 853** ; attiédir, échauffer, **réchauffer** ; surchauffer. – Dégeler, déglacer. – Bassiner. – Attremper [TECHN.].

24 **Climatiser** ; ventiler. – Déshumidifier.

25 Calorifuger **241**.

Adj. 26 Chaud **241** ; froid **242** ; tiède.

Adv. 27 Chaudement ; tièdement.

Aff. 28 Thermo- ; calor-, calori-.

# 854 NETTOYAGE

N. 1 **Nettoyage** ou nettoiement **380** ; lavage ; décrassage ou décrassement. – Grand nettoyage, nettoyage de printemps.

2 Lessivage, nettoyage *(nettoyage à sec) ;* dégraissage, détachage ; blanchissage.

3 **Vaisselle 851,** plonge [fam.] ; rinçage.

4 Entretien. – Astiquage, fourbissage. – Briquage ou bricage. – **Brossage** ; lustrage. – Cirage, décrottage [vieilli].

5 Déblaiement ou déblayage ; **Balayage,** coup de balai [fam.]. – Dépoussiérage.

6 Dégraissage. – Détartrage ; désencroûtement ; décalaminage [TECHN.]. – Dérouillage ou dérouillement.

7 Vidange **817** ; purge. – Ramonage.

8 Ravalement.

9 Curage, récurage ; grattage. – Décapage ou, TECHN., décapement, raclage. – Abrasion ; abrasement [TECHN.] ; sablage [TECHN.]. – Polissage ; brunissage [TECHN.], glaçage, ponçage **155**.

10 Nettoiement [SYLV.] **811** ; dégagement. – Débroussement ou débroussage, débroussaillement ou débroussaillage, défrichement ou défrichage ; épierrement ou épierrage. – Désherbage ou, rare, désherbement. – Débourbage [TECHN.].

11 Assainissement ; **épuration** ou, rare, épurement ; purification. – Dépollution, décontamination. – Désinfection, détersion.

12 Ramassage des ordures. – Recyclage ; retraitement des déchets.

13 Poussière ; crasse **381,** souillure. – **Déchet,** détritus, immondices, ordures ; voirie [vx]. – Balayure, nettoyure [rare].

14 Produit d'entretien ; nettoyant. – Lessive, poudre à laver, poudre à récurer, **savon**. – Détergence ; détachant, **détergent**, solvant. – Ammoniac, chlore, eau de Javel, essence de térébenthine. – Cirage, cire, encaustique.

15 **Éponge ;** graton, grattoir, lavette ; paille de fer ; brosse. – Serviette, torchon ; essuie-tout ; serpillière. – Nénette, peau de chamois. – Brosse ; écouvillon, goupillon.

16 Poudre à récurer. – Papier de verre, pierre ponce ou, rare, ponce, toile émeri ou toile d'émeri.

17 **Balai,** balai-brosse ; balayette, plumeau ; balai mécanique ; aspirateur ; cireuse. – MAR. : faubert ou fauber, lave-pont. – Décrottoir ; paillasson.

18 Évier, bac à vaisselle, bassine ; égouttoir. – Lavoir.

19 **Machine à laver,** lave-linge. – Machine à laver la vaisselle ou lave-vaisselle.

20 Blanchisserie, buanderie, laverie, laverie automatique, **pressing**, teinturerie.

21 Droguerie. – Droguiste *(un droguiste)*, marchand de couleurs.

22 Dépotoir, **poubelle.** – Benne à ordures, camion-poubelle ; voiture-balai. – Égout, tout-à-l'égout.

23 **Station d'épuration,** usine de retraitement des déchets ; équipement antipollution.

24 **Nettoyeur** *(un nettoyeur) ;* laveur, laveur de carreaux ; plongeur. – Blanchisseur, teinturier ; lavandière, lingère. – Femme de ménage. – Balayeur, technicien de surface. – Éboueur ou, fam., boueux ; égoutier. – Cireur ; décrotteur.

V. 25 **Nettoyer ;** décrasser, décrotter ; dégraisser, dépoussiérer ; curer, écurer [vx], récurer.

26 Balayer, fauberder ou fauberter [MAR.] ; passer l'aspirateur. – Épousseter, faire la poussière [fam.], passer le chiffon. – Battre *(battre un tapis)*.

27 Éponger, **essuyer,** lessiver.

28 Détacher ; décaper, désincruster ; déterger. – Détartrer. – Décalaminer, désencroûter ; dérouiller. – Ramoner.

29 Astiquer, briquer [fam.], fourbir ; faire briller, lustrer. – Faire l'argenterie, faire les cuivres. – Cirer.

30 Brosser, frotter. – Gratter, gratteler [TECHN.], racler. – Décaper, poncer. – Polir ; brunir [GRAV., ORFÈVR.], glacer.

31 **Laver 380,** laver à grande eau, relaver ; ébrouer [TECHN.]. – Débarbouiller ; frictionner, savonner ; torcher [fam.]. – Peigner.

32 **Faire la vaisselle ;** faire la plonge [fam.] ; rincer. – Écouvillonner ou goupillonner. – **Faire la lessive ;** essanger [anc.]. – Blanchir.

33 Draguer ; débourber, désengorger, désenvaser. – Vidanger.

34 Raffiner. – Cribler, passer au tamis ou au crible, tamiser ; filtrer. – Recycler.

35 Assainir ; décontaminer, dépolluer. – Désinfecter. – **Épurer,** purifier.

36 Débarrasser, ranger ; faire le vide.

Adj. 37 Nettoyant ; autonettoyant.

38 Lavé, nettoyé. – Entretenu, bien tenu ; propret, soigné.

39 Propre 380, propre comme un sou neuf ; clean (angl., « propre ») [fam.]. – Impeccable ou, fam., impec, net, nickel [fam.]. – Blanc ; immaculé.

Adv. 40 Proprement.

# 855 REPAS

N. 1 **Repas ;** repus [vx]. – Petit déjeuner ou, fam., petit déj, breakfast [anglic.] ; **déjeuner** ou, vx, dîner ; goûter ou, enfant., quatre heures, five-o'clock [anglic.], déjeuner dînatoire, **dîner,** souper. – Médianoche [vx ou litt.] ; réveillon.

2 Casse-croûte, collation, dînette [fam.] ; fam., vx : croustille, fricotis. – Ambigu *(un ambigu)* [anc.]. – Anglic. : brunch ; lunch. – Pique-nique. – Buffet ; buffet chaud, buffet froid ; buffet campagnard.

3 Banquet, **festin ;** fam. : balthazar [vieilli], **gueuleton ;** vx : frairie, gaudéamus, gobichonnade, régal. – Par plais., vieilli : collation de moine, déjeuner de chasseur, dîner d'avocat. – Agapes [sout.]. – Repas de fiançailles, repas de noces ; repas d'affaires. – Miséricorde [dans certains ordres religieux]. – Vx : franche lippée, repue franche. – Cène [RELIG.].

4 Fam. : bombance 703, ripaille ; péj. : bâfrée, mangerie [litt.], ventrée ; péj. et vx : bâfre, godaille ou gogaille. – Ribote [fam. et vx].

5 Nourriture 859 ; chère, subsistance, viande [vx] ; vieilli : boire *(le boire),* manger *(le manger),* le boire et le manger ; litt. : manne, pain, pitance, viatique ; fam. : bectance, **bouffe,** bouffetance, bousti-

faille, croque, croûte ; par plais. : pâtée, pâture.

6 Ordinaire, table. – Fam. : cuistance, frichti, fricot, popote, tambouille ; péj. : graille, graillon, mangeaille, ragougnasse, ratatouille, rata.

7 **Aliment**, comestibles, **denrée alimentaire**, nutriment [didact.], provisions de bouche, victuailles, vivres. – En-cas, casse-croûte ou, fam., casse-dalle, hamburger [anglic.], sandwich ; brifton [arg.]. – Panier-repas.

8 Mets, pièce, **plat** ; service. – Hors-d'œuvre, entrée, relevé, pièce de résistance, plat principal, entremets, salade, fromage **861**, dessert. – Carte, menu.

9 Portion, **ration**. – Bouchée ; becquée [fam.], lippée [vx]. – Assiettée, platée [fam.].

10 Desserte [vx]. – Bribe, relief, reste, rogaton [fam.].

11 Appétit, **faim** ; fringale. – Faim de loup ou d'ogre, faim-valle [vx ou MÉD.]. – Voracité.

12 Appétit d'oiseau, petit appétit ; chipotage, grignotage. – Frugalité, sobriété **706**. – Voracité.

13 Didact. – Absorption, ingestion, ingurgitation ; manducation.

14 PATHOL. – Boulimie, polyphagie, tachyphagie. – Anorexie.

15 **Table**. – Cantine, mess, réfectoire, restaurant ; cafétéria ; anglic. : fast-food, self-service. – Soupe populaire.

16 **Maître de maison** ; amphitryon [par plais.], amphitryonne [litt.]. – ANTIQ. ROM. : architriclin, triclinaire *(un triclinaire)*.

17 Aubergiste, restaurateur, tavernier [anc. ou par plais.]. – Maître d'hôtel ; chef de rang, garçon, serveur ; sommelier.

18 **Cuisinier** ; chef, maître queux [vx ou litt.] ; maître de la grande soupière [HIST.] ; MAR. : coq, maître coq ou maître-coq **819** ; traiteur **856**.

19 Dîneur, soupeur. – **Consommateur**, mangeur [rare]. – Commensal [sout.], **convive**, hôte, pensionnaire ; couvert [spécialt]. – Bouche à nourrir ; écornifleur [vx], parasite [péj.], pique-assiette [fam.].

20 Fine gueule, **gastronome**, gourmet **373**. – **Gourmand**. – Belle ou bonne fourchette **707** ; **glouton**, goinfre ; péj. et fam. : bâfreur, bouffeur, crevard, morfal ; très fam. : bouffetripe, boustifailleur, fripe-sauce, gros boyau ; vx : briffaud, briffeur, gobi-

chonneur. – Petite bouche ; pignocheur [fam., vieilli].

21 Carnassier ; végétalien, végétarien.

v. 22 **Déjeuner**, dîner, souper ; réveillonner. – Collationner ; luncher [vx] ; pique-niquer.

23 Tuer le veau gras [allus. biblique], mettre les petits plats dans les grands **590**. – **Régaler**, tenir table ouverte, traiter. – Pendre la crémaillère. – Mettre le couvert ou la nappe.

24 S'attabler, se mettre à table ; sortir de table.

25 Consommer, **manger** ; absorber, avaler, gober, ingérer, ingurgiter ; happer, laper. – Croquer, dévorer, mordre (ou dévorer) à pleines dents, grignoter, gruger [vx], **mâcher**, mastiquer, ronger, sucer, suçoter. – Très fam. : affûter ses meules, jouer des orgues de Turquie (ou : des dents, des badigoinces).

26 S'alimenter, **se nourrir**, se restaurer, se sustenter [sout.]. – S'assouvir, se repaître ; se caler les amygdales [fam.].

27 **Casser la croûte** (ou : la dalle, la graine), donner un coup de fourchette, manger un morceau. – Fam. : becqueter (ou béqueter, ou becter), **bouffer**, boulotter. – Fam. : se donner de qqch par les joues, se mettre qqch dans le cornet ou derrière la cravate.

28 **Goûter à**, prendre de, tâter de. – Déguster, savourer. – Fam. : pêcher au plat, mettre cinq et retirer six, écumer la marmite ; estropier un anchois ; nettoyer un plat.

29 Être porté sur la bouche ou, fam., sur la gueule ; **avoir un joli coup de fourchette**, ne pas se laisser abattre, mâcher ou manger de haut, ruer bien en cuisine [vx] ; s'en donner à bouche que veux-tu. – Avoir un estomac d'autruche, avaler la mer et les poissons (surtout condit.) *(il avalerait la mer et les poissons),* faire ventre de tout. – Avoir toujours le morceau au bec. – Mettre tout à profit, rembourrer le pourpoint [par plais., fam.].

30 Faire belle chère ou chère lie ; festiner [rare], **festoyer**. – Faire bombance ou ripaille, faire gaudeamus [vx] ; se taper la cloche ou la cerise [fam.].

31 Faire honneur à un repas, à un plat. – Manger à s'en crever la panse [fam.]. – Fam. et péj. : s'empiffrer, se gaver, se goberger, se goinfrer ; s'en fourrer jusquelà, s'en foutre plein la lampe ; manger

à s'en faire péter la sous-ventrière. –
Creuser sa fosse avec ses dents.

32 Manger avec un lance-pierres, mettre les
morceaux en double ; manger sur le
pouce. – Gargoter [vx], bouffer ou manger
comme un chancre [pop.].

33 Grignoter, **manger du bout des dents,**
manger comme un moineau ; fam. : chipoter, mangeotter, pignocher.

34 **Jeûner** 702 ; faire maigre (opposé à faire
gras). – Sauter un repas. – Avoir le ventre
creux ; n'avoir rien dans le cornet [fam.].

35 N'avoir rien à se mettre sous la dent. –
Fam. : danser devant le buffet, dîner par
cœur, manger des briques, manger avec
les chevaux de bois. – Fam. : se bomber,
se brosser le ventre, se la sauter, se serrer
d'un cran ; se coucher bredouille. – Tromper le diable. – Prov. : faute de grives, on
mange des merles.

36 Avoir faim (ou, fam. : les crocs, la dalle, la
dent) ; **avoir un creux.** – Avoir l'estomac
dans les talons, avoir une faim de loup,
crever de faim [fam., fig.]. – Claquer du
bec, crier famine. – Fam. : la sauter, la
sauter à pieds joints. – Ventre affamé n'a
point d'oreilles [prov.].

37 Caler, être rassasié. – Avoir les yeux plus
gros que le ventre.

38 **Alimenter,** nourrir, repaître, restaurer,
soutenir, sustenter [sout.]. – Avitailler
[MAR., AÉRON.], ravitailler ; rationner. – Rassasier ; fam. : engaver, engraisser, gaver,
gorger.

Adj. 39 Prandial [MÉD.]. – Alimentaire.

40 Alimenté, nourri. – Rassasié, repu ; gavé,
gonflé, plein comme une outre. – Affamé ; vx : affriandé, alouvi ; famélique
[litt.].

41 Alabile [rare], nourricier, **nutritif** ; nutricier [vx]. – **Comestible,** mangeable
[cour.] ; bouffable [fam.].

42 Bourratif ; fortifiant, **nourrissant.** – Substantiel ; riche ; allus. litt. : gargantuesque,
pantagruélique. – Frugal, sobre.

43 Appétissant.

Adv. 44 À la bonne franquette ; au hasard de la
fourchette, à la fortune du pot.

45 À la diète, au régime. – À jeun.

Aff. 46 -phage, -vore.

## 856 GASTRONOMIE

N. 1 **Gastronomie** ; art culinaire 373, cuisine
855, cuistance [arg. mil.], gastrologie [vx]. –
Gastrolâtrie [litt., rare].

2 Appareil ou masse. – Apprêt ; bridage,
troussage ; **assaisonnement** ; dressage. –
Ingrédient.

3 **Cuisson.** – Bain-marie, court-bouillon,
daube, friture. – Gratin, soufflé ; chaud-
froid.

4 **Conservation.** – Réfrigération ; congélation 242, surgélation. – Déshydratation,
séchage 245. 3 ; appertisation, stérilisation ; boucanage, fumage ou fumaison ;
macération, marinage.

5 **Conserve,** semi-conserve ; confit. – Bocal, boîte de conserve, brik.

6 Viande ; arg. : barbaque, bidoche.

7 Bœuf : aiguillette baronne, aloyau, basse-
côte, bavette à bifteck, bavette à pot-au-
feu, charolaise, collier, crosse, entrecôte,
faux-filet, filet, flanchet, gîte à la noix, gîte
de devant, gîte de derrière, globe, griffe,
hampe, jumeau à bifteck, jumeau à pot-
au-feu, macreuse, plat de côtes couvert,
plat de côtes découvert, poitrine, queue,
rond de tranche basse, rumsteck, salière,
surlonge, tendron, tranche. – Mouton :
collier, côtes premières, côtes secondes,
côtes découvertes, épaule, filet, gigot,
selle. – Porc : côte, échine, filet, jambon,
jambonneau, lard, pied, plat de côtes,
pointe, queue, travers de côtes. – Veau :
collier, cuisseau, épaule, flanchet, haut-
de-côtelettes, jarret, longe, noix pâtissière, poitrine, queue, sous-noix, tendron. – Chevreuil : cuissot, gigue. –
Venaison. – Poisson : darne, escalope, filet,
joue.

8 **Abats,** tripes : amourette, animelle, cervelle, fraise, pied, ris, tête ; cœur, foie,
langue, poumon, rate, rognon. – **Abattis** ; aileron, cou, cœur, foie, gésier, patte,
tête ; croupion, sot-l'y-laisse.

9 **Charcuterie,** cochonnaille [fam.]. – Cervelas, cervelle, coppa, foie gras, galantine,
hure, **jambon,** jésus, langue, pied de
porc ; andouillette, **saucisse** (saucisse de
Francfort, saucisse de Strasbourg, etc.),
**saucisson,** mortadelle, **pâté,** rillettes, rosette, salami, saucisson à l'ail, merguez,
chipolata, saucisson sec, tripoux.

10 Carbonade ou carbonnade, **grillade,** rôt
ou **rôti** ; daube, estouffade ; fondue *(fondue bourguignonne).*

11 Ballottine, escalope, **paupiette,** médaillon, mignon, roulade ; émincé. – Brochette, kebab. – Acra, attereau, beignet,
**boulette,** croquette, fricatelle, quenelle. –
**Terrine,** timbale ; chartreuse, pain. – Cas-

serole, cassolette, coquille. – Barquette, bouchée (bouchée à la reine), brik, vol-au-vent.

12 **Civet,** farci, fricassée, gibelotte, **pot-au-feu, ragoût,** salmigondis, suprême. – Aligot, borchtch ou bortsch, brouet, cassoulet, choucroute, estouffat, fricandeau, goulache ou goulasch, halicot, hochepot, navarin, osso-buco, petit salé, potée, poule au pot ; petits pieds. – Chili con carne ; chop suey ; couscous, méchoui, tajine ; foutou.

13 **Poissons ;** hareng, maquereau, **sardine,** sprat. – **Bar** ou loup de mer, cabillaud ou aiglefin ou églefin, colin ou lieu, daurade 298, éperlan, espadon, grenadier, julienne, limande, lote ou **lotte,** raie, rouget, roussette, saumon, sole, thon, truite, turbot. – Calmar ou calamar, seiche. – **Fruits de mer ;** plateau de fruits de mer ; huître, moule 303 ; palourde, praire ; bigorneau ou escargot de mer ; oursin. – **Crabe,** crevette, langoustine ; homard, langouste.

14 Bouillabaisse, bourride, cotriade, **matelote,** waterzoï. – Brandade de morue ou brandade ; tarama ; poutargue ou boutargue.

15 Steak tartare ; **carpaccio.** – Haddock ; sushi. – Plateau de fruits de mer.

16 **Tarte,** tourte ; croustade, empanada, flamiche, koulibiac, pie, pizza, pissaladière, quiche. – Crêpe, pancake ; pannequet, taco. – Diablotin, croûton.

17 Ambérique ou, abusif, germe de soja, **artichaut, asperge,** aubergine, bette ou blette, brocolis, cardon, chou de Bruxelles, chou caraïbe ou taro, **chou-fleur,** chou-rave, chou rouge, crambe, fenouil, haricot beurre, haricot mange-tout, **haricot vert,** pâtisson (ou : bonnet-de-prêtre, artichaut d'Espagne), pe-tsaï [chin.], poireau, poivron, pousse de bambou.

18 **Cucurbitacées.** – Bénincase, calebasse, chayote, citrouille, **concombre,** cornichon, cougourde [région.], **courge,** courgette, giraumont, malossol, momordique, papengaie ou paponge, potiron.

19 Aunée, betterave, **carotte,** céleri-rave, chervis ou sium, crosne, igname, ipomée ou patate douce, navet, panais, **pomme de terre** ou patate, radis, raifort, rutabaga, salsifis ou tragopodon, scorsonère, topinambour.

20 **Salade.** – Batavia, céleri, chicorée, endive ou witloof, feuille-de-chêne, frisée, **lai-**

**tue,** lola ou lola rossa, mâche ou doucette, mesclun, pissenlit, romaine, scarole ; chicon. – Chiffonnade.

21 Fondue de légumes, garniture de légumes, **jardinière,** macédoine ; bouilli. – Paella, risotto, riz à la cantonaise. – Chips, frite, gratin dauphinois, pomme paille, pomme de terre en robe de chambre ou des champs, purée. – **Crudités.**

22 Mousse, mousseline. – Mirepoix, salpicon. – Hachis, **farce.**

23 Bouillon ; consommé, potage, **soupe,** velouté ; minestrone ; gratinée. – Bouillon aveugle ou sans yeux.

24 Œuf brouillé, œuf en cocotte, œuf en meurette ; œuf à la coque, œuf frit, œuf au ou sur le plat, œuf poché ; omelette.

25 Pâtes. – Cheveu d'ange, vermicelle ; coquillette, nouille ; fettucine, macaroni, penne rigate, spaghetti, tagliatelle ; cannelloni, gnocchi, lasagne, ravioli, tortellini.

26 Sauces. – Sauce aigre-douce, aillade, aïoli, allemande, sauce aurore, béarnaise, béchamel, sauce bourguignonne, sauce espagnole, sauce gribiche, sauce hollandaise, **ketchup,** sauce **mayonnaise,** poivrade, sauce ravigote, remoulade, saupiquet [vx], tabasco, velouté, **vinaigrette.** – Court-bouillon ; escabèche, marinade ; meurette. – Bisque, coulis. – Liaison ; gélatine, **gelée,** panade ; roux.

27 Aromate, **épice ;** condiment. – Anis, armoise, badiane, basilic, ciboulette ou civette, marjolaine ou origan, menthe, cerfeuil, estragon, fenouil, thym, laurier, persil, romarin ; câprier, capucine ; aneth, anis, carvi, coriandre ou, cour., persil chinois, cumin, girofle, moutarde ; genévrier, piment ; raifort ; angélique, sarriette, serpolet ; ail, ciboule ou cive échalotte, gingembre, oignon. – Betel, cannelle, poivre, muscade, paprika, safran, vanille. – Bouquet garni, cari ou curry, chutney, fines herbes, nuoc-mâm, quatre-épices ; persillade. – Achards, pickles.

28 Sel ; sel blanc, sel gris ou sel de cuisine. – Sel marin ou sel de mer ; sel gemme. – Sel fin, gros sel. – Chlorure de sodium.

29 Poivre ; poivre blanc, poivre gris, poivre noir. – Poivre en grain, poivre concassé, poivre moulu, poivre en poudre. – Poivre de Cayenne, poivre de Guinée.

30 Cuisine **848** ; spécialt : coquerie, coqueron. – Arrière-cuisine, office, souillarde.

31 Buffet, vaisselier. – Table **850**. – Chemin de table, nappe, napperon, toile cirée. – Ramasse-miettes.

32 Boucherie, charcuterie, rôtisserie, traiteur, triperie ; primeur ; poissonnier. – Halle, marché ; supermarché.

33 Boucher, charcutier, rôtisseur, traiteur, tripier ; poissonnier ; marchand des quatre-saisons.

34 **Cuisinier,** cuistancier [arg. mil.], cuistot [fam.] ; vx : communard, entremettier, garde-manger, saucier ; fille de cuisine. – Chef, coq ; vx : maître queux. – Cordonbleu.

35 Fam., péj. : empoisonneur, fricasseur, gargotier, marchand de soupe.

36 **Gastronome,** gourmet ; fine gueule [fam.]. – Gastrolâtre [rare], gourmand.

V. 37 Accommoder un mets, apprêter, **cuisiner.** – Farcir, fourrer ; entrelarder, larder. – Brider, emballer, foncer ; enrober. – Chemiser, dorer, glacer, laquer, napper ; singer. – Chapeler, paner. – Imbiber ou siroper ; masquer, voiler ; meringuer. – Assaisonner, épicer, parfumer ; persiller ; avoir la main lourde.

38 Habiller, parer ; découper, dépecer, désosser, détailler, émincer, escaloper, fileter, lever ; flaquer un poisson. – Dénerver. – Dégorger. – Ébarber, écailler, évider, vider ; dessaler, limoner, sasser. – Plumer ; déplumer [rare]. – Dérober, effiler, peler, monder ; dénoyauter, épépiner.

39 Chiqueter, ciseler, videler. – Dresser, trousser ; festonner, historier, rioler, tourner.

40 **Cuire ;** précuire, recuire. – Blanchir, blondir, **bouillir,** braiser, compoter, ébouillanter, échauder, étuver, fricasser, **frire,** gratiner, griller, havir [vx], mijoter, pocher, poêler, faire revenir, rissoler, **rôtir,** roussir, sauter, saisir, suer ; torréfier. – Confire. – Mariner. – Enfourner ; défourner, désenfourner.

41 Attacher, brûler, cramer.

42 Arroser, mouiller ; déglacer, relâcher. – Réduire.

43 Clarifier ; colorer, pincer. – Tamponner.

44 Corser **373,** corriger. – Assaisonner ; ailler, pimenter ; poivrer, saler.

45 Battre, fouetter, serrer, travailler, vanner. – Faire le ruban, fraiser une pâte, malaxer.

46 Frapper, rafraîchir, refroidir ; givrer. – Sangler.

Adj. 47 Gastronomique ; culinaire. – Gourmand.

48 Degrés de cuisson. – Légumes : al dente. – Viandes : au bleu, à point, saignant ; vertcuit. – Œuf : à la coque, dur, mollet.

49 **Cuit ;** attaché, brûlé, calciné, cramé, roussi. – Torréfié.

50 Farci, garni ; bardé ; pané, gratiné. – Braisé, frit, grillé, poêlé, sauté. – Faisandé, mariné, mortifié.

51 Apprêts. – Viandes : à l'alsacienne, à la bourgeoise, à la bourguignonne, à la diable, à la forestière, à la française, grand veneur, à la milanaise, à la tartare. – Poissons : à l'américaine, à l'amiral, à l'armoricaine, en bellevue, à la florentine, à la nage, au vert. – Légumes : à la maraîchère, en paysanne, à la printanière ; à la boulangère, à la bouquetière, à la bretonne, à la bruxelloise, à la croque au sel, à la dauphine, à la flamande, à la niçoise, à l'orientale. – Pâtes : à la bolognaise, à la carbonara, à la napolitaine, à la sicilienne.

52 Dressages : en accolade, en aspic, en aumônière, en buisson, en chemise ou en vessie, en couronne, en crapaudine, en demi-deuil, à la serviette, en turban, en volière.

Adv. 53 Cuissons : au bain-marie, au court-bouillon, à l'étouffée ou à l'étuvée, à la vapeur ; à la broche, au four, au gril.

54 Gastronomiquement, culinairement.

## 857 PAIN

N. 1 **Pain ;** arg. : bricheton (ou : brife, brifeton), brignolet. – Pain d'avoine, pain bis ou bisaille, **pain blanc,** pain complet, pain de fleur de froment ou fouace, pain de froment, pain de gluten, pain de gruau ou pain mousseau, pain de méteil, **pain noir,** pain d'orge, pain de seigle, pain de son ; pain au levain. – HIST. : pain de munition, pain du roi.

2 **Gros pain** ou pain de campagne (opposé à pain de fantaisie ou, vx, pain riche) ; pain de boulanger, pain industriel (opposés à pain de ménage). – Pain moulé ; **baguette,** bâtard, boulot, ficelle, flûte, parisien, pistolet [belg.] ; boule, galette, **miche,** natte, couronne, saucisson, tourte, tourteau. – Chapati, pita ou pain pita.

3 Pain brié ou, région., pain de Dieppe, pain soufflé ; pain brioché, pain de mie, pain

mollet ou pain à la reine, pain viennois.
– **Biscotte,** gressin, longuet, pain sec ;
biscotin, biscuit ; bretzel ; scone. – Chapelure, panure.

4 Croûte, **mie.** – Bribe, chanteau [vx], croûton, lèche [fam., vx], quignon, tranche ;
grignon.

5 Baisure [vx], coquille, grigne, yeux.

6 Mouillette, trempette ; chapon. – Canapé, rôtie, **toast.** – Tartine ; beurrée [vx] ;
sandwich **855.**

7 **Boulangerie** *(la boulangerie),* **boulange** *(la boulange)* [fam.]. – Bassinage, délayage,
fleurage. – Pâtonnage, pétrissage, soufflage ; fleurage.

8 Farine **251.** 1 ; balle ou bale, bran ou bren,
son. – Levain, levain-chef. – Pousse ou
levée. – Panification.

9 Fournil ; fournilles. – Pétrin ; coupe-pâte,
paneton ou banneton.

10 Boulangerie *(une boulangerie) ;* paneterie
[vx] ; biscotterie. – Huche à pain, maie,
panetière.

11 **Boulanger ;** garçon boulanger, mitron ;
gindre ou geindre [TECHN.], pétrisseur. –
Panetier [vx].

12 **Pain quotidien** ou pain de chaque jour,
pain [fig.]. – Nourriture. – Manne, pain du
ciel [allus. bibl.].

13 RELIG. CHRÉT. : hostie, pain d'autel ou pain
à chanter, pain bénit ; pain azyme **486.** –
Impanation ; eucharistie **496,** pain des
anges (ou : de l'âme, céleste). – Pains de
proposition [JUDAÏSME].

14 *Panem et circenses* (lat., « du pain et les jeux
du cirque ») [Juvénal]. – « S'ils n'ont pas
de pain, qu'ils mangent de la brioche »
[allus. hist.].

V. 15 Boulanger ; panifier.

16 Boulanger le pain, **cuire le pain.** – Malaxer, pétrir ; biller.

Adj. 17 Panaire. – **Boulanger.**

18 Pané. – Boulangé.

19 Panifiable ; boulangeable, pétrissable.

## 858 SUCRERIE

N. 1 **Sucrerie ;** confiserie, douceur, friandise,
gâterie ; bonbon.

2 **Sucre** (sucre de betterave, de canne, d'érable) ; sucre brut, sucre candi, sucre raffiné, sucre roux ; casson, cassonade, vergeoise. – Sucre cristallisé ou en poudre,

sucre glace, sucre semoule. – Sirop de
sucre ; clairce, vesou. – Mélasse ; bagasse,
pulpe.

3 Stades de la cuisson du sucre : nappé, petit
filet, grand filet ou lissé, petit perlé, grand
perlé ou soufflé, petit boulé, grand boulé,
petit cassé, grand cassé, **caramel clair,
caramel foncé.** – Sucre coulé, sucre filé,
sucre rocher, sucre tourné ou massé, sucre
soufflé.

4 Canard, chien noyé.

5 **Bonbon ;** berlingot, pain de sucre ou, fam.,
enfant de chœur, papillote, pastille, **sucette ;** chewing-gum, gomme, guimauve,
pâte d'amande, pâte à mâcher, pralin,
réglisse, sucre d'orge, sucre de pomme
[vx]. – Angélique, caramel, dragée, fruit
déguisé, macaron, massepain, nougat,
pâte de fruits. – Condit, confit, **confiture,**
gelée, marmelade. – **Chocolat 289.** 7 ;
chocolat blanc, chocolat au lait, chocolat
noir.

6 **Crème ;** crème anglaise, crème au beurre,
crème chantilly, crème fouettée, crème
pâtissière. – **Entremets ;** beignet, blancmanger, bugne, charlotte, chouquette,
clafoutis, compote, crêpe, far, flan, merveille, mont-blanc, œuf à la neige, omelette sucrée, oreillette, pain perdu, petde-nonne, plum-pudding, profiterole, riz
au lait, sabayon, savarin, soufflé aux
fruits. – Pâtisserie, viennoiserie ; biscotin,
**biscuit 857,** brioche, fondant, frangipane,
**gâteau,** tarte, tartelette ; allumette, baba,
boudoir, bûche, chausson, couque, feuillantine, financier, jalousie, madeleine,
meringue, mille-feuille, moka, parisbrest, pain d'épice, pain de Gênes, pithiviers, polonais, religieuse, quatrequarts, saint-honoré. – **Glace,** sorbet ;
banana split, cassate, bombe, parfait, pêche Melba, tranche napolitaine, vacherin.
– Gâteau sec, **petit-four ;** bouchée, calisson, conversation, croquet, friand, frison, langue-de-chat, luxembourgeois,
mirliton, pain d'amande, palet, petitbeurre, rocher, sablé, soupir, tortillon.

7 Pâte à brioche, pâte brisée ou à foncer,
pâte à choux, pâte à crêpes, pâte feuilletée, pâte à génoise, pâte sablée.

8 Saccharification. – **Cristallisation,** cuite.
– Caramélisation.

9 Biscuiterie, confiserie, pâtisserie. – Chocolaterie. – Raffinerie ; sucraterie.

10 Confiseur, pâtissier ; biscuitier. – Chocolatier.

v. 11 Sacchariner, **sucrer** ; adoucir, édulcorer ; pincer [CUIS.]. – CUIS. : candir, glacer, napper ou masquer, saupoudrer ; abricoter, caraméliser, meringuer. – Chemiser [CUIS.].

12 Saccharifier.

13 Pâtisser.

Adj. 14 **Sucré** ; saccharin. – Caramélisé. – Doux, sirupeux.

15 Saccharifère, **sucrier**. – Sucrant.

16 Saccharifiable.

Aff. 17 **Saccharo-**.

## 859 BOISSON

N. 1 **Boisson** *(une boisson)*, breuvage, potion [litt.] ; rafraîchissement. – Boire *(le boire)*, boisson *(la boisson)* 708 ; fig. : bouteille *(la bouteille)*.

2 **Soif** ; dipsomanie, polydipsie [PATHOL.].

3 **Eau** 252, flotte [fam.] ; par plais. : château la pompe, vin enragé. – Eau minérale, eau de source. – Eau plate (opposé à eau gazeuse).

4 **Café** ; fam. : caoua, jus. – Expresso, petit noir ; café au lait, noisette ; cappucino. – Péj. : jus de chapeau (ou : de chaussette, de chique), lavasse. – Café turc. – Arabica, robusta ; maragogype, moka.

5 **Thé** ; thé fumé, thé noir, thé vert ; thé de Chine, thé de Ceylan ; pekoe, sou-chong, lapsang, earl grey.

6 **Lait** 860 ; lait d'ânesse, lait de chèvre, lait de vache. – Lait de poule ; milk-shake [anglic.].

7 Décoction, infusion, **tisane**. – Bourrache, camomille, menthe, tilleul, verveine. – Maté ou thé des jésuites.

8 **Sirop** ; citronnade, grenadine, orangeade. – Limonade, soda ; diabolo.

9 **Cidre**, poiré. – Chouchen ; hydromel. – Nectar [MYTH. GR.].

10 **Bière**, cervoise [ANTIQ. ou par plais.]. – Bière ambrée, bière blonde, bière brune, bière rousse ; angl. : ale, porter, stout. – **Demi** *(un demi)*, mousse *(une mousse)* [fam.] ; panaché *(un panaché)*. – Faux-col.

11 **Vin** ; par plais. : jus de la treille ou de la vigne, liqueur bachique, purée septembrale ; pop. : picolo, picrate, **pinard**, pive. – Fam. : kil de rouge, litron.

12 Vin tranquille (opposé à vin pétillant). – Vin mousseux. – Vin sec, vin demi-sec,

vin moelleux, vin doux. – Clairet ; vin blanc, vin jaune (ou : vin de paille, paillet), vin rosé, vin rouge ou, arg., rouquin. – **Vin de table** ; fam. et péj. : gros qui tache, picrate, **piquette**, vinasse. – Vin de pays ; appellation contrôlée ; cru bourgeois, grand cru. – Alsace, beaujolais *(du beaujolais, un beaujolais)*, bordeaux, bourgogne, champagne, côtes-du-rhône, mâconnais ou mâcon.

13 **Alcool** ; **liqueur** ; spiritueux. – Eau-de-vie ; fine *(une fine)* ; fam. : brutal, **gnole**, goutte, **schnaps**, schnick, tord-boyaux ; bistouille, rincette. – Eaux-de-vie : armagnac, calvados ou, fam., calva, cognac, genièvre, kirsch, marasquin, marc ; brandy, gin, whisky ; akvavit ou aquavit ; vodka ; boukha ; tequila ; rhum, tafia. – Absinthe, **anisette** ; arak, ouzo, raki. – Liqueurs : bénédictine, cherry, curaçao, guignolet, kummel, pineau, porto, ratafia. – Alcool de riz ; saké.

14 **Cocktails**. – Kir ; punch, punch planteur ou planteur ; alexandra, americano ; bloody-mary, gin-fizz, manhattan. – Grog.

15 Doigt, **goutte**, larme, trait. – Gorgée 69.5 ; fam. : gorgeon, goulée, lampée, lichée. – Canon ; rasade.

16 **Apéritif, digestif**, pousse-café ; trou normand. – Coup de l'étrier. – **Toast**. – Vin d'honneur. – Rince [fam.], tournée. – Beuverie 708.2, libation.

17 **Verre** 851 ; **bouteille** ; canette ; fillette ; bonbonne, dame-jeanne. – Balthazar, jéroboam, magnum, mathusalem, nabuchodonosor, réhoboam, salmanazar. – Bordelaise *(une bordelaise)*, bourguignonne, champenoise. – Bidon, gourde.

18 Fût, fûtaille, **tonneau** ; **barrique**, feuillette, foudre, muid, quartaut, tonne, tonnelet.

19 Débit de boissons ; **bar**, bistrot, buvette, **café**, pub ; fam. : bistroquet, bougnat, bouiboui, estaminet, gargote, taverne, **troquet**, zinc ; assommoir [vx]. – **Salon de thé**. – Brasserie, cafétéria, café-restaurant ou snack-bar.

20 **Cabaretier, cafetier** ; bistrot [vx], buvetier, mastroquet ; garçon de café. – Pinardier [pop.] ; limonadier. – HIST. : bouteiller, échanson ; sommelier. – Bouilleur de cru. – Œnologue.

21 **Buveur** ; fam. : biberon, pilier de bar ou de bistrot, siroteur ; ivrogne. – Boit-sans-soif, soiffard ou soiffeur.

22 Alcoolisation.

23 Œnologie.

v. 24 **Boire**, étancher sa soif ; s'abreuver, se désaltérer, se rafraîchir. – Avoir la pépie, **avoir soif.**

25 Boire à petites gorgées, buvoter, **siroter.** – **Goûter**, déguster ; se gargariser de. – Faire cul sec ou, vx, carrousse.

26 Fam. – **Boire sec** ; écluser, pomper, siffler ; biberonner, bidonner, chopiner, licher, **picoler.** – Boire comme une éponge (ou : un tonneau, un trou) ; boire comme un Polonais (ou : un Suisse, un templier). – Sabler le champagne.

27 Fam. – **Boire un coup**, lever le coude ; abattre ou chasser le brouillard. – S'en enfiler ou s'en jeter un, **s'en jeter un derrière la cravate**, s'en pousser un dans le cornet (ou : dans l'escarcelle, dans le fusil). – S'humecter ou s'arroser le gosier, se rincer le bocal (ou : la dalle, le tube, le sifflet) ; se lester.

28 **Boire à la santé de qqn** ou à qqn, porter un toast ; boire aux anges. – Marquer le coup ; choquer les verres, **trinquer.**

29 Tenir ou porter bien le vin ; avoir le gosier pavé.

30 Offrir ou payer une tournée ; rincer le bec de qqn [pop.].

31 Assoiffer.

Adj. 32 Altéré, assoiffé.

33 Désaltéré.

34 Gai, pompette ; **ivre 708.17**, soûl ou saoul.

35 Buvable, **potable.** – Gouleyant [fam.].

36 Alcoolisé.

Adv. 37 À **la bouteille** *(boire à la bouteille)*, au goulot ; à la régalade.

38 Inter pocula [didact.].

Int. 39 À la vôtre ! À **votre santé !** Santé !

## 860 PRODUITS LAITIERS

N. 1 **Produit laitier 861** ; laitage. – **Lait** ; lait bourru, lait cru ; lait pasteurisé, lait stérilisé. – Lait concentré ; lait déshydraté, lait en poudre ; lactéine [didact.] ; lait demi-écrémé, lait écrémé, lait entier. – Lait maternel ; lait humanisé ou maternisé. – Lolo [fam., enfant.]. – Lactation ; lactescence [litt.].

2 **Beurre**, demi-sel ; **crème**, crème fleurette ; lait de beurre ou petit-lait ou lac-

tosérum [didact.] ; babeurre. – Lait caillé (ou caillé), lait fermenté ; kéfir, koumis, leben, **yoghourt** ou yaourt.

3 Préparation du lait. – **Barattage, caillage** ; emprésurage ; crémage, écrémage. – Actinisation, bactofugation, pasteurisation. – Maternisation.

4 **Baratte ; caillère** ; fromager ou fromagère. – Couloire, faisselle (ou : féchelle, fescelle, fesselle), éclisse. – Poche [TECHN.].

5 **Laitière, pot à lait** ; berthe, bouille 134.5, canne.

6 Présure. – Moisissure.

7 **Laiterie** ; crémerie. – Lactarium.

8 **Laitier** *(un laitier) ;* beurrier [vx], crémier.

v. 9 **Traire 813** ; tirer le lait.

10 Allaiter 314.

11 Baratter ou battre, écrémer, délaiter ; emprésurer, présurer. – Materniser.

12 **Cailler**, fermenter ; tourner. – Crémer.

13 Beurrer, embeurrer [région.].

Adj. 14 Beurrier, **laitier** ; fromager.

15 Lactaire [vx], lactifère ; lactique. – Lactescent [litt.].

16 Laiteux ; crémeux ; beurreux, butyreux [didact.]. – Fromageux.

17 Beurré, **lacté** ; fromagé.

Adv. 18 Laiteusement [lii., rare].

Aff. 19 Lact-, lacti-, lacto-.

## 861 FROMAGE

N. 1 **Fromage ;** produit laitier **860.** – Fam. : fromegi ou fromgi, frometon, frogomme, frometogomme. – Fromageon.

2 **Fromage frais** (carré demi-sel, double-crème, fromage blanc ou fromage à la pie, jonchée, suisse), double-crème ; **fromage fermenté. – Fromage affiné** ; fromage à pâte molle, fromage à pâte molle à croûte fleurie *(brie, camembert)*, fromage à pâte molle à croûte lavée *(livarot, munster)*, fromage à pâte persillée ou bleu *(bleu de Bresse, roquefort).* – Fromage à pâte pressée *(port-salut, saint-paulin)*, fromage à pâte pressée cuite *(gruyère).* – Fromage fondu.

3 Préparation du fromage. – Caillage, délaitage, égouttage ; brassage, découpage ; pressage, séchage ; **affinage**, moulage. – Emprésurage, salage. – Cuisson ; étuvage. – Piquage.

4 FROMAGES DE CHÈVRE :

| | |
|---|---|
| bougon | crottin |
| brique | niolo |
| broccio | pélardon |
| brousse | picodon |
| cabécou | rigotte |
| cendré | sainte-maure |
| chabichou | tomme |
| chevret | valençay |
| chevretin | venaco |
| chevreton | |

5 FROMAGES DE BREBIS :

| | |
|---|---|
| feta | pecorino |
| kachkaval | roquefort |
| kajmak | |

6 FROMAGES DE VACHE :

ANGLETERRE

| | |
|---|---|
| cheddar | leicester |
| chester | stilton |

HOLLANDE

| | |
|---|---|
| gouda | leyde |
| édam | mimolette |
| hollande | tête de Maure |

SUISSE

| | |
|---|---|
| appenzell | sapsago |
| emmental ou | sbrinz |
|   emmenthal | raclette |
| fribourg | tête de moine |
| gruyère | |

BELGIQUE

| | |
|---|---|
| limburger | maquée |

ITALIE

| | |
|---|---|
| asiago | mascarpone |
| bel paese | mozzarella |
| caciocavallo | parmesan |
| fontine | provolone |
| gorgonzola | ricotta |
| grana | stracchino |

FRANCE

| | |
|---|---|
| beaufort | gex |
| bleu d'Auvergne | gournay |
| bleu de Bresse | laguiole |
| bleu des Causses | langres |
| bleu du Jura | livarot |
| bondon | maroilles |
| boulette d'Avesnes | mont-d'or |
| boulette de Cambrai | morbier |
| boulette de Thiérache | munster |
| brie | neufchâtel |
| brique | olivet |
| camembert | pérail |
| cancoillotte | pont-l'évêque |
| cantal | port-salut |
| carré de l'Est | reblochon |
| chaource | riceys |
| coulommiers | rigotte |
| fromage de curé | rollot |
| époisses | saingorlon |
| fourme d'Ambert | saint-florentin |
| gaperon | saint-marcellin |

| | |
|---|---|
| saint-nectaire | vacherin |
| saint-paulin | vendôme |
| septmoncel | gris de Lille ou |
| soumaintrain |   vieux-Lille |
| tomme | |

7 Cagerotte 134.5, caget. – Claie, clisse.

8 **Fromagerie ;** buron, fruitière, marcairie ou marcairerie.

9 **Fromager** *(un fromager) ;* buronnier, marcaire. – Affineur *(un affineur).*

V. 10 Fromager.

Adj. 11 **Fromager.**

12 Fromagé *(tourteau fromagé).* – Fromageux.

# 862 VÊTEMENT

N. 1 **Vêtement ;** habit. – Fam. : chiffon, fringue, frusque [vieilli], nippe, pelure, sape.

2 Péj. – **Fripes,** haillons, loques, guenilles ; vx : hardes, oripeaux. – Cache-misère [fam.]. – Défroque.

3 Atours [litt.]. – **Affaires,** effets [sout.]. – Garde-robe ; trousseau.

4 Ajustement, habillement ; mise, **tenue ;** costume, toilette, vêtement *(le vêtement)* [litt.], vêture [vx ou litt.] ; parure. – **Accoutrement,** affublement [litt. ou rare] ; [fam., péj.] : attifement, fagotage, harnachement. – Déguisement.

5 Essayage. – Déshabillage.

6 **Tenue de ville. – Ensemble** *(un ensemble) ;* complet, costume ; tailleur.

7 Chandail, jersey, lainage, **pull** ou **pull-over,** tricot ; cardigan, gilet ; anglic. : sweater, sweatshirt ou sweat-shirt. – **Chemise ;** chemisette, liquette [fam.] ; polo ; chemisier, **corsage ;** basquine [anc.] ; caraco [anc.] ; guimpe.

8 Blouse, casaquin [anc.], marinière. – Tunique ; cotte [anc.]. – ANTIQ. : angusticlave, chiton, dalmatique, laticlave, péplum ; bliaud [HIST.].

9 **Veste,** veston ; blazer, jaquette, saharienne ; casaque ; kabig ; boléro, spencer. – Anc. : pourpoint, redingote.

10 **Robe ;** robe chasuble, robe sac ; fourreau ; robe longue ; friponne *(la friponne)* [anc.] ; anc. : circassienne, levantine. – **Jupe,** jupette, mini-jupe ; jupe-culotte ; basquine. – Surcot [anc.].

11 **Pantalon ;** fam. : culbutant, falzar, fendant, fendard, **froc,** grimpant. – Blue-jean ou jean ; corsaire. – Anc. : **chausses ;** bas-de-chausses, haut-de-chausses ou grègues ; culotte. – Bermuda.

12 **Imperméable** ou, fam., **imper** ; ciré, gabardine, trench-coat ou, fam., trench. –
Anorak ; **blouson** ; fam., vx : pet-en-l'air,
rase-pet. – **Manteau** ; pardessus ; loden,
raglan ; manteau de fourrure, pelisse ;
himation [ANTIQ.]. – **Trois-quarts** ; caban,
canadienne, duffel-coat ou duffle-coat [an-
glic.], paletot, parka ; saie ou sagum
[ANTIQ.]. – **Cape** ; burnous, mante [anc.],
mantelet, poncho ; anc. : houppelande,
pèlerine. – ANTIQ. : toge ; chlamyde.

13 **Lingerie** ; linge de corps, sous-vêtement ;
dessous *(les dessous).* – Culotte, **slip** ;
string [anglic.]. – Gaine ; gaine-culotte ou
panty. – Bustier, guêpière ; anc. : corselet,
**corset.** – Body [anglic.] ou justaucorps,
chemise-culotte, combiné. – Combinaison, jupon ; secrète *(la secrète)* [anc.]. –
Soutien-gorge. – **Bas,** demi-bas ; collant ;
jarretière [anc.] ; jarretelle ; porte-jarretel-
les. – Socquette.

14 Caleçon ; arg. : calebar, calcif ou calecif. –
Slip ; slibard [arg.]. – Débardeur, gilet de
peau, maillot ou tricot de corps, **tee-shirt**
ou T-shirt [anglic.]. – **Chaussette** ; fixe-
chaussettes [anc.].

15 **Chemise de nuit,** nuisette ou, anglic. vieilli,
baby-doll ; **pyjama** ; liseuse. – Peignoir,
**robe de chambre,** saut-de-lit ; douillette.
– Déshabillé, négligé *(un négligé).*

16 **Layette** ; barboteuse, brassière, grenouillère.

17 **Tenue de sport** ; sportswear [anglic.]. –
Jogging [anglic.], **survêtement** ou, fam.,
survêt, training [anglic.]. – Pantalon de
golf ou knickerbockers [anglic.] ; fuseau de
ski. – Amazone ; riding-coat [anglic.]. –
Cuissard, flottant, short. – Maillot de
bain ; bikini, monokini ; cache-sexe,
string [anglic.].

18 **Bleu de travail,** combinaison, cotte, sa-
lopette. – Blouse, sarrau ou sarrot, va-
reuse ; tablier.

19 Tenue ou habit de cérémonie (aussi : de
gala, de soirée). – **Smoking** ou, fam.,
smok ; frac, queue-de-morue, queue-de-
pie. – Vêtement de deuil.

20 **Uniforme.** – MIL. : capote, dolman [anc.] ;
treillis. – RELIG. : aube ; camail, mosette ou
mozette ; chape, chasuble ; rochet, surplis ; **froc, soutane.**

21 Parties d'un vêtement. – **Corps ; devant,
dos** ; manche ; basque, pan ; capuchon. –
Ceinture, dessous-de-bras, encolure. –
Retroussis. – Épaulette ; poche ; **col,** collet ; collerette, fraise. – Fermeture Éclair
[nom déposé], zip [anglic.].

22 Anc. : cage, cerceau, **crinoline,** faux cul
[fam.], panier, tournure, **vertugadin.**

23 Ornements des vêtements. – Affûtiaux [fam.],
fanfreluche. – **Ruban** ; faveur, galant. –
Anc. : falbala, pretintaille. – **Garniture,**
passementerie ; dentelle **864.**

24 MIL. – **Insignes** ; chevron, épaulette, four-
ragère ; galon ou, arg., sardine.

25 **Accessoires.** – **Chapeau,** couvre-chef ;
fam. : bada, galure, galurin ; arg. : bitos,
doulos. – Chapeau mou, **feutre** ; albanais, bicoquet, borsalino. – **Haut-de-for-
me** ; ascot, bolivar, claque, gibus, huit-
reflets, tube. – Canotier, panama. –
Sombrero ; stetson. – Béret, **casquette** ;
toque ; **bonnet** ; cagoule ; passe-monta-
gne ; capuche, capuchon, chaperon [anc.].
– **Coiffe** ; anc. : bavolet, guimpe, hennin.

26 RELIG. – Cornette ; scapulaire. – Calotte ;
kippa [judaïsme].

27 MIL. – Képi ; casquette, fromage blanc [arg.
mil.]. – Anc. : bicorne, tricorne.

28 **Écharpe** ; cache-col, cache-cou, cache-
nez ; mantille. – Châle ; fichu, pointe ;
modeste *(la modeste)* [anc.]. – **Foulard** ;
carré ; pochette ; mouchoir. – **Gant,** mitaine ; mouffle ; manchon. – **Cravate,**
régate ; jabot, lavallière ; nœud papillon.

29 Bouton de manchette. – **Ceinture,** ceinturon, cordelière ; bretelles.

30 **Sac à main** ; réticule. – **Éventail.** – **Om-
brelle** ; en-cas, en-tout-cas ; parapluie ;
fam. : pébroque, riflard. – Canne. – Face-
à-main, lorgnon, monocle **234.**

31 **Mouche** ; assassine *(l'assassine),* discrète,
galante.

32 **Penderie 850** ; dressing-room [anglic.]. –
Vestiaire. – Patère, portemanteau. – **Cintre** ; valet de nuit.

v. 33 **Habiller** ; costumer [vx], vêtir. – Accoutrer, affubler ; fam., péj. : arranger, attifer,
corseter, fagoter, ficeler, harnacher. –
Costumer, **déguiser,** travestir.

34 Déshabiller **379,** dévêtir.

35 **Porter** (un vêtement) ; avoir sur soi. –
Revêtir ; endosser, enfiler, mettre, passer.

36 **S'habiller,** se vêtir ; fam. : se fringuer, se
nipper. – Se costumer, se déguiser.

37 S'apprêter, s'arranger, se parer, **se préparer.** – S'endimancher ; se mettre sur
son trente-et-un [fam.], se pomponner
[cour.].

38 **S'accoutrer,** s'affubler, s'attifer [fam.,
péj.].

39 Agrafer, boutonner. – Déboutonner, dégrafer.

40 Tomber la veste [fam., région.]. – Se débrailler, se dépoitrailler.

Adj. 41 Vestimentaire.

42 **Habillé 863**, vêtu. – Court-vêtu, en petite tenue.

43 Élégant **614** ; arrangé [vx], bien mis. – Endimanché.

44 Costumé, **déguisé**, travesti.

45 **Accoutré ;** fam., péj. : arrangé, attifé, attifé comme l'as de pique, fagoté, ficelé comme un saucisson.

46 **Débraillé**, négligé. – Déguenillé, dépenaillé ; haillonneux [litt.], loqueteux.

## 863 MODE

N. 1 **Mode** *(la mode) ;* goût du jour ; fashion [anglic., vx]. – Manière, style **614** ; look [anglic.].

2 Mode enfantine, mode féminine, mode masculine. – Mode maxi ; mode mini. – Collection d'été ; collection d'hiver.

3 Couture **864**, mode *(la mode) ;* nouveauté *(la nouveauté) ;* commerce de nouveautés [vieilli]. – **Haute couture**, sur-mesure *(le sur-mesure) ;* confection, **prêt-à-porter.** – Défilé de mode, présentation de mode.

4 Dessinateur, modéliste ; **styliste.** – Habilleuse. – Marchand de modes [vx], modiste.

5 **Mannequin**, modèle, top model [anglic.] ; anglic. : cover-girl. – Gravure de mode *(une gravure de mode)* [fam., péj.].

V. 6 **Être à la mode** ; être dans le mouvement, être dans le vent. – Donner le ton, lancer une mode, mettre à la mode ou, sout., en honneur. – Suivre la mode.

7 Se faire, se porter. – Passer de mode ; se démoder.

Adj. 8 **Mode** *(teinte mode, tissu mode, etc.) ;* dernier cri, new-look [anglic., vieilli].

9 **À la mode ;** en cours, en honneur, en vogue ; en faveur [sout.] ; vx : de mode, en règne. – Fashionable [anglic., vieilli]. – Fam., vieilli : dans le vent, *in* (opposé à *out*) [anglic.].

10 **Démodé ;** dépassé, désuet **196**, périmé, suranné, vieillot.

## 864 COUTURE

N. 1 **Couture.** – Broderie, dentelle, tapisserie, tricot. – Confection ; haute couture ; prêt-à-porter. – Bonneterie, chausseterie, ganterie, lingerie. – Mode, peausserie, pelleterie.

2 Coupe, façon.

3 **Dentelle,** guipure ; blonde, bisette, chantilly, gueuse, lacis, malines, mignonnette, torchon belge, valenciennes. – **Tapisserie.** – **Broderie ;** nid-d'abeilles, oripeau, orfroi ; entre-deux ; bourdon, plumetis. – **Passementerie ;** cordelière, cordon, cordonnet, dragonne, frange, galon, soutache ; vêtements : aiguillette [anc.], brandebourg, épaulette, ganse, passepoil, volant ; décoration : chenille, chou, croquet ou serpentine, embrasse, feston, gland, guipure, jupon, lézarde, macaron, pampille, pompon, ruban, torsade, tresse, volant.

4 Garniture ; bouillonné, falbala, froufrou [souvent pl.], godet, **pli**, rempli, volant. – Fronce, froncement, pince, smock, **drapé,** volant ; bouffant. – Jour. – Bec, faux pli.

5 Ourlet, faux ourlet ; bande-ourlet. – Coulisse, gouttière. – Bretelle. – Boutonnière.

6 Couture, couture bord à bord ou surjet, couture bout à bout ou raboutissage ; rentraiture.

7 Points de broderie : point de chaînette, point de chausson, point d'épine, point d'ombre, point rentré, point turc ; point d'Alençon ou point à l'aiguille, point d'Angleterre, point d'Espagne, point de Gênes, point de Hongrie, point de Paris, point de Venise.

8 Points de dentelle : point coupé, point de France, point Renaissance, point russe ; point de grille, point de toile ; point filet, point réseau ou torchon ; point d'esprit, point mariage ; point de Binche, point de Dieppe, point du Puy, point de Tulle, point de Malines, point de Bruxelles, point de Bruges, point de Valenciennes.

9 Points de tapisserie : point de croix ou point de tapisserie, petit point, demi-point, point des Gobelins, point d'arête, point de natte, point de fougère ; point noué.

10 Points de tricot : point de côtes, point de Jersey, point de riz, point de toile, point mousse.

11 Points de couture : point de bâti, point de boutonnière, point de feston, point d'ourlet ; point de piqûre, point de reprise, point de surjet, point de surfil ; point arrière, point de côté, point de devant.

12 Boucle, coque, **maille.** – Picot.

13 **Couture,** tricotage. – Bâtissage, façonnage ou façonnement ; faufilage. – Galonnage. – Raccommodage ou, vx, raccoutrage.

14 Épingle ; épingle de sûreté (ou : épingle anglaise, épingle double, épingle à nourrice). – **Aiguille ;** aiguille à tricoter, broche, crochet ; passe-lacet. – Guipoir ; épingle de tissage. – Aiguillier, porte-aiguilles.

15 Dé à coudre ou dé. – Paumelle ; gantelet ou manicle.

16 Métier à broder, tambour à broder.

17 **Fil,** fil fin, gros fil ; faufil, fil à bâtir. – Fil à broder ; cannetille, cordonnet ; cartisane. – Ligneul.

18 Aiguillée. – Bobine de fil.

19 **Patron 30 ;** bâti, bâti glissé, bâti de maintien, bâti oblique, bâti simple. – Roulette à patron.

20 Atelier de couture, dentellerie [vx], ganterie.

21 Mercerie.

22 **Couturier ;** coupeur, essayeur, finisseur, **tailleur.** – Couturière, modiste, raccommodeuse ou, vx, raccoutreuse. – Anc. : arpète, petite main, première main, trottin ; fam. : cousette. – Coutureuse [TECHN.].

23 Dentellier, lissier (haut-lissier, bas-lissier), passementier, tapissier, tricoteur ; vx : aiguillier, crépinier. – Bonnetier.

24 Mercier.

v. 25 **Coudre,** tirer ou manier l'aiguille ; paumoyer. – Tapisser. – Broder, festonner ; guiper, passementer, striquer ; franger.

26 Faire du tricot, **tricoter ;** crocher. – Remmailler.

27 Bâtir, monter ; enformer, former ; confectionner. – Empointer, faufiler, ourler, surfiler, surjeter. – Border, galonner. – Reprendre une couture, ressortir une couture.

28 **Raccommoder,** rapiécer, ravauder, **recoudre,** repriser ; faire un point à.

29 Froisser, chiffonner, friper.

30 Goder ou godailler, plisser.

Adj. 31 Au point, au gros point *(tapisserie au gros point),* au petit point *(tapisserie au petit point) ;* à grands points *(piqûre à grands points).*

32 Dentellier *(industrie dentellière),* passementier *(industrie passementière).*

33 Brodé, **cousu,** tricoté ; cousu main. – Passementé.

## 865 CHAUSSURE

N. 1 **Chaussure,** soulier ; fam. : godasse, grolle, pompe, tatane. – Arg. : croquenot, godillot ; vx : ribouis, sorlot.

2 **Chaussure basse ;** ballerine, escarpin, mocassin, richelieu.

3 **Botte,** demi-botte ; chaussure montante. – Cuissarde ; boots [anglic.], bottillon, bottine, santiag [fam.] ; vieilli : caoutchouc, snow-boot [anglic.].

4 Galoche, sabot ; patin [vx], socque. – Brodequin [vieilli], godillot.

5 **Sandale,** sandalette ; spartiate. – Espadrille. – **Chausson,** chausson de lisière [vx] ; babouche, charentaise, pantoufle, mule, savate.

6 Basket, **tennis,** training [anglic.]. – Chaussure de marche ; Pataugas [nom déposé], trotteur. – Chaussure à crampons, chaussure cloutée ; chaussure de football, chaussure de golf. – Ballerine, pointe ; chausson de danse, demi-pointe. – Chaussure de ski ; après-ski.

7 Anc. : brodequin, cothurne, escafignon, sandale, socque, poulaine ou chaussure à la poulaine.

8 Parties de la chaussure. – Bout, cambrure, carre, claque, contrefort, empeigne, languette, œillet, quartier, tige, tirant, trépointe. – **Semelle ;** semelle de bois, semelle de crêpe, semelle de cuir, semelle en élastomère. – **Talon,** talon bas (opposé à talon haut), talonnette ; talon aiguille, talon bobine, talon bottier, talon échasse, talon Louis XV.

9 **Guêtre ;** bandes molletières, houseaux, jambières, leggings ou leggins [anglic.]. – Anc. : bas-de-chausses, gamache ; cnémide [ANTIQ.].

10 **Chausse-pied,** corne [vx], tire-botte ; anc. : tire-bottine ; tire-bouton. – Embauchoir, forme. – Protège-talon.

11 Carrelure [vx], ressemelage. – Cirage.

12 Cordonnerie.

13 Chausseur ou, cour., fabricant de chaussures, marchand de chaussures. – Bottier, sabotier [vx]. – Cordonnier ; arg. : bouif, gnaf ; vx : carreleur, savetier. – Cireur. – Les cordonniers sont toujours les plus mal chaussés [prov.].

14 Fam. : traîne-savates *(un traîne-savates)* 637 ; traîne-patins *(un traîne-patins),* traîne-semelles *(un traîne-semelles).*

v. 15 Vieilli : **chausser, botter** ; déchausser, débotter. − Boutonner, lacer.

16 **Se chausser** ; se déchausser. − Se botter ; se débotter.

17 Chausser du tant *(chausser du quarante-deux).*

18 Dessemeler ; **ressemeler.** − Vx : carreler, recarreler.

19 Brosser. − Astiquer, **cirer.**

Adj. 20 **Chaussé** ; déchaussé. − Botté ; débotté.

21 Chaussant *(articles chaussants).* − Bottier *(talons bottiers).*

## 866 BIJOU

N. 1 **Bijou** ; joyau. − Bijou fantaisie ou fantaisie ; quincaillerie [fam.], verroterie. − Faux bijou ; imitation **31,** simili, toc [fam.].

2 Anneau, **bague** ; alliance, anneau nuptial [sout.] ou anneau ; jonc ; semaine. − Chevalière, marquise ; solitaire. − Bague-montre. − Chaton ; sertissure.

3 **Chaîne,** chaînette ; chaîne de cou. − Gourmette. − Châtelaine ; giletière.

4 **Bracelet** ; semaine ou semainier ; psellion [ANTIQ.]. − Jambelet [rare], périscélide [didact.]. − Bracelet-montre.

5 **Collier** ; sautoir ; esclavage ; jaseran. − Tour de cou ; torque [ANTIQ.] ; collier de chien. − Rivière de diamants. − Ousekh [ARCHÉOL.].

6 Montre de gousset ; bassinoire [pop. et vieilli], oignon [anc.].

7 **Boucle d'oreille** ; pendant d'oreille ; poissardes. − Clip. − Bague d'oreille.

8 **Parure.**

9 Agrafe ; épingle ; épingle à chapeau, épingle de cravate ; fibule [ANTIQ.] ; bouton de manchette. − Anc. : aiguillette, ferret ; fermail [vx]. − Barrette, **broche.** − Anc. : nœud d'épaule, trousse-côté, trousse-queue.

10 **Pendentif** ; breloque. − Croix, croix à la jeannette ou jeannette, médaille, médaillon ; pendeloque. − Amulette, porte-bonheur ; main de Fatma. − Saint-Esprit.

11 Fronteau [anc.] ; ferronnière. − Bandeau royal [litt., vx], diadème ; couronne, tortil.

12 Pierreries **258.** − Gemme ; pierres précieuses, pierre semi-précieuse, pierre fine,

pierre dure ; semence. − Diamant ; brillant. − Perle.

13 Pierre synthétique ; fausse pierre, happelourde [vx]. − Doublet ; strass. − Émail. − Plastique ; résine.

14 **Bijouterie** ; bijouterie d'or, d'argent, de platine, d'aluminium, d'acier ; bijouterie creuse ; bijouterie en filigrane. − Bijouterie en doublé, en plaqué ; bijouterie en doré, en argenté ; bijouterie fantaisie.

15 **Taille,** retaille ; brillantage. − Taille en baguette, en brillant, en émeraude, en marquise, en poire, en rose ; en cabochon (opposé à en à-plat) ; taille en carré, en demi-lune, en ovale, en rond, en trapèze ou en nez de veau, en triangle. − Camée ; intaille. − Facette ; colette, halefis.

16 Soudage ; estampage ; fonte. − Assemblage, enfilage ; enchatonnement. − Sertissage ; cannetille. − Argenture, dorure. − Ciselage, ciselure.

17 **Boîte à bijoux** ; cassette, coffret ; baguier. − Écrin, étui à bijoux.

18 **Bijouterie,** joaillerie ; orfèvrerie.

19 **Bijoutier,** joaillier, orfèvre ; horloger-bijoutier. − Baguiste, chaîniste, médailleur ou médailliste. − Ciseleur ; sertisseur. − Diamantaire, lapidaire. − Artisan-créateur.

v. 20 **Orfévrer.** − Argenter, dorer. − Ciseler, graver.

21 Monter ; enchâsser, enchatonner, monter ; sertir. − Dessertir.

22 Tailler ; brillanter, facetter.

23 Baguer. − Couronner.

Adj. 24 Bijoutier *(industrie bijoutière).* − Bijoutier *(une femme coquette et bijoutière)* [vx].

25 Bagué. − Couronné, diadémé.

26 **Orfévré.** − Ciselé. − Serti, taillé. − Plaqué (ou : bourré, fourré). − Argenté, doré.

## 867 COIFFURE

N. 1 **Coiffure** *(la coiffure)* ; capilliculture [didact.].

2 Coiffure *(une coiffure)* ; coupe, coupe de cheveux ; coupe au ciseau, coupe au rasoir ; tonsure. − Mise en plis ; brushing. − Permanente ou, vx, ondulation permanente ; indéfrisable [vieilli], mini-vague.

3 **Chignon** ; chignon banane, chignon bouclé, chignon bas, chignon haut ; hérisson [anc.]. − Bandeau [vx] ; catogan, couette,

queue-de-cheval ; cadenette, macaron, natte, tresse ; rouleau [vx].

4 Accroche-cœur, cran, crochet [rare], crolle [région.] ; boucle, bouclette, coque, frisette ; anglaise, boudin, tire-bouchon, torsade, tortillon. – Chien, frange ; toupet.

5 Démêlures, peignures.

6 **Shampooing** ou shampoing *(shampooing à la camomille, au henné, aux œufs, à la quinine, à l'huile ; shampooing colorant, neutre, traitant, antipelliculaire)* 380 ; couleur, coloration, henné, teinture. – Défrisant, démêlant ; fixateur. – Brillantine, gel, gomina.

7 Mousse à raser, poudre à raser [vx], savon à barbe ; après-rasage *(un après-rasage),* avant-rasage *(un avant-rasage) ;* aftershave [anglic.].

8 **Brosse,** démêloir, **peigne.** – Blaireau. – **Ciseaux,** tondeuse ; coupe-chou, **rasoir.** – Casque, sèche-cheveux, séchoir ; fer à friser. – Bigoudi, papillote, rouleau.

9 **Barrette,** épingle à cheveux, pince à cheveux ; catogan, chou, choupette, nœud, ruban ; cocarde. – Bandeau, serre-tête, turban ; filet, réseau, résille, réticule [anc.]. – **Perruque ;** faux cheveux, perruque, postiche ; moumoute [fam.] ; chichi, fauxtoupet [vx].

10 **Coiffage,** brossage ; brûlage, décapage ; crêpage, décrêpage ; frisage, ondulation ; défrisage ; démêlage ou, vx, démêlement ; friction, lavage ; séchage ; laquage. – Rasage 335, tonte.

11 Salon de coiffure.

12 **Coiffeur ;** artiste capillaire, capilliculteur [didact.] ; shampouineur. – Vx : barbier, perruquier. – Fam. : figaro, merlan.

v. 13 **Coiffer ; brosser,** démêler, **peigner ;** donner un coup de peigne, passer le peigne. – Laver, shampouiner ; frictionner, lotionner. – **Couper ;** désépaissir, dégager, dégrader, écourter, effiler, égaliser, rafraîchir [spécialt], tondre, tonsurer. – Décolorer, éclaircir, oxygéner, **teindre ;** faire des mèches. – Bichonner [vx] ; anneler, **boucler,** cranter, crêper, friser, **permanenter ;** mettre en plis. – Natter, tresser. – Déboucler, décrêper, défriser.

14 **Faire la barbe ;** barbifier [fam., vieilli].– Épointer, raser, tailler.

15 Discipliner, lisser, plaquer ; brillantiner, calamistrer, gominer, graisser, pommader. – Laquer, poudrer.

16 Décoiffer, dépeigner ; ébouriffer, écheveler.

17 Avoir la barbe (aussi : les cheveux) en bataille. – Par plais. : être coiffé avec un pétard (aussi : avec un clou).

Adj. 18 **Coiffé ;** brossé, peigné.

19 **Décoiffé ;** dépeigné, ébouriffé, échevelé, hirsute, hurlupé [vx], inculte ; coiffé comme un chien fou [fam.].

20 Qualifiant des types de coiffure. – Afro, rasta ; au bol, à la caniche, au carré, à la chien, à la garçonne, à la grecque, à l'iroquoise, à la Jeanne d'Arc, à la lionne ; en brosse. – Anc. : à l'Aiglon, à la Bressant, à la girafe, à la malcontent, à la grecque, à la Titus.

21 Qualifiant la coupe de la barbe. – À deux pointes, carrée, en collier, en fer à cheval, fourchue, en pointe ; vx : à l'impériale, à la royale.

## 868 PASSE-TEMPS

N. 1 **Passe-temps ;** dérivatif, hobby [anglic.], violon d'Ingres. – Manie, marotte ; **dada** [fam.]. – Activité de loisirs ; amusette, distraction.

2 **Amusement,** délassement, divertissement, distraction, **jeu** 872, occupation, récréation.

3 **Amateurisme,** dilettantisme. – **Collectionnisme,** collectionnite [fam.].

4 Bibelotage ; chinage [fam.].

5 **Activités de loisirs ;** danse 786, musique 781, peinture 773, sculpture 776, théâtre 787. – Céramique 257, **poterie,** reliure, vannerie. – Bricolage ; jardinage. – Mots croisés. – **Sorties ;** excursion, randonnée ; pétanque ; baignade ; sport 870.

6 **Cinéphilie,** colombophilie, cynophilie ; aquariophilie ; orchidophilie. – **Bibliomanie,** mélomanie, métromanie [rare]. – Elginisme [didact.].

7 **Collection ; philatélie ;** aérophilatélie, **bibliophilie,** cartophilie, copocléphilie, discophilie, érinnophilie, marcophilie, scripophilie.

8 **Album ;** catalogue ; herbier. – **Cabinet ;** anc. : cabinet d'amateur ou de curiosités.

9 **Amateur ;** appréciateur [litt.], chercheur, chineur [fam.], **collectionneur,** connaisseur, curieux, dilettante [litt.], fouineur ; fig. : gourmand, gourmet. – **Aficionado,** fan [anglic., fam.], fanatique ou, fam., fana, passionné.

10 **Amateur de** + n. *(amateur de musique)* – Aquariophile, audiophile, choréphile, ci-

néphile, colombophile, cynophile, œnophile, orchidophile, publiphile, vidéophile. – Balletomane ou ballettomane, boulomane, mélomane. – Numismate. – Bibeloteur ; chineur. – **Cruciverbiste.**

11 **Collectionneur ;** bédéphile, **bibliophile,** cartophile ou cartophiliste, copocléphile, discophile, érinnophile ou érinnophiliste, glycophile, scripophile. – **Bibliomane.** – **Philatéliste.**

V. 12 Délasser, désennuyer, **distraire,** divertir, égayer, réjouir. – **Faire passer le temps** (à qqn).

13 **Se distraire ;** s'amuser, se délasser, se divertir, jouer ; prendre du bon temps. – Flâner, musarder ; **tuer le temps.**

14 **S'adonner à ;** s'engouer de, se passionner pour, raffoler de. – **Être amateur de ;** adorer, aimer, apprécier, goûter. – Chercher, rechercher ; brocanter, **chiner** [fam.].

15 **Collectionner ;** accumuler, amasser, assembler, colliger [litt.]. – Assortir, rassortir ; compléter ; échanger.

Adj. 16 Collectionnable [rare].

17 **Amateur** *(peintre amateur) ;* engoué, enthousiaste **451,** féru de, friand de, passionné.

Aff. 18 -phile, -philie, -mane, -manie.

## 869 VOYAGE

N. 1 **Voyage ;** déplacement, périple ; circuit, tour ; tournée. – Marche, **cheminement.** – Exode *(l'exode des vacanciers),* transhumance [par plais.]. – Errance [litt.] ; odyssée ; pérégrinations.

2 **Voyage ;** chemin, itinéraire, parcours, route, trajet ; fam. : trimard, trotte. – Aller ou aller simple ; aller et retour ou aller retour ; allée et venue, navette, va-et-vient.

3 Voyage d'agrément. – Voyage de noces. – Voyage d'affaires ; voyage de stimulation ; voyage d'études ; voyage d'information. – **Voyage organisé ;** voyage surprise ; voyage éclair. – Dépaysement. – Décalage horaire.

4 Pérégrination [vx], tour du monde. – **Croisière,** croisière maritime ; voyage au long cours ; passage, traversée. – **Navigation ;** navigation intérieure ; navigation de plaisance.

5 Croisière automobile [vieilli], **raid** *(raid automobile),* rallye. – **Cyclotourisme.** – **Auto-stop** ou, fam., stop.

6 **Exploration ;** campagne, expédition, incursion [vx], mission ou voyage scientifique, reconnaissance ; didact. : circumnavigation, périple.

7 **Pèlerinage ;** hadj ou hadjdj [Islam.].

8 Balade, déambulation (ou, rare, déambulage, déambulement), **promenade ;** pérambulation [didact. ou litt.] ; **excursion,** marche, randonnée ; ascension **270.13,** grande randonnée. – Équipée, **sortie,** virée [fam.] ; échappade ou échappée [litt.] **204.2,** vadrouille [fam.].

9 **Locomotion,** moyens de locomotion, transport **815.**

10 **Agence de voyages,** syndicat d'initiative. – **Réservation ;** location. – **Billet,** billet circulaire, billet de groupe, billet à tarif réduit.

11 **Bagage,** bagages ; bagage à main, **sac ;** besace, musette ; sacoche ; sac à dos ; **malle,** sac de voyage, trousse de voyage, **valise ;** fourre-tout [fam.] ; attirail, barda [fam.].

12 Chèque de voyage, **traveller's cheque** [anglic.] ou traveller's check [amér.]. – Provisions, provisions de bouche, viatique [vx]. – Carte, guide. – **Passeport ;** visa.

13 **Souvenir,** souvenirs *(boutique de souvenirs).* – **Notes de voyage ;** récit de voyage. – Carnet de bord.

14 Préparatifs. – Départ **202,** embarquement ; arrivée **201,** débarquement. – Destination ; point de chute.

15 **Horaires.** – Correspondance. – Desserte. – Transit. – Stand-by *(un stand-by)* [anglic.].

16 **Voyagiste ;** agent de voyages, tour-opérateur. – **Accompagnateur,** guide, sherpa. – **Bagagiste,** porteur.

17 **Voyageur ;** passager ; compagnon de voyage. – Auto-stoppeur ou stoppeur, routard [fam.], trimardeur [pop.]. – Excursionniste, marcheur, promeneur, randonneur ; navigateur. – **Pèlerin ;** hadji ou hadj [Islam].

18 **Explorateur ;** aventurier, bourlingueur [fam.], globe-trotter. – Gens du voyage ; nomades. – Pérégrin [vx], vagabond **830. 6** ; chemineau [vx].

V. 19 **Voyager ;** partir, battre le pays, voir du pays ; faire du chemin, faire le tour du monde, pérégriner [vx ou litt.]. – S'aérer, changer d'air, se dépayser.

20 **Voyager ;** courir le monde, être toujours par monts et par vaux (ou : par voies et

par chemins, sur les chemins et les routes) ; fam. : avoir la bougeotte, rouler sa bosse ; fam. : bourlinguer, trimarder. – **Vagabonder** ; nomadiser [didact.]. – Aller (aussi : partir) à l'aventure, aller à la découverte. – Parcourir ; explorer, visiter.

21 **Se déplacer** ; se balader [fam.], **se promener** ; ambuler [litt.], déambuler, errer, flâner, **marcher** ; cheminer ; excursionner, randonner.

22 **Naviguer** ; croiser *(croiser dans l'Atlantique)*. – **Rouler** ; circuler. – Faire de l'auto-stop ou du stop.

23 **Faire ses bagages** ; faire ses adieux, se mettre en marche ou en route ; démarrer. – Se diriger vers, se rendre à, se transporter vers ; aller à, faire route vers. – Transiter ; faire escale ou halte.

24 **Réserver,** retenir ; louer, organiser, préparer, programmer.

25 **Acheminer,** conduire, voiturer [rare] ; fam. : balader, faire voir du pays à, trimbaler ou trimballer. – Transborder, transférer, transporter.

26 **Dépayser.**

27 Prov. – Les voyages forment la jeunesse. – Qui veut voyager loin ménage sa monture.

Adj. 28 **Voyageur** *(pigeon voyageur) ;* voyager *(une personne voyagère)* [vx]. – **Itinérant,** mobile, nomade ; errant, vagabond ; bourlingueur [fam.] ; vx : déambulatoire, pérégrin.

29 Dépaysant, exotique. – Touristique.

30 **En partance.**

Adv. 31 À cheval. – Pédestrement ; à pied, pedibus [fam.], pedibus cum jambis [fam.]. – Par air **820.** – Par mer **819.** – Par la route **816.** – Par le train **818.**

Prép. 32 **À destination de ;** en partance pour.

Int. 33 **Bon voyage !** Bonne route !

# 870 SPORTS

N. 1 **Sport** *(le sport) ;* activité physique, exercice ; éducation physique, culture physique ; compétition. – Sport professionnel, sport amateur ; sport de loisir, sport de masse. – Sport de compétition, de haute compétition.

2 **Sport** *(un sport ; les sports) ;* sports d'équipe, sports individuels. – Sports d'hiver ; sports de glace. – Sports nautiques. – Sports équestres. – Sports de balle. – Sports de combat. – Sports mécaniques, sports motorisés ; sports aériens. – Sports olympiques.

3 **Athlétisme ;** course, course à pied ; concours (lancer ; saut). – Triathlon, heptathlon, décathlon ; pentathlon [anc.].

4 **Courses ; course de plat ;** course de vitesse (100 m, 200 m, 400 m), course de demi-fond (800 m, 1 500 m, mile [1 609 m]), course de fond (5 000 m, 10 000 m), **marathon** (42,195 km) ; courses de relais (4 x 100 m ; 4 x 400 m) ; **course d'obstacles** (100 m haies ; 110 m haies, 400 m haies, 3 000 m steeple) ; cross-country. – Footing, jogging, marche. – Foulée ; échappée, remontée ; emballage, sprint.

5 **Lancers ;** lancer du disque, du javelot, du poids, du marteau. – Jet, lancer ; moulinet, volte.

6 **Sauts ;** saut en hauteur, saut en longueur, triple saut ; saut à la perche. – Appel, élan ; planche d'appel ; pied d'appel ; ciseau ; rouleau ventral ; fosbury flop.

7 **Gymnastique.** – Exercices au sol. – Exercices aux agrès ; exercices masculins (anneaux, cheval-d'arçons, barres parallèles, barre fixe) ; exercices féminins (barres asymétriques, poutre) ; exercices mixtes (cheval de saut). – Gymnastique rythmique sportive. – Aérobic, stretching. – Trampoline.

8 Chandelle ou poirier **226** ; roue, rondade ; lune, soleil. – Renversement, rétablissement ; culbute, roulade ou roulé-boulé ; salto ou saut périlleux. – Tractions (ou, fam., pompes).

9 **Haltérophilie.** – Épaulé-jeté, arraché ; développé [anc.]. – Dévissé, jeté. – **Culturisme ;** body-building [anglic.], gonflette [fam.] ; **musculation.**

10 **Sports de balle.** – Football ; rugby à quinze (ou rugby), rugby à treize (ou jeu à treize) ; football américain. – Basketball, handball, volley-ball ; water-polo. – Base-ball, softball ; cricket, crosse, hockey sur gazon. – Polo. – Golf. – Tennis ; deck-tennis ; badminton ; squash. – Tennis de table (ou, cour., et moins correct, ping-pong). – Pelote basque (ou pelote).

11 **Football** ou, fam., foot ; ballon rond *(le ballon rond)* opposé à ballon ovale (le rugby). – Coup d'envoi, engagement. – Shoot, tir ; boulet de canon [fam.] ; talonnade ; tête. – Dribble, feinte, passe ; tacle. – Fauchage, hors-jeu ; main. – Pé-

nalité ; corner, coup franc, penalty ; tir au but. – Sortie, sortie en touche. – Plongeon.

12 **Rugby** ; ballon ovale *(le ballon ovale)*. – Botte ou coup de botte ; coup de pied placé, coup de pied de renvoi, coup de pied de transformation, coup de pied de volée, drop ou drop-goal ; en-avant *(un en-avant)* ; changement de pied, feinte de passe. – Essai, ouverture, percée. – Placage. – Mêlée, mêlée fermée, mêlée ouverte ou maul, mêlée à cinq mètres ; mur. – Ligne de touche ; touche.

13 **Tennis.** – **Service,** service américain, service droit, service plat, service renversé. – Balle de jeu, balle de match ; ace, balle de service, balle de set. – Coup droit, drive ; demi-volée, **passing-shot** ; reprise de volée, revers, **smash** (opposé à lob), slice ; volée basse, volée haute ; amorti, brossage ou lift (opposé à chop ou coupé). – **Tie-break** ou jeu décisif ; double, mixte, simple.

14 **Volley-ball.** – Collé, contre (ou : block, bloc), doublé, feuille morte. – Rotation. – Double-faute, let ou net.

15 **Sports de combat.** – **Arts martiaux ;** aïkido, eskrima, hsing-i, jiu-jitsu, **judo,** karaté, kendo, kung-fu, tae-kwon-do, tai-chi-chuan ou tai-chi. – **Boxe** ; boxe anglaise ; boxe américaine ou full-contact ; boxe française, chausson, savate. – ANTIQ. : ceste, pancrace, pugilat. – **Lutte** ; lutte libre, lutte gréco-romaine ; lutte bretonne ou gouren. – Catch. – Sambo, sumo, wushu.

16 **Boxe anglaise.** – Combat ; corps à corps, clinch. – Reprise ou round. – Knock-out ou K.-O., knock-down ; break. – Allonge, garde, fausse garde ; contre *(un contre),* coup d'arrêt, riposte ; blocage ; chassé, esquive, parade ; coup bas, **crochet,** cross, direct, droit ou droite, jab, une-deux *(un une-deux),* uppercut, swing. – Victoire aux points ; victoire par K.-O.

17 **Escrime.** – Armes ; épée, fleuret, sabre. – Assaut, attaque en flèche, botte, touche ; coup droit, coup double, coup fourré ; coup de manchette, coup de revers, écharpe. – Garde ; garde haute, garde basse. – Salut d'armes. – Phrase d'armes ; ligne haute, ligne basse ; prime, seconde, tierce, quarte, quinte, sixte, septime, octave, suppination. – Dégagement.

18 **Judo.** – Chute, clé, **prise** ; projection, strangulation. – Ceinture blanche, jaune, orange, verte, bleue, marron, noire ; dan, kyu.

19 **Tir.** – **Tir aux armes à feu ;** tir au pistolet, tir à la carabine ; ball-trap, skeet ou tir sur plateaux d'argile, tir à la fosse. – **Tir à l'arc** ; discipline olympique ou tir F. I. T. A. ; tir fédéral ; tir au beursault ou beursault ; tir en campagne ou field, tir sur cibles animalières ou tir chasse. – Kyudo. – Cible ; carte de tir, blason.

20 **Sports équestres ; équitation.** – Dressage, jumping, saut d'obstacle ; concours complet. – Airs de haute école ; airs relevés ou sauts d'école ; courbette, croupade ; airs bas ; appuyer *(l'appuyer),* piaffer *(le piaffer) ;* cabriole, demi-pirouette, demi-volte. – Polo. – Courses ; courses de plat ; courses de galop, courses de trot attelé, de trot monté ; courses d'obstacles. – Rodéo.

21 **Sports d'hiver.** – **Sports de neige** ; ski ; luge ; motoneige, motoneigisme. – **Sports de glace** ; patinage ; hockey sur glace, bandy. – Curling. – Bobsleigh ou bob.

22 **Patinage.** – **Patinage artistique** ; figures imposées, programme court, patinage libre. – Axel, boucle *(un boucle),* boucle piqué, flip, salchow ; pirouette, saut, saut piqué. – **Patinage de vitesse.**

23 **Ski.** – **Ski alpin** ; combiné, **slalom,** slalom spécial, slalom géant, super g ; **descente,** kilomètre lancé. – Ski acrobatique ; ski artistique ; free-style [anglic.] ; ski de ballet ; hot-dog [anglic.]. – **Ski nordique** ; ski de fond ; saut à ski ; biathlon.

24 Allègement, angulation, anticipation, avalement ; dégagement, op traken ; conversion, pivotement. – Dérapage latéral, dérapage oblique. – Position en œuf, schuss. – Braquage, contre-virage, stem ou stemm, stemmchristiania, virage amont (opposé à virage aval) ; christiania. – Godille. – Chasse-neige. – Traversée ; trace directe. – Pas alternatif, pas des patineurs, pas tournant, stakning, stawug ; telemark.

25 **Alpinisme** ; rare : andinisme, himalayisme, pyrénéisme. – **Ascension** ; escalade, varappe. – Cramponnage, coincement, prise, verrouillage ; cordée, encordement, rappel ; dépitonnage ; pitonnage. – Trek ou trekking. – **Spéléologie** ou, fam., spéléo.

26 **Cyclisme.** – Courses cyclistes sur route ; course contre la montre. – Courses cy-

clistes sur piste ; vitesse, poursuite, demi-fond, tandem, course à l'américaine ; kilomètre lancé ; keirin. – Cyclo-cross. – Bicross, mountain bike, vélo tout-terrain (ou V. T. T.).

27 Sport automobile ; automobilisme ; formule un, rallye. – Autocross, karting, stock-car. – **Motocyclisme** ; enduro, moto-cross, trial, vitesse ; motoball.

28 **Sports nautiques ;** aviron (ou, vieilli, rowing) ; canoë, kayak, canoë-kayak. – Rafting. – Voile ; yachting, navigation de plaisance ; régate ; planche à voile, funboard. – Surf. – Ski nautique ; monoski ; barefoot. – Motonautisme.

29 **Aviron.** – Embarcations de tourisme, de compétition ; yole de mer ; outrigger. – Bateaux armés en pointe : skiff, double skull ou deux sans barreur, quatre sans barreur. – Bateaux armés en couple : deux sans barreur, deux avec barreur, quatre sans barreur, quatre avec barreur, huit avec barreur.

30 **Voile ;** yachting, navigation de plaisance. – Régate ; parcours olympique ; course-croisière ou course au large. – Monotype ; série à restrictions ; jauge.

31 **Natation.** – Nage ; brasse ; brasse papillon ou papillon ; **crawl,** dos crawlé ; nage indienne. – **Plongeon ;** épreuves de tremplin ; épreuves de haut vol ; coup de pied à la lune, demi-vrille, saut de l'ange, saut de carpe, saut périlleux, tire-bouchon.

32 **Parachutisme ;** vol relatif, voltige ; voile-contact ; biathlon. – Ouverture commandée ; chute libre. – Parachute ascensionnel, parapente.

33 **Vol à voile ;** vol libre ; vol à moteur. – Aile libre, Deltaplane [nom déposé] ; U. L. M. (ultra léger motorisé) ; planeur.

34 **Voltige aérienne ;** glissade sur l'aile, looping, piqué, renversement, ressource, retournement, tonneau, virage à la verticale, vrille.

35 Entraînement ; assouplissement, échauffement. – Surentraînement.

36 **Arbitrage ;** chronométrage. – Contrôle. – Pénalisation, pénalité ; disqualification. – Avertissement, arrêt de jeu ; carton jaune, carton rouge.

37 Égalisation, match nul. – Présélection, sélection ; **qualification.** – Performance, **record,** sans-faute *(un sans-faute).* – Contre-performance, élimination. – Grand chelem [rugby, tennis].

38 Épreuve, partie ; épreuve contre la montre, **match,** match amical ; rencontre, rencontre amicale. – Manche, set ; mi-temps, prolongations. – Challenge, **championnat,** concours, critérium, tournoi ; omnium [vx]. – Coupe du monde, internationaux. – Finale, demi-finale, quart-de-finale, huitième de finale. – Épreuve éliminatoire, épreuve qualificative ; match de barrage ; tournoi de consolation. – Derby, grand prix, prix ; open.

39 Jeux Olympiques ou J. O., olympiade ; olympisme. – ANTIQ. : jeux Delphiques, jeux Pythiques, jeux Isthmiques, jeux Olympiques.

40 **Sportif** *(un sportif),* sportsman [vieilli] ; **joueur.** – Coéquipier, équipier ; remplaçant. – Compétiteur, concurrent ; quart-de-finaliste, demi-finaliste, finaliste ; barragiste.

41 Amateur ; professionnel. – Amateurisme ; professionnalisme.

42 **Catégories d'âge ;** poussin, benjamin, minime, cadet, junior, senior, vétéran.

43 **Gagnant,** vainqueur 660 ; challenger (opposé à tenant), **champion 85,** recordman. – Lanterne rouge [fam.], perdant 661.

44 Attaquant, défenseur ; locomotive [fam.]. – Finisseur.

45 **Athlète.** – **Coureur ;** sprinter ; miler ; coureur de fond ou fondeur ; marathonien ; relayeur ; crossman. – Peloton ; peloton de tête. – Jogger ; marcheur. – Triathlonien, heptathlonien, décathlonien ; pentathlonienne [anc.]. – **Lanceur ;** discobole [ANTIQ.]. – **Sauteur ;** perchiste.

46 **Gymnaste ;** gymnasiarque [ANTIQ.]. – Trampoliniste.

47 **Haltérophile.** – **Culturiste ;** body-builder [anglic.].

48 Basketteur, handballeur, volleyeur. – Hockeyeur. – Poloïste. – Golfeur. – Pongiste. – Pelotari.

49 **Footballeur ;** avant-centre, avant, ailier, libero, milieu de terrain, arrière, gardien de but ou goal ; attaquant, défenseur ; buteur ou marqueur ; dribbleur, passeur, stoppeur, tireur. – Aile, défense, intérieur.

50 **Rugbyman ;** quinziste, treiziste. – Demi, **demi de mêlée,** demi d'ouverture, **pilier,** talonneur, trois-quarts ; pack ; botteur, verrouilleur.

51 **Tennisman ;** lifteur, renvoyeur, serveur, volleyeur. – Ramasseur de balles. – Cordeur.

52 **Judoka, karatéka** ; aïkidoka, kendoka. – Lutteur. – Catcheur. – Sumotori.

53 **Boxeur** ; pugiliste [vieilli]. – Poids mouche (48 kg à 50,802 kg), coq (50,803 kg à 53,524 kg), plume (53,525 kg à 57,153 kg), super-plume (57,154 kg à 58,967 kg), léger (58,968 kg à 61,235 kg), super-léger (61,236 kg à 63,503 kg), welter (63,504 kg à 66,678 kg), super-welter (66,679 kg à 69,853 kg), moyen (69,854 kg à 72,575 kg), mi-lourd (72, 576 kg à 79,379 kg), lourd-léger (79,380 kg à 86,183 kg), lourd (plus de 86,184 kg). – Challenger, tenant du titre. – Cogneur, puncheur (opposé à styliste). – Entraîneur, manager ; sparring-partner.

54 **Escrimeur** ; épéiste, fleurettiste, sabreur ; tireur. – Maître d'armes ; prévôt.

55 Tireur, archer.

56 **Cavalier,** écuyer. – Poloïste. – Jockey. – **Cheval de course** ; galopeur, trotteur ; bottom-weight (opposé à top-weight) ; favori, outsider.

57 Bobeur, curleur, hockeyeur, lugeur, **patineur.**

58 **Skieur** ; descendeur, slalomeur ; fondeur. – Ouvreur, pisteur. – Lugeur. – Motoneigiste. – **Patineur ;** hockeyeur ; curleur ; bobeur.

59 **Alpiniste** ; andiniste, himalayiste, pyrénéiste ; escaladeur, grimpeur, marcheur, varappeur ; dépitonneur, premier de cordée ; glaciériste, rochassier ; **guide,** sherpa. – **Spéléologue,** spéléiste. – Trekker.

60 **Pilote automobile,** pilote de course. – **Motocycliste,** enduriste, trialiste.

61 Coureur cycliste, **cycliste ;** descendeur, grimpeur, poursuiteur, rouleur, routier, sprinter, tandémiste ; cyclotouriste.

62 **Rameur,** sculler ; barreur. – Canoéiste, kayakiste ; canotier. – Plaisancier, yachtman ; équipier, barreur, navigateur ; chef de bord ou skipper. – Surfeur ; véliplanchiste ou planchiste.

63 **Nageur** ; brasseur, crawleur, dossiste, papillonneur. – Plongeur.

64 **Parachutiste,** parapentiste.

65 Association, **club,** fédération, ligue. – **Équipe,** formation, poule.

66 Capitaine ; entraîneur.

67 **Arbitre** ; juge d'arrivée, juge de touche, jury.

68 Première division, seconde division, division d'honneur. – Résultats, **score ;** classement, palmarès ; médaille d'or, médaille d'argent, médaille de bronze.

69 Amateur. – Aficionado, spectateur, **supporter** [anglic.] ou supporteur.

70 Alpenstock [vx], bloqueur ou frein, canne, corde, crampon, étrier, marteau, mousqueton, **piolet,** piton.

71 **Balle, ballon,** palet ; batte, crosse, raquette.

72 **Agrès** ou appareil, anneaux, barres asymétriques, barres parallèles, barre fixe, cheval-d'arçons ou cheval-arçons, cheval de saut, **corde,** corde lisse, corde à nœuds, espalier, exerciseur, gueuse, porte-mains, portique, poutre, sandow, trapèze. – Trampoline, tremplin. – Barre à disques, **haltères.** – Home-trainer, vélo d'appartement. – Punching-ball.

73 Épée, fleuret, sabre. – Contre-pointe, dragonne, **lame,** mouche, pointe, pommeau ; plastron.

74 **Parachute.** – Planeur.

75 Motoneige ou motoski. – Patins à glace, **skis,** véloski ou ski-bob.

76 Planche à voile ; canoë, catamaran, **voilier 819.**

77 Amazone, bombe, culotte de cheval, jodhpurs ; étriers, fers, longe, mors, **selle.**

78 Aire, circuit, lice, **piste, stade,** terrain de sport ; champ de courses, hippodrome. – **Court,** gazon, quick, terre battue. – **Gymnase,** salle de sports ; cordes, ring ; salle d'armes ; piscine ; patinoire ; vélodrome. – Arène ou arènes ; ANTIQ. : palestre, xyste.

79 Filet ; panier ; **but,** cage ; barre transversale, montants, poteaux ; bois *(les bois)* [fam.]. – Lucarne. – Ligne de but, ligne de limite, ligne de milieu, ligne de touche, surface de but. – **Ligne d'arrivée,** ligne de départ ; starting-block. – Plongeoir, plot. – Podium.

80 Fair-play, sportivité. – Vista. – Sportmanie [vx, rare].

v. 81 S'échauffer, **s'entraîner,** se mettre en condition. – Concourir, disputer, **jouer,** participer ; rencontrer.

82 **Escalader,** gravir, grimper, varapper ; dépitonner, dévisser, s'encorder, pitonner.

83 **Courir,** relayer, sprinter. – Décramponner, distancer, doubler ; se détacher, **s'échapper,** emmener la course ; remonter. – Sauter.

84 **Attaquer,** contre-attaquer, défendre, passer à l'offensive.

85 Bétonner, bloquer, centrer, croiser la passe, dégager, dégager en touche, faucher, feinter la passe, **intercepter, marquer, passer,** ratisser, recentrer, réceptionner, remettre en jeu, **shooter,** tacler, talonner, tirer ; démarquer ; être à contrepied. – Aplatir, botter, effondrer la mêlée, ouvrir, percer, plaquer, raffûter, talonner, transformer. – Amortir, brosser, choper, coiffer la balle, couper la balle, driver, lifter, lober, monter au filet, monter à la volée, mordre à la ligne, **servir,** slicer, **smasher,** volleyer. – Dribbler, lancer en chandelle, pivoter. – Contrer. – Renvoyer, stopper. – Crosser. – Buter.

86 **Boxer** ; baisser sa garde, encaisser, jeter l'éponge, knock-outer [fam.]. – Catcher. – Dégager, se fendre, parer, tirer, toucher. – Étrangler, immobiliser, projeter ; chuter.

87 **Monter** ; ambler, brider, cadencer, caracoler, enrêner, éperonner, galoper, piquer, pirouetter, volter.

88 **Skier** ; anguler, déraper, descendre, glisser, godiller.

89 **Pédaler** ; chasser, coller.

90 Surfer. – Ramer ; barrer ; canoter. – Nager.

91 **Gagner,** vaincre **660** ; avoir la gagne [fam.] ; contrôler, mener. – **Battre un record** ; se classer, se qualifier ; défendre son titre, mettre son titre en jeu ; coiffer qqn au poteau, éliminer. – **Perdre 661** ; abandonner, déclarer forfait. – Égaliser.

92 **Entraîner,** surentraîner.

93 Arbitrer. – Avertir, disqualifier, pénaliser.

Adj. 94 **Sportif** ; médicosportif ; omnisports ; olympique, préolympique. – Antisportif.

95 Acrobatique, **athlétique,** footballistique, gymnique, spéléologique, tennistique ; équestre, hippique.

96 Physique (opposé à technique).

97 Indoor [anglic.].

Adv. 98 Sportivement ; acrobatiquement.

99 Au finish.

# 871 CHASSE

N. 1 **Chasse** ; chasse à courre ou vénerie *(grande vénerie, petite vénerie),* chasse à tir ; trappe [canad.]. – Safari. – **Braconnage.** – Cynégétique *(la cynégétique).*

2 Chasse au faucon, **fauconnerie** ; chasse au miroir ; fouée [vx]. – Déterrage, furetage. – Chasse aux canards sauvages ; chasse au gibier d'eau. – Louveterie.

3 Chasse à l'approche, pirsh ; chasse à la poussée ; **chasse à l'affût.** – Chasse au volant ; panneautage. – Vx : chaudron ou chasse en rond. – Volerie. – Frouée, pipée. – Trolle ou trôle. – Chasse à la billebaude.

4 Battue ou traque ; rabattage ou rabat.

5 Agrainage ou agrenage. – Piégeage, trappage. – **Piège,** trappe ; assommoir, belletière, chausse-trappe ou chausse-trape, palombière, trébuchet ; piège à palette ou à mâchoires ; collet, lacet, lacs. – Glu ; gluau.

6 Filet. – Allier ou hallier, nappe, **nasse,** tonnelle ; pantière, tirasse ; ridée. – Panneau, pans de rets, rets ; bourse ou poche. – Tramail, traîne (ou traîneau, traînée).

7 Appât ; **appeau,** chanterelle, courcaillet. – Appelant ou forme.

8 Pas ; traces. – Connaissances [vx], **erres,** foulées, passées. – Coulée. – Brisée.

9 Chambre, chambrette, **demeure,** remise, reposée, ressui. – Breuil ou broïl.

10 Aboi, cri ; **récri.** – Huée.

11 Laisser-courre ; rembuchement ou rembucher, refuite ; débucher. – Appel ; **hallali** *(hallali courant, hallali debout, hallali sur pied, hallali par terre).* – Trompe de chasse.

12 **Curée** ; fouaille.

13 **Tableau de chasse.** – Gros gibier, menu ou petit gibier. – Gibier à plume, gibier à poil. – Proie.

14 Chasse réservée, **chasse gardée** ; garenne [vx] ; tiré. – Réserve de chasse. – Droit de chasse ; permis de chasser ; bouton. – Ouverture de la chasse, fermeture de la chasse.

15 **Équipage,** meute ; vautrait ; rallye. – Chien d'arrêt ; chien couchant. – Chien d'équipage ; chien courant. – Chien quêteur, chien rapporteur, chien d'attaque ou rapprocheur ; rabatteur. – Terrier [anc.].

16 **Chasseur,** giboyeur [vx ou litt.] ; plombiste [arg.] ; trappeur [canad.]. – Oiseleur, louvetier. – Veneur ; maître d'équipage, piqueur ou piqueux, valet de limiers. – HIST. : Grand veneur ; Grand fauconnier.

17 LITTÉR. : chasse infernale (ou : fantastique, fantôme) ; légende du Grand Veneur.

v. 18 **Chasser,** giboyer [vx] ; boucaner ; trapper [canad.]. – Fureter, halbrener [vx], oiseler. – Chasser à courre ; vx : courre, vener. – Billebauder, chasser à la billebaude. – **Braconner.**

19 **Ameuter,** rallier ; coupler, découpler, harder, déharder. – Appuyer, exciter les chiens ; vx : haler, rebaudir les chiens. – Effiler les chiens ; relayer les chiens. – **Rompre les chiens** ; rompre la chasse.

20 Sonner l'hallali. – Sonner la curée. – Forhuer *(forhuer du cor)* ou forhuir [vx et rare].

21 Faire le bois, juger ; détourner.

22 Allécher, **appâter ;** affriander [vx]. – Agrainer ou agrener. – Leurrer ; frouer. – Panneauter ; **piéger.**

23 Lancer, relancer. – Débucher, débusquer, lever ; faire bouquer, forcer, forlancer ; embucher, rembucher. – Rabattre. – Étranger [vx et rare].

24 Ajuster, viser. – Canarder, **tirer 667.**

25 Buffeter.

26 Actions des chiens. – Être en chasse ; être aux abois. – Arrêter, bloquer, bourrer. – Briller [vx], **quêter,** requêter ; flairer, halener ou haleiner ; **dépister.** – Chasser de gueule ; aboyer ; clatir [rare], glapir ; brailler, claboder. – Rompre la chasse. – Faire curée.

27 Actions du gibier. – Aller d'assurance, aller de bon temps. – Débouler, dégiter, déguerpir. – Refuir. – Culbuter, faire la culbute, faire le manchon.

Adj. 28 **Chassable ;** courable.

29 Giboyeux.

30 Cynégétique.

Adv. 31 Au cul levé, au déboulé ; **à la pipée.** – Au vol, à la billebaude. – Au juger.

32 À l'affût ; à la botte ; **à la passée,** à la volée ; en battue. – Au gabion, à la hutte, au hutteau, au trou.

33 **À cor et à cri** ; à bas-bruit, à beau-bruit.

Int. 34 Hallali ! Taïaut ou tayaut ! Au coute ! Vloo !

# 872 JEUX

N. 1 **Jeu ;** amusement, divertissement, passe-temps **868.** – Ludisme. – Règle du jeu.

2 Jeu d'adresse, jeu de patience ; jeu éducatif ; jeu de hasard. – Jeu de stratégie, kriegspiel [all.], wargame [anglic.]. – Jeu radiophonique, jeu télévisé **767** ; jeu de société. – Sport **870.**

3 **Jeux de cartes.** – Jeux actuels : barbu, bataille, **belote,** bésigue, boston, bouchon, bouillotte, brisque ou mariage, canasta, crapette, écarté, gin-rummy, jass ou yass [Suisse], **manille,** menteur, nain jaune ou lindor, piquet, **poker, rami** ou rummy, reversi ; **bridge,** whist. – Jeu solitaire : patience ou réussite. – Jeux à cartes spéciales : aluette ; Mille-Bornes [nom déposé] ; Pierre noir ; sept familles ; **tarot.** – Jeux d'argent : baccara, banque ou banco, black jack, bonneteau, chemin de fer, commerce, trente-et-quarante, vingt-et-un ; pharaon [anc.]. – Jeux anciens : bassette, bog, brusquembille, drogue, grabuge, hoc, hombre, lansquenet, polignac, quadrille, romestecq, triomphe.

4 Jeu de cartes ; **carte,** fausse carte ; carte numérale, figure ; lame. – **Couleur ;** carreau, cœur, pique, trèfle. – As, roi, dame ou reine, valet, dix, neuf, huit, sept, six, cinq, quatre, trois, deux ; joker ; manillon ; anc. : égalité, liberté, vertu. – Tarot : cavalier ; excuse ou fou, oudler, petit.

5 Entame *(l'entame),* retourne *(la retourne).* – Talon ou pot. – Garde ; singleton.

6 **Atout ;** atout maître ; atout sec. – Honneur ; manille.

7 **Main.** – Impériale ou série impériale, **séquence.** – Poker : paire, double-paire, brelan, full ou main pleine, flush, flush royal, quinte flush, suite, suite royale, carré, carré d'as. – Bridge et whist : chelem ou schelem, petit chelem.

8 Manche, **partie ;** belle *(la belle) ;* démarque *(une démarque).* – Tournoi ; partie duplicate.

9 **Donne,** fausse donne ou maldonne. – **Annonce ;** contre, surcontre ; jump. – Invite. – Appel. – **Pli** ou levée. – Coupe, surcoupe. – Défausse ; renonce. – Squeeze. – Capot.

10 **Dés ;** craps ou passe anglaise, poker dice ou poker d'as, **quatre-cent-vingt-et-un,** yams, zanzi ou zanzibar. – Dominos.

11 Jeux de casino. – **Machine à sous ;** jackpot ; bandit manchot [fam., par plais.]. – Boule, **roulette,** trente-et-un. – Martingale.

12 Jeux d'argent. – Banque. – Cave, **mise,** mise de départ ou mise obligatoire, paroli, passe. – Va-tout.

13 **Loterie** ; bingo, loto. – P. M. U. (Pari mutuel urbain) ; couplé *(le couplé),* **tiercé,** quarté ; loto sportif.

14 **Dames, échecs,** go ou, chin., *weichi,* mahjong ; solitaire. – Jeu d'échecs ; **échiquier, pièce** ; cavalier, fou, pion, dame ou, cour. et moins correct, reine, roi, tour ou, vx, roc. – Partie éclair, partie liée, partie simultanée. – **Coup** ; fourchette, gambit ; coup du berger. – Promotion. – Grand roque, petit roque. – **Prise** ; **échec,** échec à la découverte, échec double ; échec et mat, **mat,** pat.

15 Backgammon, **jacquet,** trictrac. – Awalé. – Petits chevaux ou dadas. – Jeu de l'oie. – Bataille navale, morpion.

16 Noms déposés : Monopoly ; Scrabble.

17 Charades, **devinettes,** pigeon vole, quiz, rébus ; jeu des métiers, jeu des personnages ; Trivial Pursuit [nom déposé]. – Mourre [anc.]. – Corbillon. – Main chaude.

18 Baccalauréat, pendu. – Anacroisés [nom déposé], mots carrés, **mots croisés.**

19 Mikado ; osselets ; puces.

20 Casse-tête chinois ; **puzzle** ; taquin.

21 **Billard,** billard américain, billard français ; flipper ou billard électrique. – Bowling ; quilles. – Jeu de massacre. – Fléchettes. – Baby-foot ; ping-pong ; troumadame [anc.].

22 Jeu de boules ou **pétanque** ; longue, lyonnaise. – Croquet, mail [anc.]. – Golf miniature, mini-golf.

23 Attrape *(jouer à attrape)* [enfant.], ballon prisonnier, barres [anc.], chat, chat coupé, chat perché, gendarmes et voleurs. – Chaises musicales. – Saute-mouton. – **Cache-cache,** cache-tampon, cligne-musette [vx] ; colin-maillard. – **Jeu de piste** ; jeu de rôle. – Marelle. – Capucine, **ronde.** – Bras de fer.

24 Triche [fam.], **tricherie 728** ; maquille [fam.].

25 **Joueur** ; **adversaire** ; **partenaire** ; entrant, rentrant, sortant. – Donneur, serveur. – Mort *(le mort).* – Mauvais joueur, mauvais perdant. – Tricheur **728.**

26 Bridgeur. – Joueur d'échecs, pousseur de bois [fam.]. – Mots-croisiste ou cruciverbiste.

27 Bookmaker, turfiste. – **Banquier,** croupier ; bonneteur. – Ponte.

28 Cartier.

29 **Casino,** cercle, maison de jeu, tripot [fam.]. – Académie de billard. – Aire de jeu ; boulodrome.

30 Ludiciel [INFORM.].

31 Théorie des jeux [MATH.]. – Ludologue.

V. 32 **Jouer** ; s'amuser, se divertir **868,** passer le temps. – Gagner **616,** mener ; faire la vole ou la volte. – Être à cherche, chuter, perdre **617,** prendre une culotte [fam.].

33 Jouer à + n., **faire une partie de** + n. – Cartonner [fam., vx], taper le carton [fam.] ; bridger.

34 Faire philippine. – Jouer à qui perd gagne.

35 Jeux de cartes. – Faire les cartes ou mélanger, mêler ou **battre les cartes** ; retailler ; donner, servir ; relever. – Coucher ; suivre. – **Annoncer** ; contrer, surcontrer ; jumper. – Inviter ; ouvrir ; entamer une couleur ; renvoyer. – **Couper,** couper à + n. de couleur, surcouper ; être maître à telle couleur ; affranchir une carte. – Fournir ; forcer. – Squeezer. – Défausser ; casser son jeu. – Abaisser ses cartes ou son jeu, découvrir son jeu, étaler son jeu ; jouer cartes sur table.

36 Jeu d'échecs. – Ouvrir ; roquer – Clouer, mater, **mettre en échec.**

37 Jeu de dames. – Adouber. – Souffler. – Pionner. – **Damer un pion,** mener un pion à dame.

38 Jeux d'argent. – **Miser,** remiser ; avoir la parole, parler, faire paroli ; passer parole ou **passer** ; éclairer le tapis. – Ponter. – Faire banco, jouer à quitte ou double. – Décaver ; faire sauter la banque. – Faire charlemagne.

39 **Tricher 728** ; biseauter, larder, piper. – Faire de l'antijeu.

Adj. 40 Joueur. – Ludique.

41 Échiquéen.

# 873 JOUET

N. 1 **Jouet,** joujou [fam.] ; bimbelot [vx].

2 **Balle, ballon,** ballon de baudruche, éteuf [vx], volant ; **billes,** boulet, calot. – Boomerang, Frisbee [nom déposé] ; **cerf-volant,** écoufle [région.]. – Cerceau. – Corde à sauter, élastique.

3 Patinette ou trottinette, skate-board [anglic.] ; patins à roulettes, roller-skate ou, absolt, roller [anglic.] ; cyclorameur, tricycle. – Voiture miniature. – Luge.

4 Fronde. – Sarbacane ; canonnière, clifoire [région.]. – Pétard ; bombe à eau.

5 Baigneur, dormeur, **poupée,** poupon ;
matriochka ou poupée gigogne ; Barbie
[nom déposé]. – Ours en peluche, **peluche**
*(une peluche);* cheval à bascule. – Marionnette, pantin. – Culbuteur, poussah.
– Petits soldats ou soldats de plomb.

6 Dînette ; maison de poupée.

7 **Jeu de construction,** jeu de cubes ; n.
déposés : Lego, Meccano. – Circuit électrique, train électrique, **voiture miniature.** – Robot. – Maquette ; maquettisme,
modélisme.

8 Flûteau, mirliton, tambour ; crécelle, hochet. – Boîte à musique.

9 Bilboquet, diabolo, passe-boules, yo-yo ;
**toupie,** toton. – Mobile.

10 Kaléidoscope, lanterne magique [anc.].

11 Panoplie.

12 Crayons de couleur, gommettes ; pâte à
modeler. – Décalcomanie.

13 **Fête foraine 687,** parc d'attractions.

14 Père Noël. – Petit papa Noël [enfant.].

15 Ludothèque.

v. 16 S'amuser, **jouer 868** ; faire mumuse [en-
fant.]. – Jouer à la guerre, à la marchande,
au papa et à la maman, etc.

# INDEX

# INDEX

## des mots aux idées

# A

**a**
*de a à z* 71.15 ; 538.24
**a-** 2.15 ; 10.14 ; 81.20
**abaca** 286.21
**abaissable** 212.18
**abaissant** 611.14
**abaissée**
*abaissée d'aile* 162.3
**abaisse-langue** 391.17
**abaissement**
diminution 89.4
descente 212
indignité 611.4
**abaissement** 146.12
**abaisser**
diminuer 86.7
faire descendre 212.14
humilier 611.8
**abaisser (s')** 86.10
**abaisseur** 212.6 ; 328.5
**abandon**
trahison 597.2
confiance 606.3
cession 823.2
*à l'abandon* 575.18
**abandonnataire** 823.9
**abandonnateur** 823.8
**abandonné**
désuet 196.8
négligé 575.18
solitaire 584.16
**abandonnement**
renonciation 515.1
confiance 606.3
éviction 644.3
**abandonner**
renoncer 515.9
négliger 575.11
trahir 597.14
céder 823.10
**abandonner (s')** 445.7 ;
703.10 ; 749.16
*s'abandonner à* 624.10 ;
606.13
**abandonnique** 584.16
**abaque**
boulier 116.9

table 146.11
t. d'architecture 777.15
**abasourdi** 459.12
**abasourdir**
rendre sourd 364.11
étonner 459.5
**abasourdissant** 364.13
**abasourdissement**
459.1
**abat**
abri 274.8
abattage 557.5
**abat-jour** 852.16
**abats** 856.8
**abattage**
t. d'arboriculture 812.8
*abattage mécanique*
806.21
*avoir de l'abattage*
444.5
**abattant** 850.9
**abattée** 218.3
**abattement**
diminution 89.4
tristesse 464.1
destruction 557.5
**abatteuse** 719.8
**abattis**
t. d'arboriculture 812.14
t. de gastronomie 856.8
**abattoir**
massacre 650.1
établissement 813.11
**abattre**
détruire 557.19
tuer 311
désespérer 475
t. de marine 218.17
*abattre de la besogne*
527.10
*abattre des kilomètres*
200.9
*ne pas se laisser abat-
tre* 528.16
**abattre (s')** 274.13
**abattu** 464.10
*a battuta* 781.59
**abattures** 296.24
**abat-vent** 853.16
**abba** 492.8

**abbatial** 499.30
**abbatiale** 493.2
**abbaye** 493.2
*abbaye de monte-à-
regret* 725.4
**abbé** 499
**abbesse** 499.13
**abc** 744.13
*apprendre l'abc* 413.4
**abcès** 383
**abdicataire**
644.13
*prêtre abdicataire*
492.10
**abdication** 509.2 ; 644.3
**abdiquer** 515 ; 644.11
**abdomen** 301.17 ; 324.3
**abdominal** 324.13 ;
327.5 ; 328.25
*nageoire abdominale*
298.12
**abdominaux** 328.7
**abdos**
*avoir des abdos* 328.22
**abducteur** 328
**abduction** 416.2
**abécédaire** 744.13 ;
765.9
**abecquer** 337.12 ; 813.27
**abée** 139.7
**abeillage** 846.11
**abeille** 301.7 ; 389.7
**abélie** 287.6
**abélien** 122.9
**Abénakis** 306.7
**aberrance** 55
**aberrant** 55.13 ; 410.17 ;
733.9
**aberration** 55 ; 410.5 ;
733.3
*aberration chromosomi-
que* 280.9
**aberrer** 55.10
**abêtir** 397.8
**abêtissant** 397.14
**abêtissement** 397.2
**abhaya-mudra** 489.13
**Abhidhamma-avatara**
501.13 ; 489

**Abhidhamma-pitaka**
501.13 ; 489
**abhorrer** 456.5 ; 605.6
**abiétacée** 286.11
**abîme**
gouffre 86.2
distance 162.4
enfer 506.7
*mise en abîme (ou :
abysme, abisme)* 67.4
*le fond de l'abîme*
541.13
**abîmer**
détériorer 557.15
déshonorer 637.13
**abîmer (s')**
s'engloutir 12.7
se dégrader 557.24
**abiogenèse** 295.12
**abiotique** 282.14
**abject**
laid 437.11
honteux 611.13
**abjectement** 611.17
**abjection**
laideur 437.2
honte 611
**abjuration** 480.4
**abjuratoire** 480.17
**abjurer** 418.12 ; 480.13 ;
515.7
**Abkhazes** 306.15
**ablactation** 314.7
**ablatif** 740.5
**ablation**
extraction 206.2
destruction 557.9
t. de chirurgie 392.13
**-able** 39.15
**ablette** 298.5
**abloc** 159.4 ; 806.12
**abluer** 380.10
**ablution** 252.6 ; 491.7
*faire ses ablutions*
380.11
**ablutionner** 380.10
**ABM** 656.16
**abnégation**
désintéressement

*mine* 394.6
*acétate de benzyle* 372.6
*acétate de cellulose*
804.7
*acétate de rétinol* 394.6
*acétate de sodium* 394.6
acétazolamide 394.5
acétifier 230.20
acétimètre 70.26
acétique 230.8
*acide acétique* 804.6
acéto- 230.29
acétomètre 70.26
acétone 804.6
acétonémie 383.25
acétonurie 339.10 ;
383.25
acétylcholine 283.15 ;
327.14 ; 331.10
acétylcholinestérase
283.24
acétylcholinomimé-
tique 283.33
acétyl coenzyme a
283.24
acétylcystéine 394.5
acétyle 230.9
acétylène 253.2 ; 798.6 ;
804.6
acétylsalicylique
*acide acétylsalicylique*
394.5
achalandage 835.11
achalandé 828.27
achalander 828.18
achalasie 383.23
Achantis 306.11
achards 856.27
acharisme 488.2
achariste 488.7
acharné 446.13 ; 514.8 ;
530.9
acharnement 514.1 ;
530.3
*acharnement thérapeuti-
que* 393.1
acharner (s') 512.3 ;
514.4 ; 530.5
*s'acharner sur* 549.16 ;
658.12
achat 835 ; 842.15
*achat à la course* 717.3
*achat d'espace* 768.3
ache
ornement 778.3
fleur 288.20
Achéens 306.16
achélie 386.4
acheminement
exercice 536.4
transport 815.1

acheminer 815.22 ;
816.34 ; 869.25
*s'acheminer vers* 199.10
Achernar 232.5
Achéron 311.8 ; 506.8
acherontia 301.11
achetable 835.31
acheté 835.27
acheter 822.16 ; 827.24 ;
828.21
acheter (s') 835.19
acheteur 823.9 ; 827.20 ;
835.9
achevage 58.10
achevé 177.13 ; 538
*achevé d'imprimer*
765.13
achèvement 58.10 ; 538
achever
finir 58 ; 71.8 ; 538.16
tuer 311.27
achille
couteau 664.3
Achille
héros 500.41
clown 750.7
*la colère d'Achille* 471.2
achillée 288.10
acholie 383.23
achondrite 232.11
achondroplase 280.9
achoppement 554.7
*pierre d'achoppement*
40.2 ; 554.7
achopper 214.16 ; 554.15
achopper (s') 541.10 ;
40.6 ; 554.15
Achoura 488.18 ; 497.6 ;
488
achrocéphalie 386.4
achromatopsie 347.2 ;
383.27 ; 347 ; 352.18
achromatopsique
383.74
achrome 383.67
achromie 334.2 ; 383.17
achromique 383.67
Achur 488.18
Achura 488.18 ; 497.6 ;
488
achylie 383.23
aciclovir 394.5
aciculaire 286.27
acidage 810.11
acidalie 301.11
acide
adj.
373
n.m.
230 ; 252.5

*acide gras* 283.7
*vert acide* 359.10
acidifiant 230.25
acidification 803.6
acidifier 230.20
acidimètre 70.26 ; 238.5
acidimétrie 70.25 ;
230.16
acidité 230.11
acido-alcalin 230.23
acido-basique
*équilibre acido-basique*
332.16
acidocétose 383.25
acidophile 283.33 ;
332.4
acido-résistance 284.7
acido-résistant 284.17
acidose 340.9 ; 332.12
acid-rock 781.7
acidulé 373.23
acier
métal 262.1 ; 805.2 ;
806.31
couleur 360.8
aciérage 805.8
aciération 262.12 ; 805.8
aciéré 805.19
aciérer 262.18 ; 805.15
aciéreux 805.19
aciérie 262.13 ; 794.5
aciériste 262.15 ; 805.14
acinaciforme 286.27
acinèse 336.6
acinésie 197.5
acinétien 284.5
acineuse 333.16
acinus 289.2
acipenséridé 298.3
acisperme 288.10
aclinique 236.15
acmé
sommet 87.4 ; 151.7
t. de rhétorique 751.11
acné 383.17
acnéique 383.67
acolytat 492.5
acolyte
religieux 492.6 ; 496.9
compagnon 562.16 ;
563.15
Acomas 306.7
acompte 825.5
acon 819.6
aconage 819.12
aconier 801.16 ; 819.22
aconit 288.25
a contrario 416.2
acoquiner 568.21
acoquiner (s') 604.7

acosmisme 478.13
à-côté 439.2
acotylédone 290.15
acou- 363.23
acouchi 296.5
acoumètre 70.26 ; 363.8
acoumétrie 70.25 ;
363.10
à-coup 62.7 ; 227.6
acouphène 363.6
acous- 363.23
-acousie 363.24
acousticien 363.16
acoustique
n.f.
363.11 ; 365.18
adj.
363.19 ; 365.27
*enceinte acoustique*
365.14
*zéro acoustique* 101.3
-acoustique
363.24
acoustiquement 363.22
acousto-optique 363.20
acqua-toffana 389.6
acquérant 822.25
acquéreur 823.9 ; 835.9
acquérir 822.16
acquêt 682.8 ; 822.3 ;
835.3
acquiesçant 635.17
acquiescement 428.3 ;
635.1
acquiescer
affirmer 417.7
consentir 428.12 ;
654.9 ; 635.10
acquis
n.m.
280.5
adj.
su 407.2 ; 430.8
acheté 835.27
acquisitif 822.25 ; 835.28
acquisition
possession 822.7
apprentissage 413.1
t. d'informatique 772.21
acquisivité 822.10
acquit 207.7 ; 825.9
*acquit-à-caution* 846.24
*par manière d'acquit*
575.21
acquitté 825.25
acquittement
pardon 638.1
paiement 825.1
*verdict d'acquittement*
711.14
acquitter

payer 824.9 ; 825.19
libérer 724.15
acquitter (s') 469.11 ;
538.14 ; 594.10 ; 825.19
acra 856.11
acrasié 284.5
acre 70.22
acré 748.6
âcre 333.17 ; 371 ; 373.23
âcreté 373.5
acridiens 301.1
acrimonie 591.1 ; 599.1 ;
603.1
acrimonieux 586.11 ;
591.10 ; 599.11
acro- 56.32 ; 136.20
acrobate 213.6 ; 226.12
acrobatie
finesse 406.10
exercice 791.6
acrobatique 791.22 ;
870.95
acrobatiquement
870.98
acrocarpe 292.8
acrocéphale 318.16
acrocine 301.3
acrocomia 286.19
acrocyanose 383.13
acrodynie 383.40
acrolithe 776.22
acromégalie 386.4
acromion 329.9
acronycte 301.11
acronyme 89.6 ; 742.4 ;
744
acronymique 742.26
acropète 288.45
acrophobie 472.4
acropole 848.6
acropore 303.12
acrosome 325.8
acrostiche 742.3 ; 744.5 ;
789.8
acrostole 776.6
acrotère 777.21
acrothoraciques 302.2
acrux 232.5
acrylonitrile 804.6
*acta est fabula* 311.24
actant 36.2 ; 527.9
acte
action 527.6
titre 648.16
partie 787.11
t. de droit 713.30
*acte de Dieu* 41.3
*acte gratuit* 733.3
*acte sexuel* 341.8 ; 600.6
*en acte* 39.12 ; 478.19

actée 288.25
actes 191.6
acteur
agent 36.4 ; 527.9 ;
538.10
comédien 787.21 ;
790.25
A.C.T.H. 283.8
actias 301.11
actif
n.m.
t. de comptabilité
822.3 ; 845.15
adj.
énergique 36.8 ; 217.12 ;
527 ; 535.13 ; 576.30
travailleur 792.32
t. de grammaire 740.6
n.
t. de grammaire 741.7
travailleur 792.14
actine 328.14
actinédides 301.12
actinidia 287.4 ; 287.7
actinie 303.12
actinique 230.25
actinisation 860.3
actinisme 230.11
actinistien 298.3
actinite 334.3 ; 383.17
actinium 230.7
actinobacillose 383.48
actinodon 300.3
actinomètre 273.10 ;
350.25
actinométrie 277.8 ;
350.26
actinomorphe 288.45
actinomycose 383.35
actinopode 284.5
actinoscopie 350.21
actinothérapie 393.6
actinotriche 298.9 ;
301.12
actinotropisme 350.20
action 527
fait d'agir 527
acte 508.4
*bonne action* 585.4 ;
527.2
entreprise 535.1
*action directe* 669.11
*action de commando*
650.7
*action psychologique*
669.8
combat 666.4
*feu de l'action* 256.26
intrigue 754.9 ; 787.13 ;
790.37
t. de rhétorique 753.7

t. de droit 711 ; 722.14
*action possessoire* 824.3
titre 843.3
actionnable 711.33
actionnaire 562.11 ; 843
actionnariat 843.11
actionner 197.20 ;
225.12
actionneur 36.2 ; 217.6
action-painting 780.13
activateur 217.6 ; 230.4
activation 230.13 ;
527.3 ; 564.2
active 663.1
activé 798.5
activement 36.9 ; 217.16
activer 225.12 ; 230.20 ;
576.24
activer (s') 527.10 ;
576.22
activisme 478.12 ;
671.24
activiste 671.25
activité 217.3 ; 310 ;
792.1
*activité motrice* 197.5
*activité préverbale* 747.1
*activité solaire* 277.7
*en activité* 527.16
actomyosine 328.14
actuaire 43.5 ; 845.18
actualisable 11.11
actualisation
mise à jour 178.3
réalisation 478.19 ;
3.5 ; 527.6 ; 796.1
actualiser
mettre à jour 178.9 ;
194.7
réaliser 3.6 ; 796.14
actualiser (s') 3.7 ; 11.7
actualisme 24.6
actualité
présent 1.3 ; 9.1 ; 178.1
information 192.4 ;
726.6
réalité 3.1 ; 478.19
*d'actualité* 178.10
actuariel 840.49
actuation 3.5 ; 527.6
actuel 1.12 ; 32.9 ; 178.10
t. de philosophie 3.9 ;
478.19
actuellement 1.14 ;
3.11 ; 178.15
acuité
force 87.2 ; 369.1
pénétration 396.1 ;
406.2
aculéate 301.6
acuminé

t. de pathologie 388
t. de botanique 286.27
acupuncteur 391.31
acupuncture 393.13
acut- 151.16
acutangle 146.16
acyanopsie 383.27 ; 347
acyclique 122.9
acyle 230.9
ad- 97.23
ada
devoir 488.15 ; 691.5
ADA
t. d'informatique 772.16
adacna 303.2
adage
maxime 685.8 ;
713.31 ; 759.3
t. de chorégraphie
577.6 ; 786.14 ; 786.16
adagietto 577.6 ; 781.35
adagio 577.6
Adam 500.9 ; 697.8
adamantin 258.20
t. d'anatomie 330.5
insensible 441.15
*organe adamantin* 330.5
adamantoblaste 330.5
adamique 379.14
adamisme 379.2
adamite 379.7
adamsia 303.12
adaptabilité 581.2
adaptateur 790.26
adaptation
accoutumance 568.8 ;
581.4
acclimatation 282.5
transformation 738.3 ;
790.8
adapté 8.9 ; 28.12 ;
542.10
adapter
conformer 8.7 ; 28.9 ;
141.15
transposer 738.14 ;
790.30
adapter (s') 8.7 ; 54.9 ;
92.10 ; 157.8 ; 282.13 ;
428.13 ; 568.18
addax 296.6
addenda 88.4 ; 97.3 ;
118.3
addiction 390.3
additif
n.m.
97.7 ; 118.3 ; 804.7
adj.
88.15 ; 97.20 ; 118.10
addition 118
ajout 88.4 ; 97.1

**affolir** 55.11
**afforage** 846.11
**afforestation** 812.2
**affouage** 846.11
**affouager** 812.25
**affouillement** 237.4 ; 271.16
**affouiller** 153.11 ; 237.26 ; 806.38
**affourage** 813.13
**affouragement** 813.13
**affourager** 813.27
**affourcher** 819.28
**affranchi**
 n. 724.11
 adj. 724.22
**affranchir**
 libérer 14.11 ; 516.19 ; 724.14
 informer 726.14
 timbrer 770.15
 t. d'arboriculture 812.21
**affranchissant** 724.25
**affranchissement**
 libération 14.5 ; 516.2 ; 724
 paiement des frais de port 770.9
**affranchisseur** 724.9
**affres** 345 ; 472.2
**affrètement** 819.19
**affréter** 815.26 ; 819.30 ; 820.16
**affréteur** 815.19 ; 819.24
**affreusement**
 extrêmement 80.20 ; 87.31
 épouvantablement 437.12
**affreux**
 laid 437.8
 terrible 466.13
**affriandé** 855.40
**affriander** 523.11 ; 871.22
**affriolant** 455.9 ; 523.16
**affrioler** 455.5 ; 523.11
**affront** 627 ; 655.7 ; 657
 *faire affront* 611.8
**affrontement** 227.12 ; 392.5 ; 649
**affronter** 18.10 ; 392.33 ; 655.16
**affruiter** 289.22
**affublement** 862.4
**affubler** 862.33
**affubler (s')** 862.38
**affure** 717.7

**affusion** 252.6 ; 393.14 ; 491.7
**affût**
 d'un canon 664.10
 guet 457
 *à l'affût* 871.32 ; 405.9 ; 402.8
**affûtage** 151.9 ; 799.29
**affûté** 151.15
**affûter**
 aiguiser 151.12 ; 799.37
 attiser 564.12
**affûteur** 151.11 ; 799.31 ; 800.2
**affûtiaux** 862.23
**Afghan** 739.14
**afghani** 839.8
**afibrinogénémie** 383.19
**aficionado** 602.7 ; 868.9 ; 870.69
**afin**
 *afin de* 38.13 ; 532.16
 *afin que* 38.16 ; 532.17
**aflatoxine** 389.5
**Afnor** 53.4
**afocal** 234.20
**a fortiori** 37.12
**Africain** 306.5
**africanisme** 739.4
**africaniste** 739.12
**africo-malgache** 295.5
**Afrikaans** 739.14
**afro** 867.20
**afro-asiatique** 739.14
**after-shave** 372.3 ; 867.7
**afure** 717.7
**afzelia** 286.20
**Aga Khan** 488.11 ; 492.15 ; 648.6
**agaçant** 447.13 ; 449.19 ; 468.12
**agacé** 447.12
**agacement** 447 ; 449.1 ; 468.2
**agacer** 447.5 ; 449 ; 471.10
**agacerie** 345.2 ; 449.6
**Agama** 501.12
**agame**
 n.m. 299.5
 adj. 279.23 ; 288.46
**agamète** 279.7 ; 283.1
**agamidé** 299.4
**agamie** 279.2
**agammaglobulinémie** 342.6 ; 383.19
**agapanthe** 288.17
**agapanthie** 301.3

**agape** 707 ; 855.3
**agar-agar** 394.9
**agaric** 291.6
**agaricacée** 291.5
**agaricale** 291.5
**agate**
 bille 154.2
 pierre 258.4
**agathis** 286.21
**agave** 288.17
**âge** 312 ; 185 ; 316 ; 317 ; 195
 *deuxième âge* 314
 *troisième âge* 317.1
 *bel âge* 315.1
 *fleur de l'âge* 315.1
 *glaces de l'âge* 195.2 ; 317.4
 *il y a bel âge* 172.12
**âgé** 195.12 ; 317
**agélène** 301.13
**Agena** 232.5
**agence** 794.10 ; 827.11 ; 840.4
 *Agence nationale de valorisation de la recherche* 412.8
**agencé** 45.20 ; 47.22
**agence-conseil** 768.8
**agencement** 147.1 ; 556.2 ; 849.3
**agencer** 45.12 ; 47.15 ; 556.8
**agencer (s')** 147.15
**agenceur** 47.12
**agencier** 766.16
**agenda** 176.4 ; 762.7 ; 764.3
**agénésie** 386.4
**ageniaspis** 301.7
**agénie** 279.11
**agenouillement** 626.5 ; 689.4
**agenouiller (s')** 319.14 ; 612.7 ; 626.10 ; 689.21
**agenouilloir** 493.13
**agent** 36
 celui qui agit 34.4 ; 527 ; 538.10 ; 740.8
 cause 225.2
 agent thérapeutique 394.1
 représentant 566.7 ; 827.17 ; 845.17
 *agent chimique* 230.4 ; 664.17
 *agent naturel* 36.3
 *agent de police* 560.12 ; 716.6
 *agent de change* 840.31 ; 842.25

*agent de maîtrise* 792.15 ; 793.7
*agent secret* 597.9 ; 663.13
*agent double* 17.7
*agent électoral* 672.17
*agent public* 792.17
**ageratum** 288.10
**ageusie** 383.29
**agger nasi** 329.5
**aggiornamento** 194.5
**agglo** 265.14
**agglomérat** 66.6 ; 77.5 ; 154.6
**agglomération**
 agglutination 66.1 ; 90.1
 ville 849
**aggloméré** 798.5 ; 802.5
**agglomérer** 66.16 ; 90.13
**agglutination** 66.1 ; 332.11 ; 342.1
**agglutiner** 66.16 ; 90.11 ; 98.12
**agglutinine** 332.7 ; 342.12
**agglutinogène** 332.7 ; 342.10
**aggravant** 385.11
**aggravation** 385 ; 65.3 ; 87.6 ; 552.5
**aggrave** 552.5
**aggravement** 65.3 ; 385.1
**aggraver**
 intensifier 87.13
 alourdir 239.15
**aggraver (s')** 33.10 ; 385.5 ; 453.7
**agha** 670.18
**agile** 240.13 ; 570.18 ; 576.30
**agilement** 570.23
**agilité**
 souplesse corporelle 240.1 ; 570.2 ; 576.2
 vivacité intellectuelle 546.4
**agio** 841.17
**a giorno** 350.38 ; 852.30
**agiotage** 827.6 ; 842.4
**agioter** 842.29
**agioteur** 827.19 ; 842.26
**agir**
 opérer 36.6 ; 50.9 ; 527.10
 influencer 525.10 ; 623.14
 influer 221.14 ; 527.12
 agissant 527.14
**agir** 572.9

amplificateur 365.14 ;
771.5
amplification 65.3 ;
87.5 ; 88.1
*amplification molé-
culaire par émission de
radiation* 350.18
amplifier 87.11 ; 729.21
amplitude 87.1 ; 162.2
écart 273.8
*amplitude sonore* 365.9
ampoule 254.3 ; 852.15
t. d'anatomie 325.15
*ampoule de Vater* 338.8
*ampoule rectale* 338.9
ampoulé 80.16 ; 761.11
ampullacée 303.19
ampullaire 301.9
amputation
89.7 ; 392.12
amputé 392.29
amputer 319.13 ; 392.33
amr 488.15
amuïr (s') 12.7 ;
366.14 ; 744.18
amuïssement 744.2
amulette 484.10 ; 866.10
amusant 463.17 ;
465.11 ; 467.16
amuse-gueule 439.2
amusement 467.5
passe-temps 868.2
amuser 465.10
retarder 457.9
tromper 728.12
amuser (s') 444.5 ;
467.9 ; 868.13 ; 872.32 ;
873.16
*s'amuser de* 454.10 ;
750.12
amusette 750.5 ; 868.1
amuseur 729.11 ; 750.8
amusie 364.2 ; 746.4
amusoire 750.5
Amuzgos 306.7
amyélinique
*fibre amyélinique*
327.9
amygdale 326.7 ; 326.17
amygdalectomie 392.13
amygdalite 383.30
amygdaloside 389.4
amylase 283.24 ; 338.13
amylasémie 332.17
amyle 230.9
amylo-1-6-glucosidase
283.24
amylolyse 283.26
amylopectine 283.5
amylose 283.5

amyotrophie 328
an- 2.15 ; 10.14
an 312.4
*fardeau des ans* 317.4
ana 519.5
anecdote 754.5
anabantidé 298.3
anabaptistes 487.8
anabas 298.5
anabatique 275.23
anabolique 283.32
anabolisant 394.30
anabolisme 283.25
anabæna 293.4
anacarde 289.6
anacardiacée 287.3
anacardier 286.20
anachorète 584.8 ; 702.7
anachorétisme 499.1 ;
702.3
anachronique 196.9
anachroniquement
196.13
anachronisme 180.3 ;
410.5
anacoluthe 752.3
anaconda 299.3
anacoste 810.4
anacréontique 789.28
anacroisé 872.18
anacrouse 781.21
anactinotriches 301.12
anacyclique
n.m.
742.3
adj.
742.26
anadiplose 76.3 ; 752.5
anadrome 298.23
Anadyomène
*Vénus Anadyomène*
271.19 ; 500.13
anaérobie 255.17
n.m.
284.18
adj.
340.31
anaérobiose 284.7
anaglyphe 775.8
anaglyptique
*écriture anaglyptique*
347.12
anagogie 477.20 ; 738.1
anagrammatique
742.26
anagramme 742.3 ;
744.5
anagyre 287.6
Anahita 500.20
Anaïtis 279.17

anal
*nageoire anale* 298.12
analectes 519.5
analepsie 384.5
analeptique 564.6
analgésie 345.4 ; 441.5
analgésique 345.7 ;
394.5 ; 441.20
analgidés 301.12
analgie 345.4
analogie 13.1 ; 21.1 ;
94.3
analogique 732.17 ;
742.26
analogisme 416.2
analogue 15.14 ; 21.14 ;
26.10
analphabète 408.4 ;
744.15
analphabétisme 408.1 ;
744.12
analyse
différenciation 23.3
étude 416.1
psychothérapie 450.12
*analyse génétique*
295.11
*analyse grammaticale*
740.3
*analyse logique* 740.3 ;
741.6
*analyse musicale* 781.38
*analyse numérique*
772.21
*analyse qualitative*
230.13
*analyse quantitative*
230.13 ; 69.14
analysé 756.7
analyser 50.13 ; 93.10 ;
230.20 ; 416.9 ; 755.12 ;
756.6
analyseur 183.4
*analysis situs* 146.1
analyste 772
*analyste-programmeur*
772
analytique 72.18 ;
416.14 ; 766.8
*jugement analytique*
427.4
*philosophie analytique*
478.7
*langues analytiques*
739.14
analytiquement 416.19
anamirte 290.8
anamnèse
investigation 391.9
remémoration 400.5
anamorphe 141.21

anamorphose 234.10
déformation 141.6
représentation pictu-
rale 773.4
anamorphoser 193.15
anamorphotique 234.21
ananas 289.16
Anankê 232.10 ; 517.3
anapeste 789.13
anaphase 283.27
anaphore 76.3 ; 752.3
anaphrodisie 341.26 ;
524.3
anaphylactique 342.20 ;
440.21
anaphylaxie 342.6 ;
440.7
anaplasique 388.12
anaplastie 392.16
anapsides 299.1
anar 671.26
anarchie
désorganisation 48.3
système politique
671.4
anarchique 46.14
anarchiquement 46.17
anarchisme
individualisme 14.3
régime politique
670.12
anarchiste 516.17 ;
671.26
anarcho-syndicalisme
671.4
anarcho-syndicaliste
671.26
anarthrie 746.4
anasarque 383.82
anaspidacés 302.2
anaspis 301.3
anastatique 288.27
anastigmat 775.24 ;
234.21
anastigmatique 234.21 ;
775.24
anastome 297.18
anastomose 392.15
anastomose
*porto-cave* 392.15
*anse d'anastomose*
291.3
anastomoser 392.33
anastrophe 752.3
anastylose 558.1
anathématique 640.18
anathématisation 640.4
anathématiser 605.10
blâmer 429.12
excommunier 640.13

anthacifère 134.17
anthaxie 301.3
-anthe 288.49
anthélie 277.3
anthélix 363.3
anthème 288.49
anthémis 288.10
anthère 288.5
anthericum 288.17
anthéridie 292.2
anthérozoïde 292.2
anthèse 139.2
anthestéries 497.8
anthicidés 301.2
anthidie 301.7
anthocéros 292.5
anthocérotées 285.4
anthologie 789.17
anthoméduse 303.12
anthonome 301.3
anthophage 301.31
anthophile 288.40
anthophore 301.7
anthozoaires 303.11
anthracénique
*huile anthracénique*
267.2
anthracite 355.12 ; 798.5
anthraciteux 243.7
anthracnose 285.16
anthracoïde 383.82
anthracosauriens 300.2
anthracose 383.31
anthracosia 303.2
anthraquinone
*violet d'anthraquinone*
361.2
anthrax 301.9 ; 383.16
anthrène 301.3
anthribidé 301.2
anthropien 306.17
anthropo- 306.33
anthropobiologie
306.22
anthropogenèse 306.22
anthropogénie 306.22
anthropoïde 306
anthropologie 306.22
*anthropologie culturelle*
685.11
*anthropologie économi-
que* 306.22
*anthropologie physique*
306.22
*anthropologie politique*
669.13
*anthropologie religieuse*
306.22
*anthropologie structura-
liste* 478.9

anthropologique 306.30
anthropologiquement
306.32
anthropologiste 306.24
anthropologue 306.24
anthropométrie 70.25
*anthropométrie judi-
ciaire* 720.14
anthropomorphe
296.14
anthropomorphisme
306.19
anthroponyme 743.3
anthroponymie 743.13
anthroponymique
743.28
anthropophile 282.18 ;
295.23
anthropopithèque
237.23 ; 306.17
anthuridé 302.2
anthurium 288.32
anthyllis 288.27
anti- 18.24 ; 180.18 ;
560.36
antiacide 394.5
antiacnéique 394.5
antiaérien 656.29 ; 560.6
antiagrégant 332.18 ;
394.5
antialcoolique 706.7
antiallergique 394.33
antiangoreux 394.5
antiarche 298.4
antiarine 389.4
antiaris 286.18
antiarythmique 394.5
antiasthmatique 394.5 ;
394.32
antiatome 231.2
antiatomique 560.31 ;
656.29
antibactérien 284.16 ;
394.5
antibiogramme 284.10
antibiose 282.4
antibiothérapie 393.5
antibiotique 284.10 ;
394.5
antibois 132.10
antibrouillage 767.8
antibrouillard 817.5
anticancéreux 388.14 ;
394.32
anticapitalisme 671.4
anticapitaliste 671.35 ;
838.14
antichambre 457 ;
848.24 ; 634
antichar 656.29

antichoc 227
anticholinestérase
283.24
antichrèse 836.6
anticipation 59.8 ;
179.4 ; 180 ; 752.5
anticipatoire 59.19 ;
180.12
anticipé 180.10
anticiper 59.14 ; 180.7
anticité 656.29
anticlérical 480.10
anticléricalisme 480.11 ;
671.7
anticlinal 237.13
anticoagulant 332.18 ;
394
anticœur 331.4
anticolonialisme 671.16
anticolonialiste 671.42
anticomanie 195.6
anticommunisme
671.11
anticommuniste 671.38
anticonformisme 516.9
anticonformiste 516
anticonvulsivant 394.5
anticorps 283.8 ; 342
anticorpuscule 231.2
anticryptogamique
291.18
anticyclone 273.8 ;
448.3
anticyclonique 273.19
antidate 180.3
antidater 59.14 ; 180.7
antidémocratique
670.29
antidéplacement 146.12
antidépresseur 394.5
antidiabétique 394.5
antidiarrhéique 394.5
antidiphtérique 394.32
antidiurétique 394.5
antidote 389.9 ; 394.1 ;
473.3
antidotisme 389.8
antidrogue 390.20
antidromique 327.26
antiélectron 231.3
antiémétique 394
antiémétique
n.m.
394.5
adj.
394.33
antiengin 656.29
antienne 496.8 ; 784.5
*chanter toujours la
même antienne* 76.9

antienzyme 283.23
antiépileptique 394.5
antiesclavagiste 724.9
antif (battre l') 719.18
antiféminisme 341.3
antiféministe 309.18
antiferromagnétisme
235.2
antifibrinolytique
332.18
antifongique
n.m.
394.5
adj.
291.18 ; 394.32
antiforces 656.29
antiformant 101.3
anti-g 821.4
*combinaison anti-g*
antigang 716.3
antigel 804.7
antigène 342
*antigène Gregory*
342.10
antigénicité 342.4
antigénique 342.19
antiglobuline 332.19 ;
342.12
antigonadotrope 394.5
Antigone 630.10
antigoutteux 394.5
antiguérilla 656.29
antihalo 775.24
antihémorragique
395.7
antihistaminique
n.m.
394.5
adj.
394.34
antihypertenseur 394.5
anti-impérialisme
671.16
anti-impérialiste 671.42
anti-infectieux 394.5
anti-inflammatoire
345.7 ; 394.5
antijeu 872.39
anti-jka 342.12
anti-JKb 342.12
anti-K 342.12
anti-Lea 342.12
anti-Leb 342.12
anti-Lebh 342.12
anti-Lebt 342.12
antilépreux 394.5
anti-Lex 342.12
antilithique 394.33
antilocapridé 296.3

antilogarithme 100.3 ; 122.3
antilope 296.6
anti-M 342.12
antimatière 231.2
antimense 496.11
antimicrobien 284.16
antimigraineux 394.5
antimissile 656.29
antimoine 230.7 ; 259.5
  *bronze à l'antimoine* 263.2
  *jaune d'antimoine* 358.2
  *vermillon d'antimoine* 357.2
  *verre d'antimoine* 266.5
antimousse 292.9
antimuon 231.3
antimyasthénique 394.5
antimycosique 291.18 ; 394.32
antinéoplasique 388.14 ; 394.32
antineutrino 231.3
antinévralgique 394.33
antinodal 234.20
antinomie 40.3
antinomique 18.15
antiochien 496.3
antiontif 740.6
antipaludéen 394.5
antipape 498.1
antiparallèle 146.16
antiparasitaire 394.5
antiparasite 767.8
antiparkinsonien 394.5
antiparlementarisme 671.13
antiparlementariste 671.40
antiparticule 231.2
antipathie 200.4 ; 456.4 ; 605.1
antipathique 468.14 ; 586.9
  *antipathique à* 605.17
antipathiquement 605.16
antipatriote 675.7
antipatriotisme 675.2
antipéristaltique 338.12
antiphallinique 389.17
antiphonaire 494.13 ; 496.13 ; 784.6
antiphone 496.8 ; 784.5
antiphonie 784.5
antiphrase 752.4
antiplasmine 332.19
antipode 18.5 ; 156.6

*antipodes* 200.5
  *aux antipodes* 162.13
antipodisme 791.8
antipodiste 791.15
antipoison 389.17
antipoliomyélitique 394.32
antipollution 854.23
antiprincipal 234.20
antiprothrombinase 332.18
antiproton 231.3
antiprurigineux 394.33
antiputride 394.33
antipyrétique
  n.m.
  394.5
  adj.
  394.33
antipyrine 394.5
antiquaille 195.5 ; 196.3
antiquaillerie 195.5 ; 196.3
antiquaire 191.8 ; 195.6 ; 755.4
antiquark 231.3
antique
  n.
  195.5 ; 744.8
  adj.
  191.16 ; 195.11 ; 196.10
  *à l'antique*
  adv.
  195.19
antiquement 195.17
antiquisant 195.15
antiquité 191.3 ; 195 ; 317.5
  *de toute antiquité* 173.16 ; 195.18
Antiquité 177.1
  *Antiquité assyrienne* 191.3
  *Antiquité classique* 191.3
  *Antiquité grecque* 191.3
antiquomanie 195.6
antirabique 394.32
antirachitique 394.32
antiradar
  n.m.
  555.9
  adj.
  555.23
antiradiation 560.31
antireflet 234.22
antireligieux 480.9
anti-Rh 332.19
antirhésus 332.19 ; 342.11
antirhumatismal 394.5

antirides 393.29
antisatellite 656.29
antisciens 676.14
antiscorbutique 394.32
antisémite 677.18
antisémitisme 486.21
antisepsie 391.6
antiseptique 380.13
antisérum 342.15
antisexisme 341.3
antisocial 582.9
antisolaire 277.19
  *lueur antisolaire* 277.3
anti-sous-marin 555.23
antispasmodique
  n.m.
  394.5
  adj.
  394.33 ; 448.17
antisportif 870.94
antistreptolysine 342.12
antistrophe 787.13 ; 789.12
antisudoral 394.33
antisystématique 51.20
antitétanique 394.32
antithermique 394.33
antithèse 418.2 ; 752.5
antithétique 418.14
antithrombine 332.19
antithromboplastine 332.18
antitoxine 342.12 ; 389.9
antitoxique 389.17
antitragus 363.3
antitrust 837.4
antituberculeux 394.5
antitussif 394.5 ; 394.33
antiulcéreux 394.5
antivariolique 394.32
antivénéneux 389.17 ; 394.34
antivenimeux 394.34
antiviral
  n.m.
  394.5
  adj.
  284.16 ; 394.28
antivitamine 283.21
antivoile 775.24
antonomase 752.4
antonyme
  n.m.
  732.2 ; 742.5
  adj.
  732.17
antonymie 732.3 ; 742.10
antre 296.18
  *antre pylorique* 338.7

antrectomie 392.13
antrite 383.30
antrustion 516.13
Anuaks 306.11
Anubis 500.28
anuiter (s') 351.8
anurie 339.10 ; 383.24
anurique 383.77
anus 338.5 ; 339.12
  *anus artificiel* 392.21
anuscope 391.18
A.N.V.A.R. 412.8
anxiété 431.2 ; 462.1 ; 472.2 ; 553.2
anxieusement 462.15 ; 472.23
anxieux 462.9 ; 472.20 ; 523.15
anxiogène 462.13 ; 472.22
anxiolytique
  n.m.
  394
  adj.
  448.17
anydrisation 230.14
A.O.C. 434.4
aoriste 177.3
aorte 331.8
aortique 383.66
  *orifice aortique* 331.5
aortite 383.13
aortographie 391.16
août 176.8
aoûtat 301.13
aoûtement 289.18
aoûter 289.22
aoûteron 811.16
Apaches 306.7
apagogie 416.2 ; 733.3
apagogique 416.2
apaisant 448.15 ; 473.11 ; 531.14
apaisé 531.17 ; 652.13
apaisement 448.4 ; 469.2 ; 473.1
apaiser 448.7 ; 550.9 ; 579.15
apaiser (s') 271.25 ; 275.19 ; 652.12
apanage 646.10
apanteles 301.7
apareunie 386.4
aparigraha 490.6
aparté 727.6 ; 745.5
  *en aparté* 72.20

apartheid 640.2 ; 677.11
apathie 229.4 ; 478.23 ;
577.2
apathique 376.20 ;
448.13 ; 529.15
apatite 258.9
apatride 674.4 ; 677.6
apatura 301.11
Apennins 278.7
apepsie 338.3
aperceptif 343.18
aperception 343.3 ;
424.4
aperceptivité 343.3
apercevable 348.8
apercevoir 346.17 ;
398.10
apercevoir (s') 411.7
aperçu 407.2 ; 421.5 ;
755.1
apérianthé 288.45
apériodique 185.14 ;
226.19 ; 766.28
apéritif
n.m.
859.16
adj.
333.13 ; 337.18
apert 139.17
aperture 139.2
apesanteur 233.6 ;
240.2 ; 821.7
apétale 288.47
apetisser 128.6
à-peu-près 736.3
apeuré 466.15 ; 472.20
apeurer 472.10 ; 553.11
apex
pointe 151.2
d'un arbre 286.5
d'une coquille 303.14
d'une dent 330.5
t. d'astronomie 232.21
t. de médecine 331.4
apexien 331.24
choc apexien 227.8 ;
331.12
aphake 383.74
œil aphake 347.3
aphanus 301.5
aphaque 383.74
aphasie 344.5 ; 366.6 ;
746
aphasique
n.
746.8
adj.
366.16 ; 746.12
aphélandra 288.22
aphélie 232.20

aphéline 301.7
aphémie 746.4
aphérèse 89.6 ; 214.6 ;
752.2
aphididés ou aphidiens
301.4
aphlogistique 243.29
aphodius 301.3
aphone 366.16 ; 746.12
aphonie 366.6 ; 383.29 ;
746.1
aphorisme 756.1 ; 759.3
aphoristique 759.8
aphotique 282.15
aphrodisiaque
n.m.
341.17
adj.
341.45 ; 523.16
aphrodisie 523.5
aphrodisies 497.8
aphrodite 304.2
Aphrodite 271.19 ;
500.13 ; 600.15
aphrophore 301.5
aphte 383.16
aphteux 383
virus aphteux 284.3
aphyllophorales 291.5
à-pic 270.9
apic 151.16
apical 165.21
apicole 813.32
apiculteur 813.22
apiculture 301.28 ; 813.2
apidés 301.6
apidiologie 301.27
apiécer 558.8
Apis 500.29
apithérapie 393.4
apitoiement 609.1
apitoyer 609.10
APL 772.16
aplacophores 303.1
aplanat 234.20 ; 775.4
aplanétique 234.20
objectif aplanétique
775.4
aplanétisme 234.11
aplanir 83.15 ; 142.7 ;
546.14
t. de menuiserie 807.23
aplasie 281.11 ; 386.4
aplasique 383.80
aplat 773.10
aplati 129.8
aplatir 557.16 ; 870.85
aplatir (s')
s'humilier 86.10 ;
629.11

tomber 214.18
aplatir le coup 638.13
aplatissage 129.1
aplatissement 129.1 ;
629.5
aplet 814.9
aplomb
équilibre 156.5 ; 226.1 ;
246.1
confiance en soi
508.2 ; 606.5 ; 621.4
d'aplomb 142.13 ;
226.17
aplysie 303.3
apnée 340.14 ; 383.32
apnée adrénalinique
340.14
apneumone 301.32
apneusis 340.14
apneustique 340.30
apo- 2.15 ; 33.18
apoastre 232.20
Apocalypse 487.21 ;
774.3
les vingt-quatre vieil-
lards de l'Apocalypse
317.6
les quatre cavaliers de
l'Apocalypse 105.3
apocalyptique 472.22
apocope
retranchement 12.2 ;
89.6 ; 214.6
t. de phonétique 752.2
apocrine 333.16
apocrite 301.7
apocrites 301.6
apocynacées 288.13
apode 321.9
apodème 301.17 ; 302.4
apodictique 430.3
apodie 386.4
apodiformes 297.4
apodose 60.8 ; 751.11
apoenzyme 338.13
apoferritine 283.9
apogamie 288.38
apogée
sommet 87.4 ; 538.7
t. d'astronomie 232.20
être à son apogée
540.18 ; 639.31
apolitique 671.33
apolitisme 671.3
apollinien 500.47
apollon 301.11
Apollon 436.4 ; 500.34 ;
789.22
apologétique
n.m.

477.2
adj.
477.28 ; 636.21
apologie 636.4 ; 715.2 ;
751.5
apologique 636.20
apologiste
laudateur 594.7 ;
636.8 ; 751.12
t. de théologie 477.8
apologue 690.8 ; 754.5
apolune 232.20 ; 278.6
aponévrose 137.4 ; 328 ;
336.4
aponévrotique 328.24 ;
336.11
aponévrotomie 392.14
aponogéton 288.36
apophatique 418.14
théologie apophatique
477.1
apophatisme 418.5
apophtegme 745.11 ;
759.3
apophyge 777.21
apophyse 152.5 ; 329.3 ;
777.21
apoplectique 383.47
apoplexie
t. de botanique 288.37
t. de médecine 311.13 ;
383.47
aporétique 478.33 ;
547.19
aporia 301.11
aporie 40.3 ; 547.3
aporisme 40.3 ; 547.3
aposélène 232.20 ; 278.6
aposématique 31.2
aposiopèse 366.4 ; 752.5
apostasie 480.4 ; 513.3 ;
597.4
apostasier 480.13 ;
513.6 ; 515.7
apostat 480.8 ; 513.4 ;
597.7
apostème ou apostume
127.2 ; 152.4
aposter 555.19
a posteriori 37.4 ; 60 ;
416.2
apostériorisme 416.2
apostérioriste 416.14
apostille 60.7 ; 88.4 ;
132.13
apostiller 88.9 ; 132.18
apostolat 492.3 ; 495.2
apostolicité 477.11
apostolique 495.17 ; 498
apostoliquement 495.20

**apostrophe**
  invective 747.6
  t. de linguistique 740.8 ;
  745.3 ; 752.5
**apostropher** 657.9 ;
  745.24 ; 749.15
**apostume** → **apos-
  tème**
**apothécie** 291.3
**apothème** 146.7
**apothéose** 58.6 ; 540.4 ;
  639.7
**apothéoser** 639.12
**apothicaire** 394.21
  *or d'apothicaîre* 260.4
**apothicairerie** 394.22
**apôtre** 487.18 ; 495.13 ;
  594.7
  *Actes des Apôtres*
  501.4 ; 487
  *bon apôtre* 595.9
  *les douze apôtres* 112.3
**apotropaïque** 484.27
**apotropée** 491.12
**apparaître**
  exister 1.10 ; 6.4
  paraître 11.7
  se montrer 203.12 ;
  348 ; 350.31
**apparat** 617.1 ; 686.3 ;
  742.16
  *tenue d'apparat* 686.15
  *en grand apparat*
  686.30
**apparaux** 819.10
**appareil**
  apparat 686.3
  aspect 141.4
  avion 720.2
  collection 66.5
  dispositif 51.1 ; 147.1
  machine 800.1
  préparatifs 536.3
  t. d'architecture 777.5
  t. de gastronomie 856.2
  t. de sports 870.72
  *appareil acoustique*
  363.9
  *appareil circulatoire*
  331.1
  *appareil cyclopéen* 777.5
  *appareil de Bird* 393.20
  *appareil de Chappe*
  769.5
  *appareil de levage* 801.9
  *appareil de Golgi* 336.2
  *appareil de photo* 775.3
  *appareil de transport*
  801.7
  *appareil dentaire* 330.15
  *appareil digestif* 338.5

*appareil Flaman* 771.7
*appareil génital* 279.7 ;
  325.1
*appareil olfactif* 371.6
*appareil polygonal*
  777.5
*appareil réglé* 777.5
*appareil reproducteur*
  279.7
*appareil respiratoire*
  51.6 ; 340
*dans le plus simple
  appareil* 379.13
*pierre d'appareil* 258.2
**appareillable** 392.35
**appareillage** 51.1 ;
  556.2 ; 777.5
**appareiller**
  assortir 66.15
  t. d'architecture 258.15 ;
  777.24
  t. de chirurgie 392.33 ;
  393.26
  t. de navigation 819.28
**appareilleur** 258.14 ;
  392.28
**appareil-photo** 771.6 ;
  775.3
**apparemment** 17.20
**apparence**
  illusion 2.2 ; 21.8
  aspect extérieur
  130.3 ; 348.3 ; 595.5
  t. de philosophie 6.1 ;
  478.20
**apparent** 346.25 ; 348.7
  *simulanéité apparente*
  182.1
**apparenté** 13.10 ; 21.14 ;
  681.15
**apparentement** 13.2 ;
  672.6
**apparenter** 13.6 ; 681.12
**apparenter (s')** 562.29
**appariement** 103.3 ;
  279.8
**apparier** 66.15 ; 97.13 ;
  103.6
**appariteur** 414.14
**apparition** 11
  manifestation 348.4 ;
  484.8
  arrivée 201.1 ; 203.1
**apparoir** 11.10
**appartement** 583.11 ;
  848.18
  *appartement de garçon*
  683.4
**appartenance** 67.6 ;
  671.2 ; 822.1

*relation d'appartenance*
  122.4
**appartenant**
  t. de droit 822.23
**appartenir** 72.13
  *appartenir à* 67.14 ;
  135.8 ; 822.20
**appartenir (s')** 516.23 ;
  622.17
**appas** 436.9 ; 455.4
**appassionato**
  t. de musique 782.26
  passionnément 602.18
**appât** 814.15 ; 871.7
**appâter** 455.7 ; 814.24 ;
  871.22
**appauvri** 89.18
**appauvrir** 830.18
**appauvrir (s')** 696.7 ;
  830.15
**appauvrissement**
  237.4 ; 696.2 ; 830.5
  *appauvrissement des
  sols* 282.9
**appeau** 297.29 ; 368.6 ;
  871.7
  *se laisser prendre à
  l'appeau* 728.17
  *servir d'appeau* 728.17
**appel**
  vérification 9.7
  incitation 225 ; 565.2
  signal 552.3 ; 747.7
  t. de droit 634.2 ;
  711.16 ; 722.17
  t. des télécommunica-
  tions 769.13
  t. d'informatique 772.21
  t. de sports 870.6
  t. de chasse 871.11
  t. de jeux 872.9
  *appel au peuple* 634
  *appel d'air* 255.3
  *appel du ciel* 517.2
  *appel du pied*
  *faire appel* 711.31
  *faire l'appel* 743.19
  *manquer à l'appel*
  10.7 ; 513.5
  *répondre à l'appel* 9.10
**appelable** 634.26
**appelant** 297.29 ; 871.7
**appelé**
  n.m.
  663.10
  adj.
  519.12 ; 523.17 ; 743.25
  *autrement appelé* 743.33
**appeler**
  nécessiter 34.12 ; 41.5
  attirer 455.7

**vouer** 517.7
  déclencher 528.7
  demander 634 ; 523.9
  *appeler aux armes*
  664.21
  *appeler à la guerre*
  650.23
  *appeler à la prudence*
  553.9
  *appeler à une fonction*
  643.8
**appeler (s')** 743.23
**appellatif** 742.2 ; 743.1
**appellation** 634.2 ;
  648.1 ; 743.1
  *appellation contrôlée*
  434.4 ; 859.12
  *appellation d'origine*
  434.4 ; 743.5
**appendice** 97.3 ; 118.3 ;
  302.4
  *appendice nasal* 318.5
  *appendice vermiculaire*
  338.9
  *appendice xiphoïde*
  329.9
**appendicectomie**
  392.13
**appendicite** 383.23
**appendre** 160.12
**appentis** 848.12
**appenzell** 861.6
**appertisation** 856.4
**appesanti** 239.20
**appesantir** 239.15
**appesantir (s')** 577.15
**appesantissement** 239.8
**appétence** 523.3
**appéter** 523.11
**appétissant** 337.18 ;
  523.16 ; 855.43
**appétit** 337.6 ; 523.3 ;
  705.5
  *appétit charnel* 600.12
  *appétit d'oiseau* 855.12
  *appétit de connaissances*
  405.2
  *appétit sensuel* 523.5
  *appétit sexuel* 341.5
  *mettre en appétit*
  523.11 ; 564.14
**appétit-aversion**
  456.3
**applaudi** 565.14
**applaudimètre** 636.7
**applaudir** 540.19 ;
  565.12 ; 641.14
  *applaudir à* 635.10
  *applaudir à tout rom-
  pre* 540.19 ; 636.13
**applaudissable** 636.22

**applaudissant** 636.19
**applaudissement**
320.6 ; 540.5 ; 565.4
*applaudissements nourris* 787.24 ; 636.3 ;
787.24
**applaudisseur** 636.8
**applicable** 13.10
**application**
attention 402.1 ;
574.1 ; 453.3
persévérance 512.1
mise en pratique
567.2
t. de mathématique
13.3 ; 122.4
*application bijective*
122.4
*application de la peine*
722.15
*application identique*
15.4
*application inverse*
122.4
*application involutive*
122.4
*application linéaire*
122.4
*application réciproque*
122.4
*application surjective*
122.4
*application symétrique*
122.4
**applique** 809.3 ; 852.11
**appliqué** 453.11 ; 512.4 ;
574.20
**appliquer** 36.6 ; 658.11 ;
722.29
**appliquer (s')** 530.6 ;
533.8 ; 535.11
**appogiature** 781.26
**appoint** 562.4
*d'appoint* 562.37
**appointage** 151.9
**appointement** 825.18
*appointements* 795.12 ;
792.12 ; 795.4
**appointer** 151.12 ;
795.11 ; 825.16
**appointir** 151.12
**appontage** 819.13
**appontement** 819.15
**apport** 562.5 ; 827.12 ;
842.7
**apporter** 34.9 ; 131.8 ;
815.22
**apposer** 97.13
**apposition** 740.8 ; 752.3
**appprouver** 417.7

**appréciable** 70.31 ;
434.15 ; 695.15
**appréciateur** 427.6 ;
868.9
**appréciatif** 427.14
**appréciation** 116.4 ;
427.2 ; 831.7
*jugement d'appréciation*
427.4
**apprécié** 427.13 ; 641.28
**apprécier**
évaluer 43.6 ; 427.7 ;
831.13
estimer 434.10 ; 626.9
goûter 868.14
**appréhendé** 721.15
**appréhender**
comprendre 398.9 ;
734.13
craindre 462.5 ; 472.13
arrêter 721.11
*appréhender que* 424.7
**appréhensif** 472.19
**appréhension**
compréhension 398.3 ;
424.5 ; 734.5
crainte 462.1 ; 472.2 ;
618.1
arrestation 721.1
**apprenant** 413.3
**apprendre**
assimiler 413.4
enseigner 414.17
essayer 536.14
annoncer 552.11
*apprendre à vivre à*
*qqn* 658.15
**apprenti** 56.14 ; 413.3 ;
536.9
*apprenti sorcier* 484.18 ;
573.6
**apprentissage 413 ;**
533.4 ; 568.7
**apprêt** 137.6 ; 615.1 ;
810.9
*apprêts* 536.3
*sans apprêt* 537.10 ;
612.13 ; 616.15
**apprêtage** 137.11
**apprêté** 574.24 ; 598.11 ;
615.13
**apprêter** 729.15 ;
810.25 ; 856.37
**apprêter (s')** 536.13 ;
862.37
**apprêteuse** 800.9
**appris**
*bien appris* 415.11 ;
592.11
**apprivoisé** 295.22
**apprivoiser** 295.17

**approbateur** 635.6
**approbatif** 417.10 ;
635.17
**approbation**
affirmation 417.1
accord 428.3 ; 632.5 ;
635.1 ; 654.5
**approbativement**
635.20
**approbativité** 635.5
**approbatur** 632.5
**approchant** 21.14 ;
199.15 ; 425.11
**approche** 161.1 ; 199.1 ;
666.13
*approches* 656.12
*travaux d'approche*
533.1 ; 536.3
**approché** 409.21 ; 431.17
**approchement** 199.1
**approcher** 65.7 ; 161.9 ;
201.8
*approcher de* 132.17
*approcher les sacrements* 477.27
**approcher (s')** 199.10 ;
223.10
**appropriable** 717.28 ;
822.24
**appropriation** 400.4 ;
717.1 ; 822.1
**approprié** 28.12 ; 542 ;
717.27
**approprier** 53.11
**approuvé** 635.19
**approuver**
accord 428.12 ; 632.12 ;
635.7 ; 654.9
encouragement 565.11
*approuver qqn de*
636.15
**approvisionné** 828.27
**approvisionnement**
667.11 ; 828.9
*approvisionnements*
663.6
**approvisionner** 667.22 ;
828.18
**approvisionneur** 828.15
**approximatif** 696.10
**approximation** 70.3 ;
116.4 ; 123.6
**approximativement**
127.18 ; 431.20 ; 696.14
**appui**
soutien 159 ; 544.4 ;
546.9 ; 562.4 ; 563.1 ;
565.3
protection 560
t. de défense 666.8

t. de travaux publics
806.12
*servitude d'appui*
159.1 ; 713.27
*d'appui* 159.14
**appui- ou appuie-**
159.17
**appui-bras** 159.17
**appuiement** 159.1
**appui-main** 773.17
**appui-tête** 159.17 ;
850.21
**appulse** 278.6
**appuyé** 761.11
**appuyer**
confirmer 26.6
soutenir 159.11 ;
546.13 ; 560.21 ;
562.25 ; 563.19
encourager 565.11
t. de défense 656.22 ;
666.30
t. de sports 870.20
t. de chasse 871.19
*appuyer sur le champignon* 576.20 ; 817.25
**appuyer (s')** 606.13
**appuyoir** 808.19
**apraxie** 229.3
**apraxique** 229.13
**âpre** 586.11 ; 599.8
*ligne âpre* 329.16
**âprement** 580.32
**après-** 60.31 ; 179.23
**après**
adv.
45.25 ; 60
prép.
164.23 ; 179.21
*par après* 179.15
*d'après*
conformément à
26.18 ; 28.17 ; 31.13
selon 738.17
*après coup* 60.23
*après que* 60.30 ;
179.22 ; 219.15
*après quoi* 60.23
*après toi !* 59.32
*après vous !* 59.32 ;
96.11
**après-demain** 60.26 ;
179.15
**après-dîner** 189.1
**après-guerre** 650.12
**après-midi** 189.2
**après-midi** 189.13
**après-rasage** 867.7
**après-ski** 865.6
**âpreté** 242.1 ; 580.5
*âpreté au gain* 709.2

prononcé 745.30
type de feuille 286.27
**articuler**
structurer 147.13 ;
556.8
prononcer 365.26 ;
734.9 ; 742.22
**articulet** 766.8
**artifice**
adresse 570.1
ruse 728.4
*feu d'artifice* 256.6 ;
687.12
**artificiel**
factice 615.12
fabriqué 796.23 ; 352.7
*lumière artificielle*
852.27 ; 350.2
*paradis artificiels* 390.1
**artificiellement** 796.26
**artificier** 256.16 ; 667.18
**artificieusement** 406.23
**artificieux**
habile 406.19
hypocrite 595.16
trompeur 728.19
**artillerie** 663.3 ; 664 ;
667.9
**artilleur** 663.12 ; 667.18
**artiodactyle** 295.24 ;
296.3
**artisan** 36.4 ; 793.1
*artisan-créateur* 866.19
**artisanal** 796.22
**artisanalement** 796.26
**artisanat**
métier 792.2 ; 796.5
ensemble des artisans
793.2
**artisanerie** 647.1
**artiste** 436.11 ; 738.10
*artiste capillaire* 867.12
*artiste lyrique* 784.17
*vie d'artiste* 310.13
**artistement** 434.19 ;
436.21
**artistique** 780.14
**artothèque** 773.24
**arum** 288.32
**arvale** 492.25
**Arvernes** 306.16
**arvicole** 847.16
**Arya Samaj** 490.1
**ary-aryténoïdien** 328.11
**Aryens** 306.16
**aryle** 230.9
**arythmie** 331.13 ; 383.13
**arythmique** 84.11 ;
383.66
**as**
champion 85.8 ; 396.7

unité de poids 239.12
monnaie 263.5 ; 839.11
carte à jouer 872.4
*as du volant* 817.22
*carré d'as* 872.7
*attifé comme l'as de*
*pique* 862.45
**asa fœtida** ou **ase fé-**
**tide** 394.9
**Asamskrita** 489.8
**asaret** 290.8
**asbeste** 258.2
**asbestose** 251.13
**ascaride** 304.2
**ascaridiase** ou **ascari-**
**diose** 383.35
**ascaris** 304.2
**ascendance**
filiation 681
t. d'astronomie 211.1
*ascendance thermique*
273.8
*pluie d'ascendance fron-*
*tale* 274.4
**ascendant**
n.m.
influence 622.2 ; 623.1
ancêtre 679.7 ; 681.5
*exercer de l'ascendant*
*sur* 623.15
adj.
croissant 65.11
montant 211.19
ancestral 679.11
*ligne ascendante* 681.2
**ascenseur** 801.10 ;
848.29 ; 212.6
*ascenseur à poissons*
806.9
*se renvoyer l'ascenseur*
562.26
**ascension**
montée 211
élévation 643.1
escalade 869.8 ; 870.25
*ascension droite* 232.21
*faire l'ascension de*
270.15
**Ascension**
fête religieuse 497.3 ;
487
élévation de Jésus-
Christ au ciel 505.3
œuvre d'art 774.3
**ascensionnel** 211.19
**ascensionner** 211.13 ;
270.15
**ascensionniste** 270.13
**ascèse** 702 ; 515.3
**ascète** 690.11 ; 701.5 ;
702.7 ; 704.4

**ascétère** 702
**ascétique** 499.32 ;
701.11 ; 702
**ascétiquement** 702.13
**ascétiser** 702.8
**ascétisme** 690.3 ; 701.4 ;
702 ; 704.2
**ascidie** 288.3
**Asciens** 676.14
**ascitique** 383.82
**asclépiadacées** 288.34
**Asclépios** 500.33
**asco-** 291.19
**ascogène** 294.6
**ascolichen** 294.1
**ascomycètes** 291.7 ;
285.4
**ascophyta** 291.8
**ascorbate** 394.6
**ascorbique**
*acide ascorbique* 394.6 ;
395.7
*acide ascorbique-oxydase*
283.24
**ascospore** 291.3
**ascot** 862.25
**ascothoraciques** 302.2
**asdic** 555.6
**-ase** 283.36
**ase fétide** → **asa fœ-**
**tida**
**aséité** 502.13
**aselle** 302.3
**asémanticité** 733.1
**asémantique** 732.15 ;
733.8
**asepsie** 380.1 ; 391.6
**aseptisation** 284.10
**aseptisé** 380.12
**aseptiser** 284.13 ; 392.33
**Ases** 500.24
**asexué** 279.23 ; 341.43
**Ashantis** 306.11
**ashkénaze** 486.29
**Ashkénaze** 486.24
**ashram** 490.11 ; 499.22 ;
702.4
**Ashtart** 500.21
**asianique**
*langues asianiques*
739.14
**Asiate** 306.5
**Asiatique** 306.5
**asile**
maison de santé
393.21
refuge 560.4 ; 590.4 ;
847.2
*asile de fous* 450.11
*asile de nuit* 830.8

*dernier asile* 688.14
*terre d'asile* 677.13
**asile**
mouche 301.9
**asilidés** 301.8
**asiminier** 287.7
**asinien** 296.31
**Ask** 500.9
**Asmats** 306.12
**Asmodée** 504.4
**asociabilité** 582.1
**asocial**
n.
582.3
adj.
582.9
**asocialité** 582.1
**asopia** 301.11
**asparagine** 283.10
**asparagopsis** 293.4
**aspartame** 395.4 ; 394.6
**aspartate** 283.19
**aspartique**
*acide aspartique* 283.10
**aspe** 298.5
**aspect**
forme 141.4
perspective 167.5 ;
346.8
t. de linguistique 740.4
*sous un certain aspect*
143.12
**aspectuel** 740.12
**asperge**
n.f.
personne grande 126.3
plante potagère 856.17
adj.
*vert asperge* 359.11
**aspergée** 252.6
**asperger** 244.13 ; 252.9
**aspergeraie, aspergerie**
ou **aspergière** 290.6 ;
811.10
**aspergès** 252.6
**aspergillales** 291.5
**aspergillose** 383.36
**aspérité** 84.1 ; 152.1
**aspermatisme** 325.25 ;
383.33
**aspermie** 279.11 ;
325.25 ; 383.33
**aspersion**
arrosement 252.6
t. de liturgie 491.7 ;
686.5
**aspersoir** 496.12
**aspérule** 288.28
**asphaltage** 137.11 ;
806.25

asthénospermie 325.25
asthénosphère 237.10
asthmatiforme 383.76
asthmatique 383.76
asthme 340.15
astic 799.15
asticot 301.20
asticotage 449.6
asticoter 449.15
asticotier 814.19
astigmate
347.17 ; 383.74
astigmatisme 234.11 ;
383.27
astilbe 288.29
astiquage 155.2
astiquer 155.8 ; 854.29 ;
865.19
astomie 386.4
astr- 232.37
astragale
t. d'anatomie 329.17
t. d'architecture 777.15
astral
cosmique 232.33
*corps astral* 4.3
*lampe astrale* 852.11
astrantia 288.20
astrapothérien 296.4
astrapothériidé 296.4
astre
étoile 232.4
célébrité 639.11
*astre ascendant* 211.10
*l'astre au front d'argent*
261.5
*l'astre aux cornes d'argent* 278.1
Astrée 500.19
astreignant 518.14 ;
530.10 ; 628.23
astreindre 518.7 ; 692.5
astreinte
contrainte 518
t. de droit 722.8
astriction 129.6
astrild 297.8
astringence 210.6
astringent
n.m.
210.4
adj.
210.16
astro- 232.37 ; 821.17
astrobiologiste 232.26
astrochimie 230.1 ;
232.1
astrochimiste 232.26
astrocyte 327.9
astrocytome 388.3

astroglie 327.9
astrolâtrie 476.6
astrologie 485.3
astrologien 485.12
astrologique 485.18
astrologue 232.27 ;
484.19
astromancie 485.2
astromancien 485.14
astrométrie 70.25 ;
232.1
astrométriste 232.26
astronaute 232.26 ;
821.10
astronauticien 821.11
astronautique 821 ;
232.1 ; 820.1
astronef 821.2
astronome
astrophysicien 232.26
astrologue 485.12
**Astronomia nova**
232.28
astronomie 232 ; 414.6
*astronomie nautique*
821.8
astronomique 170.4 ;
232.33 ; 185.5
astrophotographie
775.2
astrophysicien 232.26
astrophysique 232.1
astrotaxie 198.12
astuce
plaisanterie 750.4
truc 406.10
astucieusement 406.23
astucieux 396.11 ;
406.19
Asvin 500.33 ; 490.16
asymbolie 344.5
asymétrie 22.1 ; 84.1
asymétrique 27.10 ;
84.12
asymptomatique 391.37
asymptote
146.7 ; 199.6
asynchronisme 180.2
asyndète 741.6 ; 752.3
asystématique 51.20
asystolique
383.66
-at 394.39 ; 648.23
atacamite 259.5
Ataouats 306.13
Atar 256.14
ataraxie 448.1 ; 478.23 ;
524.5
ataraxique 441.14
ataval 280.20

atavique 280.20 ; 678.14
atavisme 280.1 ; 678.9
-ate 230.30 ; 283.36
atèle 296.14
atéleste 301.3
atelier
lieu de travail 794.6
corporation 583.7
cours 414.10
studio d'artiste 773.24
*atelier de couture*
864.20
*atelier de restauration*
558.4
**Atelier du Sculpteur**
232.15
atemporalité 173.1
atemporel 173.11
aténolol 394.5
atermoiement
hésitation 511.3
t. de droit 836.13
atermoyer
attendre 60.16
tergiverser 511.5
ateuchus 301.3
athalie 301.7
athanor 484.14
atharvaveda 501.7
Athasbacans 306.7
athée 476.12 ; 480.9
athéisme 476.7 ; 480.1
athéistique 480.16
athématisme 781.24
Athéna 500
athénienne
850.8
athèques 299.8
athérine 298.6
athérinidé 298.3
athérix 301.9
athermane 241.28 ;
266.3
athérogène 383.66
athéromateux
383
athérome 383.13
athérosclérose 383.13
athérure 296.5
atheta 301.3
athlète 870.45
athlétique
375.15 ; 870.95
athlétisme 870.3
athous 301.3
athrepsie 337.8 ; 383.40
athrepsique
383.79
athyrium 290.9

atimie 642.7
-ation 193.29 ; 527.18
atlante
mollusque 303.3
t. d'architecture 776.6
atlantisme 671.20
atlantiste
671.46
atlantosaure 237.22
atlas
t. d'anatomie 329
recueil de cartes 765.8
Atlas 159.9 ; 500.40
Atlas
satellite de Saturne
232.10
Atman 481.4 ; 490.5
atmo- 255.23 ; 273.23
atmosphère 232.22 ;
253.2 ; 255.2
environnement 157.2
*atmosphère explosive*
243.11
*atmosphère péricapillaire*
331.2
atmosphérique 255.18 ;
273.18
*électricité atmosphérique*
235.1
*pression atmosphérique*
221.2
*visibilité atmosphérique*
348.2
atoll 271.8
atomaria 301.3
atome
particule 72.1 ; 230.2 ;
231.2
parcelle 128.4
atome-gramme 70.15
atomicité 230.11
atomique 230.24 ;
231.13
*énergie atomique* 798.12
*guerre atomique* 650.2
*unité de masse atomique* 70.8
*masse atomique* 70.4 ;
230.6
atomisation
fractionnement 72.4
désintégration 557.3
atomisé
48.12
atomiser
pulvériser 251.16
détruire 557.14
atomiseur 251.10
atomisme 72.9
t. de science 231.1

t. de philosophie 478.14
*atomisme mental* 421.14
**atomiste**
t. de science 231.10
t. de philosophie 478.32
**atomistique**
n.f.
231.1
adj.
231.13
**Aton** 277.12 ; 500.34
**atonal** 781.52
**atonalité** 781.24
**atone**
amorphe 445
inaccentué 744.21
monocorde 365.8
t. de médecine 250.9
**atonie** 376.2
t. de médecine 250.1
**atonique** 250.9 ; 383.80
**Atonis** 306.12
**atopie** 342.6
**atopique** 342.20
**atourner** 778.12
**atours** 862.3
**atout**
avantage 85.3
coup 658.4
t. de jeux 872
**atoxique** 389.17
**A.T.P.** 283
**atrabilaire**
coléreux 471.11
**atrabile**
bile noire 252.4 ; 333.4
mauvaise humeur
582.2
**atrax** 301.13
**âtre** 256.3 ; 848.34 ;
853.3 ; 853.16
**atrésie** 383.41
**atrésié** 383.80
**atrichie** 335.10 ; 386.4
**atrium**
cour 848
vers 304.4
**-atriyne** 230.30
**atroce** 466.13
**atrocement**
douloureusement
345.15
excessivement 80.20
**atrophiant** 383.81
**atrophie** 89.3 ; 337.8 ;
383.42
**atrophié**
89.17
**atrophier** 383.56
**atrophique** 383.80
**atropine** 389.4 ; 394.5

**atropinisation** 393.11
**atropos** 301.11
**Atropos** 506.8
**atta** 301.7
**attabler (s')** 855.24
**attachant**
attirant 455.9
passionnant 602.12
**attache** 90.5 ; 328.14
**attaché**
n.
391.25
adj.
adjoint 97.18
assemblé 90.16
dévoué 594.13
*attaché culturel* 669.10
*attaché de presse* 768.8
*attaché de recherche*
412.9
*attaché militaire* 669.10
**attachement** 13.2 ;
600.1 ; 604.1
**attacher**
lier 90.12
soumettre 622.13
suspendre 160.12
*attacher ou fixer son
regard sur* 402.5
*attacher de l'importance
à* 438.9
*attacher du prix* 626.9
*attacher peu d'impor-
tance à* 433.4
**attacher (s')**
*s'attacher à*
s'appliquer à 402.6
s'éprendre de 600.17
*s'attacher qqn*
s'adjoindre qqn 97.16
*s'attacher au char de*
628.17
**attacus** 301.11
**attagène** 301.3
**attaquable**
faible 376.22
discutable 431.13
annulable 561.13
attaquable 655.22
**attaquant**
n.
655.11 ; 870
adj.
655.19
**attaque** 655
agression 580.7
commencement 56.9
injure 657.4
*attaque à main armée*
720.10
*attaque verbale* 745.7

*angle d'attaque* 143.4
*à l'attaque* 655.24
*être d'attaque* 382.7
**attaquer**
commencer 56.17
agresser 580.15
critiquer 637.13
*attaquer la mémoire de
qqn* 642.19
**attaquer (s')** 655.16
**attardé**
n.
397.5
adj.
rétrograde 196.9
**attarder** 181.9
**attarder (s')** 172.11 ;
181.12
*s'attarder sur* 577.15
**atteindre**
toucher 38.7
gagner un lieu 201.8
s'élever à 211.17
*atteindre qqn dans sa
dignité* 627.11
*atteindre son objectif*
540.14
**atteint**
fou 450.23
*atteint de* 383.59
**atteinte**
injure 657.2
t. de zoologie 387.8
*atteinte à la défense
nationale* 597.2
*atteinte à la sûreté de
l'État* 720.5
*atteinte illégale à la
liberté individuelle* 723.2
**attélabe** 301.3
**attelage** 815.9
*attelage automatique*
818.10
**atteler (s')**
*s'atteler à*
s'appliquer à 402.6
se mettre à 535.10
**attelle**
outil 808.19
t. de chirurgie 159.7
**attelloire** 808.19
**attenant**
161.11 ; 199.15
**attendant**
457.11
**attendre**
différer 60
espérer 474.4
languir 172.8
*attendre après* 523.9
*attendre au passage ou*

*au tournant* 662.8
*attendre de pied ferme*
630.14
*faire attendre* 181.11
*sans attendre* 174.16
*savoir attendre* 446.8
**attendre (s')**
*s'attendre à*
43.7
*ne pas s'attendre à*
459.11
**attendrir**
amollir 250.7
émouvoir 440.11
**attendrir (s')** 585.8 ;
609.8
**attendrissant** 600.28
**attendrissement**
amollissement 250.3
apitoiement 609.1
**attendu**
n.
t. de droit 37.5
adj.
457.10
prép.
711.15
*attendu que* 8.16 ; 37.16
**attensité** 402.2
**attentat**
outrage 483.1
manœuvre 535.3
acte terroriste 580.7
*attentat aux mœurs*
341.10 ; 720.9
*attentat à la liberté*
723.2
*attentat à la pudeur*
341.10
**attentatoire**
ennemi 18.15
immoral 697.15
t. de droit 712.15
*attentatoire à* 580.28
**attente** 457
espoir 474.1
guet 555.2
*dans l'attente de* 457.12
*en attente* 511.11
*salle d'attente* 794.11 ;
848.24
*tenir dans l'attente*
447.6
**attenter**
outrager 483.7
attaquer 557.20
contrevenir à 720.26
**attentif** 343.15 ; 446.13 ;
462.12 ; 572.11 ;
574.20 ; 598.10
**attention** 402

n.f.
application 574.1
conscience 343.4
vigilance 553
délicatesse 598
int.
552.22 ; 748.3
*attention au départ*
202.18
*faire attention à* 574.12
*à l'attention de* 402.14
*attention flottante* 402.2
*attirer l'attention*
attirer l'œil 346.22
appeler l'attention
730.21
*demander l'attention*
402.10
*détourner l'attention*
403.8
*faire attention* 572.6 ;
607.11
**attentionné** 402.12 ;
574.21
**attentisme** 457.3 ; 669.6
**attentiste**
n.
542.6
**attentivement** 402.13 ;
574.25
**atténuation**
allègement 473.2
adoucissement 579.5
*atténuation de peine*
722.16
**atténué** 852.28
**atténuer** 473.5 ; 579.11
**attereau** 856.11
**atterrant** 549.26
**atterré** 475.10
**atterrer** 549.17
**atterrir** 201.10 ; 821.13
**atterrissage** 201.2 ;
821.5
*feu d'atterrissage* 256.6
**atterrissement** 271.17
**attestation**
diplôme 414.7
affirmation 417.2
brevet 648.16
datation 742.11
*attestation d'achat*
835.8
**attesté** 430.8 ; 742.29
**attester** 417.8 ; 430.4
**atticisme** 598 ; 739.5
**attiédir** 241.20 ; 579.11
**attiédissement** 241.7 ;
853.1
**attifé** 862.45
**attifement** 862.4

**attifer** 862.33
**attifer (s')** 862.38
**attiger** 80.8
**Attikameks** 306.7
**attique** 329.7 ; 848.15
**attirable** 223.14
**attirail** 799.2 ; 869.11
**attirance** 455 ; 223.1 ;
523.3
**attirant** 223 ; 523.16
**attirement** 455.3
**attirer**
occasionner 34.9
amener à soi 223.7
séduire 455
**attiser**
aviver 256.23
stimuler 564.12
*attiser les passions*
602.8
**attitré** 568.26 ; 648.18
**attitude**
position 156.5
t. d'astronautique 198.1
t. de danse 786.16
**atto-** 70.36
**attorney** 714.8
**attouchement** 320.7 ;
341.11 ; 374
**attoucher** 341.31 ; 374.7
**attoucheur**
n. f.374.6
**attractant**
n.m.
223.4
adj.
223.11
**attracteur** 223.11
**attractif**
223.11 ; 455.9
**attraction** 223
gravitation 239.3
attirance 455.1
fascination 623.3
numéro 791.5
t. de physique
t. de linguistique
*zone d'attraction*
*commerciale* 827.20
*centre d'attraction* 133
**attraire**
attirer 223.7
t. de droit 711.26
**attrait**
attraction 223.1
charme 455.4
désir 523.3
*attraits* 436.9
**attrapade** 637.2 ; 747.6
**attrapage** 637.2
**attrape**

outil 206.5
farce 750.4
jeu 872.23
**attrape-minon** 595.9
**attraper**
imiter 31.8
ramasser 207.17
contracter 383.53
surprendre 411.9
réprimander 637.10
escroquer 718.10
capturer 721.11
*attraper froid* 242.16
*attraper qqn* 728.15
*attraper qqn par la*
*peau du dos* 334.11
**attraper (s')**
se disputer 649.17
**attrayant**
attirant 455.9
plaisant 467.14
**attremper**
tremper le fer 805.16
chauffer progressive-
ment 853.23
**attribuer**
imputer 641.18
octroyer 826.14
**attribuer (s')** 712.11
s'attribuer qqch 97.16
**attribut**
emblème 731.3
t. de grammaire 741.4
t. de logique 6.1 ;
478.16
*attribut du sujet* 740.8
**attributif** 6.5
**attribution** 826.8
*attribution gratuite*
843.13
**attristant** 464.14 ; 549.26
**attristé** 464.10 ; 549.27
**attrister** 468.8 ; 470.5 ;
475.6
**attrition**
t. de physique 228.4
t. de médecine 387.3
t. de théologie 460.2
**attroupement** 66.8 ;
75.2
**attrouper (s')** 90.14
**atypie** 29.4
**atypique**
hors norme 29.13
t. de médecine 391.37
**atypus** 301.13
**Atys** 500.37
**aubade** 188.3 ; 785.2
**aubader** 188.7
**aubain** 677.3
**aubaine**

chance 542.3
t. de droit 846.11
*droit d'aubaine* 677.9
*profiter de l'aubaine*
44.9
**aube**
début 56.2
aurore 277.5
robe 496.10
*à l'aube des temps*
177.17
**aubépine** 287.4
**auber** 839.5
**aubère**
adj.
357.15
**auberge** 590.4
*ne pas être sorti de*
*l'auberge* 547.12
**aubergine**
n.f.
légume 856.17
*auxiliaire de police*
716.7
adj.
violet 361.6
**aubergiste** 590.5 ; 855.17
**auberon** 809.7
**aubert** 839.5
**aubier** 265.2 ; 286.6
**aubour** 287.4
**auburn** 335.23 ; 356.10
**auchénorhynques** 301.4
**aucuba** 287.4
**aucun** 2.4 ; 101.8
*d'aucuns* 74.3
**aucunement** 2.12 ;
418.17
**audace**
hardiesse 573.1
aplomb 606.5
*avoir l'audace de* 573.10
**audacieusement**
533.11 ; 535.16 ; 573.16
**audacieux** 508.9 ; 533 ;
573.12
**au-dedans** 67.20
**au-dehors** 204.28 ;
208.14
**au-delà** 55.21 ; 156.15 ;
200.14
*au-delà de* 162.18 ;
219.13
*au-delà de toute expres-*
*sion* 87.37
*vie dans l'au-delà* 311.5
**au-dessous** 166.20
**au-dessus** 165.22 ;
211.22
*au-dessus de* 85.26 ;
213.19

avocatier 286.17
avocette 297.18
avodiré 286.18
**Avogadro**
*nombre d'Avogadro*
100.7 ; 230.10
**avoine**
argent 830.14
céréale 290.7 ; 813.19
coup 658.5
**avoir**
n.m.
822.3 ; 841.11 ; 845.15
v.
posséder 822.14
tromper 718.10 ;
728.17 ; 399.10
*en avoir assez* 456.8 ;
458.8
*avoir à* 691.6
*avoir sur soi* 862.35
avoisinant 157.9 ;
161.11 ; 199.15
avoisiner 161.7 ; 268.14
avorté 541.19
avortement 279.13
*avortement involontaire*
313.4
*avortement thérapeuti-
que* 279.13
avorter 539.15 ; 541.14
avorteur 279.13
**avorton**
malformation 313.15 ;
386.6
chétivité 128.5 ; 376.6
avouable 693.13
avoué 711.21 ; 714.13
avouer 409.14 ; 417.6 ;
635.11
avoyage 799.29
avoyer 799.36
avril 176.8
*en avril ne te découvre
pas d'un fil* 273.13
avulsion 68.3 ; 330.18 ;
392.12
avunculaire 681.15
avunculocal 682.30
awalé 872.15
axe 146.4 ; 156.6 ; 215.6
*axe du monde* 198.4 ;
232.21
*axe quaternaire* 258.10
*axe ternaire* 258.10
*axe routier* 849.16
axé 57.13
axel 870.22
axénie 284.9
axénique 284.16

axénisation 284.10 ;
394.13
axer 142.6 ; 198.18
axérophtol 395.7
axial 57.13 ; 142.12 ;
198.28
axifuge 233.2
axile 57.13
axillaire 286.27 ; 327.4
axiologie 690.1
**axiomatique**
n.f.
51.9 ; 116.1 ; 422.3
adj.
422.10
**axiomatiquement**
422.13
axiomatisable 422.10
axiomatisation 51.11 ;
422.8
axiomatiser 51.14 ;
422.9
axiome 422.2 ; 430.3 ;
122.2 ; 146.3
axipète 233.2
axis 296.6 ; 318.1 ;
329.5 ; 329.10
axolemme 327.9
axolotl 300.3
axonal 327.25
axone 327.9 ; 336.2
axonométrie 777.4
axonométrique 777.26
axopode 284.6
aya 501.5 ; 488
ayatollah 488.11 ;
492.15 ; 488
aye-aye 296.14
Ayers rock 481.8
aymara 739.14
Aymaras 306.8
Ayodhya 481.8
ayurvédique 391.1
azalée 287.4
Azandés 306.11
azatadine 394.5
azédarach 286.17
Azer 256.14
Azerbaïdjanais 676.6
Azéris 306.14
azerole 289.15
azérolier 287.4
azidothymidine 394.5
azimite 487.11
azimut 143.3 ; 232.21
*tous azimuts* 198.34
azimuté 450.23
azobé 265.11 ; 286.18
azoïque 230.9 ; 237.21 ;
282.14

azolla 290.9
azoospermie 325.25 ;
383.33
azor 624.6
azotate 261.4
azote 230.7 ; 253.2 ;
255.1
azoté 804.7
azotémique 383.68
azoture 230.8
azoturie 339.10
**AZT** 394.5
**Aztèques** 306.16
azulejo 137.9
azur 255.1 ; 352.4 ; 360
*d'azur*
blanc 353.2
bleu 360.8
azurage 353.4 ; 360.4
azurant 360.4
azuré 360.7
azuréen 360.7
azurement 360.4
azurer 353.9 ; 360.6
azurin 360.7
azurine 360.3
azurite 259.5 ; 360.2
azygos 331.9
azyme 857.13

# B

ba 265.13
b.a. - ba 56.12
**Baal** 500.6
bab 488.11 ; 492.15 ; 488
baba 459.12 ; 858.6
*l'avoir dans le baba*
728.17
**Babel**
*tour de Babel* 774.2 ;
25.3 ; 735.3
babélisme 735.3
babeurre 860.2
babil 305.3 ; 745.9 ;
760.6
babillage 745.9 ; 749.3 ;
760.4
**babillard**
n.m.
714.13 ; 745.15 ; 760.7
adj.
745.28 ; 760.12
babillarde 297.8 ; 770.1
babiller 305.7 ; 745 ;
760.10
babine 296.21 ; 318.5

**Babingas** 306.11
babiole 439.5 ; 545.4
babiroussa 296.12
babisme 488.2
babiste 488.7
baboen 286.19
bâbord 169.1 ; 169.12 ;
819.11
babordais 169.6
babouche 865.5
babouin 296.14 ; 314.4
babouvisme 671.8 ;
838.3
babouviste 671.36 ;
838.15
baby 314.3
baby boom 88.2
baby doll 862.15
baby-foot 872.21
babylonien 486.19 ;
676.8
babylonienne 191.3
baby-sitter 314.9
bac 819.6 ; 850.25
baccalauréat 414.7 ;
872.18
baccara 836.9 ; 872.3
bacchanale 687.9 ; 705.4
pl. 341.13 ; 367.9 ; 497.8
**bacchante**
prêtresse 492.25
femme débauchée
341.23 ; 708.7
moustache 335.5
**Bacchus** 500.39
*suppôt de Bacchus*
708.7
baccifère 288.47
bacciforme 289.23
bachagha 670.18
bâche 165.4 ; 810.4
bachelette 309.3
bachelier 315.5 ; 646.18
bâcher 137.13 ; 165.13
*se bâcher* 378.21
bachique 500.47 ;
708.19 ; 859.11
**Bachkirs** 306.14
bachot 819.6
bachoter 400.9 ; 414.19
bacillaire 284.15
bacille 301.16
bacilliforme 284.15
bacilloscopie 284.11
bacillose 383.20
bacitracine 394.5
backgammon 872.15
**bâclage**
fermeture 138.14 ;

*baisser la lance* 628.13
*baisser son pantalon* 628.13
*baisser le front* 611.7
*baisser le masque* 461.5
*baisser le rideau* 140.16
*baisser les bras* 515.9 ; 539.14 ; 549.22
*baisser les yeux* 612.7
*baisser son vol* 297.31
baisser (se) 212.12
baissier 842.28
baissière 153.2
baisure 857.5
bajoue 296.21 ; 318.5
bajoyer 132.8
bakchich 826.4
Bakokos 306.11
Bakongos 306.11
Bakotas 306.11
Bakoubas 306.11
bal 90.3 ; 581.10 ; 687.11
*bal de têtes* 318.4 ; 687.11
balade 869.8
balader 815.21 ; 869.25
balader (se) 869.21
baladeur 365.13 ; 771.4
baladeuse 852.10
baladin 750.7 ; 786.25
balænicips 297.18
balafon 783.11
balafre 153.4 ; 387.10
balafré 387.21
balafrer 387.14
balai
  ustensile 854.17
  année d'âge 185.2 ; 312.4
  *coup de balai* 644.2 ; 854.5
balais
  couleur 352.28
balalaïka 783.4
balançage 597.5
balance
  instrument 70.26
  équilibre 226 ; 94.1 ; 239.10
  filet 814.6
  *balance de la justice* 711.24
  *balance des paiements* 845.15
  *mettre en balance* 425.8
  *rester en balance* 511.6
Balance (la)
  constellation et signe zodiacal 232.15
balancé
  n.m.

786.16
adj.
  226.8 ; 436.16
balancelle 850.19
balancement
  mouvement 193.1 ; 216.1
  harmonie 226 ; 751.11
balancer
  osciller 216
  compenser 99.7 ; 845.25
  hésiter 511.5 ; 519.11
  trahir 597.10
  évincer 644.6
balanceur 597.8
balancier 216.5 ; 800.12
balançoire
  objet 160.10 ; 216.6
  baliverne 397.4
balane 302.3
balanin 301.3
balanique 325.34
balanite 383.33
balanomorphe 302.2
balanophora 288.15
balanophoracée 288.15
balano-préputial 325.3
balanstiquer 597.10 ; 644.6
Balante 306.11
balaou 298.6
balata 286.19
balayage 854.5
balayer 644.6 ; 854.26
balayette 854.17
balayeur 854.24
balayure 854.13
balboa 839.8
balbutiement
  débuts 56.2 ; 413.2
  parole 747.2
balbutier 735.10 ; 745.19
balbuzard 297.12
balcon
  rambarde 138.7
  plate-forme 777.13 ; 848.14
  t. de théâtre 788.7
baldaquin 850.15
Baldr 500.13
bale 137.5 ; 857.8
baleine 296.15
Baleine (la)
  constellation 232.15
baleiner 248.10
balénidé 296.3
balénoptéridé 296.3
balèvre 84.4
balèze 375.17

Balinais 306.12
balisage 730.18
balise
  fruit 289.17
  signe 730.14 ; 806.32
balisé 198.30
baliser
  198.25 ; 472.13 ; 730.22
balisier 288.36
baliste 665.4
balisticien 667.19
balistique 667
  *poudre balistique* 243.11
balistiquement 667.27
balivage 812.6
baliveau 812.11
baliverne 397.4 ; 439.6
baliverner 545.10
balkanisation 669.9
balkaniser 669.22
Balkar 306.14
ballabile 786.14
*ballad opera* 784.9
ballade 789.8
ballant 216 ; 387.20
  *rester les bras ballants* 397.9
ballast 338.4
balle
  paquet 137.5
  enveloppe 154.2 ; 290.3
  projectile 664.15
  franc 839.9
  pelote 870.71 ; 873.2
  *saisir la balle au bond* 542.7
baller 216.9 ; 786.28
ballerine
  danseuse 786.23
  chaussure 865.2
ballet 786.5
  *ballet rose* 341.13
  *ballet diplomatique* 652.3
balletomane 868.10
balletomanie 786.13
ballon
  aérostat 820.2 ; 555.8
  balle 870.71 ; 873.2
  réservoir 134.4 ; 798.7 ; 808.11
  *ballon d'essai* 533.4
  *envoyer un ballon* 634.15
ballonné 253.24 ; 144.13
ballonnement 152.4 ; 253.8
ballonner 127.8 ; 152.11
ballonnet 145.9
ballot 397.12 ; 571.8
ballotade 213.3

ballote 288.16
ballottage 672.20
ballottement 216.2
ballotter 216
ballottine 856.11
ball-trap 870.19
balnéation 393.14
balnéothérapie 393.4
Balouba 306.11
balourd 397.13 ; 543.6
balourdise 543.2 ; 571.4
Baloutche 306.14
baloutchi 739.14
Balovale 306.11
balpeau 2.11
balsa 265.13
balsamier 286.18
balsaminacée 288.14
balsamine 288.14
balsamique 288.47 ; 371.27
Balte 306.15
balthazar
  repas 855.3
  bouteille 859.17
balustrade 138.7 ; 777.13
balustre 777.13 ; 850.21
balustrer 138.15
balzan 296.32
balzane 296.20
Bambara 306.11
bambin 314.4
bambochade 705.4 ; 774.7
bambochard 687.15 ; 703.5
bamboche 705.4 ; 467.10
bambocher 703.8
bambocheur 687.15
bambou 265.11 ; 290.7
  *coup de bambou* 450.20
bamboula 687.1 ; 467.10
Bamboula 306.6
bambusaie 290.6
Bamiléké 306.11
Bamongo 306.11
Bamoum 306.11
ban
  applaudissement 540 ; 636.3
  exil 633.2 ; 640
  *mettre au ban* 722.28
banal 439.13 ; 758.9
banalement 758.12
banalisation 183.7 ; 758.6
banaliser 758.7
banalité
  platitude 439 ; 758

barbichu 335.21
Barbie 873.5
barbier 298.6 ; 867.12
barbier-chirurgien
  330.19
barbière 850.6
barbifier
  ennuyer 458.9
  coiffer 867.14
barbillon
  d'un poisson 298.11
  proxénète 719.4
barbiquet 719.4
barbitémie 332.17
barbitiste 301.15
barbiturique 378 ; 390.8
barbiturisme 390.1
barbiturithémie 332.17
barbituromane 390.14
barbon 317.5
barbotage
  t. de chimie 253.10 ;
  804.4
  vol 717.2
  aliment 813.19
barbote 298.5
barboter
  t. de chimie 253.14
  voler 717.18
barboteur
  t. de chimie 230.17
  voler 717.9
barboteuse 862.16
barbotine 256.10
barbottage 717.2
barbotter 717.18
barbotteur 717.9
barbouillé 381.14
barbouiller 352.20 ;
  773.26
barbouilleur 137.12 ;
  773.19
barbouze
  barbe 335.5
  agent secret 663.13
barbu
  n.m.
  oiseau 297.14
  jeu 872.3
  Dieu 502.6
  adj.
  335.12
barbue 298.6
barbula 292.4
bard 801.8
barda 869.11
bardage 801 ; 806.22
bardane 288.10
barde
  n.f.

armure 137.2
à toute barde 576.48
barde
  chanteur 492.27 ;
  785.8 ; 789.20
bardé 856.50
bardeau
  planche 137.9 ; 807.4
  mammifère 296.11
barder 806.40
barder (se) 560.25
bardeur 806
bardis 138.2
bardot
  mammifère 296.11
  souffre-douleur 446.7
bare 239.25
barefoot 870.28
barège 810.3
baréter 305.6
barge
  meule 811.8
  bâteau 819.7
barguignage 577.4 ;
  831.8
barguigner 831.14
  sans barguigner 510.11
barigoule 291.6
baril 70.23 ; 803.11
  baril de poudre 551.5
barillet
  d'une montre 175.7
  d'un revolver 664.10
  d'une serrure 809.7
bariolage 98.4 ; 362.3
bariolé 362.11
barioler 362.8
bariolis 362.3
bariolure 362.2
Baris 306.11
barjo 450.23
barlong 124.11
Barmas 306.11
Bar-mitsva 486.9
barn 70.7
barnabite 499.10
Barnard
  étoile de Barnard 232.5
barnum 367.9
baro- 239.24
barocepteur 327.16
baromètre 70.26 ;
  273.10
barometz 290.9
baron 621.9 ; 648.4
baronarcose 392.19
baronifier 646.20
baroniser 646.20
baronnage 646.1
baronnet 648.4

baronnial 646.29
baronnie 646.10 ; 648.23
baroque 761.1 ; 780.15
  jardin baroque 779.2
barorécepteur 327.16
Baros 306.13
baroscope 239.10
barosensible 239.19
barotaxie 198.12
barothérapie 393.4
baroud 650.7
baroudeur 650.19
barouf 367.10
barque 814.11 ; 819.8
  bien mener sa barque
  540.11 ; 570.16
barquette 134.5
barracuda 298.6
barrage 138 ; 554
  barrage de police 554.6
  barrage de prise 808.5
  faire barrage à 549.15 ;
  630.16
barragiste 870.40
barre
  pièce droite 140.5 ;
  800.12 ; 805.7
  vague 271.10
  barrière 714.19
  agrès 791.12 ; 872.23
  barre à mine 262.10 ;
  802.8
  barre d'alésage 799.21
  barre de mesure 781.27
  barre oblique 730.10
  coup de barre 832.2
  homme de barre 819.22
  faire barre à 630.16
  avoir barre 631.21 ;
  198.19 ; 260.5
barré
  n.m.
  782.18
  adj.
  259.14
  mal barré 385.10
barreau
  d'une échelle 63.6
  d'un tribunal 714.14
  barreau de combustible
  243.9
  éloquence du barreau
  753.3 ; 751.13
barreaudé 138.18
barrefort 265.6
barre-la-route 768.5
barrement 840.7
barrer 138.15 ; 140.11 ;
  554.11
  barrer un chèque 840.45
barrer (se) 202.10

barrette
  bonnet 492.24
  ruban 643.5
  épingle 867.9
barreur 870.62
barricade 138.1 ; 554.3
barricader 140.11
barricader (se) 131.12
barrière 138
  clôture 138 ; 140.7
  obstacle 547.6 ; 554.2
  interdiction 633.5
  t. de biologie 326.3 ;
  281.8
  barrière de confinement
  798.7
  barrière sonique 365.11
barringtonia 287.9
barrique 815.13 ; 859.18
  plein comme une barri-
  que 708.18
barrir 305.6
barrissement 305.2
barriste 791.14
barrit 305.2
barroter 819.29
bartavelle 297.9
Baruch
  livre de Baruch 501.2
bary- 239.24 ; 370.8
barycentre 133.4 ; 239.3
barye 70.10 ; 255.7
barylambdidé 296.4
barymétrie 70.25 ; 239.9
baryon 231.3
barytine 259.5
baryton 370.2 ; 784.18
barytonnant 370.5 ;
  784.30
barytonner 370.4 ;
  784.25
baryum 230.7
bas 862.13
  bas à varices 393.19
  bas de laine 844.7
bas
  adj.
  dans le temps
  bas breton 735.3
  bas âge 314.21
  par l'intensité 376.20
  son bas 370
  par la qualité 509.7 ;
  629.14 ; 647.8
  par la position 86 ;
  166 ; 212.3
  basse-fosse 723.10 ;
  198.5
  mise bas 313.4
  mettre bas les armes
  661.8

*être au plus bas* 464.8
*être tombé bien bas*
376.10
*mettre bas* 296.28 ;
313.20
*mettre à bas* 557.19 ;
660.9
*mettre chapeau bas*
626.10
*bas les pattes* 320.24
*à bas* 747.5 ; 748.5
*au bas de* 166.24 ;
212.23
*en bas de* 166.24 ;
212.23
*par en bas* 166.19
*d'en bas* 166.21
**basal** 422.11
**basalte** 237.17
**basane** 658.15
**basané** 356.11 ; 334.14
**basaner** 356.8
**basanite** 237.17
**bas-bleu** 407.10
**bas-côté** 132.4 ; 167.4
**bascule**
appareil 70.26 ;
239.10 ; 216.5
renversement 33.5
*faire la bascule* 216.9
**basculer**
tomber 214.16
changer 193.18 ; 220.10
**bas-de-casse** 744.3
**bas-de-chausse** 865.9 ;
862.11
**base**
assise 159.2 ; 166.2 ;
270.10 ; 777.15
principe 422.1
lieu 663.19 ; 56.11
t. de mathématique
122.2
t. de chimie 230.4 ;
283.15 ; 804.2
*base de données* 772.17
**base-ball** 870.10
**baselle** 290.8
**baser** 159.11
**bas-fond** 153.2
**basic** 772.16
**basicité** 230.11
**baside** 291.3
**basidio-** 291.19
**basidiolichen** 294.1 ;
285.4
**basidiomycètes** 285.4 ;
291.5
**basidiospore** 291.3
**basilaire** 326.6
**basilic**

plante 288.16
reptile 504.10
arme 665.5
**basilique**
t. d'anatomie 331.9
t. d'architecture 493.2
**basin** 810.4
**basique** 230.23 ; 422.11
**basitone** 288.48
**basket** 865.6
**basket-ball** 870.10
**basketteur** 870.48
**basoche** 714.8
**basocyte** 332.4
**Basogas** 306.11
**basophile** 332.4
**basophilie** 332.10
**basophobie** 472.4
**Basoukous** 306.11
**bas-perchis** 812.17
**basque**
n.m.
langue 739.14
**basque**
n.f.
vêtement 862.21
*être toujours pendu aux*
*basques de* 583.12 ;
628.18
**Basque** 268.11 ; 306.15
**basquine** 862
**bas-relief** 152.8 ; 776.5
**basse** 370 ; 784.18 ;
781.25
**basse-côte** 856.7
**basse-cour** 813.6
*oiseaux de basse-cour*
297.7
**bassement** 128.15 ;
629.16
**bassesse** 611 ; 629.1 ;
700.1
**basset** 296.9
**basse-taille** 152.8 ;
784.18
**bassette** 872.3
**bassia** 286.20
**bassier** 814.19
**bassin**
récipient 134.4 ; 851.9
dépression 153.2
os 329.12
*bassin d'alimentation*
271.6
*bassin minier* 802.2
**bassinage** 244.6
**bassinant** 458.13 ;
543.15
**bassine** 850.25 ; 854.18
**bassiner** 244.13 ; 458.9

**bassinet** 839.21 ; 850.25
**bassinoire** 853.10
**bassin-versant** 271.6
**bassiste** 782.7
**basson** 783.7
**bassoniste** 782.6
**Bassoutos** 306.11
**basta** 531.19 ; 748.4
**bastaing** 265.6
**baste**
carte 102.4
récipient 134.5
interjection 748.2
**Bastet** 500.33
**bastide** 656.9 ; 848.4
**bastille** 656.9 ; 723.9
**bastillé** 723.26
**bastilleur** 723.18
**bastillon** 656.9
**basting** 265.6
**bastingage** 138.7
**bastion** 560.4 ; 656.9
**bastionner** 560.18 ;
656.23
**baston** 649.8 ; 658.7
**bastonnade** 658
**bastonner** 227.22 ;
658.22
**bastringue**
instrument 70.26
bruit 367.9
bal 786.21
**bastude** 814.6
**bat** 227.2
**bataclan** 46.6
*et tout le bataclan* 96.6
**bataille** 649.8 ; 650 ;
872.3
*bataille rangée* 666.15
*arriver après la bataille*
181.13
*champ de bataille*
311.18 ; 650.10
*en bataille* 867.17
**batailler** 530.5 ; 650.23
**batailleur** 227.19 ;
650.28
**bataillon** 75.3 ; 663.8
**bataillon de discipline**
722.21
**Bataks** 306.12 ; 306.13
**bâtard**
n.
enfant 681
n.m.
pain 857.2
adj.
98
**bâtarde**
écriture 762.4
instrument 809.19

**batardeau** 134.5 ; 806.6
**bâtardeau** 138.6 ; 806.6
**bâtardise** 681.3
**Batave** 676.5
**batavia** 856.20
**bâté**
*âne bâté* 408.4
**bateau** 819
*monter un bateau*
729.20 ; 728.15
**batée** 260.6
**Batékés** 306.11
**batelage** 819
**batelée** 135.3 ; 819.18
**bateleur** 750.7 ; 791.13
**batelier** 819.22
**batellerie** 819.1
**Baten Kaïtos** 232.5
**Batesos** 306.11
**Batetelas** 306.11
**bathmotrope** 383.66
**bathophobie** 472.4
**bathyal**
*plaine bathyale* 269.3
**bathyergidé** 296.5
**bathymètre** 70.26
**bathymétrie** 70.25
**bathynellacés** 302.2
**bathynome** 302.3
**bathyphante** 301.13
**bâti**
n.m.
t. de menuiserie 807.5
t. de couture 864.19
adj.
375.17 ; 436.16
*mal bâti* 386.7
*bâti sur du roc* 550.15
**batifolage** 463.1 ; 467.5
**batifoler** 467.9 ; 750.11
**batifoleur** 463.15
**batik** 810.4
**bâtiment** 777.6 ; 819.2
*bâtiment de guerre*
664.13
**bâtiment et travaux**
**publics** 806
**bâtir**
une théorie 423.6
une construction
556.7 ; 777.24
un patron 864.27
*bâtir sur le sable*
534.16
**bâtissable** 556.12
**bâtissage** 556.1 ; 864.13
**bâtisse** 777.6 ; 848.11
**bâtisseur** 556.6 ; 777.23
**batiste** 810.4
**Bat-mitsva** 486.9

bénéfiquement 563.30
bénéolent 371.25
benêt 397.6
bénévolat 563.11
bénévole
n.
563.15
adj.
563.27 ; 587.12 ; 795.15
Bengalais 676.9
bengali
oiseau 287.8
langue 739.14
Bengali 676.9
béni 491.24
bénignement 585.11
bénignité
d'une maladie 383.9
insignifiance 439.1
bonté 585.1
bénin
sans gravité 383.63
insignifiant 439.12
bon 585.9
bénincase 856.18
Béninois 676.7
béni-oui-oui 629.6 ;
635.6
bénir 481.13 ; 491.21 ;
589.4
bénir qqn de 636.15
bénir Dieu 494.19
bénissage 636.1
bénissement 636.1
bénit 481.14
eau bénite 629.4
pain bénit 857.13
bénitier
mollusque 303.2
bassin 493.11
grenouille de bénitier
479.10
benjamin 60.11 ; 678.4
t. de sport 870.42
benjoin 372.4
benne 802.7 ; 815.13
benne à ordure 854.22
benoît
calme 448.13
bon 585.9
hypocrite 595.18
benoîte 288.27
benthique 271.29
benthos 282.8
benzène 267.2 ; 798.6
benzénisme 389.2
benzine 804.5
benzo- 230.29
benzoate 230.8
benzodiazépine 394.5
benzol 804.5

benzolisme 383.19 ;
389.2
benzopyrène 389.4
benzoyle 230.9
benzyle 230.9
béotien 408.4 ; 441.8 ;
647.8
Béotiens 306.16
béotisme 408.3 ; 647.2
Beowulf 500.8
béquet 817.5
béquillard 707.3
béquillarde 725.4
béquille
jambe 319.3
guillotine 725.4
t. de serrurerie 809.12
béquiller
soutenir 159.11
manger 707.7
guillotiner 725.22
béquilleur 707.3
béquilleuse 725.4
béquillon 159.7
berbère 739.14
Berbères 306.10
berbéridacée 287.3 ;
288.25
berbéris 287.4
bercail 296.16 ; 678.8 ;
847.2
berçant 378.25
berçante 216.6 ; 850.19
berce 288.20
berceau 56.2 ; 144.5 ;
850.13
berceau d'élevage 813.5
au berceau 314.21
bercelonnette 850.13
bercement 216.1
bercer 216.10 ; 314.17 ;
728.13
bercer (se) 474.7
berceuse 314 ; 785.2 ;
850.19
Bercy
fièvre de Bercy 708.3
berdouillard 324.14
berdouille 324.2
béret 862.25
beretta 664.7
berga 814.14
bergamasque 786.9
bergamote 289.12 ;
372.4
bergamotier 286.17
bergat 814.14
berge 271.8 ; 312.4
voie sur berge 132.7
berger 296.9 ; 813.24

l'heure du berger 189.4
adoration des bergers
774.3 ; 487.21
coup du berger 872.14
bergerade 813.25
bergère 309.4 ; 850.18
bergerette 813.25
bergerie 774.7 ; 789.6 ;
813.25
enfermer le loup dans
la bergerie 573.7
bergeronnette 297.8 ;
813.24
bergeronnette printa-
nière 297.8
bergerot 813.24
bergot 814.14
bergsonien
intuition bergsonienne
424.2
béribéri 383.25
berkélium 230.7
berline 802.7 ; 817.6
berlingot 816.14 ; 858.5
berlue 165.4
berme 132.5 ; 806.11
bermuda 862.11
bernardin 499.10
bernardine 499.11
bernard-l'hermite 302.3
berne
drapeau en berne
688.21
berné 728.23
berner 454.9 ; 718.10
berneur 750.8
bernicle ou bernique
303.3
bernique 2.11 ; 748.2
béroé 303.13
berquinade 813.25
Berrichon 268.11
Bertha
la grosse Bertha 664.8
berthe 860.5
bertholletia 286.19
bertillonnage 720.14
bérus 299.3
béryl 258.4 ; 259.5
bérylium 230.7
berzingue
à toute berzingue
576.48
Bès 500.27
besace 134.6 ; 869.11
être réduit à la besace
830.17
besace d'angle 143.7
en besace 143.11
besaiguë 807.16

besant 839.13
besants 778.3
besas 102.4
besi 289.11
bésicles ou besicles
234.8
bésigue 872.3
besogne 41.2 ; 527.7
aller vite en besogne
576.13
abattre de la besogne
576.15
tailler de la besogne
793.13
besogner 792.24
besogneusement 830.25
besogneux 830.20
besoin 41.2 ; 81.4 ; 523.3
être à l'abri du besoin
829.13
être dans le besoin
830.13
subvenir aux besoins de
qqn 563.23 ; 587.9
subvenir à ses besoins
310.28
faire ses besoins 339.20
bessemer 805.10
besson 678.4
bestiaire 725.16 ; 791.20
bestial 341.46 ; 620.9
bestialement 341.49 ;
620.10
bestialité 295.8 ; 341.15
bestiau 813.4 ; 295.6
bestiole 295.6
bestion 163.2
best-seller 540.6 ; 765.11
bêta
n.m.
397.6
adj.
397.12
rayon bêta 231.7
bêtabloquant
n.m.
394.5
adj.
394.36
bêta-carotène 394.6
bétail 295.6
bétaillère 816.7
bétain 257.7
bétaïnate 394.6
bétaïne 283.10
bétaméthasone 394.5
bêtarécepteur 327.16
bêtassou 397.12
bêtathérapie 393.6
bêtatron 231.9
bété

bimbeloterie 439.5
bimensuel 185.15 ;
766.28
bimestre 185.4
bimestriel 185.15 ;
766.28
bimétallique 839.29
bimétallisme 260.10 ;
839.14
bimétalliste
n.
839.25
adj.
839.31
bimillénaire 114.5
bimoléculaire 230.24
bimoteur 820.2
bin's 46.5
binage 811.4
binaire 103.9 ; 122.9 ;
772.27
binard 816.11
binational 674.15
binaural 363.20
binauriculaire 363.20
binche
point de binche 864.8
biner
doubler 103.6
creuser 153.11 ; 811.20
binet 852.8
binette
tête 318.3
outil 799.26 ; 811.15
bineuse 800.6
bing 367.23 ; 748.7
Bingas 306.11
bingo 872.13
Binh Xuyen 489.4
biniou 783.15
Binjwars 306.13
binoclard 347.18
binocle 234.8
binoculaire 234.19 ;
346.28
binôme
t. de mathématiques
122.2
couple 604.6
binomial
valeur binomiale 122.6
binoter 811.20
binturong 296.7
binz 46.5
bio- 282.23 ; 310.32
bioacoustique 363.11
bioastronome 232.26
bioastronomie 232.1
biocatalyseur 283.23

biocénose 282.8
*biocénose animale* 295.4
biocénotique 282.2
biochimie 230.1
*biochimie médicale*
391.3
biochimique 283.34
biochimiste 230.18 ;
283.29
bioclimat 282.6
bioclimatologie 273.9
bioclimatologique
282.21
biocompatibilité 342.4
biocompatible 342.19
biodégradabilité 557.11
biodégradable 557.27
biodégradation 282.3
bioélectricité 295.8
bioélément 336.2
bioénergie 393.4
bioéthique
n.f.
391.3 ; 690.1
adj.
391.36
biogaz 798.6
biogène 282.14
biogenèse 295.12
biographe 191.10 ;
754.11
biographie 191.6 ;
310.10
biographique 754.15
biologie 281.12 ; 310.21
*biologie médicale* 391.3
*biologie moléculaire*
283.28
biologique 282.21
biologiste 281.13
bioluminescence 350.15
biomagnétisme 236.3
biomasse 282.8 ; 798.4
biomatériau 392.22
biome 282.6
biomédical 391.36
biométéorologie 273.9
bionomie 282.1
bionte 282.23
bioprécurseur 394.2
biopsie 388.7 ; 391.13
*biopsie du trophoblaste*
281.10
biopsique 388.14 ;
391.37
biorhiza 301.7
biorientation 198.16
biorythme 183.3 ; 382.1
biorythmique 282.21
bios I 283.21

biosciences 391.3
biose 282.23 ; 310.32
biosphère 282.7
biosphérique
*cycle biosphérique* 282.3
biostimuline 564.8
biosynthèse 283.25
biote 282.8
biotechnologie 283.28
biothérapie 393.5
biothérapique 393.28
biotine 394.6 ; 395.7
biotique 310
biotope 295.4
biotype 49.5 ; 280.4 ;
282.8
bip 365.10
biparti 72.19 ; 121.7
bipartisme 670.5
bipartite 72.19
bipartition
division 72.5 ; 121.2
t. de biologie 283.27
bipède 295.24 ; 307.2 ;
321.9
biphasé 235.24
biplace 820.2
biplan 820.2
bipolaire 327.8
bipolarisation 670.16
bipoutre 820.2
biprisme 234.3
bique 296.11
*vieille bique* 317.5
biqueter 296.28
birbe
*vieux birbe* 317.5
biréacteur 820.2
biréfringence 350.16
birgue 302.3
biribi 722.21
birman
animal 296.8
langue 739.14
Birman 306.13 ; 676.9
biroute 198.9
birr 839.8
bis
n.m.
787.24
adv.
76 ; 103
*bis repetita placent* 76.3
bis
adj.
352.28
*pain bis* 857.1
bisacodyl 394.5
bisaïeul 679.7
bisaïeule 680.6

bisaiguë 807.16
bisaille 857.1
bisannuel 185.14
Bisayans 306.12
bisbille 429.2 ; 649.2
biscornu 152.17
biscoteaux 328.22
biscotin 857.3 ; 858.6
biscotte 857.3
biscotterie 857.10
biscuit
céramique 257.11
gâteau 858.6
biscuiterie 858.9
biscuitier 858.10
bise
vent 275
rapidité 576.18
caresse 601.3
*à toute bise* 576.48
biseau 143.8 ; 807.16
biseauter 872.39
bisémique 732.16
biseness 719.2
biser 601.7 ; 689.22
biset 297.11
bisette 864.3
bisextil 107.7
bisexualité 341.1
bisexué 279.23
bisexuel 17 ; 325.28
bisiallitisation 237.3
bismuth 230.7 ; 259.5
bismuthinite 259.5
bismuthisme 389.2
bisness 719.2
bison 296.6
bisou 601.3 ; 689.5
bisouter 601.7 ; 689.22
bisque 856.26
bisquer 470.6
bissac 134.6
*au bissac* 830.17
bissectrice 146.7
bisser 636.13 ; 787.30
bissexte 176.10
bissextile
*année bissextile* 107.7
biston 301.11
bistoquet 799.7
bistouille 859.13
bistouri 392.26
bistourner 218.15
bistre 354 ; 773.15
bistré 354.18 ; 356.11
bistrer 354.10 ; 356.7
bistroquet 859.19
bistrot 859
*style Bistrot* 850.27
bisulfate 394.6

**bouler** 814.22
**bouleraie** 812.16
**boulet**
  poids 239.6
  de houille 243.7 ;
  802.5
  de canon 664.15 ;
  642.15 ; 667.20
  bille 873.2
**bouletage** 802.4
**boulette**
  petite boule 154.2
  erreur 410.9 ; 571.4
  mets 856.11
  *boulette empoisonnée*
  389.6
**boulette d'Avesnes**
  861.6
**boulette de Cambrai**
  861.6
**boulette de Thiérache**
  861.6
**bouleux** 375.5
**boulevard** 130.2 ;
  816.18 ; 849
  *boulevard des allongés*
  311.26 ; 688.14
**boulevari** 367.10
**bouleversant** 87.19 ;
  466.13
**bouleversé** 227.36
**bouleversement** 46.1 ;
  48.2 ; 193.3 ; 220.2
**bouleverser** 48.4 ; 217.8
**boulier** 116.9
**boulimie** 450.10 ; 707.1
**boulimique** 707.13
**boulin** 153.8
**boulingrin** 779.7
**boulisterie** 770.10
**Boulle** 850.27
**boulocher** 154.9
**boulodrome** 872.29
**boulomane** 868.10
**boulon** 800.12 ; 809.19
**boulonnage** 90.7
**boulonner**
  visser 90.12 ; 809.26
  travailler 792.24
**boulot**
  travail 792.4
  pain 857.2
**boulotter** 855.27
**boum**
  bruit 214.29 ; 367.23 ;
  748.7
  réunion 583.11 ; 687.11
  t. de Bourse 842.12
**boumer** 382.6
**bouque** 129.4
**bouquer** 601.7 ; 871.23

**bouquet**
  d'arbres 812.17
  de fleurs 288.2 ; 302.3
  de pieux 806.32
  arôme 371.2 ; 373.2
  *bouquet garni* 856.27
**bouquet**
  crevette 302.3
**bouquetier** 160.5
**bouquetière** 288.40 ;
  856.51
**bouquetin** 296.6
**bouquin**
  bouc 296.5
  livre 765.1
**bouquinage** 296.25
**bouquiner**
  saillir 296.27
  lire 765.25
**bouquinerie** 765.19
**bouquineur** 765.18
**bouquiniste** 765.17
**bouracan** 810.3
**bourbe** 257.4 ; 381.3
**bourbeux** 257.26
**bourbier** 257.9 ; 271.2
**bourbillon** 383.45
**bourbonien** 318.5
**bourbouille** 383.17
**bourdaine** 287.4
**bourdaloue**
  ruban 150.3
  urinal 850.25
**bourdante** 571.5
**bourde** 397.3 ; 571.5 ;
  750.5
**bourdon**
  manque 81.3 ; 410.7
  insecte 301.7
  cloche 493.10
  corde grave 783.24
  chant 784.3
  ganse 864.3
**bourdonnant** 367.19
**bourdonnée** 149.20
**bourdonnement**
  301.21 ; 305.4 ; 367.3
**bourdonner** 305.6 ;
  367.15 ; 749.13
**bourdonnière** 809.20
**bourg** 849.6
  *bourg pourri* 672.21
**bourgade** 849.6
**bourgadier** 849.20
**bourgage** 848.36
**bourgeois** 647.6 ; 668.7 ;
  676.3
  *à la bourgeoise* 856.51
**bourgeoise** 682.19
**bourgeoisement** 647.10

**bourgeoisie** 647.1 ;
  668.7
**bourgeoisisme** 647.2
**bourgeon** 56.2 ; 152.5 ;
  286.9
  *bourgeon charnu* 383.16
  *bourgeon du goût*
  298.11
**bourgeonnement**
  187.2 ; 279.2 ; 285.6
**bourgeonner** 285.21
**bourgette** 298.6
**bourgogne** 859.12 ;
  851.5
**bourguignon** 268.11
  *à la bourguignonne*
  856.51
**bourguignonne** 859.17
**Bouriates** 306.14
**bourlingue** 644.1
**bourlinguer** 644.6 ;
  869.20
**bourlingueur** 869.18
**bournonite** 259.5
**bourrache** 288.6 ; 859.7
**bourrage**
  *bourrage de crâne*
  525.3 ; 623.2 ; 729.3
**bourraque** 814.9
**bourraquer** 814.29
**bourrasque** 275.1 ;
  471.5
**bourratif** 855.42
**bourre**
  n.f.
  rembourrage 137.5
  duvet 96.20
  déchet 810.5
  retard 181.20
**bourre**
  n.m.
  policier 716.7
**bourré** 708.18
**bourreau** 580.13 ;
  722.18 ; 725.14
  *bourreau d'argent*
  710.5 ; 835.10
**bourrée**
  fagot 256.4
  danse 781.31 ; 786.9
**bourreler** 725.18
  *bourrelé de remords*
  460.10
**bourrelet** 127.3 ; 329.3 ;
  334.4
  *bourrelet du corps cal-
  leux* 326.10
**bourreleur** 725.14
**bourrer**
  v.t.
  remplir 78.10 ; 135.7

*bourrer de coups*
  227.22 ; 658.15
*bourrer le crâne* 525.7 ;
  623.10 ; 728.13
*bourrer le mou* 404.11
  v.i.
  se hâter 576.21
  s'engorger 807.27
  forcer l'arrêt 871.26
**bourrer (se)** 707.6 ;
  708.12
**bourriche** 134.5 ; 814.14
**bourrichon** 404.11
**bourricot** 296.11
**bourride** 856.14
**bourrin** 296.11
**bourrique**
  âne 296.11
  sot 397.7
  méchant 597.8
  entêté 630.9
  *faire tourner en bourri-
  que* 450.21
**bourriquet**
  treuil 802.7
**bourru** 582.10
  *lait bourru* 860.1
**boursault** ou **bourseau**
  799.18 ; 808.19
**bourse**
  renflement 286.8
  scrotum 325.5
  allocation d'études
  563.7
  filet 814.9
  porte-monnaie 830.12 ;
  839.21
  gibecière 871.6
  t. d'entomologie 301.18 ;
  301.24
**Bourse** 842
  *Bourse de commerce*
  827.4
  *Bourse de marchandises*
  842.1 ; 827.4
  *Bourse du travail* 842.1
**bourse-à-pasteur**
  288.26
**bourseau** → **boursault**
**boursicaut** ou **boursicot** 844.7
**boursicotage** 842.4 ;
  844.2
**boursicoter** 842.29 ;
  844.10
**boursicoteur** 842.26
**boursicotier** 842.26
**boursier**
  n.m.
  élève 414.15
  agioteur 842.25

**brady-** 577.28
**bradycardie** 331.13 ;
383.13
**bradycinésie** ou **bradykinésie** 577.2
**bradylalie** 577.3 ; 746.3
**bradypepsie** 338.3
**bradyphémie** 746.3
**bradypnée** 340.14 ;
383.32
**bradypodidé** 296.3
**bradypsychie** 577.3
**brahea** 286.19
**brahma** 490.3 ; 500.32 ;
505.6
**brahmacarya** 490.6 ;
490.11
**brahma-loka** 490.10 ;
505.6
**brahman** 489.6 ; 490.3 ;
500.4
**brahmana** 501.7 ; 490
**brahmane** 490.13
**brahmanisme** 490.1
**Brahmo Samaj** 490.1
**Brahouis** 306.13
**brai** 804.5
**braie** 656.10
**braillard** 314.3 ; 367.20 ;
747.11
**braille** 347.12 ; 762.1
**braillement** 305.3 ;
747.4
**brailler**
aboyer 305.7 ; 871.26
crier 367.17 ; 747.15
chanter mal 784.27
**brailleur** 747.20
**braiment** 305.1
**brain-trust** 792.15
**braire** 305.5 ; 747.14 ;
784.27
*faire braire* 449.15
**braise**
tison 256.4
argent 839.5
t. de verrerie 266.9
*être sur de la braise*
447.8
**braisé** 856.50
**braiser** 856.40
**braisière** 851.24
**brame** ou **brameme-
ment** 305.2
**bramée** 305.2
**bramer** 275.17 ; 305.6 ;
747.14 ; 784.27
**bran** 857.8
**brancard**
civière 392.24
longeron 818.10

**brancardage** 392.4
**brancarder** 392.34
**brancardier** 392.28
**branchage**
branches 286.8
pendaison 725.3
**-branche** 303.21
**branche**
d'un arbre 286.8
d'une clé 809.14
d'un chandelier 852.7
d'une croix 149.4
subdivision 72.8
discipline 407.4
lignée 681.4
secteur de production
792.3
distinction 85.14 ;
614.9
t. de mathématiques
115.4
*branche charpentière*
286.8
*vieille branche* 195.4 ;
604.6
**branchement** 235.20 ;
772.21 ; 808.7 ; 818.5
**brancher**
connecter 235.23 ;
808.24
pendre 725.22
percher 297.33
**branchette** 286.8
**branchial** 340.29
*fente branchiale* 298.10
*lamelle branchiale*
298.10 ; 340.6
**branchie** 298.10 ; 302.4 ;
340.6
**branchiome** 388.4
**branchiomma** 304.2
**branchiopodes** 302.2
**branchiostégite** 302.4
**branchioures** 302.2
**branchu** 286.25
**brandade** 856.14
**brande** 245.10 ; 287.2
**brandebourg** 864.3
**brandillement** 216.1
**brandiller** 216.9
**brandilloire** 160.10 ;
216.6
**brandillon** 319.2
**brandir** 217.7
**brandon** 256.4 ; 350.13 ;
852.6
**brandy** 859.13
**branlant** 216.13 ;
247.10 ; 376.19
**branle**
mouvement 193.1 ;

216.1
danse 786.9
*mettre en branle*
216.10 ; 527.11 ; 535.8
**branle-bas** 46.7 ; 197.6 ;
536.2
*branle-bas de combat*
666.9
**branlement** 216.1
**branler** 216.9 ; 216.10 ;
247.7
*branler au manche*
247.7
*branler le chef* 318.11
**branler (se)** 341.35
**branleur** 445.5
**branloire** 216.6
**branque** 450.23 ; 719.15
**brante** 297.15
**Braos** 306.13
**braquage**
des roues 198.16 ;
817.12 ; 870.24
vol 717.4
**braque**
chien 296.9
fou 450.23 ; 573.14
**braqué** 514.7
**braquer**
pointer 198.18 ; 346.18
tourner 218.19 ; 817.25
rendre hostile 18.12
**braquer (se)** 514.5
**bras**
membre 319 ; 329.14
élément mécanique
800.12
agent 36.2 ; 527.3
détroit 129.4
d'un siège 850.21
d'une croix 149.4
du transept 493.5
*bras d'honneur* 657.3 ;
730.8
*bras de fer* 872.23
*bras dessus bras des-
sous* 319.18
*bras droit* 168.6 ; 563.15
*bras mort* 271.6
*bras séculier* 711.2
*bras spiral* 232.13
*gros bras* 375.5
*à bras-le-corps* 319.18
*à bras ouverts* 319.18 ;
590.11
*à bras raccourcis*
658.16 ; 319.18
*en bras de chemise*
379.9
*avoir le bras long*
621.14 ; 623.16

*tendre les bras* 634.13 ;
590.7
**brasage** 808.12
**braser** 90.12 ; 262.18
**brasero** 256.3 ; 853.10
**brasier**
feu 256.3
passion 602.3
**brasillant** 350.33
**brasillement** 350.6
**brasiller** 350.28
**brasque** 137.6
**brassage** 98.3 ; 266.9 ;
861.3
**brassard** 688.21
**brasse**
mesure 70.17 ; 70.21 ;
124.5
nage 870.31
**brassée** 69.5 ; 135.3
**brasser**
mélanger 98.15 ;
266.18
t. de marine 198.18
*brasser de l'air* 217.7 ;
255.15
*brasser des millions*
829.14
**brasserie** 811.12 ; 859.19
**brasseur** 870.63
*brasseur d'affaires*
535.6 ; 827.18
**brasseyer** 198.18
**brassicaire** 301.11
**brassier** 811.16
**brassière** 862.16
**brassin** 850.25
**brassolis** 301.11
**brasure** 90.5 ; 805.7
**braule** 301.9
**braunite** 259.5
**bravache** 573.6 ; 617.4
**bravade** 552.6 ; 617.3 ;
655.7
**brave**
courageux 508.5 ; 508.9
bon 585.9 ; 616.10 ;
693.9
*brave homme* 693.6
**bravement** 508.12
**braver**
défier 18.10 ; 454.12 ;
625.5
affronter 508.7 ;
573.10 ; 655.17
**braverie** 617.3
**bravissimo** 636.25 ;
748.5
**bravo** 636.25 ; 747.24 ;
787.34
**bravoure** 508.1

*morceau de bravoure* 757.2
**braye** 137.6
**brayer** 211.9
**break**
voiture 816.14 ; 817.6
interruption 870.16
**breakfast** 855.1
**brebis** 496.15
*brebis égarée* 697.8
*brebis galeuse* 29.7
**brèche** 139.1 ; 237.17 ; 270.9
*battre en brèche* 557.19
*sur la brèche* 36.8
**brèche-dent** 330.30
**bréchet** 297.23 ; 297.4
**bredouille** 541.17 ; 855.35
**bredouillement** 735.3 ; 745.3
**bredouiller** 735.10 ; 745.19 ; 746.11
**bref**
n.m.
498.7 ; 631.5
adj.
momentané 174.12 ; 576.33
court 128.11 ; 756.7 ; 759.7
*voyelle brève* 365.8
adv.
*en bref* 89.23 ; 128.16
**bregma** 329.20
**bregmatique** 329.20
**bréhaigne** 279.26
**brelan** 104.3 ; 872.7
**brêler** 90.12
**breloque** 866.10
**brème** 298.5
**bren** 857.8
**breneux** 339.28 ; 381.14
**brenthidés** 301.2
**brésil** 265.12
**Brésilien** 676.10
**brésiller** 251.16
**brésillet** 265.12
**bressant**
*à la Bressant* 867.20
**bretauder** 296.29 ; 813.26
**bretèche** 656.13
**bretelle**
bande 150.2 ; 864.5 ; 862.29
défense 656.12
voie 806.4 ; 816.16 ; 849.16
**bretellé** 807.29
**bretesse** 656.13

**bretessée** 149.20
**breton**
cheval 296.11
langue 739.14
*bas breton* 735.8
*lit breton* 850.13
*à la bretonne* 856.51
**Breton** 268.11 ; 306.15
**bretteler** 258.15 ; 807.25
**bretter** 84.7 ; 148.10
**bretzel** 857.3
**breuil** 138.5 ; 871.9
**breuvage** 859.1
**brève**
oiseau 297.14
**brève**
nouvelle 766.8
**brevet**
diplôme 414.7
d'invention 411.4
d'un privilège 648.16
*brevet d'études professionnelles* 414.7
*brevet de noblesse* 646.9 ; 646.13
*brevet technique supérieur* 414.7
**breveter** 53.10 ; 411.6
**bréviaire** 494.13 ; 756.3
**bréviligne** 128.11
**brévistylé** 288.46
**B.R.G.M.** 412.8
**briarée** 500.40
**bribe** 95.3 ; 855.10 ; 857.4
**bric**
*de bric et de broc* 22.9
**bric-à-brac** 25.3 ; 27.3 ; 46.6
**bricage** 854.4
**bricheton** 857.1
**bricolage** 868.5
**bricole**
courroie 150.2
chose sans importance 79.4 ; 439.2 ; 545.4
hameçon 814.13
**bricoler** 796.16
**bridage** 808.12 ; 856.2
**bride** 90.5 ; 808.10 ; 809.3
*à bride abattue* 576.46
*avoir la bride sur le cou* 516.23
*lâcher la bride* 724.17
*mettre la bride au cou* 622.13
*rendre la bride* 724.13
*tenir en bride* 622.14 ; 633.12

*tenir la bride haute* 622.13
**brider**
étriquer 129.7
retenir 554.11 ; 554.13
modérer 579.12 ; 622.10
réunir 808.23
serrer 814.27
coudre 856.37
harnacher 870.87
**bridge**
prothèse 330.15
jeu 872.3
**bridger** 872.33
**bridgeur** 872.26
**brie** 861.2 ; 861.6
**brié** 857.3
**briefer** 745.24
**briefing** 756.1 ; 759.4
**brièvement** 174.20 ; 576.54 ; 756.9 ; 759.10
**brièveté** 174.3 ; 759.1
**brifaud ou briffaud** 707.3 ; 855.20
**brife** 857.1
**briffaud** → **brifaud**
**briffer** 707.7
**briffeur** 855.20 ; 707.3
**brifton ou brifeton** 855.7 ; 857.1
**brigade** 66.9 ; 716.5 ; 793.5
**brigadier**
grade 663.15 ; 716.6
bâton 787.19
**brigadier-chef** 663.15 ; 716.6
**brigand** 694.7 ; 717.11 ; 832.4
**brigandage** 694.4 ; 717.5
**brigandeau** 717.9
**brigander** 717.17
**briganderie** 717.5
**Brigitte** 500.32
**brignolet** 857.1
**briguer** 507.7 ; 523.10 ; 792.26
**brik** 856.5 ; 856.11
**brillamment** 715.12
**brillance** 87.3 ; 350.8
**brillant**
n.m.
éclat 155.1
faux éclat 399.4
diamant 258.6 ; 866.12
adj.
scintillant 155.10 ; 260.20
lustré 335.22
lumineux 350.33

intelligent 396.11
glacé 775.5
**brillantage** 866.15
**brillanter**
polir 137.15 ; 155.7 ; 258.18
donner de l'éclat 350.27 ; 362.9
tailler 866.22
**brillantine** 137.6 ; 867.6
**brillantiner** 867.15
**briller**
exceller 85.16
rayonner 232.31 ; 277.15 ; 350.28
réfléchir 258.18
se faire remarquer 396.9 ; 639.19
quêter 871.26
*briller par son absence* 10.7
**brimade** 586.3
**brimbalant** 216.13
**brimbalement** 216.1
**brimbaler ou brimballer** 213.13 ; 216.9 ; 217.7
**brimbelle** 289.13
**brimborion** 439.5
**brimer** 586.7 ; 599.6 ; 627.8
**brin**
quantité 79.3 ; 96.3 ; 128.4
tige 286.2 ; 290.3
*brin mal venu* 96.3
*beau brin de fille* 436.3
**brindes**
*être dans les brindes* 708.14
**brindezingue** 450.23 ; 708.3 ; 708.18
**brindille** 286.8
**bringé** 296.32 ; 354.16 ; 357.15
**bringeure** 296.20 ; 354.7
**bringue** 687.1 ; 707.2
*faire la bringue* 467.10 ; 687.19
**bringuebalant** 216.13
**bringuebaler ou brinquebaler** 815.21 ; 216.9 ; 217.7 ; 213.13
**bringuer** 687.19
**bringueur** 687.15
**brinquebalant** 216.13
**brinquebaler** → **bringuebaler**
**brio** 396.1 ; 444.2 ; 546.4 ; 570.3 ; 641.30

bruyère 287.4
*terre de bruyère* 256.5
bry- 292.10
bryacées 292.3
bryales 292.3
bryo- 292.10
bryologie 292.6
bryologique 292.8
bryologue 292.7
bryon 292.4
bryophyllum 290.8
bryophytes 285.4 ; 292.3
bryopsis 293.4
bryozoaires 304.1
Bstan-gyur 501.15
B.T.P. 806.1
bu 708.18
buanderie 854.20
bubale 296.6
bubble gum 254.7
bubinga 286.18
bubon 152.5 ; 388.1
buccal 318.16 ; 327.4
buccin 783.14
buccinateur 328.5
bucco-dentaire 330.28
bucco-génital 341.44
bûche
    chute 214.2
    morceau de bois
    265.10
    injure 397.7
bûcher 256.12 ; 725.4
bûcheron 265.19 ;
    812.19
bûcheronnage 265.4 ;
    812.8
bûcheronner 812.26
bûchette 265.10
buckythérapie 393.6
bucoliaste 789.20
bucolique 811.26 ; 813.31
bucrâne 777.21
Buddhacarita 501.14
buddleia 287.9
budget 835.7 ; 845.5
    *budget-temps* 170.3
budgétaire 845.32
    *ligne budgétaire* 148.7
budgétairement 845.37
budgéter 845.23
budgétisation 845.4
budgétiser 845.23
budgétivore 845.32
buée 244.3
buer 244.14
buffalo 296.6
buffet 783.20 ; 850.4
    *buffet campagnard*
    855.2

buffeter 871.25
buffle 296.6
buffleterie 664.20
bufothérapie 393.4
bug 55.4 ; 772.19
bugaku 786.8
buggy 816.5
Bugis 306.12
bugle
    plante 288.16
    instrument de musi-
    que 783.6
buglosse 288.6
bugne 858.6
bugner 658.24
bugrane 288.27
buhotte 298.6
building 848.8
buire 851.12
buis 265.11 ; 287.5 ;
    779.8
buissaie 812.16
buissière 812.16
buisson 287.1
    *buisson ardent* 256.10 ;
    774.2
    *battre les buissons*
    412.17 ; 287.5
    *faire buisson creux*
    541.12
    *en buisson* 856.52
buissonner 287.10
buissonneux 287.11
buissonnier 812.11
bulbaire 326.26
bulbe
    renflement 152.7
    organe végétal 288.3
    *bulbe olfactif* 326.17 ;
    371.6
    *bulbe rachidien* 322.2 ;
    326.2
    *bulbe vestibulaire* 325.10
bulbeux 144.13
bulbiculture 288.39
bulbille 288.3
bulbul 297.8
Bulgare 676.5 ; 739.14
bulinus 303.3
bullage 254.13
bullaire 713.36 ; 762.11
bulldozer 806.27
bulle 254
    phylactère 254.9
    décret 631.5
    *écraser la bulle* 445.8
    *papier bulle* 763.12
    *faire des bulles* 613.5
    *vivre dans sa bulle*
    582.6 ; 584.15

bullé 254.16
    *verre bullé* 254.4
bullée 286.27 ; 303.19
buller 445.7
bulletin 726.5 ; 766.4
    *bulletin de notes* 414.12
    *bulletin de paie* 795.9
    *bulletin de santé* 382.4
    *bulletin de vote* 672.10
    *bulletin des annonces
    légales obligatoires*
    842.20
    *bulletin météorologique*
    273.11
    *bulletin-réponse* 420.4
bulleux 254.16 ; 286.27 ;
    383.67
bull-finch 554.5
bull-terrier 296.9
bulot 303.3
bumétanide 394.5
Bundahishn ou Bbun-
    dehish 501.10
bungalow 848.5
bunker 656.11
buphage 297.8
buphtalmie 347.3
buplèvre 287.5
bupreste 301.3
buprestidés 301.2
burat 810.3
buratin 810.4
bure 810.3
bureau
    lieu de travail 794.3
    meuble 850.11
    *bureau d'esprit* 396.5 ;
    581.8
    *bureau de poste* 770.6
    *bureau de recherches
    géologiques et minières*
    412.8
    *bureau de vote* 672.18
bureaucrate 792.17
bureaucratisation
    670.16
bureauticien 772.23
bureautique 772.2
burette 230.17 ; 496.12
Burgondes 306.16
Burgrave 646.18 ; 648.4
burin 799.4
burinage 799.29
burinée 334.14
buriner 151.13 ; 799.37
Burkinabé 676.7
burlesque 465.1 ; 785.11
burlesquement 645.9 ;
    750.15
burlingue

bureau 794.3
    ventre 324.1
burnous 862.12
buron 848.5
buronnier 861.9
bursera 286.19
burséracée 286.11
bursite 383.48
Burundais 676.7
bus 816.8
busard 297.12
buse
    rapace 297.12
    personne stupide
    397.7
    tuyau 802.6
bush 287.2
bushel 70.17
Bushmen 306.11
*bushy stunt* 285.16
business 827.1 ; 719.2
businessman 827.18
buste
    torse 323.1
    sculpture 776.8
bustier
    sculpteur 776.16
    corsage 862.13
but 38 ; 37.3 ; 198.14
    *dans le but de* 38.14
    *de but en blanc*
    174.18 ; 537.16
    *arriver au but* 201.7
    *atteindre son but* 540.14
butadiène 804.6
butane 253.2
butanier 819.5
butant 159.14
buté
    aveuglé 399.11
    obstiné 514.7
butéa 287.8
butée
    massif de maçonnerie
    159.4
    dispositif antichoc
    227.16
buter
    soutenir 159.11
    heurter 214.16
    tuer 311.27
    *buter à* 38.8
    *buter sur* 541.10 ;
    554.15
buter (se) 411.5 ; 456.6 ;
    514.5
buteur 870.49
buthidés 301.12
butin 660.3 ; 717.7
butinage 717.5
butiner 301.30 ; 717.21

*couvrir de cadeaux*
587.8
**cadeauter** 826.20
**cadédis** 748.6
**cadelle** 301.3
**cadenas** 140.5 ; 809.5
**cadenassé** 809.31
**cadenasser** 140.11 ;
723.23
**cadenasser (se)** 131.12
**cadence** 781.21 ; 789.16
**cadencé** 781.55
*pas cadencé* 666.2
**cadencer** 870.87
**cadenette** 867.3
**cadenne** ou **cadène**
723.13
*mettre à la cadène*
723.20
**cadet** 315.5 ; 678.4 ;
870.42
**cadette** 806.35
**cadi** 488.12
**cadis** 810.3
**cadmium** 230.7 ; 259.5
*jaune de cadmium*
352.8 ; 358.2
**cadrage**
mise en place d'une
image 775.14
dispositif de soutène-
ment 802.4
**cadran** 769.6
*cadran lunaire* 175.3
*cadran solaire* 232.18
**cadrat** 744.7
**cadratin** 744.7
**cadrature** 175.7
**cadre** 132.10 ; 136.1 ;
668.7
*cadre d'encadrement*
792.15
*cadre de déménagement*
801.8
*cadre de réserve* 663.10
*cadre de vie* 157.2 ;
282.6 ; 849.18
*cadre technique* 793.7
**cadrer** 28.11 ; 775.21
*faire cadrer avec* 53.11
*cadrer avec* 542.9 ;
619.5
**cadreur** 790.26
**caduc** 195.10 ; 196.8 ;
545.14 ; 561.12
*mal caduc* 383.47
**caducée** 391.34 ; 500.43
**caducifolié** 286.25
**caducité** 195.1 ; 196.1 ;
317.1
**Cadurques** 306.16

**cæcilius** 301.16
**cæcum** 324.3 ; 338.9
**cænophidiens** 299.2
**cafard** 443.1 ; 458.1 ;
479.10
*avoir un cafard dans la
tirelire* 450.20
**cafardage** 597.5
**cafarder**
s'ennuyer 458.8
trahir 597.10
**cafardeur** 597.8
**cafardeux** 443.6 ; 464.12
**cafardise** 479.6 ; 595.2
**café** 289.7 ; 859.4
**café-au-lait** 352.28
**caféier** 287.9
**caféière** 811.10
**caféine** 390.9 ; 394.5
**café-restaurant** 859.19
**cafetage** 597.5
**cafeter** 597.10
**cafétéria** 855.15
**cafeteur** 597.8
**cafetier** 859.20
**cafetière** 318.1 ; 851.27
**cafouiller** 541.14 ;
547.12
**caftage** 597.5
**cafter** 597.10
**cafteur** 597.8
**cage** 297.25 ; 813.6 ;
847.3
*cage à lapins* 847.3
*cage à poules* 723.10
*cage d'ascenseur* 134.3
*cage de scène* 788.2
*cage thoracique* 329.9
**cagée** 813.4
**cageot**
emballage 134.5
personne laide 437.4
**cagerotte** 861.7 ; 134.5
**caget** 134.5 ; 861.7
**cagette** 134.5
**cagibi** 848.24
**cagna** 848.2
**cagnard**
soleil 277.4
paresseux 445.10
**cagnarder** 445.7
**cagnardise** 445.1 ; 529.4
**cagne** 445.1
**cagneux** 319.17 ; 386.7
**cagnotte** 298.5
**cagot** 479.10 ; 595.9
**cagoterie** 479.6 ; 595.2
**cagotisme** 479.6
**cagou** 297.19
**cagoule** 499.25 ; 862.25

**caguer** 541.14
**cahara** 739.14
**cahier** 764.4 ; 765.12
**cahin-caha** 547.25 ;
435.9
**cahot** 213.4 ; 227.6 ;
816.20
**cahotement** 213.4 ;
227.6
**cahoter** 213.12 ; 227.29
**cahute** 848.2
**caïd** 85.8 ; 621.9
**caïeu** 288.3
**cailcedrat** 286.18
**caillage** 860.3 ; 861.3
**caillasse** 258.1
**caille**
oiseau 297.9
femme 309.4
**caillé**
*lait caillé* 860.2
**caillebotis** 807.4
**caillebotte** 246.8
**caillebotter (se)** 246.11
**caille-lait** 288.28
**caillement** 246.4
**cailler** 242.13 ; 332.25 ;
860.12
**cailler (se)** 242.16 ;
246.11 ; 332.28
**caillère** 860.4
**cailletage** 760.4
**cailleter** 745.22 ; 760.10
**caillette** 760.7
**caillot** 154.2 ; 246.8
*caillot sanguin* 332.7
**caillou** 154.2 ; 318.1
**cailloutage** 137.8
**caillouter** 137.15 ;
258.16
**caillouteux** 257.26
**caïman** 299.7
**Caingangs** 306.8
**caïque** 814.11
**cairn** 152.2 ; 688.16
**caisse**
coffre 134.3
carrosserie d'un véhi-
cule 815.13
recette 825.11
*caisse à outils* 799.2
*caisse claire* 783.9
*caisse d'épargne* 840.5 ;
844.6
*caisse de compensation*
99.4
*caisse de résonance*
783.22
*caisse du tympan*
329.7 ; 363.3

*caisse enregistreuse*
825.11
*caisse-palette* 801.8
*grosse caisse* 783.8
*faire la caisse* 426.15
**caissette** 134.5
**caissier** 207.12 ; 827.17 ;
840.33
**caisson** 134.5 ; 806.18 ;
815.13
*plafond à caissons*
848.30
**cajeput** 288.19
**cajole** 309.3
**cajoler**
pousser son cri (geai)
305.7
caresser 601
**cajolerie** 574.7 ; 629.2
**cajoleur** 601.5 ; 629.6
**cake** 803.4
**cake-walk** 786.10
**cakra** 490.15
**cal** 383.16
**caladium** 288.32
**calamagrostis** 290.7
**calamar** 303.4
**calament** 288.16
**calamine** 259.5 ; 267.3
**calamintha** 288.16
**calamistrer** 867.15
**calamite**
arbre fossile 237.23
batracien 300.3
**calamité** 192.5 ; 549.4
**calamiteux** 464.14
**calamodius** 301.3
**calamoichthys** 298.5
**calamus**
*calamus scriptorius*
326.8
**calancher** 311.22
**calandrage** 155.2
**calandre** 800.9
**calandre**
oiseau 297.8
insecte 301.3
garniture de carrosse-
rie 817.5
**calandré**
*papier calandré* 763.12
**calandrelle** 297.8
**calandrer** 155.7
**calanthe** 288.21
**calanus** 302.3
**calao** 297.14
**calappe** 302.3
**calathea** 288.36
**calbombe** 852.6
**calcaire** 257.26

calcanéum 329.17
calcédoine 258.4
calcémie 332.17
calcéolaire 288.22
calcéole 303.12
Calchaquis 306.8
calcif 862.14
calcifédiol 394.6
calciférol 394.6
calcification 329.25 ; 330.6
calcin 137.6
calcination 243.2 ; 354.8 ; 805.5
calciné 856.49
calciner 243.20 ; 256.21 ; 805.16
calciponges 303.10
calcite 258.4
calcithérapie 393.5
calcitonine 333.3 ; 394.5
calcitriol 394.6
calcium 230.7 ; 395.6
  *calcium edta* 394.6
calciurie 339.10
calcul 116
  opération arithméti-
  que 117.4
  maladie 383.23
  intention 534.4
  *calcul intégral* 116.6
calculable 70.31 ; 116.14
calculateur
  n.m.
  116.9
  adj.
  572.14
  *calculateur numérique*
  772.3
calculatrice 116.9 ; 772.6 ; 800.7
calculé 50.14 ; 70.30
calculer 50.11 ; 100.14 ; 116.12
calculette 116.9 ; 772.6 ; 800.7
calculeux 383.72
caldarium 241.4 ; 853.19
caldarium 242.8
caldeira 269.2
cale 166.10 ; 819.1
  *cale de radoub* 245.4
calé
  difficile 547.19
  riche 829.19
calebar 862.14
calebasse 318.1 ; 856.18
calebassier 286.19
calebombe 852.6
calèche 816.14

calecif 862.14
caleçon 862.14
caleçonnade 787.5
caléfaction 241.7
caléidoscopique 234.24
caleil 852.9
calembour 752.2
  *faire des calembours*
  736.10
calembredaine 397.4 ; 439.6 ; 750.4 ; 545.5
calen 852.9
calendaire 496.13
  *jour calendaire* 176.10
  *fêtes calendaires* 497.1
calender 499.6
calendes 176.10
calendrier 176 ; 170.1
calenture 450.3
calepin 762.7 ; 764.4
caler
  ignorer 408.9
  arrêter brusquement
  817.24
  *se caler les amygdales*
  855.26
  *se caler les joues* 707.9
caleter 202.10 ; 576.23
caleur 818.24
calfat
  ouvrier 137.12
  oiseau 297.8
calfatage 245.4
calfater 137.15 ; 140.13 ; 245.16
calfeutrer 137.15
calibrage 53.9 ; 806.20
calibre
  unité de mesure 70.5
  dimension 123.1
  arme 664.5
  *gros calibre* 664.10
  *petit calibre* 664.10
calibré 49.19
calibrer 53.12 ; 806.45
calibreuse 807.15
calice
  organe floral 288.4
  coupe 496.12
caliche 259.5
caliciflore 288.45
calicot 810.4 ; 827.17
calicule 288.4
calier 819.21
califat 648.23
calife 488.12 ; 648.5
californium 230.7
califourchon (à)
  156.16 ; 319.19
caligo 301.11

câlin 601
câlinement 601.11
câliner 314.17 ; 445.7 ; 601.6
câlinerie 601.1
câlinette 601.2
câlinou 601.2
calisson 858.6
calixtin 487.13
calleuse 334.15
calleux 248.13
call-girl 719.6
calli- 436.23
callianasse 302.3
callicèbe 296.14
callidie 301.3
calligramme 789.5
calligraphe 762.11
calligraphie 744.9 ; 762.4 ; 773.4
calligraphier 744.16 ; 762.13
callimorphe 301.11
Calliope 500.11
calliostoma 303.3
calliphoridés 301.8
calliptamus 301.16
calliste 301.3
callistémon 287.9
Callisto 232.10 ; 500.42
callitrichidé 296.14
callitris 286.16
*call of more* 842.13
callorhynque 298.7
callosité 248.3 ; 383.16
calmant 394.4 ; 448.16 ; 473.11
calmar 856.13 ; 303.4
calme 448 ; 226.7 ; 366.1 ; 579.1 ; 652.13
  *calme avant la tempête*
  448.3
  *calme blanc* 275.3
  *ramener le calme* 550.10
calmement 446.15 ; 448.18 ; 531.18
calmer 473.4 ; 579.15 ; 701.6
  *calmer le jeu* 448.8
calmer (se) 275.19 ; 448.12 ; 701.9
calmir 271.25 ; 275.19 ; 448.12
calmos 448.19 ; 577.23
calo- 241.30
calo 739.3
calocoris 301.5
calogène 241.27
calomel 259.5
calomniateur 642.11

calomnie 642.9 ; 655.7 ; 729.6
calomnié 642.26
calomnier 642.14 ; 655.17
calomnieusement 642.30
calomnieux 586.11 ; 642.29
calophyllum 287.3
caloporteur 241.27
caloptéryx 301.14
calor- 241.30 ; 853.28
calori- 853.28
calorie 241.12 ; 242.10 ; 395.8
  *grande calorie* 241.12
calorifère
  n.m.
  241.10 ; 853.8
  adj.
  241.27
calorifiant 241.27
calorification 241.6
calorifique 241.27 ; 243.28 ; 395.11
calorifuge 241.27
calorifugeage 853.4
calorifuger 853.25
calorimètre 241.13
calorimétrie 70.25 ; 241.14 ; 243.17
calorimétrique 241.27
caloriporteur 241.27
calorique
  n.m.
  241.1
  adj.
  241.27 ; 395.11
calorisation 805.4
calosome 301.3
calot
  bille 154.2 ; 873.2
  œil 318.5
calote 299.5
calotin 479.10 ; 491.15
calotte
  courbure 144.5
  coup 658.3
  chapeau 862.26
  t. d'architecture 777.20
  t. d'organologie 783.23
  *calotte glaciaire* 242.6
  *noyaux de la calotte*
  326.9
calotter
  gifler 658.13
  voler 717.18
calque
  traduction 738.3 ;

cantus 784.3
canulant 458.13
canular 728.6 ; 729.7 ;
    750.4
canule 391.19
canuler
    ennuyer 449.15
    tromper 728.15
canut 810.19
canwood 265.12
canyon 270.5
canzone 789.9
CAO 563.10 ; 765.15
Cao Dai 489.4
caoua 859.4
caouane 299.9
caoutchouc
    matière 249 ; 804.7
    chaussure 274.8 ; 865.3
caoutchouter 137.15
caoutchouteux 249.12
caoutchoutique 249.12
cap
    direction 198.1
    pointe 271.8
cap
    tête 318.1
    cap de Diou 748.6
capable 7.13 ; 527.14 ;
    570.19
capacimètre 70.26
capacité
    possibilité 221.8 ;
    396.2 ; 570.3
    contenance 70 ; 134.7 ;
    340.12
    capacité d'emport 820.5
    capacités 546.7
caparaçon 165.3 ; 665.7
caparaçonner 137.13 ;
    560.22
cape 862.12
    sous cape 727.34
capelan 298.6
capeler 215.18
capelet 388.5
capella
    a capella 784.32
Capella 232.5
capendu 289.10
caperlot 663.15
capésien 648.8
capharnaüm 27.3 ; 46.6
capill- 335.25
capillaire
    n.f.
    fougère 290.9
    adj.
    t. de cardiologie 331.24
    pileux 335.19

capillaire lymphatique
    332.8
vaisseau capillaire 331.1
capillarite 383.13
capillarité 233.4
capilliculteur 867.12
capilliculture 867.1
capistron 663.15
capitaine
    officier 663.15
    marin 819.21
    poisson 298.6
capital
    n.m.
    822.3 ; 829.7
    adj.
    438.13
    lever des capitaux
    840.41
    capital mobilier 843.7
    petit capital 309.7
capitale
    ville 849.9
    lettre 744.3
    capitale régionale 268.7
capitalement 422.14
capitalisation 118.2 ;
    829.4 ; 844.2
capitaliser 840.39 ;
    844.10
capitalisme 670.10
    capitalisme d'État 838.2
    capitalisme libéral 837.1
capitaliste 822.11 ;
    837.10
capitan 617.4
capitation 647.3 ; 846.10
capiteuse 371.27
Capitole
    monter au Capitole
    639.21
    oies du Capitole 485.5
Capitolin
    Jupiter Capitolin 500.10
capiton
    bourrelet 127.3
    bourre 135.4
capitonnage 850.28
capitonné 850.38
capitonner 137.15 ;
    850.35
capitulaire 499.31 ;
    713.32
    salle capitulaire 499.24
capitulairement 499.34
capitulant 499.12
capitulard 509.4 ;
    628.11 ; 661.5
capitulation 509.2 ;
    515.2 ; 661.3
capitule

inflorescence 288.4
    prière 494.11
capituler 509.6 ; 515.9 ;
    628.13
capnode 301.3
capnographe 392.20
capnomancie 485.2
capon
    n.m.
    472.7 ; 509.4
    adj.
    472.19 ; 509.8
caponner 509.5
caponnière 132.5 ;
    656.12
caporal 622.19 ; 663.15
    caporal-chef 663.15
caporaliser 622.11
caporalisme 622.4 ;
    670.14
capot
    couvercle 165.3 ; 817.5
    adj.
    perdant 541.11 ; 872.9
capotage 817.13 ; 820.6
capote
    vêtement 862.20
    toit 274.8 ; 817.5
    préservatif 279.12
capoter 220.11
capout 557.26
capparidacée 287.3
cappucino 859.4
câpre 289.7
caprelle 302.3
capri- 296.34
capricant
    capricieux 522.9
    t. de médecine 84.11
capriccio 522.4
caprice 522
    désir 193.6 ; 522 ; 523.2
    gravure 774.8
    pièce musicale 781.32
    caprices de la fortune
    517.3
capricieusement 522.11
capricieux 33.13 ;
    84.15 ; 522
capricorne 301.3
Capricorne 176.9 ;
    232.15
Capricornides 232.12
câprier 287.6
câprière 811.10
caprification 289.18
caprifigue 289.17
caprifiguier 286.17
caprifoliacée 287.3 ;
    288.28

caprilyque 230.8
caprimulgiformes 297.4
caprin 296.31
caprique 230.8 ; 283.7
capro- 296.34
caprylique 283.7
caps 278.7
capselle 288.26
capside 284.6
capsidés 301.4
capsule
    couvercle 137.5
    fruit 292.2
    habitacle 821.2
capsulectomie 392.13
capsuloplastie 392.17
captateur 569.5 ; 718.7
captatif
    possessif 600.27
    t. de droit 569 ; 718.13
captatio benevolentiæ
    753.6
captation 569.2 ; 718.6
captativité 600.7 ;
    822.10
captatoire 569.13 ;
    718.13
capter
    recueillir 252.11
    obtenir 718.9
    recevoir 767.18
capteur 555.7
    capteur solaire 798.8
captieusement 569.18
captieux 597.18 ;
    728.21 ; 729.22
captif 131.13 ; 628.6 ;
    723.15
captivant 405.10 ;
    455.9 ; 602.12
captivé 455.11
captiver
    passionner 455.6 ;
    602.8
    capturer 721.11
captivité 628.1
captopril 394.5
capture 721.4
capturer 650.26 ; 721.11
capuce 499.25
capuche 274.8 ; 862.25
capuchon
    vêtement 862
    t. d'anatomie 299.12 ;
    325.12
capucin
    moine 499.10
    animal 296.14
    poudre de capucin
    251.4

capucinade 479.6 ; 495.5
capucine
fleur 288.36
couleur 357.12
religieuse 499.11
*à la capucine* 850.39
capucinière
dévôt 479.10
monastère 499.22
**Capverdien** 676.7
**caquelon** 851.25
**caquer** 814.28
**caquet** 305.3 ; 745.9 ;
760.2
*fermer son caquet*
140.14
**caquetage** 305.3 ; 439.6 ;
760.4
**caqueter** 305.7 ; 439.8 ;
760.10
**caquetoire** 850.17
**car**
n.m.
816.8
*car de police* 721.6
**car**
conj.
34.21
**carabe** 301.3
**carabidés** 301.2
**carabin** 391.25
**carabine** 664.6
**carabiné** 87.21
**carabinier** 716.6
*arriver comme les carabiniers d'Offenbach*
181.13
**carabistouille** 718.1
**caraboïdes** 301.2
**caracal** 296.7
**caraco** 862.7
**caracole** 213.3
**caracoler** 870.87
**caracouler** 305.7
**caractère**
résolution 510.1
élégance 614.1
lettre 744
style 753.10
caractéristique 280.4
personnalité 307.3
*caractère sexuel* 325.18
*comédie de caractères*
787.5
*comique de caractère*
465.1
*heureux caractère* 442.4
**caractériel** 449.17
**caractérisation** 15.9 ;
70.3

**caractériser** 15.11 ;
23.9 ; 49.14
**caractéristique**
n.f.
731.5
adj.
49.20 ; 731.11
**caractérologie** 307.13
**caractérologique** 307.17
**carafe**
tête 318.1
récipient 851.12
*rester en carafe* 457.7
**carafon**
tête 318.1
récipient 851.12
**caragan** 288.27
**Caraïtes** 486.24
**carajas** 306.8
**caramba** 748.6
**carambolage** 227.4 ;
817.13
**caramboler** 227.21
**carambouillage** 718.3
**carambouille** 718.3
**carambouiller** 718.9
**carambouilleur** 718.7
**caramel**
sucrerie 858.5
couleur 352.28 ; 356.12
**caramélisation** 858.8
**caramélisé** 858.14
**caraméliser** 858.11
**caramote** 302.3
**carangidé** 298.3
**carangue** 298.6
**carapa** 286.18
**carapace**
protection 560.4
t. d'anatomie 299.13 ;
302.4
*carapace osseuse* 298.9
**carapater (se)** 202.10
**carassin** 298.5
**carat** 239.12 ; 258.9 ;
260.9
**caravagesque** 780.15
**caravagisme** 780.8
**caravagiste** 780.15
**caravane**
64.3 ; 816.8 ; 848.9
**caravanier** 816.29
**caravansérail** 590.4
**carbachol** 394.5
**carbamazépine** 394.5
**carbet** 848.3
**carbochimie** 230.1
**carboduc** 815.14
**carbohémoglobine**
283.22

**carbonade** 856.10
**carbonara**
*à la carbonara* 856.51
**carbonate** 230.8
*carbonate de calcium*
394.6
*carbonate de magnésium* 394.6
*carbonate de plomb*
264.2
*carbonates naturels de
cuivre* 360.2
**carbon black** 354.3
**carbone**
élément 230.7
papier 763.12
*datation au carbone 14*
175.2
**carboné**
*nutrition carbonée* 285.9
**carbonifère**
n.m.
237.21
adj.
237.33
**carbonique** 230.8
**carbonisation** 243.2
**carboniser** 243.20 ;
256.21
**carbonitruration** 805.4
**carbonnade** 856.10
**carbonyl-** 230.29
**carbonyle** 230.9
*fer carbonyle* 805.2
**carborundum** 155.4
**carboxy-** 230.29
**carboxyhémoglobine**
283.22
**carboxylase** 283.24
**carboxylation** 230.14
**carboxyle** 230.9
**carboxypeptidase**
283.24
**carburant** 243.6 ; 817.17
**carburateur** 243.15 ;
817.3
**carburation** 805.4 ;
817.3
**carbure** 798.6
*carbure d'hydrogène*
243.8
**carburéacteur** 243.6
**carburer** 243.24 ; 800.15
**carcailler** 305.7
**carcajou** 296.7
**carcan**
supplice 725.5
gêne 554.8
cheval 296.11
**carcasse**
structure 147.2

squelette 329.2
t. de métallurgie 805.6
**carcel** 350.22 ; 852.9
**carcéral** 723.28
**carchar-** 298.26
**carcharhinidé** 298.2
**carcino-** 388.15
**carcino-embryonnaire**
342.10
**carcinogène** 388.13
**carcinogenèse** 388.6
**carcinoïde** 388.12
**carcinologie** 302.6 ;
388.8
**carcinolyse** 388.7
**carcinomateux** 383.80 ;
388.12
**carcinomatose** 388.6
**carcinome** 383.41 ;
388.4
**carcinose** 388.6
**cardage** 810.11
**cardamine** 288.26
**cardamome** 372.4
**cardan** 160.3 ; 800.12
**-carde** 331.27
**carde**
pointe 151.4
côte 288.3
**cardé** 810.32
*laine cardée* 810.3
**cardère** 288.34
**cardeuil** 716.9
**cardeuse** 800.9
**cardialgie** 345.3 ; 383.13
**cardialgique** 383.66
**cardiaque**
n.
331.22
adj.
331.24
*plexus cardiaque* 327.5 ;
331
**cardiforme** 331.25
**cardigan** 862.7
**cardinal**
n.m.
oiseau 297.8
religieux 648.6
t. de grammaire 740.11
adj.
438.13
*nombre cardinal* 100.3
*cardinal infini* 100.3
*les quatre points cardinaux* 105.3
**cardinalat** 498.16
**cardinale** 665.5
**cardinalice** 498.24
*pourpre cardinalice*
496.10

**carpophage** 289.25
**carpophile** 301.3
**carpophore** 291.2
**carquois** 665.3
*pied en carquois* 850.21
**carragheen** 293.4
**carre** 865.8
**carré**
n.m.
produit 120.2
pièce 848.22
foulard 862.28
adj.
fort 125.6
fidèle 594.14
*mots carrés* 872.18
*carré magique* 122.7
*carré d'as* 872.7
*carré de l'Est* 861.6
*carré demi-sel* 861.2
*mettre à qqn la tête au carré* 318.10
*au carré* 867.20
*méthode des moindres carrés* 122.5
**Carré**
*maladie de Carré* 383.48
**carreau**
plaque 137.9
lime 799.14
clef 809.16
vitre 848.31
couleur 872.4
filet 814.6
*carreau de mine* 802.6
*frapper au carreau* 274.13
*laisser sur le carreau* 311.28
*rester sur le carreau* 311.20
*mettre au carreau* 773.25
*se garder à carreau* 607.11
*se tenir à carreau* 572.6
**carrée** 848.22
*carrée du transept* 493.5
**carrefour**
croisement 218.8 ; 816.16 ; 849.17
rencontre 583.10
**carrelage** 137.11
**carreler**
revêtir 137.15
t. de cordonnerie 865.18
**carrelet**
poisson 298.6

outil 799.14
filet 814.6
**carrelette** 799.14
**carreleur**
ouvrier 137.12
cordonnier 865.13
**carrelure** 865.11
**carrément** 87.27 ; 510.10
**carrer** 120.4 ; 844.12
*carrer une équation* 116.12
**carrer (se)** 617.6
**carrier** 258.14 ; 802.10
**carrière**
profession 190.5
existence 310.7
lieu 806.26
*faire passer carrière à qqn* 622.16
*donner libre carrière à* 724.17
*faire une belle carrière* 643.9
**carriérisme** 643.4
**carriériste** 643.6 ; 792.19
**Carriers** 306.8
**carriole** 816.14
**carrossable** 816.41 ; 849.27
**carrossage** 816.1 ; 817.17
**carrosse** 816.14
**carrosser** 816.34
**carrosserie** 817.5
**carrossier** 816.33 ; 817.21
**carrousel**
série 64.4
fête 687.6
appareil 801.7
**carrousse** 859.25
*faire carrousse* 708.12
**carroussel** 708.18
**carrure**
dimension 123.5 ; 125.2
vigueur 375.3
**cartable** 134.6
**cartayer** 816.36
**carte**
plan 731.3 ; 869.12
menu 855.8
jeu 872.4
cartes 485.6
*carte perforée* 772.10
*carte postale* 770.3
*carte routière* 816.25
*carte nationale d'identité* 15.6
*carte de séjour* 677.14
*carte grise* 817.18

*carte verte* 817.18
*carte de crédit* 840.24
*carte de visite* 764.1
*dernière carte* 533.4
*carte blanche* 606.12 ; 516.24
*château de cartes* 247.4
*femme en carte* 719.7
*jouer cartes sur table* 594.16
*avoir sa carte* 671.31
**cartel**
horloge 175.6
**cartel**
entente 827.9
*Cartel des gauches* 169.4
**cartel**
ornement 778.5
**cartellisation** 827.7
**carter** 800.12 ; 817.3
**cartésien** 416.13
**carteux** 810.36
**carthame** 288.10
**carthamine** 352.9 ; 357.2
**cartier** 872.28
**cartiérisme** 671.21
**cartilage** 329.19 ; 336.4
**cartilagineux** 336.10
**cartisane** 864.17
**cartographie** 391.14
**cartomancie** 485.2
**cartomancien** 485.14
**carton**
emballage 134.4
cible 667.14
carte 763.12
*taper le carton* 872.33
**cartonnage** 137.11
**cartonné** 765.2
**cartonner** 38.7 ; 872.33
**cartonnier**
insecte 301.7
meuble 850.9
**carton-paille** 763.12
**cartoon** 790.5
**cartooniste** 790.26
**cartophile** 868.11
**cartophilie** 868.7
**cartophiliste** 868.11
**cartouche**
emballage 134.4
munition 664.15
ornement 778.5
**cartoucherie** 667.15
**cartouchière** 134.6 ; 664.20
**carvi** 289.7 ; 856.27
**carya** 286.19
**caryatide** → **cariatide**

**caryocar** 286.19
**caryocinèse** 283.27 ; 336.6
**caryodendron** 286.19
**caryolytique** 394.36
**caryophyllacées** 288.8
**caryopse** 289.2
**caryota** 286.20
**caryotype** 280.4
**caryotypique** 280.21
**cas**
situation 8.15 ; 391.10
forme 740.5
*cas de conscience* 690.7
*cas de force majeure* 41.3
*faire grand cas de* 626.9
*faire cas de* 7.8 ; 434.10
*cas fortuit* 44.2
*cas réservé* 697.2
**casanier** 676.32 ; 848.38
**casanova** 705.6
**casaque** 862.9
**casaquin** 862.8
**casbah** 848.2 ; 849.12
**cascabelle** 299.12
**cascade**
série 64.4
chute 214.8
flot 271.4
**cascader** 212.9 ; 271.20
**cascadeur** 790.25 ; 791.14
**cascarille** 286.6
**cascatelle** 271.4
**case**
compartiment 134.4
habitation 848
**caséeux** 383.82
**caséification** 383.41
**caséine** 283.8
**casemate** 656.11
**caser** 45.12
**caserne** 663.19
**casernement** 849.8
**caserner** 663.21
**cash** 825.14 ; 839.32
**casher** 486
**casherout** 486.6
**casier** 134.4 ; 850.9
**casilleux** 247.9
**casino** 872.29
**casoar** 297.19
**casque**
sépale 288.4
mollusque 303.3
cheveux 335.4
coiffure 560.5
**casquer** 825.13
**casquette** 862.25

catogan 867.3
catops 301.3
catoptrique 234.1
catostome 298.5
catoxanthe 301.3
cattleya 288.21
Caucase 278.7
caucasique 739.14
Caucasoïde 306.3
cauchemar 378.7
cauchemarder 378.20
cauchemardesque
  378.26
caucus 672.12
caudal
  *nageoire caudale* 298.12
caudataire 498.15 ;
  629.7
caudé
  *noyau*
  *caudé* 326.10
caudrette 814.6
caulerpe 293.4
caulescent 288.47
cauliflorie 288.38
caulinaire 286.27 ;
  288.47
cauri 303.3
causal 13.11 ; 34.14
causale 741.5
causalement 34.17
causalisme 13.5 ; 34.3
causalité 34.2 ; 478.17
causant
  causatif 34.15 ; 36.8
  bavard 760.12
*causa sui* 34.1
causateur 34.15
causatif 34.15 ; 740.6
causation 34.2
cause 34
  origine 34.1 ; 225.2
  affaire 711.8
  *faire cause commune*
  562.26
  *ayant cause* 713.48 ;
  823.9
causer
  occasionner 34.9 ;
  796.14
  parler 745.21 ; 749.13
causerie 749.1
causette 745.6
  *faire la causette* 749.14
causeur 749.11
causeuse 850.14
causse 245.10
causticité
  d'un produit 230.11
  de l'esprit 454.2

caustique
  n.f.
  t. d'optique 350.19
  adj.
  586.11
caustiquement 454.18
cautèle 406.7
cauteleux 572.14 ;
  595.18
cautère 256.19 ; 394.3
  *cautère sur une jambe*
  *de bois* 545.4
cautérisation 384.6 ;
  392.7
cautériser 392.33
caution
  garantie 550.5
  somme 825.5
cautionnement 841.15
cautionner 606.12 ;
  841.30
cavage 806.16
cavalcade 213.3
cavale 296.11
cavaler 458.11
cavalerie
  troupe 663.3
  fraude 718.2
  *effet de cavalerie* 841.21
cavalier
  n.
  personne 663.12 ;
  870.56
  papier 773.8
  danseur 786.22
  fortification 806.17
  carte 872.4
  *cavalier budgétaire* 97.5
  adj.
  593.8 ; 627.15
  *perspective cavalière*
  773.13
cavalièrement 593.11 ;
  620.10
cavatine 784.11
cave
  n.f.
  mise 872.12
cave
  n.f.
  local 848.24
  *cave à liqueur* 850.5
  *de la cave au grenier*
  71.17
cave
  adj.
  creux 153.15
caveau
  tombe 688.15
  cabaret 785.13
*cave canem* 552.22

caver
  creuser 153.11
  escroquer 718.10
caverne
  cavité 153.7
  t. de médecine 383.44
  *homme des cavernes*
  306.17
caverneux
  creux 153.15
  d'un son 365.30
cavernicole 847.16
cavet 778.3
caviarder 12.9
caviidé 296.3
cavillone 298.6
cavioïde 296.3
cavitation 253.9
cavité 153.1 ; 329.3
  *cavité utérine* 325.14
cavitron 392.26
cavoline 303.3
Cayapas 306.8
cayman 839.8
cd-rom 771.8
C.D.U. 49.7
ceanothus 287.7
céans 156.15
céb- 296.34
cèbe 296.36
cébidé 296.14
cébo- 296.34
cébrion 301.3
ceci 161.4
cécidomyidés 301.8
cécidomyie 301.9
cécilies 300.2
cécité 347.2 ; 399.1
  *cécité verbale* 746.4
cécographie 347.12 ;
  762.1
cecropia 301.11
Cécrops 500.41
cédé 823.16
céder
  succomber 455.8 ;
  600.23
  abandonner 628.13 ;
  635.12
  vendre 823.10 ; 826.13
  *céder à* 624.10
  *le céder à* 86.11
cedex 770.7
cédi 839.8
cédille 730.10
cédrat 289.9
cédratier 286.17
cèdre 286.17
cédulaire
  *impôt cédulaire* 846.3

cédule 846.23
céfaclor 394.5
céfalexine 394.5
céfazoline 394.5
cégésimal 70.33
ceindre 145.12
ceinturage 812.6
ceinture
  bande 157.4 ; 849.12
  vêtement 862.21
  *ceinture de chasteté*
  704.2
  *ceinture de feu* 132.9
  *ceinture de sécurité*
  560.5 ; 817.11
  *faire ceinture* 515.8
  *serrer (se serrer) la*
  *ceinture* 706.5
  *ceinture de Vénus*
  303.13
ceinturer 132.16 ; 812.23
ceinturon 150.3 ; 862.29
cela 490.12
céladon 359.11
célastracée 286.11
célastrales 285.4
célébrant 491.15
célébration 491.1 ; 538.3
célèbre 639.25
célébré 540.23
célébrer
  accomplir 491.17
  vanter 636.9 ; 789.26
  fêter 686.18 ; 687.17
celebret 492.4 ; 632.6
célébrissime 639.25
célébrité 639
celer 727.15
céleri 856.20
célérifère 816.13
célérité 576.2
céleste 4.14
  *céleste demeure* 505.1
  *voûte céleste* 232.2
  *cour céleste* 505.1
célestine 258.4 ; 259.5
célibat 683
célibataire 683
cella 493.8
cellérier 499.12
cellier 828.12 ; 848.24
cellobiose 283.5
Cellophane 137.6
cellote 723.10
cellulaire
  t. de biologie 283.31 ;
  336.10 ; 342.11
  carcéral 723.28
cellulairement 723.29
cellular 810.3

cellule **283**
  compartiment 134.2
  pièce 499.24 ; 723.10
  groupement 669.5
  t. de biologie 283.1
  *cellule familiale* 668.5
celluli- 336.14
cellulite 334.4
cellulo- 336.14
cellulose 265.2 ; 283.5
cellulosique 283.33
célonite 301.7
célosie 288.9
celte
  *croix celte* 149.3
Celtes 306.16
Celtibères 306.16
cembro 286.16
cément 330.5
cémentation 805.4
cémenter 805.16
cémentite 259.5
cénacle 396.5 ; 583.6
cendre 237.7 ; 251.1
cendré
  couleur 352.28
  fromage 861.4
  *lumière cendrée* 278.2
cendres 96.4 ; 688.27
  *couvrir (se couvrir) la
  tête de cendres* 460.7
cendreux 251.21 ; 352.28
cendrier 251.11
cendrillon 381.8
Cène 487.21 ; 855.3
  *sacrifice de la Cène*
  496.4
cenelle 289.17
cénesthésie 343.1 ; 440.5
cénobite
  crustacé 302.3
  moine 499.4 ; 702.7
cénobitique 499.32 ;
  702.10
cénobitisme 499.1 ;
  702.3
cénocyte 283.1 ; 293.2
cenolestidé 296.2
cénolestoïde 296.2
cénotaphe 688.18
cénozoïque 237.21
cens 846.10
censé 423.9
censément 423.13
censeur 414.14 ; 633.9
censier 846.23
censitaire 846.32
censive 846.10
censorial 633.18
censurable 633.20

censure 633.3 ; 640.5
  *motion de censure* 669.2
censurer 633.14 ; 637.13
cent **113**
  nombre 113
  *à cent pour cent* 71.15
cent
  monnaie 839.10
centaine 113.1
  *des centaines* 75.7
Centaure 232.15
  *combat des Centaures
  et des Lapithes* 774.6
centaurée 288.10
centavo 839.10
centenaire 113.2 ;
  317.5 ; 687.3
-centèse 151.17
centésimal 70.33 ; 113.5
centésimo 839.10
centi- 70.36 ; 113.7
centiare 70.7
centibar 255.7
centième 95.2 ; 113
centigrade 113.3
centigramme 70.8 ;
  239.12
centilage 122.6
centile 113.3
centilitre 70.7
centime 70.16 ; 113.3 ;
  839
centimètre 70.7 ; 113.3
centimétrique 70.33
céntimo 839.10
centimorgan 280.12
centon 789.7
Centrafricain 676.7
centrage 57.8 ; 133.6
central 57.13 ; 133.3
centrale 798.7 ; 827.9
centralement 57.14 ;
  133.18
centralien 414.15
centralisateur 133.11
centralisation 133.8 ;
  670.16
centralisé 838.18
centraliser 133.12 ;
  268.13
centralisme 838.1
centraliste 133.11 ;
  838.14
centralité 57.6 ; 133.2
centranthe 288.34
centrarchidé 298.3
centration 57.8 ; 133.6
centre- 133.19 ; 671.10
centre **133** ; 57.1

*centre d'attraction* 223.3
*centre d'inertie* 229.1
*centre d'intérêt* 405.3
centré 133.15
centrer 57.9 ; 133.12 ;
  870.85
centreur 133.10
centre-ville 849.12
centri- 57.18 ; 133.19
centrifugation 133.7 ;
  230.13 ; 267.8
centrifuge 133.16
  *force centrifuge* 233.2
centrifuger 215.17 ;
  230.20
centrifugeur 133.10
centrifugeuse 91.9 ;
  133.10
centrine 298.7
centripète 133.16
  *force centripète* 233.2
centrisme 671.10
centriste 579.9 ; 671.37
centro- 57.18 ; 133.19
centrosome 336.2
centrospermales 285.4
centrum 133.5
centrure 301.13
centumvir 133.4
centuple 120.6 ; 113.6
centupler 120.4
centurie 113.4
centurion 113.4
cèpe 291.6
cépée 286.5
cependant 18.23
  *cependant que* 182.14
céphal- 318.20
céphalalgie 345.3
cephalanthera 288.21
-céphale 295.28 ; 318.20
céphalée 345.3
-céphalie 318.20
céphaline 283.6
céphalique 318.16 ;
  331.9
céphalométrie 318.6
céphalo-pharyngien
  328.11
céphalophe 296.6
céphalopode 303.1
céphaloptère
  passereau 297.14
  poisson 298.7
céphalo-rachidien
  326.26
céphalothorax 301.17
céphalotomie 392.14
cèphe 301.7
Céphée 232.15

Céphéide 232.4
cépole 298.6
cépolidé 298.3
céraiste 288.8
cérambycidés 301.2
cérambyx 301.3
céramiales 293.3
céramique 257.11 ;
  773.18
  *céramique magnétique*
  262.5
céramiser 257.24 ;
  266.18
céramiste 257.17
céramographie 257.15
céramométallique
  330.29
-ceras 303.21
céraste 299.3
cerastoderma 303.2
cérat 267.6 ; 394.8
cératias 298.6
cératiidé 298.3
cératite 303.1
cérato- 347.22
ceratocystis 291.10
cérato-glosse 328.11
ceratophyllus 301.16
cératopogonidés 301.8
cératopsiens 299.10
cérato-staphylin 328.11
cerbère
  chien 506.8
  gardien 560.12 ; 716.12
cerce 141.7 ; 806.28
cerceau 145.2 ; 873.2
cercéris 301.7
cercis 286.15
cerclage 145.11 ; 392.6
cercle **145**
  courbe 145.1 ; 146.4
  compagnie 583
  *cercle infernal* 145.7
  *cercle magique* 484.11
  *arc de cercle* 144.6
  *quadrature du cercle*
  40.3
cercler 67.13 ; 145.12
cercope 301.5
cercopidés 301.4
cercopithécidé 296.14
cercopithèque 296.14
cercosporella 291.8
cercosporiose 285.16
cercueil 688.13
-cère 151.17
céréale 290.7
céréalier 819.5
cérébelleux 326.26
cérebello- 326.29

**cérébral**
n.
396.6
adj.
326.26 ; 331.8
**cérébralement** 4.17 ;
398.16
**cérébralisme** 398.6
**cérébraliste** 396
**cérébralité** 4.1
**cérébration** 398.4
**cérébro-** 326.29
**cérébroscopie** 326.22
**cérébro-spinal** 326.26 ;
327.15
**cérémoniaire** 686.17
**cérémonial** 491.1 ; 686
**cérémonialisme** 686.12
**cérémonie** 686
culte 491.1
pompe 617.1 ; 615.3
fête 686.1 ; 687.1
*sans cérémonie* 616.15
**cérémoniel** 686.24
**cérémoniellement**
686.29
**cérémonieusement**
686.28
**cérémonieux** 617.11 ;
686.25
**Cérès** 500.17
**cerf** 296.6
**cerfeuil** 288.20 ; 856.27
**cerf-volant**
insecte 301.3
jouet 873.2
**céride** 283.6
**cérifère** 288.47
**cérification** 285.10
**cerisaie** 811.10
**cerise**
fruit 289.12
couleur 352.28 ; 357.12
*avoir la cerise* 517.10
**cerisette** 289.12
**cerisier** 286.13
**cérithe** 303.3
**cérium** 230.7
**cernage** 812.7
**cerne**
cercle 145.5
d'un arbre 286.6
contour 773.10
**cerné** 157.10
**cerneau** 289.3
**cernement** 812.7
**cerner**
encercler 666.31
entourer 773.27
t. d'arboriculture 812.23

**cernier** 298.6
**Cernunnos** 277.12 ;
500.34
**céro-** 151.16
**céroplaste**
insecte 301.5
sculpteur 776.16
**céroplastique** 776.1
**cérostome** 301.11
**céroxylon** 286.19
**cerque** 301.17
**cers** 275.6
**certain** 1.13 ; 430.3
*évènement certain* 122.6
**certainement** 409.27 ;
430.10
*certainement pas* 418.19
**certains** 69.18
**certes** 417.12 ; 430.10
**certificat** 414.7
*certificat de moralité*
690.4
*certificat de propriété*
822.8
**certification** 841.15
**certifié**
n.
648.8
adj.
430.8
**certifier** 426.14
**certitude** 430 ; 525.1
**cérulé** 360.7
**céruléen** 360.7
**cérumen** 363.7
**cérure** 301.11
**céruse** 352.7
**cérusite** 264.2
**cerveau** 326
encéphale 318.2 ; 326.1
intelligence 396.6
*cerveau brûlé* 573.6
*cerveau creux* 403.3
**cervelas** 856.9
**cervelet** 326.2
**cervelle**
cerveau 318.2
intelligence 398.5
plat 856.8
*cervelle d'oiseau* 401.5
**cervical** 318.16 ; 327
**cervidé** 296.3
**cervoise** 859.10
**césar** 540.5 ; 622.6
**césarienne** 313.4 ; 392.8
**césariser** 313.21
**césarisme** 670.14
**césium** 230.7
**cessant**
*toutes affaires cessantes*
576.39

**cessation** 58.3 ; 724.6
**cesse** 58.3
*sans cesse* 61.30
**cesser** 58.12 ; 797.9
**cessez-le-feu** 652.2
**cessibilité** 823.7 ; 827.3
**cessible** 823.17 ; 827.33
**cession** 823
**cessionnaire** 823.9
**ceste** 870.15
**cestode** 304.2
**cestodose** 383.35
**cestreau** 287.7
**césure** 789.16
**cétacé** 296.3
**céteau** 298.6
**cétérach** 290.9
**cétogène**
*hormone cétogène* 333.3
**cétogenèse** 283.26
**cétoine** 301.3
**cétolisation** 230.14
**cétologie** 295.2
**cétonémie** 383.25
**cétonurie** 339.10
**cétorhinidé** 298.2
**cétose** 283.5
**cétostéroïde** 283.14
**cetraria** 294.3
**ceuthorynque** 301.3
**Ceylanais** 676.9
**cf** 425.8
**chabanais**
vacarme 367.9
maison close 719.3
**chabichou** 861.4
**chabler** 806.40
**chablis** 812.14
**chablon** 175.7
**chaboisseau** 298.5
**chabot** 298.6
**chabraque** 296.7
**Chac** 274.10 ; 500.31
**chacal** 296.7
**cha-cha-cha** 786.10
**chacone** 786.9
**chactidés** 301.12
**chacun** 71.3
**chærilidé** 301.12
**chaffs** 555.9
**chafiisme** 488.2
**chafiite** 488.7
**chafouin** 595.16
**chagrin**
n.m.
cuir 154.3
tristesse 462.11 ; 464.2
souffrance 549.6
adj.
582.10

**chagrinant** 464.14
**chagrine** 298.18
**chagriné** 468.15 ; 549.27
**chagriner**
attrister 464.7
contrarier 468.8 ;
549.17
t. de tannerie 154.9
**chah** 648.5 ; 670.18
**chahada** 479.2 ; 488.16
**chahid** 488.9
**chahut**
désordre 46.7
danse 786.9
**chahuter** 368.10 ; 414.20
**chahuteur** 46.8
**chai** 848.24
**chaille** 330.1
**chaînage** 772.21
**chaîne**
succession 64.1 ;
745.1 ; 810.8
réseau 365.15 ; 767.6 ;
794.6
lien 628.1 ; 723.13 ;
800.12
bijou 866.3
*chaîne alimentaire* 282.3
*travail à la chaîne*
793.6
*briser les chaînes*
14.10 ; 724.13
*chaînes*
équipement spécial
817.8
*maintenir dans les
chaînes* 622.14
**chaîner** 70.28
**chaînette** 866.3
*point de chaînette* 864.7
*voûte en chaînette*
777.19
**chaîniste** 866.19
**chair**
corps 3.2 ; 705.5
tissu vivant 289.3 ;
334.1
*chair à canon* 650.16
*chair de poule* 242.5
*en chair et en os*
307.19
*ni chair ni poisson*
736.14
*aiguillon de la chair*
523.5
*en chair et en os*
307.19
**chaire** 493.13
*éloquence de la chaire*
495.4 ; 753.3
**chais** 811.12

chômeur 529.8 ; 644.5 ;
797.7
**Chomo Lhari** 481.8
chon 839.10
chondre 232.11
chondrichthyen 298.2
chondrioconte 336.2
chondriome 336.2
chondriomite 336.2
chondrite 232.11
chondroblastome 388.3
chondrocalcinose
383.11
chondroglosse 328.11
chondroïde 383.65
chondrologie 391.7
chondromatose 383.11
chondrome 388.3
chondrosarcome 388.4
chondrostéen 298.3
chondrotomie 392.14
chondrus 293.4
**Chongs** 306.13
**Chontales** 306
chop 870.13
chope 851.5
choper
  voler 717.18
  arrêter 721.11
  attraper 870.85
chopine
  mesure 70.23
  bouteille 851.11
chopiner 708.10 ; 859.26
chopper 214.16 ; 554.15
chop suey 856.12
choquable 227.37
choquant 227 ; 468.12 ;
620.7
choqué 227
choquer 227
  cogner 658.23 ; 387.18
  déplaire 27.5 ; 468.7 ;
  620.5
  *choquer les verres*
  859.28
choral 784
chorale 784.19
chorde 281.7
chordome 388.3
choréauteur 786.24
chorédrame 786.5
chorée 327.20 ; 383.49
chorégraphe 786.24
chorégraphie 786
chorégraphique 786.31
chorégraphiquement
786.34
choréogramme 786.5
choréphile 868.10

choreute 784.20
choriocarcinome 388.4
chorion 281.4 ; 336.4
chorionique 281.15
  *hormone chorionique*
  333.3
choriorétinite 383.28
choriste 784.19
choro- 282.23
choroïde 326.10 ; 346.6
choroïdite 383.28
choroïdose 347.4
chorologie 282.2
**Chorotis** 306.8
**Chors** 306.14
**chörten** 493.3 ; 486
chorthippus 301.15
**Chortis** 306.7 ; 306.8
chorus
  *faire chorus* 31.7 ; 76.11
chose
n.f.
  réalité 1.3 ; 3.2 ; 79.2
  esclave 628.10
  amour physique
  341.4 ; 600.27
  *chose en soi* 5.2 ;
  421.3 ; 478.19
  *de deux choses l'une*
  68.6
  *chose promise chose due*
  596.7
  *les choses étant ce*
  *qu'elles sont* 8.12
  *voir le petit côté des*
  *choses* 128.8
  *sentir les choses* 424.6
  *voir les choses du bon*
  *côté* 442.5
  *voir les choses du mau-*
  *vais côté* 443.5
adj.
  bizarre
  *se sentir tout chose*
  376.11 ; 464.8
chosification 3.5
chosifier 3.6
chosisme 3.3 ; 478.13
chott 271.2
**Chou** 500.38
chou
n.m.
  plante 288.26
  pâtisserie 275.9 ;
  856.17
  ornement 864.3 ; 867.9
  t. d'affection 600.13
  *feuille de chou* 766.3
  *l'avoir dans le chou*
  658.16
  *faire chou blanc* 541.12

*être dans les choux*
541.14 ; 547.12
choucas 297.8
chouchen 859.9
chouchouter 574.10 ;
604.9
choucroute 856.12
chouette
n.f.
  oiseau 297.12
  faquin 454.8
  *vieille chouette* 317.5
chouette
adj.
  agréable 434.16
  sympathique 587.10
interj. 748.2
chou-fleur 288.26 ;
856.17
chouïa 79.3
chouleur 801.10 ; 806.27
**Choulkhane Aroukh**
486.6
choupette 867.9
chouquette 858.6
chourave 717.2
chou-rave 856.17
chouraver 717.19
chourer 717.19
chow-chow 296.9
choyer 574.10 ; 601.6
chrématistique 796.11 ;
829.4
chrême 267.7 ; 496.5
chrestomathie 519.5 ;
756.4
chrétien
n.
  individu 307.2
  fidèle 487.11
adj.
  croyant 487.24
  humain 587.11
chrétiennement 487.25
chrétienté 487.1
chrisme 502.11
**Christ** 487 ; 502.8
christiania 870.24
christianisation 495.7
christianiser 487.22 ;
495.16
christianisme 487 ;
476.8
christique 487.23
christologie 477.2
christologique 477.28
christophore 487.23
Christ-roi 487.16 ; 502.8
chrom- 352.30 ; 362.13
chromage 805.8

chromat- 352.30 ; 362.13
chromatation 805.4
chromate 358.2
chromater 805.15
chromaticité 352.12
chromatine 280.3
chromatinien 280.3
chromatique
n.f.
  science 352.17
adj.
  relatif aux couleurs
  346.2 ; 352.26
  t. de musique 781.53
chromatiquement
352.29
chromatiser 352.20
chromatisme 352.12
chromato- 352.30 ;
362.13
chromatographie
230.16 ; 283.28
chromatophore 283.1
chromatopsie 352.19
chrome
  métal 230.7 ; 259.5 ;
  394.6
  pièce métallique 817.5
-chrome 352.31 ; 362.14
chromé 262.23
chromer 137.15 ; 261.7 ;
805.15
chromeux 259.10
-chromie 352.31
chromie 332.17 ; 362.14
chromique 259.10
chromis 298.6
chromisation 805.4
chromite 259.5 ; 262.4
chromo- 352.30 ; 362.13
chromo 731.4 ; 775.10
chromodynamique
231.1
chromolithographie
763.5
chromoplastine 283.9
chromoprotéine 283
chromosome 279.7 ;
280.3
chromosomique 279.2 ;
280
  *remaniement chromoso-*
  *mique* 280.8
chromosphère 232 ;
277.7
chromothérapie 393.6
chrone 170.18
chroniciser (se) 172.10
chronicité 61.5 ; 383.9
chronique

cocotte 851.24
*œuf en cocotte* 856.24
**Cocotte-Minute** 851.26
**cocu** 682.18 ; 728.23
**cocuage** 597.3 ; 682.15
**cocufier** 597.13 ; 682.26
**coda** 58.6 ; 781.29 ;
786.14
**codage** 735.6
**code**
méthode 50.7
devoir 691.2
texte 713
t. de linguistique 739
*Code d'exécution des
peines* 722.24
*code d'honneur* 690.2
*Code de commerce*
827.15
*Code de la route* 817.19
*Code pénal* 722.24
*code postal* 770.7
*code typographique*
765.14
*codes* 817.7 ; 852
**codé** 727.26 ; 735.13
**code-barres** 772.17
**codébiteur** 840.36
**codéine** 394.5
**codemandeur** 634.8 ;
714.11
**coder** 730.26 ; 735.12 ;
772.25
**codétenu** 723.15
**codex** 394.20 ; 762.7 ;
765.9
**codicillaire** 97.19
**codicille** 60.7 ; 97.3
**codicologie** 191.5
**codicologue** 191.9
**codificateur** 52.12 ;
713.47
**codification** 52.9 ; 53.8 ;
713.39
**codifié** 45.22 ; 52.19
**codifier** 47.21 ; 53.10 ;
713.51
**codique** 53.16
**codium** 293.4
**codominance** 280.6
**coédition** 765.4
**coefficient** 94.4 ; 100.4 ;
122.3
*coefficient d'absorption*
230.10
**cœlacanthe** 298.6
**cœliaque** 324.13 ; 327.4
**cœlifère** 301.15
**cœliotomie** 392.14
**cœlosomien** 386.6

**cœlostat** 232.17
**cœlurosaure** 299
**coendou** 296
**cœnesthésie** 343.1
**cœnocyte** 283.1
**cœnocyte** 283.1 ; 293.2
**cœnonympha** 301.11
**coenzyme** 338.13
*coenzyme a* 283.24
*coenzyme q* 283.24
*coenzyme r* 394.6
**coéquation** 846.15
**coéquipier** 870.40
**coercibilité** 249.1 ;
253.12
**coercible** 249.11 ; 253.22
**coercitif** 518.14 ;
580.28 ; 622.20
**coercition** 518.1 ;
580.10 ; 622.1
**coercitivité** 246.2
**coéternel** 173.11
**cœur** 331
organe 331 ; 332.9
centre 133.1
sensibilité 440.1
courage 508.1
générosité 587.1
amour 600.13
t. de jeu 872.4
*bon cœur* 585.1
*cœur de pierre* 599.4
*cœur sec* 524.10
*l'intelligence du cœur*
424.1
*ligne de cœur* 148.6
*avoir le cœur lourd*
464.8
*avoir mal au cœur*
338.20
*avoir bon cœur* 609.8
*avoir du cœur au ven-
tre* 508.8
*donner du cœur au
ventre* 565.9
*être de tout cœur avec
qqn* 428.11
*s'en donner à cœur joie*
467.10
*briser le cœur* 464.7
*faire le joli cœur* 617.9
*le cœur léger* 444.9
*de bon cœur* 467.22
*de tout cœur* 440.23
*à cœur perdu* 87.34
*par cœur* 400.18
*avoir à cœur de* 523.9
**cœur-de-jeannette**
288.26
**cœur-poumon** 331.20

*cœur-poumon artificiel*
392.21
**Cœurs d'alène** 306.7
**coexistant** 182.9
**coexistence** 1.1 ; 182.1 ;
477.13
*coexistence pacifique*
652.6
**coexister** 1.8 ; 13.7 ;
182.7
**coffinite** 259.5
**coffrage** 137.1 ; 159.4 ;
806
**coffre**
contenant 817.11 ;
850.5
poisson 298
thorax 340.7
t. de serrurerie 809
*service des coffres* 840.6
*avoir le coffre solide*
382.7
*sur les coffres du roi*
834.9
**coffré** 134.13
**coffre-fort** 840.29
**coffrer**
enfermer 134.11 ;
806.41
emprisonner 723.21
**coffret**
contenant 134.4 ;
866.17
livre 765.12
**coffretier** 807.20
**cofinancement** 840.11
**cofinancier** 840.31
**cogitation** 416.4 ; 478.22
**cogito** 416.11 ; 478.27
**cogito** 1.2 ; 478.21
*cogito ergo sum* 1.2
**cognac** 859.13
**cognage** 658.7
**cognassier** 286.13
**cognat** 681.7
**cognation** 680.7
**cognatique** 681.15
**cogne**
n.f.
coup 658.7
**cogne**
n.m.
policier 716.7
**cognée** 799.3 ; 811.15 ;
812.18
**cognement** 227.2 ;
658.7 ; 817.4
**cogner**
heurter 227 ; 554.15
chauffer 277.15
frapper 658.11

**cogner (se)**
découvrir 411.5
heurter 227.26 ; 554.15
**cogneur** 227.19 ; 658.10 ;
870.53
**cogniticien** 772.23
**cognitif** 407.19
**cognition** 398.4 ; 478.22
**cohabitation** 847.7
**cohabiter** 157.6 ;
581.11 ; 676.23
**cohen** 492.14 ; 486
**cohérence** 26.1 ; 73.1 ;
734.2
**cohérent** 26.9 ; 51.16 ;
734.15
**cohérer** 28.9
**cohéreur** 555.10
**cohésif** 246.13
**cohésion** 73.3 ; 246.1
**cohorte** 75.3
**cohue** 75.2
**coi**
silencieux 448.13 ;
550.17
stupéfait 459.12
*se tenir coi* 366.10
**coiffage**
peignage 867.10
t. de dentisterie 330.18
**coiffe**
vêtement 862.25
t. de botanique 137.5
t. de reliure 765.12
**coiffé** 867.18
*coiffé avec un pétard*
867.17
*coiffé comme un chien
fou* 867.19
*être coiffé au poteau*
541.15
**coiffer**
couvrir 165.13
arrêter 721.11
peigner 867.13
*coiffer au poteau* 85.15
*coiffer l'objectif* 38.7
*coiffer la mitre* 492.30
*coiffer sainte Catherine*
683.7
**coiffer (se)** 600.17
**coiffeur** 867.12
**coiffeuse** 850.6
**coiffure** 867 ; 165.3
**coin**
angle 143.7
région 268.6
dent 330.4
instrument 812.18
*petit coin* 339.16
*ne pas se rencontrer à*

communisme 670.11 ;
671.4

communiste 670.27 ;
838.9

commutable 19.13

commutateur 220.7 ;
235.18

commutatif 19.12 ;
122.9 ; 711.3

commutation 19.1 ;
122.4

commutatrice 220.7

commuter 220.9

cômos 497.8

compacité 238.1 ; 258.8

compact 238.12
*disque compact* 771.8

compactage 238.3 ;
806.23

compacte 816.4

compacter 238.7 ;
806.44

compacteur 806.27

compaction 238.3

compagne 583.4 ; 682.19

compagnie 583
groupe 581.8 ; 583
troupe 663.8
firme 827.9
*haute compagnie* 646.16
*de bonne compagnie*
619.7
*de mauvaise compagnie*
582.10
*fausser compagnie*
202.8 ; 513.6

compagnon 562.13 ;
604.6
*compagnon blanc* 288.8
*compagnon rouge* 288.8

compagnonnage 604.1

compagnonner 583.13

compagnonnique
583.22

comparabilité 425.5

comparable 425.11

comparablement 26.16

comparaison 425 ;
199.4
*en comparaison de*
94.15

comparaître 711.27

comparant 9.6 ; 425.4

comparateur 70.26

comparatif 425.3 ;
740.11

comparatisme 425.2

comparatiste 425.6

comparative 425.3 ;
741.5

comparativement
425.13

comparé 425.4

comparer 199.9 ; 425.7

comparoir 9.8 ; 711.27

compartiment
72.1 ; 818.15
*parquet à comparti-
ments* 807.4

compartimentage
138.14

compartimentation
554.1

compartimenté 91.21

compartimenter 72.10 ;
91.11

comparution 711.6

compas 70.26
*avoir le compas dans
l'œil* 424.6

compas-griffe 799.21 ;
808.19

compassé 453.9 ; 615.14

compasser 70.28

compassion 609.1

compatibilité 26.1

compatible 28.12

compatir 440.10 ; 609.8

compatissant 440.16

compatriote 674.2

compendieusement
759.10

compendieux 756.7 ;
759.8

compendium 756.3

compénétration 205.2

compénétrer 205.9

compensable 99.14 ;
840.50

compensateur 99.6

compensatif 99.12 ;
824.14

compensation 99
dédommagement
99.1 ; 469.2
palliatif 528.1
t. bancaire 840.8 ;
824.18

compensatoire 99.12 ;
824.14

compensé 99.11

compenser 99 ; 226.13

compère 562.13

compère-loriot 347.5 ;
383.16

compétence
capacité 221.8 ; 570.3
t. de droit 713.15 ;
714.20
t. de linguistique 739.3 ;
745.1

compétent 407.17 ;
632.20

compéter 822.20

compétiteur 549.11 ;
870.40

compétitif 796.21 ;
833.16

compétition 870.1

compétitivité 796.9

compilateur
personne 738.12
programme 772.12

compilation 772.21

compiler 772.25

compisser 339.19

complainte
chanson 785.4
t. de droit 824.3

complaire 467.11

complaisamment
592.13

complaisance
obligeance 585.2 ;
592.1
flatterie 629.1

complaisant 546.24 ;
563.26

complanter 812.20

complément
ajout 96.2 ; 97.3
t. de linguistique 740.8 ;
741.4

complémentaire 97.19 ;
562.37

complémentairement
99.15

complémenter 71.8

complet
n.m.
862.6
adj.
71.11 ; 538.20

complètement 71.14 ;
87.27

compléter 71.8 ; 97.12

compléter (se) 99.10

complétion 538.5 ;
803.6

complétive 741.5

complétude 71.1

complexe
n.m.
77.1
groupement 66.6 ;
556.10
adj.
98.18 ; 547.19

complexé 618.7

complexification 77.1

complexifier 77.8 ;
547.13

complexifier (se) 74.6

complexion 7.5 ; 147.4

complexisme 77.6

complexiste 77.7

complexité 77 ; 547.1

complexométrie 230.16

complexus 77.4
*grand complexus* 328.6

complication
état 77.1
évènement 385.3 ;
547.3

complice 428.14 ; 562.16

complicité 562.7 ;
720.11

complies 494.12

compliment
éloge 592.4 ; 636.4 ;
689.12
discours 751.5
*mauvais compliment*
627.4

complimenter 592.7 ;
636.12

complimenteur 629.6

compliqué 77.12

compliquer 77.9 ;
547.13
*se compliquer* 385.5

complot 669.11 ; 720.5

comploter 534.13

comploteur 534.10

componction 452.1 ;
453.1

comporte 134.5

comportement 307.4

comportemental 282.20

comportementaliste
478.32

comporter 67.10 ; 134.9

composant 72.2 ; 147.17

composante 740.4

composé
n.m.
corps 230.2
mot 742.4
adj.
formé 147.16 ; 556.10
étudié 615.13

composée 288.10

composer
assembler 66.15 ;
47.15 ; 141.14 ; 147.13
rédiger 414.19 ; 781.45
transiger 653.13
déguiser 729.15 ;
615.11
t. d'imprimerie 763.19

composite 22.9 ; 98.18
*ordre composite* 777.5

compositeur 782.14

*amiable compositeur*
653.11
**composition**
structure 47.2 ; 51.1 ;
147.1
élaboration 556.2 ;
753.8 ; 781.36
compromis 653.1
devoir 414.11
t. de mathématiques
122.4
t. d'imprimerie 763.3
*de bonne composition*
446.12
**compositionnel** 781.49
**compossible** 182.9
**compost** 811.7
**compostage** 730.18 ;
811.4
**composter** 730.22
**compote** 858.6
**compoter** 856.40
**compotier** 851.18
**compound** 800.21
**compoundé**
*huile compoundée* 267.2
**compréhensibilité**
734.1
**compréhensible** 37.10 ;
398.13 ; 738.20
**compréhensif** 638.16
**compréhension** 398.3 ;
734.5
**comprendre**
inclure 67.10 ; 92.9
concevoir 398.9 ;
424.6 ; 734.13
**comprenette** 398.5
**comprenoire** 398.5
**compresse** 394.15
**compresser** 210.7 ;
238.8
**compresseur** 808.6
**compressibilité** 249.1 ;
253.12
**compressible** 249.11 ;
253.22
**compressif** 392.35 ;
393.29
**compressimètre** 70.26
**compression** 210.2 ;
393.16
*trouble de compression*
387.9
**comprimable** 249.11
**comprimant** 210.16
**comprimé** 394.14
**comprimer** 210.7 ;
221.14
**compris**
inclus 67.17 ; 135.9

saisi 398.14
*non compris* 68.12
**compromettant** 642.29
**compromettre**
exposer 541.9 ; 653.12
discréditer 642.21
**compromis** 653
n.m.
653 ; 428.2
adj.
642.25
**compromission** 653.6
**compromissoire**
653.18
**comptabilisation** 100.8
**comptabiliser** 100.13
**comptabilité** 116.5 ;
845.15
**comptable** 845.18
**comptage** 100.8
**comptant** 825.28
*achat au comptant*
835.4
**compte**
calcul 116.1 ; 118.4
état 840.19 ; 845.7
*compte rendu* 754.1
*donner son compte*
644.9
*être loin du compte*
81.8
*régler son compte à qqn*
659.9
*faire le compte de*
100.13
*ne pas tenir compte de*
68.8 ; 575.12
*compte tenu de* 34.20
*à bon compte* 833.18
**compte-chèques** 840.19
**compte-courant** 840.19
**comptée** 719.2
**compte-fils** 234.5
**compte-gouttes** 70.26
*au compte-gouttes* 79.12
**compte-pose** 775.4
**compter**
calculer 69.11 ; 116.13
comporter 134.9
importer 438.6
projeter 534.11
*compter pour du beurre*
439.7
*compter sur* 7.8 ; 606.13
*sans compter* 710.13
*à compter de* 60.29
**compter (se)** 9.10
**compte-rendu** 756.4
**compte-tours** 70.26 ;
817.10
**compteur** 162.5 ; 175.5

**comptine** 785.2
**comptoir** 827.9 ; 828.13
**compulser** 412.12
**compulsif** 225.17
**compulsion** 225.8
**compulsionnel** 225.17
**compulsivement** 225.19
**comput** 176.3
**computable** 100.17 ;
185.16
**computation** 116.5 ;
176.3
**computer**
n.m.
772.3
**computer**
v.
100.14
**computérisation** 772.20
**computériser** 772.24
**computiste** 176.11
**comtal** 646.29
**comte** 646.17 ; 648.4
**comté** 646.10 ; 648.23
**comtesse** 648.4
**comtoise** 175.6
**con-** 66.25 ; 90.23
**con**
sexe 325.10
personne 397.6
**conard** 397.6
**concassage** 805.3
**concassé** 806.36
**concasser** 557.17
**concasseur** 800.9
**concaténation** 64.7 ;
77.3
**concaténer** 64.15
**concave** 144.14
**concavité** 144.1 ; 153.1
**concéder** 823.10
*concéder que* 635.11
**concélébration** 491.1
**concélébrer** 491.17 ;
496.17
**concentration**
regroupement 66.1 ;
133.6
densité 238.1
attention 402.1 ; 530.1
**concentrationnaire**
723.28
**concentré**
n.m.
372.2
adj.
fort 221.17
condensé 238.10 ;
259.14
**concentrer**

**grouper** 66.18 ; 90.11
densifier 230.20 ; 238.8
**concentrer (se)** 402.6 ;
530.6
**concentrique** 145.14
**concept** 1.5 ; 421.1 ;
478.16
**conceptacle** 291.3 ;
293.2
**concepteur** 534.8 ;
796.12
*concepteur-rédacteur*
768.8
**conception**
fabrication 279.10 ;
796.2
idée 398.4 ; 421.1
élaboration 534.6 ;
536.1
*conception du monde*
478.1
**conceptualisation**
416.1 ; 421.13
**conceptualisé** 47.23
**conceptualiser** 416.9 ;
421.20
**conceptualisme** 421.11 ;
478.13
**conceptualiste** 421.26
**conceptualité** 421.12
**conceptuel** 4.15 ; 421.22
*stade conceptuel,* 314.2
**conceptuellement**
416.19
**concerner** 562.32
**concert** 781.32
*concert de danse* 786.5
*de concert* 15.17 ; 66.24
**concertant** 781.51
**concertation** 669.2 ;
749.6
**concerter** 534.13 ;
536.10
**concerter (se)** 566.14 ;
749.17
**concertina** 783.16
**concertino** 781.30 ;
782.3
**concertiste** 782.2
**concerto** 781.30
**concertstück** 781.30
**concessible** 823.17
**concession**
compromis 653.2
terrain 688.14 ; 802.1
cession 823.1
**concessionnaire**
823.9
**concessive** 741.5
**concetti** 761.6

concevable 398.13 ;
421.25
concevoir
commencer d'éprou-
ver 32.7
comprendre 398.9 ;
404.8 ; 734.13
former 534.13 ; 556.7
enfanter 680.8
conchier 339.20
conchoïde 146.8
conchostracés 302.2
conchyliculteur 813.23
conchyliculture 813.3
conchyliologie 295.2 ;
303.17
conchyliologique
303.18
conchyte 237.22
concierge 760.7 ; 848.39
concile 90.3
conciliable 653.19
conciliabule 727.6 ;
749.1
conciliaire 498.13 ;
477.2
conciliant 653.22
conciliateur 653.10
conciliation 684.6
conciliation 199.3 ;
653.3
conciliatoire 653.18
concilier 199.8 ; 653.15
concis 706.10 ; 759.7
concision 759 ; 576.7
concitoyen 674.2
conclamation 688.3
conclave 498.11
conclaviste 498.13
conclu 538.20
concluant 430.7
conclure
finir 58.15 ; 538.16
déduire 416.9
s'accorder 654.9 ;
827.26
conclusif 58.19
conclusion 58.6 ; 753.5
conclusions en défenses
715.4
concocté 574.23
concocter 536.10 ;
574.15
concombre 856.18
concomitamment
26.17 ; 182.11
concomitance 182.1
concomitant 26.9 ;
182.9
concordance 26 ; 428.1

concordance des modes
223.5
concordance des temps
740.7
concordant 26.9 ; 28.12
concordat 498.19 ; 654.1
concordataire 498.25
concorde 428.1 ; 604.2
concorder
être en rapport 26.6 ;
182.8
être d'accord 428.13
concordisme 428.7
concourant 146.16
concourir 562.19 ;
870.81
concours
rencontre 66.8 ; 90.1
aide 563.2
compétition 870.3 ;
414.11
concours de circonstan-
ces 182.2
concret 1.3 ; 3.2 ; 5.7
nombre concret 100.3
musique concrète 781.3
concrètement 1.14 ;
3.11 ; 538.25
concréter 3.6
concréter (se) 246.11
concrétion 246.8 ; 258.1
concrétionner (se)
246.11
concrétisation 3.5 ;
538.4 ; 796.1
concrétiser 538.15 ;
796.15
concrétiser (se) 3.7 ;
538.18
conçu 534.18
concubin 682.18
concubinage 682.12
concubinaire 682.18
concubinat 682.21
concubine 682.19
concubiner 682.23
concupiscence 467.3 ;
523.4 ; 705.1
amour de concupiscence
600.3
concupiscent 467.18 ;
705.9
concurremment
182.11 ; 562.38
concurrence 649.5
concurrence vitale 282.5
concurrencer 827.29
concurrent 549.11 ;
870.40
concurrentiel 827.36

concussion 694.4 ;
846.20
condamnable 722.35
condamnateur 722.18
condamnation 722
blâme 637.5 ; 633.3 ;
460.2
peine 720.13 ; 722.1
condamnatoire 722.33
condamné
perdu 311.33 ; 383.59
puni 722.20
fermé 809.31
charrette des condamnés
722.20
condamner
s'opposer 18.8
fermer 140.13 ; 554.11 ;
633.14
désapprouver 429.12 ;
637.13
contraindre 722.26 ;
722.28
condé 716.9
condensat 230.3
condensateur 235.13 ;
800.12
condensation
contraction 210.2 ;
238.1
vapeur 276.1
condensé
n.m.
89.6 ; 756.2 ; 759.4
adj.
238.10 ; 756.7 ; 759.7
condenser
contracter 210.7 ; 238.8
résumer 756.6
t. de chimie 230.20
condenser (se) 253.15
condenseur 230.17 ;
798.7
condescendance 546.5 ;
609.3
condescendant 85.23
condescendre 635.10
condiment 373.4 ;
856.27
condimenter 373.16
condisciple 414.16 ;
604.6
condit 858.5
condition
situation 63.4 ; 156.2
circonstance 8.1
t. de logique 41.2 ;
122.2
conditions de vie 310.14
condition physique
375.1

mettre des conditions
452.11
de condition 646.24
de peu de condition
647.7
dans ces conditions 7.15
sous condition 452.17
à condition que 42.17
conditionné 628.21
conditionnel
n.m.
42.6 ; 740.6
adj.
42.11
conditionnellement
6.6 ; 42.15 ; 452.17
conditionnement
emballage 134.8 ; 828.6
entraînement 314.8 ;
536.4
conditionnement d'air
853.3
conditionner 801.19
conditionneur
emballeur 801.16
appareil 853.14
condoléances 592.4 ;
689.12
condor 297.12
condottiere 631.7
conductance 235.9
conducteur
n.
ouvrier 800.2
chauffeur 815.14
t. d'électricité 235.14
adj.
241.28
conducteur d'engin
806.37
conducteur de manœu-
vres 818.24
fil conducteur 198.7
conductibilité 235.7
conductimétrie 230.16
conduction 235.8 ; 241.9
conductivité 235.7
conduire
diriger 198
éduquer 415.7
commander 631
une automobile 817.24
acheminer 869.25
conduire à
pousser à 34.11
aboutir à 198.26
conduire (se) 619.6
conduit 134.2 ; 853.16
conduit auditif 329.5
conduite
direction 198.15

comportement 527.8
canalisation 808.7
*conduite intérieure* 817.6
*agent de conduite*
818.24
*bonne conduite* 690.4
*ligne de conduite* 52.8 ;
148.7
*mauvaise conduite* 593.3
condylarthre 296.4
condyle 329.19
condylienne 329.18
condylome 334.4
*condylome acuminé*
388.3
cône
volume 146.9 ; 151.2
mollusque 303.3
t. de botanique 286.10 ;
288.5 ; 289.2
t. d'anatomie 346.6
*cône alluvial* 271.5
*cône d'ancrage* 806.31
*cône de déjection* 270.6 ;
271.5
confabulation 401.1 ;
404.3
confection
réalisation 538.5
production 796.1
prêt-à-porter 863.3
confectionner 538.12 ;
556.9 ; 796.16
confectionneur 556.6
confédération 668.8 ;
674.9
*confer* 425.8
conférence
exposé 414.10 ; 751.4
échange de vues 749.6
*Conférence de la paix*
652.3
*conférence de presse*
419.6
conférencier 495.12 ;
745.14 ; 751.12
conférer
comparer 425.7
promouvoir 641.15
*conférer avec* 749.17
*conférer l'ordre* 686.19
confervacées 293.3
confesse 698.1
confesser 698.7
*confesser que* 635.11
confesser (se) 409.14
*se confesser à* 606.17
confesseur 492.9 ;
606.9 ; 698.5
confession
appartenance reli-

gieuse 477.6
aveu d'un fait 606.3
expiation d'une faute
698.1
*confession de foi* 476.4
*confessions* 754.7
*secret de la confession*
727.4
confessionalisme 670.5
confessionnal 493.12
confessionnel 476.10 ;
477.30
*enseignement confes-*
*sionnel* 414.3
confetti 687.12
confiance 606 ; 430.1 ;
525.1 ; 550.2
*homme de confiance*
594.7 ; 727.13
*de confiance* 606.24
*de toute confiance*
594.7 ; 606.24
*avoir la confiance de*
606.20
*avoir confiance en qqn*
606.12
*avoir confiance* 474.6
*inspirer confiance à qqn*
606.20
*faire confiance à* 442.5 ;
693.8
*inspirer la confiance*
626.11
*question de confiance*
669.2
*redonner confiance*
448.6 ; 473.4
confiant 442.6 ; 474.9 ;
606.21
confidemment 606.32
confidence 606.1
*être dans la confidence*
727.21
confident
ami 604.6
siège 850.18
confidentiaire 606.9
confidentialité 727.11
confidentiel 606.27 ;
727.22
confidentiellement
en confiance 606.32
secrètement 727.36
confier 606.16
confier (se) 726.18 ;
749.16
*se confier à qqn* 606.17
configuration
structure 147.1
situation 156.1
configurer 141.11

confiné 129.8
confinement 295.7
confiner 136.7 ; 723.23
*confiner à* 132.17 ;
161.7
confiner (se) 136.11 ;
584.14
*se confiner à* 399.8
confins 136.1
*aux confins de* 200.17
confire 856.40
confirmation 417.2 ;
430.3
*sacrement de confirma-*
*tion* 491.14
confirmé 430.8 ; 550.14
confirmer
renforcer 26.6
corroborer 426.12
confiscation 722.8 ;
836.12
confiserie 858.1
confiseur 858.10
confisquer 119.7 ;
717.17 ; 836.27
confit 856.5 ; 858.5
*confit en dévotion*
479.15 ; 595.17
*parole confite* 629.3
confiteor 494.11 ; 496.7 ;
698.1
confiture 858.5
*jeter de la confiture aux*
*cochons* 27.7
confiturerie 811.12
conflagration 256.5 ;
650.1
conflictualité 649.10
conflictuel 429.16 ;
649.20
conflit 649 ; 605.4 ;
650.1
*tribunal des conflits*
714.2
*être en conflit avec*
549.19
confluence
rapprochement 199.1
confluent 271.6
confluer
se diriger vers un
même lieu 75.12
se rejoindre 90.14 ;
271.22
confondant 459.13
confondre
mélanger 90.13
intégrer 92.8
se méprendre 410.14
déconcerter 49
couvrir de honte

611.9
démasquer 722.26
faire une confusion
738.18
confondre (se)
se ressembler 21.9
fusionner 92.10
*se confondre avec* 24.8
*se confondre en remer-*
*ciements* 589.4
confondu
lié 90.16
troublé 618.8
conformation
configuration 47.1
structure 147.1
*vice de conformation*
55.4 ; 386.1
conforme
concordant 26.9
adapté 28.12
régulier 52.23
normal 54.10
correct 434.18
opportun 542.10
conformé 47.22 ; 141.19
conformément 26.14 ;
54.14
*conformément à* 28.15 ;
50.19 ; 52.32
conformer
rendre identique 21.11
faire concorder 26.7
mettre en conformité
28.9 ; 54.6
mettre en règle 52.13
mettre aux normes
53.11
adapter 141.15
conformer (se) 54.9
se plier à 31.5
se régler sur 53.13
procéder à 538.14
obéir à 624.8
respecter 626.8
*se conformer à* 28.10
*se conformer à l'usage*
685.14
conformisme
28.7 ; 52.11 ; 61.14 ;
685.7
conformiste
28.8 ; 31.11 ; 52.12
conformité 28
identité 15.1
ressemblance 21.3
concordance 26.1
adéquation 28.1
orthodoxie 52.10
normativité 53.5
normalité 54.1

**conspiration** 534.4 ;
669.11
**conspirer** 534.13
**conspuer** 368.10 ;
611.9 ; 627.9 ; 657.9 ;
747.18
**constable** 716.6
**constamment** 24.13 ;
61.27 ; 171.19 ; 568.34 ;
578.6
**constance**
stabilité 15.3
fixité 24.2
continuité 61.6
équanimité 83.1
force de caractère
221.8
force d'inertie 229.2
patience 446.3
imperturbabilité
478.23
courage 508.3
résolution 510.1
persévérance 512.1
application 530.1
régularité 578.1
**constant**
avéré 1.13
continu 15.14
fixe 24.10
stable 61.23
égal 83.19
perpétuel 183.15
durable 229.14
certain 430.7
assidu 446.13
persévérant 512.4
régulier 578.4
**constante**
n.f.
61.9 ; 83.7
t. de mathématique
122.2
**constater** 411.7
**constatif** 755.13
**constellation** 66.5
**constellé** 232.36
**consteller** 232.31
**consternant** 464.14 ;
475.9
**consternation**
stupéfaction 459.1
désespoir 475.3
**consterné** 459.12 ;
464.10 ; 475.10
**consterner** 459.5 ;
464.7 ; 475.5
**constipation** 383.22
**constipé** 383.70
**constiper** 338.21
**constituant**

*analyse en constituants
immédiats* 740.3
**constitué** 47.22 ; 141.19
**constituer** 47.15 ;
141.14 ; 556.9
**constitutif** 147.17
**constitution**
organisation 47.1
composition 66.1
contexture 141.1
structure 147.4
organisation vitale
310.2
conformation physi-
que 382.1
instauration 556.3
t. de droit 713.30
*de forte constitution*
375.17
**constitutionnaliser**
713.50
**constitutionnalisme**
670.2
**constitutionnalité**
713.42
**constitutionnel** 713.56
**constitutionnellement**
713.60
**constricteur** 210.4 ;
210.16 ; 328.2
**constriction** 129.6 ;
210.2 ; 331.14
**constrictive** 365.8
**constructeur** 535.6 ;
556.6 ; 777.23 ; 817.21
**constructibilité** 556.2
**constructible** 556.12
**constructif** 556.11
**construction** 556
formalisation 51.11
structure 147.12
grammaticale 740.7
syntaxe 741.6
édification 777.5
ouvrage d'art 806.3
t. de géométrie 146.13
*construction de l'esprit*
416.5
*figures de construction*
752.1
*jeu de construction*
556.1 ; 873.7
*vice de construction*
700.5
**constructivisme** 556.5 ;
780.12
**constructiviste** 556.11 ;
780.17
**construire**
structurer 147.13
bâtir 211.16

imaginer 404.8
raisonner 416.9
édifier 556.7 ; 777.24
rédiger 741.14
t. de géométrie 146.14
**construit** 556.10
**consubstantialisme**
477.23
**consubstantialité** 5.1 ;
15.1 ; 73.1 ; 477.13 ;
502.13
**consubstantiation**
477.13
**consubstantiel** 5.6 ;
15.15
**consul** 648.5 ; 669.10 ;
670.18
**consulat** 669.10 ; 670.9
**consultant**
n.
conseiller 566.7
intervenant 749.11
*avocat consultant* 715.8
**consultatif** 566.17
*voix consultative* 672.9
**consultation**
visite médicale 391.9
sondage 412.5
audience 749.5
*consultation nationale*
672.2
**consulter** 412.12 ;
416.11 ; 419.15 ;
485.17 ; 566.13
**consumer** 243.20 ;
557.14
**consumer (se)** 241.18 ;
256.21 ; 385.8
**consumérisme** 835.6
**consumériste** 835.12
**consumptibilité** 567.6
**consumptible** 567.18
**contact**
proximité 199.5
frottement 228.10 ;
374.1
personne 390.15 ;
663.13
relation 583.1
combat 666.14
*être en contact* 726.18
**contacthérapie** 393.6
**contactologie** 347.9
**contadin** 811.17
**contage** 383.4
**contagieux** 383.63 ;
623.21
**contagion** 31.1 ; 383.4 ;
623.3
**contagionnement** 623.3
**contagionner** 623.11

**container**
→ **conteneur**
**contamination** 383.4
**contaminer**
polluer 381.9
transmettre 383.58 ;
623.11
vicier 483.7
**contarinia** 301.9
**conte**
récit 754.5
mensonge 729.7 ; 733.4
**contemplatif** 494.21
*vie contemplative*
310.12 ; 499.1
**contemplation**
attention 402.1
méditation 478.22 ;
489.10 ; 494.1
**contempler** 346.18 ;
402.5
**contemporain**
moderne 32.9 ; 178.4 ;
191.16
actuel 178.10 ; 182.9
*histoire contemporaine*
191.2
**contemporanéité** 9.1 ;
178.5 ; 182.1
**contemporaniste** 191.8
**contempteur** 433.3 ;
627.14 ; 642.11
**contenance** 134.7 ;
135.5
*faire bonne contenance*
446.10
**contenant** 134 ; 67.7
**conteneur** 134.4 ; 801.8 ;
815.12
**conteneurisable**
134.14 ; 801.20
**conteneurisation**
134.8 ; 801.2
**conteneuriser** 134.11 ;
801.19
**contenir**
inclure 67.10 ; 131.8 ;
134.9
faire obstacle 554.11
juguler 622.10
comporter 727.16
impliquer 737.12
**contenir (se)**
prendre patience
446.10 ; 448.11 ; 452.8
se modérer 579.13 ;
612.8
modérer ses appétits
701.9
**content** 463.14 ; 467.17 ;

convention électorale
672.12
*par convention* 141.23
**conventionnalisme**
52.11 ; 422.7 ; 478.12
**conventionnaliste** 52.12
**conventionnalité**
52.10 ; 54.1 ; 422.7
**conventionné** 428.15
**conventionnel**
régulier 52.23 ; 422.10 ;
653.18
académique 731.12
convenu 743.27
**conventionnellement**
régulièrement 52.26 ;
653.24
académiquement
731.14
**conventualité** 499.2
**conventuel** 499.31
*vie conventuelle* 499.1
**conventuellement**
499.34
**convenu** 52.23
**convergence**
concordance 26.1 ;
199.1
de la lumière 350.16
*convergence spatiale*
327.18
*convergence rétinienne*
346.3
**convergent** 26.9 ; 146.16
**converger**
concorder 15.12 ; 26.6
être d'accord 20.8 ;
199.13
t. d'ophtalmologie
347.15
**conversation** 749
dialogue 726 ; 745.6
gâteau 858.6
*les conversations*
642.23 ; 645.6
*conversation piece*
749.2 ; 774.7
**conversationnel**
749.20 ; 772.27
**conversationner** 749.13
*sacra conversazione*
774.7
**converse** 749.1
**converser** 726.18 ;
745.21 ; 749.13
**conversion**
changement 33.3 ;
193.5
manœuvre 218.1 ;
666.8
t. de chimie 230.13

t. de sports 870.24
*conversion de saint
Paul* 774.5
**converti** 495.14
**convertibilité** 839.18
**convertible** 820.2 ;
850.14 ; 850.38
*obligation convertible*
843.4
**convertir**
transformer 16.10 ;
193.15
convaincre 495.16 ;
525.8
t. de banque 839.27
**convertir (se)** 698.7
**convertisseur** 235.17
*convertisseur photovol-
taïque* 798.8
**convexe** 144.14 ; 234.20
**convexité** 144.1
**convict** 723.15
**conviction**
idée 421.10
certitude 430.1 ; 479.1
éloquence 525 ; 753.8 ;
757.1
**convier**
inciter 455.5 ; 566.12 ;
634.12
inviter 581.13 ; 687.20
**convive** 590.3 ; 855.19
**convivial** 581.14
**convivialité**
sociabilité 90.6 ; 581.3
t. d'informatique 772.14
**convocation** 583.9
*convocation à un exa-
men* 414.11
**convoi**
série 64.3
de voitures 815.9
train 818.9
*convoi funèbre* 688.7
**convoitable** 523.16
**convoiter** 507.7 ;
523.10 ; 608.6
**convoiteux** 523.13
**convoitise** 523.4
**convoler**
*convoler en justes noces*
682.22
**convolute** 304.2
**convoluté** 144.12 ;
286.27
**convolvulacées** 288.34
**convoquer** 634.18
**convoyer** 801.17 ; 815.22
**convoyeur**
appareil 801.7
personne 801.16 ;

815.19
*convoyeur de fonds*
560.12 ; 716.12
**convulsé** 210.15
**convulser** 210.8
**convulser (se)** 210.11
**convulsif** 210.14 ;
383.82 ; 449.18
**convulsion**
changement 193.3
contraction 248.4 ;
383.47 ; 449.3
**convulsionner** 210.8
**convulsionner (se)**
345.11
**convulsivant** 210.16 ;
383.81
**convulsivement** 210.18
**cooccurrence** 9.4
**cool** 448.13 ; 546.24 ;
577.19
*keep cool* 448.19
**coopérant** 562.11
**coopérateur** 562.11 ;
562.33
**coopératif** 562.33 ;
562.34
**coopération**
participation 562.1 ;
563.2 ; 581.7
politique 669.9
**coopératisme** 838.3
**coopérative** 827.9
**coopérer** 36.7 ; 562.20
**cooptation** 519.2 ; 672.1
**coopter** 519.9
**coordinateur** 45.11 ;
47.13
**coordination**
ordonnancement
45.3 ; 47.8
réunion 90.1
syndicat 673.14
t. de grammaire 740.7
t. de droit 816.24
**coordinence** 230.11
**coordonal** 327.10
**coordonnant** 740.13 ;
740.20
**coordonnateur** 45.11 ;
47.13
**coordonné** 26.13 ; 47.22
**coordonnée** 122.4 ;
146.4 ; 198.6
*coordonnées polaires*
146.4
*système de coordonnées*
156.6
**coordonner**
ordonner 45.12 ; 47.15
assortir 94.8

t. de grammaire
740.17 ; 741.14
**copain** 600.9 ; 604.6 ;
682.17
*copain copain* 604.7
*copains comme cochons*
604.12
**copalier** 286.18
**copeau** 96.3 ; 286.7 ;
807.3
*avoir les copeaux* 472.14
**copépodes** 302.2
**Copernic** 232.28
**copernicia** 286.19
**copho-** 364.15
**cophochirurgie** 364.4
**cophose** 364.1
*copia* 757.1
**copiable** 31.9
**copiage** 31.1
**copie**
imitation 21.7 ; 31.3
texte 762.5
réplique 773.9
de film 790.15
*copie multiple* 763.9
**copier**
imiter 21.13 ; 31.5
écrire 762.14
reproduire 763.19
**copieur**
personne 31.4
appareil 763.15
**copieusement** 78.17
**copieux** 78.13
**copilote** 817.22 ; 820.14
**copinage** 563.4
**copiner** 604.7
**copiste** 31.4 ; 762.11
**copla** 789.6
**copocléphile** 868.11
**copocléphilie** 868.7
**copolymère** 230.2
**coppa** 856.9
**coprah** 267.4
**coprésence** 182.1
**coprin** 291.6
**copris** 301.3
**copro-** 339.30
**coproducteur** 796.12
**coproduction** 796.1
**coproduire** 790.32 ;
796.17
**coprolalie** 341.15 ; 450.9
**coprolithe** 339.2
**coprologie** 339.14
**coprophage** 301.31
**coprophile** 282.16 ;
295.23
**copropriétaire** 822.12

crustacé 302
294.6 ; 295.6 ; 302.3
crustacéologie 302.6
cruzeiro 839.8
cryanesthésie 242.11
cryo- 242.24
cryocâble 242.9
cryocautère 242.11
cryochirurgie 242.11 ;
347.9 ; 392.1
cryoconducteur 242.20
cryoconservation 242.3
cryodessiccation
242.11 ; 245.3
cryofibrinogène 332.6
cryofluorane 392.20
cryogène 242.20
cryogénie 242.11
cryogénique 242.20
cryogéniste 242.12
cryologie 242.11
cryoluminescence
350.15
cryoluminescence
242.4
cryométrie 70.25 ;
242.11
cryométrique 242.20
cryonique 242.11 ;
242.20
cryo-ophtalmologie
347.8
cryophore 242.9
cryopompage 242.11
cryoprécipité 332.6
cryoscopie 230.16 ;
242.11
cryoscopique 242.20
cryosol 237.16
cryosonde 391.19
cryostat 242.10
cryosynérèse 242.4
cryotempérature 242.4
cryothérapie 242.11
cryoturbation 242.4
cryptage 735.6
cryptanalyse 734.6
crypte 493.2 ; 688.15
crypter 767.19
cryptesthésie 485.8
cryptie 491.8
cryptique 31.2 ; 727.26
cryptocalvinisme
477.23
cryptocalviniste 487.13
cryptocéphale 301.3
cryptocérate 301.5 ;
301.4
cryptodires 299.8
cryptogame 288.46

cryptogamie 285.1 ;
288.38
cryptogamique 291.18
cryptogénétique 383.64
cryptogramme 727.9 ;
730.5 ; 735.4 ; 770.1
cryptographe 734.8
cryptographie 735.6 ;
762.1
cryptographier 727.20
cryptographique 762.19
cryptologie 735.6
cryptomeria 286.16
cryptomonadées 293.3
cryptonémiacées 293.3
cryptophonie 735.6
cryptophycée 284.5 ;
293.3
cryptoportique 493.5
cryptoprocte 296.7
cryptorchide 386.9
cryptorchidie 386.4
cryptorhynchus 301.3
cténize 301.13
cténizidés 301.12
cténocéphale 301.16
cténodactylidé 296.3
cténodontes 303.1
cténolabre 298.6
cubage 70.2 ; 135.5
cube
d'un nombre 104.1 ;
120.2
élève 414.15
t. d'anatomie 329.5
au cube 116.12
nombre cube 100.3
cuber 70.28 ; 104.9 ;
120.4
cubique 100.3 ; 104.11 ;
116.12 ; 120.6 ; 258.20
cubisme 780.12
cubiste 780.17
cubital 327.4 ; 328.8 ;
331.8 ; 331.9
cubito-métacarpien
328.8
cubito-radial 328.8
cubitus 329.14
cuboïde 329.17
cucujo 301.3
cucujoïdes 301.2
cucul 645.8
cucul la praline 645.8
cuculiformes 297.4
cuculle 499.25
cucullée 303.19
cucullie 301.11
cucurbitacées 856.18
cucurbitain 304.3

cucurbitales 285.4
cucuyo 301.3
cueille-fleurs 799.6
cueille-fruits 134.5 ;
799.6
cueillette 811.4
cueillir 601.7 ; 721.11 ;
811.23
cueilloir 134.5 ; 799.6
cuesta 132.6
cuiller ou cuillère
320.1 ; 814.15 ; 851.14
en deux coups de cuil-
lère à pot 546.29 ;
576.41
se serrer la cuiller
689.22
cuillerée 69.5 ; 135.3
cuilleron 301.17 ; 851.15
cuir
peau 334.1
faute 29.6 ; 410.6 ;
739.5
cuirasse
protection 137.2 ;
165.3 ; 560.4 ; 656.17
pièce d'armure 665.7
cuirassé 664.13
cuirassement 656.6
cuirasser
protéger 137.13 ;
262.17 ; 656.23 ; 560.22
endurcir 375.13 ;
441.12
cuirasser (se) 656.25 ;
560.25 ; 599.5
cuire
faire chauffer 241.18 ;
241.20 ; 856.40
souffrir 345.12
cuire le pain 857.16
dur à cuire 441.7 ;
599.4
cuisant 345.14 ; 580.25
cuisine
pièce 848.23
préparation des ali-
ments 373.9 ; 856.1 ;
856.30
cuisine électorale 669.3
cuisiner 856.37
cuisinette 848.23
cuisinier 848.39 ;
855.18 ; 856.34
cuisinière 253.5
cuissage
droit de cuissage 341.9 ;
647.3
cuissard 862.17
cuissarde 865.3
cuisse 319.3

se taper sur les cuisses
465.7
cuisseau 856.7
cuisse-madame 289.11
cuisson 856.3 ; 861.3
cuissot 856.7
cuistance 855.6 ; 856.1
cuistancier 856.34
cuistot 856.34
cuistre 593.4
cuistrerie 617.3
cuit
saoul 708.18
chauffé 856.49
c'est du tout cuit
540.12 ; 546.17
être cuit 541.14
cuite
ivresse 708.3
cuisson 858.8
terre cuite 257.11 ;
776.13
cuiter (se) 708.12
cuivrage 805.8
cuivre
230.7 ; 259.5 ; 394.6 ;
395.6
verre de cuivre 266.5
cuivres
instruments de musi-
que 783.6
faire les cuivres 854.29
cuivré
couleur 334.14 ;
335.23 ; 352.28 ;
356.11 ; 357.11
sonorité 365.30
cuivrer 137.15 ; 263.8 ;
805.15
cuivreux 259.10 ; 263.1
cuivrique 259.10
cul
postérieur 164.2 ;
164.6 ; 166.2 ; 322.1
sexualité 341.4
cul sec 859.25
faux cul 595.9 ; 862.22
cul de plomb 445.5
bouche en cul-de-poule
615.3
comme cul et chemise
604.12
au cul levé 871.31
cul par-dessus tête
164.19 ; 214.28
rester sur le cul 459.7
tirer au cul 445.8
culage
droit de culage 647.3
culasse 664.10 ; 800.12 ;
817.3

**dangereux**
féroce 295.22
grave 466.12
hasardeux 537.11
périlleux 547.20 ; 551 ;
573.15
**dangerosité** 551.4
**danio** 298.5
**danois** 296.9
**Danois** 676.5
**dans**
inclusion 57.17 ;
67.21 ; 131.16 ; 135.13
direction 198.35
pénétration 201.17 ;
203.21 ; 205.19
**Dans** 306.11
**dansable** 786.31
**dansant** 786.31
**danse** 786
868.5
correction 658.5
*danse macabre* 774.3
*danse sacrée* 481.10
*danse de caractère*
786.2
*danse de demi-caractère*
786.2
*danse de Saint-Guy*
327.20
*danse de Salomé* 774.3
**dansé** 786.31
**dansement** 786.1
**danser** 786
*danser devant le buffet*
855.35
*danser sur un volcan*
551.9
*ne pas savoir sur quel
pied danser* 618.5
**danserie** 786.1
**danse-théâtre** 786.2
**danseur** 786
*danseur étoile* 85.9 ;
786.23
*danseur de corde*
226.12 ; 791.14
**dansomanie** 786.13
**dansotement** ou **dan-
sottement** 786.1
**dansoter** ou **dansotter**
786.28
**dantrolène** 394.5
**Danube**
*paysan du Danube*
593.4
*Daodejing* 501.16
**Daphné** 500.42
**dapsone** 394.5
**darbouka** 783.11
**darce** 819.15

**Darcet**
*alliage de Darcet* 264.3
**dard**
pointe 151.3 ; 778.3
langue 299.12
piquant 301.17
arme 665.2
rameau 286.8 ; 812.11
**Dardanos** 500.41
**darder**
chauffer 241.17
piquer 299.19 ; 301.30 ;
387.14
*darder ses rayons*
277.15
**dare-dare** 576.53
**dargeot** 322.1
**Darguines** 306.14
**Darigangas** 306.13
**darique** 839.11
**darmous** 389.2
**darne** 298.17 ; 856.7
**daron** 679.6
*darqawa* 488.5
*darsana* 494.1
**darse** 819.15
**dartos** 325.5
**dartre** 383.17
**dartreux** 383.67
**dartrose** 285.16
**darwinien** 190.14
**darwinisme** 190.7 ;
280.14 ; 295.12
**darwiniste** 190.8
*dasahara* 497.7 ; 490
**Dasas** 306.11
**dascille** 301.3
**dascilloïdes** 301.2
*Dasein* 1.2 ; 9.2 ; 478.21
**dastgah** 781.16
**dasyatidé** 298.2
**dasychira** 301.11
**dasypodidé** 296.3
**dasyproctidé** 296.3
**dasystémone** 288.46
**dasyure** 295.24 ; 296.13
**dasyuridé** 296.2
**dasyuroïde** 296.2
**datage** 176.3
**dataire** 498.15
**datation** 175.1 ; 176.3 ;
742.11
**datcha** 848.4
**date** 176.5 ; 186.1 ; 770.7
*date de valeur* 841.13
*à date fixe* 186.10
*en date du* 186.11
*à la date de* 186.11
*à longue date* 172.20
*de fraîche date* 32.10 ;

194
*de longue date* 172.19
*de nouvelle date* 194.12
*de vieille date* 172.15
*arrêter une date* 186.5
*faire date* 192.9 ;
438.8 ; 639.23
*prendre date* 186.5
*grande date* 192.2
**dater**
être ancien 172.6 ;
195.8 ; 177.10
millésimer 176.12
faire date 192.9 ; 438.8
être désuet 196.4
*dater de Mathusalem*
172.6 ; 195.8
*à dater de* 60.29
**daterie** 498.17
**dateur** 175.5
**datif** 740.5
**dation** 823.1
**datisque** 290.8
**datographe** 175.5
**datte** 289.16
**dattier** 286.17
**datura** 288.30
**daturine** 389.4
**daube**
cuisson 856
personne sotte 435.6
**daubentoniidé** 296.14
**dauber** 454.12 ; 627.9 ;
750.11
**daubeur** 750.8
**daubière** 851.24
**dauphin**
successeur 19.6 ;
314.4 ; 648.4
**dauphin**
animal 296.15
**Dauphin (le)**
constellation 232.15
**dauphine** ou **dauphi-
noise**
*à la dauphine* 856.51
**dauphinelle** 288.25
**Dauphinois** 268.11
**daurade** 298.6 ; 856.13
**dauw** 296.11
**davantage** 74.14 ; 85.25 ;
88.18
**David** 486.16
*David et Goliath* 774.4
*fils de David* 502.8
**davier**
instrument de chirur-
gie 330.12 ; 392.26
outil 799.7 ; 807.16
**dax** 842.9
**Dayaks** 306.12

**dazibao** 766.4
**D.C.** 56.29
**de-** 91.27
**de**
à cause de 34.19 ;
36.10
depuis 60.29
**dé-** 2.15 ; 29.17 ; 91.27 ;
418.23 ; 429.18
**dé**
*dé à coudre* 864.15
**dé** 872.10
hasard 44.3
architecture 777.15
*tenir le dé* 621.14
*coup de dés* 537.3
**deal** 654.4
**déalbation** 353.4
**dealer**
n.
390.15
v.
390.18
**déambulation, déam-
bulage** ou **déambule-
ment** 869.8
**déambulatoire**
n.
t. d'architecture 132.7 ;
493.5 ; 777.17
adj.
voyageur 869.28
**déambuler** 869.21
**deb** 56.14 ; 413.3
**débâcle**
désordre 46.4
d'un fleuve 271.14
débandade 513.2 ;
661.2
dépression économi-
que 549.10 ; 836.9
**débâcler** 139.11
**débagouler** 397.11 ;
657.10
**déballage** 827.13
**déballer** 139.12 ; 828.22
révéler 597.10
exposer 617.6
**déballeur** 827.16 ;
828.16
**déballonner (se)** 509.5
**débandade**
désordre 46.4
fuite 513.2 ; 661.2
*à la débandade* 46.18
**débander** 325.30
**débander (se)** 46.13 ;
48.8 ; 91.15
**débaptiser** 743.18
**débarbouiller** 854.31

t. de mécanique auto-
mobile 817.24
**débridé** 602.13 ; 703.13
*imagination débridée*
404.2
**débridement**
t. de chirurgie 392.8
emportement 602.4
**débrider**
ouvrir 139.12
t. de chirurgie 392.33
*sans débrider* 61.30
**débrider (se)** 724.16
**débris** 96.3
*vieux débris* 317.5
**débrouillard** 527.13
**débrouillardise** 406.6
**débrouille**
*système débrouille* 51.8
**débrouiller**
ordonner 45.12
élucider 398.11 ; 546.15
dégrossir 536.10
**débroussage** 854.10
**débroussaillage** 854.10
**débroussaillement**
854.10
**débroussailler** 811.21
**débroussement** 811.4 ;
854.10
**débucher**
n.m.
871.11
v.
871.23 ; 204.20
**débusquer** 204.20 ;
871.23
**début**
commencement 56.1 ;
59.3
du jour 188.2
de la vie 314.1
tentative 533.3
*débuts* 413.2
*débuts difficiles* 547.10
*faire ses débuts* 56.20 ;
536.5
**débutant** 56.14 ; 413.3 ;
536.9
*débutante* 315.6
**débuter**
commencer 1.10 ;
56.16 ; 194.9
apprendre 413.6 ; 533.7
**déca-** 70.36 ; 111.9
**deçà**
*en deçà* 156.15
**décacheter** 139.12 ;
770.13
**décadaire** 111.7 ; 185.14
**décade** 111.2 ; 185.3

**décadenasser** 809.30
**décadence** 212.5 ;
214.9 ; 642.2
*en pleine décadence*
214.26
**décadent** 754.17
**décadi** 111.2 ; 176.10 ;
797.5
**décaèdre** 111.2 ; 146.6
**décagonal** 111.7
**décagone**
polygone 111.2 ; 146.5
forteresse 656.9
**décagramme** 70.8 ;
239.12
**décaissement**
t. de travaux publics
806.22
dépense 835.1 ; 840.7 ;
845.9
**décaisser** 825.13
**décalage**
dans l'espace 158.1 ;
218.6
dans le temps 180.2 ;
181.3
*décalage horaire* 869.3
**décalaminage** 854.6
**décalaminer** 854.28
**décalcifiant** 332.18 ;
383.81
**décalcification** 237.3
**décalcomanie** 763.9 ;
873.12
**décalé** 180.11
**décaler** 181.10 ; 218.12
**décalitre** 70.7 ; 111.2
**Décalogue** 111.2 ;
486.3 ; 631.4 ; 690.7
**décalotter** 325.32
**décalquage** 31.1
**décalque** 763.6 ; 763.9
**décalvant** 383.67
**décamètre** 70.7 ; 70.26 ;
111.2 ; 124
**décamétrique** 111.7
**décamper** 202.10
**décanat** 648.23
**décaniller** 202.10
**décantage** 91.6
**décantation** 91.6 ;
230.13 ; 267.8
**décanter** 230.20 ;
252.11 ; 267.14
**décanteur** 91.9
**décapage**
t. de minéralurgie 802.3
nettoyage 854.9
t. de coiffure 867.10
**décapement** 854.9

**décaper** 258.15 ; 854
**décapeuse** 806.27
**décapitation** 725.3
**décapiter** 725.22
**décapodes** 302.2
**décapotable** 817.6
**décapoter** 139.12
**décapsulation** 392.9
**décapsuler** 139.12
**décapsuleur** 851.32
**décapuchonner** 139.12
**décarboxylation**
230.14 ; 283.26
**décarboxyler** 230.20
**décarcasser (se)**
faire un effort 36.7 ;
530
être généreux 587.5
**décarrade** 724.2
**décarrement** 724.2
**décarrer** 202.10 ; 724.19
**décartellisation** 837.4
**décastyle** 777.27
**décasyllabe** 111.2 ;
789.13
**décathlon** 870.3
**décathlonien** 870.45
**décati** 317.15
**décatir** 810.29
**décatir (se)** 317.10
**décavaillonnage** 811.4
**décavaillonner** 811.20
**décavé** 836.29
**décaver** 872.38
**décédé** 311.36
**décéder** 311.20
**décelable** 555.22
**déceler** 411.5 ; 555.17 ;
730.25
**décélération** 89.1 ;
233.8 ; 577.7
**décélérer** 577.10
**déceleur** 555.5
**decem-** 111.9
**décembre** 176.8
**décemment** 28.15 ;
452.18 ; 542.15 ; 619 ;
704.10
**decemvir** 111.3
**décence** 619
452.1 ; 542.2 ; 612.2 ;
693.3 ; 704.3
**décennal** 111.7 ; 185.14
**décennie** 111.2 ; 185.3
**décent**
convenable 28.13
réservé 452.15
opportun 542.11
modeste 612.10

honnête 619 ; 693.13
chaste 704.9
**décentralisation** 669.7
**décentraliser** 268.13 ;
669.21
**décentrer** 218.12
**décepteur** 461.8 ; 470.9
**déceptif** 461.8 ; 470.9
**déception** 461 ; 460.3 ;
464.2 ; 470.1 ; 475.3 ;
541.7
**décérébration** 326.24
**décérébrer** 326.25
**décerner** 826.14
*décerner des éloges à*
636.11
**décès** 12.4 ; 311.1
*acte de décès* 688.22
**décevant** 461.8 ; 470.9
**décevoir** 461 ; 470.5 ;
475.6
**déchaîné** 471.12
**déchaînement**
de la colère 471.1
de la violence 580.4
de la passion 602.4
**déchaîner**
causer 34.13
exciter 451.7
fâcher 471.10
libérer 516.19 ; 724.13
**déchaîner (se)**
s'agiter 217.11 ; 271.24
se fâcher 471.6 ;
580.18 ; 602.11
**déchaler** 271.23
**déchanter** 461.6 ; 470.6
**décharge**
reconnaissance 207.7 ;
825.9
dépotoir 207.9 ; 381.7 ;
806.26
allègement 240.4
soulagement 473.2
raclée 658.5
tir 667.2
libération 724.6
t. de menuiserie 807.5
réduction 846.19
*décharge électrique*
235.20
*arche de décharge*
806.19
**déchargement** 801.4 ;
815.3
**déchargeoir** 204.9
**décharger**
v.t.
alléger 240.9
soulager 473.7
libérer 516.20 ; 724.15

dispenser 561.10
exonérer 846.35
vider 801.17 ; 819.29
t. d'électricité 235.23
v.i.
déteindre 810.28
éjaculer 325.31
*décharger sa bile* 471.7
**décharger (se)**
se libérer 724.16
payer 825.19
**déchargeur** 801.16 ;
806.10
**décharné** 376.18
**déchaumage** 811.4
**déchaumer** 811.23
**déchaumeuse** 811.15
**déchaussé** 865.20
**déchaussement** 383.26
**déchausser**
déshabiller 865.15
t. de travaux publics
806.38
**déchausser (se)** 865.16
**déchaussoir** 330.12
**dèche**
risque 551.5
pauvreté 830.2
*battre la dèche* 830.13
**déchéance**
péché 214.9
erreur 646.7
déclin 549.5
honte 611.4 ; 642.4
éviction 644.1
t. de droit 561.2
*prononcer la déchéance
de* 644.9
**déchet**
reste 96.3 ; 854.13
médiocrité 435.5
*déchets* 339.1
**décheur** 710.5
**déchiffrable** 734.14 ;
738.20
**déchiffrage**
lecture 411.2 ; 734.6
d'une partition 782.15
**déchiffrement** 744.11 ;
762.8
**déchiffrer**
comprendre 398.11 ;
411.8 ; 734.12 ; 744.16
une partition 782.20
**déchiqueté** 557.26
**déchiqueter** 330.23 ;
387.14 ; 557.14
**déchirant**
strident 369.5
tragique 464.14 ;

466.13 ; 609.13
douloureux 345.14
**déchiré** 708.18
**déchirement**
destruction 72.4 ; 557.4
blessure 387.3
**déchirer**
blesser 387.14
détruire 557.17
*déchirer le voile* 11.10
*déchirer à belles dents*
642.14
**déchirure**
ouverture 139.3
blessure 387.3
**déchloruré** 395.2
**déchocage** 393.9
**déchoir** 63.17 ; 86.11 ;
212.13 ; 597.12 ;
611.11 ; 646.23
**déchristianiser** 487.22
**déci-** 70.36 ; 95.20 ;
111.9
**déciatine** 70.22
**décibel** 363.13 ; 365.12
**décidable** 510.10
**décidé** 430.9 ; 507.13 ;
510.7
**décidément** 510.11
**décident** 288.48
**décider**
choisir 507.8 ; 510.4 ;
519.8 ; 532.8 ; 534.11 ;
669.20
persuader 525.9 ;
566.12
*ne savoir que décider*
511.5
**décider (se)** 510.6 ;
519.8 ; 672.25
**décideur** 519.6
**décidu** 288.48
**déciduale** 281.9 ; 325.14
**déciduome** 388.3
**décigramme** 70.8 ;
111.4 ; 239.12
**décilage** 111.5 ; 122.6
**décile** 111.4
**décilitre** 70.7 ; 111.4
**décimal** 70.33 ; 111.7
*calcul décimal* 116.6
**décimale** 111.4
**décimation** 111.5 ; 725.3
**décime** 111.4
**décimer** 111.6 ; 725.22
**décimètre** 70.7 ; 111.4 ;
124.6
*double décimètre* 124.6
**decimo-** 111.8
**décinormal** 230.24

**décintrage** 806.24
**décintrer** 806.41
**décisif** 438.13
**décision** 510 ; 519.1 ;
533.5 ; 596.6 ; 711.14
caractère 621.4
*décision ex cathedra*
498.5
**décisionnaire** 622.19
**décisoire** 714.22
*deck-tennis* 870.10
**déclamateur** 757.5 ;
761.7
**déclamation** 745.10 ;
761.5
**déclamatoire** 761.12
**déclamatoirement**
761.17
**déclamer** 741.15 ;
745.19 ; 761.8
*déclamer contre* 580.19
**déclaratif** 417.10
**déclaration**
affirmation 417.1
parole 726.4 ; 745.4
discours 751.1
*déclaration d'amour*
600.5
*déclaration des causes
de décès* 391.11
*déclaration de faillite*
836.11
*déclaration de guerre*
650.5
*déclaration d'impôt*
846.23
*déclaration d'intention*
532.1
*déclaration de naturalité*
677.14
*Déclaration des droits
de l'homme et du ci-
toyen* 713.37
*Déclaration universelle
des droits de l'homme*
713.37
*faire sa déclaration*
600.20
**déclarative** 741.3
**déclaré** 139.18
**déclarer** 417.6 ; 726.15
*déclarer coupable* 722.27
*déclarer forfait* 408.9 ;
515.9
*déclarer nul et non
avenu* 561.6
*déclarer sa flamme*
600.20
**déclarer (se)** 11.7 ;
192.11
**déclassé**

**désorganisé** 48.9
**déchu** 63.21
**déclassement** 48.1
**déclasser**
désorganiser 48.6
ravaler 86.7
**déclasser (se)** 646.23
**déclenchant** 383.81
**déclencher**
causer 34.9 ; 528.7
ouvrir 139.11 ; 809.30
entreprendre 535.8
provoquer 564.13
**déclencher (se)** 11.7
**déclencheur**
cause 527.14
t. de photographie
775.4 ; 775.15
**déclic** 800.12
**déclimater** 273.16
**déclin**
fin 58.4
dégradation 65.4
décadence 549.5 ;
642.2
diminution 86.1 ; 89.1
de la lune 212.3 ;
278.3
vieillesse 317.2 ; 195.2
affaiblissement 385.2
*déclin du jour* 189.4
*en déclin* 195.12
**déclinable** 740.21 ;
742.26
**déclinaison**
descente 162.2
déclin 232.21
t. de grammaire 740 ;
742.9
*déclinaison magnétique*
236.5
**déclinant** 385.10
**déclinatoire** 711.17
*élever un déclinatoire*
711.31
**décliner**
faillir 86.12
diminuer 58.13 ;
89.10 ; 385.8
vieillir 195.7 ; 317.10
descendre 212.9 ;
214.22 ; 232.30
une invitation 520.7 ;
549.23 ; 740.17
*décliner son identité*
743.23
**déclive** 326.7
**décloîtrer** 724.12
**déclore** 139.10
**déclouer** 139.11
**décochage** 805.6

**délégant** 606.10
**délégataire** 606.11
**délégateur** 606.10
**délégation**
délégation parlementaire 673
t. de droit 606.8 ; 672.8
**délégué**
n.
représentant 606.11
délégué pédagogique 414.14
adj.
711.4
**déléguer** 606.14 ; 673.19
**délestage** 240.4
**délesté** 240.12
**délester**
décharger 240.9
voler 717.23
t. d'électricité 235.23
**délétère**
toxique 253.23
débilitant 273.21 ;
551.14
corrupteur 551.15
**délétion** 280.9
**délibératif** 672.9
**délibération**
réflexion 416.4
discussion 669.2 ;
749.6 ; 711.14
**délibéré** 507.11 ; 516.36 ;
532.12
**délibérément** 507.14 ;
532.14
**délibérer**
réfléchir 416.11
décider 510.4 ; 519.11
discuter 749.17
**délicat**
fragile 240.11 ; 247.10 ;
376.17 ; 440.17
fin 406.16
délicieux 434.16 ;
440.20 ; 598.10
difficile 547 ; 551.11
**délicatement**
soigneusement 240.16 ;
574.25
finement 406.22 ;
598.12
tendrement 440.23
**délicatesse** 598
soin 240.1 ; 574.4
fragilité 247.1 ; 376.1 ;
436.2
être en délicatesse 605.7
**délice** 467.1
pl.
délices 467.5 ; 548.3 ;

601.4
jardin des délices 505.5
**délicieusement** 467.20 ;
598.12
**délicieux**
bon 373.21 ; 434.16 ;
467.15
charmant 436.18 ;
598.10
**delicious** 289.10
**déliction** 600.1
**délictuel** 718.13 ; 720.27
**délictueux** 718.13 ;
720.27 ; 722.35
**délié**
n.m.
744.3
adj.
mince 240.1
fluide 365.30
vif 396.11
subtil 406.15 ; 570.18 ;
598.10
**déliement** 724.1
**délier** 516 ; 638.11 ;
724.15
délier les cordons de sa
bourse 825.13
sans bourse délier 834.8
**délier (se)** 597.12
**délies** 497.8
**délignage** 265.4 ; 812.8
**déligner** 265.21
**délignure** 807.3
**délimitation** 15.9 ;
49.10 ; 91.1 ; 136.4
**délimiter** 15.11 ; 91.11 ;
136.7
**délinéament** 132.1 ;
141.2 ; 148.1
**délinéamenter** 148.10
**délinéation** 148.3 ;
773.10
**délinéer** 132.16 ;
148.10 ; 773.27
**délinquance** 720.1
**délinquant**
n.
720.17
adj.
720.27
**déliquescence**
décadence 385.2 ;
214.9
t. de physique 244.5 ;
252.2
**déliquescent** 385.10
**délirant**
insensé 80.14 ; 602.13 ;
733.9
t. de psychiatrie 450.25

**délire**
agitation 46.2
ivresse 451 ; 602.3
divagation 80.3 ;
404.5 ; 733.4
t. de psychiatrie 450 ;
608.1 ; 746.2
délire d'interprétation
738.6
**délirer**
déraisonner 404.10 ;
733.7
être en transe 451.8
t. de psychiatrie
450.18 ; 746.11
**delirium tremens**
450.3 ; 708.5
**délit** 573.4 ; 657.2 ;
711.5 ; 720 ; 766.1
délit d'initié 842.22
flagrant délit 411.9 ;
711.13 ; 721.13
**déliter** 258.15
**délitescence** 384.2
**délitescent** 48.13
**délivraison** 819.19
**délivrance**
libération 724
accouchement 313.4
soulagement 384.1 ;
473.1
remise 826.8
**délivre** 281.8 ; 313.9
**délivré** 724.21
**délivrer**
accoucher 313.21
soulager 384.17 ;
473.7 ; 563.22
libérer 516.19 ; 724
**délocuté** 307.6
**délocutif** 740.6
**déloger** 204.20 ; 591.7 ;
666.31
**Délos** 481.8
**déloyal** 595.16 ; 597.17 ;
694.12 ; 712.14 ; 728.18
**déloyalement** 595.20
**déloyauté** 513.2 ; 595.4 ;
597.1 ; 694.1 ; 728.1
**delphacidés** 301.4
**Delphes** 481.8
**delphinarium** 296.18
**delphinidé** 296.3
**delta** 271.5
delta cyoscopique corrigé
332.16
delta mystique 502.12
**deltacisme** 746.3
**delta-hydroxylysine**
283.10
**deltaplane** 870.33

**deltoïde** 328.8
**déluge**
abondance 75.5 ; 78.3
crue 271.12
orage 274.4
**déluré** 527.13
**démagnétiser** 236.12
**démagogue** 670.19
**démaigrir** 807.23
**démaigrissement** 89.3
**démailler** 810.29
**démailloter** 314.17
**demain** 60.26 ; 179.15
à demain 179.20
c'est pas demain la
veille 40.4
**démanché** 782.18
**démancher** 72.11 ; 93.8
**démancher (se)** 530 ;
587.5
**demandable** 419.16 ;
634.26
**demandant** 634.21
**demande** 634
question 419.1
désir 523.2
t. de droit 711.6
t. d'économie 828.8
demande d'emploi 792.7
demande en mariage
682.13
faire les demandes et
les réponses 420.12
**demandé** 523.17 ; 634
**demander**
nécessiter 41.5
mériter 695.12
faire une demande
523.9 ; 634.10
supplier 609.12
commander 631.15 ;
692.7
t. de droit 711.26
demander conseil
419.15 ; 566.13
demander raison 603.9
demander vengeance
659.10
demander le divorce
684.11
demander l'impossible
40.5
demander la main de
682.24
demander le pourquoi
du comment 405.7
demander en mariage
682.24
demander à cor et à cri
634.16 ; 747.16
demander à voir 607.12

**dépens** 722.8 ; 825 ; 835.1
*aux dépens de* 750.12
*rire aux dépens de* 645.7
**dépense** 835 ; 710 ; 567.3 ; 825.2 ; 828.12 ; 844.13 ; 845 ; 848.24
**dépensé** 835.26
**dépenser** 567.12 ; 835.13
*dépenser sans compter* 710.9 ; 835.15
**dépenser (se)** 36.7 ; 527.10 ; 530.5
**dépensier**
n.
panier percé 835.10
intendant 845.18
adj.
835.29 ; 710.11
**déperdition** 89.1
**dépérir** 285.21 ; 383.52 ; 385.8
**dépérissement** 245.2 ; 385.2
**dépersonnalisation** 307.10 ; 450.6
**dépersonnaliser** 307.14
**dépêtrer** 321.6
**dépeuplé** 272.10
« un seul être vous manque et tout est dé- peuplé » 81.7
**dépeupler** 674.14
**dépeupler (se)** 272.7
**déphasé** 181.18
**dépiauter** 334.9
**dépicage** 811.4
**dépigmentation** 334.2 ; 383.15
**dépilage** 802.4
**dépilation** 335.10
**dépiler** 335.18
**dépiquage** 811.4
**dépistage** 391.9 ; 411.1 ; 412.5 ; 555.1
*centre de dépistage* 393.21
**dépister** 411.5 ; 555.17
t. de vénerie 871.26
**dépisteur** 412.10
**dépit** 468.1 ; 470.1 ; 603.1 ; 608.2
**dépité** 461.7 ; 468.15 ; 470.8
**dépiter** 461.4 ; 608.7
**dépiter (se)** 470.6
**dépiteux**
irrité 470.7
t. de fauconnerie 297.6
**dépitonnage** 870.25

**dépitonner** 870.82
**dépitonneur** 870.59
**déplaçable** 197.24 ; 815.29
**déplacé**
inopportun 27.11 ; 48.9 ; 543.12 ; 593.10 ; 620.7 ; 627.15
exilé 677.4
bougé 815.30
t. de banque 840.52
**déplacement**
transport 48.1 ; 815.2
transformation 220.1
voyage 197.1 ; 869.1
**déplacer** 46.10 ; 197.21 ; 815.23
**déplacer (se)** 197 ; 869.21
**déplaire** 456.10 ; 468 ; 470.5
**déplaisamment** 468.16
**déplaisance** 468.1
**déplaisant** 458.14 ; 468.12
**déplaisir** 468 ; 460.3 ; 470.1
**déplanification** 837.4
**déplantage** 206.3
**déplanter** 206.11
**déplantoir** 799.26
**déplaquetté** 332.31
**déplatiner** 808.26
**déplâtrer** 392.33
**déplétion** 89.1
**dépliant** 764.1 ; 768.5
**déplier** 142.8 ; 209.11
**déplier (se)** 139.16
**déplisser** 142.8
**déploiement** 666
**déplomber** 330.24
**déplorable**
navrant 435.17 ; 460.9 ; 464.17 ; 466.13 ; 468.12
digne de pitié 609.13
**déplorablement** 435.18
**déploration** 688.3 ; 774.3 ; 781.33
**déplorer** 460 ; 609.8
**déployer**
déplier 139.10 ; 142.8 ; 209.11
exhiber 617.6
t. militaire 666.37
déployer sa marchan- dise 828.22
**déployer (se)** 666.33
**déplumé** 830.22
**déplumer**
plumer 856.38
voler 717.23

**déplumer (se)**
perdre ses plumes 297.32
perdre ses cheveux 335.16
**dépocher** 825.13
**dépoitraillé** 575.17
**dépoitrailler (se)** 862.40
**dépolarisation** 327.18
**dépoli** 266.3
**dépolir** 260.19
**dépolitisation** 669.12
**dépolitiser** 669.17
**dépolluer** 854.35
**dépollution** 854.11
**déponent** 740.6 ; 740.12
**déport** 825.4
**déportation**
déplacement forcé 725.8
t. de droit 640.3 ; 677.11 ; 720.6 ; 722.9 ; 723.3
**déporté** 725.16
**déportement**
embardée 218.3 ; 820.6
débauche 46.3
pl.
*déportements* 703.3
**déporter**
dévier 218.12
bannir 200.7 ; 640.12 ; 677.21
**déporter (se)** 817.30
**déposant**
t. de droit 714.15
t. de banque 840.35
**dépose** 212.1
**déposer**
v.t.
poser 212.14
laisser 237.27
mettre en dépôt 840.40
destituer 644.6
témoigner 417.6
*déposer une plainte* 711.30
*déposer les armes* 515.9 ; 661.9
**déposit** 841.14
**dépositaire** 207.12 ; 822.13 ; 841.24
**déposition**
destitution 644.1
déclaration 417.3 ; 711.13
de Croix 212.1 ; 774.3
**déposséder (se)** 587.6 ; 823.12

**déposter** 591.7
**dépôt**
sédiment 96.3 ; 237.15 ; 259.3 ; 271.17 ; 802.2
entrepôt 207.9
prison 721 ; 723.6
d'argent 825.5 ; 840.16
t. militaire 666
*dépôt légal* 765.20
*dépôt de bilan* 836.11
**dépotage** ou **dépote- ment** 206.3
**dépoter** 206.11 ; 285.19
**dépotoir** 381.7 ; 854.22
**dépouille** 96.4 ; 299.12
*dépouille mortelle* 688.27
*dépouilles opimes* 660.3
*angle de dépouille* 143.4
**dépouillé**
sobre 612.11 ; 706.10 ; 759.7
dénudé 379.15
**dépouillement**
renonciation 515.3 ; 616.1 ; 702.1
sobriété 706.4 ; 759.2
*dépouillement du scrutin* 672.19
**dépouiller**
écorcher 334.9
dénuder 379.11
voler 717.23 ; 830.19
analyser 191.14
dépouiller son cour- rier 770.13
**dépouiller (se)**
perdre ses feuilles 286.24
se dessaisir 515.5 ; 587.6
**dépourvoir (se)** 823.12
**dépourvu** 81.12
*au dépourvu* 459.10
**dépoussiérage** 255.8 ; 854.5
**dépoussiérer** 854.25
**dépravation** 341.7 ; 694.6 ; 700.2 ; 705.1
**dépravé** 700.10 ; 705.9
**dépraver** 694.11 ; 700.7
**déprécation** 494.2 ; 752.5
**dépréciateur** 642.11
**dépréciatif** 86.4 ; 433.7 ; 642.28
**dépréciation** 89.1 ; 212.5 ; 433.2 ; 642.6
**déprécié** 86.17 ; 433.6
**déprécier**

**dérober (se)**
se défiler 12.8
manquer à 81.9
fuir 509.6 ; 513.6
*avoir les jambes qui se dérobent* 376.11
**dérochage** 806.21
**dérochement** 806.20
**dérocher**
v.t.
retirer les roches 806.39
v.i.
t. d'alpinisme 270.15
**dérocheuse** 806.27
**déroctage** 806.21
**dérocter** 806.38
**dérocteuse** 806.27
**dérogation**
infraction 625.3
dispense 724.7
**dérogatoire** 625.11
**dérogeance**
désobéissance 625.3
perte du titre de noblesse 646.7
**déroger**
manquer à 81.9
déchoir 63.17 ; 611.11 ; 646.23
*déroger à* 55.9 ; 625.7
**dérouillage** 854.6
**dérouillée**
volée de coups 658
défaite 661.1
**dérouillement** 854.6
**dérouiller** 854.28
**dérouiller (se)**
*se dérouiller les jambes* 319.14
**déroulage** 812.8
**déroulement**
enchaînement 45.6 ; 190.1
déploiement 144.7
**dérouler**
déployer 142.8
opérer le déroulage d'un bois 812.26
*dérouler le tapis rouge* 590.7
**dérouler (se)**
170.8 ; 192.11
**déroutage** ou **déroutement** 218.1 ; 820.6
**déroutant** 459.13 ; 537.14
**déroute**
débandade 513.2 ; 661.2

banqueroute 836.9
désastre 541.1
*en déroute* 385.10
**dérouté** 459.12
**déroutement** → **déroutage**
**dérouter**
détourner 218.12 ; 820.19
décontenancer 459.4
**derrick** 801.9 ; 803.4
**derrière** 164
n.
fesses 322.1
*tomber sur le derrière* 459.7
adv.
dans un classement 45.25 ; 63.24
dans l'espace 156.15 ; 166.23
*par-derrière* 595.7
**derviche** 488.8 ; 499.6 ; 488
*derviche tourneur* 215.12
**dervicherie** 499.22
**des-** 2.15
**dès** 56.30
*dès à présent* 178.17
*dès lors* 35.10 ; 60.24
*dès lors que* 56.31
*dès que* 60.30 ; 174.21 ; 186.13
**des-** ou **dés-** 429.18
**dés-** → **dé-**
**désabusé** 464.10 ; 470.8
**désabusement** 470.1
**désabuser**
détromper 409.18
désenchanter 470.5
**désaccord** 429
divergence 22.3
contraste 27.1
désapprobation 607.4
conflit 649.1 ; 684.1
*être en désaccord* 429.8 ; 547.16 ; 649.14
**désaccordé** 29.14
**désaccorder**
diviser 18.13 ; 649.18
désajuster 27.8 ; 29.10
rendre faux 783.30
**désaccoupler** 91.13
**désaccoutumance** 196.1
**désaccoutumer** 568.23
**désaccoutumer (se)** 515.5
**désacidification** 230.14
**désacraliser** 482.6
**désactiver** 529.11
**désadapter** 29.10

**désaffection**
désintérêt 441.4 ; 524.3 ; 575.2
impopularité 605.3
**désafférentation**
*désafférentation sociale* 344.5
**désagréable**
ennuyeux
déplaisant 458.14 ; 468.12
acariâtre 591.10 ; 599.11
**désagréablement** 468.16 ; 599.13
**désagrégation**
décomposition 16.6 ; 93.1
pulvérisation 251.7
dissociation mentale 307.10
**désagrégé** 48.12
**désagréger**
dissoudre 93.7
pulvériser 251.16
décomposer 557.14
**désagréger (se)**
se décomposer 48.8 ; 237.29
se dissoudre 93.11
se corrompre 557.24
**désagrément** 458.5 ; 468.5 ; 549.1
**désaimanter** 236.12
**désaisissement** 823.2
**désaisonner** ou **dessaisonner** 187.9
**désajuster** 27.8 ; 46.11
**désaliénation** 724.4
**désaliéné** 724.22
**désaliéner** 724.14
**désalkyler** 230.20
**désaltéré** 859.33
**désaltérer** 469.9
**désaltérer (se)** 252.15 ; 859.24
**désambiguïser** 734.10
**désamidonner** 810.26
**désaminase** 283.24
**désamination** 230.14 ; 283.26
**désamorcer** 448.8
**désamour** 605.3
**désapparier** 103.7
**désapparier** → **déparier**
**désappointé** 461.7 ; 470.8
**désappointement** 461.1 ; 464.2 ; 470.1
**désappointer** 461.4

**désapprendre** 401.8
**désapprobateur** 637.22
**désapprobation**
refus 418.3 ; 520.3
réprobation 607.4 ; 637.5
**désapproprier (se)** 823.12
**désapprouver**
contester 18.8
critiquer 460.8 ; 637.13
**désarêter** 250.7
**désargenté**
terni 261.8
pauvre 830.21
**désargentement** 830.3
**désargenter** 830.19
**désarmé** 376.22
**désarmer**
calmer 448.9
démilitariser 652.11
**désarrimage** 801.4
**désarrimer** 801.17
**désarroi**
désolation 475.2
trouble 511.1 ; 543.4
**désarticulation**
dissociation 93.1 ; 387.4 ; 392.12
**désarticulé** 48.11 ; 250.9
**désarticuler**
démanteler 93.8
déboîter 250.7
déstructurer 557.14
t. de chirurgie 392.33
**désassemblage** 93.1
**désassemblé** 48.11
**désassembler** 46.11 ; 48.5 ; 72.11
**désassorti** 48.11
**désassortir** 48.6
**désastre** 466.4 ; 541.1
**désastreusement** 549.30
**désastreux** 466.11
**désatellisation** 821.5
**désattrister** 463.10
**désaturase** 283.24
**désaubiérer** 265.21 ; 812.26
**désavantage** 86.3 ; 549.8
**désavantager** 84.6 ; 86.7 ; 549.18
**désavantageusement** 549.29
**désavantageux** 549.25
**désaveu** 418.4 ; 513.3 ; 515.1
*désaveu de paternité* 679.4
**désavouer**

démentir 561.8
renier 642.20
**désavouer (se)** 193.21 ;
513.6 ; 561.7
**désaxé** 450.23
**désaxer**
dévier 218.12
déséquilibrer 450.21
**descendance**
effet 35.1
filiation 280.5 ; 681.1
*d'illustre descendance*
646.24
**descendant**
n.
681.6 ; 179.5
adj.
65.11 ; 212.16
*ligne descendante* 681.2
*nœud descendant* 278.6
**descenderie** 802.6
**descendeur** 212.8 ; 870
**descendre**
v.t.
tuer 311.28
v.i.
aller en bas 212 ;
870.88
baisser 271.23
s'apaiser 275.19
s'arrêter 676.27
*descendre de* 681.11
*descendre à l'hôtel*
848.40
*descendre dans la
tombe* 688.33
*descendre en flammes*
642.13
*descendre la pente*
549.23
**descendu**
*au descendu de* 212.23
**descenseur** 212.6 ;
801.10
**descente** 212
chute 214
retombée 390.10
de police 721.4
tuyau 808.7
t. de sports 870.23
*descente de Croix* 774.3
*descente de lit* 137.7
**deschampsia** 290.7
**descripteur** 755.7
**descriptible** 755.13
**descriptif**
n.m.
755.4
adj.
731.13 ; 755.13
**description** 755 ; 731.1 ;

753.5 ; 754.9
*description de la langue*
740.1
**Desdémona** 232.10
**désemparer** 466.9
*sans désemparer* 61.30 ;
512.5
**désenamouré** 524.16
**désénamourer** 605.11
**désenchaînement** 724.1
**désenchaîner** 724.13
**désenchanté** 456.12 ;
461.7
**désenchantement**
lassitude 456.2
désillusion 461.1 ;
470.1
**désenchanter** 461.4 ;
468.8 ; 470.5
**désenclaver** 92.8 ;
268.13
**désencombrer** 554.16
**désencroûtement** 854.6
**désencroûter** 854.28
**désendettement** 836.13
**désénerver** 448.6
**désenflement** 89.3
**désenfler** 89.9 ; 128.6
**désenfourner** 856.40
**désengagement** 515.1
**désengager** 724.15
**désengorger** 854.33
**désenlacer** 724.13
**désennuyer** 463.10 ;
868.12
**désennuyer (se)** 467.9
**désensibilisation**
342.7 ; 393.11
**désensibiliser**
immuniser 393.26
déshumaniser 441.12
**désentoilage** 558.4
**désenvaser** 854.33
**désenvoûter** 484.22
**désenvoûteur** 484.18
**désépaissir** 89.12 ;
867.13
**désépaississement** 89.3
**déséquilibre**
disproportion 27.2 ;
84.1
désordre 48.1 ; 217.3
folie 450.1
**déséquilibré**
n.
450.13 ; 55.8
adj.
disproportionné
27.10 ; 84.10
perturbé 48.10 ; 226.23

**déséquilibrer**
disproportionner 27.8 ;
84.6
dérégler 46.11 ; 48.5
troubler 217.8
destabiliser 226.15
désaxer 450.21
**désert** 272
n.m.
zone aride 245.10 ;
269.5
ermitage 584.5
adj.
infréquenté 584.18
*traversée du désert*
272.5 ; 642.3
*prêcher dans le désert*
495.15 ; 545.10
**déserté** 272.10
**déserter**
s'enfuir 204.17
quitter 513.7 ; 539.12
abandonner 597.14
abandonner l'armée
650.25
**déserteur**
lâcheur 509.4 ; 513.4
transfuge 597.9
insoumis 625.4
transfuge 650.16
**déserticole** 272.11
**désertification** ou
**désertisation** 245.3 ;
272.3 ; 282.9
**désertifier** 272.7
**désertifier (se)** 272.7
**désertion**
défection 509.2 ;
513.2 ; 539.3 ; 597.2
insoumission 625.2 ;
650.6 ; 720.6
**désertique** 245.18 ;
272.8
**désertisation** → **désertification**
**désertus** 282.7
**désescalade** 212.4
**désespéramment**
475.12
**désespérance** 475.1
**désespérant** 466.13 ;
475.9
**désespéré**
n.
475.4
adj.
accablé 464.10 ; 475.10
critique 551.11
*état désespéré* 475.11
**désespérément** 475.12
**désespérer**

v.t.
affliger 466.9 ; 475.5 ;
549.17
v.i.
se décourager 464.8 ;
696.7
renoncer 515.9
*à désespérer* 475.9
**désespérer (se)** 475.7
**désespoir** 475
pessimisme 443.1 ;
464.1
angoisse 458.3
chagrin 468.3
*être au désespoir de*
460.5 ; 475.7
**désespoir-des-peintres**
288.29
**désétatisation** 837.4
**désétatiser** 837.7
**déséver** 265.21
**désexcitation** 231.6
**désexciter** 231.11
**désexualiser** 341.42
**déshabillage** 379.1 ;
862.5
**déshabillé** 379.5 ; 862.15
**déshabiller** 862.34
*déshabiller qqn du re-
gard* 379.12
**déshabiller (se)**
se déshabiller 379.10
**déshabituer** 568.23
**déshabituer (se)** 515.5
**déshalogéner** 230.20
**désherbage** 811.4 ;
854.10
**désherbant** 290.12
**désherbement** 854.10
**désherber** 290.13 ;
811.21
**déshérité** 549.14 ; 830.20
**déshériter** 681.13
**désheurement** 181.1 ;
818.6
**désheurer (se)** 181.12
**déshonnête**
impoli 593.8
indécent 620.7 ; 694.13
**déshonneur** 611.1 ;
697.6
**déshonorant** 611.14 ;
697.14
**déshonoré** 642.25
**déshonorer**
humilier 611.8 ; 642.18
tromper 684.16
**déshumaniser** 441.12
**déshumidificateur**
245.8

démonter 93.8
désarticuler 250.7
ôter les os 856.38
désoxyadénosine
283.16
désoxycholique
*acide désoxycholique*
283.13
désoxycorticostérone
333.3
désoxycortone 333.3
désoxycytidine 283.16
désoxydant 230.25
désoxydation 230.14
désoxyguanosine
283.16
désoxyribonucléase
283.24
désoxyribonucléique
*acide désoxyribonucléi-
que* 283.12
désoxythymidine
283.16
desperado 475.4
despote 622.6 ; 670.19 ;
712.9
despotique 622.19 ;
670.29 ; 712.16
despotiquement
622.24 ; 670.32
despotisme 622.4 ;
631.2 ; 670.14 ; 712.7
desquamatif 383.67
desquamation 334.6 ;
383.15
dessaisir 717.23
dessaisir (se) 91.16 ;
515.5
dessaisissement 717.1
dessaisonner 187.9
dessaler 856.38
desséchant 245.22
desséché 441.15 ; 599.9
dessèchement 245.1 ;
811.4
sécheresse 245
insensibilité 441.2
dessécher
rendre sec 245.14
rendre insensible
441.12
dessécher (se) 441.9 ;
599.5
dessein 38.1 ; 507.3 ;
532.1 ; 534.1
*à dessein* 507.14 ;
532.14
*dans ce dessein* 38.12
dessemeler 865.18
desserre

*dur à la desserre*
709.7 ; 825.14
desserrer 125.4
dessert 855.8
desserte
service 815.5 ; 869.15
meuble 850.7
reste 855.10
*desserte cadencée* 818.4
t. de religion 496.2
dessertir 866.21
desservant 492.6
desservir
discréditer 642.21
relier 818.27
dessiatine 70.22
dessiccant 245.6
dessiccateur 230.17
dessiccatif 245.6 ;
245.22
dessiccation 245.3 ;
559.6
dessiller 139.14
dessin 773
forme 141.2 ; 147.3
représentation 731.4
plan 534.3 ; 777.4
*dessin animé* 790.5
dessinateur 773.22 ;
863.4
dessiner 148.10 ; 731.9 ;
773.27
dessiner (se) 11.8
dessoler 187.9 ; 811.20
dessouchage 812.3
dessoucher 812.24
dessouder 72.11 ; 93.8
dessoudure 91.6
dessoûler 708.15
dessous 166
n.m.
situation 86.2 ; 167.1
secret 727.3
vêtement 862.13
adv.
86.21 ; 156.15
*le dessous* 86.2
*en dessous* 165.22 ;
595.20 ; 727.34
*d'en dessous* 166.21
*au-dessous de* 86.22
*en dessous de* 86.22 ;
212.24
*par en dessous* 595.20 ;
727.34
*dans le troisième des-
sous* 464.8
*avoir le dessous* 376.14 ;
541.11 ; 661.6
*être au trente-sixième
dessous* 376.13 ; 385.7

dessous-de-bouteille
166.3
dessous-de-bras 862.21
dessous-de-plat 166.3
dessous-de-table 826.4
dessous-de-verre 851.3
dessuinteuse 800.9
dessus 165
n.m.
163.1 ; 167.1
adv.
dans un classement
85.25
dans l'espace 156.15
*au-dessus de* 211.24
*par-dessus le marché*
97.22 ; 118.12
*le dessus du panier*
646.16
*avoir le dessus* 85.15 ;
660.8
*prendre le dessus* 384.13
*regarder par-dessus
l'épaule* 613.8
*traiter par-dessus la
jambe* 575.8
dessus-de-lit 165.4
dessus-de-plat 165.3
dessus-de-porte 165.5
dessus-de-table 165.3
déstabilisation 669.11
déstabiliser 226.15 ;
669.23
destin
fatalité 1.4 ; 41.1 ;
517.1
futur 179.1
*appel du destin* 517.2
*arrêt du destin* 517.3
destinal 41.11 ; 517.12
destinataire
bénéficiaire 207.12 ;
770.11 ; 815.19
t. de linguistique 726.9
destination
but 38.1 ; 532.5
usage 567.4
lieu 770.7 ; 815.4 ;
869.14
t. de grammaire 740.8
*à destination de* 869.33
*arriver à destination*
201.7
destiné 38.10
destinée
existence 1.4 ; 179.1 ;
310.7
destin 517.1
*être promis aux plus
hautes destinées* 517.9

destiner
déterminer 41.7 ; 517.7
promettre à 596.19 ;
536.12
destiner (se) 38.8
destituable 644.14
destitué 642.27
destituer 642.20 ; 644.6 ;
669.19
destitution 633.3 ;
644.1 ; 669.4
destrier 296.11
destroyer 664.13
destructeur 551 ; 557.25
destructibilité 247.1 ;
557.11
destructible 247.9 ;
557.27
destructif 557.25
destruction 557 ; 2.5 ;
336.8
mort 311.1
*tir de destruction* 667.8
destructivisme 557.12
destructivité 557.10
déstructuration 48.1
déstructuré 48
déstructurer 48.5 ;
554.14
déstructurer (se) 48.8
désuet
dépassé 196.8 ; 177.13 ;
219.11
démodé 195.11 ; 863.10
désuétude 196 ; 195.2
*tomber en désuétude*
196.5 ; 742.24
désulfuration 230.14 ;
804.3
désuni 429.14
désunion
désaccord 16.2 ; 429.1
séparation 91.1 ; 93.1
divorce 605.4 ; 684.1
t. de chirurgie 392.8
désunir 72.11 ; 91.12 ;
93.7
désunir (se) 684.14
désynchronisation
180.2
désynchroniser 27.8
détachage 854.2
détachant 854.14
détaché
n.m.
t. de musique 782.18
adj.
désinvolte 403.9
stoïque 448.13
indifférent 524.15
*pièces détachées* 72.2

méchante femme
586.6
**diablotin**
galopin 314.4
facétieux 750.8
cuiller à sirop 851.14
beignet 856.16
**diabolique**
démoniaque 504.13
méchant 586.10
pervers 700.9
**diabolisme** 504.6
**diabolo**
boisson 859.8
jouet 873.9
**diacaustique** 350.37
**diachronie** 191.1 ; 740.1
**diachronique** 191.15
**diachroniquement**
191.18
**diacide** 230.23
**diaclase** 237.6
**diaconal**
*diaconales* 341.7
**diaconat** 492.5
**diaconesse** 492.6
**diacre** 492.6 ; 496.9
**diadectomorphes**
299.10
**diadelphe** 288.46
**diadem** 232.5
**diadème** 646.13 ; 866.11
**Diadémé** 866.25
**diadoque** 648.4
**diagétogène**
*hormone diagétogène*
333.3
**diagnose** 285.3
**diagnostic**
détermination d'une
maladie 391.10
identification 555.1
jugement 738.1
*diagnostic foliaire*
285.15
**diagnostique** 391.36
**diagnostiquer**
déceler 555.17
t. de médecine 391.35
**diagonale**
droite 146.7
t. de chorégraphie
786.18
*en diagonale* 167.20 ;
218.25
*lire en diagonale* 576.16
**diagonalement** 146.18
**diagramme** 144.6 ;
146.11 ; 730.12 ; 731.3
**diagraphie** 763.6
**Diaguites** 306.8

**diakène** 289.2
**dialectal** 739.19 ; 742.28
**dialectalisme** 742.6
**dialecte** 739.1
**dialecticien** 50.8 ; 416.8
**dialectique**
n.f.
t. de philosophie 17.1 ;
478.22
argumentation 416.1 ;
525.4
adj.
50.15 ; 416.14 ; 421.11
**dialectiquement**
416.19 ; 478.36
**dialectiser** 50.13
**dialectologie** 739.7
**dialectologue** 739.12
**dialeurope** 301.5
**dialogisme** 749.9 ;
752.5 ; 753.6
**dialogue** 726.3 ; 745.6 ;
749 ; 787.12
*dialogue de sourds*
364.9
**dialogué** 749.20
**dialoguer** 745.21 ;
749.17
**dialogueur** 749.11
**dialoguiste** 745.16 ;
790.26
**dialy-** 91.27
**dialycarpique**
n.f.pl.
*dialycarpiques* 288.25
adj.
288.48
**dialypétale** 288.47 ;
288.35
**dialysépale** 288.47
**dialyseur** 230.17
**diamagnétique** 236.14
**diamagnétisme** 235.2 ;
236.2
**diamant**
pierre précieuse 258 ;
866.12
pointe de lecture
771.5
outil 266.10 ; 799.5
*noces de diamant*
176.7 ; 682.11
*poudre de diamant*
155.4
**diamantaire**
n.
258.14 ; 866.19
adj.
258.20
**diamantin**
n.m.

serpent 299.3
adj.
adamantin 258.20
**diamétral** 142.12
**diamètre** 123.2 ; 125.2 ;
142.2
**diamorphine** 390.7
**diane**
singe 296.14
**diane**
sonnerie de réveil
188.3 ; 377.7
*sonner la diane* 377.11
**Diane** 278.10 ; 500.14
**dianthœcia** 301.11
**diantre** 748.2
**diapason**
registre 365.6
instrument 365.15 ;
783.26
t. d'horlogerie 175.7
*être au diapason* 604.8
**diapause** 301.22
**diapédèse** 332.10
**diaphane**
délicat 240.11 ; 334.15
translucide 350.35
**diaphanéité** 350.9
**diaphonie** 784.2
**diaphorétique** 333.13
**diaphragmatique**
234.23 ; 327.4
**diaphragme**
muscle 328.13 ; 340.7
membrane 137.4 ;
336.4
obturateur photogra-
phique 140.2 ; 234.7 ;
775.4
contraceptif 279.12
t. de botanique 289.3
**diaphragmer** 234.16 ;
775.21
**diaphyse** 329.3
**diapophyse** 329.11
**diapositive** 775.8
**diapré** 25.7 ; 33.15 ;
362.11
**diaprement** 350.6
**diaprer** 362.8 ; 778.15
**diaprure** 33.2 ; 362.2
**diapsides** 299.1
**diariste** 754.11
**diarrhée** 339.11 ; 383.22
*diarrhée blanche des
poussins* 383.48
**diarrhéique** 383.70
**diarthrose** 329.18
**diascope** 234.6
**diaspes** 301.5
**diaspora** 486.23 ; 676.16

**diastase** 283.23 ; 338.13
**diastasis** 387.4
**diastème** 296.21
**diastole** 331.11
**diastolique**
*pression diastolique*
331.3
**diathermane, dia-
therme ou diathermi-
que** 241.28
**diathermanéité** 241.11
**diathermansie** 241.11
**diatherme** → **diathermane**
**diathermie** 241.15 ;
393.7
**diathermique** → **dia-
thermane**
**diathermocoagulation**
393.12
**diathèse** 382.1 ; 383.2
**diatomée** 284.5
pl.
*diatomées* 293.3
**diatomique** 230.24
**diatomite** 293.4
**diatonique** 781.53
*échelle diatonique*
781.10
**diatribe** 637.7 ; 655.7 ;
657.6
**diaule** 783.7
**diazépam** 394.5
**diazol**
*brun diazol* 356.2
*jaune diazol* 358.2
**dibatag** 296.6
**dibencozide** 283.21
**dibétou** 286.18
**dibranches** 303.1
**dicamphosulfonate**
*dicamphosulfonate de
thiamine* 394.6
**dicaryon** 291.3
**dicaryotique** 291.16
**dicaryotisme** 291.4
**dicentra** 288.26
**dicéphale** 386.9
**dicéphalie** 386.4
**diceras** 303.2
**dicerque** 301.3
**dichloréthane** 804.6
**dicho-** 103.15
**dichogamie** 288.38
**dichotomie**
division en deux
103.3
t. d'astronomie 278.3
**dichotomique**
*clé dichotomique* 295.11

**dysdéridés** 301.12
**dysembryome** 386.5 ;
388.2
**dysembryoplasie**
281.11 ; 386.4
**dysenterie** 383.20
**dysentériforme** 383.69
**dysentérique** 383.69
**dysérythropoïétique**
383.68
**dysfonction** 46.1
**dysfonctionnement**
29.3 ; 46.1 ; 55.6 ; 383.1
**dysfonctionner** 29.9 ;
48.7 ; 55.10
**dysgenèse** 281.11 ; 386.4
**dysgénésie** 383.42
**dysgénésique** ou **dysgénique** 281.17 ;
383.80 ; 386.8
**dysglobulinémie** 342.6
**dysgrammatisme** 746.5
**dysgraphie** 746.4
**dysharmonie** 93.1
**dysidrose** 383.17
**dyskératose** 383.17
**dyskinésique** 383.80
**dyskinétique** 383.70
**dyslalie** 746.4
**dyslexie** 746.4
**dyslexique** 746.8 ;
746.13
**dyslogie** 746.4
**dysménorrhéique**
325.36
**dysmnésie** 401.1
**dysorthographie** 746.4
**dysosmie** 371.8
**dyspepsie** 338.3 ; 383.21
**dyspeptique** 383.70
**dyspessa** 301.11
**dysphagie** 337.8 ; 383.21
**dysphagique** 337.20
**dysphasie** 746.4
**dysphémie** 746.4
**dysphonie** 745.2 ; 746.4
**dysplasie** 281.11 ;
383.42 ; 386.4
**dysplasique** 383.80 ;
281.17 ; 386.8
**dyspnée** 340.14 ; 383.32
**dyspnéique** 340.32 ;
383.76
**dysprosium** 230.7
**dysthanasie** 311.14
**dystocie** 313.4
**dystocique** 313.24
**dystomie** 746.4
**dystrophiant** 383.81

**dystrophie** 337.8 ;
383.42
**dystrophique** 383.80
**dysurie** 339.10 ; 383.34
**dysurique** 383.77
**dytique** 301.3
**dytiscidés** 301.2
**Dzahchins** 306.13

# E

**é-** 206.18 ; 208.17
**Ea** 500.20
**Éaque** 506.8
**earias** 301.11
**earl grey** 859.5
**East-Anglian**
*style East-Anglian* 780.4
**easterlies** 275.4
**Eastmancolor** 790.4
**eau**
liquide 244.1 ; 271.1
boisson 859.3 ; 253.21 ;
254.6
*eau de toilette* 372.3
*eau médicamenteuse*
394.15
*eau de refroidissement*
798.7
*eau blanche* 264.2
*eau lourde* 243.9 ; 798.7
*à l'eau de rose* 440.19
*en eau* 244.15 ; 333.18 ;
252.12 ; 339.18
*d'une belle eau* 258.20 ;
434.14
*avoir l'eau à la bouche*
373.13 ; 564.14
*faire venir l'eau au
moulin* 829.12
*il y a de l'eau dans
l'air* 274.15
*il y a de l'eau dans le
gaz* 253.19 ; 449.11
*mettre de l'eau dans
son vin* 579.13 ; 628.14
*clair comme de l'eau de
roche* 398.13 ; 546.19 ;
734.15
*il n'y a pire eau que
l'eau qui dort* 607.15
*se jeter à l'eau* 271.27 ;
537.6
*tomber à l'eau* 541.14
*eaux* 313.9
*grandes eaux* 779.5
*nager entre deux eaux*
271.27
**-eau** 128.18
**eau-de-vie** 859.13

**eau-forte** 763.5 ; 773.3
**ébahi** 459.12
**ébahir** 459.5
**ébahissement** 459.1
**ébarbage** 799.29
**ébarber** 132.16 ; 763.20 ;
799.37 ; 856.38
**ébarbeuse** 800.10
**ébarboir** 799.15
**ébarouir** 245.14
**ébats** 467.5 ; 600.6
*prendre ses ébats* 467.9
**ébattement** 467.5
**ébattre (s')** 467.9
**ébaubir (s')** 459.6
**ébauche** 30.5 ; 56.10 ;
147.3 ; 175.7 ; 533.3 ;
534.2 ; 536.1 ; 773.6 ;
807.3
**ébauché** 534.18 ; 696.10
**ébaucher** 47.17 ; 141.11 ;
533.7 ; 534.14 ; 536.10 ;
539.13 ; 773.25
**ébauchoir** 776.14 ; 799.4
**ébaudir (s')** 463.11 ;
467.9
**ébaumoir** 807.16
**èbe** 212.3
**ébénacée** 286.11
**ébénales** 285.4
**ébène** 265.13 ; 335.23
**ébénier** 286.20
**ébéniste** 265.19 ;
807.20 ; 850.31
**ébénisterie** 265.5 ;
807.1 ; 850.30
**éberlué** 459.12
**éberluer** 459.5
**ebiara** 286.18
**ébionite** 487.11
**éblouir** 346.22 ; 399.6 ;
459.4 ; 617.9
**éblouissant** 87.23 ;
350.33 ; 353.15 ;
436.15 ; 639.28
**éblouissement** 344.2
**Ébola** 284.3
**éborgnage** 812.3
**éborgner** 347.16 ; 387.14
**éboueur** 854.24
**ébouillanter** 241.20 ;
856.40
**éboulage** 810.11
**éboulement** 48.2 ;
214.7 ; 270.11 ; 557.2
**ébouler** 214.24
**ébouler (s')** 214.15 ;
237.29 ; 557.22
**ébouleux** 214.25
**éboulis** 214.7 ; 270.11

**éboulure** 810.11
**ébourgeonnage** 812.3
**ébouriffage** 575.4
**ébouriffant** 465.11
**ébouriffé** 575.17 ; 867.19
**ébouriffement** 575.4
**ébouriffer** 459.5 ; 867.16
**ébouriffure** 575.4
**ébousiner** 258.15
**ébranchage** 812.5
**ébranchement** 812.5
**ébrancher** 812.22
**ébranlement** 48.2 ;
227.1 ; 227.10
**ébranler** 48.4 ; 197.20 ;
214.24 ; 227.23
**ébrasement** 853.16
**ébrécher** 153.12 ;
557.17 ; 710.6
**ébriété** 708.3
**ébrouement** 305.1
**ébrouer** 854.31
**ébrouer (s')** 305.5 ;
377.13
**ébruiter** 726.16
**ébuard** 812.18
**ébulliomètre** 241.13 ;
254.11
**ébulliométrie** 230.16
**ébullioscope** 241.13 ;
254.11
**ébullition** 217.3 ; 241.8 ;
252.2 ; 254.12 ; 602.4
*en ébullition* 254.17
**éburnéen** 352.32
**écacher** 251.16 ; 810.22
**écaille** 137.2 ; 296.20 ;
298.9 ; 299.12 ; 301.11 ;
303.14 ; 329.5 ; 399.3
*écailles* 778.3
*avoir des écailles* 399.8
**écaillé** 298.22
**écaille martre** 301.11
**écailler** 856.38
**écailleux** 298.22
**écale** 137.5 ; 289.3
**écalure** 137.5
**écarlate** 352.28 ; 357.11 ;
618.5
**écarquiller** 139.10
*écarquiller les yeux*
346.20 ; 459.7
**écart** 22.1 ; 23.2 ; 33.5 ;
55.6 ; 80.4 ; 81.5 ;
122.6 ; 124.1 ; 158.1 ;
158.4 ; 162.1 ; 180.2 ;
200.3 ; 218.6 ; 410.5 ;
573.3 ; 625.3 ; 667.12 ;
786.16
*grand écart* 786.16

**enganter** 728.13

**engaver** 337.12 ; 813.27 ; 855.38

**engazonner** 290.13

**engelure** 153.4 ; 242.5 ; 383.16

**engendré** 796.23

**engendrement** 313.2 ; 796.2

**engendrer**
  déterminer 34.9 ; 527.12 ; 528.7
  produire dans l'espace 122.8 ; 141.11 ; 146.14
  donner naissance à 279.19 ; 310.23 ; 313.20 ; 679.8

**engendreur** 796.20

**engin** 233.9 ; 664.16 ; 800.1 ; 821.2

**Engishiki** 501.17

**englober** 67.10

**engloutir** 707.6 ; 710.6

**engloutir (s')** 12.7

**engloutissement** 12.1

**engluer** 137.15

**engommer** 810.26

**engorgé** 554.17 ; 237.28

**engorgement** 140.10 ; 554.6

**engorger** 140.19 ; 554.11

**engorger (s')** 807.27

**engoué** 868.17

**engouement** 451.2 ; 540.3 ; 600.5 ; 602.5

**engouer (s')** 451.8 ; 600.17 ; 602.10 ; 868.14

**engouffrer** 707.6 ; 710.6

**engouffrer (s')** 203.11 ; 205.7 ; 576.19

**engourdi** 242.21 ; 441.20 ; 445.11 ; 577.18

**engourdir** 248.10 ; 344.10 ; 397.8 ; 441.13

**engourdir (s')** 242.17 ; 529.10

**engourdissement**
  insensibilité 242.5 ; 248.3 ; 344.3 ; 403.1 ; 441.5
  apathie 445.3 ; 524.4 ; 529.2 ; 577.8

**engrais** 811.7
  d'engrais 813.33

**engraissement** 813.13

**engraisser** 337.12 ; 811.21 ; 813.27 ; 855.38

**engraisser (s')** 829.11

**engrammation** 400.4

**engramme** 400.3

**engrangé** 134.13

**engrangement** 811.4

**engranger** 131.9 ; 134.11 ; 400.9 ; 811.24

**engrangeur** 800.6 ; 811.15

**engraulidé** 298.3

**engrêlure** 132.14

**engrenage** 147.5 ; 175.7 ; 800.12

**engrènement** 387.2 ; 392.5
  *engrènement dentaire* 330.2

**engrener** 535.8 ; 813.27

**engrosser** 127.10 ; 279.20

**engrumeler** 246.9

**engueulade** 637.2 ; 649.2 ; 747.6

**engueulage** 637.2

**engueulement** 637.2 ; 649.2

**engueuler** 637.10 ; 657.9 ; 747.18

**enguichure** 150.2

**enguirlandage** 637.2

**enguirlandé** 778.18

**enguirlandement** 637.2

**enguirlander** 637.10 ; 778.12

**enguirlandeur** 637.20

**enhardir** 508.6

**enhardir (s')** 508.8 ; 632.17

**enharmonie** 781.10

**enharmonique** 781.53

**enhendée** 149.20

**enherber** 290.13

**énième** 63.20

**Enif** 232.5

**énigmatique** 17.16 ; 431.17 ; 547.19 ; 727.26 ; 735.14 ; 736.13

**énigmatiquement** 736.17

**énigme** 419.5 ; 735.4
  *par énigmes* 736.17

**enivrant** 602.12

**enivré** 600.26 ; 602.14

**enivrement** 451.1 ; 467.1 ; 602.4 ; 708.3

**enivrer** 451.7 ; 463.10 ; 467.13 ; 564.10

**enivrer (s')** 467.9 ; 708.12
  *s'enivrer de son vin* 613.6

**enjambée** 162.3

*à grandes enjambées* 319.19

**enjambement** 789.16

**enjamber** 319.11

**enjoindre** 566.12 ; 631.17 ; 634.12 ; 692.5 ; 748.11

**enjôler** 455.5 ; 525.10 ; 535.12 ; 595.15 ; 601.6 ; 728.13

**enjôleur** 455.10 ; 601.9 ; 629.6 ; 629.15 ; 729.12

**enjolivement** 436.8 ; 778.1 ; 778.9

**enjoliver** 436.12 ; 729.21 ; 778.15

**enjoliveur** 817.5

**enjolivure** 436.8 ; 778.1

**enjoué** 444.6 ; 463.15

**enjouement** 444.1 ; 463.1

**enjuponner** 600.19

**enképhaline** 326.19

**Enki** 500.28

**enkysté** 388.12

**enkystement** 388.6

**enkyster (s')** 383.57

**enlacement** 147.5 ; 601.2

**enlacer** 299.19 ; 319.12 ; 601.7 ; 689.22

**enlaidir** 437.6

**enlaidissement** 437.5

**enlevage** 791.11

**enlevé** 576.35

**enlèvement**
  dégagement 68.3
  prise d'assaut 666.14
  rapt 717.6 ; 720.7

**enlever**
  retirer 12.9 ; 68.9 ; 119.5 ; 119.7 ; 206.10
  exalter 451.7
  prendre d'assaut 666.31
  ravir 717.25 ; 720.23

**enlever (s')** 576.26 ; 827.31
  *s'enlever comme des petits pains* 827.31

**Enlil** 500.18 ; 517.4

**enlisement** 256.13 ; 554.8

**enliser** 257.19 ; 554.13

**enliser (s')** 257.25 ; 554.15

**enluminé** 357.11 ; 778.18

**enluminer** 350.27 ; 352.20 ; 357.8 ; 773.26 ; 778.15

**enlumineur** 773.19

**enluminure** 357.5 ; 773.2

**ennéa-** 110.8

**ennéade** 110.2 ; 50ʼ.3

**ennéagone** 110.2 ; 146.5

**ennéasyllabe** 110.6 ; 789.13

**enneigé** 242.19

**enneigement** 242.7 ; 273.3

**ennemi**
  n.
  16.7 ; 549.11 ; 605.5 ; 649.12 ; 650.15
  *ennemi du genre humain* 582.4
  *ennemi public numéro un* 720.17
  *en ennemi* 649.23
  adj.
  18.15 ; 429.14 ; 549.24 ; 649.22 ; 650.29

**ennoblir** 646.20 ; 646.21

**ennoblissant** 646.30

**ennoblissement** 646.8

**ennoiement**
  *ennoiement désertique* 272.3

**ennoyage** 272.3

**ennoyé** 237.28

**ennuager** 276.9

**ennui** 458
  souci 464.2 ; 468.5 ; 470.1
  difficulté 541.4 ; 547.4 ; 830.3
  *causer des ennuis* 549.16

**ennuyant** 449.20 ; 468.12

**ennuyé** 462.10 ; 470.7 ; 549.27

**ennuyer**
  lasser 458.9 ; 458.10 ; 458.11 ; 462.8 ; 464.7
  importuner 468.8 ; 470.5 ; 543.7 ; 547.14

**ennuyer (s')** 458.7

**ennuyeusement** 458.17

**ennuyeux** 458.12 ; 458.14 ; 460.9 ; 464.16 ; 468.12 ; 543.13

**énohydrastase** 283.24

**énolase** 283.24

**énolisation** 230.14

**énoncé** 741.1 ; 745.4 ; 745.30

**énoncer** 734.9 ; 745.19

**énonciatif** 417.10 ; 741.3

**énonciation** 745.4

enophtalmie 347.3 ;
383.27 ; 347
enorgueillir 610.6
enorgueillir (s') 438.9 ;
540.22 ; 610.6
énorme 127.11 ; 432.8 ;
438.12
énormément 75.15 ;
87.27
énormité 761.3
énostose 388.2
enquérir (s') 412.12 ;
419.15 ; 726.19
enquête 412.3 ; 419.7 ;
766.8 ; 766.14 ; 768.3
enquêter 412.14 ;
726.19 ; 766.23 ; 405.6
enquêteur 412.11
enquiquinant 449.20 ;
458.15 ; 543.15
enquiquinement 458.5
enquiquiner 458.11
enquiquineur 449.20 ;
458.6 ; 543.15
enraciner 288.43
enragé 451.9 ; 471.12 ;
580.26 ; 602.15
enrageant 468.12 ;
471.13
enrager 468.9 ; 471.6
enraiement 228.6
enrayage 228.6 ; 817.4
enrayé 228.34
enrayement 228.6
enrayer 559.16 ; 579.12 ;
811.20
enrayeur 818.24
enrayure 811.5
enrégimenter 622.10 ;
663.21
enregistrable 771.20
enregistré 398.14
enregistrement 771 ;
365.20 ; 538.5 ; 771.12
enregistrer 400.9 ;
771.15 ; 771.18 ; 771.19
enregistreur 771.4 ;
771.20
enrêner 870.87
enrhumé 383.62
enrhumer (s') 383.53 ;
383.54
enrichir 97.12 ; 231.11 ;
238.7 ; 778.14
enrichir (s') 829.11
enrichissement 88.2 ;
231.6 ; 778.9 ; 829.4
enrobage 137.11 ; 806.25
enrobé 806.36 ; 806.46
enrober 157.5 ; 856.37

enrochement 806.6
enrôlement 622.5 ;
650.6 ; 663.18
enrôler 622.12 ; 650.26 ;
663.21
enrôler (s') 663.22
enroué 745.19
enrouer 365.25
enrouer (s') 383.53
enroulé 144.11
enroulée 303.19
enroulement 144 ;
215.1 ; 235.16 ; 285.16 ;
299.12 ; 777.21 ; 778.3 ;
809.3
enroulement de compen-
sation 99.3
enrouler 215.17
enrouler (s') 144.10
enrue 811.5
ensabler (s') 554.15
ensachage 134.8 ; 801.2
ensaché 134.13
ensacher 134.11 ; 801.19
ensacheur 800.6 ; 801.16
ensacheuse 800.9 ;
801.13
ensaisinement 822.7
ensanglanté 332.33
ensanglanter 332.27 ;
357.8 ; 466.9
enseignant 414.14 ;
536.7
enseigne
n.m.
663.12
enseigne de vaisseau
663.15
n.f.
663.20 ; 730.2 ; 730.13 ;
731.3 ; 768.5 ; 828.5
enseigne lumineuse
768.5
être logé à la même
enseigne 547.12
enseignement 414 ;
566.2 ; 690.8
enseignement assisté par
ordinateur 772.22
enseigner 414.17 ;
566.11 ; 726.13
enseigneur 414.14
ensellure 383.11
ensemble
n.m.
homogénéité 45.2
groupe 49.4 ; 90.2 ;
147.7 ; 66.5
somme 71.2
être mathématique
122.4

vêtement 862.6
ensemble infini 115.4
ensemble ordonné 122.4
ensemble vide 2.3 ;
101.3
grand ensemble 777.9 ;
848.8
adv.
15.17 ; 66.24 ; 90.19 ;
182.11 ; 428.17 ;
562.38 ; 583.23
ensemblier 790.27 ;
850.31
ensemencement 811.4
coupe d'ensemencement
812.3
ensemencer 279.20 ;
284.13 ; 811.22
enserré 134.13
enserrer 67.13 ; 134.11 ;
157.5
ensevelir 401.8 ; 688.31
ensevelissement 688.2
ensiforme 286.27
ensilage 559.5 ; 811.4
ensilé 134.13
ensiler 134.11 ; 801.18 ;
811.24
ensileuse 811.15
ensiloter 801.18
ensimage 267.8
ensimer 267.13
ensimeuse 800.9
en-soi 5.2
ensoleillé 273.20 ;
277.18 ; 350.33
ensoleillement 273.3 ;
277.4
ensoleiller 277.16 ;
350.27
ensommeillé 378.24
ensommeillement
378.5
ensommeiller 378.23
ensommeiller (s')
378.16
ensorcelant 455.9
ensorcelé 451.9 ; 504.12
ensorceler 455.6 ;
484.21 ; 549.18 ;
600.19 ; 623.12
ensorceleur 484.18 ;
623.8
ensorcellé 602.14
ensorcellement 484.5 ;
549.9 ; 623.3
ensoufrer 137.15
ensouple 810.18
ensuifer 137.15
ensuite 60.23 ; 179.15

ensuite de 60.28 ;
164.23 ; 179.21
ensuivre (s')
13.8 ; 35.6 ; 60.13
il s'ensuit 35.6
et tout ce qui s'ensuit
35.6 ; 60.25
entablement 132.10 ;
165.5 ; 777.12
entabler 807.26
entaché
entaché de nullité
561.12
entaillage 153.10
entaille 153.4 ; 387.2 ;
807.10
entaillé 153.16
entailler 153.13 ;
258.15 ; 387.14 ; 807.25
entailler (s') 387.15
entailleur 776.16
entaillure 153.4
entame 139.1 ; 872.5
entamer
commencer 56.17 ;
535.8
blesser 387.14
écorner 710.6
entartré 808.28
entartrer 381.9
entasis 777.15
entassement 66.7 ;
75.4 ; 90.1 ; 118.2
entasser 66.17 ; 75.11 ;
709.6
entaulage 717.2
entauler 717.23
ente 812.4
entéléchie 1.3 ; 478.17
entelle 296.14
entélure 298.6
entendement 398 ;
416.6 ; 421.13 ; 427.1 ;
478.21
entendeur 398.8
à bon entendeur 398.18
entendre
ouïr 363.17
comprendre 398.9 ;
398.10 ; 406.13 ;
734.13 ; 738.16
vouloir dire 732.12
entendre trotter une
souris 366.11
entendre une mouche
voler 366.11
en entendre des vertes
et des pas mûres
657.11
ne vouloir rien entendre
514.5

*faire entendre* 737.10
*n'y rien entendre*
408.7 ; 571.15
**entendre (s')** 428.8 ;
562.29
*s'entendre comme lar-
rons en foire* 428.11
*s'y entendre* 407.14 ;
570.11
*s'y entendre comme à
ramer des choux* 408.7
**entendu** 398.14 ;
406.18 ; 406.19 ;
536.16 ; 572.12
*bien entendu* 430.11
**enténébrer** 351.7
**entente** 15.2 ; 66.10 ;
428.1 ; 562.7 ; 581.3 ;
604.2 ; 652.1 ; 654.1
*à double entente* 17.16 ;
736.13
*terrain d'entente* 653.6
**enter** 205.11 ; 807.26 ;
812.21
**entéralgie** 345.3 ; 383.22
**entéramine** 283.10
**entérectomie** 392.13
**entérinement** 635.2
**entériner** 635.8 ; 654.9
**entérite** 383.23
**entéritique** 383.70
**entéroanastomose**
392.15
**entérocolite** 383.23
**entérocystoplastie**
392.17
**entérokinase** 283.24
**entéroplastie** 392.17
**entéro-rénal** 338.24
**entérostomie** 392.15
**entérotomie** 392.14
**entérotoxémie** 389.2
**entérovaccin** 394.11
**entérovirus** 284.3
**enterrage** 257.13
**enterrement** 257.13 ;
688.1
**enterrer** 58.15 ; 257.21 ;
688.31
*enterrer sa vie de gar-
çon* 683.6
**enterrer (s')** 584.14
**entêtante** 371.27
**en-tête** 770.7
**entêté** 318.17 ; 446.13 ;
507.13 ; 514.3 ; 514.7 ;
530.4 ; 599.10 ; 625.9 ;
630.18
**entêtement** 446.2 ;
507.2 ; 514.1 ; 530.1 ;
630.7

**entêter (s')** 318.8 ;
446.11 ; 507.8 ; 514.4
**enthousiasmant**
451.12 ; 602.12
**enthousiasme** 451 ;
87.2 ; 404.5 ; 451.4 ;
463.6 ; 508.3 ;
527.1 ; 602.3 ; 757.1
**enthousiasmer** 87.12 ;
451.7 ; 467.13 ; 602.8
**enthousiasmer (s')**
451.8 ; 602.10
**enthousiaste** 451.6 ;
451.9 ; 527.13 ; 757.8 ;
868.17
**enthousiastement**
451.14
**enthymème** 416.5 ;
753.5
*enthymème apparent*
753.5
**entiché** 600.26 ; 602.15
**enticher (s')** 451.8 ;
600.17 ; 604.7
**entier**
*complet* 71.11 ; 92.14 ;
286.27
*inflexible* 599.10 ;
610.10
*en entier* 71.16
**entièrement** 71.14 ;
82.12 ; 87.27 ; 538.24
**entièreté** 71.1 ; 92.2
**entier-postal** 770.2
**entime** 301.3
**entité** 1.5 ; 5.1 ; 478.19
**ento-** 67.22 ; 131.17 ;
205.20
**entoblaste** 285.12
**entoir** 799.8
**entôlage** 717.2
**entôler** 717.23
**entolome** 291.6
**entomologie** 295.2 ;
301.27
**entomologiste** 301.29
**entomophage** 301.31
**entomosporiose** 285.16
**entomostracée** 303.19
**entonner** 56.17 ; 784.26
**entonnoir** 153.2 ; 271.3
**entoprocte** 304.3
**entorse** 27.3 ; 329.26 ;
387.4 ; 625.3
*entorse à la vérité* 729.2
**entortillage** 736.4
**entortillé** 77.12 ;
547.19 ; 615.13
**entortiller** 547.13 ;
728.13 ; 736.8

**entotrophes** 301.1
**entour**
*à l'entour* 157.12 ;
157.11
**entourage** 157.3 ; 583.4
*dans l'entourage de*
157.12
**entouré** 157.10
**entourer** 67.13 ; 145.12 ;
157.5 ; 157.6 ; 215.18 ;
666.31
**entourloupe** 586.3
**entourlouper** 718.10
**entourloupette** 586.3
**entournure**
*dans les entournures*
830.21
**entours** 157.1 ; 157.3
**en tout cas** 862.30
**entracte** 531.2 ; 787.19
**entraide** 20.3 ; 563.4 ;
656.1
**entraider (s')** 563.25
**entrailles** 131.2 ; 324.1 ;
324.3 ; 325.14 ; 440.1
*prendre aux entrailles*
609.10
*sans entrailles* 588.7
**entrain** 444 ; 463.1
**entraînant** 444.7 ;
564.15 ; 757.9
**entraîné** 570.20
**entraînement**
*imitation* 31.1
*préparation* 536.4 ;
536.4 ; 568.7 ; 666.3 ;
870.35
**entraîner**
*causer* 13.8 ; 34.9
*emporter* 223.9
*encourager* 444.4 ;
525.9 ; 565.10
*préparer* 536.11 ;
568.20 ; 870.92
*impliquer* 732.9 ;
737.12
*entraîner l'adhésion*
715.7
**entraîner (s')** 413.5 ;
536.13 ; 870.81
**entraîneur** 536.7 ;
801.7 ; 870.53 ; 870.66
**entraîneuse** 719.11
**entrant** 203.8 ; 203.18 ;
205.15 ; 872.25
**entrapercevoir** 346.17
**entrave** 18.4 ; 547.4 ;
554.7
**entraver**
*gêner* 18.11 ; 526.6 ;

549.15 ; 554.13
*comprendre* 398.9
**entre-** 20.18 ; 156.19 ;
158.14
**entre** 158.13 ; 57.16
**entrebâillé** 139.17
**entrebâillement** 139.2
**entrebâiller** 139.10
**entrebâiller (s')** 139.16
**entrebâillure** 139.2
**entrebaiser (s')** 601.8
**entrechat** 213.2 ; 786.16
**entrechoquer** 227.28
**entrechoquer (s')**
227.27
**entrecolonne** 158.2
**entrecolonnement**
158.2 ; 777.15
**entrecôte** 856.7
**entrecoupement** 62.8 ;
147.5
**entrecouper** 147.14
**entrecroisement** 147.5
**entrecroiser** 147.14 ;
149.14
**entre-cuisse** 319.3
**entredéchirer (s')**
20.10 ; 605.7
**entre-deux** 57.1 ; 158.1 ;
850.8 ; 864.3
**entre-deux-guerres**
650.12
**entredévorer (s')** 20.10
**entrée** 203
*commencement* 56.4
*accès* 139.1 ; 777.12 ;
848.24
*arrivée* 201.1
*pénétration* 205.1
*apparition sur scène*
787.11
*plat* 855.8
*entrée de clef* 203.7 ;
809.13
*entrée de serrure* 809.13
*entrée des artistes*
203.6 ; 788.6
*entrée en guerre* 650.5
*entrée en possession*
822.7
*entrée en vigueur*
713.39
*droit d'entrée* 203.10
*faire son entrée* 203.13
*faire son entrée dans le
monde* 56.20 ; 203.13
*d'entrée de jeu* 56.28
**entrées** 203.2 ; 203.12
*avoir ses grandes, ses
petites entrées* 583.14
**entrée-sortie** 203.5

**excusable** 638.15 ;
698.10
**excuse**
motif 37.4
t. de jeux 872.4
*bonne excuse* 521.1
*faites excuse* 638.19
**excuser**
justifier 521.4
disculper 638.12
*excusez-moi* 638.19
*se confondre en excuses*
592.8
**exeat** 204.8 ; 492.4 ;
632.6
**exécrabilité** 696.5
**exécrable** 224.15 ;
456.11 ; 549.26 ; 605.13
**exécration**
aversion 224.3 ; 456.4 ;
605.3
t. de théologie 482.3 ;
483.4
**exécratoire** 482.9 ;
483.11
**exécrer**
détester 456.5 ; 605.6
t. de théologie 482.6
**exécutable** 39.10 ;
538.21
**exécutant**
agent 527.9 ; 538.10 ;
624.7
musicien 782.1
**exécuté** 538.20
**exécuter**
créer 1.11
faire 36.7 ; 527.11 ; 538
critiquer 642.13
tuer 720.22 ; 722.30
interpréter 738.15 ;
782.19
*exécuter sa partie* 72.14
*exécuter un vendeur*
842.34
**exécuteur**
agent 538.10
bourreau 725.14
*exécuteur des basses*
*œuvres* 720.19
*exécuteur des hautes*
*œuvres* 722.18
**exécutif** 36.8
*pouvoir exécutif* 673.4 ;
713.45
**exécution**
mise à mort 311.12 ;
722.11
accomplissement
527.4 ; 535.1 ; 538
application 722.15

interprétation 738.4 ;
782.16
t. de Bourse 842.17
*exécution d'otage* 720.6
*voies d'exécution* 722.24
*mettre à exécution*
36.6 ; 538.11
**exécutoire** 714.22
**exégèse** 477.20 ; 732.5 ;
738.2
**exégète** 738.10
**exégétique** 477.28
**exemplaire**
n.m.
livre 765.1
*exemplaire numéroté*
765.3
**exemplaire**
adj.
30.12 ; 434.18 ; 690.15 ;
693.9 ; 699.12
**exemplairement** 30.14
**exemple**
preuve 426.8
spécimen 731.5
récit 754.5
t. de rhétorique 753.5
*sans exemple* 32.9
*à l'exemple de* 21.17 ;
31.13
*pour l'exemple* 722.38
*à titre d'exemple* 30.14
*donner l'exemple* 30.9
*faire un exemple* 722.28
**exemplification** 416.2
**exempt**
n.m.
dispensé 724.10
adj.
exonéré 834.6
*exempt de* 724.23
**exempter**
dispenser 516.20 ;
561.9 ; 632.15
exonérer 846.35
*exempter de* 559.18 ;
724.15
**exemption**
dispense 632.2 ; 724
exonération 846.19
**exencéphale** 386.9
**exencéphalie** 386.4
**exentération** 392.12
**exequatur** 632.5
**exercé** 570.20
**exercer**
entraîner 536.11 ;
568.20
faire 538.13
**exercer (s')** 413.5 ;
221.14 ; 536.13

**exercice**
entraînement 413.1 ;
536.4
travail 414.11
action 538.3
séance 666.3
sport 870.1
*exercices* 650.13 ; 666.1
*exercice spirituel* 479.5
*terrain d'exercice* 666.17
**exerciseur** 249.4 ; 870.72
**exercitant** 702.7
**exérèse** 68.3 ; 392.12
**exergue** 839.6
**exfoliant**
*crème exfoliante* 334.7
**exfoliation**
destruction 285.8 ;
812.15
t. de dermatologie
334.6 ; 383.15
**exhalaison**
projection 130.6 ; 204.1
d'un gaz 253.1 ; 255.4
d'une odeur 371.1
**exhalant** 303.15
**exhalation**
transpiration 245.5
respiration 340.3
**exhaler**
éjecter 130.9 ; 204.22
de l'air 340.23
une odeur 371.16
**exhaler (s')** 204.14 ;
245.17 ; 253.15
**exhaure** 245.3
**exhaussement** 211.5
**exhausser** 126.6 ; 211.16
**exhausteur** 245.8
**exhaustif** 71.11
**exhaustion** 245.3
**exhaustivement** 71.14
**exhaustivité** 71.1
**exhiber**
montrer 346.23 ; 348.5
*faire étalage de* 615.9 ;
617.6
**exhibition** 617.1
**exhibitionnisme**
déviation sexuelle
341.15 ; 450.9
ostentation 617.2
**exhibitionniste** 341.22
**exhilarant** 463.17
**exhortation**
encouragement 225.5 ;
564.1 ; 565.2
conseil 566.3 ; 748.1
discours 496.4 ; 751.4
**exhorter**
parler 495.15

encourager 565.10 ;
566.12
*exhorter à* 225.13
**exhumation**
découverte 411.1
extraction 206.3 ; 688.2
**exhumer**
extraire 204.23 ; 206.11
découvrir 411.8
**exigé**
nécessaire 41.13 ;
518.12
demandé 634.25
**exigeant**
désirant 523.18 ; 621.20
difficile 547.22
**exigence**
obligation 41.3 ; 518.3
désir 522.2 ; 523.2
autoritarisme 621.5
commandement 631.3
demande 634.5
*exigences* 634.5
**exiger**
commander 518.7 ;
621.16 ; 631.15 ; 692
vouloir 523.9 ; 532.8
demander 634.10 ;
747.16
**exigible** 518.12 ; 634.26 ;
692.8
**exigu** 128.11 ; 129.8
**exiguïté** 128.1 ; 129.1
**exil**
bannissement 204.2 ;
640.1 ; 677.10
solitude 584.3
**exilarchat** 486.8
**exilarque** 486.8
**exilé** 204.11 ; 640.11 ;
677.3
**exiler**
exclure 68.11 ; 130.9 ;
640.12 ; 677.21
éloigner 200.7
**exiler (s')** 204.17 ;
677.20
**exilien** 640.18
**exine** 289.3
**existant** 1.3 ; 1.12 ;
409.20 ; 478.19
**existence 1**
vie 310.7
t. de philosophie 409.2 ;
478.19
*arriver à l'existence* 1.10
*recevoir l'existence*
313.18
**existential** 1.12
**existentialiser** 1.11

utilisateur 567.11
profiteur 569.5
**explorateur** 412.10 ;
533.6 ; 869.18
**exploration**
découverte 32.1 ; 411.1
recherche 555.1 ;
803.3 ; 869.6
manœuvre 666.12
**exploratoire** 412.20
**explorer** 412.12 ;
555.18 ; 869.20
**exploser**
faire explosion
204.15 ; 243.24 ;
253.15 ; 557.22
détoner 367.15 ; 667.21
de colère 471.6
**explosif**
n.m.
243.11 ; 664.14 ; 802.8
*explosifs* 804.7
adj.
qui explose 204.25 ;
253.22
critique 551.11
**explosimètre** 243.16
**explosimétrie** 243.16
**explosion**
éjection 204.1 ; 208.5 ;
243.3 ; 253.10 ; 798.1
expansion 209.4
détonation 367.8 ;
667.2
*explosion démographi-
que* 88.2
*explosion nucléaire*
243.4
**explosive** 365.8
**exponentiel** 122.4
**export** 815.4
**exportable** 204.26 ;
827.34
**exportateur** 204.10 ;
204.27 ; 827.18
**exportation** 130.5 ;
204.6 ; 827.5
**exporter** 827.25
**exposant** 120.2 ; 122.3
**exposé**
n.m.
discours 414.10 ;
726.4 ; 745.5 ; 751
compte rendu 754.1
description 755.2
adj.
orienté 156.13
en danger 551.18
*être exposé à* 156.10 ;
198.27
**exposer**

orienter 156.9
montrer 346.23 ; 348.5
mettre en danger
551.8
faire étalage de 617.6
communiquer 634.11 ;
726.16
raconter 754.12 ;
755.12
supplicier 725.19
**exposer (s')** 508.7 ;
551.10 ; 573.8 ; 666.36
*s'exposer à* 552.16
*s'exposer aux regards*
617.6
**exposition**
situation 156.1 ; 198.1
narration 754.1
de tableaux 773.24
t. de théâtre 56.9 ;
787.13
t. de musique 781.29
*temps d'exposition*
775.13
**exposition-vente** 768.6
**ex post** 60.20
**exprès**
adj.
formel 734.15
*émancipation expresse*
724.4
adv.
volontairement
507.14 ; 532.14
*faire exprès de* 507.7 ;
532.9
*en exprès* 770.17
**express** 815.31 ; 818.12
*route express* 816.17
*voie express* 816.17
**expressément** 141.22 ;
732.19 ; 734.18
**expressif** 731.13 ;
732.13 ; 757.9
**expression**
d'un visage 141.4
éjection 130.4 ; 204.4 ;
206.1
formulation 141.9
représentation 726.1 ;
730.17 ; 731.1
éloquence 757.3
mot 739 ; 741.10 ;
742.1 ; 745.3
*expression orale* 745.1
**expressionnisme** 780.11
*expressionnisme abstrait*
780.12
**expressionniste** 780.17
**expressivité** 757.3
**expresso** 859.4

**exprimable** 745.31
**exprimage** 206.1
**exprimé** 745.31
**exprimer**
extraire 68.9 ; 130.10 ;
204.23 ; 206.9 ; 252.11
formuler 532.11 ;
726.17 ; 732.9 ; 745.20 ;
747.16
représenter 731.8
**exprimer (s')** 739.15 ;
745.18
*ex professo* 417.11
**expropriation** 836.12
**exproprier** 849.22
**expulsé** 640.16
**expulser**
exclure 68.11 ; 202.14 ;
640.12 ; 644.6 ; 677.21
éjecter 130.9 ; 204.20 ;
208.9
excréter 333.11
**expulsif** 208.13 ; 313.23
**expulsion** 68.1 ; 208.4 ;
313.4 ; 591.1 ; 640.2 ;
644.1 ; 677.11
**expurgation** 812.3
**expurger** 561.11
**exquis** 345.14 ; 434.16 ;
436.17 ; 436.18 ;
467.15 ; 592.10 ; 598.10
**exquisement** 598.12
**exsangue** 383.60
**exsanguination** 332.13
**exsanguino-transfu-
sion** 332.13
**extasier (s')** 451.8
**exstrophie** 386.4
**exsudat** 285.14
**exsudatif** 383.82
**exsudation** 244.7 ;
285.9 ; 333.9 ; 339.9
**exsuder** 204.22 ; 244.15 ;
252.12 ; 333.11 ; 339.18
**extase** 344.7 ; 451.1 ;
451.4 ; 463.5 ; 467.1 ;
494.1
**extatique** 344.18 ;
451.9 ; 463.14 ; 467.17
**extemporané** 174.11 ;
394.28
**extemporanément**
174.15 ; 394.37
**extenseur** 209.16 ;
249.4 ; 328.2
**extensibilité** 249.1
**extensible** 249.11
**extensif** 813.1
**extension** 65.3 ; 69.8 ;
88.1 ; 97.1 ; 124.3 ;

209.3 ; 211.5 ; 328.18 ;
732.3 ; 742.10 ; 752.4
*en pleine extension*
209.15
*réflexe d'extension*
327.17
**extensomètre** 249.7
**exténuation** 752.5
**exténuer** 376.16 ; 530.8
**extérieur** 130 ; 68.13 ;
130.14 ; 204.24 ; 255.4 ;
595.5 ; 677.25 ; 790.11
*extérieur à* 204.24
*à l'extérieur* 68.18 ;
130.16 ; 204.28 ; 255.20
*à l'extérieur de* 130.18 ;
204.30
*en extérieur* 130.16
**extérieurement** 130.16
**extériorisation** 130.6 ;
617.2
**extériorisé** 130.14
**extérioriser** 130.9 ;
617.6
**extérioriser (s')** 130.13
**extermination** 311.12 ;
557.6 ; 720.6 ; 725.8
*camp d'extermination*
725.13
*guerre d'extermination*
650.3
**exterminer** 2.7 ; 557.20 ;
725.21
**externat** 391.22 ; 414.5
**externe** 68.13 ; 130.3 ;
130.8 ; 130.14 ; 391.25 ;
414.15
**extéro-** 130.19
**extérocepteurs** 327.1
**extéroréceptif**
*centre extéroceptif*
327.11
*sensibilité extéroceptive*
440.5
**exterritorialité** 677.9
**extincteur** 256.7
**extinction** 12.2 ; 724.6 ;
836.15
*extinction des feux*
852.4
**extirpable** 206.15
**extirpateur** 206.5
**extirpation** 68.3 ; 130.4 ;
206.1 ; 392.12 ; 557.9
**extirpé** 206.13
**extirper** 68.9 ; 130.10 ;
206.9 ; 392.33 ; 557.23
**extispice** 485.11
**extorquer** 717.17 ;
718.9 ; 720.24

796.15 ; 831.11
**astiquer** 155.8
**voler** 717.18
*faire qqch pour qqn*
563.22
*faire en sorte que* 36.7 ;
574.17
*faire tout un fromage
de qqch* 432.5
*il se fait que* 8.8
*avoir tôt fait de, avoir
vite fait de* 576.13
**faire (se)** 184.5 ; 863.7
*se faire à* 413.5 ;
446.9 ; 568.18
*s'en faire* 410.15 ;
462.6 ; 553.13
*ne pas s'en faire*
442.5 ; 467.9
**faire-part** 764.1 ; 770.3
*faire-part de décès*
688.22
**faire-valoir** 567.8 ;
811.13
**fairplay** ou **fair-play**
587.10 ; 594.14 ; 870.80
**faisabilité** 39.1
**faisable** 39.10 ; 538.21
**faisan**
oiseau 297.9
escroc 694.7 ; 718.7
**faisandé** 856.50
**faisandeau** 297.9
**faisander** 718.10
**faisanderie** 813.5
**faisceau**
groupement 66.5 ;
150.1
de lumière 350.4 ;
852.3
d'armes 664.9
de voies 818.5 ; 259.3
structure neuro-anato-
mique 326.5 ; 326.7 ;
326.11 ; 327.7 ;
327.10 ;327.12
*faisceaux libéro-ligneux*
265.2
*faisceau d'électrons*
231.7
*faisceau de drapeaux*
660.3
*faisceau de droites*
142.2
*faisceau de His* 331.5
*former les faisceaux*
666.29
**faiseur**
n.m.
*faiseur d'horoscope*
485.12

*faiseur de phrases*
745.15
*faiseur de vers* 789.21
*bon faiseur* 434.5
n.f.
*faiseuse d'anges* 279.13
**faisselle**
récipient 134.5
**faisselle, féchelle, fes-
celle** ou **fesselle**
fromage blanc 860.4
**fait**
évènement 6.2 ; 192.1 ;
478.20
arbitraire 712.2
incident 8.2
acte 527.6
*les faits* 409.16
*au fait* 726.14
*de fait* 743.32 ; 684.2
*en fait*
factuellement 192.14
en réalité 409.28
t. de droit 422.12 ;
713.59
*au fait de* 407.18
*du fait de* 34.19
*du fait que* 8.16 ; 34.21
*fait accompli* 538.6
*beau fait* 646.5
*faits et gestes* 527.8
*prendre fait et cause*
562.26 ; 602.10 ; 715.6
*prendre sur le fait*
411.9
*saisir sur le fait* 721.13
adj.
accompli 538.22
ivre 708.18 ; 721.15
*bien fait* 436.16 ; 576.44
*homme fait* 308.3 ;
316.3
*homme fait à la main
de* 628.10
**fait-divers** 766.7
**fait-diversier** 766.16
**faîte**
sommet 165.6 ; 270.8 ;
286.5 ; 848.17
apogée 87.4 ; 538.7
*ligne de faîte* 148.8
**faitout** ou **fait-tout**
851.24
**faix** 239.6
**fakir** 490.2 ; 499.6 ; 488 ;
702.7 ; 791.19
**fakirisme** 441.5 ; 490.1
**falachas** ou **falashas**
486.24
**falaise** 271.8
**falbala** 862.23 ; 864.4

**falciforme** 286.27
*ligament falciforme*
338.10
**falcinelle** 297.18
**falcon** ou **falconi**
297.41
**falconiformes** 297.4
**fallacieusement** 569.19 ;
595.20 ; 728.24 ; 738.22
**fallacieux** 521.7 ;
569.14 ; 595 ; 597.18 ;
728.21 ; 729.22
**falloir** 518.11
*comme il faut* 28.13 ;
434.18 ; 592.11 ; 619.7
*il s'en est fallu de peu*
79.7
**falot**
n.m.
fanal 852.13
adj.
insignifiant 439.13 ;
618.8 ; 758.10
grotesque 750.13
**falsettiste** 784.18
**falsetto** 784.16
**falsettone** 784.16
**falsificateur** 17.7 ; 718.7
**falsification** 31.1 ;
694.5 ; 718.5
**falsifié** 31.10 ; 718.15
**falsifier** 31.8 ; 694.10 ;
718.12 ; 720.24 ; 729.15
**falzar** 862.11
**famé**
*bien famé* 639.26
**famélique** 855.40
**fameusement** 87.32
**fameux** 87.21 ; 639.26
**familial**
n.f.
*familiale* 816.4 ; 817.32
adj.
280.20 ; 678.13 ; 681.15
*cellule familiale* 678.1
**familialement** 678.16
**familialisme** 678.11
**familialiste** 678.15
**familiarisé** 568.29
**familiariser** 536.11 ;
568.20
**familiariser (se)** 413.5 ;
568.18
**familiarité**
pl.
*familiarités* 516.11 ;
601.2
**familier**
n.
568.11 ; 604.6
adj.

domestique 500.2
familial 678.13
de la conversation
courante 739.19 ;
742.28
*familier de* 407.17
**familièrement** 678.16
**famille** 678
genre 49.4 ; 90.2
parenté 66.9 ; 581.6 ;
668.5 ; 676.1 ; 681.1
dynastie 681.10
t. de biologie 49.5 ;
295.10
*les deux cents familles*
829.10
*de famille* 280.20 ;
678.14
*des familles* 678.13
*air de famille* 21.1 ;
678.9
*esprit de famille* 678.6
*fille de famille* 678.4
*fils de famille* 678.4 ;
829.9
*grande famille* 678.2 ;
681.10 ; 829.10
*la Sainte Famille*
774.4 ; 487.17
*vie de famille* 310.12
**famine** 81.2
*crier famine* 830.13 ;
855.36
*crier famine sur un tas
de blé* 709.6
**fan**
n.
451.6 ; 565.8 ; 636.8 ;
602.7 ; 868.9
adj.
602.15
**fana**
n.
87.10 ; 451.6 ; 868.9
adj.
80.17 ; 451.10 ; 602.15
**fanage** 811.4
**fanaison** 285.8
**fanal** 730.14 ; 818.4 ;
852.13
**fanatique**
n.
87.10 ; 868.9
adj.
80.17 ; 430.9 ; 451.10 ;
580.26 ; 602 ; 671.49
**fanatiquement** 602.17
**fanatiser** 451.7 ; 602.8
**fanatisme** 80.5 ; 87.7 ;
671.23
**fandango** 786.6

malaxer 98.15
épuiser 376.16 ; 530.8
ennuyer 458.9
*fatiguer un poisson*
814.25
Fatima 488.21
fatma 309.5
fatras
désordre 46.6 ; 75.6
amphigouri 735.3
fatrasie 450.16
fatsia 287.6
fatuité 613.1
fatum 517.3
fau 286.15
fauber ou faubert
854.17
fauberder ou fauberter
854.26
faubourg 130.2 ; 157.1 ;
849.12
faubourien
canaille 620.9
des faubourgs 849.20
faucard 811.15
faucarder 811.23
fauchage
chapardage 717.2
fauchaison 811.4
t. d'artillerie 667.3
t. de sports 870.11
fauchaison 811.4
fauchard 811.15
fauche
vol 717.2
fauchaison 811.4
fauché 830.22
*être fauché comme les
blés* 830.12
fauchée 811.8
faucher
tuer 311.30
voler 717.18
moissonner 811.23
t. de sports 870.85
fauchet 811.15
faucheur
n.m.
voleur 717.9
moissonneur 811.16
n.f.
*faucheuse* 800.6 ; 811.15
*la Faucheuse* 311.6
faucheux 301.13
faucille 811.15
faucon
oiseau 297.6 ; 297.12
canon 665.5
fauconneau 297.12
fauconnerie 871.2

fauconnier
*grand fauconnier* 871.16
fauconnière 134.6
faufil 864.17
faufilage 864.13
faufiler 864.27
faufiler (se) 203.11 ;
205.7
Fauna 500.30
faune 282.8 ; 295.4
*faune intestinale* 338.14
Faune 500.1 ; 500.30
faunistique 295.2
faunule 295.4
Faunus 500.30
faussaire 31.4 ; 718.7 ;
839.23
faussement
à tort 410.19 ; 729.26
hypocritement 595.20
trompeusement 728.24
fausser
altérer 22.6 ; 29.10 ;
435.10 ; 597.16
forcer 809.29
fausset
*voix de fausset* 365.7 ;
369.3 ; 784.16
fausseté
erreur 410.11
duplicité 17.2 ; 595.1 ;
597.1
mensonge 521.2 ; 729.1
faute
manque 10.1 ; 81.5
péché 410.1 ; 477.15 ;
625.3
erreur 541.5 ; 571.3 ;
573.3
défaut 55.4 ; 696.4 ;
739.5
t. de droit 657.2 ; 694.4
*faute de* 2.14 ; 10.12 ;
81.19
*avoir faute de* 10.8
*être la faute de* 34.10
*faire faute* 2.6 ; 10.7
*imputer à faute qqch à
qqn* 637.15
*faute avouée est à demi
pardonnée* 638.14
fauter 341.32 ; 697.9
fauteuil 531.8 ; 788.7 ;
850.18
*fauteuil à bascule* 216.6
*fauteuil roulant* 392.24
*dans un fauteuil* 546.27
fauteuil-lit 850.18
fauteur
36.4
fautif

inexact 29.14 ; 55.16 ;
410.17
coupable 34.16 ; 697.13
imparfait 696.8
fautivement 55.20
fauve
n.
bête sauvage 296.1
*sentir le fauve* 381.10
adj.
sauvage 295.22
roussâtre 296.32 ;
356.12 ; 358.7
fauviste 780.17
fauvette 297.8
fauvisme 780.12
faux
outil 811.15
attribut de la mort
311.7
t. d'anatomie
*faux du cerveau* 326.18
faux
n.m.
falsification 31.3 ;
718.5 ; 773.9
*usage de faux* 718.5
*faire un faux* 718.12 ;
720.24
*faux en écriture publi-
que* 720.8
adj.
inexact 22.8 ; 410.17 ;
729.23
dissonant 27.12
falsifié 31.10 ; 718.15
simulé 521.7 ; 615.12
hypocrite 595.16
mensonger 728.21
équivoque 352.27 ;
736.15
*faux ami* 597.7 ; 736.3
adv.
faussement 27.13
*plainte en faux* 711.7
*en porte à faux* 156.12
*s'inscrire en faux*
418.9 ; 520.13
faux-bourdon
insecte 301.7
chant 784.3
faux-cheveux 867.9
faux-col 254.6 ; 859.10
faux-cul 17.7
faux-filet 856.7
faux-fond 809
faux-frère 597.7
faux-fuyant 37.4 ;
511.3 ; 521.2 ; 729.5
faux-jour 350.3
faux-monnayage 839.16

faux-monnayeur 31.4 ;
839.23
faux-ourlet 864.5
faux-pas 573.3
*faire un faux-pas*
571.12
faux-pli 864.4
faux-saunier 717.14
faux-semblant 31.3 ;
521.2 ; 595.8 ; 728.7
faux-sens 733.4 ; 738.7
faux-soleil 145.5
faux-toupet 867.9
faux-vernis 399.4
favela 849.7
faveur
considération 540.3 ;
639.3 ; 695.6
soutien 544.4
privilège 712.5
don 826.6
ruban 862.23
*faveurs* 585.4
*en faveur* 639.26 ;
643.14 ; 863.9
*à la faveur de* 563.32
*en faveur de* 38.13 ;
745.25
*accorder ses faveurs*
341.39 ; 600.23
favisme 389.2
favorable 542.13 ;
544.12 ; 548.11
favorablement 563.30
favori
n.
protégé 560.17
coqueluche 639.11
t. de sports 870.56
*favoris* 335.5
adj.
préféré 519.12
*favori des dieux* 548.16
favorisé 563.29 ; 565.14
favoriser 546.13 ;
563.19 ; 565.11 ; 712.12
*favoriser qqn de* 563.23
favoritisme 560.8 ;
712.5
favosite 303.12
fax 763.8 ; 770.2
faxer 770.15
faxiang 489.2
fayard 286.15
fayot 624.11
fayotage 624.4
fayoter 629.10
fayoterie 624.4
féal 594.7
féauté 594.1
fébrifuge 394.33

**fescennin**
vers ou *poèmes fescennins* 789.6
**fesse** 322.1
*la fesse* 341.4
**fessée** 658.2
**fesselle** → **faisselle**
**fesse-maille** 709.3
**fesse-mathieu** 709.3
**fesser** 658.14
**fessier**
n.m.
164.6 ; 322.1
*grand fessier* 328.9
adj.
*nerf fessier* 327.4
**festif** 687.25
**festin** 687.9 ; 707.2
**festiner** 707.8 ; 855.30
**festival**
n.m.
64.4
adj.
687.25
**festivité** 687.1
**fest-noz** 687.5
**festo majou** 687.5
**feston** 132.12 ; 864.3
*festons* 778.3
*point de feston* 864.11
**festonnage** 132.12
**festonné** 778.18
**festonner** 132.16 ;
778.12
t. de gastronomie
856.39
t. de couture 864.25
**festoyer** 467.10 ; 687.20 ;
707.8 ; 855.30
**feta** 861.5
**fêtable** 687.26
**fêtard** 377.6 ; 687.15
**fête** 687
réjouissance 463.6 ;
467.5
fête religieuse 497 ;
491.1
cérémonie 686.1
*fêtes* 687.2
*fête nationale* 675.6 ;
687.2
*fête des semaines* 497.5
*fête des trépassés* 497.3
*de fête* 687.27
*en fête* 463.15
*bonne fête* 687.28
*salle des fêtes* 687.13
*être de fête* 687.22
*faire la fête* 377.9 ;
467.10 ; 703.8
*faire une fête* 581.13

*faire fête à qqn* 687.21
*se faire de fête* 593.6
*se faire une fête* 687.24
**fêté** 540.23
**Fête-Dieu** 497.3 ; 487
**fêter** 590.7 ; 687
**fêteur** 687.15
**fêteux** 687.15
**fétial** 492.25
**fétiche** 484.10 ; 500.7
**fétichisme**
perversion sexuelle
341.15 ; 450.9
animisme 476.6
**fétichiste** 341.22 ; 476.12
**fétide** 371.26
**fettucine** 856.25
**fétu** 128.4 ; 240.6
**fétuque** 290.7
**feu** 256
n.m.
incandescence 241.2
lumière 350.1 ; 496.5 ;
730.14 ; 852.13
famille 676.1 ; 678.1
cheminée 848.34
brûlure 241.5
rougeur 357.5
enthousiasme 404.5 ;
451.1 ; 600.1 ; 602.3 ;
757.1
arme 664.5
cheminée 848.34
*feu de paille* 174.2 ;
541.3
*feu de salve* 667.5 ;
689.7
*avec feu* 241.29
*de feu* 241.24 ; 256.29
*en feu* 243.27
*par le fer et par le feu*
262.26 ; 580.31
*sans feu ni lieu* 676.34
*à petit feu* 577.26
*feu éternel* 173.2
*feu sacré* 451.5 ; 602.3
*conduite de feu* 667.8
*coup de feu* 256.8 ;
667.2
*faire le coup de feu*
256.26 ; 650.23
*puissance de feu* 664.8
*aller au feu* 650.23
*allumer un feu* 256.22
*avoir le feu aux joues*
357.6 ; 241.21
*avoir le feu vert* 516.24
*donner le feu vert*
428.12 ; 654.10
*être comme un feu follet* 256.26

*être tout feu tout flamme* 256.26 ; 451.9 ;
602.13
*faire feu* 667.21
*faire long feu* 541.14
*faire feu de tous bords*
666.32
*faire feu de tout bois*
256.26
*faire long feu* 174.6 ;
576.26
*mettre à feu et à sang*
256.27 ; 557.20
*ouvrir le feu* 56.16 ;
649.16 ; 650.23
*il n'y a pas le feu*
446.17
n. pl.
*feux* 852.1
*feux de position* 298.5
*feux de stationnement*
817.7 ; 852
*les feux de la rampe*
350.12 ; 788.9
*figuration des feux*
666.4
adj.
mort 2.10 ; 10.10 ;
311.36
rouge 352.28
int.
650.35 ; 655.24 ;
666.45 ; 667.28 ; 748.4
*au feu* 553.17
**feud** 659.4
**feudataire** 628.8
**feuillage** 286.9
*feuillages* 778.3
**feuillaison** 285.6 ;
286.23
**feuillantine** 858.6
**feuillard**
branche feuillue 286.7
plaque de métal 805.7
**feuille**
feuillage 286.9 ; 288.3
oreille 363.4
journal 766.3
plaque 805.7
*feuilles d'eau* 778.3
*dur de la feuille* 364.12
**feuille-de-chêne** 856.20
**feuillée** 286.9
**feuillées** 339.16
**feuille-morte**
insecte 301.11
couleur 352.28 ; 358.7
**feuilleret** 799.16 ; 807.16
**feuillet**
lamelle d'un champignon 291.2

estomac d'un ruminant 296.23
membrane 336.3
page 765.12
**feuilleté**
n.m.
266.3
adj.
*pâte feuilletée* 858.7
**feuilleter** 765.25
**feuilleton** 766.8 ; 767.13
**feuilletoniste** 766.16
**feuillette**
mesure 70.23
petite feuille 859.18
**feuilliste** 766.17
**feuillu**
n.m.
286.15 ; 286.25
adj.
238.12 ; 286.25
**feuillure** 807.10
**feuillurer** 807.25
**feulement** 305.2
**feuler** 305.6
**feutrage** 810.12
**feutre**
stylo 762.7
chapeau 862.25
**feutré** 366.18
**feutreuse** 800.9
**fève** 289.7
*fève de Calabar* 289.7
**féverole** 289.7
**février** 286.20
**février** 176.8
**F.F.I.** 630.10
**fi** 748.2
*faire fi de* 439.9 ; 627.6
**fiabilité**
sécurité 550.4
crédibilité 606.6
**fiable** 550.14 ; 578.4 ;
606.25
**fiacre** 816.14
**fiançailles** 428.2 ; 596.3 ;
682.13 ; 686.11
**fiancé**
n.m.
596.11 ; 600.9 ; 682.16
n.f.
682.17
adj.
596.23
**fiancée**
papillon 301.11
**fiancer** 596.19
**fiancer (se)** 682.23
**fiasc** ou **fiasque** 541.2
**fiasco** 461.2 ; 541.1
*faire fiasco* 541.12

flirt 522.2 ; 600.11
flirter 600.20
float-glass 266.2
floc 748.7
flocculus 326.7
flocon 154.2 ; 240.6 ;
242.7
*flocon de neige* 274.6
*en flocon* 154.13
floconneux 276.14
floculo-lobulaire
*lobe flocculo-lobulaire*
326.7
flonflon 785.7
flop 541.2
flopée 75.5
floquer 810.25
flor- 288.49
floraison 56.5 ; 285.6 ;
288.37 ; 548.2
floral 288.44
*odeur florale* 371.3
floralies 288.2 ; 497.8
flore 282.8 ; 285.2 ;
288.49
*flore intestinale* 338.14
*flore microbienne* 284.2
Flore 500.37
floréal 176.8
florencée 149.20
florentin
*à la florentine* 856.51
florès
*faire florès* 540.12 ;
639.19
florescence 288.4
florescent 288.44
floribond 288.44
floribondité 288.38
floricole 282.16 ; 847.16
floriculteur 288.40
floriculture 288.39
floridées 293.3
florifère 288.44
florilège 519.5 ; 765.9 ;
789.17
florin 839.8 ; 839.13
*florin de Surinam* 839.8
*florin des Antilles* 839.8
florir 288.41
florissant 288.44 ;
382.11 ; 548.14
floristicien 288.40
floristique 288.39
florule 288.4
flosculeux 288.48
flot 271
masse liquide 271.1
multitude 75.5 ; 78.3
*remettre à flot* 563.22

*flots* 778.3
*à flots* 252.18 ; 274.21
flottabilité 240.1
flottage 266.9 ; 819.12
flottaison 240.3
*ligne de flottaison* 148.8
*longueur à la flottaison*
124.2
flottant 193.22 ; 431.15 ;
842.16 ; 862.17
flottation 802.4
flotte
eau 271.1 ; 859.3
pluie 274.1
flotte
escadre 663.4 ; 819.1 ;
820.12
flottement 431.2 ;
511.1 ; 666.6
flotter
v.t.
265.22
v.i.
changer 193.18
voltiger 240.8
être porté par un li-
quide 271.26
pleuvoir 274.12
flotteur 293.2 ; 814.12 ;
323.2
flottille 820.12
flou
n.m.
431.3 ; 511.1 ; 736.8 ;
775.12
adj.
431.17 ; 511.10 ;
735.13 ; 735.15
*flou artistique* 431.3
floué 718.14
flouer 718.10
Floupes 306.11
flouse ou flouze 839.5
flouve
*flouve odorante* 290.7
flouze → flouse
fluatation 806.25
fluater 806.44
fluctuant 33.13 ; 62.16 ;
84.13 ; 193.22 ; 216.13 ;
431.15 ; 511.10
fluctuation 33.3 ; 216.2 ;
431.2 ; 522.3
*fluctuation des prix*
831.3
fluctuer 22.5 ; 33.9 ;
84.9 ; 193.18 ; 271.26 ;
511.8 ; 522.6
fluctueux 193.22
fluence 271.15
fluer 252.10 ; 271.20

fluet 376.18
fluide
n.m.
230.3 ; 252.1 ; 484.9
*fluide gazeux* 253.1
adj.
252.17 ; 253.20 ;
255.17 ; 546.21
fluidement 252.18
fluidifiant 394.33
fluidification 252.2
fluidifier 250.8
fluidique 252.17 ; 484.29
fluidité 240.1 ; 252.1 ;
546.4 ; 745.2
fluo 350.34
fluocinolone 394.5
fluophosphate
*verres de fluophosphates*
266.2
fluor 230.7 ; 253.2 ;
330.10 ; 394.6
*verres au fluor* 266.2
fluoration 230.14
fluorescéine 352.9 ;
357.2
fluorescence 230.11 ;
350.15
fluorescent 350.34
fluorhydrique 230.8
fluorimétrie 230.16
fluorine 258.4 ; 258.9
fluorose 383.31 ; 389.2
fluorure 230.8 ; 394.6
fluphénazine 394.5
flush 106.3 ; 872.7
*flush royal* 872.7
flustre 304.2
flûte
instrument de musi-
que 783.7
verre 851.5
pain 857.2
juron 748.6
jambe 319.3
*flûte à bec* 783.7
*flûte de Pan* 783.7
*flûte traversière* 783.7
*flûte à champagne*
851.5
*du bois dont on fait les
flûtes* 628.20
*se tirer des flûtes*
202.11
flûté 365.30 ; 784.16
flûteau 290.8 ; 873.8
flûter 305.7
flûtiste 782.6
flutter 383.13
fluvial 271.29 ; 819.33
*axe fluvial* 271.6

fluviales 288.12
fluviatile 271.29
fluvio- 819.37
fluvio-glaciaire
*plaine fluvio-glaciaire*
269.1
fluvio-maritime 819.33
flux 252.6 ; 333.9
*flux d'électrons* 231.7
*flux d'induction magné-
tique* 70.11
*flux énergétique* 70.13
*flux lumineux* 70.13 ;
350.18
*flux menstruel* 333.5
*flux thermique* 70.12
*flux de paroles* 745.9 ;
760.6
*flux et reflux* 216.4
fluxage
*huile de fluxage* 267.2
fluxion 383.46
*fluxion dentaire* 383.26
*fluxion d'humeurs* 333.9
*fluxion de poitrine*
383.31
fluxionnaire 383.82
FM 183.5 ; 767.7
FOB
*vente FOB* 819.19
focal 57.13
*distance focale* 162.2 ;
234.2
*axe focal* 234.2
focale 162.2 ; 234.2
*objectif à focale va-
riable* 775.4
focaliser 133.12
focimètre 70.26
focomètre 70.26
focométrique 234.23
fœhn 245.11 ; 275.6
foène 814.13
foéner 814.24
fœtal 281.15
*rythme fœtal* 331.12
fœto- 281.19
fœtologie 281.12
fœto-maternel 281.15
*échange fœto-maternel*
281.2
fœtopathie 281.11 ;
386.3
fœto-placentaire 281.15
fœtus 281.5
fog 276.1
foi 479
conviction 430.1 ;
476.2 ; 479.1
croyance 477.5 ; 477.14
piété 699.2

confiance 474.2 ;
525.1 ; 606.1
engagement 594.5 ;
596.1
fidélité 594.1
*bonne foi* 532.4 ; 693.1
*de bonne foi* 693.9
*en toute bonne foi*
594.16 ; 693.16
*mauvaise foi* 532.4 ;
597.1 ; 694.1 ; 712.4 ;
729.1
*de mauvaise foi*
*foi carthaginoise* 694.1
*foi populaire* 737.6 ;
694.12
*foi implicite* 737.6
*faire foi* 52.15
*n'avoir ni foi ni loi*
480.12 ; 694.8 ; 712.10
*vérité de foi* 422.2 ;
476.4 ; 477.5
**foie** 333.2 ; 338.10 ;
856.8
*foie blanc* 509.4
*foie gras* 856.9
*avoir les foies* 472.14 ;
509.5
*les foies blancs* 472.14
*avoir les foies blancs*
509.5
**foie-de-bœuf** 291.9
**foin** 290.3 ; 367.9 ;
748.2 ; 813.19
*avoir du foin dans ses*
*bottes* 829.15
*fièvre des foins* 383.30
**foirade** 541.2
**foirail** ou **foiral** 827.12
**foirard** 541.16
**foire** 367.9 ; 583.11 ;
687.1 ; 687.5 ; 707.2 ;
827.12
*faire la foire* 467.10 ;
687.18
*foire à la brocante*
827.12
*foire aux puces* 827.12
*foire d'empoigne* 649.2
**foire-exposition** 768.6
**foirer** 541.14
**foireux** 472.19 ; 509.4 ;
509.8 ; 541.16
**foiridon** 687.1
**foiridondaine** 687.1
**foirolle** 288.11
**fois** 100.1 ; 120.8
*deux fois* 103.13
*bien des fois* 183.20
*à plusieurs fois* 62.20
*des fois* 42.14 ; 76.18 ;

184.12
*une fois* 102.10 ;
177.21 ; 184.12 ; 186.9
*encore une fois* 76.17
*à la fois* 66.24 ; 90.19 ;
182.12
*à la prochaine fois*
179.20
*il était une fois* 177.21
*de fois à autre* 184.12
*une fois n'est pas cou-*
*tume* 102.10 ; 184.12 ;
685.16
*une fois pour toutes*
73.18
*des fois que* 42.16
*une fois que* 60.30 ;
186.13
**foison**
*à foison* 75.15 ; 78.18 ;
548.19
**foisonnant** 78.12
**foisonnement** 25.1 ;
75.4 ; 78.1
**foisonner** 75.9 ; 78.8
**fol**
*fol qui s'y fie* 450.24
*fol qui s'y repose*
450.24
**folâtre** 444.6 ; 463.15 ;
750.14
**folâtrer** 444.5 ; 467.9
**folâtrerie** 463.1
**foliacé** 285.22 ; 286.25
*lichen foliacé* 294.1
**foliation** 285.6 ; 286.23
**folichonner** 463.12
**folie** 450
trouble mental
383.49 ; 450
caprice 522.3
imprudence 573.2 ;
537.3
passion 602.3 ; 602.6
maison de plaisance
848.5
*folie des grandeurs*
80.2 ; 610.3
*folie furieuse* 580.4
*à la folie* 80.19 ; 87.33 ;
600.16 ; 602.17 ; 703.15
*faire des folies* 80.11 ;
710.8
**folingue** 450.23
**folio** 117.1 ; 765.13
**foliole** 288.3
**foliot** 175.7
**foliotage** 117.2 ; 763.3
**foliotation** 117.2
**folioter** 45.13 ; 117.5
**folioteuse** 117.3

**folique**
*acide folique* 283.13 ;
394.6
**folk** 781.7
**folklore** 306.18 ; 685.1 ;
685.11
**folklorique** 685.22
**folkloriste** 685.22
**folle**
homosexuel 341.18
**folle**
filet 814.9
**follement** 87.30 ;
399.13 ; 450.27 ;
537.17 ; 573.16 ;
602.17 ; 733.12
**folletage** 285.16
**folliculaire** 766.17
**follicule** 289.2 ; 330.5 ;
336.3
*follicule ovarien* 279.7
*follicule pileux* 335.6
*follicule primordial*
279.7
**folliculine** 333.3
**folliculinique**
*phase folliculinique*
333.6
**folliculite** 383.17
**folliculo-stimuline**
333.3
**follis** 839.11
**Fomalhaut** 232.5
**fomentateur** 536.8 ;
669.14
**fomentation** 394.12
**fomenter** 34.13 ; 36.7
**fomenteur** 536.8
**fonçage** 166.2 ; 802.3 ;
850.28
**fonçailles** 166.2
**foncé** 351.10 ; 352.27 ;
356.9 ; 358.11 ; 358.12 ;
360.8
**foncer**
v.t.
creuser 153.11 ;
166.12 ; 802.11
pourvoir d'un fond
850.35 ; 856.37
assombrir 264.10 ;
351.7 ; 354.10 ; 356.7
v.i.
aller vite 576.21
**foncet** 809.7
**fonceur** 530.4 ; 535.13
**foncier**
impôt foncier 846.3
**foncteur** 409.10
**fonction**
charge 7.3 ; 63.3 ;

527.7 ; 648.2 ; 675.4
emploi 792.1
grandeur variable
13.3 ; 116.2 ; 122.2 ;
122.4
rôle 544.1 ; 567.4
rôle grammatical
740.8 ; 742.2
commande 772.18
*fonction d'identité* 15.4
*fonction implicite* 737.6
*fonction publique* 792.8
*fonction vitale* 310.2
*fonction d'une courbe*
*algébrique* 144.6
*fonction de production*
796.7
*en fonction de* 8.15 ;
13.14
*être fonction de* 35.5
*faire fonction de* 19.8 ;
544.10
**fonctionnaire** 792.17 ;
668.7
*hauts fonctionnaires*
668.7
**fonctionnalisme**
306.23 ; 777.22
**fonctionnaliste** 777.28
**fonctionnel** 544.15
**fonctionnellement**
544.17
**fonctionnement** 47.1
**fonctionner** 54.7 ;
800.15
*faire fonctionner* 197.20
**fond**
substance 5.2 ; 135.2
cœur 131.4
base 137.6 ; 159.2 ;
166.2 ; 809.7
partie reculée 162.7 ;
164.2 ; 788.4
partie basse 166.9
*fond de cuve* 809.8
*fond de l'œil* 346.6
*au fond de* 131.16 ;
164.24 ; 205.19
*au fin fond de* 162.18 ;
200.17
*de fond en comble*
71.17 ; 538.24
*à fond* 82.14 ; 87.33 ;
538.24 ; 576.50
*à fond de train* 576.50
*au fond* 162.14
*grand fond* 765.13
*petit fond* 765.13
*toile de fond* 157.2 ;
164.3 ; 788.8
*faire fond sur* 606.13

316.1 ; 375.14
*force de la nature* 375.5
*forces de l'ordre* 716.1
*à force* 172.21 ; 580.30
*de force* 518.21
*en force* 375.21
*par force* 41.14 ; 518.21
*à toute force* 87.26 ;
514.10
*à la force des bras*
375.20
*par la force des choses*
41.14
*à la seule force du poignet* 375.20
*dans toute la force du terme* 87.37
*de vive force* 87.26 ;
375.20 ; 580.30
*de gré ou de force*
514.10 ; 624.16
*de première force* 570.13
*ligne de force* 148.7
*avoir force de loi* 713.52
*être à bout de forces*
136.10
*exercer une force* 239.15
*faire force de rames*
375.11 ; 576.20
*redonner des forces*
564.11
**forcé**
intense 87.23
obligé 518
malmené 580.29
hypocrite 595.19
affecté 615.12
*travaux forcés* 722.9
**forcement**
violence 580.7
d'un train 818.7
**forcément**
nécessairement 41.14
obligatoirement 518.19
**forcené**
n.
450.13 ; 580.12 ; 602.7
adj.
450.23 ; 580.26 ; 602.15
**forceps** 206.5 ; 313.10 ;
392.26
**forcer**
v.t.
obliger 41.8 ; 221.11 ;
518.7 ; 580.16 ; 631.18
une serrure 221.12
violer 341.36
persuader 507.10 ;
525.9
brusquer 576.24
t. d'agriculture 180.7
t. de danse 786.29

t. de chasse 871.23
t. de jeux 872.35
v.i.
faire un effort 375.11
surestimer 432.7
t. de marine 576.20
*forcer l'attention* 402.9
*forcer un barrage*
554.16
*forcer la carte* 791.21
*forcer la consigne* 625.5
*forcer le destin* 517.8
*forcer la dose* 80.7 ;
432.7
*forcer le fer* 221.14
*forcer la main* 525.9
*forcer la note* 88.10 ;
761.8
*forcer le pas* 576.17
*forcer le passage* 554.16
*forcer le sens de* 738.18
*forcer le trait* 432.7
*forcer de rames* 375.11
*forcer de vapeur* 576.20
*forcer de voiles* 576.20
**forcine** 286.8
**forcing** 530.3
**forcipressure** 332.14 ;
392.6
**forcir**
grossir 88.10 ; 127.9 ;
271.24 ; 375.10
guérir 384.14
t. de météorologie
275.19
**forclore** 561.6 ; 640.15
**forclos** 561.12 ; 640.16
**forclusif** 740.11
**forclusion** 561.2 ; 640.2
**foré** 809.32
**forer** 153.11 ; 802.11 ;
803.13
**forerie** 664.18
**foresterie** 812.1
**forestier** 286.26 ; 848.42
*à la forestière* 856.51
*arbre forestier* 286.1
**foret** 799.21 ; 802.8 ;
803.4 ; 809.19
**forêt**
d'arbres 265.1 ; 286.22
de poils 335.4
*forêt vierge* 286.22
*feu de forêt* 256.5
**forêt-cathédrale** 286.22
**foreur** 555.16
**foreuse** 799.21 ; 802.8 ;
803.4
**forfaire** 611.11 ; 694.9 ;
697.9
*forfaire à* 597.12 ; 625.7

**forfait** 720.1
*à forfait* 795.17
**forfaitaire** 795.15
**forfaitairement** 795.17
**forfaiture**
abus 569.2
tromperie 597.1 ;
625.2 ; 694.4 ; 728.2
crime 720.8
**forfanterie** 617.3
**forficule** 301.16
**forge** 794.5 ; 799.30 ;
805.13
*forge de Vulcain* 256.14
**forgé**
travaillé 262.23 ; 809.32
mensonger 729.24
**forgeage** 262.12 ;
799.29 ; 805.9
**forger**
créer 36.7
imaginer 404.8
concevoir 411.6 ;
534.13 ; 556.7 ; 796.16
inventer 729.16
un mot 742.21
le fer 262.18 ; 799.37 ;
805.16 ; 809.26
*forger de toutes pièces*
729.16
*se forger une idée*
141.17
**forgerie** 752.2
**forgeron** 262.15 ; 799.32
**forgeur** 799.31
**forhuer** 871.20
**forhuir** 871.20
**forint** 839.8
**forjet** 132.10 ; 204.10
**forjeter** 204.15
**forjeture** 204.10
**forlancer** 204.20 ; 871.23
**forlane** 786.6
**forligner**
mal agir 611.11 ;
597.12
se mésallier 646.23
**forlonge** 163.11
**forlonger** 163.15 ; 219.5
**formaldéhyde** 804.6
**formalisable** 147.19
**formalisant** 51.18
**formalisateur** 51.18
**formalisation** 47.6 ;
51.11 ; 416.1
**formalisé** 47.23
**formaliser**
systématiser 47.17 ;
51.14 ; 141.13
conceptualiser 416.9 ;
534.13

**formaliser (se)** 603.6
**formalisme**
affectation 595.2 ;
686.14 ; 690.3
t. de philosophie 478.11
t. de droit 711.23
**formaliste** 686.27
**formalité** 692.2
*sans formalité* 141.24
**format** 123.1 ; 141.2
*format à l'italienne*
765.2
*format à la française*
765.2
*petit format* 128.5
**formatage** 53.9 ; 141.5 ;
772.21
**formater** 53.12 ; 772.25
**formateur** 536.7 ; 536.15
**formatif** 536.15
**formation**
structuration 47.3
structure 147.5
genèse 279.10 ; 281.1
construction 147.12
élaboration 556.3 ;
796.2
enseignement 413.1 ;
414.1 ; 415.1 ; 536.4
groupe 663.8 ; 666.1
équipe 870.65
parti 670.23
d'un mot 742.9
t. de géologie 237.3
*formation aérienne*
664.12
*formation hippocampique* 326.17
*formation nuageuse*
276.3
*formation réticulaire*
326.11
*formation commune de base* 666.3
*formation de compromis*
653.4
*formation en carrés*
666.5
*formation en colonnes*
666.5
**-forme** 31.15
**forme** 141
moule 30.1 ; 53.3
structure 45.1 ; 147.1
habitat 296.18
aspect 348.3
santé 375.1 ; 382
entrain 444.1
d'un mot 742.7
manière 753.10
d'une chaussure

*fosses nasales* 340.7 ;
371.6
*fosse aux lions* 296.18
*fosse à purin* 381.7
*avoir un pied dans la
fosse* 311.23
*creuser sa fosse* 153.14 ;
703.8
*creuser sa fosse avec ses
dents* 855.31
**fossé**
différence 16.3 ; 23.2 ;
27.3
intervalle 158.4
barrière 138.8
creux 132.4 ; 153.5 ;
806.8
obstacle 554 ; 656.8
**fossette** 318.5
*fossette coronoïde,*
329.14
*fossette cystique* 338.10
*fossette naviculaire*
325.10
*fossette radiale* 329.14
*fossettes de Pacchioni*
329.6
**fossile**
n.m.
258.2
adj.
196.10
*énergies fossiles* 798.4
*reptiles fossiles* 299.11
**fossilifère** 237.33
**fossilisation** 237.3
**fossilisé**
désuet 196.10
conservé 258.20
**fossiliser** 237.25
**fossoiement** 688.10
**fossoyage** 688.10
**fossoyer** 153.11 ; 688.31
**fossoyeur** 688.24
**fossoyeuse** 311.6
**fou**
n.
oiseau 297.15
malade 450.13
carte 872.4
pièce des échecs
872.14
*fou du roi* 450.16 ;
750.7
adj.
excessif 80.14 ; 832.11
intense 87.18
troublé 449.18 ; 450.23
risqué 551.12
imprudent 573.14
furieux 580.26

passionné 600.26 ;
602.15
insensé 733.9
*fou furieux* 471.12 ;
580.12
*fou à lier* 450.23
*fête des fous* 450.16
*histoire de fous* 733.4
*rire comme un fou*
465.6
**fouace** 857.1
**fouage** 647.3 ; 846.11
**fouagiste** 647.6
**fouaille** 871.12
**fouailler** 227.22 ;
580.15 ; 658.22 ; 725.20
**foucade** 450.2 ; 522.2 ;
537.2
**fouchtra** 748.6
**foudre**
n.f.
256.9 ; 273.5
*foudres* 471.5 ; 603.2 ;
637.5
*foudres de l'Église* 640.7
*coup de foudre* 192.5 ;
600.5 ; 451.8
**foudre**
n.m.
attribut de Zeus
500.43
tonneau 859.18
**foudroiement** 557.1
**foudroyant** 576.32
**foudroyer** 311.30
**fouée** 871.2
**fouëne**
*pêche à la fouëne* 814.2
**fouet**
instrument pour cin-
gler 658.9 ; 725.5
instrument de cuisine
851.30
*coup de fouet* 564.5
*tir de plein fouet* 667.6
*être frappé de plein
fouet* 549.20
*frapper de plein fouet*
466.9
*donner un coup de
fouet* 564.11
**fouette**
*pêche à la fouette* 814.2
**fouetté** 786.16
**fouette-queue** 299.5
**fouetter**
v.t.
un liquide 98.15 ;
254.14 ; 856.45
frapper 227.22 ;
658.22 ; 725.20

cingler 274.13 ; 275.18
encourager 375.13 ;
564.10
critiquer 637.13
v.i.
avoir peur 472.13
*fouetter le sang* 375.13
*il n'y a pas de quoi
fouetter un chat* 439.10
**fouetteur**
*fouetteur de lièvres*
625.4
**foufou** 403.9
**foufounette** 325.11
**fouger** 153.11
**fougeraie** 290.6
**fougère** 290.9
*en fougère* 807.12
*point de fougère* 864.9
*verre de fougère* 266.1
**fougue**
impétuosité 225.10 ;
444.1 ; 451.1 ; 602.3
courage 508.3
impatience 447.2 ;
537.2
éloquence 757.1
**fougueusement**
impétueusement
87.25 ; 225.18 ; 602.17
impatiemment 447.15 ;
537.17
**fougueux**
intense 87.17
impétueux 225.16 ;
451.9
impatient 447.11 ;
537.15
courageux 508.9
rapide 576.31
éloquent 757.10
t. d'arboriculture 286.25
**fouille** 206.3 ; 412.4 ;
806.22
*fouille percée* 710.5
*fouilles* 802.3
**fouillé**
creusé 153.16
léché 574.22
**fouille-au-pot** 405.4
**fouiller**
creuser 153.11
chercher 405.6 ; 412.15
peindre en détail
773.27
t. de sculpture 776.18
t. de pêche 814.26
*fouiller le passé* 177.12
*fouiller dans sa mé-
moire* 400.10
**fouilleur** 405.4 ; 412.11

**fouillis** 46.6
**fouillot** 809.7
**fouinard** 405.4
**fouine**
mammifère 296.7
curieux 405.4 ; 412.4
harpon 814.13
**fouiner** 405.6 ; 412.15
**fouineur** 405.4 ; 412.11 ;
868.9
**fouir** 153.11 ; 296.26
**fouisseur** 295.21
**foulard** 810.4 ; 862.28
**foularder** 810.25
**foule** 66.9 ; 75.2
*en foule* 75.16
*fendre la foule* 131.11
**foulée** 870.4
*foulées* 871.8
*dans la foulée* 60.23
*ligne de foulée* 848.29
**fouler**
luxer 387.14
presser 810.25
*laine foulée* 810.3
*fouler aux pieds* 403.7 ;
627.8
*ne pas se fouler la rate*
445.9
**foulerie** 800.9
**fouleuse** 800.9
**fouloir**
outil 799.18 ; 811.15
t. de dentisterie 330.12
**foulon** 301.3
*herbe à foulon* 288.8
**foulonnage** 810.12
**foulque** 297.15
**foultitude** 75.1
**foulure** 387.4
**four**
chaleur 241.4 ; 853.18
appareil 243.15 ;
253.5 ; 851.28
échec 541.2 ; 787.24
*four solaire* 277.2 ;
798.8
*au four* 856.53
*faire un four* 541.12 ;
787.29
**fourbe**
n.
traître 569.5 ; 597.7
hypocrite 595.9
adj.
hypocrite 595.16
malhonnête 597.18 ;
694.12 ; 728.18
**fourberie**
hypocrisie 595

v.t.
814.24
v.i.
543.9 ; 571.12
**gaffeur** 571.11
**gag** 750.5
**gaga** 317.15
*vieux gaga* 317.5
**gagaku** 781.5
**Gagaouzes** ou **Gagauz**
306.15
**gage** 550.5 ; 596.5 ;
825.5 ; 836.6 ; 841.14
*donner des gages*
596.15
*en gage* 836.26
**gagé** 795.15
**gagea** 288.17
**gager** 43.7
*gager que* 423.7
**gages** 792.12 ; 795.4
*à gages* 795.17
**gagman** 750.8
**gagnage** 813.17
**gagnant** 660.6 ; 870.43
**gagne-pain** 719.8 ; 792.4
**gagne-petit** 612.5
**gagner** 85.15 ; 199.12 ;
660.7 ; 695.8 ; 870.91 ;
872.32
*gagner au change* 19.11
*gagner au vent* 275.20
*gagner à l'idée que*
525.7
*gagner à sa cause*
525.8
*gagner de vitesse*
59.12 ; 576.25
*gagner des fortunes*
829.11
*gagner du temps* 170.9 ;
577.13
*gagner du terrain* 65.7
*gagner l'amitié de qqn*
604.7
*gagner sa vie* 310.28 ;
792.24 ; 795.13
*gagner une cause*
711.29 ; 715.7
*manque à gagner* 81.4
**gagneuse** 719.8
**gai** 352.27 ; 444.6 ;
463.14 ; 467.17 ; 859.34
*gai comme un pinson*
463.14
*gai savoir, gaie science*
789.1
**Gaia** 500.36 ; 500.40
**gaïac** 265.12 ; 286.19
**gaïacyle**

*nicotinate de gaïacyle*
394.6
**gaiement** 463.18 ; 467.23
**gaieté** 444.1 ; 463.1 ;
463.8 ; 467.1
**gaillard**
*gaillard d'arrière* 164.2
*gaillard d'avant* 163.2
**gaillard**
n.m.
307.2 ; 314.4
adj.
375.15 ; 382.11 ; 444.6 ;
531.17
**gaillarde**
fleur 288.10
danse 786.9
**gaillardement** 382.14 ;
444.9 ; 463.18 ; 467.23 ;
620.10
**gaillardise** 463.8 ; 620.4
**gaillet** 288.28
**gailletin** 802.5
**gaillette** 802.5
**gain** 795.1 ; 845.8
*gain de temps* 170.2
*avoir gain de cause*
715.7
*obtenir gain de cause*
469.12 ; 711.29
*âpre au gain* 709.9
**gaine**
enveloppe 134.2 ; 159.8
pièce mécanique 175.7
structure organique
288.3 ; 328.14 ; 336.3
vêtement 862.13
*gaine de Schwann*
327.9
*pied en gaine* 850.21
**gaine-culotte** 862.13
**gal** 70.10
**galact-** 232.37
**galactine** 333.3
**galactique** 232.33
**galacto-** 232.37
**galactogène**
*hormone galactogène*
333.3
**galactokinase** 283.24
**galactophore** 323.3
**galactosamine** 283.10
**galactose** 283.5
**galactosidase** 283.24
**galactosurie** 339.10
**galagidé** 296.14
**galago** 296.14
**galamment** 592.13
**galandage** 138.2
**galant**
n.m.

prétendant 592.6 ;
600.8
jeune homme 615.5
ornement 862.23
adj.
535.14 ; 598.10
*galant homme* 592.6 ;
598.6
*fête galante* 687.10 ;
774.7
**galante** 862.31
**galanterie** 592.1 ; 592.4 ;
598.1 ; 600.11 ; 614.4
**galanthus** 288.17
**galantin** 600.8
**galantine** 856.9
**galatée** 303.2
**Galates** 306.16
**galathée** 302.3
**galaxie** 232.13
**galbage** 144.7
**galbe** 141.2 ; 144.2
**galbé** 144.13
**galber** 144.9
**gale**
des végétaux 285.16
des animaux 296.36 ;
383.17
défaut de fonderie
805.12
*gale folliculaire* 383.48
*herbe à la gale* 288.30
**galega** 288.27
**galéger** 454.13 ; 729.19
**galéjade** 454.5 ; 729.7 ;
750.4
**galéjer** 454.13 ; 729.19 ;
750.10
**galéjeur** 454.7
**galène** 258.4
*poste à galènes* 767.3
**galénique** 394.27
*médicament galénique*
394.2
**galénisme** 391.8
**galéo-** 296.34
**galéode** 301.13
**galéodidés** 301.12
**galéopithèque** 296.10
**galéopsis** 288.16
**galère** 547.12
**galérer** 547.11
**galerie**
public 9.6 ; 595.5
ouvrage souterrain
656.12 ; 802.6
passage 777.17 ; 848.14
partie d'un théâtre
788.7
porte-bagages 817.5
*galerie de peinture*

773.24
*galerie de portraits*
318.4
**galérien** 723.15
**galérienne** 719.9
**galeriste** 773.23
**galérite** 301.3
**galerne** 275.6
**galéruque** 301.3
**galet**
pierre 271.5
roulette 800.12
**galetas** 381.6 ; 848.2
**galette**
pâte cuite 857.2
argent 829.7 ; 839.5
*avoir de la galette*
829.14
**galetteux** 829.19
**galeux** 381.14 ; 383.67
*brebis galeuse* 29.7
**galgal** 688.16
**Galibis** 306.8 ; 306.9
**galibot** 802.10
**galilée** 493.5
**Galilée** 232.28
**Galiléen**
*le Galiléen* 502.8
**galimatias** 735.3
**galipéa** 286.19
**galipette** 213.2
**galipoter** 137.15 ; 265.25
**gallas** 306.11
**galle** 492.25
**gallérie** 301.11
**galli-** 297.41
**gallican** 498.21
*Église gallicane* 487.7
**gallicanisme** 498.20
**gallicisme** 739.4
**galliformes** 297.9
**gallinacés** 297.4
**gallium** 230.7
**gallois** 739.14
**gallon** 70.17
**gallup** 419.7
**galoche**
chaussure 865.4
baiser 601.3
**galocher** 601.7
**galon**
bande 132.12 ; 150.3 ;
810.6 ; 862.24 ; 864.3
grade 643.5 ; 663.20
*gagner ses galons* 695.9
*prendre du galon*
643.9 ; 792.27
**galonnage** 864.13
**galonner** 850.35 ; 864.27
**galop**

glaise 257.10
*terre glaise* 776.13
glaiser 137.15 ; 811.21
glaiseux 811.17
glaisière 802.2
glaive
arme 665.2
symbole 711.24
*glaive spirituel* 640.7
*glamour* 436.2
gland
fruit 289.6
sot 397.7
passementerie 864.3
t. d'anatomie 325.3
glande 333
*glande galactophore* 323.3
*glande lacrymale* 346.6
*glande pinéale* 326.10
*glande sexuelle* 325.17
glandée 296.19 ; 811.4
glander 445.7 ; 529.9
glandeur 445.5 ; 529.7
glandouiller 445.7 ; 529.9
glandouilleur 445.5
glandulaire 333.12 ; 336.10
glanduleux 333.12
glane
débris végétaux 96.3 ; 811.8
poisson 298.5
glapir 305.6 ; 657.10 ; 871.26
glapissant 747.20
glapissement 305.2 ; 747.3
glaréole 297.14
glas 688.4
*sonner le glas de* 58.15
glatir 305.7
glaucescence 359.1
glaucescent 359.9
glaucité 359.1
glaucium 288.26
glauco- 359.14
glaucomateux 347.19 ; 383.74
glaucome 347.4 ; 383.28
glauque 359.9
glaux 288.24
glèbe 256.1
gléchome 288.16
gleichenia 290.9
glène 329.3
glénoïde
*cavité glénoïde* 329.3
gléosporiose 285.16

gley 237.16
glial 327.25
glibenclamide 394.5
glie 327.9 ; 336.4
gliome 388.2
glipizide 394.5
glire 296.3
gliridé 296.3
glischroïdie 577.2
glissade 214.2 ; 786.16
*glissando* 782.18
glissant
*s'engager sur un terrain glissant* 551.10 ; 573.8
glissé 61.25
glissement
déplacement 212.4 ; 214.2
frottement 228.1
*glissement de sens* 742.11
glisser
interrompre 62.11
tomber 212.11 ; 214.16 ; 218.17 ; 344.13
t. de sport 870.88
*glisser à l'oreille* 745.19
*glisser sur* 524.11
glisser (se) 203.11 ; 205.7
glissière
fermeture 140.6
élément mécanique 664.1 ; 800.12
glissoir 212.6
glissoire 800.12
global 71.12
globalisant 51.18
globalisation 51.11
globaliser 71.8
globalisme 71.6
globalité 71.1
globe
boule 145.9 ; 154.2 ; 852.16
poisson 298.6
*globe céleste* 232.16
*globe oculaire* 346.6
globe-trotter 869.18
globeux 154.11
globicéphale 296.15
globosus 326.7
globulaire
sphérique 154.11 ; 254.16
du sang 332.29
*numération globulaire* 332.14
*holoprotéine globulaire* 283.8
globulariacée 288.34

globule
corpuscule sphérique 254.1
médicament 394.14
*globules blancs* 332
*globules rouges* 332.2
globuleux 254.16 ; 303.19
globuline 283.8 ; 332.6
globulins 332.2
glockenspiel 783.8
gloire 639 ; 540.4 ; 641.4 ; 695.6
halo 145.5 ; 273.6 ; 276.9 ; 350.5
magnificence 761.4 ; 778.8
*gloire de* 610.4
*gloire de Dieu* 477.19
*apogée de la gloire* 540.4
*en gloire* 487.21
*se faire gloire de* 540.22 ; 610.6
*marcher à la gloire* 639.21
*rendre gloire* 639.13
*se faire gloire* 639.22
glomerella 291.7
glomérule 288.4
gloria
prière 494.11 ; 496.7 ; 784.5
gloria
tissu 810.4
gloriette 779.8 ; 848.16
glorieusement 639.31
glorieux 610.5 ; 610.10 ; 610.11 ; 639.11 ; 639.24 ; 639.27
*corps glorieux* 505.2
glorifiable 639.30
glorifiant 639.29 ; 641.29
glorificateur 639.29
glorification 636.1 ; 639.6
glorifié 540.23
glorifier 639.12 ; 641.13
glorifier (se) 540.22 ; 610.6
gloriole 610.3
gloriosa 288.17
glose 97.4 ; 732.5 ; 738.2 ; 751.9
gloser 738.13 ; 732.11
glossaire 732.5 ; 739.3 ; 739.10 ; 742.16 ; 765.8
glossalgie 383.26
glossateur 738.10
glosse 301.17
glossepètre 330.4

Glossette 394.14
glossien 328.13
glossine 301.9
glossite 383.17
glossodynie 383.26
glossolalie 450.8 ; 477.17
glossomanie 450.8
glossopharyngien
*nerf glossopharyngien* 327.3
glossotomie 392.14
glotte 338.6 ; 739.24
glottorer 305.7
glouglou 367.23 ; 252.3 ; 305.3
glougloutement 305.3
glouglouter 305.7
gloussement 305.3 ; 747.3
glousser 305.7 ; 465.6
glouton
animal 296.6
goulu 703.12 ; 707.3 ; 707.12 ; 855.20
gloutonnement 707.13
gloutonner 707.6
gloutonnerie 707 ; 337.7 ; 703.2
gloxinia 288.30
glu 871.5
gluant 543.15
gluau 871.5
glubionate 394.6
glucagon 283.8 ; 333.3
glucide 283.5 ; 395.5
glucidique 283.33 ; 395.11
glucido-lipidique 395.11
glucinium 259.5
gluco- 283.35
glucoformateur 283.3
glucoheptonate 394.6
glucokinase 283.24
glucomate 394.6
glucomètre 70.26 ; 238.5
gluconate 283.19
de calcium 394.6
de cuivre 394.6
de magnésium 394.6
glucosamine 283.10
glucose 283.5
glucosidase 283.24
glucoside 394.5
glucosurie 339.10
gluer 137.15
glui 137.9
glume 137.5 ; 290.3
glumelle 137.5 ; 290.3

**glumellule** 290.3
**gluon** 231.3
**glutamine** 283.10
**glutamique**
  *acide glutamique* 283.10
**glutathion** 283.8
**gluten** 857.1
**glutineux** 288.48
**glycémie** 332.17
**glycér-** 373.28
**glycéraldéhyde** 283.5
**glycère** 394.15
**glycéride** 283.6
**glycérie** 290.7
**glycérine** 283.6
**glycériner** 137.15
**glycéro-** 373.28
**glycérol** 283.6 ; 283.18 ; 804.6
**glycérophosphate** 394.6
**glycérophospholipide** 283.6
**glycérophosphorique**
  *acide glycérophosphorique* 283.13
**glycine**
  aminoacide 230.8 ; 283.10
  arbuste 287.5
**glyco-** 283.35
**glycocholique**
  *acide glycocholique* 283.13
**glycocolle** 230.8 ; 283.10
**glycogène** 283.5
**glycophile** 868.11
**glycoprotéine** 283.8
**glycosurie** 339.10
**glycosurique** 383.72
**glycuro-conjugaison** 283.26
**glycuronique**
  *acide glycuronique* 283.13
**glycyphage** 301.13
**glyphe** 258.22
**glyphéide** 302.3
**glyphie** 258.22
**glypte** 301.7
**glyptique** 258.14 ; 776.1
**glypto-** 258.22 ; 776.23
**glyptodon** 237.23
**glyptothèque** 776.17
**gmelina** 286.20
**G.M.P.** 283.11
**gnaf**
  maladroit 571.8
  cordonnier 865.13
**gnafron** 308.3

**gnangnan** ou **gnian-gnian** 577.17 ; 615.4
**gnaphose** 301.13
**gnathobdelle** 304.2
**gnétales** 285.4
**gnetum** 287.9
**gnian-gnian** → **gnan-gnan**
**gniouf** 723.11
**gnocchi** 856.25
**gnole** 859.13
**gnome** 128.5
**gnomique** 173.11 ; 759.8
**gnomon** 175.3 ; 232.18
**gnomonia** 291.7
**gnon** 658.4
**gnose** 477.24
**gnoséologie** 478.7
**gnoséologique** 478.32
**gnosie** 343.3 ; 407.23 ; 478.22
  *gnosie olfactive* 326.16
**gnosiologie** 478.7
**gnosticisme** 487.2
**gnostique** 487.11
**gnôthi seauton** 478.28
**gnou** 296.6
**gnouf** → **gniouf**
**go** 872.14
**Goajiros** 306.8
**goal** 870.49
**gobbe** 389.6
**gobelet**
  plante 288.33
  taille 812.11
  récipient 851.5
**gobeleterie** 266.14 ; 851.34
**gobeletier** 851.35
**gobe-mouches**
  niais 399.5
  oiseau 297.8
**gober**
  croire naïvement 399.10
  avaler 814.26 ; 855.25
**goberger (se)** 82.4 ; 707.6 ; 855.31
**gobetis** 137.6
**gobeur** 399.5 ; 728.11
**gobiathériidé** 296.4
**gobichonnade** 855.3
**gobichonner** 707.8
**gobichonneur** 707.4 ; 855.20
**gobie** 298.6
**gobiésocidé** 298.3
**gobiidé** 298.3
**godaille** 707.2 ; 855.4

**godailler** 144.8 ; 707.8 ; 864.30
**godailleur** 707.4
**godan**
  *tomber dans le godan* 728.17
**godasse** 865.1
**godelureau** 315.3 ; 600.8 ; 615.5
**godenot** 386.6
**goder** 144.8 ; 864.30
**godet**
  récipient 773.17 ; 851.5
  ondulation 864.4
**godetia** 288.19
**godiche** 571.20
**godichon** 571.20
**godille** 870.24
**godiller** 870.88
**godillot**
  chaussure 865.1 ; 865.4
  partisan inconditionnel 594.7
**godronné** 778.18 ; 851.37
**godronner** 144.8
**godron** 778.3
**goéland** 297.15
**goémon** 293.1 ; 293.4 ; 811.7
**goémonier** 293.7
**goethite** 258.4 ; 262.5
**goétie** 484.2
**goétique** 484.2
**Gog et Magog** 504.4
**gogaille** 855.4
  *être en gogaille* 707.9
**goglu** 297.8
**gogo** 399.5 ; 728.11
**gogo**
  *à gogo* 78.19 ; 707.13
  *s'en donner à gogo* 467.10
  *vivre à gogo* 707.9
**Gogos** 306.11
**goguenard** 454.15
**goguenarder** 454.9 ; 454.13 ; 645.7
**goguenarderie** 454.3
**goguenardise** 454.3 ; 750.3
**gogues** 339.16
**goguette**
  *en goguette* 708.17
  *chanter goguettes à qqn* 637.12
**goinfrade** 707.2
**goinfre** 703.12 ; 707.3 ; 707.12 ; 855.20
**goinfrer (se)** 703.8 ; 707.6 ; 855.31

**goinfrerie** 703.2 ; 707.1
**goitre** 386.5
**golden** 289.10
**golf** 870.10 ; 872.22
  *golf miniature* 872.22
**golfe** 278.7
**golfeur** 870.48
**goliath** 296.5
**golmote** 291.6
**gomarisme** 477.23
**gomariste** 487.13
**gombo** 288.18 ; 289.16
**Gomina** 137.6 ; 867.6
**gominer** 867.15
**gommage** 12.2 ; 334.6
**gomme**
  à effacer 773.15
  à mâcher 858.5
  *gomme élastique* 249.2
  *à la gomme* 696.11
  *mettre la gomme* 375.11 ; 576.20
**gommer**
  annuler 12.9 ; 561.11
  enduire 137.15
  effacer 773.28
**gommettes** 873.12
**gommeux**
  n.m.
  315.3 ; 615.5
  adj.
  383.67
**gommier** 286.11
**gommose** 285.16
**gompa** 499.23
**gomph-** 151.16
**gomphia** 287.9
**gomphide** 291.6
**gomphocère** 301.15
**gomphus** 301.14
**gon** ou **grade** 70.7
**gonade** 279.7 ; 325.17 ; 333.2
**gonadostimuline** 333.3 ; 564.8
**gonadotrophine** 394.5
**gonal** 143.15 ; 146.19
**gonalgique** 383.65
**gond** 215.6 ; 809.20
  *sortir de ses gonds* 471.7
**godadotrope**
  *hormone godadotrope* 333.3
**gonder** 809.28
**gondolage** 144.7
**gondolant** 465.11
**gondole** 828.13
  *en gondole* 850.13 ; 850.39

gondolé 144.12
gondolement 144.7
gondoler 144.8 ; 152.11
*se gondoler* 152.13 ;
465.7
gondolier 819.22
Gonds 306.13
-gone 143.15 ; 146.19
gone 314.4
gonelle 298.6
gonfalonier 648.6
gonflable 209.14
gonflant 335.22 ;
209.16 ; 810.34
gonfle 152.2
gonflé
enflé 127.15 ; 152.16 ;
209.13 ; 334.15
plein 253.24 ; 855.40
hardi 573.9
*gonflé à bloc* 375.15 ;
444.6
gonflement
grosseur 127.3 ; 152.9 ;
388.6
expansion 209.3 ;
211.1 ; 255.6
gonfler
v.t.
dilater 127.7 ; 209.11
emplir d'air 255.14
exagérer 432.4
énerver 449.13
v.i.
152.11 ; 88.7 ; 209.12 ;
211.14
gonfler (se) 610.8
gonflette 870.9
gong 263.4 ; 730.15 ;
782.5 ; 783.8
gongorisme 615.1 ;
761.1
gongoriste 761.15
goni(o)- 143.14
goniatites 303.1
gonio- 143.14
goniocote 301.16
goniomètre 70.26 ;
198.8 ; 667.10
goniométrie 70.25 ;
143.5
goniométrique 234.23
gonite 143.15
gonochorie 279.3
gonochorisme 279.3
gonolobus 287.7
gonomancie 485.2
gonorrhée 383.18
gonosome 280.3
gonyaulax 284.5

gonze 308.3
gonzesse 309.5
goodenia 288.36
gopura 493.7
goral 296.6
gord 814.10
gordiacé 304.2
gordien
*nœud gordien* 77.2 ;
547.2
gordon 296.9
goret 296.12
*sale comme un goret*
381.14
gorge
gosier 318.5 ; 329.8
poitrine 323.2
goulet 129.2 ; 139.4
vallée étroite 153.3 ;
270.9
cannelure 153.8 ;
777.21 ; 807.6
partie d'une fleur
288.4
pièce d'une serrure
809.7
*couper la gorge à*
311.28
*gorge de raccordement*
129.2
*à gorge déployée* 87.34
*à pleine gorge* 784.32
*voix de gorge* 365.7 ;
784.16
*faire des gorges chaudes
de* 454.10 ; 645.7
gorgé 82.9
gorgebleue 297.8
gorge-de-pigeon
289.12 ; 362.11
gorgée 69.5 ; 135.3 ;
859.15
*à petites gorgées* 577.25
gorgeon 859.15
gorgeonner (se) 708.12
gorger 82.3 ; 337.12 ;
813.27 ; 855.38
*gorger d'eau* 244.13
gorger (se) 82.4 ; 707.6
gorgeret 301.17
gorget 799.16 ; 807.16
gorgone 303.12 ; 586.6
gorgonzola 861.6
gorille
singe 296.14
garde du corps
560.12 ; 716.12
gortyne 301.11
gosier 318.5
*grand gosier* 707.3

*avoir le gosier pavé*
859.29
*gospel, gospel song*
496.8 ; 785.5
gosse 314.4
*beau gosse* 436.4
*sale gosse* 314.4
gosselin 308.2
gosseline 309.3
gossyparie 301.5
gotha 85.5
gothique
style 777.28 ; 780.6 ;
780.15 ; 850.27
écriture 744.8 ; 762.4
*gothique international*
780.6
Goths 306.16
gotique 739.14
gouache 773.3 ; 773.5
gouaché 773.31
gouacher 773.26
gouaille 454.3
gouailler 645.7
gouaillerie 454.3
gouailleur 757.5
goualante 785.7
goualeur 785.8
gouape 708.7
gouda 861.6
goudron 267.3
goudronner 806.44
goudronneux 806.36
gouet 288.32
gouffre
abîme 153.3 ; 270.9 ;
271.3
différence 23.2 ; 162.4
glouton 707.3
gouge 776.14 ; 799.4 ;
807.16
gouger 807.22
gougette 799.4 ; 807.16
gouine 341.18
goujat 543.6 ; 593.4
goujaterie 543.3 ; 593.1
goujon
poisson 298.5
proxénète 719.4
cheville 150.12 ; 807.9
*avaler le goujon* 728.17
*ferrer le goujon* 718.8
goujonnage 807.12
goujonner 807.26
goujonnière 814.14
*perche goujonnière*
298.5
goujure 153.8 ; 807.10
goulache 856.12
goulag 723.9

goule 504.5
goulée 859.15
goulet 129.2 ; 139.4 ;
554.4 ; 554.8
*goulet d'étranglement*
129.2
goulette 806.8
gouleyant 859.35
goulot
étranglement 129.2
col d'une bouteille
851.13
gosier 318.5
*goulot d'étranglement*
554.8
*au goulot* 859.37
goulotte 806.8
goulu 707.3 ; 707.12
goulues 809.19
goulûment 707.13
goundi 296.5
goupille 175.7 ; 800.12 ;
809.19
goupiller 534.13 ; 536.10
goupillon
objet du culte 496.12
écouvillon 854.15
goupillonner 854.32
goura 297.11
Gouragués 306.11
gourami 298.5
gourbi 381.6 ; 848.2
gourd 242.21 ; 248.13
gourde
n.
personne sotte, mala-
droite 397.7 ; 571.8
monnaie 839.8
bidon 851.11 ; 859.17
adj.
571.20
gourdin 664.4
gouren 870.15
gourer (se) 410.14
gourgandine 341.23
gourmand
n.
personne 707.3 ; 868.9
n.m.
rameau 286.8
adj.
friand 703.12 ; 707.12 ;
855.20 ; 856.36
gastronomique 856.47
avide 523.13 ; 835.29
gourmande 637.2
gourmander 637.10
gourmandeur 637.20
gourmandise 337.7 ;
477.15 ; 697.2 ; 703.2 ;
707.1

Gourmantchés 306.11
gourme 383.48 ; 453.2
gourmé 453.10 ; 686.27 ;
761.13
gourmer (se) 615.10 ;
658.21
gourmet 373.12 ;
373.27 ; 855.20 ;
856.36 ; 868.9
gourmette 866.3
gournay 861.6
Gouros 306.11
gourou ou guru
490.12 ; 492.17 ; 566.7
Gourounsis 306.11
gousse
fruit 137.5
ornement 777.21
homosexuelle 341.18
gousset 807.8
*avoir le gousset vide*
830.12
goût 373
arôme 372.1
attirance 455.1 ; 519.4 ;
523.3 ; 568.5 ; 602.5 ;
604.1
raffinement 614.1 ;
619.1
*goût du jour* 28.10 ;
178.11 ; 863.1
*des goûts et des coul-
eurs ...* 352.23
*bon goût* 620.1
*mauvais goût* 620.1
*de bon goût* 619.7 ;
690.15
*de mauvais goût* 543.14
*avoir du goût pour*
523.10 ; 600.16
*avoir des goûts de luxe*
710.10
goûtable 373.21
goûter
v.
essayer 373.13
déguster 859.25
apprécier 868.14
avoir goût de 373.17
*goûter à* 373.15 ; 855.28
*goûter de* 373.15 ; 533.8
goûter
n.m.
repas 189.3 ; 581.10 ;
855.1
goûteur 373.12
goûteux 373.21
goutte
de liquide 252.3 ;
859.13 ; 859.15
petite quantité 69.5 ;

79.3 ; 128.4
ornement 777.21 ;
778.3
*goutte de pluie* 274.6
*goutte à goutte* 79.12 ;
252.18 ; 577.25
*goutte d'eau dans la
mer* 439.2
*dernière goutte d'huile*
311.2
*se ressembler comme
deux gouttes d'eau* 21.9
*ne ... goutte* 2.11 ;
418.20
*n'y voir goutte* 347.14 ;
351.9
gouttes
médicament 394.15
*gouttes auriculaires*
394.15
*gouttes d'or* 260.8
goutte
maladie 329.26 ; 383.11
goutte-d'eau 807.10
gouttelette 79.3 ; 252.3 ;
274.6
goutter 252.10
gouttes → goutte
goutteux 317.15
gouttière
chéneau 274.9 ; 808.7
appareil de maintien
392.23 ; 393.19
évidement 664.10
tranche 765.12
t. de couture 864.5
t. d'anatomie 329.6 ;
329.13 ; 329.14
*gouttière dorsale* 325.3
*gouttière métrale* 281.7
*gouttière neurale* 327.13
*gouttière œsophagienne*
338.10
*gouttière urétrale* 325.3
gouvernable 624.13
gouvernail 198.10
gouvernance 711.4
gouvernante 314.9 ;
415.6
gouverne
direction 198.15
règle 692.2
volet directionnel
820.4
gouverné 628.8
gouvernement 47.9 ;
51.7 ; 566.6 ; 621.7 ;
622.1 ; 631.1 ; 673.8 ;
845.1
*gouvernement collégial*
670.3

*gouvernement de soi-
même* 622.2
*système de gouverne-
ment* 670.1
gouvernemental 673.21
gouverner 47.20 ;
198.19 ; 566.11 ;
621.16 ; 622.10 ;
669.20 ; 845.21
*gouverner avec un scep-
tre* 631.19
gouverneur 631.7 ;
648.5 ; 670.20 ; 840.31
gouvernorat 648.23
goyave 289.16
goyavier 287.7
grabat 850.13
grabataire 383.60
grabatisation 383.8
grabuge
tapage 367.10
jeu 872.3
grâce
bienfait 826.6
remise de peine
638.1 ; 722.16 ; 724.1
miséricorde 609.2 ;
748.3
délai 181.2
don surnaturel 477.17
charme 240.1 ; 436.2 ;
436.5 ; 546.4 ; 598.2 ;
757.1
*action de grâce* 589.2
*bonne grâce* 592.1
*de bonne grâce* 467.22 ;
587.13
*de mauvaise grâce*
456.13 ; 460.12
*grâce à* 563.32
*à la grâce de Dieu*
44.7 ; 517.14
*de grâce* 609.17 ; 748.3
*en grâce* 639.26
*coup de grâce* 58.6 ;
725.2
*lettre de grâce* 638.7 ;
770.4
*mille grâces* 589.4
*demander grâce* 460.7 ;
509.6
*faire grâce* 609.9 ;
638.10
*faire grâce à qqn de
qqch* 724.15
*mettre de la mauvaise
grâce* 452.10 ; 630.13
*grâces* 494.10
*être dans les bonnes
grâces de* 604.8
*faire des grâces* 615.10

*rendre grâce(s)* 589.4 ;
636.15
*rendre grâce(s) à Dieu*
479.12 ; 494.19
*Sa Grâce ou S. Gr.*
648.13
Grâce
*les trois Grâces* 500.32
graciable 638.15
gracier 609.9 ; 638.10 ;
724.12
gracieusement
avec grâce 592.13 ;
598.12
gratuitement 826.28 ;
834.7
gracieuseté 592.1 ; 826.1
*gracieusetés* 592.2
gracieux
n.m.
amuseur 750.7
adj.
joli 436.17
avenant 590.10 ; 592.10
délicat 598.10 ; 757.10
*à titre gracieux* 826.28 ;
834.7
gracilaire 301.11
gracile 376.18
gracilie 301.3
gracilité 376.1
gracioso
n.m.
amuseur 750.7
adv.
782.26
gradation 65 ; 63.1 ;
190.1 ; 752.5
grade
rang 49.3 ; 63.1 ; 63.3 ;
641.4 ; 648.2 ; 663.20
mesure 70.7 ; 143.6 ;
143.15
*grade d'évolution* 295.11
*monter en grade* 63.17 ;
792.27
*en prendre, en avoir
pour son grade* 637.19
gradé 85.10 ; 663.14
grader
niveleuse 806.27
gradilles 777.21
gradin 63.6 ; 788.7 ;
791.3 ; 848.29 ; 850.10
*en gradins* 63.18
gradine 776.14
gradualité 65.1
graduation 45.7 ; 49.9 ;
63.9 ; 65.1 ; 121.2
gradué 49.19
graduel

**grillé**
cuit 856.50
**griller**
grillager 138.15
**griller**
chauffer 241.18 ;
245.14 ; 256.21 ;
277.16 ; 856.40
*griller de* 523.9
**griller (se)** 256.26
**grill-express** 818.14
**grillon** 301.15
**grimaçant** 437.10
**grimace** 345.6 ; 595.7 ;
615.3
*faire la grimace, des
grimaces* 468.10 ; 686.23
*soupe à la grimace*
591.2
**grimacer** 437.7 ; 595.14 ;
615.10
*grimacer de douleur*
345.11
**grimacier** 595.9 ;
595.16 ; 615.4 ; 686.27
**grimoire** 484.15 ; 735.4 ;
765.1
**grimpant**
n.m.
pantalon 862.11
adj.
211.19
**grimpée** 211.2 ; 211.7 ;
270.13
**grimper** 211.13 ; 870.82
*grimper à l'arbre* 471.7
**grimpereau** 297.8
**grimpette** 211.7
**grimpeur**
n.
alpiniste 270.13 ;
870.59
cycliste 870.61
n.m.
oiseau 297.4
adj.
211.19 ; 295.21
*perche grimpeuse* 298.5
**grinçant** 369.5
**grincement** 228.7 ;
367.6 ; 369.1
*grincement de dents*
468.4
**grincer** 228.29 ; 265.24 ;
367.15
*grincer des dents*
330.25 ; 345.11 ; 471.8
**grinche**
n.m.
717.2

adj.
600.26
**grincheux** 468.15 ; 470.7
**grinchir** 717.19
**grinde** 296.15 ; 298.6
**gringalet** 128.5 ; 376.6
**gringottement** 305.3
**gringotter** 305.7
**griotte** 289.12
**griottier** 286.13
**grippage** 228.6
**grippal** 383.69
*virus grippal* 284.3
**grippe** 383.20
*prendre en grippe*
456.5 ; 605.9
**grippé**
enrayé 228.34
malade 383.62
**gripper** 228.28 ; 721.11
**grippe-sou** 709.3
**gris** 355
n.m.
352.2 ; 688.21
adj.
de couleur grise
261.8 ; 264.14 ; 335.23
nuageux, pluvieux
273.20 ; 274.17
ivre 708.18
**gris de Lille** 861.6
**grisage** 355.4
**grisaille**
uniformité 24.4 ;
355.3 ; 464.5
papillon 301.11
camaïeu 352.13 ;
355.2 ; 773.2
étoffe 810.4
*peindre en grisaille*
355.5
**grisailler** 355.5
**grisailleur** 355.2
**grisant** 463.16
**grisard** 286.15
**grisâtre** 355.8 ; 464.16
**grisbi** 839.5
**grisé**
gris 355.2
exalté 602.14
**griséofulvine** 394.5
**griser**
teinter 355.5
enivrer 708.12
exalter 449.16 ; 451.7 ;
564.10
**griser (se)** 708.12
**griserie**
ivresse 708.3
exaltation 451.1 ;
463.7 ; 602.3

**griset** 298.7 ; 298.6
**grisette**
maladie des plantes
285.16
champignon 291.6
oiseau 297.8
étoffe 355.1 ; 810.3
jeune femme 719.10
**grisoller** 305.7
**grison**
n.m.
animal 296.7
homme mûr 317.5
adj.
grisonnant 355.9
*vieux grison* 317.5
**grisonnant** 335.23 ;
355.9
**grisonnement** 355.4
**grisonner** 317.10 ;
355.5 ; 355.6
**grisou** 243.8 ; 253.4 ;
798.6
*coup de grisou* 243.3
**grisoumètre** 70.26
**grive** 297.8
*grive musicienne* 297.8
*faute de grives on
mange des merles*
10.12 ; 855.35
**grivelé** 352.28 ; 362.11
**griveler** 718.11
**grivèlerie** 718.4
**griveleur** 718.7
**grivelure** 362.2
**grivet** 296.14
**grivois** 620.9
**grivoiserie** 620.2 ;
620.4 ; 750.3 ; 750.4
**grœndal** 296.9
**groenlandais**
*climat groenlandais*
273.1
**grog** 394.16 ; 859.14
*verre à grog* 851.5
**grognard** 650.16
**grognasse** 309.5 ; 719.8
**grogne** 468.4 ; 470.1 ;
649.4
**grognement** 305.1 ;
305.2 ; 747.3
**grogner** 305.5 ; 305.6 ;
468.11 ; 470.6
**grogneur** 582.10
**grognon** 464.11 ; 468.6 ;
470.7 ; 582.10
**grognonner** 305.5
**groie** 237.16
**groin**
museau 296.21
visage 318.3

**groisil** 266.6
**grolle** 865.1
**grommeler** 305.6 ;
468.11 ; 735.10
**grommellement** 305.2 ;
735.3
**grondable** 637.23
**gronde** 637.2
**grondement** 367.5
**gronder**
v.t.
637.10 ; 690.12
v.i.
274.15 ; 367.15
**gronderie** 637.2 ; 747.6
**grondin** 298.6
**gros**
n.m.
personne 127.6
commerce 827.10 ;
839.13
adj.
127.11 ; 127.16 ; 239.21
adv.
127.17
*gros de* 238.11
*gros de conséquences*
438.11 ; 1
*gros qui tache* 859.12
*en avoir gros sur la
patate* 603.6
*en avoir gros sur le
cœur* 464.8
*en gros* 127.18
**gros-bec** 297.8
**groschen** 839.10
**gros-cul** 816.7
**groseille**
fruit 289.13
couleur 352.11 ; 357.32
*groseille à maquereaux*
289.13
**groseillier** 287.4
**gros-grain** 154.3 ; 810.4
**Gros-Jean**
*être Gros-Jean comme
devant* 541.15
**gros-porteur** 820.3
**grosse**
n.f.
personne 127.6
douze douzaines
112.1
copie 711.10 ; 763.9
adj.
gravide 279.24
*grosse des oeuvres de
qqn* 279.21
**grossement** 127.18
**grosserie** 851.34
**grossesse** 127.5 ;

279.10 ; 281.1 ; 313.3
*ceinture de grossesse*
393.19
**grosseur** 127
volume 123.1 ; 125.1 ;
239.4
tuméfaction 388.1
**grossi** 88.16 ; 127.16
**grossier**
médiocre 435.11
insensible 441.18
maladroit 571.22
vulgaire 593.9 ; 620.8 ;
657.13
fruste 616.8
commun 647.8
discourtois 627.15 ;
657.15 ; 694.14
matériel 705.11
**grossièrement** 593.11 ;
620.10 ; 657.17
**grossièreté**
excès de langage
80.4 ; 593.3 ; 620.4 ;
627.4
vulgarité 441.4 ; 593.1 ;
620.1 ; 657.3 ; 657.5
**grossir**
v.t.
augmenter 88.7 ; 127.7
surestimer 97.14 ;
432.4
v.i.
augmenter 65.8 ;
209.12 ; 238.9
grandir 211.14
prendre du poids
127.9 ; 239.16
devenir venteux, hou-
leux 271.24
**grossissant** 88.14 ;
234.22
**grossissement** 65.3 ;
88.1 ; 97.1 ; 127.3 ;
127.4 ; 209.3
**grossiste** 827.16 ; 828.15
**grosso modo** 127.18
**Gros-Ventres** 306.7
**groszy** 839.10
**grotesque** 465.11 ;
645.4 ; 645.8 ; 750.13 ;
774.8
**grotesquement** 645.9 ;
750.15
**grotte** 153.7 ; 779.9
**grouillement** 75.4 ;
197.3 ; 217.3
**grouiller** 75.9 ; 78.8 ;
217.11 ; 301.30
**grouiller (se)** 576.22
**grouillot** 842.25

**grouiner** 305.5
**groupage** 49.10 ; 66.11
*groupage sanguin*
332.14
**groupal** 66.22
**groupe**
catégorie 49.4 ; 49.5 ;
295.10
rassemblement 66.4 ;
75.2 ; 90.2 ; 583.5 ;
668.8
système 147.7
sculpture 776.6
ensemble de firmes
827.9
*groupes de langues*
739.14
*groupe humain* 306.3 ;
308.3
*groupe local* 232.13
*groupe nominal, groupe
verbal* 740.9
*groupe parlementaire*
673.6
*groupe sanguin, groupe
tissulaire* 332.15
*groupes francs* 650.17
*de groupe* 66.22
*en groupe* 66.24
*facteur de groupe* 332.7
**groupé** 66.20 ; 90.17
**groupement** 66 ; 90.2 ;
668.8 ; 827.9
*groupement humain*
306.4
*groupements prosthéti-
ques* 283.8
**grouper** 45.13 ; 49.15 ;
64.15 ; 66.15 ; 90.11
**grouper (se)** 90.14 ;
562.29 ; 581.11
**groupeur** 66.13
**groupie** 565.8 ; 602.7
**groupuscule** 90.2 ;
583.7 ; 668.8
**grouse** 297.9
**gruau** 154.2
*pain de gruau* 857.1
**grue**
engin de levage
211.9 ; 790.13 ; 801.9
oiseau 297.14
personne sotte 397.7
prostituée 719.8
**Grue (la)**
constellation 232.15
**gruerie** 711.4
**grugé** 718.14
**gruger**
avaler 337.13 ; 855.25

**tromper** 718.10
sculpter 776.18
**gruiformes** 297.4
**grume** 137.5 ; 286.5
**grumeau** 154.2 ; 246.8
**grumelé** 154.11
**grumeler** 154.9
**grumeler (se)** 246.11
**grumeleux** 154.11 ;
334.15
**grumier** 816.7 ; 819.5
**grumme** 265.6
**grundtvigianisme**
477.23
*gruppetto* 781.26
**gruter** 211.15
**grutier** 806.37
**gruyère** 861.2 ; 861.6
**gryphée** 303.2
**grællsia** 301.11
**GT** 816.4
**guanaco** 296.6 ; 296.7
**guanine** 283.15
**guano** 339.3
**guanobie** 282.16
**guanosine** 283.16
**guanylique**
*acide guanylique* 283.11
**guarani**
langue 739.14
monnaie 839.8
**guardian** 813.24
**Guatémaltèque** 676.10
**Guayakis** 306.8
**guayule** 287.7
**guède** 360.3 ; 288.26
**guédoufle** 851.22
**guéguerre** 650.4
**guelte** 795.8
**Guemarah** 486.5
**guenilles** 862.2
*en guenilles* 830.23
**guenilleux** 830.23
**guenillon** 381.8
**guenipe** 381.8
**guenon**
singe femelle 296.14
femme laide 437.4
**guépard** 296.7
**guêpe**
insecte 301.7 ; 389.7
femme 309.4
**guêpier**
nid 153.7 ; 301.24
oiseau 297.14
situation dangereuse
551.5
**guêpière** 862.13
**guère** 79.10 ; 184.12

*guère de* 79.11
*ne... guère* 418.20
**guéret** 811.11
**guéri** 384.18
*être guéri* 724.19
*être guéri du mal de
dent, de tous les maux*
311.26
**guéridon** 850.7 ; 850.8
**guérilla** 650.2
**guérillero** 650.16
**guérir**
v.t.
384.17 ; 393.27 ; 473.4
v.i.
384.12
**guérison** 384
*être en voie de guérison*
384.13
**guérissant** 384.19
**guérisseur** 384.19 ;
393.22 ; 484.18
**guérite**
abri 656.13 ; 848.10
siège 850.18
**guerre** 650 ; 429.3 ;
649.7 ; 666.15
*guerre civile* 651.1 ;
669.11
*guerre électronique*
555.9
*guerre froide* 652.6 ;
669.9
*guerre intestine* 651.1
*guerre révolutionnaire*
651.1
*guerre sainte* 479.5
*la guerre de Cent Ans*
113.2
*de guerre lasse* 458.17 ;
650.34
*si tu veux la paix, pré-
pare la guerre* 652.6
*petite guerre* 650.4 ;
666.15
**guerrier**
n.m.
650.16
adj.
650.27 ; 650.28
**guerroyant** 650.28
**guerroyer** 650.24
*guerroyer avec* 650.22
**guerroyeur** 650.16 ;
650.28
**Guerzés** 306.11
**guesdisme** 671.5
**guesdiste** 671.34
**guet** 457.2 ; 555.2 ;
560.14
*faire le guet* 402.7 ;

560.23 ; 666.27
*oiseau de bon guet*
297.6
**guet-apens** 547.9 ;
597.6 ; 720.10
**guétol**
*nicotinate de guétol*
394.6
**guêtre** 865.9 ; 786.19
*laisser ses guêtres*
311.22
**guette** 656.14
**guetter** 402.7 ; 457.6 ;
553.10 ; 555.19 ;
666.27 ; 716.17
**guetteur** 402.3 ; 553.8 ;
555.16 ; 560.14 ; 663.12
**gueulante** 747.4 ; 747.5
**gueulard**
n.
braillard 747.11
adj.
braillard 27.10 ; 747.20
gourmand 707.12
**gueularde** 352.27
**gueule**
ouverture 139.1
bouche 296.21 ; 318.5
visage 318.3
allure 646.4
*gueule d'amour* 436.4
*gueule d'empeigne* 318.3
*gueule de bois* 708.5
*gueule cassée* 387.11 ;
650.18
*fine gueule* 373.12 ;
373.27 ; 855.20 ; 856.36
*porté sur la gueule*
373.27 ; 707.12 ; 855.29
*avoir de la gueule* 614.9
*casser la gueule à qqn*
658.15
*être, se jeter dans la*
*gueule du loup* 551.9 ;
573.7
*faire la gueule* 318.13 ;
470.6 ; 649.17
*coup de gueule* 747.4
**gueule-de-loup** 288.22 ;
807.6
**gueulement** 747.4
**gueuler**
crier 367.17 ; 747.15
discorder 27.5 ; 747.19
**gueules** 352.4 ; 357.1
**gueuleton** 707.2 ; 855.3
**gueuletonner** 707.8
**gueulin** 814.15
**gueuloir** 747.9
**gueusard** 830.20
**gueuse**

masse métallique
805.7 ; 870.72
dentelle 864.3
**gueusement** 830.25
**gueuserie** 830.1
**guèze** 481.12 ; 496.14
**gugus, gugusse** 308.3 ;
750.8
**Guhya-samaja-tantra**
501.15
**gui** 290.8
**guib** 296.6
**guibole** ou **guibolle**
319.3 ; 319.9
**guiboler** 319.10
**guiche** 150.2
**guichet**
judas 139.6 ; 848.31
de montre 175.7
comptoir, accueil
794.3 ; 840.29
porte 848.28
**guichetier** 723.17
**guidage** 807.11
**guide**
de montagne 870.59
accompagnateur
198.11 ; 869.16
éclaireur 163.12
inspirateur 566.7 ;
690.11
principe directeur
563.5
livre 765.8 ; 869.12
*chien guide* 296.9
**guide-âne** 762.7
**guideau** ou **guide-eau**
806.8 ; 814.6
**guider** 163.15 ; 198.19 ;
415.6 ; 546.13 ; 563.21 ;
566.11 ; 583.12 ;
623.10 ; 690.12
**guides** 198.10
**guidon** 198.10
**guignard** 549.13 ; 549.27
**guignardia** 291.7
**guigne**
cerise 289.12
malchance 466.5 ;
549.3
*se soucier comme d'une*
*guigne de* 524.12
**guigner**
regarder 346.18
convoiter 523.10 ;
608.6
**guignier** 286.13
**guignol**
marionnette 787.9
farceur 750.8
**guignolet** 859.13

**guignon** 466.5 ; 549.3
**guilde** 581.7 ; 827.9
**Guiliaks** 306.14
**guillaume** 799.16 ;
807.16
**guilledou**
*courir le guilledou*
600.22
**guillemet** 730.10
**guillemot** 297.15
**guilleret** 444.6 ; 463.15
**guillochage** 148.3
**guilloché** 778.3 ; 778.18
**guillocher** 778.12
**guillochis** 148.4 ; 778.3
**guillochure** 148.5
**guillotinade** 725.3
**guillotinage** ou **guillo-**
**tinement** 725.3
**guillotine** 725.4 ; 725.3
**guillotiner** 725.22
**guillotineur** 725.15
**guimauve**
fleur 288.18
sucrerie 858.5
*à la guimauve* 440.19
**guimbarde**
vieille voiture 196.3 ;
816.2
instrument de musi-
que 783.18
outil 799.16 ; 807.16
**guimpe** 499.25 ; 862.7 ;
862.25
**guinand** 266.10
**guinandage** 266.9
**guinche** 786.1
**guincher** 786.28
**guindage** 801.3
**guinde** 788.8 ; 801.9
**guindé** 453.9 ; 615.14 ;
686.27
**guinder**
hisser 801.17 ; 806.40
affecter 761.9
**Guinéen** 676.7
**guingan** 810.3
**guingois**
de guingois 218.25
**guinguette** 786.21
**guipage** 235.15 ; 810.11
**guiper** 810.22 ; 810.25 ;
864.25
*guiper des franges*
132.16
**guipoir** 810.17 ; 864.14
**guipure** 810.6 ; 864.3
**guirlande** 64.2 ; 288.2 ;
687.12 ; 778.3 ; 778.4
**guise** 507.4 ; 519.4

*à sa guise* 516.39 ;
507.16
*agir, faire à sa guise*
14.9 ; 516.21
*autant de guises, au-*
*tant de pays* 685.16
**guitare** 783.3
**guitariste** 782.7
**guitoune** 656.13 ; 848.9
**Gujars** 306.13
**gulden** 839.13
**gulose** 283.5
**gummite** 259.5
**gunitage** 806.25
**gunite** 806.36
**guniter** 806.44
**guppy** 298.5
**gur** 739.14
**guru** → **gourou**
**Gurungs** 306.13
**gus** 308.3
**Gusiis** 306.11
**gustateur** 373.12
**gustatif** 326.4 ; 373.18
*aire gustative* 326.16
*papilles gustatives* 373.7
**gustation** 373.1 ; 373.7
**gustométrie** 373.11
**gustométrique** 373.18
**guttation** 285.9
**guttiférales** 288.15
**guttural** 318.16
**guyot** 289.11
**GVH** 342.3
**Gya** 342.10
**gymnarche** 298.5
**gymnase**
salle de gymnastique
414.8 ; 870.78
établissement d'ensei-
gnement 414.5
**gymnasiarque** 870.46
**gymnaste** 213.6 ; 870.46
**gymnastique** 870.7
*gymnastique corrective*
393.10
*gymnastique de l'esprit*
398.4
*gymnastique oculaire*
347.9
*pas gymnastique, de*
*gymnastique* 666.2
**gymnique** 379.14 ;
870.95
**gymno-** 379.17
**gymnocarpe** 291.16 ;
294.6
**gymnocérate** 301.4 ;
301.5
**gymnocladus** 286.14

héméralopie 347.2 ;
383.27 ; 347
héméralopique 383.74
hémérobe 301.16
hémérocalle 288.17
hémérologue 176.11
héméropériodique
285.23
hémérothèque 766.22
hémérythrine 283.9
hémi- 103.15
hémianesthésie 441.5
hémiangiocarpe 291.16
hémianopsie 347.2 ;
383.27 ; 347
hémicelluloses 265.2
hémichromis 298.5
hémicycle 673.5 ; 842.23
hémiédrie 258.7
hemileia 291.10
hémimétabole 301.1 ;
301.32
hémimoelle 327.10
hémione 296.11
hémiphonie 383.29 ;
746.3
hémiplégie 327.20 ;
383.37
hémiplégique 327.27
hémipneustique
301.32 ; 340.30
hémiptéroïdes 301.1 ;
301.4 ; 301.5
hémisphère 146.9 ;
232.15
*hémisphères cérébraux*
326.2 ; 326.7 ; 326.14
hémisphérectomie
392.13
hémisphérique 144.11
hémistiche 789.16
hémo- 332.34
hémobiologie 332.21 ;
391.7
hémobiologiste 332.22 ;
391.27
hémochromatose
383.25
hémocompatibilité
332.10
hémocompatible 332.31
hémoculture 284.11 ;
332.14
hémocyanine 283.9
hémodialyse 332.13
hémodilution 332.11
hémodynamique
332.21
hémoglobine 283 ; 332

hémoglobinopathie
383.19
hémoglobinurie 339.10
hémogramme 332.14
hémolyse 332.10 ;
383.19
hémolysine 342.12
hémolytique 383.68
*maladie hémolytique du*
*nouveau-né* 332.12
hémopathie 383.19
hémophile 383.68
hémophilie 383.19
hémophilique 383.68
hémophobie 472.4
hémopoïèse 332.10
hémopoïétique 332.31
hémoptoïque 383.76
hémoptysie 383.32
hémoptysique 383.76
hémorragie 332.12 ;
383.46 ; 387.4
*hémorragie cérébrale*
383.14
hémorragipare 383.68
hémorragique 383.82
hémorroïdaire 383.70
hémorroïdal 331.8 ;
331.9
hémorroïde 383.13
hémorroïdectomie
392.13
hémosidérine 262.8
hémospermie 325.25
hémosporidie 284.5
hémostase 332.11
hémostatique 392.35 ;
394.33
hémotrophique
*période hémotrophique*
281.1
hémotypologie 332.21
Hémus 278.7
hendécagone 146.5
hendécasyllabe 789.13
hendiadis ou hendia-
dyin ou hendiadys
752.3
henequen 288.17
henné 867.6
hennepier 851.35
hennin 862.25
hennir 305.5
hennissant 296.30
hennissement 305.1
hénophidiens 299.2
Henri II
*style Henri II* 850.27
henricia 303.9
henricosbornidé 296.4

henry 70.11 ; 235.10
hé oh 748.3
hep 748.3
héparine 332.19 ; 394.5
héparinoïde 332.19
hépatalgie 345.3 ; 383.22
hépatectomie 392.13
hépatique 331.8 ; 338.24
*porte hépatique* 331.9
hépatiques 285.4 ; 292.1
hépatisation 383.41
hépatite 258.4 ; 383.23
*hépatite B* 383.18
hépato-biliaire 338.24
hépatocarcinome 388.4
hépatographie 391.16
hépatologie 338.16 ;
391.7
hépatologue 338.17 ;
391.27
hépatome 388.2
hépatomégalie 383.23
hépatonéphrite 383.23
hépatorraphie 392.18
hépatoscopie 485.2
hépatotomie 392.14
Hephaïstos 256.14 ;
500.22
hépiale 301.11
hépialidés 301.10
hepta- 108.11
heptacorde 108.8
heptaèdre 108.3 ; 146.6
heptaédrique 108.8
heptagonal 108.8
heptagone 108.3 ; 146.5
heptamètre 108.3
heptangulaire 108.8
heptasyllabe 789.13
heptathlon 870.3
heptatlonien 870.45
heptatonique
*échelle heptatonique*
781.10
heptagluconate
*heptogluconate ferreux*
394.6
heptose 283.5
Héra 500.21
Héraclès 500.41
héraïon 493.4
héraldique 646.13 ;
730.30
herbacé 290.15
*plante herbacée* 290.1
herbage 290.5 ; 296.19 ;
813.17
herbagement 813.14
herbager 290.13 ;
813.21 ; 813.27

herbagère 289.19
herbageux 290.16
herbe 290
plante 288.24
drogue 390.5
*herbe de bison* 290.7
*herbe marine* 293.1
*herbe médicinale* 288.1 ;
394.9
*herbe sacrée* 288.16
*herbes de Provence*
290.2
*fines herbes* 290.2 ;
856.27
*en herbe* 56.26 ; 179.12 ;
359.13
herbe-aux-chats 288.16
herbeiller 290.14 ; 813.30
herbette 290.1
herbeux 290.16
herbicide 290.12
herbicole 282.16 ;
290.17 ; 847.16
herbier 285.17 ; 290.6 ;
811.9 ; 868.8
herbifère 290.16
herbivore 290.17 ;
295.21 ; 296.6
herborisateur 285.18
herborisation 285.1
herboriser 285.19
herboriste 285.18 ;
394.21
herboristerie 285.17 ;
394.22
herbu 290.16
herche 802.7
herco- 138.19
hercule **375.5**
*hercule de foire* 375.5 ;
791.19
Hercule 232.15 ; 500.16
*colonnes d'Hercule*
136.2
*Hercule et Antée* 774.6
*les douze travaux*
*d'Hercule* 112
herculéen 375.18 ;
500.48
hercynien
*monts hercyniens* 278.7
hère
*pauvre hère* 549.13
héréditaire 280.20
*caractère héréditaire*
280.4
*maladie héréditaire*
280.9
héréditairement 280.23
hérédité **280** ; 678.9
hérédo- 280.24

**histo-incompatible**
342.19
**histoire 191**
chronologie 175.1 ;
754.2
mensonge 729.7
récit 754.5
scénario 754.9
muse 500.11
*histoire de l'art* 191.2
*histoire de la musique*
781.38
*histoire de la philoso-*
*phie* 478.2
*histoire des idées* 421.15
*histoire sainte* 191.2
*histoire ancienne*
177.10 ; 191.2
*histoire drôle* 750.4
*histoire de* 38.14
*histoire de rire* 750.15
*raconter des histoires*
754.14
**histologie** 336.1 ; 391.7
**histologique** 336.9
**histologiquement**
336.13
**histolyse** 336.8
**histométrique** 336.9
**histone** 280.3 ; 283.8
**histopathologie** 336.1
**histopoïèse** 336.6
**historialiser** 191.13
**historicisant** 191.15
**historicisation** 191.11
**historiciser** 191.13
**historicisme** 191.11 ;
777.22
**historiciste** 777.28
**historicité** 191.11
**historico-** 191.19
**historico-critique**
191.15
**historico-mythique**
191.15
**historié** 778.18
*lettre historiée* 744.4
**historien** 191.8 ; 754.11
*historien de la philoso-*
*phie* 478.24
**historier** 773.26 ;
778.12 ; 856.39
**historiette** 754.5
**historiographe** 191.10 ;
754.11
**historiographie** 754.2
**historiographique**
191.17
**historique**
n.
chronologie 754.12

**historique**
adj.
avéré 1.13 ; 754.15
ancien 177.13 ; 195.11
chronologique 191.15
mémorable 400.15 ;
745.11
*sciences historiques*
407.6
**historiquement** 191.18
**historisant** 191.15
**historisation** 191.11
**historisme** 191.11
**histrion** 615.4 ; 645.4 ;
750.7
**hit** 540.6
**hitlérien** 671.39
**hitlérisme** 671.13
**hit-parade** 540.6 ;
767.12
**Hittites** 306.16
**HIV** 284.3
**hiver**
saison 187.5 ; 242.2
vieillesse 312.3 ; 317.1
*hiver astronomique*
187.5
*jardin d'hiver* 779.3
**hivérisation** 187.7
**hivernage**
saison 187.5 ; 274.2
labour 811.4
repos des bêtes
813.14 ; 813.19
t. de marine 242.2
**hivernal** 187.11 ; 242.19
**hivernant** 187.8
**hivernation** 187.6
**hiverner** 187.10 ;
242.17 ; 676.26 ; 797.8
**H.L.M.** 847.4
*Hoa Hao* 489.4
**hobby** 568.3 ; 868.1
**hobereau**
oiseau 297.6 ; 297.12
gentilhomme 646.18
**hoc** 872.3
**hocco** 297.14
**hoche** 153.4
**hochement** 216.1
*hochement de tête* 730.8
**hochepot** 856.12
**hochequeue** 297.8
**hocher** 216.10
**hochet**
futilité 545.4
instrument de musi-
que 783.10
jouet 873.8
**hockeyeur** 870.48 ;
870.57 ; 870.58

*hodja* 488.11 ; 492.15 ;
488
**hodjatoleslam** 488.11 ;
492.15 ; 488
**hodologie** 326.23
**hodoterme** 301.16
**holà** 748.3
*mettre le holà* 579.12
**holandrique**
*hérédité holandrique*
280.2
**holarctique** 295.5
**holding** 827.9
**hold-up** 717.4 ; 720.10
**hôlement** 305.3
**hôler** 305.7
**holi** 497.7 ; 490
**holisme** 478.14
**hollandais** 739.14
**hollande** 861.6
**hollywoodien** 790.34
**holmium** 230.7
**holo-** 71.23
**holocauste**
sacrifice 256.12 ;
491.12 ; 491.13
extermination 486.21 ;
720.6
*littérature d'holocauste*
486.22
**holocène** 237.21
**holocéphales** 298.4
**holoèdre** 258.7
**holoédrie** 258.7
**holoenzyme** 283.23
**hologenèse** 190.6 ;
295.12
**hologramme** 775.8
**holographie** 775.1
**holographier** 234.17
**holographique** 234.24
**holométabole** 301.1 ;
301.32
**holomètre** 70.26
**holopneustique** 340.30
**holoprotéine** 283.8
**holorime** 736.16
*vers holorime* 736.3 ;
789.15
**holoside** 283.5
**holostéen** 298.3
**holothurides** 303.8
**hôm** 286.4
**homal(o)-** 83.32
**homalodothériidé**
296.4
**homard** 302.1 ; 302.3 ;
856.13
**homardier** 814.11
**hombre** 872.3

**home** 678.8
*home, sweet home* 678.8
*mobile home* 816.8
**homéen** 487.11
**homélie** 495.5 ; 751.4
**homéomère** 294.6
**homéomorphe** 258.21
**homéomorphisme**
258.8
**homéopathe** 391.31
**homéopathie** 391.8
**homéopathique** 391.38
*pharmacie homéopathi-*
*que* 394.20
**homéostasie** 282.3
**homéotherme** 282.18 ;
332.24
**homéotypique** 121.3
**homérique**
*rire homérique* 465.4
*homestead* 822.9
**home-trainer** 870.72
**homicide** 720.3 ; 720.18
*homicide par impru-*
*dence* 573.4
**homilétique** 495.4 ;
757.4 ; 757.11
**homiliaire** 495.11
**hominidé** 296.14
**hominien** 296.14
**hominisation** 306.19
**hominiser** 306.25
**hominoïde** 296.14
**hommage**
témoignage de respect
641.7 ; 689.1
don 765.3 ; 826.1
t. de féodalité 594.5 ;
724.15
pl.
*hommages* 574.6 ;
592.3 ; 626.10 ; 691.3
*rendre hommage*
626.10 ; 695.11
**hommager** 628.8
**hommasse** 309.5
**homme 308**
personne 306.17 ; 307.2
époux 682.16
proxénète 719.4
soldat 663.1
*bon homme* 585.5
*brave homme* 693.6
*grand homme* 85.7 ;
540.9 ; 621.10
*honorable homme*
648.15
*vieil homme* 195.4 ;
697.8
*homme de cœur* 587.4
*homme de confiance*

**horizontal** 142.12
**horizontale**
  ligne 146.7
  femme galante 719.8
  *à l'horizontale* 142.13
**horizontalité** 148.2
**horloge** 175 ; 232
  *horloge parlante* 175.6 ;
  769.15
  *réglé comme une hor-*
  *loge* 568.16
**horloge de la mort** ou
  **horloge-de-mort**
  301.3
**horloger** 175
**horloger-bijoutier**
  866.19
**hormis** 68 ; 130.18
**hormonal** 333.12
**hormone** 283.14 ; 325 ;
  333.3 ; 394.5
**hormonogenèse** 333.7
**hormonologie** 333.8
**hormonopoïèse** 333.7
**hormonothérapie**
  333.8 ; 393.5
**horodaté** 175.14
**horodateur** 175
**horologe** 494.13
**horométrie** 175.1
**horométrique** 175.12
**horoscope** 485.4 ; 766.8
**horoscopie** 485.3
**horoscopique** 485.18
**horoscopiste** 485.12
**horreur**
  laideur 437.1
  abomination 437.3
  répulsion 456 ; 472 ;
  605.1
  *une sainte horreur*
  605.6
  *avoir en horreur* 456.5 ;
  605.6
  *faire horreur* 456.10
**horrible** 437.8 ; 472.22
**horriblement** 87.31 ;
  437.12
**horrifiant** 472.22
**horrifié** 472.20
**horrifique** 472.22
**horripilant** 449.19 ;
  543.13
**horripilation** 335.7
**horripiler** 447.5 ;
  449.13 ; 543.7
**hors-** 68.22 ; 130.19 ;
  219.14
**hors** 55.21 ; 68.16 ;
  130.18

*hors de* 55.21 ; 68.17 ;
  130 ; 204.30 ; 206.17 ;
  208.15 ; 219.13 ; 224.19
*hors que* 68.20
*hors champ* 130.14 ;
  349.8 ; 790.35
*hors classe* 434.14
*hors-cote* 842.37
*hors-ligne* 85.20 ; 434.14
*hors norme* 29.13
*hors pair* 30.12 ; 85.20 ;
  434.14 ; 639.24
*hors saison* 187.13
*hors service* 557.26
*hors sujet* 760.11
*hors taxes* 846.43
*hors d'affaire* 550.18 ;
  550.12
*hors d'âge* 195.10 ;
  196.10 ; 317.13
*hors d'atteinte* 130.14 ;
  162.13 ; 200.13 ;
  550.18 ; 550.23
*hors de combat* 660.9
*hors du commun* 55.13
*hors de danger* 384.13 ;
  550
*hors de doute* 430.7
*hors d'ici* 208.16
*hors d'usage* 195.13 ;
  545.14 ; 557.26
*hors de page* 724.22
*hors de portée* 130.14 ;
  162.19 ; 200.13 ;
  550.23 ; 539.16
*hors de prix* 832.10
*hors de propos* 180.15 ;
  537.11 ; 543.12
*hors de saison* 180.15 ;
  543.12
*hors de soi* 451.8 ;
  471.10 ; 602.11
*hors du temps* 173.11
*hors de vue* 162.13 ;
  200.13
*hors d'état de* 40.6 ;
  376.22 ; 660.9
**horsain** 677.1
**hors-caste** 640.11
**hors-commerce** 765.3
**hors-d'œuvre**
  avant-goût 59.6
  mets 855.8
**horse power** 70.17
*horse-pox* 383.48
**hors-jeu** 870.11
**hors-la-loi** 720.17
**hors-limite** 219.10
**hors-sol** 813.1
**hortensia** 287.7 ; 287.8
**horticole** 811.25

**horticulteur** 288.40 ;
  811.16
**horticulture** 288.39 ;
  811.1
**Horus** 277.12 ; 500.34
**Hos** 306.13
**hosanna** ou **hosannah**
  463.19 ; 784.5
**hospice** 207.8 ; 590.4
**hospitalier** 392.35 ;
  590.10
**hospitalièrement**
  590.11
**hospitalisation** 392.4
**hospitalisé** 392.29
**hospitaliser** 392.34
**hospitalité** 590 ; 677.13
**hospodar** 646.18 ; 648.4
**hosso** 489.2
**hostie**
  pain consacré 491.13 ;
  496.5 ; 857.13
  victime 725.16
**hostile** 18.15 ; 649
**hostilement** 549.31 ;
  605.16 ; 649.23
**hostilité** 456.4 ; 549.8 ;
  586.2 ; 603.1 ; 605.1 ;
  642.5 ; 649.5 ;
  652.2 ; 655.8 ; 659.3
  *hostilités* 649 ; 650.5 ;
  655.2 ; 666.1
**hosto** 392.30
**hot** 781.6
**hot-dog** 870.23
**hôte**
  n.m.
  amphitryon 207.11 ;
  590.3
  aubergiste 590.5
  invité 855.19
  habitant 676.2
  n.f.
  *hôtesse*
  hôtesse d'accueil 203.9 ;
  207.11
  hôtesse de l'air 820.14
**hôtel** 590.4
  *hôtel maternel* 314.11
  *hôtel de la Monnaie*
  839.20
  *hôtel de ville* 673.11 ;
  849.11
  *hôtel de passe* 719.3
  *hôtel particulier* 848.6
**hôtel-Dieu** 393.21
**hôtelier** 590.5
**hôtellerie** 590.4
**hotinus** 301.5
**hotte** 134.5 ; 853.16
**hottée** 69.5 ; 135.3

**Hottentots** 306.11
  *figue des Hottentots*
  289.16
**hotu** 298.5
**hou !** 747.5 ; 748.5 ;
  787.34
**houache, houaiche** ou
  **ouaiche** 164.7
**houblonnière** 811.10
**houe** 799.26 ; 811.15
**Houei** ou **Hui** 306.13
**houer** 811.20
**houille** 237 ; 243.7 ;
  798.5
  *houille blanche* 798.2
  *houille bleue* 798.2
  *houille d'or* 798.2
  *houille verte* 798.2
**houiller** 237.33
**houillère** 802.2
**houle** 216.4 ; 271.10
**houleux** 217.12
**houliganisme** → **hoo-**
  **liganisme**
**houlque** 290.7
**houppe** 335.3
**houppelande** 862.12
**houppier** 286.5
**houque** 290.7
**houraillis** 296.16
**hourdage** 137
**hourdis** 137.8
**houri** 309.4 ; 505.2
**hourra, hourrah,**
  **houzza** ou **huzza**
  451.15 ; 463.19 ; 540.5 ;
  636.3 ; 747.24 ; 748.2
**hourvari**
  vacarme 367.10
  cri 747
**houseau** 865.9
**house-boat** 819.9
*house-music* 781.8
**houspiller** 637.10
**houspilleur** 637.20
**houssette** 809.10
**houx** 287.4
**houzza** → **hourra**
**hovercraft** 819.3
**hoverport** 819.15
**howardie** 301.5
**hoya** 287.8
**hoyau** 811.15
**hsing-i** 870.15
**huaca** 481.4
**hua shan** 481.8
**Huaxtèques** 306.9
**huayan** 489.2
**Hubble** 232.28

**hublot** 139.6 ; 848.31
**hubris** ou **hybris** 80.1 ;
703.1
**hubus** 488.18 ; 826.3
**huche** 857.10
**huchement** 368.5
**hucher** 368.8
**huchier** 850.31
*Hudson river school*
780.11
**hue !** 168.12 ; 748.4
*à hue et à dia* 18.18
**huée**
clameur 747
t. de chasse 871.10
pl.
*huées* 627.4 ; 637.6 ;
787.24
**huer** 611.9 ; 627.9 ;
637.13 ; 747.18 ;
748.11 ; 787.30
**huguenot** 487.13
*croix huguenote* 149.3
**huhau !** 168.12
**Hui** → **Houei**
**Huichols** 306.8
**huile** 267
substance grasse
230.8 ; 243.6 ; 252.5 ;
394.15 ; 817.17
peinture à l'huile
773.3
autorité 85.10 ; 621.9 ;
631.6
*huile essentielle* 267.4 ;
372.2
*huile bouillante* 665.6
*huile légère* 240.5 ;
243.6
*huile lourde* 243.6 ;
267.2
*huile de foie de morue*
267.4 ; 394.7
*huile de ricin* 394.7
*huile solaire* 267.6
*saintes huiles* 267.7 ;
496.5
*il n'y a plus d'huile
dans la lampe* 311.24
*jeter, verser de l'huile
sur le feu* 256.27 ; 602.8
**huilé** 267.17
**huiler** 137.15 ; 267.13
**huilerie** 267.11 ; 811.12
**huileusement** 267.19
**huileux** 267.15 ; 334.15
**huilier** 851.22
**huir** 305.7
**huis** 140.4 ; 848.27
*huis clos* 711.9
**huissier**

**portier** 203.9 ; 560.12 ;
848.39
t. de droit 711 ; 794.11
**huit** 109
carte 872.4
**huitain** 789.12
**huitaine** 109
**huitante** 109.1
**huitième**
n.
109.1
adj.
109.5
**huitièmement** 109.8
**huître**
molllusque 303.2 ;
856.13
personne sotte 397.7
**huit-reflets** 862.25
**huîtrier** 813.32
**huîtrière** 813.9
**Huitzilopochtli** 500.24
**hulotte** 297.12
**hululation** 305.3
**hululement** 305.3
**hululer** 305.7
**hum !** 748.2 ; 748.3
**humain** 306 ; 440.16 ;
585.9 ; 587.11 ; 638.16
*être humain* 306.1 ;
307.2
*sciences humaines* 407.6
**humainement** 306.31 ;
440.23
**humane** 744.8
**humanisable** 306.27 ;
415.12
**humanisation** 306.19
**humanisé** 306.27
*lait humanisé* 860.1
**humaniser** 306.25
**humanisme** 478.15
**humaniste** 407.16 ;
478.33
**humanitaire** 478.33 ;
587.11
**humanitairerie** 587.2
**humanitarisme** 478.15 ;
587.1
**humanitariste** 478.33
**humanité**
espèce humaine 306.2
nature humaine 306.1
bienveillance 440.3 ;
587.2 ; 609.1
*humanités* 407.6 ; 414.6
**humantin** 298.7
**humble** 612 ; 616.7 ;
626.14
**humblement** 128.15 ;
612.12 ; 626.16

**Humboldt**
*mer de Humboldt* 278.7
**humbug** 454.5
**humea** 288.10
**humectage** 244.6
**humectation** 244.6
**humecter** 244.13 ; 252.8
**humecter (s')** 859.27
**humecteur** 230.17 ;
244.9
**humer** 340.28 ; 371.19
**huméral** 331.8 ; 331.9
**huméro-radial** 329.23
**humérus** 329.14
**humeur**
substance liquide
252.4 ; 333.4
caprice 522.1
état d'esprit 7.5
*humeur aqueuse* 346.6
*humeur vitrée* 346.6
*humeur prolifique*
325.8 ; 333.4
*humeur de chien* 468.2
*humeur massacrante*
468.2
*humeur noire* 464.1
*humeur changeante*
193.20
*humeur égale* 226.22
*bonne humeur* 444.1 ;
463.1
*mauvaise humeur* 468 ;
470
*théorie des quatre hu-
meurs* 252.4 ; 333.8
**humicole** 282.16 ; 295.23
**humide** 244 ; 274.17
**humidificateur** 244.9
**humidification** 244.6 ;
853.3
**humidifier** 244.13 ;
252.8
**humidifuge** 244.21
**humidimètre** 70.26 ;
244.11
**humidité** 244 ; 273.3 ;
274.1
**humidostat** 244.11
**humiliant** 86.18 ; 657.12
**humiliation** 89.1 ;
460.2 ; 468.3 ; 611.4 ;
642.4 ; 657.1
**humilié** 657.14
**humilier** 468.7 ; 611.8 ;
627.8 ; 642.18 ; 657.8
**humilier (s')** 86.10 ;
612.6 ; 634.16
**humilité** 128.1 ; 439.1 ;
611.6 ; 612.1 ; 616.2 ;

629.1
*en toute humilité* 612.12
**humique** 256.26
**humoral** 252.17 ; 331.14
**humoresque** 781.32
**humorisme** 333.8 ;
391.8
**humoriste** 463.9 ; 465.5
**humoristique** 463.17 ;
465.13
**humour** 396.3 ; 465.2 ;
750.3
*humour noir* 465.2
**humus** 256.5
**Hunabku** 500.10
**huppe**
*sale comme une huppe*
381.14
**huppé** 646.24 ; 829.19
**hure**
tête d'animal 296.21 ;
298.17
tête 318.3
galantine 856.9
**hurlant** 747.20
**hurlement** 305 ; 345.6 ;
747.4
**hurler**
crier 275.17 ; 305 ;
367.17 ; 747
beugler 27.5 ; 784.27
*hurler avec les loups*
31.7 ; 595.12 ; 629.9
*hurler de douleur*
345.11
**hurleur** 296.30
**hurluberlu** 750.8
**hurlupé** 867.19
**Hurons** 306.7
**hurri** 739.14
**hurtebiller** 296.27
**huso** 298.8
**hussard** 663.12
bleu hussard 360.8
*à la hussarde* 580.31
**hussarde** 786.6
**hussite** 487.13
**hutia** 296.5
**hutte** 848.3 ; 871.32
**hutteau** 871.32
**Hutus** 306.11
**Huygens** 232.28
**huzza** → **hourra**
**hyacinthe** 258.4
**Hyades** 232.5
**hyalin** 266.5 ; 350.35
*cristal hyalin* 258.4
**hyalite** 266.1
**hyalographie** 763.5
**hyalonème** 303.10

hyalopterus 301.5
hyaluronidase 283.24
hyaluronique 283.13
hybridation 98.3 ;
  280.11 ; 283.27
hybride 17.8 ; 22.9 ;
  98.19 ; 279.6 ; 280.10 ;
  288.46 ; 736.14 ; 739.2
hybrider 279.20
hybridisme 279.5 ;
  280.6
hybris → hubris
hyd- 252.19
hydatide 304.3
hydatidose 383.35
hydne 291.6
hydnocarpus 286.20
hydnophytum 288.28
hydr- 274.22
hydrachne 301.13
hydrachnelle 301.13
hydrachnellidés 301.12
hydraires 303.11
hydrargilite 258.4
hydrargyrisme 389.2
hydrastis 288.25
hydratant
  crème hydratante 334.7
hydratation 244.6
hydrate 252.5 ; 283.5
hydrater 244.13 ; 252.8
hydraule 783.13
hydraulique 252.7 ;
  252.16 ; 798 ; 800.4 ;
  808.5
hydravion 820.2
hydrazine 389.4
-hydre 252.20
hydre 303.12
Hydre 232.15
hydrellia 301.9
hydri- 252.19
hydrique 230.30 ; 252.16
hydro- 244.23 ; 252.19 ;
  271.34 ; 274.22
hydrocarbure 243.8 ;
  253.2 ; 798.6
hydrocèle 383.33
hydrocentrale 235.21
hydrocéphalie 383.14
hydrocharidacées
  288.12
hydrocharis 288.12
hydrochlorothiazide
  394.5
hydrochoc 227.13
hydrochore 288.46
hydrocoralliaires
  303.11
hydrocorise 301

hydrocortisone 394.5
hydrocotyle 288.20
hydrocution 311.13
hydrocyon 298.5
hydrodynamique 252.7
hydrofilicale 290.9
hydrofugation 245.4
hydrofuge 245.20
hydrofuger 245.16
hydrogénation 230.14
hydrogène 230.7 ; 253.2
  hydrogène lourd 243.9 ;
  798.5
hydrogéner 798.11
hydrogéologie 237.1
hydroglisseur 819.3
hydrographique 101.1
  axe hydrographique
  271.6
hydrolase 283.24
hydrolat 230.3
hydrolytique 283.23
hydromancie 485.2
hydroméduse 303.12
hydromel 394.16 ; 859.9
hydromètre 70.26 ;
  238.5 ; 301.5
hydrométrie 70.25 ;
  252.7
hydrométrique 252.16
hydromorphe 244.18
hydromorphie 244.7
hydronéphrose 383.24
hydronéphrotique
  383.71
hydrophile 244.20 ;
  301.3
hydrophilidés 301.2
hydrophobe 472.21
hydrophobie 472.4
hydrophobique 472.21
hydrophone 555.6
hydropique 383.82
hydropisie 383.49
hydroplanage 817.13
hydropore 301.3
hydropote 296.6
hydropropulseur
  330.11
hydroptéridale 290.9 ;
  285.4
hydrosoluble 283.33
hydrostatique
  n.
  226.11 ; 252.7
  adj.
  252.16
  pression hydrostatique
  332.16

hydrotactisme 198.12 ;
  285.11
hydrotaxie 198.12
hydrotée 301.9
hydrothérapie 393.4
hydrothérapique 393.28
hydrotropisme 198.12
hydroxocobalamine
  394.6
hydroxy- 230.29
hydroxybutyrique
  283.7
hydroxyde 264.2 ; 394.6
hydroxyle 230.9
hydroxylysine 283.10
hydroxyproline 283.10
hydroxyzine 394.5
hydrozoaires 303.11
hyène 296.7
hyénidé 296.3
hygiène 380 ; 559.4
hygiénique 380.12 ;
  706.8
  seau hygiénique 339.17
hygiéniquement 380.15
hygiéniser 380.10
hygiénisme 380.2 ;
  559.4
hygiéniste 380.8 ; 559.8
hygiéno-diététique
  380.13
hygro- 244.23 ; 274.22
hygroma 383.11
hygromètre 70.26 ;
  244.11 ; 273.10 ; 274.11
hygrométricité 244.2
hygrométrie 70.25 ;
  244.2 ; 244.12 ; 274.1
hygrométrie 273.3
hygrométrique 274.20
hygrophobe 472.21
hygrophore 291.6
hygroscope 244.11
hygroscopie 244.12
hygrostat 244.11
hygrotropisme 198.12
hylaste 301.3
hylastine 301.3
hylé- 3.12 ; 238.15
hylémyie 301.9
hylésine 301.3
hylo- 3.12 ; 238.15
hylobatidé 296.14
hylobius 301.3
hylochère 296.12
hylotrupe 301.3
hymalayen 270.16
hymén- 138.19
hymen
  réunion 90.4

mariage 682.1
  membrane 325.13
hyménéal 325.35
hyménée
  mariage 682.1
  chant 784.12
hyménial 291.16
hyménium 291.3
hyméno- 138.19
hyménomycètes 291.5
hyménoptère 295.25 ;
  301.6
hyménoptéroïde 301.1 ;
  301.6 ; 301.7
hymnaire 494.13 ; 784.6
hymne
  n.m. 789.6
  hymne national 675.6 ;
  784.12
  n.f.
  494.8 ; 496.8 ; 784.5
hymnode 636.8
hymnographe 636.8
hyoglosse 328.11
hyoïde 329.8
hyoïdien 298.10 ; 328.13
hyopharyngien 328.11
hyothyroïdien 328.11
hypallage 752.4
hypène 301.11
hyper- 80.21 ; 85.27 ;
  87.41
hypera 301.3
hyperacousie 363.6 ;
  383.29
hyperbate 220.5 ; 752.3
hyperbole
  courbe 146.8
  figure de style 752.5
  exagération 432.2 ;
  451.5 ; 729.3 ; 761.6
hyperbolique 80.16 ;
  432.8 ; 761.12
hyperboloïde 146.8
hypercalciurie 339.10
hypercalorique 395.11
hypercapnie 340.9
hyperchlorurie 339.10
hypercholestérolémie
  383.25
hyperchrome 383.68
hyperchromie 334.2
hypercinésie 576.9
hypercoagulabilité
  246.4 ; 332.16
hypercorrect 569.15
hypercorrection 569.4 ;
  742.14
hyperdiploïdie 280.9

idiosyncrasique 382.12
idiot 397
idiotie 397.2 ; 616.4 ;
733.4
idiotifier 397.8
idiotiser 397.8
idiotisme 397.1 ; 739.4 ;
752.3
*idjam* 477.21
idoine 8.9 ; 28.12 ;
542.10
idolâtre 483.6 ; 491.16
idolâtrer 600.16 ; 641.13
idolâtrie
culte 476.6 ; 491.2
passion 540.3 ; 602.5
idole
statue 491.13 ; 500.7 ;
776.6
star 639.11 ; 731.4
Idomas 306.11
idose 283.5
idrialite 259.5
Idrisiyya 488.5
idylle 789.6
idyllique 428.14 ; 600.27
-ie 383.85 ; 648.23
-ième 95.21
-ier 36.11
if
arbre 287.5 ; 688.19 ;
779.8
support 852.7
-ifiant 193.29
-ification 193.29
-ifier 193.29
Ifugaos 306.12
Ig ou immunoglobu-
line 342.12
Igaras 306.11
igloo 848.3
igname 288.17 ; 856.19
ignare 408.4
igné 256
ignescence 256.1
ignescent 243.27 ;
256.29
ignicole 256.34
ignifère 256.29
ignifugation 243.19
ignifuge 243.29
ignifugé 256.31
ignifugeage 243.19
ignifugeant 243.29 ;
256.31
ignifuger 243.25
ignition 243 ; 256.1
ignitubulaire 853.8
ignivome 256.29
ignoble

immonde 381.12
hideux 437.11
méprisable 509.7 ;
611.13 ; 697.14
*oiseau ignoble* 297.6
ignoblement 437.13
ignominie 437.2 ;
509.3 ; 611
ignominieusement
611.17
ignominieux 611.13
ignoramment 408.12
ignorance 408 ; 431.1
ignorant 408
ignorantin 408.4
ignorantisme 408.3
ignorantissime 408.10
ignorantiste 408.5
ignoré 408.11 ; 727.25
ignorer
ne pas savoir 408.6 ;
520.13
mépriser 524.13 ; 591.5
Igorots 306.12
iguane 299.5
iguanidés 299.4
iguaniens 299.4
iguanodon 237.23 ;
299.11
iguanoïdes 299.4
igue 153.3 ; 270.9
ihram 481.2 ; 488.19
I.H.S. 502.11
Ijos 306.11
il- 2.15 ; 10.14 ; 418.23
il 307.7
ilang-ilang 372.4
iléite 383.23
iléo-colique 331.8
iléon 324.3
Iliade 500.8
iliaque 328.10 ; 329 ;
331
*crête iliaque* 329.13
ilicacée 287.3
iliectomie 392.13
îlien 676.4
*Comorien* 676.7
*Cubain* 676.10
ilio-costal 328.10
ilion 329.12
ilio-pectiné 329.13
ilio-sciatique 329.13
illationnisme 478.11
-ille 128.18
illégal 569.13 ; 633.17 ;
694.15 ; 712.15 ;
717.29 ; 718.13 ; 722.35
illégalement 569.18 ;
712.18

illégalité 569.2 ; 694.1 ;
712.1
illégitime 681.16
illégitimement 712.18
illégitimité 712
-iller 183.21
illettré 408 ; 744.15
illettrisme 408.1 ; 744.12
illicite 633.17 ; 718.13 ;
720.27
illico 174.16 ; 178.16
*illico presto* 174.16
illimitable 136.15
illimité 115.9 ; 136.15
illimiter 115.6
illipé 286.20
illisibilité 735.1
illisible 735.13
illisiblement 735.17
illogique 733.9
illogiquement 55.18
illogisme 733.3
-illon 128.18
illumination 174.2
éclairage 350.10 ; 852.1
idée 404.5 ; 411.3 ;
421.4 ; 424.5
vision 477.17 ; 494.1 ;
451.4
illuminé
éclairé 350.33
visionnaire 404.7 ;
451.9 ; 602.13
illuminer 350.27 ;
778.13 ; 852.22
illuminisme 451.4 ;
477.23
illusion
erreur 2.2 ; 21.8 ;
410.12
chimère 404.4 ; 474.4 ;
728.7
*illusion d'optique* 4.6 ;
234.10 ; 346.11 ; 410.3
*se faire des illusions*
399.9 ; 432.4 ; 474.7
illusionnant 399.12
illusionnel 4.15 ; 399.12
illusionner 399.6 ;
728.13
illusionner (s') 410.15
illusionnisme 791.11
illusionniste 570.9 ;
791.17
illusoire 2.8 ; 4.15 ;
461.8 ; 597.18 ; 728.22 ;
729.25
illustrateur 773.19
illustration
renommée 639

iconographie 731.2 ;
774.8
illustre 621.21 ; 639.25
illustré 766.4
illustrement 639.31
illustrer 97.12 ; 778.14
illustrer (s') 639.20
illustrissime 639.25 ;
648.20
illutation 393.14
illuviation 237.4
illuvium 237.20
illyrien 739.14
ILM 847.4
*ilm al-tasawwuf* 488.13
ilménite 259.5
ilmérite 262.4
Ilocanos 306.12
ilomba 286.18
îlot 849.12
*îlot de maisons* 777.9
ilote 408.4 ; 628.6
ilotie 408.3
îlotier 716.6
ilotisme 408.3 ; 628.2
im- 2.15 ; 10.14 ; 418.23
image
réplique 21.7 ; 31.3
apparence 141.4 ;
346.10
réminiscence 343.4 ;
400.3 ; 421.1
métaphore 425.4
représentation 534.3 ;
731 ; 755.1
illustration 774.1
photographie 775
*image acoustique* 742.8
*image de marque* 768.7
*image pieuse* 479.7
*à l'image de* 21.17 ;
30.15 ; 31.13
imagé 731.12
imagerie
images 731.2 ; 774.1
technique médicale
391.14
imagier 776.16
imaginable 404.15
imaginaire 2.8 ; 4.5 ;
4.15 ; 404.1 ; 404.6 ;
404.13 ; 729.25
imaginairement 404.18
imaginal 301
imaginateur 404.16
imaginatif 32.11 ;
404.16 ; 411.12
imagination 404
faculté 1.5 ; 4.5 ;
411.2 ; 534.6
invention 421.8

un prix 831.13
t. de mathématique
122.8
**indexeur** 49.12
**indic** 597.8 ; 716.8
**indicateur**
clignotant 100.7
**indicatif** 740.6
*indicatif d'appel* 769.16
**indication**
ordonnance 393.2 ;
394.18
information 552.3 ;
566.2
signe 730.1 ; 737.9
*indication opératoire*
392.4
*indication scénique*
787.11
**indice**
marque 49.3
coefficient 100.4 ;
122.6 ; 122.2
indication 711.13 ;
730.1 ; 731.5 ; 737.9
cote 792.9 ; 842.9
*indice d'acidité* 230.10
*indice d'octane* 243.6
*indice des prix* 831.6
**Indice → Index**
**indicer** 49.16
**indiciaire** 730.30
*échelle indiciaire* 792.9
**indicible** 87.14 ; 745.31
**indiciel** 730.30
**indict** 692.1
**indiction** 692.1
**indien**
adj.
*jaune indien* 352.6 ;
358.2 ; 352.8
*file indienne* 45.5 ;
45.17 ; 64.22 ; 164.21
**Indien**
constellation 232.15
personne 306.5 ;
307.2 ; 676.9
**indienne** 810.3
**indifféremment** 524.19
**indifférence** 524 ;
441.1 ; 448.1 ; 478.23 ;
480.1 ; 529.2 ; 575.2 ;
599.1
**indifférenciation** 524.9
**indifférencié** 24.9 ;
388.12
**indifférent** 524 ;
344.17 ; 441.14 ; 480.6 ;
575.16 ; 588.7 ; 599.9
**indifférentisme** 441.2 ;
524.7 ; 669.12

**indifférentiste** 524.10
**indifférer** 439.7 ; 524.11
**indigemment** 830.25
**indigénat** 674.5
**indigence** 81.2 ; 86.1 ;
830.1
**indigène** 306.29 ; 676.4
**indigéniste** 671.42
**indigent** 81.6 ; 549.28 ;
830.20
**indigeste** 338.22
**indigestion** 338.3 ;
383.22
**indigète** 500.2
**indignation** 603.1
**indigne** 86.16 ; 128.13 ;
509.7 ; 694.12 ; 722.19
**indigné** 471.12
**indignement** 509.9 ;
611.17
**indigner** 471.10
**indignité** 509.3 ; 611 ;
694.1
*indignité nationale*
722.9
*indignité successorale*
722.9
**indigo** 352.9 ; 360.3
**indigotier** 288.27 ; 291.6
**indiqué**
prescrit 394.28
opportun 542.11
**indiquer**
prescrire 394.26
conseiller 566.9
annoncer 596.22 ;
732.9
signaler 726.13 ; 730.21
**indirect** 740.21 ; 852.27
*interrogation indirecte*
419.4
*impôt indirect* 846.5
**indirectement** 218.26
**indiscernabilité** 349.1
**indiscernable** 349.6
*principe des indiscerna-*
*bles* 422.4
**indisciplinable** 625.10
**indiscipline** 625.1
**indiscipliné** 625.8
**indiscret**
n. m.
personne 405.4 ; 543.5
meuble 850.18
adj.
405.9 ; 543.13 ; 571.21 ;
620.7
**indiscrètement** 543.18
**indiscrétion** 405.1 ;
543.1 ; 593.1 ; 620.1
**indiscutable** 430.7

**indiscutablement**
430.10
**indispensable** 41.13 ;
518.12 ; 544.13
**indispensablement**
518.19
**indisponible** 554.17
**indisposé** 309.15 ;
383.59
**indisposer** 468.8 ;
543.7 ; 603.7
**indisposition** 383.1
**indissociable** 73.15
**indissolubilité** 61.4
**indissoluble** 93.16
**indissolublement**
71.22 ; 73.21
**indistinct**
égal 24.9
inarticulé 735.13
**indistinctement** 735.17
**indium** 230.7
**individu**
personne 1.4 ; 15.5 ;
307.2 ; 308.3 ; 478.21
unité 73.5 ; 122.6
**individualisation** 15.8 ;
307.10
**individualisé** 49.20 ;
307.15
**individualiser** 15.11 ;
23.9 ; 49.14 ; 307.14
**individualisme** 14.3 ;
29.5 ; 478.15 ; 582.1 ;
588.1
**individualiste** 29.15 ;
307.16 ; 516.14 ; 582.9 ;
588.7
**individualité** 15.5 ;
307.3 ; 478.21
**individuation** 15.8
**individué** 307.15
**individuel** 15.15 ;
182.4 ; 307.15
**individuellement**
307.19
**indivis** 15.15 ; 73.15 ;
121.7
*par indivis* 73.22 ;
822.27
**indivisaire** 822.12
**indivisément** 73.22 ;
822.27
**indivisibilité** 73.1 ; 73.2
**indivisible** 73.15 ; 100.3
**indivision** 73.2 ; 822.5
**in-dix-huit** 765.2
**indline** 352.9
**indo-aryen** 306.5
**Indochinois** 676.9

**indocile** 447.11 ; 625.8
**indocilité** 625.1
**indo-européen** 739.14
**Indo-Européen** 306.5
**indo-iranien** 739.14
**indolamine** 283.10
**indolaminergique** 327.8
**indolemment** 445.15 ;
529.18
**indolence** 229.4 ; 441.1 ;
445.3 ; 524.5 ; 529.2 ;
575.3 ; 577.1
**indolent** 229.12 ;
441.14 ; 445.10 ;
575.16 ; 577.17
**indolore** 344.19 ; 345.13
**indométacine** 394.5
**indomptable** 625.10
**indomptablement**
625.12
**indompté** 625.9
**indonésien** 739.14
**Indonésien** 306.5 ; 676.9
**indoor** 870.97
**indophénol** 352.9 ;
360.3
**in-douze** 765.2
**Indra** 274.10 ; 490.16 ;
500.31 ; 500.43
**indri** 296.14
**indridé** 296.14
**indu** 543.12 ; 694.15 ;
712.13
**indubitable** 1.13 ;
409.19 ; 430.7
**indubitablement**
409.27 ; 430.10
**inductance** 70.11 ; 235.9
**inducteur** 235.12 ;
235.25
**inductif** 416.14
**induction**
raisonnement 416.2 ;
737.4 ; 738.6
t. de mathématique
122.4
t. d'électricité 235.8
t. d'embryologie 392.19
*induction cellulaire*
281.3
*induction magnétique*
70.11
*machine d'induction*
800.5
**induire**
raisonner 50.13 ; 416.9
suggérer 566.12
**induit** 235.3
**indulgence** 446.1 ;
546.5 ; 585.2 ; 587.2 ;
609.2 ; 638 ; 653.5

**indulgent** 446.12 ;
546.24 ; 587.11 ;
638.16 ; 653.22
**induline** 360.3
**indult** 498.6 ; 632.4
**indûment** 712.18
**induration** 248.3 ;
383.41 ; 388.1
**induré** 383.67
**indurer** 246.11 ; 248.10
**indurer (s')** 383.57
**induse** ou **indusie**
290.4 ; 301.18
**industrialisation** 796.4 ;
800.3
**industrialiser** 796.17 ;
800.17
**industrie**
habileté 570.3
entreprise 792.1 ; 796.5
*industrie aérospatiale*
821.9
*industrie graphique*
763.1
*industrie minière* 259.7
*industrie textile* 810.15
*chevalier d'industrie*
717.13
*industries* 406.10
**industriel** 796.12 ;
796.22 ; 828.25
**industriellement** 796.26
**industrieux**
adroit 406.19 ; 570.17
actif 792.32
**induvie** 289.3
**-ine** 128.18 ; 283.36 ;
394.39
**inébranlabilité** 246.3
**inébranlable**
immuable 24.10 ;
171.16
résistant 246.14 ;
262.24
résolu 510.7 ; 594.15 ;
599.10 ; 630.18
**inébranlablement**
171.19 ; 246.15
**inédit** 32.9 ; 194.3 ;
194.13 ; 765.5
**ineffable** 87.14 ; 745.31 ;
754.16
**ineffaçable** 400.15
**ineffectif** 797.14
**ineffectué** 539.17 ;
797.18
**inefficace** 229.13 ;
545.13 ; 797.14
**inefficacement** 545.17 ;
797.20

**inefficacité** 529.5 ;
545.1 ; 797.1
**inefficience** 797.1
**inefficient** 797.14
**inégal**
différent 16.13 ; 22.10 ;
23.11 ; 84.10
variable 33.15 ; 522.9
unique 102.13
**inégalable** 84.16 ; 85.20
**inégalé** 84.16 ; 85.20
**inégalement**
variablement 33.17
différemment 16.16
injustement 84.17 ;
712.18
**inégaliser** 84.6
**inégalitaire** 84.14 ;
712.13
**inégalitarisme** 84.2
**inégalité 84**
différence 16.1
injustice 23.1
*inégalité de Heisenberg*
231.4
**inélégance** 620.1
**inélégant** 437.9 ; 620.8
**inéligibilité** 672.16
**inéligible** 672.30
**inéluctabilité** 41.1
**inéluctable** 41.10 ;
517.12 ; 518.13
**inéluctablement** 41.14 ;
517.13 ; 518.19
**inémotivité** 344.1
**inemploi** 792.7 ; 797.3
**inénarrable** 87.14 ;
645.8
**inentamable** 246.14
**inepte** 571.19 ; 733.9
**ineptie** 397.3 ; 571.6 ;
733.4
**inépuisable** 78.14
**inéquation** 122.3
**inéquienne** 812.27
**inéquilatéral** 84.12
**inéquitable** 712.13
**inéquivalve** 303.19
**inerme** 288.47
**inerte** 229.11 ; 376.20 ;
529.14 ; 797.15
figé 171.16
*inébranlable* 448.13
*masse inerte* 229.1
**inertement** 229.15
**inertie 229**
résistance 233.5
inaction 376.2 ; 441.1 ;
445.4 ; 448.1 ; 524 ;
529.2 ; 577.2 ; 797.3
*centre d'inertie* 133.4

**inertiel** 229.11 ; 233.13
**inescomptable** 840.50
**inesthétique** 437.9
**inestimable** 434.15
**inétendu** 4.2 ; 4.13
**inévitable** 41.10 ;
517.12 ; 518.13 ; 737.19
**inévitablement** 41.14 ;
518.19
**inexact**
imprécis 22.8 ; 181.17
incorrect 29.14 ; 55.16
faux 410.17 ; 729.23
**inexactement** 29.16
**inexactitude**
imprécision 29.2 ;
181.1
erreur 410.5
**inexcusable** 698.10
**inexécutable** 40.8 ;
539.16
**inexécuté** 539.17
**inexécution** 539.1
**inexécutoire** 539.16
**inexercé** 539.17
**inexigible** 519.13
**inexistant** 2.8 ; 4.13 ;
101.9
**inexistence** 2 ; 101.3
**inexorable** 441.17 ;
466.11 ; 599.10
**inexorablement**
441.22 ; 517.13
**inexpérience** 571.2 ;
696.1
**inexpérimenté** 315.12 ;
408.10 ; 539.17 ;
571.19 ; 696.8
**inexpert** 571.19
**inexpiable** 698.10
**inexplicable** 55.14 ;
733.10 ; 735.16
**inexplicablement**
733.12
**inexploitable** 545.14 ;
797.12
**inexploitation** 797.1
**inexploité** 545.15 ;
797.13
**inexploré** 411.11
**inexpressif** 229.11
**inexprimable** 745.31
**inexprimé** 737.16
**inexpugnable** 630.21
**inextensibilité** 248.1
**in extenso** 71.16 ;
538.24 ; 760.13
**inextinguible** 171.15
**in extremis** 58.25 ;
181.20 ; 578.9

**inextricable** 46.15 ;
77.13 ; 238.11 ; 547.19
**infaillibilité** 550.4
*infaillibilité pontificale*
498.4
**infaillible** 518.13 ;
550.14
**infailliblement** 41.14 ;
518.19 ; 550.20
**infaisable** 40.8 ; 539.16 ;
797.19
**infamant** 611.14
**infâme** 437.11 ; 611.13 ;
697.14
**infamie** 437.2 ; 611.1 ;
697.6
*infans* 281.5
**infant** 314.4 ; 648.4
**infanterie** 663.3
**infanticide** 720.4 ;
720.18
**infantile** 314.20
**infantiliser** 314.14
**infantilisme** 314.6
**infarctus**
*infarctus du myocarde*
331.13 ; 383.13
**infatigable** 375.16 ;
446.13 ; 527.13
**infatigablement** 382.14
**infatuation** 588.1 ; 613.1
**infatué** 613.10
**infatuer** 613.9
**infatuer (s')** 602.10
**infécond** 245.18 ;
279.26 ; 797.12
**infécondité** 245.1 ;
279.11 ; 529.5 ; 797.2
**infect** 381.13
**infecter** 383.58
*infecter l'atmosphère*
371.18
**infectiologie** 391.6
**infection**
puanteur 371.4 ; 381.1
maladie 383.4
**infectivité** 383.9
**infectueux** 383.64
**inféodé** 295.23 ; 628.21
**inféoder** 622.12
**inféoder (s')** 628.17
**infère** 288.46
**inférence** 416.2
**inférer** 50.13 ; 423.5
**inférieur** 84.3 ; 86.5 ;
86.13 ; 166.17 ; 696.9
*monde inférieur* 506.7
*strictement inférieur*
84.3
**inférieurement** 86.20

interclassement 49.1 ;
772.21
interclasser 49.15 ;
772.25
interclasseuse 772.6 ;
800.7
intercommunication
726.3 ; 769.12
intercondylien 329.16
interconfessionnalisme
477.25
interconnecter 235.23
interconnexion 235.16
intercostal
adj.
158.10 ; 327.4 ; 328.13 ;
332.8
intercostale
n.f.
331.8 ; 331.9
interculturel 668.15
intercunéenne 329.24
intercurrent 57.12 ;
158.10
interdentaire 330.28
interdental 158.10
interdépendance 13.3 ;
20.1
interdépendant 13.11
interdicteur 633.9
interdiction 633 ;
520.2 ; 554.8 ; 561.6 ;
631.3
interdiction bancaire
840.27
tir d'interdiction 667.8
frapper d'interdiction
633.13
interdigital 320.17
interdire
défendre 18.8 ; 507.10 ;
520.11 ; 633.11
refuser l'accès de
140.15
exclure 640.13 ; 722.28
interdire (s') 633.16
interdisciplinaire
407.19
interdit
n.m.
40.2 ; 633.5 ; 633.10 ;
640.5
prononcer l'interdit
contre qqn 633.13 ;
640.14
adj.
prohibé 620.10
tabou 481.14
déconcerté 459.12 ;
618.8
interentreprises 841.3

interépineux 328.6
ligament interépineux
329.11
intéressant 405.10 ;
523.16 ; 845.35
intéressé 544.16 ; 588.7
intéressement 845.11
intéresser 455.5 ;
523.11 ; 562.27
intéresser (s') 602.10
s'intéresser à 405.5 ;
574.12
intérêt
attention 343.6 ;
405.1 ; 574.1
attirance 455.1
profit 542.3 ; 544.3
somme d'argent
840.17 ; 841.17 ; 843.9
dommages et intérêts
684.9 ; 722.8 ; 824.2 ;
825.3
dans l'intérêt de 38.13
sans intérêt 439.13 ;
524.18
intérêts 836.4
intérêt différé 841.17
interfaçage 772.21
interface 772.9
interférence 350.16
interférer 562.21
interféromètre 70.26 ;
350.25
interférométrie 70.25
interféron 342.14
interfolier 763.20
intergroupe 673.6
interhémisphérique
326.26
intérieur 131 ; 67 ; 135 ;
774.7 ; 790.11 ; 848.19
vie intérieure 310.12
voix intérieure 690.10
à l'intérieur de 67.21 ;
203.21 ; 205.19
d'intérieur 131.13
intérieurement 67.20 ;
131.14 ; 205.18 ;
366.20 ; 727.35
intérim 19.2
assurer l'intérim 61.17
intérimaire 19.6 ; 792
intériorisation 131.3
intériorisé 67.18
intérioriser 131.8
intériorité 131.3
interjectif 748.12
interjection 748 ;
740.13 ; 742.2 ; 745.3 ;
747.1

interjeter 748.10
interjeter appel 711.31
interlettrage 765.13
interleukine 333.3
interleukine II 342.14
interlignage 158.5 ;
765.13
interligne 158.2
interligner 158.7 ;
763.19
interlinéaire 158.10
interlinéation 158.5
interlingua 739.2
interlobaire 326.26
interlocuteur 307.6 ;
420.7 ; 726.9 ; 745.17 ;
749.11
interlocution 726.3 ;
745.1
interlope 607.19 ;
717.29 ; 736.15
interloquer 459.5
intermaxillaire 329.20
intermède 531.2 ;
786.5 ; 787.19
intermédiaire
n.
entremise 653.4
négociateur 653.10 ;
654.7 ; 827.17
médiateur 738.10
nerf intermédiaire de
Wrisberg 327.3
adj.
57.12 ; 158.10 ; 539.18 ;
653.20
intermédiarité 57.6
intermédiat 57.12 ;
653.20
intermédiation 653.4 ;
840.12
intermédine 333.3
intermenstruel 325.36
intermétacarpien
329.23
interminable 115.11 ;
173.13 ; 577.21
interminablement
61.31 ; 173.14 ; 577.26
interministériel 673.21
comité interministériel
673.8
intermission 62.3
sans intermission 61.30
intermittemment 62.18
intermittence 62.1
par intermittence 62.18
intermittent 271.15 ;
345.14 ; 383.7
intermue 301.22
intermusculaire 328.24

internalisation 131.3
internaliser 131.8
internat 391.22 ; 414.5
international 674.15 ;
677.26
style International
777.22
internationaux 870.38
international nautical
mile 70.17
internationaliser 677.24
internationalisme
671.4 ; 675.2 ; 677.16
internationaliste 671.35
interne
n.
414.15 ; 676.2
interne des hôpitaux
391.25
adj.
67.18 ; 131.13
internel 131.13
internement 131.6 ;
450.11 ; 723.1
camp d'internement
723.9
interner 131.9 ; 723.19
interneurones 327.8
inter nos 727.35
intérocepteur 327.1
intéroceptif 327.11
sensibilité intéroceptive
440.5
interosseux 329.30
crête interosseuse 329.16
interpellateur 634.8 ;
673.3
interpellation 631.3 ;
634.3 ; 745.3
interpeller 634.12 ;
745.24
interpénétration 205.2
interpénétrer (s')
205.12
interphase 283.27
interphone 769.2
interplanétaire 821.15
inter pocula 859.38
Interpol 716.2
interpolation 122.5
interpoler 728.12
interposé
par personne interposée
653.25
interposer 57.10 ; 67.11
interposer (s') 554.12
interposition 653.4
interprétable 738.20
interprétant 738.11 ;
738.19
interprétariat 738.8

intransitivement 740.25
intransitivité 740.7
intranucléaire 283.31
intraoculaire 346.28
*lentille intraoculaire* 234.8
intra-utérin 325.35
intravasculaire 331.24
intraveineuse
n.f.
331.18 ; 393.17
intraveineux
adj.
331.24
intraventriculaire 331.24
in-trente-deux 765.2
intrépide 508.9 ; 533.6 ; 535.13 ; 573.12
intrépidement 508.12
intrépidité 508.2 ; 573.1
intrication 77.1
intrigant 597.7
intrigue
machination 527.8
amourette 600.11
ressort dramatique 754.9
*comédie d'intrigue* 787.5
intriguer 405.8 ; 459.4
intrinsèque 5.6 ; 67.16 ; 131.13 ; 135.10
intrinsèquement 5.8 ; 135.12
intriquer 77.8
intro- 67.22 ; 131.17 ; 205.20
introducteur 32.5 ; 56.15
introductif 56.25
introduction
inclusion 67.3 ; 131.7
entrée 203.4
intromission 205.3
initiation 413.2 ; 536.5
avant-propos 751.8
*introduction en Bourse* 842.5
introduire
faire pénétrer 131.8 ; 205.10
admettre 203.14
importer 203.15
intégrer 742.21
introduire (s') 203.11
introït 56.9 ; 496.8 ; 784.5
introjection 131.3
intromission 131.7 ; 203.4 ; 205.3 ; 341.8

intronisation 207.1 ; 643.3 ; 686.6
introniser 207.15 ; 481.13 ; 643.8
introrse 288.46
introspection 131.3 ; 307.12
introuvable 10.10 ; 349.7
introversion 131.3 ; 452.3
introverti 131.13 ; 452.14 ; 582.9 ; 727.28
introvertif 452.14 ; 582.9
intrus 543.5
intrusif
*roches intrusives* 237.17
intrusion
inclusion 67.2
incursion 203.1 ; 205.1 ; 543.1
intubation 392.19
intuber 392.32
intuiter 424.6
intuitif 343.17 ; 411.12 ; 424.8
*certitude intuitive* 430.1
*vision intuitive* 424.2
intuition 424 ; 343.5 ; 398.2 ; 406.3 ; 411.2 ; 421.13 ; 440.1 ; 440.4
intuitionnel 343.17 ; 424.8
intuitionner 398.10 ; 424.6
intuitionnisme 343.9 ; 424.4 ; 478.11
intuitionniste 424.9
intuitivement 343.21 ; 398.16 ; 424.10
intuitivisme 424.4
intuitiviste 424.9
intumescence 127.3 ; 152.5 ; 152.9 ; 388.1
intumescent 152.16
intussusception
intuition 398.4 ; 424.2
t. de biologie 337.1
Inuits 306.7
inuline 283.5
inusabilité 246.3
inusable 246.14 ; 375.16
inusité 55.13 ; 184.8 ; 742.28
in utero 281.18
inutile 545.3 ; 545.7 ; 545.12 ; 797.17
inutilement 541.20 ; 545.16 ; 733.12 ; 797.20
inutilisable 545.14 ; 797.12

inutilisé 545.15 ; 797.13
inutilité 545 ; 733.2
invagination 220.4 ; 383.43
invaginer (s') 383.57
invalidation 561.1
invalide 383.10 ; 561.12
*grand invalide de guerre* 650.18
*prendre ses invalides* 644.11
invalider 561.6
invalidité 386.1
invariabilité 15.3 ; 61.3 ; 83.1 ; 171.1
invariable 15.14 ; 24.10 ; 61.23 ; 83.19 ; 171.15 ; 740.21 ; 742.26
invariablement 61.31 ; 171.19 ; 173.14
invariance 61.1 ; 83.1 ; 122.6
invariant 61.9 ; 83.19 ; 122.9
invasif 388.12
invasion 203.1 ; 205.1 ; 209.5 ; 655.3
invective 657.3 ; 745.7 ; 747.6 ; 751.6
invectiver 580.19 ; 657.9 ; 745.24 ; 747.18
invendable 827.33
invendu 827.35
inventaire 7.6 ; 9.7 ; 100.8 ; 118.4 ; 426.1 ; 743.11 ; 755.1 ; 828.14
inventé 2.8 ; 404.14 ; 729.24
inventer 32.7 ; 194.8 ; 404.8 ; 411.5 ; 411.6 ; 537.6 ; 556.9 ; 729.19
inventeur 32.5 ; 34.4 ; 194.6 ; 411.4 ; 527.9 ; 796.12
*ne pas avoir inventé l'eau tiède, le fil à couper le beurre* 397.10
inventif 32.11 ; 404.16 ; 411.12 ; 796.19
invention
création 32.1 ; 404.3 ; 411.2 ; 556.3 ; 796.3
affabulation 421.8 ; 728.3 ; 729.2 ; 729.7
t. de rhétorique 752.2 ; 753.5
*figures d'invention* 752.4
*intuition d'invention* 424.2
inventivement 796.25

inventivité 32.2 ; 404.2 ; 411.2 ; 796.9
inventoriable 100.17
inventoriage 100.8
inventorié 49.19
inventorier 49.17 ; 100.13 ; 743.19 ; 828.23
inversable 220.13
inverse 16.13 ; 18.14 ; 220.3 ; 220.12 ; 528.18
*à l'inverse* 220.16
*à l'inverse de* 16.18 ; 18.22 ; 220.18
inversé 220.14
inversement 16.16 ; 220.16
*et inversement* 20.17
inverser 19.7 ; 146.14 ; 193.17 ; 220.9 ; 775.21
inverseur 220.7
*inverseur de poussée* 220.7
inversible 220.6 ; 220.13
inversif 220.13
inversion 220
déplacement 19.1 ; 198.17
homosexualité 341.14
t. de géométrie 146.12
t. de rhétorique 740.7 ; 741.6 ; 752.3
invertase 283.24
invertébré 250.9 ; 295.25
inverti 220.14 ; 341.18
invertir 220.9
investi 835.26 ; 845.33
investigateur 412.10
investigation 412.1 ; 412.3 ; 555.1
investiguer 412.14
investir
doter 643.8
prendre possession de 666.31 ; 822.16
placer des fonds 845.29
*investir qqn de sa confiance* 606.14
investissement
encerclement 666.14
placement 845.12
investisseur 842.26 ; 845.19
*investisseurs institutionnels* 842.26
investiture 643.3 ; 669.4 ; 686.6
invétéré 172.14 ; 195.10 ; 538.23
invincibilité 660.5

**invincible** 375.16 ;
630.21
**in-vingt-quatre** 765.2
*in vino veritas* 409.5
**inviolabilité** 626.3 ;
632.4
**inviolable** 481.14 ;
550.15 ; 626.12
**inviolé** 727.26
**invisibilité** 349
**invisible** 349 ; 10.10 ;
128.11 ; 481.14
**invisiblement** 349.8
**invitation**
incitation 225.5 ;
564.1 ; 565.2 ; 566.3
faire-part 581.10 ;
634.1
**invite**
incitation 225.5 ; 565.2
carte de jeu 872.9
**invité** 590.3
**inviter**
recevoir 207.15 ;
581.13 ; 687.20
inciter 455.5 ; 565.10 ;
634.12
t. des jeux de cartes
872.35
*inviter à* 34.13 ; 225.13
**invivable** 547.23 ;
582.10 ; 591.9 ; 625.10
**in vivo** 336.6
**invocateur** 484.18
**invocation** 484.6 ; 494.2
**invocatoire** 494.22
**involontaire** 537.12
**involontairement**
537.17
**involucelle** 288.5
**involucre** 137.5 ; 288.5
**involuté** 286.27
**involution**
enchevêtrement 77.1
t. de géométrie 146.12
t. de biologie 317.2
*involution tumorale*
388.6
**invoquer** 37.9 ; 521.4
**invraisemblable** 40.8 ;
55.14
**invraisemblance** 29.2 ;
40.1
**invulnérable** 375.16 ;
550.15
**Io** 232.10
**iode** 230.7 ; 394.6 ; 395.6
**iodémie** 332.17
**iodisme** 389.2
**iodler** ou **jodler** 784.24
**iodo-** 230.29

**ioduration** 230.14
**iodure**
*iodure de magnésium*
394.6
*iodure de plomb* 264.2 ;
358.2
*iodure de potassium*
394.6
*iodure de sodium* 394.6
**iole** 128.18
**ion** 230.2 ; 235.4
**Ion** 500.41
**Ioniens** 306.16
**ionique** 230.24
*ordre ionique* 777.5
**ionisation** 230.14 ;
231.6 ; 235.5
**ioniser** 230.20 ; 231.11
**ionogramme** 332.14
**ionone** 372.6
**ionosphère** 232.22 ;
255.2
**Iord** 500.36
**iota**
*à un iota près* 79.16
*pas un iota* 2.4
*ne pas changer d'un
iota* 171.11
**iotacisme** 746.3
**ipéca** 394.9
**ipécacuana** 394.9
**ipidés** 301.2
**ipomée** 856.19
**ips** 301.3
*ipse* 307.2
**ipséité** 15.5 ; 307.3
**ipso facto** 34.18
*ipso jure* 713.61
**-ique** 230.30
**-iquet** 128.18
**ir-** 2.15 ; 10.14
**Irakien** 676.8
**Iranien** 676.8
**irascibilité** 447.3 ; 471.3
**irascible** 447.11 ;
471.11 ; 547.23
**ire** 471.1
**irénisme** 477.25
**iridacée** 288.17
**iridescence** 362.1
**iridescent** 362.12
**iridium** 230.7
**iridocyclite** 383.28
**iridomyrmex** 301.7
**irien** 346.28
**iris**
fleur 288.17 ; 372.4
de l'œil 346.6
**Iris**
*écharpe d'Iris* 273.6 ;
350.17 ; 362.6

**irisation** 350.5 ; 362.4
**irisé** 362.12
**irisement** 362.4
**iriser** 350.28 ; 362.9
**iritis** 383.28
**Irlandais** 676.5
**iroko** 286.18
**ironie** 454.2 ; 736.5 ;
752.4 ; 752.5
**ironique** 454.16
**ironiquement** 454.18
**ironiser** 454.11
**ironiste** 750.8
**iroquois**
n.
langue 77.10
adj.
*à l'iroquoise* 867.20
**Iroquois** 306.7
**irradiant** 345.14
**irradiation** 209.1 ; 231.7
**irradier** 231.12 ; 241.17 ;
350.28
**irraisonné** 399.11
**irrationalité** 733.3
**irrationnel** 399.11
*équation irrationnelle*
116.2
**irréalisable** 40.8
**irréalisation** 2.1
**irréalisé** 2.8
**irréalisme** 399.2
**irréaliste** 40.8
**irréalité** 2.1 ; 4.1
**irrecevabilité** 711.17
**irrecevable** 520.16
**irréconciliable** 603.15 ;
605.14
**irréconciliablement**
603.16
**irrécupérable** 40.8
**irrécusable** 409.19 ;
430.7
**irrédentisme** 671.16
**irrédentiste** 671.42
**irréductible** 73.15 ;
77.13
**irréel** 2.8 ; 4.6 ; 4.13 ;
404.13
**irréellement** 2.13 ; 4.17
**irréfléchi** 225.16 ;
399.11 ; 522.9 ; 537 ;
571.21 ; 573.12
**irréflexion** 537.1 ; 573.2
**irréfragable** 423.3 ;
430.7
**irréfutable** 409.19 ;
430.7 ; 525.14
**irrégularité**

manque de régularité
22.1 ; 25.2 ; 29.1 ; 84.1
anomalie 23.4 ; 55.1
aspérité 152.1
erreur 410.5
malhonnêteté 712.3
**irrégulier**
discontinu 25.9
anormal 55.13
inégal 84.10
disproportionné
437.10
capricieux 522.10
illégal 29.14 ; 712.15
**irrégulièrement** 29.16 ;
55.18 ; 62.19 ; 84.17 ;
712.18
**irréligieusement** 480.18
**irréligieux** 480.6
**irréligion** 480.1
**irréligiosité** 480.1
**irrémédiable** 466.11 ;
475.11
**irrémissible** 698.10
**irrémission** 603.1
**irremplaçable** 544.13
**irréparable** 466.11 ;
475.11
**irrépréhensible** 434.18 ;
693.9
**irréprochabilité** 434.2
**irréprochable** 30.12 ;
434.18 ; 436.15 ;
693.10 ; 695.15
**irréprochablement**
693.16
**irrésistible** 375.16 ;
444.7 ; 525.14
**irrésolu** 229.12 ; 431.15 ;
511.4 ; 511.9 ; 511.10 ;
511.11
**irrésolument** 431.21 ;
511.12
**irrésolution** 511 ;
431.1 ; 511.2
**irrespect** 627 ; 657.5
**irrespectueusement**
625.12 ; 627.17 ; 657.17
**irrespectueux** 627.14 ;
657.15
**irrespirable** 340.33
**irresponsabilité** 344.6
**irresponsable** 344.17
**irrévéremment** 627.17 ;
657.17
**irrévérence** 627.1 ;
627.4 ; 657.5
**irrévérencieusement**
627.17
**irrévérencieux** 627.14 ;
657.15

*jeton de présence* 9.7 ;
795.5
*faux jeton* 595.9 ;
595.16
n. pl.
*les jetons* 509.5 ; 472.1
*avoir les jetons* 472.14
**jet-set** 85.5
**jet-society** 85.5
**jet-stream** 273.8
**jeu** 872
série 64.5 ; 66.5
distraction 314.12 ;
467.5 ; 868.2
interprétation 738.4 ;
782.16 ; 783.20 ; 787.2
poésie 789.11
*double jeu* 17.3 ; 595.2
*jeu de bascule* 33.5
*jeu éducatif* 314.12 ;
415.5 ; 872.2
*jeu de l'oie* 872.15
*jeu d'orgue* 783.20
*jeu de patience* 446.6 ;
872.2
*jeu parti* 789.11
*jeux du cirque* 725.9 ;
791.1
*jeux pythiques* 497.8
*arriver comme un chien
dans un jeu de quilles*
27.6 ; 543.9
*avoir du jeu* 516.23
*c'est un jeu d'enfant*
546.17
*donner du jeu* 250.8
*farder son jeu* 595.13
*le jeu n'en vaut pas la
chandelle* 27.5
*entrer en jeu* 562.21
*mener le jeu* 622.9
*à beau jeu* 662.2
**jeu-concours** 768.4
**jeudi** 176.10
*semaine des quatre jeu-
dis* 105.3
**jeun (à)** 855.45 ; 706.6
**jeune** 194.12 ; 315.3 ;
315.11 ; 315.13 ; 696.8
*jeune loup* 643.6
*jeune marié* 682.18
*jeune premier* 315.5
**jeûne** 491.9 ; 698.1 ;
702.1 ; 706.2
*jeûne eucharistique*
491.9
*jeûne expiatoire* 497.6 ;
488
**jeunement** 194.15 ;
315.13
**jeûner** 698.7 ; 702.8 ;

706.5 ; 855.34
**jeunesse** 315 ; 177.1 ;
194.1 ; 314.1 ; 696.1
*erreur de jeunesse* 697.5
*seconde jeunesse* 315.1
*tendre jeunesse* 314.1
*Il faut que jeunesse se
passe* 315.9
*Si jeunesse savait, si
vieillesse pouvait* 317.2
**jeunet** 314.20
**J.H.S. → I.H.S.**
**ji** 489.2
**jiao** 839.10
**Jicarillas** 306.7
**jingle** 768.4
**jingtu** 489.2
**jingxi** 781.3
**jiu-jitsu** 870.15
**Jivaros** 306.8
**JKa** 342.10
**JKb** 342.10
*jnana marga* 490.7
**joaillerie** 866.18
**joaillier** 258.14 ; 866.19
**job** 792.4
**jobard** 399.5 ; 728.11
**jobarderie** 397.2
**jobardise** 397.2
**jobber** 842.25
**jobelin** 397.13 ; 399.5 ;
739.3
**Jocaste**
*complexe de Jocaste*
77.4
**jockey** 791.10 ; 870.56
**jocrisse** 569.6 ; 645.4
**jodhpurs** 870.77
**jodler → iodler**
**jodo** 489.2
**jogging** 862.17 ; 870.4
**joie** 463 ; 442.2 ; 444.1 ;
465.4 ; 467.1 ; 469.1
*feu de joie* 256.3 ;
463.6 ; 687.12
*les joies de* 562.23
*faire la joie de* 467.11 ;
469.7
*à cœur joie* 463.18
**joindre** 13.6 ; 66.15 ;
73.13 ; 90.11 ; 97.15 ;
98.13 ; 199
*joindre à* 67.12
*joindre l'utile à l'agréa-
ble* 544.5
*joindre le geste à la
parole* 97.15 ; 730.20
*joindre les deux bouts*
844.14 ; 845.27 ; 830.11

**joindre (se)** 90.14 ;
97.16 ; 583.12 ; 562.21 ;
562.29
**joint**
drogue 390.12
**joint**
n.m.
90.5 ; 97.6 ; 800.12 ;
807.7 ; 808
*joint de culasse* 817.3
*joint tournant* 808.21
*joint vif* 807.7
adj.
67.17 ; 90.16 ; 97.18
**jointeuse** 807.15
**jointif** 97.20
**jointoyer** 90.12 ; 140.13
**jointure** 90.5
*faire la soudure ou la
jointure* 61.17
**jojo**
*affreux jojo* 314.4
**jojoba** 287.7
**joker** 872.4
**joli** 436.17 ; 600.13
**joliesse** 436.2
**joliet** 436.16
**joliment** 87.32 ; 434.19 ;
598.12
**jonc**
plante 290.8
objet 808.20 ; 866.2
*jonc des chaisiers* 290.8
*jonc fleuri* 288.12
*jonc marin* 290.8
*comme un jonc* 142.11
**joncer** 850.35
**jonchée**
fromage 861.2
**jonchée**
couche 69.5 ; 135.3 ;
288.2
**joncher** 137.14 ; 288.42
**jonchère** 290.6
**jonctif** 97.20
**jonction** 90.1 ; 97.2 ;
199.2
*à la jonction de* 57.16
**jonglage** 791.8
**jongler** 791.21
**jonglerie**
numéro d'adresse
570.7 ; 791.8
**jongleur** 226.12 ; 791.15
**jonquille** 288.17
**Jordanien** 676.8
**jordanon** 295.11
**Joseph** 487.17
**Josué** 501.2
**jota** 786.6
**jouable** 39.10 ; 738.20

**jouasse** 463.14
**joubarbe** 288.33
**joue**
partie de meuble
850.21
pièce de bœuf 856.7
partie du visage 318.5
*avoir les joues roses*
382.7
*avoir les joues en feu*
241.21
*tendre l'autre joue*
446.9
**jouer**
risquer 44.8 ; 572.9 ;
44.8
prendre du jeu 265.24
importer 438.6
affecter 31.6 ; 595.14
duper 454.9 ; 595.14 ;
728.12 ; 728.15
d'un instrument
738.15 ; 781.44 ;
782.19 ; 783.30
tenir un rôle 787.27 ;
787.29
se divertir 467.9 ;
868.13 ; 872.32 ;
872.33 ; 873.16
un match 870.81
*carte à jouer* 764.1
*jouer à la Bourse*
842.29
*jouer au plus fin*
406.13
*jouer avec le feu*
256.28 ; 551.10 ; 573.11
*jouer avec sa santé*
573.11
*jouer avec sa vie* 551.10
*jouer des coudes*
319.12 ; 643.11
*jouer des orgues de
Turquie* 855.25
*jouer sur les mots*
736.10 ; 750.10
*jouer un tour de son
métier* 718.10
*en se jouant* 546.27
*faire jouer* 440.12
*c'est plus fort que de
jouer au bouchon* 80.13
**jouer (se)** 454.10 ;
569.9 ; 728.15
**jouet** 873
objet 314.12 ; 873.1
victime 628.10
**joueur** 870.40 ; 872.25 ;
872.40
*mauvais joueur* 872.25
**joufflu** 127.14 ; 314.19
**joug** 628.15 ; 628.16

**langueur**
  faiblesse 376.2 ; 383.7
  insensibilité 441.1
  paresse 445.3 ; 577.8
  ennui 458.1 ; 464.1
**languide** 441.14 ; 445.11
**languir**
  attendre 172.8 ; 457.7
  s'ennuyer 458.8 ;
  464.8 ; 529.12
  d'amour 600.16
  *languir après* 523.9
**languissamment**
  445.15 ; 529.18
**languissant**
  faible 376.20
  paresseux 445.11
  triste 464.12
  inactif 529.15
  d'amour 600.28
**languria** 301.3
**lanier** 297.12
**lanière** 129.5 ; 150.1
**lanostérol** 283.17
**lansquenet** 872.3
**lansquiner** 339.19
**lanterne**
  luminaire 350.12 ;
  852.13
  signal 730.14
  d'un clocher 777.11
  d'une automobile
  817.7 ; 852
  *lanterne chinoise* 852.12
  *lanterne magique*
  790.12 ; 873.10
  *lanterne rouge* 181.5 ;
  577.9 ; 719.3
  *lanterne d'Aristote*
  303.15 ; 330.4
  *lanterne des morts*
  688.18
  *éclairer la lanterne de
  qqn* 563.21
**lanterne-applique**
  852.11
**lanterneau** 852.12
**lanternement** 181.4 ;
  577.4
**lanterner**
  traîner 181.12 ; 577.14
  hésiter 457.7 ; 511.6
  flâner 529.9 ; 545.9
  *faire lanterner* 457.9
**lanternerie** 577.4
**lanternier** 852.20
**lanternon** 777.11 ;
  852.12
**lanthane** 230.7
**lantiponner** 745.23 ;
  760.10

**lanugo** 335.2
**lao** 739.14
**Laos** 306.13
**Laotien** 676.9
**lapageria** 288.17
**La Palice**
  *vérité de La Palice*
  409.4
**lapalissade** 409.4 ; 734.7
**laparoscopie** 391.12
**laparotomie** 392.14
**laper** 296.26 ; 855.25
**lapidaire**
  concis 759.7
  de pierre 258.14 ;
  866.19
  *musée lapidaire* 776.17
**lapidateur** 725.15
**lapidation** 658.8 ; 725.2
  *lapidation de saint
  Étienne* 774.5
**lapider**
  critiquer 637.13
  frapper 658.22 ; 720.22
  supplicier 725.22
**lapideur** 725.15
**lapidification** 258.13
**lapili** 237.7
**lapilleux** 289.23
**lapin**
  mammifère 296.5
  t. d'affection 600.13
  *se reproduire comme
  des lapins* 279.19
  *chaud lapin* 341.23
**lapiner** 296.28 ; 313.20
**lapinière** 813.8
**lapis-lazuli** 258.4
**Laplace** 232.28
**lapon** 739.14
**Lapons** 306.15
**laps** 480.8
  *laps de temps* 185.1
**lapsang** 859.5
**lapsus** 403.2 ; 745.3 ;
  746.6
  *lapsus calami* 739.5 ;
  762.9
  *lapsus linguæ* 739.5
**laquage** 867.10
**laquais** 628.9 ; 629.7
**laque** 137.6 ; 773.5
  *laques brunes* 356.2
**laqué** 291.6
**laquer**
  couvrir 137.15
  un canard 856.37
  une chevelure 867.15
**laraire** 493.4
**larbin** 628.9 ; 629.7

**larcin**
  imitation 31.1
  vol 717.7
**lard** 856.7
  *gros lard* 127.6
  *tête de lard* 625.4 ;
  630.9
  *l'avoir dans le lard*
  658.16
  *faire du lard* 127.9 ;
  445.8 ; 529.9
  *ne pas savoir si c'est
  du lard ou du cochon*
  17.15
**lardage** 131.7
**larder**
  mêler 147.14
  couper 387.14
  railler 627.9
  t. de serrurerie 809.27
  t. de gastronomie
  856.37
  t. de jeux 872.39
  *larder de coups* 387.19
  *larder de coups de cou-
  teau* 658.18
**lardoire**
  arme 664.3
  instrument 851.30
**lardon**
  enfant 314.3
  sarcasme 454.4
**lardu** 716.9 ; 721.7
**larentie** 301.11
**lares**
  *dieux lares* 500.2 ;
  678.10
**Lares** 311.9 ; 500.23
**largable** 208.11
**largade** 275.6
**largage** 208.1
**largando** 782.25
**large**
  n.m.
  271.7
  *au large* 125.5 ; 130.17
  *prendre le large* 200.9 ;
  202.8
  adj.
  étendu 123.10 ; 125.6 ;
  744.3
  généreux 710.11
  *en large* 123.12
  *en large et en travers*
  123.12 ; 125.9
  *en long et en large*
  124.14 ; 125.9
**largement**
  beaucoup 78.17 ;
  87.29 ; 829.24

  amplement 125.9
  facilement 546.30
**largesse** 710.1 ; 826.1
  *largesses* 710.3
  *faire largesse* 710.7
**larget** 805.7
**largeur** 125 ; 123.2
  *dans les grandes lar-
  geurs* 125.9
**larghetto** 125.13 ;
  577.23 ; 782.25
**largo** 125.13 ; 577.23 ;
  781.35 ; 782.25
**largonji** 739.3
*largo sensu* 125.12
**largue** 275.5
  *grand largue* 275.5
  *petit largue* 275.5
**larguer**
  éjecter 208.8
  se défaire de 513.7
  abandonner 539.12
**laricio** 286.16
**lariformes** 297.4
**larigot** 783.7
**larme**
  quantité 69.5 ; 79.3 ;
  128.4 ; 859.15
  goutte 252.3
  pleur 333.4 ; 345.6
  t. d'architecture 777.21
  *larmes* 464.3
  *larmes d'argent* 311.7 ;
  688.20
  *larmes de crocodile*
  595.7
  *larmes de sang* 345.6
  *en larmes* 464.11
  *arracher des larmes*
  609.10
  *avoir les larmes aux
  yeux* 464.9
  *faire venir les larmes
  aux yeux* 609.10
  *sécher les larmes* 473.4
**larme-de-Job** 290.7
**larmer** 333.11
**larmichette** 128.4
**larmier**
  orifice 296.21
  de l'œil 346.6
  t. de menuiserie 807.10
**larmoiement** 347.4
**larmoyant**
  pleurant 347.19
  triste 464.11
  *comédie larmoyante*
  787.5
**larmoyer** 333.11 ; 464.9
**larra** 301.7
**larron** 717.9

*il ne faut pas remettre
au lendemain ce qu'on
peut faire le jour même*
178.12
**lendit** 827.12
**lendore** 445.5
**lénifiant** 448.15 ;
473.11 ; 531.14
**lénifier** 448.7
**léninisme** 671.5
**léniniste** 671.35
**lénitif** 448.15 ; 473.11
**lent**
long 172.13
paresseux 445.11 ;
577.17
modéré 579.16
**lente** 301.20
**lentement** 172.18 ;
190.15 ; 577.23
**lenteur** 577 ; 172.4 ;
579.1
*lenteurs* 181.1
*lenteur d'esprit* 397.2
**lenticulaire**
t. d'optique 234.19
t. de zoologie 303.19
*noyau lenticulaire*
326.10
*os lenticulaire* 329.7 ;
363.3
**lentigineux** 383.67
**lentigo** ou **grain de
beauté** 356.5 ; 383.16
**lentille**
verre 234.3 ; 775.4
*lentilles* 347.7
graine 289.7
*lentille additionnelle*
234.7
*lentille de contact* ou
*lentille cornéenne* 234.8
*lentille d'eau* 290.8
*lentille de Fresnel* ou
*lentille à échelons* 234.3
**lentisque** 287.6
**lentivirus** 284.3
**lento** 577.23 ; 781.35 ;
782.25
**lenzite** 291.9
**leone** 839.8
**Léonides** 232.12
**léonin**
du lion 296.31
fier 610.10
abusif 569.13 ; 712.13
*clause léonine* 84.2
**léontiniidé** 296.4
**léontocéphale** 296.31
**léontodon** 288.10
**léopard** 296.7

**lépadomorphes** 302.2
**Lepchas** 306.13
**lépidendron** 237.23
**lépidium** 288.26
**lépidocrocite** 262.4
**lépidodendracée**
286.11 ; 290.9
**lépidodendrales** 285.4
**lépidodendron** 290.9
**lépidolite** 259.5
**lépidoptère** 295.25 ;
301.1 ; 301.10 ; 301.11
**lepidosaphes** 301.5
**lépidosauriens** 299.1
**lépidosirène** 298.5
**lépidostée** 298.5
**lépidotriche** 298.9
**lepidurus** 302.3
**lépilémur** 296.14
**lépiote** 291.6
**lépisme** 301.16
**lépisostée** 298.5
**lépisostéidé** 298.3
**léporidé** 296.3
**léporin** 298.5
**lépospondyles** 300.2
**lèpre**
maladie 383.17
vice 700.1
**lépreux** 383.67
**lépromateux** 388.12
**léprome** 388.3
**léproserie** 393.21
**leptidea** 301.3
**leptoconops** 301.9
**leptocorise** 301.5
**leptocyte** 332.3
**leptodactyle** 300.3
**leptoméduse** 303.12
**leptoméninge** 326.18
**lepton** 231.3
**leptopsylla** 301.16
**leptospirose** 383.35
**leptosporangiée** 290.9
**leptosyne** 288.10
**lepture** 301.3
**leptusa** 301.3
**lernée** 302.3
**lérot** 296.5
**lès** ou **lez** 161.16
**lesbianisme** 341.14
**lesbien** 341.47
**lesbienne** 341.18
**lèse-humanité**
*crime de lèse-humanité*
720.6
**lèse-majesté**
*crime de lèse-majesté*
483.3 ; 720.5

**lésènes** 777.21
**léser** 387.14
**lésine** 709.1
**lésiner** 79.6 ; 709.5
*ne pas lésiner* 710.10
**lésinerie** 709.1
**lésineur** 709.9
**lésineux** 709.9
**lésion** 383.42 ; 387.1
*lésion tumorale* 388.1
**lésionnel** 383.82
**lessivage** 854.2
**lessive** 854.14
*faire la lessive* 854.32
**lessivé** 237.28
**lessiver** 854.27
**lessiveuse** 380.6
**lest** 135.4 ; 239.5
**lestage** 239.8 ; 264.8
**leste** 240.13 ; 570.18
**lester** 135.7 ; 239.15 ;
262.17 ; 264.10
**lester (se)** 707.6 ; 859.27
**lestes** 301.14
**lestesse** 240.1
**let** ou **net** 870.14
**létal** 311.39
*dose létale* 390.11
**létalité** 311.4
**letchi** 286.20
**léthargie**
inconscience 311.11 ;
344.3 ; 441.5 ; 450.7
sommeil 378.4
paresse 529.2
**léthargique** 344.15
**Léthé** 311.8 ; 401.6 ;
506.8
**lethrus** 301.3
**Léto** 500.33
**lette** 739.14
**letterset** 763.5
**Letton** 676.6
**lettrage** 744.9
**lettre** 744
caractère 739.6 ; 740.3 ;
742.8 ; 762.3 ; 765.13
correspondance 726.5 ;
770.1
*lettres* 407.6
*lettre chargée* 770.2
*lettre grise* 744.4
*lettre rouge* 265.11
*à la lettre* 732.20 ;
744.22
*après la lettre* 744.23
*avant la lettre* 59.24 ;
180.10 ; 744.23
*en toutes lettres* 734.18 ;
744.23

*au pied de la lettre*
744.22
*talus d'une lettre* 132.13
*écrit en lettres de feu*
400.15
*lever la lettre* 744.17
*recevoir ses lettres de
noblesse* 639.17 ; 646.22
*rester lettre morte*
545.11
**lettré** 407.16
**lettre-chèque** 770.4
**lettre-missive** 770.2
**lettrine** 744.4 ; 778.7
**lettrisme** 744.5 ; 789.2
**leu** 839.8
**leuc-** 353.17
**leucanie** 301.11
**leucanthemum** 288.10
**leucémie** 383.19
**leucémique** 383.68
**leucine** 283.10
**leucite** 259.5
**leuco-** 332.34 ; 353.17
**leucobryum** 292.4
**leucocytaire** 332.29
**leucocytes** 332.2 ;
332.4 ; 342.13
**leucocytose** 383.19
**leucoderme** 306.3
**leucodermie** 334.2
**leuco-encéphalite**
383.14
**leucoma** ou **leucome**
347.4 ; 383.28
**leucopénie** 383.19
*leucopénie infectieuse*
383.48
**leucopénique** 383.68
**leucophérèse** 332.13
**leucopis** 301.9
**leucoplasie** 383.17
**leucopoïèse** 332.10
**leucopoïétique** 332.31
**leucorrhée** 333.4
**leucorrhéique** 325.36
**leucose** 383.19
**leucosine** 293.2
**leucospis** 301.7
**leucosporé** 291.16
**leucothoé** 287.5
**leucotomie** 326.24 ;
392.14
**leucotoxique** 389.15
**leucotrichie** 335.10
**leurre**
artifice 399.4 ; 555.9 ;
656.16
appât 814.15

borner 136.7
modérer 579.12
**limiter (se)** 701.8
*se limiter à* 136.11 ;
399.8
**limitrophe** 136.13 ;
161.11 ; 199.15
**limnée** 303.3
**limnicole** 282.16 ;
295.23
**limnocharis** 288.36
**limnoria** 302.3
**limodorum** 288.21
**limogé** 644.12
**limogeage** 63.10 ;
644.1 ; 792.10
**limoger** 644.6 ; 792.23
**limon**
roche 811.7
d'un escalier 848.29
**limonade** 859.8
**limonadier** 859.20
**limonage** 257.12
**limonaire** 783.13
**limoner** 856.38
**limoneux** 257.26
**limonier** 296.11
**limonière** 816.14
**limonite** 259.5 ; 262.4
**limoselle** 288.22
**Limousin** 268.11
**limousinage** 137.8
**limousine** 817.6
**limpide**
transparent 252.17 ;
350.35
intelligible 398.13 ;
546.19 ; 734.15
**limpidité**
transparence 350.9
intelligibilité 734.2
**lin**
huile 267.4
fleur 288.14
tissu 810.2
*bleu de lin* 360.8
**linacées** 288.14
**linaigrette** 290.8
**linaire** 288.22
**linaloé** 286.19
**linceul** 688.20
**lincomycine** 394.5
**lindane** 394.5
**lindor** 872.3
**linéaire**
n.m.
t. de commerce
827.13 ; 828.13
adj.
continu 61.25 ; 148.12

t. de botanique 286.27
*forme linéaire* 122.4
**linéairement** 148.14
**linéal**
adj.
148.12
**linéale**
n.
744.8
**linéament** 141.2
*linéaments* 56.12 ; 534.2
**linéamentaire** 56.26 ;
148.12
**linéarité** 148.2
**linéature** 148.1
**linéique**
*masse linéique* 70.8
**liner** 819.4
**lineus** 304.2
**Linga** 490.15 ; 500.43
**lingam** 490.15
**linge** 862.13
*beau linge* 614.7 ;
646.16
**linger** 864.28
**lingère** 848.39 ; 854.24
**lingerie**
lieu 848.24
vêtement 862.13
couture 864.1
**lingette** 810.4
**lingot** 805.7
*lingot d'or* 260.5
**lingoter** 805.16
**lingua franca** 739.2
**linguale** 331.8
*papilles linguales* ou
*gustatives* 373.7
**lingue**
poisson 298.6
arme 664.3
**linguiforme** 286.27
**linguiste** 739.12 ; 740.16
**linguistique** 478.8 ;
739.7 ; 739.18 ; 740.1 ;
742.31
*unité linguistique* 73.4
**linguistiquement**
739.22
**lingula** 326.7
**lingule** 304.2
**linière** 811.10
**liniment** 267.6 ; 394.15
**linnæa** 288.28
**linnéen** 49.7
**linnéon** 295.11
**linogravure** 763.5
**linoléique** 283.7
**linoléum** 137.7
**linon** 810.3

**linotte** 297.8
*tête de linotte* 318.7 ;
401.5 ; 403.3
**Linotype** 763.14 ; 800.9
**linotypiste** 763.16
**linsang** 296.7
**linteau**
soutien 132.10 ; 159.4
d'une cheminée
853.16
**lio-** 155.12
**liode** 301.3
**liolème** 299.5
**lion**
mammifère 296.7
homme brave 375.5
*lionne* 615.7
*à la lionne* 867.20
*lion d'or* 260.11
*tourner comme un lion
dans sa cage* 458.8
**Lion**
constellation et signe
zodiacal 176.9 ;
256.13 ; 232.15
*Petit Lion* 232.15
**liondent** 288.10
**liotheum** 301.16
**liothyronine** 394.5
**lioube** 807.10
**Lipans** 306.7
**liparidés** ou **lymantriidés** 301.10
**liparus** 301.3
**lipase** 338.13
**lipectomie** 392.13
**lipeure** 301.16
**liphistiomorphes** ou
**mésotèles** 301.12
**lipide** 283.6 ; 395.5
**lipidémie** 332.17
**lipidique** 283.33 ; 395.11
**lipo-** 127.19 ; 283.35
**lipogenèse** 283.26
**lipogramme** 744.5
**lipoïde** 283.6 ; 395.5
**lipoïdique** 283.33
*néphrose lipoïdique*
383.24
**lipolyse** 283.26 ; 338.1
**lipomateux** 383.82
**lipome** 388.3
**liponéogenèse** 283.26
**lipophile** 283.33
**lipophobe** 283.33
**lipoprotéine** 283.8
**lipoprotéique** 283.33
**lipoptène** 301.9
**liposarcome** 388.4
**liposoluble** 283.33

**liposuccion** 393.12
**lipothymique** 383.66
**lipotyphle** 296.3
**lippe** 318.5
**lippée** 855.9
*franche lippée* 855.3
**lippia** 287.6
**lipurie** 339.10
**liquation** 252.2 ; 805.5
**liquéfaction** 241.8 ;
252.2 ; 253.10
**liquéfiable** 253.22
**liquéfier** 252.8 ; 253.13
**liquéfier (se)** 241.19 ;
252.14
**liquette** 862.7
**liqueur**
humeur 252.4
médicament 394.15
alcool 859.13
t. de chimie 230.3
*liqueur séminale* 333.4
*verre à liqueur* 851.5
**liquidambar** 286.19
**liquidation**
destruction 557.9
solde 833.4
t. de bourse 842.17
*liquidation judiciaire*
836.11
*liquidation de l'impôt*
846.15
**liquide** 252
n.m.
corps 252.1
consonne 365.8
adj.
252.16
*en liquide* 795.18
**liquider**
détruire 557.23
annuler 561.10
solder 833.10
**liquidien** 246.13 ; 252.16
**liquidité** 839.1 ; 839.15
**liquor** 332.7
**liquoreux** 252.17
**lire**
n.f.
unité monétaire 839.8
*lire vaticane* 839.8
**lire**
v.
un énoncé 738.13 ;
744.16
un livre 765.25
retransmettre 771.17
une partition 782.20
*lire l'avenir* 485.15
**lis** ou **lys** 288.17
*lis de mer* 303.9

*la taille* 295.13
*loi d'inertie* 229.1
*loi de Boyle-Mariotte* 209.8
*loi de Charles* 253.3
*loi de compensation* 99.2
*loi de composition interne* 122.4
*loi de Dalton* 94.2
*loi de finance* 845.5
*loi de Gay-Lussac* 209.8 ; 253.3
*loi de l'attraction universelle* 223.2
*loi de la jungle* 375.6
*lois de l'hérédité* 280.14
*loi de Mariotte* 253.3
*lois de Mendel* 280.14
*loi de Proust* 94.2
*loi de proximité* 161.5
*loi des aires* 197.14
*loi du moindre effort* 546.11
*loi du plus fort* 375.6
*loi du talion* 20.6 ; 659.2
*loi morale* 478.18 ; 631.4 ; 690.2 ; 691.1
*loi mosaïque* 486.3
*loi naturelle* 476.1
*homme de loi* 711.19 ; 713.47 ; 714.8
*Tables de la Loi* 486.3
*nul n'est censé ignorer la loi* 713.55
*appliquer la loi* 722.29
*faire loi* 621.18
*faire la loi* 621.14
*tenir sous sa loi* 623.15
**loi-cadre** 713.30
**loin** 130.17 ; 156.15 ; 162.13 ; 200.14
*loin de* 200.17 ; 224.19
*de loin en loin* 158.11 ; 162.15 ; 172.20
*de loin* 200.15
*il y a loin de* 162.10
*aller loin* 540.15
*aller trop loin* 80.7 ; 219.9 ; 569.10
**lointain** 162.7 ; 200.5 ; 788.3
*vision lointaine* 346.2
**lointainement** 162.14
**loi-programme** 713.30
**loir**
mammifère 296.5
dormeur 378.12
**loisible** 823.23
**loisiblement** 516.39
**loisir** 39.4 ; 516.7 ; 531.6

*activité de loisirs* 868.1
*homme de loisir* 529.8
*avec loisir* 172.18
*à loisir* 172.18 ; 516.39
*être de loisir* 529.10
**Loki** 500.27
*lola rossa* 856.20
**lolo** 860.1
*lolos* 323.2
**Lomas** 306.11
**lombago** 383.11
**lombaire** 322.10 ; 328.13 ; 329.10
*région lombaire* 322.2
**lombalgie** 383.11
**Lombards** 306.16
**lombes** 322.2
**lombo-sacrée**
*charnière lombo-sacrée* 329.24
**lombostat** 322.4 ; 393.19
**lombotomie** 392.14
**lombric** 304.2
**lombrical**
*muscles lombricaux* 328
**lombricole** 813.32
**lombriculteur** 813.22
**lombriculture** 813.2
**loméchuse** 301.3
**lonchæa** 301.9
**long**
dans l'espace 124.11
dans le temps 172.13
ennuyant 458.12
lent 577.21
prolixe 760.11
*long comme un jour de jeûne* 172.13 ; 458.12
*long comme un prêche* 172.13
*long comme une vielle* 577.21
*voyelle longue* 365.8
*au long* 124.14 ; 172.18
*de long en large* 124.14 ; 125.9
*tomber de tout son long* 214.17
*en long, en large et en travers* 123.12 ; 125.9
**longanier** 286.21
**longanime** 446.14 ; 587.11 ; 638.16
**longanimité** 446.3 ; 587.2 ; 638.3
**long-courrier** 820.3
**longe**
corde 150.2 ; 870.77
t. de gastronomie 856.7

**longer** 124.9 ; 132.17 ; 161.8 ; 167.11 ; 199.12
**longeron** 806.33 ; 818.10
**longévité** 172.1 ; 310.8 ; 382.3
**longi-** 124.16
**longicornes** 301.2
**longiface** 124.12
**longiforme** 124.12
**longiligne** 124.12
**longimétrie** 124.6
**longipenne** 124.12
**longistyle** 124.12
**longistylé** 288.46
**longitarse** 301.3
**longitude** 156.6
**longitudinal** 124.11
**longitudinalement** 124.13
**long-métrage** 790.5
**longrine** 818.3
**longtemps** 172.17
*aussi longtemps que* 182.15
*avant longtemps* 60.26
*il n'y a pas si longtemps* 177.19
**longue**
jeu de boules 872.22
**longue**
*à la longue* 172.21 ; 190.15 ; 512.5
**longuement** 172.17 ; 577.26
**longuet** 172.13 ; 458.12 ; 760.11
**longueur** 124
quantité 69.2
mesure 70.26 ; 123.2
durée 172.1 ; 760.1
pl.
*longueurs*
redites 545.6
lenteur 577.4
*longueur d'onde d'une lumière* 350.23
*à longueur de journée* 61.28
*à longueur de temps* 173.14
*faire traîner en longueur* 181.9 ; 577.13
**longue-vue** 234.4
**look** 863.1
**looping** 820.6 ; 870.34
**lopéramide** 394.5
**lopette** 341.18
**lopezia** 288.19
**loph-** 335.25
**-lophe** 335.26
**-lophidé** 335.26

**lophiidé** 298.3
**lophira** 286.18
**lopho-** 335.25
**lophodonte** 330.31
**lophogastridés** 302.2
**lophophore** 304.4
**lophoptéryx** 301.11
**lophus** 298.28
**lophyre** 301.7
**lopin** 95.3
**loquace** 745.28 ; 757.8 ; 760.12
**loquacité** 745.8 ; 757.1 ; 760.2
**loque** 445.6
*loques* 862.2
*en loques* 830.23
**loquedu** 308.3
**loquet** 140.5 ; 809.4
**loqueteau** 809.12
**loqueteux** 830.23 ; 862.46
**loqui-** 745.35
**-loquie** 745.35
**lorazepam** 394.5
**lord** 646.18 ; 648.4
**lordose** 152.3 ; 322.3 ; 383.11
**lordosique** 383.65
**lorette** 615.7 ; 719.10
**lorgner**
voir 346.18
désirer 523.10 ; 608.6
**lorgnette** 234.4
*regarder les choses par le petit bout de la lorgnette* 128.8
**lorgnon** 234.8 ; 862.30
**lori** 297.10
**loricule** 297.10
**loriot** 297.8
**loriquet** 297.10
**loris** 296.14
**lorisidé** 296.14
**lorisiforme** 296.14
**lormerie** 809.2
**lormier** 809.25
**Lorrain** 268.11
**Lorraine**
*terre de Lorraine* 257.10
**lorry** 818.17
**lors** 35.10
*lors de* 186.11
**lorsque** 170.17 ; 186.12
**los** 636.2
**losange** 146.5
*losanges* 778.3
**loser** 541.8
**lot**

luxation 319.6 ; 329.26 ; 387.4
luxe 78.2 ; 80 ; 761.4 ; 829.3
*de luxe* 829.20
*tirage de luxe* 765.3
luxembourgeois 858.6
Luxembourgeois 676.5
luxer 387.14
luxmètre 350.25
luxueusement 829.23
luxueux 829.20
luxure 705 ; 341.7 ; 467.3 ; 697.2 ; 700.2 ; 703.1
luxuriance 78.1 ; 548.2
luxuriant 78.12 ; 238.12
luxurieusement 700.15 ; 705.13
luxurieux 467.18 ; 700.11 ; 703.11 ; 705.9
luzerne 288.27
luzernière 811.10
lüzong 489.2
luzule 290.8
LW 342.10
lyase 283.24
lyc- ou lyco- 296.34
lycanthrope 484.17
lycanthropie 484.7
lycaon 296.7
lycée 414.5 ; 478.26 ; 794.4
lycéen 414.15
lycène 301.11
lycénidés 301.10
lychee 289.16 ; 286.20
lychnis 288.8
lyciet 287.9
lyco- → lyc-
lycope 288.16
lycoperdon 291.6
lycopode 290.9
lycopodiale 290.9 ; 285.4
lycopodinée 290.9 ; 285.4
lycose 301.13
lycosidés 301.12
lycte 301.3
lyde 301.7
lydella 301.9
lydien
*mode lydien* 781.15
lygéidés 301.4
lygodium 290.9
lygus 301.5
lymantria 301.11
lymantriidés → liparidés

lymexylon 301.3
lymph- ou lympho 252.19 ; 332.34 ; 333.19
lymphadénectomie 392.13
lymphangiome 388.3
lymphatique 445.11
*vaisseau lymphatique* 332.8
lymphe 332.8 ; 333.4
lympho- → lymph-
lymphoblaste 332.4
lymphocytaire 332.29
lymphocyte 332.4 ; 342.13
lymphocytose 383.19
lymphogène 332.31
lymphogenèse 332.10
lymphogranulomateux 383.67
lymphographie 391.16
lymphoïde 336.10
lymphokine 342.14
lymphome 388.4
lymphopénie 383.19
lymphopoïèse 332.10
lymphosarcome 388.4
lynchage 725.3
lyncher 720.22
lyncheur 725.15
lynx 232.15 ; 296.7
lyoenzyme 283.23
lyonnais
n.f.
lyonnaise
jeu 872.22
adj.
*liturgie lyonnaise* 496.3
Lyonnais 268.11
lyophilisat 394.14
lyophilisation 245.3
lyophiliser 245.15
lyophobe 472.21
lyophobie 472.4
lypémanie 464.1
lypressine 394.5
lyre 783.3
*lyre de dilatation* 808.8
*toute la lyre* 64.4
Lyre 232.15
lyrée 286.27
Lyrides 232.12
lyrique
n.m.
784.18
adj.
romantique 451.9
vocal 784.29
poétique 789.27
lyrisme 451.5 ; 602.5

lys → lis
-lyse 283.36 ; 557.28
lyse 283.25 ; 336.8 ; 342.1
lyser 283.30 ; 383.56
lysergamide 390.8
lysimaque 288.24
lysimètre 806.29
lysine 283.10 ; 342.12
Lysithea 232.10
lysogène 284.18 ; 557.25
lysogénie 284.9
lysosome 336.2
lythracées 288.19
lytique
t. de biologie 283.33
t. de médecine 394.39 ; 557.25
*cocktail lytique* 392.20
lytoceras 303.5
lyxose 283.5

# M

Maât 500.13 ; 500.19
maba 286.21
Mabas 306.11
maboul 450.23
mac 719.4
maca 719.5
macabre 311.38 ; 688.37
*danse macabre* 774.3
macache 2.11 ; 418.19
macadam 806.36
macadamia 286.21
macaire 298.6
macaque
singe 296.14
laideron 437.4
macaranga 287.9
macareux 297.15
macaron
délateur 597.8
gâteau 858.5
passementerie 864.3
coiffure 867.3
macaroni 856.25
macaronique
*poésie macaronique* 789.2
Macassars 306.12
maccarthysme ou maccartisme 671.11
macchabée 311.16 ; 688.27
macédoine 98.5 ; 856.21

macération
infusion 252.5 ; 394.17 ; 856.4
*macérations*
mortifications 698.1
macéré 702.12
macérer
infuser 252.11
*macérer la chair*
mortifier 702.8
maceron 288.20
machaon 301.11
mâche 856.20
mâche-dru 707.4
mâchefer 96.3 ; 805.11
mâche-laurier 789.21
machelière 330.3
mâcher
mordre 330.23 ; 338.18 ; 855.25
faciliter 546.13
*mâcher le travail* 546.13
*ne pas mâcher ses mots* 734.10
machette 799.3
machiavélique 406.20
machiavéliquement 406.23
machiavélisme 406.7
mâchicoulis 139.6 ; 656.13
Machigangas 306.8
machinal 537.12 ; 568.27 ; 800.20
machinalement 403.10 ; 537.17 ; 568.35 ; 800.22
machinateur 536.8
machination 527.8 ; 534.4
machine 800
mécanique 233.9
ordinateur 772.3
engin 799.1
véhicule 815.9
*machine à calculer* 116.9
*machine à coudre* 800.8
*machine à écrire* 762.7
*machine à laver* 854.19
*machine à sous* 872.11
*machine de guerre* 655.9
*machine haut le pied* 818.10
*faire machine arrière* 164.10
machine-outil 799.1
Machine pneumatique
constellation 232.15
machiner 47.19 ; 534.13 ; 536.10 ; 556.7

machinerie 800.1
machinique 800.19
machinisme 800.3
machiniste
  au théâtre 788.10 ;
  790.27
  conducteur 800.2
machino 788.10
machinoir 799.15
machisme 622.4
machiste 308.4 ; 622.6
machmètre 70.26
macho 308.4 ; 622.6
mâchoire
  d'un insecte 301.17
  d'un mammifère 318.5
  d'un frein 817.9
  à machoires 871.5
mâchonner 330.23
mâchouiller 330.23
machozoïde 303.12
mâchurer
  mâcher 330.23
  noircir 354.10 ; 381.9
  déchirer 387.14
maclage 266.9
macle 258.10
maclé 258.20
macler 266.18
maclura 286.19
mâcon 859.12
mâconnais 859.12
maçonnerie 137.10
macrauchénidé 296.4
macre 288.12
macreuse
  canard 297.16
  morceau du bœuf
  856.7
macro- 127.19
macrobe 172.15
macrobien 172.15
macrobiotique
  n.f.
  395.2
  adj.
  395.12
macrobite 172.15 ;
  317.13
macrobrachium 302.3
macrocéphale 386.9
macrocéphalie 386.4
macrocéphalites 303.5
macrocheire 302.3
macrocosme 71.4
macrocystis 293.4
macrocyte 332.3
macroglie 327.9
macroglobuline 342.12

macroglobulinémie
  342.6 ; 383.19
macroglosse 296.10 ;
  301.11
macroglossidé 296.3
macromélie 386.4
macromère 281.5
macrophage 342.13
macrophagique 342.19
macrophotographie
  775.9
macropode
  n.m.
  298.5
  adj.
  298.22 ; 321.9
macropodidé 296.2
macropsie 347.2
macroscélididé 296.3
macrosiphum 301.5
macrosmatique 371.24
macrothylacea 301.11
macrotome 301.3
macroule 297.15
macroure 295.24
mactre 303.2
macula 346.6
maculature 381.2
macule 383.17
maculer 354.10 ; 381.9
maculeux 383.67
macumba 786.8
madame
  femme mariée 309.2 ;
  648.13
  entremetteuse 719.5
  madame X 307.8
madapolam 810.4
madéfaction 244.6
madéfier 244.13
madeleine
  fruit 289.11
  gâteau 858.6
madelonnette 499.11
mademoiselle 309.2 ;
  315.6 ; 648.13
  mademoiselle du Pont-
  Neuf 719.7
madhyamika 489.2
madi 267.4
madicole 282.16
madih 488.23 ; 494.16
Madis 306.11
madison 786.10
madone 487.17 ; 774.4
ma doué 748.2
madrasa 488.14 ; 495.10
madré
  tacheté 265.29
  rusé 406.19
madréporaire 303.12

madrier 159.4 ; 265.6
madrigal 784.13 ; 789.6
madrure 148.5 ; 265.3 ;
  285.16 ; 286.6
Madurais 306.12
maelström 215.10
maërl 811.7
maestà 774.4
maestoso 782.26
maestria 546.4 ; 570.3
maestro 570.8 ; 782.2
mafflu 127.14 ; 314.19
mafia ou maffia 583.7
  la Mafia 720.16
Magars 306.13
magasin
  entrepôt 207.9 ; 811.9 ;
  828.12
  boutique 794.13 ;
  827.11
  t. d'armement 664.10
  t. de photographie
  775.4
  magasin funéraire
  688.15
  grand magasin 827.11
magasinage 801.1 ;
  828.11
magasinier 801.16 ;
  828.16
magazine 766.4 ; 767.13
mage 232.27 ; 484.18
magenta
  n.m.
  357.2
  adj.
  357.12
magicien 484.18 ; 570.9 ;
  791.17
magicienne 301.15
magie 484 ; 791.11
  comme par magie
  546.27
Magindanaos 306.12
Maginot
  ligne Maginot 138.10
magique 484.24
  cercle magique 484.11
magiquement 484.30
magisme 476.6 ; 484.1
magister 414.14
magistère 414.7
magistral
  de maître 570.21
  t. de pharmacie 394.27
  cours magistral 414.10 ;
  751.7
magistralement 396.13 ;
  414.23 ; 570.22
magistrat 673.1 ; 714.9
magistrature 673.15 ;

714.17
magma
  salmigondis 98.5
  t. de géologie 237.7
magmatique 237.31
magnan 301.7 ; 301.20
magnanarelle 813.22
magnanerie 813.5
magnanier 813.22
magnanime 587.11 ;
  638.16 ; 646.26
magnanimement
  638.18 ; 646.32
magnanimité 587.2 ;
  638.3 ; 646.3
magnat
  ponte 85.10 ; 621.9
  titre de noblesse
  646.18 ; 648.4
magner (se)
  576.22
magnésie 259.5
magnésien 259.10
magnésioferrite 236.4
magnésium
  métal 230.7 ; 259.5
  oligo-élément 394.6 ;
  395.6
magnétimètre 236.7
magnétipolaire 236.14
magnétique 223.11 ;
  235.24 ; 236.14
  champ magnétique
  232.22 ; 236.5
  oxyde magnétique 262.5
  prospection magnétique
  802.3
magnétiquement
  235.27 ; 236.19
magnétisable 235.26 ;
  236.17
magnétisant 235.25 ;
  236.18
magnétisation 235.6 ;
  236.1
magnétisé
  aimanté 236.11
  fasciné 623.23
magnétiser
  aimanter 235.22 ;
  236.12
  hypnotiser 236.13 ;
  378.23
  fasciner 623.12
magnétiseur 236.10 ;
  378.14 ; 623.8
magnétisme 236
  aimantation 198.8
  attraction 223.1
  t. d'électricité 235.2
  hypnose 378.4

charisme 623.4
*subir le magnétisme de*
623.17
**magnétite** 223.6 ; 236.4 ;
258.4 ; 262.5
**magnétitite** 236.4
**magnéto-** 235.28 ;
236.20
**magnéto**
magnétophone 771.4
génératrice magnétoé-
lectrique 235.12 ;
236.7 ; 800.12
**magnétoaérodyna-**
**mique** 236.8
**magnétocassette**
365.13 ; 771.4
**magnétochimie** 230.1
**magnétodynamique**
236.8
**magnétoélectrique**
235.24
*machine magnétoélectri-*
*que* 235.12 ; 236.7
**magnétogramme**
771.12
**magnétohydrodyna-**
**mique** 236.8
**magnéto-ionique**
236.14
**magnétomètre** 235.11 ;
236.7
**magnétométrie** 236.8
**magnétométrique**
236.16
**magnéton** 231.4 ; 236.4
**magnéto-optique**
234.1 ; 236.8
**magnétophone** 365.13 ;
771.4
**magnétoscope** 771.6
**magnétoscoper** 771.16
**magnétoscopie** 236.8
**magnétosphère** 236.5 ;
255.2
**magnétosphérique**
236.14
**magnétostatique**
n.f.
235.2 ; 236.8
adj.
236.14
**magnétostratigraphie**
236.8
**magnétostricteur** 236.7
**magnétostrictif** 236.14
**magnétostriction**
235.6 ; 236.6
**magnétotellurique**
236.8
**magnétothèque** 771.13

**magnétothermique**
236.14
**magnétron** 236.7
**magnicide** 720.4
**magnificat** 494.9 ; 784.5
*chanter le magnificat à*
*matines* 180.9
**magnificence**
beauté 436.5
faste 639.4 ; 686.3 ;
761.4 ; 829.3
prodigalité 646.3
**magnifier** 432.4 ;
639.12 ; 641.13 ; 646.21
**magnifique** 87.18 ;
436.15 ; 639.28
**magnifiquement** 87.30 ;
641.30 ; 710.13
**magnitude** 232.23
**magnolia** 287.5
**magnoliacée** 287.3
**magnoliale** 287.3
**magnum** 859.17
**magot**
singe 296.14
laideron 437.4
trésor 717.7 ; 829.7 ;
844.7
figurine 776.6
**magouille** 694.4
**magouiller** 694.9
*Mahabharata* 500.8 ;
501.9
**mahaleb** 286.13
**maharadja, maharad-**
**jah** ou **maharajah**
648.4
**maharané, maharani** ou
**maharanie** 648.4
**Mahavamsa** 501.13
**mahayana** 489
**Mahdi** 488.22
**mahdisme** 488.2
**mahdiste** 488.7
**mah-jong** 872.14
**mahogani** 286.19
**Mahomet** 488.21
*pont de Mahomet* 505.2
**mahométan** 488.6
**mahométisme** 488.1
**mahonia** 287.5
**mahousse** 127.11
**mai**
mois 176.8
jeunesse 315.1
*le mai* 187.2
*arbre de mai* 286.4
*en mai fais ce qu'il te*
*plaît* 273.13
**Maia** 500.42
**maïdou** 286.20

**maie** 850.5 ; 857.10
**maïeuticien** 313.14
**maïeutique** 419.9 ;
478.22
**maigre**
n.m.
poisson 298.6
t. de navigation 271.15
t. de typographie 744.3
adj.
petit 79.9 ; 128.12
stérile 245.19 ; 797.12
amaigri 376.18
frugal 612.11 ; 616.7 ;
706.8
adv.
706.11
*faire maigre* 706.5 ;
855.34
**maigrelet** 128.12 ;
376.18
**maigrement**
*traiter maigrement*
591.4
**maigrichon** 376.18
**maigriot** 376.18
**maigrir** 89.9
**mail**
promenade 779.2
marteau 799.17
voie de circulation
849.14
jeu 872.22
**mail-coach** ou **mail**
816.14
**mailing** 768.5 ; 770.9
**maillage**
entrelacement 147.5
interconnexion électri-
que 235.16
**maille**
moucheture 362.2
boucle de fils entrela-
cés 864.12
pièce de monnaie
839.12
t. d'électricité 235.16
*avoir maille à partir*
*avec* 547.16
**maillé** 362.11
**maillechort** 261.2
**mailler**
entrelacer 147.14
moucheter 362.8
**maillet** 227.15 ; 776.14 ;
799.18 ; 808.19
**mailloche**
outil 776.14 ; 799.18
*mailloches* 783.9
**maillot** 862.14
*maillot de bain* 862.17

**maillotin** 267.9
**maillure** 265.3
**main** 320
agent 36.4
membre 319.2 ; 374.5
style 538.8
registre de comptabi-
lité 845.16
t. de papeterie 763.12
t. de sports 870.11
t. de jeux 872.7
*main de fatma* 484.10 ;
866.10
*main de fer* 262.26
*main de justice* 621.13 ;
711.24
*à main droite* 168.9
*à main gauche* 169.12
*à belles mains* 710.13
*à pleines mains* 78.20
*de longue main* 172.19 ;
320.22
*des deux mains* 636.13
*sous la main* 161.12
*de la main de* 562.39
*de la main gauche*
681.18
*de main de maître*
434.21 ; 570.22
*de main en main*
320.22
*main courante* 138.7 ;
848.29
*main dans la main*
90.20 ; 428.11
*belle main* 762.4
*petite main* 320.4 ;
864.22
*creux de la main* 153.9
*lignes de la main*
148.6 ; 320.2
*magie de la main gau-*
*che* 484.2
*mariage de la main*
*gauche* 682.12
*tour de main* 50.4 ;
434.6 ; 570.5
*vol à main armée*
717.4 ; 720.10
*vote à main levée* 672.8
*avoir en main* 621.17
*accorder la main de sa*
*fille* 682.25
*avoir la main* 570.14
*avoir la main heureuse*
548.10
*avoir la main*
*malheureuse* 571.16
*avoir la main lourde*
722.29 ; 856.37
*avoir la haute main sur*
85.13 ; 631.21

**massicot**
machine 763.14 ;
800.10
**massicoter** 763.20 ;
800.18
**massif**
n.m.
270.3 ; 779.8 ; 812.17
adj.
127.13 ; 238.11 ;
239.20 ; 259.14
*or massif* 260.2 ; 358.2
**massique** 70.8
**mass media** ou **mass-media** 726.10
**massorah** ou **massore**
486.7 ; 501.3 ; 486
**massorète** 486.7
**massorétique** 486.31
**massue** 227.15 ; 664.4 ;
665.1
t. d'entomologie 301.17
*coup de massue* 549.2
*herbe aux massues*
290.9
**mast-** 323.14
**mastaba** 493.4 ; 688.15
**mastard** 375.5
**mastic** 352.28 ; 410.7
**masticateur** 326.4 ;
800.9
**mastication** 330.17 ;
338.12
**masticatoire** 333.13
**mastiquer**
coller avec du mastic
137.15 ; 140.13
mâcher 330.23 ;
338.18 ; 855.25
**masto-** 323.14
**mastoc** 127.13
**mastodonte** 127.6 ;
237.23 ; 296.4
**mastoïde** 329.5
**mastoïdectomie** 392.13
**mastoïdien** 328.13
**mastoïdite** 383.30
**mastologie** 323.6
**mastologue** 323.7
**mastopathie** 323.5
**mastroquet** 859.20
**masturbateur** 341.22
**masturbation** 341.16
**masturbatoire** 341.44
**masturber** 341.35
**m'as-tu-vu** 617.4
**masure** 848.3
**mat**
adj.
dépoli 155.1 ; 334.14 ;

352.27 ; 353.15 ; 365.30
*or mat* 260.2
**mat**
adj.
aux échecs 872.14
**mat'**
matin 188.1
**mât**
*mât de charge* 801.9
*mât de cocagne* 687.12
*mât de levage* 211.9
*mât de manutention*
801.9
**Matabélés** 306.11
**matabiche** ou **mata-bich** 826.4
**Matacos** 306.8
**mataf** 663.12
**matamata** 299.9
**matamore** 617.4
**matassin** 750.7
**matav** 663.12
**match** 687.6 ; 870.38
**matchiche** 786.10
**maté** 287.7 ; 859.7
**matelas** 75.6 ; 844.7 ;
850.16
**matelassage** 850.28
**matelassé** 810.33 ;
850.38
**matelassier** 850.31
**matelassure** 135.4
**matelot** 814.19 ; 819.21
**matelote**
danse 786.9
mets 856.14
*mater* 680.2
*mater familias* 680.1
**mater**
regarder 346.18
réprimer 415.8 ; 448.9 ;
622.10 ; 702.8 ; 580.17
t.de jeux 872.36
t. de plomberie 808.23
**matérialisation** 3.5 ;
11.2 ; 231.6 ; 348.4 ;
484.8 ; 538.4
**matérialiser** 3.6 ; 5.5 ;
538.15 ; 731.7
**matérialiser (se)** 3.7 ;
538.18
**matérialisme** 3.3 ; 3.4 ;
233.1 ; 478.13 ; 544.8 ;
191.11
*matérialisme énergétique*
798.3
**matérialiste** 3.10 ;
478.32 ; 544.16
**matérialistement** 3.11
**matérialité** 3
**matériel**

n.m.
ce qui existe concrè-
tement 538.4
service de l'armée
663.3
équipement 772.3 ;
772.11 ; 799.2
*matériel du péché* 697.3
*matériel héréditaire*
280.4
*matériel pédagogique*
415.5
*matériel roulant* 818.9
adj.
concret 3.8 ; 538.20 ;
5.7 ; 772.27 ; 409.20
corporel 343.16
grossier 705.11
*faux matériel* 718.5
**matériellement** 3.11 ;
538.25
**maternage** 314.7 ;
560.1 ; 680.4
**maternalisme** 680.7
**maternant** 680.10
**maternel**
adj.
680.10
*enseignement maternel*
414.2
*lait maternel* 860.1
*instinct maternel* 680.4
**maternelle**
n.f.
mère 680.2
école 794.4
**maternellement** 680.11
**materner** 314.17 ;
560.19 ; 680.9
**maternisation** 860.3
**maternisé** 860.1
**materniser** 860.11
**maternité** 279.10 ;
313.3 ; 314.11 ; 393.21 ;
680.3 ; 680.4
**mateur** 346.16
**mathématique** 122 ;
116.1 ; 122.9
**mathématiques** 117.4 ;
122.1
*sciences mathématiques*
407.5
**mathématiquement**
116.15
**maths** 117.4 ; 122.1
**mathématisation** 51.11
**mathématiser** 122.8
**mathésis** 407.1
**mathusalem** 859.17
**Mathusalem** 317.6

*vieux comme Mathusa-
lem* 317.13
**matière**
substance 1.3 ; 3.2 ; 5 ;
231.2 ; 478.20
contenu 135.2
l'inerte 229.6
occasion 521.3
sujet 754.9
t. de grammaire 740.8
*matière grasse* 267.1
*matière grise* 326.1 ;
398.5
*matière imposable*
846.40
*matière interstellaire*
232.14
*matière subtile* 232.3
*matières fécales* 338.4 ;
339.2
*matières moulées* 339.2
*matières plastiques*
804.7
*état de la matière* 7.2
*avoir matière à* 37.7
*donner matière à*
34.11 ; 37.6 ; 521.6
**MATIF** 842.2
**matin**
n.m.
commencement 56.2
matinée 188.1
jeunesse 312.3 ; 315.1
adv.
188.9
**mâtin**
n.m.
chien 296.9
int.
748.2
**matinal** 188.8 ; 377.16
**matinalement** 188.10
**mâtiné** 98.19
**matinée** 188
matin 188.1
réception 687.8
au théâtre 189.2 ;
787.18
*faire la grasse matinée*
378.18 ; 445.8
**mâtiner** 98.12 ; 296.27
**matines** 188.1 ; 494.12 ;
499.21
*dès matines* 188.9
*chanter matines* 188.7
*sonner les matines*
188.7
**matineux** 188.8 ; 377.16
**matinier** 188.8
**matoir** 799.4 ; 799.17 ;
808.19

mécanistique 233.13
mécano 818.24
mécanorécepteur
327.16
mécanothérapie 393.8
mécasome 301.3
Meccano 873.7
mécénat 560 ; 562.6 ;
565.3 ; 768.2 ; 826.9
mécène 563.12 ; 565.7 ;
768.8 ; 826.10
mécéner 562.22 ; 826.21
méchage 392.7
méchamment
intensément 87.32
durement 586.12 ;
603.17 ; 700.15
méchanceté 586 ;
580.5 ; 599.1 ; 694.1 ;
700.1
méchant
médiocre 435.12 ;
612.11
dangereux 551.16
dur 586.5 ; 586.9
malhonnête 694.12
pécheur 697.8 ; 700.9
*ne pas être méchant*
439.7
mèche
*de mèche* 428.14 ;
562.24 ; 720.25
*le toutim et la mèche*
71.4
mèche
de cheveux 335.3
d'archet 783.25
de lampe 852.8
foret 799.21 ; 807.16
drain 392.23 ; 393.18
*faire des mèches* 867.13
*vendre la mèche* 597.10
méchef 549.2
mécher 392.33
méchoui 856.12
méclozine 394.5
mécompte 410.5 ; 461.1
méconduire (se) 593.5
méconduite 593.3
méconium 281.8 ;
313.9 ; 339.2
méconnaissance 408.1
méconnaître 408.6
mécontent 468.15 ;
470.4 ; 470.7 ; 549.27
mécontentement
déplaisir 458.5 ; 468.1 ;
470.1
conflit social 649.4 ;
669.8

*sujet de mécontentement*
637.3
mécontenter 468.8 ;
470.5
mécoptères 301.1
mécoptéroïdes 301.1
Mecque
*La Mecque* 481.8
mécréant 480.6
mecton 308.3
médaille
de bronze 263.5
récompense 648.12 ;
663.20 ; 695.5
ornement 778.5
bijou 866.10
*voir le revers de la mé-
daille* 443.5
médaillé 641.11
médailler 641.14 ;
663.21
médailleur 263.7 ;
866.19
médaillier 263.7 ; 850.3
médailliste 263.7 ;
866.19
médaillon
ornement 778.5
préparation culinaire
856.11
bijou 866.10
Mède 676.8
médecin 391.23 ;
391.25 ; 391.24
*médecin des âmes* 492.9
médecin-accoucheur
313.14
médecin-chef 391.25
médecin-conseil 391.24
médecine 391
383.3 ; 393.6 ; 394.1
*médecine de l'air* 820.20
medersa ou madrasa
414.5 ; 488.14 ; 495.10
média ou media 331.2 ;
336.4 ; 726.10
*médias* 726.10
médial
*valeur médiale* 122.6
médian
n.m.
nerf 327.4
adj.
57.12
*sillon médian antérieur*
327.10
médiane
milieu 57.5
consonne 365.8
t. de mathématiques
122.6

médianimique 484.29
médianoche ou media-
noche 189.7 ; 377.5 ;
855.1
médiante 781.11
médiaplanning 768.3
médiastin 288.5
médiastinal 340.29
*médiastinal antérieur*
332.8
médiat 653.20
médiatement 653.25
médiateur
n.m.
arbitre 560.15 ; 653.10
entremetteur 562.15
porte-parole 738.10
t. d'immunologie 342.11
t. de neurologie 327.14
adj.
653.21
médiation 57.8 ; 199.3 ;
562.3 ; 653.4
*médiation chimique*
327.18
médiatique 726.22
médiator 783.25
médiatrice 57.5 ; 146.7
médical 391.36
médicalement 391.39
médicaliser 391.35
médicament 394 ; 384.9
médicamenter 394.24
médicamenteux 394.27
médicastre 391.26
médication 393.1
médicinal 393.28 ;
394.27
médicinier 288.11
médico-chirurgical
391.36 ; 392.35
médico-éducatif 391.36
médico-légal 391.36
*institut médico-légal*
391.32
médico-social 391.36
médico-sportif 391.36 ;
870.94
médiéval 191.16
médiévisme 191.2
médiéviste 191.8
Médine 481.8
médio- 57.18
médiocarpienne 329.23
médiocratie 696.6
médiocre
inférieur 86.16 ; 696.8
petit 128.13
sans intérêt 435.6 ;
435.11 ; 470.9

insignifiant 439.13
modeste 612.11 ; 616.7
plat 758.9
équilibré 701.10
médiocrement
peu 79.13 ; 128.15
imparfaitement
435.18 ; 696.13
modestement 612.14 ;
616.13
platement 758.12
médiocrité 435
moyenne 57.7
infériorité 86.1
petitesse 128.1
insignifiance 439.1
mesquinerie 586.4
modestie 612.3
imperfection 696.1
platitude 758.1
équilibre 701.2
médiotarsienne 329.24
médire 642.15 ; 745.22
médisance 586.3 ; 642 ;
745.4
médisant 586.11 ; 642.11
méditatif 494.21
méditation
réflexion 402.1 ; 412.1 ;
416.4 ; 478.22
prière 494.1
préparation 536.1
méditer
réfléchir 478.27
préparer 536.13
*méditer de* 534.11
méditerranéen
*langues méditerranéen-
nes* 739.14
Méditerranéen 306.5
médium
spirite 485.13
liant 773.14
t. de logique 57.5
médiumnique 484.29
médiumnité 485.8
médius 320.2
medlicottia 303.5
médoche 663.20
médroxyprogestérone
394.5
méduche 663.20
médullaire 327.25 ;
329.30
*plaque médullaire ou
neurale* 327.13
*réflexe médullaire*
327.17
médullectomie 392.13
médullosurrénal

d'un tissu 336.4
t. de plomberie 808.4
*membrane anale* 281.7
*membrane basale* 331.2
*membrane caduque* ou
*déciduale* 281.9 ; 325.14
*membrane choroïde*
346.6
*membrane pituitaire*
371.6
*membrane vacuolaire*
283.2
*membrane d'étanchéité*
806.6
*membrane de Mauthner*
327.9
*membrane du tympan*
363.3
*fausse membrane* 336.4
**membrané** 336.11
**membranelle** 283.2
**membraneux** 137.16 ;
336.11
**membraniforme** 137.16
**membranophone** 783.1
**membranule** 137.2 ;
283.2 ; 336.4
**membre** 319
partie 72.1
pénis 325.2
participant 562.9 ;
562.11
militant 671.25
d'une phrase 741.4
t. d'architecture 777.16
t. de mathématiques
122.2
*membre démis* 387.4
**membré** 319.15
*bien membré* 375.17
**membru** 319.15 ; 375.17
**membrure**
membres 319.1
étai 806.11
**mémé** 317.5 ; 680.6
**même** 15.14 ; 21.5 ;
21.15 ; 24.9 ; 83.18 ;
425.11
*de même* 15.17 ; 21.16 ;
76.18 ; 118.12
*de même que* 21.18 ;
83.31
*même pas, pas même*
418.19
*être toujours le même*
171.11
**mémento**
aide-mémoire 400.6 ;
756.3
prière 494.11 ; 496.7
**mémère** 317.5

**mémoire** 400
écrit 7.6 ; 751.9
d'ordinateur 771.11 ;
772.8
*mémoire lacunaire* 401.1
*mémoire correcte* 489.10
*mémoire de cœur* 589.1
*mémoire de lièvre* 401.1
*de mémoire d'homme*
195.18
*mauvaise mémoire* 401.1
*banc mémoire* 772.8
*cellule de mémoire* 772.8
*avoir la mémoire courte*
401.10
*sortir de la mémoire*
401.13
**mémoire**
n.m.
écrit 7.6 ; 751.9
n.m.pl.
191.6 ; 310.10 ; 754.7
**mémomèle** 386.6
**mémorabilité** 400.7
**mémorable** 192.13 ;
400.15 ; 438.11 ; 639.28
**mémorandum** 400.6
**mémoratif** 400.17
**mémoration** 400.5
**mémorial**
monument 688.18
registre 845.16
**mémorialiste** 191.10 ;
754.11
**mémoriel** 772.27
**mémorisateur** 400.16
**mémorisation** 400.4
**mémoriser**
apprendre 400.9 ; 413.4
enregistrer 772.25
**menaçant** 462.13 ;
551.11 ; 552.20 ; 553.14
**menace**
imminence 179.2
dissuasion 526.2
danger 551.2
avertissement 552 ;
553.1
attaque 655.2
*geste de menace* 552.7
**menacé** 12.14 ; 551.18
*être menacé de* 552.16
**menacer**
v.t.
effrayer 472.11 ; 553.11
intimider 526.7 ;
552.15
compromettre 551.8
v.i.
être imminent 43.8 ;
179.8

de pleuvoir 274.15 ;
276.10
*menacer ruine* 247.7 ;
557.22
**ménade** 341.23 ; 786.22
**ménadione** 394.6 ; 395.7
**ménage**
couple 581.6
épargne 844.1 ; 845.1
ameublement 850.1
*ménage à trois* 104.5
*faux ménage* 682.12
*femme de ménage*
848.39 ; 854.24
*faire bon ménage*
428.11
*faire mauvais ménage*
429.9 ; 605.7
*se mettre en ménage*
682.23
**ménagement**
prudence 572.3
soin 574.4
modération 579.3 ;
706.3
pitié 609.2
*ménagements* 579.3
**ménager**
v.
épargner 79.6 ; 559.14 ;
559.25
dorloter 574.10 ;
598.7 ; 609.9
*ménager la chèvre et le
chou* 17.14 ; 595.12
*ménager sa dépense*
844.13
*ménager une ouverture*
139.10
**ménager**
adj.
844.15
**ménager (se)** 204.19
**ménagère** 719.10
**ménagerie** 295.9 ; 813.6
**ménaquinone** 395.7
**mendacité** 404.2
**Mendeleïev**
*classification de Mende-
leïev* 230.5
**mendélévium** 230.7
**mendélisme** 280.14
**Mendès** 306.11
**mendiant**
gâteau 105.4
pauvre 634.7 ; 830.6
*ordres mendiants* 499.9
**mendicité** 830.7
**mendier** 609.12 ;
634.14 ; 830.17
**mendieur** 634.7

**mendigot** 634.7
**mendigoter** 634.14
**meneau** 132.10 ; 777.12
**ménechme** 21.6
**menée** 527.8
**mener**
conduire 198.19 ;
815.24
conseiller 566.11
influencer 623.15
commander 621.17 ;
622.9 ; 631
diriger 845.21
gagner 870.91 ; 872.32
*mener à* 198.26 ; 536.12
*mener grand train*
710.10 ; 829.16 ; 835.15
*mener grande vie*
310.27
*mener joyeuse vie*
467.10
*mener une vie de cha-
noine* 499.29
*mener une vie de fa-
mille* 678.12
*mener la vie de garçon*
683.6
*mener la vie de palace*
829.17
*mener la vie à grandes
guides* 703.8
*mener la vie dure*
547.15 ; 549.16
*mener une double vie*
17.13
*mener une enquête*
412.14
*mener un pion à dame*
872.37
*mener à bien* 527.10 ;
538.16 ; 540.11
*mener à bonne fin*
58.15 ; 538.16
*mener à bon port* 61.16
*mener en barque* 728.15
*mener en bateau* 454.9
*se laisser mener par le
bout du nez* 628.19
*tous les chemins mènent
à Rome* 198.26
**ménesse** 309.5
**ménestrandie** ou **mé-
nestrandise** 784.20
**ménestrel** 784.20 ; 785.8
**meneur** 36.4 ; 66.13 ;
623.7
*meneur d'hommes* 66.13
**mengéidés** 301.6
**mengkulang** 286.20
**menhir** 481.9
**menin** 646.18

environnement 8.1 ;
57.2 ; 280.5 ; 282.6 ;
583.4
classe sociale 63.4 ;
668.6
pègre 717.16 ; 720.16
exercices de danse
786.18
*milieu animal* 295.4
*milieu de culture* 284.2
*milieu nutritif* 337.4
*milieu social* 157.3 ;
668.6
*juste milieu* 701.2 ;
701.7
*au milieu* 158.12
*au milieu de* 67.21 ;
131.16 ; 158.13
*au beau milieu* 57.15
*être dans son milieu*
157.7
**Milindapanha** 501.13 ;
489
**militaire**
n.
650.16
adj.
650.27 ; 663.24
*tribunal militaire* 714.2
**militairement** 663.25
**militance** 669.8
**militant** 669.5 ; 671.25 ;
671.33
*militant de base* 669.5
**militantisme** 671.24
**militariser** 663.23
**militarisme** 670.14
**militer** 671.31
**milk-shake** 859.6
**mille**
mesure 70.7
**mille** 114
nombre 75.7
*mille fois* 183.20
*des mille et des cents*
74.3 ; 75.7
*gagner des mille et des
cents* 829.11
*jeter mille feux* 258.18 ;
350.28
*mettre dans le mille*
38.7 ; 540.16
**mille-feuille** 858.6
**mille-fleurs** 372.4
**millénaire**
n.m.
114.4 ; 185.3
adj.
114.5 ; 185.14 ; 195.11
**millénium** 185.3 ;
487.16

**millepertuis** 288.15
**millépore** 303.12
**milleraies** 810.4
**millerite** 259.5
**millésime** 117.1 ; 176.5 ;
434.4 ; 839.6
**millésimer** 176.12 ;
434.11
**millet** 289.7
*millet des oiseaux* 290.7
**milli-** 70.36 ; 95.20 ;
114.7
**milliard** 75.7 ; 114.1
**milliardaire** 829.19
**milliardième** 114.1
**milliasse** 75.7
**millibar** 70.10 ; 255.7 ;
273.12
**millième**
n.m.
95.2 ; 114.1 ; 114.2
adj.
114.6
**millier** 114.1 ; 114.3
*des milliers* 74.3 ; 75.7
**milligrade** 114.2
**milligramme** 70.8 ;
114.2 ; 239.12
**millilitre** 70.7 ; 114.2
**millime** 114.2
**millimètre** 70.7 ; 114.2 ;
124.5
**millimétré** 70.30 ; 114.6
*papier millimétré* 763.12
**millimétrique** 114.6
**million** 75.7 ; 114.1
*des millions* 74.3 ; 75.7
*brasser des millions*
829.14
**millionième** 95.2 ; 114.1
**millionnaire** 829.19
**millivolt** 70.11
**milord**
personne 615.5 ;
621.9 ; 648.4 ; 829.9
voiture 816.14
**milouin** 297.16
**milouinan** 297.16
**mi-lourd** 870.53
**Miltenberger** 342.10
**miltonia** 288.21
**Mimas**
astre 232.10
**mime**
oiseau 297.8
comédie 787.8
**mimé** 31.9
**mimer** 31.6
**mimesis**
**mimésis** 31.1 ; 731.1

**mimétidés** 301.12
**mimétique** 31.9
**mimétisme** 31.2
**mimi** 601.3
**mimine** 320.1
**mimique** 730.8 ; 786.15
**mimolette** 861.6
**mimosa** 288.27
**Mimosa**
étoile 232.5
**mimosacées** 288.27
**mimusops** 286.19
**Min** 500.21
**minable** 376.18 ;
435.12 ; 541.8 ; 696.9
**minage** 647.3 ; 846.11
**Minahasans** 306.12
**Minangkabaus** 306.12
**minaret** 493.9 ; 777.11
**minauder** 615.10
**minauderie** 615.3
**minaudier** 615.4
**minbar** 493.12
**mince**
fin 128.14 ; 129.8 ;
240.11
minime 79.9 ; 240.14 ;
439.14
interjection 748.2 ;
748.6
**minceur** 240.1
**mincir** 89.9
**mine**
monnaie 839.11
**mine**
apparence 130.3
physionomie 318.3 ;
352.10
*mine de rien* 17.21
*mine de papier mâché*
318.3 ; 383.7
*belle mine* 382.3
*bonne mine* 318.3
*mauvaise mine* 318.3
*avoir bonne mine* 645.6
*avoir une mine floris-
sante* 548.8
*faire bonne mine*
590.7 ; 595.14
*faire la mine* 591.4
*faire grise mine* 470.6
*faire triste mine* 464.8
*faire mine de* 17.10
**mine**
poids 239.12
**mine** 802
gisement 259.2 ; 794.9 ;
802.2
minerai 259.1
grande quantité 78.3
engin explosif 656.16 ;

664.15
crayon 762.7
*mine d'or* 260.6
*mine orange* 357.2
*mine de plomb* 264.4 ;
773.15
*fil de mine* 198.1
pl.
*mines*
*airs affectés* 615.3
*faire des mines* 595.14
**miné** 153.16
**miner** 131.11 ; 153.11 ;
345.12 ; 656.23
**miner (se)** 462.4
**minerai** 259 ; 802.5
*minerai de fer* 262.1
*minerai de plomb* 264.1
**minéral** 258 ; 259.10 ;
441.21
*huile minérale* 267.1
*couleurs minérales* 352.7
**minéralier** 802.7 ; 819.5
**minéralier-vraquier**
819.5
**minéralisant** 259.12
**minéralisateur** 259.13
**minéralisation** 258.13 ;
259.6
**minéraliser** 259.9
**minéraliser (se)**
237.25 ; 259.9
**minéralogie** 237.1 ;
258.12 ; 259.8
**minéralogique** 237.30
**minéralogiquement**
259.15
**minéralogiste** 258.14
**minéralurgie** 237.1 ;
259.7
**minéraux** 258
**minérographie** 259.8
**minerve**
appareil orthopédique
393.19
presse 763.14
**Minerve**
divinité 500.32
**minerviste** 763.16
**mines** → **mine**
**minestrone** 856.23
**minet**
chat 296.8
jeune homme 308.2 ;
315.3 ; 615.5
**minette**
minerai 259.3 ; 259.4 ;
259.5 ; 262.1 ; 802.5
sexe féminin 325.11
**mineur**

n.m.
ouvrier 802.10
**mineur**
adj.
peu important 86.16 ;
128.12 ; 439.12
*intervalle mineur*
781.17 ; 158.1
*mode mineur* 781.15
**mineure**
n.f.
753.5
**minha** 486.11
**mini-** 86.23 ; 128.17
**mini**
n.m.
772.3
adj.
128.11
**mini-aciérie** 794.5
**miniature**
n.f.
modèle réduit 128.2
lettre 744.4
peinture 773.2
adj.
128.11
*en miniature* 128.16
*voiture miniature*
873.3 ; 873.7
**miniaturiser** 128.6
**miniaturiste** 773.19
**minibus** 816.8
**minicar** 816.8
**minicassette** 771.4
**mini-chaîne** 365.15
**minier** 802.12
**minière** 259.1 ; 259.2 ;
802.2
**mini-golf** 872.22
**mini-informatique**
772.1
**minijupe** 862.10
**minimal** 79.8 ; 842.8
**minimaliste** 780.17
*musique minimaliste*
781.3
**minime**
n.
sportif 870.42
n.m.
religieux 499.10
adj.
79.8 ; 86.13 ; 439.14
**minimisation** 729.3
**minimisé** 433.6
**minimiser** 86.7 ; 89.11 ;
433.4 ; 439.11
**minimum** 136.3
*minimum vital* 795.2

*au minimum* 79.12 ;
89.22
**mini-ordinateur** 772.3
**minipilule** 279.12
**ministère**
charge 792.1
entremise 562.3
ensemble des minis-
tres 566.6
administration 673.8 ;
794.2
*ministère de la parole*
495.2
*ministères institués*
492.5
*ministère public* 714.7
*ministère sacré* 492.3
**ministériat** 670.9
**ministériel** 492.32 ;
673.21
**ministériellement**
673.23
**ministrable** 673.21
**ministre**
homme d'État 566.7 ;
673.9
oiseau 297.8
*ministre de la parole*
495.12
*ministre du ciel* 503.1
*Premier ministre*
670.17 ; 673.9
*papier ministre* 763.12
**ministre du culte** 492
**minitel** 769.3 ; 772.6
**minium** 264.2 ; 352.8 ;
357.2
**mini-vague** 867.2
**Minjias** 306.13
**mink** 296.7
**minnesang** 789.6
**minois** 318.3
**minorant**
n.m.
86.4 ; 122.4
adj.
86.18 ; 122.9
**minorat** 86.6
**minoratif** 86.18
**minoré** 86.19
**minorer** 86.7 ; 122.8
**minorité**
infériorité numérique
86.1
état d'une personne
mineure 314.2
*mettre en minorité*
669.19
**Minos** 500.41 ; 506.8
**minot**
enfant 314.4

**minot**
mesure 70.23
**minoterie** 251.15
**minou** 296.8
**minoxidil** 394.5
**minuit** 101.1 ; 189.6 ;
377.5
*douze coups de minuit*
112.2 ; 189.6
**minus** 86.5 ; 397.5
*minus habens* 86.5
**minuscule**
n.f.
744.3
adj.
86.13 ; 128.11 ; 439.14
**minutage** 175.2
**minute**
écrit
*minutes d'un procès*
711.10
**minute**
unité 70.7 ; 70.9 ;
174.1 ; 185.7 ; 748.4
*minute d'angle* 143.6
*de minute en minute*
65.14
*dans la minute même
où* 182.14
*à la minute où* 186.12
*dès la minute où*
186.13
*à la minute* 174.15
*à la dernière minute*
58.25 ; 181.20
**minuter** 175.10
**minuterie** 175.5 ; 235.18
**minuteur** 175.5
**minutie** 574.2 ; 598.4
**minutieusement** 574.25
**minutieux** 402.11 ;
446.13 ; 453.11 ; 574.20
**mio-** 86.23
**miocène** 237.21
**mioche** 314.4
**miquelet** 717.10
**miquette** 309.4
**mirabelle** 289.8
**mirabilis** 288.33
**Mira Ceti**
étoile 232.5
**Mirach**
étoile 232.5
**miracidium** 304.3
**miracle**
fait surnaturel 477.17
fait heureux 192.6 ;
548.6
drame religieux 787.2
**miraculé** 384.11 ; 548.16

**miraculeux** 55.15 ;
434.16
**Miradj** 488.21
**mirador** 656.14 ; 777.13
**mirage**
illusion d'optique
234.10 ; 272.2 ; 346.11
illusion 4.6 ; 399.4 ;
404.4 ; 410.3
**mirage**
contrôle optique 426.5
**Miranda**
astre 232.10
**miraud** 347.18
**mire**
visée
n.f.
234.7 ; 667.1
*angle de mire* 143.4
*ligne de mire* 148.7 ;
667.12
*être le point de mire*
639.18
**mire**
n.m.
médecin 391.23
**mirepoix** 856.22
**mirer** 346.18 ; 667.23
**mirer (se)** 613.6
**mirette**
outil 776.14
**mirettes**
yeux 318.5 ; 346.5
**mireur** 346.16
**Mirfak**
étoile 232.5
**miridés** 301.4
**mirliflore** 315.3 ; 615.5
**mirliton**
instrument de musi-
que 873.8
gâteau 858.6
**mirmillon** 791.20
**miroir**
réflecteur 220.7 ;
234.3 ; 266.8 ; 350.19 ;
850.22
représentation fidèle
755.3
tache 362.4
papillon 301.11
entaille 812.10
*miroir aux alouettes*
297.29 ; 399.4
*miroir parabolique*
798.8
*miroir d'eau* 779.5
*miroir de Clar* 392.25
*miroir de courtoisie*
817.11
*miroir laryngien* 391.17

**mobile**
n.m.
corps en mouvement
197.10 ; 233.9
œuvre d'art 776.5
jouet 873.9
gendarme 716.6
motif 34.7 ; 37.1 ;
37.3 ; 532.2
**mobilier** 850 ; 848.33
**mobilisable** 650.27 ;
840.51
**mobilisation**
mise sur pied de
guerre 650.6 ; 663.18
effort 530.3
cession de créance
840.14
t. de chirurgie 392.9
*mobilisation générale*
650.6
**mobilisé** 650.27 ;
663.10 ; 663.24
**mobiliser**
mettre sur pied de
guerre 650.26 ; 663.21 ;
666.37
mettre en mouvement
197.20
céder (une créance)
840.44
t. de chirurgie 392.33
**mobiliser (se)** 530.6
**mobilisme** 478.14
**mobilité** 33.1 ; 197.11 ;
240.1
*mobilité stratégique*
666.18
**moblot** 716.6
**mobulidé** 298.2
**Mobylette** 816.13
**mocassin**
chaussure 865.2
serpent 299.3
**mochard** 437.9
**moche** 437.8
**mocheté** 437.4
**mococo** 296.14
**Mocovis** 306.8
**modal** 7.14 ; 781.52
**modaliser** 7.11
**modalité**
condition, cir-
constance 7.1
t. de philosophie 478.16
t. de grammaire et de
rhétorique 741.1 ;
741.7 ; 741.9 ; 753.10
t. de musique 781.15 ;
781.24
**mode**

n.m.
manière 7.1 ; 50.4
t. de mathématiques
122.6
t. de philosophie 478.16
t. de grammaire et de
rhétorique 740.4 ;
740.6 ; 741.7 ; 753.10
t. de musique 781.15
*mode d'emploi* 50.4 ;
567.9 ; 755.4
*mode de production*
796.7
*mode de vie* 7.4 ; 310.14
**mode** 863
n.f.
685.5 ; 864.1
*à la mode* 178.11 ;
540.24 ; 634.24 ;
641.28 ; 685.19 ; 863.9
*à la dernière mode* 32.9
*à la mode de* 50.20
*à la mode de Bretagne*
681.18
*à sa mode* 516.39
*suivre la mode* 31.5
**modekin** 70.23
**modelage** 30.6 ; 257.11 ;
776.3
**modèle** 30
21.7 ; 31.3 ; 731.5
spécimen 49.6
idéal 52.4 ; 53.1
forme 141.7
mannequin 436.7 ;
863.5
*sur le modèle de* 21.17 ;
31.13
**modelé**
n.m.
141.2 ; 773.10
adj.
270.17
**modeler** 141.12 ; 556.9 ;
776.18 ; 776.21
**modeler (se)** 28.10 ;
31.5
**modèlerie** 30.6
**modeleur** 30.7 ; 776.16
**modélisation** 30.6 ; 53.8
**modéliser** 31.8 ; 53.12
**modélisme** 30.6 ; 873.7
**modéliste** 30.7 ; 863.4
**modem** 772.9
**modénature** 141.2 ;
777.5
**modérabilité** 579.6
**modérable** 579.20
**modérantisme** 579.7 ;
671.23
**modérantiste** 579.9

**modérateur** 579.10 ;
579.21 ; 701.5 ; 701.12 ;
852.9
*modérateur de l'appétit*
394.4
**modération** 579 ;
226.7 ; 448.1 ; 452.1 ;
478.23 ; 572.3
diminution 89.2
tempérance 701.1 ;
706.1
*modération de peine*
89.5 ; 722.16
*avec modération* 844.18
**moderato** 579.23 ;
782.25
**modéré**
équilibré 226.22 ;
448.13 ; 452.13
mesuré 478.34 ;
572.12 ; 653.22
centriste 671.49
tempérant 579.9 ;
701.10 ; 706.7
modique 833.15
**modérément** 579.22 ;
701.13 ; 706.11
**modérer**
diminuer 89.11 ; 473.5
tempérer 478.29 ;
579.11 ; 701.6 ; 448.7
limiter 136.7
**modérer (se)**
se calmer 448.11 ;
452.8 ; 579.13
se limiter 612.8 ; 701.7
**modern dance** 786.2
**moderne** 32 ; 178.11 ;
190.12 ; 191.16 ;
194.13 ; 742.28
**modernisation** 194.5
**moderniser** 194.7
**modernisme** 178.5 ;
194.1 ; 516.12 ; 670.13
*modernisme fonctionnel*
850.27
**modernissime** 194.13
**moderniste** 194.13 ;
516.14 ; 516.30 ; 670.26
**modernité** 178.5 ; 194.1
**modern style** 850.27
**modeste**
de peu d'importance
79.9 ; 435.12 ; 439.13
modéré 579.19
sans prétention 612.9 ;
616.7
sobre, décent 619.7 ;
701.10 ; 704.9 ; 706.9 ;
862.28
*faire le modeste* 612.6

**modestement**
petitement 128.15
simplement 612.12 ;
616.12
sobrement, décem-
ment 619.12 ; 701.13 ;
704.10
**modestie** 612
faible quantité, faible
importance 128.1 ;
435.1
simplicité 611.6 ;
612.1 ; 616.2
sobriété, modération
619.2 ; 693.3 ; 701.1 ;
704.3
*violer la modestie* 593.5
**modicité** 833 ; 128.1 ;
439.1
*modi essendi* 7.1
**modifiable** 25.10 ;
33.14 ; 193.23
t. de droit 713.58
**modificateur** 527.14
**modificatif** 33.14
**modification**
changement 16.4 ;
193.4 ; 25.4
réaménagement 47.5
**modifié** 16.15 ; 23.12
**modifier**
changer 16.10 ; 25.5 ;
33.12 ; 193.14
avoir une action sur
527.12
**modifier (se)** 33.10 ;
528.14
**modillon** 159.4 ; 777.21
**modiole** 303.2
**modique** 86.13 ; 435.12 ;
439.14 ; 579.19 ; 833.15
**modiquement** 833.17
**modiste** 863.4 ; 864.22
**modularité** 772.14
**modulateur** 769.6
**modulation**
variation 33.3 ; 193.1
changement de tona-
lité 365.9 ; 781.15 ;
784.15
t. de télécommunica-
tions 769.11
*modulation de fréquence*
183.5 ; 767.7
**module**
règle 52.5
t. de mathématiques
122.2
t. d'architecture 141.7 ;
777.16

**monoiodotyrosine** 283.10

**monoïque** 288.46

**monokini** 379.5 ; 862.17

**monolingue** 739.21

**monolithe** 258.3

**monologique** 745.29

**monologue** 745.5 ; 787.12

**monologuer** 745.23

**monomane** 602.16

**monomanie** 450.5
*monomanie incendiaire* 256.17

**monôme** 64.3 ; 122.2

**monomère** 230.2

**monométallique** 839.29

**monométallisme** 260.10 ; 839.14

**monométalliste** 839.25

**monomorion** 301.7

**monomoteur** 820.2

**monomphale** 386.6

**mononitrate**
*mononitrate de thiamine* 394.6

**mononucléaire** 332.4

**mononucléose** 383.19

**mononucléosique** 383.69

**mononucléotide** 283.11

**monopétale** 288.47

**monophasé** 235.24

**monophonie** 365.9 ; 771.1

**monophonique** 365.28 ; 771.20

**monophtalme** 347.18 ; 386.9

**monophtalmie** 383.27 ; 347

**monophyodonte** 330.31

**monophysisme** 477.23 ; 487.2

**monophysite** 487.11
*Églises monophysites* 487.9

**monoplace** 102.12 ; 820.2

**monoplacophores** 303.1

**monoplan** 820.2

**monopode** 386.6

**monopolaire** 827.36

**monopole** 827.8 ; 828.7 ; 838.6 ; 837.5

**monopoler** 827.29

**monopoleur** 827.18

**monopolisateur** 828.17

**monopolisation** 827.7 ; 828.7

**monopoliser** 827.29 ; 828.20

**monopolisme** 827.7 ; 838.6

**monopoliste** 827.18 ; 828.17

**monopolistique** 827.36

**Monopoly** 872.16

**monoprogrammation** 772.21

**monopsone** 827.8 ; 837.5

**monorail** 801.7 ; 818.3

**monorchide** 386.9

**monorchidie** 386.4

**monoréacteur** 820.2

**monosaccharide** 283.5

**monosémie** 732.3 ; 742.10

**monosémique** 732.16

**monosépale** 288.47

**monosiallitisation** 237.3

**monoski** 870.28

**monosome** 386.6

**monosperme** 289.23

**monosphyronides** 301.12

**monostiche** 789.9

**monostyle** 777.27

**monosyllabe** 742.3 ; 789.13

**monosyllabique** 742.26

**monosynaptique** 327.25

**monothalame** 303.19

**monothéisme** 476.6 ; 486.1

**monothéiste** 476.12

**monothélisme** 477.23 ; 487.2

**monotone**
uniforme 24.11
constant 171.17
ennuyeux 458.12
routinier 568.28
sans attrait 758.11
*fonction monotone* 122.4

**monotonement** 24.13

**monotonie** 171.3 ; 355.3 ; 458.1 ; 464.5 ; 758.1

**monotrème** 296.2

**monotrope** 288.36

**monotype**
machine à imprimer 763.14 ; 800.9
type de bateau 870.30

**monotypiste** 763.16

**monovalent** 230.24

**monozygote** 279.23

**Monro**
*sillon de Monro* 326.10

**Môns** 306.13

**monseigneur** 648.14

**monseigneuriser** 629.10 ; 648.17

**monsieur**
homme 307.8 ; 308.1 ; 316.3
titre 648.13
proxénète 719.4
*grand monsieur* 641.11
*donner du monsieur gros comme le bras* 629.10

**monsignor** 648.6

**monsignore** 648.6

**monstera** 288.32

**monstre** 55.8 ; 437.4 ; 441.7
*monstre sacré* 639.11 ; 790.25

**monstrueusement** 437.12

**monstrueux** 55.17 ; 386.7 ; 437.8

**monstruosité** 55.4 ; 386.1 ; 441.2

**mont** 270.4
*mont de Vénus* 325.11
pl.
*monts* 278.7
*monts d'Alembert* 278.7
*être toujours par monts et par vaux* 869.20

**montage**
arrangement 51.1 ; 147.12 ; 556.1
élévation 211.4
t. de cinéma 790.17

**Montagnais** 306.7

**montagnard** 270.18

**montagne** 270 ; 211.7 ; 237.12
*montagnes russes* 84.4
*mal des montagnes* 383.38
*de montagne* 359.2
*faire de la montagne* 211.13
*faire une montagne d'une taupinière* 80.10 ; 432.5
*c'est la montagne qui accouche d'une souris* 27.5
*il n'y a que les monta-*

*gnes qui ne se rencontrent pas* 583.15

**montagnère** 275.6

**montagnette** 270.4

**montagneux** 270.16

**montaison**
migration des saumons 298.13 ; 211.2
t. de botanique 285.6

**montant**
n.m.
chiffre 100.1 ; 118.4 ; 825.1 ; 831.1 ; 845.15
pièce verticale 132.10 ; 149.4 ; 807.5
saveur 373.2
pl.
*montants* 870.79
adj.
qui monte 211.1
*donner du montant* 373.16
*lettre montante* 744.4

**mont-blanc** 858.6

**mont-de-piété** 841.22

**monte-** 799.39

**monté** 799.38

**monte-charge** 211.9 ; 801.10

**montée** 211 ; 65.3 ; 88.1
*montée de lait* 333.9

**monte-en-l'air** 717.10

**monte-fûts** 211.9

**monte-matériaux** 211.9

**Monténégrin** 676.5

**monte-pente** 211.8

**monter**
v.t.
assembler 556.7 ; 556.7 ; 800.16
un vêtement 864.27
sertir 258.17 ; 866.21
saillir 296.27
entreprendre 534.13 ; 535.8 ; 536.10
se griser 610.9
t. de cinéma 790.31
t. de sports 870.87
v.i.
s'intensifier 65.8 ; 88.10 ; 471.7
s'élever 126.6 ; 211.12 ; 271.23
*monter au ciel* 311.25 ; 505.8
*monter au cocotier* 471.7
*monter au mur* 471.7
*monter à l'échelle* 471.7
*monter à* 118.9 ; 831.11
*monter en épingle* 432.5

mousqueton 870.70
moussaf 486.11
moussant 254.17
mousse
n.m.
apprenti matelot
314.4 ; 413.3
mousse 892
n.f.
plante 285.4 ; 292
entremets 856.22
bière 254.6 ; 859.10
plastique 254.5
*mousse à raser* 254.5
*verre mousse* 266.3
mousseau
*pain mousseau* 857.1
mousseline
tissu 810.6
aliment 856.22
*verre mousseline* 266.2
mousser 254.14
*faire mousser* 88.10 ;
471.10 ; 636.10 ; 761.9
*se faire mousser* 613.5
mousseron 291.6
mousseux
n.m.
vin 254.6 ; 859.12
adj.
moussant 254.17
spongieux 292.8
moussoir 254.10
mousson 187.1 ; 274.2 ;
275.6
*fête de la mousson*
497.7 ; 490
moussu 292.8
moustac 296.14
moustache
bacchante 298.11
vibrisses 335.5 ; 555.12
*parler dans sa mousta-*
*che* 735.10 ; 745.19
moustachu 335.12 ;
335.21
moustiquaire 301.26 ;
848.32
moustique
insecte 301.8 ; 301.9
enfant 314.4
moutard 314.3 ; 314.4
moutarde
fleur 288.26
couleur 352.28
condiment 856.27
*faire monter la mou-*
*tarde au nez* 447.9 ;
471.10
moutardier 851.22
moutchachou 314.3

moutier 499.22
mouton
nuage 275.8 ; 276.3
animal 296.6
délateur 597.8 ; 716.8
machine 806.28
*mouton de Panurge*
31.4 ; 623.9
*mouton à cinq pattes*
184.3
*mouton noir* 27.4 ; 29.7
moutonner 271.20 ;
276.11
moutonneux 276.14
moutonnier 31.11 ;
813.32
mouture 251.7 ; 251.12
*être de la même mou-*
*ture* 21.9
mouvance 157.2 ;
193.1 ; 628.2
mouvant 22.10 ; 33.13 ;
193.22 ; 197.10 ;
197.26 ; 551.10 ; 573.8
mouvement 197
partie 72.3
mécanisme 175.7 ;
216.3 ; 233.7 ; 215.4
animation 217.1 ;
310.17 ; 444.2
impulsion 225.6 ;
478.20
courant 478.1 ; 669.8 ;
652.7 ; 670.23 ; 780.1
action 527.7
cadence 781.21
geste 786.4 ; 786.15
cours des astres
232.19
manœuvre 666.1 ;
666.8
*mouvement perpétuel*
173.4
*mouvement brownien*
217.2
*mouvement vermiculaire*
210.3
*mouvement de résistance*
675.5 ; 630.10
*mouvement de libération*
*de la femme* 309.6
*mouvement ouvrier*
793.16
*mouvement moderne*
777.22
*mouvement oratoire*
753.7
*mouvement des terres*
806.22
*guerre de mouvement*
650.2 ; 666.15
*preuve par le mouve-*

*ment* 477.22
*de son propre mouve-*
*ment* 197.30 ; 516.38
*avoir un bon mouve-*
*ment* 587.7
*être dans le mouvement*
178.9 ; 863.6
*suivre le mouvement*
31.5
mouvementé 197.25
mouvementer 197.20
*mouvementer un compte*
840.44
mouver 811.20
mouvoir 36.6 ; 197.20 ;
225.12
mouvoir (se) 197.17 ;
197.18
moxa 256.19
moxabustion 393.13
moyen
n.m.
possibilité 39.3 ;
516.6 ; 546.9 ; 563.5
procédé 50.3 ; 521.2 ;
753.10
adj.
ordinaire 53.15 ; 54.11
médian 57.12 ; 122.2
modéré 579.19 ;
653.20 ; 693.14
*poids moyen* 870.53
*au moyen de* 50.18 ;
563.32
*il n'y a pas moyen*
40.4
pl.
*moyens* 396.2 ; 546.7
*vivre au-dessus de ses*
*moyens* 710.10
**Moyen Âge** 191.3
moyen-courrier 820.3
moyenne
norme 53.1 ; 54.2
médiocrité 57.7
compromis 653.6
t. de mathématique
122.2 ; 122.6
moyennement 79.13 ;
435.18
moyen-porteur 820.3
moyeu 817.8
Mozabites 306.10
Mozambicain 676.7
mozarabe
*liturgie mozarabe* 496.3
mozette 862.20
mozzarella 861.6
**M.S.H.** 283.8
mû 233.15
muance 193.4

mucher 349.3
mucilage 285.14
mucilagineux 288.48
mucolytique 394.5
mucopurulent 383.82
mucorales 291.5
mucosité 333.4
mucoviscidose 280.9
mucron 151.3 ; 288.3
mucus 333.4
mudéjar 488.6
mudra 489.13
mue
mutation 33.3 ; 193.4 ;
299.12 ; 301.22 ; 527.5
cage 813.6
muer 33.9 ; 193.18 ;
194.8 ; 297.32 ; 299.18 ;
528.14
muet
mutique 366.15 ;
746.8 ; 746.12
coi 366.16
atone 744.2 ; 744.21
*muet du sérail* 716.13
*cinéma muet* 790.2
*grande muette* 663.1
mufle
museau 296.21 ; 318.3
goujat 593.4
muflerie 593.1 ; 593.3
muflier 288.22
mufti 488.11 ; 492.15 ;
488
muge 298.8
mugilidé 298.3
mugir 275.17 ; 305.5 ;
747.14
mugissement 305.1 ;
747.4
muguet
fleur 288.30
parfum 372.4
maladie 383.17
godelureau 615.5
mugueter 600.20
muid
mesure 70.23
contenant 859.18
mukti 490.9
Mulaos 306.13
mulasserie 813.5
mulâtre 98.9 ; 354.6
mule 498.9 ; 865.5
*tête de mule* 318.7 ;
630.9
*ferrer la mule* 718.8
mulet
bête de somme 296.11
cerf 265.15

museau 296.21 ; 298.17 ;
318.3
*museau de tanche*
325.14
musée 773.24 ; 774.12
museler 140.14 ; 366.12 ;
554.13 ; 622.10
muselet 140.7
muselière 140.7
muser 577.14
musette 134.6 ; 869.11
muséum 295.9
musical 365.2 ; 781.49
*comédie musicale* 785.11
musicalement 781.57
musicalisation 781.36
musicalité 781.1
Musicassette 771.9
musicastre 782.1
music-hall 785.11 ;
786.20
musicien 782
musicologie 781.41
musicologique 781.56
musicologue 781.41
musicothérapeute
781.42
musicothérapie 781.42
musique 781
365.1 ; 414.6 ; 868.5
*musique profane*
481.10 ; 781.1
*musique sacrée* 482.5
musiquer
faire de la musique
782.19
tromper 728.13
musoir 163.3
musquer 372.10
mussitation 746.1
must 41.2
mustang 296.11
mustélidé 296.3
musulman 479.8 ;
488.6 ; 488.26
mutabilité 193.8
mutable 193.22
mutacisme 366.6 ;
746.1 ; 746.3
mutagène 280.21
mutagenèse 193.4
mutant 193.13 ; 280.10
mutateur 235.17
mutation
évolution 32.3 ; 33.3 ;
190.1 ; 193.4
transformation 280.8
changement d'emploi
792.10
t. de droit 823.1

*livre des mutations*
485.7 ; 501.16
mutationnel 193.22
mutationnisme 190.7 ;
193.9 ; 280.14 ; 295.12
mutationniste 190.14
mutatis mutandis
193.26
mutazilisme 488.2
mutazilite 488.7
muter
v.i.
t. de biologie 55.10
v.t.
changer 190.9 ; 792.23
mutilant 387.22
mutilateur 387.22
mutilation 319.6 ;
387.5 ; 720.9
mutilé 387.21
*mutilé de guerre*
387.11 ; 650.18
mutiler
tronquer 128.6
blesser 387.14
mutille 301.7
mutin 625.4 ; 625.8 ;
651.4
mutiné 651.4
mutiner (se) 630.15 ;
651.8
mutinerie 625.2 ; 630.3 ;
651.1
mutique 366.16
mutisme 366.1 ; 366.6 ;
450.7 ; 746.1
mutité 366.6 ; 383.29 ;
746.1
mutualisme
solidarité 20.3
collectivisme 838.3
t. de biologie 295.7
mutualiste 562.9 ;
838.14
mutualité 20.3 ; 581.7
mutuel 20.13 ; 528.20
*justice mutuelle* 711.3
mutuelle 581.7
mutuellement 20.15 ;
528.22
mutuellisme 671.6 ;
838.3
mutuelliste 671.35 ;
838.15
muzak 781.8
my- 328.30
myalbumine 283.8
myalgie 383.12
mycélien 291.16
mycélium 291.2

mycène 291.6
mycète 291.19
mycétophage 291.17
mycétophile 291.17
mycétopore 301.3
mycine 394.39
myco- 291.19
mycobactéries 284.4
mycoderme 291.6
mycogone 291.8
mycologie 284.11 ;
285.1 ; 291.13 ; 391.6
mycologique 291.15
mycologue 291.12
mycophage 301.31
mycoplasmose 285.16
mycorhize 291.2
mycosique 383.67
myctophidé 298.6
mydas 301.9
mydriase 347.3 ; 383.28
mydriatique 394.5
mye 303.2
myélencéphale 326.5
myéline 327.9
myélinique 327.25
myélinisation 327.18
myélinisé 327.25
myélite 327.20
myélocyte 332.4
myélogramme 332.14
myélographie 391.16
myélome 388.4
myélosarcome 329.26 ;
388.4
mygale 301.13
mygalomorphes 301.12
mylabre 301.3
myliobatidé 298.2
mylo-hyoïdien 328.6
mymar 301.7
myo- 328.30
myoblaste 328.14
myocarde 328.12 ; 331.6
myocardite 383.13
myodynamie 328.16
myofibrille 328.14
myogène 328.24
myogénie 328.3
myoglobine 328.14
myoglobinurie 339.10
myogramme 328.17
myographe 328.17
myographie 328.16
myographique 328.24
myoïde 328.24
myologie 328.15
myologique 328.24
myologiste 328.19

myomectomie 392.13
myomorphe 296.3
myone 336.2 ; 388.2
myopathie 328.3
myope 347.17 ; 383.74
myopie 347.2 ; 383.27 ;
347
myopique 383.74
myoplastie 392.17
myopotame 296.5
myorelaxant 394.5 ;
394.30
myorésolutif 328.24
myorraphie 392.18
myosarcome 388.4
myosine 283.8 ; 328.14
myosis 347.3 ; 383.28
myosome 328.14
myosotis 288.6
myotique 394.5
myotomie 392.14
myotonie 328.3 ; 577.2
myotonique 328.24
myotonomètre 328.17
myria- 114.7
myriade 75.1 ; 75.7
myriagramme 239.12
myriamètre 124.5
myrica 287.4
myringoplastie 364.4
myrmécobie 296.13
myrmécobiidé 296.2
myrmécocyste 301.7
myrmécologie 295.2 ;
301.27
myrmécophagidé 296.3
myrmécophile 295.23
myrmicidés 301.6
myrobolan 286.14
myroxylon 287.7
myrrhe 372.4
myrtacées 288.19
myrtales 285.4 ; 288.19
myrte
arbuste 287.6 ; 287.9
gloire 639.9
myrteux
*ombres myrteuses* 506.5
*abîme myrteux* 506.7
myrtidane 289.17
myrtiforme 328.5
myrtille 289.13
mysidacés 302.2
mysidés 302.2
mystagogie 491.8
mystagogue 492.26
myste 479.8
mystère
énigme 419.5 ; 476.4 ;
727.3

dissimulation 727.1 ; 727.5

genre dramatique 787.2

*mystère de l'eucharistie* 477.12

*mystère pascal* 477.12

*saint mystère* 496.1

n.m. pl.

*mystères* 477.12 ; 497.8

*mystères de Cybèle* 497.8

*mystères dionysiaques* 497.8

*mystères d'Éleusis* 497.8

*mystères d'Isis* 497.8

*mystères de Mithra* 497.8

*mystères sacrés* 477.12

*saints mystères* 477.12

*faire des mystères* 727.18

**mystérieusement** 55.19 ; 727.32

**mystérieux**

n.

dissimulateur 727.13

adj.

énigmatique 17.16 ; 55.15 ; 547.19 ; 727.26 ; 735.14

cachottier 727.27

**mysticète** 296.3

**mysticisme** 451.4

**mysticité** 479.3

**mystifiant** 728.22

**mystificateur** 728.9 ; 729.10

**mystification**

tromperie 17.3 ; 597.6 ; 728.1 ; 729.7

moquerie 454.5 ; 750.4 ; 728.6

**mystifier**

abuser 17.10 ; 728.12 ; 729.19

se moquer de 645.7 ; 750.10

**mystique** 451.9 ; 477.3 ; 477.31 ; 479.9

**mystiquement** 479.17

**mytacisme** 746.3

**mythe** 191.6 ; 731.3 ; 754.2

**mythification** 432.1

**mythifier** 432.4

**mythique** 4.15 ; 404.13

**mythologie** 500.8 ; 731.2

**mythologique** 500.46

**mythologisme** 752.4

**mythomane** 404.7 ; 729.11

**mythomanie** 450.6

**myticulteur** 291.12

**mytilaspis** 301.5

**mytilicole** 813.32

**mytiliculteur** 813.23

**mytiliculture** 303.16 ; 813.3

**mytilotoxine** 389.5

**myxœdème** 383.41

**myxomatose** 383.48

**myxome** 388.3

**myxomycètes** 285.4 ; 291.5

**myxophycées** 285.4

**myxosarcome** 388.4

**myxovirus** 284.3

*myxovirus influenza* 284.3

**myzomyie** 301.9

**myzus** 301.5

**Mzabites** 306.10

# N

**na !** 748.2

**nabab** 648.5 ; 829.9 ; 710.3

**nabadie** 648.23

**Nabatéen** 676.8

**nabawi** 501.5 ; 488

**nabi**

prophète 485.12

*les nabis* 780.11

**nable** 140.2

**nabo** 663.15

**nabot** 128.5 ; 386.6

**nabuchodonosor** 859.17

**nacaire** 783.11

**nacarat** 352.28 ; 357.12

**nacelle** 819.8

**n-acétylneuraminique**

*acide n-acétylneuramini-que* 283.10

**nacre** 303.14

**nacré**

n.m.

papillon 301.11

**nacré**

adj.

352.28 ; 353.12 ; 353.15 ; 334.14

*coquille nacrée* 303.19

**nada** 2.11

**nadir** 232.21

**nadolol** 394.5

**nævo-carcinome** 388.4

**nævo-cellulaire** 383.67

**nævus** 383.16

**Nagas** 306.13

**nage** 870.31

*à la nage* 856.51

*en nage* 333.18 ; 241.21 ; 244.15 ; 252.12 ; 339.18

**nageoire** 298.12

**nager**

se déplacer dans l'eau 157.7 ; 271.27 ; 870.90

ne rien comprendre 397.9

**nageur** 870.63

**naguère** 177.17 ; 194.15

**Nahuas** 306.7 ; 306.8

**naïade** 500.42 ; 271.19

**naias** 288.36

**naïf**

n.

ingénu 399.5

adj.

simplet 397.13

innocent 606.22 ; 616.10

dans les beaux-arts 780.17

**nain** 128.5 ; 128.9 ; 386.6

*nain jaune* 872.3

*naine blanche* 232.4

*naine brune* 232.4

**naira** 839.8

**naïs** 304.2

**naissage** 813.1

**naissance** 313

génération 1.6

manifestation 11.1 ; 56.5

venue au monde 310.1 ; 313.1

extraction 646.1 ; 681.4

*donner naissance à* 34.12 ; 313.20

*de naissance* 364.2

**naître**

se manifester 1.10 ; 11.7 ; 141.16 ; 192.8

venir au monde 310.25 ; 313.18

*faire naître* 1.11 ; 32.7 ; 34.12 ; 310.23 ; 528.7 ; 564.13

**naïvement** 606.30 ; 616.14

**naïveté** 399.2 ; 546.6 ; 585.1 ; 606.4

**naja** 299.3

**nalidixique**

*acide nalidixique* 394.5

**Nalous** 306.11

**naloxone** 394.5

**Namas** 306.11

**Nambicuaras** 306.8

**Namibien** 676.7

**nana** 309.3 ; 682.17

**nanan**

*c'est du nanan* 546.17

**nanar ou nanard** 196.3 ; 435.6 ; 437.9 ; 828.4

**Nandis** 306.11

**nandou** 297.19

**nanifier** 812.22

**naniser** 812.22

**nanisme** 285.16 ; 386.4

**nannostome** 298.5

**nano-** 70.36

**nanti** 548.15 ; 548.17 ; 822.21 ; 829.19

**nantir** 822.18

**nantissement** 836.6

**naos** 493.8

**napalm** 664.17

**naphazoline** 394.5

**naphtalène** 352.9

**naphtaline**

*sentir la naphtaline* 196.4

**naphte** 243.6 ; 804.5

*huile de naphte* 798.6

**naphtène** 798.6

**Naples**

*jaune de Naples* 352.8 ; 358.2

**Napoléon** 260.11 ; 839.12

**Napoléon III**

*style Napoléon III* 850.27

**napolitain**

*mal napolitain* 383.18

*à la napolitaine* 856.51

**nappe**

étendue 803.1

linge de table 856.31

t. de chasse 871.6

*mettre la nappe* 855.23

*trouver la nappe* 590.9

**nappé** 858.3

**napper** 856.37 ; 858.11

**napperon** 856.31

**naproxène** 394.5

**naqchbandi** 488.8

**Naqchbandiyya** 488.5

**narcisse** 288.17 ; 613.3

**narcissisme** 307.11 ; 588.1 ; 613.1

**narco-** 344.23 ; 378.30

**narcolepsie** 344.4 ; 378.4

**narcoleptique** 344.20

nervimotilité 327.19
nervin 327.26
nervisme 327.22
nervonique 283.7
nervosisme 449.5
nervosité 449
  trouble 327.20
  impatience 447.4
  souci 462.1
  peur 472.6
  éloquence 757.3
  concision 759.2
nervure 148.5 ; 777.21 ;
  778.3
  *nervure cubitale* 301.17
nervuré 777.27
Nestor 317.6
nestorianisme 487.2
nestorien 487.9
net
  n.m.
  t. de sports 870.14
net
  adj.
  marqué 375.19
  propre 380.12 ; 854.39
  honnête 693.9
  intelligible 734.14 ;
  734.15
  *pas net* 708.18
  *couleur nette* 352.27
  *peau nette* 334.15
  *mise au net* 556.3
  *avoir les mains nettes*
  693.7
  *peser net* 239.14
nétilmicine 394.5
nette 297.16
nettement 734.17
netteté
  propreté 155.1 ; 380.1
  intelligibilité 734.2
nettoiement 854.1 ;
  854.10
nettoyable 380.14
nettoyage 854
  d'une plaie 392.7
  d'un objet 436.8
  renvoi 644.2
nettoyant 380.4 ;
  854.14 ; 854.37
nettoyé
  ruiné 836.29
  propre 854.38
nettoyer 380.9 ; 854.25
  *nettoyer un plat* 855.28
nettoyeur 854.24
nettoyeuse 311.6
nettoyure 854.13
neuchatêloise 175.6
neuf 110

n.m.
chiffre 872.4
*preuve par neuf* 110.1 ;
  116.3 ; 426.8
neuf
  nouveauté 194.1
  *rien de neuf* 194.10
  *apporter du neuf* 194.7
  adj.
  194.12 ; 533.10
  *à neuf* 194.15
  *de neuf* 194.15
  *battant neuf* 194.12
  *regard neuf* 194.5
  *remise à neuf* 558.1
  *remettre à neuf* 194.7 ;
  558.7
  *remis à neuf* 194.14
neufchâtel 861.6
neumatique 781.28
neume 781.28
neural 281.7 ; 327
  *crête neurale* 281.7 ;
  327.13
neuraminique 283.10
neurapophyse 322.2
neurasthénie 327.20 ;
  443.1 ; 450.6 ; 458.1 ;
  464.1
neurasthénique 327.27 ;
  450.14 ; 458.16
neurépine 322.2 ; 329.11
neurilemme 327.9
neurinome 388.3
neurite 327.9
neuro- 327.29
neuroanatomie 327.21
neuroanatomique
  327.28
neurobiochimie 327.21
neurobiochimique
  327.28
neurobiochimiste
  327.23
neuroblaste 327.13
neurochirurgical 327.28
neurochirurgie 327.21 ;
  392.2
neurochirurgien 327.23
neurocrinie 327.14
neuroendocrinien
  327.26
neuroendocrinologie
  327.21
neuroendocrinolo-
  gique 327.28
neurofibrille 327.9
neurofilament 327.9
neuroglobuline 327.14
neurohistologie 327.21

neurohistologique
  327.28
neurohormonal 327.26
neurohormone 327.14
neuroleptique 394
neurolinguiste 327.23
neurolinguistique 327
neurologie 327.21 ;
  391.7
neurologique 327.28
neurologue 327.23
neuromaste 298.12
neuromédiateur 327.14
neuromédiation 327.18
neuromusculaire 328.24
neuronal 327.25
neurone 327 ; 336.2
neuronique 327.25
neuropathie 327.20
neuropathologie 327.21
neuropathologique
  327.28
neuropharmacologie
  327.21 ; 394.20
neuropharmacologique
  327.28
neurophysiologie
  327.21 ; 343.8
neurophysiologique
  327.28
neuroplasme 327.9
neuropore 327.13
neuropsychiatre 327.23
neuropsychiatrie
  327.21
neuropsychiatrique
  327.28
neuropsychologie
  327.21
neuropsychologique
  327.28 ; 343.18
neuropsychologue
  327.23
neuroradiologie 391.16
neurorraphie 392.18
neurosciences 327.21
neurosécréteur 327.8
neurosécrétion 327.18 ;
  333.9
neurostimulation 564.3
neurotomie 327.21 ;
  392.14
neurotoxine 389.5
neurotoxique 389.15
neurotransmetteur
  327.14
neurotransmission
  327.18
neurotubule 327.9
neurovégétatif 327.15

neutralisation
  compensation 99.1 ;
  528.1
  t. de chimie 230.13
  t. de linguistique 12.2
  *tir de neutralisation*
  667.8
neutraliser 99.7 ;
  528.11 ; 559.16
neutralisme 652.7 ;
  671.21
neutraliste 652 ; 671.47
neutralité
  indifférence 524.8 ;
  529.2
  non-engagement
  524.6 ; 652.1 ; 669.9
neutre
  terne 352.27
  indifférent 524.18
  non-engagé 650.15
  t. de grammaire 740.5
neutrino 231.3
neutron 231.3
neutronothérapie 393.6
neuvain 110.2 ; 789.12
neuvaine 110.2 ; 494.5
neuvième
  n.m.
  110
  n.f.
  t. de musique 781.17
  adj.
  110.6
neuvièmement 110.7
névé 242.7 ; 270.7
neveu 681.7
névralgie 327.20 ; 345.3
névralgique 327.27
névraxe 326.1 ; 327.15
nèvre 327.29
névrectomie 327.21 ;
  392.13
névrilème 327.9
névrite 327.20
névritique 327.27
névro- 327.29
névroglie 327.9 ; 336.4
névroglique 327.25
névrologie 327.21
névrome 327.20 ; 388.2
névropathe 450.14
névropathie 327.20 ;
  449.5 ; 450.1
névroptère 295.25
névroptéroïdes 301.1
névrose 327.20 ; 449.5 ;
  541.6 ; 450.6
névrosé 327.27 ; 449.17 ;
  450.14

nivo- 242.24
nivo-glaciaire 242.19
nivôse 176.8 ; 242.2
nixe 271.19
niyama 490.6
nizarite 488.2
**Njörd** 500.21
**Nkolés** 306.11
**N.N.** 648.14
nô 787.7
**nobélium** 230.7
**nobiliaire**
n.
registre 646.11
adj.
646.29 ; 681.17
**nobilissime** 648.5
**nobilité** 646.10
**noblaillon** 646.18
**noble**
élevé 85.20 ; 453.8 ;
508.11
magnanime 587.10
fier 610.10
aristocratique 646
monnaie 839.13
t. de fauconnerie 297.6
*basse noble* 784.18
**noblement** 453.15 ;
641.30 ; 646.31
**noblesse** 646
aristocratie 7.4 ; 85.5
grandeur 436.6 ; 453.1 ;
587.1
distinction 614.2 ;
641.1 ; 761.4
*noblesse oblige* 646.15
**nobliau** 646.18
**noce** 583.11 ; 687.1 ;
707.2
*faire la noce* 467.10 ;
703.8 ; 707.9
pl.
*noces* 682
*voyage de noces* 869.3
*noces d'or* 176.7
**noceur** 377.6 ; 467.7 ;
687.15 ; 703.5 ; 707.4
**nocher** 506.8 ; 819.22
**nocicepteur** 327.16
**nocif** 253.23 ; 549.25 ;
557.25
**nocivité** 557.10
**noct-** 189.19
**noctambule** 189.8 ;
377.6 ; 378.13
**noctambuler** 377.9
**noctambulisme** 377.2
**noctiflore** 288.45
**noctuelles** ou **noctui-**
**dés** 301.10

**noctule** 296.10
**nocturnal** 189.12 ; 377.5
**nocturne**
n.m
781.32
n.f.
351.5 ; 787.18
adj.
189.12 ; 346.2 ; 351.13 ;
377.16
**nocturnement** 189.16
**nocuité** 551.1
**nodal** 234.2
**nodosaure** 299.11
**nodosité** 127.2 ; 152.5 ;
386.5 ; 388.1
**nodule**
renflement 152.5
kyste 388.1
concrétion 237.18 ;
259.4 ; 802.5
t. d'anatomie 326.7
**noël**
cantique 784.12
**Noël** 497.3
*arbre de Noël* 803.5
**noème** 478.16
**noere** 271.8
**noèse** 478.22
**nœud**
boucle 147.6
du bois 265.3 ; 286.6
du serpent 299.12
cœur 77.2 ; 787.13
unité de vitesse 70.10
de ruban 867.9 ; 866.9
t. d'astronomie 232.20 ;
278.6
t. de plomberie 808.9
*nœud de communication*
816.16
*nœud papillon* 862.28
*nœud de vipères* 77.2
*sac de nœuds* 46.5 ;
77.2 ; 547.9
**Nogays** 306.14
**noir** 354
n.
hématome 387.9
aveuglement 399.1
d'une cible 667.14 ;
859.5 ; 790.4
*dire tantôt noir tantôt*
*blanc* 431.9
*broyer du noir* 354.13 ;
464.8 ; 549.22
*voir la vie en noir*
310.27 ; 443.5 ; 464.8
adj.
couleur 335.23 ; 352 ;
356.1 ; 360.5 ; 360.8

obscur 189.9 ; 351
pessimiste 443.6 ;
464.12
en deuil 549.21 ; 688
saoul 708.18
mauvais 586.10
*cabinet noir* 848.21
*chambre noire* 773.16 ;
775.4
*ceinture noire* 870.18
*colère noire* 471.2
*disque noir* 365.21
*magie noire* 484.2 ;
504.9
*pain noir* 857.1
*petit noir* 859.4
*thé noir* 859.5
*terre noire* 237.16
*au noir* 792.4
*en noir et blanc* 767.2
**Noir** 306.6
**noirâtre** 351.10 ; 354.15
**noiraud** 354.15 ; 354.18
**noirceur**
obscurité 351 ; 354.1
méchanceté 586.1
**noirci** 354.17 ; 762.17
**noircicaud** 708.18
**noircir**
charbonner 137.15 ;
354 ; 356.7
salir 381.9 ; 351.7
*noircir du papier* 762.15
*noircir le tableau*
432.6 ; 443.5
**noircir (se)** 708.12
**noircissage** 354.8
**noircissement** 354.8
**noircissure** 354.7 ; 381.2
**noire** 781.28
**noirement** 354.21
**noireté** ou **noirté** 354.1
**noise**
*chercher des noises à*
637.17
**noiseraie** 811.10
**noisetier** 286.13
**noisette**
fruit 289.6
couleur 352.28
charbon 802.5
*café noisette* 859.4
**noix**
fruit 289
personne sotte 397.7
pièce mécanique
800.12
charbon 802.5
t. de menuiserie 807.10
*noix pâtissière* 856.7
*nolens volens* 507.15

**nolisé** 820.3
**nolisement** 819.19
**noliser** 819.30 ; 820.16
**nolition** 507.1 ; 520.2
**nolonté** 507.1
**nom** 743
dénomination 648.1 ;
730.3
substantif 740.9 ; 742 ;
740.9
noblesse 646.1
*nom d'oiseau* 657
*grand nom* 621.10 ;
646.17
*de nom* 641.31 ; 743.32
*au nom de* 37.13 ;
562.39
*appeler les choses par*
*leur nom* 734.10 ;
743.19
*se faire un nom*
540.17 ; 639.21
**nomade** 676 ; 869
**nomadisation** 847.8
**nomadisation**
manœuvre 666.12
**nomadiser** 869.20
**nomadisme** 847.8
**no man's land** 272.4
**nombrable** 62.13 ;
70.31 ; 100.17
**nombre** 100
quantité 69.1 ; 74.2 ;
75.1 ; 238.1
t. de mathématiques
45.7 ; 63.8 ; 69.15 ;
94.11 ; 115.4 ; 116.7 ;
122.2 ; 231.4
t. de grammaire 740
t. de rhétorique 751.11
*nombre d'or* 52.5 ;
94.3 ; 100.7 ; 176.3 ;
278.4 ; 773.13 ; 777.5
*nombre de* 74.13 ; 75 ;
238.6
*au nombre de* 72.22 ;
*en nombre* 75.16 ;
100.18
**nombré** 751.10
**nombrer** 100.13
**nombreux**
abondant 74.12 ; 75.13
t. de rhétorique 751.16
*famille nombreuse* 678.7
**nombrier** 100.16
**nombril** 57.2 ; 133.1 ;
324.3
*se regarder le nombril*
613.6
**nombril-de-Vénus**
288.33

**nombrilisme** 307.11 ;
588.1
**nome** 53.22
**nomenclateur** 49.12
**nomenclature**
lexique d'une science
295.10
liste 64.6
t. de linguistique 49.7 ;
739.10 ; 742.16 ;
743.11 ; 828.14
**nomenklatura** 621.9
**nominal** 740 ; 741.2 ;
743.27
*valeur nominale* 843.8
**nominal** 842.8
**nominalement** 740.25 ;
743.32
**nominalisation** 743.2
**nominaliser** 743.21
**nominalisme** 421.11 ;
478.13 ; 742.18
**nominaliste** 742.30
**nominatif**
n.m.
cas 740.5 ; 743.2
*mise au nominatif*
843.15
adj.
743.27
**nomination** 519.2 ;
643.2 ; 743.7 ; 792.10
**nominativement** 743.32
**nominé** 743.26
*nominee* 843.17
**nommé** 743
**nommément** 743.32
**nommer**
appeler 743
affecter 519.9 ; 643.8 ;
648.17 ; 792.23
**nommer (se)** 743.23
**nomo-** 53.21 ; 713.63
**nomogramme** 146.11
**nomographe** 713.47
**nomographie** 713.38
**nomographique** 713.57
**nomologie** 713.1
**nomothète** 713.47
**nomothétique** 713.57
**non-** 2.15 ; 101.12 ;
418.23
**non** 2.11 ; 68.15 ; 418 ;
429.17 ; 520 ; 554.9 ;
748.2
*non seulement... mais
encore* 118.12
*non loin de* 161.16
**nona-** 110.8
**non-acceptation** 630.1
**non-accompli** 539

**non-activité** 529.3 ;
797.3
**nonagénaire** 110.1 ;
317.5
**non-agression** 652.4
**non-alignement** 669.9 ;
671.3
**nonantaine** 110.1
**nonante** 110.1
**nonantième** 110
**non-appartenance** 68.2
**non-assistance** 509.2
*non-assistance à per-
sonne en danger* 551.3
**non-belligérance** 652.1
**non-belligérant** 650.15 ;
652.9
**nonce** 498.14
**nonchalamment**
403.10 ; 441.22 ;
445.15 ; 529.18 ;
575.20 ; 577.23
**nonchalance** 441.1 ;
445.3 ; 524.4 ; 529.2 ;
575.3 ; 577.1
**nonchalant** 441.14 ;
445.12 ; 575.16 ; 577.17
**nonchaloir** 445.3 ;
524.4 ; 529.2
**nonciature** 498.16
**non-combattant** 663.11
**non-communication**
727.1
**non-comparant** 10.5
**non-comparution** 10.3 ;
513.1 ; 711.6
**non-concerné** 524.15
**non-conciliation** 684.6
**non-concurrence** 792.6
**non-conforme** 29.11
**non-conformisme**
14.3 ; 29.5 ; 429.5 ;
516.9
**non-conformiste** 29.7 ;
29.15 ; 429.15 ; 516.14 ;
516.30
**non-conformité** 29 ;
27.1 ; 55.1
**non-contradiction**
422.3
**non-convertibilité**
839.18
**non-croyant** 480.6
**non-dénonciation** 720
**non-directivisme** 415.4
**non-directivité** 415.4
**non-discrimination**
711.1
**non-dit** 737.1 ; 737.14 ;
737.16

**non-droit** 713.13
**none** 189.2 ; 494.12 ;
499.21
*nones* 176.10
**non-engagement**
524.6 ; 671.3
**non-être** 2.1
**nonette** 291.6
**non-exécution** 539.1 ;
630.1
**non-existence** 2.1
**non-figuratif** 773.2
**nonidi** 110.4 ; 176.10
**non-ingérence** 669.9
**non-livre** 765.10
**non-métal** 283.3
**non-moi** 478.21
**nonnain** 499.5
**nonne**
papillon 301.11
**nonne**
religieuse 499.5 ; 704.4
**nonnette** 499.5
**non-observation** 625.3
**nonobstant** 68.16
**non-paiement** ou **non-
payement** 836.9
**nonpareil** 436.15
**nonpareille** 828.2
**non-participation** 539.4
**non-payement →
non-paiement**
**non-pertinence** 733.1
**non-pesanteur** 240.2
**non-possession** 490.6
**non-recevoir**
*fin de non-recevoir*
418.3 ; 520.1 ; 554.9 ;
711.17
**non-résident** 677.3
**non-respect** 625.3
**non-retour** 87.35
**non-réussite** 541.1
**non-satisfaction** 539.5
**non-sens** 733
410.6 ; 732.2 ; 735.2
*nonsense* 733.5
**non-stop** 61.30
**nonuple** 110.1 ; 120.6
**nonupler** 110.5 ; 120.4
**non-valable** 196.8
**non-viable** 313.25
**non-violence** 229.3 ;
490.6 ; 630.2
**non-violent** 229.12 ; 652
**non-voyant** 347.18
**Nootkas** 306.7
**nopalerie** 301.24
**nops** 301.13
**noradrénaline** 331.10

**noradrénergique** 327.8
**nord**
point cardinal 156.6 ;
198.4
région 242.6
*nord géographique*
198.4
*nord magnétique* 198.4 ;
236.5
*Grand Nord* 242.6
*au nord de* 165.26
*perdre le nord* 450.18
*vent du nord* 275.4
**nord-américain** 237.11
**nordé** ou **nordet** 198.4 ;
275.4
**nord-est** 198.4
**nordique** 306.5 ; 739.14
**nord-ouest** 198.4
**nori** 293.5
**noria** 801.7
**norm-** 53.21
**normal**
ordinaire 28.13 ;
45.22 ; 52.23 ; 53.15 ;
54.10 ; 568.25 ; 693.13
**normale**
normalité 53.1 ; 54.2
droite 146.7
**normalement** 28.15 ;
54.13 ; 568.31
**normalien** 414.15
**normalisation** 28.5 ;
52.9 ; 53.7 ; 54.5
**normalisé** 28.13
**normaliser**
régulariser 28.9 ;
52.13 ; 53.11 ; 54.6 ;
669.22
rationaliser 45.14 ;
47.21 ; 793.15
**normalité** 54 ; 53.5
**normand** 268.11
*trou normand* 859.16
**normatif** 30.13 ; 45.22 ;
52.22 ; 53.17
**normativisme** 52.11
**normativiste** 52.12
**normativité** 52.10 ;
53.5 ; 54.1
**norme** 53
canon 28.6 ; 30.3 ;
45.9 ; 692.2
normalité 619.3 ; 690.2
*norme afnor* 53.4
*norme française* 53.4
*sortir de la norme* 55.9
**normé** 30.13 ; 53.18
**normer** 30.8 ; 45.14 ;
52.13 ; 53.10
**normo-** 53.21

normoblaste 332.3
normocytaire 332.29
normocyte 332.3
normodosé 279.12
normothymique 394.5
noroît 198.4 ; 275.4
Norvégien 676.5
nosémose 383.48
noso- 383.84
nosographie 391.4
nosologie 49.2 ; 383.3 ;
391.4
nosologique 49.21
nosologiste 49.12
nosophobe 472.21
nosophobie 472.4
nosophobique 472.21
nosseigneurs 648.14
nostalgie 177.6 ; 458.1 ;
460.1 ; 464.2
nostalgique 177.15 ;
196.9 ; 458.16 ; 460.10 ;
464.10
nostalgiquement
458.17 ; 460.13
nostoc 293.4
nota bene 402.10
notabilité 438 ; 621.8
notable 438 ; 621.8 ;
829.9
notablement 438.15
notaire 711.21
*étude de notaire* 794.11
*par devant notaire* 9.15
notateur 786.24
notation
représentation 730.18 ;
731.2 ; 762.1
notation musicale
781.27
t. de commerce 63.9
note
avis 97.3 ; 726.5 ;
762.5 ; 766.12 ; 770.5 ;
869.13
évaluation 414.12
addition 795.9 ; 825.8 ;
831.9
*notes de l'église* 477.11
*forcer la note* 80.7
note
son 370.1 ; 781
*note sensible* 108.3
*fausse note* 27.3 ;
365.3 ; 410.5 ; 543.2 ;
593.3 ; 781.14
*ne pas être dans la
note* 27.5
*tenir une note* 782.23
noter
inscrire 63.13 ; 762.14 ;

771.18
t. de musique 731.8 ;
781.47
nothofagus 287.9
nothosaurien 299.11
notice 751.8
*notice d'émission* 842.20
*notice d'utilisation* 567.9
*notice nécrologique*
311.19 ; 754.7
notier 814.19
notification 552.3 ;
711.6 ; 726.5
notifier 631.16 ; 726.13
notion 1.5 ; 4.5 ; 421.1
pl.
*notions* 407.2
notionnel 421.22 ; 732.3
notodonte 301.11
notodontidé 301.10
notohippidé 296.4
notoire 430.7 ; 639.25 ;
758.9
notoirement 407.22
notonecte 301.5
notongulé 296.4
notoptère
poisson 298.5
insecte 301.1
notoriété 540.4 ; 639.1 ;
768.7
notoryctidé 296.2
notos 275.9
notostigmate 301.12
notostracé 302.2
notostylopidé 296.4
nototrème 300.3
Notre-Dame 487.17
notule 738.2
nouaison → nouure
nouba 583.11 ; 687.1
*faire la nouba* 467.10
Noubas 306.11
noue 143.7 ; 811.11
nouer 90.12 ; 556.7
*nouer amitié* 604.7
*nouer une conversation*
749.15
noueur 484.18
noueuse
*noueuse d'aiguillettes*
484.18
noueux 286.25
nougat 858.5
*c'est du nougat* 546.17
pl.
*nougats* 321.1
nouille 397.7 ; 445.6
nouilles 856.25
nouménal 5.6 ; 421.23

noumène 1.5 ; 421.3 ;
478.19
Noun 500.20
nounou 314.9 ; 680.5
Noupés 306.11
nourrain 298.13
nourri 238.12 ; 759.8 ;
855.40
nourrice
personne 314.9 ; 680.5
t. technique 808.11 ;
817.10
*en nourrice* 314.21
nourricerie 314.11
nourricier 337.17 ;
855.41
*père nourricier* 679.5
nourricière 331.8
nourrir 337.12 ; 811.21 ;
855.38 ; 603.8
nourrir (se) 337.14 ;
855.26
nourrissage 314.7 ;
337.9 ; 813.13
nourrissant 337.17 ;
855.42
*crème nourrissante*
334.7
nourrissement 314.7 ;
337.9 ; 813.13
nourrisson 313.15 ;
314.3
nourriture 337.4 ;
415.1 ; 855.5 ; 857.12
nous 307.7
*entre nous* 429.10
*nous-mêmes* 307.7
Nout 500.15
nouure ou nouaison
286.23 ; 322.3
*nouure d'aiguillettes*
484.5
nouveau 32.4 ; 32.10 ;
56.14 ; 178.11 ; 193.24 ;
194 ; 414.16 ; 533.10
*à nouveau* 76.17
*de nouveau* 76.17
nouveau-né 194.6 ;
194.12 ; 313.15 ; 314.3
nouveauté 194
32 ; 192.1 ; 411.3 ; 863.3
*article de nouveauté*
194.3
nouvel an 194.4 ; 497
nouvelle
information 192.4 ;
194.3 ; 726.6 ; 766.7
récit 754.5
*donner de ses nouvelles*
194.10 ; 770.13
*bonne nouvelle* 192.6 ;

487.19 ; 495.3
*mauvaise nouvelle* 192.5
nouvellement 32.12 ;
194.15
Nouvelle-Orléans
(style) 781.6
nouvelleté 194.1
nouvelliste 754.11 ;
766.16
nova 194.4 ; 232.4
novale 194.4 ; 811.11 ;
846.11
novateur 32 ; 56.15 ;
194.13 ; 411.4
novation
innovation 32.3 ; 194.2
t. de biologie 295.8
novatoire 194.13
Novecento 780.12
novembre 176.8
novemdial 688.8
nover 194.11
novice 194.6 ; 315.5 ;
315.12 ; 413.3 ; 499.15 ;
536.9
noviciat 413.2 ; 499.16
novius 301.3
novotique 772.2
noyade 311.12
noyau 57.2 ; 131.2 ;
133.1 ; 232.6 ; 237.10 ;
283.2 ; 284.6 ; 289.3 ;
326 ; 336.2 ; 741.4 ;
848.29
*noyau actif* 36.4
*noyau atomique* 231.2
noyautage 203.1 ; 669.3
noyauter 131.11 ; 669.24
noyauteuse 800.9
noyé 311.16
noyer
n.m.
286.13
*noyer d'Amérique*
286.19
noyer
v.t.
252.9 ; 271.21 ; 311.28
*noyer ses chagrins dans
le vin* 708.15
*noyer sous un flot de
paroles* 760.10
nu
n.m.
379.4 ; 773.4 ; 774.7
adj.
379.9 ; 379.13
*à nu* 379.16
*à demi-nu, à moitié nu*
379.13
*mettre à nu* 379.11 ;

larve 301.19
divinité 500.1
**nymphéa** 288.25
*nymphéa blanc* 288.17
**nymphéacées** 288.25
**nymphée** 777.10 ; 779.9
**nymphes** 325.10
**nymphette** 309.4
**nympho** 341.23
**nymphomane** 341.23 ;
523.8
**nymphomanie** 341.7 ;
450.9 ; 523.5
**nymphose** 301.22
**nyroca** 297.16
**nyssa** 286.20
**nyssorhynque** 301.9
**nystagmique** 383.74
**nystagmus** 216.2 ;
383.28
**nystatine** 394.5

# O

**oaristys** 749.3
**oasis** 272.2
*oasis de paix* 531.7
*obbligato* 518.18 ; 784.11
**obéché** 286.18
**obédience** 594.1 ; 624.1
**obédiencier** 624.5
**obédientiel** 624.14
*puissance obédientielle*
624.3
**obéir** 420.11 ; 566.13 ;
624.8 ; 628.13 ; 635.12
*obéir à* 538.14
**obéissance** 624
538.3 ; 628.3
**obéissant** 624.11
**obélie** 303.12
**obélisque** 688.17 ;
777.10
**obéré** 836.28
**Obéron**
astre 232.10
**obèse** 127.13 ; 383.72
**obésité** 127.5 ; 324.4 ;
383.25
**obex** 326.5
**obier** 287.4
**obit**
messe 496.1 ; 688.5
pied de lettre 744.3
**obituaire** 496.13 ; 688.36
*registre obituaire* 688.22
**objecter** 18.8 ; 420.9 ;
429.11
**objecteur** 18.6

*objecteur de conscience*
429.6
**objectif**
n.m.
but 3.8 ; 34.7 ; 38.1 ;
523.2 ; 532.2 ; 534.1
cible 667.14
dispositif optique
234.7 ; 775.4
*se donner pour objectif*
*de* 38.5
*atteindre son objectif*
38.7
**objectif**
adj.
409.20
**objection** 18.3 ; 429.4 ;
637.4
**objectivant** 3.9
**objectivation** 3.5
**objectivement** 3.11 ;
409.25
**objectiver** 3.6
**objectiver (s')** 3.7
**objectivisme** 3.3 ;
409.11 ; 478.12
**objectiviste** 3.10
**objectivité** 409.1 ;
478.21 ; 519.4
**objet** 1.3 ; 3.2 ; 34.7 ;
37.1 ; 38.1 ; 73.4 ;
478.19 ; 740.8
*objet de collection* 184.3
*objet de curiosité* 405.3
*objet transitionnel* 19.4
**objurgateur** 637.22
**objurgation** 637.1
**objurguer** 637.10
**oblade** 298.6
**oblat** 499.14
*oblats* 496.5
**oblate** 646.17
**oblatif** 587.10
**oblation** 491.5 ; 496.4 ;
686.9
**oblativité** 587.1
**obligataire** 518.6 ;
518.17 ; 843.17 ; 843.23
**obligation** 518
nécessité 41.3 ; 596.3 ;
691.2
dette de reconnais-
sance 589.1
valeur mobilière 843.4
*obligation cautionnée*
841.3
*obligation de conscience*
594.6
*obligation de réserve*
452.1
*obligation morale*

478.18
*obligations militaires*
663.18
*fête d'obligation* 687.2
*avoir de l'obligation*
589.5
*être dans l'obligation de*
691.6
**obligationnaire** 518.6
**obligatoire** 41.10 ;
518.12 ; 631.25 ; 691.10
**obligatoirement** 518.19
**obligé**
contraint 518
redevable 589
*être l'obligé de qqn*
589.5
**obligeamment** 518.20 ;
587.13 ; 592.13
**obligeance** 574.4 ;
585.2 ; 587.2 ; 592.1
**obligeant** 518.16 ;
544.14 ; 563.26 ;
585.10 ; 587.10
**obliger**
contraindre 41.8 ; 518 ;
622.11 ; 631.18 ; 691.7 ;
692.5
rendre service 563.19
**oblique**
n.m.
muscle
*petit oblique* 328 ;
329.16
*grand oblique* 328.7
*obliques de l'œil* 328.5
**oblique**
adj.
167.18 ; 218.23 ; 736.15
*ordre oblique* 45.5
**obliquement** 167.20 ;
218.25
**obliquer** 167.14 ; 218.19
**obliquité** 143.1 ; 148.2 ;
167.7 ; 218.5
**oblitération**
annulation 2.2 ; 561.1
apposition d'une
marque 770.9
*flamme d'oblitération*
770.7
**oblitéré** 2.9
**oblitérer**
boucher 140.19
annuler 561.6 ; 770.15
**oblong** 124.11 ; 286.27
**obnubilation** 399.1 ;
450.3
**obnubilé** 399.11
**obnubiler** 276.12 ; 399.6
**obo** 819.5

**Obodrites** 306.16
**obole**
offrande 587.3
monnaie 839.11 ;
839.12
**obombrer** 351.7
**oboval** 286.27
**obreption** 595.8 ; 729.5
**obscène** 341.45 ; 620.9 ;
657.13
**obscénité** 341.7 ; 620.4 ;
657.3 ; 657.5
**obscur**
n.m.
351.1
adj.
sombre 351 ; 354.19
peu compréhensible
547.19 ; 735.14 ;
735.15 ; 736.13
modeste 351.1 ; 612
**obscurant** 351.11
**obscurantisme** 408.3
**obscurantiste** 408.5
**obscuration** 351.4
**obscurci** 276.14
**obscurcir** 77.9 ; 276.12 ;
351.7 ; 399.6 ; 547.13 ;
727.17 ; 735.12
**obscurcir (s')** 351.8
**obscurcissant** 351.11
**obscurcissement** 351.4 ;
399.1
**obscure** 352.27
*salle obscure* 790.20
**obscurément** 351.14 ;
727.32 ; 735.17 ; 736.17
**obscurité** 351
128.1 ; 354.1 ; 399.1 ;
431.3 ; 435.1 ; 547.1 ;
612.3 ;
727.11 ; 735.2 ; 736.1
**obsécration** 494.2 ;
752.5
**obsédant** 458.12
**obsédé** 341.23 ; 399.11 ;
450.14 ; 462.9
*obsédé sexuel* 341.23
**obséder** 399.6
**obsèques** 688.1
**obséquieusement**
595.21 ; 629.17
**obséquieux** 595.18 ;
626.14 ; 629.15 ; 686.27
**obséquiosité** 626.4 ;
629.1
**observabilité** 348.1
**observable** 348.8
**observance** 52.8 ;
499.18 ; 538.3 ; 624.1 ;
685.6

orthoptéroïdes 301.1
orthoptie 347.9
orthoraphes 301.8
orthoscopie 347.9
orthoscopique 234.3
orthose 258.9
orthosympathique
327.15
orthotome 297.8
orthotrope 285.23
orthotropisme 285.11
ortho-xylène 804.6
ortie 288.31
  *ortie blanche* 288.16
ortié 383.67
ortie de mer 303.12
ortolan 297.8
orvet 299.5
orviétan
  *vendeur d'orviétan* 718.7
orycte 301.3
oryctérope 237.23 ;
  296.10
oryctéropidé 296.3
oryctogéologie 237.1
oryx 296.6
oryza 290.7
os 329 ; 318
  difficuté 554.7 ; 772.11
  *l'avoir dans l'os* 728.17
  *se rompre les os* 214.17
  *tomber sur un os*
  541.12
O.S. 793.3
Osages 306.7
oscabrion 303.6
oscar 298.5 ; 540.5
oscillaire 293.4
oscillant 216.13
oscillateur 175.7 ;
  216.7 ; 235.17
  *oscillateur pilote* 216.7
oscillation 216
  33.3 ; 193.1 ; 217.1 ;
  555.13
oscillatoire 216.14
oscillatrice 216.7
osciller 33.11 ; 193.19 ;
  216.9 ; 217.10 ; 511.5
oscillo- 216.16
oscillogramme 216.7
oscillographe 216.7
oscillomètre 216.7 ;
  331.19
oscillométrie 216.8 ;
  331.16
oscilloperturbographe
  216.7
oscilloscope 216.7
oscinelle 301.9

oscines 297.4
oscitation 458.2
osculaire 601.10
osculation 601.3
oscule 303.15
-ose 383.85 ; 395.14
ose 283.5 ; 283.36
osé 537.11 ; 551.12 ;
  573.15 ; 620.9
oseille
  plante 288.23 ; 290.8
  argent 839.5
oser 508.7 ; 533.7 ;
  535.8 ; 573.7
  *oser croire* 423.7 ; 474.6
  *oser faire qqch* 632.17
oseraie 812.16
osidique 283.33
osier
  arbre 265.11
  argent 839.5
osiériste 812.19
osiris 279.17
Osiris 500.10 ; 500.29
osm- 371.29
osma- 371.29 ; 372.12
osmatique 371.24 ;
  371.30
osmesthésie 371.5
osmi- 371.29
-osmia 371.30
-osmie 371.30
osmie 301.7
osmiesthésimètre
  371.11
osmium 230.7
osmo- 371.29 ; 372.12
osmologie 371.9
osmomètre 332.20 ;
  371.11
osmondales 285.4
osmonde 290.9
osmose
  mélange 98.1 ; 205.2 ;
  282.4 ; 285.9 ; 332.10
  influence 623.3
Osques 306.16
ossature
  structure 45.1 ; 47.1 ;
  147.2 ; 159.4 ; 777.3
  squelette 329.1
ossaturé 147.16
osséine 329.4
osselet 329.1 ; 363.3
  pl.
  jeu
  *osselets* 872.19
ossements 96.4 ; 329.2 ;
  688.27
Ossètes 306.14

osseux 329.20 ; 329.30 ;
  336.10
  *carapace osseuse* 298.9
  *sinus osseux* 329.6
ossianique 789.28
ossianisme 789.19
ossification 248.3 ;
  329.25
ossifier 329.29 ; 441.12
ossifier (s') 248.11
ossifluent 329.30
ossiforme 329.30
ossifrage 297.15
osso buco 856.12
ossoko 265.13
ossu 329.31
ossuaire 688.14
ostéalgie 329.26 ; 345.3 ;
  383.11
ostéalgique 383.65
ostéichtyens 298.3
ostéicole 813.32
ostéite 329.26 ; 383.11
ostensible 346.25 ; 348.7
ostensiblement 348.9 ;
  617.13
ostensoir 496.12
ostentateur 617.10
ostentation 617 ; 595.5 ;
  615.2
ostentatoire 617.10
ostentatoirement
  615.15
ostéo- 329.33
ostéoblaste 329.4 ; 336.2
ostéochondrose 383.11
ostéoclasie 392.8
ostéocyte 329.4
ostéogénie 281.2
ostéoglossidé 298.3
ostéole 329.4
ostéologie 329.27 ; 391.7
ostéologique 329.30
ostéologue 329.28
ostéolyse 383.11
ostéomalacie 383.11
ostéome 388.3
osteomeles 287.9
ostéomyélite 383.11
osthéopathe 329.28
ostéopathie 383.11 ;
  393.8
ostéophyte 383.11
ostéoplastes 329.4
ostéoplastie 329.27 ;
  392.17
ostéoporose 383.11
osthéopraticien 329.28
ostéosarcome 329.26 ;
  388.4

ostéosynthèse 392.6
ostéotomie 329.27 ;
  392.14
ostiariat 492.5
ostinato 781.25
ostiole 285.12
ostium 303.15
ostracée 303.19
ostracionidé 298.3
ostracisé 640.16
ostraciser 640.12
ostracisme 640 ; 224.2
  *frapper d'ostracisme*
  640.12
ostracodermes 298.4
ostracodes 302.2
ostracon 762.7
ostréiculteur 813.23
ostréiculture 303.16 ;
  813.3
ostrogoth
  individu 308.3
Ostrogoths
  peuple 306.16
ostrya 286.20
Ostyaks 306.14
-ot 128.18
otage 723.16
otalgie 345.3 ; 364.6 ;
  383.30
otalgique 383.75
otariidé 296.3
otectomie 392.13
-oter 183.21
ôter 68.9 ; 91.18 ; 119.5 ;
  206.10
  *ôter de* 204.23
  *ôter le goût du pain à*
  311.27
otiorhynque 301.3
otique 363.20 ; 383.86
otite 364.6 ; 383.30
oto- 363.23
otologie 363.11
otologiste 391.27
Otomis 306.7 ; 306.8
otomycose 383.36
oton 289.7
otoplastie 392.17
oto-rhino-laryngologie
  340.19 ; 391.7
oto-rhino-laryngolo-
  giste 340.20 ; 363.16 ;
  391.27
otorrhée 364.6 ; 383.30
otoscope 363.9
otospongiose 364.6 ;
  383.30
*ottava rima* 109.3
-otte 128.18

Ottoman 676.8
ottomane 850.14
ottoragie 383.30
otycion 296.9
ou 68.19 ; 90.21 ; 804.6
  *ou alors* 68.19
  *ou bien* 68.19
  *ou exclusif* 68.5
  *ou inclusif* 67.8
où
  *d'où* 35.10
ouaille 496.15
ouais 417.12 ; 748.2
ouakari 296.14
ouaouaron 300.3
ouate 810.5
  *ouate de verre* 266.4
ouaté 366.18 ; 810.33
ouater 810.25
ouaterie 810.16
ouateux 810.35
ouatine 810.5
ouatiner 810.25
oubli 401
  81.3 ; 177.6 ; 196.1 ;
  524.3 ; 575.6
  *oubli de soi* 401.4 ;
  515.3
  *oubli des fautes* 638.1
oubliable 401.15
oubliance 401.1
oublié 401.15
oublier 177.12 ; 401.8 ;
  638.13
  *oublier à qui l'on*
  *s'adresse* 627.7
  *oublier de* 575.14
oublier (s')
  faire abnégation de
  soi 587.6
  mal se tenir 593.5 ;
  620.6
  faire ses besoins
  339.24
oubliette, oubliettes
  401.7 ; 723.10
  *jeter aux oubliettes*
  723.20
  *tomber dans les oubliet-*
  *tes* 401.13
oublieusement 401.17
oublieux 401.16 ; 575.16
ouche 811.10
oud 783.4
Oudegueïs 306.14
oudler 872.4
Oudmourtes 306.14
oued 271.4
ouest 198.4
ouf 181.24 ; 473.12 ;
  748.2

Ougandais 676.7
ouguiya 839.8
oui 9.16 ; 417.1 ; 417.12 ;
  428.16 ; 635.20 ; 748.2 ;
  748.3
  *oui et non* 736.18
  *oui sacramentel* 635.4 ;
  682.5
ouiche 417.12 ; 748.2
oui-da 417.12
ouïe
  audition 363.1
  fente operculaire
  298.10 ; 340.6
  ouverture 783.22
  *être tout ouïe* 363.18 ;
  402.8
Ouïgours 306.14
ouille 748.2
ouiller 183.21
ouillerie 183.21
ouïr 363.17
ouistiti
  animal 296.14
  individu 308.3
oukase 631.3 ; 631.5
ouléma 488.11 ; 492.15 ;
  488 ; 713.47
Oultches 306.14
ounce 70.17
Ouolofs 306.11
ouragan 275.2 ; 275.8 ;
  602.3
ouralien
  *langues ouraliennes*
  739.14
ouralo-altaïque
  *langues ouralo-altaïques*
  739.14
Ouranos 500.15 ; 500.40
ourdir
  machiner 36.7 ; 47.19 ;
  404.8 ; 534.13 ; 536.10
  confectionner sur
  l'ourdissoir 810.22
ourdissage 810.12
oure 295.28
ourler 132.16 ; 864.27
ourlet 132.12 ; 363.3 ;
  864.5
ourlien 383.69
ours
  animal 296.7
  personne peu sociable
  582.4
  liste des collabora-
  teurs 766.12
  *être comme un ours en*
  *cage* 458.8
  *ours en peluche* 873.5

*ours mal léché* 593.4
  *aller aux ours* 591.8
Ourse (Grande) 232.15
Ourse (Petite) 232.15
ourserie 582.2
oursin 303.9 ; 389.7
  *avoir des oursins dans*
  *les poches* 709.7
ourson
  *ourson coquau* 296.5
oursonne 301.19
ousekh 866.5
oust ou ouste 130.20 ;
  748.4 ; 748.4
out 196.9 ; 863.9
outarde 297.19
outil 799 ; 39.3 ; 664.1
  *outil à percussion*
  227.15
outillage 799.2
outillé 39.11 ; 799.38
outiller 799.34
outilleur 799.31 ; 800.2
outilleur-ajusteur
  799.31
outlaw 720.17
output 204.10 ; 796.6
outrage 483.1 ; 627.2 ;
  657.1 ; 712.3
  *outrage public à la pu-*
  *deur* 720.9
  *outrages des ans* 170.2
outragé 580.29 ; 657.14
outrageant 627.16 ;
  657.12
outrager 483.7 ; 580.16 ;
  627.8 ; 645.5 ; 657.8
  *derniers outrages* 580.7
outrageusement
  569.17 ; 580.32 ; 703.14
outrageux 80.14 ;
  627.16 ; 657.12
outrance 80.2 ; 87.5 ;
  432.2 ; 569.1 ; 703.4 ;
  761.3
  *à outrance* 80.19 ;
  569.17
outrancier 80.14 ;
  703.13
outre- 80.21
outre
  n.f.
  *plein comme une outre*
  82.9 ; 855.40
outre
  adv.
  *d'outre en outre* 71.17
  *en outre* 97.22 ; 118.12
outré 80.14 ; 87.23 ;
  127.16 ; 432.8 ; 471.12 ;
  615.12 ; 703.13

outrecuidance 442.1 ;
  613.2
outrecuidant 442.6 ;
  613.10
outremer 258.4 ; 360.8
  *jaune d'outremer* 358.2
  *violet d'outremer* 361.2
outrepasser 55.9 ; 80.7 ;
  136.8 ; 219.5 ; 569.10 ;
  712.10
outrer 432.7 ; 761.10
outre-tombe (d')
  311.38
outrigger 870.29
outsider 870.56
ouvert 125.7 ; 139.17 ;
  203.17 ; 405.9 ; 440.17 ;
  606.21 ; 784.3
  *ouvert aux quatre vents*
  275.21
  *ouvert à tout* 405.9
  *recevoir à bras ouverts*
  590.7
  *voyelle ouverte* 365.8
  *à cœur ouvert* 139.19 ;
  606.31
  *grand ouvert* 139.17
  *lettre ouverte* 766.8
ouverture 139
  56.9 ; 203.6 ; 204.7 ;
  533.1 ; 766.12 ; 777.20 ;
  781.29 ; 806.15 ;
  809.22 ; 848.31 ; 870.12
  *ouverture d'esprit* 398.2
  *ouverture de compte*
  840.18
  *ouverture de crédit*
  841.12
  *ouverture de la chasse*
  871.14
  *ouverture des urnes*
  672.19
  *ouvertures de paix*
  652.3
ouvrage 527.7 ; 535.1 ;
  539.8 ; 656.8 ; 765.7 ;
  796.5
  *ouvrage d'art* 806.3
  *ouvrage de patience*
  446.5
  *avoir le cœur à l'ou-*
  *vrage* 444.5
ouvragé 778.17
ouvrager 778.12
ouvré 778.17
ouvreau 139.7
ouvre-boîtes 139.8 ;
  851.32
ouvre-bouteilles 139.8 ;
  851.32
ouvre-huîtres 851.29

**pélagie** 303.12
**pélagien** 271.29
**pélagique** 237.32 ;
   271.29 ; 271.35 ; 814.1
   *terrain pélagique,*
   237.16
**pélago-** 271.34 ; 271.35
**pélagreux** 383.67
**pélamide** 298.6 ; 299.3
**pelan** 286.7
**pélard** 265.10
**pélardon** 861.4
**pélargonique** 283.7
**pélargonium** 288.14
**pélasgique** 777.5
**pelé** 245.18 ; 335.21
**pélécaniformes** 297.4
**pélécypodes** 303.1
**pelée** 135.3
**Pélée** 500.41
**péléen**
   *volcan péléen* 270.6
**pêle-mêle** 46.6 ; 46.18 ;
   98.17
**peler**
   v.t.
   856.38
   v.i.
   334.9
   *peler de froid* 242.16
**pèlerin**
   faucon 297.6 ; 297.12
   requin 298.7
   personne 308.3 ;
   677.5 ; 816.31 ; 869.17
**pèlerinage** 479.5 ;
   491.10 ; 638.6 ; 686.10 ;
   687.7 ; 869.7
**pèlerine** 862.12
**péliade** 299.3
**pélican** 297.15 ; 330.12
**pelisse** 862.12
**pelle**
   chute 214.2
   échec 541.2
   baiser 601.3
   outil 799.25
   *pelle à gâteau, pelle à
   tarte* 851.17
   *pelle mécanique* 806.27
   *à la pelle* 78.19
   *recevoir la pelle* 541.12 ;
   591.8
   *rouler une pelle* 601.7
**pellet** 394.14
**pelletée** 135.3
**pelleterie** 864.1
**pelleteuse** 806.27
**pelletisation** 802.4
**pelliculage** 763.3
**pelliculaire** 383.67

**pellicule** 137.1 ; 289.3 ;
   335.6 ; 336.4 ; 771.10 ;
   775.5
**pelloche** 771.10 ; 775.5
**pellucide** 350.35
**pelmatozoaires** 303.8
**pélobate** 300.3
**pélopée** 301.7
**Pélops** 500.41
**pelotage** 601.4
**pelotari** 870.48
**pelote**
   boule 154.2 ; 392.23
   magot 844.7
   *pelote de régurgitation*
   297.23
   *pelote plantaire* 296.20
   *en pelote* 449.9
   *pêche à la pelote* 814.2
   *faire sa pelote* 844.11
**peloter** 374.7 ; 601.6 ;
   629.10
**peloton** 663.8 ; 870.45
   *peloton d'exécution*
   725.15
   *peloton d'instruction*
   666.22
   *peloton de punition*
   722.21
   *feu de peloton* 256.8 ;
   667.5
**pelotonner** 66.16
**pelotonner (se)** 156.10 ;
   210.10
**pelouse** 290.6 ; 779.7
**peltée** 286.27
**peltigera** 294.3
**peluche** 810.5 ; 873.5
**pelure** 137.2 ; 862.1
**pelure d'oignon**
   352.28 ; 763.12
**pelvectomie** 392.13
**pelvien** 328.13
   *ceinture pelvienne*
   329.12
   *nageoire pelvienne*
   298.12
**pelvigraphie** 391.16
**pelvi-périnéal** 327.11
**pelvis** 329.12
**pélycosauriens** 299.10
**Pemons** 306.8
**pemphigus** 383.17
**penæus** 302.3
**pénal** 722.33
**pénalement** 722.37 ;
   723.29
**pénalisation** 870.36
**pénaliser** 722.27 ; 870.93
**pénaliste** 713.47

**pénalité** 722.3 ; 870.11 ;
   870.36
   *pénalité civile* 722.5
**penalty** 870.11
**pénard** 448.13
**pénates**
   divinités 500.23
   maison 678.10 ; 847.2
**penaud** 611.15
**penchant**
   attirance 225.7 ; 455.1 ;
   546.7 ; 568.5 ; 600.1 ;
   602.1
   pente 167.3 ; 270.10
   *penchant de l'âge* 317.1
   *mauvais penchant* 700.1
**penché** 212.17
**pencher** 212.12 ; 212.15 ;
   218.13
**pencher (se)** 212.12 ;
   218.18
   *se pencher sur* 405.5
**pendable** 586.9
   *jouer un tour pendable*
   586.8
**pendaison** 160.1 ; 725.3
**pendant**
   prép.
   170.16 ; 172.22
   *pendant que* 182.14
**pendant**
   adj.
   inaccompli 539.16
   *question pendante*
   539.16
**pendant**
   n.m.
   homologue, réplique
   18.5 ; 21.5 ; 83.8 ; 103.1
   pendentif 160.8
   *pendant d'oreille* 160.8 ;
   866.7
   *faire pendant à* 18.7
**pendard** 720.17
**pendeloque** 866.10
**pendeloquer** 160.13
**pendentif** 160.8 ;
   777.20 ; 866.10
**penderie** 160.5 ; 848.24 ;
   850.2 ; 862.32
**Pendés** 306.11
**pendeur** 160.11 ; 725.15
**pendiller** 160.13
**pendillon** 788.8
**pendis** 160.5
**pendjabi** 739.14
**pendoir** 160.5
**pendouiller** 160.13
**pendouillis** 160.8
**pendre** 160.12 ; 725.22
   *pendre haut et court*

725.23
   *pendre la crémaillère*
   687.20 ; 848.41 ; 855.23
   *pendre au nez comme
   un sifflet de deux sous*
   43.8
   *pendre sous le nez*
   179.8
   *dire pis que pendre de*
   642.15
**pendre (se)** 311.29
**pendu** 160.14 ; 742.13 ;
   872.18
   *jeu du pendu* 742.13
**pendulaire** 216.14
**pendule**
   n.f.
   175.6
   *avoir avalé une pendule*
   578.3
**pendule**
   n.m.
   216.5 ; 485.6 ; 555.5
   *pendule de Foucault*
   233.10
**pendulette** 175.6
**penduline** 297.8
**pêne** 809.7
**Pénélope** 704.4
   *toile de Pénélope* 76.4 ;
   539.8
**pénéplaine** 269.1
**pénétrabilité** 205.5
**pénétrable** 205.16
**pénétrance** 205.5
**pénétrant**
   entrant 205.15
   aigu 345.14 ; 387.22
   perspicace 406.15 ;
   424.9
   raffiné 598.10
**pénétrante** 205.4 ;
   816.18
**pénétratif** 205.14
**pénétration** 205
   entrée 67.2 ; 131.7 ;
   203.1 ; 341.8 ; 666.14 ;
   806.25
   sagacité 398.2 ; 406.1
**pénétré** 205.17 ; 510.8
   *pénétré de reconnais-
   sance* 589.7
**pénétrer**
   entrer 131.11 ; 203.11 ;
   205.13 ; 341.33
   comprendre 398.10 ;
   411.8 ; 734.13
   émouvoir 440.11 ;
   602.9
   *pénétrer de ses vues*
   623.11

846.18
*perception extrasenso-
rielle* 485.8
**perceptionnisme** 343.9
**percer**
v.t.
forer 153.12 ; 205.8 ;
799.37 ; 802.11 ; 809.26
piquer 151.13
traverser 131.11 ;
870.85
élucider 411.8
v.i.
apparaître 11.7
arriver à la notoriété
540.15
*percer à jour* 411.8
*percer les oreilles* 369.4 ;
747.15
*percer ses dents* 330.22
**percerette** 799.21
**percette** 807.16
**perceuse** 799.21 ;
800.10 ; 802.8
*perceuse électrique*
807.15
**percevoir**
saisir par les sens
343.11 ; 398.10 ;
440.10 ; 734.13 ; 738.16
recevoir, toucher
207.16 ; 846.36
**perche**
poisson 298.5
*perche noire* 298.5
*perche truitée* 298.5
**perche**
tige 790.13 ; 791.12
personne très grande
126.3 ; 806.32
mesure de longueur
70.22 ; 124.5
*perche au porteur* 226.6
*perche au sol* 226.6
*tendre la perche à qqn*
563.22
**perche-brochet** 298.5
**percher** 297.33 ; 848.40
**percheron** 296.11
**percheur**
*canard percheur* 297.16
**perchis** 812.17
**perchiste**
preneur de son 790.27
équilibriste 791.14
sauteur 870.45
**perchman** 767.15 ;
790.27
**perchoir** 297.25
**percidé** 298.3
**perclus** 383.59

**percnoptère** 297.12
**perçoir** 809.19
**percoler** 237.26
**percussion** 227.1 ;
227.13 ; 227.17 ; 387.7 ;
391.11
*percussion immédiate*
227.13
*percussion lancée* 227.15
*percussion médiate*
227.13
*marteau à percussion*
227.14
**percussionniste** 782.6
**percussions**
instruments de musi-
que 783.1 ; 783.8
**percutané** 334.13 ;
394.28
**percutant** 227.32 ;
227.34 ; 757.9
*tir percutant* 667.6
**percuter** 227.21 ;
387.18 ; 391.35 ; 658.24
**percuteur** 227.15 ;
664.10 ; 799.28
**perdant**
n.m.
vaincu 541.8 ; 661.5 ;
870.43
décroissance de la
marée 212.3 ; 271.9
adj.
541.17
mauvais perdant
872.25
**perditance** 235.9
**perdition** 551.3 ; 705.1
**perdre**
v.t.
manquer 541.11
causer la perte de
541.9 ; 700.7 ; 722.26
v.i.
661.6 ; 870.91 ; 872.32
*perdre connaissance*
441.11
*perdre contenance* 618.5
*perdre courage* 475.8 ;
509.6
*perdre espoir* 461.6 ;
475.8
*perdre haleine* 340.26
*perdre patience* 447.9
*perdre pied* 214.16 ;
226.16 ; 321.7
*perdre une bataille*
661.6
*perdre l'équilibre*
214.16 ; 226.16
*perdre l'esprit* 450.18

*perdre l'estime* 627.12 ;
642.24
*perdre l'ouïe* 364.10
*perdre la confiance de
qqn* 607.13
*perdre la face* 642.22 ;
645.6
*perdre la main* 320.14 ;
571.16
*perdre la mémoire*
401.10
*perdre la partie* 541.11
*perdre la santé* 385.8
*perdre la tête* 318.9
*perdre la vie* 311.20
*perdre le fil de ses
idées* 421.21
*perdre le nord* 156.11 ;
198.21 ; 218.17
*perdre le sommeil*
377.10
*perdre de la hauteur*
212.9
*perdre de son crédit*
607.13 ; 642.22
*perdre des forces* 385.8
*perdre du temps* 170.9
*perdre du terrain* 661.7
*perdre qqn* 642
*perdre sa virginité, per-
dre sa fleur d'oranger*
341.40
*perdre ses cheveux*
335.16
*perdre ses couleurs*
352.10 ; 352.22
*perdre ses illusions*
461.6
*perdre ses moyens* 459.7
*perdre son âme* 506.10
*perdre son crédit* 642.22
*avoir du temps à per-
dre* 170.10
*avoir perdu sa langue*
618.5
*avoir tout perdu* 549.20
*perdre sa vie à la ga-
gner* 170.9 ; 795.13
**perdre (se)**
disparaître 12.12 ;
742.24
s'égarer 156.11 ;
198.21 ; 218.17
causer sa propre
perte 506.10
**perdreau** 716.7
**perdrix** 297.9
*perdrix de mer* 298.6
**perdu** 58.22 ; 162.11 ;
200.13 ; 584.18 ; 700.10
*perdu de réputation*
611.16 ; 642.25

*pays perdu* 200.5
*perdu d'honneur* 642.25
**perdurer** 115.7 ; 171.10 ;
229.9
**père** 679
ancêtre 59.7
parent 279.16 ; 681.5 ;
796.12
religieux 477.8 ; 492.8 ;
499 ; 648.6 ; 702.7
bienfaiteur 587.4
*père de famille* 678.3 ;
679.2
*père fondateur* 32.5
*père du désert* 272.6
*père Noël* 873.14
*père tranquille* 448.5
*gros père* 314.4
*de père en fils* 679.12 ;
823.15
*placements de père de
famille* 550.14
*jouer les pères Noël*
587.8
*à père avare fils prodi-
gue* 679.5
pl.
*pères* 681.5
**Père** 487.16 ; 502.6 ;
502.10
*Père Éternel* 173.8 ;
502.6
*Saint-Père* 498.2
**père-fouettard** 472.8
**pérégrin** 677.1 ; 869.18 ;
869.28
**pérégrination** 869.1 ;
869.4
**pérégriner** 869.19
**pérégrinisme** 739.4
**pérégrinité** 677.8
**péremption** 196.2
*péremption d'instance*
561.2
**péremptoire** 417.10 ;
599.10 ; 621.19 ; 631.24
**péremptoirement**
613.11
**pérennant** 285.22
**pérenne** 61.21 ; 171.15 ;
229.14 ; 286.1
**pérennibranches** 300.2
**pérennisation** 61.11 ;
173.6
**pérenniser** 61.19 ;
173.9 ; 229.8
**pérennité** 61.1 ; 173.1 ;
229.2
**péréquation** 83.2 ;
846.15
**perfectibilité** 384.8

**permanganique** 230.8
**permanoir** 15.13 ;
171.10 ; 229.9
**permasol** 237.16
**perme → perm**
**perméabilité** 205.5 ;
244.5
**perméable** 205.16 ;
244.20 ; 257.27
**permettre** 632.11
*permettre de* 546.13
**permettre (se)**
*se permettre de* 516.21
**Permiaks** 306.14
**permien** 237.21
**permis** 39.10 ; 632.1 ;
632.6 ; 632.21
*permis d'inhumer*
688.22
*permis de chasser*
871.14
*permis de conduire*
817.19
*permis de port d'armes*
664.2
*permis de séjour* 677.14
**permissible** 632.23
**permissif** 516.33 ;
632.22 ; 638.16
**permission** 39.4 ; 428.4 ;
516.7 ; 531.4 ; 632.1 ;
713.14
*permission de sortie*
204.8
**permissionnaire** 531.9 ;
632.9
**permissivité** 415.4 ;
632.7
**permutabilité** 220.8
**permutable** 19.13 ;
220.13
**permutant** 220.12
**permutatif** 220.13
**permutation** 19.1 ;
122.4 ; 220.1
**permutatrice** 220.7
**permuter** 19.7 ; 197.21 ;
220.9 ; 220.11
**pernambouc** 286.19
**pernicieux** 273.21 ;
383.63 ; 466.11 ; 551.15
*mensonge pernicieux*
729.4
**peroba** 286.19
**péroné** 329.16
**péronée** 301.11
**péronéo-tibiale** 329.24
**péronier** 327.4
*long péronier latéral*
328.10
**péronière** 331.8 ; 331.9

**péronisme** 671.14
**péroniste** 671.40
**péronnelle** 397.6
**peronospora** 291.10
**péronosporales** 291.5
**peropératoire** 392.35
**péroraison** 58.6 ; 715.2 ;
751.11 ; 753.6
**pérorer** 745.23 ; 760.10 ;
761.8
**péroreur** 745.15
**per os** 318.19 ; 394.37
**pérou** 829.7
**peroxydase** 262.8 ;
283.24
**peroxyde**
*peroxyde d'azote* 243.10
*peroxyde de benzoyle*
394.5
**peroxyder** 255.16
**perpendiculaire** 146.7
**perpète**
*à perpète ou à perpette*
171.20 ; 162.13 ; 723.30
**perpète-les-oies** 200.5
**perpétration** 538.2
**perpétrer** 538.11
*perpétrer un crime*
720.22
**perpétualisme** 61.13 ;
173.7
**perpétualiste** 173.7
**perpétuation** 61.10 ;
171.5 ; 229.7 ; 559.3
**perpétuel** 61.21 ;
115.11 ; 173.11 ; 183.15
*à perpétuelle demeure*
171.20
**perpétuellement** 61.31 ;
115.14 ; 173.14
**perpétuement** 61.10 ;
229.7
**perpétuer** 61.19 ; 115.6 ;
173.9 ; 559.13
*perpétuer la race* 279.19
*perpétuer le souvenir de*
400.14
**perpétuer (se)** 1.9 ;
172.10 ; 229.9 ; 279.19 ;
559.21
**perpétuité** 61.2 ; 171.1 ;
173.1
*à perpétuité* 171.20 ;
310.31 ; 723.30
*condamnation à perpé-
tuité* 172.3
**perplexe** 431.15 ; 462.10
**perplexité** 431.1 ; 459.1 ;
462.1 ; 511.1
**perquisiteur** 412.11
**perquisition** 412.4

**perquisitionner** 412.15
**perquisitionneur** 412.11
**perré** 806.13
**perrière** 800.11
**perron** 777.12 ; 848.13
**perronné** 149.20
**perroquet** 31.4 ; 297.10
*perroquet de mer* 298.6
**perruche** 297.10
**perruque** 867.9
*tête à perruque* 318.4
**perruquier** 867.12
**pers** 360.7
**persan**
langue 739.14
chat 296.8
**Persan** 676.8
**perse** 810.4
**Perse** 676.8
**persea** 286.19
**persécuté** 580.29
**persécuter** 543.7 ;
580.15 ; 712.10 ; 725.18
**persécuteur** 586.5 ;
712.9
**persécution** 580.7 ;
677.19
**Persée**
héros 500.41
constellation 232.15
*Persée délivrant Andro-
mède* 774.6
**perséides** 232.12
**perséphone** 500.28
**persévéramment**
229.16 ; 446.16 ; 512.5
**persévérance** 512 ;
446.2 ; 507.2 ; 508.3 ;
512.1 ; 514.1 ; 530.1
*avec persévérance* 512.5
**persévérant** 61.23 ;
446.13 ; 510.7 ; 512.4 ;
514.7 ; 530.9 ; 594.15
**persévération** 61.12
**persévérer** 1.9 ; 446.11 ;
512.3 ; 514.4
*persévérer dans son être*
1.9
**persicaire** 290.8
**persienne** 138.9 ; 140.4 ;
807.4 ; 848.32
*persienne brisée* 807.29
**persiflage** 454.1 ; 627.3
**persifler** 454.11 ; 645.7
**persifler (se)** 454.11
**persifleur** 454.7 ; 454.16
**persil**
plante 288.10 ; 856.27
pilosité 335.3
*persil chinois* 288.20 ;
856.27

**persillade** 856.27
**persiller** 856.37
**persilleuse** 719.8
**persimmon** 286.19
**persistance** 15.3 ; 24.2 ;
61.1 ; 171.1 ; 229.2 ;
400.4 ; 512.2 ; 514.1
*persistance rétinienne*
343.4 ; 346.3
**persistant** 15.14 ; 61.21 ;
171.15 ; 229.14
**persister** 1.9 ; 171.10 ;
229.9 ; 512.3 ; 514.4 ;
559.21
*persister et signer* 417.8
**persona** 307.4
**persona grata** 307.9 ;
641.28
**personale** 288.22
**persona non grata**
307.9
**personnage**
personne 307.2 ; 626.6
rôle 787.22
*personnage de comédie*
645.4
*trancher du personnage*
613.5
**personnalisation** 15.8 ;
307.10
*personnalisation du
pouvoir* 669.3
**personnalisé** 307.15
**personnaliser** 307.14
**personnalisme** 307.13 ;
478.15
**personnaliste** 307.18 ;
478.33
*stade personnaliste*
314.2
**personnalité** 1.4 ;
147.4 ; 307.3 ; 540.9 ;
621.8 ; 627.4
*personnalité de base*
307.3
*personnalité sensitive*
440.9
**personne** 307
1.4 ; 2.4 ; 15.5 ; 306.1 ;
418.20 ; 478.21 ; 740.4 ;
740.6
*personne âgée* 317.5
*personne d'univers*
740.6
*personne de confiance*
594.7 ; 606.9
*personne dénommée*
840.22
*par personne interposée*
653.25
*erreur sur la personne*

phlébologie 331.15
phlébologue 331.21
phléborragie 383.13
phlébotome 301.9
phlébotomie 331.18 ;
  392.14
Phlégéthonou Pyriphlé-
  géton 506.8
phlegmon 152.5
phlegmoneux 383.82
phléole 290.7
phléotribe 301.3
phlogistique 243.12
  *théorie du phlogistique*
  256.18
phlomis 288.16
phlox 288.34
phlyctène 254.3 ; 383.16
phlycténoïde 383.67
phlycténulaire 383.67
pH-mètre 70.26
-phobe 456.14 ; 472.26 ;
  605.19
-phobie 224.20 ; 450.29 ;
  456.14 ; 472.26 ; 605.19
phobie 450.5 ; 472.4
phobique 450.25 ;
  472.21
-phobique 456.14 ;
  472.26 ; 605.19
phobophobie 472.4
Phobos 232.10
phocénidé 296.3
phocidé 296.3
phocomèle 386.6
phocomélie 386.4
Phœbé 232.10 ; 278.10
Phœbus → Phébus
phœnicoptériformes
  297.4
phœnix → phénix
Phoibos 277.12 ; 500.34
pholade 303.2
pholidote 296.3
pholiote 291.6
pholque 301.13
phoma 291.9
phon- 365.33
phonateur 745.32
phonation 745.2
phonatoire 745.32
-phone 365.34 ; 739.24
phone 363.13 ; 365.12
phonématique 365.29
phonème 73.4 ; 365.8 ;
  739.6 ; 742.8 ; 744.2
phonémique 365.29
phonéticien 365.23 ;
  739.12
phonétique

n.f.
  365.18 ; 739.7 ; 740.3
adj.
  365.29 ; 739.18 ; 762.19
phonétiquement
  365.32 ; 739.22 ; 742.33
phonétiser 365.26
phoniatre 365.23
phoniatrie 391.6
-phonie 365.34 ; 746.14
phonie 769.1
phonique 365.28
phono- 365.33
phonocontrôle 365.20
phonogénie 365.20
phonogramme 365.8
phonographe 365.15 ;
  771.5
phonographie 771.1
phonologie 739.6 ; 739.7
phonologique 365.29
phonologue 365.23
phonométrie 365.17
phonométrique 365.28
phonorécepteur 327.16
phonostylistique 753.4
phonothèque 365.19 ;
  771.13
phoque 296.7
  *souffler comme un pho-*
  *que* 340.26
phorésie 198.12
phoridés 301.8
phormium 288.17
phorodon 301.5
phoronomie 197.14
phororhachos 297.12
phosgène 253.6
phosphatase 283.24
phosphatation 805.4
phosphate 230.8
  *phosphate de calcium*
  394.6
  *phosphate de plomb*
  264.2
phosphater 805.15
phosphatide 283.6
phosphatidique
  *acide phosphatidique*
  283.6
phosphaturie 339.10
phosphène 346.3
phosphoglycérique
  *acide phosphoglycérique*
  *kinase* 283.24
  *acide phosphoglycérique*
  *mutase* 283.24
  *acide phosphoglycérique*
  *phosphokinase* 283.24

phospholipide 283.6 ;
  395.5
phosphophérase 283.24
phosphore 230.7 ; 395.6
phosphorémie 332.17
phosphorescence
  230.11 ; 350.15
phosphorescent 350.34
phosphoreux
  *bronze phosphoreux*
  263.2
phosphorique 230.8
phosphorisme 389.2
phosphoroprotéine
  283.8
phosphorylase 283.24
phosphorylation
  230.14 ; 283.26
phosphorylé
  *composé phosphorylé*
  283.4
phot 350.22
-phote 350.41
photo- 350.41
photobiologie 282.2 ;
  350.21
photochimie 230.1 ;
  350.21 ; 798.1
photochromique
  *verre photochromique*
  266.2
photocinèse 197.5
photocoagulation 347.9
photocolorimètre 70.26
photocomposer 763.19
photocomposeuse
  763.14 ; 800.9
photocompositeur
  763.16
photocomposition
  763.3
photoconducteur
  *effet photoconducteur*
  235.7
photocopie 763.7 ; 763.8
photocopier 763.19
photocopieur 763.15 ;
  800.7
photocopieuse 763.15 ;
  800.7
photoélectrique
  *effet photoélectrique*
  235.5
photofilmeur 775.18
photofinish 775.10
photogène 350.34
photogénie 350.15
photogénique 775.23
photogramme 775.7
photographe 775.18

photographiable 775.23
photographie 775 ;
  731.4 ; 755.1 ; 771.3 ;
  771.10
photographier 234.17 ;
  731.9 ; 755.9 ; 771.16 ;
  775.20
photographique 775.23
  *vue photographique*
  346.10
photographiquement
  775.25
photogravure 763.5
photologie 350.21 ;
  775.17
photoluminescence
  350.15
Photomaton 775.3 ;
  775.10
photomètre 70.26 ;
  232.17 ; 350.25
photométrie 70.25 ;
  350.26
photon 231.3 ; 350.18
photonastie 198.12 ;
  285.11
photonique 350.36
photopériodique 285.23
photophobe 277.19 ;
  282.18
photophobie 350.20
photophobique 472.21
photophore 350.12
photopile 798.8
photopsie 347.2
photorama 775.3
photoréception 346.3
photorécit 754.4
photorespiration 285.9
photoroman 754.4
photoscopique 346.2
photosensibilisant
  394.5
photo-souvenir 775.10
photosphère 232.8 ;
  232.22 ; 277.7
photostoppeur 775.18
photosynthèse 285.9 ;
  350.20 ; 798.1
photosynthétique
  285.23
phototactisme 350.20
phototaxie 350.20
phototélégramme
  769.14
phototélégraphe 769.5
photothèque 775.19
photothérapie 393.6
photothérapique 393.28
phototrophe 285.23

phototrophie 282.4 ;
285.9
phototropisme 198.12 ;
285.11 ; 350.20
phototype 775.7
phototypie 763.5
photovoltaïque
  *cellule photovoltaïque*
  798.8
photure 301.3
phragme 138.20
phragmidium 291.10
phragmitaie 290.6
phragmo- 138.19
phrase 741 ; 73.4 ;
  739.6 ; 740.3 ; 742.1 ;
  745.3 ; 781.25
  *phrase toute faite*
  741.10 ; 758.5
  *faire de grandes phrases*
  *ses* 761.8
phrasé 741.12 ; 782.16 ;
  784.15
phrase-noyau 741.2
phraséologie 739.3 ;
  741.11 ; 742.18 ; 745.9 ;
  760.5
phraser 741.15
phraseur 741.13 ;
  745.15 ; 760.7 ; 761.7
phrasillon 741.2 ; 742.3
phrastique 741.16
phratrie 581.6 ; 668.5
phrène 138.20
-phrénie 138.20
phrénologie 326.23
phrénologique 326.27
phricte 301.5
Phrixos 500.41
phrygane 301.16
phrygien 781.15
Phrygien 676.8
phtaléine 357.2
phtiriase 383.17 ; 383.35
phtiriasique 383.67 ;
  383.78
phtirius 301.16
phtisie 383.31
phtisiologie 340.19
phtisiologue 340.20 ;
  391.27
phtisique 383.76
Phuans 306.13
-phycée 293.9
phyco- 293.9
phycocyanine 283.9 ;
  293.2
phycoérythrine 283.9 ;
  293.2
phycoïdée 293.3

phycologique 293.8
phycomycètes 285.4 ;
  291.5
phycomycose 383.36
phycophéine 293.2
phylactère
  bulle 254.9
  étui 486.13
phyllanthus 288.11
phyllie 301.15
phyllobie 301.3
phyllocactus 288.7
phyllocarides 302.2
phylloceras 303.5
phyllodromie 301.16
phylloméduse 300.3
phylloptéryx 298.6
phylloquinone 395.7
phyllospondyles 300.1
phyllostomatidé 296.3
phylogenèse 190.6 ;
  281.2
phylogénétique 190.14
phylogénie 295.1
phylum 295.11
physalie 303.12
physalis 288.30
physcia 294.3
physe 303.3
physergate 301.7
physétéridé 296.3
physicalisme 478.7
physicien 391.23
physicothéologique
  477.22
physio- 141.26
physiocrate 837.6
physiocratie 837.1
physiocratique 837.10
physiognomonie 318.6
physiologie 310.21 ;
  391.4
  *physiologie végétale*
  285.5
physiologique 310.30
  *tétanos physiologique*
  248.4
physionomie 318.3
physiopathologique
  393.3
physiothérapie 393.3
physiothérapique
  393.28
physique
  n.m.
  matérialité 3.2
  allure 130.3
  n.f.
  science
  *physique nucléaire*

243.17
  *physique quantique*
  69.15
  adj.
  matériel 3.8 ; 3.9
  charnel 341.44
  t. de sports 870.96
  *liberté physique* 516.4
  *sciences physiques* 407.5
physiquement
  matériellement 3.11
  charnellement 341.49
-phyte 285.26 ; 288.49
phytéléphas 286.19
phythormone 285.12
phytiatrie 285.15
phyto- 285.26
phytobiologie 285.1 ;
  285.5
phytochimie 285.5
phytoécologie 282.1 ;
  285.1
phytoflagellé 284.5
phytogéographie 285.1
phytographie 285.1
phytohormone 285.12
phytolacca 287.9
phytoménadiome 394.6
phytomètre 301.11
phytopathogène 285.24
phytopathologie 285.15
phytopathologique
  285.24
phytophage 290.17 ;
  301.31
phytopharmacie 394.20
phytophthora 291.9
phytoplancton 293.1
phytosanitaire 285.24
phytosauriens 299.10
phytosociologie 285.1
phytotechnie 285.1
phytothérapie 393.4
phytotoxine 342.10
phytotoxique 285.24 ;
  389.15
pi
  *méson pi* 231.3
piaculaire 491.23 ; 698.8
piaf
  *tête de piaf* 318.7
piaffer
  frapper le sol 321.6 ;
  870.20
  s'agiter 447.8
  se pavaner 617.7
  *piaffer d'impatience*
  447.8
piaillement 305.3 ;
  747.2

piailler 305.7 ; 747.14 ;
  747.17
piaillerie 747.4
piailleur 747.20
*pianissimo* 577.23 ;
  782.26
pianiste 782.11
pianistique 783.32
*piano* 577.23 ; 782.26
  *qui va piano va sano*
  577.16
piano 783.12 ; 783.16
  *piano mécanique* 771.5
pianoforte 783.12
pianoter
  sur un ordinateur
  772.25
  sur un piano 782.22
pia-pia 760.4
piastre 839.10
piaule 848.22
piaulement 305.3
piauler 305.7 ; 747.14
piaulis 305.3
PIB 796.6
pibale 298.8
pibcorn 783.15
piblokto 450.3
pic
  intensité maximale
  87.4
  pointe 151.2 ; 270.8
  outil 799.26 ; 799.28 ;
  802.8
  *pic lutéinique* 333.6
  *à pic* 142.13 ; 542.14 ;
  578.8
  *tomber à pic* 542.8
pic
  oiseau 297.13
  *pic mar* 297.13
pica 337.8
picador 151.11
picailles 839.5
picaillon 839.13
  *picaillons* 839.5
picard 296.11
Picard 268.11
picarel 298.6
picaresque 754.15
piccolo 783.7
pichenette 225.3 ; 658.4
pichet 70.23 ; 134.4 ;
  851.12
piciformes 297.4
picker 800.6
pickles 856.27
pickpocket 717.10
pick-up
  électrophone 365.15 ;

*piper les dés* 718.10
*ne pas piper mot*
366.10
**pipéracée** 287.3
**pipérales** 285.4
**piperie** 728.3
**pipette** 230.17
**piphat** 782.5
**pipi** 339.4
*pipi de chat* 435.5
*faire pipi* 339.19
**pipi-room** 339.16
**pipistrelle** 296.10
**pipit des près** 297.8
**pipo** 414.15
**piquage**
d'un fromage 861.3
t. de plomberie 808.7 ;
808.13
**piquant**
n.m.
pointe 151.1 ; 151.3
d'un animal 303.15
goût 373.2
adj.
151.15
relevé 373.23
raffiné 406.17
moqueur 454.16
attirant 455.9
stimulant 564.15
passionnant 602.12
**pique**
pointe 151.3 ; 151.6
moquerie 454.4
méchanceté 586.3
injure 657.4
arme 665.2
couvert 851.16
couleur aux cartes
872.4
*pique traînante* 688.21
*lancer des piques* 627.7
**piqué**
tissu 810.33
t. de danse 786.16
t. de sports 870.34
*pas piqué des hanne-
tons* 87.21
**pique-assiette** 590.3 ;
855.19
**pique-bœuf** 297.8
**pique-feu** 853.17
**pique-nique** 687.10 ;
855.2
**pique-niquer** 855.22
**pique-olive** 851.16
**piquer**
v.t.
percer 151.13 ; 151.14
mordre 299.19 ; 301.30

blesser 345.12 ; 387.14
la curiosité 396.9
stimuler 564.13
se moquer de 586.8
voler 717.18
arrêter 721.11
relier 763.20
une corde 782.23
t. de menuiserie 807.22
t. de pêche 814.26
v.i.
être froid 242.14 ;
275.18
t. d'astronautique
820.18
t. d'hippisme 870.87
*piquer une colère* 471.6
*piquer la curiosité de*
459.4
*piquer un fard* 352.21 ;
357.6 ; 618.5
*piquer la pointe* 786.29
*piquer une tête* 214.18
*piquer au vif* 151.14 ;
471.10 ; 627.11
*piquer du nez* 378.15
*piquer sur* 808.24
**piquer (se)** 390.16
*se piquer de* 615.8
**piquet**
punition 414.13
protection 560.14 ;
806.32
supplice 725.4
t. de jeux 872.3
*piquet de grève* 669.14
*raide comme un piquet*
248.13
*mettre au piquet* 725.19
**piquetage** 806.24
**piqueter** 806.45
**piquette**
échec 541.2
boisson 859.12
*recevoir une piquette*
541.12
**piqueur**
insecte 301.5
outil 806.37
t. de chasse 871.16
**piqueux** 871.16
**piquouse** ou **piquouze**
717.10
**piqûre**
percement 151.5
blessure 299.14 ;
345.2 ; 387.2
remède 393.17
t. d'imprimerie 763.3
*piqûre acétique* 373.6
*piqûre d'amour-propre*
627.5

**piranha** 298.5
**pirarucu** 298.5
**piratage** 31.1 ; 717.1
**pirate** 717.11
*édition pirate* 765.4
*enregistrement pirate*
771.12
**pirater** 31.8 ; 717.22 ;
771.15
**piraterie** 717.5 ; 720.10
**piraya** 298.5
**pire** 86.2 ; 86.21 ; 385.9
*de pire en pire* 385.12
*craindre le pire* 443.5
**piriforme** 303.19
**Pirithoos** 500.41
**pirole** 288.36
**piroplasmose** 383.35
**Piros** 306.8
**pirouette**
saut 213.2 ; 215.3
raffinement 406.9
trahison 597.4
figure de danse 786.16
figure de cirque 791.6
figure de sport 870.22
**pirouetter**
changer 193.20
tourner 215.14 ; 870.87
**piroxicam** 394.5
**pirsh** 871.3
**pis**
n.
poitrine 323.1
adv.
pire 385.9
*de pis en pis* 385.12
**pis-aller** 653.1
**pisaure** 301.13
**pisci-** 298.25
**piscicole** 813.32
**pisciculteur** 298.16 ;
813.23
**pisciculture** 298.16 ;
813.3
**piscidia** 287.7
**piscine** 134.4 ; 380.6 ;
870.78
*piscine probatique* 380.6
**pisé** 137.8
**piser** 137.15
**piseur** 137.12
**pisiforme** 329.15
**pisoir** 799.18
**pisolithe** 237.18
**pison** 799.18
**pissaladière** 856.16
**pissant** 465.11
**pissat** 296.24 ; 339.4
**pisse** 339.4

**pisse-copie** 762.11 ;
766.17
**pissée** 339.4
**pisse-froid** 464.6 ; 582.4
**pissement** 339.9
**pissenlit**
fleur 288.10
salade 856.20
*manger les pissenlits
par la racine* 311.26
**pisser** 208.9 ; 339.19
*pisser de la copie*
762.15 ; 766.23
*pisser sa côtelette*
313.20
*pisser le sang* 332.25
*c'est comme si on pis-
sait dans un violon*
545.10
**pisseur**
*pisseur de copie* 762.11 ;
766.17
**pisseuse**
n.f.
fillette 309.3 ; 314.5
**pisseux**
adj.
sale 339.28 ; 381.14
terne 352.27 ; 358.11
**pisse-vinaigre**
homme triste 464.6 ;
582.4
avare 709.3
**pissode** 301.3
**pissoir** 339.16
**pissoter** 339.19
**pissotière** 339.16
**pissouse** 309.3
**pistache** 289.6
*vert pistache* 359.11
*avoir une pistache*
708.14
*ramasser une pistache*
708.12
**pistachier** 286.20
**piste**
bande 150.1
de cirque 791.3
route 816.19 ; 817.16
pour avion 820.8
t. de sports 870.78
*piste sonore* 365.21
*jeu de piste* 872.23
**pister** 412.17 ; 607.10 ;
716.17
**pisteur**
t. de cinéma 790.13
t. de sports 870.58
**pistil** 288.5
**pistole**
détention 723.14

unité monétaire
839.12
**pistolet**
   homme 308.3
   urinoir 339.17 ; 392.24
   arme 664.5
   à peinture 773.16 ;
   806.28
   pain 857.2
   *pistolet automatique*
   664.7
   *pistolet de Volta* 230.17
   *tir au pistolet* 667.1
**pistolet-mitrailleur**
   664.7
**piston**
   élève 414.15
   aide 563.4 ; 663.15 ;
   712.5
   instrument de musi-
   que 783.21
   d'une machine 800.12
   t. de plomberie 808.4
   *coup de piston* 563.4
**pistonner** 546.13 ;
   563.19 ; 712.12
**pita** 857.2
   *pain pita* 857.2
**pitaine** 663.15
**pitance** 855.5
**pitancier** 499.12
**pit-bull** 296.9
**pitchoun** 128.9 ; 314.4
**pitchounet** 314.4
**pite** 839.12
**piteux**
   médiocre 435.12 ;
   609.13
   honteux 611.15
**pithéc-** 296.34
**pithécanthrope** 237.23 ;
   306.17
**pithéco-** 296.34
**pithécoïde** 296.31
**-pithèque** 296.36
**pithiatisme** 450.4
**pithiviers** 858.6
**pitié 609**
   n.
   440.3 ; 479.1 ; 638.3
   *avoir pitié de* 638.12
   int.
   748.3
**Pitjandjaras** 306.12
**piton**
   pointe 151.3 ; 270.8
   t. de serrurerie 809.19
   t. de sports 870.70
**pitonnage** 870.25
**pitonner** 870.82
**pitoyable**

médiocre 435.17 ;
696.9
triste 464.17
déplaisant 468.12 ;
549.27
généreux 587.11 ;
609.13 ; 638.16
**pitoyablement**
   généreusement 609.15
   médiocrement 696.13
**pitre** 465.5 ; 750.7 ;
   791.18
**pitrerie** 645.2 ; 750.5 ;
   791.9
**pittoresque** 755.6 ;
   773.30 ; 779.13
**pittosporum** 287.5
**pituitaire** 333.12
   *tige pituitaire* 326.10
   *muqueuse pituitaire*
   371.6
**pituite** 333.2 ; 333.4
**pituitrine** 333.3
**pituri** 286.21
**pityriasique** 383.67
**pityriasis** 383.17
**piu** 782.27
**pive** 859.11
**pivert** 297.13
**pivoine** 288.25
**pivot**
   axe 57.4 ; 133.1 ;
   159.2 ; 215.6
   d'une machine 800.12
   t. d'horlogerie 175.7
**pivotant** 215.19
**pivotement** 870.24
**pivoter**
   tourner 215.14
   t. de sports 870.85
**pivoterie** 159.2
**pizza** 856.16
**pizzicato** 781.59
**pjaussus** 301.3
**PL/1** 772.16
**placage**
   revêtement 137.11
   t. d'arboriculture 812.4
   t. de sports 870.12
**placard**
   prison 723.7
   imprimé 763.10 ; 764.1
   d'une maison 848.24 ;
   850.2
   *placard publicitaire*
   766.10
   *au placard* 457.10
   *être mis au placard*
   539.15
**placarder** 768.10
**place**

rang social 7.4 ; 792.1
rang 47.2
situation 156.2 ; 156.4
classement 414.12
dans un wagon
818.15
dans une automobile
817.15
d'une ville 849.13
*place forte* 656.8
*place publique* 751.13
*place d'armes* 666.16
*place d'honneur* 156.4 ;
168.5
*à la place d'honneur*
168.10
*place de Grève* 725.12
*place du mort* 817.11
*à la place de* 19.16 ;
193.27
*de place en place*
158.11 ; 162.15
*en place* 45.12 ; 156.17
*en lieu et place de*
19.16 ; 193.27
*avoir de la place* 125.5
*être dans la place*
131.10
*faire du sur place*
577.12
*mettre en place* 45.12 ;
156.9 ; 556.7
*se mettre à la place de*
*qqn* 19.9
*rester en place* 171.12
*se tenir à sa place*
612.6
*ne pas tenir en place*
447.8 ; 449.10
**placé** 156.13
   *haut placé* 621.21
   *mal placé pour* 156.12
**placebo** 394.3
**placeforte** 656.8
**placement**
   rang 63.9
   situation 156.1
   t. de banque 840.16 ;
   845.12
   t. de Bourse 842.7
**placenta** 281.8 ; 313.9
**placentaire** 281.15 ;
   296.3
**placer**
   n.
   t. de minéralogie 259.2 ;
   802.2
   n. pl.
   *placers* 260.6
   v.
   ranger 63.11
   situer 156.9

t. de danse 786.29
t. de banque 840.40 ;
845.29
*placer sa confiance en*
606.12
*placer son grain de sel*
749.13
*placer la marchandise*
827.27
*placer son mot* 562.21 ;
749.13
*placer dans son contexte*
8.7
*en placer une* 745.18
**placer (se)** 156.10
**placet** 634.4 ; 711.10
   *présenter un placet*
   634.11
**placeuse** 788.10
**placide**
   insensible 441.14 ;
   524.17
   patient 446.12 ; 448.13
**placidement**
   indifféremment 441.22
   patiemment 446.15
**placidité**
   patience 446.1 ; 448.1
   indifférence 524.5
**placier** 827.17
**placobdelle** 304.2
**placodermes** 298.4
**placodontes** 299.10
**placoïdes** 298.9
**plafond**
   limite 136.3
   peinture 773.7
   d'une pièce 137.8 ;
   848.30
   t. de banque 839.15 ;
   841.12
   *plafond bas* 274.3 ;
   276.2
   *plafond d'émission*
   839.13
   *plafond de réescompte*
   841.12
   *faux plafond* 848.30
   *prix plafond* 831.2
**plafonner**
   s'élever à 126.7 ;
   270.14
   t. d'architecture 777.25
   t. d'astronautique
   820.18
**plafonnier** 350.12 ;
   817.11 ; 852.11
**plagal**
   *cadence plagale* 781.20
   *mode plagal* 781.15
**plage**

polynésien
*empire polynésien* 295.5
Polynésien 306.5
polynévrite 327.20
polynôme 122.2
polynucléaires 332.4
polynucléé 283.31
polynucléotide 283.11
polyodontidé 298.3
polyome
*virus du polyome* 284.3
polyopie 347.2 ; 383.27 ;
347
polyorchidie 386.4
polype
mollusque 303.12
tumeur 388.2
polypectomie 392.13
polypeptide 283.8
polypeptidique 283.33
polypétale 288.47
polypeux 388.12
polyphage
n.m.
insecte 301.31
adj.
395.12
polyphagie 337.7 ;
855.14
polyphasé 235.24
polyphonie 781.24 ;
784.2
polyphonique 781.50 ;
784.29
polyphoniste 781.40
polyphylle 301.3
polyplacophores 303.1
polypnée 340.14 ; 383.32
polypode 290.9
polypodiacée 290.9
polypore 291.6
polyptère 298.5
polyptique 773.7 ; 774.9
polyrythmie 781.24
polysaccharide 283.5
polysémie 732.3 ;
736.5 ; 742.10
polysémique 74.11 ;
732.16
polysépale 288.47
polyspermie 325.25
polystélie 290.10
polystyrène 804.7
polysyllabe 742.3
polysyllabique 742.26
polysynaptique 327.25
polysyndète 752.3
polysynodie 670.9
polysynthétique 739.14
polytechnique 74.11

polytéridé 298.3
polythalame 303.19
polythéisme 476.6
polythéiste 476.12
polytherme 819.36
polytonal 781.52
polytonalité 781.24
polytoxicomanie 390.1
polytransfusé 332.31
polytransfusion 332.13
polytraumatisé 387.21
polytraumatologie
387.12
polytric 292.4
polyurie 339.10 ; 383.24
polyurique 383.71
polyvalent 74.11
*vaccin polyvalent* 394.11
polyvision 790.19
pomacentridé 298.3
pomaison 289.18
pomelo 286.17 ; 289.9
Poméranien 676.5
pomerium 481.7
pomettes 318.5
pomiculture 289.19
pommade
composition molle
137.6 ; 279.12 ; 334.7 ;
394.15 ; 549.3 ; 629.3
*passer de la pommade*
595.15 ; 629.10
pommader 137.15 ;
867.15
pomme
fruit 154.2 ; 289.3 ;
289.10
tête 318.1
*pomme à couteau*
289.10
*pomme d'Adam* 318.5
*pomme d'amour* 289.8
*pomme d'api* 289.10
*pomme de douche* 808.2
*pomme de pin* 286.10
*pomme de terre* 856.19
*pomme douce* 289.10
*pomme douce-amère*
289.10
*pomme rouleau rouge*
289.10
*pommes d'or du jardin
des Hespérides* 260.14
*bonne pomme* 585.9
*ma pomme, ta pomme*
307.7
*vert pomme* 359.11
*tomber dans les pom-
mes* 214.20 ; 344.12 ;
376.12 ; 441.11
pommé 288.45

pommeau 154.2 ; 870.73
pomme-cannelle 289.16
pomme-cythère 289.17
pommelé 334.15
pommeler 276.11
pommeraie 811.10
pommeté 149.20
pommier 265.11 ; 286.13
pomœrium 481.7
pomone 500.42
Pompadour
*style Pompadour* 850.27
pompage 245.3 ; 803.7
pompe
appareil à pomper
211.9 ; 817.16
chaussure 865.1
*pompe à chaleur* 798.7 ;
853.8
*pompe à essence* 803.10
*pompe d'exhaure* 245.8
*à pompe* 809.10
*à toute pompe* 576.48
*cirer les pompes à*
629.9
pompe
faste 617.1 ; 686.3 ;
761.4
emphase 761.1
*en grande pompe*
686.30
pompé 376.21
pomper
aspirer avec une
pompe 211.15 ; 223.8 ;
803.13
boire 859.26
imiter 31.5
*pomper l'air* 458.11
*pomper l'énergie* 376.16
pompette 708.18 ;
859.34
pompeusement 453.15 ;
761.17
pompeux 453.10 ;
686.26 ; 761.11
pompier
n.m.
663.10
*sapeur-pompier* 256.16
pompier
adj.
académique 761.15 ;
780.16
pompiérisme 761.1
pompile 301.7
pompon 864.3
*avoir son pompon*
708.14
pomponner (se)
380.11 ; 862.37

ponant
couchant 198.4 ; 277.5
vent 275.6
ponçage 155.2 ; 799.29 ;
807.11 ; 854.9
ponce 155.4 ; 773.15 ;
854.16
*pierre ponce* 155.4 ;
258.2 ; 854.16
*poudre de ponce* 155.4
poncé 155.10
ponceau 352.28 ; 357.2 ;
357.12
poncer 155.7 ; 773.27 ;
799.37 ; 807.23 ; 854.30
poncette 773.15
ponceuse 155.5 ;
800.10 ; 807.15
poncho 862.12
poncif
lieu commun 183.8 ;
758.5
dessin 228.12 ; 773.3
poncirus 287.5
ponction 391.13 ; 392.7
ponction-biopsie
391.13
ponctionner 206.10 ;
392.33
ponctualité 578 ; 186.3
ponctuation 730.18 ;
740.3 ; 741.8 ; 744.7 ;
762.8
*signe de ponctuation*
730.10
ponctuel 186.8 ; 453.12 ;
578.4
ponctuellement 578.6
ponctuer 730.22
pondérabilité 239.1 ;
579.6
pondérable 239.19 ;
579.20
pondéral 239.11 ; 239.19
pondérateur 579.10 ;
579.21 ; 701.12
pondération
harmonie 45.2
correction 122.5 ; 239.1
calme, modération
448.1 ; 452.1 ; 453.3 ;
478.23 ; 572.3 ; 579.2 ;
701.1
pondéré 26.13 ; 226.17 ;
226.22 ; 448.13 ;
452.13 ; 453.11 ;
550.17 ; 572.12 ;
579.17 ; 701.10
pondérer 26.7 ; 45.15 ;
226.13 ; 579.12

**pondéreux** 239.5 ;
  239.19
**pondeuse** 813.12
**pondre** 279.19 ; 297.34 ;
  796.15
**poney** 296.11
**pongidé** 296.14
**pongiste** 870.48
**pongitif** 345.14
**pont**
  ouvrage d'art 779.9 ;
  806.5 ; 818.20
  jour(s) chômé(s)
  531.4 ; 797.5
  dispositif scénique
  788.8
  *pont aux ânes* 546.9
  *pont de balancier* 175.7
  *ponts et chaussées* 806.1
  *noyaux du pont* 326.6
  *faire un pont d'or à*
  *qqn* 260.18 ; 795.11
  *faire le pont* 531.13
  *pont roulant* 801.10 ;
  818.20
**pontage** 392.10
**pont-aqueduc** 806.5
**pont-bascule** 70.26
**ponte**
  n.f.
  297.26 ; 298.13
  *ponte ovulaire* 333.6
**ponte**
  n.m.
  85.10 ; 621.9 ; 872.27
**pontederia** 288.32
**pontédériacées** 288.32
**pontée** 819.18
**ponter** 872.38
**pont-garage** 819.15
**pontier** 801.16 ; 806.37
**pontife** 492.25
  *grand pontife* 492.25
  *souverain pontife* 498.1 ;
  631.9
**pontifiant** 761.15
**pontifical** 496.1 ; 498.23
**pontificat** 498.3
  *être élevé au pontificat*
  498.22
**pontifier** 407.15 ;
  745.23 ; 761.8
**pont-l'évêque** 861.6
**ponton** 723.10
**pont-portique** 801.10
**pont-rail** 818.20
**pont-route** 816.16
**pontuseau** 148.4
**pool** 839.10
**pop** 781.7
**pop art** 780.13

**pope** 487.20 ; 492.11
**popeline** 810.4
**poplité** 328.10
**pop-music** 781.7
**Popol Vuh ou Popol-**
  **Vuh** 500.8 ; 501.22
**popote** 855.6
**popotin** 322.1
**populace** 647.5 ; 668.7
**populacier** 593.9 ; 647.8
**populage** 288.25
**populaire**
  n.m.
  647.4
  adj.
  540.23 ; 639.25 ; 647.8 ;
  739.19 ; 742.28
**populairement** 647.10
**populariser** 734.12
**popularité** 540.4 ; 639.1
**population** 100.6 ;
  122.6 ; 295.4 ; 674.9 ;
  676.15
  *population absolue*
  676.21
**populationnisme**
  676.22
**populeux** 676.30
**populisme** 671.14
**populiste** 671.40 ;
  754.17
**populo** 647.5 ; 668.7
**poquet** 153.2
**porc** 296.12 ; 381.8
**porcelaine**
  céramique 257.11 ;
  256.13 ; 773.18
  coquillage 303.3
  *bleu de porcelaine* 360.8
**porcelainier** 851.35
**porcelet** 296.12
**porc-épic** 296.5
**porche** 493.5 ; 777.12 ;
  848.28
**porcher** 813.24
**porcherie**
  bâtiment d'élevage
  296.18 ; 813.8
  lieu très sale 381.6
**porcin**
  n.m.
  296.3
  adj.
  296.31
**pore** 303.15 ; 334.4
**poreux** 205.16 ; 244.20
  *bronze poreux* 263.2
**porion** 793.7 ; 802.10
**porno** 341.45 ; 620.9
**pornographie** 341.4 ;
  620.2

**pornographique**
  341.45 ; 620.9
**Porojas** 306.13
**porosimètre** 806.29
**porosité** 205.5
**porphine** 283.22
**porphyra** 293.4
**porphyre** 258.2
**porphyrine** 283.22
**porphyrinique**
  *chromoprotéine porphy-*
  *rinique* 283.9
**porphyrinurie** 339.10 ;
  383.25
**porphyriser** 251.16
**porphyrogénète** 681.16
**porphyroïde** 258.20
**porphyrophore** 301.5
**porpite** 303.12
**porracé** 383.70
**Porrs** 306.13
**port**
  abri pour les navires
  *port d'attache* 819.19
  *droit de port* 819.19
  *voie de port* 819.15
  *à bon port* 38.7 ;
  201.7 ; 201.10 ; 550.22
  *arriver au port* 38.7 ;
  201.7 ; 201.10
  *toucher le port* 201.10
**port**
  action de porter ou
  de transporter 770.6 ;
  815.1 ; 819.15
  *port d'armes* 664.2
  *se mettre au port d'ar-*
  *mes* 666.26
**portabilité** 772.14
**portable** 240.13 ; 815.29
**portage** 815.1 ; 843.11
**portail** 777.12 ; 848.27
**portal** 331.24
**portance** 159.2 ; 233.2
**portando** 782.26
**portant**
  n.m.
  support 159.4 ; 160.5 ;
  788.8
  adj.
  qui soutient 159.14
**portant**
  *bien portant* 382.11
**portatif** 240.13
**porte-** 134.15 ; 160.18
**porte** 91.2 ; 138.1 ;
  138.9 ; 139.1 ; 140.4 ;
  204.7 ; 270.9 ; 777.12 ;
  807.4 ; 809.3 ; 848.27 ;
  849.15

  *porte charretière* 848.28
  *porte cochère* 848.28
  *porte d'honneur* 848.28
  *porte de sortie* 521.2
  *à la porte* 161.12
  *aux portes de* 161.16
  *aller de porte en porte*
  634.16
  *condamner sa porte*
  140.15
  *être aux portes de la*
  *mort, du tombeau, du*
  *trépas* 311.24
  *fermer sa porte* 591.4
  *mettre à la porte*
  202.14 ; 644.7
  *ouvrir les portes à l'en-*
  *nemi* 661.9
  *prendre la porte*
  202.12 ; 644.10
  *sortir par la grande*
  *porte* 639.17
  *trouver porte close*
  554.15
**porte**
  *porte hépatique* 331.9
**porte-aéronefs** 664.13
**porte-à-faux**
  *en porte-à-faux* 156.17
**porte-aiguilles** 864.14
**porte-aiguillon** 301.6
**porte-à-porte ou porte**
  **à porte** 161.12 ;
  634.16 ; 827.27
**porte-autos** 817.32 ;
  818.33
**porte-avions** 664.13
**porte-bagages** 816.12
**porte-balle** 827.16
**porte-barges** 819.6
**porte-billets** 839.21
**porte-bois** 301.20
**porte-bonheur** 484.10 ;
  866.10
**porte-bouquet** 160.5
**porte-bride** 160.5
**porte-chapeau** 160.5 ;
  850.24
**porte-clefs ou porte-**
  **clés**
  objet 160.5 ; 809.17
  personne 723.17
**porte-conteneurs** 819.5
**porte-coton** 629.7
**porte-croix** 149.12
**porte-drapeau** 663.12
**portée**
  distance 123.4 ; 162.3
  effet 34.11 ; 438.1 ;
  453.4 ; 527.5 ; 732.1
  lignes pour la nota-

**poumon**
*poumon de mer* 303.12
**pound** 70.17
**poundal** 70.17
**poupard** 314.3
**poupe** 163.2 ; 164.2
*vent en poupe* 275.5
*avoir le vent en poupe*
540.15 ; 548.7 ; 639.17 ;
643.9
**Poupe**
constellation 232.15
**poupée**
figurine 731.4 ; 873.5
femme 309.5
mot de tendresse
600.13
*poupée de chiffon* 445.6
*poupée gigogne* 873.5
**poupin** 382.11
**poupon** 314.3 ; 873.5
**pouponnage** 314.7
**pouponner** 314.17
**pouponnier** 314.19
**pouponnière** 314.11
**pour** 19.16 ; 34.20 ;
37.13 ; 37.15 ; 38.13 ;
198.35 ; 532.16 ; 640.14
*pour cause de* 34.19
*pour ce que* 34.21
*pour que* 38.16 ; 532.17
*pour que... ne... pas*
38.16
*pour sûr* 430.11
*pour une fois que*
184.13
*être pour* 179.7
**pourboire** 795.8 ; 826.2
**pourceau** 296.12 ;
381.8 ; 700.6
*pourceau d'Épicure*
445.10 ; 700.6 ; 705.6
**pour-cent** 113.1 ; 841.17
**pourcentage** 69.6 ;
94.4 ; 113.3 ; 238.6 ;
795.8 ; 841.17
*au pourcentage* 94.14
**pourchasser** 412.17
**pourfendeur** 617.4
**pourfendre** 93.9 ;
637.13 ; 658.18
**Pourim** 486.9 ; 497.5 ;
486
**pourliche** 826.2
**pourlicher** 826.18
**pourparler** 745.6 ; 749.5
**pourpier** 290.8
**pourpoint** 862.9
**pourpre**
n.f.
mollusque 303.3

n.m. et adj.
couleur 352.4 ; 352.32 ;
357.1 ; 357.2 ; 357.10 ;
361.1 ; 361.2 ; 361.5
**pourpre de Cassius**
357.2
*chromoprotéine du*
*pourpre rétinien* 283.9
**pourpré** 357.10
**pourprer** 357.8
**pourpreuse** 357.10
**pourprin** 357.1 ; 357.10
**pourpris** 138.3
*pourpris sacrés* 505.1
**pourquoi**
n.m.
34.7 ; 37.1
*le pourquoi et le*
*comment* 8.3
adv.
34.18 ; 37.12
*pourquoi pas* 42.7
**pourri** 415.11 ; 694.7 ;
694.12 ; 700.10
**pourridié** 285.16
**pourrir** 700.7 ; 797.8
**pourrissable** 247.9
**pourrissant** 385.10
**pourrissement** 385.1
**pourriture** 557.8
**pour-soi** 5.2
**poursuite** 61.10 ; 412.4 ;
533.2 ; 656.2 ; 870.26
**poursuiteur** 870.61
**poursuivable** 61.26
**poursuivre**
continuer 61.16 ; 512.3
suivre, pourchasser
164.11 ; 412.17 ;
523.10 ; 543.7
*poursuivre en justice*
711.26
**poursuivre (se)** 1.9 ;
172.10 ; 229.9
**pourtour** 130.2 ;
132.3
**pourvoi** 711.16
*pourvoi en cassation*
711.16
*pourvoi en grâce* 711.16
**pourvoir** 469.11 ; 828.18
*pourvoir de* 826.20
*siège à pourvoir* 672.13
**pourvoir (se)**
*se pourvoir contre*
559.20
**pourvoyeur** 390.15 ;
667.18 ; 828.15
**pourvu** 548.17 ; 822.21
**pourvu que** 42.16

**poussah** 127.6 ; 324.7 ;
873.5
**pousse**
bourgeon, rejet 285.6 ;
286.2
croissance 335.8
levée 211.1 ; 857.8
*pousse de bambou*
856.17
**poussé** 352.27 ; 574.22
*poussé en graine* 126.10
**pousse-café** 859.16
**poussée**
pression, impulsion
221.1 ; 225.1 ; 225.6 ;
227.5 ; 233.3 ; 239.3 ;
530.2
accroissement, hausse
65.3 ; 88.2 ; 190.3
crise 383.5
*poussée d'Archimède*
221.2 ; 233.3
*centre de poussée* 221.2
**pousse-fiche** 807.16
**pousse-pousse** 816.15
**pousser**
v.t.
exercer une pression
sur 221.14 ; 239.15
mouvoir 225.12 ;
233.12
inciter 34.13 ; 225.13 ;
525.9 ; 565.10 ; 566.12
développer 61.16
appuyer, protéger
(qqn) 560.21 ; 563.19
v.i.
exagérer 80.8 ; 136.8
croître 190.10 ; 285.21 ;
335.14
*pousser à* 36.6 ; 197.23
*s'en pousser un dans le*
*cornet* 859.27
**pousse-toc** 225.9
**poussette** 225.3 ; 563.4
**pousseur** 225.9 ; 806.27
*pousseur de bois* 872.26
**pousseux** 814.9
**pousse-wagon** 225.9
**poussier** 251.1 ; 802.5
**poussière** 154.4 ; 251.1 ;
257.4 ; 381.3 ; 802.5 ;
854.13
*poussière cosmique*
251.5
*poussière interstellaire*
232.14 ; 251.5
*faire la poussière*
854.26
*mordre la poussière*
214.18 ; 541.12

*réduire en poussière*
48.5 ; 557.18
*secouer la poussière de*
*ses sandales* 202.13
**poussiéreux** 251.21 ;
257.26 ; 381.11
**poussif** 340.32 ; 577.21
**poussin**
petit oiseau 297.7
enfant 314.4
jeune sportif 870.42
débutant 56.14
**poussinière** 813.5 ;
813.8
**poussoir** 175.7
**pousuivre** 523.10
**poutargue** 856.14
**poutassou** 298.6
**poutou** 601.3 ; 689.5
**poutre**
élément de soutien
159.4 ; 265.6 ; 805.7 ;
806.33
agrès 870.72
**poutre-caisson** 806.33
**poutrelle** 159.4 ; 806.33
**pouture** 813.13
**pouvoir**
n.m.
autorité 39.4 ; 51.7 ;
85.2 ; 621 ; 668.7 ; 669.1
force 221.8 ; 623.1
possibilité 396.2 ;
516.6 ; 713.14
mandat 606.8 ; 632.6
*pouvoir d'achat* 795.2 ;
835.7
*au pouvoir* 621.21
*au pouvoir de* 39.14
*de pouvoir* 569.2 ; 712.6
*pouvoirs* 632.5
*pleins pouvoirs* 39.4 ;
669.4
*les pouvoirs publics*
621.7 ; 668.7
*avoir les pleins pouvoirs*
516.24
*donner les pleins pou-*
*voirs à* 669.19
*tenir les brides du pou-*
*voir* 631.20
**pouvoir**
v.t.
39.6 ; 632.19 ; 713.54
*pouvoir qqch à* 39.6
*pouvoir qqch sur* 39.6
**pouvoir (se)**
*autant que faire se*
*peut* 39.13
*ça se pourrait bien* 39.8
*cela peut se faire* 39.8

*il se peut que* 42.7
*si faire se peut* 39.13
**Powhatans** 306.7
**poxvirus** 284.3
**pradaksina** 491.11
**Praesepe**
astre 232.5
**pragmaticisme** 478.12
**pragmatique** 527.14 ;
544.16
*vérité pragmatique*
409.3
**pragmatisme** 8.5 ;
478.12 ; 527.1
**pragmatiste** 478.32
**praire** 303.2 ; 856.13
**prairial** 176.8
**prairie** 269.4 ; 290.5 ;
296.19 ; 813.17
*vert prairie* 359.11
**Prajapati** 500.9
**Prajnaparamita** 501.13 ;
489
**prakrit** 739.14
**pralin** 858.5
**praliner** 812.20
**prandial** 855.39
**prang** 493.3 ; 486
**prasat** 493.3 ; 486
**praséodyme** 230.7
**pratelle** 291.6
**praticable**
n.m.
plate-forme 790.13
**praticable**
adj.
exécutable 39.10
utilisable 567.17
viable 816.41
**praticien** 391.23 ;
538.10 ; 776.16
**pratiquant** 491.15 ;
496.15 ; 527.9 ; 527.16
**pratique**
adj.
utile, commode
544.15 ; 546.20
pragmatique 544.16
*raison pratique* 690.10
*travaux pratiques*
414.10
**pratique**
n.f.
action 478.19
observance 491.1 ;
538.3
habitude, usage
527.7 ; 685.1
clientèle 827.20 ;
835.11
client 835.9

*mettre en pratique*
36.6 ; 567.15
**pratiqué** 567.16
**pratiquement** 538.25
**pratiquer**
effectuer 538.11 ;
538.13
fréquenter 583.13
observer telles pres-
criptions religieuses
479.13 ; 496.19
**praxinoscope** 790.12
**praxis** 478.19 ; 527.4
**prays** 301.11
**prazépam** 394.5
**prazosine** 394.5
**pré-** 59.34 ; 163.29 ;
180.18
**pré** 290.5 ; 296.19 ;
813.17
*pré carré* 608.4
*pré salé* 290.5
**préabdomen** 301.17
**préadolescence** 314.2
**préalable** 59.17 ; 536.5 ;
536.15
*au préalable* 59.24
**préalablement** 59.24
**préambule**
commencement 56.9 ;
536.5
d'un discours 751.8
t. de droit 713.33
**préannonce** 818.4
**préau** 414.8 ; 777.13
**préavis** 552.3
**prébende** 492.21
**prébendé** 492.21
**prébendier** 492.21
**pré-bois** 286.22
**précaire** 174.12 ; 247.10 ;
551.11
**précairement** 247.11
**précambrien** 237.21
**précancéreux** 388.12
**précarité** 174.3 ; 247.1
**précaution** 572.1 ;
574.4 ; 598.4
*par précaution* 550.21
*deux précautions valent*
*mieux qu'une* 572.8
*trop de précautions nuit*
572.8 ; 607.15
*s'entourer de précau-*
*tions* 452.11 ; 572.7
**précautionné** 572.11
**précautionner** 572.10
*précautionner contre*
559.18
**précautionner (se)**
572.7

**précautionneusement**
559.26 ; 560.34 ;
572.16 ; 574.25 ; 598.13
**précautionneux** 572.11 ;
574.20
**précédemment** 45.25 ;
59.24 ; 177.18
**précédent** 59.17 ; 63.20 ;
177.4 ; 177.14
*sans précédent* 32.9 ;
192.13 ; 194.13
**précéder** 45.18 ; 59.11 ;
63.15 ; 180.9
**préceinte** 132.11
**précellence** 85.1 ;
434.2 ; 622.3
**précelles** 330.12
**précepte**
règle 52.1 ; 713.31
conseil 566.2
prescription 631.4 ;
690.7 ; 692.2
*préceptes* 501.8
**précepteur** 314.9 ;
414.14 ; 415.6
**prêche** 495.5 ; 496.4 ;
690.7 ; 751.4
**prêcher** 415.9 ; 492.31 ;
495.15 ; 690.12
*prêcher dans le désert*
495.15 ; 545.10
**prêcheur** 637.8 ; 690.11 ;
690.16 ; 751.12
**prêchi-prêcha** 495.5
**précieusement** 574.25
**précieux**
de valeur 260.21 ;
434.13
utile 544.13 ; 567.17
délicat 598.11
affecté 615.13 ; 761.15
*pierre précieuse* 258.4 ;
866.12
**préciosité**
délicatesse 574.5 ; 598
affectation 615.1 ;
761.1
école littéraire 789.19
**précipice** 153.3
**précipitamment**
174.17 ; 537.17 ; 576.42
**précipitation**
pluie 273.5
hâte 180.6 ; 447.1 ;
537.1 ; 576.3
t. de métallurgie 805.5
*précipitations* 214.7 ;
274.4
**précipité**
n.m.
t. de chimie 230.3

adj.
pressé 174.11 ; 537.14
**précipiter**
presser 180.7 ; 576.24
t. de chimie 230.20
**précipiter (se)**
se jeter de 213.11
se hâter 537.7
se précipiter de 214.21
**précis**
n.m.
traité 756.3
adj.
détaillé 8.11
ponctuel 186.8
soigneux 574.22
concis 576.34 ; 759.9
clair 734.15
**précisé** 136.12
**précisément**
exactement 417.13 ;
732.20
soigneusement 574.25
**préciser**
une limite 136.7
un sens 732.11 ; 734.10
**précision**
soin 406.2 ; 574.2
habileté 570.4 ; 550.4
ponctualité 578.1
clarté 734.2
**précisionnisme** 775.16
**précisionniste** 780.17
**précité** 59.23
**précoce** 59.19 ; 180.10 ;
537.11
**précocement** 59.25 ;
180.13
**précocité** 59.2 ; 180.1
**précognition** 485.8
**précombustion** 243.3
**précompte** 845.15
**préconcassage** 806.21
**préconcept** 421.5
**préconception** 421.5
**préconisateur** 566.8
**préconisé** 566.15
**préconiser** 566.9
**préconiseur** 566.8
**préconscient** 344.8 ;
344.21
**précontraint** 806.36 ;
806.46
**précordial** 163.29 ;
331.24
**précuire** 856.40
**précurseur** 32.5 ; 59.7 ;
180.5
**prédateur** 295.22
**prédation** 282.4
**prédécesseur** 59.7

**prédelle** 773.7 ; 774.9
**prédestination** 477.16 ;
517.1
**prédestiné** 41.11 ;
519.12
**prédestiner** 41.7 ; 517.7
**prédestinianisme** 41.4
**prédéterminant** 41.12 ;
59.5
**prédétermination** 517.1
**prédéterminé** 41.11
**prédéterminer** 41.7 ;
517.7
**prédéterminisme** 41.4
**prédiastolique** 331.24
**prédicant** 495.12 ;
690.11 ; 751.12
**prédicat**
t. de logique 6.1 ;
478.16
t. de grammaire 740.8 ;
740.12 ; 741.1
*calcul des prédicats*
69.8 ; 116.6
**prédicateur** 492.9 ;
495.12 ; 745.14 ;
751.12 ; 753.13
**prédicatif** 6.5 ; 740.22
**prédication** 495
sermon 492.28 ; 494.6
qualification 427.4 ;
741.9
*jugement de prédication*
427.4
**prédiction**
prévision 180.3
supposition 423.1
divination 485 ; 492.28
**prédigéré** 338.23
**prédigestion** 338.1
**prédilection** 455.1 ;
519.4
**prédilectionner** 455.8
**prédire**
prévoir 59.15 ; 179.10 ;
180.8
supposer 423.7
**prédisposer** 536.11
**prédisposition** 546.7
**prednisolone** 394.5
**prednisone** 394.5
**prédominance** 85.1 ;
622.3
**prédominant** 85.19 ;
622.21
**prédominer** 85.12
**prédoseur** 806.28
**préélectoral** 672.29
**prééminence** 85.1 ;
438.1 ; 621.2
**prééminent** 540.23

**préempter** 59.13 ;
835.25
**préemptif** 835.28
**préemption** 59.9
*clause de préemption*
842.21
*droit de préemption*
713.25
**préenregistré** 771.20
**préexcellence** 622.3
**préexistant** 59.18
**préexistence** 1.1 ; 59.1
**préexistentiel** 59.18
**préexister** 1.8 ; 59.10
**préface**
de la messe 494.11 ;
496.7
d'un livre 163.8 ;
536.5 ; 751.8
**préfecture** 268.7 ;
670.20 ; 849.9
**préféré** 519.12
**préférence** 455.1 ;
519.4 ; 600.1
*de préférence* 566.19
*avoir une préférence*
604.9
**préférentiel** 672.6
**préférer** 455.8 ; 519.10 ;
604.9
**préfet** 670.20
*préfet de police* 716.9
**préfigurateur** 59.19
**préfiguration**
prévision 59.6 ; 731.1
supposition 423.1
**préfigurer**
prévoir 59.15 ; 731.7
supposer 423.5
**préfinancement** 841.1
**préfixation** 59.8 ; 97.2 ;
742.9
**préfixe** 163.8 ; 740.4 ;
742.7
**préfixé** 742.26
**préfixer** 59 ; 163.17 ;
742.21
**préfloraison** 285.13
**préfoliaison ou préfo-
liation** 285.13
**préformiste** 281.13
**prégnagne** 283.14
**prégnandiol** 283.14
**prégnant**
dense 238.11
éloquent 732.15
**prégnation** 279.10 ;
313.3
**préhenseur** 320.18
**préhensif** 320.18

**préhensile** 296.31 ;
320.18
**préhension** 320.7
**préheptatonique** 781.10
**préhistoire** 191
**préhistorien** 191.8
**préhistorique**
ancien 59.22 ; 191.15
désuet 196.10
*homme préhistorique*
306.17
**préjudice** 549.8 ; 657.2
**préjudiciable** 18.15 ;
549.25
**préjudiciel** 711.6
**préjudicier à** 549.16
**préjugé** 180.3 ; 421.7 ;
423.1 ; 427.5 ; 525.2 ;
712.4
**préjuger** 180.8 ; 427.10
*préjuger de* 423.6
**prélart** 274.8
**prélasser (se)** 445.7 ;
531.12
**prélat** 648.6
**prélature** 498.16 ; 648.23
**prêle** 290.9
**prélegs** 826.7
**prélèvement**
soustraction 119.1 ;
206.4
d'un impôt 846.2
t. de médecine 391.13
**prélever** 68.9 ; 119.5 ;
206.10
**préliminaire** 56.25 ;
59.17 ; 536.15
*préliminaires* 536.3
**préliminairement** 59.24
**prélogique** 484.24
**prélude**
début 56.9 ; 536.5
t. de musique 781.29 ;
781.32
**préluder** 781.45
**prématuration** 180.6
**prématuré**
n.
bébé 180.5 ; 313.4 ;
313.15
*grand prématuré* 180.5 ;
313.15
adj.
en avance 59.19 ;
180.10
né trop tôt 313.25
inopportun 537.11 ;
543.12
**prématurément** 59.25 ;
180.13

**prématurissime** 180.5 ;
313.15
**prématurité**
avance 59.2 ; 180.1
d'un bébé 313.16
**préméditation** 507.5 ;
532.3 ; 532.7 ; 534.4 ;
536.1
*avec préméditation*
532.14
**prémédité** 507.11 ;
532.12
**préméditer** 507.7 ;
532.9 ; 534.12 ; 536.10
**prémenstruel** 333.5
**prémices** 56.13 ; 536.3
**premier-** 59.35
**premier**
n.
63.7 ; 85.8 ; 102.6
adj.
56.24 ; 59.20 ; 63.20 ;
85.19 ; 102.14 ; 422.10
*premier âge* 314.2
*premier de l'an* 102.7 ;
687.3
*en premier* 59.27 ;
102.17
*premiers pas* 56.10 ;
533.3
*première classe* 102.7
*première main* 864.22
**première**
n.f.
commencement
56.10 ; 192.2
classe 102.7 ; 414.6
tonique 781.11
représentation 787.18
vitesse 817.4
**premièrement** 59.27 ;
102.16
**premier-ministrable**
673.21
**premier-né** 59.7 ; 312.5 ;
678.4
**prémisse** 59.5 ; 423.2 ;
737.5
*prémisses* 753.5
**premium** 825.4
**prémolaire** 330.3
**prémonition** 424.5 ;
485 ; 552.2
**prémonitoire** 180.12
**prémontré** 499.10
**prémourant** 311.16
**prem's** 102.14
**prémunir contre**
559.18 ; 560.18
**prémunir (se)** 560.24 ;
572.7

**prétentieusement**
613.11 ; 761.17
**prétentieux** 613.10 ;
615.13 ; 761.13
**prétention** 613
affectation 126.2 ;
761.2
demande 523.2 ; 634.5
*sans prétention* 612
*avoir des prétentions*
507.7
*se départir de ses pré-*
*tentions* 628.14
**prêter** 563.22 ; 841.27
*prêter à* 37.6
*prêter à rire* 645.6
*prêter une oreille atten-*
*tive* 363.18
**prêter à (se)**
être apte à 249.9
s'ajuster à 542.9
adhérer à 635.10
**prétérit** 740.6
**prétérition** 737.3 ; 752.5
**préteur** 670.20
**prêteur** 836.19 ; 841.23
**prétexte** 521
motif 34.7 ; 37.4 ;
595.8
pièce de théâtre 787.3
*sous prétexte de* 37.14
*sous le prétexte de*
521.9
*sous prétexte que* 37.15
*fournir prétexte* 37.9 ;
521.6
**prétexté** 521.7
**prétexter** 37.9 ; 521 ;
595.13
*prétexter de* 521.4
*prétexter que* 521.4
**pretintaille** 862.23
**prétoire** 714.19
**prétorien**
n.m.
soldat 716.6 ; 560.13
adj.
juridique 711.33
*droit prétorien* 713.4
**prêtraille** 492.2
**prêtre**
poisson 298.5
**prêtre**
religieux 487.20 ;
492.1 ; 492.6 ; 496.9
*prêtre réfractaire* 630.19
*manger du prêtre*
480.15
**prêtresse** 492.25
**prêtrise** 492.3

**prêtrophobe** 472.21 ;
480.10
**prêtrophobie** 472.4 ;
480.11
**preuve**
d'un calcul 116.3
vérification 426.8 ;
478.22
certitude 430.3
témoignage 525.5
signe 730.2
t. de justice 711.13 ;
753.9
*preuve par neuf* 110.1 ;
116.3 ; 426.8
*théorie des preuves*
122.5
**preux** 508.5 ; 508.9 ;
646.26
**prévaloir** 85.12
**prévaloir de (se)**
610.6 ; 613.4 ; 641.22
**prévaricateur** 569.5 ;
694.7
**prévarication** 569.2 ;
694.4 ; 720.8 ; 728.2
**prévariquer** 694.8
**prévenance** 574 ; 579.3 ;
592.1 ; 598
**prévenant** 402.12 ;
574.21 ; 598.10
**prévence** 723.3
**prévenir**
un malheur 59.12 ;
559.16
avertir 180.8 ; 526.7 ;
552.10 ; 553.9 ; 566.10 ;
726.14
*prévenir contre* 526.7
*sans prévenir* 459.14 ;
595.20
**préventeur** 559.8
**préventif**
dissuasif 526.10
protecteur 559.24 ;
560.30
*détention préventive*
723.3
**prévention**
dissuastion 526.1
protection 559.4 ;
560.1
prudence 572.4
aversion 605.1
*la Prévention routière*
817.19
**préventivement**
559.26 ; 560.34
**préventologie** 391.6
**préventologue** 559.8
**préventorium** 393.21

**prévenu**
n.
714.12 ; 721.10 ; 722.19
adj.
*être prévenu contre*
605.8
**pré-verger** 812.16
**prévisible** 534.19
**prévision**
éventualité 42.4 ; 43.2
calcul 116.4
futur 179.4
supposition 423.1 ;
457.1
projet 534.7
**prévisionnel** 47.25
**prévoir**
organiser 47.18
prédire 42.8 ; 59.15 ;
179.10
calculer 116.13
deviner 424.7
s'attendre à 457.5 ;
474.4
projeter 534.11
**prévôt**
officier 711.19
t. d'escrime 870.54
**prévôté** 711.4
**prévoyance** 572.1
**prévu** 457.10 ; 534.18
**priam** 301.11
**priant**
personne 494.4
statue 688.17 ; 776.7
**Priape** 500.30
**priapée**
orgie 705.4
genre poétique 789.6
*priapées* 341.13 ; 497.8
**priapique** 500.47
**priapisme** 325.25 ; 341.7
**priapuliens** 304.1
**prie-Dieu** 493.13
**prier**
un dieu 479.13 ; 494.19
suggérer 566.12
inviter 581.13
*prier qqn* 634.12
*se faire prier* 452.10 ;
456.6
*sans se faire prier*
546.28
**prier-Dieu** 494.12
**prière** 494
d'un dieu 479.5 ; 491.4
demande 523.2 ; 634.1
*prière de* 634.12
*dire ses prières* 494.20
*être en prière* 494.19
**prieur**

religieux 492.6
orant 494.18
**prieure** 494.18
**prieuré** 499.8 ; 499.19 ;
499.23
*prima ballerina asso-*
*luta* 85.9 ; 786.23
**prima donna** 85.9 ;
784.17
**primage** 826.2
**primaire**
n.m.
cycle scolaire 414.2
élection 672.4
adj.
59.20 ; 102.7
*couleurs primaires* 352.5
*filament primaire*
328.14
*secteur primaire* 792.8
**primat**
supériorité 85.1
dignité religieuse
492.7
domination 622.3
**primate**
mammifère 296.3
sot 397.5
**primatologie** 295.2
*prima uomo* 784.17
**primauté** 85.1
**prime**
n.f.
heure 188.1 ; 494.12
gratification 795.8 ;
826.2
remise 833.3 ; 841.18
t. de Bourse 825.4
t. d'escrime 870.17
adj.
premier 85.19
*prime jeunesse* 314.1
*primes* 499.21
*réponse des primes*
842.19
**primer**
couronner 85.12 ;
540.11 ; 540.19
gratifier de 795.11
**primesaut**
*de primesaut* 56.28
**primesautier** 444.6
**primeur**
antériorité 59.6
supériorité 85.3
nouveauté 194.1 ;
194.3
mets 856.32
*primeurs* 180.4
*de primeur* 59.19 ;
180.10

t. de grammaire 740.8
*prix d'ami* 831.2 ; 833.1
*prix de faveur* 833.1
*prix de Rome* 773.20
*prix de l'argent* 841.17
*de prix* 434.13 ; 832.12
*à prix d'argent* 831.20
*à prix d'or* 832.13
*au prix de* 425.15
*au prix fort* 832.13
*à bas prix* 833.18
*à haut prix* 832.13
*à moitié prix* 833.19
*à tout prix* 514.10
*à vil prix* 833.18
*au meilleur prix* 833.18
*bas prix* 833.1
*haut prix* 832.2
*casser les prix* 89.16 ;
833.9
*faire un prix* 833.8
*mettre à prix* 827.24 ;
831.13
*payer à prix d'or*
260.18
prix-courant 831.10
Prjevalski 296.11
pro-
substitution 19.17
antériorité 59.34 ;
180.18
pro domo 715.11
*plaider pro domo*
715.11
proou professionnel
792.19
proaccélérine 332.7
probabilisme 42.5 ;
43.4 ; 478.12
probabiliste 42.5 ; 43.5 ;
478.33
probabilité 43
éventualité 42.1
incertitude 423.4 ;
431.5
t. de mathématique
122.5
*selon toute probabilité*
43.10
*calcul des probabilités*
43.3 ; 116.6
*loi de probabilité* 122.7
probable
possible 39.9 ; 42.10 ;
43
incertain 423.13 ;
431.14
*loi des probables* 43.3
probablement 39.12 ;
42.13 ; 43.10 ; 423.14
probant 525.14 ; 757.9

probaside 291.3
probation 413.2 ; 499.16
probatique
*piscine probatique* 380.6
probatoire 426.17
probe 594.14 ; 641.23 ;
693.9
probité 594.3 ; 598.4 ;
641.2 ; 690.5 ; 693.1
*problem*
*no problem* 428.16
problématique 42.11
problématisation 419.9
problématiser 419.14
problème
de mathématique
116.7
question 419.1
ennui 77.2 ; 458.5 ;
462.2 ; 468.5
difficulté 547.2 ; 554.7
*problèmes* 549.1
*soulever un problème*
419.11
proboscidien 296.3 ;
296.4
procaïne 390.7
procaryotes 285.4
procaviidé 296.3
procédé
système 47.10 ; 50.3 ;
51.8
astuce 406.10
manière 538.2
de rhétorique 753.10
*procédés littéraires* 752.1
*bons procédés* 592.2 ;
693.4
procéder 527.10
*procéder à* 535.11 ;
538.14
*procéder de* 35.5
procédural 711.33
procédure
méthode 47.10 ; 50.4
manière 538.2
t. de droit 711.6
procellariiformes 297.4
procès
processus 65.2 ; 190.1
en justice 711.6 ; 711.8
*procès d'intention*
427.2 ; 532.1 ; 712.4 ;
738.6
*sans autre forme de*
*procès* 141.24
*faire le procès de*
429.12 ; 637.17
*faire un procès* 429.12 ;
711.26
processeur 772.9

processif 450.15
procession
série 64.3
défilé 491.10 ; 638.6 ;
686.10 ; 687.7
engendrement 796.2
processionnaire 64.19
*chenille processionnaire*
301.19
processionnel 64.19
processionnellement
64.22
processionner 64.16
processualiste 713.47
processuel 65.10 ;
190.13
*droit processuel* 713.8
processus 65.2 ; 190.1 ;
538.2
procès-verbal
description 7.6 ; 755.1
contravention 722.8 ;
817.18
prochain
n.
161.6 ; 307.2
adj.
postérieur 60.19 ; 63.7
proche 161.11 ; 199.15
futur 179.11
*à la prochaine* 179.20
*parent prochain* 21.6
prochainement 60.26 ;
179.16
proche
n.
161.11 ; 604.6
*proches* 157.3 ; 161.6 ;
678.3
adj.
ressemblant 21.14
rapproché 161.16 ;
199.15
futur 179.11
*de proche en proche*
65.14 ; 161.14
*tout au proche* 161.12
*parent proche* 681.2
prochinois 671.36
prochloron 293.4
prochlorpérazine 394.5
prochronisme 180.3
procillon 711.8
proclamation 417.3 ;
726.1 ; 726.4 ; 747.8 ;
751.1
proclamer
affirmer 417.6 ; 747.16
ordonner 692.6
communiquer 726.15
proclise 742.8

proclitique 742.3
procœles 300.2
proconsul 296.14
proconvertine 332.7
procrastination 60.5 ;
179.2 ; 575.6
procréateur
père 679.1
créateur 796.20
procréation 279.9 ;
313.2 ; 796.2
procréatique 279.9
procréatrice 680.3
procréer 1.11 ; 279.19 ;
313.20 ; 679.8
procris 301.11
proctalgie 383.22
proctite 383.23
proctologie 338.16
proctologue 338.17
procuration 606.8
*par procuration* 10.11 ;
19.14
*vote par procuration*
672.8
procurer 826.14
procurer (se) 835.19
procureur
religieux 499.12
discoureur 751.12
*procureur général*
714.10
Procyon 232.5
procyonidé 296.3
prodigalement 710.13
prodigalité 710
abondance 78.2
excès 80.2
générosité 587.1 ; 835.6
noblesse 646.3
prodige
exception 55.5
d'intelligence 396.6
prodigieusement 87.29
prodigieux 55.15
prodigue 587.10 ;
710.11 ; 796.19 ;
826.23 ; 835.10
prodiguer 78.10 ; 587.6 ;
710.6 ; 826.13 ; 835.15
prodiguer (se) 617.6
prodinocérate 296.4
prodrome 56.13 ; 383.7 ;
730.2
prodromique 730.29
producteur
d'un film 767.15 ;
790.26 ; 790.28
créateur 538.10 ;
796.8 ; 796.12

protoplanète 232.6
protoplasmique
283.27 ; 283.31
protopodite 302.4
protoptère 298.5
protosélaciens 298.4
protosuchiens 299.10
protothérien 296.2
Proto-Turc 306.5
prototype 30.1 ; 32.3
protoures 301.1
protoxyde
*protoxyde d'azote* 253.7
*protoxyde de plomb*
358.2
protoxylème 265.1
protozoaires 284.1
protozoobactéries
284.4
protozoologie 284.11
protrusion 152.9
protubérance
bosse 127.2 ; 152.1
du Soleil 277.7
protubérant 152.15
prou 79.10
proudhonien 838.15
proudhoniste 838.15
proue 59.4 ; 163.2
*figure de proue* 163.2 ;
438.5 ; 776.6
prouesse 508.4 ; 527.8 ;
540.1
*prouesses* 695.2
prouvé 430.8
prouver 416.9 ; 430.4 ;
525.11
provençal ou occitan
739.14
Provençal 268.11
provende 813.19
provenir 742.24
*provenir de* 35.5
proverbe
maxime 690.7 ;
745.11 ; 759.3
pièce de théâtre 787.5
*Proverbes* 501.2
proverbial 759.8
proverbialement 745.34
providence 587.4
*providence des malheu-
reux* 587.4
Providence 478.17 ;
502.2 ; 517.3 ; 548.6 ;
560.15
*la main de la Provi-
dence* 517.3
provident 572.11
providentialisme

t. de philosophie 38.3 ;
478.17 ; 517.6
t. de zoologie 295.12
providentialiste 38.3
providentiel 517.12 ;
548.11
providentiellement
517.13
provignage 812.4
provigner 812.21
province 268.1 ; 676.20
provincial
régional 268.11 ; 268.15
maladroit 571.8
provincialat 499.19
provincialement 268.16
provincialiser 268.13
provincialisme 268.8
provincialité 268.10
provirus 284.1
proviseur 414.14
provision
d'argent 825.5 ; 840.16
de marchandises 828.3
*provisions* 869.12
*provisions de bouche*
855.7 ; 869.12
provisionner 840.43
provisoire 12.14
provisoirement 174.20
provitamine A 395.7
provocant
intense 87.23
attaquant 655.20
provocateur
encourageant 225.11 ;
565.6
violent 580.13 ; 655.20
provocation
impulsion 225.5
avertissement 552.6
violence 580.8 ; 655.2
provolone 861.6
provoquant
déplaisant 468.12
excitant 523.15
provoquer
causer 34.9 ; 36.6 ;
225.12 ; 528.7
exciter 523.11
stimuler 564.13
proxémaq 719.4
proxémique 161.5
proxène 677.3
proxénète 719.4
proxénétisme 719
Proxima 232.5
proximal 161.11
proximité 161
ressemblance 21.1

de situation 156.1 ;
199.5
*à proximité de* 157.12 ;
161.16 ; 199.17
*être à proximité de*
156.10
proxo 719.4
proyer 297.8
prude 595.17 ; 619.8 ;
704.7
prudemment 448.18 ;
478.35 ; 572.16 ;
598.13 ; 701.13
prudence 572
calme 448.1 ; 478.23 ;
699.2 ; 701.1
méfiance 452.2 ; 607.3
timidité 618.1
prudent
calme 448.13 ; 478.34 ;
572.11 ; 701.10
méfiant 452.13 ; 607.16
sérieux 453.11 ; 550.17
avisé 566.18
timide 618.7
prudentement 572.16
pruderie 595.2 ; 619.1 ;
704.1
prud'homal
*élections prud'homales*
672.2
prudhommerie 758.3
prudhommesque
453.10 ; 761.13
pruine 251.3 ; 289.3
pruiné 251.19
pruineux 251.19
prune
fruit 289.8
couleur 352.28 ; 361.6
ivresse 708.3
pruneau
fruit 289.8
couleur 361.6
*pruneau d'Agen* 289.8
prunelaie 811.10
prunelle 346.6
prunier 286.13
prunus 286.13
prurigineux 383.67
prurigo 383.17
prurit 334.3 ; 345.2 ;
383.15
Prussiens 306.15
prussique 230.8
Prytanée militaire
414.5
psallette 784.21
psalliote 291.6
psalmique 784.29
psalmiste 784.19

psalmodie 486.14 ;
494.14 ; 784.2
psalmodier 494.20 ;
745.19 ; 784.25
psalmodique 784.29
psaltérion 783.3
psammodrome 299.5
psaume 494.8 ; 496.8 ;
784.5
*Psaumes* 501.2
psautier 494.13 ; 765.9 ;
784.6
psélaphidés 301.2
psellion 866.4
pseudo- 31.14
pseudobulbe 288.3
pseudococcus 301.5
pseudogley 237.16
pseudoglobuline 283.8
pseudohermaphro-
disme 280.9 ; 386.4
pseudolarix 286.20
pseudomorphisme
258.8
pseudonyme 743.4
pseudophyllide 304.2
pseudopode 284.6
pseudoscorpions 301.12
pseudosuchiens 299.10
psile 301.9
psilocybe 291.6
psilocybine 389.4 ;
390.6
psilopa 301.9
psilophytale 290.9 ;
292.3
psilotum 290.9
psitt 748.3
psittac- 297.41
psittaciformes 297.4 ;
297.10
psittacisme
imitation 31.1 ; 76.2
trouble 746.5
psittaco- 297.41
psittacose 383.48
psoas 328.10
psocoptères 301.1
psocoptéroïdes 301.1
psoque 301.16
psoralea 288.27
psoriasiforme 383.67
psoriasique 383.67
psoriasis 383.17
psoroptes 301.13
psst 748.3
psychagogie 311.10
psychagogue 500.28
psychanalyse 450.12 ;
478.9

**rallonger (se)** 124.8
**rallye** 817.20 ; 869.5 ;
870.27 ; 871.15
**RAM** 772.8
**Rama** 490.3
**ramadan** 491.9 ; 706.2
**ramage** 305.3 ; 784.22
**ramager** 305.7
*ramakrishna mission*
490.1
**ramapithèque** 296.14
**ramas**
rebut 611.2
populace 647.5
**ramassage**
rassemblement 66.11
t. d'agriculture 811.4
*ramassage des ordures*
854.12
*ramassage de titres*
842.15
**ramassé** 238.12 ; 759.8
**ramasse-miettes** 856.31
**ramasser**
recevoir 207.17 ; 658.20
contracter 210.7
arrêter 721.11
résumer 756.6
t. d'agriculture 811.23
*être à ramasser à la
petite cuillère* 385.7
**ramasser (se)**
recevoir 207.17
se contracter 210.10
tomber 214.18
échouer 541.12
**ramassis**
tas 46.6
rebut 611.2
populace 647.5
*Ramayana* 500.8 ; 501.9
**rambarde** 138.7 ; 560.5
**rambin** 600.20
**rambour** 583.9
**ramdam** 46.7 ; 367.9
**rame**
paresse 445.1 ; 445.8
de papier 763.12
de wagons 818.9
*avoir la rame* 529.9
*ne pas en fiche une
rame* 529.9
**raméale** 286.27
**rameau**
d'un arbre 286.8
des poumons 340.7
d'une famille 681.4
*rameau d'olivier* 652.10
**Rameaux** 496.5
fête des Rameaux
497.3 ; 487

**ramée**
d'un arbre 286.8
paresse 529.9
**ramener à** 433.4
*ramener à soi* 223.8
*ramener sa science*
613.5
*la ramener* 617.8
**ramentevoir (se)**
400.11
**ramequin** 851.21
**ramer**
soutenir 159.12
faire effort 547.11
manœuvrer une rame
870.90
*vol ramé* 297.28
**rameur** 870.62
**rameux** 286.25
**rami** 872.3
**ramier**
oiseau 297.11
paresseux 445.5
**ramification**
suites 35.1
complexité 77.1
d'une croix 149.2
d'un arbre 286.8
**ramifier (se)** 286.24
**ramin** 286.21
**ramolli** 376.20
**ramollir**
devenir mou 250.6
devenir sot 397.8
**ramollissement** 250.3
**ramollo** 250.9
**ramona**
*chanter ramona* 637.12
**ramonage** 854.7
**ramoner**
reprocher 637.10
nettoyer 854.28
**ramoneur** 853.22
**rampant**
servile 629.14
personnel au sol
820.14 ; 820.21
*personnel rampant*
820.14
**rampe**
barrière 138.7 ; 848.29
soutien 159.6
de lumières 350.12 ;
852.14
de tir 667.9
de la scène 788.3
d'une serrure 809.3
*rampe de balisage*
350.12
*rampe d'éjection* 208.6
*rampe d'escalier* 138.7

*rampe de lancement*
667.9
*feux de la rampe*
256.6 ; 852.14
*les feux de la rampe*
350.12 ; 788.9
*lâcher la rampe* 311.22
*ne pas passer la rampe*
541.14
**ramper**
se déplacer 299.18 ;
324.10
supplier 629.11
**ramponneau** 658.4
**ramularia** 291.8
**ramure**
d'un arbre 286.8
d'un mammifère
296.20
**ramuscules** 340.7
**ranales ou dialycarpi-
ques** 285.4
*ranales* 288.25
**ranatre** 301.5
**rancard ou rancart ou
rencard ou rencart**
581.9 ; *au rencart*
196.6 ; 68.11
**rancarder** 583.17
**rance** 267.15
**ranch** 811.12 ; 813.5
**rancœur** 541.7 ; 603.1
**rançon** 825.3
**rançonnement** 717.4
**rançonner** 717.23
*rançonner le client*
832.6
**rançonneur** 717.10 ;
832.4
**rancune** 603.1 ; 659.3 ;
662.4
*sans rancune* 401.18 ;
638.18
*garder rancune* 603.5
**rancuneux** 603.13
**rancunier** 603.13 ;
662.10
**rand** 839.8
**randomisation** 122.5
**randonnée** 868.5 ; 869.8
*grande randonnée* 869.8
**randonner** 869.21
**randonneur** 869.17
**rang** 63
dans la société 7.4 ;
156 ; 668.6
dans un classement
45.3 ; 49.3
dans une série 64.2
titre 648.2
file 666.5

*le rang* 663.1
*rang serré* 666.6
*rang d'oignons* 45.5
*en rang serré* 666.40
*en rang d'oignons* 64.22
*à vos rangs* 631.28 ;
666.44
*de haut rang* 646.24
*de second rang* 103.10
*feu de rang* 667.5
*avoir rang de* 63.15
*élever au rang de* 85.18
*former les rangs* 666.29
*mettre sur le même
rang* 425.9
*rentrer dans le rang*
53.13 ; 628.14
*tenir son rang* 63.16
**rangé**
ordonné 45.19 ; 49.18 ;
63.18
sérieux 453.13
**rangée** 45.5 ; 63.6 ; 64.2
**rangement** 45.3 ; 47.7 ;
49.10
**ranger**
classer 45.12 ; 49.15 ;
63.11
rassembler 64.15 ;
134.12 ; 199.12
nettoyer 854.36
**ranger (se)** 63.15
**rani** 648.5
**ranimer**
renforcer 87.11
faire revivre 310.24
guérir 384.17
**ranimer (se)** 377.14
**ranine** 331.8 ; 331.9
**ranitidine** 394.5
**ranker** 237.16
**ranz** 785.3
*ranz des vaches* 785.3
**raout** 583.11 ; 687.8
**rap** 781.8 ; 785.5
**rapace**
oiseau 297.4 ; 297.12
avare 709.4
**rapacité** 709.2
**râpage** 251.7
**rapatrier** 674.13
**râpe**
outil 155.5 ; 251.9 ;
799.14 ; 807.16
ustensile de vaisselle
851.30
**râpé** 830.23
**râper** 251.16
**râperie** 251.15
**rapetassage** 558.2
**rapetasser** 558.8

**redresser (se)**
s'aligner 142.10
réagir 528.10
**redresseur** 235.17
*redresseur de torts*
711.18
**réducteur** 89.19 ; 230.4
*réducteur de pression*
808.6
**réductibilité** 119.4 ;
128.2
**réductible** 122.9
**réduction**
diminution 89.1 ;
89.8 ; 128.2
en temps 174.4
contraction 210.1 ;
238.3
digestion 338.1
sous-estimation 433.1
t. de mathématique
120.1
t. de géométrie 146.12 ;
146.13
t. de biologie 283.25
t. de chirurgie 392.6
t. de plomberie 808.9
solde 833.3
d'un impôt 846.19
*réduction concentrique*
808.9
*réduction des dépenses*
844.2
*réduction de peine*
722.16
*réduction de texte* 756.1
*en réduction* 128.16
**réduire**
diminuer 33.12 ; 86.9 ;
89.11 ; 128.6
soustraire 119.6
limiter 136.7
contracter 210.9
sous-estimer 433.4
obliger à 518.7
modérer 579.11
un dessin 773.25
t. de géométrie 146.14
t. de chirurgie 392.33
t. de gastronomie
856.42
*réduire ses dépenses*
844.13
*réduire une fraction*
121.5
*réduire le volume de*
238.7
*réduire en fractions*
95.13
*se réduire en fumée*
256.21
*se réduire à rien* 12.7

**réduit**
n.m.
pièce 848.2
adj.
diminué 89.17 ; 128.11
limité 129.9
résumé 756.7
modique 833.15
*en être réduit aux hy-
pothèses* 423.6 ; 431.8
**réduplication** 752.2 ;
752.3
**réduve** 301.5
**réduviidés** 301.4
**réécrire** 762.14
**réédification** 558.1
**réédifier** 558.7
**rééditer** 765.24
**réédition** 765.5
**rééducation** 384.5
*rééducation motrice*
393.10
*rééducation et réadapta-
tion fonctionnelles* 391.6
**rééduquer** 393.26
**réel**
n.m.
1.3 ; 3.2 ; 5.7
adj.
1.12 ; 3.8 ; 192.12 ;
409.20 ; 478.20
*le réel* 409.6
*fonction réelle d'une
variable réelle* 122.4
*tir réel* 666.4 ; 667.4
*impôt réel* 846.5
**réélection** 672.20
**réellement** 1.14 ; 3.11 ;
409.25
**réémetteur** 767.5
**réemploi** 792.6
**réemployer** 567.12
**réenregistrer** 771.15
**rééquilibrer** 226.13
**réer** 305.6
**réescompte** 840.11
**réescompter** 841.27
**réexposition** 781.29
**réfaction** 831.4 ; 833.3
**refaire**
répéter 76.10
décevoir 461.5
réparer 558.7
escroquer 717.18 ;
718.10
*refaire le poil à* 718.10
*refaire sa vie* 682.22
*refait*
t. d'arboriculture 265.15
escroqué 718.14

**refaire (se)** 384.14 ;
531.12
**réfection** 558.1
**réfectoire** 414.8 ;
848.22 ; 855.15
**refendre** 265.21 ; 807.23
**refente**
t. d'arboriculture 265.4 ;
812.8
t. d'imprimerie 763.3
**référé** 13.1 ; 732.3
**référence**
norme 53.2 ; 70.1
autorité 621.10
t. de linguistique 13.1 ;
732.3
*de référence* 621.23
**référendaire** 672.29
**référendum** 672.1
**référent** 13.1 ; 732.3
*avoir pour référent* 13.6
**référentiel** 229.1
**référer à** 13.6
**référer à (se)** 566.13
**refiler**
transmettre 280.19
donner 823.10 ; 826.14
**refinancement** 840.11
**refinancer** 840.42
**réfléchi**
méthodique 50.14
dévié 350.37
raisonné 416.12
calme 448.13
sérieux 453.11
sage 478.34 ; 701.10
volontaire 516.36
sûr 550.17
prudent 572.12
t. de botanique 286.27
**réfléchir**
v.t.
dévier 218.14
la lumière 234.15 ;
350.30
la chaleur 241.17
v.i.
raisonner 416.11 ;
478.27
répercuter 528.12
préparer 536.13
*sans réfléchir* 537.6
**réfléchissant** 234.22
**réfléchissement** 350.16
**réflectance** 350.16
**réflecteur** 218.9 ;
232.17 ; 234.3 ; 234.4 ;
350.19 ; 852.17
**réflectif** 327.26
**reflet**
ressemblance 21.7 ;

31.3 ; 731.1
inversion 220.6
d'une lumière 350.5 ;
362.4
**refléter**
imiter 31.5 ; 731.9
dévier 218.14
inverser 220.9 ; 528.12
**refléter (se)** 350.30
**refleurir** 288.41
**reflex** 775.3
**réflexe**
n.m.
327.17 ; 340.3 ; 420.3 ;
528.4
*réflexe photomoteur*
346.3
*marteau à réflexes*
391.17
adj.
327.26 ; 350.37 ;
528.18 ; 800.20
*arc réflexe* 327.17
**réflexibilité** 218.11 ;
350.16
**réflexif** 122.9
*mémoire réflexive* 400.1
**réflexion**
déviation 218.4 ;
234.9 ; 350.16
étude 398.4 ; 412.1 ;
416.4 ; 478.22
répercussion 528.2
préparation 536.1
prudence 572.1
*angle de réflexion* 143.3
**réflexo-** 528.23
**réflexogène** 528.18
**réflexologie** 327.21
**réflexothérapie** 393.8
**refluement** 164.8
**refluer** 164.10
**reflux** 164.8 ; 212.3 ;
271.9
**refondre** 47.16
**refonte** 47.5
**reformage** 804.4
**réformateur**
contestataire 429.6
protestant 487.13
*reformatio*
*reformatio in pejus*
722.17
**réformé**
dispensé 63.21
protestant 487.13 ;
487.24
*église réformée* 487.8
*judaïsme réformé* 486.2
*religion prétendue réfor-
mée* 487.5

**remords** 460.2 ; 698.1

**rémore** ou **rémora**
298.6 ; 547.6 ; 554.7

**remorquage** 222.2 ;
816.1

**remorque** 222.2 ; 816.7 ;
818.16
*à la remorque* 164.20

**remorquer** 164.13 ;
222.10

**remorqueur** 222.5 ;
819.7

**rémoulade** 856.26

**rémouler** 151.12

**rémouleur** 151.11

**remous**
tourbillon 271.11 ;
197.3 ; 215.10
agitation 217.3

**rempaillage** 558.2 ;
850.28

**rempaillé** 850.38

**rempailler** 558.8 ;
850.35

**remparer** 138.15

**rempart**
fortification 132.8 ;
138.2 ; 554.3 ; 656.8 ;
849.15
bouclier 560.4

**rempiler** 663.22

**remplaçable** 19.13 ;
193.23

**remplaçant** 19.6 ;
792.17 ; 870.40

**remplacé** 19.13

**remplacement** 19 ;
194.5 ; 193.27 ; 824.18

**remplacer** 19 ; 194.8 ;
731.10 ; 792.25
*remplacer (se)* 19.10

**rempli** 82.9 ; 864.4

**remplir**
garnir 67.12 ; 78.10 ;
82.3 ; 131.8 ; 135.7
envahir 205.9
*remplir une fonction*
538.13

**remplissage** 135.6 ;
545.6 ; 760.3

**remplisseur** 800.9

**remploi** 792.6

**remployer** 567.12

**remplumer (se)**
297.32 ; 384.14

**rempocher** 824.11

**rempoissonner** 298.20

**remporter**
*remporter un succès*
540.11

*remporter une victoire*
660.7

**rempoter** 285.19

**remuant** 197.25 ;
527.13 ; 535.13

**remue** 296.19

**remué** 227.36 ; 440.18

**remue-ménage** 46.7 ;
48.3

**remuement** 197.6

**remuer**
agiter 197 ; 217 ;
256.23 ; 296.26
bouleverser 440.11 ;
602.9
pousser à agir 525.10
*remuer ciel et terre*
412.17 ; 530.7
*ne pas remuer le petit
doigt* 529.9
*remuer (se)* 36.7 ;
197.18 ; 530.5

**remueur** 314.9

**remugle** 371.4

**rémunérateur** 795.16 ;
845.35

**rémunération** 792.12 ;
795.1

**rémunéré** 795.15

**rémunérer** 795.11 ;
825.16

**renâcler** 468.10 ; 630.13

**renaissance**
n.f.
renouveau 32.4 ; 194.4
résurrection 384.1
adj.
850.27

**Renaissance** 191.3 ; 780

**renaissant** 191.16

**renaître** 1.10 ; 194.8 ;
310.25 ; 384.14
*renaître de ses cendres*
173.10

**rénal** 327.4 ; 339.11
*artère rénale* 331.8
*empreinte rénale* 338.10
*veine rénale* 331.9

**renard**
mammifère 296.7
poisson 298.7
personne rusée 406.11
t. d'architecture 777.21
*vieux renard* 195.4 ;
728.9

**Renard** 232.15

**renardière** 296.18 ;
813.5

**renauder** 468.11

**rencard** → **rancart**

**rencarder** → **rancarder**

**rencart** → **rancart**

**renchéri** 547.17 ; 598.9
*faire le renchéri* 615.10

**renchérir**
augmenter 88.8 ;
831.12 ; 832.9
amplifier 118.8 ; 729.21

**renchérissement** 88.3 ;
831.3

**rencontre**
réunion 90.1 ; 583.8 ;
749.5
match 870.38
collision 182.2 ; 227.12
rendez-vous 581.9
occasion 44.2
*à la rencontre de*
163.27 ; 198.23
*mauvaise rencontre*
583.15
*bonne rencontre* 44.2
*de rencontre* 44.10

**rencontrer**
heurter 227.21
voir 583.15
jouer contre 870.81
trouver 540.11
*rencontrer (se)*
se trouver 182.7
s'accrocher 227.27
se voir 199.7 ; 583.15
*les grands esprits se
rencontrent* 1.8 ; 21.11 ;
182.7

**rendement** 221.9 ;
527.5 ; 796
*rendement poids* 239.11
*au rendement* 795.17

**rendeur** 824.5

**rendez-vous** 581.9 ;
583 ; 749.5

**rendre**
reproduire 31.8 ;
731.8 ; 755.11 ; 773.25
vomir 224.9 ; 339.21 ;
383.54
rapporter 796.18
redonner 824.7
rembourser 825.19
*rendre la pareille*
20.11 ; 603.10 ; 659.9
*rendre compte* 37.8 ;
754.12
*rendre des points*
628.14
*rendre à la vie* 310.24
*rendre coup pour coup*
20.11 ; 603.10 ; 658.21
*rendre la monnaie de*

*sa pièce* 20.11 ; 603.10 ;
659.9

**rendre (se)**
aller 198.23 ; 869.23
s'avouer vaincu 661.8
*se rendre compte* 398.9 ;
411.7

**rendu**
représenté 755.6
redonné 824.2
arrivé 201.11

**rendzine** 237.16

**rêne** 150.2
*rênes* 198.10

**renégat** 418.8 ; 480.8 ;
513.4 ; 597.7

**renégociation** 653.3

**renfermé** 131.13 ;
452.14 ; 464.12 ;
607.18 ; 727.28
*odeur de renfermé* 131.5

**renfermer**
contenir 67.10 ; 134.9 ;
157.5 ; 737.12
enfouir 727.16
*renfermer (se)* 140.20

**renflement** 144.4 ;
152.1 ; 209.7 ; 327.10

**renfler** 127.8

**renflouement** 558.5

**renflouer** 558.11 ; 563.22

**renfoncement** 84.4 ;
153.1 ; 658.1

**renforçage** 159.1 ; 246.6

**renforcement** 65.3 ;
159.1 ; 246.6

**renforcer**
étayer 26.6 ; 97.12 ;
632.12
grossir 16.9 ; 127.7
condolider 246.10 ;
375.13 ; 560.22

**renforcir** 375.10

**renformir** 246.10 ; 558.9

**renformis** 246.6

**renfort**
soutien 137.1 ; 159 ;
246.6
secours 562.4 ; 563.1
*pour renfort de potage*
87.28

**renfrogné** 464.10 ;
582.10 ; 591.10

**renfrognement** 582.2

**renfrogner (se)** 140.20 ;
468.10 ; 470.6

**renga** 789.11

**rengaine** 76.5 ; 785.7

**rengorger (se)** 610.8 ;
617.7

**reni** 418.4

rhinanthe 288.22
rhinarium 296.21
rhincodontidé 298.2
rhinencéphale 326.15 ;
326.17
rhingrave 648.5
rhinite 383.30
rhinobatidé 298.2
rhino-bronchite 383.30
rhinocarcinome 388.4
rhinocéridé 296.3
rhinocéros 296.6
rhinoderme 300.3
rhinolalie 746.3
rhino-laryngite 383.30
rhinologie 371.9
rhinolophidé 296.3
rhino-pharyngite
340.15 ; 383.30
rhinoplastie 392.17
rhinopome 296.10
rhinovirus 284.3
rhipidistien 298.3
rhizine 294.2
rhizocéphales 302.2
rhizoctone 291.10
rhizogenèse 285.6
rhizoïde 290.4 ; 292.2
rhizomateux 288.47
rhizome 147.6 ; 288.3
rhizophage 301.31
rhizophoracée 286.11
rhizosphère 237.10
rhizostome 303.12
rhizotrogue 301.3
Rhodia 810.2
rhodite 301.7
rhodium 230.7
rhodnius 301.5
rhododendron 287.5
rhodonite 259.5
rhodophycées 285.4 ;
293.3
rhodopsine 283.22
rhodyméniacées 293.3
rhœadales 288.26
rhombe 146.5 ; 783.14
rhombencéphale 326.2 ;
326.5
rhomboèdre 107.3 ;
258.7
rhomboïde
parallélogramme 146.5
muscle 328
grand rhomboïde 328.7
petit rhomboïde 328.7
rhopalocères 301.10
rhotacisme 746.3
rhubarbe 288.23 ; 290.8

rhum 859.13
verre de rhum 722.11
rhumatisme 329.26 ;
345.3 ; 383.11
rhumatoïde
facteur rhumatoïde
342.12
rhumatologie 329.27 ;
391.6
rhumatologiste 329.28
rhumatologue 329.28
rhumb 198.4 ; 275.7
rhume 383.30
rhume de cerveau
383.30
rhynchite 301.3
rhynchobdelle 304.2
rhynchonelle 304.2
rhyniales 290.9 ; 292.3
rhysse 301.7
rhytine 296.15
rhytinidé 296.3
rhyton 851.7
rhyzophage 295.21
rial 839.8
riant 436.19 ; 444.6
ribambelle 64.4 ; 64.5 ;
69.5 ; 75.5
ribat 499.23
ribaud 705.6
ribauderie 705.1
ribésiacée 287.3
riblon 805.11
riboflavine 394.6
phosphate de riboflavine
394.6
ribonucléase 283.24
ribonucléique
acide ribonucléique
283.12
ribose 283.5
ribote 707.2 ; 708.3 ;
855.4
ribouis 865.1
ribouldingue 467.5 ;
687.1 ; 707.2
riboule 687.1
ribouler
ribouler des yeux 346.20
ribulose 283.5
ricanement 454.4 ; 747.3
ricaner 465.6
ricanerie 454.4
ricasolia 294.3
riccie 292.5
ricercare 781.32
riceys 861.6
richard 301.3 ; 829.9
riche 78.13 ; 238.12 ;
548.17 ; 829.19 ; 855.42

nouveau riche 194.6 ;
829.9
on ne prête qu'aux ri-
ches 829.18
richelieu 865.2
richement 829.23
richesse 829 ; 25.1 ;
78.1 ; 238.1 ; 548.1
contentement passe ri-
chesse 463.2 ; 829.18
richissime 829.19
ricin 267.4 ; 288.11
ricinodendron 286.18
ricinoléique 283.7
ricinuléides 301.12
rickettsiose 383.20
rickshaw 816.13
ricocher 218.16
ricochet 64.8 ; 218.4 ;
227.11 ; 528.2
ricotta 861.6
rictus 210.3 ; 345.6 ;
465.4
ride 148.6 ; 334.4 ;
383.16
ride océanique 237.13
ne pas prendre une ride
171.11
ridé 144.12
rideau 58.27 ; 138.9 ;
560.4 ; 787.34 ; 788.4 ;
848.32
rideau de fer 91.2 ;
138.9 ; 140.4
rideau de lit 848.32
rideau de pluie 274.5
rideau de verre 266.8
lever de rideau 787.19
tirer le rideau 58.15
ridectomie 392.13
ridée 334.15 ; 871.6
ridicule 645 ; 439.14 ;
465.1 ; 465.11 ; 750.13
tourner en ridicule
627.9 ; 645.5
ridiculement 465.14 ;
645.9 ; 750.15
ridiculiser 642.18 ; 645.5
ridiculité 645
riding-coat 862.17
ridule 148.6
ried 237.16
riel 839.8
Riemann
espace de Riemann
122.4
rien 2 ; 79.2 ; 128.4 ;
418.20 ; 439.2 ; 545.4
rien à 524.12 ; 418.19 ;
524.12
pour rien 545.16 ;

833.18 ; 834.8
pour rien au monde
418.19
en un rien de temps
576.40
si peu que rien 79.11
gens de rien 647.4
c'est tout ou rien 71.9
tenir pour moins que
rien 433.4
tomber à rien 833.12
presque rien 79.4
rieur 463.15 ; 465.5
mettre les rieurs de son
côté 465.10
rif 649.2 ; 650.7
rifampicine 394.5
riffloir ou rifloir 155.5 ;
799.14
riflage 799.29
riflard 274.8 ; 799.16 ;
799.19 ; 807.16 ; 862.30
rifle 649.2 ; 664.6
rifler 667.25 ; 799.37
rifloir → riffloir
rigaudon 786.9
Rigel 232.5
rigide
dur 142.11 ; 248.13
sérieux 453.9 ; 599.8 ;
621.19
rigidement 142.13 ;
248.14
rigidifier 142.9 ; 246.9 ;
248.10
rigidimètre 248.8
rigidité 248
raideur 142.1 ; 233.5 ;
246.2
rigidité cadavérique
248.2 ; 311.11
rigolade 454.4 ; 463.6 ;
465.4
prendre à la rigolade
439.9
rigolard 463.15
rigole 153.5 ; 274.9 ;
806.8
rigoler 454.13 ; 463.12 ;
465.7
rigolo 463.9 ; 545.7 ;
750.8
rigorisme 690.3 ; 702.2
rigoriste 690.16 ; 702.11
rigotte 861.4 ; 861.6
rigoureusement
574.25 ; 693.15
rigoureux 242.19 ;
453.8 ; 574.20 ; 690.16 ;
693.9
rigueur 242.1 ; 453.2 ;

samolus 288.24
samovar 851.27
samoyède 739.14
Samoyedes 306.14
samsara 489.10 ; 490.5
*Samson et Dalila* 774.4
S.A.M.U 392.31
sana 384.10 ; 393.21
sanatana-dharma 490.1
sanatorium 384.10 ;
393.21
sanctifiant 477.17
sanctificateur 502.10
sanctification 481.5
sanction
confirmation 635.2 ;
713.39
punition 698.2 ; 722
*sanction disciplinaire*
723.4
sanctionné 685.20 ;
722.34
sanctionner 632.12 ;
713.51 ; 722.28
sanctuaire 481.6 ; 493.2
sanctus 494.11 ; 496.7 ;
784.5
sandale 865.5 ; 865.7
sandalette 865.5
sandaraque
*poudre de sandaraque*
251.4
Sandawes 306.11
sandinisme 671.5
sandiniste 671.35
sandix 357.2
Sandow 870.72
sandr 269.1
sandre 298.5
sandwich 855.7 ; 857.6
*être pris en sandwich*
57.11
*verre sandwich* 266.3
sang 332 ; 252.4
parenté 280.5 ; 280.16 ;
306.3 ; 646.24 ; 681.3
rouge 352.28 ; 357.12
*à sang chaud* 295.6 ;
332.24
*à sang froid* 295.6 ;
332.24 ; 441.7
*bon sang* 748.6
*élément figuré du sang*
332.2
*liens du sang* 681.3
*se faire un sang d'encre*
462.4
*ne pas avoir de sang
dans les veines* 376.9 ;
509.5
*apporter du sang frais*

194.7
*avoir le sang pauvre*
376.9
*avoir le sang qui monte
à la tête* 471.7
*avoir dans le sang*
600.18 ; 602.10
*avoir du sang* 375.9
*avoir du sang bleu*
646.22
*se faire du bon sang*
463.11 ; 467.9
*se faire du mauvais
sang* 462.4
*se ronger les sangs*
462.4
*bon sang ne saurait
mentir* 280.17 ; 681.3
*c'est le sang qui parle*
280.18
sang-de-bœuf 352.28
sang-de-dragon ou
sang-dragon 357.2
sang-froid 242.1 ;
446.3 ; 448.1 ; 508.1 ;
524.5
*garder son sang-froid*
446.10 ; 448.11 ; 579.13
sangha 489.12
sanglade 658.5
sanglant
saignant 332.33
rouge 352.32 ; 357.10
meurtrier 580.25
sangle 150.2 ; 159.8
*sangle abdominale*
159.8
sangler
frapper 658.22
t. d'ameublement
850.35
sanglier
porc 296.12
poisson 298.6
sanglot 747.3 ; 464.3
sangloter 464.9
sang-mêlé 98.9
sangsue 304.2
sanguicole 332.32
sanguin 332.29 ; 357.11 ;
471.11
*facteur sanguin* 280.4
sanguinaire
n.f.
288.26
sanguinaire
adj.
332.32 ; 580.23 ; 586.10
sanguine
minerai 258.4 ; 262.6
pigment 357.2

orange 289.9
dessin 773.3
crayon 773.15
sanguinivore 332.32
sanguinolent 332.33
Sanhadjas 306.10
sanhédrin 90.3 ; 486.8 ;
492.22
sanicle 288.20
sanie 339.6 ; 383.45
sanieux 383.82
sanitaire 380.13 ;
382.13 ; 808.1 ; 808.2
pl. sanitaires 339.16
sannyasin 490.11 ; 702.7
sanron 489.2
sans- 2.15 ; 10.14
sans 2.14 ; 10.12 ; 68.16 ;
81.19 ; 418.21
sans-abri 830.6
sans-cœur 586.10 ; 588.7
sans-culottides 176.10
sans-emploi 792.13
sansevière 288.17 ;
290.8
sans-faute 870.37
sans-filiste 769.17
sans-gêne 543.3 ;
543.13 ; 543.15 ; 620.1
sans-grade 612.5
sanskrit 481.12 ; 739.14
sans-le-sou 830.6
sans-logis 830.6
sansonnet 297.8
sans-patrie 674.4 ; 677.6
sans-profession 792.13
sans-travail 529.8 ;
792.13
santal 286.20 ; 372.3 ;
372.4
*santal rouge* 357.2
santalacée 286.11
santalale 285.4 ; 286.11
Santals 306.13
santé 382 ; 310.3 ;
444.1 ; 548.4
*service de santé* 663.6
*à votre santé* 382.15 ;
859.39
*se refaire une santé*
384.14
Santees 306.7
santiag 865.3
santoline 288.10
Santorini
*canal de Santorini*
338.8
sanusiyya 488.5
Saoras 306.13
Saos 306.11

Saoudien 676.8
saoul → soûl
saouler (se) 708.12
sapajou 296.14 ; 437.4
sape
destruction 557.5
tranchée 656.12
vêtement 862.1
sapé 153.16
sapelli 286.18
sapement 557.5
sapèque 839.13
saper 153.11
saperde 301.3
saperlipopette 748.6
saperlotte 748.6
sapeur-pompier 663.10
saphène 331.9
saphique 341.47
saphir
pierre 258.4
tête de lecture 771.5
saphisme 341.14
sapide 373.19
sapidité 373.1
sapience 407.1 ; 478.1
sapin 265.11 ; 286.16
*sapin de Noël* 286.4
*sentir le sapin* 311.23 ;
383.50
sapine 801.9 ; 819.7
sapinette
arbre 286.16
planche 819.7
sapinière
sapins 812.16
planche 819.7
sapiteur 819.24
saponaire 288.8
saponifiable 267.15
saponification 230.14
sapotacée 287.3
sapote 289.15
sapotier 286.19
sapotille 289.15
sapotillier 286.19
sapristi 748.6
saprolegnia 291.9
saprolégniale 291.5
sapromyze 301.9
sapsago 861.6
sapucaia 286.19
sar 298.6
sarabande 781.31 ; 786.9
Sarakollés 306.11
sarangi 783.5
Saras 306.11
Sarasvatis 481.8
sarbacane 873.4

sarcasme 454.4 ; 586.3 ;
   627.4 ; 657.4 ; 752.5
sarcastique 454.16
sarcastiquement 454.18
sarcelle 297.16
sarclage 811.4
sarcler 811.21
sarclette 811.15
sarcleur 811.16
sarcloir 799.26 ; 811.15
sarcocarpe 289.4
sarcolemme 328.14
sarcologie 328.15
sarcomateux 383.80 ;
   388.12
sarcome 388.4
sarcomère 328.14
sarcophage 301.9 ;
   688.13
   *Textes des sarcophages*
   501.20
sarcophile 296.13
sarcoplasme 328.14
sarcopte 301.13
sarcoptidé 301.12
sarcoptiforme 301.12
sarcosporidie 284.5
sardanapale 703.5
sardanapalesque 703.11
sardane 786.6
sarde 739.14
sardine
   poisson 298.6 ; 856.13
   galon 643.5 ; 862.24
sardinier 814.11 ; 814.19
sardoine 258.4
sardonique 454.16
sardoniquement 454.18
sargasse 293.4
sarigue 296.13
Sarmates 306.16
sarod 783.4
saros 185.3 ; 232.19 ;
   278.4
sarracenia 290.8
sarrasin
   plante 288.23 ; 289.7 ;
   290.7
   musulman 488.6
sarrasine 138.4
sarrau 862.18
sarrète, sarrette ou
   serrette 288.10
sarriette 856.27
sarrot 862.18
sas 91.2 ; 806.9
Sasaks 306.12
sassafras 286.19
sasser 856.38
satan 296.14

Satan 586.6
satané 549.25
satanique 504.13 ;
   551.15 ; 586.10 ; 700.9
satanisme 504.7
satellite
   astre 232.6 ; 232.10 ;
   278.5
   engin 555.9 ; 767.5 ;
   820.9 ; 821.2
   *satellite de télécommuni-*
   *cations* 769.7
   *satellite espion ou satel-*
   *lite-espion* 656.16 ;
   656.16
   *satellite météorologique*
   273.10
   *ville-satellite* 849.7
sati 491.12
satiété 82 ; 469.1
   *à satiété* 78.18 ; 78.19 ;
   469.16
satin 810.4
   *faire satin* 576.13
satiné 155.10 ; 286.19 ;
   810.33
   *papier satiné* 763.12
satiner 155.7
satinette 810.4
satire 454.1 ; 454.6 ;
   645.3 ; 751.6
satirique 750.13
   *poésie satirique* 789.2
satiriquement 454.18
satiriser 454.11
satiriste 750.8
Satis 490.3
satisfaction 469
   contentement 82.1 ;
   463.7 ; 467 ; 538.4 ;
   610.1
   pardon 698.2
   *témoigner sa satisfac-*
   *tion* 469.12
satisfactoire 469.14 ;
   698.8
satisfaire 82.3 ; 463.10 ;
   467.11 ; 469 ; 538 ;
   544.9
   *satisfaire un caprice*
   522.8
satisfaire (se) 469.13
satisfaisant 467.15 ;
   469.14 ; 641.27 ; 693.14
satisfait 82.8 ; 469.15 ;
   610.12
satisfecit 469.5
satisfiabilité 469.6
satisfiable 469.14
satori 489.8

satrape 622.6 ; 670.20 ;
   829.9
satrapique 622.19
satsanga 490.7
saturabilité 230.11
saturateur 244.9 ; 853.15
saturation 80.1 ; 82.1 ;
   87.5 ; 469.1
   *état de saturation* 244.2
   *arriver à saturation*
   82.6 ; 87.13
saturé 238.10
   *vapeur saturée* 230.3
saturer 82.6 ; 87.13 ;
   230.20 ; 238.8
saturnale 497.8 ; 687.9 ;
   705.4
Saturne 232.7 ; 500.39
   *anses de Saturne* 145.5
saturnie 301.11
saturnien 232.33
saturnin 259.10 ; 264.12
saturnisme 264.6 ; 389.2
satya 490.4 ; 490.6
satyaloka ou satya-
   loka 490.10 ; 505.6
satyre
   papillon 301.11
   exhibitionniste 341.23 ;
   705.6
   silène 500.1
   *satyre puant* 291.6
satyriasique 523.8
satyriasis 325.25 ;
   383.33 ; 450.9 ; 523.5
satyridés 301.10
sauce
   pluie 274.4
   assaisonnement 856.26
saucé 274.19
saucée 274.4
saucer 252.9 ; 274.14
saucier 856.34
saucière 851.22
saucisse
   aliment 856.9
   personne sotte 397.7
   ballon captif 820.2
saucisson 856.9 ; 857.2
   *ficelé comme un saucis-*
   *son* 862.45
*saudade* 784.10
sauf 68 ; 119.12 ; 550.18
sauf-conduit 632.6
sauge 288.16 ; 372.4
saugrenu 543.12 ;
   543.13 ; 645.8 ; 733.9
Saül 486.16
saulaie 812.16
saule 286.15
   *saule têtard* 318.18

saumâtre 373.25
   *trouver saumâtre* 603.6
saumée 70.23
saumon
   métal 264.5 ; 805.7
   poisson 298.6 ; 298.8 ;
   856.13
saumonette 298.7
saumure 373.3
sauna 241.4 ; 853.19
saunier
   *faux saunier* 717.14
   *payer en saunier* 825.14
saupiquet 856.26
saupoudrer 137.15 ;
   251.17 ; 858.11
saur 245.19
-saure 299.22
saure ou sauré 356.13 ;
   358.14
sauré 719.4
saurel 298.6
sauret 245.19
-saurien 299.22
saurien 299.4
sauripelviens 299.10
saurir 245.15
saurischiens 299.10
saurissage 245.3
saurisserie 245.9
saurophidiens 299.1
sauropodes 299.10
saut 213
   intervalle 62.7 ; 158.3
   mouvement 214.8 ;
   271.4 ; 321.2 ; 791.6 ;
   791.7 ; 786.16 ; 870.22
   *grand saut* 311.1
   *au saut du lit* 188.9
saut-de-lit 862.15
saut-de-loup 554.2 ;
   777.17
saut-de-mouton
   816.15 ; 818.20
saute 33.5 ; 62.7 ; 275.1
   *saute d'humeur* 193.6 ;
   522.3
   *saute de vent* 218.3
sauté 856.50
saute-au-rab 707.3
saute-dessus 716.7
sauteler 213.9
saute-mouton 872.23
sauter
   bondir 213.9 ; 576.19 ;
   870.83
   accoupler 296.27
   sursauter 472.13
   omettre 644.10
   cuire 856.40

**soudard** 593.4
**soude** 288.9
**souder**
  réunir 66.16 ; 90.12
  du fer 262.18 ; 808.23
**soudoyer** 694.11
**soudure** 90.5 ; 805.6
  *soudure pour plombiers*
  264.3
  *faire la soudure*
  844.14 ; 845.27
  *faire la soudure ou la*
  *jointure* 61.17
**soue** 296.18 ; 813.8
**Souen** 500.26
**soufflage**
  du verre 266.9
  du pain 857.7
**soufflard** 237.7
**souffle**
  principe vital 1.4
  air 255.1 ; 255.4
  vent 275.1
  au cœur 331.12
  respiration 340.1
  bruit 367.3 ; 367.6
  *souffle caverneux* 340.13
  *souffle créateur* 4.5
  *souffle vital* 4.3 ; 310.4 ;
  340.1
  *souffle de vie* 310.4
  *dernier souffle* 311.2
  *second souffle* 375.2
  *apporter un souffle*
  *nouveau* 194.7
  *avoir le souffle court*
  340.26
  *perdre son souffle*
  340.26
  *rendre son dernier souf-*
  *fle* 311.20
**soufflé**
  n.m.
  mets 856.3
  sucrerie 254.7 ; 858.3
  *soufflé aux fruits* 858.6
  adj.
  grossi 127.15
  étonné 459.12
  *pain soufflé* 857.3
  *verre soufflé* 254.4 ;
  266.3
**soufflement** 305.2
**souffler**
  faire grossir 127.7
  de l'air 255.14
  du verre 266.18
  venter 273.14 ; 275.16
  crier 305.6
  respirer 340.23
  indiquer 400.13
  étonner 459.5

  conseiller 566.9
  voler 717.18
  sous-entendre 737.10
  un pion 872.37
  *souffler comme un bœuf*
  340.26
  *souffler un peu* 531.12
  *souffler des bulles*
  254.14
  *souffler sa camoufle*
  311.22
  *souffler une chandelle*
  852.24
  *souffler le chaud et le*
  *froid* 17.11
  *souffler le froid et le*
  *chaud* 595.12
  *souffler dans les bron-*
  *ches de* 637.16
  *sans souffler* 61.30
**soufflerie** 783.20
**soufflet**
  vent 275.12
  injure 627.5 ; 657.1
  coup 658.3
  d'un appareil photo
  775.4
  d'un orgue 783.20
  pour le feu 853.17
**souffleter** 611.8 ; 657.8
**souffleur** 787.21
  *souffleur de verre*
  266.15
**soufflure** 152.4 ; 805.12
**souffrance**
  douleur 345.1
  maladie 383.1
  tristesse 464.2 ; 468.3
  *en souffrance* 539.12
  *laisser en souffrance*
  575.9
  *rester en souffrance*
  457.7
**souffrant**
  malade 383.59
  patient 446.14
**souffre-douleur** 446.7
**souffreteux** 376.17 ;
  383.59
**souffrir**
  avoir mal 345.9 ;
  383.50
  supporter 446.9 ;
  630.17
  être triste 464.8
  être en difficulté
  547.11
  tolérer 638.13
  *souffrir de* 345.10
  *souffrir comme un*
  *damné* 345.9 ; 506.12

  *souffrir comme un*
  *martyr* 725.25
  *souffrir le martyre*
  345.9 ; 725.25
  *souffrir mille morts*
  345.9
  *ne pas souffrir* 605.6
  *ne pas pouvoir souffrir*
  456.7 ; 605.6
**souffroir** 345.5
**soufi** 488.8 ; 702.7
**soufie** 298.5
**soufisme** 488.5
**soufrage** 811.4
**soufre** 230.7 ; 259.5 ;
  358.13
  *sentir le soufre* 484.20
**soufré**
  n.
  insecte 301.11
  adj.
  jaune 358.11
**soufrer** 137.15
**soufreuse** 251.10 ; 800.6
**soufrière** 259.2 ; 802.2
**souhait** 457.1 ; 507.3 ;
  523.1 ; 523.2
  *à souhait* 78.19
  *barrer les souhaits de*
  *qqn* 138.16
**souhaitable** 523.16
**souhaité** 523.17
**souhaiter**
  espérer 457.5 ; 474.4
  vouloir 507.7 ; 523.9
  demander 634.15
  *souhaiter la bienvenue*
  590.7 ; 592.8
  *souhaiter être à cent*
  *pieds sous terre* 611.7
**souillarde** 856.30
**souille** 296.18 ; 381.6
**souillé** 381.11
**souiller**
  salir 381.9
  profaner 483.7 ; 694.11
  *souiller la couche nup-*
  *tiale* 682.26
**souiller (se)**
  uriner 339.24
  pécher 697.9
**souillon** 381.8
**souillure**
  saleté 381.2 ; 854.13
  péché 697.6
**souk**
  désordre 46.6
  magasins 827.12
**soukkot** 486.9 ; 497.5 ;
  486
**Soukous** 306.11

**soûl** ou **saoul** 708.17 ;
  859.34
  *saoul perdu* 708.18
  *tout son soûl* 78.21 ;
  82.14
  *dormir tout son soûl*
  378.17
  *il semble que les autres*
  *sont soûls* 588.5
**soulagé** 473.10
**soulagement** 473
  allègement 240.4
  guérison 384.3
  satisfaction 469.1
  protection 550.6
  libération 724.8
**soulager**
  alléger 240.9
  guérir 384.17
  calmer 448.10 ; 473.4 ;
  473.7
  protéger 550.9 ; 563.20
  voler 717.23
  libérer 724.16
  *soulager son cœur*
  473.9
**soulager (se)**
  uriner 339.20
  se satisfaire 469.9 ;
  473.9
**soulane** 270.10 ; 277.4
**soûlant** 458.13
**soûlard** 708.7
**soulas** 473.1
**soûlaud** 708.7
**soulée** 708.2
**soûler** 469.9
**soûler (se)** 708.12
**soûlerie** 708.2
**soulèvement**
  bosse 152.4
  révolte 651.1
  t. de géologie 237.6
**soulever**
  élever 211.15
  faire rêver 404.12
  provoquer à 623.11
  voler 717.18
  *soulever le cœur* 456.10
  *soulever des montagnes*
  530.7
  *soulever le voile* 726.16
  *soulever qqch avec le*
  *petit doigt* 375.9
**soulever (se)** 651.8
**soulier** 865.1
  *dans ses petits souliers*
  472.20
  *être dans ses petits sou-*
  *liers* 618.5
**souligner**

*sucrer les fraises* 317.10
**sucrerie 858** ; 811.12
**sucrier** 851.6 ; 851.22 ;
858.15
**sud** 198.4
*au sud de* 166.24
*vent du sud* 275.4
**Sud-Africain** 676.7
**sud-américain** 237.11
**sudate** 293.6
**sudation**
*d'un mammifère*
244.7 ; 333.9 ; 339.9
*d'une plante* 285.9
**sudatoire** 333.15
**sud-est** 198.4
**sudoral** 333.14
**sudorifère** 333.13
**sudorification** 244.7 ;
333.9
**sudorifique** 333.13 ;
339.27 ; 394.31
**sudoripare** 333.13
**sud-ouest** 198.4
**sudra** 490.13
**suédé** 810.33
**suédine** 810.3
**suédois** 739.14
**Suédois** 676.5
**suée**
*transpiration* 241.5 ;
333.4 ; 333.9 ; 339.5
*peur* 472.1
*attraper une suée*
339.18
**suer**
*avoir chaud* 241.21
*transpirer* 244.15 ;
252.12 ; 333.11 ; 339.18
*t. de gastronomie*
856.40
*suer sang et eau* 530.7
*suer à grosses gouttes*
244.15 ; 472.15
*suer d'angoisse* 472.15
*faire suer* 252.11 ;
449.15 ; 458.11
*se faire suer* 458.7
**suerie** 333.4
**suet** 198.4 ; 275.4
**sueur** 333.4 ; 334.3 ;
339.5
*sueur froide* 242.5
*en sueur* 333.18
*être en sueur* 252.12
*avoir des sueurs froides*
472.15
**suffire** 469.10
*il suffit d'un rien* 79.7
**suffisamment** 82.13 ;
469.16

**suffisance**
satisfaction 469.3
prétention 610.2 ;
613.1
*en suffisance* 82.13
*avoir sa suffisance de*
*qqch* 82.6
**suffisant**
prétentieux 85.23 ;
610.11 ; 613.10
satisfaisant 469.14
**suffixation** 60.8 ; 97.2 ;
742.9
**suffixe** 60.8 ; 740.4 ;
742.7
**suffixé** 742.26
**suffixer** 60.17 ; 164.14 ;
742.21
**suffocant** 340.33
**suffocation** 340.4 ;
383.32
**suffoquant** 241.23
**suffoqué** 459.12
**suffoquer**
de chaleur 241.21
mourir 311.24
manquer d'air 340.26
s'étonner 459.5
**suffrage** 519.2 ; 672.5 ;
672.10
*suffrages exprimés*
672.20
*suffrage inégalitaire*
84.2
*apporter son suffrage à*
565.11
*donner son suffrage à*
519.9
**suffrutescent** 287.11
**Sugalis** 306.13
**suggéré**
conseillé 566.15
signifié 732.14
**suggérer**
persuader 525.11
conseiller 566.9
représenter 731.8 ;
732.9
sous-entendre 737.10
**suggestibilité** 623.6
**suggestible** 623.24
**suggestif** 404.17 ; 732.13
**suggestion**
persuasion 525 ; 552.4
conseil 566.1 ; 623.3
sous-entendu 737.9
**suggestionnable** 623.24
**suggestionner** 623.11
**suggestionneur** 623.8
**suggestivité** 623.6
*suhrawardiyya* 488.5

**suicide** 311.12
**suicidé** 311.16
**suicider (se)** 311.29 ;
475.8
**suidé** 296.3
**suiforme** 296.31
**sui generis** 371.1
**suimanga** 297.8
**suint** 267.1
**suintant** 244.17
**suintement** 244.7 ;
252.6 ; 333.9
**suinter** 244.15 ; 252.10 ;
333.11
**suisse**
gardien 203.9 ; 848.39
d'une église 496.9
fromage 861.2
insecte 301.5
*têtière à la suisse* 809.7
**Suisse** 676.5
**suite**
enchaînement 13.3
série 45.6 ; 61.8 ; 64 ;
66.5
effet 35.1 ; 528.1
développement 60.3
succession 190.1
persévérance 512.2
de danses 781.30 ;
786.12
de cartes 872.7
t. de mathématique
122.2
*suites* 35.1
*suite géométrique* 64.9
*suite royale* 64.10 ;
872.7
*suite dans les idées*
512.2
*avoir de la suite dans*
*les idées* 38.5 ; 416.9 ;
421.21
*par suite* 35.10
*à la suite* 60.23
*à la suite de* 60.28 ;
164.23 ; 179.21
*à la suite l'un de l'au-*
*tre* 64.22
*par la suite* 60.23 ;
179.15
*faire suite* 164.11
*faire suite à* 45.18
**suivant**
n.
dans un rang 63.7
servile 628.10
adj.
60.19 ; 63.20 ; 179.11
prép.
26.18 ; 28.17 ; 52.32 ;

53.20 ; 94.15 ; 198.35
**suiveur** 31.4 ; 628.10
**suivi** 61.22 ; 512.4
*suivi scolaire* 414.6
**suivre**
imiter 31.5
être l'effet de 35.6
dans un classement
45.18 ; 60.13 ; 63.15
dans l'espace 164.11
accompagner 583.12
t. de jeux 872.35
*suivre l'exemple de*
31.5 ; 52.17 ; 623.17
*suivre le fil de ses idées*
421.21
*suivre des yeux* 346.18
*ne pas suivre* 196.4
*à suivre* 539.16
*il suit de là* 35.6
*les jours se suivent et*
*ne se ressemblent pas*
22.5
**sujet**
personne 1.4 ; 307.2
motif 34.7 ; 37.1 ;
478.21
prétexte 521.3
d'un roi 628.8
citoyen 674.1
d'une phrase 740.8 ;
741.4
d'un récit 754.9
d'un dessin 774.1
t. de musique 781.25
t. de chorégraphie
786.23
t. d'arboriculture 812.11
*sujet actif* 713.48
*sujet parlant* 739.11 ;
745.17
*sujet passif* 713.48
*sujet à* 628.22
*sujet à caution* 431.13 ;
607.19
*sujet à examen* 431.13
*cas sujet* 740.5
*avoir sujet de* 37.7
*être un sujet de* 34.11
*sortir du sujet* 760.8
**sujétion** 518.2 ; 622.5 ;
624.2 ; 628.1
*sukhavati* 489.2
*Sukhavati-vyuha-sutra*
501.13 ; 489
**sulfacétamide** 394.5
**sulfadiazine argenti-**
**que** 394.5
**sulfaméthoxazole** 394.5
**sulfamidorésistance**
284.7

**sulfamidothérapie** 393.5
**sulfasalazine** 394.5
**sulfatage** 811.4
**sulfate** 230.8 ; 259.5 ; 394.6
*sulfate de plomb* 264.2
*sulfate ferreux hydraté* 262.5
**sulfater** 667.24
**sulfateuse** 664.7
**sulfhydrisme** 389.2
**sulfhydryle** 230.9
**sulfocarbonisme** 389.2
**sulfonation** 230.14
**sulfoné**
*huile sulfonée* 267.2
**sulfonique** 804.6
**sulfuration** 230.14
**sulfure**
*sulfure de plomb* ou *galène* 264.2
**sulfureux** 259.10
*huile sulfureuse* 267.2
**sulfurique** 259.10
*acide sulfurique* 230.8
**sulindac** 394.5
**sulpicien** 499.10
**sultan** 670.18
**Suluks** 306.12
**sulvinite** 664.17
**sumac** 286.14
**Sumbawais** 306.12
**sumérien** 739.14
*histoire sumérienne* 191.3
**Sumérien** 676.8
**summum** 85.4 ; 87.4
*au summum* 87.35
**sumo** 870.15
**sumotori** 870.52
**sunlight** 790.13 ; 852.14
**sunna** 501.5 ; 488
**sunnisme** 488.2
**sunnite** 488.7 ; 488.26
*Sunyata-saptati* 501.13 ; 489
*sunyavada* 489.2
**suovétaurilies** 491.12
**super-**
excès 80.21
supériorité 85.27 ; 165.27 ; 211.25
intensité 87.41
**super**
n.m.
essence 243.6 ; 804.5
adj.
extraordinaire 87.20
**superamas** 232.13
*superamas local* 232.13

**superbe**
n.f.
orgueil 85.2 ; 610.2 ; 613.2
orgueilleux 610.5
adj.
beau 87.18 ; 436.15
fier 610.10
glorieux 639.27
**superbement** 87.30
**supercarburant** 243.6 ; 804.5
**supercherie** 406.10 ; 718.6 ; 728.3
**superego** 633.7
**superenfer** 841.17
**supérette** 827.11
**superfécondation** 325.25
**superfétation**
excès 80.4
inutilité 545.1 ; 545.2
grandiloquence 761.6
**superfétatoire** 80.15 ; 545.12
**superficialité** 439.1 ; 545.2
**superficie** 70.7 ; 123.3
**superficiel**
de surface 123.10 ; 130.14
léger 240.14
insignifiant 439.12
inutile 545.12
plat 758.10
**superficiellement** 130.16 ; 137.18
**superfin** 434.14
**superflu**
n.
78.2 ; 80.2 ; 545.3
adj.
80.15 ; 545.12
**superfluité** 80.2 ; 545.2
**supergalaxie** 232.13
**supergéante** 232.4
**supérieur**
n.m.
chef 85.10 ; 622.6
d'une école 414.2
d'un couvent 499.12
haut 165.1
adj.
différent 16.13 ; 84.3
général 67.15
éminent 85.19 ; 165.19
fier 85.23
de qualité 434.14
important 438.14
méritant 695.14
*lettre supérieure* 744.7

*membre supérieur* 319.1
*strictement supérieur* 84.3
**supérieurement** 85.24
**supériorité** 85 ; 84.1
**superlatif** 85.11 ; 425.3 ; 740.11 ; 761.6 ; 761.12
*superlatif d'infériorité* 86.4
**superléger** 870.53
**supermarché** 794.13 ; 827.11 ; 856.32
**superministère** 673.8
**supernova** 232.4
**superpétrolier** 803.9 ; 819.5
**super-plume** 870.53
**superposer** 165.16
**superpositif** 165.21
**superposition** 165.10
**superpréfet** 670.20
**superproduction** 790.5
**superpuissant** 87.17
**supersonique** 365.28 ; 820.24
**superstrat** 739.1
**superstruction** 165.5
**superstructure** 147.10 ; 165.5 ; 806.11
**supertanker** 803.9 ; 819.5
**superviseur** 772.12
**super-welter** 870.53
**supinateur** 215.11 ; 215.20
*long supinateur* 328.8
**supination**
rotation 215.5 ; 320.7
t. d'escrime 870.17
**suppléant** 19.6 ; 97.11 ; 792.17
**suppléer** 19.8 ; 563.18 ; 792.25
**supplément**
ajout 23.2 ; 88.4 ; 97.3 ; 118.3
complément 562.4
à un livre 765.6
à un ticket 818.22
*à supplément* 818.34
**supplémentaire** 88.15 ; 97.19 ; 118.10
*angle supplémentaire* 143.2
*crédit supplémentaire* 841.2
**supplémentairement** 88.20
**supplémentarité** 118.6
**supplémenter** 88.9
**suppliant**

n.m.
statue 634.6 ; 776.7
adj.
634.22
**supplication** 494.2 ; 634.2
**supplice** 725
douleur 345.5
condamnation 722.11
*supplices* 506.2
*supplices éternels* 173.2
*supplice du feu* 256.12
*supplice de Tantale* 523.3
*suprême supplice* 722.11
*mettre au supplice* 447.6
**suppliciant** 725.26
**suppliciateur** 725.26
**supplicié** 725.16
**supplicier** 580.15 ; 720.23 ; 722.30 ; 725.18
**supplier** 634.12
**supplique** 634.4
**support**
soutien 159.2 ; 166.2
protection 560.3
à dessin 773.18
*support commutateur* 769.6
*support d'information* 771.11
*faire support à* 159.10
**supportable** 434.17
**supporter**
n.m.
fan 565.8 ; 870.69
v.
soutenir 159.10
subir 207.17 ; 345.10
accepter 446.9
encourager 565.11
résister 630.17
tolérer 632.11
pardonner 638.13
**support-surface** 780.13
**supposable** 423.13
**supposé**
éventuel 42.12 ; 423.2 ; 423.10
sous-entendu 737.17
**supposer**
nécessiter 41.5
imaginer 42.8 ; 43.6 ; 421.17 ; 423.5 ; 423.7
sous-entendre 737.11
**suppositif** 423.12
**supposition** 423
éventualité 42.4 ; 43.2
imagination 421.5 ; 737.5

**tournure**
expression 739.4 ;
741.10 ; 742.1
jupon 862.22
*tournure des évènements*
190.2
*heureuse tournure* 540.1
*prendre bonne tournure*
548.9
*prendre mauvaise tour-
nure* 385.5 ; 453.7
*avoir de la tournure*
614.9
**tour-opérateur** 869.16
**tourte** 856.16 ; 857.2
**tourteau**
animal 302.3
**tourteau**
fourrage 267.10 ;
813.19
pain 857.2
*tourteau fromagé* 861.12
**tourtereau** 600.9
**tourterelle** 297.11 ;
352.28
**tourtière** 851.23
**Toussaint** 497.3 ; 487 ;
688.8
**tousser** 340.27
**toussotement** 367.12
**tout** 67.7 ; 71.2 ; 71.4 ;
71.10 ; 71.15 ; 87.27
*du tout au tout* 71.15
*tout ou rien* 71.9
*ordre tout ou rien*
842.18
*en tout* 71.15
*un point c'est tout*
58.28
*le grand tout* 71.4
*grand jour* 350.2
*tout à coup* 174.17 ;
537.16
*tout à fait* 71.15 ; 82.12
*tout à l'heure* 59.26 ;
60.26 ; 177.19 ; 179.16
*tout à l'instant* 174.15
*tout d'un coup* 174.17
*tout d'une venue* 61.30
*tout d'une vue* 346.30
*tout de go* 537.16
*tout de même* 181.24
*tout de suite* 174.16 ;
178.16
*tout un chacun* 71.3
**tout-à-l'égout** 854.22
**Toutatis** 500.24
**toute-bonne** 288.9 ;
289.11
**toutefois** 18.20

**toute-puissance** 375.1 ;
502.13 ; 621.2
**toutim**
*le toutim et la mèche*
71.4
*et le toutim, et tout le
toutim* 71.21 ; 71.21 ;
96.6
**tout-le-monde**
*monsieur tout-le-monde*
307.8
**toutou** 296.9
**Tout-Paris**
*le Tout-Paris* 71.3
**tout-petit** 314.3
**tout-puissant** 621.21
*le Tout-Puissant* 502.4
**tout-terrain** 816.5
**tout-venant** 259.4 ;
435.5 ; 647.4 ; 802.5
**toux** 367.12 ; 383.32
**toxémie** 389.2
**toxicité** 389.10
**toxico** 390.14
**toxicodépendance**
390.3
**toxicologie** 389.11
**toxicologique** 389.18
**toxicologue** 389.12
**toxicomane** 390.14
**toxicomaniaque** 390.19
**toxicomanie** 390
**toxicomanogène** 390.20
**toxicophage** 390.14
**toxicophilie** 390.1
**toxicophobie** 472.4
**toxicose** 383.40
**toxicovigilance** 389.11
**toxi-infectieux** 383.64 ;
389.15
**toxi-infection** 383.20 ;
389.1
**toxine** 389.19
**toxique** 253.23 ; 389.19
**toxistérol** 283.17
**toxodontidé** 296.4
**toxoplasmose** 383.20
**toxotes** 298.5
**trabéculaire** 336.11
**trac**
*tout à trac* 174.17 ;
537.16
**trac** 472.2
**tracas** 458.5 ; 462.1
**tracassé** 462.10
**tracasser** 462.7 ; 553.11
**tracasser (se)** 462.4
**tracasserie** 458.5 ; 586.3
**tracassier** 462.14
**tracassin** 462.1

**trace** 96.3 ; 148.4 ; 400.3
*traces* 164.7 ; 871.8
*sur les traces* 164.11
*laisser des traces* 34.11 ;
438.8
**tracé**
n.m.
ligne, dessin 132.2 ;
141.2 ; 731.3 ; 773.10
plan 534.3
**tracelet ou traceret**
799.5 ; 807.17
**tracement** 148.3
**tracer**
dessiner 148.10 ;
773.27 ; 731.9
marquer 146.14 ;
762.13
projeter 534.17 ; 556.7
*tracer la route* 202.11
*tracer son sillon* 512.3
**traceret → tracelet**
**traceur** 555.11
*traceur radioactif* 230.4
**trachéal** 340.29
**trachée** 301.17 ; 340.7
**trachée-artère** 340.7
**trachéides** 265.2
**trachéite** 383.30
**trachelium** 288.34
**trachéo-bronchite**
383.74
**trachéomycose** 285.16
**trachéoscopie** 340.16
**trachéostomie** 392.15
**trachéotomie** 340.17 ;
392.14
**trachinidé** 298.3
**trachomateux** 383.74
**trachome** 347.4 ; 383.28
**trachycarpus** 286.20
**trachyméduse** 303.12
**traçoir** 799.5 ; 807.17
**tract** 764.1 ; 768.5
**tractable** 222.16
**tractation** 749.5 ; 827.4
**tracté**
*défonceuse tractée*
806.27
**tracter** 222.9
**tracteur** 222.5 ; 222.7 ;
811.15 ; 816.7
*tracteur poussant* 806.27
**tractif** 222.15
**traction** 222 ; 233.3 ;
239.3 ; 818.10
*traction avant* 222.2 ;
816.5
*traction vertébrale*
393.16 ; 222.4
*tractions* 870.8

**tractionnaire** 222.11
**tractionner** 222.10
**tracto-** 222.19
**tractochargeur** 806.27 ;
816.7
**tractogrue** 806.27
**tractoire** 222.15
**tractopelle** 806.27
**tractoriste** 222.11
**tractus**
*tractus gastro-intestinal*
338.5
*tractus génital* 325.1
**tradescantia** 290.8
**trade-unionisme** 671.5
**trade-unioniste** 671.34
**tradition** 52.3 ; 171.6 ;
183.7 ; 501.8 ; 501.5 ;
488 ; 619.3 ; 685.1
*de tradition* 195.11
**traditionalisme** 28.7 ;
52.11 ; 171.6 ; 646.14 ;
685.7
**traditionaliste** 28.8 ;
52.25 ; 171.8 ; 171.17 ;
195.16 ; 685.12
**traditionnel** 171.17 ;
183.16 ; 685.19
**traditionnellement**
52.31 ; 568.31 ; 685.24
**traducteur** 738.10 ;
738.12 ; 739.12 ; 772.12
**traduction** 732.2 ;
734.6 ; 734.7 ; 738.2 ;
738.3 ; 738.8 ; 739.9
*traduction simultanée*
182.4
**traduire**
transposer 193.15 ;
731.8 ; 739.17
décoder 398.11 ;
734.12 ; 738.13 ; 738.14
rendre, exprimer
732.8 ; 732.9 ; 745.20
assigner devant un
tribunal 711.26
*traduire en justice* 427.9
*traduire en ridicule*
645.5
**traduire (se)**
*se traduire par* 732.8
**traduisible** 745.31
**traduit** 745.31
*traduttore traditore*
597.16
**trafic**
négoce 827.1 ; 827.6
fraude 718.1
circulation 197.6 ;
815.1 ; 816.21

806.18
tissu 810.4
vêtement 862.20
treillisser 138.15
treize 64.24
treiziste 870.50
trek ou trekking
270.13 ; 870.25
trekker 870.59
tréma 730.10
tremblaie 812.16
tremblant
oscillant 216.13
agité 217.12
effrayé 472.20
*tremblante* 383.48
tremble 286.15
tremblé 217.13
tremblement
oscillation 216.1
agitation 217.1
de froid 242.5
*tremblement de terre*
237.6
*et tout le tremblement*
96.6
trembler
osciller 216.9
être agité 217.10
de vieillesse 317.10
de peur 472.13
de timidité 618.5
t. de danse 786.30
*trembler comme une*
*feuille* 472.15
*ne pas trembler* 508.8
trembleur 216.7 ; 472.7
tremblote 216.1
*avoir la tremblote*
472.15
tremblotement 216.1
trembloter 216.9
trémellales 291.5
trémelle 291.9
tremex 301.7
trémie 813.18
tremissis 839.11
trémolo 784.7
trémousser (se) 213.9 ;
216.11
trempabilité 248.5
trempage
immersion 252.6
du verre 266.9
raclée 658.5
trempe
de l'acier 248.3
autorité 621.4
raclée 658.2
t. de métallurgie 244.6 ;
805.4

trempé
*trempé comme une*
*soupe* 274.19
*au trempé* 260.17
tremper
v.t.
mélanger 98.14
imbiber 131.11
mouiller 244.13 ; 252.8
solidifier 248.10 ;
805.16
v.i.
nager 157.7
*tremper dans* 562.24
*tremper une soupe à*
*qqn* 658.16
*faire tremper* 252.11
trempette 857.6
tremplin 791.12 ; 870.72
trémulation 217.1
trench-coat ou trench
274.8 ; 862.12
trente-et-quarante
872.3
trente-et-un 872.11
*se mettre sur son tren-*
*te-et-un* 436.14 ; 862.37
trente-six
*trente-six du mois* 40.10
trépan
instrument de chirur-
gie 392.26
outil de forage
799.21 ; 802.8 ; 803.4
trépanation 326.24 ;
392.8
trépané 392.29
trépaner 392.33
trépang 303.9
trépas 311.1
trépassé 311.16 ;
311.36 ; 688.27
*office des Trépassés ou*
*des Morts* 496.1
trépasser 311.20
trépidant 217.12
trépidation
oscillation 197.3 ; 216.1
agitation 217.1
trépider
osciller 216.9
être agité 217.10
trépied
d'un appareil photo-
graphique 775.4
meuble 159.2 ; 850.8
trépignement 321.2
trépigner 321.6
trépointe 865.8
très 87.27
*le Très-Haut* 502.4

trescheur 132.14
trésillon 159.3
trésor
dictionnaire 407.7
merveille 436.7
richesse 844.7
t. d'affection 600.13
*trésors* 829.7
*Trésor public* 846.25
trésorerie 839.15
trésorier
receveur 207.12
religieux 499.12
d'une banque 840.31
*trésorier-payeur général*
846.27
tressaillement 213.1
tressaillir 213.10 ;
459.8 ; 472.13 ; 618.5
tressautant 213.14
tressautement 213.1
tressauter 213.10
tresse
ornement 778.3
coiffure 867.3
t. de filature 810.6
t. de couture 864.3
tresser
un tissu 810.24
une chevelure 867.13
tréteaux 751.13 ; 788.1
*monter sur les tréteaux*
788.13
trétinoïde 394.5
trétinoïne 394.6
treuil 211.9 ; 800.4 ;
801.9
treuillage 801.3
treuiller 801.17
trêve
repos 531.2
paix 650.8 ; 652.2
*trêve de* 82.15
*trêve des confiseurs*
669.2
*trêve de Dieu* 652.2
*sans trêve* 61.30 ; 512.5
tri- 104.16
tri
classement 45.3 ; 49.10
choix 519.3
*tri postal* 770.10
triade 104.2 ; 500.3 ;
789.12
triadique 104.11
triage
classement 49.10
choix 519.3
de wagons 818.5
*triage magnétique* 805.3
trial 870.27

trialiste 870.60
triamcinolone 394.5
triamtérène 394.5
triangle
figure 104.3 ; 146.5
instrument de musi-
que 783.2 ; 783.8
*triangle austral* 232.15
*triangle égyptien* 94.6
*triangle de Pythagore*
94.6
*en triangle* 866.15
triangulaire
n.f.
élection 672.4
adj.
104.11 ; 146.16
*ligaments triangulaires*
338.10
*muscles triangulaires*
*des lèvres* 328.5
triathlon 870.3
triathlonien 870.45
triatome 301.5
triazolam 394.5
tribade 341.18
tribadisme 341.14
tribal 678.13
-tribe 228.36
tribo- 228.36
triboélectricité 228.18
triboélectrique 228.31
tribolium 301.3
tribologie 228.19
triboluminescence
228.18 ; 350.15
tribomètre 228.16
tribométrie 70.25 ;
228.19
tribord 168.1 ; 819.11
*à tribord* 168.9
tribordais 168.6
tribu
communauté 66.9 ;
306.3 ; 581.6 ; 668.5
famille 678.7
t. de zoologie 49.5 ;
295.10
*les douze tribus d'Israël*
112.3
tribulations 549.1 ;
549.1
tribulus 290.8
tribun 715.5 ; 745.14 ;
751.12 ; 753.13
tribunal 714 ; 566.6
tribune
d'une église 493.12
d'un bâtiment 777.13
estrade 673.5 ; 751.13
*tribunes* 493.5

escroqué 718.14 ;
728.23
**trompe-l'œil**
  imitation 21.8 ; 31.3
  illusion 399.4 ; 728.7 ;
  773.4 ; 774.8
  *en trompe-l'oeil* 31.10
**tromper**
  être ambigu 17.10
  aveugler 399.6
  ruser 406.12
  induire en erreur
  410.16
  décevoir 461.5 ; 470.5
  abuser 569.9
  feindre 595.14
  trahir 597.13
  cocufier 682.26 ; 684.16
  escroquer 718.10 ; 728
  mentir 729.18
  *tromper l'attente de*
  461.4
  *tromper la calebasse*
  718.10
  *tromper le diable* 855.35
  *tromper le temps* 170.11
**tromper (se)**
  faire une erreur
  399.9 ; 410.14
  faire une maladresse
  571.14
**tromperie 728**
  ambivalence 17.3
  déception 461.3
  feinte 521.2 ; 595.2
  trahison 597.6
  adultère 682.15
  escroquerie 694.5 ; 718
**trompeter** 305.7 ;
726.16 ; 747.16
**trompette**
  tête 318.3
  musicien 782.6
  instrument 783.2 ;
  783.6
  *les trompettes* 639.2
  *trompette de la mort*
  291.6
  *trompette de mer* 298.6
**trompettiste** 782.6
**trompeur**
  décevant 461.8 ; 470.9
  abusif 569.14
  hypocrite 595.16
  traître 597.18
  malhonnête 694.12 ;
  728.19 ; 728.22
  mensonger 729.25
**trompeusement**
  abusivement 569.19
  hypocritement 595.20
  traîtreusement 597.19 ;

728.24
  mensongèrement
  729.26
**trompillon**
  t. d'architecture 777.21
  t. de menuiserie 807.8
**tronc**
  d'un arbre 286.5
  partie du corps 329.9
  d'une église 839.21
  *tronc cérébral* 326.5
  *troncs collecteurs* 332.8
  *troncs jugulaire* 332.8
  *femme tronc* 319.7
  *homme tronc* 319.7
**troncation** 742.9
**troncature** 258.10
**tronce** 286.1
**tronche** 318.3
**tronchin** 850.11
**tronçon**
  de bois 265.6 ; 286.5
  t. d'architecture 777.15
**tronconique** 144.14
**tronçonnage** 265.4 ;
799.29 ; 812.8
**tronçonner** 72.10 ;
95.11 ; 799.37 ; 812.26
**tronçonneuse** 800.10
**tronculaire** 327.25
**trône**
  ange 503.5
  siège 850.17
  *trône épiscopal* 493.13
  *mettre sur le trône*
  669.19
**trôner** 85.13 ; 617.7
**tronquer** 89.11 ; 128.6
**trop**
  n.m.
  80.3
  adj.
  80.13
  adv.
  80.19 ; 703.15 ; 432.11
  *de trop* 543.13
  *en faire trop* 80.7 ;
  761.10
**trope**
  chant 784.5
  t. de rhétorique 742.12
  *tropes* 752 ; 753.7 ;
  789.16
**trophallaxie** 295.7
**-trophe** 282.15 ; 337.21
**trophée**
  succès 540.5 ; 660.3
  t. d'architecture 777.21
**-trophie** 337.21
**trophine** 283.14
**trophoblaste** 281.8

**trophoblastique** 281.15
**tropical**
  chaud 241.23
  t. d'astronomie 232.35
  *climat tropical* 273.1
**tropique** 145.4 ; 198.37 ;
278.4
  *tropiques* 241.4
**tropisme** 197.5 ; 198.12 ;
198.37 ; 285.11
**tropopause** 255.2
**troposphère** 255.2
**trop-perçu** 846.19
**trop-plein** 80.3 ; 204.9 ;
806.7
**troque** 303.3
**troquer** 193.17 ; 827.24
**troquet** 859.19
**trot** 321.2
  *au trot* 576.46
**trotskisme** ou
  **trotskysme** 671.8
**trotskiste** ou **trotskyste**
671.36
**trotte** 869.2
**trotter** 319.10
**trotter (se)** 202.10
**trotteur**
  mammifère 296.11
  chaussure 865.6
  t. de sports 870.56
  *trotteur américain*
  296.11
**trotteuse** 175.7
**trottin**
  prostitution 719.9
  employé 827.17
  t. de couture 864.22
**trottiner** 719.19
**trottinette** 816.3 ; 873.3
**trottoir** 849.14
  *femme de trottoir* 719.7
  *faire le trottoir* 719.18
**trou**
  discontinuité 62.5
  ouverture 139.1 ; 203.6
  creux 153 ; 806.16
  région 200.5 ; 676.20
  oubli 408.2
  prison 723.7
  d'un os 329.6
  *trou déchiré* 329.6
  *trou individuel* 656.11
  *trou ischio-pubien*
  329.13
  *trou noir* 232.4 ; 344.2
  *trou normand* 859.16
  *trou d'air* 255.3
  *trou de Magendie* 326.3
  *trou de mémoire* 81.3 ;
  401.2

*trou de Monro* 326.3 ;
  326.10
*trou de serrure* 139.6
*trou du souffleur* 788.3
*trou de souris* 153.7
*au trou* 871.32
*boire comme un trou*
  859.26
*coller au trou* 723.21
*faire son trou* 153.14 ;
  643.9
*faire un trou à la lune*
  278.21 ; 836.25
*mettre au trou* 727.19
*rentrer dans un trou de*
  *souris* 618.5
*sortir de son trou* 408.8
*vouloir rentrer dans un*
  *trou de souris* 611.7
**troubade** 663.11
**troubadour** 785.8 ;
789.20
  *style troubadour* 780.10
**troublant** 440.19 ;
462.13
**trouble**
  désordre 46.1 ; 48.3
  anomalie 55.6
  agitation 217.3
  maladie 383.1
  émotion 440.4 ; 602.3
  nervosité 449.1
  irrésolution 511.1
  dérangement 543.4
  de la personnalité
  307.10
  de la vision 347
  t. de pêche 814.6
  *troubles* 649.4 ; 669.8
  *trouble fonctionnel* 383.1
  *trouble mental* 450.1
  *troubles de la continuité*
  307.10
  *troubles de la percep-*
  *tion* 307.10
  *troubles de l'unité*
  307.10
  *fauteur de troubles*
  36.4 ; 46.8
  *voir trouble* 347.14
**troubles de la parole**
746
**troublé**
  excité 377.2
  sali 381.11
  ému 440.18
**troubleau** ou **trouble**
814.6
**trouble-fête** 464.6 ;
543.5 ; 687.16
**troubler**
  interrompre 62.12

**vaguement** 376.25 ;
431.20 ; 539.19
**vaguemestre** 770.11
**vaguer**
*laisser vaguer* 724.17
**vaguesse** 773.10
**vaillamment** 508.12
**vaillance** 508.1
**vaillant** 375.15 ; 382.11 ;
508.9
**vaille**
*vaille que vaille* 435.19
**vain**
sans valeur 439.13 ;
529.16 ; 545.12
sans effet 541.19 ;
545.13 ; 797.17
vaniteux 613.10
*en vain* 541.20 ; 545.16
**vaincre**
être vainqueur 85.15
surmonter 554.16
dominer, surpasser
622.10 ; 660.7 ; 660.9 ;
870.91
« je suis venu, j'ai
vu, j'ai vaincu » 660.7
**vaincu**
n.
perdant 541.8 ; 650.15 ;
661.5
adj.
battu 541.17 ; 628.21 ;
661.10
*malheur aux vaincus !*
661.11
*s'avouer vaincu* 515.9 ;
541.13 ; 661.8
**vainement** 545.16 ;
797.20
**vainqueur** 622.7 ;
650.15 ; 660.6 ; 660.13 ;
870.43
**vair** 296.20
**Vairocana** 489.7
**vairon** 298.5
**vaironner** 814.24
**vaisesika** 490.7
**vaisseau**
canal 331.1 ; 265.2 ;
332.9
nef 493.5
bateau 819.2
astronef 821.2
*vaisseau de ligne* 664.13
**vaisseaux (cœur et)**
331
**vaisselier** 851.33 ; 856.31
**vaisselle** 851 ; 854.3
*vaisselle de poche* 839.3
*vaisselle de table* 851.1

*vaisselle de toilette*
851.1
*faire la vaisselle* 854.32
**vaissellerie** 851.1
**vaisya** 490.13
**vajrayana** 489.3
**val** 270.5
**valable** 567.17
**valablement** 567.20
**valdingue** 214.2
*aller à valdingue* 214.19
*faire un valdingue*
214.19
**valdinguer** 214.19 ;
658.17
**valençay** 861.4
**valence** 230.5
**valence-gramme** 70.15
**valenciennes** 864.3
**valentinite** 259.5
**valérianacées** 288.34
**valériane** 288.34
*valériane rouge* 288.34
**valet**
serviteur 629.7
outil 807.18 ; 809.3
carte 872.4
*valet d'établi* 807.18
*valet de chambre* 848.39
*valet de limiers* 871.16
*valet de nuit* 850.24 ;
862.32
*faire le valet* 629.11
**valetaille** 629.7
**valeter** 629.11
**valeur**
critère, référence,
norme 53.2
quantité, proportion
69.1 ; 70.1
principe éthique, phi-
losophique 478.16
courage 508.1
qualité, importance
434.1 ; 438.1 ; 544.1 ;
585.3 ; 695.1 ; 695.3
signification 732.1
degré de clarté 773.11
durée d'une note
781.14
prix 831.1 ; 843.8
titre 843.1
t. de mathématique
122.2 ; 122.6
*valeur ajoutée* 97.8
*valeur morale* 690.2 ;
693.5
*valeur numérique* 100.4
*valeur or* 260.10
*valeur pondérale* 239.2
*de valeur* 427.4 ; 434.13

*jugement de valeur* 1.7
*mise en valeur* 567.7
*sans valeur* 439.13 ;
561.12
*valeurs des temps* 170.5
*valeurs mobilières* **843**
**valeureux** 508.9
**valgus** 218.22
**Val-Hal** 311.8 ; 500.44
**vali** 648.5
**validation** 713.40
**valide** 53.16 ; 54.10 ;
382.11 ; 409.23 ; 567.17
**validé** 430.8
**validement** 567.20
**valider** 632.12
**validité** 53.6 ; 54.1 ;
409.1 ; 713.42
**valine** 283.10
**valise** 134.6 ; 815.15 ;
869.11
**vallée** 270.5
*vallée de larmes* 505.5
**valleuse** 270.5
**vallisnérie** 288.12
**vallon** 270.5
**vallonée** 289.17
**valoche** 134.6
**valoir** 83.13 ; 239.14 ;
695.13 ; 831.11
*valoir la peine* 438.6 ;
695.13
*valoir le coup* 695.13
*valoir le détour* 695.13
*faire valoir ses choux*
617.8
*valoir trop ne vaut rien*
80.6
*faire valoir* 438.10 ;
521.4 ; 567.14 ; 636.10
*se faire valoir* 617.8
**valorisation** 88.3 ; 432.1
**valoriser** 438.10 ; 831.14
**valproïque**
*acide valproïque* 394.5
**valse** 786.10
*valse des étiquettes*
831.3
*valse lente* 577.6
**valser** 214.19 ; 215.15 ;
786.28
*envoyer valser* 214.23 ;
644.7
*faire valser* 658.17
**valseur** 215.12 ; 786.22
**valseuses** 325.5
**-valve** 303.21
**valve**
dispositif de réglage
d'un débit 140.2 ;
800.12 ; 808.6

partie d'un fruit 289.3
demi-coquille 303.14
**valvulaire** 331.24
**valvule** 303.14
*valvule d'Eustachi* 331.5
*valvule de Vieussens*
326.8
**valvuloplastie** 392.17
**valvulotomie** 331.18
**vamp** 309.4
**vampire** 311.9 ; 709.4
**vampiriser** 376.16
**vampirisme** 709.2
**van** 816.7 ; 816.8
**vanadinité** 259.5
**vanadite** 259.5
**vanadium** 230.7 ; 259.5 ;
395.6
*bronze au vanadium*
263.2
**vanaprastha** 490.11
**vanda** 288.21
**Vandales** 306.16
**vandalisme** 557.6
**Van Dick**
*brun Van Dick* 356.2
**vandoise** 298.5
**Vanes** 500.21
**vanesse** 301.11
*vanesse du charbon*
301.11
**vanille** 372.4 ; 856.27
**vanillerie** 811.10
**vanilline** 372.6
**vanité**
inutilité 439.1 ; 529.5 ;
545.1 ; 733.2
suffisance, infatuation
469.3 ; 588.1 ; 610.1 ;
613.1
tableau 774.8
**vaniteusement** 613.11
**vaniteux** 610.11 ; 613.10
**vannage** 811.4
**vanne**
dispositif de régula-
tion d'un débit 138.6 ;
806.10
*vanne de chasse* 806.10
**vanne**
plaisanterie, quolibet
586.3 ; 657.4 ; 750.4
**vanné** 376.21
**vannellerie** 819.15
**vanner**
fatiguer 530.8
tourner 856.45
**vanner**
moquer 454.9
**vannerie** 265.5 ; 868.5

v.t.
désirer, souhaiter
507.7 ; 510.5 ; 523.9 ;
532.8 ; 634.19
convoiter 523.10
exiger 631.15 ; 692.5
*en vouloir à* 456.7 ;
603.5
*s'en vouloir de* 460.6
*vouloir dire* 532.11 ;
732.8 ; 732.10
*vouloir du mal à*
549.16
*vouloir faire* 533.8
*vouloir ignorer* 520.13
*vouloir l'omelette et les
œufs* 17.14
*vouloir passer par le
trou de la serrure* 40.5
*vouloir tout à son mot*
621.16
*bien vouloir* 428.12 ;
507.9 ; 635.7 ; 654.10
**vouloir**
n.m.
volonté 507.1
*bon vouloir* 467.4 ;
507.4
**vouloir-apprendre**
507.3
**vouloir-paraître** 507.3
**vouloir-vivre** 507.3
**voulu** 507.11 ; 523.17 ;
532.12
*en temps voulu* 578.7
**vous** 307.7
**vous-mêmes** 307.7
**vousseau** 144.5
**voussoir** 144.5 ; 777.20 ;
806.35
**voussure** 144.1 ; 777.20 ;
807.7
**voûtain** 777.20
**voûte** 144.5 ; 165.5 ;
777.19 ; 806.19 ; 848.17
*voûte d'arête* 777.19
*voûte du crâne* 329.5
*voûte du palais* 338.6
*voûte crânienne* 318.2
*voûte plantaire* 321.1 ;
329.17
**voûté** 144.11
**voûter** 144.8 ; 777.25
**voûter (se)** 144.10 ;
317.10 ; 322.9
**vox populi** 75.2
**voyage** 869 ; 202.1 ;
677.10 ; 869.1 ; 869.2
*voyage au long cours*
869.4
*voyage d'études* 869.3

*les voyages forment la
jeunesse* 315.9 ; 869.27
*agence de voyages*
869.10
*agent de voyages* 869.16
*bon voyage* 869.32
*chèque de voyage*
840.22 ; 869.12
*faire le grand voyage*
311.20
*gens du voyage* 869.18
*grand voyage* 311.1
**voyager** 197.18 ; 815.27 ;
869.19 ; 869.20 ; 869.28
**voyage-surprise** 869.3
**voyageur**
n.
personne qui voyage
202.5 ; 677.5 ; 815.20 ;
816.31 ; 819.26 ; 869.17
adj 297.17 ; 869.28
*voyageur de commerce*
827.17
**voyageur-kilomètre**
70.19 ; 815.17
**voyagiste** 869.16
**voyance** 485.8
**voyant**
n.m.
devin, mage 485.12 ;
485.13
dispositif de signalisa-
tion 730.14
adj.
ostensible, criard
346.25 ; 352.27 ; 348.7
*voyant lumineux* 350.12
**voyante** 485.13
**voyelle** 365.8 ; 744.2
**voyeur** 341.22 ; 346.16
**voyeurisme** 341.15 ;
450.9
**voyons** 748.4
**vrac** 819.18
*en vrac* 46.10 ; 46.18
**vrai**
n.m.
vérité 21.4 ; 478.16
adj.
fidèle, juste 21.14
véridique 409.19
adv.
authentiquement, sin-
cèrement 409.26
*à vrai dire* 409.28
*proposition vraie* 409.4
*au vrai* 409.28
*être dans le vrai* 409.15
*faire vrai* 409.12
**vraiment** 409.24
**vraisemblable** 21.4 ;

21.14 ; 39.9 ; 42.11 ;
43.9 ; 409.21 ; 423.13
**vraisemblablement**
39.12 ; 42.13 ; 43.10 ;
54.13 ; 409.24
**vraisemblance** 21.3 ;
39.1 ; 43.1 ; 409.1
*selon toute vraisem-
blance* 39.12 ; 43.10
**vraquier** 819.5
**vrille**
courbe, spire 144.3 ;
215.6
spirale végétale
285.12 ; 288.3
outil 799.21 ; 807.16
figure de voltige
820.6 ; 870.34
**vrillée** 286.27
**vriller** 153.12 ; 215.14
**vrillette** 301.3
**vrombir** 367.15
**vrombissement** 367.8
**vroum** 367.23 ; 748.7
**V.R.P.** 827.17
**vu** 37.13
*au vu de* 346.31
*vu et approuvé* 635.19
*au vu et au su de*
9.15 ; 346.31
*au vu et au su de tout
le monde* 617.13
*vu que* 8.16 ; 34.21 ;
37.15
**vue**
vision 346.1
panorama 346.9 ; 348.3
idée, intention, projet
421.10 ; 532.2 ; 534.1
*vue aérienne* 775.10
*avoir la vue basse*
347.14
*avoir la vue courte*
399.8
*à vue d'œil* 346.30
*vue de l'esprit* 4.6 ;
399.3 ; 421.8 ; 738.6
*à vue de nez* 346.30 ;
424.11
*à vue de pays* 346.30 ;
424.11
*avoir en vue de* 38.8 ;
534.11
*à la vue de* 9.15 ; 12.8 ;
346.31
*en vue de* 38.14 ;
532.16
*échange de vues* 745.6 ;
749.5
*avoir vue sur* 156.10
*avoir en vue* 457.5

*avoir une bonne vue*
346.21
*avoir une mauvaise vue*
347.14
*à vue* 346.30 ; 825.29 ;
840.50
*à perte de vue* 115.12
*à première vue* 56.28 ;
59.28 ; 346.30
*de vue* 346.29
*double vue* 424.3
*en vue* 348.10 ; 534.19
*en mettre plein la vue*
346.24 ; 459.5 ; 617.9
*seconde vue* 424.3
*servitude de vue* 346.9
*avoir des vues* 534.15 ;
523.10
**vulcain** 301.11
**Vulcain** 256.14 ; 500.22
**vulcanien** 270.6
**vulcanologue** 237.24
**vulgaire**
n.m.
647.5
adj.
banal, courant 546.22 ;
758.9
bas, prosaïque 86.16 ;
616.8
grossier 441.18 ; 593.9 ;
620.8 ; 647.8 ; 657.13 ;
742.28
**vulgairement** 620.10 ;
647.10 ; 657.17 ; 758.12
**vulgarisateur** 726.9 ;
726.21
**vulgarisation** 734.6 ;
758.6
**vulgariser** 546.15 ;
734.12 ; 758.7 ; 768.9
**vulgarité** 441.4 ; 593.1 ;
620.1 ; 647.2 ; 758.2
**vulgo** 647.10
**vulgum pecus** 647.5
**vulnérabilité** 247.1 ;
376.1 ; 440.2
**vulnérable** 247.10 ;
376.22 ; 387.23 ;
440.17 ; 440.20 ;
551.18 ; 655.22
**vulnéraire** 288.27
**vulnérant** 387.22
**vulpin** 290.7
**vultueux** 152.16
**vulvaire** 288.9 ; 325.35
**vulve** 325.10
**vulvite** 383.33
**vulvo-vaginal** 325.35 ;
325.13

Photocomposition et impression Maury – Malesherbes
Dépôt légal : octobre 1991 – N° de série éditeur : 17021
Imprimé en France (Printed in France) 320.148 octobre 1992